Wolf-Ulrich Cropp
Das andere Fremdwörter-Lexikon

SERIE PIPER

Zu diesem Buch

Es liegt Ihnen auf der Zunge, aber Sie kommen nicht drauf. Oder Sie hauen daneben und wundern sich über die Heiterkeit, die Sie unfreiwillig ausgelöst haben. Fremdwörter sind tückisch, aber sie sind auch Kleinode. Sie drücken oft aktueller und pfiffiger aus, was im Deutschen langatmig, abgegriffen und umständlich klingt. Mit Bedacht und wohldosiert eingesetzt, verleihen sie dem Deutschen Farbe und Präzision. Ob in der Schule, im Studium oder im Beruf: mit diesem Kompendium, das über 24000 Stichwörter umfaßt, kann jeder seinen Wortschatz glänzend bereichern. Die zeitgemäße Ergänzung zum Duden liefert mit einem Griff das treffende Fremd- oder Trendwort. Und zuverlässige Angaben zu Artikel, Mehrzahl, Herkunft und passender Anwendung helfen, peinliche Verwechslungen zu vermeiden. Ein unterhaltsames und vor allem nützliches Lexikon, das für diese Ausgabe um 4000 Stichwörter erweitert wurde.

Wolf-Ulrich Cropp, geboren 1941 in Hamburg, ist promovierter Ingenieur und Betriebswirt. Er war zwanzig Jahre lang Geschäftsführer und Generalbevollmächtigter für Unternehmen im In- und Ausland. Aufenthalte in allen sechs Erdteilen und zahlreiche Reisen und Expeditionen. Neben wissenschaftlichen Abhandlungen hat er Erzählungen, Sach- und Reisebücher veröffentlicht.

Wolf-Ulrich Cropp

Das andere Fremdwörter-Lexikon

Das passende Fremdwort schnell gefunden

Erweiterte Neuausgabe

Piper München Zürich

Mix
Produktgruppe aus vorbildlich bewirtschafteten
Wäldern und anderen kontrollierten Herkünften
www.fsc.org Zert.-Nr. GFA-COC-1223
© 1996 Forest Stewardship Council

Erweiterte Taschenbuchneuausgabe
Piper Verlag GmbH, München
Juli 2001 (SP 3160)
August 2005 (SP 4459)
Februar 2008
© 1999 Eichborn AG, Frankfurt am Main
unter dem Titel:
»Sofort das richtige Fremdwort«
Umschlag: Büro Hamburg, Heike Dehning, Stefanie Levers
Bildredaktion: Alke Bücking, Charlotte Wippermann, Daniel Barthmann
Umschlagabbildung: Tony Cordozza / Getty Images
Papier: Munken Print von Arctic Paper Munkedals AB, Schweden
Gesamtherstellung: Clausen & Bosse, Leck
Printed in Germany   ISBN 978-3-492-25110-5

www.piper.de

Vorwort zur erweiterten Taschenbuchneuausgabe

»Ich hasse Fremdwörter, dennoch verwende ich sie!« gestand kürzlich ein Sprachpurist und offenbarte seine Zwiespältigkeit im Umgang mit der schönen deutschen Sprache und treffenden Fremdwörtern.

Einst garnierten sich sogenannte oder auch Gebildete mit griechischen und lateinischen Ausdrücken. Dann war es en vogue, französische Vokabeln in deutsche Sätze einfließen zu lassen. Nun wird Festlandeuropa von Anglizismen durchtränkt, die bereits sogar – oh Graus! – einen festen Platz im Behördendeutsch gefunden haben. Was nützt das Lamentieren? Keine Sprache bleibt von der Globalisierung verschont. Das Stärkere setzt sich durch. Der Purist mag diese Entwicklung verlangsamen, doch nicht verhindern können. Sehen wir den Prozeß mit der Gelassenheit Goethes: »Die Gewalt einer Sprache ist nicht, daß sie das Fremde abweist, sondern daß sie es verschlingt!«

Ein Fremdwort sei gerechtfertigt, wenn ein deutsches Wort den Sachverhalt umständlich, unvollkommen, gar falsch beschreibt. Krampfhaft nach einer deutschen Wortkombination zu suchen, die längst begraben wurde, ist genauso lächerlich wie das Aneinanderreihen von Anglizismen. Aber wirklich albern wird es, wenn ein Unkundiger mit linguistischem Können brillieren möchte und dabei mit Fremdwörtern »voll danebenhaut«.

»Das andere Fremdwörter-Lexikon« ist nicht nur ein Nachschlagewerk für Perlentaucher im Universum der Wörter, sondern vielmehr eine ungeahnte Möglichkeit, die sprachliche Ausdruckskraft zu steigern.

Packen Sie das treffende Wort, schmieden Sie geschliffene Sätze, formulieren Sie fesselnde Berichte – der Erfolg wird Sie in Staunen versetzen!

Out ist: Blitzfeuererregung für Elektrisierung
Dörrleiche für Mumie
Entgliederer für Anatom
Jungfernzwinger für Nonnenkloster
Lusthöhle für Grotte
Lotterbett für Sofa
Meuchelpuffer für Pistole oder Revolver
Weiberhof für Harem
Spitzgebäude für Pyramide

Megaout ist:
Bei der Hitze habe ich furchtbar ventiliert.
Wo geht es hier zum Abortus?
Mit diesem Wörterlexikon imprägnierst du mir aber.
Neulich pflanzten wir wunderschöne Koryphäen.
An der Börse kaufte ich heute Derivationen.
Der Kornett klang hinreißend.

Für den Sprachwissenschaftler sei angemerkt, daß es sich bei der Fremdwörterbezeichnung nicht immer nur um die Übersetzungen der deutschen Wörter handelt, sondern bisweilen auch um Synonyme, also bedeutungsähnliche Ausdrücke. Und zwar in voller Absicht, um die Ausdrucks-, Anwendungs- und Bedeutungsvielfalt eines Begriffes darzustellen.

Vorwort

Egal ob Schüler, Studenten, Autoren, Werbetexter oder Professoren, alle sind auf der Suche nach dem passenden Wort im richtigen Zusammenhang oder im Augenblick. Bewußt oder unbewußt sind wir fortwährend mit der Wortwahl beschäftigt, um unser Anliegen überzeugend und treffend zu beschreiben.
Wie oft wurde schon nach einem »zündenden« Wort gesucht? Einem Fremdwort, das einen »Fall« genauer, aktueller, besser beschreibt als das abgegriffene, umständliche deutsche Wort. Das Wortlexikon hilft bei der richtigen Lehnwortwahl, bereichert und erweitert nebenbei den Wortschatz. Es stellt interessante, kaum geahnte Verbindungen her zwischen Personen und Ereignissen, gibt Einblicke in andere Fachgebiete und Kulturen.
Sprachen sind lebende Organismen. Der Kontakt der Völker miteinander trägt Begriffe in andere Kulturkreise, die dort aufgenommen werden und zur Bereicherung der eigenen Sprache dienen. Das »fremde« Wort erspart Erklärungen und erleichtert die Verständigung.
Das Wortlexikon hilft schnell und sicher weiter; es behandelt und erklärt Fachwörter aus Medizin, Physik, EDV, Wirtschaft, Politik, Philosophie und Technik. Daneben ist es auch ein nützliches Kreuzworträtsellexikon oder ein Buch der Kategorie »Sag es treffender«.
Ein zusätzlicher Reiz sind Milieu-, Szene- und Trend-Begriffe aus allen Lebensgebieten. Manche Wörter werden im Duden vergeblich gesucht, dennoch sind sie existent, gehören zum modernen Sprachschatz und beleben die Kommunikation. Genauigkeit hat dabei stets Priorität. So findet sich neben dem Artikel die Mehrzahlbildung, die Wortherkunft und die passende Anwendung, bisweilen mit originellen Beispielen.
Ein treffendes Fremdwort ist jedoch wie eine seltene Perle. Um zu überzeugen, sollte es sich rar machen – sparsam Sätze und Formulierungen garnieren.
Zum Stichwort gibt es gelegentlich Geschwister oder Verwandte. In solchen Fällen wird nach Verwendungsmöglichkeiten unterschieden, und es werden Beispiele gegeben. Das bewahrt auch vor peinlichen Sprachschnitzern wie:

— Auf seinem Gebiet ist Mayer eine Konifere.
— Meine Sekretärin leistete Syphilisarbeit.
— Seine Wohnung ist sehr sporadisch eingerichtet.
— Unser Briefträger ist ein Sympathikus.
— Er hat eine marinierte Sprechweise.
— Großmutter war an Salmoniden gestorben.
— Der Studienrat ist ein alter Latriner ...

Übrigens: Ein »Nerd« ist kein gerade entdecktes Pelztier, der »Grazer« kein Rasenmäher, »Fruppies« das Gegenteil von »Yuppies«, »Spin-off« keine spinnende Alte und der »Oral Checker« nichts Unanständiges. Wer nun noch weiß, was ein »Jacuzzi« ist, darf sich getrost »Worttitan« nennen.

Abkürzungen

Abk.	Abkürzung
afrik.	afrikanisch
ägypt.	ägyptisch
akadem.	akademisch, -e, -en, -er
alban.	albanisch
alemann.	alemannisch
allg.	allgemein
am.	amerikanisch
Amtsspr.	Amtssprache
Anat.	Anatomie
Anthropol.	Anthropologie
arab.	arabisch
Archit.	Architektur
asiat.	asiatisch
assyr.	assyrisch
Astrol.	Astrologie
Astron.	Astronomie
Ausspr.	Aussprache
babylon.	babylonisch
Bauw.	Bauwesen
bayr.	bayrisch
Beg.	Begriff
Bergw.	Bergwesen
Berufsbez.	Berufsbezeichnung
bes.	besonders, besondere, besonderes, besonderer
best.	bestimmte, -er, -es
Bez.	Bezeichnung
bez.	bezüglich
Biol.	Biologie
Bot.	Botanik
bzw.	beziehungsweise
chem.	chemisch
Chem.	Chemie
chin.	chinesisch
dän.	dänisch
d. h.	das heißt
d. i.	das ist
dichter.	dichterisch
dt.	deutsch
e.	ein, eine, einer, eines
EDV	elektronische Datenverarbeitung
Eigenn.	Eigenname
eigtl.	eigentlich
elektr.	elektrisch
elektron.	elektronisch
engl.	englisch
etrusk.	etruskisch

europ.	europäisch
ev.	evangelisch
fachspr.	fachsprachlich
Fachspr.	Fachsprache
fam.	familiär
Finanzw.	Finanzwesen
finn.	finnisch
fläm.	flämisch
Fotogr.	Fotografie
fr.	französisch
gall.	gallisch
Gastr.	Gastronomie
gebräuchl.	gebräuchlich(er)
geh.	geheim, geheimes
Geldw.	Geldwesen
Geogr.	Geographie
Geol.	Geologie
germ.	germanisch
Ggs.	Gegensatz
got.	gotisch
gr.	griechisch
hebr.	hebräisch
hist.	historisch
hochd.	hochdeutsch
i. a.	im allgemeinen
i. O.	in Ordnung
ind.	indisch
indian.	indianisch
iron.	ironisch
i. S.	im Sinne
islam.	islamisch
it.	italienisch
i. Zus.	im Zusammenhang
jap.	japanisch
jav.	javanisch
Jh.	Jahrhundert
jidd.	jiddisch
jmd.	jemand
jmdn.	jemanden
jüd.	jüdisch
kanad.	kanadisch
karib.	karibisch
kath.	katholisch
kaukas.	kaukasisch
kelt.	keltisch
Kurzw.	Kurzwort
landsch.	landschaftlich
Landw.	Landwirtschaft
lat.	lateinisch

Lit.	Literatur	Gelehrtensprache des
Literaturw.	Literaturwissenschaft	Altindischen)
Luftf.	Luftfahrt	scherzh.	scherzhaft
math.	mathematisch	schwed.	schwedisch
Math.	Mathematik	schweiz.	schweizerisch
med.	medizinisch	seem.	seemännisch
Med.	Medizin	Seemannsspr.	Seemannssprache
mex.	mexikanisch	semit.	semitisch
mil.	militärisch	skand.	skandinavisch
Mil.	Militär	slaw.	slawisch
Mill.	Millionen	sog.	sogenannt
Mineral.	Mineralogie	soziol.	soziologisch
Mus.	Musik	sp.	spanisch
musik.	musikalisch	Sprachw.	Sprachwissenschaft
n. Chr.	nach Christus	Stilk.	Stilkunde
niederl.	niederländisch	südam.	südamerikanisch
nord.	nordisch	süddt.	süddeutsch
norw.	norwegisch	sumer.	sumerisch
o. ä.	oder ähnlich	svw.	soviel wie
ökum.	ökumenisch	syr.	syrisch
Österr.	Österreich	Techn.	Technik
österr.	österreichisch	techn.	technisch
Päd.	Pädagogik	Tiermed.	Tiermedizin
per.	persisch	tschech.	tschechisch
pers.	persönlich	türk.	türkisch
philos.	philosophisch	u.	und
Philos.	Philosophie	u. a.	unter anderem
phöniz.	phönizisch	u. ä.	und ähnliches
Phys.	Physik	ugs.	umgangssprachlich
physik.	physikalisch	ung.	ungarisch
Physiol.	Physiologie	u. / o.	und / oder
Pl.	Plural (Mehrzahl)	urspr.	ursprünglich
Pol.	Politik	usw.	und so weiter
poln.	polnisch	venez.	venezianisch
polynes.	polynesisch	Verlagsw.	Verlagswesen
port.	portugiesisch	verw.	verwechseln
Postw.	Postwesen	vgl.	vergleiche
Psychol.	Psychologie	Völkerk.	Völkerkunde
Rechtsw.	Rechtswissenschaft	v. Chr.	vor Christus
Rel.	Religion	vorl.	vorläufig
Rhet.	Rhetorik	Vortragsanw.	Vortragsanweisung
röm.	römisch	Wirt.	Wirtschaft
roman.	romanisch	wirtsch.	wirtschaftlich
russ.	russisch	Zahnmed.	Zahnmedizin
s.	siehe	Zool.	Zoologie
sanskr.	sanskritisch (aus der		

A

A und O *Quintessenz*, die (lat., Pl. -en) »fünftes Seiendes« i. S. von Endergebnis; auch: Anfang u. Ende, nach dem ersten u. letzten Buchstaben des gr. Alphabets

Aas *Kadaver*, der (lat., ohne Pl.) »gefallener Körper«, in Verwesung übergehender Tierkörper; Kadavergehorsam, i. S. von blinder Gehorsam; nicht verw. mit *Kadaverin (Cadaverin)*, das (lat., ohne Pl.) Leichengift

Aasblume *Stapelia*, die (lat., Pl. ...ien) auch *Stapalie*, die (lat., Pl. -n) nach dem niederl. Arzt J. B. van Stapel

ab und zu 1. *episodisch* (gr.) 2. *okkasionell* (lat.-fr.) svw. gelegentlich 3. *sporadisch* (gr.) svw. vereinzelt vorkommend

abändern 1. *variieren* (lat.) Musikthema 2. *modifizieren* (lat.) verändern 3. *revidieren* (lat.) Urteil revidieren

Abänderung 1. *Revision*, die (lat., Pl. -en) gegen Urteil 2. *Modifikation*, die (lat.-fr., Pl. -en) auch: Abwandlung; nicht verw. mit *Modifikator*, der (lat., Pl. ...oren) etwas mit abschwächender oder verstärkender Wirkung 3. *Variation*, die (lat.-fr., Pl. -en) auch: Abwandlung

Abänderungsantrag zu Gesetzen *Amandement*, das (fr., Pl. -s)

Abart *Variante*, die (lat.-fr., Pl. -n) andere Form

abartig 1. *abnorm* (lat.) ungewöhnlich, im krankhaften Sinn vom Normalen abweichend 2. *anormal* (lat.) nicht normal 3. *anomal* (gr.-lat.) »uneben«, unregelmäßig; i. S. von nicht normal entwickelt 4. *pervers* (lat.-fr.) »verdreht«; andersartig, in sexueller Hinsicht, veranlagt

Abartigkeit 1. *Abnormität*, die (lat., Pl. -en) 2. *Anomalie*, die (lat., Pl. ...ien) auch Regelwidrigkeit 3. *Perversion*, die (lat., Pl. -en) i. S. von krankhafter Abweichung vom Normalen, bes. in sexueller Hinsicht

Abbau *Demontage*, die (lat-fr., Pl. -n) technische Anlage

abbauen *demontieren* (lat.-fr.) z. B. e. Fabrik

Abbaugebiet *Revier*, das (lat.-fr.-niederl., Pl. -e) auch: Bezirk, Tätigkeitsbereich; Revierwache

Abbaustoffwechsel *Katabolismus*, der (gr., Pl. ...men) Ggs. Anabolismus

abbeizen *dekapieren* (fr.)

abbestellen 1. *annullieren* (lat.) 2. *stornieren* (it.)

Abbild 1. *Imitation*, die (lat., Pl. -en) kurz: Imitat; Imitatio Christi: »Nachahmung Christi« Titel e. Erbauungsbuchs des 14. Jh.; Nachbildung e. wertvollen Kunstgegenstandes 2. *Konterfei*, das (lat.-fr., Pl. -s) Bildnis; auch: Porträt 3. *Projektion*, die (lat., Pl. -en) auch: Wiedergabe e. Bildes z. B. auf e. Leinwand; nicht verw. mit *Projekteur*, der (lat.-fr., Pl. -e) Vorplaner 4. *Replikat*, das (lat.-fr., Pl. -e) e. originalgetreue Nachbildung; nicht verw. mit *Replik*, die (lat.-fr., Pl. -en) Erwiderung, Entgegnung; aber auch: Nachbildung e. Kunstwerks durch den Künstler selbst 5. *Reproduktion*, die (lat., Pl. -en) Wiedergabe 6. *Ektypus*, der (gr., Pl. ...pen) auch: Nachbildung

Abbildung *Illustration*, die (lat., Pl. -en) Bebilderung

Abbildungsfehler *Aberration*, die (lat., Pl. -en) Augenunschärfe

Abblätterung *Exfoliation*, die (lat., ohne Pl.) auch: das Abstoßen toter Gewebe (med.)

abbrechen *demontieren* (lat.-fr.) e. Anlage

Abbruch 1. *Demontage*, die (lat.-fr., Pl. -n) e. Anlage 2. *Abort*, der (lat.-engl., Pl. -e) Abbruch e. Raumfluges; auch: Fehlgeburt (med.)

Abbruch *Demontage*, die (fr., Pl. -n) »... e. Politik der sozialen Demontage machen.« (Fraktionschef Franz Müntefering, 2005)

abbrühen *blanchieren* (germ.-fr.) z. B. Fleisch oder Gemüse kurz mit heißem Wasser überbrühen

ABC-Schütze *Abcdarier*, der (lat., ohne Pl.)

abdanken 1. *renunzieren* (lat.) als König 2. *abdizieren* (lat.) Verzicht leisten

Abdankung 1. *Renuntiation*, die (lat., Pl. -en) als König 2. *Abdikation*, die (lat., Pl. -en) Verzicht 3. *Demission*, die (lat.-fr., Pl. -en) Rücktritt e. Ministers oder e. Regierung

abdichten *isolieren* (lat.-fr.-it.) gegen Kälte, Wasser

Abdruck 1. *Moulage*, die (lat.-fr., Pl. -n)

als farbiges Wachsmodell 2. *Reproduktion*, die (lat., Pl. -n) Vervielfältigung

abdrucken 1. *kopieren* (lat.) 2. *reproduzieren* (lat.)

Abend, es ist noch nicht aller Tage ... *nondum omnium dierum sol occidit* (lat., Zitat)

Abendessen 1. *Diner*, das (fr., Pl. -s) 2. *Dinner*, das (engl., Pl. -s) 3. *Souper*, das (fr., Pl. -s) festlich

Abendgebet 1. *Komplet*, die (lat., Pl. -e) i. S. e. Abendgebets als Schluß der kath. kirchlichen Tageszeit; nicht verw. mit *Komplet*, das (fr., Pl. -s) vollständiger Anzug 2. *Vesper*, die (lat., Pl. -n) auch Abendzeit

Abendgesellschaft 1. *Party*, die (engl., Pl. ...ties) 2. *Cocktailparty*, die (engl., Pl. ...ties) zwanglos 3. *Soiree*, die (lat.-fr. Pl. -s) festlich 4. *Rout*, der (lat.-engl., Pl. -s) auch: Abendempfang

Abendgottesdienst *Vesper*, die (lat., Pl. -n)

Abendland *Okzident*, der (lat., ohne Pl.)

abendländisch *okzidental* (lat.)

Abendmahl 1. *Sakrament*, das (lat., Pl. -e) göttliche Gnade vermittelnde Handlungen; auch: Taufe 2. *Kommunion*, die (lat., Pl. -en) der erste Empfang des Abendmahls

Abendmahlsbrot 1. *Oblate*, die (lat., Pl. -n) als Opfer Dargereichtes 2. *Hostie*, die (lat., Pl. -n) »Opfer« beim Abendmahl

Abendmahlsfeier *Eucharistie*, die (gr.-lat., Pl. ...ien) »Danksagung«, die Feier des Abendmahls als Mittelpunkt des christlichen Gottesdienstes

Abendmusik *Serenade*, die (lat.-fr.-it., Pl. -n)

Abendveranstaltung *Soiree*, die (lat.-fr., Pl. Soireen) auch: Abendgesellschaft

Abenteuer 1. *Aventüre*, die (lat.-fr., Pl. -n) auch: bes. Vorfall 2. *Eskapade*, die (lat.-it.-fr., Pl. -n) Seitensprung; aber auch: falscher Sprung e. Schulpferdes; nicht verw. mit *Eskapismus*, der (lat.-fr.-engl., ohne Pl.) Flucht vor der rauhen Wirklichkeit in e. Scheinwelt 3. *Aventiure*, die (lat.-fr., Pl. -n) »Abenteuer«, ritterliche Bewährungsprobe

abenteuerlich 1. *romantisch* (fr.) 2. *phantastisch* (fr.) i. S. von gefühlsschwärmerisch

Abenteuerroman *Robinsonade*, die (engl.,

Pl. -n) nach Roman »Robinson Crusoe« von Defoe

Abenteurer *Desperado*, der (lat.-sp.-engl., Pl. -s) bes. e. politischer Abenteurer; »der hat nicht nur schlechte Manieren, der ist e. Desperado.« (Otto Graf Lambsdorff über Jürgen Trittin, 1998)

Aberglaube *Superstition*, die (lat., ohne Pl.) nicht verw. mit *Supervision*, die (lat.-engl., ohne Pl.) Inspektion, Leitung

aberkennen *abjudizieren* (lat.) gerichtlich

Aberkennung *Abjudikation*, die (lat., Pl. -en) gerichtlich von z. B. Rechten

Abfall 1. *Renegation*, die (lat., Pl. -en) z. B. vom Glauben 2. *Makulatur*, die (lat., Pl. -en)

Abfall eines Anlauts *Aphärese* u. *Aphäresis*, die (gr., Pl. ...resen) z. B. 's für es; eigtl.: das Wegnehmen

Abfall eines Auslauts *Apokope*, die (gr., Pl. ...open) z. B. hatt' für hatte; auch: Wegfall e. auslautenden Silbe

abfallend *degressiv* (lat.) fallende Abschreibung

abfällig 1. *despektierlich* (lat.) bei Äußerungen 2. *pejorativ* (lat.) auch: niederträchtig

Abfallpapier *Makulatur*, die (lat., Pl. -en) auch: überholte Erkenntnisse

Abfangjäger *Interzeptor*, der (lat., Pl. ...oren) Jagdflugzeuge, die Flugkörper des Gegners abfangen

abfassen *formulieren* (lat.-fr.) Schriftsatz erstellen

abfertigen 1. *expedieren* (lat.) 2. *spedieren* (it.) 3. *einchecken* (engl.)

Abfertigungshalle *Terminal*, der (engl., Pl. -s) z. B. eines Flughafens

Abfertigungsschalter *Counter*, der (engl., Pl. -s) auch Theke

abfinden, sich 1. *kapitulieren* (lat.) i. S. von: sich e. Feind ergeben 2. *resignieren* (lat.) auch: sich widerspruchslos fügen

Abfindung *Apanage*, die (fr., Pl. -n) auch: regelmäßige Zahlung an Mitglieder e. Fürstenhauses

Abflug *Start*, der (engl., Pl. -s)

Abflugstelle *Departure*, die (engl., Pl.) auch Abflugzeit

Abflugzeit *Departure*, die (engl., Pl.)

Abfolge *Chronologie*, die (gr., ohne Pl.) auch: Wissenschaft von der Zeitmessung u. -rechnung

Abfolge e. Films *Storyboard*, das (engl., Pl. -s) in Szenenfotos oder Zeichnungen; eigtl.: Geschichtentafel, die die Bedeutung e. Drehbuchs hat

abführen 1. *laxieren* (lat.) med. bei Verdauungsstörungen 2. *purgieren* (lat.) med. Verdauung anregen

abführend *purgativ* (lat.) med. beschleunigend

Abführmittel *Aperitivum*, das (lat., Pl. ...va)

Abgabe 1. *Taxe*, die (lat., Pl. -n) z. B. Gebühr 2. *Fee*, die (engl., Pl. -s) z. B. Abgabe 3. *Honorar*, das (lat., Pl. -e) z. B. Vergütung für e. wissenschaftl. oder künstl. Leistung 4. *Tribut*, der (lat., Pl. -e) Steuern 5. *Zensus*, der (lat. ohne Pl.) Steuer nach Einschätzung des Vermögens durch Zensor 6. *Kontribution*, die (lat., Pl. -en) auch: Beitrag zu e. verabredeten Sache 7. *Obolus*, der (gr.-lat., selten: -se) kleine Geldspende, aber auch: Münze im alten Griechenland

Abgabenfreiheit *Franchise*, die (lat.-engl.-fr., Pl. -n) Abgabenbefreiung best. Güter, gebräuchl. für best. Vertriebskonzept (Lizenz-Produktion)

Abgang von Blähungen *Flatulenz*, die (lat., Pl. -en) med., auch: Blähsucht

Abgasreinigungssystem, elektronisch überwachtes ... *Onboard-Diagnose*, die (engl.-lat.-gr., Pl. -n) beim PKW

abgedroschen 1. *trivial* (lat.-fr.) z. B. Literatur 2. *banal* (germ.-fr.) nichts Besonderes darstellend 3. *profan* (lat.) »vor dem heiligen Bereich sein«, i. S. von weltlich, ungeweiht 4. *stereotyp* (gr.-lat.) auch: mit feststehender Schrift gedruckt 5. *substanzlos* (lat.-dt.) eigtl.: ohne Stoff oder Material

abgefeimt *raffiniert* (lat.-fr.) gerissen, z. B. e. Plan

abgegriffen *banal* (germ.-fr.)

abgehackt *abrupt* (lat.) plötzlich eintretend

abgelagert *alluvial* (lat.) z. B. Sedimente (Absatzgestein)

Abgeld *Disagio*, das (lat.-it.-fr., Pl. -s u. -ien) Abzug vom Nennwert

abgeleitet 1. *deduktiv* (lat.) 2. *denominativ* (lat.) 3. *derivativ* (lat.) 4. *konsekutiv* (lat.)

Abgeleitetes *Derivat*, das (lat., Pl. -e) i. S. von: abgeleitetes Wort, z. B.: ängstlich von Angst; nicht verw. mit *Derivans*, das

(lat., Pl. ...antia, ...anzien) Hautreizmittel für e. bessere Durchblutung

abgemacht 1. *okay* auch *o. k.* (am.) in Ordnung, bei Zustimmung 2. *all right* (engl.) 3. *aye, aye* (engl.) seem. i. S. von gewiß, jawohl 4. *perfekt* (lat.) auch: gültig, z. B. der Vertrag ist perfekt

abgemacht! *sela!* (hebr.) auch: Schluß! nicht verw. mit *Sela*, das (hebr., Pl. -s) Musikzeichen in den Psalmen

abgenutzt *abgefuckt* (dt.-engl.-am.) auch: abgefahren

Abgeordnetenbeeinflussung *Lobbyismus*, der (lat.-engl., ohne Pl.)

Abgeordnetenbezüge *Diäten*, die (lat., nur Pl.) e. Parlamentarier: »Ich fordere höhere Diäten!« Derselbe Parlamentarier: »Genehmigt!« (im Deutschen Bundestag)

Abgeordnetenhaus *Parlament*, das (gr.-lat.-fr.-engl., Pl. -e) i. S. e. Gebäudes für die Volksvertreter

Abgeordnetenschutz vor Strafverfolgung *Immunität*, die (lat., ohne Pl.)

Abgeordneter 1. *Parlamentarier*, der (gr.-lat.-fr., ohne Pl.) Parlamentsmitglied 2. *Mandatar*, der (lat., Pl. -e) in Österr. gebräuchl. 3. *Repräsentant*, der (lat.-fr., Pl. -en) Volksvertreter 4. *Delegierte* der (lat., Pl. -n) Mitglied e. Abordnung von Bevollmächtigten 5. *Deputierte*, der (lat., Pl. -n) Abgeordneter z. B. in Frankreich

Abgeordneter im engl. Unterhaus *Whipper*, der (engl., Pl. -s) ... der dafür sorgt, daß die Fraktionsmitglieder bei wichtigen Sitzungen anwesend sind

Abgesandter 1. *Emissär*, der (lat.-fr., Pl. -e) z. B. in bes. Mission 2. *Attaché*, der (fr., Pl. -s) Handelsattaché 3. *Diplomat*, der (gr.-lat., Pl. -en) Vertreter e. Staates

Abgesang *Epoche*, die (lat., Pl. -n) eigtl.: das Anhalten der Zeit, i. S.: großer hist. Zeitabschnitt

abgeschaltet *offline* (engl.) auch: nicht angeschlossen (Computerbegriff)

abgeschlossen *perfekt* (lat.) e. Vertrag ist perfekt

Abgeschlossenheit 1. *Exklusivität*, die (lat., Pl. -en) e. bes. Gruppe 2. *Klausur*, die (lat., ohne Pl.) in Klausur befinden

Abgeschnittenheit *Isolation*, die (fr., Pl. -en)

abgesondert 1. *exklusiv* (lat.) vornehmlich,

13

gesellschaftlich unzugänglich 2. *separat* (lat.) getrennt, abgesondert

abgestimmt 1. *konzertiert* (lat.-engl.) »konzertierte Aktion«: Schlagwort des damaligen Superministers Karl Schiller, gemeint war die Abstimmung zwischen Gewerkschaft, Unternehmer u. Regierung 2. *koordiniert* (lat.) mehrere Vorgänge aufeinander abgestimmt

abgestorben *devital* (lat.) med. in bezug auf Zähne

abgestuft *nuanciert* (lat.-fr.)

abgetan *passé* (lat.-fr.) erledigt

abgetönt *dezent* (lat.) i. S. von unaufdringlich; auch: taktvoll

abgetrennter Raum *Séparée*, das (lat.-fr., Pl. -s) auch: Nebenraum in e. Lokal; *Chambre séparée*, das (lat.)

abgewirtschaftet *marode* (fr., österr.) urspr.: Soldatensprache, marschunfähig, während des Nachziehens plündernd; auch: heruntergekommen. »Im Ausland entsteht das Bild, wir hätten marode Stadien.« (Oliver Bierhoff, Teammanager, 2006)

abgezehrt *marantisch* (gr.) u. *marastisch* (gr.) verfallend

abgießen *dekantieren* (fr.) z. B. e. Flüssigkeit vom Bodensatz (Wein)

Abgott *Idol*, das (gr.-lat., Pl. -e) z. B. Idol der Jugend: James Dean um 1960

abgrenzen *demarkieren* (fr.) Demarkationslinie als vorl. Staatsgrenze

Abgrenzung *Demarkation*, die (fr., Pl. -en) scharfe Abgrenzung; z. B. Demarkationslinie, e. vorläufige Grenze zwischen Staaten

Abgrund *Abyssus*, der (gr.-lat., ohne Pl.) schier bodenlose Tiefe

abgrundtief *abyssisch* (gr.)

Abguß *Moulage*, die (lat.-fr., Pl. -n) als farbiges Wachsmodell

Abguß, anatomischer ... *Moulage*, der (lat.-fr., Pl. -s) auch: farbiges Wachsmodell von Organen; e. der letzten Moulageusen: Elsbeth Stoiler aus der Schweiz

abhaltend *prohibitiv* (lat.) Gesetze zu brechen

Abhaltung *Dissuasion*, die (lat.-fr., Pl. -en) als Abschreckung von Strafen

Abhandlung 1. *Essay*, das (lat.-fr.-engl., Pl. -s) als Behandlung e. literarischen Themas 2. *Traktat*, das (lat., Pl. -e) 3. *Expertise*, die (lat.-fr., Pl. -n) i. S. e. Gutachtens 4. *Exposé*, das (lat.-fr., Pl. -s) Entwurf, zusammengefaßte Übersicht z. B. e. Manuskripts 5. *Rapport*, der (lat.-fr., Pl. -e) i. S. e. Meldung 6. *Referat*, das (lat., Pl. -e) »es möge berichten«, Vortrag über e. Thema halten 7. *Studie*, die (lat., Pl. -n) i. S. von Entwurf, Vorarbeit zu e. umfangreichen Projekt: Projektstudie

abhängig 1. *interdependent* (lat.) Abhängigkeit von zwei Größen 2. *kausal* (lat.) i. S. von ursächlich 3. *subaltern* (lat.) i. S. von unterwürfig, unselbständig

Abhängiger *Vasall*, der (lat.-fr., Pl. -en) Lehnsmann eines Vasallenstaates

Abhängiger, rechtlich u. wirtschaftlich ... *Sklave*, der (lat., Pl. -n) auch: Leibeigener. »Das ist kein Ärztestreik, das ist e. Sklavenaufstand.« (Armin Ehl, Hauptgeschäftsführer Marburger Bund, 2006)

Abhängigkeit 1. *Dependenz*, die (lat., Pl. -en) aus der Philos. 2. *Interdependenz*, die (lat., ohne Pl.) Abhängigkeit von zwei Größen 3. *Kausalität*, die (lat., Pl. -en) Zusammenhang oder Abhängigkeit von Ursache u. Wirkung, Kausalitätsgesetz; Ggs.: Finalität

Abhängigkeit, Befreiung aus e. Zustand der ... *Emanzipation*, die (lat., Pl. -en) »Nicht die Emanzipation der Frauen ist schuld, daß so wenige Kinder geboren werden – die Nichtemanzipation der Männer ist es.« (Amelie Fried, Moderatorin, 2006)

abheben, sich *kontrastieren* (lat.-it.-fr.) auch: im Gegensatz stehen; unterscheiden; nicht verw. mit: kontravenieren (lat.-fr.) vertragswidrig handeln

abhorchen *auskultieren* (lat.)

abhusten *expektorieren* (lat.) auch: seine Gefühle aussprechen; Schleim auswerfen

abirren *aberrieren* (lat.) von der Normalität abweichen

abkanzeln *abkapiteln* (lat.) i. S. von tadeln

Abkapselung *Isolation*, die (lat.-it.-fr., Pl. -en) von anderen absondern

abklären *sondieren* (fr.) vorführen, auch: mit e. Sonde untersuchen

Abklatsch *Klischee*, das (fr., Pl. -s) Vervielfältigung eines Druckstocks; auch: billige Nachahmung; gängiges Verhalten, Verwendung von Klischees in der Lit.

abklopfen *perkutieren* (lat.) auch: schlagen, i. S. von Hohlräume zur Untersuchung abklopfen (med.)

Abklopfmethode, med. ... *Perkussion*, die (lat., Pl. -en) entwickelt worden von dem Arzt Leopold Auenbrugger (1722–1809) aus Österreich

Abknickung *Flexion*, die (lat., Pl. -en) auch: Beugung z. B. der Gebärmutter (med.)

abknipsen *kupieren* (fr.) auch: abschneiden; »... das gefiel wiederum Hillu, sie will aber den Herren, wie bei den Schweinen üblich, die Schwänze coupieren.« (gemeint ist: kupieren) (G. Schröders geh. Tagebuch von H. Venske, 1997)

Abkochung 1. *Apozema*, das (gr., Pl. -ta) das Abkochen von z. B. Wurzeln oder Kräutern 2. *Dekokt*, das (lat., Pl. -e) z. B. Absud

Abkommen 1. *Kontrakt*, der (lat., Pl. -e) z. B. schließen 2. *Pakt*, der (lat., Pl. -e) Nichtangriffspakt zwischen Staaten 3. *Konvention*, die (lat.-fr., Pl. -en) die Genfer Konvention für Menschenrechte 4. *Agreement*, das (lat.-fr.-engl., Pl. -s) i. S. e. formlosen Übereinkunft, z. B. Gentleman's Agreement

Abkömmling des Propheten *Scharif*, der (arab.) eigtl.: hochgeboren; Ehrentitel

abkühlen, sich ... *chill out* (engl.-am.) das hat der abgetanzte Raver nötig, u. zwar im Chill-Out-Room des Techno-Clubs

Abkühlung nach hartem Wettkampf *cool down* (engl., ohne Pl.)

abkürzen *abbreviieren* (lat.) Wörter

Abkürzung 1. *Abbreviatur*, die (lat., Pl. -en) von Wörtern 2. *Abbreviation*, die (lat., Pl. -en) 3. *Akronym*, das (gr.-lat., Pl. -e) aus Anfangsbuchstaben mehrerer Wörter z. B. NASA

Abkürzungszeichen *Sigel*, das (lat., Pl. -s) i. S. von: das kleine Bild

Ablage 1. *Magazin*, das (arab.-it., Pl. -e) Stauraum 2. *Registratur*, die (lat., Pl. -en) von Geschäftsvorfällen

ablagern 1. *deponieren* (lat.) auch: abstellen, niedersetzen 2. *sedimentieren* (lat.) ablagern von Sand, Kies durch Wasser oder Wind (Geol.) oder: Bodensatz bei Flüssigkeiten bildend (Chem.)

Ablagerung 1. *Sediment*, das (lat., Pl. -e)

z. B. Gestein 2. *Depot*, das (lat.-fr., Pl. -s) Bodensatz von Wein

Ablaß *Indulgenz*, die (lat., ohne Pl.) von Verfehlungen, Sünden

Ablauf 1. *Chronologie*, die (gr., ohne Pl.) von Geschehen 2. *Prozeß*, der (lat., Pl. ...esse) Gerichts-, Arbeitsprozeß, chemischer Prozeß

Ablauf, e. geordneten ... haben *regulieren* (lat.) auch: regeln. »Wir müssen den Zigarettenmarkt viel stärker regulieren.« (Jacek Olzcak, Manager von Philip Morris, Marlboro, Deutschland, 2007)

ablaufen *funktionieren* (lat.) z. B. einwandfrei

ablegen *ad acta* (lat.) legen z. B. Unterlagen oder Ereignisse

ablehnen 1. *negieren* (lat.) i. S. von verneinen, z. B. Tatbestände 2. *abhorreszieren* (lat.) verabscheuen

ablehnend *negativ* (lat.) negativen Bescheid

Ablehnung 1. *Negation*, die (lat., Pl. -en) i. S.: Verneinung e. Aussage; Ggs.: Affirmation 2. *Reakt*, der (lat., Pl. -e) kurz von *Reaktion*, die (lat., Pl. -en) i. S. von Verhaltensweisen von Personen oder chem. Prozessen

ableisten *absolvieren* (lat.) Studium, Militärdienst

ableiten 1. *deduzieren* (lat.) das Besondere aus dem Allgemeinen ableiten; Ggs.: induzieren 2. *derivieren* (lat.) z. B. e. Wort ableiten, z. B. Schönheit von schön; auch: von e. Ziellinie abweichendes Geschoß 3. *induzieren* (lat.) z. B. vom bes. Einzelfall auf das Allgemeine schließen

Ableitung *Deduktion*, die (lat., Pl. -en) philos. vom Besonderen ins Allgemeine

Ableitung, durch ... entstanden *derivativ* (lat.) Sprachw.

ablenken *irritieren* (lat.) auch: verwirren; nicht verw. mit: *irisieren* (gr.-lat.) in Regenbogenfarben schillern

Ablenkung 1. *Diversion*, die (lat., Pl. -en) eines Lichtstrahls, Störmanöver gegen Staat 2. *Distraktion*, die (lat., Pl. -en) von Teilen der Erdkruste, med. Ausrichten von Knochenbrüchen 3. *Deflexion*, die (lat., Pl. -en) von Lichtstrahlen

Ablenkungsversuch *Manöver*, das (lat.-fr., ohne Pl.) mil. Täuschungsmanöver

15

Ableugnung *Renegation,* die (lat,. Pl. -en) z. B. des »rechten« Glaubens

ablichten 1. *fotografieren* (gr.) 2. *fotokopieren* (gr.)

Ablichtung 1. *Fotografie,* die (gr., Pl. ...ien) 2. *Fotokopie,* die (gr., Pl. ...ien)

ablöschen *deglacieren* (fr.) auch: auftauen, vom Eis befreien; Köche deglacieren, indem kalte Flüssigkeiten an Speisen gegeben werden

ablösen *alternieren* (lat.) auch: abwechseln

Ablösung 1. *Alternanz,* die (lat., Pl. -en) auch: Abwechslung; in der Landwirtschaft, wechselnde Ertragsschwankungen 2. *Alternation,* die (lat., Pl. -en) Abwechslung, Wechsel zwischen zwei Möglichkeiten

Abmachung 1. *Arrangement,* das (fr., Pl. -s) z. B. treffen 2. *Pakt,* der (lat., Pl. -e) Nichtangriffspakt 3. *Agreement,* das (lat.-fr.-engl., Pl. -s) formlose Übereinkunft, z. B. Gentleman's Agreement 4. *Kompromiß,* der (lat., Pl. ...misse) Abmachung nach gegenseitigen Zugeständnissen, z. B. e. faulen Kompromiß aushandeln 5. *Kontrakt,* der (lat., Pl. -e) auch: Vertrag 6. *Konvention,* die (lat.-fr., Pl. -en) Abkommen; völkerrechtlicher Vertrag, z. B. die Genfer Konvention (1864)

Abmagerung *Inanition,* die (lat., ohne Pl.) ... mit totaler Entkräftung

abmessen 1. *dosieren* (gr.-lat.-fr.) z. B. Med., Medikamente 2. *dimensionieren* (lat.) die Maße e. Gegenstandes festlegen; nicht verw. mit: *diminuieren* (lat.) vermindern, verkleinern

Abmessung 1. *Dimension,* die (lat., Pl. -en) i. S. von Ausmaß oder Erheblichkeit 2. *Proportion,* die (lat., Pl. -en) i. S. von Größenverhältnis, Gleichmaß, z. B.: »bei der Frau stimmen die Proportionen«

Abnahme *Dekreszenz,* die (lat., Pl. -en) z. B. im Wachstum abnehmen, Tonabschwächung

abnehmend 1. *diminuendo* (lat.-it.) Tonintensität 2. *calando* (gr.-lat.-it.) Tempo u. Lautstärke 3. *decrescendo* (lat.-it.) kurz: decresc., i. S. von leiser werdend; Ggs.: crescendo 4. *degressiv* (lat.) auch: abfallend; z. B. e. Investitionsgut degressiv abschreiben

Abneigung 1. *Animosität,* die (lat., Pl. -en)

z. B. gegen Personen 2. *Antipathie,* die (gr.-lat., Pl. ...ien) gegen Menschen 3. *Aversion,* die (lat.-fr., Pl. -en) gegen Personen oder Sachen 4. *Degout,* der (lat.-fr., ohne Pl.) i. S. von Ekel 5. *Idiosynkrasie,* die (gr.-lat., Pl. -n) Empfindlichkeit gegen Katzenhaare, best. Nahrung 6. *Hostilität,* die (lat., Pl. -en) auch: Feindseligkeit 7. *Misogynie,* die (gr., ohne Pl.) Abneigung gegenüber Frauen, Frauenfeindlichkeit 8. *Misologie,* die (gr., ohne Pl.) Abneigung gegen sachliche Auseinandersetzung; Haß gegen den Logos (das sinnvolle Wort) 9. *Misopädie,* die (gr., Pl. -n) krankhafter Haß gegen die eigenen Kinder, auch andere Kinder 10. *Misogamie,* die (gr., ohne Pl.) Abneigung bei Männern u. Frauen gegenüber Ehen

abnormal *pervers* (lat.) abnorm veranlagt

abnutzen *strapazieren* (it.) z. B. Kleidungsstücke oder Nerven

abordnen 1. *delegieren* (lat.) z. B. e. Aufgabe 2. *deputieren* (lat.-fr.) Personen mit Tätigkeit beauftragen

Abordnung 1. *Delegation,* die (lat., Pl. -en) Personen, die mit Vollmachten ausgestattet zu e. Verhandlung reisen 2. *Deputation,* die (lat., Pl. -en) Überbringer von Wünschen

Abort 1. *Klosett,* das (lat.-fr.-engl., Pl. -s) 2. *Latrine,* die (lat., Pl. -n) einfache Toilette 3. *Lokus,* der (lat., Pl. -se) ugs. 4. *Toilette,* die (lat.-fr., Pl. -n)

Abplattung *Elliptizität,* die (lat., Pl. -)

abräumen *abbacken,* seem. auf dem Schiff den Tisch i. O. bringen

Abrechnung, laufende ... *Konto,* das (lat.-it., Pl. ...ten) der Einnahmen u. Ausgaben; »Glück besteht aus e. hübschen Bankkonto, e. guten Köchin u. e. tadellosen Verdauung« (Jean Jacques Rousseau)

Abrede 1. *Arrangement,* das (fr., Pl. -s) z. B. sich auf etwas verständigen, einigen 2. *Pakt,* der (lat., Pl. -e) z. B. Nichtangriffspakt schließen

abreiben *frottieren* (fr.) z. B. mit Handtuch

abreißen 1. *demontieren* (lat.-fr.) z. B. von Industrieanlagen 2. *demolieren* (lat.-fr.) i. S. von zerstören

abrichten *dressieren* (lat.-fr.) Zirkustiere

Abrichter *Dresseur,* der (lat.-fr., Pl. -e) jmd., der Tiere dressiert (abrichtet)

Abrichtung *Dressur*, die (lat.-fr., Pl. -en) eines Zirkustieres

Abriß *Demontage*, die (lat.-fr., Pl. -n) von Industrieanlagen

abrücken *distanzieren* (lat.)

Abruf, auf ... on call (engl.) bei Bestellungen

Abrufdienst per Fax *Fax Polling*, das (engl.-am.) der zahlende Abonnent kann sich z. B. in den USA diverse Informationen nach Hause faxen lassen (Börseninfos, Freizeittips etc.)

abrunden *arrondieren* (lat.-fr.) z. B. Grundstücke begradigen, zusammenlegen

abrüsten 1. *demilitarisieren* (lat.-fr.) mil. 2. *demobilisieren* (lat.-fr.) i. S. von Streitkräfte verringern 3. *entmilitarisieren* (dt.-lat.)

Abrüstung *Demobilisation*, die (lat.-fr., Pl. -en) mil.

Absage *Forfait*, das (fr., Pl. -s) eigtl. Vertragsstrafe bei Wettrennen, Zurückziehen e. Meldung beim sportlichen Wettkampf

absagen *canceln* (engl.) auch: rückgängig machen, z. B. e. Flug, Aufträge oder Prozesse; e. Meeting (Sitzung) kann gecancelt werden

Absatz 1. *Paragraph*, der (gr.-lat., Pl. -en) gekennzeichnete Vertrags- oder Gesetzesabschnitte 2. *Marketing*, das (lat.-fr.-engl., ohne Pl.) übergeordneter Begriff zur Vertriebsförderung e. Unternehmens 3. *Passus*, der (lat., ohne Pl.) »Schritt« auch: Abschnitt in e. Text

Absatzfinanzierung *Factoring*, das (engl.-am., ohne Pl.) Unternehmen übertragen Forderungen an e. Factoringgesellschaft, die das Risiko der Zahlungsausfälle übernimmt

absatzfördernde Maßnahmen *Marketing*, das (engl., ohne Pl.)

Absatzförderung 1. *Marketing Mix*, das (lat.-fr.-engl., ohne Pl.) verschiedene vertriebsfördernde Maßnahmen 2. *Promotion*, die (lat.-engl., ohne Pl.) Förderung e. Aktivität, meist des Vertriebs; auch: Werbung

Absatzforschung *Marketing-research*, das (engl., Pl. -s)

Absatzgebiet *Outlet*, das (engl., Pl. -s) auch: Geschäftsstätte

Absatzpolitik *Merchandising*, das (lat.-fr.-engl.-am., ohne Pl.) Einsatz verschiedener umsatzpolitischer Maßnahmen

Absauger *Exhaustor*, der (lat., Pl. -en) Gebläse zum Absaugen von Stoffen u. Gasen

Abschabung *Abrasion*, die (lat., Pl. -en) auch: Küstenabtragung durch die Meeresbrandung

abschaffen *abolieren* (lat.) auch: aufheben

Abschaffung *Abolitionismus*, der (lat., ohne Pl.) Bewegung zur Abschaffung z. B. von Bordellen oder der Sklaverei

abschalten *deaktivieren* (lat.)

abschätzen 1. *taxieren* (lat.-fr.) z. B. Personen, Güter 2. *kalkulieren* (lat.) i. S. von Risiko; auch den Preis für e. Ware 3. *ästimieren* (lat.) jmdn. als Persönlichkeit schätzen 4. *evaluieren* (lat.) bewerten, auch: beurteilen

abschätzig 1. *despektierlich* (lat.) Bemerkung äußern 2. *pejorativ* (lat.) abwertend

abschernen *rasieren* (lat.-fr.) auch: übertölpeln. »Wenn Sie sich waschen u. rasieren, haben Sie in drei Wochen e. Job.« (Kurt Beck, SPD-Vorsitzender zum arbeitslosen Henrico Frank, 2007)

Abscheu *Horror*, der (lat., ohne Pl.) Schauer, Entsetzen

abscheulich 1. *detestabel* (lat.-fr.) verabscheuungswürdig 2. *abominabel* (lat.-fr.) widerlich 3. *monströs* (lat.-fr.) i. S. von mißgestaltet; bes. aufwendig

Abscheulichkeit *Atrozität*, die (lat., Pl. -en) i. S. von grausam

Abschiedsgruß *vale!* (lat.) Lebe wohl!

Abschlag, vom ... direkt ins Loch treffen *Hole in One* (engl.) Golfbez.

abschlagen *refüsieren* (lat.-fr.) i. S. von Wunsch

Abschlagzahlung *Akontozahlung*, die (it.-dt., Pl. -n)

abschleppen *bugsieren* (niederl.) d. h. ein Schiff ins Schlepptau nehmen

abschließen 1. *transigieren* (lat.-fr.) Einigung vor e. Urteil erzielen, aus Rechtsw. 2. *isolieren* (lat.-it.-fr.) i. S. von Personen

abschließend 1. *final* (lat.) z. B. Bemerkung beim Vortrag 2. *definitiv* (lat.) i. S. von endgültig

Abschluß *Bilanz*, die (lat.-it., Pl. -en) Gegenüberstellung des Vermögens und der Schulden, oder e. Übersicht erstellen

abschmecken *probieren* (lat.) z. B. Speisen

Abschmelzung *Ablation*, die (lat., Pl. -en) von Eis

abschneiden *kupieren* (lat.) abknipsen, auch: stutzen, z. B. bei Pflanzen oder Hunden (Ohren, Schwanz)

Abschnitt 1. *Etappe*, die (fr.-niederl., Pl. -en) bei Strecken 2. *Paragraph*, der (gr.-lat., Pl. -en) Textabschnitte 3. *Passus*, der (lat., Pl. -) sinnverwandter Textbereich 4. *Region*, die (lat., Pl. -en) i. S. von Landwirtschaft 5. *Rubrik*, die (lat., Pl. -en) Textrubrik e. Tageszeitung 6. *Segment*, das (lat., Pl. -en) Kreissegment, graphische Darstellung in der Statistik 7. *Sektor*, der (lat., Pl. -en) best. Gebiet, z. B. Sektorengrenze 8. *Stadium*, das (lat.-gr., Pl. ...ien) Entwicklungsstadium e. Lebewesens 9. *Fragment*, das (lat., Pl. -e) auch: Bruchstück; e. unvollständiges literarisches Werk; nicht verw. mit *Fragmentation*, die (lat., Pl. -en) direkte Kernteilung, auch: ungeschlechtliche Vermehrung von Pflanzen 10. *Intervall*, das (lat., Pl. -e) i. S. von Zeitspanne 11. *Partie*, die (lat., Pl. ...ien) auch i. S. von z. B. die untere Gesichtspartie; e. Partie Schach spielen; e. gute Partie machen 12. *Pensum*, das (lat., Pl. Pensen, Pensa) z. B. zugeteilte Arbeit in e. best. Zeit erledigen 13. *Periode*, die (gr.-lat., Pl. -n) auch: regelmäßig Auftretendes; Monatsblutung (Menstruation) 14. *Phase*, die (gr.-fr., Pl. -n) i. S. e. Zustandsform; Stufe

abschnittsweise *stadial* (gr.)

abschnüren *strangulieren* (gr.-lat.) i. S. von Luftröhre

Abschnürung *Strangulation*, die (gr.-lat., Pl. -en)

abschrägen *dossieren* (fr.) böschen

abschrecken 1. *intimidieren* (lat.) angst machen 2. *refraichieren* (fr.) gekochte Eier mit kaltem Wasser

abschreckend *exemplarisch* (lat.) beispielhaft, warnend

Abschreckung 1. *Dissuasion*, die (lat.-fr., Pl. -en) auch: Abhaltung 2. *Exempel*, das (lat., ohne Pl.) z. B. e. »Exempel statuieren« (abschreckendes Beispiel geben)

abschreiben *kopieren* (lat.) in Zweitschrift herstellen

Abschreibung 1. *Amortisation*, die (fr., Pl. -en) auch: Tilgung e. langfristigen Schuld 2. *Ristorno*, das (it., Pl. -s) i. S. von Ab-

oder Zuschreibung e. Postens in der Buchhaltung

Abschrift 1. *Kopie*, die (lat., Pl. -n) Durchschrift z. B. e. Textes 2. *Duplikat*, das (lat., Pl. -e) Zweitschrift

abschwächen *bagatellisieren* (lat.-it.-fr.) e. Tatbestand mindern

Abschwächung *Deeskalation*, die (fr.-engl., Pl. -en) Ggs.: Eskalation

Abschweifung *Exkurs*, der (lat., Pl. -e) z. B. vom eigentlichen Thema

Abschwung *Baisse*, die (lat.-fr., Pl. -n) fallende Börsenkurse

abseits *offside* (engl.) Beg. aus dem Fußball

absenden *expedieren* (lat.)

Absender *Adressant*, der (lat.-fr., Pl. -en) z. B. e. Postsendung

Absendung *Expedition*, die (lat., Pl. -en) Beg. aus dem Versandbereich

absetzen *depossedieren* (lat.-fr.) i. S. e. Herrschers, der entthront wird

Absetzen von therapeutischen Maßnahmen *Fading-out*, das (engl., ohne Pl.)

Absetzung *Deposition*, die (lat., Pl. -en) e. geistlichen Würdenträgers

Absicherung *Kautel*, die (lat., Pl. -en) e. Vertragsklausel, die bes. Absicherung vorsieht, z. B. das Währungsrisiko

Absicht 1. *Intension*, die (lat., Pl. -en) i. S. von beabsichtigen 2. *Tendenz*, die (lat.-fr., Pl. -en) auch: Hang, Neigung, erkennbare Absicht

Absicht, e. ... durchkreuzen *konterkarieren* (fr.)

absichtlich 1. *extra* (lat.) etwas tun 2. *demonstrativ* (lat.) z. B. provozierend (herausfordernd) e. Auffassung bekunden; bes. verdeutlichen 3. *ex professo* (lat.)

Absichtserklärung *Letter of intent*, der (engl., Pl. -s) ... gemeinsam e. Vertrag oder e. Geschäft abzuschließen

absinken *deszendieren* (lat.) Hochwasser geht zurück

absolut 1. *komplett* (lat.-fr.) i. S. von abgeschlossen, vollständig (»wir sind komplett«) 2. *perfekt* (lat.) i. S. von gültig, abgemacht 3. *total* (lat.-fr.) i. S. von gänzlich, völlig 4. *universal* (lat.-fr.) i. S. von gesamt, allgemein; weltweit; nicht verw. mit *universell* (lat.) i. S. von weitgespannt

absonderlich 1. *absurd* (lat.) i. S. von

merkwürdig 2. *abstrus* (lat.) schwer einsehbar oder abstruse Gedanken haben 3. *bizarr* (it.-fr.) i. S. von eigenwillig, verzerrt 4. *grotesk* (gr.-lat.-it.-fr.) i. S. von absurd-lächerlich

Absonderlichkeit 1. *Bizarrerie*, die (fr., Pl. …ien) 2. *Tick*, der (fr., Pl. -s) auch: Schrulle

absondern 1. *isolieren* (lat.-it.-fr.) i. S. von zurückziehen, Kontakt meiden 2. *separieren* (lat.-fr.) von Personen oder e. Staates von anderen 3. *sezernieren* (lat.) med., z. B. Sekret aus Wunden 4. *absentieren* (lat.) i. S. von entfernen 5. *sekretieren* (lat.) e. Sekret (Drüsenflüssigkeit) absondern (med.) aber auch: verschließen, geheimhalten, bes. Bücher in e. Bibliothek

absondernd *exkretorisch* (lat.) med. bez. ausgeschiedener Produkte

Absonderung 1. *Exkrement*, das (lat., Pl. -e) med. Kot 2. *Isolation*, die (lat.-it.-fr., Pl. -en) von z. B. ansteckend kranken Personen 3. *Sekret*, das (lat., Pl. -e) von e. Drüse abgesonderter, meist flüssiger Stoff, z. B. Speichel; aber auch: e. vertrauliche Mitteilung

Abspaltung 1. *Häresie*, die (gr., Pl. …ien) von der Kirchenmeinung abweichende Lehre, Irrlehre, Ketzerei 2. *Diszission*, die (lat., Pl. -en) auch: das Zerreißen, die operative Zerteilung e. Organs (med.)

absperren *blockieren* (fr.)

Absperrung von jeglicher Zufuhr *Blockade*, die (engl., Pl. -en) »…und Blockade hat auch was mit dem Bundesrat zu tun…« (Wolfgang Schäuble, 1998)

Absperrung zwischen Viehweiden *Oxer*, der (engl., ohne Pl.) auch: Hindernis beim Springreiten

Absperrvorrichtung *Ventil*, das (lat., Pl. -e) techn. für z. B. Gas, Gasventil

Absprache 1. *Agreement*, das (engl., Pl. -s) Übereinstimmung 2. *Kollusion*, die (lat., Pl. -en) i. S. von geheimer, sittenwidriger Verabredung

Abstammung *Deszendenz*, die (lat., ohne Pl.) Verwandte in fallender Linie: Kinder, Enkel

Abstammungslehre *Evolutionstheorie*, die (lat., Pl. -n) Darwin: Der Mensch stamme vom Affen ab; allmähliche Entwicklung

Abstand 1. *Distanz*, die (lat., Pl. -en) Entfernung; auch: sich von Personen abgrenzen, auf Distanz gehen, sich distanzieren 2. *Marge*, die (lat.-fr., Pl. -n) Spanne zwischen Einkaufs- u. Verkaufspreis 3. *Intervall*, das (lat., Pl. -e) Zeitabstand, Pause; Abstand z. B. zweier nacheinander klingender Töne

Abständen, in gleichen … *periodisch* (gr.-lat.) regelmäßig auftretend; z. B. periodisches System: Anordnung chem. Elemente nach periodisch wiederkehrenden Eigenschaften

Abstecher *Trip*, der (engl., Pl. -s) auch: Ausflug; in e. Rauschzustand unter Einfluß von Drogen sein

abstecken 1. *alignieren* (fr.) z. B. im Straßen-, Wegebau e. Trasse festlegen 2. *trassieren* (lat.-fr.) e. neue Straße abstecken

Absteckpfahl *Jalon*, der (fr., Pl. -s) Meßlatte für Vermessungen

Absteige *Karawanserei*, die (pers.-it., Pl. -en) sehr einfache Unterkunft für Karawanen

absteigen *deszendieren* (lat.) Absinken des Wasserstandes

absteigend *deszendent* (lat.)

Abstellen! 1. *Tune it out!* (engl.-am.) 2. *Switch it off!* (engl.) Bez. ist in der Szene überholt

Abstellschuppen 1. *Remise*, die (lat.-fr., Pl. -n) für Gartengeräte 2. *Kabinett*, das (fr., Pl. -e, -s) e. kleiner Raum

abstempeln *klassifizieren* (lat.) auch: Pflanzen oder Tiere in Klassen einordnen; nicht verw. mit *klassisch* (lat.) die Kunst u. Kultur der Antike betreffend: zeitlos, altbewährt

absterben 1. *mortifizieren* (lat.) 2. *nekrotisieren* (gr.) z. B.: Gewebe kann nekrotisch werden

Abstillen *Ablaktation*, die (lat., ohne Pl.) Säugling von Mutterbrust entwöhnen

abstillen *ablaktieren* (lat.) Säugling von Mutterbrust entwöhnen

abstimmen 1. *votieren* (lat.) bei e. Wahl 2. *koordinieren* (lat.) mehrere Dinge aufeinander abstimmen; »es wird nicht reichen, nur die Geldpolitik über die Europäische Zentralbank koordinieren zu wollen.« (G. Schröder, SPD-Kanzlerkandidat, 1998) 3. *synchronisieren* (gr.-lat.) zu e. Gleichlauf bringen

Abstimmen *Timing*, das (engl., Pl. -s) z. B. Handlungen aufeinander

Abstimmen, gegenseitiges ... *Koordination*, die (lat., Pl. -en) ... verschiedener Faktoren; aufeinander einstellen; »habe einmal mit Hillu getanzt, hatten Koordinationsprobleme« (G. Schröders geh. Tagebuch von H. Venske, 1997)

abstimmen, mit Kugeln ... *ballotieren* (fr.)

Abstimmung 1. *Ballotage*, die (it.-fr., Pl. -en) mit schwarzen u. weißen Kugeln 2. *Suffragium*, das (lat., Pl. ...ien) Wahrnehmung des Stimmrechts bei e. Wahl 3. *Volation*, die (lat., Pl. -en) Abgabe e. Wahlstimme

Abstimmung mit Kugeln *Ballotage*, die (fr., Pl. -n) geheime Abstimmung mit weißen oder schwarzen Kugeln

abstoßend 1. *degoutant* (lat.-fr.) i. S. von widerlich 2. *repulsiv* (lat.) z. B. elektrisch geladene Teilchen, die sich abstoßen

Abstoßung 1. *Repulsion*, die (lat., Pl. -en) techn. geladene Teilchen, die sich abstoßen 2. *Rejektion*, die (lat., Pl. -en) med. bei transplantierten Organen

abstufen 1. *differenzieren* (lat.) z. B. unterschiedliche Betrachtung 2. *nuancieren* (lat.-fr.) feines Abstufen

Abstufung 1. *Differenzierung*, die (lat., Pl. -en) z. B. e. Problems 2. *Gradation*, die (lat., Pl. -en) z. B. in Grade 3. *Nuance*, die (lt.-fr., Pl. -n) feine Abstufung

Absud *Dekokt*, das (lat., Pl. -e) auch: das Abgekochte

absurd *schizophren* (gr.-lat.) i. S. von ugs. verrückt, bewußtseinsgespalten sein

abtasten 1. *scannen* (lat.) edv-mäßiges Übertragen z. B. in PC 2. *palpieren* (lat.) med., Arzt tastet Körper ab

abtastend *palpatorisch* (lat.) med. durch Arzt

Abtastgerät *Scanner*, der (lat.-engl., Pl. -s) in der EDV werden Vorlagen abgetastet u. auf dem Monitor dargestellt

Abtaumittel *Defroster*, der (engl., Pl. -s) z. B.: Mittel zum Enteisen von Kfz-Scheiben

Abteil *Coupé*, das (fr., Pl. -s) Zugabteil

abteilen *isolieren* (lat.-it.-fr.) ansteckend Kranke trennen

Abteilung 1. *Departement*, das (lat.-fr., Pl.

-s) Verwaltungseinheit 2. *Sektion*, die (lat., Pl. -en) z. B. Bereich e. Organisation 3. *Referat*, das (lat., Pl. -e) »es möge berichten« i. S. e. Sachabteilung, e. Fachbereichs 4. *Sektor*, der (lat., Pl. ...en) Sachgebiet

Abteilungsleiter 1. *Dezernent*, der (lat., Pl. -en) Leiter e. Dezernats 2. *Rayonchef*, der (fr., Pl. -s) Warenhaus-Abteilungsleiter 3. *Sektionschef*, der (lat., Pl. -s) Abteilungsleiter in e. Ministerium

Abtönung *Nuance*, die (fr., Pl. -n) i. S. von: ein wenig von etwas abweichen

abtöten *mortifizieren* (lat.)

Abtötung *Mortifikation*, die (lat., Pl. -en) von Lüsten in der Askese

abtragen *erodieren* (lat.) von Mutterboden durch Wind u. Regen

Abtragung der Küste durch die Brandung *Abrasion*, die (lat., Pl. -en)

Abtragung e. Schuld *Amortisation*, die (lat., Pl. -en) auch: Kraftloserklärung e. Urkunde

Abtragung *Erosion*, die (lat. Pl. -en) von Mutterboden durch Wind u. Regen

abtreiben *abdriften* (Seemannsspr.) vom Ziel entfernen

abtreibend *abortiv* (lat.) med. Fehlgeburt einleitend

abtrennen 1. *amputieren* (lat.) »ringsumher wegschneiden«, e. Körperteil operativ entfernen; nicht verw. mit: *ambulieren* (lat.) spazierengehen oder lustwandeln 2. *abszindieren* (lat.) abreißen

Abtrennung 1. *Demarkation*, die (fr., Pl. -en) z. B. von Staaten durch Grenzen, Demarkationslinie 2. *Separation*, die (lat., Pl. -en) trennende Entwicklung von politischen Gruppen

abtretbar *zessibel* (lat.) rechtsw. Möglichkeit, Forderungen an Gläubiger abzutreten

Abtretbarkeit *Zessibilität*, die (lat., Pl.) z. B. von Forderungen, Ansprüchen

abtreten 1. *abandonnieren* (fr.) wirtsch. Gesellschafter von Kapitalgesellschaften können sich von Verpflichtungen durch Abtreten von Gesellschaftsanteilen befreien 2. *zedieren* (lat.) wirtsch. Abtreten von Forderungen

Abtretung 1. *Zession*, die (lat., Pl. -en) i. S. von Übertragung von Ansprüchen auf Gläubiger 2. *Abandon*, der (fr., Pl. -s)

wirtsch. i. S. von Verzicht auf Anteil, falls Gesellschafter Verluste nicht ausgleichen will

Abtropfstein *Stalaktit*, der (gr., Pl. -en)

Abtrünniger 1. *Apostat*, der (gr.-lat., Pl. -en) z. B. vom Glauben 2. *Renegat*, der (lat., Pl. -en) z. B. vom Glauben Abkommender

Aburteilung *Judikation*, die (lat., Pl. -en) richterliches Urteil

abwägend verfahren *lavieren* (niederl.) z. B.: der Kapitän laviert sein Schiff durch e. Riff, i. S. von vorsichtig e. Hindernis überwinden; aber auch: mit verlaufenden Farbflächen arbeiten

abwandelbar *variabel* (lat.-fr.) wirtsch. veränderlicher Zinssatz

abwandeln 1. *modifizieren* (lat.) i. S. von verändern, anpassen 2. *modulieren* (lat.) Tonartwechsel in e. Musikstück 3. *revidieren* (lat.) »wieder hinsehen«, prüfen, abändern 4. *transformieren* (lat.) i. S. von umwandeln; übertragen 5. *variieren* (lat.) verändern, bes. e. Thema in der Musik

Abwandern kluger Köpfe *Braindrain*, der (engl., ohne Pl.) ... ins Ausland; z. B. führender Wissenschaftler

Abwanderung *Migration*, die (lat., Pl. -en) dauerhafte Ab- u. Einwanderung von Populationen

Abwanderung von Wissenschaftlern *Brain-Drain*, der (engl.-am., Pl. -s) z. B. nach Nordamerika

Abwandlung 1. *Modulation*, die (lat., Pl. -en) Tonartwechsel in der Musik 2. *Modifikation*, die (lat., Pl. -en) z. B. e. Gesetzesvorschlages 3. *Variation*, die (lat., Pl. -en) Veränderung des Hauptthemas z. B. in der Musik 4. *Variante*, die (lat., Pl. -n) auch: Abart, Spielart

abwartend *defensiv* (lat.) i. S. von abwehrend, verteidigend; Ggs.: offensiv; auch: auf Sicherheit bedacht, z. B. beim Autofahren; rücksichtsvoll; Ggs.: aggressiv

abwärts strebend *basipetal* (gr.-lat.) die Verästelungen e. Pflanze; Ggs.: akropetal

Abwasser 1. *Fäkalien*, die (nur Pl.) von Menschen und Tieren ausgeschiedener Kot und Harn 2. *Kloake*, die (lat., Pl. -n) z. B. Jauche

Abwassergraben *Kanal*, der (lat., Pl. ...äle) Röhre, Rinne, Wasserlauf

Abwasserleitung *Kanalisation*, die (gr.-lat.-it., Pl. -en)

abwechseln 1. *alternieren* (lat.) i. S. e. Vorsitzes, der in e. bestimmten Reihenfolge wechselt 2. *variieren* (lat.) auch: abwandeln, bes. e. Thema in der Musik

abwechselnd *alternativ* (lat.-fr.) z. B. zwischen zwei Möglichkeiten wählen

Abwechslung *Diversifikation*, die (lat., Pl. -en) i. S. von e. vielfältigen Produktangebot, wirtsch. Erweiterung der Geschäftsfelder

Abwechslung ergötzt *varietas delectat* (lat., Zitat)

abwegig 1. *absurd* (lat.) gegen normale Ansichten 2. *abstrus* (lat.) »verborgen«, auch: verworren, gedanklich ungeordnet

Abwehr 1. *Defensive*, die (lat., Pl. -n) e. Auseinandersetzung vermeiden 2. *Parade*, die (lat.-it.-fr., Pl. -n) Verhinderung e. Attacke, z. B. beim Fechten

abwehren *parieren* (lat.-it.-fr.) die Attacke e. Gegners

abwehrend 1. *defensiv* (lat.) mäßigend verhalten 2. *präventiv* (lat.) auch: vorbeugend, verhütend; in der am. Außenpolitik wurde in den 70er Jahren von dem »atomaren Präventivschlag« gesprochen; nicht verw. mit *prävenieren* (lat.) zuvorkommen

Abwehrstoffe *Antikörper*, der (gr., Pl. -) im Blutserum gebildeter Abwehrstoff (med.)

abweichen 1. *variieren* (lat.-fr.) z. B. von e. Muster 2. *aberrieren* (lat.) von e. üblichen Form

Abweichen vom Kurs infolge des Seegangs 1. *gieren* (Seemannsspr.) davon abgeleitet: Gierfähre 2. *schwojen* (Seemannsspr.) auch: das Hin- u. Herpendeln e. im Strom vor Anker liegenden Schiffes

abweichen, voneinander ... 1. *differieren* (lat.) verschieden sein 2. *divergieren* (lat.) i. S. von auseinanderstreben, z. B. der divergierende Kosmos; Ggs.: konvergieren

abweichend 1. *anomal* (gr.-lat.) von der Norm abweichend 2. *diskrepant* (lat.) widersprüchlich 3. *divergent* (lat.) voneinander abweichend, z. B. Aussagen 4. *heterolog* (gr.-lat.) med. von Norm abweichend 5. *aberrant* (lat.) »abirrend« von der normalen Form 6. *abnorm* (lat.) ungewöhnlich; z. B. e. abnorm heißer Sommer

21

Abweichler *Dissident*, der (lat., Pl. -en) polit. Gesinnungsabweichler

Abweichung 1. *Aberration*, die (lat., Pl. -en) Abbildungsfehler z. B. bei Linsen oder Abweichungen innerhalb e. bestimmten Tierart 2. *Deklination*, die (lat., Pl. -en) Abweichung der Kompaßnadel 3. *Devianz*, die (lat., Pl. -en) Normabweichung 4. *Differenz*, die (lat., Pl. -en) Unterschied in der Auffassung oder Zahlendifferenz 5. *Differenzierung*, die (lat., Pl. -en) unterschiedliche Sicht e. Tatbestandes 6. *Divergenz*, die (lat., Pl. -en) bei unterschiedlichen Ansichten 7. *Toleranz*, die (lat., Pl. -en) erlaubte Abweichungen bei z. B. Normteilen 8. *Variation*, die (lat.-fr., Pl. -en) Spielarten e. Musikthemas 9. *Anomalie*, die (gr.-lat., Pl. ...ien) i. S. von Mißbildung; auch: (ohne Pl.) Regelwidrigkeit, vom Normalen abweichend; nicht verw. mit *Anomie*, die (lat., Pl. ...ien) Gesetzlosigkeit, -widrigkeit

abweisen *rejizieren* (lat.) rechtsw. e. Antrags bei Gericht

abweisend *reserviert* (lat.) i. S. von zurückhaltend

Abweisung *Rejektion*, die (lat., Pl. -en) rechtsw. Klage vor Gericht

abwerten *devalvieren* (lat.) i. S. von Währungsabwertung

abwertend 1. *despektierlich* (lat.-dt.) geringschätzig; auch: abfällig 2. *pejorativ* (lat.) abwertend, i. S. e. Bedeutungsverschlechterung e. Wortes; z. B. aus »gemeinsam« wird »gemein«, aus »fein« wird »unfein«

Abwertung *Devalvation*, die (lat., Pl. -en) Wirt. Währungsabwertung

abwesend *absent* (lat.) körperlich oder geistig nicht da

Abwesenheit 1. *Absenz*, die (lat., Pl. -en) med. geistige Absenzen 2. *Absentia*, die (lat., ohne Pl.) körperlich nicht da

Abwesenheit der Großgrundbesitzer von ihren Gütern *Absentismus*, der (lat., ohne Pl.)

abwickeln *liquidieren* (lat., it.) z. B. e. Firma schließen

Abwicklung *Liquidation*, die (lat.-it., Pl. -en) auch: Verflüssigung

Abzehrung *Tabeszenz*, die (lat., Pl. -en) auch: Auszehrung (med.)

Abzeichen *Emblem*, das (gr.-lat.-fr., Pl. -e) bes. Kennzeichen, Sinnbild

abzeichnen 1. *signieren* (lat.) 2. *paraphieren* (fr.)

abziehen 1. *retirieren* (fr.) zurückziehen 2. *subtrahieren* (lat.) math. Differenz zweier Zahlen bilden 3. *diskontieren* (lat.-it.) Wirt. Abzug des Diskonts e. Wechselsumme 4. *rabattieren* (lat.-it.) Wirt. Preisabschlag bei größeren Mengen

Abzug 1. *Diskont*, der (lat.-it., Pl. -e) Wirt. Wechselspesen 2. *Rabatt*, der (lat.-it., Pl. -e) Wirt. z. B. Mengenrabatt beim Kauf größerer Warenmengen 3. *Skonto*, der, das (lat.-it., Pl. -s, ...ti) Wirt. prozentualer Abzug e. Rechnungsbetrages bei rascher Bezahlung, z. B. 14 Tage 2 % Skonto

abzüglich *minus* (lat.) i. S. von weniger beim Subtrahieren

Achse 1. *Abszisse*, die (lat., Pl. -n) math. Horizontale im Koordinatensystem 2. *Ordinate*, die (lat., Pl. -n) math. Vertikale im Koordinatensystem

Achselstück *Epaulette*, die (lat.-fr., Pl. -n) militärische Rangabzeichen auf Uniformen, die goldenen Epauletten e. Admirals

Achsenrichtung, in der ... *axial* (lat.)

achtbar 1. *reputierlich* (lat.-fr.,) i. S. von Bürgern, die e. guten Ruf genießen 2. *respektabel* (lat.-fr.) Personen, die aufgrund ihrer Leistung, Gesinnung oder ihres Auftretens geachtet werden

Achtbarkeit *Respektabilität*, die (lat.-fr., ohne Pl.)

Achteck *Oktogon*, das (gr.-lat., Pl -e) Figur mit acht Ecken

achteckig *oktogonal* (gr.-lat.)

Achtelkreis *Oktant*, der (lat., Pl. -en) e. Achtel e. Kreisfläche

achten 1. *respektieren* (lat.-fr.) jemanden aufgrund seiner Leistung, Gesinnung, seines Auftretens; Dr. Albert Schweitzer war e. respektierter Arzt 2. *ästimieren* (lat.-fr.) Eigenschaften e. Person schätzen

ächten *proskribieren* (lat.) z. B. e. Strafgefangenen verbannen, Hauptmann Dreyfus auf die Teufelsinsel 1894

Achterschiff, überbautes ... *Poop*, die (lat.-engl., Pl. -s) eigtl.: Hütte

Achtflächner *Oktaeder*, das (gr., Pl. -) Figur aus der Geometrie

Achtpolröhre *Oktode,* die (gr., Pl. -n) e.
Elektronenröhre mit acht Elektroden
Achtung 1. *Respekt,* der (lat.-fr., ohne Pl.)
auf bes. Leistung, Fähigkeit, Gesinnung
begründet;»Ich kann mir vorstellen, daß
der Respekt vor uns noch größer geworden ist.« (Lothar Matthäus, Fußballer,
1998) 2. *Ästimation,* die (lat.-fr., Pl. -en)
auf bes. menschliche Eigenschaften bezogen 3. *Pietät,* die (lat., ohne Pl.) bes. in
Gotteshäusern, gegenüber Toten 4.*Attenti-
on!* (engl., ohne Pl.) z. B. bei e. Gefahr
Ächtung 1. *Boykott,* der (engl. Eigenn., Pl.
-s u. -e) Ächtung, nach dem engl. Hauptmann C. Boycott 2. *Proskription,* die (lat.,
Pl. -en) Bekanntmachung von Namen Geächteter, z. B. durch Sulla im alten Rom
Achtung einflößen *imponieren* (lat.-fr.)
»Wollen Sie Frauen imponieren? Stuntman läßt sich gegen Honorar effektvoll
zusammenschlagen« (Anzeige Münchner
Abendzeitung, 1985)
Achtzehneck *Oktodekagon,* das (gr.-lat.,
Pl. -e) Gebilde aus der Geometrie
Ackerbau *Agrikultur,* die (lat., Pl. -en)
Ackerbaukunde *Agronomie,* die (gr.-lat.,
ohne Pl.)
ackerbaulich *agronomisch* (gr.-lat.) auf
den Ackerbau bezogen, in Verbindung mit
diesem
Adel 1. *Aristokratie,* die (gr.-lat., Pl. -n)
z. B. engl. Hocharistokratie 2. *Nobilität,*
die (lat., ohne Pl.) altrömischer Amtsadel
3. *Noblesse,* die (lat.-fr., Pl. -n) i. S. von
vornehmer Gesellschaft oder »Noblesse
oblige«: Adel verpflichtet
Adel, englischer Titel 1. *Lord,* der (engl.,
Pl. -s) »Schützer des Brotes«; »der Lord
läßt sich entschuldigen, er ist zu Schiff
nach Frankreich« (Friedrich von Schiller:
»Maria Stuart«) 2. *Lordkanzler,* der (engl.-
dt., ohne Pl.) Lord Chancellor (engl.)
höchster engl. Staatsbeamter, Präsident
des Oberhauses u. des Obersten Gerichts-
hofes 3. *Lord-Mayor,* der (engl., Pl. -s)
Oberbürgermeister 4. *Lordship,* die (engl.,
ohne Pl.) Lordschaft, Rang u. Titel, Anrede e. Lords; auch: Herrschaftsgebiet e.
Lords
adelig 1. *aristokratisch* (gr.-lat.) der Aristokratie (privilegierten Oberschicht) zugehörig; auch: vornehm, edel 2.*feudal* (lat.-

germ.) i. S. von reichlich ausgestattet;
auch: vornehm, herrschaftlich; das
Lehnswesen betreffend 3. *nobel* (lat.-fr.)
edel; auch: freigebig, großzügig
adeln *nobilisieren* (lat.) in den Adelsstand
heben, z. B. Dichter Goethe zu Johann
Wolfgang von Goethe oder Seemann
Drake zu Sir Francis Drake
Adelsangehöriger *Aristokrat,* der (gr., Pl.
-en)
Aderverstopfung 1. *Embolie,* die (gr.-lat.,
Pl. ...ien) Verstopfung e. Blutgefäßes
durch körperfremde Substanzen 2. *Embolus,* der (gr.-lat., Pl. ...li) i. S. e. Gefäß-
pfropfs in der Blutbahn, z. B. Blutgerinnsel, Luftblase 3. *Thrombose,* die (gr., Pl.
-n) »Gerinnen«, Blutpfropfbildung bes.
innerhalb der Venen
Adliger *Magnat,* der (lat., Pl. -en) hoher
Adliger bes. in Polen u. Ungarn; auch:
mächtiger Stahlproduzent: Stahlmagnat
Friedrich Krupp
Adoptionsspiel als PC-Programm *PC-Pa-
renting,* das (engl.-am., ohne Pl.) der
Trend bewegt sich weg vom den brutalen
»Ballerspielen« hin zu tagelang dauern-
den Erziehungsspielen; am Ende ist das
»adoptierte« Tochter e. erfolgreiches Model oder e. Drogenopfer
Adresse *care of* kurz: $^c/_o$ (engl.) i. S. von
wohnhaft bei
Adresse des Computers im Internet *IP-
Adresse,* die (Eigenn., engl.-fr., Pl. -n) ...
bestehend aus vier Zahlengruppen:
342.69.44.2; jeder Computer im Internet
braucht e. solche Adresse
**Adresse e. Web-Site (Präsenz im Inter-
net) im World Wide Web (WWW, Da-
tennetz im Internet)** *Uniform Resource
Locator,* der (engl., Pl. -s) kurz: URL
Adressiermaschine *Adrema,* die (Marken-
name, Pl. -s)
Affe im Unterschied zum Menschen
Quadrumane, der (lat., Pl. -n) eigtl.: Vier-
händer
Affe, Kurzschwanz... Südamerikas
Uakari, der (indian., Pl. -s)
Affe, meerkatzenartiger *Makak,* der
(port.-fr.-afrik., Pl. ...kaken)
Affe, meerkatzenartiger *Mandrill,* der
(engl., Pl. -s)
Affenbrotbaum *Baobab,* der (afrik., Pl. -s)

wasserspeichernder Steppenbaum in Afrika, Malvengewächs

Affenmensch, aufrecht gehender ... *Pithecanthropus erectus*, der (lat., ohne Pl.) Name des 1891 von Eugen Dubois in Fragmenten entdeckten Urmenschen von Java, der vor ca. 500000 Jahren lebte

Afrikajagd *Safari*, die (arab., Pl. -s)

Afrikareise *Safari*, die (arab., Pl. -s) als Jagd- oder Fotoreise in den afrik. Busch

After *Anus*, der (lat,. Pl. Ani)

Afterriß *Analfissur*, die (gr.-lat., Pl. -en) Rißbildung der Afterhaut (med.)

Afteruntersuchung *Rektoskopie*, die (lat., Pl. ...ien) Mastdarmuntersuchung mit dem *Rektoskop*, das (lat., Pl. -e) Mastdarmspiegel (med.)

afterwärts *anal* (lat.)

Agent 1. *Spion*, der (germ.-it., Pl. -e) Geheimdienstmitarbeiter, s. Roman »Spion der aus der Kälte kam« von John le Carré; auch: Verräter 2. *Entrepreneur*, der (lat.-fr., Pl. -e) z. B. Theateragent, der Künstlern Engagements vermittelt oder als Konzertagent Konzerte organisiert u. veranstaltet; Versicherungsagent, Mitarbeiter e. Versicherungsbüros

Agentur, zionistische ... *Jewish Agency*, die (engl., Pl. -ies) wurde 1929 gegründet, ihre Aufgabe war die Organisation der Einwanderung nach Israel

aggressiv *polemisch* (gr.) scharfe, unsachliche Äußerung

ahnen *antizipieren* (lat.) e. Vorgang voraussehen; auch: vor Fälligkeit zahlen

Ahnenforschung *Generalogie*, die (gr., Pl. -n) Geschlechterkunde

Ahnenkult *Manismus*, der (lat., ohne Pl.) vom altrömischen »manen«, den guten Geistern

Ahnenverehrung *Manismus*, der (lat., ohne Pl.) vom altrömischen »manen«, den guten Geistern abgeleitet, bes. bei den Naturvölkern ausgeprägt

ähnlich 1. *analog* (gr.-lat.-fr.) i. S. von analoge Aussagen, math. Analogieschluß, e. Wert durch e. physik. Größe darstellen 2. *adäquat* (lat.) svw. e. Sache angemessen, entsprechend; Ggs.: inadäquat 3. *affin* (lat.) i. S. von verwandt 4. *äquivalent* (lat.) svw. gleichwertig 5. *homolog* (gr.) gleichlautend 6. *komparabel* (lat.) vergleichbar

7. *similär* (lat.-fr.) 8. *synonym* (gr.-lat.) sinnverwandt, bedeutungsgleich

Ähnliches möge mit Ähnlichem geheilt werden *simila similibus curentur* (lat., Zitat; Grundsatz des Arztes Samuel Hahnemann, 1755 – 1843)

Ähnlichkeit 1. *Parallelität*, die (gr.-lat., ohne Pl.) z. B. von Ereignissen, die ähnlich, d. h. gleichlaufend sind 2. *Analogie*, die (gr.-lat., Pl. ...ien) i. S. von Übereinstimmung

Ähnlichkeit im Grundbauplan der Skelette aller Wirbeltiere *Homologie*, die (gr.-lat., Pl. -n) nach dem Naturforscher Belon

Ahnung *Pressentiment*, das (lat.-fr., Pl. -s) i. S. von Vorahnung

ahnungslos *naiv* (lat.-fr.) kindlich unbefangen

Ahnungsvermögen *Divination*, die (lat., Pl. -en) z. B. die Wahrsagekunst

ahnungsvoll *prophetisch* (gr.-lat.) weissagend oder vorausschauend

Akademisches Viertel *cum tempore* (lat.) in Universitäten beginnen Vorlesungen bisweilen e. Viertelstunde später; daraus: verspätete Gäste erscheinen »cum tempore« = mit Zeit

Aktenaufschrift *Rubrum*, das (lat., Pl. ...bra) Inhaltsangabe in Stichworten auf dem Aktenrücken

Aktenbündel *Dossier*, das (lat.-fr., Pl. -s) zu e. Fall zusammengestellte, meist geheime oder vertrauliche Unterlagen, z. B. ein Dossier über e. Person erstellen

Aktengestell *Repositorium*, das (lat., Pl. ...ien)

Aktenheft *Dossier*, das (lat.-fr., Pl. -s) meist geheime, vertrauliche Aktenunterlagen zu e. Fall oder e. Person

Aktenmappe *Portefeuille*, das (fr., Pl. -s) auch: i. S. e. Wertpapierbestandes

Aktensammlung *Aktei*, die (lat., Pl. -n)

Aktenschrank 1. *Repositorium*, das (lat., Pl. ...ien) 2. *Registratur*, die (lat., Pl. -en) auch: der Bereich der Ablage in e. Firma oder Behörde

Aktenstück *Retent*, das (lat., Pl. -e) einbehaltene Aktenunterlage

Aktenverzeichnis *Rotulus*, der (lat., Pl. ...li) »Rolle«; auch: Stoß Urkunden

Aktie e. großen u. erstklassig eingestuf-

ten Unternehmens *Blue Chip*, der (engl., Pl. -s) auch: Wertpapier der besten Sorte (Börsenfachbegriff)

Aktie *Share*, der (engl., Pl. -s) Teil am Grundkapital e. Aktiengesellschaft, davon Shareholder = Aktionär

Aktie, neu ausgegebene ... infolge e. Kapitalerhöhung *junge Aktie*, die (dt.-lat.-niederl., Pl. -n) Börsenbez.

Aktie, stimmrechtslose ... *Stammaktie*, die (dt.-lat.-niederl., Pl. -n) ... die e. Vorzugsdividende bietet

Aktien, die nicht an der Börse gehandelt werden *Penny Stocks*, die (engl., nur Pl.)

Aktien großer, guter Unternehmen *Blue Chips*, die (engl.-am., nur Pl.) diese werden i. a. dem DAX, Nikkei, Dow Jones zugerechnet

Aktienauswahl, gezielte ... *Stockpicking*, das (engl., ohne Pl.)

Aktienbesitzer 1. *Aktionär*, der (lat.-fr., Pl. -e) Wirt. Eigner von Anteilen e. Aktiengesellschaft (AG) 2. *Shareholder*, der (engl., Pl. -s) »Halter« von AG-Anteilen

Aktienhändler *Stockjobber*, der (engl., Pl. -s) Wirt.

Aktienindex, europäischer ... *STOXX*, der (engl., ohne Pl.) aus engl.: Stock (Aktie), seit 1998 gibt es den STOXX-Index mit 665 Aktientiteln aus 16 europäischen Ländern

Aktienkurs nach Abschlag der fälligen Dividende *ex* (lat.)

Aktienkurs über dem Nennwert *über pari* (dt.-it.)

Aktienkurs unter dem Nennwert *unter pari* (dt.-it.)

Aktienverkauf kurz vor dem Dividendentermin *Dividendenstripping*, das (lat.-engl., Pl. -s) (erfolgt meist aus steuerlichen Gründen)

Aktion *Kampagne*, die (lat.-it.-fr., Pl. -n) z. B. Wahl-, Werbekampagne

Aktion, abgesprochene protestierender Gefangener *Bambule*, die (Bantu, Pl. -n) eigtl.: Trommel, Tanz; auch: Meuterei

Aktualität *Brisanz*, die (fr., ohne Pl.) z. B. die Brisanz e. politischen Rede

aktuell *brisant* (fr.) i. S. von: hochaktuell, explosiv

akzeptieren *tolerieren* (lat.) auch: dulden; »würde die CSU e. Minderheitsregierung

Schröder tolerieren?« (Welt am Sonntag, 1998)

Alarmgerät *Sirene*, die (gr.-lat., Pl. -n) Gerät, das bei Gefahr oder Einbruch aufmerksam macht; auch: Frauenfigur, die in der gr. Sagenwelt mit ihrem Gesang Odysseus betören wollte

albern *absurd* (lat.) i. S. von unsinnig

Albernheit *Niaiserie*, die (lat.-fr., Pl. ...ien) auch: Dummheit

Algenforscher *Algologe*, der (lat.-gr., Pl. -n)

Algenkunde *Phykologie*, die (gr.-lat., ohne Pl.)

algenkundlich *algologisch* (lat.-gr.)

Algenpilz *Phykomyzet*, der (gr., Pl. -en)

Alkoholabhängiger *Alkoholiker*, der (lat., Pl. -)

Alkoholart, süße dickflüssige ... *Glyzerin*, das (gr.-lat., ohne Pl.)

Alkoholgegner *Abstinenzler*, der (lat.) »das sind Leute, die vom Verzicht nicht genug bekommen« (Michael Pfleghar), jmd., der ohne Alkohol lebt

alkoholhaltige Getränke *Spirituosen*, die (lat.-fr., nur Pl.) z. B. Liköre, Weinbrand; nicht verw. mit *Spiritualien*, die (lat., nur Pl.) geistliche Dinge

Alkoholika mit Beruhigungsmittel *Geronimo*, der (sp., Pl. -) Szenewort; eigtl. der Name e. Apachenhäuptlings

Alkoholschmuggler *Bootlegger*, der (am., Pl. -s) Person, die zur Zeit der Prohibition illegal Schnaps brannte

Alkoholsucht *Alkoholismus*, die (arab.-sp.-lat., ohne Pl.) auch: Trunksucht

all *pan* (gr.) i. S. von ganz, völlig; z. B.: *Panorama*, das (gr., Pl. ...men) oder *Pantheismus*, der (gr., Pl. -) Allgottlehre, d. h. Lehre, in der Gott u. Welt identisch sind

Allah ist groß *Allahu Akbar* (arab.) Schlachtruf der fanatischen Moslems

Allah, wenn ... will *inschallah* (arab.) moslemische Redeformel

allbekannt *notorisch* (lat.) z. B. notorischer Lügner, Trinker oder Nörgler

Allbeseelung 1. *Pampsychismus*, der (lat., Pl. -en) 2. *Animismus*, der (lat., Pl. -en) alle Dinge sind beseelt

alle *in corpore* (lat.) Rechtsw. im gesamten

Allee 1. *Avenida*, die (lat.-span., Pl. ...en) 2. *Avenue*, die (lat.-fr., Pl. ...uen)

allein *solo* (lat.-it.) Mus.: Solist; auch Alleingang e. Spielers, bes. beim Fußball

allein, wer ... ist, der gehört nur sich *chi è solo è tutto suo* (it., Zitat: Leonardo da Vinci, 1452–1519, it. Universalkünstler)

Alleinanspruch *Monopol*, das (gr.-lat., Pl. -e) z. B.: Recht auf den Alleinverkauf

Alleinbeherrschung *Monopol*, das (gr.-lat., Pl. -e) Wirt. im Markt existiert nur e. Anbieter, der seine Preise diktieren kann, z. B. die Post als Monopolist

Alleinherrschaft 1. *Monarchie*, die (gr.-lat., Pl. ...ien) durch Kaiser, König repräsentiert 2. *Autokratie*, die (gr., Pl. -n) unbeschränkte Herrschaft 3. *Diktatur*, die (lat., Pl. -en) unbeschränkte Herrschaft e. Person, z. B. Adolf Hitler, oder e. Gruppe: Partei-, Militärdiktatur

Alleinherrscher 1. *Autokrat*, der (gr., Pl. -en) meist: 2. *Diktatoren*, die ohne freie Wahlen die Macht erringen, typischer Diktator: Adolf Hitler 3. *Monarch*, der (gr.-lat., Pl. -en) z. B. Kaiser, König

Alleinleben, Entwicklung zum bewußten ... *Singelisierung*, die (engl.-dt., ohne Pl.) das bewußte Alleinleben ist e. Erscheinung der Individualisierung in Industriegesellschaften

Alleinlebender *Single*, der (engl., Pl. -s) auch: Schallplatte, die auf jeder Seite nur e. Musiktitel enthält; Einzelspiel im Sport

Alleinrecht *Monopol*, das (gr.-lat., Pl. -e) alleiniger Anbieter

Alleinverkaufsrecht *Monopol*, das (gr.-lat., Pl. -e)

allemal *definitiv* (lat.)

Allergieauslöser *Allergen*, das (gr., Pl. -e) z. B. Pollen, die Heuschnupfen hervorrufen (med.)

Allerheiligstes 1. *Abaton*, das (gr., Pl. ...ta) Raum z. B. in orthodoxer Kirche, der nur best. Personen zugänglich ist 2. *Adyton*, das (gr., Pl. ...ta) Teil gr. u. römischer Tempel 3. *Sanctissimum*, das (lat., ohne Pl.) geweihte Hostie (Abendmahlbrot) der katholischen Kirche

Allerlei 1. *Potpourri*, das (fr., Pl. -s) bekannte, miteinander verbundene Musikstücke, Schlager 2. *Varia*, die (lat., ohne Pl.) Verschiedenes

Allerseelenfest *Bonfest*, das (jap.-dt., ohne

Pl.) das Hauptfest des japanischen Buddhismus

alles fressend *omnivor* (lat.) zool. Tiere, die Fleisch und Pflanzen fressen

alles in allem *summa summarum* (lat.)

alles wandelt sich *tempora mutantur* (lat.) i. S. von es ändert sich alles, oder nach Heraklit:»alles fließt« – »panta rhei«

alles zusammen *pauschal* (lat.) i. S. von im ganzen, z. B. Pauschalpreis, der alles beinhaltet

alles, entweder ... oder nichts *aut Caesar aut nihil* (lat., Zitat) entweder Kaiser oder nichts

Allesfresser 1. *Omnivore*, der (lat., Pl. -n) zool. Tiere, die Fleisch u. Pflanzen aufnehmen. Der Mensch ist e. typischer Allesfresser 2. *Pantophage*, der (gr.-lat., Pl. -n) zool. Tiere, die Fleisch u. Pflanzen aufnehmen

Allesfresserei *Panthophagie*, die (gr.-lat., ohne Pl.)

Alleskönner 1. *Allroundman*, der (engl., Pl. ...men) z. B. e. Entertainer (Unterhalter), der tanzen u. singen kann 2. *Universalgenie*, das (lat.-fr., Pl. -s) bes. begabter Mensch

Allgegenwart 1. *Omnipräsenz*, die (lat., ohne Pl.) 2. *Ubiquität*, die (lat., ohne Pl.) z. B. Allgegenwart Gottes

allgegenwärtig *omnipräsent* (lat.)

allgemein 1. *generell* (lat.) i. S. von: mit e. Vorschlag generell einverstanden sein 2. *global* (lat.) i. S. von umfassend, e. globalen Überblick verschaffen, von Globus = Kugel 3. *in genere* (lat.) 4. *ordinär* (fr.-lat.) i. S. von gewöhnlich 5. *universal* (fr.-lat.) von Universum; z. B. e. allgemeine universale Ausbildung haben 6. *universell* (fr.-lat.) umfassend, weitgespannt

Allgemeinbegriff *Universalie*, die (fr.-lat., Pl. -n)

allgemeine Meinung *Opinio communis*, die (lat., ohne Pl.)

allgemeiner Zug *Trend*, der (engl., Pl. -s) e. Entwicklung z. B. in der Mode

allgemeingültig *generell* (lat.)

Allgemeinheit *Publikum*, das (lat., ohne Pl.) i. S. von Zuhörerschaft

allgemeinverständlich 1. *exoterisch* (gr.-lat.) u. für die Öffentlichkeit bestimmt 2. *populär* (lat.-fr.) z. B. wissenschaftliche

26

Abhandlungen oder Zusammenhänge populär darstellen

Allheilmittel 1. *Panazee*, die (gr.-lat., Pl. -n) svw. Wundermittel 2. *Theriak*, der (gr.-lat., Pl. -s) mittelalterliches Allheilmittel mit Opium-Beimengung

alljährlich *annuell* (lat.)

Allmacht *Omnipotenz*, die (lat., ohne Pl.) i. S. von göttlicher Allmacht

allmächtig *omnipotent* (lat.)

allmählich 1. *graduell* (lat.-fr.) svw. stufenweise Entwicklung 2. *peu à peu* (fr.) i. S. von Stück für Stück 3. *sukzessive* (lat.) nach u. nach

allseitig 1. *komplex* (lat.) 2. *universell* (fr.-lat.) i. S. von: umfassend, vielseitig

Allseitigkeit *Universität*, die (lat., Pl. -en) i. S. e. alles umfassenden Bildung; »wahre Universität besteht nicht darin, daß man vieles weiß, sondern daß man vieles liebt« (Jacob Burckhardt)

alltäglich *banal* (germ.-fr.) z. B. e. banale Äußerung 2. *profan* (lat.) i. S. von weltlich 3. *trivial* (lat.-fr.) gewöhnlich, z. B. triviales Theaterstück 4. *ordinär* (lat.-fr.) unfein i. S. von: 5. *vulgär* (lat.-fr.) derb, z. B. e. ordinäre Person

Alltäglichkeit *Trivialität*, die (lat.-fr., Pl. -en) i. S. von unbedeutend 2. *Profanität*, die (lat., ohne Pl.)

Alltagskleidung *Streetwear*, die (engl., ohne Pl.)

Alltagssituation, lustige ... *Sitcom*, das (engl.-am., ohne Pl.) ... die in e. TV-Sendung gezeigt wird; Situationskomödien, die in den USA als Film sehr beliebt sind

allumfassend 1. *komplex* (lat.) 2. *universell* (fr.-lat.)

Allwettermantel *Trenchcoat*, der (engl., Pl. -s) Wettermantel mit Schulterklappen u. Gürtel, wird eingern von Kriminalkommissaren getragen worden

Allwissenheit *Omniszienz*, die (lat., ohne Pl.) i. S. von göttliche Allwissenheit

Allzweck-Segel *Allrounder*, der (engl., Pl. -s) seem. z. B. Schmetterlingssegel

Almosensteuer *Zakat*, die (arab.)

Alpdruck *Inkubus*, der (lat., Pl. Inkuben) auch: Teufel, der mit e. Hexe geschlechtlich verkehrt (mittelalterlicher Volksglaube)

Alpdrücken *Oneirodynia*, die (gr.-lat., ohne Pl.) med. Alpträume

Alpenglöckchen *Soldanella*, die (it., Pl. ...llen) zu den Primeln gehörende Blume

Alpenjäger, italienischer ... *Alpini*, die (lat.-it., nur Pl.) eine it. Gebirgstruppe

Alpenrose *Rhododendron*, der (gr.-lat., Pl. ...dren) auch: Rosenbaum, Erikagewächs

Alpenveilchen *Zyklame*, die (lat., Pl. -n)

Alraunwurzel *Mandragora*, die (lat., Pl. ...oren) e. stengelloses Nachtschattengewächs

also 1. *ergo* (lat.) svw. folglich 2. *ergo bibamus!*: also laßt uns trinken! Mittelalterlicher Trinklied-Kehrreim

alt 1. *antiquiert* (lat.) etwas wirkt antiquiert 2. *antiquarisch* (lat.) bez. alter Möbel 3. *antik* (lat.-fr.) bez. des klassischen Altertums, sehr alt 4. *dekrepit* (lat.-fr.) heruntergekommen

Altar *Triptychon*, das (gr., Pl. ...chen u. ...cha) dreiteiliger Altar

Altardach *Ziborium*, das (gr.-lat., Pl. ...ien) i. a. auf Säulen stehendes Dach

Altargebet *Kollekte*, die (lat., Pl. -n) Spende nach dem Gottesdienst

Altarnische *Apsis*, die (gr.-lat., Pl. ...iden) auch: Zeltnische für Gepäck

Altarraum 1. *Sanktuarium*, das (lat., Pl. ...rien) in katholischer Kirche 2. *Abaton*, das (gr.-lat., Pl. ...ta) auch: Allerheiligste

Altarraum, erhöhter ... *Bema*, das (gr., Pl. -ta) ... in orthodoxen Kirchen

Altarsakrament *Eucharistie*, die (gr.-lat., Pl. -ien)

altbewährt *klassisch* (lat.) die ersten Bürgerklassen betreffend

Altbuchhandlung *Antiquariat*, das (lat., Pl. -e)

alte Kunstgegenstände *Antiquitäten*, die (lat., meist Pl.) »sie sind das einzige Feld, auf dem das Gestern noch Zukunft hat« (Harold Wilson)

alteingesessen *autochthon* (gr.-lat.) z. B. bodenständige Gemeinschaften

Alter *Pantalone*, der (it., Pl. ...ni) komische, greise Figur aus der Commedia dell'arte

Alter schützt vor Torheit nicht *lupus pilum mutat, non mentem* (lat., Zitat)

Alter, umworbenes ... **als Wirtschaftsfaktor** *Best Ager*, der (engl., Pl. -s) gemeint ist die finanzstarke ältere Bevölkerung

Altersbezüge *Rente*, die (lat.-fr., Pl. -n) Rentenlüge, Rentenpoker, Rentenreform, politische Begriffe zum Rentengesetz

Altersforschung *Gerontologie*, die (gr., ohne Pl.) Fachgebiet, in dem die Alterungsvorgänge des Menschen erforscht werden

Altersgenossen, Gesamtheit der ... *Generation*, die (lat., Pl. -en)»Diese Generation hält Geld zum Glück nicht für böse wie wir damals.« (Rainer Langhans, Ex-Kommunarde, 1997)

Altersheilkunde *Geriatrie*, die (gr.-lat., ohne Pl.)

Altersheilkunde, die ... betreffend *geriatrisch* (gr.-lat.)»... wenn Hollywoods geriatrische Abteilung auf die Bühne tapert« (G. Schröders geh. Tagebuch von H. Venske, 1997)

Altersheilkundler *Geriater*, der (gr.-lat., Pl. -) Arzt mit Spezialwissen in der Geriatrie

Altershygiene *Gerokomie*, die (gr., ohne Pl.) med. Altersfürsorge

Altersrente bei Beamten *Pension*, die (fr., Pl. -en) eigtl. Auszählung, auch: Unterkunft für Gäste

Altersruhegeld *Rente*, die (lat.-fr., Pl. -n)

altersschwach *senil* (lat.) med. meist im geistigen Sinn

Altersschwäche *Senilität*, die (lat., ohne Pl.) altersbedingte Gebrechen: Sehschwäche; auch: geistige Defekte: Gedächtnisschwund

Altersschwachsinn 1. *Dementia senilis*, die (lat., ohne Pl.) altersbedingter Denkdefekt 2. *Senilität*, die (lat., ohne Pl.) z. B.: Gedächtnisschwäche (med.)

Altersschwerhörigkeit *Presbyakusis*, die (gr.-lat., ohne Pl.) med.

Altersstar *Phakosklerose*, die (gr.-lat., Pl. -n) med.

Altersweitsichtigkeit *Presbyopie*, die (gr.-lat., ohne Pl.) med.

Altertum 1. *Antike*, die (lat.-fr., ohne Pl.) z. B. klassisches Altertum; »Haefs' Antike ist kein glatter Marmor, sie lebt, frißt, grölt, liebt u. verreckt.« (Frankfurter Rundschau, 1998) 2. *Paläozoikum*, das (gr.-lat., ohne Pl.) erdzeitliches Alter

altertümlich 1. *antik* (lat.-fr.) zum klassischen Altertum gehörend, z. B. e. antike Säule 2. *anzestral* (lat.-fr.-engl.) 3. *ar-*

chaisch (gr.-lat.) i. S. von e. Naturvolk lebt steinzeitlich

Altertümliches *Antiquität*, die (lat., Pl. -en) z. B. Möbel, Porzellan

Altertumsforscher *Archäologe*, der (gr.-lat., Pl. -n)

Altertumskunde *Archäologie*, die (gr.-lat., ohne Pl.)

Alterungsprozeß, den natürlichen ... verlangsamen *Antiaging*, das (engl., Pl. -s) durch: Sport, bes. Ernährung, Kosmetik

Ältestenrat *Senat*, der (lat., Pl. -e) im antiken Rom Träger des Volkswillens, auch: Regierungsbehörde z. B. in Hamburg; Verwaltungsbehörde an Universitäten

Ältester 1. *Nestor*, der (gr.-lat., Pl. -en) kluger, gr. Held der Odyssee, der drei Menschenalter gelebt haben soll 2. *Senior*, der (lat., Pl. -en) Vater im Verhältnis zum Sohn, Seniorchef

althergebracht *konservativ* (lat.)»Die SPD ist eher strukturkonservativ.« (Jürgen Trittin, Bündnis 90/Die Grünen, 1998)

Altklarinette *Bassetthorn*, das (it.-dt., Pl. ...hörner)

Altmeister *Nestor*, der (gr.-lat., Pl. -en) bes. weiser, alter Mann; gr. Held der Odyssee, der drei Menschenalter gelebt haben soll

Altmenschen *Paläanthropinen*, die (gr., Pl.) Menschen Westeuropas u. Nordafrikas, die im Mittelpaläolithikum lebten

altmodisch 1. *anachronistisch* (lat.-gr.) überholt 2. *antiquiert* (lat.) nicht mehr dem Zeitgeschmack entsprechend 3. *obsolet* (lat.) veraltet 4. *démodé* (fr.) aus der Mode

Altpapier *Makulatur*, die (lat., Pl. -en) i. S. von schlechten Druckerzeugnissen; auch: Unsinn reden

Altrömisches Fest *Bacchanal*, das (gr.-lat., Pl. -ien) dem Weingott Bacchus zu Ehren

Altrömisches Gewand *Toga*, die (lat., Pl. ...gen)

Altstadt, arabische ... *Medina*, die (arab.)

Altsteinzeit 1. *Abbevillien*, das (Eigenn., ohne Pl.) ... nach dem Fundort Abbeville (Frankreich), Kulturstufe der älteren Altsteinzeit 2. *Paläolithikum*, das (gr.-lat., ohne Pl.) Bez. aus der Erdgeschichte

altsteinzeitlich *paläolithisch* (gr.-lat.)
am besten 1. *optime* (lat.) 2. *optimal* (lat.)
3. *super* (lat.) svw. sehr gut, großartig
am Ende *terminal* (lat.)
Amateur-Singwettbewerb *Karaoke*, das
(jap., ohne Pl.) von: kara (leer) u. oke als
Abk. für okesutora (Orchester) lustige Gesangsveranstaltung für Amateure
Ameisenkunde *Myrmekologie*, die (gr.-
lat., ohne Pl.)
Ameisensäure *Formaldehyd*, der (lat.,
ohne Pl.) auch: giftiges Raumdesinfektionsmittel
Amerikaner 1. *Yankee*, der (engl., Pl. -s)
Spitzname für Bewohner der USA 2. *Gringo*, der (gr.-lat.-sp., Pl. -s) Bez. des Nichtromanen im sp. Südamerika, bes. des Be-
wohners der USA
**Amerikaner, rund 40 Millionen ..., die
den Höhepunkt ihres Konsumverhal-
tens um 2010 erreicht haben** *Baby-Boo-
mer-Generation*, die (engl.-lat., Pl. -en)
Amerikanischer Geheimdienst *Central
Intelligence Agency*, die (am., ohne Pl.)
Abk.: CIA
amerikanischer Lebensstil *American Way
of Life* (am.)
amerikanisches Wildpferd *Mustang*, der
(sp.-engl., Pl. -s) auch: am. Automarke
von Ford
Ammonit, versteinerter ... *Hoplites*, der
(lat., Pl. ...ten) e. Leitfossil der Kreidezeit
Amöben im Innern e. Körpers lebend
Entamöben, die (gr.-lat., nur Pl.) d. h. pa-
rasitisch im Menschen oder Tier lebend
Amor überwindet alles *omnia vincit Amor*
(lat., Zitat: Virgil)
Amt 1. *Charge*, die (lat.-fr., Pl. -n) 2. *Mandat*, das (lat., Pl. -e) z. B. Mandatsträger,
Amt e. Abgeordneten
Amt des Stadthalters im alten Persien
Satrapie, die (pers.-lat., Pl. ...ien)
Amt, heiliges ... *sanctum officium* (lat.) so
wurde auch die Inquisition bezeichnet
Ämterumbesetzung *Revirement*, das (fr.,
Pl. -s) auch: wirtsch. Form der Abrech-
nung zwischen Schuldnern u. Gläubigern
amtlich 1. *offiziell* (lat.-fr.) 2. *formell* (lat.-
fr.) nicht: formal (äußere Form betreffend)
Amts wegen, von ... *ex professo* (lat.)
Amtsadel *Nobilität*, die (lat., ohne Pl.) im
römischen Reich

Amtsbereich *Ressort*, das (fr., Pl. -s) z. B.
von Ministern; Wirtschaftsressort, Res-
sortchef
Amtsbewerber *Kandidat*, der (lat., Pl. -en)
auch unsicherer Kandidat svw. schlechter
Partner
Amtsbezeichnung *Titulus*, der (lat., Pl.
...li) z. B. Oberrat, Hauptwachtmeister
Amtsbezirk e. Ritterordens *Ballei*, die
(lat., Pl. -en)
Amtsbruder *Konfrater*, der (lat., Pl.
...tres) eigtl. Mitbruder; Amtsbruder der
kath. Kirche
Amtsdauer e. Parlaments ... *Legislaturperiode*, die (lat., Pl. -n) ... zwischen zwei
Wahlen.»Wir haben in der letzten Legis-
laturperiode die Strafbarkeit von Verge-
waltigung in der Ehe durchgesetzt.«
(Wolfgang Gerhardt, F.D.P.-Chef, 1998)
Amtseinführung *Ordination*, die (lat., Pl.
-en) Pfarramt der evangelischen Kirche;
nicht verw. mit: *Subordination*, die (lat.,
Pl. -en) Unterordnung, Gehorsam
Amtseinsetzung *Inthronisation*, die (gr.-
lat., Pl. -en) z. B. e. Königs
Amtseinweisung *Immission*, die (lat., Pl.
-en) Einsetzung in e. Position; auch: das
Einwirken von Schadstoffen u. Lärm
Amtsenthebung 1. *Suspension*, die (lat.,
Pl. -en, falsch: Suspendierung) einstweilige Dienstenthebung; auch: feinverteilte
Feststoffe in e. Flüssigkeit 2. *Impeachment*
das (am. Pl. -s) speziell die Amtsenthebung des amerikanischen Präsidenten;
wäre fast Richard Nixon 1974 in der Wa-
tergate-Affäre widerfahren 3. *Degradation*, die (lat., Pl. -en) auch Herabsetzung in
niedere Position svw.: 4. *Degradierung*,
die (lat., Pl. -en) aber auch: Verschlechterung e. guten Bodens durch Kahlschlag
5. *Destitution*, die (lat., Pl. -en)
Amtsgebäude *Präsidium*, das (lat.-fr., Pl.
...ien) z. B.: Polizeipräsidium; auch: Vorsitz e. Versammlung
Amtsgehilfe *Adlatus*, der (lat., Pl. ...ten)
nur noch scherzhaft verwendet, svw. Helfer
Amtsraum *Kanzlei*, die (lat., Pl. -en) Räume e. Notars
**Amtsschimmel, Person, die wie e. ...
denkt u. handelt** *Bürokrat*, der (lat.-fr.,
Pl. -en) »Es gibt zwei Arten von Europa:

das der Völker u. das der Bürokraten.«
(Tony Blair, Regierungschef von Großbritannien, 1997)

Amtssitz 1. *Dekanat*, das (lat., Pl. -e) e. Dekans (Leiter einer Universitätsfakultät, z. B. Wirtschaftsfakultät) 2. *Residenz*, die (lat., Pl. -en) Sitz e. weltlichen oder geistlichen Oberhauptes

Amtssprache Pakistans *Urdu*, das (Hindi, ohne Pl.) e. neuindische Sprache

Amtstag *Jour*, der (lat.-fr., Pl. -s) i. S. von jour fix, Tag für feste Sitzungen

Amtstracht 1. *Habit*, das (lat.-fr., Pl. -e) Kleidung, die der Würde e. Position entspricht 2. *Ornat*, das, der (lat., Pl. -e) feierliche Amtskleidung 3. *Talar*, der (lat.-it., Pl. -e) langes, weites Amtsgewand z. B. e. Richters

Amtsträger e. **Moschee** *Muezzin*, der (arab., Pl. -s) auch: jmd., der fünfmal täglich zum Gebet ruft

Amtsuntreue *Prävarikation*, die (lat., Pl. -en) z. B. Rechtsanwälte, die gleichzeitig Mandanten u. heimlich die gegnerische Seite beraten

Amtsvorgänger 1. *Antezessor*, der (lat., Pl. -en) 2. *Prädezessor*, der (lat., Pl. -en)

Amtswürde *Dignität*, die (lat., Pl. -en) Rang u. Bedeutung; auch bei Tumoren, hinsichtlich ihrer Gut- o. Bösartigkeit (med.)

Amtszeit 1. *Ära*, die (lat., Pl. ...ren) lange Amtszeit e. prägenden Politikers: Bismarck, Adenauer; heute 2. *Regentschaft*, die (lat.-dt., Pl. -en) Regierungszeit e. Königs 3. *Pontifikat*, das (lat., Pl. -e) Amtsdauer des Papstes oder e. Bischofs

Amulett *Palladium*, das (gr.-lat., Pl. ...ien) die gr. Göttin Pallas Athene galt als Schutzpatronin

Analphabet, künftiger ... *Medienanalphabet*, der (lat., Pl. -en) gebildete Personen, die nicht mit dem Computer umgehen können

anbändeln 1. *flirten* (engl.) 2. *poussieren* (fr.) eigtl. drücken, stoßen

anbauen *kultivieren* (lat.-fr.) svw. urbar machen

anbeten *adorieren* (lat.) verehren

Anbetender *Adorant*, der (lat., Pl. -en) in der christlichen Kunst, e. Gott anbetende Person

Anbetung *Adoration*, die (lat., Pl. -en) i. S. von Huldigung der Kardinäle an gerade gewählten Papst; auch: Anbeten des Altarsakraments in der katholischen Kirche

anbetungswürdig *adorabel* (lat.) bezogen auf Personen

anbieten 1. *offerieren* (lat.) z. B. Waren oder Produkte 2. *kredenzen* (it.) feierlich darreichen z. B. der Chefkoch kredenzt Speisen 3. *präsentieren* (lat.) vorlegen, e. Rechnung präsentieren

Anbieter 1. *Offerent*, der (lat., Pl. -en) wirt. Kaufmann, der e. Offerte (Angebot) vorlegt, der etwas offeriert 2. *Dealer*, der (engl., Pl. -) i. S. von Händler, z. B. Rauschgift-, Drogen-Dealer

Anblick 1. *Szene*, die (gr.-lat.-fr., Pl. -n) es bietet sich e. besondere Szene 2. *Szenerie*, die (gr.-lat.-fr., Pl. -n) i. S. von Landschaftsbild

Anblick, was hilft der ..., wenn man ihn nicht genießen darf? *quid iuvat aspectus, si non conceditur usus?* (lat., Zitat)

Andacht 1. *Devotion*, die (lat., Pl. -en) 2. *Devotionalien*, die (lat., ohne Pl.) der Andacht dienende Gegenstände

andächtig *religioso* (lat.-it.) musik. Spielanweisung

andauernd *permanent* (fr.) ständig

Andenken 1. *Souvenir*, das (lat.-fr., Pl. -s) z. B. Reisesouvenirs; nicht Souvenire 2. *Reliquie*, die (lat., Pl. -n) wertvolles Andenken im religiösen Sinn, z. B.: Stück des Gewandes e. Heiligen

Andenschnee *Kokain*, das (indian.-sp., ohne Pl.) Rauschmittel

ändern 1. *revidieren* (lat.) z. B. seine Meinung nach gründlichem Nachdenken 2. *korrigieren* (lat.) i. S. von verbessern, der Lehrer korrigiert e. Diktat 3. *modifizieren* (lat.) abwandeln 4. *revidieren* (lat.) z. B. e. Urteil überprüfen 5. *transformieren* (lat.) umwandeln oder umspannen 6. *variieren* (lat.-fr.) abwandeln, abweichen

ändern, sich im genetischen Material ... *mutieren* (lat.) »Etliche von den 68ern sind zu Bewährungshelfern mutiert.« (Jürgen Rüttgers, Bundesbildungsminister, 1997)

anders *hetero* (gr.-lat.)

anders denken *dissidieren* (lat.) pol. anders denkender Mensch, e. Dissident

andersartig *heterogen* (gr.-lat.) der anderen Art zugehörig

Andersartigkeit *Heterogenität,* die (gr.-lat., ohne Pl.)

Andersdenkender *Sektierer,* der (lat., ohne Pl.) auch: Anhänger e. Sekte; Abweichler

andersfarbig *heterochrom* (gr.)

andersgestaltig *heteromorph* (gr.)

andersgläubig *heterodox* (gr.-lat.)

Änderung 1. *Korrektur,* die (lat., Pl. -en) Verbesserung 2. *Revision,* die (lat., Pl. -en) rechtsw. Überprüfung e. Urteils 3. *Revisionismus,* der (lat., ohne Pl.) pol. Streben nach Änderung e. Zustandes. Die DDR bezichtigte die BRD des Revisionismus 4. *Variation,* die (lat., Pl. -en) Abänderung, z. B. Variation in e. Musikstück

Änderungsvorschlag *Amendement,* das (lat.-fr., Pl. -s) z. B. bei Gesetzen

andeuten 1. *skizzieren* (it.) z. B. Ideen oder Entwürfe 2. *orakeln* (lat.) d. h. in Andeutungen sprechen; vom Ort, an dem Götter Weissagungen erteilen: Orakel von Delphi 3. *konturieren* (gr.-lat.) umreißen, andeuten

Andeutung *Innuendo,* das (lat.-engl., Pl. -s) i. S. von versteckten Hinweisen

aneignen 1. *annektieren* (lat.-fr.) gewaltsam durch militärische Besetzung 2. *okkupieren* (lat.) gewaltsames Besetzen

Aneignung 1. *Appropriation;* die (lat., Pl. -en) ... fremden Besitzes 2. *Okkupation,* die (lat., Pl. -en) – fremden Gebietes 3. *Usurpation,* die (lat., Pl. -en) widerrechtliche Inbesitznahme, Anmaßung öffentlicher Gewalt, von Usurpator: Thronräuber

Aneinanderhaften von Körpern oder Stoffen *Adhäsion,* die (lat., Pl. -en)

anekeln *degoutieren* (fr.)

anerkannt *legitim* (lat.) i. S. von gesetzlich, z. B. e. legitimer Nachkomme

anerkennen 1. *honorieren* (lat.) i. S. von Leistung durch Geld, von Honorar 2. *rekognoszieren* (lat.) z. B. Echtheit von Gemälden, Dokumente amtlich anerkennen lassen 3. *akzeptieren* (lat.) svw. annehmen 4. *respektieren* (fr.) achten, in Ehren halten; wirt. e. Wechsel bezahlen 5. *tolerieren* (lat.) i. S. von Nachsicht zeigen

Anerkennung 1. *Justifikation,* die (lat., Pl. -en) rechtsw. gerichtliche Anerkennung e. Anspruchs 2. *Ästimation,* die (lat.-fr., Pl. -en) Achtung, Wertschätzung 3. *Prämie,* die (lat., Pl. -en) Belohnung, zusätzliche Vergütung für bes. Leistung 4. *Respekt,* der (fr., ohne Pl.) Achtung, Rücksicht, z. B. gegenüber älteren Menschen; auch: leerer Rand bei Kupferstichen

Anfall *Insult,* der (lat., Pl. -e) auch: Beleidigung, Beschimpfung; Schlaganfall (med.)

anfällig 1. *disponiert* (lat.) med. empfänglich für Krankheiten 2. *labil* (lat.) unsicher, labiler Charakter

Anfälligkeit 1. *Labilität,* die (lat., Pl. -en) auch: Schwäche; Ggs.: Stabilität 2. *Disposition,* die (lat., Pl. -en) auch: freie Verwendung, Empfänglichkeit für Krankheiten (med.)

Anfang *Start,* der (engl., Pl. -s) z. B. am Start e. Wettlaufs

Anfang, aller ... ist schwer *omne principium grave* (lat., Zitat)

Anfang, von ... an *ad ovo* (lat.)

Anfang, wie der ..., so das Ende *principis consentit exitus* (lat., Zitat)

Anfänge *Initien,* die (lat., Pl. -) svw. Anfangsgründe

Anfängen, widerstehe den ... *principiis obsta!* (lat., Zitat: Ovid, 43 v. Chr. – 18 n. Chr.)

Anfänger 1. *Debütant,* der (fr., Pl. -en) i. S. von erster Auftritt, z. B. Debütantinnenball der Mädchen aus der gehobenen Gesellschaft 2. *Greenhorn,* das (engl., Pl. -s) Person ohne Erfahrung, bes. im einstigen wilden Westen der USA 3. *Amateur,* der (fr., Pl. -e) i. S. von Nichtfachmann, z. B. Amateurfilmer

Anfänger, der die Platzreife hat ... *Rabbit,* das (engl., Pl. -s) ... aber noch kein Handicap (Golfbez.)

anfänglich 1. *initial* (lat.) 2. *primär* (fr.) an erster Stelle stehen

anfangs *initial* (lat.) z. B. auslösende –, e. Initialzündung

Anfangsbuchstabe 1. *Initial,* das (lat., Pl. -e) 2. *Initiale,* die (lat., Pl. -n) großer mit Verzierungen versehener Anfangsbuchstabe 3. *Initials*, die (engl., nur Pl.) Anfangsbuchstabe des Vor- und Zunamens 4. *Monogramm*, das (gr., Pl. -e) Namenszug, Anfangsbuchstaben e. Namens, scherzhaft: Monogramm ins Netzhemd schießen; nicht verw. mit monogam, einehig

Anfangsbuchstaben, -silben oder -wörter e. Gedichtes ... Akrostichon, das (gr., Pl. ...cha, ...chen) ... die e. Wort oder e. Satz ergeben

Anfangsgründe 1. *Elemente*, die (lat., Pl.) typisches Merkmal; Singular: *Element*, das (lat., Pl. -e) Grundstoff 2. *Initien*, die (lat., Pl.) Anfänge

Anfangsstadium *Initialstadium*, das (lat., Pl. ...ien) z. B. bei e. Krankheitsverlauf (med.)

Anfangsszene *Opening*, das (engl., Pl. -s)

anfechten *kontestieren* (lat.-fr.) bestreiten; auch i. S. von: als Zeugen anrufen, beschwören

Anfechtung *Kontestation*, die (lat.-fr., Pl. -en) Beschwörung, inständige Bitte

Anfechtungsklage *Interventionsklage*, die (lat.-fr.-dt., Pl. -n) z. B. gegen e. Zwangsvollstreckung

anfeinden 1. *attackieren* (fr.) angreifen; »Journalisten zu attackieren ist so sinnlos wie gegen Frauen kämpfen.« (Alexander Lebed, russischer Oppositionsführer, 1997) 2. *unterminieren* (dt.-lat.) »Wir produzieren e. Kultur, die sowohl Kapitalismus wie Demokratie unterminiert.« (Hillary Clinton, 1998)

anfertigen 1. *fabrizieren* (fr.) etwas in e. Fabrik herstellen 2. *produzieren* (lat.) svw. erzeugen

anfeuchten *arrosieren* (lat.-fr.) Erde bewässern

anfeuern *encouragieren* (lat.-fr.) z. B. e. Sportler vor dem Ziel

Anfrage *Interpellation*, die (lat., Pl. -en) i. S. e. parlamentarischen Anfrage, zu der sich die Regierung äußern möge; eigtl.: »Unterbrechung«

anfragen *interpellieren* (lat.) unterbrechen; auch: ins Wort fallen

anführen *allegieren* (lat.) z. B. e. Zitat anführen

Anführer 1. *Chief*, der (engl., Pl. -s) Häuptling e. Stammes 2. *Chef*, der (österr., Pl.

-s) Leiter e. Firma, z. B. etwas zur Chefsache machen oder Chefarzt 3. *Kapitän*, der (lat.-it., Pl. -e) z. B. Mannschaftskapitän, Schiffskapitän 4. *Matador*, der (lat.-span., Pl. -e) in der Pol.: Lokalmatador; auch: Stierkämpfer 5. *Boß*, der (am., Pl. -sses, -sse) Partei-, Firmenleiter 6. *Rebell*, der (lat.-fr., Pl. -en) Robin Hood war e. Rebell 7. *Insurgent*, der (lat., Pl. -en) i. S. von Aufständischer

Angaben *Daten*, die (lat., nur Pl.) i. S. von Informationen, z. B. Geburtsdaten

angeben 1. *renommieren* (lat.-fr.) großtun, z. B. mit Gütern 2. *prahlen* (dt.)

Angeber 1. *Renommist*, der (lat.-fr., Pl. -en) e. der mit Statussymbolen angibt 2. *Snob*, der (engl., Pl. -s) e. der z. B. durch Extravaganz im Gehabe glaubt, etwas Besonderes zu sein

angeberisch 1. *arrogant* (lat.-fr.) svw. anmaßend, dünkelhaft 2. *prätentiös* (lat.-fr.) selbstgefällig

angeboren 1. *ingeneriert* (lat.) med. 2. *nativ* (lat.) med. 3. *genuin* i. S. von angeboren, echt 4. *kongenital* (lat.)

Angebot *Offerte*, die (lat.-fr., Pl. -n) meist in schriftlicher Form

angebracht 1. *opportun* (lat.) i. S.: etwas so zu tun, es erscheint opportun 2. *adäquat* (lat.) 3. *indiziert* (lat.) ratsam

Angedenkens, seligen ... *divae memoriae* (lat., Zitat)

angehen, etwas ... *tangieren* (lat.) auch: berühren, betreffen; e. gekrümmte Linie, Fläche berühren

Angehöriger der reformierten Zisterzienser *Trappist*, der (fr., Pl. -en) nach der Abtei La Trappe (Frankreich); Ordensbrüder legen das Schweigegelübde ab

Angehöriger des Auswärtigen Dienstes *Diplomat*, der (gr.-lat.-fr., Pl. -en) »Ein Diplomat ist e. Mann, der offen ausspricht, was er nicht denkt.« (G. Guareschi)

Angehöriger des sp. Hochadels ... *Grande*, der (sp., Pl. -n) ... bis 1931 mit bes. Privilegien verbunden

Angeklagter *Delinquent*, der (lat., Pl. -en) e. Gesetzesbrecher

angekränkelt *morbid* (lat.-fr.) med.; auch: weich, zart

Angelegenheit *Affäre*, die (fr., Pl. -n) meist i. S. von e. peinlichen Vorfall

Angelegenheit, erfolglose ... *Flop*, der (engl., Pl. -s) »Der Euro wird ein Flop, u. damit geht auch die europäische Idee baden.« (Rainer Barzel, CDU, 1997)

Angelegenheit, um deine ... **geht es** *tua res agitur* (lat.)

Angelpunkt *Pol*, der (lat., Pl. -e) Drehpunkt; Endpunkt der Erdachse; Punkte von Kraftlinien beim Magneten

angemessen 1. *adäquat* (lat.) z. B. e. adäquate Strafe 2. *zivil* (lat.) i. S. von zivile Preise 3. *opportun* (lat.) svw. angebracht, zweckmäßig

Angemessenheit *Adäquanz*, die (lat., ohne Pl.)

angenähert 1. *approximativ* (lat.) z. B. e. Ergebnis 2. *circa* auch *zirka*, Abk.: ca., svw. etwa

angenehm *sympathisch* (gr.) bez. Menschen; aber *Sympathikus*, der (lat., ohne Pl.) Grenzstrang, Teil des vegetativen Nervensystems; kein Sympathieträger

angenommen 1. *fiktiv* (lat.) erfunden 2. *hypothetisch* (gr.-lat.) vermutlich 3. *abstrakt* (lat.) abstrakte Kunst, begrifflich 4. *ideell* (gr.) nur gedacht 5. *imaginär* (lat.) scheinbar, math. imaginäre Zahl 6. *präsumtiv* (lat.) mutmaßlich

angenommener Wechsel *Akzept*, das (lat., Pl. -e) wirt. Zahlungsversprechen, auch die Unterschrift des Schuldners, dieser »schreibt quer«, daher: »schreib niemals quer!«

angereichert *konzentriert* (lat.-gr.) gehaltreich

angeschlagen 1. *lädiert* (lat.) sein, beschädigt 2. *ramponiert* (it.) stark beschädigt

angeschwemmt *alluvial* (lat.) geol. z. B. Sand, Geröll

angesehen 1. *renommiert* (lat.-fr.) Person mit gutem Ruf 2. *populär* (lat.-fr.) bekannte Person 3. *respektabel* (fr.) angesehen, ansehnlich

angesetzt *prosthetisch* (gr.-lat.) i. S. von Gliedmaßen, die als Prothesen oder Prosthesen angebracht werden

angespannt *intensiv* (lat.-fr.) z. B. nachdenken

Angespanntheit *Affekt*, der (lat., Pl. -e) Zustand heftiger Erregung, z. B. Affektstau, als Erklärung für unerklärbare Handlungen

Angestellte *Direktrice*, die (lat.-fr., Pl. -n) leitende Mitarbeiterin

Angestellter 1. *Employé*, der (lat.-fr., Pl. -s) 2. *Clerk*, der (lat.-engl., Pl. -s) kaufmännischer Angestellter, Verwaltungsbeamter in England oder Amerika

Angestellter in Büchereien *Bibliothekar*, der (gr., Pl. -e)

Angestellter, vielversprechender ... *High Potential*, der (engl., Pl. -s) ... gut ausgebildeter erfolgreicher u. junger Mitarbeiter

angewiesen, auf niemanden 1. *autark* (gr.) sich selbst genügend, wirtsch. unabhängig 2. *autonom* (gr.) selbständig, eigengesetzlich 3. *souverän* (fr.) selbständig, überlegen von *Souverän*, der (fr., Pl. -s, -e) Herrscher; nicht verw. mit *Sovereign*, der (engl., Pl. -s) frühere Goldmünze aus England

Angewohnheit 1. *Tick*, der (fr., Pl. -s) komische Angewohnheit 2. *Marotte*, die (gr.-lat.-fr., Pl. -n) Schrulle, wunderliche Neigung; nicht: Marmotte, e. Murmeltier der Alpen 3. *Allüren*, die (fr., nur Pl.) eigenwilliges Gehabe; nicht verw. mit *Allüre*, die (fr., Pl. -n) Gangart e. Pferdes

angezeigt *indiziert* (lat.) von Indiz, das (lat., Pl. -ien) Anzeichen

Angezeigter *Denunziat*, der (lat., Pl. -en) Person, die wegen e. Vergehens angezeigt wird

angezogen *adrett* (fr.) i. S. von gut angezogen, ordentlich

angleichen 1. *assimilieren* (lat.) Naturvölker werden bisweilen assimiliert 2. *akkommodieren* (lat.-fr.) i. S. von sich anpassen 3. *akkulturieren* (lat.) anpassen an Kultur des Gastlandes

Angleichung 1. *Assimilation*, die (lat., Pl. -en) 2. *Akkommodation*, die (lat.-fr., Pl. -en) sich vorhandenen Umständen anpassen

angliedern *affiliieren* (lat.) in einen Bund als Mitglied aufnehmen

Angliederung *Inkorporation*, die (lat., Pl. -en) auch: Einverleibung, Eingemeindung

angreifen 1. *attackieren* (fr.) zu Pferde – oder mit Worten angreifen 2. *annektieren* (lat.-fr.) angreifen, dann widerrechtlich u. gewaltsam in seinen Besitz bringen

angreifend 1. *offensiv* (lat.) z. B. offensiver

Tennis- oder Fußballspieler 2. *aggressiv* z. B. Verhalten im Straßenverkehr, rücksichtslos

Angreifer *Aggressor*, der (lat., Pl. ...oren) greift z. B. Staaten rechtswidrig an

Angriff 1. *Aggression*, die (lat., Pl. -en) rücksichtsloses Verhalten 2. *Attacke*, die (fr., Pl. -n) mil. Panzer- oder Reiterangriff; med. plötzlicher Herzanfall 3. *Offensive*, die (lat., Pl. -n) mil. strategisch geplanter Angriff

angriffslustig 1. *militant* (lat.) svw. Mittel der Gewalt zur Erreichung e. Zieles einsetzen. 2. *offensiv* (lat.) den Angriff wählen, z. B. im Mannschaftssport 3. *aggressiv* (lat.) rücksichtslos, z. B. im Straßenverkehr

Angst 1. *Klaustrophobie*, die (lat., ohne Pl.) z. B. in Höhlen oder Fahrstühlen 2. *Monophobie*, die (gr., ohne Pl.) Einsamkeitsangst 3. *Phobie*, die (gr.-lat., Pl. ...ien) med. krankhafte Angstzustände 4. *Pavor*, der (lat., Pl. -s) med. anfallartiges Angstgefühl, bes. bei Kindern 5. *Panik*, die (gr.-fr.) existentielle Angst, die Gedanken lähmt, nach altgr. Hirtengott Pan

Angst vor dem Erröten *Erythrophobie*, die (gr.-lat., ohne Pl.) auch: krankhafte Angst vor roten Gegenständen (med.)

Angst vor dem Leeren *Horror vacui*, der (lat., ohne Pl.) nach Aristoteles sei die Natur um Auffüllung e. leeren Raumes bemüht

Angst vor dem Nichts *horror vacui* (lat., Zitat) auch: Grauen vor dem Leeren

Angst vor der Zahl 13 *Triskaidekaphobie*, die (gr., ohne Pl.)

Angst vor engen Räumen *Klaustrophobie*, die (gr.-lat., Pl. ...ien) krankhafte Angst vor kleinen, geschlossenen Kammern, z. B. Fahrstühlen

Angst vor Plätzen mit vielen Menschen *Agoraphobie*, die (gr.-lat., ohne Pl.) auch: Platzangst; von agora (gr.) Marktplatz

Angst, krankhafte ... an Rückenmarksschwindsucht zu erkranken *Tabophobie*, die (gr.-lat., Pl. -ien)

Angst, krankhafte ... vor frischer Luft *Aerophobie*, die (gr., Pl. ...ien) med.

Angst, krankhafte ... vor großen Wasserflächen *Thalassophobie*, die (gr.-lat., Pl. ...ien) med.

Angst, krankhafte ... vor Tieren *Zoophobie*, die (gr.-lat., Pl. ...ien) z. B. Schlangen

Angst, Verbreitung von ... *Terror*, der (lat., ohne Pl.) auch: Zwang. »Konsum wird zum Terror, Kaufen nimmt zwanghafte Züge an.« (Winfried Kretschmann, Politiker der Grünen, 2006)

Angst, vor ... wie gelähmt *panisch* (gr.) »Wir haben panische Angst davor, zu fett u. unbeweglich zu werden.« (Jorma Ollila, Chef von Nokia, Finnland)

anhaften *adhärieren* (lat.)

anhaftend 1. *adhäsiv* (lat.) Körper, die durch Klebstoff verbunden sind 2. *adhärent* (lat.) klebend 3. *inhärent* (lat.) haltend

Anhalten *Parade*, die (lat.-fr., Pl. -n) z. B. e. Pferd zum Stehen bringen

anhaltend 1. *chronisch* (gr.-lat.) z. B. chronische Leiden 2. *permanent* (lat.) fortwährend 3. *persistent* (lat.) med. gleichbleibender Gesundheitszustand 4. *konstant* (lat.) ständig, feststehend 5. *kontinuierlich* (lat.) unaufhörlich, stetig 6. *perpetuell* (lat.) weitermachen 7. *perpetuieren* (lat.) fortdauern; jedoch: Perpetua, eine Heilige 8. *stationär* (lat.) ortsfest, bleibend

Anhalter 1. *Tramper*, der (engl., Pl. -s) jemand, der unterwegs ist u. ab und zu e. Autofahrer anhält 2. *Hitchhiker*, der (engl., Pl. -s) per Anhalter Reisender

Anhang 1. *Appendix*, der (lat., Pl. ...dizes, -e) auch med.: Wurmfortsatz des Blinddarms 2. *Komplement*, das (lat., Pl. -e) svw. Ergänzung 3. *Supplement*, das (lat., Pl. -e) i. S. von Ergänzungsband, Ergänzungswinkel; nicht verw. mit *Supplent*, der (österr., Pl. -en) Aushilfslehrer 4. *Adnex*, der (lat., Pl. -e)

anhängen *affigieren* (lat.) e. Schriftstück befestigen

anhängend *adhärent* (lat.) auch anhaftend; angewachsen; verwachsen von Geweben

Anhänger 1. *Amulett*, das (lat., Pl. -e) meist Glücksbringer, der um den Hals getragen wird 2. *Fan*, der (engl., Pl. -s) Anhänger z. B. e. Vereins, Fan-Club; »Wenn man sieht, wie viele Millionen Fans Karten wollen – dann muß es wohl Sport sein.« (Robert Louis-Dreyfus, Adidas-Chef, 1998)

Anhänger der Gewaltlosigkeit *Pazifist*, der (lat.-fr., Pl. -en) »Ich war nie Pazifist, ich hab' immer gesagt, man muß sich wehren können.« (Franz Müntefering, Arbeitsminister, 2007)

Anhänger der Lehre Darwins *Darwinist,* der (Eigenn., lat., Pl. -en) nach Charles Darwin (1809–1882) engl. Naturforscher (Selektionstheorie); »Ich bin Darwinist.« (Sir Richard Sykes, Chef von Glaxo Wellcome)

Anhänger des Islams 1. *Islamit,* der (arab., Pl. -en) 2. *Mohammedaner,* der (Eigenn., ohne Pl.) nach dem Stifter des Islams, Mohammed (um 570–632)

Anhänger des Kommunismus *Kommunist,* der (lat.-engl.-fr., Pl. -en) »Er (Schröder) hat sich lieber den grünen Alt-Kommunisten Trittin ins Boot geholt.« (Theo Waigel, Bundesfinanzminister, 1998)

Anhänger des Nationalsozialismus *Nazi,* der (Kurzw., Pl. -s) eigtl.: Nationalsozialist, früher: Mitglied der NSDAP. »Mich erinnert das, was ich erlebe, an die Willkür der Nazidiktatur.« (Li Datong, entlassener Chefredakteur e. KP-Organs, 2006)

Anhänger des Reformators Hus *Hussist,* der (lat., Pl. -en) nach Johannes Hus (um 1369–1415) Begründer der tschech. Glaubens- u. Nationalbewegung im 15. Jh.

Anhänger des Sozialismus *Sozialist,* der (lat., Pl. -en) »Alles, was die Sozialisten vom Geld verstehen, ist, daß sie es vom anderen haben wollen.« (K. Adenauer)

Anhänger e. Herrschafts-Staatsform *Monarchist,* der (gr., Pl. -en) »Als Künstler kann man nur Monarchist sein ...« (Rolf Hochhuth, Dramatiker, 2006)

Anhänger einer Lebensäußerung *Kulturadept,* der (lat., Pl. -en)

Anhänger Fidel Castros *Fidelist,* der (Eigenn., Pl. -en) ... Präsident von Kuba

Anhänger, Fahrzeug... *Trailer,* der (engl., Pl. -) auch: Filmvorschau

Anhänger, russ. ... des Agrarsozialismus *Narodniki,* die (russ., Pl.)

Anhänger, starrer ... politischer u./o. religiöser Grundsätze *Fundamentalist,* der (lat., Pl. -en) »Der einzige Fundamentalist bin ich.« (Mahathir Mohamad, Ministerpräsident von Malaysia, 1997)

Anhängsel 1. *Maskottchen,* das (fr., ohne Pl.) Glücksbringer 2. *Annex,* der (lat., Pl.

-e) Zubehör 3. *Appendix,* der (lat., Pl. ...dizes, -e) Anhang

anhäufen 1. *akkumulieren* (lat.) i. S. v. gespeicherter Energie: Akkumulator; auch nach Karl Marx: Anhäufung von Kapital zum Nachteil der Arbeiter 2. *aggregieren* (lat.) auch: beigesellen 3. *kumulieren* (lat.) häufen; auch: e. Wahlkandidaten mehrere Stimmen geben

Anhäufung 1. *Agglomeration,* die (lat., Pl. -en) Anballung von Industrie 2. *Akkumulation,* die (lat., Pl. -en) i. S. v. Energiespeicherung: Akkumulator; auch nach Karl Marx: Kapitalanhäufung (Akkumulation) 3. *Kumulation,* die (lat., Pl. -en) med. schädliche Wirkung von Medizin, die ständig eingenommen wird, aber auch Kapitalanhäufung 4. *Konglomerat,* das (lat.-fr., Pl. -e) i. S. von Zusammenballung 5. *Konzentration,* die (gr.-lat.-fr., Pl. -en) i. S. von Zusammenballung wirtsch. u. mil. Kräfte; Ggs.: Dekonzentration

Anhäufung von Gesteinstrümmern *Akkumulat,* das (lat., Pl. -e)

anheften *affigieren* (lat.) z. B. etwas an e. Wand befestigen; auch: lose Blätter zusammenheften

Anhören *Hearing,* das (engl., Pl. -s) polit. öffentliche Anhörung

Anhörung *Hearing,* das (engl., Pl. -s)

Anislikör *Sambuca,* der (it., Pl. -s)

Ankerkettenloch *Klüse,* die (niederl., Pl. -n) Seemannsspr., auch scherzh.: Auge

Ankerwinde 1. *Ankerspill,* das (Pl. -s) seem. von Spindel, drehbare Vorrichtung zum Einholen des Ankers 2. *Gangspill,* das (niederl., Pl. -e) Seemannsspr.

Ankläger 1. *Inkulpant,* der (lat., Pl. -en) rechtsw. 2. *Prosekutar,* der (lat., Pl. -en) rechtsw.

Anklang 1. *Resonanz,* die (lat., Pl. -en) i. S. von: e. Kunstwerk, e. Aufführung zeigte Resonanz, klang nach 2. *Akzeptanz,* die (lat., Pl. -en) i. S. e. positiven Einstellung

ankleben *affichieren* (fr.) z. B. Plakate

Ankleideraum *Garderobe,* die (fr.-germ., Pl. -n)

ankoppeln *docken* (engl.)

Ankopplung *Docking,* das (engl., Pl. -s)

ankündigen 1. *avisieren* (lat.-it.) z. B. e. Lieferung avisieren 2. *signalisieren* (lat.-fr.) z. B. Gefahr durch e. Signal andeuten;

auch: Bereitschaft, etwas zu tun, signalisieren, andeuten 3. *annoncieren* (lat.-fr.) e. Annonce (Zeitungsanzeige) aufgeben

Ankündigung 1. *Advertising*, das (engl., Pl. -s) wirtsch. i. S. von: Ankündigung e. neuen Produkts 2. *Avis*, der, das (lat.-fr., Pl. -e) Nachricht senden, hinterlassen

Ankündigungseffekt *Announcement Effect*, der (engl.-am., Pl. -s) Die deutsche Bundesbank hat z. B. e. großen Announcement Effect auf das Börsengeschehen

Ankunft *Arrival*, das (engl., Pl. -s) Flughafenhinweis

Ankunft Christi *Advent*, der (lat., Pl. -e) Zeitraum: die letzten vier Sonntage vor Weihnachten; Adventszeit

Anlage 1. *Prädisposition*, die (lat., Pl. -en) med. für bestimmte Krankheiten empfängliche Person, z. B. erbliche Prädisposition oder: 2. *Disposition*, die (lat., Pl. -en) 3. *Investition*, die (lat., Pl. -en) »Verschiebung« von Finanzkapital in Sachkapital (Anlagen)

Anlage mit Gebirgspflanzen ... *Alpinum*, das (lat., Pl. ...nen) ... für wissenschaftliche Untersuchungen

Anlage zur Feuerbestattung *Krematorium*, das (lat., Pl. ...ien) »Die Doha-Runde ist zwischen Intensivstation u. Krematorium angesiedelt.« (Kamal Nath, Indiens Handelsminister, 2006)

anlagebedingt *konstitutionell* (lat.) auch: an die Verfassung gebunden

Anlagenvermietung *Leasing*, das (engl., Pl. -s) wirtsch. bes. Art der Vermietung von Anlagen u. Fahrzeugen durch Leasing-Gesellschaften

Anlagepapier *Investmentzertifikat*, das (lat., Pl. -e) Anteil am Vermögen e. Investmentfonds

Anlaß 1. *Okkasion*, die (lat., Pl. -en) zu feiern, ist z. B. e. Jubiläum 2. *Causa*, die (lat., Pl. ...sae) Grund, z. B. Ursache e. Schadens; nicht verw. mit *Cauda*, die (lat., ohne Pl.) Schwanz, Endstück e. Organs 3. *Motiv*, das (lat.-fr., Pl. -e) Beweggrund; z. B. »Tatmotiv Liebe«

Anlasser *Kickstarter*, der (engl., Pl. -) Fußhebel beim Motorrad

anlegen 1. *terrassieren* (lat.-fr.) z. B. Reisfelder in Terrassen anlegen, treppenförmig 2. *investieren* (lat.) i. S. von Geld anlegen

Anleihe von weniger kreditwürdigen Unternehmen *Junkbond*, die (engl., Pl. -s)

Anleihe, für die während der Laufzeit keine Zinsen gezahlt wird *Zerobond*, der (engl., Pl. -s)

Anleihen allerhöchster Bonitätsstufe *High-Grade-Rentenfonds*, die (engl.-dt., Pl.)

Anleihen, hoch verzinsliche ... geringer Bonität *Junk-Bonds-Fonds*, die (engl., Pl.)

Anleihen, hoch verzinsliche ... unterschiedlicher Bonität *High-Yield-Fonds*, die (engl., Pl.)

Anleihen, niedrig verzinsliche ... *Low-Coupon-Rentenfonds*, die (engl.-dt., Pl.)

anleiten *instruieren* (lat.) unterweisen

Anleitung 1. *Instruktion*, die (lat., Pl. -en) z. B. techn. Instruktion, aber auch Instruktionen vom Trainer vor e. Wettkampf 2. *Reglement*, das (lat.-fr., Pl. -s) Bestimmungen, z. B. Satzungen

anliegen *adjazieren* (lat.) i. S. von angrenzenden Gebieten, Grundstücken

anlocken *pampern* (engl.) auch: verwöhnen

anmaßend 1. *arrogant* (lat.) z. B. arrogantes Benehmen haben 2. *insolent* (lat.) unverschämte Anmaßung 3. *prätentiös* (lat.-fr.) selbstgefällig 4. *blasiert* (fr.) svw. hochnäsig

anmelden 1. *avisieren* (lat.-it.) z. B. e. Lieferung avisieren 2. *immatrikulieren* (lat.) e. Student immatrikuliert sich an e. Universität

Anmerkung 1. *Kommentar*, der (lat., Pl. -e) mit Erläuterungen versehenes Zusatzwerk, bes. zu e. Gesetzestext 2. *Statement*, das (engl., Pl. -s) i. S. e. öffentlichen, politischen Erklärung oder Behauptung

Anmieten, das ... von Regalfläche *Rackjobbing*, das (engl., ohne Pl.) z. B. in Supermärkten

Anmut 1. *Grazie*, die (lat., ohne Pl.) aus der römischen Mythologie: Grazie, e. der drei Göttinnen der Anmut u. Schönheit 2. *Amönität*, die (lat., ohne Pl.)

anmutig 1. *graziös* (lat.-fr.) jemand bewegt sich graziös 2. *grazioso* (lat.-it.) Vortragsanw. in der Musik 3. *sylphidenhaft* (lat.) svw. luftig, leicht, von Sylphide, weiblicher Luftgeist 4. *charmant* (fr.)

annähern *approximieren* (lat.) sich nähern
annähernd 1. *approximativ* (lat.) in etwa
2. *circa* (lat.) auch: zirka; Abk.: ca. i. S.
von etwa; e. Circa-Preis ist e. ungefährer
Preis
Annäherung *Konvergenz*, die (lat., Pl. -en)
unterschiedliche Meinungen nähern sich;
aus der Politik: Konvergenzkriterien;
nicht verw. mit *Konsens*, der (lat., Pl -e)
oder *Konsensus*, der (lat., ohne Pl.) Einwilligung, Genehmigung
Annahme 1. *Hypothese*, die (gr.-lat., Pl. -n)
e. unbewiesene Behauptung 2. *Postulat*,
das (lat., Pl. -e) glaubhaft erscheinende
Annahme 3. *Präsumption*, die (lat., Pl.
-en) i. S. e. Vermutung 4. *Supposition*, die
(lat., Pl. -en) e. logische Voraussetzung,
Folgerung 5. *Akzeptanz*, die (lat., Pl. -en)
6. *Akzeptation*, die (lat., Pl. -en) 7. *Fiktion*,
die (lat., Pl. -en) Erdichtung 8. *Prämisse*,
die (lat., Pl. -n) Voraussetzung 9. *Ratifikation*, die (lat., Pl. -en) Genehmigung; nicht
verw. mit *Gratifikation*, die (lat., Pl. -en)
»Gefälligkeit« freiwillige Vergütung, von:
Gratinas = Dankgebet 10. *Adoption*, die
(lat., Pl. -en) i. S. von an Kindes statt annehmen
Annahmeerklärung *Akzept*, das (lat., Pl.
-e) Wechselakzept, die erfolgt durch
»Querschreiben«, daher: »Schreib niemals quer!« Das Wechselgesetz ist bes.
streng
annehmbar 1. *konvenabel* (lat.) 2. *akzeptabel* (lat.) i. S. e. annehmbaren Vorschlages
3. *passabel* (lat.-fr.) recht ordentlich
annehmen 1. *akzeptieren* (lat.) e. Wechsel,
auch e. Vorschlag 2. *assumieren* (lat.) der
Meinung sein 3. *präsumieren* (lat.) vermuten 4. *supponieren* (lat.) i. S. von voraussetzen, unterstellen 5. *adoptieren* (lat.) e.
nicht leibliches Kind annehmen
Annehmer *Akzeptor*, der (lat., Pl. -en) i. S.
e. Stoffes, dessen Atome oder Moleküle
von anderen Stoffen angenommen werden; auch: Fremdatom, das e. freies Elektron einfängt
Annehmlichkeit *Komfort*, der (fr.-engl.),
ohne Pl.) i. S. von Zufriedenheit; z. B. e.
Wohnung mit allem Komfort
anonym *inkognito* (it.) z. B. unerkannt reisen
anordnen 1. *arrangieren* (fr.) Gegenstän-

de; aber auch: Verbindungen mit Personen 2. *dekretieren* (lat.-fr.) i. S. von verordnen 3. *reglementieren* (lat.-fr.) staatli-
cherseits 4. *kommandieren* (lat.) befehlen
5. *rangieren* (germ.-fr.) in Ordnung bringen; aber auch: Eisenbahnwagen verschieben; e. Rang innehaben
Anordnung 1. *Arrangement*, das (fr., Pl. -s)
i. S. von Zusammenführen 2. *Komposition*,
die (lat., Pl. -en) i. S. von kunstvoller Gestaltung; nicht verw. mit *Kompositum*, das
(lat., Pl. -s, ...ta) Wortzusammensetzung
3. *Direktive*, die (lat., Pl. -n) i. S. von Anweisung 4. *Disposition*, die (lat., Pl. -en)
über Verwendung von Gegenständen u. in
zeitlicher Hinsicht 5. *Konstitution*, die
(lat., Pl. -en) z. B. rechtlich 6. *Ordonnanz*,
die (lat.-fr., Pl. -en) i. S. e. Befehls; aber
auch: abkommandierter Soldat, z. B. Or-
donnanzoffizier 7. *Organisation*, die (fr.,
Pl. -en) planungsmäßige Gestaltung, Einrichtung, um best. Ziele zu erreichen
8. *Struktur*, die (lat., Pl. -en) svw. Sinnge-
füge; innere Gliederung u. Ordnung;
»Der Standort Deutschland hat extreme
Nachteile, weil die Strukturen erstarrt
sind ...« (Lothar Späth, Jenoptik-Chef,
1998) 9. *Systematik*, die (gr., Pl. -en) i. S.
e. einheitlichen Gestaltung u. Ordnung
Anordnung, zweckmäßige ... *Organisation*, die (gr., Pl. -en) »Wir haben Betriebe,
in denen ist der Krankenstand höher als
der Organisationsgrad.« (Werner Neuge-
bauer, IG-Metall-Chef Bayern, 1997)
anpassen 1. *akklimatisieren* (lat.) e. Körpers an bestimmte Temperaturen oder andere Lebensumstände 2. *akkomodieren*
(lat.-fr.) sich anpassen 3. *akkulturieren*
(lat.) z. B. an die Sitten des Gastlandes
4. *assimilieren* (lat.) Naturvölker assimilieren sich u. werden dadurch entwurzelt
5. *adaptieren* (lat.) anpassen; auch: umar-
beiten, z. B. Buch für Film 6. *fitten* (engl.)
Anpasser *Opportunist*, der (lat., Pl. -en)
der seinen Vorteil wahrnimmt
Anpassung 1. *Adaption*, die (lat., Pl. -en)
z. B. an die Umwelt 2. *Akkomodation*, die
(lat.-fr., Pl. -en) an die herrschende Situation 3. *Assimilation*, die (lat., Pl. -en) von
Fremden an Gegebenheiten des Gastlandes 4. *Mimikry*, die (gr.-lat.-engl., ohne
Pl.) Nachahmung als Selbstschutz in der

Tierwelt vor räuberischen Arten 5. *Regulation*, die (lat., Pl. -en) Anpassung an sich ändernde Bedingungen der Umwelt 6. *Evolution*, die (lat., Pl. -en) allmähliche Entwicklung bei Anpassung an die Umweltbedingungen, Evolutionstheorie von Charles Darwin: Der Mensch stammt vom Affen ab

Anpassung, soziale ... *social adaption*, die (engl., Pl. -s)

Anpassung, vorteilhafte ... *Opportunismus*, der (lat.-fr., ohne Pl.) ... zur pers. Chancenwahrung: »Opportunismus ist die Kunst, mit dem Wind zu segeln, den andere machen.« (Carlo Manzoni)

anpassungsfähig 1. *monotrop* (gr.-lat.) biol. in beschränktem Maß 2. *polytrop* (gr.) biol. in starkem Maß 3. *flexibel* (lat.) auch: biegsam; veränderlich

Anpassungsfähigkeit 1. *Adaptabilität*, die (lat., ohne Pl.) 2. *Adaptation*, die (lat., Pl. -en) Anpassung von Organen an Umstände der Umwelt 3. *Akkommodation*, die (fr., Pl. -en) auch: Angleichung 4. *Flexibilität*, die (lat., ohne Pl.) auch: Biegsamkeit; »Ich rede seit drei Jahren über die Flexibilisierung (gemeint: Flexibilität) von Flächentarifverträgen ...« (Wolfgang Gerhardt, F. D. P.-Chef, 1998)

Anpassungspflicht *Assimilationismus*, der (lat., ohne Pl.) Begriff für die Annahme, Menschen anderer Kulturen hätten sich der eigenen Gewohnheit anzupassen

Anpassungsreaktion des Organismus ... *Adaptationssyndrom*, das (lat., Pl. -e) ... auf krankmachende Reize, z. B. Lärm für Streß (med.)

Anpflanzung *Plantage*, die (lat.-fr., Pl. -n) meist in den Tropen u. Subtropen: Obstplantagen

Anpreisung *Reklame*, die (lat., Pl. -n) eigtl. ins Gedächtnis rufen

Anrecht 1. *Abonnement*, das (fr., Pl. -s) z. B. auf Lieferung e. Zeitung, auf Theaterplatz 2. *Claim*, das (lat.-fr.-engl., Pl. -s) Recht auf Ausbeute e. Gebietes, Besitztitel; z. B. e. »Claim abstecken« beim Goldschürfen

Anrede *Apostrophe*, die (gr.-lat., Pl. -n) feierliche, gerichtet an e. Person

Anrede Gottes im Gebet *Abba* (aramäisch)

Anredefall *Vokativ*, der (lat., Pl. -e) Kasus der Anrede

anreden *titulieren* (lat.) mit dem Titel anreden, häufig boshaft verwendet: mit »dummer Esel« titulieren

anregen 1. *inspirieren* (lat.) z. B. e. Person e. Impuls geben, Künstler lassen sich inspirieren 2. *animieren* (lat.-fr.) Lust wekken, Animiermädchen 3. *instigieren* (lat.) an-, aufstacheln 4. *motivieren* (lat.-fr.) höheren Leistungen anregen, Vorgesetzte sollten motivieren können; nicht verw. mit *motivisch* (lat.) das Motiv betreffend 5. *stimulieren* (lat.) anregen, ermuntern, von *Stimulus*, der (lat., Pl. ...li) Reiz; nicht verw. mit *Stilus*, der (lat., Pl. -li) antikes Schreibgerät (Griffel) 6. *exzitieren* (lat.)

anregend 1. *exzitativ* (lat.) med. erregend 2. *analeptisch* (gr.-lat.) Medizin kann analeptische Wirkung haben 3. *animativ* (lat.-engl.) z. B. e. animativer Vorschlag 4. *initiativ* (lat.-fr.) i. S. von Impuls geben

anregendes Mittel, durch ... zu Höchstleistungen gelangen *dopen* (engl.) »Wiedervereinigung ungültig: Kohl war gedopt!« (Titanic-Kohl-Karikatur, 1992)

Anreger 1. *Animateur*, der (lat.-fr., Pl. -e) Freizeitgestalter e. Reisegruppe 2. *Initiator*, der (lat., Pl. -en) jmd., der Ideen hat u. diese umsetzt

Anregung *Impuls*, der (lat., Pl. -e) Anstoß

Anregungsmittel 1. *Speed*, der (engl., Pl. -s) Rauschmittel wie Amphetamine 2. *Stimulans*, das (lat., Pl. ...lanzien, ...lantia) anregende Medikamente 3. *Aphrodisiakum*, das (lat.-gr., Pl. -s, -ka) den Geschlechtstrieb anregendes Mittel, z. B. pulverisiertes Horn vom Nashorn in Ostasien; von: aphrodisisch, bez. der gr. Liebesgöttin Aphrodite; nicht verw. mit *Aphrodisie*, die (lat.-gr., Pl. -ien) med. krankhafte geschlechtliche Erregbarkeit

Anregungsmittel, unerlaubte Anwendung von ... zur Steigerung der sportlichen Leistung *Doping*, das (engl.-niederl., Pl. -s) »Ehrlich – ich habe Angst vor Doping ...« (Jan Ullrich, Radprofi, 1998)

anreichern *konzentrieren* (fr.) i. S. von: Kräfte zusammenziehen; Ggs.: dekonzentrieren

Anreiz 1. *Appeal*, der (engl., Pl. -s) z. B. Sex-Appeal, erotische Anziehungskraft in der Werbung 2. *Impuls*, der (lat., Pl. -e) als Anstoß 3. *Inzentio*, das (lat., Pl. -e) i. S. von Ansporn

anreizen *animieren* (lat.-fr.) Lust wecken, Animiermädchen

anreizend *inzentiv* (lat.-engl.)

Anrichte 1. *Büfett*, das (fr., Pl. -s) auch: Geschirrschrank 2. *Kredenz*, die (it., Pl. -en) von: Vertrauen, Glauben, hier auch Anrichteschrank 3. *Sideboard*, das (engl., Pl. -s) eigtl. Seitenbrett

anrichten 1. *fabrizieren* (lat.) scherzhaft: »Was ist da wieder fabriziert (angestellt) worden?« 2. *servieren* (lat.-fr.) auftragen, auf den Tisch bringen

anrüchig 1. *ominös* (lat.) svw. unheilvoll, verdächtig, z. B. etwas klingt ominös 2. *dubios* (lat.) zweifelhaft, unsicher 3. *obskur* (lat.) dunkel, unbekannt, verdächtig, z. B. *Obskurant*, der (lat., Pl. -en) Dunkelmann, Finsterling 4. *suspekt* (lat.) verdächtig

Anrüchigkeit *Hautgout*, der (fr., ohne Pl.) svw. eigentümlicher, strenger Geruch

Anruf *Telefonat*, das (gr.-lat., Pl. -e)

Anrufabteilung *Callcenter*, das (engl., Pl. -s) zentrale Stelle für ein- u. ausgehende Telefongespräche

Anrufbeantworter, vielseitiger ... *Voice-Mail-System*, das (engl.-am., Pl. -s) auch: elektronischer Briefkasten oder Sprachspeicherbox

anrufen *telefonieren* (gr., lat.)

Anrufsendung *Call-in*, das (engl., Pl. -s) Fernseh- oder Rundfunksendung, in der die Zuschauer anrufen können

Anrufung *Apostrophe*, die (gr.-lat., Pl. -n) feierliche Anrede oder e. Redner spricht plötzlich das Publikum an

Anrufung des Heiligen Geistes ... *Epiklese*, die (gr., Pl. -n) ... in der Liturgie der orthodoxen Kirche

Ansage *Diktat*, das (lat., Pl. -e) wird angesagt

Ansager *Conférencier*, der (lat.-fr., Pl. -s) z. B. im Kabarett

Ansammlung 1. *Akkumulation*, die (lat., Pl. -en) gespeicherte Energie, z. B. im Akkumulator; auch: Kapitalanhäufung nach Karl Marx zum Nachteil der Arbeiter 2. *Thesaurierung*, die (gr.-lat., Pl. -en) Gewinnansammlung im Unternehmen

ansässig sein *domizilieren* (lat.)

ansaugen *aspirieren* (lat.) z. B. Luft, Gase

Ansaugen von Blut *Back up*, das (engl., Pl. -) ... in die Injektionsspritze vor der Drogeninjektion (Szeneausdruck)

anschaffen *akquirieren* (lat.) Kunden werben

Anschaffung *Akquisition*, die (lat., Pl. -en) Gewinnung neuer Kunden

Anschaffungskosten decken *amortisieren* (fr.) tilgen

anschauend *kontemplativ* (lat.) sinnlich ansehen

anschaulich 1. *demonstrativ* (lat.) langsam gehen, demonstrativ Einheit zeigen, Demonstrativpronomen: hinweisendes Fürwort; nicht verw. mit *demonstrieren* (lat.) beweisen, vorführen 2. *plastisch* (gr.-lat.-fr.) i. S. von einprägsam, deutlich; aber auch: knetbar; von der Oberfläche her erhaben 3. *informativ* (lat.) belehrend, aufschlußreich 4. *konkret* (lat.) gegenständlich; »Ich liebe das Konkrete.« (Roman Herzog, 1997) 5. *realistisch* (lat.) wirklichkeitsnah 6. *schematisch* (gr.) entwurfsmäßig 7. *transparent* (lat.-fr.) durchsichtig, durchscheinend

anschaulich machen 1. *konkretisieren* (lat.) 2. *demonstrieren* (lat.) auch: öffentlich kundtun; »Der Standort Deutschland soll produzieren, nicht demonstrieren.« (G. Schröders geh. Tagebuch von H. Venske, 1997)

Anschaulichkeit *Plastizität*, die (gr.-lat., ohne Pl.) i. S. von Bildhaftigkeit

Anschauung 1. *Ideologie*, die (gr.-fr., Pl. -n) in der Politik: Denkvorstellung, Weltanschauung; nicht verw. mit *Idiolatrie*, die (gr., Pl. -n) Selbstvergötterung 2. *Mentalität*, die (lat., Pl. -en) i. S. von Auffassungsweise; nicht verw. mit dem Modewort *mental* (lat.) i. Gedanken, geistig

Anschauung, der Mensch als Teil der Menschheit *Kosmopolitismus*, der (gr.-russ., ohne Pl.) auch: Weltbürgertum. »Ein Schuß mehr Kosmopolitismus kann uns nicht schaden.« (Horst Köhler, Bundespräsident, 2006)

Anschauung, nach der das Seiende erklärbar sei *Pantelismus*, der (gr.-lat., ohne Pl.) d. h. teleologisch (zielgerichtet) erklärbar

Anschauung, nach der wir vom Zufall beherrscht werden *Tychismus*, der (gr.-lat., ohne Pl.) Lehre des am. Philosophen Charles Peirce (1839–1914)

Anschauungsmaterial zu e. Vortrag *Handout*, das (engl.-am., Pl. -s) meist kostenloses Informationsmaterial

Anschein, beim ersten ... *prima facie* (lat.)

Anschlag 1. *Attentat*, das (lat.-fr., Pl. -e) politischer Mordanschlag oder i. S. von: e. Attentat vorhaben, etwas Bestimmtes wollen 2. *Kabale*, die (hebr.-fr., Pl. -n) heimtückischer Anschlag, Intrige, »Kabale und Liebe« (Drama); nicht verw. mit *Kabbala*, die (hebr., ohne Pl.) mittelalterliche jüd. Geheimlehre 3. *Machination*, die (lat., Pl. -en) arglistiger Anschlag 4. *Komplott*, das (fr., Pl. -e, -s) heimlicher Anschlag oder Verschwörung; nicht verw. mit *Kompott*, das (fr., Pl. -s, -e) Eingemachtes

anschlagen *affichieren* (fr.) z. B. e. Werbeplakat

anschlagen, öffentlich ... *plakatieren* (fr.) »Ich würde blühende Landschaften plakatieren.« (Volker Rühe, Verteidigungsminister, 1998)

Anschlagzettel *Affiche*, die (fr., Pl. -n) Aushang

Anschleicher *Stalker*, der (engl.-am., Pl. -s) e. der voller Leidenschaft Leinwandstars verfolgt, z. B. Madonna, Sharon Stone; auch: Pirschjäger

Anschluß 1. *Kontakt*, der (lat., Pl. -e) auch: Berührung, z. B. Kontaktperson 2. *Affiliation*, die (lat., Pl. -en) auch: rituelles Aufnahmeverfahren nach e. Logenwechsel

Anschlußstelle 1. *Gameport*, der (engl., Pl. -s) auch Schnittstelle an e. Computer 2. *Port*, der (fr.-engl., Pl. -s) Schnittstelle zwischen Prozessoren oder Computern u. der Außenwelt; eigtl.: Hafen oder Tor

Anschrift *Adresse*, die (fr., Pl. -n)

anschubsen *pushen* (engl.) auch: antreiben

anschuldigen 1. *denunzieren* (lat.) auch brandmarken 2. *inkriminieren* (lat.) e. Verbrechens beschuldigen

Anschuldigung *Gravamen*, das (lat., Pl. ...mina) Vorwürfe (gegen den Klerus im 15. u. 16. Jh.)

anschwellend *crescendo* (lat.-it.) lauter, musik. Vortragsanw.

Anschwellung 1. *Erektion*, die (lat., Pl. -en) med. Versteifung des männlichen Gliedes 2. *Erektometer*, das (lat., Pl. -) Gerät, das Erektion aufzeichnet 3. *Glomus*, das (lat., Pl. ...mera) med., z. B. Geschwulst; nicht zu verw. mit *Globus*, der (lat., Pl. ...ben, ...busse) Erdkugel

Anschwellung von Weichteilen *Inturgeszenz*, die (lat., Pl. -en) ... infolge von Flüssigkeitsansammlung (med.)

Ansehen 1. *Autorität*, die (lat., ohne Pl.) Ansehen e. Person aufgrund von Wissen, Leistung u. Charakter 2. *Goodwill*, der (engl., Pl. -s) Ruf, Bedeutung e. Unternehmens 3. *Nimbus*, der (lat., Pl. -se) e. Art heiliges Ansehen 4. *Notabilität*, die (lat.-fr., ohne Pl.) i. S. von Vornehmheit 5. *Prestige*, das (lat.-fr., ohne Pl.) in gesellschaftlichem Sinn 6. *Renommee*, das (lat.-fr., Pl. -s) i. S. e. guten Rufs 7. *Reputation*, die (lat.-fr., ohne Pl.) i. S. e. guten Rufs 8. *Respektabilität*, die (lat.-fr., ohne Pl.) i. S. von Achtbarkeit 9. *Prestige*, das (fr., Pl. -s) Ansehen, Geltung, z. B. Angst vor Prestigeverlust 10. *Image*, das (lat.-fr.-engl., Pl. -s) auch: Vorstellung; »Unser Image ist besser geworden.« (Wolfgang Gerhardt, F. D. P.-Chef, 1998)

ansehnlich 1. *präsentabel* (lat.-fr.) vorzeigbar 2. *respektabel* (lat.-fr.) 3. *reputierlich* (lat.-fr.) 4. *respektierlich* (lat.-fr.) 5. *imposant* (fr.) eindrucksvoll, großartig; nicht verw. mit *impotent* (fr.) geschlechtlich unvermögend 6. *repräsentativ* (fr.) würdig, ansehnlich; aber auch: vertretend i. S. von Repräsentationsumfrage, um die herrschende Meinung zu ermitteln

Ansicht *Aspekt*, der (lat., Pl. -e) »das Hinsehen«; auch: Blickwinkel, Betrachtungsweise

Ansichtskartenheft *Leporello*, das (it., Pl. -s) ... das zieharmonikaartig zusammenzufalten ist; auch: Leporelloalbum z. B. als bes. Bilderbuch; eine Operngestalt Mozarts

Ansiedler, illegaler ... *Squatter*, der (lat.-engl., Pl. -) der sich ohne Rechtstitel auf Brachland niederläßt

Ansiedlung 1. *Settlement*, das (engl., Pl. -s) 2. *Kolonie*, die (lat., Pl. ...ien) Siedlung; aber auch: überseeische Besitzung e. Staates: *Kolonialismus*, der (lat., ohne Pl.)

auf Erwerb von fremden Gebieten ausgerichtete Politik; nicht verw. mit *Kolonat*, das (lat., Pl. -e) in römischer Kaiserzeit: Grunderwerbsteuer

Anspannung 1. *Intension*, die (lat., Pl. -en) i. S. von Eifer; nicht verw. mit *Intention*, die (lat., Pl. -en) Absicht, Vorhaben 2. *Konzentration*, die (lat.-gr., Pl. -en) geistige Sammlung; auch: Zusammenziehung von Truppen oder Gehalt einer Lösung

Anspielung 1. *Innuendo*, das (lat.-engl., Pl. -s) versteckte Andeutung 2. *Allusion*, die (lat., Pl. -en) nicht verw. mit *Alluvion*, die (lat., ohne Pl.) angeschwemmtes Land

Ansporn *Inzentiv*, das (lat., Pl. -e) i. S. von Anreiz

anspornen *motivieren* (lat.) »Sie glauben gar nicht, wie das motiviert, wenn man schon begraben ist.« (Helmut Kohl, 1998)

anspornend *inzentiv* (lat.-engl.) i. S. von anreizend

Ansprache *Speech*, der (engl., Pl. -es) ugs.

ansprechen *reagieren* (lat.) z. B. e. Patient reagiert auf bestimmtes Medikament

ansprechend 1. *apart* (lat.-fr.) bes. Art u. Weise 2. *ästhetisch* (gr.-lat.) geschmackvoll

Anspruch 1. *Titel*, der (lat., ohne Pl.) Gerichtsurteile sind rechtliche Titel zur Durchsetzung von Ansprüchen 2. *Prätention*, die (lat.-fr., Pl. -en) Anspruch; auch: Anmaßung

anspruchslos 1. *primitiv* (lat.) auch urtümlich 2. *simpel* (fr.) 3. *spartanisch* (gr.) i. S. von hart, streng; von Spartakus: Führer des röm. Sklavenaufstandes v. Sparta: altgr. Stadtstaat, in dem es sehr streng zuging 4. *saturiert* (lat.) geistig gesättigt

anspruchsvoll 1. *exklusiv* (lat.-engl.) hohen Ansprüchen genügend; aber auch: ausschließlich, z. B. bei der Presse: Exklusivstory 2. *prätentiös* (lat.-fr.) im hochgestochenen Sinn

anstacheln *instigieren* (lat.) anregen

Anstalt 1. *Institution*, die (lat., Pl. -en) i. a. staatliche 2. *psychiatrische Klinik*, die (gr., Pl. -en) auch Irrenanstalt

Anstand 1. *Dekorum*, das (lat., ohne Pl.) Schicklichkeit 2. *Dezenz*, die (lat., ohne Pl.) i. S. vornehmer Zurückhaltung

Anstand, Schein des ... *Dehors*, die (lat.-fr., nur Pl.) z. B. die Dehors wahren

anständig 1. *dezent* (lat.) 2. *fair* (engl.) dem Gegner gegenüber, z. B. Fair play 3. *honett* (lat.-fr.) ehrenhaft 4. *reell* (fr.-lat.) z. B. reelles Geschäftsgebaren 5. *seriös* (lat.-fr.) glaubwürdig 6. *loyal* (lat.-fr.) anständig gegenüber dem Vorgesetzten 7. *honorig* (lat.) ehrenhaft; nicht verw. mit *humorig* (engl.) launig 8. *human* (lat.) menschlich 9. *integer* (lat.) unbescholten, e. integerer Charakter 10. *manierlich* (fr.) wohlerzogen 11. *solide* oder *solid* (lat.) zuverlässig

Anständigkeit 1. *Solidität*, die (lat.-fr., ohne Pl.) i. S. von Zuverlässigkeit 2. *Reellität*, die (lat.-fr., ohne Pl.) z. B. Anständigkeit im Geschäftsleben

Anstandsregeln mißachten *Taktlosigkeit*, die (lat.-dt., Pl. -en) »Taktlosigkeit ist der Entschluß, etwas zu sagen, das alle denken.« (Oscar Wilde)

anstarren *fixieren* (fr.) mit den Augen festhalten

anstecken *infizieren* (lat.) med. mit e. Krankheit

ansteckend 1. *kontagiös* (lat.) med. bez. Krankheiten 2. *miasmatisch* (gr.) med. i. S. von giftig 3. *virulent* (lat.) med. krankheitserregend 4. *infektiös* (lat.)

Anstecknadel *Brosche*, die (fr., Pl. -n) auch Spange, eigtl. Nadel, Spitze

Ansteckung 1. *Infektion*, die (lat., Pl. -en) 2. *Kontagion*, die (lat., Pl. -en) med. Ansteckung mit Erregern

Ansteckungsfähigkeit *Infektiosität*, die (lat., ohne Pl.) z. B. e. Krankheitserregers (med.)

anstellen 1. *engagieren* (germ.-fr.) z. B. Künstler 2. *hire* (am.) z. B. Manager: »hire and fire« einstellen und hinauswerfen 3. *fabrizieren* (fr.) i. S. von: »Was wurde da wieder fabriziert!« auch: herstellen

Anstellung *Engagement*, das (germ.-fr., Pl. -s) e. Künstlers am Theater; aber auch: Einsatz zeigen

anstiftend *initiatorisch* (lat.) Anstoß bewirkend

Anstifter *Initiator*, der (lat., Pl. -en) Urheber

anstimmen *intonieren* (lat.)

Anstoß 1. *Initiative*, die (lat.-fr., Pl. -n) 2. *Initialzündung*, die (lat.-dt., Pl. -en) zu e. Entwicklung 3. *Impetus*, der (lat., ohne Pl.) i. S. von Schwungkraft 4. *Impuls*, der

41

(lat., Pl. -e) gedanklicher – oder auch elektrischer Impuls

Anstoß erregendes Geschehnis *Skandal*, der (lat., Pl. -e) auch: Ärgernis. »Der große Skandal ist nicht, daß wir sterben, sondern, daß wir alt werden müssen.« (Daniel Kehlmann, Autor von »Die Vermessung der Welt«, 2006)

anstößig 1. *shocking* (niederl.-fr.-engl.) i. S. von peinlich 2. *skandalös* (gr.-lat.-fr.) unerhört

anstreben 1. *anvisieren* (dt.-lat.-fr.) e. Ziel anvisieren 2. *intendieren* (lat.) i. S. von planen, beabsichtigen

anstreichen *pönen* (niederdt.) Schiffsteile werden gepönt (Seemannsspr.)

anstrengen, sich ... *strapazieren*, sich (it.)

anstrengend *strapaziös* (it.)

Anstrengung 1. *Strapaze*, die (it., Pl. -n) große körperliche Anstrengung 2. *Schikane*, die (fr., Pl. -n) i. S. von Bosheit 3. *Tortur*, die (lat., Pl. -en) Folter, Qual

Anstrich *Touch*, der (engl., Pl. -s) mit bes. Note, z. B. ein Touch ins Ordinäre

Anstrich, giftiger ... *Antifouling*, das (gr.-engl., Pl. -s) ... für den unter Wasser befindlichen Teil e. Schiffes

Anstrichmittel *Firnis*, der (gr.-fr., ohne Pl.) seem. Anstrich ohne Farbpigmente

Ansturm *Run*, der (engl., Pl. -s) z. B. Run auf Aktien; »Der Run droht das gesamte Bankensystem zu paralysieren.« (Alexander Lebed, Jelzin-Rivale, Exgeneral, 1998)

Anteil 1. *Kontingent*, das (lat., Pl. -e) von Waren sichern oder zum Schutz der heimischen Wirtschaft: kontingentieren, d. h. die Einfuhr begrenzen 2. *Claim*, das (engl.-fr.-lat., Pl. -s) z. B. Anteil an e. Goldmine; auch: Claim abstecken 3. *Quantum*, das (lat., Pl. ...ten) e. kleine Menge 4. *Quote*, die (lat., Pl. -n) e. verhältnismäßiger Anteil, scherzhaft die »Quoten-Frauen« im deutschen Regierungskabinett 5. *Ration*, die (lat.-fr., Pl. -en) auch: Zuteilung 6. *Partie*, die (fr.) Teil; aber auch: Heiratsmöglichkeit, e. gute Partie machen oder Treffen e. Personengruppe, z. B. Gartenparty 7. *Portion*, die (lat., Pl. -en) i. S. von abgemessener Menge oder: er ist nur e. halbe Portion, ugs.: er zählt nicht

Anteil haben *partizipieren* (lat.-fr.)

Anteile ohne e. laufende Verzinsung *Zero Bond*, der (arab.-fr.-engl., Pl. -s) der Kaufpreis liegt um Zins u. Zinseszins unter dem eigentlichen Rückzahlungspreis

anteilig *partiell* (lat.-fr.)

Anteilnahme 1. *Desinteresse*, das (lat.-fr., ohne Pl.) i. S. von mangelnde Anteilnahme 2. *Interesse*, das (lat.-fr., ohne Pl.) 3. *Partizipation*, die (lat., Pl. -en) i. S. von Teilnahme

Anteilschein 1. *Zertifikat*, das (lat., Pl. -e) wirtsch. an e. Investmentgesellschaft halten 2. *Aktie*, die (lat.-niederl., Pl. -n) Anteilschein vom Stammkapital e. Aktiengesellschaft (AG) halten, »die Aktien steigen« (Börsensprache: die Chancen werden besser)

Anthologien, Titel arab. ... *Hamasa*, die (arab., Pl. -s)

antikes Fabeltier z. B. 1. *Tragelaph*, der (gr., Pl. -en) Hirschart 2. *Sphinx*, die (gr., Pl. -e) geflügelter Löwe mit Frauenkopf, in gr. Sage: Sinnbild des Rätselhaften; nicht verw. mit *Sphinkter*, der (gr., Pl. -e) med. Schließmuskel 3. *Zentaur*, der (gr., Pl. -en) Wesen der gr. Sage: halb Pferd, halb Mensch

Antikörper *Antitoxin*, das (gr.-lat., Pl. -e) med. im Körper gebildetes Gegengift

Antiqua- u. Kursivdruckschrift *Baskerville*, die (engl., ohne Pl.)

Antischleudersystem *Electronic Stability Programm*, das (engl., Pl. -s) kurz: ESP; das Schleudern in der Kurve wird durch das Abbremsen einzelner Räder verringert (beim PKW)

Antiteilchen, positiv geladenes ... **des Elektrons** *Positron*, das (gr.-lat., Pl. -en)

Antönen, *Akzent*, der (lat., Pl. -e) auch: Aussprache; »Wortlos schoß einer der Gangster, er sprach mit reichsdeutschem Akzent ...« (Wiener Kurier, 1987)

Antrag abweisen *rejizieren* (lat.) rechtsw. Abweisung e. Antrags bei Gericht

Antrag *Petitum*, das (lat., Pl. ...ta) i. S. von Gesuch

Antragsteller *Proponent*, der (lat., Pl. -en)

antreiben 1. *aktivieren* (lat.-fr.) svw. in Gang setzen 2. *puschen* (engl.-am.) etwas vorantreiben, anstoßen z. B. e. Produkt in den Markt puschen

42

antreibend *inzentiv* (lat.-engl.) etwas durch Ideen voranbringen

Antreten *Appell*, der (lat.-fr., Pl. -e) Soldaten treten zum Befehlsempfang an; aber auch: e. Appell richten an, i. S. von Aufruf

Antrieb 1. *Impetus*, der (lat., ohne Pl.) Ungestüm, mit Schwung 2. *Impuls*, der (lat., Pl. -e) Anstoß, e. Impuls folgend 3. *Motiv*, das (lat., Pl. -e) Beweggrund, Anreiz

Antriebe, durch äußere ... *extrinsisch* (lat.) von außen

Antriebsart *Traktion*, die (lat., Pl. -en) z. B. durch Zugmaschinen

Antriebskraft *Movens*, das (lat., ohne Pl.) bewegender Grund; nicht verw. mit *Movieren*, das (lat., ohne Pl.) e. Wort nach dem jeweiligen Geschlecht abwandeln, z. B. Lehrer, Lehrerin

Antriebslosigkeit *Athymie*, die (gr., Pl. ...ien)

Antriebsmangel 1. *Apathie*, die (lat., Pl. ...ien) Teilnahmslosigkeit 2. *Athymie*, die (gr.-lat., Pl. ...ien) 3. *Bradyphrenie*, die (gr.-lat., Pl. ...ien) Reduzierung der psychomotorischen Aktivität

Antwort 1. *Refus* oder *Refüs*, der (lat.-fr., ohne Pl.) abschlägige Antwort 2. *Respons*, der (lat., Pl. -e) auf meine Bewerbung erhielt ich e. positiven Respons 3. *Replik* die (lat.-fr., Pl. -en) Entgegnung, Erwiderung; aber auch: Nachbildung e. Kunstwerkes durch den Künstler selbst; nicht verw. mit *Replikat*, das (lat.-fr., Pl. -e) e. originalgetreue Nachbildung e. Kunstwerkes

antworten 1. *reskribieren* (lat.) i. S. von schriftlich antworten 2. *reagieren* (lat.) 3. *respondieren* (lat.) 4. *kontern* (lat.-fr.-engl.) schlagfertig erwidern; auch: sich aktiv zur Wehr setzen; nicht verw. mit *konterkarieren* (fr.) etwas hintertreiben

Antwortspiel *Quiz*, das (engl., ohne Pl.) Ratespiel

Antwortverhalten, verändertes ... *paneleffect*, der (engl., Pl. -s) ... e. routinierten Interviewpartners

anwachsen *eskalieren* (fr.-engl.) stetig steigernd, z. B. eskalierende Gewalt, Gewalteskalation

Anwalt *Advokat*, der (lat., Pl. -en) Rechtsanwalt, boshaft: Winkeladvokat

Anwaltschaft *Advokatur*, die (lat., Pl. -en) auch: Rechtsanwaltschaft

Anwärter 1. *Aspirant*, der (lat.-fr., Pl. -en) auf e. Position 2. *Kandidat* (lat.) z. B. cand. Ing.: Ingenieur-Anwärter 3. *in spe* (lat.):»in der Hoffnung« künftiger Positionsinhaber

Anwärter der höheren Beamtenlaufbahn *Assessor*, der (lat., Pl. ...oren)

Anwartschaft *Kandidatur*, die (lat., Pl. -en) »Liege bei allen Meinungsumfragen ›Kanzlerkandidatur‹ weit vorn, bei Emnid sogar 67 % für mich.« (G. Schröders geh. Tagebuch von H. Venske, 1997)

anweisen 1. *instruieren* (lat.) 2. *assignieren* (lat.) Geldüberweisung auf e. anderes Konto veranlassen

Anweisender *Assignant*, der (lat., Pl. -en) e. geldüberweisende Person

Anweisung 1. *Direktive*, die (lat., Pl. -n) z. B. Verhaltensanweisung 2. *Instruktion*, die (lat., Pl. -en) z. B. zur Betreibung von Maschinen; aber auch: Anweisungen von e. Trainer 3. *Order*, die (engl.-lat.-fr., Pl. -s) i. S. e. Befehls 4. *Diktat*, das (lat., Pl. -e) Vorschrift, Befehl; aber auch: Gesagtes aufschreiben

Anweisung geben, jmd. e. kurze ... *briefen* (engl.)

anwendbar 1. *applikabel* (lat.) 2. *praktikabel* (gr.-lat.) i. S. von zweckmäßig; auch: durch-, ausführbar; nicht verw. mit *praktizieren* (gr.-lat.) verwirklichen

anwenden *applizieren* (lat.) aber auch: verabreichen oder aufnähen, Farbe auftragen

Anwender, EDV-... *User*, der (engl., Pl. -s) »Ich bin ein dummer User, eigentlich das perfekte Marketingmodell.« (Andrew S. Grove, Intel-Chef, 1997)

Anwendung *Applikation*, die (lat., Pl. -en) Zuführung, auch: Verordnung von Medikamenten; nicht verw. mit *Applikator*, der (lat., Pl. -en) düsenförmiges Teil, mit der Salbe z. B. in den Darm gedrückt wird

anwendungsbezogen *pragmatisch* (gr.-lat.) i. S. von sachbezogen, es hieß, Kanzler Helmut Schmidt war e. pragmatischer Politiker

anwesend 1. *präsent* (lat.) wirklich da 2. *existent* (lat.) vorhanden

Anwesenheit *Präsenz*, die (lat.-fr., ohne Pl.)

Anwesenheit, körperliche ... e. Person an zwei Orten *Bilokation*, die (lat., Pl.

-en) ... zur selben Zeit; z. B. in Heiligen-
legenden

Anwesenheitsliste *Präsenzliste*, die (lat.-
fr., Pl. -n)

anwidern *degoutieren* (lat.-fr.) auf Sachen
u. Personen bezogen

Anwohner *Adjazent*, der (lat., Pl. -en) an e.
Grundstück angrenzend

Anzahl 1. *Legion*, die (lat., ohne Pl.) z. B. e.
unbestimmte Menge, Anzahl; aber auch:
Legion, die (lat., Pl. -en) röm. Heereseinheit bis 6000 Mann 2. *Quantität*, die (lat.,
Pl. -en) i. S. von Menge 3. *Kontingent*, das
(lat., Pl. -e) Anteil, begrenzte Menge, z. B.
kontingentierte Ware 4. *Quote*, die (lat.,
Pl. -n) Beziehungszahl in der Statistik,
z. B. scherzhaft: »Quotenfrau« im Regierungskabinett

Anzahl von Schlägen *Par* (engl.) ... die
sich nach dem Abstand des Abschlags
vom Loch richtet (festgesetzt, für jedes
Loch des Golfplatzes)

Anzahlung 1. *Akonto*, das (it., Pl. -s) z. B.
e. Akonto-Zahlung tätigen 2. *Vadium*, das
(lat.-germ., Pl. ...ien) aus der Hist. stammende Anzahlung in Form e. Gegenstandes, der bei Geschäftsabwicklung zurückgegeben wurde

Anzeichen 1. *Indikator*, der (lat., Pl.
...oren) Merkmal; auch: Stoff, z. B. Lack-
mus, der durch Farbwechsel e. chem. Reaktion anzeigt 2. *Indiz*, das (lat., Pl. ...ien)
»Anzeige«, deutet auf e. best. Sachverhalt
hin 3. *Kriterium*, das (gr.-lat., Pl. ...ien)
svw. Kennzeichen, Prüfstein 4. *Signal*, das
(lat.-fr., Pl. -e) i. S. von Zeichen, das auf
optischem oder akustischem Weg gegeben
wird 5. *Symptom*, das (gr., Pl. -e) »vor-
übergehende Eigentümlichkeit«; auch:
Merkmal, Krankheitszeichen

Anzeige 1. *Advertisement*, das (engl., Pl. -s)
2. *Advertising*, das (engl., Pl. -s) Werbung
3. *Delation*, die (lat., Pl. -en) verleumderische 4. *Denunziation*, die (lat., Pl. -en) aus
niederen Beweggründen, z. B. aus Rache
5. *Annonce*, die (österr.-fr., Pl. -n) z. B. Zeitungsanzeige aufgeben, z. B. e. Stellenan-
nonce schalten; nicht verw. mit *Annonceu-
se*, die (fr., Pl. -n) e. Angestellte im Gaststättengewerbe 6. *Inserat*, das (lat., Pl. -e)
Anzeige in e. Zeitung aufgeben 7. *Inserti-
on*, die (lat., Pl. -en) Aufgeben, Schalten e.

Anzeige; aber auch med.: Ansatz, d. h. Befestigung von Muskeln an Knochen

anzeigen 1. *annoncieren* (lat.-fr.) 2. *inserieren* (lat.) 3. *notifizieren* (lat.) i. S. von benachrichtigen; aber auch: wirtsch. Mitteilung, daß e. Wechsel nicht eingelöst wurde 4. *denunzieren* (lat.) anzeigen aus niederen Beweggründen, z. B. Rache

Anzeigen herausschneiden *Clipping*, das
(engl., ohne Pl.)

anzeigend *symptomatisch* (gr.) i. S. von bezeichnend

Anzeigenvirus *Advirus*, der (engl., Pl.
...ses) benutzt e. PC-Teilnehmer »al-
ways«, erscheint als Virus die Coca-Cola-
Werbung; bei »nichts ist unmöglich«
taucht »Toyota« als Werbevirus auf; Idee
stammt aus dem Cyberpunk (bes. Szene
im kalifornischen Silicon Valley), Roman
»Erde« von David Bin

Anzeigenwerber *Akquisiteur*, der (lat., Pl.
-e) allg.: Werber, Geschäftsanbahner

anziehend 1. *apart* (lat.-fr.) 2. *attraktiv*
(lat.-fr.) 3. *sexy* (engl.) i. S. von erotisch,
mit sexuellem Reiz; e. Sextaner ist kein
Sexmonster, sondern e. Schüler der Sexta:
erste Klasse der höheren Schule

Anziehung *Attraktion*, die (lat.-fr.-engl.,
Pl. -en)

**Anziehungsdruck zwischen zwei flachen,
parallelen Metallplatten** ... *Casimir-Ef-
fekt*, der (lat.-Eigenn., Pl. -e) ... die sich in
sehr geringem Abstand voneinander in e.
Vakuum befinden (Phys.)

Anziehungskraft 1. *Gravitation*, die (lat.,
ohne Pl.) Schwerkraft, die aufgrund von
Masse besteht, 2. *Magnetismus*, der (gr.,
ohne Pl.) Anziehungskraft, auch Heilverfahren

Anziehungskraft, erotische ... *Sex-Appeal*, der (engl.-am., ohne Pl.) ... bes. e.
Frau; »Sex-Appeal ist das, was Männer
nur mit den Händen beschreiben können.«
(Uschi Glas)

Anzug, enganliegender ... *Body*, der
(engl., Pl. ...ies) auch: Körper

anzüglich *pikant* (lat.-fr.) i. S. e. Witzes mit
zweideutigem Inhalt

Anzüglichkeit 1. *Pikanterie*, die (lat.-fr.,
Pl. ...ien) z. B. Witze mit zweideutigem
Inhalt 2. *Frivolität*, die (lat.-fr., Pl. -en)
Leichtfertigkeit; auch: Schamlosigkeit

44

Apartment *Penthouse*, das (engl., Pl. -s) exklusive Dachwohnung; nicht verw. mit: dem Erotik-Magazin »Penthouse«

Apfel, in den sauren … beißen *molestiam devorare* (lat., Zitat) auch: den Verdruß hinunterschlucken

Apfel, kleiner … *Pepping*, der (engl., Pl. -e, -s)

Apfelbranntwein *Calvados*, der (fr., ohne Pl.)

Apfelsorte 1. *Golden Delicious*, der (engl., ohne Pl.) 2. *Reinette*, die (fr., Pl. -n)

Apostelbrief … *Epistel*, die (gr.-lat., Pl. -n) … im Neuen Testament; auch Sendschreiben

Apostelgeschichte *Apostolorum*, die (lat., nur Pl.) »Taten der Apostel« (im Neuen Testament)

Apotheke *Offizin*, die (lat., Pl. -en) aber auch: große Buchdruckerei; nicht verw. mit *Offizium*, das (lat., Pl. …ien) Obliegenheit; auch: Chorgebet

Apotheker *Pharmazeut*, der (gr., Pl. -en)

Appetitanreger *Appetizer*, der (lat.-engl., Pl. -)

Appetithappen *Tapas*, die (sp., Pl.) kleine Snacks, z. B. belegtes Brot mit Sardinen oder Hackbällchen

appetitlich *gustiös* (lat.-it.) z. B. Speisen, das ist nach meinem Gusto: Geschmack; Neigung

Appetitlosigkeit *Anorexie*, die (gr.-lat., ohne Pl.)

Appetitzügler 1. *Anorektikum*, das (gr., Pl. …ka) 2. *Anorexikum*, das (gr., Pl. …ka)

Aquarienliebhaber *Aquarianer*, der (lat., ohne Pl.)

Arbeit 1. *Dissertation*, die (lat., Pl. -en) Doktorarbeit 2. *Elaborat*, das (lat., Pl. -e) schlechte Ausarbeitung 3. *Studie*, die (lat., Pl. -en) 4. *Job*, der (engl.-am., Pl. -s) Gelegenheitsarbeit; Job-hopper: jemand, der ständig sein Arbeitsverhältnis wechselt 5. *Aktivität*, die (lat., Pl. -en) i. S. von Tätigkeitsdrang 6. *Funktion*, die (lat., Pl. -en) i. S. von Aufgabe 7. *Œuvre*, das (fr., Pl. -s) Gesamtwerk e. Künstlers 8. *Opus*, das (lat., ohne Pl.) musik. Werk 9. *Danaidenarbeit*, die (gr.) vergebliche Arbeit, nach gr. Sage, in der die Töchter des Danaos in der Unterwelt e. Faß ohne Boden mit Wasser füllen mußten 10. *Sisyphusarbeit*, die (gr.) nach Sisyphos, e. gr. Sagengestalt, die zu e. niemals endenden Steinwälzen (auf einen Berg) verurteilt worden war, also: vergebliche Arbeit, sinnlose Anstrengung; nicht verw. mit *Syphilis*, die (lat.) Geschlechtskrankheit, nach dem erkrankten Hirten Syphilus 11. *Pensum*, das (lat., Pl. …sa) i. S. e. zugeteilten Arbeit, z. B. Lernpensum

Arbeit, nach getaner … ist gut ruhen *acti labores iucundi l* (lat., Zitat) angenehm sind die erledigten Arbeiten

Arbeit, praktische … *Fieldwork*, das (engl., Pl. -s) auch: Tätigkeit an der Interview-Front; Außendiensttätigkeit

arbeiten 1. *hantieren* (niederl.) handhaben 2. *malochen* (hebr.) schwer arbeiten 3. *funktionieren* (lat.-fr.) i. S. e. arbeitenden Maschine

arbeitenden, die … Armen *working poor*, die (engl., nur Pl.) gemeint sind Personen, die e. Einkommen haben, das in Höhe der Sozialhilfe liegt

Arbeiter, der wenig, aber mit Lust tätig ist *Slobby*, der (engl.-am., Pl. …ies) von: slower but better working people; sie wollen gut verdienen, doch der Karriere nicht die gesamte Freizeit opfern

Arbeiter, in den USA umherziehender … *Hobo*, der (engl.-am., Pl. -s) … zu Beginn des 20. Jhs.

Arbeiterklasse *Proletariat*, das (lat.-fr., Pl. -e) seit 1960 spricht man vom akademischen Proletariat

Arbeiterklasse, Angehöriger *Proletarier*, der (lat., ohne Pl.) »Proletarier aller Länder, vereinigt euch!« (Marx, Engels: »Das kommunistische Manifest«)

Arbeiterpartei *Labour Party*, die (engl.-lat., ohne Pl.)

Arbeitgeber 1. *Boß*, der (am., Pl. …sse) 2. *Patron*, der (lat., Pl. -e, -s) i. S. e. Gönners; aber auch: unliebsamer Mensch: scheinheiliger Patron 3. *Chef*, der (österr., Pl. -s) i. S. von Vorgesetzter, Chefsache: Kanzler Kohl pflegte häufig wichtige Dinge zur »Chefsache« zu machen

Arbeitsablauf bei Computerprogrammen *Workflow*, der (engl., Pl. -s) … bei dem der Anwender automatisch auf den nächsten Arbeitsschritt gelenkt wird

Arbeitsanzug 1. *Montur*, die (fr., Pl. -en) 2. *Overall*, der (engl., Pl. -s)

Arbeitsaufgabe *Pensum*, das (lat., Pl. …sen, …sa)

Arbeitsbereicherung *Jobenrichment*, das (engl., Pl. -s)

Arbeitsgang *Takt*, der (lat., Pl. -e)

Arbeitsgebiet 1. *Domäne*, die (lat.-fr., Pl. -n) Gebiet, in dem man sich bes. gut auskennt 2. *Ressort*, das (fr., Pl. -s) ministerielle Fachgebiete, z. B. Wirtschaftsressort

Arbeitsgemeinschaft 1. *Kollektiv*, das (lat., Pl. -e) häufig verwendeter Ausdruck im einst sozialistischen Teil Deutschlands 2. *Team*, das (engl., Pl. -s) 3. *Kommune*, die (lat., Pl. -n) svw. Wirtschaftsgemeinschaft

Arbeitsgruppe 1. *Kollektiv*, das (lat., Pl. -e) 2. *Team*, das (engl., Pl. -s)

Arbeitshose aus blauer, fester Baumwolle *Blue jeans*, die (engl.-am., nur Pl.)

Arbeitskleidung 1. *Montur*, die (fr., Pl. -en) Arbeitsanzug, z. B. »Blaumann« 2. *Uniform*, die (österr., Pl. -en) einheitliche Dienstkleidung bes. der Soldaten 3. *Overall*, der (engl., Pl. -s) Arbeitsanzug aus e. Stück, nach »über alles« ziehen

Arbeitskleidung, Trend zur modischen … *Workwear-Trend*, der (engl.-am., Pl. -s) die sog. »Blaumänner« werden heute in best. Diskotheken u. Szenelokalen getragen

Arbeitskreis … *Workshop*, der (engl., Pl. -s) eigtl.: Werkstatt; … in dem e. best. Thema erörtert wird oder Lösungen erarbeitet werden

Arbeitskunde *Ergologie*, die (gr.-lat., ohne Pl.) Arbeitsgeräte-Forschung

Arbeitsmarkt, Revolution auf dem … *Job-Revolution*, die (engl.-am., ohne Pl.) steigende Arbeitslosenzahlen bei wirtschaftlichem Wachstum sind das Kriterium moderner Industriegesellschaften (der einstigen Arbeitsgesellschaft geht die Arbeit aus)

Arbeitsmenge *Pensum*, das (lat., Pl. Pensen, Pensa) zu erledigender Lehrstoff; »das Leben ist e. Pensum zum Abarbeiten« (Arthur Schopenhauer)

Arbeitsplatzaufteilung *Jobsharing*, das (engl., Pl. -s) auch: Job-sharing i. S. von Aufteilung der Gesamtarbeitszeit

Arbeitsplatzteilung *Jobsharing*, das (engl., Pl. -s) wirtsch. Teilung der Gesamtarbeitszeit auf mehrere Arbeitnehmer

Arbeitsraum 1. *Laboratorium*, das (lat., Pl. …rien) wissenschaftlicher Raum für z. B. physikalische Experimente 2. *Studio*, das (lat.-it., Pl. -s) z. B. Foto-, Filmstudio 3. *Atelier*, das (lat.-fr., Pl. -s) Arbeitsraum e. Künstlers; nicht verw. mit *Atelie*, die (lat., Pl. …ien) das Vorhandensein infantiler (kindlicher) Merkmale bei erwachsenen Personen

Arbeitsstellenwechsel *Jobhopping*, das (engl., Pl. -s) häufiger Firmenwechsel

Arbeitsstoff *Material*, das (lat., Pl. -ien) z. B. Holz, Stahl

Arbeitssucht *Workaholismus*, der (engl., ohne Pl.) e. ins krankhafte gesteigerte Arbeitssucht

Arbeitssüchtiger *Workaholic*, der (engl.-arab.)

Arbeitstagung 1. *Klausur*, die (lat., Pl. -n) in geschlossener Gruppe 2. *Konferenz*, die (lat., Pl. -en) Konferenzteilnehmer 3. *Symposium*, das (gr., Pl. …ien) Tagung, auf der meist wissenschaftliche Fragen diskutiert werden; Trinkgelage im alten Griechenland 4. *Meeting*, das (engl., Pl. -s)

arbeitsunfähig *invalid(e)* (lat.-fr.) ständig

Arbeitsunfähiger *Invalide*, der (lat.-fr., Pl. -n) infolge e. Unfalls oder e. Verwundung

Arbeitsunfähigkeit *Invalidität*, die (lat.-fr., ohne Pl.) ständig

Archivbeamter *Archivar*, der (gr., Pl. -e) auch: Fachmann, der in e. Archiv arbeitet

Archivraum *Magazin*, das (arab.-it., Pl. -e) Raum, in dem Schriftstücke längerfristig aufgehoben werden

Ärger *Trouble*, der (engl., ohne Pl.)

Ärger verursachend *fatal* (lat.) auch: höchst unangenehm. »E. fataler Irrweg!« (Dieter Hundt, Arbeitgeberpräsident, 2006)

ärgerlich *skandalös* (lat.-fr.) auch: unerhört, anstößig

ärgern *ennuyieren* (lat.-fr.)

Ärgernis *Skandal*, der (gr.-lat.-fr., Pl. -e) öffentlich u. schockierend; Frau, die häufig Skandale auslöst: »Skandalnudel«, z. B.: Nina Hagen

Arglist 1. *Intriganz*, die (lat.-it.-fr., ohne Pl.) hinterlistiges Verhalten 2. *Dolus*, der (lat., ohne Pl.) rechtsw. in vollem Bewußtsein: Dolus directus; hinnehmend: Dolus eventualis

arglistig 1. *dolus* (lat.) rechtsw. i. S. e. vorsätzlichen Handels 2. *intrigant* (lat.-it.-fr.) i. S. von hinterlistig 3. *maliziös* (lat.-fr.) hämisch

arglos *naiv* (fr.-lat.) kindlich

Arglosigkeit *Naivität*, die (lat.-fr., ohne Pl.) kindliches Denken, z. B. sie war von erschütternder Naivität

Argwohn 1. *Ombrage*, die (lat.-fr., ohne Pl.) auch: Verdacht; Mißtrauen 2. *Soupcon*, der (lat.-fr., Pl. -s) auch: Verdacht

argwöhnen *präsumieren* (lat.) nicht verw. mit: *präservieren* (lat.) vor. e. Übel schützen

Arm, den ... betreffend *brachial* (gr.) auch: mit roher Körperkraft

Armamputation *Brachiotomie*, die (lat., Pl. ...ien)

Armband *Brasselett*, das (gr.-lat.-fr., Pl. -e)

Armbandgerät, das piepst *Scall*, das (engl., Pl. -s) ... u. auf e. Display die Telefonnummer e. möglichen Anrufers zeigt

Arme, der ... ist immer unten *pauper ubique iacet* (lat., Zitat: Ovid)

Arme, die die Armut als kulturelles Erbe begreifen *Nouveaux Pauvres*, die (fr., nur Pl.) »neue Arme«; Bewegung aus Frankreich, die spartanische Ästhetik liebt; bevorzugtes Ambiente ist der Sperrmüll

Armee Israels *Zahal*, die (hebr., ohne Pl.)

Armee, ungarische ... *Honved*, die (ung., ohne Pl.) von 1919–1945; auch: ung. Soldat

Armenhaus *Hospital*, das (lat., Pl. ...täler) auch Krankenhaus

Armensteuer im Islam *Zakat*, die (arab., ohne Pl.) Almosenpflicht

Armenviertel 1. *Slum*, die (engl., Pl. -s) 2. *Favela*, die (port., Pl. -s) Armenviertel in Brasilien

Armfüßler *Brachiopode*, der (lat., Pl. -n) e. muschelähnliches Meerestier

Armlehne *Accoudoir*, das (lat.-fr., Pl. -s) am Chorgestühl

Armleuchter 1. *Girandole*, die (it.-fr., Pl. -n) mehrarmiger Leuchter 2. *Lüster*, der (germ., Pl. -s) Kronleuchter; auch: *Luster*, der (fr.-österr., Pl. -s) 3. *Kandelaber*, der (fr., Pl. -s) Standleuchter 4. *Ampel*, die (germ., Pl. -n) Hängelampe; auch: Verkehrsampel 5. *Minora*, die (hebr., Pl.

...ren) siebenarmiger Leuchter der Juden 6. *Flambeau*, der (fr., Pl. -s) auch: Fackel

Armschmerzen *Brachialgie*, die (lat., Pl. ...ien) ... im Oberarm

armselig 1. *miserabel* (lat.-fr.) erbärmlich 2. *mesquin* (arab.-it.-fr.)

Armseligkeit *Mesquinerie*, die (arab.-it.-fr., Pl. ...ien)

Armsessel *Fauteuil*, der (germ.-fr., Pl. -s)

Armstuhl *Fauteuil*, der (fr., Pl. -s)

Armut 1. *Paupertät*, die (lat., ohne Pl.) 2. *Pauperismus*, der (lat., ohne Pl.) Armut der Massen

Armut schändet nicht *paupertas non est probro* (lat., Zitat)

Armut tut weh *paupertas mordet* (lat., Zitat)

Armutsbescheinigung 1. *Testimonium*, das (lat.-engl., Pl. ...ien) Erlassen von z. B. Prozeßkosten durch Vorlage eines Testimoniums (Armutszeugnis) 2. *testimonium paupertatis* (lat.)

Armutszeugnis 1. *Testimonium*, das (lat.-engl., Pl. ...ien) 2. *Pauperitatis*, die (lat., ohne Pl.)

Arschloch, Trottel *Nerd*, der (am., Pl. -s) der Nerd ist e. rechts denkender Amerikaner: denkfaul, ungebildet, konfliktunfähig; merkwürdigerweise haben einige dt. Blätter den jungen Bill Gates als »Nerd« bezeichnet u. mit »intelligenter Eierkopf« übersetzt

Art 1. *Genre*, das (fr.-lat., Pl. -s) 2. *Genus*, der (lat., Pl. Genera) z. B. Genuskauf, nur der Art nach best. Ware 3. *Manier*, die (lat.-fr., Pl. -en) Art u. Weise 4. *Spezies*, die (lat., ohne Pl.) bestimmte Tier- bzw. Pflanzenart; auch wirtsch. Spezieskauf: Erwerb e. genau definierten Ware 5. *Variante*, die (lat.-fr., Pl. -n) i. S. von abweichende Eigenart 6. *Fasson*, die (österr.-fr., Pl. -s) Art, Muster, Form, »jeder nach seiner Fasson« 7. *Kategorie*, die (lat., ...ien) Gattung, z. B. »e. bes. Kategorie Mensch« 8. *Modalität*, die (lat., Pl. -en) Art u. Weise, nach best. Modalitäten vorgehen 9. *Modus*, der (lat., Pl. Modi) Art u. Weise; Modus vivendi, svw. leidliches Verhältnis 10. *Praktik*, die (gr., Pl. -en) Art e. Ausübung; auch: Gaunerei 11. *Temperament*, das (lat., Pl. -e) Wesensart

Art des Ausdrucks *Stil*, der (lat., Pl. -e)

»Eine Frau ohne Stil hat auch in e. Kleid mit Stil keinen Stil.« (Karl Lagerfeld, Modeschöpfer)

Art u. Weise, nach ... *ad modum* (lat.)

Art, aus der ... schlagen *degeneriert* (lat.) auch: verkümmert. »Alles degenerierte Lachnummern ...« (Frédéric Prinz von Anhalt, wurde als Robert Lichtenberg adoptiert, 2006)

Art, nach ... von *à la* (fr.)

arteigen *spezifisch* (lat.-fr.) kennzeichnend

Artenkreuzung *Bastardierung*, die (fr., Pl. -en) auch: Rassenmischung

artfremd *heterolog* (gr.) i. S. von nicht übereinstimmend

artig 1. *manierlich* (lat.-fr.) wohlerzogen 2. *integer* (lat.) unbescholten, i. S. von: integrer Charakter 3. *korrekt* (lat.) i. S. von: ordentlich, genau

Artigkeit *Politesse*, die (lat.-it.-fr., Pl. -n) i. S. von Höflichkeit

Artikel 1. *Kolumne*, die (lat., Pl. -n) erscheint regelmäßig, ist kurz gefaßt 2. *Glosse*, die (gr., Pl. -n) kurzer, bisweilen spöttischer Artikel 3. *Story*, die (engl., Pl. ...ies) Geschichte; Ernest Hemingway, der Meister der Short-stories 4. *Pamphlet*, das (fr., Pl. -e) Schmähschrift 5. *Feature*, das (engl., Pl. -s) aktueller Dokumentarbericht, meist mit Fotos 6. *Exposé*, das (fr., Pl. -s) Bericht, Zusammenfassung; nicht verw. mit: *Exposition*, die (lat., Pl. -en) Einführung eines Dramas

Artikel für e. Kurzmeldung *Shorty*, der (engl.-am., Pl. ...ies)

Artilleriewaffe, erste ... *Katapult*, das (gr.-lat., Pl. -e) Schleudermaschine des Altertums, die erste ließ Dionysios in Syrakus um 380 v. Chr. entwickeln

Artischocke *Cosca*, die (it., Pl. -s) Gemüse; auch: Familien, aus denen sich die Mafia zusammensetzt; Symbol für den Zusammenhalt

Artist, der im Werfen u. Fangen von Bällen geübt ist *Jongleur*, der (lat.-fr., Pl. -e) auch: Geschicklichkeitskünstler; »... aber dieser Nick Leeson, ein 28jähriger Finanzjongleur, ist einfach sensationell.« (G. Schröders geh. Tagebuch von H. Venske, 1997)

Artkreuzung *Bastardierung*, die (fr., Pl. -en) i. S. e. Rassenmischung

Artwort *Adjektiv*, das (lat., Pl. -e) Eigenschaftswort

Arznei 1. *Medizin*, die (lat., ohne Pl.) 2. *Therapeutikum*, das (gr.-lat., Pl. ...ka) Heilmittel 3. *Medikament*, das (lat., Pl. -e) 4. *Pharmazeutikum*, das (gr., Pl. ...ka) 5. *Präparat*, das (lat., Pl. -e) 6. *Placebo*, das (lat., Pl. -s) unwirksame Scheinarznei 7. *Antibabypille*, die (gr.-engl., Pl. -n) 8. *Pharmakon*, das (gr., Pl. ...ka) 9. *Remedium*, das (lat., Pl. ...ien) 10. *Tonikum*, das (gr.-lat., Pl. ...ka) 11. *Tinktur*, die (lat., Pl. -en) meist flüssiger Arzneiauszug 12. *Tranquilizer*, der (lat.-engl., ohne Pl.) beruhigende Medizin

Arznei- u. Nahrungsmittel, Mischung daraus *Neutroceuticals*, die (lat.-engl., nur Pl.) bereits jetzt kennt der Nahrungsmittelmarkt Produkte, die anregende oder beruhigende Substanzen führen; vielleicht gibt es schon bald das »Antidepressions-Hühnersüppchen«

Arzneiabgabeanweisung *Rezept*, das (lat, Pl. -e) auch: Back- u. Kochanweisung

Arzneibuch *Dispensatorium*, das (lat., Pl. ...ien)

Arzneiflasche *Vitrum*, das (lat., Pl. ...tren, ...tra)

Arzneikügelchen *Granulum*, das (lat., Pl. ...la)

Arzneimenge *Dosis*, die (lat., Pl. ...sen)

Arzneimischung *Mixtur*, die (lat., Pl. -en)

Arzneimittel 1. *Medikament*, das (lat., Pl. -e) 2. *Pharmakon*, das (lat., Pl. ...ka) auch: Zauber- u. Liebestrank 3. *Pharmazeutikum*, das (gr.-lat., Pl. ...ka)

Arzneimittel mit bes. Aufbewahrungspflicht *Separandum*, das (lat., Pl. ...da) z. B. Gifte u. Opiate

Arzneimittel zur Syphilisbehandlung *Salvarsan*, das (Eigenn., ohne Pl.)

Arzneimittel, kreislaufanregendes ... *Exzitans*, das (lat., Pl. ...tanzien)

Arzneimittel, pflanzliche ... *galenische Mittel*, die (lat., dt., ohne Pl.) ... die in Apotheken hergestellt werden

Arzneimittelform 1. *Tablette*, die (lat.-fr., Pl. -n) fest gepreßt 2. *Tinktur*, die (lat., Pl. -en) als Flüssigkeit 3. *Spray*, das (niederl.-engl., Pl. -s) Zerstäubung e. Flüssigkeit mittels Gas, Spraydose 4. *Dragée*, das (gr.-lat.-fr., Pl. -s) mit e. Glanzüberzug

versehene Flüssigkeit oder feste Masse
5. *Liquor*, der (lat., ohne Pl.) flüssiges
Arzneimittel

Arzneimittelhersteller *Pharmazeut*, der
(gr.-lat., Pl. -en) auch: Giftmischer

Arzneimittelkunde 1. *Pharmakologie*, die
(gr.-lat., ohne Pl.) 2. *Pharmazeutik*, die
(gr., ohne Pl.)

Arzneimittellösung *Solution*, die (lat., Pl.
-en)

Arzneimittelmenge 1. *Dosis*, die (gr.-lat.,
Pl. ...sen) 2. *Dosierung*, die (gr.-lat., Pl.
-en) Abgabe best. Medikamentenmengen;
nicht verw. mit *Dossierung*, die (lat.) e.
flache Böschung

Arzneimittelsucht 1. *Pharmakomanie*, die
(gr., Pl. ...ien) 2. *Pharmakophilie*, die (gr.,
Pl. ...ien)

Arzneiverordnung *Medikation*, die (lat.,
Pl. -en)

Arzneizäpfchen *Suppositorium*, das (lat.,
Pl. ...ien)

Arzt 1. *Mediziner*, der (lat., Pl. -) 2. *Therapeut*, der (gr., Pl. -en) behandelnder Arzt
3. *Medikus*, der (lat., Pl. ...ici) scherzhaft
für Mediziner 4. *Obduzent*, der (lat., Pl.
-en) »Leichenöffner« 5. *Hakim*, der (arab.,
Pl. -s) »el Hakim«, der (berühmte) Arzt in
Ägypten 6. *Traumatologe*, der (gr.-lat., Pl.
-n) Arzt für Wundbehandlungen 7. *Gynäkologe*, der (gr., Pl. -n) Frauenarzt, von *Gy-
näkeion*, das (gr., Pl. ...keien) Frauengemach e. altgr. Hauses 8. *Neurologe*, der
(gr.-Pl. -n) Nervenarzt 9. *Ophthalmologe*,
der (gr., Pl. -n) Augenarzt 10. *Hämatologe*,
der (gr., Pl. -n) Arzt für Blutkrankheiten
11. *Dermatologe*, der (gr., Pl. -n) Hautarzt
12. *Anatom*, der (gr., Pl. -en) Lehrer, Arzt
der *Anatomie*, die (gr., Pl. ...ien) des Körperbaus der Lebewesen 13. *Chirurg*, der
(lat.-gr., Pl. -en) Facharzt für operative Medizin; nicht verw. mit *Chiromant*, der (gr.,
Pl. -en) Handliniendeuter 14. *Veterinär*,
der (fr.-lat., Pl. -e) Tierarzt 15. *Homöopath*,
der (gr., Pl. -en) Arzt, der Mittel in stark
verdünnter Form verabreicht, i. S. von Na-
turheilkundler 16. *Pathologe*, der (gr., Pl.
-n) Wissenschaftler oder Lehrer, der sich
mit den Krankheiten beschäftigt, insbesondere mit ihrer Entstehung u. Heilung;
in diesem Sinn: Arzt für Allgemeinmedi-
zin 17. *Doktor*, der (lat., Pl. -en) i. S. von:

»Herr Doktor« für die Anrede des Arztes,
weil dieser meist den akadem. Grad »Doktor der Medizin« (Dr. med.) besitzt
18. *Witch-doctor*, der (engl., Pl. -s) Doktor
als Hexenmeister, Medizinmann bei Naturvölkern 19. *Schamane*, der (sanskr., Pl.
-n) Medizinmann i. S. von Zauberpriester
bei Naturvölkern 20. *Kurpfuscher*, der
(lat.-dt., ohne Pl.) e. schlechter Arzt

Arzt *Croaker*, der (Szenewort, Pl. -s)

Arzt für seelische Erkrankungen ... *Psychotherapeut*, der (gr.-lat., Pl. -en) ... die
durch systematische Beeinflussung (Suggestion, Hypnose, Psychoanalyse) des
Seelenlebens geheilt werden sollen; »Der
Psychotherapeut ist e. Mann, der dem Vogel, den andere haben, das Sprechen bei-
bringt.« (Wolfgang Gruner)

Arzt im Internet *Cyber-Doc*, der (engl.,
Pl. -s) er stellt online Ferndiagnosen

**Arzt, der e. Leichenöffnung (Obduktion)
vornimmt** *Obduzent*, der (lat., Pl. -en)

**Arzt, der sich mit Krankheitsbildern be-
faßt** *Pathologe*, der (gr.-lat., Pl. -n) »Und
die Täter waren nicht Kämpfer für Recht
u. Freiheit, sondern Ideologen u. Patholo-
gen.« (Der Spiegel, 1996)

Arztbericht, kritischer ... *Katamnese*, die
(gr.-lat., Pl. -n) ... u. abschließender Krankenbericht

Ärzteeid *Hippokratischer Eid*, der (gr., Pl.
-e) nach altgr. Arzt Hippokrates

ärztliche Bescheinigung *Attest*, das (lat.,
Pl. -e)

Arztsprechstunde *Ordination*, die (lat., Pl.
-en) auch: kath. Priesterweihe

As 1. *Kapazität*, die (lat., Pl. -en) hervorragender Fachmann; auch: Fassungsvermö-
gen 2. *Koryphäe*, die (gr.-lat.-fr., Pl. -n)
»an der Spitze Stehender«; auch: Chorführer im antiken Drama

As im Kartenspiel *Daus*, das (lat.)

Asket 1. *Fakir*, der (arab., Pl. -e) indischer
Büßer, der körperliche Schmerzen erleidet, schläft z. B. auf e. Nagelbrett 2. *Jogi*,
der (sanskr., Pl. -s) indischer Büßer, der
Joga (indische Philos.) ausübt

Asket, frühchristlicher ... *Stylit*, der (gr.,
Pl. -en) eigtl. Säulenheiliger (der auf e.
Säule lebte)

Aspikpastete *Timbale*, die (arab.-sp.-fr., Pl.
-n)

Atem 1. *Halitus*, der (lat., ohne Pl.) nicht verw. mit *Habitus*, der (lat., ohne Pl.) Erscheinungsbild e. Menschen 2. *Spiritus*, der (lat., ohne Pl.) i. S. von Lebensgeist, z. B. Spiritus sanctus: heiliger Geist oder Spiritus rector: vorantreibender Geist; aber auch: brennbare Flüssigkeit, Brennspiritus

atembar *respirabel* (lat.) z. B. Luft oder Gas

Atembeschleunigung *Tachypnoe*, die (gr., ohne Pl.) Kurzatmigkeit (med.)

Atemfilter *Respirator*, der (lat., Pl. -en) auch: Atmungsgerät

Atemlähmung *Apnoe*, die (gr.-lat., ohne Pl.)

atemlos sein *echauffiert* (lat.-fr.) auch: erhitzt, aufgeregt

Atemnot *Phrenokardie*, die (gr.-lat., Pl. ...ien)

Atemstillstand *Apnoe*, die (gr.-lat., ohne Pl.)

Atemtestgerät, kleines ... *Oral Checker*, der (lat.-engl., ohne Pl.) ... aus Japan, zeigt an, ob die Mundhygiene verbessert werden sollte

Atemwege *Respirationstrakt*, der (lat., Pl. -e) Sammelbegriff für die Atemwege aus: Nasen-Rachen-Raum, Kehlkopf, Luftröhre, Bronchien (med.)

Ätherabhängigkeit *Ätherismus*, der (gr.-lat., Pl. -) Sucht nach Äther (med.)

Äthiopien *Abessinien*, das (Eigenn. aus früherer Zeit) auch: scherzh. Nacktbadestrand

atme, so lange ich ..., hoffe ich *dum spiro, spero* (lat., Zitat)

atmen *respirieren* (lat.)

Atmen, regelmäßiges ruhiges ... *Eupnoe*, die (gr., ohne Pl.) med.

atmen, schneller u. tiefer ... *hyperventilieren* (gr.)

Atmosphäre 1. *Feeling*, das (engl., Pl. -s) bes. Gefühl vorfinden 2. *Aura*, die (lat., ohne Pl.) bes. Ausstrahlung; nicht verw. mit *Aurar*, isländische Währungseinheit 3. *Ambiente*, das (lat., ohne Pl.) Umwelt, Atmosphäre 4. *Fluidum*, das (lat., ohne Pl.) von e. Person oder Sache ausgehende bes. Wirkung 5. *Flair*, das (fr., ohne Pl.) auch: Ausstrahlung

Atmung *Respiration*, die (lat., ohne Pl.)

Atmungsgerät *Respirator*, der (lat., Pl. ...oren)

Atmungsmesser *Spirometer*, das (lat., Pl.)

Atmungsmessung *Spirometrie*, die (lat., Pl.) z. B. zur Messung der Lungenkapazität (med.)

Atmungsorgan 1. *Pulmo*, der (lat., Pl. ...mones) auch: Lunge 2. *Trachee*, die (gr.-lat., Pl. -n) vieler Gliedertiere; auch: Pflanzengefäß (durch Zellfusion entstanden)

atomare, biologische, chemische Kampfmittel *ABC-Waffen*, die (dt., nur Pl.)

Atomkernbaustein *Nukleon*, das (lat., Pl. ...onen) auch: Elementarteilchen, Bez. für Proton u. Neutron

Atomkernspaltung *Fission*, die (lat.-engl., Pl. -n) nicht verw. mit *Fusion*, die (lat., Pl. -en) Verschmelzung, z. B. von Unternehmen; auch Kernfusion

Atomwaffen, Nichtweitergabe von ... *Nonproliferation*, die (engl.-am.)

Attentäter *Terrorist*, der (lat.-fr., Pl. -en) meist pol. motiviert

Attrappe *Dummy*, der (engl., Pl. ...ies) auch: Scheinpackung, Unfallpuppe bei Tests

Attrappe, wirklichkeitsnahe ... *Mock-up*, das (engl., Pl. -s) Bezeichnung im Flugzeugbau

ätzend *kaustisch* (gr.-lat.) chem. Begriff

Ätzkalk *Kalziumoxid*, das (lat., Pl. -e)

Ätzmittel *Kaustikum*, das (gr.-lat., Pl. ...ka) Mittel zum Verschorfen schwer heilender Wunden (med.)

auch *alias* (lat.) z. B. Müller (auch genannt) alias Gamaschen-Ede oder Karl-Heinz Schwensen alias Neger Kalle, e. Kiezgröße von St. Pauli

auf Abruf *on call* (engl.) wirtsch. bes. Form e. Kaufvertrages

auf Befehl *par ordre* (lat.-fr.)

auf dem laufenden sein *à jour* (fr.)

auf den Inhaber lautend *au porteur* (fr.) wirtsch., ohne Namensangabe ausgestellte Wertpapiere

auf ewig *in aeternum* (lat.)

auf frischer Tat 1. *in flagranti* (lat.) e. Dieb wird z. B. in flagranti erwischt oder die Ehefrau mit dem nicht angetrauten Liebhaber 2. *flagrant* (lat.) brennend, offenkundig, svw. auf frischer Tat

Auf- u. Niederhüpfen, rhythmisches … *Pogo*, das (Eigenn., Pl. -s) e. Tanz zur Punkmusik

Aufbau 1. *Konstruktion*, die (lat., Pl. -en) z. B. Brückenkonstruktion 2. *Organisation*, die (gr.-lat., Pl. -en) z. B. e. Firmenorganisation planen 3. *Struktur*, die (lat., Pl. -en) e. Ganzes aus Bestandteilen aufbauen 4. *System*, das (gr.-lat., Pl. -e) e. geregeltes Ganzes 5. *Tektonik*, die (gr.-lat., ohne Pl.) Aufbau der Erdrinde, aber auch e. Dichtung 6. *Hierarchie*, die (gr., Pl. …ien) Rangaufbau, -ordnung 7. *Komposition*, die (lat.-fr., Pl. -en) Aufbau u. Gestaltung e. Kunstwerkes; nicht verw. mit *Komposite*, die (lat., Pl. -n) Korbblütler 8. *Systematik* (gr.-lat., Pl. -en) i. S. von einheitlicher Gestaltung

Aufbau, hinterer … e. Handelsschiffs *Poop*, die (lat.-engl., Pl. -s) Seemannsspr.

aufbauen 1. *montieren* (lat.-fr.) z. B. e. Stahlgerüst 2. *organisieren* (gr.-lat.-fr.) planmäßiges Vorgehen 3. *sanieren* (lat.) gesund, leistungsfähig machen 4. *basieren* (lat.) auf etwas aufbauen 5. *konstruktiv* (lat.) aufbauend

Aufbauen von Waren *Etalage*, die (germ.-fr., Pl. -n) … im Schaufenster; auch: das Ausstellen

aufbauend *konstruktiv* (lat.) z. B.: konstruktive Kritik üben

Aufbaustoffwechsel *Anabolismus*, der (gr., Pl.) Ggs.: Katabolismus

aufbegehren 1. *rebellieren* (fr.) 2. *revoltieren* (fr.)

aufbessern *sanieren* (lat.) gesundmachen, heilen

aufbewahren 1. *asservieren* (lat.) z. B. Beweismittel 2. *magazinieren* (arab.-it.) lagern 3. *reservieren* (lat.) für e. best. Zweck aufheben 4. *archivieren* (lat.) e. Archiv zuführen

aufbewahrte Gegenstände *Depot*, das (lat.-fr., Pl. -s) z. B. Wertpapierdepot; auch: Munitionsdepot

Aufbewahrungsort 1. *Depositorium*, das (lat., Pl. …ien) 2. *Depot*, das (lat.-fr., Pl. -s) Wertpapier- oder Munitionsdepot 3. *Registratur*, die (lat., Pl. -en) z. B. für Akten u. Firmenunterlagen

Aufblähung 1. *Emphysem*, das (gr., Pl. -e) Luftansammlung im Gewebe, z. B. Lungenemphysem 2. *Flatulenz*, die (lat., Pl.) Blähsucht, Gasbildung in Magen u. Darm (med.)

aufbrausen 1. *moussieren* (fr.) i. S. von perlen, z. B. beim Sekt 2. *cholerisch* (gr.) aufbrausender Mensch; nicht verw. mit *Cholerine*, die (gr., Pl. -n) Brechdurchfall

aufbrausend *cholerisch* (gr.)

aufbügeln *valetieren* (fr.)

aufdecken *dekuvrieren* (lat.-fr.) i. S. von entlarven

aufdrängen *oktroyieren* (lat.-fr.) nicht: aufoktroyieren

aufdringlich 1. *impertinent* (lat.) i. S. von ungehörig, frech 2. *indiskret* (lat.) 3. *penetrant* (lat.) durchdringend 4. *plakativ* (niederl.)

Aufdringlichkeit *Penetranz*, die (lat.-fr., ohne Pl.)

Aufeinanderfolge *Sequenz*, die (lat., Pl. -en) auch: Reihe, Wiederholung e. musikalischen Motivs

aufeinanderfolgen *alternieren* (lat.) i. S. von abwechseln, Reihe in der Math.; nicht verw. mit *alterieren* (fr.) sich aufregen

aufeinanderfolgend 1. *konsekutiv* (lat.) 2. *sukzessiv* (lat.) nach u. nach; nicht verw. mit *Sukzession*, die (lat., Pl. -en) Rechtsnachfolge. Thronfolge

Aufenthalt *Station*, die (lat., Pl. -en) bei der Bahn

Aufenthaltsraum *Tepidarium*, das (lat., Pl. …ien) einst Raum in röm. Thermen

auferlegen 1. *diktieren* (lat.) e. Text diktieren oder e. Strafe auferlegen 2. *oktroyieren* (lat.-fr.) z. B. e. Aufgabe; Achtung, nicht: aufoktroyieren (Doppelaussage)

Auferstehung *Resurrektion*, die (lat., Pl. -en) wieder erstehen

auffallend 1. *frappant* (fr.-germ.) i. S. von erstaunlich 2. *eklatant* (fr.) e. eklatanter Fehler 3. *markant* (gr.-it.-fr.) auffällig 4. *flagrant* (lat.) offenkundig 5. *plakativ* (niederl.)

auffällig 1. *demonstrativ* (lat.) 2. *ostentativ* (lat.) herausforderndes Verhalten z. B. der 68er Studenten 3. *elegant* (fr.) vornehm auffällig 4. *mondän* (lat.-fr.) auffällig elegant

**Auffangnetz, der Glaube an e. … ** *Safety Net-Ism*, der (engl.-am., ohne Pl.) von: safety net (Sicherheitsnetz) als gefahrloser

Landeplatz, z. B. Eltern, Freunde, der Staat

auffassend *intelligent* (lat.) schnell

Auffassungsweise *Mentalität*, die (lat.-engl., Pl. -en) i. S. e. best. Lebenseinstellung

Aufforderung *Ultimatum*, das (lat., Pl. ...ten) hat drohenden Charakter mit Fristsetzung, z. B. das Ultimatum der RAF läuft um 14 Uhr ab

auffrischen *regenerieren* (lat.) neue Kraft schöpfen

Aufführung *Inszenierung* (lat.-gr., Pl. -en) Theaterinszenierung

auffüllen *komplettieren* (lat.) vervollständigen

Aufgabe 1. *Funktion*, die (lat., Pl. -en) die Funktion e. Maschine, die e. Person 2. *Pensum*, das (lat., Pl. Pensen, Pensa) e. Arbeitsmenge in best. Frist erledigen 3. *Problem*, das (gr.-lat., Pl. -e) i. S. von Schwierigkeit 4. *Kapitulation*, die (fr., Pl. -en) bedingungslose Kapitulation e. Staates, der e. Krieg verloren hat; nicht verw. mit *Kapitularien* (lat., nur Pl.) Gesetze der fränkischen Könige; auch: Domkapitularien 5. *Metier*, das (fr., Pl. -s) i. S. von Handwerk, Geschäft 6. *Mission*, die (lat., Pl. -en) i. S. von Auftrag, Bestimmung, Botschaft 7. *Missio canonica*, die (lat., ohne Pl.) Ermächtigung zur Ausübung der kirchlichen Lehrgewalt 8. *gordischer Knoten*, der (germ.) i. S. e. schwierigen Aufgabe

Aufgabe, knifflige ... *Problem*, das (gr.-lat., Pl. -e) Schwierigkeit. »Jetzt warten wir auf e. Rede Stoibers zum Thema Problemfrauen.« (Margarete Bause, Grünen-Fraktionschefin zum Zwist Stoiber – Gabriele Pauli, 2007)

Aufgabe, schwierige ... *Problem*, das (gr.-lat., Pl. -e) »der Vorwurf«; auch: Schwierigkeit; »Liebe, auch e. Problem, das Marx nicht gelöst hat«, (Jean Anouilh)

Aufgaben übertragen *delegieren* (lat.)

Aufgabenbereich 1. *Dezernat*, das (lat., Pl. -e) 2. *Metier*, das (lat.-fr., Pl. -s) 3. *Ressort*, das (fr., Pl. -s) Wirtschaftsressort 4. *Thema*, das (gr.-lat., Pl. ...men) Aufsatzthema

Aufgabengebiet *Ressort*, das (fr., Pl. -s)

Aufgangspunkt e. Gestirns *Aszendent*, der (lat., Pl. -en) auch: Verwandter in aufsteigender Linie

aufgeben 1. *abandonnieren* (fr.) wirtsch. Befreiungsmöglichkeit der Gesellschafter von best. Verpflichtungen; auch: seem. e. Schiff aufgeben 2. *kapitulieren* (lat.) 3. *quittieren* (fr.) Amt niederlegen; auch: Empfang bestätigen 4. *resignieren* (lat.) mutlos sein

aufgedreht 1. *exaltiert* (lat.) überspannt 2. *exzentrisch* (lat.) verschroben 3. *hysterisch* (gr.) abnorme seelische Verhaltensweise

Aufgeld *Agio*, das (it., Pl. -s) wirtsch.: Differenz zwischen Ausgabepreis (Emissionskurs) u. dem Nennwert

aufgelegt sein *disponiert* (lat.) und: empfänglich für; Ggs.: indisponiert

aufgeregt 1. *hektisch* (gr.-lat.) z. B. e. hektischer, fieberhafter Mitarbeiter 2. *agitato* (lat.-it.) heftig, e. musik. Vortragsanw. 3. *exaltiert* (lat.-fr.) überspannt 4. *hysterisch* (gr.) aufgeregte, abnorme Verhaltensweise, z. B. e. hysterisches altes Weib; nicht verw. mit *Hysterotomie*, die (gr.) med. Gebärmutterschnitt 5. *echauffiert* (fr.)

aufgeschlossen *interessiert* (lat.-fr.) Anteil nehmend, aufmerksam, Ggs.: desinteressiert

aufgeschwemmt 1. *pastös* (it., med.) 2. *semiterrestrisch* (lat.) z. B. Böden, die durch e. Überflutung aufgeschwemmt wurden

aufgestiegen *arriviert* (fr.) i. S. von gesellschaftlich

aufgeweckt 1. *vif* (lat.-fr.) geistig 2. *clever* (engl.) e. cleverer Geschäftsmann 3. *intelligent* (lat.) i. S. von klug, z. B. e. Intelligenzbestie

aufgliedern *dezentralisieren* (lat.)

Aufgliederung *Differenzierung*, die (lat., Pl. -en) e. Aussage ist z. B. zu differenzieren

Aufguß 1. *Affusion*, die (lat., Pl. -en) 2. *Infus*, das (lat., Pl. -e) z. B.: wäßriger Pflanzenauszug

Aufgußtierchen *Infusorium*, das (lat., Pl. ...ien) e. einzelliges Wimpertierchen

aufheben 1. *nullifizieren* (lat.) rechtsw. z. B. e. Urteil durch e. Gericht aufheben lassen 2. *paralysieren* (gr.-lat.) entkräften 3. *sistieren* (lat.) z. B. e. Verfahren zeitweilig aussetzen 4. *abolieren* (lat.) auch: begnadigen

52

aufheben, zum Teil ... *derogieren* (lat.) e. Gesetz

aufhebend *peremptorisch* (lat.) rechtsw. z. B. e. vernichtende Einrede bei Gericht

aufhebend, zum Teil ... *derogatorisch* (lat.) e. Gesetz

Aufhebung 1. *Nullifikation*, die (lat., Pl. -en) rechtsw. e. Urteil durch e. Gericht aufheben lassen 2. *Kassation*, die (lat., Pl. -en) auch: bedingungslose Entlassung 3. *Suspension*, die (lat., Pl. -en) einstweilige Dienstenthebung

Aufhebung der Schwerkraft, vermeintliche ... *Levitation*, die (lat., Pl. -en) freies Schweben, z. B. einer spiritistischen Erscheinung

Aufhebung e. Gesetzes durch e. neues *Abrogation*, die (lat., Pl. -en) Abschaffung

Aufhebung einer Verpflichtung *Dispens*, der (lat., Pl. -e)

aufhetzen *fanatisieren* (fr.)

aufholen *egalisieren* (lat.-fr.) z. B. den Vorsprung des Gegners; auch: ausgleichen

aufklären *informieren* *(lat.)*

aufklärend 1. *agitatorisch* (lat.-fr.) i. S. von: aggressiv für politische Ziele tätig 2. *informativ* (lat.) auch: aufschlußreich

Aufklärung *Information*, die (lat., Pl. -en)

Aufklärungsbehinderung *Obskurantismus*, der (lat., ohne Pl.) Bestrebung den Menschen unwissend zu lassen. Im Mittelalter betrieben die Kirchen Obskurantismus

Aufklärungsflugzeug *Intruder*, der (engl., Pl. -s) auch: Flugzeug zum Schutz e. Flugzeugträgers

Aufklärungstätigkeit *Agitation*, die (lat.-fr., Pl. -en) aggressive Beeinflussung in politischer Hinsicht

Aufkleber 1. *Etikett*, das (fr.-niederl., Pl. -en) eigtl.: an e. Pfahl befestigtes Zeichen, Papierschild zum Aufkleben 2. *Sticker*, der (engl., Pl. -)

Aufklebeschild *Etikett*, die (niederl., Pl. -en) z. B. Inhaltsangabe an e. Ware; aus der Pol.: Etikettenschwindel, z. B. falsche Versprechen

Auflauf *Tumult*, der (lat., Pl. -e) auch: Aufruhr; nicht verw. mit *Tumulus*, der (lat., Pl. ...li) Hügelgrab

Auflauf als Gericht *Soufflee*, das (fr., Pl. -s) eigtl.: der Aufgeblasene. »Frau Mer-

kel, Sie kommen mir vor wie ein Soufflee im Ofen!« (Joschka Fischer, 2005)

auflehnen 1. *rebellieren* (lat.-fr.) z. B. gegen bestehende Verhältnisse, rebellische Jugend 2. *revoltieren* (lat.-it.-fr.) z. B. revoltierende Gefangene

Auflehnung *Renitenz*, die (lat., ohne Pl.) i. S. von Widerspenstigkeit

aufleuchten 1. *fluoreszieren* (lat.) best. Stoffe, die mit Licht bestrahlt einige Zeit selbst leuchten: e. fluoreszierendes Zifferblatt 2. s*zintillieren* (lat.) z. B. das Sternefunkeln

Aufleuchten *Fluoreszenz*, die (lat.-engl., Pl.) i. S. von: Stoffe, die bei Bestrahlung durch Licht selbst aufleuchten

Auflieger *Trailer*, der (engl., ohne Pl.) Anhänger, der meist von e. Sattelzugmaschine gezogen wird, z. B. e. Jacht ist trailerbar; sie kann auf der Straße transportiert werden

auflisten *tabellarisieren* (lat.) etwas in Tabellenform aufbereiten

auflösbar *solvabel* (lat.) chem. z. B. best. Stoffe

auflösen 1. *analysieren* (gr.-lat.) Stoff in seine Bestandteile auflösen, dabei auch genau untersuchen 2. *dekartellieren* (fr.) wirtsch. Entflechtung von Unternehmensverbindungen, die den freien Wettbewerb fördern sollen 3. *dekonzentrieren* (lat.) 4. *liquidieren* (lat.-it.) z. B. die Auflösung e. Unternehmens; auch: die Rechnungslegung (Liquidation) bei Ärzten 5. *dekomponieren* (lat.) 6. *dissolvieren* (lat.) auch schmelzen

Auflösen eines Unternehmens *Liquidation*, die (lat., Pl. -en)

Auflösung 1. *Dekomposition*, die (lat., Pl. -en) auch: das Nachlassen e. Organfunktion 2. *Dekonzentration*, die (lat., Pl. -en) auch: Zersplitterung; Ggs.: Konzentration 3. *Dissolution*, die (lat., Pl. -en) auch: Trennung (med.); Zügellosigkeit 4. *Dissoziation*, die (lat., Pl. -en) auch: krankhafte Entwicklung, die übliches Verhalten verändert; Zerfall von Molekülen in Atome

Auflösung aller Ordnung *Chaos*, das (gr.-lat., ohne Pl.) auch: völliges Durcheinander: »... in Kohls Chaos-Regierung geht es drunter u. drüber.« (Franz Müntefering, SPD, 1998) oder: »Das Chaos ist e. fürchterliche Parodie auf die Gleichheit aller, im Chaos hat man kein eigenes Antlitz.« (Gertrud von le Fort)

Auflösung e. Unternehmens *Liquidation*, die (lat.-it., Pl. -en)

Aufmacher *Eyecatcher*, der (engl., Pl. -s) auch: Blickfang

Aufmachung *Outfit*, das (engl., Pl. -s) z. B. im passenden Outfit erscheinen

Aufmachung, provozierende ... *Pierrot-Punk*, der (engl.-am., selten Pl. -s) ... von verwöhnten US-Kindern: Gel im Haar, schwarze Lippen, Metallpaletten auf den Brustwarzen

Aufmachung, schrille ... 1. *high Fashion*, die (engl., Pl. -s) 2. *strong Outfit*, der (engl., Pl. -s)

Aufmarsch der Tennisspieler ... *Walk on Court*, der (engl., Pl. -s, -s) ... auf den Platz

Aufmarsch *Parade*, die (lat.-fr., Pl. -n) prunkvoller Vorbeimarsch von militärischen Verbänden; Parademarsch ist z. B. der Stechschritt

aufmerksam 1. *interessiert* (lat.) 2. *vigilant* (lat.) i. S. von oberschlau, aufgeweckt 3. *galant* (fr.-sp.) 4. *konzentriert* (gr.-lat.) auch: angereichert

Aufmerksamkeit 1. *Interesse*, das (lat., Pl. -n) 2. *Konzentration*, die (lat., Pl. -en) z. B. aufmerksam bei der Sache sein 3. *Galanterie*, die (sp.-fr., Pl. ...ien) Aufmerksamkeit gegenüber Frauen

Aufmotzen *Tuning*, das (engl., Pl. -s) auch: nachträgliche Erhöhung der Leistung, z. B. bei Autos

aufmunternd *exzitativ* (lat.) med. i. S. von erregend

Aufmüpfigkeit *Renitenz*, die (lat., ohne Pl.) auch: Widersetzlichkeit; nicht verw. mit *Penitenz*, die (lat., ohne Pl.) Reue

aufnähen *applizieren* (lat.)

Aufnahme 1. *Inkorporation*, die (lat., Pl. -en) in e. Gemeinschaft 2. *Adsorption*, die (lat., Pl. -en) z. B. von Gasen

Aufnahmefähigkeit *Perzeptivität*, die (lat., ohne Pl.) i. S. von Wahrnehmungsfähigkeit

Aufnahmeraum 1. *Studio*, das (lat.-it., Pl. -s) z. B. Filmstudio: Universal Studios in Hollywood 2. *Rezeption*, die (lat, Pl. -en) z. B. Hotelrezeption 3. *Atelier*, das (fr., Pl. -s) Fotoatelier oder Künstlerwerkstatt

Aufnahmevermögen 1. *Kapazität*, die (lat., ohne Pl.) i. S. von Fassungsvermögen 2. *Potential*, das (lat., Pl. -e) i. S. von Leistungsfähigkeit, da schlummern ungenutzte Potentiale; nicht verw. mit *Potentialis*, der (lat.) Sprachw. Modus der Möglichkeit, auch Möglichkeitsforum 3. *Rezeptivität*, die (lat., ohne Pl.) Aufnahmefähigkeit; nicht: *Rezeptibilität*, die (lat., ohne Pl.) Empfänglichkeit

aufnehmen 1. *inkorporieren* (lat.) in e. Gemeinschaft 2. *resorbieren* (lat.) chem. z. B. ein Schwamm resorbiert (nimmt) Wasser (auf) 3. *tape-recording* (engl.) i. S. von: auf e. Tonband aufnehmen 4. *absorbieren* (lat.) i. S. von aufsaugen 5. *registrieren* (lat.) in e. Register eintragen 6. *rezipieren* (lat.) auf-, übernehmen; nicht verw. mit *rezividieren* (lat.) med. in Abständen wiederkehren

aufnehmend 1. *rezeptiv* (lat.) 2. *kapazitiv* (lat.-engl.) z. B.: kapazitiver Widerstand: Wechselstromwiderstand e. Kondensators

aufpassen *Quivive*, der (lat.-fr., ohne Pl.) in der Wendung: »auf dem Quivive sein«; Postenruf: wer da? Von: qui vivra, verra (die Zukunft wird es zeigen)

Aufpasser *Zerberus*, der (gr.-lat., Pl. -se) i. S. e. grimmigen Wächters; nach dem Hund Kerberos, der gr. Mythologie, der das Tor zur Unterwelt bewacht; »er gleicht e. Zerberus« (Redensart)

aufpolieren *bush-up* (engl.)

Aufprallelement *Crash Box*, die (engl., Pl. -en) ... im PKW, aus Aluminium, das sich bei e. leichten Unfall kostengünstig auswechseln läßt

aufputschen *dopen* (engl.) durch Substanzen zu e. Höchstleistung bringen

Aufputschmittel 1. *Speed*, der (engl., Pl. -s) Rauschmittel 2. *Amphetamin*. das (Pl. -e) Rauschmittel 3. *LSD* = Lysergsäurediäthylamid, e. Hallozinogen 4. *Kaffee*, der (fr.-arab., Pl. -s) 5. *Tee*, der (chin., Pl. -s) 6. *Kokain*, das Rausch- u. Betäubungsmittel 7. *Koks*, der ugs. für Kokain; aber auch: Brennstoff oder steifer Hut 8. *Crack*, der (engl., Pl. -s) synthetisches Rauschgift; auch: das beste Rennpferd; hervorragender Sportler 9. *Alkohol*, der (arab.-sp., Pl. -e, Alkoholika)

Aufputschmittel aus der Techno-Szene

1. *Guarana*, das (lat.-sp., ohne Pl.) koffeinhaltige Substanz aus südam. Pflanzen, flüssig oder als Pulver verbreitet 2. *Designerdroge*, die (engl., Pl. -n) Sammelbegriff für synthetisch (künstlich) hergestellte Rauschmittel (meist kommerzielle Schmerzpräparate) 3. *Ecstasy*, das (Eigenn., ohne Pl.) Aufputschtabletten 4. *Cannabis*, der (gr.-lat., ohne Pl.) Hanf; auch für Haschisch

Aufrechnung *Kompensation*, die (lat., Pl. -en) auch: Ausgleich

aufregen 1. *enragieren* (fr.) sich aufregen 2. *echauffieren* (lat.-fr.)

aufregen, sich ... *echauffieren*, sich (lat.-fr.)

aufregend *dramatisch* (gr.-lat.)

Aufregung 1. *Exaltation*, die (lat.-fr., ohne Pl.) e. übertriebene Aufregung 2. *Trouble*, der (engl., ohne Pl.)

aufreizen 1. *provozieren* (lat.) herausfordern 2. *kokettieren* (fr.) gefallsüchtig sein 3. *sexy* (engl.) ugs. erotisch-attraktiv sein

Aufreizung *Provokation*, die (lat., Pl. -en) absichtliche Herausforderung

aufrichtig u. standhaft *sincere et constanter* (lat., Zitat)

Aufrichtung *Erektion*, die (lat., Pl. -en) auch: Steifwerden von Schwellkörpern an Penis u. Kitzler; beim Mann: ist er sexuell erregt, wird in der Schwellkörpermuskulatur Guanosinmonophosphat produziert, e. Stoff, der Blut in die Schwellkörper fließen läßt (med.); »... weil die Erektion angesichts e. Kommentars von Paul C. Martin (Bildzeitung) einfach in sich zusammenfiel.« (G. Schröders geh. Tagebuch von H. Venske, 1997)

Aufriß 1. *Profil*, das (lat.-fr., Pl. -e) auch Seitenansicht e. Gesichts 2. *Schema*, das (gr.-lat., Pl. -ta) Konzept e. Sachverhalts

aufrücken *avancieren* (lat.-fr.) in e. höhere Position bringen

Aufruf 1. *Appell*, der (lat.-fr., Pl. -e) Appell zur Besonnenheit, Sparsamkeitsappell 2. *Proklamation*, die (lat., Pl. -en) Verkündigung

aufrufen 1. *appellieren* (lat.-fr.) 2. *proklamieren* (lat.)

Aufruhr 1. *Insurrektion*, die (lat., Pl. -en) Volksaufstand 2. *Rebellion*, die (lat.-fr., Pl. -en) Menschen lehnen sich gegen schlechte Verhältnisse auf 3. *Revolte*, die (lat.-it.-fr., Pl. -n) Gefängnisrevolte 4. *Tumult*, der (lat., Pl. -e) Zusammenrottung aufgebrachter Menschen 5. *Tohuwabohu*, das (hebr., Pl. -s) i. S. von Durcheinander

Aufrührer 1. *Rebell*, der (lat.-fr., Pl. -en) 2. *Tumultuant*, der (lat., Pl. -en) Unruhestifter, Ruhestörer

aufrührerisch 1. *rebellisch* (lat.-fr.) 2. *faktiös* (lat.-fr.) aufwiegelnd; auch: vom Parteigeist beseelt; nicht verw. mit *faktisch* (lat.) tatsächlich

aufsässig *rebellisch* (lat.-fr.) der rebellische Robin Hood, e. Schreck der Reichen

Aufsatz 1. *Artikel*, der (lat., ohne Pl.) Zeitungsartikel 2. *Essay*, der, das (lat.-fr.-engl., Pl. -s) e. anspruchsvoller Aufsatz

Aufsatzsammlung *Analekten*, die (gr.-lat., nur Pl.) Zusammenstellung von Textstellen

Aufsatzschreiber, anspruchsvoller ... *Essayist*, der (lat.-fr.-engl., Pl. -en)

aufsaugen 1. *absorbieren* (lat.) i. S. von total in Anspruch nehmen, auch chemisch aufnehmen 2. *resorbieren* (lat.)

Aufsaugen *Resorption*, die (lat., Pl. -en) e. Stoffes

aufsaugend *absorptiv* (lat.)

aufschieben 1. *prorogieren* (lat.) vertagen 2. *prolongieren* (lat.) verlängern, e. Wechsel kann prolongiert werden

aufschiebend 1. *dilatorisch* (lat.) z. B. e. Hinrichtung 2. *prorogativ* (lat.) vertagen

Aufschlag 1. *Revers*, das (lat.-fr., Pl.) mit dem Kragen e. Einheit bilden; Aufschlag an Kleidungsstücken 2. *Fasson*, die (fr., Pl. -s) i. S. von Lebensart, jeder wird nach seiner Fasson selig 3. *Service*, der (engl., Pl. -s) auch Dienst

Aufschlagfehler *Fault*, der (engl., Pl. -s) z. B. beim Tennis

Aufschluß fordern *interpellieren* (lat.) polit. im Rahmen e. parlamentarischen Anfrage an die Regierung

Aufschlüsselung *Spezifikation*, die (lat., Pl. -en) z. B. Spezifikation e. Rechnung

aufschlußreich 1. *informativ* (lat.) 2. *instruktiv* (lat.-fr.) 3. *interessant* (lat.-fr.) 4. *demonstrativ* (lat.) verdeutlichen; aber auch: in auffallender Weise e. Einstellung bekunden

aufschneiden 1. *tranchieren* (fr.) e. Braten

fachkundig in Stücke schneiden 2. *prahlen* (dt.) angeben 3. *sezieren* (lat.) der Arzt seziert e. Leiche

Aufschneider 1. *Bramarbas*, der (Pl. -se) Prahlhans nach e. Figur des 18. Jh. 2. *Renommist*, der (lat.-fr., Pl. -en) Angeber 3. *Scharlatan*, der (it.-fr., Pl. -e) schwindelnder Angeber

Aufschneiderei *Gaskonade*, die (fr., Pl. -n) Prahlerei

aufschrecken *alarmieren* (lat.-it.)

aufschreiben *notieren* (lat.)

Aufschrift 1. *Adresse*, die (fr., Pl. -n) 2. *Epigraph*, das (gr., Pl. -e) antike Inschrift

Aufschrift, mit ... u. Zettel versehen *etikettieren* (fr.) »Nach seinem Willen (Bangemann) soll nur e. Teil der Gen-Nahrung für den Verbraucher etikettiert werden.« (G. Schröders geh. Tagebuch von H. Venske, 1997)

Aufschub 1. *Dilation*, die (lat., Pl. -en) rechtsw. z. B. e. Hinrichtung 2. *Prolongation*, die (lat., Pl. -en) wirtsch. z. B. Wechselprolongation 3. *Prorogation*, die (lat., Pl. -en) 4. *Respirotag*, der (lat.-it.-dt., ohne Pl.) wirtsch.: Wechsel kann auch noch nach Ablauf der Fälligkeit zur Einlösung vorgelegt werden 5. *Respekttag*, der (lat.-fr.-dt., Pl. -e) Frist nach dem Verfallstag e. Wechsels 6. *Indult*, der oder das (lat., Pl. -e) wirtsch.: Frist für den Schuldner

Aufschwemmung *Suspension*, die (lat., Pl. -en) auch: zeitweilige Dienstenthebung, Aufhebung; schwebende Aufhängung von z. B. Gliedern (med.)

Aufschwung 1. *Boom*, der (engl., Pl. -s) wirtsch.: Konjunkturphase, in der die Volkswirtschaft floriert (blüht) 2. *Prosperität*, die (lat.-fr., Pl. -en) wirtsch. Aufschwung 3. *Hausse*, die (lat., Pl. -n) Steigen der Börsenkurse

Aufsehen 1. *Sensation*, die (lat.-fr., Pl. -en) 2. *Eklat*, der (fr., Pl. -s) die Verhandlung endete mit e. Eklat

Aufsehen erregen *Furore machen* (lat.-it.-dt.)

Aufsehen, öffentliches ... *Publicity*, die (engl.-fr., Pl. -) auch: um öffentliche Verbreitung bemüht sein. »Nur keine Publicity ist schlechte Publicity!« sagte e. publicitygeiler Politiker

aufsehenerregend 1. *sensationell* (lat.-fr.)

der Zirkus zeigte Sensationelles (Einmaliges) 2. *spektakulär* (lat.) 3. *eklatant* (fr.)

Aufseher 1. *Monitor*, der (lat.-fr.-engl., Pl. -en) heute: Überwachungsgerät beim Fernsehen, meist Bildschirm; nicht verw. mit: *Monitum*, das (engl.-lat., Pl. ...ta) Rüge, Mahnung 2. *Ephor*, der (gr.-lat., Pl. -en) einer von fünf jährlich gewählten ranghöchsten Beamten im antiken Sparta

Aufsicht *Supervision*, die (lat.-engl., Pl. -en) z. B. in der Produktion

Aufsichtsbeamter 1. *Inspizient*, der (lat., Pl. -en) für den reibungslosen Ablauf von Theaterproben verantwortlich 2. *Kontrolleur*, der (lat.-fr., Pl. -e) Person für Kontrollaufgaben, z. B. Fahrkartenkontrolleur 3. *Inspekteur*, der (fr., Pl. -e) Leiter e. Inspektion (Prüfstelle) z. B. Generalinspekteur: ranghöchster Offizier der Bundeswehr, z. B. Admiral Dieter Wellershoff 4. *Controller*, der (engl., Pl. -s) leitender Mitarbeiter im Rechnungswesen e. Unternehmens, der für Prüf- u. Managementaufgaben in Tochtergesellschaften eingesetzt wird

Aufsichtsbehörde 1. *Inspektion*, die (lat.-fr., Pl. -en) 2. *Kuratorium*, das (lat. ....rien) z. B. Organ in e. Stiftung

Aufsichtsgremium *Kuratorium*, das (lat., Pl. ...rien) z. B. Organ in e. Stiftung

aufspalten *splitten* (engl.) aufteilen; das »Splitting« anwenden: eine bes. Steuerberechnung des Einkommens der Ehegatten

Aufspaltung *Segregation*, die (lat., Pl. -en) ... der Erbfaktoren während der Reifeteilung der Geschlechtszellen; auch Trennung z. B. von Bevölkerungsgruppen

aufspüren *detektieren* (lat.-engl.) feststellen

Aufstand 1. *Rebellion*, die (lat.-fr., Pl. -en) Auflehnung gegen schlechte bestehende Lebensverhältnisse 2. *Revolte*, die (lat.-it.-fr., Pl. -n) z. B. Gefängnisrevolte 3. *Insurrektion*, die (lat., Pl. -en) Volkserhebung 4. *Revolution*, die (fr., Pl. -en) e. große Rebellion, z. B. die Französische Revolution (1789) 5. *Opposition*, die (lat., Pl. -en) Gegnerschaft, Gegenpartei, Widerrede 6. *Résistance*, die (fr., ohne Pl.) Widerstandsbewegung, speziell der Franzosen gegen die dt. Besatzung im 2. Weltkrieg;

56

nicht verw. mit *Resistenz*, die (lat., Pl. -en) Ausdauer, Härtegrad

Aufstand gegen Tyrannen ist Gehorsam gegenüber Gott *rebellion to tyrants is obedience to God* engl., Zitat: John Bradshaw, Politiker (1602–1659)

Aufständischer 1. *Rebell*, der (lat.-fr., Pl. -en) Robin Hood, der Rebell 2. *Insurgent*, der (lat., Pl. -en) 3. *Guerilla*, der (sp., Pl. -s) Kämpfer, der e. Kleinkrieg in Lateinamerika führt 4. *Guerillero*, der (sp., Pl. -s) Untergrundkämpfer in Lateinamerika, e. berühmter war Che Guevara 5. *Tupamaro*, der (sp.-indian., Pl. -s) uruguayischer Stadtguerilla, nach dem Inkakönig Tupac Amaru 6. *Putschist*, der (schweiz., Pl. -en) Aufständischer, der im Handstreich die Regierung übernimmt; Idi Amin putschte sich in Uganda an die Macht

aufsteigen 1. *aszendieren* (lat.) z. B. Gestirne 2. *entern*, seem. gewaltsames Besteigen e. Schiffes oder in die Takelage klettern

aufsteigend 1. *akropetal* (lat.) i. S. von: nach oben strebend. Ggs.: basipetral 2. *anabatisch* (gr.) i. S. von aufsteigenden Winden. Ggs.: katabatisch

Aufsteiger in der Software-Branche *Digerati*, der (engl., Pl. -s) aus: digital literati (»Digital-Literaten«) auch: junge Computerprofis im Softwaredesign

Aufsteiger *Newcomer*, der (engl., Pl. -s) auch: Neuankömmling

aufstellen 1. *formieren* (lat.) in geordneter Reihenfolge 2. *montieren* (lat.-fr.) z. B. e. Stahlkonstruktion 3. *postieren* (lat.-it.-fr.) an e. best. Stelle Posten beziehen, aufpassen

Aufstellung 1. *Katalog*, der (gr.-lat., Pl. -e) z. B. Warenkatalog 2. *Tabelle*, die (lat., Pl. -n) 3. *Kolonne*, die (lat.-fr., Pl. -n) Zahlenkolonne, Fahrzeugkolonne, die »Fünfte Kolonne«; nicht verw. mit *Kolone*, der (lat., Pl. -n) an seinen Landsitz gebundener, aber freier Pächter in röm. Kaiserzeit 4. *Formation*, die (fr., Pl. -en) 5. *Nominierung*, die (lat., Pl. .en) Benennung, für e. Amt nominieren 6. *Postierung* (fr., Pl. -en)

Aufstieg 1. *Karriere*, die (lat.-fr., Pl. -n) z. B. Karriereleiter 2. »Marschallstab im Tornister haben«

Aufstieg nach Israel *Alija*, das (hebr., ohne Pl.) der Begriff bezeichnet die verschiedenen Einwanderungswellen ab 1882

Aufstoßen 1. *Efflation*, die (lat., Pl. -en) 2. *Erukation*, die (lat., Pl. -en) 3. *Rülpsen*, das (dt., Pl. ...ser)

aufstoßen 1. *eruktieren* (lat.) 2. *rülpsen* (dt.) 3. *effizieren* (lat.) i. S. von hervorrufen, bewirken

aufsuchen *frequentieren* (lat.) häufig

aufsuchen, häufig *frequentieren* (lat.) auch: stark in Anspruch nehmen

Auftakt 1. *Ouvertüre*, die (lat.-fr., Pl. -n) Instrumentalstück am Beginn der Oper 2. *Prolog*, der (gr., Pl. -e) Vorwort

Auftauchen neuer Phänomene *Emergenz*, die (lat.-engl., Pl. -en) z. B. Macht, Konflikte; Sammelbezeichnung

aufteilen *segmentieren* (lat.) in Segmente (Teilstücke) zerlegen, gliedern

aufteilen, planmäßig ... *rationieren* (lat.) »Die Medizin wird rationiert werden.« (Walter Krämer, Prof., 1998)

Aufteilung e. elektromagnetischen Welle in ihre Teilfrequenzen *Spektrum*, das (lat., Pl. ...tren) Phys.; auch: Buntheit, Vielfalt

Aufteilung e. Vollarbeitsplatzes ... *Jobsharing*, das (engl., ohne Pl.) ... auf mehrere Kräfte

auftischen 1. *kredenzen* (lat.-it.) der Koch kredenzt seine Speisen 2. *offerieren* (lat.) i. S. von anbieten

Auftrag 1. *Mandat*, das (lat., Pl. -e) rechtsw. z. B. e. Politiker das Mandat erteilen 2. *Order*, die (lat.-fr., ohne Pl.) i. S. e. Befehls, »Law-and-Order-Verhältnisse« herrschen z. B. in Singapore 3. *Direktive*, die (lat.-fr., Pl. -n) 4. *Instruktion*, die (lat., Pl. -en) 5. *Mission*, die (lat., Pl. -en) Bestimmung, Weltraummission, Missio canonica: Ermächtigung zur Ausübung der kirchlichen Lehrgewalt

Auftrag ausführen *effektuieren* (lat.-fr.) e. Zahlung leisten

Auftrag zurücknehmen *abolieren* (lat.)

auftragen 1. *servieren* (lat.-fr.) bei Tisch; aber auch: e. Hiobsbotschaft servieren 2. *applizieren* (lat.) Verzierung auf Stoffe aufnähen

Auftraggeber 1. *Mandant*, der (lat., Pl. -en) z. B. e. Rechtsanwaltes 2. *Kommittment*, der (lat., Pl. -en) jmd., der e. Kommissionär mit dem Kauf z. B. von Wertpapieren beauftragt

Auftragsbuch *Orderbuch*, das (engl.-dt., Pl. ...bücher)

Auftragsplatte *Tablett*, das (lat.-fr., Pl. -s)

Auftreten 1. *Debüt*, das (fr., Pl. -s) erstes öffentliches Auftreten z. B. Ball der Debütantinnen in Wien, bei dem auch Ministerpräsident Gerhard Schröder e. bes. Auftritt hatte 2. *Repräsentation*, die (lat.-fr., Pl. -en) würdiges Auftreten eines Staatsmannes, z. B. Richard von Weizsäcker, der ehemalige Bundespräsident

auftreten 1. *debütieren* (fr.) 2. *grassieren* (lat.) häufiges Auftreten, e. Grippe grassiert 3. *repräsentieren* (lat.-fr.) würdig, e. Staat oder e. Unternehmen

Auftreten, begrenztes ... e. Infektionskrankheit *Endemie*, die (gr.-lat., Pl. ...ien) z. B. Malaria in den Tropen

Auftreten, das ... von Aceton im Blut *Acetonämie*, die (gr.-lat., Pl. ...ien)

Auftreten, das ... von Aceton im Urin *Acetonurie*, die (gr.-lat., Pl. ...ien)

Auftritt *Szene*, die (gr.-lat.-fr., Pl. -n) best. Stelle e. Theaterstückes

Auftritt, einzelner *Szene*, die (gr.-lat.-fr., Pl. -n) »Zelt, Hütte«; auch: Schauplatz, Bühne; »die Szene wird zum Tribunal« (Friedrich v. Schiller)

Auftropfstein *Stalagmit*, der (lat., Pl. -en) Tropfstein, der vom Boden nach oben wächst

aufwallen *efferveszieren* (lat.) z. B. infolge starker Gasentwicklung, auch: aufbrausen

Aufwand 1. *Brimborium*, das (lat.-fr., ohne Pl.) 2. *Show*, die (engl., Pl. -s) aufwendige Darbietung, im Showbusiness heißt es: »the Show must go on«, das Programm muß weiterlaufen 3. *Luxus*, der (lat., ohne Pl.) üppiger, z. B. Luxuslimousine (aufwendiges Auto) Luxusweibchen, e. mit Nerz und Brillanten behängte Frau, als e. solches galt lange Zeit Elizabeth (Liz) Taylor 4. *Pomp*, der (gr.-lat.-fr., ohne Pl.) übertriebener Aufwand, wie am Hofe Ludwig XIV., des Sonnenkönigs; Madame Pompadour, Mätresse Ludwigs XV.

Aufwand, der den Standard weit übersteigt *Luxus*, der (lat., ohne Pl.) »Statt eines Aufbruchs nach vorne leisten wir uns den Luxus der Langsamkeit.« (Gerhard Schröder, Kanzlerkandidat, 1998)

Aufwandsentschädigung 1. *Spesen*, die (lat., Pl.) Auslagen für Aufwendungen: »außer Spesen nichts gewesen«, Spesenritter 2. *Diäten*, die (lat.-fr., Pl.) Parlamentariern gezahlte Bezüge, boshaft bei Hinterbänklern im Plenarsaal: »Diäten im Schlaf verdienen«

Aufwärmprogramm ... *Warm up*, das (engl., Pl. -s) ... vor dem Wettkampf

Aufwärtshaken *Uppercut*, der (engl., Pl. -s) beim Boxen

aufwenden *investieren* (lat.) »einkleiden«, Kapital langfristig in Sachgüter anlegen; Zeit für etwas aufwenden; aber auch: in e. Amt einsetzen; nicht verw. mit *investigieren* (lat.) nachforschen

aufwiegeln 1. *demagogisch* (gr.) auch: hetzerisch 2. *faktiös* (lat.-fr.) auch: parteisüchtig, aufrührerisch

aufwiegeln 1. *insurgieren* (lat.) Volk aufwiegeln 2. *radikalisieren* (lat.-fr.) 3. *randalieren* (ugs.) i. S. von Radau oder Randale machen

Aufwiegler 1. *Revoluzzer*, der (lat.-it., ohne Pl.) 2. *Demagoge*, der (gr., Pl. -n) wortgewaltige Volksverführer: Hitler, Goebbels

Aufwiegung *Kompensation*, die (lat., Pl. -en) Verrechnen von Leistung, Kompensationsgeschäfte: Maschinen gegen Erdnüsse, wenn ein Land keine Devisen hat

aufwinden *taljen* (it.-niederl.) Seemannsspr.

aufzählen *enumerieren* (lat.)

aufzählend *enumerativ* (lat.)

Aufzählung 1. *Enumeration*, die (lat., Pl. -en) 2. *Litanei*, die (gr.-lat., Pl. -en) endlose, eintönige Bittgebete; auch z. B.: Suren des Korans 3. *Sermon*, der (lat., ohne Pl.) Rede; heute: langweiliges Geschwätz

aufzeichnen *registrieren* (lat.)

Aufzeichnung 1. *Chronik*, die (gr.-lat., Pl. -en) z. B. Familienchronik 2. *Notiz*, die (lat., Pl. -en) kurze Aufzeichnung 3. *Dossier*, das (fr., Pl. -s) i. S. von Aktenbündel 4. *Adversaria*, die (lat., nur Pl.) Sammlung von Notizen

Aufzeichnungsgerät 1. *Magnetophon*, das (gr.-lat., Pl. -e) z. B. Tonbandgerät 2. *Detektor*, der (lat., Pl. ...oren) Hochfrequenzgleichrichter, Lügendetektor

Aufzug 1. *Paternoster*, der (lat., ohne Pl.) ständig umlaufender Aufzug 2. *Lift*, der (engl., Pl. -s) Fahrstuhl, Liftboy; liften, anheben; Face-lifting, z. B. bei Hildegard Knef

aufzwingen 1. *diktieren* (lat.) 2. *oktroyieren* (lat.-fr.) nicht: aufoktroyieren

Augapfel in tiefer Augenhöhle *Enophthalmus*, der (gr.-lat., ohne Pl.) abnormale Tieflage des Augapfels (med.)

Augapfelzittern *Nystagmus*, der (gr.-lat., Pl.) unwillkürliches Zittern des Augapfels (med.)

Auge, innerhalb des ... *intraokular* (lat.)

Auge, mit blauem ... davonkommen *levi defungi poena* (lat., Zitat) eigtl.: mit leichter Strafe davonkommen

Augen, die ... sind größer als der Magen *oculi avidiores sunt quam venter* (lat.)

Augen, mit beiden ... *binokular* (lat.)

Augen, unter vier ... *intra parietes privatos* (lat., Zitat) d. h. zwischen den Privatwänden

Augen, wachsame ... *Argusaugen*, die (gr., nur Pl.) nach Argus, dem hundertäugigen Riesen der gr. Sagenwelt: scharfer Wächter

Augenarzt 1. *Ophthalmologe*, der (gr.-lat., Pl. -n) 2. *Okulist*, der (lat., Pl. -en)

Augenbindehaut *Konjunktiva*, die (lat., Pl. ...vä) med.

Augenbindehautentzündung *Konjunktivitis*, die (lat., Pl. ...itiden) med.

Augenbindehautentzündung, eitrige ... *Blennorrhö* u. *Blennorrhöe*, die (gr.-lat., Pl. -n) auch: eitrige Schleimhautabsonderung

Augenblick 1. *Moment*, der (lat.-fr., Pl. -e) 2. *Sekunde*, die (lat., Pl. -n) kurze Zeiteinheit; in der Musik: zweiter Ton vom Grundton an

Augenblick, der entscheidende ... *Kairos*, der (gr., Pl. ...roi) auch: günstiger Zeitpunkt

augenblicklich 1. *momentan* (lat.-fr.) i. S. von: momentan ist er nicht zu sprechen 2. *hic et nunc* (lat.) »hier u. jetzt« 3. *prompt* (lat.-fr.) unverzüglich 4. *spontan* (lat.) aus eigenem plötzlichen Antrieb; *Sponti*, der (lat., Pl. -s) Angehöriger e. undogmatischen linksorientierten Gruppe 5. *stante pede* (lat.) »stehenden Fußes«

Augendiagnose *Iridologie*, die (gr.-lat., ohne Pl.)

Augendiagnostiker *Iridologe*, der (gr.-lat., Pl. -n)

Augendruckmessung *Tonometrie*, die (gr., Pl. ...ien) Augeninnendruckmessung, zur Feststellung e. Glaukoms

Augenentzündung *Ophthalmie*, die (gr.-lat., Pl. ...ien)

augenfällig *ostentativ* (lat.) i. S. von »etwas extra tun«

Augenglas *Binokel*, das (fr., Pl. -s) veraltet für Brille; auch: Mikroskop für beide Augen

Augenheilkunde 1. *Ophthalmologie*, die (gr.-lat., ohne Pl.) 2. *Ophthalmiatrie*, die (gr.-lat., ohne Pl.) med.

Augenheilmittel *Ophthalmikum*, das (gr.-lat., Pl. ...ka) med.

Augenhöhle *Orbita*, die (lat., Pl. ...tae) med.

Augenhornhautentzündung *Keratitis*, die (gr., Pl. ...itiden)

Augenleiden *Ophthalmopathie*, die (gr., Pl. ...ien)

Augenlid *Blepharo* (gr. Wortbildungselement) z. B. wimpernförmiges Gebilde, z. B. *Blepharoklonus*, das (gr., Pl.)

Augenlid, fehlendes ... *Ablepharie*, die (gr.-lat., ohne Pl.) auch: Verlust des Augenlides

Augenlidentzündung *Blepharitis*, die (gr.-lat., Pl. ...itiden) med.

Augenliderschlaffung *Blepharochalasie*, die (gr., Pl.)

Augenlidhauterschlaffung *Blepharochalasis*, die (gr.-lat., ohne Pl.) med.

Augenlidkrampf *Blepharospasmus*, der (gr.-lat., Pl. ...men) med.

Augenlidrandentzündung *Blepharitis*, die (gr., Pl. ...itiden)

Augenlinse *Okular*, das (lat., Pl. -e)

Augenlinsentrübung *Katarakt*, die (gr., Pl. -e) Trübung der Augenlinse, grauer Star (med.) nicht verw. mit *Katarakt*, der (lat., Pl. -e) Wasserfall, Stromschnelle

Augenmuskellähmung *Ophthalmoplegie*, die (gr.-lat., Pl. ...ien) med.

Augennetzhaut *Retina*, die (lat., Pl. ...nae)

Augennetzhaut-Entzündung *Retinitis*, die (lat., Pl. ...itiden)

Augennetzhaut-Geschwulst *Retinobla-*

stom, das (lat.-gr., Pl. -e) e. bösartige Geschwulst

Augenreizstoffe *Lakrimogene*, die (lat., Pl.) med.

Augenring *Halo*, der (lat., Pl. -s auch Halonen) auch Warzenhof (med.) von *halos* (gr.-lat.) Hof um Sonne oder Mond

Augenschein *Evidenz*, die (lat., ohne Pl.) nicht verw. mit *Eminenz*, die (lat., Pl. -en) Titel der Kardinäle oder »graue Eminenz« in e. Regierung: inoffizielle Machthaber

augenscheinlich 1. *evident* (lat.) 2. *ostensiv* (lat.) offensichtlich, handgreiflich; nicht verw. mit *ostentativ* (lat.) herausfordernd, Studenten pfeifen im Hörsaal ostentativ 3. *eklatant* (fr.) offenkundig 4. *flagrant* (lat.) brennend, schreiend, offenkundig; jemanden beim Seitensprung in flagranti erwischen 5. *manifest* (lat.) deutlich; *Manifest*, das (lat., Pl. -e) öffentliche Erklärung, z. B. das »Kommunistische Manifest« (von K. Marx u. F. Engels)

Augenschminke, schwarze ... *Kajal*, das (sanskr., ohne Pl.) i. S. e. schwarzen Schminkfarbe

Augenspiegel *Ophthalmoskop*, das (gr.-lat., -e) Gerät, mit dem die Augen untersucht werden

Augenspiegelung *Ophthalmoskopie*, die (gr.-lat., Pl. ...ien) ... des Augenhintergrundes (med.)

aus der Mode 1. *démodé* (fr.) auch: nicht mehr aktuell 2. *altmodisch* (fr.) 3. *old-fashioned* (engl.) 4. *antiquiert* (lat.) altertümlich 5. *konventionell* (fr.) herkömmlich, etwas verstaubt; nicht verw. mit *konventional* (lat.) svw. Abkommen betreffend

Ausarbeitung *Manuskript*, das (lat., Pl. -e) z. B. e. Schriftstücks, Herstellung e. druckreifen Manuskripts

ausarten *degenerieren* (lat.)

Ausartung *Degeneration*, die (lat., Pl. -en) auch: Entartung; Verfall von Zellen

ausatmen 1. *exhalieren* (lat.) med. 2. *exspirieren* (lat.) med.

Ausatmung 1. *Exhalation*, die (lat., Pl. -en) med. 2. *Exspiration*, die (lat., ohne Pl.) med.

Ausbaggerung *Exkavation*, die (lat., Pl. -en)

ausbessern 1. *reparieren* (lat.) e. Maschine

2. *restaurieren* (lat.) e. Kunstwerk 3. *renovieren* (lat.) instandsetzen, e. Gebäude

Ausbesserung 1. *Reparatur*, die (lat., Pl. -en) 2. *Reparierung*, die (lat., Pl. -en) 3. *Restauration*, die (lat., Pl. -en) 4. *Renovierung*, die (lat., Pl. -en)

ausbeuten *exploitieren* (lat.-fr.) die Arbeitskraft e. Mitarbeiters oder auch: e. Gebiet mit Rohstoffen

Ausbeuter 1. *Expropriateur*, der (lat.-fr., Pl. -e) wirtsch., nach Karl Marx e. Unternehmer, der aus seinen Arbeitern zu hohe Profite erzielt 2. *Profiteur* (fr., Pl. -e) Gewinnmacher, unmoralischer Unternehmer

Ausbeutung 1. *Exploitation*, die (lat.-fr., Pl. -en) wirtsch., Arbeitskraft für Profitzwecke ausbeuten; auch: Abbau von Rohstoffen; nicht verw. mit *Exploration*, die (lat., Pl. -en) Untersuchung von Gebieten zwecks Rohstoffabbau, z. B. Erdölexploration oder auch die Untersuchung eines Kranken 2. *Profitgier*, die (lat.-fr.-dt., ohne Pl.) unmoralisches Unternehmertum

ausbilden 1. *qualifizieren* (lat.-fr.) z. B. sich für e. Position qualifizieren 2. *studieren* (lat.) sich an e. Hochschule ausbilden

Ausbilder 1. *Trainer*, der (lat.-fr., ohne Pl.) im Sport 2. *Dozent*, der (lat. -en) an e. Hochschule 3. *Professor*, der (lat., Pl. ...oren) Hochschullehrer, die auch in d. Forschung tätig sind, z. B. Mathematik-Professor 4. *Mentor* der (gr., Pl. ...oren) Erzieher, Ratgeber; von Mentor, der Erzieher des Telemach 5. *Instrukteur*, der (fr., Pl. -e) Unterrichter, Anleiter, auch *Instruktor* (österr. u. schweiz.) Lehrer, Erzieher 6. *Coach*, der (engl., Pl. -s) Sportlehrer, Betreuer e. Sportlers

Ausbildung 1. *Qualifikation*, die (lat.-fr., Pl. -en) 2. *Studium*, das (lat., Pl. ...ien) z. B. Jurastudium 3. *Training*, das (lat.-engl., Pl. -s) i. S. von systematische Vorbereitung auf e. Wettkampf

Ausbildung des Schädels, stufenartige ... *Bathrokephalie* u. *Bathrozephalie*, die (gr.-lat., Pl. ...ien)

Ausbildung durchlaufen *absolvieren* (lat.)

ausblasen *exspirieren* (lat.) auch: ausatmen (med.)

ausbleichen *dekolorieren* (lat.-fr.) Farben aus Stoff entfernen

Ausblenden eines Songs *faden* (engl.)

ausblenden, Musik ... *fade-out* (engl.)

Ausblick *Panorama*, das (gr.-lat., Pl. ...men) Blick auf e. großartige Landschaft, eigtl. Rundblick

Ausblühung *Effloreszenz*, die (lat., Pl. -en) krankhafte Hautveränderungen, z. B. Pusteln (med.) auch: Ausblühung an Mineralien

ausbrechen *eruptieren* (lat.) z. B. von Lava, Gas oder Dampf

ausbreiten 1. *diffundieren* (lat.) z. B. Strahlen, die gestreut werden, Wasser diffundiert durch andere Stoffe 2. *grassieren* (lat.) i. S. von wütend um sich greifen, z. B. e. Seuche

ausbreiten, sich ... *grassieren* (lat.) z. B. e. Seuche

Ausbreitung 1. *Expansion*, die (lat.-fr., Pl. -en) z. B. räumliche, Expansionspolitik von Staaten 2. *Propagation*, die (lat., Pl. -en) biol. die Ausbreitung von Lebewesen

Ausbruch *Eruption*, die (lat., Pl. -en) Vulkanausbruch

ausbürgern 1. *denaturalisieren* (lat.) 2. *expatriieren* (lat.) auch: verbannen

Ausbürgerung 1. *Denaturalisation*, die (lat., Pl. -en) 2. *Expatriation*, die (lat., Pl. -en)

Ausdauer 1. *Perseveranz*, die (lat., ohne Pl.) 2. *Penetranz*, die (lat.-fr., Pl. -en) aufdringliche Ausdauer; nicht verw. mit *Penetration*, die (lat., Pl. -en) Eindringtiefe, Durchdringung: seine Penetranz war von großer Penetration 3. *Assiduität*, die (lat., ohne Pl.) 4. *Persitenz*, die (lat., Pl. -en) 5. *Kondition*, die (lat., Pl. -en) Gesamtzustand; auch: Bedingung; nicht verw. mit: *Kondiktion*, die (lat., Pl. -en) Rechtsw. Klage auf Rückgabe 6. *Konstitution*, die (lat., Pl. -en) Verfassung des menschlichen Körpers; auch: Verfassung e. Staates; päpstlicher Erlaß 7. *Tenazität*, die (lat., ohne Pl.) Zähigkeit, Ausdauer

ausdauernd *perennierend* (lat.) auch: hartnäckig, mehrjährig bei Stauden

ausdehnbar 1. *extensibel* (lat.) 2. *expansibel* (lat.-fr.)

ausdehnen *expandieren* (lat.) räumlich

ausdehnend 1. *expansiv* (lat.) 2. *extensiv* (lat.)

Ausdehnung 1. *Expansion*, die (lat., Pl. -en) räumlich, territorial, Expansionspolitik treiben 2. *Dimension*, die (lat., Pl. -en) e. Gebäude hat riesige Dimensionen 3. *Extension*, die (lat., Pl. -en) 4. *Explosion*, die (lat., Pl. -en) plötzliche Ausdehnung mit zerstörerischer Wirkung, Bombenexplosion 5. *Volumen*, das (lat., Pl. ...mina) i. S. von Rauminhalt; *Volumetrie*, die (lat., ohne Pl.) Messung von Rauminhalten 6. *Zirkumferenz*, die (lat., Pl. -en) auch: Ausmaß, Umfang

Ausdehnung, die ... **bestimmend** *dimensional* (lat.) z. B. dreidimensional

Ausdehnung, nach ... **strebend** *expansiv* (lat.)

ausdenken 1. *imaginieren* (lat.) 2. *phantasieren* (gr.-lat.)

Ausdeutung *Interpretation*, die (lat., Pl. -en)

Ausdruck 1. *Figur*, die (lat.-fr., Pl. -en) z. B. Stilfigur 2. *Expression*, die (lat., Pl. -en) 3. *Formel*, die (lat., Pl. -n) i. S. e. feststehenden, gültigen Ausdrucks 4. *Metapher*, die (gr.-lat., Pl. -n) bildlich im übertragenen Sinn, z. B.: ein eiskalter – ist e. gefühlloser Verbrecher 5. *Term*, der (lat.-fr., Pl. -e) formalisierter Ausdruck 6. *Floskel*, die (lat., Pl. -n) »Blümchen«; i. S. e. nichtssagenden Redewendung

Ausdruck von Empfindungen ... *Emoticon*, das (lat.-engl., ohne Pl.) aus: Emotionalität u. Icon; ... die in Form von Textkürzeln z. B. Empfindungen oder Zustände vermitteln, bei der elektronischen Korrespondenz (Mailbox) oder Telekonferenz (Chats) trotz fehlender handschriftlicher, gestischer u. mimischer Gegebenheiten: T 4 2 = Tea for two oder mit Hilfe sog. »Smileys«: -(= sauer,: -? = Pfeifenraucher

Ausdruck, doppelter ... *Tautologie*, die (gr.-lat., Pl. ...ien) z. B. e. alter Greis saß auf e. weißen Schimmel

Ausdruck, Kürze im ... *Brachylogie*, die (gr., Pl. ...ien) auch: knappe Ausdrucksweise (Stilk.)

ausdrücken 1. *verbalisieren* (lat.) mündlich 2. *formulieren* (lat.-fr.) sprachlich 3. *artikulieren* (lat.) i. S. von Worte deutlich aussprechen, formulieren

ausdrücklich 1. *kategorisch* (gr.-lat.) unbedingt gültig, z. B. Immanuel Kants »Kategorischer Imperativ«, unbedingtes ethisches Gesetz 2. *explizit* (lat.) eigens auf etwas hinweisen 3. *extra* (lat.)

Ausdrucksart *Stil*, der (lat., Pl. -e) »ein begnadigter (gemeint: begnadeter) Stilist« (Prof. Horst Ehmke über Mitterand, 1998)

ausdrucksbetont 1. *expressiv* (lat.) Pablo Picasso malte expressiv 2. *eloquent* (lat.) beredsam, Modewort für gewandte Manager, der einst eloquente Bankdirektor Alfred Herrhausen

Ausdrucksfehler *Barbarimus*, der (lat., Pl. …men) auch: Anwendung von Ausdrucksformen der Primitiven in der Kunst

Ausdrucksform, veraltete *Archaismus*, der (gr., Pl. …men)

Ausdruckskraft 1. *Expressivität*, die (lat., ohne Pl.) z. B. e. Gemäldes von Salvador Dalí: »Zerrinnende Zeit«

ausdrucksstark *expressiv* (lat.)

ausdrucksvoll 1. *expressiv* (lat.) 2. *affettuoso* (lat.-it.) musik. Vortragsanw. 3. *pathetisch* (gr.-lat.-fr.) übertrieben, salbungsvoll

Ausdrucksweise 1. *Diktion*, die (lat., Pl. -n) der Autor hat e. gute Diktion, die barocke Diktion von Thomas Mann 2. *Jargon*, der (fr., Pl. -s) Ausdrucksweise e. Berufsgruppe; auch: Gassenjargon als »Sprache der Straße« 3. *Stil*, der (lat., Pl. -e) er pflegt e. geschliffenen Stil 4. *Idiolekt*, der (gr., Pl. -e) auch: Wortschatz; Sprachverhalten

ausdünnen *effilieren* (fr.) eigtl. ausfasern, i. S. von die Haare beim Schneiden ausdünnen

ausdünsten *transpirieren* (lat.-fr.) schwitzen, ugs. wie e. Bulle

Ausdünstung 1. *Effluvium*, das (lat., Pl. …ien) auch: Ausfluß (med.) 2. *Evaporation*, die (lat., Pl. -en) auch Verdunstung von Wasser 3. *Halitus*, der (lat., ohne Pl.) auch: Hauch, Atem, Geruch (med.) 4. *Transpiration*, die (lat.-fr., Pl. ohne) Hautausdünstung, Schwitzen (med.)

Auseinandergehen 1. *Divergenz*, die (lat., Pl. -en) in den Ansichten 2. *divergieren* (lat.) als Verb oder: 3. *divergierend* (lat.) 4. *differieren* (lat. als Verb)

auseinandergehend *divergent* (lat.)

auseinanderhalten *differenzieren* (lat.)

auseinanderlegen *definieren* (lat.) e. Begriff erklären; auch: bestimmen; »die Ehefrau definiert sich durch den Status des Mannes« (Duden, 1992)

auseinandernehmen *demontieren* (lat.-fr.) e. Maschine oder Anlage; Demontage der dt. Industrie nach dem 2. Weltkrieg

Auseinanderrücken *Disengagement*, das (fr.-engl., Pl. -s) eigtl.: Loslösung

Auseinandersetzung 1. *Diskussion*, die (lat., Pl. -en) Meinungsaustausch, nächtelanges Diskutieren der Studenten 2. *Disput*, der (lat.-fr.) i. S. e. Streitgesprächs 3. *Szene*, die (gr.-lat.-fr., Pl. -n) meist lautstarke Auseinandersetzung: »Szenen einer Ehe«, Film von Ingmar Bergman 4. *Debatte*, die (fr., Pl. -n) Bundestagsdebatte 5. *Differenz*, die (lat., Pl. -en) Meinungsdifferenz; auch: Betragsdifferenz 6. *Konflikt*, der (lat., Pl. -e) z. B. Konfliktsituation 7. *Kontroverse*, die (lat., Pl. -n) wissenschaftliche Streitfrage, z. B. kontrovers diskutieren, Kontroverstheologie 8. *Polemik*, die (gr., Pl. -en) literarische Fehde, auch unsachlicher Angriff mit Worten 9. *Querele*, die (lat., Pl. -n) i. S. von Streit

Auseinandersetzung, wissenschaftliche … mit dem Universum *Kosmologie*, die (gr., ohne Pl.)

Auseinanderstreben 1. *Divergenz*, die (lat., Pl. -en) bei unterschiedlichen Ansichten; Divergenzkriterien: Modewort aus der Pol. 2. *divergieren* (lat. als Verb) oder 3. *divergierend* (lat.) auseinanderstrebend 4. *divergent* (lat.)

auserlesen 1. *delikat* (lat.-fr.) z. B. es wurden delikate Speisen serviert; aber auch: die Angelegenheit ist höchst delikat (bes. kompliziert) 2. *elitär* (fr.) Elitetruppe, wer in England das Eton College besucht, fühlt sich elitär

Ausfall *Drop-out*, der (engl.-am., Pl. -s) z. B. Drop-out-Quote bei nicht oder falsch ausgefüllten Fragebögen

Ausfällung 1. *Flokkulation*, die (lat., Pl. -en) oder Zusammenballung von Pigmentpartikeln 2. *Präzipitation*, die (lat., Pl. -en) z. B. von Eiweißkörpern (med.)

Ausfertigung *Unikat*, das (lat., Pl. -e) einzige

ausfindig machen *scouten* (engl.)

ausfließen *effluieren* (lat.)

ausflocken *präzipitieren* (lat.) auch: ausfällen

Ausflockung 1. *Koagulation*, die (lat., Pl. -en) i. S. von: Gerinnung e. Stoffes 2. *Prä-*

zipitation, die (lat., Pl. -en) auch: Ausfällung

Ausflucht 1. *Evasion*, die (lat., Pl. -en) 2. *Finte*, die (lat.-it., Pl. -n) svw. Vorwand 3. *Prätex*, der (lat.-fr., Pl. -e) i. S. von Vorwand

Ausflüchte 1. *Fisimatenten*, die (Herkunft unklar, nur Pl.) »Mache keine Fisimatenten!« 2. *Sperenzien*, die (lat., nur Pl.)

Ausflug 1. *Exkursion*, die (lat.-fr., Pl. -en) 2. *Partie*, die (lat.-fr., Pl. -n) 3. *Tour*, die (gr.-lat.-fr., Pl. -en) 4. *Trip*, der (engl., Pl. -s) Kurzreise 5. *Expedition*, die (lat., Pl. -en) Abenteuerreise, Exedition ins Unbekannte

Ausflug in irreale TV-Welten ... *TV-Slumming*, das (engl.-am., ohne Pl.) ... durch das Nachspielen des Gesehenen u. die Rückkehr in die reale Welt

Ausflügler *Tourist*, der (gr.-fr.-engl., Pl. -en) ugs. Touri, i. S. von Ferntouristik, Touristeninvasion

Ausfluß *Effluvium*, das (lat., Pl. ...vien) auch: Erguß (med.)

ausforschen 1. *examinieren* (lat.) im Rahmen e. Prüfung fragen 2. *explorieren* (lat.) auch: erforschen 3. *sondieren* (fr.) auch: ausloten, erkunden

ausforschend *exploratorisch* (lat.)

ausfragen *examinieren* (lat.)

Ausfuhr 1. *Export*, der (lat.-engl., Pl. -e) von Waren, Dienstleistungen u. Kapital zur Beschaffung von Devisen für den Import 2. *Reexport*, der (lat., Pl. -e) eingeführter Produkte

Ausfuhr e. Artikels zu Schleuderpreisen *Dumping*, das (engl., Pl. -s) »Sozialdumping muß e. Fremdwort werden.« (Gerhard Schröder, Kanzlerkandidat, 1998) Das ist es doch!

ausführbar 1. *praktikabel* (gr.-lat.) durchführbar 2. *applikabel* (lat.) i. S. von anwendbar

ausführen 1. *effektuieren* (lat.-fr.) 2. *explizieren* (lat.) darlegen 3. *konkretisieren* (lat.) verdeutlichen 4. *absolvieren* (lat.) svw. e. Ausbildungszeit ableisten; aber auch: jmdm. die Absolution (Sündenvergebung) erteilen 5. *exportieren* (lat.-engl.) Waren ins Ausland ausführen; nicht verw. mit *exponieren* (lat.) darstellen, zur Schau stellen

ausführend *exekutiv* (lat.)

ausführlich 1. *in extenso* (lat.) bez. Erklärungen 2. *episch* (gr.-lat.) ausführlich, in epischer Breite berichten 3. *detailliert* (lat.-fr.) genau

Ausführung, weitere ... *Amplifikation*, die (lat., Pl. -en) auch: Erweiterung

Ausführungsart *Modalität*, die (lat., Pl. -en) z. B. Vertragsmodalitäten klären

Ausfuhrverbot *Embargo*, das (sp., Pl. -s) z. B. Waffenembargo, Verbot Waffen in Krisengebiete zu liefern

Ausfuhrwaren 1. *Exporten*, die (engl., Pl.) 2. *Export*, der (engl., Pl. ohne)

Ausfüllblatt *Formular*, das (lat., Pl. -e) meist amtlicher Vordruck; »von der Wiege bis zur Bahre: Formulare, Formulare!« (Sprichwort)

ausfüllend *expletiv* (lat.) ergänzend

Ausgabe 1. *Emission*, die (lat., Pl. -en) von Wertpapieren, z. B. Festlegung des Emissionskurses der Telekom-Aktie auf 28 2. *Edition*, die (lat., Pl. -en) z. B. e. Buchedition; nicht verw. mit *Edikt*, das (lat., Pl. -e) e. amtl. Erlaß von Kaisern u. Königen: »Edikt von Nantes« (1598)

Ausgabegerät *Terminal*, der, das (engl., Pl. -s) Datenendgerät, z. B. Drucker oder Bildschirm e. EDV-Anlage

Ausgabekurs *Emissionskurs*, der (lat., Pl. -e) von Wertpapieren, z. B. der Telekom-Aktie von 28

Ausgang 1. *Debakel*, das (fr., ohne Pl.) unheilvoller Ausgang e. Vorhabens; Koalitionsgespräche endeten in e. Debakel 2. *Happy-End*, das (eng., Pl. -s), viele Hollywood-Filme enden mit e. Happy-End 3. *Remis*, das (lat.-fr., Pl. -en) unentschieden beim Schachspiel 4. *Desaster*, das (fr., Pl. -s) unheilvoller Ausgang, Zusammenbruch 5. *Katastrophe*, die (gr., Pl. -n) schlimmer Ausgang, Erdbebenkatastrophe 6. *Patt*, das (fr., Pl. -s) unentschiedene Stellung im Schachspiel, bei der e. Partei patt ist, d. h. keinen Zug machen kann; häufig wird das Wort fälschlich mit »Situation« verbunden: »Pattsituation«

Ausgangsgrundlage *Prinzip*, das (lat., Pl. ...ien) auch: Grundsatz; »Ist mir aber was nicht lieb, weg damit ist mein Prinzip« (Wilhelm Busch), auch: Richtschnur; »...Prinzipien des Glücks dieser Erde« (Edgar Allan Poe)

Ausgangspunkt 1. *Basis*, die (gr.-lat., Pl. -en) i. S. von Militärbasen 2. *Zentrale*, die (gr.-lat., Pl. -n) i. S. e. Befehlszentrale, Parteizentrale 3. *Situation*, die (lat., Pl. -en) Sachlage, es herrschte e. verteufelte Situation, Minister Blüm verfügt über Situationskomik

ausgeben, großzügig ... *spendieren* (lat.-dt.)

ausgeben, Wertpapiere *emittieren* (lat.-fr.) Wertpapiere in Umlauf setzen; auch: Luftverschmutzung durch Abgase verursachen

Ausgedachtes 1. *Fiktion*, die (gr.-lat., Pl. -en) z. B. Science-fiction-Literatur von Perry Rhodan 2. *Roman*, der (fr., Pl. -e) umfangreiches, schriftstellerisches Werk mit erdachter Handlung, oft mit historischem Hintergrund: »Vom Winde verweht«; Romanautor, z. B. Simmel

ausgedehnt *extensiv* (lat.)

Ausgedienter *Emerit*, der (lat., Pl. -en) Geistlicher z. B.

ausgefallen *extravagant* (lat.) modische Kleidung betreffend

Ausgefallenheit *Extravaganz*, die (lat.-fr., ohne Pl.) bez. modischen Geschmacks, z. B. die Frisuren der Gloria von Thurn und Taxis

ausgefeilt *diffizil* (lat.-fr.) i. S. von schwierig; nicht verw. mit *differenzieren* (lat.) abweichen

ausgeglichen 1. *harmonisch* (gr.-lat.) e. harmonischer Mensch 2. *paritätisch* (lat.) i. S. von gleichgestellt 3. *stabil* (lat.) z. B. stabiles Gleichgewicht

ausgelassen *bacchantisch* (gr.-lat.) i. S. von vor Freude überschäumend

Ausgelassenheit 1. *Gaudium*, das (lat., Pl. ohne) auch: Vergnügen 2. *Highlife*, das (engl., Pl. -s) auch: Hochstimmung

ausgemalt *koloriert* (lat.-it.) bunt, farbig

ausgenommen *exklusive* (lat.) e. exklusive Gesellschaft

ausgeprägt 1. *prononciert* (lat.-fr.) e. deutliche Aussprache haben 2. *markant* (germ.-it.-fr.) e. markantes Kinn haben, Jean Pütz trägt e. markanten Oberlippenbart 3. *akzentuiert* (lat.) deutlich, betont 4. *signifikant* (lat.) typisch, bedeutsam; nicht verw. mit *signitiv* (lat.) symbolisch, mit Hilfe von Zeichen

ausgeschmückt 1. *figuriert* (lat.-fr.) auch: gemustert (Textilien) 2. *melismatisch* (gr.) verziert

ausgeschnitten *dekolletiert* (lat.-fr.) die Dame trägt e. dekolletiertes Abendkleid

ausgeschwitzte Flüssigkeit *Exsudat*, das (lat., Pl. -e) auch: Drüsenabsonderung

ausgesprochen *prononciert* (lat.-fr.) auch: deutlich, ausgeprägt

Ausgestalten *Dekoration*, die (fr.-lat., ohne Pl.) Weihnachtsdekoration; auch: Ausgestaltung; »eine amüsante Dekoration« (Max Beckmann über Arbeiten Paul Gauguins)

ausgestalten *dekorieren* (lat.-fr.)

Ausgestoßener 1. *Paria*, der (ind., Pl. -s) Inder, der niedrigsten Kaste angehörend 2. *Outcast*, der (engl., Pl. -s)

ausgesucht 1. *exquisit* (lat.) i. S. von exquisite Speise 2. *subtil* (lat.) sorgsam vorgehen

ausgewählt *anthologisch* (gr.)

ausgewogen 1. *harmonisch* (lat.) übereinstimmend, e. harmonische Ehe führen 2. *homogen* (lat.) einheitlich 3. *paritätisch* (lat.) gleichgestellt, die Gewerkschaften fordern die paritätische Mitbestimmung der Angestellten in Unternehmen

Ausgeworfenes *Dejekt*, das (lat., Pl. -e) Auswurf, z. B. Kot

ausgezeichnet 1. *brillant* (ind.-gr.-lat.-it.-fr.) e. brillanter Vortragskünstler 2. *exquisit* (lat.) erlesen 3. *exzellent* (lat.-fr.) vortrefflich 4. *famos* (lat.) großartig 5. *fulminant* (lat.) glänzend 6. *prima* (lat.-it.) wunderbar, spitze; auch: *Primaballerina*, die (it., Pl. ...nen) die erste Tänzerin, *Primadonna*, die (it., Pl. ...nnen) die erste Sängerin 7. *bravourös* (lat.-fr.) etwas sehr gut bewältigen, Bravourstück als Glanzleistung 8. *distinguiert* (lat.) auch: vornehm 9. *summa cum laude* (lat.) »mit höchstem Lob«, höchstes Prädikat bei Doktorprüfungen

Ausgleich 1. *Kompensation*, die (lat., Pl. -en) Gegenleistung für erbrachte Leistung, Kompensationsgeschäfte: Maschinen gegen Erdnüsse 2. *Saldo*, der (lat.-it., Pl. Salden, Saldi) wirtsch. Betrag, der beide Seiten e. Kontos zum Ausgleich bringt, Begriff aus der Buchhaltung; auch: per Saldo war das Geschäft gut; nicht verw. mit *Salto*, der (lat., Pl. -s) Luftrolle, Salto

64

mortale, gefährlicher Kunstsprung bei Artisten, Drehung rückwärts bei Flugzeugen (Looping)

ausgleichen 1. *egalisieren* (lat.-fr.) auch i. S. von angleichen 2. *applanieren* (lat.-fr.) geschraubt für einebnen; nicht verw. mit *applizieren* (lat.) e. Verzierung auf Stoff nähen; auch: Heilmittel verabreichen 3. *planieren* (lat.-fr.) einebnen, Gelände wird planiert, nicht: einplaniert 4. *balancieren* (lat.-fr.) Gleichgewicht suchen, über e. Seil balancieren 5. *saldieren* (lat.-it.) Kontoseiten ausgleichen

ausgleichen, sich ... *bilanzieren* (it.) auch: e. Bilanz abschließen

Ausgleichsbetrag *Appoint*, der (fr., Pl. -s) auch: Wechsel, der e. Restschuld ausgleicht

Ausgliederung e. Teilbereichs *Spin-off*, das (engl., Pl. -) ... aus e. starren Firmenhierarchie, um e. höhere Flexibilität zu erreichen

ausgraben 1. *exkavieren* (lat.) ausschachten, z. B. e. Graben 2. *exhumieren* (lat.) e. Leichnam wieder ausgraben; nicht verw. mit *exhibieren* (lat.) med. vorzeigen, der Kinderschreck war e. gesuchter Exhibitionist (e. der Geschlechtsteile krankhaft gern zur Schau stellt)

Ausgrabung 1. *Exkavation*, die (lat., Pl. -en) Ausschachtung 2. *Exhumierung*, die (lat., Pl. -en) Leichenausgrabung, der Richter ordnete e. Exhumierung an

Aushang 1. *Affiche*, die (fr., Pl. -n) geschraubt für e. Plakat aushängen 2. *Plakat*, das (niederl., Pl. -e)

aushängen *affichieren* (fr.) geschraubt für Mitteilung aushängen

Ausheber *Exkavator*, der (lat., Pl. ...oren) Maschine für Erdarbeiten, Instrument zur Entfernung von Zahnbein (med.)

Aushebung *Konskription*, die (lat., Pl. -en) Aufzeichnung, Liste, auch: Einberufung zum Wehrdienst

Aushilfsausgabe *Provisorium*, das (lat., Pl. ...ien) Übergangslösung. »Die Kinderkrippe in der Bibel ist eigentlich e. Provisorium ...« (Joachim Kardinal Meisner, 2007)

aushöhlen *exkavieren* (lat.) ausgraben

aushusten *expektorieren* (lat.) Schleim auswerfen (med.)

ausklügeln *spintisieren* (fr.-dt.) spinnen, abwegigen Gedanken nachgehen

Auskommen *Existenz*, die (lat., Pl. -en) auch: Leben; Dasein; »Wenn heute gewählt werden würde, müßten wir um unsere Existenz fürchten.« (Joschka Fischer, Bündnis 90/Die Grünen, 1998)

Auskratzung 1. *Abrasio*, die (lat., Pl. ...ionen) Ausschabung der Gebärmutter (med.) 2. *Evidement*, das (fr., Pl. -s) auch Aushöhlung 3. *Kürettage*, die (fr., Pl. -n) Auskratzung der Gebärmutter (med.)

auskundschaften 1. *rekognoszieren* (lat.) 2. *spionieren* (it.-fr.) heimliches Auskundschaften; Spionagering zerschlagen 3. *eruieren* (lat.) herausfinden; nicht verw. mit *eruptieren* (lat.) hervorbrechen, z. B. Lava 4. *explorieren* (lat.) erkunden, z. B. Bodenverhältnisse; nicht verw. mit *explodieren* (lat.) mit Knall zerbersten 5. *investigieren* (lat.) nachspüren; *FBI: Federal Bureau of Investigation* (am.) Bundespolizei 6. *recherchieren* (fr.-lat.) nachforschen, Reporter recherchieren, manche Recherche brachte Politiker zu Fall 7. *sondieren* (fr.) vorfühlen, auf den Grund gehen; auch: mit der Sonde untersuchen; Sondierungsgespräche führen

Auskunft 1. *Information*, die (lat., Pl. -en) 2. *Referenz*, die (lat.-fr., Pl. -en) i. S. von Empfehlung; »Nennen Sie mir Ihre Referenzen?«

Auskunft verschaffen, sich ... *konsultieren* (lat.) z. B. bei jmdm. ärztlichen Rat einholen

Auslagen *Spesen*, die (lat.-it., nur Pl.) Reisespesen; »außer Spesen nichts gewesen«

Auslagerung ... *Outsourcing*, das (engl.-am., Pl. -s) ... von unrentablen Bereichen e. Unternehmens zur Senkung der Kosten; auch: Verlagerung von Wertschöpfungsaktivitäten auf Zulieferer; auch Inanspruchnahme außerbetrieblicher Dienstleistungen durch e. Unternehmen

ausländisches Zahlungsmittel *Devise*, die (lat.-fr., Pl. -n) z. B. Devisenschieber, strafbares Aus- bzw. Einführen von Devisen

Auslandsvertretung 1. *Mission*, die (lat.-fr., Pl. -en) auch: ehrenvoller Auftrag, Verbreitung e. religiösen Lehre 2. *Re-*

präsentanz, die (fr., Pl. -en) auch: Vertretung

auslassen *abreagieren* (dt.-lat.) die Wut im Bauch

Auslassung *Ellipse*, die (lat., Pl. -n) auch: Mangel, i. S. von: der Ellipse fehlt die Rundung des Kreises

Auslassungszeichen *Apostroph*, der (gr.-lat., Pl. -e)

auslaugen *digerieren* (lat.) i. S. von: lösliche Anteile auslaugen, auszichen, auch: zerteilen

Auslaugung *Digestion*, die (lat., Pl. -en) auch: Verdauung (med.)

auslegen 1. *dimensionieren* (lat.) 2. *explanieren* (lat.) geschraubt für erklären 3. *interpretieren* (lat.) z. B. den Sinn von Gedichten deuten 4. *kommentieren* (lat.) auch: erläutern; »Das ist so abwegig, das will ich gar nicht kommentieren.« (Helmut Kohl, 1998)

auslegend *explanativ* (lat.) erklärend

Ausleger *Interpret*, der (lat., Pl. -en) z. B. Gesangsinterpret oder Schlagersänger

Auslegung 1. *Explanation*, die (lat., Pl. -en) 2. *Interpretation*, die (lat., Pl. -en) »die Interpretation zum Sachverhalt ist falsch« 3. *Exegese*, die (gr., Pl. -n) insbesondere die wissenschaftliche Bibelauslegung 4. *Hermeneutik*, die (gr., ohne Pl.) wissenschaftliche Erklärung von Texten, Kunstwerken oder Musikstücken

Auslese 1. *Elite*, die (lat.-fr., Pl. -n) geistige Auslese, Elitenschule 2. *Selektion*, die (lat., Pl. -en) Auswahl; Selektionsdruck bei Tieren in best. Gegenden der Erde (Darwin)

Auslese der Besten *Elite*, die (lat.-fr., Pl. -n) »Im Sport akzeptieren wir Leistungseliten, in der Wirtschaft u. Wissenschaft dagegen nicht.« (Hans-Jürgen Warnecke, Präsident der Fraunhofer-Gesellschaft, 1997)

auslesen 1. *sortieren* (lat.-it.) 2. *selektieren* (lat.) z. B. aus e. Anzahl von Dingen bes. auslesen

Auslieferungsschein *Delivery Order*, die (engl., Pl. -s)

Auslöschung *Extinktion*, die (lat., Pl. -en) i. S. von Tilgung

ausmalen *kolorieren* (lat.) mit Farbe versehen

Ausmaß 1. *Dimension*, die (lat., Pl. -en) e. Gebäude mit gewaltigen Dimensionen; »Wir treffen e. Entscheidung, die in die historische Dimension der europäischen Einigung gehört« (Hans-Dietrich Genscher, F. D. P., 1998, zum Euro) 2. *Volumen*, das (lat., Pl. ...mina) Rauminhalt e. Körpers; auch: Umfang; e. voluminöse Stimme haben

ausmeißeln *skulptieren* (fr.) e. Skulptur herstellen

ausmessen 1. *dimensionieren* (lat.) 2. *visieren* (fr.) auch: zielen, genau beobachten

Ausnahme *Exzeption*, die (lat., Pl. -en) z. B. von e. Grammatikregel

Ausnahmebewilligung *Dispens*, der (lat., Pl. -en) auch: Erlaß, Befreiung, Aufhebung e. Verpflichtung

ausnahmsweise *exzeptionell* (lat.-fr.)

Ausnutzung *Exploitation*, die (lat.-fr., Pl. -en) z. B. die Arbeitskraft ausbeuten

Ausprägung *Observanz*, die (lat., Pl. -en) auch: Befolgung der Regel e. Mönchsordens

Ausprägungsgrad *Expressivität*, die (lat., Pl. -) auch: Fülle des Ausdrucks, Ausdrucksfähigkeit

ausprobieren *empirisch* (gr.-lat.) über Erfahrungen feststellen

ausquetschen *grillen* (engl.) auch: das Begaffen, Belauschen von Fremden

Ausrede *Alibi*, das (lat., Pl. -s) Rechtfertigung, Nachweis z. B. e. Abwesenheit vom Tatort

ausreichend *suffizient* (lat.) genügend, bez. der Funktion e. Organs (med.)

ausrenken *luxieren* (lat.) med. z. B. e. Gelenk

Ausrenkung *Luxation*, die (lat., Pl. -en) med. z. B. e. Fußgelenk

ausrichten 1. *fokussieren* (lat.) physik. z. B. optische Linsen; auch: »etwas im Auge haben« 2. *orientieren* (lat.-fr.) sich nach Gestirnen orientieren

ausrottend *eradikativ* (lat.)

Ausrottung *Eradikation*, die (lat., Pl. -en) ... einer Krankheit (med.) i. S. von: mit der Wurzel herausreißen

Ausruf der Verwunderung 1. *wow!* (engl.-am.) 2. *heaven!* (engl.) eigtl.: Himmel

Ausruf *Exklamation*, die (lat., Pl. -en)

ausrufen *exklamieren* (lat.)

ausrufend *exklamatorisch* (lat.)

Ausrufer *Proklamator*, der (fr.-lat., Pl. ...oren) Schreier, auch: Ausrufer von Bekanntmachungen

Ausrufewort *Interjektion*, die (lat., Pl. -en) auch: Empfindungswort, z. B. oh! au!

Ausrufung *Proklamation*, die (fr.-lat., Pl. -en) Aufruf an Bevölkerung, Erklärung mehrerer Staaten

ausruhen 1. *chill out* (engl.) abkühlen, relaxen; gemeint ist, sich nach anstrengenden Techno-Partys auszuruhen, d. h. von Dröhnung u. Tanz zu erholen 2. *relaxen* (lat.-engl.) i. S. von entspannen

ausrüsten 1. *ausstaffieren* (dt.-fr.-niederl.) z. B. mit Zubehör ausrüsten 2. *equipieren* (fr.) ausstatten

Ausrüster *Outfitter*, der (engl., Pl. -s) Expeditionsausrüster

Ausrüstung 1. *Equipage*, die (fr., Pl. -n) e. Offiziers 2. *Equipment*, das (engl., Pl. -s) auch: Gerätschaft

Ausrüstung, feine ... *Instrument*, das (lat., Pl. -e) »Folter ist selbst e. Instrument des Terrors!« (Kofi Annan, Ex-UN-Generalsekretär, 2005)

Aussage 1. *Paradoxon*, das (gr.-lat., Pl. ...xa) i. S. e. unlösbaren Widersprüchlichkeit; Widersinnigkeit 2. *Bagatelle*, die (lat.-it.) abgeschwächte Aussage; e. Fall bagatellisieren

Aussage, e. scheinbar wahre u. falsche ... 1. *Paradoxon*, das (gr.-lat., Pl. ...xa) »Das Paradoxon ist die einzige Konstante in unserer Welt!« (G. Schröders geh. Tagebuch von H. Venske, 1997) 2. *Paradox*, das (gr.-lat., Pl. -e)

aussägen *dekupieren* (fr.)

Aussageweise 1. *Kategorie*, die (gr.-lat., Pl. ...ien) Grundaussage, eigtl.: Vorwurf, Beschuldigung 2. *Modus*, der (lat., Pl. Modi) eigtl.: Gemessenes, auch: Aussageweise des Verbs

Aussatz *Lepra*, die (gr.-lat., ohne Pl.) Leprastation

aussätzig *leprös* (gr.-lat.) an Lepra erkrankt

ausschaben *kürettieren* (lat.-fr.) der Gebärmutter (med.)

Ausschabung *Kürettage*, die (fr., Pl. -n) ... der Gebärmutter (med.)

ausschachten *exkavieren* (lat.) z. B. e.

Zahn exkavieren oder e. Grube ausschachten

Ausschachtung *Exkavation*, die (lat., Pl. -en) auch: Ausbuchtung e. Organs (med.)

ausschalten 1. *neutralisieren* (lat.-fr.) e. Spieler beim Fußball 2. *eliminieren* (lat.) herauslösen 3. *liquidieren* (lat.-it.) ausschalten; aber auch: beseitigen oder etwas berechnen; *Liquidation*, die (lat.-it., Pl. -en) Rechnung des Arztes

Ausschaltung *Elimination*, die (lat., Pl. -en) des Gegners durch Gewalt

Ausschälung, operative ... *Enukleation*, die (lat., Pl. -en) z. B. e. Geschwulst

ausscheiden 1. *ausrangieren* (fr.) 2. *eliminieren* (lat.-fr.) 3. *skartieren* (it.) 4. *sekretieren* (lat.) auch: geheimhalten, verschließen z. B. von Büchern in e. Bibliothek

ausscheidend 1. *remotiv* (lat.) auch: verneinend, bez. Urteile 2. *exkretorisch* (lat.) absondernd (med.)

Ausscheidung 1. *Exkrement*, das (lat., Pl. -e) Kot 2. *Sekret*, das (lat., Pl. -e) Speichel

Ausscheidung von Eiweiß im Harn *Albuminurie*, die (gr.-lat., Pl. ...ien)

Ausscheidung, gesteigerte ... von Kalksalzen im Urin *Kalkariurie*, die (gr.-lat., Pl. ...ien) med.

Ausschlag, größter *Amplitude*, die (gr.-lat., Pl. -n) »Größe«, i. S. von größter Ausschlag e. Schwingung, z. B. beim Pendel

ausschließen 1. *exkludieren* (lat.) 2. *isolieren* (lat.-it.-fr.) e. Person ausschließen; e. Kabel isolieren 3. *disqualifizieren* (lat.) z. B. e. Sportler wegen Verstoßes gegen die Regeln 4. *exkommunizieren* (lat.) aus der kath. Kirche ausschließen 5. *relegieren* (lat.) von der Universität verweisen

ausschließend *exzeptiv* (lat.)

ausschließlich *exklusiv* (lat.-engl.) i. S. von: nicht für jeden zugänglich

Ausschließlichkeit *Exklusivität*, die (lat.-engl., ohne Pl.) z. B. Exklusivrechte für e. Artikel erwerben

Ausschließung *Exklusion*, die (lat., Pl. -en)

Ausschluß *Disqualifikation*, die (lat.-engl., Pl. -en) der Foulspieler wurde disqualifiziert

ausschmücken 1. *dekorieren*, (lat.) 2. *drapieren* (lat.-fr.) 3. *garnieren* (fr.-germ.) mit Zutat versehen 4. *paraphrasieren* (gr.-lat.) z. B. e. Melodie frei ausschmücken;

aber auch: etwas verdeutlichend umschreiben

Ausschmückung 1. *Dekor*, das (lat.-fr., Pl. -s) 2. *Dekoration*, die (lat.-fr., Pl. -en)

ausschneiden *dekupieren* (fr.)

Ausschnitt 1. *Dekolleté*, das (lat.-fr., Pl. -s) »Die Augen der Männer hingen am Dekolleté von Sophia Loren.« 2. *Segment*, das (lat., Pl. -e) Teilstück 3. *Fragment*, das (lat., Pl. -e) Bruchstück; unvollständiges literarisches Werk 4. *Partie*, die (lat.-fr., Pl. ...ien) Teil; auch: e. Partie Billard spielen; e. gute Partie machen, svw.: Vermögen in die Ehe bringen 5. *Passus*, der (lat., ohne Pl.) »Schritt«, Textabschnitt 6. *Sektor*, der (lat., Pl. -en) als Teil e. Ganzen; Bezirk, Sektorengrenze

ausschreiben *annoncieren* (lat.-fr.) e. vakante (offene) Position in der Zeitung bekannt machen

Ausschreitung 1. *Exzeß*, der (lat., Pl. ...esse) 2. *Pogrom*, der (russ., Pl. -e) z. B. gegen religiöse Gruppen: Judenpogrom

Ausschuß 1. *Kollegium*, das (lat., Pl. ...ien) 2. *Komitee*, das (lat.-fr.-engl., Pl. -s) 3. *Kommission*, die (lat., Pl. -en) für e. bestimmte Aufgabe, z. B. Strafrechtskommission, Untersuchungskommission 4. *Gremium*, das (lat., Pl. ...ien) »Bündel« auch: Gemeinschaft

Ausschuß, Fach... *Kommission*, die (lat., Pl. -en) »Wir werden von der EU-Kommission industriepolitisch gegängelt.« (Edmund Stoiber, Ministerpräsident von Bayern, 1998)

Ausschußware 1. *Ramsch*, der (hebr., ohne Pl.) 2. *Makulatur*, die (lat., Pl. -en) fehlerhafte Druckware 3. *Bafel* u. *Bavel*, der (hebr., ohne Pl.) auch: Geschwätz

Ausschüttung e. Beteiligung *Tantieme*, die (lat.-fr., Pl. -n) auch: Vergütung z. B. für Werke. »E. Ausstieg aus der Kernkraft erhöht Schröders Tantiemen bei Gazprom!« (Günther Oettinger, Ministerpräsident von Baden-Württemberg, 2006)

Ausschüttungsgeschäft *Kick-back*, das (engl., Pl. -s) versteckte, geheime Gewinnausschüttung an unbekannte Gesellschafter

ausschweifend 1. *exzessiv* (lat.) z. B. exzessiv leben 2. *libertin* (lat.-fr.) zügellos

Ausschweifung 1. *Exzeß*, der (lat., Pl.

...esse) 2. *Libertinage*, die (lat.-fr., Pl. -n) Zügellosigkeit 3. *Orgie*, die (gr., Pl. -n) es wurden wilde Orgien gefeiert

Ausschwitzung 1. *Exsudat*, das (lat., Pl. -e) auch: Drüsenabsonderung bei Insekten 2. *Insudat*, das (lat., Pl. -e) 3. *Insudation*, die (lat., Pl. -en) Absonderung

Ausschwitzung, krankhafte ... *Exsudation*, die (lat., Pl. -en) ... von Körperflüssigkeit

Aussehen 1. *Air*, das (lat.-fr., Pl. -s) auf Personen bezogen 2. *Eidos*, das (gr., ohne Pl.) Gestalt, Form 3. *Extravaganz*, die (fr.-lat., Pl. -en) besonderes Aussehen 4. *Habitus*, der (lat., ohne Pl.) Erscheinungsbild e. Menschen 5. *Look*, der (engl., Pl. -s) auf die Kleidung bezogen

außen 1. *exogen* (gr.-lat.) außerhalb des Organismus befindlich; Krankheiten, die von außen auf den Körper einwirken; Ggs.: endogen; nicht verw. mit: *exokrin* (gr.-lat.) absondernd 2. *extravertiert* (lat.) auch: *extrovertiert* (lat.) als Person, Charakter nach außen gerichtet; Ggs.: introvertiert (lat.)

Außenbordmotor *Outborder*, der (engl., Pl. -s)

aussenden 1. *emittieren* (lat.-fr.) i. S. von: Wertpapiere ausgeben 2. *beamen* (engl.) i. S. von ausstrahlen

Außendienstmitarbeiter, der mit moderner Technik seinem Beruf nachgeht *Techno-Nomade*, der (engl.-gr.-lat., Pl. -en) seine Ausrüstung sind: Laptop, Funktelefon, Fax, e. mobiles Büro

Aussendung *Emission* die (lat., Pl. -en) von Strahlen, Emissionsschutz bei Uran

Aussendung *Emission* die (lat., Pl. -en) z. B. von luftverunreinigenden Stoffen; auch: Ausgabe von Wertpapieren; »Wir suchen nicht nach Öl u. Gas, um die Kohlendioxid-Emissionen zu steigern.« (John Browne, Chef der BP, 1997)

Außengruppe *Outgroup*, die (engl., Pl. -s)

Außenministerium ... *State Department*, das (am., ohne Pl.) ... der Vereinigten Staaten

Außenministerium, fr. ... *Quai d'Orsay*, der (Eigenn., die fr., ohne Pl.) an der gleichnamigen Straße in Paris gelegen

Außenseite 1. *Exterieur*, das (lat.-fr., Pl. -s) 2. *Fassade*, die (lat.-it.-fr., Pl. -n) Gebäudefassade; auch: an der Person ist alles nur Fassade; e. äußerlicher, oberflächlicher Mensch 3. *Exteriorität*, die (lat., Pl. -en) auch: Oberfläche

Außenseiter *Outsider*, der (engl., Pl. -s) Sportler bei e. Wettkampf mit geringen Siegchancen; auch wirtsch.: e. Reederei, die sich nicht an getroffene Preisabsprachen hält

Außenskelett *Ektoskelett*, das (gr., Pl. -e) Hautskelett, die Chitinhülle der Insekten; Ggs.: Endoskelett, das (gr., Pl. -e) aus Knochen bestehendes Innenskelett der Wirbeltiere

außenstehend *exogen* (gr.-lat.) Erreger, die von außen in den Körper dringen

Außenstehender *Exoteriker*, der (gr.-lat., ohne Pl.) i. S. von nicht eingeweiht sein; nicht verw. mit *Exot*, der (gr., Pl. -en) Mensch aus fernem Land; ausländische Tiere, Pflanzen; auch: weniger bekannte Wertpapiere

Außenstürmer *Outside*, der (engl., Pl. -s) beim Fußball

Außenwerk e. Festung *Enceinte*, die (lat.-fr., Pl. -n) auch: Umwallung

außer Kraft setzen *derogieren* (lat.) z. B. ein Gesetz

außer sich *ekstatisch* (gr.-lat.) rauschhaft

außeramtlich *privat* (lat.)

außerdienstlich *inoffiziell* (lat.-fr.)

außerehelich *illegitim* (lat.) auch: unrechtmäßig; Ggs.: legitim (lat.) erlaubt

Äußeres 1. *Exterieur*, das (lat.-fr., Pl. -s) Außenseite 2. *Outfit*, das (engl., Pl. -s) auch: Ausstattung

außergewöhnlich 1. *abnorm* (lat.) die Person zeigt abnormes Verhalten 2. *exklusiv* (lat.-engl.) besonders, nicht jedem zugänglich, z. B. exklusiver Club; Exklusivstory in einer Zeitung/Zeitschrift 3. *extraordinär* (lat.-fr.) außergewöhnlich 4. *exeptionell* (lat.-fr.) ausnahmsweise 5. *formidabel* (fr.) großartig 6. *phänomenal* (gr.) erstaunlich, außerordentlich 7. *sensationell* (fr.) aufsehenerregend 8. *spektakulär* (lat.) aufsehenerregend; nicht verw. mit *spektakulös* (lat.) abscheulich

außerhalb 1. *extrauterin* (lat.) d. h. außerhalb der Gebärmutter (med.) 2. *extra ecclesiam nulla salus* (lat.) »außerhalb der Kirche ist kein Heil« (nach dem heiligen Cyprian, um 240) 3. *extern* (lat.) auch: fremd; nicht im Internat wohnend

außerirdisch *extraterrestisch* (lat.) außerhalb der Erde gelegen

Außerirdischer *Alien*, das (engl., Pl. -s) auch: utopisches Lebewesen von anderen Planeten

äußerlich 1. *topisch* (gr.-lat) Anwendung von Medizin 2. *extern* (lat.) auswärtig; z. B. außerhalb e. Internats wohnen 3. *formal* (lat.) i. S. von: rein äußerlich sein, bez. der äußeren Form

Äußerlichkeit 1. *Formalität*, die (lat., Pl. -en) 2. *Formalie*, die (lat., Pl. -n)

außerordentlich 1. *enorm* (lat.-fr.) 2. *extraordinär* (lat.-fr.) außergewöhnlich 3. *exzessiv* (lat.) ausschweifend, e. exzessiver Trinker 4. *exorbitant* (lat.)

außersprachlich *extralingual* (lat.) i. S. von: nicht zur Sprache gehörend; Ggs.: intralingual

äußerst 1. *eminent* (lat.-fr.) außerordentlich bez. e. guten Qualität 2. *absolut* (lat.) eigtl.: losgelöst; auch: uneingeschränkt

äußerster Termin 1. *Deadline*, die (engl., Pl. -s) 2. *last minute*, z. B. Last-minute-Flüge in Urlaubsorte

Äußerung 1. *Diffamierung*, die (lat.-fr., Pl. -en) verleumderische – 2. *Invektive*, die (lat., Pl. -n) i. S. e. beleidigenden – 3. *Malice*, die (lat.-fr., Pl. -n) boshafte Äußerung

außerweltlich 1. *extramundan* (lat.) auch: transzendent (lat.); Ggs.: intramundan 2. *extraterrestrisch* (lat.) außerhalb der Erde gelegen

aussetzen *exponieren* (lat.) einer Gefahr; auch: e. exponierte Stellung bekleiden

aussetzend *diskontinuierlich* (lat.) e. Vorgang mit Pannen

Aussetzer bei der Aufzeichnung oder Wiedergabe *Drop-out*, der (engl.-am., Pl. -s)

Aussicht 1. *Panorama*, das (gr.-lat., Pl. -en) »Allschau«; Rundsicht hat der Reisende im Panoramabus 2. *Perspektive*, die (lat., Pl. -n) i. S. e. Blickwinkels; (gute) Aussicht für die Zukunft 3. *Chance*, die (lat.-fr.) i. S. e. guten Aussicht; günstige Gelegenheit

Aussicht, gute ... *Chance*, die (fr., Pl. -n) Glücksfall. »Sitzenbleiben ist e. Chance, ich habe sie genutzt.« (Jürgen Schreiber,

CDU-Bildungsminister des Saarlandes, 2006)

Aussichten *Auspizieren*, die (lat., nur Pl.) z. B. Chancen für e. Vorhaben

Aussichtspunkt *Bellevue*, die (fr., Pl. -n)

aussiedeln *evakuieren* (lat.) die Bevölkerung aus e. Gefahrengebiet bringen; auch: Luft aus einem Körper saugen

aussondern 1. *separieren* (lat.) i. S. von »die Guten ins Töpfchen, die Schlechten ins Kröpfchen« 2. *ausrangieren* (dt.-fr.) i. S. von nicht mehr verwenden

Aussonderung *Selektion*, die (lat., Pl. -en) auch: natürliche Auslese

ausspannen *pausieren* (lat.) innehalten, ausruhen

Aussprache 1. *Akzent*, der (lat., Pl. -e) jmd. mit engl. Akzent 2. *Debatte*, die (lat.-fr., Pl. -n) im Parlament findet e. Debatte zum Haushalt 1998 statt, heiße Debatten führen 3. *Diskussion*, die (lat., Pl. -en) verbaler Meinungsaustausch, bei der Diskussion ging es lebhaft zu

Aussprachezeichen *Trema*, das (gr., Pl. -s) bei getrennter Aussprache werden über e. Vokal zwei Punkte gesetzt

aussprechen 1. *artikulieren* (lat.) deutlich 2. *formulieren* (lat.-fr.) Sätze gut formulieren

ausspritzen *ejakulieren* (lat.) hinauswerfen; i. S. von Samenflüssigkeit ausspritzen (med.)

Ausspruch 1. *Apophthegma*, das (gr., Pl. ...men) treffender 2. *Diktum*, das (lat., Pl. ...ta) »Gesagtes« 3. *Orakel*, das (lat., ohne Pl.) i. S. e. rätselhaften Weissagung nach dem Orakel von Delphi 4. *Sentenz*, die (lat., Pl. -en) »die Würfel sind gefallen« ist e. einprägsame Sentenz 5. *Zitat*, das (lat., Pl. -e) bekannter Ausspruch, z. B. »heiße Magister, heiße Doktor gar«, aus Goethes »Faust«; nicht verw. mit *Zitation*, die (lat., Pl. -en) gerichtliche Vorladung

Ausspülung *Irrigation*, die (lat., Pl. -en) eigtl.: Bewässerung

ausstatten 1. *ausstaffieren* (dt.-lat.-fr.) ausrüsten 2. *dotieren* (lat.-fr.) mit e. Geldsumme bezahlen, ausstatten

Ausstatter *Outfitter*, der (engl., Pl. -s) Ausrüster

Ausstattung 1. *Dekoration*, die (lat.-fr., Pl.

-en) 2. *Dotation*, die (lat., Pl. -en) i. S. e. Mitgift 3. *Luxus*, der (lat., ohne Pl.) 4. *Infrastruktur*, die (lat., Pl. -en) wirtsch. i. S. der Ausstattung e. Volkswirtschaft mit Verkehrswegen, Flugplätzen usw.

Ausstattungsgegenstand *Requisit*, das (lat., Pl. -en) Theaterrequisiten, Requisitenkammer; nicht verw. mit *Requisition*, die (lat., Pl. -en) Beschlagnahmung

Ausstattungsstück 1. *Revue*, die (fr., Pl. -n) i. S. e. musikalischen Ausstattungsstücks 2. *Spektakel*, das (lat., Pl. -)

Aussteigen auf Zeit *Sabbatical*, das (gr.-engl., Pl. -s) eigtl.: den Sabbat betreffend; auch: einmalig gewährte längere Freistellung von der Arbeit (gewährt z. B. BMW)

Aussteller *Assignant*, der (lat., Pl. -en) e. Geldanweisung

Ausstellung 1. *Accrochage*, die (fr., Pl. -n) e. Privatgalerie 2. *Exposition*, die (lat., Pl. -en) 3. *Vernissage*, die (fr., Pl. -n) Kunstausstellung

Ausstellung aus den eigenen Beständen ... *Accrochage*, die (fr., Pl. -n) ... e. Galerie

Ausstellung einer Privatgalerie *Accrochage*, die (fr., Pl. -n)

Ausstellung eines Wechsels *Trassierung*, die (lat.-fr., ohne Pl.) wirtsch.

Ausstellungseröffnung *Vernissage*, die (fr., Pl. -n)

Ausstellungsraum *Salon*, der (germ.-it.-fr., Pl. -s) z. B. Automobilsalon; aber auch: e. edel eingerichtetes Zimmer: im Salon speisen

Ausstellungsstand *Koje*, die (lat.-niederl., Pl. -n) auch: enger Verschlag, eingebautes Bett auf Schiffen

Ausstellungsstück *Exponat*, das (lat.-russ., Pl. -e) z. B. auf e. Kunstausstellung

Ausstoß *Output*, der (engl., Pl. -s) wirtsch. alle in e. Unternehmen produzierten Güter

Ausstoßung *Degradation*, die (lat., Pl. -en) e. kath. Geistlichen aus dem geistlichen Stand

ausstrahlen 1. *emanieren* (lat.) z. B. radioaktive Strahlen 2. *beamen* (engl.)

Ausstrahlung 1. *Appeal*, der (engl., Pl. -s) i. S. von Anziehungskraft, Sexappeal der Marilyn Monroe 2. *Charisma*, das (gr.-lat., Pl. ...rismen, ...rismata) z. B. e. Politiker mit Charisma 3. *Atmosphäre*, die (gr.,

70

Pl. -n) »Dunstkugel«, Stimmung, eigenes Gepräge; aber auch z. B.: Lufthülle um die Erde 4. *Aura*, die (lat., ohne Pl.) »Hauch«, Wirkungskraft, Ausstrahlung e. Person 5. *Fluidum*, das (lat., Pl. ...da) bes. Wirkung, Ausstrahlung e. Person

Aussuchen geeigneter Schauspieler ... *Casting*, das (engl., ohne Pl.) von: cast (Besetzung) ... für e. neue Rollenbesetzung

aussuchen *selektieren* (lat.)

Austausch 1. *Permutation*, die (lat., Pl. -en) auch: Umstellung, Vertauschung 2. *Substitution*, die (lat., Pl. -en) das Ersetzen e. Sache durch e. andere

austauschbar 1. *fungibel* (lat.) wirtsch. Güter, die mehrfach vorhanden, damit austauschbar sind 2. *substituierbar* (lat.) ersetzbare Güter; nicht verw. mit *subsumieren* (lat.) unterordnen

Austauschbarkeit 1. *Konvertierbarkeit*, die (lat.-fr., ohne Pl.) wirtsch. das freie Austauschen von Währungen verschiedener Länder 2. *Fungibilität*, die (lat., ohne Pl.) z. B. von Gütern 3. *Substitution*, die (lat., Pl. -en) Ersetzen von Gütern, z. B. der Substitutionseffekt bei Wirtschaftsgütern; nicht verw. mit *Substitut*, der (pl. -en) Ersatzmann, Untervertreter im Einzelhandel

austauschen *substituieren* (lat.) ersetzen

Austauschverhältnis reales 1. *Terms of Trade*, die (engl., nur Pl.) wirtsch. Verhältnis zwischen Export- zu Importpreisen 2. *Parität*, die (lat., Pl. -en) »Gleichheit«, i. S. von Gleichstellung; auch: Austauschverhältnis zwischen Währungen

austeilen *distribuieren* (lat.) verteilen

austoben, sich *abreagieren* (dt.-lat.)

Australier *Aussie*, der (engl., Pl. -s) Kosename bes. der australischen Soldaten

austreiben 1. *exorzieren* (gr.-lat.) e. bösen Geist 2. *expellieren* (lat.) auch: verjagen

austreibend *expulsiv* (lat.) abführend

Austreibung *Expulsion*, die (lat., Pl. -en) Entfernung

austrocknend *exsikkativ* (lat.)

Austrockner von Chemikalien *Exsikkator*, der (lat., Pl. ...oren) e. Gerät

Austrocknung *Exsikkation*, die (lat., Pl. -en)

ausüben *praktizieren* (lat.) verwirklichen, in die Praxis umsetzen

ausübend *aktiv* (lat.)

Ausübung 1. *Aktivität*, die (lat., Pl. -en) 2. *Praktik*, die (gr.-lat., Pl. -en)

Auswahl 1. *Elektion*, die (lat., Pl. -en) 2. *Assortiment*, das (fr., Pl. -e) 3. *Digest*, der (lat.-engl., Pl. -s) z. B. das »Beste von Reader's Digest« 4. *Kollektion*, die (lat.-fr., Pl. -en) e. Kollektion Dessous 5. *Selektion*, die (lat., Pl. -en) i. S. von aussondern

auswählen 1. *selektieren* (lat.) 2. *sortieren* (lat.-it.)

Auswählen, globales ... *Global Sourcing*, das (engl.-am., ohne Pl.) »Global Sourcing ist für die Hausfrauen von heute e. Selbstverständlichkeit.« (Herbert Demel, Audi-Chef, 1997)

auswählend 1. *analektisch* (lat.) 2. *elektiv* (lat.) 3. *selektiv* (lat.-engl.) i. S. von: auf Auswahl beruhend, trennscharf

Auswahlfehler *sampling error*, der (engl., Pl. -s)

Auswahlverfahren ... *Assessment Center*, das (engl.-am., ohne Pl.) ... mehrerer Bewerbungskandidaten, die gleichzeitig e. psychologischen Test unterzogen werden

Auswanderer *Emigrant*, der (lat., Pl. -en)

auswandern *emigrieren* (lat.)

Auswanderung 1. *Emigration*, die (lat., Pl. -en) 2. *Exodus*, der (gr., ohne Pl.) Auszug aus Ägypten unter Moses

auswärtig *extern* (lat.)

Auswärtiges Amt *Foreign Office*, das (engl., ohne Pl.)

auswaschen *erodieren* (lat.) fruchtbaren Bodens durch Wasser u. Wind

Auswaschung *Erosion*, die (lat., Pl. -en) fruchtbaren Bodens durch Wasser u. Wind, best. Wüsten sind Produkte der Erosion (Teile der Sahara)

Ausweg *Ultima ratio*, die (lat., ohne Pl.) i. S. von e. letzten Möglichkeit

Ausweglosigkeit 1. *Aporie*, die (lat., Pl. ...ien) auch: Ratlosigkeit, Verlegenheit 2. *Impasse*, die (fr., Pl. -s) auch: Sackgasse

Ausweichbewegung *Traversierung*, die (lat.-fr., Pl. -en) beim Fechten; beim Reiten: e. Bahn in der Diagonale durchreiten (nicht: »Diagonalen«)

ausweichen 1. *traversieren* (lat.-fr.) beim Fechten: durch Seitwärtstreten dem Stoß des Gegners ausweichen; beim Bergsteigen e. Wand horizontal entlangklettern;

71

beim Reiten e. Bahn in der Diagonale durchreiten; nicht verw. mit *travestieren* (lat.) ins Lächerliche ziehen von *Travestie*, die (lat., Pl. ...ien) scherzhafte Umkleidung 2. *parieren* (lat.) abwehren; auch: gehorchen; früher mußten Kinder aufs Wort parieren

Ausweis 1. *Legitimation*, die (lat.-fr., Pl. -en) 2. *Propusk*, der (russ., Pl. -e) 3. *Passport*, der (engl., Pl. -s) 4. *Paß*, der (lat., Pl. Pässe) Reisepaß, Paßfoto 5. *Identifikation*, die (lat., Pl. -en) i. S. von Feststellung der Person 6. *Autorisation*, die (lat., Pl. -en) i. S. von Ermächtigung 7. *Zertifikat*, das (lat., Pl. -e) Bescheinigung

ausweisen *exmittieren* (lat.) herauswerfen

ausweisen, sich ... *legitimieren* (lat.)

Ausweisfunktion *Legitimationsfunktion*, die (lat.-fr., Pl. -en) wirtsch. damit kann sich der letzte Wechselbesitzer dem Bezogenen gegenüber als Eigentümer ausweisen

Ausweisung *Exmission*, die (lat., Pl. -en) gerichtlich verfügt

ausweiten *eskalieren* (fr.-engl.) stufenweise steigern; Ggs.: deeskalieren

Ausweitung 1. *Expansion*, die (lat., Pl. -en) 2. *Inflation*, die (lat., Pl. -en) i. S. von: Geldentwertung; Ggs.: Deflation

Auswertung *Evaluierung*, die (lat.-fr.-engl., Pl. -en) z. B. e. wissenschaftliche Untersuchung

Auswirkung e. Handlung *Konsequenz*, die (lat., Pl. -en) auch: Folge; »An der Niederlage gibt es nichts zu diskutieren, daraus ziehe ich die Konsequenz für mich.« (Helmut Kohl, CDU, 1998)

Auswirkung *Konsequenz*, die (lat., Pl. -en) i. S. von: »Das wird Konsequenzen haben!«

Auswuchs *Ekphym*, das (gr., Pl. -e) auch: Höcker (med.)

Auswüchse an der Oberfläche von Pflanzen *Enation*, die (lat., Pl. -en)

Auswurf 1. *Dejektion*, die (lat., Pl. -en) auch: Durchfall, Kotentleerung (med.) 2. *Expektoration*, die (lat., Pl. -en) auch: Erklärung von Gefühlen 3. *Sputum*, das (lat., Pl. ...ta) Auswurf der Sekrete der Luftwege (med.)

Auszehrung *Tabes*, die (lat., ohne Pl.) Schwindsucht

auszeichnen 1. *prämieren* (lat.) mit e. Preis bedacht, e. prämierter Zuchtbulle 2. *deklarieren* (lat.) als etwas bezeichnen, z. B. Hosen als bügelfrei 3. *dekorieren* (lat.-fr.) ausschmücken; auch: jmdm. e. Orden verleihen; e. hochdekorierter Soldat; nicht verw. mit *dekortieren* (lat.-fr.) e. Betrag wegen schlechter Warenlieferung von der Rechnung abziehen

Auszeichnung 1. *Dekoration*, die (lat.-fr., Pl. -en) mit Orden hochdekoriert wie einst Hermann Göring 2. *Distinktion*, die (lat.-fr., Pl. -en) 3. *Prädikat*, das (lat., Pl. -e)

Auszeit *Time-out*, das (engl., Pl. -s) auch: Spielunterbrechung, die e. Mannschaft zusteht, z. B. beim Volleyball

ausziehen *strippen* (engl.) aufreizend, Stripteasetänzerin; auch: Stripperin

Auszug 1. *Brevier*, das (lat., Pl. -e) kurzer Textauszug aus e. Schriftstück 2. *Abrégé*, das (lat.-fr., Pl. -s) auch: Zusammenfassung

Auszug-aus-Afrika-Hypothese *Out-of-Africa-Hypothese*, die (engl.-gr., Pl. -n) besagt, daß Menschen vor 200 000 bis 100 000 Jahren aus Afrika emigrierten u. die übrige Welt bevölkerten

Auto 1. *Kabriolett*, das (lat.-it.-fr., Pl. -s) offener Pkw 2. *Oldtimer*, der (engl., ohne Pl.) alter Wagen mit Liebhaberwert 3. *Limousine*, die (fr., Pl. -n) geschlossener Pkw, Luxuslimousine 4. *Coupé*, das (fr., Pl. -s) Pkw mit sportlicher Karosserie; auch Zugwagenabteil 5. *Roadster*, der (engl., Pl. -s) offener zweisitziger Sportwagen 6. *Jeep*, der (am., Pl. -s) Geländewagen, auch *Landrover*, der (engl., Pl. -s)

Auto mit Masse 1. *Muscle Car*, das (engl.-am., Pl. -s) 2. *Muscle Limousine*, die (engl.-am., Pl. -s) jeweils schwere Wagen (Mercedes-Benz, BMW), die im Straßenkampf Kraft u. Gewicht zu bieten haben

Auto mit Vierradantrieb *Four-Wheeler*, der (engl.-am., Pl. -s)

Auto zu mehreren benutzen *Car Sharing*, das (engl., ohne Pl.) mehrere Fahrwillige teilen sich aus Kostengründen oder Überzeugung (Umweltschutz) e. Fahrzeug

Auto, Imponier... *Muscle Car*, das (engl.-am., Pl. -s) eigtl.: Muskel-Auto; chromblitzende, PS-starke Prachtstücke, die sich nicht nur auf Beschleunigungsrennen austoben; aus dem Wageninnern dröhnen die Bässe; Heck u. Front lassen sich hydraulisch heben u. senken, scherzhaft werden die »Vehikel« auch Balz Cars genannt

Autobahn 1. *Highway*, der (engl., Pl. -s) am. Bezeichnung 2. *Freeway*, der (am., Pl. -s) am. Durchgangsstraße

Autobahngebührenmarke *Vignette*, die (fr., Pl. -n) auch: Gebührenmarke allg.; Titelbildchen in Büchern; »Wie jedes Jahr wird auch dieses Jahr die Vignette aus dem Sommerloch emporgestoibert ...« (Hermann Otto Solms, F. D. P.-Fraktionschef zur Autobahngebühr Stoibers, 1998)

Autobus *Omnibus*, der (lat.-fr., Pl. ...se)

Autodieb *Carnapper*, der (engl., Pl. -s) das Stehlen von Fahrzeugen, e. dreister Sport in den USA

Autodiebstahl, bes. Art *Carnapping*, das (engl., ohne Pl.) von Kidnapping (Menschenraub); Carnapper (Autoräuber) stehlen Autos nur für Spritztouren oder Crash-Tests, der leergefahrene, beschädigte Wagen wird abgestellt u. der nächste gestohlen; in Los Angeles werden pro Jahr 4000 Autos geraubt, indem man den Fahrer aus dem laufenden Wagen zerrt

Autoentführung ... *Carjacking*, das (engl., ohne Pl.) ... während der Fahrer noch am Steuer sitzt

Autokindersitz, der gegen die Fahrtrichtung angebracht wird *Reboard-Sitz*, der (engl.-dt., Pl. -e) ... um die Sicherheit zu erhöhen

Autokino *Drive-in-Kino*, das (engl., Pl. -s)

Autoliebhaber *Mobilophile*, der (lat.-gr., Pl. ...philen)

Auto-Luftsack *Airbag*, der (engl., Pl. -s) Sicherheitseinrichtung der Insassen beim Zusammenstoß

Automarke, e. it. ..., die für Renn- u. Sportwagen steht *Ferrari*, der (Eigenn., it., Pl. -s) »Er (Schumacher) hat uns besiegt, nicht Ferrari.« (Norbert Haug, Mercedes-Sportchef, 1998)

Automatenmarke *Jeton*, der (lat.-fr., Pl. -s) Telefonjetons

Autorennbahn 1. *Piste*, die (it.-lat.-fr., Pl. -en) 2. *Autodrom*, das (gr.-fr., Pl. -e) ringförmige Rennstrecke

Autorität, höchste religiöse ... im osmanischen Staat *Scheichulislam*, der (arab.) auch: der Mufti von Istanbul

Autosternfahrt *Rallye*, die (engl., Pl. -s)

autostoppen 1. *hitchhiken* (engl.) per Anhalter fahren 2. *trampen* (engl.) i. S. von wandern u. per Anhalter unterwegs sein

Autotelefon mit Sprachbedienung *Linguatronic*, das (lat.-engl., Pl. -s)

Autounterstellplatz *Carport*, der (engl., Pl. -s) e. Art Garage ohne Seitenwände

Autowerkstatt *Garage*, die (germ.-fr.-engl., Pl. -n) auch Unterstellplatz für Fahrzeuge

B

Baby, das aus e. künstlich befruchteten Ei entstanden ist ... *Retortenbaby*, das (lat.-engl., Pl. -s) ... u. von e. Leihmutter ausgetragen wird; das erste kam 1978 in England zur Welt

Bachtrompete *Clarino*, das (it., Pl. ...ni) hohe Trompete; Ggs.: Prinzipal

Backanweisung *Rezept*, das (lat., Pl. -e) auch: Anweisung e. Arztes für die Abgabe von Arzneimitteln; Kochanweisung

Backe *Bucca*, die (lat., Pl. Buccae) auch: Wange

Backenbart *Koteletten*, die (lat.-fr., nur Pl.) kurzer Bart, längs der Ohren, wie ihn Franz Joseph I. trug

Backenbart, bes. ... 1. *Favoris*, die (fr., Pl. -) bis ans Kinn reichender Backenbart 2. *Fraise*, die (fr., Pl. -n) auch: Halskrause aus dem 16. u. 17. Jh.

Backenzahn *Molar*, der (lat., Pl. -en)

Backfisch 1. *Teenager*, der (engl., Pl. -) Jugendlicher im Alter zwischen 13 u. 19 Jahren 2. *Teenie*, der (engl., Pl. -s) jüngerer, bes. weiblicher Teenager

Bad 1. *Bagno*, das (gr.-lat.-it., Pl. -s ...gni) auch Name der Strafgefangenenlager in Frankreich u. Italien: Bagnosträfling Henri Charrière schrieb »Papillon« 2. *Frigidarium*, das (lat., Pl. ...rien) e. kaltes Bad im alten Rom 3. *Pool*, der (engl.-germ., Pl. -s) kurz für Swimmingpool, Schwimmbekken, aber auch Zusammenlegung von meist wirtsch. Aktivitäten

Bad, öffentliches ... *Hammam*, das (arab.)

Badeanlage *Therme*, die (gr.-lat., Pl. -n) im alten Rom

Badeanzug 1. *Bikini*, der (fr., Pl. -s) zweiteilig, aber auch Insel im Pazifik: Bikini-Atoll, auf dem die USA Atombomben zündeten 2. *Tanga* (indian.-port., Pl. -s) modischer Minibikini für mutige Frauen

Badebekleidung 1. *Minikini*, der (lat.-fr., Pl. -s) für Damen, die nur aus Slip besteht 2. *Monokini*, der (lat.-fr., Pl. -s) nur aus Unterteil bestehende Badebekleidung

Badehaus ... *Hamman*, der (arab., Pl. -s) ... im Vorderen Orient

Badehose, knielange, buntgemusterte ... *Bermudas* u. *Bermudashorts*, die (Eigenn., engl., nur Pl.) nach der Inselgruppe im Atlantik

Bäderbeschreibung *Balneographie*, die (gr., Pl. ...ien) gemeint sind: Heilbäder

Bäderkunde *Balneologie*, die (gr.-lat., ohne Pl.)

Badeumkleideraum *Kabine*, die (lat.-fr.-engl., Pl. -n) auch: ehemaliger Kleinstwagen: Kabinenroller, z. B. von NSU um 1960

Bagatelle 1. *Petitesse*, die (lat.-fr., Pl. -n) Kleinigkeit 2. *Lappalie*, die (dt.-lat., Pl. -n) Belanglosigkeit 3. *Lapsus*, der (lat., Pl. -) Schnitzer; *Lapsologie*, die (lat.-gr., ohne Pl.) Gebiet, bei dem man sich mit Fehlerbeschreibungen der fremdsprachlichen Didaktik befaßt

bahnbrechend 1. *genial* (lat.) i. S. von schöpferisch; A. Einstein, e. genialer Wissenschaftler 2. *epochal* (gr.)

Bahnbrecher *Pionier*, der (lat.-fr., Pl. -e) e. der neue, unbekannte Wege geht, Pionier der Luftfahrt Otto Lilienthal; auch Soldat e. Truppenteils, der sich als Wegbereiter versteht

Bahnhof *Station*, die (lat., Pl. -en)

Bahnsteig 1. *Perron*, der (fr., Pl. -s) auch: Plattform der Straßenbahn 2. *Platform*, die (engl., Pl. -s)

Bakterie, die Darmkrankheiten verursacht *Salmonelle*, die (lat., Pl. -n) nach dem am. Bakteriologen D. E. Salmon (1850–1914)

Bakterien, bes. ..., meist in Wasserlei- tungen *Legionellen*, die (Eigenn., nur Pl.) ... zu finden; sie »stecken« hinter der unerforschten Legionärskrankheit, die 1976 in den USA auftrat

Bakterienforscher *Bakteriologe*, der (gr.-lat., Pl. -n)

Bakterienkunde *Bakteriologie*, die (gr.-lat., ohne Pl.)

bakterientötend *bakterizid* (gr.)

Baldachin *Chuppa*, die (hebr.-jidd., Pl. -s) unter dem bei den Juden die Trauung vollzogen wird

Baldrian *Valeriana*, die (lat., Pl. ...nen) Pflanze, aus deren Wurzeln e. beruhigendes Mittel gewonnen wird, nach der röm. Provinz Valeria

Balken, e. Schiff vorn u. hinten begrenzender ... *Steven*, der (niederdt., ohne Pl.) auch: Vorder- u. Achtersteven

Balken, waagerecht auf Säulen liegend *Architrav*, der (gr.-lat., Pl. -e)

Balkon *Altan*, der (lat.-it., Pl. -e)

Ball, den ... oben treffen *toppen* (engl.) Golfbez.

Ball, mit maskierten Damen *Bal paré*, der (fr., Pl. -s, -s)

Ballflugbahn ... 1. *Hook* (engl.) ... die beim Rechtshänder am Ende nach links wegdreht (Golfbez.) 2. *Slice* (engl.) ... die beim Rechtshänder am Ende nach rechts wegdreht (Golfbez.)

Ballon *Montgolfiere*, die (fr., Pl. -n) nach den Erfindern, den Brüdern Montgolfier: Warmluftballon

Ballspiel, schottisches ... *Pall-mall*, das (engl., ohne Pl.)

Ballung 1. *Agglomeration*, die (lat., Pl. -en) von Ansiedlungen 2. *Konglomerat*, das (lat., Pl. -e) i. S. von Gemisch, Gemenge 3. *Konzentration*, die (lat., Pl. -en) Gruppierung um e. Mittelpunkt; auch: Truppenkonzentration u. intensives Nachdenken, Aufpassen; Konzentrationsübungen

Ballungszentrum, urbanes ... *High Spot*, der (engl.-am., Pl. -s) ... in dem sich innovatives Potential befindet; für Trendforscher sind High Spots bes. interessant; es gehören dazu: San Francisco, New York, London, Paris, zunehmend Berlin

banal *trivial* (lat.) platt, abgedroschen; Kritiker behaupten, Heinz G. Konsalik schreibe Trivialliteratur; nicht verw. mit *trivalent* (lat.) in der Chemie: dreiwertig

Band 1. *Volumen*, das (lat., Pl. ...mina) auch: Rauminhalt e. Körpers; Schriftrolle; Band e. Werkes 2. *Ligament*, das (lat., Pl. -e) Sehnenband zur Verbindung des Knochensystems, z. B. an Gelenken (med.)

Band aus Segeltuchstreifen 1. *Zeising*, der (niederdt., Pl. -e) 2. *Zeiser*, der (niederdt., Pl. -s) ... mit denen jeweils aufgetuchte Segel zusammengehalten werden (Seemannsspr.)

Bändchen *Frenulum*, das (lat., Pl. ...la) Schleimhautfalte, Vorhautbändchen des Penis (med.)

Bande 1. *Clique*, die (fr., Pl. -n) abwertend e. Gruppe, die eigene Interessen verfolgt; Bekannten-, Freundeskreis 2. *Gang*, die (engl., Pl. -s) i. S. e. organisierten Gruppe Krimineller

Bande, die Riten u. Rituale pflegt *Tribe*, der (engl.-am., Pl. -s) »Stamm«; e. moderne Alternative zur »Gang« (Bande: meist kriminell motiviert)

Bänderentzündung *Desmitis*, die (gr.-lat., Pl. ...itiden)

Bändererkrankung *Desmopathie*, die (gr., Pl. ...ien) Erkrankung e. Gelenkbandes (med.)

Bänderriß *Desmorrhexis*, die (gr., Pl. ...xen) med.

Bänderschmerz *Desmalgie*, die (gr.-lat., Pl. ...ien) auch: Sehnenschmerz (med.)

Bandit *Shifta*, der (arab.-somal., Pl. -s) Straßenräuber in Somalia u. Äthiopien

Bandkuli *Roadie*, der (engl.-am., Pl. -s) Hilfskraft, die für wenig Geld schwere Lautsprecherboxen u. Verstärker schleppt

Bandnudeln *Fettuccine*, die (it., Pl.)

Bandnudeln, die mit Hackfleisch geschichtet ... *Lasagne*, die (lat.-it., nur Pl.) ... u. mit Käse überbacken werden

Bandscheibe *Diskus*, der (lat.-gr., Pl. ...ken u. -se) auch: Wurfscheibe

Bandscheibenleiden *Diskopathie*, die (lat., Pl. ...ien) med.

Bandscheibenvorfall *Diskushernie*, die (gr.-lat., Pl. -n) med.

Bandwürmer *Zestoden*, die (gr.-lat., Pl.)

Bandwurmglied *Proglottid*, der (gr., Pl. -en) eigtl. Zungenspitze (med.)

Bandwurmkopf *Skolex*, der (gr., Pl. ...lizes) von: Wurm

Bandwurmmittel *Tänifugum*, das (lat., Pl. ...ga) med.

Bankansturm *Run*, der (engl., Pl. -s) wegen großer Unsicherheit setzte e. Run auf die Kasse der Bank ein

Bankbürgschaft *Avalkredit*, der (fr.-dt., Pl. -e) wirtsch. Banken stellen kein Geld bereit, sondern leisten Dritten gegenüber z. B. Durchführungsbürgschaften im Bauwesen

Banken, kleine ... mit zu vielen Filialen *Overbanking*, das (engl.-am., ohne Pl.)

Bankfach *Tresor*, der (gr.-lat.-fr., Pl. -e) Tresorknacker

Bankfachmann *Banker*, der (engl., Pl. -)

Bankgeschäft *Banking*, das (engl., ohne Pl.) die Summe der Bankdienstleistungen

Bankgeschäft *Banking*, das (engl., Pl. -s) Bankwesen, Bankverkehr

Bankgeschäfte, Abwicklung der ... per Telefon *Phonebanking*, das (engl.-am., ohne Pl.) alle wichtigen Kontobewegungen werden mündlich am Telefon per Codewort, Name, Kontonummer erledigt

Bankguthaben *Bankkonto*, das (fr.-it., Pl. -ten)

Bankhalter *Croupier*, der (germ.-fr., Pl. -s) am Roulett e. Spielcasinos

Bankkaufmann *Bankier*, der (fr.-it., Pl. -s) Inhaber oder Vorstandsmitglied e. Bank; »E. Bankier ist e. Mensch, der seinen Schirm verleiht, wenn die Sonne scheint, u. ihn sofort zurückhaben will, wenn es regnet.« (Mark Twain)

Bankkonto *Asservatenkonto*, das (lat., Pl. ...ten) e. vom Gericht gesperrtes Konto

bankrott 1. *pleite* (hebr.) 2. *Konkurs*, der (lat., Pl. -e) Zahlungseinstellung, e. geordnete Pleite, bei der e. Prozentsatz der Forderungen beglichen werden kann, Konkursverwalter, der Verwaltungs- u. Verfügungsrecht ausübt

Bankschalter *Kasse*, die (lat.-it., Pl. -n) Teil der Bank, in dem der Bargeldverkehr abgewickelt wird; »Kasse machen«: abkassieren, Bargeld in Empfang nehmen

Bankwesen *Banking*, das (engl., Pl. -s) Bankverkehr, Bankgeschäft

Banner *Panier*, das (germ.-fr., Pl. -e) etwas aufs Panier heben: sich etwas auf die Fahne schreiben

Bannfluch *Anathem*, das (gr.-lat., Pl. -e) auch: *Anathema*, das (Pl. ...themata) Kirchenbann; Martin Luther wurde anathematisiert (mit dem Kirchenbann belegt); nicht verw. mit *anational* (gr.-lat.) gleichgültig gegenüber Volkstum

bar *kontant* (lat.-it.) nur gegen Barzahlung

Bär *Teddy*, der (engl.-am., Pl. -s) Stoffbär als Spielzeug; Teddybär, e. Tautologie wie: »runder Kreis«; Teddy auch Koseform für Theodor

barbusig *topless* (engl.) Paparazzi (Skandalreporter) machen Jagd auf topless Models, sofern sie bekannt sind

Barchent (Baumwollstoff), feiner ... *Finette*, die (fr., ohne Pl.)

Bärenklau *Akanthus*, der (lat., Pl. -) stacheliges Staudengewächs; auch: bes. Ornament an antiken Tempelgiebeln

Bargeld 1. *Kontanten*, die (lat.-it., nur Pl.) 2. *Moneten*, die (lat., nur Pl.) ugs.: »Her mit den Moneten!«

Bargeld lacht *baria rident* (lat., Zitat)

Barmittel *Kasse*, die (lat.-it., ohne Pl.) z. B. »Kasse machen«: verkaufen u. das Bargeld einstecken

barsch 1. *brüsk* (it.-fr.) z. B. brüsker Umgangston 2. *brutal* (lat.) roh, e. brutaler Verbrecher

Bart abschaben *rasieren* (lat.-fr.-niederl.)

Bart, der ... macht den Mann 1. *barba maiorum dignus est* (lat., Zitat) 2. *barba decet virum* (lat., Zitat)

Bartflechte *Sykose*, die (lat., Pl. ...osen) med.

Bartwuchs *Hirsutismus*, der (lat., ohne Pl.) med. abnorm starker Haar-, bes. Bartwuchs

Barzahlung 1. *Cash* (lat.-it.-fr.-engl.) 2. *Kassazahlung*, die (lat.-it.-dt., Pl. -en)

Base *Cousine*, die (fr., Pl. -n)

Basiseinheit normaler Materie *Atom*, das (gr.-lat., Pl. -e) »unteilbarer Urstoff«; bestehend aus e. winzigen Kern (aus Protonen u. Neutronen zusammengesetzt), der von Elektronen umkreist wird

Basisstoff *Element*, das (lat., Pl. -e) auch: Grundbestandteil; »in seinem Element sein« (Redensart)

Baskenmütze *Béret*, das (fr., Pl. -s) in der Schweiz

Baß u. Rhythmus in brutaler Stärke *Bretter*, die (dt., nur Pl.) um als Techno-Fisch in die Welt aus Klang, Rhythmen u. Lautstärke abzutauchen, »müssen energiegeladene Bässe, harte Soundschläge u. Gesangsfetzen wie Bretter um die Ohren klatschen«

Baßbegleitung beim Jazz ... *Walking Bass*, der (engl.-am., ohne Pl.) ... dabei werden die Töne locker-lässig in den Raum geschickt

Baßgeige 1. *Kontrabaß*, der (it., Pl. ...bässe) großes, tiefes Streichinstrument 2. *Violone*, der (it., Pl. -s u. ...ni) Vorgänger des Kontrabasses; auch: e. Orgelstimme

Baßlaute *Chitarrone*, der (it., Pl. -s u. ...ni) Generalbaßinstrument im 17. Jh.

Baßtrommel 1. *Bass-Drum*, die (engl., Pl. -s) steht hochkant u. wird vom Drummer (Schlagzeuger) mit den Füßen bedient; bisweilen nur 2. *Bass*, der (engl., Pl. -es) genannt

Baßtrompete *Bombardon*, das (fr., Pl. -s) Baßtuba mit 3 oder 4 Ventilen

Bastard, weiblicher ... *Bastardin*, die (fr., Pl. -nen)

basteln *fabrizieren* (fr.) z. B. was wurde denn da wieder fabriziert?

Bastelraum *Hobbyraum*, der (engl.-dt., Pl. ...räume)

Bastler 1. *Handyman*, der (am., Pl. ...men) 2. *Hobbyist* (engl., Pl. -en)

Bau *Struktur*, die (lat., Pl. -en) ordentliche Zusammenfügung; Ordnung; Musterung

Bauart 1. *Konstruktion*, die (lat., Pl. -en) z. B. Konstruktionen von Brücken, Gebäuden, Maschinen 2. *Typ*, der (gr.-lat., Pl. -en) z. B. Autotypen, aber auch für Personen: e. komischer Typ 3. *Architektonik*, die (gr., Pl. -en)

Bauch 1. *Abdomen*, das (lat., Pl. ...mina) med., »e. Mann ohne Abdomen ist e. Krüppel« 2. *abdominal* (lat.) med. i. S. von »im Bauch«

Bauch, ein voller ... studiert nicht gern *plenus venter non studet libenter* (lat., Zitat)

Bauchbruch *Laparozele*, die (gr., Pl. -n) Bauchbruch mit Herausquellen der Eingeweide (med.)

Bauchdeckenreflex *Abdominalreflex*, der (lat., Pl. -e)

Bauchfell *Peritoneum*, das (gr.-lat., Pl. ...neen) med.

Bauchfell, Teil des ... *Omentum*, das (lat., Pl. ...ta)

Bauchfellentzündung *Peritonotis*, die (gr.-lat., Pl. ...itiden) med.

Bauchhöhlenschnitt *Laparotomie*, die (gr., Pl. ...ien) operative Öffnung der Bauchhöhle (med.)

Bauchhöhlenschwangerschaft 1. *Extrauteringravidität*, die (lat., Pl. -en) med. 2. *Abdominalgravidität*, die (lat., Pl. -en)

Bauchhöhlenuntersuchung *Laparoskopie*, die (gr., Pl. ...ien) Untersuchung der Bauchhöhle mit dem Laparoskop (med.)

Bauchmuskelübung *Sit-up* u. *Crunch*, das (engl.-am., Pl. -s, -es) von: to crunch (knirschen, zermalmen) die Übungen verursachen bei den Athleten zerknirschte Gesichtszüge

Bauchpilz *Gastromyzet*, der (gr., Pl. -en) z. B. der Bovist

Bauchraum, innerhalb des ... *intraabdominell* (lat.)

Bauchredner *Ventriloquist*, der (lat., Pl. -en)

Bauchspeicheldrüse *Pankreas*, das (gr., ohne Pl.) med.

Bauchspeicheldrüsenentzündung *Pankreatitis*, die (gr., Pl. ...itiden) med.

Bauchwassersucht *Aszites*, der (gr., Pl. -) med.

bauen *konstruieren* (lat.) auch: errichten; einseitig darstellen

Bauer 1. *Fellache*, der (arab., Pl. -n) in Ägypten 2. *Campesino*, der (lat.-sp., Pl. -s) in Spanien u. Teilen Südamerikas 3. *Muschik*, der (russ., Pl. -s) in Rußland

Bauer, dummer ... *Kaffer*, der (jidd.-hebr., ohne Pl.) auch: Hinterwäldler

Bauer, poln. oder russ. ... *Panje*, der (poln., Pl. -s) veraltet, nur noch scherzhaft

bäuerlich *rustikal* (lat.) i. S. von ländlich

Bauerngut 1. *Farm*, die (lat.-fr.-engl., Pl. -en) bes. in Nordamerika 2. *Hazienda*, die (sp., Pl. -s) bes. in Mittel- u. Südamerika 3. *Finca*, die (sp., Pl. -s) Landgut in Spanien

Baufachmann 1. *Architekt*, der (gr.-lat., Pl. -en) 2. *Bauingenieur*, der (fr.-dt., Pl. -e)

baufällig *ruinös* (fr.) verfallen; zum wirtschaftlichen Zusammenbruch führend

Bauführer *Polier*, der (fr., Pl. -e) auf Meisterebene

Baugelände 1. *Terrain*, das (lat.-fr., Pl. -s) 2. *Areal*, das (schweiz., Pl. -e) Grundstück

Baukunst *Architektur*, die (gr.-lat., Pl. -en)

baukünstlerisch *architektonisch* (gr.)

baulich *architektonisch* (gr.)

baumartig *dendroid* (gr.-lat.)

Baumeister *Architekt*, der (gr.-lat., Pl. -en) Le Corbusier war e. großer Architekt

Baumgarten 1. *Arboretum*, das (lat., Pl. ...ten) 2. *Dendrarium*, das (gr.-lat., Pl. ...rien) Gehölzgarten

Baumgöttin *Nymphe*, die (gr.-lat., Pl. -en) aus der gr. Mythologie: weibliche Naturgottheiten u. Töchter Zeus; auch: Entwicklungsstufe der Libelle; *Nymphomanie*, die (gr.) krankhaft gesteigerter Geschlechtstrieb bei der Frau; nicht verw. mit *Nymphäa*, die (gr., Pl. ...äen) Seerose oder *Nymphäum*, das (gr., Pl. ...äen) Brunnentempel in der Antike

Baumhaus *Aripuca*, das (Guarani-Indianersprache, Pl. -s) auch: Falle

Baumkunde *Dendrologie*, die (gr.-lat., ohne Pl.)

Baumnymphe *Dryade*, die (lat.-gr., Pl. -n) gr. Mythologie: weibliche Naturgottheiten u. Töchter Zeus', leben auf Bäumen u. in Wäldern

Baumschule 1. *Kamp*, der (lat., Pl. -s) 2. *Pepiniere*, die (fr., Pl. -n)

Baumsteppe *Savanne*, die (indian.-sp., Pl. -n)

Baumtomate *Tamarillo*, die (sp., Pl. -s) auch: bittere Frucht der Tamarillo

Baumversteinerung *Dendrolith*, der (gr., Pl. -en)

Baumwolle 1. *Cotton*, das (semit.-arab.-fr.-engl., ohne Pl.) ein FBI-Romanheld heißt Jerry Cotton 2. *Koton*, der (arab.-fr., Pl. -s)

Baumwollfasern vom Samen trennen *egrenieren* (lat.-fr.)

Baumwollflanell 1. *Barchent*, der (lat.-arab., Pl. -e) eigtl.: grober Stoff 2. *Boi*, der (fr.-lat., Pl. -s) auch: Wollflanell

Baumwollgarn *Twist*, der (engl., Pl. -e, -s) auch: Gewebe aus grobem Zwirn

Baumwollgewebe, feines ... *Kaliko*, der (fr.-niederl., Pl. -s)

Baumwollsamt *Velvet*, der (lat.-engl., Pl. -s)

Baumwollstoff, linksseitig gerauhter ... *Barchent*, der (arab., Pl. -e) auch: Baumwollflanell

Baumwollveredelung *Merzerisation*, die (engl., Pl. -en) nach dem engl. Erfinder J. Mercer, das Glänzendmachen von Baumwolle

Baustil *Architektur*, die (gr., Pl. -en) auch: Baukunst;»Architektur ist erstarrte Musik« (F. W. Schelling)

Baustoff *Material*, das (lat., Pl. -ien) auch: Rohstoff; Unterlagen, Belege, Nachweise (Beweismaterial)

Bauwerk *Monument*, das (lat., Pl. -e) e. mächtiges Bauwerk von historischem Wert; »Monumenta Germaniae historica« (»Geschichtliche Denkmäler Deutschlands«) e. wichtige Quellensammlung

beabsichtigen *intendieren* (lat.) i. S. von anstreben; auch: *Intendant*, der (fr., Pl. -en) Leiter e. Theaters

beabsichtigt *in petto* (lat.-it.) »in der Brust«; auch: geplant; »etwas in petto haben«, svw.: e. Plan haben

beachten *ästimieren* (lat.-fr.) i. S. von schätzen

beachtenswert 1. *signifikant* (lat.) auch: treffend, bezeichnend 2. *signifikativ* (lat.)

beachtlich *respektabel* (fr.) ansehnlich; e. respektable Leistung

Beachtung 1. *Ästimation*, die (lat.-fr., ohne Pl.) i. S. von Anerkennung 2. *Notiz*, die (lat., Pl. -en) von jmdm. Notiz nehmen; aber auch: Notizen (Aufzeichnungen) machen

Beamtenapparat *Bürokratie*, die (fr., Pl. ...ien) »sie ist e. Riesenapparat, der von Zwergen bedient wird« (Honoré de Balzac)

Beamtenruhestand *Pension*, die (lat.-fr., Pl. -en) »Revolutionäre gehen nie in Pension.« (Fidel Castro, Staatschef Kubas, 2006)

Beamtenschaft *Bürokratie*, die (fr., Pl. ...ien) i. S. e. Beamten- u. Verwaltungsapparats; abwertend: schwerfällige, bürokratische Denk- u. Handlungsweise

Beamter 1. *Diplomat*, der (gr.-fr.-lat., Pl. -en) im auswärtigen Dienst, Diplomatengepäck 2. *Inspektor*, der (lat.-fr., Pl. -en) 3. *Rektor*, der (lat., Pl. -en) Leiter e. Hochschule, Rektorenkonferenz 4. *Staatssekretär*, der (lat.-fr., Pl. -e) Beamter, der dem Minister zuarbeitet

Beamter, altrömischer ... *Ädil*, der (lat., Pl. -en)... der für Polizeiaufsicht, Lebensmittelversorgung, die Organisation der Spiele zuständig war

Beamter, päpstlicher ... *Abbrevator*, der (lat., Pl. ...oren) ... der Bullen, Briefe, Schriftstücke bis 1908 entwarf

beanspruchen 1. *prätendieren* (lat.-fr.) der Königssohn prätendiert den Thron 2. *strapazieren* (it.) e. Gegenstand oder die Nerven strapazieren 3. *absorbieren* (lat.) i. S. von aufsaugen

Beanspruchung 1. *Prätention*, die (lat.-fr., Pl. -en) Anmaßung, 2. *Strapaze*, die (it., Pl. -n) große Anstrengung, Beschwerlichkeit 3. *Vindikation*, die (lat., Pl. -en) i. S. des Herausgabeanspruchs des Eigentümers gegen den Besitzer e. Sache

beanstanden 1. *kritisieren* (gr.-lat.-fr.) e. Person oder e. Theaterstück kritisieren 2. *monieren* (lat.) sachbezogen 3. *reklamieren* (lat.) z. B. e. Ware oder e. Leistung

Beanstandung 1. *Kritik*, die (gr.-lat.-fr., Pl. -en) z. B. Theaterkritik i. S. e. Besprechung 2. *Monitum*, das (lat., Pl. -a) sachbezogen 3. *Reklamation*, die (lat., Pl. -en) bezogen auf e. Sache oder Leistung

beantragen 1. *proponieren* (lat.) 2. *plädieren* (lat.) oder das *Plädoyer* (Pl. -s) zusammenfassende Rede des Verteidigers bzw. des Staatsanwaltes vor Gericht

bearbeiten *arrangieren* (fr.) i. S. von herrichten, einrichten, z. B. das Treffen läßt sich arrangieren

Beatmusik, unterbrochene *Breakbeat*, der (engl.) Musikstil, bei dem Hip-Hop- u. Techno-Elemente zu e. neuen Einheit werden; kennzeichnend: rasende Rhythmen werden plötzlich unterbrochen, e. anderes Tempo weitergeführt

beaufsichtigen 1. *inspizieren* (lat.) i. S. von überwachen 2. *kontrollieren* (fr.)

Beauftragter 1. *Funktionär*, der (lat.-fr., Pl. -e) Partei- oder Verbandsfunktionär 2. *Mandatar*, der (lat., Pl. -e) z. B. e. Rechtsanwalt, der von seinem Mandanten beauftragt wird 3. *Organ*, das (gr.-lat., Pl. -e) z. B. der Vorstand e. Vereins, der von den Mitgliedern zur Vereinsführung beauftragt wird

Beben *Vibration*, die (lat., Pl. -en) Erschütterung, Schwingung

beben *vibrieren* (lat.) schwingen, zittern

bebend *vibrato* (lat.-it.) musik. Vortragsanw.; nicht verw. mit *Vibrator*, der (lat., Pl. ...oren) Gerät zur Erzeugung mechanischer Schwingungen

bebildern *illustrieren* (lat.) z. B. e. Buch mit Zeichnungen oder Fotos illustrieren, Buchillustrator; nicht verw. mit *illuster* (lat.) glänzend, vornehm, z. B. illustre Gesellschaft

Bebilderung *Illustration*, die (lat., Pl. -en) Texte, Bücher mit Zeichnungen oder Fotos versehen

Bebrütung *Inkubation*, die (lat., Pl. -en) z. B. von Eiern

Becken *Bassin*, das (lat.-fr., Pl. -s) z. B. Schwimmbassin

bedauernswert *deplorabel* (lat.-fr.)

Bedeckung *Integument*, das (lat., Pl. -e) auch: Hülle; Gesamtheit der Hautschichten der Menschen u. Tiere

Bedenken 1. *Skepsis*, die (gr., ohne Pl.) auch: Zweifel; »Die Skepsis, die in Teilen unserer Gesellschaft gegenüber der Demokratie artikuliert wird, sollte uns alle nachdenklich machen ...« (Franz Müntefering, SPD-Geschäftsführer, 1998) 2. *Skrupel*, der (lat., Pl. -) i. S. moralischer Bedenken

bedenken *volvieren* (lat.) gründlich durchdenken; nicht verw. mit *involvieren* (lat.) in sich schließen

Bedenken wachrufen *scrupulum alicui inicere* (lat., Zitat) auch: jmdm. e. Floh ins Ohr setzen

bedenkenlos *machiavellistisch* (lat.) nach dem it. Staatsmann Machiavelli, der Politik vor Moral stellte, also bedenkenlos Machtpolitik verfolgte

Bedenkenlosigkeit *Frivolität*, die (fr., Pl. -en) Leichtfertigkeit, Schamlosigkeit

bedenklich 1. *delikat* (lat.-fr.) e. delikate Angelegenheit; aber auch: wohlschmeckend von *Delikatesse*, die (fr., Pl. -n) Leckerbissen 2. *ominös* (lat.) unheilvoll 3. *prekär* (fr.) mißlich, in e. prekären Situation stecken

Bedenkzeit *Deliberationsfrist*, die (lat., Pl. -en) rechtsw.; Frist, die Erben zur Annahme e. Erbschaft eingeräumt wird

bedeutend *prominent* (lat.) e. prominenter Politiker, z. B. Norbert Blüm, ugs. ein Promi; e. bedeutender Künstler: *Topstar*, der (engl., Pl. -s) in der Unterhaltungsbranche, z. B. Michael Jackson

bedeutsam 1. *relevant* (lat.-fr.) auch i. S. von zutreffend 2. *essentiell* (lat.) wesentlich 3. *fundamental* (lat.) grundlegend 4. *repräsentativ* (lat.-fr.) vertretend, würdig, z. B. Repräsentativumfrage 5. *zentral* (gr.) in der Mitte, von dort ausgehend, z. B. Zentralafrika

Bedeutsamkeit *Relevanz*, die (lat.-fr., Pl. -en)

Bedeutung 1. *Format*, das (lat., Pl. -e) e. Person von Format, aber auch: Papier im DIN-Format 2. *Relevanz*, die (lat.-fr., Pl. -en) Argumente von geringer Relevanz

Bedeutungsabwertung *Pejoration*, die (lat., Pl. -en) i. s. der Ableitung e. Wortes in e. negative Bedeutung, z. B. gemein von gemeinsam

bedeutungsähnlich *synonym* (gr.-lat.) sinnverwandt: »Schlachter« u. »Fleischer«

Bedeutungseinheit, sprachliche ... *Lexem*, das (gr.-russ., Pl. -e) auch: Wortschatzeinheit

Bedeutungslehre 1. *Semantik*, die (gr., ohne Pl.) Wortbedeutungslehre; Charles W. Morris, Semantiker aus den USA; nicht verw. mit *Semaphor*, der (gr., Pl. -e) Signalmast 2. *Semiotik*, die (gr.-lat., ohne Pl.) Wissenschaft vom Ausdruck

bedeutungslos 1. *irrelevant* (lat.-fr.) 2. *marginal* (lat.) i. S. von randständig 3. *peripher* (gr.) das Problem berührt mich nur peripher (am Rande); nicht verw. mit *peristatisch* (gr.) umweltbedingt

Bedeutungslosigkeit *Irrelevanz*, die (lat.-fr., Pl. -en) i. S. von Unwichtigkeit

bedeutungsunterscheidend *signifikativ* (lat.)

Bedeutungsverschlechterung *Pejoration*, die (lat., Pl. -en) i. S. der Ableitung e. Wortes in e. negative Bedeutung, z. B. gemein von gemeinsam

bedeutungsvoll 1. *signifikant* (lat.) auch: bezeichnend, typisch 2. *signifikativ* (lat.)

bedienen *servieren* (lat.-fr.) auch i. S. von vorlegen

Bedienung 1. *Service*, der (lat.-fr.-engl., Pl. -s) auch: Dienst, Kundenservice 2. *Steward*, der (engl., Pl. -s) i. S. von Betreuer an Bord von Schiffen u. Flugzeugen; Schiffsstewardeß: Betreuerin an Bord e. Kreuzfahrtschiffs 3. *Garçon*, der (fr.-germ., Pl. -s) Kellner

Bedienungsanleitung *Manual*, das (engl., Pl. -s) auch: Handbuch, Leitfaden

Bedienungsgerät *Armatur*, die (lat., Pl. -en) Bedienungsvorrichtung

Bedienungsvorrichtung 1. *Armatur*, die (lat., Pl. -en) 2. *Panel*, das (engl., Pl. -s) Instrumentenpanel im Flugzeug; aber auch: repräsentative Personen für die Meinungsforschung, z. B. Paneltechnik: die gleiche Personengruppe mehrfach zur selben Sache befragen

bedingen *korrelieren* (lat.) zueinander in Wechselbeziehung stehen

bedingend *konditional* (lat.) z. B.: falls er redet

bedingt *relativ* (lat.)

bedingte Gültigkeit *Relativität*, die (lat., Pl. -en) berühmt ist die Relativitätstheorie von Albert Einstein, daraus folgerte er die allgemeine Äquivalenz von Masse u. Energie durch die Formel: $E = mc^2$ ausgedrückt

Bedingtheit *Relativität*, die (lat., Pl. -en) auch: bedingte Gültigkeit

Bedingung 1. *Kondition*, die (lat., Pl. -en) gute Konditionen aushandeln 2. *Modalität*, die (lat., meist Pl.) i. S. von Art u. Weise 3. *Prämisse*, die (lat., Pl. -n) Voraussetzung

Bedingung, die e. Handlung auslöst *incentive* (engl.)

Bedingung, notwendige *Conditio sine qua non* (lat., ohne Pl.) unerläßliche Bedingung, die erfüllt sein muß, weil sonst nichts anderes eintreffen kann

Bedingungen, unter gleichen ... *ceteris paribus* (lat.)

bedingungslos 1. *apodiktisch* (gr.) unwiderleglich 2. *rigoros* (lat.) unerbittlich, *Rigorosum*, das (lat., Pl. ...sa) mündliche Doktorprüfung 3. *strikt* (lat.) streng

Bedingungssatz *Konditionalsatz*, der (lat.-dt., Pl. ...sätze) z. B.: wenn er plaudert, dann wird er bestraft

Bedrängnis 1. *Bredouille*, die (fr., ohne Pl.) in e. Bredouille geraten 2. *Kalamität*, die (lat., Pl. -en) Notlage

bedrohen *terrorisieren* (lat.-fr.)

Bedrohung *Terror*, der (lat., ohne Pl.) z. B. gewaltbereite Terrorgruppe

bedrücken *opprimieren* (lat.)

bedrückend *oppressiv* (lat.)

bedrückt 1. *down* (engl.) i. S. von erledigt, fertig 2. *dysphorisch* (gr.) freudlos; Ggs.: euphorisch: hoffnungsvoll 3. *depressiv* (lat.) 4. *deprimiert* (fr.) 5. *melancholisch* (gr.) trübsinnig, e. melancholischen Blick haben

Bedrückung *Oppression*, die (lat., Pl. -en)

Bedürfnisanstalt für Männer *Pissoir*, das (fr., Pl. -e)

Bedürfnislosigkeit, Kennzeichen der ... *omnia mea mecum porto* (lat., alles was ich besitze, trage ich bei mir; philos. Ausspruch)

Bedürfnislosigkeit, Philosophie, die ... fordert *Kynismus*, der (gr.-lat., ohne Pl.)

Bedürfnisse, auf die ... des Menschen abgestimmt *ad hominem* (lat.) »zum Menschen hin«

beeindruckbar *impressionabel* (lat.)

beeindrucken *imponieren* (lat.) z. B. imponierende Leistungen zeigen, Imponiergehabe von Halbstarken vor Mädchen

beeindruckend 1. *imponierend* (lat.) 2. *imposant* (fr.) z. B. durch Größe

beeinflußbar *labil* (lat.) e. labiler Charakter sein

Beeinflußbarkeit 1. *Suggestibilität*, die (lat., Pl. -en) 2. *Labilität*, die (lat., Pl. -en) e. labiler Charakter sein, auch: die Stütze weist Labilität auf

beeinflussen 1. *manipulieren* (lat.-fr.) der Demagoge (Volksverführer) will Menschen manipulieren, z. B. Adolf Hitler; Werbung versucht Verbraucher zu manipulieren 2. *indoktrinieren* (lat.) mit psychologischen Mitteln das Denken u. Handeln von Personen beeinflussen 3. *suggerieren* (lat.) jmdm. etwas einreden, vormachen 4. *hypnotisieren* (gr.) widerstandslos machen, von: Hypnos, (gr.) Gott des Schlafes

beeinflussend *manipulatorisch* (lat.-fr.)

beeinflußt, durch den Menschen ... *anthropogen*, (gr.)

Beeinflussung 1. *Indoktrination*, die (lat., Pl. -en) 2. *Manipulation*, die (lat.-fr., Pl. -en) z. B. Wahlmanipulationen in der Parteidiktatur der ehemaligen DDR 3. *Suggestion*, die (lat., Pl. -en) i. S. e. seelischen Beeinflussung

Beeinflussung der Seele durch den Leib *Influxus physicus*, der (gr.-lat., ohne Pl.) auch: Wechselwirkung von Seele u. Körper

beeinträchtigen *derogieren* (lat.) schmälern

beeinträchtigt *reduziert* (lat.) verringert

beenden *absolvieren* (lat.)

beendend *final* (lat.) der »finale Todesschuß« (Tautologie) e. innerpolitisches Reizwort um 1975 (Baader-Meinhof-Gruppe)

beendigen 1. *absolvieren* (lat.) e. Hochschulstudium absolvieren 2. *quittieren* (fr.) Amt niederlegen, auch e. Rechnung bestätigen

Beendigung *Termination*, die (lat., Pl. -en) Begrenzung

beerben, jmdn. ... *ad intestato* (lat.) ohne letztwillige Verfügung

Beet 1. *Rabatte*, die (lat.-fr.-niederl., Pl. -n) 2. *Rondeau*, das (lat.-fr., Pl. -s) rundes Beet 3. *Rondell*, das (lat.-fr., Pl. -e) rundes Beet

befähigen *qualifizieren* (lat.-fr.) für e. bestimmte Position qualifiziert sein, sich für e. Wettkampf qualifizieren

befähigt 1. *kapabel* (fr.) fähig 2. *qualifiziert* (lat.-fr.)

Befähigung 1. *Qualifikation*, die (fr.-lat., Pl. -en) e. bestimmte Qualifikation haben 2. *Zertifikat*, das (lat., Pl. -e) Bescheinigung 3. *Legitimation*, die (lat., Pl. -en) Echtheitserklärung

Befangenheit *Präokkupation*, die (lat., Pl. -en)

Befehl 1. *Ukas*, der (russ., Pl. -se) auch: Erlaß des Zaren 2. *Order*, die (lat.-fr.-engl., Pl. -s) auch: Anweisung

Befehl, der auf »Beutemachen« lautet *Prisenkommando*, das (fr.-it., Pl. -s) auch: Einheit, die Beute machen soll (Seefahrt)

befehlen *kommandieren* (it.-lat.) e. militärische Einheit kommandieren

befehlend *imperativisch* (lat.)

Befehlsform *Imperativ*, der (lat., Pl. -e) der »Kategorische Imperativ« von Immanuel Kant

Befehlsgewalt *Kommando*, das (it.-lat., Pl. -s) »alles hört auf mein Kommando!« Befehl bei der Übernahme e. militärischen Einheit

Befehlshaber *Kommandant*, der (fr., Pl. -en) z. B. Panzerkommandant; nicht verw. mit *Kommandeur*, der (fr., Pl. -e) Befehlshaber e. Truppenteils; General Guderian war Kommandeur e. Panzerkorps

Befehlswort *Kommando*, das (it., Pl. -s) z. B.: alles hört auf mein Kommando; Abteilung: halt!

befestigen 1. *armieren* (fr.) auch: bewaffnen, verstärken 2. *fixieren* (fr.) festmachen 3. *fortifizieren* (lat.)

Befestigung 1. *Fortifikation*, die (lat.-it., Pl. -en) Befestigungsanlage: *Fort*, das (lat.-fr., Pl. -s) 2. *Rondell*, das (fr., Pl. -e) auch: Schanze

Befestigungskunst *Fortifikation*, die (lat.-it., Pl. -en)

Befestigungspfahl *Palisade*, die (lat.-fr., Pl. -n) Palisadendörfer (Wehrdörfer)

Befindlichkeitstablette *Lifestyle-Pille*, die (engl.-dt., Pl. -n)

beförderbar *transportabel* (lat.-fr.) der Kranke ist nicht transportabel

Beförderer 1. *Transporteur*, der (lat.-fr., Pl. -e) 2. *Spediteur*, der (it.-fr., Pl. -e) Transportunternehmer 3. *Expedient* (lat., Pl. -en) Abfertiger in e. Versandabteilung 4. *Expeditor*, der (lat., Pl. ...oren) Abfertiger in e. Versandabteilung; nicht verw. mit *Expektoration*, die (lat., Pl. -en) Erklärung von Gefühlen, sich aussprechen oder med.: Auswurf

befördern 1. *spedieren* (lat.-it.) 2. *transportieren* (lat.-fr.) 3. *expedieren* (lat.) abfertigen, befördern; nicht verw. mit *expatrieren* (lat.) ausbürgern

Beförderung 1. *Avancement*, das (lat.-fr., Pl. -s) e. Soldat in e. höheren Dienstrang 2. *Transport*, der (lat.-fr., Pl. -e) von Waren

Beförderungsgebühr 1. *Faktage*, die (fr., Pl. -n) 2. *Porto*, das (it., Pl. ...ti)

befragen 1. *interviewen* (lat.-fr.-engl.) Journalisten interviewen, Einstellungsinterview 2. *examinieren* (lat.) e. Kandidaten examinieren 3. *konsultieren* (lat.) e. Arzt befragen

Befrager *Interviewer*, der (engl., Pl. -) »Zur Kehrseite des Ruhms gehören die Interviewer mit ihren indiskreten Fragen.« (Michelle Pfeiffer, am. Schauspielerin)

Befragung 1. *Interview*, das (lat.-fr.-engl., Pl. -s) e. exklusives Interview führen 2. *Konsultation*, die (lat., Pl. -en) Befragung e. Arztes

befreien 1. *degagieren* (fr.) von e. Verpflichtung 2. *dispensieren* (lat.-engl.) der Beamte wurde vom Dienst dispensiert

befreien, sich ... 1. *abreagieren, sich* (dt.-lat.) 2. *emanzipieren, sich* (lat.)

Befreiung 1. *Degagement*, das (fr., Pl. -s) von e. Verpflichtung 2. *Dispens*, der (lat., Pl. -en) 3. *Emanzipation*, die (lat., Pl. -en) von Abhängigkeiten u. Zwängen, Gleichberechtigung der Frauen erreichen, bekannte Vorkämpferin Alice Schwarzer, die als »Emanze« tituliert wird

Befreiung von seelischen Spannungen *Katharsis*, die (gr., ohne Pl.) »kultische Reinigung«; auch: Läuterung der Seele von Leidenschaften

befreundet 1. *intim* (lat.) innig, intime Freundschaft 2. *liiert* (fr.) befreundet sein

Befreundete *Intima*, die (lat., ohne Pl.)

Befreundeter *Intimus*, der (lat., ohne Pl.)

befrieden *pazifizieren* (lat.-fr.) i. S. von: Frieden schließen

befriedigen *saturieren* (lat.) sättigen

Befriedung *Pazifikation*, die (lat., Pl. -en)

befristen *terminieren* (lat.) z. B. Auslieferungen terminieren

befruchtet, durch Vermittlung des Wassers ... *hydrogam* (gr.) bez. best. Pflanzen

Befruchtung 1. *Fekundation*, die (lat., Pl. -en) 2. *Kopulation*, die (lat., Pl. -en) Vögel kopulieren zum Zwecke der Fortpflanzung; nicht verw. mit *Kopulativum*, das (lat., Pl. ...va) Zusammensetzung von zwei gleichgeordneten Worten: Hemdhose, taubstumm 3. *Fertilität*, die (lat., ohne Pl.) i. S. von Nachkommen zeugen 4. *Insemination*, die (lat., Pl. -en) künstliche Befruchtung; auch: das Eindringen der Samen in das reife Ei; nicht verw. mit *Inseminator*, der (lat., Pl. ...toren) Fachmann e. künstlichen Befruchtungsstation für Tiere

Befruchtung, künstliche ... mit nicht vom Ehemann stammenden Samen *heterologe Insemination*, die (gr.-lat., Pl. -en) Ggs. homologe Insemination

Befugnis *Kompetenz*, die (lat., Pl. -en) etwas fällt nicht in meine Kompetenz, Kompetenzüberschreitung

befugt *kompetent* (lat.) e. kompetenter Fachmann

befühlen *palpieren* (lat.) der Arzt palpiert den Körper e. Patienten

befühlend *palpatorisch* (lat.) med.

befürworten *plädieren* (lat.-fr.) nicht: plädieren für (Tautologie)

begabt 1. *intelligent* (lat.) e. intelligenter (kluger) Schüler 2. *genial* (lat.) e. genialer (schöpferischer) Künstler 3. *talentiert* (gr.-lat.) e. talentierter (begabter) junger Mitarbeiter 4. *versiert* (lat.-fr.)

Begabung 1. *Genialität*, die (lat., ohne Pl.) Salvador Dalí war e. genialer Maler 2. *Intelligenz*, die (lat., ohne Pl.) Intelligenzquotient (IQ) von z. B. 170 3. *Talent*, das (gr.-lat., Pl. -e) e. begnadetes Talent sein

begatten 1. *kopulieren* (lat.) in Händels Zauberoper »Alcina« in Stuttgart: »In e. schmuddeligen Salon kopulierende Paare, darunter auch Homosexuelle u. Pädophile, das Finale ist e. einzige Orgie.« (Welt am Sonntag, 1998) 2. *ranzen* (Jägerspr., dt.) ... bei Fuchs, Marder u. anderen Raubtieren

Begattung *Kopulation*, die (lat., Pl. -en)

Begebenheit 1. *Kasus*, der (lat., ohne Pl.) e. trauriger Kasus 2. *Episode*, die (gr.-fr., Pl. -n) ihre Bekanntschaft mit ihm war e. traurige Episode

Begegnung, sportliche ... zweier Ortsrivalen *Derby*, das (engl., Pl. -s) auch: Pferderennen, als jährliche Zuchtprüfung der besten dreijährigen Vollblutpferde; nach dem Begründer, dem 12. Earl of Derby, der das Rennen 1780 einführte

begehbar *praktikabel* (gr.-lat.) i. S. von machbar

begehrenswert *attraktiv* (lat.-fr.) e. attraktive Dame, z. B. Catherine Deneuve; »Welcher reiche Mann möchte glücklich in den Armen e. attraktiven Frau sterben?« (Anzeige, Südkurier, 1990)

begehrlich *libidinös* (fr.) die sexuelle Lust betreffend (med.)

Begehrlichkeit 1. *Pleonexie*, die (gr., ohne Pl.) Habsucht, Unersättlichkeit, Geltungs-

sucht 2. *Konkupiszenz*, die (lat., ohne Pl.) Verlangen, Begierde als Folge der Erbsünde 3. *Libido*, die (lat., ohne Pl.) Lust, Begierde, Trieb bes. Geschlechtstrieb
Begehrtes *Desiderat*, das (lat., Pl. -e) »Gewünschtes«; auch e. zur Anschaffung in Bibliotheken vorgeschlagenes Buch
begeistern 1. *elektrisieren* (fr.) aufrütteln; elektrische Ladung übertragen 2. *enthusiasmieren* (fr.) entzücken
begeistert 1. *enthusiastisch* (gr.-lat.) die Fans feierten ihren Star enthusiastisch 2. *fanatisch* (lat.) sich mit blindem Eifer für etwas einsetzen, islamische Fundamentalisten sind fanatisch bis in den Tod 3. *passioniert* (lat.) etwas leidenschaftlich tun
Begeisterung 1. *Ekstase*, die (gr.-lat., Pl. -n) die Zuschauer gerieten in Ekstase 2. *Elan*, der (lat.-fr., ohne Pl.) sich e. Aufgabe mit Elan widmen 3. *Enthusiasmus*, der (gr.-lat., ohne Pl.) e. Sieg wird mit Enthusiasmus gefeiert 4. *Fanatismus*, der (lat., ohne Pl.) islamische Fundamentalisten frönen dem Fanatismus 5. *Passion*, die (lat., Pl. -en) leidenschaftliche Hingabe, Passionsblume 6. *Verve*, der (lat., ohne Pl.) Begeisterung bes. e. Tätigkeit
Begierde 1. *Konkupiszenz*, die (lat., ohne Pl.) heftiges Verlangen 2. *Kupidität*, die (lat., ohne Pl.) Lüsternheit 3. *Libido*, die (lat., ohne Pl.) Geschlechtstrieb
Beginn *Start*, der (engl., Pl. -s) »den Sieger erkennt man am Start«
Beginn, ohne. ... ausdrückend *inchoativ* (lat.) bez. best. Verben, z. B. erheben, starten
beginnen *starten* (engl.)
beginnend *inzipient* (lat.)
beglaubigen 1. *akkreditieren* (lat.-it.-fr.) z. B. e. Botschafter 2. *authentifizieren* (gr.-lat.) die Echtheit bezeugen 3. *legitimieren* (lat.) es sind seine legitimen (ehelich anerkannten) Kinder
Beglaubigung 1. *Legalisation*, die (lat., Pl. -en) z. B. Urkundenlegalisation; »Es gibt beim dt. Volk ein Legitimationsproblem.« (Gerhard Schröder, Kanzlerkandidat, 1998) 2. *Autorisation*, die (lat., Pl. -en) i. S. von Ermächtigung, Vollmacht; nicht verw. mit *autoritativ* (lat.) sich auf echte Autorität (anerkanntes Ansehen) stützen 3. *Zertifikat*, das (lat., Pl. -e) Bescheinigung

Beglaubigung e. diplomatischen Vertreters *Akkreditierung*, die (lat.-fr., Pl. -en) »Nach den Winterspielen soll mehr um meinen Hals hängen als Akkreditierungen.« (Anni Friesinger, Eisschnellauf-Star, 2005)
Beglaubigung, international anerkannte ... *Apostille*, die (gr.-lat., Pl. -n)
Beglaubigungsschreiben *Akkreditiv*, das (lat.-it.-fr., Pl. -e) z. B. e. Botschafters
begleiten 1. *eskortieren* (lat.-it.-fr.) die Staatskarosse der Königin wurde von Polizisten auf Motorrädern eskortiert 2. *akkompagnieren* (fr.) auf e. Musikinstrument wurde die Sängerin akkompagniert
Begleiter 1. *Akkompagnist*, der (fr., Pl. -en) 2. *Guide*, der (engl., Pl. -s) 3. *Trabant*, der (tschech., Pl. -en) Leibwächter e. Fürsten; Diener; oder svw. Satellit 4. *Kumpan*, der (lat.-fr., Pl. -e) eigtl. Brotgenosse, Gefährte
Begleiterscheinung *Epiphänomen*, das (gr.-lat., Pl. -e) Philos.; nicht verw. mit *Epiphanie*, die (gr.-lat., ohne Pl.) Erscheinung e. Gottheit (Christi) unter den Menschen
Begleitmannschaft *Eskorte*, die (lat.-it.-fr., Pl. -n) die englische Königin Elisabeth II. wurde von e. Eskorte begleitet
Begleitschiff *Tender*, der (engl., Pl. -)
Begleitung *Akkompagnement*, das (fr., Pl. -s) Klavierbegleitung e. Sängers
Begleitung, ohne ... von Instrumenten *a cappella* (lat.-it.) »wie in der Kapelle«
beglückwünschen *gratulieren* (lat.) dem Jubilar gratulieren
begnadet *talentiert* (gr.-lat.) e. talentierter Künstler sein
begnadigen 1. *amnestieren* (gr.-lat.) z. B. Gefangene amnestieren 2. *abolieren* (lat.) auch: abschaffen; nicht verw. mit *aboral* (lat.) zum After hin liegend, vom Mund (med.)
Begnadigung 1. *Amnestie*, die (gr.-lat., Pl. -n) auch Straferlaß, e. neu gewählter Präsident gewährt bisweilen Amnestie für politische Gefangene; Amnesty International: Organisation, die sich für Menschenrechte einsetzt; nicht verw. mit *Amnesie*, die (gr., Pl. ...ien) Gedächtnisschwund 2. *Pardon*, der (lat.-fr., ohne Pl.)

Feinden in der Schlacht Pardon gewähren; »pardon« heißt auch »Entschuldigung«

Begräbnisfeierlichkeiten 1. *Exequien*, die (lat., Pl.) auch: kath. Totenmesse 2. *Funeralien*, die (lat., Pl.)

Begräbnisgeleit *Kondukt*, der (lat., Pl. -e) z. B. Trauerzug

Begräbnisstätte *Katakombe*, die (lat.-it., Pl. -n) unterirdisch angelegte Gänge mit Grabnischen

begradigen *regulieren* (lat.) e. Flußlauf regulieren; aber auch: e. heikle Angelegenheit

Begradigung *Regulierung*, die (lat., Pl. -en) e. Flußlaufs oder e. Angelegenheit; »Die Regulatoren von Arkansas«, e. bekannter Wildwest-Film

begreifbar *komprehensibel* (lat.)

begreifen 1. *kapieren* (lat.) der Lehrling kapierte rasch, er ist schnell von *Kapee* (fr.) er begreift schnell; »Die Besserverdienenden haben kapiert, daß sie besser fahren, wenn ihr Einkommen nicht nach unten verteilt wird.« (Frank Lavy, US-Ökonom, 1997) 2. *realisieren* (lat.) i. S. von verwirklichen u. verstehen

begreiflich 1. *plausibel* (lat.-fr.) e. plausible Erklärung abgeben 2. *plastisch* (gr.-lat.-fr.) i. S. von räumlich wirkend, eindrucksvoll 3. *transparent* (lat.-fr.) durchscheinend; nicht verw. mit *transpadanisch* (lat.) jenseits des Pos liegend, von Rom aus gesehen

begrenzen *limitieren* (lat.) den Kauf von Wertpapieren limitieren, d. h. e. untere bzw. obere Grenze festlegen

begrenzend *limitativ* (lat.)

begrenzt *lokal* (lat.) nicht verw. mit *Lokus*, der (lat., Pl. -se) Ort, Platz; auch: Abort

Begrenzung 1. *Limitation*, die (lat., Pl. -en) 2. *Limit*, das (lat.-engl., Pl. -s) i. S. von Grenze

Begrenzung des Risikos durch e. Gegengeschäft *Hedging*, das (engl., ohne Pl.) von hedge (Hecke)

Begrenzungslinie *Horizont*, der (lat., Pl. -e) eigtl. begrenzender Kreis; Linie zwischen Himmel u. Erde

Begriff 1. *Idee*, die (fr.-lat., Pl. -n) auch: Vorstellung, Gedanke 2. *Logos*, der (gr., pl. ...oi) auch: Wort, Rede; Offenbarung

i. S. v. Wille Gottes u. Mensch gewordenes Wort Gottes in der Person Jesu 3. *Notion*, die (lat., Pl. -en) Kenntnis, Gedanke; Notiones communes (lat.) allgemeine Kenntnisse 4. *Terminus*, der (lat., Pl. ...ni) Aussage, Fachausdruck; Terminus ad quem (lat.) Zeitpunkt, bis zu dem etwas gilt; Terminus interminus (lat.) das unendliche Ziel alles Endlichen (Nikolaus von Kues, Philos.)

begrifflich, rein 1. *abstrakt* (lat.) die abstrakte Malerei des Pablo Picasso 2. *ideell* (fr.) 3. *theoretisch* (gr.-lat.) i. S. von nur gedanklich; nicht verw. mit *Theorem*, das (gr.-lat., Pl. -e) Lehrsatz

Begriffsbestimmung 1. *Definition*, die (lat., Pl. -en) der Sachverhalt wurde klar definiert 2. *Legaldefinition*, die (lat., Pl. -en) durch e. Gesetz gegebene Begriffsbestimmung

Begriffsbildung *Abstraktion*, die (lat., Pl. -en) begrifflich zusammengefaßte Darstellung (Stilkunst)

Begriffsgruppe *Kategorie*, die (gr.-lat., Pl. -n) Menschen werden bisweilen in Kategorien eingeordnet

Begriffsinhalt *Konnotat*, das (lat., Pl. -e) Ggs.: Denotat, das (lat., Pl. -e) Sachverhalt in der außersprachlichen Wirklichkeit (Sprachw.)

Begriffspaar, widersprüchliches *Oxymoron*, das (gr., Pl. ...ra) eigtl.: das Scharfdumme; z. B. »bittersüß«; auch: »Eile mit Weile«; zur Zeit e. Kultwort in den USA, in Verbindung mit »intelligent«: ... Rechner; ... TVs

Begriffsschrift *Ideographie*, die (gr., Pl. ...ien)

begriffsstutzig *mente captus* (lat.) eigtl. am Verstand gelähmt, unzurechnungsfähig

Begriffsumfang *Extension*, die (lat., Pl. -en) auch: Ausdehnung, Streckung (med.) Ggs.: Intension

Begriffszeichen *Ideogramm*, das (gr.-lat., Pl. -e) auch: Darstellung der einzelnen Chromosomen e. Chromosomensatzes

Begriffszerlegung *Diärese*, die (lat., Pl. -n) i. S. von: Teilung e. Begriffs bis zum Unteilbaren (Philos.)

begründen 1. *substantiieren* (lat.) z. B. durch Tatsachen 2. *argumentieren* (lat.) i. S. von Gründe oder Beweise liefern

3. *fundieren* (lat.) i. S. von untermauern, der Politiker hatte e. fundierte Meinung zu e. Problem

begründend *ätiologisch* (gr.)

Begründer 1. *Reformator*, der (lat., Pl. -en) z. B. Martin Luther, Begründer des Protestantismus 2. *Initiator*, der (lat., Pl. ...oren) Urheber, Anreger

begründet 1. *faktisch* (lat.) tatsächlich, wirklich 2. *quasi* (lat.) auch: gewissermaßen, sozusagen

begründet, gut ... *fundiert* (lat.) auch: untermauert; »Die Sittlichkeit fundiert in der Sachlichkeit.« (Hans Tietmeyer, Bundesbank-Präsident, 1997)

Begründung *Reformation*, die (lat., ohne Pl.) e. durch Martin Luther im 16. Jh. ausgelöste Bewegung, die zur evangelischen, protestantischen Kirche führte

Begründung z. B. als Nachweis 1. *Argumentation*, die (lat., Pl. -en) 2. *Motivation*, die (lat., Pl. -en) Summe der Beweggründe, die e. Handlung beeinflussen; Ggs.: Demotivation 3. *Argument*, das (lat., Pl. -e) Rechtfertigungsgrund

Begrüßungsseite e. Web-Site (Präsenz im Internet) *Homepage*, die (engl., Pl. -s) u. e. Präsenz im World Wide Web (bekanntestes Datennetz im Internet)

begünstigen 1. *favorisieren* (lat.-it.-fr.) e. Kandidaten favorisieren (höher einschätzen) 2. *protegieren* (lat.-fr.) e. Kandidat wird durch bessere Beziehungen protegiert (bevorzugt); ein *Protegé*, der (fr., Pl. -s) am Königshof sein

Begünstigung *Protektion*, die (lat.-fr., Pl. -en) der Abteilungsleiter genoß die Protektion des Geschäftsführers; aus Protektionen entwickeln sich Seilschaften

begutachten *expertisieren* (lat.-fr.) e. Expertise (Gutachten) anfertigen

Begutachtung *Expertise*, die (lat.-fr., Pl. -n) Kunst- oder Schriftsachverständige fertigen Expertisen an, damit die Echtheit e. Originals nachgewiesen werden kann; bei der Fälschung der Hitler-Tagebücher durch Konrad Kujau 1983 irrten sich Experten

Behaarung *Hirsutismus*, der (lat., ohne Pl.) med., übermäßig starker Haar- bes. Bartwuchs

behaglich *komfortabel* (lat.-fr.-engl.) e. komfortable (mit allem ausgestattete) Wohnung

Behaglichkeit *Komfort*, der (engl.-fr., ohne Pl.) Annehmlichkeit

Behälter 1. *Container*, der (lat.-fr.-engl., Pl. -) 2. *Etui*, das (fr., Pl. -s) z. B. Brillenetui 3. *Futteral*, das (germ.-lat., Pl. -e) 4. *Terrarium*, das (lat., Pl. ...ien) Behälter, meist Glas, für Landtiere 5. *Aquarium*, das (lat., Pl. ...ien) Glasbehälter für Wassertiere

Behälter für radioaktiven Müll *Castor-Behälter*, der (engl.-dt., ohne Pl.) Castor, kurz für: Cask for Storage and Transport of Radioactive Material (Tonnen für Lagerung u. Transport von radioaktivem Material)

Behälter zur Pflege, Zucht, Beobachtung von Wassertieren *Aquarium*, das (lat., Pl. ...ien) auch: Gebäude in e. zoologischen Garten, in dem in verschiedenen Aquarien z. B. Wassertiere gezeigt werden

Behälter, Spezial... für radioaktives Material *Castorbehälter*, der (engl.-dt., ohne Pl.) »Blöde Situation, die Castornummer kostet mich Stimmen.« (G. Schröders geh. Tagebuch von H. Venske, 1997)

Behältnis 1. *Etui*, das (fr., Pl. -s) z. B.: Brillenetui 2. *Futteral*, das (lat.-dt., Pl. -e) e. der Form angepaßte Hülle

behandeln *therapieren* (gr.) med.

Behandlung 1. *Diskriminierung*, die (lat., Pl. -en) »Wehret der Ausländerdiskriminierung!« 2. *Prozedur*, die (lat., Pl. -en) e. solche über sich ergehen lassen, die Verhandlung war e. langwierige Prozedur 3. *Therapie*, die (gr., Pl. ...ien) med., Krebskranke müssen sich e. Chemotherapie unterziehen

Behandlungsmethode durch die Einwirkung auf das Nervensystem *Neuraltherapie*, die (gr.-lat., ohne Pl.)

Behandlungsweise 1. *Methode*, die (lat., Pl. -n) Art u. Weise e. Vorgehens 2. *Prozedur*, die (lat., Pl. -en) i. S. e. komplizierten Verfahrens

Behang *Draperie*, die (fr., Pl. ...ien) z. B. Gestaltung des Faltenwurfs bei Vorhängen oder Gewändern

behängen *drapieren* (fr.) auch: schmücken

beharren 1. *insistieren* (lat.) 2. *kaprizieren*

(lat.-it.-fr.) sich auf e. Sache kaprizieren (festlegen)

beharren auf etwas ... *insistieren* (lat.)

Beharrende, das ... *Substanz*, die (lat., Pl. -en) auch: Stoff, Materie; »... obwohl Helmut Kohl in seiner Substanz reformfreudiger ist als der SPD-Kanzlerkandidat.« (Wolfgang Gerhardt, F. D. P.-Chef, 1998)

beharrlich 1. *konsequent* (lat.) z. B. konsequentes Handeln; der Dissident (politischer Abweichler) war konsequent bis in den Tod 2. *konstant* (lat.) unveränderlich; nicht verw. mit *Konstantan*, das (lat., Pl. -s) Legierung aus Kupfer u. Nickel für elektr. Widerstände

Beharrlichkeit 1. *Konsequenz*, die (lat., Pl. -en) 2. *Perseveranz*, die (lat., ohne Pl.) mit erstaunlicher Ausdauer 3. *Persistenz*, die (lat., Pl. -en) 4. *Assiduität*, die (lat., ohne Pl.) Ausdauer

Beharrungsvermögen 1. *Vis inertiae*, die (lat., ohne Pl.) Philos. 2. *vis inertiale* (lat., Zitat) eigtl.: Kraft der Trägheit

Behauchung *Aspiration*, die (lat., Pl. -en) auch: das Anwehen; Hoffnung, ehrgeiziger Plan

behauen *bossieren* (fr.) e. bossierter Granit (roh behauener)

behaupten *asserieren* (lat.) versichern

behauptend *assertorisch* (lat.) auch: versichernd (philos.)

Behauptung 1. *These*, die (gr.-lat.-fr., Pl. -n) Martin Luthers 95 Thesen an der Tür im Wittenberger Schloßkirche (1517) 2. *Affirmation*, die (lat., Pl. -en) 3. *Antithese*, die (gr.-lat., Pl. -n) entgegengesetzte Behauptung 3. *Dogma*, das (gr.-lat., Pl. ...men) Richtschnur, geltender Glaubenssatz; *Dogmatismus*, der (gr.-lat., ohne Pl.) starres Festhalten an Lehrmeinungen 4. *Doktrin*, die (lat., Pl. -en) programmatische Festlegung 5. *Statement*, das (engl., Pl. -s) öffentliche, politische Erklärung 6. *Theorem*, das (gr.-lat., Pl. -e) i. S. e. Lehrsatzes

Behausung 1. *Domizil*, das (lat., Pl. -e) z. B. Domizilwechsel; nicht verw. mit *Domizellar*, der (lat., Pl. -e) junger Kanoniker, noch ohne Stimme im Kapitel 2. *Habitakel*, das (lat.) auch: Wohnung

Behelf 1. *Surrogat*, das (lat., Pl. -e) i. S. von Geldersatzmittel 2. *Provisorium*, das (lat.,

Pl. ...ien) Übergangslösung, z. B. die Brücke ist e. Provisorium; nicht verw. mit *Provisor*, der (lat., Pl. ...oren) Verwalter, Verweser 3. *Prothese*, die (gr., Pl. -n) künstlicher Ersatz e. fehlenden Körperteils, e. wackelnde Zahnprothese im Mund haben; nicht verw. mit *Prothetik*, die (lat., ohne Pl.) Lehre vom Kunstgliederbau (med.)

Behelfsbau *Baracke*, die (fr., Pl. -n) auch: Bauernhütte aus Lehm

behelfsmäßig 1. *primitiv* (lat.-fr.) einfach 2. *provisorisch* (lat.) e. provisorische Maßnahme ergreifen

Behelfsmäßigkeit *Provisorium*, das (lat., Pl. ...ien) der Knüppeldamm ist e. Provisorium

Behelfsunterkunft 1. *Baracke*, die (fr., Pl. -n) auch: Bauernhütte aus Lehm 2. *Container*, der (engl., Pl. -) auch: Großbehälter aus Stahl für den Transport von Gütern; Müllcontainer

behende 1. *agil* (fr.) auch: flink, gewandt 2. *vigilant* (lat.) auch: wachsam, klug, pfiffig 3. *lesto* (it.) flink 4. *tosto* (it.-lat.) hurtig, eilig 5. *veloce* (lat.-it.) schnell, geschwind als Vortragsanweisung

Beherbergungsbetrieb 1. *Hotel*, das (lat.-fr., Pl. -s) 2. *Pension*, die (lat.-fr., Pl. -en) kleines Hotel mit familiärem Charakter, aber auch Ruhegehalt e. Beamten

beherrschen *dominieren* (lat.) es gibt Personen, die immer dominieren müssen, von *Dominus*, den (lat., Pl. -ini) der Hausherr; Dominus vobiscum: »Der Herr sei mit euch!« (liturgischer Gruß)

beherrschend *dominant* (lat.) e. dominante Person

beherrscht 1. *diszipliniert* (lat.) e. disziplinierter Esser 2. *stoisch* (gr.-lat.) i. S. von unerschütterlich ruhig, e. Mensch von stoischer Gelassenheit, von *Stoizismus*, der (gr.-lat., ohne Pl.) e. von der Stoa (den Stoikern) ausgehende Philosophie, die affektfrei in Gleichmut leben läßt; Stoiker waren die Griechen Sokrates und Zeno

Beherrschung *Disziplin*, die (lat., Pl. -en) z. B. Sportarten; ohne Pl.: Unterordnung; »Nichts, ihr Herren, gegen die Disziplin!« (F. Schiller)

beherzt 1. *couragiert* (lat.-fr.) e. couragierte Frau; »Mutter Courage und ihre Kinder«, Drama von Bertolt Brecht 2. *resolut* (lat.-fr.) z. B. e. resolute alte Dame

Beherztheit *Courage*, die (lat.-fr., ohne Pl.) Zivilcourage, Mut im täglichen Leben

behindern 1. *handicapen* (engl.) 2. *checken* (engl.)

behindert 1. *gehandicapt* (engl.) der Sportler war durch e. Fußverletzung gehandicapt 2. *invalid* (lat.-fr.) infolge e. Unfalls

Behinderung *Handicap*, das (engl., Pl. -s) im Sport (Golf) auch Ausgleichsvorgabe

Behörde 1. *Inspektion*, die (lat., Pl. -en) 2. *Instanz*, die (lat., Pl. -en) z. B. gerichtliche Instanz, Gott als letzte Instanz

Behörde, die für die Einhaltung der Rechtsordnung zuständig ist *Justiz*, die (lat., ohne Pl.) »Die deutsche Justiz hat sich einfach totgestellt.« (Bernard Bertossa, Genfer Staatsanwalt, der 11 Jahre in der Leuna-Affäre ermittelte, 2001)

Behördenweg *Instanzenweg*, der (lat.-dt., Pl. -e) Dienstweg

behördlich *administrativ* (lat.) administrativer Verwaltungsakt

behutsam 1. *delikat* (lat.-fr.) e. delikat zu behandelnde Angelegenheit; aber auch: wohlschmeckend 2. *lavieren* (niederl.) behutsam vorgehen, segeln; der Kapitän lavierte sein Schiff durch das Riff; nicht: »vorsichtig lavieren« (Tautologie)

Beiboot 1. *Flieboot*, das (niederl., Pl. -e) auch: kleines Fischerboot 2. *Gig*, die (engl., Pl. -s) offenes Ruderboot

Beichtender 1. *Konfident*, der (lat.-fr., Pl. -en) 2. *Pönitent*, der (lat., Pl. -en) e. Beichte ablegender Katholik

Beichtvater *Pönitentiar*, der (lat., Pl. -e)

beidäugig *binokular* (lat.-fr.) z. B. binokulare Geräte (Feldstecher)

beidhändig ... *ambidexter* (lat.) ... gleich geschickt, aus: ambi (an beiden Seiten) u. dexter (rechtshändig)

Beidhändigkeit *Ambidextrie*, die (lat., Pl. -n) med. beidhändig geschickt sein

Beifahrer 1. *Sozius*, der (lat., Pl. -se) auf dem Rücksitz e. Motorrades; auch: Teilhaber in e. Kanzlei 2. *Sozia*, die (lat.) Beifahrerin

Beifahrerin *Sozia*, die (lat., Pl. -s) Gefährtin; Beifahrerin auf e. Motorrad

Beifahrersitz *Sozius*, der (lat., Pl. -se)

auch: Genosse; *Kompagnon*, der (fr., Pl. -s)

Beifall 1. *Furore*, die (lat.-it., ohne Pl.) Furore machen: Erfolg haben, Beifall erhalten 2. *Ovation*, die (lat., Pl. -en) rauschender Beifall: standing ovations (stehender Beifall) bei künstlerischen Auftritten 3. *Applaus*, der (lat., ohne Pl.) »Am Altwerden habe ich vor allem auszusetzen, daß man den Applaus weniger zu hören bekommt als früher.« (Johannes Heesters, 1995) 4. *Akklamation*, die (lat., Pl. -en) auch Zuruf

Beifall spenden *applaudieren* (lat.)

Beifallklatscher 1. *Claqueur*, der (fr., Pl. -e) bezahlter Klatscher, der die Zuschauer animieren soll 2. *Claque*, die (fr., ohne Pl.) bezahlte Gruppe von Beifallklatschern

Beifallsbekundung *la Ola*, die (sp., Pl. -s) eigtl.: die Welle; Ausdruck der Begeisterung z. B. bei Sportveranstaltungen

Beifallspender *Claqueur*, der (fr., Pl. -e) bezahlter Klatscher, der das Publikum animieren soll

Beifallsruf 1. *Bravo*, das (it., Pl. -s) 2. *Cheer*, das (engl., Pl. -s) eigtl.: Fröhlichkeit; Jubelruf

Beifallsturm *Ovation*, die (lat., Pl. -en)

beifügen 1. *adjungieren* (lat.) zuordnen 2. *attribuieren* (lat.) auch: zuteilen; mit e. Attribut versehen

beifügend *attributiv* (lat.)

Beifügung *Attribut*, das (lat., Pl. -e)

Beigabe *Attribut*, das (lat., Pl. -e) Kennzeichen; e. Hauptwort beigefügte Bestimmung, z. B. das tiefe Loch

beigeben *attributiv* (lat.)

Beigericht *Hors d'œuvre*, das (fr., Pl. -s) auch Vorspeise

Beigeschmack *Touch*, der (engl., Pl. -s) auch: Anflug; z. B. »Globalisierung wird bei uns viel zu sehr mit e. pessimistischen Touch diskutiert.« (Dieter Hundt, Arbeitgeberpräsident, 1997)

Beihilfe *Subvention*, die (lat., Pl. -en) zweckgebundene Unterstützung, Staatszuschuß

Beilage *Addendum*, das (lat., Pl. ...da) auch: Zusatz, Nachtrag, Ergänzung

beiläufig 1. *apropos* (fr.) 2. *en passant* (fr.)

Beileid aussprechen *kondolieren* (lat.)

Beileidsbezeugung *Kondolenz*, die (lat., Pl. -en) z. B. bei e. Trauerfall

Beiname *Agnomen*, das (lat., Pl. ...mina)

Beinbekleidung *Gamasche*, die (fr., Pl. -n) lederner Überstrumpf; Gamaschen-Ede (berüchtigte Gangsterfigur)

Beinhaus *Ossarium*, das (lat., Pl. ...ien) auch: Gebeinurne der Antike

beiordnen *koordinieren* (lat.) aufeinander abstimmen

Beiordnung *Adjunktion*, die (lat., Pl. -en) auch: Hinzufügung

beipflichten *akzedieren* (lat.)

Beipflichtung *Akzedenz*, die (lat., ohne Pl.) Zustimmung

beirren *irritieren* (lat.) er ließ sich durch Zwischenrufe nicht irritieren

Beisatz *Apposition*, die (lat., Pl. -en) Zusatz; Anlagerung von Substanzen; Ggs.: Intussuszeption

Beischlaf 1. *Koitus*, der (lat., ohne Pl.) 2. *Coitus a tergo*, die Frau dreht dem Mann den Rücken zu 3. *Coitus interruptus* 4. *Coitus per anum* 5. *Coitus per os* (Fellatio) 6. *Coitus reservatus* 7. *Kohabitation*, die (lat., Pl. -en) med. Geschlechtsverkehr 8. *Kopulation*, die (lat., Pl. -en) geschlechtliche Vereinigung, insbesondere bei Vögeln; nicht verw. mit *Kopula*, die (lat., Pl. ...lae) »Band«

Beispiel 1. *Exempel*, das (lat., ohne Pl.) e. Exempel statuieren 2. *Paradigma*, das (gr.-lat., Pl. ...men, oder Paradigmata) modellhafter Charakter von Anschauungen; Paradigmenwechsel 3. *Prototyp*, der (gr., Pl. -en) Muster, Urbild

Beispiele belehren *exempla docent* (lat., Zitat)

beispielgebend *exemplarisch* (lat.)

beispielhaft *paradigmatisch* (gr.-lat.)

beispielshalber 1. *exempli causa* (lat.) Abk.: e. c. 2. *exempli gratia* (lat.) beispielsweise

beispielsweise *exempli gratia* (lat.)

beißend *kaustisch* (gr.-lat.)

Beistand 1. *Aide*, der (lat.-fr., Pl. -n) i. S. von Gehilfe 2. *Assistenz*, die (lat., Pl. -en) 3. *Sekundant*, der (lat., Pl. -en) bei schlagenden Studentenverbindungen, beim Duell

beistehen *assistieren* (lat.)

beistimmen *assentieren* (lat.)

Beistrich *Komma*, das (lat., Pl. -ta) auch: Einschnitt, das Geschlagene; e. bes. Satzzeichen

Beitrag *Obolus*, der (gr., Pl. -se) kleine Münze im alten Griechenland; übertragbar: Scherflein, kleiner Betrag; e. Obolus zum Gelingen e. Sache beitragen

beitreiben *requirieren* (lat.) z. B. fällige Abgaben, Steuern

Beitreibung *Inkasso*, das (lat., Pl. -s) Einziehung fälliger Forderungen

beitreten *akzedieren* (lat.)

Beitritt *Akzession*, die (lat., Pl. -en) zu e. Staatsvertrag

Beiwerk 1. *Ballast*, der (österr.-schweiz., ohne Pl.) zusätzliches Gewicht, auch Ballaststoffe: Nahrungsbestandteile, die der Körper nicht verwertet 2. *Staffage*, die (fr., Pl. -n)

Beiwerk, modisches ... *Accessoire*, das (fr., Pl. -es)

Beiwort *Adjektiv*, das (lat., Pl. -e) Sprachw. Eigenschaftswort

bejahend 1. *positiv* (lat.) der Bewerber hatte e. positive Beurteilung; Gegenteil: *negativ;* in der Fotografie: Negativ, das (lat., Pl. -e) der belichtete Film 2. *affirmativ* (lat.)

Bejahung 1. *Affirmation*, die (lat., Pl. -en) 2. *Akklamation*, die (lat., Pl. -en)

Bekämpfungsmittel für Fadenwürmer *Nematozid*, das (gr.-lat., Pl. -e)

bekannt 1. *populär* (lat.-fr.) Fußball ist in Deutschland die populärste Sportart, e. populärer Autor ist Siegfried Lenz 2. *prominent* (lat.) i. S. von berühmt, Marie Curie war e. prominente Wissenschaftlerin 3. *legendär* (lat.) auch: unglaublich, sagenhaft; nicht verw. mit *legionär* (lat.-fr.) die Legion betreffend 4. *notorisch* (lat.) berüchtigt, allbekannt, e. notorischer Lügner 5. *publik* (lat.-fr.) offenkundig, e. Angelegenheit publik (öffentlich) machen

Bekanntenkreis *Clique*, die (fr., Pl. -n) Cliquenwirtschaft

Bekannter, allseits ... 1. *Prominente*, der (lat., Pl. ...ten) kurz: Promi, der (lat.-engl., Pl. -s) auch: tonangebende Leute 2. *Prominenz*, die (lat., Pl. -en) i. S. von: bekannte (prominente) Persönlichkeiten

Bekanntgabe 1. *Promulgation*, die (lat., Pl. -en) die Bekanntmachung e. Gesetzes

2. *Proklamation*, die (lat.-fr., Pl. -en) Proklamation e. Verfassung

bekanntgeben 1. *promulgieren* (lat.) z. B. e. Gesetz 2. *proklamieren* (lat.-fr.)

bekanntmachen *publizieren* (lat.) e. Journalist publiziert (veröffentlicht) aktuelles Geschehen

Bekanntmachung 1. *Bulletin*, das (lat.-fr., Pl. -s) z. B. das ärztliche Bulletin zum Gesundheitszustand des russ. Präsidenten Boris Jelzin 2. *Kommuniqué*, das (lat.-fr., Pl. -s) e. Regierungsmitteilung über e. Verhandlungsstand

Bekanntsein, öffentliches ... *Publicity*, die (lat.-fr.-engl., ohne Pl.) z. B. publicitysüchtig sein

Bekehrung *Resipiszenz*, die (lat., Pl. -en)

bekennen *fatieren* (lat.) e. Bekenntnis abgeben

bekennen, öffentlich ... *outen* (engl.-am.) ... sich, z. B. zur Homosexualität; »Frau Adam-Schwätzer outete ihn (Jürgen Möllemann) als intrigantes Schwein.« (G. Schröders geh. Tagebuch von H. Venske, 1997)

Bekennen, öffentliches ... *Outing*, das (engl.-am., ohne Pl.) ... z. B. zur Homosexualität

Bekenner des Christentums *Christ*, der (gr.-lat., Pl. -en) auch: Getaufter im Namen des Sohnes, des Vaters u. des heiligen Geistes; »Er ist ein seltsamer Vogel, ein Christ.« (Martin Luther)

Bekenntnis 1. *Fassion*, die (lat., Pl. -en) z. B. Glaubensbekenntnis 2. *Konfession*, die (lat., Pl. -en) i. S. e. Glaubensgemeinschaft 3. *Plädoyer*, das (lat., Pl. -s) Schlußvortrag, engagierte Befürwortung; der Anwalt hielt e. flammendes Plädoyer

Bekenntnisschrift 1. *Confession*, die (lat., Pl. -es) auch: Sünden-, Glaubensbekenntnis 2. *Symbol*, das (lat., Pl. -e) auch: Sinnbild, Wahrzeichen

beklagenswert 1. *deplorabel* (fr.) bedauernswert; beweinenswert 2. *lamentabel* (fr.) jämmerlich, kläglich

Bekleidung *Garderobe*, die (fr., Pl. -n) auch: Kleiderablageraum

Bekleidungsindustrie *Konfektion*, die (lat., Pl. -en) Konfektionsschneider

Beklemmung *Oppression*, die (lat., Pl. -en) med.

bekräftigen *affirmieren* (lat.) i. S. von Nachdruck verleihen

bekräftigend *affirmativ* (lat.)

Bekräftigung *Affirmation*, die (lat., Pl. -en) auch: Zustimmung, Bejahung; Ggs.: Negation, die (lat., Pl. -en)

bekunden *manifestieren* (lat.) Entschlossenheit manifestieren

Bekundung *Manifestation*, die (lat., Pl. -en) z. B. »Das Kommunistische Manifest« von Karl Marx (1848)

Belang *Relevanz* (lat.-fr.) von Belang sein; Gegenteil: Irrelevanz i. S. von belanglos

belanglos 1. *irrelevant* (lat.-fr.) i. S. von irrelevante Argumente 2. *banal* (germ.-fr.) 3. *marginal* (lat.) i. S. von: auf der Grenze, am Rande liegend 4. *profan* (lat.) i. S. von unkirchlich, unheilig 5. *substanzlos* (lat.) ohne Stoff u. Inhalt, substanzloses Gerede 6. *trivial* (lat.-fr.) unbedeutend; e. Trivialroman

Belanglosigkeit *Irrelevanz*, die (lat.-fr., Pl. -en) i. S. von Unwichtigkeit; Ggs.: Relevanz

Belanglosigkeiten *Quisquilien*, die (lat., nur Pl.)

belastend *gravierend* (lat.) i. S. von einschneidend; gravierende Fehler machen

belästigen *irritieren* (lat.) verwirren, stören

Belästigungen *Molesten*, die (lat., Pl.) Beschwerden

Belastung *Streß*, der (lat.-fr.-engl., ohne Pl.) in e. Firma e. Menge Streß haben; mach keinen Streß! Lärm ist e. Streßfaktor

Belastungsreaktion des Körpers ... *Streß*, der (lat.-fr.-engl., Pl. ...sse) ... unter der Leitung von Hirnanhangdrüse u. Nebennierenrinde; »Streß ist der Bazillus, der von Unsicheren in leitender Stellung auf die Mitarbeiter übertragen wird.« (Oliver Hassencamp)

belauben, sich ... *frondeszieren* (lat.) auch: Ausschlagen von Bäumen

beleben 1. *aktualisieren* (lat.-fr.) auf den neuesten Stand bringen 2. *vitalisieren* (fr.) kräftigen

belebend 1. *analeptisch* (gr.) kräftigend, stärkend (med.) 2. *animativ* (lat.) beseelend, anregend

belebt *animato* (lat.-it.) musik. Vortragsanw.

89

Belebung e. schwer verkäuflichen Produktes *Relaunch*, der (engl., ohne Pl.)

Belecken, gegenseitiges ... der Genitalien *Lambitus*, der (lat., ohne Pl.)

belegbar *dokumentarisch* (lat.)

belegen 1. *substantiieren* (lat.) e. Aussage substantiieren 2. *reservieren* (lat.) e. Platz reservieren; nicht verw. mit *reserviert* (lat.) kühl, abweisend

Belegsammlung 1. *Datei*, die (lat., Pl. -en) 2. *File*, die (engl., Pl. -s) 3. *Korpus*, das (lat., Pl. ...pora) auch: Gesamtwerk; Belegsammlung von Schriften aus der Antike; Klangkörper e. Saiteninstruments

Belegschaft *Personal*, das (lat., ohne Pl.) Personalabteilung, Personalabbau

Belegstelle *Zitat*, das (lat., Pl. -e) i. S. von wörtlich wiedergegeben; Zitatensammlung

belehrend 1. *didaktisch* (gr.) 2. *informativ* (lat.) aufschlußreich

beleibt *korpulent* (lat.) japanische Sumo-Ringer sind korpulent

Beleibtheit *Korpulenz*, die (lat., ohne Pl.) Wohlgenährtheit

beleidigen 1. *insultieren* (lat.) 2. *desavouieren* (lat.-fr.) i. S. von bloßstellen

beleidigend *polemisch* (gr.-fr.) i. S. e. unsachlichen, kritischen Äußerung, e. polemisierender Politiker; »Zuchtmeister« der SPD, Herbert Wehner, polemisierte gern

Beleidiger *Injuriant*, der (lat., Pl. -en)

beleidigt *pikiert*, (lat.-fr.)

Beleidigter *Injuriat*, der (lat., Pl. -en)

Beleidigung 1. *Affront*, der (lat.-fr., Pl. -s) z. B. Worte als Affront auffassen 2. *Injurie*, die (lat., Pl. -n) Verbalinjurie: Beleidigung durch Worte

beleihen *lombardieren* (it.-fr.) wirtsch., Gewährung e. kurzfristigen Kredits gegen Verpfändung von Wertpapieren, Gold usw. heißt Lombardkredit

beleuchten *illuminieren* (lat.) zu e. festlichen Anlaß

Beleuchtung 1. *Illumination*, die (lat., Pl. -en) Festbeleuchtung 2. *Spotlight*, das (engl., Pl. -s) gezielte Punktbeleuchtung

Belichtungsmesser *Photometer*, das (gr.-lat., ohne Pl.)

Belieben, nach ... 1. *à discrétion* (fr.) z. B. das Geben von Trinkgeld 2. *à gogo* (fr.) auch: in Hülle u. Fülle

Beliebiges, aus Falschem folgt ... *ex falso quodlibet* (lat., Zitat u. Grundsatz der scholastischen Logik)

beliebt 1. *en vogue* (fr.) der Maler Hundertwasser ist zur Zeit en vogue 2. *populär* (lat.-fr.) Fußball ist in Deutschland die populärste Sportart; der Politiker Franz Josef Strauß war bekannt, aber nicht überall populär

Beliebtheit *Popularität*, die (lat.-fr., ohne Pl.) Fußball erfreut sich in Deutschland großer Popularität; Bundespräsident Roman Herzog erfreute sich zunehmender Popularität

belohnen *honorieren* (lat.) der Autor wurde für sein Buch schlecht honoriert; Honorarprofessor (Ehrentitel für e. nichtbeamteten Universitätsprofessor) nicht verw. mit *honorabel* (lat.) ehrbar

Belohnung 1. *Prämie*, die (lat., Pl. -n) zusätzlich zur normalen Vergütung 2. *Bonus*, der (lat.-engl., Pl. -se, auch Boni) Sondervergünstigung

Belüftung *Ventilation*, die (lat.-fr., Pl. -en) Lüftung

belustigen 1. *mokieren* (fr.) Mitarbeiter mokieren sich über die neuen, arroganten Abteilungsleiter 2. *amüsieren* (fr.) sich über e. witzige Person amüsieren

belustigend *amüsant* (fr.) e. amüsanter Tischherr sein

Belustigung *Gaudi*, die (lat., ohne Pl.) in Bayern hat man seine Gaudi

bemängeln 1. *monieren* (lat.) e. Ware oder Leistung monieren, da diese nicht in Ordnung ist 2. *kritisieren* (gr.-lat.-fr.) 3. *reklamieren* (lat.) auch: zurückfordern, Einspruch erheben

bemerken 1. *konstatieren* (lat.-fr.) i. S. von feststellen 2. *registrieren* (lat.)

bemerkenswert 1. *remarkabel* (fr.) 2. *notabel* (lat.-fr.) 3. *markant* (germ.-it.-fr.) ausgeprägt

Bemerkung 1. *Aperçu*, das (fr., Pl. -s) geistreiche – 2. *Banalität*, die (germ.-fr., Pl. -en) geistlose Bemerkung; was der Politiker von sich gab, war e. Kette von Banalitäten 3. *Bonmot*, das (fr., Pl. -s) i. S. e. witzigen Hinweises 4. *Kommentar*, der (lat., Pl. -e) Nachrichtenkommentar 5. *Aphorismus*, der (gr.-lat., Pl. ...men) geistreich in Prosa formulierter Gedanke, der Lebensweisheit enthält; in »Zeit der Schuldigen« hat Siegfried Lenz treffende Aphorismen formuliert; nicht verw. mit *Aphrasie*, die (gr.-lat., Pl. …ien) Stummheit, Unvermögen, richtige Sätze zu bilden

Bemerkungen *Konjektaneen*, die (lat., Pl.) auch: Notizbuch, als Titel von Werken diversen Inhalts

bemessen *dimensionieren* (lat.) die Stärke der Deckenbalken war falsch dimensioniert worden

Bemessung *Dimensionierung*, die (lat., Pl. -en)

bemühen *inkommodieren (lat.)*

Bemüher im Glauben *Mujahid*, der (arab., Pl. Mudschahidin)

benachrichtigen 1. *informieren* (lat.) 2. *informative labelling*, das (engl., Pl. -s) wirtsch.; Etikett, das etwas über den Inhalt e. Warenpakets aussagt 3. *signalisieren* (fr.) aufmerksam machen, Signal geben

Benachrichtigung 1. *Avis*, der, das (lat.-fr., Pl. -e) z. B. e. Warenavis schicken 2. *Notifikation*, die (lat., Pl. -en) wirtsch. im Wechselrecht ist die Notifikation die Voraussetzung für den Rückgriff

benachteiligen 1. *handikapen* (engl.) die Verletzung am Fuß handikapt den Sportler 2. *diskriminieren* (lat.) wegen seines Geschlechts, seiner Rasse, seiner Religion darf niemand diskriminiert werden, dies ist im Grundgesetz verankert

benachteiligt *gehandikapt* (engl.)

Benachteiligter *Underdog*, der (engl., Pl. -s)

Benachteiligtfühlender *Querulant*, der (lat., Pl. -en) Nörgler; »… überall steht sie (Hillu) als Querulantin da, habgierig, nachtragend, publicitygeil.« (G. Schröders geh. Tagebuch von H. Venske, 1997)

Benachteiligung *Handikap*, das (engl., Pl. -s) durch Kreuzbandrisse hatte Torwart Toni Schumacher e. Handikap; beim Golfspielen zeichnet e. Handikap von »15« e. guten Spieler aus

Benachteiligung von Personen, die anders riechen *Smelismus*, der (engl., ohne Pl.) von: to smell (riechen) Diskriminierung von Menschen mit fremden Körpergerüchen

Benehmen 1. *Allüren*, die (lat.-fr., nur Pl.) e. arrogantes, auffälliges Verhalten; Allü-

ren e. Weltstars sind nicht angebracht 2. *Courtoisie*, die (fr.-lat., Pl. …ien) sich ritterlich im Umgang mit Damen benehmen 3. *Extravaganz*, die (lat.-fr., Pl. -en) auffälliges Verhalten; die Extravaganz des Popstars Elton John 4. *Manier*, die (lat-fr., Pl. -en) e. Flegel ohne Manieren 5. *Attitüde*, die (lat.-it.-fr., Pl. -n)

Benehmen, bissiges … gegenüber anderen *Zynismus*, der (gr., Pl. …men) »Der Zynismus der Zyniker besteht nicht darin, daß sie sagen, was sie denken, sondern darin, daß sie denken.« (Gabriel Laub)

benennen 1. *nominieren* (lat.) der Filmschauspieler Tom Hanks wurde für den Oscar-Preis nominiert (u. erhielt ihn 1994 u. 1995) 2. *titulieren* (lat.) er titulierte seinen Untergebenen als »Faulpelz« 3. *designieren* (lat.) für e. noch nicht besetztes Amt vorsehen, bestimmen 4. *designatus* (lat.) vorgesehen, Abk.: des.

Benennung 1. *Nomination*, die (lat., Pl. -en) von seiner Nobelpreis-Nomination erfuhr er durch die Presse 2. *Nominierung*, die (lat., Pl. -en) ebenfalls: vorschlagen, z. B. e. Kandidaten; auch: Ernennung

Benennung der Reihenfolge nach *Taxonomie*, die (gr., ohne Pl.) e. Klassifikation; in der Biologie von Carl von Linné (1707 – 1778) systematisiert worden

Benimmregeln, Umstand, daß es in virtuellen Welten … gibt *Netiquette*, die (engl.) aus: net (Netz) u. Etiquette

benommen 1. *somnolent* (lat.) med. i. S. von schläfrig 2. *groggy* (engl.) 3. *soporös* (lat.) med.

Benommenheit *Sopor*, der (lat., ohne Pl.) med.

Benommenheit *Torpidität*, die (lat., ohne Pl.) med. i. S. von Stumpfsinn

benoten 1. *zensieren* (lat.) der Lehrer zensiert e. Arbeit 2. *evaluieren* (lat.-engl.-fr.) bewerten; nicht verw. mit *evalvieren* (lat.-fr.) abschätzen

Benotung *Zensur*, die (lat., Pl. -en) Zeugnisse enthalten Zensuren zu den Leistungen der Schüler

benutzbar *praktikabel* (fr.) zweckmäßig

Benutzen eines Netz-Fremdenführers *Gophern*, das (engl.) aus: go u. for; auch: die Inanspruchnahme e. nützlichen, menügeführten Internet-Service

Benutzerzugang zu e. Netzwerk *User-Account*, der (engl., Pl. -s) i. S. von Kundendefinition

Benzolprodukt *Anilin*, das (lat.-fr., ohne Pl.) Ausgangsprodukt vieler Arzneimittel, Farb- u. Kunststoffe

beobachten 1. *studieren* (lat.) i. S. von gründlich durchsehen 2. *observieren* (lat.) Polizisten observieren konspirative Wohnungen von mutmaßlichen Verbrechern

Beobachter *Observator*, der (lat., Pl. …oren) in e. Sternwarte registrieren Observatoren Veränderungen am Sternenhimmel

Beobachtung *Observation*, die (lat., Pl. -en)

Beobachtungsstelle *Observatorium*, das (lat., Pl. …ien) Umweltbelastungen werden in e. Observatorium aufgezeichnet

bequem 1. *leger* (lat.-fr.) legere Freizeitkleidung 2. *salopp* (fr.) der Manager war erstaunlich salopp gekleidet 3. *kommod* (lat.-fr.) in Sesseln sitzt der Österreicher nicht bequem, sondern kommod 4. *komfortabel* (lat.-fr.)

Bequemlichkeit *Komfort*, der (lat.-fr.-engl., ohne Pl.) in e. Komfortwohnung leben

beraten 1. *konferieren* (lat.-fr.) mit jmd. verhandeln 2. *sekundieren* (lat.) z. B. jmdn. beim Sport betreuen

beratend *konsultativ* (lat.)

Berater 1. *Konsultant*, der (lat., Pl. -en) fachmännischer Berater 2. *Konsulent*, der (lat., Pl. -en) Rechtsberater; nicht verw. mit *Konsult*, das (lat.) Beschluß 3. *Mentor*, der (gr. …oren) erfahrener Ratgeber; Mentor war Lehrer des Telemach, Sohn des Odysseus

Berater im telefonischen Auftragsdienst 1. *Agent*, der (engl., Pl. -s) 2. *Hotliner*, der (engl., Pl. -s) auch: Kundenbetreuer per Telefon

beratschlagen *konsultieren* (lat.)

Beratschlagung *Deliberation* (lat., Pl. -en)

Beratung *Konferenz*, die (lat., Pl. -en) auch: Sitzung, Tagung; »E. Konferenz ist e. Sitzung, bei der viele hingehen, aber bei der nur wenig herauskommt.« (Werner Finck)

Beratung *Review*, das (engl., Pl. -s) in der Werbebranche; auch: Überlegung, Besprechung

Beratung, gemeinsame … *Konsultation*, die (lat., Pl. -en) auch: Untersuchung. »Die Nato muß e. Ort sein, in dem die Konsultationen über Konflikte geführt werden.« (Angela Merkel, Bundeskanzlerin, 2006)

Beratung durch den Arzt *Konsultation*, die (lat., Pl. -en) auch: Beratung allg. »Meine Konsultationen mit Angela sind sehr produktiv …« (George W. Bush, US-Präsident über die Kanzlerin, 2006)

Beratungsausschuß *Braintrust*, der (engl., Pl. -s)

berauschend *narkotisch* (gr.) Marihuana hat e. narkotische Wirkung

berauscht sein 1. *stoned* (engl.) Szenewort; eigtl.: versteinert 2. *high* (engl.) eigtl.: hoch (Stimmung) 3. *blasted* (engl.) Szenewort

berauscht sein, sehr stark … *wasted* (engl.) Szenewort

berauscht, stark … 1. *toomstoned* (engl.) 2. *zonkey-stoned* (engl.) Szenewörter

berechnen 1. *fakturieren* (lat.-it.) in Rechnung stellen; der Betrag wurde noch nicht fakturiert 2. *kalkulieren* (lat.) je umfangreicher die Anfragen, desto sorgfältiger muß der Kaufmann kalkulieren 3. *taxieren* (lat.-fr.) 4. *taxen* (lat.)

berechnend *diplomatisch* (gr.-lat.-fr.) diplomatisches Verhandlungsgeschick führte zum Erfolg

Berechnung 1. *Diplomatie*, die (gr.-lat.-fr., ohne Pl.) »Das ist die Fähigkeit, auf so taktvolle Weise nein zu sagen, daß alle Welt glaubt, man hätte ja gesagt.« (Anthony Eden) 2. *Kalkül*, das (lat.-fr., Pl. -e) 3. *Kalkulation*, die (lat., Pl. -en) Kostenermittlung; langfristig muß jede Firma ihre Kalkulation kostendeckend gestalten

berechtigen *legitimieren* (lat.) für den Vertragsabschluß muß der Mitarbeiter erst legitimiert werden

berechtigt *legitim* (lat.) e. legitimes Interesse am Verlauf der Gespräche haben; Ggs.: illegitim

Berechtigung 1. *Legitimation*, die (lat.-fr., Pl. -en) 2. *Autorisation*, die (lat., Pl. -en) Ermächtigung

beredsam 1. *eloquent* (lat.) Jürgen

Schrempp gilt als eloquenter Topmanager 2. *expressiv* (lat.) i. S. von ausdrucksstark
Beredsamkeit *Eloquenz*, die (lat., ohne Pl.) während der Jahreshauptversammlung entwickelte Jürgen Schrempp e. erstaunliche Eloquenz; »Peter Boenisch leidet an Eloquentia senilio (Alterssabbelei, gemeint ist: Eloquenz des Alters).« (G. Schröders geh. Tagebuch von H. Venske, 1997)
Beredsamkeitslehrer in der Antike *Rhetor*, der (gr.-lat., Pl. ...oren)
beredt *eloquent* (lat.)
Beregnungsanlage *Sprinkler*, der (engl., Pl. -) auch: Rasensprenger
Bereich 1. *Intimsphäre*, die (lat., Pl. -n) Paparazzi dringen schamlos in die Intimsphäre bekannter Personen ein 2. *Region*, die (lat., Pl. -en) e. bestimmte Körper- oder Landschaftsregion 3. *Revier*, das (lat.-fr.-niederl., Pl. -e) »nicht in fremden Revieren jagen!« 4. *Szene*, die (gr.-lat.-fr., Pl. -n) e. traurige Gestalt der Drogenszene 5. *Dimension*, die (lat., Pl. -en) 6. *Perimeter*, der (gr., ohne Pl.) i. S. von Umfang, Bereich e. Figur; nicht verw. mit *Perimetrie*, die (gr., Pl. ...ien) med. Bestimmung der Grenzen des Gesichtsfeldes 7. *Ressort*, das (fr., Pl. -s) Amtsbereich 8. *Segment*, das (lat., Pl. -e) Abschnitt 9. *Sektor*, der (lat., Pl. -en) Gebiet als Teil e. Ganzen; der am. Sektor Berlins; nicht verw. mit *Sektion*, die (lat., Pl. -en) Abteilung 10. *Sphäre*, die (gr.-lat., Pl. -n) Wirkungskreis, Einflußsphäre
Bereich, wichtiger u. bekannter ... des Internet *Word Wide Web*, das (engl., ohne Pl.) kurz: www; es besteht aus vielen Millionen verknüpfter Seiten mit Text, Grafik u. Multimedia; zum Internet gehören noch Bereiche wie: News, Mail u. vieles mehr
Bereichsleiter *Dezernent*, der (lat., Pl. -en) Leiter e. Dezernats
bereit *parat* (lat.) etwas parat haben
bereitmachen *mobilisieren* (lat.-fr.) z. B. Bodentruppen mobil machen (mil.); Ggs.: demobilisieren
Bereitschaft *Akzeptanz*, die (lat., Pl. -en) z. B. die Rede erzielte e. breite Akzeptanz; nicht verw. mit *Akzeptation*, die (lat.) Annahme e. Wechsels
Bereitschaft zum Handeln *Energeia*, die

(gr., ohne Pl.) nach der Philosophie des Aristoteles (384–322 v. Chr.) vergleichbar mit Dynamis, Tatkraft
Bereitschaftsschaltung *Stand-by*, das (engl., Pl. -s) i. S. von: auf Warteposition sein
bereitwillig 1. *de bonne grâce* (fr.) 2. *kulant* (fr.) gefällig
Bereitwilligkeit *Kulanz*, die (fr.-lat., ohne Pl.) Entgegenkommen z. B. im Geschäftsverkehr
Berg 1. *Mount*, der (engl., Pl. -s) z. B. Mount (Mt.) Kenia 2. *Djebel*, der (arab.)
Berg, wir sind noch nicht über dem ... *nondum clivum exsuperavimus* (lat., Zitat)
bergab, es geht mit ihm ... *res eius dilabuntur* (lat., Zitat) gemeint ist: er verliert sein Vermögen
Bergbau *Revier*, das (lat.-fr.-niederl., Pl. -e) Abbaugebiet; auch: Flußlauf, z. B. in Namibia
Berge, jenseits der ... gelegen *transmontan* (lat.)
Bergfahrrad *Mountainbike*, das (engl., Pl. -s)
Berggebiet *Massiv*, das (gr.-lat.-fr., Pl. -e) französisches Zentralmassiv
Berggipfel *Peak*, der (engl., Pl. -s) z. B. Uhuru Peak, Freiheitsgipfel, höchster Punkt des Kilimandscharo
Berglöwe *Puma*, der (indian., Pl. -s)
Bergmann *Kumpel*, der (lat.-dt., Pl. -) Kamerad, Freund, e. verläßlicher Kumpel sein
Bergspitze 1. *Peak*, der (engl., Pl. -s) 2. *Pik*, der (fr., Pl. -s) Spitze; auch Groll, Rachegefühl 3. *Piz*, der (it.-dt., Pl. -e) Spitze, meist als Teil e. Namens
Bergsteigen *Alpinismus*, der (lat., ohne Pl.)
Bergsteiger *Alpinist*, der (lat., Pl. -en) im Hochgebirge, Alpinist Reinhold Messner; nicht verw. mit *Alpiden*, die (lat.) Bez. für die im Tertiär entstandenen Faltengebirge
Bergstraßenkurve *Serpentine*, die (lat., Pl. -n)
Bergwerk *Mine*, die (lat., fr., Pl. -n)
Bergwohlverleih *Arnika*, die (lat., Pl. -s) Heilpflanze aus der Familie der Korbblütler
Bericht 1. *Historie*, die (gr.-lat., Pl. -n) i. S. von Geschichte 2. *Exposé*, das (lat.-fr., Pl. -s) i. S. e. kurzen Angabe zu Gedanken

oder zu e. Buchvorschlag 3. *Narration*, die (lat., Pl. -en) svw. Erzählung 4. *Rapport*, der (lat.-fr., Pl. -e) kurzer knapper militärischer Bericht zur Lage 5. *Referat*, das (lat., Pl. -e) der Student hält ein Referat 6. *Reportage*, die (lat.-fr.-engl., Pl. -n) e. Fußballreportage bringen 7. *Story*, die (engl., Pl. …ies) wahre oder erfundene Kurzgeschichte; Ernest Hemingway war Meister der Story-Autoren: »Schnee auf dem Kilimandscharo« 8. *Expertise*, die (lat., Pl. -n) svw. Gutachten 9. *Studie*, die (lat., Pl. -n) auch skizzenhafte Darstellung; nicht verw. mit *Studium*, das (lat., Pl. …ien) wissenschaftliche Beschäftigung 10. *Bulletin*, das (lat.-fr., Pl. -s) amtliche Bekanntmachung

berichten 1. *referieren* (lat.-fr.) e. Referat halten 2. *rapportieren* (lat.-fr.) e. knappen Bericht abgeben

Berichterstatter 1. *Korrespondent*, der (lat., Pl. -en) Journalist, der aus dem Ausland berichtet, wie einst Peter Arnett vom CNN aus Bagdad während des Golfkrieges (1991) 2. *Referent*, der (lat., Pl. -en) 3. *Reporter*, der (lat.-fr., ohne Pl.) Bildreporter des »Stern« berichteten von den Brennpunkten der Welt

Berichterstattung 1. *Reportage*, die (lat.-fr., Pl. -n) zu aktuellen Ereignissen 2. *Feature*, das (engl., Pl. -s) aktueller Dokumentarbericht für Presse, Funk oder Fernsehen

Berichterstattung, zur … *ad referendum* (lat.)

berichtigen 1. *korrigieren* (lat.) e. Diktat korrigieren 2. *dementieren* (lat.-fr.) e. Behauptung widerrufen; Rücktrittsabsichten e. Ministers dementieren 3. *redigieren* (lat.-fr.) 4. *revidieren* (lat.) »wieder hinsehen« 5. *stornieren* (lat.) e. Auftrag rückgängig machen

Berichtigung 1. *Korrektur*, die (lat., Pl. -en) der Verlagslektor liest Korrektur 2. *Dementi*, das (lat.-fr., Pl. -s) der Politiker ließ die verbreitete Mitteilung durch e. Dementi berichtigen 3. *Revision*, die (lat., Pl. -en) »prüfende Wiederdurchsicht«; nicht verw. mit *Revisionismus*, der (lat., ohne Pl.) Streben nach Änderung e. völkerrechtlichen Zustandes, für die DDR waren die Bundesdeutschen Revisionisten

berittener Polizist *Ranger*, der (engl., Pl.

-s) bes. in den Nationalparks Nordamerikas u. Afrikas

berittener Stierkämpfer 1. *Toreador*, der (lat.-sp., Pl. -en) 2. *Picador*, der (lat.-sp., Pl. -en) berittener Stierkämpfer mit Kurzlanze

bersten *explodieren* (lat.)

berüchtigt *notorisch* (lat.) e. notorischer Lügner sein

berücksichtigen *einkalkulieren* (dt.-lat.) auf e. Expedition müssen Unwegsamkeiten einkalkuliert werden

Beruf 1. *Metier*, das (lat.-fr., Pl. -s) e. freie Rede halten, ist nicht sein Metier 2. *Mission*, die (lat.-fr., Pl. en) Sendung, innere Aufgabe; auch: Verbreitung e. religiösen Lehre 3. *Profession*, die (lat.-fr., Pl. -en)

berufen *vozieren* (lat.) auch: vorladen (Gericht)

Berufsbezeichnung *Titel*, der (lat., ohne Pl.)

Berufsbezeichnung, neue …, die sich mit richtigem Gesundheitsverhalten befaßt *Gesundheitsökologe*, der (dt.-lat.-gr., Pl. -en) er entwickelt entsprechende Programme für Firmen, Behörden, Gebiete

Berufsfahrer *Chauffeur*, der (lat.-fr., Pl. -e)

berufsmäßig *professionell* (lat.-fr.) e. professioneller Tennisspieler, wie es einst Boris Becker war

Berufssport *Profisport*, der (engl.-dt., ohne Pl.)

Berufssportler 1. *Profisportler*, der (lat.-engl.-dt., ohne Pl.) 2. *Professional*, der (lat.-fr.-engl., Pl. -s)

Berufsstellung *Position*, die (lat., Pl. -en) Hans-Peter Keitel bekleidet die Position e. Vorstandsvorsitzenden bei der Hochtief AG

Berufsvereinigung *Gremium*, das (lat., Pl. …ien) Ausschuß

Berufung 1. *Appellation*, die (lat., Pl. -en) rechtsw. z. B. Appellationsgerichte 2. *Rekurs*, der (lat., Pl. -e) i. S. von Einspruch 3. *Vokation*, die (lat., Pl. -en) Berufung in e. Amt; nicht verw. mit *Vokativ*, der (lat., Pl. -e) Fall der Anrede

beruhen, auf etwas *basieren* (gr.-lat.-fr.) die Meldung basiert auf Tatsachen

beruhigen *abreagieren* (dt.-lat.) i. S. von sich beruhigen, zur Ruhe kommen

beruhigend *sedativ* (lat.) med. durch Medikamenteneinnahme hervorgerufen

Beruhigung 1. *Pazifikation*, die (lat., Pl. -en) Befriedung 2. *Sedierung*, die (lat., Pl. -en) z. B. e. Kranken; auch: Dämpfung von Schmerzen (med.)

Beruhigungsmittel 1. *Quietivum*, das (lat., Pl. ...va) med. 2. *Ataraktikum*, das (gr.-lat., Pl. ...ka) med. 3. *Mitigans*, das (lat., Pl. ...anzien) med. 4. *Tranquilizer*, der (lat.-fr.-engl., ohne Pl.) 5. *Sedativum*, das (lat., Pl. ...va) med. schmerzlinderndes Beruhigungsmittel 6. *Barbiturat*, das (Eigenn., Pl. -e) auch: Schlafmittel 7. *Valium*, das (Eigenn., lat., ohne Pl.) »Die dt. Fußball-Nationalmannschaft wird seit Frankreich von Valium gesponsert.« (Matthias Beltz in »Scheibenwischer«, 1998)

Beruhigungsmittel für Junkies *Rohybnoltablette* (die (Eigenn., lat., Pl. -n)

Beruhigungspille *Smooth-down-Pille*, die (engl.-dt., Pl. -en)

berühmt 1. *prominent* (lat.) e. prominenter (allgemein bekannter) Künstler, z. B. Ernst Fuchs 2. *illuster* (lat.-fr.) illustre (erlauchte) Gesellschaft 3. *legendär* (lat.) 4. *populär* (lat.) 5. *renommiert* (lat.) angesehen; nicht verw. mit *Renommist*, der (lat.-fr., Pl. -en) Aufschneider, Prahlhans

berühmt, nicht jeder kann ... werden *non ex quovis ligno fit Mercurius* (lat., Zitat) eigtl.: nicht aus jedem Holz kann man e. Merkur schnitzen

Berühmtheit *Zelebrität*, die (lat., Pl. -en) z. B. im Tennissport: Boris Becker; auch: Feierlichkeit, Festlichkeit

berühren 1. *tangieren* (lat.) 2. *touchieren* (lat.-fr.)

berührend *tangential* (lat.)

Berührende *Tangente*, die (lat., Pl. -n) math. e. Gerade, die e. Kreis in e. Punkt berührt

berührt *indigniert* (lat.) i. S. von peinlich berührt sein, z. B. durch e. ordinären Witz

Berührung 1. *Kontakt*, der (lat., Pl. -e) 2. *Intimität*, die (lat., Pl. -en) z. B. sexuelle

Berührungsschalter *Sensor*, der (lat.-engl., Pl. ...oren) auch: Fühler zur Messung physik. Größen

Berührungsschmerz *Trichalgie*, die (gr., Pl. ...ien) z. B. im Bereich der Kopfhaare (med.)

Berührungstrieb *Kontrektationstrieb*, der (lat., Pl. -e) sexueller Trieb, der nach Berührung strebt (med.)

Besamung *Insemination*, die (lat., Pl. -en) künstliche Befruchtung; das Eindringen des Samens in das reife Ei (med.)

Besatz 1. *Garnitur*, die (fr., Pl. -en) auch: Wäsche- und Schreibtischgarnitur 2. *Posament*, das (fr., Pl. -en) i. S. e. textilen Besatzartikels, z. B.: Borte, Schnur 3. *Volant*, der (fr., Pl. -s)

Besatz *Bordüre*, die (germ.-fr., Pl. -n) z. B. auf e. Jacke

Besatzband 1. *Tresse*, die (lat.-fr., Pl. -n) 2. *Biese*, die (fr.-dt., Pl. -n) farbiger Streifen an Uniformen

Besatzer *Okkupant*, der (lat., Pl. -en)

Besatzung *Crew*, die (lat.-engl., Pl. -s) Mannschaft auf e. Schiff oder in e. Flugzeug

beschädigen 1. *demolieren* (lat.-fr.) nach dem Auftritt der Rockgruppe war der Saal demoliert 2. *lädieren* (lat.) durch e. Sturz bin ich stark lädiert 3. *ramponiert* (germ.-it.) die nicht bestandene Prüfung hat sein Selbstbewußtsein ramponiert 4. *ruinieren* (lat.-fr.) zerstören, die Wohnung war vollkommen ruiniert worden

beschädigt 1. *defekt* (lat.) mein Fahrrad ist defekt 2. *havariert* (arab.-it.-fr.-niederl.) das Schiff havarierte im schweren Sturm

Beschädigung 1. *Defekt*, der (lat., Pl. -e) in der elektrischen Anlage ist e. Defekt; der Verbrecher hatte e. geistigen Defekt 2. *Sabotage*, die (fr., Pl. -n) e. Sabotageakt, e. vorsätzlich herbeigeführte Beschädigung, z. B. von Produktionsanlagen

beschaffbar *organisabel* (gr.-fr.-lat.)

beschaffen *heterotrop* (gr.-lat.) z. B. e. Stoff

beschaffen, Soldaten ... rekrutieren (fr.) auch: sich zusammensetzen

Beschaffenheit 1. *Qualität*, die (lat., Pl. -en) z. B. die e. Ware 2. *Kondition*, die (lat., Pl. -en) 3. *Konstitution*, die (lat., Pl. -en) körperliche u. seelische Verfassung, der Boxer war in prächtiger Konstitution

Beschäftigung *Job*, der (engl., Pl. -s) i. S. e. kurzzeitigen Tätigkeit

Beschäftigungstherapie *Ergotherapie*, die (gr., Pl. ...ien)

Beschälseuche *Dourine*, die (fr., Pl. -n)

durch Trypanosomen verursachte Geschlechtskrankheit bei Eseln u. Pferden

beschämen *blamieren* (gr.-fr.-lat.) bei diesem Auftritt hatte er sich unsterblich blamiert; »Jeder blamiert sich so gut, wie er kann.«

beschämend *blamabel* (gr.-lat.) sein Benehmen ist einfach blamabel

Beschämung *Blamage*, die (gr.-lat.-fr., Pl. -n) das Verhalten Dr. Uwe Barschels war für Partei u. Familie e. Blamage

beschaulich 1. *idyllisch* (lat.-gr.) e. idyllisches Landschaftsbild 2. *kontemplativ* (lat.) i. S. von besinnlich; nicht verw. mit *kontemporär* (lat.) zeitgenössisch

Beschaulichkeit *Kontemplation*, die (lat., Pl. -en) auch: Versunkenheit in Gott

bescheiden 1. *sedat* (lat.) e. sedater junger Mann, nicht verw. mit *sedentär* (lat.) seßhaft 2. *frugal* (lat.) einfach

Bescheidenheit *Frugalität*, die (lat., ohne Pl.) Genügsamkeit, Einfachheit (auf Speisen bezogen)

Bescheidenheit, neue ... *Lessness*, das (engl., ohne Pl.) die Forderung, aus wenig möglichst viel zu machen, Übergangsphase der Überfluß- zur Überdrußgesellschaft

bescheinigen 1. *testieren* (lat.) 2. *attestieren* (lat.) der Arzt attestiert Arbeitsunfähigkeit 3. *quittieren* (lat.-fr.) e. Rechnung quittieren lassen

Bescheinigung 1. *Attest*, das (lat., Pl. -e) 2. *Zertifikat*, das (lat., Pl. -e) 3. *Dokument*, das (lat., Pl. -e) 4. *Legitimation*, die (lat.-fr., Pl. -en) nicht verw. mit *Legislation*, die (lat.) Gesetzgebung; auch: *Legislatur*, die (lat.)

Beschenkter *Donatar*, der (lat., Pl. -e) Donatar ist die Stiftung »Jugend forscht«

beschicken ... *chargieren* (fr.) ... e. Reaktor mit Brennstoff; auch: e. Nebenrolle spielen

beschießen *torpedieren* (lat.) mit Torpedos beschießen

beschimpfen 1. *insultieren* (lat.) 2. *diffamieren* (lat.) verunglimpfen 3. *diskreditieren* (lat.-fr.-it.) nicht verw. mit *diskulpieren* (lat.-fr.) entschuldigen, rechtfertigen

Beschimpfen, das gegenseitige ... von Internet-Benutzern *Flaming*, das (engl.-am., ohne Pl.)

Beschimpfung *Diffamierung*, die (lat.-fr.,

Pl. -en) der Bericht war e. Diffamierung redlicher Unternehmer

beschlagen ... *hip* (engl.) ... in allem, was modern ist

Beschlagnahme 1. *Embargo*, das (lat.-sp., Pl. -s) z. B. e. Schiffsladung durch e. Staat 2. *Konfiskation*, die (lat., Pl. -en) e. staatliche Beschlagnahme, Konfiskation unverzollter Waren

beschlagnahmen 1. *konfiszieren* (lat.) die Polizei konfiszierte bündelweise Falschgeld 2. *okkupieren* (lat.) feindliche Truppen okkupierten grenznahes Gebiet 3. *requirieren* (lat.) Beschlagnahme privater Fahrzeuge für das Militär in Kriegszeiten

beschleunigen 1. *forcieren* (lat.-fr.) die Baumaßnahme muß endlich forciert werden 2. *akzelerieren* (lat.) der Freifallspringer akzelerierte auf 180 km pro Stunde

beschleunigend *accelerando* (lat.-it.) musik. Vortragsanw.

Beschleuniger *Akzelerator*, der (lat., Pl. ...oren) Bez. aus der Kernphysik: Teilchenbeschleuniger

beschleunigt *frequent* (lat.) med. z. B. der Puls

Beschleunigung *Akzeleration*, die (lat., Pl. -en) Zunahme der Fallgeschwindigkeit z. B. beim Fallschirmspringen

Beschleunigungsrennen *Dragracing*, das (engl.-am., Pl. -s) bes. in den USA

Beschluß 1. *Dekret*, das (lat., Pl. -e) e. behördliche Verfügung 2. *Resolution*, die (lat., Pl. -en) in New York faßte die UN e. Resolution gegen den Irak

Beschlußfähigkeit *Quorum*, das (lat., Pl. -s); nicht verw. mit *»quos ego!«* Einhalt gebietender Zuruf Neptuns an die See

Beschmieren freier Flächen *Bombing*, das (engl., ohne Pl.) auch: illegales Graffitisprayen; das Zuschütten von E-Mail-Adressen mit Werbung

Beschmutzungsangst *Mysophobie*, die (gr., ohne Pl.) krankhafte Angst vor Beschmutzung (med.)

Beschneidung *Zirkumzision*, die (lat., Pl. -en) der Vorhaut wird meist aus religiösen Gründen vorgenommen

beschönigen *frisieren* (fr.) bisweilen werden Bilanzen in betrügerischer Absicht »frisiert«

beschönigend *euphemistisch* (gr.-lat.) i. S. von umschreibend; z. B. die katastrophale Situation e. Unternehmens mit »ernst« umschreiben; auch: verhüllend

beschränken 1. *limitieren* (lat.) die Auflage e. wertvollen Drucks ist limitiert 2. *rationieren* (lat.) haushälterisch einteilen 3. *komprimieren* (lat.) verdichten, auf das Wesentliche beschränken

beschränkend 1. *derogativ* (lat.) 2. *derogatorisch* (lat.) auch: aufhebend 3. *restriktiv* (lat.) einengend

beschränkt 1. *borniert* (fr.) »Wir alle sind so borniert, daß wir immer glauben, recht zu haben.« (Johann Wolfgang von Goethe) 2. *stupide* (lat.-fr.) dumm; nicht verw. mit *stuprieren* (lat.) vergewaltigen

Beschränktheit *Provinzialismus*, der (lat., Pl. ...men) e. spießige Einstellung

Beschränkung 1. *Limitation*, die (lat., Pl. -en) 2. *Restriktion*, die (lat., Pl. -en) z. B. Importrestriktionen gegenüber preiswerter ausländischer Ware

beschreiben 1. *charakterisieren* (gr.-fr.-lat.) 2. *interpretieren* (lat.) z. B. e. Text auslegen 3. *skizzieren* (it.) andeuten, e. Skizze anfertigen

beschreibend *deskriptiv* (lat.)

Beschreibung der wirtschafts- u. sozialpolitischen Bevölkerungsbewegung *Demographie*, die (gr.-lat., Pl. ...ien)

Beschreibung *Deskription*, die (lat., Pl. -en)

beschriften *textieren* (lat.)

Beschriftung *Text*, der (lat., Pl. -e) auch: »weiter im Text« für fortfahren

beschuldigen *inkriminieren* (lat.) sich zu Unrecht inkriminiert fühlen

beschuldigen, ungerechtfertigt ... *imputieren* (lat.)

Beschuldigung *Insimulation*, die (lat., Pl. -en) e. grundlose

Beschuldigung, ungerechtfertigte ... *Imputation*, die (lat., Pl. -en) auch: Grundbegriff der christlichen Gnadenlehre

Beschützer 1. *Patron*, der (lat., Pl. -e) Schutzpatron der Piloten ist der heilige Christophorus 2. *Protektor*, der (lat., Pl. -en) i. S. von Schutzherr

Beschützerin *Patrona*, die (lat., Pl. ...nä)

Beschwerde 1. *Reklamation*, die (lat., Pl. -en) wenn Kunden unzufrieden sind, häufen sich die Reklamationen 2. *Rekurs*, der (lat., Pl. -e) auch Rückgriff

Beschwerdeführer *Reklamant*, der (lat., Pl. -en)

Beschwerden 1. *Molesten*, die (lat., Pl.) auch: Belästigungen 2. *Molimen*, das (lat., Pl. ...mina) Schmerzen (med.) 3. *Tormina*, die (lat., Pl.) auch: Bauchgrimmen (med.)

Beschwerden der Frau vor der Monatsblutung *prämenstruelles Syndrom*, das (gr.-lat., Pl. ...ellen, -e) kurz: PMS

Beschwerden nach Langstreckenflügen ... *Jetlag*, der (engl., Pl. -s) ... infolge des Zeitunterschiedes

Beschwerderecht *Petitionsrecht*, das (lat.-dt., Pl. -e) Recht, sich mit Beschwerden direkt an das Staatsoberhaupt zu wenden

beschweren 1. *querulieren* (lat.) nörgeln, von *Querulant*, der (lat. Pl. -en) Quengler 2. *reklamieren* (lat.) Kunden reklamieren mangelhafte Waren u. Leistungen

beschwerlich *strapaziös* (it.-fr.)

Beschwerlichkeit *Strapaze*, die (it., Pl. -n) die Saharaexpedition war e. Strapaze

Beschwichtigung *Appeasement*, das (engl., Pl. -s) Beruhigung, Neigung zur Nachgiebigkeitspolitik

beschwören *exorzieren* (gr.-lat.) böse Geister austreiben; Erzbischof Emmanuel Milingo aus Sambia ist e. bekannter Exorzist

Beschwörung *Inkantation*, die (lat., Pl. -en) ... durch e. Zauberformel; auch: Bezauberung

beseelt *animato* (lat.-it.) musik. Vortragsanw.

beseitigen 1. *eliminieren* (lat.) z. B. Fehler oder Gegner eliminieren 2. *liquidieren* (lat.-it.) Gegner liquidieren (umbringen) 3. *lynchen* (engl.) jmdn. für e. Tat ohne Urteil e. Gerichtes töten, nach nordam. Friedensrichter Charles Lynch: Lynchjustiz 4. *neutralisieren* (lat.) unwirksam machen

beseitigen, e. Computerfehler ... *debuggen* (engl.) auch: entwanzen

Beseitigung *Elimination*, die (lat., Pl. -en)

Besessenheit 1. *Manie*, die (gr.-lat., Pl. ...ien) z. B. Kleptomanie, krankhafter Zwang zu stehlen 2. *Obsession*, die (lat., Pl. -en) »Einschließung«, Zwangsvorstellung; nicht verw. mit *Observation*, die (lat., Pl. -en) Beobachtung

Besessenheit, krankhafte … von e. Idee *Monomanie*, die (gr.-lat., Pl. …ien) auch: Einzelwahn

besetzen *okkupieren* (lat.) e. fremdes Gebiet okkupieren

besetzt *reserviert* (lat.) der Platz ist schon reserviert

Besetzung *Okkupation*, die (lat., Pl. -en) z. B. e. fremdes Gebiet

besichtigen 1. *inspizieren* (lat.) 2. *visitieren* (lat.-fr.) besuchen

Besichtigung *Inspektion*, die (lat., Pl. -en) das Fahrzeug zur Inspektion bringen

Besichtigungsfahrt *Sightseeing-Tour*, die (engl.-dt., Pl. -en)

Besiegten, wehe den …! *vae victis!* (lat., Zitat: Brennus um 390 v. Chr.)

besinnlich *kontemplativ* (lat.) in Gedanken versunken

Besinnung auf archaisch-spirituelle Methoden *Neo-Schamanismus*, der (lat.-sanskr., ohne Pl.) von: Schamane (Zauberpriester), der im Mittelpunkt des magischen Rituals steht; die Rückbesinnung auf den Urmythos der Menschheit ist in der Kunst- u. Kulturszene zu beobachten; Verkünder: Leonard Jeffries u. Martin Bernal

Besinnung auf vergangene Zeiten *Nostalgie*, die (gr.-lat., Pl. …ien) »Das Gerüst, das von Berti Vogts mit alten Champions u. Nostalgie nach dem alten Fußball aufgestellt war, ist krachend eingestürzt.« (La Repubblica, Italien, zur dt. Niederlage, 1998)

Besitz, glücklich, wer im … ist! *beati possidentes!* (lat., Zitat, Horaz)

Besitz, größerer … an Büchern *Bibliothek*, die (gr., Pl. -en) auch: Bücherei; die älteste Bibliothek ließ König Assurbanipal von Assyrien um 640 v. Chr. in Ninive anlegen

besitzanzeigend *possessiv* (lat.) Possessivpronomen (besitzanzeigendes Fürwort)

Besitzaufgabe *Dereliktion*, die (lat., Pl. -en)

Besitzentzug *Eviktion*, die (lat., Pl. -en) durch e. richterliches Urteil erwirkt

Besitzer *Padrone*, der (it.-lat., Pl. …ni)

Besitzer von Milliarden *Milliardär*, der (lat., Pl. -e) steinreicher Mann; »Ein Milliardär ist e. Mann, der auch mal ganz klein als Millionär angefangen hat.« (Jerry Lewis)

Besitzergreifung 1. *Appropriation*, die (lat., Pl. -en); nicht verw. mit *Approximation*, die (lat., Pl. -en) Näherungswert 2. *Okkupation*, die (lat., Pl. -en) militärische Besetzung 3. *Usurpation*, die (lat., Pl. -en) widerrechtliche Inbesitznahme, von *Usurpator*, der (lat., Pl. -en) Thronräuber

besoffen 1. *molum* (hebr.) Gaunersprache für betrunken 2. *stoned* (engl.)

Besonderheit 1. *Originalität*, die (fr.-lat., ohne Pl.) e. Person von besonderer Originalität sein 2. *Spezialität*, die (lat.-fr., Pl. -en) Froschschenkel sind e. Spezialität des Hauses, Spezialitätenrestaurant 3. *Finesse*, die (lat.-fr., Pl. -n) selten: Raffinesse 4. *Singularität*, die (lat., Pl. -en) 5. *Spezifikum*, das (lat., Pl. …ka)

**Besonderheit, witzige … ** *Gag*, der (engl.-am., Pl. -s) eigtl.: Knebel; auch: bes. Einfall. »Früher waren die Gags in der SPD besser.« (Bruno Jonas, Kabarettist)

besonders 1. *extra* (lat.) für e. Auftritt extra vorbereiten 2. *speziell* (lat.-fr.) spezielle Vorlieben haben; »Ich bin e. Sonderanfertigung, speziell für Österreich.« (Jörg Haider, Chef der FPÖ, 1997); Ggs.: generell 3. *spezifisch* (lat.-fr.) auch: arteigen

besonders, nicht 1. *banal*, (germ.-fr.) auch: enttäuschend 2. *ordinär* (lat.-fr.) unfein 3. *profan* (lat.) i. S. von unheilig 4. *trivial* (lat.-fr.) »jedermann zugänglich«, unbedeutend

Besonnenheit *Sophrosyne*, die (gr., ohne Pl.) in der Antike die Tugend der Selbstbeherrschung u. Mäßigung; Sieg über die Begierde

besprechen 1. *debattieren* (fr.) erörtern 2. *diskutieren* (lat.); nicht verw. mit *diskulpieren* (lat.-fr.) entschuldigen oder *diskurrieren* (lat.) heftig erörtern

**besprechen, sich … ** *konsultieren* (lat.) auch: Rat einholen

Besprechung 1. *Rezension*, die (lat., Pl. -en) z. B. von Büchern 2. *Kritik*, die (gr., Pl. -en) »Das ist unter aller Kritik!« »Das ist klarste Kritik, wenn neben das, was ihm mißfällt, einer was Eignes, Besseres stellt.« (E. Geibel) 3. *Debatte*, die (lat.-fr., Pl. -n) Parlamentsdebatte, bitte keine langen Debatten halten 4. *Diskussion*, die (lat., Pl. -en) Erörterung, Aussprache 5. *Diskurs*, der (lat., Pl. -e) i. S. e. Abhandlung, Unterhaltung 6. *Konferenz*, die (lat., Pl. -en) auch: Tagung 7. *Kongreß*, der (lat., Pl. ...gresse) i. S. e. fachlichen Tagung 8. *Symposion* u. *Symposium*, das (gr., Pl. ...ien) mit Trinkgelage u. Unterhaltung gestaltetes Gastmahl der Hellenen, heute: Tagung von Wissenschaftlern

Besprechung, diplomatische ... *Pourparler*, das (fr., Pl. -s) Meinungsaustausch

Besprengung mit Weihwasser *Aspersion*, die (lat.)

Besserung *Korrektion*, die (lat., Pl. -en) Verbesserung, auch: Regelung z. B. in der Augenoptik (med.)

Besserung, auf dem Wege der ... *rekonvaleszent* (lat.)

besserwisserisch reden *dozieren* (lat.) auch: an e. Hochschule lehren

Bestallungsurkunde *Patent*, das (lat., Pl. -e) Kapitänspatent

Bestand 1. *Fundus*, der (lat., ohne Pl.) e. Museum mit e. enormen Fundus an asiatischer Kunst 2. *Inventar*, das (lat., Pl. -e) Vermögenswerte e. Betriebes

beständig 1. *resistent* (lat.); nicht verw. mit *resistieren* (lat.) widerstehen 2. *konstant* (lat.) unveränderlich, etwas mit konstanter Bosheit tun 3. *immun* (lat.) »frei von Leistungen«; für Krankheiten unempfänglich; auch: unter dem Rechtsschutz stehen 4. *konsistent* (lat.) in sich stabil; auch: dickflüssig 5. *robust* (lat.) »aus Hartholz«; widerstandsfähig 6. *stabil* (lat.) auch: sich im Gleichgewicht haltend

Beständigkeit 1. *Konstanz*, die (lat., ohne Pl.) 2. *Stabilität*, die (lat., ohne Pl.) auch: Dauerhaftigkeit; »Ich stehe für ökonomische Stabilität ...« (Gerhard Schröder, Bundeskanzler, 1998)

Bestandsaufnahme *Inventur*, die (lat., Pl. -en) einmal jährlich muß jede Firma e. körperliche Inventur vornehmen

Bestandsfestigung *Konsolidierung*, die (lat., Pl. -en). »Alle warten auf die Konsolidierung des Haushalts, aber wehe, sie kommt.« (Peer Steinbrück, Finanzminister, 2006)

Bestandsverringerung *Desinvestition*, die (lat., Pl. -en) Ggs.: Investition

Bestandsverzeichnis *Inventar*, das (lat., Pl.

-e) e. Verzeichnis aller Vermögenswerte e. Unternehmens

Bestandteil 1. *Ingredienz*, die (lat., Pl. -en) i. S. von Teigzutat für e. Kuchen 2. *Element*, das (lat., Pl. -e) Grundbausteine der Natur, vier Elemente nach der Philosophie des Griechen Empedokles: Feuer, Wasser, Luft u. Erde; Körper, Seele u. Geist sind die Elemente der Welt (Novalis) 3. *Komponente*, die (lat., Pl. -n) z. B. Maschinenbau-Komponente

Bestandteil des Milchzuckers *Galaktose*, die (gr., Pl. -n)

Bestandteil von E-Mail-Adressen @ = at (engl.) auch: Zugehörigkeitszeichen zum »Clan der Cyberspace-Einwohner«

Bestandteil, fremdsprachlicher ... e. Sprache *Adstrat*, das (lat., Pl. -e) ... der auf den Einfluß e. Nachbarlandes zurückzuführen ist

bestätigen 1. *legalisieren* (lat.) e. wilde Ehe wird durch Heirat legalisiert 2. *approbieren* (lat.) Zulassung e. Mediziners als Arzt 3. *quittieren* (lat.-fr.) z. B. den Empfang e. Ware quittieren 4. *ratifizieren* (lat.) z. B. e. völkerrechtlichen Vertrag 5. *sanktionieren* (lat.-fr.) gutheißen, Gesetzeskraft erteilen 6. *testieren* (lat.) z. B. gute Leistung testieren 7. *verifizieren* (lat.) Redaktionen verifizieren Fakten e. Artikels; Ggs.: falsifizieren

Bestätigung 1. *Legalisation*, die (lat., Pl. -en) 2. *Testat*, das (lat., Pl. -e) 3. *Plazet*, das (lat., Pl. -s) »es gefällt«, Zustimmung; nicht verw. mit *Plazidität*, die Sanftheit 4. *Akklamation*, die (lat., Pl. -en) »Zuruf«, beistimmender Zuruf bei Parlamentsbeschlüssen 5. *Affirmation*, die (lat., Pl. -en) Zustimmung; Ggs.: Negation 6. *Ratifikation*, die (lat., Pl. -en) Genehmigung

bestaunt werden wollen *imponieren* (lat.-fr.) Eindruck machen

Beste 1. *Nonplusultra*, das (lat., ohne Pl.) 2. *Optimum*, das (lat., Pl. ...ma) nicht nur der Künstler strebt nach dem Optimum

bestechen *korrumpieren* (lat.) Beamte müssen besonders darauf achten, daß sie sich nicht korrumpieren lassen

bestechlich *korrupt* (lat.) korrupte Politiker ruinieren den Staat

Bestechlichkeit *Korruption*, die (lat., Pl. -en)

Bestechung *Korruption*, die (lat., Pl. -en) ist in manchen Ländern gang u. gäbe

Bestechungsgeld *Bakschisch*, das (per., nur Pl.) kleine Beträge; auch: Trinkgeld

bestehen 1. *absolvieren* (lat.) e. Studium absolvieren 2. *existieren* (lat.) i. S. von vorhanden sein 3. *kaprizieren* (lat.-it.-fr.) »sich auf etwas kaprizieren« 4. *insistieren* (lat.) beharren; nicht verw. mit *inskribieren* (lat.) sich an e. Universität einschreiben (auch: immatrikulieren)

bestehen auf etwas ... 1. *insistieren* (lat.) 2. *kaprizieren* (lat.-it.-fr.) i. S. von: sich auf etwas kaprizieren

bestehenbleiben *persistrieren* (lat.) med. von Krankheiten

bestellen 1. *ordern* (lat.-fr.) z. B. Waren ordern 2. *abonnieren* (fr.) z. B. Illustrierten abonnieren (regelmäßig kommen lassen)

Bestellung 1. *Order*, die (lat.-fr., ohne Pl.) 2. *Subskription*, die (lat., Pl. -en) Vorbestellung von später erscheinenden Büchern; nicht verw. mit *Subskribent*, der (lat., Pl. -en) Unterzeichner von Bestellungen noch nicht erschienener Bücher

Bestellung von Ware *Kommission*, die (lat., Pl. -en) auch: Ausschuß. »Hätte man bei der Erschaffung der Welt e. Kommission eingesetzt, wäre sie heute noch nicht fertig.« (Georg Bernard Shaw, irischer Dramatiker)

Bestfall *Optimum*, das (lat., Pl. ...ma) »Das Optimum ist gerade gut genug!«

Bestform *Fitneß*, die (engl.-am., kein Pl.) Leistungsfähigkeit, gute Verfassung

bestimmen 1. *designieren* (lat.) z. B. der designierte Wirtschaftsminister brachte neue Impulse 2. *orientieren* (lat.-fr.) der dichte Nebel machte den Fahrer orientierungslos 3. *definieren* (lat.) 4. *fixieren* (lat.-fr.) i. S. von schriftlich niederlegen, festhalten 5. *reglementieren* (lat.-fr.) durch Vorschriften regeln 6. *determinieren* (lat.) auch: begrenzen 7. *nominieren* (lat.) ernennen, für e. Amt vorschlagen

bestimmend 1. *fundamental* (lat.) i. S. von grundlegend; auch: *Fundamentalismus*, der (lat.-engl.) theologische Richtung, die sich gegen Bibelkritik u. Naturwissenschaften richtet 2. *konstitutiv* (lat.) 3. *substantiell* (lat.) wesentlich; nicht verw. mit *substantiieren* (lat.) begründen

bestimmt 1. *apodiktisch* (gr.-lat.) i. S. von unumstößlich, e. apodiktische Meinung vertreten; auch: widerspruchslos; nicht etwa: »apodiktatorisch« 2. *dezidiert* (lat.) entschieden 3. *kategorisch* (gr.-lat.) z. B. »Kategorischer Imperativ«: unbedingtes, ethisches Gesetz (I. Kant) 4. *konsequent* (lat.) i. S. von zwingend, konsequentes Handeln 5. *resolut* (lat.-fr.)

Bestimmtheit *Determiniertheit*, die (lat.-dt., Pl. -en)

Bestimmung 1. *Definition*, die (lat., Pl. -en) i. S. e. genauen Bestimmung e. Begriffes; »Die Welt hat nie e. gute Definition für das Wort Freiheit gefunden.« (Abraham Lincoln) 2. *Destination*, die (lat., Pl. -en) auch: Endzweck

Bestimmungen, *Reglement*, das (lat.-fr., Pl. -s) i. S. e. Gesamtheit von Vorschriften u. Bestimmungen

bestimmungsgemäß *reglementarisch* (fr.-dt.) der Vorschrift gemäß

Bestleistung *Rekord*, der (lat.-fr.-engl., Pl. -e) Jens Weißflog stellte e. neuen Rekord im Skispringen auf

bestmöglich *optimal* (lat.) die Veranstaltung klappte optimal

bestrafen *pönalisieren* (lat.) unter Strafe stellen, z. B. Pferde, die nicht springen wollen

Bestrafung *Pönalisierung*, die (lat.-dt., Pl. -en) z. B. Springpferde

Bestrahlungsgerät *Gammatron*, das (gr., Pl. ...one) zur Behandlung von Tumoren (med.)

Bestrahlungszeit *Toleranzdosis*, die (lat.-gr., Pl. ...dosen) die zulässige Bestrahlungszeit wird amtlich festgelegt

Bestreben 1. *Intention*, die (lat., Pl. -en) seine Intentionen sind nicht wirtschaftlicher, sondern künstlerischer Natur 2. *Tendenz*, die (lat.-fr., Pl. -en)

Bestrebung 1. *Aspiration*, die (lat., Pl. -en) Hoffnung; auch: Ansaugen von Flüssigkeiten beim Einatmen (med.) 2. *Intention*, die (lat., Pl. -en) auch: Absicht, Vorhaben 3. *Interesse*, das (lat.-fr., Pl. -n) auch: Anteilnahme, Aufmerksamkeit; Ggs.: Desinteresse

bestreiten 1. *dementieren* (lat.-fr.) der Kanzler ließ die Pressemitteilung sofort dementieren; von: *Dementi*, das (lat., Pl.

-s) offizieller Widerruf; »E. Dementi ist die verneinende Bestätigung e. Nachricht, die bisher e. Gerücht war.« (R. Peyrefitte) 2. *kontestieren* (lat.) anfechten 3. *negieren* (lat.) ablehnen, verneinen

bestürzt 1. *konsterniert* (lat.) der Durchfallskandidat machte e. konsternierten Eindruck 2. *perplex* (lat.-fr.) über e. Situation völlig perplex sein

Bestürzung 1. *Konsternation*, die (lat., Pl. -en) 2. *Perplexität*, die (lat.-fr., Pl. -en)

Bestwert *Optimum*, das (lat., Pl. ...ma) bestrebt sein, das Optimum zu erreichen

Besuch *Visite*, die (lat.-fr., Pl. -n) Arztvisite, Visitenkarte

Besuch, kurzer ... *Visite*, die (lat.-fr., Pl. -n) Krankenbesuch e. Arztes

besuchen *frequentieren* (lat.) die Bücherei wird gut frequentiert

Besucherschaft *Publikum*, das (lat., ohne Pl.) »Das Publikum beklatscht e. Feuerwerk, aber keinen Sonnenaufgang.« (F. Hebbel)

Besucherzahl *Frequenz*, die (lat., Pl. -en) Häufigkeit; Anzahl der Herzschläge, Herzfrequenz

Besuchstag *At-Home*, das (engl., ohne Pl.) auch: Empfangstag

Besuchszimmer *Salon*, der (germ.-it.-fr., Pl. -s)

betasten *palpieren* (lat.) med., Abtasten des Körpers durch den Arzt

betastend *palpatorisch* (lat.) med.

Betastung *Palpation*, die (lat., Pl. -en) med.

Betätigung, geschlechtliche ... *Sex*, der (lat.-engl., ohne Pl.) Geschlechtsverkehr. »Meine Mutter hatte keinen Sex.« (Franz J. Wagner, Kolumnist der Bild, 2006)

Betätigungsdrang *Hyperbulie*, die (gr., ohne Pl.) ... krankhafter (med.) Ggs.: Hypobulie

betäuben *narkotisieren* (gr.-lat.) e. Narkose verabreichen

betäubend *narkotisch* (gr.) die Betelnuß hat e. narkotische Wirkung

Betäubung 1. *Anästhesie*, die (gr.-lat., Pl. ...ien) med., Anästhesist, der Narkosefacharzt 2. *Narkose*, die (gr., Pl. -n) med., Dr. Eisenbarth verabreichte die Holzhammernarkose

Betäubung, örtliche ... *Lokalanästhesie*, die (lat.-gr., Pl. ...ien) »Liebe ist Anregung für das Herz unter gleichzeitiger Lokalanästhesie des Verstandes.« (Sacha Guitry)

Betäubungsmittel *Narkotikum*, das (gr.-lat., Pl. ...ka) med., Morphium ist e. Narkotikum, i. S. von Rauschmittel

Betäubungsmittelsucht *Narkomanie*, die (gr., ohne Pl.) krankhaftes Verlangen z. B. nach Schlafmitteln

Bete u. arbeite! *»ora et labora!«* (lat.)

beteiligen *involvieren* (lat.) auch: verwikkeln

Beteiligungsgesellschaft *Pool*, der (engl., Pl. -s) Zusammenfassung von Aktivitäten, Vereinigung; auch: Kurzform für Swimmingpool, der (engl., Pl. -s) Schwimmbecken

Betelpalme *Areca catechu*, die (lat., ohne Pl.) die Frucht: Betelnuß bindet die psychoaktiven Wirkstoffe (Arecaidin, Arecolin)

beten, laßt uns ...! *oremus!* (lat.) Aufforderung des kath. Priesters

betiteln *titulieren* (lat.) jmdn. als »Blödmann« titulieren

Betitelung *Titulatur*, die (lat., Pl. -en) Rangbezeichnung

betonen 1. *demonstrativ* (lat.) z. B. e. demonstratives Bekenntnis ablegen 2. *ostentativ* (lat.) die Studenten pfiffen ostentativ im Hörsaal; nicht verw. mit *ostentiös* (lat.) prahlerisch 3. *pointiert* (lat.-fr.) etwas pointiert fordern 4. *sforzato* (lat.-it.) musik. Vortragsanw. 5. *akzentuieren* (lat.)

betont 1. *pointiert* (lat.-fr.) 2. *akzentuiert* (lat.) 3. *ostentativ* (lat.) i. S. von zur Schau gestellt 4. *plakativ* (niederl.-fr.) auffallend 5. *prononciert* (lat.-fr.) i. S. von deutlich ausgesprochen

Betonung 1. *Akzent*, der (lat., Pl. -e) nach der Wahl neue Akzente setzen 2. *Iktus*, der (lat., Pl. ...ten) »Stoß, Schlag« i. S. von Betonung im Vers

Betonungszeichen 1. *Accent grave*, der (lat.-fr., Pl. -s) 2. *Accent aigu*, der (lat.-fr., Pl. -s) 3. *Accent circonflexe* (lat.-fr., Pl. -s)

betören *bezirzen* (gr.-lat.-dt.) bezaubern, nach der sagenhaften gr. Zauberin Circe

betrachten 1. *meditieren* (lat.) sinnen; hingeben 2. *ventilieren* (lat.) lüften; auch: erwägen 3. *volvieren* (lat.) auch: rollen, wikkeln; durchdenken

Betrachter der künstlichen ... *Cybernaut*,

der (gr.-lat.-engl.-am., Pl. -s) … vom Computer entworfenen Welt

beträchtlich 1. *fundamental* (lat.) 2. *gravierend* (lat.) i. S. von einschneidend, gravierende Maßnahmen ergreifen

Betrachtung 1. *Meditation*, die (lat., Pl. -en) der buddhistische Mönch war in e. tiefe Meditation versunken 2. *Reflexion*, die (lat., Pl. -en) er lernte aus der Reflexion des Erlebten

Betrachtungsweise 1. *Aspekt*, der (lat., Pl. -e) etwas unter e. bes. Aspekt sehen 2. *Perspektive*, die (lat., Pl. -n) i. S. von Blickwinkel

Betrachtungsweise aus diversen Blickwinkeln *Multiperspektivik*, die (lat., ohne Pl.) gemeint ist die Fähigkeit, z. B. Probleme von verschiedenen Gesichtspunkten aus zu beurteilen

Betrag *Defizit*, das (lat.-fr., Pl. -e) fehlender Betrag, Handelsbilanz-Defizit, Haushaltsdefizit; aber auch: e. Defizit an Schlaf haben

Betrag, lächerlich kleiner … *Peanuts*, die (engl., nur Pl.) eigtl.: Erdnüsse; während der Schneider-Pleite bezeichnete der Leiter der Deutschen Bank Kopper e. Betrag von 30 Millionen DM als »Peanuts«, damit wurde es das »Unwort 1994«

betreffen *tangieren* (lat.) berühren; e. Angelegenheit, die mich nicht tangiert

betreffs *in puncto* (lat.) in puncto Sparmaßnahmen ist man sich einig

betreiben 1. *forcieren* (lat.-fr.) die Baumaßnahme ist jetzt zu forcieren 2. *kultivieren* (lat.-fr.) verfeinern

betreuen *redigieren* (lat.-fr.) e. Text bearbeiten

Betreuer 1. *Coach*, der (engl., Pl. -s) e. Sportlers 2. *Sekundant*, der (lat.-fr., Pl. -en) Zeuge bei e. Duell, Helfer; auch: Betreuer in e. schlagenden Studentenverbindung; nicht verw. mit *Sekundaner*, der (lat., nur Pl.) Schüler e. Gymnasiums in der Sekunda-Klasse, z. B. Obersekunda: 6. Klasse

Betreuerin 1. *Hosteß*, die (engl., Pl. -essen) junge weibliche Person, die z. B. auf Messen betreut; bisweilen auch Prostituierte 2. *Stewardeß*, die (engl., Pl. -essen) Betreuerin auf Schiffen oder Flugzeugen

Betreuung *Coaching*, das (engl., ohne Pl.) z. B. während der Wettkämpfe

Betrieb 1. *Fabrik*, die (lat., Pl. -en) 2. *Firma*, die (it., Pl. …men) 3. *Etablissement*, das (fr., Pl. -s) auch: Vergnügungsstätte, Nachtlokal oder Bordell

betriebsam *hektisch* (gr.-lat.) auf dem Hauptbahnhof ging es hektisch zu

Betriebsamkeit 1. *Aktivität*, die (lat., ohne Pl.) 2. *Hektik*, die (gr.-lat., ohne Pl.)

Betriebsausflug *Get-together*, das (engl., ohne Pl.) auch: Jahresfeier

Betriebsführung *Management*, das (it.-lat.-engl.-am., Pl. -s) das florierende Unternehmen hat e. gutes Management

Betriebssystem für die kleinsten Computer *Windows CE*, das (Eigenn., engl., ohne Pl.) Windows 95 angelehnte Version von Microsoft

betroffen 1. *konsterniert* (lat.) nach e. bes. Ereignis konsterniert sein 2. *perplex* (lat.-fr.) e. perplexen Eindruck machen

Betrug *Defraudation*, die (lat., Pl. -en) Unterschlagung bes. von Steuern oder Zollabgaben

betrügen 1. *corriger la fortune* (fr.) nicht ganz legal dem Glück nachhelfen 2. *defraudieren* (lat.) unterschlagen

Betrüger 1. *Defraudant*, der (lat., Pl. -en) 2. *Fallot*, der (fr., Pl. -en) 3. *Halunke*, der (tschech., Pl. -n)

betrunken *alkoholisiert* (arab.) i. S. von: angetrunken

Betsaal *Oratorium*, das (lat., Pl. …rien) im Kloster, auch opernartiges Musikwerk, meist mit biblischem Inhalt; nicht verw. mit *Oratorianer*, der (lat.) Angehöriger e. kath. Weltpriestervereinigung

Bett, zweischläfriges großes Bett *Grand lit*, das (fr., Pl. -s)

Bettbezug *Couvert*, das (fr., Pl. -s)

Bettelmönch 1. *Mendikant*, der (lat., Pl. -en) 2. *Terminant*, der (lat., Pl. -en); nicht verw. mit *Terminator*, der (lat., Pl. …oren) Grenzlinie zwischen dem beleuchteten u. dem schattigen Teil des Mondes oder e. Planeten; auch: »Der Terminator«, Film mit Arnold Schwarzenegger 3. *Fakir*, der (arab., Pl. -e) in Indien u. islamischen Ländern 4. *Komoso*, der (jap., ohne Pl.)

Bettelmönch, brahmanischer … *Bhikschu*, der (sanskr., Pl. -s) gilt als vierte Stufe des Brahmanentums

Bettelmönch, buddhistischer ... *Bhikku*, der (sanskr., Pl. -s) »Bettler«

Betthimmel *Baldachin*, der (it., Pl. -e) auch: steinerner Überbau über e. Altar

Bettler in Nepal *Lazzarone*, der (lat.-it., Pl. -n, -s)

Bettlersprache *Argot*, der o. das (fr., ohne Pl.) Sondersprache e. sozialen Randgruppe; *Jargon*, der (fr., Pl. -s)

Bettnässen *Enurese*, die (gr.-lat., ohne Pl.) med., meist bei Kindern

Bettnässer *Enuretiker*, der (gr.-lat., Pl. -)

Bettnische *Alkoven*, der (arab., Pl. -)

Bettstelle auf Schiffen *Koje*, die (niederl., Pl. -n)

beugbar *deklinabel* (lat.) von deklinieren: Substantive, Adjektive, Pronomen, Numeralia in ihren Formen abwandeln (beugen)

Beugemuskel *Flexor*, der (lat., Pl. ...oren) med.

Beugemuskel des Oberarmes *Bizeps*, der (lat., Pl. -e)

beugen 1. *deklinieren* (lat.) Hauptwörter, Adjektive, Pronomen in ihren Formen abwandeln 2. *konjugieren* (lat.) e. Verb beugen

Beugung *Deklination*, die (lat., Pl. -en)

Beugungsfall *Kasus*, der (lat., ohne Pl.) z. B. Dativ o. Akkusativ

beunruhigen *irritieren* (lat.) z. B. durch Zwischenrufe irritiert werden

beunruhigend *alarmierend* (lat.-it.) alarmierende Nachrichten vom Putsch in Nigeria

Beunruhigung *Alarm*, der (lat.-it., Pl. -e) Warnung bei Gefahr; eigtl.: zu den Waffen

beurkunden *dokumentieren* (lat.)

beurlauben 1. *dispensieren* (lat.) wegen des Verdachtes der Bestechlichkeit wurde der Beamte vom Dienst dispensiert, alsdann 2. *suspendiert* (lat.) einstweilen des Dienstes enthoben

beurteilen 1. *evaluieren* (lat.-fr.) bewerten 2. *zensieren* (lat.) i. S. von benoten

Beurteiler *Kritiker*, der (lat., Pl. -)

Beurteiler, behördlicher ... *Zensor*, der (lat., Pl. -en) »Der Staat ist nicht der Zensor der privaten Lebensentwürfe.« (Guido Westerwelle, F. D. P., 1998)

Beurteilung e. Krankheitsverlaufs *Epikrise*, die (gr., Pl. -n) ... von seiten der Ärzte (med.)

Beurteilung nach dem Aussehen *Lookismus*, der (engl., ohne Pl.) von: to look (sehen, schauen) verbreitete Unsitte, Personen nur nach der äußeren Erscheinung zu beurteilen

Beurteilung *Prädikat*, das (lat., Pl. -e) auch: Bewertung; Titel, z. B. beim Adel

Beute *Trophäe*, die (gr.-lat.-fr., Pl. -n) auch: Jagdbeute

Beutestück *Spolium*, das (lat., Pl. ...ien) auch: im Altertum erbeutete Waffen

Beutezug e. Internetbetrügers *Phishing*, das (engl., ohne Pl.) über E-Mails entlocken sie pers. Zugangsdaten u. PIN-Codes

Bevölkerung *Population*, die (lat., Pl. -en)

Bevölkerungsdichte *Abundanz*, die (lat., ohne Pl.)

Bevölkerungslehre *Populationistik*, die (lat., ohne Pl.)

Bevölkerungsstatistik *Populationistik*, die (lat., ohne Pl.)

Bevölkerungswissenschaft *Demographie*, die (gr.-lat., Pl. ...ien)

Bevölkerungswissenschaft, die ... betreffend *demographisch* (gr.-lat.)

bevollmächtigen *autorisieren* (lat.) e. autorisierter Mitarbeiter sein, z. B. e. Prokurist

Bevollmächtigter 1. *Delegat*, der (lat., Pl. -en) bes. e. apostolischer Bevollmächtigter 2. *Mandatar*, der (lat., Pl. -e) bes. vor Gericht 3. *Prokurist*, der (lat.-it., Pl. -en) Mitarbeiter in e. Firma, dem Prokura (Vollmacht) erteilt wurde

Bevollmächtigung *Autorisierung*, die (lat.-dt., Pl. -en)

bevorrechtet *privilegiert* (lat.) mit Sonderrechten ausgestattet

Bevorschussung von Waren, Form der ... *Vinkulationsgeschäft*, das (lat.-dt., Pl. -e)

bevorstehend *imminent* (lat.) der Vulkan hat e. Rauchfahne, die Gefahr e. Ausbruchs ist imminent

bevorzugen *favorisieren* (lat.-it.-fr.) am Start e. bestimmten Läufer favorisieren

bevorzugt, jmd., der ... wird *Favorit*, der (lat.-fr.-engl., Pl. -en) »Schröder hat Volker Rühe als Favoriten für die Zusammenarbeit genannt.« (Welt am Sonntag, 1998)

Bevorzugung *Protektion*, die (lat.-fr., Pl. -en) auch: Gönnerschaft

Bewacher *Bodyguard*, der (engl.-am., Pl. -s) Leibwächter; »Sogar meine Bodyguards fürchten sich vor ihr (Hillu), weil sie … zu Dienstleistungen herangezogen werden.« (G. Schröders geh. Tagebuch von H. Venske, 1997)

bewahren 1. *präservieren* (lat.-fr.) vor e. Mißgeschick; auch: *Präservativ*, der (lat.-fr., Pl. -e) Schutzmittel, i. S. von »Verhüterli« 2. *konservieren* (lat.); auch: haltbar machen

bewahrend 1. *konservativ* (lat.) Gustav Seibt: »Immer halb feudal, halb kleinbürgerlich!« 2. *konservatorisch* (lat.)

Bewahrer *Konservator*, der (lat., Pl. …oren) Erhalter von Kunstwerken

bewährt 1. *probat* (lat.) z. B. e. probates Mittel kennen 2. *effizient* (lat.) i. S. von bes. wirtschaftlich, leistungsfähig; Ggs.: ineffizient

Bewährung *Probation*, die (lat., Pl. -en)

bewältigen *absolvieren* (lat.) es galt e. großes Arbeitspensum zu absolvieren

bewandert 1. *firm* (lat.) in e. Fachgebiet firm sein 2. *versiert* (lat.) e. versierter Mitarbeiter in der Finanzabteilung sein

bewässern *arrosieren* (lat.-fr.) die Orangenplantagen in der Negevwüste müssen täglich arrosiert werden; nicht verw. mit *arrondieren* (lat.) abrunden, zusammenlegen von Grundstücken

Bewässerung 1. *Arrosage*, die (fr., Pl. -n) 2. *Irrigation*, die (lat., Pl. -en) auch: Ausspülung des Darms, Einlauf (med.)

Bewegen von Körperteilen … *Abduktion*, die (lat., Pl. -en) … von der Körperachse weg; z. B. das Heben e. Armes (med.); Ggs.: Adduktion

bewegend 1. *kinetisch* (gr.) 2. *motorisch* (lat.) auch: gleichförmig, automatisch ablaufend 3. *touchant* (fr.) rührend, ergreifend

Bewegende, das sich von allein ständig … *Perpetuum mobile*, das (lat., Pl. -ua -la) e. utopische Maschine. »Ich glaube nicht, daß das e. Perpetuum mobile nach oben ist.« (Joseph Ackermann, Chef der Dt. Bank zum Private-Equity-Boom, 2007)

Bewegende, das unaufhörlich sich … *perpetuum mobile*, das (lat., ohne Pl.)

Beweggrund 1. *Motiv*, das (lat., Pl. -e) »Tatmotiv Liebe«, bekannter Filmtitel 2. *Impuls*, der (lat., Pl. -e) Anstoß; auch: innere Regung 3. *Initiative*, die (lat.-fr., Pl. -n) i. S. von Entschlußkraft, Unternehmungsgeist

beweglich 1. *agil* (lat.-fr.) i. S. von flink, e. agiler älterer Herr 2. *mobil* (lat.-fr.) e. mobile Gesellschaft; Ggs.: immobil 3. *elastisch* (gr.-lat.) dehnbar, federnd; »Schmidtchen Schleicher mit den elastischen Beinen« 4. *flexibel* (lat.) biegsam; auch: geistig anpassungsfähig

Beweglichkeit 1. *Mobilität*, die (lat., nur Pl.) 2. *Agilität*, die (lat.-fr., ohne Pl.) vom Temperament her bestimmte Beweglichkeit

bewegt 1. *allegro* (lat.-it.) musik. Vortragsanw., ebenso: 2. *con moto* (lat.-it.) 3. *con affetto* (lat.-it.) 4. *dynamisch* (gr.) e. von Kräften erzeugte Bewegung; das Unternehmen braucht dynamische Manager 5. *turbulent* (lat.) i. S. von stürmisch

bewegt, u. sie … sich doch! *eppur si muove!* (it., Zitat: Galileo Galilei, it. Astronom, 1564–1642)

Bewegtheit 1. *Dynamik*, die (gr., ohne Pl.) Lehre von der Kraft; Schwung, Triebkraft 2. *Rasanz*, die (fr., ohne Pl.) auch: Schnittigkeit, Großartigkeit

Bewegung 1. *Action*, die (lat.-engl., Pl. -s) bei der Jugend ist Action angesagt 2. *Geste*, die (lat., Pl. -en) e. gestenreichen Vortrag halten

Bewegung dreidimensionaler Objekte … *Virtual Reality Modeling Language*, das (engl.-am., ohne Pl.) … auf dem Bildschirm durch den Anwender

Bewegung elektr. geladener Teilchen *Elektrophorese*, die (gr.-lat., ohne Pl.) in nichtleitender Flüssigkeit unter dem Einfluß elektr. Spannung

Bewegung gegen die Rassendiskriminierung … *Black Power*, die (engl.-am., ohne Pl.) … nordam. Neger, die Bewegung strebt e. unabhängigen Staat der Schwarzen innerhalb der USA an; eigtl.: schwarze Gewalt

Bewegung *Movement*, das (engl., Pl. -s) auch: Interessengruppe

Bewegung, bes. … der Sterne *Äquinoktialpräzession*, die (gr.-lat., Pl. -en) »Vorrücken der Tagundnachtgleiche«

Bewegung, gesellschaftspolitische …

Kommunismus, der (lat., ohne Pl.) ... mit Ziel, e. sozialistische Revolution durchzuführen;»Der Kommunismus war e. furchtbarer Unfall.« (Papst Johannes Paul II. in Tschechien)

Bewegung, heranziehende ... *Adduktion*, die (lat., Pl. -en) ... e. Gliedes zum Körper hin (med.) Ggs.: Abduktion

Bewegung, jüdische ... *Zionismus*, der (lat., ohne Pl.) ... mit dem Ziel, e. jüdischen Staat im damals noch osmanischen Palästina zu gründen; nach dem Tempelberg Zion in Jerusalem genannte Bewegung

Bewegung, unregelmäßige ... *Arrhythmie*, die (gr.-lat., Pl. ...ien) auch: unregelmäßige Herztätigkeit

Bewegungsabläufe *Motorik*, die (lat., ohne Pl.) des Körpers, die Feinmotorik des Patienten ist gestört

Bewegungsarmut *Akinese*, die (gr., ohne Pl.) auch: Bewegungslosigkeit bei Psychosen, oder durch Drogen verursacht

Bewegungsarmut *Akinese*, die (gr.-lat., Pl. -) Bewegungshemmung von Gliedmaßen (med.)

Bewegungsarmut der Muskulatur *Hypokinese*, die (gr.-lat., Pl. -n)

Bewegungsdrang, krankhafter *Hyperkinese*, die (gr.-lat., Pl. -n) auch: Muskelzucken u. unwillkürliche Bewegungen

Bewegungsfolge *Figur*, die (fr., Pl. -en) auch: Gebilde, Gestalt

bewegungsgehemmt *akinetisch* (gr.) unbeweglich (med.)

Bewegungsgleichklang *Eurythmie*, die (gr., ohne Pl.) in der Anthroposophie (R. Steiner) gepflegte Bewegungskunst

Bewegungsharmonie *Eleganz*, die (fr., ohne Pl.) kultivierte, feine Erscheinungsform

Bewegungshemmung 1. *Akinesie*, die (gr.-lat., ohne Pl.) med. 2. *Hypokinese*, die (gr., Pl. -n); Ggs.: Hyperkinese

Bewegungskrankheit *Kinetose*, die (gr., Pl. -n) z. B.: See- u. Luftkrankheit (med.)

Bewegungslähmung *Paralyse*, die (gr.-lat., Pl. -n) med.

Bewegungslehre *Kinetik*, die (gr.-lat., ohne Pl.) auch: Richtung der modernen Kunst, in der mit beweglichen Objekten, Lichtorgeln, wechselnden Bildern gearbeitet wird

bewegungslos *statisch* (gr.); Ggs.: dynamisch

Bewegungslosigkeit *Akinesie*, die (gr.-lat., ohne Pl.) med.

Bewegungsschrift *Kinetographie*, die (gr., ohne Pl.) ... die Bewegungen mit bes. Symbolen festhält

Bewegungsstörung 1. *Ataxie*, die (gr., Pl. ...ien) bes. der Muskelbewegungen (med.) 2. *Dyskinesie*, die (gr., Pl. ...ien) z. B. Gehstörungen, auch andere motorische Fehlfunktionen (med.)

beweinenswert *lamentabel* (lat.) da hilft kein Lamentieren! (kein Jammern) von *Lamento*, das (it., Pl. -s) Gejammer

Beweis 1. *Deduktion*, die (lat., Pl. -en) 2. *Dokument*, das (lat., Pl. -e)

beweisen 1. *deduzieren* (lat.) auch: den Einzelfall aus dem Allgemeinen ableiten; Ggs.: induzieren 2. *demonstrieren* (lat.) vorführen 3. *dokumentieren* (lat.)

beweisen, was zu ... *war* quod erat demonstrandum (lat.)

Beweisführer *Demonstrator*, der (lat., Pl. ...oren)

Beweisführung *Argumentation*, die (lat., Pl. -en) auch: Begründung

Beweisgrund *Argument*, das (lat., Pl. -e) Behauptungen müssen durch Argumente untermauert werden

Beweiskraft *Stringenz*, die (lat., ohne Pl.) i. S. e. zwingenden Beweiskraft, Bündigkeit (Philos.)

beweiskräftig *stringent* (lat.) auch: bündig, zwingend

Beweiskunst *Elenktik*, die (gr.-lat., ohne Pl.) auch: Kunst des Widerlegens, des Überführens (Philos.)

Beweislehre *Apodiktik*, die (gr.-lat., ohne Pl.) die Lehre vom Beweis (philos.)

Beweisstück 1. *Corpus delicti*, das (lat., Pl. ...pora) 2. *Dokument*, das (lat., Pl. -e) auch: Urkunde, wichtiges Schriftstück

beweist, nichts ..., wer zuviel ... nihil probat, qui nimium probat (lat., Zitat)

bewerben 1. *kandidieren* (lat.) 2. *submittieren* (lat.) sich um e. öffentlich ausgeschriebenen Auftrag bewerben

Bewerber 1. *Aspirant*, der (lat.-fr., Pl. -en) für e. Position mehrere Aspiranten haben 2. *Interessent*, der (lat., Pl. -en) 3. *Kandidat*, der (lat., Pl. -en) »Weißgekleideter«; Amtsbewerber; auch: Prüfling

Bewerbung *Kandidatur*, die (lat., Pl. -en)

Helmut Kohl steht für e. neue Kanzlerkandidatur nicht mehr zur Verfügung

Bewerbungs-Mappe für das Fotomodell *Set-Karte*, die (engl.-dt., Pl. -n) die Ausrüstung für jedes angehende Modell

bewerkstelligen *managen* (lat.-it.-engl.) sie managte die Probleme ausgezeichnet, als Krisenmanagerin

bewerten 1. *evaluieren* (lat.-fr.) beurteilen 2. *zensieren* (lat.) i. S. von benoten

Bewertung *Kritik*, die (gr.-lat.-fr., Pl. -en) auch: Beanstandung, Tadel; »Das ist klarste Kritik von der Welt, wenn neben das, was ihm mißfällt, e. was Eigenes, Besseres stellt.« (Emanuel Geibel)

Bewertung *Prädikat*, das (lat., Pl. -e) auch: Beurteilung

Bewertungsrichtlinie ... *Ratingskala*, die (engl.-am.-lat.-it., Pl. ...skalen) ... in e. Fragebogen, z. B. für die Beurteilung von AGs oder Staaten bez. ihrer Zahlungsfähigkeit

bewirken 1. *effizieren* (lat.) hervorrufen 2. *evozieren* (lat.) 3. *induzieren* (lat.) vom Einzelfall auf das Allgemeine schließen; Ggs.: deduzieren

bewirkend 1. *faktitiv* (lat.) auch: hervorbringen, betreiben 2. *kausativ* (lat.) auch: ausdrückend, ursächlich

Bewohner des Internet mit eigener Adresse *Netizen*, der (engl., Pl. -s) aus: Net Citizen (Netz-Bewohner)

Bewunderer *Enthusiast*, der (gr., Pl. -en) Schwärmer

bewundern *respektieren* (lat.-fr.) anerkennen, aufgrund von Wissen u. des Auftritts wurde er allgemein respektiert

bewundernswert *admirabel* (lat.)

Bewunderung *Respekt*, der (lat.-fr., ohne Pl.) i. S. von Anerkennung; »Es ist wertvoller den Respekt der Menschen als ihre Bewunderung zu haben.« (J. J. Rousseau)

bewußtlos *komatös* (gr.-lat.) med., von *Koma*, der (gr., Pl. -s, ...ta) Bewußtlosigkeit, z. B.: »Komasaufen« (Alkoholgenuß bis zum Tiefschlaf)

Bewußtlosigkeit *Koma*, das (gr., Pl. -s, -ta) »tiefer Schlaf«; tiefe Bewußtlosigkeit

Bewußtsein *Sensorium*, das (lat., ohne Pl.) auch: Gespür

Bewußtsein, auf e. um die Sonne kreisenden Himmelskörper zu leben *Planeta-rismus*, der (gr.-lat., ohne Pl.) eine derzeit wachsende Seh- u. Denkweise des modernen Menschen, hervorgerufen durch die global nutzbare Vernetzungstechnologie

Bewußtsein für soziale Probleme entwickeln ... *Charity-Consciousness* (engl.) ... u. die Schwierigkeiten selbstorganisiert, nachbarschaftlich lösen bzw. lindern, z. B. Obdachlosigkeit, Verpflegungshilfen

Bewußtseinsaussetzer *Blackout*, das (engl., Pl. -s) vor der Fernsehkamera einen Blackout haben (nicht mehr weiter wissen)

Bewußtseinsdiagramm, anfertigen e. ... *Mind-Mapping*, das (engl., ohne Pl.) aus: mind (Bewußtsein) u. map (Landkarte, Diagramm) Bez. für die Selbstprogrammierung, mit der man seine Gedankenwelt in Diagrammen ordnet; Technik: verschiedenfarbige Stifte, e. Blatt Papier; das Problem wird auf der Mitte des Blattes definiert, drum herum wird e. »assoziatives Organogramm« gezeichnet

Bewußtseinserscheinungen, mehrere *Amorphität*, die (gr.-lat., Pl. -en) Sammelbegriff für diverse Bewußtseinsphänomene, z. B. Multiphrenie: die Vorstellung, mehrere Identitäten zu besitzen; Polypolitik: Unfähigkeit, sich e. best. politischen Richtung anzuschließen; Altersparadox: sich keiner Altersgruppe zugehörig fühlen

Bewußtseinshalt *Phänomen*, das (lat., Pl. -e) auch: bes. Ereignis, Erscheinung, Person mit bes. Fähigkeiten

Bewußtseinsspaltung *Schizophrenie*, die (gr., Pl. ...ien) Spaltungsirrsinn (med.)

Bewußtseinstrübung *Delirium*, das (lat., Pl. ...ien) z. B. *Delirium tremens* (das), Säuferwahnsinn

Bewußtseinsüberschreitung 1. *Transzendenz*, die (lat., ohne Pl.) übersinnlich oder transzendental: transzendent in der Scholastik, die mögliche Erkenntnisart Gegenständliches betreffend 2. *Spiritualismus*, der (lat., ohne Pl.) i. S. e. metaphysischen (übersinnlichen) Lehre, die das Wirkliche als Erscheinungsweise des Geistigen ansieht

bezahlen *honorieren* (lat.-fr.) »ehren«; auch: vergüten

bezahlt machen *amortisieren* (lat.)

Bezahlung 1. *Gage*, die (germ.-fr., Pl. -n)

bei Künstlern 2. *Honorar*, das (fr., Pl. -e) bei Autoren, Rechtsanwälten, bes. in freien Berufen 3. *Salär*, das (lat.-fr., Pl. -e) Bez. für Gehalt, bes. in der Schweiz **Bezahlung finanziell Beteiligter am Erlös** *Tantieme*, die (lat.-fr., Pl. -n) z. B. Autoren, Sänger, Musiker, Vorstände u. Aufsichtsratsmitglieder in Kapitalgesellschaften

bezaubern 1. *becircen* (dt.-gr.) nach der gr. Zauberin Circe 2. *faszinieren* (lat.) von e. Person oder Sache fasziniert sein

bezaubernd *charmant* (lat.-fr.) liebenswürdig; »Liebe ist das charmanteste Unglück, das uns zustoßen kann.« (Curt Goetz)

Bezauberung *Faszination*, die (lat., Pl. -en) z. B. die Faszination der Wüste

bezeichnen 1. *designieren* (lat.) der designierte (vorgesehene) Wirtschaftsminister 2. *titulieren* (lat.) abwertend; jmdn. als »dumme Kuh« titulieren

bezeichnend 1. *charakteristisch* (gr.-lat.) 2. *konstitutiv* (lat.) bestimmend; auch: grundlegend 3. *markant* (germ.-it.-fr.) ausgeprägt 4. *signifikant* (lat.-fr.) bedeutsam 5. *symptomatisch* (gr.) auch: alarmierend, anzeigend 6. *typisch* (gr.-lat.) unverkennbar

Bezeichnung *Euphemismus*, der (gr.-lat., Pl. ...men) svw. das Vermeiden drastischer Ausdrucksweisen, etwas beschönigen

Bezeichnungslehre *Onomasiologie*, die (gr.-lat., ohne Pl.) Wissenschaft zur Bezeichnung von Dingen u. Ereignissen

bezeugen *attestieren* (lat.) jmdm. gute Fachkenntnisse attestieren (schriftlich geben)

bezeugend *deklaratorisch* (lat.) auch: klarstellend, beweiskräftig

beziehen *abonnieren* (fr.) z. B. Zeitungen abonnieren

Beziehung 1. *Connection*, die (engl., Pl. -s) gute Connections sind das halbe Leben 2. *Intimation*, die (lat., Pl. -en) i. S. vertraulicher Beziehungen 3. *Relation*, die (lat., Pl. -en) in der Beurteilung stimmen die Relationen nicht 4. *Kontakt*, der (lat., Pl. -e) i. S. von Verbindung 5. *Liaison*, die (lat.-fr., Pl -s) i. S. von Liebschaft, nicht standesgemäße Verbindung 6. *Referenz*,

die (lat., Pl. -en) »Auskunft«; Empfehlungen vorweisen

Beziehung, in homosexueller ..., die männliche Rolle einnehmen *Macker*, der (ugs., Pl. -) Ggs.: Mieze

Beziehungsdurcheinander zwischen den Geschlechtern *Post-Emanzipation*, die (lat., Pl. -en) eigtl.: nach der Freilassung; gemeint ist e. neuer Zustand der Selbständigkeit der Frau, in dem Phänomene wie »Schwangerschaftserpressung«, oder »Karriereverweigerung« e. Rolle spielen

Beziehungsmanager *Guest Relations Manager*, der (engl.-am., Pl. -) Problemlöser für Unvorhergesehenes, z. B. in großen Hotels für problematische Gäste zuständig

beziehungsweise *respektive* (lat.) kurz: resp.

beziffern *numerieren* (lat.)

Bezirk 1. *Region*, die (lat., Pl. -en) in e. best. Urwaldregion leben noch Naturvölker 2. *Revier*, das (lat.-fr.-niederl., Pl. -e) Jagdrevier, Revierförster 3. *Department*, das (lat.-fr., Pl. -s) Verwaltungsbezirk; auch: Geschäftsbereich 4. *Distrikt*, der (lat.-fr.-engl., Pl. -e) 5. *Sektor*, der (lat., Pl. ...oren) Gebiet, als Teil von e. Ganzen

bezirksmäßig *regional* (lat.) Kaufgewohnheiten sind regional verschieden

Bezogener *Trassat*, der (lat.-it., Pl. -en) der Schuldner im Wechselgeschäft

Bezogenheit *Relativität*, die (lat., Pl. -en) Bedingtheit, Verhältnismäßigkeit

Bezug *Rekurs*, der (lat.-fr., Pl. -e) auch: Einspruch

Bezug e. Zeitung *Abonnement*, das (fr., Pl. -s) auch: Konzertabonnement

Bezug nehmen 1. *regredieren* (lat.) zurückgreifen 2. *rekurrieren* (lat.) auf etwas zurückkommen

bezüglich *relativ* (lat.)

Bezugnahme *Rekurs*, der (lat.-fr., Pl. -e) auch: Einspruch

Bezugsgruppe e. Einzelperson ... *Peergroup*, die (engl., Pl. -s) ... die dafür sorgt, daß das Mitglied aus elterlichen Bindungen herausgelöst wird

Bezugspunkt *Pol*, der (gr.-lat., Pl. -e) auch: Drehpunkt, Mittelpunkt, Endpunkt der Erdachse, z. B.: Nord-, Südpol; außerdem: beim Samt die rechte Florseite

Bibelabschnitt *Perikope*, die (gr.-lat., Pl. -n)

Bibelauslegung *Exegese*, die (gr., Pl. -n) Wissenschaft der Auslegung e. Textes, bes. der Bibel

Bibelkunde *Bibliologie*, die (gr., ohne Pl.) auch: Bücherkunde

Bibelstelle *Allegat*, das (lat., Pl. -e) »Im Anfang schuf Gott Himmel u. Erde« ist e. Allegat

Bibeltexte, lat. Kurzfassung der ... *Biblia pauperum*, die (lat., Pl. ...ae) »Armenbibel«; auch: Bilderbibel des späten Mittelalters

Bibelübersetzung *Itala*, die (lat., ohne Pl.) älteste lateinische Bibelübersetzung

Bibelübersetzung, e. altlat. ... *Vetus Latina*, die (lat., ohne Pl.) 4.–6. Jh., wurde durch die Vulgata abgelöst

Biberratte *Nutria*, die (lat.-sp., Pl. -s) auch: Sumpfbiber

Bibliotheksraum *Magazin*, das (arab., Pl. -e)

bieder *honett* (lat.-fr.) anständig, ehrenhaft

Biederkeit *Bonhomie*, die (fr., Pl. ...ien) Gutmütigkeit, Einfalt

Biedermann *Honnête homme*, der (fr., Pl. -s)

biegen *bombieren* (gr.-lat.-it.-fr.) Acrylglas kann zu Kuppeln bombiert werden

biegsam 1. *elastisch* (gr.-lat.) Acrylglas ist ein elastischer Kunststoff 2. *flexibel* (lat.)

Biegsamkeit 1. *Elastizität*, die (gr.-lat., ohne Pl.) z. B. Elastizitätsmodul (Meßgröße der Elastizität) 2. *Flexibilität*, die (lat., ohne Pl.) von Stoffen u. Personen; e. flexibler Mensch stellt sich rasch auf neue Situationen ein

Biegung 1. *Flexur*, die (lat., Pl. -en) Krümmung; z. B.: gebogener Dickdarmabschnitt (med.); Verbiegung von Gesteinsschichten 2. *Kurve*, die (lat., Pl. -n) Straßenkurve; Bogen; weibliche Körperform, e. Frau mit aufregenden Kurven

Bienenhaus *Apiarium*, das (lat., Pl. ...ien)

Bienenwachs *Cera*, die (lat., Pl. ...ren) auch: Hautverdickung am Schnabel mancher Vögel

Bienenzucht *Apikultur*, die (lat., Pl. -en)

Bier 1. *Kawa*, die (polynes., ohne Pl.) berauschendes Getränk der Polynesier, aus der Wurzel des Pfeffergewächses herge-stellt 2. *Chicha*, die (indian.-sp., ohne Pl.) Getränk südam. Indianer, aus der Jamswurzel hergestellt

Bierbankpolitiker *Politikaster*, der (gr.-fr., Pl. -) jmd., der über Politik spricht, ohne etwas davon zu verstehen

Bierzapfer *Büfettier, Buffetier*, der (fr., Pl. -s) auch: Verwalter des Bierschanktisches

Bieter *Reflektant*, der (lat., Pl. -en) auf der Auktion kaufte der Reflektant e. Biedermeier-Tisch

Bilanz *Balance-sheet*, der (engl., Pl. -s) wirtsch.

Bilanz, Verschönerung der ... 1. *Window Dressing*, das (engl., ohne Pl.) ... um das Unternehmen kreditwürdiger darzustellen 2. *Frisieren der Bilanz*, das (lat.-dt.-it., Pl. -en)

Bild 1. *Aquarell*, das (lat.-it., Pl. -e) Bild mit Wasserfarben gemalt 2. *Collage*, die (fr., Pl. -en) Komposition aus verschiedenen Materialien 3. *Fresko*, das (germ.-it., Pl. ...ken) Wandmalerei 4. *Hologramm*, das (gr.-lat., Pl. -e) e. räumliches Bild 5. *Tondo*, das (lat.-it., Pl. ...di) e. Rundbild 6. *Porträt*, das (fr., Pl. -s) Bildnis e. Menschen, Porträtmaler 7. *Visual*, das (engl., Pl. -s)

Bild der Vollkommenheit *Ideal*, das (gr.-lat., Pl. -e) »Urbild«, auch: Vorbild; »Ehrfurcht vor dem Leben ist das Ideal der Ideale.« (Albert Schweitzer)

Bild- u. Textgestaltung ... *Layout*, das (engl., Pl. -s) ... für e. Zeitung, Zeitschrift oder e. Buch

Bild, verfälschtes ... *Fake*, das (engl., Pl. -s) auch: Fotomontage; Fälschung

Bildbruch *Katachrese*, die (gr., Pl. ...chresen) eigtl.: Mißbrauch; Verbindung von unpassenden Metaphern, z. B.: es schlägt dem Faß den Boden auf den Kopf

Bilde, nicht im ... *desorientiert* (fr.) falsch unterrichtet; Ggs.: orientiert

Bildelement *Pixel*, das (engl., Pl. -) Bildpunkt

bilden 1. *formieren* (lat.) Soldaten formieren sich zu e. Marschkolonne 2. *konstituieren* (lat.) z. B. e. Verein soll konstituiert werden

Bilder 1. *Americana*, die (nur Pl.) Bilder über Amerika 2. *Hebraika*, die (gr.-lat., nur Pl.) Bilder zur hebräischen Geschichte

3. *Helvetika*, die (lat., nur Pl.) Bilder über die Schweiz

Bilder u. Zeichen, Lehre von der Bedeutung der ... 1. *Semiotik*, die (gr.-lat., ohne Pl.) auch: Wissenschaft vom Ausdruck; Bedeutungslehre; die TV-Werbung bedient sich immer häufiger der Semiotik 2. *Semiologie*, die (gr.-lat., ohne Pl.) Lehre von den Zeichen u. Bildern; Zeichentheorie

Bilderanbetung *Idolatrie*, die (gr., ohne Pl.) auch: Selbstvergötterung

Bilderandeutung *Idolatrie*, die (gr.-lat., Pl. ...ien)

Bilderfolge *Kaleidoskop*, das (gr., Pl. -e) Bildfolge durch Schütteln von ständig wechselnder Buntheit

Bilderfortsetzungsgeschichte *Comic strip*, der (engl., Pl. -s) eigtl.: komischer Streifen

Bildermärchen aus digitalen Collagen *Incrustation*, die (fr., Pl. -en) eigtl.: Einlegearbeit; sie sind dreidimensional u. vom Computer manipulierbar

Bilderrahmen *Passepartout*, das (fr., Pl. -s) aus Karton

Bilderrätsel 1. *Vexierbild*, das (lat.-dt., Pl. -er) von *vexieren* (lat.) irreführen, necken #2. *Rebus*, das, der (lat.-fr., Pl. -se) das Lösungswort versteckt sich hinter Bildern oder Symbolen

bilderreich *poetisch* (gr.-lat.-fr.) Hilde Domins Gedichte sind sehr poetisch

Bildersammlung 1. *Pinakothek*, die (gr.-lat., Pl. -en) Alte Pinakothek in München 2. *Galerie*, die (it., Pl. -n)

Bilderschrift *Piktographie*, die (lat.-gr., ohne Pl.) z. B. international verständliche Symbole im Straßenverkehr

Bildersprache *Symbolik*, die (gr., ohne Pl.) auch: Wissenschaft von den Symbolen

Bildersturm *Ikonoklasmus*, der (gr.-lat., Pl. ...men) z. B. die Zerstörung der Heiligenbilder von Kommunisten in der ehemaligen Sowjetunion

Bilderstürmer *Ikonoklast*, der (gr., Pl. -en) Person, die Heiligenbilder zerstört

bilderstürmerisch *ikonoklastisch* (gr.)

Bilderverehrer *Ikonodule*, der (gr., Pl. -n) eigtl.: Knecht, Sklave

Bilderverehrung *Idolatrie*, die (gr.-lat., Pl. ...ien)

Bildgeschichte *Comic strip*, der (engl., Pl. -s) z. B. »Prinz Eisenherz« oder »Phantom«

Bildgeschichte, gezeichnete ... mit Text u. Sprechblase *Comic* u. *Comic strip*, der (engl., Pl. -s)

bildhaft 1. *plastisch* (gr.-lat.-fr.) e. plastisch wirkenden Artikel verfassen 2. *allegorisch* (gr.-lat.) die Darstellung e. abstrakten Begriffs, z. B. »Gott« im wallenden Gewand mit Bart, gütig aus e. Wolke auf die Erde schauend 3. *eidetisch* (gr.-lat.) anschaulich 4. *ikonisch* (gr.) von *Ikon*, das (gr., Pl. -e) Abbildung e. Gegenstandes

Bildhaftigkeit *Plastizität*, die (gr.-lat.-fr., ohne Pl.) auch: Formbarkeit e. Materials

Bildhauer *Plastiker*, der (gr.-lat.-fr., Pl. -)

Bildhauerarbeit *Skulptur*, die (lat., Pl. -en) »E. Skulptur muß immer voller Leben sein, das ist mein Ziel.« (Henry Moore)

Bildhauerei *Glyptik*, die (gr., ohne Pl.)

bildhauerisch *plastisch* (gr.-lat.-fr.)

Bildhauerkunst 1. *Plastik*, die (gr.-lat.-fr., Pl. -en) Kunst des Gestaltens; Ausdruckskraft 2. *Skulptur*, die (lat., Pl. -en) Werk e. Bildhauers

Bildkapsel *Medaillon*, das (fr., Pl. -s) auch: kleine Fleischscheibe von e. Filetstück

bildlich *metaphorisch* (gr.-lat.) den Metapher betreffend, e. bildhafte Übertragung, z. B. das »Oberhaupt der Familie«; nicht verw. mit *Metaphrase* (gr.-lat., Pl. -n) e. umschreibende Übertragung in Prosa

bildlich, auf ... vorstellendem Denken beruhend *imaginativ* (lat.)

Bildnis 1. *Konterfei*, das (lat.-fr., Pl. -s) als e. Art Steckbrief 2. *Porträt*, das (lat.-fr., Pl. -s) z. B. Porträtmaler, Herstellung e. Brustbildes

Bildnisse, auf wunderbare Weise entstandene ... *Acheiropoieta*, die (gr., nur Pl.) Bez. für einige byzantinische Bildnisse Christi u. der Heiligen; sog. »wahre«, nicht von Menschenhand geschaffene Bilder

Bildobjekt, computererzeugtes ... *Icon*, das (engl., Pl. -s)

Bildplatte 1. *Laserdisc*, die (engl., Pl. -s) 2. *Videoplatte*, die (engl.-dt., Pl. -n)

Bildpunkt *Pixel*, das (engl., Pl. -) kleiner Punkt bei der gerasterten, digitalisierten Bilddarstellung

Bildqualität von Videorecordern *VHS Quality*, die (engl.-am., ohne Pl.) kurz für: Video-Home-System-Quality

Bildröhre *Chromatron*, das (gr., Pl.-e) im Farbfernsehgerät

Bildschärfe *Brillanz*, die (fr., ohne Pl.) auch: Virtuosität; Tonschärfe

Bildschirm *Monitor*, der (engl., Pl. -e) eigtl.: Überwacher; Bildschirm e. Computers

Bildschirmanzeigegerät *Display*, das (engl., Pl. -s)

Bildschirmbesprechung *Videokonferenz*, die (engl.-lat., Pl. -en) Nutzung des Computers als Bildtelefon-Endterminal; der Anwender kann somit seinen vernetzten PC mittels e. Fenstersystems nutzen, um e. Videokonferenz zu erzeugen

Bildschirmoberfläche, betriebene ... *human interface*, das (engl.-am., ohne Pl.) ... für den Anwender e. Merkmal für die Akzeptanz von Computerleistungen

Bildschirmschoner *Screensaver*, der (engl., Pl. -s)

Bildschirmspiel *Telespiel*, das (gr.-dt., Pl. -e)

Bildschirmtext 1. *Teletext*, der (gr.-lat., Pl. -e) 2. *Videotext*, der (engl.-lat., Pl. -e)

Bildsignal *Videosignal*, das (engl.-fr., Pl. -e)

Bildung 1. *Universalität*, die (lat., ohne Pl.) 2. *Paideia*, die (gr., ohne Pl.) altgr. Vorstellung ganzheitlicher Bildung: musisch, gymnastisch u. politisch 3. *Niveau*, das (lat.-fr., Pl. -s) i. S. der bildungsmäßigen, künstlerischen Ausprägung

Bildung als Ersatz für Luxusgüter *Status Substitution*, die (engl.-lat., ohne Pl.)

Bildungsideal der Griechen *Kalokagathie*, die (gr., ohne Pl.) sie strebten geistige u. körperliche Vollkommenheit an

Bildungsstand *Niveau*, das (lat.-fr., Pl. -s) das Ausbildungsniveau läßt sehr zu wünschen übrig

Bildungstrieb *Nisus formativus*, der (lat., ohne Pl.) elementare Lebenskraft

Bildungsunfähigkeit *Idiotie*, die (gr., ohne Pl.) i. S. von Schwachsinn

Bildunterschrift *Titulus*, der (lat., Pl. ...li) meist mittelalterliche Bildunterschrift in Versform

Bildverfremdung *Warpen*, das (engl.-am., ohne Pl.) computergestützte Veränderung e. Bildes, damit kann z. B. Oskar Lafontaine die Nase noch länger gezogen werden

Bildverwandlung per Computer *Morphen*, das (engl., ohne Pl.) e. Bild in e. anderes verwandeln; aus e. Menschenkopf wird e. Tigerkopf

Bildverzerrung *Distorsion*, die (lat., Pl. -en) optische Bildverzerrung

Bildwerfer *Projektor*, der (lat., Pl. -en) z. B. für Dias

Bildwerk *Relief*, das (lat.-fr., Pl. -s) plastisch herausgearbeitet

bildwirksam *fotogen* (gr.-engl.)

Bildwirksamkeit *Fotogenität*, die (gr.-engl., ohne Pl.) z. B. e. Gesichtes

Billardstock *Queue*, das (lat.-fr., Pl. -s)

Billardstoß *Dublee*, das (lat.-fr., Pl. -s)

Billardtischumrandung *Bande*, die (germ.-fr., Pl. -n)

Billig-Einkäufer ..., *Cross-Shopper*, der (engl., Pl. -s) ... der von e. Discount zum nächsten rennt

billigen 1. *akzeptieren* (lat.) z. B. e. Handlung akzeptieren 2. *sanktionieren* (lat.) i. S. von bestätigen, gutheißen; nicht verw. mit *sanieren* (lat.) heilen, gesund machen (med.); auch: e. Gebäude sanieren

Billigung *Sanktion*, die (lat., Pl. -en)

Binde *Faszie*, die (lat., Pl. -n) Bandage; auch: dünne Muskelhaut (med.)

Bindegewebe *Tela*, die (lat., Pl. Telen) med.

Bindegewebsentzündung *Konnektivitis*, die (lat., Pl. ...itiden)

Bindegewebsgeschwulst 1. *Desmoid*, das (gr., Pl. -e) 2. *Fibroblastom*, das (lat., Pl. -e) gutartige Geschwulst im Bindegewebe (med.) 3. *Fibrom*, das (lat., Pl. -e) Geschwulst aus Bindegewebe (med.) 4. *Fibrosarkom*, das (lat., Pl. -e) bösartige Form des Fibroms (med.) 5. *Liposarkom*, das (gr.-lat., Pl. -e) bösartige Bindegewebsgeschwulst (med.)

Bindegewebswucherung *Zirrhose*, die (gr.-lat., Pl. -n) z. B. in der Lunge; mit Verhärtung u. Schrumpfung (med.)

Bindeglied zweier Quarks *Gluon*, das (engl., Pl. -en) von engl. glue (Leim) Atomphys.

Bindehaut *Konjunktiva*, die (lat., Pl. ...vä) Augenbindehaut

Bindehautentzündung *Konjunktivitis*, die (lat., Pl. ...itiden) Bindehautentzündung des Auges (med.)

Bindemittel *Tragant*, der (lat., Pl. -e) Pflanze, aus der quellbare Substanz zur Herstellung von Klebstoff u. Bindemittel gewonnen wird

bindend 1. *imperativ* (lat.) z. B. imperatives Mandat: e. Abgeordneter stimmt entsprechend der Parteirichtlinie 2. *obligatorisch* (lat.) oder *obligat* (lat.) i. S. von verpflichtend, obligate Beschlüsse fassen; Ggs.: fakultativ

bindende Buchbestellung *Subskription*, die (lat., Pl. -en) feste Bestellung von später erscheinenden Büchern

Bindenverband *Faszie*, die (lat., Pl. -n) auch: dünne Muskelhaut

Binder *Krawatte*, die (fr., Pl. -n) auch: Schlips

Bindestrich *Divis*, das (lat., Pl. -e) Teilungszeichen

Bindewort *Konjunktion*, die (lat., Pl. -en) auch: Zusammentreffen mehrerer Planeten im gleichen Tierkreiszeichen

Bindewort, nicht durch e. ... angeschlossener Satzteil *Asyndeton*, das (gr., Pl. ...ta) Sprachw.; z. B. jeder hastet, stürzt, flieht

Bindewort, nicht durch e. ... verbunden *asyndetisch* (gr.) Sprachw.

Bindfaden *Spagat*, der, das (it., Pl. -e) auch: akrobatische Übung, bei der die Beine so gespreizt werden, daß das Gesäß den Boden berührt; »Spagat ist mein Hobby.« (G. Schröders geh. Tagebuch von H. Venske, 1997)

Bindung 1. *Liaison*, die (lat.-fr., Pl. -s) zwischen Schülerin u. Lehrer bahnt sich e. verbotene Liaison an 2. *Allianz*, die (lat.-fr., Pl. -en) auch Bündnis; »Allianz«, Name der gr. dt. Versicherung 3. *Koalition*, die (lat.-engl.-fr., Pl. -en) 4. *Kontakt*, der (lat., Pl. -e) Kontaktadresse; nicht verw. mit *Kontaktion*, das (gr., Pl. ...ien) Hymnenform der orthodoxen Kirche 5. *Synthese*, die (gr.-lat., Pl. -n) i. S. von Zusammenführung, Verbindung; Philos. Hegel: »These u. Antithese verschmelzen in höhere Einheit, die Synthese.«

Bindung an das Göttliche *Religion*, die (lat., Pl. -en) i. S. von innerlicher Fröm-

migkeit; »Religion ist Versicherung im Diesseits gegen das Feuer im Jenseits.« (Robert Lembke)

Binsenwahrheit *Truismus*, der (engl., ohne Pl.) Gemeinplatz, z. B.: man lebt nur einmal

Biologie, die sich mit den chemisch-physikalischen Eigenschaften im lebenden Organismus beschäftigt *Molekularbiologie*, die (lat., ohne Pl.)

bis zum Schluß *al fine* (it.) musik. Vortragsanw.

bis zum Zeichen *al segno* (it.) musik. Vortragsanw.

Bischof *Episkopus*, der (gr.-lat., Pl. ...pi)

Bischof von Myral *Nikolaus*, der (Eigenn., Pl. ...läuse) wurde als Heiliger verehrt; auch: als Nikolaus verkleidete Person; »Der Nikolaus steckt seine Rute am liebsten in 'ne Rentierstute.« (Henning Venske: Gerhard Schröders geheimes Tagebuch, 1997)

Bischöfe *Episkopat*, das (gr.-lat.) Pl. -e) Gesamtheit der Bischöfe e. Landes

bischöflich 1. *pontifikal* (lat.) 2. *episkopal* (gr.-lat.)

Bischofsamt *Episkopat*, das (lat., Pl. -e) Amt u. Würde e. Bischofs

Bischofskirche *Dom*, der (lat.-lat.-fr., Pl. -e) Kölner Dom; in Hamburg heißt »Dom« Jahrmarkt

Bischofsmütze *Mitra*, die (gr.-lat., Pl. ...ren)

Bischofsstab 1. *Pastorale*, das u. die (it., Pl. -n) auch: Singspiel, das Themen aus dem Hirtenleben verwendet 2. *Pedum*, das (lat., Pl. Peda) bischöflicher Krummstab 3. *Pedum rectum*, das (lat., ohne Pl.) gerader Hirtenstab als kanonisches Abzeichen des Papstes

Bischofsumhang, schmaler ... Stola, die (lat., Pl. ...len) auch: breiter Schal

bissig 1. *zynisch* (gr.-lat.) der Abteilungsleiter ist für seine zynischen Bemerkungen bekannt 2. *satirisch* (lat.) i. S. von spöttisch-tadelnd 3. *polemisch* (gr.-fr.) i. S. von scharf u. unsachlich

Bit pro Sekunde *bits per second*, die (engl., Pl.) kurz: bps; e. Maß für die Geschwindigkeit, mit der Daten z. B. über Telefonleitungen transportiert werden

bitten ist erlaubt *petere licet* (lat., Zitat)

bitten *tribulieren* (lat.) zudringlich bitten
Bitterkeit *Animosität*, die (lat., Pl. -en) Feindseligkeit z. B. zwischen Staaten oder Partnern
Bittermandelöl, künstliches ... *Benzaldehyd*, der (lat., Pl. -e) aus: Benzoesäure u. Aldehyd
Bittgang *Canossa*, das (lat., ohne Pl.) der Gang nach Canossa
Bittgebet *Oration*, die (lat., Pl. -en)
Bittrecht *Petitionsrecht*, das (lat.-dt., Pl. -e) Recht der Bürger, sich direkt an das Staatsoberhaupt zu wenden, um Beschwerden vorzutragen
Bittruf 1. *Kyrieeleison*, das (gr., Pl. -s) als Teil der Messe 2. *Kyrie eleison!* (gr.) Herr, erbarme dich! Bittruf in der Messe
Bittschrift *Petition*, die (lat., Pl. -en); nicht verw. mit *Petitesse*, die (lat.-fr., Pl. -n) Bagatelle
Bittsteller *Petent*, der (lat., Pl. -en) Bürger, der vom Petitionsrecht Gebrauch macht
bizarr 1. *kurios* (lat.-fr.) sonderbar 2. *obskur* (lat.) i. S. von verdächtig, unbekannt, e. obskure Gesellschaft 3. *skurril* (etrusk.-lat.) sonderbar, eigenwillig; nicht verw. mit *skulptieren* (lat.) ausmeißeln, e. Skulptur herstellen
Blähsucht *Meteorismus*, der (gr.-lat., Pl. ...ment) med.
Blähung *Flatus*, der (lat.) med., von *Flatulenz*, die (lat., Pl. -en) med., Abgang von Blähungen, furzen
Blamage beim Eishockeyspiel ... *Shutout*, das (engl., ohne Pl.) ... bei dem der Verlierer kein Tor erzielt hat
bläschenartig *vesikulär* (lat.)
Bläschenausschlag *Herpes*, der (gr.-lat., ohne Pl.) med.
bläschenreich *vesikulös* (lat.)
Blase 1. *Zyste*, die (gr.-lat., Pl. -n) med. 2. *Zystis*, die (gr., Pl. Zysten) auch: Harnblase; nicht verw. mit *Zyste*, die (gr., Pl. -n) Geschwulst; Hohlraum mit Flüssigkeit (med.) i. S. e. bes. Blase
Blasebalgtreter an Orgeln *Kalkant*, der (lat., Pl. -en)
Blasenentzündung 1. *Zystopyelitis*, die (gr.-lat., Pl. ...itiden) med. 2. *Zystitis*, die (gr.-lat., Pl. ...itiden) med.
Blasengrind *Impetigo*, die (lat., ohne Pl.) Eiterflechte

Blasenkirsche *Physalis*, die (gr., Pl. ...alen) Lampionblume; auch: Judenkirsche
Blasenkrampf *Zystospasmus*, der (gr.-lat., Pl. ...men) med.
Blasenspiegel *Zystoskop*, das (gr., Pl. -e) Instrument zur Untersuchung der Harnblase (med.)
Blasenspiegelung *Zystoskopie*, die (gr., Pl. ...ien) med.
Blasensteinzertrümmerung *Lithotripsie*, die (gr., Pl. ...ien) med.
Blasenvorfall *Zystozele*, die (gr., Pl. -n) med.
blasig 1. *bullös* (lat.) 2. *bullosus* (lat.) med.
Blasinstrumente e. Orchesters *Winds*, die (engl., Pl.)
Blässe *Pallor*, der (lat., Pl. ...ores) bleiche Hautfarbe (med.)
Blatt *Folie*, die (lat., Pl. -n) meist dünnes Kunststoffblatt
Blatt, kein ... vor den Mund nehmen *libere loqui* (lat., Zitat)
Blatt, vom ... *prima vista* (it.) ... singen oder spielen; auch: bei Sicht einen Wechsel einlösen
Blattang *Laminaria*, die (lat., Pl. ...ien) e. Braunalgengattung
Blättchen 1. *Lamelle*, die (lat.-fr., Pl. -en) 2. *Paillette*, die (fr., Pl. -n) meist Metallblättchen zum Aufnähen
Blättermagen *Omasus*, der (lat., Pl. -) Teil des Wiederkäuermagens (Zool.)
Blätterteigstückchen *Fleurons*, die (fr., Pl.) für die Verzierung von Speisen verwendete Teigstückchen
Blattfläche *Lamina*, die (lat., Pl. ...nae) auch: Knochenplatte des Schädels
Blattfresser *Phyllophage*, der (gr.-lat., Pl. -n) Biol.
Blattfüßer *Phyllopode*, der (gr., Pl. -n) z. B. Wasserfloh
Blattgoldunterlage *Poliment*, das (fr., Pl. -e) zum Polieren geeigneter Stoff
Blattgrün ... *Chlorophyll*, das (gr., ohne Pl.) ... das die Assimilation (Bildung von Kohlehydraten) ermöglicht
Blattgrünmangel *Chlorose*, die (gr.-lat., Pl. -n) auch: Bleichsucht bei Menschen (med.)
blattlos *aphyllisch* (gr.-lat.)
Blattlosigkeit *Aphyllie*, die (gr.-lat., ohne Pl.) Wanderheuschrecken bescherten den Bäumen Aphyllie

Blattseite *Pagina*, die (lat., Pl. -s) i. S. e. Buchseite

Blattspreite *Lamina*, die (lat., Pl. ...nae) auch: Knochenplatte des Schädels

Blattstellung *Phyllotaxis*, die (gr., Pl. ...xen) ... durch äußere Reize verursacht, z. B. bei Mimosen

Blattstiel *Petiolus*, der (lat., Pl. ...li)

Blattstiel, verbreiterter ... *Phyllodium*, das (lat., Pl. ...ien)

Blattvorderseite *Rekto*, das (lat., Pl. -s)

Blattwerk *Feuillage*, die (fr., Pl. -n) gemaltes oder geschnitztes ...

Blaualge (Seegras) *Zyanophyzee*, die (gr.-lat., Pl. -n)

Blaualge *Oszillatoria*, die (lat., Pl. ...ien)

Blaublindheit *Azyanoblepsie*, die (gr., Pl. ...ien) med.

Blaugelbblindheit *Tritanopie*, die (gr., Pl. ...ien) auch: Violettblindheit (med.)

Blausäure *Cyanid*, das (gr.-lat., Pl. -e) Salz der Blausäure

Blausäuresalz *Cyanid*, das (gr.-lat., Pl. -e)

Blauschaf *Nahur*, der (Hindi, Pl. -s) Halbschaf aus Zentralasien mit anfangs bläulichem, dann graubraunem Fell

Blausehen *Zyanopsie*, die (lat., Pl. ...ien) auch: Farbfernseh-Störung

Blaustern *Szilla*, die (gr.-lat., Pl. ...llen) ein Liliengewächs, auch: Meerzwiebel

Blausucht *Zyanopathie*, die (lat., ohne Pl.) Leiden, das bläuliche Verfärbung der Haut, der Lippen, der Fingernägel aufweist

Blausucht, Kind mit ... *Blue baby*, das (engl., Pl. ...bies) infolge e. angeborenen Herzfehlers

Blechbläsergruppe *Brass Section*, die (engl., Pl. -s) z. B. in e. *Bigband*, die (engl., Pl. -s)

Blechblasinstrument 1. *Trompete*, die (gr.-it., Pl. -n) 2. *Tuba*, die (lat., Pl. ...ben)

Blei *Plumbum*, das (lat., ohne Pl.) chem. Element

Bleibe *Logis*, das (fr., Pl. -) auch: Mannschaftsraum auf Schiffen

bleibend 1. *chronisch* (gr.-lat.) anhaltend, ständig; nicht verw. mit *chronikalisch* (gr.-lat.) in Form e. Chronik verfaßt 2. *konstant* (lat.) 3. *permanent* (lat.) 4. *stagnierend* (lat.) 5. *stationär* (lat.-fr.) an e. festen Standort gebunden

Bleicherde *Podsol*, der (russ., ohne Pl.) auch: Oberboden in feuchten Klimazonen

Bleichsucht ... *Chlorose*, die (gr., Pl. -n) ... bei Menschen, da Blutfarbstoffmangel besteht

Bleierz *Zerussit*, der (lat., Pl. -e) verschiedenfarbiges Mineral

Bleiglanz *Galenit*, der (lat., Pl. -e) e. Bleierz

bleihaltig *saturnin* (lat.)

Bleisiegel *Plombe*, die (fr., Pl. -n) auch: Zahnfüllung

Bleistiftfüllung *Mine*, die (lat.-fr., Pl. -n) Erzader; militärische Sprengwaffe, z. B.: Panzermine; Kugelschreibereinlage

Bleivergiftung *Saturnismus*, der (lat., Pl. ...men) med.

Bleiwasserstoff *Plumban*, das (lat., ohne Pl.)

Blende *Inkrustation*, die (lat., Pl. -en) Krustenbildung durch chem. Ausscheidung, z. B. Wüstenlack, Ablagerung von Salzen

blenden *faszinieren* (lat.) von e. Landschaft oder e. Person fasziniert sein

Blendschutzglas *Neophanglas*, das (gr.-dt., Pl. ...äser) Glas, das ultraviolettes Licht absorbiert

Blendwerk 1. *Humbug*, der (engl., ohne Pl.) 2. *Staffage*, die (fr., Pl. -n) Beiwerk

Blick *Malocchio*, der (lat.-it., Pl. -s) i. S. e. bösen Blicks

Blick, stechender ... *Basiliskenblick*, der (gr.-dt., Pl. -e) auch: böser Blick

Blickfang *Eyecatcher*, der (engl., Pl. -s) ins Auge springende Warenauslagen

Blickwinkel 1. *Aspekt*, der (lat., Pl. -e) etwas unter e. bestimmten Aspekt betrachten 2. *Perspektive*, die (lat., Pl. -n) z. B. etwas aus der Froschperspektive sehen

blind *amaurotisch* (gr.-lat.) med.

Blinddarm *Zäkum* u. *Zökum*, das (lat., Pl. ...ka) auch: Blindsack (med.)

Blinddarm, operative Öffnung des ... *Zäkotomie* u. *Zökotomie*, die (gr.-lat., Pl. ...ien)

Blinddarmentfernung *Appendektomie*, die (gr.-lat., Pl. ...ien)

Blinddarmentzündung *Typhlitis*, die (gr.-lat., Pl. ...iden) med.

Blinddarmoperation, *Appendektomie*, die (gr.-lat., Pl. ...ien) auch: Blinddarmentfernung

Blindenschrift *Brailleschrift*, die (fr.-dt., ohne Pl.) nach dem Punktschrifterfinder aus Frankreich, Louis Braille (1809–1852)

blindgläubig *bigott* (fr.)

Blindgläubigkeit *Bigotterie*, die (fr., Pl. -ien)

Blindheit, bes. erbliche ... *Achromasie*, die (gr.-lat., Pl. ...ien) die sog. Zapfenblindheit (med.)

Blindheit, Gesichts... *Prosopagnosie*, die (gr., ohne Pl.) e. Wahrnehmungsstörung: Nichterkennen von Gesichtern

Blindpackung *Attrappe*, die (germ.-fr., Pl. -n) z. B. e. Packung ohne Inhalt als Auslage

Blindwiderstand *Reaktanz*, die (lat., Pl. -en)

Blinkzeichengerät *Heliograph*, der (gr., Pl. -en) ... zur Nachrichtenübermittlung; auch: Fernrohr mit Fotoapparat für Sonnenaufnahmen

Blinzelkrampf 1. *Niktation*, die (lat., ohne Pl.) Augenliderzuckungen (med.) 2. *Niktitation*, die (lat., ohne Pl.) das unabsichtliche Zwinkern mit den Augen (med.)

Blinzeln *Hippus*, der (gr.-lat., ohne Pl.) med.

Blitz *Flash*, der (engl., Pl. -s) auch Blitzlicht

blitzartig 1. *foudroyant* (lat.-fr.) schnell u. heftig verlaufend (med.) 2. *fulminant* (lat.) auch: großartig, ausgezeichnet

blitzen *szintillieren* (lat.) das Szintillieren der Sterne am Polarhimmel ist berauschend

Block 1. *Front*, die (fr., Pl. -en) auch: Stirn, Vorderseite, die vordere Reihe e. angetretenen Truppe, Kampfgebiet 2. *Komplex*, der (lat., Pl. -e) auch: Bereich; Gebäudekomplex; Zwangshandlung

Blockfreiheit *Non-Alignment*, das (engl., Pl. -s) Bündnisfreiheit von neutralen Staaten

blöd 1. *dement* (lat.) wahnsinnig 2. *idiotisch* (lat.) auch: dumm, ungebildet

Blöder *Idiot*, der (gr.-lat., Pl. -en) i. S. von Schwachsinniger; Idiotenanstalt

Blödmann *Idiot*, der (gr.-lat., Pl. -en) »geschichtsblinde Fachidioten« (Helmut Schmidt, 1998 über die Professoren, die gegen den Euro klagten)

Blödsinn *Fatuität*, die (lat., ohne Pl.) Fatuität verzapfen

Blödsinn, bes. ... 1. *Pallawatsch*, der (it., ohne Pl.) Durcheinander; auch: Niete, Versager 2. *Zinnober*, der (lat.-fr., ohne Pl.) dummes Zeug; rotes bis schwarzes Mineral

bloß *pur* (lat.) rein, unverfälscht; auch: glatt

bloßstellen 1. *blamieren* (gr.-lat.-fr.) der Abteilungsleiter blamierte seinen Mitarbeiter vor versammelter Mannschaft, »Jeder blamiert sich so gut, wie er kann.« (Redensart) 2. *dekuvrieren* (lat.-fr.) negative Eigenschaften oder Taten anderen Personen bekanntmachen 3. *desavouieren* (lat.-fr.) e. nahestehende Person durch bes. Verhalten desavouieren 4. *outen* (am.) e. Showmaster wurde als Homosexueller geoutet; *Outing*, das (am.) Begriff aus der am. Schwulen-Szene 5. *kompromittieren* (lat.-fr.)

bloßstellen, sich ... *dekolletieren* (fr.) auch: mit e. Dekolleté versehen

Bloßstellung 1. *Kompromittierung*, die (lat.-fr., Pl. -en) z. B. e. Dame durch intime Fragen kompromittieren, in Verlegenheit bringen 2. *Desavouierung*, die (lat.-fr., Pl. -en) der Minister wurde eindeutig desavouiert 3. *Outing*, das (am., ohne Pl.) für den homosexuellen Politiker war das Outing die Hölle

blühen 1. *florieren* (lat.) die Gesellschafter freuten sich über das florierende Unternehmen 2. *prosperieren* (lat.-fr.) 3. *remontieren* (lat.-fr.) nach e. Hauptblüte noch einmal blühen

Blumenbindekunst *Bouqueterie*, die (fr., ohne Pl.)

Blumenbinder *Florist*, der (fr., Pl. -en) Blumenhändler

Blumenbinderin *Floristin*, die (fr., Pl. -nen) Blumenhändlerin

Blumenblatt *Petal*, das (lat., Pl. ...talen)

Blumendüfte, Verfahren zur Gewinnung der ... *Enfleurage*, die (lat.-fr., ohne Pl.) ... in der Parfümindustrie

Blumenfreund *Fleurist*, der (lat.-fr., Pl. -en)

Blumenfülle *Flor*, der (lat., Pl. -e)

Blumengebinde *Girlande*, die (fr., Pl. -n) langes, hängendes Gebinde aus Blumen oder buntem Papier

Blumengewinde *Feston*, das (fr., Pl. -s)
Blumenhändler 1. *Florist*, der (fr., Pl. -en); auch: Blumenkenner u. 2. *Fleurist*, der (lat.-fr., Pl. -en)
Blumenigel *Kenzan*, der (jap., Pl. -s) Stachelplatte, an der Blumen befestigt werden
Blumenkette 1. *Girlande*, die (it.-fr., Pl. -n) 2. *Lai*, der (polynes., Pl. -s) Blumenkette auf Hawaii, reich mir den »Lai der Liebe«
Blumenkohl *Karfiol*, der (it., ohne Pl.)
Blumenpracht *Flor*, der (lat., Pl. -e)
Blumenrohr *Canna*, die (lat., Pl. -s) auch: tropische hohe Staudenpflanze, rötlich blühend
Blumenschale *Jardiniere*, die (fr., Pl. -n)
Blumensteckkunst *Ikebana*, das (jap., Pl. -s)
Blumenstrauß *Bukett*, das (germ.-fr., Pl. -s); auch: die Blume (der Duft) des Weines, z. B. der 1976er Dürkheimer Michelsberg hat e. besonderes Bukett
Blumentier *Anthozoon*, das (gr., Pl. ...zoen) z. B. die Koralle
Blumenversand *Fleurop*, der (fr., ohne Pl.) internationaler Auftragsdienst für Blumengeschenke
Blumenversteinerung *Antholith*, der (gr., Pl. -en)
Blumenverzierung *Fleuron*, der (lat.-it.-fr., Pl. -s); nicht verw. mit *Fleuret*, das (lat.-fr., Pl. -s) Stoßwaffe zum Fechten; auch: *Florett*, das (lat.-it.-fr., Pl. -s)
Blut »versackt« in den Venen ... *Pooling*, das (engl.-am., ohne Pl.) ... es findet nicht den Weg zurück zum Herzen
Blut der Götter *Ichor*, der (gr., ohne Pl.) bei Homer; auch: blutig-seröse Absonderung (med.)
Blutader 1. *Vene*, die (lat., Pl. -n) med.: Ader, in der das Blut zum Herzen fließt (blau) 2. *Arterie*, die (gr.-lat., Pl. -n) Ader, die Blut vom Herzen zu Organen u. Gewebe hinführt (rot); nicht verw. mit *Athelie*, die (lat.-gr., Pl. ...ien) med., angeborenes Fehlen der Brustwarzen
Blutandrang *Hyperämie*, die (gr.-lat., ohne Pl.) Wallung
blutarm *anämisch* (gr.)
Blutarmut *Anämie*, die (gr.-lat., Pl. -n) med.
Blutauflösung *Hämolyse*, die (gr., Pl. -n)

Auflösung der roten Blutkörperchen, Abbau des roten Blutfarbstoffs (med.)
Blutausscheidung im Urin *Hämaturie*, die (gr., Pl. ...ien) med.
Blutbad *Massaker*, das (fr., ohne Pl.) in e. »Nacht der langen Messer« wurde e. Massaker angerichtet
Blutbeule *Hämatom*, das (gr., Pl. -e) Bluterguß (med.)
Blutbild 1. *Hämatogramm*, das (gr., Pl. -e) med. 2. *Hämogramm*, das (gr., Pl. -e) med.
blutbildend *hämatopoetisch* (gr.-lat.) med.
blutbildende Zelle im Knochenmark *Hämoblast*, der (gr.-lat., Pl. -en) auch: Stammzelle (med.)
Blutbildung *Hämatopoese*, die (gr., ohne Pl.) bes. Bildung der roten Blutkörperchen
Blutbrechen *Hämatemesis*, die (gr., ohne Pl.) z. B. bei Magengeschwüren (med.)
Blutdruck, leicht erhöhter ... *Borderline-Hypertension*, der (engl., Pl. -s)
Blutdruckerhöhung 1. *Hypertonie*, die (gr., Pl. ...ien) auch: erhöhter Druck im Augapfel (med.); Ggs.: Hypotonie, die (gr., Pl. ...ien), bes. Muskelspannung 2. *Hypertonus*, der (gr., ohne Pl.) kurzfristige Blutdruckerhöhung; Ggs.: Hypotonus
Blutdruckmeßgerät *Hämodynamometer*, das (gr., Pl. -) med. 2. *Sphygmomanometer*, das (gr., Pl. -) med. 3. *Tonometer*, das (gr., Pl. -) auch Gerät, um den Augeninnendruck zu messen
Blutdruckschwanken *Heterotonie*, die (gr., Pl. ...ien)
Blutdrucksenker *Antihypertonikum*, das (gr., Pl. ...ka) med., Arznei gegen erhöhten Blutdruck, z. B.: *Betarezeptorenblocker*, der (gr., Pl. -) kurz: Betablocker (med.)
Blutdruckverminderung *Hypotonie*, die (gr., Pl. ...ien)
Blüte *Prosperität*, die (lat.-fr., Pl. -en) wirtsch. Blüte
Blüte, außerhalb der ... **befindlich** *extrafloral* (lat.)
Blüte, in voller ... *in floribus* (lat.) auch: im Wohlstand
Blüte, zweite *Renaissance*, die (lat.-fr., ohne Pl.) »Wiedergeburt« als kulturelle Bewegung vom Mittelalter bis zur Neuzeit (14. bis 16. Jh.); auch: Wiederaufleben, neue Blüte (Pl. -n)

Bluteiweiß *Albumin*, das (lat., Pl. -e) wasserlöslicher Eiweißkörper im Blutserum, in Eiern u. der Milch vorkommend

Blütenfarbstoff *Anthochlor*, das (gr., Pl. -e) aus dem Zellsaft stammender gelber Blütenfarbstoff

Blütenhülle 1. *Perigon*, das (gr., Pl. -e) z. B. bei Tulpen u. Lilien 2. *Perigonium*, das (gr., Pl. …ien)

Blütenkelch *Calyx*, der (gr.-lat., Pl. -yces) auch: Fruchtknospe; Teil der Seelilie

Blütenpflanze 1. *Angiosperme*, die (gr., Pl. -n) … mit Fruchtknoten 2. *Phanerogame*, die (gr., Pl. -n) Ggs.: Kryptogame, die (gr., Pl. -n) nicht blühende Pflanze 3. *Spermatophyt*, der (gr., Pl. -en) Bez. für Blüten- oder Samenpflanzen

Blütenpracht *Flor*, der (lat., Pl. -e) auch: Blumenfülle

Blütenspelze *Palea*, die (lat., Pl. -een) … der Gräser; auch: Spreu

Blütenstand 1. *Floreszenz*, die (lat., Pl. -en) 2. *Infloreszenz*, die (lat., Pl. -en)

Blütenstand, mit üppigem … *flore pleno* (lat.)

Blütenstaub *Pollen*, der (lat., Pl. -) eigtl.: sehr feines Mehl

Blütenstauballergie *Pollinose*, die (lat., Pl. -n) med.

Bluterguß *Hämatom*, das (gr.-lat., Pl. -e) med.

Bluterguß im Gehirn *Hämatozephalus*, der (gr., ohne Pl.) med.

Bluterguß, flächenhafter *Ekchymose*, die (gr., Pl. -n)

Bluterkrankheit *Hämophilie*, die (gr.-lat., Pl. …ien) med.

Blutersatz *Transfusion*, die (lat., Pl. -en) eigtl.: Blutübertragung

Blütezeit *Floreszenz*, die (lat., Pl. -en)

Blutfarbstoff *Hämoglobin*, das (gr.-lat., ohne Pl.) med., der rote Blutfarbstoff

Blutfarbstoffmangel *Hypochromie*, die (gr., Pl. …ien) med.; Ggs.: Hyperchromie

Blutfieber *hämorrhagisches Fieber*, das (gr.-lat., ohne Pl.) hohes Fieber, das mit Blutungen einhergeht; Viruskrankheit

Blutfleckenkrankheit *Purpura*, die (gr., Pl. …rae) med.

Blutflüssigkeit *Plasma*, das (gr.-lat., Pl. …men) auch: leuchtendes Gasgemisch; Abart des Chalzedons (Halbedelstein)

Blutgefäß 1. *Arterie*, die (gr.-lat., Pl. -n) … das Blut vom Herzen zu e. Organ führt; Ggs.: Vene 2. *Kapillare*, die (lat., Pl. -n) haarfeines Blutgefäß; auch: dünnes Röhrchen 3. *Vene*, die (lat., Pl. -n) Ader, in der das Blut zum Herzen fließt; Ggs.: Arterie

blutgefäßähnlich *angioid* (gr.)

Blutgefäße, die … betreffend *vasal* (lat.) nicht verw. mit *Vasall*, der (lat.-fr., Pl. -en) Gefolgsmann; Lehnsmann des Mittelalters

Blutgefäßentzündung *Angiitis*, die (lat., Pl. …itiden) med.

Blutgefäßerweiterung *Angiektasie*, die (lat., Pl. …ien) krankhafte Ausbeulung e. Ader (med.)

Blutgefäßgeschwulst *Hämangiom*, das (gr., Pl. -e) auch: Blutschwamm (med.)

Blutgefäßunterbindung 1. *Ligatur*, die (lat., Pl. -en) auch: Zusammenfassung von Noten in der Mensuralmusik des 15. Jh. 2. *Vasoligatur*, die (lat., Pl. -en)

Blutgefäßverstopfung 1. *Thrombose*, die (gr., Pl. -n) med. 2. *Infarkt*, der (lat., Pl. -e) med., Absterben e. Organteils nach Blutleere infolge Gefäßverschlusses, z. B. Herzinfarkt

Blutgerinnbarkeit *Koagulabilität*, die (lat., ohne Pl.)

Blutgerinnsel *Koagulum*, das (lat., Pl. …la) med.

Blutgerinnselentfernung *Desobliteration*, die (lat., Pl. -en) operative Entfernung aus verschlossenen Blutgefäßen (med.)

Blutgerinnungshemmer *Antikoagulans*, das (gr., Pl. …lanzien) Blutgerinnung verzögernde Medikamente (med.)

Blutgerinnungshemmer *Heparin*, das (lat., ohne Pl.)

Blutgerinnungsstörung *Koagulopathie*, die (gr.-lat., Pl. …ien) med.

Blutgift *Hämotoxin*, das (gr., Pl. -e) schädigt die roten Blutkörperchen

Blutharnen *Hämaturie*, die (gr., Pl. …ien) Ausscheiden roter Blutkörperchen im Urin (med.)

Bluthochdruck *Hypertonie*, die (gr.-lat., Pl. …ien) med.; Ggs.: Hypotonie

Bluthusten 1. *Hämoptoe*, die (gr., ohne Pl.) Blutspucken infolge e. Lungenblutung (med.) z. B. bei Raucherlungen 2. *Hämoptyse*, die (gr., ohne Pl.) med.

Blutkörperchen 1. *Erythrozyt*, der (gr., Pl. -en) med., rotes –, 2. *Leukozyt*, der (gr.-lat., Pl. -en) med., weißes 3. *Hämozyt*, der (gr.-lat., Pl. -en) med.

Blutkörperchen, Bildung der roten ... betreffend *erythropoetisch* (med.)

Blutkrankheit *Hämopathie*, die (gr.-lat., Pl. ...ien) med.

Blutkrebs *Leukämie*, die (gr.-lat., Pl. -ien) med.

Blutkreislauf *Zirkulation*, die (gr.-lat., Pl. -en); auch: der Luft, des Wassers: Luftzirkulation

Blutkuchen *Cruor*, der (lat., ohne Pl.) geronnenes Blut (med.)

blutleer *ischämisch* (gr.-lat.) med.

Blutleere *Ischämie*, die (gr.-lat., Pl. -ien) akute Ischämie im Gehirn haben

Blutmangel *Anämie*, die (gr., Pl. ...ien) auch: Blutleere (med.)

Blutparasit *Hämosit*, der (gr.-lat., Pl. -en)

Blutpfropf 1. *Embolus*, der (lat., Pl. ...li) auch: Fetttropfen, Luftblase, z. B. in e. Vene (med.) 2. *Thrombus*, der (gr.-lat., Pl. ...ben) med.

Blutpfropfbildung 1. *Embolie*, die (gr., Pl. ...ien) med. 2. *Thrombose*, die (gr., Pl. -n) eigtl.: gerinnen lassen; Blutpfropfbildung bes. in den Venen (med.)

Blutpfropfen *Thrombus*, der (gr.-lat., Pl. ...ben) med.

Blutplättchen *Thrombozyt*, der (gr.-lat., Pl. -en) med.

Blutrache *Vendetta*, die (lat.-it., Pl. ...ten) bei einigen Kurden gibt es noch die Vendetta

Blutreinigung *Dialyse*, die (gr., Pl. -n) med. Menschen mit defekten Nieren müssen ihr Blut an e. Dialysegerät »waschen« lassen

Blutreinigungsmittel *Alterativ*, das (lat., Pl. -e) med.

Blutsauerstoffmangel *Hypoxämie*, die (gr.-lat., Pl. ...ien)

Blutsauger *Vampir*, der (serbisch, Pl. -e) auch: skrupelloser Ausbeuter

Blutschande *Inzest*, der (lat., Pl. -e) Geschlechtsverkehr zwischen engen Verwandten (Eltern u. Kindern, Geschwistern)

blutschänderisch *inzestuös* (lat.-fr.)

Blutschnabelweber *Quelea*, die (lat., Pl. -s) Webervogelgattung

Blutschwamm *Hämangiom*, das (gr.-lat., Pl. -e) med., der ehemalige Präsident Gorbatschow hat auf der Stirn e. Hämangiom

Blutschwitzen 1. *Dermatorrhagie*, die (gr., Pl. ...ien) auch: Hautblutung (med.) 2. *Hämhidrose*, die (gr., Pl. -n) med.

Blutspucken 1. *Hämoptoe*, die (gr., ohne Pl.) 2. *Hämoptysis*, die (gr., ohne Pl.) auch Bluthusten infolge e. Lungenblutung, Raucherlunge (med.)

blutstillend *hämostypisch* (gr.) med.

Blutstillung *Hämostase*, die (gr.-lat., Pl. -n) med.

Blutstockung *Hämostase*, die (gr.-lat., Pl -n) med.

Blutstuhl *Meläna*, die (gr., ohne Pl.) z. B. bei Geburten (med.)

Blutsturz *Hämatorrhö*, die (gr., Pl. -en) med.

Blutsverwandter *Agnat*, der (lat., Pl. -en)

Blutsverwandtschaft *Kognation*, die (lat., ohne Pl.)

Bluttaufe *Taurobolium*, das (gr.-lat., Pl. ...ien) nach e. Stieropfer in der Antike

Blutübertragung *Transfusion*, die (lat., Pl. -en)

Blutumleitung 1. *Bypass*, der (engl.-dt., Pl. ...pässe) med.; auch: Umführung e. Strömung 2. *Shunt*, der (engl., Pl. -s) i. S. e. künstliche Verbindung zwischen Blutgefäßen (med.)

Blutung 1. *Hämorrhagie*, die (gr.-lat., Pl. ...ien) med. 2. *Menstruation*, die (lat., Pl. -en); auch: Menstrualblutung, Monatsblutung, Regel der Frau

Blutungsmittel *Hämagogum*, das (gr., Pl. ...ga)

Blutunterdruck *Hypotonie*, die (gr., Pl. ...ien) med.; Ggs.: Hypertonie

blutunterlaufen *hyphämisch* (gr.) auch: blutarm (med.)

Blutunterlaufung 1. *Suffusion*, die (lat., Pl. -en) z. B. großflächiger Bluterguß (med.) 2. *Sugillation*, die (lat., Pl. -en) blauer Stoßfleck, Bluterguß (med.)

Blutuntersuchung *Hämatoskopie*, die (gr., Pl. -n) med.

Blutvergiftung *Sepsis*, die (gr., Pl. ...sen) med.

Blutverklumpung *Hämagglutination*, die (gr., Pl. -en) i. S. von Verklumpung der roten Blutkörperchen (med.)

Blutverwandtschaft 1. *Agnation*, die (lat., ohne Pl.) väterlicherseits 2. *Kognation*, die (lat., ohne Pl.)

Blutwarze *Angiokeratom*, das (lat., Pl. -e) med.

Blutwäsche *Dialyse*, die (gr., Pl. -n) med., e. Dialysegerät bewerkstelligt die Blutwäsche

Blutwurz *Tormentill*, das (lat., ohne Pl.) Fingerkraut, als Heilmittel verwendet

Blutzelle *Histiozyt*, der (gr., Pl. -en) Wanderzelle des Bindegewebes (med.)

Blutzeuge *Märtyrer*, der (gr.-lat., ohne Pl.) Blutzeuge des christlichen Glaubens, jmd. der wegen seines Glaubens, seiner Überzeugung Leiden ertragen oder den Tod erleiden muß; z. B. der islamische Märtyrer Al Hussein im 7. Jh.

Blutzeugenschaft *Martyrium*, das (gr.-lat., Pl. ...ien) die Revolutionslegende Che Guevara durchlebte e. Martyrium: »Schieß doch, du wirst nur e. Mann töten!« waren seine letzten Worte vor der Hinrichtung (1967)

Blutzuckergehalt, erhöhter ... *Hyperglykämie*, die (gr.-lat., ohne Pl.) med.; Ggs.: Hypoglykämie

Bock, den ... zum Gärtner machen *accipitri columbas credere* (lat., Zitat) dem Habicht Tauben anvertrauen

Bock, wie e. ... stinken *hircum olere* (lat., Zitat)

Boden *Terrain*, das (lat.-fr., Pl. -s) die Bodentruppen konnten Terrain erobern

Bodenabtragung *Erosion*, die (lat., Pl. -en) Zerstörungsarbeit von Wind, Wasser u. Eis an der Erdoberfläche

Bodenanteil *Parzelle*, die (lat.-fr., Pl. -n) vermessenes Grundstück als Bauland

Bodenbebauung *Kultur*, die (lat., Pl. -en) z. B. Erdbeerkulturen anlegen

bodenbedingt *edaphisch* (gr.-lat.) Erdboden bezüglich

Bodenbelag *Terrazzo*, der (lat.-it., Pl. Terrazzi)

Bodenbelag, kautschukgetränkter ... *Balatum*, das (Markenname, ohne Pl.)

Bodenbildung *Pedogenese*, die (gr., ohne Pl.) ... im oberen Bereich der festen Erdrinde

Bodenentwässerung *Dränage*, die (fr., Pl. -n)

Bodenfläche *Areal*, das (lat., Pl. -e)

Bodenhaftung *Grip*, der (engl., ohne Pl.) Griffigkeit von Reifen

Bodenkunde *Pedologie*, die (gr.-lat., ohne Pl.)

bodenkundlich *pedologisch* (gr.-lat.)

Bodenregion e. Gewässers *Benthal*, das (gr.-lat., ohne Pl.)

Bodensatz 1. *Residuum*, das (lat., Pl. ...duen) 2. *Depot*, das (lat.-fr., Pl. -s) Bodensatz in der Rotweinflasche

Bodensatzbildung *Sedimentation*, die (lat., Pl. -en)

bodenständig *autochthon* (gr.-lat.,) alteingesessen, eingeboren; Ggs.: allochthon

Bodenurbarmachung *Kultivierung*, die (lat., ohne Pl.) Urbarmachung z. B. des Bodens

Bodenverbesserung *Melioration*, die (lat., Pl. -en) erzeugt durch Bewässerung, Düngung

Bodybuilding, die schlanke Version des ... *Shape up*, das (engl.-am., ohne Pl.) die Kraftsportler sind keine Kleiderschränke, sondern drahtige Extremsportler, die Freeclimbing oder Canyoning betreiben

Bogen *Kurve*, die (lat., Pl. -n) Fahrbahnkrümmung; erotisierende weibliche Körperform; e. Frau mit aufregenden Kurven

Bogengang 1. *Arkade*, die (fr., Pl. -n) 2. *Loggia*, die (it., Pl. ...ien) Laube; auch: offene Bogenhalle; offener oder überdeckter, vorspringender Raum im oberen Geschoß e. Gebäudes

Bogenhanf *Sansevieria*, die (lat., Pl. ...ien) nach dem ital. Gelehrten Fürst von San Severo, 1710–1771, tropisches Liliengewächs; e. Zierpflanze

Bogenreihe *Arkade*, die (fr., Pl. -n)

Bogenzwickel *Spandrille*, die (lat., Pl. -n) Bez. aus der Archit.

Bohne *Fisole*, die (gr.-lat., Pl. -n)

Bohne, *Fisole*, die (lat., Pl. -n) Frucht des grünen Bohnengemüses

Bohreinsatz *Bit*, der oder das (engl., Pl. -s) Einsatzstück für Bohrmaschinen; auch: Einheit für den Informationsgehalt e. Nachricht; Zweierzahl, Einheit in e. binären System

bohren *perforieren* (lat.) i. S. von durchlöchern

Bohrstelle *Lokation*, die (lat., Pl. -en) bei

der Förderung von Rohöl z. B. von der Shell

Bollwerk 1. *Fort*, das (lat.-fr., Pl. -s) Fort Knox mit den Goldreserven der USA 2. *Kastell*, das (lat., Pl. -e) Schloßburg; Kloster-Kastell: Montecassino in Italien 3. *Zitadelle*, die (lat.-it.-fr., Pl. -n) meist hochgelegene Schloßburg, Äthiopien wird »die Zitadelle Afrikas« genannt 4. *Bastion*, die (it.-fr., Pl. -en) Karthago war e. Bastion gegen aufständische Söldner um 300 v. Chr. 5. *Bastei*, die (fr.-it., Pl. -en) auch: vorspringender Teil an alten Festungsbauten

Bombe *Molotow-Cocktail* (Pl. -s) selbstgebastelter Brandsatz nach dem ehemaligen russ. Außenminister Molotow

Bon, e. ... tippen 1. *bongen* (lat.-fr.) z. B. an der Registrierkasse 2. *bonieren* (lat.-fr.)

Boot aus Binsen ... *Balsa*, das (sp., Pl. -s) ... der südam. Indianer u. a. vom Titicacasee; auch: sehr leichtes Nutzholz des Balsabaumes (Balsaholz)

Boot der Eskimofrauen *Umiok*, der, das (eskimoisch, Pl. -s) Kajakart

Boot mit zwei Rümpfen *Katamaran* (tamilisch-engl., Pl. -e)

Bootsbeplankung *Bordage*, die (fr., Pl. -n)

Bootsflüchtlinge *Boatpeople*, die (engl., Pl.) mit Booten fliehende Menschen, bes. aus Vietnam

Bootsschlafraum *Kajüte*, die (niederl., Pl. -n) Wohn- u. Schlafraum auf Schiffen

Bootswettfahrt *Regatta*, die (venez., Pl. ...tten)

Bordell 1. *Eros-Center*, das (engl., ohne Pl.) größere Anlage mit Kontakthof 2. *Lupanar*, das (lat., Pl. -e) Freudenhaus im alten Rom

borkig 1. *impetiginös* (lat.) grindig, z. B. bei Hautkrankheiten (med.) 2. *krustös* (lat.-fr.) verschorft (med.)

Börse *Exchange*, die (engl., Pl. -n) auch: Tausch, Kurs im Börsengeschäft

Börse für Wertpapiere *Effektenbörse*, die (lat.-niederl., Pl. -n)

Börsenabschwung *Baisse*, die (lat.-fr., Pl. -n)

Börsenaufschwung *Hausse*, die (lat.-fr., Pl. -n)

Börsenhändler *Jobber*, der (engl., Pl. -s) auch: Geschäftemacher

Börsenkrach *Crash*, der (engl., Pl. -s) auch: Zusammenstoß, z. B. mit dem Auto

Börsen-Kursaufschlag *Report*, der (lat.-fr., Pl. -e); Ggs.: Deport

Börsenkursnotierung *Quotation*, die (lat., Pl. -en)

Börsenmakler 1. *Remisier*, der (lat.-fr., Pl. -s) 2. *Broker*, der (engl., Pl. -s); auch: Makler

Börsenmakler, amtlicher ... *Kursmakler*, der (dt., ohne Pl.) ... der die Kurse an der Anwesenheitsbörse feststellt

Börsen-Optionspapiere auf steigende Aktien *Calls*, die (engl., Pl.) Ggs.: Puts, bringen Erträge bei fallenden Kursen

Börsensaal, Fachausdruck für den ... *Parkett*, das (lat.-fr., Pl. -e) auch: auf best. Art verlegter Holzfußboden

Börsenstraße in New York *Wall Street*, die (am., ohne Pl.) Banken- u. Börsenstraße

Börsianer 1. *Börsenspekulant*, der (niederl.-lat., Pl. -en) Michael Milken ist e. bekannter Börsenspekulant 2. *Börsenguru*, der (nieder.-Hindi, Pl. -s) i. S. e. bes. erfahrenen u. erfolgreichen Börsianers, z. B. André Kostolany

Borte *Tresse*, die (lat.-fr., Pl. -n) an Uniformen oder Dirndlkleidern

bösartig 1. *maligne* (lat.) med., bei Wucherungen 2. *destruktiv* (lat.); auch: *destruieren* (lat.) i. S. von mutwillig zerstören

Bösartigkeit *Malignität*, die (lat., ohne Pl.) med., bei e. Wucherung

böschen 1. *dossieren* (fr.) abschrägen 2. *escarpieren* (fr.) Böschung steil befestigen

Böschung *Adossement*, das (lat.-fr., Pl. -s)

Böschung, flache ... *Dossierung*, die (fr., Pl. -en)

böser Vorsatz *Dolus*, der (lat., ohne Pl.) Arglist (Rechtsw.); Brutus hatte e. Dolus u. erstach Cäsar (44 v. Chr.)

Bösewicht *Diable*, der (fr., Pl. -s)

boshaft 1. *maliziös* (lat.-fr.) arglistig 2. *meschant* (fr.) i. S. von häßlich

Bosheit 1. *Malice*, die (lat.-fr., Pl. -n) 2. *Schikane*, die (fr., Pl. -n) e. Menschen böswillig Schwierigkeiten bereiten; auch: Straßenkurve mit Schwierigkeiten

Boß *Chef*, der (lat.-fr., Pl. -s) auch Anführer; »Ein Chef muß cheffen (gemeint:

führen)«; (Jacques Chirac, fr. Staatspräsident; 1998)

böswillig *schikanös* (fr.) e. schikanöser Unteroffizier

Böswilligkeit *Schikane*, die (fr., Pl. -n) eingebaute Straßenschwierigkeit

Botanik *Phytologie*, die (gr.-lat., ohne Pl.)

Bote 1. *Nuntius*, der (lat., Pl. ...ien) auch: ständiger diplomatischer Vertreter des Papstes bei e. Staatsregierung im Botschaftsrang; »Das ist der apostolische Nuntius (Peter Boenisch) unter den deutschen Tintenpissern.« (G. Schröders geh. Tagebuch von H. Venske, 1997) 2. *Kurier*, der (lat.-it.-fr., Pl. -e) auch: Eilbote

Botenstoffe, chemische, die im Nervengewebe Impulse weiterleiten *Neurotransmitter*, der (gr., Pl. -) z. B.: Adrenalin, Dopamin

Botschaft 1. *Ambassade*, die (germ.-it.-fr., Pl. -n) hochoffizielle Vertretung e. Staates im Ausland 2. *Depesche*, die (lat.-fr., Pl. -n); auch: veraltet für Telegramm 3. *Message*, die (lat.-engl., Pl. -s) Nachricht

Botschafter *Ambassadeur*, der (germ.-it.-fr., Pl. -e) hochoffizieller Vertreter e. Staates im Ausland

Boxnahkampf *Infight*, der (engl., Pl. -s) Gegner wird durch kurze Haken bearbeitet

Boxtraining *Sparring*, das (engl., ohne Pl.) Henry Maske hatte e. guten Sparringspartner

Brand *Konflagration*, die (lat., Pl. -en) Großfeuer, Inferno

brandig *gangränös* (gr.-lat.)

Brandmal *Stigma*, das (gr., Pl. ...men u. -ta) Wundmale Christi, den Sklaven eingebranntes Mal bei Griechen u. Römern

brandmarken 1. *denunzieren* (lat.) auch: bloßstellen, anzeigen 2. *outen* (engl.) auch: sich öffentlich bekennen; der FDP-Vorsitzende Guido Westerwelle outete sich als Homosexueller, wurde boshaft Schwesterwelle genannt

Brandopfer *Holocaust*, der (engl.-am., Pl. -s) Massenvernichtung (der Juden). »Wenn ihr den wahren Holocaust finden wollt, werdet ihr ihn in Palästina finden.« M. Ahmadinedschad, iranischer Staatspräsident, 2006)

Brandopfer *Holokaustum*, das (lat., Pl.

...sta) zur Verehrung der Götter im alten Griechenland dargebrachtes Brandopfer

Brandstifter *Pyromane*, der (gr., Pl. -n) jmd., der zwanghaft Brände legt, von *Pyromanie*, die (gr., ohne Pl.) zwanghafter Trieb, Feuer zu legen; nicht verw. mit *Pyromantie*, die (gr., ohne Pl.) die Wahrsagung aus dem Opferfeuer im Altertum

Brandungsreiten *Surfing*, das (engl., ohne Pl.)

Brandungswellen reiten *surfen* (engl.) auch: sich ständig im Internet bewegen; i. S. von: auf dem Datenhighway »reiten« oder dahingleiten

Brandweinschänke *Destille*, die (lat., Pl. -n)

Branntwein 1. *Brandy*, der (engl., Pl. -s) als Weinbrand 2. *Eau de vie*, das (fr., ohne Pl.) 3. *Tequila*, der (mex.-sp., ohne Pl.) aus gegorenem Saft der Agave 4. *Whisky*, der (engl., Pl. -s) »Lebenswasser« aus Gerste hergestellt 5. *Wodka*, der (russ., Pl. -s) »Wässerchen« 6. *Absinth*, der (gr.-lat., ohne Pl.) mit Wermutzusatz

Branntweinausschank *Destille*, die (lat., Pl. -n)

Branntweinbrenner *Destillateur*, der (lat.-fr., Pl. -e) auch: Gastwirt, der Branntwein ausschenkt

Branntweinbrennerei *Destillation*, die (lat., Pl. -en) auch: Schankwirtschaft

Bratensaft 1. *Fond*, der (fr., Pl. -s) auch: Rücksitz im Auto; Hintergrund e. Gemäldes; Stoffgrund 2. *Jus*, der (fr., ohne Pl.) Saft, Brühe, auch: Frucht- und Gemüsesaft

Bratensaft, eingedickter ... *Jus*, der, das (fr., ohne Pl.) nicht verw. mit *Jus*, das (lat., ohne Pl.) Jura, Recht, Rechtswissenschaft

Brathähnchen *Broiler*, der (engl., ohne Pl.) in den neuen Bundesgebieten gebräuchlich

Bratrost *Grill*, der (lat.-fr.-engl., Pl. -s) z. B. e. Grill-Party veranstalten

Brattopf *Kasserolle*, die (lat.-fr., Pl. -n)

Brauch 1. *Usus*, der (lat., ohne Pl.) das ist an unserer Schule so Usus 2. *Konvention*, die (lat.-fr., Pl. -en) nach best. Regeln miteinander leben 3. *Ritual*, das (lat., Pl. -e) Regeln im religiösen Bereich 4. *Ritus*, der (lat., Pl. Riten) Handlungsweise im religiösen Bereich 5. *Tradition*, die (lat., Pl.

-en) überlieferte Sitten u. Gebräuche
6. *Usance*, die (lat.-fr., Pl. -n) Brauch in
der Wirtschaft 7. *Uso*, der (lat.-it., Pl. -s) in
der Wirtschaft 8. *Zeremonie*, die (lat., Pl.
-n) feierliche Regeln, Zeremonienmeister
brauchbar 1. *praktikabel* (gr.-lat.) e. praktikablen Vorschlag machen 2. *praktisch*
(gr.-lat.) praktische Geräte einsetzen 3. *akzeptabel* (lat.-fr.) 4. *passabel* (lat.-fr.) i. S.
von annehmbar, leidlich 5. *patent* (lat.) i. S.
von geschickt, e. patentes Mädchen 6. *qualifiziert* (lat.-fr.) tauglich, geeignet, z. B. e.
qualifizierter Bewerber
Brauchbarkeit *Praktikabilität*, die (gr.-
lat., ohne Pl.)
Bräuche u. Sitten *Zeremoniell*, das (lat.,
Pl. -e) i. S. von Gesamtheit der Regeln u.
Verhaltensweisen; »Das Zeremoniell an
Höfen – was ist das anderes als Formalien-
kram u. Klauberei?« (Immanuel Kant)
Brauchtumslehre *Folkloristik*, die (engl.,
ohne Pl.)
Braunalge *Phäophyzee*, die (lat., Pl. -n)
auch: Meertang
Braunbleierz *Pyromorphit*, der (gr., Pl. -e)
bes. Mineral
braunhaarig *brünett* (germ.-fr.)
Braunkohlenkoks *Kaumazit*, der (gr., Pl.
-e)
Braunstein *Pyrolusit*, der (gr., Pl. -e) me-
tallisch glänzendes Mineral
Braut *Kalle*, die (hebr.-jidd., Pl. -n) auch:
Geliebte, Prostituierte (Gaunersprache)
brav 1. *integer* (lat.) i. S. von unbescholten
2. *manierlich* (lat.-fr.-dt.) i. S. von wohlerzogen
bravo! *à la bonne heure!* (fr.) auch: ausgezeichnet! »Ich sage ohne Abstriche: à la
bonne heure!« (Gerhard Schröder, Bundeskanzler, zu Helmut Kohl, 1998)
Brechmittel 1. *Emetikum*, das (gr.-lat., Pl.
...ka) med. 2. *Vomitorium*, das (lat., Pl.
...ien) med.
Brechreiz *Nausea*, die (gr.-lat., ohne Pl.)
med., z. B. bei Seegang
Brechung der Lichtstrahlen *Achomasie*,
die (gr., Pl. ...ien)
Brechungswert *Refraktion*, die (lat., Pl.
-en) bei Lichtstrahlen
Brechwurzel *Ipekakuanha*, die (indian.,
ohne Pl.) Wurzel e. südam. Pflanze
Brei 1. *Püree*, das (fr.-lat., Pl. -s) aus Gemü-

se hergestellt, Kartoffelpüree 2. *Pasta*, die
(it., Pl. ...sten) streichbare Masse, *Pasta
asciutta*, die (it., Pl. ...tte) it. Spaghettige-
richt
Brei aus Traubenschalen u. Kernen
1. *Maische*, die (germ., Pl. -n) 2. *Trester*,
der (germ., Pl. -) auch: Rückstände beim
Keltern, d. h. Traubenpressen
breiig *pastos* (gr.-lat.-it.)
breit getragen *sostenuto* (lat.-it.) musik.
Vortragsanw.
Breite, geographische *Latitüde*, die (lat.-
fr., Pl. -n)
Breitenkreis *Äquator*, der (lat., Pl. ...toren)
Breitgesicht *Chamäprosopie*, die (gr., Pl.
...ien) i. S. e. breiten Gesichtsform (med.)
Breitgesichtigkeit *Euryprosopie*, die (gr.-
lat.) med.
breitwüchsig *eurysom* (gr.) med.
Breitwüchsigkeit *Eurysomie*, die (gr., Pl.
...ien)
Breiumschlag *Kataplasma*, das (gr.-lat.,
Pl. ...men) heißer Breiumschlag zur
Schmerzlinderung, z. B. bei Koliken
brennbar *inflammabel* (lat.)
Brennbarkeit *Inflammabilität*, die (lat.,
ohne Pl.)
Brenneisen *Kauterium*, das (lat., Pl. ...ien)
auch: Ätzmittel
brennend *akut* (lat.) e. akute (wichtige)
Angelegenheit bearbeiten
Brennerei *Destille*, die (lat., Pl. -n) für
Branntwein
Brennfläche *Kaustik*, die (lat., ohne Pl.)
auch: Brennlinie, z. B. von nicht korrigier-
ten Linsen
Brennlinie *Kaustik*, die (lat., ohne Pl.)
auch: Brennfläche bei nicht korrigierten
Linsen u. Hohlspiegeln
Brennpunkt 1. *Zentrum*, das (gr.-lat., Pl.
...ren) im Zentrum des Geschehens sein
2. *Fokus*, der (lat., Pl. se)
Brennpunkt, bes. ... *Hot Spot*, der (engl.,
Pl. -s) eigtl.: heiße Stelle; Ort, an dem et-
was Gefährliches passiert
Brennstoff *Kombustibilien*, die (lat., nur
Pl.) von *Kombustion*, die (lat., Pl. -en)
med., Verbrennung
Brennweite *Fokaldistanz*, die (lat., Pl. -en)
z. B. beim Objektiv e. Fotoapparates
Brett 1. *Board*, das (engl., Pl. -s) auch: Ta-
fel; sowie 2. *Mail-Box*, die (engl., Pl. -en)

121

jeweils nur e. best. Personengruppe zugänglich

Brett, schwarzes ... im Computer *Bulletinboard*, das (engl., Pl. -s) Bekanntmachungstafel mit Hinweisen für Internet-Surfer

Bretterbühne *Pawlatsche*, die (tschech., Pl. -n) auch: baufälliges Haus; offener Hauseingang

brettsegeln *windsurfen* (dt.-engl.)

Brettspiel 1. *Tokadille*, das (sp., ohne Pl.) 2. *Go*, das (jap., ohne Pl.) 3. *Schach*, das (per., ohne Pl.) 4. *Salta*, das (lat., ohne Pl.)

Brief *Epistel*, die (gr.-lat., Pl. -n) Apostelbrief im Neuen Testament; auch: Strafpredigt

Brief u. Siegel auf etwas geben *pro certo affirmare aliquid* (lat., Zitat)

Briefchen *Billett*, das (fr., Pl. -s) heute für Bahnfahrkarte

Briefempfänger *Adressat*, der (lat.-fr., Pl. -en)

Briefkasten, elektronischer ... 1. *Mailbox*, die (engl., ohne Pl.) ... auf Computerbasis 2. *Voice-Mail-System*, das (engl.-am., Pl. -s) auch: Sprachspeicherbox oder vielseitiger Anrufbeantworter

Briefkastenfirma, bes. Art ... *Off-Shore-Firma*, die (engl.-dt., Pl. ...men) Firmengründung im Ausland, um Steuern zu sparen

Briefmarkenkunde *Philatelie*, die (gr.-fr., ohne Pl.)

Briefmarkensammler *Philatelist*, der (gr.-fr., Pl. -n)

Briefschreibekunst *Epistolographie*, die (gr.-lat., Pl. ...ien)

Brieftasche *Portefeuille*, das (fr., Pl. -s)

Briefumschlag *Kuvert*, das (lat.-fr., Pl. -s)

Briefverkehr *Korrespondenz*, die (lat., Pl. -en)

Briefwechsel *Korrespondenz*, die (lat., Pl. -en) Johann Wolfgang von Goethe pflegte e. rege Korrespondenz

Brille 1. *Lorgnon*, das (fr., Pl. -s) früher übliches Stieleinglas 2. *Lorgnette*, die (fr., Pl. -n) bügellose Stielbrille; nicht verw. mit *Lorette*, die (fr., Pl. -n) früher Lebedame, bes. im Paris des 19. Jhs. 3. *Monokel*, das (lat.-fr., Pl. -s) Brille mit e. Glas, das durch die Muskulatur der Augenlider gehalten wird

Brillenglas ... *Bifokalglas*, das (lat.-dt., Pl. ...gläser) ... mit Fern- u. Nahteil

Brillenschlange *Kobra*, die (port., Pl. -s) südasiatische Giftschlange

bringen *absolvieren* (lat.) e. Studium absolvieren (hinter sich bringen)

Britisches Weltreich 1. *Empire*, das (lat.-fr.-engl., ohne Pl.) 2. *Commonwealth*, das (engl., ohne Pl.) i. S. e. Staatengemeinschaft

Brosche *Agraffe*, die (fr., Pl. -n)

Broschüre 1. *Booklet*, das (engl., Pl. -s) auch: Büchlein; Einlegeheft, z. B. für e. CD 2. *Folder*, der (engl., Pl. -s) Faltprospekt

Brot- u. Brötchenröster *Toaster*, der (engl., ohne Pl.) e. Elektrogerät;»Die Zeit ist nicht fern, wo e. Toaster intelligenter sein wird als manches Familienmitglied.« (Willi Walgenbach, Vorstandsmitglied des Elektro-Einzelhandels, 1997)

Brot und Spiele *panem et circenses*, (lat.) Zitat: Dichter Juvenal, 60–140 n. Chr.), Anspruch des röm. Volks während der Kaiserzeit

Brot, reich belegtes ... *Smørrebrød*, das (dän., Pl. -s) ... der nordischen Küche

Brot, weißes Sabbat... der Juden *Barches*, der (hebr., ohne Pl.)

Brotwürfel, getoasteter ... *Croûton*, der (fr., Pl. -s) ... oder in Fett gebackener; von: croûte (Kruste)

Bruch 1. *Havarie*, die (arab.-fr.-niederl., Pl. -n) Seeschaden, den Schiff oder Ladung erleidet 2. *Fraktur*, die (lat., Pl. -en) »Bruch«; Knochenbruch, med.; auch: Fraktur reden: deutlich seine Meinung sagen

Bruch der Lehnstreue *Felonie*, die (fr., Pl. ...ien) ... im Mittelalter

Bruchband *Bracherium*, das (lat., Pl. ...ien) eigtl.: Beinkleid, Pluderhose

brüchig *morbid* (lat.-fr.) z. B. e. morbide Gesellschaft (e. kränkelnde, sittlich verfallene)

Bruchlandung *Crash*, der (engl., Pl. -s) Zusammenstoß, Unfall

Bruchoperation *Herniotomie*, die (gr.-lat., Pl. ...ien) med.

Bruchstück 1. *Fragment*, das (lat., Pl. -e) Geologen stießen auf Porzellanfragmente aus dem frühen Mittelalter 2. *Torso*, der (gr.-lat.-it., Pl. -s) z. B. Rumpfstück e. gr. Statue 3. *Partie*, die (lat.-fr., Pl. ...ien)

bruchstückartig *rhapsodisch* (gr.) unzusammenhängend

bruchstückhaft *fragmentarisch* (lat.) e. Kunstwerk steht nur fragmentarisch zur Verfügung

Brücke *Viadukt*, das (lat., Pl. -e) Bogenbrücken, viele stammen noch aus röm. Zeit

Brückenschiff *Ponton*, der (fr., Pl. -s) Tragschiff, schwimmender Hohlkörper

Bruder 1. *Frate*, der (lat.-it., Pl. ...ti) Bez. u. Anrede it. Klosterbrüder 2. *Frater*, der (lat., Pl. Fratres) Klosterbruder

Bruder Lustig *Gaillard*, der (fr., Pl. -s) die fr. Bez.

brüderlich 1. *fraternal* (lat.) 2. *fraternell* (lat.)

Brüderlichkeit *Fraternität*, die (lat., ohne Pl.) e. der drei Losungsworte der Französischen Revolution (1789): Liberté (Freiheit) Egalité (Gleichheit) Fraternité (Brüderlichkeit)

Bruderschaft *Fraternität*, die (lat., Pl. -en) auch: Verbrüderung

Bruderschaft, Sitz e. religiösen ... *Zaouia* u. *Zawija*, die (arab., Pl. -s) auch: Raum zum Beten

Bruderschaftsangehöriger, der durch Selbstgeißelung Sündenvergebung erhofft *Flagellant*, der (lat., Pl. -en) »Geißler«; rel. Bruderschaft des Mittelalters

Brunnen *Bir*, der (arab.)

Brunnen, Moschee... für rituelle Waschungen *Hanafija*, das (arab.)

Brunst *Östrus*, der (gr.-lat., ohne Pl.) Zool.

Brüskierung *Desavouierung*, die (lat.-fr., Pl. -en)

Brust 1. *Mamma*, die (lat., Pl. ...mmae) med., weibliche Brust 2. *Thorax*, der (gr.-lat., Pl. -e) med. Brustkasten

Brustbein *Sternum*, das (lat., Pl. ...na) med.

Brustdrüse 1. *Thymus*, der (gr.-lat., Pl. Thymie) med. 2. *Mamma*, die (lat., Pl. ...mmae) med.

Brustdrüsenentzündung *Mastitis*, die (gr., Pl. ...itiden) med.

Brustdrüsenkrebs *Cancer en Cuirasse*, der (fr., ohne Pl.) med., auch: Harnisch, Brustpanzer

brüsten, sich ... *paradieren* (fr.) auch: vorbeimarschieren

Brustfell *Pleura*, die (gr., Pl. ...ren) med.

Brustfellentzündung *Pleuritis*, die (gr., Pl. ...itiden) med.

Brustfellschmerz *Pleuralgie*, die (gr.-lat., Pl. ...ien) med.

Brustfellvereiterung *Pleuraempyem*, das (gr., Pl. -e) med.

Brustharnisch *Küraß*, der (lat.-it.-fr., Pl. ...rasses)

Brusthöhle, innerhalb der ... *intrathorakal* (lat.)

Brustkorb *Thorax*, der (gr.-lat., Pl. -e) med.; um e. Bypass am Herzen zu legen, muß der Thorax geöffnet werden

Brustkrause *Jabot*, das (fr., Pl. -s) an Männerhemden, im 18. Jh.; auch: Seidenrüsche

Brustkrebs *Mammakarziom*, das (lat.-gr., Pl. -e)

Brustkreuz kath. Würdenträger *Pektorale*, das (lat., Pl. -s, ...lien) auch: mittelalterlicher Brustschmuck

Brustmuskel *Pectoralis*, der (lat., Pl. ...les) med.

Brustpolsterung, der Frau, durch eigenes Fett 1. *Mastofilling*, das (engl.-am., Pl. -s) 2. *Lipofilling*, das (engl.-am., Pl. -s) jeweils zur Busenvergrößerung

brust-röntgendiagnostische Methode *Mammographie*, die (lat.-gr., Pl. ...ien)

Brustschmuck *Pektorale*, das (lat., Pl. ...lien) aus dem Mittelalter; auch Brustkreuz kath. Geistlicher

Brusttuch *Fichu*, das (fr., Pl. -s)

Brüstung *Balustrade*, die (gr.-lat.-fr.-it., Pl. -n) an e. Balkon

Brustwarze 1. *Mamille*, die (lat., Pl. ...len) med. 2. *Papille*, die (lat., Pl. -n) med.

Brustwarzenentzündung *Thelitis*, die (gr., Pl. ...itiden) med.

Brustwassersucht *Hydrothorax*, die (gr., ohne Pl.) med.

Brustwehr e. Walles *Parapett*, das (lat.-it., Pl. -s)

Brutkasten *Inkubator*, der (lat., Pl. ...toren) in Inkubatoren werden Frühgeburten versorgt

Brutschrank *Couveuse*, die (fr., Pl. -n) für Frühgeburten (med.), Wärmebett

Brutzeit *Inkubation*, die (lat., Pl. -en) Bebrütung von Eiern; Einnisten von Krankheitserregern; auch: heilender Tempelschlaf in der Antike

Brutzone ... *Blanket*, das (engl., Pl. -s) ...
Umgebung der Spaltzone e. Kernreaktors,
der als Schneller Brüter arbeitet

Buch 1. *Atlas*, der (gr., Pl. ...anten) geogra-
phisches Kartenwerk als Buch gebunden
2. *Foliant*, der (lat., Pl. -en) altes, schweres
Buchwerk 3. *Paperback*, das (engl., Pl. -s)
Ausgabeart e. Buches: »Papierrücken«,
d. h. weicher Deckel 4. *Hardcover*, das
(engl., Pl. -s) Ausgabeart e. Buches: »fester Deckel«

**Buch, das sich über e. lange Zeit gut ver-
kauft** 1. *Longseller*, der (engl., ohne Pl.)
2. *Steadyseller*, der (engl., ohne Pl.)

Buchausgabe *Edition*, die (lat., Pl. -en) Ju-
biläums-Edition in Erinnerung an Gerhard
Hauptmanns Geburtstag

Buchbesprechung *Rezension*, die (lat., Pl.
-en) wird meist in den Printmedien gebracht

Buchbinderleinwand *Buckram*, der (engl.,
Pl. -s)

Buchdrucker ... *Bodoni*, der (it., ohne Pl.)
... u. Stempelschneider von 1740–1813;
auch: Antiquaschrift

Buchdruckerkunst *Typographie*, die (gr.-
lat., ohne Pl.)

Buchdruckerzeichen *Signet*, das (lat.-fr.-
dt., Pl. -s u. -e) auch: Lese-, Buchzeichen,
Verlegerzeichen, Handsiegel, Aushänge-
schild

Bucheinband *Kartonage*, die (ägypt.-gr.-
lat.-it.-fr., Pl. -n)

Buchen von Gigs (Bühnenauftritten)
Booking, das (engl., Pl. -s) auch: Buchun-
gen allg.

**Bücher des Alten Testaments, die fünf
ersten** ... *Thora*, die (hebr., ohne Pl.)
auch: die fünf Bücher Mosis; das mosai-
sche Gesetz, eigtl.: Lehre

Bücher erotischen Inhalts *Erotikon*, das
(gr., Pl. ...ka)

Bücher herausgeben *edieren* (lat.)

Bücher, die ... haben ihre Schicksale *ha-
bent sua fata libelli* (lat., Zitat: Terentius
Maurus)

Bücher, elektronische ... 1. *Softbook*, das
(engl.-am., Pl. -s) von Virtual Press
2. *Rocket Book*, das (engl.-am., Pl. -s) von
Nuvo Media; jeweils batteriegetriebene
Kleincomputer, die sich Literatur aus dem
Internet laden

Bücherei *Bibliothek*, die (gr., Pl. -en) Ge-
bäude, z. B. Deutsche Bibliothek in
Frankfurt mit meist wissenschaftlichen
Büchern; »Öffentliche Bibliotheken sind
geistige Tankstellen der Nation.« (Helmut
Schmidt)

Bücherfeind *Bibliophobe*, der (gr.-lat., Pl.
-n)

bücherfeindlich *bibliophob* (gr.-lat.)

Bücherfeindlichkeit *Bibliophobie*, die
(gr.-lat., Pl. -n)

Büchergestell *Regal*, das (Pl. -e)

Bücherkenntnis *Bibliognosie*, die (gr.-lat.,
ohne Pl.) Silenus, der Lehrer Hannibals,
besaß e. enorme Bibliognosie

Bücherkunde *Bibliographie*, die (gr.-lat.,
Pl. -n) Wissenschaft der Bücher

bücherkundlich *bibliographisch* (gr.-lat.)

Bücherliebe, krankhafte ... *Bibliomanie*,
die (gr., ohne Pl.)

bücherliebend *bibliophil* (gr.-lat.)

Bücherliebhaber *Bibliophile*, der (gr., Pl.
-n) jmd., der bes. kostbare Bücher schätzt
u. kauft

Bücherliebhaberei *Bibliophilie*, die (gr.,
ohne Pl.)

Büchernarr *Bibliomane*, der (gr.-lat., Pl.
-n) Person mit besessener Bücherliebe

Büchersammelwut *Bibliomanie*, die (gr.-
lat., ohne Pl.)

Büchersammlung *Bibliothek*, die (gr.-lat.,
Pl. -en)

Bucherstausgabe *Editio princeps*, die (lat.,
ohne Pl.) (gilt für alte Werke)

Bücherverehrung *Bibliolatrie*, die (gr.,
ohne Pl.) bes. heiliger Bücher, z. B. die Bibel; auch: Buchstabengläubigkeit

Bücherverzeichnis *Bibliographie*, die (gr.-
lat., Pl. -n) (nach Themen gelistetes Verzeichnis)

Bücherzerstörer *Biblioklast*, der (gr.-lat.,
Pl. -en) jmd., der aus Sammelleidenschaft
Bücher zerstört, indem er Seiten heraus-
reißt; nicht verw. mit *Bibliolatrie*, die (gr.-
lat., ohne Pl.) übermäßige Verehrung hlg.
Bücher, auch: Buchstabengläubigkeit

Buchformat *Oktodez*, das (lat., Pl. -e)
Achtzehntelbogengröße

Buchgeld *Giralgeld*, das (lat.-it.-dt., Pl.
-er) Geld, das nur in den Bankbüchern existiert u. nur durch Umbuchung weitergegeben wird; Ggs.: Bargeld

Buchhalter *Clerk*, der (engl., Pl. -s) bes. in den USA; auch: kaufmännischer Angestellter

Buchhändler *Antiquar*, der (lat., Pl. -e) für alte Bücher

Buchhandlung für alte Bücher *Antiquariat*, das (lat., Pl. -e)

Buchherausgeber *Editor*, der (lat., Pl. -en)

Buchmaler *Miniator*, der (lat., Pl. ...oren) auch: Handschriftenmaler

Buchname *Titel*, der (lat., ohne Pl.)

Buchneuauflage *Reissue*, das (engl., Pl. -s)

Buchnummer 1. *Signatur*, die (lat., Pl. -en) Nummern u. Buchstaben, um Bücher in Bibliotheken rasch aufzufinden 2. *ISBN:* Internationale Standardbuchnummer (10stellig)

Buchprüfer *Revisor*, der (lat., Pl. -en) dieser überprüft die Buchführung in Unternehmen auf Richtigkeit

Buchsammlung *Bibliothek*, die (gr.-lat., Pl. -en) die Kongreßbibliothek in Washington, USA, besitzt 28 Mio. Bücher, die Deutsche Bibliothek Frankfurt u. Leipzig 11,1 Mio.

Buchseite *Pagina*, die (lat., Pl. -s); nicht verw. mit *Vagina*, die (lat., Pl. ...nen) med. weibliche Scheide, auch Blattscheide bei Gräsern

Büchsenrindfleisch *Corned beef*, das (engl., ohne Pl.)

Büchsenschweinefleisch *Corned pork*, das (engl., ohne Pl.)

Buchstabe 1. *Graph*, der (gr., Pl. -en) 2. *Initial*, die (lat., Pl. -en) Anfangsbuchstabe, meist farbig-verziert 3. *Versal*, der (lat., Pl. -ien) großer Anfangsbuchstabe

Buchstabengläubigkeit *Bibliolatrie*, die (gr., ohne Pl.) auch: Verehrung heiliger Bücher, z. B. die Bibel

Buchstabenmesser *Typometer*, das (gr.-lat., Pl. -)

Buchstabenrätsel *Logogriph*, der (gr.-lat., Pl. -en) Buchstabenveränderungen ergeben neue Wör-ter

Buchstabenrechnung *Algebra*, die (arab.-it., Pl. ...ebren) eigtl.: Herstellung gebrochener Teile; Lehre von den Gleichungen, den Beziehungen zwischen math. Größen

Buchstabenumstellung innerhalb eines Wortes *Anagramm*, das (gr.-lat., Pl. -e)

Buchstabenverbindung *Ligatur*, die (lat.,

Pl. -en) auch: Unterbrechung von Blutgefäßen mittels e. Naht bei e. Operation (med.)

Buchstabenversetzrätsel *Anagramm*, das (gr., Pl. -e) z. B.: Eva zu Ave

Buchstelle *Allegat*, das (lat., Pl. -e) i. S. von Zitat, angeführte Bibelstelle

Bucht 1. *Bai*, die (fr.-niederl., Pl. -en) Meeresbucht 2. *Bocca*, die (it., Pl. ...cchen) auch: Mündung, Öffnung; kleine Vulkanöffnung

Buchung *Registratur*, die (lat., Pl. -en) Eintragung, Aufbewahrungsort, z. B. für Akten

Buchverkaufserfolg *Bestseller*, der (engl., ohne Pl.)

Buckel *Gibbus*, der (lat., ohne Pl.) med.

Buckelpiste *Moguls*, die (pers.-engl., Pl.) wegen der knubbeligen Turbane der Moguln

Buckelrind *Zebu*, das, der (fr., Pl. -s)

bucklig *kyphotisch* (gr.) i. S. e. Wirbelsäulenverkrümmung (med.) von *Kyphose*, die (gr., Pl. -n) Buckel

Buddha, werdender ... *Bodhisattwa*, der (sanskr., Pl. -s) die letzte Vollkommenheit wird hinausgezögert, um zu helfen

Buddhismus-Entwicklungsströmung *Buddhismus-Trend*, der (sanskr.-engl., Pl. -s) wachsendes Interesse der Menschen der Industriestaaten an der buddhistischen Lehre; übertriebener Individualismus wird von vielen Deutschen bereits als e. Krankheit gesehen, von der man sich durch Meditation heilen will

bügelfrei 1. *no iron* (engl.) »nicht bügeln« Hinweis auf Textilien 2. *permanent press* (engl.) formbeständig

Bügelhorn *Clairon*, das (fr., Pl. -s) Signalhorn

Bugvorbau *Galion*, das (fr., Pl. -s)

Bühne 1. *Simultanbühne*, die (lat.-dt., Pl. -n) mit gleichzeitig zwei oder mehreren Schauplätzen 2. *Theater*, das (gr.-lat., ohne Pl.) Gebäude mit e. Bühne, in dem Aufführungen erfolgen 3. *Odeon*, das (gr.-lat.-fr., Pl. Odeum) theaterähnliches Gebäude mit Bühne für musikalische u. poetische Aufführungen 4. *Szene*, die (gr.-lat.-fr., Pl. -n) eigentlich »Zelt, Hütte«, Schauplatz e. Theaterhandlung 5. *Tribüne*, die (lat.-it.-fr., Pl. -n)

Bühne des antiken Theaters *Proscennium*, das (gr.-lat.)

Bühne, hinter der … *backstage* (engl.)

Bühne, kleine fahrbare … *Ekkyklema*, das (gr., Pl. …emen) … in e. altgr. Theater

Bühnenauftritt 1. *Gig*, das (engl.-am., Pl. -s) auch: 2. *Gig*, der (engl., Pl. -s) schmales Ruderboot

Bühnenauftritt, unvergeßlicher … *Big Act*, der (engl., Pl. -s) der zum Durchbruch verhilft

Bühnenausstattung *Dekoration*, die (lat.-fr., Pl. -en)

Bühnenbild 1. *Dekoration*, die (fr., Pl. -en) auch: Ordensverleihung 2. *Szenerie*, die (lat.-fr., Pl. …ien) Schauplatz

Bühnendichtung 1. *Tragödie*, die (gr.-lat., Pl. -n) e. ernstes, tragisches Schauspiel, z. B. die Charakter-Tragödie »Antigone« von Sophokles 2. *Drama*, das (gr.-lat., Pl. …men) ernstes, spannendes Schauspiel, z. B. George Bernard Shaw: »Frau Warrens Gewerbe«

bühnengerecht aufführen *theatralisch* (gr.-lat.)

Bühnenhintergrund *Prospekt*, der (lat., Pl. -e) auch mit Bildern ausgestattete Werbeschrift

Bühnenkünstlerin *Diva*, die (lat.-it., Pl. -ven) »die Göttliche«

bühnenmäßig *szenisch* (lat.-fr.)

Bühnenrolle 1. *Charge*, die (lat.-fr., Pl. -n) e. kleine Rolle 2. *Repertoire*, das (lat.-fr., Pl. -s) einstudierte Rollen

Bühnenstück 1. *Sketch*, der (engl., Pl. -es) z. B. Kabarett- oder Varieté-Stück 2. *Operette*, die (lat.-it., Pl. -n) »kleine Oper«, leichtes unterhaltendes musikalisches Bühnenwerk 3. *Oper*, die (lat.-it., Pl. -n) musikalisches Bühnenwerk, Opernhaus als kulturelle Institution 4. *Drama*, das (gr.-lat., Pl. …men) 5. *Tragödie*, die (gr.-lat., Pl. -n) 6. *Komödie*, die (gr.-lat., Pl. -n) Lustspiel; Ggs.: Tragödie

Bühnentanz 1. *Ballett*, das (gr.-lat.-it., Pl. -e) 2. *Choreographie*, die (gr., Pl. …ien) Einstudierung e. Balletts

Bühnentauchen *Stage Diving*, das (engl.-am., ohne Pl.) Musiker springen mit Instrumenten ins Publikum

Bühnenwerk, musikalisches *Oper*, die (lat.-it., Pl. -n) ohne Pl.: Gattung musikalischer Werke; »In der Oper muß die Poesie der Musik gehorsame Tochter sein.« (Wolfgang Amadeus Mozart) mit Pl.: Opernhaus als kulturelle Einrichtung;

bühnenwirksam *phonogen* (gr.-lat.)

bummeln, einkaufen, Bars besuchen *clubben* (engl.)

Bummelstreik *Go-slow*, der (engl., Pl. -s) Dienst nach Vorschrift

Bund 1. *Konförderation*, die (lat., Pl. -en) 2. *Liga*, die (lat.-sp., Pl. …gen) auch: Wettkampfklasse, z. B. Oberliga 3. *Union*, die (lat., Pl. -en)

Bund der Spitzensportler *Champions League*, die (engl., ohne Pl.) »Ich spiele doch in der Champions League, nicht in der Bundesliga.« (Edmund Stoiber, CSU 1998)

Bündel *Faszikel*, der (lat., Pl. -) Päckchen

Bündelfunk-System … *Chekker*, der (engl.) … der Telekom; mehrere Kunden, z. B. Firmen, Rettungsdienste, Taxen nutzen e. gemeinsames Frequenzbündel, ohne sich zu stören

bündeln *faszikulieren* (lat.) z. B. Schriftstücke bündeln

bündelweise *faszial* (lat.)

Bundesland *Kanton*, der (lat.-it.-fr., Pl. -e) in der Schweiz, einst auch Wehrverwaltungsbezirk in Preußen

Bundesstaat mit Eigenständigkeit der Einzelstaaten, das Streben nach e. … *Föderalismus*, der (lat.-fr., ohne Pl.)

bündig 1. *lapidar* (lat.) eigentlich »in Stein gehauen«; aber auch: kurz u. bündig; schlüssig 2. *stringent* (lat.)

Bündigkeit *Stringenz*, die (lat., ohne Pl.) strenge Beweiskraft (philos.)

Bündnis 1. *Allianz*, die (lat.-fr., Pl. -en) politische Allianzen gegen e. Feind bilden 2. *Entente*, die (lat.-fr., Pl. -n) Pol., z. B. »Entente Cordiale« von 1898 isolierte die Deutschen 3. *Förderation*, die (lat., Pl. -en) Bündnis zwischen zwei oder mehreren Staaten 4. *Koalition*, die (lat.-engl.-fr., Pl. -en) Pol. von Staaten oder Parteien, (CDU, CSU u. F. D. P.) um gemeinsame Ziele zu verwirklichen; »Die Sachprobleme suchen sich ihre Koalition.« (Hans-Dietrich Genscher, F. D. P., 1998) oder: »E. Koalition ist die intimste Form der politischen Gegnerschaft.« (Richard Wiggins) 5. *Konförderation*, die (lat., Pl. -en) Staatenbund, z. B. die Konförderierten Staaten von Amerika, schieden als Südstaaten 1861 aus der Union aus 6. *Liga*, die (lat.-sp., Pl. ...gen) Oberliga, z. B. beim Fußball 7. *Pakt*, der (lat., Pl. -e) militärische Bündnisse, Nichtangriffspakt, z. B. der einstige Warschauer Pakt des Ostblocks 8. *Union* die (lat., Pl. -en) Pol. Staatenbündnis, z. B. ehemalige Sowjetunion

Bündnis, ein ... eingehen *koalieren* (lat.) »Überall, wo die SPD konnte, hat sie mit den Grünen koaliert ...« (Theo Waigel, Bundesfinanzminister, 1998)

Bündnisfreiheit *Non-Alignment*, das (engl., Pl. -s) Blockfreiheit

Bündnislosigkeit *Splendid Isolation*, die (engl., ohne Pl.) eigtl.: herrliches Alleinsein, die Bündnislosigkeit Englands im 19. Jh.

Bündnispartner *Föderat*, der (lat.-fr., Pl. -en)

bunt 1. *polychrom* (gr.-lat.) 2. *koloriert* (lat.-it.)

Buntheit *Spektrum*, das (lat., Pl. ...tra)

Buntwurz, *Kaladie,* die (lat., Pl. -n) e. Aronstabgewächs

Bürde *Crux,* die (lat., ohne Pl.) »Kreuz«, i. S. e. ausweglosen Situation

Burg 1. *Alkazar,* der (arab.-sp., Pl. -e) in Spanien 2. *Bastille,* die (fr., Pl. -n) in Paris, einst Staatsgefängnis; 1789, zu Beginn der Französischen Revolution gestürmt worden 3. *Castle,* das (engl., Pl. -s) in England, »my home is my castle« (mein Heim ist meine Burg) 4. *Kastell,* das (lat., Pl. -e) 5. *Bordj,* die (arab.)

Bürge *Garant,* der (germ.-fr., Pl. -en) e. Sicherheitsgarant sein

bürgen *garantieren* (germ.-fr.) für Qualität garantieren

Bürger 1. *Bourgeois,* der (germ.-fr., ohne Pl.) gehört der Bourgeoisie (wohlhabendes Bürgertum) an 2. *Citoyen,* der (lat.-fr., Pl. -s) 3. *Honoratior,* der (fr., Pl. ...oren) angesehener Bürger 4. *Zivilist,* der (lat., Pl. -en) nicht dem Militär angehörend 5. *Quirite,* der (lat., Pl. -n) ... im alten Rom

Bürger e. Landes, der mit dem Feind zusammenarbeitet *Kollaborateur,* der (lat.-

fr., Pl. -e) »François Mitterrand hat erstmals zugegeben, daß er Anhänger des Nationalsozialismus war, u. er hat den Nazi-Kollaborateur Maurice Papon lange gedeckt.« (Ignatz Bubis, 1998)

Bürgeradel *Patriziat,* das (lat., Pl. -e)

bürgerlich 1. *bourgeois* (germ.-fr.) zur Bourgeoisie (wohlhabendes Bürgertum) gehörend 2. *zivil* (lat.) im Unterschied zu militärisch

Bürgermeister 1. *Alkalde,* der (arab.-sp., Pl. -n) in Spanien 2. *Maire,* der (fr.-lat., Pl. -s) in Frankreich 3. *Mayor,* der (lat.-fr.-engl., Pl. -s) in Großbritannien u. den USA

Bürgerschutz *Ombudsmann,* der (schwed., Pl. ...männer) gegen Willkür der Behörden

Bürgerstand, wohlhabender ... *Bourgeoisie,* die (germ.-fr., Pl. ...ien) auch: herrschende Klasse der kapitalistischen Gesellschaft; »Die Frauen dürfen so wenig auf die Hilfe der Männer warten, wie die Arbeiter auf die Hilfe der Bourgeoisie warteten.« (August Bebel)

Bürgersteig *Trottoir,* das (germ.-fr., Pl. -e, -s)

Bürgertum *Bourgeoisie,* die (germ.-fr., Pl. -n) wohlhabendes Bürgertum

Bürgerwehr *Miliz,* die (lat., Pl. -en) schlecht ausgebildete Soldaten, meist in dürftigem Ausrüstungszustand

Bürgschaft 1. *Delkredere,* das (lat.-it., ohne Pl.) Forderungsbürgschaft 2. *Aval,* der (fr., Pl. -e) Durchführungsbürgschaft, die die Bank z. B. e. Baufirma gibt 3. *Garantie,* die (germ.-fr., Pl. -n) Qualitäts- oder Funktionsgarantien 4. *Kaution,* die (lat., Pl. -en) e. Summe, die bei der Anmietung e. Wohnung als Sicherheit festgelegt wird; oder e. Verdächtiger wird gegen Kaution vorläufig aus der Haft entlassen

Bürgschaftsgegenstand *Vadium,* das (lat., Pl. ...ien) z. B. e. Stab, der gegen Zahlung e. Schuld zurückgegeben wurde

Burgvogt *Kastellan,* der (lat., Pl. -e) Aufsichtsbeamter in öffentlichen Gebäuden

Büro 1. *Kanzlei,* die (lat., Pl. -en) z. B. e. Notars oder Rechtsanwaltes 2. *Office,* das (lat.-engl.-fr., Pl. -s)

Büro, tragbares 1. *Porto Office,* das (lat.-it.-engl., Pl. -s) und: 2. *Body Laps* (engl.-am.) die jap. Firma NEC hat e. Computer entwickelt, der am Körper getragen wird,

der Benutzer kann diverse Daten empfangen u. senden u. a. telefonieren u. faxen
Bursche *Patron*, der (lat., Pl. -e) e. übler Bursche
Büschel *Cluster*, das (engl., Pl. -s) auch: Gruppe; Menge von Einzelteilen, z. B. Moleküle
büschelförmig *faszikulär* (lat.)
Buschland der Mittelmeerregion *Macchia, Macchie*, die (lat.-it., ohne Pl.)
Buschmesser *Machete*, die (sp., Pl. -n)
Buschwindröschen *Anemone*, die (gr.-lat., Pl. -n)
busenfrei *topless* (engl.) oben ohne
Busenfreund 1. *Intimus*, der (lat., ohne Pl.) 2. *Spezi*, der, das (lat., Pl. -s) auch: Getränk aus Bier u. Coca-Cola
Busenfreundin *Intima*, die (lat., ohne Pl.) bes. gute Freundin
Buße *Pönitenz*, die (lat., Pl. -en)
Büßender *Pönitent*, der (lat., Pl. -en)
Büßer *Fakir*, der (arab., Pl. -e) »der Arme«, i. S. e. Bettelmönchs
Büßer in der Unterwelt *Tantalus*, der (gr. König) davon: Tantalusqualen, unbeschreibliche Qualen erleiden; König Tantalus litt in der Unterwelt an Hunger u. Durst, obwohl Essen u. Trinken in scheinbar erreichbarer Nähe waren
Bußübung 1. *Askese*, die (gr., ohne Pl.) 2. *Pönitenz*, die (lat., Pl. -en)
Büstenhalterkörbchen *Cup*, der (engl., Pl. -s) auch: Pokal, Pokalwettbewerb; Büstenhalterschale
Büstenpfeiler *Herme*, die (gr., Pl. -n) eigtl. Statue des Gottes Hermes; Pfeiler oder Säule, gekrönt mit e. Büste
Bypass, e. natürlicher ... *Shunt*, der (engl., Pl. -s) e. auf natürlichem Weg entstandene, oft krankhafte Blutgefäßverbindung

C

Cannabis-Sorte, bes. starke ... *Abdul Nasser*, der (arab., ohne Pl.) Szeneausdruck; eigtl.: Name e. Präsidenten von Ägypten: Gamal Abd el-Nasser (1918–1970)

Cannabis-Sorte, bes. starke ... *Mussolini*, der (Eigenn., ohne Pl.) Szenewort; eigtl.: it. Diktator Benito Mussolini (1883–1945)
Cannabis-Sorte, dunkle ... *Afghane*, der (Eigenn., ohne Pl.) ... aus Afghanistan; Szeneausdruck
Cello *Bassett*, der (it., Pl. -e, -s) »kleiner Baß«; veraltete Bezeichnung für Violoncello
Charakter *Profil*, das (lat.-it., Pl. -e) dem Wirtschaftsminister fehlt es an Profil
charakteristisch 1. *typisch* (gr.-lat.) das Verhalten war wieder einmal typisch für sie 2. *repräsentativ* (fr.-lat.) 3. *spezifisch* (lat.-fr.) kennzeichnend; nicht verw. mit *spezifizieren* (lat.-fr.) einzeln aufführen 4. *symptomatisch* (gr.) bezeichnend
Charakterkunde *Charakterologie*, die (lat., ohne Pl.) Persönlichkeitsforschung
charakterkundlich *charakterologisch* (lat.)
Charakterstärke *Format*, das (gr.-lat.-dt., Pl. -e) e. Politiker von Format
Chauvinist *Jingo*, der (engl., Pl. -s) auch: fanatischer Nationalist
Chef 1. *Padrone*, der (lat.-it., Pl. ...nie) in Italien 2. *Patron*, der (lat.-fr., Pl. -s) Schutzherr; auch: Chef in Frankreich 3. *Boß*, der (niederl.-engl., Pl. Bosse)
Chefpilot *Kapitän*, der (lat.-it., Pl. -e)
Chemie des Mittelalters *Alchemie;* auch: *Alchimie*, die (arab.-sp.-fr., ohne Pl.) Versuche, unedle Stoffe in edle, bes. Gold zu verwandeln
Chemiefaser, endlose ... *Filament*, das (lat., Pl. -e) auch: Staubfaden der Blüte
Chinabücher *Sinika*, die (lat., nur Pl.)
Chinarindenbaum *Cinchona*, die (sp., Pl. ...nen) nach der Frau des Grafen von Cinchon, die im Peru des 17. Jh. durch die Baumrinde vom Fieber geheilt wurde
Chinawissenschaft *Sinologie*, die (gr.-lat., ohne Pl.)
Chipkarte, intelligente ... *Smartcard*, die (engl., Pl. -s) die neben dem Magnetstreifen e. Mikroprozessor enthält; die Chips können Daten speichern u. verwalten
Chip-Kartenentriegelung *Keyless-Go*, das (engl., ohne Pl.) i. S. e. schlüssellosen Starts; d. h. der PKW entriegelt automatisch, der Motor wird durch Knopfdruck gestartet u. ausgeschaltet

Choleraerreger *Kommabazillus*, der (lat., Pl. ...llen) med.

Chorhemd *Albe*, die (lat., Pl. -n) e. kath. Geistlichen (Bischof) auch: liturgisches Untergewand

Chorherr 1. *Kanoniker*, der (lat., Pl. -) 2. *Kanonikus*, der (lat., Pl. ...ker) auch: Mitglied e. Kapitels

Chorherrenamt *Kanonikat*, das (lat., Pl. -e) Amt u. Würde e. Chorherrn

Chorleiter *Dirigent*, der (lat., Pl. -en) Herbert von Karajan war e. bekannter Dirigent

Chorraum *Presbyterium*, das (gr., Pl. ...ien) auch: Raum des ev. Kirchenvorstands

Chorsänger *Chorist*, der (lat., Pl. -en)

Chorsängerin *Choristin*, die (lat., Pl. -nen)

Chorschranken *Cancelli*, die (lat., Pl.) Holz- oder Marmorschranken, die den Altarraum vom Gemeinderaum abgrenzen

Chorwerk *Oratorium*, das (lat., Pl. ...rien)

Christ, nicht katholischer ... *Akatholik*, der (gr., Pl. -en)

Christbaumschmuck *Lametta*, das (lat.-it., ohne Pl.)

christenfeindlich *antichrist* (gr.-lat.)

Christus, Darstellung des gekreuzigten ... *Kruzifix*, das (lat., Pl. -e) »Ich bin dafür, Jesus ab- u. Gauweiler aufzuhängen. Soviel zum Kruzifix-Streit in Bayern.« (G. Schröders geh. Tagebuch von H. Venske, 1997)

Christusdichtung *Messiade*, die (gr., Pl. -n) Dichtung zum Leben, Leiden u. Wirken Jesu Christi

Christusherrschaft *Christokratie*, die (lat., ohne Pl.) Herrschaft der christlichen Kirche

Christuslehre *Christologie*, die (gr., Pl. -n)

Chromosom, das das Embryogeschlecht 1. als weiblich bestimmt *X-Chromosom*, das (gr., Pl. -en) auch: Erbanlagenträger X 2. als männlich bestimmt *Y-Chromosom*, das (gr., Pl. -en) auch: Erbanlagenträger Y

Chromosomen, in den ... **lokalisierter Erbfaktor** *Gen*, das (gr., Pl. -e) »... John F. Kennedy jr. ... in ihm stecken die Sex-Gene des Papas, der schon Marilyn Monroe umlegte.« (Bild-Zeitung, 1992)

Chromosomensatz e. Zelle ... *Genom*, das (gr.-lat., Pl. -e) ... der die Erbmasse darstellt

Cliquengeist *Kameraderie*, die (lat.-fr., ohne Pl.) bes. enge Kameradschaft

Codierungsleser, der das Programmieren von Videorecordern erübrigt *Programmie*, der (gr.-lat., ohne Pl.) mit dem Gerät wird in best. Programmzeitschriften ein Time-Code abgelesen u. an den Recorder per Infrarotsignal übertragen

Comic-Grafiken, japanische ... für den Computer *Japanimated*, die (engl., ohne Pl.) aus: Japan u. animated (anregend) beliebte japanische Computer-Comics

Compact-Disk, mit beidseitiger Kapazität *Digitale Video-Disk*, die (engl.-am., Pl. -s) kurz: DVD; e. neuartige CD, die insgesamt 10 Gigabyte an Daten speichert (das 15fache. CD-ROM); gilt als Folgetechnik der Videokassetten

Computer, der Nachrichten ordnet u. nach Themen speichert *News-Server*, der (engl., Pl. -s) mit e. News-Server kann an Hunderten von Diskussionsforen teilgenommen werden

Computer, e. abgestürzten ... i. O. bringen *booten* (engl.)

Computer-Animationstechnik, speziell für Verwandlungen *Morphing*, das (gr.-engl.-am., ohne Pl.) vor den Augen des Betrachters verlieren z. B. Tiger ihre Konturen u. werden zu Autos, Menschen zu Hunden; bes. in TV-Werbespots eingesetzter Effekt

Computerbörse, die New Yorker ... *Nasdaq*, die (am.-Eigenn., ohne Pl.) sie ist den Umsätzen nach die zweitgrößte Börse der USA

Computerhandelssystem, neues ... *Xetra*, der (engl.-Eigenn., ohne Pl.) Abk. von: Exchange Electronic Trading; Nachfolger des Ibis-Systems

Computerinformations-Welt, durch die ... gleiten ... *Mediennavigation*, die (lat., Pl. -en) ... ohne seelischen Schaden zu nehmen; der Mediennavigator surft im Meer elektronischer Informationen, auf der Suche nach Brauchbarem u. Sinnvollem

Computerkunst 1. *cyber-art*, die (engl.) 2. *cyberdelic art* 3. *cyberdelische Kunst* (engl.-dt.) es handelt sich jeweils um computergenerierte (entwickelte) Bilder, virtuelle Welten oder digitale Musik

Computermaus, verfeinerte ... *Trackball,* der (engl., Pl. -s) ... speziell für Grafiker

Computernetz 1. *Internet,* das (engl.-am., ohne Pl.) auch: 2. *»Online«* (engl.-am.) oder 3. *»the Net«,* das (engl.-am., ohne Pl.) genannt

Computernetze, Mutter aller ... *Internet,* das (engl., ohne Pl.) auch nur: *»das Netz«* genannt; dezentrales, internationales Netz von Übertragungswegen für den Datenverkehr; jeder angeschlossene Benutzer kann Daten entnehmen u. eingeben

Computerpapierkorb *killing File,* die (engl., Pl. -s) Ort, wo alle Daten enden, die nicht mehr gebraucht werden

Computerprogramme *Software,* die (engl., Pl. -s) »weiche Ware«

Computerspiel *Heaven & Earth* (engl.) »Himmel u. Erde« als Beispiel für viele Spiele e. neueren Generation (auf Macintosh-Rechner), dabei geht es um buddhistische Lehren

Computerspiel, an dem gleichzeitig mehrere Personen teilnehmen ... *Multi User Game,* das (engl., Pl. -s) ... um der Vereinsamung vor dem PC entgegenzuwirken; Spielpartner, die sich pers. nicht kennen, spielen oft, über große Distanzen getrennt, miteinander

Computerspiel, e. allein gegen alle *Ego-Shooter,* der (engl., Pl. -s) Bez. für Spiele, in denen ich mit Schußwaffen gegen verschiedene Gegner kämpfe

Computersüchtiger *Mouse Potato,* der (engl., Pl. -es) Abwandlung von Couch Potato: Stubenhocker; Personen, die sich ausschließlich mit dem Computer beschäftigen oder e. extremen TV-Konsum haben

Computerteile *Hardware,* die (engl., Pl. -s) »harte Ware«, i. S. aller Computerapparaturen, Funktionsteile des Computers; scherzhaft: »Komm Puter«, Geflügellockmaschine

Containertransporter ... *Van-Carrier,* der (engl., ohne Pl.) ... innerhalb des Containerhafens arbeitend

Cowboy in Mexiko *Vaquero,* der (lat.-sp., Pl. -s)

Crack, verunreinigtes ... *Bazooka,* die (engl., Pl. -s) eigtl.: Panzerfaust (Szenewort)

D

Dabei, das ...sein *Be-in,* das (engl., ohne Pl.) dabei sein ist alles, z. B. bei e. Konzert von Herbert Grönemeyer

Dachgepäckträger *Jetbag,* der (engl., Pl. -s) schnittiger Gepäckkasten für den Pkw

Dachgeschoß *Mansarde,* die (fr., Pl. -n) ausgebaut, nach dem fr. Architekten J. Hardonie

Dachgeschoßwohnung, elegante ... 1. *Loft,* der (engl., Pl. -s) auch: Fabrikräume als Wohnung; Getreidespeicher unter dem Dach e. Stalles 2. *Penthouse,* das (engl., Pl. -s) i. S. e. Dachterrassenwohnung

Dachgesellschaft *Holding,* die (engl., Pl. -s) i. a. e. Verwaltungsgesellschaft, die die übergeordneten Belange e. Konzerns steuert, z. B. die Finanzen, das Marketing

Dachluke *Lukarne,* die (lat.-fr., Pl. -n) auch: Dacherker mit Verzierung

Dachshund *Basset,* der (engl., Pl. -s) kurzbeinige Rasse mit Hängeohren

Dachterrassenwohnung *Penthouse,* das (engl., Pl. -s) auch: Name e. bekannten Erotikpostille (Sexmagazins)

Dachzimmer *Mansarde,* die (fr., Pl. -n) nach dem fr. Architekten J. Hardonie

dafür sein *plädieren* (lat.-fr.) etwas befürworten oder e. Plädoyer (Schlußvortrag des Verteidigers bzw. Staatsanwaltes) halten

dagegen 1. *kontra* (lat.) z. B. in e. Firma sind Abläufe kontraproduktiv (unwirtschaftlich) 2. *konträr* (lat.-fr.) widrig, gegensätzlich, e. konträre Auffassung vertreten 3. *negativ* (lat.) i. S. von verneinend; Ggs.: positiv

dagegen sein *opponieren* (lat.) widersprechen; nicht verw. mit *opportun* (lat.) angebracht, von Vorteil sein

daher *ergo* (lat.) also, folglich, »ergo bibamus!« (also laßt uns trinken! Kehrreim mittelalterlicher Trinklieder)

dahindämmern *vegetieren* (lat.)

Dahintreibenlassen *Laissez-faire,* das (fr., ohne Pl.) Forderung der fr. Liberalisten, die behaupten, daß die Wirtschaft am besten floriert, wenn sich der Staat nicht einmischt, sondern der Entwicklung von Angebot u. Nachfrage überlassen bleibt

Dame 1. *Lady*, die (engl., Pl. ...dies) z. B. die einstige »Lady Di« in England 2. *Madame*, die (fr., Pl. Mesdames) i. S. e. »gnädigen Frau«, als Anrede

Dame, Erste ... *First Lady*, die (engl.-am., Pl. -ies) die Frau des US-Präsidenten; jede Frau e. Staatsoberhauptes

Damenbadeanzug 1. *Bikini*, der, zweiteilig, nach dem Bikini-Atoll der Marshallinseln benannt 2. *Tanga*, der (indian.-port., Pl. -s) sehr knapper Minibikini

Damenbluse *Kasack*, der (fr.-türk., Pl. -s) dreiviertellang, wird über Rock oder Hose getragen

damenhaft *ladylike* (engl.)

Damenhalbschuh mit Absätzen *Pumps*, die (engl., nur Pl.)

Damenhose *Hot Pants*, die (engl., nur Pl.) kurze, enge Hosen für Frauen u. Mädchen

Damenhose, lange, weite ... *Slacks*, die (engl., Pl.)

Damenhut, kleiner ... 1. *Kapotte*, die (lat.-fr., Pl. -n) 2. *Kapotthut*, der (lat.-fr.-dt., Pl. ...hüte) um 1900 modischer Hut, der unter dem Kinn gebunden wurde

Damenmantel *Capuchon*, der (fr., Pl. -s) mit Kapuze

Damenrasierapparat *Ladyshave*, der (engl., Pl. -s)

Damenschuh 1. *Sabot*, der (fr., Pl. -s) hochhackig 2. *Pumps*, der (engl., nur Pl.) ausgeschnittener, eleganter Damenschuh

Damenunterhemd, kurzes *Bustier*, das (fr., Pl. -s) von buste (Busen) ein ärmelloses Dessous; auch: Schottenunterhemd genannt

Damenunterhöschen *Slip*, der (engl., Pl. -s) beinloser Damen- oder Herrenschlüpfer; auch: schiefe Ebene für den Stapellauf e. Schiffes

Damenunterwäsche *Dessous*, die (lat.-fr., nur Pl.)

Dämlichkeit *Sottise*, die (fr., Pl. -n) besser: Dummheit

Damm 1. *Mole*, die (lat.-it., Pl. -n) Bauwerk zum Schutz e. Hafens 2. *Perineum*, das (gr.-lat., Pl. ...nea) auch: Bereich zwischen After u. Geschlechtsteil (med.)

Dämmerzustand *Trance*, die (lat.-fr.-engl., Pl. -n)

Dampf *Vapor*, der (lat., Pl. ...ores) Wasserdampf

Dampf, wiederverflüssigter ... *Destillat*, das (lat., Pl. -e)

Dampfbad *Sauna*, die (finn., Pl. ...nen)

dämpfen *sedieren* (lat.) beruhigen

Dämpfer *Sordino*, der (lat.-it., Pl. -s u. ...ni) bei Musikinstrumenten

Dampfer *Steamer*, der (engl., Pl. -s)

Dampfkochtopf *Digestor*, der (lat., Pl. ...oren) auch: Raum mit hohem Luftaustausch z. B. in e. Laboratorium

Dampfmaschine 1. *Kondensationsmaschine*, die (lat., Pl. -n) 2. *Lokomobile*, die (fr., Pl. -n) fahrbare Dampfmaschine

Dampfmaschine, sich bewegende ... *Lokomotive*, die (lat.-engl., Pl. -n) »Früher war die dt. Wirtschaft Europas Lokomotive, heute sitzen wir im Bremserhäuschen.« (Hans-Olaf Henkel, BDI-Vize, 2001)

Dancefloor-Music, entspannende ... *Ambient*, das (engl.-am., Pl. -s) wird nach hartem Dancefloor-Workout gehört

Dancefloor-Session, die ... danach *After Hour Party*, die (engl.-am., Pl. ...ies) es geht zur nächsten Party, zur After Hour Party

danke *merci* (lat.-fr.)

Dankgebet 1. *Gratiale*, das (lat., Pl. ...lien) 2. *Eucharistie*, die (gr.-lat., ohne Pl.) »Danksagung«

Danklied, altgr. ... *Päan*, der (gr., Pl. -e)

darbieten 1. *präsentieren* (lat.-fr.) der Geschäftsführer präsentierte den Gesellschaftern e. sehr gute Bilanz 2. *exhibieren* (lat.) i. S. von: zur Schau stellen, von *Exhibitionismus*, der (lat., ohne Pl.) med., krankhafte Neigung zum öffentlichen Zeigen der Geschlechtsteile 3. *kredenzen* (lat.-it.) feierlich darreichen, der Kellner kredenzt den Wein 4. *offerieren* (lat.) i. S. von anbieten; e. Ware offerieren

Darbieter *Präsentator*, der (lat., Pl. ...oren) z. B. e. Sendung in Funk o. Fernsehen

Darbietung 1. *Show*, die (engl., Pl. -s) 2. *Kabarett*, das (fr., Pl. -e, -s) zeitkritische, humorvolle Vorstellung 3. *Sensation*, die (lat.-fr., Pl. -en) erstaunliche einmalige Vorstellung 4. *Programm*, das (gr.-lat., Pl. -e) i. S. e. Folge von Darbietungen, z. B. der Spielplan bot e. vielfältiges Programm

Dardanellen, altgr. **Name der ...** *Hellespont,* der (gr., ohne Pl.)

darlegen 1. *demonstrieren* (lat.) i. S. von vorführen; aber auch: an e. Massenveranstaltung teilnehmen 2. *explizieren* (lat.) 3. *spezifizieren* (lat.) i. S. von einzeln aufführen 4. *detaillieren* (lat.-fr.) etwas im einzelnen darlegen

darlegen, im einzelnen ... *detaillieren* (fr.)

darlegen, klar ... *ad oculos* (lat.) i. S. von: vor Augen (führen)

darlegend 1. *explizit* (lat.) auch: ausdrücklich; Ggs.: implizit 2. *expositorisch* (lat.-engl.) erklärend

Darlegung 1. *Demonstration,* die (lat.-engl., Pl. -en) auch: Massenkundgebung mit Protestcharakter 2. *Explikation,* die (lat., Pl. -en) Erklärung 3. *Exposé,* das (lat.-fr., Pl. -s) auch: zusammenfassende Übersicht, Entwurf; Denkschrift 4. *Exposition,* die (lat., Pl. -en) Erörterung 5. *Manifestation,* die (lat., Pl. -en) Offenbarung, Bekundung

Darlehen *Kredit,* der (lat.-fr.-it., Pl. -e)

Darlehnsabzug *Damnum,* das (lat., Pl. Damna) wirtsch., bei e. Kreditgewährung kommt nur der um das Damnum reduzierte Betrag zur Auszahlung

Darm *Enteron,* das (gr., Pl. ...ra) auch: das Innere, z. B. Eingeweide (med.)

Darm, auf den ... bezogen *enteral* (gr.-lat.) oder auf Eingeweide bezogen

Darmausgang *Anus,* der (lat., Pl. Ani) auch: After, derb: Arschloch

Darmausgang, künstlich verlegter ... *Anus praeter,* der (lat., Pl. Ani praeter) z. B. bei Mastdarmkrebs

Darmbakterien *Enterokokken,* die (gr.-lat., nur Pl.) ... die zur normalen Darmflora des Menschen gehören

Darmblähung *Meteorismus,* der (gr.-lat., Pl. ...men) med. svw. vulgär: Furz

Darmblutung *Enterorrhagie,* die (gr.-lat., Pl. ...ien) med.

Darmbruch *Enterozele,* die (gr.-lat., Pl. -n) auch: Eingeweidebruch (med.)

Darmeinlauf *Klistier,* das (lat., Pl. -e) Darmspülung mit warmem Wasser

Darmeinstülpung *Invagination,* die (lat., Pl. -en) auch: Urmundlippe (med.)

Darmentleerung *Defäkation,* die (lat., Pl. -en) med.

Darmentzündung *Enteritis,* die (gr., Pl. ...itiden) Entzündung des Dünndarms; auch: Darmkatarrh (med.)

Darmkanal *Intestinum,* das (lat., Pl. ...nen, ...na) med.

Darmkatarrh *Enteritis,* die (gr.-lat., Pl. ...itiden) med.

Darmkollern *Bombus,* der (gr.-lat., ohne Pl.) auch: Ohrensausen

Darmkrampf *Kolik,* die (gr.-lat., Pl. -en) med., z. B. Nierenkolik

Darmschmarotzer *Enterosit,* der (gr.-lat., Pl. -en)

Darmschmerz *Enterodynie,* die (gr.-lat., Pl. ...ien) med.

Darmschnitt *Enterotomie,* die (gr.-lat., Pl. ...ien) auch: op. Öffnen des Darmes

Darmspülung *Enteroklysma,* das (gr.-lat., Pl. ...men, ...mata)

Darmstörung, nervöse ... *Enteroneurose,* die (gr., Pl. -n) med.

Darmträgheit auslösen 1. *obstipieren* (lat.) 2. *Obstipation,* die (lat., Pl. -en) Darmträgheit

Darmverschlingung *Volvulus,* der (lat., Pl. ...li) med.

Darmverschluß *Ileus,* der (gr.-lat., Pl. Ileen) med.

Darmwind *Flatus,* der (lat., Pl. -) Blähung (med.) derb: Furz

darreichen *kredenzen* (lat.-it.) der Ober kredenzt e. hervorragenden Champagner

darstellen 1. *repräsentieren* (lat.-fr.) e. echter van Gogh repräsentiert e. enormen Wert 2. *charakterisieren* (gr.-fr.-lat.) 3. *figurieren* (lat.) z. B. e. Rolle spielen, in Erscheinung treten 4. *interpretieren* (lat.) z. B. e. Text auslegen, Musik künstlerisch wiedergeben; *Interpretatio romana,* die (lat.) Deutung nicht römischer Götter (Donar als Jupiter) 5. *symbolisieren* (gr.-lat.) sinnbildlich darstellen

darstellend *figurativ* (lat.) etwas gegenständlich wiedergebend

darstellend, das eigene Leben ... *autobiographisch* (gr.)

Darstellung der Eigenschaften u. Fähigkeiten e. Person *Psychogramm,* das (gr.-lat., Pl. -e) z. B. in einem Koordinatensystem; auch: Persönlichkeitsprofil

Darstellung des eigenen Lebens *Autobiographie,* die (gr., Pl. ...ien)

Darstellung des nackten Körpers *Akt*, der (lat., Pl. -e) auch: Vorgang, Handlung; z. B. Staatsakt

Darstellung e. geschichtlichen Entwicklung von etwas *diachrone Darstellung*, die (gr.-dt., Pl. -en) von gr.: dia (durch) u. chronos (Zeit), z. B. die Geschichte des am. Bürgerkrieges

Darstellung mittels Ziffern oder Zeichen *digital* (lat.) Informationen werden in das duale Zahlensystem umgerechnet (0 u. 1), um diese mittels der EDV verarbeiten zu können; auch: die Finger oder Zehen betreffend

Darstellung *Studie*, die (lat., Pl. -n)

Darstellung von Ton, Video, Bild u. Text *... Multimedia*, das (lat., ohne Pl.) ... über e. Digitalisierung zur Speicherung u. Wiedergabe auf dem Computer; Voraussetzung für e. Multimediagerät: integriertes Laufwerk für CD-ROMs, e. Soundkarte, hohe Speicherkapazität, hohe Rechengeschwindigkeit; Multimedia stellt e. Medienverschmelzung, -kombination dar

Darstellung zukünftiger Kinder *Data-Mating*, das (engl., ohne Pl.) mate (sich paaren) Bez. für e. Computersimulation, mittels der sich Paare e. optische Vorstellung ihrer noch ungeborenen Kinder machen können; dabei werden Bilder von Paaren übereinanderkopiert u. in mehreren Altersstufen generiert, man erhält auf diese Weise das Aussehen des Babys u. des Jugendlichen

Darstellung, bildliche *... Piktogramm*, das (lat.-gr., Pl. -e) ... mit international festgelegter Bedeutung; auch: Bildsymbol, z. B. für Gift der Totenkopf

Darstellung, grafische ... mit der sich der Benutzer e. virtuelle Identität schafft *Avatar*, der (sanskr.-engl., Pl. -e u. -s) »Ein leibhaftiger Polit-Avatar!« (Ulrich Clauss, 2005)

Darstellung, ironisch-witzige ... *Satire*, die (lat., Pl. -n) »Man glaubt Satire zu lesen u. liest nichts als treue Denkart.« (Johann Gottfried Herder)

Darstellung, wirklichkeitsgetreue, künstlerische ... *Verismus*, der (lat., ohne Pl.)

Darstellung, zeitkritische, spöttisch-ironische ... *Satire*, die (lat., Pl. -n) »Satiren

sind aussichtslose Versuche, die Wirklichkeit zu übertreffen.« (Gerhard Uhlenbruck)

Darstellungsmethode, dreidimensionale ... am Computer *Rendering*, das (engl., ohne Pl.) z. B. für die Präsentation e. Gebäudes

Darstellungsweise 1. *Stil*, der (lat., Pl. -e) 2. *Tendenz*, die (lat.-engl., Pl. -en) auch: Hang, Neigung, Zug der Zeit, e. bestimmte Strömung

Dasein *Existenz*, die (lat., Pl. -en) an die Existenz von Ufos glauben; der Berber fristet e. traurige Existenz

dasein *existieren* (lat.) ob Ufos wirklich existieren?

daseinsbedingend *existentiell* (lat.-fr.) i. S. von: auf das unmittelbare Dasein bezogen

Daseinsberechtigung *Raison d'être*, die (fr., Pl. -s) Existenzberechtigung, Rechtfertigung

daseinsmäßig 1. *existential* (lat.) 2. *existentiell* (lat.) »wo ich dieses Schubladendenken, vor allem bei so existentiellen Fragen, doch überhaupt nicht mehr zeitgemäß finde« (Claudia Nolte, Bundesministerin, 1996)

Daseinsurgrund in der chin. Philosophie *Tao*, das (chin., ohne Pl.)

dasselbe 1. *idem* (lat.) nicht verw. mit: »Hüte dich vor den Iden des Märzes«, die Iden sind der 15. März, der Tag, an dem 44 v. Chr. Cäsar ermordet wurde 2. *dito* (fr.-it.-lat.)

Daten aus e. Online-Dienst sichern *downloaden* (engl.) Ggs.: uploaden, dabei werden eigene Daten versendet

Datenausgabe *Output*, der (engl., Pl. -s)

Datenautobahn 1. *Informations-Superhighway*, der (lat.-fr.-engl.-am., Pl. -s) 2. *Info-Highway*, der (lat.-engl.-am., Pl. -s) 3. *Infobahn*, die (engl., Pl. -s) jeweils als Informationsstraße der Zukunft gepriesen; e. Idee von Al Gore (US-Vizepräsident), die Bill Clinton vorantreibt; übermittelt werden die Datenströme durch die Telefonnetze

Datenautobahn-Fahrer 1. *Sysop*, der (engl.-am., Pl. -s) auch: 2. *System Operator*, der (engl., Pl. -s) 3. *Mailbox-User*, der (engl., Pl. -s) 4. *Internet-Driver*, der (engl.-am., Pl. -s) 5. *Netsurfer*, der (engl., Pl. -s)

Datenbankbenutzer, unberechtigter ... *Hacker,* der (engl.-am., ohne Pl.) von to hack (hacken) das Anzapfen u. manipulieren fremder Daten erfolgt mittels PC u. Telefon

Datenbankeindringling 1. *Hacker,* der (engl., Pl. -s) 2. *Cyberpunk,* der (engl., Pl. -s) Hacker der 3. Generation, nennen sich »Informationsbefreier«; aber auch: Szene im Silicon Valley, die sich bes. mit der Mailbox-Kommunikation (Speicher für die Hinterlegung von Nachrichten) befaßt; Hacker bilden e. Computer-Subkultur

Dateneingabe *Input,* der (engl., Pl. -s)

Datenendstation *Terminal,* der, das (engl., Pl. -s)

Datenentschlüsseler *Decoder,* der (engl., Pl. -) auch: Nachrichtenübertragungssystem; Ggs.: Encoder

Datenfernübertragung 1. *Telecomputing,* das (engl., ohne Pl.) 2. *Teleprocessing,* das (engl., ohne Pl.)

Datenmenge, in e. Datei angelegte ... *File,* das (engl., Pl. -s) auch: Ordner

Datennetz, bekanntestes ... im Internet *World Wide Web,* das (engl., ohne Pl.) kurz: WWW; bekannt unter dem Kürzel (Prefix) »www.« in der Netz-Adresse; Stärke des WWW: Grafiken, Texte, Videodaten optisch ansprechend zu gestalten

Datensätze komprimieren 1. *Crunchen,* das (engl.) 2. *Packing* (engl.) jeweils Datensätze verdichten, um diese auf Disketten oder Festplatten zu bringen, damit Platz auf dem Speichermedium vorhanden ist

Datenströme, digitale ... bündeln u. an anderer Stelle zerlegen *Multiplex,* das (lat.-engl., ohne Pl.) Filme können z. B. so gleichzeitig auf mehreren Leinwänden gezeigt werden; Kinopaläste sind Multiplex-Kinos

Datenübermittlung ... *Telemetrie,* die (gr.-lat., Pl. ...ien) ... zwischen Raumschiff u. Bodenstation

Datenübertragungsgerät ... 1. *Modem,* das, der (engl., Pl. -s) ... mittels Fernsprechleitungen; bestehend aus: Modulator u. Demodulator (Geräte zur Abwandlung von Schwingungen) 2. *Akustikkoppler,* der (lat.-dt., ohne Pl.) das gesprochene

Wort wird mittels Fernsprechleitung übertragen

Datenverarbeitungsanlage *Computer,* der (lat.-engl., Pl. -s) i. S. e. elektron. Rechners; »Computer sind die logische Weiterentwicklung des Menschen: Intelligenz ohne Moral.« (John Osborne)

Datenverdichtung nach Inhalten *semantische Datenkompression,* die (gr.-lat., Pl. -en) um Speicherplatz zu sparen, müssen Informationen in wenige Worte gekleidet werden, z. B. um e. Gähnen zu beschreiben, wären viele Kilobyte Kapazität notwendig, verständlicher u. einfacher ist eine Hand vor dem offenen Mund

Datenverschlüsseler ... *Encoder,* der (lat.-engl., ohne Pl.) ... z. B. in e. Computer; Ggs.: Decoder

Dattelpflaume *Sharonfrucht,* die (hebr.-dt., Pl. ...früchte) e. israelische Kakipflaume

Dauer *Permanenz,* die (lat.-fr., ohne Pl.)

Dauerbezug *Abonnement,* das (fr., Pl. -s) z. B. von Zeitungen; auch: Theaterabonnement

Dauerbrenner 1. *Evergreen,* der (engl., Pl. -s) z. B. bei Schlagern 2. *Longseller,* der (engl., Pl. -) z. B. bei Büchern

Dauerfrostboden 1. *Congelisol,* der (lat., Pl. -e) 2. *Pergelisol,* der (lat., Pl. -e)

dauerhaft 1. *durabel* (lat.) z. B. durable Verbindungen schaffen 2. *konstant* (lat.) 3. *stabil* (lat.) Ggs.: labil

Dauerhaftigkeit 1. *Permanenz,* die (lat., ohne Pl.) nach der Entführung tagte der Krisenstab in Permanenz 2. *Stabilität,* die (lat., ohne Pl.) »Mit der Stabilitätskultur in Europa ist die Währungsunion keine kränkelnde Geste.« (Hans-Dietrich Genscher, F. D. P., 1998)

Dauerlauf *Jogging,* das (engl., Pl. -s)

dauernd 1. *chronisch* (gr.-lat.) unter chronischen Schmerzen leiden 2. *permanent* (lat.) jmdm. permanent auf die Nerven gehen 3. *kontinuierlich* (lat.) stetig 4. *konstant* (lat.) i. S. von unveränderlich; auch: beharrlich

Dauerwurst *Salami,* die (lat.-it., Pl. -s)

Daumen *Pollex,* der (lat., Pl. ...llices) der Pollex ist der wichtigste Finger

Daumenballen *Thenar,* das (gr., Pl. ...nare) Muskelstrang an der Daumenwurzel

dazu *plus* (lat.) i. S. von addieren
Dazugehörender *Insider*, der (engl., ohne Pl.) »Die Gerüchteküche brodelt, weil nur Insider wirklich auf dem Stand der Verhandlungen sind.« (Uli Hoeneß, Manager FC Bayern München, 1998)
dazugehörig *integriert* (lat.) aber nicht: »Der eine oder andere Neue fühlt sich bei uns noch nicht hineinintegriert.« (Olaf Thon, einst FC Bayern München)
dazuzählen *addieren* (lat.)
dazwischengehen *intervenieren* (lat.-fr.) ohne die Intervention (Vermittlung) des Nachbarstaates gäbe es Krieg
dazwischengeschaltet *episodisch* (fr.)
dazwischenliegend *intermediär* (lat.) nicht verw. mit *Intermédiaire*, das (lat.-fr., Pl. -s) Dressuraufgabe im internationalen Reitsport
dazwischenreden *interpellieren* (lat.) unterbrechen, meist mit Fragen
dazwischentreten 1. *intervenieren* (fr.) vermitteln 2. *interzedieren* (lat.) auch: sich verbürgen
Dealen, das ... mit Drogen *Biz*, das (engl., ohne Pl.) von: business (Szenewort)
Deckblatt *Frontpage*, die (engl.-am., Pl. -s) auch: Titelseite e. Zeitung, e. Zeitschrift
decken, sich ... *kongruieren* (lat.) übereinstimmen
Deckname 1. *Phraseonym*, das (gr.-lat., Pl. -e) der aus e. Redewendung besteht 2. *Pseudonym*, das (gr., Pl. -e) auch: Künstlername 3. *Nom de guerre*, der (fr., Pl. -s) »Kriegsname« i. S. e. Künstlernamens
Deckstreifen *Tektur*, die (lat., Pl. -en) werden über Sätze in e. Buch geklebt
Deckung 1. *Revalierung*, die (lat., Pl. -en) z. B. die Kreditrückzahlung 2. *Parade*, die (lat.-fr., Pl. -n) z. B. beim Boxen; auch: prunkvoller Aufmarsch
deckungsgleich 1. *identisch* (lat.) völlig gleich 2. *kongruent* (lat.) übereinstimmende Ansichten, oder kongruente Dreiecke (Math.); Ggs.: inkongruent 3. *konkordant* (lat.) 4. *konvergent* (lat.) 5. *symmetrisch* (gr.-lat.) eben-, gleichmäßig
Deckungsgleichheit 1. *Kongruenz*, die (lat., Pl. -en) Übereinstimmung; Ggs.: Inkongruenz 2. *Zentralsymmetrie*, die (lat., ohne Pl.) Deckungsgleichheit bei Drehung von 180° um e. Mittelpunkt (math.)

Defekt im Datenträger *Computervirus*, der (engl.-lat., Pl. ...viren) z. B. der bekannte »Michelangelo-Virus«, der um 1986 gefürchtet war
Defekt, angeborener, genetischer ... *Inborn Error*, der (engl., Pl. -s) med.
definierbar, nicht ... *indefinibel* (lat.) auch: unerklärbar
Defizit *Manko*, das (lat.-it., Pl. -s) auch: Fehlbetrag; nicht verw. mit *Mango*, die (port., Pl. ...onen) Frucht des Mangobaums
Defizitfinanzierung *deficit spending*, das (engl., ohne Pl.) wirtsch., Ankurbelung der Wirtschaft durch zusätzliche Verschuldung des Staates
deftig 1. *drastisch* (gr.) auch: sehr stark, spürbar in seiner negativen Wirkung 2. *pantagruelisch* (gr.-dt.) nach der Romanfigur Pantagruel von F. Rabelais (1490–1553) derb; voll des Lebens
Degen 1. *Rapier*, das (gr.-fr., Pl. -e) 2. *Florett*, das (lat.-it.-fr., Pl. -e) Stoßwaffe zum Fechten
dehnbar 1. *elastisch* (gr.-lat.) 2. *flexibel* (lat.) beweglich
Dehnbarkeit *Elastizität*, die (gr.-lat., ohne Pl.)
Dehnsonde *Bougie*, die (fr., Pl. -s) zur Erweiterung z. B. der Harnröhre (med.)
Dehnung 1. *Dilatation*, die (lat., Pl. -en) z. B. Volumenausdehnung von Stoffen 2. *stretching*, das (engl., ohne Pl.) Muskeldehnung, sportliche Übung
Dehnungszeichen *Zirkumflex*, der (lat.-fr., Pl. -e)
Dekorationsmittel *Display*, das (engl., Pl. -s) z. B. Werbematerial als Blickfang; auch: Bildschirmgerät
Dekorierung *Dekoration*, die (lat.-fr., Pl. -en) z. B. e. Schaufensters
Delegation *Wafd*, die (arab., ohne Pl.) auch: frühere ägyptische nationalistische Partei
Delikatesse *Gourmandise*, die (fr., Pl. -n)
demokratiefeindlich *antidemokratisch* (gr.-lat.)
Demokratieform, die soziale Sicherheit anstrebt *Sozialstaat*, der (lat.-dt., Pl. -en); »Ich bin der Rettungssanitäter des Sozialstaates u. nicht sein Verhinderer.« (Norbert Blüm)

Demonstration für das Rauchen weicher Drogen *Smoke-In*, das (engl., Pl. -s) der Haschisch- u. Marihuanakonsum ist nach der Quasilegalisierung durch das oberste dt. Gericht wieder in Mode gekommen, in einigen dt. Städten fanden Smoke-Ins statt, so auch in »Highdelberg« (Heidelberg)

demütig 1. *devot* (lat.) der Sachbearbeiter verhielt sich gegenüber seinem Abteilungsleiter devot 2. *servil* (lat.) unterwürfig, kriechend

Demütigung *»Gang nach Canossa«* e. Burg in Italien, in der fand sich Heinrich IV. bei Papst Gregor VII. in Demut ein (1077)

demzufolge *ergo* (lat.) auch: also, folglich: »ergo bibamus!« (Also laßt uns trinken! Kehrreim mittelalterlicher Trinklieder)

Denkansatz, multikultureller ... *Global Brain*, der (engl.-am., ohne Pl.) nach dem Trendforscher Gerd Gerken entwickelt sich e. solcher Denkansatz infolge zunehmender Vernetzung

Denkart *Mentalität*, die (fr.-engl., Pl. -en) Geisteshaltung, bes. Art e. Menschen, zu denken

Denkart, kleinliche ... *Intoleranz*, die (lat.-fr., Pl. -en) auch: Unduldsamkeit; »Gleichgültigkeit ist die mildeste Form der Intoleranz.« (Karl Jaspers)

denkbar 1. *imaginabel* (lat.-fr.-engl.) i. S. von vorstellbar 2. *potentiell* (lat.-fr.) z. B. möglich, künftig, e. potentieller Kunde sein 3. *plausibel* (lat.-fr.) einleuchtend

denke, ich ... also bin ich *cogito, ergo sum* (lat., Zitat: Descartes)

Denken 1. *Reflexion*, die (lat., Pl. -en) in Ruhe überdenken 2. *Logik*, die (gr.-lat., ohne Pl.) z. B. logisch handeln 3. *Naivität*, die (lat.-fr., ohne Pl.) unbefangenes, kindliches Denken; bes. naive Fragen stellen 4. *Imagination*, die (lat.-fr., Pl. -en) i. S. von Einbildungskraft

Denken, positives ... 1. *positive thinking*, das (engl., ohne Pl.) e. in den USA herrschende lebensbejahende Grundeinstellung 2. *self Esteem*, das (engl., ohne Pl.) »Selbstachtung«; e. Variante des »positive thinking«, es soll jungen Amerikanern das Selbstwertgefühl steigern helfen

Denkfabrik *Think tank*, der (engl., Pl. -s)

Denkfähigkeit *Intellekt*, der (lat., ohne Pl.)

Denkkraft *Intellekt*, der (lat., ohne Pl.) auch: Verstand

Denkkunst *Dianoetik*, die (gr., ohne Pl.) die Lehre vom Denken (philos.)

Denklehre 1. *Noetik*, die (gr.-lat., ohne Pl.) philos. 2. *Logik*, die (gr.-lat., ohne Pl.) Lehre vom folgerichtigen Denken

Denkmal 1. *Monolith*, der (gr.-lat., Pl. -en) aus e. Steinblock gemeißelt 2. *Memorial*, das (lat.-fr.-engl., Pl. -s, ...ien) 3. *Monument*, das (lat., Pl. -e) mächtiges Denkmal

denkmalartig *monumental* (lat.)

Denkmalpfleger *Konservator*, der (lat., Pl. ...oren)

Denkmuster *Topos*, der (gr., Pl. Topoi) auch: festes Klischee; wird gern von Sigrid Löffler (Literarisches Quartett) verwendet

Denkrichtigkeit *Logizität*, die (gr., ohne Pl.) das Folgerichtige e. Sachverhaltes; Ggs.: *Faktizität*, die (lat., Pl. -en)

Denkschema *Pattern*, das (engl., Pl. -s) auch: Verhaltensmuster, Modell

Denkschrift 1. *Memorandum*, das (lat., Pl. -en) Botschafter übergeben bisweilen Memoranden ihrer Regierung 2. *Kommuniqué*, das (lat.-fr., Pl. -s)

Denkspruch 1. *Motto*, das (lat.-it., Pl. -s) das Motto der Veranstaltung hieß: Umweltschutz 2. *Credo*, das (lat., Pl. -s) »ich glaube«, Glaubensbekenntnis; absolute Ehrlichkeit war sein Credo 3. *Sentenz*, die (lat., Pl. -en) Sinnspruch als dichterische Ausdrucksform

Denksystem, auf e. ... mit beschränkter Wirklichkeitswahrnehmung beruhend *ideologisch* (gr.) »Das ist der Streit, den Rest halte ich für ideologisches Gedöns.« (Jürgen Trittin, Sprecher der Grünen, 1998)

Denkvermögen *Intellekt*, der (lat., ohne Pl.) A. Einstein hatte e. hervorragenden Intellekt

Denkvorgang 1. *Noesis*, die (gr., ohne Pl.) 2. *Operation*, die (lat., Pl. -en) die Verrichtung, chirurgischer Eingriff (med.)

Denkweise *Mentalität*, die (lat.-engl., Pl. -en) die Mentalität der Aborigines ist Europäern fremd

Denkweise, ganzheitliche u. globale ... *Globalismus*, der (lat., ohne Pl.) als Aus-

136

druck dafür taucht z. B. in der Werbung die Erde (der blaue Planet) als Satellitenbild auf

Denkweise, wissenschaftliche ... *Strukturalismus*, der (lat., ohne Pl.) ... die Gegebenheiten als Teil a. Struktur erklärt

Denkwürdigkeit *Memoire*, das (lat.-fr., Pl. -n) auch: Denkschrift. »Läßt dieser Springinsfeld aus Hannover seine Memoiren schreiben, er müßte e. Schadensbericht vorlegen!« (Werner Schulz, Abgeordneter der Grünen über Exkanzler Schröder, 2005)

Denkwürdigkeiten *Memorabilien*, die (lat., Pl.) Erinnerungen

Denkzettel *Memento*, das (lat., Pl. -s) i. S. e. Merkzettels

Denkzwang *Anankasmus*, der (lat., Pl. ...men) Zwangsvorstellung, zwanghafte Handlung (med.)

derb 1. *robust* (lat.) robuste Kleidung tragen 2. *drastisch* (gr.) »Scheiße« ist e. drastisches Wort

Derbheit *Drastik*, die (gr., ohne Pl.) auch: derbe Anschaulichkeit; Direktheit

Derivat (chem. Verbindung), sehr reaktionsfähiges ... *Vinylchlorid*, das (gr.-lat., Pl. -e) ... des Äthylens (ungesättigter Kohlenwasserstoff) entsteht beim Rauchen

derselbe *idem* (lat.) nicht verw. mit: »Hüte dich vor den Iden des Märzes«, die Iden sind der 15. März, Tag, an dem Cäsar 44 v. Chr. ermordet wurde

derselbe, ich bin nicht ... der ich war *non sum qualis eram* (lat., Zitat: Horaz)

Derwischkutte *Dalk*, der (pers., Pl. -e) der Derwisch tanzt sich im Dalk in Trance

Derwischorden *Senussi*, *Senoussi*, die (Eigenn., arab., Pl.) wurde 1833 in Mekka gegründet, sehr europäer- u. christenfeindlich, hatte großen Einfluß in Libyen

Derwischorden, Anhänger e. türkischen ... *Bektaschi*, der (türk., Pl. -s) nach Haddschi Bektasch, im 13. Jh. gegründeter Orden

desgleichen 1. *item* (lat.) 2. *dito* (lat.-it.-fr.) »besagt«, ebenso

deuten *interpretieren* (lat.) Texte interpretieren, wird in den Oberschulen gelehrt

deutend *interpretativ* (lat.)

Deuter *Interpret*, der (lat., Pl. -en) von Texten; Schlagersänger nennt man auch Interpreten

deutlich 1. *demonstrativ* (lat.) z. B. e. demonstratives Bekenntnis ablegen 2. *distinkt* (lat.) deutlich, klar 3. *expliziert* (lat.) Ggs.: *impliziert* 4. *prononciert* (lat.-fr.) e. prononcierte Ausdrucksweise haben 5. *akzentuierlich* (lat.) beim Sprechen hervorheben 6. *evident* (lat.) i. S. von offenkundig, offenbar 7. *frappant* (germ.-fr.) treffend, überraschend; Zwillinge mit frappanter Ähnlichkeit 8. *manifest* (lat.) z. B. deutlich erkennbar (Krankheiten) 9. *markant* (germ.-it.-fr.) ausgeprägt, bezeichnend 10. *massiv* (lat.) i. S. von ganz aus e. Material sein; wuchtig, heftig 11. *signifikant* (lat.) typisch, bedeutsam; nicht verw. mit *signitiv* (lat.) symbolisch, mit Hilfe von Zeichen

Deutlichkeit *Drastik*, die (gr., ohne Pl.) etwas in aller Drastik erzählen, d. h. ohne e. »Blatt vor den Mund zu nehmen«

deutsch, typisch ... *teutonisch* (lat.) »Sie ist so wunderbar unteutonisch!« (Claudia Roth, Grünen-Chefin über die dt. Fußballmannschaft, 2006)

Deutscher *Boche*, der (fr., Pl. -s) in Frankreich negative Bez. für den Deutschen

deutschfeindlich *germanophob* (lat.-gr.)

Deutschfeindlichkeit *Germanophobie*, die (lat.-gr., ohne Pl.)

deutschfreundlich *germanophil* (lat.-gr.)

Deutschfreundlichkeit *Germanophilie*, die (lat.-gr., ohne Pl.)

Deutschland *Aschkenasim*, das (hebr.-jidd., Pl.) im 12. Jh. auch die hebr. Bez. für Deutsche u. deutschsprechende Juden aus Deutschland, England, Frankreich u. Italien (nach e. Volksstamm im Alten Testament)

Deutschlands Lehrmeister *Praeceptor Germaniae*, Beiname für Melanchthon, dt. Reformator u. Philosoph (1497–1560)

deutschsprachig *germanophon* (lat.)

Deutschsprachigkeit *Germanophonie*, die (lat., ohne Pl.)

Deutung 1. *Interpretation*, die (lat., Pl. -en) z. B. von Texten 2. *Exegese*, die (gr., Pl. -n) Wissenschaft der Auslegung von Bibeltexten

Deutung von Mythen u. Religionen *Euhemerismus*, der (lat., ohne Pl.) nach dem gr. Philosophen Euhemeros (um 300 v. Chr.)

Deutungskunst *Hermeneutik*, die (gr., ohne Pl.) Wissenschaft, die sich mit der Auslegung von literarischen Texten u. Kunstwerken befaßt

Deutungsmittel *Interpretament*, das (lat., Pl. -e) auch: Verständigungsmittel

Devisen- oder Zinsgeschäfte 1. *Swaps*, die (engl., Pl.) ... die kurzfristige günstige Kursdifferenzen einplanen u. zeitlich begrenzt sind 2. *Caps*, die (engl., Pl.) sind Vereinbarungen, aus Swaps auszusteigen, falls sich die Zinsstruktur umdreht, d. h. langfristige Zinszahlungen billiger werden als die kurzfristigen

Dialekt 1. *Slang*, der (engl., Pl. -s) er spricht e. texanischen Slang 2. *Idiom*, das (gr.-lat.-fr., Pl. -e) z. B. Spracheigentümlichkeit, Mundart oder *Jargon*, der (fr., Pl. -s)

Dialog e. Chors *Epirrhem* u. *Epirrhema*, das (gr., Pl. ...emata) ... in der attischen Komödie; Ggs.: Antepirrhem

Dialogszene des altgr. Dramas *Epeisodion*, das (gr., Pl. ...ia) ... zwischen zwei Chorliedern

Diamantschleifer *Brillantier*, der (fr., Pl. -s)

Diapositivsammlung *Diathek*, die (gr., Pl. -en)

dicht 1. *hermetisch* (gr.-lat.) i. S. von luft- u. wasserdicht; e. Druckkessel ist e. hermetisch verschlossener Behälter 2. *abundant* (lat.) 3. *kompakt* (lat.-fr.) auch: massig 4. *konsistent* (lat.)

Dichte *Densität*, die (lat., ohne Pl.)

Dichtemessung *Densitometrie*, die (lat., ohne Pl.) ... von Stoffen (physik.)

Dichter 1. *Poet*, der (gr.-lat., Pl. -en) Goethe war e. begnadeter Poet 2. *Barde*, der (kelt., Pl. -n) 3. *Lyriker*, der (gr.-lat.-fr., ohne Pl.) Dichter der Lyrik, schreibt Dichtung, die subjektives Empfinden ausdrückt

Dichter alt-gr. Epen *Zykliker*, der (gr., Pl. -) ... die zu einem Zyklus verbunden wurden

Dichter, e. it. ... *Quasimodo, Salvatore*, der (it.-Eigenn.) um 1930, schrieb über die Fragwürdigkeit allen Daseins; »Du siehst aus wie Quasimodo.« (Klara Köpf, Tochter von Doris Schröder-Köpf, 1997), sie meinte den mißgestalteten Glöckner v. Notre Dame im gleichnamigen Roman Victor Hugos, oder etwa Gerhard Schröder?

Dichter, lorbeergekrönter ... *poèta laureatus* (lat.)

dichterisch *poetisch* (gr.-lat.-fr.)

Dichterling *Poetaster*, der (gr.-lat., ohne Pl.) abwertend für Poet

Dichters, des ... Wort *Poetry-Slam*, das (engl., Pl. -s) e. 1996 aus Chicago kommende literarische Vortragsform; eigtl.: Schläge der Dichtkunst; »Ein Text muß gut sein on page u. on stage.« (... gelesen wie gehört; Slamer Preckwitz)

Dichtigkeit 1. *Densität*, die (lat., ohne Pl.) Dichte (physik.) 2. *Konsistenz*, die (lat., ohne Pl.) auch: Beschaffenheit e. Stoffes, Haltbarkeit; Ggs.: Inkonsistenz

Dichtkunst 1. *Epik*, die (gr.-lat., ohne Pl.) erzählend 2. *Lyrik*, die (gr.-lat.-fr., ohne Pl.) bisweilen in Reimen, subjektives Empfinden ausdrückend, wie z. B. Annette von Droste-Hülshoff (1797–1848)

Dichtkunst in Versen *Poesie*, die (gr.-lat.-fr., Pl. ...ien) »das Verfertigen«, Dichtung in Versen im Ggs. zur Prosa; »brotloseste der Künste« Poesie« (Heinrich Heine)

Dichtkunst, erzählende ... *Prosa*, die (lat., ohne Pl.) eigtl.: schlichte Rede; »... ich nenne das allertiefste Prosa!« (Marcel Reich-Ranicki, Literaturkritiker, 1992)

Dichtung, die als Wahrheit gelten soll *Fable convenue*, die (fr., Pl. -s)

Dichtung, in Versen geschriebene ... *Poesie*, die (lat., Pl. ...ien) auch: Zauber. »Die Malerei ist stumme Poesie, die Poesie blinde Malerei.« (Leonardo da Vinci, it. Universalkünstler)

dick *korpulent* (lat.) beleibt

Dickblattgewächse *Krassulazeen*, die (lat., Pl.) z. B. Fetthenne, Hauswurz

Dickdarm *Kolon*, das (lat., Pl. -s u. Kola) Grimmdarm (med.) auch: gliedartiges Gebilde

Dickdarmentzündung *Kolitis*, die (gr.-lat., Pl. ...itiden) med.

Dickdarmkrebs *Kolonkarzinom*, das (gr.-lat., Pl. -e) med.

Dickenmeßgerät *Pachymeter*, das (gr., Pl. -)

Dickfelligkeit *Phlegma*, das (gr.-lat., ohne Pl.) sein Phlegma brachte alle zur Weißglut
dickflüssig *pastos* (gr.-lat.-it.)
Dickkopffalter *Hesperiden*, die (gr., Pl.) eigtl.: weibliche Gestalt aus der gr. Mythologie
dickleibig *korpulent* (lat.)
Dickleibigkeit *Korpulenz*, die (lat., ohne Pl.) Beleibtheit
Dickmilch *Joghurt*, der (türk., ohne Pl.)
Dieb *Ganove*, der (jidd., Pl. -n) auch: Gauner, Spitzbube
Diebesgut *Sore* u. *Schore*, die (hebr., Pl. -n)
Diebstahl 1. *Plagiat*, das (lat.-fr., Pl. -e) des geistigen Eigentums 2. *Rip-off*, der (engl.-am., Pl. -s)
dienen, als etwas ... *fungieren* (lat.) i. S. von: e. bestimmte Aufgabe haben
dienend *auxiliar* (lat.) auch: helfend
Diener 1. *Butler*, der (engl., Pl. -) 2. *Lakai*, der (fr., Pl. -en) 3. *Boy*, der (engl., Pl. -s) z. B. Liftboy 4. *Groom*, der (engl., Pl. -s) 5. *Page*, der (fr., Pl. -n) junger Adliger als Diener an e. Fürstenhof; auch: Laufbursche e. Hotels 6. *Domestik*, der (lat.-fr., Pl. -en) Dienstbote; auch: Radrennfahrer, der dem Besten e. Mannschaft im Rennen Hilfe leistet
Dienerkleidung *Livree*, die (fr., Pl. ...een) eigtl.: gestellte Kleidung
dienern *antichambrieren* (fr.)
Dienstältester *Doyen*, der (lat.-fr., Pl. -s) auch: Sprecher des diplomatischen Korps
Dienstanweisung 1. *Instruktion*, die (lat., Pl. -en) e. komplizierte Arbeit, setzt klare Instruktionen voraus 2. *Direktive*, die (lat., Pl. -n) 3. *Order*, die (lat.-fr., Pl. -s) auch: Befehl, Anweisung
Dienstbezeichnung *Titel*, der (lat., ohne Pl.) z. B. Oberamtsrichter, Bankdirektor, Bürgermeister
Dienstbote *Domestik*, der (lat.-fr., Pl. -en)
Dienstbote, elektronischer ... 1. *Informationsagent*, der (lat., Pl. -en) 2. *Intelligent Agent*, der (engl.-am., Pl. -s) kurz: IA 3. *Knowbot*, der (engl.-am., Pl. -s) es handelt sich jeweils um persönliche Programme, die die individuellen Bedürfnisse des Anwenders kennen, z. B. TV-Filmvorlieben, Urlaubsorte usw., »IA« bucht, bestellt, holt Infos ein, legt Termine fest

Dienste für Besatzungstruppen *Servicen*, das (lat., ohne Pl.)
Dienste, Anbieter von Netzen *Service Provider*, der (engl., Pl. -s) »Zurverfügungstellung von Diensten«; Gesellschaften kaufen von Netzbetreibern (D-Netz von Mannesmann u. Telekom) Gesprächszeiten u. bieten diese dem Kunden als Provider mit zusätzlichen Leistungen (z. B. Börsennachrichten, Lotsendienste) an
Diensteifer *Empressement*, das (lat.-fr., ohne Pl.) auch: Bereitwilligkeit
Dienstenthebung *Suspension*, die (lat., Pl. -en) zeitweilige Aufhebung; auch: Einschwemmung feinster Stoffe in e. Flüssigkeit (chem.)
Dienstgrad *Charge*, die (lat.-fr., Pl. -n) bei der Bundeswehr z. B. Feldwebel oder Major
Dienstkleidung *Uniform*, die (lat.-fr., Pl. -en)
Diensträume 1. *Sekretariat*, das (lat., Pl. -e) Raum e. Sekretärs 2. *Kanzlei*, die (lat., Pl. -en) Büro e. Anwalts, e. Behörde 3. *Büro*, das (lat., Pl. -s) Arbeitsraum, Dienststelle 4. *Rektorat*, das (lat., Pl. -e) Dienstraum e. Rektors
Dienststelle 1. *Büro*, das (fr., Pl. -s) 2. *Kanzlei*, die (lat., Pl. -en) Büro e. Anwalts oder e. Behörde
Dienststelle e. Gehilfen (Adjutanten) *Adjutantur*, die (lat., Pl. -en)
Dienststrafe *Disziplinarstrafe*, die (lat.-dt., Pl. -en) der Soldat meldete sich zu spät zum Dienst u. erhielt e. Disziplinarstrafe
dienstunfähig *invalide* (lat.-fr.) dauernde Erwerbsunfähigkeit
Dienstunfähiger *Invalide*, der (fr.-lat., Pl. -n)
Dienstvorschrift *Reglement*, das (lat.-fr., Pl. -s)
Dienstweg *Instanzenweg*, der (lat.-dt., Pl. -e) Behördenweg
Diktiergerät *Diktaphon*, das (lat.-gr., Pl. -e)
Ding *Res*, die (lat., ohne Pl.) Gegenstand, Sache (philos.); Res cogitans (lat.) denkendes Wesen (philos.); Res extensa (lat.) ausgedehntes Wesen, nach René Descartes (philos.)
Dinge in e. anderen Licht sehen ... *Reframing*, das (engl.-am., ohne Pl.) ... bzw. e. anderen Rahmen geben

Dinge, aller guten ... sind drei *omne trinum bonum* (lat., Zitat)

Dinge, über die man spricht *Talking Points*, die (engl., nur Pl.)

Dingen, bei großen u. schwierigen ... genügt der gute Wille *in magnis et voluisse sat est* (lat., Zitat: Propertius)

Dingen, mit den nackten ... *nudis rebus* (lat., Zitat: Ovid)

dinghaft *substantiell* (lat.) auch: stofflich; »Bei Gerhard Schröder steckt mir zu wenig Substantielles dahinter.« (Wolfgang Gerhardt, F. D. P.-Chef, 1998)

dinglich *real* (lat.) sachlich, tatsächlich; Ggs.: 1. *imaginär* (lat.) 2. *irreal* (lat.)

Dingwort *Substantiv*, das (lat., Pl. -e) auch: Hauptwort

Dinkel *Alaga*, die (sp., ohne Pl.) auch: Berberweizen, Spelt

direkt *live* (engl.) das Fernsehen übertrug die Olympiade live

direkt verbunden ... *online* (engl.) ... mit der zentralen Datenverarbeitungsanlage oder dem Internet

Direktübertragung *Livesendung*, die (engl.-dt., Pl. -en)

Direktzugriffsspeicher *Random Access Memory*, das (engl., ohne Pl.) kurz: RAM; auch: Arbeitsspeicher des Computers

Dirigent 1. *Kantor*, der (lat., Pl. -en) kirchlicher Dirigent 2. *Maestro*, der (lat.-it., Pl. -s)

Dirne 1. *Prostituierte*, die (lat., Pl. -n) 2. *Kokotte*, die (fr., Pl. -n) 3. *Kurtisane*, die (lat.-it.-fr., Pl. -n) Halbweltdame bei Hofe 4. *Callgirl*, das (engl., Pl. -s) 5. *Konkubine*, die (lat., Pl. -n) »Beischläferin«, Geliebte 6. *Bajadere*, die (gr.-lat.-niederl.-fr.) indische Tempeltänzerin; aber auch: Kurtisane

Discountgeschäft *cash and carry* (engl.) »bar bezahlen u. mitnehmen«; bes. Vertriebsform des Einzelhandels, die Ware wird nicht aufwendig präsentiert

Diskette *Floppy-Disk*, die (engl., Pl. -s) Kunststoffscheibe, die als Datenträger in der EDV verwendet wird

Diskussion *Debatte*, die (fr., Pl. -n) Erörterung; »Die Endlos-Debatten der Politik tue ich mir nicht mehr an.« (Lothar Späth, 1998)

diskutieren *debattieren* (fr.) »Wenige Entscheidungen haben wir so intensiv debattiert u. hin- u. hergewendet.« (Helmut Kohl, 1998 zum Euro)

Doktor, der liebe, gütige ... *Dottore*, der (it., ohne Pl.)

Doktor, frischgebackener ... *post Doc*, der (engl., Pl. -s)

Doktorarbeit *Dissertation*, die (lat., Pl. -en) wissenschaftliche Arbeit zur Erlangung des Doktorgrades

Doktorwürde erlangen *promovieren* (lat.) der diplomierte Student promovierte mit e. Thema der Quantenphysik

Dokumentarbericht *Feature*, das (lat.-fr.-engl., Pl. -s) das GEO-Magazin enthält illustrierte Features

Dolch *Stilett*, das (lat.-it., Pl. -e)

Doldengewächs *Umbellifere*, die (lat., Pl. -n)

Dollar, der allmächtige ... *the allmighty dollar* (engl., Zitat: Washington Irving, am. Schriftsteller, 1783–1859)

Dollar, ein US- ...-Schein *Greenback*, der (engl.-am., Pl. -s) erstmals 1862 während des Bürgerkrieges erschienen, auf dessen Rückseite befand sich e. grüne Abbildung (heute allg. der Ein-Dollar-Schein); nicht verw. mit *Greenhorn*, das (engl.-am., Pl. -s) »Grünschnabel«

Donnerkeil *Belemnit*, der (gr., Pl. -en) auch: Teufelsfinger, fossiler Teil ausgestorbener Wassertiere

Donnerwetter! *parbleu!* (fr.) Äußerung des Erstaunens

doof *stupide* (lat.-fr.) dumm

Doppelaussage *Tautologie*, die (gr.-lat., Pl. ...ien) z. B. e. runder Kreis

Doppelbezeichnung aus Gattungsname u. Artname *binäre Nomenklatur*, die (lat., ohne Pl.) ... in der Biologie von Carl von Linné (1707–1778) eingeführt worden

Doppelbilderzeugung *Disparation*, die (lat., Pl. -en) ... durch Reizung der Netzhaut (med.)

Doppeldeutigkeit 1. *Ambiguität*, die (lat., ohne Pl.) Mehrdeutigkeit von Wörtern, z. B.: der Schimmel als weißes Pferd u. Pilzart 2. *Ambivalenz*, die (lat., Pl. -en) i. S. von Doppelwertigkeit best. Phänomene, z. B. Zuneigung u. Abneigung empfinden

Doppelehe *Bigamie*, die (lat.-gr., Pl. ...ien) gleichzeitig mit zwei Frauen verheiratet zu sein ist Bigamie, außerdem strafbar

Doppelehe, e. ... Führender *Bigamist*, der (lat.-gr., Pl. -en)

Doppelfernrohr *Triederbinokel*, das (lat.-fr., Pl. -)

Doppelfüßer *Diplopoden*, die (gr., Pl.) aus der Gruppe der Tausendfüßer (Zool.)

doppelfüßig *dipodisch* (gr.)

Doppelgänger 1. *Double*, das (lat.-fr., Pl. -s) 2. *Stuntman*, der (engl.-am., Pl. men) Ersatzmann, der für den eigentlichen Schauspieler Stunts (der Stunt: gefährliche Szene) übernimmt, wie einst Armin Dahl aus Hamburg

Doppelgänger *Lookalike*, der, die (engl., ohne Pl.) e., der als Imitator z. B. von Elvis oder Michael Jackson öffentlich auftritt

Doppelgängerwahn *Heautoskopie*, die (gr.-lat., ohne Pl.); nicht verw. mit *Heautognomie*, die (gr.-lat., ohne Pl.) Selbsterkenntnis

doppelgeschlechtlich 1. *androgyn* (gr.) am selben Blütenstand männliche, dann weibliche Blüten ausbildend 2. *bisexuell* (lat.) auf beide Geschlechter gerichtetes Sexualempfinden haben

Doppelgeschlechtlichkeit *Bisexualität*, die (lat., ohne Pl.) Disposition von Männern u. Frauen, Merkmale des anderen Geschlechts zu entwickeln; auch: homo- u. heterosexuelle Neigungen haben

doppelgestaltig *biform* (lat.)

Doppelgestaltigkeit *Biformität*, die (lat., Pl. -en)

Doppelheit *Duplizität*, die (lat., Pl. -en) die »Duplizität der Fälle«

Doppelherrschaft *Biarchie*, die (lat.-gr., Pl. ...ien)

Doppelhören *Diplakusis*, die (gr., ohne Pl.) z. B. das Hören verschiedener Töne (med.)

doppelköpfig *bikephalisch, bizephalisch, bizephal* (gr.)

Doppellaut *Diphthong*, der (gr.-lat., Pl. -e) aus zwei Vokalen (Selbstlauten) gebildeter Laut: ei, au

doppellebig *amphibisch* (gr.-lat.) Tiere, die im Wasser u. auf dem Land leben, z. B. Frösche; auch Fahrzeuge, die sich im Wasser u. auf dem Land fortbewegen können

doppeln *dublieren* (fr.) auch: Metall mit e. Überzug z. B. aus Gold veredeln

Doppelpunkt *Kolon*, das (gr., Pl. -s u. Kola) auch: e. Teil des Dickdarms (med.)

Doppelrahm *Crème double*, die (fr., Pl. -s) *Crème fraîche*, die (fr., Pl. -s) frische Sahne, bes. saure Sahne

Doppelrumpfboot *Katamaran*, der (engl., Pl. -e)

Doppelsehen *Diplopie*, die (gr., ohne Pl.) Sehen zweier Bilder von e. Gegenstand (med.)

doppelseitig 1. *bilateral* (lat.) zweiseitig 2. *mutual* (lat.) gegen-, wechselseitig; nicht verw. mit *mutieren* (lat.) im Erbgefüge ändern; auch: im Stimmwechsel befinden 3. *reziprok* (lat.) wechselseitig; auch: Vertauschen von Zähler u. Nenner e. Bruches

Doppelsinn *Ambiguität*, die (lat., ohne Pl.) lexikalische oder syntaktische (sprachliche) Mehrdeutigkeit von Wörtern, Werten, Symbolen, z. B.: die »Bank« als Geldinstitut u. Sitzgelegenheit

doppelsinnig 1. *ambigue* (lat.-fr.) vieldeutig 2. *amphibolisch* (gr.-lat.) zweideutig

Doppelsitzfahrrad *Tandem*, das (lat.-engl., Pl. -s) »Ich war nie e. Anhänger der Tandemlösung.« (Wolfgang Schäuble, CDU, 1998)

Doppelstück *Dublette*, die (lat.-fr., Pl. -n) z. B. e. Gegenstand, der zweimal existiert

doppelt 1. *didymisch* (gr.) zweifach 2. *a due* (it.) zu zweit, Anweisung, e. Instrumentalstimme doppelt zu besetzen (Mus.)

doppelt ausgedrückt 1. *pleonastisch* (gr.-lat.) überflüssig gehäuft 2. *tautologisch* (gr.-lat.) e. Sachverhalt doppelt wiedergeben, z. B. »alter Greis«

doppelt gibt, wer gleich gibt *bis dat, qui cito dat* (lat., Zitat: Publius Syrus)

doppelt gibt, wer schnell gibt *bis dat, qui cito dat* (lat., Zitat)

doppelte Buchführung *Doppik*, die, wirtsch., Buchung e. Geschäftsvorfalls auf zwei Konten

Doppeltreffer *Ambe*, die (lat., Pl. -n) z. B. im Lotto

Doppelwährung *Bimetallismus*, der (lat., ohne Pl.) Münzen e. Landes, z. B. Italien, bestehen aus zwei verschiedenen Metallen

doppelwertig *ambivalent* (lat.)

Doppelwertigkeit *Ambivalenz*, die (lat., Pl. -en) e. Person oder einer Sache gegenüber

141

Zu- u. Abneigung gleichermaßen empfinden

Dorfgemeinschaft *Mir*, der (russ., Pl. -s) russ. Dorfgemeinschaft u. deren Gemeinschaftsbesitz bis 1917

Dorn 1. *Spina*, die (lat., Pl. ...nen) auch: Stachel (med.) 2. *Marlspieker*, der (niederdt., Pl. -s) für Tauwerksarbeiten (Seemannsspr.)

Dorsch, gepökelter ... *Laberdan*, der (niederl., Pl. -e) aus Norwegen

Döschen, jap. ... aus Elfenbein oder gelacktem Holz *Inro*, das (jap., Pl. -s) reich verziert, wurde von den Herrn der Gesellschaft am Gürtel mit Spiegel u. Stempelfarbe getragen

Dosierung, in geringer ... *low dose* (engl.) z.B. Kortison, um die Nebenwirkungen zu reduzieren

Dotter *Vitellus*, der (lat., Pl. ...lli) Eidotter

dotterarm *alezithal* (gr.-lat.) bei Hühnereiern

Double, männliches ... für gefährliche Szenen *Stuntman*, der (engl., Pl. ...men) »Lieber e. Minute Angst, als e. Monat nicht gearbeitet.« (Armin Dahl, dt. Stuntman, 1997)

Drachenbaum *Drazäne*, die (gr., Pl. -n) e. Liliengewächs

Drachenstein *Drakonit*, der (lat., Pl. -e)

Drachenviereck *Deltoid*, das (gr., Pl. -e)

drahtlos übermitteln *telegrafisch* (gr.-fr.)

Drahtseil *Trosse*, die (lat.-fr., Pl. -n) Tauwerk über 4 cm Durchmesser

Drall *Effet*, der (fr., Pl. -s)

Drama *Tragödie*, die (gr.-lat., Pl. -n) das Stück »Elektra« von Sophokles ist e. Tragödie; Ggs.: Komödie, z.B. Anouilhs »Der Herr Ornifle«

Drama, mittelalterliches ... *Ludus*, der (lat., Pl. Ludi) auch: öffentliches Fest im alten Rom; Elementarschule

dramatischer Höhepunkt *Katastase;* auch: *Katastasis*, die (gr., Pl. ...stasen) Katastrophe im antiken Drama

Dramengattung ... *Tragödie*, die (gr.-lat., Pl. -n) ... in der das Tragische gestaltet wird, Trauerspiel; Ggs.: Komödie; »Was ist der Mensch? Die Tragödie Gottes!« (Christian Morgenstern)

drängen 1. *pressieren* (fr.) 2. *urgieren* (lat.)

drängend *stringendo* (lat.-it.) musik. Vortragsanw.

Draufgänger *Desperado*, der (lat.-sp.-engl., Pl. -s) e. zu allem Entschlossener, der auch vor Gewalt nicht zurückschreckt

Draufgeld *Arrha*, die (gr.-hebr., ohne Pl.) Anzahlung

draußen 1. *extern* (lat.) i. S. von außerhalb befindlich, externe Ursachen führten zum Zusammenbruch der Firma, z.B. Zahlungsausfälle; Ggs.: intern 2. *outdoor* (engl.) i. S. von: draußen an der frischen Luft

Drehachse *Gyre*, die (gr., Pl. -n) auch: Symmetrieachse

Drehbuch *Skript*, das (engl., Pl. -en u. -s) schriftliche Aufzeichnung

Drehbuchvorform *Treatment*, das (engl., Pl. -s) e. ausführliches Exposé mit Aussagen zum Handlungsverlauf, den Schauplätzen u. Charakteren e. geplanten Films

drehen *rotieren* (lat.) um die eigene Achse drehen

Drehfläche *Katenoid*, das (lat., Pl. -e) deren Meridiane Kettenlinien sind (math.)

Drehflügel *Rotor*, der (lat.-engl., Pl. -en) z.B. e. Hubschraubers

Drehflügelflugzeug *Autogiro*, das (gr.-sp., Pl. -s) auch: Tragschrauber

Drehgelenk *Scharnier*, das (lat.-fr., Pl. -e)

Drehkreuz *Tourniquet*, das (fr., Pl. -s) auch: gedrehtes Gebäckstück; Schlinge zum Abklemmen von Blutgefäßen (med.)

Drehkulisse des antiken Theaters *Periakt*, das (gr., Pl. -en)

Drehleier *Organistrum*, das (gr.-lat., Pl. ...stren)

Drehmelder *Resolver*, der (lat.-engl., Pl. -) Gerät zur Drehwinkelregelung (physik.)

Drehmuskel *Rotator*, der (lat., Pl. ...toren) Dreher (med.)

Drehpunkt *Pol*, der (gr.-lat., Pl. -e) auch: Nord- bzw. Südpol

Drehung 1. *Rotation*, die (lat., Pl. -en) z.B. von beweglichen Maschinenteilen 2. *Pirouette*, die (fr., Pl. -n) Drehschwung beim Ringkampf, Drehen auf der Hinterhand beim Reiten, Standwirbel um die eigene Körperachse beim Eiskunstlauf

Drehung des Balls *Drall*, der (dt., Pl. -e) Golfbez.

142

Drehungsmesser *Gyrometer*, das (gr., Pl. -) Tourenschreiber

Drehzahlmesser *Tachometer*, der, das (gr.-lat., Pl. -) Tachometer befinden sich in fast allen Kraftfahrzeugen

drei in einem vereinigt *tria iuncta in una* (lat., Zitat)

Dreibund *Tripelallianz*, die (lat.-fr., Pl. -en) staatlicher Bund

dreidimensionale Bildwiedergabe *Holographie*, die (gr., ohne Pl.)

Dreieck 1. *Triangel*, der, das (lat., ohne Pl.) auch: Musikinstrument 2. *Trigon*, das (gr.-lat., Pl. -e) nicht verw. mit *Trikolon*, das (gr.-lat., Pl. ...la) Satzgefüge

Dreieck, berüchtigtes ... im Atlantik *Bermudadreieck*, das (Eigenn., dt., ohne Pl.) auch: Inselgruppe.»Das ist keine Jamaika-Koalition, sondern e. Bermudadreieck ...« (Hans-Christian Ströbele, Grünen-Abgeordneter, 2005)

dreieckig 1. *triangulär* (lat.) 2. *trigonal* (gr.-lat.)

Dreiecksberechnung *Trigonometrie*, die (gr.-lat., ohne Pl.) auch: Dreieckslehre

Dreieckstuch *Mitella*, die (lat., Pl. ...llen) Tragetuch z. B. für die Ruhestellung e. gebrochenen Armes

Dreieinigkeit *Trinität*, die (lat., ohne Pl.) i. S. von Gottvater, Sohn u. Heiliger Geist; auch Dreifaltigkeit

dreiendiger Muskel *Trizeps*, der (lat., Pl. -e) med.

dreifach *ternär* (lat.-fr.)

Dreifaches *Triplum*, das (lat., Pl. Tripla)

Dreifachheit *Triplizität*, die (lat., Pl. -en) dreifaches Vorkommen

Dreifaltigkeitsfest *Trinitatisfest*, das (lat.-dt., Pl. -e) der Sonntag nach Pfingsten

dreifarbig *trikolor* (fr.)

Dreifuß *Tripus*, der (lat., Pl. ...poden)

Dreigespann 1. *Triga*, die (lat., Pl. -s, ...gen) 2. *Troika*, (russ., Pl. -s, ...ken) e. politische Troika der SPD bestand aus: Schröder, Scharping u. Lafontaine (1994)

Dreigespann *Triga*, die (lat., Pl. -s, ...gen)

dreigestaltig *trimorph* (gr.) auch: *trimorphisch* (gr.) z. B. von Pflanzenfrüchten

dreigliedrig *trinomisch* (lat.) math.

Dreiheit 1. *Triade*, die (lat., Pl. -n) Gruppe von drei Göttern 2. *Trias*, die (lat., ohne Pl.) auch: erdgeschichtliche Formation des Mesozoikums (Geol.)

dreijährig *triennal* (lat.) oder: alle drei Jahre stattfindend

Dreikampf *Triathlon*, der (gr., ohne Pl.) Laufen, Schwimmen, Radfahren

Dreikämpfer *Triathlet*, der (gr., Pl. -en)

Dreiklang *Tonika*, die (lat.-it., Pl. ...ken) ... auf der ersten Stufe

Dreikönigsfest *Epiphanias*, das (gr.-lat., ohne Pl.) Fest der Erscheinung des Herrn

Dreilaut *Triphthong*, der (gr., Pl. -e) drei e. Silbe bildende Vokale

dreimal umgezogen ist so gut wie einmal abgebrannt *three removals are as bad as a fire* (engl., Zitat: Benjamin Franklin, am. Erfinder u. Politiker, 1706 – 1790)

Dreimännerherrschaft *Triumvirat*, das (lat., Pl. -e)

Dreimasterblume *Tradeskantie* (engl.-lat., Pl. -n) nach dem engl. Gärtner u. Reisenden J. Tradescant, um 1610

Dreiruderer *Triere*, die (gr.-lat., Pl. -n) antikes Kriegsschiff mit drei übereinanderliegenden Ruderbänken

Dreisatzrechnung *Regeldetri*, die (lat., ohne Pl.) math.

dreisilbig *trisyllabisch* (gr.-lat.)

dreisilbiges Wort *Trisyllabum*, das (gr.-lat., Pl. ...syllaba)

dreisprachig *trilinguisch* (lat.) bes. von Inschriften

Dreistärkenglas *Trifokalglas*, das (lat.-dt., Pl. ...gläser) Brillenglas für drei Entfernungen

Dreistigkeit *Chuzpe*, die (jidd., ohne Pl.)

dreitägig *tertian* (lat.) z. B. Fieberanfälle (med.)

Dreiteilung 1. *Trialismus*, der (lat., ohne Pl.) i. S. von Dreiteilungsprinzip: Leib, Seele, Geist (philos.) 2. *Trichotomie*, die (gr., ohne Pl.) i. S. von Dreiteilung der Strafen nach der Schwere: Übertretung, Vergehen, Verbrechen 3. *Trisektion*, die (lat., ohne Pl.) i. S. der Dreiteilung e. Winkels

Dreitonintervall *Terz*, die (lat., Pl. -en) Mus.

dreiwertig *trivalent* (lat.) chem.

Dreizack *Trident*, der (lat., Pl. -e) Waffe des gr.-röm. Meergottes Poseidon

Dreizahl 1. *Trial*, der (gr.-lat., Pl. -e) 2. *Tri-*

as, die (lat., Pl. Triaden) z. B.: Dreiteilung in untere, mittlere u. obere Trias

Dreizehenfaultier *Ai*, das (port., Pl. -s)

dreizeilig *tristich* (gr.)

Drillung *Torsion*, die (lat., Pl. -en)

dringen, auf etwas … insistieren (lat.) auch: beharren; Ggs.: desistieren

dringend 1. *akut* (lat.) augenblicklich wichtig 2. *urgent* (engl.)

Dringlichkeit *Urgenz*, die (lat., ohne Pl.)

dritte Klasse *Quarta*, die (lat., Pl. …ten) früher dritte Klasse e. Gymnasiums

Dritteljahr *Trimester*, das (lat., ohne Pl.) e. Viermonatszeitraum

Dritter Fall *Dativ*, der (lat., Pl. -e)

Dritter *Tertius gaudens*, der (lat., ohne Pl.) i. S. e. lachenden Dritten

drittrangig *tertiär* (lat.) an dritter Stelle sein; nicht verw. mit: *Tertiär*, das (lat.-fr., ohne Pl.) erdgeschichtliche Formation des Känozoikums (Geologie)

Droge 1. *LSD: Lysergsäurediäthylamid*, das (lat., Pl. -e) psychedelisches (euphorischen u. tranceartigen Zustand verursachendes) Rauschmittel 2. *Acid* (engl.) eigentlich sauer, Säure; Bezeichnung für LSD; jetzt als Zusatz für Musikstile verwendet, z. B. »Acid Jazz«, soll Tanzbarkeit u. Weiterentwicklung ausdrücken

Droge *Dope*, das (engl., Pl. -s) Szenewort für Rauschmittel allgemein; eigtl.: Schmiermittel

Droge in Tablettenform *Bullet*, das (engl., Pl. -s) eigtl.: Kugel

Droge zur Verbesserung der Hirnleistung *Mental Booster*, der (engl., Pl. -s) eigtl.: Geistverstärker (Szenewort)

Droge, entwickelte … Designerdroge, die (engl., Pl. -n) … um das Betäubungsmittelgesetz zu umgehen

Droge, weit verbreitete … Amphetamin, das (Kunstwort, Pl. -e) Ausdrücke aus der Szene: Arbeiterkoks, Black Beauty, Crank (in Kombination mit Metamphetamin), Croak (mit Kokain), Frisco Speed (mit LSD), Power, Peppers; Line (beim Schniefen durch die Nase)

Drogen einnehmen *droppen* (engl.) Szenewort

Drogenabhängiger *Junkie*, der (engl., Pl. -s)

Drogenabhängigkeit *Hook*, der (engl., Pl. -s) Szenewort; eigtl.: Haken, z. B. im Boxsport

Drogenabhängigkeit *Jail*, das (engl., Pl. -s) Szenewort; eigtl.: Gefängnis

Drogenbekämpfungsbehörde *Drug Enforcement Administration*, die (am., ohne Pl.) Abk.: DEA; e. US-Bundesbehörde

Drogenberatungsstelle *Drob*, der (Szenewort, Pl. -s)

Drogeneinnahme durch die Nase 1. *sniffen* (engl.) 2. *snorten* (engl.) Szenewörter

Drogengroßhändler *Oz*, der (Eigenn., Pl. -) Szeneausdruck

Drogenhändler *Ice-Cream-Man*, der (engl., Pl. …Men) Szeneausdruck

Drogenmenge, die tödlich wirkt *Letaldosis*, die (lat., Pl. …sen) kurz: LD 50, dabei sterben 50 % der vergifteten Menschen u. Tiere, LD 100 ist absolut tödlich; das gilt z. B. auch für Röntgenbestrahlung

Drogenmenge, e. größere … Bale, die (Szenewort, ohne Pl.)

Drogenrausch *Turn*, der (engl., Pl. -s) auch: Wendung beim Kunstflug

Drogensucht, aus der … herauswachsen *Aging out*, das (engl., ohne Pl.)

Drogensüchtiger *Mainliner*, der (engl., ohne Pl.)

Drogenverkäufer *Dealer*, der (engl., Pl. -s)

Drogenvorrat *Score*, der (engl., Pl. -s) Szenewort; eigtl.: Einschnitt; Meßwert beim Golfspielen (Scorekarte)

Drogenwirkung, plötzlich einsetzende … Flash, der (engl., Pl. -s) kommt bei Crack oder Heroin vor (Szenewort), eigtl.: Blitz

drohend *imminent* (fr.)

drollig *possierlich* (fr.-dt.)

Droschke *Cab*, das (engl.-am., Pl. -s) einspännige engl. Droschke, heute: am. Taxi

Druck 1. *Terror*, der (lat., ohne Pl.) i. S. von Angst u. Gewalt ausüben 2. *Pression*, die (lat., Pl. -en) i. S. von Nötigung, unter Druck setzen

Druck in Flüssigkeiten *Pascalsche Prinzip*, das (Eigenn., lat., ohne Pl.) nach: Blaise Pascal, fr. Philosoph u. Mathematiker (1623–1662)

Druckabfall *Dekompression*, die (lat., Pl. -en)

Druckapparat in der Technik *Autoklave*, der (gr.-lat., Pl. -en) auch: Apparat zum Sterilisieren von Lebensmitteln

144

Druckarbeit ... *Akzidenz*, die (lat., Pl. -en) ... die nicht zum Buch-, Zeitungs- u. Zeitschriftendruck gehört

Druckbrand *Dekubitus*, der (lat., ohne Pl.) auch: Wundliegen (med.)

Druckbuchstabe *Letter*, der (lat.-fr., Pl. -n) e. Überschrift in großen Lettern schreiben; nicht verw. mit »*lettre*« (fr.) »Brief«, z. B. *Lettres de cachet*, die (fr., nur Pl.) Geheimbefehle der fr. Könige bis 1789, diese befahlen Tod oder Verbannung

Druckeinheit *Atmosphäre*, die (gr., Pl. -n) für Pascal; atm: physik., at: techn. Atmosphäre; auch: Lufthülle; Stimmung; auf der Party herrschte e. saumäßige Atmosphäre

druckentlastend *dekompressiv* (lat.)

Druckentlastung *Dekompression*, die (lat., Pl. -en)

Drucker *Printer*, der (engl., Pl. -)

Druckerlaubnis *Imprimatur*, die (lat., ohne Pl.) bischöfliche Druckerlaubnis für religiöse Schriften

Druckfehler *Erratum*, der (lat., Pl. -ta)

druckfertig machen 1. *redigieren* (lat.-fr.) z. B. e. Buchmanuskript 2. *lektorieren* (lat.)

Druckform *Model*, der (lat., Pl. -n) auch: Stick- u. Wirkmuster; nicht verw. mit: das *Model* (engl., Pl. -s) Fotomodell, Mannequin

Druckluftkrankheit *Caissonkrankheit*, die (fr.-dt., Pl. -en)

Druckmesser *Manometer*, das (gr.-fr., ohne Pl.) Druckmeßgerät für Gase u. Flüssigkeiten

Druckmeßtechnik *Manometrie*, die (fr.-gr., ohne Pl.)

Druckmittel *Repressalien*, die (lat., Pl. -n) z. B. e. Geisel als Repressalie verwenden

Druckplatten, Hersteller von ... *Chemigraph*, der (arab.-gr., Pl. -en)

Druckplatten, Herstellung von ... *Chemigraphie*, die (arab.-gr., ohne Pl.) mit chem. Mitteln

Druckregler *Manostat*, der (gr.-fr., Pl. -e)

Drucksache *Imprimé*, der (fr., Pl. -s)

Druckspalte 1. *Kolonne*, die (lat.-fr., Pl. -n) auch: Marschformation; die fünfte Kolonne: e. Sabotagetrupp 2. *Kolumne* die (lat., Pl. -n) auch: Meinungsbeitrag e. Zeitung, z. B.: Willy Haas, einst Kolumnenschreiber (Kolumnist) bei DIE WELT

Druckstock *Klischee*, das (fr., Pl. -s) auch: Abklatsch, überkommene Vorstellung

Drucktherapie *Akkupunktur*, die (lat., Pl. -en) Heilverfahren, bei dem durch Druck u. Massage der Fingerkuppen z. B. Kopfschmerzen gelindert werden

Druckvorlage 1. *Manuskript*, das (lat., Pl. -e) 2. *Typoskript*, das (gr., Pl. -e)

Druckwasserbehälter *Akkumulator*, der (lat., Pl. ...oren) ... e. hydraulischen Presse; auch: Gerät zur Speicherung von elektr. Energie, kurz: Akku

Druckwerk *Publikation*, die (lat.-fr., Pl. -en)

Drudenfuß *Pentagramm*, das (gr.-lat., Pl. -e) fünfeckiger Stern; nicht verw. mit *Pentagon*, das (gr.-lat., Pl. -e) Fünfeck, das auf e. fünfeckigen Grundriß erbaute Verteidigungsministerium der USA

Drüse *Glandula*, die (lat., Pl. -en) Halsmandeldrüse (med.)

Drüsenabsonderung des Bibers *Castoreum*, das (gr.-lat., ohne Pl.) auch: Bibergeil

drüsenähnlich *adenoid* (gr.-lat.) med.

Drüsenbläschen *Follikel*, der (lat., Pl. -) z. B. Lymphknötchen (med.)

Drüsenentzündung *Adenitis*, die (gr.-lat., Pl. ...itiden) auch: kurz für Lymphadenitis

Drüsengeschwulst *Adenom*, das (gr.-lat., Pl. -e) med.

Drüsenkrankheiten, Erreger von ... *Adenovirus*, das (gr., Pl. ...ren) med.

Drüsenkrebs *Adenokarzinom*, das (gr.-lat., Pl. -e)

Drüsenwirkstoff *Hormon*, das (gr., Pl. -e)

du, auch ...? *tu quoque?* (lat., Zitat: Cäsar) i. S. von: auch du, mein Brutus?

Dudelsack 1. *Bagpipe*, die (engl., Pl. -s) auch: Sackpfeife 2. *Cornemuse*, die (fr., Pl. -s)

Duft 1. *Parfum*, das (lat.-fr.-it., Pl. -e, -s) i. S. e. konzentrierten Duftwassers 2. *Eau de parfum*, das (fr., Pl. Eaux ...) weniger konzentriertes Duftwasser 3. *Eau de toilette*, das (fr., Pl. Eaux ...) noch stärker verdünntes Duftwasser (Parfum) 4. *Bukett*, das (germ.-fr., Pl. -s) z. B. das vollfruchtige Bukett des it. Rotweines

duftend *aromatisch* (gr.-lat.) am Frühstückstisch roch es aromatisch nach frischem Kaffee

Duftstoff 1. *Moschus*, der (sanskr., ohne Pl.) Grundsubstanz bestimmter Parfums, dieses wird aus dem Drüsensekret des Moschusrindes gewonnen 2. *Parfum*, das (lat.-it.-fr., Pl. -s) Duftstoff allgemein

Duftstoffträger *Osmophoren*, die (gr., Pl.) duftende Blütenteile

Duftwasser *Eau de toilette*, das (fr., Pl. Eaux...) in abgeschwächter Mischung

duldbar *tolerabel* (lat.)

dulden 1. *tolerieren* (lat.) sein unflätiges Benehmen war nicht mehr zu tolerieren 2. *akzeptieren* (lat.) 3. *respektieren* (lat.-fr.) z. B. das Alter respektieren (achten)

duldend *passiv* (lat.)

duldsam 1. *konnivent* (lat.) i. S. von nachsichtig gegenüber Untergebenen 2. *tolerant* (lat.) i. S. von nachsichtig

Duldsamkeit *Toleranz*, die (lat., Pl. -en) der Pfarrer appellierte an die Toleranz seiner Gemeinde;»keine Toleranz für Rechtsbrecher u. Gewalttäter, egal welcher Nationalität« (Helmut Kohl, Bundeskanzler, 1998)

Duldung *Toleranz*, die (lat., Pl. -en) Entgegenkommen, bes. in Glaubensfragen; Ggs.: Intoleranz; »Toleranz ist die Eigenschaft, die dem Reichen zu erklären erlaubt, Armut sei keine Schande.« (Robert Lemke)

dumm 1. *stupid* (lat.-fr.) 2. *idiotisch* (gr.-lat.) 3. *borniert* (fr.) auch: engstirnig

dümmer, er ist ..., als er aussieht *praeter speciem stultus est* (lat., Zitat)

Dummheit 1. *Betise*, die (lat.-fr., Pl. -n) Einfältigkeit bes. in Fragen der Religion u. Politik 2. *Idiotie*, die (gr., Pl. ...ien) i. S. von Schwachsinn 3. *Niaiserie*, die (lat.-fr., Pl. ...ien) 4. *Sottise*, die (fr., Pl. -n) 5. *Ignoranz*, die (lat., ohne Pl.) »Viele meinen, sie seien intelligent, nur weil sich die Richtung ihrer Ignoranz geändert hat.« (W. Brudzinski)

Dummheiten *Allotria*, das (gr., ohne Pl.) Unfug

Dummkopf 1. *Idiot*, der (gr.-lat., Pl. -en) i. S. von Schwachsinniger 2. *Ignorant*, der (lat., Pl. -en) 3. *Kretin*, der (lat.-fr., Pl. -s) Schwachsinniger 4. *Simpel*, der (lat.-fr., ohne Pl.)

Düngemittel *Kainit*, der (gr.-lat., Pl. -e) e. Kalidünger

Düngemittel, nur mit organischem ... gedüngt *biodynamisch* (gr.-lat.)

dunkel 1. *obskur* (lat.) i. S. von verdächtig, in e. obskure Situation geraten 2. *mysteriös* (gr.-lat.-fr.) geheimnisvoll 3. *nebulös* (lat.) i. S. von verworren 4. *mystisch* (gr.-lat.) 5. *hermetisch* (gr.-lat.) 6. *orakelhaft* (lat.-dt.) orakelhafte Anspielungen machen 7. *ominös* (lat.) unheilvoll

Dünkel *Süffisance*, die (lat.-fr., ohne Pl.) sein Lächeln zeigte unverkennbare Süffisance

dünkelhaft 1. *arrogant* (lat.) i. S. von überheblich 2. *blasiert* (fr.) der Erfolg hat den Sänger blasiert werden lassen 3. *süffisant* (lat.-fr.) e. süffisantes Lächeln aufsetzen

dunkelhäutig *melanoderm* (gr.-lat.) med.

Dunkelheit *Obskurität*, die (lat., Pl. -en)

dünn *hypoleptisch* (gr.) i. S. von zart, fein

Dünn- u. Dickdarmentzündung *Enterokolitis*, die (gr.-lat., Pl. ...itiden) med.

dünn versilbern *tingieren* (lat.)

Dünndarm *Enteron*, das (gr., Pl. ...ra) »das Innere«; auch: Eingeweide (med.)

Dunst, blauen ... vormachen 1. *fumum facere* (lat., Zitat) 2. *nebulas cudere* (lat., Zitat)

dünsten *daubieren* (fr.) Äpfel werden in e. geschlossenen Pfanne daubiert

Dunstglocke *Smog*, der (engl., ohne Pl.) für Stuttgart wurde Smog-Alarm gegeben

durch die Haut *transkutan* (lat.) med.

durch *per* (lat.) die Mitteilung kam per Post

durch Zufall *per accidens* (lat.) etwas per accidens ausfindig machen

durchaus *partout* (fr.)

Durchblick *Perspektive*, die (lat., Pl. -n) auch: Sichtweise, Aussicht. »Die CDU hat keine Marktperspektive.« (Kurt Beck, Ministerpräsident von Rheinland-Pfalz, 2006)

durchbohren *perforieren* (lat.)

durchbohren, nicht zu ... *imperforabel* (lat.) undurchdringlich

Durchbruch *Break*, der (engl., Pl. -s) unerwarteter Vorstoß aus der Verteidigung heraus; Gewinn e. Punktes beim gegnerischen Aufschlag (Tennis); auch: Zwischensolo beim Jazz

durchdacht 1. *methodisch* (gr.-lat.) 2. *reflektiert* (lat.) auch: zurückgestrahlt 3. *strukturiert* (lat.) auch: Dingen oder Gedanken e. Ordnung, Gliederung geben 4. *systematisch* (gr.-lat.) auch: gegliedert, planmäßig

durchdenken *analysieren* (gr.-lat.) Erfolgschancen müssen zuvor gründlich analysiert werden

durchdrehen *ausflippen* (dt.-engl.) außer sich geraten

durchdringen *penetrieren* (lat.-fr.) eindringen, z. B. mit dem Penis in die Scheide

durchdringend 1. *penetrant* (lat.-fr.) im Lokal herrsche e. penetranter Fischgeruch 2. *infiltrativ* (lat.) eingesickert

Durchdringung 1. *Diffusion*, die (lat., Pl. -en) z. B. Vermengung von Stoffen 2. *Indoktrination*, die (lat., Pl. -en) i. S. ideologischer Beeinflussung von Menschen (wird von totalitären Regierungen versucht)

Durchdringung, weltweite ... von Wirtschaftsabläufen *Globalisierung*, die (lat.-engl., Pl. -en) auch: weltweite Ausrichtung von Unternehmen.»So wie Deutschland gegenwärtig aufgestellt ist, nimmt die Globalisierung mehr Arbeitskräfte, als sie gibt.« (Jürgen Kluge, Deutschland-Chef von McKinsey, 2006)

Durcheinander 1. *Chaos*, das (gr.-lat., ohne Pl.) nach dem Unfall herrschte Chaos auf der Straße; »Im Chaos hat man kein eigenes Antlitz« (G. v. Le Fort) 2. *Konfusion*, die (lat., Pl. -en) die Äußerungen des Politikers führen zu e. allgemeinen Konfusion 3. *Tohuwabohu*, das (hebr., Pl. -s) im Zimmer der Tochter herrschte Tohuwabohu 4. *Tumult*, der (lat., Pl. -e) Unruhe; nicht verw. mit *Tumulus*, der (lat., Pl. ...li) Hügelgrab 5. *Babylonismus*, der (ohne Pl.) i. S. von Verwirrung 6. *babylonisch:* Sprachverwirrung, verwirrende Vielfalt von Sprachen an e. Ort

durcheinander 1. *derangiert* (fr.) 2. *konfus* (lat.) verwirrt

Durchfahrt 1. *Passage*, die (lat.-fr., Pl. -n) die Nordwestpassage bezwang R. Amundsen (1903–1906) 2. *Transit*, der (lat.-it., Pl. -e) einst erreichte der Autofahrer Berlin ohne Visum nur über die Transitautobahn

Durchfall 1. *Diarrhöe*, die (gr.-lat., Pl. -n) med.; derb: Scheißerei 2. *Dysenterie*, die (gr.-lat., Pl. ...ien) med.

Durchfluß *Flow*, der (engl., ohne Pl.) auch: Fluß

Durchfuhr *Transit*, der (lat.-it., Pl. -e) Warenlieferung durch e. Land

durchführbar 1. *praktikabel* (gr.-lat.) e. praktikablen Vorschlag machen 2. *applikabel* (lat.) anwendbar

Durchführbarkeit *Praktikabilität*, die (gr.-lat., ohne Pl.)

durchführen 1. *effektuieren* (lat.-fr.) z. B. e. Auftrag ausführen 2. *transitieren* (lat.-it.) Güter durch e. Drittland bringen

Durchfuhrhandel *Transithandel*, der (lat.-it.-dt., ohne Pl.)

Durchgang *Passage*, die (lat.-fr., Pl. -n) z. B. Geschäftspassage, die Nordwestpassage

durchgedreht *emotional andersartig* (lat.-engl.-dt.) auch: verrückt

durchgehen *passieren* (fr.)

durchgreifend *resolut* (lat.-fr.)

Durchhaltekraft *Energie*, die (gr.-lat.-fr., Pl. ...ien) ohne Pl.: starke geistige u. körperliche Spannkraft; Pl.: Fähigkeit e. Stoffes, Arbeit zu verrichten; eigentlich: »Tätigkeit« von »energeia«; »Meiner Meinung nach ist Energie die erste u. einzige Tugend des Menschen,« (Wilhelm von Humboldt)

durchkreuzen 1. *torpedieren* (lat.) auch: versenken, beschießen 2. *traversieren* (fr.) auch: diagonal e. Bahn durchreiten, quer durchfahren

durchkreuzen, etwas ... *konterkarieren* (fr.) etwas hintertreiben

durchlässig 1. *porös* (gr.-lat.-fr.) porös wie e. Schwamm 2. *permeabel* (lat.)

Durchlässigkeit *Porosität*, die (gr.-lat.-fr., ohne Pl.)

durchlaufen *absolvieren* (lat.) z. B. e. Studium absolvieren

durchlaufend *kontinuierlich* (lat.) stetig; Ggs.: diskontinuierlich

Durchleuchtung *Diaskopie*, die (gr., Pl. ...ien)

durchlöchern *perforieren* (lat.)

Durchlöchern verschiedener Körperstellen *Piercing*, das (engl., ohne Pl.) auch: das Durchstechen zur Befestigung von

Ringen u. Schmuckstücken an Ohren, Nase, Lippen oder Bauchnabel

durchlöchert *perforat* (lat.)

Durchlöcherung *Perforation*, die (lat., Pl. -en) Papierseiten lassen sich an der Perforation definiert trennen

Durchmesser 1. *Diameter*, der (gr.-lat., ohne Pl.) von Kreisen u. Kugeln 2. *Kaliber*, das (gr.-arab.-fr., ohne Pl.) z. B. äußerer Durchmesser e. Geschosses, Kaliber 38

durchmischt *holomiktisch* (gr.)

durchqueren *passieren* (lat.-fr.) auf der Expedition mußten Flüsse passiert werden

Durchquerung *Traversierung*, die (lat.-fr., Pl. -en) auf dem Fluß kam es zur Traversierung von Untiefen u. Schären

Durchreise *Transit*, der (lat.-it., Pl. -e)

durchreisen *passieren* (lat.-fr.)

durchschauen *diggen* (engl.) eigtl.: ausgraben; auch: begreifen; Drogen einnehmen

durchscheinend 1. *transparent* (lat.-fr.) i. S. von durchsichtig 2. *diaphan* (gr.) 3. *hyalin* (gr.-lat.) i. S. von glasig 4. *limpid* (lat.-fr.) klar, hell 5. *pelluzid* (lat.) lichtdurchlässige Mineralien 6. *transluzent* oder *transluzit* (lat.) durchscheinend; nicht verw. mit *translozieren* (lat.) an e. anderen Ort versetzen

durchschießen *interfoliieren* (lat.) e. weißes Blatt nach e. Buchseite folgen lassen

Durchschlafstörung 1. *Agrypnie*, die (gr.-lat., Pl. ...ien) 2. *Asomnie*, die (gr.-lat., Pl. ...ien) auch: Schlafstörung (med.)

Durchschlag *Duplikat*, das (lat., Pl. -e) Zweitschrift

Durchschlagskraft *Effektivität*, die (lat., ohne Pl.) Leistungsfähigkeit

durchschneidend *dissecans* (lat.) med.

Durchschnitt *Average*, der (arab.-it.-fr.-engl., ohne Pl.) z. B. der Durchschnitt statistischer Werte

durchschnittlich *repräsentativ* (lat.)

Durchschnittsqualität *Standard*, der (germ.-fr.-engl., Pl. -s) e. Produktes oder e. Leistung

Durchschrift 1. *Duplikat*, das (lat., Pl. -e) 2. *Kopie*, die (lat., Pl. ...ien) Fotokopie, auch: Nachbildung e. Kunstwerks

durchsehen *revidieren* (lat.) e. Urteil wird in der folgenden Instanz revidiert (überprüft)

durchseihen *passieren* (lat.-fr.) gekochte Äpfel durch e. Sieb passieren

Durchsetzung *Penetration*, die (lat., Pl. -en) auch: Eindringtiefe, das Eindringen z. B. des Penis in die Scheide

Durchsetzung von Zielen *Politik*, die (gr.-fr., Pl. -en) »Auch die Sprache der Politik kennt Fluchtbewegungen: Flucht in hektischen Wortreichtum, um nichts mitzuteilen.« (Helmut Kohl)

Durchsetzungsvermögen *Power*, die (engl., ohne Pl.) auch: Kraft, Stärke; »Berger wurde Zeuge, wie Senna u. Prost ihre Power fein u. genüßlich, gewissermaßen wie e. Pastete, auf den Asphalt strichen.« (Wiener Kurier, 1988)

Durchsicht *Revision*, die (lat., Pl. -en) Kontrolle

durchsichtig 1. *diaphan* (gr.) 2. *limpid* (fr.-lat.) hell, klar 3. *luzid* (lat.) 4. *transparent* (lat.-fr.) 5. *transluzent* oder *transluzit* (lat.) nicht verw. mit *translozieren* (lat.) an e. anderen Ort versetzen

Durchsichtigkeit 1. *Luzidität*, die (lat., Pl. -en) i. S. von Verständlichkeit u. Erhellen 2. *Transparenz*, die (lat.-fr., ohne Pl.)

durchsprechen 1. *debattieren* (fr.) erörtern 2. *diskutieren* (lat.) etwas eindringlich besprechen

durchsuchen *revidieren* (lat.) i. S. von überprüfen, z. B. die Buchführung e. Unternehmens

Durchsuchung 1. *Visitation*, die (lat., Pl. -en) die Polizei nahm e. Leibesvisitation vor 2. *Razzia*, die (arab.-fr., Pl. ...zien) die Polizei führte im Lokal zum »Goldenen Haifisch« e. Razzia durch

durchtränken 1. *imbibieren*, (lat.) z. B. Gewebe 2. *imprägnieren* (lat.) eigtl.: schwängern

durchtränkt *imprägniert* (lat.)

durchtrieben *raffiniert* (lat.-fr.)

Durchtriebenheit 1. *Raffinesse*, die (lat.-fr., Pl. -n) gerissene Vorgehensweise 2. *Raffiniertheit*, die (lat.-fr., ohne Pl.) 3. *Finesse*, die (lat.-fr., nur Pl.) trickreiche Arbeitsweise

Durchzeichnung 1. *Pause*, die (gr.-lat.-roman., Pl. -n) 2. *Fotokopie*, die (österr.-lat., Pl. ...ien) i. S. e. Durchschrift/Zweitschrift

dürftig *primitiv* (lat.-fr.) er verfügt über e. primitive Ausdrucksweise

148

Dürftigkeit *Primitivität*, die (lat.-fr., ohne Pl.)

dürr *arid* (lat.) die Sahelzone ist arid

Düsenflugzeug 1. *Jet*, der (engl., Pl. -s) 2. *Jetliner*, der (engl., Pl. -s) i. S. e. Düsenverkehrsflugzeugs

düster *funebre* (lat.-fr.) musik. Vortragsanw.

Düsterkeit *Lugubrität*, die (lat., ohne Pl.) Traurigkeit

Dynamik *Drive*, der (engl., Pl. -s) Firmen suchen junge Männer mit Drive

E

eben dadurch *eo ipso* (lat.) auch: selbstverständlich

eben *plan* (lat.) z. B. e. planer Fußboden

Ebenbild Gottes *Imago Dei*, die (lat., ohne Pl.) der Mensch als Gottes Ebenbild (in der christlichen Lehre)

Ebenbild *Konterfei*, das (fr., Pl. -s)

ebenbürtig *kongenial* (lat.) auch: geistesverwandt

ebenda *ibidem* (lat.)

ebendort *ibidem* (lat.)

Ebene *Level*, der (lat.-engl., Pl. -s) e. gewissen Level (Bildungsstand) haben

ebenerdig *parterre* (fr.)

Ebenholzbaum ... *Kakibaum*, der (jap.-dt., Pl. ...bäume) ... aus Ostasien

Ebenmaß 1. *Harmonie*, die (lat., Pl. ...ien) auch: Einklang 2. *Proportion*, die (lat., Pl. -en) entsprechendes Verhältnis; auch: Verhältnisgleichung (math.) 3. *Symmetrie*, die (lat., Pl. ...ien) i. S. der harmonischen Anordnung von Teilen; Ggs.: Asymmetrie

Ebenmaß, ohne ... *asymmetrisch* (gr.) ungleichmäßig; Ggs.: symmetrisch. »Es war e. Akt der asymmetrischen Kriegsführung gegen uns.« (Harry B. Harris, Kommandant des Lagers Guantánamo, 2006)

ebenmäßig 1. *proportioniert* (lat.) 2. *symmetrisch* (lat.)

ebenso 1. *item* (lat.) nicht verw. mit *Item*, das (lat., Pl. -s) das Fernere, e. weiterer Fragepunkt 2. *dito* (lat.-it.-fr.)

ebnen *planieren* (lat.-fr.) für den Straßenbau mußte Gelände planiert werden

Echolehre *Katakustik*, die (gr.-lat., ohne Pl.)

echt 1. *authentisch* (gr.-lat.) dem Krimi liegt e. authentischer Fall zugrunde 2. *original* (lat.) 3. *genuin* (lat.) auch: angeboren, erblich (med.) 4. *real* (lat.) tatsächlich; Ggs.: irreal 5. *reell* (lat.-fr.) i. S. von redlich, anständig, wirklich 6. *veritabel* (lat.-fr.) wahrhaft 7. *realistisch* (lat.)

Echtheit 1. *Authentizität*, die (gr.-lat., Pl. -en) der Fachmann zweifelte die Authentizität der Vorlage an 2. *Originalität*, die (lat.-fr., ohne Pl.)

Echtheitserklärung *Legitimation*, die (lat.-fr., Pl. -en)

Echtzeit *Realtime*, die (engl., ohne Pl.) Zeit, die auf e. üblichen Uhr verstreicht; Ereignisse sollen immer schneller übertragen werden, am Ende der Entwicklung stehen neuronale Verbindungen, die Gedanken unmittelbar Wirklichkeit werden lassen

Echtzeituhr *Real-Time-Clock*, die (engl., Pl. -s) im Computer eingebaute ständig laufende Uhr

Eckball *Corner*, der (engl., Pl. -s) Straßenecke, Ringecke, Ecke beim Fußballspiel

Eckstein *Karo*, das (fr., Pl. -s) auch: Raute, e. Viereck auf der Spitze stehend; e. best. Spielkarte

Eckzahn *Caninus*, der (lat., Pl. ...ni) auch: Hundzahn (med.)

edel 1. *generös* (lat.-fr.) svw. freigebig 2. *nobel* (lat.-fr.) ... geht die Welt zugrunde, Ferrari ist e. noble Automarke 3. *aristokratisch* (gr.-lat.) vornehm

Edelgewächs von Weinen *Grand Cru*, das (fr., Pl. -s) auch: Qualitätsbez. für fr. Weine

Edelhölzer 1. *Bongosi*, das (afrik., ohne Pl.) schweres, widerstandsfähiges Holz des westafrik. Bongosibaums 2. *Teak*, das (port.-engl., ohne Pl.) wertvolles Holz des ostasiatischen Teakbaums 3. *Palisander*, der (indian.-fr., ohne Pl.) violett-braunes, von dunklen Adern durchzogenes Holz aus Brasilien 4. *Mahagoni*, das (indian.-engl., ohne Pl.) wertvolles Holz des Mahagonibaumes 5. *Ebenholz*, das (ägypt.-dt., Pl. ...hölzer) schwarzes, widerstandsfähiges Holz

Edelmann 1. *Caballero*, der (lat.-sp., Pl. -s) 2. *Chevalier*, der (lat.-fr., Pl. -s) 3. *Lord*, der (engl., Pl. -s) engl. Adelstitel; Lord-Mayor Oberbürgermeister; *Lordship*, die (engl., ohne Pl.) Lordschaft oder Herrschaft e. Lords 4. *Hidalgo*, der (sp., Pl. -s) aus niederem sp. Adel

Edelmut 1. *Generosität*, die (fr., ohne Pl.) Freigebigkeit 2. *Noblesse*, die (fr., ohne Pl.) auch: Vornehmheit; *noblesse oblige* (fr.) Adel verpflichtet

Edelrost *Patina*, die (it., ohne Pl.) z. B. grüner Kupferüberzug auf alten Kirchendächern

Edelstein 1. *Cabochon*, der (fr., Pl. -s) rundgeschliffen 2. *Juwel*, das (lat.-fr.-niederl., Pl. -en) z. B. Diamant (ungeschliffen); Brillant-Kollier besteht aus geschliffenen Diamanten 3. *Saphir*, der (gr.-lat., Pl. -e) durchsichtiger weiß-blauer Stein 4. *Diamant*, der (gr.-lat., Pl. -en) aus reinem Kohlenstoff bestehender, sehr wertvoller Stein von großer Härte; eigtl.: Unbezwingbarer; 5. *Brillant*, der (lat.-fr., Pl. -en) geschliffener Diamant 6. *Smaragd*, der (gr., Pl. -e) 7. *Rubin*, der (lat., Pl. -e) 8. *Opal*, der (sanskr., Pl. -e) wird auch als Halbedelstein eingestuft

Edelsteingewicht *Karat*, das (gr.-arab.-lat.-fr., Pl. -) nach dem Samen des Johannisbrotbaumes: 1 Karat = 205 mg, 1 metrisches Karat = 200 mg, reines Gold = 24 Karat

Edelsteinhandel *Bijouterie*, die (fr., Pl. …ien)

Edelsteinkunde *Gemmologie*, die (lat., ohne Pl.)

Edelsteinprüfer *Gemmologe*, der (lat., Pl. -en)

Edelsteinschliff *Markise*, die (germ.-fr., Pl. -n)

Edelweiß *Leontopodium*, das (gr., ohne Pl.)

Effekt am Ende *Pointe*, die (lat.-fr., Pl. -n) »Spitze«, z. B. Schlußeffekt bei e. Witz; nicht verw. mit *Point*, der (lat.-fr., Pl. -s) Stich beim Kartenspiel

Effekte aus Computergrafik-Hardware u. -Software … *Reality Engine*, die (engl.-am., Pl. -s) … die überzeugend echt wirken

Effekte, bei denen im Film mit Blut gesudelt wird 1. *Gore* (engl.-am.) »geronnenes Blut«; z. B. neue Dracula-Verfilmung, die auch 2. *Splatterfilm*, der (engl.-dt., Pl. -e) (Blutplätscher-Film) heißt

Effekte, rhythmisierende … durch Hin- u. Herdrehen e. laufenden Schallplatte *Scratching*, das (engl., ohne Pl.)

Eggenpflug *Grubber*, der (engl., ohne Pl.) Kultivator zur Bodenlockerung

Ehe 1. *Zivilehe*, die (lat.-fr.-dt., Pl. -n) standesamtlich 2. *Endogamie*, die (gr.-lat., ohne Pl.) Ehe innerhalb e. Stammes 3. *Bigamie*, die (lat., ohne Pl.) Ehe mit e. zweiten Partner 4. *Monogamie*, die (gr.-lat., ohne Pl.) Einehe 5. *Mesalliance*, die (fr., Pl. -n) unstandesgemäße Ehe: Bäuerin mit Adligem 6. *Polyandrie*, die (gr., ohne Pl.) Vielmännerei 7. *Polygamie*, die (gr., ohne Pl.) Vielweiberei 8. *Konkubinat*, das (lat., Pl. -e) wilde Ehe, von *Konkubine*, die (lat., Pl. -n) »Beischläferin«

Ehe auf Zeit *Sigha*, die (arab., Pl. -s) bis zu drei Jahren eingegangene, danach aufgehobene Ehe im arab. Raum

Ehe, wilde, freie … *ménage faux*, die (fr., Pl. -s) i. S. von: in wilder Ehe lebend

ehebrechen *adulterieren* (lat.)

Ehebrecher *Adulter*, der (lat., ohne Pl.)

Ehebrecherin *Adultera*, die (lat., Pl. -s)

Ehebruch *Adulterium*, das (lat., Pl. …ien)

Ehefeind *Misogam*, der (gr., Pl. -e)

Ehefeindlichkeit *Misogamie*, die (gr., ohne Pl.)

Ehefrau *Xanthippe*, die (gr.-lat., Pl. -n) die zanksüchtige Ehefrau des Sokrates

ehelich *legitim* (lat.) rechtmäßig, gesetzlich; Ggs.: illegitim

Ehelichkeitserklärung *Legitimation*, die (lat.-fr., Pl. -en) auch: Beglaubigung, Berechtigung

ehelos *agamisch* (gr.-lat.)

Eheloser *Zölibatär*, der (lat., Pl. -e)

Ehelosigkeit 1. *Agamie*, die (gr.-lat., ohne Pl.) 2. *Zölibat*, das (lat., ohne Pl.) von der katholischen Kirche für Geistliche vorgeschrieben

Ehelosigkeit, pflichtmäßige … *Zölibat*, das (lat., ohne Pl.) … aus religiösen Gründen, z. B. bei kath. Geistlichen; »Die Diskussionen um das Zölibat hören nicht auf: Ein Pfarrer soll 14 Ministrantinnen mißbraucht haben, der kath. Bischof von Basel wird Vater …« (G. Schröders geh. Tagebuch von H. Venske, 1997)

ehemals *Olim* (lat.) »zu Olims Zeiten« (Sprichwort für: vor langer Zeit)

Ehepartner, kinderlos, berufstätig *Dink*, der (engl.-am., Pl. -s) Akronym (Wortbildung) aus: double income, no kids (doppeltes Einkommen, keine Kinder), nicht verw. mit *Drink*, der (engl., Pl. -s) alkoholisches Getränk

ehescheu *gamophob* (gr.-lat.) der Junggeselle war gamophob

Ehescheu *Misogamie*, die (gr., ohne Pl.) med.

Eheverächter *Misogam*, der (gr., Pl. -e)

Ehrabschneider *Injuriant*, der (lat., Pl. -en)

ehrbar 1. *honorabel* (fr.) die Romanfigur Konsul Buddenbrook war e. honorabler Kaufmann 2. *reputierlich* (lat.-fr.) Carl-Friedrich von Weizsäcker gilt als reputierlicher Wissenschaftler

Ehre 1. *Gloria*, das u. die (lat., ohne Pl.) auch: Ruhm; »Preußens Gloria« 2. *Honneur*, der (lat.-fr., Pl. -s) der Hotelier war mit Honneurs beschäftigt (dem Begrüßen der Gäste)

Ehre ist die Mutter aller Künste *honos alit artes* (lat., Zitat)

Ehre sei Gott in der Höhe! *Gloria in excelsis Deo!* (lat.) Lobgesang, Teil der kath. Messe

Ehre, alles zur ... Gottes *omnia ad Dei gloriam* (lat., Zitat) Abk.: O. A. D.G.

Ehre, dem Ehre gebühret *honos reddatur dignis* (lat., Zitat)

ehren *respektieren* (lat.-fr.) das Alter ist zu respektieren

Ehren-, Personen- u. Ortsnamen ... *Abu* (ohne Artikel, arab., ohne Pl.) »Vater«; z. B. Abu-Barka III. Sultan von Sokoto (Nigeria) ... als e. Bestandteil davon (in der arab. Sprache)

Ehren, zu ... *in honorem* (lat.)

Ehrenbegrüßung *Salut*, der (lat.-fr., Pl. -e) das Feuern e. Salve aus Kanonen

Ehrenbezeichnung 1. *Honneurs*, die (lat.-fr., nur Pl.) 2. *Reverenz*, die (lat., Pl. -en) jmdm. die Reverenz erweisen 3. *Salut*, der (lat.-fr., Pl. -e) bei Admiral Nelsons Erscheinen wurde im Hafen von Plymouth Salut gefeuert 4. *Titel*, der (lat., ohne Pl.) »... nicht der Titel, sondern der Kerl zählt ...« (Rainer Barzel, 1996)

Ehrenbürger *Honoratior*, der (lat., Pl. ...oren) auch: angesehener Bürger

Ehrenerklärung *Satisfaktion*, die (lat., Pl. -en) früher galt: Satisfaktion oder das Duell

Ehrenerweisungen *Honneurs*, die (fr., ohne Pl.)

Ehrenformation *Spalier*, das (it., Pl. -e) auch: Stützwand; Wand, an der z. B. Wein gezogen wird

Ehrengasse *Spalier*, das (gr.-lat.-it., Pl. -e)

Ehrengruß *Salut*, der (lat.-fr., Pl. -e) z. B. das Feuern e. Salve aus Kanonen

ehrenhaft 1. *honorig* (lat.) 2. *integer* (lat.) unbescholten

ehrenhaft, nicht alles Erlaubte ist ... *non omne licitum honestum* (lat., Zitat)

Ehrenhaftigkeit *Honorität*, die (lat., ohne Pl.) an der Honorität e. Fahnenflüchtigen zweifeln

ehrenhalber 1. *ad honorem* (lat.) 2. *honoris causa* (lat.) e. Universität verleiht e. verdienten Persönlichkeit der Wirtschaft den »Doctor honoris causa oeconomiae« (Abk.: Dr. oec. h. c.)

Ehrenname *Titulus*, der (lat., Pl. ...li)

Ehrenperson *Honorität*, die (lat., Pl. -en) e. Veranstaltung vieler Honoritäten

Ehrenpreis *Cup*, der (engl., Pl. -s) z. B. beim Tennis der »Davis Cup«

Ehrenrettung *Rehabilitation*, die (lat., Pl. -en) für die ungerechtfertigte Beschuldigung verlangte der Angeklagte seine vollständige Rehabilitation

ehrenrührig *diffamatorisch* (lat.) es ist charakterlos, über seine Mitarbeiter diffamierende Äußerungen zu machen

Ehrensold *Honorar*, das (lat., Pl. -e) Vergütung für künstlerische Tätigkeit. »Es ist e. Gerücht, daß Stoiber u. Schönbohm auf unserer Honorarliste stehen.« (Lothar Bisky, Vorsitzender der PDS, 2006)

Ehrenstuhl *Cathedra*, die (gr.-lat., Pl. -e)

Ehrentag *Jubiläum*, das (lat., Pl. ...äen)

Ehrentempel *Pantheon*, das (gr., Pl. -s) antiker Tempel für alle Götter, bes. in Rom; Ehrentempel in Paris

Ehrentitel der Schiiten *Ayatollah*, der (arab., Pl. -s) eigtl.: Zeichen Gottes; ... wird von den Gläubigen e. hervorragenden Mudschahed (islamischer Glaubenskämpfer) verliehen

Ehrentitel, türkischer ... *Baba,* der (per.-türk., ohne Pl.) »Vater«, ... von Geistlichen u. Frommen

Ehrenurkunde *Diplom,* das (gr.-lat., Pl. -e) eigtl.: zweifach Gefaltetes, Abk.: Dipl., z. B. Dipl.-Ingenieur

ehrenvoll *honorabel* (fr.)

Ehrenvorsitzender *Protektor,* der (lat., Pl. ...oren) auch: Beschützer, Förderer, Schirmherr

Ehrenvorstellung *Benefiz,* das (lat., Pl. -e) auch: Vorstellung zugunsten e. Künstlers

Ehrenwache *Kawaß, Kawasse,* der (arab.-türk., Pl. ...wassen) Ehrenwächter für Diplomaten in der Türkei

Ehrenwort *Parole d'honneur,* das (fr., ohne Pl.)

Ehrenzeichen 1. *Medaille,* die (gr.-lat.-it.-fr., Pl. -n) 2. *Dekoration,* die (lat.-fr., Pl. -en) 3. *Orden,* der (lat., ohne Pl.) z. B. Ordensband an der Uniform von Soldaten; auch: »Kriegslametta« genannt

Ehrerbietung 1. *Respekt,* der (lat.-fr., ohne Pl.) 2. *Hommage,* die (lat.-fr., Pl. -n) e. Fernsehfilm als H. an Martin Luther King 3. *Reverenz,* die (lat., Pl. -en) 4. *Kotau,* der (chin., Pl. -s) auch: Verbeugung

Ehrerweisung *Kotau,* der (chin., Pl. -s) e. bestimmte Verbeugung

Ehrfurcht 1. *Respekt,* der (lat.-fr., ohne Pl.) 2. *Pietät,* die (lat., ohne Pl.) vor Toten u. Gott haben

ehrfurchtsvoll *devotional* (lat.)

Ehrgeiz *Ambition,* die (lat.-fr., Pl. -en) e. Künstler mit Ambitionen sein

ehrgeizig *ambitioniert* (lat.-fr.) der Abteilungsleiter war sehr ambitioniert, er wollte Karriere machen

ehrlich 1. *fair* (engl.) das war e. faires Fußballspiel; Ggs.: unfair 2. *honorig* (lat.) 3. *integer* (lat.)

Ehrlichkeit *Reellität,* die (lat.-fr., ohne Pl.)

Ehrung *Hommage,* die (lat.-fr., Pl. -n) auch: Huldigung; z. B. Hommage à Kap Hoorniers

Ehrwürden *Reverendus,* der (lat., ohne Pl.) Hochwürden, Abk.: Rev.

ehrwürdig *patriarchalisch* (gr.) auch: vaterrechtlich, altväterlich

Ei *Ovum,* das (lat., Pl. Ova)

Ei, vom ... an *ad ovo* (lat., Zitat: Horaz) d. h.: bei Adam u. Eva beginnen

Eibe *Taxus,* der (lat., ohne Pl.)

Eibisch *Hibiskus,* der (lat., Pl. ...ken) e. Malvengewächs

Eichel *Glans,* die (lat., Pl. Glandes) verdickter vorderer Bereich des Penis, der Klitoris (med.)

eichen 1. *adjustieren* (lat.-fr.) 2. *kalibrieren* (gr.-arab.-fr.) Meßgeräte werden kalibriert

Eichmaß *Etalon,* der (fr., Pl. -s)

Eichung *Kalibration,* die (gr.-lat., Pl. -en) bei Meßinstrumenten

Eidechse *Lazerte,* die (lat., Pl. -n)

Eidechsenart, Farbe wechselnde ... *Chamäleon,* das (gr.-lat., Pl. -s) eigtl. Erdlöwe; »Schröders Wappentier ist nicht das Niedersachsenroß, sondern das Chamäleon.« (Theo Waigel, Bundesfinanzminister über Gerhard Schröder, 1998)

Eidotter *Vitellus,* der (lat., Pl. ...lli)

Eieinnistung *Nidation,* die (lat., Pl. -en) ... e. befruchteten Eies in die Gebärmutter (med.)

Eientwicklung *Oogenese,* die (gr., Pl. -n) med.

Eierfrucht *Aubergine,* die (fr., Pl. -n) e. Nachtschattengewächs, auch: blaurote Glasur bes. Porzellane aus China

Eierkopf *Eggie-Headie,* der (engl.-am., Pl. -s) auch: intellektueller Überflieger ohne Bodenkontakt

Eierkuchen *Omelett,* das (fr., Pl. -s)

Eierkunde *Oologie,* die (gr.-lat., ohne Pl.)

eierlegend *ovipar* (lat.)

Eierpfannkuchen 1. *Crêpe,* die (fr., Pl. -s) dünn ausgerollt, mit Puderzucker bestreut, mit Konfitüre bestrichen 2. *Crêpe Suzette,* die (fr., Pl. -s) dünner Eierpfannkuchen mit Likör flambiert

Eierpfannkuchen als Suppeneinlage *Frittate,* die (it., Pl. -n) ... in Streifen geschnitten

Eierstock 1. *Oophoron,* das (gr.-lat., ohne Pl.) med. 2. *Ovarium,* das (lat., Pl. ...ien)

Eierstockentfernung *Ovarektomie,* die (lat., Pl. ...ien) med.

Eierstockentzündung *Oophoritis,* die (gr.-lat., Pl. ...itiden) med.

Eierstockschwangerschaft *Ovarialgravidität,* die (gr.-lat., Pl. -en) med.

Eierstock-Zysten, Entfernung von ... *Zystektomie,* die (gr.-lat., Pl. ...ien)

Eifer 1. *Fanatismus,* der (lat.-fr., ohne Pl.)

leidenschaftlich, hinter den blutigen Auseinandersetzungen in Nordirland steckte Glaubensfanatismus 2. *Empressement*, das (lat.-fr., ohne Pl.) svw. Diensteifer 3. *Intension*, die (lat., Pl. -en)

Eiferer *Fanatiker*, der (lat., ohne Pl.) der Sprengstoffanschlag in Algerien ging auf das Konto von Religionsfanatikern

eifernd *fanatisch* (lat.) übertriebener Eifer

Eifersucht *Emulation*, die (lat.-engl., ohne Pl.)

eiförmig 1. *ovoid* (lat.) 2. *oval* (lat.)

eigen *spezifisch* (lat.-fr.) Spiritus hat e. spezifischen Geruch

Eigenanbau von Drogen *Home Grown*, der (engl., ohne Pl.) meist Cannabis (Szenewort)

Eigenart 1. *Charakter*, der (gr.-lat., Pl. -e) Trockenheit u. Sand bestimmen den Charakter e. Wüste 2. *Individualität*, die (lat.-fr., Pl. -en) die Individualität des Menschen muß respektiert werden 3. *Manier*, die (lat.-fr., ohne Pl.) Mobutu von Zaire regierte in der Manier e. Diktators 4. *Naturell*, das (lat.-fr., Pl. -e) e. Telefonistin mit freundlichem Naturell 5. *Tick*, der (fr., Pl. -s) aus seinem Tick, vor dem Schlafen unter das Bett zu schauen, wurde eine Manie (krankhafte Besessenheit) 6. *Allüre*, die (lat.-fr., Pl. -n) auffallende Eigenart 7. *Fasson*, die (lat.-fr., ohne Pl.) best. Art u. Weise; auch: Zuschnitt, Sitz 8. *Spezialität*, die (lat., Pl. -en)

Eigenart der Trojaner *trojanisch* (gr., Eigenn.) »Stollmann entwickelt sich immer mehr zum trojanischen Esel.« (Michael Glos, CSU, über Schröders Schatten-Wirtschaftsminister, 1998)

eigenartig 1. *bizarr* (it.-fr.) 2. *kurios* (lat.-fr.) sonderbar, merkwürdig 3. *skurril* (etrusk.-lat.) sonderbar

Eigenblutübertragung *Autotransfusion*, die (gr.-lat., Pl. -en) auch: Notmaßnahme zur Versorgung der Organe mit Blut (med.)

Eigenbrötler *Original*, das (lat., Pl. -e) auch: Urschrift, Urfassung; eigentümlicher Mensch

Eigendrehimpuls der Elementarteilchen ... *Spin*, der (engl., Pl. -s) eigtl.: schnelle Drehung; ... im Atom, ähnlich dem Drehimpuls durch Rotation (Phys.)

Eigenerregung *Autorhythmie*, die (gr., Pl. ...ien)

Eigengeschäft *Propergeschäft*, das (fr.-dt., Pl. -e) Geschäft auf eigene Rechnung u. Gefahr

Eigengeschichtlichkeit, gleichzeitige u. gemeinsame ... *syn-referentiell* (gr.-lat.) Wortschöpfung des Trendforschers Gerd Gerken

eigengesetzlich *autonom* (gr.)

Eigengesetzlichkeit *Autonomie*, die (gr., Pl. -n)

Eigengift *Autotoxin*, das (gr., Pl. -e) im eigenen Körper entstandenes Gift

Eigengruppe *Ingroup*, die (engl., Pl. -s)

eigenhändig *manu propria* (lat.)

Eigenhilfe *Muskelhypothek*, die (dt.-gr.-lat., Pl. -en) z. B. beim Bau des eigenen Hauses

Eigenimpfstoff *Autovakzine*, die (gr.-lat., Pl. -n) Impfstoff aus Bakterien des kranken Organismus (med.)

Eigenliebe 1. *Autophilie*, die (gr.-lat., ohne Pl.) Autophilie kann zur Vereinsamung führen 2. *Egoismus*, der (lat.-fr., Pl. ...men) ohne Pl.: Selbstsucht, Eigennutz; mit Pl.: selbstsüchtige Handlungen; »Egoismus ist Einsamkeit« (F. v. Schiller); Ggs.: Altruismus, der (lat., ohne Pl.)

Eigenlob stinkt *propria laus sordet* (lat., Zitat)

eigenmächtig u. widerrechtlich *de facto et absque iure* (lat., Zitat)

Eigenname *Nomen proprium* (lat.)

Eigennutz *Egoismus*, der (lat.-fr., ohne Pl.) nur die eigenen Interessen verfolgend, »Egoismus ist Einsamkeit.« (F. v. Schiller); Ggs.: Altruismus

eigens *speziell* (lat.-fr.)

Eigenschaft 1. *Attribut*, das (lat., Pl. -e) ihre Attribute sind Treue u. Fleiß 2. *Charakteristik*, die (gr.-lat., Pl. -en) 3. *Charakteristikum*, das (gr.-lat., Pl. ...ka) i. S. e. bes. Eigenschaft 4. *Qualität*, die (lat., Pl. -en) i. S. von Güte, Wert

Eigenschaften, ohne *amorph* (gr.-lat.) i. S. von form- u. gestaltlos

Eigenschaftswort 1. *Adjektiv*, das (lat., Pl. -e) 2. *adjektivistisch* (lat.) als Eigenschaftswort gebraucht

eigenschaftswörtlich *adjektivisch* (lat.)

Eigensinn *Obstination*, die (lat., ohne Pl.)

im Alter entwickeln manche Leute e. bes. Obstination

eigensinnig 1. *obstinat* (lat.) e. obstinates Wesen haben 2. *kapriziös* (lat.-it.-fr.) auch: launenhaft 3. *entetiert* (lat.-fr.) starrköpfig

Eigensinnigkeit *Obstination*, die (lat., Pl. -en)

Eigenständigkeit *Autarkie*, die (gr., Pl. -n) z. B. die wirtschaftliche Unabhängigkeit e. Staates bezüglich der Rohstoffe

eigensüchtig 1. *egoistisch* (lat.) 2. *narzißtisch* (gr.-lat.)

eigentlich *alias* (lat.) auch: Hans alias (genannt) Klaus

Eigentum *Proprietät*, die (lat.-fr., Pl. -en)

Eigentum, gemeinsames *Kommunismus*, der (lat.-engl.-fr., ohne Pl.) von lat. communis: gemeinsam; nach Karl Marx, die auf den Sozialismus folgende Entwicklungsstufe, d. h. Wirtschafts- u. Gesellschaftsform, in der alle Produktionsmittel u. Produkte Gemeinbesitz darstellen; »Kommunismus ist nicht Liebe, Kommunismus ist der Hammer, mit dem wir den Feind erschlagen.« (Mao Tse-tung)

Eigentümer *Proprietär*, der (lat.-fr., Pl. -e)

eigentümlich 1. *individuell* (fr.) 2. *originell* (fr.) neu, auch schöpferisch 3. *speziell* (lat.-fr.) besonders; Ggs.: generell 4. *spezifisch* (lat.-fr.) kennzeichnend

Eigentümlichkeit 1. *Individualität*, die (fr., ohne Pl.) auch: Persönlichkeit 2. *Originalität*, die (fr., Pl. -en) Echtheit 3. *Spezifität*, die (lat.-fr., Pl. -en) Besonderheit 4. *Typizität*, die (gr.-lat., ohne Pl.) bes. Eigenart 5. *Spezifikum*, das (lat., Pl. ...ka) bes. Merkmal

Eigentumsanspruch *Jus ad Rem* (lat.) Recht auf die Sache

Eigentumsrecht *Proprietät*, die (fr., Pl. -en)

Eigenurteil *Autostereotyp*, das (gr., Pl. -e) Urteil, das sich e. Person von sich macht

Eigenwechsel *Solawechsel*, der (it.-dt., Pl. -)

eigenwillig 1. *kapriziös* (lat.-it.-fr.) der Beamte hielt es mit seiner kapriziösen Frau nicht mehr aus 2. *skurril* (etrusk.-lat.) während der Verhandlung diskutierte man die skurrilsten Vorschläge 3. *individuell* (lat.-fr.) 4. *kapriziös* (lat.-fr.) 5. *markant*

(germ.-it.-fr.) i. S. von bezeichnend, ausgeprägt

Eigenwilligkeit *Skurrilität*, die (etrusk.-lat., Pl. -en)

Eignung *Qualifikation*, die (lat., Pl. -en) die nötige Qualifikation für e. Tätigkeit haben; als Sportler die Qualifikation für die Olympischen Spiele erringen

Eignungsprüfung *Test*, der (lat.-fr.-engl., Pl. -s) der Bewerber muß e. Eignungstest bestehen

Eihaut 1. *Amnion*, das (gr., Pl. -s) auch: Embryonalhülle (med.) auch: Schafhaut 2. *Chorion*, das (gr., Pl. -s) i. S. e. hartschalige Hülle

Eilbote *Kurier*, der (lat.-it.-fr., Pl. -e) »Der Kurier des Zaren« (Roman)

Eilbotschaft *Depesche*, die (fr., Pl. -n)

Eile mit Weile *festina lente* (lat., Zitat: Sueton)

Eile *Tempo*, das (lat.-it., ohne Pl.)

Eileiter *Ovidukt*, der (lat., Pl. -e) med.

Eileiterdurchblasung *Pertubation*, die (lat., Pl. -en) med.

Eileiterentfernung *Salpingektomie*, die (lat.-fr., Pl. ...ien) med.

Eileiterentzündung *Salpingitis*, die (lat.-fr., Pl. ...itiden) med.

Eileiterschwangerschaft *Tubargravidität*, die (lat., Pl. -en) med.

eilig *expreß* (lat.) etwas als Expreßgut versenden

Eilpost *par exprès* (fr.)

Eimer 1. *Balge*, die (lat.-fr.-niederl., Pl. -n) 2. *Pütz* oder *Pütze*, die (niederdt., Pl. ...tzen) Seemannsspr.

ein für allemal 1. *definitiv* (lat.) i. S. von endgültig 2. *semel pro semper* (lat., Zitat)

ein wenig *un poco* (lat.-it.) musik. Vortragsanw.

Ein-, Ausgabeeinheit 1. *Bandstation*, die (dt.-lat., Pl. -en) 2. *Terminal*, der, das (engl., Pl. -s) 3. *Floppy-disk*, die (engl., Pl. -s)

Einarmigkeit *Monobrachie*, die (lat., ohne Pl.) angeborene ... (med.)

Einäscherung *Kremation*, die (lat., Pl. -en) Feuerbestattung

Einäscherungsanstalt *Krematorium*, das (lat., Pl. ...ien)

Einatmen *Inhalation*, die (lat., Pl. -en) z. B. von heilenden Dämpfen

einatmen *inhalieren* (lat.) z. B. Zigarettenrauch inhalieren (tief einatmen)

einäugig *monokular* (lat.) oder: für e. Auge (med.)

Einäugigkeit 1. *Monophthalmie*, die (gr., ohne Pl.) med. 2. *Zyklopie*, die (gr., Pl. ...ien) Fehlbildung, Augäpfel liegen in e. Augenhöhle (med.)

einbalsamieren *mumifizieren* (it.-per.) auch: eintrocknen lassen

Einbandart 1. *Kartonage*, die (gr.-lat.-fr.) bei Büchern 2. *Paperback*, das (engl., Pl. -s) »Papierrücken«, Taschenbucheinband 3. *Hardcover*, das (engl., Pl. -s) »Hartdeckel«, festgebundener Bucheinband

Einbau *Installation*, die (lat., Pl. -en) die Installation e. neuen Heizanlage

Einbaubett *Koje*, die (niederl., Pl. -n) auch: bes. Ausstellungsstand, Raum für Segelmaterial

einbauen *installieren* (lat.)

Einbaum *Piroge*, die (karib.-sp.-fr., Pl. -n) ausgehöhlter Baumstamm, meist mit e. oder zwei Auslegern u. e. Mast mit Lateinersegel

Einbehalt *Zoll*, der (gr., Pl. Zölle) i. S. von Abgabe, z. B. auf ausländische Waren; Zollamt, Zollgrenze; »Wer am Zoll sitzt, ohne reich zu werden, ist e. Pinsel.« (Goethe)

einbeziehen 1. *integrieren* (lat.) 2. *involvieren* (lat.) in die Affäre waren Mitglieder der Regierung involviert 3. *implizieren* (lat.)

Einbeziehung 1. *Implikation*, die (lat., Pl. -en) 2. *Integration*, die (lat., Pl. -en) auch: Vervollständigung, Eingliederung; Ggs.: Desintegration

einbezogen 1. *impliziert* (lat.) i. S. von: mitgemeint; Ggs.: expliziert 2. *inklusive* (lat.) inbegriffen; z. B. der Preis versteht sich »Fracht inklusive«; Ggs.: exklusive 3. *implizit* (lat.) i. S. von: nicht ausdrücklich; Ggs.: explizit

Einbezogenes *Implikat*, das (lat., Pl. -e)

Einbildung 1. *Imagination*, die (lat.-fr., Pl. -en) 2. *Phantasie*, die (gr.-lat., ohne Pl.) »Die Phantasie ist e. ewiger Frühling« (F. v. Schiller) 3. *Fiktion*, die (lat., Pl. -en) nicht verw. mit *Fikh*, das (arab., ohne Pl.) Rechtswissenschaft des Islams 4. *Halluzination*, die (lat., Pl. -en) i. S. e. Sinnestäu-

schung 5. *Illusion*, die (lat.-fr., Pl. -en) i. S. e. schönen Vorstellung 6. *Schimäre*, die (gr.-lat.-fr., Pl. -n) nach dem gr. Ungeheuer Chimära: Hirngespinst 7. *Vision*, die (lat., Pl. -en) svw. inneres Gesicht; Deutschland braucht Politiker mit Visionen

Einbildungskraft *Phantasie*, die (gr.-lat., Pl. ...ien) Einbildung; auch: Fiebertraum

Einbindung von eigenständigen Anwendungen in e. Programm *Plug-in*, das (engl.-am., ohne Pl.) z. B. ruft e. Browser automatisch den Seitendesign-Betrachter Adobe Acrobat auf, wenn er im World Wide Web auf e. Datei stößt

einblasen *insufflieren* (lat.) einhauchen (med.)

Einblasung *Insufflation*, die (lat., Pl. -en) med.

einblättrig *unipetal* (gr.)

Einblenden *Fade-in*, das (engl., ohne Pl.) ... von Musiktiteln; Ggs.: Fade-out

Einblendung *Flash*, der (engl., Pl. -s) auch: Blitz; Moment, in dem sich z. B. Heroin mit dem Blut verbindet

einbrennend *katakaustisch* (gr.)

Einbuchtung *Inzisur*, die (lat., Pl. -en) ... an Organen e. Körpers (med.)

einbürgern *naturalisieren* (lat.-fr.) z. B. e. Ausländer naturalisieren

Einbürgerung 1. *Nationalisierung*, die (lat.-fr., Pl. -en) auch: Verstaatlichung 2. *Naturalisation*, die (fr., Pl. -en) auch: Ausstopfen von Tierbälgen 3. *Nostrifikation*, die (lat., Pl. -en) auch: Anerkennung e. ausländischen Diploms

Eindämmung, doppelte ... *dual containment*, das (engl.-am., Pl. -s) Ausdruck in der Politik; e. Macht (USA) »geht« z. B. gegen zwei Staaten (Iran u. Irak) gleichzeitig vor

Eindecker *Monoplan*, der (fr.-lat., Pl. -e)

eindeutig 1. *direkt* (lat.) 2. *evident* (lat.) auch: offenkundig, klar ersichtlich 3. *exakt* (lat.) genau z. B. *präzise* (lat.) »vorn abgeschnitten«; i. S. von fest umrissen

Eindeutigkeit 1. *Präzision*, die (fr., ohne Pl.) Genauigkeit, Feinheit 2. *Univozität*, die (lat., ohne Pl.)

eindeutschen *germanisieren* (lat.)

eindicken 1. *kondensieren* (lat.) auch: zusammenpressen 2. *legieren* (it.) z. B. Suppen

eindringen 1. *diffundieren* (lat.) 2. *penetrieren* (lat.-fr.)

Eindringen 1. *Imprägnation*, die (lat., Pl. -en) auch: Behandlung von Präparaten 2. *Infiltration*, die (lat., Pl. -en) auch: Einsickern von z. B. Flüssigkeiten; ideologische Unterwanderung 3. *Intrusion*, die (lat., Pl. -en) 4. *Invasion*, die (lat.-fr., Pl. -en) auch: Eroberung 5. *Penetration*, die (lat., Pl. -en) z. B. des Penis in die Scheide; Durchbruch e. Geschwürs (med.)

Eindringen des Meeres in Festlandssenken *Ingression*, die (lat., Pl. -en)

eindringlich 1. *emphatisch* (gr.-lat.) auch: mit Nachdruck 2. *intensiv* (lat.-fr.) auch: kräftig, etwas riecht intensiv; Ggs.: extensiv

Eindringlichkeit 1. *Emphase*, die (gr.-lat., Pl. -n) … beim Reden; auch: Nachdruck 2. *Intensität*, die (lat., ohne Pl.)

Eindringling *Invasor*, der (lat., Pl. …oren) Eroberer

Eindruck *Impression*, die (lat.-fr., Pl. -en) die Impressionen regten den Maler zum Schaffen neuer Kunstwerke an

Eindruck machen *imponieren* (lat.-fr.) sein Imponiergehabe ging allen auf die Nerven

Eindruck, der erste … *Prima vista*, der (it., ohne Pl.) … der von etwas vermittelt wird

eindrucksvoll *imposant* (lat.-fr.) der Kapitän war e. imposante Erscheinung

einebnen 1. *applanieren* (lat.-fr.) besser: 2. *planieren* (lat.-fr.) e. Bauplatz planieren; »Ich verspreche Ihnen, daß ich meine Verantwortung wahrnehmen werde, den neuen Weg zu planieren.« (Jost Stollmann, Schattenminister, 1998) 3. *nivellieren* (fr.-lat.) auf e. Niveau bringen, d. h. Höhen u. Tiefen ausgleichen

Einebnung *Nivellement*, das (lat.-fr., Pl. -s) Höhen u. Tiefen ausgleichen

Einehe *Monogamie*, die (gr.-lat., ohne Pl.) Ggs.: Polygamie

einengend *restriktiv* (lat.) das Finanzministerium betrieb e. restriktive Geldpolitik

einer Entwicklung entsprechend *tendenziell* (lat.-fr.) die Banken sprechen von tendenziell steigenden Zinsen

Einerlei *Dito*, das (lat., Pl. -s) nicht verw. mit *dito* (lat.-fr.) dasselbe; eigtl.: besagt

einerlei *egal* (lat.-fr.)

einfach 1. *simpel* (lat.-fr.) 2. *primitiv* (lat.-fr.) 3. *elementar* (lat.) grundlegend; auch: wesentlich 4. *rustikal* (lat.) i. S. von ländlich-einfach 5. *spartanisch* (gr.-lat.) nach der Hauptstadt Sparta der altgr. peloponnesischen Landschaft Lakonien: streng, anspruchslos

einfach lebend *spartanisch* (gr.-lat.) genügsam, nach der Hauptstadt Sparta der altgr. peloponnesischen Landschaft Lakonien; »Wanderer, kommst du nach Sparta, verkünde dorten, du habest uns liegen sehen, wie das Gesetz es befahl.« (Schiller u. Inschrift für die bei den Thermopylen gefallenen Spartaner)

Einfachheit 1. *Simplizität*, die (lat., ohne Pl.) 2. *Primitivität*, die (lat.-fr., ohne Pl.)

Einfachzucker 1. *Arabinose*, die (gr.-lat., ohne Pl.) … kommt u. a. in Kirschen u. Rüben vor 2. *Biose*, die (gr., Pl. -n) Zukkermolekül mit zwei Sauerstoffatomen 3. *Pentose*, die (lat., Pl. -n)

einfädeln, etwas … *inszenieren* (gr.-lat.) auch: e. Stück inszenieren (einstudieren)

einfädig *monofil* (lat.) Ggs.: multifil

Einfall 1. *Idee*, die (gr.-lat., Pl. -n) nicht verw. mit *Idée fixe*, die (fr., Pl. -s) Zwangsvorstellung 2. *Gag*, der (engl.-am., Pl. -s) die Aktion wurde für e. bes. Werbegag gehalten 3. *Inspiration*, die (lat., Pl. -en) »Inspirationen sind das Brot des Dichters.« (W.-U. Cropp) 4. *Invasion*, die (lat.-fr., Pl. -en) i. S. feindlichen Eindringens 5. *Aperçu*, das (fr., Pl. -s) geistreicher Einfall

Einfall, sensationeller … *Gimmick*, der, das (engl., Pl. -s) auch: Effekthascherei; bes. Werbegeschenk

einfallen *invadieren* (lat.) in e. Gebiet einfallen

einfallslos *schematisch* (gr.-lat) gleichförmig

Einfallsreichtum *Phantasie*, die (gr.-lat., ohne Pl.) der Roman bewies seine blühende Phantasie

Einfalt 1. *Naivität*, die (lat.-fr., ohne Pl.) e. kindliche Naivität an den Tag legen 2. *Simplizität*, die (lat., ohne Pl.)

Einfalt, o heilige …! *o sancta simplicitas!* (lat., Zitat: Huß, 1415 auf dem Scheiterhaufen)

einfältig 1. *infantil* (lat.) i. S. von kindlich

2. *naiv* (lat.-fr.) arglos, unbefangen 3. *simpel* (lat.-fr.) e. simples Gemüt haben 4. *idiotisch* (gr.-lat.) i. S. von schwachsinnig 5. *abderitisch*, nach den altgr. Bewohnern des Ortes Abdera

Einfältigkeit *Idiotie*, die (gr., Pl. ...ien) i. S. von Schwachsinnigkeit

Einfaltspinsel *Simpel*, der (lat., Pl. -) Dummkopf

Einfarbenseher *Monochromat*, der (lat., Pl. -en) völlig Farbenblinder (med.)

einfarbig 1. *uni* (lat.-fr.) e. uni gestrichene Wand 2. *monochrom* (gr.-lat.) z. B. e. einfarbiges Kunstwerk

Einfarbigkeit *Monochromie*, die (Kunstwort, ohne Pl.)

Einfarbigsehen *Monochromasie*, die (lat., ohne Pl.) völlige Farbenblindheit (med.)

einfassen *bordieren* (fr.)

einfassen, e. Edelstein ... *enchassieren* (lat.-fr.)

Einfassung 1. *Bordüre*, die (germ.-fr., Pl. -n) z. B. bei Textilien, Dirndlkleidern 2. *Bande*, die (germ.-fr., Pl. -n) von e. Fußballplatz, e. Reitbahn; Bandenwerbung

Einfassung von Edelsteinen *Enchassure*, die (lat.-fr., Pl. -n)

einflößen *infiltrieren* (fr.) einsickern, unterwandern

Einfluß *Autorität*, die (lat., Pl. -en) Persönlichkeit von hohem Ansehen

Einflüsse *Imponderabilien*, die (lat., nur Pl.) unkalkulierbare, z. B. Streik, Naturkatastrophen

Einflußnahme 1. *Propaganda*, die (lat., ohne Pl.) im Nationalsozialismus war Dr. Joseph Goebbels (1897–1945) Propagandaminister (NSDAP), genannt: »Lügendoktor« 2. *Suggestion*, die (lat., Pl. -en)

einflußreich 1. *omnipotent* (lat.) auch: allmächtig 2. *potent* (lat.) stark, mächtig, zeugungsfähig (med.) Ggs.: impotent

einflüstern *insinuieren* (lat.) jmdm. Unwahrheiten insinuieren

Einflüsterung *Insinuation*, die (lat., Pl. -en)

einförmig 1. *monoton* (lat.-gr.-fr.) die monotone Vortragsweise ließ die Zuhörer einschlafen 2. *stereotyp* (gr.-fr.) auch: mit feststehender Schrift gedruckt; abgedroschen 3. *trist* (lat.-fr.) i. S. von traurig; nicht verw. mit *tristich* (gr.) dreizeilig

Einförmigkeit *Monotonie*, die (gr.-lat.-fr.,

ohne Pl.) die Monotonie der Wüste hat etwas Erhabenes

einfrieden *fenzen* (lat.-fr.-engl.)

Einfriedung *Fenz*, die (lat.-fr.-engl., Pl. -en) auch: Zaun

einfügen *integrieren* (lat.) »wiederherstellen«; aber nicht: »Der eine oder andere Neue fühlt sich bei uns noch nicht hineinintrigiert (gemeint ist: integriert)« (Olaf Thon, einst FC Bayern München)

Einfügung *Interpolation*, die (lat., Pl. -en) auch: Veränderung

Einfühlungsvermögen *Empathie*, die (gr.-engl., ohne Pl.) nicht verw. mit *Emphase*, die (gr.-lat., Pl. -n) Nachdruck; Eindringlichkeit beim Reden

Einfühlungsvermögen zeigend *empathisch* (gr.) nicht verw. mit *emphatisch* (gr.-lat.) eindringlich

Einfuhr 1. *Import*, der (lat.-fr.-engl., Pl. -e) Einfuhr ausländischer Güter; Ggs.: Export 2. *Reimport*, der (lat., Pl. -e) Einfuhr zuvor ausgeführter Produkte

Einfuhrbeschränkungen *Kontingent*, das (lat., Pl. -e) Einfuhrbeschränkungen von Importen zum Schutz der heimischen Wirtschaft

einführen 1. *implementieren* (lat.-engl.) auch: einbauen, einsetzen 2. *inaugurieren* (lat.) in e. akademisches Amt einsetzen 3. *introduzieren* (lat.) auch: einleiten 4. *importieren* (lat.) Waren einführen; Ggs.: exportieren

einführend 1. *propädeutisch* (gr.-lat.) i. S. von vorbereitend, propädeutische Vorlesungen hören 2. *introduktiv* (lat.)

Einführung 1. *Exposition*, die (lat., Pl. -en) in e. bes. Thema 2. *Introduktion*, die (lat., Pl. -en) 3. *Isagoge*, die (gr.-lat., Pl. -en) z. B. e. wissenschaftliche Einführung geben

Einführung von Neuem *Innovation*, die (lat., Pl. -en) »Wir machen die Umwelt in den neuen Ländern nicht durch Innovationen sauberer als in den alten Ländern ...« (G. Schröders geheimes Tagebuch von H. Venske, 1997)

Einführungskunst, pädagogische ... in e. Wissenschaft *Isagogik*, die (gr., ohne Pl.)

Einfuhrverbot *Embargo*, das (lat.-sp., Pl. -s) auch: Beschlagnahme von Schiffen im Hafen

157

Einfüßigkeit *Monopodie*, die (gr., Pl. ...ien) aus e. Versfuß bestehender Takt in e. Vers

Eingabe *Petition*, die (lat., Pl. -en) das Recht der Bürger, sich direkt beim Staatsoberhaupt beschweren zu können

Eingang 1. *Entree*, das (lat.-fr., Pl. -s) 2. *Portal*, das (lat., Pl. -e) bes. großer Eingang, Eingangstor 3. *Propyläen*, die (gr.-lat., nur Pl.) Eingang u. Vorhalle gr. Tempel

Eingangshalle *Portikus*, der (lat., Pl. ...ken) Säulenhalle als Eingangsvorbau

Eingangslied *Introitus*, der (lat., Pl. -) ... in der Messe; auch: Eingang in e. Organ des Körpers, z. B. Scheide (med.)

Eingangsraum 1. *Entree*, das (lat.-fr., Pl. -s) 2. *Vestibül*, das (lat.-fr., Pl. -e, -s) Vorhalle in e. Konzertsaal; nicht verw. mit *Vestibulum*, das (lat., Pl. -s, -la) Vorraum e. altröm. Hauses; auch: Vorhof e. Organs, med.

Eingangssignal, Zuständiger für das ... 1. *Gain*, der (engl., Pl. -s) 2. *Gainregler*, der (engl.-dt., ohne Pl.) ... an den Verstärkern u. an den Mischpulten

Eingangsworte *Introitus*, der (lat., Pl. -)

eingebildet 1. *affektiert* (lat.) 2. *blasiert* (fr.) 3. *arrogant* (lat.-fr.) 4. *prätentiös* (lat.-fr.) anmaßend, selbstgefällig 5. *snobistisch* (engl.-lat.) 6. *elitär* (fr.) 7. *fiktiv* (lat.) 8. *hypothetisch* (gr.-lat.) 9. *imaginär* (lat.-fr.) »bildhaft«

eingebildeter Kranker *Hypochonder*, der (gr.-lat., Pl. -)

eingeboren *autochthon* (gr.-lat.) alteingesessen; Ggs.: allochthon

Eingeborenenschutzgebiet *Reservation*, die (lat., Pl. -en) Lebensgebiete nordamerikanischer Indianerstämme

Eingeborener 1. *Aborigines*, der (lat.-engl., ohne Pl.) Ureinwohner Australiens 2. *Autochthone*, der, die (gr.-lat., Pl. -n)

Eingebung 1. *Inspiration*, die (lat., Pl. -en) die Farben der Sonnenblumen verliehen van Gogh die Inspiration, e. großes Kunstwerk zu schaffen 2. *Intuition*, die (lat., Pl. -en)

eingehen, auf etwas *reagieren* (lat.)

eingemeinden *inkorporieren* (lat.) Gemeinden zusammenlegen

Eingemeindung *Inkorporation*, die (lat., Pl. -en) die Inkorporation soll die Verwaltungskosten reduzieren

eingeschaltet 1. *interkalar* (lat.) ... in bezug auf Schaltjahre 2. *parenthetisch* (gr.-lat.) auch: nebenbei gesagt

eingeschlechtig *diklin* (gr.) z. B. bei best. Blüten

Eingeschlechtigkeit *Diklinie*, die (gr., ohne Pl.) z. B. bei Blüten

eingeschlechtlich *unisexuell* (lat.) svw. homosexuell

eingeschlossen 1. *impliziert* (lat.) Ggs.: expliziert 2. *inklusive* (lat.) Ggs.: exklusive

eingeschränkt *relativ* (lat.) i. S. von verhältnismäßig, bedingt

eingeschrieben 1. *registriert* (engl.) z. B. als Markenzeichen eingetragen: »Registered Trademark« 2. *immatrikuliert* (lat.) in die Liste der Studierenden e. Universität eingeschrieben

eingeschwemmt *illuvial* (lat.)

eingetragen 1. *incorporated* (engl.) ... von Aktiengesellschaften oder Vereinen, Abk.: Inc. 2. *registered* (engl.) erfaßt, geführt, Abk.: reg.

eingetrocknet *xerotisch* (gr.) trocken (med.)

Eingeweide 1. *Intestinum*, das (lat., Pl. ...nen, ...na) med. 2. *Enteron*, das (gr., Pl. ...ra) »das Innere« 3. *Viszera*, die (lat., Pl. -) die im Inneren gelegenen Organe (med.)

Eingeweidebruch *Hernie*, die (lat., Pl. -n) med.

Eingeweidewürmer *Enthelminthen*, die (gr.-lat., nur Pl.) med.

Eingeweihte, nur für ... *esoterisch* (gr.) auch: geheim; Ggs.: exoterisch. »Ich halte dich für esoterisch u. e. bißchen durchgeknallt.« (Jutta Ditfurth, Die Grünen, über Nina Hagen, Sängerin)

Eingeweihter 1. *Insider*, der (engl., ohne Pl.) an der Börse Insidergeschäfte zu tätigen ist verboten 2. *Adept*, der (lat., Pl. -en) in Geheimkünste Eingeweihter 3. *Augur*, der (lat., Pl. -en) auch: Priester im alten Rom

eingewöhnen *akklimatisieren* (lat.) z. B. nach e. Reise in die Tropen

Eingewöhnung *Akklimatisation*, die (lat., Pl. -en)

Einglas *Monokel*, das (lat.-fr., Pl. -) dem General der Reichswehr fiel vor Erstaunen das Monokel vom Auge

eingliedern 1. *adaptieren* (lat.) 2. *assimilie-*

ren (lat.) auch: anpassen 3. *integrieren* (lat.) 4. *sozialisieren* (lat.) i. S. von vergesellschaften, verstaatlichen; Ggs.: reprivatisieren 5. *akklimatisieren* (gr.-lat.) sich an e. anderes Klima anpassen: i. S. von eingewöhnen; nicht verw. mit *akklamieren* (lat.-österr.) zustimmen, klatschen

eingliedern, wieder ... in die Gesellschaft *resozialisieren* (lat.-engl.) z. B. nach e. Haftstrafe.»Die Zahl der nicht mehr in e. Beruf resozialisierbaren Abgeordneten nimmt zu.« (Friedrich Merz, CDU-Abgeordneter, 2006)

Eingliederung in e. größeres Ganzes *Integration*, die (lat., Pl. -en) »Zur europäischen Integration gibt es keine Alternative.« (Joschka Fischer, Die Grünen, 1998)

eingliedrig *monomisch* (gr.)

Eingottglaube *Monotheismus*, der (gr.-lat., ohne Pl.) bekannt seit dem ägyptischen Pharao Amenhotep IV., regierte von 1379–1362 v. Chr. u. hielt den Sonnengott für den alleinigen Gott (Aton); er nannte sich Echnaton (er gefällt dem Aton); die Juden bezeichnen Abraham als Vater des Monotheismus; der Islam ist e. Monotheismus, Allah als der alleinige Gott

eingreifen *intervenieren* (lat.-fr.) e. Konflikt durch gemeinsames Intervenieren beenden

Eingreifen *Intervention*, die (lat.-fr., Pl. -en) Interventionstruppen in Marsch setzen, um e. Konflikt zu lösen

eingreifend *invasiv* (lat.) ... in e. Organ (med.) auch: in das Bindegewebe wuchernd, z. B. Krebszellen

eingrenzen *lokalisieren* (lat.-fr.) der Produktionsleiter lokalisiert e. Fertigungsproblem

Eingriff *Operation*, die (lat., Pl. -en) i. S. militärischer oder chirurgischer Operationen

Eingriff, operativer ... am lebenden Tier ... *Vivisektion*, die (lat., Pl. -en) ... zu wissenschaftlichen Zwecken

Eingriff, operativer ... in die Gehirnsubstanz *Leukotomie*, die (gr.-lat., Pl. ...ien) ... bei best. Geisteskrankheiten (med.)

einhäusig *monözisch* (gr.) männliche u. weibliche Blüten auf e. Pflanze

Einhäusigkeit *Monözie*, die (gr., ohne Pl.) ... bei Blüten auf e. Pflanze

einheimisch 1. *endemisch* (lat.) 2. *entopisch* (gr.) örtlich 3. *nativ* (lat.) auch: natürlich, unverändert, angeboren

Einheit 1. *Allianz*, die (fr.-lat., Pl. -en) i. S. von Bündnis; Name der größten dt. Versicherung 2. *Koalition*, die (lat.-fr., Pl. -en) Bündnis mehrerer Parteien oder Staaten zur Erreichung von Zielen 3. *Synthese*, die (gr.-lat., Pl. -n) Verknüpfung von Teilen zu e. höheren Ganzen; Ggs.: Analyse

Einheit, unteilbare ..., in der Wellen ausgesandt oder absorbiert werden *Quantum*, das (lat., Pl. ...ten) eigtl.: wie viel; auch: abgemessene Menge

einheitlich 1. *homogen* (gr.-lat.) e. homogene Gemeinschaft sein 2. *uniform* (lat.-fr.) Großstädte weisen alle e. uniformes Bild auf

Einheitlichkeit *Homogenität*, die (gr.-lat., ohne Pl.)

Einheitskurs *Kassakurs*, der (lat.-it.-dt., Pl. -e) wird einmal am Tag, zur Mitte der Börsenzeit, für kleinere Käufe u. Verkäufe errechnet

Einheizer bei gr. Konzerten *Opener*, der (engl., Pl. -s) erhöhen die Spannung der Hauptsession

einhellig *unanim* (lat.-fr.) einmütig

Einhelligkeit *Unanimität*, die (lat.-fr., ohne Pl.) Einmütigkeit

einig 1. *d'accord* (fr.) 2. *konform* (lat.) übereinstimmend

Einiges *Diverses* (lat.) noch Diverses erledigen müssen

Einigkeit *Harmonie*, die (gr.-lat., Pl. ...ien) e. Ehe in Harmonie führen

Einigung 1. *Agreement*, das (lat.-fr.-engl., Pl. -s) 2. *Arrangement*, das (lat.-fr., Pl. -s) 3. *Kompromiß*, der (lat., Pl. ...misse) Übereinkunft

einjährig *annuell* (lat.-fr.)

einkanalig *monophon* (gr.-lat.) Ggs.: stereophon

Einkauf direkt beim Hersteller *Factory-Outlet*, das (engl., Pl. -s) der Verbraucher kauft z. B. Textilien, Lederwaren oder Porzellan in der Fabrik

einkaufen *shoppen* (engl.)

Einkaufen von Mitgliedern *Club Shopping*, das (engl.) ... in kargen Hallen, von großen Warengebinden, auf der grünen Wiese

Einkäufer *Shopper*, der (engl., Pl. -s)
Einkaufsbummel *Shopping*, das (engl., Pl. -s)
Einkaufswagen 1. *Caddie*, der (engl., Pl. -s) ... im Supermarkt; auch: Person, die dem Golfspieler die Schläger trägt, Golfschlägerkarren 2. *Karrette*, die (lat.-it., Pl. -n) auch: Schubkarren, Zweiradkarren
Einkaufszentrum *Shoppingcenter*, das (engl., Pl. -s)
Einkerbung *Markierung*, die (germ.-it.-fr., Pl. -en)
Einklang *Harmonie*, die (gr.-lat., Pl. ...ien) im Freundeskreis herrscht Harmonie
Einklemmung von Organteilen *Inkarzeration*, die (lat., Pl. -en) z. B. Darmschlingen (med.)
Einkochtopf *Rexapparat*, der (österr., Pl. -e)
Einkommen 1. *Bruttoeinkommen*, (das (lat.-it.-dt., nur Pl.) 2. *Fixum*, das (lat., Pl. ...xa) 3. *Nominaleinkommen*, das (lat.-fr.-dt., nur Pl.) Ggs.: Realeinkommen 4. *Rente*, die (lat.-fr., Pl. -n) 5. *Revenue*, die (lat.-fr., Pl. -n) 6. *Diäten*, die (lat.-fr., nur Pl.) Bezüge der Abgeordneten; nicht verw. mit *Diät*, die (gr., Pl. -en) »Lebensweise«, Schonkost 7. *Apanage*, die (fr., Pl. -n) regelmäßige Zahlung an nichtregierende Mitglieder e. Fürsten- oder Königshauses
Einkoten *Enkopresis*, die (gr., ohne Pl.) ... bei schwachsinnigen Kindern
Einkünfte 1. *Revenue*, die (lat.-fr., Pl. -n) 2. *Temporalien*, die (lat., nur Pl.) aus e. Kirchenamt
Einlage 1. *Depositum*, das (lat., Pl. ...siten) z. B. die Einlage e. Sparers in Form von Spargeld; *Depositenbank*, die (lat.-dt., Pl. -en) Kreditbank 2. *Inlay*, das (engl., Pl. -s) auch: gegossene Zahnfüllung (med.)
Einlagerung *Intussuszeption*, die (lat., Pl. -en) auch: Einschub e. Darmstücks in e. anderes (med.) Ggs.: Apposition
Einlaßkarte 1. *Billett*, das (fr., Pl. -e, -s) z. B. Fahrkartenbillett, Theaterbillett 2. *Ticket*, das (fr.-niederl.-engl., Pl. -s) »Zettel«, z. B. Flugticket, Kinoticket
Einlauf 1. *Irrigation*, die (lat., Pl. -en) med. 2. *Klistier*, das (gr.-lat., Pl. -e) Darmspülung
einleben *akklimatisieren* (lat.) sich z. B. in e. neuen Umgebung akklimatisieren

Einlegearbeit *Mosaik*, das (gr.-lat.-it.-fr., Pl. -en) die Mosaiken in Ravenna sind von besonderer Schönheit
einlegen *marinieren* (lat.-fr.) z. B. Fisch in Marinade (Beize aus Essig u. Öl) einlegen; nicht verw. mit *manierieren* (fr.) künsteln (Sprechweise)
einleiten 1. *inaugurieren* (lat.) auch: in e. Amt einführen, einweihen 2. *introduzieren* (lat.) einführen
einleitend 1. *introduktiv* (lat.) einführend 2. *präliminär* (fr.) auch: vorläufig, vorbereitend
Einleitung 1. *Exordium*, das (lat., Pl. ...ia) e. Vortrags 2. *Ouvertüre*, die (lat.-fr., Pl. -n) Instrumentalstück zu Beginn e. Oper 3. *Präambel*, die (lat., Pl. -n) Einleitung z. B. bei der Verfassung 4. *Präliminare*, das (lat., Pl. ...rien) einleitende Gepflogenheiten, z. B. das Händeschütteln von Staatsoberhäuptern vor Vertragsabschlüssen 5. *Prolog*, der (gr.-lat., Pl. -e) Vorwort oder Einleitung e. Buches; Ggs.: Epilog (Schlußwort, Nachwort) 6. *Introduction*, die (engl., Pl. -s) kurz: Intro
Einleitungsformel der Moslems *Basmala*, die (arab.) mit ihr werden alle wichtigen Handlungen eingeleitet: »Im Namen Gottes des Erbarmers, des Barmherzigen«
Einleser, vom Kunden aktivierter ... *Self Scanner*, der (engl., Pl. -s) an Kassen von Supermärkten sollen die Kassierer durch Self Scanner (Selbst-Lesegeräte), die der Kunde bedient, eingespart werden; bereits im Einkaufswagen wird die hineingelegte Ware registriert, an e. Wagenhalterung die Rechnung erstellt, am Automaten bezahlt
einleuchtend 1. *evident* (lat.) offenkundig u. klar 2. *persuasiv* (lat.) 3. *plausibel* (lat.-fr.) begreiflich
einmachen *konservieren* (lat.) bewahren, erhalten
einmalig *legendär* (lat.) sagenhaft
Einmaligkeit *Unikum*, das (lat., Pl. ...ka) auch: origineller Mensch
Einmannboot *Finn-Dingi*, das (engl., Pl. -s) ... für den Rennsegelsport
Einmannruderboot *Skiff*, das (fr.-engl., Pl. -e)
einmischen *intervenieren* (lat.-fr.) i. S. von vermitteln, z. B. bei Streitigkeiten intervenieren

Einmischung *Intervention*, die (lat.-fr., Pl. -en)

Einmüller *Messie*, der (engl., Pl. -s) der sein Zuhause unbewohnbar macht durch Abfallaufbewahrung

einmütig 1. *unanim* (fr.) einhellig 2. *unisono* (lat.) einstimmig

Einmütigkeit *Harmonie*, die (gr.-lat., Pl. ...ien) in seiner Ehe herrschte große Harmonie

Einnahme aus e. Wettkampf *Börse*, die (niederl., Pl. -n) z. B. beim Boxkampf

Einnahmen *Akzepta*, die (lat., Pl.)

Einnahmeüberschuß *Aktivsaldo*, der (lat., Pl. ...den)

Einnistung 1. *Implantation*, die (lat., Pl. -en) Einpflanzung z. B. von Zähnen in den Kiefer (med.) 2. *Nidation*, die (lat., Pl. -nen) z. B. e. befruchteten Eies in die Gebärmutter

einordnen 1. *kategorisieren* (gr.-lat.) 2. *systematisieren* (gr.-lat.)

Einordnung 1. *Kategorisierung*, die (gr.-lat., Pl. -en) z. B. in best. Personengruppen 2. *Klassifikation*, die (lat., Pl. -en) in Klassen

Einordnung, zeitlich falsche ... *Anachronismus*, der (gr., Pl. ...men)

einpacken *emballieren* (germ.-fr.) z. B. Produkte verpacken

Einpacker an der Supermarktkasse *Box-Boy*, der (engl., Pl. -s)

Einparkhilfe *Parktronic*, das (engl., Pl. -s) Ultraschall-Sensoren an den PKW-Stoßstangen melden den Abstand zu e. Hindernis

Einpersonenstück *Monodrama*, das (gr., Pl. ...men)

einpflanzen *implantieren* (lat.) der Kardiologe (Facharzt für Herzkrankheiten) implantierte das Spenderherz e. Unfallopfers

Einpflanzung *Implantation*, die (lat., Pl. -en) ... z. B. von Zähnen in den Kiefer (med.)

einpolig *unipolar* (lat.)

einprägsam *plastisch* (gr.-lat.-fr.) e. Szene plastisch darstellen

einpudern *talkumieren* (lat.) mit Talkum bestreuen

Einrahmung *Passepartout*, das (fr., Pl. -s) aus Pappe für Bilder

einrammen *pilotieren* (lat.) Spundwände werden pilotiert

einräumen *konzedieren* (lat.) nicht verw. mit *konzentrieren* (lat.-gr.-fr.) ballen, Kräfte zusammenziehen

einräumend *konzessiv* (lat.)

Einräumungssatz *Konzessivsatz*, der (lat.-dt., Pl. ...sätze)

einrechnen *kalkulieren* (lat.)

einreden 1. *suggerieren* (lat.) z. B. jmdm. e. falschen Tatbestand suggerieren 2. *indoktrinieren* (lat.)

Einreibemittel ... *Blister*, der (engl., ohne Pl.) ... für die Behandlung von Beinverletzungen bei Pferden; auch: durchsichtige Verpackungsfolie

einreiben ... *blistern* (engl.-dt.) ... mit Blister

Einreibung 1. *Friktion*, die (lat., Pl. -en) med. 2. *Unktion*, die (lat., Pl. -en) med.

Einreiseerlaubnis *Visum*, das (lat., Pl. ...sa)

einreißen *lazerieren* (lat.) med., z. B. Gewebe

einrichten 1. *installieren* (lat.) 2. *ventilieren* (lat.) i. S. von möglich machen, in Erfahrung bringen; auch: lüften 3. *etablieren* (lat.-fr.)

Einrichten *Adjustage*, die (lat.-fr., Pl. -n) z. B. e. maschinelle Anlage

einrichten, wohnlich *komfortabel* (lat.-fr.-engl.) behaglich

Einrichtung 1. *Institution*, die (lat., Pl. -en) e. öffentliche Einrichtung 2. *Redressement*, das (lat.-fr., Pl. -s) med., z. B. das Einrenken von Knochen 3. *Inventar*, das (lat., Pl. -e) 4. *Mobiliar*, das (lat., Pl. -e) Gesamtheit der Möbel e. Wohnungseinrichtung

Einrichtung e. eigenen Netzwerks *Intranet*, das (lat.-engl., ohne Pl.) ... für die Kommunikation innerhalb e. Unternehmens

Einrichtung zur Ausbildung von Geistlichen *Alumnat*, das (lat., Pl. -e) auch: mit e. Lehranstalt verbundenes Schülerheim

Einrichtungen *Fazilitäten*, die (lat.-engl., Pl.) Ausstattung

Einrichtungsgegenstand *Möbel*, das (lat.-fr., Pl. -)

einritzen *gravieren* (niederl.-fr.) e. Grabstein gravieren lassen

einsagen *soufflieren* (lat.-fr.) e. Text soufflieren

Einsager *Souffleur*, der (lat.-fr., Pl. -e) Textvorsager im Theater

Einsagerin *Souffleuse*, die (lat.-fr., Pl. -n) Vorsagerin im Theater

einsalben *balsamieren* (hebr.)

Einsalbung *Balsamierung*, die (hebr.-dt., Pl. -en)

Einsalbung *Inunktion*, die (lat., Pl. -en) von Arzneimitteln (Salben)

Einsamkeit 1. *Klausur*, die (lat., ohne Pl.) um in Ruhe nachdenken zu können, begebe ich mich in Klausur 2. *Solitüde*, die (lat., Pl. -n) Name von Schlössern in der Abgeschiedenheit

Einsamkeit, Hang zur ... *Klaustrophilie*, die (gr.-lat., Pl. ...ien) krankhafter Drang, sich einzuschließen, sich abzusondern

Einsatz 1. *Fanatismus*, der (lat.-fr., ohne Pl.) übertriebenes Engagement (Verpflichtung) 2. *Mise*, die (lat.-fr., Pl. -n) z. B. beim Glücksspiel 3. *Input*, der (engl., Pl. -s) wirtsch., Einsatz von Arbeitskräften, Energie, Rohstoffen; Ggs.: Output (Ergebnis)

Einsatz verdoppeln ... *Paroli*, das (lat.-it.-fr., ohne Pl.) ... im Pharaospiel (altes fr. Kartenglücksspiel) auch: jmdm. Paroli bieten (Einhalt gebieten)

Einsatz von Unternehmen für gesellschaftliche Belange *Social Sponsoring*, das (engl.-am., ohne Pl.) z. B. Engagement für: Aids-Kranke, Umwelt, Hunger in der Welt

einschalten *interpolieren* (lat.) auch: Werte e. Funktion errechnen (math.)

einschalten, sich *intervenieren* (lat.-fr.) vermitteln; nicht verw. mit *iterieren* (lat.) wiederholen

Einschaltquote e. TV-Kanals *Audienceflow*, der (engl., Pl. -s) eigtl.: Zuschauerfluß

Einschaltquote im Fernsehen *Rating*, das (engl.-am., Pl. -s)

Einschaltung 1. *Interkalation*, die (lat., Pl. -en) Einschiebung e. Tages bei Schaltjahren 2. *Interpolation*, die (lat., Pl. -en) Errechnung von Werten e. Funktion (math.) 3. *Parenthese*, die (lat., Pl. -n) in e. Satz eingeschobener Gedanke zwischen zwei Gedankenstrichen

einschätzen *taxieren* (lat.-fr.) e. Gebäudewert auf DM 500000,– taxieren

Einschiebung *Interkalation*, die (lat., Pl. -en) Einschaltung e. Tages bei Schaltjahren

Einschienenbahn 1. *Monorail*, die (engl., Pl. -s) 2. *Transrapid*, der (lat.-engl.-fr., ohne Pl.) Magnetschwebebahn

einschläfernd 1. *hypnagog* (gr.) 2. *hypnagogisch* (gr.) 3. *hypnotisch* (lat.) auch: den Willen lähmend

Einschleusung *Infiltration*, die (lat., Pl. -en) Einsickern

einschließen 1. *implizieren* (lat.) 2. *involvieren* (lat.)

einschließlich 1. *inklusive* (lat.) 19 % Mehrwertsteuer inklusive; Ggs.: exklusive 2. *implizit* (lat.)

Einschließung *Intrusion*, die (lat., Pl. -en) Eindringen in e. fremden Bereich

Einschluß *Inklusion*, die (lat., Pl. -en) ... von Fremdsubstanzen in Kristallen

einschmeicheln, sich *insinuieren, sich* (lat.) auch: zutragen, einflüstern

Einschmeichelung *Insinuation*, die (lat., Pl. -en) auch: Unterstellung, Verdächtigung, Zuträgerei

einschneiden *inzidieren* (lat.) med.

einschneidend *dramatisch* (gr.-lat.)

Einschnitt *Zäsur*, die (lat., Pl. -en) e. bes. Ereignis stellt e. Zäsur in der Entwicklung dar

einschnüren *lacieren* (fr.) fesseln

einschränken 1. *limitieren* (lat.) beschränken, z. B. e. Buch erscheint in limitierter Auflage 2. *reglementieren* (fr.) durch Verordnungen beeinträchtigen 3. *relativieren*, bestimmte Äußerungen relativieren (abschwächen) 4. *diminuieren* (lat.) verringern, vermindern 5. *reduzieren* (lat.) 6. *minimieren* (lat.)

einschränkend *restriktiv* (lat.) z. B.: Staat betreibt e. restriktive Geldpolitik

Einschränkung 1. *Limitation*, die (lat., Pl. -en) 2. *Restriktion*, die (lat., Pl. -en) 3. *Austerity*, die (engl., ohne Pl.) e. strikte Sparpolitik betreiben

Einschränkung, ohne eine ... 1. *absolut* (lat.-fr.) »losgelöst« 2. *kategorisch* (gr.-lat.) 3. *partout* (fr.)

einschreiben *immatrikulieren* (lat.) z. B. Studenten an Hochschulen; Ggs.: exmatrikulieren

Einschreiben *Rekommandation*, die (fr., Pl. -en) auch: Empfehlung

162

Einschreibung *Immatrikulation*, die (lat., Pl. -en) an Universitäten; Ggs.: Exmatrikulation

einschreiten *intervenieren* (lat.-fr.) dazwischentreten, vermitteln

Einschubtaste *Inserttaste*, die (engl.-dt., Pl. -n) Taste, mit der z. B. e. Grafik ins PC-Programm eingeblendet wird

einschüchtern *terrorisieren* (lat.-fr.)

einsegnen *konfirmieren* (lat.) in die Gemeinde der Erwachsenen aufnehmen; stärken

einsegnend *konsekratorisch* (lat.) weihend

Einsegnung *Konfirmation*, die (lat., Pl. -en)

einsehen *realisieren* (lat.-fr.) merken; auch: verwirklichen

einseitig 1. *tendenziös* (lat.-fr.) z. B. in e. Artikel e. bestimmte politische Richtung verfolgen 2. *partiell* (lat.-fr.) 3. *subjektiv* (lat.) parteiisch 4. *unilateral* (lat.)

Einseitigkeit *Subjektivität*, die (lat., ohne Pl.) pers. Auffassung; Eigenart

Einsetzbarkeit *Fungibilität*, die (lat., ohne Pl.) Austauschbarkeit, Verwendbarkeit

einsetzen 1. *inthronisieren* (lat.) bei Monarchen 2. *konstituieren* (lat.) z. B. e. Ausschuß konstituieren

Einsetzung 1. *Inauguration*, die (lat., Pl. -en) in e. Akademieamt 2. *Inthronisation*, die (lat., Pl. -en) 3. *Konstitution*, die (lat., Pl. -en) i. S. e. eingesetzten Verfassung e. Staates; Grundgesetz; auch: päpstl. Erlaß

Einsicht 1. *Räson*, die (lat.-fr., ohne Pl.) Staatsräson vorleben 2. *Ratio*, die (lat., ohne Pl.) auch: Vernunft

Einsickern *Infiltration*, die (lat., Pl. -en) die Polizei mußte gegen die Infiltration radikaler Kurden vorgehen

einsickern *infiltrieren* (lat.) der Technologiekonzern war von Wirtschaftsspionen infiltriert worden

Einsickerung *Infiltration*, die (lat., Pl. -en) ... von Flüssigkeiten

Einsiedelei 1. *Eremitage*, die (gr.-lat.-fr., Pl. -n) 2. *Klause*, die (lat., Pl. -n)

Einsiedler 1. *Eremit*, der (gr.-lat., Pl. -en) z. B. der altgr. Philosoph Diogenes in der Tonne (403–323 v. Chr.) 2. *Klausner*, der (lat., Pl. -)

Einsiedler, die sich einmauern ließen *Inklusen*, die (lat., nur Pl.) ... zur Askese in ihrer Klosterzelle

einsiedlerisch *anachoretisch* (gr.-lat.)

einsilbig *monosyllabisch* (gr.)

Einspänner *Dogcart*, der (engl., Pl. -s) eigtl. Hundekarren, zweirädriger Jagd-Einspänner

Einspeichelung *Insalivation*, die (lat., Pl. -en) Vermischung von Speise mit Speichel im Mund (med.)

einspeichern *magazinieren* (fr.) lagern

einsperren *internieren* (lat.-fr.)

Einspielen von Musikern *Warming-up*, das (engl., ohne Pl.) auch: Aufwärmen der Sportler; das Einheizen des Publikums vor e. Fernsehshow durch den Stimmungsmacher: Warm-Upper

einspringen *interzedieren* (lat.) e. Bürge muß für den Schuldner interzedieren

einspritzen *injizieren* (lat.) z. B. e. Beruhigungsmittel injizieren

Einspritzung *Injektion*, die (lat., Pl. -en) der Arzt nahm e. Injektion vor; auch: Injektionsmotor (Einspritzer)

Einspruch 1. *Protest*, der (lat.-it., Pl. -e) 2. *Demarche*, die (fr., Pl. -n) der Botschafter überreichte seiner Regierung e. Demarche 3. *Rekurs*, der (lat., Pl. -e) zu Gerichtsentscheidungen 4. *Veto*, das (lat.-fr., Pl. -s) im Sicherheitsrat sein Veto einlegen

Einspruchsrecht *Interpellation*, die (lat., Pl. -en) gegen Vollstreckungsbefehle u. dgl.

einstämmig *monophyletisch* (gr.) von e. Urform abstammend; Ggs.: polyphyletisch

einstampfen *makulieren* (lat.) eigtl.: besudeln

einstellen 1. *sistieren* (lat.) e. Verfahren 2. *egalisieren* (lat.-fr.) z. B. e. Rekord e. sportlichen Disziplin 3. *rangieren* (gr.-fr.) z. B. e. Waggon 4. *zentrieren*, e. Bohrer auf den Mittelpunkt e. Kreises 5. *justieren* (lat.) 6. *kalibrieren* (gr.-arab.-fr.) Werkstück auf genaues Maß bringen

Einstellen *Adjustage*, die (lat.-fr., Pl. -n) z. B. e. Werkzeuges

einstellen, fein ... *adjustieren* (lat.) z. B. Werkstücke einstellen

Einstellraum *Garage*, die (germ.-fr., Pl. -n) für Kraftfahrzeuge

Einstellung 1. *Attitüde*, die (lat.-it.-fr., Pl. -n) Attitüden e. Filmstars haben 2. *Couleur*, die (lat.-fr., Pl. -s) politische Einstellung 3. *Loyalität*, die (lat.-fr., ohne Pl.) zur unbedingten Loyalität verpflichtet sein 4. *Nonkonformismus*, der (lat.-engl., ohne Pl.) i. S. e. eigenwilligen Einstellung; Ggs.: Konformismus 5. *Mentalität*, die (lat.-engl., Pl. -en) i. S. der Geisteshaltung e. Menschen 6. *Akzeptanz*, die (lat., Pl. -en) i. S. e. positiven Einstellung; Anklang

Einstellung, engstirnig-spießige ... *Provinzialismus*, der (lat., Pl. ...men) »Weiter so u. verfilzte Provinzialität (gemeint ist: Provinzialismus)!« (Ole von Beust, CDU-Fraktionschef in Hamburg, 1998)

Einstellung, geistige ... *Mentalität*, die (lat., Pl. -en) »Wir müssen uns im Westen auf neue Mentalitäten einstellen, unser Leben ist risikoreicher, aber es ist auch interessanter geworden.« (Kardinal Joachim Meisner, 1996)

Einstellungsänderung *Konversion*, die (lat., Pl. -en) in Glaubensangelegenheiten; auch: Schuldumwandlung

einstimmen *eintunen* (dt.-engl.)

einstimmig 1. *unamin* (lat.-fr.) 2. *unisono* (lat.)

Einstimmigkeit *Unanimität*, die (lat.-fr., ohne Pl.) Einhelligkeit

Einströmen *Infiltration*, die (lat., Pl. -en) die Infiltration radikaler Kräfte nahm beängstigende Ausmaße an

einströmen *infiltrieren* (lat.) der Technologiekonzern war von Wirtschaftsspionen infiltriert worden

einstufen 1. *bonitieren* (lat.) auch: abschätzen 2. *qualifizieren* (lat.) auch: sich weiterbilden; kennzeichnen

Einstufung *Bonitierung*, die (lat., Pl. -en) Abschätzung

Einstufungstest *Assessment-Center*, das (engl., Pl. -s) Testverfahren, bei dem Eignungen festgestellt werden

einstweilen *ad interim* (lat.)

einstweilig 1. *interimistisch* (lat.) 2. *kommissarisch* (lat.-fr.) 3. *provisorisch* (lat.) 4. *temporär* (lat.-fr.) 5. *transitorisch* (lat.) vorübergehend

eintägig *ephemer* (gr.) auch: flüchtig, vorübergehend

Eintagsfieber *Ephemera*, die (gr.-lat., nur Pl.) med.

Eintagsfliege *Ephemeride*, die (gr.-lat., Pl. -n)

Eintänzer *Gigolo*, der (fr., Pl. -s) auch junger Mann, der sich von Frauen aushalten läßt

eintauchen *dippen* (engl.) auch: eintunken

eintauchen *tingieren* (lat.) Stoffe werden zum Färben tingiert

einteilen 1. *disponieren* (lat.) ich brauche Terminvorschläge, um disponieren zu können 2. *rationieren* (lat.-fr.) während des Wüstenmarsches mußte das Wasser rationiert werden 3. *klassifizieren* (lat.) etwas in Klassen einordnen

Einteilung *Disposition*, die (lat., Pl. -en) es müssen noch die Dispositionen für die nächste Woche getroffen werden

eintönig 1. *monoton* (gr.-lat.-fr.) e. monotone Sprechweise haben 2. *trist* (lat.-fr.) auch: traurig, öde

Eintönigkeit *Monotonie*, die (gr.-lat.-fr., Pl. ...ien)

Eintopfgericht 1. *Hochepot*, das (fr., Pl. -e) 2. *Hotchpotch*, das (fr.-engl., Pl. -es) »Mischmasch«, Eintopf

Eintracht *Harmonie*, die (gr.-lat., Pl. -n) in der Ehe herrscht große Harmonie

Eintracht, zwieträchtige ... *concordia discors* (lat., Zitat, Horaz)

einträchtig *harmonisch* (gr.-lat.) die Partner wünschen sich e. harmonisches Miteinander

eintragen 1. *inskribieren* (lat.) z. B. in e. Gästebuch 2. *intabulieren* (lat.) in e. Tabelle eintragen

einträglich 1. *lukrativ* (lat.) der Handel mit Edelhölzern war e. lukratives Geschäft 2. *rentabel* (lat.-fr.) die Aktivitäten des Unternehmens müssen rentabler gestaltet werden 3. *profitabel* (lat.-fr.) i. S. von gewinnbringend

Einträglichkeit *Rentabilität*, die (lat.-fr., ohne Pl.) die Rentabilität der Firma hat sich wesentlich verbessert

Eintragung *Inskription*, die (lat., Pl. -n)

einträufeln *instillieren* (lat.) einflößen

Einträufelung *Instillation*, die (lat., Pl. -en)

eintreten 1. *interzedieren* (lat.) z. B. als Bürge für e. Schuldner 2. *plädieren* (lat.-fr.) im Bundestag für Steuererhöhung plädieren

Eintreten, das ... füreinander *Solidarität*, die (lat.-fr., ohne Pl.) auch: Übereinstim-

mung; »Ich praktiziere gelebte Solidarität.« (Helmut Kohl)

eintreten, für etwas oder jmdn. ... *plädieren* (fr.) »Sie (Theo Waigel) plädieren also
nicht dafür, den Ossis mit Geld- u. Liebes-
entzug zu drohen ...?« (Stern, 1998)

Eintreten, rigoroses für e. Sache *Fanatismus*, der (lat., ohne Pl.) überspannter Einsatz für e. Idee; »Man müßte es dahin
bringen, daß sich alle Menschen des Fanatismus u. der Intoleranz schämten.«
(Friedrich der Große)

Eintritt *Entree*, das (lat.-fr., Pl. -s)

Eintritt verboten! *off limits!* (engl.)

Eintrittsgeld *Entree*, das (lat.-fr., Pl. -s)

Eintrittskarte 1. *Ticket*, das (engl., Pl. -s)
2. *Billett*, das (fr., Pl. -s, -e)

**Eintrittskarten, per Telefon bei e. Com-
puter, bestellte ...** *Tele-Ticket*, das (engl.-
am., Pl. -s) ... am Eingang z. B. des Kinos
wird das Ticket dann aus dem Automaten
gezogen

Eintrittskartenblock *Masette*, die (it., Pl.
-n) Bündel, Kartenblock

eintunken *dippen* (engl.)

einüben 1. *eintrainieren* (dt.-engl.) 2. *exerzieren* (lat.) militärische Übungen machen
3. *korrepetieren* (lat.) e. Musikstück einüben 4. *repetieren* (lat.) i. S. von wiederholen 5. *trainieren* (engl.) üben

Einübung *Korrepetition*, die (lat., Pl. -en)
... e. musik. Partie (Gesang)

einverleiben *annektieren* (lat.-fr.) e. schwaches Nachbarland annektieren

Einverleibung *Inkorporation*, die (lat., Pl.
-en) Eingemeindung, Aufnahme in e. Körperschaft

einverstanden 1. *okay*, kurz: *o. k.* (am.)
2. *d'accord* (fr.) 3. *allright* (engl.) 4. *aye*,
aye (engl.) »jawohl« in der britischen Marine

einverstanden sein 1. *akzeptieren* (lat.)
2. *tolerieren* (lat.) i. S. von dulden, gewähren

Einverständnis 1. *Akklamation*, die (lat.,
Pl. -en) beistimmender Zuruf bei Parlamentsbeschlüssen 2. *Konsens*, der (lat., Pl.
-e) Zustimmung; Ggs.: Dissens 3. *Plazet*,
das (lat., Pl. -s) »es gefällt«, Einwilligung;
verw. mit *Plazidität*, die (lat., ohne
Pl.) Ruhe, Sanftheit

Einwand *Remonstration*, die (lat., Pl. -en)

Einwände haben *remonstrieren* (lat.) der
Abgeordnete remonstrierte zum Beschluß
der Steuererhöhung

Einwanderer *Immigrant*, der (lat., Pl. -en)
Ggs.: Emigrant

**Einwanderer, aus sp. sprechenden Län-
dern in die USA** *Hispano*, der (sp., Pl. -s)

einwandern *immigrieren* (lat.) Ggs.: emigrieren

Einwanderung *Immigration*, die (lat., Pl.
-en) Ggs.: Emigration

einwandfrei 1. *perfekt* (lat.) perfekte Umgangsformen haben 2. *akkurat* (lat.) 3. *intakt* (lat.) 4. *integer* (lat.) 5. *korrekt* (lat.)
6. *koscher* (hebr.-jidd.) einwandfrei, den
jüdischen Speisegesetzen gemäß

Einwecktopf *Rexapparat*, der (österr.-Ei-
genn., Pl. -e)

Einweihung *Inauguration*, die (lat., Pl.
-en) auch: feierliche Einsetzung in e. akademisches Amt

einweisen *instruieren* (lat.) nicht verw. mit
instradieren (lat.-it.) Soldaten in Marsch
setzen

Einweisung *Briefing*, das (engl.-am., Pl.
-s) kurze Einweisung oder Lagebesprechung

einwertig *univalent* (lat.) chem.

einwickeln *paketieren* (niederl.-fr.) z. B.
Güter zu e. Paket verpacken

Einwilligung 1. *Konsens*, der (lat., Pl. -e) in
der Auseinandersetzung erzielte man e.
Konsens; »Wenn Konsens bedeutet, daß
wir nichts tun können, wenn e. Bauer weniger Geld als letztes Jahr bekommt, sind
die europäischen Wohlfahrtsstaaten nicht
überlebensfähig.« (D. Mueller, Präsident
der Schumpeter Gesellschaft, 1998)
2. *Plazet*, das (lat., Pl. -s) jmd. gibt in e.
Auseinandersetzung schließlich sein Plazet

Einwirkung *Immission*, die (lat., Pl. -en)
Einsetzung in e. Position

Einwohner von Buenos Aires *Porteño*, der
(sp., Pl. -s)

Einzahl *Singular*, der (lat., ohne Pl.)

Einzelaufzählung *Spezifikation*, die (lat.,
Pl. -en)

Einzelauge e. Facettenauges *Ommatidi-
um*, das (gr.-lat., Pl. ...ien)

Einzeldarstellung *Monographie*, die (lat.,
Pl. ...ien)

Einzelding *Detail*, das (lat.-fr., Pl. -s)

Einzelerscheinung *Singularität*, die (lat., Pl. -en) Besonderheit, Seltenheit

Einzelgänger *Individualist*, der (lat., Pl. -en)

Einzelgesang *Solo*, das (lat.-it., Pl. -s) auch: Alleingang; Ggs.: *Duett*, das (lat.-it., Pl. -e) zweistimmiger Vortrag;»Liebe ist kein Solo, Liebe ist e. Duett. Schwindet sie einem, verstummt das Lied.« (Adelbert von Chamisso)

Einzelhaus 1. *Villa*, die (lat.-it., Pl. Villen) großes, luxuriöses Haus 2. *Chalet*, das (fr., Pl. -s) größeres Landhaus

Einzelheit *Detail*, das (lat.-fr., Pl. -s)

Einzeller 1. *Amöbe*, die (gr.-lat., Pl. -n) »Wechsel«, Krankheitserreger der Amöbenruhr 2. *Protophyte*, die (gr.-lat., Pl. -n) einzellige Pflanzen 3. *Protophyton*, das (gr.-lat., Pl. . . .yten) nicht verw. mit *Protoplasma*, das (gr.-lat., Pl. -s) Lebenssubstanz aller menschlichen, pflanzlichen u. tierischen Zellen

Einzelmensch *Individuum*, das (lat., Pl. . . .duen) eigtl.: das Unteilbare; Person zweifelhaften Charakters

einzeln 1. *separat* (lat.) etwas separat verschicken 2. *en détail* (lat.-fr.) e. Hergang en détail schildern; Ggs.: en gros 3. *partikular* (lat.) z. B. die partikularen Interessen e. Staates berühren 4. *singulär* (lat.) bei der Revolte handelte es sich um e. singuläre Erscheinung 5. *speziell* (lat.-fr.)

Einzelseele *Individualpsyche*, die (gr.-lat., Pl. -n)

Einzelspiel 1. *Single*, das (engl., Pl. -s) z. B. im Tennis 2. *Solo*, das (lat., Pl. -s u. Soli) Einzelgesang, -tanz; Ggs.: Tutti

Einzelspiel im Sport *Single*, das (engl., Pl. -s) nicht verw. mit *Single*, der (engl., Pl. -s) bewußt Alleinlebende(r);»Singles haben weniger Kinder.« (Helmut Kohl, Bundeskanzler, 1997)

Einzelstück 1. *Unikum*, das (lat., Pl. . . .ka) e. Unikum (ein uriger Typ) sein 2. *Unikat*, das (lat., Pl. -e) die persische Vase aus dem 16. Jh. ist e. Unikat

Einzeltanz *Solo*, das (lat., Pl. -s u. Soli)

Einzelteil 1. *Detail*, das (lat.-fr., Pl. -s) 2. *Komponente*, die (lat., Pl. -n) auch: Teilkraft

Einzelverkauf *en détail* (lat.-fr.) der Einzelhandel verkauft Waren en détail; Ggs.: der Großhandel: en gros

Einzelvers *Monostichon*, das (gr., Pl. . . .cha)

Einzelwesen *Individuum*, das (lat., Pl. . . .duen) die Gesamtheit der Menschen besteht aus einzelnen Individuen

Einzelwort *Vokabel*, die (lat., Pl. -n) Wort e. fremden Sprache; auch: Bezeichnung, Begriff

einziehen 1. *konfiszieren* (lat.) 2. *requirieren* (lat.)

Einziehung *Rekrutierung*, die (lat.-fr., Pl. -en) Soldaten werden rekrutiert

einzig *sui generis* (lat.) besonders in seiner Art

einzigartig 1. *phänomenal* (gr.-lat.-fr.) Elefanten haben e. phänomenales Erinnerungsvermögen 2. *extraordinär* (lat.-fr.) 3. *exzeptionell* (lat.-fr.) 4. *sensationell* (lat.) 5. *spektakulär* (lat.) svw. aufsehenerregend; nicht verw. mit *spektakulös* (lat.) seltsam, abscheulich

Einzigartigkeit *Individualität*, die (lat.-fr., Pl. -en)

Einzimmerwohnung 1. *Garçonnière*, die (fr., Pl. -n) Junggesellenwohnung 2. *Studio*, das (lat.-it., Pl. -s) auch: Künstlerwerkstatt, Atelier; Produktionsraum für Filme u. diverse Sendungen

Eireifung *Oogenese*, die (gr., Pl. -n) med.

eirund *oval* (lat.)

Eisen *Ferrum*, das (lat., ohne Pl.) Zeichen: Fe

Eisenbahnabteil *Coupé*, das (fr., Pl. -s)

Eisenbahnbremse 1. *Karpenterbremse*, die (Eigenn., dt., Pl. -n) bes. Druckluftbremse, nach dem am. Erfinder u. Ingenieur Carpenter (1853 – 1901) 2. *Westinghousebremse*, die (Eigenn., dt., Pl. -n) nach dem am. Ingenieur G. Westinghouse (1846 – 1914)

Eisenbahnfährschiff *Trajekt*, das, der (lat., Pl. -e) Fähre mit Gleisanlage

Eisenbahnwagen *Waggon*, der (niederl.-engl., Pl. -s)

Eisenbaum *Nagasbaum*, der (sanskr.-dt., Pl. . . .bäume) Hartholzbaum

Eisenglanz *Hämatit*, der (lat., Pl. -e) auch: blutiger Stein, Roteisenstein

Eisenhut *Akonit*, das (lat., Pl. -e) auch:

Sturmhut; best. Pflanzengattung mit blauen Blüten

Eisenkarbid *Zementit*, der (Eigenn., ohne Pl.) sehr harte Verbindung: Kohlenstoff u. Eisen

Eisenkies *Pyrit*, der (lat., Pl. -e) eigtl.: Feuerstein, auch: Schwefelkies

Eisenkraut *Verbene*, die (lat., Pl. -n) e. Heilpflanze

Eisenkristall *Ferrit*, der (lat., Pl. -e)

Eisenlehre *Siderologie*, die (gr.-lat., ohne Pl.)

Eisenmangel *Asiderose*, die (gr., Pl. -n) med.

Eisenstange *Jackstag*, der (engl., Pl. -en) ... für die Segelbefestigung

Eisenzeit, der zweite Abschnitt der europäischen ... *La-Tène-Zeit*, die (lat.-fr.-dt., ohne Pl.)

Eishockeyscheibe *Puck*, der (engl., Pl. -s) auch: Kobold

Eishockeyspiel, durch e. Tor plötzlich entschiedenes ... *Sudden death*, der (engl., ohne Pl.) eigtl.: plötzlicher Tod; um in einem unentschieden stehenden Spiel e. Entscheidung herbeizuführen, kann das nächste Tor die Partie sofort beenden

Eiskunstlauf *Skating*, das (engl., Pl. -s) das Gleiten

Eisprung *Ovulation*, die (lat., Pl. -en) med. der Ausstoß e. reifen Eis aus dem Eierstock e. Frau

Eiszeit *Glazial*, das (lat., Pl. -e) erdgeschichtlicher Abschnitt, das letzte Glazial liegt rund 12000 Jahre zurück

Eiszeit, der ... entstammend *glazial* (lat.)

Eiszeitalter *Diluvium*, das (lat., ohne Pl.) eigtl.: Wasserflut; das quartäre Eiszeitalter: Pleistozän

eiszeitlich *glazial* (lat.)

eitel *kokett* (fr.) e. kokettes Mädchen mit dem Wunsch, auf sich aufmerksam zu machen

Eitelkeit *Koketterie*, die (fr., Pl. ...ien)

Eiter *Pus*, das (lat., Pl. Pura) med.

Eiterableitung *Drainage*, die (fr., Pl. -n) med., auch: das Wegführen von z.B. Grundwasser

Eiteransammlung *Empyem*, das (gr., Pl. -e) ... in natürlichen Körpermulden, z.B. im Bauchnabel (med.)

eiterartig *puriform* (lat.)

Eiterausschlag *Pyodermie*, die (gr., Pl. ...ien) med.

Eiterbläschen *Pustel*, die (lat., Pl. -n) med.

Eitererreger 1. *Staphylokokkus*, der (gr., Pl. ...kken) med. 2. *Streptokokkus*, der (gr., Pl. ...kken) med.

Eiterflechte *Impetigo*, die (lat., Pl. -ones) med.

Eiterfluß *Fluxus*, der (lat., ohne Pl.) auch: Kunstrichtung des Neodadaismus um 1960

Eitergeschwulst 1. *Abszeß*, der (lat., Pl. ...szesse) med. 2. *Furunkel*, das, der (lat., Pl. -s) med., »kleiner Dieb«, Eitergeschwür

Eitergeschwür 1. *Furunkel*, der, das (lat., Pl. -) med. eigtl.: Spitzbube 2. *Karbunkel*, der (lat., Pl. -) e. fressendes Geschwür aus mehreren Furunkel (med.) eigtl.: kleine Kohle

Eitergrind *Impetigo*, die (lat., ohne Pl.) med.

Eiterherd *Abszeß*, der (lat., Pl. -esse) med.

eitern *abszedieren* (lat.) eigtl.: sich absondern

Eiterung der Haut *Ekthym*, das (gr., Pl. -e) ... mit anschließender Geschwürbildung

Eiterung *Helkoma*, das (gr., Pl. ...komata) med.

eitrig 1. *impetiginös* (lat.) med. 2. *purulent* (lat.) med.

Eiweiß *Albumen*, das (lat., ohne Pl.) med.

Eiweiß des Blutplasmas *Gammaglobulin*, das (gr.-lat., ohne Pl.) e. Immunglobulin: wird zur Vorbeugung verschiedener Krankheiten geimpft

eiweißartig *albuminoid* (lat.)

eiweißhaltig *albuminös* (lat.)

Eiweißkörper, der Blut gerinnen läßt *Protamin*, das (gr.-lat., Pl. -e)

Eiweißkörper, glasiger ... *Hyalin*, der (gr., Pl. -e)

Eiweißkörper, virusabwehrender ... *Interferon*, das (Eigenn., lat., Pl. -e) von Körperzellen gebildet; Mittel zur Krebsbekämpfung (med.)

Eiweißspaltungsprodukt *Albumose*, die (lat., Pl. -n) i. S. e. Spaltprodukts der Eiweißkörper

Eiweißstoff aus Tierknochen *Glutin*, das (lat.) Hauptbestandteil der Gelatine

Eiweißstoff *Gluten*, das (lat., ohne Pl.) . . . der nach dem Entfernen der Stärke aus dem Mehl übrigbleibt

Eiweißstoff im Blutplasma *Globulin*, das (lat., Pl. -e)

Eiweißstoff, artfremder . . . *Antigen*, das (gr., Pl. -e)

eiweißverdauend *proteolytisch* (gr.-lat.) med.

Eizelle 1. *Ovulum*, das (lat., Pl. . . .la) med. 2. *Ovum*, das (lat., Pl. Ova) med. 3. *Gynogament*, der (gr.-lat., Pl. -en)

Ekel *Degout*, der (lat.-fr., ohne Pl.)

Ekel einflößen *degoutieren* (lat.-fr.)

ekelerregend *degoutant* (lat.-fr.) auch: ekelhaft

Ekstase, in . . . **begeben** 1. *ekstasieren* (gr.-lat.) 2. *ekstatisch* (gr.-lat) i. S. von: rauschhaft, außer sich sein 3. *dionysisch* (gr.-lat.) wildbegeistert, rauschhaft; nach Dionysos, dem antiken gr. Gott der Ekstase, des Weines, des Rausches, der Fruchtbarkeit; auch: 4. *dionysieren* (gr.-lat.) i. S. von: in e. Rauschzustand begeben

Elan 1. *Pep*, der (engl., ohne Pl.) der Manager hatte Pep 2. *Dynamik*, die (gr., ohne Pl.) Schwung; auch: Lehre von den Kräften

elastisch *flexibel* (lat.) e. flexiblen Kunststoff verarbeiten

Elefantenführer *Mahut*, der (ind., Pl. -s) in Indien

elegant 1. *fashionable* (lat.-fr.-engl.) modebewußt 2. *adrett* (lat.) auch: sauber 3. *attraktiv* (lat.-fr.) begehrenswert, anziehend

Elektrobaßspielen, hervorragendes . . . *Slappen*, das (engl.-am., ohne Pl.), dabei »prügelt« der Daumen die Saiten

elektromagnetische Felder *Elektrosmog*, der (engl., ohne Pl.) der durch elektronische Geräte erzeugt wird u. als gesundheitsschädigend gilt, z. B. Mobil-Telefone, von Antennen verursachter Elektrosmog

Elektro-Metall *Elektromet*, das (Pl. -s) neue Legierung, verändert bei elektrischer Spannung die Form

elektronische Rechenanlage *Computer*, der (lat.-engl., Pl. -s) Abk.: EDV

Element, radioaktives . . . **(Transuran)** *Nobelium*, das (Eigenn., lat., ohne Pl.) nach dem schwed. Chemiker A. Nobel (1833–1896; Nobelpreis)

Elementarteilchen, e. geladenes . . . *Quark*, das (engl., Pl. -s) . . . das der Wirkung der starken Kraft unterliegt; Protonen u. Neutronen setzen sich jeweils aus drei Quarks zusammen

Elementarteilchen, negativ elektrisches . . . *Elektron*, das (gr., Pl. . . .onen) Abk.: e; eigtl.: Bernstein; auch: natürlich vorkommende Gold-Silber-Legierung

Elementarteilchen, sich sehr schnell bewegendes . . . *Tachyon*, das (gr.-lat., Pl. -en) (mehr als Lichtgeschwindigkeit, +300000 km/Sekunde)

Elemente, kleinste . . . **bei der Gestaltung digitaler Bilder (EDV)** *Pixel*, die (engl., Pl. -s) aus: picture (Bild) u. element (Element) auch: kleinstes Rasterelement digitaler Bilder

Elend *Misere*, die (fr., Pl. -n) Unglück, Notsituation

Elend der Massen *Pauperismus*, der (lat., ohne Pl.)

Elendsviertel 1. *Slum*, der (engl., Pl. -s) nicht verw. mit *Slump*, der (engl., Pl. -s) die Baisse im Börsenwesen 2. *Favela*, die (port., Pl. -s) Elendsviertel in Brasilien

Elendsviertel aus Kanistern *Bidonville*, das (it.-fr., Pl. -s) e. aus Kanistern u. Wellblech erbautes Elendsviertel am Rande nordafrik. Großstädte

Elfeck *Hendekagon*, das (gr.-lat., Pl. -e)

Elfenbein *Ebur*, das (lat., ohne Pl.)

Elitetruppe 1. *Garde*, die (germ.-fr., Pl. -n) 2. *Marines*, die (am., nur Pl.) am. Eliteeinheit

Ellbogen 1. *Cubitus*, der (lat., Pl. . . .ti) med. 2. *Olecranon*, das (lat., Pl. . . .na) auch: Ellbogenhöcker (med.)

Elle *Ulna*, die (lat., Pl. . . .nae) auch: Ellenbogenknochen

Ellennerv *Ulnaris*, der (lat., ohne Pl.) med.

Elterngeneration *Parentalgeneration*, die (lat., Pl. -en)

Elternzeugung *Tokogonie*, die (gr., Pl. . . .ien) i. S. e. geschlechtlichen Fortpflanzung

Embryo, frühstes Stadium *Blastula*, die (gr.-lat., Pl. . . .lae) auch: Blasenkeim

Embryodefekte, die charakteristisch sind *Embryopathie*, die (gr.-lat., ohne Pl.) . . . durch Erkrankung der Mutter während der Schwangerschaft

Embryonalhülle *Amnion*, das (gr., Pl. -s)

Eminenz, graue ... *l'éminence grise* (fr., Redewendung)

Empfang 1. *Audienz*, die (lat., Pl. -en) z. B. beim Papst 2. *Rezeption*, die (lat., Pl. -en) sich an der Rezeption e. Hotels melden

Empfänger 1. *Adressat*, der (lat.-fr., Pl. -en) 2. *Rezipient*, der (lat., Pl. -en) z. B. e. Information 3. *Assignatar*, der (lat., Pl. -e) z. B. e. Geldanweisung

empfänglich 1. *prädisponiert* (lat.) für e. Krankheit empfänglich machen 2. *disponiert* (lat.) 3. *rezeptibel* (lat.)

Empfänglichkeit *Prädisposition*, die (lat., Pl. -en) für best. Krankheiten, z. B. e. erbliche Prädisposition haben

Empfängnis *Konzeption*, die (lat., Pl. -en) auch: Grundvorstellung, Leitprogramm; Schwangerschaftseintritt

Empfängnis, die unbefleckte ... *Immaculata conceptio* (lat.) ... Marias; d. h. frei von Erbsünde (e. 1854 verkündetes Dogma der kath. Kirche)

empfängnisverhütend *antikonzeptionell* (gr.-lat.) med.

Empfängnisverhütung *Kontrazeption*, die (lat., ohne Pl.) med.

Empfängnisverhütungsmittel 1. *Kontrazeptivum*, das (lat., Pl. ...va) med. 2. *Präventivmittel*, das (lat.-dt., Pl. -) med., svw.: Präservativ, Kondom

Empfangsbescheinigung 1. *Acquit*, das (lat.-fr., Pl. -s) für erhaltenes Geld, Waren oder Leistungen 2. *Quittung*, die (lat.-fr., Pl. -en)

Empfangsbestätigung *Reply*, die (engl., Pl. -s)

Empfangsbüro *Rezeption*, die (lat., Pl. -en) Empfang

Empfangschef *Chef de Réception*, der (fr., Pl. -s)

Empfangsoptimierung *Antennen-Diversity*, die (lat.-engl., Pl. ...ies) ... im PKW für das Autoradio

Empfangsraum 1. *Rezeption*, die (lat., Pl. -en) e. Verabredung an der Hotelrezeption treffen 2. *Selamlik*, der (arab.-türk., Pl. -s) in e. vornehmen Haus e. Arabers

Empfangstag *At-Home*, das (engl., ohne Pl.) Besuchstag

Empfangszimmer im Weißen Haus des US-Präsidenten *Oval Office*, das (engl.,

ohne Pl.) wird seit 1997, mit dem Bekanntwerden Clintons Vorlieben, scherzhaft »Oral Office« genannt

Empfangszimmer *Salon*, der (germ.-it.-fr., Pl. -s)

empfehlen *rekommandieren* (lat.-fr.) e. Menü ist zu rekommandieren

empfehlenswert *indiziert* (lat.) i. S. von ratsam, angezeigt

Empfehlung *Referenz*, die (lat., Pl. -en) bei e. Bewerbung sind gute Referenzen von Vorteil

Empfinden zum anderen Geschlecht ... *Heterozentrismus*, der (gr.-lat., ohne Pl.) ... wird als das Normale angenommen

empfindlich 1. *etepetete* (niederl.-fr.) 2. *neuralgisch* (gr.-lat.) 3. *penibel* (gr.-lat.-fr.) auch: sorgfältig, genau

empfindlicher Mensch *Mimose*, die (gr.-lat., Pl. -n) Baum mit gefiederten Blättern, die sich bei Berührung zusammenziehen

Empfindlichkeit 1. *Irritabilität*, die (lat., ohne Pl.) Reizbarkeit e. Gewebes (med.) 2. *Penibilität*, die (fr., Pl. -en) Genauigkeit 3. *Sensibilität*, die (lat-fr., ohne Pl.) Feinfühligkeit (med.)

Empfindlichkeitsmesser *Sensitometer*, das (lat., Pl. -) ... fotografischer Filme u. Platten

Empfindlichkeitsmessung *Sensitometrie*, die (lat., ohne Pl.) Meßverfahren in der Fototechnik

Empfindlichkeitsverringerung *Desensibilisation*, die (lat., Pl. -en) Reduzierung der Lichtempfindlichkeit; auch: Schwächung der allergischen Reaktion e. Organs

empfindsam *sensibel* (lat.-fr.) e. bes. sensibles Wesen sein

Empfindsamkeit *Sensibilität*, die (lat.-fr., ohne Pl.) die Sensibilität des Personalchefs ließ zu wünschen übrig

Empfindung 1. *Sentiment*, das (lat.-fr., Pl. -s) 2. *Feeling*, das (engl., Pl. -s) Tautologie: »Vom Feeling her hab' ich e. gutes Gefühl.« (Harald Schmidt, Showmaster)

Empfindungslosigkeit 1. *Analgesie*, die (gr., Pl. ...ien) auch: Schmerzlosigkeit 2. *Anästhesie*, die (gr., Pl. ...ien) Unempfindlichkeit z. B. durch Narkose 3. *Anaphrodisie*, die (gr., Pl. ...ien) geschlechtliche Empfindungslosigkeit (med.)

Empfindungsmesser *Ästhesiometer*, das

169

(gr.-lat., Pl. -) Gerät zur Prüfung der Hautempfindlichkeit (med.)

Empfindungsvermögen *Ästhesie*, die (gr., ohne Pl.)

empfindungsvoll *pathetisch* (gr.-lat.-fr.) die Predigt war zu pathetisch

Empfindungswort *Interjektion*, die (lat., Pl. -en) z. B. der Ausruf: »Au!«

empor! *exzelsior!* (lat.) auch: höher hinauf!

empören 1. *schockieren* (fr.) 2. *rebellieren* (lat.-fr.) aufbegehren, sich widersetzen 3. *revoltieren* (lat.-fr.) sich auflehnen, meutern; auch: umwälzen

Empörendes *Skandal*, der (gr.-lat.-fr., Pl. -e) der Verrat von Staatsgeheimnissen war e. Skandal

emporgekommen *arriviert* (lat.-fr.)

emporkommen *arrivieren* (lat.-fr.)

Emporkömmling *Parvenü*, der (lat.-fr., Pl. -s)

empört 1. *indigniert* (lat.) 2. *pikiert* (lat.-fr.) leicht beleidigt, verstimmt; nicht verw. mit *pikieren* (fr.) Pflanzen umsetzen, verziehen oder Stofflagen ohne sichtbare Außennähte aufeinandernähen

Empörung 1. *Rebellion*, die (lat.-fr., Pl. -en) »So fand Rebellion stets ihre Strafe.« (W. Shakespeare) 2. *Revolte*, die (fr., Pl. -n) Auflehnung, Gefängnisrevolte 3. *Revolution*, die (lat.-fr., Pl. -en) »Die Revolution frißt ihre eigenen Kinder.« (G. Büchner), »Wo ich auftrete, ist Revolution.« (R. Weller, Boxer)

Ende gut, alles gut *finis coronat opus* (lat., Zitat) eigtl.: das Ende krönt das Werk

Ende *Happy End*, das (engl., Pl. -s) der Film hatte e. Happy End (glückliches Ende)

Ende, äußeres ... *Extremität*, die (lat., Pl. -en) auch: Gliedmaße (med.) »... ist Joe Cocker, der Dudelsack-Mensch, den ungeheure Kräfte pressen u. mit den Extremitäten rudern machen ...« (Frankenpost 1992)

Ende, bis zum (bitteren) ... *usque ad finem* (lat., Zitat)

Endergebnis *Quintessenz*, die (lat., Pl. -en) »Das ist die Quintessenz einer Sache!« (Redensart); nach Wahlen: das amtliche Endergebnis

endgültig 1. *apodiktisch* (gr.-lat.) 2. *definitiv* (lat.) dazu kann ich mich noch nicht definitiv äußern

Endkampf *Spurt*, der (engl., Pl. -s) Jesse Owens Spurt kurz vor dem Ziel war gewaltig

Endkampfteilnehmer *Finalist*, der (fr., Pl. -en)

endlos *ad infinitum* (lat.)

Endpunkt der Kernteilung *Telophase*, die (gr.-lat., ohne Pl.)

Endrunde *Finale*, das (lat.-it., Pl. -)

Endspiel *Finale*, das (lat.-it., ohne Pl.) mit e. Fußballmannschaft im Finale stehen

Endspurt *Finish*, das (engl., Pl. -s) sich im 1500-Meter-Lauf e. dramatisches Finish liefern

Endton *Finalis*, die (lat., Pl. ...les) Schlußnote in der Kirchenmusik

Endzeit *Fin de siècle*, das (fr., ohne Pl.) »Jahrhundertende« nach e. Lustspiel von Jouvenot u. Micard (1888), Ausdruck e. dekadenten Lebensgefühls

Endzeitlehre *Eschatologie*, die (gr., ohne Pl.) Lehre von den letzten Dingen

Endzweck, der ... *Telos*, das (gr., ohne Pl.) auch: das Ziel (Philos.)

Energieeinheit der Kernphysik *Elektronvolt*, das (gr.-lat., ohne Pl.) Abk.: eV.

energiegeladen 1. *dynamisch* (gr.) Ggs.: statisch 2. *vital* (lat.-fr.) lebensvoll

energielos *anergisch* (gr.) med.; auch: unempfindlich z. B. gegen äußere Einflüsse

Energiespeicher *Akkumulator*, der (lat., Pl. -en) er speichert elektrische Energie

energisch 1. *resolut* (lat.-fr.) die Großmutter ist e. resolute Person 2. *dezidiert* (lat.) e. Meinung dezidiert äußern 3. *vigoroso* (lat.-it.) musik. Vortragsanw.

eng befreundet *intim* (lat.) sein

eng *kompreß* (lat.) auch: zusammengedrängt

Enge *Istmus*, der (gr.-lat., Pl. ...men) Landenge, z. B. die von Panama; auch: schmale Verbindung

Engel 1. *Cherub*, der (hebr.-gr.-lat., Pl. -im, -inen) als himmlischer Wächter 2. *Seraph*, der (hebr.-lat., Pl. -e, -im) e. sechsflügeliger Engel 3. *Gabriel*, der; Erzengel

engelsgleich 1. *cherubinisch* (hebr.-gr.-lat.) nach dem Engel Cherub 2. *seraphisch* (hebr.-lat.) nach dem Engel Seraph

Engelverehrung 1. *Angelolatrie*, die (gr.-lat., ohne Pl.) auch: Gottesverehrung 2. *Dulie*, die (gr.-lat., Pl. ...lien) ... in der kath. u. Ostkirche

engherzig *illiberal* (lat.) unduldsam; Ggs.: liberal

Engherzigkeit *Illiberalität*, die (lat., ohne Pl.) Unduldsamkeit; Ggs.: Liberalität

England *Albion*, das (lat., ohne Pl.) alter Dichtername für England, auf die Kreidefelsen von Dover bezogen

Engländer, Spitzname des ... *John Bull*, der (engl., ohne Pl.)

englandfeindlich *anglophob* (lat.-gr.)

Englandfeindlichkeit *Anglophobie*, die (lat.-gr., ohne Pl.)

englandfreundlich *anglophil* (lat.-gr.)

Englandfreundlichkeit *Anglophilie*, die (lat.-gr., ohne Pl.)

Englisch als Muttersprache haben *anglophon* (gr.)

englische Krankheit *Rachitis*, die (gr.-lat., Pl. ...itiden) med.

englisches Weltreich *Commonwealth*, das (engl., ohne Pl.) eigentlich: Commonwealth of Nations, Staatenbund des ehemaligen britischen Weltreichs

Englischsprachigkeit *Anglophonie*, die (lat.-gr., ohne Pl.)

Engpaß *Klause*, die (lat., Pl. -n) auch: Zelle, enger Raum

engsichtig *borniert* (fr.) i. S. von geistig beschränkt, engstirnig; »Wir alle sind so borniert, daß wir immer glauben, recht zu haben.« (Goethe)

engstirnig 1. *closed minded* (engl.) ... in den Ansichten 2. *borniert* (fr.) 3. *pedantisch* (lat.-fr.)

Engstirnigkeit 1. *Dogmatismus*, der (gr.-lat., ohne Pl.) i. S. e. starren Festhaltens an Meinungen 2. *Provinzialismus*, der (lat., Pl. ...men) i. S. e. spießigen Einstellung

Ensemble von Instrumentalmusikern *Orchester*, das (gr.-lat., ohne Pl.) auch: Musikkapelle; »... das ist e. Kirchenlied, das das Orchester auf der ›Titanic‹ beim Untergang gespielt hat.« (Jean-Pierre Chevènement, fr. Innenminister, über den Euro, 1998)

entarten 1. *degenerieren* (lat.) 2. *pervertieren* (lat.-fr.)

entartend *degenerativ* (lat.)

entartet 1. *degeneriert* (lat.) 2. *dekadent* (lat.) z. B. e. dekadente Gesellschaft

Entartung *Degeneration*, die (lat., Pl. -en) z. B. von Körperteilen durch Inzucht

Entbehrungen auferlegen, sich ... *kasteien* (lat.) »Manchmal habe ich das Bedürfnis, mich selbst zu kasteien.« (G. Schröders geh. Tagebuch von H. Venske, 1997)

Entbindung *Partus*, der (lat., ohne Pl.) med., Niederkunft e. Frau

Entblößer *Exhibitionist*, der (lat., Pl. -en)

Entblößung *Exhibition*, die (lat.-engl., Pl. -en) auch: Schau, Ausstellung

Entblößungssucht *Exhibitionismus*, der (lat., ohne Pl.) Neigung der Zurschaustellung der Geschlechtsteile vor anderen Personen, oft in Verbindung mit Masturbation zur sexuellen Befriedigung

Entblütung *Defloration*, die (lat.) i. S. der Zerstörung des Hymens (Jungfernhäutchens) beim ersten Geschlechtsverkehr

Entdeckungsreise *Expedition*, die (lat., Pl. -en)

enteignen *expropriieren* (lat.-fr.) im Marxismus

Enteigner *Expropriateur*, der (lat.-fr., Pl. -e) auch: »Ausbeuter« i. S. des Marxismus

Enteignung *Konfiskation*, die (lat., Pl. -en) i. S. e. entschädigungslosen Enteignung

Enteiser *Defroster*, der (engl.)

Entenbratensoße ... *Bigarade*, die (fr., Pl. -n) ... mit Orangensaft; auch: Pomeranze (Zitrusfrucht)

entfalten *evolvieren* (lat.) auch: darstellen, aufrollen

entfärben *dekolorieren* (lat.-fr.)

Entfärbung *Dekoloration*, die (lat., Pl. -en) Verbleichung; Ggs.: Koloration

entfernen 1. *eliminieren* (lat.) z. B. Fehler aus e. Manuskript 2. *absentieren* (lat.-fr.) z. B. sich rechtzeitig absetzen

entfernen, sich ... *absentieren* (lat.-fr.)

Entfernung 1. *Distanz*, die (lat., Pl. -en) auch: auf Distanz zu e. Person gehen 2. *Elimination*, die (lat., Pl. -en) i. S. von Ausmerzung

Entfernungsmesser *Telemeter*, das (gr.-lat., ohne Pl.)

Entfernungsmessung *Telemetrie*, die (gr.-lat., ohne Pl.)

entfesselt *bacchanalisch* (gr.-lat.) das

171

Abendessen entwickelte sich zu e. bacchanalischen Gelage

entflechten *dekonzentrieren* (lat.-fr.) auflösen, zerstreuen; Ggs.: konzentrieren

Entflechtung *Dekonzentration,* die (lat.-fr., Pl. -en) Zerstreuung, Auflösung; Ggs.: Konzentration

entfremden 1. *abalienieren* (lat.) auch: veräußern 2. *alienieren* (lat.) auch: abspenstig machen, verkaufen 3. *dirimieren* (lat.-fr.) auch: trennen; e. Entscheidung erwirken

Entfremdung *Abalienation,* die (lat., Pl. -en) auch: Veräußerung

entführen *kidnappen* (engl.)

Entführer *Kidnapper,* der (engl., Pl. -)

Entführung 1. *Kidnapping,* das (engl., Pl. -s) nach dem Kidnapping der Tochter forderte der Verbrecher Lösegeld 2. *Hijakking,* das (engl., Pl. -s) Flugzeugentführung

entgegenarbeiten *obstruieren* (lat.) auch: versperren, verstopfen (med.)

entgegengesetzt 1. *diametral* (gr.-lat.) diametrale Ansichten vertreten 2. *kontrovers* (lat.) z. B. im Bundestag wurde kontrovers debattiert 3. *antizyklisch* (gr.-lat.) geschickte Unternehmer werben antizyklisch 4. *antagonistisch* (gr.-lat.) 5. *divergent* (lat.) 6. *kontra* (lat.) 7. *konträr* (lat.-fr.)

Entgegenkommen 1. *Avance,* die (lat.-fr., Pl. -n) e. Herzensdame Avancen machen 2. *Konzession,* die (lat., Pl. -en) i. S. von Zugeständnis 3. *Kulanz,* die (lat.-fr., ohne Pl.) e. Versicherung regelte den Schaden auf dem Weg der Kulanz 4. *Toleranz,* die (lat., Pl. -en); »Schröder-Tolerierung (gemeint ist: Toleranz gegenüber Schröder) durch die CSU? Wenn er das ernst meint, dann ist es e. weitere der unglaublichen Nasenbohrereien ...« (Thomas Zimmermann, CSU, 1998)

entgegenkommend 1. *kulant* (lat.-fr.) sich gegenüber seinen Kunden kulant zeigen 2. *generös* (lat.-fr.)

entgegensetzend *adversativ* (lat.) gegensätzlich

entgegenwirkend *antizyklisch* (lat.) z. B. gegen e. bestehenden Konjunkturzustand werben; Ggs.: prozyklisch

entgegnen 1. *kontern* (lat.-fr.-engl.) 2. *reagieren* (lat.)

Entgegnung 1. *Replik,* die (lat.-fr., Pl. -en) z. B. e. Replik auf den Vortrag des Vorredners halten 2. *Argument,* das (lat., Pl. -e) recht hat er nicht, aber die besseren Argumente

Entgelt 1. *Honorar,* das (lat., Pl. -e) in vielen freien Berufen, Schriftstellerhonorar 2. *Salär,* das (lat.-fr., Pl. -e) Verdienst in der Schweiz 3. *Prämie,* die (lat., Pl. -n) für Sonderleistungen 4. *Gratifikation,* die (lat., Pl. -en) Entgelt zu bes. Anlässen, z. B. Weihnachtsgratifikation 5. *Almosen,* das (gr.-lat., ohne Pl.) i. S. e. Entgelts für Bettler

entgelten *honorieren* (lat.) z. B. e. bes. Einsatz

entgiften *dekontaminieren* (lat.) med. e. Körper entgiften, e. Grundstück dekontaminieren; Ggs.: kontaminieren

Entgiftung *Dekontamination,* die (lat., ohne Pl.) Ggs.: Kontamination

enthaaren *epilieren* (lat.) med.

Enthaarung 1. *Epilation,* die (lat., Pl. -en) med. 2. *Depilation,* die (lat., Pl. -en) med., Entfernung von Körperhaaren

Enthaarungsmittel *Depilatorium,* das (lat., Pl. ...ien)

enthalten 1. *implizieren* (lat.) auch: umfassen, einbeziehen 2. *involvieren* (lat.) auch: verwickeln, einschließen; Ggs.: evolvieren

enthaltsam 1. *asketisch* (gr.-lat.) asketisch wie Diogenes leben 2. *abstinent* (lat.) keinen Alkohol trinken

Enthaltsamkeit *Abstinenz,* die (lat., ohne Pl.) bez. des Alkoholgenusses

entheben *suspendieren* (lat.) auch: von e. Verpflichtung befreien

enthüllen *dekuvrieren* (lat.-fr.) e. Politaffäre dekuvrieren, z. B. die Dekuvrierung im Watergateskandal

enthüllend *revelatorisch* (lat.) etwas zum Vorschein bringend

Enthüllung *Revelation,* die (lat., Pl. -en) auch: Offenbarung

entjungfern *deflorieren* (lat.)

Entjungferung *Defloration,* die (lat., Pl. -en)

entkeimen *desinfizieren* (lat.)

Entkeimung *Desinfektion,* die (lat.)

Entkeimungsgerät *Sterilisator,* der (lat.-fr., Pl. ...oren)

Entkeimungsmittel *Desinfiziens*, das (lat., Pl. ...zienzien)

entkernen *enukleieren* (lat.) auch: erläutern, entwickeln

Entkleidungsschau *Striptease*, das (engl., ohne Pl.)

Entkleidungsszene *Striptease*, der, das (engl.-am., ohne Pl.) von: strip (entkleiden) u. tease (hänseln) auch: erotische Entblößung;»Striptease bedeutet Modellstehen für Leute, die keine Maler sind.« (Jerry Lewis)

Entkohlung von Eisen *tempern* (engl.) damit Eisen schmiedbar wird

entkräften *paralysieren* (gr.-lat.) Schlangen paralysieren ihre Opfer

entkräftet *marode* (fr.) i. S. von kränklich, erschöpft

Entkräftung *Enervation*, die (lat., Pl. -en) i. S. nervlicher Überbelastung

entladen *abreagieren* (lat., dt.)

Entladung *Abreaktion*, die (dt.-lat., Pl. -en) ... seelischer Spannungen

entlarven 1. *dekuvrieren* (lat.-fr.) auch: enthüllen 2. *demaskieren* (fr.) die Maske ablegen

entlassen 1. *demissionieren* (lat.-fr.) z. B.: der Wirtschaftsminister ist geneigt zu demissionieren 2. *suspendieren* (lat.) i. S. von vorübergehend entlassen

entlassen u. einstellen *hire and fire* (engl.-am.) Mentalität des Hinauswerfens u. Einstellens

Entlassung *Demission*, die (lat.-fr., Pl. -en) der Minister bat um seine Demission

Entlaubung *Defoliation*, die (lat., Pl. -en) ... durch chem. Mittel

entleeren *evakuieren* (lat.) z. B. Luft entweichen lassen oder abpumpen

Entleerung 1. *Dejektion*, die (lat., Pl. -en) auch: Auswurf, Kotentleerung (med.), Verstoßung 2. *Emission*, die (lat., Pl. -en) Luftverunreinigung; auch: Ausgabe von Wertpapieren; Harnblasenleerung (med.)

Entleerung des Körpers von Eingeweiden *Eviszeration*, die (lat., Pl. -en) med.

entlocken *elizitieren* (lat.-engl.) jmdn. zu e. Äußerung bewegen

entlohnen *salarieren* (lat.-fr.) in der Schweiz gebräuchlich

Entlüfter *Exhaustor*, der (lat., Pl. ...oren)

entmannen 1. *emaskulieren* (lat.) auch:

verweichlichen 2. *kastrieren* (lat.-it.) wirkungslos machen, z. B. was den Geschlechtstrieb angeht

Entmannter 1. *Kastrat*, der (lat.-it., Pl. -en) im Orient: als Haremswächter tätig 2. *Eunuch*, der (gr.-lat., Pl. -en) »Bettschützer«, durch Kastration zeugungsunfähig gemachter Mann, Haremswächter

Entmannung 1. *Emaskulation*, die (lat., Pl. -en) operative Entfernung von Penis u. Hoden; Entfernung der Keimdrüsen 2. *Kastration*, die (lat., Pl. -en) Entfernung der Hoden oder der Eierstöcke

entmenschlichen *dehumanisieren* (lat.) herabwürdigen

Entmenschlichung *Dehumanisation*, die (lat., ohne Pl.) Herabwürdigung

entmutigen 1. *decouragieren* (lat.-fr.) nach e. herben Mißerfolg war er vollkommen decouragiert 2. *demoralisieren* (lat.-fr.) jmd. durch e. Tadel demoralisieren 3. *deprimieren* (lat.-fr.) der Umsatzeinbruch deprimierte den Verkaufsleiter

entmutigt 1. *decouragiert* (lat.-fr.) 2. *demoralisiert* (lat.-fr.) 3. *deprimiert* (lat.-fr.)

entnerven *enervieren* (lat.) »Barbaras kleine Gewohnheiten enervierten u. beleidigten ihn.« (Klaus Mann: »Mephisto«)

Entpersönlichung *Depersonalisation*, die (lat., Pl. -en) ... bei seelischen Störungen

entpflichten *emeritieren* (lat.) z. B. e. Prof. in den Ruhestand versetzen

Entrechteter *Paria*, der (tamilisch-engl., Pl. -s) Bez. für kastenlosen Inder; i. S. des von der Gesellschaft Ausgestoßenen

Entrücktheit *Trance*, die (lat.-fr.-engl., Pl. -n) der Schamane tanzte sich in Trance

entrüstet 1. *indigniert* (lat.) der Vorsitzende war über die Anschuldigung indigniert 2. *pikiert* (lat.-fr.)

Entrüstung *Indignation*, die (lat., ohne Pl.)

entsagen *resignieren* (lat.) verzichten, sich fügen

entsagend *asketisch* (gr.-lat.) enthaltsam; streng wie e. Mönch lebend

Entsagung 1. *Renuntiation*, die (lat., Pl. -en) z. B. einer Erbschaft 2. *Abdikation*, die (lat., Pl. -en) einer Ordensverleihung

entschädigen *rekompensieren* (lat.) ausgleichen

Entschädigung 1. *Kompensation*, die (lat., Pl. -en) auch: Ausgleich 2. *Reparation*, die (lat., Pl. -en) i. S. von Kriegsentschädigung, Wiedergutmachungsleistung

Entscheid *Votum*, das (lat.-engl., Pl. ...ten, ...ta) auch: Gelübde, Urteil, Stimme

entscheiden 1. *determinieren* (lat.) auch: begrenzen 2. *dezidieren* (lat.) 3. *votieren* (lat.)

entscheidend 1. *elementar* (lat.) 2. *essentiell* (lat.-fr.) auch: wesentlich, hauptsächlich 3. *fundamental* (lat.) 4. *gravierend* (lat.) 5. *konstitutiv* (lat.) 6. *substantiell* (lat.) 7. *zentral* (gr.-lat.) auch: im Zentrum liegend; Ggs.: dezentral

Entscheidung zwischen Möglichkeiten *Alternative*, die (lat.-fr., Pl. -n) nicht verw. mit *Alternation*, die (lat., Pl. -n) Wechsel zwischen zwei Möglichkeiten

Entscheidungskampf *Showdown*, der (engl., Pl. -s) eigtl.: das Kartenaufdecken beim Poker; im Film die letzte große Kraftprobe

Entscheidungs-Lähmung *Option-Paralysis*, die (gr.-engl., ohne Pl.) e. zu große u. verwirrende Auswahl führt zur Entscheidungsunfähigkeit

Entscheidungsschwäche, krankhafte ... *dependente Persönlichkeitsstörung*, die (lat.-dt., Pl. -en) e. Persönlichkeitsstörung, die durch Drogenkonsum entstehen kann

Entscheidungssituation *Krise*, die (gr.-fr., Pl. Krisen) auch: gefährliche Situation

Entscheidungsspiel *Testmatch*, das, der (engl., Pl. -s u. -es)

entschieden 1. *dezidiert* (lat.) 2. *kategorisch* (lat.) 3. *vehement* (lat.) auch: heftig, ungestüm

Entschließung *Resolution*, die (lat., Pl. -en) die UNO-Vollversammlung beschließt Resolutionen

entschlossen 1. *dezidiert* (lat.) die Umstände erfordern dezidiertes Vorgehen 2. *resolut* (lat.-fr.) e. resolute Großmutter

Entschluß *Gambade*, die (lat.-it.-fr., Pl. -n) e. schneller Entschluß

Entschlüsseler *Decoder*, der (engl., Pl. -s) Datenentschlüsseler in e. Computer; auch: Nachrichtenübermittlungssystem; Ggs.: Encoder

entschlüsseln 1. *dechiffrieren* (fr.) der Geheimdienst hatte e. komplizierten Code zu dechiffrieren 2. *decodieren* (lat.-engl.) Ggs.: codieren

Entschlüsselung 1. *Decoding*, das (engl., Pl. -s) 2. *Dechiffrierung*, die (fr., Pl. -en)

Entschlußkraft *Initiative*, die (lat.-fr., Pl. -n) es gilt, rasch die Initiative zu ergreifen; nicht: Eigeninitiative (Doppelaussage)

Entschlußunfähigkeit *Abulie*, die (gr.-lat., Pl. ...ien) krankhafte Willenslosigkeit; nicht verw. mit *Abuna*, der (arab., Pl. -s) »unser Vater«, Titel des Oberhauptes der äthiopischen Kirche

entschuldigen *exkulpieren* (lat.) auch: rechtfertigen, von e. Schuld befreien

Entschuldigung 1. *Pardon*, der (lat.-fr., ohne Pl.) geben Soldaten in e. Schlacht kein Pardon, wird mit äußerster Härte gekämpft 2. *Exkulpation*, die (lat., Pl. -en) z. B. e. Exkulpation annehmen

entsetzen *schocken* (fr.) »Schröder lockt, Scharping schockt, Lafontaine blockt.« (Andreas Schmidt, CDU/CSU, 1997)

entsetzlich 1. *katastrophal* (gr.-lat.) das Camp wies katastrophale Zustände auf 2. *fatal* (lat.) »vom Schicksal bestimmt« 3. *ruinös* (lat.-fr.) 4. *tragisch* (gr.-lat.) schicksalhaft, erschütternd; nicht verw. mit *tragieren* (gr.-lat.) e. Rolle tragisch spielen

entseuchen *dekontaminieren* (lat.-engl.) entgiften; Ggs.: kontaminieren

Entseuchung *Dekontamination*, die (lat.-engl., Pl. -en) Entgiftung; Ggs.: Kontamination

entspannen *relaxen* (lat.-engl.) sich körperlich entspannen

entspannt *relaxed* (lat.-engl.) relaxed sein

Entspannung »tanken« ... *recreational Slumming*, das (engl.-am., ohne Pl.) ... in e. sozialverträglichen Umfeld

Entspannung *Detente*, die (lat.-fr., ohne Pl.) zwischen verfeindeten Staaten

Entspannungsmaschine ... *Mind-machine*, die (engl., Pl. -s) ... soll den Streß abbauen, sie stehen in Brain-Studios (Gehirn-Ateliers)

Entspannungsmusik *Ambient*, der (engl.) Musikstil, Zweig von »Dancefloor« (Popmusik, die zum Tanzen anregt), der zum Entspannen nach harter Tanzmusik dient, dabei werden sphärische Klänge mit z. B. Vogelstimmen durchsetzt

Entspannungspolitik *Détentepolitik*, die (lat.-fr., ohne Pl.)

entsprechen *korrespondieren* (lat.-fr.) korrespondierende Ansichten vertreten; auch: im Briefverkehr stehen

entsprechend 1. *adäquat* (lat.) für e. Arbeit adäquat bezahlt werden; Ggs.: inadäquat 2. *analog* (gr.-lat.-fr.) in diesem Fall muß analog dem Vorhergegangenen verfahren werden 3. *proportional* (lat.) das schlechte Ergebnis zeigt, daß sich Personalkosten nicht proportional, sondern überproportional zum Umsatz entwickelten 4. *äquivalent* (lat.) 5. *homolog* (gr.) 6. *konform* (lat.) 7. *konkordant* (lat.) übereinstimmend 8. *konvergent* (lat.) Ggs.: divergent 9. *korrespondierend* (lat.-fr.) auch: in Briefverkehr stehend 10. *synonym* (gr.-lat.) bedeutungsgleich, sinnverwandt; Ggs.: antonym

Entsprechung 1. *Pendant*, das (lat.-fr., Pl. -s) i. S. von Ergänzung 2. *Analogie*, die (gr.-lat., Pl. ...ien) z. B. Analogieschluß 3. *Parallele*, die (gr.-lat., Pl. -n) 4. *Komplement*, das (lat., Pl. -e) auch: Ergänzung, Differenzmenge; nicht verw. mit *Kompliment*, das (lat.-sp.-fr., Pl. -e) höfliche Redensart

entstaatlichen *reprivatisieren* (lat.) nach der Wiedervereinigung (1989) wurden Staatsbetriebe reprivatisiert

Entstaatlichung *Reprivatisierung*, die (lat., Pl. -en) mit der Reprivatisierung der Staatsunternehmen wurde die Marktwirtschaft gefördert

Entstädterung *Desurbanisation*, die (lat.-fr., ohne Pl.) Ggs.: Urbanisation

Entstehen, im ... *in statu nascendi* (lat.) im Werden

entstehend *naszierend* (lat.) auch: geboren werden, im Werden begriffen

Entstehung 1. *Genese*, die (gr.-lat., Pl. -n) der Arten ist noch nicht gänzlich erforscht 2. *Evolution*, die (lat., Pl. -en) allmählich fortschreitende Entwicklung

Entstehung, ungeschlechtliche ... e. Lebewesens ... *Blastogenese*, die (gr.-lat., ohne Pl.) ... durch Knospung oder Sprossung

entstehungsgeschichtlich *genetisch* (gr.-lat.)

entstellen *deformieren* (lat.) auch: verformen

entstellt *deform* (lat.) verunstaltet

Entstellung *Deformation*, die (lat., Pl. -en) auch: Verformung, Fehlbildung z. B. von Organen oder Behältern

Entsühnung *Rekonziliation*, die (lat., Pl. -en) Bez. für die Wiederaufnahme e. Person, die aus der katholischen Kirche ausgeschlossen wurde

enttäuschen 1. *frustrieren* (lat.) über e. Ereignis frustriert sein;»Wenn ich nicht Bundeskanzler werde, bleibe ich völlig unfrustriert (gemeint ist: ohne Frust) in Hannover.« (Gerhard Schröder, SPD-Kanzlerkandidat, 1998) 2. *desillusionieren* (lat.-fr.) auch: ernüchtern

Enttäuschung 1. *Desillusion*, die (lat.-fr., Pl. -en) der graue Berufsalltag trug zu seiner Desillusion als Jurist bei 2. *Frustration*, die (lat., Pl. -en) die Desillusion führte bei dem jungen Anwalt bald zur Frustration

entwässern *dränieren* (engl.-fr.) das Sumpfgebiet mußte dräniert werden, um e. neue Anbaufläche zu gewinnen

Entwässerung *Dränage*, die (engl.-fr., Pl. -n)

Entwässerungsgraben *Rigole*, die (niederl.-fr., Pl. -n)

Entwässerungsröhre *Drän*, der (fr., Pl. -s u. -e) auch: Graben für die Entwässerung

Entweichen 1. *Echappement*, das (lat.-fr., Pl. -s) Flucht z. B. eines Häftlings 2. *Evasion*, die (lat., Pl. -en) fluchtartiges Entweichen

entweichen *echappieren* (lat.-fr.) entwischen

entweihen 1. *profanieren* (lat.) auch: entwürdigen 2. *exsekrieren* (lat.)

Entweihung 1. *Profanierung*, die (lat., Pl. -en) 2. *Exsekration*, die (lat., Pl. -en)

entwerfen 1. *skizzieren* (it.) z. B. die Ansicht e. Gebäudes skizzieren 2. *konzipieren* (lat.) den Produktionsablauf oder e. Vortrag konzipieren 3. *projektieren* (lat.) e. Einkaufszentrum projektieren 4. *konstruieren* (lat.) e. Verbrennungsmotor konstruieren 5. *dessinieren* (lat.-it.-fr.) z. B. Stoff- oder Tapetenmuster 6. *trassieren* (lat.-fr.) den Verlauf e. Straße planen u. auskoffern

Entwertung des Geldes 1. *Devaluation*, die (lat.-engl., Pl. -en) i. S. von Abwertung e. Währung 2. *Inflation*, die (lat., Pl. -en) »Aufschwellen«

entwickeln 1. *developen* (engl.) e. Grundstück kaufen, beplanen, bebauen, das Gebäude verkaufen oder vermieten 2. *konstruieren* (lat.) i. S. von: e. technisches Gerät entwerfen 3. *konzipieren* (lat.) 4. *kreieren* (lat.-fr.) etwas Neues entwickeln, z. B. e. neuen Modestil

entwickelnd *chronisch* (gr.-lat.) auch: langwierig verlaufend, z. B. e. chronische Bronchitis haben

Entwickler *Developer*, der (engl., ohne Pl.) Entwicklerflüssigkeit; Gerät zur Entwicklung u. Formung der weiblichen Brust; auch: Grundstücksdeveloper: Unternehmer, der Grundstükke kauft, beplant, bebaut, das fertige Gebäude verkauft oder vermietet

Entwickler, fotografischer ... *Hydrochinon*, das (gr., ohne Pl.)

Entwicklung 1. *Genese*, die (gr.-lat., Pl. -n) die Genese der Menschheit ist noch nicht gänzlich erforscht 2. *Prozeß*, der (lat., Pl. ...esse) sich auf neue Situationen einzustellen macht oft e. langen Umdenkungsprozeß erforderlich 3. *Trend*, der (engl., Pl. -s) Trends rechtzeitig zu erkennen ist e. Kunst; der dt. Trendforscher Gerd Gerken spürt Trends auf u. analysiert diese 4. *Evolution*, die (lat., Pl. -en) nicht verw. mit *Evaluation*, die (lat.-fr., Pl. -en) Bewertung, Beurteilung 5. *Metamorphose*, die (gr.-lat., Pl. -n) i. S. von Verwandlung vor allem bei Insekten: Eier, Raupe, Larve, Falter; Verwandlung von Menschen in Tiere in der gr. Mythologie 6. *Ontogenese*, die (gr.-lat., ohne Pl.) Entwicklung von der Eizelle zum geschlechtsreifen Zustand 7. *Prozeß*, der (lat., Pl. ...esse) Verlauf; auch: Gerichtsverhandlung 8. *Tendenz*, die (lat.-fr., Pl. -en) auch: Hang, Neigung

Entwicklung der Geschlechtsreife *Pubertät*, die (lat., ohne Pl.) ... beim Menschen; »Ein Mann mit 53 kann ja nicht in der Pubertät stehenbleiben.« (Rod Stewart, Rockstar, 1998)

Entwicklung, die auf e. andere ... **reagiert** Retro-Trend, der (lat.-engl., Pl. -s) z. B. folgt auf e. Luxustrend e. neue Bescheidenheit, auf e. antiautoritäre Erziehung folgt (wieder) e. straffere; im Grunde sind alle Trends Retro-Trends, oder: auf jeden Trend folgt e. Gegentrend

Entwicklung, geradlinige ... *linearer Prozeß*, der (lat., Pl. ...esse) ... der bes. in der Elektronik u. Computertechnik von Bedeutung ist

Entwicklung, übermäßige *Hypertrophie*, die (gr.-lat., Pl. ...ien) med. i. S. übermäßig großer Organe; Ggs.: Hypotrophie

Entwicklung, unterschiedliche *Hypotrophie*, die (gr.-lat., Pl. ...ien) med. i. S. von Größenentwicklung e. Organs; Ggs.: Hypertrophie

Entwicklungsabschnitt *Etappe*, die (fr., Pl. -n) auch: Teilstrecke; hinter der Front; svw. e. Etappenhase, e. Feigling, sein

Entwicklungsbeschleunigung *Akzeleration*, die (lat., Pl. -en) Beschleunigung, z. B. beim Fliegen

Entwicklungsgeschichte 1. *Biogenese*, die (gr., Pl. -n) ... der Lebewesen 2. *Phylogenese*, die (gr., Pl. -n) stammesgeschichtliche Entwicklung

entwicklungsgeschichtlich *genetisch* (lat.)

Entwicklungslehre *Anthropogenese*, die (gr.-lat., ohne Pl.) Stammesgeschichte des Menschen

Entwicklungslinie *Tendenz*, die (lat.-fr., Pl. -en) die Tendenz ist alles andere als befriedigend

entwicklungsmäßig *tendenziell* (lat.-fr.)

Entwicklungsrichtung 1. *Tendenz*, die (lat.-fr., Pl. -en) 2. *Trend*, der (engl., Pl. -s) swv. Grundrichtung; Trendmaker, e., der z. B. die Mode als »Macher« entscheidend beeinflußt u. bestimmt

Entwicklungsstadium, frühes ... **des Embryos** *Blastula*, die (gr., Pl. ...lae) auch: Blasenkeim

Entwicklungsstufe 1. *Stadium*, das (gr.-lat., Pl. ...ien) z. B. sich im Endstadium einer Krankheit befinden 2. *Phase*, die (gr.-fr., Pl. -n) 3. *Niveau*, das (lat.-fr., Pl. -s) auch: ebene Fläche, Höhenstufe

Entwicklungstendenz *Trend*, der (engl., Pl. -s) »Trends rechtzeitig zu erkennen ist e. Kunst.« (Trendforscher Gerd Gerken) oder: »Die Trendwende ist da!« (Helmut Kohl, 1998)

Entwicklungsverzögerung *Retardation*, die (lat.-fr., Pl. -en) Verlangsamung e. Ablaufs

entwischen *echappieren* (lat.-fr.) Häftlinge echappierten aus Sing-Sing

176

entwöhnen *ablaktieren* (lat.) med., z. B. Babys von der Mutterbrust entwöhnen

Entwöhnung *Ablaktation*, die (lat., ohne Pl.) Babys von der Mutterbrust entwöhnen

entwürdigen *profanieren* (lat.) entweihen, verweltlichen

Entwürdigung *Profanierung*, die (lat., Pl. -en) Entweihung, Verweltlichung

Entwurf 1. *Skizze*, die (it., Pl. -n) der Architekt fertigt vom Wohnhaus e. Skizze an; nicht: Entwurfsskizze (Tautologie) 2. *Exposé*, das (lat.-fr., Pl. -s) der Autor legte dem Verlag e. Exposé seines geplanten Buches vor 3. *Konzept*, das (lat., Pl. -e) vor dem Vortrag e. Konzept erstellen 4. *Modell*, das (lat.-it., Pl. -e) der Architekt fertigt von dem Gebäude e. Modell an 5. *Scribble*, der (engl., Pl. -s) z. B. für e. Werbegrafik 6. *Studie*, die (lat., Pl. -n) e. Großprojekt geht i. a. e. Studie voraus 7. *Treatment*, das (lat.-fr.-engl., Pl. -s) erste schriftliche Fixierung des Handlungsablaufes, der Schauplätze u. Charaktere e. Films, Vorstufe des Drehbuchs 8. *Design*, das (lat.-fr.-engl., Pl. -s) 9. *Essay*, der, das (lat.-fr.-engl., Pl. -s) auch: knappe literarische oder wissenschaftliche Abhandlung 10. *Schema*, das (gr.-lat., Pl. -ta, ...men) auch: Muster, Aufriß 11. *Projekt*, das (lat., Pl. -e) auch: Vorhaben 12. *Schablone*, die (Herkunft nicht bekannt, Pl. -n) i. S. e. ausgeschnittenen Vorlage

Entwurf, gedanklicher ... *Konzeption*, die (lat., Pl. -en) »Wir haben die bessere Konzeption für die Zukunft.« (Wolfgang Schäuble, 1998)

Entwürfe aus Müll gestalten *Compost Modernism* (am.) An einigen Designerschulen werden bereits aus Industrieabfällen moderne Entwürfe kreiert, sogar ökologische Häuser aus Müll gebaut

Entwürfe, die kompaktes Mobiliar vorsehen ... *nomadisches Design*, das (gr.-lat.-engl., ohne Pl.) ... u. auf die Bedürfnisse mobiler Menschen eingehen, z. B. zerlegbare Küchen, Betten, Schreibtische

Entwurfsgrafiker *Layouter*, der (engl., Pl. -)

entziehen *evinzieren* (lat.) nach e. Urteil e. Besitz entziehen

Entziehung *Eviktion*, die (lat., Pl. -en) ... e. Besitzes durch e. richterliches Urteil

Entzifferer *Dechiffreur*, der (fr., Pl. -e) e. der Chiffren decodiert

entziffern 1. *dechiffrieren* (fr.) z. B. e. Code dechiffrieren, oder e. schlechte Handschrift 2. *decodieren* (fr.-engl.) e. Nachricht mit Hilfe e. Codes entschlüsseln; Ggs.: codieren

Entzifferung *Dechiffrierung*, die (fr., Pl. -en)

entzücken *enflammieren* (lat.-fr.) der junge Mann war von ihr total enflammiert

Entzug von Drogen *Monkey*, der (engl., Pl. -s) eigtl.: Affe; auch: Manque (Szenewort) Entzugserscheinung: e. Affen schieben

Entzug von Sauerstoff *Desoxydation*, die (lat., Pl. -en))

Entzug von Wasser *Dehydration*, die (gr.-lat., Pl. -en) Trocknung von z. B. Nahrungsmitteln

Entzug, kalter ... *Cold Turkey*, der (engl., ohne Pl.) Szeneausdruck; auch: nichtmedikamentöses Absetzen von Drogen

Entzugsbeginn beim Alkoholiker *Drying Out*, das (engl., ohne Pl.)

Entzugserscheinung *Jone*, die (Szenewort, Pl. -s)

entzündbar *inflammabel* (lat.)

Entzündbarkeit *Inflammabilität*, die (lat., ohne Pl.)

entzünden, sich ... *inflammieren* (lat.) auch: entflammen; in Begeisterung geraten

Entzündung 1. *Furunkel*, der (lat., Pl. -) med., eitrige Entzündung 2. *Inflammation*, die (lat., Pl. -en) med. 3. *Phlegmasie*, die (gr.-lat., Pl. ...ien) med. 4. *Phlogose*, die (gr., Pl. ...osen) med. 5. *Infektion*, die (lat., Pl. -en)

Entzündung der äußeren weiblichen Geschlechtsteile 1. *Vulvitis*, die (lat., Pl. ...itiden) 2. *Vulvovaginitis*, die (lat., Pl. ...itiden) mit zusätzlicher Entzündung der Vagina (weibliche Scheide)

Entzündung der Gebärmutteranhanggebilde (-adnexe) *Adnexitis*, die (lat., Pl. ...itiden) z. B. Eileiter u. Eierstöcke (med.)

Entzündung des Schultergelenks *Omarthritis*, die (gr.-lat., Pl. ...itiden)

Entzündung, schmerzhafte ... im Handgelenk ... *Repetive Strain Injury*, die (engl., Pl. ...ies) kurz: RSI (med.) ... u. in den Fingern infolge e. Belastung z. B. an der Tastatur (PC-Keyboard)

entzündungserregend *phlogogen* (gr.) med.

entzwei *kaputt* (fr.) »Dieser Aufschwung ist kein Selbstläufer, er geht kaputt, wenn die Sozialdemokraten das Rad der Geschichte zurückdrehen.« (Helmut Kohl, 1998)

Enzian *Gentiana*, die (lat., ohne Pl.)

Epiker u. Sänger im Stile Homers *Homeride*, der (gr., Pl. -n) auch: Angehöriger e. altgr. Rhapsodengilde auf der Insel Chios

Epoche *Ära*, die (lat., Pl. Ären) geprägter Zeitabschnitt, z. B. »Ära Adenauer«

Erbanlagen ... *Allel*, das (gr.-lat., Pl. -e) ... e. von mindestens zwei einander entsprechenden Chromosomen

Erbanlagen, Träger der ... *Chromosom*, das (gr., Pl. -en) auch: Bestandteil der Zellen jeder Organismenart

Erbanlagen, Vermischung der ... *Amphimixis*, die (gr., ohne Pl.) ... bei der Befruchtung

erbärmlich 1. *miserabel* (lat.-fr.) 2. *pitoyabel* (lat.-fr.) bedauernswert 3. *infam* (lat.)

Erbauungsschrift 1. *Postille*, die (lat., Pl. -n) Predigtsammlung 2. *Traktätchen*, das (lat., Pl. -) religiöse, volkstümliche Erbauungsschrift

erben *heredieren* (lat.)

Erbfaktor *Gen*, das (gr., Pl. -e) *Genmanipulation*, die (gr.-lat., Pl. -en) Neukombination von Genen durch direkten Eingriff in die Erbsubstanz

Erbfaktoren, Summe der ... e. Lebewesens *Genotyp* u. *Genotypus*, der (gr.-lat., ohne Pl.)

Erbfaktorenaustausch *Cross-over*, das (engl., ohne Pl.) auch: Vermischung unterschiedlicher Stile, z. B. Pop- mit klassischer Musik

Erbfolge *Heredität*, die (fr., Pl. -en)

Erbgesundheitsforschung *Eugenik*, die (gr.-lat., ohne Pl.) Ziel: die Verbreitung von Erbkrankheiten zu verhüten

Erbgut *Majorat*, das (lat., Pl. -e) einst Recht des ältesten Sohnes auf das Erbe

Erbgutträger *Chromosom*, das (gr., Pl. -en) eigtl.: Farbkörper, kann durch Färbung sichtbar werden; auch: Kernschleife (Biol.)

erbitten *exorieren* (lat.) auch: erflehen, vortragen

erbittert *animos* (lat.)

Erbitterung *Animosität*, die (lat., Pl. -en) auch: Gereiztheit; Leidenschaftlichkeit

Erbkrankheit 1. *Heredopathie*, die (gr.-lat., Pl. ...ien) med. 2. *Genopathie*, die (gr.-lat.)

Erblasser *Testator*, der (lat., Pl. ...oren)

Erblehre *Genetik*, die (gr.-lat., ohne Pl.) Vererbungslehre

erblich 1. *genetisch* (gr.-lat.) bedingt 2. *genuin* (lat.) auch: angeboren, echt 3. *hereditär* (lat.) die Erbfolge betreffend

Erblichkeit *Heredität*, die (lat., Pl. -en)

Erblindung *Amaurose*, die (lat., Pl. -n) med.

Erbrechen 1. *Emesis*, die (gr., ohne Pl.) med. 2. *Vomitus*, der (lat., ohne Pl.) med.

erbrechen, sich ... *vomieren* (lat.) med.

Erbschaft 1. *Delation*, die (lat., Pl. -en) e. plötzliche antreten 2. *Heredität*, die (lat., Pl. -en)

Erbschaftsverzicht *Abstention*, die (lat., Pl. -en)

Erbstamm *Biotypus*, der (gr., Pl. ...pen) Individuen mit gleicher Erbanlage

Erbsubstanz *Idioplasma*, das (gr.-lat., ohne Pl.) med.

Erbunwürdigkeit *Indignität*, die (lat., ohne Pl.) auch: Niederträchtigkeit

Erbzinsbauer *Kolone*, der (lat., Pl. -en) in der Zeit der röm. Kaiser

Erbzinsgut *Kolonat*, das (lat., Pl. -e) eigtl.: Bauernstand; in der röm. Zeit: Gebundenheit der Pächter an ihr Land

Erdabtragung 1. *Erosion*, die (lat., Pl. -en) Zerstörung der Erdschicht durch Wasser u. Wind; auch: das Abschleifen des Zahnschmelzes (med.) 2. *Destruktion*, die (lat., Pl. -en) auch: Zerstörung, z. B. der Erdoberfläche

erdacht 1. *abstrakt* (lat.) rein begrifflich 2. *fiktiv* (lat.) i. S. von eingebildet 3. *hypothetisch* (gr.-lat.) angenommen; nicht verw. mit *hypotonisch* (gr.-lat.) muskelschwach sein

Erdachtes *Fiktion*, die (lat., Pl. -en) in der Vorstellung bestehend; »Romane, nichts weiter als niedergeschriebene Fiktionen« (W.-U.Cropp)

Erdaltertum *Paläozoikum*, das (gr.-lat., ohne Pl.)

Erdanziehungskraft *Gravitation*, die (lat., ohne Pl.) nicht: Gravitationskraft (Tautologie); Anziehungskraft von Körpern aufgrund ihrer Masse

Erdatmosphäre *Stratosphäre*, die (lat.-gr., Pl. -n) die mittlere Schicht

Erdatmosphäre, oberste Schicht der ... *Ionosphäre*, die (gr.-lat., ohne Pl.) Höhe: 90 bis 900 km

Erdaufschüttung *Glacis*, das (fr., ohne Pl.) ... vor e. Festung

erdbebenfrei *aseismisch* (gr.-lat.); Ggs.: seismisch

Erdbebenhäufigkeit *Seismizität*, die (gr., ohne Pl.) auch: Stärke e. Erdbebens, die in e. best. Gebiet auftritt

Erdbebenherd 1. *Epizentrum*, das (gr.-lat., Pl. ...tren) das senkrecht über e. Erdbeben liegende Gebiet 2. *Hypozentrum*, das (gr.-lat., Pl. ...tren)

Erdbebenkurve *Seismogramm*, das (gr.-lat., Pl. -e) ... des Seismographen

Erdbebenlehre *Seismik*, die (gr.-lat., ohne Pl.)

Erdbebenmesser *Seismograph*, der (gr.-lat., Pl. -en)

Erdbebenmessung *Seismometrie*, die (gr.-lat., ohne Pl.) ... mit e. Seismometer

Erdbebenstärke *Seismizität*, die (gr.-lat., ohne Pl.) auch: Häufigkeit der Erdbeben e. Gebietes

Erdbebenzentrum 1. *Hypozentrum*, das (gr.-lat., Pl. ...tren) 2. *Epizentrum*, das (gr.-lat., Pl. ...tren) das senkrecht über e. Erdbeben liegende Gebiet

Erdbeerbaum *Arbutus*, der (lat., Pl. ...ti)

erdbeerfarben *fraise* (lat.-fr.)

Erdbewegung *Tektonik*, die (gr., ohne Pl.) Geologie, die sich mit der Erdkruste u. ihren Bewegungen befaßt; auch: Aufbau e. Dichtung

Erdboden, alle auf u. im ... lebenden Kleinlebewesen *Edaphon*, das (gr.-lat., ohne Pl.)

Erdbraun *Khaki*, das (pers.-engl., ohne Pl.) Erdfarbe; nicht verw. mit: *Khaki*, der (pers.-engl., ohne Pl.) sandfarbener Stoff für Tropenuniformen

Erde *Terra*, die (lat., ohne Pl.) »Terra X«, Berichte zu den Rätseln der Erde

Erde, auf ihr lebend *terrestrisch* (lat.) Ggs.: extraterrestrisch (außerhalb der Erde); limnisch (im Süßwasser lebend); marin (im Meer lebend)

Erde, außerhalb der ... *extraterrestrisch* (lat.) »Dieser MDR (Mitteldeutsche Rundfunk) erscheint mir irgendwie extraterrestrisch.« (G. Schröders geh. Tagebuch von H. Venske, 1997)

Erde, verbrannte ... *Ground Zero*, der (engl., ohne Pl.) svw. das völlige Nichts nach dem Terroranschlag auf New Yorks World Trade Center vom 11. Sept. 2001

Erdeesser *Geophage*, der (gr., Pl. -n) z. B. Erde fressendes Tier

erdenkbar *imaginabel* (lat.-fr.-engl.)

erdentrückt *ätherisch* (gr.-lat.) ätherische Verhaltensweise an den Tag legen

Erdentwicklung *Geologie*, die (gr.-lat., ohne Pl.)

Erdepoche *Trias*, die (gr.-lat., ohne Pl.)

Erderhebung *Terrasse*, die (lat.-fr., Pl. -n) in Stufenform ausgebildet

Erdfarben *Khaki*, das (pers.-engl., ohne Pl.) Erdbraun; nicht verw. mit: *Khaki*, der (pers.-engl. Pl. -) sandfarbener Stoff für Tropenuniformen

Erdferne *Apogäum*, das (gr.-lat., Pl. ...äen) erdfernster Punkt e. Körpers auf der Umlaufbahn; Ggs.: Perigäum

Erdformenlehre *Geomorphologie*, die (gr.-lat., ohne Pl.) Wissenschaft von den Formen der Erdoberfläche

Erdfressertrieb *Geophagie*, die (gr., ohne Pl.) ... krankhafter; auch: Sitte best. Naturvölker, fette Erde zu essen

Erdgeschichte *Geologie*, die (lat., ohne Pl.)

erdgeschichtlich *geologisch* (lat.)

Erdgeschichtszeitraum *Formation*, die (lat., Pl. -en) auch: Anordnung, Verteilung, Aufstellung

Erdgeschoß *Parterre*, das (lat.-fr., Pl. -s)

Erdgleichgewichtslehre *Geostatik*, die (gr.-lat., ohne Pl.)

Erdgürtel *Zone*, die (gr.-lat., Pl. -n)

Erdhalbkugel *Hemisphäre*, die (gr.-lat., Pl. -n) »Jedes Land der westlichen Hemisphäre ist ein Netto-Schuldner.« (Fred Bergster, Direktor des Institute for International Economics, 1997)

Erdhälfte *Hemisphäre*, die (gr.-lat., Pl. -n)

erdichten 1. *fingieren* (lat.) als Vortäuschung, e. fingierte Entschuldigung für den faulen Sohn schreiben 2. *phantasieren* (gr.-lat.) der Kranke phantasiert im Fieber

erdichtet *fiktiv* (lat.) e. fiktive Geschichte erzählen

Erdinneres *Pyrosphäre*, die (gr.-lat., ohne Pl.)

Erdkern *Barysphäre*, die (gr., ohne Pl.) innerster Teil der Erde

Erdkreis 1. *Orbis*, der (lat., ohne Pl.) »urbi et orbi« (lat.) »der Stadt (Rom) u. dem Erdkreis«, Formel für päpstliche Erlasse u. Segenspendungen 2. *Orbis terrarum*, der (lat., ohne Pl.)

Erdkruste, unterhalb der ... befindlich *infrakrustal* (lat.) Geol.

Erdkugel *Globus*, der (lat., Pl. ...ben, ...busse)

Erdkunde *Geographie*, die (gr.-lat., ohne Pl.) »Links oder rechts ist nur e. Frage der Gesäß-Geographie.« (Joachim Poß, SPD, 1997)

erdkundlich *geographisch* (gr.-lat.)

Erdmittelalter *Mesozoikum*, das (gr., ohne Pl.) umfaßt Trias-, Jura- u. Kreidezeit

Erdnaht *Lineament*, das (lat., Pl. -e) auch: Gesichtszug, Handlinie (med.)

Erdneuzeit *Känozoikum*, das (gr., ohne Pl.) sie umfaßt Tertiär u. Quartär

Erdnuß *Peanut*, die (engl., Pl. -s) wurde 1994 zum Unwort erklärt, da der Chef der Dt. Bank, Hilmar Kopper, meinte, 30 Millionen DM seien für die Bank »Peanuts«

Erdoberfläche *Biosphäre*, die (gr.-lat., ohne Pl.) die mit Leben erfüllte

Erdöl *Bitumen*, das (lat., ohne Pl.) e. Produkt aus Erdöl, findet im bituminösen Straßenbau oder als Abdichtungsmasse Verwendung

Erdöl- oder Gasausbruch, unkontrollierter ... *Blow-out*, der (engl., Pl. -s) ... aus e. Bohrloch

Erdölkartell *OPEC*, die (Abk. für: Oil producing and exporting Countries)

Erdölwährung *Petrodollar*, der (am. Eigenn. aus Petroleum u. Dollar, Pl. -s) »Die Petrodollars machen Rußland ganz besoffen!« (Alexander Lukaschenko, Präsident von Weißrußland, 2006)

Erdrinde, Faltung der ... *Undation*, die (lat., Pl. -en) Geol.

erdrosseln *strangulieren* (lat.)

Erdrosselung *Strangulation*, die (lat., Pl. -en)

Erdrutsch 1. *Frana*, die (lat.-it., ohne Pl.) 2. *Lawine*, die (lat., Pl. -en) auch: rasch niedergehender Schnee; sich überstürzende Ereignisse 3. *Mure*, die (österr., Pl. -n) Schlammlawine

Erdsenkungsgebiet 1. *Geosynklinale*, die (gr., Pl. -n) Senkungsareal der Erdkruste 2. *Geosynkline*, die (gr., Pl. -n) Senkungsbereich der Erdkruste

Erdsproß *Rhizom*, das (gr., Pl. -e) ... mit Speicherfunktion; auch: Wurzelstock

Erdstufe *Terrasse*, die (lat.-fr., Pl. -n)

Erdteil *Kontinent*, der (lat., Pl. -e)

Erdulden *Passio*, die (lat., ohne Pl.) das Erleiden; Ggs.: Actio

Erdumlaufbahn, innerhalb der ... *intratellurisch* (lat.)

Erdvermessung *Geodäsie*, die (gr., ohne Pl.) auch: Landvermessung

Erdwachs *Ozokerit*, der (gr.-lat., ohne Pl.) natürlich vorkommendes Wachs

Erdzeitalter *Ära*, die (lat., Pl. -ren) auch: bes. geprägter Zeitabschnitt, i. S. von: die Ära Kohl ist vorüber

ereignen, sich ... *passieren* (lat.-fr.) auch: durchreisen, überqueren, zustoßen

Ereignis 1. *Eklat*, der (fr., Pl. -s) der Eklat war perfekt, als sich herausstellte, daß die Braut von e. anderem Mann schwanger war 2. *Sensation*, die (lat.-fr., Pl. -en) die Entdeckung stellte e. Sensation dar 3. *Episode*, die (gr.-fr., Pl. -n) 4. *Tragödie*, die (gr.-lat., Pl. -n) e. schreckliches Ereignis, z. B. e. Unfall mit Todesfolge 5. *Phänomen*, das (gr.-lat., Pl. -e) i. S. e. Erscheinungsform 6. *Spektakel*, der (lat., ohne Pl.) »Schauspiel«; auch: Lärm, Krach 7. *Event*, das (engl., Pl. -s) 8. *Evenement*, das (fr., Pl. -s) medienwirksam inszenierte Veranstaltung, z. B. e. Messe, e. Popkonzert

Ereignis mit entsetzlichen Folgen *Katastrophe*, die (lat., Pl. -n) auch: Unglück. »Schon das Ausscheiden im Viertelfinale wäre eine Katastrophe!« (Jürgen Klinsmann, Bundestrainer, 2005)

Ereignis, bes. ... *Special Event*, das (engl., Pl. -s) PR-Agenturen organisieren zum

Zweck der Verkaufsförderung oder Produkteinführung Special Events mit Special People (bes. Leuten)

Ereignis, tatsächliches *Faktum,* das (lat., Pl. …ta, …ten) i. S. e. Tatsache

Ereignisfernsehen *Reality TV,* das (engl.-am., ohne Pl.) es spielt mit voyeuristischem Bedürfnis der Zuschauer u. schreckt auch nicht vor dem Selbstmord oder der Vergewaltigung als Live-Produktion zurück

erfahren 1. *routiniert* (lat.-fr.) e. routinierter Autofahrer 2. *versiert* (lat.) e. versierter Mitarbeiter im Rechnungswesen

Erfahrener *Routinier,* der (lat.-fr., Pl. -s) e. Routinier hinter dem Steuer sein

Erfahrung 1. *Empirie,* die (gr., ohne Pl.) i. S. von wissenschaftliche Erfahrung 2. *Routine,* die (lat.-fr., ohne Pl.) »Wegerfahrung«

Erfahrung ist der beste Lehrmeister *experientia est omnium rerum magistra* (lat., Zitat)

Erfahrung macht klug *experientia docet* (lat., Zitat)

Erfahrung, Alter gibt … *seris venit usus ab annis* (lat., Zitat: Ovid)

Erfahrung, aus … *a posteriori* (lat.)

Erfahrung, aus … klug werden *dies diem docet* (lat., Zitat) eigtl.: ein Tag lehrt den anderen

Erfahrung, aus der … *ex usu* (lat.) durch Übung

erfahrungsgemäß *empirisch* (gr.-lat.) z. B. Beobachtungen, Mutmaßungen empirisch nachweisen

Erfahrungssatz *Aposteriori,* das (lat., ohne Pl.) Erkenntnisse, die aus Erfahrung gewonnen werden (Erkenntnistheorie); Ggs.: Apriori

Erfahrungstatsache *Empirem,* das (gr.-lat., Pl. -e)

Erfahrungswissen *Empirie,* die (gr., ohne Pl.) Wissenschaft, die sich u. a. auf beobachtete Daten stützt

Erfassen 1. *Apperzeption,* die (fr., Pl. -en) Wahrnehmung 2. *Intuition,* die (lat., Pl. -en) i. S. e. unmittelbaren Erkennens; auch: Eingebung

Erfassen, eingebendes … *Intuition,* die (lat., Pl. -en) auch: Eingebung; echte Intuition ist die Summe der Lernerfahrung

Erfassung *Statistik,* die (lat., Pl. -en) Wissenschaft, die sich mit der zahlenmäßigen Untersuchung von Massenerscheinungen befaßt, das Statistische Bundesamt

erfinden 1. *fabulieren* (lat.) von Geschichten u. Märchen 2. *inventieren* (lat.) 3. *konstruieren* (lat.) 4. *konzipieren* (lat.) 5. *kreieren* (lat.-fr.)

Erfinder des Bierbrauens *Gambrinus,* der (lat., Eigenn., ohne Pl.) flandrischer König

Erfinder *Inventor,* der (lat., Pl. …oren)

Erfinder von Nachrichten *Hoaxer,* der (engl.-am., Pl. -s) bes. in der Sauregurkenzeit (Hochsommer) läßt sich so mancher Redakteur von e. Hoaxer e. »Ente« andrehen

Erfindergabe *Ingeniosität,* die (lat.-fr., ohne Pl.) er besaß die Ingeniosität e. Thomas Edison (1847–1931), Amerikaner, wurde als König der Erfinder bezeichnet

erfinderisch 1. *kreativ* (engl.) auch: einfallsreich 2. *ingeniös* (lat.-fr.)

Erfindung 1. *Invention,* die (lat., Pl. -en) 2. *Fiktion,* die (lat., Pl. -en) nur in der Vorstellung bestehend, Romane sind »nur« Fiktionen 3. *Illusion,* die (lat.-fr., Pl. -en) i. S. e. schönen Vorstellung

Erfindungsgabe 1. *Ingeniosität,* die (lat., ohne Pl.) auch: Scharfsinn 2. *Phantasie,* die (gr.-lat., Pl. …ien) auch: Vorstellungskraft, Einbildung

Erfindungskraft *Ingenium,* das (lat., Pl. …ien)

erflehen *exorieren* (lat.) auch: erbitten

Erfolg 1. *Triumph,* der (lat., Pl. -e) bes. großer Erfolg 2. *Prosperität,* die (lat., ohne Pl.) eigtl.: Wohlstand, Aufschwung

Erfolg haben 1. *reüssieren* (lat.-it.-fr.) vorankommen 2. *arrivieren* (lat.-fr.) beruflich, finanziell aufsteigen

Erfolg, der … wird's lehren *eventus docebit* (lat., Zitat)

Erfolg, durchschlagender … *Blockbuster,* der (engl., Pl. -s) auch: Kassenschlager, z. B. e. erfolgreicher Film

erfolgreich *arriviert* (fr.)

erfolgreich sein *reüssieren* (lat.-it.-fr.) vorrücken

erforderlich *obligat* (lat.) i. S. von unerläßlich, unentbehrlich; jedoch: *obligatorisch* (lat.) verpflichtend, bindend, verbindlich

erforschen 1. *sondieren* (fr.) z. B. Tatbestände sondieren 2. *eruieren* (lat.) ausfindig machen, herausbekommen 3. *studieren* (lat.) intensives, wissenschaftliches Lernen, Ethnologen studieren das Leben von Naturvölkern 4. *analysieren* (gr.-lat.) etwas wissenschaftlich zerlegen
Erforschung e. Fauna *Faunistik*, die (lat., ohne Pl.)
Erforschung *Exploration*, die (lat., Pl. -en) med. Untersuchung u. Befragung e. Kranken; auch: Untersuchung von geologischen Formationen
Erforschung von Produktionsverfahren *Technologie*, die (gr.-lat., Pl. ...ien)
erfrischen *rekreieren* (lat.) sich im kühlen Wasser rekreieren
Erfrischung *Rekreation*, die (lat., Pl. -en)
Erfrischungsmittel *Refrigeranzien*, die (lat., nur Pl.) auch: Refrigerantia
ergänzen 1. *novellieren* (lat.-it.) z. B. e. Gesetz novellieren 2. *komplettieren* (lat.) vervollständigen
ergänzend 1. *expletiv* (lat.) ausfüllend 2. *komplementär* (lat.-fr.) 3. *supplementär* (lat.-fr.)
Ergänzung 1. *Komplement*, das (lat., Pl. -e) z. B. e. Tischtuch ist e. Komplement zu e. Tisch 2. *Addendum*, das (lat., Pl. ...da) Nachtrag, z. B. die Zusätze in e. Addendum zum Vertrag schriftlich festhalten 3. *Supplement*, das (lat., Pl. -e) auch: Nachtrag 4. *Pendant*, das (lat.-fr., Pl. -s) i. S. e. Gegenstücks
Ergänzungsband *Supplement*, das (lat., Pl. -e) im Verlagswesen
Ergänzungsfarbe *Komplementärfarbe*, die (lat.-fr.-dt., Pl. -n)
Ergänzungsgerät *Adapter*, der (lat., Pl. -) um dt. Elektrogeräte in England benutzen zu können, werden Adapter benötigt
Ergänzungswahl *Kooptation*, die (lat., Pl. -en)
Ergänzungswinkel *Komplementwinkel*, der (lat.-dt., Pl. -)
ergeben 1. *devot* (lat.) das devote (unterwürfige) Verhalten gegenüber seinem Abteilungsleiter war den Kollegen verhaßt 2. *resignieren* (lat.) sich seinem Schicksal ergeben
ergeben, sich *kapitulieren* (lat.-fr.) sich dem Gegner unterwerfen

Ergebnis 1. *Resultat*, das (lat.-fr., Pl. -e) 2. *Fazit*, das (lat., Pl. -s) i. S. von Schlußfolgerung 3. *Produkt*, das (lat., Pl. -e) z. B. e. Arbeit 4. *Quintessenz*, die (lat., Pl. -en) z. B. das Ergebnis e. Vortrages 5. *Differenz*, die (lat., Pl. -en) das Ergebnis e. Subtraktion; auch: Unterschied, z. B. Preisdifferenz 6. *Effekt*, der (lat., Pl. -e) Wirkung, Erfolg; nicht verw. mit *Effekten*, die (lat.-fr., nur Pl.) Wertpapiere 7. *Klassement*, das (lat.-fr., Pl. -s) i. S. e. Reihenfolge
Ergebnis e. Multiplikation *Produkt*, das (lat., Pl. -e) auch: Erzeugnis, Ertrag; »Der Mensch ist nicht das Produkt seiner Umwelt – die Umwelt ist das Produkt des Menschen.« (Benjamin Disraeli)
Ergebnis von e. Schlag über Par des Loches *Bogey* (engl.) Bez. beim Golf
Ergebnis von einem Schlag unter Par des Loches *Birdie* (engl.) Bez. beim Golf
Ergebnis von zwei Schlägen *Eagle*, das (engl., ohne Pl.) ... unter Par des Loches (Golfbez.)
ergebnislos *negativ* (lat.)
Ergebung *Kapitulation*, die (lat.-fr., Pl. -en) nach e. verlorenen Krieg, die bedingungslose Kapitulation akzeptieren
ergiebig 1. *produktiv* (lat.-fr.) in marktwirtschaftlichen Systemen wird produktiver als in planwirtschaftlichen gearbeitet 2. *lukrativ* (lat.) 3. *profitabel* (lat.-fr.) 4. *rentabel* (fr.) auch: einträglich
Ergiebigkeit *Produktivität*, die (lat.-fr., ohne Pl.)
ergötzen *delektieren* (lat.) sich am fremdländischen Aussehen delektieren
ergötzlich *amüsant* (fr.)
ergreifend 1. *touchant* (fr.) rührend, bewegend 2. *tragisch* (lat.) auch: erschütternd, schicksalhaft
Ergriffenheit *Pathos*, das (gr., ohne Pl.) Gefühlsüberschwang
ergründen 1. *eruieren* (lat.) die näheren Umstände müssen noch eruiert werden 2. *analysieren* (gr.-fr.) 3. *explorieren* (lat.) auch: Gelände erkunden 4. *recherchieren* (lat.-fr.) 5. *sondieren* (fr.) auch: ausloten
Erguß der Samenflüssigkeit *Ejakulation*, die (lat., Pl. -en) »So e. Wutkoller hat den befreienden Effekt e. Ejakulation.« (Walter Kempowski, Schriftsteller)

Ergußgestein 1. *Effusivgestein*, das (lat.-dt., Pl. -e) 2. *Eruptivgestein*, das (lat.-dt., Pl. -e)

erhaben 1. *konvex* (lat.) z. B. optische Linsen; Ggs.: konkav 2. *grandios* (lat.-it.) e. grandioses Landschaftsbild 3. *pathetisch* (gr.-lat.) e. pathetische (feierliche) Rede halten 4. *patetico* (gr.-lat.-it.) musik. Vortragsanw.

Erhabenheit *Majestät*, die (lat., ohne Pl.) Anrede für Könige u. Kaiser

erhalten 1. *präservieren* (lat.-fr.) 2. *konservieren* (lat.)

erhaltend 1. *konservativ* (lat.) auch: althergebracht, bewahrend 2. *konservatorisch* (lat.) die Erhaltung von Kunstwerken betreffend

erhängen *strangulieren* (gr.-lat.) z. B. sich an e. Baum strangulieren

erheblich 1. *relevant* (lat.-fr.) die gegnerische Partei hatte relevante Einwände; Ggs.: irrelevant 2. *signifikant* (lat.-fr.) i. S. von: wichtig, bedeutsam; nicht verw. mit *signifizieren* (lat.-fr.) bezeichnen

Erheblichkeit *Relevanz*, die (lat.-fr., Pl. -en) die vorgetragenen Einwände waren von besonderer Relevanz; Ggs.: Irrelevanz

Erhebung 1. *Elevation*, die (lat., Pl. -en) auch: Höhe e. Sterns über dem Horizont; Sprungkraft e. Ballettänzers 2. *Enquete*, die (lat.-fr., Pl. -n) Untersuchung, Befragung; z. B.: Enquetekommission 3. *Survey*, der (fr.-engl., Pl. -s) Befragung z. B. für e. Marktstudie

erheitern *amüsieren* (fr.) belustigen

erheiternd *amüsant* (fr.)

erhellen *illuminieren* (lat.-fr.) die Höhle wurde durch Fackeln illuminiert

erhitzen *echauffieren* (lat.-fr.) i. S. von: sich aufregen

erhitzt *echauffiert* (lat.-fr.) durch schnelles Laufen echauffiert sein

erhöhen 1. *intensivieren* (lat.-fr.) die Anstrengungen intensivieren (steigern) 2. *addieren* (lat.) e. Zahl um e. weitere oder um e. Wert erhöhen 3. *potenzieren* (lat.) vervielfachen, mit sich selbst multiplizieren

erhöhter Blutdruck *Hypertonie*, die (gr.-lat., Pl. ...ien) auch: gesteigerte Muskelspannung; Ggs.: Hypotonie

Erhöhung 1. *Elevation*, die (lat., Pl. -en) das Hochheben der Hostie u. des Winkel-

ches in der Messe; Sprungkraft e. Tänzers 2. *Gradation*, die (lat., Pl. -en) auch: stufenweise Steigerung

Erhöhung der Leistung, nachträgliche ... *Tuning*, das (engl., Pl. -s) auch: Aufmotzen, Aufpeppen

erholen 1. *recovern* (engl.) 2. *rekreieren* (lat.) z. B. sich in der Sauna rekreieren

erholen, sich *relaxen* (lat.-engl.) entspannen

Erholung *Rekreation*, die (lat., Pl. -en) der Club erwies sich als Rekreationszentrum

erinnern *präsent haben* (lat.-dt.)

Erinnerung 1. *Memento*, das (lat., Pl. -s) i. S. von Mahnung 2. *Reminiszenz*, die (lat., Pl. -en) i. S. e. bes. nachwirkenden Erinnerung 3. *Relikt*, das (lat., Pl. -e) i. S. e. Überbleibsels; nicht verw. mit *Relish*, das (engl., Pl. -es) würzige Soße

Erinnerung, zur ... *pro memoria* (lat.)

Erinnerungen *Memorabilien*, die (lat., Pl.) Denkwürdigkeiten

Erinnerungen, Lebens... 1. *Memoiren*, die (lat., nur Pl.) 2. *Autobiographie*, die (gr.-lat., Pl. ...ien) geschriebene Darstellung des eigenen Lebens; nicht verw. mit *Autobie*, die (gr., Pl. ...ien) Selbstbefriedigung

Erinnerungsausfall *Blackout*, der (engl., Pl. -s) »... hatte der Kanzler e. Blackout?« (Bild, 1997)

Erinnerungsbild *Engramm*, das (gr.-lat., Pl. -e) ... das im Zentralnervensystem als bes. Eindruck gespeichert wurde

Erinnerungsbuch *Memorial*, das (lat., Pl. -s) i. S. e. Tagebuchs

Erinnerungs-Effekt *Memory-Effekt*, der (lat.-engl., Pl. -e) entsteht bei Akkus, die häufig nachgeladen werden, ohne leer zu sein; das Gerät »merkt« sich die Kapazität u. stellt die volle Leistung mehr bereit

Erinnerungsfälschung *Paramnesie*, die (gr.-lat., Pl. ...ien) med., Kranke mit Paramnesie glauben an Ereignisse, die nicht stattfanden

Erinnerungslosigkeit 1. *Amnesie*, die (gr.-lat., Pl. ...ien) med. Gedächtnisschwund; Ggs.: Hypermnesie (med.); nicht verw. mit *Amnestie*, die (gr.-lat., Pl. ...ien) »Vergebung«, i. S. e. Straferlasses 2. *Alzheimersche Krankheit*, die (dt., Pl. -en)

183

nach dem Hirnpathologen Alois Alzheimer (1864–1915) Schwund der Nervenfasern in der Hirnrinde, Folge: Verblödung

Erinnerungslücke *Blackout,* der (engl., Pl. -s) wird meist durch Alkohol oder Drogen hervorgerufen

Erinnerungsstück *Souvenir,* das (lat.-fr., Pl. -s) ... z. B. an e. Reise

Erinnerungstäuschung *Paramnesie,* die (gr., Pl. ...ien) auch: Gedächtnisstörung (med.)

Erinnerungsvermögen *Eidetik,* die (gr.-lat., Pl. -en) bildhaftes

Erinnerungsvermögen, mangelndes ... *Hypomnesie,* die (gr.-lat., Pl. ...ien) med.

Erkältung *Refrigeration,* die (lat., Pl. -en) med.

erkennbar 1. *intelligibel* (lat.) durch den Intellekt erkennbar (Philos.) 2. *transparent* (lat.-fr.) durchsichtig, durchscheinend; auch: erkennbar, deutlich

Erkennbarwerden *Manifestation,* die (lat., Pl. -en) die Kopfschmerzen sind e. Manifestation seiner Erkrankung

erkenne dich selbst *nosce te ipsum* (lat., Zitat)

erkennen 1. *diagnostizieren* (gr.-fr.) med. 2. *identifizieren* (lat.)

Erkennen *Intuition,* die (lat., Pl. -en) sich auf seine Intuition verlassen, um e. gutes Ergebnis zu erzielen

Erkennens, Störung des ... *Agnosie,* die (gr., Pl. ...ien) med.

erkenntlich zeigen *revanchieren* (lat.-fr.) sich für e. Hilfe revanchieren

Erkenntnis *Gnosis,* die (gr., ohne Pl.) bes.: Gotteserkenntnis

Erkenntnis, durch ... festgestellt *diagnostisch* (gr.-fr.) »Ich bewundere die diagnostische Kraft bei der SPD.« (Norbert Blüm, Bundesarbeitsminister, 1998)

Erkenntnis, überbegriffliche *Intuition,* die (lat., Pl. -en) auch: Eingebung; »Intuition ist der eigenartige Instinkt, der e. Frau sagt, daß sie recht hat, gleichgültig, ob es stimmt oder nicht.« (Oscar Wilde)

Erkenntnisfähigkeit *Intellekt,* der (lat., ohne Pl.) e. hohen Intellekt besitzen

Erkenntnislehre 1. *Epistemologie,* die (gr.-lat., ohne Pl.) bes. in der angelsächsischen Philosophie erkennbar 2. *Gnoseolo-*

gie, die (gr.-lat., ohne Pl.) nicht verw. mit *Gnomologie,* die (gr., Pl. ...ien) Sammlung von Anekdoten

erkenntnismäßig *kognitiv* (lat.) nicht verw. mit *kognatisch* (lat.) Blutsverwandte betreffend

erkenntnistheoretisch *epistemologisch* (gr.-lat.)

Erkenntnistheorie *Gnoseologie,* die (gr.-lat., ohne Pl.)

Erkenntnisvermögen *Intellekt,* der (lat., ohne Pl.)

Erkennung u. Benennung *Diagnose,* die (gr.-fr., Pl. -n) e. Krankheit

Erkennungsgerät (ohne Karte) 1. *Irisscanner,* der (lat.-engl., ohne Pl.) 2. *Retinascanner,* der (lat.-engl., ohne Pl.) Augenerkennung, als optische Personenidentifizierung

Erkennungsmarke *Token,* das (engl., Pl. -s) auch: zusammengehörende Zeichenfolge

Erkennungsmelodie *Jingle,* das (engl., Pl. -s) einprägsame, z. B. im Radio; nicht verw. mit *Single,* der (engl., Pl. -s) jmd., der bewußt alleinstehend ist

Erkennungsmerkmal *Diagnostikum,* das (gr.-fr., Pl. ...ka) bei Krankheiten

Erkennungszeichen *Schibboleth,* das (hebr., Pl. -e u. -s) Losungswort der Gileaditer; Merkmal

erklärbar *explikabel* (lat.-fr.) verständlich

erklären 1. *exemplifizieren* (lat.) 2. *explizieren* (lat.) 3. *spezifizieren* (lat.-fr.) i. S. von: einzeln aufführen

erklärend 1. *deklarativ* (lat.) 2. *expositorisch* (lat.-engl.) auch: darlegend 3. *hermeneutisch* (gr.) auch: auslegend, z. B. e. Text 4. *interpretativ* (lat.) auch: deutend, erhellend, auslegend

Erklärer 1. *Deklarant,* der (lat., Pl. -en) 2. *Interpret,* der (lat., Pl. -en) reproduzierender Künstler, bes. Sänger (Udo Jürgens) oder Musiker

Erklärung 1. *Deklaration,* die (lat., Pl. -en) z. B. Minister mehrerer Staaten verabschieden e. gemeinsame Deklaration 2. *Statement* (engl., Pl. -s) nach e. Verhandlung e. kurzes Statement abgeben 3. *Kommentar,* der (lat., Pl. -e) 4. *Proklamation,* die (lat.-fr., Pl. -en) i. S. e. amtlichen Verkündigung

Erklärung, feierliche *Deklaration*, die (lat., Pl. -en) auch: Wert- u. Inhaltsangabe e. Versandguts

Erklärung, wissenschaftliche *Theorie*, die (gr.-lat., Pl. ...ien) auch: Lehre von den allg. Gesetzen u. Begriffen e. Gebietes; »die Theorie träumt, die Praxis belehrt« (Karl von Holtei)

Erklärungswissenschaft 1. *Exegese*, die (gr., Pl. -n) i. S. der Auslegung e. Bibeltextes 2. *Hermeneutik*, die (gr., ohne Pl.) wissenschaftliches Auslegen von Texten oder Kunstwerken

Erkrankung *Affektion*, die (lat., Pl. -en)

Erkrankungsbereitschaft *Disposition*, die (lat., Pl. -en) Empfänglichkeit; auch: Planung, freie Verwendung

Erkrankungshäufigkeit *Morbidität*, die (lat., ohne Pl.) ... innerhalb e. Bevölkerungsgruppe (med.)

erkunden 1. *sondieren* (fr.) die näheren Umstände sondieren 2. *explorieren* (lat.) Boden, Erdschichten erkunden 3. *recherchieren* (lat.-fr.) für e. Bericht recherchieren 4. *eruieren* (lat.) herausfinden

Erkunden von Entwicklungen *Trendscouting*, das (engl.-am., ohne Pl.) scouting (auskundschaftende) Personen befragen »auffällige« Randgruppen über ihren Lebensstil, die Erkenntnisse werden analysiert, um daraus Rückschlüsse auf e. möglichen Trend zu ziehen

Erkundung 1. *Exploration*, die (lat., Pl. -en) Nachforschen, Untersuchen; z. B. Erdöl-Exploration 2. *Rekognoszierung*, die (lat., Pl. -en) auch: Identifizierung 3. *Sondierung*, die (fr., Pl. -en) Auslotung; z. B. e. Sondierungsgespräch führen

Erlaß des Zaren *Ukas*, der (russ., Pl. -se) auch: Befehl

Erlaß *Edikt*, die (lat., Pl. -e) Erlaß von Königen und Kaisern, z. B. Edikt von Nantes (1598) gewährte den fr. Hugenotten Religionsfreiheit

erlauben 1. *konzedieren* (lat.) einräumen, zugestehen z. B. e. best. Wunsch konzedieren 2. *tolerieren* (lat.) es müssen auch andere Meinungen toleriert werden

Erlauben, das ... *Epitrope*, die (gr., Pl. -n) auch: Anheimgeben; Vollmacht

Erlaubnis 1. *Plazet*, das (lat., Pl. -s) endlich gab er sein Plazet 2. *Permit*, das (lat.-

fr.-engl., Pl. -s) das militärische Areal ist nur mit e. Permit zu betreten 3. *Visum*, das (lat., Pl. ...sa) manche Länder dürfen nur mit e. Visum bereist werden (bes. Sichtvermerk im Reisepaß) 4. *Autorisation*, die (lat., Pl. -en) Ermächtigung 5. *Konzession*, die (lat., Pl. -en) z. B. die Schankkonzession erteilen 6. *Lizenz*, die (lat., Pl. -en) behördliche Erlaubnis; auch: Genehmigung zur Nutzung e. Patents; scherzh.: Agent 007 mit der »Lizenz zum Töten«

Erlaubnis, an Hochschulen Vorlesungen zu halten *licentia docendi* (lat.)

Erlaubnis, mit gütiger ... 1. *bona venia* (lat.) 2. *cum bona venia* (lat.)

Erlaubnisurkunde *Patent*, das (lat., Pl. -e) auch: Erfindung, die durch das Patentrecht geschützt ist; Bestallungsurkunde z. B. e. Schiffsoffiziers

erlaubt 1. *legal* (lat.) i. S. von gesetzlich; Ggs.: illegal 2. *legitim* (lat.) rechtmäßig, anerkannt; Ggs.: illegitim

erlaubt ist, was gefällt *si libet, licet* (lat., Zitat: Spartianus)

erlaucht *illuster* (lat.-fr.) auf der Party des Künstlers befand sich e. illustre Gesellschaft

erläutern 1. *explizieren* (lat.) z. B. e. komplexes Vorhaben muß im Detail expliziert werden 2. *illustrieren* (lat.) der Artikel ist noch mit Fotos zu illustrieren 3. *detaillieren* (lat.-fr.) 4. *spezifizieren* (lat.-fr.)

erläutern, mit Beispielen *exemplifizieren* (lat.)

erläuternd 1. *explanativ* (lat.) auslegend 2. *illustrativ* (lat.) veranschaulichend

Erläuterung 1. *Explikation*, die (lat., Pl. -en) 2. *Illustration*, die (lat., Pl. -n) z. B. Fotoillustration 3. *Kommentar*, der (lat., Pl. -e) z. B. erläuterndes Werk zu e. Gesetz, z. B. BGB-Kommentar von Palandt; auch: Erklärung zu e. aktuellen Tagesthema in der Presse 4. *Exemplifikation*, die (lat., Pl. -en) 5. *Paraphrase*, die (gr.-lat., Pl. -n) i. S. e. Umschreibung e. Ausdrucks; nicht verw. mit *Paraphyse*, die (gr., Pl. -n) sterile Zelle in den Fruchtkörpern diverser Pilze

Erläuterung e. Gesetzes durch den Gesetzgeber *Legalinterpretation*, die (lat., Pl. -en)

Erläuterungen *Legende*, die (lat., Pl. -n)

185

z. B. als Fußnote zusammengefaßt; aber auch: neuer Lebenslauf für Geheimagenten

Erlebnis, flüchtiges ... *Episode*, die (gr.-fr., Pl. -n)

Erlebnis, rauschhaftes ... *Kick*, der (engl.-am., Pl. -s) auch: Stoß, z. B. durch Drogeneinnahme

Erlebnisroman *Robinsonade*, die (Pl. -n) nach »Robinson Crusoe« (Roman von D. Defoe, 1659–1731)

Erlebniswert wörtlicher Wiedergaben *Zitat-Kultur*, die (lat., Pl. -en) Begriff aus dem Pop-Musik-Umfeld

erledigen *absolvieren* (lat.) abschließen, z. B. e. Studium absolvieren

erledigt 1. *ad acta* (lat.) etwas ad acta legen 2. *down* (engl.) i. S. von down sein (müde sein)

Erlerntes *Habit*, das u. der (lat.-fr., Pl. -e) Gewohnheit; auch: Anerzogenes

erlesen 1. *deliziös* (lat.-fr.) e. deliziöses Essen einnehmen 2. *exquisit* (lat.) e. exquisiten Geschmack haben 3. *sublim* (lat.) svw.: von großer Empfindsamkeit zeugend 4. *subtil* (lat.) i. S. von feinfühlig; auch: kompliziert

erleuchten 1. *inspirieren* (lat.) der Künstler hofft auf der Reise durch Italien inspiriert zu werden 2. *illuminieren* (lat.-fr.) Fackeln illuminierten die Kalksteinhöhle

Erleuchtung *Inspiration*, die (lat., Pl. -en) Goethe zehrte von Inspirationen seiner Italienreise

Erlöser 1. *Messias*, der (hebr.-gr.-lat., ohne Pl.) für die Christen ist Jesus von Nazareth der Messias 2. *Salvator*, der (lat., ohne Pl.) Jesus Christus als Erlöser für die Menschheit

ermächtigen *autorisieren* (lat.)

ermächtigt *autorisiert* (lat.)

Ermächtigung 1. *Autorisation*, die (lat., Pl. -en) 2. *Lizenz*, die (lat., Pl. -en)

Ermächtigung, kath. ..., zur Erteilung des Religionsunterrichtes *Missio canonica*, die (lat., ohne Pl.) »Ich werde den Papst nicht um die Rückgabe der Missio canonica bitten ...« (Hans Küng, Kritiker der kath. Kirche, 2005)

ermahnend *paränetisch* (gr.-lat.)

Ermahnung *Admonition*, die (lat., Pl. -en) auch: Verweis

Ermahnung zur Buße *Admonition*, die (lat., Pl. -en) auch: Verweis, Verwarnung

Ermahnungsrede *Paränese*, die (gr.-lat., Pl. -n) auch: Ermahnungsschrift

Ermäßigung *Rabatt*, der (lat.-it., Pl. -e) z. B. Mengenrabatt auf e. Preis erhalten

ermattet *marode* (österr.) marschunfähig; auch: abgewirtschaftet

ermitteln 1. *eruieren* (lat.) in e. Mordfall die Zusammenhänge eruieren 2. *recherchieren* (lat.-fr.) der Journalist recherchiert in e. Bestechungsskandal 3. *explorieren* (lat.) nicht verw. mit *exponieren* (lat.) darstellen 4. *investigieren* (lat.) 5. *sondieren* (fr.) i. S. von ausloten

Ermittler 1. *Rechercheur*, der (lat.-fr., Pl. -e) von der Presse 2. *Detektiv*, der (lat.-engl., Pl. -e) als Privatdetektiv oder verdeckter Ermittler (V-Mann) der Polizei

Ermittlung 1. *Recherche*, die (lat.-fr., Pl. -n) die Recherche des jungen Journalisten war oberflächlich 2. *Investigation*, die (lat., Pl. -en)

Ermittlungsbeamter 1. *Detektiv*, der (lat.-engl., Pl. -e) Polizeidetektiv in den USA 2. *FBI-Agent*, der (am.-lat., Pl. -en)

Ermittlungsbüro 1. *Detektei*, die (lat., Pl. -en) 2. *FBI*, das (am., ohne Pl.) Federal Bureau of Investigation (Bundeskriminalpolizei der USA)

Ermittlungsperson 1. *Detektiv*, der (lat.-engl., Pl. -e) 2. *FBI-Agent*, der (am.-lat., Pl. -en)

ermöglichen *finanzieren* (lat.-fr.) die Bank wird den Hausbau mitfinanzieren

ermorden 1. *killen* (engl.) 2. *liquidieren* (lat.) eigtl. verflüssigen; auch: berechnen

Ermüdbarkeit *Apokamnose*, die (gr., ohne Pl.) med.

ermüdend *strapaziös* (fr.) anstrengend

Ermüdung *Defatigation*, die (lat., Pl. -en)

ermuntern 1. *animieren* (lat.-fr.) in e. fröhlichen Runde jmdn. zum Singen animieren 2. *stimulieren* (lat.) anreizen

Ermunterung 1. *Animierung*, die (lat., Pl. -en) 2. *Stimulation*, die (lat., Pl. -en)

ermutigen *encouragieren* (lat.-fr.) e. Wahlkandidaten encouragieren

ermutigend *positiv* (lat.) z. B. e. Geschäftsverlauf positiv beurteilen

ernähren *vegetarisch* (lat.) d. h. sich nur pflanzlich ernähren

ernährend, sich von anorganischen Stoffen ... *autotroph* (gr.)

Ernährung 1. *Nutrition*, die (lat., ohne Pl.) med. 2. *Alimentation*, die (lat., Pl. -en) auch: Lebensunterhalt

Ernährung in der Rezession *Recession Food*, die (engl., ohne Pl.) die Rezession macht sich in der Ernährung bemerkbar: Waren von Aldi, Currywurst, preiswertes Essen im Bistro wird akzeptiert

Ernährung, die ... betreffend *diätisch* (gr.)

Ernährungsforscher *Trophologe*, der (gr.-lat., Pl. -n)

Ernährungslehre *Diätetik*, die (gr.-lat., Pl. -en)

Ernährungsstörung *Dystrophie*, die (gr.-lat., Pl. ...ien) Ggs.: Eutrophie

Ernährungsweise *Diät*, die (gr.-lat., Pl. -en) auch: Schon- oder Krankenkost; nicht verw. mit Diäten: Bezüge von Abgeordneten

Ernährungswissenschaft *Ökotrophologie*, die (gr.-lat., ohne Pl.)

Ernährungswissenschaftler *Ökotrophologe*, der (gr.-lat., Pl. -n)

Ernährungszustand *Eutrophie*, die (gr., Pl. -n) i. S. e. guten Zustandes

ernennen 1. *nominieren* (lat.) für e. Amt oder e. Preis, z. B. für den Oscar 1998 nominiert werden 2. *designieren* (lat.)

Ernennung *Nominierung*, die (lat., Pl. -en) Clint Eastwood erreichte die Nominierung, u. er bekam den Oscar als bester Schauspieler e. Films

Ernennungsurkunde *Patent*, das (lat., Pl. -e) z. B. das Kapitänspatent besitzen

erneuerbar *regenerativ* (lat.) »Es gibt keine wirklich belastbare Theorie des regenerativen Verhaltens!« (Bert Rürup, zur Familienpolitik, 2006)

Erneuerer 1. *Reformator*, der (lat., Pl. ...oren) z. B. Martin Luther als Begründer der Reformation 2. *Reformer*, der (lat.-fr., Pl. -) z. B. Tony Blair als Reformer der Labour-Partei

erneuern 1. *reformieren* (lat.) etwas geistig u. sittlich erneuern, z. B. den Strafvollzug 2. *regenerieren* (lat.) der erschöpfte Sportler mußte langsam regenerieren 3. *renovieren* (lat.) die verwohnten Zimmer mußten renoviert werden 4. *modernisieren* (lat.- fr.) 5. *reparieren* (lat.) auch: in Ordnung bringen 6. *restaurieren* (lat.-fr.)

erneuernd *innovativ* (lat.) in e. erfolgreichen Firma wirken innovative Kräfte

Erneuerung 1. *Innovation*, die (lat., Pl. -en) den Erfolg e. Firma prägen gute Innovationen 2. *Reform*, die (lat.-fr., Pl. -en) Umgestaltung 3. *Reformation*, die (lat., ohne Pl.) die durch Martin Luther (1483–1546) entfachte Erneuerung der Kirche 4. *Regeneration*, die (lat.-fr., Pl. -en)

Erneuerung der Technisierung des Geschäfts *Business-Reengineering*, das (engl.-am., ohne Pl.) wenig sagender Standardbegriff vieler Unternehmensberater

Erneuerungsschein *Talon*, der (lat.-fr., Pl. -s) mit dem Talon werden neue Wertpapierkupons erworben

erniedrigen *degradieren* (lat.) der Oberleutnant wurde wegen Fehlverhaltens zum Feldwebel degradiert

Erniedrigung *Canossa*, das (it., Pl. -s) nach e. Burg in Norditalien, in der Papst Gregor VII. 1077 die Demütigung Heinrichs IV. entgegennahm: »Nach Canossa gehen wir nicht, weder körperlich noch geistig.« (Otto v. Bismarck, 1872 vor dem Reichstag)

ernst 1. *gravitätisch* (lat.) auch: würdevoll, gemessen 2. *tragisch* (gr.-lat.) auch: erschütternd

ernstgemeint *seriös* (lat.-fr.) auch: ehrenhaft, glaubwürdig

ernsthaft *seriös* (lat.-fr.) e. seriöser (zuverlässiger) Geschäftspartner

Ernsthaftigkeit *Seriosität*, die (lat.-fr., ohne Pl.)

Erntearbeiter *Saisonnier*, der (fr., Pl. -s)

Erntemonat *Messidor*, der (lat.-gr., Pl. -s)

ernten, wie du säest, so wirst du ... *ut sementem feceris, ita metes* (lat., Zitat: Cicero)

ernüchtern *desillusionieren* (lat.-fr.)

Ernüchterung *Desillusion*, die (lat.-fr., Pl. -en) in geistiger Hinsicht

Eroberer 1. *Invasor*, der (lat., Pl. ...oren) 2. *Konquistador*, der (lat.-sp., Pl. -en) »Abenteurer« der sp. Eroberung Mittel- u. Südamerikas (16. Jh.)

Eröffnung *Vernissage*, die (fr., Pl. -n) z. B. e. Kunstausstellung

Eröffnungsmusik *Entree*, das (fr., Pl. -s) auch: Eintrittsgeld; Eingang; Vorzimmer; Vorspeise

Eröffnungsstück *Ouvertüre*, die (fr., Pl. -n) auch: Einleitung, Auftakt

Eröffnungsszene *Opening*, das (engl., Pl. -s) Anfang

Eröffnungszug *Gambit*, das (sp.-it., Pl. -s) ... beim Schachspiel

erörtern *debattieren* (fr.) e. Thema im Parlament debattieren

Erörterung 1. *Diskussion*, die (lat., Pl. -n) im Verein löste der Änderungsvorschlag e. hitzige Diskussion aus 2. *Debatte*, die (lat.-fr., Pl. -n) im Bundestag hielt die Haushaltsdebatte bis in die Nachtstunden an 3. *Diskurs*, der (lat., Pl. -e) »Statt mit Olaf Henkel zu reden, könnte ich auch ... mit dem Gips-Dinosauriern e. gepflegten Diskurs abhalten.« (Joschka Fischer, Fraktionschef der Grünen über den BDI-Chef, 1997)

Erotikfilm *Blue Movie*, der, das (engl., Pl. -s)

erotische Verserzählung *Fabliau*, das (fr., Pl. -x) ... alt-fr., auch: komischen Inhalts

erotisieren *libidinisieren* (lat.) auch: sexuelle Wünsche entfachen

Erpresser *Racketeer*, der (engl.-am., Pl. -s)

Erpressung *Blackmail*, das (engl., Pl. -s)

erprobt 1. *probat* (lat.) e. probates Mittel gegen Kopfschmerzen einnehmen 2. *effizient* (lat.) i. S.: bes. wirtschaftlich; nicht verw. mit *effiziert* (lat.) bewirkt

erquicken *rekreieren* (lat.) sich im Urlaub von der Arbeitshektik rekreieren

erregbar *exzitabel* (lat.) med.

erregbarer Mensch *Sanguiniker*, der (lat., Pl. -)

Erregbarkeit 1. *Exzitabilität*, die (lat., ohne Pl.) med. 2. *Temperament*, das (lat.-fr., Pl. -e) Temperamentsausbruch 3. *Affektivität*, die (lat., Pl. -en) als Krankheitsbild

Erregbarkeit im Pubertätsalter *Eknoia*, die (gr., ohne Pl.) ... krankhaft gesteigert; eigtl.: Sinnlosigkeit

erregen *echauffieren* (lat.-fr.) aufregen, seine freche Art echauffiert mich

erregen, sich ... *alterieren* (fr.) aufregen, ärgern

erregend *dramatisch* (gr.)

erregt 1. *echauffiert* (lat.-fr.) 2. *hysterisch* (gr.-lat.) anhaltendes Kindergeschrei macht sie hysterisch 3. *exaltiert* (lat.) auch: überspannt

Erregtheit *Exaltation*, die (lat.-fr., ohne Pl.) im Zustand der Exaltation sein

Erregtsein *Irritation*, die (lat., Pl. -en) auch: Verwirrung

Erregung 1. *Affekt*, der (lat., Pl. -e) der Täter hatte e. Affektstau 2. *Emotion*, die (lat., Pl. -en) seelische Erregungen; nach neuen Erkenntnissen soll der Mensch seine Emotionen nicht ständig unterdrücken 3. *Exzitation*, die (lat., Pl. -en) Aufregung

errichten *instituieren* (lat.) auch: anordnen; stiften

Errungenschaften ... *Zivilisation*, die (lat., Pl. -en) ... Gesamtheit techn., wissenschaftlicher u. kultureller Fortschritte zur Verbesserung der Lebensbedingungen; »Zivilisation: Zustand gegenwärtiger Sitten, Barbarei: Sitten der Vergangenheit.« (Anatole France)

Ersatz 1. *Äquivalent*, das (lat., Pl. -e) i. S. von Gegenwert; nicht verw. mit *Äquivalenz*, die (lat., Pl. -en) Gleichwertigkeit 2. *Prothese*, die (gr.-lat., Pl. -n) svw. künstlicher Ersatz, z. B. Beinprothese 3. *Surrogat*, das (lat., Pl. -e)

Ersatz von Gliedmaßen, Bereich der sich mit dem ... befaßt *Prothetik*, die (gr., ohne Pl.) techn.-wissenschaftliche Disziplin, die sich mit der Konstruktion von Prothesen befaßt. »Die soziale Prothetik der Bismarck-Zeit soll durch persönliches Eigentum ersetzt werden.« (Gesundheitsreform, 2007)

Ersatzanspruch *Regreß*, der (lat., Pl. -esse)

Ersatzglied 1. *Prothese*, die (gr., Pl. -n) Armprothese 2. *Dildo*, der (Pl. -s) Penis aus Latex

Ersatzmann 1. *Double*, das (lat.-fr., Pl. -s) Double e. Filmschauspielers 2. *Stuntman*, der (engl.-am., Pl. ...men) Person, die für den Darsteller gefährliche Szenen (Stunts) übernimmt

Ersatzmittel 1. *Substitut*, das (lat., Pl. -e) nicht verw. mit: *Substitut*, der (lat., Pl. -en) Stellvertreter, Ersatzmann, Assistent e. Abteilungsleiters im Einzelhandel 2. *Surrogat*, das (lat., Pl. -e) auch: Behelf

Ersatzspieler 1. *Double*, das (lat.-fr., Pl. -s) ... z. B. e. Filmschauspielers 2. *Stuntman*, der (engl.-am., Pl. ...men) Person, die für einen Filmschauspieler gefährliche Szenen (Stunts) übernimmt

Ersatzspieler beim Fußball ... *Joker*, der (engl., Pl. -) ... als e. Art Geheimwaffe, auch: für jede andere Karte einsetzbare Spielkarte mit der Abbildung e. Narren

Ersatztruppe *Reserve*, die (fr., Pl. -n) auch: Vorrat, Rücklage

erschaffen 1. *kreieren* (lat.-fr.) 2. *produzieren* (lat.) i. S. von herstellen

Erscheinung 1. *Exterieur*, das (lat.-fr., Pl. -s) i. S. von Außenseite, äußere Erscheinung 2. *Fata Morgana*, die (it., Pl. ...nen) irreale Erscheinung, Luftspiegelung 3. *Epiphanie*, die (gr.-lat., ohne Pl.) u. *Epiphania*, die (gr.-lat., ohne Pl.) Erscheinung e. Gottheit (Christus) unter den Menschen 4. *Phänomen*, das (gr.-lat., Pl. -e) 5. *Vision*, die (lat., Pl. -en) sww. inneres Gesicht; »Vision ist der Glaube an die Realisation e. herausragenden Zukunftsidee.« (Edgar K. Geffroy)

Erscheinung des Herrn *Epiphanias*, das (gr., ohne Pl.) u. *Epiphanienfest*, das (gr.-dt., Pl. -e) Fest am 6. Januar, Dreikönigsfest

Erscheinung, Gottes... *Theophanie*, die (gr., Pl. ...ien) nicht verw. mit *Theomanie*, die (gr., Pl. ...ien) religiöser Wahnsinn

Erscheinungen, drogenbedingte ... 1. *Echo*, das (gr., Pl. -s) Szenewort; auch: Widerhall 2. *Flashbacks*, die (engl., Pl.) Szenewort

Erscheinungsbild *Habitus*, der (lat., ohne Pl.) z. B. den Habitus e. Edelmannes haben

Erscheinungsbild, einheitliches ... 1. *Corporate Design*, das (engl., Pl. -s) gleichmäßige Gestaltung der Produkte 2. *Corporate Identity*, die (engl., ohne Pl.) einheitliches Auftreten, z. B. um den Zusammenhalt zu bewirken

Erscheinungsbild, einheitliches ... *Corporate Identity*, die (engl.-am., Pl. ...ies) ... e. Unternehmens u. deren Tochtergesellschaften

Erscheinungsform eines Stoffes *Aggregatzustand*, der (lat.-dt., Pl. ...stände)

Erscheinungsform *Manifestation*, die (lat., Pl. -en) auch: Offenlegung

Erscheinungsform, auffällige ... *Phänomen*, das (gr.-lat., Pl. -e) »Das Phänomen Gerhard Schröder ist das Phänomen Guido Horn.« (Guido Westerwelle, F. D. P.-Generalsekretär, 1998)

erschießen *füsilieren* (lat.-fr.) standrechtlich erschießen

erschlaffen *relaxieren* (lat.)

erschlafft *atonisch* (gr.) abgespannt

Erschlaffung 1. *Relaxation*, die (lat., ohne Pl.) z. B. e. Muskels oder e. Gummibandes 2. *Parese*, die (gr., Pl. -n) med.

Erschleichung *Kaptation*, die (lat., Pl. -en) e. Erbes

erschöpft 1. *groggy* (engl.) 2. *down* (engl.) 3. *kaputt* (fr.)

Erschöpfung 1. *Exhaustion*, die (lat., ohne Pl.) med. 2. *Prostration*, die (lat., Pl. -en) ... große, im Zuge e. Krankheit (med.) auch: Niederwerfen, z. B. bei höheren Weihen in der kath. Kirche

Erschöpfung, seelische, körperliche ... *Burnout*, das (engl., ohne Pl.) »Ausbrennen«; auch: Beginn des Raketenfluges ohne Triebwerk; e. unkontrollierte Kernspaltung

erschütternd *tragisch* (gr.-lat.) e. Roman endet tragisch

Erschütterung 1. *Vibration*, die (lat., Pl. -en) Beben, Schwingungen 2. *Kommotion*, die (lat., Pl. ...ionen) auch Erregung, Bewegung; Gehirnerschütterung (med.) 3. *Schock*, der (fr.-engl., Pl. -s) z. B. durch e. bes. großen Schreck ausgelöst, nach e. Autounfall; jmd. steht unter Schock 4. *Trauma*, das (gr., Pl. ...men u. -ta) i. S. e. seelischen Schocks; auch: Schleudertrauma nach e. Auffahrunfall; nach e. schlimmen Erlebnis traumatisiert sein

erschütterungsfrei *aseismisch* (gr.) erdbebenfrei; Ggs.: seismisch

erschweren *komplizieren* (lat.) auch: verwickeln

erschwerend *gravierend* (lat.) auch: einschneidend z. B. gravierende Maßnahmen ergreifen

Erschwerung 1. *Aggravation*, die (lat., Pl. -en) 2. *Handikap*, das (engl., Pl. -s) Behinderung; auch: Vorgabe für e. leistungsschwächeren Spieler beim Golf 3. *Komplikation*, die (lat., Pl. -en) 4. *Schikane*, die (fr., Pl. -n) sww. Bosheit; Schwierigkeit in e. Autorennstrecke

ersetzbar 1. *fungibel* (lat.) in Art u. Be-

189

schaffenheit gleiche Güter sind fungibel 2. **substituierbar** (lat.) austauschbar, z. B. Güter

Ersetzbarkeit 1. *Fungibilität*, die (lat., ohne Pl.) 2. *Substitution*, die (lat., Pl. -en) i. S. von Ersetzung

ersetzen 1. *restituieren* (lat.) 2. *substituieren* (lat.) i. S. von austauschen, z. B. Begriffe; nicht verw. mit *subsumieren* (lat.) ein-, bzw. unterordnen

Ersetzung *Substitution*, die (lat., Pl. -en) auch: Ersetzbarkeit

ersichtlich 1. *eklatant* (lat.-fr.) 2. *evident* (lat.) offenkundig 3. *manifest* (lat.) svw. handgreiflich, offenkundig

ersinnen *imaginieren* (lat.) auch: sich vorstellen

Erstarrungsgestein *Magmatit*, der (lat., Pl. -e)

Erstaufführung *Premiere*, die (lat.-fr., Pl. -n)

Erstauftritt *Debüt*, das (fr., Pl. -s) ... z. B. e. Künstlers, e. Sportlers

erstaunlich *phänomenal* (gr.-lat.-fr.) einzigartig; »... phänomenal, jetzt hält er (Kanzler Helmut Kohl) schon heimlich Zwiesprache mit Walter Ulbricht.« (G. Schröders geh. Tagebuch von H. Venske, 1997)

Erstausgabe *Edition princeps*, die (lat.-fr., ohne Pl.) ... alter Werke

erste, der ... unter den Gleichen *primus inter pares* (lat., Zitat)

erster Fall *Nominativ*, der (lat., Pl. -e)

Erster *Primus*, der (lat., Pl. Primi, -se) primus inter pares (Erster unter Ranggleichen)

erster Stock 1. *Beletage*, die (fr., Pl. -n) 2. *Hochparterre*, das (dt.-fr., ohne Pl.) teilweise in Altbauten

Erstflugbrief *First-Flight-Cover*, der (engl., Pl. -s) Liebhaberstück für Philatelisten

Erstgebärende *Primipara*, die (lat., Pl. ...paren) med., vgl.: Sekundipara, Nullipara, Multipara, Pluripara

Erstgeburtsrecht *Primogenitur*, die (lat., Pl. -en)

Erstickungsangst *Pnigophobie*, die (gr.-lat., Pl. ...ien)

erstklassig *prima* (lat.)

erstmalig Auftretender *Debütant*, der (fr.,

Pl. -en) z. B. der Debütantinnenball in Wien, wo sich erstmals die jungen Damen der Gesellschaft zeigen

erstrangig *primär* (lat.)

erstrebenswert *attraktiv* (lat.-fr.) auch: anziehend wirken

Ersttagsbrief *First-Day-Cover*, der (engl., Pl. -s)

erstürmen, e. Festung ... *eskaladieren* (fr.) ... mit Sturmleitern; auch: e. Wand überklettern

Erstürmung e. Festung *Eskalade*, die (fr., Pl. -n) ... mit Sturmleitern

Ertrag *Rendite*, die (lat.-it., Pl. -n) Verhältnis von Gewinn oder Erlösen zum Kapitaleinsatz

erträglich *tolerabel* (lat.) Ggs.: intolerabel

ertragreich *rentierlich* (lat.-fr.-dt.) das Spargeld rentierlich anlegen

Ertragslosigkeit *Sterilität*, die (lat.-fr., ohne Pl.) auch: Unfruchtbarkeit der Frau, Zeugungsunfähigkeit des Mannes; Ggs.: Fertilität

Ertragsschwankungen, im Obstbau *Alternanz*, die (lat., Pl. -en)

Ertränkungstrieb *Hydromanie*, die (gr., ohne Pl.) auch: krankhafter Durst (med.)

erwachsen *adult* (lat.) geschlechtsreif (med.)

Erwachsenenbildung *Andragogik*, die (gr.-lat., ohne Pl.)

Erwachsenenschule *Adult school*, die (engl., Pl. -s)

erwägen 1. *reflektieren* (lat.) darüber nachdenken 2. *räsonieren* (fr.) auch: nörgeln; »Die größten, die gefährlichsten aller Narren sind die räsonierenden Narren.« (Wieland)

erwägenswert *diskutabel* (lat.-fr.) er machte e. diskutablen Vorschlag

Erwägung 1. *Kalkül*, das (lat.-fr., Pl. -e) 2. *Spekulation*, die (lat., Pl. -en) i. S. von Mutmaßungen; nicht verw. mit *Spekulatius*, der (lat.-niederl., ohne Pl.) Gebäck aus gewürztem Mürbeteig

erwähnen *allegieren* (lat.) z. B. e. Zitat von B. Brecht allegieren

erwärmen 1. *temperieren* (lat.) das Badewasser ist wohltemperiert 2. *tempern* (lat.) Metalle oder Kunststoffe werden getempert (durch Erwärmung spannungsfrei gemacht)

190

erwartet, wie ... *prompt* (lat.-fr.) die Firma lieferte die Ware prompt

Erweichung 1. *Chalasie*, die (gr., Pl. ...ien) auch: Erschlaffung von Körperteilen (med.) 2. *Malazie*, die (gr., Pl. ...ien) auch: Auflösung z. B. des Knochens (med.)

erweitern *amplifizieren* (lat.)

erweiternd *extensiv* (lat.)

Erweiterung 1. *Expansion*, die (lat., Pl. -en) 2. *Extension*, die (lat., Pl. -en)

Erweiterung e. Körpertunnels *Meatomie*, die (lat.-gr., Pl. ...ien) operativ herbeigeführt

Erwerb *Akzession*, die (lat., Pl. -en) auch: Zugang, Beitritt e. Staates zu e. Abkommen

erwerben *akquirieren* (lat.)

erwerbsunfähig *invalide* (lat.-fr.)

Erwerbsunfähiger *Invalide*, der (lat.-fr., Pl. -n)

Erwerbung *Akquisition*, die (lat., Pl. -en) Kauf

Erwiderung *Replik*, die (lat.-fr., Pl. -en)

Erworbenes *Habit*, das u. der (engl., Pl. -s) auch: Gewohnheit, Erlerntes; nicht verw. mit *Habit*, das u. der (lat.-fr., Pl. -e) Kleidung für e. bestimmte Gelegenheit, berufliche Stellung, z. B. der Talar des Richters

Erworbenes bewahren *parta tueri* (lat., Zitat: Ovid)

Erwünschtes *Desiderat*, das (lat., Pl. -e, -um) nicht verw. mit *Designat*, das (lat., Pl. -e) Bez. für das Signifikat in e. Zeichenmodell der Sprache (Sprachw.)

erwürgen *strangulieren* (lat.-fr.)

erzählen *fabulieren* (lat.) i. S. phantasievollen Erzählens

erzählend *episch* (gr.-lat.) svw. sehr ausführlich: in epischer Breite; nicht verw. mit *episkopal* (gr.-lat.) bischöflich

Erzähler 1. *Fabulierer*, der (lat., ohne Pl.) e. phantasievoller 2. *Humorist*, der (lat.-fr.-engl., Pl. -en) humorvoller Erzähler, z. B. Heinz Erhardt 3. *Epiker*, der (gr.-lat.) i. S. e. Dichters 4. *Narrator*, der (lat., Pl. ...oren)

erzählerisch 1. *episch* (gr.-lat.) svw. sehr ausführlich berichten 2. *narratorisch* (lat.)

Erzählform, die Widersprüchliches verbindet *Groteske*, die (fr.-it., Pl. -n) »Es ist e. Groteske, wenn man die Penner von ge-

stern den Aufbruch von morgen gestalten läßt.« (Exkanzler Gerhard Schröder, 2005)

Erzählung 1. *Conte*, die (lat.-fr., Pl. -s) 2. *Diegese*, die (gr., Pl. -n) großangelegte 3. *Fazetie*, die (lat., Pl. -n) als satirische oder erotische Kurzgeschichte geschrieben 4. *Historie*, die (gr., Pl. -n) Erzählung geschichtlichen Inhalts 5. *Legende*, die (lat., Pl. -en) aus dem Bereich der Sagen 6. *Narration*, die (lat., Pl. -en) 7. *Parabel*, die (gr.-lat., Pl. -n) die berühmten Parabeln u. Fabeln des fr. Dichters Jean de La Fontaine 8. *Paradigma*, das (gr.-lat., Pl. ...men) beispielhafte Erzählungen 9. *Roman*, der (lat.-fr., Pl. -e) z. B. e. in Prosa angelegtes, erdachtes u. umfangreich ausgearbeitetes Werk

Erzählung aus der Vorzeit ... *Mythos* u. *Mythus*, der (gr.-lat., Pl. ...then) ... e. Volkes; auch: überlieferte Sage; »Die Firma Gerhard & Hillu ist im Eimer, der Mythos zerstört.« (G. Schröders geh. Tagebuch von H. Venske, 1997)

Erzbischof *Metropolit*, der (gr.-lat., Pl. -en)

erzeugen 1. *produzieren* (lat.) z. B. Güter 2. *generieren* (lat.) auch: hervorbringen; Begriff aus der EDV: Erstellen von neuen Daten e. Programms

Erzeuger *Produzent*, der (lat., Pl. -en) Hersteller

Erzeugnis *Produkt*, das (lat., Pl. -e)

Erzeugnisgestaltung *Industrial Design*, das (engl., Pl. -s) Gestaltung von Gebrauchsgegenständen

Erzeugung *Produktion*, die (lat., Pl. -en)

Erzieher *Pädagoge*, der (gr.-lat., Pl. -n) auch: Lehrer

Erzieherin 1. *Gouvernante*, die (lat.-fr., Pl. -n) einst in den wohlhabenden Familien 2. *Aja*, die (it., Pl. -s) 3. *Bonne*, die (lat.-fr., Pl. -n) »Gute«, meist als Kindermädchen tätig

erzieherisch *pädagogisch* (gr.-lat.)

Erziehung 1. *Edukation*, die (lat., Pl. -en) 2. *Drill*, der (dt.-engl., ohne Pl.) harte, militärische Übung 3. *Exerzitium*, das (lat., Pl. ...ien) Übungsstück; auch: Hausarbeit

Erziehung ohne Zwänge *antiautoritär* (gr.-lat.) auch: den Kindern »freie Hand« lassen, sie nicht bevormunden

Erziehungsanstalt 1. *Alumnat*, das (lat.,

191

Pl. -e) auch: Schülerheim 2. *Internat*, das (lat., Pl. -e) Heim, in dem Schüler lernen u. wohnen; Ggs.: Externat 3. *Pensionat*, das (lat.-fr., Pl. -e) Heim, in dem bes. Mädchen wohnen u. lernen

Erziehungsheim *Pensionat*, das (lat.-fr., Pl. -e) einst für die sog. höheren Töchter mit Ausbildungsmöglichkeit, z. B. das Lette-Haus in Berlin

Erziehungsideal, altgr. ... *Paideia*, die (gr., ohne Pl.) allgemeinwissenschaftliche, politische, musische u. gymnastische Erziehung

Erziehungsinstitut *Pensionat*, das (lat.-fr., Pl. -e) ... bes. für Mädchen; »Wem das nicht gefällt, der soll sich im Mädchenpensionat einquartieren.« (Theo Waigel, Bundesfinanzminister, 1998)

Erziehungslehre *Pädagogik*, die (gr.-lat., ohne Pl.) auch: Erziehungswissenschaft

Erziehungswissenschaftler *Pädagoge*, der (gr.-lat., Pl. -n)

Erzpriester *Archipresbyter*, der (gr., Pl. -) oberster Priester e. Bischofskirche

Erzschlämme *Hotbrines*, die (engl., Pl.) d. h. am Meeresboden freiwerdendes heißes Material vulkanischen Ursprungs (Geol.)

Erzschürfer *Prospektor*, der (lat.-engl., Pl. ...oren)

Erzvater *Patriarch*, der (gr.-lat., Pl. -en) auch: Sippenoberhaupt, Familienoberhaupt mit Autorität

erzwungen *forciert* (lat.-fr.) i. S. von gewaltsam

es ist aus *ex est* (lat.)

Eskimohund 1. *Husky*, der (engl., Pl. -kies) eigentlich Siberian Husky, e. zäher, kleiner Schlittenhund 2. *Malamute*, der (indianisch, Pl. -s) Schlittenhund der Malamute-Indianer Alaskas

Eskimoschneehütte *Iglu*, der, das (Eskimosprache) runde Schneehütte

Eß- u. Brechsucht *Bulimie*, die (gr., ohne Pl.) wie sie auch die verstorbene Prinzessin Diana hatte

Essen ... *à la carte* (fr.) ... nach der Speisekarte

Essen aus veränderten Grundzutaten *Novel Food*, das (engl., ohne Pl.) z. B. Mais, Soja; es handelt sich um gentechnisch manipulierte Zutaten

Essen mit den Fingern *Fingerfood*, das (engl., ohne Pl.) Begriff aus der Häppchenkultur

Essen, Bewegung für langsames u. genußvolles ... *Slow-food-Bewegung*, die (engl.-dt., ohne Pl.) als Gegenbewegung zur »Fast-food-Kultur«

Essen, gesundes ... *Health Food* (engl.-am.) die Fast-food-Branche hat auf diesen Trend mit Salatangeboten reagiert

Essen, hastiges ... *Tachyphagie*, die (gr.-lat., ohne Pl.) med.

Eßgeschirr *Service*, das (lat.-fr., ohne Pl.)

Essig *Acetum*, das (lat., ohne Pl.)

Essiggurke *Cornichon*, das (fr., Pl. -s) eigtl.: Hörnchen; auch: Pfeffergürkchen

Essigsäure, Säurerest der ... *Acetyl*, das (gr.-lat., ohne Pl.)

Eßlust *Appetit*, der (lat., Pl. -e)

Eßlust, krankhafte *Bulimie*, die (gr., ohne Pl.) med. Gefräßigkeit mit anschließendem Erbrechen

Eßstörung *Bulimie*, die (gr., ohne Pl.) Heißhunger mit anschließendem Erbrechen

Eßsucht 1. *Bulimie*, die (gr., ohne Pl.) med. Gefräßigkeit mit anschließendem Erbrechen 2. *Sitiomanie*, die (gr., Pl. ...ien) med.

Eßwaren 1. *Fressalien*, die (lat.-dt., Pl.) auch: Verpflegung 2. *Komestibilien*, die (lat., Pl.) auch: Lebensmittel 3. *Viktualien*, die (lat., Pl.) Lebensmittel für den täglichen Verzehr; nicht verw. mit: Viktualienbrüder, svw. Vitalienbrüder (Piraten der Hansezeit)

ethnische Elemente ... *modern Ethnic*, die (lat.-engl., ohne Pl.) ... aus Süd-, Mittelamerika u. Afrika bilden neue Elemente für Design u. Farbgebung

Etikett ... *Label*, das (engl., Pl. -s) ... z. B. e. Schallplatte

Etikette für das Internet *Netiquette*, das (engl., Pl. -s) z. B. Höflichkeit; keine überflüssigen Fragen stellen

etliche *diverse* (lat.) svw. einige, mehrere

etwa *grosso modo* (it.) ungefähr

etwas einbringen *rentieren* (lat.-fr.) e. Geldanlage sollte sich rentieren

Eulen nach Athen tragen *ligna in silvam ferre* (lat., Zitat: Horaz) eigtl.: Holz in den Wald tragen

Europäer *Sahib*, der (arab.-hindi., Pl. -s) Anrede der Europäer in Indien

Europäer, darauf stolzer u. junger ... *Yeppy*, der (Eigenn., engl., Pl. -ies) aus: young, european and proud of it (junger Europäer, der darauf stolz ist); Bez. für europäische Jugendliche, die an heimischen Werten u. japanischem Lebensstil interessiert sind

Europäische Freihandelszone *European Free Trade Association*, die (engl., ohne Pl.) kurz: EFTA

Europäische Weltraum Agentur *European Space Agency* (kurz: ESA) e. Schwesterorganisation der NASA

Europa-Polizei *Europol*, die (Kurzw., dt.) vorgesehenes europäisches Kriminalamt

eventuell *eventualiter* (lat.)

Ewigkeit *Äon*, der (gr.-lat., Pl. -en) sehr langer Zeitraum, etwas ist Äonen her

exakt *präzise* (lat.-fr.)

Exaktheit *Präzision*, die (lat.-fr., ohne Pl.) »In schwierigen Zeiten empfiehlt sich e. Präzisierung (gemeint ist: Präzision oder das Präzisieren) in politischen Feldern.« (G. Schröders geh. Tagebuch von H. Venske, 1997)

Exil, während des ... geschehen *exilisch* (lat.) auch: vom Geist des Exils (Verbannung) geprägt

Existenzberechtigung *Raison d'être*, die (fr., Pl. -s) auch Rechtfertigung

Existenzkampf *Struggle for Life*, der (engl., ohne Pl.) Kampf ums Leben (nach C. Darwins Entwicklungstheorie: Daseinskampf)

explodieren *detonieren* (lat.-fr.)

Explosion *Detonation*, die (lat.-fr., Pl. -en)

extrem 1. *drakonisch* (gr.-lat.) nach dem altgr. Gesetzgeber Drakon (um 620 v. Chr.) sehr streng; Gesetze »mit Blut geschrieben« 2. *radikal* (lat.-fr.) »an die Wurzel gehend«

F

Fabel, die ... lehrt *fabula docet* (lat., Zitat)

Fabeltier 1. *Tragelaph*, der (gr.-lat., Pl. -en) e. Hirschart aus der Antike 2. *Pegasus*, der (gr., ohne Pl.) geflügeltes Roß der gr. Sage, Dichterroß 3. *Sphinx*, die (ägypt., Pl. -e) geflügelter Löwe mit Frauenkopf, Sinnbild des Rätselhaften

Fabelwesen *Monster*, das (lat., Pl. -) Ungeheuer. »Die Maschine ist e. Favorit, ständig wird das Monster verbessert.« (Wladimir Kramnik, Schachweltmeister im Kampf gegen e. Schachcomputer)

Fabrikant 1. *Magnat*, der (lat., Pl. -en) mächtiger Fabrikant e. Branche, Friedrich Krupp war früher e. Stahlmagnat 2. *Baron*, der (fr., Pl. -e) mächtige Kautschuk- u. Zuckererzeuger: Gummibarone aus Manaus oder Zuckerbarone von Hawaii 3. *Producer*, der (lat.-engl., Pl. -s) Hersteller, Erzeuger

Fach 1. *Metier*, das (lat.-fr., Pl. -s) 2. *Disziplin*, die (lat., Pl. -en) 3. *Domäne*, die (lat.-fr., Pl. -n) »Herrschaftsgebiet«; auch: Arbeits-, Wissensgebiet 4. *Rubrik*, die (lat., Pl. -en)

Fachabteilung *Referat*, das (lat., Pl. -e) z. B. bei Behörden

Facharbeiter 1. *Monteur*, der (lat.-fr., Pl. -e) z. B. im Montagebau (Stahlbau) 2. *Techniker*, der (gr.-lat., ohne Pl.) z. B. im Motoren- oder Maschinenbau (meist als Angestellter tätig)

Facharzt für Histologie (Körpergewebe) *Histologe*, der (gr., Pl. -n)

Facharzt *Spezialist*, der (lat., Pl. -en) svw.: Fachmann auf e. best. Gebiet; »Spezialisten sind Leute, die nur e. Saite auf der Fiedel haben.« (Henry Miller)

Fachausdruck 1. *Terminus*, der (lat., Pl. ...ni) 2. *Terminus technicus*, der (lat., Pl. ...ni, ...ci) Fachwort

Fachbuch *Non-Fiction*, das (engl., Pl. -s) auch: Sachbuch; Ggs.: Fiction

Fachgebiet *Disziplin*, die (lat., Pl. -en) Philosophie gehört zu den geisteswissenschaftlichen Disziplinen

Fachgruppe *Fakultät*, die (lat., Pl. -en) e. Universität, z. B. medizinische Fakultät

Fachhochschule *Akademie*, die (gr.-lat., Pl. -n) z. B. die pädagogische Akademie besuchen (gab es für Grundschullehrer)

fachkundig *versiert* (lat.-fr.) auch: bewandert

Fachmann 1. *Spezialist*, der (lat.-fr., Pl. -en) 2. *Experte*, der (lat.-fr., Pl. -n) 3. *Ka-*

pazität, die (lat., Pl. -en) der Professor ist e. Kapazität in Zivilrecht 4. *Autorität*, die (lat., Pl. -en) der Dozent ist e. anerkannte Autorität auf dem Gebiet der Elektrotechnik 5. *Koryphäe*, die (gr.-lat., Pl. -n) »an der Spitze Stehender«; auch: Chorführer im antiken Drama

Fachmann der Technologie *Technologe*, der (gr.-lat., Pl. -n)

fachmännisch *professionell* (lat.-fr.) der Popsänger gestaltete den Abend professionell

Fachrichtung *Disziplin*, die (lat., Pl. -en) das Bauwesen ist e. techn. Disziplin

Fachsprache 1. *Technolekt*, der (gr.-lat., Pl. -e) 2. *Terminologie*, die (lat.-gr., Pl. ...ien)

Fachsprachenforscher *Terminologe*, der (lat.-gr., Pl. -n)

Fachwort *Terminus*, der (lat., Pl. ...ni) auch: fester Begriff

Fachwörterforschung *Terminologie*, die (lat.-gr., Pl. ...ien) auch: Fachwortsammlung

Fackel *Flambeau*, der (lat.-fr., Pl. -s)

Fackelhalter *Lampadarius*, der (gr.-lat., Pl. ...ien) Lampenhalterung im Rom der Antike

fade *banal* (germ.-fr.) i. S. von: nichts Besonderes bietend

Faden *Filum*, das (lat., Pl. Fila) i. S. von Nervenfasern (med.)

Faden, alles hängt an e. seidenen ... 1. *omnia levi momento pendent* (lat., Zitat) 2. *omnia hominum tenui pendent filo* (lat., Zitat)

fadenförmig 1. *filamentös* (lat.-fr.) 2. *filiform* (lat.) med.

Fadenglas *Filigranglas*, das (lat.-it.-dt., Pl. ...gläser) verziertes Kunstglas

Fadennudeln *Vermicelli*, die (it., Pl.)

Fadenwurm 1. *Trichine*, die (gr.-engl., Pl. -n) bes. im Bären- u. Schweinefleisch 2. *Nematoden*, die (gr.-lat., Pl.)

Fadenwürmer *Nematoden*, die (gr., Pl.) auch: Spulwürmer

Fadenwurmerkrankung *Trichinose*, die (gr.-engl., Pl. -n) med.

Fadheit *Banalität*, die (germ.-fr., Pl. -en) sein Roman strotzte vor Banalitäten

fähig *talentiert* (gr.-lat.) der Kunststudent ist e. talentierter Maler

Fähigkeit 1. *Talent*, das (gr.-lat., Pl. -e) 2. *Kapazität*, die (lat., Pl. -en) auch: Speichervermögen 3. *Potential*, das (lat., Pl. -e) Leistungsfähigkeit

Fähigkeit absprechen 1. *untalentiert* (dt.-gr.-lat.) 2. *abqualifizieren* (dt.-fr.-lat.)

Fähigkeit zum Geschlechtsverkehr *Potenz*, die (lat., Pl. -en) ... bei Männern; auch: Leistungsvermögen; »Hochhäuser entsprechen dem Potenzgehabe großer Banken u. Unternehmen – Viagra-Architektur!« (Peter Conradi, SPD, 1998)

Fähigkeit, Erneuerungen, Verbesserungen aufzuspüren ... *Innovationsfähigkeit*, die (lat.-dt., Pl. -en) ... u. durchzusetzen; »Die Bewertung e. Unternehmens läßt sich nur an seiner Innovationsfähigkeit vornehmen.« (Heik Afheldt, 1997)

Fähigkeit, geistige ... *Intelligenz*, die (lat., Pl. -en) »Bei geistiger Unfähigkeit sinkt die Intelligenz.« (Welt am Sonntag, 1991)

Fähigkeit, sich in die Einstellung anderer einzufühlen *Empathie*, die (gr.-engl., ohne Pl.)

Fahne *Standarte*, die (germ.-fr., Pl. -n) Flagge e. Staatsoberhauptes; auch: Feldzeichen

Fahnenflucht *Desertion*, die (lat.-fr., Pl. -en)

Fahnenflüchtiger *Deserteur*, der (lat.-fr., Pl. -e)

Fähnrich bei der Kavallerie *Kornett*, der (lat.-fr., Pl. -e, -s)

fahren *chauffieren* (lat.-fr.) mit dem Auto

Fahren, rücksichtsloses ... *shreddern* (engl.) von: zerfetzen; kommt aus dem Snowboard-Jargon

Fahrer *Chauffeur*, der (lat.-fr., Pl. -e)

Fahrgast *Passagier*, der (lat.-it., Pl. -e) meist auf Schiffen oder in Flugzeugen

Fahrgastraum *Kabine*, die (fr.-engl., Pl. -n) auch: Hütte, Umkleideraum

Fährgeld *Chalance*, die (fr., ohne Pl.)

Fahrgestell *Chassis*, das (lat.-fr., ohne Pl.) z. B. e. Autos

fahrig *nervös* (lat.-fr.)

Fahrkarte 1. *Ticket*, das (niederl.-fr.-engl., Pl. -s) 2. *Billett*, das (fr., Pl. -s, -e)

Fahrlässigkeit *Culpa*, die (lat., ohne Pl.) Verschulden; *culpa in contrahendo* (lat.): Verschulden bei Vertragsabschluß; *culpa lata* (lat.): grobe Fahrlässigkeit; *culpa levis* (lat.): leichte Fahrlässigkeit

Fahrpreisanzeiger *Taxameter*, der (lat.-gr., ohne Pl.) z. B. in Taxen

Fahrrad 1. *Velo*, das (fr., Pl. -s) in der Schweiz üblich 2. *Rikscha*, die (jap.-engl., Pl. -s) in Ostasien durch Menschenkraft angetriebenes Transportrad

Fahrrad mit zwei Sitzen *Tandem*, das (lat.-engl., Pl. -s) nicht verw. mit *Tanbur*, der (arab.-fr., Pl. -s) arab. Zupfinstrument mit vier Stahlsaiten

Fahrrad, schweres, dennoch handliches *Cruiser-Bike*, das (engl., Pl. -s) eigentlich: »Kreuzer-Fahrrad«, in der Ausstattung einfacher als das Mountain-Bike

Fahrradfahrer *Biker*, der (engl., Pl. -s)

Fahrschalter *Kontroller*, der (engl., Pl. -) auch: Steuerschalter an elektr. Geräten

Fahrstraße *Track*, der (engl., Pl. -s) eigtl.: Bahn, Spur

Fahrstuhl *Lift*, der (engl., Pl. -e)

Fahrstuhlführer *Liftboy*, der (engl., Pl. -s) … meist in Hotels

Fahrt 1. *Drive*, der (engl., Pl. -s) auch: Ausflug; Treibschlag beim Golf 2. *Tour*, die (gr.-lat.-fr., Pl. -en) meist kürzere Fahrrad- oder Autofahrt

Fahrtenschreiber *Tachograph*, der (gr.-lat., Pl. -en) bei Lkw u. Bussen Pflicht, es werden Geschwindigkeit, Fahrdauer u. Ruhezeiten aufgezeichnet

Fahrtgeschwindigkeitsmesser *Log*, das (engl., Pl. -s) bei Schiffen; nicht verw. mit log = Logarithmus (Math.)

Fahrwasser *Balge*, die (lat.-fr.-niederl., Pl. -n) für Schiffe

Fahrweite *Aktionsradius*, der (lat., Pl. …dien)

Fahrzeug 1. *Vehikel*, das (lat., ohne Pl.) meist desolates Fahrzeug 2. *Amphibie*, die (gr.-lat., Pl. -n) Land- u. Wasserfahrzeug

Fahrzeug der Erlösung *Wadschrajana*, das (sanskr., ohne Pl.) die dritte Hauptrichtung des Buddhismus (neben: Hinajana u. Mahajana)

Fahrzeug, Hilfs… *Vehikel*, das (lat., Pl. -) »Mit Erwartungen von 25 % machen diese Vehikel unsere Wirtschaft kaputt.« (Werner Kieser, Unternehmer, über Private-Equity-Gesellschaften, 2005)

Fahrzeuganhänger *Trailer*, der (engl., Pl. -s) auch: Vorfilm e. Films als Vorschau für Werbezwecke

Fahrzeugentriegelungs- u. Startsystem ohne Schlüssel *Keyless-Go*, das (engl., ohne Pl.) i. S. e. Chip-Kartenentriegelung

Fahrzeug-Fernsehen *Auto-TV*, das (gr.-engl., Pl. -s) e. von Auto Vision konstruierter Projektor, im Auto während der Fahrt fernsehen zu können; das Bild erscheint knapp über dem Horizont, scheinbar drei Meter vor der Windschutzscheibe »schwebend«; die Konzentration des Fahrers wird angeblich nicht beeinträchtigt

Fahrzeuglenker *Chauffeur*, der (fr., Pl. -e) eigtl.: Heizer

Faktor, der Belastungsreaktionen auslöst *Stressor*, der (lat.-fr.-engl., Pl. …oren)

Fakultätsvorsitzender *Dekan*, der (lat., Pl. -e) »Wir brauchen stärkere Dekane u. Rektoren.« (Peter Glotz, SPD, 1998)

Falke *Terzel*, der (it., ohne Pl.) männlicher Vogel

Falkenbeize *Falkonerie*, die (it., Pl. …ien) auch: Falkenjagd, Falknerei

Falkenjagd *Falkonerie*, die (it., Pl. …ien)

Falkner *Falkonier*, der (it., Pl. -e)

Falknerei *Falkonerie*, die (it., Pl. …ien)

Fall 1. *Kasus*, der (lat., Pl. -) 2. *Eventualität*, die (lat., Pl. -en) immer auf alle Eventualitäten eingestellt sein

Fall, ähnlicher … *Analogon*, das (gr., Pl. …ga)

Fall, hoffnungsloser *Moribundus*, der (lat., ohne Pl.) »e., der sterben wird«; med. Ausdruck für e. hoffnungslosen Fall

Fallbeil 1. *Guillotine*, die (fr., Pl. -n) Hinrichtungsgerät, nach dem fr. Arzt Guillotin (1738–1814) benannt 2. *Schafott*, das (lat.-niederl., Pl. -e) Blutgerüst, Hinrichtungsbühne; »Fahrstuhl zum Schafott« (bekannter Film)

Falle *Aripuca*, das (Guarani-Indianersprache, Pl. -s) auch: Baumhaus

fallend *degressiv* (lat.) z. B. e. Investition degressiv abschreiben (mit fallenden Raten)

Fallgeschichte *Case-History*, die (engl., Pl. -s) auch: Beschreibung e. Werbeaktion; Lebensdaten e. Person

Fallsucht *Epilepsie*, die (lat.-fr., Pl. …ien) med.

falsch spielen *corriger la fortune* (fr.) dem Glück nachhelfen

195

fälschen 1. *falsifizieren* (lat.) 2. *türken* (ugs.) auch: vortäuschen; »Sprinterin Krabbe gab getürkte Urinproben ab ...« (Die Zeit, 1995)

Falschheit *Perfidie*, die (lat.-fr., ohne Pl.) seine hinterhältige Handlungsweise kann nur als Perfidie bezeichnet werden

Fälschung 1. *Falsifikat*, das (lat., Pl. -e) bei dem 100-DM-Schein handelt es sich um e. Falsifikat 2. *Fake*, das (engl., Pl. -s) auch: Vortäuschung; Fotomontage

Faltblatt *Folder*, der (engl., Pl. -s)

Falten- u. Kettengebirge, europäische ... *Alpiden*, die (lat., nur Pl.) Bez. für die in der Kreide u. im Tertiär entstandenen Gebirge

Falten, das ... der Tabakeinlageblätter *Booking*, das (engl., ohne Pl.) minderwertige Methode

Faltenhaut *Chalodermie*, die (gr., Pl. ...ien) Hauterschlaffung (med.)

Faltenrock 1. *Kilt*, der (engl., Pl. -s) Männerrock in Schottland 2. *Plisseerock*, der (lat.-fr.-dt., Pl. -röcke)

Faltenwurf *Draperie*, die (fr., Pl. ...ien) auch: strahlenförmiges Nordlicht

Faltkunst, Papier... *Origami*, das (jap., ohne Pl.) nicht verw. mit *Origano*, der (ohne Pl.) best. Gewürz

Faltseite, übergroße ... in e. Buch, e. Illustrierten *Gatefold*, das (engl., Pl. -s)

Familie betreffend *familiär* (lat.) das ist e. familiäre Angelegenheit

Familie, seit Generationen mächtig *Dynastie*, die (gr., Pl. ...ien) i. S. von Herrscherhaus; nicht verw. mit *Dysbulie*, die (gr.-lat., ohne Pl.) Willensschwäche

Familie, zerrüttete ... *Patchwork-family*, die (engl., Pl. ...lies) auch: Flickwerk-Familie; d. h., Eltern geschieden; Kinder, die häufig wechselnde Bezugspersonen haben

Familienforschung *Genealogie*, die (gr., Pl. -n)

Familiengeschichte *Saga*, die (isländisch, Pl. -s) eigtl.: nordische Prosaerzählung

Familienkunde *Genealogie*, die (gr., Pl. -n) auch: Ahnenforschung

Familiennamen, Teil des ... *Ben* (hebr.-arab.) mit der Bedeutung »Sohn« oder »Enkel«; z. B.: Ben Gurion, Ben Wisch

Familienverband 1. *Gens*, die (lat., Pl. Gentes) altröm. Sippe 2. *Clan*, der (engl.-kelt., Pl. -e, -s) auch: Stammesverband

Familienverbandsmitglieder, altröm. ... *Gentilen*, die (lat., nur Pl.)

Fan 1. *Freak*, der (engl., Pl. -s) e. übertriebener Anhänger e. Sache oder Person, z. B. Computerfreak 2. *Tifoso*, der (it., Pl. ...si) Bez. für »Fan« in Italien

Fangarme *Tentakel*, der, das (lat., ohne Pl.) Saugarme, z. B. bei Tintenfischen, Kraken

Fangleine *Leash*, die (engl., Pl. -es) ... die Snowboarder vor Stürzen schützt

Farbabweichung *Aberration*, die (lat., Pl. -en)

Farbabweichung bei Orientteppichen *Abrasch*, der (arab., ohne Pl.)

Farbauftrag, dicker ... *Impasto*, das (it., Pl. -s, ...sti) ... auf e. Gemälde

Farbbildverfahren *Technicolor*, das (gr.-lat., Pl. -s)

Farbe *Couleur*, die (fr., Pl. -s)

färben 1. *tingieren* (lat.) 2. *kolorieren* (lat.-fr.)

färben, rot ... *eosinieren* (gr.) mit Eosin röten

Farbenblinder *Monochromat*, der (gr.-lat., Pl. -en) Einfarbenseher (med.)

Farbenblindheit 1. *Achromatopsie*, die (gr.-lat., Pl. -n) med. 2. *Daltonismus*, der (lat., ohne Pl.) med., nach dem engl. Physiker Dalton: e. angeborene Farbenblindheit 3. *Monochromatie*, die (gr.-lat., ohne Pl.) med., völlige Farbenblindheit

Farbenblindheit, Blau-Gelb-... *Tritanopie*, die (gr.-lat., Pl. ...ien) auch: Violettblindheit (med.)

Farbenblindheit, Grün... *Deuteranopie*, die (gr.-lat., Pl. ...ien) auch: Rot-Grünblindheit; nicht verw. mit *Deuterium*, das (lat., ohne Pl.) schwerer Wasserstoff

Farbenblindheit, Rot-... *Protanopie*, die (gr.-lat., Pl. ...ien)

Farbenblindheit, Rot-Grün-... *Daltonismus*, der (lat., ohne Pl.) auch: angeborene Farbenblindheit (med.) nach dem engl. Physiker John Dalton (gestorben 1844)

Farbendruck *Chromotypie*, die (gr., Pl. -n)

Farbenfehlsichtigkeit *Dyschromatopsie*, die (gr., Pl. ...ien)

Farbenlehre *Chromatik*, die (gr.-lat., ohne Pl.)

Farbenmischbrett *Palette*, die (fr., Pl. -n) eigtl.: kleine Schaufel; auch: genormte

Hubplatte zum Stapeln von Waren, z. B. Europalette

farbenprächtig *flamboyant* (lat.-fr.) auch: flammend; nicht verw. mit *flambieren* (lat.-fr.) z. B. Früchte mit Weinbrand übergießen u. brennend servieren

Farbenspiel *Chromatropie*, die (gr., Pl. ...ien)

Farbentüchtigkeit *Trichromasie*, die (gr., ohne Pl.) d. h. Erkennung der drei Grundfarben: Rot, Grün, Blau (med.)

Färberdistel *Saflor*, der (it., Pl. -e) einst Pflanze zum Gelb- u. Rotfärben von z. B. Stoffen

Färbereimaschine *Jigger*, der (engl., Pl. -s)

Farbgebung *Kolorit*, das (it., Pl. -e) auch: bes. Stil, Atmosphäre

Farbholzschnitt *Chromoxylographie*, die (gr., Pl. -n)

Farbkugelgewehr 1. *Gotcha-Gewehr*, das (am.-it.-dt., Pl. -e) Waffe, mit der Farbkugeln verschossen werden 2. *Paintball-Gewehr*, das (engl.-dt., Pl. -e) Spielzeug für Erwachsene u. Kinder

farblos *achromatisch* (gr.-lat.)

Farbmischbrett *Palette*, die (lat.-fr., Pl. -n) e. Holzbrett, auf dem der Kunstmaler Ölfarben mischt

Farbschicht *Lasur*, die (lat., Pl. -en) Lackschicht, die den Untergrund durchsichtig läßt

Farbspraybilder *Graffiti*, die (it., nur Pl.) auch: Sprayparolen an Hauswänden

Farbstoff *Pigment*, das (lat., Pl. -e) bestimmt die Färbung der Haut bei der Einwirkung von UV-Strahlen

Farbstoff, roter ... *Eosin*, das (gr., ohne Pl.)

Farbstoff, rotvioletter ... *Giroflé*, das (fr., ohne Pl.)

Farbstoffmangel *Albinismus*, der (lat., ohne Pl.) das Fehlen von Pigmenten, z. B. bei Menschen

Farbstoffträger *Chromatophor*, das (gr., Pl. -en) auch: Farbstoffzelle bei Pflanzen, bei Tieren, die den Farbstoffwechsel der Haut bewirken, z. B. beim Chamäleon

Farbtonabstufung *Valeur*, der (fr., Pl. -s) auch: Farbwert, -ton; Abstufung von Licht u. Schatten in der Malerei

Farbtonrichtigkeit *Isochromasie*, die (gr.,

ohne Pl.) ... bes. bei fotografischen Emulsionen

Farbtonskala *Spektrum*, das (lat., Pl. ...tren, ...tra) auch: Buntheit, Vielfalt; z. B. das ganze Spektrum abdecken

Färbung *Tinktion*, die (lat., Pl. -en) eigtl.: das Eintauchen

farbvertiefend *bathochrom* (gr.) Ggs.: hypsochrom

Farbwert *Valeur*, der (fr., Pl. -s) auch: Abstufung von Licht u. Schatten in der Malerei

Farbwirkung *Kolorit*, das (it., Pl. -e) auch: bes. Stil, Atmosphäre

Farnkrautversteinerung *Filizit*, der (lat., Pl. -e)

Faser *Fiber*, die (lat., Pl. -n)

faserreich *fibrös* (lat.)

Faserung *Textur*, die (lat., Pl. -en) auch: Gewebe; Gefüge e. Pflanzenzellwand

Faserzerfall *Elastoklasis*, die (gr., Pl. ...asen) degenerativer Verfall von Fasern (med.)

Faß *Barrel*, das (fr.-engl., Pl. -s) z. B. ein Barrel Rohöl (rund 160 l)

Fassadenklettern in der Stadt *City-Climbing*, das (engl.-am., ohne Pl.) auch: Hochhauswandkraxeln

Fassadenmalerei *Sgraffito*, das (it., Pl. ...ti)

faßbar *perzeptibel* (lat.) wahrnehmbar

Faßlichkeit *Perzeptibilität*, die (lat., ohne Pl.) Wahrnehmungsfähigkeit

Fassung 1. *Version*, die (lat.-fr., Pl. -en) z. B. e. Films, Theaterstücks 2. *Contenance*, die (lat.-fr., ohne Pl.) i. S. von Haltung; er wurde dermaßen geärgert, daß er die Contenance verlor 3. *Konzept*, das (lat., Pl. -e) z. B. Fassung, Entwurf e. Rede; »Er will immer meine guten Konzepte abkupfern ...« (Franz Müntefering, SPD-Geschäftsführer, 1998) auch: Plan, Programm; »Offenbar bedient sich die F. D. P. bei ihrer Konzeptfindung aus dem Abfalleimer von Karl Dall.« (G. Schröders geh. Tagebuch von H. Venske, 1997)

Fassung, neue ... *Remake*, das (engl., Pl. -s) ... e. älteren Spielfilmstoffes; auch: Neuverfilmung

fassungslos 1. *konsterniert* (lat.) auch: bestürzt; nicht verw. mit *konstatieren* (lat.-fr.) feststellen 2. *perplex* (lat.-fr.) »verworren«, i. S. von überrascht

Fassungsvermögen 1. *Kapazität*, die (lat., ohne Pl.) 2. *Potential*, das (lat., Pl. -e) i. S. von Leistungsfähigkeit

Fastenbrechen, rituelles ... *Iftar*, das (arab.) im Fastenmonat Ramadan: zwischen Dämmerung u. Morgengrauen

Fastenmonat 1. *Ramadan*, der (arab., ohne Pl.) 2. *Bairam*, der (türk., Pl. -s)

Fastenpsalm *Traktus*, der (lat., ohne Pl.)

Fastenzeit *Quadragesima*, die (lat., ohne Pl.) christliche Fastenzeit, 40 Tage vor Ostern

Fastnachtsfest 1. *Karneval*, der (it., Pl. -e) 2. *Fasching*, der (germ.-österr., Pl. -s)

Fasttag *Quatember*, der (lat., ohne Pl.) liturgisch abgehaltener Fasttag z. B. nach Pfingsten

Faulbrand *Gangrän*, die (lat., Pl. -en) Absterben von Gewebe (med.)

faulenzen *tachinieren* (österr.) untätig herumsitzen

Faulenzer *Tachinierer*, der (österr., Pl. -) auch: Drückeberger

Faulenzer, fetter ... *Couchpotato*, der (engl., Pl. -s) aus couch = Sofa u. potato = Kartoffel

Faulgas *Biogas*, das (lat.-dt., Pl. -e)

faulig *putrid* (lat.)

Fäulnis *Putrefaktion*, die (lat., Pl. -en)

Fäulnisbewohner *Saprobie*, die (gr., Pl. -n) Organismus, der in oder auf Faulstoffen lebt; Ggs.: Katharobie

Fäulnisfresser 1. *Saprophage*, der (gr., Pl. -n) Organismus, der sich von faulenden Stoffen ernährt 2. *Saprozon*, das (gr., Pl. ...zoen) e. sich von Faulstoffen ernährendes Tier

Faulschlamm *Sapropel*, das (gr., Pl. -e)

faulschlammartig *sapropelitisch* (gr.)

Faulschlammfresser *Saprophage*, der (gr., Pl. -n)

Faulschlammkohle *Sapropelit*, der (gr., Pl. -e) aus Faulschlamm entstandenes Gestein

Faultier *Unau* (port.-fr., Pl. -s) Südamerikas

Faustkämpfer *Boxer*, der (engl., Pl. -s)

Faustschlag 1. *Boxer*, der (engl., Pl. -) auch: Sportler, der mit den Fäusten kämpft; Hunderasse mit stumpfer, kräftiger Schnauze 2. *Punch*, der (engl., Pl. -s) harter Boxhieb; Boxübungen am Pun-

chingball; nicht verw. mit *Punch*, der (engl., Pl. -s) Hanswurst des engl. Puppenspiels

Faxgerät, mobiles ... für das Auto *Roadfax*, das (engl., ohne Pl.) »Straßen-Fax«

Fazit 1. *Bilanz*, die (it., Pl. -en) Kontenabschluß; »Man darf Schröder doch wohl noch e. Blender u. Versager nennen, wenn man seine Bilanz in Niedersachsen betrachtet.« (Theo Waigel, Bundesfinanzminister, 1998) 2. *Resümee*, das (lat.-fr., Pl. -s) i. S. e. kurzen Zusammenfassung mit Beurteilung

Fechtbahn *Planche*, die (lat.-fr., Pl. -n)

Fechtdegen *Rapier*, das (germ.-fr., Pl. -e) auch Fechtwaffe

Fechten, Schlag auf die gegnerische Klinge beim ... *Battuta* u. *Battute*, die (lat.-it., Pl. ...ten) auch: Taktschlag

Fechter bei e. Mensur *Paukant*, der (dt.-lat., Pl. -en)

Fechterhieb *Terz*, die (lat., Pl. -en) auch: best. Klingenhaltung beim Fechten; Intervall von drei Tonstufen; Gebet des Breviers um die dritte Tagesstunde = 9 Uhr

Fechtkünstler *Kendoka*, der (jap., Pl. -s) der Samurai in Japans Feudalzeit

Fechtstellung einnehmen! *en garde!* (fr.) ... Aufforderung dazu (Kommando)

Fechtwaffe 1. *Florett*, das (fr., Pl. -e, -s) Stoßdegen 2. *Rapier*, das (fr., Pl. -e) auch: Degen

Fechtwaffenkampf *Assaut*, das, der (lat.-fr., Pl. -s)

Federball *Indiaca*, die (Eigenn., Pl. -s) e. für das Indiaca (Volleyballspiel) verwendeter Lederball mit Federn

Federballspiel *Badminton*, das (engl., Pl. -s) die Turnierform des Federballspiels

Federbett *Plumeau*, das (lat.-fr., Pl. -s)

Federhalter *Penholder*, der (engl., Pl. -s) auch: Federhaltergriff beim Tischtennis

Federn, mit fremden ... schmücken *alienis gloriari bonis* (lat., Zitat)

federnd *elastisch* (gr.-lat.) z. B. e. elastischen Gang haben

Federschmuck *Aigrette*, die (fr., Pl. -n) Reiherfederschmuck als Kopfputz; auch: Strahlenschweif bei Feuerwerken

Federsprunggerät *Trampolin*, das (it., Pl. -e) Sprungtuch, das mit Gummibändern an e. Rahmen befestigt wird

Federwolke *Zirrus*, der (lat., Pl. Zirren) befinden sich in hohen Luftschichten

Fegefeuer *Purgatorium*, das (lat., ohne Pl.)

Fehlbetrag 1. *Defizit*, das (lat.-fr., Pl. -e) z. B. das Handelsbilanzdefizit 2. *Manko*, das (lat.-it., Pl. -s) bei der Prüfung wies die Kasse e. Manko aus

Fehlbewegungen *Parakinese*, die (gr., Pl. -n) Muskelkoordinationsstörung

Fehlbildung *Dysontogenie*, die (gr.-lat., Pl. ...ien) med.; auch: Organmißbildung

Fehldruck *Makulatur*, die (lat., Pl. -en)

fehlende Planung *Desorganisation*, die (fr., Pl. -en)

Fehlendes *Desiderat*, das (lat., Pl. -e) auch: Erwünschtes, z. B. e. best. Buch für e. Bibliothek

Fehlentwicklung *Dysplasie*, die (gr.-lat., Pl. ...ien) med.

Fehler 1. *Defekt*, der (lat., Pl. -e) z. B. e. Maschinendefekt 2. *Lapsus*, der (lat., Pl. -) kleiner Fehler, z. B. e. Versprecher 3. *Fauxpas*, der (fr., ohne Pl.) »Fehltritt« 4. *Manko*, das (lat.-it., Pl. -s) Fehlbetrag

Fehler, unerzwungener ... *unforced Error*, der (engl., Pl. -s) Bez. im Sport; e. schweres Wort; Sportreporter Heribert Faßbender kam nur bis: »... wieder sehr viel unfotz ..., anfortz ... äh ... Fehler, für die der Gegner nichts kann.«

fehlerfrei 1. *korrekt* (lat.) 2. *perfekt* (lat.) 3. *intakt* (lat.) svw. heil, unversehrt

fehlerhaft 1. *defekt* (lat.) defekte Teile ausbauen 2. *inkorrekt* (lat.) svw. unrichtig

fehlerhafte Zusammensetzung der Körpersäfte ... *Humoralpathologie*, die (lat., ohne Pl.) ... ist der Grund für Krankheiten, nach der medizinischen Auffassung in der Antike

Fehlerhaftigkeit 1. *Defektivität*, die (lat., ohne Pl.) auch: Mangelhaftigkeit 2. *Inkorrektheit*, die (lat.-dt., Pl. -en) auch: Unangemessenheit; Ggs.: Korrektheit 3. *Vitiosität*, die (lat., Pl. -en) auch: Lasterhaftigkeit

Fehlerverzeichnis *Korrigenda*, die (lat., ohne Pl.) z. B.: Druckfehlerverzeichnis

Fehlfarbe 1. *Renonce*, die (lat.-fr., Pl. -n) beim Kartenspiel 2. *Foße*, die (lat.-fr., Pl. -n) auch: e. leere Karte im Kartenspiel

Fehlgeburt 1. *Abort*, der (lat., Pl. -e) med. 2. *abortieren* (lat.) med., Fehlgeburt haben; nicht verw. mit *rapportieren* (lat.-fr.) berichten, Meldung machen

Fehlleistung *Lapsus*, der (lat., Pl. -) i. S. e. kleinen Fehlers, z. B.: Versprecher

Fehlschluß 1. *Diallele*, die (gr., Pl. -n) auch: Zirkelschluß; e. sich im Kreis bewegende Denkrichtung 2. *Paralogismus*, der (gr., Pl. ...men) Fehlentscheidung, die auf e. Denkfehler beruht

Fehlschlüsse *Fallazien*, die (lat., Pl.) eigtl.: Betrügerei; Trugschlüsse

Fehlschuß *Nuller*, der (lat., Pl. -) auch: Nullfehlerritt; Vorbeischuß beim Schießsport

Fehlsichtigkeit *Ametropie*, die (gr., Pl. ...ien) med.

Fehlsprechen *Allolalie*, die (gr., Pl. ...ien) ... bei Geisteskranken (med.)

Fehlsprung *Nuller*, der (lat., Pl. -) i. S. e. Nullfehlerritts, auch: Vorbeischuß beim Schießsport

Fehltritt *Fauxpas*, der (fr., ohne Pl.) auch: Taktlosigkeit; »Ein absoluter Fauxpas: dem Barkeeper das Glas zum Abräumen zu reichen.« (Ernst Lechthaler, Barkeeper u. Autor, 1998)

Feier 1. *Ritual*, das (lat., Pl. -e, -ien) auch: e. best. Verhalten 2. *Zeremonie*, die (lat., Pl. ...ien) i. S. e. feierlichen Handlung

Feier im kleinen Kreis ... *After Hour Party*, die (engl., Pl. ...ies) ... nach e. offiziellen Veranstaltung

feierlich 1. *patetico* (gr.-lat.-it.) musik. Vortragsanw. 2. *gravitätisch* (lat.) würdevoll; z. B. gravitätisch schreiten 3. *majestätisch* (lat.) hoheitsvoll 4. *pastoral* (lat.) auch: würdig, salbungsvoll 5. *pathetisch* (gr.-lat.) auch: übertrieben gefühlvoll 6. *solenn* (lat.) festlich

feierliche Handlung 1. *Ritual*, das (lat., Pl. -e, -ien) auch: e. best. Verhalten 2. *Zeremonie*, die (lat., Pl. ...ien)

Feierlichkeit *Pathos*, das (gr., ohne Pl.) etwas mit viel Pathos vortragen

feiern *zelebrieren* (lat.) der Priester zelebriert e. Messe

fein 1. *delikat* (lat.-fr.) das Essen war ausgesprochen delikat; aber auch: e. delikaten Kriminalfall lösen 2. *deliziös* (lat.-fr.) z. B. deliziöse Speisen essen 3. *elegant* (fr.-lat.) i. S. von elegant gekleidet sein 4. *grazil* (lat.) feingliedrig, sich grazil bewegen

5. *dezent* (lat.) unaufdringlich; Ggs.: indezent 6. *filigran* (lat.) feingliedrig 7. *fragil* (lat.) i. S. von zerbrechlich 8. *kapillar* (lat.) haarfein, z. B. bei Blutgefäßen 9. *präzise* (lat.-fr.) »vorn abgeschnitten«, klar umrissen 10. *sublim* (lat.) i. S.: von einem feinen Verständnis zeugend, empfindsam sein 11. *subtil* (lat.) auch: fein strukturiert

fein abgestuft *nuanciert* (lat.-fr.)

Feinbäcker 1. *Konditor*, der (lat., Pl. ...oren) 2. *Patissier*, der (fr., Pl. -s) i. a. e. Hotelkonditor

Feinbäckerei 1. *Konditorei*, die (lat., Pl. -en) Betrieb für Feinbackwaren (Torten) 2. *Patisserie*, die (fr., Pl. ...ien) auch: Backstube für z. B. Torten

Feinbackwaren *Patisserie*, die (fr., Pl. ...ien) auch: Backstube für z. B. Torten

Feindbild der Raver 1. *Techno-Depp*, der (engl.-dt., Pl. -en) 2. *Deppentechno*, das (dt.-engl., Pl. -s)

Feinde, auch vom ... soll man sich belehren lassen *et ab hoste doceri* (lat., Zitat)

feindlich *hostil* (lat.) z. B. e. hostile Haltung einnehmen

Feindschaft gegenüber Juden *Antisemitismus*, der (lat., ohne Pl.) »Antisemitismus gibt es auch ohne Juden.« (Jürgen Trittin, Sprecher der Grünen, 1998)

Feindschaft *Ranküne*, die (lat.-fr., Pl. -n) z. B. e. heimliche Feindschaft hegen

feindselig *animos* (lat.) auch: aufgeregt, erbittert, gereizt

Feindseligkeit 1. *Hostilität*, die (lat., ohne Pl.) 2. *Animosität*, die (lat., Pl. -en) 3. *Antipathie*, die (gr.-lat., Pl. ...ien) Abneigung 4. *Aversion*, die (lat., Pl. -en) Widerwille; nicht verw. mit *Avers*, der (lat.-fr., Pl. -e) Vorderseite e. Münze; Ggs.: Revers

feine Lebensart *Savoir-vivre*, das (fr.) »zu leben wissen«

feinfühlig 1. *sensibel* (lat.-fr.) z. B. e. sensibler (fast empfindlicher) Mensch sein, e. »Sensibelchen« 2. *subtil* (lat.)

feinfühlig, nicht ... *indezent* (lat.) auch: unschicklich; Ggs.: dezent

Feinfühligkeit 1. *Sensibilität*, die (fr., ohne Pl.) Empfindsamkeit; Filmempfindlichkeit 2. *Sensitivität*, die (fr., ohne Pl.) Überempfindlichkeit (med.)

Feingebäck 1. *Torte*, die (lat.-it., Pl. -n)

z. B. Sachertorte, Spezialität des Cafés Sacher in Wien 2. *Florentiner*, der (it., ohne Pl.) flaches Gebäckstück mit Schokolade u. Mandeln; auch: großer leichter Hut

Feingefühl *Sensibilität*, die (lat.-fr., Pl. -en) dem Personalleiter mangelt es an Sensibilität

Feingehaltsmaß *Karat*, das (gr.-arab.-lat.-fr., Pl. -e) bei Gold oder Edelsteinen

Feingehaltsstempel *Repunze*, die (lat., Pl. -n) auf Edelmetallen

feingeistig *ätherisch* (gr.-lat.) auch: schöngeistig; e. ätherische Dame, die besser ins vorige Jahrhundert paßt

feingliedrig *filigran* (lat.-it.)

Feinheit 1. *Eleganz*, die (lat.-fr., ohne Pl.) 2. *Schick*, der (dt.-fr., ohne Pl.) sich mit Schick kleiden 3. *Finesse*, die (lat.-fr., Pl. -n) i. S. e. Kunstgriffs 4. *Nuance*, die (lat.-fr., Pl. -n) auch: Abstufung 5. *Präzision*, die (lat.-fr., ohne Pl.) Genauigkeit 6. *Raffinesse*, die (lat.-fr., Pl. -n) auch: gerissene Vorgehensweise

Feinkost *Delikatesse*, die (lat.-fr., Pl. -en) z. B. Kaviar ist e. Delikatesse

Feinmeßgerät *Mikrometer*, das (gr.-lat., ohne Pl.) z. B. Mikrometerschraube

Feinnervigkeit *Sentimentalität*, die (lat.-fr.-engl., Pl. -en) i. S. von Rührseligkeit, Empfindsamkeit; »Sentimentalität nennen wir das Gefühl, das wir nicht teilen.« (Graham Greene)

feinschleifen *honen* (engl.) auch: ziehschleifen, um genaue Paßteile zu erzielen

Feinschlosser *Feinmechaniker*, der (dt.-gr.-lat., Pl. -)

Feinschlosser *Mechaniker*, der (lat., Pl. -) Handwerker, der Maschinen repariert

Feinschmecker 1. *Connaisseur*, der (lat.-fr., Pl. -s) »Kenner« guter Speisen 2. *Gourmet*, der (fr., Pl. -s)

feinschmeckerisch *kulinarisch* (lat.) »... ich persönlich bin e. entschiedener Verfechter der multikulinarischen Gesellschaft.« (G. Schröders geh. Tagebuch von H. Venske, 1997)

feinstimmig *mikrophonisch* (gr.)

Felchenart *Omul*, der (russ., Pl. -e) des Baikalsees

Feld- u. Waldgeist *Satyr*, der (gr.-lat., Pl. -n) in der gr. Sage lüsterner Waldgeist u. Begleiter des Dionysos

Feldforschung *Field-research*, das (engl., ohne Pl.) wichtige Daten vor Ort erheben, erfragen

Feldfrucht *Zerealie*, die (lat., Pl. -n) auch: Getreide; Haferflockengericht

Feldgeschütz, leichtes ... *Falkonett*, das (lat.-it., Pl. -e) ... des 16. u. 17. Jhs.

Feldherrnkunst *Strategie*, die (gr.-lat., Pl. ...ien) im Kampf gegen die Römer entwickelte Hannibal (247–183 v. Chr.) neue Strategien u. Taktiken

Feldküche *Gulaschkanone*, die (ung.-dt., Pl. -n)

Feldlager *Camp*, das (lat.-it.-fr.-engl., Pl. -s)

Feldstück *Kamp*, der (lat., ohne Pl.) auch: Grasplatz, Pflanzgarten

Feldwache *Vedette*, die (lat.-fr., Pl. -n) auch: Reiterposten

Feldzeichen *Standarte*, die (fr., Pl. -n) auch: Sammelplatz der Soldaten; Fahne e. Truppe; Schwanz des Fuchses oder Wolfes

Feldzug *Kampagne*, die (fr., Pl. -n) z. B.: Werbekampagne

Fell e. jungen Seehundes *Whitecoat*, der (engl.-am., Pl. -s)

Fell junger Mützenrobben *Blueback*, der (engl., Pl. -s)

Fellranzen *Tornister*, der (poln., Pl. -) auch: Schulranzen

Felsenhöhle *Grotte*, die (gr.-lat.-it., Pl. -n)

Felsenspalte *Kamin*, der (gr.-lat., Pl. -e) alpinistisches Wort; auch: Schornstein, Schlot

Felsenwohnung *Cliff-Dwelling*, die (engl., Pl. -s) in Felshöhlen gebaute Behausung der Indianer im Südwesten der USA

Felswüste *Hammada*, die (arab., Pl. -s) auch: Steinwüste

Felszeichnung 1. *Petroglyphe*, die (gr., Pl. -n) ... vorgeschichtlich, gemeißelte 2. *Petrogramm*, das (gr., Pl. -e) ... vorgeschichtlich, gemalte

Fenster, durch e. Mittelsäule gegliedertes gotisches ... *Biforium*, das (lat., Pl. ...ien)

Fensterblatt *Monstera*, die (lat., Pl. ...rae) e. Zimmerpflanze

Fenstergitter *Maschrabija*, das (arab.) ... aus gedrechselten Holzstäben (in arabischen Ländern)

Fensterladen *Spalett*, das (it., Pl. -s) auch: Brustwehr, Geländer, Lattenwand

Fensterschutz *Jalousie*, die (gr.-lat.-fr., Pl. -n)

Fenstertechnik *Windowtechnik*, die (engl.-lat.-dt., ohne Pl.) Verfahren, das es ermöglicht Inhalte mehrerer Dateien oder Programme auf dem Bildschirm zu zeigen (EDV)

Fenstervorhang *Gardine*, die (lat.-fr.-niederl., Pl. -n) meist aus durchsichtigem Stoff

Ferienhaus 1. *Chalet*, das (schweiz.-fr., Pl. -s) 2. *Bungalow*, der (engl., Pl. -s) Flachdachhaus 3. *Cottage*, das (engl., Pl. -s)

Ferienindustrie *Tourismus*, der (gr.-lat.-fr.-engl., ohne Pl.)

Ferienlager *Camp*, das (engl.-am., Pl. -s) auch: Zelt- u. Feldlager; nicht verw. mit: *Camp*, der (engl., Pl. -s) eigtl.: schwul; Person mit e. homosexuellen Verhaltensart; auch: Dandy

Fermatsche Satz, der große ... *Fermats letztes Theorem* (Eigenn. dt.-gr., ohne Pl.) nach: dem fr. Mathematiker Pièrre de Fermat (1601–1665), der e. best. math. Behauptung nicht bewies, sie stellt damit das berühmte ungelöste Problem in der Math. dar (Gibt es zwei Kubikzahlen, die sich zu einer dritten Kubikzahl addieren? Warum nicht?)

ferner *item* (lat.) auch: ebenso

Fernerkundung der Erde über Satellit *Teledetektion*, die (engl.-am., Pl. -s) auf diese Weise lassen sich Umweltschäden, Rohstoffvorkommen oder Naturkatastrophen ermitteln

Fernfühlen *Telepathie*, die (gr.-lat., ohne Pl.) manche Mütter entwickeln telepathische Fähigkeiten, was ihre Kinder an entfernten Orten betrifft

Ferngeschwulst *Metastase*, die (gr., Pl. -n) auch: Tochtergeschwulst z. B. bei Krebs; bes. Redefigur im Rollenspiel

Ferngespräch *Telefonat*, das (gr.-lat., Pl. -e)

Ferngesprächsvermittler *Telefonist*, der (gr.-lat., Pl. -en)

Fernkopie *Telefacsimile*, das (lat.-engl., Pl. -s) kurz: Fax

fernkopieren 1. *faxen* (engl.) 2. *telekopieren* (gr.-engl.)

Fernnetz von mehreren Computern *Wide Area Network*, das (engl., Pl. -s) kurz: WAN; ... oder e. Verbund von loka-

201

len Netzwerken meist über das Telefonnetz

Fernobjektiv *Teleobjektiv*, das (gr.-lat., Pl. -e)

Fernrohr 1. *Teleskop*, das (gr.-lat., Pl. -e) 2. *Perspektiv*, das (lat., Pl. -e) kleines Fernrohr 3. *Periskop*, der (gr.-lat., Pl. -e) 4. *Refraktor*, der (lat., Pl. -en) e. dioptrisches Fernrohr 5. *Tubus*, der (lat., Pl. ...ben, -se)

Fernrohr, bes. leistungsstarkes ... 1. *astronomisches Spiegelteleskop*, das (gr.-lat.-dt., Pl. -e) 2. *Reflektor*, der (lat., Pl. -en) bestehend aus gekrümmten Spiegeln, um das Sternenlicht zu sammeln; das Hale-Teleskop entdeckt das Licht e. Kerze aus 25 000 km Entfernung 3. *Refraktor*, der (lat., Pl. -en) besteht aus Linsen, die das Licht brechen; Galileo Galilei benutzte diesen Fernrohrtyp 1609 als erster; Refraktoren sind leistungsschwächer

Fernrohrlinse *Objektiv*, das (lat., Pl. -e)

fernschreiben *telegraphieren* (gr.-lat.)

Fernschreiber *Telegraf*, der (gr.-fr., Pl. -en)

Fernschreibnetz *Telex*, das (engl., ohne Pl.) von engl.: teleprinter exchange; auch: Fernschreiben

Fernsehanstalten *Eurovision* (aus europäisch u. Television, ohne Pl.)

Fernsehbildschirm, hochaufgelöster ... *HDTV*, der (Eigenn., engl.-am., ohne Pl.) High Definition TV ... in der Qualität von Kinoleinwänden; das HDTV-Bild setzt sich aus 12 500 Bildpunkten zusammen (das derzeitige PAL-Farbsystem hat ca. 6000 Bildpunkte)

Fernsehen ohne Bildschirm *Virtual Vision*, das (lat.-engl.-am., ohne Pl.) eigtl.: der Möglichkeit nach vorhandene Erscheinung; e. dunkle, aber durchsichtige Brille mit eingebautem Display projiziert das Bild direkt vor das Auge, die natürliche Umgebung bleibt dem Betrachter sichtbar

Fernsehen *Television*, die (gr.-engl., ohne Pl.)

Fernsehen, beeinflußbares ... *interaktives TV*, das (lat.-engl., ohne Pl.) das Fernsehen verschmilzt mit dem Computer (PC) zum universellen Interface (Schnittstelle) u. eröffnet ungeahnte Möglichkeiten der Programm- u. Informationsgestaltung

Fernsehfilm, kurzer, schnell gemachter

... *Quickie Movie*, der (engl.-am., Pl. -s) ...aus e. aktuellen Anlaß hergestellt

Fernsehgerät *Portable*, das (lat.-engl., Pl. -s) tragbares Gerät

fernsehgerecht *telegen* (gr.-lat.) e. telegene Fernsehsprecherin; auch: fernsehtauglich

Fernsehkanal-Wechsler, ewiger ... 1. *Switcher*, der (engl.-am., Pl. -s) er wechselt die Kanäle, behält jedoch mehrere Handlungsabläufe im Auge 2. *Zapper*, der (engl.-am., Pl. -s) e. Protestumschalter, der kaum etwas aufnimmt 3. *Homo zappens*, der (lat.-engl.-am., ohne Pl.) der »abknallende« Mensch, der aus Protest pausenlos die Programme wechselt

Fernsehkirche *Electronic Church*, die (engl.-am., ohne Pl.) Bez. für TV-Sendung religiösen Inhalts

Fernsehkoffergerät *Portable*, der u. das (engl.-fr., Pl. -s) auch: tragbarer Computer, Kleinfernseher, Kofferradio

Fernsehkonsument, der mehrere Sendungen verfolgt *Switcher*, der (engl.-am., ohne Pl.) von: to switch over (umschalten) der Switcher betrachtet mehrere Sendungen parallel, ohne den Handlungslauf u. die Filmhöhepunkte zu verlieren bzw. zu verpassen

Fernsehprogramm, e. ... aus Verärgerung ausschalten ... *Zapping*, das (engl.-am., ohne Pl.) ... u. in e. anderes wechseln; von: to zap (abknallen)

Fernsehprüfrohr *Monoskop*, das (gr.-lat., Pl. -e) früher verwendete Prüfbildröhre mit Bildmuster

Fernsehsendung, immer kürzere, raschere ... *Fast-Food-TV*, das (engl.-am.) resultierend aus dem gnadenlosen Kampf um die Einschaltquoten der konkurrierenden Sender

Fernsehsucht *Televisionismus*, der (lat.-engl., ohne Pl.) krankhafter Zwang, fernsehen zu müssen (med.)

fernsehwirksam *telegen* (engl.)

fernsprechen *telefonieren* (gr.-lat.)

Fernsprecher *Telefon*, das (gr.-lat., Pl. -e)

Fernsprechwesen *Telefonie*, die (gr.-lat., ohne Pl.)

Fernsteuergerät *Temex*, das (engl., ohne Pl.) kurz aus: telemetry exchange: Fernüberwachungsaustausch; auch: Fernüberwachungsgerät

Fernwahrnehmung 1. *Telepathie*, die (gr.-lat.-engl., ohne Pl.) auch: Gedankenlesen 2. *Teleskopie*, die (gr.-lat., ohne Pl.) Verfahren zur Ermittlung der TV-Einschaltquoten; auch: Erkennung verborgener Gegenstände; Ggs.: Kryptoskopie

Ferse *Calx*, die (lat., ohne Pl.) nicht verw. mit: *Calx*, die (lat., ohne Pl.) Kalkstein

Fersenbein *Calcaneus*, der (lat., Pl. ...nei) hinterer Fußwurzelknochen (med.)

Fersenschmerz *Achillodynie*, die (gr.-lat., ohne Pl.) auch: Schmerz an der Achillessehne

Fersenschmerz *Talagie*, die (gr.-lat., Pl. ...ien) med.

fertig *parat* (lat.) immer e. passende Antwort parat haben

Fertigkeit 1. *Routine*, die (lat.-fr., ohne Pl.) z. B. Arbeiten routiniert ausführen 2. *Technik*, die (gr.-fr., Pl. -en) e. bes. Technik für die Erledigung der Arbeit entwickeln

Fertigkleidung *Konfektion*, die (fr., Pl. -en) Serienfabrikation von Kleidung; auch: Bekleidungsindustrie

Fertignahrung *Convenience-Goods*, die (engl., Pl.) eigtl.: Bequemlichkeitsgüter, z. B. Brot, Gemüse; Ggs.: Shopping-Goods

fesseln *faszinieren* (lat.) i. S. von begeistern

fesselnd *interessant* (lat.-fr.) z. B. e. interessantes Buch lesen

Fesselndes *Faszinosum*, das (lat., ohne Pl.) Anziehendes

Fesselung zur Steuerung sexueller Lust *Bondage*, die (engl., ohne Pl.) aus dem masochistischen Bereich

Fest 1. *Fete*, die (lat.-fr., Pl. -n) 2. *Party*, die (lat.-fr.-engl.-am., Pl. ...ties) 3. *Orgie*, die (gr.-lat., Pl. -n) meist entartetes Sauf- oder Sexgelage 4. *Session*, die (lat., Pl. -s) i. S. e. musik. Großveranstaltung = Jam Session 5. *Festival*, das (lat.-fr.-engl., Pl. -s) kulturelle Großveranstaltung, z. B. Filmfestival

fest 1. *massiv* (fr.) e. massiv gebautes Haus 2. *solide* (lat.-fr.) Verarbeitung 3. *stabil* (lat.) e. stabile Holztreppe bauen 4. *kompakt* (lat.-fr.) 5. *robust* (lat.) »aus Eichenholz«, widerstandsfähig

Fest- oder Nur-Lese-Speicher *CD-ROM* (engl.: Compact Disc Read-Only-Memory) hier können neben Musik auch Texte u. Grafiken gespeichert werden

Fest, höchstes mohammedanisches ... *Id*, das (arab., ohne Pl.) ... steht mit der Fastenzeit (Ramadan) in zeitlichem Zusammenhang

Fest, nach dem ... *post festum* (lat.) auch: zu spät (erscheinen)

Festbeleuchtung *Illumination*, die (lat., Pl. -en)

Festessen 1. *Bankett*, das (it., Pl. -e) 2. *Diner*, das (fr., Pl. -s) eigtl.: Hauptmahlzeit, wird in Frankreich abends eingenommen 3. *Dinner*, das (engl., Pl. -s) abendliche Hauptmahlzeit in England

festfahren *stagnieren* (lat.) z. B. kann die Wirtschaft stagnieren

Festgedicht *Carmen*, das (lat., Pl. ...mina) auch bis 16. Jh. instrumentaler Liedsatz; auch: Carmen, Gedicht z. B. für e. Jubiläum

Festgesang *Hymne*, die (gr.-lat., Pl. -n) auch: Weihelied; feierliches Gedicht; kurz für Nationalhymne

festgewachsen *sessil* (lat.) auch: festsitzend, z. B. best. Wassertiere

festhalten *arretieren* (lat.-fr.)

Festhalten *Traditionalismus*, der (lat., ohne Pl.) z. B. an Traditionen; best. Volksgruppen sind durch Traditionalismus geprägt

festhaltend am Hergebrachten *konservativ* (lat.) von: conservare (erhaltend), davon: *Konservative*, der, die (lat., Pl. -n) z. B. Anhänger e. konservativen Partei; »E. Konservativer ist e. Mensch mit zwei völlig gesunden Beinen, der nie gehen gelernt hat.« (Franklin D. Roosevelt)

festigen 1. *fixieren* (lat.-fr.) 2. *konsolidieren* (lat.-fr.) svw. etwas Bestehendes sichern; nach der starken Expansion muß die Firma jetzt konsolidieren 3. *stabilisieren* (lat.) svw. standhaft machen

Festigkeit 1. *Solidität*, die (lat.-fr., ohne Pl.) 2. *Stabilität*, die (lat., ohne Pl.)

Festigung 1. *Konsolidation*, die (lat., Pl. -en) auch: Sicherung; Reduzierung der Neuverschuldung; Stillstand e. Krankheitsverlaufs 2. *Stabilisierung*, die (lat., Pl. -en) Herstellung e. festen Zustandes

Festkleidung 1. *Gala*, die (sp., ohne Pl.) 2. *Toilette*, die (lat.-fr., Pl. -n) gr. Toilette vorsehen: gut anziehen; auch: Ort für die Notdurft

203

Festland *Kontinent*, der (lat., Pl. -e) auch: Erdteil

festländisch *kontinental* (lat.-fr.)

Festlandklima *Kontinentalklima*, das (lat., Pl. -s u. ...mate)

festlegen 1. *definieren* (lat.) auch: i. S. von erklären, e. Sachverhalt definieren 2. *determinieren* (lat.) 3. *fixieren* (lat.-fr.) 4. *konstituieren* (lat.-fr.) i. S. von: einsetzen 5. *zementieren* (lat.-fr.) auch: fest verkitten

Festlegen von Devisenkursen ... *Fixing*, das (engl., Pl. -) ... an der Börse

festlegen, jmdn. auf etwas ... *programmieren* (gr.) auch: e. Programm für e. Computer aufstellen; nicht: vorprogrammieren (Doppelaussage)

festlegend *determinativ* (lat.)

Festlegung *Definition*, die (lat., Pl. -en)

festlich 1. *pastoral* (lat.) 2. *pathetisch* (gr.-lat.) svw. ausdrucksvoll 3. *solenn* (lat.)

Festlichkeit *Zelebrität*, die (lat., Pl. -en) Feierlichkeit; auch: Berühmtheit, z. B. im Tennissport: Boris Becker

Festmahl *Bankett*, das (germ.-it., Pl. -e) z. B. für Staatsgäste

Festmeter *Kubikmeter*, der (lat., ohne Pl.) e. Raummaß (Math.)

Festnahme *Arretierung*, die (lat.-fr., Pl. -en) auch: Inhaftierung; Sperrvorrichtung

festnehmen *arrestieren* (lat.-fr.) der Verbrecher wurde arrestiert

Festplatte *Harddisk*, die (engl., Pl. -s) auch: Magnetplattenspeicher

Festpreisgeschäft *Prix fixe*, der (fr., ohne Pl.)

Festrede *Epideiktik*, die (gr., ohne Pl.)

Festsaal *Aula*, die (lat., Pl. ...len, -s)

Festschmaus *Bacchanal*, das (gr.-lat., Pl. -ien) Fest zu Ehren des antiken Weingottes Bacchus, i. S. e. ausschweifenden Eß- u. Trinkgelages

festsetzen 1. *definieren* (lat.) 2. *fixieren* (lat.-fr.) 3. *normieren* (gr.-lat.-fr.) i. S. von vereinheitlichen

festsitzend *sessil* (lat.) auch: festgewachsen, z. B. best. Wassertiere

Festspeicher *Read-only-Speicher*, der (engl.-dt., Pl. -) Nurlesespeicher

Festspiel *Festival*, das (lat.-engl., Pl. -s) i. S. e. kulturellen Großveranstaltung

feststehend 1. *fix* (lat.) e. Liefertermin aushandeln, der fix ist 2. *konstant* (lat.) 3. *stabil* (lat.) beständig, z. B. das Wetter bleibt vorerst stabil; seelisch stabil (robust) sein; Ggs.: labil

feststellen 1. *registrieren* (lat.) i. S. von erfassen, z. B. Besucher aus Krisengebieten; e. Bemerkung registrieren 2. *diagnostizieren* (gr.-fr.) z. B. e. Krankheit 3. *konstatieren* (lat.-fr.) bemerken 4. *identifizieren* (lat.) z. B. e. Person erkennen, wiedererkennen; Personalien e. verdächtigen Person identifizieren 5. *eruieren* (lat.) »herausgraben«, feststellen; nicht verw. mit *eruptieren* (lat.) »hervorbrechen«, ausbrechen 6. *lokalisieren* (lat.) örtlich begrenzen

Feststellung *Diagnose*, die (gr.-fr., Pl. -n) e. Krankheit

Festtagsverzeichnis *Kalendarium*, das (lat., Pl. ...ien)

Festung 1. *Kastell*, das (lat., Pl. -e) 2. *Zitadelle*, die (fr., Pl. -n) Äthiopien, die Zitadelle Afrikas 3. *Fort*, das (lat.-fr.-engl., Pl. -s) 4. *Kalaa*, die (arab.)

Festung, sagenhafte ... *Massada*, das (hebr., Eigenn.) ... im Süden des heutigen Israels, 73 n. Chr. begingen deren Bewohner kollektiven Selbstmord, um sich nicht den Römern ergeben zu müssen

Festungsteil *Bastei*, die (fr.-it., Pl. -en) vorspringender Bereich

Festungsturm *Rondell*, das (lat.-fr., Pl. -e) Rundbau

Festungswerk *Fortifikation*, die (lat.-fr., Pl. -en)

Festwertspeicher 1. *EAROM*, der (engl., Pl. -s) aus: electrically alterable read-only memory 2. *EEPROM*, der (engl., Pl. -s) aus: electrically erasable programmable read-only memory, Nurlesespeicher: löschbar u. wieder programmierbar 3. *ROM*, der (engl., Pl. -s) aus: read only memory, Nurlesespeicher

fett *adipös* (lat.-fr.) auch: fettleibig

Fett oder fettähnliche Substanz *Lipid*, das (gr.-lat., Pl. -e) auch: Sammelbezeichnung für alle Fette (nur Pl.)

Fett, Sammelbezeichnung für ... *Lipoid*, das (gr.-lat., Pl. -e)

Fettabsaugetechnik ... *Liposuktion*, die (gr.-lat., ohne Pl.) ... als Schlankheitsoperation, wird an Oberschenkeln und am Bauch durchgeführt

204

Fettabsaugung *Liposuction*, die (gr.-engl., Pl. -s) med.

fettartig *lipoid* (gr.-lat.)

Fettbruch *Lipozele*, die (lat., Pl. -n) Bruch, der Fettgewebe enthält (med.)

Fettdurchfall *Stearrhö*, die (gr., Pl. -en) auch: Fettstuhl (med.)

Fetten, aus ... künstlich hergestelltes Partikel ... *Liposom*, das (gr.-lat., Pl. -e) ... das e. wasserhaltige Kammer enthält; e. Hautcreme, die Feuchtigkeit spendet u. verjüngen soll

Fettgehaltmesser *Butyrometer*, das (gr., ohne Pl.)

Fettgeschwulst 1. *Hibernom*, das (lat., Pl. -e) ... entsprechend der tierischen Winterschlafdrüse (med.) 2. *Lipom*, das (gr.-lat., Pl. -e) ... gutartiges (med.)

Fetthenne *Sedum*, das (lat., Pl. Seda) e. Dickblattgewächs

fettleibig *adipös* (lat.-fr.)

Fettleibigkeit 1. *Obesität*, die (lat., ohne Pl.) med., bei Gefräßigkeit 2. *Adipositas*, die (lat., ohne Pl.) 3. *Pimelose*, die (gr.-lat., ohne Pl.) med. 4. *Polypionie*, die (gr.-lat., Pl. ...ien) med.

fettlöslich *lipophil* (gr.-lat.)

fettreich *adipös* (lat.-fr.)

Fettring an der Hüfte e. älteren Mannes, e. Frau *Survival-Ring*, der (engl.-dt., Pl. -e) wird auch Rettungsring genannt

Fettspaltung *Lipolyse*, die (gr.-lat., Pl. -n) Fettverdauung (med.)

Fettsteiß *Steatopygie*, die (gr., Pl. -n) Fettbildung am Gesäß (med.)

Fettstoffwechsel, Störung des ... *Lipidose*, die (gr.-lat., ohne Pl.) med.

Fettstoffwechselstörung *Lipidose*, die (gr.-lat., Pl. -n) med.

Fettstuhl *Steatorrhö*, die (gr., Pl. -en) auch: Fettdurchfall (med.)

Fettsucht 1. *Adipositas*, die (lat., ohne Pl.) med. 2. *Polypionie*, die (gr.-lat., Pl. ...ien) med.

feucht *humid* (lat.) Gebiete, die e. jährliche Niederschlagsmenge von über 600l/m_ aufweisen

Feuchtigkeit bindend *hygroskopisch* (gr.)

Feuchtigkeit *Humidität*, die (lat., ohne Pl.)

Feuchtigkeit, vor ... schützen *imprägnieren* (lat.) »schwängern«; svw. durchtränken

Feuchtigkeitscreme *Moisturizing Cream*, die (engl., Pl. -s)

feuchtigkeitsliebend *hygrophil* (gr.-lat.) hygrophile Pflanzen

feuchtigkeitsscheuend *ombrophob* (gr.) Ggs.: ombrophil

Feuer *Temperament*, das (lat., Pl. -e) auch: Wesensart, Lebhaftigkeit, Schwung

Feuer, mit ... u. Schwert (ausrotten) *igni et ferro* (lat., Zitat)

Feuerbestattung *Kremation*, die (lat., Pl. -en) Einäscherung

Feuerfurcht *Pyrophobie*, die (gr., ...ien) med.

Feuerkugel *Bolid*, der (gr.-lat., Pl. -en) auch: bes. heller Meteor; bes. Rennwagen

Feuerleger, krankhafter *Pyromane*, der, die (gr., Pl. -n)

Feuerlöschanlage *Sprinkler*, der (engl., Pl. -) Bewegungsanlage, Rasensprenger

Feuerlöscher *Extinkteur*, der (lat.-fr., Pl. -e)

Feuermal *Teleangiektasie*, die (gr.-lat., Pl. ...ien) med., erweitertes Kapillargefäß in der Haut

Feuerrad *Girandole*, die (it.-fr., Pl. -n) beim Feuerwerk

Feuersbrunst *Konflagration*, die (lat., Pl. -en)

Feuerschutzanlage *Sprinkler*, der (engl., Pl. -) bei Rauch oder ab e. best. Temperatur sprüht Wasser aus e. oder mehreren Düsen

Feuerstein *Flint*, der (engl., Pl. -e)

Feuerstein mit Absplitterungen *Eolith*, der (gr.-lat., Pl. -e) ... an Steinwerkzeuge erinnernd

Feuerstelle *Kamin*, der (gr.-lat., Pl. -e) z. B. e. offener Kamin im Wohnzimmer, Kaminzimmer

Feuerteufel *Pyromane*, der (gr., Pl. -n)

Feuerwerker *Pyrotechniker*, der (gr.-lat., ohne Pl.) auch: Sprengtechniker

Feuerwerkerei *Pyrotechnik*, die (gr., ohne Pl.)

Feuerwerkskörper 1. *Chinacracker*, der (engl., Pl. -s) 2. *Girandola*, die (it., Pl. ...olen) auch: mehrarmiger Leuchter

Feuerzeichen *Fanal*, das (fr., Pl. -e) auch: Tat, Ereignis, bes. Zeichen der Veränderung

feurig 1. *spirituoso* (lat.-it.) musik. Vortragsanw. 2. *con fuoco* (lat.-it.) musik. Vortragsanw.

Fichtenharz *Galipot*, der (fr., ohne Pl.)

Fieber *Temperatur*, die (lat., Pl. -en) mit mehr als 37,5° C hat der Mensch Fieber

Fieberabfall 1. *Deferveszenz*, die (lat., ohne Pl.) Entfieberung (med.) 2. *Krise*, die (lat., Pl. -n) auch: gefährliche Situation 3. *Lysis*, die (gr., Pl. Lysen) auch: Auflösung von Zellen, Persönlichkeitszerfall

fieberbekämpfend *antipyretisch* (gr.-lat.) med., i. S. von fiebersenkend

Fieberbekämpfung *Antipyrese*, die (gr., ohne Pl.) eigtl.: Fieberhitze (med.)

fiebererzeugend *pyrogen* (gr.-lat.) med., z. B. bei best. Medikamenten

fieberfrei *afebril* (gr.-lat.) med.

fieberhaft 1. *febril* (lat.) med.; auch: fiebrig 2. *hektisch* (gr.-lat.) aufgeregt

Fiebermittel 1. *Antipyretikum*, das (gr., Pl. ...ka) fiebersenkendes Mittel (med.) 2. *Pyretikum*, das (gr., Pl. ...ka) Fieber erzeugendes Mittel (med.)

fiebersenkend *antipyretisch* (gr.)

Fiebertraum *Phantasie*, die (lat., Pl. ...ien) auch: Einbildung, Einfallsreichtum, Vorstellungskraft

Fieberwahn *Paraphrosyne*, die (gr., ohne Pl.) med.

Fieberzustand *Delirium*, das (lat., Pl. ...ien)

fiebrig *febril* (lat.) fieberhaft (med.)

Figur e. geflügelten Liebesgottes *Amorette*, die (fr., Pl. -n)

Figur *Statue*, die (lat., Pl. -n) künstlerisch gestaltete

Figuren, künstliche ... *Synthespian*, der (gr.-am., Pl. -s) ... über Computeranimation entwickelte künstliche Figuren; z. B. »Vacta« für »virtual actor« (engl.: virtueller Schauspieler)

Figuren, mit ... versehen *figural* (lat.)

Figurenträger 1. *Atlant*, der (gr.-lat., Pl. -en) nach dem Riesen Atlas: Gebälkträger 2. *Karyatide*, die (lat., Pl. -n) weibliche Statue mit langem Gewand 3. *Zophoros*, der (gr., Pl. ...phoren) tierische Statue

Film *Thriller*, der (engl., ohne Pl.) z. B. spannender Krimi

Film, in dem viel Blut fließt *Splatter*, der (engl.-am., Pl. -s) to splat (planschen) auch: Splatterfilm

Film, nachgeschobener ... e. ersten erfolgreichen *Sequel*, das (engl., Pl. -s) z. B. »Spiderman 2«

Film, schlechter Sensationsfilm *Trash*, der (engl.-am., ohne Pl.) »Müll«; auch: miserabler Film, der mit geringen Mitteln produziert wurde

Filmaufnahmegerät 1. *Kamera*, die (lat.-engl., Pl. -s) Foto-, Filmapparat 2. *Kinematograph*, der (gr.-fr., Pl. -en)

Filmbearbeiter am Bildschirm *Postproductioner* (lat.-engl., Pl. -s) u. sorgt für Computeranimationen u. Special effects

Filmbearbeitung *Dramaturgie*, die (gr., Pl. ...ien) bes. Art der Film- u. Theaterbearbeitung

filmbegeistert *cinephil* (fr.) auch: kinobegeistert

Filmbehälter 1. *Kassette*, die (fr.-it., Pl. -n) Kästchen 2. *Magazin*, das (fr., Pl. -e) auch: Zeitschrift; Warenlager; Aufbewahrungskasten 3. *Patrone*, die (lat.-fr., Pl. -n) auch: Behältnis für e. Treibsatz, Metallhülse

Filmbesprechung *Rezension*, die (lat., Pl. -en) i. S. e. Filmkritik in der Presse

Filmdrehbuch *Skript*, das (engl.-fr., Pl. -s) Schriftstück

Filme, über den Computer beeinflußbare ... *Vomie*, die (Eigenn., am., Pl. -s) von: movie (Film), Bez. für Virtual-Reality-Filme, in denen der Zuschauer umherwandert u. die beeinflußt werden können

Filmeinblendung 1. *Flash*, der (engl., Pl. -s) e. kurze ... *Sentenz*, die (lat., Pl. -en) einprägsame Einblendung oder Denkspruch

Filmeinblendung *Flash*, der (engl., Pl. -s) eigtl.: Blitz; auch: Rückblick; Moment, in dem sich verabreichtes Rauschmittel ins Blut begibt

Filmfachmann *Cineast*, der (gr.-fr., Pl. -en) Filmschaffender; auch: begeisterter Kinogänger

Filmhersteller *Realisator*, der (lat., Pl. ...oren) auch: Geschlechtschromosom des Menschen; Autor e. Films

Filmhintergrundprojektion *Background*, der (engl., Pl. -s) z. B. Kulisse oder Landschaft

Filmindustrie *Kinematographie*, die (gr., ohne Pl.) auch: Filmkunst

Filmkamera für schwaches Licht *XL-Kamera*, die (Eigenn., engl., Pl. -s) aus: existing light (vorhandenes Licht)

Filmkenner *Cineast*, der (fr., Pl. -en) Filmschaffender; auch: begeisterter Kinogänger

Filmkunst *Cineastik*, die (fr., ohne Pl.)

Filmlänge *Metrage*, die (fr., Pl. -n)

Filmmitwirkende *Cast*, das (engl., ohne Pl.) das gesamte Team: Darsteller, Regisseur, Kameramann, Maske, Techniker, Drehbuchautor

Filmneufassung *Remake*, das (engl., Pl. -s)

Filmpreis *Oscar-Academy-Award*, der (engl.-am., Pl. -s) die »Akademie für künstlerische u. wissenschaftliche Filme« (USA) verleiht jährlich den »Oscar«

Filmsammlung *Cinemathek*, die (gr.-fr., Pl. -en)

Filmschaffender *Cineast*, der (fr., Pl. -en) auch: Filmkenner; begeisterter Kinogänger

Filmschnittmeister *Cutter*, der (engl., Pl. -)

Filmschnittmeisterin *Cutterin*, die (engl., Pl. -nen)

Filmszene 1. *Take*, der, das (engl., Pl. -s) ... die ohne Unterbrechung gedreht wird 2. *Slapstick*, der (engl., Pl. -s) z. B. e. groteske Szene 3. *Sentenz*, die (lat., Pl. -en) einprägsame Szene

Filmtheater *Kino*, das (Pl. -s) Kürzung des Wortes »Kinematograph«

Filmübersetzung *Synchronisation*, die (gr.-lat., Pl. -en) i. S. von: Herstellen des Gleichlaufs zwischen Vorgängen

Filmverzeichnis *Filmographie*, die (lat., Pl. ...ien)

Filmvorführer *Operateur*, der (lat.-fr., Pl. -e) auch: Arzt, der operiert; Toningenieur

Filmwerbung *Trailer*, der (engl., Pl. -) auch: Vorschau, Vorspann; Fahrzeuganhänger

Filmwesen 1. *Cineastik*, die (gr.-fr., ohne Pl.) Filmkunst 2. *Kinematographie*, die (gr.-lat., ohne Pl.) auch: Filmindustrie

Filterhäutchen *Membran*, die (lat., Pl. ...nen) i. S. e. dünnen Blättchens

filtern 1. *filtrieren* (lat.) 2. *kolieren* (lat.) durchseihen

Filzhut, breitrandiger ... *Kalabreser*, der (Eigenn., it., Pl. -) nach dem it. Gebiet Kalabrien benannt

Filzhütte *Jurte*, die (russ., Pl. -n) Nomadenrundhütte

Filzlausbefall *Phthiriase*, die (lat., Pl. ...iasen) auch: Läusebefall (med.)

Fimmel *Tick*, der (fr., Pl. -s)

Finanzhilfe *Subvention*, die (lat., Pl. -en) i. S. staatlicher Hilfen, z. B. für den Bergbau, die Landwirtschaft

finanziell 1. *pekuniär* (lat.-fr.) pekuniär geht es mir zur Zeit gut 2. *materiell* (lat.) 3. *monetär* (lat.) geldlich

finanzieller Stromstoß ... *Cash-flow*, der (engl.-am., ohne Pl.) ... der den in e. Periode erwirtschafteten Zahlungsmittelüberschuß angibt; auch: Kassenzufluß

Finanzierung *Subvention*, die (lat., Pl. -en) i. S. staatlicher Hilfen, z. B. für den Bergbau, die Landwirtschaft

Finanzierungsform *Forfaitierung*, die (lat.-fr., Pl. -en) z. B. durch den Verkauf (Übereignung) von Forderungen

Finanzprodukt, neuartiges ... *Devirat*, das (lat., Pl. -e) meist hochspekulativ, z. B.: Swaps, Optionen, Futures

Finanzrahmen *Budget*, das (lat.-fr.-engl., Pl. -s) auch: Haushaltsplan

finden *lokalisieren* (lat.) auch: örtlich begrenzen

findig 1. *praktisch* (gr.) 2. *vigilant* (lat.)

Finger *Digitus*, der (lat., Pl. ...ti) auch: Zehe (med.); Fingerbreite, e. röm. Längenmaß

Fingerabdruck *Daktylogramm*, das (gr.-lat., Pl. -e)

Fingerabdruckverfahren *Daktyloskopie*, die (gr., Pl. ...ien)

Fingerentzündung 1. *Daktylitis*, die (gr., Pl. ...itiden) med. 2. *Panaritium*, das (lat., Pl. ...ien) eigtl.: Krankheit an den Nägeln; auch: Nagelgeschwür

Fingerglied *Phalanx*, die (gr., Pl. ...langen) auch: Zehenglied; geschlossene Front des Widerstands; gestaffelte Schlachtreihe des griechischen Fußvolks der Antike

Fingerhut *Digitalis*, das (lat., ohne Pl.) auch: Herzmittel, das aus den Blättern des Fingerhuts gewonnen wird (med.)

Fingerkraut *Potentilla*, die (lat., Pl. ...llen) Rosengewächs mit heilender Wirkung

Fingersatz *Applikatur*, die (lat., Pl. -en) auch: sinnvolle Verwendung; das richtige Einsetzen der Finger beim Spielen, z. B. der Geige, des Klaviers

Fingerspitzengefühl *Takt*, der (lat., Pl. -e) auch: rhythmische Einheit, regelmäßige Zeitabstände; jmd. einige Takte erzählen, d. h. ihn maßregeln

Fingersprache 1. *Chirologie*, die (gr., ohne Pl.)... der Taubstummen; auch: Handlinideutungslehre 2. *Daktylologie*, die (gr., Pl. ...ien) Gebärden- u. Fingersprache der Gehörlosen

Fingerverkrümmung *Daktylogrypose*, die (gr., Pl. -n) Deformierung der Finger oder Zehen (med.)

Fingerzeig *Tip*, der (engl., Pl. -s)

Finkenvogel *Ortolan*, der (lat.-it., Pl. -e) auch: Gartenammer

Finne *Echinokokkus*, der (gr., Pl. ...kken) auch: Hundebandwurm

Finsternis *Obskurität*, die (lat., Pl. -en) svw. Unbekanntheit

Firma gliedert Bereich aus *Spin-off*, der (engl., ohne Pl.)

Firma mit langer Erfolgsgeschichte *Track Record*, der (engl., Pl. -s)

Firmenbeteiligung, Übernahmen von Unternehmen *Private Equity*, das (engl., ohne Pl.) laut Fraktionschef Franz Müntefering: »Heuschrecken, die fressen u. wegfliegen!« auch: Oberbegriff für drei Formen außerbörslichen Eigenkapitals: 1. Venture Capital (Risiko- oder Wagniskapital) 2. Buy-out 3. Mezzanine (Geldgeber von Fremd- u. Eigenmitteln)

Firmennetzwerk innerhalb des World Wide Web *Intranet*, das (engl., Pl. -s) Vorteil: geringere Kosten u. einfache Zugriffsmöglichkeit (von jedem PC aus)

Firmenübernahme durch das Management oder Finanzinvestoren *Buy-out*, das (engl., Pl. -s) Varianten: 1. Management-buy-in (MBI): fremde Führungskräfte kaufen e. Firma 2. Management-buy-out (MBO) die eigenen Leiter kaufen die Firma 3. Leveraged-buy-out (LBO): e. mit Krediten finanzierte Transaktion

Firmenübernahme-Fonds wird aufgelegt *Vintage-Jahr*, der (engl.-dt., ohne Pl.)... u. die ersten Gelder investiert

Firmenübernahmeprüfung *Due Dili-*

gence, die (engl., Pl. -s) e. Investor prüft sein mögliches Übernahmeziel, dann entscheidet er über den Einstieg

Firmenwechsler, häufiger ... *Jobhopper*, der (engl., Pl. -) e., der von Stelle zu Stelle hüpft, um Karriere zu machen

Firmenwert *Goodwill*, der (engl., ohne Pl.) der gute Ruf oder immaterielle Wert e. Firma

Firmenzeichen 1. *Corporate Identity*, die (engl., Pl. -s) Unternehmensidentität, Erscheinungsbild e. Firma 2. *Logo*, das, der (gr.-engl., Pl. -s) abgestimmte Zeichen- oder Buchstabenfolge mit Wiedererkennungswert

Firmenzusammenbruch *Bankrott*, der (it., Pl. -e) Zahlungsunfähigkeit. »Eine totale Bankrotterklärung!« (Markus Söder, CSU-Generalsekretär, über die Gesundheitsreform, 2006)

Fisch, versteinerter ... *Ichthyolith*, der (gr.-lat., Pl. -en)

Fischaugenstein *Ichthyophthalm*, der (gr., Pl. -e) e. Mineral (Apophyllit)

Fischdampfer *Trawler*, der (engl., Pl. -s) fischt mit e. Grundschleppnetz

Fische, die ... müssen schwimmen *pisces natare oportet* (lat., Zitat) d. h., e. Fischessen »verlangt« Getränke

Fischechse *Ichthyosaurier*, der (gr., Pl. -) ausgestorbenes Tier der Jura- u. Kreidezeit

Fischeier 1. *Rogen*, der (dt., Pl. -) 2. *Kaviar*, der (it.-türk., Pl. -e) konservierter Rogen von Störarten (Delikatesse)

Fischerboot *Barke*, die (fr., Pl. -n) auch: Nachen, Boot ohne Mast

Fischereifahrzeug 1. *Kutter*, der (engl., Pl. -) eigtl.: Schiff, das die Wellen schneidet; auch: Rettungs-, Beiboot, Jacht 2. *Logger*, der (engl.-niederl., Pl. -) kleines Küstenfahrzeug für den Fischfang

Fischereischiff 1. *Kutter*, der (engl., ohne Pl.) mit Motor 2. *Ewer*, der (niederdt., Pl. -s) anderthalbmastiges Fischerfahrzeug 3. *Logger*, der (niederl., Pl. -s) Fischereifahrzeug, z. B. Heringslogger

Fischersiedlung *Kiez*, der (slaw., Pl. -e) auch: Haus, Hütte, abgesonderter Wohnbezirk; Viertel, in dem Prostituierte u. Stricher aktiv sind

fischförmig *ichthymorph* (gr.)

Fischkunde *Ichthyologie*, die (gr.-lat., ohne Pl.)

Fischschuppenkrankheit *Ichthyose*, die (gr.-lat., Pl. ...osen) e. best. Hautkrankheit (med.)

Fischsuppe *Bouillabaisse*, die (fr., Pl. -s)

Fischvergiftung *Ichthyismus*, der (gr.-lat., ohne Pl.)

Fischversteinerung *Ichthyolith*, der (gr.-lat., Pl. -e)

Fischzahn *Ichthyodont*, der (gr.-lat., Pl. -en)

Fitneßart mit Hilfsmitteln 1. *Bodyball*, das (engl., Pl. -s) Übungen mit e. Ball 2. *Bodysculpt*, das (engl., Pl. -s) Übungen mit Gewichten u. Gummibändern

Fixstern, zwischen ...en befindlich *interstellar* (lat.) z. B. interstellare Materie (wolkenartig zwischen Fixsternen verteilte Materie)

flach 1. *banal* (germ.-fr.) 2. *plan* (lat.) i. S. von eben oder platt 3. *trivial* (lat.-fr.)

Flachbilddruck *Basrelief*, das (fr., Pl. -s) auch: Flachrelief

Flachbildschirmmonitor *Flat-Screen-Monitor*, der (engl., Pl. -e)

Flachdruckverfahren *Algraphie*, die (lat.-gr., Pl. ...ien)

Fläche 1. *Areal*, das (lat., Pl. -e) 2. *Terrain*, das (lat.-fr., Pl. -s)

Flächenmesser *Planimeter*, das (lat.-gr., ohne Pl.)

Flachfeuergeschütz *Haubitze*, die (tschech., Pl. -n) auch: Steilfeuergeschütz; nicht verw. mit: Strandhaubitze, ein torkelnd laufender Wasservogel, daher »voll wie e. Strandhaubitze«

flachköpfig *platyzephal* (gr.) med.

Flachköpfigkeit 1. *Chamäzephalie*, die (gr., Pl. ...ien) e. Schädeldeformierung (med.) 2. *Platyzephalie*, die (gr., ohne Pl.) Flachkopf ohne Wölbung (med.)

Flachmeer *Epikontinentalmeer*, das (gr.-dt., Pl. -e) auch: Überspülungsmeer

Flachrelief *Basrelief*, das (fr., Pl. -s, -e)

Flachsee *Schelf*, das (engl., Pl. -e) vom Meer überdeckter Kontinentalsockel

Fladenbrot *Tortilla*, die (lat.-sp., Pl. -s) in Mittel- u. Südamerika üblich

Flagge *Danebrog*, der (dän., ohne Pl.) die dänische Flagge

Flagge der USA *Stars and Stripes* (engl.)

Flagge Englands *Union Jack* (engl.)

Flagge Frankreichs *Trikolore* (fr.)

flammen *moirieren* (fr.) Materialien schillern lassen

flammend *flamboyant* (fr.)

Flammenzeichen *Fanal*, das (gr.-arab.-it.-fr., Pl. -e) als Hinweis für den Beginn e. Wende zum Guten oder Schlechten

Fläschchen *Flakon*, der (germ.-fr., Pl. -s) z. B. für Parfum

Flasche aus Glas *Karaffe*, die (arab.-sp.-it.-fr., Pl. -n)

Flasche *Bouteille*, die (fr., Pl. -n)

Flaschengeist des Internets *Avatar*, der (sanskr., Pl. -s) d. h.: der Net-Surfer baut sich e. virtuellen Körper, e. neues Ich, um unerkannt in den virtuellen Gemeinschaften zu kommunizieren

Flaschenkürbis, Innerei e. ... *Luffa*, die (arab.-sp., Pl. -s) ... sie wird als Schwamm verwendet

Flaschenzug *Talje*, die (it.-niederl., Pl. -n) Seemannsspr.

flau *blümerant* (fr.) auch: übel

Flechten *Lichenes*, die (lat., Pl.) Sammelbez. für Flechten

flechtenähnlich *lichenoid* (lat.)

Flechtwerk *Entrelacs*, das (fr., Pl. -) auch: verschlungene Linien u. Bänder in der Baukunst

fleckig *makulös* (lat.) bes. Hautflecken (med.)

Fledermäuse *Chiroptera*, die (gr., Pl.)

Fleisch am Drehspieß ... *Gyros*, das (gr., ohne Pl.) ... an dem es in Schichten abgeschnitten wird

Fleisch wässern *degorgieren* (lat.-fr.) um das Blut zu entfernen; auch: die Hefe aus dem Flaschenhals entfernen (Sektherstellung)

Fleisch zerstückeln *frikassieren* (fr.)

Fleischbraterei *Rotisserie*, die (fr., Pl. ...ien) Fleischgrill

Fleischbrühe *Bouillon*, die (lat.-fr., Pl. -s)

fleischfarben *inkranat* (lat.) auch: fleischrot

fleischfressend *zoophag* (gr.-lat.)

fleischfressende Pflanze *Zoophage*, der (gr.-lat., Pl. -n)

Fleischfresser 1. *Zoophage*, der (gr.-lat., Pl. -n) 2. *Karnivore*, der, die (lat., Pl. -n)

Fleischfüllung *Farce*, die (fr., Pl. -n) eigtl.:

hineinstopfen; auch: derbes Lustspiel; billiger Scherz

fleischgeworden *inkarniert* (lat.) Verwandlung e. Gottes in e. Menschen; nicht verw. mit *garniert* (germ.-fr.) verzieren

Fleischgrill *Rotisserie*, die (fr., Pl. ...ien) Fleischbraterei

fleischig *pulpös* (lat.)

Fleischkäse *Pain*, der, das (lat.-fr., Pl. -s)

Fleischklößchen, gebratenes *Bitok* u. *Bitki*, der (russ., Pl. -s)

fleischrot *inkarnat* (lat.)

Fleischsaft *Fond*, der (fr., Pl. -s) auch: Grundlage, Hauptsache; Autorücksitz; Bühnen- oder Bildhintergrund

Fleischscheibe *Tranche*, die (fr., Pl. -n)

Fleischschneidemaschine *Cutter*, der (engl., Pl. -) auch: Schnittmeister

Fleischstücke, kleine ... in heller Soße 1. *Frikassée*, das (fr., Pl. -s) Kalbsfrikassée 2. *Ragout*, das (fr., Pl. -s) z. B. Ragoût fin

Fleischton *Inkarnat*, das (fr., ohne Pl.) ... auf Gemälden

Fleischvergiftung *Botulismus*, der (lat., ohne Pl.) auch: Konservenvergiftung

Fleischwerdung *Inkarnation*, die (lat., Pl. -en) e. Gott verwandelt sich in e. Menschen

Flickwerk-Familie *Patchwork-family*, die (engl., Pl. ...lies) geschiedene Eltern; Kinder mit häufig wechselnden Bezugspersonen; auch: zerrüttete Familie

Flickwort *Expletiv*, das (lat., Pl. -e) auch: Würzwort, entbehrliches Wort, z. B.: ob sie ›auch‹ Lust hat?

Flieder *Syringe*, die (lat., Pl. -n) von Syrinx (Panflöte), weil aus Fliederästen Flöten geschnitzt wurden

fliegende Tiere, Gesamtheit der ... *Aerobios*, der (gr., ohne Pl.) d. h. alle flugfähigen Tiere

Fliegenpilzgift *Muskarin*, das (lat., ohne Pl.) in Asien e. Rauschmittel

fliehen *echappieren* (lat.-fr.) i. S. von entkommen, entwischen

Fliehkraft *Zentrifugalkraft*, die (gr.-lat.-dt., Pl. ...kräfte) wirken, bei sich drehenden Körpern, nach außen

fließen *pulsieren* (lat.) im Rhythmus des Pulsschlages

fließend 1. *fluid* (lat.) flüssig 2. *laminar* (lat.) auch: schichtweise gleitend; wirbelfrei fließend 3. *melodisch* (gr.) auch: wohlklingend, i. S. fließender Töne

Fließheck *Fastback*, das (engl., Pl. -s) ... e. Autos

Fließheck *Fastback*, das (engl., Pl. -s) z. B. e. schräg abfallendes Autodach

Fließlaut *Liquida*, die (lat., Pl. ...dä) Laut, der Konsonant u. Sonant sein kann, z. B.: r, l

flimmern *szintillieren* (lat.) auch: leuchten

flink 1. *agil* (lat.-fr.) auch: gewandt 2. *alert* (it.-fr.) munter 3. *fix* (lat.) schnell 4. *mobil* (lat.-fr.) beweglich

Flitterwochen *Honeymoon*, der (engl., Pl. -s) »Honigmond«

Flohkrebs *Amphipode*, der (gr.-lat., Pl. -n)

Floskel *Phrase*, die (gr.-lat., Pl. -n) z. B. Phrasendrescher

Flossenstrahlen *Radien*, die (lat., nur Pl.) bei Fischen

flott 1. *smart* (engl.) 2. *alert* (it.-fr.) munter, flink 3. *rapide* (lat.-fr.) schnell 4. *rasant* (lat.-fr.) erstaunlich rasch

Flotte 1. *Marine*, die (lat.-fr., ohne Pl.) 2. *Armada*, die (lat.-sp., Pl. ...den, -s) »bewaffnete Streitmacht«; gemeint ist die große Flotte des sp. Königs Philipp II. (1527–1598)

Flotte im Mittelmeer, die einst sowjetische ... *Eskadra*, die (lat.-it.-russ., ohne Pl.)

Flottenführer... *Nauarch*, der (gr.-lat., Pl. -en) ... im antiken Griechenland

Flottenübung *Manöver*, das (lat.-fr., Pl. -)

Flottenwesen *Marine*, die (lat.-fr., Pl. -n)

Fluch 1. *Exsekration*, die (lat., Pl. -en) i. S. e. Verwünschung 2. *Anathem*, das (gr.-lat., Pl. -e) u. *Anathema*, das (gr.-lat., Pl. ...themata) auch: Kirchenbann 3. *Malediktion*, die (lat., Pl. -en) i. S. von Schmähung 4. *Evasion*, die (lat., Pl. -en)

Flucht aus Feigheit *Hasenpanier*, das (dt.-germ.-fr., ohne Pl.) »Panier« ist die Fahne, das Banner; in der Jägersprache der Schwanzstummel des Hasen, der bei der Flucht hochgereckt wird; daher: »Hasenpanier geben«: aus Feigheit die Flucht ergreifen

Flucht *Evasion*, die (lat., Pl. -en) auch: Entweichen; Ausflucht

flüchtig *volatil* (lat.) verdunstend

Flüchtling 1. *Refugié*, der (lat.-fr., Pl. -s)

meist aus Frankreich stammend 2. *Boat people*, die (engl., Pl. -s) in kleinen Fischerbooten flüchtende Vietnamesen

Fluchtlinie *Alignement*, das (fr., Pl. -s) auch: Bebauungsgrenze, z. B. beim Straßenbau

Flugabfertigungsschalter *Counter*, der (engl., Pl. -s)

Flugball *Volley*, der (engl., Pl. -s) z. B. beim Tennis

Flugbegleiter *Steward*, der (engl., Pl. -s)

Flugbegleiterin 1. *Hosteß*, die (lat.-fr.-engl., Pl. -essen) allgem. Begleiterin 2. *Stewardeß*, die (engl., Pl. -essen) Flugbegleiterin

Flugblatt *Pamphlet*, das (engl.-fr., Pl. -e) politisches Flugblatt; auch: Schmähschrift

Flügel e. Gebäudes *Trakt*, der (lat., Pl. -e) Gebäudetrakt; auch: Darmtrakt

Flügelaltar, dreiteiliger *Triptychon*, das (gr., Pl. ...chen, ...cha)

flügellos *apterygot* (gr.) z. B. Insekten

Flügellosigkeit *Apterie*, die (gr., ohne Pl.) bei Insekten

Flügelschnecke, ausgestorbene ... *Tentakulit*, der (lat., Pl. -en)

Fluggast *Passagier*, der (lat.-it., Pl. -e)

Fluggastabfertigung *Check-in*, der (engl., ohne Pl.)

Fluggastbetreuerin 1. *Groundhosteß*, die (engl., Pl. -essen) 2. *Hosteß*, die (lat.-fr.-engl., Pl. -essen) 3. *Stewardeß*, die (engl., Pl. -essen)

Fluggesellschaft *Airline*, die (engl., Pl. -s) »Ich lebe einmal von den Meilen, die ich bei den diversen Airlines gesammelt habe.« (Thomas Gottschalk, TV-Star, 1997)

Flughafen *Airport*, der (engl., Pl. -s)

Flughafenbetreuerin *Groundhostess*, die (engl., Pl. ...tessen)

Flughafenhotel *Aerotel*, das (engl., Pl. -s)

Flughalle *Terminal*, der, das (engl., Pl. -s)

Flughaut 1. *Patagium*, das (lat., Pl. ...ien) z. B. der Fledermäuse 2. *Pterygium*, das (lat., Pl. ...ia) eigtl.: kleiner Flügel; auch: Schwimmhaut zwischen Zehen u. Fingern

Flugkarte *Ticket*, das (niederl.-fr.-engl., Pl. -s)

Flugkoffer für den Passagierraum *Bordcase*, das (engl., Pl. -s)

Flugkörper 1. *Sonde*, die (fr., Pl. -n) i. a. unbemannt, Raumsonde 2. *Rakete*, die (gr.-it., Pl. -n) 3. *Satellit*, der (lat., Pl. -en) künstlicher Erdmond 4. *Raumstation*, die (dt.-lat., Pl. -en) z. B. »Mir«

Flugkörper mit Düsenantrieb ... *Cruise-Missile*, das (engl.-am., Pl. -s) ... u. konventionellem oder nuklearem Gefechtskopf

Flugkörpergeschoß *Missile*, das (engl., Pl. -s)

Flugkurve ... 1. *Draw*, die (engl., Pl. -s) ... bei der sich der Ball von der Ziellinie entfernt u. zur Ziellinie zurückkehrt (Rechtshänder) 2. *Fade*, die (engl., Pl. -s) best. Flugkurve beim Linkshänder (jeweils Golfbez.)

Fluglinie *Airline*, die (engl., Pl. -s)

Flugobjekt, unbekanntes ... *UFO*, das (engl., Pl. -s) eigtl.: unidentified flying object (nicht identifiziertes fliegendes Objekt; fliegende Untertasse) »In Deutschland glauben doppelt so viele Leute an UFOs wie an Aktien für die Altersversorgung.« (Werner G. Seifert, Chef der Deutschen Börse AG, 1997)

Flugreise *Passage*, die (fr., Pl. -n) auch: Durchgang; überdachte Ladenstraße; zusammenhängender Textteil; Gangart e. Pferdes bei der Dressur

Flugreisender *Passagier*, der (lat.-it., Pl. -e)

Flugschreiber *Flight-Recorder*, der (engl., Pl. -)

Flugsteig *Gate*, das (engl., Pl. -s) auch: Rollfeldzugang; bes. Elektrode zur Elektrodenstromsteuerung (Phys.)

Flugstrecke *Route*, die (lat.-fr., Pl. -n)

Flugweite *Aktionsradius*, der (lat., Pl. ...dien)

Flugzeug 1. *Aeroplan*, der (gr.-lat., Pl. -e) 2. *Chartermaschine*, die (engl.-gr.-lat.-fr., Pl. -n) gemietetes Flugzeug 3. *Aircraft*, der (engl., Pl. -s) 4. *Airbus*, der (engl., Pl. ses; -se) auch: e. spezielles europäisches Passagierflugzeug, z. B. Airbus A 310; »Wer nach Europa will, muß Airbus unterstützen.« (Klaus Kinkel, Bundesaußenminister, 1997)

Flugzeugabsturz *plane crash*, der (engl., Pl. -es)

Flugzeugentführer *Hijacker;* auch: *Highjacker*, der (engl., Pl. -)

Flugzeugentführung *Hijacking*, das (engl., Pl. -s)

Flugzeugführer *Pilot*, der (gr.-it.-fr., Pl. -en)

Flugzeughalle *Hangar*, der (germ.-fr., Pl. -s)

Flugzeugküche *Pantry*, die (lat.-fr.-engl., Pl. -s) i. S. e. kleinen Anrichte

Flugzeugstart *Fake-off*, das (engl., Pl. -s)

Flur *Korridor*, der (it., Pl. -e) Laufgang; Gebietsstreifen

Flurbereinigung *Kommassation*, die (lat., Pl. -en) durch die Zusammenlegung mehrerer kleiner Grundstücke

Fluß 1. *Flow*, der (engl., ohne Pl.) auch: Redefluß; Durchfluß 2. *River*, der (engl., Pl. -s) 3. *Rio*, der (sp., ohne Pl.) Rio Grande

Fluß, vom ... gebildet *fluvial* (lat.) auch: zum Fluß gehörig

Flußbett *Torrente*, der (lat.-it., Pl. -n) e. tief eingeschnittenes, selten Wasser führendes Flußbett

Flußblindheit *Onchozerkose*, die (lat., Pl. -n) vom Erreger Onchocerca volvulus (Fadenwurm); durch e. Wurm hervorgerufene Krankheit, die zur Erblindung führt

Flußgabelung 1. *Bifluenz*, die (lat., Pl. -en) von: fließender Fluß 2. *Bifurkation*, die (lat., Pl. -en) auch: Gabelung der Zahnwurzel, der Luftröhre in zwei Stränge (med.)

flüssig 1. *fluid* (lat.) 2. *liquid* (lat.) auch: bez. der Zahlungsfähigkeit

flüssiges Mittel *Fluid*, das (lat., Pl. -a) nicht verw. mit *Fluidum*, das (lat., Pl. ...da) bes. Wirkung, Atmosphäre

Flüssiggasbehälter *Kryogentank*, der (gr.-dt., Pl. -s)

Flüssigkeit abklären *dekantieren* (lat.-fr.) bes. Rotwein vom Bodensatz in e. Karaffe abgießen, damit der Wein auch »atmen« kann

Flüssigkeit, ausgeschwitzte ... *Exsudat*, das (lat., Pl. -e) auch: Drüsenabsonderung

Flüssigkeit, die Sauerstoff zur Verbrennung liefert *Oxydizer*, der (gr.-engl., Pl. -) mit e. Treibstoff bildet der Oxydizer das Antriebsgemisch e. Flüssigkeitsrakete

Flüssigkeit, klare ... *Essigäther*, der (gr.-lat., Pl. -) ... häufig verwendete organische Verbindung; Äthylacetat, das erfrischend riecht

Flüssigkeitsansammlung *Ödem*, das (gr.-lat., Pl. -e) auch: Gewebewassersucht, z. B. wegen Durchblutungsstörungen (med.)

Flüssigkeitsbehälter *Kanister*, der (gr.-lat.-engl., Pl. -) z. B. e. tragbarer Benzinkanister

Flüssigkeitsgemisch *Emulsion*, die (lat., Pl. -en) z. B. Wasser u. Öl; Milch ist e. bes. Emulsion

Flüssigkeitsmaß, altes russ. ... *Wedro*, das (russ., ohne Pl.) eigtl.: Eimer; (1 Wedro = 12,31)

Flußkunde *Potamologie*, die (gr.-lat., ohne Pl.) e. Forschungszweig der Hydrologie (Wasserkunde)

flußlos *arheisch* (gr.) best. Gebiete sind z. B. abflußlos

Flußmündung, breite *Delta*, das (gr., Pl. -s, ...ten) genannt nach der Form des großen gr. Buchstabens »Delta«, z. B. das Nildelta

Flußmündung, trichterförmige ... 1. *Ästuar*, das (lat., Pl. -e) 2. *Ästuarium*, das (lat., Pl. ...ien) 3. *Delta*, das (gr., Pl. -s, ...ten) fächerförmige Flußmündung

Flußmuschel *Najade*, die (lat., Pl. -n) auch: Nymphe, die nach gr. Volksglauben in Quellen lebt

Flußneunauge *Lamprete*, die (lat., Pl. -n) Speisefisch, aus der Familie der Rundmäuler

Flußpferd *Hippopotamus*, der (gr.-lat., ohne Pl.) auch: Nilpferd

Flußspat *Fluorit*, der (lat., Pl. -e) e. Mineral; nicht verw. mit *Fluorid*, das (lat., Pl. -e) (Salz der Flußsäure)

Flußtal 1. *Qued*, das (arab., Pl. -s) 2. *Wadi*, das (arab., Pl. -s) jeweils meist trockenliegendes Flußtal 3. *Cañon*, der (lat.-sp., Pl. -s) tief eingeschnittenes ...

Flüsterstimme *Aphonie*, die (gr.-lat., Pl. -n)

Folge 1. *Sequenz*, die (lat., Pl. -en) auch: Wiederholung e. musik. Motivs 2. *Serie*, die (lat., Pl. -n) auch: mehrteilige Sendung 3. *Konsequenz*, die (lat., Pl. -en) i. S. von Beharrlichkeit; Wirkung; »Das muß personelle Konsequenzen haben.« (Edmund Stoiber, CSU, 1998)

Folge, aus der ... *a posteriori* (lat.) von hinten her, d. h. von der Wirkung auf die Ursache schließen

Folge, zeitliche ... *Chronologie*, die (gr., ohne Pl.) ... von Ereignissen; auch: Zeitrechnung

folgend *konsekutiv* (lat.) aufeinanderfolgend

folgenschwer *fatal* (lat.) z. B. e. fatalen Fehler begehen

folgerichtig 1. *konsequent* (lat.) 2. *logisch* (gr.-lat.) schlüssig, z. B. logisch denken u. handeln 3. *systematisch* (gr.-lat.) planmäßig

Folgerichtigkeit 1. *Konsequenz*, die (lat., ohne Pl.) auch: Beharrlichkeit 2. *Logik*, die (gr.-lat., ohne Pl.) Fähigkeit, folgerichtig zu denken

folgern *konkludieren* (lat.) aus seiner Handlungsweise läßt sich seine Gesinnung konkludieren

folgernd 1. *konklusiv* (lat.) philos., auch: Verben, die e. Geschehen erklären: verschwinden, verebben 2. *konsekutiv* (lat.) i. S. von: zeitlich aufeinander folgend

Folgerung *Konklusion*, die (lat., Pl. -en)

folglich *ergo* (lat.)

Folter *Tortur*, die (lat., Pl. -en)

foltern *torquieren* (lat.)

Folterung *Tortur*, die (lat., Pl. -en)

Fonds, deren Erträge neu investiert werden *thesaurierende Fonds*, die (lat.-fr., Pl.) sich anhäufender Grundstock

foppen *düpieren* (fr.) ärgern, sich düpiert fühlen

Förderband *Conveyer*, der (engl., ohne Pl.) Becherwerk

Förderer 1. *Mäzen*, der (lat., Pl. -e) nach dem Römer Maecenas (70–8 v. Chr.), z. B. e. großer Kunstmäzen sein, wie einst Dr. Körber in Hamburg u. Bergedorf 2. *Promoter*, der (lat.-fr.-engl., Pl. -) i. S. von Veranstalter, z. B. Boxpromoter 3. *Sponsor*, der (lat.-engl., Pl. -en) Geldgeber für sportliche Veranstaltungen, Vereinssponsoren

fordern 1. *postulieren* (lat.) e. bessere Ausbildung postulieren 2. *prätendieren* (lat.) svw. Anspruch erheben 3. *reklamieren* (lat.) »widersprechen«; svw. e. Mangel beanstanden

fördern *protegieren* (lat.-fr.) der Familienangehörige wurde als Bewerber protegiert (bevorzugt)

fördern, werbemäßig ... *promoten*

(engl.) s. v.w. für e. Produkt werblich tätig sein

Förderung 1. *Protektion*, die (lat.-fr., Pl. -en) der Sohn stand unter der Protektion des Vaters u. Firmeninhabers 2. *Mäzenatentum*, das (lat., ohne Pl.) i. S. e. freiwilligen, gönnerhaften Kunstförderung

Forderung 1. *zedieren* (lat.) e. Forderung abtreten, z. B. um e. Bankkredit abzusichern 2. *Postulat*, das (lat., Pl. -e) svw. unbedingte, sittliche Forderung; auch: Probezeit für die Kandidaten e. kath. Ordens

Förderung von Personen oder Projekten ... *Sponsoring*, das (engl.-am., ohne Pl.) ... durch Unternehmen mit e. Werbeeffekt für den Sponsor (Geldgeber)

Förderung, ökologische ... *Öko-Sponsoring*, das (gr.-lat.-engl., ohne Pl.)

Forderungsabtretung *Zession*, die (lat., Pl. -en) an Dritte, z. B. an e. Bank, um e. Kredit abzusichern; verschuldete Angestellte treten e. Teil ihres Gehalts an Gläubiger ab

Form 1. *formal* (lat.) der Form nach 2. *Konzept*, das (lat., Pl. -e) erste Fassung, z. B. e. Rede; stichwortartiger Entwurf 3. *Modus*, der (lat., Pl. Modi) svw. Art u. Weise des Geschehens; Modus operandi: Art u. Weise des Handelns

Form der Strategie e. grenzüberschreitend tätigen Unternehmens *Globalisierung*, die (lat., Pl. -en) »Sozial ist im Zeitalter der Globalisierung vor allem, was mehr Arbeitsplätze schafft.« (Roman Herzog, Bundespräsident, 1997)

Form des oral-genitalen Kontaktes 1. *Fellatio*, die (lat., Pl. ...ones) 2. *Cunnilingus*, der (lat., Pl. ...gi)

Form, der ... halber *pro forma* (lat.)

Form, in ... sein *fit* (engl.) auch: tauglich. »Alles fit im Schritt over there?« (Robbie Williams, Popstar, 2006)

Formänderung *Deformation*, die (lat., Pl. -en) nach dem Unfall war die Deformation des Autos erheblich

formbar *plastisch* (lat.-fr.) knetbar; körperhaft; anschaulich, einprägsam, bildhaft

Formbarkeit *Plastizität*, die (lat., ohne Pl.) auch: Körperlichkeit, Anschaulichkeit, Materialformbarkeit

formbeständig *permanent press* (engl.) auch: bügelfrei

Formblatt *Formular*, das (lat., Pl. -e)
Formel *Floskel*, die (lat.-it., Pl. -n) i. S. e. inhaltslosen Redensart
formen 1. *modellieren* (lat.-it.) aus Ton e. Skulptur modellieren 2. *formieren* (lat.) e. Menschenmenge formiert sich zu e. Schweigemarsch 3. *bossieren* (fr.) in Ton oder Gips
Formenbildung *Typogenese*, die (gr.-lat., Pl. -n) ... im Verlauf der Stammesgeschichte (Biol.)
Formenlehre *Morphologie*, die (gr.-lat., ohne Pl.) nicht verw. mit *Morpheus*, der (gr.-lat., ohne Pl.) gr. Gott des Schlafes
Formenspiel, chin. ... *Tangram*, das (chin.) aus sieben Holzformen
Former *Modellierer*, der (fr.-it., Pl. -)
formgearbeitet *fully fashioned* (engl.) von Kleidungsstücken
Formgebung 1. *Design*, das (lat.-fr.-engl., Pl. -s) z. B. Modedesigner 2. *Styling*, das (lat.-engl., ohne Pl.) Gestaltung von industriellen Gütern, auch von Autos
Formgestalter *Designer*, der (engl., ohne Pl.)
Formgestaltung industriell erzeugter Güter *Industrial Design*, das (engl., Pl. -s)
Formgestaltung, beeinflussende ... *interaktives Design*, das (lat.-engl., ohne Pl.) dabei wird der Betrachter gleichsam in den Bildschirm gesogen; er besucht z. B. e. virtuelles Restaurant, in dem er sich mit den Gästen per Mausklick »unterhalten« kann
förmlich 1. *formaliter* (lat.) der äußeren Form nach 2. *formell* (lat.-fr.) z. B. den Vorschriften entsprechend; auch: formell die Eltern um die Hand ihrer Tochter bitten 3. *offiziell* (lat.-fr.) behördlich bestätigt; Ggs.: inoffiziell
Förmlichkeit 1. *Konvention*, die (lat.-fr., Pl. -en) auch: Abkommen 2. *Formalie*, die (lat., Pl. -n)
formlos *amorph* (gr.-lat.) i. S. von gestaltlos
Formsache *Formalität*, die (lat., Pl. -en)
Formveränderung 1. *Deformation*, die (lat., Pl. -en) Verformung, Verunstaltung; auch: Fehlbildung, z. B. bei Organen 2. *Flexion*, die (lat., Pl. -en) auch: Beugung; Abknickung, z. B. der Gebärmutter (med.)

forsch *resolut* (lat.-fr.) e. resolute alte Dame
forschend *exploratorisch* (lat.) prüfend
Forscher der hebräischen Sprache u. Geschichte *Hebraist*, der (lat., Pl. -en)
Forschungsanstalt 1. *Akademie*, die (lat., Pl. ...ien) auch: Fachhochschule; bes. Anstalt für Kunst, Medizin 2. *Institut*, das (lat., Pl. -e) auch: Einrichtung für z. B. wissenschaftliches Arbeiten
Forschungsgebiet der Verknüpfung von Biologie, Medizin u. Mikrochip-Technik *Neurobionik*, die (gr.-lat., ohne Pl.) ... mit dem Ziel z. B., Blinde sehend, Querschnittsgelähmte gehend zu machen
Forschungslücke *Gap*, das (engl., Pl. -s) auch: Chromosomenlücke; Kluft
Forschungsreise *Expedition*, die (lat., Pl. -en)
Forschungsweise *Methodik*, die (gr.-lat., Pl. -en) um e. Forschungsergebnis zu erreichen
Forschungszweig, neuer interdisziplinärer ... *Neurobionik*, die (gr.-lat., ohne Pl.) an dem Chaosforscher, Biophysiker, Chirurgen, Mathematiker u. Computerexperten beteiligt sind; mittels Mikrochips soll defektes Nervengewebe überbrückt werden
Fortbleiben *Absenz*, die (lat., Pl. -en) körperliches Fortbleiben; auch: geistiges Wegtreten
Fortdauer *Kontinuität*, die (lat., ohne Pl.) die Opposition fordert mehr Kontinuität in der Forschungspolitik; auch i. S. e. stetigen Fortgangs
fortdauern 1. *perpetuieren* (lat.) weitermachen, fortfahren 2. *persistieren* (lat.) ... von best. Zuständen; auch: bestehen bleiben
fortdauernd 1. *chronisch* (gr.-lat.) auch: langsam verlaufend, z. B. Krankheiten; Ggs.: akut 2. *kontinuierlich* (lat.) stetig; Ggs.: diskontinuierlich 3. *permanent* (lat.) dauernd
Fortentwicklung *Evolution*, die (lat., Pl. -en) Entwicklung im Geschichts- u. Lebewesenablauf
Fortgang *Progreß*, der (lat., Pl. ...gresse) i. S. von Fortschritt
fortlaufend *kursorisch* (lat.) ununterbrochen; Ggs: statarisch

fortpflanzen *reproduzieren* (lat.)

Fortpflanzung 1. *Agamogonie*, die (gr.-lat., ohne Pl.) ungeschlechtlich, durch Zellteilung 2. *Apogamie*, die (gr.-lat., ohne Pl.) bei Pflanzen ohne Bestäubung 3. *Kopulation*, die (lat., Pl. -en) Fortpflanzungsakt 4. *Reproduktion*, die (lat., Pl. -en)

Fortpflanzung ohne Befruchtung *Parthenogenese*, die (gr.-lat., ohne Pl.) Jungfrauengeburt; z. B. Geburt e. Gottes: Jesus von der Jungfrau Maria

Fortpflanzungsbiologie *Reproduktionsbiologie*, die (lat., ohne Pl.) Sondergebiet der Med. u. Biol.

Fortpflanzungskraft *Generativität*, die (lat., ohne Pl.) auch: Zeugungskraft

fortpflanzungsunfähig *steril* (lat.) auch: keimfrei; Ggs.: fertil

Fortpflanzungszelle 1. *Gamet*, der (gr., Pl. -en) 2. *Spore*, die (gr., Pl. -n) eigtl.: Saat, Frucht; ungeschlechtliche Fortpflanzungszelle

fortschreiben *skontrieren* (lat.-it.) ... von Zu- u. Abgängen

Fortschreiten *Progression*, die (lat., Pl. -en) Wachstumsprogression, wird auch für das nächste Jahr geplant

fortschreitend *florid* (lat.) med., z. B. für e. rasch fortschreitende Krankheit

Fortschritt *Progreß*, der (gr., Pl. ...gresse)

Fortschrittler *Progressist*, der (lat.-fr., Pl. -en)

Fortschrittlertum *Progressismus*, der (lat.-fr., ohne Pl.) auch: Fortschrittsdenken

fortschrittlich *progressistisch* (lat.-fr.)

fortschrittlich, nicht ... *reaktionär* (lat.-fr.) politisch unfortschrittlich

Fortschrittsdenken *Progressismus*, der (lat., ohne Pl.) Fortschrittlertum

Fortsetzung *Kontinuation*, die (lat., Pl. -en) z. B. e. Lieferung

Fortsetzungsfilm 1. *Sequel*, das (lat.-fr., Pl. -s) Folge 2. *Serial*, das (lat.-engl., Pl. -s) auch: Roman, der in Fortsetzungen gedruckt wird

Fortsetzungsgeschichte in Bildern ... *Actioncomic*, das (engl., Pl. -s) ... mit wilden Aktionen

Fortsetzungslieferung *Faszikel*, der (lat., Pl. -) eigtl.: Päckchen; Aktenbündel; e. in Fortsetzungen erscheinendes Werk der Wissenschaften

fossiler Gliederfüßler *Trilobit*, der (gr.-lat., Pl. -en)

Fotograf, aufdringlicher ... *Paparazzo*, der (it., Pl. ...zzi) auch: Skandalreporter

Fotografie, Kunstrichtung der ... *Actiographie*, die (gr.-lat., ohne Pl.)

Fotolinse *Objektiv*, das (lat., Pl. -e)

Fotomodell 1. *Model*, das (engl., Pl. -s) meist hübsche Frauen der Modelbranche, die neue Kollektionen vorstellen oder von Fotografen abgelichtet werden, z. B. Claudia Schiffer 2. *Dressman*, der (engl., Pl. ...men) Männer, die Modekollektionen auf dem Laufsteg vorstellen; auch: bes. modisch gekleidete Männer

Fotomontage *Fake*, das (engl., Pl. -s) d. h. Fotos, die nachträglich bearbeitet werden; auch: Vortäuschung, Fälschung

Fotoobjektiv 1. *Zoom*, das (engl., Pl. -s) mit verstellbarer Brennweite 2. *Autofokus*, der (lat., Pl. -se) Objektiv mit automatischer Scharfeinstellung

Fotosammlung, geordnete ... *Fotothek*, die (gr., Pl. -en)

Fototermin *Shooting*, das (engl.-am., Pl. -s) auch: Modellsitzung

Fötus (Leibesfrucht), zum ... gehörig *fetal* (lat.)

Fracht 1. *Ballast*, der (Pl. -e) meist wertlos; Schiffe führten Steine oder Wasser mit, damit der Rumpf stabiler schwamm 2. *Kargo*, der (sp.-engl., Pl. -s) Beladung; Schiffs- u. Luftfrachtgut

Frachtempfänger *Destinatar*, der (lat.-fr., Pl. -e) ... im Seefrachtverkehr; auch: begünstigte Person durch e. Stiftung

Frachtführer *Carrier*, der (engl., Pl. -s) Unternehmen, das Güter befördert; bes. im Luftverkehr üblicher Begriff

Frachtlöschung *Debardage*, die (fr., Pl. -n) Ausladen, Löschen e. Holzfracht

Frachtstück *Kollo*, das (it., Pl. -s) als einzelne Kiste oder Sack gemeint

Frachtverpackung *Fustage*, die (fr., Pl. -n) z. B.: Säcke, Tonnen, Kisten; auch: Leergutpreis

Frachtvertrag *Charter*, der (engl., Pl. -s) im See- oder Luftfahrtrecht; gechartert wird das Transportmittel für e. best. Zeit oder für e. Reise

Frage *Problem*, das (gr.-lat., Pl. -e) i. S. e. schwierigen Frage

Frage-u.-Antwort-Spiel *Quiz*, das (engl.-am., ohne Pl.) eigtl.: Ulk, schrulliger Kauz; beliebte Ratespiele der Medien

Frage, nicht in ... kommen 1. *inakzeptabel* (lat.-fr.) Ggs.: akzeptabel 2. *indiskutabel* (lat.) nicht der Erörterung wert; Ggs.: diskutabel

Fragefürwort *Interrogativpronomen*, das (lat., Pl. ...mina) z. B. welcher, wer?

Fragekunst *Erotematik*, die (gr., ohne Pl.) i. S. von Kunst der richtigen Fragestellung; auch: Unterrichtsart, in der gefragt u. geantwortet wird

fragend *interrogativ* (lat.) z. B. Interrogativpronomen (Fragefürwort)

Fragesatz *Erotema*, das (gr., Pl. ...temata)

Frageumstandswort *Interrogativadverb*, das (lat., Pl. ...bien) z. B. wann, wo?

fraglich 1. *hypothetisch* (gr.-lat.) nur angenommen 2. *problematisch* (gr.-lat.) i. S. von ungewiß, schwierig

fragwürdig 1. *dubios* (lat.-fr.) u. *dubiös* (lat.-fr.) 2. *obskur* (lat.) auch: verdächtig 3. *ominös* (lat.) bedenklich, anrüchig 4. *suspekt* (lat.)

Franse *Fimbrie*, die (lat., Pl. -n) auch: Faser

franzosenfeindlich *frankophob* (lat.-gr.)

Franzosenfeindlichkeit *Frankophobie*, die (lat.-gr., ohne Pl.)

franzosenfreundlich *frankophil* (lat.-gr.)

Franzosenfreundlichkeit *Frankophilie*, die (lat.-gr., ohne Pl.)

französischsprachig *frankophon* (lat.) d. h. als Muttersprache Französisch sprechend

Fratze *Grimasse*, die (germ.-fr., Pl. -n)

Frau 1. *Dame*, die (lat.-fr., Pl. -n) i. S. e. gebildeten u. wohlerzogenen ... 2. *Glamourgirl*, das (engl., Pl. -s) i. S. e. Reklame- oder Filmschönheit 3. *Madame*, die (lat.-fr., Pl. -s) als Anrede »gnädige Frau« 4. *Mylady*, die (engl., Pl. ...dies) 5. *Amazone*, die (gr.-lat., Pl. -n) i. S. kriegerischer Frauen 6. *Tribade*, die (gr.-lat., Pl. -n) e. lesbische Frau 7. *Nymphomanin*, die (gr.-lat., Pl. -nen) e. mannstolle Frau 8. *Beauté*, die (lat.-fr., Pl. -s) bes. schöne Erscheinung 9. *Femme fatale*, die (fr., Pl. -s) e. schöne, charmante, kluge u. gefährliche Frau (wird gern von Geheimdiensten eingesetzt) 10. *Vamp*, der (engl., Pl. -s) gefühlskalte, aber verführerische Frau

11. *Circe*, die (gr., Pl. -n) e. die Männer umgarnt 12. *Sirene*, die (gr.-lat., Pl. -n) gefährliche, verführerische ..., ihr wäre fast Odysseus zum Opfer gefallen 13. *Xanthippe*, die (gr., Pl. -n) zänkische Frau (des gr. Philosophen Sokrates, 469 – 399 v. Chr.)

Frau mit bes. vaginalen Fähigkeiten *Kabbazah*, die (arab., ohne Pl.) eigtl.: Halterin; vulgär: Schwanzklammer

Frau mit gleichgeschlechtlicher Neigung *Urninde*, die (Eigenn., Pl. -n) vermutlich von Urania stammend

Frau mit Hund u. Katze ... *Netrawobecado*, die (Eigenn., engl., Pl. -s) Verballhornung durch Abkürzung: never travelling woman between cats and dogs; ... die nie verreisen kann

Frau mit starkem Sex-Appeal *Sexbombe*, die (engl.-dt., Pl. -n) »Sexbomben nennt man Damen, die ihre eigenen Sehenswürdigkeiten mitbringen.« (Zsa Zsa Gábor, 79, Ex-Sexsymbol)

Frau mit ungehemmter Sinnlichkeit *Messalina*, die (Eigenn., lat., ohne Pl.) Frau des röm. Kaisers Claudius, 48 n. Chr. wegen Doppelehe hingerichtet

Frau über Vierzig ... *Moby*, die (engl.-am., Pl. -s) aus: mom old, baby young (Mama alt, Baby jung) ... Karrierefrau, die sich zu ihrem Glück im fortgeschrittenen Alter noch e. Kind leistet; Ggs.: Doby

Frau, durch moralische u. gesellschaftliche Zwänge ungebundene ... *Easygoing Girl*, das (engl., Pl. -s)

Frau, eigenständige ... *Emanze*, die (lat., Pl. -n) auch: abwertend junge, selbstbewußte Frau. »Wäre ich e. Linker, würde ich die ganze Emanzentruppe flachlegen.« (Wolfgang Schüssel, Österreichs Bundeskanzler, 2006)

Frau, junge leichtlebige ... *Grisette*, die (fr., Pl. -n) auch: Putzmacherin

Frau, plaudernde ... *Causeuse*, die (fr., Pl. -n) auch: kleines Sofa (auf dem es sich gut plaudern läßt)

Frauen, Abneigung gegen ... *Misogynie*, die (gr., ohne Pl.)

Frauenabteilung, abgetrennte ... *Harem*, der (arab.-türk., Pl. -s) ... der Wohnhäuser in Ländern des Islams; eigtl.: das Verbotene; auch: Anzahl von Ehefrauen e. orientalischen Mannes

Frauenarzt *Gynäkologe*, der (gr.-lat., Pl. -n) med.

Frauenbewegung *Feminismus*, der (lat., ohne Pl.) »Gibt es e. tieferen Grund, weshalb der Feminismus der Feminismus heißt?« (Günter Schatzdorfer, 1998)

Frauenbewegung, die die Verbindung von weiblichem Denken u. Natur fördert *Öko-Feminismus*, der (lat., ohne Pl.) die Bewegung glaubt durch weibliche Intuition u. Sensibilität das »Gleichgewicht« der Erde zurückzugewinnen

Frauenbewegung, militante *Bobitting* (am.) nach der Amerikanerin Lorena Bobitt, die ihrem Mann mit der Schere den Penis abschnitt

Frauenbewegung, ruppige ... *Riot-Grrrl-Bewegung*, die (Eigenn., engl.-dt., Pl. -en) aus: riot (Aufstand) u. girl (Mädchen) eigtl.: Netzwerk von extremen, feministischen Punk-Bands der USA; jetzt Ausdrucksform junger, radikaler Frauengruppen, die sich dem Sexismus u. der Diskriminierung im Beruf verschrieben haben

Frauenfeind *Misogyn*, der (gr., Pl. -e) med.

Frauenfeindlichkeit *Mysogynie*, die (gr., ohne Pl.) auch: Frauenhaß

Frauengewand 1. *Sari*, der (sanskr., Pl. -s) der Inderinnen 2. *Toga*, die (lat., Pl. ...gen) altröm. Obergewand für Männer u. Frauen

Frauenheilkunde *Gynäkologie*, die (gr.-lat., ohne Pl.) med.; Ggs.: Andrologie

Frauenheld 1. *Casanova*, der (it., Pl. -s) Giovanni Giacomo Casanova (1725–1798) Schwerenöter, Verführer 2. *Don Juan*, der (sp., Pl. -s) 3. *Ladykiller*, der (engl., Pl. -s) 4. *Playboy*, der (engl.-am., Pl. -s) 5. *Gigolo*, der (fr., Pl. -s)

Frauenjacke, reich verzierte ... *Basquine* u. *Baskine*, die (sp.-fr., Pl. -n) »baskischer Rock«; ... lose fallend, um 1850

Frauenliebling *Belami*, der (fr., Pl. -s)

Frauenmantel *Palla*, die (lat., Pl. -s) aus dem antiken Rom

Frauenrechtlerin *Feministin*, die (lat., Pl. -en) jmd., der sich, wie Alice Schwarzer, für Belange der Frauen einsetzt

Frauensingstimme 1. *Alt*, der (lat.-it., Pl. -e) tiefe Frauenstimme 2. *Mezzosopran*, der (lat.-it., Pl. -e) Stimmlage zwischen Alt u. Sopran 3. *Sopran*, der (lat.-it., Pl. -e) höchste Stimmlage von Frauen u. Knaben

Frauentyp *Homme à femmes*, der (fr., Pl. -s) e. Mann, der bei der Weiblichkeit gut ankommt

Frauenüberkleid, loses ... *Adrienne* u. *Andrienne*, die (fr., Pl. -s) ... aus der Zeit des Rokokos (1730–1770)

Frauenunterhemd *Torselett*, das (it., Pl. -s) von »Torso«, der it. Reizwäsche abgeleitet

Frauenvolk, kriegerisches ... *Amazone*, die (gr.-lat., Pl. -n) »... spitze Schlachtrufe von Tennis-Königin Monica Seles gellen, ... die man wohlwollend als Kampfesschreie e. Amazone, übelwollend als Brunftschreie e. Eselin charakterisieren könnte.« (Die Zeit, 1992)

frech 1. *impertinent* (lat.) i. S. von dummdreist 2. *infam* (lat.) das ist e. infame Lüge! 3. *penetrant* (lat.-fr.) i. S. von aufdringlich 4. *präpotent* (lat.) eigtl.: sehr mächtig, dennoch: unverschämt; auch: überheblich

Frechheit *Impertinenz*, die (lat., ohne Pl.)

frei 1. *degagiert* (fr.) i. S. von zwanglos 2. *emanzipiert* (lat.) z. B. e. emanzipierte Frau sein 3. *vakant* (lat.) i. S. von unbesetzt, z. B. e. vakante Position

Freibeuter 1. *Kaper*, der (niederl., Pl. -) auch: Seeräuber; bewaffnetes Schiff außerhalb der Kriegsmarine 2. *Korsar*, der (lat.-it., Pl. -en) Seeräuber; auch: Seeräuberschiff; Jolle mit Groß- u. Vorsegel

Freibrief *Charter*, die, der (engl., Pl. -s) auch: Urkunde, Frachtvertrag im Seerecht

Freibrief, der große ... *Magna Charta*, die (lat., ohne Pl.) Grundgesetz, Verfassung 2. *The Great Charter*, die (engl., ohne Pl.) Grundgesetz von 1215, in dem der König von England Johann ohne Land dem Adel Freiheitsrechte garantieren mußte

Freifrau *Baronin*, die (germ.-fr., Pl. -en)

Freifräulein *Baronesse*, die (germ.-fr., Pl. -n)

freigebig 1. *generös* (lat.-fr.) er war stets ein generöser Vater 2. *kulant* (lat.-fr.) gefällig; die Versicherung regelte den Schadensfall kulant 3. *spendabel* (roman.) großzügig

Freigebigkeit 1. *Munifizenz*, die (lat., Pl.

-en) 2. *Generosität*, die (lat.-fr., Pl. -en) seinen Kindern gegenüber Generosität zeigen

Freigehege *Voliere*, die (fr., Pl. -n) e. großer Vogelkäfig, in dem Vögel fliegen können

freigestellt *fakultativ* (lat.) Ggs.: obligatorisch

freihalten *reservieren* (lat.) z. B. e. Sitzplatz

Freihandelszone *EFTA*, die (engl., ohne Pl.) Abk. aus: European Free Trade Association

Freiheit *Libertät*, die (lat.-fr., Pl. -en) i. S. der Bewegungs- u. Handlungsfreiheit im Rahmen herrschender Gesetze

Freiheit, dichterische ... *licentia poètica* (lat., Zitat: Seneca)

Freiheit, Gleichheit, Brüderlichkeit *Liberté, Egalité, Fraternité* (fr.) Motiv der Französischen Revolution von 1789

freiheitlich *liberal* (lat.) trotz seines Alters war der Großvater e. liberal denkender Mann

freiheitliche Gesinnung *Liberalität*, die (lat., ohne Pl.) i. S. von Freiheitlichkeit

Freiheitlicher *Liberaler*, der (lat.-fr., Pl. ...le) auch: Anhänger der FDP.»Rauchende Liberale sind in diesem Parlament nicht auffindbar.« (Stefan Romberg, gesundheitspolitischer Sprecher der FDP, 2007)

Freiheitsbewegung, militante ... *Black Power*, die (engl.-am., ohne Pl.) ... der Schwarzen in den USA

Freiheitsideologie *Liberalismus*, der (lat., ohne Pl.) Weltanschauung des 19. Jh., die ihren Ursprung aus dem Individualismus schöpft u. sich für die Freiheit u. Entfaltung der Person einsetzt

Freiheitslehre *Eleutheriologie*, die (gr., ohne Pl.)

Freiheitsprinzip *Eleutheronomie*, die (gr.-lat., ohne Pl.) ... der inneren Gesetzgebung (nach Immanuel Kant, 1724–1804)

Freiheitsstrafe Absitzender *Arrestant*, der (lat., Pl. -en)

Freiheitsstrafe *Arrest*, der (lat., Pl. -e)

Freiherr *Baron*, der (germ.-fr., Pl. -e)

Freiherrnwürde 1. *Baronat*, das (germ.-fr., Pl. -e) 2. *Baronie*, die (germ.-fr., Pl. ...ien)

Freiin *Baroneß*, die (fr., Pl. -essen) Freifräulein

Freiklettern *Freeclimbing*, das (engl., ohne Pl.)

Freikörperkultur *Nudismus*, der (lat., ohne Pl.)

Freilassung *Emanzipation*, die (lat., Pl. -en) gemeint ist die rechtliche u. gesellschaftliche Gleichstellung der Frau; »Emanzipation ist der Übergang e. Sklaven aus der Unterdrückung durch e. anderen zur Unterdrückung durch sich selbst.« (Ambrose Bierce)

Freilichtkino 1. *Autokino*, das (gr.-dt., Pl. -s) 2. *Drive-in-Kino*, das (engl.-dt., Pl. -s)

Freilichtmaler *Pleinairist*, der (fr., Pl. -en)

Freilichtmalerei *Pleinair*, das (fr., ohne Pl.)

Freilichtmuseum *Skansen*, das (schwed., ohne Pl.) ... bes. für Volksarchitektur nach e. Anlage in Stockholm

Freiluftkonzert 1. *Open-Air*, das (engl., ohne Pl.) 2. *Open-Air-Konzert*, das (engl., Pl. -e) 3. *Open-Air-Concert*, das (engl., Pl. -s) d. h. e. Konzert, das unter freiem Himmel stattfindet

freimachen *frankieren* (germ.-lat.-it.) e. Karte mit Briefmarken bekleben

Freimachung *Frankatur*, die (it., Pl. -en) ... e. Postsendung

Freimaurer *Logenbruder*, der (lat.-germ.-dt., Pl. ...brüder)

Freimaurervereinigung *Loge*, die (germ.-lat.-fr., Pl. -n) z. B. die Loge »Zur feurigen Nessel«

freischaffende Person *Freelancer*, der (engl.-am., Pl. -s) z. B. freiberuflicher Künstler, Musiker, Autor

Freischärler 1. *Fedajin*, der (arab., ohne Pl.) aus dem arabischen Raum 2. *Guerilla*, der (germ.-sp., Pl. -s) 3. *Tupamaro*, der (Pl. -s) Stadtguerilla nach Inkakönig Túpac Amaru benannt 4. *Franktireur*, der (fr., Pl. -e) eigtl.: Freischütze

Freischärler, islamischer ... *Mudschahed*, der (arab.), Pl. ...ddin

Freisinnigkeit *Liberalität*, die (lat., ohne Pl.) auch: Großzügigkeit; Vorurteilslosigkeit

Freisprechung *Absolution*, die (lat., Pl. -en) erteilt die katholische Kirche von den Sünden (i. a. nach der Beichte)

Freistaat *Republik*, die (lat.-fr., Pl. -en)

Freistatt *Asyl*, das (gr.-lat., Pl. -e) i. S. e. Zufluchtsorts für politische Flüchtlinge

Freistilringkampf *Catch-as-catch-can*, das (am., ohne Pl.)

Freistilringkämpfer *Catcher*, der (engl., Pl. -) »Fänger«

freiwillig 1. *fakultativ* (lat.) dem eigenen Ermessen überlassen; Ggs.: obligatorisch 2. *inobligat* (lat.) nach Belieben; Ggs.: obligat

Freizeitbeschäftigung *Hobby*, das (engl., Pl. -s)

fremd *extran* (lat.) i. S. von ausländisch

fremd, unheimlich *weird* (am.) Modewort in den USA; Europäer handeln für die Amerikaner bisweilen »weird« (sonderbar)

fremdartig *exotisch* (lat.) auch: ausländisch, überseeisch

fremdbestäubt *allogam* (gr.) Bot.

Fremdbestäubung *Allogamie*, die (gr., Pl. ...ien) Bot.

fremdenfeindlich *xenophob* (gr.-lat.)

Fremdenfeindlichkeit *Xenophobie*, die (gr.-lat., ohne Pl.) Ggs.: Xenophilie

fremdenfreundlich *xenophil* (gr.-lat.)

Fremdenfreundlichkeit *Xenophilie*, die (gr., ohne Pl.)

Fremdenführer *Cicerone*, der (lat.-it., Pl. -s, ... ni) i. S. e. viel redenden Führers; scherzhaft nach dem röm. Redner Cicero (106–43 v. Chr.)

Fremdenheim 1. *Pension*, die (lat.-fr., Pl. -en) 2. *Boardinghouse*, das (engl., Pl. -s) engl. Pension

Fremdenherberge *Xenodochium*, das (gr.-lat., Pl. -ien) Vorläufer der mittelalterlichen Hospize

Fremdenliebe *Xenophilie*, die (gr., ohne Pl.)

Fremdenverkehrswesen *Tourismus*, der (gr.-lat.-fr.-engl., ohne Pl.)

Fremder *Exot*, der (gr.-lat., Pl. -en) aus e. fernen, fremden Land

Fremdgruppe *Outgroup*, die (engl., Pl. -s)

Fremdherrschaft *Xenokratie*, die (gr.-lat., Pl. ...ien)

Fremdkörper im Gelenk *Enarthron*, das (gr.-lat., Pl. ...thren) med.

fremdländisch *exotisch* (gr.-lat.)

Freßzelle *Phagozyt*, der (lat.-gr., Pl. -en) weißer Blutkörper, der Bakterien unschädlich machen kann (med.)

Freude am Nachwuchs, späte ... *Doby* (am.) aus: Daddy old, Baby young (Vater alt, Baby jung) ... älterer Vater, der jung in 1. Ehe keinen Nachwuchs hatte oder das Heranwachsen des Kindes im Berufsstreß nicht bemerkte, freut sich in 2. Ehe, mit jüngerer Frau, über späten Nachwuchs u. genießt ihn; bes. in Manager-, Künstler- u. Werberkreisen wird diese Entwicklung beobachtet

Freudenhaus 1. *Bordell*, das (germ.-roman.-niederl., Pl. -e) 2. *Eros-Center*, das (gr.-engl., Pl. -s) verhüllend für Bordell, Eros = gr. Gott der Liebe 3. *Puff*, der oder das (germ., Pl. -s)

Freudenruf *halleluja* (hebr.) gottesdienstlicher Ausruf

freudlos *dysphorisch* (gr.) Ggs.: euphorisch

Freund 1. *Intimus*, der (lat., Pl. ...mi) sehr vertrauter 2. *Ami*, der (fr., Pl. -s) 3. *Amigo*, der (sp., Pl. -s) Geschäftsmann als Freund u. Gönner e. Politikers; Amigo-Affäre; »In Bayern würde man so einen (Nick Leeson) zum Ehren-Amigo ernennen.« (G. Schröders geh. Tagebuch von H. Venske, 1997)

Freund der Weisheit *Philosoph*, der (gr.-lat., Pl. -en) jmd., der nach dem Sinn, den Ursprüngen, dem Sein, dem Wesen des Lebens u. der Welt fragt; »Hättest du geschwiegen, du wärest e. Philosoph geblieben.« (Boethius)

Freund des Schönen *Ästhet*, der (gr., Pl. -en)

Freund, engster 1. *Alter ego*, das (lat., ohne Pl.) »das andere Ich«, i. S. e. sehr vertrauten Freundes 2. *Intimus*, der (lat., Pl. ...mi) nicht verw. mit *Intine*, die (lat., Pl. -n) innere Zellwand der Moossporen u. Farnpflanzen 3. *Spezi*, der (lat., ohne Pl.) das ist mein Spezi (bester Freund)

Freunde, unzertrennliche ... *Dioskuren*, die (gr., nur Pl.) »Söhne des Zeus«: Kastor u. Pollux aus der gr. Mythologie waren unzertrennlich

Freundeskreis *Clique*, die (fr., Pl. -n) auch: Gruppe befreundeter Halbstarker

Freundin 1. *Intima*, die (lat., Pl. ...mä) auch: innere Gefäßhaut (med.) 2. *Bambina*, die (it., Pl. -s) auch: Backfisch, junges Mädchen 3. *Dulzinea*, die (lat.-sp., Pl. ...een) auch: Geliebte, nach der Geliebten des Don Quichotte

freundlich 1. *konziliant* (lat.-fr.) e. konziliante (nette, verbindliche) Art haben 2. *jovial* (lat.) i. S. von leutselig; nicht verw. mit *jovianisch* (lat.) zum Jupiter gehörend

freundschaftlich 1. *harmonisch* (gr.-lat.) i. S. von: übereinstimmend 2. *kollegial* (lat.) hilfsbereit

Friede *Pax*, die (lat., ohne Pl.)

Friede sei mit euch 1. *pax vobiscum* (lat., Zitat: Johannis 20, 19) 2. *pax Domini vobiscum* (lat., Zitat) der Friede des Herrn sei mit euch

Frieden u. Gottergebenheit *Islam*, der (arab., ohne Pl.) auch: die von Mohammed im 7. Jh. gestiftete u. im Koran niedergelegte Religion

Frieden, er ruhe in ... *bene quiescat* (lat., Zitat)

Frieden, ruhe in ... *requiescat in pace* (lat.)

Frieden, wenn du ... willst, so rüste für den Krieg *si vis pacem para bellum* (lat., Zitat: Vegetius)

Friedensbestrebung *Pazifismus*, der (lat.-fr., ohne Pl.)

Friedensbewegung *Pazifismus*, der (lat.-fr., ohne Pl.)

Friedensgruß 1. *Pax*, die (lat., ohne Pl.) bes. in der kath. Messe; nicht verw. mit: der Pax (engl., Pl. -e) Fluggast, Passagier 2. *Salam*, *Selam*, der (arab., ohne Pl.) auch: Heil, Friede, Wohlbefinden; Salam aleikum: Friede mit euch! Arab. Gruß 3. *Schalom*, *Shalom*, der (hebr., ohne Pl.) e. Begrüßungsformel der Juden

Friedenspfeife *Kalumet*, das (gr.-lat.-fr., Pl. -s) der nordam. Indianer

friedfertig *irenisch* (gr.)

Friedhof *Zömeterium*, das (lat., Pl. ...ien) auch: Grabstätte; svw. Katakombe

friedlich *alkyonisch* (gr.)

Fries des dorischen Tempels 1. *Triglyph*, der (gr.-lat., Pl. -e) 2. *Triglyphe*, die (gr.-lat., Pl. -n)

frisch 1. *vif* (lat.-fr.) i. S. von schlau, aufgeweckt 2. *alert* (it.-fr.)

Frischzellenbehandlung *Zellulartherapie*, die (lat., Pl. ...ien) Impfung körperfremder Zellen zur Regenerierung (med.)

Friseur *Barbier*, der (lat.-roman., Pl. -e)

Friseurgeschäft *Frisiersalon*, der (germ.-it.-fr., Pl. -s) auch: scherzhaft für Firmen, die ihre Bilanz manipulieren (frisieren)

frisieren *faken* (engl.) i. S. von: zurechtmachen, etwas vortäuschen

Frist 1. *Termin*, der (lat., Pl. -e) 2. *Deadline*, die (engl., Pl. -s) i. S. e. äußersten Termins 3. *Indult*, der (lat., Pl. -e) im Fall e. Schuldnerverzugs

Fristeinräumung *Indult*, der (lat., Pl. -e) im Falle e. Schuldnerverzugs

Frohe Botschaft *Evangelium*, das (gr.-lat., Pl. ...ien) i. S. von Heilsbotschaft Christi, »das Evangelium kann nicht ohne Humor gepredigt werden« (Martin Luther)

fröhlich *giocoso* (lat.-it.) musikalische Vortragsanweisung

frohlocken 1. *jubilieren* (lat.) 2. *triumphieren* (lat.)

fromm 1. *religiös* (lat.-fr.) 2. *pietistisch* (lat.)

fromm, übertrieben ... 1. *bigott* (fr.) 2. *pharisäisch* (hebr.-gr.-lat.) i. S. von selbstgerecht, heuchlerisch

Frömmelei *Bigotterie*, die (fr., Pl. ...ien)

frömmelnd *bigott* (fr.) i. S. von scheinheilig, Frömmigkeit zur Schau tragen

Frömmigkeit 1. *Eusebie*, die (gr., ohne Pl.) Gottesfurcht; Ggs.: Asebi 2. *Religiosität*, die (lat., ohne Pl.)

Frontenauflösung *Frontolyse*, die (lat.-fr., Pl. -n)

Frontkämpfer für den Rave *Partysanen*, die (engl.-am., nur Pl.)

Froschlurche *Anuren*, die (gr., Pl.)

Frostbeule *Pernio*, der (lat., Pl. ...iones, ...ionen) med.

Frostbodenbewegung 1. *Kryoturbation*, die (gr., Pl. -en) ... bei wechselndem Frost 2. *Solifluktion*, die (lat., Pl. -en) auch: Erdfließen; Hangkriechen (Geol.)

Frostbodenkunde *Kryopedologie*, die (gr., ohne Pl.)

Frucht *Fructus*, der (lat., ohne Pl.) ... die in der Med. Verwendung findet

fruchtbar 1. *fekund* (lat.) 2. *fertil* (lat.) med. 3. *produktiv* (lat.-fr.) i. S. von schöpferisch als Künstler tätig sein

Fruchtbarkeit 1. *Fertilität*, die (lat., ohne Pl.) med.; Ggs.: Sterilität 2. *Fekundität*, die (lat., ohne Pl.)

Fruchtbarkeitsgott, semitischer ... *Baal*, der (hebr., Pl. -e u. -im) eigtl.: Herr

Fruchtbildung *Fruktifikation*, die (lat., Pl. -en)

Fruchtblatt *Karpell*, das (lat., Pl. -e) auch: *Karpellum*, das (lat., Pl. ...pella) eigtl.: kleine Frucht

Fruchtbonbon *Drops*, der, das (engl., Pl. -e) auch: e. ulkiger Typ

Früchtefresser *Fruktivore*, der (lat., Pl. -n) Tiere, die sich nur von Früchten ernähren

Fruchtfolge *Rotation*, die (lat., Pl. -en) auch: Drehung um die eigene Achse; Ggs.: Translation

Fruchtsaft 1. *Juice*, der (engl.-fr., Pl. -s) Obst- oder Gemüsesaft 2. *Jus*, die, der (fr., ohne Pl.) auch: Bratensaft, Fleischbrühe

Fruchtschimmel *Monilia*, die (lat., ohne Pl.) eigtl.: Halskette; e Gattung der Schlauchpilze (Erreger von Pflanzenkrankheiten)

Fruchtwassermenge, übermäßige ... *Hydramnion*, das (gr.-lat., Pl. ...ien) med.

Fruchtzucker *Fructose*, die (lat., Pl. -n)

früh *matinal* (fr.) auch: morgendlich

Frühdruck *Inkunabel*, die (lat., Pl. -n) Wiegendruck, Druckerzeugnis aus der Anfangszeit (15. Jh.) des Buchdrucks

Frühgottesdienst *Mette*, die (lat., Pl. -n) nächtliches Gebet i. S. e. Christmette

Frühmensch 1. *Anthropus*, der (gr.-lat., ohne Pl.) 2. *Sinanthropus*, der (gr.-lat., Pl. ...pi, ...pen) Frühmenschentyp, in China gefunden worden u. ausgestorben 3. *Telanthropos*, der (gr.-lat., Pl. ...pi) südafrikanischer Frühmensch 4. *Australopithecus*, der (gr.-lat., ohne Pl.)

Frühmensch, südafrikanischer ... *Plesianthropus*, der (gr.-lat., Pl. ...pi) ... aus dem Pliozän

Frühmenschen *Archanthropinen*, die (gr., Pl.) ... ältester Zweig

frühmorgens *matinal* (lat.-fr.)

frühreif *prämatur* (lat.)

Frühreife *Prämaturität*, die (lat., ohne Pl.) med., frühe Pubertät

Frühstück *Breakfast*, das (engl., Pl. -s)

Frühstück, spätes, reichliches ... *Brunch*, der (engl., Pl. -s) aus: breakfast (Frühstück) u. lunch (Mittagessen)

frühstücken, spät, reichlich ... *brunchen* (engl.)

Frühstücksgedeck *Dejeuner*, das (fr., Pl. -s) auch: kleines Mittagessen

Frühstücksspeck *Bacon*, der (engl., Pl. -s)

Frühsymptom e. Krankheit 1. *Prodrom*,

das (gr.-lat., Pl. -e) 2. *Prodromalsymptom*, das (gr.-lat., Pl. -e) med.

frühzeitlich *archaisch* (gr.-lat.)

frühzeitliche Kulturepoche 1. *Archaik*, die (gr., ohne Pl.) 2. *Archaikum*, das (gr.-lat., ohne Pl.) ältester Abschnitt der erdgeschichtlichen Frühzeit; auch: Archäozoikum; nicht verw. mit *Archegonium*, das (lat., Pl. -s, ...ien) Geschlechtsorgan der Moose u. Farne

Fuchs, der ... wechselt den Balg, nicht die Sitten *vulpes pilum mutat, non mores* (lat., Zitat: Sueton Vespasian)

Fuchsschwanz *Amarant*, der (lat., Pl. -e) e. Pflanze der Gattung der Fuchsschwanzgewächse; auch: dunkelroter Farbstoff

Fuge mit vier verschiedenen Themen *Quadrupelfuge*, die (lat., Pl. -n)

Fuge, kleine ... *Fughetta*, die (lat.-it., Pl. ...tten)

fügen *resignieren* (lat.)

Fugenart, e. Thema nach ... durchführen *fugieren* (lat.-it.)

fühlbar *palpabel* (lat.) med.

Fühler *Sensor*, der (lat., Pl. -en) Temperatur- oder elektrischer Fühler

Fühlerpaar der Schnecken *Ommatophoren*, die (gr.-lat., Pl.) das größere, hintere Paar

Fühlungnahme *Kontakt*, der (lat., Pl. -e) auch: Anschluß

Führer der moslemischen Gemeinschaft *Imam*, der (arab., Pl. -s u. -e) auch: Vorbeter

Führerschaft 1. *Dominanz*, die (lat., Pl. -en) Durchsetzungskraft; Ggs.: Rezessivität 2. *Hegemonie*, die (gr., Pl. ...ien) Vorherrschaft, z. B. e. Staates 3. *Prädomination*, die (lat., ohne Pl.) svw. das Vorherrschen 4. *leadership*, die (engl., ohne Pl.) tonangebende Person in e. Gruppe

Führung *Regie*, die (lat.-fr., Pl. -n) bei Film u. Theater

Führungsgruppe *Elite*, die (lat.-fr., Pl. -n) Auslese; auch: Schreibmaschinennormschrift, früher: Perlschrift

Führungsinstrument zur Koordinierung u. Kontrolle ... *Controlling*, das (engl.-am., ohne Pl.) ... unternehmerischer Zielvorgaben; wurde um 1930 in den USA entwickelt

Führungsschicht, Gesamtheit der ... *No-*

menklatura, die (russ., ohne Pl.) ... der ehemaligen Sowjetunion; »Die Nomenklatura hat den Anzug, nicht die Politik gewechselt.« (Herbert Kremp, Die Welt, 1998)

Führungsstimme *Lead*, das (engl., Pl. -s) ... in Jazzband, meist Trompete; auch: Beginn, Einleitung zu e. Rede

Füllwort *Expletiv*, das (lat., Pl. -e) auch: Würzwort in e. Satz

Fund *Trouvaille*, die (fr., Pl. -n) i. S. e. glücklichen Fundes

fünfblättrig *pentapetalisch* (gr.)

Fünfeck *Pentagon*, das (gr.-lat., Pl. -e) auch: Name des am. Verteidigungsministeriums

fünfeckig *pentagonal* (gr.-lat.)

Fünffingrigkeit *Pentadaktylie*, die (gr., ohne Pl.) ... bei Wirbeltieren, auch: Fünfzehigkeit (Biol.)

Fünfflächner *Pentaeder*, das (gr.-lat., ohne Pl.)

fünfgliedrig *pentamer* (gr.-lat.)

Fünfherrschaft *Pentarchie*, die (gr.-lat., Pl. ...ien) die Führerschaft von fünf politischen Führern, z. B. der Großmächte England, Österreich, Preußen, Rußland, Frankreich von 1815–1860

Fünfkampf *Pentathlon*, das (gr., ohne Pl.) e. Disziplin bei den Olympischen Spielen im antiken Griechenland (Wettlauf, Weitsprung, Speerwerfen, Diskuswerfen, Ringen)

Fünftagefieber *Quintana*, die (lat., ohne Pl.) Fieberanfälle im Fünftageabstand (med.)

fünfteilig *pentamer* (gr.-lat.)

fünftonig *pentatonisch* (gr.-lat.)

Fünfuhrtee *Five o'clock tea*, der (engl., ohne Pl.)

funkeln *szintillieren* (lat.) z. B. das Szintillieren der Sterne am nächtlichen Himmel

Funkempfangsgerät *Pager*, der (engl., Pl. -) eigtl. Piepser; z. B. e. Personensuchgerät; auch: Funkruf

Funkkontakt, Abbrechen des ... *Blackout*, das, der (engl., Pl. -s) eigtl.: Verdunklung; plötzlicher u. vorübergehender Ausfall von Funktionen

Funkmeßverfahren *Radar*, der, das (Pl. -s) Abk. von: radio detecting and ranging

Funknachricht *Depesche*, die (fr., Pl. -n) auch: Eilbrief, Telegramm; Funkspruch

Funkruf 1. *Pager*, der (engl.-am., Pl. -s) 2. *Paging*, das (engl.-am., ohne Pl.) von: to page (ausrufen); in Deutschland Oberbegriff für diverse Funkrufdienste, z. B. Cityruf

Funkrufdienst *Scall*, das (engl., Pl. -s) ... für codierte Meldungen

Funksprechgerät *Walkie-Talkie*, das (engl., Pl. -s)

Funkspruch *Depesche*, die (lat.-fr., Pl. -n)

Funkstation als Zwischenstation *Relaisstation*, die (fr., Pl. -en) »Ev. Kirchengemeinden verhandeln mit Mobilfunkunternehmen, die Kirchtürme als Relaisstationen mieten wollen.« (Welt am Sonntag, 1998)

Funkstörungen *Spherics*, die (engl., Pl.) eigtl.: atmospherics (atmosphärische Störungen) z. B. bei e. Gewitter

Funktelefon mit globaler Erreichbarkeit *Iridium Projekt*, das (lat.-engl., ohne Pl.) 20 geostationäre Satelliten sorgen in ca. drei Jahren dafür, daß jede Person mit Funktelefon überall erreichbar ist oder von überall telefonieren kann

Funktionsausfall *Blockade*, die (roman., Pl. -n) »Der Bundesrat, lange als Blockade-Instrument mißbraucht, betreibt wieder konstruktive Politik ...« (Welt am Sonntag, 1998)

funktionsfähig *intakt* (lat.)

Funktionsunfähigkeit der männlichen Teile e. Blüte ... *Adynamandrie*, die (gr.-lat., ohne Pl.) ... auch der Pollen

Funktionsunfähigkeit der weiblichen Blütenteile *Adynamogynie*, die (gr.-lat., ohne Pl.)

Fürbitte *Kommemoration*, die (lat., Pl. -en) ... in der kath. Messe; auch: Erwähnung, Gedächtnis

Fürbittgebet, das große ... *Ektenie*, die (gr., Pl. ...ien) ... im Gottesdienst der orthodoxen Kirche

Furche *Fissur*, die (lat., Pl. -en) auch: Spalt; Haupt- oder Knochenriß (med.)

Furchenzieher *Markör, Markeur*, der (fr., Pl. -e) auch: Schiedsrichter oder Punktezähler beim Billard; Gerät zum Vorzeichnen von z. B. Saatreihen in der Landwirtschaft

Furcht *Phobie*, die (gr.-lat., Pl. -n) med.
furchtbar 1. *katastrophal* (gr.-lat.) 2. *tragisch* (lat.) schicksalhaft
fürchte niemand *neminem time* (lat., Zitat)
fürchterlich *bestialisch* (lat.) e. auf bestialische Weise begangenes Verbrechen wurde aufgeklärt
Furchtlosigkeit *Aphobie*, die (gr., ohne Pl.)
furchtsam *apprehensiv* (fr.) auch: reizbar
Furchungszelle *Blastomere*, die (gr., Pl. -n) e. durch Furchung entstandene Zelle
Furie *Megäre*, die (gr.-lat., Pl. -n) wütendtobende Frau
Fürsorge, übertriebene ... *over-protection*, die (engl., Pl. -s) auch: Übermutterung
Fürsprecher 1. *Mentor*, der (lat., Pl. ...oren) auch: Berater, Helfer, Förderer (nach Mentor, e. Freund des Odysseus, für dessen Sohn Telemach dieser Erzieher war) 2. *Paraklet*, der (gr.-lat., Pl. -en) Sachverwalter; Helfer vor Gott
Fürst 1. *Regent*, der (lat., Pl. -en) 2. *Dynast*, der (gr.-lat., Pl. -en) 3. *Emir*, der (arab., Pl. -e) im islamischen Raum; auch: Befehlshaber
Fürst, subalterner ... *Ethnarch*, der (gr., Pl. -en) in röm. Zeit bes. in Palästina u. Syrien
Fürstenberater *Paladin*, der (lat.-it.-fr., Pl. -e)
Fürstentitel in Montenegro *Hospodar*, der (slaw., Pl. -en) eigtl.: Herr
Fürstentitel *Radscha*, der (sanskrit., Pl. -s)
Fürstentum *Emirat*, das (arab., Pl. -e)
fürstlich *regal* (lat.) königlich
Furunkelanhäufung *Karbunkel*, der (lat., ohne Pl.)
Fürwort 1. *Pronomen*, das (lat., Pl. ...mina) 2. *Personalpronomen*, das (lat., ohne Pl.)
Fürwort, unbestimmtes ... 1. *Indefinitpronomen*, das (lat., Pl. ...mina) z. B. kein, jemand 2. *Indefinitum*, das (lat., Pl. ...ta)
Furz *Flatus*, der (lat., Pl. -) Blähung (med.)
Fuß *Fundament*, das (lat., Pl. -e) i. S. von Grundlage, Sockel; »Das Fundament des Rechts ist die Humanität.« (Albert Schweitzer)
Fuß, zu ... *per pedes* (lat.)
Fußabdruck *Ichnogramm*, das (gr.-lat., Pl. -e) auch: Fußspur
Fußansatz *Basipodium*, das (lat., Pl. ...dien) Anat.

Fußbad *Lavipedium*, das (lat., Pl. ...ien) med.
Fußbad *Lavipedium*, das (lat., Pl. -ien)
Fußball *Soccer*, das, der (am., Pl. -s) am. Bez. für den europäischen Fußball; »Wegen des geringeren Verletzungsrisikos wird in den High-Schools mehr Soccer als American Football gespielt.« (Dr. Henry Kissinger zum Fußball, 1998)
Fußball, bei dem viel gerannt u. wenig gedacht wird *Kick-and-rush*, das (engl., ohne Pl.)
Fußball, dem ... verwandtes Ballspiel 1. *Rugby*, das (engl., ohne Pl.) 2. *Football*, der (am., ohne Pl.) in den USA aus dem Rugby entwickeltes Kampfspiel; es wird jeweils mit e. eiförmigen Ball u. ganzem Körpereinsatz »gespielt«
Fußballrowdy *Hooligan*, der (engl., Pl. -s)
Fußballspiel, neuartiges *Calcetto*, das (it.) gilt als Fun-Sportart, bes. in Italien; Spieldauer: 10 Minuten, Spielregeln: ähnlich des Fußballspiels, drei Spieler plus e. Ersatzmann pro Mannschaft, Spielfeld: 8×14 Meter, Asphaltboden
Fußballspieler *Kicker*, der (engl., Pl. -)
Fußballspieler, ein ... schießt drei Tore hintereinander in e. Halbzeit *Hattrick*, der (engl., Pl. -s) Begriff kommt aus dem engl. Kricketspiel
Fußbedienungshebel *Pedal*, das (lat., Pl. -e) ... z. B. am Fahrrad; Fußhebel am Klavier; Fußtaste an der Orgel
Fußboden, erhöhter Bereich des ... *Estrade*, die (lat.-fr., Pl. -n) eigtl.: gepflasterter Weg
Fußbodentäfelung *Parkett*, das (lat.-fr., Pl. -e) meist aus Holz
fußen *basieren* (fr.) sich auf etwas stützen
Fußfall *Proskynese*, die (gr., Pl. ...nesen) i. S. e. demütigen Kniebeugung; Fußfall vor e. Herrscher, vor e. bes. kirchlichen Handlung
Fußgänger *Passant*, der (lat.-fr., Pl. -en)
Fußgängerüberweg *Passerelle*, die (fr., Pl. -n) auch: kleiner Viadukt
Fußgicht *Podagra*, das (lat., ohne Pl.) bes. im großen Zeh (med.)
Fußhebel *Pedal*, das (lat., Pl. -e) z. B. Gaspedal im Auto, Fahrradpedal
Fußkrankheit, durch Pilzbefall hervorgerufen *Madurafuß*, der (Eigenn., dt., Pl.

...füße) nach der ind. Stadt Madura benannt; e. Volkskrankheit in Indien

Fußpflege *Pediküre*, die (lat.-fr., ohne Pl.)

Fußpunkt *Nadir*, der (arab., ohne Pl.) dem Zenit gegenüberliegender Punkt

Fußschmerzen *Podalgie*, die (gr.-lat., Pl. ...ien) med.

Fußsoldat 1. *Infanterist*, der (lat., Pl. -en) 2. *Muschkote*, der (russ., Pl. -n) 3. *Musketier*, der (fr., Pl. -e) Fußsoldat, mit e. Muskete bewaffnet

Fußspur *Ichnogramm*, das (gr., Pl. -e) auch: Fährte; Gipsabdruck des Fußes

Fußtruppe *Infantrie*, die (lat.-it., Pl. -n)

Fußtruppe, ehemalige türkische ... *Janitscharen*, die (türk., Pl.) aus islamisierten Kriegsgefangenen

Fußtruppe, osmanische ... *Janitscharen*, die (arab.)

Fußwanderung *Tramp*, der (engl., Pl. -s) auch: Landstreicher; Frachtschiff mit unregelmäßiger Route: Trampschiff

Fußweg *Trottoir*, das (germ.-fr., Pl. -e) auch: Gehsteig

Fußwurzel *Tarsus*, der (lat., Pl. ...sen) auch: Fußsohle; Lidknorpel (med.); Fußteil e. Insektenbeins (Zool.)

Fußwurzelschmerz *Tarsalgie*, die (lat., Pl. ...ien) auch: Plattfußschmerz (med.)

futsch *pritsch* (fr.)

Futtereinlagerung *Silage*, die (fr., Pl. -n) ... in Silos; auch: Gärfutterbereitung

Futtersaft für die Bienenkönigin *Gelée royale*, das (fr., Pl. -s)

G

Gabe 1. *Almosen*, das (gr.-lat., Pl. -) i. S. e. milden Gabe 2. *Präsent*, das (lat.-fr., Pl. -e)

Gabelung *Bifurkation*, die (lat., Pl. -en) z. B. Flußgabelung; auch: Gabelung e. Zahnwurzel in zwei Äste

Gähnkrampf *Oszedo*, die (lat., ohne Pl.) med.

Gala *Full dress*, das (engl., ohne Pl.) »volle Kleidung«, großer Gesellschaftsanzug

Galeerensklave *Galeot*, der (gr.-lat., Pl. -en)

Galle 1. *Bilis*, die (lat., ohne Pl.) von der Leber für die Fettverdauung produziertes Sekret 2. *Fel*, das (lat., ohne Pl.) Sekret zur Fettverdauung (med.)

Galle *Zezidie*, die (gr.-lat., Pl. -n) Pflanzengalle

Galle tritt ins Blut *Cholämie*, die (gr.-lat., ohne Pl.) med.

gallehaltig *biliös* (lat.)

Gallenabsonderung *Cholerese*, die (gr.-lat., Pl. -n) med.

Gallenblasenentfernung *Cholezystektomie*, die (gr.-lat., Pl. ...ien)

Gallenblasenentzündung *Cholezystitis*, die (gr.-lat., Pl. ...itiden) med.

Gallenblasenleiden *Cholezystopathie*, die (gr.-lat., Pl. ...ien) med.

Gallenbrechdurchfall *Cholera*, die (gr.-lat., ohne Pl.) epidemische Infektionskrankheit mit schwerem Brechdurchfall

Gallenfarbstoff ... *Bilirubin*, das (lat., ohne Pl.) ... mit gelbbrauner Farbe

Gallenfarbstoff im Harn *Bilirubinurie*, die (gr.-lat., Pl. ...ien)

Gallengangentzündung *Cholangitis*, die (gr.-lat., Pl. ...itiden) einschließlich e. Entzündung der Gallenblase

Gallenmangel *Oligocholie*, die (gr., ohne Pl.) med.

Gallenstein *Cholelith*, der (gr.-lat., Pl. -en)

Gallensteinentfernung *Cholelithotomie*, die (gr.-lat., Pl. ...ien) operative Entfernung e. Gallensteins (med.)

Gallensteinkolik *Cholelithiasis*, die (gr.-lat., ohne Pl.) i. S. e. Gallensteinleidens

Gallensteinleiden *Cholelithiasis*, die (gr.-lat., ohne Pl.) i. S. von Gallensteinkolik

Gallensteinzertrümmerung *Cholelithotripsie*, die (gr.-lat., Pl. ...ien) ... in der Gallenblase (med.)

Gallenwirkstoff *Cholin*, das (gr., ohne Pl.) findet in Arzneien Verwendung

gallig *biliös* (lat.) med.; auch: gallehaltig

Galopp, in gestrecktem ... *en pleine carrière* (fr.)

gämsfarben *chamois* (fr.) auch: gelbbräunlich

Gämswurz *Doronicum*, das (lat., ohne Pl.) e. gelb blühende Pflanze, zu den Korbblütlern gehörig

Gang 1. *Korridor*, der (lat.-it., Pl. -e) auch: Flur; schmaler Gebietsstreifen 2. *Ductus*, der (lat., Pl. -) auch: Kanal, Leitung; Austritt von Drüsen (med.)

Gang, bombensicherer ... e. Festung *Kaponniere*, der (it.-fr., Pl. -n)

Gangart des Pferdes *Allüre*, die (fr., Pl. -n) auch: Benehmen; Umgangsform

Gangart, schnellste ... des Pferdes *Karriere*, die (lat.-fr., Pl. -n) auch: erfolgreiche Laufbahn. »In meiner Karriere haben schon viele versucht, mich rauszudrängen.« (Ferdinand Piëch, Aufsichtsratsvorsitzender bei VW, 2005)

Gangster, bewaffneter ... *Gunman*, der (engl.-am., Pl. ...men)

Gänsehaut *Dermatospasmus*, der (gr., ohne Pl.)

Gänseklein *Abatis*, der, das (lat.-fr., ohne Pl.) auch: das Klein (Innereien, Hals, Flügel) vom Truthahn

Gänsekresse *Arabis*, die (gr.-lat., ohne Pl.) e. Polster bildende Pflanze, gedeiht auf steinigen Böden

Gänsestopfleber *Foie gras*, die (fr., Pl. Foies gras)

ganz 1. *intakt* (lat.) i. S. von unversehrt; z. B. trotz des schweren Unfalls blieb der Motor des Autos intakt 2. *total* (lat.-fr.) vollständig, gänzlich; z. B. totaler Stromausfall, Totalschaden 3. *komplett* (lat.-fr.) 4. *perfekt* (lat.) 5. *universal* (lat.-fr.) i. S. von weltweit, gesamt

Ganzes, e. ... aus fünf Teilen zusammengesetzt *Quinternio*, der (lat., Pl. ...onen)

Ganzes, einheitliches ... *System*, das (gr.-lat., Pl. -e) »Zusammenstellung«

Ganzheit *Totalität*, die (fr., Pl. -en) auch: Vollständigkeit; totaler Machtanspruch

ganzheitlich 1. *generell* (lat.-fr.) 2. *global* (lat.) i. S. von: weltumspannend 3. *universal* (lat.-fr.) gesamt

Ganzkörpercomputer *Body Lap*, das (engl., Pl. -s) aus Japan, dem Daten auf vier Arten übermittelt werden können: handschriftlich, per Mikrofon, durch Mikrokamera, per Gestik

gänzlich 1. *komplett* (lat.-fr.) 2. *total* (lat.-fr.) auch: restlos, völlig; »Wir haben die Gleichberechtigung erst erreicht, wenn eine total unfähige Frau in e. verantwortungsvolle Position aufrückt.« (Beate Weber, Oberbürgermeisterin von Heidelberg, 1997)

Ganztagsarbeit *Full-time-job*, der (engl., Pl. -s)

Ganztagsbeschäftigung *Full-time-Job*, der (engl., Pl. -s) »Ich mache den Job nicht gut, denn es ist ein Full-time-Job, u. ich habe wenig Zeit.« (Franz Beckenbauer, Präsident des FC Bayern München, 1997)

Ganzton *Tonus*, der (gr.-lat., Pl. Toni) auch: das Spannen der Saiten; Klang; ständiger Spannungszustand von z. B. Muskeln (med.)

Gärfutter *Ensilage*, die (fr., ohne Pl.) auch: Bereitung von Gärfutter

Gärfutterbehälter *Silo*, das, der (sp., Pl. -s) eigtl.: Getreidegrube; Großspeicher für Schüttgut

Gärfutterbereitung *Silage*, die (fr., Pl. -n) Futtereinlagerung in Silos

Garnkörper *Kops*, der (engl., Pl. -e) eigtl.: Spitze; auch: Spule e. Spinngerätes

Garnspule ... *Bobine*, die (fr., Pl. -n) ... in der Baumwollspinnerei; auch: Seiltrommel; Papierrolle, von der Zigarettenhülsen abgeteilt werden

Gärstoff *Ferment*, das (lat., Pl. -e) nicht verw. mit *Fermium*, das (lat., ohne Pl.) chem. Grundstoff

Garten Eden *Paradies*, das (pers.-gr.-lat., ohne Pl.) auch: Garten Gottes

Gartenammer *Ortolan*, der (lat., Pl. -e) eigtl.: Gärtner; e. Vogel mit grünem Kopf u. gelber Kehle

Gartenanlage, altröm. ... *Xystus*, der (gr.-lat., Pl. ...ti)

Gartenbau *Hortikultur*, die (lat., ohne Pl.)

Gartenbauer *Hortikulturist*, der (lat., Pl. -en) auch: Gartenbaukünstler

Gartenbaukunde *Hatologie*, die (lat., ohne Pl.)

Gartenbaukundiger *Hortologe*, der (lat., Pl. -en)

Gartenfest *Barbecue*, das (engl.-am., Pl. -s) in Amerika mit Grillfleisch

Gartenstiefmütterchen *Pensee*, das (fr., Pl. -s) eigtl.: Andenken; Blume gilt als Symbol des Gedenkens an die »liebe« Stiefmutter

Gartentheater *Tivoli*, das (Pl. -s) nach der gleichnamigen Stadt in Italien; auch: Kopenhagens berühmter Vergnügungspark

Gärung *Fermentation*, die (lat., Pl. -en)

225

Gärung, die ... betreffend *zymisch* (gr.-lat.)

Gärungslehre *Zymologie*, die (gr.-lat., ohne Pl.) Chemieteilgebiet, das sich mit der Gärung von Stoffen befaßt

Gärungstechnik *Zymotechnik*, die (gr.-lat., Pl. -en)

Gasatome, sich ständig bewegende ... *kinetische Gastheorie*, die (gr., ohne Pl.) entwickelt worden von: Daniel Bernouilli (1700–1782) e. Schweizer Mathematiker

Gasausbruch *Eruption*, die (lat., Pl. -en) das Hervorbrechen; auch: vulkanischer Ausbruch von Lava

Gasaustritt *Effusion*, die (lat., Pl. -en)

Gasbehälter *Gasometer*, der (gr.-niederl., Pl. -)

Gasbrenner *Argandbrenner*, der (schweiz.-dt., Pl. -) e. Brenner nach dem Schweizer Erfinder Aimé Argand (1755–1803)

Gasdichtemesser *Dasymeter*, das (gr., Pl. -)

Gasentwicklung, natürliche ... *Biogas*, das (gr.-dt., Pl. -e) z. B. Kuhmist

Gasfontäne *Protuberanz*, die (lat., Pl. -en) ..., die aus der Sonnenoberfläche hervorbricht; auch: glühende Masse

Gashülle *Atmosphäre*, die (lat., Pl. -n) ... e. Gestirns; auch: Lufthülle der Erde; Stimmung z. B. in e. Lokal; Ausstrahlung; Fluidum

Gaspedal über den ersten Anschlag durchtreten ... *Kickdown*, der (engl., Pl. -s) ... um rasch zu beschleunigen

Gasschicht *Chromosphäre*, die (gr.-lat., ohne Pl.) Schicht der Sonnenatmosphäre

Gasschicht um die Erde *Atmosphäre*, die (gr.-lat., Pl. -n) Lufthülle der Erde; auch: Ausstrahlung, Stimmung

Gassenhauer, fr. ... *Vaudeville*, das (fr., Pl. -s) nach: Vau de Vire, e. Tal in Frankreich; auch: Trink- u. Volkslied

Gastfreundschaft *Philoxenie*, die (gr., ohne Pl.)

Gastgewerbe *Hotellerie*, die (lat.-fr., ohne Pl.)

Gasthaus 1. *Hospiz*, das (lat., Pl. -e) Hotel mit christlicher Hausordnung 2. *Fonduk*, das (arab.)

Gasthaus für Raucher *Tabagie*, die (sp.-fr., Pl. ...ien) aus früherer Zeit

Gasthörer *Hospitant*, der (lat., Pl. -en) nicht regulärer Student bei den Universitätsvorlesungen

Gasthörerschaft *Hospitation*, die (lat., ohne Pl.) z. B. in der Universität

Gastmitgliedschaft in e. parlamentarischen Fraktion *Hospitanz*, die (lat., ohne Pl.) auch: Teilnahme an e. Unterrichtsstunde als Gast

Gastronomie, einfache *Bistro-Kultur*, die (fr.-lat., Pl. -en) Entwicklung von der übertriebenen Spitzengastronomie zum preiswerten, dennoch hochwertigen Bistroessen bei guter Unterhaltung

Gastspielreise *Tournee*, die (gr.-lat.-fr., Pl. ...neen, -s) Michael Jackson ist wieder auf Welttournee

Gaststätte 1. *Lokal*, das (lat.-fr., Pl. -e) 2. *Restaurant*, das (lat.-fr., Pl. -s) i. S. e. Speiselokals 3. *Restauration*, die (lat.-fr., Pl. -en) 4. *Kaschemme*, die (Zigeunersprache, Pl. -n) 5. *Pinte*, die (fr., Pl. -n) i. S. e. einfachen Lokals 6. *Spelunke*, die (gr.-lat., Pl. -en) verrufenes Lokal 7. *Bistro*, das (fr., Pl. -s) kleines französisches Lokal 8. *Taverne*, die (lat.-it., Pl. -n) in Italien 9. *Osteria*, die (lat.-it., Pl. ...ien) in Italien

Gaststätte für Autofahrer *Drive-in-Restaurant*, das (engl.-fr., Pl. -s) mit Bedienung am Fahrzeug

Gaststättengewerbe *Gastronomie*, die (gr.-fr., ohne Pl.)

Gastwirt *Gastronom*, der (gr.-fr., Pl. -en)

Gastwirtschaft 1. *Lokal*, das (lat.-fr., Pl. -e) 2. *Restaurant*, das (lat.-fr., Pl. -s) Speiselokal 3. *Restauration*, die (lat.-fr., Pl. -en)

Gaswolke, vulkanische ... *Fumarole*, die (it., Pl. -n)

Gattin, zanksüchtige *Xanthippe*, die (gr.-lat., Pl. -n) nach der schwierigen Frau des gr. Philosophen Sokrates (469–399 v. Chr.); »Die Frau gleicht einer Xanthippe.« (Sprichwort)

Gattung 1. *Genre*, das (lat.-fr., Pl. -s) 2. *Kategorie*, die (gr.-lat., Pl. ...ien) »Grundaussage«; »E. Politikertypus, der in den Kategorien des neuen Informations- u. Kommunikationszeitalters denkt u. fühlt.« (Schattenminister Jost Stollmann, 1998) 3. *Spezies*, die (lat., ohne Pl.) i. S. e. Tier- oder Pflanzenart

Gattungsbezeichnung *Appellativ,* das (lat., Pl. -e) e. bes. Art e. Substantivs

Gaukler *Fakir,* der (arab., Pl. -e) eigtl.: der Arme; auch: Bettelmönch; frommer Asket; indischer Zauberer

Gaumen *Palatum,* das (lat., Pl. ...ta) med.

Gaumenfreude *Saltimbocca,* die (it., Pl. -s) eigtl.: Sprung in den Mund, e. mit Schinken u. Salbei gefülltes Kalbsschnitzel

Gaumenlaut *Guttural,* der (lat., Pl. -e)

Gaumenmandelentzündung *Tonsillitis,* die (lat., Pl. ...itiden) med.

Gaumenmantel *Tonsille,* die (lat., Pl. -n) med.

Gaumensegel *Velum palatinum,* das (lat., Pl. ...la, ...na)

Gaumenspalte *Palatoschisis,* die (gr., ohne Pl.) angeborene Spaltung, Deformation des Gaumens (med.)

Gaumenzäpfchen 1. *Staphyle,* die (gr., Pl. -n) eigtl.: Weintraube; Zäpfchen im Rachenraum (med.) 2. *Uvula,* die (lat., Pl. ...lae) auch: traubenförmiger Zapfen im Rachenraum (med.)

Gauner 1. *Ganove,* der (jidd., Pl. -n) z. B. Ganovenball 2. *Halunke,* der (tschech., Pl. -n) 3. *Ratero,* der (sp., Pl. -s) 4. *Falott,* der (fr., Pl. -en) 5. *Gangster,* der (engl.-am., ohne Pl.) i. S. e. Verbrechers

Gaunersprache *Argot,* das (fr., ohne Pl.) in Frankreich gebräuchlich

geachtet *bankabel* (am.) auch: prominent

geächtet *exlex* (lat.) e. vogelfreie Person

Geächteter *Outlaw,* der (engl., Pl. -s)

geändert nachspielen *covern* (engl.) von Musikstücken

Gebäck aus Indien *Dawamesk,* das (ind., ohne Pl.) ... das Kardamom, Muskatnuß, Zimt u. Cannabis, enthält u. e. euphorisierenden Rausch bewirkt

Gebäck, leichtes ... *Biskuit,* das, der (lat.-fr., Pl. -s, -e) eigtl.: zweimal Gebackenes

Gebäckstangen *Grissini,* die (it., nur Pl.) lange, dünne aus Weizenmehl

Gebälkträger *Telamon,* der, das (gr.-lat., Pl. -en) kräftige Figur aus Stein, die e. Gebälkteil trägt

Gebälkträgerin e. Bauwerks *Karyatide,* die (gr.-lat., Pl. -n) weibliche Statue, die anstelle e. Säule Gebälk trägt

Gebärde *Geste,* die (lat., Pl. -en) e. gestenreiche Rede halten

Gebärden machen *gestikulieren* (lat.)

Gebärdenspiel 1. *Gestik,* die (gr.-lat., ohne Pl.) der Redner beherrschte die Gestik 2. *Gestikulation,* die (lat., Pl. -en) 3. *Mimik,* die (gr.-lat., ohne Pl.) 4. *Pantomime,* die (gr.-lat.-fr., Pl. -n) Darstellung e. Szene nur mit Gebärden; auch: Darsteller dieser Szenen; nicht verw. mit *Pantophage,* der (gr.-lat., Pl. -n) Allesfresser

Gebärdensprache 1. *Daktylologie,* die (gr., Pl. ...ien) auch: Fingersprache der Gehörlosen u. Taubstummen 2. *Gestikulation,* die (lat., Pl. -en) auch: Gebärdenspiel

Gebärmutter *Uterus,* der (lat., Pl. ...ri) med.

Gebärmutter, außerhalb der ... *extrauterin* (lat.)

Gebärmutter, innerhalb der ... *intrauterin* (lat.)

Gebärmutterabknickung *Retroflexion,* die (lat., Pl. -en) auch allg.: Abknickung von Organen (med.)

Gebärmutterausschabung 1. *Abrasio,* die (lat., Pl. ...ionen) Auskratzung der Gebärmutter (med.) 2. *Kürettage,* die (fr., Pl. -n) med.

Gebärmutterblutung *Metrorrhagie,* die (gr., Pl. ...ien) e. nichtmenstruelle Blutung (med.)

Gebärmutterentfernung *Hysterektomie,* die (gr.-lat., Pl. ...ien) med.

Gebärmutterentzündung *Metritis,* die (gr., Pl. ...itiden) bes.: Entzündung der Gebärmuttermuskulatur (med.)

Gebärmuttererkrankung *Metropathie,* die (gr., Pl. ...ien) auch: krankhafte Störung der Gebärmutter (med.)

Gebärmuttererschlaffung *Metratonie,* die (gr., Pl. ...ien) Muskulaturerschlaffung der Gebärmutter (med.)

Gebärmutterhals *Cervix,* die (lat., Pl. ...ices) auch: halsförmiger Teil e. Organs

Gebärmutterhalsentzündung *Zervizitis,* die (lat., Pl. ...itiden) Entzündung der Schleimhaut am Gebärmutterhals (med.)

Gebärmutterhalskrebs 1. *Kollumkarzinom,* das (lat., Pl. -e) med. 2. *Cervixkarzinom,* das (lat., Pl. -e) med.

Gebärmutterkrebs 1. *Korpuskarzinom,* das (lat., Pl. -e) med. 2. *Uteruskarzinom,* das (lat., Pl. -e) med.

Gebärmutterriß *Uterusruptur*, die (lat., Pl. -en) ... bes. bei der Geburt (med.)

Gebärmutterschleimhaut *Endometrium*, das (gr.-lat., Pl. ...trien) med.

Gebärmutterschleimhaut-Entzündung *Endometritis*, die (gr.-lat., Pl. ...itiden) med.

Gebärmutterschmerz *Hysteralgie*, die (gr.-lat., Pl. ...ien) med.

Gebärmutterschnitt 1. *Hysterotomie*, die (gr.-lat., Pl. ...ien) als Geburtshilfeeingriff 2. *Metrotomie*, die (gr., Pl. ...ien) das Aufschneiden der Gebärmutter beim Kaiserschnitt (med.)

Gebärmutteruntersuchung *Hysteroskopie*, die (gr., Pl. -ien) Untersuchung mit e. Hysteroskop

Gebärmuttervorfall *Metroptose*, die (gr.-lat., Pl. -n) med.

Gebäude 1. *Immobilie*, die (lat., Pl. -n) auch: Grundstücke; alle unbeweglichen Güter; Ggs.: Mobilie 2. *Objekt*, das (lat., Pl. -e) auch: Gegenstand; Satzglied; Wertgegenstand

Gebäude, verfallenes ... *Ruine*, die (lat., Pl. -n) auch: Trümmer; »Die Ruine von St. Nikolai macht deutlich, wozu Menschen fähig sind.« (Ortwin Runde, 1. Bürgermeister von Hamburg)

Gebäudeblock *Komplex*, der (lat., Pl. -e) auch: Gebiet, Bereich; Verknüpfung diverser Teile zu e. komplizierten Gebilde

Gebäudeteil *Trakt*, der (lat., Pl. -e)

Gebäudeteil, vorspringendes ... *Risalit*, das (arab.) bis zum Dach, an einigen arabischen Häusern

Gebäudevorbau 1. *Altan*, der (it., Pl. -e) balkonartiger Anbau 2. *Balkon*, der (fr.-it., Pl. -e) Vorbau an e. Haus; auch: oben liegender Zuschauerraum, z. B. im Theater

Gebäudevorderseite *Fassade*, die (lat.-it.-fr., Pl. -n)

Gebeinhaus *Ossarium*, das (lat., Pl. ...ien) ... auf Friedhöfen; auch: Gebeinurne der Antike

Gebet 1. *Hora*, die (gr., Pl. -s) eigtl.: Reigen; auch: Veranstaltung mit rumänischen Volkstänzen 2. *Oration*, die (lat., Pl. -en) strenges liturgisches Gebet in der kath. Messe

Gebet, jüdisches ... *Kiddusch*, der (hebr., Pl. -im) wird am Sabbat oder Feiertag gebetet

Gebetbuch 1. *Tefilla*, die (hebr., ohne Pl.) 2. *Horarium*, das (lat., Pl. ...ien) Laiengebetbuch

Gebetbuch für Laien *Horarium*, das (lat., Pl. ...ien) auch: Stundenbuch

Gebetbuch, jüdisches ... *Tefilla*, die, das (hebr., ohne Pl.) auch: jüdisches Gebet

Gebetsabschluß *Amen*, das (gr., ohne Pl.) svw.: wahrlich; es geschehe!

Gebetsaufforderung *oremus* (lat.) auch: laßt uns beten! (in der kath. Messe)

Gebetserhörung *Mirakel*, das (lat., Pl. -) auch: Wunder; bes. schöne Begebenheit

Gebetsformel, lateinische ... *per omnia saecula saeculorum* (lat.) etwa: in alle Ewigkeit

Gebetskanzel *Minbar*, die (arab.)

Gebetskette der Muslime *Sippa*, die (arab., Pl. -s)

Gebetsnische in der Moschee *Mihrab*, die (arab.)

Gebetsnische in der Moschee *Mihrab*, die (arab.)

Gebetsrichtung nach Mekka *Quibla* u. *Kibla*, die (arab.) auch: Kibla-Wand

Gebetsriemen *Tefillin*, die (hebr., nur Pl.) ... der Juden, beim Morgengebet an Stirn u. linkem Oberarm getragene Kapseln mit Schriftworten

Gebetsrufer *Muezzin*, der (arab., Pl. -s) ruft vom Minarett e. Moschee

Gebetsschlußwort *amen* (hebr.-gr.-lat.)

Gebetsstunde *Hora*, die (gr., Pl. -s) ... für das kirchliche Gebet zu unterschiedlichen Tageszeiten

Gebetsteppich, rot- oder blaugrundiger ... *Ladik*, der (Eigenn., türk., Pl. -s)

Gebetsverneigung *Raka*, die (arab.) gemeint ist die Folge von Bewegungen u. Verneigungen, die beim Gebet vorgeschrieben ist

Gebiet 1. *Terrain*, das (lat.-fr., Pl. -s) 2. *Territorium*, das (lat.-fr., Pl. ...ien) 3. *Revier*, das (lat.-fr.-niederl., Pl. -e) der Iltis markiert sein Revier durch e. Duftspur, Jagdrevier 4. *Region*, die (lat., Pl. -en) 5. *Provinz*, die (lat., ohne Pl.) i. S. e. ländlichen Gebiets 6. *Areal*, das (lat., Pl. -e) 7. *Ressort*, das (lat.-fr., Pl. -s) i. S. e. Amtsbereichs, e. Arbeitsgebietes 8. *Sektor*, der

228

(lat., Pl. ...oren) Sachgebiet; auch: Bezirk; am Anfang der DDR: »Ostsektor« (der östliche Teil Berlins)

Gebiet mit hohem Gras *Rough*, das (engl., Pl. -s) Golfbez.

Gebiet, digitales Arbeits... *Domain*, das (engl., Pl. -s) ... unter e. bestimmten Begriff verfügbar

Gebiet, tiergeographisches ... *Nearktis*, die (gr.-lat., ohne Pl.) umfaßt Nordamerika u. Mexiko

Gebieter *Dominus*, der (lat., Pl. ...ni) auch: Hausherr; *Dominus vobiscum* (lat.): der Herr sei mit euch, der Gruß des Priesters an die kath. Gemeinde

Gebieterin *Padrona*, die (lat.-it., Pl. ...ne)

gebieterisch 1. *diktatorial* (lat.) autoritär, absolut 2. *diktatorisch* (lat.) unumschränkt 3. *imperatorisch* (lat.)

Gebietsabtrennung *Separation*, die (lat., Pl. -en) Absonderung; auch: Flurbereinigung

Gebietsaneignung *Annexion*, die (lat.-fr., Pl. -en) illegale Aneignung fremden Gebiets

Gebietsausschluß *Exklave*, die (lat.-fr., Pl. -n) i. S. e. Korridors; z. B. die österreichische Gemeinde »Kleines Walsertal«; Ggs.: Enklave

Gebietseinschluß *Enklave*, die (lat.-fr., Pl. -n) Ggs.: Exklave

gebietsmäßig *regional* (lat.) i. S. von: e. Gebiet betreffend

Gebietsräumung *Evakuierung*, die (lat.-dt., Pl. -en) auch: Aussiedlung von Bewohnern; »Und bei der großen Evakuierungsaktion (gemeint: Evakuierung) in den Niederlanden gab es nur e. Kommando: Schweine u. Rinder zuerst!« (H. Venske: G. Schröders geh. Tagebuch, 1997)

Gebietsstreifen *Korridor*, der (it., Pl. -e) auch: Laufgang; Flur

Gebietsteil 1. *Sektor*, der (lat., Pl. ...oren) 2. *Zone*, die (gr.-lat., Pl. -n) einst: die deutsche Ostzone

gebildet *kultiviert* (lat.-fr.) e. kultivierte Dame

Gebirgsbachregion *Rhithral*, das (gr., ohne Pl.) nicht verw. mit: *Rhithron*, das (gr., ohne Pl.) Lebensgemeinschaft in e. Gebirgsbachregion

Gebirgsbeschreibung *Orographie*, die (gr.-lat., Pl. ...ien) die Reliefformen e. Landes

gebirgsbildend *orogen* (gr.-lat.)

Gebirgsbildung *Orogenese*, die (gr.-lat., Pl. -n)

Gebirgsforschung 1. *Orologie*, die (gr.-lat., ohne Pl.) vergleichende Forschung 2. *Orographie*, die (gr.-lat., Pl. ...ien)

Gebirgspaß *Paso*, der (sp., Pl. -s) eigtl.: Schritt; auch: komisches Spiel auf der sp. Bühne

Gebirgsstock *Massiv*, das (lat., Pl. -e)

Gebiß *Dentur*, die (lat., ohne Pl.) auch: Zahnbestand, Zahnbeschaffenheit

Gebißstange *Kandare*, die (ung., Pl. -n) ... im Maul des Pferdes

Gebläse 1. *Exhaustor*, der (lat., Pl. ...oren) Entlüfter, Absauger von z. B. Staub, Dampf, verbrauchter Luft 2. *Ventilator*, der (lat.-engl., Pl. ...oren) Gerät mit Flügelrad zur Bewegung von z. B. warmer Luft

gebleicht *podsoliert* (russ.)

geblümt 1. *fleuriert* (fr.) 2. *floral* (lat.) auch: Blüten, Blumen betreffend

Gebote, zehn ... *Dekalog*, der (gr.-lat., ohne Pl.) »zehn Worte«

Gebrauch 1. *Usus*, der (lat., ohne Pl.) auch: Übung, Praxis, Sitte 2. *Handling*, das (engl., ohne Pl.) Handhabung

Gebrauch, außer ... *obsolet* (lat.) überholt

Gebrauch, für den pers. ... des Arztes ... 1. *ad usum medici* (lat.) 2. *pro usu medici* (lat.) ... bestimmt; Abk.: ad us; Aufdruck auf unverkäuflichen Mustern

gebrauchen *handeln* (lat.)

gebräuchlich *usuell* (fr.) üblich, landläufig

gebrauchsfertig *instant* (lat.-engl.) svw. sofort verwendbar, z. B. Instantkaffee

Gebrauchsgegenstand *Utensil*, das (lat., Pl. -ien)

gebraucht *antiquarisch* (lat.) z. B. Möbel antiquarisch erwerben

Gebrauchtkleider, Gefallen an ... *Secondhand Chic*, der (engl.-fr., ohne Pl.) Jugendliche kleiden sich mit Secondhand-Kleidern, weil es billiger ist u. dennoch gut aussehen (schick sein) kann

Gebrauchtwarenhandlung *Secondhand-Shop*, der (engl., Pl. -s) z. B. für getragene Kleidung

Gebrechlichkeit *Infirmität*, die (lat., ohne Pl.) med.

gebrochen 1. *frakturiert* (lat.) z. B. Knochen 2. *arpeggiato* (it.) Mus.-Anweisung, e. gebrochenen Akkord zu spielen

Gebühr 1. *Greenfee*, die (engl., Pl. -s) ... für die Spielrunde auf dem Golfplatz 2. *Taxe*, die (lat., Pl. -n) z. B. Kurtaxe

Gebührenordnung *Tarif*, der (arab.-it.-fr., Pl. -e) das Gaswerk hat seinen Tarif erhöht; auch: Gewerkschaft u. Unternehmensvertreter handelten e. neuen Tarifvertrag aus

gebunden 1. *legato* (lat.-it.) musik. Vortragsanw. 2. *stationär* (lat.-fr.)

Geburt *Partus*, der (lat., ohne Pl.) med.

Geburt, leichte ... *Eutokie*, die (gr., ohne Pl.) med.; Ggs.: Dystokie

Geburtenanstieg *Babyboom*, der (engl., ohne Pl.) plötzlicher Anstieg von Geburten

Geburtenhäufigkeit *Natalität*, die (lat., ohne Pl.) die Anzahl der Lebendgeborenen bezogen auf 1000 Einwohner pro Jahr; Ggs.: Mortalität

Geburtshelferin *Obstetrix*, die (lat., Pl. ...izes) auch: Hebamme (med.)

Geburtshilfe *Obstetrik*, die (lat., ohne Pl.) med., die Erforschung dieser Hilfe

Geburtshilfelehre *Tokologie*, die (gr.-lat., ohne Pl.) med.

Geburtsstunde *Nativität*, die (lat., Pl. -en) auch: Geburt; Stand der Gestirne bei der Geburt

Gebüsch *Boskett*, das (fr., Pl. -e) auch: Lustwäldchen bes. in der Barockzeit

Geck *Dandy*, der (engl., Pl. -s) übertrieben modisch gekleideter Mann

geckenhaft 1. *dandyhaft* (engl.-dt.) 2. *snobistisch* (engl.) auch: eingebildet, blasiert

gedacht 1. *theoretisch* (gr.-lat.) seine Vorgehensweise ist zu theoretisch 2. *abstrakt* (lat.) 3. *fiktiv* (lat.) 4. *hypothetisch* (gr.-lat.) 5. *mental* (lat.) die Psyche, das Denkvermögen betreffend; Tennisspieler Boris Becker war bei Niederlagen nach eigenen Worten »mental nicht gut drauf«

gedacht, nur *ideell* (fr.) auf e. Idee beruhend; Ggs.: reell (lat.-fr.) wirklich vorhanden; »Liebe ist etwas Ideelles, Heirat etwas Reelles, u. nie verwechselt man ungestraft das Ideelle mit dem Reellen.« (Goethe)

Gedächtnis Gottes, zum ... *Zikr*, das (arab.) e. geistige Übung, um die Gegenwart Gottes bewußt zu machen

Gedächtnis *Mneme*, die (gr., ohne Pl.) med.

Gedächtnis, ins ... **zurückrufen** *rekonstruieren* (lat.) auch: in den ursprünglichen Zustand zurückbringen

Gedächtnis, zum ewigen ... *in perpetuam memoriam* (lat., Zitat)

Gedächtnisfehler 1. *Lapsus memoriae*, der (lat., ohne Pl.) 2. *Lapsus* (lat.) auch: Fehlleistung, Versehen, Schnitzer 3. *Lapsus calami* (lat.) Schreibfehler 4. *Lapsus linguae* (lat.) Versprecher

Gedächtnisfeier *Kommemoration*, die (lat., Pl. -en) e. kirchliche, z. B. Allerheiligen

Gedächtnislücke *Blackout*, der (engl., Pl. -s) auch: Abdunkeln beim Bildende im Theater

Gedächtnisschulung *Mnemotechnik*, die (gr.-lat., Pl. -en)

Gedächtnisschwäche *Hypomnesie*, die (gr.-lat., ohne Pl.)

Gedächtnisschwund *Amnesie*, die (gr.-lat., Pl. -n) med.; auch: Erinnerungslosigkeit; Ggs.: Hypermnesie

Gedächtnisstörung *Paramnesie*, die (gr.-lat., Pl. ...ien) med., Patienten erinnern sich an Gegebenheiten, die nicht stattfanden

gedämpft 1. *dezent* (lat.) im Lokal spielte gedämpfte Musik 2. *sotto voce* (lat.-it.) musik. Vortragsanw.

Gedanke 1. *Idee*, die (gr.-lat., Pl. -n) e. zündende Idee haben 2. *Inspiration*, die (lat., Pl. -en) dem Künstler mangelte es an Inspirationen

Gedanke, geistreicher 1. *Aperçu*, das (fr., Pl. -s) 2. *Aphorismus*, der (gr., lat., Pl. ...en)

Gedanken auf Abstraktes lenken ... *Chunking up*, das (engl.-am., ohne Pl.) ... versucht der Therapeut im Gespräch mit seinem Patienten; Bez. aus der Soziologie (neurolinguistisches Programmieren)

Gedanken, Anspielungen konkretisieren ... *Chunking down*, das (engl.-am., ohne Pl.) ... im Gespräch e. Patienten mit seinem Therapeuten; Bez. aus der Soziologie (neurolinguistisches Programmieren)

Gedanken, unsere ... **sind frei** *liberae sunt nostrae cogitationes* (lat., Zitat: Cicero)

230

Gedankenblitz *Aphorismus*, der (lat., Pl. …men) auch: kurzer Lehrsatz; geistreich formulierter Prosagedanke, der Lebensweisheit birgt

Gedankengebilde *Ideologem*, das (gr., Pl. -e) auch: Vorstellungswert

Gedankenlesen *Telepathie*, die (gr.-lat., ohne Pl.)

gedankenlos 1. *automatisch* (gr.-lat.-fr.) 2. *instinktiv* (lat.-fr.) 3. *mechanisch* (gr.-lat.)

Gedankensplitter *Aphorismus*, der (lat., Pl. …men) … in Prosa formuliert, mit Lebensweisheit versehen

Gedankensprung *Metabasis*, die (gr.-lat., Pl. …basen) »Das ist jetzt die Metaebene (gemeint ist: Metabasis).« (Ortwin Runde, Erster Bürgermeister von Hamburg, 1998)

Gedankenübertragung *Telepathie*, die (gr.-lat., ohne Pl.)

Gedankenverbindung 1. *Assoziation*, die (lat.-fr., Pl. -en) Vereinigung von Vorstellungen; Anhäufung von Sternen

Gedankenvielfalt *Polyideismus*, der (gr.-lat., ohne Pl.) Ideenfülle; Ggs.: Monoideismus

gedanklich 1. *theoretisch* (gr.-lat.) theoretische, praxisferne Vorschläge machen 2. *abstrakt* (lat.) 3. *fiktiv* (lat.) 4. *imperzeptibel* (lat.) i. S. von: nicht wahrnehmbar (Philos.) 5. *mental* (lat.) die Psyche, das Denkvermögen betreffend (Lieblingswort von Boris Becker, einstiger Tenniscrack)

Gedeck *Service*, das (lat.-fr., ohne Pl.)

gedeckter Säulengang *Hypostylos*, der (gr., Pl. …loi)

gedehnt 1. *larghetto* (it.) 2. *largo* (it.)

Gedeihen 1. *Flor*, der (lat., Pl. -e) in Blüte stehen; Wohlstand 2. *Prosperität*, die (fr.-lat., ohne Pl.) auch: Blüte; wirtschaftlicher Aufschwung

gedeihen 1. *prosperieren* (lat.-fr.) z. B.: das Unternehmen prosperierte in erstaunlicher Weise 2. *florieren* (lat.) im Einzelhandel herrscht e. florierende Nachfrage

Gedenkbuch *Album*, das (lat., Pl. …ben) die Schülerin legte e. Poesiealbum an

Gedenken *Kommemoration*, die (lat., Pl. -en) auch: Gedächtnis, Fürbitte

Gedenkfeier *Jubiläum*, das (lat., Pl. …äen)

Gedenkmünze *Plakette*, die (niederl.-fr., Pl. -n)

Gedenkstein der Wikingerzeit *Bautastein*, der (altskand.-dt., Pl. -e) stehen in Skandinavien

Gedenktafel *Epitaph*, das (gr.-lat., Pl. -e) Gedenktafeln Verstorbener an Kirchenwänden

Gedenktag *Jubiläum*, das (lat., Pl. …äen)

Gedenkveranstaltung *Memorial*, das (lat., Pl. -s) auch: Denkmal

Gedenkzeichen *Medaille*, die (gr.-lat.-it.-fr., Pl. -n)

Gedicht 1. *Poem*, das (gr.-lat., Pl. -s) 2. *Elegie*, die (gr.-lat., Pl. …ien) e. tragischschwermütiges Gedicht 3. *Ode*, die (gr.-lat., Pl. -n) e. feierliches – 4. *Ballade*, die (gr.-lat.-it.-fr.-engl., Pl. -n) e. dramatisches –, meist mit historischem Inhalt 5. *Tautogramm*, das (gr.-lat., Pl. -e) Gedicht mit gleichen Anfangsbuchstaben der Strophen

Gedichtabschnitt *Strophe*, die (gr., Pl. -n)

Gedichtform orientalischer Lyrik … 1. *Gasel*, das (arab., Pl. -e) 2. *Gasele*, die (arab., Pl. -n) … jeweils mit demselben Reim in jeder zweiten Verszeile

Gedichtform, jap. … *Haikai* u. *Haiku*, das (jap., Pl. -s) … aus 17 Silben bestehend

Gedichtsammlung *Anthologie*, die (gr., Pl. -n)

Gedichtübertragung *Metaphrase*, die (gr.-lat., Pl. -n) Verse in Prosa ausdrücken

Gedichtzeile *Vers*, der (lat., Pl. -e) auch: kleiner Abschnitt e. Textes

gediegen 1. *seriös* (fr.) auch: würdig, ernsthaft 2. *soigniert* (fr.) gepflegt, bez., der äußeren Erscheinung 3. *solid* (fr.) auch: haltbar, fest, anständig

gediegen *soigniert* (fr.) auch: gepflegt (bezüglich der äußeren Erscheinung)

gedrängt 1. *kompakt* (fr.) dicht, fest 2. *konzis* (lat.) auch: kurz 3. *stretto* (it.) auch: eilig, lebhaft

gedrückt *depressiv* (lat.)

gedrungen 1. *kompakt* (fr.) auch: dicht, fest 2. *pyknisch* (gr.) kräftig, bez. des Körperbaus 3. *ramassiert* (fr.) auch: untersetzt, dick 4. *pesante* (it.) schwerfällig, schleppend (musik.)

Geduldsspiel *Puzzle*, das (engl., Pl. -s) … das sich aus Einzelteilen zusammensetzt

gedunsen *pastös* (gr.-lat.-it.-fr.) med.

geeignet 1. *adäquat* (lat.) Probleme mit adäquaten Mitteln lösen 2. *qualifiziert* (lat.-

fr.) e. qualifizierten Mitarbeiter beschäftigen 3. *kompetent* (lat.) i. S. von sachverständig; Ggs.: inkompetent 4. *prädestiniert* (lat.) wie geschaffen

geeignet als Minister *ministrabel* (lat.-fr.)

Gefahr im Verzuge *periculum in mora* (lat., Zitat)

Gefahr *Risiko*, das (it., Pl. ...ken)

Gefahr, drohende *Damoklesschwert*, das (gr.-dt., Pl. -er) nach dem Günstling des älteren Dionysios von Syrakus; die Gefahr e. Entlassung hängt wie e. Damoklesschwert über ihm

gefährdet *exponiert* (lat.)

Gefahrensignal 1. *Alarm*, der (lat.-it., Pl. -e) 2. *Menetekel*, das (aramäisch, ohne Pl.) unheilvolles Zeichen; nach der Geisterschrift für den babylonischen König Belsazar (um 550 v. Chr.)

Gefahrenwarnung *Alarm*, der (lat.-it., Pl. -e) eigtl.: all'arme! zu den Waffen! auch: Aufregung

gefährlich 1. *riskant* (it.-fr.) e. riskanter Autofahrer 2. *brisant* (fr.) auch: sprengend 3. *kritisch* (gr.-lat.-fr.) bedenklich 4. *explosiv* (lat.)

Gefährte 1. *Kumpan*, der (lat.-fr., Pl. -e) eigtl.: Brotgenosse; auch: Kamerad, Begleiter 2. *Partner*, der (engl., Pl. -) auch: Teilhaber an e. Firma; Genosse; Gegenspieler beim Sport

Gefährte Tier *Animal Companion*, der (engl., Pl. -s) auch: Begriff für »Haustier«

Gefährtin *Partnerin*, die (engl., Pl. -innen) Teilhaberin an e. Firma; Genossin; Gegenspielerin beim Sport

Gefälle *Gradient*, der (lat., Pl. -en) ... des Luftdrucks, der Temperatur auf e. Strekke; auch: Steigung e. Funktion

gefallen *konvenieren* (lat.) zusagen, passen

gefällig 1. *kulant* (lat.-fr.) entgegenkommend, im Geschäftsleben: großzügig 2. *piacevole* (it.) auch: lieblich (musik.)

Gefallsucht *Koketterie*, die (fr., Pl. ...ien)

gefallsüchtig *kokett* (fr.) die kokette Frau steht stundenlang vor dem Spiegel

Gefangenenlager *Camp*, das (lat.-it.-fr.-engl., Pl. -s) auch: Lagerplatz, z. B. Basiscamp bei Bergsteigern

Gefangener, der im Unterkunftsbereich hilft *Etagenboy*, der (engl., Pl. -s) Knastsprache

Gefangener, der sich um seine Resozialisierung bemüht *Reso-Kasper*, der (Pl. -) Knastsprache

Gefangener, drogenabhängiger ... *Drogist*, der (fr., Pl. -en) Knastsprache; eigtl.: e. Drogeriebesitzer

Gefangener, dunkelhäutiger *Bimbo*, der (Eigenn., Pl. -s) Knastsprache

Gefängnis, ins ... einsperren *internieren* (lat.-fr.) Menschen e. gegnerischen Staates während des Krieges in e. Lager festsetzen

Gefängnishof *Rue de galoppe*, die (fr., ohne Pl.) Knastsprache

Gefängniskaffee *Muckefuck*, der (ugs., ohne Pl.) dünner Ersatzkaffee

gefärbt *tingiert* (lat.-engl.) auch: eintauchen; dünn versilbert

Gefäß ... *Amphore*, die (gr., Pl. ...oren) ... der Antike, zweihenklig

Gefäßausdehnung *Anapetie*, die (gr., Pl. ...ien) Ausbreitung

Gefäßchirurgie *Angiochirurgie*, die (gr.-lat., ohne Pl.) med.

Gefäßdurchtrennung *Vasotomie*, die (lat., Pl. ...ien) ... e. Blutgefäßes oder des Samenleiters (med.)

Gefäßerweiterung 1. *Anapetie*, die (gr., Pl. ...ien) 2. *Angiektasie*, die (lat., Pl. ...ien) auch: Ausbeulung e. Blutgefäßes (med.)

Gefäßgeflecht *Plexus*, der (lat., Pl. -) auch: Nervengeflecht (med.)

Gefäßgeschwulst *Anginom*, das (gr., Pl. -e)

Gefäßkrampf 1. *Angiospasmus*, der (gr.-lat., Pl. ...men) med. 2. *Vasospasmus*, der (lat., Pl. ...men) Zusammenziehen e. Blutgefäßes, z. B. bei Angina pectoris (med.)

Gefäßlähmung *Vasoplegie*, die (gr., Pl. ...ien) med.

Gefäßlehre *Angiologie*, die (gr., ohne Pl.) Wissenschaft, die sich mit den Blutgefäßen beschäftigt (med.)

Gefäßleiden *Angiopathie*, die (gr., ohne Pl.)

Gefäßnerven *Vasomotoren*, die (lat., Pl.) ... der sog. glatten Muskulatur (med.)

Gefäßneubildung *Vaskularisation*, die (lat., Pl. -en) auch: Blutgefäßpflanzung in nicht durchblutetes Gewebe (med.)

Gefäßpfropf ... *Embolus*, der (gr.-lat., Pl. ...li) ... in der Blutbahn, z. B. e. Blutgerinnsel

gefäßreich *vaskulös* (lat.) med.

Gefäßschmerz 1. *Angialgie*, die (gr.-lat., Pl. ...ien) med. 2. *Vasalgie*, die (lat., Pl. ...ien) med.

Gefäßschwäche *Angiasthenie*, die (gr., Pl. ...ien) med.

Gefäßstütze *Stent*, der (engl., Pl. -s) z. B. an Herzkranzgefäßen

gefäßverengend *vasopressorisch* (lat.) auch: blutdrucksteigernd (Medizin)

Gefäßverengung *Angiostenose*, die (lat., Pl. ...osen) med.

Gefäßverhärtung *Angiosklerose*, die (lat., Pl. -n) i. S. e. krankhaften Veränderung der Blutgefäße (med.)

Gefäßverstopfung *Obturation*, die (lat., Pl. -en) med.

Gefäßzerreißung 1. *Diärese*, die (lat., Pl. ...resen) auch: Begriffszerlegung; e. Hauptbegriff in Unterbegriffe gliedern 2. *Ruptur*, die (lat., Pl. -en) auch: Riß, Beschädigung; durch Bewegung entstehende Spalte im Gestein

Gefecht *Scharmützel*, das (it., Pl. -) auch: Plänkelei

Gefechtslinie *Front*, die (fr., Pl. -en) auch: Stirn, Block, Vorderseite; Grenzfläche zwischen Luftmassen

Gefeierte *Jubilarin*, die (lat., Pl. -nen)

Gefeierter *Jubilar*, der (lat., Pl. -e)

gefeit *immun* (lat.) eigtl.: »frei von Leistungen«

geflammt 1. *flamboyant* (fr.) 2. *moiriert* (fr.)

geflechtartig *plexiform* (lat.) ... angeordnete Nerven oder Gefäße

Geflügelrumpf *Karkasse*, die (fr., Pl. -n) Gerippe; Kugel mit eisernem Gerippe (aus dem Mittelalter)

Gefolge 1. *Suite*, die (lat.-fr., Pl. -n) das Gefolge e. Herrschers 2. *Entourage*, die (fr., ohne Pl.) 3. *Eskorte*, die (lat.-it.-fr., Pl. -en) auch: Schutzwache 4. *Troß*, der (lat.-fr., Pl. Trosse) auch: Schar, Mitläufer; nicht verw. mit *Trosse* (die (Pl. -n) dickes Tau, Drahtseil

Gefolge, im ... von *à la suite* (fr.)

Gefolgsmann *Paladin*, der (lat.-it.-fr., Pl. -e) i. S. e. getreuen Mitstreiters, Dieners

Gefräßigkeit 1. *Vorazität*, die (lat., ohne Pl.) med. 2. *Akorie*, die (gr., Pl. ...ien) med. 3. *Bulimie*, die (gr., ohne Pl.) med., i. S. e. Eß- u. Brechsucht

Gefrieranlage *Refrigerator*, der (lat., Pl. ...oren)

Gefriertrocknung 1. *Kryodesikkation*, die (gr., Pl. -en) 2. *Lyophilisation*, die (gr., Pl. -en) auch: Haltbarmachen durch Einfrieren

Gefüge *System*, das (gr.-lat., Pl. -e) »Zusammenstellung«, Prinzip, nach dem etwas organisiert wird

gefügig *devot* (lat.) sein devotes Verhalten war allg. unbeliebt

Gefühl 1. *Emotion*, die (lat., Pl. -en) Gemütsbewegung 2. *Instinkt*, der (lat., Pl. -e) svw. angeborene Verhaltensweise: instinctus naturae (Naturtrieb) 3. *Feeling*, das (engl., Pl. -s) Tautologie: »Vom Feeling her hab' ich e. gutes Gefühl.« (Harald Schmidt, Showmaster)

Gefühl, sicheres ... *Instinkt*, der (lat., Pl. -e) instinctus naturae (Naturtrieb); auch: angeborene Verhaltensweise; »Sie müssen in der Politik unglaublich reaktionsfähig u. vor allem instinktsicher sein.« (Gerhard Schröder, 1996)

Gefühle 1. *Vibes*, die (engl., Pl.) 2. *Vibrations*, die (lat.-engl., Pl.) auch: Gefühlszustände

gefühllos 1. *brutal* (lat.) 2. *rabiat* (lat.) 3. *unsensibel* (dt.-lat.-fr.) unempfindlich; Ggs.: sensibel

Gefühllosigkeit *Brutalität*, die (lat., Pl. -en) Gewalttätigkeit

Gefühlsansprechbarkeit *Affektivität*, die (lat., ohne Pl.)

Gefühlsaufwallung *Affekt*, der (lat., Pl. -e) auch: Erregung, Leidenschaft, z. B. Handlung im Affekt

Gefühlsäußerung *Sentiment*, das (fr., Pl. -s) auch: Empfindung, Gefühl

Gefühlsäußerung, übertriebene *Pathos*, das (gr., ohne Pl.) eigtl.: Leiden; auch: feierliche Ergriffenheit

gefühlsbeladen *emotional* (lat.) »Mein schlimmster Fehler war der emotionale Auftritt nach dem Spiel gegen Kroatien.« (Berti Vogts, Fußballtrainer bei der WM, 1998)

gefühlsbetont *sentimental* (lat.-fr.-engl.) auch: rührselig

Gefühlsbewegung *Emotion*, die (lat., Pl. -en) in Konfliktsituationen hat er seine Emotionen nicht unter Kontrolle

Gefühlseindruck *Impression*, die (lat.-fr., Pl. -en) Ggs.: Expression

gefühlskalt *frigid* (fr.) auch: kühl; bei Frauen: orgasmusunfähig

Gefühlskälte *Frigidität*, die (lat.-fr., ohne Pl.) bei e. Frau: fehlende sexuelle Erregbarkeit

gefühlsmäßig 1. *emotional* (lat.) in Verhandlungen sind emotionale Regungen unangebracht 2. *instinktiv* (lat.-fr.) instinktiv traf er die richtige Entscheidung 3. *intuitiv* (lat) Ggs.: diskursiv

Gefühlsschwärmer *Romantiker*, der (fr., Pl. -) auch: Phantast; Künstler der Romantik

gefühlsschwärmerisch *romantisch* (fr.)

Gefühlsseligkeit *Sentimentalität*, die (lat.-engl., Pl. -en) Empfindsamkeit, Rührseligkeit

Gefühlsüberschwang *Pathos*, das (gr., ohne Pl.)

Gefühlsverkehrung *Parathymie*, die (gr., ohne Pl.) auch: Gemüt, Lebenskraft

Gefühlszustand *Emotion*, die (fr.-lat., Pl. -en) seelische Erregung

gefühlvoll *sentimental* (lat.-fr.-engl.) in Gedanken bei seiner Frau, beschlichen ihn sentimentale Gedanken

Geführigkeit *Före*, die (schwed., ohne Pl.) i. S. von Schnee, der für das Skifahren geeignet ist

Geführte, der ... *Mahdi*, der (arab.) auch: Ehrentitel; 1885 gründete der Mahdi Mohammed Ahmed im Sudan e. Mahdi-Staat

gegeben *datum* (lat.) auf alten Urkunden: datum den 3. Januar, d. h. geschrieben am ..., Abk.: dat.

gegebenenfalls *eventuell* (lat.-fr.) möglicherweise

Gegebenheit 1. *Faktizität*, die (lat., ohne Pl.) 2. *Realität*, die (lat.-fr., Pl. -en) Ggs.: Irrealität

gegen 1. *anti* (gr.) z. B. antidemokratische Äußerungen abgeben 2. *kontra* (lat.) er war kontra seine Eltern eingestellt 3. *versus* (lat.) »Ich werde wütend, wenn ich diese Alternative: Freiheit versus Gleichheit höre.« (Roman Herzog, Bundespräsident, 1997)

Gegenansage *Kontra*, das (lat., Pl. -s) auch: Kartenspielaussage, z. B. beim Skat

Gegenanzeige *Kontraindikation*, die (lat., Pl. -en) Umstand, der die Anwendung e. notwendigen Maßnahme verbietet (med.); Ggs.: Indikation

Gegenanzeige mit negativer Aussage 1. *Uncommercial*, das (engl.-am., Pl. -s) »unkommerziell« 2. *Subvertisment*, das (engl.-am., Pl. -s) »subversive Werbung«; jeweils Begriffe der Adbusters- (Antikonsum-)Bewegung; die Konsumkritiker attackieren mit Slogans der Werbeindustrie, z. B. »United Bullshit of Advertising«

Gegenauslese *Kontraselektion*, die (lat., Pl. -en) Ggs.: Selektion

Gegenbehauptung 1. *Antithese*, die (gr.-lat., Pl. -n) Ggs.: These 2. *Dementi*, das (lat.-fr., Pl. -s) i. S. e. amtlichen Berichtigung, Nichtigkeitserklärung; »Ein Dementi ist die verneinende Bestätigung e. Nachricht, die bisher e. Gerücht war.« (Robert Peyrefitte)

Gegenbenennung *Antiphrase*, die (lat., Pl. -n) Wortspiel, das das Gegenteil meint; z. B.: schöne Schweinerei!

Gegenbeschuldigung *Rekrimination*, die (lat., Pl. -en)

Gegenbeweis *Elenchus*, der (gr.-lat., Pl. ...chi, ...chen) auch: Widerlegung (Philos.)

Gegenbuchung *Ristorno*, der, das (it., Pl. -s) auch: Rücknahme e. Seeversicherung

Gegend 1. *Region*, die (lat., Pl. -en) durch e. fieberverseuchte Region fahren 2. *Areal*, das (lat., Pl. -e) Verbreitungsgebiet von Tier- oder Pflanzenarten

Gegend, feine ... *upscale neighborhood*, die (engl.-am., ohne Pl.)

Gegendienst *Revanche*, die (fr., Pl. -n) auch: Vergeltung, Rache; Gegenleistung

Gegendruck *Contreépreuve*, die (fr., Pl. -s) auch: Gegenprobe

Gegengift 1. *Antidot*, das u. *Antidoton*, das (gr., Pl. -s u. ...ta) i. S. von: Gegengabe 2. *Antitoxin*, das (gr., Pl. -e) med.

Gegengift 1. *Antitoxin*, das (gr.-lat., Pl. -e) 2. *Antidot*, das (gr.-lat., Pl. -e, Antidoton)

Gegenklage erheben *rekriminieren* (lat.)

Gegenklage *Rekrimination*, die (lat., Pl. -en)

Gegenkraft *Contrecoup*, der (fr., Pl. -s) Rückschlag, der auch Verletzungen verursacht (med.)

Gegenleistung *Revanche*, die (fr., Pl. -n)

234

auch: Vergeltung, Rache, Rückkampf, um e. Niederlage wettzumachen

Gegenleistung, ohne Aussicht auf ... *à fonds perdu* (fr.) auf Verlustkonto

Gegenmaßnahme 1. *Reaktion*, die (lat.-fr., Pl. -en) 2. *Repressalie*, die (lat., Pl. -n) i. S. von Vergeltungsmaßnahme 3. *Retorsion*, die (lat., Pl. -en) Erwiderung e. Beleidigung im zwischenstaatlichen Umgang, z. B. Ausweisung von Ausländern

Gegenpapst *Antipapa*, der (lat., ohne Pl.)

Gegenpartei *Opposition*, die (lat., Pl. -en) als Gegenkraft zur Regierung

Gegenrede *Replik*, die (lat.-fr., Pl. -en)

Gegenrevolution *Konterrevolution*, die (lat.-fr., Pl. -en) z. B. die antikommunistische Kraft

Gegensatz 1. *Antagonismus*, der (gr.-lat., Pl. ...men) z. B. unversöhnlicher Gegensatz zwischen zwei Staaten 2. *Kontrast*, der (lat.-it., Pl. -e) e. Gemälde voller Kontraste 3. *Antinomie*, die (gr.-lat., Pl. ...ien) Widerspruch e. Satzes in sich oder zweier Sätze 4. *Opposition*, die (lat., Pl. -en) 5. *Antithese*, die (gr.-lat., Pl. -n) Gegenbehauptung 6. *Paradoxon*, das (gr.-lat., Pl. ...xa) e. scheinbar zugleich wahre u. falsche Aussage

Gegensätze verstärken *polarisieren* (gr.-lat.)

gegensätzlich 1. *antagonistisch* (gr.-lat.) 2. *konträr* (lat.-fr.) da prallten konträre Meinungen aufeinander 3. *diametral* (gr.-lat.) 4. *divergent* (lat.) 5. *konträr* (lat.-fr.) 6. *adversativ* (lat.)

Gegensätzlichkeit *Dualismus*, der (lat., ohne Pl.) auch: Zweiheit; Polarität zweier Faktoren; Ggs.: Monismus

Gegensatzwort *Antonym*, das (gr., Pl. -e) Wort, das e. Bedeutung entgegensteht, z. B.: schwarz – weiß; Ggs.: Synonym

Gegenschluß *Katasyllogismus*, der (gr., Pl. ...men) auch: Gegenbeweis

gegenseitig 1. *bilateral* (lat.) zweiseitig; Ggs.: multilateral 2. *mutual* (lat.) 3. *reziprok* (lat.)

Gegenseitigkeit 1. *Mutualität*, die (lat., Pl. -en) auch: Wechselseitigkeit 2. *Reziprozität*, die (lat., ohne Pl.) Wechselbezüglichkeit

Gegenseitigkeit, auf ... beruhend *reziprok* (lat.) auch: wechselseitig

Gegensonne *Anthelion*, das (gr., Pl. ...lia, ...lien) Astron.

Gegenspieler 1. *Rivale*, der (lat.-fr., Pl. -n) 2. *Antipode*, der (gr.-lat., Pl. -n) »Gegenfüßler« 3. *Konkurrent*, der (lat., Pl. -en)

Gegenstand 1. *Objekt*, das (lat., Pl. -e) »das Entgegengeworfene« 2. *Sujet*, das (lat.-fr., Pl. -s) Stoff e. dichterischen Darstellung

Gegenstand e. Wahrnehmung *Objekt*, das (lat., Pl. -e) »das Entgegengeworfene«; Gegenstand, mit dem etwas geschieht, z. B. Bauobjekt; »das ist die Tücke des Objekts« (Friedrich Th. Vischer)

Gegenstand mit Zauberkraft *Fetisch*, der (lat.-port.-fr., Pl. -e) z. B. Amulett oder Talisman

Gegenstand, den es nur einmal gibt *Unikat*, das (lat., Pl. -e) i. S. e. Kunstgegenstandes; Ggs.: Duplikat, Triplikat

Gegenstand, vorgeschichtlicher ... *Artefakt*, das (lat., Pl. -e)

gegenständlich 1. *konkret* (lat.) 2. *materiell* (lat.-fr.) 3. *real* (lat.) wirklich; Ggs.: imaginär; auch: irreal

gegenstandsbezogen *topikal* (lat.) auch: themenbezogen

gegenstandslos 1. *abstrakt* (lat.) Joan Miró war e. Meister abstrakter Gemälde 2. *nonfigurativ* (lat.) e. nonfiguratives Kunstwerk

gegenstandsspezifisch *topikal* (lat.) auch: gegenstands- oder themenbezogen

Gegenstimme *Diskant*, der (lat., Pl. -e) auch: oberste Stimme, Sopran (Mus.); schrille Sprechstimme; obere Klaviertastenreihe

Gegenstück 1. *Pendant*, das (lat.-fr., Pl. -s) zu dieser chinesischen Vase fehlt mir das Pendant 2. *Komplement*, das (lat., Pl. -e) nicht verw. mit *Kompliment*, das (lat.-sp.-fr., Pl. -e) höfliche Redensart

gegenüber *vis-à-vis* (fr.) ihr Freund wohnt gerade vis-à-vis

gegenüberstellen *konfrontieren* (lat.)

Gegenüberstellung 1. *Konfrontation*, die (lat., Pl. -en) z. B.: von Tätern u. Zeugen 2. *Bilanz*, die (lat.-it., Pl. -en) kurze Gegenüberstellung von Vermögenswerten u. Schulden e. Unternehmens, also der »Aktiva« u. »Passiva« 3. *Synopse, Synopsis*, die (gr.-lat., Pl. ...opsen) i. S. e. kurzen Zusammenfassung; auch: vergleichende Gegenüberstellung von Texten

Gegenüberstellung von Gutschriften u. Belastungen *Konto*, das (it., Pl. ...ten) »Arbeitszeit-Konten müssen bei uns selbstverständlich werden.« (Matthias Wissmann, Bundesverkehrsminister, 1998)

Gegenvorschlag *Alternative*, die (lat., Pl. -n)

Gegenvorstellung *Remonstration*, die (lat., Pl. -en) i. S. von Einspruch

Gegenwart 1. *Präsens*, das (lat., Pl. ...sentia, ...senzien) 2. *Präsenz*, die (lat.-fr., ohne Pl.) i. S. von anwesend 3. *Moderne*, die (lat.-fr., ohne Pl.)

gegenwärtig *momentan* (lat.) momentan ist Rindfleisch preiswert

gegenwärtig sein *existieren* (lat.) bestehen; »Die meisten Menschen existieren nur.« (Oscar Wilde)

Gegenwärtigkeit *Präsenz*, die (lat.-fr., ohne Pl.) »Kein Abschlaffen am Ende e. Wahlmarathons, vielmehr disziplinierte Präsenz.« (Peter Bachér, Autor, über Helmut Kohl, 1998)

Gegenwartsbezogenheit *Aktualität*, die (lat., Pl. -en)

Gegenwartsnähe *Aktualität*, die (lat., Pl. -en)

Gegenwehr *Resistenz*, die (lat., Pl. -en) Widerstand

Gegenwert *Äquivalent*, das (lat., Pl. -e) svw. gleichwertiger Ersatz

Gegenwirkung *Reaktion*, die (lat., Pl. -en) auf die Anschuldigungen war seine Reaktion zu heftig

Gegenwort *Antonym*, das (gr., Pl. -e) Wort mit entgegengesetzter Bedeutung; z. B.: heiß – kalt, faul – fleißig; Ggs.: Synonym

gegenzeichnen *kontrasignieren* (lat.) z. B. ein Schriftstück

Gegenzeichnung *Kontrasignatur*, die (lat., Pl. -en)

gegliedert 1. *hierarchisch* (gr.) hierarchisch (pyramidisch) organisierte Unternehmen sind die Regel 2. *strukturiert* (lat.) 3. *systematisch* (gr.-lat.)

Gegner 1. *Antagonist*, der (gr.-lat., Pl. -en) auch: Widersacher 2. *Konkurrent*, der (lat., Pl. -en) i. S. e. geschäftlichen Wettbewerbers 3. *Antipode*, der (gr.-lat., Pl. -n) »Gegenfüßler« 4. *Kontrahent*, der (lat. Pl. -en) Gegner in e. Wettkampf 5. *Rivale*, der (lat.-fr., Pl. -n) »Bachnachbar« (bei der Nutzung e. Wasserlaufs) hier: Nebenbuhler, Gegenspieler

Gegner des Christentums *Antichrist*, der (gr.-lat., Pl. -en) auch: Teufel

gegnerisch 1. *antagonistisch* (gr.) gegensätzlich, widerstreitend 2. *oppositionell* (lat.-engl.) auch: zum Widerspruch neigend, widersetzlich

Gegnerschaft 1. *Antagonismus*, der (gr.-lat., ohne Pl.) 2. *Konkurrenz*, die (lat., ohne Pl.) 3. *Opposition*, die (lat.-fr., Pl. -en) auch: Widerspruch

geh mit mir! *vade mecum!* (lat., Zitat) auch: *Vademecum*, das (lat., Pl. -s) Leitfaden, Ratgeber

Geh zum Henker! *abi in malam crucem!* (lat., Zitat)

Gehabe 1. *Habitus*, der (lat., ohne Pl.) e. gewandten Habitus an den Tag legen 2. *Allüre*, die (lat.-fr., Pl. -n) Gangart des Pferdes; auch: bes. auffallendes Benehmen 3. *Attitüde*, die (lat.-fr.-engl., Pl. -n) innere Einstellung; nicht verw. mit *Attitude*, die (lat.-fr., Pl. -s) bes. Ballettfigur (bei der e. Bein rechtwinklig angehoben ist) 4. *Manier*, die (lat.-fr., Pl. -en) auch: Umgangsform

Gehalt 1. *Fixum*, das (lat., Pl. ...xa) im Außendienst setzt sich das Gehalt aus Provision u. Fixum zusammen 2. *Gage*, die (germ.-fr., Pl. -n) z. B. Künstlergage 3. *Salär*, das (lat.-fr., Pl. -e) Gehalt in der Schweiz 4. *Honorar*, das (lat., Pl. -e) Vergütung in freien Berufen

gehaltlos 1. *banal* (germ.-fr.) 2. *profan* (lat) »vor dem heiligen Bezirk liegend« svw. weltlich; Ggs.: sakral 3. *substanzlos* (lat.-dt.) 4. *trivial* (lat.-fr.) jedermann zugänglich; i. S. von unbedeutend

Gehaltsvereinbarung *Tarif*, der (arab.-fr., Pl. -e) auch: Gebührensätze für z. B. Lieferungen u. Leistungen; vertraglich geregelte Löhne u. Gehälter

gehaltvoll *prägnant* (lat.-fr.) eigtl.: »trächtig, schwanger«; auch: treffend dargestellt

gehässig *odios, odiös* (lat.-fr.) auch: widerlich, unausstehlich

Gehässigkeit *Odiosität*, die (lat.-fr., Pl. -en) auch: Widerwärtigkeit

geheftet *broschiert* (fr.) nicht gebunden

Gehege *Paddock*, der (engl., Pl. -s) Auslauf für Pferde

236

geheim 1. *diskret* (lat.-fr.) 2. *okkult* (lat.)
Geheimabsprache *Kollusion*, die (lat., Pl. -en) auch: sittenwidrige, betrügerische Verabredung; Verdunklung, Verschleierung von z. B. Beweismaterial
Geheimabstimmung *Ballotage*, die (fr., Pl. -n) ... mit weißen oder schwarzen Kugeln; auch Stichwahl
Geheimagent *Sbirre*, der (gr.-lat.-it., Pl. -n) in Kirchenstaaten aktiv; auch: Scherge; berühmter Geheimagent: James Bond, Agent 007
Geheimdienst 1. *Secrete Service*, der (engl., ohne Pl.) britisch 2. *Central Intelligence Agency*, die (engl., ohne Pl.) Abk.: CIA 3. *Mossad*, der (hebr., ohne Pl.) eigtl.: Institut; Israels 1951 gegründeter Auslandsgeheimdienst
Geheimdienstmitarbeiter 1. *Spion*, der (germ.-it., Pl. -e) 2. *Agent*, der (lat., Pl. -en) Geheimagent; auch: Geschäftsvermittler oder Versicherungsagent
Geheimermittler *Undercoveragent*, der (engl., Pl. -en)
Geheimgesellschaft *Loge*, die (fr., Pl. -n) auch: abgeteilter Raum im Theater: Pförtnerzimmer; Freimaurervereinigung; geheimer Versammlungsort
Geheimhaltung *Diskretion*, die (lat.-fr., Pl. -en)
Geheimkult 1. *Mysterien*, die (gr.-lat., nur Pl.) um Kontakte zu Gottheiten herzustellen 2. *Voodoo*, der (kreolisch, ohne Pl.) aus Westafrika stammender Geheimkult auf Haiti; auch: Wodu oder Voudou
Geheimkunst *Magie*, die (pers.-gr.-lat., ohne Pl.) z. B. schwarze Magie, Beschwörung von Geistern
Geheimlehre *Mysterium*, das (gr.-lat., Pl. ...ien) auch: Geheimnis
Geheimmittel *Arkanum*, das (lat., Pl. ...na) Wundermittel, z. B. bes. Kräuter, derer sich Medizinmänner für Heilungen bedienen
Geheimname Gottes ... *Abraxas*, der (Herkunft ungewiß, ohne Pl.) ... in der Gnostik; auch: Zauberwort auf Amuletten
Geheimnis 1. *Arkanum*, das (lat., Pl. ...na) auch: Wundermittel 2. *Mysterium*, das (lat., Pl. ...ien) auch: Geheimnisse
geheimnisvoll 1. *mysteriös* (gr.-lat.-fr.) i. S. von rätselhaft; der mysteriöse Tod des Dr.

Barschel konnte nicht aufgeklärt werden 2. *magisch* (pers.-gr.-lat.) Uri Gellert besitzt angeblich magische Kräfte 3. *mystisch* (gr.-lat.-fr.) i. S. von geheimnisvoll, z. B. mystische Schriftzeichen auf e. Grabkammer entdecken 4. *nebulös* (lat.) nebulöse Anspielungen machen 5. *obskur* (lat.) 6. *okkult* (lat.) 7. *sibyllinisch* (gr.-lat.)
Geheimorganisation, russ. ... *Narodnaja Wolia*, die (russ., ohne Pl.) vertrat um 1880 den Agrarsozialismus
Geheimpolizist *Detektiv*, der (lat.-engl., Pl. -e) Ermittlungsbeamter, z. B. beim FBI
Geheimschrift, in ... abfassen *chiffrieren* (fr.) Ggs.: dechiffrieren
Geheimschriftschlüssel *Code*, der (lat.-fr.-engl., Pl. -s) dem militärischen Abschirmdienst gelang es, den Code zu knacken
Geheimwissenschaft *Okkultismus*, der (lat., ohne Pl.)
Geheimzeichen *Chiffre*, die (arab.-lat.-fr., Pl. -n)
gehemmt sein *sich genieren* (germ.-fr.) die Schauspielerin genierte sich, e. Liebesszene zu spielen
gehen *per pedes* (lat.) zu Fuß gehen
gehen, Angst zu ... *Basophobie*, die (gr.-lat., Pl. ...ien) die Zwangsvorstellung, nicht gehen zu können (med.)
Gehen, strammes, schnelles ... *Woggen*, das (am., ohne Pl.) aus: Walking (Gehen) u. Joggen (Laufen)
gehet (hin), es wird gesandt *ite, missa est* (lat., Zitat) Schlußformel der lat. Meßliturgie
Gehilfe 1. *Adlatus*, der (lat., Pl. ...ten, ...ti) »zur Seite stehend« 2. *Assistent*, der (lat., Pl. -en) Helfer bes. in Forschung u. Lehre
Gehirn *Cerebrum, Zerebrum*, das (lat., Pl. ...bra) Großhirn (med.)
Gehirnentzündung *Enzephalitis*, die (gr.-lat., Pl. ...itiden)
Gehirnerkrankung *Enzephalopathie*, die (gr., Pl. ...ien) Gehirnleiden (med.)
Gehirnerschütterung *Kommotion*, die (lat., Pl. ...nen) med.
Gehirnerweichung 1. *Paralyse*, die (gr.-lat., Pl. -n) med. 2. *Enzephalomalazie*, die (gr.-lat., Pl. ...ien) med.
Gehirngeschwulst *Zerebraltumor*, der (lat., Pl. -en) med.

Gehirnleiden *Enzephalopathie*, die (gr., Pl. ...ien) Gehirnerkrankung

Gehirnnerv, sechster ... von zwölf ... *Abduzens*, der (lat., ohne Pl.) ... im Gehirn entspringenden Hauptnervenpaaren (med.)

Gehirnschlag *Apoplexie*, die (gr.-lat., Pl. ...ien) auch: Schlaganfall

Gehirnschwund *Paralyse*, die (gr.-lat., Pl. -n) infolge Syphilis

Gehirnwäsche 1. *Brainwashing*, das (engl., ohne Pl.) 2. *Mentizid*, der (lat.-engl., Pl. -s, -e) Methode, die Denkweise durch seelische Folter zu ändern

Gehirnwindung *Gyrus*, der (gr., Pl. ...ri) med.

Gehöft in der Pußta *Tanya*, die (ung., Pl. -s)

Gehölzgarten *Dendrarium*, das (gr., Pl. ...rien) Baumgarten

Gehölzkunde *Dendrologie*, die (gr., ohne Pl.)

gehölzkundlich *dendrologisch* (gr.)

gehorchen *parieren* (lat.) früher hatten die Kinder zu parieren, heute sollten es wenigstens die Hunde

Gehörempfindlichkeit *Dysakusis*, die (gr., ohne Pl.) Überempfindlichkeit des Gehörs (med.); auch: Schwerhörigkeit (med.)

Gehörlosensprache *Daktylologie*, die (gr.-lat., Pl. ...ien) Gebärdensprache

Gehörmessung *Audiometrie*, die (lat., ohne Pl.) med.

Gehörprüfung *Audiometrie*, die (lat., ohne Pl.) med.

Gehorsam 1. *Subordination*, die (lat., Pl. -en) 2. *Obedienz*, die (lat., ohne Pl.) Gehorsam e. Priesters gegenüber seiner Kirche 3. *Disziplin*, die (lat., Pl. -en) auch: Wissenschaftszweig

Gehorsamsverweigerung *Insubordination*, die (lat., Pl. -en) in der Armee wird Insubordination hart bestraft

Gehrock *Soutanelle*, die (lat.-it.-fr., Pl. -n) e. bis ans Knie reichender Rock der kath. Geistlichen

Gehsteig *Trottoir*, das (germ.-fr., Pl. -e) auch: Gehweg

Gehstörung *Dysbasie*, die (gr., Pl. ...ien) ... infolge e. Durchblutungsstörung der Beine (med.)

gehunfähig *abatisch* (gr.) med.; nicht verw. mit *abartig* (lat.) andersartig

Gehunfähigkeit *Abasie*, die (gr.-lat., Pl. ...ien) med.

Geige *Violine*, die (lat.-it., Pl. -n)

Geigenspieler *Violinist*, der (it., Pl. -en) auch: Geigenvirtuose

Geigensteg *Ponticello*, der (it., Pl. -s u. ...lli) eigtl.: Brückchen

geil ... tschuggi (Begriff aus der dt. Szene)...törnt an

geil *faunisch* (lat.) lüstern

Geißeltierchen *Flagellat*, der (lat., Pl. -en) Einzeller

Geißeltierchenart ... *Noctiluca*, die (lat., ohne Pl.)... die im Oberflächenwasser der Ozeane das Meeresleuchten verursachen

Geißelung *Flagellantismus*, der (lat., ohne Pl.) abnormer Trieb zur sexuellen Lust

Geißler *Flagellant*, der (lat., Pl. -en) ... die durch Selbstgeißelung Sündenvergebung erhoffen; auch: abnorm veranlagter Mensch, der durch Geißelung sexuelle Befriedigung sucht (med.)

Geist 1. *Dämon*, der (gr.-lat., Pl. -en) von e. bösen Geist (Dämon) besessen sein 2. *Revenant*, der (lat.-fr., Pl.-s) e. Geist aus e. anderen Welt 3. *Esprit*, der (lat.-fr., ohne Pl.)

Geist, den ... betreffend *intellektuell* (lat.) auch: verstandesmäßig. »Für Dummheiten braucht man e. intellektuell klingende Begründung.« (Gerhard Schröder, Ex-kanzler, 2005)

Geist, der ... bewegt die Materie *mens agitat molem* (lat., Zitat: Äneide)

Geist, der ... der Zeit *Genius saeculi*, der (lat., ohne Pl.) auch: Geist des Jahrhunderts

Geist, schöpferischer 1. *Genie*, das (lat.-fr., Pl. -s) »Genie besteht aus 99 Prozent Transpiration und e. Prozent Inspiration.« Yehudi Menuhin (Eingebung) 2. *Genius*, der (lat., Pl. ...ien) »Erzeuger«; im röm. Altertum Schutzgeist, göttliche Verkörperung des Wesens e. Menschen; auch: schöpferisch begabter Mensch, »Genius ist ewige Geduld.« (M. Buonarroti)

Geiste, und mit deinem ... *et cum spiritu tuo* (lat.) antwortet die kath. Gemeinde auf den Gruß »*Dominus vobiscum!*« (lat.) der Herr sei mit Euch!

Geisterbeschwörer 1. *Exorzist*, der (gr.-lat., Pl. -en) auch: Teufelsaustreiber 2. *Ne-*

kroman, der (gr.-lat., Pl. -en) im Altertum auch Totenbeschwörer

Geisterbeschwörung *Exorzismus*, der (gr.-lat., ohne Pl.)

Geisterglaube *Spirituismus*, der (lat., ohne Pl.) der Glaube an Geister u. Dämonen

Geisterharfe *Äolsharfe*, die (lat., Pl. -n) auch: Windharfe, deren Saiten durch Wind in Schwingung gebracht werden

Geisterlehre *Spiritismus*, der (lat., ohne Pl.) Ggs.: Animismus

Geisterschrift *Menetekel*, das (aramäisch, ohne Pl.) auch: Warnungszeichen für den babylonischen König Belsazar, »mene, mene tekel upharsin« (gezählt, gezählt, gewogen u. zerteilt)

Geistesabwesenheit *Absence*, die (lat.-fr., Pl. -n) zeitweilige Absencen haben

Geistesanlage *Ingenium*, das (lat., Pl. ...ien) i. S. schöpferischer Anlagen

Geistesarbeiter *Intellektueller*, der (lat.-fr., Pl. -n)

Geistesart *Mentalität*, die (lat.-fr., Pl. -en) auch: Gemütsart, i. S. e. bes. Art des Fühlens u. Denkens

Geistesbegabung *Ingenium*, das (lat., Pl. ...ien)

geistesgestört *paranoisch* (gr.-lat.) med.

Geistesgestörter *Paranoiker*, der (gr.-lat., ohne Pl.)

Geisteshaltung *Mentalität*, die (lat.-engl., Pl. -en) andere Menschen, andere Mentalitäten

Geisteskraft *Ingenium*, das (lat., Pl. ...ien) natürliche, schöpferische Begabung

geisteskrank 1. *insan* (lat.) med. 2. *psychotisch* (gr.) auch: gemütskrank

Geisteskranker *Psychotiker*, der (gr., Pl. -)

Geisteskrankheit *Psychose*, die (gr.-lat., Pl. -n)

Geisteskrankheiten, Lehre der ... *Psychiatrie*, die (gr.-lat., Pl. ...ien) ohne Pl.: Teilgebiet der Medizin; auch: Klinik

Geistesschwäche *Demenz*, die (lat., Pl. -en) i. S. erworbenen Schwachsinns; auch: Alzheimer-Krankheit, nach dt. Neurologen Alois Alzheimer (1864–1915): degenerative Erkrankung der Großhirnrinde

Geistesstörung *Paranoia*, die (gr., ohne Pl.) med.

Geistesträgheit *Phlegma*, das (gr.-lat., ohne Pl.) ihr Phlegma macht jeden aggressiv

geistesverwandt *kongenial* (lat.) z. B. e. mit dem Stückeschreiber kongeniale Schauspielerin zu sein, verspricht Erfolg

geistig 1. *ideell* (gr.-lat.) 2. *intellektuell* (lat.-fr.) svw. verstandesmäßig 3. *immateriell* (lat.-fr.) 4. *mental* (lat.) 5. *spirituell* (lat.)

geistig beschränkt *borniert* (fr.)

geistig ebenbürtig *kongenial* (lat.) auch: geistesverwandt;»Der (Schily) paßt kongenial zu Schröder.« (Wolfgang Schäuble, 1998)

geistig, rein ... *platonisch* (gr.-lat.) nicht sinnlich, z. B. e. platonische Beziehung pflegen; die Philosophie Platons betreffend

geistiger Vorbehalt *reservation mentalis*, die (lat., ohne Pl.) i. S. e. geheimen Vorbehaltes

Geistigkeit *Spiritualität*, die (lat., ohne Pl.) auch: inneres Leben; geistiges Wesen; Ggs.: Materialität

geistlich *klerikal* (germ.-lat.)

Geistlicher 1. *Kaplan*, der (lat., Pl. ...läne) katholischer ... 2. *Kleriker*, der (germ.-lat., ohne Pl.) zum Klerus gehöriger katholischer Geistlicher 3. *Missionar*, der (lat., Pl. -e) Glaubensbringer unter Andersgläubigen 4. *Pastor*, der (lat., Pl. ...oren) auch: Pfarrer 5. *Rabbiner*, der (hebr.-gr.-lat., ohne Pl.) jüdischer Prediger, Religions- u. Gesetzeslehrer 6. *Curé*, der (lat.-fr., Pl. -s) kath. Geistlicher in Frankreich 7. *Dekan*, der (lat., Pl. -e) eigentlich:»Führer von 10 Mann«; auch: Vorsteher e. Fakultät 8. *Kardinal*, der (lat., Pl. ...näle) nach dem Papst, höchster kath. Würdenträger 9. *Lama*, der (tibetisch, Pl. -s) »der Obere«, buddhistischer Priester, Mönch in Tibet u. der Mongolei; nicht verw. mit *Lama*, das (peruanisch-sp., Pl. -s) aus dem Guanako gezüchtetes Haustier in Südamerika 10. *Pope*, der (gr.-russ., Pl. -n) Priester im slaw. Raum der orthodoxen Kirche 11. *Reverend*, der (lat.-engl., Pl. -s) Geistliche in England u. den USA 12. *Abbé*, der (lat.-lat.-fr., Pl. -s) »Abt«, in Frankreich: Titel e. Geistlichen, der nicht zum Klosterstand gehört

Geistlicher, kath. ..., der im Kloster den

Wochenenddienst versieht 1. *Hebdomadar*, der (gr.-lat., Pl. -e) 2. *Hebdomadarius*, der (gr.-lat., Pl. ...ien)

Geistlichkeit *Klerus*, der (gr.-lat., ohne Pl.)

geistlos 1. *banal* (germ.-fr.) z. B. banales Zeug reden 2. *stupid* (lat.-fr.) e. stupide Arbeit verrichten 3. *profan* (lat.) 4. *trivial* (lat.-fr.)

Geistlosigkeit *Banalität*, die (germ.-fr., Pl. -en) sein Roman besteht aus aneinandergereihten Banalitäten

geistreich 1. *epigrammatisch* (gr.-lat.) i. S. von scharf pointiert 2. *ingeniös* (lat.) auch: erfinderisch

geistvoll *con spirito* (lat.-it.) musik. Vortragsanw.

Geistwort ... 1. *Ghostword*, das (engl., Pl. -s) ... e. Wort, das seine Entstehung e. Schreib- oder Druckfehler verdankt 2. *Vox nihili*, die (lat., Pl. Voces ...) svw. Stimme des Nichts; auch: Geistwort

Geiz, der ... ist die Wurzel allen Übels *avaritia omnia vitia habet* (lat., Zitat, Cato)

Geizhals *Harpagon*, der (fr., Pl. -s) auch: Bühnengestalt von Molière

Gejammer *Lamento*, das (lat.-it., Pl. -s) e. großes Lamento anstimmen 2. *Geseire*, das (jidd., ohne Pl.) höre endlich mit dem Geseire auf!

gekästelt *kariert* (fr.) auch: gewürfelt; wirr, z. B. kariert reden; viereckig

gekonnt *routiniert* (lat.-fr.) z. B. ein routinierter Fahrer sein

gekörnt *granulös* (lat.) Kunststoffe in granulöser Form verarbeiten

gekränkt 1. *indigniert* (lat.) unwillig 2. *pikiert* (fr.) verstimmt

gekrümmt *parabolisch* (gr.-lat.) z. B. e. Parabolspiegel in der Form e. Paraboloids (dieser entsteht durch d. Drehung e. Parabel um die eigene Achse

gekünstelt 1. *affektiert* (lat.) z. B. affektiertes Benehmen 2. *manieriert* (lat.-fr.) e. manierierte (unnatürliche) Sprechweise haben 3. *artifiziell* (lat.-fr.)

Gelächter, ewiges *homerisches Gelächter*, das (gr.-dt.) auch: schallendes Lachen, nach best. Stellen bei Homer

Gelage 1. *Orgie*, die (gr.-lat., Pl. -n) z. B. Freß- oder Sexorgie 2. *Exzeß*, der (lat., Pl. ...zesse) i. S. von Ausschweifung

gelähmt 1. *kataplektisch* (gr.) i. S. von: vor Schreck starr (med.) 2. *paralysiert* (gr.-lat.) die Schlange paralysiert ihre Beute

Gelähmter *Paralytiker*, der (gr.-lat., ohne Pl.) med.

Gelände 1. *Terrain*, das (lat.-fr., Pl. -s) e. einsichtiges Terrain vor sich haben 2. *Areal*, das (lat., Pl. -e)

Geländeabstufung *Terrasse*, die (lat.-fr., Pl. -n) z. B. die berühmten indonesischen Reisterrassen

Geländebeschreibung *Topographie*, die (gr.-lat., Pl. ...ien)

Geländefahrrad 1. *BMX-Rad*, das (engl.-dt., Pl. ...räder; Abk. für bicycle motocross, X steht für cross 2. *Trekkingrad*, das (engl.-dt., Pl. ...räder) Tourenrad, für längere Fahrten mit Gepäck

geländegängig *offroad* (engl.)

Geländekraftwagen 1. *Jeep*, der (am., Pl. -s) allradgetriebenes Fahrzeug, meist mit Differentialsperre, für schweres Gelände 2. *Landrover*, der (engl., Pl. -s) Markenname der engl. Firma Rover 3. *Offroader*, der (engl., Pl. -s)

Geländelauf *Cross-Country*, das (engl., Pl. -s)

Geländeoberfläche *Relief*, das (fr., Pl. -s u. -e) eigtl. das Hervorheben; auch: plastische Nachbildung

Geländer *Balustrade*, die (gr.-lat.-it.-fr., Pl. -n) z. B. an Balkonen

Geländerstab *Tralje*, die (lat.-niederl., Pl. -n) Gitterstab

Geländestufe *Terrasse*, die (fr., Pl. -n) auch: Absatz, Erdaufschüttung

Geländevermesser *Topograph*, der (gr., Pl. -en)

Geländewagenfahrer 1. *Yahoo Jeeper*, der (engl.-am., Pl. -s) Weltklassefahrer 2. *Offroader*, der (engl., Pl. -s) auch: Geländefahrzeug

Geländewagen-Veranstaltung, größte ... in den USA *Moab Easter Jeep Safari*, die (engl.-am., ohne Pl.)

Geländezeichnung *Kroki*, das (fr., Pl. -s) auch: Plan von e. Gelände

gelassen *stoisch* (gr.-lat.) svw. unerschütterlich gelassen, Katastrophen stoisch hinnehmen

Gelassenheit 1. *Contenance*, die (lat.-fr., ohne Pl.) auch: Beherrschung; nicht die

240

Contenance verlieren! 2. *Stoizismus*, der (gr.-lat., ohne Pl.) von Zenon um 300 v. Chr. begründete Lehre, deren Anhänger: Stoiker

gelaunt, gut ... *fidel* (lat.) auch: lustig. »Castro ist nicht mehr fidel!« (taz, 2006)

gelbbräunlich *chamois* (fr.)

Gelbe Seiten (Werbehandbuch) ... *Digimercials* (engl., nur Pl., aus: digital u. commercial) ... im elektronischen Bereich; Bez. für e. Art von gesponserter Kommunikation, um die Kosten der neuen Medien im privaten Gebrauch zu reduzieren

gelbfarbig *xanthochrom* (gr.) auch: hellfarbig

Gelbfarbstoff der Pflanzenzellen *Xanthophyll*, das (gr.-lat., ohne Pl.) Bot.

Gelbfärbung *Aurantiasis*, die (lat., ohne Pl.) Hautgelbfärbung durch Karotin (med.)

gelbhäutig *xanthoderm* (gr.-lat.) med.

Gelbkörper *Corpus luteum*, das (lat., ohne Pl.) svw. Gelbkörper des Eierstocks

Gelbkörperhormon *Gestagen*, das (lat.-gr., Pl. -e) weibliches Keimdrüsenhormon (med.)

gelblich *ekrü* (lat.-fr.) auch: ungebleicht

Gelbrandkäfer *Dytiscus*, der (gr.-lat., Pl. ...ci) auch: Tauchkäfer, zu den Schwimmkäfern gehörend

Gelbsehen, das ... aller Gegenstände *Xanthopsie*, die (gr.-lat., Pl. ...ien) Sehfehler (med.)

Gelbsucht *Ikterus*, der (gr.-lat., ohne Pl.) nicht verw. mit *Ikarus*, der (gr., ohne Pl.) Gestalt der gr. Sagenwelt (er kam der Sonne zu nah)

gelbsüchtig *ikterisch* (gr.-lat.) med.

Gelbwurzel *Kurkuma*, die (arab.-sp., Pl. ...umen) gelber Ingwer

Geld 1. *Finanzen*, die (lat.-fr., nur Pl.) 2. *Kapital*, das (lat.-it., Pl. ...ien) für Investitionen wird Kapital benötigt, die Firma hat e. zu kurze Kapitaldecke 3. *Mammon*, der (lat., ohne Pl.) immer der schnöde Mammon! 4. *Moneten*, die (lat., nur Pl.) für die Anschaffung fehlen mir die Moneten

Geld anweisen *assignieren* (lat.)

Geld stinkt nicht *pekunia non olet* (lat.)

Geld- u- Sachwerte *Kapital*, das (lat.-it.,

Pl. -ien) von: capitalis pars debiti (Stamm e. geliehenen Geldschuld)

Geld, das ständig von Land zu Land fließt *Hot Money*, das (engl.-am., ohne Pl.) die ewigen Transaktionen haben das Ziel, Gewinne durch Währungsschwankungen zu machen

Geld, überall herrscht das ... *in cunctis domina pecunia est* (lat., Zitat) auch: Geld öffnet jede Tür

Geldabwertung *Devaluation*, die (lat.-engl., Pl. -en)

Geldanlage 1. *Depositum*, das (lat., Pl. ...siten) nicht verw. mit: *Depositum Fidei* (lat.): der kath. Kirche anvertrautes Glaubensgut 2. *Investment*, das (lat.-engl., Pl. -s) langfristige Kapitalanlage; vgl.: Investmentzertifikate

Geldanweisung *Assignation*, die (lat., Pl. -en)

Geldautomat *Bankomat*, der (lat.-fr., Pl. -en)

Geldbehälter 1. *Kasse*, die (it., Pl. -n) verschließbarer Geldbehälter 2. *Kassette*, die (it., Pl. -n) verschließbares Kästchen für Wertsachen

Geldbeschaffung 1. *Finanzierung*, die (lat.-fr., Pl. -en) e. unsolide Finanzierung ist scherzhaft e. Vakuumfinanzierung 2. *Refinanzierung*, die (lat.-fr., Pl. -en) e. Bank gewährt Bauherrnkredite u. refinanziert sich durch z. B. den Verkauf von Hypothekenbriefen

Geldbetrag *Summe*, die (lat., Pl. -en)

Geldbeutel *Portemonnaie*, das (fr., Pl. -s) auch: Geldbörse

Geldeinlage *Depositum*, das (lat., Pl. ...siten) z. B. bei der Bank

Geldentwertung *Inflation*, die (lat., Pl. -en) z. B. bei zu großer Geldmenge; die Kaufkraft des Geldes sinkt, die Preise, auch die Zinsen, steigen; Ggs.: Deflation

Geldexperte *Finanzexperte*, der (lat., Pl. -n)

Geldgeber 1. *Finanzier*, der (lat.-fr., Pl. -s) z. B. e. großen Bauvorhabens 2. *Mäzen*, der (lat., Pl. -e) svw. Gönner, z. B. e. Unternehmer als Kunstmäzen; nach dem Römer Maecenas 3. *Sponsor*, der (lat.-engl., Pl. -en) den Tennisverein rettete e. spendabler Sponsor

Geldgeschäft *Transaktion*, die (lat., Pl. -en) i. S. e. großen Finanzgeschäftes

Geldgier ist das Grab der Freundschaft *pestis in amicitia pecuniae cupiditas* (lat., Zitat)

Geldgier *Mammonismus,* der (gr.-lat., ohne Pl.) auch: Geldherrschaft

Geldherrschaft 1. *Plutokratie,* die (gr., Pl. -n) Staatsform, die politische Macht ist an Vermögenswerte koppelt 2. *Mammonismus,* der (gr.-lat., ohne Pl.) auch: Geldgier

Geldhortung *Thesaurierung,* die (gr.-lat., Pl. -en) z. B. Gewinnthesaurierung in Unternehmen als Form der Innenfinanzierung

Geldkästchen *Schatulle,* die (lat.-it., Pl. -n) auch: Privatkasse z. B. e. Fürsten

geldlich 1. *finanziell* (lat.) 2. *materiell* (lat.-fr.) i. S. von stofflich, auf Besitz bedacht; Ggs.: immateriell 3. *monetär* (lat.) 4. *pekuniär* (lat.-fr.) Geld betreffend; »pecunia non olet« (Geld stinkt nicht) nach Kaiser Vespasian (9 – 79 n. Chr.), der auf öffentliche Toiletten Steuern erhob

Geldmittel bereitstellen *finanzieren* (fr.) »40 Prozent seines saarländischen Staatshaushaltes finanziere ich; Herrgott, der darf doch nicht Finanzminister in Deutschland werden!« (Theo Waigel, Bundesfinanzminister, über Oskar Lafontaine, 1998)

Geldmittel *Finanzen,* die (lat.-fr., nur Pl.)

Geldquelle *Ressource,* die (lat.-fr., Pl. -n) für e. Großprojekt Finanzressourcen erschließen

Geldreserve *Fonds,* der (lat.-fr., Pl. -) auch: Vermögenswerte für best. Zwecke; Schuldverschreibungen öffentlicher Körperschaften

Geldschrank 1. *Safe,* der (engl., Pl. -s) 2. *Tresor,* der (gr.-lat.-fr., Pl. -e)

Geldsorte 1. *Valuta,* die (lat.-it., Pl. ...ten) auch: Währung, z. B.: Schweizer Franken, Englische Pfund 2. *Devisen,* die (lat., nur Pl.) ausländisches Zahlungsmittel; nicht verw. mit *Devise,* die (lat.-fr., Pl. -n) Wahl- oder Leitspruch

Geldspende *Obolus,* der (gr.-lat., Pl. -se) auch: Metallstückchen, kleine altgriechische Münze, kleiner Betrag; versteinerter Armfüßler

Geldtasche *Portemonnaie,* das (fr., Pl. -s)

Geldverlegenheit *Dalles,* der (hebr., ohne Pl.) Armut, Geldnot

Geldvermögen *Kapital,* das (lat.-it., Pl. -ien) Geldsumme, Vermögen; vgl.: Kapitalist, Person, die von Zinsen oder Gewinnen lebt

Geldvorrat *Fonds,* der (lat.-fr., nur Pl.) e. Geldmenge für best. Zwecke, z. B. den Internationalen Währungsfonds (IWF)

Geldwechsel 1. *Change,* der (lat.-fr.-engl., ohne Pl.) 2. *Exchange,* die (lat.-fr.-engl., Pl. -s)

Geldwertsteigerung *Deflation,* die (lat., Pl. -en) reduzierte Geldmenge mindert die Nachfrage, die Preise stabilisieren sich; Ggs.: Inflation

Geldwesen *Finanz,* die (lat., Pl. -)

Geldwesen *Finanzen,* die (fr., Pl.) auch: Vermögensverhältnisse. »Paul Kirchhof, der CDU-Schattenmann für Finanzen.« (Elisabeth Niejahr, Die Zeit, 2005)

Gelegenheit *Chance,* die (lat.-fr., Pl. -n) i. S. e. günstigen Gelegenheit; »Kohl hat seine letzte Chance verpaßt.« (Franz Müntefering, SPD-Geschäftsführer, 1998)

Gelegenheit macht Diebe *opportunity makes a thief* (engl., Zitat: Francis Bacon, engl. Schriftsteller, 1561 – 1626)

Gelegenheitsarbeit *Job,* der (engl., Pl. -s) auch: Arbeit, Tätigkeit

Gelegenheitsarbeiter *Jobber,* der (engl., Pl. -s) Teilzeit-Jobber

Gelegenheitsgedicht *Carmen,* das (lat., Pl. ...mina) auch: Festgedicht; einst: instrumentaler Liedsatz

Gelegenheitskauf *Okkasion,* die (lat., Pl. -n)

gelegentlich 1. *episodisch* (gr.-fr.) dazwischengeschaltet 2. *okkasionell* (lat.-fr.) 3. *sporadisch* (gr.-fr.) vereinzelt

Gelehrsamkeit *Erudition,* die (lat., ohne Pl.)

Gelehrtenschulen, die ältesten ... 1. *Akademie,* die (gr.-lat.-fr., Pl. ...ien) 387 v. Chr. vom gr. Philosophen Plato gegründet worden; da das Gelände einst dem attischen Helden Akademos gehörte, wurde die erste Universität Akademie genannt 2. *Lyzeum,* das (gr.-lat., Pl. ...een) 335 v. Chr. von Platons Schüler Aristoteles gegründet worden; die Schule hieß Lykeion, da das Gebäude dem Gott der Hirten, Apollo Lykeios geweiht war

Gelehrtensprache, indische *Sanskrit,* das (sanskr., ohne Pl.) altindische Sprache, findet noch heute in der Literatur u. bei Gelehrten Anwendung

Gelehrter *Sophist*, der (gr.-lat., Pl. -en) spitzfindiger Wissenschaftler der Antike; bedeutende Sophisten: Protagoras, Gorgias (gr. Philosophen des 4. u. 5. Jh. v. Chr.)

Gelehrter, islamischer ... 1. *Alim*, der (arab., Pl. Ulema) ... der über e. Ausbildung in den Traditionswissenschaften des Islams verfügt 2. *Mullah*, der (arab., Pl. -s) auch: religiöser Führer, bes. im schiitischen Iran

geleimt *broschiert* (fr.) geheftet, nicht gebunden

Geleit *Eskorte*, die (lat.-it.-fr., Pl. -n) z. B. e. Polizeieskorte begleitete den Daimler des Bundeskanzlers

Geleit, sicheres ... *salvus conductus* (lat.)

geleiten *eskortieren* (lat.-fr.)

Geleitzug *Konvoi*, der (lat.-fr.-engl., Pl. -s) der Präsidentenkarosse folgte e. Konvoi von Fahrzeugen

Gelenk 1. *Artikulation*, die (lat., Pl. -en) med.; auch: Lautbildung 2. *Junktur*, die (lat., Pl. -en) med.

Gelenk, zum ... gehörend *artikular* (lat.) med.

Gelenkband *Ligament*, das (lat., Pl. -e) Bindegewebsband, das bewegliche Teile mit den Knochen verbindet, z. B. die Gelenke (med.)

Gelenkbanderkrankung *Desmopathie*, die (gr., Pl. ...ien) med.

Gelenkentfernung *Arthrektomie*, die (gr.-lat., Pl. ...ien) operative Entfernung e. Gelenks (med.)

Gelenkentzündung *Rheumatismus*, der (gr.-lat., Pl. ...men) med.

Gelenkerguß *Hydarthrose*, die (gr., Pl. -n) Ansammlung von Flüssigkeit in Gelenken (med.)

Gelenkerkrankung, *Arthrose*, die (gr.-lat., Pl. -n) kurz für: Arthrosis deformans (degenerative Gelenkerkrankung)

Gelenkfehlstellung *Kontraktur*, die (lat., Pl. -en) ... bis zur Versteifung (med.) auch: Schrumpfung, z. B. der Haut nach e. Verbrennung (med.)

Gelenkfortsatz *Condylus*, der (lat., Pl. ...li) auch: Gelenkkopf

Gelenkgeschwulst *Synovialom*, das (lat., Pl. -e) med.

Gelenkkopf *Condylus*, der (lat., Pl. ...li) auch: Gelenkfortsatz

Gelenkleiden *Arthropathie*, die (gr.-lat., Pl. ...ien)

Gelenkscheibe *Diskus*, der (gr.-lat., Pl. ...ken u. -se) auch: Wurfscheibe beim Sport; Opferstelle für geweihtes Brot

Gelenkschmerz *Arthralgie*, die (gr., Pl. -n) med.

Gelenkschmiere *Synovia*, die (lat., ohne Pl.) med.

Gelenkverrenkung *Luxation*, die (lat., Pl. -en) Ausrenkung (med.)

Gelenkverstauchung *Distorsion*, die (lat., Pl. -en) auch: Verdrehung (med.); Bildverzerrung

Gelenkversteifung *Ankylose*, die (gr.-lat., Pl. -n) med.

Gelerntes *Habit*, das (lat.-fr., Pl. -e) i. S. von: anerzogen

Geliebte 1. *Hetäre*, die (gr., Pl. -n) käufliche ... gebildeter Männer 2. *Konkubine*, die (lat., Pl. -n) 3. *Kurtisane*, die (it.-fr., Pl. -n) 4. *Mätresse*, die (lat.-fr., Pl. -n)

Geliebte, bezahlte ... in der Antike *Hetäre*, die (gr., Pl. -n) leisteten sich einflußreiche Männer; auch: Freudenmädchen

Geliebte, deren Unterhalt der Liebhaber trägt *Mätresse*, die (fr., Pl. -n) »Wenn Politiker zu flott aussehen, spricht man doch nur von ihren Mätressen.« (Karl Lagerfeld, Modeschöpfer, 1998)

Geliebter *Amant*, der (lat.-fr., Pl. -s)

gelingen *reüssieren* (fr.) auch: Anerkennung –, Erfolg haben; e. Ziel erreichen

gelöst *relaxed* (lat.-engl.) i. S. von entspannt

gelten lassen *respektieren* (lat.-fr.) andere Mentalitäten respektieren

geltend machen *validieren* (lat.) bekräftigen

Geltung *Prestige*, das (lat.-fr., ohne Pl.) z. B. e. hohes Prestige (Ansehen) genießen

Geltungssucht *Pleonexie*, die (gr., ohne Pl.) auch: Habsucht, Begehrlichkeit

Gelübde *Votum*, das (lat., Pl. ...ten u. ...ta) auch: Versprechen; Urteil; Stimme; Gutachten

Gelübde, e. ... entsprechend *ex voto* (lat.)

Gemach *Kabinett*, das (fr., Pl. -e) Nebenzimmer; Beraterkreis e. Regierenden;

Qualitätswein mit Prädikat (dt. Weingesetz)

Gemach, heizbares ... *Kemenate*, die (lat., Pl. -n) auch: Frauengemach in e. mittelalterlichen Burg

Gemälde 1. *Aquarell*, das (lat.-it., Pl. -e) in Wasserfarben 2. *Tondo*, das (lat.-it., Pl. ...di, s)

Gemälde, dreiteiliges *Triptychon*, das (gr., Pl. ...chen, ...cha)

Gemäldesammlung *Pinakothek*, die (gr.-lat., Pl. -en)

gemäß *qua* (lat.)

gemäßigt *moderat* (lat.) z. B. moderate Forderungen stellen

Gemäßigter des fr. Revolutionsparlaments *Girondist*, der (fr., Pl. -en)

gemein 1. *infam* (lat.) infame Lügen verbreiten 2. *miserabel* (lat.-fr.) auch: erbärmlich

Gemeinde *Kommune*, die (lat.-fr., Pl. -n)

Gemeindedienst *Diakonie*, die (gr., Pl. -n)

Gemeindedienst *Diakonie*, die (gr.-lat., ohne Pl.) Dienst an Armen in der ev. Kirche

gemeindeeigen *kommunal* (lat.) kommunale Einrichtungen, z. B. Altersheime

Gemeindewahl *Kommunalwahl*, die (lat.-dt., Pl. -en)

Gemeingut *Kommunität*, die (lat., Pl. -en) auch: Gemeinschaft; Ort, an dem Studenten gemeinsam essen; ev. Bruderschaft

Gemeinheit 1. *Infamie*, die (lat., Pl. ...ien) Anschuldigungen von häßlicher Infamie 2. *Schikane*, die (fr., Pl. -n) Bosheit; auch: eingebaute Schwierigkeit in e. Rennstrecke, z. B. Michael Schumacher steuerte den Ferrari sicher durch die Schikanen

gemeinhin *vulgo* (lat.) gewöhnlich

Gemeinkosten *Overheads*, die (engl., Pl.)

gemeinnützig *sozial* (lat.-fr.) das Unternehmen stellt eine Reihe sozialer Einrichtungen zur Verfügung

Gemeinplatz 1. *Platitüde*, die (gr.-lat.-fr., Pl. -n) sich in e. Rede nur in Platitüden ergehen 2. *Banalität*, die (germ.-fr., Pl. -en) 3. *Klischee*, das (fr., Pl. -s) abgedroschene Redewendung; auch: Druckstock 4. *Topos*, der (gr., Pl. Topoi) auch: in der antiken Rhetorik feststehender Begriff 5. *Trivialität*, die (lat.-fr., Pl. -en) Plattheit

6. *Truismus*, der (engl.-lat., ohne Pl.) auch: Binsenweisheit

gemeinsam 1. *kollektiv* (lat.) es gibt Aufgaben, die nur kollektiv zu schaffen sind 2. *kooperativ* (lat.) 3. *solidarisch* (lat.-fr.) im Streik der Studenten von 1997 erklärten sich die Professoren solidarisch

Gemeinsamkeit *Simultanität*, die (lat.-fr., Pl. -en) Gleichzeitigkeit

Gemeinschaft 1. *Gremium*, das (lat., Pl. ...ien) z. B. e. beschlußfassende Körperschaft 2. *Kollektiv*, das (lat.-russ., Pl. -e)

Gemeinschaft verschiedenartiger Lebewesen *Endobiose*, die (gr., Pl. -n) ... von denen eines im anderen lebt; z. B. im Darm Bakterien; Ggs.: Epibiose

Gemeinschaft von Sängern *Chor*, der (gr., Pl. Chöre) nicht verw. mit *Korps*, das (lat.-fr., Pl. -) größter Truppenverband

Gemeinschaft, islamische ... *Umma*, die (arab.) ... als Glaubenseinheit

Gemeinschaft, Mitglied e. ordensähnlichen ... *Odd Fellow* oder *Oddfellow*, der (engl., Pl. -s) ursprünglich aus England, ähnlich den Freimaurern organisiert

gemeinschaftlich 1. *kollektiv* (lat.) 2. *kommun* (lat.) auch: gemein

Gemeinschaftlichkeit *Kollektivität*, die (lat., ohne Pl.) Gemeinschaft

Gemeinschaftsarbeit *Koproduktion*, die (lat.-fr., Pl. -en) bes. beim Film üblich

Gemeinschaftserziehung *Koedukation*, die (lat.-engl., ohne Pl.) ... von Mädchen u. Jungen, z. B. in Internaten

gemeinschaftsfeindlich *asozial* (gr.-lat.) auch: unsozial; das Psychogramm des Täters weist asoziale Verhaltensmuster auf

Gemeinschaftsherstellung *Koproduktion*, die (lat., Pl. -en)

Gemeinschaftskunde *Sozialkunde*, die (lat.-dt., ohne Pl.)

gemeinschaftsschädigend *asozial* (lat.) Ggs.: sozial

Gemeinschaftsschule *Simultanschule*, die (lat.-dt., Pl. -n) ... für unterschiedliche Konfessionen; Ggs.: Konfessionsschule

Gemeinschaftssiedlung *Kibbuz*, der (hebr., Pl. -im, -e) in Israel

Gemeinschaftssiedlungs-Mitglied *Kibbuznik*, der (hebr., Pl. -s) Mitglied e. Kibbuz

gemeinschaftsunfähig *asozial* (lat.) auch: unsozial; laut Oskar Lafontaine, SPD, sind die drei Chefs der Spitzenverbände: das »Trio asoziale«; Ggs.: sozial
Gemeinschaftsunfähigkeit *Asozialität*, die (lat., ohne Pl.) Ggs.: Sozialität
Gemeinsinn *Solidarität*, die (lat.-fr., ohne Pl.) auch: festes Zusammenhalten
gemeinverständlich *populär* (lat.) zum Volk gehörend; volkstümlich, Beifall findend
gemeißelt *diaglyphisch* (gr.) auch: gestochen, tief geschnitten
Gemenge *Konglomerat*, das (lat.-fr., Pl. -e) der Korb beinhaltet e. Konglomerat von Obstsorten
gemessen 1. *gravitätisch* (lat.) Flamingos schreiten gravitätisch durch das seichte Wasser 2. *zeremoniös* (lat.-fr.)
Gemetzel *Massaker*, das (fr., Pl. -) die Rebellen richteten e. Massaker an
gemildert *mitigiert* (lat.) abgeschwächt, z. B. e. Krankheit (med.)
Gemisch 1. *Mixtur*, die (lat., Pl. -en) 2. *Melange*, die (lat.-fr., Pl. -n); in Österreich: Milchkaffee 3. *Konglomerat*, das (lat.-fr., Pl. -e)
gemischt *hybrid* (gr.-lat.) zweierlei Herkunft; auch: vermessen, überheblich
Gemischtes, zusammengesetztes ... *mixtum compositum* (lat.) auch: Allerlei
Gemme mit eingeschnittenem Bild *Intaglio*, das (it., Pl. ...ien)
Gemmenkunde *Glyptographie*, die (gr., ohne Pl.)
Gemüsesaft 1. *Juice*, der, das (fr.-engl., Pl. -s) 2. *Jus*, die, das (fr., Pl. -) auch: Bratensaft, Fleischbrühe; Frucht-, Gemüsesaft; nicht verw. mit: *Jus*, das (lat., ohne Pl.) von Jura: Recht, Rechtswissenschaft; *Jus ad rem* (lat.): Eigentums-, Nutzungsanspruch
Gemüsesoße *Relish*, das (engl., Pl. -es)
gemustert *dessiniert* (lat.-it.-fr.) auf Stoffe bezogen
gemütlich *intim* (lat.) auch: vertraut, eng befreundet; mit e. Person intim sein: mit ihr geschlechtlich verkehren
Gemütlichkeit *Intimität*, die (lat., Pl. -en) Vertrautheit; erotische Handlung
Gemütsart 1. *Naturell*, das (lat.-fr., Pl. -e) e. fröhliches Naturell haben 2. *Tempera-*

ment, das (lat.-fr., Pl. -e) er besaß e. überschäumendes Temperament
Gemütsbewegung 1. *Affekt*, der (lat., Pl. -e) seine Tat war die Folge e. Affektstaus 2. *Emotion*, die (lat., Pl. -en) emotionslos vernahm er sein Urteil
Gemütserregung, starke ... *Hysterie*, die (gr., Pl. ...ien).»Wer mit Gewalt, Drohung, Hysterie reagiert, ist ein Terrorist.« (Volker Kauder, Fraktionschef der Union, 2006)
gemütskrank 1. *psychotisch* (gr.) geisteskrank (med.) 2. *thymopathisch* (gr.)
Gemütskranker 1. *Psychopath*, der (gr., Pl. -en) 2. *Thymopath*, der (gr., Pl. -en)
Gemütskrankheit *Thymopathie*, die (gr., Pl. -n)
Gemütsverfassung, heitere ... *Eukolie*, die (gr., ohne Pl.)
Gemütsverstimmung *Depression*, die (lat., Pl. -en) Niedergeschlagenheit; auch: Tiefdruckgebiet; Unterdruck, z. B. in e. Bergwerk
Gen, normales ... *Proto-Onkogen*, das (gr.-lat., Pl. -e) ist dem Tumorgen (Onkogen) in der Struktur sehr ähnlich
genannt, auch ... *alias* (lat.) z. B. Hans Meier alias Fred Jonas
genäselt *nasal* (lat.) z. B. nasal sprechen wie die Franzosen
genau 1. *exakt* (lat.) 2. *präzise* (lat.-fr.) 3. *akkurat* (lat.) i. S. von ordentlich 4. *prägnant* (lat.-fr.) z. B. Gegebenheiten prägnant (treffend) wiedergeben 5. *penibel* (gr.-lat.-fr.) i. S. von sorgfältig 6. *minuziös* (lat.-fr.) i. S. von kleinlich 7. *strikt* (lat.) Anweisungen sind strikt zu befolgen 8. *korrekt* (lat.) auch: fehlerfrei; Ggs.: inkorrekt 9. *pedantisch* (gr.-fr.) übergenau
genauer angeben 1. *detaillieren* (lat.-fr.) 2. *explizieren* (lat.) auch: erläutern 3. *spezifizieren* (lat.) i. S. von einzeln aufführen
Genauigkeit 1. *Präzision*, die (lat.-fr., ohne Pl.) Präzisionsdrehbänke arbeiten auf 1/100 mm genau 2. *Akkuratesse*, die (lat., ohne Pl.) mit großer Akkuratesse e. Handarbeit verrichten 3. *Akribie*, die (gr., ohne Pl.) Akten mit Akribie bearbeiten 4. *Prägnanz*, die (lat.-fr., ohne Pl.)
genehmigen 1. *approbieren* (lat.) die Ausübung des Berufs als Arzt u. Apotheker 2. *autorisieren* (lat.) auch: bevollmächtigen

Genehmigung 1. *Autorisation*, die (lat., Pl. -en) svw. Vollmacht 2. *Konzession*, die (lat., Pl. -en) 3. *Legitimation*, die (lat.-fr., Pl. -en) Beglaubigung 4. *Lizenz*, die (lat., Pl. -en) 5. *Fiat*, das (lat., Pl. -s) Zustimmung

Generalbaßstimme *Partimento*, der (it., Pl. ...ti)

Generalschlüssel *Passepartout*, der (fr., Pl. -s) auch: Rahmen aus Pappe für Bilder; Dauerkarte

Generation ab 1964 *Generation X*, kurz: *Gen X*, die (engl., Pl. -s) sie wurde von dem Kultautor Douglas Coupland erfunden, sie gilt als tolerant, dennoch scheidungsfreudig, wird als Informations- u. Mediengeneration bezeichnet

Generation der 20- bis 30jährigen *Twentysomething*, der (engl.-am., Pl. -s) eigtl.: zwanzig u. etwas

Generation der heute 15- bis 30jährigen *Generation X*, die (lat.-engl.-am., ohne Pl.) auch: Gen X genannt; sie kennzeichnet Jugendarbeitslosigkeit, e. passive u. desillusionierte Lebenseinstellung; »e. Generation, die keinen Namen haben will« (Kultautor Douglas Coupland)

Generation zwischen 1970 u. 1975 geborener *Planetare Softy*, der (lat.-engl.-am., Pl. ...ies) ist romantisch, harmoniesüchtig, früh weit gereist

Generation, durch Informationsfülle orientierungslose ... *Konfetti-Generation*, die (lat.-it., Pl. -en) Informationsfetzen »bombardieren« Personengruppen, die am Ende frustriert u. verwirrt sind

Generationswechsel *Metagenese*, die (gr.-lat., Pl. -n) bei Pflanzen u. Tieren

genesen *rekonvaleszieren* (lat.) med., z. B. nach e. Herzinfarkt

genesend *rekonvaleszent* (lat.) med.

Genesender 1. *Rekonvaleszent*, der (lat., Pl. -en) med. 2. *Konvaleszent*, der (lat., Pl. -en) med.

Genesung *Rekonvaleszenz*, die (lat., ohne Pl.) med. i. S. der Genesungszeit

Genesungsanstalt *Sanatorium*, das (lat., Pl. ...ien)

Genesungszeit *Rekonvaleszenz*, die (lat., ohne Pl.) Genesung

Genie *Ingenium*, das (lat., Pl. ...ien) natürliche, angeborene u. besondere Begabung

Genießer 1. *Epikureer*, der (gr.-lat., Pl. -) Vertreter der Philosophie des Griechen Epikur, der die materiellen Freuden genoß 2. *Phäake*, der (gr., Pl. -n) nach dem glücklichen Volk der Phäaken, die nach der gr. Sage sorglose Genießer waren

genießerisch *epikureisch* (gr.) jmd., der Sinnesfreuden, bes. dem Essen u. Trinken frönt; Bez. kommt vom gr. Philosophen Epikur (341–270 v. Chr.), der allerdings maßvollen Genuß lehrte: »carpe diem« (pflücke den Tag; svw. bewußt leben)

Genkarten, das Bearbeiten von ... *Gen Mapping*, das (engl., ohne Pl.) auch das Auffinden neuer Genstrukturen; Gen Mapping ist die Voraussetzung zur Genmanipulation; Genstrukturen werden auf sog. Karten dargestellt, deren gewaltige Datenmenge Computer ordnen

Genosse *Towarischtsch*, der (russ., ohne Pl.) als Anrede

Genossenschaft *Kooperative*, die (lat., Pl. -n)

genug! *basta!* (it.)

genügend 1. *suffizient* (lat.) ausreichend 2. *rite* (lat.) geringstes Prüfungsprädikat; auch: ordnungsgemäß

genügsam 1. *primitiv* (lat.-fr.) 2. *spartanisch* (gr.-lat.) einfach, nach der Hauptstadt Sparta auf dem Peloponnes Griechenlands

Genugtuung 1. *Triumph*, der (lat., Pl. -e) nach dem Sieg zog die Armee durch den Triumphbogen 2. *Revanche*, die (lat.-fr., Pl. -n) 3. *Satisfaktion*, die (lat., Pl. -en) Genugtuung durch Ehrenerklärung (Entschuldigung oder Duell)

Genußmensch 1. *Bonvivant*, der (lat.-fr., Pl. -s) auch: Lebemann 2. *Epikureer*, der (gr.-lat., ohne Pl.) nach dem gr. Philosophen Epikur (341–270 v. Chr.) jmd., der irdische Freuden genießt 3. *Gourmand*, der (fr., Pl. -s) e. Schlemmer; nicht verw. mit *Gourmet*, der (fr., Pl. -s) e. Feinschmecker 4. *Hedonist*, der (gr.-lat., Pl. -en) nach dem Hedonismus: philos. Lehre der Antike, in der das ethische Prinzip das Streben nach Genuß war

genußreich 1. *delektabel* (lat.) auch: ergötzlich 2. *lukullisch* (lat.) nach dem röm. Feldherrn Lucullus (117–57 v. Chr.), der aufwendig lebte: üppig, erlesen

Genußstreben *Hedonismus*, der (gr. ohne Pl.) philos. Lehre aus der Antike, nach der Genuß u. Sinneslust das höchste Ziel sind

Genußsucht *Sybaritismus*, der (lat., ohne Pl.) Schlemmerei, auch: Verweichlichung

genußsüchtig *sybaritisch* (lat.)

Geodreieck *Equerre*, die (lat.-fr., Pl. -s)

geographische Breite *Latitüde*, die (lat.-fr., Pl. -n)

geographische Länge *Longitüde*, die (lat.-fr., Pl. -n)

Geometrie, gebrochene ... *fraktale Geometrie*, die (engl.-gr.-lat., Pl. ...ien) in den 80er Jahren entwickelte Benoit Mandelbrot die fraktale Geometrie mittels der natürliche Objekte, wie Blätter, Sträucher mathematisch bestimmbar sind. (Mit der euklidischen Geometrie lassen sich nur idealisierte Figuren, wie Kreise, Würfel, Kugeln berechnen)

Geometrie, nach Art der ... *more geometrico*, die (gr.-lat., ohne Pl.) philos. Methode nach Art der Mathematik (Ableitungen aus Prinzipien u. Axiomen)

geordnet 1. *chronologisch* (gr.) in zeitlicher Abfolge 2. *methodisch* (gr.-lat.) 3. *strukturiert* (lat.) 4. *systematisch* (gr.-lat.)

Gepäck 1. *Bagage*, die (fr., Pl. -n) auch: Troß, e. unliebsame Personengruppe 2. *Pakotille*, die (fr., Pl. -n) frachtfreie Beilast, z. B. Seesäcke der Seemänner

gepflegt 1. *kultiviert* (lat.-fr.) e. kultivierte Person sein 2. *soigniert* (germ.-fr.) i. S. von gediegen

Gepflogenheit 1. *Tradition*, die (lat., Pl. -en) 2. *Usance*, die (lat.-fr., Pl. -n) im Handel werden besondere Usancen gepflegt 3. *Uso*, der (lat.-it., Pl. -s) es ist Uso, bei Vertragsabschluß e. Anzahlung zu leisten 4. *Konvention*, die (lat.-fr., Pl. -en) auch: völkerrechtlicher Vertrag, Abkommen

geplant *in petto* (it.) auch: im Sinn haben

Geplauder *Small talk*, der (engl., ohne Pl.) z. B. auf Stehpartys üblich

Gepolter *Spektakel*, der (fr., ohne Pl.) Lärm, Krach; nicht verw. mit: das *Spektakel* (lat., Pl. -) ereignisreiches Theaterstück; auch: Ausstattungsstück

Gepräge, neuzeitliches ... *Modernität*, die (lat.-fr., Pl. -en) »Was Gerhard Schröder an Modernität verspricht, wird sich in

Schall u. Rauch auflösen.« (Bernd Protzner, CSU-Generalsekretär, 1998)

gerade 1. *akkurat* (lat.) 2. *just* (lat.) 3. *pair* (lat.-fr.) gerade Zahlen beim Roulettespiel; Ggs.: impair

geradeaus *straight* (engl.)

geradezu *direkt* (lat.)

Geradflügler *Orthoptere*, die (gr., Pl. -n) u. *Orthopteron*, das (gr., Pl. ...pteren) dazu gehören z. B.: Schabe, Heuschrecke

geradlinig 1. *direkt* (lat.) 2. *linear* (lat.)

Gerät 1. *Apparat*, der (lat., Pl. -e) z. B. Radioapparat 2. *Utensil*, das (lat., Pl. -ien) auch: Hilfsmittel 3. *Instrument*, das (lat., Pl. -e) »Ausrüstung«; z. B. Musikinstrument; »Nennt mich, was für ein Instrument ihr wollt, ihr könnt mich zwar verstimmen, aber nicht auf mir spielen.« (William Shakespeare, aus »Hamlet«)

Gerät für die interaktive Partnersuche *Smart Heart*, das (engl., Pl. -s) »schickes Herz«; auch: Liebes-Tamagotchi (Erfinder Rolf Olsson, 1998)

Gerät für unterbrechungsfreie Stromversorgung *USV*, der (Eigenn.) Bez. aus der EDV

Gerät zum Messen des Alkoholspiegels im Blut *Ethanograph*, der (gr.-lat., Pl. -en)

Gerät zum Nachweis geringer elektr. Ladungen *Elektroskop*, das (gr.-lat., Pl. -e)

Gerät zur Ausschabung *Kürette*, die (Pl. -n) ... der Gebärmutter

Gerät zur Erzeugung von Tönen, Klängen, Geräuschen 1. *Synthesizer*, der (gr.-engl., Pl. -s) 2. *Sequencer*, der (lat.-engl., Pl. -s) ... u. Effekten, jeweils auf elektronischem Wege

Gerät zur Verarbeitung von Daten *Computer*, der (engl., Pl. -) »Dieses verdammte Lenkrad hat mehr Knöpfe als mein Computer.« (Alex Sanardi, Rennfahrer)

Gerät, das Computerdaten in Töne umsetzt *Modulator-Demodulator*, der (engl., Pl. -s) kurz: Modem; ... die über Telefonleitungen geschickt werden können u. umgekehrt

Gerät, mit dem die Erd- u. Mondbahn um die Sonne dargestellt wird *Tellurium*, das (lat., Pl. ...ien)

Gerät, optisches ... *Adaptometer*, das (gr.-lat., Pl. -) ... das die Anpassungsfähigkeit des Auges an Dunkelheit mißt

Gerät, Taschen... für den Empfang pers. Mitteilungen *Pager*, der (engl.-am., Pl. -s) ... über e. Funkrufnetz oder aus dem Internet: Bez. kommt von »Hotelpage«

Gerätelager *Arsenal*, das (arab.-it., Pl. -e) auch: Zeughaus; Waffenlager; Sammlung

Geräteschuppen *Remise*, die (fr., Pl. -n) auch: Wildschutzgehölz

Gerätschaft *Equipment*, das (engl., Pl. -s) auch: Ausrüstung

geräumig *spatiös* (lat.) auch: weit

Gerberfett *Degras*, das (fr., ohne Pl.) e. Gerbereiabfallprodukt

Gerbsäure *Tannin*, das (fr., Pl. -e) pflanzliche Gerbsäure

Gerbstoff, der sich im älteren Rotwein absetzt *Depot*, das (lat.-fr., Pl. -s) auch: Aufbewahrungsort; Ablagerung (med.)

gerecht 1. *fair* (engl.) e. fairer Sportler 2. *salomonisch*, nach dem biblischen König Salomon (10. Jh. v. Chr.); auch: weise

Gerechtigkeit ist die Grundlage der Reiche *iustitia regnorum fundamentum* (lat., Zitat: Kaiser Franz I. von Österreich)

Gerechtigkeit *Nemesis*, die (gr.-lat., ohne Pl.) nach Nemesis, der gr. Göttin u. Rächerin des Frevels: strafende Gerechtigkeit

Gerechtigkeit, durch zuviel ... macht man sich oft schuldig *à force d'être juste, on est souvent coupable* (fr., Zitat: Pierre Corneille, fr. Dramatiker, 1606–1684)

Gerede 1. *Galimathias*, der, das (fr., ohne Pl.) sinnloses, verworrenes Gerede 2. *Nonsens*, der (lat.-engl., ohne Pl.) dummes, törichtes Reden 3. *Litanei*, die (gr.-lat., Pl. -en) svw. gesungene Fürbitte des christlichen Gottesdienstes; eintöniges Gerede 4. *Palaver*, das (gr.-lat.-engl., ohne Pl.) Ratsversammlung afrikanischer Stämme; abwertend: langes Gequatsche ohne Ergebnis 5. *Phrase*, die (gr.-lat., Pl. -n) Geschwätz; z. B. Phrasendrescher 6. *Sermon*, der (lat.-fr., Pl. -e) inhaltsleere Rede; auch: Strafpredigt 7. *Geseire*, das (jidd.) höre auf mit dem ewigen Geseire (klagendes Gerede)! 8. *Pow-Wow* oder *Powwow*, das (Algonkinwort, Pl. -s) Ratsversammlung u. Aussprache bei nordamerik. Indianern 9. *Deklamation*, die (lat., Pl. -en) auch: hohles Gerede; »Was den allergrößten Schaden bringt, sind die unreifen Poli-

tiker, die in Träumen, Deklamationen ... umherirren u. doch so drängen, daß nur das Ihrige geschehe.« (Adalbert Stifter)

gereinigt *raffiniert* (fr.) eigtl.: verfeinern; auch: gerissen, durchtrieben, schlau

gereizt *pikiert* (fr.) verstimmt

Gereiztheit *Nervosität*, die (lat.-fr.-engl., Pl. -en)

Gericht aus Bambusschößlingen *Achia*, das (ind., Pl. -s)

Gericht *Instanz*, die (lat., Pl. -en) volkstümlich: Gott als letzte Instanz; die ordentliche Gerichtsbarkeit unterscheidet drei Instanzen: das Amtsgericht, das Landgericht mit Oberlandesgericht, der Bundesgerichtshof

Gericht, Mahlzeit, ausländisches 1. *Kebab*, der (arab.-türk., ohne Pl.) orientalisches Gericht aus am Spieß gebratenen Hammelfleischstückchen 2. *Couscous*, das (arab.-fr., ohne Pl.) tunesisches Gericht aus Hirse mit diversen Fleischsorten (Hammel, Geflügel) 3. *Nasi-goreng*, das (malaiisch, Pl. -s) indonesisches Reisgericht in mehreren Varianten 4. *Risi-Bisi*, das (it., ohne Pl.) aus: riso con piselli: Reis mit Erbsen; auch: Risipisi, österr. Gericht aus Reis u. Erbsen

Gericht, sp. ... *Olla podrida*, die (sp., ohne Pl.) Fleisch, Erbsen, Räucherwurst

gerichtlich *forensisch* (lat.)

Gerichtsbarkeit *Jurisdiktion*, die (lat., Pl. -en)

Gerichtsbeamter im ehemaligen Kolonisationsgebiet *Zupan*, der (slaw., Pl. ...ane)

Gerichtshof 1. *Tribunal*, das (lat., Pl. -e) 2. *Areopag*, der (gr.-lat., Pl. -s) im antiken Griechenland der höchste Gerichtshof

Gerichtskosten *Expensen*, die (lat., Pl.)

Gerichtsrede *Plädoyer*, das (lat.-fr., Pl. -s) Schlußvortrag des Verteidigers oder des Staatsanwalts vor Gericht

Gerichtsschreiber *Clerk*, der (gr.-lat.-fr.-engl., Pl. -s) in den USA tätig

Gerichtsverhandlung *Prozeß*, der (lat., Pl. ...esse)

Gerichtsvollzieher *Exekutor*, der (lat., Pl. ...oren) Vollstrecker

Gerichtswesen *Justiz*, die (lat., ohne Pl.) auch: staatliche Rechtspflege; »Die lasche Justiz macht solche Verzweiflungsakte (Outing) erst möglich.« (Ole von Beust, CDU-Fraktionschef, Hamburg, 1998)

gerillt *profiliert* (fr.) auch: markant, ausgeprägt, scharf umrissen

gering *inferior* (lat.) auch: minderwertig, mittelmäßig

Geringfügigkeit *Bagatelle*, die (lat.-it.-fr., Pl. -n) das Fahrzeug hatte nur e. Bagatellschaden

geringschätzen *desavouieren* (lat.-fr.) auch: im Stich lassen

geringschätzig 1. *despektierlich* (lat.) e. despektierliches Verhalten zeigen 2. *pejorativ* (lat.) i. S. von abwertend

Geringschätzung *Despektion*, die (lat., ohne Pl.) Verachtung

geringste, nicht das ... *kein Jota* (gr.) »Was immer man den Schweizer Banken vorwirft: Die Briten u. die Amerikaner waren um kein Jota besser.« (Ignatz Bubis, 1998)

gerinnen *koagulieren* (lat.) auch: ausflokken; nicht verw. mit *koalieren* (lat.-engl.-fr.) sich verbünden, z. B. politische Parteien

Gerinnung *Koagulation*, die (lat., Pl. -en) auch: Ausflockung

Gerinnungshemmer *Antikoagulans*, das (lat., Pl. ...lantia u. ...lanzien) med.

Gerinnungsmittel *Antifibrinolytikum*, das (lat., Pl. ...ka) med.

Gerippe *Skelett*, das (gr., Pl. -e)

gerissen *raffiniert* (lat.-fr.) e. raffinierten Einbruch planen

Gerissenheit *Raffiniertheit*, die (lat.-fr., ohne Pl.)

gern *de bonne grâce* (fr.) auch: bereitwillig

Geröllwüste 1. *Reg*, die (hamitisch, ohne Pl.) 2. *Hammada;* auch: *Hamada*, die (arab., Pl. -s) Stein- u. Felswüste 3. *Serir*, die (arab., Pl. -e) Kies- u. Geröllwüste in Libyen

geröstete Brotscheibe *Toast*, der (lat.-fr.-engl., Pl. -s)

Gerstenkorn *Hordeolum*, das (lat., Pl. ...la) med.

Geruch 1. *Halitus*, der (lat., ohne Pl.) med. 2. *Odor*, der (lat., Pl. ...ores) med. 3. *Odeur*, der (lat.-fr., Pl. -e) duftender Stoff; auch: seltsamer Geruch (»quelle odeur?«)

Geruch betreffend *olfaktorisch* (lat.) den Riechnerv betreffend (med.)

geruchlos machen *desodorisieren* (lat.)

Geruchsempfindlichkeitsmessung *Olfaktometrie*, die (lat., ohne Pl.) med.

Geruchssinn *Olfaktus*, der (lat., ohne Pl.) med.

Geruchssinn, Tier ohne ... *Anosmat*, der (gr., Pl. -en)

Geruchssinn-Prüfgerät *Olfaktometer*, das (gr.-lat., Pl. -) med.

Geruchsstörung 1. *Anosmie*, die (gr., Pl. -n) auch: Geruchssinnverlust (med.) 2. *Hyposmie*, die (gr., Pl. -n) auch: reduziertes Geruchsvermögen (med.); Ggs.: Hyperosmie 3. *Parosmie*, die (gr., Pl. ...ien) Geruchstäuschung, bes. während der Schwangerschaft

Geruchstäuschung *Parosmie*, die (gr.-lat., Pl. ...ien) med.

Geruchsverschluß *Siphon*, der (gr.-lat.-fr., Pl. -s) für Abwasserleitungen (Toiletten)

Gerücht 1. *Fama*, die (lat., ohne Pl.) der angeblich unsolide Lebenswandel der Frau war eine Fama 2. *Ondit*, das (fr., Pl. -s) das Ondit stand im Raum, daß er unreelle Geschäfte tätigte

Gerücht verbreiten *kolportieren* (lat.-fr.)

Gerücht, das ... wächst, indem es sich verbreitet *fama crescit eundo* (lat., Zitat: Vergil)

Gerüchteverbreiter *Kolporteur*, der (lat.-fr., Pl. -e) der Kolporteur war zufällig bei der Bild-Zeitung beschäftigt

Gerüchteverbreitung *Kolportage*, die (lat.-fr., Pl. -n) die Yellow Press (Regenbogenpresse) arbeitet gern mit Kolportagen

Gerüstbildung *Diktyogenese*, die (gr., Pl. -n) eigtl.: Netz; Bez. für tektonische Verschiebungen (Geol.)

Gerüstbrücke *Estakade*, die (germ., Pl. -n) auch: Absperrpfahlwerk

Gerüsteiweißstoff *Elastin*, das (gr., ohne Pl.) Basissubstanz des elastischen Gewebes, z. B. der Sehnen

gesagt, getan *dictum, factum* (lat., Zitat)

gesammelt *konzentriert* (lat.-fr.) auch: aufmerksam; verdichtet

gesamt 1. *global* (lat.) 2. *komplett* (lat.-fr.) 3. *total* (lat.-fr.) 4. *universal* (lat.-fr.) auch: weltweit

Gesamtaufnahme *Totale*, die (lat.-fr., Pl. -n) z. B. bei Filmaufnahmen

Gesamtbestand *Totum*, das (lat., Pl. Tota) das Ganze

Gesamtbild 1. *Summe*, die (lat., Pl. -n) Ergebnis e. Addition; Gesamtzahl; Geldbetrag 2. *Panorama*, das (gr.-lat., Pl. ...men) eigtl. Allschau, Rundblick

Gesamterbfolge *Universalsukzession*, die (lat., Pl. -en) d. h.: e. oder mehrere Erben treten in das Gesamtvermögen e. Erblassers ein

gesamteuropäisch *paneuropäisch* (gr.-dt.)

Gesamtgläubiger *Korrealgläubiger*, der (lat.-dt., Pl. -) Ggs.: Korrealschuldner

Gesamtheit 1. *Panorama*, das (gr.-lat., Pl. ...men) eigtl. »Allschau«, Rundblick 2. *Ensemble*, das (lat.-fr., Pl. -s) Gruppe von Sängern oder Tänzern 3. *Totalität*, die (lat.-fr., Pl. -en) 4. *Universalität*, die (lat., ohne Pl.) Allseitigkeit, z. B. der Bildung

Gesamtheit der Gegner ... *Opposition*, die (lat.-fr., Pl. -en) ... bes. politisch anders denkender Personen; »Opposition ist die Kunst, den Ast, auf dem die Regierung sitzt, so anzusägen, daß man selbst darauf Platz nehmen kann.« (Carlo Manzoni)

Gesamtheit der im Internet Kommunizierenden *Netizens*, die (engl., Pl.) aus net = Netz u. citizens = Einwohner

Gesamtlänge *Trakt*, der (lat., Pl. -e) auch: Gebäudeteil; Strang; z. B. Darmtrakt; Landstrich

Gesamtschuldner *Korrealschuldner*, der (lat.-dt., Pl. -) Ggs.: Korrealgläubiger

Gesamtwerk *Œuvre*, das (lat.-fr., Pl. -s) e. Künstlers; nicht verw. mit *Hors d'œuvre*, das (fr., Pl. -s) Vorspeise

Gesamtwirtschaftsbetrachtung *Makroökonomie*, die (gr.-lat., ohne Pl.) Betrachtungen z. B. der Wertschöpfung, des Sozialprodukts, der Zahlungs- u. Handelsbilanz sind Größen der Volkswirtschaft; vgl.: Mikroökonomie (Betriebswirtschaft)

Gesamtzahl *Summe*, die (lat., Pl. -n) auch: Gesamtbild; Ergebnis e. Addition; Geldbetrag

Gesandter 1. *Ambassadeur*, der (it.-fr., Pl. -e) 2. *Ablegat*, der (lat., Pl. -en) päpstlicher Gesandter 3. *Emissär*, der (lat.-fr., Pl. -e) Abgesandter mit best. Auftrag

Gesandtschaft 1. *Ambassade*, die (it.-fr.,

Pl. -n) offizielle Auslandsvertretung e. Staates 2. *Legation*, die (lat., Pl. -en) meist päpstliche Vertretung; Legationsrat

Gesang 1. *Cantus*, der (lat., ohne Pl.) 2. *Canto*, der (lat.-it., Pl. -s) 3. *Melos*, das (gr.-lat., ohne Pl.) svw. Lied, Melodie

gesangartig *cantabile* (it.) Mus.

gesanglich *arios* (it.) melodiös (Mus.)

gesangsmäßig *vokal* (lat.) stimmreich, tönend

Gesangsmusik *Vokalmusik*, die (lat., Pl. -en)

Gesangsrolle *Partie*, die (fr., Pl. ...ien) auch: Durchgang, Spielrunde; gemeinsamer Ausflug; Warenposten; Heiratsmöglichkeit, z. B.: e. gute Partie sein

Gesangsstimmen, zwei-acht ... 1. *Duett*, das (lat.-it., Pl. -e) 2. *Terzett*, das (lat.-it., Pl. -e) 3. *Quartett*, das (lat.-it., Pl. -e) 4. *Quintett*, das (lat.-it., Pl. -e) 5. *Sextett*, das (lat.-it., Pl. -e) 6. *Septett*, das (lat.-it., Pl. -e) 7. *Oktett*, das (lat.-it., Pl. -e)

Gesangsstück *Melodie*, die (lat., Pl. ...ien) Musikstück; Tonfolge, Singweise

Gesangstil, it. virtuoser ... *Belcanto* u. *Belkanto*, der (lat.-it., ohne Pl.) »der schöne Gesang«

Gesangsveranstaltung für Amateure *Karaoke*, das (jap., ohne Pl.) von kara (leer) u. oke als Abk. für okesutora (Orchester) e. lustiger Amateur-Singwettbewerb

Gesangsverzierung *Fiorette*, die (it., Pl. -n) eigtl.: Blümchen; ... in Opernarien, 18. Jh. (Mus.)

Gesäß *Podex*, der (lat., Pl. -e)

Gesäßbacke *Natis*, die (lat., Pl. -) auch: Gesäß

Gesäßpolster 1. *Cul de Paris* (fr., Pl. ... des ...) Pariser Gesäß, Bez. e. Polsters unter dem Kleid, Ende des 19. Jh. 2. *Turnüre*, die (fr., Pl. -n) in Damenkleidern eingearbeitetes Gesäßpolster, Ende des 19. Jh.

Gesäßpolster in der Damenmode *Turnüre*, die (lat.-fr., Pl. -n) ... Ende des 19. Jhs.

gesät, wie du ... hast, so wirst du ernten *ut sementem feceris, ita metes* (lat., Zitat: Cicero)

gesättigt *saturiert* (lat.) selbstzufrieden

Geschäft 1. *Business*, das (engl., ohne Pl.) 2. *Deal*, der (engl., Pl. -s) als Handel, z. B. Drogendealer (Rauschgifthändler) 3. *Shop*, der (engl., Pl. -s) svw. Geschäft,

Laden 4. *Store*, der (engl.-am., Pl. -s) z. B. Storekeeper: Ladenbesitzer 5. *Secondhand-shop*, der (engl., Pl. -s) Laden, der gebrauchte Waren verkauft, meist Textilien 6. *Metier*, das (lat-fr., Pl. -s) 7. *Transaktion*, die (lat., Pl. -en) e. großes Geschäft e. Unternehmens

Geschäft für Tabakwaren u. Zeitschriften *Tabaktrafik*, die (österr., Pl. -en)

Geschäfte für best. Kunden *Concept-Store*, der (engl., Pl. -s) z. B.: Läden mit Fan-Artikeln

Geschäfte, die über digitale Medien getätigt werden *E-Commerce*, der (engl., ohne Pl.) z. B. Banking, Internetshopping

Geschäftemacher *Spekulant*, der (lat., Pl. -en) z. B. Börsenspekulant wie André Kostolany; auch: waghalsige Geschäftemacher

geschäftig 1. *agil* (lat.-fr.) i. S. von beweglich 2. *agile* (lat.-it.) beweglich; auch: musik. Vortragsanw.

Geschäftigkeit 1. *Agilität*, die (fr., ohne Pl.) Lebendigkeit, Regsamkeit 2. *Aktivität*, die (lat., Pl. -en) Betriebsamkeit, Unternehmungsgeist; Ggs.: Inaktivität, Passivität

Geschäftsansammlung *Shoppingcenter*, das (engl., Pl. -s)

Geschäftsbedingung *Kondition*, die (lat., Pl. -en) sollte die Zahlungs- u. Lieferungsbedingungen regeln

Geschäftsbereich 1. *Departement*, das (fr., Pl. -s) Abteilung, Verwaltungsbezirk 2. *Dezernat*, das (lat., Pl. -e) 3. *Ressort*, das (fr., Pl. -s) Amtsbereich, Aufgabengebiet

Geschäftsbeziehung, Abbruch der ... *Boykott*, der (engl., Pl. -s) nach dem engl. Hauptmann u. Gutsverwalter Boycott, der in Irland geächtet wurde: Liefersperre; auch: Ächtung

Geschäftsbeziehung, e. ... abbrechen *boykottieren* (engl.) auch: ächten

Geschäftsbrauch *Usance*, die (fr., Pl. -n) Gepflogenheit unter Geschäftsleuten

geschäftsfähig *dispositionsfähig* (lat.-dt.)

Geschäftsfreund *Amigo*, der (sp., Pl. -s) Freund u. Gönner e. Politikers aus dem Wirtschaftsleben, nach der Amigoaffäre in Bayern

Geschäftsführer 1. *Managing Director*, der (engl., Pl. -s) 2. *General Manager*, der

(engl., Pl. -s) jeweils von kleinen u. mittelgroßen Unternehmen

Geschäftsinhaber 1. *Chef*, der (lat.-fr., Pl. -s) 2. *Prinzipal*, der (lat., Pl. -e) auch: Lehrherr

geschäftskundig *pragmatisch* (lat.) auch: sachbezogen, sachlich; fachkundig

Geschäftsleben *Business*, das (engl., ohne Pl.) auch: vorteilhafter Geschäftsabschluß

Geschäftsleitung 1. *Direktion*, die (lat., Pl. -en) bisweilen wird e. Generaldirektion übergeordnet 2. *Direktorium*, das (lat., Pl. ...ien)

Geschäftsmann *Negoziant*, der (fr., Pl. -en) auch: Kaufmann

Geschäftsmann als Freund e. Politikers *Amigo*, der (sp., Pl. -s) »Freund«, auch Gönner e. Politikers; in Bayern gab es e. »Amigo-Affäre«; »In Bayern würde man so einen (Nick Leeson) zum Ehren-Amigo ernennen.« (G. Schröders geh. Tagebuch von H. Venske, 1997)

Geschäftsmann, zeninspirierter, atheistischer ... *Zippie*, die (engl.-am., Pl. -s) Akronym aus: zen-inspired pagan professional (natürlich auch für Geschäftsfrauen)

geschäftsmäßig 1. *aktiv* (lat.) 2. *busy* (engl.) i. S. von beschäftigt

Geschäftsnebenstelle 1. *Agentur*, die (lat., Pl. -en) 2. *Filiale*, die (lat.-fr., Pl. -n)

Geschäftsordnung *Reglement*, das (lat.-fr., Pl. -s) auch: Satzungen

Geschäftspartner 1. *Kompagnon*, der (fr., Pl. -s) auch: Geselle, Genosse; Gesellschafter; Teilhaber 2. *Sozius*, der (lat., Pl. -se) Teilhaber, Mitgesellschafter; Beifahrer, Beifahrersitz

Geschäftsraum 1. *Büro*, das (fr., Pl. -s) 2. *Kontor*, das (fr.-niederl., Pl. -e)

Geschäftsstelle *Agentur*, die (lat., Pl. -en)

Geschäftstagebuch *Journal*, das (fr., Pl. -e) auch: Zeitung, Zeitschrift, Schiffstagebuch, Aufzeichnung von Geschäftsvorfällen

Geschäftsteilhaber 1. *Kompagnon*, der (lat.-fr., Pl. -s) 2. *Sozius*, der (lat., Pl. Soziusse); auch: Beifahrer auf dem Motorrad

Geschäftsteilhaber, jüngerer ... *Juniorpartner*, der (lat., Pl. -) »Die Rolle als Juniorpartner ist nicht so mein Ding.« (Wolfgang Reitzle, Linde-Chef, 2006)

geschäftstüchtig 1. *clever* (engl.) 2. *smart* (engl.) auch: schlau; schick, flott

geschäftstüchtiger Typ *Smartie*, der (engl., Pl. -s)

Geschäftstüchtigkeit *Cleverness*, die (engl., ohne Pl.)

Geschäftsvermittler *Agent*, der (lat., Pl. -en) Vermittler von Künstlern; Handelsvertreter; auch: Geheimagent

Geschäftsviertel *City*, die (engl., Pl. -s) auch: Innenstadt

Geschäftswert *Goodwill*, der (engl., ohne Pl.) der gute Ruf e. Unternehmens z. B. bei Banken, Kunden u. Lieferanten

Geschäftszweig *Branche*, die (lat.-fr., Pl. -n)

geschehen *passieren* (lat.-fr.) Es ist etwas Schreckliches passiert!

gescheit *vif* (fr.) lebhaft, rührig, schlau, tüchtig, wendig

Geschenk *Präsent*, das (lat.-fr., Pl. -e) z. B. e. Präsentkorb überreichen

Geschenk, Produkt... e. Firma *Giveaway*, das (engl., Pl. -s) z. B. e. Auto an e. Journalisten, der für seine Auto-Zeitschrift e. positiven Bericht verfassen soll

Geschenk, unheilbringendes ... *Danaergeschenk*, das (gr.-dt., Pl. -e) nach der Bez. Vergils (wahrscheinlich um 800 v. Chr.) für e. Geschenk, das sich im nachhinein als unheilvoll erweist, z. B. das Trojanische Pferd

Geschichte 1. *Anekdote*, die (gr.-fr., Pl. -n) Onkel Karl, der Anekdotenerzähler 2. *Historie*, die (gr., Pl. -n) 3. *Legende*, die (lat., Pl. -n) eigtl.: »zu Lesendes«, auch: fromme Sage 4. *Mythos*, der (gr.-lat.) u. *Mythus*, der (gr.-lat., Pl. ...then) überlieferte Erzählung aus der Vorzeit 5. *Prähistorie*, die (lat., ohne Pl.) Vorgeschichte 6. *Episode*, die (gr.-lat., Pl. -n) i. S. e. Begebenheit von kurzer Dauer 7. *Story*, die (lat.-engl.-am., Pl. ...ies) auch: Bericht; »Wie die Dt. Mark wird der Euro e. Erfolgsstory für Deutschland« (Helmut Kohl, 1998)

Geschichte, frei erfundene ... *Fiction Story*, die (engl.-am., Pl. ...ies)

geschichtlich *historisch* (gr.) z. B. e. historischen Roman lesen

geschichtliche Jahrbücher *Annalen*, die (lat., nur Pl.) auch: zeitlich geordnetes Geschichtsbuch

Geschichtlichkeit *Historizität*, die (gr.-lat., ohne Pl.)

Geschichtsaufzeichnung *Chronik*, die (gr.-lat., Pl. -en)

Geschichtsbewußtsein *Historizität*, die (gr.-lat., ohne Pl.)

Geschichtsbücher, die ... des Alten Testaments *Chronika*, die (lat., nur Pl.)

Geschichtsforscher *Historiker*, der (gr.-lat., ohne Pl.) »Der Historiker ist e. nach rückwärts gekehrter Prophet.« (Hegel)

Geschichtsschreiber 1. *Historiograph*, der (gr., Pl. -en) 2. *Chronist*, der (gr.-lat., Pl. -en) des alten Roms: Cicero (Redner u. Geschichtsschreiber); der alten Griechen: Herodot

Geschichtsschreibung 1. *Chronik*, die (gr.-lat., Pl. -en) in zeitlicher Reihenfolge Geschehnisse schriftlich festhalten 2. *Chronographie*, die (gr.-lat., Pl. ...ien) Geschehnisse in der Reihenfolge der Ereignisse schriftlich festhalten

Geschichtswissenschaft *Historie*, die (gr., Pl. -n)

Geschichtswissenschaftler *Historiker*, der (gr.-lat., ohne Pl.)

Geschick 1. *Pli*, der (fr., ohne Pl.) auch: Art des Faltens; Wendung; Gewandtheit; Mutterwitz 2. *Fatum*, das (lat., Pl. ...ta) Schicksal; Verhängnis

Geschicklichkeit 1. *Akrobatik*, die (gr., ohne Pl.) auch: bes. Körperbeherrschung 2. *Bravour*, die (fr., Pl. -en) meisterhaft vollbrachte Leistung

Geschicklichkeitskünstler *Jongleur*, der (lat.-fr., Pl. -e) der Zirkusjongleur hatte gleichzeitig sechs Bälle in der Luft; »... aber dieser Nick Leeson, ein 28jähriger Finanzjongleur, ist einfach sensationell.« (G. Schröders geh. Tagebuch von H. Venske, 1997)

Geschicklichkeitswettbewerb im Motorsport *Gymkhana*, das (Hindi-engl., Pl. -s)

geschickt 1. *clever* (engl.) e. cleverer Geschäftsmann sein; Lothar Späth, genannt »das Cleverle« 2. *patent* (lat.) er heiratete e. patente Frau 3. *routiniert* (lat.-fr.) auch: gewandt, erfahren 4. *talentiert* (gr.-lat.) geschickt, begabt 5. *versiert* (lat.-fr.) bewandert, gewitzt; z. B. Bill Gates ist e. versierter Geschäftsmann

geschieden *disjunkt* (lat.) getrennt

Geschirr für Zugtiere *Kummet*, das, der (schweiz., Pl. -e) z. B. Pferdekummet

Geschirrgestell *Etagere*, die (fr., Pl. -n) Büchergestell; auch: aufhängbare Kosmetiktasche

Geschirrsatz *Service*, das (fr., Pl. -) eigtl.: Dienstleistung; auch: Gläsersatz

Geschirrschrank *Büfett*, das (fr., Pl. -s u. -e) auch: Anrichte, Schanktisch e. Gastwirtschaft

Geschlecht 1. *Genus*, das (lat., Pl. Genera) z. B. Genus proximum: nächsthöherer Gattungsbegriff; Genuskauf: Kaufvertrag, der Gattungsmerkmale, nicht die Eigentümlichkeiten e. Ware bestimmt (Rechtsw.) 2. *Sex*, der (lat.-engl., ohne Pl.) i. S. e. Geschlechtlichkeit; Sexfilm, Sexbombe

Geschlecht, auf das andere ... bezogen *heterosexuell* (gr.-lat.) Ggs.: homosexuell (med.) »Ich bin heterosexuell, und ich stehe dazu.« (Friedbert Pflüger, Spitzenkandidat der CDU in Berlin, 2006)

Geschlechterfolge *Generation*, die (gr., Pl. -en)

Geschlechterkunde *Genealogie*, die (gr., Pl. ...ien) Wissenschaft, die sich mit der Folge u. Verwandtschaft der Geschlechter befaßt

geschlechtlich *sexuell* (lat.-fr.) »Ich verspreche euch zweieinhalb Monate vollkommener sexueller Enthaltsamkeit.« (Silvio Berlusconi, Italiens Regierungschef, 2006)

geschlechtliche Empfindungslosigkeit *Anaphrodisie*, die (gr., Pl. ...ien) med.

geschlechtliche Fortpflanzung *Tokogonie*, die (gr.-lat., Pl. ...ien)

Geschlechtlichkeit *Sex*, der (lat.-engl., ohne Pl.) »Manche sind drogensüchtig, manche süchtig nach Macht oder Sex, wir sind alle süchtig nach irgend etwas.« (Bill Clinton, Präsident der USA, 1998)

Geschlechtsakt 1. *Kohabitation*, die (lat., Pl. -en) med.; auch: Zusammenarbeit des Staatspräsidenten Frankreichs mit der Regierung e. anderen pol. Lagers 2. *Koitus*, der (lat., Pl. -se) geschlechtliche Vereinigung, Beischlaf (med.)

Geschlechtsakt, spontaner ... mit Fremden *Zipless fuck*, der (engl.-am., ohne Pl.) nach der am. Autorin Erica Jong

Geschlechtsbeziehung zwischen Frauen *Lesbianismus*, der (gr., ohne Pl.) nach der Insel Lesbos, wo die gr. Dichterin Sappho (600 v. Chr.) e. musische Schule für Mädchen leitete; »vivamus, mea Lesbia, atque amemus« (laß uns leben, meine Geliebte, laß uns lieben; Catull)

Geschlechtsdrüse *Germinaldrüse*, die (gr.-lat.-dt., Pl. -n)

Geschlechtsdrüse *Gonade*, die (gr.-lat., Pl. -n) med.

Geschlechtshormon 1. *Androgen*, das (gr.-lat., Pl. -e) männliches Hormon 2. *Östrogen*, das (gr.-lat., Pl. -e) weibliches Hormon

geschlechtskalt *frigid* (fr.) auch: frostig, matt; orgasmusunfähig (med.)

Geschlechtskälte *Frigidität*, die (lat.-fr., ohne Pl.) Orgasmusunfähigkeit

Geschlechtskraft *Potenz*, die (lat., Pl. -en) auch: Vermögen, Fähigkeit; Zeugungsfähigkeit (med.)

geschlechtskrank *venerisch* (lat.) auch: unzüchtig

Geschlechtsleben, auf das ... bezogen *sexuell* (lat.) »Ich hatte nie eine sexuelle Beziehung zu Monica Lewinsky.« (Bill Clinton, US-Präsident, 1998)

geschlechtslos 1. *asexual* (lat.) 2. *agamisch* (gr.) auch: ehelos

Geschlechtsorgan 1. *Genitale*, das (lat., Pl. ...lien) med. 2. *Penis*, der (lat., Pl. -se) med., männliches – 3. *Vagina*, die (lat., Pl. ...nen) med., weibliches Organ 4. *Mamma*, die (lat., Pl. ...mmae) med., Organ der weiblichen Brust

Geschlechtsorgan, das äußere weibliche ... *Vulva*, die (lat., Pl. ...ven) »ein schlitzartig aufgeworfener roter Bühnenvorhang ... Blick wie ins Innere einer bebend aufgewühlten Vulva« (Frankfurter Rundschau, 1991; zu: »Verkaufte Braut«)

geschlechtsreif *adult* (lat.) reif.

Geschlechtsreife *Pubertät*, die (lat., ohne Pl.) auch: Mannbarkeit

Geschlechtsteil *Genitale*, das (lat., Pl. ...lien) das männliche oder weibliche Geschlechtsorgan (med.)

Geschlechtsteile, außerhalb der ... *extragenital* (lat.) med.; unabhängig von den Geschlechtsteilen, bez. der Übertragung von Geschlechtskrankheiten

Geschlechtstrieb 1. *Libido*, die (lat., ohne Pl.) med., Peter schlief nicht mit seiner Freundin Maria, da es ihnen an Libido mangelte 2. *Nisus sexualis*, der (gr.-lat., ohne Pl.) med. 3. *Satyriasis*, die (gr.-lat., ohne Pl.) med., e. krankhaft gesteigerter Geschlechtstrieb 4. *Aphrodisiakum*, das (gr.-lat., Pl. ...ka) den Geschlechtstrieb steigerndes Mittel; angeblich z. B. gemahlenes Horn des Nashorns

Geschlechtstrieb, den ... dämpfendes Mittel *Anaphrodisiakum*, das (gr.-lat., Pl. ...ka) med., Ggs.: Aphrodisiakum

Geschlechtsverkehr 1. *Koitus*, der (lat., ohne Pl.) med.; »Er hat den Koitus tremens« (Kurt Tucholsky, Schriftsteller, 1890–1935) 2. *Kohabitation*, die (lat., Pl. -en) med. 3. *Sex*, der (lat.-engl., ohne Pl.)

Geschlechtsverkehr ausüben 1. *koitieren* (lat.) 2. *kopulieren* (lat.) 3. *kohabitieren* (lat.)

Geschlechtsverkehr mit häufig wechselnden Partnern *Promiskuität*, die (lat., ohne Pl.)

Geschlechtsverkehr ohne Flüssigkeitsaustausch *Safer Sex*, der (engl., ohne Pl.)

Geschlechtsverkehr zwischen engen Verwandten *Inzest*, der (lat., Pl. -e) auch: Blutschande

Geschlechtsverkehr, unterbrechender ... *Koitus interruptus*, der (lat., ohne Pl.) »... der große Vorteil des Koitus interruptus ist, daß die Methode jederzeit verfügbar ist u. keine Kosten verursacht.« (med. Fachzeitschrift »Fertilität«, 1990)

Geschlechtswort *Artikel*, der (lat., ohne Pl.)

Geschlechtszelle *Gamet*, der (gr.-lat., Pl. -en) Ei- u. Samenzellen; auch: Fortpflanzungszellen

Geschlechtszelle, große weibliche ... bei niederen Lebewesen 1. *Makrogamet*, der (gr.-lat., Pl. -en) 2. *Makrogametozyt*, der (gr.-lat., Pl. -en) e. verharrende Zelle; Ggs.: Mikrogamet

geschlossen *hermetisch* (gr.-lat.) i. S. von dicht verschlossen

Geschlossenheit *Homogenität*, die (lat., ohne Pl.) Einheitlichkeit, Gleichartigkeit

Geschmack 1. *Gusto*, der (lat.-it., Pl. -s) jeder soll nach seinem Gusto selig werden 2. *Aroma*, das (gr.-lat., Pl. -s, ...men) »Gewürz«; ausgeprägter, bes. Geschmack 3. *Gout*, der (lat.-fr., Pl. -s)

Geschmack, schlechter ... *White Trash*, der (engl.-am., ohne Pl.) eigtl.: weißer Müll; auch: Bez. der niedrigsten sozialen Schicht der Weißen

Geschmack, voller ... *Full Flavoured* (engl.) Wende hin zum Genießen wohlschmeckender Gerichte einschließlich der Kalorienaufnahme, weg von der »Light-Welle«

Geschmack, zeitgebundener *Mode*, die (fr., Pl. -n) von lat.: modus (rechtes Maß) Brauch; bes. das Tragen best. Kleider; »Sobald e. Mode allgemein geworden ist, hat sie sich überholt.« (Ebner-Eschenbach)

geschmacklos *insipid* (lat.) fade; auch: albern, töricht

Geschmacksstoff *Aroma*, das (gr.-lat., Pl. ...men)

Geschmacksstörung *Hypogeusie*, die (gr., Pl. ...ien) Ggs.: Hypergeusie

Geschmacksverbesserer *Korrigens*, das (lat., Pl. ...genzien)

Geschmacksverstärker aus Japan ... *Umani-Pulver*, das (jap.-dt., ohne Pl.) ... e. Gemisch aus Glutamat u. Natrium

geschmackvoll 1. *elegant* (lat.-fr.) elegant gekleidet sein 2. *apart* (lat.-fr.)

Geschmeide *Pretiosen*, die (lat., nur Pl.) auch: Schmuck

geschmeidig 1. *elastisch* (gr.-lat.) 2. *agil* (lat.-fr.) 3. *flexibel* (lat.)

Geschmeidigkeit *Elastizität*, die (gr.-lat., ohne Pl.)

Geschöpf *Kreatur*, die (lat., Pl. -en) auch: Lebewesen

Geschoß 1. *Projektil*, das (lat.-fr., Pl. -e) zerfetzte sein Bein 2. *Etage*, die (lat.-fr., Pl. -n) das Geschoß e. Hauses

geschraubt *preziös* (fr.) auch: kostbar; gekünstelt

Geschrei *Rabatz*, der (poln., ohne Pl.) Krawall, lauter Protest

geschrieben *datum* (lat.) i. S. von geschrieben, gegeben: datum, den 13. März 1782; Abk.: dat.

geschrieben, es steht ... *maktub* (arab.) freie Übersetzung e. arabischen Ausdrucks

Geschütz 1. *Kanone*, die (gr.-lat.-it., Pl. -n)

254

2. *Kartaune*, die (lat.-it., Pl. -n) schweres Geschütz des 16. u. 17. Jhs. 3. *Stück*, das (dt., Pl. -e) z. B. Stückpforte am Schiffsrumpf

Geschützfeuer *Kanonade*, die (fr.-it., Pl. -n) auch: Trommelfeuer

Geschützgestell *Lafette*, die (lat.-fr., Pl. -n)

geschützt *immun* (lat.) unempfindlich, unbeeindruckbar

Geschütztruppe *Artillerie*, die (fr., Pl. ...ien) auch: schweres Geschütz

geschwächt *paretisch* (gr.) med.

Geschwätz 1. *Litanei*, die (gr.-lat., Pl. -n) auch: gesungene Fürbitte des christlichen Gottesdienstes; z. B. die Lauretanische Litanei 2. *Palaver*, das (gr.-lat.-engl., ohne Pl.) Ratsversammlung afrikanischer Stämme; auch: Geschwätz ohne Ergebnis 3. *Phrase*, die (gr.-lat., Pl. -n) Redensart; Phrasendrescher 4. *Sermon*, der (lat.-fr., Pl. -e) langweiliges Gerede

Geschwätz, verworrenes ... *Galimathias*, der (gr.-fr., ohne Pl.)

Geschwätzigkeit 1. *Loquazität*, die (lat., ohne Pl.) med. 2. *Polyphrasie*, die (gr., ohne Pl.) krankhafte ... (med.)

geschwiegen, hättest du ..., wärst du (ein) Philosoph geblieben *si tacuisses, philosophus mansisses* (lat., Zitat: Boethius, 480–524 n. Chr.)

Geschwindigkeit 1. *Karacho*, das (sp., ohne Pl.) mit Karacho um die Kurve fahren 2. *Speed*, der (engl., Pl. -s) Schnelligkeit; nicht verw. mit: das Speed, e. aufputschende Droge (Ritalin) 3. *Tempo*, das (it.-lat., Pl. -s u. ...pi) auch: Hast, musikalisches Zeitmaß; Tempolimit: Geschwindigkeitsbegrenzung; Tempotaschentuch: Papiertaschentuch (Markenname) 4. *Rasanz*, die (fr., ohne Pl.) auch: Schnittigkeit

Geschwindigkeitsgleiten *Speedskating*, das (engl., ohne Pl.)

Geschwindigkeitsmesser 1. *Tacho*, der (gr., Pl. -s) 2. *Tachometer*, der (gr.-engl., Pl. -)

Geschwindigkeitssteigerung 1. *Speed*, der (engl., Pl. -s) auch: Schnelligkeit; nicht verw. mit: das Speed, e. aufputschende Droge (Ritalin) 2. *Spurt*, der (engl., Pl. -s) ... bei Rennen

Geschworene *Jury*, die (lat.-fr.-engl., Pl. -s) im Schwurgericht Englands u. Amerikas verpflichtetes Gremium für e. Urteils-

findung; allg.: Sachverständigen-Ausschuß, der über etwas zu entscheiden hat

Geschwulst 1. *Fungus*, der (lat., Pl. ...gi) med., in schwammiger Konsistenz 2. *Glomus*, das (lat., Pl. ...mera) med. 3. *Teratom*, das (gr.-lat., Pl. -e) med., angeboren 4. *Tumor*, der (lat., Pl. -e) med., z. B. Gehirntumor, meist e. Krebsgeschwulst 5. *Zyste*, die (gr.-lat., Pl. -n) med., oft mit Flüssigkeit gefüllt 6. *Steaton*, das (gr.-lat., Pl. -e) Talggeschwulst

Geschwulst der Gallenwege *Cholangiom*, das (gr.-lat., Pl. -e) bösartig

Geschwulst in der Mundhöhle *Zylindrom*, das (gr.-lat., Pl. -e) ... mit zylindrischen Hohlräumen

Geschwulstauflösung *Onkolyse*, die (gr., Pl. -n) ... durch Injektion bes. Substanzen (med.)

Geschwulstbildung *Onkogenese*, die (gr., Pl. -n) med.

Geschwür 1. *Ulkus*, der (lat., Pl. Ulzera) med., der ewige Ärger mit seinem Chef brachte ihm e. Magenulkus ein 2. *Helkoma*, das (gr., Pl. ...komata) med.

Geschwür der Mundschleimhaut *Aphte*, die (gr., Pl. -n)

Geschwürbildung 1. *Exulzeration*, die (lat., Pl. -en) med. 2. *Helkose*, die (gr., Pl. -n) med.

gesellig *soziabel* (lat.) auch: menschenfreundlich

Geselligkeit 1. *Soziabilität*, die (lat., ohne Pl.) auch: Umgänglichkeit, Menschenfreundlichkeit 2. *Party*, die (engl., Pl. -s) zwanglose Feier

Gesellschaft 1. *Cercle*, der (lat.-fr., Pl. -s) i. S. e. geschlossenen Gesellschaft 2. *Hautevolee*, die (fr., ohne Pl.) vornehme – 3. *High-Society*, die (engl., ohne Pl.) ebenfalls vornehme Gesellschaft 4. *Mischpoche, Mischpoke*, die (hebr., ohne Pl.) Gruppe zwielichtiger Gestalten 5. *Meeting*, das (engl., Pl. -s) i. S. von Gesprächsrunde, Zusammenkunft 6. *Soiree*, die (lat.-fr., Pl. Soireen) Abendgesellschaft

Gesellschaft Jesu *Societas Jesu* (lat.) kurz: S. J.; Jesuiten

Gesellschaft zum Schutze der Menschenrechte *Amnesty International* (kurz: ai, engl.), gegründet: 1961

Gesellschaft zwischen Idealen u. Sach-

zwängen *Limer*, der (engl.-am., Pl. -s) aus: less income (wenig Einkommen) u. more experience (mehr Erfahrung) e. neue, junge Generation, die ihren Lebenssinn in Phasen des Erfolges u. Mißerfolges (der Reife) sieht

Gesellschaft, gemischte *Krethi u. Plethi*, Bezeichnung für die Leibwache König Davids, die wahrscheinlich aus Kretern u. Philistern bestand; heute e. abwertende Äußerung für e. gemischte Versammlung

Gesellschaft, Körperschaft, die Wertpapiere ausgibt *Emittent*, der (lat., Pl. -en)

Gesellschaft, vielgestaltige ... 1. *multikulturelle Gesellschaft*, die (lat., Pl. -en) kurz: multi-kulti 2. *multi Tribalism*, der (engl.) vielgestaltige Stammes- oder Gruppierungsformen

Gesellschafter 1. *Kompagnon*, der (lat.-fr., Pl. -s) e. Firma 2. *Kommanditist*, der (lat.-it.-fr., Pl. -en) nur mit seiner Einlage haftender Gesellschafter e. Kommanditgesellschaft (kurz: KG.) 3. *Komplementär*, der (lat.-fr., Pl. -e) pers. (voll) haftender Gesellschafter e. KG. 4. *Sozius*, der (lat., Pl. Soziusse) Teilhaber; auch: Beifahrer auf e. Motorrad

Gesellschafterin ... *Geisha*, die (jap., Pl. -s) ... in japanischen Restaurants u. Teehäusern tätig

gesellschaftlich *sozial* (lat.) die sozialen Probleme mancher Großstädte sind deprimierend

Gesellschaftsanzug 1. *Frack*, der (fr.-engl., Pl. -s u. Fräcke) ... mit Rockschößen für bes. festliche Anlässe 2. *Smoking*, der (engl., Pl. -s) eigtl.: Rauchjacke, wurde früher nach dem Essen zum Rauchen getragen; festlicher Anzug mit Seidenrevers 3. *Cut*, der (engl., Pl. -s) auch: *Cutaway*, der (engl., Pl. -s) Gesellschaftsanzug für den Vormittag bis frühen Nachmittag

Gesellschaftsform 1. *Technokratie*, die (gr.-engl., Pl. -e) quasi Gesellschaftsform, die die Technik in den Vordergrund des politischen Lebens stellt 2. *Demokratie*, die (gr., Pl. ...ien) »Volksherrschaft« 3. *Oligarchie*, die (gr., Pl. ...ien) Herrschaft e. kleinen Gruppe 4. *Diktatur*, die (lat., Pl. -en) auf unbeschränkte Vollmacht e. Person (Diktator) oder Gruppe (Partei-, Militärdiktatur) begründete Herrschaft in e. Staat

Gesellschaftsforschung *Soziologie*, die (lat., ohne Pl.) svw.: Wissenschaft von den gesellschaftsbildenden Gesetzen; »Soziologie ist der Mißbrauch einer zu diesem Zwecke erfundenen Terminologie.« (Kurt Tucholsky)

Gesellschaftsgruppe, Mitglied der neuen gehobenen Mittelklasse ... *Uppy*, der (am.-engl., Pl. ...ies) ... in den USA

Gesellschaftskleid 1. *Robe*, die (fr., Pl. -n) auch: Amtstracht, z. B. der Juristen 2. *Talar*, der (lat.-it., Pl. -e) Amts- oder Festgewand

Gesellschaftskleidung 1. *Full*, der (engl., ohne Pl.) auch: *Full Dress*, der (engl., ohne Pl.) svw.: großer Gesellschaftsanzug 2. *Gala*, die (span., Pl. -s) auch: Hoftracht; Kleidung für e. bes. festlichen Anlaß, in Gala erscheinen 3. *Toilette*, die (fr., Pl. -n) elegante Kleidung der Damen; auch: kleiner Raum mit Toilettenbecken u. Waschgelegenheit

Gesellschaftskreis 1. *Salon*, der (fr., Pl. -s) auch: Festsaal 2. *Cercle*, der (fr., Pl. -s) Kreis; Empfang bei Hofe

Gesellschaftskritik *Sozialkritik*, die (lat., ohne Pl.)

Gesellschaftslehre *Soziologie*, die (lat., ohne Pl.) sie beschäftigt sich mit Ursprung, Entwicklung u. Struktur menschlichen Zusammenlebens

Gesellschaftsrand, am ... leben *asozial* (gr.) »Ich bin e. der asozialsten Menschen, die ich kenne.« (Klaus Schwab, Chef des World Economic Forum, 2005)

Gesellschaftsraum 1. *Lounge*, die (engl., Pl. -s) bes. in Hotels oder Flughäfen 2. *Salon*, der (fr., Pl. -s) Festsaal

gesellschaftsschädigend *asozial* (gr.-lat.) der Täter zeigt asoziale Verhaltensmuster

Gesellschaftsschicht *Kaste*, die (fr., Pl. -n) fester Stand innerhalb der hinduistischen Gesellschaft Indiens

Gesellschaftsschicht, »die es geschafft hat« ... *Establishment*, das (engl., Pl. -s) ... etabliert ist u. keine Veränderungen wünscht; auch: Oberschicht

Gesellschaftsstück *Konversationsstück*, das (lat.-dt., Pl. -e) ... in Form e. Theateraufführung

Gesellschaftstänze 1. *Jive*, der (engl., ohne Pl.) e. Art Boogie-Woogie 2. *Jitterbug*, der (engl., ohne Pl.) 3. *Slowfox*, der (engl., ohne Pl.) langsamer Foxtrott 4. *Charleston*, der (engl., ohne Pl.) Modetanz um 1920 5. *Letkiss*, der (engl.-finn., ohne Pl.)

Gesellschaftsvertrag *Contrat social*, der (fr., ohne Pl.) auch: nach Hauptwerk von J. J. Rousseau, 1762, zu staatstheoretischen Gedanken

Gesellschaftswissenschaft *Soziologie*, die (lat., ohne Pl.) Forschung über den Ursprung, zur Entwicklung, zur Struktur menschlichen Zusammenlebens

Gesellschaftszimmer 1. *Salon*, der (germ.-it.-fr., Pl. -s) 2. *drawing-room*, der (engl., Pl. -s) in Britannien

Gesetz 1. *Lex*, die (lat., Pl. Leges) 2. *Bill*, die (engl., Pl. -s) 3. *Novelle*, die (lat., Pl. -n) i. S. e. Gesetzesnachtrags

Gesetz mit Änderungen versehen *novellieren* (lat.-it.)

Gesetz, gültiges ethisches ... *kategorischer Imperativ*, der (gr.-lat., Pl. ...rische, -e) »Peter Glotz, unser kategorischer Imperativ, steigt aus der Politik aus ...« (G. Schröders geh. Tagebuch von H. Venske, 1997)

Gesetz, islam. ... *Scharia*, die (arab., ohne Pl.) auf den Koran zurückgehend, regelt als religiöses u. staatliches Recht alle Lebensbereiche

Gesetz, physikalisches ..., nach dem Energie erhalten bleibt *Energiesatz*, der (gr.-lat.-fr.-dt., ohne Pl.) sie wird nur von e. Energieform in e. andere umgewandelt

Gesetz, wo e. ... ist, da ist auch Strafe *ubi lex, ibi poena* (lat., Zitat)

Gesetzbuch *Corpus Juris*, das (lat., ohne Pl.) Gesetzessammlung; *Corpus Juris Canonici*, das (lat., ohne Pl.) bis 1918 gültige Sammlung des kath. Kirchenrechts

Gesetzbuch, bürgerliches ... *Code civil*, der (fr., ohne Pl.) in Frankreich

Gesetze befolgend *loyal* (lat.-fr.) e. loyaler Bürger, aber auch Mitarbeiter sein

Gesetzentwurf *Bill*, die (engl., Pl. -s) auch: Gesetz

Gesetzesabschnitt 1. *Artikel*, der (lat., Pl. -) auch: Geschlechtswort, Abk.: Art., Ware; Abhandlung 2. *Paragraph*, der (lat., Pl. -en)

Gesetzesänderung *Novelle*, die (lat.-it., Pl. -n) auch: literarische Form der Prosaerzählung

Gesetzesantrag *Lex*, die (lat., Pl. Leges) der ... wird mit dem Namen des Antragstellers versehen, z. B.: Lex Maier

Gesetzeskoppelung *Junktim*, das (lat., Pl. -s) eigtl.: »vereinigt«

Gesetzesnachtrag *Novelle*, die (lat.-it., Pl. -n) auch: literarische Form der Prosaerzählung

Gesetzessammlung 1. *Corpus iuris*, das (lat., ohne Pl.) 2. *Kodex*, der (lat., Pl. -e, ...dizes) nicht verw. mit *Podex*, der (lat., Pl. -e) Hintern

Gesetzessammlung *Talmud*, der (hebr., Pl. -e) ... u. religiöser Überlieferungen; eigtl.: Lehre; jüd. Gesetzeskodex aus: Mischna u. dem erläuternden Teil Gemara

gesetzestreu *loyal* (lat.-fr.) e. loyaler Beamter oder auch Mitarbeiter sein

Gesetzestreue *Loyalität*, die (lat.-fr., Pl. -en) auch: Redlichkeit, Anständigkeit

gesetzgebend *legislativ* (lat.) Parlament als legislatives Organ e. demokratischen Staates

gesetzgeberisch *legislatorisch* (lat.)

Gesetzgebung 1. *Legislative*, die (lat., Pl. -n) das entsprechende Organ in e. Demokratie ist das Parlament 2. *Legislatur*, die (lat., Pl. -en) Gesetzgebung; Legislaturperiode als Amtsdauer e. Volksvertretung

Gesetzgebungsperiode *Legislaturperiode*, die (lat., Pl. -n)

gesetzlich *legal* (lat.) Ggs.: illegal

gesetzliche Begriffsbestimmung *Legaldefinition*, die (lat., Pl. -en)

Gesetzlichkeit *Legalität*, die (lat., ohne Pl.)

gesetzlos 1. *anarchisch* (lat.-fr.) 2. *anomisch* (lat.) 3. *athesmisch* (gr.) auch: ungerecht; gesetzlos

gesetzlos-freiheitlich *anarcho-liberal* (gr.-lat.-fr.) »Diese anarcho-liberale Shareholder-Value-Philosophie e. kalten Gesellschaft ... hat uns sehr geschadet.« (Heiner Geißler, CDU, 1998)

Gesetzlosigkeit *Anarchie*, die (gr., Pl. -n) während des Bürgerkrieges herrschte Anarchie

gesetzmäßig erklären *legalisieren* (lat.)

Gesetzmäßigkeit *Legalität*, die (lat., ohne Pl.) die Bindung der Bürger an das geltende Recht; »etwas außerhalb der Legalität« (Hermann Höcherl 1962 anläßlich der Spiegel-Affäre, e. Redensart)

Gesetztheit *Solidität*, die (lat.-fr., ohne Pl.) Festigkeit, Haltbarkeit

gesetzwidrig 1. *illegal* (lat.) 2. *irregulär* (lat.)

Gesetzwidrigkeit *Illegalität*, die (lat., ohne Pl.) der Anarchist lebt in der Illegalität

gesichert *fundiert* (lat.) z. B. fundierte Kenntnisse besitzen

Gesicht 1. *Grimasse*, die (germ.-fr., Pl. -n) verzerrtes Gesicht 2. *Visage*, die (lat.-fr., Pl. -n) häßliches Gesicht

Gesichtsausdruck *Physiognomie*, die (gr.-lat., Pl. -n)

Gesichtsfarbe *Teint*, der (lat.-fr., Pl. -s) auch: Beschaffenheit der Gesichtshaut, das Mädchen hat e. Pfirsichteint

Gesichtsfelddefekt *Skotom*, das (gr., Pl. -e) Ausfall e. Teils des Gesichtfeldes (med.)

Gesichtshautreinigung *Peeling*, das (engl., ohne Pl.) auch: kosmetische Hautschälung

Gesichtskreis 1. *Horizont*, der (gr.-lat., Pl. -e) 2. *Kimm*, die (seem., ohne Pl.) der Kapitän suchte mit dem Kieker (Fernglas) die Kimm ab

Gesichtsnerv 1. *Fazialis*, der (lat., ohne Pl.) med. 2. *Trigeminus*, der (lat., Pl. . . .ni) Hirnnerv, gabelt sich in drei Äste

Gesichtspunkt 1. *Aspekt*, der (lat., Pl. -e) eigtl.: »das Hinsehen«; Blickwinkel 2. *Kriterium*, das (gr.-lat., Pl. . . .ien) auch: Prüfstein, Kennzeichen

Gesichtsreinigungsmittel *Lotion*, die (lat.-fr., Pl. -s)

Gesichtsschmerz *Prosopalgie*, die (gr., Pl. . . .ien) med.

Gesichtsschutz *Visier*, das (fr., Pl. -e) auch: Zieleinrichtung an Handfeuerwaffen

Gesichtssinn *Visus*, der (lat., ohne Pl.) auch: Sehschärfe

Gesichtsstarre 1. *Amimie*, die (lat., Pl. . . .ien) fehlende Mimik (med.) 2. *Risus sardonicus*, der (lat., ohne Pl.) maskenartiges Verzerren der Gesichtsnerven (med.)

Gesichtsstraffung *Facelifting*, das (engl., ohne Pl.)

Gesichtswasser 1. *Adstringent*, das (lat., Pl. -s) . . . das die Poren zusammenzieht 2. *After-shave-Lotion*, die (engl., Pl. -s) 3. *Eau de toilette*, das (fr., Pl. -s) Duftwasser

Gesichtszug *Lineament*, das (lat., Pl. -e)

auch: Handlinie (med.); Erdnaht in der Erdkruste

Gesims *Geison*, das (gr., Pl. -s, . . .sa) Kranzgesims des antiken gr. Tempels

Gesimsteil *Karnies*, das (it.-lat., Pl. -e) auch: Kranzleiste (Archit.)

Gesindel 1. *Bagage*, die (fr., Pl. -n) 2. *Vagabund*, der (lat., Pl. -en) i. S. von Herumtreiber

Gesinnung, freiheitliche . . . *Liberalismus*, der (lat., ohne Pl.) »Liberalismus ist e. Geisteshaltung u. keine Einkommensgruppe.« (Otto Graf Lambsdorff, F. D. P.-Ehrenvorsitzender, 1998)

Gesinnungssymbol 1. *Button*, der (engl., Pl. -s) meist runder Anstecker mit Symbol u. Text 2. *Solidaritätsschleife*, die (lat.-dt., Pl. -n) sie macht die Übereinstimmung kenntlich

gesittet 1. *manierlich* (lat.-fr.-dt.) sich manierlich betragen 2. *kultiviert* (lat.)

Gesittung 1. *Kultur*, die (lat., Pl. -en) 2. *Zivilisation*, die (fr., Pl. -en) Lebensart

gesondert 1. *separat* (lat.) 2. *disjunkt* (lat.) auch: geschieden, getrennt

Gespenst 1. *Revenant*, der (lat.-fr., Pl. -s) aus e. anderen Welt wiedererscheinend 2. *Zombie*, der (afrik.-kreolisch-engl.-am., Pl. -s) willenloser Scheintoter, agiert wie e. Gespenst

gespenstisch 1. *lemurenhaft* (lat.) nach e. Halbaffen Madagaskars 2. *phantasmagorisch* (gr.) auch: bizarr, traumhaft, trügerisch

Gespinst *Schimäre*, die (gr.-lat., Pl. -n) nach dem Ungeheuer Chimära; auch: Trugbild; »Das (die Verkleinerung des Kabinetts) ist auch so eine Schimäre.« (Helmut Kohl, 1998)

Gespräch 1. *Dialog*, der (gr.-lat.-fr., Pl. -e) zwischen zwei Personen; Ggs.: Monolog 2. *Konversation*, die (lat.-fr., Pl. -en) die Dame liebte die gepflegte Konversation zur Teestunde; auch: Konversations-Lexikon 3. *Disput*, der (lat.-fr., Pl. -e) e. erregendes gegensätzliches Gespräch 4. *Small talk*, der (engl., ohne Pl.) z. B. e. belangloses Gespräch während e. Stehparty 5. *Symposium*, das (gr., Pl. . . .ien) meist e. wissenschaftliches Gespräch unter Fachleuten 6. *Diskussion*, die (lat., Pl. -en) Meinungsaustausch 7. *Kolloquium*, das (gr.,

Pl. ...ien) wissenschaftliche Unterhaltung 8. *Debatte*, die (lat.-fr., Pl. -n) i. S. e. Aussprache 9. *Konferenz*, die (lat., Pl. -en) auch: Tagung, Sitzung 10. *Talk*, der (engl., Pl. -s) »Wir brauchen mehr Gespräch u. weniger Talk, mehr Geist u. weniger Zeitgeist.« (André Heller, Poet u. Aktionskünstler aus Wien, 1998)

Gespräch mit sich selbst *Monolog*, der (gr.-fr., Pl. -e) Selbstgespräch als literarische Form; »Monologe sind lauter Atemzüge der Seele.« (Friedrich Hebbel)

Gespräch, im ... werden häufig bekannte Namen erwähnt *Name-Dropping*, das (engl., Pl. -s) ... um sich interessant zu machen, z. B.: neulich in Hamburg saß Angela Merkel im selben Restaurant

Gespräch, unterhaltsames ... *Causerie*, die (fr., Pl. ...ien) auch: anregende Plauderei

Gespräch, unterrichtendes *Briefing*, das (engl., Pl. -s) kurze Einweisung, z. B. für die Erstellung e. Werbekonzeptes

Gesprächsleiter *Talkmaster*, der (engl., Pl. -s) Moderator e. Talkshow im Fernsehen; auch: Meister des Gewäschs

Gesprächsleitung *Talk-Line*, die (engl., Pl. -s)

Gesprächsraum *Chatroom*, der (engl., Pl. -s)

Gesprächsrunde *Talkshow*, die (engl., Pl. -s) Gesprächsrunde im Fernsehen, i. allg. mit bekannten Teilnehmern

Gesprächsstoff *Thema*, das (lat., Pl. ...men u. -ta) auch: abzuhandelnde Sache; Leitmotiv, Gegenstand e. Rede; Ggs.: Rhema

Gesprächsteilnehmer *Kommunikant*, der (lat., Pl. -en)

gespreizt 1. *manieriert* (lat.-fr.) der Redner bediente sich e. manierierten (unnatürlichen) Ausdrucksweise 2. *theatralisch* (gr.-lat.)

Gespreiztheit *Theatralik*, die (gr.-lat., ohne Pl.) e. übertriebene Theatralik wirkt lächerlich

gesprenkelt *meliert* (fr.) auch: leicht ergraut (Haare)

gesprochen, ich habe ... *dixi* (lat.) Schlußformel; es gibt nichts hinzuzufügen

gestählt *athletisch* (gr.-lat.) im Kraftraum, der »Folterkammer« e. athletischen Kör-

per erarbeiten, athletisch wie Arnold Schwarzenegger sein wollen

Gestalt 1. *Korpus*, der (lat., Pl. -se) Körper; auch: Möbelgrundteil ohne Einsatzteile; nicht verw. mit *Korpus*, das (lat., Pl. ...pora) Belegsammlung von Texten aus der Antike u. dem Mittelalter; Klangkörper e. Saiteninstruments 2. *Statur*, die (lat., Pl. -en) Körpergestalt; auch: Wuchs

Gestalt, menschliche ... *Figur*, die (lat., Pl. -en) Körperform; »Der DVU-Vorsitzende Frey ist e. der abstoßendsten politischen Figuren seit 1945.« (Theo Waigel, Bundesfinanzminister, 1998)

gestaltbildend *morphogenetisch* (gr.) Biol.

Gestaltbildung *Morphogenese*, die (gr., Pl. ...nesen) Entwicklung von Organen (Biol.)

gestalten 1. *designen* (fr.-engl.) entwerfen 2. *komponieren* (lat.) künstlerisch zusammenstellen

gestaltend *formativ* (lat.)

Gestalter am Bildschirm *Screen-Designer*, der (engl.-am., Pl. -s) arbeitet in Agenturen, Film- u. Videostudios u. bei CD-Rom-Herstellern

Gestalter mit übergeordnetem Anspruch 1. *Corporate-Designer*, der (engl.-am., Pl. -) auch: korporative Formgestalter, über ihm steht der 2. *Hyper-Designer*, der (engl.-am., ohne Pl.) der zur Form die »Botschaft« entwirft; Hyper-Designer sind Formgestalter, Philosophen, Ethiker u. Werbespezialisten in e. Person

Gestalter *Visualizer*, der (engl., Pl. -s) der grafische Umsetzer e. Werbeidee

gestalterisch *kompositorisch* (lat.)

gestaltgebend *morphogen* (gr.)

Gestaltlehre *Morphologie*, die (gr., ohne Pl.) auch: Formenlehre; Soziologiegebiet, das sich mit der Gesellschaftsstruktur befaßt (Alter, Geschlecht, Berufe)

gestaltlos *amorph* (gr.-lat.)

Gestaltlosigkeit *Amorphismus*, der (gr.-lat., ohne Pl.) auch: Mißgestaltung

Gestaltmessung *Morphometrie*, die (gr.-lat., Pl. ...ien) auch: Messung der Form, z. B. von Organen

Gestaltung 1. *Arrangement*, das (fr., Pl. -s) z. B. das Blumenarrangement auf dem Geburtstagstisch 2. *Design*, das (lat.-fr.-engl., Pl. -s) Autos, durch den Designer 3. *Insze-*

259

nierung, die (lat., Pl. -en) z. B. e. gelunge-
ne Theaterinszenierung sehen

**Gestaltung des Neuen durch den Geist
des Neuen** *Autopoiese*, die (gr., ohne Pl.)
von gr. poikilos (wechselnd) auch:
»Selbst-Herstellung e. Systems durch zy-
klische u. gegenseitige Produktion der
Komponenten des Systems« (Umberto
Maturane, Neurobiologe)

Gestaltung des Tragischen *Tragödie*, die
(gr.-lat., Pl. -n) Trauerspiel; »Es gibt zwei
Arten von Tragödien: daß man das, was
man haben möchte, nicht bekommt, oder
daß man es bekommt.« (Oscar Wilde)

Gestaltung, auffallende u. witzige ...
1. *Teaser*, der (engl., Pl. -s) von: to tease
(Spaß machen) ... von Anzeigen, Plaka-
ten, Titelblättern, die Aufmerksamkeit erregen 2. *Eye Catcher*, der (engl., Pl. -s)
»Augen-Fänger«, wobei es beim Eye Catcher mehr um e. auffälliges Element, z. B.
auf dem Plakatbild, geht

Gestaltung, ausdrucksvolle ... der Musik
Espressive, das (lat., Pl. -s, ...vi)

Gestaltwandlung *Metamorphose*, die (gr.-
lat., Pl. -n) auch: Umgestaltung, Verwandlung, aus e. Raupe wird e. Schmetterling;
Verwandlung von Menschen in z. B. Tiere
(in der gr. Mythologie)

Geständnis *mea culpa!* (lat.) »Durch meine Schuld!« (Ausruf aus dem lat. Sündenbekenntnis »Confiteor«)

Gestein 1. *Trachyt*, der (gr.-lat., Pl. -e) vulkanischen Ursprungs 2. *Granit*, der (lat.-
it., Pl. -e) sehr hart, aus Feldspat, Quarz u.
Glimmer 3. *Porphyr*, der (gr., Pl. -e) feinkörniges Ergußgestein 4. *Basalt*, der (gr.-
lat., Pl. -e) dunkles Ergußgestein

Gesteinsablagerung *Sediment*, das (lat.,
Pl. -e)

gesteinsbildend *petrogenetisch* (gr.)

Gesteinsbildung *Oryktogenese*, die (gr.-
lat., ohne Pl.)

**Gesteinskörper, in der Tiefe erstarrter
...** *Batholith*, der (gr.-lat., Pl. -en) meist
granitisch

Gesteinskunde 1. *Petrographie*, die (gr.-
lat., ohne Pl.) 2. *Lithologie*, die (gr.-lat.,
ohne Pl.) Gesteinskunde, bes. hinsichtlich
Sedimentgesteine

Gesteinsmehl *Alphitit*, der (gr., ohne Pl.)

Gesteinsschichtenfolge *Formation*, die

(lat., Pl. -en) auch: Gestaltung, Anordnung; Verband, z. B.: Formationsflug

Gesteinsstruktur *Textur*, die (lat., Pl. -en)

Gesteinsumwandlung 1. *Metamorphose*,
die (gr.-lat., Pl. -n) auch: Umgestaltung
2. *Schockmetamorphose*, die (gr.-lat.-fr.,
Pl. -n) Umwandlung von Gestein durch
plötzlichen u. heftigen Druck

Gestell *Chassis*, das (lat.-fr., ohne Pl.) Auf-
bauten an Kraftfahrzeugen

gestelzt 1. *affektiert* (lat.) gekünstelt 2. *artifiziell* (lat.-fr.) 3. *manieriert* (lat.-fr.) unnatürlich

Gestirn *Aszendent*, der (lat., Pl. -en) zum
Sternzeichen gehört der richtige Aszendent für die »richtige« Sterndeutung

Gestirne, die ... betreffend *astral* (gr.)

gestochen *diaglyphisch* (gr.) vertieft, gemeißelt, geschnitten

gestorben, ist ... *obiit* (lat.) Abk.: ob.; Inschrift auf alten Gräbern

gestreift *tigroid* (pers.-gr.-lat.) wie e. Tiger

Gestriger, e. ewig ... *Zeit-Cocooner*, der
(engl.-am., Pl. -s) von: cocooning (einspinnen) jmd., der keine Änderung oder
Modernisierung in seinem Leben zuläßt,
er verharrt in seiner vermeintlichen »gol-
digen« Jugendzeit

Gestrüpp *Scrub*, der (engl., Pl. -s) Buschland in Australien

gestützt auf *fundamental* (lat.) »... das ist
fundamentaler Anti-Etatismus!« (Guido
Westerwelle, F. D. P., 1998)

Gesuch *Petition*, die (lat., Pl. -en) auch:
Bittschrift, Eingabe

gesund 1. *normal* (lat.) 2. *saluber* (lat.)
auch: heilsam 3. *valid* (lat.) kräftig, stark

gesunden *sanieren* (lat.) e. marodes Unternehmen wirtschaftlich so gestalten, daß es
Gewinne erzielt

Gesunden, wirtschaftliches ... *Sanierung*,
die (lat., Pl. -en) »Einige Bankrotteure von
einst betätigen sich als geläuterte Sanie-
rer.« (Peter Ramsauer, CSU-Landesgruppenchef, über SPD-Minister, 2006)

Gesundheit *Salubrität*, die (lat., ohne Pl.)
med.

Gesundheit, Göttin der ... *Hygieia*, die
(gr., ohne Pl.)

gesundheitlich 1. *sanitär* (lat.-fr.) der Hygiene dienend 2. *sanitarisch* (fr.) auch: ge-
sundheitspolizeilich

Gesundheitsgehen *Nordic Walking*, das (engl., ohne Pl.) flottes Gehen mit zwei Stöcken.»Lassen Sie das Nordic Stalking (Verfolgen)!« (Jan Tomaschoff für Die Welt, 2006)

Gesundheitskult *Healthismus*, der (lat.-engl., ohne Pl.) »... übertriebener Healthismus macht krank« (Jan Snel, Forscher in Amsterdam, 1998)

Gesundheitslehre *Hygiene*, die (gr.-fr., ohne Pl.) auch: Sauberkeit, Reinlichkeit, Maßnahmen zur Reinlichkeit

Gesundheitspflege *Hygiene*, die (gr.-lat., ohne Pl.)

Gesundheitsvorsorge *Prophylaxe*, die (gr., Pl. -n) auch: Vorsicht; Verhütung von Krankheiten (med.)

Gesundung 1. *Konvaleszenz*, die (lat., ohne Pl.) med. 2. *Rekonvaleszenz*, die (lat., ohne Pl.)

getragen 1. *adagio* (lat.-it.) musik. Vortragsanw. 2. *largo* (lat.-it.) langsam singend, musik. Vortragsanw. 3. *tenuto* (lat.-it.) musik. Vortragsanw.

Getränk für junge Computerfreaks *Segasonic-Getränk*, das (Eigenn., Pl. -e) e. vitaminreiches Grapefruitgetränk für kleine Computernarren; von den Firmen Sega u. Asahi entwickelt worden

Getränk ohne Alkohol *Softdrink*, der (engl., Pl. -s)

Getränk zum Sonnenuntergang *Sundowner*, der (engl., Pl. -s)

Getränk, alkoholisches ... *Drink*, der (engl.-am., Pl. -s)

Getränk, appetitanregendes *Aperitif*, der (lat.-fr., Pl. -e, -s)

Getränk, berauschendes ... *Achuma*, das (indian., ohne Pl.) wird aus den Aguacolla-Kakteen (lat.: Trichocereus pachanoi) Südamerikas hergestellt

Getränk, kraftspendendes ... *Energydrink*, der (engl., Pl. -s) z. B.: Red Bull, »der Flügel verleiht«

Getränk, Misch... *Powershake*, der (engl., Pl. -s) ... das müde Raver hochreißt

Getränk, russ. ... 1. *Kwaß*, der (russ., ohne Pl.) aus gegorenem Mehl u. Malz 2. *Wodka*, der (russ., Pl. -s) »Wässerchen«; e. Branntwein

Getreide *Zerealie*, die (lat., Pl. -n) von Ce-

res, der röm. Göttin des Getreidebaus; auch: Feldfrucht; Getreideflockengericht

Getreidemaß *Sester*, der (lat., ohne Pl.) e. altes Maß

Getreidespeicher *Silo*, das u. der (sp., Pl. -s) stehender Großbehälter, z. B. für Futter

getrennt 1. *extra* (lat.) 2. *separat* (lat.) 3. *disjunkt* (lat.) auch: geschieden

Getrenntgeschlechtlichkeit 1. *Diklinie*, die (gr., ohne Pl.) d. h. Eingeschlechtlichkeit bei best. Blüten (Bot.) 2. *Gonochorismus*, der (gr., ohne Pl.) eigtl.: Trennung 3. *Heterözie*, die (gr., ohne Pl.) auch: Zweihäusigkeit (Biol.)

Getrennthaltung *Isolation*, die (fr., Pl. -en) Absonderung, Vereinzelung; Unterbindung von Strömen, z. B. Wärme durch Isoliermaterial; Isolationsfolter

Getreuer *Paladin*, der (lat.-it.-fr., Pl. -e)

Getriebe 1. *Mechanik*, die (lat., Pl. -en) auch: Triebwerk, Räderwerk 2. *Mechanismus*, der (lat.-fr., Pl. ...men)

getroffen *bingo* (engl.-am.) Ausruf des Gewinners

getrübt *diffus* (lat.) auch: zerstreut; z. B. diffuses Licht

Getue 1. *Tamtam*, das (hinduistisch, ohne Pl.) um das Mißgeschick ist kein Tamtam zu machen 2. *Theater*, das (gr.-lat., ohne Pl.) 3. *Farce*, die (lat.-fr., Pl. -n) leeres Getue; billiger Scherz; auch: derbes Lustspiel

Getümmel *Tumult*, der (lat., Pl. -e) die Rockband entfachte e. Mordstumult

getuscht *au lavis* (fr.) als Tuschzeichnung dargestellt

geübt 1. *routiniert* (lat.-fr.) routiniert Auto fahren 2. *versiert* (lat.) e. versierter Dachdecker sein

Gewächshaus, kaltes ... *Frigidarium*, das (lat., Pl. ...ien) der Abkühlraum in altröm. Bädern; auch: kalter Raum

gewagt 1. *riskant* (it.-fr.) e. riskantes Geschäft abwickeln 2. *aleatorisch* (lat.) aleatorische Verträge: Spekulationsverträge 3. *brisant* (fr.) auch: hochexplosiv

Gewähr 1. *Obligo*, das (lat.-it., Pl. -s) e. freibleibendes Angebot ist e. »ohne Obligo« 2. *Garantie*, die (germ.-fr., Pl. -n)

Gewährenlassen *Laissez-faire*, das (fr., ohne Pl.) Motto des wirtsch. Liberalismus des 19. Jh.

gewährleisten *garantieren* (germ.-fr.)
Gewährleistung *Garantie*, die (germ.-fr., Pl. ...ien)
Gewährsmann *Garant*, der (germ.-fr., Pl. -en) der neue Innenminister ist e. Garant für Ruhe u. Ordnung im Staat
Gewährung *Laisser-aller*, das (fr., ohne Pl.)
Gewalt 1. *Exekutive*, die (lat., Pl. -n) die vollstreckende Gewalt im Staat ist die Regierung 2. *Legislative*, die (lat., Pl. -n) Gesetze erlassen die in das Parlament gewählten Volksvertreter 3. *Judikative*, die (lat., Pl. -n) Rechtsprechung, unabhängige, richterliche Gewalt in e. demokratischen Staat 4. *force majeure* (lat.-fr.) höhere Gewalt
Gewalt ablehnend *pazifistisch* (lat.) i. S. von friedlich
Gewalt ausüben *terrorisieren* (lat.-fr.) unrechtmäßig, z. B. Bürger durch Raub u. Mord terrorisieren
Gewalt haben, in der ... *regieren* (lat.) i. S. von lenken, die Politik e. Staates bestimmen; »Weißt du nicht, mein Sohn, mit wie wenig Weisheit die Welt regiert wird?« (Papst Julius III.)
Gewalt, höhere ... 1. *force majeure*, die (fr., ohne Pl.) 2. *vis maior* (lat.)
Gewalt, rohe *Brachialgewalt*, die (gr.-lat.-dt., ohne Pl.) i. S. körperlichen Krafteinsatzes
Gewalt, unbeeinflußbare *Vis major*, die (lat., ohne Pl.) Rechtsw.
Gewalt, väterliche ... *patria potestas* (lat., Zitat)
Gewaltaktion *Tour de Force*, die (fr., ohne Pl.)
Gewaltanwendung 1. *Repression*, die (lat.-fr., Pl. -en) auch: Unterdrückung von Trieben 2. *Terror*, der (lat., ohne Pl.) Angst- u. Schreckenverbreitung durch Gewalt
Gewaltausübung *Terrorismus*, der (lat.-fr., ohne Pl.)
Gewalthandlung *Terrorakt*, der (lat., Pl. -e)
Gewaltherrschaft 1. *Terror*, der (lat., ohne Pl.) entsteht in Diktaturen, die mit Gewalt an der Macht bleiben wollen 2. *Despotie*, die (gr., Pl. ...ien) 3. *Tyrannei*, die (gr.-lat.-fr., ohne Pl.) 4. *Despotismus* der (gr., ohne Pl.) System der Gewaltherrschaft;

»Der Despotismus kann ohne Glauben auskommen, die Freiheit nicht.«
Gewaltherrscher 1. *Despot*, der (gr., Pl. -en) 2. *Tyrann*, der (gr.-lat.-fr., Pl. -en) 3. *Diktator*, der (lat., Pl. -en) 4. *Terrorist*, der (lat., Pl. -en) 5. *Absolutist*, der (lat., Pl. -en) 6. *Diktator*, der (lat., Pl. ...oren) als mahnende Vertreter: Adolf Hitler oder Idi Amin Dada (um 1973 Diktator von Uganda)
gewaltig 1. *exorbitant* (lat.) i. S. von außergewöhnlich, e. exorbitantes Fachwissen haben 2. *immens* (lat.) unermeßlich, immenses Glück haben 3. *kolossal* (gr.-lat.-fr.) riesig, e. kolossalen Gletscher überfliegen 4. *prometheisch*, nach dem Titanen Prometheus der gr. Sagenwelt 5. *astronomisch* (gr.-lat.) riesig bez. e. Preises, e. Zahlenangabe
Gewaltmensch *Tyrann*, der (lat., Pl. -en) auch: Peiniger; südamerikanischer Schreivogel
Gewaltritt *Parforceritt*, der (fr.-dt., Pl. -e)
gewaltsam 1. *brachial* (lat.) 2. *forciert* (fr.) 3. *radikal* (lat.-fr.) 4. *tyrannisch* (lat.) 5. *violento* (it.) heftig (musik. Vortragsanw.)
Gewaltstreich *Coup de force*, der (fr., ohne Pl.)
gewalttätig 1. *brutal* (lat.) das Gesicht des Verbrechers zeigte brutale Züge 2. *aggressiv* (lat.) angriffslustig 3. *martialisch* (lat.) grimmig, kriegerisch 4. *rabiat* (lat.) roh, rücksichtslos
Gewalttätigkeit *Brutalität*, die (lat., Pl. -en)
Gewand 1. *Kimono*, der (jap., Pl. -s) japanisches Kleidungsstück für Männer u. Frauen mit angeschnittenen Ärmeln 2. *Toga*, die (lat., Pl. ...gen) im alten Rom übliches Obergewand der vornehmen Bürger 3. *Tunika*, die (lat., Pl. ...ken) im alten Rom übliches Untergewand, ärmellos für Männer u. Frauen; später auch: Überrock oder ärmelloses Übergewand 4. *Entari*, das (türk., Pl. -s) langes orientalisches ... ähnlich dem Kaftan
gewandt *clever* (engl.) auch: gerissen; »Der Plutonium-Deal hat einmal mehr gezeigt, wie clever der Kanzler (Helmut Kohl) ist ...« (G. Schröders geh. Tagebuch von H. Venske, 1997)

Gewandtheit *Versatilität*, die (lat., ohne Pl.) z. B. in der Ausdrucksform

Gewässerkunde *Hydrographie*, die (gr.-lat., ohne Pl.) Teilgebiet der Hydrologie (Wasserversorgung, -haushalt u. deren Forschungen)

Gewässernamen *Hydronymie*, die (gr., ohne Pl.) der Bestand an Gewässernamen

Gewebe 1. *Tela*, die (lat., Pl. Telem) med. 2. *Textilien*, die (lat.-fr., nur Pl.) 3. *Toile*, der (lat.-fr., Pl. -s) feines Gewebe

Gewebe aus Kammgarn oder Baumwolle ... *Gabardine*, der (fr., ohne Pl.) ... für Sportkleidung u. Mäntel

Gewebe verpflanzen *transplantieren* (lat.) med., nach Verbrennungen z. B. Hautverpflanzungen

Gewebe, gitterartiges ... 1. *Etamin*, das (lat.-fr., ohne Pl.) 2. *Etamine*, die (lat.-fr., ohne Pl.) jeweils e. durchsichtiger Stoff, der gern für Vorhänge verwendet wird

Gewebe, neuartige ..., die leuchten ... *GLO* (Eigenn.) ... durch das Aufladen lichtabsorbierender Kristalle

gewebeähnlich *histoid* (gr.-lat.) med.; auch: gewebeartig

Gewebeauflösung *Histolyse*, die (gr., ohne Pl.)

Gewebeentnahme aus dem lebenden Organismus *Biopsie*, die (gr.-lat., Pl. ...ien)

Gewebeentstehung *Histogenese*, die (gr., ohne Pl.) auch: Entstehung krankhaften Gewebes bei Tumoren (med.)

Gewebeentwicklung *Morphogenese*, die (gr., ohne Pl.)

Gewebeforscher *Histologe*, der (gr., Pl. -n)

Gewebelehre *Histologie*, die (gr.-lat., ohne Pl.) med., auch: Wissenschaft von den Geweben des Körpers (med.)

Geweberand *Bordüre*, die (germ.-fr., Pl. -n)

Gewebestrang *Funiculus*, der (lat., Pl. ...li) auch: Seil, Stiel; Samenstrang; Nabelschnur (med.)

Gewebeübertragung *Transplantation*, die (lat., Pl. -en)

Gewebeveredelung *Appretur*, die (lat., Pl. -en)

Gewebevergrößerung *Hypertrophie*, die (gr., Pl. ...ien) Ggs.: Hypotrophie

Gewebeverhärtung *Induration*, die (lat., Pl. -en) auch: Organverhärtung (med.)

Gewebewassersucht *Ödem*, das (lat., Pl. -e) auch: Schwellung, Geschwulst (med.)

Gewebsbrand *Gangrän*, die (lat., Pl. -en) svw. absterbendes Gewebe (med.); auch: feuchter Brand

Gewebsflüssigkeit *Lymphe*, die (gr., Pl. -n) helle, wäßrige Körperflüssigkeit; auch: Impfstoff gegen Pocken

Gewebsneubildung, krankhafte ... *Blastom*, das (gr.-lat., Pl. -e) auch: Geschwulst (med.)

Gewebstod 1. *Mortifikation*, die (lat., Pl. -en) auch: Tilgung (Rechtsw.) 2. *Nekrose*, die (gr., Pl. -n) Absterben von Zellen (med.)

Gewebsuntersuchung *Biopsie*, die (gr., Pl. ...ien)

Gewebsverpflanzung 1. *Deplantation*, die (fr., Pl. -en) 2. *Transplantation*, die (lat., Pl. -en) med.; z. B. von Haut nach Verbrennungen

Gewebsverträglichkeit *Histokompatibilität*, die (gr.-lat., ohne Pl.) ... zwischen Empfänger u. Spender (med.)

Gewebswucherung *Tumor*, der (lat., Pl. ...oren) Geschwulst, Gewächs; meist bösartig (med.)

Gewebszerstörung *Arrosion*, die (lat., Pl. -en) bes. die Zerstörung von Gefäßwänden

gewebt *textil* (fr.) auch: gewirkt

Gewehr *Karabiner*, der (fr., Pl. -)

geweiht *sakral* (lat.) heilig

Gewerbe 1. *Metier*, das (lat.-fr., Pl. -s) der Fachmann sollte sein Metier beherrschen 2. *Textur*, die (lat., Pl. -en) Faserung

gewerbsmäßig *professionell* (fr.) fachmännisch

Gewerkschaft, poln. ... *Solidarność*, die (poln., ohne Pl.)

Gewerkschaft, polnische ... *Solidarność*, die (poln., ohne Pl.) »Die Solidarność ist e. andere, wahrscheinlich ist sie sogar besser ...« (Lech Wałęsa, Expräsident von Polen, 2005)

Gewerkschaftsbund, Israels ... *Histradut*, der (hebr., Eigenn.)

Gewerkschaftsführer *Boß*, der (am., Pl. -e) auch: Chef e. Unternehmens

Gewichtsabzug *Refaktie*, die (lat.-niederl., Pl. -n) auch: Nachlaß, Rückvergütung

Gewichtsbestimmungseinheit ... *Karat*,

263

das (gr.-arab.-lat.-fr., Pl. -e) ... bei Gold u. Edelsteinen

Gewichtskunde *Metrologie*, die (gr., ohne Pl.)

Gewichtsverlust *Leckage*, die (aus: »Leck« u. »age«, fr., Pl. -n) z. B. durch Auslaufen von Flüssigkeit; auch: das Schiff fuhr gegen e. Riff u. zog sich e. Leckage zu

Gewinn 1. *Profit*, der (lat.-fr.-niederl., Pl. -e) niederl. Gewürzbarone (Pfeffersäcke) machten im 17. Jh. große Profite 2. *Plus*, das (lat., ohne Pl.) das Geschäft brachte e. schönes Plus ein 3. *Rendite*, die (lat.-it., Pl. -n) z. B. Verzinsung des eingesetzten Kapitals 4. *Reibach*, der (jidd., ohne Pl.) svw. unverschämt hoher Gewinn

Gewinn aus dem Einsatz *Return on Investment*, der (engl., ohne Pl.) auch: Kennzahl zur Rentabilität des eingesetzten Kapitals; kurz: ROI. »Return on Investment, das ist die Bewegung der Bewegungen.« (Peter Sloterdijk, Philosophieprofessor, 2006)

Gewinn bringen *rentieren* (lat.-fr.) Investitionen müssen sich rentieren

Gewinnanteil 1. *Dividende*, die (lat.-fr., Pl. -n) Gewinnanteil e. Aktie 2. *Tantieme*, die (lat.-fr., Pl. -n) Gewinnanteil e. Aktiengesellschaft, der an Vorstand u. Aufsichtsrat ausgeschüttet wird

Gewinnbeteiligung 1. *Tantieme*, die (lat.-fr., Pl. -n) 2. *Dividende* (lat.-fr., Pl. -n) der Reingewinn e. Aktie, der jährlich zur Ausschüttung kommt

gewinnbringend 1. *lukrativ* (lat.) lukrative Geschäfte tätigen 2. *profitabel* (lat.-fr.) 3. *rentabel* (fr.) sein Geld rentabel anlegen

gewinnend *charmant* (lat.-fr.) charmanter junger Mann

Gewinner, erwarteter *Favorit*, der (lat.-it.-fr.-engl., Pl. -en) auch: begünstigte Person; nicht verw. mit *Favorite*, die (lat.-it.-fr., Pl. -n) Name mehrerer Lustschlösser des 18. Jh.

Gewinnklasse *Rang*, der (gr.-fr., Pl. Ränge) z. B. beim Toto oder Lotto

Gewinnschwelle *Break-even-point*, der (engl., Pl. -s) die Umsatzerlöse decken die Gesamtkosten

Gewinnstreben, höchstmögliches u. schnelles ... *Turbokapitalismus*, der (lat.,

ohne Pl.) dabei fühlen sich Manager wie in e. Hamsterrad

gewirkt *textil* (lat.-fr.) i. S. e. textilen Gewebes

gewissenhaft 1. *akribisch* (gr.) 2. *minuziös* (lat.-fr.) gründlich 3. *pedantisch* (gr.-lat.-fr.) 4. *penibel* (gr.-lat.-fr.) 5. *skrupulös* (lat.-fr.) auch: ängstlich

gewissenlos *skrupellos* (lat.)

Gewissensbisse *Skrupel*, der (lat., ohne Pl.) z. B. skrupellos handeln, abscheuliche Taten ohne Skrupel vollbringen

gewissermaßen *quasi* (lat.) die Drogensucht war quasi das Ende ihrer Theaterkarriere

Gewißheit *Evidenz*, die (lat., ohne Pl.) Erkenntnis

Gewitterwolken *Kumulonimbus*, der (lat., Pl. -se)

gewitzt 1. *versiert* (lat.-fr.) auch: erfahren; »Ich bin als Parlamentsredner nicht mehr so versiert.« (Gerhard Schröder, Kanzlerkandidat, 1998) 2. *clever* (engl.) cleverer Geschäftsmann; »das Cleverle« (Lothar Späth)

gewöhnen, sich ... *akklimatisieren*, sich (lat.) auch: dem Klima anpassen

Gewohnheit 1. *Manier*, die (lat.-fr., ohne Pl.) 2. *Tradition*, die (lat., Pl. -en) e. Volksgruppe in alten Traditionen gefangen 3. *Usus*, der (lat., ohne Pl.) bei Naturgemeinschaften ist es Usus (Brauch), einen Brautpreis zu zahlen 4. *Praktik*, die (gr.-lat., Pl. -en) Art der Ausübung 5. *Routine*, die (lat.-fr., ohne Pl.) eigtl.: »Wegerfahrungen«, Fertigkeit

Gewohnheit, Macht der ... *usus tyrannus* (lat., Zitat)

Gewohnheiten *Habit*, das (lat.-fr., Pl. -e) anerzogener Brauch

gewohnheitsmäßig 1. *automatisch* (gr.-lat.-fr.) 2. *habituell* (lat.) 3. *instinktiv* (lat.-fr.) gefühlsmäßig, er handelte instinktiv richtig 4. *machanisch* (gr.-lat.)

Gewohnheitstrinker *Alkoholiker*, der (arab.-sp., Pl. -) Alkoholabhängiger

gewöhnlich 1. *ordinär* (lat.-fr.) das ordinäre Frauenzimmer hatte nur Männer im Kopf 2. *vulgär* (lat.-fr.) sie befleißigte sich e. vulgären Ausdrucksweise: »Du Arschloch!« 3. *banal* (germ.-fr.) 4. *profan* (lat.) 5. *regulär* (lat.) 6. *trivial* (lat.-fr.)

eigtl.: »zum Dreiweg gehörend«, unbedeutend

Gewöhnung *Habitualisierung*, die (lat., Pl. -en)

Gewölbe *Voute*, die (fr., Pl. -n) auch: Verstärkung e. Trägers an e. Gebäude

Gewölbeabschlußstein *Cul de lampe*, der (fr., Pl. ... des ...)

Gewölberippe *Lierne*, die (fr., Pl. -n) ... an e. Kreuzgewölbe

gewölbt *bikonvex* (lat.) beidseitig geschliffene optische Linsen; Ggs.: bikonkav

gewölbt, nach außen ... *konvex* (lat.) auch: erhaben

gewölbt, nach innen ... *konkav* (lat.) »hohlrund«

gewunden *turbinal* (lat.)

Gewünschtes *Desideratum*, das (lat., Pl. ... ta) auch: Verlangen; Forderung

gewürfelt 1. *kariert* (fr.) gekästelt 2. *tesselarisch* (lat.)

Gewürzständer *Menage*, die (lat.-fr., Pl. -n)

gewürzt *pikant* (fr.) fein bis scharf gewürzt, reizvoll, prickelnd, anzüglich, schlüpfrig

Gewürztunke *Remoulade*, die (fr., Pl. -n) i. S. e. Mayonnaise mit Gewürzen

Gewußt wie *Know-how*, das (engl., Pl. -s) das Wissen um Zusammenhänge, die zum Erfolg führen

Gezeit *Tide*, die (niederdt., Pl. -n) z. B. Tidenhub (Wasserstandsunterschied)

gezielt 1. *methodisch* (gr.-lat.) überlegt 2. *rational* (lat.) vernünftig 3. *systematisch* (gr.-lat.) i. S. von ordentlich gegliedert

geziert 1. *affektiert* (lat.) z. B. affektiert freundlich sein 2. *maniert* (lat.-fr.) sich maniert artikulieren

Geziertheit 1. *Manieriertheit*, die (fr., Pl. -en) Künstelei; unnatürliches Gebaren 2. *Preziosität*, die (fr., ohne Pl.) auch: Ziererei, effektbetontes Gebaren

gezogener Wechsel *Tratte*, die (lat.-it., Pl. -n) svw. der ausgestellte Wechsel

gezupft *pizzicato* (it.) musik. Vortragsanw.

gezwungen *nolens volens* (lat.) eigtl.: »nicht wollend wollend«, svw. wohl oder übel

Gicht e. oder beider Schultergelenke *Omagra*, das (gr.-lat., ohne Pl.)

Giebeldreieck *Frontispiz*, das (lat.-fr., Pl. -e) auch: Vordergiebel, d. h. das Giebeldreieck über e. Gebäudevorsprung; Verzierung e. Buchtitelseite

Giebelfeld *Tympanon*, das (gr., Pl. ...na) eigtl.: Handtrommel; auch: Bogenfeld, z. B. über e. Tür, e. Fenster, e. Portal

Giebelverzierung *Akroterium*, das (gr., Pl. ...ien)

Gift 1. *Toxikum*, das (gr.-lat., Pl. ...ka) Giftstoff (med.) 2. *Venenum*, das (lat., Pl. ...na) med.

Gift der Tollkirsche *Atropin*, das (lat., ohne Pl.) eigtl.: gr. von Moira Atropos: die Unerbittliche

Gifthauch *Miasma*, das (gr., Pl. ...men) auch: Pesthauch; aus dem Boden dringendes Gift

giftig 1. *miasmatisch* (gr.) med. 2. *toxisch* (gr.-lat.) med. 3. *virulent* (lat.) med.

Giftigkeit 1. *Toxizität*, die (gr.-lat., ohne Pl.) med. 2. *Virulenz*, die (lat., ohne Pl.) auch: starke Wirkung von Erregern (med.); Drängen; Ansteckungsfähigkeit

giftkundig *toxikologisch* (gr.-lat.)

Giftlehre *Toxikologie*, die (gr.-lat., ohne Pl.)

Giftmord *Veneficium* (lat., Pl. ...cia) aus: Giftmischerei

Giftmüllablagerung in Slums ... *Öko-Rassismus*, der (gr.-lat.-it.-fr., ohne Pl.) ... in denen vorwiegend arme Schwarze wohnen

Giftschlange *Aspisviper*, die (gr.-lat., Pl. -n)

Giftspinne, große *Tarantel*, die (it., Pl. -n) gehört zu den Wolfsspinnen; Biß schmerzhaft, machte nach früherer Ansicht tobsüchtig, daher: »Wie von der Tarantel gestochen, sprang er auf.«

Giftspritze, Inhalt der ..., mit der in best. Staaten der USA das Todesurteil vollstreckt wird *Pentothalnatrium*, das (Eigenn., Lat.-gr., Pl.) e. Narkosemittel-Alkalimetall-Impfung

Giftstoff 1. *Toxikum*, das (gr.-lat., Pl. ...ka) med. 2. *Toxin*, das (gr.-lat., Pl. -e)

Ginster *Genista*, die (lat., ohne Pl.) gelber Strauch der Schmetterlingsblütler

Ginsterkatze *Genette*, die (arab.-sp., Pl. -n) e. Schleichkatze aus Nordafrika

Gipfel *Akme*, die (gr., ohne Pl.) Spitze; Vollendung, Höhepunkt e. Entwicklung, e. Geschichte

265

gipfeln *kulminieren* (fr.) den Höhepunkt erreichen

Gipfelpunkt 1. *Kulminationspunkt*, der (lat.-fr., Pl. -e) Höhepunkt e. evolutionären Entwicklung 2. *Zenit*, der (arab.-it., ohne Pl.) der höchste Punkt des Himmelgewölbes; Ggs.: Nadir

Gips *Anhydrit*, der (gr.-lat., Pl. -e) wütend schlug sie die Tür zu – der Gips fiel von der Wand

Gitarre, kleine ... mit vier Saiten *Ukulele*, die, das (hawaiisch, Pl. -n) stammt aus Hawaii

Gitarrenlauf mit den Fingern ... *Lick*, der (engl., Pl. -s) ... nicht unter 16 Tönen pro Sekunde

Gittergewebe *Kanevas*, der (fr., Pl. -se) auch: Tuch aus Hanf; Stegreifkomödie: Aufteilung des Textes in Szenenbilder u. Akte

Gitterrost *Gräting*, die (engl., Pl. -e u. -s) Seemannsspr.; Eisen- oder Holzroste auf Schiffen

Gitterstab *Tralie*, die (lat.-fr., Pl. -n) auch: Geländer

Gitterwand *Spalier*, das (lat.-it., Pl. -e) auch: Stützwand; Ehrenformation

Gitterwerk 1. *Tralje* oder *Tralie*, die (lat.-niederl., Pl. -n) Geländer 2. *Treille*, die (lat.-fr., Pl. -n) auch: Treppengeländer

Gladiatorengruß *Ave, imperator morituri te salutant* (Heil dir, Kaiser, die Todgeweihten grüßen dich) Gruß der Gladiatoren an den röm. Kaiser

Glanz 1. *Brillanz*, die (fr., ohne Pl.) er schoß Fotos mit höchster Farbbrillanz 2. *Politur*, die (lat., Pl. -en) Glanz auf der Oberfläche, z. B. Holz; auch: Glanzmittel, z. B. Möbelpolitur

glänzen 1. *brillieren* (fr.) als Schauspieler in e. Charakterrolle brillieren 2. *exzellieren* (lat.) auch: sich hervortun

glänzend 1. *brillant* (fr.) 2. *bravourös* (gr.-lat.-it.-fr.) gekonnt 3. *famos* (lat.) »viel besprochen«; auch: prächtig 4. *fulminant* (lat.) i. S. von ausgezeichnet, großartig; z. B. e. fulminanter Roman 5. *furios* (lat.) hitzig; auch: mitreißend

Glanzhaut *Lioderma*, das (gr., ohne Pl.) trockene, glänzende u. dünne Haut (Krankheit) med.

Glanzkölbchen *Aphelandra*, die (gr., Pl.

...dren) e. Zierpflanze aus dem subtropischen Amerika (Akanthusgewächs)

Glanzleistung *Bravourleistung*, die (gr.-lat.-dt., Pl. -en) i. S. von Meisterleistung

Glanzlicht *Highlight*, das (engl., Pl. -s) Julio Iglesias war das Highlight des Schlagerfestivals

Glanznummer *Attraktion*, die (lat.-fr.-engl., Pl. -en) Attraktion des Zirkus ist der dreifache Salto am Hochreck

Glanzpressen *Katissage*, die (fr., Pl. -n) ... best. Tuche

Glanzpunkt 1. *Clou*, der (fr., Pl. -s) auch: Pflock, Höhepunkt, Kernpunkt 2. *Highlight*, das (engl., Pl. -s) Glanzlicht

Glanzstück *Clou*, der (lat.-fr., Pl. -s) z. B. e. Show

Glanzüberzug *Lüster*, der (fr., Pl. -) auch: Kronleuchter

glanzvoll 1. *illuster* (lat.-fr.) in e. illustren Gesellschaft verkehren 2. *triumphal* (lat.)

glasartig *hyaloid* (gr.-lat.) auch: den Glaskörper des Auges betreffend

Glasbehälter *Ballon*, der (fr., Pl. -s) bauchiger Behälter für Flüssigkeiten, z. B.: Ballonvase

Glasbehälter mit Wasser *Aquarium*, das (lat., Pl. ...ien) ... für Fische u. andere Wassertiere, ...pflanzen; »E. Aquarium für den Sommer, e. Kaminfeuer für den Winter.« (Helmut Thoma, RTL-Chef, über sein Traumprogramm, 1997)

Glasflasche 1. *Karaffe*, die (arab.-sp.-it.-fr., Pl. -n) edle, geschliffene Glasflasche, z. B. für Sherry 2. *Reagenzglas*, das (lat.-dt., Pl. ...gläser) Glasfläschchen, die im Labor eingesetzt werden

glasig *hyalin* (gr.) durchscheinend

Glaskeramik *Ceran*, das (Eigenn., ohne Pl.) ... für Kochfelder von Herden

Glaskolben *Ballon*, der (fr., Pl. -s u. -e) auch: e. gasgefüllte Gummihülle (Luftballon); große, bauchige Korbflasche; salopp für: Kopf

Glasopal *Hyalit*, der (gr., Pl. -e)

Glaspulvermasse *Fritte*, die (lat.-fr., Pl. -n) »Gebackenes«; kurz für Pommes frites

Glasradierung *Hyalographie*, die (gr., ohne Pl.)

Glasröhrchen *Ampulle*, die (gr., Pl. -n) bes. mit sterilen Lösungen zum Einspritzen

Glasschmelze, e. ... abschrecken *fritten* (engl.) auch: e. pulverförmige Mischung erhitzen

Glasschrank *Vitrine*, die (lat.-fr., Pl. -n)

Glasweizen *Durumweizen*, der (lat.-dt., ohne Pl.) auch: Hartweizen aus dem Mittelmeerraum

glatt *plano* (lat.) i. S. ungefalzter technischer Zeichnungen oder Landkarten

Glätte *Politur*, die (lat., Pl. -en) Glanz; Poliermittel; gutes Benehmen

glätten *polieren* (lat.)

Glatzenbildung *Alopezie*, die (gr., Pl. ...ien) Kahlheit, krankhafter Haarausfall (med.)

Glatzenbildung *Alopezie*, die (gr.-lat., Pl. -n) med.

Glaube 1. *Fatalismus*, der (lat., ohne Pl.)i. S. e. vorbestimmten Schicksalglaubens 2. *Okkultismus*, der (lat., ohne Pl.) 3. *Personalismus*, der (etrusk.-lat., ohne Pl.) Glaube an e. persönlichen Gott 4. *Fetischismus*, der (lat.-port.-fr., ohne Pl.) Glaube an Gegenstände mit Zauberkraft

glaube, ich ... weil es widersinnig ist *credo quia absurdum* (lat., Zitat: Tertullian, um 200 n. Chr.)

Glaube, tiefer *Religion*, die (lat., Pl. -en) i. S. von Gottesverehrung, Glaubensbekenntnis; »Die Religion kann nie schlimmer sinken, als wenn sie zur Staatsreligion erhoben wird.« (Heinrich Heine)

Glauben, im guten ... *bona fide* (lat.) auf Treu u. Glauben

Glauben, in bestem ... *optima fide* (lat., Zitat)

Glaubensabtrünniger *Renegat*, der (lat., Pl. -en)

Glaubensakt *Autodafé*, das (lat.-port., Pl. -s) auch: Ketzergericht; Verbrennung von Büchern

Glaubensbekenntnis 1. *Credo*, das (lat., Pl. -s) »ich glaube«; auch: Leitsatz; Apostolikum, kurz für: Symbolum apostolicum, das auf die 12 Apostel fußende christliche Glaubensbekenntnis; »Ich lieb' u. fürcht' ihn nicht, das ist mein Credo.« (W. Shakespeare aus: »Heinrich VIII.«) 2. *Schahada*, die (arab.) Bekenntnis der Mohammedaner

Glaubensbekenntnis, grundlegendes ... der Moslems *Schahada*, die (arab.) »Es

gibt keinen Gott außer Gott, u. Mohammed ist der Prophet Gottes.«

Glaubensbote *Missionar*, der (lat., Pl. -e) Prediger, der Andersgläubigen den eigenen Glauben lehrt

Glaubenseifer *Zelotismus*, der (gr., ohne Pl.) in übereifriger Form

Glaubenseiferer *Zelot*, der (gr.-lat., Pl. -en)

glaubenseifrig *zelotisch* (gr.-lat.) fanatisch gläubig

Glaubensfanatiker *Zelot*, der (gr.-lat., Pl. -en)

glaubensfanatisch *zelotisch* (gr.-lat.)

Glaubensfanatismus *Zelotismus*, der (gr., ohne Pl.)

Glaubensgemeinschaft *Konfession*, die (lat., Pl. -en)

Glaubensgrundsatz *Dogma*, das (lat., Pl. ...men) auch: kirchlicher Lehrsatz. »Die Ehelosigkeit der Priester ist kein Dogma, sondern e. disziplinarische Norm ...« (Kardinal Claudio Hummes zum Zölibat, 2006)

Glaubenslehre 1. *Dogmatik*, die (gr.-lat., ohne Pl.) Glaubenslehre, wissenschaftlich analysiert 2. *Trinität*, die (lat., ohne Pl.) Dreieinigkeit Gottes (Gottvater, Sohn u. Heiliger Geist)

Glaubenssatz 1. *Dogma*, das (gr.-lat., Pl. ...men) von der Kirche erstellte verbindliche Richtschnur für den Gläubigen 2. *Doktrin*, die (lat., Pl. -en) i. S. e. Festlegung 3. *Theorem*, das (gr.-lat., Pl. -e) math. oder philos. Lehrsatz

Glaubenssätze, Gesamtheit der ... des Islams *Iman*, das (arab., ohne Pl.) auch: Glaube als Voraussetzung für die Zugehörigkeit zur islamischen Gemeinde

Glaubensschwärmerei *Mystizismus*, der (lat., Pl. ...men) auch: Wunderglaube

Glaubensunterricht 1. *Katechismus*, der (lat., Pl. ...men) auch: unterweisende Lehre in Glaubensfragen 2. *Katechumenat*, das (lat., Pl. -e) auch: Vorbereitung der erwachsenen Täuflinge

Glaubenswechsel *Konversion*, die (lat., Pl. -en) Religionsübertritt, er konvertierte als Christ zum Islam

Glaubersalz *Mirabilit*, der (lat., ohne Pl.) kristallisiertes Natriumsulfat

glaubhaft 1. *persuasiv* u. *persuasorisch*

(lat.) i. S. von überredend 2. *plausibel* (lat.-fr.) begreiflich

gläubig, streng *orthodox* (gr.-lat.) z. B. orthodoxe Kirche: Ostkirche, hat sich 1054 von Rom getrennt

Gläubiger 1. *Zedent*, der (lat., Pl. -en) e. Gläubiger, der seine Forderungen z. B. e. Bank abtritt 2. *Zessionar*, der (lat., Pl. -e) z. B. die Bank, da ihr die Forderungen abgetreten wurden 3. *Kreditor*, der (lat., Pl. ...oren) wer Kredite gewährt, ist Gläubiger

Gläubigkeit 1. *Orthodoxie*, die (gr., Pl. -n) im strengen Sinn 2. *Religiosität*, die (lat., ohne Pl.)

glaubwürdig *seriös* (lat.-fr.) er war ein allzeit seriöser Geschäftsmann

Glaubwürdigkeit 1. *Authentizität*, die (gr.-lat., Pl. -en) die Zeugenaussage besaß Authentizität 2. *Credibility*, die (engl.-am., ohne Pl.) kurz: »Cred« umfaßt in der jungen Szene mehr: Bewertung von Menschen, Produkten, Institutionen; sie ist Authentizität, Trendkompetenz, Wirkung

Glaubwürdigkeitskonzept, sittlich-moralisches ... *Ethiker*, der (gr., Pl. -) ... entwickelt für Firmen u. Privatpersonen; Ethiker, auch jmd., der nach e. sittlichen u. moralischen Grundprinzip handelt

gleich 1. *identisch* (lat.) i. S. von übereinstimmend, die Zeugen sagten identisch aus 2. *egal* (lat.-fr.) derb: zur Zeit ist mir alles scheißegal! 3. *analog* (gr.-lat.-fr.) 4. *äqual* (lat.) gleich groß; Ggs.: inäqual 5. *äquivalent* (lat.) gleichwertig 6. *kongruent* (lat.) übereinstimmende Meinungen; auch: kongruente (deckungsgleiche) Dreiecke (Math.); Ggs.: disgruent u. inkongruent 7. *konkordant* (lat.) 8. *konvergent* (lat.) übereinstimmend; bei der Einführung des Euros müssen die Partnerländer best. Konvergenzkriterien (»Übereinstimmungsmerkmale«) erfüllen; Ggs.: divergent

gleichachsig *koaxial* (lat.)

gleichartig 1. *analog* (gr.-lat.-fr.) auch: ähnlich, wie gehabt 2. *homogen* (gr.) Brotteig ist e. zähe, homogene Masse

Gleichartigkeit *Homogenität*, die (gr., Pl. -en)

gleichbedeutend 1. *identisch* (lat.) identische Aussagen vorfinden 2. *synonym* (gr.-lat.) sinnverwandt; Ggs.: antonym

gleichberechtigt *paritätisch* (lat.) z. B. im Aufsichtsrat e. AG herrscht paritätische Mitbestimmung, wenn die Vertretung der Arbeitnehmer gleich die der Arbeitgeber ist

Gleichberechtigung 1. *Emanzipation*, die (lat., Pl. -en) Emanzipation ist der Kampf des weiblichen Geschlechts um die Gleichberechtigung 2. *Parität*, die (lat., Pl. -en) z. B. die paritätische Besetzung des Aufsichtsrates e. AG mit Arbeitnehmern u. Arbeitgebern

Gleichberechtigungskämpferin 1. *Suffragette*, die (lat.-fr.-engl., Pl. -n) ... für Frauenbelange 2. *Emanze*, die (lat., Pl. -n) i. S. e. Frauenrechtlerin wie Alice Schwarzer

gleichbleibend 1. *konstant* (lat.) in Norddeutschland herrschen konstante Temperaturen 2. *invariabel* (lat.) unverändert 3. *kontinuierlich* (lat.) unaufhörlich 4. *monoton* (gr.-lat.-fr.) 5. *stabil* (lat.) 6. *statisch* (gr.) svw. keine Bewegung aufweisend; Ggs.: dynamisch

gleiche Umstände *ceteris paribus* (lat.) svw. unter sonst gleichen Gegebenheiten

gleichermaßen *ex aequo* (lat.)

Gleiches mit Gleichem vergelten *par pari respondere* (lat., Zitat) mit gleicher Münze zahlen

Gleichfarbigkeit *Homochromie*, die (gr., Pl. ...ien) auch: gleiche Färbung e. Tieres bez. seiner Umwelt, z. B. das Chamäleon

gleichförmig *monoton* (gr.-lat.-fr.) mit monotoner Stimme vorlesen

Gleichförmigkeit *Monotonie*, die (gr.-lat.-fr., Pl. ...ien) die Monotonie der Fließbandarbeiten kann krank machen

gleichgeschaltet *parallel* (gr.-lat.)

gleichgeschlechtlich veranlagt *urnisch* (lat.)

gleichgestaltig *isomorph* (gr.)

Gleichgestaltigkeit *Isomorphie*, die (gr.-lat., ohne Pl.)

gleichgestellt *paritätisch* (lat.) gleichberechtigt

Gleichgewicht *Balance*, die (lat.-fr., Pl. -n)

Gleichgewicht der Mächte *Balance of power*, die (engl., ohne Pl.)

Gleichgewicht, aus dem ... kommend *labil* (lat.) auch: schwankend; Ggs.: stabil. »Ich bin e. labile Person ... der Islam sagt mir genau, was ich tun soll.« (Ferid Heider, dt. Imam in Berlin, 2007)

Gleichgewichtskünstler *Äquilibrist*, der (lat.-fr., Pl. -en) z. B. Seiltanz-Artist

Gleichgewichtsorgan *Vestibularapparat*, der (lat., Pl. -e) ... im Ohr (med.)

Gleichgewichtssicherheit *Stabilität*, die (lat., ohne Pl.) auch: Dauerhaftigkeit, Standfestigkeit

gleichgültig 1. *apathisch* (gr.-lat.) nach dem Unfall wirkte er völlig apathisch 2. *egal* (lat.-fr.) seit mich meine Frau verließ, ist mir alles egal; »Egal wie es ausgeht, ich werde am Wahlabend kurz im Fernsehen erscheinen.« (Michael Goldmann, F. D. P.-Chef in Niedersachsen, 1998) 3. *lethargisch* (gr.-lat.) völlig ohne Antrieb sein u. sich lethargisch fühlen 4. *phlegmatisch* (gr.-lat.) 5. *desinteressiert* (lat.) Ggs.: interessiert 6. *indifferent* (lat.) auch: unbestimmt 7. *neutral* (lat.) i. S. von unparteilich 8. *passiv* (lat.-fr.) auch: untätig; Ggs.: aktiv

Gleichgültiges *Adiaphora*, die (gr., nur Pl.) auch: moralisch wertneutrale Verhaltensweisen

Gleichgültigkeit 1. *Apathie*, die (gr.-lat., Pl. -n) 2. *Desinteresse*, das (lat.-fr., ohne Pl.) an seiner Arbeit zeigte er nur Desinteresse 3. *Indifferenz*, die (lat., ohne Pl.) svw. Unentschiedenheit 4. *Indolenz*, die (lat., ohne Pl.) bei Schmerzen 5. *Phlegma*, das (gr.-lat., ohne Pl.) i. S. von Trägheit

Gleichheit 1. *Egalität*, die (lat.-fr., ohne Pl.) 2. *Egalité*, die (lat.-fr., ohne Pl.) »Gleichheit, Freiheit, Brüderlichkeit!« Forderung der Französischen Revolution

Gleichklang *Konsonanz*, die (lat., Pl. -en) auch: Harmonie, Einklang

Gleichklang herstellen ... *Pacing*, das (engl.-am., ohne Pl.) ... um sich als Therapeut auf den Patienten besser einstellen zu können; dies geschieht, indem Mimik, Gestik, Körperhaltung des Patienten übernommen werden

Gleichlauf *Parallelität*, die (gr.-lat., ohne Pl.)

gleichlaufend 1. *parallel* (gr.-lat.) gerade Linien im gleichen Abstand verlaufen parallel 2. *synchron* (gr.-lat.) zeitgleiche Ereignisse verlaufen synchron 3. *simultan* (lat.) z. B. simultanes Übersetzen; Ggs.: konsekutives Übersetzen

gleichmachen 1. *nivellieren* (lat.-fr.) die Unterschiede zwischen den Menschen dürfen nicht nivelliert werden 2. *egalisieren* (lat.-fr.)

Gleichmacherei *Egalitarismus*, der (lat., ohne Pl.) Sozialtheorie von der Gleichheit der Gesellschaft

Gleichmaß 1. *Proportion*, die (lat., Pl. -en) 2. *Rhythmus*, der (gr.-lat., Pl. ...men) Gliederung des Zeitmaßes in der Musik, der Sprache 3. *Symmetrie*, die (gr.-lat., Pl. ...ien) auch: Ebenmaß, Spiegelungsgleich; Ggs.: Asymmetrie

gleichmäßig 1. *harmonisch* (gr.-lat.) übereinstimmend 2. *homogen* (lat.) 3. *kontinuierlich* (lat.) stetig 4. *paritätisch* (lat.) gleichberechtigt, z. B. paritätisch besetzter Aufsichtsrat e. AG

Gleichmäßigkeit *Uniformität*, die (lat., Pl. -en) Einförmigkeit

Gleichmut 1. *Ataraxie*, die (gr., ohne Pl.) svw. unerschütterlicher Gleichmut 2. *Stoizismus*, der (gr.-lat., ohne Pl.) von der Stoa ausgehende Philos.; auch: Unerschütterlichkeit u. Gleichmut

Gleichmut, denke daran, im Ungemach ... zu bewahren *aequam memento in arduis servare mentem* (lat., Zitat: Horaz)

gleichmütig *stoisch* (gr.-lat.) von der Stoa ausgehende Philos.

Gleichnis 1. *Parabel*, die (gr.-lat., Pl. -n) z. B. Gleichnisse, die Jesus erzählte: »der arme Lazarus« 2. *Allegorie*, die (gr.-lat., Pl. ...ien) »das Anderssagen« 3. *Metapher*, die (gr.-lat., Pl. -n) i. S. e. bildhaften Übertragung: das Haupt der Familie

gleichnishaft *allegorisch* (gr.-lat.)

Gleichrichter 1. *Demodulator*, der (gr.-lat., Pl. ...oren) 2. *Detektor*, der (lat.-engl., Pl. ...oren) Hochfrequenzgleichrichter

Gleichrichterröhre *Diode*, die (gr., Pl. -n) auch: Zweipolröhre

Gleichrichtung *Demodulation*, die (gr.-lat., Pl. -en)

gleichsam *quasi* (lat.) gewissermaßen

gleichschalten *synchronisieren* (gr.-lat.) heute besitzen die Autos synchronisierte Getriebe

Gleichschaltung *Synchronisation*, die (gr.-lat., Pl. -en) i. S. von zeitgleich

gleichsetzbar *synonym* (lat.) sinnverwandt, bedeutungsähnlich; Ggs.: antonym

gleichsetzen *identifizieren* (lat.)

Gleichsetzung *Identifikation*, die (lat., Pl. -en)

gleichsinnig *konsensuell* (lat.) übereinstimmend

Gleichspannungswandler 1. *Konverter*, der (fr.-engl., Pl. -) auch: Linsensystem, das e. Optik zur Veränderung der Brennweite vorgeschaltet wird 2. *Transverter*, der (lat.-engl., Pl. -) Kurzform für Transistor u. Konverter

gleichstellen 1. *äquiparieren* (lat.) gleichmachen

Gleichstellung *Parität*, die (lat., Pl. -en) der Aufsichtsrat e. AG ist von Arbeitnehmer- u. Arbeitgebervertretern paritätisch besetzt

Gleichstromdrossel *Transduktor*, der (lat., Pl. ...oren) auch: Automat für Übersetzungen bei der Sprachverarbeitung

gleichwertig *äquivalent* (lat.)

Gleichwertigkeit *Äquivalenz*, die (lat., ohne Pl.) z. B. von Behauptungen, Aussagen, Argumenten

Gleichwertigkeitslehre *Äquivalenztheorie*, die (lat., Pl. -n) im Strafrecht: Gleichwertigkeit aller Bedingungen

gleichwinklig *isogonal* (gr.-lat.) z. B. bei geometrischen Gebilden

Gleichwinkligkeit *Isogonismus*, der (gr., ohne Pl.)

gleichzeitig 1. *simultan* (lat.) während der Konferenz übersetzte der Dolmetscher simultan 2. *synchron* (gr.-lat.) das Räderwerk läuft synchron; Ggs.: asynchron 3. *koinzident* (lat.) auch: zusammenfallend 4. *parallel* (gr.-lat.)

gleichzeitig, nicht ... *asynchron* (gr.-lat.) Ggs.: synchron

gleichzeitige Bearbeitung von Operationen *Parallelverarbeitung*, die (gr.-lat.-dt., Pl. -en) ... in der Datenverarbeitung; in herkömmlichen Rechnern arbeitet e. Hauptprozessor Programme linear, d. h. Schritt für Schritt ab; neue Parallelrechner erledigen mehrere Milliarden Rechenoperationen pro Sekunde (durch 5 × 66 000 miteinander vernetzte Prozessoren)

Gleichzeitigkeit 1. *Simultaneität*, die (lat., ohne Pl.) der Dolmetscher war e. Simultanübersetzer 2. *Synchronisation*, die (gr.-lat., Pl. -en) das Herstellen des Gleichlaufs; auch: Synchronisierung

Gleitboot *Hydroplan*, der (gr.-lat., Pl. -e)

gleitend *strisciando* (lat.-it.) musik. Vortragsanw.

Gleitfliegen *Speedgliding*, das (engl., ohne Pl.)

Gleitschirm *Paragleiter*, der (engl.-dt., Pl. -)

Gleitsegeln *Paragliding*, das (engl., ohne Pl.) Gleitschirmfliegen

Gletscherablagerung *Moräne*, die (fr., Pl. -n) z. B. Endmoräne; nicht verw. mit *Morelle*, die (roman., Pl. -n) e. Sauerkirschenart

Gletscherkunde *Glaziologie*, die (gr.-lat., ohne Pl.)

Gletscherkundler *Glaziologe*, der (lat., Pl. -n)

Glied 1. *Penis*, der (lat., Pl. -se) med., das männliche Glied 2. *Phallus*, der (gr.-lat., Pl. ...lli, llen) Symbol der männlichen Potenz u. Fruchtbarkeit 3. *Membrum*, das (lat., Pl. ...bra) Körperglied 4. *Dildo*, der (engl., Pl. -s) künstliches (Latex-)-Glied

Glied, fehlendes ... *missing link*, das (engl., Pl. -s) gemeint ist das »Zwischenstück«, das die Menschenaffen mit dem Homo sapiens verbinden soll

Gliedabtrennung *Amputation*, die (lat., Pl. -en)

Glieder, einzelne ... der Geschlechterfolge *Generation*, die (lat., Pl. -en) »Wir wollen für die jetzige Arbeitnehmer-Generation im Prinzip alles so lassen, wie es ist.« (Gerhard Schröder, SPD-Kanzlerkandidat, 1998)

Gliederfüßer *Arthropoden*, die (gr., nur Pl.)

Gliederfüßler *Trilobit*, der (gr.-lat., Pl. -en) Fossil

gliedern 1. *segmentieren* (lat.) auch: zerlegen 2. *strukturieren* (lat.)

Gliederpuppe *Marionette*, die (hebr.-gr.-lat.-fr., Pl. -n)

Gliederreißen *Arthralgie*, die (gr., Pl. ...ien) auch: Gelenkschmerz (med.)

Gliedersatz *Prothese*, die (gr., Pl. -n) künstlicher Ersatz für fehlende Körperteile: Bein-, Zahnprothesen

Gliederung 1. *Struktur*, die (lat., Pl. -en) 2. *Systematik*, die (gr.-lat., Pl. -en) i. S. e. planmäßigen Darstellung

Gliedmaße 1. *Extremität*, die (lat., Pl. -en) 2. *Membrum*, das (lat., Pl. ...bra) med.

Gliedmaßenpaare *Pleopoden*, die (gr., Pl.) bei Krebsen

Glockenblume *Campanula*, die (lat., Pl. ...lae)

Glockenrebe *Cobaea*, die (lat., Pl. -s) e. mexikanische Zierpflanze, nach dem sp. Forscher B. Cobo (1582–1657)

Glockenspiel 1. *Carillon*, das (fr., Pl. -s) auch: Musikstück für Glockeninstrumente 2. *Lyra*, die (lat., Pl. ...ren) e. dem Schellenbaum ähnliches Glockenspiel in Militärkapellen; auch: Drehleier

Glockenturm *Kampanile*, der (lat.-it., Pl. -) e. berühmter steht auf dem Markusplatz in Venedig

Gloriole *Nimbus*, der (lat., Pl. -se) i. S. e. Heiligenscheins

glorreich *glorios* (lat.) auch: ruhmvoll, glanzvoll, prahlerisch

Glossensammlung *Glossar*, das (gr.-lat., Pl. -e)

Glotzauge *Exophthalmus*, der (lat., ohne Pl.) Hervorstehen des Augapfels (med.)

Glück 1. *Fortuna*, die (lat., ohne Pl.) 2. *Fortune*, die (lat.-fr., ohne Pl.) der Wirtschaftsminister ist e. harter Arbeiter, dennoch ist er erfolglos, es mangelt ihm an Fortune 3. *Tyche*, die (gr., ohne Pl.) i. S. von Zufall 4. *Bonheur*, das (fr.)

Glück haben *reüssieren* (lat.-it.-fr.) e. Ziel erreichen

Glück, den Mutigen hilft das ... *fortes fortuna adiuvat* (lat., Zitat)

Glück, er hat ... in der Liebe *secundae res ei de amore sunt* (lat., Zitat)

Glück, es gibt kein vollkommenes ... *nihil est ab omni parte beatum* (lat., Zitat: Horaz)

Glück, gut ... *Massel-tof*, der, das (jidd., ohne Pl.) auch: Glückwunsch; Schicksal; z. B.: Massel haben

Glück, töricht macht das ..., wen es verderben will *stultum facit Fortuna, quem vult perdere* (lat., Zitat: Publilius Syrus)

Glückes, jeder ist seines ... Schmied *faber est suae quisque fortunae* (lat., Zitat)

glücklich *happy* (engl.)

glückliche Stunde *Happy-hour*, die (engl.-am., Pl. -s) gemeint ist die Nachmittags-

zeit, in der es in vielen Kneipen u. Restaurants Getränke zum halben Preis gibt

Glücksbringer 1. *Talisman*, der (gr.-arab.-lat., Pl. -e) 2. *Amulett*, das (lat., Pl. -e) glückbringender Gegenstand, der an e. Kette um den Hals getragen wird 3. *Maskottchen*, das (fr., Pl. -) 4. *Maskotte*, die (fr., Pl. -n)

Glückseligkeit *Eudämonie*, die (gr., ohne Pl.)

Glücksfall *Chance*, die (lat.-fr., Pl. -n)

Glücksfund *Trouvaille*, die (fr., Pl. -n)

Glücksgefühl 1. *Euphorie*, die (gr., Pl. ...ien) nicht verw. mit *Euphonie*, die (gr.-lat., Pl. ...ien) sprachlicher Wohlklang; Ggs.: Kakophonie 2. *Flow*, der (engl., Pl. -s) allumfassend, von längerer Dauer 3. *Kick*, der (engl., Pl. -s) kurz, aber heftig

Glücksgöttin *Fortuna*, die (lat., ohne Pl.) die römische Göttin des Glücks

Glückskind, e. ... sein *fortunae filium esse* (lat., Zitat)

Glücksspiel 1. *Roulette*, das (lat.-fr., Pl. -s) bei dem auf Zahl u./oder Farbe gesetzt wird; Fachausdrücke beim Roulettespiel: – Drittes Dutzend: *Douze dernier*, das (fr., ohne Pl.) – Erstes Dutzend: *Douze premier*, das (fr., ohne Pl.) – gerade Zahlen: *Pair*, das (lat.-fr., ohne Pl.) – groß: 19–36 *Passe*, das (lat.-fr., ohne Pl.) – klein: 1–18 *Manque*, das (lat.-it.-fr., ohne Pl.) – rot: *Rouge*, das (lat.-fr., ohne Pl.) – Roulettegewinnfeld des Bankhalters: *Zero*, die (arab.-lat.-it.-fr., Pl. -s) – schwarz: *Noir*, das (lat.-fr., ohne Pl.) – ungerade Zahlen: *Impair*, das (lat.-fr., ohne Pl.) – Zweites Dutzend: *Douze milieu*, das (fr., ohne Pl.) 2. *Poker*, das (am., ohne Pl.) e. am. Kartenglücksspiel; auch: Pokerface, e. Gesicht ohne Gefühlsregung 3. *Lotterie*, die (fr.-niederl., Pl. ...ien) Zahlenglücksspiel; »Schröder – das ist eine reine Lotterie.« (Erhard Eppler, SPD, zu Gerhard Schröder, 1998)

Glücksspieleinsatz, verlorengegangener ... *Mise*, die (lat.-fr., Pl. -n)

Glücksspieler *Hasardeur*, der (arab.-sp.-fr., Pl. -e)

Glückswurf *Chance*, die (lat.-fr., Pl. -n)

Glückwunsch *Gratulation*, die (lat., Pl. -en)

Glückwünschender *Gratulant*, der (lat., Pl. -en)

Gnade *Pardon*, der, das (lat.-fr., ohne Pl.) svw. Verzeihung, Nachsicht; z. B. kein Pardon geben, schonungslos vorgehen (in e. Schlacht)

Gnädigste 1. *Madame*, ohne Artikel (lat.-fr., Pl. Mesdames) »gnädige Frau«, als Anrede; »Ich küsse Ihre Hand, Madame« (Ralf Erwin) 2. *Madam*, die (lat.-fr., Pl. -s, -en) svw.: Hausherrin, die Gnädige, scherzhaft: die dickliche, ältere Frau

Goethe, Werke von u. über ... *Goetheana*, die (lat., nur Pl.)

Gold *Aurum*, das (lat., ohne Pl.)

Goldbarren *Ingot*, der (engl., Pl. -s) auch: Stahlblock

Goldgehalt *Karat*, das (lat.-arab.-fr., Pl. -e) jedoch drei Karat; Edelstein- u. Goldgewicht (1 Karat, etwa 205 mg, reines Gold: 24 Karat)

Goldgier, die verwünschte ... *auri sacra fames* (lat., Zitat, Virgil) auch: der verwünschte Hunger nach Gold

Goldgräber *Digger*, der (engl., Pl. -s) in Nordamerika

Goldgräberanteil *Claim*, das (engl.-am., Pl. -s) auch: Anrecht, Anteil, Patentanspruch

Goldhase *Aguti*, der oder das (sp., Pl. -s) Nagetier aus Südamerika

Goldhaut *Chrysose*, die (gr., Pl. ...osen) Ablagerung des Metalls u. die dadurch entstehende gelbliche Färbung der Haut nach Verabreichung goldhaltiger Arzneien (med.)

Goldklumpen *Nugget*, der (engl., Pl. -s)

Goldlack *Cheiranthus*, der (lat., ohne Pl.) eigtl.: duftende Pflanze; e. Kreuzblütler

Goldmacher *Adept*, der (lat., Pl. -en) d. h. in Geheimkünste Eingeweihter; auch: Anhänger e. Lehre

Goldmakrele *Dorade*, die (lat.-fr., Pl. -n) Salzwasser-Speisefisch

Goldmohn *Eschscholtzia*, die (lat.-dt., Pl. ...ien) e. Mohnpflanze, nach dem dt. Naturforscher J. F. Eschscholtz (1793–1831)

Goldmünze, alte spanische ... *Quadrupel*, der (lat.-fr., Pl. -) nicht verw. mit *Quadrupel*, das (lat.-fr., ohne Pl.) vier zusammengehörende math. Größen

Goldpflaume *Ikakopflaume*, die (sp.-dt., Pl. -n) eigtl. aus der karibischen Indianer-

sprache; Steinfrucht e. tropischen Rosenholzgewächses

Goldröschen *Kerrie*, die (engl., Pl. -n) Ranunkel, auch: Goldnessel; e. Rosenpflanze; nach dem engl. Biologen W. Kerr (1814 gestorben)

Goldschmied *Juwelier*, der (lat.-fr.-niederl., Pl. -e)

Goldschürfer *Prospektor*, der (lat.-engl., Pl. ...oren)

Golflehrer *Pro*, der (engl., Pl. -s)

Golfloch *Hole*, das (engl., Pl. -s)

Golfplatz *Course*, der (engl., Pl. -s)

Golfschläger 1. *Jigger*, der (engl., Pl. -s) 2. *Putter*, der (engl., Pl. -s) 3. *Wood*, der (engl., Pl. -s)

Golfschlägerträger *Caddie*, der (engl., Pl. -s) Wagen für den Transport der Golfschläger auch: e. Junge, der dem Golfspieler die Schläger trägt; auch: Einkaufswagen im Supermarkt; nicht verw. mit *Caddy*, der (engl., Pl. ...ies) in England e. Behältnis zur Aufbewahrung des Tees

Golfwagen *Caddie*, der (engl., Pl. -s) auch: Golfschlägerträger

Gondellied *Barkarole*, die (it., Pl. -n) auch: e. im Mittelmeerraum verwendetes Ruderboot

Gong, den ... schlagen *gongen* (malaiisch-engl.)

Gönner *Mäzen*, der (lat., Pl. -e) nach dem Römer Maecenas

gönnerhaft *jovial* (lat.) z. B. sich untergebenen Mitarbeitern gegenüber jovial verhalten

Gönnerhaftigkeit *Jovialität*, die (fr., ohne Pl.) auch: Leutseligkeit

Gönnerschaft *Protektion*, die (lat.-fr., Pl. -en) Begünstigung; der Sohn des Firmeninhabers stand unter der Protektion seines Vaters

Gosse, wir liegen alle in der ..., aber einige von uns blicken nach den Sternen *we are all in the gutter, but some of us are looking at the stars* (engl., Zitat: Oscar Wilde, ir. Schriftsteller, 1854–1900)

Gotik, Frühstufe der engl. ... *Early English*, das (engl., ohne Pl.) von 1190 bis 1280

Gott allein die Ehre! *soli Deo gloria!* (lat., Zitat)

Gott behüte! *absit* (lat., Zitat) das sei ferne

Gott der Liebe 1. *Amor*, der (lat., ohne Pl.)

»alles besiegt Amor« (omnia vincit amor, Vergil aus »Eklogen«) 2. *Eros*, der (gr.-lat., ohne Pl.) gr. Gott der Liebe; gemeint ist die geschlechtliche Liebe; Eros-Center als Haus für Zwecke der Prostitution (Puff)

Gott der Zeit *Chronos*, der (gr.-lat., ohne Pl.) »Wie schnell, o Chronos, rollet dein Wagen« (C.-F. Daniel Schubart aus »An Chronos«)

Gott des Feuers *Vulkanus*, der (lat., altröm. Gott) daher: *Vulkan*, der (lat., Pl. -e) feuerspeiender Berg; »Menschen sind wir, schlafen sämtlich auf Vulkanen« (Goethe)

Gott des Lichtes *Helios*, der (gr.-lat., ohne Pl.) »Nur Helios vermag's zu sagen, der alles Irdische bescheint« (Friedrich v. Schiller)

Gott des Schlafes *Hypnos*, der (gr., ohne Pl.)

Gott des Weines *Bacchus*, der (gr.-lat., ohne Pl.) der antike gr.-röm. Weingott; dem »Bacchus huldigen«: Wein trinken; »Wundervoll ist Bacchus' Gabe, Balsam fürs zerrissene Herz« (Friedrich Schiller); nicht verw. mit *Bachelor*, der (lat.-fr.-engl., Pl. -s) niedrigster akademischer Grad, z. B. in den USA u. England; B. A. kurz für: Bachelor of Art

Gott erbarme dich meiner! *misere mei, Deus!* (lat., Zitat: Psalm 57)

Gott lenkt *Deus providebit* (lat., Wahlspruch des Kaisers Maximilian II.)

Gott sei Dank! *Deo gratias!* (lat., Zitat)

Gott, alles mit ... *omnia cum Deo* (lat., Zitat)

Gott, altägyptischer ... *Horus*, der (ägypt., ohne Pl.) ... in Gestalt e. Falken; auch: Königstitel

Gott, dich, ..., loben wir! *Te Deum laudamus!* (lat.) kurz: *Tedeum*, das (lat., ohne Pl.) ambrosianischer Lobgesang; »Das war die Stunde, als wir das Tedeum nach der Wahl in e. Kirche in Prag gesungen haben, als das Land endlich frei war.« (Karl Johannes Fürst von Schwarzenberg)

Gott, ihr werdet sein wie ... *eritis sicut Deus* (lat.) Worte der verführenden Schlange beim Sündenfall (Mose 3, 5)

Gott, laß uns ... danken *gratias agamus Deo* (lat., Zitat)

Gott, so ... will *si Diis placet* (lat., Zitat) auch: wenn es den Göttern gefällt

Gott, wenn ... will *volente Deo* (lat., Zitat) mit Gottes Willen

Gottebenbildlichkeit *Imago Dei*, die (lat., ohne Pl.) eigtl.: Ebenbild Gottes

Götter, die ... dürsten *les dieux ont soif* (fr., Zitat: Anatole France, fr. Schriftsteller, 1844–1924)

Götter, wen die ... lieben, der stirbt als Jüngling *quem di diligunt, adolescens moritur* (lat., Zitat: Plautus)

Götterbild *Xoanon*, das (gr., Pl. ...ana) als Holzschnitzerei

Götterbild, altgr. ... aus Holz *Xoanon*, das (gr., Pl. ...ana)

Götterentstehung *Theogonie*, die (lat., Pl. ...ien) mystische Vorstellung vom Werden der Götter

Götterlehre *Mythologie*, die (gr., Pl. ...ien) auch: Erforschung u. Darstellung der Götter- u. Sagengeschichten e. Volkes

Göttermahlzeit *Lectisternium*, das (lat., Pl. ...ien) Kult im alten Rom: Götterbildern wurden Speisen vorgesetzt

Göttersage *Mythos* u. *Mythus*, der (gr.-lat., Pl. ...then) auch: überlieferte Sage, Dichtung

Götterspeise *Ambrosia*, die (gr.-lat., ohne Pl.) die Götterspeise in der gr. Sagenwelt

Götterspruch *Orakel*, das (lat., Pl. -) auch: Weissagung, Schicksalsspruch

Göttertempel *Pantheion, Pantheon*, das (gr.-lat., Pl. -s) z. B. Tempel im alten Rom für alle Götter; Ehrentempel in Paris; Gesamtheit der Götter e. Volkes; allen Göttern geweihtes Heiligtum

Göttertrank *Nektar*, der (gr.-lat., Pl. -e) in der gr. Sage: Göttertrank, der ewige Jugend verleiht

Göttervater 1. *Zeus*, der (gr., ohne Pl.) höchster altgr. Gott; Zeustempel; »Bedekke deinen Himmel, Zeus, mit Wolkendunst« (Goethe: »Prometheus«) 2. *Wodan*, auch: *Odin, Wotan*, der (germ., ohne Pl.) höchster germ. Gott 3. *Jupiter*, der (lat., ohne Pl.) auch: Jovis, höchster röm. Gott, auch e. Planet

Götterwohnsitz *Olymp*, der (gr.-lat., ohne Pl.) Wohnsitz der Götter auf dem nordgr. Berg Olympos

Gottes, im Namen ... *bismillah* (arab.) mohammedanische Eingangsformel für Gebete u. Schriftstücke

Gottes, mit … Hilfe *Deo annuente (favente)* (lat., Zitat)

Gottes, von … Gnaden *Dei gratia* (lat., Formel in fürstlichen Urkunden seit Karl dem Großen)

Gottesbund *Testament*, das (lat., Pl. -e) auch: Vermächtnis, Verfügung, letzter Wille

Gottesdienst 1. *Liturgie*, die (gr.-lat., Pl. …ien) eigtl.: »öffentlicher Dienst« 2. *Mette*, die (lat.-roman., Pl. -en) z. B. Christmette, Nacht- oder Frühgottesdienst

Gottesdienst, feierlicher … für Eingeweihte *Initiation*, die (lat., Pl. -en) auch: Einführung Jugendlicher in den Kreis der Männer bei Naturvölkern. »Friedhöfe als Initiationserlebnisse.« (Tilman Krause, Die Welt, 2006)

gottesdienstlich *sakral* (lat.) i. S. von heilig

Gottesdienstordnung *Agende*, die (lat., Pl. -n)

Gotteserkenntnis *Theognosie*, die (gr., ohne Pl.)

Gotteserscheinung 1. *Theophanie*, die (gr., Pl. …ien) 2. *Epiphanie* u. *Epiphania*, die (gr., ohne Pl.) Erscheinung e. Gottheit unter den Menschen; z. B. »Erscheinung des Herrn« am 6. Januar, Dreikönigsfest

Gottesfriede *Treuga Dei*, die (lat., ohne Pl.) im Mittelalter: das Fehdeverbot an best. Tagen

Gottesfurcht *Eusebie*, die (gr., ohne Pl.) Ggs.: Asebie

gottesfürchtig *religiös* (lat.-fr.)

Gottesgelehrter *Theologe*, der (gr.-lat., Pl. -n)

Gottesglaube *Deismus*, der (lat., ohne Pl.)

gottesgläubig *deistisch* (lat.)

Gottesgläubiger *Deist*, der (lat., Pl. -en)

Gotteshaus 1. *Kapelle*, die (lat., Pl. -n) kleines Gebäude 2. *Tempel*, der (lat., ohne Pl.) Säulentempel; unchristliches Gotteshaus

Gottesherrschaft *Theokratie*, die (gr.-lat., Pl. …ien) die Staatsgewalt wird durch die Religion legitimiert

Gotteslästerer *Blasphemist*, der (lat., Pl. -en)

gotteslästerlich *sakrilegisch* (lat.)

Gotteslästerung 1. *Blasphemie*, die (gr.-lat., Pl. -n) 2. *Sakrileg*, das (lat., Pl. -e) Vergehen gegen verehrte, angebetete Gegenstände

Gotteslehre *Theologie*, die (lat., ohne Pl.)

Gottesleugner *Atheist*, der (gr., Pl. -en)

Gottesleugnung *Atheismus*, der (gr., ohne Pl.) auch: Verneinung der Gottesexistenz

Gottesmutter *Madonna*, die (lat.-it., ohne Pl.)

Gottessinnbild *Tetragrammaton*, das (gr., Pl. …ta) Bez. für die vier hebr. Konsonanten des Namens Jahwe als Symbol Gottes zur Abwehr des Übels

Gottessohn *Jesus Christus*, der (Eigenn., jüd., ohne Pl.) »Ich bin der Jesus Christus der Politik, leidend nehme ich alles auf mich, ich opfere mich.« (Silvio Berlusconi, Ministerpräsident Italiens, 2005)

Gottesstaat *Civitas Dei*, die (lat., ohne Pl.) Afghanistan ist z. B. e. islamischer Gottesstaat

Gottesurteil *Ordal*, das (lat., Pl. …ien) … im mittelalterlichen Recht

Gottesurteil *Ordal*, das (lat., Pl. -e)

Gottesverehrung *Religion*, die (lat., Pl. -en)

Gottheit *Numen*, das (lat., ohne Pl.) körperloses, göttliches Wesen

**Gottheit, Bez. für … ** *Eloah*, der (semit., ohne Pl.)

Göttin der Erde *Gäa*, die (gr., ohne Pl.)

Göttin der Erinnerung *Mnemosyne*, die (gr., ohne Pl.)

Göttin der Jugend *Hebe*, die (gr., ohne Pl.) auch: gr. Mundschenkin der Götter

Göttin des Glücks *Fortuna*, die (lat., ohne Pl.) röm. Glücksgöttin; »Fortuna lächelt, doch sie mag nur ungern voll beglücken« (Wilhelm Busch); nach Cicero: »fortuna caeca est« (das Glück ist blind)

Göttin des Herdfeuers *Vesta*, die (lat., ohne Pl.) röm. Göttin

Göttinnen, gr. … der Jahreszeiten *Horen*, die (lat., Pl.)

Göttinnen der Anmut u. Schönheit *Grazien*, die (lat., nur Pl.) »drei Grazien«, nach der gr. Sage die drei Töchter des Zeus: Aglaia, Thalia, Euphrosyne

göttlich *ambrosisch* (gr.-lat.) auch: köstlich, himmlisch

Göttlichkeit *Divinität*, die (lat., ohne Pl.) i. S. e. göttlichen Wesens; nicht verw. mit *Divination*, die (lat., Pl. -en) Ahnung, Wahrsagekunst

Gottlosigkeit *Asebie*, die (gr., ohne Pl.)

Götzenbild *Idol*, das (gr., Pl. -e) auch: Leitbild, Wunschbild, bes. der Jugend
Götzendienst *Idolatrie*, die (gr.-lat., Pl. …ien)
Grab *Kawure*, die (jidd., Pl. -n) auch: Versteck e. Verbrechers (Knastsprache)
Grab, prächtiges *Mausoleum*, das (gr.-lat., Pl. …een) nach dem altkarischen König Mausolos (um 380 v. Chr.): riesiges Grabmal; »das Mausoleum, die letzte u. komischste Torheit der Reichen« (Ambrose Bierce)
**Grabbau, monumentaler … ** *Pyramide*, die (ägypt.-gr.-lat., Pl. -n) … der altägyptischen Könige; »Von der Spitze dieser Pyramiden blicken vierzig Jahrhunderte auf euch herab.« (Napoleon I., 1798 in Ägypten)
Grabenböschung *Eskarpe*, die (fr.-it., Pl. -n)
Grabinschrift *Epitaph*, das (gr.-lat., Pl. -e)
Grabkammer *Cubiculum*, das (lat., Pl. …la) … in den röm. Katakomben; auch: Schlafgemach im altröm. Haus
Grabmal *Mausoleum*, das (gr.-lat., Pl. …een) i. S. e. monumentalen Bauwerks nach dem Grabmal des Königs Mausolos
Grabsäule *Stele*, die (gr., Pl. -n) auch: Hauptstrang e. Gewächssprosses (Bot.)
Grad *Niveau*, das (lat.-fr., Pl. -s) auch: ebene Fläche; Wertstufe; Stand
Grad, höchster … der Eingeweihten *Epopt*, der (gr.-lat., Pl. -en) … in Mysterien
Gradkreis *Limbus*, der (lat., Pl. …bi) auch: Teilkreis am Winkelmesser; einst: Vorhölle als Ort der z. B. ungetauft gestorbenen Kinder
Graf 1. *Conte*, der (lat.-it., Pl. …ti) Italien 2. *Earl*, der (engl., Pl. -s) bis etwa 1350, die höchste Adelsstufe in England
**grafische Gestaltung … ** *Layout*, das (engl., Pl. -s) …e. Zeitungs- oder Zeitschriftenseite
Grafschaft *Komitat*, das (lat., Pl. -e) e. Graf als Vorsteher e. kirchlichen oder weltlichen Bezirks, auch: ehrenhaftes Geleit für e. Studenten, der seine Universität verläßt
Gralshüter *Templeise*, der (lat.-fr., Pl. -n) aus der Parzivalsage des Mittelalters; auch: Gralsritter
Grämlichkeit *Morosität*, die (lat., ohne Pl.)

Grasboden lockern u. belüften 1. *vertikutieren* (lat.) 2. *aerifizieren* (lat.)
Grasebene 1. *Steppe*, die (russ., Pl. -n) 2. *Taiga*, die (russ., ohne Pl.) auch: Gebiet spärlichen Baumbewuchses in Sibirien 3. *Prärie*, die (fr., Pl. …ien) Grasland in Nordamerika 4. *Pampa*, die (indian.-sp., Pl. -s) Grassteppe in Südamerika, Pampasgras
Gräser *Gramineen*, die (lat., Pl.) Bez. für Süßwassergräser
Gräserkunde *Agrostologie*, die (gr.-lat., ohne Pl.)
**Grasland, tropisches … ** *Savanne*, die (sp., Pl. -n) »In unserer afrikanischen Savanne haben sich Eisflächen gebildet, da können Zebras ausrutschen.« (Sabine Hass, Gelsenkirchener Zoo, 2005)
Graslandschaft 1. *Steppe*, die (russ., Pl. -n) 2. *Savanne*, die (sp., Pl. -n)
Grasplatz *Kamp*, der (lat., ohne Pl.) auch: Feldstück
Gratulantenliste in Festschriften *Tabula gratulatoria*, die (lat., Pl. …lae, …iae)
Grauen *Horror*, der (lat., ohne Pl.) der blanke Horror
Grauen vor dem Leeren *Horror vacui* (lat., Zitat: Aristoteles)
grauenhaft *horribel* (lat.-engl.)
grauer Star *Katarakt*, der (gr.-lat., Pl. -e) med.
graugelb *isabellfarben* (fr.)
Grau-in-Grau-Malerei *Grisaille*, die (fr., Pl. -n) auch: Seidenstoff aus weißem u. schwarzem Faden
Graupapagei *Jako*, der (fr., Pl. -s) Papagei Afrikas
Graupensuppe *Rumfordsuppe*, die (Eigenn., engl.-dt., Pl. -n) … mit Erbsen, Kartoffeln u. Fleisch; nach Graf Rumford (1753 – 1814)
grausam 1. *barbarisch* (gr.-lat.) barbarische Strafen verhängen 2. *bestialisch* (lat.) in der Küche stinkt es bestialisch 3. *brutal* (lat.) auch: roh, gefühllos
Grausamkeit 1. *Atrozität*, die (lat., Pl. -en) i. S. von Abscheulichkeit 2. *Barbarei*, die (gr.-lat., Pl. -n) 3. *Bestialität*, die (lat., Pl. -en)
Grausen *Horror*, der (lat., ohne Pl.) auch: Abscheu, Widerwille
grausig *makaber* (fr.) unheimlich; z. B.

Dance macabre (Makabertanz): mit Tod u. Vergänglichkeit Scherze treiben

Grauspießglanz *Antimonit*, der (gr.-lat., ohne Pl.) bes. Erz

Greifarme *Tentakel*, der, das (lat., Pl. -) auch: Greiffäden, z. B. bei Tintenfischen oder Quallen

greifbar 1. *existent* (lat.) 2. *konkret* (lat.) 3. *real* (lat.) 4. *reell* (lat.-fr.)

Greifbarkeit *Plastizität*, die (lat., ohne Pl.) auch: Bildhaftigkeit, Körperlichkeit, Materialformbarkeit

greifen, um sich ... *grassieren* (lat.) einst grassierte in Europa die Pest

Greisenalter *Senium*, das (lat., ohne Pl.) med.

greisenhaft *senil* (lat.)

Greisenhaftigkeit *Senilität*, die (lat., ohne Pl.)

Grenze 1. *Extrem*, das (lat., Pl. -e) i. S. der äußersten Grenze 2. *Limit*, das (lat.-fr.-engl., Pl. -s) das zu erreichen ist

Grenze, äußerste ... *Limit*, das (lat.-fr.-engl., Pl. -s, -e) z. B. bei Preisverhandlungen

grenzenlos *ad infinitum* (lat.) i. S. von: ins Grenzenlose

Grenzlinie *Demarkationslinie*, die (fr.-dt., Pl. -n) vorläufige Grenze zwischen Staaten

Grenznachbar *Adjazent*, der (lat., Pl. -en) auch: Anrainer

Grenzpunkt *Point of no return*, der (engl., Pl. -ts) Punkt, an dem es kein Zurück gibt

Grenzwall *Limes*, der (lat., ohne Pl.) e. von den Römern zwischen Rhein u. Donau angelegter Wall, der vor den Germanen schützen sollte

Grenzwert *Limes*, der (lat., ohne Pl.) math. Grenzwert, dem sich e. Menge oder Zahlenreihe nähert (Abk.: lim); auch: e. von den Römern zwischen Rhein u. Donau angelegter Grenzwall, der das Reich bes. vor den Germanen schützen sollte

Greuel *Atrozität*, die (lat., Pl. -en) auch: Greueltat

Griechenfreund *Philhellene*, der (gr., Pl. -n)

griechenfreundlich *philhellenisch* (gr.)

Griechentum *Hellenismus*, der (gr., ohne Pl.) nach J. G. Droysen (1808–1884) die Epoche von Alexander dem Großen

(356–323 v. Chr.) bis Kaiser Augustus (63 v. Chr. bis 14 n. Chr.)

griechisch *hellenisch* (gr.-dt.)

Grießpudding, kalter ... *Flammeri*, der (engl., Pl. -s)

Griff *Grip*, der (engl., ohne Pl.) z. B. Reifengrip

Griffel, wende den ... *saepe stilum vertas* (lat., Zitat: Horaz) d. h. feile am Ausdruck

Griffigkeit *Grip*, der (engl., ohne Pl.) z. B. Reifengrip

Grill, der durch Infrarot erhitzt wird *Infragrill*, der (Eigenn., lat., Pl. -s)

Grille *Zikade*, die (lat., Pl. -n)

grillenähnliches Insekt *Zikade*, die (lat., Pl. -n)

grillenhaft *komisch* (gr.-lat.-fr.) belustigend, sonderbar; »vom jugendlichen Helden zum komischen Alten« (Charlie Rivel)

Grillrestaurant *Rotisserie*, die (germ.-fr., Pl. -n) für gegrillte Fleischgerichte

Grimmdarm *Kolon*, das (lat., Pl. -s u. Kola) auch: Körperglied; Darm, e. Dickdarmteil (med.)

Grimmdarmentfernung *Kolektomie*, die (gr.-lat., Pl. ...ien) med.

Grimmdarmuntersuchung *Koloskopie*, die (gr.-lat., Pl. ...ien) med.

grimmig *martialisch* (lat.) martialisch aussehen

Grind *Impetigo*, die (lat., ohne Pl.) auch: Eiterflechte (med.)

grindig *impetiginös* (lat.) med.

Grippe *Influenza*, die (lat.-it., ohne Pl.) med.

grob 1. *brutal* (lat.) auch: roh, gefühllos 2. *brüsk* (it.-fr.) »stachlig«; schroff 3. *rabiat* (lat.) rücksichtslos

Grobheit *Krudität*, die (lat., Pl. -en) auch: Plumpsein; Roheit

grobkristallin *makrokristallin* (gr.-lat.)

Groll 1. *Ranküne*, die (lat.-fr., Pl. -n) i. S. von Rachsucht 2. *Ressentiment*, das (lat.-fr., Pl. -s) heimlicher u. stiller Groll

Groschenheft *Pulpfiction*, die (engl., ohne Pl.) auch: Erfindung; anspruchslose Literatur

groß 1. *titanisch* (gr.-lat.) riesengroß 2. *astronomisch* (gr.-lat.) unvorstellbar groß; auch: sternkundlich

großartig 1. *bravourös* (gr.-lat.-fr.) auf gekonnte Art u. Weise etwas tun 2. *brillant* (gr.-lat.-fr.) nicht: brilliant; i. S. von hervorragend 3. *extraordinär* (lat.-fr.) i. S. von außergewöhnlich; Ggs.: ordinär 4. *exzellent* (lat.-fr.) vortrefflich 5. *famos* (lat.) »viel besprochen«; prächtig 6. *fulminant* (lat.) ausgezeichnet, z. B. e. fulminanter Roman 7. *imposant* (lat.-fr.) durch Größe auffallend 8. *monumental* (lat.) gewaltig; auch: denkmalartig 9. *phantastisch* (gr.-lat.) auch: unglaublich 10. *phänomenal* (gr.-lat.-fr.) svw. erstaunlich, außergewöhnlich 11. *sensationell* (lat.-fr.) verblüffend, bes. eindrucksvoll

Großartigkeit 1. *Grandiosität*, die (lat.-it., ohne Pl.) z. B. die Grandiosität der Bergwelt 2. *Monumentalität*, die (lat., ohne Pl.) die Monumentalität ägyptischer Baukunst

Großbehälter *Container*, der (engl., Pl. -) z. B. Containerhafen

Großbuchstabe 1. *Majuskel*, die (lat., Pl. -n) Ggs.: Minuskel 2. *Versal*, der (lat., Pl. -ien)

Größe *Dimension*, die (lat., Pl. -en) Abmessungen e. Körpers

Größe e. politischen Gruppe *Parteigrande*, der (sp., Pl. -n) z. B. Joschka Fischer, Parteigrande der Grünen

Größe, der ... nach *quantitativ* (lat.) mengenmäßig, z. B. *Quantité négligeable*, die (lat.-fr., ohne Pl.) Belanglosigkeit

Größe, Dingen die richtige ... geben *Rightsizing*, das (engl.-am., ohne Pl.) e. Ergonomie-(Arbeitswissenschafts-)Trend, der Bedienungskonzepte in Frage stellt

Größe, feste *Konstante*, die (lat., Pl. -n) Unveränderliche (math.); Ggs.: Variable

Größe, gegebene ... *Entität*, die (lat., Pl. -en) auch: bewußt Dasein im Unterschied zu Dingen (philos.)

Größe, unveränderliche ... *Invariante*, die (lat., Pl. -n)

Größeneffekt *Synergieeffekt*, der (gr.-lat., Pl. -e) d. h., e. Gesamtheit hat e. höheren Wert als die Summe ihrer Teile

Größenmaß *Quantität*, die (lat., Pl. -en) Menge, Anzahl

Größenordnung *Dimension*, die (lat., Pl. -en) Abmessung, Ausmaß

Größenverhältnis 1. *Proportion*, die (lat., Pl. -en) ihr Körper besaß ausgewogene Proportionen 2. *Relation*, die (lat., Pl. -en) z. B. der Preis steht in keiner Relation zur

Qualität; auch: regelmäßig befahrene Schiffahrtslinie; Zurückschiebung e. Eides im Zivilprozeß; Ggs.: Delation

Größenwahn 1. *Megalomanie*, die (gr.-lat., ohne Pl.) 2. *Gigantomanie*, die (gr.-lat., ohne Pl.) Sucht, alles ins Riesenhafte zu steigern, bes. in der Baukunst 3. *furor principum* (lat.) Cäsarenwahn

größenwahnsinnig *megaloman* (gr.-lat.)

Großfamilie *Clan*, der (engl., Pl. -s) Stammesverband

Großformat *King-size*, die, das (engl., ohne Pl.) z. B. bei Betten oder Zigaretten

großfrüchtig *megalokarp* (gr.) Bot.

Großfürst *Maharadscha*, der (ind., Pl. -s) aus Indien

Großgambe *Viola bastarda*, die (it., Pl. ...le, ...de) mit 6–7 Saiten u. Resonanzsaiten

Großgrundbesitzer *Magnat*, der (lat., Pl. -en) Großindustrieller

Großgrundbesitzer, adliger ... *Bojar*, der (russ., Pl. -en) ... u. Würdenträger; die Knute der Bojaren

Großhandel *Engroshandel*, der (lat.-fr.-dt., ohne Pl.)

Großhändler *Grossist*, der (lat.-fr., Pl. -en)

Großhirn *Cerebrum*, das (lat., Pl. ...bra) auch: Gehirn (med.)

Großhirn- u. Hirnstamm, Randgebiet zwischen ... *limbisches System*, das (lat., Pl. -e, -e) ... das die hormonale Steuerung u. das vegetative Nervensystem beeinflußt

Großhirnrinde *Pallium*, das (lat., Pl. ...ien) auch: Überwurf im alten Rom; Krönungsmantel der Kaiser

Großkatze *Tiger*, der (pers.-gr.-lat., Pl. -)

Großklima *Makroklima*, das (gr., Pl. ...mate) nicht: Klimata

großköpfig *makrozephal* (gr.) med.

Großköpfigkeit *Makrozephalie*, die (gr., Pl. ...ien) Wasserkopf (med.); Ggs.: Mikrozephalie

Großküchenleiter *Traiteur*, der (fr., Pl. -e) Speisewirt; auch: Fertiggerichtlieferant

Großmachtstreben *Imperialismus*, der (lat., ohne Pl.)

Großmut *Generosität*, die (lat.-fr., Pl. -en) sich Fremden gegenüber generös (großmütig) zeigen

großmütig *generös* (lat.-fr.) e. generöse Großmutter haben

Großraumdüsenflugzeug *Jumbo-Jet*, der (engl., Pl. -s)

Großraumgehege *Reservat*, das (lat., Pl. -e) in dem Großwild wie auf freier Wildbahn lebt

Großraumlimousine *Van*, der (engl., Pl. -s) eigtl.: Lieferwagen; Kurzform für Caravan, Fahrzeug für bis zu acht Personen

Großsprecher *miles gloriosus* (lat., Zitat: Plautus) der ruhmredige Soldat

Großstadtmensch, armer ... *Puppy*, der (engl., Pl. ...ies) aus: poor urban professional

Großstadtmensch, frustrierter ... *Fruppy*, der (engl.-am., Pl. ...ies) aus: frustrated urban professional, sie haben allen Spaß am Konsum verloren; Ggs.: Yuppy

Großsteingrab *Megalithgrab*, das (gr.-dt., Pl. ...gräber) prähist. Großsteingrab

großtun *renommieren* (lat.-fr.) z. B. mit e. teuren Auto renommieren

Großveranstaltung, die Firma werblich nutzt *Event-Marketing*, das (engl., ohne Pl.) z. B. die Fußball-WM 2006)

Großwuchs *Makrosomie*, die (gr., Pl. ...ien) auch: Riesenwuchs; Ggs.: Mikrosomie

großzügig 1. *generös* (lat.-fr.) Vater war immer sehr generös 2. *kulant* (lat.-fr.) die Versicherung zeigte sich in der Schadensregulierung sehr kulant 3. *nobel* (lat.-fr.) e. nobles Automobil fahren, Nobelkarosse 4. *spendabel* (roman.-dt.)

Großzügigkeit 1. *Generosität*, die (lat.-fr., ohne Pl.) 2. *Kulanz*, die (lat.-fr.) die Versicherung regelte den Schaden auf dem Kulanzweg

Grübchen auf dem Golfball ... *Dimple*, das (engl., Pl. -s) ... die Einfluß auf die Aerodynamik haben

Grübchen *Fossula*, das u. die (lat., Pl. ...lae) Bez. für e. kleine Vertiefung (med.)

Grube 1. *Mine*, die (lat., Pl. -n) eigtl.: Erzader; auch: Pulvergang bei Belagerungen; Einlage für Schreibutensilien; Sprengkörper (Panzermine) 2. *Fovea*, die (lat., Pl. -e) kleine Vertiefung in Knochen u. Organen (med.)

grübeln 1. *meditieren* (lat.) auch: sinnen, nachdenken 2. *reflektieren* (lat.) auch: überdenken, erwägen 3. *spintisieren* (fr.-dt.) auf abwegige Weise nachdenken

Grubenschmelz *Champlevé*, das (fr., ohne Pl.)

Grübler *Aerobat*, der (gr., Pl. -en) »Luftwandler«; auch: Seiltänzer; Träumer

Gruft *Krypta*, die (gr.-lat., Pl. ...ten) sich unter dem Chor alter Kirchen befindende Grabanlage

Grünanlage *Chlorophyzee*, die (gr., Pl. -n)

Grünbleierz *Pyromorphit*, der (gr., Pl. -e)

Grund 1. *Argument*, das (lat., Pl. -e) 2. *Causa*, die (lat., Pl. ...sae) Ursache, z. B. e. Schadens 3. *Motiv*, das (lat.-fr., Pl. -e) Beweggrund

Grund, bewegender ... *Movens*, das (lat., ohne Pl.) auch: Antriebskraft

Grundbau *Fundament*, das (lat., Pl. -e) die Fundamente werden in Beton geschüttet

Grundbedürfnisse *Basic Needs*, die (engl., Pl.)

Grundbegriff 1. *Element*, das (lat., Pl. -e) auch: Grundstoff; Lebensraum, Naturgewalt, Bauteil 2. *Kategorie*, die (gr.-lat., Pl. ...ien) auch: Klasse, Gattung; Beschuldigung

Grundbesitz *Immobilien*, die (lat., nur Pl.) unbewegliche Vermögen

Grundbestandteil *Element*, das (lat., Pl. -e) Herzlichkeit ist e. Element seines Wesens

Grundbestimmung *Normative*, die (lat.-fr., Pl. -n) grundlegende Festlegung

Grundbuch *Kataster*, der (it., Pl. -) ist e. amtliches Verzeichnis über Grundstücke

Grundeigentum *Realitäten*, die (lat., Pl.) Liegenschaften, Grundstücke

gründen 1. *etablieren* (lat.-fr.) in der Straße etablierte sich e. neues Möbelgeschäft 2. *fundieren* (lat.) 3. *konstruieren* (lat.) auch: e. techn. Gerät entwerfen

Grundfläche *Basis*, die (gr.-lat., Pl. ...sen) auch: Grundlage; die Trennung von der Firma entzog ihm die finanzielle Basis

Grundform *Infinitiv*, der (lat., Pl. -e) der Infinitiv e. Verbs

Grundformen *Normalien*, die (lat., Pl.) Vorschriften, Regeln

Grundgedanke *Thema*, das (gr.-lat., Pl. ...men) schweifen Sie nicht vom Thema ab!

Grundgerüst *Skelett*, das (gr.-fr., Pl. -e) tierisches oder menschliches Gerippe; tragender Unterbau

Grundgesetz 1. *Element*, das (lat., Pl. -e) auch: Grundstoff, Bauteil 2. *Magna Charta*, die (lat., ohne Pl.) Große Urkunde der Freiheiten; in England: Grundgesetz von 1215; auch: Verfassung, Satzung 3. *Norm*, die (lat., Pl. -en) auch: Regel für das Zusammenleben der Menschen; Durchschnitt, übliche Größe 4. *Statut*, das (lat., Pl. -en) Satzung, Grundgesetz

Grundhaltung *Tenor*, der (lat., ohne Pl. u. Tenöre) auch: grundlegender Sinn oder Wortlaut; hohe Männerstimme; geschriebener Teil e. Musikstücks

Grundhaltung, positive ... *Optimismus*, der (lat.-fr., ohne Pl.) i. S. e. zuversichtlichen Lebenseinstellung; Ggs.: Pessimismus; »Die Mode ist jetzt pessimistischer Optimismus – es ist zwar alles heilbar, aber nichts ist heil.« (Ludwig Marcuse)

Grundhörigkeit *Kolonat*, das (lat., Pl. -e) auch: Erbzinsgut; im röm. Zeit: die Gebundenheit der Pächter an ihr Land

Grundlage 1. *Basis*, die (gr.-lat., Pl. ...sen) die Basis unserer Zusammenarbeit ist gestört 2. *Fundament*, das (lat., Pl. -e) das Gebäude ruht auf e. soliden Fundament 3. *Archidoxa*, das (gr.-lat., Pl.) auch: Prinzipien

grundlegend 1. *elementar* (lat.) Grundschulen sollen das elementare Wissen vermitteln 2. *fundamental* (lat.) in der Markteinschätzung machte er e. fundamentalen Fehler 3. *kardinal* (lat.) i. S. e. schwerwiegenden Fehlers 4. *essentiell* (lat.-fr.) notwendig 5. *konstitutiv* (lat.) bestimmend, unerläßlich; Ggs.: konsekutiv 6. *prinzipiell* (fr.) 7. *substantiell* (lat.) wesentlich 8. *basal* (gr.) die Basis bildend

gründlich 1. *intensiv* (lat.-fr.) 2. *minuziös* (lat.-fr.) 3. *pedantisch* (lat.-it.-fr.) übergenau 4. *penibel* (gr.-lat.-fr.) 5. *profund* (lat.-fr.) auch: tiefgründig

Gründlichkeit 1. *Intensität*, die (lat., Pl. -) Wirksamkeit, auch: Stärke e. Strahlung 2. *Profundität*, die (lat., Pl. -) auch: Tiefe

Grundlinie *Basis*, die (gr.-lat., Pl. ...sen)

Grundlinie *Basis*, die (gr.-lat., Pl. ...sen)

Grundmauer *Fundament*, das (lat., Pl. -e) z. B. Grundfesten des Glaubens

Grundorgan fossiler Pflanzen *Telom*, das (gr.-lat., Pl. -e)

Grundplatte im Rechner ... *Motherbo-*

ard, das (engl., Pl. -s) ... auf die alle wichtigen Baugruppen befestigt sind

Grundrichtung ... *Trend*, der (engl., Pl. -s) ... e. Entwicklung z. B. in statistischen Werten; auch: Phänomen e. gesellschaftlichen Entwicklungstendenz, z. B. im Kaufverhalten, in Verhaltensweisen allgemein; e. echter Trend hält mindestens fünf Jahre an

Grundriß *Schema*, das (lat., Pl. -s, -ta, ...men) auch: Gedankenkonzept, anschauliche Darstellung

Grundsatz 1. *Prinzip*, das (lat., Pl. ...ien) 2. *Maxime*, die (lat., Pl. -n) die Maxime seines Handelns ist Ehrlichkeit 3. *Axiom*, das (gr.-lat., Pl. -e) i. S. e. gültigen Wahrheit 4. *Doktrin*, die (lat., Pl. -en) programmatische Festlegung

Grundsatzerklärung 1. *Manifest*, das (lat., Pl. -e) z. B. e. Parteiprogramm; auch: »Das kommunistische Manifest«, e. der Hauptwerke von Karl Marx (1818–1883) 2. *Statement*, das (engl., Pl. -s) auch: öffentliche Erklärung oder Behauptung

grundsätzlich 1. *prinzipiell* (lat.) 2. *a priori* (lat.) von vornherein 3. *elementar* (lat.) 4. *fundamental* (lat.) 5. *generell* (lat.-fr.) 6. *programmatisch* (gr.-lat.) auch: richtungsweisend; der Politiker hielt e. programmatische Rede

grundsatztreu 1. *kategorisch* (gr.-lat.) 2. *konsequent* (lat.) er verfolgte sein Ziel konsequent (unbeirrbar)

Grundschlag *Beat*, der (engl., Pl. -s) auch: Taktschlag; kurz für Beatmusik, Grundschlag der Rhythmusgruppe

Grundschleppnetz *Trawl*, das (engl., Pl. -s)

Grundschuldsicherung *Hypothek*, die (lat., Pl. -en) eigtl.: Unterpfand; Recht an e. Grundstück, an Wohnungseigentum

Grundschule *Primarstufe*, die (lat.-dt., Pl. -n)

Grundschulunterricht *Elementarunterricht*, der (lat.-dt., ohne Pl.)

Grundstein der Literatur *Gilgamesch-Epos*, das (Eigenn., gr., ohne Pl.) gilt als ältester schriftlicher Bericht; in sumerischer Keilschrift, um 2500 Jahren v. Chr. auf 12 Tontafeln überliefert worden; Inhalt: König Gilgameschs Suche nach Unsterblichkeit u. e. große Überschwemmung im Tal von Euphrat u. Tigris (in der Bibel als Sintflut bezeichnet)

Grundstimmung *Tendenz*, die (lat.-fr., Pl. -en) z. B.: an der Börse herrscht e. lustlose Tendenz

Grundstoff *Element*, das (lat., Pl. -e) aus der Chemie

Grundstoff, chemischer ... (Transuran) *Berkelium*, das (Eigenn., lat., ohne Pl.) kurz: Bk., genannt nach der am. Uni.-Stadt Berkeley

Grundstück 1. *Parzelle*, die (lat.-fr., Pl. -n) e. vermessenes, kleines Grundstück 2. *Areal*, das (lat., Pl. -e) Bodenfläche 3. *Immobilie*, die (lat, Pl. -en) Grundstücke, Gebäude; unbewegliche Vermögen; Ggs.: Mobilie 4. *Terrain*, das (lat., Pl. -s) auch: Baugelände

Grundstücke zusammenlegen *arrondieren* (lat.-fr.)

Grundstückshaftung *Realobligation*, die (lat., Pl. -en) z. B. der Hypothekenpfandbrief

Grundstücksverzeichnis *Kataster*, der, das (it., Pl. -)

Grundstückszusammenlegung 1. *Kommassation*, die (lat.-gr., Pl. -en) 2. *arrondieren* (lat.) abrunden, zusammenlegen von Grundstücken

Grundsubstanz des Zellplasmas *Hyaloplasma*, das (gr.-lat., ohne Pl.) e. klare, fein granulierte Substanz

Grundteil *Korpus*, der (lat., Pl. -se) auch: Körper; der Christusleib am Kreuz; das Grundteil bei Möbeln

Grundton *Tonika*, die (lat., Pl. ...ken) ... e. Tonstückes (Mus.)

Grundtöne, Veränderung der ... *Chromatik*, die (gr.-lat., ohne Pl.) ... durch Versetzungszeichen; Ggs.: Diatonik

Gründung, seit ... der Stadt (Rom) *ab urbe condita* (lat.) altrömische Zeitrechnung, 753 v. Chr. beginnend; Abk.: a. u. c.

Grundvoraussetzungen, finanztechnische ... für die EU *Konvergenzkriterien*, die (lat., Pl.) z. B. Nettoneuverschuldung, Staatsverschuldung, Inflationsrate

Grundvorstellung *Konzeption*, die (lat., Pl. -en) Entwurf e. Werkes; auch: Empfängnis (med.)

Grundwasserhöhenlinien *Hydrohypsen*, die (gr., Pl.)

Grundzahl *Kardinalzahl*, die (lat.-dt., Pl. -en) auch: ganze Zahl, z. B.: vier, zwölf

Grüner Star *Glaukom*, das (gr., Pl. -e) Augenkrankheit (med.)

Grünschnabel 1. *Rookie*, der (am., Pl. -s) Neuling bei der Polizei, in der Armee 2. *Greenhorn*, das (engl., Pl. -s) 3. *Newcomer*, der (engl., Pl. -s) e. Neuling, der schon e. gewissen Erfolg vorweisen kann 4. *Cheechako*, der (indian., Pl. -s) Neuling in Alaska

Grünschwäche *Deuteranomalie*, die (gr., Pl. ...ien) Rotsichtigkeit (med.)

Grünstein *Diabas*, der (gr., Pl. -e) e. Ergußgestein

Gruppe 1. *Clique*, die (fr., Pl. -n) befreundeter Jugendlicher 2. *Crew*, die (engl., Pl. -s) z. B.: Schiffs- oder Flugzeugbesatzung 3. *Gremium*, das (lat., Pl. -en) eigtl.: »Schoß, Armvoll«; i. S. von Ausschuß 4. *Kollektiv*, das (lat.-russ., Pl. -e) Menschen, die in sozialistischen Staaten gemeinsame Zielvorstellungen haben 5. *Komitee*, das (lat.-fr.-engl., Pl. -s) z. B. Organisationskomitee 6. *Kommission*, die (lat., Pl. -en) Ausschuß von Personen, Verhandlungskommission 7. *Sektion*, die (lat., Pl. -en) Abteilung, Gruppe innerhalb e. Behörde oder Organisation; auch: vorgefertigtes Bauteil e. Schiffes, e. Brücke

Gruppe mit e. starken Wir-Gefühl *ingroup*, die (engl.-am., Pl. -s)

Gruppe von zwei, drei oder vier Spielern *Flight*, der (engl., Pl. -s) Golfbez.

Gruppe, die angefeindet oder ignoriert wird *outgroup*, die (engl.-am., Pl. -s)

Gruppe, kulturelle ... *Szene*, die (gr.-lat.-fr., Pl. -n) eigtl.: Zelt; auch: Schauplatz e. Handlung; theatralische Auseinandersetzung, Zank; Bereich, in dem sich etwas abspielt; Trendforscher Gerd Gerken: »Erfindungsprozesse der Gesellschaft u. Energie für kulturelle Evolutionen«

Gruppe, negativ eingestellte ... 1. *Gang*, die (engl.-am., Pl. -s) jugendliche Bande, die sich meist kriminell verhält; das positive Gegenstück ist die Posse 2. *Clique*, die (fr., Pl. -n) eigtl. e. harmloser Bekanntenkreis, der aber e. negative Stimmung erzeugt, z. B. Cliquenwirtschaft in der Politik

Gruppe, positiv eingestellte ... *Posse*, die

280

(engl.-am., Pl. -s) auch: Bez. für Szene-Familie, z. B. Frankfurt-Posse, Hip-Hop-Posse; das negative Gegenstück ist die Gang

Gruppenarbeit *Teamwork*, das (engl., Pl. -s)

Gruppengesangswerk *Chor*, der (gr., Pl. Chöre)

Gruppenherrschaft *Oligarchie*, die (gr.-lat., Pl. -n) Herrschaft e. Gruppe der Auserwählten bzw. e. kleinen Gruppe

Gruppenidol, quasireligiös verehrtes ... *Guru*, der (Hindi, Pl. -s) »Die Gurus der damaligen Zeit waren voller Zweifel.« (Helmut Kohl, Bundeskanzler, 1998)

Gruppensprache *Argot*, das oder der (fr., Pl. -s) auch: Jargon; spezielle Sprache der fr. Bettler u. Gauner

Gruppentraining zur Steigerung der Sensitivität *Encounter*, das, der (fr.-engl., Pl. -) auch: Begegnung

Gruselfilm *Horrorfilm*, der (lat.-dt., Pl. -e)

gruselig *makaber* (fr.) eigtl.: danse macabre, Totentanz; unheimlich

grüßen *salutieren* (lat.) beim Militär

Grützbeutel *Atherom*, das (gr., Pl. -e) auch: Talgdrüsengeschwulst; Gefäßwandveränderung bei Arteriosklerose (med.)

Guckloch *Spion*, der (germ.-it., Pl. -e) kleines Loch in der Eingangstür

gültig *perfekt* (lat.) das Geschäft wurde per Handschlag perfekt gemacht

Gültigkeit 1. *Validität*, die (lat., ohne Pl.) z. B. die Rechtsgültigkeit (Validität) der Verträge anwaltlich prüfen lassen 2. *Relativität*, die (lat., Pl. -en) i. S. von eingeschränkter oder bezogener Gültigkeit

Gültigkeit e. Forschungsergebnisses *Validität*, die (lat., ohne Pl.) auch: Rechtsgültigkeit

Gültigkeitserklärung *Validation*, die (lat., Pl. -en)

Gummiknüppel 1. *Salami*, der (it., Pl. -) eigtl.: e. Wurst 2. *schwarzer Psychologe*, der (dt.-gr., Pl. -n) Knastsprache

Gummilinse *Transfokator*, der (lat., Pl. ...oren) Objektiv mit variabler Brennweite

Gummiüberschuh *Galosche*, die (fr., Pl. -n)

günstig 1. *opportun* (lat.) in der augenblicklichen Lage war es opportun (angebracht) zu schweigen 2. *favorabel* (lat.-fr.) auch: vorteilhaft 3. *positiv* (lat.-fr.) auch: zustimmend; Ggs.: negativ

günstige Gelegenheit *Chance*, die (lat.-fr., Pl. -n) die Chance am Schopf packen

Günstling *Protegé*, der (lat.-fr., Pl. -s)

Günstlingswirtschaft *Patronage*, die (fr., Pl. -en) auch: Protektion

Gurgelmittel *Gargarisma*, das (gr.-lat., Pl. -ta) med.

gurgeln *gargarisieren* (gr.-lat.-fr.) med.

Gurke *Kukumer*, die (lat., Pl. -n)

Gurkenkraut *Borretsch*, auch *Boretsch*, der (fr., ohne Pl.) eigtl.: Ochsenzunge; e. stark behaarte Gewürzpflanze

Gürtelreifen *Radialreifen*, der (lat.-dt., Pl. -)

Gürtelrose *Herpes zoster*, der (gr.-lat., ohne Pl.) med.

Gürtelschnur der Ordenstracht *Zingulum*, das (lat., Pl. -s, ...la) auch: Gürtelbinde (aus Seide) der Soutane

Gürteltier *Armadill*, der (sp., Pl. -e)

Gürtelweite *Taille*, die (fr., Pl. -n) auch: Gürtellinie; einst Vasallensteuer in Frankreich u. England

Gußform für Metall *Ingot*, der (engl., Pl. -s) auch: Barren z. B. aus Gold

gut 1. *okay* (engl., am.) 2. *all right* (engl.) 3. *bravo* (it.)

gut gelaunt *fidel* (lat.) quietschfidel sein

gut gewürzt *pikant* (lat.-fr.) das Fleisch war pikant (i. S. von scharf gewürzt)

gut, bes. ... *super* (lat.) auch: großartig. »Es geht mir super!« (Rudi Carrell, trotz Krebserkrankung, 2006)

Gut, Bez. des zur Produktion verwendeten ... *Produktionsfaktor*, der (lat., Pl. -en) z. B. Arbeit, Geld; »Die Geschwindigkeit ist e. neuer Produktionsfaktor geworden.« (Peter Hartz, Arbeitsdirektor der VW-AG, 1998)

Gutachten 1. *Expertise*, die (lat.-fr., Pl. -n) wertvollen Gemälden liegt e. Echtheits-Expertise zugrunde 2. *Attest*, das (lat., Pl. -e) eigtl.: ärztliche Bescheinigung 3. *Rapport*, der (lat.-fr., Pl. -e) auch: dienstliche Meldung 4. *Referat*, das (lat., Pl. -e) eigtl.: »es möge berichten«; Bericht; auch: Sachgebiet; e. Behörde 5. *Studie*, die (lat., Pl. -n) i. S. e. kurzen Darstellung

gutartig *benigne* (lat.) med., z. B. e. gutartige Krankheit; Ggs.: maligne

Gutartigkeit *Benignität*, die (lat., ohne Pl.) ... bei e. Krankheitsverlauf, e. Tumor (med.); Ggs.: Malignität

Güte 1. *Qualität*, die (lat., Pl. -en) bezüglich e. Warenlieferung 2. *Bonität*, die (lat., Pl. -en) i. S. der Zahlungsfähigkeit e. Unternehmens

Güter *Mobilien*, die (lat., Pl.) bewegliche Güter; Ggs.: Immobilien

guter Ruf *Renommee*, das (lat.-fr., Pl. -s) schlechte Qualität ruiniert das Renommee der Firma

Güter, auf ... bezogen sein *materialistisch* (lat.) auch: nur auf eigenen Nutzen bedacht sein; »Die Deutschen sind viel zu materialistisch, für sie zählt Geld, aber nicht die Muße.« (Heinz Dürr, Ex-Bahn-Chef, 1998) Ggs.: idealistisch

Güterausstoß *Output*, der, das (engl., Pl. -s) z. B. die Erzeugnisse e. Unternehmens innerhalb e. bestimmten Zeit; Ggs.: Input

Güterbeförderer *Spediteur*, der (lat.-it., Pl. -e)

Güterwagen *Waggon*, der (niederl., Pl. -s)

gutgehen 1. *prosperieren* (lat.-fr.) momentan prosperiert die Automobilbranche; gedeihen 2. *florieren* (lat.) sich geschäftlich günstig entwickeln

gutgläubig 1. *infantil* (lat.) kindisch 2. *naiv* (lat.-fr.) unbefangen

gutheißen 1. *sanktionieren* (lat.-fr.) der Vorschlag wurde von der Geschäftsleitung sanktioniert 2. *approbieren* (lat.) i. S. von bestätigen

gütlich tun *delektieren* (lat.) am Essen

Gutmütigkeit *Bonhomie*, die (fr., Pl. ...ien) auch: Einfalt, Biederkeit

Gutsbesitzer, kleiner ... *Yeoman*, der (engl., Pl. ...men) im England des Mittelalters: der Freie unter dem Ritterstand

Gutschein *Bon*, der (lat.-fr., Pl. -s)

gutschreiben *bonifizieren* (lat.)

Gutschrift 1. *Bonus*, der (lat.-engl., Pl. -se) der Kunde erhielt ab e. bestimmten Abnahmemenge e. Jahresbonus 2. *Bonifikation*, die (lat., Pl. -en) z. B. für die Lieferung e. mangelhaften Ware gewähren

Gymnastik, chinesische ... *Tai-chi*, das (chin., ohne Pl.) e. Art Schattenboxen im Zeitlupentempo, es erfordert große Konzentration

H

Haar 1. *Crinis*, der (lat., Pl. ...nes) med. 2. *Pilus*, der (lat. Pl. ...li)

Haarausfall 1. *Pelade*, die (lat.-fr., Pl. -n) med. 2. *Alopezie*, die (gr.-lat. Pl. -n) med.

Haarausschnitt bei kath. Geistlichen *Tonsur*, die (lat., Pl. -en) »die Schur«; runde geschorene Stelle auf dem Kopf kath. Mönche

Haarbalgentzündung *Follikulitis*, die (lat., Pl. ...itiden) med.

Haarbalggeschwulst *Atheron*, das (gr., Pl. -e) auch: Talgdrüsengeschwulst; krankhafte Gefäßwandveränderung (med.)

Haarband mit zwei Kugeln *Chou-Chou*, das (fr., Pl. -s) hält das Haar am Hinterkopf zusammen (Pferdeschwanz)

Haarbrüchigkeit *Trichoklasie*, die (gr., Pl. ...ien)

Haare ausdünnen *effilieren* (lat.-fr.) mit e. Effilierschere

Haare, die ... stehen mir zu Berge 1. *capilli horrent* (lat., Zitat) 2. *horrore rigent* (lat., Zitat)

Haare, extrem verfilzte ... *Dreadlocks*, die (engl., Pl.)

Haarentferner *Epilierer*, der (lat., ohne Pl.) Gerät, mit dem sich bes. Damen unerwünschte Körperhaare entfernen; nicht verw. mit *epileptisch* (gr.-lat.) an krampfartigen Anfällen leiden

Haarentfernung 1. *Depilation*, die (lat., Pl. -en) Enthaarung (med.) 2. *Epilation*, die (lat., Pl. -en) med.

Haarentfernungsmittel *Epilatorium*, das (lat., Pl. ...ien) u. e. Instrument für die Haarentfernung (med.)

Haarergrauung 1. *Canities*, die (lat., ohne Pl.) med. 2. *Poliosis*, die (gr., Pl. ...osen) med.

Haarersatz 1. *Perücke*, die (fr., Pl. -n) 2. *Toupet*, das (germ.-fr., Pl. -s) Haarteil oder Halbperücke; »Berti sollte mal für Toupets werben ...« (Monika Vogts, 1998)

Haarersatzteil *Toupet*, das (germ.-fr., Pl. -s)

Haarfarn *Adiantum*, das (gr.-lat., Pl. ...ten)

haarfein 1. *filigran* (lat.-it.) i. S. von fein-

282

gliedrig 2. *kapillar* (lat.) z. B. von Blutgefäßen (med.)

Haargefäß *Kapillare*, die (lat., Pl. -n) auch: Röhrchen mit feinem Querschnitt

Haarknoten *Chignon*, der (lat.-fr., Pl. -s) der Knoten im Nacken

Haarkosmetiker *Conditioner*, der (engl.-am., Pl. -s) er verleiht dem Haar Schutz, Glanz, Fülle, jugendliche Frische u. sorgt für die »Fitneß« der Haare

Haarlosigkeit *Atrichie*, die (gr.-lat., Pl. ...ien) med., angeborene oder infolge e. Krankheit erworbene Haarlosigkeit des ganzen Körpers

Haarmangel *Oligotrichie*, die (gr., Pl. ...ien) med.

Haarpfleger 1. *Coiffeur*, der (fr., Pl. -e) 2. *Friseur*, der (fr., Pl. -e) Haarschneider

Haarpflegerin 1. *Coiffeuse*, die (fr., Pl. -n) 2. *Frisöse* u. *Friseuse* (fr., Pl. -n)

Haarpilze *Dermatophyten*, die (gr., Pl.) med.

Haarrupfsucht *Trichotillomanie*, die (gr., Pl. ...ien) Sucht, sich Kopf- u./o. Barthaare auszureißen (med.)

Haarschneider 1. *Coiffeur*, der (fr., Pl. -e) 2. *Friseur*, der (fr., Pl. -e)

Haarschwund *Pelade*, die (fr., Pl. -n) krankhafter Haarausfall (med.)

Haarspalter 1. *Kasuist*, der (lat., Pl. -en) i. S. e. Wortverdrehers 2. *Rabulist*, der (lat., Pl. -en) stellt e. Sachverhalt zu seinem Vorteil dar

Haarspalterei 1. *Rabulistik*, die (lat., Pl. -en) Sachverhalte zum Vorteil Vortragender darstellen 2. *Logomachie*, die (gr., ohne Pl.) 3. *Scholastizismus*, der (gr.-lat., ohne Pl.) e. übertriebene Spitzfindigkeit

haarspalterisch 1. *kasuistisch* (lat.) i. S. von spitzfindig 2. *rabulistisch* (lat.) svw. geschickt, beredt-spitzfindig argumentieren 3. *scholastisch* (gr.-lat.) die Philos. der Scholastik betreffend: spitzfindig, rein verstandesmäßig

Haarstern 1. *Komet*, der (lat., Pl. -en) eigtl.: langes Haar tragend; auch: Stern mit Schweif; rasch berühmt gewordener Künstler, z. B.: kometenhafter Aufstieg des Schlagersängers Peter Kraus (1954) 2. *Krinoide*, der (lat., Pl. -n) auch: Seelilie, e. Meerestier (Zool.)

Haarsträhnen, verfilzte, enggelockte … 1. *Dreads*, die (engl., nur Pl.) 2. *Dreadlocks*, die (engl., nur Pl.) gilt in Subkulturen als Frisur, die auch aus dünnen Zöpfen bestehen kann 3. *Rastalocken*, die (Eigenn., nur Pl.) e. Frisur, die traditionell von den Rastafari, Anhängern e. jamaikanischen Religion, getragen wird; die Ras (Fürst) Tafari (äthiopischer Kaiser) als Gott verehrten

Haarteil *Postiche*, die (it.-fr., Pl. -s)

Haartracht 1. *Coiffure*, die (fr., Pl. -n) auch: Frisierkunst 2. *Frisur*, die (fr., Pl. -en) auch: bes. Kleiderbesatz

Haarwaschmittel *Shampoo*, auch: *Schampun*, das (engl., Pl. -s)

Haarwasser *Tonic*, das (engl., ohne Pl.) eigtl.: belebend; bitteres Wasser, mit Chinin u. Kohlensäure versetzt; Gesichtswasser

Haarwickel *Papillote*, die (fr., Pl. -n)

Haarwuchs, starker *Hirsutismus*, der (lat., ohne Pl.) bes. starker Bartwuchs

Habenseite *Kredit*, der (lat.-it., Pl. -e) auch: Darlehen, Vertrauen in die Fähigkeit e. Firma, e. Person

Habsucht *Pleonexie*, die (gr., ohne Pl.) e. unersättliche Begehrlichkeit

Hackbrett 1. *Dulcimer*, die (fr.-engl., Pl. -s) auch: mit Klöppeln schlagbares Saiteninstrument 2. *Zimbal* u. *Cymbal*, das (lat., Pl. -e u. -s) Instrument der osteurop. Volksmusik

Hackfleischbällchen *Köfte*, die (türk., ohne Pl.)

Hackfleischgericht *Haschee*, das (fr., Pl. -s)

Hafen *Port*, der (lat.-fr., Pl. -e) Schiffshafen; auch: als Ort der Geborgenheit

Hafen, die Sache ist im (sicheren) … *res est in portu* (lat., Zitat) es hat keine Gefahr

Hafenarbeiter *Docker*, der (engl., Pl. -s)

Hafendamm 1. *Mole*, die (lat.-it., Pl. -n) Schutz gegen Wellen 2. *Pier*, die u. der (lat.-engl., Pl. -s, -e) auch: Landungsbrücke 3. *Molo*, der (it., Pl. Moli) wuchtiger Damm

Hafenmauer *Kai*, der (niederl., Pl. -s) Anlegewand für Schiffe

Haferbrei *Porridge*, der u. das (engl., ohne Pl.)

Haff *Noor*, das (dän., Pl. -e) Gewässer, das

283

durch e. Kanal mit dem Meer Verbindung hat

Haft *Arrest*, der (lat., Pl. -e) e. Tatverdächtigen in Arrest nehmen

haftend *adhäsiv* (lat.) auch: anklebend

Häftling *Arrestant*, der (lat., Pl. -en) e. Arrestanten von der Polizei vernehmen lassen

Häftling, sich anstrengender ... *Pensumgeier*, der (lat.-dt., Pl. -) Knastsprache

Häftlingsprotest *Bambule*, die (fr., Pl. -n) eigtl.: Negertrommel, Negertanz

Haftraum, bes. ... *Cachot*, das (fr., Pl. -s) auch: Arrestzelle

Haftung *Obligo*, das (lat.-it., Pl. -s) »ohne Obligo« heißt »unverbindlich«, z. B. bei Angeboten üblich

Haftungsbetrag *Garantie*, die (fr., Pl. ...ien) auch: Gewähr, Sicherheit, Herstellerzusicherung, Bürgschaft

Haftungseintritt *Factoring*, das (lat.-engl.-fr., ohne Pl.) e. spezialisiertes Finanzierungsinstitut kauft von e. Unternehmen dessen Forderungen aus Lieferungen u. Leistungen u. übernimmt die Verwaltung der Forderungen

Haftungsübernahme *Delkredere*, das (it., ohne Pl.) Forderungshaftung; Wertberichtigung für eventuelle Außenstandsausfälle

Hahn im Korb (sein) *sum apud te primus* (lat., Zitat) eigtl.: ich bin dir der Erste

Hahn, e. ... *kastrieren* 1. *kapaunen* (lat.-fr.) 2. *kapaunisieren* (lat.-fr.)

Hähnchen *Broiler*, der (engl., ohne Pl.) i. S. e. Grillhähnchens

Hahnentrittmusterung *Pepita*, der u. das (sp., Pl. -s) nach e. sp. Tänzerin aus der Zeit des Biedermeiers; auch: Wollgewebe mit bes. Musterung

Haifisch *Selachier*, der (gr.-lat., Pl.)

Haken *Jab*, der (engl., Pl. -s) aus kurzer Distanz, im Boxsport

Hakenkreuz *Swastika*, die (sanskr., Pl. ...ken) eigtl.: glückbringendes Zeichen in Kreuzform; einst Symbol der NSDAP

Hakenwurmkrankheit *Ankylostomiasis*, die (lat., Pl. ...miasen) e. Wurmkrankheit der Bergleute

halb u. halb *fifty-fifty* (engl.)

Halbaffe *Lemur*, der (lat., Pl. -en) e. Halbaffe, auf Madagaskar heimisch

halbamtlich *offiziös* (lat.-fr.) nicht amtlich bestätigte Nachrichten

halbdurchlässig *semipermeabel* (lat.) z. B. bei Membranen

Halbdurchlässigkeit *Semipermeabilität*, die (gr.-lat., ohne Pl.)

Halbedelstein 1. *Achat*, der (gr., Pl. -e) 2. *Onyx*, der (gr.-lat., Pl. -e) Abart des Quarzes 3. *Opal*, der (sanskr.-gr.-lat., Pl. -e) 4. *Amethyst*, der (gr.-lat., Pl. -e) veilchenblauer Quarz 5. *Granat*, der (lat., Pl. -en)

Halbflügler *Hemipteren*, die (gr., Pl.) Insekten, z. B. Wanzen

Halbgefrorenes 1. *Parfait*, das (fr., Pl. -s) auch: Fisch- oder Fleischpaste 2. *Sorbet*, der u. das (fr., Pl. -s) Eisgetränk, z. B. aus Fruchtsaft

Halbgeschoß *Entresol*, das (lat.-fr., Pl. -s)

Halbgott *Heros*, der (lat., Pl. ...oen) auch: Held der gr. Mythologie

Halbinsel *Peninsula*, die (lat., Pl. ...suln)

halbinselartig *peninsular* (lat.) der Damm verlief peninsular in die Ostsee

Halbjungfrau *Demi-vierge*, die (fr., ohne Pl.) Mädchen mit Sexualkontakt, jedoch ohne Geschlechtsverkehr; Wortschöpfung des fr. Dichters M. Prévost (1862–1941)

halblaut *sotto voce* (lat.-it.) musik. Vortragsanw.

halbleise *mezzopiano* (lat.-it.) musik. Vortragsanw.

Halbleiter, der mit der Zeitandeutung »00« seine Funktion aufgibt *embedded Chip*, das (engl., Pl. -s) EDV-Problem zur Jahrtausendwende

Halbleiterelement, das bei Sonneneinfall Elektrizität erzeugt *Solarzelle*, die (lat.-dt., Pl. -n)

Halbmesser e. Kreises *Radius*, der (lat., Pl. ...ien)

halbmilitärisch *paramilitärisch* (gr.) i. S. von: militärähnlich

halbmondförmig *lunuar* (lat.)

Halbperücke *Toupet*, das (germ.-fr., Pl. -s)

Halbreim *Assonanz*, die (fr., Pl. -en) Gleichklang mehrerer Wörter, z. B.: laufen – raufen

Halbseitenkopfschmerz 1. *Hemialgie*, die (gr., Pl. ...ien)

Halbseitenlähmung *Hemiplegie*, die (gr., Pl. ...ien) z. B. beim Schlaganfall (med.)

halbseitig *semilateral* (lat.) med.

Halbseitigkeit *Hemianopsie*, die (gr.-lat.,

Pl. ...ien) auch: Ausfall e. Hälfte des Gesichtsfeldes (med.)

Halbstarker in Frankreich *Blouson noir*, der (fr., Pl. -s, -s) (der schwarzen Lederjacken wegen so genannt)

Halbstiefel *Bottine*, die (fr., Pl. -n) ... für Damen im 19. Jh.; auch: Schnürstiefel

Halbstockwerk *Mezzanin*, das (lat.-it.-fr., Pl. -e) i. S. e. Zwischengeschosses

Halbton *Semitonium*, das (lat., Pl. ...ia u. ...ien)

Halbtöne, in ... fortschreitend *chromatisch* (gr.) Mus.

halbtrocken *demi-sec* (fr.) für halbtrockenen Sekt

Halbvers *Hemistichion* u. *Hemistichium*, das (gr.-lat., Pl. ...ien) eigtl.: kleiner Vers, in der altgr. Metrik (Verslehre)

Halbwelt *Demimonde* (fr., ohne Pl.) nach A. Dumas Lustspiel: »Le demimonde«

Halbweltdame 1. *Kokotte*, die (fr., Pl. -n) eigtl.: Henne; auch: tönerner Schmortopf 2. *Prostituierte*, die (lat.-fr., Pl. -n) e. Frau, die sich für Geld sexuell hingibt 3. *Kurtisane*, die (fr., Pl. -n) Geliebte e. Adligen, e. Herrschers 4. *Mätresse*, die (fr., Pl. -n) eigtl.: Herrin; Geliebte e. verheirateten Mannes, früher e. Fürsten

Halbwüchsiger *Teen*, der (engl., Pl. -s) unter 20 Jahren

Halbzeit *Halftime*, die (engl., Pl. -s) z. B. beim Fußball

Hälfte, zur ... *a metà* (it.) Kaufmannssprache: Gewinn u. Verlust zu gleichen Teilen

Hallenfußball *Indoorfußball*, der (engl.-dt., ohne Pl.)

Hallenradrennbahn *Velodrom*, das (lat.-fr.-gr., Pl. -s)

Hals 1. *Cervix*, die (lat., Pl. ...ices) auch: Nacken; Abschnitt der Gebärmutter (Gebärmutterhals) 2. *Collum*, das (lat., Pl. ...lla) auch: Verbindungsteil (med.)

Halseisen *Garotte*, die (sp., Pl. -n) damit wurden Sträflinge dingfest gemacht

Halsentzündung 1. *Angina*, die (gr.-lat., Pl. ...nen) auch: Mandelentzündung (med.) Klaus liegt mit Angina im Bett 2. *Tonsillarabszeß*, der u. das (gr.-lat., Pl. -esse) Mandelentzündung mit einseitigem Eiterherd (med.)

Hals-Nasen-Ohren-Heilkunde *Otorhinolaryngologie*, die (gr.-lat., ohne Pl.)

Halsschlagader *Karotis*, die (gr., Pl. ...tiden) u. *Karotide*, die (gr., Pl. -n) auch: Kopfschlagader (med.)

Halsschmuck *Kollier*, das (lat.-fr., Pl. -s) z. B. Perlenkollier

halsstarrig *obstinat* (lat.) uneinsichtig

Halsstarrigkeit *Obstination*, die (lat., Pl. -en) auch: Uneinsichtigkeit

Halstuch *Cachenez*, das (fr., Pl. ...nes)

Halt 1. *Station*, die (lat., Pl. -en) auch: kleiner Bahnhof, Haltestelle; Bereich, Beobachtungsplatz 2. *Stopp*, der (engl., Pl. -s) Unterbrechung

haltbar 1. *konsistent* (lat.) 2. *resistent* (lat.) 3. *robust* (lat.) 4. *solide* (lat.-fr.) 5. *stabil* (lat.)

haltbar machen 1. *präservieren* (lat.-fr.) 2. *konservieren* (lat.) 3. *präparieren* (lat.)

Haltbarkeit 1. *Solidität*, die (lat.-fr., ohne Pl.) Festigkeit, Zuverlässigkeit 2. *Konsistenz*, die (lat., ohne Pl.) auch: Dichtigkeit; Zusammenhang; Ggs.: Inkonsistenz

Haltbarmachung 1. *Konservierung*, die (lat., Pl. -en) 2. *Sterilisation*, die (lat.-fr., Pl. -en) Keimfreimachung, i. S. von Entkeimen

Halte- oder Stütztau *Stag*, das (niederdt., Pl. -en) Seemannsspr.

Halterin *Kabbazah*, die (arab., ohne Pl.) Frau mit stark entwickeltem Vaginalschließmuskel

Haltestelle *Station*, die (lat., Pl. -en) Busstation

Haltezeichen *Fermate*, die (it., Pl. -n) auch: Ruhepunkt (Mus.); Dehnung der letzten Verssilbe

haltlos *dissolut* (lat.) auch: zügellos

Haltlosigkeit *Dissolution*, die (lat., Pl. -en) eigtl.: Zerfall, Auflösung; Zügellosigkeit; Trennung (med.)

Haltung 1. *Habitus*, der (lat., ohne Pl.) das Gehabe e. Person 2. *Contenance*, die (lat.-fr., ohne Pl.) verliere niemals die Contenance! 3. *Attitüde*, die (lat.-it.-fr., Pl. -n) sich e. weltmännische Attitüde zulegen 4. *Pose*, die (gr.-lat.-fr., Pl. -n) auch: affektierte Haltung; Schwimmer 5. *Position*, die (lat., Pl. -en) auch: Stellung im Beruf

Hamburger mit Käseüberzug *Cheeseburger*, der (engl.-am., Pl. -s)

Hamburger- u. Pommes-frites-Esser, be-

geisterter ... *Junk-food-Freak*, der (engl.-am., Pl. -s) eigtl. jmd., der »begeistert Schrott-(junk-)Nahrung« verzehrt

hämisch *maliziös* (lat.-fr.) z. B. maliziöse Andeutungen machen

Hammerhai *Zygäne*, die (gr.-lat., Pl. -n) auch: Blutströpfchen (Schmetterling)

Hand, die Sache liegt auf der ... *res inter manus est* (lat., Zitat) d. h. sie ist leicht begreiflich

Hand, e. ... wäscht die andere *manus manum lavat* (lat., Zitat: Seneca)

Hand, mit der ... *manuell* (lat.-fr.)

Hand, tote *manus mortua*, die (lat., ohne Pl.) Begriff der Kirche im Vermögensrecht, da sie erworbenes Vermögen nicht verkaufen durfte

Hand, weder ... noch Fuß haben *nec caput nec pedes* (lat., Zitat)

Hand, zur ... gehen 1. *assistieren* (lat.) 2. *flankieren* (germ.-fr.) flankierende Maßnahmen ergreifen: unterstützende Hilfe leisten

Hand, zur ... *parat* (lat.) bereit stehen

Handanfertigung *Manufaktur*, die (lat.-fr., Pl. -en) Vasen der Meißner Manufaktur

Handarbeitsbeutel *Ridikül* u. *Ritikül*, der oder das (fr., Pl. -e u. -s) ... des 18. Jh.; auch: gehäkelte Handtasche

Handarbeitsgeschäft *Tapisserie*, die (fr., Pl. ...ien) auch: Wandteppich

Handauflegung *Cheirotonie*, die (gr., Pl. ...ien) ... bei der kath. Priesterweihe; auch: Abstimmungsart durch Handheben im alten Griechenland

Handbuch 1. *Kompendium*, das (lat., Pl. ...ien) auch: Lehrbuch 2. *Manual*, das (lat., Pl. -e) auch: Bedienungsanleitung 3. *Vademekum*, das (lat., Pl. -s) eigtl.: geh mit mir! auch: Lehrbuch, Ratgeber, Leitfaden

Handcomputer 1. *Handheld*, der (engl., Pl. -s) kleiner Computer, der in e. Hand gehalten werden kann, kurz: HPC 2. *Palmtop*, der (engl., Pl. -s) Computer in der Größe e. Handfläche

Hände, angeborenes Fehlen e. oder beider ... *Acheirie* u. *Achirie*, die (gr., Pl. ...ien) med.

Hände, seine ... in Unschuld waschen *extra culpam esse* (lat., Zitat)

Händedruck *Shakehands*, das (engl., Pl.) auch: Händeschütteln

Handel *Deal*, der, das (engl., Pl. -s) z. B. Drogendealer

Handel mit Schmuckwaren *Bijouterie*, die (fr., Pl. ...ien) Edelsteinhandel

handelbar *negoziabel* (lat.) die Bank prüft, ob die Wertpapiere negoziabel sind

Handeln 1. *Actio*, die (lat., ohne Pl.) Klagemöglichkeit im röm. Recht; Tätigkeit; Ggs.: Passio; actio et reactio (lat.) Wirkung u. Gegenwirkung 2. *Aktion*, die (lat., Pl. -en) auch: Tätigkeit, Vorgang, Maßnahme

handeln *agieren* (lat.) z. B. als Verbandsvorsitzender agieren

Handeln, Bereitschaft zum ... *Aktivismus*, der (lat., ohne Pl.) z. B. blinder Aktivismus

Handeln, das ... allein über den Wettbewerb *Neoliberalismus*, der (lat., ohne Pl.) auch: wirtschaftspolitisches Konzept des Steuerns über den freien Wettbewerb. »Der Neoliberalismus ist nur e. Zwischenphase.« (Norbert Blüm, ehemaliger Arbeitsminister, 2006)

handeln, rasch aus innerem Antrieb *spontan* (lat.) z. B. spontan für e. guten Zweck etwas spenden, das zeigt die *Spontaneität*, (lat., ohne Pl.) Gutes zu tun

Handeln, sittlich richtiges ... *Eupraxie*, die (gr., ohne Pl.)

handelnd *aktiv* (lat.)

handelnd, erst ..., dann denkend *epimetheisch* (gr.) nach Epimetheus, dem Bruder des Prometheus: »der zu spät Denkende«; auch: unbedacht

Handelnder *Akteur*, der (lat.-fr., Pl. -e) Akteur des Vortragsabends war e. Staatssekretär

Handelnder, in eigener Sache ... *Privatmann*, der (lat.-dt., Pl. ...männer) »Ich bin e. Privatmann.« (Jost Stollmann, G. Schröders Schattenwirtschaftsminister, 1998)

Handelsbeschränkung 1. *Protektionismus*, der (lat.-fr., ohne Pl.) z. B. Schutzzölle, um die eigene Wirtschaft vor preiswerter Auslandskonkurrenz zu schützen 2. *Embargo*, das (sp., Pl. -s) Zurückhalten fremden Eigentums; Warenausfuhrverbot

Handelsbrauch 1. *Usance*, die (lat.-fr., Pl. -n) die Handlungsweise entspricht kaufmännischen Usancen 2. *Uso*, der (lat.-it., Pl. -s) im Handel üblich

Handelsbrauch, fester ... *Marktusance*,

286

die (dt.-fr., Pl. -n) auch: Gepflogenheit im Geschäftsverkehr

handelsfähig *negoziabel* (fr.) z. B. Wertpapiere

Handelsgegenstand *Artikel*, der (lat., ohne Pl.) z. B. Kosmetikartikel

Handelsgesellschaft 1. *Company*, die (engl., Pl. ...ies) 2. *Kompanie*, die (it.-fr., Pl. ...ien) eigtl.: Brotgemeinschaft; auch: milit. Truppeneinheit um 150 Personen

Handelsklausel *tel quel* (fr.) »So wie«, der Ware fehlt die genaue Qualitätsbestimmung

Handelsmarke im Billigsegment ... *No Names*, die (engl., nur Pl.) ... es wird nicht auf teure, bekannte Marken gesetzt

Handelsspanne *Marge*, die (fr., Pl. -n) auch: Spielraum, Abstand

Handelsvertreter *Agent*, der (lat.-it., Pl. -en)

Händeschütteln *Shakehands*, das (engl., ohne Pl.)

Handfertigkeitsunterricht *Chiropädie*, die (gr., ohne Pl.) auch: Übung

Handfessel *Manschette*, die (Knastsprache-fr., Pl.) eigtl.: Ärmelchen

handfest *reell* (lat.-fr.) auch: anständig, ehrlich, echt, wirklich

Handfeuerwaffe 1. *Pistole*, die (tschechisch, Pl. -n) »die Pistole, e. wichtiges Navigationsmittel der modernen Luftfahrt« (Jerry Lewis) 2. *Revolver*, der (lat.-fr.-engl., Pl. -) das Magazin besteht aus e. drehbaren Trommel; im Maschinenbau auch: Revolverdrehbank

Handgelenktelefon *Mikro-Telefon*, das (gr.-lat., Pl. -e) e. Telefon in Armbanduhrgröße von Panasonic

Handgicht *Chiragra*, das (gr., Pl. -s) med.

handgreiflich 1. *brachial* (lat.) mit roher Kraft 2. *ostensiv* (lat.) auch: augenscheinlich, offensichtlich

Handgriff *Encheirese*, die (gr., Pl. -n) Operation (med.)

handhaben 1. *hantieren* (fr.-niederl.) umgehen mit 2. *manipulieren* (fr.) auch: bewußt beeinflussen, Informationen abändern, an etwas zu schaffen machen 3. *regieren* (lat., fr.) lenken, herrschen, führen

Handhabung 1. *Manier*, die (lat.-fr., Pl. -en) Pl.: i. S. von Umgangsformen 2. *Praktik*, die (gr.-lat.-fr., Pl. -en) 3. *Handling*,

das (engl.) 4. *Encheiresis naturae*, die (lat., ohne Pl.) i. S. e. Bezwingung der Natur

Handklapper *Kastagnette*, die (sp., Pl. -n) der Ähnlichkeit wegen von: Kastanie; kleines Rhythmusinstrument

Handkoffer *Suitcase*, der u. das (engl., Pl. -s)

Händler alter Bücher *Antiquar*, der (lat., Pl. -e)

Händlerschiff *Bumboot*, das (engl.-dt., Pl. -e) auch: Proviantboot für auf Reede liegende Schiffe

Händlerviertel, orientalisches ... *Basar*, der (pers., Pl. -e)

Handlesekunst *Chiromantie*, die (gr.-lat., ohne Pl.) e. Menschen aus dem Verlauf der Handlinien die Zukunft lesen

Handlinie *Lineament*, das (lat., Pl. -e) auch: Umriß, Grundriß; Gesichtszug (med.); Erdnaht als Bewegungslinie der Erdkruste (Geol.)

Handliniendeuter *Chiromant*, der (gr., Pl. -en)

Handliniendeutung *Chirologie*, die (gr., ohne Pl.) u. *Cheirologie*, die (gr., ohne Pl.) auch: Hand- u. Fingersprache der Taubstummen

Handlung 1. *Ritual*, das (lat., Pl. -e) i. S. e. festgelegten Handlungsweise 2. *Zeremonie*, die (lat., Pl. -n) z. B. Hochzeitszeremonie 3. *Sakrament*, das (lat., Pl. -e) i. S. e. gottesdienstlichen Handlung

Handlungen an e. Masochisten vornehmen *dominieren* (lat.) auch: bestimmen. »Es dominierten Häme u. Schadenfreude.« (Otto Schily, Bundesminister, 2005)

Handlungs-, Denkweise, bes. ... **e. Menschen** *Pragmatismus*, der (gr., ohne Pl.) auch philos. Lehre, die im Handeln u. Denken das Wesen des Menschen erkennt; Mariam Lau: »geruchsneutraler Pragmatismus«

Handlungsbereich *Aktionsradius*, der (lat., Pl. ...ien) auch: Reichweite, Wirkungskreis

handlungsbezogen *pragmatisch* (lat.) auch: sachlich; auf Tatsachen beruhend

Handlungsgrundsatz 1. *Dogma*, das (gr.-lat., Pl. ...men) kirchlicher Glaubenssatz 2. *Doktrin*, die (lat., Pl. -en) auch: e. programmatische Festlegung

Handlungsplan, durchdachter ... *Strategie*, die (gr., Pl. -n) »Doppelstrategien gehen leicht in die Hose.« (Gerhard Schröder, Kanzlerkandidat, 1998)

Handlungssteigerung ... *Epitasis*, die (gr.-lat., Pl. ...asen) ... zum Drama

Handlungsstrang *Plot*, der, das (engl., Pl. -s)

handlungsunfähig *schachmatt* (arab.) eigtl.: der König ist tot; auch: unfähig, erschöpft

Handlungsvollmacht 1. *Prokura*, die (lat.-it., Pl. ...ren) e. offizielle, im Handelsregister eingetragene, Vollmacht 2. *Autorisation*, die (lat., Pl. -en) 3. *Carte blanche*, die (fr., Pl. -s) »weiße Karte«, unbeschränkte Vollmacht

Handlungsvorschlag *Rezept*, das (lat., Pl. -e) e. Rezept gegen Entschlußlosigkeit; auch: dieses Medikament gibt es nur auf Rezept (ärztliche Verordnung)

Handmorsetaste *Wobbler*, der (engl., ohne Pl.) ... mit beidseitigem Tasthebel

Handpflege *Maniküre*, die (lat.-fr., ohne Pl.)

Handschrift 1. *Manuskript*, das (lat., Pl. -e) i. S. v.: eigenhändig Geschriebenes; Abk.: Ms., Pl. Mss. 2. *Pergament*, das (lat., Pl. -e) eigtl.: Papier aus der Stadt Pergamon; auch: zum Beschreiben präparierte Tierhaut

Handschriftendeuter *Graphologe*, der (gr.-lat., Pl. -n)

Handschriftendeutung *Graphologie*, die (gr.-lat., ohne Pl.) auch: Handschriftenlehre

Handschriftenkunde 1. *Kodikologie*, die (lat., ohne Pl.) 2. *Paläographie*, die (gr., ohne Pl.) 3. *Graphologie*, die (gr.-lat., ohne Pl.) auch: Handschriftendeutung, -lehre

handschriftenkundlich 1. *graphologisch* (gr.-lat.) 2. *paläographisch* (gr.)

Handschriftenmaler *Miniator*, der (lat., Pl. ...oren) auch: Buchmaler

Handschriftensammlung *Kodex*, der (lat., Pl. -e u. ...dizes) auch: Verzeichnis, Sammlung von Gesetzen u. Schriften; Schreibtafel der Antike aus Holz

Handspiel *Hands*, das (engl., Pl.) ... beim Fußball

Handstandüberschlag *Flickflack*, der (fr., Pl. -s)

Handstempel *Petschaft*, das (tschech., Pl. -e) ... zum Siegel

Handstreich *Coup de main*, der (fr., Pl. -s) auch: rasche Hilfeleistung

Handwerk *Metier*, das (lat.-fr., Pl. -s) das Metier e. Konditors ausüben

Handwerkszeug 1. *Requisit*, das (lat., Pl. -en) auch: Zubehörteil z. B. für e. Filmszene; nicht verw. mit *Requisite*, die (lat., Pl. -n) Raum für Zubehörteile 2. *Utensil*, das (lat., Pl. -ien) Gerät

Handy für den weltweiten Einsatz *Iridium Multi-Mode-Handy*, das (engl.-Eigenn., Pl. -s) wird von Motorola u. Kyocera hergestellt; die Verbindungen werden erdgestützt u. / o. über Satellit hergestellt

Handzettel *Flyer*, die (engl.-am., Pl. -) Informationsmedium, mit dem auf illegale Drogenpartys aufmerksam gemacht wird, auch in der Techno-Szene verbreitet

Hanf *Cannabis*, der (gr.-lat., ohne Pl.)

Hanfpflanzer, der häusliche ... *Grower*, der (engl., Pl. -s) jmd., der privat Haschisch anbaut u. produziert

Hang 1. *Interesse*, das (lat., Pl. -n) i. S. von Neigung 2. *Tendenz*, die (lat.-fr., Pl. -en) 3. *Inklination*, die (lat., Pl. -en) svw. Vorlieben 4. *Trend*, der (engl., Pl. -s) i. S. e. Entwicklungstendenz

Hang mit ansteigenden Sitzreihen 1. *Theatron*, das (gr.) 2. *Koilon*, das (gr.) 3. *Cavea*, die (lat.) aus der Frühzeit (um 500 v. Chr.)

Hang zu Hintergrundgeräuschen u. -bildern ... *Tapeten-Trend*, der (gr.-lat.-engl., Pl. -s) ... entdeckt worden durch hohe TV-Einschaltquoten bei Festbildern mit Wogen, Meer, Bergpanoramen

Hängebrust *Mastoptose*, die (gr., Pl. -n) med.; beim Mann boshaft: Biertitten

hängen, etwas bleibt (immer) ... *aliquid haeret* (lat., Zitat bei Francis Bacon, 1605 belegt)

Hanswurst 1. *Harlekin*, der (fr.-it., Pl. -e) 2. *Bajazzo*, der (lat.-it., Pl. -s) i. S. e. Possenreißers 3. *Jean Potage*, der (fr., ohne Pl.) »Hans Suppe«, svw. »dummer August« 4. *Pausenclown*, der (germ.-engl., Pl. -s)

Hardrock, aggressiver ... *Grunge*, der (engl.-am., ohne Pl.)

Hardrock, extremer ... *Heavy metal*, das

288

(engl., ohne Pl.) mit dem dazugehörigen Outfit; eigtl.: Schwermetall

Haremswächter *Eunuch*, der (gr.-lat., Pl. -en) e. kastrierter Mann, der im orientalischen Frauengemach für Ordnung sorgt u. das Gemach bewacht

harfenähnlich *arpeggiato* (it.) gebrochen (Vortragsanw., Mus.)

harmlos *naiv* (lat.-fr.) auch: unbedarft, arglos; Ggs.: sentimentalisch

Harmonie *Symmetrie*, die (gr.-lat., Pl. ...ien) auch: Gleich- u. Ebenmaß; Ggs.: Asymmetrie

Harmonielehre, altchinesische ... *Feng Shui*, das (chin., ohne Pl.)

Harmonika mit Knöpfen an beiden Seiten *Bandoneon* u. *Bandonion*, das (Eigenn., Pl. -s) Handharmonika nach dem dt. Erfinder H. Band; Tangobegleitinstrument in Argentinien

harmonisch *apollinisch* (gr.) in der Art Apollos, gr. u. röm. Gott der Weissagung u. Dichtkunst

Harn *Urin*, der (lat., Pl. -e) eigtl.: Wasser

Harnausscheidung *Diurese*, die (gr.-lat., Pl. -n) med.

Harnausscheidung, Versagen der ... *Anurie*, die (gr., Pl. ...ien) med.

Harnblase *Vesica*, die (lat., Pl. ...cae) med., auch: Blase

Harnblasenentzündung *Zystitis*, die (gr., Pl. ...itiden) auch: Blasenkatarrh (med.)

Harndrang, schmerzhafter ... *Tenesmus*, der (gr.-lat., ohne Pl.) auch: Stuhldrang (med.)

harnen *urinieren* (lat.)

Harnentleerungsstörung *Dysurie*, die (gr., Pl. ...ien) auch: Harnzwang (med.)

Harnfarbstoff 1. *Urochrom*, das (gr.-lat., ohne Pl.) in normaler Färbung 2. *Urohämatin*, das (gr.-lat., ohne Pl.)

Harnflasche *Urinal*, das (lat., Pl. -e) Uringlas; Wandbecken in der Herrentoilette

Harnlassen 1. *Miktion*, die (lat., Pl. -en) med. 2. *Urese*, die (gr., ohne Pl.) med.

Harnlassen, schmerzhaftes ... *Urodynie*, die (gr.-lat., Pl. ...ien) med.

Harnlassen, unbeabsichtigtes *Enurese*, die (gr.-lat., Pl. -n) auch: Bettnässen bes. bei Kindern (med.)

Harnleiter *Ureter*, der (gr., Pl. ...teren) med.

Harnleiterentfernung *Ureterektomie*, die (gr., Pl. ...ien) die operative ... (med.)

Harnröhre *Urethra*, die (gr.-lat., Pl. ...thren) med.

Harnröhrenausfluß *Urethrorrhö*, die (gr.-lat., Pl. -en) med.

Harnröhrenentzündung *Urethritis*, die (gr.-lat., Pl. ...itiden) med.

Harnröhrenkrampf *Urethrismus*, der (gr.-lat., ohne Pl.) med.

Harnröhrenmißbildung... *Paraspadie*, die (gr., Pl. ...ien) ... bei der die Harnröhre seitlich am Penis endet (med.)

Harnröhrenschnitt, äußerer ... *Urethrotomie*, die (gr.-lat., Pl. ...ien) med.

Harnröhrenuntersuchung *Urethroskopie*, die (gr.-lat., Pl. ...ien) med.

Harnröhrenverengung *Urethralstriktur*, die (gr.-lat., Pl. -en) med.

Harnruhr *Diabetes*, der (gr., ohne Pl.) Kurzw. für Diabetes mellitus (med.)

Harnsäure im Blut, krankhafte Menge der ... 1. *Uridrose*, die (gr.-lat., ohne Pl.) 2. *Urikämie*, die (gr.-lat., Pl. ...ien) med.

Harnsäureabbau *Urikolyse*, die (gr., Pl. -n) med.

Harnstein *Urolith*, der (gr.-lat., Pl. -en) med.

Harnsteinbildung, Neigung zur ... *Urolithiasis*, die (gr.-lat., Pl. ...iasen) med.

Harnstoff *Urea*, die (gr.-lat., ohne Pl.) med.

harntreibend 1. *diuretisch* (gr.-lat.) med. 2. *uretisch* (gr.-lat.) med.

Harnuntersuchung *Uroskopie*, die (gr., Pl. ...ien) med.

Harnvergiftung *Urämie*, die (lat., Pl. ...ien) med.

Harnverhaltung *Ischurie*, die (gr.-lat., Pl. ...ien) der Harn kann nicht entleert werden (med.)

Harnwaage *Urometer*, das (gr.-lat., Pl. -) Gerät zur Bestimmung des spezifischen Gewichts des Harns

Harnzuckerausscheidung *Glykosurie*, die (gr., Pl. ...ien)

Harnzwang *Strangurie*, die (gr., Pl. ...ien) eigtl.: ausgedrückter Tropfen; schmerzhaftes Wasserlassen (med.)

hart 1. *brutal* (lat.) 2. *drakonisch* (gr.-lat.) nach dem altgr. Gesetzgeber Drakon: sehr hart, z. B. Strafen 3. *radikal* (lat.-fr.) eigtl.:

»an die Wurzel gehend«, i. S. von rücksichtslos; nicht verw. mit *radial* (lat.) von e. Mittelpunkt ausgehend 4. *rigide* (lat.) u. *rigid* (lat.) streng 5. *rigoros* (lat.) unerbittlich 6. *spartanisch* (gr.-lat.) nach der Hauptstadt Sparta der altgr. Landschaft Lakonien auf dem Peloponnes: sehr einfach, genügsam u. streng 7. *tough* (engl.) z. B. e. tougher Naturbursche

Härte 1. *Inhumanität*, die (lat., ohne Pl.) auch: Unmenschlichkeit, Rücksichtslosigkeit; Ggs.: Humanität 2. *Rigorosität*, die (lat., ohne Pl.) Rücksichtslosigkeit, bes. Strenge

Hartgummi aus Naturkautschuk *Ebonit*, das (lat.-engl., ohne Pl.)

hartherzig *inhuman* (lat.) unmenschlich, rücksichtslos; Ggs.: human

Hartlaubgewächse *Sklerophyllen*, die (gr., Pl.) z. B. die Stechpalme

Härtling *Monadnock*, der (am., Pl. -s) sehr witterungsbeständiges Gestein (nach e. Berg in den USA)

hartnäckig *obstinat* (lat.) auch: starrsinnig, unbelehrbar

Hartnäckigkeit *Tenazität*, die (lat., ohne Pl.) auch: Ausdauer

Harz *Resina*, die (gr.-lat., ohne Pl.)

Harz tropischer Bäume *Elemi*, das (arab.-sp., ohne Pl.)

Harz, balsamisches *Terpentin*, das (gr.-lat., Pl. -e)

Harz, getrocknetes ... der Cannabispflanze 1. *Haschisch*, das (arab., ohne Pl.) ... mit psychoaktiver Wirkung 2. *Hasch*, das (ugs., kurz für Haschisch, ohne Pl.) 3. *Shit*, der (engl., Jargon für Haschisch) eigtl.: Scheiße

Harzfluß *Resinose*, die (gr.-lat., ohne Pl.) ... nach Verletzung des Nadelgehölzes

harzig *resinös* (gr.-lat.)

Haschen nach Gunst *captatio benevolentiae* (lat., Zitat: Boethius) auch: Trachten nach Wohlwollen

Haschisch 1. *Cannabis*, der (gr.-lat.-engl., ohne Pl.) Rauschmittel 2. *shit*, das (engl., ohne Pl.)

Haschischsorte, minderwertige ... *Brown*, das (engl., ohne Pl.) Szenewort

Hasenpest *Tularämie*, die (am., sp., Pl. ...ien) e. Seuche wildlebender Nagetiere; erstmals im kalifornischen Tulare entdeckt

Hasenscharte *Cheiloschisis*, die (gr.-lat., ohne Pl.) med.

Haß *Ressentiment*, das (lat.-fr., Pl. -s)

hassen, mögen sie ..., wenn sie nur fürchten *oderint, dum metuant* (lat., Zitat: Seneca, Lieblingssatz des Kaisers Caligula)

hassen, mögen sie mich ..., wenn sie mich nur fürchten *oderint, dum metuant* (lat., Wahlspruch: Kaiser Nero [37–68 n. Chr.])

häßlich 1. *kosmetisch andersartig* (gr.-fr.-dt.) Trendwort 2. *monströs* (lat.-fr.) auch: ungeheuerlich, mißgestaltet; z. B. am Hals e. monströse Wucherung haben

Hast *Tempo*, das (lat.-it., ohne Pl.)

Hauch *Aura*, die (lat., ohne Pl.) auch: Wirkungskraft

hauchzart *ätherisch* (gr.-lat.) die Dame war ätherisch wie e. Feder

Haudegen *Malefizkerl*, der (lat.-dt., Pl. -s, -e) auch: Draufgänger

häufen 1. *aggregieren* (lat.) 2. *kumulieren* (lat.) anhäufen; auch: e. Wahlkandidaten mehrere Stimmen geben

Haufen *Pulk*, der (slaw., Pl. -s) Schwarm, Schar; auch: bootsförmiger Schlitten in Lappland

Haufenwolke *Kumulonimbus*, der (lat., Pl. -se)

häufig *abundant* (lat.)

Häufigkeit *Frequenz*, die (lat., Pl. -en) z. B. seine Plusfrequenz ist kaum wahrnehmbar

Häufung 1. *Kumulation*, die (lat., Pl. -en) sie erlebte e. Kumulation tragischer Ereignisse 2. *Agglomeration*, die (lat., Pl. -en) z. B. Ballung mehrerer Betriebe an e. Ort 3. *Konglomerat*, das (lat.-fr., Pl. -e) z. B. e. Konglomerat (Anhäufung) von Würmern im Darm haben (med.)

Haumesser *Machete*, die (sp., Pl. -n) Buschmesser in Lateinamerika

Haupt e. weiblichen Ungeheuers ... *Gorgonenhaupt*, das (gr.-dt., Pl. ...häupter) ... der gr. Sage, dessen Anblick versteinert (Haupt der Medusa)

Hauptattraktion *Topact*, der (engl., Pl. -s)

Hauptbetriebszeit 1. *Saison*, die (fr., Pl. -s) auch: Theaterspielzeit, Zeitabschnitt für e. aktuelles Programm 2. *Kampagne*, die (fr., Pl. -n) auch: Aktion, Aktivität

Hauptdarsteller *Protagonist*, der (gr., Pl. -en) e. Film mit Steve McQueen als Protagonist

Haupteingang *Portal*, das (lat., Pl. -e) eigtl.: »Vorhalle«

Hauptgedanke 1. *Quintessenz*, die (lat., Pl. -en) der Politiker hielt e. Rede u. vergaß die Quintessenz 2. *Fazit*, das (lat., Pl. -s) »es macht«, Ergebnis 3. *Tenor*, der (lat., ohne Pl.) svw. Gesetzeswortlaut; nicht verw. mit *Tenor*, der (lat.-it., Pl. Tenöre) hohe Männerstimme

Hauptgeschäftsführer 1. *Generalsekretär*, der (lat., Pl. -e) in Parteien u. Organisationen 2. *Managing Director*, der (engl., Pl. -s) in Firmen 3. *General Manager*, der (engl., Pl. -s) in Firmen 4. *Generaldirektor*, der (lat., Pl. -en) i. S. e. Vorstandsvorsitzenden e. AG

Hauptgeschäftsstelle *Generalagentur*, die (lat.-fr., Pl. -en)

Hauptgeschäftszeit *Saison*, die (lat.-fr., Pl. -en) i. S. e. touristischen Hauptsaison

Hauptgrundsatz *Maxime*, die (lat.-fr., Pl. -n) auch: Lebensregel, Leitsatz

Haupthaar *Kapillitium*, das (lat., Pl. ...ien) als Gesamtheit (med.); auch: Gerüstwerk in den Körpern von Schleimpilzen

Hauptinhalt 1. *Extrakt*, der (lat., Pl. -e) auch: Auszug aus Stoffen 2. *Resümee*, das (lat.-fr., Pl. -s) »das Wiederholte«, Zusammenfassung 3. *Substanz*, die (lat., Pl. -en) i. S. des Unveränderlichen e. Sache; philos.: Urgrund; Ggs.: Akzidens 4. *Quintessenz*, die (lat., Pl. -en) »fünftes Seiendes«; auch: Wesen e. Sache, nach: »quinta essenzia« (neben Feuer, Wasser, Luft, Erde das fünfte Element, der »Kern«)

Hauptkirche *Dom*, der (lat.-it.-fr., Pl. -e) in Hamburg auch Kirmes

Hauptleitung, leistungsfähige ... e. Datennetzes *Backbone*, der (engl., Pl. -s) eigtl.: Rückgrat

Häuptling ... *Kazike*, der (indian.-sp., Pl. -n) ... bei den Indianern Mittel- u. Südamerikas; auch: indian. Ortsvorsteher

Hauptmelodie *Thema*, das (gr.-lat., Pl. ...men) e. Musikstückes

Hauptpastor *Pastor primarius*, der (lat., Pl. ...ores, ...rii)

Hauptpreis *Grand Prix*, der (lat.-fr., ohne Pl.) z. B. im Motorsport (Formel-1-Rennen)

Hauptpunkt *Punctum puncti*, das (lat., ohne Pl.)

Hauptraum *Tablinum*, das (lat., Pl. ...na) e. römischen Hauses

Hauptreisezeit *Saison*, die (fr., Pl. -s) auch: Theaterspielzeit

Hauptrolle *Titelpart*, der (lat.-fr., Pl. -s) z. B. in e. Film

Hauptsache *Pointe*, die (lat.-fr., Pl. -n) Pointe e. Witzes muß sitzen; wo ist die Pointe?

hauptsächlich 1. *zentral* (gr.-lat.) das zentrale Thema Deutschland ist die Arbeitslosigkeit 2. *essentiell*, (lat.-fr.)

Hauptsatz *Maxime*, die (lat., Pl. -n) svw. Lebensregel, Leitmotiv, z. B. nach der Maxime: »ehrlich währt am längsten« handeln

Hauptschlagader *Aorta*, die (gr., Pl. ...ten) med.

Hauptschlüssel *Passepartout*, der (lat., Pl. -s)

Hauptsende-, Haupteinschaltzeit *Primetime*, die (engl.-am., ohne Pl.)

Hauptsitz 1. *Metropole*, die (lat., Pl. -n) eigtl.: Mutterstadt; Weltstadt 2. *Zentrale*, die (lat., Pl. -n) Hauptstelle e. Fernsprechvermittlung

Hauptstadt 1. *Metropole*, die (gr.-lat., Pl. -n) z. B. London 2. *Kapitale*, die (lat.-fr., Pl. -n) 3. *Residenz*, die (lat., Pl. -en) i. S. e. Herrschersitzes

Hauptstelle *Zentrale*, die (gr.-lat., Pl. -n) die Zentrale der Ford Motor Company befindet sich in den USA

Hauptstraße 1. *Magistrale*, die (lat., Pl. -n) Hauptverkehrsader in e. Großstadt 2. *Highway*, der (engl., am., Pl. -s) auch: Fernstraße in den USA

Hauptverkehrslinie *Magistrale* die (lat., Pl. -n) Magistralen verbinden Großstädte u. wirtschaftliche Ballungsgebiete

Hauptverkehrszeit *Rush-hour*, die (engl., Pl. -s)

Hauptwerk *Chef d'œuvre*, das (fr., Pl. -s) auch: Meisterwerk

Hauptwort *Substantiv*, das (lat., Pl. -e)

hauptwörtlich *substantivisch* (lat.)

Haus 1. *Domizil*, das (lat., Pl. -e) i. S. von Wohnsitz; »Domizilwechsel« ist e. Wechsel, der nicht am Wohnort des Ausstellers eingelöst wird 2. *Dar*, das (arab.)

Haus, hohes ... *Pharao*, der (altägyptischgr., Pl. -onen) Titel der ägyptischen Köni-

291

ge, z. B. Ramses II.; auch: fr. Karten-glücksspiel

Haus, im ... *Indoor* (engl.-am.) innerhalb e. Hauses, e. Halle

Hausandachtsbuch *Postille*, die (lat., Pl. -n)

Hausanzug *Homedress*, der (engl., Pl. -es)

Hausarrest *Konfination*, die (lat., Pl. -en)

Hausen *Beluga*, der (russ., Pl. -s) Name für den Stör, aus dessen Rogen Kaviar berei-tet wird; auch: Bez. für den Weißwal

Hausfrau *Padrona*, die (lat.-it., Pl. ...ne) in Italien

Hausfreund *Cicisbeo*, der (it., Pl. -s) Lieb-haber der Ehefrau

Hausgemeinschaft *Zadruga*, die (slaw., Pl. -s) i. S. e. gemeinsamen Haushalts mehre-rer Nachkommen e. Stammvaters im alten Rußland u. Serbien

Haushalt zu dritt *ménage à trois* (fr.)

Haushaltsplan 1. *Budget*, das (lat.-fr.-engl., Pl. -s) 2. *Etat*, der (lat.-fr., Pl. -s) Haushaltsplan e. Staates

Haushaltung *Öko*, der (gr., ohne Pl.) auch: Lebensraum. »Öko oder Massentierhal-tung?« (Joschka Fischer, nachdem er mit e. Ei beworfen wurde, 2005)

Haushofmeister *Butler*, der (lat.-fr.-engl., Pl. -) ranghöchster Diener in vornehmen engl. Häusern; »Ein Butler ist e. Prozessi-on, die aus einem einzigen Menschen be-steht.« (P. G. Wodehouse)

Hauskapelle *Oratorium*, das (lat., Pl. ...ien) i. S. e. Betsaals

Hauskleidung *Homedress*, der (engl., Pl. -es)

Hauslehrerin *Gouvernante*, die (lat.-fr., Pl. -n)

häuslich *privat* (lat.) auch: persönlich, fa-miliär, vertraut, außerdienstlich

Hausmeister 1. *Concierge*, der oder die (lat.-fr., Pl. -s) Jacques ist Concierge in Pa-ris 2. *Portier*, der (lat.-fr., Pl. -s) 3. *Kastel-lan*, der (lat., Pl. -e) Hauswart e. Schlosses oder großen öffentlichen Gebäudes

Hausmeister, Edel... *Facility Manager*, der (engl., Pl. -s)

Hausrat *Mobiliar*, das (lat., ohne Pl.)

Hausschuh *Pantoffel*, der (fr., Pl. -n) Karl steht unter dem Pantoffel seiner Frau, er ist e. Pantoffelheld

Haustier, böses virtuelles ... *Antigotchi*,

das (Eigenn., lat.-jap., Pl. -s) mit schreck-lichen Manieren

Haustier, virtuelles ... *Tamagotchi*, das (Eigenn., jap., Pl. -s) eigroßes Spielzeug mit diversen Funktionen

Haustierzähmung *Domestikation*, die (lat.-fr., Pl. -en) auch: Haustierzüchtung

Hauswart *Portier*, der (fr., Pl. -s) auch: Pförtner

Hauswirtschaftswissenschaft *Ökotropho-logie*, die (gr.-lat., ohne Pl.)

Hauswirtschaftswissenschaftler *Ökotro-phologe*, der (gr.-lat., Pl. -n)

Haut *Derma*, (gr., Pl. -ta) med.

Haut, die ... betreffend *dermatal* (gr.)

Haut, in der ... *intrakutan* (lat.) auch: in die Haut

Haut, mit heiler ... davonkommen 1. *inte-grum abire* (lat., Zitat) 2. *tecto latere ab-scedere* (lat., Zitat: Terheaut) eigtl.: mit gedeckter Seite davongehen

Haut, seine eigene ... zu Markte tragen *de corio suo ludere* (lat., Zitat)

Hautabdruck *Dermatogramm*, das (gr., Pl. -e)

Hautablösung *Décollement*, das (fr., Pl. -s) ... z. B. bei Verletzungen (med.)

Hautabschälung 1. *Apolepismus*, der (gr., ohne Pl.) auch: Abschuppung (med.) 2. *Peeling*, das (engl., Pl. -s) i. S. e. kosme-tischen, meist Gesichtshautschälung der Oberhaut

Hautabschürfung *Exkoriation*, die (lat., Pl. -en) med.

Hautarzt *Dermatologe*, der (gr., Pl. -n) med.

Hautatmung *Perspiration*, die (lat., ohne Pl.) med.

Hautausdünstung *Transpiration*, die (lat.-fr., ohne Pl.) med., wie e. Puma transpirie-ren (stinken)

Hautausschlag 1. *Rash*, der (lat.-fr.-engl., Pl. -s) med., i. S. von Scharlach oder Ma-sern 2. *Ekzem*, das (gr., Pl. -e) juckende Hautentzündung

Hautbeschaffenheit *Teint*, der (lat.-fr., Pl. -s) e. reinen Teint wie Pfirsichblüten ha-ben

Hautbezirk *Areola*, die (lat., Pl. ...lae) auch: kleiner Entzündungshof

Hautbläschen 1. *Herpes*, der (lat., ohne Pl.) Bläschenausschlag (med.) 2. *Miliaria*,

292

die (lat., ohne Pl.) auch: Frieselausschlag (med.)

Hautblase *Bulla*, die (lat., Pl. ...llae) eigtl.: Wasserblase

Hautblutung 1. *Dermatorrhagie*, die (gr., Pl. ...ien) auch: Blutschwitzen (med.) 2. *Ekchymose*, die (gr., Pl. -n) auch: flächenhafter Bluterguß (med.) 3. *Hämhidrose*, die (gr., ohne Pl.) Blutschwitzen (med.)

Häutchen 1. *Membran*, die (lat., Pl. -en) feine, dünne Haut 2. *Hymen*, das (gr.-lat., ohne Pl.) Jungfernhäutchen (med.)

Hautdecke *Integument*, das (lat., Pl. -e) auch: Hülle; Hautschichten einschließlich der Haare, Federn, der Stacheln, des Kalkpanzers

Hauteinriß *Fissur*, die (lat., Pl. -en) auch: Furche; Knochenriß (med.)

Hautentzündung 1. *Dermatitis*, die (gr., Pl. ...itiden) med. 2. *Ekzem*, das (gr., Pl. -e) med.; auch: Ausschlag

Hautentzündung, juckende ... *Ekzematoid*, das (gr., Pl. -e) med., ... nicht ansteckend

Hautentzündung, schwere ... mit Rötung u. Schuppen *Erythrodermie*, die (gr., Pl. ...ien) med.

Hautentzündung, von e. ... befallen *ekzematös* (gr.) med.

Hauterfrierung *Congelatio*, die (lat., Pl. ...iones) auch: zum Erfrieren bringen

Hauterhebung *Papel*, die (lat., Pl. -n u. Papula) auch: Hautknoten (med.)

Hauterschlaffung 1. *Anetodermie*, die (gr., Pl. ...ien) med. 2. *Chalodermie*, die (gr., Pl. ...ien) auch: Faltenhaut (med.)

Hautfalte 1. *Frenulum*, das (lat., Pl. ...la) Schleimhautfalte; Vorhautbändchen an der Eichel (med.) 2. *Ruga*, die (lat., Pl. ...gae) auch: Runzel

Hautfarbe *Teint*, der (lat.-fr., Pl. -s) der Inder hatte e. sehr dunklen Teint

Hautfarbstoff *Pigment*, das (lat., Pl. -e) auch: fein verteilter Farbstoff

Hautflechte *Lichen*, der (gr.-lat., Pl. -) auch: Knötchenflechte (med.)

Hautfleck *Plaque*, die (fr., Pl. -s) auch: Zahnbelag

Hautflügler *Hymenopteren*, die (gr., Pl.) Insektenordnung

Hautgeschwulst *Dermatom*, das (gr., Pl. -e)

Hautgeschwür *Furunkel*, der u. das (lat., Pl. -) eigtl.: Spitzbube

Hautgewebeschicht *Tunica*, die (lat., Pl. ...cae) e. dünne Gewebsschicht der Haut; Ggs.: Corpus

Hautgrieß *Milium*, das (lat., Pl. ...ien)

Hautjucken *Pruritus*, der (lat., ohne Pl.) Juckreiz allg. (med.)

Hautknötchen *Papel*, die (lat., Pl. -n) med.

Hautkrankheit *Dermatose*, die (gr., Pl. -n) med.

Hautkrankheit mit Warzenbildung u. Karzinomen *Xeroderma*, das (gr.-lat., Pl. -ta, ...men)

Hautkrankheit, tropische ... *Frambösie*, die (fr., Pl. ...ien) ansteckend (med.)

Hautmittel *Dermatikum*, das (gr., Pl. ...ka) med.

Hautnervenschmerz *Dermalgie*, die (gr., Pl. ...ien) med.

Hautpilz, krankheitserregender ... *Epidermophyt*, der (gr.-lat., Pl. -en) med.

Hautpilzflechte *Dermatomykose*, die (gr., Pl. -n) med.

Hautpustel *Rupia*, die (gr.-lat., Pl. ...ien) med.

Hautreinigungsmittel *Lotion*, die (lat.-engl., Pl. -en u. -s) e. Emulsion zur Pflege u. Reinigung der Haut

Hautritzung mit Farbstoffen ... 1. *Tätowierung*, die (tahitianisch-engl.-fr., Pl. -en) ... die Muster u. Bilder am Körper ergeben 2. *Tattoo*, der, das (tahitianisch-engl., Pl. -s) in den 90er Jahren Trend in den Subkulturen

Hautröte *Flush*, der (engl., Pl. -s) auch: Hitzewallung

Hautrötung *Rubor*, der (lat., Pl. ...res) entzündliche ... (med.)

Hautsalbe *Creme*, die (fr., Pl. -s) Masse aus Fetten u. Wasser zur Hautpflege; auch: bes. Süßspeise; Masse als Pralinen- oder Tortenfüllung; gesellschaftliche Oberschicht

Hautschlaffheit, angeborene ... *Dermatolysis*, die (gr., ohne Pl.) med.

Hautschuppe *Squama*, die (lat., Pl. ...mae) u. allg. Schuppe (med.)

Hautschwiele *Callositas*, die (lat., Pl. ...sitates) auch: Hautverdickung (med.)

Hauttrockenheit *Xerodermie*, die (gr., Pl. ...ien) z. B.: Pergamenthaut (med.)

293

Hautübertragung *Transplantation*, die (lat., Pl. -en) med.

Häutungshormon *Ekdyson*, das (gr., ohne Pl.) der Insekten

Hautwassersucht *Anasarka*, die (gr., ohne Pl.) e. Ödem des Unterhautzellgewebes (med.)

Hautzeichnung 1. *Tätowierung*, die (tahitianisch-engl., Pl. -en) 2. *Tattoo*, der, das (tahitianisch-engl., Pl. -s) auch: Bez. für Zapfenstreich

Hebamme *Obstetrix*, die (lat., Pl. ...izes) Geburtshelferin (med.)

Hebammenkunst *Obstetrik*, die (lat., ohne Pl.) auch: Wissenschaft von der Geburtshilfe (med.)

hebe dich weg! *apage!* (lat., Zitat)

Hebemuskel *Levator*, der (lat., Pl. ...oren) med.

heben *liften* (engl.) med., z. B. Straffung der Gesichtshaut: *Facelifting*, das (engl., Pl. -s)

Hebewerk *Elevator*, der (lat.-fr., Pl. ...oren) Fördergerät für Sand, Getreide, andere Schüttgüter

Hebezeug *Talje*, die (lat.-niederl., Pl. -n) auch: Flaschenzug

Hebung u. Senkung großer Erdkrustenbereiche *Epirogenese*, die (gr.-lat., Pl. -n) Geol., ... läuft in großen Zeitspannen ab

Heer *Armee*, die (lat.-fr., Pl. ...meen) »Streitmacht«; genauer: Heereseinheit

Heereseinheit, altrömische *Legion*, die (lat., Pl. -en); heute z. B. Fremdenlegion der Franzosen; »Varus, Varus, gib mir meine Legionen wieder!« (Kaiser Augustus zu seinem Feldherrn Varus nach der Niederlage im Teutoburger Wald, 9 v. Chr.)

Heerfahne *Standarte*, die (fr., Pl. -n) Feldzeichen, Flagge e. Führers; Einheit in Regimentsgröße im Nationalsozialismus; Schwanz des Wolfs oder Fuchses

Heerführer 1. *Cäsar*, der (lat., Pl. -en) nach Gajus Julius Cäsar (100–44 v. Chr.) Feldherr u. Staatsmann; auch: Kaiser; Cäsaren: ehrender Beiname für e. röm. Kaiser; »Das war ein Cäsar! Wann kommt seinesgleichen?« (William Shakespeare: »Cäsar«) 2. *Napoleon*, der fr. Kaiser u. Heerführer, Napoleon Bonaparte (1769–1821), »war nicht von dem Holz, woraus man Könige macht, Napoleon war

von jenem Marmor, woraus man Götter macht.« (Heinrich Heine)

Heerführer in der Walachai (Polens) *Woiwod*, der (pol., Pl. ...den) auch: pol. Landeshauptmann

Heerführung, Kunst der *Strategie*, die (gr.-lat.-fr., Pl. ...ien) Plan des Vorgehens, um mittel- u. langfristige Ziele zu erreichen; von *Stratege*, der (gr., Pl. -n) »Feldherr«; »Strategie ist die Wissenschaft des Gebrauchs von Zeit u. Raum.« (August Neidhardt von Gneisenau)

Heerwesen *Militär*, das (lat.-fr., ohne Pl.) auch: Gesamtheit der Soldaten e. Landes

Hefegebäck *Donut*, der (engl.-am., Pl. -s) auch: Krapfen

Hefepilz *Blastomyzet*, der (gr.-lat., Pl. -en) auch: Sproßpilz

Heft *Faszikel*, der (lat., ohne Pl.) z. B. Romanfortsetzung in Heftform

Heft, pornografisches ... 1. *Schüttel-Comic*, der (dt.-engl., Pl. -s) 2. *Porno*, der (gr., Pl. -s) von: Pornografie

heften *broschieren* (roman.-fr.)

Heften, das Einheften von Druckbogen *Broschur*, die (fr., Pl. -en) ... in e. Kartonumschlag

heftig 1. *vehement* (lat.) sich vehement für e. Sache einsetzen; »Er (Schäuble) ist e. hervorragender Politiker u. wehrt sich vehement gegen diese Rolle (als Kronprinz).« (Theo Waigel, Bundesfinanzminister, 1998) 2. *massiv* (gr.-lat.-fr.) sich aufgrund e. Unfalls massive Vorwürfe machen 3. *frenetisch* (gr.-lat.-fr.) auch: stürmisch, z. B. frenetischer Beifall 4. *intensiv* (lat.-fr.) i. S. von durchdringend; Ggs.: extensiv 5. *turbulent* (lat.) i. S. von: ungestüm

Heftigkeit *Vehemenz*, die (lat., ohne Pl.) die Angelegenheit verteidigte er mit großer Vehemenz

Heide *Paganus*, der (lat., Pl. ...ni) Nichtchrist

Heidekraut *Erika*, die (gr.-lat., Pl. -s, ...ken) auch: Mädchenname

Heidenbekehrung *Mission*, die (lat., Pl. -en)

Heidentum *Paganismus*, der (lat., ohne Pl.) **heidnisch** *pagan* (lat.)

heikel 1. *delikat* (lat.-fr.) e. delikaten Fall lösen 2. *diffizil* (lat.-fr.) 3. *prekär* (lat.-fr.)

Heil greiser Kaiser! *macte senex imperator* (lat., Zitat)

heil *intakt* (lat.) der Straffällige hatte e. intaktes Elternhaus

Heiland *Salvator*, der (lat., ohne Pl.) Christus als Retter; auch: Marke e. bayrischen Starkbiers

Heilanstalt *Sanatorium*, das (lat., Pl. ...ien)

Heilanzeige *Indikation*, die (lat., Pl. -en) auch: Veranlassung, e. best. Verfahren anzuwenden (med.) Ggs.: Kontraindikation

heilbar 1. *kurabel* (lat.) nicht verw. mit *kurant* (lat.-fr.) auch: *courant* (lat.-fr.) gängig, umlaufend (Geld) Abk.: crt 2. *sanabel* (lat.)

Heilbehandlung 1. *Therapie*, die (gr., Pl. ...ien) 2. *Radiotherapie*, die (lat.-gr., Pl. -n) Behandlung durch Strahlen 3. *Heliotherapie*, die (gr., Pl. -n) Sonnenlichtbehandlung 4. *Chirurgie*, die (gr.-lat., Pl. ...ien) Behandlung durch e. Operation 5. *Massage*, die (arab.-fr., Pl. -n) Behandlung durch massieren 6. *Faradisation*, die (Eigenn., ohne Pl.) Behandlung mit faradischem Strom (nach dem engl. Physiker M. Faraday)

heilen 1. *therapieren* (gr.) Depressionen sind schwierig zu therapieren 2. *kurieren* (lat.) »Dr. Eisenbarth kuriert den Fall auf seine Art« 3. *sanieren* (lat.) e. Firma sanieren; auch: der Zahnarzt saniert e. Gebiß

heilend *kurativ* (lat.) med.

heilig *sakral* (lat.) z. B. sakrale Bauwerke aufsuchen

Heilige Handlung *Sakrament*, das (lat., Pl. -e) z. B. Taufe oder Abendmahl; auch: Fluch »Himmel Sakrament!« (verdammt noch mal!)

Heiligenbild *Ikone*, die (gr.-russ., Pl. -n) aus dem russisch-orthodoxen Kirchenschatz

Heiligenerzählung *Legende*, die (lat., Pl. -n)

Heiligenkalender 1. *Hagiologium*, das (lat., ohne Pl.) 2. *Synaxarion*, das (gr., Pl. ...ien) Kalender der orthodoxen Kirche des Tagesheiligen

Heiligenlegendensammlung *Legendar*, das (lat., Pl. -e)

Heiligenlehre *Hagiologie*, die (gr.-lat., ohne Pl.)

Heiligenschein 1. *Nimbus*, der (lat., Pl. -se) 2. *Gloriole*, die (lat., Pl. -n) 3. *Aureole*, die (lat., Pl. -n) Heiligenschein, der den ganzen Körper umgibt, bes. auf Christusbildern; auch: äußere Leuchterscheinung e. Lichtbogens 4. *Glorienschein*, der (lat.-dt., Pl. -e) 5. *Korona*, die (gr.-lat., Pl. ...nen) »Kranz, Krone«; auch: Strahlenkranz der Sonne oder fröhliche Runde

Heiligenverehrung *Hagiolatrie*, die (gr.-lat., Pl. ...ien)

Heiligenverzeichnis *Kanon*, der (lat., Pl. -s) auch: Regel, Richtschnur, Leitfaden, Maßstab; Musikstück, bei dem mehrere Stimmen in Abständen einsetzen; Verzeichnis gepriesener Schriftsteller; Zusammenstellung aller Sonnen- u. Mondfinsternisse

Heiliger Krieg *Dschihad*, der (arab., ohne Pl.) der Mohammedaner

Heiliger, islamischer ... *Marabut*, der (arab.-port., Pl. -s) auch: Einsiedler

Heiligkeit *Baraka*, die (arab.) auch: göttliche Gnade, wie sie sufischen (mystischen) Heiligen zugeschrieben wird

Heiligkeit *Sanctitas*, die (lat., ohne Pl.) Papsttitel

heiligsprechen *kanonisieren* (sumer.-gr.-lat.)

Heiligtum der gr. Göttin Hera *Heraion u. Heräon*, das (gr., Pl. -s) auch: Tempel

Heiligtum, Haupt... des Islam *Kaaba*, die (arab., ohne Pl.) in der Moschee in Mekka; eigtl. Würfel

Heilkunde *Medizin*, die (lat., ohne Pl.)

Heilkunde, die gesamte ... *medicinae universalis* (lat.) kurz: med. univ.; Dr. med. univ. (praktischer Arzt)

Heilkunst 1. *Iatrik*, die (gr., ohne Pl.) ärztliche Kunst 2. *Iatrologie*, die (gr., ohne Pl.) Lehre von der ärztlichen Heilkunst

Heilkunst, indische ... *Ayurveda*, der (sanskr., ohne Pl.) aus: Ayur: langes Leben u. Veda: Wissen von der verlängerten Lebensdauer

Heilmethode *Therapie*, die (gr., Pl. ...ien)

Heilmittel 1. *Medikament*, das (lat., Pl. -e) 2. *Medizin*, die (lat., ohne Pl.) 3. *Therapeutikum*, das (gr.-lat., Pl. ...ka) 4. *Remedium*, das (lat., Pl. ...ien)

Heilmittel gegen Alterskrankheiten *Geriatrikum*, das (gr.-lat., Pl. ...ka)

Heilmittel, dem Adrenalin verwandtes ... *Ephedrin*, das (gr.-lat., Eigenn., ohne Pl.) »Das Ephedrin brachte mein Herz in Gang.« (Christopher Reeve, als Schauspieler »Supermann«, 1998)

Heilmittellösung *Tinktur*, die (lat., Pl. -en)

Heilpflanze, chinesische ... *Ginseng*, der (chin., Pl. -s) Wurzel e. Araliengewächses

Heilpflanze, e. beruhigend wirkende ... *Baldrian*, der (lat., Pl. -e) auch: Valeriana officinalis

Heilquellenkunde *Balneologie*, die (gr., ohne Pl.) auch: Bäderkunde

Heilquellenkunde *Balneologie*, die (gr.-lat., ohne Pl.)

heilsam *saluber* (lat.) gesund (med.)

Heilsamkeit *Salubrität*, die (lat., ohne Pl.) auch: Klimaverträglichkeit; gesunder Zustand des Körpers (med.)

Heilsarmee *Salvation Army*, die (engl., ohne Pl.) die engl. Bezeichnung

Heilschlamm *Fango*, der (it., ohne Pl.) ... aus vulkanischen Mineralien

Heilskönig *Messias*, der (hebr., ohne Pl.) wurde im Alten Testament angekündigt, im Christentum auf Jesus von Nazareth bezogen worden

Heilstätte *Sanatorium*, das (lat., Pl. ...ien)

Heiltrank *Elixier*, das (gr.-arab.-lat., Pl. -e)

Heilung 1. *Regeneration*, die (lat.-fr., Pl. -en) 2. *Rekonvaleszenz*, die (lat., ohne Pl.) Gesundungszeit 3. *Remission*, die (lat., Pl. -en) auch: Nachsicht

Heilung durch Bäder *Balneotherapie*, die (gr., ohne Pl.)

Heilverfahren *Kur*, die (lat., Pl. -en) e. Kur ist erst mit Kurschatten schön

Heim für Obdachlose 1. *Asyl*, das (gr.-lat., Pl. -e) 2. *Internat*, das (lat., Pl. -e) für Schüler

Heimarbeit am Bildschirm *Teleworking*, das (engl., ohne Pl.) der Mitarbeiter arbeitet zu Hause u. ist über den PC mit seiner Firmenzentrale verbunden

Heimatliebe *Lokalpatriotismus*, der (lat., ohne Pl.) überzogene Liebe zur unmittelbaren Umgebung

Heimcomputer *Personal Computer*, der (engl., Pl. -s) Abk.: PC

heimisch *endemisch* (gr.) nur in e. best. Gebiet lebend

Heimkehrer *Repatriant*, der (lat., Pl. -en) z. B. Kriegsgefangener

heimlich *klandestin* (lat.)

heimliche Mitteilung *Kassiber*, der (jidd., Pl. -) ... die aus dem Gefängnis gelangt

Heimtücke *Perfidie*, die (lat.-fr., Pl. ...ien)

heimtückisch 1. *perfide* (lat.-fr.) es ist perfide, e. alten Frau die Handtasche zu stehlen 2. *insidiös* (lat.) med., als Krankheitsbild 3. *dolos* (lat.) rechtsw., arglistig, mit bösem Vorsatz 4. *intrigant* (lat.-it.-fr.) auch: rachsüchtig 5. *maliziös* (lat.-fr.) arglistig

Heimweh ... *Nostalgie*, die (gr.-lat., Pl. ...ien) ... nach vergangenen Zeiten, was Mode, Stil, Kunst betrifft; »Nostalgie ist die Sehnsucht nach e. Zeit, von der man absolut keine Ahnung hat.« (Lore Lorentz) oder: »Sie ist nicht die Partei des demokratischen Sozialismus (PDS), sondern der organisierten Nostalgie« (Burkhard Hirsch, F. D. P., 1998)

Heimwerker *Handyman*, der (am., Pl. ...men)

Heiserkeit 1. *Aphonie*, die (gr., Pl. ...ien) auch: Stimmlosigkeit, Flüsterstimme 2. *Asaphie*, die (gr., Pl. ...ien) Undeutlichkeit der Stimme

heiß *tropisch* (gr.)

heiße Zone *Tropen*, die (gr.-lat., nur Pl.)

Heißhunger 1. *Vorazität*, die (lat., ohne Pl.) med. 2. *Hyperorexie*, die (gr.-lat., Pl. ...ien) med. 3. *Kynorexia*, die (gr.-lat., ohne Pl.) med.

Heißsporn *Desperado*, der (lat.-sp.-engl., Pl. -s) z. B. e. zu allem entschlossener Abenteurer

heiter *sanguinisch* (lat.) eigtl.: »aus Blut bestehend«

Heiterkeit 1. *Euthymie*, die (gr., ohne Pl.) auch: Frohsinn 2. *Humor*, der (lat., ohne Pl.) »Humor hat, wer trotzdem lacht!«

Heizkörper *Radiator*, der (lat., Pl. -en)

Held 1. *Heros*, der (gr.-lat., Pl. ...oren) z. B. tapfere, mutige Person 2. *Paladin*, der (lat.-it.-fr., Pl. -e) Ritter des Heldenrings am Hofe Karl des Großen

Heldenbrief *Heroide*, die (gr.-lat., Pl. -n) e. von Ovid gestaltete Gattung in der Literatur

Heldendarsteller 1. *Tragöde*, der (gr.-lat., Pl. -n) für tragische Rollen 2. *Tragödin*, die (gr.-lat., Pl. -nen) Schauspielerin in tragischen Rollen (Heldindarstellerin)

Heldendarstellerin 1. *Tragödin*, die (gr.-lat., Pl. -nen) 2. *Heroine*, die (lat., Pl. -n)

Heldengedicht 1. *Epos*, das (gr.-lat., Pl. Epen) 2. *Ballade*, die (gr.-lat.-fr.-engl., Pl. -n) eigtl.: »Tanzlied«

heldenhaft 1. *heroisch* (gr.-lat.) 2. *bravourös* (gr.-lat.-fr.) 3. *couragiert* (lat.-fr.) beherzt

Heldenhaftigkeit *Heroik*, die (gr., ohne Pl.)

Heldenmut *Heroismus*, der (gr.-lat., ohne Pl.)

heldenmütig *heroisch* (gr.-lat.) die Rettung des Kindes war e. heroische Tat

Heldensage 1. *Legende*, die (lat., Pl. -n) »zu Lesendes« 2. *Mythos*, der (gr.-lat.) u. *Mythus*, der (gr.-lat., Pl. ...then) auch: »Ammenmärchen«

Heldentum *Heroismus*, der (gr.-lat., ohne Pl.)

Heldenverehrung *Heroenkult*, der (gr., Pl. -e)

Heldin *Heroin*, die (gr.-lat., Pl. -en); nicht verw. mit *Heroin*, das (gr.-lat., ohne Pl.) süchtig machendes Rauschgift

heldisch *eroico* (lat.-it.) heldenmäßig (Vortragsanw., musik.)

helfen 1. *assistieren* (lat.) z. B. als Assistent dem Professor assistieren 2. *flankieren* (germ.-fr.) die Rettung der Firma erfordert flankierende Maßnahmen 3. *sekundieren* (lat.-fr.)

helfend *auxiliar* (lat.) dienend

Helfer 1. *Assistent*, der (lat., Pl. -en) 2. *Adjutor*, der (lat., Pl. -en) 3. *Paraklet*, der (gr.-lat., Pl. -en) Gottes Fürsprecher, Diener

Helfer, unerwarteter ... *Deus ex machina*, der (lat., ohne Pl.) »der Gott aus der Theatermaschine«, d. h. von der Höhe im altgr. Theater: überraschende Hilfe von »oben« erhalten

Helfershelfer 1. *Komplize*, der (lat.-fr., Pl. -n) auch: Mittäter 2. *Kumpan*, der (lat.-fr., Pl. -e) eigtl.: Brotgenosse; Begleiter, Gefährte; Mittäter, Helfer

hell 1. *limpid* (lat.-fr.) auch: klar, durchsichtig 2. *luminös* (fr.) lichtvoll, leuchtend; deutlich 3. *luzid* (lat.) durchsichtig, klar; verständlich

Helldunkelmalerei 1. *Chiaroscuro*, das

(it., ohne Pl.) eigtl.: Halbdunkel 2. *Clairobscur*, das (fr., ohne Pl.)

Helle *Luzidität*, die (lat., Pl. -en)

hellfarbig *xanthochrom* (gr.) auch: gelblich

hellhäutig *leukoderm* (gr.-lat.) i. S. von pigmentarm; Ggs.: melanoderm

Helligkeit *Luzidität*, die (lat., Pl. -en)

Hellsehen *Luzidität*, die (lat., Pl. -en) in die Zukunft blicken können

hellsehend *clairvoyant* (fr.) hellseherisch

Helm der Samurai ... *Kabuto*, der (jap., Pl. -s) aus der Edo-Zeit, 19. Jh.

Helmbusch *Panasch*, der (lat.-it.-fr., Pl. -e) Federbusch am Paradehelm

Helmschmuck *Zimier*, das (fr., Pl. -e) ... von Rittern

Hemd, das ... ist mir näher als der Rock *tunica propior pallio* (lat., Zitat: Plautus)

Hemd, das ... ist mir näher als der Rock *tunica pallio propior* (lat., Zitat: Plautus)

Hemdbrust *Chemisette*, die (fr., Pl. -n) Vorhemdchen; die Hemdbrust am Frack; weißer Einsatz an Damenkleidern

Hemdchen, bauchfreies ... *Babysize-Shirt*, das (engl., Pl. -s) ... u. eng anliegend

Hemdröckchen *Camisole*, das (fr., Pl. -s) auch: Unterjacke; Hemd mit eingearbeitetem Büstenteil

hemmen 1. *handicapen* (engl.) der komplizierte Schienbeinbruch handicapte den Sprinter 2. *obstruieren* (lat.) z. B. e. Vorhaben obstruieren (behindern) 3. *paralysieren* (gr.-lat.) auch: lähmen; einige Schlangenarten paralysieren ihre Beute 4. *retardieren* (lat.-fr.) auch: verzögern

hemmend 1. *obstruktiv* (lat.) auch: Gefäße des Körpers verstopfend (med.) 2. *suppressiv* (lat.) unterdrückend 3. *repressiv* (fr.) unterdrückend

Hemmstoff *Inhibitor*, der (lat., Pl. ...oren) ... der chem. Reaktionen verhindert oder beeinflußt

Hemmung 1. *Repression*, die (lat.-fr., Pl. -en) auch: Unterdrückung 2. *Blockade*, die (fr.-dt., Pl. -n) zeitweiser Ausfall best. Funktionen

Hemmungen *Skrupel*, der (lat., meist Pl.) eigtl.: »spitzes Steinchen«; moralische Bedenken; auch: altes Apothekergewicht

Hengst, kastrierter ... *Wallach*, der (dt.,

Pl. -e) »Ein weiteres Traumpaar bildeten Springreiter Alwin Schockemöhle u. sein Wallach Warwick.« (F. A. Z., 1996)

Henker, hol dich der ...! *male sit tibi!* (lat., Zitat)

Henne, die ... hat es geschrieben *gallina scripsit* (lat., Zitat: Plautus) gemeint sind die »Krähenfüße« an den Augen als Zeichen des Alterns

herablassen *abfieren* (Seemannsspr.)

herablassend 1. *jovial* (lat.) i. S. von bes. leutselig 2. *süffisant* (lat.-fr.) i. S. von spöttisch-überheblich 3. *zynisch* (gr.-lat.) schamlos-spöttisch

Herablassung *Kondeszendenz*, die (lat., Pl. -en) auch: Nachgiebigkeit

herabsetzen 1. *degradieren* (lat.) vom Leutnant zum Feldwebel degradieren 2. *deklassieren* (lat.-fr.) z. B. e. Gegner im sportlichen Wettkampf überraschend hoch besiegen 3. *diffamieren* (lat.) auch: verleumden; »Es wäre hilfreich, wenn nicht jede Debatte über sozialen Umbau gleich als Demontage des Sozialstaats diffamiert würde.« (Roman Herzog, Bundespräsident, 1997) oder: »Gleichwohl wollen wir die Einkommen aus Kapitalerträgen nicht diffamieren ...« (Gerhard Schröder, 1998)

Herabsetzung 1. *Degradierung*, die (lat., Pl. -en) die neue Aufgabe kommt e. Degradierung gleich 2. *Denomination*, die (lat., Pl. -en) der Nennwert e. Aktie wird im Zuge e. Kapitalminderung herabgesetzt

herabwürdigen *diskriminieren* (lat.) »absondern«

heranwachsen *adoleszieren* (lat.)

heranwachsend *adoleszent* (lat.)

Heranwachsender *Adoleszent*, der (lat., Pl. -en) Jugendlicher; auch: Reifezeit nach der Pubertät

herausbringen *eruieren* (lat.) der Journalist wollte die Umstände genau eruieren

herausfinden 1. *diagnostizieren* (gr.-fr.) der Arzt diagnostiziert e. Krankheit 2. *eruieren* (lat.) »herausgraben«, i. S. von: feststellen; nicht verw. mit erodieren (lat.) z. B. Anbaufläche erodiert (wird ausgewaschen) 3. *recherchieren* (lat.-fr.) z. B.: Journalisten recherchieren (treiben Nachforschungen) 4. *sondieren* (fr.) ausloten, mit e. Sonde untersuchen

Herausforderer *Provokateur*, der (lat.-fr., Pl. -e) auch: Aufwiegler. »Ich bin von e. Bande niederträchtiger Provokateure umgeben.« (Ariel Scharon, israelischer Regierungschef, 2005)

herausfordern *provozieren* (lat.) der Afrikaner fühlte sich provoziert u. schlug zu

herausfordernd 1. *ostentativ* (lat.) die Studenten mieden ostentativ die Vorlesung des Prof. Müller 2. *provokant* (lat.) mit provokantem Benehmen den Vorgesetzten ärgern 3. *aggressiv* (lat.) angreifend 4. *provozierend* (lat.) i. S. von: bewußt hervorrufend

Herausforderung *Provokation*, die (lat., Pl. -en)

herausführend *efferent* (lat.) auch: fortführen (med.); Ggs.: afferent

herausgeben *edieren* (lat.) Verlage edieren Bücher

Herausgeber 1. *Editor*, der (lat., Pl. -en) Buchherausgeber; auch: Verleger 2. *Redaktor*, der (lat., Pl. ...oren) z. B. auf wissenschaftlichem Gebiet

Herausgebervermerk *Impressum*, das (lat., Pl. ...ssen) eigtl.: das Eingedrückte (in Zeitungen über Verleger u. Redakteure)

herausgehoben 1. *distinguiert* (fr.) auch: vornehm; e. distinguierte Erscheinung sein 2. *exponiert* (lat.)

herauslösen *eliminieren* (fr.)

Herauslösung 1. *Extraktion*, die (lat., Pl. -en) auch: Zahnziehen; das Herausziehen des Kindes aus dem Mutterleib (med.) 2. *Isolation*, die (lat.-fr., Pl. -en) auch: Absonderung, Getrennthaltung von z. B. Häftlingen (Isolationshaft); Unterbindung von elektr. Strömen

Herauslösung aus e. Komplex *Eliminierung*, die (lat., Pl. -en) »Die Lösung im Libanon besteht in der Eliminierung des zionistischen Gebildes.« (Mahmud Ahmadi-ned-Schad, Präsident des Irans, 2007)

herausputzen, sich ... *ungrungen* (engl.) von: grunge (Schmutz, Dreck) ... z. B. vor e. Vorstellungsgespräch oder Date (Verabredung)

herausschreiben *exzerpieren* (lat.) z. B. aus Fachbüchern

herausstellen *exponieren* (lat.)

heraussuchen *selektieren* (lat.) aussondern

Heraustreten e. Mondes ... *Emersion*, die (lat., Pl. -en) ... aus dem Schatten seines Planeten

herauswachsend, nach außen ... *ektophytisch* (gr.) med.

herausziehen *extrahieren* (lat.) med., der Zahnarzt hat mir e. Backenzahn extrahiert

herb *dry* (engl.) »trocken« (alkoholische Getränke); extra dry, z. B. bei Sekt

Herbeibringen *Apport*, der (fr., Pl. -e)

herbeibringen *apportieren* (fr.)

Herbeischaffen *Apport*, der (fr., Pl. -e) ... des erlegten Wildes durch den Hund; Ggs.: Asport

herbstlich *autumnal* (lat.)

Herbstzeitlose *Colchicum*, das (lat., ohne Pl.) e. Liliengewächs, nach der antiken Landschaft Kolchis am Schwarzen Meer

Herden, mit ... **ziehend** *transhumant* (lat.-fr.)

Herkommen *Tradition*, die (lat., Pl. -en) auch: Brauch, Überlieferung; »Tradition ist gesiebte Vernunft des Volkes aus einem Jh. in das andere.« (Ricarda Huch)

herkömmlich 1. *konventionell* (lat.-fr.) z. B. konventionelle Bauweise 2. *traditionell* (lat.-fr.) überliefert

Herkunft *Provenienz*, die (lat., Pl. -en)

Herkunft, zweierlei ... *Hybrid*, das (lat., ohne Pl.) Mischung. »Leute, kauft Hybridautos von Toyota!« (Renate Künast, Fraktionschefin der Grünen, 2007)

Herkunftsfall *Genitiv*, der (lat. Pl. -e) auch: 2. Fall, Wesfall; Abk.: Gen. »Die Niederländer haben den Genitiv schon vor Jahrhunderten abgeschafft.« (Bastian Sick, Spiegel-Kolumnist, 2006)

herleiten 1. *deduzieren* (lat.) den Einzelfall aus dem Allgemeinen ableiten; Ggs.: induzieren 2. *derivieren* (lat.) auch: ableiten 3. *induzieren* (lat.); Ggs.: deduzieren

Heroin *Age*, das (Szeneausdruck, ohne Pl.)

Heroin, bes. wirksames ... *Death Wish*, das (am., ohne Pl.) Szenewort für e. bes. in den USA erhältliche Sorte

Heroinsorte, hochwirksame ... *Black Magic*, das (engl., ohne Pl.) Szenewort

herpesartig *herpetiform* (gr.-lat.) med.

Herr 1. *Gentleman*, der (engl., Pl. ...men) höflicher Mann mit guten Umgangsformen 2. *Sir*, der (engl., Pl. -s) als schriftliche Anrede 3. *Mister*, der (engl., Pl. -) als mündliche Anrede 4. *Monsieur*, der (fr., Pl. Messieurs) Anrede in Frankreich 5. *Sahib*, der (arab.-hindi., Pl. -s) so wurden früher die Europäer von den Indern angeredet 6. *Padrone*, der (lat.-it., Pl. ...ni) 7. *Signor*, der (it., Pl. -i) 8. *Senhor*, der (port., Pl. -es) 9. *Señor*, der (sp., Pl. -es) 10. *Grandseigneur*, der (fr., Pl. -s) sehr vornehmer Herr 11. *Seigneur*, der (fr., Pl. -s) vornehmer Herr 12. *Sidi*, der (arab.) auch: Meister 13. *Efendi*, der (türk., Pl. -s)

Herr der Heerscharen *Zebaoth* u. *Zebaot*, der (hebr., ohne Pl.) Erweiterung des Namens Gott (Altes Testament)

Herr, der ... **sei mit Euch!** *Dominus vobiscum!* (lat., Zitat, Ruth 4, 22)

Herr, erbarme dich! *Kyrie eleison!*, das (gr., Pl. -s) (kurz: Kyrie) Bittruf in Messe u. Gottesdienst

Herr, sein eigener ... **sein** *homo sui iuris* (lat., Zitat) eigtl.: ein Mann seines Rechtes

Herr, wie der ..., **so der Knecht** *plane qualis dominus, talis est servus* (lat., Zitat)

Herren, lobet den ...! *halleluja!* (hebr., aus Psalmen übernommener gottesdienstlicher Freudenruf) »Hallelujah! Scheidung durch, kurze Prozedur.« (G. Schröders geh. Tagebuch von H. Venske, 1997)

Herrenhut 1. *Bowler*, der (engl., ohne Pl.) runder, steifer Hut, wie ihn Herren der Londoner City gern tragen 2. *Zylinder*, der (gr.-lat., ohne Pl.) hoher, schwarzer Hut aus Seidensamt; auch: röhrenförmiger Hohlkörper 3. *Chapeau claque*, der (fr., Pl. -x, -s) zusammenklappbarer Zylinderhut

Herrenmantel mit Umhang *Havelock*, der (engl., Pl. -s) Bez. nach e. engl. General

Herrenoberbekleidung *Menswear*, die (engl., ohne Pl.)

Herrenschoßrock *Cutaway*, der (engl., Pl. -s) Gesellschaftsanzug für den Vormittag

Herrentier *Primat*, der (lat., Pl. -en) dazu gehören: Affen, Halbaffen u. Menschen

Herrin *Domina*, die (lat., Pl. ...nä, -s) Stiftsvorsteherin; auch: Prostituierte, die sadistische Handlungen an e. Masochisten vornimmt

herrisch 1. *despotisch* (gr.) e. despotischer Familienvater, unter dem alle litten 2. *tyrannisch* (gr.-lat.) von: Tyrann, der (gr.-lat., Pl. -en) Gewaltherrscher

herrlich 1. *majestätisch* (lat.) die majestätische Bergwelt bewundern 2. *paradiesisch* (pers.-gr.-lat.) in dem Kurort herrscht e. paradiesische Ruhe

Herrlichkeit 1. *Gloria*, das u. die (lat., ohne Pl.) auch: Ruhm; mit Glanz u. Gloria; Lobgesang in der christlichen Liturgie: Gloria in excelsis Deo (Ehre sei Gott in der Höhe); Kaffee mit Weinbrand; weil guter Kaffee das Essen abschließt wie ein Gloria den Psalm 2. *Majestät*, die (lat., Pl. -en) Erhabenheit; Anrede u. Titel von Kaisern u. Königen

Herrn, laßt uns preisen den ...! *benedicamus Domino!* (lat.)

Herrschaft 1. *Diktatur*, die (lat., Pl. -en) unbeschränkte Herrschaft e. Mannes (Diktators), des Militärs (Militärdiktatur), e. Partei (Parteidiktatur) »Ich habe nicht vor, e. Diktatur zu errichten, ich habe nur e. laute Stimme.« (Alexander Lebed, Gouverneur von Krasnojarsk, 1998) 2. *Absolutismus*, der (lat.-fr., ohne Pl.) die unbegrenzte Herrschaft e. Monarchen (Königs, Kaisers) 3. *Dominanz*, die (lat., Pl. -en) i. S. von: Eigenschaft von Erbfaktoren, die sich gegenüber schwächeren durchsetzen; Ggs.: Rezessivität 4. *Hegemonie*, die (gr., Pl. ...ien) »Oberbefehl«; Vorherrschaft e. Staates, Vormachtstellung; nicht verw. mit *Hegemon*, der (gr., Pl. -en) Fürst, der über andere Fürsten herrscht 5. *Primat*, das (lat., Pl. -e) in der Demokratie hat das Militär das Primat der Politiker zu akzeptieren; auch (meist Pl.): Halbaffen, Affen u. Menschen umfassende Ordnung (Biol.) 6. *Prädomination*, die (lat., ohne Pl.) 7. *Regime*, das (lat.-fr., Pl. –, selten: -s) i. S. e. bes. Herrschaftsform; z. B. Regimekritiker

Herrschaft der Alten *Gerontokratie*, die (lat., Pl. ...ien) auch: e. verkrustete Gesellschaftsform

Herrschaft der Leistungsträger *Meritokratie*, die (lat., Pl. ...ien) auch: Verdienstadel

Herrschaft der Vermögenden *Plutokratie*, die (lat., Pl. ...ien)

Herrschaft des Volkes *Demokratie*, die (gr.-lat., Pl. ...ien) »Volksherrschaft«; das Volk hat durch freie Wahlen an der Machtausübung im Staat teil; »Mir gefällt der Lärm der Demokratie.« (James Buchanan)

Herrschaft, auf einigen lastet die ... *anderer quibusdam aliena supra caput imperia sunt* (lat., Zitat: Seneca)

herrschaftlich 1. *aristokratisch* (gr.-lat.) auch: vornehm 2. *feudal* (germ.-lat.) i. S. von reichlich ausgestattet

Herrschaftsbereich *Imperium*, das (lat., Pl. ...ien) eigtl.: Oberbefehl; Weltreich, Kaiserreich, Machtbereich

Herrschaftsform *Regime*, das (fr., Pl. -, auch -s) Regierungsform; System, Ordnung

Herrschaftsgebiet *Territorium*, das (lat.-fr., Pl. ...ien) Einheit e. Verwaltung; Grund u. Boden; Land, Gebiet

Herrschaftsgewalt *Regierung*, die (lat., Pl. -en) oberstes Organ e. Staates; »Jedes Volk hat die Regierung, die es verdient.« (Joseph-Marie de Maistre)

herrschaftslos *anarchisch* (gr.) ordnungs- u. gesetzlos

Herrschaftslosigkeit *Anarchie*, die (gr., Pl. -n) Zustand der Ordnungs- u. Gesetzlosigkeit

herrschen *regieren* (lat.) die Politik e. Staates gestalten; »... ich regiere das Land (Sachsen-Anhalt) auf e. Arschbacke mit. Aber von Hannover aus.« (H. Venske: G. Schröders geh. Tagebuch, 1997)

Herrscher 1. *Monarch*, der (gr.-lat., Pl. -en) z. B. König, Kaiser, Zar 2. *Dynast*, der (gr.-lat., Pl. -en) 3. *Regent*, der (lat., Pl. -en) verfassungsmäßiger Vertreter des Monarchen; auch Staatsoberhaupt 4. *Souverän*, der (lat.-fr., Pl. -e) 5. *Sultan*, der (arab., Pl. -e) in arabischen u. Ländern mohammedanischen Glaubens 6. *Zar*, der (lat.-got.-slaw., Pl. -en) entspricht dem Kaiser 7. *Hakim*, der (arab., Pl. -s) in Arabien; auch: Arzt, Weiser, Philosoph im Orient; el Hakim: der Arzt 8. *Tenno*, der (jap., Pl. -s) der japanische Kaiser 9. *Pharao*, der (ägypt., Pl. ...onen) ägypt. König 10. *Potentat*, der (lat., Pl. -en) z. B. e. mächtiger Fürst

Herrscherbesitz *Residenz*, die (lat., Pl. -en)

Herrschergeschlecht *Dynastie*, die (gr., Pl. ...ien)

Herrschergeschlecht, persisches ... *Sas-*

sanide, der (pers., Pl. -n) Angehöriger des Geschlechts (224–651)

Herrschergewalt *Souveränität*, die (lat.-fr., ohne Pl.)

Herrschersessel *Thron*, der (gr., Pl. -e) svw. Sitz e. Monarchen; »Durch fremde Waffen gründet sich kein Thron.« (Schiller)

Herrscherstab *Zepter*, das, der (gr.-lat., Pl. -)

Herrschertitel in Rußland, Bulgarien u. Serbien *Zar*, der (russ.-gr., Pl. -en) »Es ist nicht Sache des Zaren, sich um die Details zu kümmern.« (Alexander Lebed, Exgeneral, John Wayne der russ. Politik, 1998)

herrühren *resultieren* (lat.-fr.) zur Folge haben; sich ergeben

herstellen 1. *produzieren* (lat.) fertigen 2. *fabrizieren* (lat.) in e. Fabrik herstellen; auch abwertend: anstellen, z. B.: was hast du da wieder fabriziert? 3. *modellieren* (lat.-it.) z. B. mit den Händen e. Plastik formen

Herstellen der Leistungskraft *Sanierung*, die (lat., Pl. -en) »Deutschland ist auch e. Sanierungsfall.« (Angela Merkel, Bundeskanzlerin, 2006)

Hersteller 1. *Produzent*, der (lat., Pl. -en) Erzeuger 2. *Producer*, der (lat.-engl., Pl. -s)

Herstellung 1. *Produktion*, die (lat.-fr., Pl. -en) auch: Fertigung 2. *Fabrikation*, die (lat., Pl. -en)

Herstellung, gleichgeschaltete ... *synchronized Manufacturing* (gr.-engl.-am., ohne Pl.) mehrere Tochterfirmen e. Unternehmens arbeiten synchron an der Entwicklung u. Fertigung e. Produktes (dies ermöglicht die multimediale Kommunikation mittels Videokonferenzen)

herstellungsmäßig *fabrikatorisch* (lat.)

Herstellungsverfahren *Technik*, die (gr.-fr., Pl. -en) Fertigkeit, angewandte Naturwissenschaft; »Der Glaube an die allein seligmachende Technik müßte unterdrückt, das Streben nach Wahrhaftigkeit gefördert werden.« (Arnold Schönberg)

Herumfahren, das ... *Cruise* (engl., ohne Pl.)

herumlungern *tachinieren* (österr.) faulenzen, untätig sein

Herumlungern, zielloses ... *Hang Out*, der (engl., ohne Pl.) kommt bei Drogenkonsumenten häufig vor (Szenewort)

herumstrolchen *vagabundieren* (lat.-fr.) sich herumtreiben, ohne festen Wohnsitz sein

Herumtreiber 1. *Vagabund*, der (lat.-fr., Pl. -en) Landstreicher 2. *Lumpazivagabundus*, der (lat., Pl. -se u. ...die) Landstreicher nach e. Stück von J. N. Nestroy (1801–1862)

Herumtreiberei *Vagabondage*, die (lat.-fr., ohne Pl.) Landstreicherei

heruntergekommen *abgefuckt* (dt.-engl.) Jargon: in scheußlichem Zustand, z. B. e. Unterkunft oder e. Person

herunterladen *downloaden* (engl.)

hervorbringen 1. *generieren* (lat.) erzeugen; produzieren; bilden 2. *kreieren* (fr.) erschaffen, erfinden 3. *produzieren* (lat.) herstellen; vorführen; machen

hervorgehoben 1. *pointiert* (lat.-fr.) pointiert auf Mißstände hinweisen 2. *akzentuiert* (lat.) betont 3. *expliziert* (lat.) ausdrücklich; Ggs.: impliziert; nicht verw. mit *explicit* (lat.) »es ist vollzogen« bes. am Ende von frühen Handschriften; Ggs.: incipit 4. *plakativ* (niederl.-fr.) auffallend 5. *prononciert* (lat.-fr.) i. S. von scharf betont, deutlich

hervorheben 1. *pointieren* (lat.-fr.) i. S. von herausstreichen; »... zu e. Demokratie u. e. Wahlkampf gehört auch e. pointierte, holzschnittartige Auseinandersetzung ...« (Peter Hintze, CDU, 1998) 2. *akzentuieren* (lat.) betonen 3. *markieren* (germ.-it.-fr.) auch: kennzeichnen

hervorheben, übertreibend ... *hochstilisieren* (dt.-fr.) aber nicht: »Das ist doch alles hochsterilisiert.« (Fußballer Bruno Labbadia)

Hervorhebung *Pointierung*, die (lat.-fr., Pl. -en) Zuspitzung

hervorragend 1. *eminent* (lat.-fr.) der Dozent behandelte Themen von eminenter (außerordentlicher) Bedeutung 2. *exzellent* (lat.-fr.) vortrefflich

hervorragend begabt *genial* (lat.) großartig. »Ich habe seit Jahren kein anderes High-Tech-Gerät so genial gefunden.« (Steve Jobs, Apple-Gründer, zur Miele-Waschmaschine, 2006)

hervorrufen 1. *evozieren* (lat.) bewirken 2. *provozieren* (lat.) herausfordern

hervorstechend *markant* (fr.) bezeichnend, ausgeprägt; z.B.: markante Gesichtszüge

Herz, das ... auf der Zunge tragen *nec aliud sentire nec aliud loqui* (lat., Zitat) weder anders fühlen noch sprechen

Herz, er hat e. ... aus Stein *stat ei in corde silex* (lat., Zitat)

Herz, in das ... *intrakardial* (lat.) im Herzen

Herz, sie sind e. ... u. e. Seele *omnia sunt inter eos communia* (lat., Zitat)

Herzaktionspotentiale, Aufzeichnung des Verlaufs der ... *Elektrokardiogramm*, das (gr.-lat., Pl. -e) kurz: EKG

Herzangst *Stenokardie*, die (gr., Pl. ...ien) Herzbeklemmung; Angina pectoris (med.)

herzbeklemmend *pektanginös* (lat.) med.

Herzbelebungsmittel *Exzitans*, das (lat., Pl. ...tanzien) auch: Kreislauf, Atmung u. Nerven anregende Arznei (med.)

Herzberuhigungsmittel *Kardiosedativum*, das (gr., Pl. ...va) med.

Herzbeschleunigung *Tachykardie*, die (gr., Pl. ...ien) auch: Herzjagen (med.)

Herzbeutel *Perikard*, das (gr., Pl. -e) med.

Herzen, man sieht nur mit dem ... gut *on ne voit bien qu'avec le cœur* (fr., Zitat: A. de Saint-Exupéry, fr. Schriftsteller, 1900–1944)

Herzen, vor dem ... liegend 1. *präkardial* (lat.) 2. *präkordial* (lat.)

Herzentzündung *Karditis*, die (gr., Pl. ...itiden) med.

Herzerkrankung *Kardiopathie*, die (gr.-lat., Pl. ...ien) med.

Herzinfarkt *Myokardinfarkt*, der (gr.-lat., Pl. -e) med.

Herzinnenhaut *Endokard*, das (gr.-lat., Pl. -e) med.

Herzinnenhautentzündung *Endokarditis*, die (gr.-lat., Pl. ...itiden) med.

Herzjagen *Tachykardie*, die (gr.-lat., Pl. ...ien) med.

Herzklappenauswölbung, krankhafte ... *Ballooning*, das (engl., Pl. -s) Bez. steht auch für e. akutes Lungenemphysem (Lungenblähung)

Herzklopfen *Palpitation*, die (lat., Pl. -en) med.

Herzkrampf *Angina pectoris*, die (gr.-lat., ohne Pl.) auch: Schmerzen hinter dem Brustbein infolge kranker Herzkranzgefäße

Herzkranzgefäß *Koronargefäß*, das (lat.-dt., Pl. -e) med.

Herzkranzgefäß, in e. ... *intrakoronar* (lat.)

Herzlähmung *Kardioplegie*, die (gr., Pl. ...ien) auch: Herzschlag; künstliches Aussetzen für e. Herzoperation (med.)

Herzleiden *Kardiopathie*, die (gr.-lat., Pl. ...ien) med.

herzlich *kardial* (lat.) auch: vertraulich

herzlos *insensibel* (lat.) gefühllos; Ggs.: sensibel

Herzminutenvolumen *Cardiac Output*, der (engl., Pl. -s) Abk.: CO; es ist die in e. Minute vom Herzen ausgetriebene Blutmenge: ca. 5 Liter bei e. gesunden Menschen

Herzmittel *Kardiakum*, das (gr., Pl. ...ka) ... mit stärkender Wirkung (med.)

Herzmuskel 1. *Myokard*, das (lat., Pl. -e) 2. *Myocardium*, das (lat., Pl. ...dia)

Herzmuskelschwäche 1. *Kardiomyopathie*, die (gr.-lat., Pl. ...ien) 2. *Cardiomyopathia*, die (gr.-lat., Pl. ...iae)

Herzog *Doge*, der (lat.-it., Pl. -n) Titel des Staatsoberhauptes in Genua u. Venedig; »Der Doge kann des Rechtes Lauf nicht hemmen.« (William Shakespeare)

Herzrhythmusstörung *Bigeminie*, die (lat., Pl. ...ien) Doppelschlägigkeit (med.)

herzschädigend *kardiotoxisch* (gr.) med.

Herzschlag *Kardioplegie*, die (gr.-lat., ohne Pl.) med.

Herzschlag- oder Pulsfrequenz *Heart Rate*, die (engl., Pl. -s)

Herzschlagader *Karotis*, die (gr., Pl. ...tiden) med.

Herzschrittmacher *Pacemaker*, der (engl., Pl. -s) med.; auch: der »Hase«, der bei best. Rennen vorne für das Tempo sorgt

Herzschwäche *Herzinsuffizienz*, die (dt.-lat., ohne Pl.) med.

Herzspezialist *Kardiologe*, der (gr.-lat., Pl. -n) i. S. e. Facharztes

Herzstillstand *Cardiac Arrest*, der (engl., Pl. -s)

Herzstimulanz *Adrenalin*, das (lat., ohne Pl.) Hormon des Nebennierenmarks

Herztätigkeit, Verlangsamung der ... *Bradykardie*, die (gr.-lat., Pl. ...ien) med.

Herzvergrößerung *Kardiomegalie*, die (gr.-lat., Pl. …ien) med.

Herzvergrößerung *Kardiomegalie*, die (lat., Pl. …ien) med.

Hetze 1. *Agitation*, die (lat.-engl., Pl. -en) Agitationen gegenüber Andersgläubigen müssen unterbunden werden 2. *Pogrom*, der (russ., Pl. -e) Hetze, Verfolgung fremdrassiger Gruppen, Judenpogrom 3. *Demagogie*, die (gr., ohne Pl.) abwertend: Volksaufwiegelung, politische Hetze

Hetze, politische … *Demagogie*, die (gr., ohne Pl.) auch: Volksverführung. »Demagogie macht Zündstoff zum Löschmittel.« (Oliver Tietze, Aphoristiker)

hetzen *agitieren* (lat.-engl.) z. B. politische Hetze schüren

Hetzer *Demagoge*, der (gr., Pl. -n) z. B. politischer Aufwiegler, der an die Macht will; Adolf Hitler war e. Demagoge

hetzerisch *demagogisch* (gr.) auch: aufwieglerisch

Hetzjagd *Parforcejagd*, die (fr., Pl. -en) … mit Pferden u. Hunden, e. Sport

Heuchelei 1. *Hypokrisie*, die (gr.-lat., Pl. …ien) 2. *Moralin*, das (lat., ohne Pl.) im moralischen Sinn

Heuchler 1. *Pharisäer*, der (heb.-gr.-lat., Pl. -) auch: Angehöriger e. altjüdischen religiös-politischen Partei 2. *Hypokrit*, der (gr.-lat., Pl. -en)

heuchlerisch 1. *hypokritisch* (gr.-lat.) 2. *pharisäisch* (hebr.-gr.-lat.) auch: selbstgerecht

heuern u. feuern *hire and fire* (engl.-am.) einstellen u. hinauswerfen, z. B. in Großunternehmen mit e. schlechten Betriebsklima

Heufieber *Autumnalkatarrh*, der (lat., Pl. -e) med.

Heuschnupfen *Rhinallergose*, die (gr.-lat., Pl. -n) med.

heute *dato* (lat.)

heutig 1. *modern* (fr.) neuzeitlich; der Mode, dem neuesten Stand entsprechend 2. *up to date* (engl.)

Hexenmeister *Magier*, der (gr.-lat., Pl. -) auch: Zauberer

Hexenpflanze *Alraune*, die (germ., Pl. -n) menschenähnlich aussehende Zauberwurzel; lat: Mandragora officinarum; in der Bedeutung: »der alle Runen kennt«;

auch: Abulruh, Alrune, Baaras, Dollwurz, Henkerswurzel, Satansapfel, Wurzel des Folterknechts, Yabruh

Hexenschuß *Lumbago*, der (lat., ohne Pl.) med.

Hiebwaffe *Bajonett*, das (fr., Pl. -e) nach der südfranzösischen Stadt Bayonne; auch: Seitengewehr, am Gewehrlauf befestigtes Stoßmesser; die Soldaten hatten ihre Bajonette aufgepflanzt

hier u. jetzt *hic et nunc* (lat.)

Hilfe 1. *Assistenz*, die (lat., Pl. -en) 2. *Subvention*, die (lat., Pl. -en) i. S. e. Staatszuschusses; Subventionsbetrug; nicht verw. mit *Subversion*, die (lat., Pl. -en) Staatsumsturz

Hilfe, gemeinnützige … *Sozialhilfe*, die (lat.-dt., Pl. -n) »Wir lebten lange Zeit von der Sozialhilfe, so etwas prägt.« (Gerhard Schröder, 1996)

hilfeleistend *subsidiär* (lat.-fr.) u. *subsidiarisch* (lat.) auch: unterstützend

Hilferuf über Autotelefon *Tele-Aid*, das (engl., Pl. -s) … im PKW; z. B. bei e. Unfall wird per Knopfdruck mittels Autotelefon der Rettungsdienst alarmiert

Hilferuf, internationaler … *Mayday* (anglisiert aus fr. m'aidez: helfen Sie mir) Notruf im Funksprechverkehr; auch: größte Techno-Veranstaltung Deutschlands, auf der ca. 15 000 Personen 20 Std. lang tanzen; gilt als Olympia der Raver

hilfsbereit 1. *kollegial* (lat.) 2. *sozial* (lat.) gemeinnützig; »Der Sozialabbau ist viel zu weit gegangen.« (Oskar Lafontaine, SPD-Vorsitzender, 1997)

Hilfsfahrzeug *Tender*, der (engl., Pl. -) auch: Begleitschiff, Wagen für Wasser u. Kohle hinter e. Dampflokomotive

Hilfsgeistlicher 1. *Kaplan*, der (lat., Pl. …läne) dem kath. Pfarrer unterstellter Geistlicher 2. *Kurat*, der (lat., Pl. -en) 3. *Vikar*, der (lat., Pl. -e) Vertreter e. geistlichen Amtsperson in der kath. Kirche

Hilfsgelder *Subsidium*, das (lat., Pl. …ien) auch: Unterstützung, Beistand

Hilfsgleichung *Resolvente*, die (lat., Pl. -n) … für die Auflösung best. math. Gleichungen

Hilfskoch *Aide*, der (fr., Pl. -n) auch: Helfer, Gehilfe

Hilfskonstruktion, gedankliche … *Kon-*

strukt, das (lat., Pl. -e) auch: Arbeitshypothese; »E. Koalition ist im letzten Stadium e. Konstrukt, in dem der Putz die Mauern hält.« (Henk Vissers)

Hilfsleine *Buleine*, die (engl., Pl. -en) eigtl.: Bugleine; auch: Tau

Hilfsmittel 1. *Requisit*, das (lat., Pl. -en) Zubehör für Bühnenaufführungen oder Filmszenen 2. *Ressource*, die (lat.-fr., Pl. -n) Rohstoffe; auch: Geldmittel 3. *Utensil*, das (lat., Pl. -ien)

Hilfsmotor *Servomotor*, der (lat., Pl. -en) z. B. als Lenkhilfe

Hilfspolizistin *Politesse*, die (lat.-it.-fr., Pl. -n) auch: Höflichkeit

Hilfspredigeramt *Vikariat*, das (lat., Pl. -e)

Hilfsprogramm *Tool*, das (engl., Pl. -s) eigtl.: Werkzeug; ... in der Datenverarbeitung

Hilfsprogramm für bes. Einzelaufgaben 1. *Utility*, das (engl., Pl. -s) z. B.: Pflege des Datenbestandes 2. *Tool*, das (engl., Pl. -s) eigtl.: Werkzeug

Hilfsquelle *Ressource*, die (lat.-fr., Pl. -n) Hilfsmittel, Reserve

Hilfstriebwerk *Booster*, der (engl., ohne Pl.) »Unterstützer«; Zusatztreibsatz für die erste Stufe e. Rakete

Himmel 1. *Äther*, der (gr.-lat., ohne Pl.) 2. *Paradies*, das (pers.-gr.-lat., Pl. -e) im übertragenen Sinne 3. *Eden*, das (hebr., ohne Pl.) »Wonne«, Paradies, Garten Eden

Himmel, der oberste ..., *Empyreum*, das (gr., ohne Pl.) ... der sich über der Erde wölbt (Weltbild der antiken u. scholastischen Philos.)

Himmel, unter freiem ... *sub divo* (lat.)

Himmelreich *Paradies*, das (pers.-gr.-lat., Pl. -e) Garten Eden; »Das Paradies der Erde liegt auf den Rücken der Pferde.« (Friedrich von Bodenstedt)

Himmelreich, des Menschen Willen ist sein ... *velle suum cuique est* (lat., Zitat) jeder hat seinen Willen

Himmelsbeschreibung *Uranographie*, die (gr., ohne Pl.)

Himmelsblau *Azur*, der (pers.-arab.-fr., ohne Pl.) intensiver Blauton

Himmelsbrot *Manna*, das (gr.-lat., hebr., ohne Pl.) für die Israeliten die vom Himmel gefallene Nahrung; auch: Teil der Kassienfrucht; Stärkung, die auf wundersame Weise zuteil wird

Himmelsforscher *Astronom*, der (gr., Pl. -en) auch: Sternforscher

Himmelsgewölbe *Firmament*, das (lat., Pl. -e)

Himmelshalbkugel *Hemisphäre*, die (gr., Pl. -n) auch: Erdhälfte; e. Seite des Groß- bzw. Kleinhirns (med.)

Himmelskörper 1. *Komet*, der (gr.-lat., Pl. -en) ... aus gefrorenem Gas u. Staub, der in Sonnennähe glüht 2. *Planet*, der (gr.-lat., Pl. -en) 3. *Trabant*, der (tschech., Pl. -en) z. B.: Mond; auch: Begleiter, Leibwächter

Himmelskörper, der sich um die Sonne dreht *Planet*, der (lat., Pl. -en) Wandelstern. »Brüssel ist die unhöflichste Stadt des Planeten.« (Benno Fürmann, Schauspieler, 2006)

Himmelskunde *Astronomie*, die (gr., ohne Pl.) auch: Sternkunde als Naturwissenschaft

Himmelspunkt *Zenit*, der (arab.-it., ohne Pl.) höchster Punkt des Himmelgewölbes; Ggs.: Nadir

himmelstürmend *prometheisch* (gr.) nach Prometheus, dem Titanensohn aus der gr. Sage: an Kraft u. Größe alles übertreffend

himmlisch 1. *ätherisch* (gr.-lat.) svw. vergeistigt, abgerückt 2. *paradiesisch* (pers.-gr.-lat.) 3. *elysisch* (gr.-lat.) 4. *ambrosisch* (gr.-lat.) göttlich 5. *zölestisch* (lat.)

hin u. wieder 1. *episodisch* (gr.-fr.) vorübergehend 2. *okkasionell* (lat.-fr.) auch: gelegentlich 3. *sporadisch* (gr.-fr.) vereinzelt

hinarbeiten 1. *anvisieren* (dt.-lat.-fr.) i. S. von: ins Auge fassen 2. *fokussieren* (lat.) etwas auf e. Brennpunkt richten; z. B. für das Jahr 2000 fokussiert das Unternehmen e. Umsatz von fünf Milliarden DM 3. *intendieren* (lat.) anstreben

hinaufsteigen *entern* (niederl.) Seemannsspr.; auch: auf etwas klettern, z. B. mit dem Enterhaken

hinaufziehen *taljen* (lat.-niederl., Seemannsspr.) auch: aufwinden

hinauswerfen *schassen* (fr.) auch: wegjagen, hetzen, scheuchen

hindern *obstruieren* (lat.) auch: versperren, verbauen

Hindernis 1. *Barriere*, die (roman.-fr., Pl. -n) auch: Schlagbaum 2. *Obstakel*, das (lat., ohne Pl.)

Hindernisbahn *Parcours*, der (fr.-lat., Pl. -) auch: sportliche Rennstrecke

Hinderniswand *Eskaladierwand*, die (fr.-dt., Pl. ...wände) ... für Kletterübungen z. B. beim Militär

hinfällig *kachektisch* (gr.-lat.) med.

hinführend *afferent* (lat.) Nerven, die von e. Sinnesorgan zum Zentralnervensystem führen (med.) Ggs.: efferent

Hingabe *Passion*, die (lat., Pl. -en) z. B. das Golfspielen mit Passion betreiben

Hingabe zu Gott ... *Bhakti*, die (sanskr., ohne Pl.) der wichtigste Heilsweg des Hinduismus

Hingabe, radikale ... in Allahs Willen *Islamismus*, der (arab., ohne Pl.) u. militantes Verhalten gegen Andersgläubige. »Das Kopftuch ist die Flagge des Islamismus ...« (Alice Schwarzer, Frauenrechtlerin, 2006)

hingehen, oft ... *frequentieren* (lat.) auch: oft aufsuchen

hingerissen *enthusiastisch* (gr.) auch: schwärmerisch, begeistert

hinhaltend *dilatorisch* (lat.)

Hinken *Klaudikation*, die (lat., Pl. -en) auch: das Lahmen; Fügungen

hinlänglich *suffizient* (lat.) genügend, ausreichend

hinlenken *orientieren* (fr.) eigtl.: gegen Osten wenden; etwas ausrichten; sich auf etwas konzentrieren

hinnehmen 1. *akzeptieren* (lat.) das Benehmen war nicht zu akzeptieren 2. *respektieren* (lat.-fr.) gelten lassen; auch: achten 3. *tolerieren* (lat.-fr.) dulden

hinreißend *oratorisch* (lat.) schwungvoll; rednerisch

hinrichten 1. *exekutieren* (lat.) in China werden Verbrecher exekutiert 2. *füsilieren* (lat.-fr.) i. S. e. Hinrichtung durch standrechtliches Erschießen

hinrichten lassen *liquidieren* (lat.-it.) auch: e. Forderung in Rechnung stellen; »Besucher aus Polen: sofort liquidieren, da kein Abkommen besteht.« (Kassenärztliche Vereinigung, 1989)

Hinrichtung *Exekution*, die (lat., Pl. -en)

Hinrichtungsgerüst 1. *Guillotine*, die (fr., Pl. -n) bes. *Fallbeil*, nach dem fr. Arzt Guillotin benannt 2. *Schafott*, das (lat.-niederl., Pl. -e) Stätte für Enthauptungen

hinsichtlich *in puncto* (lat.)

hinstellen 1. *postieren* (lat.-it.-fr.) 2. *montieren* (lat.-fr.) i. S. von zusammensetzen

hinter den Bergen *transmontan* (lat.)

hinter sich lassen *distanzieren* (lat.) im Wettkampf; auch: auf Abstand gehen (gesellschaftlich)

hintereinander *kursorisch* (lat.) auch: fortlaufend, z. B. kursorisches (schnelles) Lesen e. Textes

Hintergehung *Delusion*, die (lat., Pl. -en) auch: Täuschung

Hintergrund *Kulisse*, die (lat.-fr., Pl. -n) z. B. im Theater, der Bühnenhintergrund

hinterhältig *perfide* (lat.-fr.) der Partner hatte e. perfiden Charakter

Hinterhältigkeit *Perfidie*, die (lat.-fr., ohne Pl.)

hinterher 1. *ex post* (lat.) 2. *post festum* (lat.)

Hinterkopf *Okziput*, das (lat., Pl. ...pita) med.

Hinterland *Provinz*, die (lat., Pl. -en)

hinterlegen *deponieren* (lat.-fr.)

Hinterlegtes *Depositum*, das (lat., Pl. ...siten) z. B. auf e. Sparbuch

Hinterlegung 1. *Deponierung*, die (lat.-fr., Pl. -en) 2. *Deposition*, die (lat.-fr., Pl. -en)

Hinterlegungsort 1. *Depot*, das (lat.-fr., Pl. -s) 2. *Depositorium*, das (lat.-fr., Pl. ...ien)

Hinterlegungssumme *Kaution*, die (lat., Pl. -en) als Sicherheit, z. B. Mietkaution; jmdn. gegen Kaution freilassen

Hinterlist 1. *Intriganz*, die (lat.-it.-fr., ohne Pl.) seine Intriganz hatte kriminelle Züge 2. *Perfidie*, die (lat.-fr., ohne Pl.) 3. *Ranküne*, die (lat.-fr., Pl. -n)

hinterlistig 1. *intrigant* (lat.-it.-fr.) 2. *perfide* (lat.-fr.)

Hintermann, der die Fäden zieht *Spin Doctor*, der (engl., Pl. -s)

Hintern *Podex*, der (lat., Pl. -e) Gesäß

Hintern, den entblößten ... zeigen *mooning* (engl.) da dieser meist hell wie der Mond leuchtet

hintertreiben 1. *konterkarieren* (fr.) auch: durchkreuzen 2. *sabotieren* (fr.) eigtl.: mit Holzschuhen treten; etwas vereiteln wollen

Hinterwäldler 1. *Backwoodsmen*, der (engl.-am., nur Pl.) 2. *Hillibilly*, der (am., Pl. . . .billies) die rückständige Landbevölkerung der am. Südstaaten
hinterziehen *defraudieren* (lat.) i. S. von betrügen, unterschlagen (in Geldangelegenheiten)
Hinterziehung *Defraudation*, die (lat., Pl. -en) i. S. von Geldunterschlagung
Hinweis 1. *Indikator*, der (lat., Pl. . . .oren) 2. *Indiz*, das (lat., Pl. -ien) 3. *Signal*, das (lat.-fr., Pl. -e) 4. *Symptom*, das (gr., Pl. -e) eigtl.: Zufall; Krankheitszeichen
hinweisen *signalisieren* (lat.-fr.) etwas durch e. Geste signalisieren
hinweisend *deiktisch* (gr.)
Hinwendung zum Zuverlässigen *Authentizitäts-Trend*, der (gr.-lat., Pl. -s) Besinnung auf echte, glaubwürdige Werte; Authentizität ist e. Bedürfnis nach gültigen Werten in e. Zeit des raschen Wandels
hinzufügen 1. *addieren* (lat.) z. B. Zahlen addieren, zusammenzählen 2. *adjizieren* (lat.)
hinzufügend *additiv* (lat.)
Hinzufügung *Addition*, die (lat., Pl. -en)
hinzugießen *affundieren* (lat.) hinzuschütten
Hinzuwahl *Kooptation*, die (lat., Pl. -en) . . . nachträglicher, neuer Mitglieder
Hippie, neue Lebensform der . . . 1. *Zippie*, der (Eigenn., engl.-am., Pl. -s) aus: zen-inspired professional pagan (Zen-inspirierter, heidnischer Geschäftsmann (Mensch), auch: 2. *Hippie with zip*, der (engl.-am., Pl. -s, -s) eigtl.: Hippie mit Reißverschluß; jeweils e. neue Lebensform; Menschen dieser Subkultur sind optimistischer, weniger streßanfällig, haben e. starkes Wir-Gefühl
Hirn *Cerebrum*, das (lat., Pl. . . .bra) med.
Hirn, das . . . betreffend 1. *zerebellar* (lat.) das Kleinhirn . . . 2. *zerebral* (lat.) das Großhirn betreffend 3. *zerebrospinal* (lat.) Gehirn u. Rückenmark betreffend
Hirnaktionsströme, Aufzeichnung des Verlaufs der . . . *Elektroenzephalogramm*, das (gr.-lat., Pl. -e) kurz: EEG
Hirnanhangdrüse *Hypophyse*, die (gr., Pl. -n) med.
Hirnblutung *Enzephalorrhagie*, die (gr.-lat., Pl. . . .ien) med.

Hirnbruch *Enzephalozele*, die (gr.-lat., Pl. -n) Hirnteile treten durch Öffnungen des Schädels
Hirnerweichung *Enzephalomalazie*, die (gr., Pl. . . .ien) med.
Hirngespinst 1. *Schimäre*, die (gr.-lat.-fr., Pl. -n) nach Chimära, dem Ungeheuer der gr. Sagenwelt: es war Ziege, Schlange u. Löwe zusammen 2. *Phantom*, das (gr.-lat.-fr., Pl. -e) z. B. Phantombild: e. nach Zeugen erstelltes Bild e. gesuchten Täters 3. *Utopie*, die (gr., Pl. . . .ien) svw. Plan ohne reale Grundlage; nicht verw. mit *Utopia*, das (gr.-fr.) »Land, das nirgends ist«, »Utopia«: Titel e. Romans von Th. Morus; Traumland
Hirnhaut *Meninx*, die (gr., Pl. . . .ninges u. . . .ningen) auch: Rückenmarkshaut (med.)
Hirnhautentzündung *Meningitis*, die (gr.-lat., Pl. . . .itiden) med.
Hirnlähmung *Zerebralparese*, die (lat., Pl. -n) . . . infolge Schädigung während der Entwicklungszeit: Sprach-, Sehstörungen, Krampfanfälle (med.)
Hirnnerv *Trigeminus*, der (lat., Pl. . . .ni) med.
Hirnrinde *Kortex*, der (lat., Pl. -e, . . .tizes) auch: äußere Organzellschicht
Hirnrinde, von der . . . ausgehend *kortikal* (lat.)
Hirntumor *Ependymom*, das (gr.-lat., Pl. -e) . . . aus Ependymzellen (med.)
Hirtenlied *Pastorelle*, die (lat.-it., Pl. -n)
Hirtenliederdichter *Bukoliker*, der (gr., ohne Pl.)
Hirtenmusik *Pastorale*, das, die (lat.-it., Pl. -s)
Hirtenpfeife *Zufolo*, der (it., Pl. -s, . . .li) auch: Hirtenflöte; Flageolett
Hirtenstück *Bergerette*, die (fr., Pl. -n) auch: Schäferstück (Mus.), Getränk aus Honig u. Wein
Hirtenteppich *Flokati*, der (gr., Pl. -s)
Hitlisten-Stürmer *Charts-Topper*, der (engl., Pl. -s)
Hitparade 1. *Top ten*, die (engl., nur Pl.) die zehn erfolgreichsten Titel (Bücher, Musikstücke, Filme) 2. *Charts*, die (engl., nur Pl.)
Hits, alte . . . nachspielen *covern* (engl.)
Hitze- u. Kältegefühl *Flush*, der (engl., ohne Pl.) . . . das nach e. Drogeneinnahme auftreten kann (Szenewort)

306

hitzebeständig *thermostabil* (gr.-lat.) wärmebeständig

Hitzestau *Heliosis*, die (gr., ohne Pl.) med. auch: Hitzschlag

hitzig 1. *echauffiert* (fr.) aufgeregt 2. *furios* (lat.) auch: wütend, rasend 3. *furioso* (it.) leidenschaftlich, wild (musik. Vortragsanw.)

hoch, er lebe ...! *eljen!* (ung.)

Hochachtung 1. *Tribut*, der (lat., Pl. -e) jmdm. Tribut zollen, z. B. die Gallier den Römern 2. *Respekt*, der (lat.-fr., ohne Pl.) »das Zurückblikken«; Achtung: auch leerer Rand bei Kupferstichen 3. *Ästimation*, die (lat.-fr., Pl. -en) Wertschätzung

Hochadel *Aristokratie*, die (gr.-lat., Pl. ...ien)

Hochamt *Missa*, die (lat., Pl. Missae) lat. Bez. für Messe

hochanständig *gentlemanlike* (engl.)

Hochburg *Metropole*, die (gr.-lat., Pl. -n) z. B. die Metropole der Mode: Rom oder Paris

Hochdruckgebiet *Antizyklone*, die (gr.-lat., Pl. -n)

Hochdruckkrankheit *Hypertonie*, die (gr., Pl. ...ien) erhöhter Blutdruck, auch: gesteigerte Muskelspannung; Ggs.: Hypotonie

Hochebene 1. *Plateau*, das (lat.-fr., Pl. -s) 2. *Meseta*, die (sp., Pl. ...ten)

hochexplosiv *brisant* (fr.)

Hochfläche, baumlose ... *Fjäll* u. *Fjell*, der (skand., Pl. -s) Skandinaviens

Hochfrequenzgleichrichter *Detektor*, der (lat.-engl., Pl. ...oren) auch: Gerät zum Nachweis versteckter Stoffe oder Vorgänge

Hochfrequenzstrom, Methode, bei der Gewebe durch ... chirurgisch behandelt wird *Elektrokoagulation*, die (gr.-lat., Pl. -en) dabei geht es um die Zerstörung kranken Gewebes (med.)

Hochgebirgsansicht *Alporama*, das (gr., Pl. ...men) eigtl.: Alpenschau

Hochgebirgsrind, asiatisches ... *Jak*, *Yak*, der (tibetisch, Pl. -s, -e)

Hochgefühl *Euphorie*, die (gr., Pl. ...ien) Erfolg verleiht Euphorie; Ggs.: Dysphorie

hochgestimmt *euphorisch* (gr.) Erfolg stimmt euphorisch

Hochhaussilhouette e. Stadt *Skyline*, die (engl., Pl. -s) z. B. die Skyline von New York

hochheilig *sakrosankt* (lat.)

hochinfektiös *virulent* (lat.) z. B. Krankheitserreger; auch: giftig; Ggs.: avirulent

Hochkonjunktur *Boom*, der (engl., Pl. -s) e. Wirtschaftsphase, die durch Kapazitätsauslastung u. geringe Arbeitslosigkeit gekennzeichnet ist

Hochkopf *Akrozephale*, der (gr., Pl. -n) auch: Spitzkopf (med.)

Hochkulturvölker Mittel- u. Südamerikas 1. *Inka*, der (Ketschua, Pl. -s) eigtl.: König; in Peru 2. *Maya*, der (indian., Pl. -s) in Yucatán 3. *Tolteke* u. *Azteke*, der (indian., Pl. -n) in Zentralmexiko

Hochmut kommt vor dem Fall *superbientem animus prosternet* (lat., Zitat) den Übermütigen wirft der Hochmut nieder

hochmütig 1. *blasiert* (fr.) z. B. e. blasierter Gesichtsausdruck; auch: hochnäsig 2. *arrogant* (lat.-fr.) 3. *prätentiös* (lat.-fr.) auch: selbstgefällig 4. *snobistisch* (engl.)

Hochruf *Vivat*, das (lat., Pl. -s) »er lebe!«

Hochschulabsolvent *Magister*, der (lat., Pl. ...) entspricht an einigen Universitäten e. Diplom-Abschluß

Hochschulabsolvent, der auf die betriebliche Praxis vorbereitet wird *Trainee*, der (engl., Pl. -s) z. B. in e. Unternehmen

Hochschule 1. *Akademie*, die (gr.-lat., Pl. -n) z. B. Sport-, Kunstakademie 2. *Universität*, die (lat., Pl. -en) 3. *Alma mater*, die (lat., ohne Pl.) eigtl.: »nahrungspendende Mutter«; Universitätsbez. der dort Studierenden

Hochschule, islamische ... *Medersa*, die (arab.)

Hochschulgelände *Campus*, der (lat., ohne Pl.) Anlage e. Universität

Hochschullehrer 1. *Professor*, der (lat., Pl. ..oren) 2. *Dozent*, der (lat., Pl. -en) »Lehrender«, Lehrbeauftragter

Hochschullehrer für lateinische Sprache u. Literatur *Latinist*, der (lat., Pl. -en) nicht: Lateiner, Latriner oder Latiner

Hochschullehrer im Ruhestand *Emeritus*, der (lat., Pl. ...ti) Abk.: em.

Hochschulleiter 1. *Rektor*, der (lat., Pl. -en) 2. *Magnifizenz*, die (lat., Pl. -en) Titel als

Anrede für Hochschulrektoren 3. *Dekan*, der (lat., Pl. -e) Vorsteher e. Fakultät

Hochschulreife *Maturität*, die (lat., ohne Pl.) Abitur

Hochschulschüler *Student*, der (lat., Pl. -en)

Hochschulverweisung *Relegation*, die (lat., Pl. -en)

Hochschulviertel *Quartier Latin*, das (lat.-fr., ohne Pl.) in Paris;»lateinisches Viertel«

Hochsprungtechnik *Fosbury-Flop*, der (am., Pl. -s) e. bes. Hochsprungtechnik nach dem am. Leichtathleten D. Fosbury

höchste Auszeichnung *summa cum laude* (lat.) höchstes Prädikat bei Doktorprüfungen

Höchste *Nonplusultra*, das (lat., ohne Pl.) i. S. von das Höchste, Unübertreffbares

höchstens *maximal* (lat.)

Hochstimmung *Euphorie*, die (gr., Pl. ...ien); Ggs.: Dysphorie

Höchstleistung *Rekord*, der (lat.-fr.-engl., Pl. -e) der Läufer Jesse Owens stellte mehrere Rekorde auf

Höchstmaß 1. *Optimum*, das (lat., Pl. ...ma) 2. *Maximum*, das (lat., Pl. ...ma)

Höchstmenge *Kontingent*, das (lat., Pl. -e) z. B. Ein- oder Ausfuhrkontingent

Höchststufe *Superlativ*, der (lat., Pl. -e)

Höchstwert *Maximum*, das (lat., Pl. ...ma) i. S. des größten erreichbaren Wertes

Hochtonlautsprecher *Tweeter*, der (engl., Pl. -s), Ggs.: Woofer

hochtrabend 1. *pompös* (gr.-lat.-fr.) i. S. von prunkhaft, prächtig 2. *pomposo* (gr.-lat.-it.) feierlich, prächtig i. S. e. musik. Vortragsanw.

Hochwuchs *Makrosomie*, die (gr., Pl. ...ien) Riesenwuchs (med.), Ggs.: Mikrosomie

Hochzeitsgedicht *Epithalamion*, das (gr.-lat., Pl. ...ien) auch: Hochzeitslied

Hochziel *Ideal*, das (gr.-lat., Pl. -e) svw. Verkörperung von etwas Vollkommenem, Musterbild;»Je weiter e. Ideal entfernt ist, desto schöner ist es.« (John Galsworthy)

Höcker 1. *Ekphym*, das (gr., Pl. -e) auch: Auswuchs (med.) 2. *Tuber*, das (lat., Pl. -) Knoten, Verdickung e. Organs (med.)

Hocker *Taburett*, das (arab.-fr., Pl. -e)

Hoden 1. *Testikel*, der (lat., ohne Pl.)

med. 2. *Orchis*, der (gr.-lat., Pl. ...ches) med.

Hodenentzündung *Orchitis*, die (gr.-lat., Pl. ...itiden) med.

Hodensack *Skrotum*, das (lat., Pl. ...ta), med.

Hofamtsinhaber *Officier*, der (fr., Pl. -s) ... im alten Frankreich; nicht verw. mit Officer (am.: Offizier) EU verhört Iran: »Zwingen Sie mich nicht, Officer Bush reinzurufen, der hat wahnsinnig schlechte Laune!« (Cartoon, Financial Times, 2006)

hoffend *optimistisch* (lat.-fr.); Ggs.: pessimistisch

Hoffnung, falsche ... *Illusion*, die (lat.-fr., Pl. -en) auch: Wunschvorstellung

Hoffnung, zwischen ... u. Furcht *inter spem et metum* (lat., Zitat)

hoffnungslos *desperat* (lat.) in e. desperaten Zustand sein

Hoffnungslosigkeit *Defätismus*, der (lat.-fr., ohne Pl.)

höflich *galant* (fr.-sp.) Damen gegenüber war er stets galant

Höfling *Schranze*, die (altdt., Pl. -n) abwertend;»Der Kanzler hat sich mit Schranzen umgeben, aber die Alternative hebt nicht eben Herz u. Mut.« (Peter Wapnewski, Publizist, 1998)

Hofritter *Paladin*, der (lat.-it.-fr., Pl. -e)

Hoftracht *Gala*, die (sp., ohne Pl.)

Höhe e. Gestirns über dem Horizont *Elevation*, die (lat., Pl. -en) auch: Erhebung; Emporheben der Hostie u. des Kelches in der Messe

Höhe *Niveau*, das (lat.-fr., Pl. -s)

Hoheit 1. *Majestät*, die (lat., ohne Pl.) Anrede für Kaiser u. Könige 2. *Eminenz*, die (lat., Pl. -en) Titel der Kardinäle; graue Eminenz: einflußreiche Persönlichkeit, die nicht in Erscheinung tritt 3. *Grandezza*, die (sp.-it., ohne Pl.) Würde

Hoheitsgebiet *Territorium*, das (lat., Pl. ...ien) von souveränen Staaten

hoheitsvoll *majestätisch* (lat.)

Hoheitszeichen *Emblem*, das (gr.-lat.-fr., Pl. -e) z. B. e. Staates

Höhen- oder Tiefenangst *Bathophobie*, die (gr., Pl. ...ien) auch: Schwindelgefühl beim Anblick großer Höhen oder Tiefen u. damit verbundene Ängste (med.)

Höhenangst 1 *Hypsiphobie*, die (gr.-lat., Pl. …ien) med.; auch: Höhenschwindel 2. *Bathophobie*, die (gr.-lat., Pl. …ien) mit Angst verbundenes Schwindelgefühl vor Tiefen oder Höhen

Höhenfestpunkt *Benchmarking*, das (engl., ohne Pl.) als Maßeinheit für die Leistungsfähigkeit

Höhenlage *Niveau*, das (lat.-fr., Pl. -s)

Höhenmesser *Altimeter*, das (lat., Pl. -)

Höhenmessung *Hypsometrie*, die (gr.-lat., ohne Pl.)

Höhenschwindel *Hypsiphobie*, die (gr., Pl. …ien) Höhenangst (med.)

Höhensonne *Solarium*, das (lat., Pl. …ien)

Höhenstufe *Niveau*, das (lat.-fr. Pl. -s) das Gelände muß auf e. Niveau (Höhe) gebracht werden

Höhepunkt 1. *Zenit*, der (arab.-it., ohne Pl.) z. B. des Himmelsgewölbes oder den Zenit der Karriere erreichen 2. *Highlight*, das (engl., Pl. -s) der Höhepunkt e. Ereignisses 3. *Clou*, der (lat.-fr., Pl. -s) z. B. der Clou der Vorstellung war der Messerwerfer 4. *Orgasmus*, der (gr.-lat., Pl. …men) sexueller Höhepunkt; nicht verw. mit *Organismus*, der (gr., Pl. -men), Höhepunkt der geschlechtlichen Erregung; »Sechs Prozent der Deutschen sagen: ein Stück Torte ist mir lieber als ein Orgasmus.« (Meldung der Presse-Agentur ADN, 1997) 5. *Highnoon*, der (am., Pl. -s) z. B. im Westernfilm

Höhepunkt e. Krankheit *Akme*, die (gr., ohne Pl.) med.; Ggs.: Epakme

Höhepunkt erreichen *kulminieren* (lat.)

Höhepunkt geschlechtlicher Lust *Orgasmus*, der (lat., Pl. …men) »Sechs Prozent der Jugendlichen glauben, e. Frau kann nur nach e. Orgasmus schwanger werden.« (Harald Schmidt, Showmaster, 2007)

Höhepunkt, das war der … *haec summa fuit* (lat., Zitat) auch: das Ende vom Lied

Höhepunkt, dramatischer … *Katastase* u. *Katastasis*, die (gr., Pl. …stasen) vor der Katastrophe im antiken Drama

hohl, beiderseits … *bikonkav* (lat.)

Höhle 1. *Grotte*, die (it., Pl. -n) 2. *Cavum*, das (lat., Pl. …va) auch: Loch (med.) 3. *Kaverne*, die (lat., Pl. -n) unterirdischer Hohlraum; Hohlraum im Körpergewebe, z. B. e. tuberkulöse Lunge (med.)

Höhlenforscher *Speläologe*, der (lat., Pl. -n)

Höhlenkunde *Speläologie*, die (gr.-lat., ohne Pl.) auch: Wissenschaft der Höhlenforschung

Höhlenmensch *Troglodyt*, der (gr.-lat., Pl. -en) Bez. für den in Höhlen lebenden Eiszeitmenschen vor ca. 12 000 Jahren

Höhlentiere *Troglobionten*, die (gr., Pl.) an Höhlen gebundene Organismen (Biol.)

Hohlkörper, röhrenförmiger … *Zylinder*, der (gr.-lat., Pl. -) e. Maschine, in sich e. Kolben bewegt; Lampenglas; hoher, schwarzer Herrenhut aus schwarzem Seidensamt; »Schön ist e. Zylinderhut, wenn man ihn besitzen tut.« (Wilhelm Busch)

Hohlmaß 1. *Gallone*, die (engl.-am., Pl. -n) 1 Gallone = 4,544 Liter 2. *Barrel*, das (engl.-am., Pl. -s) Faß, Mengenangabe für Rohöl, 1 Barrel = 158,8 Liter

Hohlraum, krankhafter … in der Lunge *Kaverne*, die (lat., Pl. -n) auch: künstlicher Hohlraum in der Erde zur Lagerung militärischer Güter

hohlraumartig *lakunär* (lat.) auch: buchtig, schwammig (med.)

Hohn, versteckter *Ironie*, die (gr.-lat., Pl. …ien, nicht gebräuchlich) auch: feiner Spott; »Ironie ist das Körnchen Salz, das das Aufgetischte erst genießbar macht.« (Goethe)

höhnisch *sarkastisch* (gr.-lat.) auch: spöttisch, z. B. sarkastische Bemerkungen machen

Höhrrohr *Stethoskop*, das (gr.-lat., Pl. -e)

Hölle 1. *Inferno*, das (lat.-it., ohne Pl.) dem Inferno der Feuersbrunst mit knapper Not entkommen 2. *Hades*, der (gr., ohne Pl.) gr. Gott der Unterwelt, Totenreich; auch: jenseits des Pluto vermuteter Planet 3. *Orkus*, der (lat., ohne Pl.) röm. Gott der Unterwelt, Totenreich; nicht verw. mit *Orlog*, der (niederl., Pl. -e, -s) Krieg 4. *Gehenna*, die (hebr.-gr.-lat., ohne Pl.)

Höllenhund *Zerberus*, der (gr.-lat., Pl. -se) nach dem Wächter des Unterwelteingangs »Kerberus«, ein Hund aus der gr. Sagenwelt

höllisch 1. *infernalisch* (lat.-it.) in New York herrscht wieder einmal infernalische Hitze 2. *avernalisch* (lat.) nach »Avernus« (Unterwelt)

Holocaust-Gedenkstätte, zentrale ... *Yad Vashem*, das (hebr., ohne Pl.) »Mahnmal u. Name«; ... in Jerusalem

Holz *Furnier*, das (germ.-fr., Pl. -e) dünnes aufeinandergeleimtes Holz

Holz, Spezial... für Violinbogen *Bolletrieholz*, das (engl.-dt., Pl. ...hölzer) auch Pferdefleischholz genannt

Holzanbau außerhalb des Waldes *Lignikultur*, die (lat., Pl. -en)

Holzanteil der Braunkohle *Xylit*, der (gr.-lat., Pl. -e)

Holzfresser *Xylophage*, der (gr., Pl. -n) z. B. Termiten, Holzbock

Holzkästchen *Kassette*, die (lat.-it.-fr., Pl. -n) z. B. Schmuckkassette

Holzpantoffel *Pantine*, die (fr.-niederl., Pl. -n)

Holzplatte *Panneau*, der (fr., Pl. -s)

Holzsandalen *Zoccoli*, die (it., Pl.) auch: Pantine, Holzschuh

Holzschneider *Xylograph*, der (gr.-lat., Pl. -n) als künstlerischer Holzwerker; auch: Holzschnittkünstler

Holzschnitt *Xylographie*, die (gr.-lat., Pl. ...ien) auch: Holzschneidekunst

Holzschnittkunst *Xylographie*, die (gr.-lat., Pl. ...ien); auch: Holzschnitt

Holzschuh *Pantine*, die (fr.-niederl., Pl. -n)

Holztäfelung *Paneel*, das (lat.-fr.-niederl., Pl. -e)

Holzzucker *Xylose*, die (gr.-lat., ohne Pl.)

Homer, auch ... schläft einmal *bonus dormitat Homerus* (lat., Zitat: Horaz)

Homosexualität 1. *Uranismus*, der (gr.-lat., ohne Pl.) 2. *Päderastie*, die (gr., ohne Pl.) Homosexualität zwischen erwachsenen Männern u. Knaben

homosexuell *gay* (engl.) eigtl.: fröhlich

Homosexueller 1. *Uranist*, der (gr.-lat., Pl. -en) 2. *Gay*, der (engl., Pl. -s) 3. *Päderast*, der (gr., Pl. -en) Mann mit homosexueller Neigung zu Knaben

Honigdrüse *Nektarium*, das (lat., Pl. ...ien) ... im Bereich e. Blüte, die der Anlockung von Insekten dient (Biol.)

Honigsauger *Nektarinien*, die (lat., Pl.) z. B. Kolibris

Hopfen *Humulus*, der (lat., ohne Pl.) e. Hanfgewächs; Brauerei- u. Heilpflanze

Horcher, heimlicher *Spion*, der (germ.-it., Pl. -e) Kundschafter, geheimer; auch: Beobachtungsspiegel oder -loch am Fenster, an der Tür; »Der Spion, der aus der Kälte kam« (John le Carré, ein Roman)

Hören u. Sehen ansprechend *audiovisuell* (lat.)

Hören von Geräuschen *Auskulation*, die (lat., Pl. -en) ... im Körperinnern, bes. das Abhören des Herzens u. der Lunge (med.); nicht verw. mit *Auskulant*, der (lat., Pl. -en) »Zuhörer«; Beisitzer ohne Stimmrecht; auch: Anwärter auf e. Richteramt

Hören, das ... betreffend *auditiv* (lat.)

Hörerschaft *Publikum*, das (lat.-fr.-engl., Pl. ...ka) auch: Besucherschaft; »Das Publikum beklatscht ein Feuerwerk, aber keinen Sonnenaufgang« (Friedrich Hebbel)

Horizontlinie 1. *Skyline*, die (engl., Pl. -s) Horizont e. Stadt mit Hochhäusern u. Wolkenkratzern, z. B. die Skyline von Manhattan 2. *Kimm*, die (niederdt., Pl.) Seemannsspr.

Hormon der Bauchspeicheldrüse *Insulin*, das (lat., ohne Pl.) Medikament gegen Zuckerkrankheit

Hormon der Nebennierenrinde 1. *Kortison*, das (Eigenn., ohne Pl.) e. Präparat aus dem Hormon der Nebennierenrinde (med.) 2. *Kortin*, das (Eigenn., Pl. -e) 3. *Cortison*, das (Eigenn., Pl. -s) med., e. Präparat 4. *Adrenosteron*, das (gr.-lat., ohne Pl.)

Hormon des Nebennierenmarks *Adrenalin*, das (lat., ohne Pl.) »Wettbewerb bringt einen erst auf den richtigen Adrenalinspiegel.« (Ron Sommer, Telekom-Chef, 1997)

Hormon, das e. Krebserkrankung beeinflußt *Melatonin*, das (gr.-lat., ohne Pl.) die Bildung des Hormons der Zirbeldrüse ist abhängig vom Schlaf-Wach-Zyklus

Hornblende *Amphibol*, der (gr., Pl. -e) gesteinsbildender Stoff (Geol.)

Hornhaut *Cornea*, die (lat., Pl. ...neae) ... des Auges (med.)

Hornhauttrübung *Nubekula*, die (lat., Pl. ...lä) auch: wolkige Trübung im Urin (med.)

Hörrohr 1. *Otophon*, das (gr., Pl. -e) auch: Schallverstärker 2. *Stethoskop*, das (gr., Pl. -e)

Hörsaal 1. *Auditorium*, das (lat., Pl. ...ien)

e. Hochschule 2. *Auditorium maximum (Audimax)*, das (lat., ohne Pl.) größter Hörsaal der Universität

horten *thesaurieren* (gr.-lat.) Firmen legen Gewinne für künftige Investitionen zurück

Hortung *Thesaurierung*, die (gr.-lat., Pl. -en) Gewinnrücklage

Hörvermögen *Auditus*, der (lat., ohne Pl.) ... des Menschen: Schwingungen im Bereich von 20 bis 20000 Hz

Hose der Frauen im Orient *Schalwar*, der (pers.-türk., Pl. -s) meist blau, weit u. lang

Hosenanzug *Catsuit*, der (engl., Pl. -s)

Hostienbehälter *Lunula*, die (lat., Pl. ...lae, ...nulen) glasumschlossen, in der Monstranz; auch: halbmondförmiges Feld am Nagelansatz; halbmondförmiger Halsschmuck aus der Bronzezeit

Hostiengefäß *Ziborium*, das (gr.-lat., Pl. ...ien)

Hotelbesitzer *Hotellier*, der (lat.-fr., Pl. -s)

Hoteldiener *Page*, der (fr., Pl. -n)

Hotelgewerbe *Hotellerie*, die (lat.-fr., ohne Pl.)

Hotelhalle *Lobby*, die (engl., Pl. -s)

Hotel-Kommunikationssystem, interaktives ... *Guestlink*, das (engl.-am., ohne Pl.) ... der Firma Nokia GmbH, der Gast wird in 10 Sprachen über das Kulturleben der Stadt informiert, kann sein Frühstück bestellen, kann Nachrichten versenden u. empfangen

hübsch 1. *adrett* (fr.) sauber 2. *attraktiv* (lat.) anziehend

Hubschrauber 1. *Helikopter*, der (gr.-lat., Pl. -) 2. *Autogiro*, der (gr.-sp., ohne Pl.)

Hubschrauberlandeplatz *Heliport*, der (engl., Pl. -s) aus: Helicopter u. Airport

Hüfte *Ischium*, das (lat., Pl. ...ia) auch: Gesäß (med.)

Huftier *Ungulat*, der (lat., Pl. -en)

Hüftschmerzen *Ischias*, der, das, die (gr.-lat., nur Sg.)

Hügelgrab in Osteuropa *Kurgan*, der (türk.-russ., Pl. -e)

Hügelgrab *Tumulus*, der (lat., Pl. ...li)

Huhn *Chicken*, das (engl., ohne Pl.) auch: Hühnerfleisch; »Chicken McNuggets zwischen den Beinen u. die Currysauce am Sicherheitsgurt.« (Harald Schmidt, TV-Witzbold, zu McDonald's, 1998)

Huhn, fleißiges Lege... *Leghorn*, das (engl., Pl. -s, ...hörner) vom engl. Namen der Stadt Livorno (Italien)

Hühnerauge *Clavus*, der (lat., Pl. ...vi) med., auch: Gold- oder Purpurstreifen im Gewand röm. Würdenträger

Hühnerhund *Pointer*, der (engl., Pl. -) auch: Vorstehhund; Hinweispunkt auf z. B. e. Leinwand

Huldigung 1. *Ovation*, die (lat., Pl. -en) »standing ovations« (stehende Ovation) erweisen, z. B. einem Musiker; »Wer auch den schwächsten Applaus zur Ovation anschwellen lassen möchte, braucht sich nur e. Hörgerät zu besorgen.« (Norman Mailer, Schriftsteller, 75) 2. *Hommage*, die (lat.-fr., Pl. -n) e. Veranstaltung als Hommage für den Musiker Pablo Casals

Hülle aus dünnem Gummi *Kondom*, das, der (engl., Pl. -e) ... die über den Penis gezogen wird; auch: Lümmeltüte, Verhüterli. »Gemäß dem Wunsch Benedikts haben wir den Gebrauch von Kondomen sorgfältig untersucht ...« (Kardinal Lozano Baragàn, 2006)

Hülle *Cover*, das (engl., Pl. -s) e. Schallplatte oder e. Buchs; auch: Covergirl (Mädchen auf dem Umschlag)

Hülle, chitinöse ... *Ektoskelett*, das (gr.-lat., Pl. -e) der Insekten; Ggs.: Endoskelett

hülsenartig *arillarisch* (lat.) Bot.

Humankapital *human capital*, das (engl., ohne Pl.) ist das in qualifizierten Arbeitskräften repräsentierte Leistungspotential der Bevölkerung

humusarm *oligotroph* (lat.)

Humusbildung *Humifikation*, die (lat., ohne Pl.)

Hund, Vorsicht ... *cave canem!* (lat.) »Hüte dich vor dem Hund!« Hinweis an Türen röm. Häuser

Hunde abzurichten, die Kunst ... *Zynegetik*, die (gr.-lat., ohne Pl.)

Hundebandwurm *Echinokokkus*, der (gr.-lat., Pl. ...kken) auch: Finne

Hundedressur *Zynegetik*, die (gr.-lat., ohne Pl.)

Hundelehre, -zucht *Kynologie*, die (gr.-lat., ohne Pl.) auch: Lehre von den Hundekrankheiten

Hundertjahrfeier 1. *Säkularfeier*, die (lat.-dt., Pl. -n) 2. *Zentenarium*, das (lat., Pl. ...ien)

Hundertjähriger *Zentenar,* der (lat., Pl. -e) auch: Vorsitzender der Zent (bes. Siedlungsverband) u. ihrer Gerichtsbarkeit

Hundertschaft *Zenturie,* die (lat., Pl. -n) Einheit im altrömischen Heer

Hundertstel *Prozent,* das (lat.-it., Pl. -e)

Hundeschlittenrennen, berühmtes … *Iditarod,* das (am., ohne Pl.) wird jährlich über e. Distanz von rund 2000 km in Alaska (Anchorage bis Nome) ausgetragen

Hundezüchter *Kynologe,* der (gr.-lat., Pl. -n)

Hundezwinger *Kennel,* der (lat.-engl., Pl. -s) für die zur Parforcejagd abgerichtete Meute

Hünengrab *Megalithgrab,* das (gr.-dt., Pl. …gräber) urzeitliches Großsteingrab

Hunger *Appetit,* der (lat., Pl. -e) »Der Appetit kommt beim Essen.« (Rabelais)

Hunger ist der beste Koch *cibi condimentum fames est* (lat., Zitat)

Hunger, der fluchwürdige … nach Gold *auri sacra fames* (lat., Zitat: Vergil)

Hupe *Klaxon,* das (fr., Pl. -s)

Hure 1. *Prostituierte,* die (lat., Pl. -n) 2. *Callgirl,* das (engl., Pl. -s) Hure, die telefonisch bestellt wird 3. *Sex Care Provider* (engl.) »Sex-Versorgungs-Beschaffer« 4. *Puttana,* die (it.)

Hurenhaus *Bordell,* das (fr., Pl. -e) eigtl.: Bretterhüttchen. »Porsche steigt bei VW ein: Die Betriebsräte fahren mit dem 911 ins Bordell!« (Ottfried Fischer, ARD, 2005)

Hussiten, Anhänger der … 1. *Kalixtiner,* der (lat., Pl.) sie forderten 1420 den Laienkelch beim Abendmahl; gemäßigter Hussit 2. *Utraquist,* der (lat., Pl. -en) radikaler Hussit

Husten *Tussis,* die (lat., ohne Pl.) med.

Hut aus Biberfilz *Castorhut,* der (lat.-dt., Pl. …hüte)

Hutmacherin *Modistin,* die (fr., Pl. -nen) auch: Putzmacherin

Hüttenkunde *Metallurgie,* die (gr.-lat., ohne Pl.)

I

Ich *Ego,* das (lat., ohne Pl.) aus der Philos.

Ich habe es gefunden! *Heureka!* (gr.) Ausruf des gr. Mathematikers Archimedes bei der Entdeckung des hydrostatischen Grundgesetzes (vom Auftrieb)

Ich, das andere … *Alter ego,* das (lat., ohne Pl.) auch: enger, sehr vertrauter Freund; der abgespaltene seelische Bereich bei Pers. mit Bewußtseinsspaltung

ichbezogen 1. *egozentrisch* (lat.-gr.) z. B. e. egozentrische Weltanschauung haben; dabei steht die eigene Person im Mittelpunkt 2. *egoistisch* (lat.-fr.) z. B. egoistisch handeln; Ggs.: altruistisch

Ichbezogener *Egoist,* der (lat.-fr., Pl. -en) jmd., der seine pers. Interessen in den Vordergrund stellt; »Egoisten sind wir alle, der e. mehr, der andere weniger.« (August von Kotzebue); Ggs.: Altruist

Ichbezogenheit 1. *Egomanie,* die (lat.-gr., Pl. …ien) Eigensucht 2. *Egozentrik,* die (gr.-lat., ohne Pl.) 3. *Narzißmus,* der (gr.-lat., ohne Pl.) krankhafte Selbstliebe; von Narziß, e. gr. Jüngling, der in sein Spiegelbild verliebt war 4. *Solipsismus,* der (lat., ohne Pl.) Standpunkt, der nur das eigene Ich gelten läßt, die anderen Ichs lediglich als Vorstellungen annimmt (Philos.)

Ichsucht *Egoismus,* der (lat.-fr., ohne Pl.) Ggs.: Altruismus

ichsüchtig *egoistisch* (lat.-fr.) ichbezogen

Idee *Spleen,* der (engl., Pl. -e) i. S. e. sonderbaren, merkwürdigen Handlungsweise

Ideen anderer verwendend … eklektisch (gr.) … in unerschöpflicher Weise

Ideenfindung *Brainstorming,* das (engl., ohne Pl.) durch spontane Einfälle sollen Lösungsmöglichkeiten gefunden werden

Ideenfülle *Polyideismus,* der (gr., ohne Pl.) Gedankenvielfalt; Ggs.: Monoideismus

Ideengeber *Spin Doctor,* der (engl., Pl. -s) … der politische Ziele formuliert

Ideenklau in der Wirtschaft … Benchmarking, das (engl.-am., ohne Pl.) von: benchmark (Bezugsmarke); … in dem z. B. gute Konzepte von der Konkurrenz übernommen werden; auch: Übernahme bewährter Produktionsprozesse

Ideenkonferenz ... *Brainstorming*, das (engl., Pl. -s) ... zur Sammlung vieler spontaner Einfälle, dabei soll e. regelrechter Gedankensturm ausgelöst werden

Ideenlehre *Ideologie*, die (gr.-fr., Pl. ...ien) z. B. e. Weltanschauungsmodell: die kommunistische Ideologie

Ideenreichtum *Kreativität*, die (lat., ohne Pl.) auch: geistige Schöpferkraft; »Kreativität ist 1 % Inspiration u. 99 % Transpiration.« (Thomas A. Edison, am. Erfinder)

Ideenverbreitung *Propaganda*, die (lat., ohne Pl.) Verbreitung parteipolitischer Ideen: im »Dritten Reich« gab es unter Dr. Goebbels e. perfekte Propagandamaschinerie

Idiotie, Äußerung der ... *Idiotismus*, der (gr.-lat., Pl. ...men) »Je unglücklicher die Zeiten sind, um so viel vermehren sich die Idiotismen!« (Diderot)

Idol, altes, noch glänzendes ... *Dino*, der (lat.-engl., Pl. -s) Maradona, e. Fußball-Dino; Rudi Carrell, e. Show-Dino

Ilias, eine ... **nach Homer** *Ilias post Homerum* (lat., Zitat) d. h. etwas höchst Überflüssiges

im allgemeinen *in genere* (lat.) Ggs.: im speziellen

im ganzen *en bloc* (fr.) in Bausch u. Bogen, etwas en bloc kaufen

im großen *en gros* (lat.-fr.) Waren en gros beziehen

im großen u. ganzen *grosso modo* (lat.-it.) eigtl.: auf grobe Weise

im Jahre *anno* (lat.) z. B. anno dazumal, Anno Tobak, i. S. von: schon lange her; Anno Domini: im Jahre des Herrn

im kleinen *en détail* (lat.-fr.) Ggs.: en gros

im Sprechgesang *recitando* (lat.-it.) musik. Vortragsanw.

im Stich lassen *desavouieren* (lat.-fr.) sie war allein u. fühlte sich desavouiert

im Zweifelsfall *in dubio* (lat.) für den Angeklagten (e. wichtiger Rechtsgrundsatz)

Image 1. *Prestige*, das (lat.-fr., ohne Pl.) »Blendwerk«, Geltung 2. *Renommee*, das (lat.-fr., Pl. -s) guter Ruf 3. *Reputation*, die (lat.-fr., ohne Pl.) Ansehen; nicht verw. mit *Repudiation*, die (lat., Pl. -en) i. S. von Verschmähung

Imbiß *Lunch*, der (engl., Pl. -s) auch: Zwischenmahlzeit zur Mittagszeit

Imbißstube in Italien *Rosticceria*, die (it., Pl. -s) auch: Grillrestaurant

immer *toujours* (fr.)

Immundefektvirus, menschliches ... *human immunodeficiency virus*, das (engl., ohne Pl.) kurz: HIV (Aidsvirus)

Immunschwäche *Acquired Immune Deficiency Syndrom*, das (engl.) Abk.: AIDS, med.

Immunsystem, med. Spezialist für das ... *Immunologe*, der (lat., Pl. -n)

impfen *vakzinieren* (lat.) mit e. Vakzine (Impfstoff aus Krankheitserregern) impfen

Impfstoff *Serum*, das (lat., Pl. Sera, Seren)

Impfung *Inokulation*, die (lat., Pl. -en) med.

improvisieren *extemporieren* (lat.)

Impuls *Impetus*, der (lat., ohne Pl.)

in Abrede stellen *desavouieren* (lat.-fr.)

in Bausch u. Bogen *en bloc* (fr.) e. Sortiment en bloc kaufen

in Dreiergruppen *triadisch* (gr.-lat.) z. B. triadisch angeordnete Säulen

in eigener Sache *pro domo* (lat.) »für das eigene Haus«

in erster Linie *prinzipaliter* (lat.) auch: vor allem, besonders

in Gottes Namen *in nomine Dei* (lat.) Abk.: I. N. D.

in großer Menge *en masse* (fr.) Wespen gibt es hier en masse

in Mode *en vogue* (fr.) in diesem Sommer sind gelbe Miniröcke en vogue

in Ordnung 1. *allright* (engl.) 2. *okay* (am.) (kurz: *o. k.*) 3. *aye, aye* (engl.) jawohl, üblich bei der engl. Marine

in Ordnung bringen *regulieren* (lat.) z. B. e. Schaden regulieren

in Rätseln sprechen *änigmatisieren* (gr.-lat.)

in Stimmung bringen *animieren* (lat.-fr.) auch: ermuntern; der Entertainer (Unterhalter) oder Animateur (Aufforderer) animierte die Senioren zum Tanzen

in vollem Lauf *en carrière* (fr.) z. B. stürzen

in Wirklichkeit *realiter* (lat.)

Inbegriff 1. *Prototyp*, der (gr.-lat., Pl. -en) der Prototyp e. Boxers sein; auch: vor der Serienfertigung wird e. Prototyp hergestellt; Ggs.: Ektypus 2. *Inkarnation*, die (lat., Pl. -en)

inbegriffen 1. *inklusive* (lat.) z. B.: Preisgestaltung inklusive Mehrwertsteuer; Ggs.: exklusive 2. *impliziert* (lat.) auch: nicht ausdrücklich; Ggs.: expliziert

Indianerfrau *Squaw*, die (indian., Pl. -s)

Indianerstreitaxt *Tomahawk*, der (indian., Pl. -s)

Indianerzelt 1. *Tipi*, das (indian., Pl. -s) 2. *Wigwam*, der (indian.-engl., Pl. -s) Behausung nordam. Indianer

Indienforscher *Indologe*, der (gr.-lat., Pl. -n)

Indikator der Hongkonger Börse *Hang-Seng-Index*, der (chin., ohne Pl.) eigtl.: immer wachsend

indische Gelehrtensprache *Sanskrit*, das (sanskr., ohne Pl.)

Individualität als Leistungsinstrumentarium *Postindividualismus*, der (lat., ohne Pl.) Individualität als neuer Maßstab, nämlich als Fähigkeit, durch Kreativität in der Gruppe e. besondere Leistungsbereitschaft zu erzeugen

Industrieller *Magnat*, der (lat., Pl. -en) Industriemagnat, i. S. e. bedeutenden Industriellen

Industrievereinigung *Kombinat*, das (lat.-russ., Pl. -e) in sozialistischen Ländern einst gängige Unternehmensform: Bergbaukombinat »Schwarze Pumpe«

Industriewaren *Manufakturwaren*, die (lat.-dt., nur Pl.) in Handarbeit gefertigt

Infanteriesoldat der griechischen Armee des ltertums *Euzone*, der (gr., Pl. -n)

Infantrist der Griechen *Hoplit*, der (gr.-lat., Pl. -en) »Schildträger«

Infektionskrankheit des Verdauungskanals *Abdominaltyphus*, der (lat., ohne Pl.) med.

Infektionskrankheit, vom Tier auf den Menschen übertragbar *Zoonose*, die (gr.-lat., Pl. -n)

Information, überflüssige ... *Redundanz*, die (lat., Pl. -en)

Informationsbericht ... *Bulletin*, das (lat.-fr., Pl. -s) ... e. offizieller Bericht

Informationseinheit, kleinste ... *Bit*, das (engl., Pl. -s) kurz für: Binary Digit; e. Ziffer im binären Zahlensystem in der Darstellung 0 oder 1; acht Bits sind e. Byte

Informationsgespräch *Briefing*, das (engl., Pl. -s) auch: Lagebesprechung

Informationsgestaltung, Mittel zur ... *Infotainment*, das (engl., ohne Pl.) aus: information u. entertainment (Unterhaltung)

Informationsschrift 1. *Handout*, das (engl., Pl. -s) z. B. schriftliche Information zum Ablauf e. Tagung 2. *Prospekt*, der, das (lat., Pl. -e) Werbeschrift; auch: Bühnenhintergrund; Pfeifengehäuse der Orgel

Informationsstand, digitaler ... *Informations-Kiosk*, der (lat.-per.-türk.-fr., Pl. -e) an öffentlichen Plätzen, die die Litfaßsäule ersetzen; die Informationen können per Modem aktualisiert werden

Informationsveranstaltung *Teach-in*, das (engl., Pl. -s) meist unter Studenten zu best. Themen

Infragestellung von Produktions- u. Führungsstrukturen ... *Reengineering*, das (engl., ohne Pl.) ... im Rahmen e. neuen Definition von Managementstrategien

Ingenieurschule 1. *Technikum*, das (gr.-lat., Pl. ...ka, ...ken) 2. *technische Akademie*, die (gr.-lat., Pl. -n)

Ingwersamen *Kardamom*, das, der (gr.-lat., Pl. -en) wird als Gewürz verwendet

Inhaftierter *Jailer*, der (engl., Pl. -s) auch: Knacki (Knastsprache)

Inhaftierter, der sich gewaltsam Dinge von Mithäftlingen aneignet *Gorilla*, der (gr., Pl. -s) Knastsprache

Inhalt 1. *Fazit*, das (lat., Pl. -s) »es macht«, svw. Schlußfolgerung 2. *Quintessenz*, die (lat., Pl. -en) eigtl.: »fünftes Seiendes«; i. S. von Endergebnis 3. *Tenor*, der (lat., ohne Pl.) auch: Wortlaut; nicht verw. mit *Tenor*, der (lat.-it., Pl. Tenöre) hohe Männerstimme 4. *Volumen*, das (lat., Pl. ...mina) Umfang

Inhalte, die die neuen Medien zu transportieren haben ... *Content* (engl.) ... u. zwar an den Verbraucher

Inhaltsangabe *Extrakt*, der (lat., Pl. -e) e. Rede oder e. längere Abhandlung

Inhaltserklärung *Deklaration*, die (lat., Pl. -en) zum Zwecke der Zollabfertigung

Initialen, mit ... abzeichnen *paraphieren*, das (lat.-fr.) z. B. die einzelnen Seiten e. Vertrages

Injektionsspritze *Flip*, der (engl., Pl. -s) Szenewort

Inkraftsetzung *Ratifikation*, die (lat., Pl. -en) auch: Genehmigung

inmitten *medial* (lat.) auch: den Möglichkeiten e. Mediums entsprechend

innehaben *rangieren* (germ.-fr.) vom Rang her, vor oder hinter jmdm. rangieren

innen, nach ... gerichtet *introvertiert* (lat.) Ggs.: extravertiert (auch: extrovertiert)

Innenhof *Atrium*, das (lat., Pl. ...ien) z. B. e. Hauses; auch: Atriumhaus

Innenohr *Labyrinth*, das (gr.-lat., Pl. -e) med.

Innenraum *Interieur*, das (lat.-fr., Pl. -s)

Innenschau *Introspektion*, die (lat., Pl. -en) Selbstbeobachtung

Innenstadt 1. *City*, die (engl., Pl. -s) 2. *Zentrum*, das (gr.-lat., Pl. ...ren)

Innereien *Kaldaune*, die (lat.-dt., Pl. -n) tierische Eingeweide

innerhalb 1. *endogen* (gr.) 2. *intern* (lat.) »inwendig«

innerhalb der vier Wände *intra muros* (lat.) privat

innerweltlich *intramundan* (lat.)

innewohnend *immanent* (lat.)

innig 1. *intensiv* (lat.-fr.) auch: kräftig; Ggs.: extensiv 2. *intim* (lat.)

Innung *Korporation*, die (fr., Pl. -en) auch: Körperschaft, Studentenverbindung

Inquisitionsgrundsatz ... *Inquisitionsmaxime*, die (lat., ohne Pl.) ... nach der Ankläger u. Richter dieselbe Person sind

Inschrift *Epigraph*, das (gr., Pl. -e) i. S. antiker Schriftzeichen

Inschrift, in Stein geritzte ... *Graffito*, der (it., Pl. ...ti) auch: geritzte Muster

Inschriftenforscher *Epigraphiker*, der (gr.-lat., Pl. -)

Inschriftenkunde *Epigraphik*, die (gr., ohne Pl.)

Insekt, vollentwickeltes ... *Imago*, die (lat., Pl. ...gines) auch: im Unterbewußtsein existierendes Bild e. anderen Person; Totenmaske aus Wachs e. Vorfahren im alten Rom

insektenblütig *entomogam* (gr.-lat.)

Insektenblütigkeit *Entomogamie*, die (gr.-lat., ohne Pl.)

Insektenforscher *Entomologe*, der (gr.-lat., Pl. -n)

Insektenfresser *Insektivore*, der (lat., Pl. -n)

Insektenkunde *Entomologie*, die (gr-lat., ohne Pl.)

Insektenschutzmittel *Repellents*, die (lat.-engl., nur Pl.) z. B. Räuchermittel, Schutzanstriche

Inselbewohner *Insulaner*, der (lat., Pl. -)

Inselgruppe *Archipel*, der (gr.-it., Pl. -e)

Insellage *Insularität*, die (lat.-fr., ohne I. S. e. geographischen Abgeschlossenheit

Inserat 1. *Annonce*, die (lat.-fr., Pl. -n) z. B. e. Zeitungsannonce aufgeben 2. *Advertisement*, das (engl., Pl. -s) z. B. e. Werbeinserat schalten

insgeheim *sub rosa* (lat.) eigtl.: unter der Rose

insgesamt 1. *pauschal* (lat.) nie pauschale Vorwürfe erheben! 2. *in corpore* (lat.) 3. *en bloc* (fr.) in Bausch u. Bogen, etwas en bloc kaufen

In-sich-Aufnehmen, das ... von etwas *Absorption*, die (lat., Pl. ...en) das Aufsaugen

Insichgekehrtheit *Autismus*, der (gr., ohne Pl.) e. psychische Störung

Insideraktiengeschäft, bes. Form des ... *Frontrunning Scalping*, das (engl.-am., ohne Pl.)

instandsetzen 1. *renovieren* (lat.) e. Haus renovieren 2. *reparieren* (lat.) wiederherstellen 3. *restaurieren* (lat.-fr.)

Instandsetzung 1. *Renovierung*, die (lat., Pl. -en) 2. *Reparatur*, die (lat., Pl. -en) am Haus muß das Dach repariert werden

Institut für Talmud-Studien *Jeschiwa*, das (hebr., Pl. Jeschiwot)

Instrument zur elektronischen Verschorfung ... *Elektrokauter*, der (gr.-lat., ohne Pl.) ... kranken Gewebes (med.)

Interesse, ohne ... 1. *desinteressiert* (lat.-fr.) Ggs.: interessiert

Interessengemeinschaft *Allianz*, die (lat.-fr., Pl. -en) auch der Name der größten deutschen Versicherung

Interessent *Reflektant*, der (lat., Pl. -en)

Interessenverband 1. *Pressure-group*, die (engl.-am., Pl. -s) 2. *Lobbyist*, der (engl., Pl. -en) jmd., der Abgeordnete (Politiker) für seine Interessen zu gewinnen sucht

Interessenverlust *Amotivationssyndrom*, das (lat., Pl. -e) auch: Zustand der Antriebslosigkeit

Internet, e. durch ... verbundene Benutzerwelt ... *Global village*, das (engl., Pl. -s) ... die hinsichtlich der Informationsge-

315

schwindigkeit u. -dichte zu e. Dorf schrumpft

Internetbeobachter, heimlicher ... *Lurker*, der (engl., Pl. -s) Person klinkt sich ein, liest aber nur mit

Internet-Ente, vorsätzlich lanciert *Hoax*, der (engl., Pl. -es) e. unwahre Behauptung im Netz

Internet-Fragen, Listen häufig gestellter ... *Frequently Asked Questions*, die (engl., Pl.) kurz: FAQ

Internet-Service, menügeführter ... *Gopher*, der (engl.) aus: go u. for; ... um im Netz verstreute Informationen zu finden; z. B., wenn die E-Mail-Adressen unbekannt sind u./o. e. spezielles Programm gesucht wird; auch: Netz-Fremdenführer

Internettagebuch *Weblog*, das (engl., Pl. -s) kurz: Blog; dazu: Blogger, Tagebuchschreiber am Computer

Interpret der Liebe *Crooner*, der (engl., Pl. -s) von engl. croon (wimmern) z. B. Julio Iglesias (Schlagersänger)

Intimsphäre, seelische ... *mental Environment*, das (engl., Pl. -s) eigtl.: mentale Umgebung; ... des Konsumenten, die von Medien u. Werbung nicht »besudelt« werden darf

Intrigant *Kabalist*, der (hebr.-fr., Pl. -en) die Gemeinschaft litt unter dem Kabalisten

Intrige *Kabale*, die (hebr.-fr., Pl. -n) z. B.: »Kabale und Liebe«

Investition, manchmal ist keine ... die beste ... *sometimes your best investments are the ones you don't make* (engl., Zitat, Donald Trump, Baulöwe)

Investmentfonds, gewinnbringende ... *Go-go-Funds*, die (engl., nur Pl.)

irdisch 1. *sublunarisch* (lat.) unter dem Mond liegend 2. *tellurisch* (lat.) die Erde betreffend 3. *terrestrisch* (lat.) auf der Erde lebend, zur Erde gehörend; Ggs.: extraterrestrisch

Ire *Paddy*, der (engl, ohne Pl.) Spitzname

ironisch *sarkastisch* (gr.-lat.) e. machte ständig sarkastische Bemerkungen

irre reden *delirieren* (lat.) med.

irreführen *bluffen* (engl.) geschickt bluffte er seine Gegner

Irreführung 1. *Bluff*, der (engl., Pl. -s) 2. *Demagogie*, die (gr., Pl. -n)

Irren ist menschlich *errare humanum est* (lat.)

Irresein, Jugend... *Hebephrenie*, die (gr., Pl. ...ien) e. Form der Schizophrenie, die in der Pubertät auftreten kann (med.)

Irrfahrt *Odyssee*, die (gr.-lat.-fr., Pl. -n) nach Homers Epos »Odyssee«: die lange Heimfahrt des Odysseus nach dem Kampf um Troja (um 1200 v. Chr.)

Irrgarten *Labyrinth*, das (gr.-lat., Pl. -e)

Irrglaube ... *Heterodoxie*, die (gr., Pl. ...ien) ... der vom kirchlichen Glauben abweicht

Irrkreis *Circulus vitiosus*, der (lat., Pl. ...li ...si) Teufelskreis

Irrlehre *Häresie*, die (gr.-lat., Pl. ...ien)

Irrtum 1. *Erratum*, das (lat., Pl. ...ta) 2. *Paralogie*, die (gr.-lat., Pl. ...ien) 2. *Lapsus*, der (lat., Pl. -) Versehen, Schnitzer; Lapsus calami: Schreibfehler

Irrtum u. Auslassung vorbehalten *salvo errore et omissione* (lat., Zitat) kurz: s. e. et o.

Irrtum vorbehalten *salvo errore* (it.)

irrtümlich *indebite* (lat.) z. B. e. geleistete Zahlung

Irrweg *Odyssee*, die (gr., Pl. -en) i. S. von Irrfahrt; nach Odysseus, dem König von Ithaka, in Homers zweitem Versepos benannt

Islam, heilige Schrift des ... *Koran*, der (arab., Pl. -e) »Lesung«; Sammlung der Offenbarungen Mohammeds (7. Jh. n. Chr.)

Islam, orthodoxer ... *Sunna*, die (arab.) er umfaßt die vier Rechtsschulen: Hanafiten, Hanbaliten, Malikiten, Schafiiten

islamischer Gebetsrufer *Muezzin*, der (arab., Pl. -s)

islamischer Rechtsgelehrter *Mufti*, der (arab., Pl. -s) auch: Gutachter; »par ordre du mufti« (fr.): auf Befehl des Richters

islamisches Gotteshaus *Moschee*, die (arab.-sp.-fr., Pl. -en)

Ismailitenzweig unter Aga Khan *Hodscha*, der (pers.-türk., Pl. -s) auch: geistlicher Lehrer

isoliert, gänzlich ... *hermetisch* (gr.-lat.) auch: dicht verschlossen

Isolierung *Quarantäne*, die (lat.-fr., Pl. -n) eigtl.: »Anzahl von 40 (Tagen)« svw. räumliche Absonderung

Ist-Bestand *Effektivbestand*, der (lat.-dt., Pl. ...stände) i. S. des tatsächlichen Bestandes

J

Jachthafen *Marina*, die (lat.-it.-engl., Pl. -s)

Jagdbeute *Trophäe*, die (gr.-lat.-fr., Pl. -n)

Jagdbezirk *Revier*, das (fr., Pl. -e) auch: Gebiet, Polizeidienststelle, Abbaugebiet im Bergbau, Lebensraum best. Tiere

Jagdhorn *Corno da caccia*, das (it., Pl. ...ni) Waldhorn

Jagdhund *Hunter*, der (engl., Pl. -)

Jagdhundrasse 1. *Terrier*, der (lat.-engl., Pl. -) 2. *Englischer Setter*, der (engl., Pl. -)

Jagdoboe *Oboe da caccia*, die (it., Pl. -n da caccia) e. Doppelrohrinstrument aus Holz mit Löchern u. Klappen

Jagdpferd *Hunter*, der (engl., Pl. -)

Jagdreise *Safari*, die (arab., Pl. -s) z. B. e. Jagdsafari in Afrika unternehmen; oder: Fotosafari

Jagdrennen *Cross-Country*, das (engl., Pl. -s) Wettkampf, der querfeldein führt

Jagdruf *Halali*, das (fr., Pl. -s) Hornsignal zum Ende e. Jagd

Jagdtasche *Holster*, das (engl., Pl. -s) offene Tasche für e. griffbereit getragene Feuerwaffe

Jäger *Nimrod*, der (hebr., Pl. -e) Gestalt aus der Bibel

jäh 1. *abrupt* (lat.) auch: plötzlich, z. B. abrupt aufbrechen 2. *brüsk* (it.-fr.) »stachlig«; auch: schroff, barsch 3. *vehement* (lat.) heftig; auch: stürmisch

Jahr *hoc anno* (lat.) in diesem Jahr

Jahrbuch *Almanach*, der (lat.-niederl., Pl. -e) auch: jährlicher Verlagsdruck mit Textproben

Jahrbücher *Annalen*, die (lat., nur Pl.) zurückliegende, historische Jahrbücher

Jahre *anno* (lat.) im Jahre 1625; im Jahre des Herrn: Anno Domini (Abk.: A.D.) d. h. n. Chr. Geburt

Jahre, alle hundert ... *säkular* (lat.) außergewöhnlich; »Ein säkulares Ereignis!« (Helmut Kohl, Bundeskanzler, 1998, zum Euro)

Jahre, auf viele ... *ad multos annos* (lat.) als Glückwunsch

Jahres, dieses ... *huius anni* (lat.)

Jahresabzahlung *Annuität*, die (lat., Pl. -en) Jahreszahlung an Zinsen u. Tilgungsraten zur Abzahlung e. Schuld; nicht verw. mit: Annuitäten, die (Pl.) jährliches Einkommen

Jahresdrittel *Tertial*, das (lat., Pl. -e)

Jahresringforschung *Dendrochronologie*, die (gr.-lat., Pl. ...ien) vorgeschichtlicher Holzfunde

Jahrestag *Jubiläum*, das (hebr.-lat., Pl. ...äen)

Jahreszahlung *Annuität*, die (lat., Pl. -en) Betrag aus Tilgung u. Zinsen e. Hypothek

Jahrfünft *Lustrum*, das (lat., Pl. ...ren, ...ra) e. Fünf-Jahres-Zeitraum

Jahrgang 1. *Generation*, die (lat., Pl. -en) svw. die einzelnen Glieder der Geschlechterfolge: Eltern, Kinder, Enkel 2. *Semester*, das (lat., Pl. -) eigtl. »Zeitraum von sechs Monaten«; mein Semester: Student meiner Studienzeit; auch: meines Alters

Jahrhundert *Säkulum*, das (lat., Pl. ...la)

Jahrhundertende *Fin de siècle*, das (fr., ohne Pl.) nach e. Lustspiel von Jouvenot u. Micard (1888) Ausdruck e. dekadenten Bürgertums, Kunst u. Literatur am Ende des letzten Jh.

jährlich 1. *annuell* (lat.-fr.) 2. *per anno* (lat.) 3. *pro anno* (lat.)

Jahrtausend *Millennium*, das (lat., Pl. ...ien)

Jahrtausend-(Wende)Problem *Millennium-Problem*, das (lat., Pl. -e); Schwierigkeit, die in der EDV mit datumgesteuerten Chips zur Jahrtausendwende entstand

Jahrzehnt *Dezennium*, das (lat., Pl. ...ien)

Jahwe, Bez. für ... *Elohim*, der (semit., ohne Pl.)

jähzornig 1. *cholerisch* (gr.-lat.) 2. *furibund* (lat.) auch: tobsüchtig (med.)

Jakobs jüngster Sohn ... *Benjamin* (Eigenn., hebr.) ... im Alten Testament; auch: der Jüngste e. Gemeinschaft (scherzhaft)

Jammer 1. *Desaster*, das (it.-fr., ohne Pl.) »Unstern«; Unheil 2. *Malheur*, das (lat.-fr., Pl. -e, -s) auch: Pech, Mißgeschick

3. *Misere*, die (lat.-fr., Pl. -n) Unglück; nicht verw. mit *Miserere*, das (lat., ohne Pl.) eigtl. »Erbarme dich!« Anfang des 51. Psalms in der Vulgata (lat. Bibelübersetzung); auch: Koterbrechen bei Darmverschluß (med.)

jämmerlich *lamentabel* (lat.)

jammern *lamentieren* (lat.) z. B.: von früh bis spät nur lamentieren

Jammerrede *Jeremiade*, die (hebr., Pl. -n) nach dem Propheten Jeremias

Jeans, alte, zerrissene ... *Wack Slacks*, die (engl.-am., nur Pl.) von: wacky (exzentrisch) u. slacks (Hose) Wort aus der Grunge-Szene

Jemand, e. gewisser ... *Quidam*, der (lat., ohne Pl.)

jenseitig *ultramundan* (lat.) i. S. von: über die Welt hinausgehend (Philos.)

jenseits des Mondes *translunar* (lat.)

Jenseits *Transzendenz*, die (lat., ohne Pl.)

Jesus von Nazaret, König der Juden *Jesus Nazarenus Rex Judaeorum*, der (lat.-Eigenn., ohne Pl.) Abk.: I. N. R.I. (Inschrift über dem Kreuz)

Jetztmensch *Homo sapiens sapiens*, der (lat., ohne Pl.) der vernunftbegabte Mensch, er bevölkert seit ca. 80000 Jahren die Erde

Jetztmenschen *Neanthropinen*, die (gr., Pl.)

Jobsuche (auch) für den anderen Partner ... *Newplacement*, das (engl., Pl. -s) ... wenn e. Partner vermittelt werden soll

Joch *Travée*, die (lat.-fr., Pl. -n) auch: Gewölbeeinheit

Jochbein *Zygoma*, das (gr., Pl. -ta) auch: Wangenknochen (med.)

Johannisbeere *Ribisel*, die (arab.-lat., Pl. -n)

Johannisbrot *Karube*, die (fr., Pl. -n)

Journalist, internetkundiger ... *Online-Redakteur*, der (engl.-fr., Pl. -e)

Journalistenlehrling *Volontär*, *der (lat.-fr., Pl. -e) z. B. Volontär beim »stern« sein*

Jubel *Triumph*, der (lat., Pl. -e) auch: großer Erfolg; Triumphbogen; im alten Rom zogen siegreiche Feldherrn feierlich unter dem Triumphbogen hindurch

Jubel, in süßem ... *in dulci jubilo* (lat., Zitat: Suso, 14. Jh.)

jubeln 1. *triumphieren* (lat.) 2. *jubilieren* (lat.)

juckend *pruriginös* (lat.) med.

Juckflechte *Neurodermitis*, die (gr.-lat., Pl. ...itiden) med. (gehört zu den Ekzemen)

Juckreiz *Pruritus*, der (lat., ohne Pl.) med.

Jude aus Europa *Aschkenasim*, der (hebr., ohne Pl.)

Jude, eingewanderter ... aus Afrika, Arabien, Südeuropa *Sephardim* (hebr., Pl. -e)

Jude, ultra-orthodoxer ... *Haredim*, der (hebr.)

Judenbewegung *Zionismus*, der (lat., ohne Pl.) Bewegung des Judentums zur Rückführung aller Juden in das »Land Israel« mit dem religiös-politischen Mittelpunkt Zion (Jerusalem)

Judenfeind *Antisemit*, der (gr.-lat., Pl. -en)

judenfeindlich *antisemitisch* (gr.-lat.)

Judenfreund *Philosemit*, der (lat., Pl. -en)

judenfreundlich *philosemitisch* (gr.-lat.)

Judengegner *Antisemit*, der (gr.-lat., Pl. -en) »Antisemiten gab es die ganze Zeit, nur wußte keiner, wer es war.« (Ignatz Bubis, Vorsitzender des Zentralrats der Juden in Deutschland, 1998)

Judenkirsche *Physalis*, die (gr., Pl. ...alen) auch: Lampionblume; Blasenkirsche (Gewächs mit eßbaren Beeren)

Judentum *Mosaismus*, der (hebr.-gr.-lat., ohne Pl.)

Judenvernichtung 1. *Holocaust*, der (gr.-lat.-engl., Pl. -s) durch Massenvernichtung gekennzeichnetes Handeln 2. *Schoah*, die (hebr., ohne Pl.) Bez. für die Vernichtung der Juden während des Nationalsozialismus

Judenviertel *Hara*, die (arab.)

jüdische Religionslehre 1. *Talmud*, der (hebr., Pl. -s) »Lehre«; auch: Sammlung der Gesetze u. religiösen Überlieferungen des Judentums 2. *Mischna*, die (hebr., ohne Pl.) »Unterweisung«; Sammlung der jüd. Gesetzeslehre aus dem 2. Jh. n. Chr., Grundlage des Talmuds

jüdischer Ehrentitel ... *Rabbi*, der (hebr.-gr.-lat., Pl. ...inen, -s) »mein Herr«; ...der Gesetzeslehrer

jüdischer Feiertag *Sabbat*, der (hebr.-gr.-lat., Pl. -e) (Samstag)

jüdischer Religionslehrer *Rabbiner*, der

(hebr.-gr.-lat., ohne Pl.) Gesetzes- u. Religionslehrer

jüdisches Gotteshaus *Synagoge*, die (gr.-lat., Pl. -n) »Versammlung«; nicht verw. mit Synalgie, die (gr.-lat., Pl. ...ien) Schmerzen in e. nicht erkrankten Körperteil (med.)

Judosportler *Judoka*, der (jap., Pl. -s)

Jugend *Adoleszenz* (lat.)

Jugend, die ... hat ausgetobt *adolescentia deferbuit* (lat., Zitat)

jugendfrei *ad usum Delphini* (lat.) für die Jugend bearbeitet (der Lesestoff des Dauphins, auf Veranlassung Ludwig XIV.)

Jugendirresein *Dementia praecox*, die (lat., ohne Pl.) frühzeitiger Denkdefekt (med.)

Jugendirrsinn *Hebephrenie*, die (gr.-lat., Pl. ...ien) med.

jugendlich 1. *juvenil* (lat.) 2. *adoleszent* (lat.)

Jugendliche *Teenager*, der (engl., Pl. -) im Alter zwischen 13 u. 19 Jahren

Jugendlicher, antibürgerlicher ... mit provozierendem Aussehen *Punk*, der (engl.-am., Pl. -s) subkulturelle Protestbewegung, deren Anhänger antibürgerlich eingestellt ist; auch: Punkrock (Stilart der Rockmusik)

Jugendlicher, äußerlich gepflegter ... *Popper*, der (engl., Pl. -s) der sich bewußt vom Punk absetzt

Jugendlicher, in Großstädten lebend, gut verdienend *Yuppy*, der (Eigenn., engl.-am., Pl. ...ies) aus young urban professional (junger, berufstätiger Großstadtmensch) infolge seines guten Gehalts hat er e. ausgeprägtes Konsumbedürfnis; Yuppies streben beruflichen Erfolg u. Luxus an

Jugendlicher, meist gewalttätiger ... mit Glatze *Skin* u. *Skinhead*, der (engl.-am., Pl. -s) Kleidung: Stiefel, Bomberjacke; sie stellen e. Subkultur dar, die i. a. ausländerfeindlich ist

Jugendlichkeit *Juvenilität*, die (lat., ohne Pl.)

Jugendrevolte, andauernd, spießig *Amsterdamismus*, der; Begriff der »True-Ro-mance-Lebenseinstellung« (»wahre« Romantik der 15- bis 30jährigen), die für e. gemütliche Revolte steht; es wird in Ma-

ßen gekifft u. getrunken, ohne exzessiv zu sein; ohne Risiko auf e. Trampfahrt sein

Jugendstil *Art nouveau*, die (fr., ohne Pl.) zwischen 1890 u. 1914

Junge 1. *Boy*, der (engl.-am., Pl. -s) z. B.: Cowboy, Liftboy 2. *Garçon*, der (fr., Pl. -s) auch: Kellner

Junge im Stimmbruch *Mutant*, der (lat., Pl. -en) auch: e. Organismus, der sich plötzlich genetisch ändert

Junge, kleiner ... *little boy*, der (engl., Pl. -s) auch: Name der Atombombe, die am 6. 8. 1945 um 8.15 Uhr Hiroshima vernichtete

Jünger *Adept*, der (lat., Pl. -en) die 12 Adepten des Jesus von Nazareth

junger Diener *Groom*, der (engl., Pl. -s)

Jünger Jesu *Apostel*, der (gr.-lat., ohne Pl.) »Bote«, die 12 Apostel des Jesus von Nazareth; scherzhaft: Umweltschutzapostel

junger Mann 1. *Garçon*, der (fr., Pl. -s) auch: Kellner 2. *Boy*, der (engl.-am., Pl. -s) z. B. Liftboy, Cowboy (Mann als reitender Viehhirte)

jünger *minor* (lat.)

Jüngere *Junior*, der (lat.) der Sohn vom Vater (Senior), Juniorpartner

junges Mädchen 1. *Demoiselle*, die (lat.-fr., Pl. -n) 2. *jeune fille*, die (fr., Pl. -s)

Jungfernhäutchen *Hymen*, das (gr.-lat., Pl. -) auch: altgr. Hochzeitslied, das der Braut von e. Mädchenchor gesungen wird

Jungfernzeugung *Parthenogenese*, die (gr.-lat., ohne Pl.) z. B. bei Insekten

Jungfrauenadler *Harpyie*, die (gr.-lat., Pl. -n) eigtl.: Räuberin; Dämon in Gestalt e. Mädchens mit Flügeln (gr. Mythologie); großer südam. Greifvogel

Jungfrauengeburt *Parthenogenese*, die (gr.-lat., ohne Pl.) z. B. bei Insekten

Jungfräulichkeit *Virginität*, die (lat., ohne Pl.) i. S. von Unberührtheit

Junggeselle 1. *Agamist*, der (gr.-lat., Pl. -en) e. eingefleischter Agamist sein 2. *Garçon*, der (fr., Pl. -s)

Jüngling 1. *Adonis*, der (gr., Pl. -se) i. S. e. schönen Jungen 2. *Ephebe*, der (gr.-lat., Pl. -n) in hellenischer Zeit: Jüngling im wehrfähigen Alter

Jungsteinzeit *Neolithikum*, das (lat.)

Jüngstenrecht *Minorat*, das (lat., Pl. -e) Vorrecht der Jüngsten auf das Erbe

Jungtertiär *Neogen*, das (gr., ohne Pl.) Geol.

Jupiter, mit ... wollen wir beginnen *ad Jove principium* (lat., Zitat)

Jupiter, was ... erlaubt ist, ist dem Ochsen noch lange nicht erlaubt *quod licet Jovi, non licet bovi* (lat., Zitat., d. h.: was Fritz darf, darf Fritzchen noch lange nicht)

Jupiter, was ... erlaubt ist, steht dem Ochsen nicht zu *quod licet Jovi, non licet bovi* (lat.) was Fritz darf, darf Fritzchen noch lange nicht

Jurist 1. *Notar* der (lat., Pl. -e) staatlich bestellter Jurist für die Beurkundung bestimmter Rechtsgeschäfte, z. B. Testamente, Immobiliengeschäfte 2. *Advokat*, der (lat., Pl. -e) Rechtsanwalt, Advocatus Diaboli (Anwalt des Teufels)

Justiz, die ... betreffend *justitiell* (lat.) »Das justitielle Handeln zielt darauf, daß die auffällig gewordenen Jugendlichen angehalten werden, von der Begehung weiterer Straftaten abzusehen.« (vier Hamburger Staatsräte, 1998)

Juwelengewicht *Grain*, der (lat.-engl., Pl. -s) »Korn«; e. sehr altes Gewicht; nicht verw. mit: das Grain (lat.-fr., Pl. -s) aufgerauhter Rips

K

Kabarettlied *Chanson*, das (lat.-fr., Pl. -s)

Kabelschutzüberzug *Bougierohr*, das (fr., Pl. -e)

Käfer, den Ägyptern heiliger ... *Skarabäus*, der (gr.-lat., Pl. ...äen) im alten Ägypten das Sinnbild des Sonnengottes; auch: Pillendreher; Mistkäfer

Käferkunde *Koleopterologie*, die (gr.-lat., ohne Pl.)

Käferkundler *Koleopterologe*, der (gr.-lat., Pl. -n)

Kaffee 1. *Espresso*, der (lat.-it., Pl. -s) bes. starker ... 2. *Mokka*, der (Pl. -s) nach dem jemenitischen Hafen Al-Muha, bes. starker ... 3. *Cappuccino*, der (it., Pl. -s) Kaffee mit Sahne oder Milchschaum u. etwas Schokolade 4. *Café au lait*, der (fr., Pl. -s)

Milchkaffee 5. *Café noir*, der (fr., Pl. -s) schwarzer Kaffee

Kaffeehaus *Estaminet*, das (fr., Pl. -s) auch: Kneipe

Käfig zur Erforschung von Lernvorgängen bei Tieren *Skinner-Box*, die (am., Eigenn., Pl. ...xes) Käfig, der von dem Verhaltensforscher B. F. Skinner entwickelt wurde

Kahlheit 1. *Alopezie*, die (gr.-lat., Pl. ...ien) med., z. B. beginnende Kahlköpfigkeit 2. *Atrichie*, die (gr.-lat., Pl. ...ien) med., Haarlosigkeit des Körpers

Kahlkopf ... *Skin* u. *Skinhead*, der (engl., Pl. -s) ... gewalttätiger Jugendlicher mit Glatze auf der Grundlage rechtsradikalen Gedankenguts; »Es könnte e. guten Eindruck machen, wenn mir e. Skinhead e. leichte Schußverletzung zufügen könnte.« (G. Schröders geh. Tagebuch von H. Venske, 1997)

Kahlköpfigkeit *Calvities*, die (lat., ohne Pl.) med.

Kaiser 1. *Monarch*, der (gr.-lat., Pl. -en) 2. *Cäsar*, der (lat., Pl. ...ren) von Cäsar, röm. Feldherr u. Staatsmann (100–44 v. Chr.) 3. *Imperator*, der (lat., Pl. ...oren) auch: im Rom der Antike Titel für den Oberfeldherren; Bez. der kaiserlichen Würde, Abk.: Imp.; Imperator Rex: Kaiser u. König (Titel Wilhelm II., Abk.: I.R.)

Kaiserin *Imperatrix*, die (lat., Pl. ...trices) weibliche Form von Imperator

Kaiserkrone *Fritillaria*, die (lat., Pl. ...ien) eigtl.: Schachbrettblume; e. Liliengewächs

kaiserlich 1. *cäsarisch* (lat.) 2. *imperatorisch* (lat.) auch: gebieterisch

Kaiserreich *Imperium*, das (lat., Pl. ...ien) Weltreich; auch: Oberbefehl im alten Rom, z. B.: Imperium Manlium (Oberbefehl des Manlius) sehr strenger Befehl

Kaiserschnitt *Hysterotomie*, die (gr., Pl. -en) operative Öffnung der Gebärmutter (med.)

Kaisertitel 1. *Tenno*, der (jap., Pl. -s) »himmlischer Herrscher«, der Kaiser von Japan 2. *Mikado*, der (jap., Pl. -s) »erhabene Pforte«, Bez. für den Kaiser von Japan; auch: das Hauptstäbchen im Mikadospiel u. das Stäbchenspiel selbst 3. *Zar*, der (lat.-got.-slaw., Pl. -en) Herrschertitel bei Russen, Serben, Bulgaren 4. *Schah*, der (pers., ohne Pl.) persischer Herrschertitel 5. *Schah-in-schah*, der (pers., ohne Pl.) »Schah der Schahs«, Titel des ehemaligen Herrschers des Irans

Kakteenart *Coryphanta compacta*, die (lat., ohne Pl.) auch: Hikuli, Wichuri, Bakana genannt; Pflanze besitzt halluzinogene Wirkstoffe, sie wird von Schamanen Mittelamerikas verwendet

Kaktus *Sabra*, der (hebr., Pl. -s) Bez. für im Lande geborene, rauhe aber gutmütige Israelis

Kalbleder *Boxkalf*, das (engl., ohne Pl.)

Kalbsnuß, gedämpfte ... *Frikandeau*, das (fr., Pl. -s) Teil der Kalbskeule

Kalbsschnitzel *Saltimbocca*, die (it., Pl. -s) eigtl.: Sprung in den Mund; e. gefülltes Schnitzel vom Kalb

Kalender 1. *Almanach*, das (lat.-niederl., Pl. -e) mit Kurzgeschichten 2. *Annuarium*, das (lat., Pl. ...ien, ...ia) als Jahrbuch

Kalender, der dritte Monat im ... der Fr. Revolution *Frimaire*, der (fr., Pl. -s) »Reifmonat«: 21. November bis 20. Dezember

Kalifengeschlecht 1. *Abbasiden*, die (Eigenn., nur Pl.) im Mittelalter in der Nachfolge Mohammeds 2. *Abbaside*, der (Eigenn., Pl. -n) nach Abbas, dem Oheim Mohammeds, Angehöriger e. in Bagdad einst ansässigen Kalifengeschlechts

Kalkstaublunge *Chalikose*, die (gr., Pl. -n) med.

Kalkstein *Kalziumkarbonat*, das (lat., Pl. -e) auch: kohlensaurer Kalk; z. B.: Kreide

kaltblütig *rigoros* (lat.-fr.) unerbittlich, rücksichtslos

Kältebehandlung *Hypothermie*, die (gr., Pl. ...ien) med.

Kälteempfindlichkeit *Kryästhesie*, die (gr.-lat., ohne Pl.)

Kältemittel oder Treibgas *Fluorchlorkohlenwasserstoff*, der (chem. Verbindung, Pl. -e) Abk.: FCKW, zerstört die Ozonschicht

Kälteschmerz *Psychralgie*, die (gr., Pl. ...ien) med.

Kältesteppe *Tundra*, die (russ., Pl. ...ren)

Kältetechnik in der Chirurgie *Kryochirurgie*, die (gr.-lat., ohne Pl.) Anwendung der Kältetechnik

kam, ich ..., sah, siegte *veni, vidi, vici* (lat., Zitat: Cäsar)

Kamel *Dromedar*, das (gr.-lat.-fr., Pl. -e) einhöckerig, aus Arabien u. Nordafrika stammend

Kamelzug *Karawane*, die (pers.-it., Pl. -n) Anzahl von Tieren, Personen, Fahrzeugen, die langen Zug durch ödes Gebiet bilden; »Die Hunde bellen, aber die Karawane zieht weiter.« (Helmut Kohl, Spruch des Jahres 1988)

Kamin *Cheminée*, das (fr., Pl. -s) e. offener Kamin

Kamm, alle über e. ... scheren *omnes uno ordine habere* (lat., Zitat)

kämmen *frisieren* (fr.)

Kämmerer 1. *Camerarius*, der (lat., Pl. ...rii) auch: Schatzmeister

Kammgarn in Schrägbindung *Adria*, das (Eigenn., ohne Pl.) ripsartiges Gewebe aus Seide oder Chemiefasern; auch: Teil des Mittelmeeres

Kampf 1. *Fight*, der (engl., Pl. -s) im Boxsport: ein guter Fighter (Boxer) sein 2. *Rivalität*, die (lat.-fr., Pl. -en) svw. Kampf um den Vorrang, die beste Position

Kampf gegen Fremdwörter in der Sprache *Purismus*, der (lat., ohne Pl.)

kampfbereit *mobil* (lat.-fr.) eigtl.: beweglich; Ggs.: immobil

kämpfen 1. *fighten* (engl.) Max Schmeling war für faires Fighten bekannt 2. *rivalisieren* (lat.-fr.) zwei rivalisierende Unternehmen der Elektrobranche 3. *boxen* (engl.) mit Fäusten kämpfen

Kämpfer *Berserker*, der (altnordisch, Pl. -) wilder, um sich schlagender Kämpfer

Kämpfer gegen Fremdwörter in der Sprache *Purist*, der (lat., Pl. -en)

Kämpfer, gefallener ... *Einherier*, der (altnord., ohne Pl.) aus der nord. Mythologie

kämpferisch *kombattant* (lat.-fr.) eigtl.: zusammenschlagen

Kampfführung *Taktik*, die (gr.-fr., Pl. -en) Kunst der Aufstellung u. Anordnung von Soldaten

Kampfgeist *Moral*, die (lat.-fr., ohne Pl.) die Moral der Truppe war so schlecht, daß sie zur Niederlage führte

Kampflehre *Machetik*, die (gr., ohne Pl.)

Kampfplatz 1. *Arena*, die (lat., Pl. ...en) in antiken Amphitheatern 2. *Stadion*, das (gr., Pl. ...ien) 3. *Zirkus*, der (gr.-lat., Pl. -se) Kampfplatz der Antike

Kampfrede *Philippika*, die (gr.-lat., Pl. ...ken) nach der flammenden Rede des Demosthenes gegen König Philipp von Makedonien so benannt

Kampfrichter *Referee*, der (fr., Pl. -s) Ringrichter

Kampfspiel *Turnier*, das (gr.-lat.-fr., Pl. -e) mittelalterlicher Zweikampf der Ritter, meist zu Pferde, heute: sportliche Veranstaltung

Kampfstoff, chemischer ... *Lewisit*, das (Eigenn., am., Pl. -e) nach am. Chemiker W. L. Lewis (1878–1943)

Kampfunfähigkeit *Knockout*, der (engl., Pl. -s) beim Boxen

Kanal 1. *Gracht*, die (niederl., Pl. -en) 2. *Dränage*, die (engl.-fr., Pl. -n) Entwässerungskanal

Kandidat, hoch begabter ... *High Potential*, der u. die (engl., Pl. -s) e. bes. befähigte Nachwuchskraft für die Führungsebene

Kanister 1. *Bidou*, der (it.-fr., Pl. -s) 2. *Container*, der (lat.-fr.-engl., Pl. -) auch: Behälter

Kanister mit Verschluß *Bidon*, der (it.-fr., Pl. -s) auch: Kanne, Benzinkanister

Kanne *Pinte*, die (fr., Pl. -n) auch: Wirtshaus, Kneipe; einst Flüssigkeitsmaß

Kanonenfutter *food for powder* (engl., Zitat: William Shakespeare, engl. Dichter, 1564–1616)

Kantine *Mensa*, die (lat., Pl. -s, ...sen) in Universitäten für die Studenten

Kantinenverwalter ... *Bottelier*, der (niederl., Pl. -s) ... auf Kriegsschiffen

Kanzel *Katheder*, der (gr.-lat., Pl. -) ex cathedra (vom päpstlichen Stuhl) svw.: unfehlbar

Kapelle *Ädikula*, die (lat., Pl. ...lä) e. altchristliche Kapelle

Kapellmeister *Dirigent*, der (lat., Pl. -en)

Kapitalanlage *Investition*, die (lat., Pl. -en) i. S. e. langfristigen Anlage

Kapitalbesitzer *Kapitalist*, der (lat., Pl. -en) Person, deren Einkommen aus Zinsen u. Gewinnen besteht; »Die Kapitalisten werden uns den Strick verkaufen, an dem wir sie aufhängen.« (Lenin)

Kapitalertrag 1. *Profit*, der (lat.-fr.-niederl., Pl. -e) erwirtschafteter Gewinn 2. *Revenue*, die (lat.-fr., Pl. -n) i. S. von Gewinn 3. *Dividende*, die (lat., Pl. -en) der auf Aktien entfallende Gewinnanteil 4. *Tantieme*, die (lat.-fr., Pl. -n) Vergütung nach Höhe des Firmengewinnes

Kapitalist 1. *Magnat*, der (lat., Pl. -en) z. B. Ölmagnat wie einst Paul Getty 2. *Baron*, der (germ.-fr., Pl. -e) eigtl. Freiherr; Zuckerrohrbarone auf Hawaii 3. *Zar*, der (lat.-got.-slaw., Pl. -en) eigtl.: Kaiser, Herrschertitel bei Russen, Serben, Bulgaren; Pressezar wie einst Robert Maxwell 4. *Tycoon*, der (jap.-engl., Pl. -s) Großkapitalist

Kapitalrücklage *Reserve*, die (lat.-fr., Pl. -n)

kaputt *defekt* (lat.) i. S. von: nicht in Ordnung

Karamelle *Toffee*, das (engl., Pl. -s) Süßigkeit

Karawanenweg *Piste*, die (lat.-it.-fr., Pl. -n) z. B. durch die Wüste

Kardinalversammlung *Konklave*, das (lat., Pl. -n) anläßlich der Papstwahl

Karikatur *Cartoon*, der (engl., Pl. -s)

Karrieremensch, junger ... in der Großstadt *Yuppie*, der (engl.-am., Pl. -s) Akronym aus: young upwardly aspiring professional oder: young urban professional

Karte, alles auf e. ... setzen *va banque spielen* (fr.-dt.)

Kartei *Kartothek*, die (ägypt.-gr.-lat.-fr., Pl. -en)

Karteibüro *Registratur*, die (lat., Pl. -en) auch: Karteischrank

Kartenglücksspiel 1. *Bakkarat*, das (fr., ohne Pl.) 2. *Poker*, das (am., ohne Pl.) 3. *Bésigue*, das (fr., ohne Pl.) 4. *Onze et demi*, das (fr., ohne Pl.)

Kartenlegekunst *Kartomantie*, die (ägypt.-gr.-lat.-fr., ohne Pl.) aus den Karten die Zukunft lesen

Kartenrest *Talon*, der (lat.-fr., Pl. -s) beim Geben der Karten

Kartenspiel *Jeu*, das (lat.-fr., Pl. -s)

Kartenspiel, amerikanisches ... *Black Jack*, das (am., ohne Pl.) als Variante des Siebzehnundvier

Kartenspieler *Zocker*, der (ugs., Pl. -) ... der um Geld spielt

Kartenstock *Talon*, der (lat.-fr., Pl. -s) bei Glücksspielen

Kartenzeichner *Kartograph,* der (gr.-lat., Pl. -en) Bearbeiter, Ersteller e. Landkarte; Kapitän James Cook (1728–1779) war der beste Kartograph seiner Zeit

Kartoffelkäfer *Koloradokäfer,* der (am.-dt., Pl. -) nach dem US-Staat Colorado, aus den USA eingeführter Kartoffelkäfer

Kartoffelscheibe *Chip,* der (engl., Pl. -s) in Fett gebacken; auch: Spielmarke bei Glücksspielen; kleines, aus Silicium bestehendes Plättchen, auf dem Informationen gespeichert werden können, z. B. Mikrochips für die Mikroelektronik

Kartoffelscheiben in bes. Soße *Béchamelkartoffeln,* die (fr.-dt., nur Pl.) nach dem fr. Marquis L. de Béchamel benannte Rahmsoße (Béchamel)

Käse 1. *Formaggio,* der (lat.-it., Pl. -i) 2. *Fromage,* der (lat.-fr., Pl. -s) 3. *Cheese,* der (engl., Pl. -s) z. B.: Cheeseburger, Art Hamburger mit e. Käsescheibe

Käsefondue *Raclette,* das, die (fr., Pl. -s) Schmelzen von Käse; auch: Käsegrill (das Schmelzgerät)

Kassenschlager *Blockbuster,* der (engl., Pl. -) z. B. e. bes. erfolgreicher Film

Kassenschlager *Blockbuster,* der (engl., Pl. -) bes. erfolgreicher Film oder erfolgreiches Buch:»Harry Potter« ist ein Blockbuster

Kassenzettel *Bon,* der (lat.-fr., Pl. -s)

Kassenzufluß *Cash-flow,* der (engl., Pl. -s) Kennziffer, die etwas über die Finanzstruktur des Unternehmens aussagt

Kaste, Anhänger der dritten indischen Haupt... *Waischia,* der (sanskr., Pl. -s) die der Handwerker, Händler u. Bauern (weitere: Brahmane, Kschatrija, Schudra)

kasteien *mortifizieren* (fr.) auch: abtöten, demütigen

Kasten, blauer ..., mit dem kostenlos telefoniert werden kann *Blue Box,* die (engl., Pl. ...xes) Computerhacker-Technik, bei der man kostenlos mit der Calling-Card weltweit telefonieren kann; auch: Projektionsgerät, das im Studio mit e. blauen Leinwand künstliche Hintergründe schafft

Kastrationsgerät *Emaskulator,* der (lat., Pl. ...oren) ... zum Kastrieren von Hengsten

Katakombe *Zömeterium,* das (gr.-lat., Pl. ...ien)

Katastrophe 1. *Apokalypse,* die (gr.-lat., Pl. -n) »Enthüllung«; auch: Untergang, Grauen; schreckliches Weltende; z. B. die Offenbarung des Johannes im Neuen Testament 2. *Kataklysmus,* der (gr.-lat., Pl. ...men) i. S. e. erdgeschichtl. Zerstörung

Katastrophe, riesige ... *Super-Gau,* der (lat.-dt., Pl. -s) Kurzw. für: größter anzunehmender Unfall.»Wir sind um sieben Minuten an e. möglichen Super-Gau vorbeigeschlittert.« (Bärbel Höhn, Ex-NRW-Umweltministerin, 2006)

Katerstimmung *Hang-over,* der (engl., Pl. -s) auch: Katzenjammer, i. a. nach starkem Alkohol- oder Drogengenuß

katzbuckeln *antichambrieren* (fr.) durch beharrliches Aufsuchen etwas zu erreichen suchen

Katze, afrikanische Schleich... *Ichneumon,* der, das (gr.-lat., Pl. -e, -s) eigtl.: Spürer

Katze, die ... im Sack kaufen *rem involutam emere* (lat., Zitat) eigtl.: e. Sache verschlossen übernehmen

Katze, gestreifte Haus... *Zyperkatze,* die (Eigenn., dt., Pl. -n)

Katzenbär *Panda,* der (chin., Pl. -s) auch: Bambusbär

Kau- u- Genußmittel *Betel,* der (port., ohne Pl.) indisch-malaiische Frucht der Betelnußpalme

kauen, sehr gründlich ... *fletschern* (Eigenn., am.) nach dem am. Soziologen H. Fletcher

kaufen *akquirieren* (lat.) erwerben

Kaufen in e. Themenwelt 1. *Shopping-Themenwelt,* die (engl.-lat.-dt., Pl. -en) 2. *Mall,* die (engl.-am., Pl. -s) jeweils »Unterhaltungs- u. Einkaufszentren«, es werden nicht nur Waren angeboten, sondern Themen, z. B. Ski zum Thema »Alpen, Winterolympiade«; Lebensmittel zum Thema »Frankreich«

Kaufkraftverlust *Inflation,* die (lat., Pl. -en) Preise steigen durch sinkende Kaufkraft des Geldes, e. zu große Geldmenge ist im Umlauf; Ggs.: Deflation

Kaufleute, Kaste der ... in Indien *Banian,* die (sanskr.-engl., nur Pl.) bes. in den einstigen Provinzen Bengalen u. Bombay

käuflich *korrupt* (lat.) bestechlich; »Bis zu 20 Prozent der Ärzte sind korrupt, weil sie e. Medizin machen, die nichts nützt, aber Geld bringt.« (Ellis Huber, Präsident der Berliner Ärztekammer, 1997)

Kauflustiger 1. *Interessent* der (lat., Pl. -en) 2. *Reflektant*, der (lat., Pl. -en)

Kaufmann *Kommissionär*, der (lat.-fr., Pl. -e) jmd., der in eigenem Namen, auf fremde Rechnung Waren oder Wertpapiere kauft oder verkauft

kaufmännisch 1. *merkantil* (lat.-it.-fr.) 2. *merkurial* (lat.) nach Merkur, dem römischen Gott des Handels

Kaufrausch, vom ... befallener Jugendlicher 1. *Buyaholic*, der (engl., Pl. -s) 2. *Credit Junkie*, der (engl., Pl. -s)

Kauftrieb *Oniomanie*, die (gr.-lat., ohne Pl.) med. krankhafter Kaufzwang; nicht verw. mit *Onanie*, die (lat., Pl. ...ien) Selbstbefriedigung

Kaufverhalten zwischen Luxus u. Askese *Luxese*, die (Eigenn.) modernes Kaufverhalten sieht darin keinen Widerspruch (aus dem McDonald's ins Gourmet-Restaurant)

Kaufzwang *Konsumterror*, der (lat., ohne Pl.) i. S. von Steigerung des Verbrauchs durch verführerische Werbung

Kaugummi 1. *Bubble-gum*, der, das (engl., Pl. -s) 2. *Chewing-gum*, der (engl., Pl. -s) »Fernsehen ist Chewing-gum für die Augen« (Orson Welles)

kaum *minimal* (lat.) sehr wenig

Kaumuskel *Masseter*, der (gr., ohne Pl.) med.

Kautschuk, vulkanisierter ... *Vulkanisat*, das (lat., Pl. -e)

Kauz *Original*, das (lat., Pl. -e) e. weitbekanntes Original sein, wie einst Heinz Erhardt

Kavallerist, osmanischer ... *Sipahi*, der (arab.)

kegelförmig *konisch* (gr.-lat.) aus der Geometrie

Kegelschnitt 1. *Parabel*, die (gr.-lat., Pl. -n) aus der Geometrie 2. *Ellipse*, die (gr.-lat., Pl. -n) aus der Geometrie

Kehldeckel *Epiglottis*, die (gr., Pl. ...ttiden)

kehlig *guttural* (lat.) gutturale Laute von sich geben

Kehlkopfschnitt *Laryngotomie*, die (gr.-lat., Pl. ...ien) med.

Kehlkopfspiegel *Laryngoskop*, das (gr.-lat., Pl. -e) med.

Kehllaut *Guttural*, der (lat., Pl. -e)

Kehre 1. *Serpentine*, die (lat., Pl. -n) der Paß verläuft in Serpentinen 2. *Turn*, der (engl., Pl. -s) beim Kunstflug

Kehrreim *Refrain*, der (lat.-fr., Pl. -s) z. B. bei Gedichten u. Liedern

Kehrseite *Envers*, der (lat.-fr., ohne Pl.)

Kehrwert *reziproker Wert* (lat.-dt., Pl. ...proke, -e)

keilförmig 1. *kuneiform* (lat.) 2. *sphenoidal* (gr.-lat.)

Keim, den ... betreffend *germinal, germinativ* (lat.)

Keimblatt *Kotyledone*, die (gr., Pl. -n) ... der Samenpflanze; auch: Zotte der tierischen Embryohülle (Biol.)

Keimdrüse *Gonade*, die (gr.-lat., Pl. -n) med.

Keimdrüsen *Testikel*, der (lat., ohne Pl.) med., männliche Keimdrüsen

Keimdrüsenentfernung *Kastration*, die (lat., Pl. -en) Entfernung der Hoden oder Eierstöcke; Verschneidung

Keimdrüsenhormon *Testikelhormon*, das (lat.-gr., Pl. -e) med. männliches Hormon

keimfrei 1. *aseptisch* (gr.-lat.) Ggs.: septisch, med. 2. *steril* (lat.-fr.) »unfruchtbar«; auch: unschöpferisch; Ggs.: fertil

keimfrei machen *chloren* (gr.) durch Chlor

keimfrei, nicht ... *septisch* (gr.-lat.) Ggs.: aseptisch

Keimfreiheit *Asepsis*, die (gr.-lat., ohne Pl.) med.

Keimfreimachen *Sterilisation*, die (lat.-fr., Pl. -en) med.

Keimgewebe *Blastem*, das (gr., ohne Pl.) Biol.

Keimschädigung *Blastophthorie*, die (gr.-lat., ohne Pl.)

keimtötend 1. *antiseptisch* (gr.-lat.) med. 2. *bakterizid* (gr.)

Keimtötung *Desinfektion*, die (lat., Pl. -en)

Keimungsphase *Germination*, die (lat., Pl. -en) »das Sprossen«; das Keimen der Pflanzen

keimverseucht *septisch* (gr.) nicht keimfrei; Ggs.: aseptisch (med.)

Keimzelle *Androgamet*, der (gr.-lat., Pl.

-en) männliche; Ggs.: Gynogamet (weibliche Keimzelle)

Keimzellen, unreife ... *Spermatide*, die (gr.-lat.) ... von Mensch u. Tier

keine Zukunft! *no future!* (engl.) Schlagwort arbeitsloser Jugendlicher Westeuropas in den 80er Jahren

Keller 1. *Soussol*, der (fr., Pl. -es) 2. *Souterrain*, das (lat.-fr., Pl. -s) »unterirdisch«; auch: Kellerwohnung

Kellereiwirtschaft *Önologie*, die (gr.-lat., ohne Pl.) auch: Weinbaukunde

Kellergeschoß *Souterrain*, das (lat.-fr., Pl. -s)

Kellerspeicher *Stack*, der (engl., Pl. -s) auch: Stapelspeicher (EDV)

Kellner 1. *Garçon*, der (fr., Pl. -s) 2. *Steward*, der (engl., Pl. -s) auf Schiffen u. Flugzeugen

Kellnerlehrling *Pikkolo*, der (it., Pl. -s) auch: kleine Sektflasche

Kenner 1. *Connaisseur*, der (lat.-fr., Pl. -s) Feinschmecker 2. *Koryphäe*, die (gr.-lat.-fr., Pl. -n) der Biologieprofessor ist auf seinem Gebiet e. Koryphäe 3. *Gourmet*, der (fr., Pl. -s) e. Kenner bez. Speisen u. Getränke

Kenner der Verhältnisse *Insider*, der (engl., Pl. -) Eingeweihter. »Wer gegen Insiderregeln verstößt, gehört in den Knast!« (Hilmar Kopper, Vorstandssprecher Dt. Bank)

kenntlich machen *markieren* (germ.-it.-fr.)

Kenntlichmachung *Markierung*, die (germ.-it.-fr., Pl. -en) Exportwaren benötigen als solche e. deutliche Markierung

Kenntnis *Notiz*, die (lat., Pl. -en) z. B. sich zu wichtigen Fragen e. Notiz machen, oder: von jmdm. keine Notiz nehmen

Kenntnis, in ... setzen 1. *informieren* (lat.) 2. *instruieren* (lat.) i. S. von unterweisen

Kenntnis, zur ... nehmen *adnotam* (lat.)

kenntnisreich *firm* (lat.-it.) in seinem Aufgabengebiet firm (sicher) sein

Kenntnisse *Background*, der (engl., Pl. -s) auch: Hintergrundwissen

Kennwort 1. *Chiffre*, die (arab.-lat.-fr., Pl. -n) z. B. e. Annonce unter Chiffre aufgeben 2. *Motto*, das (lat.-it., Pl. -s) e. Veranstaltung unter e. bestimmtes Motto stellen: »Kinder im Straßenverkehr« 3. *Paro-*

le, die (gr.-lat.-fr., Pl. -n) auch: Losung; gesprochene Sprache; *Parole d'honneur*, das (fr., ohne Pl.) Ehrenwort; nicht verw. mit *Paroli*, das (lat.-it.-fr., Pl. -s) Verdoppelung des Einsatzes im Pharaonenspiel; Paroli bieten: dagegenhalten

Kennzeichen 1. *Charakteristikum*, das (gr.-lat., Pl. ...ka) für Karl Lagerfeld ist schnelles Sprechen e. Charakteristikum 2. *Kriterium*, das (gr.-lat., Pl. ...ien) z. B.: Qualität ist e. Kriterium unserer Ware 3. *Markierung*, die (germ.-it.-fr., Pl. -en) 4. *Emblem*, das (gr.-lat.-fr., Pl. -e) svw. Abzeichen, Embleme an der Kleidung tragen 5. *Symbol*, das (gr.-lat., Pl. -e) z. B.: fünf verschiedenfarbige, verschlungene Ringe sind das Symbol für die Olympischen Spiele 6. *Symptom*, das (gr., Pl. -e) das Symptom läßt auf e. best. Krankheit schließen 7. *Attribut*, das (lat., Pl. -e) Eigenschaft; auch: Bestimmungswort, z. B. ›schöne‹ Garten 8. *Indiz*, das (lat., Pl. -ien) Anzeichen;z. B. Indizienbeweis 9. *Insigne*, das (lat., Pl. ...nien) auch: Zeichen der Macht, z. B. die Krone, das Zepter

kennzeichnen 1. *charakterisieren* (gr.-lat.) z. B. in dem Buch: »Napoleon« v. Cronin wird der fr. Kaiser hervorragend charakterisiert 2. *markieren* (germ.-it.-fr.) auch: augenfällig machen, Anstreichen besonderer Textpassagen

kennzeichnend 1. *charakteristisch* (gr.-lat.) 2. *spezifisch* (lat.-fr.) 3. *symptomatisch* (gr.) 4. *typisch* (gr.-lat.) 5. *markant* (germ.-it.-fr.) auch: ausgeprägt

Kennzeichnung *Charakteristik*, die (gr.-lat.)

Kennziffer *Chiffre*, die (arab.-lat.-fr., Pl. -n) z. B. e. Annonce unter Chiffre aufgeben

Keramikart, jap. ... *Raku*, das (jap., ohne Pl.)

Keramikkunst, Höhepunkt der osmanischen ... *Iznik-Keramik*, die (Eigenn., arab.-gr., Pl. -en) zwischen 1490 und 1700 werden drei Phasen unterschieden

Keramikmetall *Cermet*, das (engl., Pl. -s) ceramic metallics: Legierung aus Keramik u. Metallen, die leicht, jedoch extrem hart sind, e. moderner Werkstoff

keramische Produkte *Yaki*, das (jap., ohne Pl.) »Gebranntes«

keramische Überzugsmasse *Engobe*, die (fr., Pl. -n)

Kerbung *Profil*, das (lat.-it., Pl. -e) z. B. bei Schuhsohlen u. Autoreifen; auch: Charakter- oder Persönlichkeitsprofil

Kerl 1. *Individuum*, das (lat., Pl. ...duen) 2. *Patron*, der (lat., Pl. -e) 3. *Typ*, der (gr.-lat., Pl. -en) z. B.: der Bankdirektor wurde mit e. zwielichtigen Typen gesehen

Kern 1. *Quintessenz*, die (lat., Pl. -en) i. S. von: der Kern e. Sache oder Angelegenheit 2. *Extrakt*, der (lat., Pl. -e) auch: Auszug aus pflanzlichen oder tierischen Stoffen 3. *Sujet*, das (lat.-fr., Pl. -s) 4. *Tenor*, der (lat.-it., ohne Pl.) Sinn, Inhalt; Pl. Tenöre: hohe Männerstimmen

Kern der Persönlichkeit *Charakter*, der (gr.-lat., Pl. ...ere) auch: Wesensart; »Die F. D. P. muß jetzt Charakterfestigkeit zeigen.« (Wolfgang Gerhardt, F. D. P.-Vorsitzender, 1998)

Kern, den Atom... betreffend *nuklear* (lat.) auch: Kernwaffen betreffend. »Wir müssen die Entwicklung iranischer Nuklearwaffen verhindern.« (Angela Merkel, Bundeskanzlerin, 2006)

**Kern, harter ... ** *Hardcore*, der (engl., Pl. -s) ... innerer Kern von Elementarteilchen; auch: die harte, extreme Version von etwas, z. B. Sex

Kernäquivalent der Bakterienzelle 1. *Nukleoid*, das (gr.-lat., Pl. -e) 2. *DNA-Körper*, der; auch: DNS = Desoxyribonukleinsäure

kernlos *akaryot* (gr.) Zool.

Kernpunkt 1. *Punctum saliens*, das (lat., ohne Pl.) der springende Punkt 2. *Punctum puncti*, das (lat., ohne Pl.) i. S. e. Hauptpunktes, bes. in Geldsachen 3. *Essential*, das (engl., Pl. -s) wesentlicher Punkt

Kernspaltung *Fission*, die (lat.-engl., Pl. -en) Atomkernspaltung

**Kernspaltung, unkontrollierte ... ** *Burnout*, das (engl., ohne Pl.) »Ausbrennen«; auch: Beginn des Raketenfluges ohne Triebwerk; Syndrom großer körperlich-seelischer Erschöpfung

Kerntruppe *Garde*, die (germ.-fr., Pl. -n) mil. Elitetruppe

Kernzertrümmerung *Spallation*, die (engl., Pl. -en) Herauslösung von Nukleonen aus dem Atomkern

Kerze, es ist besser, e. ... anzuzünden, als die Dunkelheit zu verfluchen *it's better to light a candle than to curse the darkness* (engl. Zitat: Eleanor Roosevelt, am. First Lady, 1884–1962)

Kerzenleuchter *Kandelaber*, der (lat.-fr., Pl. -) mehrarmiger Leuchter

Kerzenlicht *Candlelight*, das (engl., ohne Pl.) »Die deutsche Politik ist Candlelight-Politik!« (H. Venske: Gerhard Schröders geh. Tagebuch, 1997)

Kesselpauke *Timpano*, der (gr.-lat.-it., Pl. ...ni) Musikinstrument

Ketzer *Häretiker*, der (gr.-lat., Pl. -) e. von der kirchlichen Lehrmeinung Abweichender, Gotteslästerer

Ketzerei *Häresie*, die (gr.-lat., Pl. -n) auch: Gotteslästerung

Ketzergericht *Autodafé*, das (lat.-port., Pl. -s) eigtl.: Urteil über den Glauben; auch: Ketzerverbrennung; öffentliche Verbrennung von z. B. verbotenen Schriften

ketzerisch *häretisch* (gr.-lat.) vom offiziellen Glauben abweichend

Keuchhusten *Pertussis*, die (lat., Pl. ...sses) med.

keusch leben *zölibatär* (lat.) ehelos leben aus religiösen Gründen

keusch, wenn nicht ..., doch klug! *si non caste, caute tamen!* (lat., Zitat) i. S. von: nur den Schein wahren

Keuschheit *Zölibat*, das, der (lat., ohne Pl.) Ehelosigkeit aus religiösen Gründen

Kiefer, beide ... betreffend *bimaxillär* (lat.) d. h. Ober- u. Unterkiefer

Kiefersperre *Trismus*, der (gr.-lat., Pl. ...men) Kaumuskelkrampf (med.)

**Kielraum e. Schiffes ... ** *Bilge*, die (engl., Pl. -n) ... in dem sich das Leckwasser sammelt (Seemannsspr.)

Kieme *Branchie*, die (gr.-lat., Pl. -n)

Kiemen, mit ... atmendes Wirbel- u. Gliedertier *Branchiat*, der (gr.-lat., Pl. -en)

Kiemengängen, von den ... ausgehend *branchiogen* (gr.-lat.)

Kieselgur *Diatomeenerde*, die (gr.-dt., ohne Pl.)

Kiffer reicht in Gruppe e. Joint herum *Pad*, das (Szeneausdruck, ohne Pl.) um den »Genuß« zu teilen

Kilogramm *Kilo*, das (gr.-fr., Pl. -s) Kurzform; »Seit ich Minister bin, lege ich jeden Monat ein Kilo zu.« (Dominique Strauss-Kahn, fr. Finanzminister, 1997)

Kimonogürtel *Obi*, der, das (jap., Pl. -s) auch: Gürtel des Judoanzugs

Kind 1. *Bambino*, der (it., Pl. ...ni) 2. *Bébé*, das (fr., Pl. -s) 3. *Baby*, das (engl., Pl. -s) Kleinkind, Säugling 4. *Kid*, das (engl., Pl. -s) Gruppe der 10- bis 13jährigen

Kind, als ... annehmen *adoptieren* (lat.) »Dann schon lieber adoptiert als bekloppt.« (Frédéric Prinz von Anhalt, wurde als Robert Lichtenberg adoptiert, 2006)

Kind, in Israel geborenes ... jüd. Einwanderer *Sabre*, der (hebr., Pl. -s)

Kind, uneheliches Kind e. Adligen *Bastard*, der (fr., Pl. -e) auch: Mischling (grobes Schimpfwort) »Die Bastarde haben mich erwischt ...« (Alexander Litwinenko, russ. Exspion, 2006)

Kindbett *Puerperium*, das (lat., Pl. ...ien) med.

Kinder, bes. Zuneigung zu ... *Pädophilie*, die (gr.-lat., ohne Pl.)

Kinderarzt *Pädiater*, der (gr.-lat., Pl. -) med.

Kinderauto *Kettcar*, der (dt.-engl., Pl. -s) mit Pedalen über e. Kette angetriebenes Spielauto

Kinderbett *Paidibett*, das (Eigenn., gr.-dt., Pl. ...betten)

Kinderengel *Putte*, die (lat.-it., Pl. -n) Figur e. nackten Knaben mit Flügeln, bes. im Barock

Kinderheilkunde *Pädiatrie*, die (gr.-lat., ohne Pl.) med.

Kinderlähmung *Poliomyelitis*, die (gr.-lat., Pl. ...itiden) spinale Kinderlähmung (med.)

Kindermädchen 1. *Bonne*, die (lat.-fr., Pl. -n) 2. *Nurse*, die (lat.-fr.-engl., Pl. -s)

Kinderpsychologie *Pädologie*, die (gr.-lat., ohne Pl.)

Kinderroller, als neues, schnelles Tretgerät ... *Super-Cruiser*, der (engl., Pl. -) ... ähnlich e. Skateboard (Rollbrett) mit Klingel oder Hupe u. Bremse

Kinderschänder 1. *Pädosexueller*, der (gr.-lat., Pl. -n) 2. *Pädophiler*, der (gr.-lat., Pl. ...le) 3. *Pädo*, der (gr., Pl. -s) kurz für: Pädosexueller, Pädophiler; jeweils Erwachsener, der sich Kindern sexuell »nähert«

Kindesmord *Infantizid*, der (lat., Pl. -e)

Kindfrau *Lolita*, die (Pl. -s) nach dem gleichnamigen Roman von V. Nabokov

kindisch 1. *infantil* (lat.) seine infantile Art geht mir auf die Nerven 2. *naiv* (lat.-fr.)

Kindischsein *Puerilismus*, der (lat., ohne Pl.) med., i. S. e. kindischen Wesens

kindlich 1. *naiv* (lat.-fr.) unbefangen, etwas weltfremd 2. *pueril* (lat.) med. 3. *infantil* (lat.) auch: kindisch

Kindlichkeit 1. *Infantilität*, die (lat., ohne Pl.) 2. *Naivität*, die (lat.-fr., ohne Pl.) unbefangenes, etwas weltfremdes Handeln u. Denken

Kindstod, plötzlicher ... durch Atemstillstand *Sudden Infant Death Syndrom*, das (engl., Pl. -s) med.

Kinn *Mentum*, das (lat., Pl. ...ta) ... des Menschen; auch: Bereich der Insektenunterlippe (Zool.)

Kino, beeinflußbares ... *interaktives Kino*, das (gr.-lat.-fr., Pl. -e, -s) per Joystick am Kinosessel vermag der Besucher den Ablauf des Filmes zu beeinflussen: der Held stirbt, siegt oder heiratet

Kinofreund *Cineast*, der (gr.-fr., Pl. -en) auch: Filmschaffender; Filmkenner

Kinosaal 1. *Odeon*, das (gr.-lat.-fr., Pl. -s) auch Gebäude für Theater- u. Tanzveranstaltungen 2. *Odeum*, das (lat., Pl. Odeen) in der Antike rundes Gebäude für musikalische u. schauspielerische Darbietungen

Kippfahrzeug *Dumper*, der (engl., Pl. -s)

Kirche 1. *Moschee*, die (arab., Pl. -n) mohammedanische – 2. *Dom*, der (lat., Pl. -e) Hauptkirche; in Hamburg auch: großer Jahrmarkt

Kirche, jüdische ... *Synagoge*, die (gr.-lat., Pl. -n) »Synagogen sind e. Symbol der Besatzung.« (Dschibril Radschub, Berater von Palästinenserpräsident Abbas, 2006)

Kirche, Nebenraum in der ... *Sakristei*, die (lat., Pl. -en) ... für den Geistlichen u. die gottesdienstlichen Geräte; »Wenn z. B. der Pfarrer bezahlt, darf sich die Gemeinde e. Flüchtling in der Sakristei halten.« (G. Schröders geh. Tagebuch von H. Venske, 1997)

Kirche, Trennung von Staat u. ... 1. *Laizismus*, der (gr.-lat., ohne Pl.) Weltanschauung, die e. radikale Trennung von Kirche u. Staat fordert 2. *Säkularisierung*, die (lat.-dt., Pl. -en) Lösung der Personen, des Staates, der Gemeinschaften aus der Kirchenbindung seit dem Ende des Mittelalters; auch: Verweltlichung

Kirchenbann 1. *Exkommunikation*, die (lat., Pl. -en) Ausschluß aus der katholischen Kirche 2. *Anathema*, das (gr.-lat., Pl. ...themata)

Kirchenbehörde, oberste ... der orthodoxen Kirche ... *Synod*, der (gr.-lat., Pl. -e) ... die neben dem Patriarchen steht

Kirchenchor *Kantorei*, die (lat., Pl. -en) auch: Singbruderschaft

Kirchenchorleiter *Kantor*, der (lat., Pl. ...oren)

Kirchendiener *Mesner*, der (lat., Pl. -)

kirchenfeindlich *antiklerikal* (gr.-lat.)

Kirchenfeindlichkeit *Antiklerikalismus*, der (gr., ohne Pl.)

Kirchenfrevel *Sakrileg*, das (lat., Pl. -e) i. S. e. Vergehens gegen Stätten, Gegenstände, Anschauungen religiöser Verehrungen; auch: Kirchenraub

Kirchenlehre *Dogma*, das (gr., Pl. -men)

Kirchenlied *Choral*, der (gr.-lat., Pl. ...äle)

Kirchenmelodie, altröm. ... *Vexilla regis*, das (lat., ohne Pl.)

Kirchenraub *Sakrileg*, das (lat., Pl. -e) gegen Heiliges vergehen; auch: Gotteslästerung

Kirchenraum *Chor*, der (gr., Pl. -e, Chöre) mit Altar

Kirchenrecht *Jus ecclesiasticum*, das (lat., ohne Pl.)

Kirchenspalter *Schismatiker*, der (gr.-lat., Pl. -) auch: Abtrünniger

Kirchenspaltung *Schisma*, das (gr.-lat., Pl. ...men, -ta)

Kirchenversammlung *Synode*, die (gr.-lat., Pl. -n) »Zusammenkunft«

Kirchenvorstand *Presbyterium*, das (gr.-lat., Pl. ...ien) auch: Chorraum e. Kirche

Kirchhof *Zömeterium*, das (gr.-lat., Pl. ...ien) auch: Ruhestätte; Katakombe

kirchlich *klerikal* (gr.-lat.)

kirchlicher Segensspruch *Eulogie*, die (gr.-lat., Pl. ...ien)

Kirchspiel *Parochie*, die (gr.-lat., Pl. ...ien) Amtsbezirk e. Pfarrers

kirschrot *cerise* (fr.)

kitschige Bücher, jemand, der ... schreibt *Kitschier*, der (dt.-fr., Pl. -e)

Kitzel *Pruritus*, der (lat., ohne Pl.) Hautjucken, Juckreiz (med.)

Kitzler *Klitoris*, die (gr., Pl. ...orides) weibliches Geschlechtsorgan

Kitzler, den ... betreffend *klitoral* (gr.)

Kitzler, übermäßige Entwicklung des ... *Klitorismus*, der (gr.-lat., ohne Pl.) med.

Kladde *Adversaria* u. *Adversarien*, die (lat., nur Pl.) auch: Notizsammlung

Klage abweisen *rejizieren* (lat.)

Klage *Lamento*, das (lat.-it., Pl. -s) wegen Nichtigkeiten e. großes Lamento anstimmen

Klagelied 1. *Jeremiade*, die (Pl. -n) nach dem Propheten Jeremia 2. *Elegie*, die (gr.-lat., Pl. ...ien) 3. *Lamentation*, die (lat., Pl. -en) 4. *Threnodie*, die (gr., Pl. ...ien) Trauergesang in Hellas (alten Griechenland)

klagen *lamentieren* (lat.) i. S. von jammern

Klammer *Parenthese*, die (gr.-lat., Pl. -n)

Klammer zur Saitenverkürzung *Kapodaster*, der (it., ohne Pl.) ... bei Gitarren u. Lauten

Klang der Stimme *Timbre*, das (gr.-fr., Pl. -s) e. Stimme mit schönem Timbre

Klang, verschmelzender ... aus Jamaika ... 1. *Regga*, der (Eigenn., ohne Pl.) ... der den Sprechgesang des Rap mit dem Rhythmus des Reggae verbindet 2. *Raggamuffin*, der (engl.-am., Pl. -s) Verbindung von Reggae u. Hip Hop

Klangbildveränderer *Equalizer*, der (engl., Pl. -) eigtl.: Ausgleicher

Klangfarbe *Timbre*, das (gr.-fr., Pl. -s) ihre Stimme hat e. hinreißendes Timbre

Klangfarben verändern *modulieren* (lat.) auch: Tonart wechseln

klangvoll *sonor* (lat.-fr.)

klappt doch! *it works!* (engl.) »es arbeitet«

klar 1. *evident* (lat.) i. S. von offenkundig; in der Mordsache H. konnten evidente Ermittlungsfehler nachgewiesen werden 2. *dezidiert* (lat.) i. S. von bestimmt 3. *luzid* (lat.) i. S. von verständlich 4. *präzise* (lat.-fr.) eigtl.: abgekürzt; genau

klären *defäkieren* (lat.) i. S. von säubern, Kot ausscheiden (med.)

Klarheit 1. *Evidenz*, die (lat., ohne Pl.) i. S. einleuchtender Klarheit 2. *Luzidität*, die (lat., ohne Pl.) Durchsichtigkeit

Klärung *Defäkation*, die (lat., Pl. -en) z. B. von Abwässern

Klasse 1. *Genre*, das (lat.-fr., Pl. -s) auch: Wesen, Art 2. *Kategorie*, die (gr.-lat., Pl. ...ien) »Grundaussagen«; auch: Gattung 3. *Spezies*, die (lat., ohne Pl.) Bez. für e. Tier- oder Pflanzenart

Klasse, billigste ... im Flugverkehr *Economyclass*, die (engl., ohne Pl.) auch: Touristenklasse. »Economyclass zu fliegen bringt dicke Füße, hilft uns aber auch nicht weiter!« (R.-E. Breuer, Vorstandssprecher Dt. Bank, übers Sparen, 2001)

Klassenbester *Primus*, der (lat., Pl. -se)

Klatscher auf Bestellung *Claqueur*, der (fr., Pl. -e) meist in Diktaturen bestellter Beifallsklatscher

Klatschpresse 1. *Yellow Press* (engl., ohne Pl.) z. B.: »Frau im Spiegel« 2. *Boulevardpresse* (berichtet seriöser) z. B.: »Hamburger Abendblatt«

Klaue, an der ... (erkennt man) den Löwen *ex ungue leonem* (lat., Zitat: Plutarch)

Klausner *Eremit*, der (gr.-lat., Pl. -en) Einsiedler

Klavier 1. *Piano*, das (lat.-it., Pl. -s) eigentlich: Pianoforte 2. *Pianoforte*, das (lat.-it., Pl. -s) 3. *Pianino*, das (lat.-it., Pl. -s) e. kleines Piano 4. *Pianola*, das (lat.-it., Pl. -s) e. selbständig spielendes Piano 5. *Spinett*, das (it., Pl. -e) e. alte Form, e. Vorläufer des Klaviers

Klavier, elektrisches ... *Elektrochord*, das (gr.-lat., Pl. -e)

Klavier, kleines *Pianino*, das (lat.-it., Pl. -s)

Klavierspiel mit zwei Händen *à deux mains* (fr.) z. B. e. Sonate à deux mains

Klavierspieler *Pianist*, der (lat.-it.-fr., Pl. -en)

Klavierstück der Romantik *Impromtu*, das (lat.-fr., Pl. -s)

Klavierstück *Toccata*, die (lat.-it., Pl. ...ten) i. S. e. virtuosen Stücks, das in freier Improvisation gespielt wird

Klebemarke *Label*, das (engl., Pl. -s) auch: Klebeetikett; Etikett e. Schallplatte

klebrig *viskos* u. *viskös* (lat.) i. S. von zähflüssig

Kleesäure *Oxalsäure*, die (gr., Pl. -n) giftige organische Säure

Kleider machen Leute *vestis virum reddit* (lat., Zitat: Quintilian, röm. Rhetoriker, um 50 n. Chr.)

Kleiderablage *Garderobe*, die (germ.-fr., Pl. -n)

Kleiderstoff, gazeartiger ... *Barège*, der (fr., ohne Pl.) auch: durchsichtiges Seidengewebe; nach dem fr. Ort Barèges genannt

Kleidung 1. *Garderobe*, die (germ.-fr., Pl. -n) auch: Kleiderbestand e. Person 2. *Montur*, die (lat.-fr., Pl. -en) svw. Arbeitsanzug

Kleidung macht den Mann *vestis virum reddit* (lat., Zitat) auch: Kleider machen Leute

Kleidungsstücke *Textilien*, die (lat.-fr., nur Pl.)

Kleidungsstücke, Trend zu einfachen u. reduzierten ... *streetwise* (engl.-am.) neuer Begriff in der Modeszene

klein, sehr ... 1. *mikroskopisch* (gr.-lat.) unter dem Mikroskop, das (gr.-lat., Pl. -e; Vergrößerungsgerät) erkennbar 2. *minimal* (lat.) winzig

Kleinbuchstabe *Minuskel*, die (lat., Pl. -n) Ggs.: Majuskel

Kleinbürger *Philister*, der (ohne Pl.) Spießbürger; Volk an der Küste Palästinas; der Bibel nach, Feind der Israeliten

kleinbürgerlich *provinziell* (lat.-fr.) spießig

Kleinbürgerlichkeit *Provinzialismus*, der (lat., Pl. ...men) i. S. e. spießigen Einstellung

kleines Bild *Eidolon*, das (gr., Pl. ...la)

Kleinhirn *Cerebellum*, das (lat., Pl. ...bella) med.

Kleinigkeit 1. *Bagatelle*, die (lat.-it.-fr., Pl. -n) z. B.: e. Bagatellschaden am Auto haben 2. *Lappalie*, die (dt.-lat., Pl. -n) der Vorfall stellte e. Lappalie dar 3. *Nuance*, die (lat.-fr., Pl. -n) z. B.: Farbnuance (winziger Unterschied in der Farbe) 4. *Petitesse*, die (lat.-fr., Pl. -n) Geringfügigkeit

Kleinigkeit, als ... behandeln *bagatellisieren* (lat.-it.-fr.)

Kleinigkeiten 1. *Minuzien*, die (lat., nur Pl.) i. S. von Nichtigkeiten 2. *Quisquilien*, die (lat., nur Pl.) i. S. von Belanglosigkeiten

Kleinkalibergewehr *Flobertgewehr*, das (Eigenn., fr., Pl. -e) nach: fr. Waffentechniker N. Flobert (um 1850)

Kleinkind 1. *Baby*, das (engl., Pl. -s) 2. *Bébé*, das (fr., Pl. -s)
Kleinkindkleidung *Kiddie-Chic*, der (engl., Pl. -s) meist teure Markenfabrikate
kleinköpfig *mikrozephal* (gr.-lat.) med.
Kleinkrämer *Pedant*, der (gr.-it.-fr., Pl. -en) jmd., der die Genauigkeit übertreibt
Kleinkrämerei *Pedanterie*, die (gr.-it.-fr., Pl. ...ien)
Kleinkunstbühne *Kabarett*, das (fr., Pl. -s)
Kleinkunstwerk *Bibelot*, der (fr., Pl. -s) i. S. e. Nippsache
kleinlich 1. *bürokratisch* (fr.) Bez. der Auslegung von Regeln u. Vorschriften, z. B. e. bürokratischer Verwaltungsbeamter 2. *pedantisch* (gr.-fr.) 3. *penibel* (gr.-lat.-fr.)
Kleinod 1. *Bijou*, das, (fr., Pl. -s) auch: Schmuckstück 2. *Bijouterie*, die (fr., Pl. ...ien) auch: Handel mit Schmuckwaren u. Edelsteinen
Kleinstlebewesen, bakterienzerstörendes ... *Bakteriophage*, der (gr., Pl. -n)
Kleinwohnung *Flat*, das (engl., Pl. -s)
Kleinwuchs 1. *Hyposomie*, die (gr., ohne Pl.) med.; Ggs.: Hypersomie 2. *Mikrosomie*, die (gr., ohne Pl.) Zwergwuchs (med.); Ggs.: Makrosomie
Klemme 1. *Dilemma*, das (gr.-lat., Pl. -s, -ta) i. S. e. Zwangslage 2. *Bredouille*, die (fr., Pl. -n) auch: Patsche
Klemme, kleine ... *Moskito*, der (lat.-sp., Pl. -s) Gerät bei e. Operation (med.) auch: Stechmücke
Klimaanlage *Air-Conditioning*, das (engl., Pl. -s)
Klimaverträglichkeit *Salubrität*, die (lat., ohne Pl.) auch: gute körperliche Konstitution (med.)
Klinge, die gegnerische ... zur Seite drücken *ligieren* (lat.-it.) beim Fechten
Klöppelspitze aus Gimpen *Gipüre*, die (germ.-fr., Pl. -n) ... mit Seide übersponnene Baumwollfäden
Kloß *Dumpling*, der (engl., Pl. -s) i. S. von Knödel
Klößchen *Gnocchi*, die (it., nur Pl.)
Klöße mit Backobst *Hawaiigulasch*, das, der (Eigenn., ung., Pl. -e u. -s) Knastsprache; eigtl.: scharf gewürztes Fleischgericht
Kloster 1. *Monasterium*, das (gr.-lat., Pl. ...ien) 2. *Zönobium*, das (gr.-lat., Pl. ...ien)

Klosterbruder vor der Priesterweihe *Frater*, der (lat., Pl. Fratres)
Klosterburg *Ribat*, das (arab., ohne Pl.)
Klostergemeinde *Konvent*, der (lat., Pl. -e) auch: Versammlung der Mitglieder e. Studentenverbindung; die Habilitierten (Lehrberechtigten) e. Universität; Volksvertretung in der Fr. Revolution (1789)
Klosterleben, abgeschlossenes *Klausur*, die (lat., ohne Pl.) auch: schriftliche Prüfungsarbeit
Klosterspeisesaal *Refektorium*, das (lat., Pl. ...ien)
Klubjacke *Blazer*, der (engl., Pl. -s)
Kluft, wachsende ... *Brasilifikation*, die (am.) ... zwischen Arm u. Reich, bei schwindendem Mittelstand
klug 1. *intelligent* (lat.) 2. *clever* (engl.) i. S. e. schlauen, geschickten Handlungsweise 3. *versiert* (lat.-fr.) bewandert 4. *solonisch* (Eigenn.) nach Solon, dem altgr. Gesetzgeber (640–560 v. Chr.)
Klugheit *Intelligenz*, die (lat., Pl. -en) auch: bes. geistige Fähigkeit. »Ich habe großen Respekt vor der Intelligenz der Italiener.« (Silvio Berlusconi, Ministerpräsident Italiens, 2006)
Klugheitsstufe *Intelligenzniveau*, das (lat.-fr., Pl. -s) »Bei einigen Kollegen ist mir aufgefallen, daß sie zuerst Patienten mit e. niedrigen Intelligenzniveau zur ambulanten Operation zu mir schicken« (Dr. Hubmann, 1988)
Klugredner *Räsoneur*, der (lat.-fr., Pl. -e) i. S. von Schwätzer
Klumpfuß *Talipes*, der (lat., ohne Pl.) med.
Klumphand *Talipomanus*, die (lat., ohne Pl.) med.
Klüngel bei Hofe *Kamarilla*, die (sp., Pl. ...llen) auch: Hofpartei; eigtl.: Kämmerchen
Klüngel *Clique*, die (fr., Pl. -n)
Knabenliebe *Päderastie*, die (gr., ohne Pl.)
Knäblein 1. *Putte*, die (lat.-it., Pl. -n) 2. *Putto*, der (lat.-it., Pl. ...tti, ...tten) Figur e. nackten Knaben bes. aus dem Barock
Knackpunkt *Casus knacksus* (lat.-dt.), scherzh.
Knackwurst auf e. Brötchen *Hot dog*, der (engl., Pl. -s) eigtl.: heißer Hund
Knall *Detonation*, die (lat., Pl. -en)

330

Knallbonbon *Cracker*, der (engl., Pl. -s) auch: Kleingebäck; Knallkörper
knallen *detonieren* (lat.)
knapp 1. *lakonisch* (gr.-lat.) 2. *lapidar* (lat.) eigtl.: in Stein gehauen; auch: wuchtig, kraftvoll 3. *prägnant* (lat.-fr.) zutreffend
knauserig *schofel* (hebr.-jidd.) gemein, schäbig, kümmerlich
Kneifer *Pincenez*, das (fr., Pl. -) Zwicker
Kneipe 1. *Pinte*, die (fr., Pl. -n) 2. *Kaschemme*, die (Zigeunersprache, Pl. -n) 3. *Estaminet*, das (fr., Pl. -s) 4. *Spelunke*, die (gr.-lat., Pl. -en) e. verrufene Kneipe 5. *Taverne*, die (lat.-it., Pl. -n) i. S. e. it. Weinschenke 6. *Saloon*, der (engl., Pl. -s) z. B.: »Western Saloon«
Kneipen, alte, rußgeschwärzte ... *historical Slumming*, das (engl.-am., ohne Pl.) wird das Aufsuchen dieser alten Restaurants genannt
Kniegeige *Gambe*, die (it., Pl. -n) z. B. Viola da gamba: mit dem Knie gehaltenes Streichinstrument
Kniegelenkentzündung *Gonarthritis* u. *Gonitis*, das (gr.-lat., Pl. ...itiden) med.
Kniegicht *Gonagra*, das (gr.-lat., ohne Pl.)
Kniescheibe *Patella*, die (lat., Pl. ...llen) med.
Kniff 1. *Finesse*, die (lat.-fr., Pl. -n) Schlauheit, Durchtriebenheit 2. *Raffinesse*, die (fr., Pl. -n) Vervollkommnung, Feinheit
Knöchel, zum ... gehörend *malleolar* (lat.) med.
Knochen 1. *Bone*, der (engl., Pl. -s) auch: beim Snowboard die Bez. für e. Sprung mit e. gestreckten u. e. angezogenen Bein (bei dem man sich die Knochen brechen kann) 2. *Os*, das (lat., Pl. Ossa) med.
knochenähnlich *osteoid* (gr.-lat.) med. auch: knochenartig
knochenbildend *osteogen* (gr.-lat.) med.
Knochenbildung 1. *Osteogenese*, die (gr.-lat., Pl. -n) med. 2. *Ossifikation*, die (lat., Pl. -en) med.
Knochenbildungszelle *Osteoblast*, der (gr.-lat., Pl. -en) med.
Knochenbrecher *Bonecrasher*, der (engl., Pl. -s)
Knochenbruch *Fraktur*, die (lat., Pl. -en) med.
Knochenbruchstück *Fragment*, das (lat., Pl. -e) med.

Knochenentzündung *Ostitis*, die (gr.-lat., Pl. ...itiden) med.
knochenerweichend *osteomalazisch* (gr.-lat.) med.
Knochenerweichung *Osteomalazie*, die (gr.-lat., Pl. ...ien) med.
Knochenflöte, altröm. ... *Tibia*, die (lat., Pl. ...iae) eigtl. ausgehöhlter Stab, auch: Schienbein (med.)
Knochenforscher *Osteologe*, der (gr.-lat., Pl. -n) med.; Bez. e. Fachanatoms für Osteologie
Knochenfortsatz *Apophyse*, die (gr.-lat., Pl. -n) med.
Knochengerüst *Skelett*, das (gr., Pl. -e)
Knochengeschwulst *Enostose*, die (gr.-lat., Pl. -n) ... vom Innern des Knochens ausgehend
Knochenhaut *Periost*, das (gr., Pl. -e) med.
Knochenlehre *Osteologie*, die (gr.-lat., ohne Pl.) med.
Knochenleiden *Osteopathie*, die (gr.-lat., Pl. ...ien) med.
Knochenlücke *Fontanelle*, die (lat., Pl. -n) ... am Schädel des Kleinkindes
Knochenmarkentzündung *Osteomyelitis*, die (gr.-lat., Pl. ...itiden) med.
Knochenriß *Fissur*, die (lat., Pl. -en) auch: Schleimhautriß (med.)
Knochenschmerz *Ostealgie*, die (gr.-lat., Pl. ...ien) med.
Knödel *Dumpling*, der (engl., Pl. -s)
knollig *bulboid* (lat.) auch: zwiebelförmig (med.)
Knopf 1. *Bouton*, der (fr., Pl. -s) 2. *Button*, der (engl., Pl. -s) kleine Plakette mit Inschrift oder Symbol
Knorpel, im ... liegend *enchondral* (gr.-lat.) med.
Knorpelgeschwulst 1. *Ekchondrom*, das (gr.-lat., Pl. -e) 2. *Enchondrom*, das (gr.-lat., Pl. -e) med.
knorpelig *kartilaginär* (lat.) med.
Knötchen 1. *Follikel*, der (lat., ohne Pl.) med. 2. *Tuberkel*, der (lat., Pl. -n) med.
Knoten *Glomus*, das (lat., Pl. ...mera) med.
Knotenschrift der Inkas *Quipu* u. *Quippu*, das (indian.-sp., Pl. -s) wurde mit Schnüren angefertigt
Knöterichgewächs ... *Rhabarber*, der (gr.-lat.-it., ohne Pl.) ... mit großen krausen Blättern, dessen Stiele als Kompott u. Ab-

führmittel verwendet werden;»Rhabarber u. Geduld wirken vortrefflich.« (Friedrich der Große)

Knüller *Scoop*, der (engl., Pl. -s) auch: Gewinn; erste Veröffentlichung e. Sensationsmeldung

Knüpfarbeit *Makramee*, das (arab.-türk.-it., Pl. -s) ursprünglich e. arabische Knüpftechnik

Kobold *Gnom*, der (Eigenn., Pl. -en) auch: Zwerg;»Das Erotischste, was die Schweiz zu bieten hat, sind die Gnome (gemeint sind: Gnomen) von Zürich, die Schweizer Bankiers.« (G. Schröders geh. Tagebuch von H. Venske, 1997)

Kobold, künstlicher ... *Norn*, der (engl.-am., Pl. -s) virtueller Gnom

Kobolde *Gremlins*, die (engl., nur Pl.) ihnen werden unerklärliche Störungen an Maschinen zugeschoben

Koch auf Schiffen *Smutje*, der (niederdt., Pl. -s) Seemannsspr.

Koch für Kaltspeisen *Gardemanger*, der (fr., Pl. -s) auch: Speisekammer

Kochanleitung *Rezept*, das (lat., Pl. -e)

Köche, viele ... verderben den Brei *multorum opera res turbantur* (lat., Zitat) durch Mitwirkung vieler werden die Dinge verdorben

Kochkunst *Gastronomie*, die (gr.-fr., ohne Pl.)

Kochkünstler *Gastronom*, der (gr.-fr., Pl. -en)

kochkünstlerisch *kulinarisch* (lat.) svw.: auf e. feine Küche bezogen

Kochsalz *Natriumchlorid*, das (lat., ohne Pl.) chem. Verbindung von Natrium mit Chlor

kochsalzhaltig *muriatisch* (lat,) z. B. bei Mineralwasser-Quellen

Koffer für den Degen des Stierkämpfers *Matela*, die (sp., Pl. -s)

Kohle, Gefügebestandteil der ... *Mazeral*, das (lat., Pl. -e)

Kohlefaserstoff *Carbon*, das (engl.) neuerer Kunststoff, der z. B. im Flugzeugbau eingesetzt wird

Kohleneisenstein *Blackband*, das (engl., Pl. -s) minderwertiges Eisenerz

Kohlenstoff, unlösliche Form des ... *Graphit*, der (gr.-lat., Pl. -e)

Kohlenstoffmolekül, neu entdecktes ...

Fulleren, das (Eigenn., Pl. Fullerene) es besteht aus 60 Kohlenstoffatomen; Verwendung als Halbleiter in der Mikroelektronik, Treibstoff, Schmiermittel

Kohlenwagen *Tender*, der (lat.-fr., Pl. -) hinter der Lokomotive

Kohlenwasserstoff, gasförmiger, brennbarer ... *Acetylen*, das (gr.-lat., ohne Pl.) wird mit Sauerstoff zum Schweißen verwendet

Kohlenwasserstoffrest, einwertiger ... *Alkyl*, das (arab.-gr., Pl. -e) ... dessen Verbindung z. B. Alkohol liefern kann

Koitus auf der Tanzfläche *Dancefloor-Sex*, der (engl., ohne Pl.)

Koitusdarbietung, öffentliche ... *Dogging*, das (engl., Pl. -s) ... wie dies bereits im alten Athen die Hedonisten auf dem Marktplatz getrieben haben sollen

Kokain in Kristallform 1. *Baseball Rocks*, die (engl., Pl.) 2. *Crack*, das (engl., ohne Pl.) Szenewörter (hohes Abhängigkeitspotential)

Kokain, e. Fingernagel voll ... *American Dream*, der (engl., Pl. -s)

Kokainkonsument *Kokser*, der (Szenewort, Pl. -)

Kollapsneigung *Dumping Syndrom*, das (engl.-gr., Pl. -s oder -e)

Koller *Raptus*, der (lat., ohne Pl.) auch: Verrücktheit; Raub

Kollision *Ramming*, die (engl., Pl. -s) Seemannsspr.

Kölnischwasser *Eau de Cologne*, das, die (fr., ohne Pl.)

Kolonialtruppe, fr. ehemalige ... *Zuave*, der (fr., Pl. -n) ... aus Berberstämmen rekrutiert

Kombigerät *Comand*, der (engl., Pl. -s) ... das im PKW die Autoradio-, CD-, Kassettenspieler-, TV-, Navigationssystem- u. Telefonbedienung vereint

Kombination aus Bläsern ... *Brass Section*, die (engl., Pl. -s) ... mit Trompeten u. Posaune

Kombination, e. best. ... von Zahlen *Sudoku*, das (jap., Pl. -) auch: e. bes. Zahlenrätsel

komfortabel *luxuriös* (lat.) z. B.: er lebt in e. luxuriös eingerichteten Haus

Komik *Drolerie*, die (fr., Pl. ...ien)

komisch *burlesk* (it.-fr.) auch: possenhaft

kommend *ante portas* (lat.) »vor den Toren«; aber: »Hannibal ad portas« (Hannibal an den Toren) Schreckensruf der Römer

kommerzielle Software in Kurzform *Shareware,* die (engl., ohne Pl.) ... die zum allgemeinen Kopieren frei ist

kommerzielles Abrüsten *Demarketing,* das (engl., ohne Pl.) Bez. aus der Antikonsum-Bewegung der Adbusters zur Forderung von Konsumbeschränkung in Industriestaaten

Kommunikation der einzelnen Person ... 1. *One-to-one* (engl.) ... im Online-Dienst, im interaktiven TV 2. *One-to-many* (engl.) ... mit der Masse der Anwender

Kommunikation zwischen den Rechnern im Internet *Hypertext Transport Protocol,* das (engl., Pl. -s) kurz: HTTP; e. Art Computer-Esperanto, das es möglich macht, neben Text auch Grafiken, Videodaten über das Netz zu senden

Kommunikation, Gesamt... *Kommunikationsdesign,* das (lat.-engl., ohne Pl.) auch: integrierte Kommunikation, Gestaltung von Info-Netzen u. emotionalen Beziehungen

Kommunikationsgerät in der Notfallmedizin *Tender Loving Caresystem,* das (engl.-am., Pl. -s) eigtl.: zartliebendes Versorgungssystem; die Daten des Unfallpatienten werden vor Ort aufgenommen u. direkt ins Krankenhaus geschickt

Kommunismus, Theorie u. Praxis des sowjetischen ... *Bolschewismus,* der (russ., ohne Pl.)

kommunistische Partei, Mitglied der ... *Bolschewik,* der (russ., Pl. -i) ... der ehemaligen Sowjetunion

Komplimente, auf ... aus sein *Fishing for compliments* (engl.)

kompliziert *fraktal* (lat.-engl.) auch: vielfältig gegliedert, gebrochen

komplizierte Materie vereinfacht 1. *vercomicstript* (dt.-engl.) 2. *vervideoclipt* (dt.-engl.)

Komposition 1. *Requiem,* das (lat., Pl. -s) Komposition, die die Totenmesse zum Thema hat 2. *Repertoire,* das (lat.-fr., Pl. -s) einstudierte oder vorhandene Auswahl

Komposition, die Schlachtenlärm schildert *Battaglia,* die (lat.-it., Pl. ...ien)

Konditor *Patissier,* der (gr.-lat.-fr., Pl. -s) »gehobener« Bäcker

Konditor, Hotel... *Patissier,* der (gr.-lat.-fr., Pl. -s)

Kondom *Präservativ,* das (lat.-fr., Pl. -e) scherzhaft »Lümmeltüte« aus Gummi, die beim Geschlechtsverkehr vor Krankheiten u. unerwünschtem Nachwuchs schützen soll; »Der Hausbesitzer, ein Würzburger Domvikar, hat der Drogerie untersagt, in seinem Haus Präservative zu verkaufen.« (Main Post, 1987)

konfessionsübergreifend *interkonfessionell* (lat.) auch: zwischenkirchlich

Konflikt, der sich aus Abneigungen ergibt *Aversions-Konflikt,* der (lat., Pl. -e) z. B. e. Ehefrau haßt es, mit ihrem angetrunkenen Mann zu reden, tut sie es nicht, trinkt er noch mehr, was noch schlimmer wäre

Konflikt, in dem sich über Zuneigung Ekel entwikkelt *Appetenz-Aversions-Konflikt,* der (lat., Pl. -e) z. B. e. Mann verliebt sich in e. Frau, die e. geschlechtsumgewandelter Mann ist, u. ekelt sich

Konflikt, in e. ... geraten *kollidieren* (lat.) auch z. B. mit e. Fahrzeug zusammenstoßen

Konfliktforschung *Polemologie,* die (gr.-fr., ohne Pl.)

König 1. *Monarch,* der (gr.-lat., Pl. -en) 2. *Pharao,* der (altägypt., Pl. ...onen) ägyptischer Herrscher, z. B. Ramses II. (1290–1224 v. Chr.) 3. *Rex,* der (lat., Pl. Reges)

Königin *Queen,* die (engl., Pl. -s)

königlich 1. *royal* (lat.-fr.) auch: königstreu 2. *royalistisch* (lat.-fr.-dt.) die Königstreue betreffend

Königskerze *Verbaskum,* das (lat., Pl. ...ken) auch: Wollkraut (Bot.)

königstreu *royal* (lat.-fr.)

Königstreue *Royalismus,* der (lat.-fr., ohne Pl.)

Konjunkturbelebung durch Ausgaben der öffentlichen Hand *Deficit Spending,* das (engl., ohne Pl.)

Konkretisierung *Reifikation,* die (lat.-engl., Pl. -en) i. S. von Vergegenständlichung

konkurs *bankrott* (it.) auch: pleite; wirtschaftlich zusammengebrochen; »Ich höre mit Polo nur auf, wenn ich sterbe oder bankrott gehe.« (Hannes Hühnlein, Zahnarzt, Präsident des Dt. Poloverbandes, 1997)

Könner *Kanone*, die (sumer.-babylon.-gr.-lat.-it.-fr., Pl. -n) i. S. e. hervorragenden Sprinters, oder e. »Verkaufskanone«

konservativ *reaktionär* (lat.-fr.) politisch auf alten Pfaden trampeln

Konservierungsmittel *Formalin*, das (Eigenn. aus: Formaldehyd, ohne Pl.) u. Desinfektionsmittel

Konsonanten, e. ... verdoppeln *geminieren* (lat.)

Konsonantenverdoppelung *Gemination*, die (lat., Pl. -en)

Konsument von LSD 1. *Acid-Freak*, der (engl., Pl. -s) 2. *Acid-Head*, der (engl., Pl. -s) 3. *Acid-Junkie*, der (engl., Pl. -s) 4. *Junkie*, der (engl., Pl. -s) Drogenabhängiger allgemein

Konsument, kritischer, junger ... *Yiffy*, der (Eigenn., engl.-am., Pl. ...ies) aus: young, individualistic, freedom-minded and few (jung, eigensinnig, freiheitsbewußt u. wenige) der Yiffy zieht Lebensqualität dem Luxus vor

Konsument, mittelalterlicher u. zahlungskräftiger ... *Grumpy*, der (engl.-am., Pl. ...ies) aus: grown-up and nature (erwachsen u. reif) eigtl. e. Zielgruppendefinition von US-Werbestrategen: 35- bis 55jährige, die über viel Geld verfügen

Konsumgegner, radikale ... *Adbusters* (engl. aus: advertising (Werbung) u. to bust (zerstören); die am.-kanad. Antikonsumbewegung nutzt bes. den Effekt der Negativwerbung

Kontaktbedürfnis *dependency need*, das (engl.-am., Pl. -s) ... zu anderen Menschen

Kontenführung, elektronische ... *Telebanking*, das (engl.-am., ohne Pl.) mittels PC, Modem, Telefon u. Code können Kontoinhaber überweisen, abheben, abfragen u. ordern

Kontertanz, im Karree getanzter ... *Quadrille*, die (lat.-sp., Pl. -n)

Konto *Kontokorrent*, das (lat.-it., Pl. ...ten, ...ti, -s) e. laufendes Geschäfts- oder Gehaltskonto

Kontoabschluß *Saldo*, der (lat.-it., Pl. Sal-

den, Saldi) Betrag, der beide Seiten e. Kontos ausgleicht

Kontodifferenz *Saldo*, der (lat.-it., Pl. Salden, Saldi) Differenz von Soll u. Haben e. Kontos

Kontrabaßtuba *Helikon*, das (gr., Pl. -s)

Kontrollbildschirm *Monitor*, der (lat.-engl., Pl. -en) die Villa wird von Monitoren überwacht

Kontrolle 1. *Inspektion*, die (lat., Pl. -en) z. B. e. Auto zur Inspektion bringen 2. *Revision*, die (lat., Pl. -en) eigtl.: Wiederdurchsicht

Kontrollgang *Patrouille*, die (fr., Pl. -n) auch: Streife, Spähtrupp

Kontrollgesellschaft *Holding*, die (engl., Pl. -s) Verwaltungsgesellschaft, die die Aktivitäten einzelner Firmen koordiniert u. kontrolliert (meist bei Konzernen)

kontrollieren 1. *inspizieren* (lat.) »besichtigen«; i. S. von prüfen 2. *revidieren* (lat.) »wieder hinschauen«; auch: durchsuchen

Kontrolliste *Checkliste*, die (engl.-dt., Pl. -n) für den Arbeitsablauf, als Sicherheits-Prüfliste, z. B. vor dem Flugzeugstart

Kontrollpunkt *Checkpoint*, der (engl., Pl. -s) Grenzübergang, z. B. »Checkpoint Charly« in Berlin vor 1989 (Friedrichstraße)

Kontrollturm *Tower*, der (engl., ohne Pl.) z. B. der Flughafen-Tower

Konzentrationsschwäche *Aprosexie*, die (gr., Pl. ...ien) Unaufmerksamkeit

Konzert e. Popgruppe *Gig*, der (engl., Pl. -s) Auftritt e. Band

Konzertagent *Impresario*, der (lat.-it., Pl. -s, ...ri) auch: Theateragent, der für e. Künstler Verträge abschließt

Konzerthalle 1. *Orpheum*, das (gr.-lat., Pl. ...een) nach dem sagenhaften gr. Sänger Orpheus benannt; auch: Konzertsaal 2. *Philharmonie*, die (gr.-lat., Pl. ...ien)

Konzertsaalmusiker *Philharmoniker*, der (gr.-lat., Pl. -) i. S. e. philharmonischen Orchestermitglieds; nicht verw. mit Philumenist, der (gr.-lat., Pl. -en) Sammler von Streichholzschachteln

Kooperation, komplexe ... auf Zeit ... *virtual Corporation*, die (engl.-am., Pl. -s) ... um e. bestimmte kurzfristige Marktchance zu nutzen; dabei werden z. B. stra-

334

tegische Allianzen, externe Ressourcen eingesetzt

Kopf, es gibt seinen ... *caput eius agitur* (lat., Zitat)

Kopf, jmdn. den ... waschen *castigare verbis* (lat., Zitat) mit Worten züchtigen

Kopf, vor den ... stoßen *brüskieren* (it.-fr.) unhöflich, schroff verhalten

Kopfbedeckung 1. *Barett*, das (lat., Pl. -s) 2. *Birett*, das (lat., Pl. -e) des kath. Geistlichen 3. *Chapeau*, der (fr., Pl. -s) scherzhaft: Hut; z. B. Chapeau claque (zusammenklappbarer Zylinder)

Kopfbedeckung des Papstes *Tiara*, die (gr., Pl. ...ren) ... aus drei übereinandergesetzten Kronen; das Machtsymbol wurde 1964 (Papst Paul VI.) abgelegt

Kopfbedeckung der Juden *Kippa*, die (hebr., Pl. -s) rundes Stück Stoff o. Leder, wird als religiöse Kopfbedeckung zum Zeichen der Gottesfurcht getragen

Köpfe, so viele ..., so viele Sinne 1. *quot capita, tot sensus* (lat., Zitat) 2. *quot homines, tot sententiae* (lat., Zitat) siehe 1. (die selbe Bedeutung)

Kopffüßler, ausgestorbener ... *Belemnit*, der (gr., Pl. -en) tintenfischähnlich, in Versteinerungen anzutreffen; auch: Donnerkeil

Kopffüßler, versteinerter ... *Goniatit*, der (gr.-lat., Pl. -en) e. Leitfossil der Silurzeit

Kopfhaut abziehen *skalpieren* (skand.-engl.) nicht verw. *mit skandieren* (lat.) Verse abgehackt oder taktmäßig sprechen

Kopfhaut mit Haaren *Skalp*, der (skand.-engl., Pl. -e) bei den Indianern e. Siegeszeichen

Kopfreif *Diadem*, das (gr.-lat., Pl. -e) Schmuckstück aus Gold u. Edelsteinen (wird auch um den Hals getragen)

Kopfschmerz 1. *Migräne*, die (gr.-lat.-fr., Pl. -n) anfallsweise, mit Sehstörungen u. Erbrechen auftretender, heftiger Kopfschmerz 2. *Zephalgie*, die (gr.-lat., Pl. ...gien) seltene Bez. für Kopfschmerz

Kopfschmerz, einseitiger ... 1. *Hemialgie*, die (gr.-lat., Pl. ...ien) 2. *Hemikranie*, die (gr.-lat., Pl. ...ien) 3. *Migräne*, die (gr.-lat.-fr., Pl. -n) heftiger Kopfschmerz

Kopfschmuck *Diadem*, das (gr.-lat., Pl. -e) meist e. Reif, der aus Gold u. Edelsteinen besteht

Kopftuch *Bandanna*, der (engl., Pl. -s) »Schnupftuch«, das in Piratenart um den Kopf gebunden wird, tragen seit 1990 immer mehr junge Männer, nicht nur Surfer u. Rollerskater

Kopie *Duplikat*, das (lat., Pl. -e) auch: Zweitschrift

koppeln 1. *assoziieren* (lat.-fr.) gedanklich verknüpfen 2. *kombinieren* (lat.) auch: mutmaßen; Nick Knatterton: »Ich kombiniere: blaue Bohnen in der Luft.« 3. *liieren* (lat.-fr.) i. S. von: sich liieren: e. Verhältnis eingehen

Koralleninsel-Ring *Atoll*, das (malaiisch, Pl. -e)

Koran, die den ... eröffnende Sure *Fatiha*, die (arab.) analog dem christlichen Vaterunser

Koranauslegung *Tefsir*, der (arab., Pl. -s) e. wissenschaftliche Erklärung des Korans; auch: Koranforschung

Korankapitel ... *Sure*, die (arab., Pl. -n) »Reihe«; ... der heiligen Schrift der Moslems; nichtsahnend empörte das Model Claudia Schiffer die islamische Welt, als sie mit e. Sure auf dem Busen über den Laufsteg schritt

Korankapitel *Sure*, die (arab., Pl. -n)

Koranrezitator *Kari*, der (arab.)

Korb für Pflanzen *Jardiniere*, die (fr., Pl. -n) auch: Blumenschale

Korbball, den ... von oben in den Korb eintauchen *Dunking*, das (engl., ohne Pl.) von: to dunk (eintauchen) sehr großen Basketballspielern oder denen mit großer Sprungkraft gelingt das Dunking

Korbball, Hinterhofvariante des ... *Streetball*, der (engl.-am., ohne Pl.) ... dabei spielen drei Personen gegen drei auf einen Korb

Korbflasche *Demijohn*, der (engl., Pl. -s)

Korkenzieherzigarre *Culebra*, die (sp., Pl. -s) e. Zigarre, die aus drei miteinander verdrehten besteht

Kornblume *Zyane*, die (gr.-lat., Pl. -n)

körnen *grainieren* (fr.) auch: aufrauhen, narben

körnig *granulös* (lat.)

Körper 1. *Soma*, das (gr., Pl. -ta) med., i. S. von: Körper im Gegensatz zum Geist 2. *Resonator*, der (lat., Pl. -en) schwingender, z. B. der Holzkörper e. Geige 3. *Kor-*

pus, der (lat., Pl. -se) der Leib Christi am Kreuz; auch: Klangkörper e. Saiteninstruments; *Korpus delikti (Corpus delicti)*, das (lat., Pl. ...pora) Beweisstück für die Täterüberführung 4. *Organismus*, der (gr.-lat., Pl. ...men) i. S. e. größeren Gebildes; nicht verw. mit *Orgasmus*, der (gr.-lat., Pl. ...men) Höhepunkt der geschlechtlichen Erregung 5. *Statur*, die (lat., Pl. -en) auch: Wuchs 6. *Body*, der (engl., Pl. -ies) auch: enganliegender Anzug, wird meist von Frauen getragen

Körper, alles was am ... zu dick, zu schwammig ist *oversized* (engl.-am.)

Körper, der e. Planeten umrundet 1. *Satellit*, der (lat., Pl. -en) Mond: natürlicher Satellit; Raumstation: künstlicher Satellit 2. *Trabant*, der (tschech., Pl. -en) auch: Begleiter, Leibwächter, Diener

Körper, geräucherter ... *Smoked Body*, der (engl., Pl. ...ies) bis 1950 war es bei den Kukukuku-Ureinwohnern Papua-Neuguineas Brauch, verstorbene Angehörige zu räuchern u. in ihre Hütten zu stellen, um mit ihnen in Verbindung bleiben zu können

Körper, in e. gesunden ... (wohnt) e. gesunder Geist *mens sana in corpore sano* (lat., Zitat: Juvenal, 60–140 n. Chr.)

Körper, kosmischer ... *Meteorit*, der (gr., Pl. -en, -e) ... der in die Erdatmosphäre eindringt

Körperausscheidung 1. *Exkrement*, das (lat., Pl. -e) vulgär: Scheiße 2. *Egesta*, die (lat., nur Pl.) Kot, Erbrochenes

Körperbau *Konstitution*, die (lat., Pl. -en) Widerstandskraft; körperliche u. seelische Verfassung

Körperbau, Lehre vom ... *Anatomie*, die (gr.-lat., Pl. ...ien) eigtl.: »Zergliederung«

Körperbau-Facharzt *Anatom*, der (gr.-lat., Pl. -en) Wissenschaftler der Anatomie (»Zergliederung«)

Körperbemalung *Bodypainting*, das (engl., ohne Pl.) ... als Kunstform

Körperbild, eingeritztes ... 1. *Tattoo*, das (polynes.-engl., Pl. -s) 2. *Tätowierung*, die (polynes.-engl., Pl. -en)

Körpereinsatz, heftiger ... *Bodycheck*, der (engl.-am., Pl. -s) ... beim Eishockey; auch: e. gründliche ärztliche Untersuchung (Check-up)

Körperfarbstoff *Pigment*, das (lat., Pl. -e) med.

Körperfülle *Embonpoint*, der (fr., Pl. -s) auch: Beleibtheit, Dickbäuchigkeit

Körpergewebe, das vom Tier auf den Menschen verpflanzt wird *Xenotransplantation*, die (gr.-lat., Pl. -en)

Körperhaare entfernen *epilieren* (lat.) med.

Körperhautabschälen *Bodypeeling*, das (engl., Pl. -s) die porentiefe Reinigung soll die Haut von Talg u. Fett befreien

Körperkraft *Brachialgewalt*, die (gr.-lat.-dt., ohne Pl.) roher Einsatz der Körperkraft

körperlich 1. *physisch* (gr.-lat.) nach dem 10 000-Meter-Lauf war ich physisch am Ende 2. *hylisch* (gr.) im philos. Sinne 3. *materiell* (lat.-fr.) 4. *somatisch* (gr.) den Körper betreffend

Körperlichkeit *Plastizität*, die (gr.-lat., ohne Pl.)

körperlos *asomatisch* (gr.) philos.

Körperschwäche, allgemeine ... *Ästhenie*, die (gr., Pl. -n)

Körpersprache 1. *Pantomimik*, die (gr.-lat., ohne Pl.) Gebärdenspiel 2. *Pantomime*, die (gr.-lat.-fr., Pl. -n) Darstellung e. Szene nur mit Gebärden

Körperteil abtrennen *amputieren* (lat.) »ringsumher abschneiden«; Körperteile operativ entfernen

Körperteil *Organ*, das (gr.-lat., Pl. -e) mit best. Funktion, z. B. Leber entgiftet mit Nieren den Körper

Körperteile durchstechen *Body-Piercing*, das (engl., ohne Pl.) von: pierce (durchstoßen, durchstechen) hauptsächlich Augenbrauen, Nase, Lippen, Bauchnabel, Brustwarzen u. Zunge werden durchstochen u. mit Ringen oder Nadeln versehen; den Rekord hält e. farbige Engländerin mit 280 Körperschmuckstücken

Körpertraining 1. *Aerobic*, das (engl., ohne Pl.) ... rhythmisch mit Musik 2. *Callanetics*, das (am., ohne Pl.) Bearbeitung der Tiefenmuskulatur ohne Belastung der Gelenke

Körperübung *Gymnastik*, die (gr.-lat., ohne Pl.)

Körperverfassung 1. *Kondition*, die (lat., Pl. -en) 2. *Konstitution*, die (lat., Pl. -en)

336

nach der Kur befand er sich in guter Konstitution

korrekt *diszipliniert* (lat.) als disziplinierte Esserin war sie schlank

Korrektheit, politische ... Political Correctness, die (engl.-am., ohne Pl.) in den USA 1980 entstandener Begriff, in dem »diskriminierende« Ausdrücke ersetzt wurden; aus e. »Schwarzer« wird e. »Afro-Amerikaner«, e. Behinderter wird zum »körperlich Geforderten«; trotz seiner Affären ist Bill Clinton der typische Präsident der Political Correctness; in Deutschland steht der Begriff für Korruptionskritik u. politische Rechtschaffenheit

Kosename *Hypokoristikum,* das (gr.-lat., Pl. ...ka) z. B. Namenskurzformen: Bob, kurz für Robert

Kosmetik gegen Falten u. Runzeln *Anti-Aging-Kur,* die (lat.-engl.-dt., Pl. -en)

Kosmetikstift zum Ziehen e. Lidstrichs *Eyeliner,* der (engl., Pl. -s)

Kosmos *Universum,* das (lat., ohne Pl.) Weltall

kostbar *luxuriös* (lat.) üppig, verschwenderisch

Kostbarkeit *Rarität,* die (lat., Pl. -en)

Kostbarkeiten *Pretiosen,* die (lat., meist Pl.) meist wertvoller Schmuck

kosten 1. *degustieren* (lat.) Speisen abschmecken 2. *probieren* (lat.) kosten

Kosten berechnen *kalkulieren* (lat.)

Kosten decken *amortisieren* (lat.-fr.) i. S. von: Schulden nach e. Plan tilgen; die Anschaffungskosten für e. Investition durch den erwirtschafteten Ertrag dieser Investition decken

Kosten, alle ... enthalten *All-Inclusive,* das (engl., ohne Pl.) e. Pauschalreise-Angebot

Kostenermittlung *Kalkulation,* die (lat., Pl. -en) für die Preisgestaltung e. Ware oder Dienstleistung

kostenfrei *franko* (germ.-lat.-it.) Lieferant trägt Kosten bis zum Bahnhof, Flughafen des Empfängers

kostenlos *gratis* (lat.) z. B. Warenmuster gratis verteilen

köstlich 1. *delikat* (lat.-fr.) z. B. delikate Speisen 2. *deliziös* (lat.-fr.) mit den deliziösen Kaviarhappen verdarb ich mir den Magen 3. *exquisit* (lat.) erlesen

Kostprobe *Degustation,* die (lat., Pl. -en) z. B. das Weinverkosten

kostspielig *expensiv* (lat.-engl.) teuer

Kostümfest *Maskerade,* die (arab.-sp., Pl. -n) auch: Mummentanz; Heuchelei

Kot 1. *Dejekt,* das (lat., Pl. -e) med. 2. *Fäkalien,* die (lat., nur Pl.) 3. *Exkrement,* das (lat., Pl. -e)

kotartig *fäkulent* (lat.)

Koterbrechen 1. *Kopremesis,* die (gr., ohne Pl.) ... bei Darmverschluß 2. *Miserere,* das (lat., ohne Pl.) auch: erbarme dich! Koterbrechen bei Darmverschluß (med.)

Kotfresser *Koprophage,* der (gr., Pl. -n) med.

kotig *fäkal* (lat.)

Kotvergiftung *Koprämie,* die (gr., Pl. ...ien) ... durch andauernde Verstopfung (med.)

Krach 1. *Rabatz,* der (ohne Pl.) in der Kneipe gab es wieder großen Rabatz 2. *Spektakel,* der (lat., Pl. -) »Schauspiel«; Lärm 3. *Tumult,* der (lat., Pl. -e) auch: Aufruhr

Kraft 1. *Potenz,* die (lat., ohne Pl.) Leistungsvermögen, insbesondere bez. der Zeugungsfähigkeit 2. *Intensität,* die (lat., ohne Pl.) 3. *Movens,* das (lat., ohne Pl.) treibende – oder Antriebskraft 4. *Virtualität,* die (lat., Pl. -en) innewohnende Kraft 5. *Force,* die (lat.-fr., Pl. -n) i. S. von Stärke, z. B.: Force de frappe (fr.) sind die mit Atomwaffen eigener Produktion ausgerüsteten militärischen Einheiten Frankreichs 6. *Dynamis,* die (gr.-lat., ohne Pl.) i. S. von Fähigkeit, Vermögen 7. *Dynamik,* die (gr.-lat., ohne Pl.) Triebkraft; Teilgebiet der Mechanik 8. *Energie,* die (gr.-lat.-fr., Pl. ...ien) i. S. von Ausdauer; Spannkraft; die Energiekrise legte den Verkehr lahm; nicht verw. mit *Energide,* die (gr.-lat., Pl. -n) Funktion e. Zellkerns mit ihm umgebenden Zellplasma 9. *Power,* die (engl., ohne Pl.) auch: Stärke, Leistung

Kraft durch Blumen *Flower-Power,* die (engl., ohne Pl.) Schlagwort u. Bewegung der Hippies (antibürgerliche u. pazifistische Lebensform um 1970, »Blumenkinder«) die Blumen als Symbol für ihr Ideal einer humaneren Gesellschaft wählten

Kraft, aus eigener ... *ex propriis* (lat.)

Kraft, die auf Entwicklungen einwirkt

Attraktor, der (lat.-engl., Pl. ...oren) Trendvektor, der auf best. soziale u. kulturelle Entwicklungen wirkt; das Millennium (Jahrtausendwende) war z. B. Attraktor für Endzeitgefühle

Kraft, übernatürliche ... *Orenda,* das (indian., ohne Pl.) ... wirkend in Menschen oder Dingen (nach dem Glauben von Naturgemeinschaften)

Kraftbrühe *Bouillon,* die (lat.-fr., Pl. -s)

Kräfte zusammenlegen ... *Poolen,* das (engl., ohne Pl.) ... um gemeinsam ein größeres Ganzes zu schaffen, z. B. Car Pool (Fahrgemeinschaft) Typing Pool (Schreibzentrale)

Kräften, mit vereinten ... 1. *coniunctis viribus* (lat., Zitat) 2. *unitis viribus* (lat., Zitat) auch: mit aller Macht 3. *viribus unitis* (lat.)

Kräften, von den ... des natürlichen Lebens geprägt *biomorph* (gr.-lat.)

Kräfteverfall 1. *Kachexie,* die (gr.-lat., Pl. ...ien) med. 2. *Marasmus,* der (gr.-lat., Pl. -men) med., geistiger u. körperlicher Verfall

Kraftfrau *Powerfrau,* die (engl.-dt., Pl. -en) »Für Männer ist e. Powerfrau etwas, das sie allenfalls bewundern.« (Gertrud Höhler, Autorin, 2006)

kräftig 1. *robust* (lat.) e. robusten Magen haben 2. *muskulös* (lat.-fr.) mit Muskeln versehen; nicht verw. mit muskulär (lat.) die Muskulatur betreffend 3. *stabil* (lat.) i. S. von: widerstandsfähig; im Gleichgewicht befindlich; Ggs.: labil

kräftigen *tonisieren* (gr.-lat.) med.

kraftlos *adynamisch* (gr.) ohne Dynamik; schwach; Ggs.: dynamisch

Kraftlosigkeit *Adynamie,* die (gr., Pl. ...ien) med.; auch: Muskelschwäche

Kraftlosigkeit *Adynamie,* die (gr.-lat., Pl. ...ien) auch: Muskelschwäche

Kraftlosigkeit, Gefühl von ... *X-Ness* (Eigenn.) ... u. Apathie, hinzu kommt e. bes. Art von Zynismus, z. B. Sinnsuche im Bewußtsein, den Sinn nie zu ergründen; Begriff der »Generation X« (passive, desillusionierte Generation, nach Douglas Coupland)

Kraftprotz, rücksichtsloser ... *Rambo,* der (engl., Pl. -s) dargestellt in e. am. Film von Sylvester Stallone

kraftvoll 1. *robusto* (lat.-it.) musik. Vortragsanw. 2. *risoluto* (lat.-it.) i. S. von entschlossen, musik. Vortragsanw. 3. *resolut* (lat.) i. S. von beherzt, tatkräftig, zupackend 4. *dynamisch* (gr.-lat.) 5. *vital* (lat.-fr.) auch: munter, lebenswichtig, z. B. die Rohstoffquellen berühren vitale Interessen der Firma

kraftvoll gespannt *elastisch* (gr.-lat.)

Kragen, steifer Männer... *Golilla,* die (sp., Pl. -s) ... des 17. Jhs.

Kragenspitzen, Oberhemd mit geknöpften ... *Buttondown-Hemd,* das (engl.-dt., Pl. -en)

Krähe, keine ... hackt einer anderen die Augen aus *cornix cornici nunquam oculos effodit* (lat., Zitat)

Krakenart *Pulp,* der (gr.-lat.-fr., Pl. -e)

Kram *Zinnober,* der (pers.-gr.-lat.-fr., ohne Pl.) auch: Blödsinn

Krampf *Spasmus,* der (gr.-lat., Pl. ...men) med.

Krampfader 1. *Hämorrhoide,* die (gr.-lat., Pl. -n) hier e. knotenförmige Erweiterung der Mastdarmvenen um den After herum (med.) 2. *Varix,* die (lat., Pl. Varizen) auch: Venenknoten (med.)

krampfartig 1. *konvulsiv* u. *konvulsivisch* (lat.) 2. *spasmisch* u. *spasmodisch* (gr.) verkrampfter Zustand der Muskulatur 3. *spastisch* (gr.) verkrampft; auch: dumm, blödsinnig

Krämpfe ... *Eklampsie,* die (gr., Pl. ...ien) ... plötzliche u. lebensbedrohende während der Schwangerschaft

krampfhaft *spasmisch* (gr.-lat.) med.

krampflösend *antispastisch* (gr.-lat.) med.; auch: krampfstillend

krank 1. *insan* (lat.) med. i. S. von geistig krank 2. *malade* (fr.) i. S. von körperlich krank

kränken 1. *desavouieren* (lat.-fr.) auch: bloßstellen, verleugnen 2. *kompromittieren* (lat.-fr.) bloßstellen

Krankenbehandlung *Therapie,* die (gr., Pl. ...ien) med.

Krankenbericht *Bulletin,* das (lat.-fr., Pl. -s)

Krankenhaus 1. *Hospital,* das (lat., Pl. -e, ...täler) 2. *Klinik,* die (gr.-lat., Pl. -en) 3. *Lazarett,* das (it.-fr., Pl. -e) e. Wortbildung von der biblischen Gestalt des armen

Lazarus, Militärkrankenhaus 4. *Spital*, das (lat., Pl. ...täler) auch: Altersheim mit Pflegestation, Armenhaus

Krankenhausabteilung *Station*, die (lat., Pl. -en) Stationsarzt

Krankenhaus-Behandlung *stationäre Behandlung*, die (lat.-fr., dt., Pl. -en) Ggs.: ambulante Behandlung

Krankenhaus-Insasse 1. *Spitaler, Spittler*, der (lat., Pl. -) 2. *Hospitalit*, der (lat., Pl. -en)

Krankenkost *Diät*, die (gr.-lat., ohne Pl.) auch: Schonkost oder bes. Kost, um abzunehmen; es gibt auch eine Antidiät-Bewegung, die sich gegen den Schlankheitswahn wendet, wie auch der Film: »Der Tod steht ihr gut«; in den USA sterben jährlich 180 000 Frauen an Magersucht

Krankenpfleger *Sanitäter*, der (lat., Pl. -)

Krankenstation *Revier*, das (lat.-fr.-niederl., Pl. -e) beim Militär

Krankenversorgung, häusliche ... *Home-Care*, die (engl., ohne Pl.) auch: mobiler Pflegedienst

Krankenwagen *Ambulanz*, die (lat.-fr., Pl. -en)

Kranker 1. *Patient*, der (lat., Pl. -en) 2. *Hypochonder*, der (gr.-lat., Pl. -) eingebildeter Kranker 3. *Simulant*, der (lat., Pl. -en) vortäuschender Kranker

krankhaft 1. *pathologisch* (gr.-lat.) med. e. pathologischer Fall 2. *morbid* (lat.-fr.) e. morbide (im Zerfall begriffene) Gesellschaft

krankhaft verändern *affizieren* (lat.) med.

krankhafte Angst *Phobie*, die (gr.-lat., Pl. ...ien) med., z. B. Spinnenphobie

Krankheit 1. *Morbus*, der (lat., Pl. ...bi) med. 2. *Malum*, das (lat., Pl. Mala) med. 3. *Infekt*, der (lat., Pl. -e) med., ansteckend 4. *Rachitis*, die (gr.-lat., Pl. ...itiden) engl. Krankheit

Krankheit aufhalten *kupieren* (fr.) med.

Krankheit e. Kindes, die von der Mutter erfunden wird *Münchhausen-by-proxy-Syndrom*, das (Eigenn., dt.-engl.-gr., Pl. -e) wurde von dem Arzt Roy Meadow erforscht

Krankheit feststellen *diagnostizieren* (gr.-fr.)

Krankheit, gegen ... unempfindlich 1. *immun* (lat.) eigtl.: frei von Leistungen;

auch: nicht zu beeindrucken 2. *resistent* (lat.) widerstandsfähig

Krankheit, heilige ... *Epilepsie*, die (gr.-lat., Pl. ...ien) so genannt, weil es so aussah, als seien Götter oder Dämonen in den vor Krämpfen zuckenden Körper gefahren; der gr. Arzt Hippokrates (460–377 v. Chr.) war der erste, der behauptete, daß jede Krankheit e. natürliche Ursache habe

Krankheitsbilder, gleichzeitiges Vorliegen verschiedener ... *Komorbidität*, die (lat., ohne Pl.) z. B. bei Suchtbehandlungen (med.)

Krankheitscharakter *Genius morbi*, der (lat., ohne Pl.)

Krankheitserreger *Virus*, der, das (lat., Pl. -ren) »Schleim, Saft, Gift«; e. Partikel, das sich nur auf lebendem Gewebe entwickelt; »Virus, e. Wort, das Ärzte verwenden, wenn sie sagen wollen: ›Ich weiß es auch nicht‹« (Bob Hope)

Krankheitsgeschichte *Anamnese*, die (gr.-lat., Pl. -n) »Erinnerung«; auch: das Gebet nach der Konsekration (Weihe) in e. Eucharistiefeier

Krankheitskeime, Vernichtung von ... *Antisepsis*, u. *Antiseptik*, die (gr., ohne Pl.) ... mit chem. Mitteln (med.)

Krankheitslehre 1. *Nosologie*, die (gr.-lat., ohne Pl.) nicht verw. mit *Nosomanie*, die (gr.-lat., Pl. ...ien) Wahnvorstellung, an e. Krankheit zu leiden 2. *Pathologie*, die (gr.-lat., Pl. ...ien)

Krankheitssyndrom zwischen Neurose u. Psychose *Borderlinesyndrom*, das (engl.-gr., Pl. -e)

Krankheitsveranlagung *Diathese*, die (gr., Pl. -n)

Krankheitszeichen *Symptom*, das (gr., Pl. -e) »Zufall«; Anzeichen; auch: Merkmal

kränklich *morbid* (lat.-fr.) e. morbides (dem Zerfall nahes) Stadtbild

Kränkung *Affront*, der (lat.-fr., Pl. -s)

Krapfen *Beignet*, der (fr., Pl. -s)

kräuseln *toupieren* (gr.-fr.) der Haare

Kräutersäckchen *Sachet*, das (fr., Pl. -s)

Krebs *Karzinom*, das (gr.-lat., Pl. -e)

krebsartig *kanzerös* (lat.) med.

Krebsentstehung begünstigend *präkarzinomatös* (gr.-lat.) med.

krebserzeugend *karzinogen* (gr.-lat.) med.

339

Krebsgeschwulst 1. *Karzinom*, das (gr.-lat., Pl. -e) 2. *Metastase*, die (gr., Pl. -n) »Veränderung« i. S. e. Tochtergeschwulstes; nicht verw. mit *Metathese*, *Metathesis*, die (gr.-lat., Pl. …esen) Lautumstellung in e. Wort, z. B. Hamburg – Homburg 3. *Tumor*, der (lat., Pl. …oren) Gewebswucherung
Krebsgeschwulst, harte … *Szirrhus*, der (gr.-lat., ohne Pl.) med.
Krebstier *Krustazee*, die (lat., Pl. …een) auch: Krustentier
Krebszellennachweis aus dem Urin *Harnzytologie*, die (dt.-gr.-lat., ohne Pl.) med.
Kreditverlängerung *Prolongation*, die (lat., Pl. -en) auch: Laufzeitverlängerung e. Wechsels (Wechselprolongation)
Kreditwürdigkeit *Bonität*, die (lat., ohne Pl.) Ruf e. Person oder Firma bez. der Zahlungs- u. Kreditwürdigkeit
Kreis 1. *Zirkel*, der (gr.-lat., Pl. -) 2. *Cercle*, der (lat.-fr., Pl. -s) z. B. Konversation in e. exklusiven Cercle pflegen 3. *Zyklus*, der (gr.-lat., Pl. …len) Kreislauf 4. *Orbis*, der (lat., ohne Pl.) 5. *zirkeln* (gr.-lat.) i. S. von: mit dem Zirkel e. Kreis ziehen
Kreis, dessen Mittelpunkt auf e. anderen Kreis rollt *Epizykel*, der (gr., ohne Pl.) »Nebenkreis«; Kopernikus (1473–1543) erläutert damit die Planetenbahnen
kreisartig *zykoid* (gr.-lat.)
Kreisbeschleuniger für Elektronen *Mikrotron*, das (gr., Pl. -s, …one) Phys.
Kreise, zerstöre meine … nicht *noli turbare circulos meos* (lat., Zitat: Archimedes bei der Zerstörung von Syrakus)
kreisen 1. *zirkulieren* (gr.-lat.) 2. *kursieren* (lat.) z. B. es kursiert das Gerücht
kreisförmig 1. *zirkulär* (gr.-lat.) 2. *orbikular* (lat.) med. 3. *zykloid* (gr.-lat.) 4. *zyklisch* (gr.-lat.) ring- u. kreisförmig
Kreishalbmesser *Radius*, der (lat., Pl. …ien)
Kreislauf 1. *Zirkulation*, die (lat., Pl. -en) z. B.: Blutzirkulation 2. *Zyklus*, der (gr.-lat., Pl. …len) sich regelmäßig wiederholende Geschehnisse 3. *Periode*, die (gr.-lat., Pl. -n) wiederkehrendes Auftreten
Kreislauf von Leben u. Wiedergeburt … *Samsara* oder *Sansara*, der (sanskr., ohne Pl.) … aus dem die indischen Erlösungsreligionen die Gläubigen zu befreien suchen

Kreislauf, der endlose … *Samsara* u. *Sansara*, der (sanskr., ohne Pl.) … von Tod u. Wiedergeburt (indische Erlösungsreligionen)
kreislaufförmig *zyklisch* (gr.-lat.)
Kreislauf-Umleitung … *Bypass*, der (engl., Pl. -es) … vom Chirurg nachträglich gelegte Blutbahn, die das Blut an e. verstopften Ader vorbeileitet
Kreislaufversagen *Kollaps*, der (lat., Pl. -e) Zusammenbruch. »Das Kinder- u. Jugendhilfesystem steht vor dem Kollaps.« (Heinz Hilgers, Präsident des Kinderschutzbunds, 2007)
Kreislaufversagen *Schock*, der (fr.-engl., Pl. -s)
Kreiszeichnungsgerät *Zirkel*, der (gr.-lat., Pl. -)
Krempel *Zinnober*, der (pers.-gr.-lat.-fr., ohne Pl.) wertloses Zeug; auch: Blödsinn
kreuzen *hybridisieren* (lat.)
Kreuzstellung von Satzgliedern *Chiasmus*, der (gr., ohne Pl.) Sprachw., z. B.: der Schlacht war gewonnen, der Friede ferner denn je
Kreuzung *Hybridisation*, die (gr.-lat., Pl. -en)
Kribbelkrankheit *Ergotismus*, der (gr.-lat., ohne Pl.) Vergiftung durch Mutterkorn (Getreideparasit)
kriecherisch 1. *devot* (lat.) 2. *servil* (lat.) unterwürfig
Kriechtier *Reptil*, das (lat.-fr., Pl. -ien) z. B.: Eidechse
Kriechtier, langhalsiges … *Plesiosaurus*, der (gr.-lat., Pl. …rier) ausgestorben
Kriechtierkunde *Herpetologie*, die (gr.-lat., ohne Pl.)
Krieg ablehnend *pazifistisch* (lat.)
Krieg aller gegen alle *bellum omnium in contra ommes* (lat., Zitat, Hobbe)
Krieg, der … ernährt den Krieg *bellum se ipsum alit* (lat., Zitat)
Krieg, heiliger … der Moslems *Dschihad*, der (arab., ohne Pl.) auch: heiliger Kampf gegen die Ungläubigen
Krieg, heiliger, gerechter … *Dschihad*, der (arab.) eigtl.: »sich bemühen auf dem Weg zu Gott«, daher: Krieg gegen Ungläubige u. Kampf gegen niedere Instinkte des Menschen
Krieg, im … schweigen die Gesetze *silent*

340

leges inter arma (lat., Zitat) auch: Gewalt geht vor Recht

Krieger, heiliger ... *Ghazi*, der (arab.) auch: Ehrentitel

Krieger, wilder ... *Berserker*, der (altskand., Pl. -) ... der altnordischen Sage; auch: sich kampfwütig verhaltender Mann

kriegerisch *martialisch* (lat.) e. martialisch aussehender Indianer

Kriegerkaste, indische ... *Kschatrija*, der (sanskr., Pl. -s) ... Angehöriger der adligen Kriegerkaste in Indien

Kriegsentschädigung *Reparationen*, die (lat., nur Pl.) zugunsten des Siegers vom Verlierer zu zahlen

Kriegsflotte 1. *Marine*, die (lat.-fr., Pl. -n) 2. *Armada*, die (lat.-sp., Pl. ...den, -s) »bewaffnete Streitmacht«; mächtige Kriegsflotte, die der sp. König Philipp II. (1527– 1598) gegen England schickte (1588)

Kriegsforschung *Polemologie*, die (gr.-fr., ohne Pl.)

Kriegsgefangene durch Loskauf befreien *ranzionieren* (lat.-fr.) auch: Befreiung durch Austausch

Kriegsgefangener 1. *Prisoner of war*, der (engl., Pl. -s) 2. *Prisonnier de guerre*, der (fr., Pl. -s)

Kriegsgott *Mars*, der (lat., ohne Pl.) Gott des Krieges der Römer; »Mars regiert die Stunde« (Schiller); jedoch auch: Plattform zur Führung u. Befestigung der Marsstenge (niederl., Seemannsspr.)

Kriegsgrund *Casus belli*, der (lat., Pl. -)

Kriegshetze *Chauvinismus*, der (fr., ohne Pl.) auch: blinder Nationalismus

kriegshetzend *chauvinistisch* (fr.)

Kriegshetzer 1. *Chauvinist*, der (fr., Pl. -en) 2. *Chauvi*, der (fr., Pl. -s) Mann, der sich Frauen gegenüber überlegen fühlt u. dies zeigt

Kriegslist 1. *Stratagem*, das (gr.-lat., Pl. -e) 2. *Taktik*, die (gr., Pl. -en) i. S. von Truppenführung, kluges, listenreiches Ausnutzen e. Situation

Kriegsplan *Strategie*, die (gr.-lat., Pl. -n)

Kriegsschiff, antikes ... *Bireme*, die (lat., Pl. -n) ... mit zwei Ruderdecks

Kriegsteilnehmer *Veteran*, der (lat., Pl. -en) altgedienter, ehemaliger Soldat

Kriegstreiber *Bellizist*, der (lat., Pl. -en) auch: Befürworter des Krieges

Kriminalbeamter, der verbotene Internet-Aktivitäten verfolgt *Cyber-Cop*, der (engl.-am., Pl. -s)

Kriminalfilm *Thriller*, der (engl.-am., Pl. -) äußerst spannender Film; auch Kriminalfilm, Reißer; z. B. Alfred Hitchcocks »Psychothriller«

Kriminalpolizei, Hauptgebäude der Londoner ... *New Scotland Yard*, der (engl., ohne Pl.) eigtl.: neuer schottischer Hof, da das Präsidium einst an die schottische Residenz grenzte; Agatha Christie u. Edgar Wallace machten den Hauptsitz der »Londoner Metropolitan Police« bekannt

Kriminalpolizist, der e. Charakterbild von Serienmördern erstellt *Profiler*, der (engl., Pl. -) meist Psychologen im Kriminaldienst

Kristallstruktur *Textur*, die (lat., Pl. -en)

Kristallstrukturen, veränderbare ... *Kristallogene*, die (gr.-lat., Pl.) sie können ihre Farbe u. Struktur verändern, rot oder weiß, durchscheinend oder massiv wirken

Kritik *Polemik*, die (gr.-fr., Pl. -en) i. S. e. unsachlichen Kritik

Kritik, Erwiderung auf eine ... *Antikritik*, die (gr., Pl. -en)

Kritiker *Rezensent*, der (lat., Pl. -en) meist Literaturkritiker

kritisch *neuralgisch* (gr.-lat.) auch: problematisch

kritisiert, jmd., der ... *Kritiker*, der (gr., Pl. -) auch: Beurteiler; »Ich habe mich als Kritiker nie geirrt.« (Marcel Reich-Ranikki, Literaturkritiker, 1997)

Kronleuchter 1. *Luster*, der (lat.-it.-fr., Pl. -) österr. 2. *Lüster*, der (fr., Pl. -) auch: Glanzüberzug auf Glas-, Ton-, Porzellanwaren

Kronprinz *Zarewitsch*, der (lat.-got.-slaw., Pl. -e) ehemals russischer Kronprinz

krümmen *torquieren* (lat.)

Krümmung 1. *Konkavität*, die (lat., ohne Pl.) optische Linsen, die nach innen gekrümmt sind 2. *Konvexität*, die (lat., ohne Pl.) optische Linsen, die nach außen gekrümmt sind

kubanisch-sp. Lied- u. Tanzform *Habanera*, die (sp., Pl. -s)

Küche auf Schiffen *Kombüse*, die (niederdt., Pl. -n) Seemannsspr.

Küche mit genmanipulierten Speisen *Novel-gen cuisine*, die (gr.-lat.-fr., Pl. -s)

Küche, bez. der feinen ... *kulinarisch* (lat.)

Küche, e. bes. internationale *California Freestyle Kitchen*, die (engl., ohne Pl.) sie verbindet asiatische, mexikanische u. italienische Kochkünste; wird auch »neue kalifornische Küche« genannt

Kugel *Bola*, die (sp., Pl. -s) südam. Wurf- u. Fanggerät mit drei Kugeln an drei Seilenden

Kugelalge *Volvox*, die (lat., ohne Pl.)

Kugellehre *Sphärologie*, die (gr.-lat., ohne Pl.) Teilgebiet der Geometrie

Kuh, junge, gemästete ... *Quie*, die (altnord., Pl. Quien) auch: junges Rind, das noch nicht kalbte

Kuhantilope *Gnu*, das (Nama-Sprache, Pl. -s)

Kuhjunge *Cowboy*, der (engl.-am., Pl. -s) »Zum Thema schwule Cowboys rollt jetzt e. Westernwelle auf uns zu.« (Harald Schmidt, TV-Entertainer, 2006)

kühl *reserviert* (lat.) i. S. von abweisend

Kühlschrank *Frigidaire*, der (lat.-fr., Pl. -s)

Kuhmilch, vergorene ... *Kefir*, der (tatarisch, ohne Pl.) aus Rußland

Kultbau, antiker ... *Tempel*, der (lat., Pl. -) ... für e. Gottheit; auch: Gotteshaus der Mormonen; »und trieb sie alle zum Tempel hinaus« (Bibel: Markus 11, 15; Lukas 19, 45)

Kultbild *Ikone*, die (gr.-russ., Pl. -n) »Bild«; auch: Heiligenbild der Ostkirchen; »Che – Ex-Ikone aller ex-revolutionären Germanisten« (Cordt Schnibbens, Autor) auch: Sinn- u. Kultbild; Stars können zu Ikonen werden, z. B. Kurt Cobain, die Ikone der Grunge-Kultur

Kultur des wirtschaftlichen Rückgangs *Rezessionskultur*, die (lat.-engl., Pl. -en) e. Megatrend der 90er Jahre mit folgenden Erscheinungen: Waren u. Güter bleiben stabil im Preis, Absatzeinbrüche bei Champagner, Luxusautos, -boutiquen, -hotels; Bildung von Armuts-Subkulturen wie: Hippie, Revivals, Grunge

Kultur, Menschen mit einheitlicher ... *Ethnie*, die (gr.-lat., Pl. ...ien)

Kulturbewegung u. Grenzwissenschaft *... New Edge*, die (engl., ohne Pl.) »neue Ecke«; ... hauptsächlich techno-orientierte avantgardistische Subkultur, sehr populär in Kalifornien

Kulturen, viele ... einschließend *multikulturell*, kurz *multikulti* (lat.) »Multikulti ist gescheitert, weil die Ausländer die deutsche Kultur nicht akzeptieren wollen.« (Arnulf Baring, Publizist, 2006)

Kulturpflanze *Ergasiophyt*, der (gr.-lat., Pl. -en)

Kulturpflanze, verwilderte ... *Ergasiophygophyt*, der (gr.-lat., Pl. -en)

Kulturzustand *Zivilisation*, die (lat.-fr., Pl. -en)

Kultusdiener 1. *Imam*, der (arab., Pl. -e, -s) auch: Vorsteher, Vorbeter in der Moschee; nicht verw. mit *Iman*, das (arab., ohne Pl.) Gesamtheit der Glaubenssätze des Islam 2. *Amir*, der (arab., Pl. -e)

Kümmellikör *Gilka*, der (Eigenn., Pl. -s)

Kummer 1. *Crux*, die (lat., ohne Pl.) eigtl.: Kreuz; e. belastende Aufgabe 2. *Misere*, die (lat., Pl. -n) auch: Elend 3. *Trouble*, der (engl., Pl. -s)

Kumpan *Spezi*, der (lat., Pl. -s)

Kunde 1. *Klient*, der (lat., Pl. -en) 2. *Mandant*, der (lat., Pl. -en) Auftraggeber e. Rechtsanwaltes

Kunden-, Hersteller-Dialog ... 1. *Customization*, die (am.) 2. *Dialog-Marketing*, das (gr.-lat.-engl., ohne Pl.) ... um den Kunden jeweils noch besser an die Produzenten zu binden bzw. direkter auf seine Bedürfnisse eingehen zu können

Kundenbetreuung mit Aktionen *Marketing Event*, das (engl., Pl. -s) event (Ereignis) e. Autohändler verkauft e. Ferrari u. lädt den Kunden zum Formel-1-Rennen nach Monte Carlo ein; Ziel: Kundenbindung

Kundendienst *Service*, der (lat.-fr.-engl., Pl. -s)

Kundenkontakt, direkter ... zwischen Verbraucher u. dem Anbieter im Internet *One-to-one-Marketing*, das (engl., ohne Pl.)

Kundenkontakt, intensiv u. ständig *Dialog-Marketing*, das (gr.-lat.-engl., ohne Pl.) der Kunde wird über Telefon-Hotlines, Befragungen, Verbesserungsvorschläge, Preisausschreiben, Verlosungen,

Präsentationen usw. an den Anbieter gebunden

Kundenwerber *Akquisiteur,* der (lat., Pl. -e)

Kundenwerbung *Akquisition,* die (lat., Pl. -en)

kundgeben *manifestieren* (lat.) auch: bekunden, offenbaren

Kundgebung 1. *Demonstration,* die (lat.-engl., Pl. -en) svw. Massenprotest 2. *Manifestation,* die (lat., Pl. -en) Darlegung; auch: das Erkennbarwerden von Krankheiten

kündigen *demissionieren* (lat.-fr.) von e. Amt zurücktreten

Kündigungshelfer *Outplacer,* der (engl., Pl. -s) er berät gekündigte Manager u. deren Unternehmen

Kundschaft *Klientel,* die (lat., Pl. -en) auch: Gesamtheit der Klienten, z. B. e. Rechtsanwaltes

Kundschafter 1. *Spion,* der (germ.-it., Pl. -e) 2. *Agent,* der (lat.-it., Pl. -en) z. B. Geheimagent 007, James Bond

kundtun 1. *demonstrieren* (lat.) 2. *manifestieren* (lat.)

Kunst 1. *Iatrik,* die (gr., ohne Pl.) med., ärztliche Kunst 2. *Epistolographie,* die (gr.-lat., Pl. ...ien) Kunst des Briefschreibens

Kunst als Selbstzweck *l'art pour l'art* (fr.)

Kunst der Ureinwohner *aboriginal Art,* die (engl., ohne Pl.) bes. die der Menschen Australiens; die Motive beschreiben die Mythologie der Naturgemeinschaften

Kunst zum Selbstzweck *L'art pour l'art,* das (fr., ohne Pl.) eigtl.: die Kunst für die Kunst; zweckfreie Kunst

Kunst, die ... Gemmen zu schneiden 1. *Glyptik,* die (gr., ohne Pl.) auch: Steinschneidekunst 2. *Gemmoglyptik,* die (lat.-gr., ohne Pl.)

Kunst, die ... zu lieben *ars amandi* (lat., Zitat; Ovid)

künsteln *manierieren* (fr.) z. B. als Sprechweise; nicht verw. mit *marinieren* (lat.-fr.) einlegen

kunstempfänglich *musisch* (gr.-lat.) z. B.: e. musisch veranlagter Mensch sein

Kunsterzeugnis *Artefakt,* das (lat., Pl. -e)

Kunstflug *Aerobatik* (gr.-engl., ohne Pl.)

Kunstfreund *Mäzen,* der (lat., Pl. -e) nach

dem Vertrauten des Kaisers Augustus: Maecenas (70–8 v. Chr.), dem Gönner der Dichter Horaz u. Vergil, Bez. für e. freigebigen Geldgeber der Kunst

Kunstgattung des Spotts *Satire,* die (lat., Pl. -n) auch: buntes Allerlei witziger Übertreibungen.»Respektlosigkeit ist die Basis von Satire.« (Gerhard Haderer, Karikaturist, 2006)

Kunstgegenstand, der in kleiner Auflage verkauft wird *Multiple,* die (lat.-engl., Pl. -s) z. B.»Waren« von Künstlern, die im Laden innerhalb e. Museums angeboten werden;»Lieber ein gutes Multiple als ein schlechtes Unikat.« (Galerist Daniel Buchholz)

Kunstgriff 1. *Finesse,* die (lat.-fr., Pl. -n) 2. *Manipulation,* die (lat.-fr., Pl. -en) i. S. e. fälschenden Kunstgriffs; e. unredliche Beeinflussung; treibt die Werbung Verbrauchermanipulation? auch: e. Spielautomaten manipulieren

Kunsthandlung *Galerie,* die (it., Pl. ...ien) für Bilder

Kunstharz *Chemoplast,* der (arab.-roman., Pl. -e) härtbares Material

Kunstleder *Pegamoid,* das (Eigenn., engl., Pl. -e)

Künstler 1. *Virtuose,* der (lat.-it., Pl. -n) z. B. Geigenvirtuose (Yehudi Menuhin) 2. *Topstar,* der (engl., Pl. -s) z. B. einst Elvis Presley 3. *Anonymus,* der (gr.-lat., Pl. ...men) e. ungenannter Künstler

Künstler am Kabarett *Kabarettist,* der (fr., Pl. -en) »... dann müßte Ottfried Fischer als Kabarettist auch weg, denn der ist nicht dümmer.« (Theo Waigel, Bundesfinanzminister, 1998)

Künstler anstellen *engagieren* (germ.-fr.)

Künstler, begünstigter ... *Benefiziant,* der (lat., Pl. -en) ... von e. Benefiz

Künstlerbetreuer *Manager,* der (lat.-it.-engl., ohne Pl.)

Künstlerbezahlung *Gage,* die (germ.-fr., Pl. -n)

künstlerisch 1. *artistisch* (lat.-fr.) 2. *musisch* (gr.-lat.)

Künstlerkreise *Boheme,* die (lat.-fr., ohne Pl.)

Künstlername 1. *Pseudonym,* das (gr., Pl. -e) z. B. der Deckname e. Autors (Oscar Wilde – Finga Wills) 2. *Nom de querre,*

der (fr., ohne Pl.) »Kriegsname«; fr. Bez.
für e. Deck- oder Künstlernamen
Künstlerwerkstatt *Atelier*, das (fr., Pl. -s)
künstlich 1. *artifiziell* (lat.-fr.) 2. *imitiert
(lat.) nachgemacht 3. synthetisch* (gr.)
künstlich hergestellt *synthetisch* (gr.) PVC
(best. Kunststoff) ist e. synthetisches Material
künstliche Welt 1. *Cyberspace*, der (engl.-
am., Pl. -s) von cybernetics (Kybernetik)
u. space (Raum), e. computererzeugte
Welt, die dreidimensional erlebt werden
kann, wenn e. entsprechende Brille aufgesetzt wird 2. *virtual Reality*, die (lat.-engl.-
am., ohne Pl.) »mögliche Wirklichkeit«;
auch: computererzeugte Bildschirmwirklichkeit 3. *virtual World*, die (lat.-engl.-
am., Pl. -s) gemeint ist e. neues »virtuelles
Abenteuer-Center«; Computer entwikkeln e. dreidimensionale Phantasy-Spielwelt, in der bis zu acht Personen in e.
Spielhalle interaktiv mitspielen können
**künstliche, durch Computer-Netzwerke
verbundene Gemeinde** *virtuelle Kommune*, die (lat.-engl.-am.-fr., Pl. -en) gemeint
ist das erste öffentlich finanzierte elektronische Netzwerk für Bürger Santa Monicas (Kalifornien), genannt PEN (Public
Electronic Network)
Kunstmensch 1. *Android*, der (gr., Pl. -en)
Maschine, die in Erscheinung u. Bewegungsart e. Menschen ähnelt; nicht verw.
mit *Asteroid*, der (gr., Pl. -en) kleiner Planet 2. *Roboter*, der (tschech., ohne Pl.)
Maschinenmensch
Kunstreiter *Voltigeur*, der (lat.-it.-fr., Pl.
-e) in e. Zirkusnummer
Kunstrichtung der höchsten Vereinfachung *Suprematismus*, der (lat.-russ., ohne Pl.) von K. Malewitsch (1878–1935)
begründet, z.B.: »Das schwarze Quadrat«
**Kunstrichtung, bei der die geometrische
Form e. Gestaltungsprinzip ist** *Konstruktivismus*, der (lat., ohne Pl.) Besonderheit: *Suprematismus*, der (lat.-russ.,
ohne Pl.) von K. Malewitsch (1878–
1935) begründet, z.B.: »Das schwarze
Quadrat«
**Kunstrichtung, die Objekte zum Verzehr
schafft** *Eat-art*, die (engl., ohne Pl.)
**Kunstrichtung, in der es um Freisetzung
von unbewußten Kräften geht** *Dadais-*

mus, der (lat.-fr., ohne Pl.) auch: nach dem
Stammellaut »dada« benannte Kunst ab
1916, die e. konsequenten Irrationalismus
proklamierte
Kunstrichtung, moderne *Pop-art*, die
(am., ohne Pl.) »populäre Kunst«; Kunstrichtung, die e. neuen Realismus darstellt;
Anliegen: die Kunst aus ihrer Isolation
herauszuführen, z.B. der Maler Andy
Warhol (1928–1987); Popmusik
Kunstspringer *Voltigierer*, der (fr., Pl. -)
auch: Luftspringer; Plänkler (mil.)
**Kunststil, durch üppige Verzierungen
geprägter ...** *Barock*, der, das (port.-it.-
fr., ohne Pl.) eigtl.: unregelmäßig; Barockzeitalter in Europa: 1600 bis 1750;
Neo-Barock des 20. Jhs.
Kunststoff aus Milcheiweiß *Galalith*, das
(Eigenn., ohne Pl.) »Milchstein«
Kunststoff *Plastik*, das (gr.-lat.-fr., ohne
Pl.)
**Kunststoff, bei höheren Temperaturen
verformbarer ...** *Thermoplast*, der (lat.,
Pl. -e)
Kunststoff, sehr leichter *Aerogel*, das (gr.-
engl., Pl. -e) neuartiger, transparenter, sehr
leichter Kunststoff zur Isolation
Kunststoff, siliciumhaltiger ... *Silikon*,
Silicon, das (lat., Pl. -e) Begriff für High-
Tech (Silicon-Valley) oder künstlich verschönerter Busen; »Was macht der Mufti,
wenn er ..., von e. Silikonbusen angesaugt, feststellen muß, die Dame ... ist
oben geliftet u. unten zugenäht?«
(G. Schröders geh. Tagebuch von H. Venske, 1997)
Kunsttischler *Ebenist*, der (gr.-lat., Pl. -en)
des 18. Jhs., der Einlegearbeiten anfertigt
kunsttischlern *ebenieren* (gr.-lat.)
kunstvoll erdacht *ingeniös* (lat.-fr.)
Kunstwerk 1. *Opus*, das (lat., Pl. Opera)
»Werk« 2. *Œuvre*, das (lat.-fr., Pl. -s) das
Gesamtkunstwerk e. Schaffenden
Kupfer, Schutzschicht auf ... *Patina*, die
(it., ohne Pl.) grünliche Schicht
Kupfervergiftung *Kuprismus*, der (lat.,
ohne Pl.)
Kuppelbau, runder ... *Rotunde*, der (lat.,
Pl. -n) auch: Rundbau; rund gebaute öffentliche Toilette
Kurfürstentum *Elektorat*, das (lat., Pl. -e)
auch: Kurfürstenwürde

Kurfürstenwürde *Elektorat*, das (lat., Pl. -e)

Kurheim *Sanatorium*, das (lat., Pl. ...ien)

Kurpfuscher *Medikaster*, der (lat., ohne Pl.)

Kurs 1. *Route*, die (lat.-fr., Pl. -n) von Schiffen u. Flugzeugen eingeschlagene Kurse 2. *Törn*, der (engl., Pl. -s) längere seem. Reise

Kurs, intensiver Schnell... *Crashkurs*, der (engl.-dt., Pl. -e) von: to crash (zusammenbrechen, krachen); geeignet, auf rasche Weise die Grundlagen e. Wissensgebietes zu erlernen; meist Sprachen

Kursbegrenzung *Limit*, das (engl., Pl. -s) ... bei Verkaufsaufträgen nach unten, bei Kaufaufträgen nach oben (Aktien)

Kursbestimmung *Navigation*, die (lat., ohne Pl.) bei Schiffen u. Flugzeugen

Kursdifferenz *Arbitrage*, die (lat.-fr., Pl. -n) Ausnutzung der Kursdifferenzen von z. B. Aktien u. Devisen an unterschiedlichen Börsenplätzen

Kursnotierung *Quotation*, die (lat., Pl. -en) an der Börse

Kurssturz *Deroute*, die (lat.-fr., Pl. -n) bei Aktien

Kursverbesserung *Reprise*, die (lat.-fr., Pl. -n) bei Aktien

Kurve, ebene ... dritter Ordnung *Zissoide*, die (gr.-lat., Pl. -n) Math.

Kurvenmesser *Kartometer*, das (ägypt.-gr.-lat.-fr., ohne Pl.)

kurviger Weg 1. *Serpentine*, die (lat., Pl. -n) Schlangenlinie 2. *Serpentone*, der (lat.-it., Pl. ...ni) it. Bez. für Bergkehre

kurz 1. *brüsk* (it.-fr.) brüske Antworten geben 2. *lapidar* (lat.) e. lapidare (nichtssagende) Antwort geben 3. *prägnant* (lat.-fr.) kurz u. aussagekräftig 4. *lakonisch* (gr.-lat.) i. S. von kurz u. knapp, z. B.: er sagte:»So nicht!« 5. *epigrammatisch* (gr.-lat.) svw. kurz u. treffend 6. *ephemer* (gr.-lat.) »für e. Tag«; auch: rasch, flüchtig 7. *temporär* (lat.-fr.) i. S. von: vorübergehend 8. *transitorisch* (lat.) 9. *summarisch* (lat.) kurz u. bündig

kurz, ich bemühe mich, ... zu sein *brevis esse laboro* (lat., Zitat: Horaz)

kurzatmig *asthmatisch* (gr.-lat.) med.

Kurzatmigkeit *Tachypnoe*, die (gr.-lat., ohne Pl.) beschleunigtes Atmen (med.)

Kurzbericht *Reportage*, die (lat.-fr., Pl. -n) für die Medien verfaßt (Presse, Funk oder Fernsehen)

Kürze *Prägnanz*, die (lat.-fr., ohne Pl.) i. S. von Genauigkeit

kürzen *kupieren* (fr.) abschneiden, stutzen; gestern wurde der Schwanz seines Boxers kupiert

kurzerhand *brevi manu* (lat.)

Kurzerzählungen erotischen oder satirischen Inhalts *Fazetien*, die (lat., nur Pl.) ... in der it. Renaissance

kurzfüßig *brachypodisch* (gr.)

Kurzgalopp *Redopp*, der (lat.-it., ohne Pl.)

kurzgefaßt *in nuce* (lat., Zitat: Plinius) eigtl.: in e. Nuß

Kurzgeschichte *Shortstory*, die (engl., Pl. ...ries) Ernest Hemingway, Meister der Shortstories

kurzlebig 1. *ephemer* (gr.-lat.) eigtl.: »für e. Tag«; flüchtig 2. *episodisch* (gr.-lat.) vorübergehend

Kurznachrichten auf dem Handy verschicken *simsen* (Eigenn. von SMS)

Kurzschrift der Antike *Tachygraphie*, die (gr.-lat., Pl. ...ien)

Kurzschrift *Stenographie*, die (gr., ohne Pl.)

kurzsichtig *myop* (gr.) med.; Ggs.: hypermetropisch

Kurzsichtigkeit *Myopie*, die (lat., Pl. ...ien) med.

kurzsilbig *brachysyllabisch* (gr.)

Kurzstreckenlauf *Sprint*, der (engl., Pl. -s)

Kurztrip Jugendlicher in irreale TV-Welten ... *TV-Slumming*, das (engl.-am., ohne Pl.) ... in dem das Gesehene nachgespielt wird (u. Rückkehr in die reale Welt)

kurzum *item* (lat.)

Kurzweil, mit jmdm. ... treiben *ludibrio habere* (lat., Zitat) auch: in den April schicken

Kurzwort 1. *Akronym*, das (gr., Pl. -e) 2. *Initialwort*, das (lat.-dt., Pl. ...wörter) jeweils Bez. für Wörter, die aus zusammengerückten Anfangsbuchstaben bestehen, z. B. Strabag: Straßenbau-Aktien-Gesellschaft

Küste, auf die der Wind steht *Legerwall*, der (niederdt., ohne Pl.)

Küstenland *Litoral*, das (lat., Pl. -s)

küstennah *litoral* (lat.)
Küstenschiff des Mittelmeers *Feluke*, die (arab., Pl. -n) meist zweimastig mit Lateinsegel
Küstenschiffahrt *Kabotage*, die (lat.-sp.-fr., Pl. -n)
Küstenzone *Litoral*, das (lat., Pl. -e)
Küster *Sakristan*, der (lat., Pl. -e) der katholischen Kirche
Kutsche 1. *Kalesche*, die (poln., Pl. -n) 2. *Equipage*, die (fr., Pl. -n) e. bes. elegante Kutsche
Kutte e. Mönchs *Habit*, das (lat.-fr., Pl. -e) auch: e. best. Berufskleidung
Kutte, die ... macht nicht den Mönch *cucullus non facit monachum* (lat., Zitat)

L

Labsal *Balsam*, der (gr.-lat., Pl. -e) auch: Gemisch aus Harzen u. ätherischen Ölen; Linderung z. B. für die Augen, die Seele
Lächeln, behalte das ... *keep smiling* (engl.)
Lächeln, hämisches ... *sardonisches Lächeln* (lat.-dt.)
Lächeln, wissendes ... der Eingeweihten *Augurenlächeln*, das (lat.-dt., ohne Pl.)
lächerlich 1. *grotesk* (gr.-lat.-fr.) auch: absonderlich oder phantastisch wirkend 2. *ridikül* (lat.-fr.) z. B. e. ridikülen Vorschlag machen 3. *skurril* (etrusk.-lat) sonderbar
lächerlich machen 1. *blamieren* (gr.-lat.-fr.) beschämen 2. *desavouieren* (lat.-fr.) bloßstellen; auch: im Stich lassen 3. *kompromittieren* (lat.-fr.) bloßstellen
Lachgas *Stickoxydul*, das (dt.-gr.-lat., ohne Pl.)
Lachkrampf *Gelasma*, das (gr., Pl. ...men) med.
lachsartige Fische *Salmoniden*, die (gr.-lat., Pl.) Sammelbez.; nicht verw. mit Salmonellen (Bakterien)
Laden 1. *Shop*, der (engl., Pl. -s) Shopkeeper (Ladenbesitzer) 2. *Store*, der (engl., Pl. -s) auch: Lager
Ladenbuchhändler *Sortimenter*, der (it., Pl. -)

Ladenhüter *Restant*, der (lat., Pl. -en) schlecht verkäufliche Ware
Ladenstraße *Passage*, die (lat.-fr., Pl. -n) meist überdacht
Ladentisch *Theke*, die (gr.-lat., Pl. -n)
Ladung *Charge*, die (fr., Pl. -n) »Last«; Beschickung; auch: Amt, Würde, Dienstgrad
Lage 1. *Konstellation*, die (lat., Pl. -en) auch: Planetenstand 2. *Kontext*, der (lat., Pl. -e) auch: Text- oder Redestück; Sachu. Situationszusammenhang 3. *Position*, die (lat., Pl. -en) auch: berufliche Stellung 4. *Situation*, die (lat.-fr., Pl. -en) 5. *Stadium*, das (gr.-lat., Pl. ...ien) i. S. e. Zustands, Abschnitts
Lage, in originaler ... *in situ* (lat.)
Lage, tatsächliche ... *Realität*, die (lat., Pl. -en) auch: Wirklichkeit; Ggs.: Irrealität. »Ich stelle bei Klinsmann e. Realitätsverlust fest.« (Günter Netzer, ehemaliger Fußballer, 2006)
Lage, wirtschaftliche *Konjunktur*, die (lat., Pl. -en) z. B. Hochkonjunktur; nicht verw. mit *Konjunktion*, die (lat., Pl. -en) »Bindewort«; auch: Verknüpfung mehrerer Aussagen
Lagebeschreibung *Topographie*, die (gr.-lat., Pl. -n) Beschreibung geographischer Gegebenheiten
Lagebesprechung *Briefing*, das (engl.-am., Pl. -s) i. S. e. kurze Einweisung z. B. zur Erstellung e. Werbemaßnahme
Lager 1. *Store*, der (engl., Pl. -s) 2. *Magazin*, das (arab.-it., Pl. -e)
lagern 1. *magazinieren* (arab.-it.) 2. *deponieren* (lat.-fr.) auch: hinterlegen 3. *biwakieren* (dt.-fr.)
Lagerplatz *Deponie*, die (lat.-fr., Pl. ...ien)
Lagerschein *Warrent*, der (engl., Pl. -s)
Lagerung 1. *Deponierung*, die (lat.-fr., Pl. -en) 2. *Depot*, das (fr., Pl. -s) auch: Sammelstelle, Aufbewahrungsort 3. *Deponie*, die (lat.-fr., Pl. ...ien) z. B. Mülldeponie
Lagerverwalter 1. *Magazineur*, der (arab.-fr., Pl. -e) 2. *Magaziner*, der (fr.-dt., Pl. -)
lähmen *paralysieren* (gr.-lat.) med.
Lähmung 1. *Paralyse*, die (gr.-lat., Pl. -n) med. 2. *Paraplegie*, die (gr., Pl. ...ien) med.
Laie *Dilettant*, der (lat.-it., Pl. -en) die Holzarbeiten sind von e. Dilettanten ausgeführt worden
Laienbruder 1. *Frater*, der (lat., Pl. Fratres)

... e. Mönchsordens; Klosterbruder vor der Priesterweihe 2. *Oblate*, der (lat., Pl. -n) für den Ordensstand best. Kind; Angehöriger kath. Genossenschaften; nicht verw. mit: Oblate, die: das Abendmahlbrot **laienhaft** *dilettantisch* (lat.-it.)

Lamm Gottes *Agnus Dei* (lat., Zitat, Joh. 1, 29)

Lamm, weiches ... leder *Glacé*, das (fr., Pl. -s) z. B. jmdn. mit Glacé-Handschuhen anfassen

Lammfellmütze, tatarische ... *Kalpak* u. *Kolpak*, der (türk., Pl. -s) auch: Mütze der Armenier; Stoffzipfel a. d. Husarenmütze

Lampengestell *Lampadarius*, der (gr.-lat., Pl. ...ien) Gestell, bestehend aus mehreren Armen aus dem antiken Rom

Lampenschirm *Abatjour*, der (fr., Pl. -s) auch: Fenster mit abgeschrägter Laibung

Lampenträger *Kandelaber*, der (lat.-fr., Pl. -) auch: mehrarmiger Leuchter für Kerzen oder Lampen

Lancieren e. Artikels in e. Magazin ... *Point-of-Sale-Magazin*, der (engl.-am., ohne Pl.) ... dessen Zielgruppe mit dem beworbenen Produkt übereinstimmt

Land 1. *Terra*, die (lat., ohne Pl.) Terra incognita (unbekanntes Land) 2. *Territorium*, das (lat.-fr., Pl. ...ien) i. S. e. Hoheitsgebietes e. Staates

Land des Krieges *Dar al-harb* (arab.) d. h., alle Gebiete außerhalb »des Landes des Islams« sind Ziele des Dschihad (heiliger Krieg)

Land Israel *Erez Israel*, das (hebr., ohne Pl.)

Land, hochgelegenes, trockenes ... *Geest*, die (niederl.-dt., Pl. -en) z. B. Geesthacht, Stadt bei Hamburg

Land, jmd., der sich für sein ... einsetzt *Patriot*, der (gr.-lat.-fr., Pl. -en) »Er (Hans-Dietrich Genscher) ist e. leidenschaftlicher Patriot.« (Helmut Kohl, Bundeskanzler, 1998)

Land, tief gelegenes, feuchtes ... *Marsch*, die (niederl.-dt., Pl. -en)

Landarbeiter *Campesino*, der (lat.-sp., Pl. -s)

Landeanflug *Approach*, der (engl., Pl. -s) auch: Annäherung; Annäherungsschlag beim Golf

Landebahn 1. Runway, die (engl., Pl. -s)

für gr. Flugzeuge 2. *Piste*, die (lat.-it.-fr., Pl. -en) für kleine Flugzeuge; auch unbefestigter Weg für Fahrzeuge 3. *Air strip*, der (engl., Pl. -s)

Landenge *Isthmus*, der (gr.-lat., Pl. ...men) z. B.: Isthmus von Korinth

Länderbeschreibung *Chorographie*, die (gr.-lat., Pl. ...ien)

Landeshoheit *Territorialhoheit*, die (lat.-dt., Pl. -en)

Landesteil *Provinz*, die (lat., Pl. -en)

Landesvertreibung *Extermination*, die (lat., Pl. -en) auch: Zerstörung

Landesverweser *Regent*, der (lat., Pl. -en) i. S. e. fürstlichen Staatsoberhauptes; »Der Regent hat kein Recht über die Meinungen der Bürger.« (Friedrich der Große)

Landgut 1. *Farm*, die (engl., Pl. -en) mit Ackerbau u. / oder Tierzucht 2. *Hazienda*, die (sp., Pl. -s) in Lateinamerika 3. *Fazende*, die (port., Pl. -s) in Portugal u. Brasilien 4. *Finca*, die (sp., Pl. -s) kleines Landgut in Spanien u. Südam.

Landhaus *Chalet*, das (schweiz.-fr., Pl. -s)

Landkartenherstellung *Kartographie*, die (ägypt.-gr.-lat.-fr., ohne Pl.)

Landkartenzeichner *Kartograph*, der (ägypt.-gr.-lat.-fr., Pl. -en) Kapitän James Cook (1728 – 1779) war e. hervorragender Kartograph

Landleben *Arkadien*, das (gr., ohne Pl.) i. S. e. Schauplatzes glückseligen Lebens auf dem Lande; nach der alten Landschaft Arkadien; »Auch ich war in Arkadien geboren« (Friedrich Schiller)

ländlich 1. *rustikal* (lat.) von einfach-bäuerlich 2. *pastoral* (lat.) i. S. von idyllisch 3. *idyllisch* (gr.-lat.) i. S. von: beschaulich 4. *provinziell* (lat.-fr.) i. S. von: engstirnig

Landpferd, poln. oder russ. ... *Panjepferd*, das (poln., Pl. -e) e. genügsames, zähes Pferd in Osteuropa

Landpolizei *Gendarmerie*, die (fr., Pl. ...ien)

Landschaft *Szenerie*, die (gr.-lat.-fr., Pl. ...ien)

Landschaft, virtuelle ... *Cyberspace*, der (engl., Pl. -s) die nur in vernetzten Computern besteht; auch: e. digitale Scheinrealität

Landschaftsmalerei, naturgetreue ... *Vedute*, die (lat.-it., Pl.-n)

347

Landschaftstyp Frankreichs *Bocage*, der (fr., Pl. -s) im Nordwesten; Charakterbild: kleine Felder, schachbrettartig angelegt

Landsknecht *Pikenier*, der (fr., Pl. -e) e. mit der Pike kämpfender Soldat des Mittelalters

Landstraße 1. *Highway*, der (engl.-am., Pl. -s) in den USA 2. *Freeway*, der (engl.-am., Pl. -s) in den USA, ähnlich der deutschen Autobahn

Landstreicher 1. *Vagabund*, der (lat.-fr., Pl. -en) 2. *Clochard*, der (fr., Pl. -s) in Paris anzutreffen 3. *Tramp*, der (engl., Pl. -s) 4. *Berber*, der (ohne Pl.) obdachloser Tippelbruder; auch: Volksgruppe in Nordafrika, teilweise nomadisierend

Landstreicherei *Vagabondage*, die (lat.-fr., ohne Pl.)

Landstrich *Distrikt*, der (lat., Pl. -e) auch: Gebiet

Landungsbrücke *Pier*, der (lat.-engl., Pl. -s) meist schwimmender Ponton, an dem Schiffe anlegen

Landvermesser 1. *Geodät*, der (gr.-lat., Pl. -en) 2. *Topograph*, der (gr., Pl. -en) 3. *Trigonometer*, der (gr.-lat., ohne Pl.) 4. *Geometer*, der (gr.-lat., ohne Pl.)

Landvermessung *Geodäsie*, die (gr., ohne Pl.)

Landvermessungsgerät *Tachymeter*, das (gr., Pl. -) ... das Vertikal-, Horizontalwinkel u. Entfernungen mißt, z. B. für die Digitalisierung von Ausgrabungen

Land-Wasser-Fahrzeug *Amphibienfahrzeug*, das (gr.-dt., Pl. -e)

Landwirt 1. *Agrarier*, der (lat., Pl. -) 2. *Agronom*, der (gr.-lat., Pl. -en) gelernter Landwirt: Dipl.-Agronom 3. *Farmer*, der (engl.-am., ohne Pl.)

Landwirtschaft *Agrikultur*, die (lat., Pl. -en)

landwirtschaftlich 1. *agronomisch* (gr.-lat.) i. S. von ackerbaulich 2. *agrarisch* (gr.-lat.)

Landwirtschaftskunde *Agronomie*, die (gr.-lat., Pl. -n) auch: Landwirtschaftswissenschaft

Länge, geographische ... *Longitüde*, die (lat., ohne Pl.)

Längengleichheit *Isometrie*, die (gr., ohne Pl.) auch: Längentreue z. B. bei Landkarten; Ggs.: Allometrie

Längenkreis *Meridian*, der (lat., Pl. -e) gedachte Linien, die von Pol zu Pol laufen

Längenmaß 1. *Yard*, das (engl., Pl. -s) 1 Yd. = 0,9144 m 2. *Inch*, der (engl., Pl. -es) = 2,54 cm (Zoll), 3. *Foot*, der (engl., Pl. Feet) = 30,47 cm

Langeweile *Ennui*, der (lat.-fr., ohne Pl.)

langfristig *à la longue* (fr.) e. Investition, die sich nur à la longue rentiert

Langköpfigkeit *Dolichozephalie*, die (gr.-lat., Pl. -n) med.

Langlauf *Marathon*, der (gr., ohne Pl.) über 42 km; 490 v. Chr. lief e. Bote von Marathon nach Athen, um den Sieg der Griechen über die Perser zu verkünden, am Ziel brach er tot zusammen

Langlaufspur *Loipe*, die (skand., Pl. -n) auch: präparierte Langlaufpiste für Skilangläufer

Langlebigkeit *Longävität*, die (lat., ohne Pl.)

länglich-rund 1. *oval* (fr.) 2. *oblong* (lat.)

langsam *adagio* (it.) musik. Vortragsanw.

langsam fortschreitend *statarisch* (lat.) Lektüre wird durch Texterläuterungen unterbrochen; Ggs.: kursorisch

langsamer *rallentando* (lat.-it.) spielen, als musik. Vortragsanw.

langsamer werdend *ritardando* (lat.-it.) musik. Vortragsanw.

Langsamkeit *Inertie*, die (lat., ohne Pl.) Trägheit (med.)

längsgerichtet *longitudinal* (lat.) die geographische Länge betreffend

langweilen *ennuyieren* (lat.-fr.)

langweilen, sich ... *fadisieren* (österr.)

Langweiler *Gorebore*, der (engl.-am., ohne Pl.) von Al Gore, dem »grünen« US-Vizepräsidenten, u. to bore (langweilen); Begriff für e. langweiligen, ökologisch ausgerichteten Karrieristen

langweilig 1. *ennuyant* (lat.-fr.) 2. *monoton* (gr.-lat.-fr.) gleichförmig 3. *stereotyp* (gr.-fr.) auch: abgedroschen 4. *trist* (lat.-fr.) auch: traurig, öde 5. *boring* (engl.)

langwierig *chronisch* (gr.) z. B. er ist chronisch erkrankt

Lanzenreiter *Ulan*, der (türk.-poln., Pl. -en) aus dem späten Mittelalter

Lappenzelt *Kote*, die (finn., Pl. -n) eigtl. Haus; nicht verw. mit: *Kote*, die (fr.)

Geländepunkt; best. Zahlenangaben (math.)

Lärm 1. *Spektakel*, der (lat., Pl. -) »Schauspiel«, lautes Sprechen 2. *Tumult*, der (lat., Pl. -e) Aufruhr 3. *Turbulenz*, die (lat., Pl. -en) ungeordnete Windwirbel; das Flugzeug durchflog e. Turbulenz

Laserbilder, dreidimensionale ... *holographische Projektion*, die (gr.-lat., Pl. -en) holographisch: eigenhändig geschrieben; Laserstrahlen erzeugen räumliche Bilder im freien Raum (Videospiele dieser Art sind auf dem Markt)

lässig 1. *leger* (lat.-fr.) zwanglos 2. *salopp* (fr.) sportlich-bequem, z. B. e. salopp gekleideter Geschäftsmann

Lässigkeit *Nonchalance*, die (lat.-fr., ohne Pl.) Unbekümmertheit

Lässigkeit, kluge *Coolness*, die (engl.-am., ohne Pl.) auch: positive Illusionslosigkeit, selbstverständliche Respektlosigkeit, von »cool« (kühl, gelassen) das Trendwort der 90er Jahre, das meistverwendete Adjektiv in den USA

Last 1. *Crux*, die (lat., ohne Pl.) »Kreuz«; nicht verw. mit *Crus*, das (lat., Pl. Crura) Schenkel (med.) 2. *Misere*, die (lat., Pl. -n) auch: Elend 3. *Schikane*, die (fr., Pl. -n) i. S. von böswillig bereiteten Schwierigkeiten; Schwierigkeiten in e. Autorennstrecke

Lastenträger 1. *Kuli*, der (hindi, Pl. -s) in Ostasien 2. *Hammal*, der (arab., Pl. -s) im Orient

lasterhaft *vitiös* (lat.-fr.) bösartig

lästerlich *blasphemisch* (gr.-lat.) i. S. e. Gotteslästerung

lästern *mokieren* (fr.) sich, i. S. von: sich spöttisch äußern

lästig 1. *impertinent* (lat.) eigtl.: nicht dazu gehörig; i. S. von: unverschämt 2. *penetrant* (lat.) durchdringend, aufdringlich

Lastkähne stromaufwärts ziehen *bomätschen* (tschech.) auch: treideln

Lastkraftwagenfahrer 1. *Teamster*, der (engl.-am., Pl. -s) 2. *Trucker*, der (engl.-am., Pl. -s)

Lastzug *Truck*, der (engl., Pl. -s) in den USA

Laterne in e. Moschee *Fanus*, der (arab.)

Latrine *Pissoir*, das (fr., Pl. -e) auch: primitive Toilette, Senkgrube; Latrinenparole (Gerücht)

Lattenkiste *Haraß*, der (fr., Pl. ...asse) Kiste, in die Glas u. Porzellan verpackt wird

Lattenzaun *Staket*, das (germ.-it.-fr.-niederl., Pl. -e)

Laube *Pergola*, die (lat.-it., Pl. ...len) auch: Laubengang aus Pfeilern, an denen Pflanzen ranken

Laubsäge *Dekupiersäge*, die (fr.-dt., Pl. -n)

Laufbahn *Karriere*, die (lat.-fr., Pl. -n) der Manager machte bei der IBM Karriere

Laufbahn, erfolgreiche ... *Karriere*, die (lat.-fr., Pl. -n) »Karriere ist konstantes Lernen.« (Andrew Grove, Intel-Chef, 1997)

laufen, gut ... 1. *florieren* (lat.) das Geschäft floriert (gedeiht) 2. *prosperieren* (lat.-fr.) gut gehen; nicht verw. mit *prospektieren* (lat.) mineralogische Lagerstätten ausfindig machen

laufen, mit dem Ball ... *Dribbling*, das (engl., Pl. -s)

Laufen, schnelles ... *joggen* (engl.) ... im Trabtempo; »Angela Merkel (Bundesumweltministerin) soll mal durch den Stau joggen — e. halbe Stunde lang ...« (G. Schröders geh. Tagebuch von H. Venske, 1997)

laufenden, auf dem ... sein *up to date* sein (engl.)

Laufjunge *Boy*, der (engl., Pl. -s) im Hotelgewerbe

Laufleine *Longe*, die (lat.-fr., Pl. -n) lange Leine für Pferde

Laufrad *Draisine*, die (dt., Pl. -n) nach dem dt. Erfinder K. F. Drais von Sauerbronn (1785–1851) Fahrradvorläufer; auch: Schienenfahrzeug für die Streckenüberwachung

Laufschuhe 1. *Spikes*, die (engl., Pl.) 2. *Spike*, der (engl., Pl. -s) Dorn, Nagel an der Schuhsohle, an Autoreifen

Laufsteg *Gangway*, die (engl., Pl. -s) führt an Schiffe u. Flugzeuge

Laufsteg-Schönheit *Catwalk-Beauty*, die (engl., Pl. -s) e. bekannte darunter ist Heidi Klum

Laufvogel, großer ... 1. *Kasuar*, der (malaiisch-niederl., Pl. -e) 2. *Emu*, der (port., Pl. -s) jeweils in Australien beheimatet

laugenhaft *alkalisch* (arab.)

Laune *Kaprice*, die (fr., Pl. -n) auch: Grille

launenhaft *kapriziös* (lat.-fr.) eigenwillig

349

Launenhaftigkeit *Bizarrerie*, die (fr., Pl. …ien) auch: Absonderlichkeit (was Form u./o. Gestalt anbetrifft)

launig 1. *humoristisch* (lat.) z. B. e. humoristische Rede halten 2. *capriccioso* (lat.-it.) musik. Vortragsanw.

Läusebefall 1. *Pedikulose*, die (lat., Pl. -n) 2. *Phthiriase*, die (lat., Pl. -n) u. *Phthiriasis*, die (lat., Pl. …iasen) auch: Filzlausbefall (med.)

laut 1. *forte* (lat.-it.) musik. Vortragsanw. 2. *fortissimo* (lat.-it.) sehr laut, musik. Vortragsanw. 3. *fortefortissimo* (lat.-it.) bes. laut, musik. Vortragsanw. 4. *turbulent* (lat.) stürmisch

Laut *Bilabial*, der (lat., Pl. -e) e. mit beiden Lippen gebildeter Laut, z. B. »p« (Sprachw.)

Laut, mit der Zunge gebildeter … *Alveolar*, der (lat., Pl. -e) auch: Zahnlaut

Lautbildung *Artikulation*, die (lat., Pl. -en) auch: deutliche Gliederung des Ausgesprochenen

Laute *Testudo*, die (lat., Pl. …dines) Musikinstrument vom 15. bis 17. Jh.

Laute, japanische … *Biwa*, die (jap., Pl. -s) … vier- bis sechssaitig

lautend, auf den Inhaber … *auporteur* (fr.) von Wertpapieren

lauter werdend *crescendo* (lat.-it.) musik. Vortragsanw.; Ggs.: decrescendo

läutern *affinieren* (fr.) bes.: reinigen; Scheiden von Edelmetallen

Läuterung *Katharsis*, die (gr., ohne Pl.) i. S. e. kultischen Reinigung; auch: Befreiung von seelischen Konflikten u. Spannungen

Lautlehre *Phonetik*, die (gr.-lat., ohne Pl.)

lautlich *phonetisch* (gr.-lat.)

Lautmalerei *Onomatopöie*, die (gr.-lat., Pl. …ien) z. B. grunzen oder wiehern; auch: Lautnachahmung, z. B. »miau« u. »wauwau«

Lautsprecher *Megaphon*, das (gr., Pl. -e) als tragbarer Stimmenverstärker

Lautstärkenmesser *Phonometer*, das (gr.-lat., Pl. -) »Tonmesser«

Leb wohl! 1. *adieu!* (lat.-fr.) 2. *farewell* (engl.) 3. *so long* (engl.) 4. *good by* (engl.)

lebe hoch! *banzai!* (jap.)

lebe, es …, wachse, blühe! *vivat, crescat, floreat!* (lat., Zitat)

Lebefrau *Playgirl*, das (engl., Pl. -s) attraktive junge Frau, die mit reichen Männern verkehrt

Lebemann 1. *Bonvivant*, der (lat.-fr., Pl. -s) 2. *Playboy*, der (engl., Pl. -s) Gunther Sachs galt lange Zeit als der dt. Playboy 3. *Roué*, der (lat.-fr., Pl. -s) mit vornehmer Umgangsart 4. *Epikureer*, der (gr.-lat., Pl. -) Genießer der materiellen Freuden des Lebens, nach der Lehre des gr. Philosophen Epikur (341–270 v. Chr.) 5. *Hedonist*, der (gr., Pl. -en) Person, für die das höchste Ziel das Streben nach Sinneslust u. Genuß ist (nach dem Hedonismus, e. in der Antike begründeten philos. Lehre)

Leben 1. *Existenz*, die (lat., Pl. -en) in der Wüste um die nackte Existenz kämpfen 2. *Idyll*, das (gr.-lat., Pl. -en) i. S. beschaulichen Lebens 3. *Boheme*, die (lat.-fr., ohne Pl.) ungebundenes, von bürgerlichen Zwängen freies Leben

leben *debauchieren* (fr.) ausschweifend

leben heißt kämpfen *vivere militare est* (lat., Zitat des jüngeren Seneca)

Leben, auf … bezüglich *biotisch* (gr.)

Leben, das … außerhalb Palästinas oder Israels *Diaspora*, die (gr., ohne Pl.) eigtl.: Zerstreuung

Leben, das … Bios, der (gr., ohne Pl.) i. S. der belebten Welt als Teil des Universums

Leben, das … ist kurz, die Kunst lang (lat., Zitat: Hippokrates)

Leben, das … lenkende Kraft *Od*, das (Eigenn., nord., ohne Pl.) »Gefühl«; e. vom Naturphilosophen C. L. von Reichenbach (1780–1869) eingeführter Begriff

Leben, das süße … *Dolce vita*, das, die (lat.-it., ohne Pl.) auch: Müßiggängertum

Leben, sein … dem Wahren weihen *vitam impendere vero* (lat., Zitat: Juvenal)

Leben, so ist das *»c'est la vie!«* (fr.) »Man möchte e. große Lange und bekommt e. kleine Dicke – c'est la vie!« (Kurt Tucholsky)

Leben, süßes *Dolce vita*, die, das (lat.-it., ohne Pl.) auch: Müßiggängertum

Lebende rufe ich, Tote beklage ich, Blitze breche ich *vivos voco, mortuos plango, fulgura frango* (lat., Zitat u. Inschrift auf Kirchenglocken)

lebendig 1. *vivo* (lat.-it.) musik. Vortragsanw. 2. *organisch* (gr.-lat.) 3. *vital* (lat.-fr.) munter; auch: lebensvoll

350

Lebendigkeit 1. *Vitalität*, die (lat.-fr., ohne Pl.) der alte Mann strotzte vor Vitalität 2. *Agilität*, die (lat.-fr., ohne Pl.) 3. *Drive*, der (engl., Pl. -s) z. B. ihm fehlt der Drive (Antrieb)

Lebensablauf *Biorhythmus*, der (gr.-lat., ohne Pl.) z. B. Zeiten der geistigen u. körperlichen Leistungs- u. folgenden Ruhephasen

Lebensart 1. *Kultur*, die (lat., ohne Pl.) 2. *Savoir-vivre*, das (fr., ohne Pl.) i. S. e. feinen Lebensart

Lebensäußerungen, Gesamtheit der geistigen u. künstlerischen ... *Kultur*, die (lat., Pl. -en) »Kultur ist, was e. Metzger hätte, wenn er Chirurg geworden wäre.« (Anthony Quayle, Schauspieler, 1913–1989)

lebensbejahend *optimistisch* (lat.-fr.) z. B. e. unverbesserlicher Optimist sein; Ggs.: pessimistisch

Lebensbejaher *Optimist*, der (lat.-fr., Pl. -en); Ggs.: Pessimist

Lebensbejahung *Optimismus*, der (lat.-fr., ohne Pl.) e. unerschütterlichen Optimismus ausstrahlen; Ggs.: Pessimismus

Lebensberater 1. *Biographist*, der (am.) Therapeut, Karriereplaner u. Partnerschaftsberater in e. Person 2. *Egonomics* (lat.-am.) i. S. e. ichbezogenen Wirtschaft, Betreuung; aus: ego (ich) u. economics (Wirtschaft)

Lebensbereich, abgetrennter ... *Getto*, das (it., Pl. -s) auch: Stadtviertel, in dem diskriminierte Minderheiten wohnen. »Morgens die Fotos vom unmenschlichen Warschauer Getto, abends im Getto von Ramallah, da geht einem der Deckel hoch!« (Gregor Hanke, Bischof von Eichstätt, im Heiligen Land, 2007)

Lebensbericht 1. *Memoiren*, die (lat., nur Pl.) auch: Erinnerungen e. Persönlichkeit; »Wer seine Memoiren schreibt, hat etwas zu verheimlichen.« (Kurt Tucholsky) 2. *Autobiographie*, die (gr., Pl. -en) literarische Darstellung des eigenen Lebens

lebensbeschreibend *biographisch* (gr.)

Lebensbeschreibung *Biographie*, die (gr., Pl. ...ien)

Lebensbeschreibung der Heiligen ... *Acta Sanctorum*, die (lat., nur Pl.) ... der katholischen Kirche

lebensecht *realistisch* (lat.)

Lebenseinstellung *Optimismus*, der (lat.-fr., ohne Pl.) i. S. e. positiven Einstellung; Ggs.: Pessimismus

Lebensentstehung *Biogenese*, die (gr.-lat., ohne Pl.) Entwicklungsgeschichte der Lebewesen

Lebenserinnerungen *Memoiren*, die (lat., nur Pl.) werden i. allg. als Buch veröffentlicht

lebensfeindlich *bionegativ* (gr.-lat.)

Lebensfluß *Biorheuse*, die (gr.-lat., ohne Pl.) Bez. für den Prozeß des Alterns

Lebensform, antibürgerliche ... 1. *Hippie*, der (engl.-am., Pl. ...ies) ... jugendlicher Anhänger dieser Lebensform aus den USA der 70er Jahre 2. *Hippie-Revival*, das (engl.-am., ohne Pl.) in den 90er Jahren sehnten sich am. u. europäische Jugendliche zur alten Hippie-Zeit zurück

lebensfroh *optimistisch* (lat.-fr.) Ggs.: pessimistisch

Lebensgefühl, romantisches ... *true Romance*, die (engl.-am., ohne Pl.) der Begriff steht für e. ungekünstelte, melancholische u. gebrochene Welthaltung

Lebensgemeinschaft *Symbiose*, die (gr., Pl. -n) Lebewesen verschiedener Art leben zu gegenseitigem Nutzen zusammen, z. B. Büffel u. Kuhreiher bilden e. Putzsymbiose

Lebensgemeinschaft von Tieren u. Pflanzen ... *Biom*, das (gr.-lat., Pl. -e) ... in e. großen Raum (Regenwald, Steppe, Wüste)

lebensgemeinschaftlich *biozönotisch* (gr.)

Lebensgenuß *plaisir de vivre*, das (fr., Pl. -s) dt.: *Pläsier*, das (fr., Pl. -e) Vergnügen, Spaß; »Die e. leben für das plaisir de vivre, die anderen gezwungenermaßen.« (Zino Davidoff)

Lebensgestaltung *Egotrip*, der (lat.-engl., Pl. -s) svw. auf dem Weg der Selbstfindung sein

Lebenshaltung, amoralische ... *Amoralität*, die (lat., ohne Pl.)

Lebenshaltung, die im Überleben u. dem Durchwursteln ihren Sinn sieht *Survivalismus*, der (engl., ohne Pl.) von: to survive (überleben)

Lebensklugheit *Savoir-vivre*, das (fr.) z. B. e. Mensch mit Savoir-vivre kennen

Lebenskraft *Vitalität*, die (lat.-fr., ohne Pl.)
der alte Mann strotzte vor Vitalität

Lebenskraft, schöpferische ... *Elan vital*,
der (lat.-fr., ohne Pl.) auch: metaphysische
Urkraft

Lebenslauf 1. *Curriculum vitae*, das (lat.,
Pl. -a) 2. *Biographie*, die (gr., Pl. ...ien)

Lebensmittel 1. *Naturalien*, die (lat., nur
Pl.) 2. *Viktualien*, die (lat., nur Pl.) in München gibt es den »Viktualien-Markt«

Lebensmittel, chemisch »konstruierte«
... 1. *Food Engineering*, das (engl.) Bez.
für Nahrungsmittel, die immer industrieller u. unnatürlicher hergestellt werden,
z. B. das Steak aus eßbarem Kunststoff
2. *Designer Food* (engl.) z. B. die genmanipulierte Tomate, Lebensmittel aus der
Retorte (Gefäß für chem. Untersuchungen) 3. *Gen-Food* (engl.) durch Manipulation der Genstruktur veränderte Früchte,
Pflanzen u. Tiere, um durch optimale
Qualität höhere Erträge zu erzielen

**Lebensmittel, das eingepackt u. aus der
Hand gegessen wird** *Wrap*, der (engl., Pl.
-s) ... der mexikanischen Küche aus Weizen- oder Maismehl

Lebensmittel, keine ... *Non-food*, das
(engl., Pl. -s) gemeint sind Non-food-Artikel; Ggs.: Food

Lebensmittelbeschaffung ... *Catering*,
das (lat.-it.-fr.-engl., ohne Pl.) ... u. Verteilung, Verpflegungswesen

Lebensmittelprobe, e. kritische ... *Degustation*, die (lat.-fr., Pl. -en) von lat. degustatio (das Kosten, Probieren) ... in bezug
auf Geruch u. Geschmack

Lebensmitteltechnik *Food-Engineering*,
das (engl., ohne Pl.) auch: Nahrungskonstruktion; best. Eßware wird künstlich
verändert, um diese attraktiver zu machen

Lebensmittelvergiftung ... *Botulismus*,
der (lat., ohne Pl.) ... e. bakterielle

Lebensmöglichkeiten im Weltraum, Erforschung der ... *Bioastronautik*, die
(lat., ohne Pl.)

lebensnah 1. *authentisch* (gr.-lat.) auch:
echt, verbürgt 2. *naturalistisch* (lat.) naturgetreu 3. *realistisch* (lat.) wirklichkeitsnah

Lebensraum 1. *Biotop*, das (gr.-lat., Pl. -e)
z. B. e. Feuchtbiotop für Frösche u. Enten
2. *Milieu*, das (lat.-fr., Pl. -s) auch: soziales Umfeld, z. B. Jim stammt aus dem

ärmlichen Milieu der Bronx 3. *Revier*, das
(lat.-fr.-niederl., Pl. -e) eigtl.: Ufergebiet
an e. Fluß; Gebiet, Bezirk

Lebensraum, Pflanzen u. Tiere in e. begrenzten ... *vorkommend Endemiten*,
die (gr.-lat., nur Pl.)

Lebensregel 1. *Maxime*, die (lat., Pl. -n)
Ehrlichkeit war seine Maxime, u. er handelte danach 2. *Norm*, die (gr.-etrusk.-lat.,
Pl. -en) »Richtschnur«, z. B. techn. Normen sind bei der Herstellung best. Artikel
einzuhalten 3. *Prinzip*, das (lat., Pl. -ien)

Lebensrhythmus *Life-Beat*, der (engl., Pl.
-s)

lebensschädlich *bionegativ* (gr.-lat.) auch:
lebensfeindlich

Lebensschutz *Biophylaxe*, die (gr., ohne
Pl.) i. S. von: Maßnahmen zur Erhaltung
der natürlichen Lebensbedingungen

Lebensspannkraft *Biotonus*, der (gr.-lat.)

Lebensstil *Lifestyle*, der (engl.-am., Pl. -s)

Lebensstil, exklusiver ... *Highlife*, das
(engl., ohne Pl.) auch: Leben mit viel
Suff, Geschwätz, Liebe u. Action

Lebensunfähigkeit *Abiose* u. *Abiosis*, die
(gr., ohne Pl.)

lebensunfroh *pessimistisch* (lat.); Ggs.:
optimistisch

Lebensunterhalt *Alimentation*, die (lat.,
Pl. -en)

Lebensverhältnisse *Milieu*, das (lat.-fr., Pl.
-s) z. B. in e. bescheidenen Milieu leben

Lebensweg, vorgezeichneter ... *path dependency*, der (engl., Pl. -s)

Lebensweise *Askese*, die (gr.-lat., ohne Pl.)
i. S. e. enthaltsamen, anspruchslosen Weise

lebenswichtig 1. *elementar* (lat.) grundlegend 2. *essentiell* (lat.-fr.) auch: wesentlich 3. *substantiell* (lat.) nicht verw. mit
subsonisch (lat.-engl.) mit e. Geschwindigkeit unter der Schallgeschwindigkeit
fliegend 4. *vital* (lat.-fr.) der Vertrag beschnitt die vitalen Interessen der Firma

Leberentzündung *Hepatitis*, die (gr.-lat.,
Pl. ...itiden) med.

Lebewesen ... 1. ... das mehr Mensch als
Affe ist *Hominide*, der (lat., Pl. -n) 2. ...
das mehr Affe als Mensch ist *Pongide*, der
(lat., Pl. -n) 3. *Embryo*, der (gr.-lat., Pl.
...onen, -s) i. S. ungeborenen Lebens
4. *Kreatur*, die (lat., Pl. -en) Geschöpf

5. *Organismus*, der (gr.-lat., Pl. ...men) das System der Organe; nicht verw. mit *Orgasmus*, der (gr.-lat., Pl. ...men) Gipfel der geschlechtlichen Erregung

Lebewesen aus genetisch verschiedenen Zellen *Chimäre*, die (gr.-fr., Pl. -n) auch: Mischwesen

Lebewesen mit männlichen u. weiblichen Geschlechtsmerkmalen *Intersex*, das (lat., ohne Pl.)

Lebewesen, auf Kosten anderer *Parasit*, der (gr.-lat., Pl. -en) eigtl.: Tischgenosse; Schmarotzer

Lebewesen, einzelliges 1. *Amöbe*, die (gr.-lat., Pl. -n) »Wechsel«; Einzeller der Klasse: Wurzelfüßler, Amöbenruhr 2. *Protophyte*, die (gr.-lat., Pl. -n) 3. *Protophyton*, das (gr.-lat., Pl. ...yten) einzellige Pflanzen; nicht verw. mit *Protoplasma*, das (gr.-lat., ohne Pl.) Lebenssubstanz aller menschlichen, tierischen u. pflanzlichen Zellen

Lebewesen, Entwicklung der ... *Biogenese*, die (gr., Pl. -n)

Lebewesen, keine ... enthaltend *azoisch* (gr.)

Lebewesenlehre *Biologie*, die (gr.-lat., ohne Pl.)

lebhaft 1. *impulsiv* (lat.) z. B. impulsiv handeln 2. *allegro* (lat.-it.) musik. Vortragsanw. 3. *con brio* (lat.-it.) schwungvoll, musik. Vortragsanw. 4. *vivace* (lat.-it.) musik. Vortragsanw. 5. *vivacissimo* (lat.-it.) sehr lebhaft, musik. Vortragsanw. 6. *sanguinisch* (lat.) eigtl.: aus Blut bestehend; zum Temperamentstyp des Sanguinikers (lebhafter Mensch) gehörend

Lebhaftigkeit *Temperament*, das (lat.-fr., ohne Pl.) sie war Spanierin u. besaß e. überschäumendes Temperament

leblos *abiotisch* (gr.) auch: ohne Leben

lebt wohl! *valete!* (lat.)

lecker 1. *delikat* (lat.-fr) z. B. delikat zubereiteten Karpfen essen 2. *gustiös* (lat.-it.) auf Speisen bezogen 3. *deliziös* (lat.-fr.) 4. *exquisit* (lat.) erlesen

Leckerbissen 1. *Delikatesse*, die (lat.-fr., Pl. -n) Kaviar ist e. Delikatesse 2. *Gourmandise*, die (fr., Pl. -n)

Leder für Schuhsohlen *Vacheleder*, das (lat.-fr.-dt., Pl. -)

Leder, das mit Polierwachs behandelt u. auf Hochglanz gebürstet wird *Brushleder*, das (engl.-dt., Pl. -)

Leder, das umgekehrt verarbeitet wird *Velours*, der (fr., ohne Pl.) ... ähnlich dem Nubuk, allerdings gröber angeschliffen, es entsteht e. flauschiger Flor, wird aus Leder verschiedener Herkunft produziert; auch: Samt; Plüsch

Leder, dessen außen getragene Narbenseite angeschliffen wird *Nubuk*, das (Eigenn., ohne Pl.) ... u. dadurch e. samtartige Oberfläche erhält; wird aus Kalbsoder Rindleder hergestellt

Leder, mit Birkenteeröl getränktes ... *Juchten*, das (russ., ohne Pl.) auch: Parfüm mit dem bes. Duft des Juchtenleders

Leder, weiches Glatt... *Nappa*, das (Eigenn., ohne Pl.) ... vom Kalb, Rind, Schwein oder von der Ziege; der Name stammt vom kalifornischen Ort Nappa

Lederschuh *Mokassin*, der (indian., Pl. -s) weicher Wildlederschuh der nordam. Indianer

leer 1. *vakant* (lat.) z. B. in e. Unternehmen ist e. Position vakant (frei) 2. *blanko* (germ.-it.) z. B. e. Scheck blanko ausstellen, heißt e. solchen ohne Betragsangabe unterschreiben 3. *vacat* (lat.) es fehlt; nicht vorhanden

Leere *Vakuum*, das (lat., Pl. ...kua, ...kuen) svw. luftleerer Raum; scherzh.: Vakuumfinanzierung

Leergrab *Kenotaph*, das (lat., Pl. -e) leeres Grabmal zur Erinnerung an e. Verstorbenen, der an anderer Stelle liegt

Leergut *Fustage* u. *Fastage*, die (fr., Pl. -n)

Leerstelle *Vakanz*, die (lat., Pl. -en) i. S. e. freien Stelle

Legende *Mythos*, der (gr.-lat.) u. *Mythus*, der (Pl. ...then) auch: Ammenmärchen

Legendenbildung um e. Sache *Mythos*, *Mythus*, der (gr.-lat., Pl. ...then) »Das Werk wird zum Mythos, der in der Erinnerung e. Eigenleben entwickelt.« (Christo, US-Verpackungskünstler, 1998)

Leguanart *Basilisk*, der (gr., Pl. -en) auch: Fabeltier mit tödlichem Blick

Lehmziegel *Adobe*, der (arab.-sp., Pl. -s)

Lehnsessel *Fauteuil*, das (germ.-fr., Pl. -s)

Lehnsmann *Vasall*, der (lat.-fr., Pl. -en) Vasallenstaat, e. Staat, der von e. anderen abhängig ist

Lehramtsanwärter *Studienassessor*, der (lat., Pl. -en)

Lehranstalt 1. *Universität*, die (lat., Pl. -en) 2. *Akademie*, die (gr., Pl. ...ien) Fachhochschule; auch: wissenschaftliche Gesellschaft

Lehrauftrag 1. *Dozentur*, die (lat., Pl. -en) 2. *Professur*, die (lat.-fr., Pl. -en) Lehrstuhl, -amt

Lehrausflug *Exkursion*, die (lat.-fr., Pl. -en) auch: Lehrfahrt

Lehrbeauftragter 1. *Dozent*, der (lat., Pl. -en) »Lehrender« an e. Hoch- oder Fachhochschule 2. *Professor*, der (lat.-fr., Pl. -en) an e. Universität oder an e. Fachhochschule tätiger Lehrer u. Wissenschaftler

Lehrbefähigung *Facultas docendi* (lat., nur Pl.) für e. Hochschule

Lehrbuch der Liebeskunst *Kamasutra*, das (sansk., ohne Pl.) eigtl.: Merksprüche der Liebe; Lehrbuch des Mallanaga Vatsyayana (5. Jh. n. Chr.)

Lehrbuchabschnitt *Lektion*, die (lat., Pl. -en) i. S.: Müller hat seine Lektion nicht gelernt

Lehre des fr. Philosophen Descartes *Kartesianismus*, der (lat.-fr., ohne Pl.) u. a. durch den Leib-Seele-Dualismus gekennzeichnet

Lehre *Theorie*, die (gr.-lat., Pl. ...ien) z. B. das ist graue Theorie; Ggs.: Praxis

Lehre vom Erkennen u. Überwinden von Denkweisen ... *Neuro-Linguistisches Programmieren*, das (gr.-lat., ohne Pl.) kurz: NLP; ... u. Glaubenssätzen, die uns im Alltag nicht bewußt sind; da Sprechen mit Denken u. Fühlen eng verbunden ist, soll die Wechselwirkung die Regungen positiv beeinflussen

Lehre vom gesunden Leben *Eubiotik*, die (gr.-lat., ohne Pl.) im körperlichen u. geistigen Sinn

Lehre vom Lernen ... *Didaktik*, die (gr.-lat., Pl. -en) ... u. Lehren; nicht verw. mit *Dialektik*, die (gr.-lat., ohne Pl.) Gegensätzlichkeit; Methode, die die Ausgangsposition durch gegensätzliche Behauptungen in Frage stellt

Lehre vom Obstbau u. den Obstsorten *Pomologie*, die (gr.-lat., ohne Pl.) (keine Wissenschaft zum menschlichen Po)

Lehre vom sittlichen Handeln *Ethik*, die (gr.-lat., Pl. -en) »Ich möchte besseren Service geben – auf diesem Wege verbreite ich die sozialistische Ethik.« (Li Suli, chinesische Vorzeigearbeiterin, 1997)

Lehre von den Bakterien *Bakteriologie*, die (gr., ohne Pl.)

Lehre von den beseelten Stoffen *Hylozoismus*, der (gr.-lat., ohne Pl.)

Lehre von den Beziehungen der Lebewesen zu ihrer Umwelt *Ökologie*, die (gr.-lat., ohne Pl.) »... und die Ökonomie soll die Ökologie berücksichtigen – irgendwie.« (G. Schröders geh. Tagebuch von H. Venske, 1997)

Lehre von den Erscheinungen der Dinge *Phänomenologie*, die (gr.-lat., ohne Pl.)

Lehre von den Gesetzen des Lebens *Bionomie*, die (gr., ohne Pl.)

Lehre von den Hautkrankheiten *Dermatologie*, die (gr., ohne Pl.)

Lehre von den Ideen *Ideologie*, die (gr.-fr., Pl. ...ien) auch: die Gesamtheit der Anschauungen

Lehre von den Krankheitsursachen *Ätiologie*, die (gr., Pl. ...ien)

Lehre von den letzten Dingen *Eschatologie*, die (gr.-lat., ohne Pl.) i. S. des Endes der Welt

Lehre von den Maßverhältnissen des menschlichen Körpers *Anthropometrie*, die (gr., ohne Pl.)

Lehre von den schönen Bewegungen *Eukinetik*, die (gr.-lat., ohne Pl.) i. S. von Tanzkunst

Lehre von der Anwendung der Energiegesetze ... *Bioenergetik*, die (gr.-lat., ohne Pl.) ... auf die Lebensvorgänge; auch: Form der Psychotherapie, die von falschen Hemmungen befreien soll

Lehre von der belebten Natur *Biologie*, die (gr., ohne Pl.)

Lehre von der Beseeltheit der Dinge *Animismus*, der (lat., ohne Pl.) auch: Anschauung, die die Seele als Lebensprinzip sieht (philos.)

Lehre von der Bewußtmachung des Opfer-, Täter-, Retter-Konflikts *Transaktionsanalyse*, die (lat., Pl. -n) kurz: TA; nach den Gründern Eric Berne u. Thomas Harris wird TA bes. im Teamtraining erfolgreich eingesetzt

Lehre von der Entstehung des Menschen *Anthropogenie*, die (gr., ohne Pl.)

Lehre von der Erkennung unklarer Empfindungen ... *Focusing*, das (engl.-am., ohne Pl.) ... um Entspannung herbeizuführen (nach dem Psychologen Eugene Gendling)

Lehre von der Gestaltung des Tempos ... *Agogik*, die (gr., ohne Pl.) ... beim mus. Vortrag

Lehre von der Heilkraft des Magnetismus *Mesmerismus*, der (lat., ohne Pl.) nach dem dt. Arzt F. Mesmer (1734–1815)

Lehre von der Sterblichkeit der Seele *Thanatismus*, der (gr.-lat., ohne Pl.)

Lehre von der Unfreiheit des menschlichen Willens *Determinismus*, der (lat., ohne Pl.) auch: Lehre von der kausalen Vorbestimmtheit des Geschehens

Lehre von der Wahrnehmung der Sinne 1. *Kognitionswissenschaft*, die (lat.-dt., Pl. -en) 2. *Cognitive Science*, die (lat.-engl., ohne Pl.) jeweils seit 1997, neues Studienfach in Deutschland

Lehre von der Wirkung von Außeneinflüssen auf Organismen *Biodynamik*, die (gr.-lat., ohne Pl.)

Lehre von der Zielstrebigkeit *Teleologie*, die (gr.-lat., ohne Pl.) ... jeder Entwicklung im Universum

Lehre, daß Gott u. die Welt eins sind *Pantheismus*, der (gr.-lat., ohne Pl.)

Lehre, die alles über ein Prinzip erklärt *Monismus*, der (gr.-lat., ohne Pl.) z. B. über die Ratio (Vernunft); Ggs.: Dualismus

Lehre, die von e. absoluten, nur durch Denken zu erfassenden Sein ausgeht *Eleatismus*, der (gr.-lat., ohne Pl.) ... u. ihm die sichtbare Welt als Schein präsentiert (gr. Philosoph Xenophanes, um 500 v. Chr.)

Lehre, nach der alle Daseinsformen ein Ganzes erstreben *Holismus*, der (gr., ohne Pl.)

Lehre, nach der alle Substanzen aus Stoff u. Form bestehen *Hylemorphismus*, der (gr.-lat.) nach dem gr. Philos. Aristoteles (384–322 v. Chr.)

Lehre, nach der der Wille das Wesen der Welt aller Dinge ist *Panthelismus*, der (gr.-lat., ohne Pl.)

Lehre, philos. ..., die alles Sein ins Bewußtsein verlegt *Immanenzphilosophie*, die (lat., ohne Pl.) Anschauung von W. Schuppe

lehren 1. *dozieren* (lat.) 2. *instruieren* (lat.) unterweisen

Lehrer 1. *Pädagoge*, der (gr.-lat., Pl. -n) 2. *Mentor*, der (gr., Pl. ...oren) erfahrener Ratgeber (von dem Griechen Mentor, Lehrer des Telemach, Sohn des Odysseus)

Lehrer der Ideenlehre *Ideologe*, der (gr., Pl. -n) auch boshaft: weltfremder Schwätzer; »Ideologen sind Leute, die glauben, daß die Menschheit besser ist als der Mensch.« (Italo Svevo)

Lehrer für Sportler *Trainer*, der (lat.-fr.-engl., ohne Pl.) »E. Trainer ist e. Mensch, der sein Brot im Schweiß des Angesichts anderer Menschen verdient.« (Martin Lauer)

Lehrer im osteuropäischen Judentum (Chassidismus) *Zaddik*, der (hebr., Pl. -im) eigtl.: der Gerechte

Lehrerpult *Katheder*, das, der (gr.-lat., Pl. -)

Lehrfabel *Apolog*, der (gr., Pl. -e) auch: Erzählung

Lehrfahrt *Exkursion*, die (lat.-fr., Pl. -en) auch: Studienfahrt

Lehrgang *Kursus*, der (lat., ohne Pl.)

Lehrgedicht, altindisches ... *Bhagawadgita*, die (sanskr., ohne Pl.) »Gesang des Glückseligen«; ... in 18 Gesängen; Teil des Mahabharata (religiöses Gesetzbuch)

lehrhaft *didaktisch* (gr.)

Lehrkunde 1. *Methodik*, die (gr.-lat., Pl. -en) 2. *Didaktik*, die (gr., Pl. -en) Unterrichtslehre

Lehrmeister Deutschlands *Praeceptor Germaniae*, der (lat., Pl. ...oren)

Lehrmethode, sanfte ... *Suggestopädie*, die (gr.-lat., ohne Pl.) ... die bewußtes, konzentriertes Handeln mit beiläufigem Lernen verbindet

Lehrmittel *Medium*, das (lat., Pl. ...dien) z. B. Projektoren, Wandtafeln, Filme

Lehrplan *Curriculum*, das (lat., Pl. ...la)

lehrreich *instruktiv* (lat.-fr.) instruktive Erklärungen abgeben

Lehrsatz 1. *Axiom*, das (gr.-lat., Pl. -e) e. als allg. richtig anerkannter Grundsatz 2. *Doktrin*, die (lat., Pl. -en) programmati-

sche Festlegung 3. *These*, die (gr.-lat.-fr., Pl. -n) Lehrsatz am Beginn e. Argumentation; Ggs.: Antithese 4. *Theorem*, das (gr.-lat., Pl. -e) 5. *Dogma*, das (gr.-lat., Pl. ...men) kirchlicher Glaubenssatz 6. *Maxime*, die (lat.-fr., Pl. -n) i. S. e. Lebensregel
Lehrstoff *Pensum*, das (lat., Pl. Pensa) z. B. das Pensum für das neue Schuljahr besprechen
Lehrstück *Parabel*, die (gr.-lat., Pl. -n) Parabeln veranschaulichen gültige Wahrheiten sittlichen Inhalts
Lehrstuhl 1. Professur, die (lat., Pl. -en) 2. *Cathedra*, die (gr.-lat., Pl. -e)
Lehrstunde *Lektion*, die (lat., Pl. -en)
Leib *Soma*, das (gr., Pl. -ta) i. S. von: Körper im Gegensatz zum Geist
Leibeigener *Sklave*, der (slaw.-gr.-lat., Pl. -n)
Leibeigenschaft *Sklaverei*, die (gr.-lat., ohne Pl.) »Liebe ist die einzige Sklaverei, die als Vergnügen empfunden wird.« (Bernard Shaw)
Leibesfrucht *Fetus* u. *Fötus, Foetus*, der (lat., Pl. -se, ...ten) ... menschliche, ab dem dritten Schwangerschaftsmonat
Leibeshöhle *Zölom*, das (gr., Pl. -e) zwischen Darm u. Bauchdecke
Leibgarde 1. *Gardedukorps*, das (fr., ohne Pl.) 2. *Gardedukorps*, der (fr., ohne Pl.) Leibgardist
leibhaftig 1. *in natura* (lat.) die Person erschien in natura 2. *authentisch* (gr.-lat.) i. S. von: verbürgt, echt
leiblich *somatisch* (gr.) med.
Leibschmerz *Enterodynie*, die (gr.-lat., Pl. ...ien) med.
Leibung e. Rundbogens *Archivolte*, die (lat.-it., Pl. -n) auch: plastisch gestalteter Bogenlauf
Leibwache *Garde*, die (germ.-fr., Pl. -n)
Leibwächter 1. *Bodyguard*, der (engl., Pl. -s) 2. *Hartschier*, der (lat.-it., Pl. -e)
Leiche *Kadaver*, der (lat., ohne Pl.) eigtl.: gefallener Körper; in Fäulnis übergehender Tierkörper; Kadavergehorsam herrschte in der Armee des »3. Reichs«
Leichenausgrabung *Exhumierung*, die (lat., Pl. -en)
Leichengift 1. *Kadaverin*, das (lat., ohne Pl.) 2. *Ptomain*, das (gr., Pl. -e) eigtl. der Gefallene

Leichenöffnung 1. *Obduktion*, die (lat., Pl. -en) med., um die Todesursache festzustellen; »Eine Obduktion ist rechtens, wenn e. Patient ihr nicht ausdrücklich widerspricht.« (Urteil Oberlandesgericht Koblenz, 1990) 2. *Autopsie*, die (gr., Pl. ...ien) med. 3. *Nekropsie*, die (gr.-lat., Pl. -n)
Leichenöffnung, e. ... vornehmen *obduzieren* (lat.)
Leichenpräparierung, bes. Methode der ... Plastination, die (gr.-engl., Pl. -en) e. vom Anatom Gunther von Hagen entwickelte Konservierung, zu sehen in »Körperwelten«
Leichenschändung *Nekrophilie*, die (gr.-lat., Pl. ...ien) sexuelle Schändung Toter oder Umgebrachter (med.) nicht verw. mit *Nekrophobie*, die (gr.-lat., Pl. ...ien) krankhafte Angst vor Toten u. dem Tod
Leichenschauhaus *Morgue*, die (fr., Pl. -n)
Leichenverbrennung *Nekrokaustie*, die (gr.-lat., Pl. ...ien)
Leichenzug *Kondukt*, der (lat., Pl. -e) auch: feierliches Geleit
Leichnam, einbalsamierter ... Mumie, die (arab., Pl. -n) »Keine Mumie mehr im öffentlichen Dienst!« (Main-Post, 1998)
leicht 1. *leger* (lat.-fr.) lässig, ungezwungen 2. *salopp* (fr.) bequem, z. B. e. saloppe Kleidung tragen
leicht erregbar *erethisch* (gr.-lat.) med.
Leichtbenzin *Petroläther*, der (gr.-lat., Pl. -)
leichtfertig *libertin* (lat.-fr.) auch: ausschweifend, zügellos
Leichtfertigkeit *Libertinage*, die (lat.-fr., Pl. -en) auch: Zügellosigkeit
Leichtgläubigkeit *Naivität*, die (lat.-fr., ohne Pl.) svw. kindlich unbefangenes Handeln u. Denken, das Fräulein war von entwaffnender Naivität
Leid 1. *Tragik*, die (gr.-lat., ohne Pl.) 2. *Crux*, die (lat., ohne Pl.) »Kreuz« 3. *Misere*, die (lat., Pl. -n) auch: Elend
leide u. meide *sustine et abstine* (lat., Zitat: Epiktet)
Leiden *Martyrium*, das (gr.-lat., Pl. ...ien) schweres Leiden, z. B. das Martyrium e. gescheiterten Ehe
Leidender *Lazarus*, der (Eigenn., Pl. -se) auch: Geplagter, armer Teufel (nach der

Gestalt des kranken Lazarus im Neuen Testament)

Leidenschaft 1. *Passion*, die (lat., Pl. -en) »wenn Hobbys zur Passion werden« 2. *Manie*, die (gr.-lat., Pl. ...ien) krankhafte Liebhaberei, Besessenheit 3. *Ekstase*, die (gr.-lat., Pl. -n) eigtl.: aus sich heraustreten; Verzückung; nicht verw. mit *Ektase*, die (gr.-lat., Pl. -n) Dehnung e. Vokals 4. *Enthusiasmus*, der (gr.-lat., ohne Pl.) auch: Begeisterung, Schwärmerei 5. *Fanatismus*, der (lat., ohne Pl.) rigoroses Verfolgen von Zielen, politischer oder religiöser Art 6. *Obsession*, die (lat., Pl. -en) »Einschließung«; auch: Zwangsvorstellung

Leidenschaft zu Büchern hegen *bibliophil* (gr.-lat.) sein

leidenschaftlich 1. *affettuoso* (lat.-it.) musik. Vortragsanw. 2. *appassionato* (lat.-it.) musik. Vortragsanw. 3. *con passione* (lat.-it.) musik. Vortragsanw. 4. *furioso* (lat.-it.) musik. Vortragsanw. 5. *patetico* (gr.-lat.-it.) musik. Vortragsanw. 6. *pathétique* (gr.-lat.-fr.) musik. Vortragsanw.

leidenschaftslos 1. *lethargisch* (gr.-lat.) z. B. auf Anschuldigungen lethargisch reagieren 2. *sine ira et studio* (lat., Zitat) ohne Haß u. Vorliebe; auch: unbefangen

leidlich *passabel* (lat.-fr.) i. S. von passabel aussehen, – e. Arbeit verrichten

Leier, es ist immer dieselbe ... *cantilenam eandem canis* (lat., Zitat) auch: du singst dasselbe Lied

Leine des laufenden Gutes *Schot*, die (niederdt., Pl. -en) auch: Bedienungsleine des Segels (Seemannsspr.)

Leinen- oder Baumwollgewebe, zartes ... *Batist*, der (fr., Pl. -e) nach dem Fabrikanten Baptiste aus Cambrai

Leinwand *Screen*, der (engl., Pl. -s) auch: Bildschirm

Leinwand, blaue ... für künstliche Hintergründe 1. *Blue box*, die (engl., Pl. -es) 2. *Blue screen*, der (engl., Pl. -s)

leise 1. *piano* (lat.-it.) musik. Vortragsanw. 2. *pianissimo* (lat.-it.) musik. Vortragsanw. 3. *pianississimo* (lat.-it.) musik. Vortragsanw. 4. *estinto* (lat.-it.) musik. Vortragsanw.

leiser werdend *descrescendo* (lat.-it.) musik. Vortragsanw.

Leistenbruch *Hernie*, die (lat., Pl. -n)

Leistung e. Organs *Funktion*, die (lat., Pl. -en) auch: Tätigkeit; »Eine Zeiterscheinung: die Überfunktion der politischen Drüse.« (Stanislaw Jerzy Lec)

Leistung e. Volkswirtschaft *Bruttosozialprodukt*, das (lat.-it., Pl. -e); Abk.: BSP, es ist die Summe aller Güter u. Dienstleistungen, die pro Jahr von e. Volkswirtschaft erstellt werden

Leistung *Sensation*, die (lat.-fr., Pl. -en) i. S. e. verblüffenden Leistung: das Fußballspiel war e. Sensation

Leistungen ... *Deputat*, das (lat., Pl. -e) ... zum Lohn oder Gehalt gehörende Sachleistungen; auch: Anzahl der Pflichtstunden e. Lehrkraft

Leistungsbestimmung *Taxation*, die (lat.-fr., Pl. -en)

leistungsfähig 1. *effektiv* (lat.) auch: tatsächlich, wirkungsvoll 2. *effizient* (lat.) wirtschaftlich; Ggs.: ineffizient 3. *produktiv* (lat.) ergiebig

Leistungsfähigkeit 1. *Produktivität*, die (lat.-fr., ohne Pl.) betriebswirtsch. Kennziffer: Verhältnis Herstellungsmenge zu Kosten 2. *Effektivität*, die (lat., ohne Pl.) Effektivität (Wirkungsgrad) e. Maschine 3. *Kapazität*, die (lat., Pl. -en) auch: Speichervermögen; nicht verw. mit *Kapazitanz*, die (lat., Pl. -en) Wechselstromwiderstand 4. *Potential*, das (lat., Pl. -e) 5. *Ability*, die (lat.-fr.-engl., Pl. ...ties)

Leistungslohn *Akkord*, der (lat.-fr., Pl. -e) z. B. Maurer arbeiten im Akkord

leistungsschwach *impotent* (lat.) zeugungsunfähig; Ggs.: potent

Leistungssoll 1. *Norm*, die (gr.-lat., Pl. -en) 2. *Pensum*, das (lat., Pl. Pensen, Pensa)

Leistungsstand *Level*, der (engl., Pl. -s) auch: Rang, Stufe, erreichtes Niveau

leistungsstark *produktiv* (lat.-fr.) die neue Drehbank ist um 50 % produktiver als die alte

leistungssteigernd *ergotrop* (gr.-lat.) med.

Leistungsvermögen 1. *Kapazität*, die (lat., ohne Pl.) die Kapazität des Unternehmens ist nur zu 60 % ausgelastet 2. *Potential*, das (lat., Pl. -e) »Wir brauchen dieses Protestpotential, denn wenn es das nicht gibt, läßt sich e. weitere polizeiliche Aufrüstung kaum rechtfertigen.« (G. Schröders geh. Tagebuch von H. Venske, 1997)

357

Leitartikler *Kolumnist*, der (lat., Pl. -en) e., der Kolumnen (Meinungsbeiträge) schreibt

leiten 1. *dirigieren* (lat.) z. B. e. Orchester dirigieren 2. *managen* (engl.-am.) e. Firma managen 3. *präsidieren* (lat.-fr.) vorsitzen

leitende Angestellte *Direktrice*, die (lat.-fr., Pl. -n)

Leiter 1. *Chef*, der (lat.-fr., Pl. -s) 2. *Boß*, der (am., Pl. ...sse) 3. *Direktor*, der (lat.-fr., Pl. -en) 4. *Prokurist*, der (lat., Pl. -en) 5. *Manager*, der (lat.-engl.-am., ohne Pl.) 6. *Controller*, der (fr.-engl., ohne Pl.) Mitarbeiter des Rechnungswesens, meist für Tochtergesellschaften zuständig 7. *Generaldirektor*, der (lat., Pl. -en) der Vorstandsvorsitzende e. AG 8. *Intendant* (lat.-fr., Pl. -en) künstlerischer u. kaufmännischer Leiter am Theater, beim Funk oder Fernsehen 9. *Generalintendant*, der (lat., Pl. -en) an e. großen Theater oder Sender 10. *Rektor*, der (lat., Pl. -en) an e. Hochschule

Leiter e. Durchsuchung *Filzmajor*, der (dt.-lat., Pl. -e) Knastsprache

Leiter e. ev. Wohnheimes *Ephorus*, der (gr.-lat., Pl. ...oren) auch: Leiter e. Predigerseminars

Leiter e. Unternehmens *Manager*, der (engl.-am., ohne Pl.) auch: Führungskraft;»Es gibt keine gesättigten Märkte, es gibt nur gesättigte Manager.« (Peter Brabeck-Letmathe, Nestlé-Chef, 1997)

Leiter, künstlerischer ... *Art Director*, der (engl., Pl. -s)

Leitfaden 1. *Ariadnefaden*, der (gr.-dt., Pl. ...fäden) nach der Königstochter Ariadne aus Kreta, die Theseus mittels e. Wollfadens den Weg aus dem Labyrinth wies 2. *Vademecum*, das (lat., Pl. -s) i. S. e. Ratgebers

Leitsatz 1. *These*, die (gr.-lat.-fr., Pl. -n) Ggs.: Antithese 2. *Maxime*, die (lat., Pl. -n) z. B. nach der Maxime: »Verzweifle nie!« leben 3. *Devise*, die (lat.-fr., Pl. -n) i. S. e. Wahlspruchs 4. *Motto*, das (lat.-it., Pl. -s) e. Veranstaltung unter e. Motto (Thema) stellen: »Kinder im Straßenverkehr« 5. *Parole*, die (gr.-lat.-fr., Pl. -n) Kennwort, Losung; bereits im antiken Rom gab es die sog. »Scheißhausparole« 6. *Prinzip*, das (lat., Pl. -ien) Grundsatz

Leitspruch *Motto*, das (lat.-it., Pl. -s) »... Toscana-Fraktion, die nach dem Motto: links reden, rechts leben, gern Wasser predigt u. selbst Wein trinkt.« (Peter Bachér, im Gespräch mit Gerhard Schröder, 1996)

Leitung 1. *Regie*, die (lat.-fr., Pl. -n) künstlerische im Theater, an der Oper, beim Film 2. *Regierung*, die (lat., Pl. -en) e. Staates 3. *Management*, das (lat.-engl.-am., ohne Pl.) e. Unternehmens 4. *Auspizium*, das (lat., nur Pl.) i. S. von Oberleitung; auch unter dem Schutz von jmdm. stehen 5. *Ägide*, die (gr.-lat., ohne Pl.) svw. unter der Schirmherrschaft von (nach dem Schild Ägis des Gottes Zeus u. der Athene) 6. *Pipeline*, die (engl., Pl. -s) Öl- oder Gas-Rohrleitung

Leitwert des Wechselstroms *Admittanz*, die (lat.-engl., ohne Pl.)

Lendenschmerz *Lumbalgie*, die (lat.-gr., Pl. ...ien) med.

lenken 1. *chauffieren* (lat.-fr.) z. B. e. Auto 2. *manipulieren* (lat.-fr.) meist negativ beeinflussen u. führen 3. *regieren* (lat.) mehrere Menschen oder Personengruppen lenken

lenken, in e. Richtung ... *kanalisieren* (gr.-lat.-it.)

lenkend 1. *manipulatorisch* (lat.-fr.) 2. *manipulierend* (lat.-fr.) meist negativ beeinflussen

Lenker *Chauffeur*, der (lat.-fr., Pl. -e) e. Fahrzeuges

Lenkrad *Volant*, der (fr., Pl. -s) e. Autolenkrad

Lenkung *Manipulation*, die (lat.-fr., Pl. -en) meist negative Beeinflussung

Leptonenart 1. *Tau-Elektron*, das (gr.-lat., Pl. -en) oder: 2. *Tauon*, das (gr.-lat., Pl. -en) entsteht bei der Umwandlung von energiereichen Elektronen in Positronen; das Tauon ist extrem instabil, es zerfällt in einer billionstel Sekunde zu e. Myon

Lernabschnitt *Lektion*, die (lat., Pl. -en)

Lernen mit Spaß *Edutainment*, das (engl., ohne Pl.)

Lerninhalte unterhaltend u. spielerisch vermitteln *Edutainment*, das (engl., ohne Pl.) aus: education (Ausbildung) u. entertainment (Unterhaltung) e. neue Form, Wissen zu präsentieren

358

Lernmittel *Medium*, das (lat., Pl. ...dien) z. B. Wandtafel, Fotos, Landkarten

Lernpensum *Lektion*, die (lat., Pl. -en)

Lesbierin *Tribade*, die (gr.-lat., Pl. -n) **lesbische Frau, die die aktive Rolle spielt** *Urlinde*, die (Eigenn., Pl. -n)

Lese- u. Rechtschreibschwäche *Legasthenie*, die (lat.-gr., Pl. ...ien) »Leseschwäche«

Lese- u. Schreibunkundiger *Analphabet*, der (gr., Pl. -en)

Lesepult in christl. Kirchen *Ambon*, der (gr., Pl. -onen)

Leser, dem ... Heil! *lectori salutem* (lat.) Begrüßungsformel des Lesers auf antiken Schriften; Abk.: L. S.

Leserschaft *Publikum*, das (lat., ohne Pl.)

Leseschwäche 1. *Alexie*, die (gr.-lat., Pl. ...ien) med. 2. *Dyslexie*, die (gr.-lat., Pl. ...ien) Lesestörung

Lesestoff *Lektüre*, die (lat.-fr., Pl. -n)

leseunkundig *analphabetisch* (gr.) des Lesens u. Schreibens unkundig

Lesezeichen *Bookmark*, das (engl., Pl. -s) Bez. der EDV; im Web-Browser lassen sich die Lieblingsseiten als Bookmark speichern, um leicht dorthin zu finden

letzter Schrei *dernier cri* (fr.) svw. die neueste Mode

letztwillig *testamentarisch* (lat.)

Leuchtbild *Transparent*, das (lat.-fr., Pl. -e) wird z. B. in der Werbung eingesetzt

leuchten 1. *lumineszieren* (lat.) 2. *szintillieren* (lat.) auch: funkeln 3. *phosphoreszieren* (gr.-lat.) nachleuchten

leuchtend 1. *luminös* (lat.-fr.) 2. *fluoreszierend* (lat.-dt.) 3. *phosphoreszierend* (gr.-lat.-dt.) nachleuchtend

Leuchter 1. *Luster*, auch: *Lüster*, der (lat.-it.-fr., ohne Pl.) 2. *Girandole*, die (it.-fr., Pl. -n) mehrarmig

Leuchter, siebenarmiger ... *Menora*, die (hebr., ohne Pl.) Symbol des jüd. Volks; seit 1948 Emblem des Staates Israel. Leuchter stand im Tempel, als Jerusalem 70 n. Chr. zerstört wurde

Leuchterscheinung 1. *Airglow*, das (engl., Pl. -s) ... in der Ionosphäre 2. *Aureole*, die (lat., Pl. -n) i. S. e. Heiligenscheins, der z. B. die Gestalt Christi umgibt

Leuchtkraft *Intensität*, die (lat., ohne Pl.) i. S. von Farbenleuchtkraft

leuchtkräftig *intensiv* (lat.) das intensive Gelb der Sonnenblumen erfreut das Auge

Leuchtturm *Pharus*, der (gr., Pl. -u, -se) nach dem berühmten alten Leuchtturm, der auf der gr. Insel Pharos stand

leugnen *dementieren* (lat.-fr.) der Regierungssprecher dementierte Rücktrittsabsichten des Kanzlers; auch: widerrufen, für unwahr erklären

Leugnung *Dementi*, das (lat.-fr., Pl. -s) auch: Widerruf

Leumund *Renommee*, das (lat.-fr., Pl. -s) als Geschäftsmann e. gutes Renommee genießen

Leute mit Namen ... *Headliner*, der (engl.-am., Pl. -s) ... die e. Veranstaltung, z. B. einer Techno-Party, erst das richtige Flair geben

Leute, alte ... *Woopies*, die (engl.-am., nur Pl.) aus: well-off older people; ... finanziell gutgestellte alte »Herrschaften«

Leute, denen es nur um den sozialen Status geht *Prestigefucker*, die (lat.-fr.-engl., nur Pl.)

Leuten, den ... nach dem Munde reden *ad alienam voluntadem loqui* (lat., Zitat)

leutselig *jovial* (lat.) z. B. als Chef seine Mitarbeiter jovial behandeln

Leutseligkeit *Jovialität*, die (lat., ohne Pl.)

Lianenart *Banisteriopsis caapi*, die (lat., ohne Pl.) auch: Yage, Caapi genannt, aus der südam. Indianerstämme e. halluzinogene Droge gewinnen

Licht, die Vorstellung, daß ... nur in best. Quanten (Kleinstmengen) abgegeben oder absorbiert werden kann *Plancksches Quantenprinzip*, das (Eigenn., lat., ohne Pl.) ... Quanten, deren Energie ihrer Frequenz proportional ist (Phys.)

Licht, es werde ... *fiat lux* (lat., Zitat: 1. Buch Moses)

lichtbeständig *photostabil* (gr.-lat.) lichtecht

Lichtbild *Fotografie*, die (gr., Pl. ...ien)

Lichtbildwerfer *Projektor*, der (lat.-fr., Pl. -en) mit dem Dias e. Leinwand projiziert werden

Lichtblitz *Flashlight*, das (engl., Pl. -s) blitzendes Licht

lichtbrechend *dioptrisch* (gr.-lat.)

Lichtbringer *Luzifer*, der (lat., ohne Pl.) auch: Morgenstern; Satan. »Oskar Lafontaine ist wie der gefallene Engel Luzifer an seinem Mangel an Demut gescheitert.« (Ludwig Stiegler, SPD, 2006)

lichtdurchlässig *pelluzid* (lat.) Ggs.: opak

Lichtdurchlässigkeit *Pelluzidität*, die (lat., ohne Pl.)

Lichterscheinung *Meteor*, der (gr., Pl. ...ore) auch: Feuerkugel

Lichterscheinungen, atmosphärische ... *Halo*, der (gr., Pl. -s, Halonen) z. B. der Hof um Mond oder Sonne

Lichtlehre *Optik*, die (gr.-lat., ohne Pl.)

lichtscheu *photophob* (gr.-lat.) Tiere u. Pflanzen, die das Licht meiden; Ggs.: photophil

Lichtschwächung durch Absorption (Aufsaugen) *Extinktion*, die (lat., Pl. -en) auch: Tilgung

Lichtstärkeeinheit *Candela*, die (lat., ohne Pl.) auch: Wachslicht, Kerze

Lichttechnologie *Photonik*, die (lat., ohne Pl.) Zukunftstechnologie auf Lichtbasis, z. B. Lasertechnik, Glasfaser, Holographie, Solartechnik

Licht-Träger *Phosphor*, der (gr.-lat., ohne Pl.) chem. Element, erstmals von Henning Brand (um 1692) dt. Chemiker, entdeckt worden

lichtundurchlässig *opak* (lat.) Ggs.: pelluzid

lichtvoll *luminös* (lat.-fr.) i. S. von leuchtend

Lidrandentzündung *Blepharitis*, die (gr.-lat., Pl. ...itiden) med.

Liebe 1. *Eros*, der (gr.-lat., ohne Pl.) geschlechtliche, nach dem gr. Gott der Liebe 2. *Tribadie*, die (gr.-lat., ohne Pl.) lesbische Liebe

Liebe zum Nächsten *Karitas* o. *Caritas*, die (lat., ohne Pl.) »Deus caritas est.« (Gott ist Nächstenliebe, Titel der 1. Enzyklika, Papst Benedikt XVI., 2006)

Liebe zum Schicksal *Amor fati*, der (lat., ohne Pl.) auch: Liebe zum Unausweichlichen

Liebe zum Vaterland *Patriotismus*, der (gr.-lat., ohne Pl.) »Patriotismus ist die Bereitschaft, wegen unbedeutender Gründe zu töten u. getötet zu werden.« (Bertrand Russell)

Liebe, die ... überwindet alles *amor vincit omnia* (lat., Zitat, Virgil)

liebe, willst du geliebt werden, ... *si vis amari, ama* (lat., Zitat: Seneca)

Liebelei 1. *Flirt*, der (engl., Pl. -s) 2. *Techtelmechtel*, das (Pl. -)

liebenswürdig 1. *charmant* (lat.-fr.) 2. *charming* (engl.)

lieber will ich mit Plato irren als mit denen das Wahre denken *errare malo cum Platone, quam cum istis vera sentire* (lat., Zitat: Cicero)

Liebesbote *Postillon d'amour*, der (fr., Pl. -s) Überbringer von Liebesbriefen

Liebesbrief, kleiner ... *Billetdoux*, das (fr., ohne Pl.) noch scherzhaft so bezeichnet

Liebesgeschichte *Love-Story*, die (engl., Pl. -s)

Liebesgott *Eros*, der (gr.-lat., ohne Pl.) geflügelter gr. Liebesgott der Antike; Eros-Center (Bordell)

Liebeskunst *Ars amandi*, die (lat., ohne Pl.)

Liebesleben *Erotik*, die (gr.-fr., ohne Pl.) auch: Sexualität; »Erotik ist die Überwindung von Hindernissen. Das verlockendste Hindernis ist die Moral.« (Karl Kraus)

Liebeslehre *Erotologie*, die (gr.-lat., ohne Pl.) Erforschung der Erscheinungsformen der Erotik

Liebesoboe 1. *Oboe d'amore*, die (it., ohne Pl.) 2. *Oboe d'amour*, die (fr., Pl. -n) Doppelrohrinstrument aus Holz mit Löchern u. Klappen, erzeugt e. zarten Ton

Liebespartner *Lover*, der (engl., Pl. -s)

Liebesstündchen *Tête-à-tête*, das (fr., Pl. -s)

Liebesszene, intime ... **in e. Film, in der der Körper e. Unbekannten eingesetzt wird** *Body-Double*, das (engl., Pl. -s) e. Stunt bei Nahaufnahmen in »heißen« Liebesszenen, in denen sich der »Star« nicht zeigen will

Liebes-Tamagotchi *Smart Heart*, das (engl., Pl. -s) »schickes Herz«; Gerät für die interaktive Partnersuche (Erfinder Rolf Olsson, 1998)

liebestolle Frau 1. *Erotomanin*, die (gr., Pl. -nen) 2. *Nymphomanin*, die (gr.-lat., Pl. -nen) auch: Mannstollheit

Liebestollheit *Erotomanie*, die (gr., ohne Pl.) krankhaft starkes, sexuelles Verlangen (med.)

Liebesverhältnis *Liaison*, die (fr., Pl. -s)

z. B. die Liaison zwischen Minister John Profumo u. Callgirl Christine Keeler 1963 in England

Liebesverhältnisse *Amouren*, die (lat.-fr., nur Pl.) Casanova werden viele Amouren nachgesagt

Liebeswahn 1. *Hypererosie*, die (gr.-lat., Pl. ...ien) med., krankhaft starker Geschlechtstrieb 2. *Erotomanie*, die (gr., ohne Pl.) krankhaft starkes Sexualverlangen (med.); nicht verw. mit *Eruktation*, die (lat., Pl. -en) Rülpsen (med.)

Liebhaber 1. *Amant*, der (lat.-fr., Pl. -s) i. S. e. Geliebten 2. *Lover*, der (engl., Pl. -s) 3. *Galan*, der (sp., Pl. -e) 4. *Cicisbeo*, der (it., Pl. -s) Liebhaber der Ehefrau 5. *Fan*, der (engl., Pl. -s) i. S. e. begeisterten Anhängers, z. B. Fußball-, HSV-Fan, Beatle-Fan 6. *Aficionado*, der (sp., Pl. -s) auch: Kunstfreund 7. *Latin Lover*, der (engl., Pl. -s) feuriger, südländischer Liebhaber 8. *Papagallo*, der (it., Pl. -s, ...lli) Liebhaber, der sich auf Touristinnen spezialisiert hat

Liebhaber e. älteren Frau *Toy Boy*, der (engl., Pl. -s) Ggs.: Sugardaddy

Liebhaber, schmachtender ...*Seladon*, der (fr., Pl. -s) auch: chin. Porzellan aus dem 10.–13. Jh.

Liebhaberei *Hobby*, das (engl., Pl. -s)

Liebhaberstück *Rarität*, die (lat., Pl. -en)

Liebhaberwert *Affektionswert*, der (lat.-dt., Pl. -e) nicht verw. mit *Affektion*, die (lat., Pl. -en) Organbefall mit Krankheitserregern

liebkosen *karessieren* (fr.) schmeicheln; e. geheime Liebschaft haben

lieblich *amabile* (lat.-it.) musik. Vortragsanw.

Lieblichkeit *Amönität*, die (lat., ohne Pl.) i. S. von Anmut

Liebling 1. *Darling*, der (engl., Pl. -s) 2. *Honey*, der (engl., Pl. -s) 3. *Sweetheart*, das (engl., Pl. -s) 4. *Mignon*, der (fr., Pl. -s) auch: Günstling

Liebling, Jedermanns ... *Everybody's Darling* (engl.-am.) »Bajuwarenhäuptling« Edmund Stoiber: »Wer in der Politik immer nur Everybody's Darling sein will, wird bald nur Everybody's Depp sein.«

Lieblingsaufenthalt *Tuskulum*, das (lat., Pl. ...la) behaglicher Landsitz, nach dem Ort Tusculum mit Ciceros Landsitz

Lieblosigkeit *Impietät*, die (lat., ohne Pl.) auch: Gottlosigkeit

Liebreiz 1. *Charme*, der (lat.-fr., ohne Pl.) ihrem Charme war nicht zu widerstehen 2. *Grazie*, die (lat., ohne Pl.) sich mit hinreißender Grazie (Anmut) bewegen

Liebschaft 1. *Affäre*, die (fr., Pl. -n) »Affäre Nina B.«, Roman von J. M. Simmel 2. *Romanze*, die (lat.-sp.-fr., Pl. -n) 3. *Liaison*, die (lat.-fr., Pl. -s) 4. *Amouren*, die (lat.-fr., nur Pl.) auch: Liebesverhältnisse

Liebschaften *Amouren*, die (lat.-fr., nur Pl.)

Lied 1. *Song*, der (engl., Pl. -s) 2. *Chanson*, das (lat.-fr., Pl. -s) 3. *Chansonette*, die (lat.-fr., Pl. -n) meist frivolen Inhalts 4. *Barkarole*, die (gr.-lat.-it., Pl. -n) Lied des Gondoliere Venedigs 5. *Melos*, das (gr.-lat., ohne Pl.) i. S. von Gesang

Lieddichtung *Melik*, die (gr., ohne Pl.) i. S. von gesungener Lyrik

liedmäßig vorgetragen *arioso* (it.) Mus.

Lieferbedingungen 1. *Incoterms*, die (engl., nur Pl.) internationale, in Paris erarbeitete Lieferbedingung, die die Kostenaufteilung internationaler Handelsgeschäfte regelt 2. *FOB*, kurz für: *free on board* 3. *CIF*, kurz für: *cost, insurance, freight*

Liefersperre *Boykott*, der (engl., Pl. -e) nach dem irischen Hauptmann u. Gutsverwalter Boycott

Liefertag *Termin*, der (lat., Pl. -e)

Liegemöbel 1. *Sofa*, das (arab.-türk., Pl. -s) 2. *Couch*, die (lat.-fr.-engl., Pl. -s) 3. *Chaiselongue*, die (lat.-fr., Pl. -n) 4. *Kanapee*, das (gr.-lat.-fr., Pl. -s) Sofa mit Rücken- u. Seitenlehne

liegend *horizontal* (gr.-lat.) auch: waagerecht; Frau Rosemarie N. war vom horizontalen Gewerbe

Liegenschaftsverzeichnis *Kataster*, der oder das (lat., ohne Pl.)

Liliengewächs *Hyazinthe*, die (gr.-lat., Pl. -n)

lindernd *palliativ* (lat.) med., i. S. von schmerzlindernde (palliative) Medizin

Linderung *Balsam*, der (hebr., Pl. -e)

Linderungsmittel 1. *Palliativum*, das (lat., Pl. ...va) med. 2. *Mitigans*, das (lat., Pl. ...ganzien) med.

Linie *New Look*, der (engl., Pl. -s) in der Mode

Linie zum Himmel *line to heaven*, die (engl., Pl. -s) die Konsumeinheit für Kokain; auch: e. Linie Kokain schnupfen

Linien stechen *guillochieren* (fr.) z. B. verschlungene Zierlinien auf Geldscheinen oder Wertpapieren

Linienflugzeug *Liner*, auch: *Airliner*, der (engl., ohne Pl.)

linienförmig *linear* (lat.)

Linienschiff *Liner*, der (engl., ohne Pl.)

Linienstecher *Guillocheur*, der (fr., Pl. -e)

Linien-Theorie *Stringtheorie*, die (engl.-lat., Pl. ...ien) Theorie, daß bei der Abkühlung des Universums nach dem Urknall Falten oder Linien in der Struktur des Universums entstanden seien, die Urenergie u. e. starkes Gravitationsfeld aufweisen sollen (e. Nachweis wurde bisher nicht erbracht)

linkshändig *cola sinistra* (it.) spielen, musik. Vortragsanw.

linsenförmig *lentikular* (lat.)

Lippe *Labium*, das (lat., Pl. ...bia, ...ien) med.

Lippenblütler *Labiaten*, die (lat., Pl.)

Lippenglanz *Lipgloss*, das (engl., ohne Pl.) Kosmetikartikel. »Ich habe da oben mein Lipgloss vergessen.« (Anousheh Ansari, erste Weltraumtouristin, 2006)

Lippenlaut *Labial*, der (lat., Pl. -e) mit den Lippen gebildeter Konsonant

Lippenschwellung *Cheilose*, die (lat., Pl. -n) Schwellung der Lippen mit Borkenbildung (med.)

List *Dolus*, der (lat., ohne Pl.) Rechtsw.

Liste 1. *Register*, das (lat., Pl. -) 2. *Tabelle*, die (lat., Pl. -n)

listenförmig *tabellarisch* (lat.) z. B. für e. Bewerbung e. tabellarischen Lebenslauf anfertigen

listig *tricky* (engl.-am.) »tricky Dick« wurde der ehemalige US-Präsident Richard Nixon genannt; die CDU bezeichnete den Ökotaktiker Joschka Fischer als »tricky«

Literatur *Belletristik*, die (fr., ohne Pl.) im meisten Sinn: schöngeistige Literatur, z. B. Romane, im Unterschied zum Sachbuch

Literatur, ironische *Satire*, die (lat., Pl. -n)

»buntgemischte Früchteschale«; auch: spöttisch-witzige Darstellung; »Da ist es schwer, keine Satire zu schreiben.« (Juvenal)

Literaturgeschichte, altchristliche ... *Patristik*, die (lat., ohne Pl.)

Literaturkritiker *Rezensent*, der (lat., Pl. -en) z. B. Reich-Ranicki (»... mit diesem ›Roman‹ haben Sie sich als Schriftsteller aus der Literatur verabschiedet!«)

Literaturwissenschaft *Philologie*, die (gr.-lat., ohne Pl.)

Lizenzverkauf *Franchising*, das (gr.-lat.-fr.-engl., ohne Pl.) Hersteller läßt seine Produkte in Lizenz herstellen u. vertreiben, Vertragspartner (Lizenznehmer) erhält zusätzlich e. Marketingkonzept, an das er sich halten muß, z. B.: McDonald's

Lob-, Preislied *Päan*, der (gr.-lat., Pl. -e) ... feierliches im alten Griechenland; auch: Lobgesang

Lobgesang 1. *Hymne*, die (gr.-lat., Pl. -n) 2. *Tedeum*, das (lat., ohne Pl.) aus frühchristlicher Zeit 3. *Gloria*, das (lat., ohne Pl.) in der christlichen Liturgie

Loblied *Dithyrambe*, die (gr.-lat., Pl. -n)

Lobpreisung *Enkomiastik*, die (gr., Pl. -en) Kunst, e. Lobrede über verdiente Männer abzufassen, zu halten

Lobrede 1. *Laudation*, die (lat., Pl. ...ones, ...onen) 2. *Enkomion*, das (gr.-lat., Pl. ...mien) 3. *Eloge*, die (gr.-lat.-fr., Pl. -n) jmdm. Lob u. Anerkennung in übertriebener Form aussprechen 4. *Hymne*, die (gr.-lat., Pl. -n) svw. Lobgesang, Weihelied

Lobredner 1. *Laudator*, der (lat., Pl. -en) 2. *Enkomiast*, der (gr., Pl. -en)

Lobschrift *Enkomion*, das (gr., Pl. ...mien)

Löcher, mit ... versehen *perforiert* (lat.)

löchrig *porös* (gr.-lat.-fr.)

Löchrigkeit *Porosität*, die (gr.-lat.-fr., ohne Pl.)

Locken, Schläfen... *Peies*, die (hebr., Pl.) lange Locken orthodoxer Juden

Lockung *Attrait*, der (lat.-fr., Pl. -s) auch: Reiz

Logik 1. *Struktur*, die (lat., Pl. -en) Anordnung von Teilen e. Ganzen zueinander 2. *Systematik*, die (gr.-lat., Pl. -en) planmäßige Darstellung

logisch 1. *kohärent* (lat.) i. S. von: zusammenhängend 2. *konsistent* (lat.) widerspruchsfrei; auch: beständig; Ggs.: inkonsistent

Lohn 1. *Salär*, das (lat.-fr., Pl. -e) 2. *Gage*, die (germ.-fr., Pl. -n) Bezahlung von Künstlern 3. *Honorar*, das (lat., Pl. -e) »Ehrensold«, der Lohn für freiberuflich Arbeitende

lohnend 1. *rentabel* (lat.-fr.) e. rentables Geschäft abschließen 2. *lukrativ* (lat.) einträglich 3. *profitabel* (lat.-fr.) gewinnbringend

Lohnergänzung *Kombilohn*, der (lat.-dt., Pl. ...löhne) Lohn, der in Höhe der Sozialhilfe liegt, soll mit e. staatlichen Zuschuß attraktiver gestaltet werden (zusammengesetzter Lohn); anderes Modell: bei Langzeitarbeitslosen soll das Arbeitsamt den Lohn z. B. auf 70 % des letzten Nettolohnes aufstocken, wenn e. geringer bezahlte Tätigkeit angenommen wird

Lohnsatz *Tarif*, der (arab.-it.-fr., Pl. -e) e. Tariferhöhung von 4 % aushandeln

Lokal 1. *Bar*, die (engl., Pl. -s) auch: Tresen, an dem z. B. Bier ausgeschenkt wird; Barhocker 2. *Spelunke*, die (gr.-lat., Pl. -en) verrufenes Lokal 3. *Restaurant*, das (fr., Pl. -s) Speisegaststätte

Lokal, in dem Drogen verkauft werden *Abces de fixation*, das (fr., Pl. -) Szeneausdruck

Lorbeerbaum *Laurus nobilis*, der (lat., ohne Pl.) seit der Antike wird ihm e. psychoaktive Wirkung nachgesagt. Im Orakel von Delphi wurde Räucherwerk aus ihm fürs Wahrsagen eingesetzt

Lorbeerbaum *Laurus*, der (lat., Pl. -se)

lorbeergekröntes Dichterhaupt *Poeta laureatus*, der (lat., Pl. ...tae)

Los *Kismet*, das (arab., ohne Pl.) Schicksal, das von Allah bestimmt wird

löschen *debardieren* (fr.) e. Schiff entladen

Löschung 1. *Obliteration*, die (lat., Pl. -en) z. B. Tilgung e. Schuld 2. *Storno*, das (lat.-it., Pl. ...ni) z. B. e. Bestellung (stornieren)

Lösegeld für Kriegsgefangene ... *Ranzion*, die (lat.-fr., Pl. -en) ... oder gekaperte Schiffe

Lösegeld *Ranzion*, die (lat.-fr., Pl. -en) z. B. für Kriegsgefangene bezahlen

löslich *dissolubel* (lat.) auch: zerlegbar

Loslösung *Sezession*, die (lat., Pl. -en) gewaltsame Gebietsabtrennung

Losung 1. *Parole*, die (gr.-lat.-fr., Pl. -n) Erkennungsparole auf e. Militärposten 2. *Devise*, die (lat.-fr., Pl. -n) Leitspruch; auch: Pl.: ausländisches Zahlungsmittel 3. *Motto*, das (lat.-it., Pl. -s) Wahlspruch, Thema; die Kleingärtner-Tagung stand unter dem Motto: »Elefantenhaltung in Vorgärten«

Lösung *Rezept*, das (lat., Pl. -e) auch: ärztliche Anweisung für die Abgabe von Heilmitteln; Back- u. Kochanweisung

Lösung, einfache ... *Patentrezept*, das (lat., Pl. -e) »Im Augenblick gibt es kein Patentrezept, um die Arbeitsmarktprobleme zu lösen.« (Helmut Kohl, 1998)

Lösung, hochprozentige ... *Konzentrat*, das (gr.-lat., Pl. -e) »Das Abenteuer ist das Konzentrat des Lebens.« (Ernst Jünger, Schriftsteller, 1998)

Lösung, unerwartete ... *Deus ex machina*, der (lat., ohne Pl.) eigtl.: Gott aus der Theatermaschine, d. h. aus der Höhe e. altgr. Theaters

Lösung aus den Bedingungen an die Kirche *Säkularisierung*, die (lat., ohne Pl.) auch: Verweltlichung. »Benedikt XVI. sucht e. dritten Weg zwischen Säkularisierung u. Fundamentalismus.« (Jan Ross, DIE ZEIT, 2006)

Losungswort *Schibboleth*, das (hebr., Pl. -s, -e) eigtl.: Ähre; auch: Merkmal (nach der Losung der Gileaditer)

lotrecht 1. *perpendikular* u. *perpendikulär* (lat.) senkrecht 2. *vertikal* (lat.) »scheitellinig«; senkrecht

Lücke 1. *Bresche*, die (fr., Pl. -n) 2. *Desideratum*, das (lat., Pl. -ta) i. S. e. fehlenden, zur Anschaffung vorgeschlagenen Buches

Lucy *Australopithecus afarensis*, der (lat., ohne Pl.) 1977 entdeckte der Paläontologe Donald Johanson das 4 Mill. Jahre alte Fossil e. weiblichen Hominiden, das er Lucy nannte

Luft 1. *Smog*, der (engl., ohne Pl.) aus »smoke« (Rauch) u. »fog« (Nebel), schmutzige Dunstglocke über Industriestädten, löst Smogalarm aus 2. *Äther*, der (gr.-lat., Pl. -s) die wolkenlose, blaue Weite des Himmels 3. *Ozon*, der (gr., ohne Pl.) bes. Form des Sauerstoffs

Luft, Bestandteil der ... *Atmosphärilien*, die (gr., nur Pl.) z. B. Sauerstoff u. Stickstoff

Luftansauger *Aspirator*, der (lat., Pl. ...oren)

Lüftchen *Brise*, die (fr., Pl. -n) am Meer wehte e. frische Brise

luftdicht *hermetisch* (gr.-lat.) verschlossen

luftdicht machen *hermetisieren* (gr.-lat.)

Luftdruckmesser *Barometer*, das (gr.-lat., ohne Pl.)

lüften *ventilieren* (lat.-fr.)

Luftfahrtkunde *Aeronautik*, die (gr.-lat., ohne Pl.)

Luftfederung, elektronische ... *Airmatic*, das (lat.-engl., Pl. -s) im PKW

Luftfeuchtigkeitsmesser 1. *Hygrograph*, der (gr., Pl. -en) 2. *Hygrometer*, das (gr., Pl. -)

Luftfeuchtigkeitsmessung *Hygrometrie*, die (gr.-lat., ohne Pl.)

Luftgestaltung *Airdesign*, das (engl., Pl. -s) d.h.: Luftdüfte versprühen, die zum Kauf anregen

Lufthülle *Troposphäre*, die (gr.-lat., ohne Pl.) die untere Luftschicht der Erde

Luftkissenfahrzeug *Hovercraft*, das (engl., Pl. -s)

Luftkissenzug *Aerotrain* (gr.-engl., Pl. -s)

Luftklappe *Choke*, der (engl., Pl. -s) am Vergaser alter Autos

Luftkrankheit *Kinetose*, die (gr.-lat., Pl. -n) med., dabei wird das Gleichgewichtsorgan gereizt

luftleerer Raum *Vakuum*, das (lat., Pl. ...kua, ...kuen)

Luftleitblech *Spoiler*, der (engl.-am., Pl. -) z.B. an Autos; der Heckspoiler e. Porsches; auch: Klappe an den Tragflächen e. Flugzeuges

Luftlinie *Isohypse*, die (gr.-lat., Pl. -n) Luftlinie zwischen zwei gleich hohen Punkten

Luftmassenzufuhr in waagrechter Richtung *Advektion*, die (lat., Pl. -en) Ggs.: Konvektion

Luftpirat *Hijacker*, der (engl., ohne Pl.)

Luftpolster-Schutz *Window-Bag*, der (engl., Pl. -s) neuartige Luftpolster spannen sich beim Seitenaufprall vor die A- bis zur C-Säule u. schützen Front- u. Fond-Passagiere im PKW vor Kopfverletzungen

Luftpost 1. *Airmail*, die (engl., ohne Pl.) 2. »*par avion*« (fr.) »durch das Flugzeug«

Luftpostleichtbrief *Aerogramm*, das (gr., Pl. -e) auch: Darstellung von Wärme- u.

Feuchtigkeitsverhältnissen in der Atmosphäre

Luftröhre *Trachea*, die (gr.-lat., Pl. ...een) med.

Luftröhre, zur ... gehörend *tracheal* (gr.-lat.) med.

Luftröhrenast *Bronchie*, die (gr.-lat., Pl. -n) »Kohl hat immer noch Schnupfen, auch die Bronchien sind angegriffen ... Kohl entschlummerte sanft, nur ein paar Geier schauten zu.« (Bild-Zeitung, 1993)

Luftröhrenentzündung *Tracheitis*, die (gr.-lat., Pl. ...itiden) med.

Luftröhrenschnitt *Tracheotomie*, die (gr.-lat., Pl. ...ien) med.

Luftröhrenspiegel *Tracheoskop*, das (gr.-lat., Pl. -e) med.

Luftröhrenspiegelung *Tracheoskopie*, die (gr.-lat., Pl. ...ien) med.

Luftröhrenverengung *Tracheostenose*, die (gr.-lat., Pl. -n) med.

Luftsack *Airbag*, der (engl., Pl. -s) in Autos eingebauter Insassenschutz

Luftschicht, die oben wärmer als unten ist *Inversionslage*, die (lat.-dt., Pl. -n) normalerweise ist es umgekehrt, schuld an dem Wetterphänomen ist der Smog

Luftschiff *Zeppelin*, der (dt., Pl. -e) von Ferdinand Graf von Zeppelin (1838–1917) Luftschiffkonstrukteur

Luftschiffhalle *Hangar*, der (germ.-fr., Pl. -s)

Luftschlucken, krankhaftes ... *Aerophagie*, die (gr., Pl. ...ien) med.

Luftspiegelung 1. *Mirage*, die (lat.-fr., Pl. -n) 2. *Fata Morgana*, die (it., Pl. ...nen, -s) bes. in heißen Wüstengebieten

Luftsprung *Gambade*, die (lat.-it., Pl. -n) auch: Kapriole, närrischer Einfall

Luftstreitkräfte *Air Force*, die (engl.-am., Pl. -s)

Luftverbesserer *Air-fresh*, das (engl., ohne Pl.) z.B. in Toiletten

Luftvorwärmer *Rekuperator*, der (lat., Pl. ...oren)

Luftvorwärmung *Rekuperation*, die (lat., ohne Pl.) durch heiße Abgase

Luftwaffe *Air Force*, die (engl.-am., Pl. -s)

Lüge *Finte*, die (lat.-it., Pl. -n)

lügen *fabulieren* (lat.) i. S. von schwindeln; auch: schwätzen

Lügendetektor *Polygraph*, der (gr.-russ.,

Pl. -en) Gerät zur gleichzeitigen Registrierung mehrerer Vorgänge u. Erscheinungen

Lügensucht *Mythomanie*, die (gr.-lat., Pl. ...ien) med.

Lukeneinfassung *Süll*, der, das (niederdt., Pl. -e) auch: hohe Türschwelle (Seemannsspr.)

Lump 1. *Lumpazius*, der (Pl. -se) 2. *Lumpazivagabundus*, der (Pl. -se, ...di) Herumtreiber, Lumpenpack (nach e. Posse von Nestroy)

Lunge *Pulmo*, der (lat., Pl. ...mones) med.

Lungenbläschen *Alveole*, die (lat., Pl. -n)

Lungenentzündung *Pneumonie*, die (gr.-lat., Pl. ...ien) med.

Lungenentzündung, bes. Art der ... *Legionärskrankheit*, die (lat.-fr.-dt., Pl. -en) ... mit oft tödlichem Ausgang; e. kaum erforschte Krankheit, die erstmals an Teilnehmern e. Legionärstreffens 1976 in den USA auftrat

Lungenfacharzt *Pulmologe*, der (lat., Pl. -n) med.

Lungenheilkunde 1. *Pneumologie*, die (gr.-lat., ohne Pl.) nicht verw. mit *Pneumaturie*, die (gr.-lat., Pl. ...ien) Ausscheidung von Gasen im Harn (med., e. gefährliches Leiden) 2. *Pulmologie*, die (lat., ohne Pl.)

Lurch *Amphibie*, die (gr.-lat., Pl. -n)

Lust an Grausamkeiten *Sadismus*, der (lat.-fr., ohne Pl.) nach dem fr. Schriftsteller de Sade

Lustempfinden im Bereich des Afters *Analerotik*, die (gr.-lat., ohne Pl.)

lüstern 1. *faunisch* (lat.) auch: geil 2. *libidinös* (lat.-fr.) auf die sexuelle Lust bezogen

Lüsternheit 1. *Kupidität*, die (lat., ohne Pl.) auch: Begierde 2. *Kupido*, die (lat., ohne Pl.) Verlangen

Lustgewinn, sexueller ... durch Grausamkeitstechniken *Sadomasochismus*, der (lat.-fr., Pl. ...men) d. h. beim Ausführen u. Erdulden; kurz: Sadomaso

Lusthappen, schneller ... *Quickie*, der (engl.-am., Pl. -s) schneller Sex, z. B. im Fahrstuhl; auch: Absacker; kurzer Drink

lustig 1. *fidel* (lat.) 2. *giocoso* (lat.-it.) musik. Vortragsanw.

Lustkultur, geschlechtliche ... 1. *Fun-Kul-*tur, die (engl.-lat.-dt., Pl. -en) 2. *Fake-Orgasm-Show*, die (lat.-engl., Pl. -s) in Darbietungen dieser Art gibt es e. Preis für den am besten simulierten Orgasmus, die US-Schauspielerin Meg Ryan beherrscht das Vortäuschen falscher Tatsachen grandios

Lustlosigkeit 1. *Apathie*, die (gr.-lat., Pl. ...ien) »Unempfindlichkeit«; Teilnahmslosigkeit 2. *Lethargie*, die (gr.-lat., ohne Pl.) Gleichgültigkeit; auch: krankheitsbedingte Schlafsucht

Lustschloß bei Madrid *Zarzuela*, die (sp., Pl. -s) auch: sp. Singspiel; sp. Fischsuppe

Lustspiel 1. *Komödie*, die (gr.-lat., Pl. -n) Bühnenstück mit heiterem Inhalt; »Bis auf den letzten Augenblick spielen wir Komödie mit uns selber.« (Heinrich Heine) 2. *Saynète*, die (fr., Pl. -n) kurzes fr. Spiel mit maximal drei Personen

Lustspiel, das menschliche ... *La comédie humaine* (fr., Zitat: Honoré de Balzac, 1799–1850, fr. Schriftsteller)

Lymphknotengeschwulst, käsige ... *Tyrom*, das (gr.-lat., Pl. -e) med.

Lymphknotenschwellung *Bubo*, der (gr., Pl. -onen)

M

machbar 1. *applikabel* (lat.) auch: anwendbar 2. *praktikabel* (gr.-lat.) zweckmäßig

Machenschaft 1. *Intrige*, die (lat.-it.-fr., Pl. -n) auch: Ränkespiel 2. *Kabale*, die (hebr.-fr., Pl. -n) svw. hinterhältiger Anschlag 3. *Manipulation*, die (lat.-fr., Pl. -en) Beeinflussung auf Menschen, gegen deren Willen ausüben

Macht *Autorität*, die (lat., Pl. -en) auch: einflußreiche Persönlichkeit, z. B. Ferdinand Sauerbruch (1875–1951) war unter den Chirurgen e. Autorität

macht nichts 1. *nitschewo* (russ.) 2. *pas du tout* (fr.)

Macht *Zepter*, das, der (gr.-lat., ohne Pl.) auch: höchste Gewalt, Herrscherstab; »Einst spielt' ich mit Zepter, mit Krone u.

Stern« (Albert Lortzing: »Zar u. Zimmermann«)

Macht des Schicksals *la forza del destino* (it., Zitat: Giuseppe Verdi, it. Komponist, 1813–1901)

Machtanspruch der Frau *Hillary-Effekt*, der (Eigenn.) nach Hillary Clinton, Frau des US-Präsidenten, die erstmals mehr als nur Repräsentantin u. stille Beraterin ist, mit ihr treten überall Frauen ins Rampenlicht

Machtbereich 1. *Imperium*, das (lat., Pl. ...ien) Weltreich 2. *Sphäre*, die (gr.-lat.-fr., Pl. -n) auch: Wirkungskreis; Himmelsgewölbe; z. B. der Träumer lebt in anderen Sphären

Machtergreifung *Usurpation*, die (lat.-fr., Pl. -en) i. S. e. widerrechtlichen Ergreifens der Macht

Machthaber 1. *Caudillo*, der (sp., Pl. -s) auch: Heerführer, Anführer, Häuptling 2. *Diktator*, der (lat., Pl. ...oren) Gewaltherrscher, despotischer Mensch, z. B. Hitler, Stalin, Mao 3. *Potentat*, der (lat., Pl. -en) auch: souveräner Fürst

Mächtigen, gib dem ... nach *cede maiori* (lat., Zitat) weiche dem Größeren

mächtiger ist, wer früher ist *potior est, qui prior est* (lat., Zitat) auch: wer zuerst kommt, mahlt zuerst

Machtkennzeichen *Insigne*, die (lat., Pl. ...nien) z. B. Krone, Zepter, Thron

Machtsinnbild *Zepter*, das, der (gr.-lat., Pl. -)

Machwerk *Elaborat*, das (lat., Pl. -e) ein schlechter Roman wird bisweilen als Elaborat bezeichnet

Mädchen 1. *Girl*, das (engl., Pl. -s) 2. *Teenie*, der (engl., Pl. -s) kurz für *Teenager*, der (engl., Pl. -s) junges Mädchen oder Junge um 16 Jahre 3. *Grisette*, die (germ.-fr., Pl. -n) leichtfertiges Mädchen 4. *Sylphide*, die (lat., Pl. -n) anmutiges Mädchen 5. *Twen*, der (engl., Pl. -s) junge Frau, junger Mann um 20 Jahre 6. *Prewoman*, die (engl., Pl. ...men) »Vorfrau«; auch: Mädchen

Mädchen im militärischen Outfit *Tank Girl*, das (engl., Pl. -s) auch: Girlie im Panzerfahrer-Look

Mädchen, für das Anfeuern zuständig *Cheerleader*, der (engl.-am., Pl. -s) von: to cheer (jubeln) es ist eigentlich e. Frau oder e. Mädchen, die / das mit anderen e. Sportlerteam anfeuert

Mädchen, kompromißloses, modisches u. »scharfes« ... *Beastie Girl*, das (engl., Pl. -s)

Madenkrankheit des Darms *Enteromyiase*, die (gr.-lat., Pl. -n) med.

Mafia, Vereinigung der kalabresischen ... *'Ndrangheta*, die (it., ohne Pl.) gilt als die mächtigste Mafia-Organisation, in Europa, Amerika, Australien aktiv

Mafiamitglieder, reuige ... *Pentiti*, die (it., Pl.)

mafiös *korrupt* (lat.) i. S. von bestechlich, käuflich, von *Mafia*, die (arab.-it., Pl. -s) erpresserische Geheimorganisation, die weltweit tätig ist

Magazin, begeisterter Anhänger von ... *Fanzine*, das (engl., Pl. -s) von: Fan (Anhänger) u. Magazin (Illustrierte)

Magazin, elektronisches ... *Ezine*, das (engl. Wortschöpfung, Pl. -s) wird bedarfsweise »runtergeladen« oder ausgedruckt, e. wachsende Anzahl von Zeitschriften wird in elektronischer Online-Form angeboten

Magenerweiterung *Gastrektasie*, die (gr.-lat., Pl. ...ien) med.

Magengrube *Epigastrium*, das (gr.-lat., Pl. ...ien) auch: Gegend des Oberbauches

Magenkrampf 1. *Gastralgie*, die (gr.-lat., Pl. ...ien) med. 2. *Gastrodynie*, die (gr.-lat., Pl. ...ien) med.

Magenleiden *Gastropathie*, die (gr.-lat., Pl. ...ien) med.

Magensaft ohne Salzsäure *Achlorhydrie*, die (gr.-lat., ohne Pl.) dem Magensaft fehlt jegliche Salzsäure für die Verdauung (med.)

Magenschleimhautentzündung *Gastritis*, die (gr.-lat., Pl. ...itiden) med.

Magenschmerzen *Gastrodynie*, die (gr.-lat., Pl. ...ien) med.

Magenspiegelung *Gastroskopie*, die (lat., Pl. ...ien) med.

Magenstein *Bezoar*, der (arab.-sp., Pl. -e) ... von Wiederkäuern, einst in der Medizin gebraucht

Magenvergrößerung *Gastromegalie*, die (gr., Pl. ...ien) med.

Magenverstimmung *Gastrizismus*, der (gr.-lat., ohne Pl.) med.

Magerkeit *Asarkie*, die (lat., ohne Pl.) nicht verw. mit *Askari*, der (arab., Pl. -s) afrikanischer Soldat im einstigen Deutsch-Ostafrika

Magersucht *Anorexie*, die (gr.-lat., ohne Pl.) auch: Appetitlosigkeit (med.)

Magie *Nigromantie*, die (lat.-gr., ohne Pl.) Zauberei, Schwarze Kunst

Magier *Nigromant*, der (lat.-gr., Pl. -en) Zauberer; e., der durch Tricks erstaunliche Dinge bewerkstelligt, wie z. B. David Copperfield

Magister der freien Künste *Liberalium Artium Magister*, der (lat., ohne Pl.) auch: Titel e. Professors im Mittelalter

Magnetnadelabweichung *Deklination*, die (lat., Pl. -en) ist die Abweichung von der tatsächlichen geographischen Nordrichtung

Magnetplatte *Floppy Disk*, die (engl., Pl. -s) e. Speicherplatte für Computerdaten

Magnetschwebebahn *Transrapid*, der (Kunstwort aus: trans u. rapid, ohne Pl.) Schnellbahn, die von Magnetfeldern geführt wird

Mahlzahn 1. *Molar*, der (lat., Pl. -en) 2. *Postmolar*, der (lat., Pl. -en)

Mahlzeit *Picknick*, das (engl., Pl. -s) Essen unter freiem Himmel einnehmen

Mahner *Prophet*, der (gr.-lat., Pl. -en) nichts gilt der Prophet im eigenen Haus! »Die Propheten sehen zwar das Gelobte Land, aber sie dürfen es nicht betreten.« (Friede Springer, 1996)

Mahnpredigt *Paränese*, die (gr.-lat., Pl. -n)

Mahnruf *Appell*, der (fr., Pl. -e) auch: Aufruf

Mahnung *Memento*, das (lat., Pl. -s)

Mailbox, Ebene in e. ... *Modul-Section*, die (lat.-engl., ohne Pl.) ... die für z. B. Videospiele reserviert ist

Maisfladen *Tortilla*, die (sp., Pl. -s) in Mittelamerika (in Spanien ist die Basis Kartoffeln)

Maisvergiftung *Maidismus*, der (lat.-indian.-sp., ohne Pl.)

Makel *Odium*, das (lat., ohne Pl.) an dem Politiker klebte das Odium e. Lügners

Makellosigkeit *Integrität*, die (lat., ohne Pl.) e. Politiker von bes. Integrität gewann die Wahlen

Makkaroni (Nudeln), dünne ... *Bassotti*, die (it., nur Pl.)

Makler *Broker*, der (engl., Pl. -)

Maklergebühr *Courtage*, die (fr., Pl. -n)

mal so, mal so *variabel* (lat.-fr.) veränderlich

Mal *Stigma*, das (gr.-lat., Pl. ...men) an den Händen trug sie das Stigma des gekreuzigten Christus

Malaria *Helodes*, die (gr.-lat., ohne Pl.) med.

Malariamücke *Anopheles*, die (gr., ohne Pl.) eigtl.: schädlich

malen ... *aquarellieren* (it.-fr.) ... in Wasserfarben

Malerei in Grautönen *Grisaille*, die (fr., Pl. -s) auch: Ton-in-Ton-Malerei

Malerei, neue Richtung der abstrakten ... *Tachismus*, der (lat.-fr., ohne Pl.) besteht aus spontanem Farbklecksen

Malerei, schuppenartige ... *Ecaillemalerei*, die (fr.-dt., Pl. -en) ... auf Porzellan

malerisch *pittoresk* (lat.-it.-fr.) e. pittoreskes Gebirgsdorf

Malnehmen *Multiplikation*, die (lat., Pl. -en)

malnehmen *multiplizieren* (lat.)

Malvengewächs 1. *Sida acuta*, die (lat., ohne Pl.) 2. *Malva colorada*, die (sp., ohne Pl.) 3. *Axocatzin*, das (Eigenn., Pl. -e) wird in Mexiko als Cannabisersatz geraucht

Malvengewächse, Gattung der ... *Abutilon*, das (arab., Pl. -s) z. B. Zimmerahorn

Malzwhisky *Malt-Whisky*, der (engl., Pl. -s)

Management, Simulations... 1. *virtuelles Management*, das (lat.-engl.-am., ohne Pl.) Bez. für e. neue Unternehmensführung, die völlig andere, noch nicht reale Marktsituationen simuliert; in der Trendforschung auch 2. *antizipierendes Management*, das (lat.-engl., ohne Pl.) genannt, d. h. vorwegnehmende Unternehmensführung

Managementkonzept, leistungsmotivierendes ... *Empowerment*, das (engl.-am., Pl. -s)

Managementmodell für Joint-ventures, strategische Allianzen u. externe Ressourcen ... *virtual Corporation*, die (engl.-am., Pl. -s) ... die projektgebunden über die eigenen Möglichkeiten hinauswächst; es ist e. komplexe Kooperation auf Zeit, die e. bestimmte Marktchance nutzt

Manager 1. *Promoter*, der (lat.-fr.-engl., Pl. -) 2. *Direktor*, der (lat., Pl. ...oren)

Manager für Großkunden *Key-Account-Manager*, der (engl., ohne Pl.) »Schlüssel-Kunden«, d. h. die wichtigsten Kunden e. Unternehmens

Manager in Schlüsselposition *Key-Account-Manager*, der (engl., Pl. -s) meist der erste Verkäufer, der Großkunden betreut

Manager, ganzheitlich ausgebildeter ... *Chaospilot*, der (gr.-lat.-it.-fr., Pl. -en) deren Ausbildung umfaßt u. a.: Allgemeinbildung, Sponsoring (Förderung von Personen u. Projekten) Konzeptplanung, Literatur, Musik, Trendforschung, Yoga, Karate; der Absolvent soll wie e. Pilot durch das Chaos unserer komplexer werdenden Welt steuern können

Mandelentzündung *Tonsillitis*, die (lat., Pl. ...itiden) med.

Mandeloperation *Tonsillektomie*, die (lat.-gr., Pl. ...ien) med.

Mangel 1. *Defekt*, der (lat., Pl. -e) Fehler; »Ein Mann zu sein ist der häufigste genetische Defekt der Natur.« (Jens Reich, Genforscher, 1997) 2. *Defizit*, das (lat.-fr., Pl. -e) auch: Fehlbetrag 3. *Desiderat*, das (lat., Pl. -e) eigtl.: Gewünschtes 4. *Desideratum*, das (lat., Pl. ...ta) e. zur Anschaffung in Bibliotheken vorgeschlagenes Buch 5. *Manko*, das (lat.-it., Pl. -s) Fehlbetrag; nicht verw. mit *Mango*, die (port., Pl. ...onen, -s) tropische Frucht des Mangobaumes

mangelhaft 1. *defekt* (lat.) auch: fehlerhaft 2. *defektiv* (lat.) 3. *inkorrekt* (lat.) auch: ungenau; Ggs.: korrekt

Mangelhaftigkeit *Defektivität*, die (lat., ohne Pl.) auch: Fehlerhaftigkeit

Mangelkrankheit *Beriberi*, die (singhalesisch, ohne Pl.) allg. Kräfteverfall bes. durch Vitamin B1-Mangel

mangelnde Planung *Desorganisation*, die (fr., Pl. -en) Desorganisation ist oft e. Grund für verlustreiches Wirtschaften e. Firma

Mann 1. *Adonis*, der (gr., Pl. -e) nach Adonis, dem schönen Jüngling aus der gr. Sage 2. *Beau*, der (fr., Pl. -s) i. S. e. schönen u.

eitlen Mannes 3. *Charmeur*, der (lat.-fr., Pl. -e) gegenüber Damen betont liebenswürdiger Mann 4. *Gentleman*, der (engl., Pl. ...men) Herr vornehmer Gesinnung u. guter Umgangsformen 5. *Gent*, der (engl., Pl. -s) kurz für Gentleman, bisweilen ironisch verwendet 6. *Athlet*, der (gr.-lat., Pl. -en) sportlicher, gutgebauter Typ 7. *Eunuch*, der (gr.-lat., Pl. -en) Haremswächter, kastrierter Mann 8. *Pascha*, der (türk., Pl. -s) e., der sich gern bedienen läßt 9. *Macho*, der (lat.-sp., Pl. -s) jmd., der übertrieben männlich auftritt 10. *Softie*, der (engl., Pl. -s) weicher, gefühlvoller Mann

Mann der Jagd *Nimrod*, der (hebr., ohne Pl.) e. großer Jäger, e. biblische Gestalt; »Er ist e. rechter Nimrod, e. gewaltiger Jäger vor dem Herrn.« (Redensart, Bibel, 1. Moses 10, 9)

Mann mit großer Kraft *Herkules*, der (gr., Pl. -se) Halbgott der gr. Sage; »Herkules am Scheidewege« (Redensart) Sinn: man muß sich, wie der Held der gr. Sage, zwischen zwei Dingen entscheiden

Mann mit homosexueller Vorliebe zu Jungen *Päderast*, der (gr., Pl. -en) »Die Mini-Playback-Show des Herrn Thoma ist nichts anderes als ein Päderastenservice.« (G. Schröders geh. Tagebuch von H. Venske, 1997)

Mann mit männlichem Imponiergehabe *Macho*, der (lat.-sp., Pl. -s) »Erst finden die Frauen einen scharf, weil man e. Macho ist, dann mies, weil man e. Macho ist.« (Steve McQueen, Schauspieler)

Mann von Lebensart 1. *Gentleman*, der (engl., Pl. ...men) »Zum Gentleman gehört auch die Fähigkeit, sich mit Würde betrügen zu lassen.« (Sir Alec Guinness) 2. *Gentilhomme*, der (lat.-fr., Pl. -s) Mann vornehmer Gesinnung

Mann, alter, geiler ... *Sugar-Daddy*, der (engl.-am., Pl. ...ies) ... mit dem Lolita-Syndrom

Mann, barmherziger *Samariter*, der (hilfsbereiter Mann aus Samaria, Lukas 10) auch: freiwilliger Krankenpfleger

Mann, der den Koran auswendig kennt *Hafis*, der (arab., ohne Pl.) »Hüter«; Ehrentitel

Mann, der sich aufgrund seiner Veranlagung wie e. Frau kleidet *Transvestit*, der

368

(lat., Pl. -en) ... frisiert u. schminkt;
»Auch Ihnen zuliebe kann ich nicht Transvestit werden.« (Roman Herzog, Bundespräsident, 1998 in Berlin)
Mann, e. guter ... bleibt immer Anfänger *semper homo bonus tiro est* (lat., Zitat: Martial)
Mann, eiserner ... *Ironman,* der (engl.-am., Pl. ...men) einst Bez. des Triathlons von Hawaii
Mann, junger ... der extremen Sport betreibt (u. liebt) *Yummie,* der (engl.-am., Pl. -s) aus: joung urban macho man into extreme sports
Mann, junger ... im wehrfähigen Alter *Ephebe,* der (gr.-lat., Pl. -n) ... im alten Griechenland
Mann, sehr alter ... *Methusalem,* der (hebr., Pl. -s) »Mann des Wurfgeschosses«, biblischer Stammvater, der 969 Jahre alt geworden sein soll, daher: »alt wie Methusalem«
Mann, Typ *Tschabo,* der (Begriff aus der dt. Szene-Sprache, Pl. -s) auch: Kerl
Männer in bes. fescher Frauenkleidung *Drag Queen,* die (engl., ohne Pl.)
Männer, die auch Frauenkleider tragen *Crossdresser,* der (engl., Pl. -)
Männerbetörerin *Circe,* die (gr., Pl. -n) verführerische Frau der gr. Sagenwelt
Männergewand 1. *Dschellaba,* die (arab., Pl. -s) weites Gewand aus Wolle 2. *Burnus,* der (arab.-fr., Pl. -se) Kapuzenmantel der Beduinen 3. *Kaftan,* der (pers.-arab.-türk., Pl. -e) langes Obergewand 4. *Toga,* die (lat., Pl. -en) Obergewand vornehmer Bürger im alten Rom 5. *Sarong,* der (malaiisch, Pl. -s) Hüftrock der Männer u. Frauen Indonesiens
Männergewand *Galabija,* die (arab., Pl. -s) knöchellanges Gewand, ähnlich e. Kaftans
Männerhaß *Androphobie,* die (gr.-lat., Pl. ...ien) i. S. von: Haß auf Männer; Männerfurcht
Männerherrschaft *Patriarchat,* das (gr.-lat., Pl. -e) auch: Amtsbereich e. kirchlichen Patriarchen (Erzbischof); Ggs.: Matriarchat
Männerrock, kurzer ... 1. *Fustanella,* die (gr.-it., Pl. ...llen) Teil der gr. Nationaltracht 2. *Kilt,* der (engl., Pl. -s) karierter schottischer Faltenrock

Männerscheu *Misandrie,* die (gr., ohne Pl.) med.
Männerstimmlage 1. *Tenor,* der (lat.-it., Pl. Tenöre) hohe Stimmlage 2. *Bariton,* der (gr.-lat.-it., Pl. -e) mittlere Stimmlage 3. *Baß,* der (lat.-it., Pl. Bässe) tiefe Männerstimmlage
Manneskraft *Virilität,* die (lat., ohne Pl.)
Manneskraftmedikament *Viagra,* das (Eigenn., lat.-engl., ohne Pl.) aus: vigos = Stärke u. Niagara = strömende Kraft des Wasserfalls. »Am Valentinstag gibt es in England Viagra ohne Rezept ...« (Stefan Raab, TV-Entertainer, 2007)
männlich 1. *maskulin* (lat.) e. maskuliner Typ mit tiefer Stimme, Bart u. Muskelpaketen; Ggs.: feminin 2. *viril* (lat.)
männliche Keimzelle *Androgamet,* der (gr.-lat., Pl. -en) Ggs.: Gynogamet
männliche Urkraft *Yang,* das (chin., ohne Pl.) die lichte, schöpferische Kraft
männliches Geschlechtshormon *Androgen,* das (gr.-lat., Pl. -e)
männliches Mannequin *Dressman,* der (engl., Pl. ...men) auch: männliches Fotomodell; junger Mann, der sich homosexuell prostituiert (in Anzeigen wirbt)
Männlichkeitsgefühl *Machismo,* der (lat.-sp., ohne Pl.) in übersteigerter Form
Männlichkeitswahn *Machismo,* der (lat.-sp., ohne Pl.)
Mannschaft 1. *Team,* das (engl., Pl. -s) 2. *Crew,* die (engl., Pl. -s) Schiffs- oder Flugzeugbesatzung 3. *Equipe,* die (fr., Pl. -n) z. B. beim Reitsport 4. *Kollektiv,* das (lat.-russ., Pl. -e) svw. e. Gruppe von Menschen, die zusammen arbeiten, Sport treiben u. gemeinsame politische Vorstellungen haben (in sozialistischen Staaten üblicher Begriff)
Mannschaftsklassen *Liga,* die (lat.-sp., Pl. ...gen) »Die fahren in e. eigenen Liga.« (Heinz-Harald Frentzen, Formel-1-Rennfahrer, 1998)
Mannschaftsraum *Logis,* das (germ.-fr., ohne Pl.) z. B. auf Schiffen
mannstoll *nymphoman* (gr.-lat.)
Mannstollheit *Nymphomanie,* die (gr.-lat., ohne Pl.) Ggs.: Satyriasis
Mannweib *Amazone,* die (gr.-lat., Pl. -n) nach dem kriegerischen Frauenvolk der gr. Sagenwelt

Mantel 1. *Manteau*, der (lat.-fr., Pl. -s) 2. *Havelock*, der (engl., Pl. -s) Herrenmantel mit Umhang

Mantel, roter ... *capa*, die (sp., Pl. -s) mit der e. Kampfstier gereizt wird

Manteltier *Tunikate*, die (lat., Pl. -n) Meerestier mit e. Hülle aus Zellulose (Zool.)

Mantelumhang 1. *Aba*, die (arab., Pl. -s) Umhang der Araber 2. *Capot*, der (lat., ohne Pl.) Kleidungsstück im Mittelalter

Manuskript *Paper*, das (engl., Pl. -s)

Manuskripthalter *Tenakel*, das (lat., Pl. -) Gerät in der Setzerei

Märchenerzählerin ... *Scheherazade*, die (pers., Pl. -n) ... aus 1001 Nacht

märchenhaft *fabulös* (lat.-fr.) unwirklich

Märcherzählerin, orientalische ... *Scheherazade*, die (arab., Pl. -n) z. B. der Märchen aus »Tausend und einer Nacht«.

Marihuana *Lady Mary Jane*, die (engl., ohne Pl.)

Marihuana-Sorte aus Mexiko *Acapulco-Gold*, das (Eigenn., dt., ohne Pl.) Szeneausdruck; eigtl.: Name e. mexikanischen Ortes

Marihuanazigarette *Joint*, der (engl., Pl. -s) »Ich bedaure, daß dieser Staat mich zwingt, wegen ein paar Joints e. Jugendstrafe zu verhängen.« (e. 68er Richter, 1998)

Markenbetreuer *Brandmanager*, der (engl., Pl. -)

Markenname, Erfinden e. ... *Branding*, das (engl., ohne Pl.) gesucht werden werbewirksame Kunstwörter, die sich im Kopf des Kunden »einbrennen«; auch: schmerzhafte Tätowierungsart

Markenzeichen 1. *Logo*, das, der (gr.-engl., Pl. -s) Firmenzeichen mit Wiedererkennungswert, von *Logos* (gr.) der Begriff, das Wort 2. *Signet*, das (lat.-fr., Pl. -s) Firmen-, Verlegerzeichen

Marketing, Beziehungs... *Relationship Marketing*, das (engl., ohne Pl.) als dauerhafte Geschäftsverbindung, in der gemeinsam nach Absatz-, Produktions- u. Servicelösungen gesucht wird

Marketing, das soziale Subkultur- u. Organisationsformen berücksichtigt *Szenen-Marketing*, das (gr.-lat.-fr.-engl., ohne Pl.)

Marketing, ganz umfassendes ... *Wrap-*

around Marketing, das (engl.-am., ohne Pl.) auch: Marketing total, der Kunde wird gänzlich u. nachhaltig umworben, er soll gewonnen u. gehalten, damit betreut werden

Marketing, individuelles, verbraucherspezifisches ... *Personal Marketing*, das (engl.-am., ohne Pl.) »Klassische Werbemethoden sind tot, Personal Marketing die Zukunft.« (US-Marketing-Papst Lester Wundermann)

Marketing, umfassendes ... *integriertes Direktmarketing*, das (lat.-engl., ohne Pl.) herkömmliche Medienwerbung plus PR-Maßnahmen, plus informative Anzeigen, plus Telefon- u. Direktmarketing

Markierung an Waren *Barcode*, der (engl., Pl. -s) aus: bar (Balken, Streifen) u. code (Bezeichnung) Barcodes enthalten kodierte Informationen (Preis, Warenname usw.) für automatische Kassen u. werden mit e. Scanner (optisches Lesegerät) gelesen

markig *pulpös* (lat.)

Markt 1. *Basar*, der (pers., Pl. -e) Markt im Orient 2. *Forum*, das (lat., Pl. ...ren) Versammlungsplatz bes. im alten Rom 3. *Souk*, der (arab., Pl. -s)

Markt- u. Meinungsforschung durch pers. Befragen *Field-Research*, das (engl., Pl. -s) auch: Feldforschung; Ggs.: Desk-Research

Marktform 1. *Monopol*, das (gr.-lat., Pl. -e) keine Konkurrenz, ein Anbieter beherrscht den Markt mit seinem Produkt 2. *Oligopol*, das (gr.-lat., Pl. -e) Marktform mit wenigen Anbietern 3. *Polypol*, das (gr.-lat., Pl. -e) Marktform mit vielen Anbietern

Marktform, e. ... **beherrschende Anbieter betreffend** *oligopolistisch* (gr.) »Wir haben im Fall Springer festgestellt, daß es e. oligopolistische Struktur gibt.« (Ulf Böge, Präsident des Bundeskartellamts, 2006)

Marktforscher *Researcher*, der (engl., Pl. -s)

Marktforschung 1. *Market-Research*, das (engl., Pl. -es) 2. *Fieldresearch*, das (engl., ohne Pl.)

Marktforschungsbefrager 1. *Fieldworker*, der (engl., Pl. -s) 2. *Interviewer*, der (lat.-fr.-engl., ohne Pl.)

Marktmanagement der sozialen Beziehungen *Interfusion*, die (lat.-engl., ohne Pl.) nach Gerd Gerken wird klassisches, nach dem Bedarf orientiertes Marketing von der Interfusion abgelöst

Marktplatz 1. *Forum*, das (lat., Pl. ...ra) im antiken Rom 2. *Agora*, die (gr., Pl. Agoren) im antiken Griechenland 3. *Piazza*, die (gr.-lat.-it., Pl. -s, Piazze) in Italien

Marmelade 1. *Konfitüre*, die (lat.-fr., Pl. -n) 2. *Jam*, das, die (engl., Pl. -s)

Marschflugkörper *Cruise-Missile*, das (engl.-am., Pl. -s) auch: Flügelrakete mit Gefechtskopf

Marschkolonnenspitze *Tête*, die (lat.-fr., Pl. -n)

marschmäßig *alla marcia* (it.) musik. Vortragsanw.

Marschstrecke *Route*, die (lat.-fr., Pl. -n)

Marsfleck, dunkler ... *Syrtis Major*, der (Eigenn., lat., ohne Pl.) entdeckt u. benannt worden von Christiaan Huygens (1629–1695), niederländischer Astronom

Marktveränderungen, Aufspüren von ... 1. *Monitoring*, das (lat.-engl., ohne Pl.) von: monitor (Anzeiger), ... u. die Verfolgung deren Verläufe 2. *Trendscouting*, das (engl., ohne Pl.)

Märtyrer *Schahid*, der (arab.)

Märtyrerberichte zur frühen Christenverfolgung *Acta Martyrum*, die (lat., nur Pl.)

Marx, von ... begründete Wirtschafts- u. Gesellschaftstheorie *Marxismus*, der (Eigenn., lat., ohne Pl.) »Wo der Marxismus herrscht, kommen die Deklassierten, die Defekten zur Herrschaft.« (Thomas Dehler, Mitbegründer der F. D. P.)

Marxismusauslegung des Diktators Stalin *Stalinismus*, der (Eigenn., lat., ohne Pl.) »... Tradition des schwäbischen Schwerwagen-Stalinismus.« (»Der Spiegel« zur alten Mercedes-S-Klasse, 1998)

Maschine 1. *Roboter*, der (tschech., Pl. -) i. S. e. Maschinenmenschen 2. *Apparatur*, die (lat., Pl. -en)

Maschine zur Erzeugung elektr. Spannungen *Influenzmaschine*, die (lat., Pl. -n)

maschinenmäßig *mechanisch* (gr.-lat.) z. B. am Fließband mechanische Arbeiten verrichten

Maschinensatz ... *Aggregat*, das (lat., Pl.

-e) ... aus zusammengefügten Einzelteilen

Maschinenteil *Rotor*, der (lat.-engl., Pl. -en) z. B. Hubschrauberrotor

Masern *Morbilli*, die (lat., Pl.)

Maskenfest *Maskerade*, die (arab.-sp., Pl. -n)

Maskottchen *Talisman*, der (gr.-arab., Pl. -e)

Maß *Quantum*, das (lat., Pl. ...ten) i. S. e. Menge von etwas, z. B. Mehl

Maß, alles mit ... *ne quid nimis* (lat., Zitat: Chilon) auch: nichts zuviel

Massagetechnik, neue ... für Paare *Polarity Massage*, die (gr.-lat.-engl., Pl. -s) basiert auf chinesischer u. indischer Medizin, sie gleicht die Plus- u. Minusschwingungen im Körper aus

Maßanalyse *Titrimetrie*, die (gr.-lat., ohne Pl.)

Masse *Quantität*, die (lat., Pl. -en) i. S. von Menge; nicht Quantität, sondern Qualität herstellen!

Masse, breiige ... *Pulp*, der (lat.-fr.-engl., Pl. -en) ... mit Fruchtstücken

Masse, größte mögliche ... e. stabilen kalten Sterns *Chandrasekharsche Grenze*, die (Eigenn., dt., Pl. -en) ... wird sie überschritten, stürzt der Stern zusammen, in e. schwarzes Loch (Astron., Phys.)

Maßeinheit e. harten Droge *Pack*, das (engl., Pl. -s) Szeneausdruck, i. a. ist e. Heroineinheit gemeint

Maßeinheit für das spezifische Gewicht von Flüssigkeiten *Baumégrad*, der (fr., Pl. -e) Zeichen: °Bé; nach dem fr. Chemiker A. Baumé

Maßeinheit für den radioaktiven Gehalt im Quellwasser *Eman*, das (lat., Pl. -s) 1 Eman = 10^{-10} Curie/Liter

Maßeinheit für die Aktivität e. radioaktiven Substanz *Becquerel*, das (Eigenn., fr., ohne Pl.) nach dem fr. Physiker Henri Becquerel (1852–1908)

Maßeinheit *Skala*, die (lat.-it., Pl. Skalen, -s) eigtl.: Treppe; Farbskala; auch: Tonleiter; nicht verw. mit *Scala*, die (it., ohne Pl.) das berühmte Opernthheater in Mailand (Stifterin, 1778: Regina della Scala)

Massenarmut *Pauperismus*, der (lat., ohne Pl.)

Massenerkrankung *Epidemie*, die (gr.-lat., Pl. ...ien) med.

Massenfabrikation von Gütern im Großbetrieb *Industrie*, die (lat., Pl. ...ien) eigtl.: Fleiß; »Wir werden das Gesicht der Industrie verändern.« (Robert E. Eaton, Co-Chairman der Daimler-Chrysler AG, 1998)

Massengutfrachter *Bulkcarrier*, der (engl., Pl. -s) Schiff für den Transport von z. B.: Kohle, Erz

massenhaft 1. *en masse* (fr.) 2. *kopiös* (fr.) auch: reichlich (med.)

Massenkundgebung *Demonstration*, die (lat., Pl. -en) die politische Demonstration endete mit e. Schlägerei

Massenmord *Massaker*, das (fr., Pl. -) Söldner richteten im Kongo e. Massaker an

Massenopfer *Hekatombe*, die (gr.-lat., Pl. -n) auch: Opfer von 1000 Tieren in der Antike

Massenprotest *Demonstration*, die (lat., Pl. -en) die Demonstration gegen die Sparmaßnahmen endeten mit e. Schlägerei

Maßfühler *Sensor*, der (lat.-engl., Pl. ...oren)

maßgebend 1. *kompetent* (lat.) i. S. von: sachverständig; Ggs.: inkompetent 2. *normativ* (gr.-lat.)

maßgeblich 1. *relevant* (lat.-fr.) auch: bedeutsam; Ggs.: irrelevant 2. *repräsentativ* (lat.-fr.) auch: darstellend

maßgeschneidert *tailormade* (engl.)

mäßig *frugal* (lat.) auch: einfach; die Gastgeber haben e. frugales Essen vorgesetzt

massig *voluminös* (lat.-fr.) auch: umfangreich

mäßigen *moderieren* (lat.) auch: e. Fernseh- oder Rundfunksendung (meist Gesprächsrunde) mit Worten einleiten u. steuern

massiv 1. *kompakt* (lat.-fr.) 2. *solide, solid* (lat.-fr.) auch: anständig, gediegen

Maßkunde *Metrologie*, die (gr., ohne Pl.) Kunde der Maße u. Gewichte

maßlos 1. *exzessiv* (lat.) der Arbeitslose ist e. exzessiver Trinker geworden 2. *exorbitant* (lat.) außergewöhnlich

Maßlosigkeit *Exzeß*, der (lat., Pl. ...zesse) den Alkoholgenuß treibt er bis zum Exzeß

Maßnahme *Aktion*, die (lat., Pl. -en) z. B.: Sparaktion, Aufklärungsaktion der Regierung zur Kernenergie

Maßstab 1. *Kanon*, der (lat., Pl. -s) auch: Glaubensregel, Richtschnur, Leitfaden; Musikstück, bei dem Stimmen in Abständen einsetzen 2. *Norm*, die (lat., Pl. -en) übliche Größe oder Beschaffenheit; Vorschrift, Regel

maßvoll 1. *apollinisch* (gr.-lat.) ausgeglichen; Ggs.: dionysisch; in der Art Apollos, den Gott Apollo betreffend 2. *moderat* (lat.) »moderate Lohnpolitik treiben ...« (Helmut Kohl, Bundeskanzler, zu den Tarifabschlüssen 1998)

Mastdarm betreffend *rektal* (lat.) med.

Mastdarm *Rektum*, das (lat., Pl. Rekta) med.

Mastdarmblutader, erweiterte ... *Hämorrhoide*, die (gr.-lat., Pl. -n) med.; »Drei-Liter-Autos sind keine Autos, sondern Hämorrhoidenschaukeln.« (ein Aktionär auf der BMW-HV, 1998)

Mastdarmblutung *Proktorrhagie*, die (gr.-lat., Pl. ...ien) med.

Mastdarmentzündung *Proktitis*, die (gr.-lat., Pl. ...itiden) med.

Mastdarmspiegel *Rektoskop*, das (lat.-gr., Pl. -e) med.

Mastdarmspiegelung *Rektoskopie*, die (lat.-gr., Pl. -ien) med.

Mastdarmvorfall *Exanie*, die (lat., Pl. ...ien) med.

Masthahn, kastrierter ... *Kapaun*, der (lat.-fr., Pl. -e) »Noch peinlicher seit Jahren Bangemann, der Politkapaun von Brüssel« (G. Schröders geh. Tagebuch von H. Venske, 1997)

masturbieren *onanieren* (gr.-lat.-engl.) sich selbst befriedigen; »Kein Jesuitenzögling kann jemals solche Furcht vor dem Onanieren haben wie die modebewußte Frau vor der Buttercremetorte.« (Zeitmagazin, 1989)

Material, härter als Stahl, dennoch leichter formbar ... *Superplastik*, das (engl.-gr.-lat.-fr., Pl. -s) ... extrem zäh u. haltbar

Materieteilchen, elementares ... extrem leicht, möglicherweise masselos *Neutrino*, das (gr., Pl. -nen) ... das nur der Wirkung der schwachen Kraft u. der Gravitation unterliegt (Phys.)

Materieteilchen, jedem ... entspricht e.

372

Antiteilchen *Antiteilchen*, das (lat.-dt., Pl. -) wenn e. Teilchen mit seinem Antiteilchen zusammenstößt, vernichten sie sich u. lassen nur Energie zurück (Phys.)

Matratze, japanische ... *Futon*, das (jap., Pl. -s) ... hart gepolstert

Mätresse 1. *Konkubine*, die (lat., Pl. -n) 2. *Kurtisane*, die (fr., Pl. -n) einst Geliebte von Fürsten

Matrose, der in der Takelage arbeitet *Toppsgast*, der (niederdt., Pl. -en) ... u./o. das Toppsegel bedient (Seemannsspr.) nicht verw. mit »Matrosen am Mast« (Filzläuse)

Mauerbruch *Bresche*, die (fr., Pl. -n) z. B. e. Bresche schlagen

Maulesel 1. *Ginnus*, der (lat., Pl. ...ni) 2. *Muli*, das u. der (lat.-it., Pl. -s) Kreuzung zwischen Pferd u. Esel; Maultier

Mausoleum, gekuppeltes ... *Koubba*, die (arab.)

Maximum 1. *Amplitude*, die (lat., Pl. -n) »Größe«; der größte Ausschlag e. Schwingung, z. B. bei e. Pendel 2. *Kumulationspunkt*, der (lat.-dt., Pl. -e) den »Punkt der größten Anhäufung«, z. B. überschreiten des ...

meckern 1. *kritisieren* (gr.-lat.-fr.) 2. *monieren* (lat.) rügen, tadeln 3. *reklamieren* (lat.) »widersprechen«; Mängel beanstanden

Meckerstimme *Ägophonie*, die (gr.-lat., ohne Pl.) med. i. S. krankhaften Gemekkers

Medien, das Verschmelzen klassischer ... 1. *Meltomedia*, die (lat.-engl., nur Pl.) to melt (verschmelzen); Abwandlung von 2. *Multimedia*, die (lat.-engl., nur Pl.) die Verwendung verschiedener (vieler) Medien zum Zwecke des Unterrichts u./o. der Unterhaltung (Multimedia-Show)

Medienaktion *Kampagne*, die (fr., Pl. -n) »... die neue CDU-Plakation ›Roter Händedruck‹ ist ein Zweitaufguß der ›Rote-Socken-Kampagne.‹«« (Guido Westerwelle, Generalsekretär der F. D. P., 1998)

Medienkombination, Hardware für die ... *Multimediamaschine*, die (lat.-gr.-fr., Pl. -n) es handelt sich um mobile, interaktive Multimediaplayer, die von Sony u. Philips angeboten werden

Medienriese *Medien-Tycoon*, der (lat.-jap.-engl., Pl. -s) Großkapitalist im Medienbereich; z. B. Rupert Murdoch oder der Bertelsmann-Konzern

Medienrummel *Hype*, der (engl., ohne Pl.)

Medienspektakel, bes. großes *Hype-Event*, der (gr.-engl., Pl. -s) ... mit kommerziellem Hintergrund

Medienvirtuosen, jugendliche ... *Otakus*, die (Eigenn., Pl.) ... die e. Kulturphänomen darstellen; es nahm seinen Anfang in Japan u. bezieht sich auf Einzelgänger, die alle Medienkanäle beherrschen u. weltweit kommunizieren

Medikament 1. *Medizin*, die (lat., Pl. -en) 2. *Placebo*, das (lat., Pl. -s) Scheinmedikament ohne Wirkung 3. *Tranquilizer*, der (lat.-fr.-engl., Pl. -) Beruhigungsmittel

Medikament mit beruhigender Wirkung *Tranquilizer*, der (lat., Pl. -)

Medikament, opiathaltiges ... *Dilly*, der (Szenewort, Pl. -ies)

Medikamentensucht *Toxikomanie*, die (gr.-lat., Pl. ...ien)

Medizin für den Tag *Day Mad*, die (engl., ohne Pl.)

Medizin, die den Menschen betrifft *Humanmedizin*, die (lat., ohne Pl.) »In der Humanmedizin werden gleiche Krankheitszustände im wesentlichen nur mit e. Methode behandelt‡...« (Peter Kuttruff, Kassenzahnärztliche Vereinigung, 1998)

Medizin, sich entwickelnde ... *evolutionäre Medizin*, die (lat., ohne Pl.) die auf der Evolutionstheorie basiert; resistente Bakterien u. Forschungen im Bereich der Immunologie, z. B. bei Migräne, Aids, Asthma, Allergien, Pilzkrankheiten, bestätigen die Fehlanpassung des menschlichen Organismus

medizinisch *iatrisch* (gr.-lat.) med.

Medizinstudent *Famulus*, der (lat., Pl. -se, ...li) »Diener«; auch: Student, der e. Professor assistiert

Meer *Ozean*, der (gr.-lat., Pl. -e) z. B. Indischer Ozean

Meer vor der Ostsee *Yoldiameer*, das (Eigenn., lat.-dt., ohne Pl.)

Meer, das ... betreffend *maritim* (lat.) z. B. Irland wird von maritimem Klima beeinflußt

Meer, durch das ... entstanden *thalassogen* (gr.-lat.)

373

Meerbusen *Golf*, der (gr.-lat.-it., Pl. -e) auch: Sportart

Meeresarm an der skand. Küste 1. *Fjärd*, der (skand., Pl. -e) 2. *Fjeld*, der (skand., Pl. -s) 3. *Fjord*, der (skand., Pl. -e)

Meeresarm, langer ... *Firth*, der (engl., Pl. -s) in Schottland; auch: Förde

Meeresbodenregion *Benthal*, das (gr.-lat., ohne Pl.) auch: Gewässergrundbereich

Meeresbucht 1. *Bai*, die (niederl., Pl. -en) 2. *Golf*, der (gr.-lat.-it., Pl. -e) auch: Sportart 3. *Sound*, der (engl., Pl. -s) Sund, Meerenge 4. *Fjord*, der (skand., Pl. -e) tief einschneidender Meeresarm

Meeresforschung *Innerspace-Forschung*, die (am.-dt., Pl. -en)

Meeresfrüchte *Frutti di Mare*, die (it., nur Pl.) gemeint sind kleine Meerestiere: Krabben, Muscheln, Tintenfische

Meereskunde 1. *Ozeanologie*, die (gr.-lat., ohne Pl.) 2. *Ozeanographie*, die (gr.-lat., ohne Pl.) 3. *Innerspace-Forschung*, die (am.-dt., Pl. -en) 4. *Thalassographie*, die (gr.-lat., ohne Pl.)

Meereskundler *Ozeanograph*, der (gr.-lat., Pl. -en) z. B.: Jaques-Yves Cousteau, Hans Hass, Ben Cropp

meereskundlich *ozeanographisch* (gr.-lat.)

Meeresspiegelhöhenschwankung 1. *Eustasie*, die (gr.-lat., Pl. ...ien) 2. *Tidenhub*, der (niederl.-dt., Pl. ...hübe) Wasserstandsunterschied bei den Gezeiten

Meeresstrudel *Charybdis*, die (gr.-lat., ohne Pl.) »aus der Scylla in die Charybdis geraten«; Redensart nach Homers »Odyssee«; in der Meerenge von Sizilien brachten die Seeungeheuer Scylla u. Charybdis Seeleute in Not; Sinn: aus e. schlimmen Situation in e. schlimmere kommen

Meeresteil *Lagune*, die (lat.-it., Pl. -n) mit dem Meer verbundener Wasserarm

Meerestiefenmesser 1. *Bathymeter*, das (gr.-lat., ohne Pl.) 2. *Echolot*, das (gr.-lat., Pl. -e) 3. *Thallassometer*, das (gr.-lat., Pl. -)

Meereswelle im Pazifik von verheerenden Ausmaßen *Tsunami*, der (jap., Pl. -s) entsteht durch Veränderungen des Meeresbodens

Meerwasseraquarium *Ozeanarium*, das (gr.-lat., Pl. ...ien)

mehrdeutig *amphibolisch* (gr.-lat.) auch: doppelsinnig

Mehrdeutigkeit 1. *Amphibolie*, die (gr.-lat., Pl. ...ien) auch: Doppelsinn 2. *Ambiguität*, die (lat.-fr., Pl. -en) i. S. von Doppeldeutigkeit bei Wörtern 3. *Ambivalenz*, die (lat., Pl. -en) Doppelwertigkeit von Begriffen u. Erscheinungen

Mehrehe *Polygamie*, die (gr., ohne Pl.) auch: Vielweiberei; Ggs.: Monogamie

mehrere 1. *diverse* (lat.) verschiedene 2. *multipel* (lat.) i. S. von: vielfältig, z. B. e. multiple Persönlichkeit; multiple Sklerose (med.) Erkrankung vieler Stellen im Körper: Gehirn, Rückenmark, Nervenstränge

mehrfache Vernichtung durch große Waffenpotentiale *Overkill*, der (engl., ohne Pl.) dabei sind bes. Atomwaffen gemeint

Mehrfachgebärende *Pluripara*, die (lat., Pl. ...paren) Ggs.: Primipara

Mehrflügelaltar *Polyptychon*, das (gr., Pl. ...chen u. ...cha) auch: klappbare Tafel im Altertum

Mehrfunktionsgerät, kleines ... **als Kommunikator** ... *Personal Communicator*, der (engl.-am., Pl. -s) ... der gleichzeitig als TV-Empfänger, Funktelefon, Fax u. Modem dient

Mehrgebot ... *Adjektion*, die (lat., Pl. -en) ... bei Versteigerungen

Mehrheit *Majorität*, die (lat.-fr., ohne Pl.) z. B. Stimmenmajorität; auch: die Aktienmajorität e. Unternehmens besitzen; Ggs.: Minorität

mehrseitig 1. *multilateral* (lat.) z. B. außenpolitische Probleme durch multilaterale Verhandlungen lösen 2. *universal* (lat.-fr.) i. S. von: weltweit; auch 3. *global* (lat.)

mehrsilbig *polysyllabisch* (gr.)

mehrsprachig *polyglott* (gr.)

mehrstimmig *polyphon* (gr.) z. B.: e. polyphonen Chor hören; Ggs.: homophon

Mehrstimmigkeit *Polyphonie*, die (gr., ohne Pl.) Ggs.: Homophonie

mehrwertig 1. *multivalent* (lat.) e. math. Aufgabe z. B. läßt mehrere Lösungen zu 2. *polyvalent* (gr.-lat.) gegen diverse Erreger wirksam (med.)

Mehrzahl *Plural*, der (lat., Pl. -e) Ggs.: Singular

Meinung 1. *Präjudiz*, das (lat., Pl. -e) auch: Vorentscheidung, Rechtsnachteil 2. *Opi-*

nio communis, die (lat., ohne Pl.) allg. Meinung 3. *Opinion*, die (engl., Pl. -s) z. B.: *Opinion-leader*, der (engl., Pl. -s) i. S. e. Meinungsmachers, bzw. jmd., der Meinungen beeinflußt

Meinung e. Mufti (Gelehrter) *Fatwa*, die (arab.) auch: Entscheidung über e. Streitpunkt des islamischen Gesetzes; »Entgegen der westlichen Propaganda ist die Fatwa gegen Salman Rushdie immer noch in Kraft.« (Ayatollah Hassan Sanei, 1998)

Meinung, die herrschende ... *Opinio communis* (lat., Zitat)

Meinungsmacher *Opinion-leader*, der (engl., Pl. -s) auch: Meinungsführer, Meinungsbildner

Meinungsaustausch *Diskussion*, die (lat., Pl. -en)

Meinungsbildner *Opinion-leader*, der (engl., Pl. -s) auch: Meinungsmacher, -beeinflusser, z. B. in der Mode, in politischen Ansichten (meist bekannte u. beliebte Persönlichkeiten)

Meinungsforscher 1. *Demoskop*, der (gr.-lat., Pl. -en) 2. *Researcher*, der (engl., Pl. -s)

Meinungsforschung 1. *Demoskopie*, die (gr.-lat., Pl. ...ien) 2. *Research*, das (engl., Pl. -es)

Meinungsstau ... *emotional Ketchup Burst* (lat.-am.-engl.) ... bis sich dieser plötzlich explosionsartig, zum Erstaunen aller, entlädt

Meinungsstreit 1. *Debatte*, die (lat.-fr., Pl. -n) auch: Erörterung 2. *Disput*, der (lat.-fr., Pl. -e) Auseinandersetzung 3. *Kontroverse* (lat., Pl. -n) Streit 4. *Polemik*, die (gr.-fr., Pl. -en) scharfe, unsachliche Kritik, literarische Fehde

Meinungsumfrage *Demoskopie*, die (gr.-lat., Pl. ...ien)

Meinungsumfrage, durch ... ermittelt *demoskopisch* (gr.) »E. Wahl ist e. Veranstaltung zur Überprüfung der demoskopischen Vorhersage.« (Robert Lembke, Fernsehmoderator)

Meinungsverschiedenheit 1. *Differenz*, die (lat., Pl. -en) 2. *Dissens*, der (lat., Pl. -e) im Vorvertrag galt es noch Dissense auszuräumen; Ggs.: Konsens

Meister 1. *Maestro*, der (lat.-it., Pl. -s) berühmter Musiker, Komponist oder Diri-

gent 2. *Champion*, der (lat.-fr.-engl., Pl. -s) z. B. e. Champion unter den Boxern sein, wie einst Cassius Clay: »der Killer von Manila«; nicht verw. mit *Champignon*, der (lat.-fr., Pl. -s) e. eßbarer Pilz 3. *Sidi*, der (arab.) auch: Herr

Meister seines Faches 1. *Kapazität*, die (lat., Pl. -en) Fassungsvermögen; hervorragender Fachmann 2. *Koryphäe*, die (gr.-lat.-fr., Pl. -n) »an der Spitze Stehender«; auch: Chorführer im antiken Drama

Meister, akademischer Grad *Magister*, der (lat., ohne Pl.) entspricht dem Diplom; »heiße Magister, heiße Doktor gar« (Goethe: »Faust«)

meisterhaft 1. *bravourös* (gr.-lat.-fr.) mit Bravour, d. h. gekonnt 2. *phänomenal* (gr.-lat.-fr.) außergewöhnlich 3. *virtuos* (lat.-it.) vollendet; Pablo Casals (1876–1973) spielte virtuos auf dem Violoncello

Meisterleistung *Bravourleistung*, die (gr.-lat.-fr.-dt., Pl. -en) Glanzleistung

Meisterliga *Champions League*, die (engl., ohne Pl.) auch: Pokalwettbewerb europäischer Spitzenfußballmannschaften. »Es ist, als hätte St. Pauli die Champions League gewonnen.« (Olli Dittrich, Schauspieler, 2006)

Meisterschaft *Championat*, das (fr., Pl. -e)

Meisterschaft, vollendete ... *Perfektion*, die (lat., Pl. -en) »Perfektion ist Lähmung.« (Winston Churchill, 1874–1965, britischer Staatsmann)

Meisterwerk *Chef d'œuvre*, das (fr., Pl. -s)

Mekkaauszug des Propheten *Hidschra*, die (arab.) ... u. seiner Jünger nach Medina 622 n. Chr., auch Beginn der islamischen Zeitrechnung

Mekkapilger *Hadschi*, der (arab.-türk., Pl. -s) für den Mohammedaner ist es e. Lebenswunsch, einmal nach Mekka zur Kaaba zu wallfahrten

Melancholie der Frau nach e. Entbindung 1. *Baby-Blues*, der (engl., ohne Pl.) 2. *postnatale Depression*, die (lat., Pl. -en) nach der Entbindung auftretende seelische Niedergeschlagenheit

melden 1. *avisieren* (lat.-fr.) z. B. e. Warenlieferung avisieren 2. *rapportieren* (lat.-fr.) der Soldat rapportiert seinem Vorgesetzten; auch: Bericht erstatten

Meldung 1. *Rapport*, der (lat.-fr., Pl. -e) e.

dienstliche Meldung 2. *Notiz*, die (lat., Pl. -en) i. S. e. Kurzmeldung

Meldungen *News*, die (engl., nur Pl.) auch: Nachrichten

Menge 1. *Quantität*, die (lat., Pl. -en) »Qualität vor Quantität!« 2. *Portion*, die (lat., Pl. -en) von diesen kleinen Portionen wird niemand satt! 3. *Quantum*, das (lat., Pl. ...ten) Paul braucht e. bestimmtes Quantum Alkohol für sein Wohlbefinden 4. *Ration*, die (lat.-fr., Pl. -en) auf der Fahrt durch die Sahara gab es nur e. kleine Ration Trinkwasser 5. *Dosis*, die (gr.-lat., Pl. ...sen) Medikamente werden in kleinen Dosen verabreicht 6. *Idee*, die (gr.-lat., Pl. -n) an diese Soße darf nur e. Idee Pfeffer 7. *Legion*, die (lat., Pl. -nen) am Grab von Elvis Presley trafen sich Fans in Legionen 8. *Hekatombe*, die (gr.-lat., Pl. -n) e. riesige Menge, in der Antike 100 Opferstiere 9. *Kontingent*, das (lat.-fr., Pl. -e) z. B. e. best. Kontingent an Waren liefern 10. *Quote*, die (lat., Pl. -n) z. B. e. Anteil von Personen oder Sachen; scherzh.: die Quoten-Frau in der Regierung

Menge von plötzlich eintretenden Dingen *Lawine*, die (lat., Pl. -n) auch: stürzende Schnee- oder Gesteinsmassen; »Wortlawinen rollen gewöhnlich von Bergen der Dummheit.« (Jercy Lec, polnischer Aphoristiker, 1909–1966)

Menge, ich hasse die ungebildete ... *odi profanum vulgus* (lat., Zitat: Horaz, 65–8 v. Chr.)

Menge, kleine ... *Heroin Bag*, das (engl., Pl. -s) eigtl.: Tasche (Szenewort)

Menge, unbestimmt große *Legion*, die (lat., Pl. -en) große Anzahl; »ihre Zahl ist Legion« (nach der Bibel, Markus 5, 9) auch: röm. Heereseinheit: Legion, ca. 6000 Mann; »Varus, gib mir meine Legionen wieder!« klagte Kaiser Augustus (63 v. Chr.–14 n. Chr.) nach der verlorenen Schlacht gegen die Germanen im Teutoburger Wald

Menge, unendliche *Myriade*, die (gr.-lat., Pl. -n) Anzahl von 10000; Pl.: Unzahl, große Menge

Mengenänderung *Elastizität*, die (gr.-lat., Pl. -en) gemeint ist die Abhängigkeit von Menge u. Preis; Preiselastizität

mengenmäßig *quantitativ* (lat.)

Mensch 1. *Homo*, der (lat., Pl. -s) 2. *Person*, die (etrusk.-lat., Pl. -en)

Mensch als Einzelwesen *Individuum*, das (lat., Pl. ...duen) eigtl.: das Unteilbare; »Das Individuum überschreitet sein gemeinsames Sein, um es zu verwirklichen.« (Jean-Paul Satre, 1905–1980)

Mensch mit Denkvermögen *Intellektuelle*, der, die (lat., Pl. -n) »Der Intellektuelle ist die einzige positive Persönlichkeit, die das Bürgertum hervorgebracht hat.« (Alberto Moravia)

Mensch mit schöpferischer Begabung *Genie*, das (lat.-fr., Pl. -s) »Die Genies sind uns ausgegangen.« (Günter Netzer, Ex-Nationalspieler, zum dt. Fußball, 1998)

Mensch, als Neuling *Homo novus*, der (lat., ohne Pl.) i. S. von Emporkömmling

Mensch, älterer ... *Gruftie*, der (dt., Pl. -s) von Gruft für Grab, Jugendslang; auch i. S. e. Diffamierung für spießige Typen

Mensch, antriebsschwacher, pessimistischer ... *Melancholiker*, der (gr.-lat., Pl. -) Temperamenttyp nach dem gr. Arzt Hippokrates (460–377 v. Chr.)

Mensch, aufrecht gehender *Homo erectus*, der (lat., ohne Pl.)

Mensch, blindwütig tobender ... *Berserker*, der (altnordisch, Pl. -)

Mensch, der ... **ist dem Menschen e. Wolf** *homo homini lupus* (lat., Zitat: Plautus)

Mensch, der ... **als soziales, sich in der Gemeinschaft entwickelndes Wesen** *Zoon politikon*, das (gr., ohne Pl.) nach dem gr. Philosophen Aristoteles (384–322 v. Chr.)

Mensch, der ... **denkt u. Gott lenkt** *homo proponit, sed Deus disponit* (lat., Zitat)

Mensch, der das Gemeinwohl als Handlungsziel versteht *Sozialdemokrat*, der (lat., Pl. -en) kurz: Sozi, meist abwertend. »Sozis stehen doch in Bayern unter Biotopschutz.« (Sigmar Gabriel, Bundesumweltminister, 2006)

Mensch, engstirniger ... *Spießer*, der (germ., Pl. -) auch: Spießbürger. »Ich habe nichts gegen Spießer – wäre selbst gern e.« (Campino, Sänger der Toten Hosen, 2006)

Mensch, enthaltsam lebender ... *Asket*, der (gr., Pl. -en)

Mensch, fort mit dem ...! *ultro istum a me!* (lat., Zitat: Plautus) weg mit ihm!

Mensch, Frühform des ... *Homines*, der (lat., ohne Pl.)

Mensch, gehirntoter ... 1. *Heart Beating Cadaver*, der (engl.-am., Pl. -s) kurz: HB-Cadaver; dessen Herz jedoch noch schlägt; hört auch das Herz auf zu schlagen, handelt es sich um e.: 2. *Non-Heart-Beating-Cadaver*, der (engl.-am., Pl. -s) kurz: NHB-Cadaver

Mensch, geschickter ... *Homo habilis*, der (lat., ohne Pl.)

Mensch, herrischer ... *Diktator*, der (lat., Pl. -oren) auch: Machthaber. »Keine Frage, Diktator zu sein wäre wirklich e. ganzes Stück einfacher.« (George W. Bush, US-Präsident, 2002)

Mensch, jeder ... hat seinen Preis *every man has his price* (engl., Zitat: Robert Walpole, engl. Politiker, 1676–1745)

Mensch, rechtlich u. wirtschaftlich abhängiger ... *Sklave*, der (gr.-lat., Pl. -n) »Ich bin es müde, über Sklaven zu herrschen.« (Friedrich der Große, 1785)

Mensch, reizbarer, jähzorniger ... *Choleriker*, der (gr.-lat., ohne Pl.) Temperamentstyp nach dem gr. Arzt Hippokrates (460–377 v. Chr.)

Mensch, ruhiger, schwerfälliger ... *Phlegmatiker*, der (gr.-lat., ohne Pl.) Temperamentstyp nach dem gr. Arzt Hippokrates (460–377 v. Chr.)

Mensch, schmächtiger ... *Astheniker*, der (gr., ohne Pl.)

Mensch, sehr reicher ... *Milliardär*, der (lat., Pl. -e) »Ich möchte kein Milliardär sein, ich möchte nur wie einer leben.« (Bernie Ecclestone, Motorsport-Boß, 1998)

Mensch, spielender ... *Homo ludens*, der (lat., ohne Pl.)

Mensch, spitzfindiger ... *Rabulist*, der (lat., Pl. -en) ... der den wahren Sachverhalt verdreht

Mensch, temperamentvoller, optimistischer ... *Sanguiniker*, der (gr.-lat., ohne Pl.) nach Hippokrates (460–377 v. Chr.) festgelegter Temperamentstyp

Mensch, unwillkommener ... *Persona non grata*, die (lat., ohne Pl.) auch: nicht gern gesehene Person; Ggs.: Persona grata

Mensch, unzuverlässiger ... *unsicherer Kantonist*, der (dt.-fr., Pl. -e, -en) eigtl.: Rekrut (Kantonist) in der preußischen Armee

Mensch, vernunftbegabter ... *Homo sapiens sapiens* der (lat., ohne Pl.) die wissenschaftliche Bez. des heutigen Menschen

Mensch, Werkzeuge gebrauchender ... *Homo faber*, der (lat., ohne Pl.) »Fertiger«

Mensch, wirtschaftender ... *Homo oeconomicus*, der (lat., ohne Pl.) auch: Bez. des heutigen Menschen

Menschen, alle ... müssen sterben *homini necesse est mori* (lat., Zitat)

Menschen, riesenhafte ... *Enakiter*, die (Eigenn., nur Pl.) nach dem Volk der Riesen in Kanaan

Menschen, so viele ..., so viele Meinungen *quot homines, tot sententiae* (lat., Zitat: Terenz)

Menschenaffe 1. *Anthropoid*, der (gr.-lat., Pl. -en) 2. *Anthropomorp*, der (gr.-lat., Pl.

menschenähnlich 1. *anthropoid* (gr.-lat.) 2. *anthropomorph* (gr.-lat.)

Menschenalter *Generation*, die (lat., Pl. -en)

Menschenfeind *Misanthrop*, der (gr., Pl. -en); Ggs.: Philanthrop

menschenfeindlich 1. *timonisch* (gr.-lat.) 2. *misanthropisch* (gr.)

Menschenfresser 1. *Kannibale*, der (sp., Pl. -n) 2. *Oger*, der (fr., Pl. -) Menschenfresser in fr. Märchen 3. *Anthropophage*, der (gr.-lat., Pl. -n)

Menschenfresserei *Anthropophagie*, die (gr., ohne Pl.) Kannibalismus

Menschenfreund *Philanthrop*, der (gr., Pl. -en) Ggs.: Misanthrop

menschenfreundlich 1. *human* (lat.) i. S. von: die Würde des Menschen achtend, nachsichtig; Ggs.: inhuman 2. *humanitär* (lat.) i. S. von wohltätig 3. *philanthropisch* (gr.) menschlich; Ggs.: misanthropisch

Menschenfreundlichkeit *Philanthropie*, die (gr., ohne Pl.) Ggs.: Misanthropie

Menschengedenken, seit ... *post memoriam homium* (lat.)

Menschengemeinschaft *Nation*, die (lat., Pl. -en)

Menschenhaß *Misanthropie*, die (gr., ohne Pl.) Ggs.: Philanthropie

Menschenkunde *Anthropologie*, die (gr., ohne Pl.)

menschenkundlich *anthropologisch* (gr.-lat.)

Menschenlehre *Anthropologie*, die (gr.-lat., ohne Pl.)

Menschenliebe *Philanthropie*, die (gr., ohne Pl.) Ggs.: Misanthropie

Menschenraub *Kidnapping*, das (engl., Pl. -s)

Menschenscheu 1. *Anthropophobie*, die (gr.-lat., ohne Pl.) 2. *Exanthropie*, die (gr.-lat., ohne Pl.) 3. *Misanthropie*, die (gr., ohne Pl.)

menschenscheu *anthropophob* (gr.-lat.)

Menschenverschlinger *Moloch*, der (hebr.-gr., ohne Pl.) nach dem semitischen Gott, dem Menschen geopfert wurden; auch: riesige, laute Großstadt, z. B. Moloch Tokio

Menschenverstand *Common Sense*, der (engl., ohne Pl.) i. S. e. gesunden Menschenverstandes

Menschenweisheit *Anthroposophie*, die (gr., ohne Pl.) auch von Rudolf Steiner 1913 begründete Weltanschauungslehre

menschenwürdig *human* (lat.) die Menschenwürde achtend; Ggs.: inhuman

menschenwürdig, was danach kommt *posthuman* (lat.) »Der Mensch tritt zurück, übrig bleibt ein komplexer biologischer Apparat, der sich auf keine ideale geistige Einheit berufen kann.« (Jeffrey Deitch zu posthumanen Tendenzen der Gegenwartskunst)

menschlich 1. *human* (lat.) Ggs.: inhuman 2. *philanthropisch* (gr.) Ggs.: misanthropisch 3. *sozial* (lat.-fr.)

menschliche Note *Human Touch*, der (engl., ohne Pl.)

Menschlichkeit 1. *Humanismus*, der (lat., ohne Pl.) 2. *Humanitas*, die (lat., ohne Pl.) auch: Menschenliebe 3. *Humanität*, die (lat., ohne Pl.)

Menschwerdung *Inkarnation*, die (lat., Pl. -en) eines göttlichen Wesens

Menstruation, die erste ... *Menarche*, die (gr., ohne Pl.) med.

Merkbuch *Agenda*, die (lat., Pl. ...den) auch: Terminkalender, Notizbuch

merken, sich etwas gut ... *ad notam* (lat.) auch: zur Kenntnis nehmen

Merkmal 1. *Kriterium*, das (gr.-lat., Pl. ...ien) kennzeichnendes Merkmal, z. B. e. hoher Preis für Qualitätsware 2. *Symptom*, das (gr., Pl. -e) der Arzt kann helfen, wenn er die Symptome der Krankheit kennt 3. *Element*, das (lat., Pl. -e) in der Jazzmusik stecken Elemente afrikanischer Musik 4. *Attribut*, das (lat., Pl. -e) 5. *Charakteristikum*, das (gr.-lat., Pl. ...ka) bezeichnende Eigenschaft

Merkmale e. Actionstars, der nicht altern darf *Dorian-Gray-Syndrom*, das (gr.-engl., Pl. -e) nach e. Romanfigur von Oscar Wilde; trifft z. B. für den Schauspieler Tom Cruise zu

Merkmale, männliche u. weibliche ... in e. Person *Intersexualität*, die (lat., ohne Pl.)

merkwürdig 1. *kurios* (lat.) kuriose Einfälle haben 2. *originell* (lat.-fr.) e. originellen Verbesserungsvorschlag unterbreiten 3. *bizarr* (it.-fr.) absonderlich 4. *obskur* (lat.) auch: verdächtig, zweifelhaft 5. *skurril* (etrusk.-lat.) sonderbar

Merkwürdigkeit *Kuriosität*, die (lat., Pl. -en)

Merkzeichen *Notabene*, das (lat., ohne Pl.) auch: Vermerk

Merkzettel *Memo*, das (lat., Pl. -s)

Meßdiener 1. *Ministrant*, der (lat., Pl. -en) katholischer Kirchendiener 2. *Mesner*, der (lat., ohne Pl.) in der katholischen Kirche 3. *Sakristan*, der (lat., Pl. -e) in der katholischen Kirche

Messe, Toten... *Requiem*, das (lat., Pl. -s) nach: requiem aeternam dona eis, Domine (Eingangsgebet: Herr, gib ihnen die ewige Ruhe)

Meßeinteilung *Skala*, die (lat.-it., Pl. ...len)

Messer *Skalpell*, das (lat., Pl. -e) med., chirurgisches Messer

Meßgenauigkeit *Reliabilität*, die (lat.-fr.-engl., Pl. -en) z. B.: Meßzuverlässigkeit bei Prüfverfahren

Meßgerät für die Bestimmung des Alkoholgehalts *Önometer*, das (gr.-lat., ohne Pl.) ... des Weines

Meßlatte *Jalon*, der (fr., Pl. -s) Absteckpfahl, Fluchtstab

Meßopfer *Oblation*, die (lat., Pl. -en) auch: Kollekte

Meßröhre *Bürette*, die (fr., Pl. -n) für Flüssigkeiten

Metall, schweres ... *Heavy Metal*, das (engl., ohne Pl.) aggressive Variante des Hardrocks. »Ich komme aus der Koalitionsverhandlung, das war nicht Bach, sondern Heavy Metal!« (Gerhard Schröder, Kanzler, 2005)

Metallgravierung *Chalkochemigraphie*, die (gr., Pl. ...ien)

Metallkästchen *Kassette*, die (lat.-it.-fr., Pl. -n)

Metallkunde *Metallogie*, die (gr.-lat., ohne Pl.)

Metallstecher *Ziseleur*, der (lat.-fr., Pl. -e)

Meteor, sehr heller ... *Bolid*, der (gr.-lat., Pl. -en) auch: Feuerkugel; Bez. für Rennwagen

Meteoriteneinschlag *Impakt*, der (lat.-engl., Pl. -e)

Methode des Golfgriffs *Vardon-Griff*, der (Eigenn., Pl. -e) gilt als Lehrbuchmethode

Methode für den Nachweis best. Tumorveranlagungen *Screening-Diagnostik* die (gr.-lat.-engl., Pl. -en) wird über Genchips nachgewiesen

Methode zum Umgang mit Dateiformaten im Internet *Multipurpose Internet Mail Extensions*, die (engl., nur Pl.) kurz: MIME; mit Hilfe e. Codes können Programme erkennen, ob sie in der Lage sind, e. best. Datei zu öffnen u. richtig darzustellen

Methode zur Bewertung von Unternehmen *Fundamentalanalyse*, die (lat., Pl. -n) ... aufgrund best. Daten u. des ökonomischen Umfelds, der Bilanz u. der Erfolgsrechnung

Methodenlehre *Methodologie*, die (gr.-lat., Pl. ...ien)

meutern *revoltieren* (lat.-it.-fr.) Häftlinge revoltieren wegen schlechter Bedingungen

Mieder 1. *Korselett*, das (fr., Pl. -s) leichteres Mieder 2. *Korsett*, das (fr., Pl. -s)

Miedergürtel *Guêpière*, die (fr., Pl. -s) ... zum Erreichen e. Wespentaille

Miederhöschen *Panty*, die (engl., Pl. ...ties)

Mienenspiel *Mimik*, die (gr.-lat., ohne Pl.)

Miesmacher *Defätist*, der (lat., Pl. -en)

Miesmacherei *Defätismus*, der (lat.-fr., ohne Pl.) auch: Schwarzseherei

Miesmuschel *Mytilus*, die (gr.-lat., ohne Pl.)

mieten *chartern* (lat.-fr.-engl.) von Schiffen oder Flugzeugen

Mieter ... *Charterer*, der (lat.-fr.-engl., Pl. -) ... e. Schiffes oder Flugzeuges

Migräne *Hemialgie*, die (gr.-lat., Pl. ...ien) med.

Mikroorganismus *Virus*, das, der (lat., Pl. Viren) auch: kleinstes krankheitserregendes Partikel; »Das Virus ist raffiniert u. verschlagen – e. würdiger Gegner, ich will es fertigmachen.« (David Ho, Aids-Forscher, 1997)

Mikrophon, e. ..., das für alle da ist *open mike*, das (engl., Pl. -s) Bez. der Poetry-Slam-Szene (»des Dichters Wort«, e. literarische Vortragsform)

Mikroplättchen *Wafer*, der (engl., Pl. -s) EDV-Begriff

Mikroskop für beide Augen *Binokel*, das (fr., Pl. -)

Mikrowellenherd, im ... zubereiten *mikrowaven* (engl.-am.) mikrowellengaren

Milbe *Akarine*, die (lat., Pl. -n)

Milchkaffee *Melange*, die (lat.-fr., Pl. -n) auch: Gemisch oder aus verschiedenfarbigen Fasern hergestelltes Garn

Milchmixgetränk *Milk-shake*, der (engl., Pl. -s)

Milchqualität, Gerät für die Messung der ... *Galaktometer*, das (gr.-lat., Pl. -)

Milchstauung *Galaktostase*, die (gr., Pl. -n) z. B. bei Brustentzündung oder Saugschwäche des Babys

Milchstraße *Galaxis*, die (gr.-lat., Pl. ...xien) u. *Galaxie* (gr.-lat., Pl. ...xien)

Milchstraße, außerhalb der ... befindlich *extragalaktisch* (lat.-gr.)

milchtreibendes Mittel ... *Galaktagogum*, das (gr., Pl. ...ga) ... für die Wöchnerin (med.)

Milchzucker *Lactose*, die (lat., ohne Pl.)

mild *bland* (lat.) auch: reizlos

Milderung *Mitigation*, die (lat., Pl. -en) Abschwächung (med.); Strafminderung

mildtätig 1. *humanitär* (lat.) menschenfreundlich 2. *karitativ* u. *caritativ* (lat.) nicht verw. mit: *karikativ* (lat.-it.) komisch u. verzerrt

Militärdienst 1. *Barras*, der (eventuell fr.,

ohne Pl.) 2. *Kommiß*, der (lat., ohne Pl.) auch: Kommißbrot: schlecht schmeckendes Brot

Militärkleidung in der Mode *Militär-Look*, der (lat.-fr.-engl., ohne Pl.) best. Szenen (Techno-, House-, Crustie-, Hip-Hop-Szenen) tragen Militärutensilien, wie Springerstiefel, Tarnanzüge usw., mit dem Peace-Zeichen z. B. auf Kampfanzügen wird der Militär-Look ironisiert

Militärrichter 1. *Auditor*, der (lat., Pl. ...oren) auch: einst Vernehmungsrichter an kirchlichen Gerichten; Beamter der römischen Kurie (päpstlicher Hof) 2. *Auditor*, der (engl., Pl. -s) Rechnungsprüfer; Gasthörer in den USA

Militärsklavenschicht, Mitglied der ... *Mameluck*, der (arab., Pl. -en) ursprünglich: »Leibeigener«, dann ägyptisches Herrschergeschlecht (13.–16. Jh.)

Miliz, schiitische ... *Hisbollah*, die (arab., ohne Pl.)

Miliz, zionistische ... *Haganah*, die (hebr., ohne Pl.) 1920 von jungen Leuten gegründet worden, bei der Staatsgründung in Israels Armee »Zahal« aufgegangen

Milizkavallerie Großbritanniens *Yeomanry*, die (engl., ohne Pl.)

Minderheit *Minorität*, die (lat.-fr., Pl. -en) Ggs.: Majorität

Minderheit, religiöse *Diaspora*, die (gr., ohne Pl.) eigtl.: Zerstreuung; nicht verw. mit *Diaspor*, der (gr.-lat., Pl. -e) e. Mineral

minderjährig *minorenn* (lat.) unmündig; Ggs.: majorenn

minderwertig *inferior* (lat.) auch: untergeordnet

mindestens *minimal* (lat.) auch: wenig, sehr klein; Ggs.: maximal

Mindestmenge *Kaveling*, die (niederl., Pl. -en) ... die auf e. Auktion ersteigert werden muß

Mine, die durch e. elektr. Beeinflussung explodiert *Influenzmine*, die (lat., Pl. -n)

Minicomputer 1. *Laptop*, der (engl., Pl. -s) aus: lap (Schloß) u. top (für: kleiner PC) »Der Manager von heute hat keine Sekretärin, sondern sein Laptop auf dem Schoß.« (Jörg Zittlau) 2. *Notebook*, das (engl., Pl. -s) PC in Buchgröße

Minicomputer, kleine, intelligente ... *Personal Digital Assistant*, der (engl.-am.,

Pl. -s) ... der neuen Generation, der mit e. Schreibstift als Eingabegerät gesteuert wird

Minister, türk. ... *Wekil*, der (arab.-türk., ohne Pl.) auch: stellvertretender Gouverneur in Ägypten

Ministerpräsident *Kanzler*, der (dt., Pl. -) »Der ehemalige Kanzler war e. Schnäppchen.« (Michael Ringier, Verleger, zur Verpflichtung Gerhard Schröders, 2006)

Mischbecher *Shaker*, der (engl., Pl. -) auch: Mixbecher, meist für Cocktails

Mischbrett *Palette*, die (lat.-fr., Pl. -n) verwendet der Kunstmaler für Farben

mischen 1. *mixen* (lat.-fr.-engl.) z. B.: Mixgetränke 2. *melieren* (lat.-fr.) von Farben bei Stoffen

mischerbig *heterozygot* (gr.) Ggs.: homozygot

Mischerbigkeit *Heterozygotie*, die (gr., ohne Pl.) Ggs.: Homozygotie

Mischgetränk aus Spirituosen u. Limonade *Alcopop*, das (engl., Pl. -s) e. süße Verführung für Jugendliche zum Alkohol mit Brause = pop

Mischgetränk *Cocktail*, der (engl., Pl. -s) alkoholhaltig oder -frei; die 11 Cocktail-Klassiker: Dry Martini, Manhattan dry, Side Star, White Lady, Gimlet, Bloody Mary, Daiquiri, Bronx, Alexander, Singapore sling, Mojito

Mischgetränk, alkoholisches ... *Fizz*, der (engl., Pl. -e) ... mit Früchten oder Säften (Cocktail)

Mischlaut aus zwei Vokalen *Diphthong*, der (gr.-lat., Pl. -e) Doppellaut, z. B. au, ei; Ggs.: Monophtong

Mischling 1. *Mulatte*, der (lat.-sp., Pl. -n) Nachkomme von Negern u. Weißen 2. *Mestize*, der (lat.-sp., Pl. -n) Mischling zwischen Indianern u. Weißen 3. *Terzerone*, der (lat.-sp., Pl. -n) Mischling zwischen Weißen u. Mulatten 4. *Bastard*, der (fr., Pl. -e) abfällig für Mischling oder uneheliches Kind 5. *Kreole*, der (fr., Pl. -n) Mischvolk in Mittel- u. Südamerika 6. *Hybride*, die, der lat., Pl. -n) nicht verw. mit *Hybris*, die (gr., ohne Pl.) Vermessenheit, Übermut

Mischling zwischen Europäern u. Hottentottenfrauen (Nama) *Baster*, der (niederl., ohne Pl.) bes. in Rehoboth (Namibia)

Mischmasch 1. *Pelemele*, das (fr., ohne Pl.) auch: Durcheinander 2. *Tohuwabohu*, das (hebr., Pl. -s) auch: Wirrwarr

Mischmasch, musikalischer ... *Bhangramuffin* (ind.-engl.) aus Bhangra (ind. Volksmusik) Reggae (Jamaikamusik) u. anderen Popstilrichtungen

Mischung 1. *Blend*, der (engl., Pl. -s) bei verschiedenen Tabaksorten verwendeter Ausdruck 2. *Melange*, die (lat.-fr., Pl. -n) auch: Gemisch

Mischung aus Amphetaminen u. Barbituraten *Double Trouble*, der (engl., ohne Pl.) Szenewort

Mischung aus Heroin u. Kokain *Speedball*, der (engl.-am., Pl. -s) Jargon

Mischung, gute ... *Eukrasie*, die (gr., ohne Pl.) i. S. e. normalen Zusammensetzung der Körpersäfte (med.)

Misere *Malaise*, die (lat.-fr., Pl. -n)

Mißbehagen *Antipathie*, die (gr.-lat., Pl. ...ien) Abneigung; Ggs.: Sympathie; »Ich habe e. Antipathie gegen Lobhudeleien.« (Helmuth von Moltke)

Mißbildung 1. *Paraplasie*, die (gr.-lat., Pl. ...ien) med. 2. *Anomalie*, die (gr.-lat., Pl. ...ien) 3. *Deformation*, die (lat., Pl. -en) i. S. von Verformung

Mißbildung, angeborene ... der Hände u. Füße *Ektrodaktylie*, die (gr.-lat., Pl. ...ien)

Mißbrauch *Abusus*, der (lat., ohne Pl.) übermäßiger Gebrauch z. B. von Medikamenten

Mißbrauch, durch ... *per abusum* (lat.)

mißbräuchlich *abusiv* (lat.)

Mißerfolg 1. *Fiasko*, das (germ.-it., Pl. -s) auf der Radtour regnete es in Strömen, es war ein Fiasko 2. *Debakel*, das (fr., Pl. -) auch: Niederlage 3. *Desaster*, das (it.-fr., Pl. -) eigtl.: Unstern; Unheil 4. *Ruin*, der (lat.-fr., ohne Pl.) Untergang 5. *Flop*, der (engl.-am., Pl. -s)

Missetäter *Delinquent*, der (lat., Pl. -en) auch: Übeltäter

Mißfallensbekundung 1. *Protest*, der (lat.-it., Pl. -e) 2. *Protestation*, die (lat., Pl. -en)

Mißgeburt *Monstrum*, das (lat., Pl. ...ren) 2. *Monstrosität*, die (lat., Pl. -en) 3. *Abrachius*, der (lat., Pl. ...ien, ...chii) med.

Mißgeschick 1. *Fatalität*, die (lat., Pl. -en) auch: Verhängnis 2. *Desaster*, das (it.-fr.,

Pl. -) 3. *Malheur*, das (lat.-fr., Pl. -e, -s) Unglück; auch: Pech

mißgestaltet *monströs* (lat.-fr.)

mißhandeln 1. *malträtieren* (lat.-fr.) der angetrunkene Vater malträtierte seine Tochter 2. *massakrieren* (fr.) svw. grausam umbringen; quälen

Mißklang 1. *Diskordanz*, die (lat., Pl. -en) auch: Uneinigkeit 2. *Disharmonie*, die (gr.-lat., Pl. ...ien) auch: Unstimmigkeit 3. *Kakophonie*, die (gr., Pl. ...ien) 4. *Dissonanz*, die (lat., Pl. -en)

mißlich *prekär* (lat.-fr.) falsche Anschuldigungen bringen brave Leute in prekäre Situationen

Mißmut *Melancholie*, die (gr.-lat., Pl. ...ien) Schwermut, Trübsinn; »Melancholie ist das Vergnügen, traurig zu sein.« (Victor Hugo)

Mißton *Disharmonie*, die (gr.-lat., Pl. ...ien) auch: Unstimmigkeit

mißtönend *absurd* (lat.) widersinnig, abwegig; davon: *Absurdität*, die (lat., Pl. -en) Widersinnigkeit; »Das Leben ist e. absurde Angelegenheit, die durch e. andere Absurdität, den Tod, beendet wird.« (Claude Simon)

Mißtrauen *Skepsis*, die (gr., ohne Pl.) auch: Zweifel, Bedenken

mißtrauisch *skeptisch* (gr.) böse Erfahrungen hatten den Alten u. die Frau skeptisch gemacht

Mißverhältnis 1. *Diskrepanz*, die (lat., Pl. -en) zwischen seinen Worten u. seinen Taten bestand e. Diskrepanz 2. *Disproportion*, die (lat., Pl. -en) das Firmenergebnis steht in Disproportion zum Umsatz 3. *Ametrie* 4. *Dissonanz*, die (lat., Pl. -en) i. S. von Mißklang

Mißwuchs bewirkend *teratogen* (gr.) med., wird z. B. durch teratogene Arznei begünstigt, wie einst Contergan (Contergankind)

mit dem Finger *digital* (lat.)

mit Eiswürfeln *on the rocks* (engl.) z. B. Whisky on the rocks

mit *per* (lat.)

mit Verpackung *brutto* (lat.-it.) Bruttogewicht abzüglich Tara (Verpackung) ergibt Nettogewicht; auch: Bruttopreis, Preis einschließlich der Mehrwertsteuer

mit vollem Titel *titulo pleno* (lat.)

Mitarbeiter 1. *Observator*, der (lat., Pl. ...oren) in e. Sternwarte 2. *Assistent*, der (lat., Pl. -en) »Helfer«; auch: Hilfskraft e. Professors 3. *Kollaborateur*, der (lat.-fr., Pl. -e) jmd., der mit dem Feind zusammenarbeitet

Mitarbeiter für Kommunikation ... *Kommunikator*, der (lat., Pl. ...oren) ... zwischen Verbraucher, Markt u. Medien

Mitarbeiter, anpassungsfähiger ... *Flexist*, der (lat., Pl. -en) durch hohe Anpassungsfähigkeit u. Kommunikationsbereitschaft im Unternehmen erkennt er rasch interdisziplinäre Parallelen u. ist damit den neuen Anforderungen gewachsen

Mitbewerber 1. *Konkurrent*, der (lat., Pl. -en) in der Wirtschaft 2. *Rivale*, der (lat.-fr., Pl. -n) bei Sportveranstaltungen 3. *Kontrahent*, der (lat., Pl. -en) Streitgegner; auch: Vertragspartner

mitenthalten 1. *implizieren* (lat.) einbeziehen 2. *involvieren* (lat.) i. S. von: einschließen

Mitesser *Komedo*, der (lat., Pl. ...onen) med. i. S. von Hautunreinheiten

Mitgefangenen die Haare in der Kloschüssel waschen *Bellotaufe*, die (Eigenn., dt., Pl. -n) Knastsprache

Mitgefangener, muslimischer ... *Mohammed*, der (Knastsprache, Eigenw., Pl. -s)

Mitgefangener, nichtdeutscher ... *Batschake*, der (Eigenn., Pl. -n) Schimpfwort, Landschaft auf dem Balkan

Mitgefühl *Sympathie*, die (gr.-lat., Pl. ...ien) Unternehmen suchen Spitzensportler als Sympathieträger für Werbezwecke

Mitgestalter des Gemeinwesens *Politiker*, der (gr.-lat., Pl. -) »Bei Politikern, die nicht lachen können, bei denen hat das Volk nichts zu lachen.« (Norbert Blüm)

Mitgift *Dotation*, die (lat., Pl. -en) der Braut für die Heirat

Mitglied der ev. Kirchenverwaltung *Synodale*, der, die (gr.-lat., Pl. -n) bestehend aus Pfarrern u. Laien

Mitglied der Falange *Falangist*, der (sp., Pl. -en) ... einer ehemaligen sp. faschistischen Staatspartei unter Franco

Mitglied des Vorstandes e. Studentenverbindung *Chargierte*, der (fr., Pl. -n)

Mitglied e. Kibbuz *Kibbuznik*, der (hebr., Pl. -s)

Mitglied e. sozialreformerischen Partei *Sozialdemokrat*, der (lat., Pl. -en) »... es wird auch darüber entschieden, wer die Ehre hat, als Sozialdemokrat ... gegen Helmut Kohl zu verlieren.« (Wolfgang Schäuble, Fraktionschef, 1998)

Mitglieder e. Gremiums, Anzahl beschlußfähiger ... *Quorum*, das (lat., ohne Pl.)

Mithilfe *Assistenz*, die (lat., Pl. -en)

Mitinhaber *Kompagnon*, der (lat.-fr., Pl. -s)

Mitlaut *Konsonant*, der (lat., Pl. -en); Ggs.: Vokal

mitmachen *partizipieren* (lat.) auch: teilhaben

Mitnehmen der Rufnummer *Portierung*, die (fr.-dt., Pl. -en) ... zu e. anderen Netzbetreiber

mitreißend 1. *frenetisch* (gr.-lat.-fr.) stürmisch, z. B. frenetischen Applaus spenden 2. *fulminant* (lat.) 3. *furios* (lat.) auch: wütend, leidenschaftlich (musik. Vortragsanw.)

Mitschrift *Skript*, das (lat.-fr.-engl., Pl. -en, -s) kurz für *Manuskript*, das (lat.-fr.-engl., Pl. -e) maschinen- oder handgeschriebene Texte, Vorlage für e. Buch

Mitschwingen *Resonanz*, die (lat., Pl. -en) z. B. Resonanzboden; die Resonanz von Holzteilen bei Instrumente

mitschwingen *resonieren* (lat.)

Mittag, von ... zu ... zurückgelegte Strecke *Etmal*, das (dt., Pl. -e) Seemannsspr.

Mittagskreis *Meridian*, der (lat., Pl. -e) auch: Längenkreis von Pol zu Pol

Mittagsmahlzeit *Lunch*, der (engl., Pl. -es)

Mittagsruhe *Siesta*, die (lat.-sp., Pl. -s)

Mittäter 1. *Komplize*, der (lat.-fr., Pl. -n) 2. *Kumpan*, der (lat.-fr., Pl. -e) z. B. Saufkumpan

Mitte 1. *Medio*, das (lat.-it., Pl. -s) svw. Mitte des Monats 2. *Zentrum*, das (gr.-lat., Pl. ...ren)

Mitte, die ... *Mesotes*, die (gr., ohne Pl.) Begriff Aristoteles' (384–322 v. Chr.) Wert als Mitte zwischen zwei Extremen (Bedächtigkeit zwischen Langsamkeit u. Überstürztheit) Philos.

Mitte, die goldene ... *aurea mediocritas* (lat., Zitat: Horaz)

Mitte, Einstellung auf die ... *Zentrierung*,

die (lat., Pl. -en) »Wir müssen e. Zentrierung der Macht in Brüssel verhindern.« (Theo Waigel, Bundesfinanzminister, 1998)

mitteilen *informieren* (lat.) unterrichten

mitteilsam *kommunikativ* (lat.) kommunikative Menschen sind nicht lange allein

Mitteilung 1. *Information*, die (lat., Pl. -en) 2. *Message*, die (lat.-engl., Pl. -s) 3. *Notiz*, die (lat., Pl. -en) 4. *Kommuniqué*, das (lat.-fr., Pl. -s) i. S. e. offiziellen Mitteilung

Mittel (Geld) für e. guten Zweck auftreiben *Fundraising*, das (engl.-am., ohne Pl.) dabei werden potentielle Geldgeber angesprochen, Mittel für e. gemeinnützigen Zweck zu spenden

Mittel 1. *Präparat*, das (lat., Pl. -e) nicht verw. mit *Präparand*, der (lat., Pl. -en) Kind im Vorkonfirmandenunterricht

Mittel gegen Körpergeruch *Deodorant*, das (engl., Pl. -s, -e) »Ich leckte das Deodorant e. Nutte« (Spielplan der Baracke des Deutschen Theaters, Berlin, 1998)

Mittel, anregendes ... *Analeptikum*, das (gr.-lat., Pl. ...ka)

Mittel, auf die man zurückgreifen kann *Ressource*, die (lat.-fr., Pl. -n) z. B.: Bodenschätze. »Sie können die wichtigsten Ressourcen nicht verstaatlichen: nämlich Wissen u. Können.« (Kurt Biedenkopf, Exministerpräsident von Sachsen, 2006)

Mittel, blutstillendes ... *Adstringens*, das (lat., Pl. ...genzien, ...gentia) ... das auf Wunden zusammenziehend wirkt (med.)

Mittel, das letzte ... *ultima ratio* (lat., Zitat) die letzte Entscheidung

Mittel, fiebersenkendes ... *Antipyretikum*, das (gr., Pl. ...ka)

Mittel, keimtötendes ... 1. *Bakterizid*, das (gr., Pl. -e) 2. *Antiseptikum*, das (gr., Pl. ...ka)

Mittel, letztes ... *Ultima ratio*, die (lat., ohne Pl.)

Mittel, math. ..., das Einstein benutzte ... *Kosmologische Konstante*, die (gr.-lat., Pl. -n) ... um die Raumzeit mit einer inhärenten (ihr anhaftenden) Expansionstendenz zu versehen

Mittel, schmerzstillendes ... *Anästhetikum*, das (gr., Pl. ...ka)

Mittel, um Zeichnungen wischfest zu machen *Fixativ*, das (lat., Pl. -e)

Mittel, wiederbelebendes ... *Analeptikum*, das (gr., Pl. ...ka)

Mittelalter *Mesozoikum*, das (gr.-lat., ohne Pl.) erdgeschichtlich gesehen

Mittelalter, Chemie des ... *Alchimie*, die (arab.-sp.-fr., ohne Pl.) Versuch, gewöhnliche Metalle in Gold zu verwandeln

mittelalterlich *mediäval* (lat.)

mittelbar *indirekt* (lat.); Ggs.: direkt

Mittelklasse, Mitglied der neuen gehobenen ... *Uppy*, der (engl.-am., Pl. ...ies) ... in den USA

Mittellosigkeitsbescheinigung *Testimonium*, das (lat., Pl. ...ien, ...ia) Bescheinigung z. B. zur Erlangung e. Prozeßkostenhilfe

Mittelmaß, goldenes ... *aurea mediocritas* (lat., Zitat: Horaz)

mittelmäßig *mediokrer* (lat.-fr.)

Mittelmäßigkeit *Mediokrität*, die (lat.-fr., Pl. -en)

Mittelmeer, dazu gehörend *mediterran* (lat.) nicht verw. mit *meditieren* (lat.) in sich gekehrt nachdenken

Mittelohrentzündung *Otitis media*, die (gr.-lat., Pl. ...itiden) med.

Mittelpunkt 1. *Pol*, der (gr.-lat., Pl. -e) auch: Drehpunkt 2. *Zentrum*, das (gr.-lat., Pl. ...ren)

Mittelpunkt, den Menschen in den ... stellend *anthropozentrisch* (gr.)

Mittelpunkt, Gemeinsamkeit des ... *Konzentrizität*, die (lat., ohne Pl.)

Mittelpunkt, mit gemeinsamem ... *konzentrisch* (gr.-lat.) auch: um e. gemeinsamen Mittelpunkt angeordnet, z. B. Punkte auf e. Radius

Mittelpunkt, vom ... entfernt *dezentral* (lat.) Ggs.: zentral

Mittelpunktsgerade *Zentrale*, die (gr.-lat., Pl. -n) e. Gerade, die den Kreismittelpunkt schneidet; auch: Verwaltung e. Unternehmens

Mittelpunktslage *Zentralität*, die (gr.-lat., ohne Pl.) z. B. von Ortschaften

Mittelpunktsstreben *Zentralismus*, der (gr.-lat., ohne Pl.) Politik u. Verwaltung e. Staates gehen von e. Ort aus, in Frankreich: Paris; Ggs.: Föderalismus

mittels *per* (lat.) z. B. e. Rechnung per Kreditkarte bezahlen

Mittelsmann zwischen Kleindealer u.

383

Konsument *Checker*, der (engl., Pl. -) Szenewort

mittelstark *mezzoforte* (lat.-it.) musik. Vortragsanw.

Mittelsteinzeit *Mesolithikum*, das (gr.-lat., ohne Pl.)

mitteltrocken *semiarid* (lat.)

Mittelweg *Kompromiß*, der (lat., Pl. ...misse) wieder wurde e. fauler Kompromiß geschlossen; auch: Zugeständnis

Mittelwert *Average*, der (arab.-it.-fr.-engl., Pl. -s) das arithmetische Mittel von Zahlen; auch: Durchschnitt

Mittelwort *Partizip*, das (lat., Pl. -ien)

mittelwörtlich *partizipial* (lat.)

mittig *zentrisch* (gr.-lat.)

Mittönen *Resonanz*, die (lat., Pl. -en) in der Musik

Mitverfasser *Koautor*, der (lat., Pl. -en)

mitwirkend *synergetisch* (gr.) auch: zusammenwirkend

Mitwirkung *Assistenz*, die (lat., Pl. -en)

Möbelbezug aus Damast *Lampas*, der (fr., ohne Pl.)

Mobilfunknetz, digitales 1. *D-Netz*, das (lat.-engl.-dt., Pl. -e) digital (Daten- u. Informationen in Ziffern dargestellt) Oberbegriff für die Netze: D1 von der Telekom, D2 von Mannesmann; etwa 1,5 Millionen Mobilfunker nutzen z. Zt. die Netze 2. *E-Netz*, das, ebenfalls digitalisiert; Konkurrenz zum D-Netz

Mobilfunktal, zu tiefes ... *Death Valley*, das (engl., Pl. -s) ... um mit dem Funkgerät erreichbar zu sein; Dresden u. Umgebung hieß nach der Wende »Tal der Ahnungslosen«

Mobiltelefon, neue Art ... mit Generator *Talker*, der (engl., Pl. -s) »Sprecher«; e. Konzeption zum Aufziehen von Christopher Jung u. Nick Schröder, 1998

Mode *Fashion*, die (lat.-fr.-engl., ohne Pl.)

Mode für den Konjunkturrückgang *Recession Fashion*, die (engl., ohne Pl.) »Rezessionsmode«, z. B. e. weiter Mantel mit vielen Taschen, in denen der Obdachlose seine Utensilien verstauen kann

Mode, antibürgerliche ... *Punk-Fashion*, die (engl.-am., ohne Pl.) ... entstand in den 70er Jahren, erlebt seit 1993 ihr Comeback mit Eisenketten, Leder, Netz-

strümpfen, großen Sicherheitsnadeln u. Schlössern

Mode, Verwendung nostalgischer Motive in der ... *Retro-Styling*, das (engl.-am., ohne Pl.) ... z. B. die weißen Streifen an Adidas-Trainingsanzügen

Mode, Wiederverwertbares in der ... *Recycling-Mode*, die (engl.-lat.-fr., ohne Pl.) z. B. Modeschmuck aus Altmetall, modische Wanderschuhe aus Altpapier

Modeartikel *Accessoire*, das (lat.-fr., Pl. -s) modisches Teil zur Kleidung, z. B. Handschuhe, Hut

Modegeschäft *Boutique*, die (fr., Pl. -n)

Modell 1. *Design*, das (lat.-fr.-engl., Pl. -s) 2. *Maquette*, die (fr., Pl. -n) i. S. e. Skizze, e. Modells 3. *Prototyp*, der (gr.-lat., Pl. -en) das erste Modell e. Serie 4. *Model*, das (lat.-it.-engl., Pl. -s) Mannequin, Fotomodell

Modell, das sich wie e. Original verhält *Simulator*, der (lat., Pl. ...oren) z. B. Flugsimulator

modellierfähig *plastisch* (gr.-lat.-fr.) z. B. Ton oder entsprechende Kunststoffe

Modellsitzung *Shooting*, das (engl.-am., Pl. -s) auch: Fototermin

Modenarr *Dandy*, der (engl., Pl. -s)

Modeneuheit *Nouveauté*, die (fr., Pl. -s)

modern *up to date* (engl.)

Moderne, was nach der ... kommt *Postmoderne*, das (lat., ohne Pl.) ursprünglich Begriff aus der Architektur um 1980; heute besetzt der Begriff e. Allgemeinplatz, z. B. für »modischer Schnickschnack«

modernisieren *aktualisieren* (lat.)

Modeschaffen *Haute Couture*, die (fr., ohne Pl.) für die Mode tonangebende Schneiderkunst, z. B. Karl Lagerfeld in Paris

Modeschöpfer 1. *Haute Couturier*, der (fr., Pl. -s) z. B. Karl Lagerfeld 2. *Couturier*, der (fr., Pl. -s)

Modeschöpfung *Kreation*, die (lat., Pl. -en) neue Kreationen werden auf Modenschauen vorgestellt

Modestil, basierend auf ethnologischen Motiven *Ethno-Look*, der (gr.-engl., ohne Pl.) z. B. nigerianische Baumwollhemden, bunte Hosen aus Bolivien, türkische Jakken; zum Ethno-Look gehören Schmuckstücke (Ethno-Schmuck) aus der ganzen Welt

384

Modeströmung, e. sich immer schneller wiederholende ... *Revivalismus*, der (engl., ohne Pl.) Mode greift auf Elemente vorangegangener Jahre zurück, schließlich folgt e. »Stilflimmern«, d. h. Stil u. Modecomeback haben sich eingeholt, es folgt Stillstand

Modezeichen ... *Anti-Victim Device*, das (engl., Pl. ...ces) ... auf e. ansonsten konservativen Kleidung bzw. an e. jetzt bürgerlichen Person; Begriff heißt Anti-Opfer-Zeichen, kann z. B. e. Ring im Ohr e. seriösen Geschäftsmannes sein

modisch *fashionable* (lat.-fr.-engl.)

modischer Trend, der best. Körperbereiche betont *faked* (engl.) z. B. Po, Busen, Schultern

möglich *potentiell* (lat.-fr.) wer mit dem Auto über 200 km/h fährt, ist e. potentieller Mörder

möglicherweise *eventuell* (lat.-fr.) auch: vielleicht

Möglichkeit 1. *Eventualität*, die (lat., Pl. -en) 2. *Option*, die (lat., Pl. -en) »Belieben« 3. *Potential*, das (lat.) Ggs.: aktual; nicht verw. mit *potentiell* (lat.-fr.) denkbar; auch: der Anlage nach 4. *Variante*, die (lat., Pl. -n) i. S. von Spielart, Abwandlung

Möglichkeit, andere ... *Alternative*, die (lat., Pl. -n)

Mohammeds Übersiedlung von Mekka nach Medina *Hedschra*, die (arab., ohne Pl.) ... 622 n. Chr.; Anfang der mohammedanischen Zeitrechnung; eigtl.: Loslösung

Mohrrübe *Karotte*, die (lat.-fr., Pl. -n) auch: Möhre

Moleküle, innerhalb der ... *intramolekular* (lat.)

Moment, im Vorbeieilen erfaßter ... *Trainspotting*, das (engl.-am., ohne Pl.)

monarchiefeindlich *antimonarchisch* (gr.)

Monat *huius mensis* (lat.) i. S. von: dieser Monat

Monat, der zwölfte ... des Fr. Revolutionskalenders *Fructidor*, der (fr., ohne Pl.) »Fruchtmonat«: 18. August bis 16. September

Monats, dieses ... *huius mensis* (lat.)

Monatsblutung 1. *Menorrhö*, die (gr.-lat., Pl. -en) med. 2. *Menses*, die (lat., nur Pl.) med. 3. *Menstruation*, die (lat., Pl. -en)

med. 4. *Periode*, die (gr.-lat., Pl. -n) 5. *Zyklus*, der (gr.-lat., Pl. ...len)

Monatsblutung, Ausbleiben der ... *Amenorrhö* u. *Amenorrhöe*, die (gr., Pl. ...rrhöen) med.

Monatsende *per ultimo* (lat.) z. B. die Schulden müssen per ultimo (am Monatsende) beglichen werden

Monatsletzter *Ultimo*, der (lat., Pl. -s)

Monatsmitte *Medio*, der (lat.-it., ohne Pl.) der 15. jedes Monats

Mönch *Frater*, der (lat., Pl. Fratres) auch: Ordensbruder

Mönch *Zönobit*, der (gr.-lat., Pl. -en) e., der ständig i. e. Kloster lebt

Mönch, in Klostergemeinschaft lebend *Zönobit*, der (gr.-lat., Pl. -en) Ggs.: Eremit

mönchisch *monastisch* (gr.-lat.)

Mönchskutte *Dalk*, der (pers., Pl. -e)

Mond *Luna*, die (lat., ohne Pl.)

Mondfinsternis *Eklipse*, die (gr., Pl. -n) auch: Sonnenfinsternis

Mondforschung *Selenologie*, die (gr.-lat., ohne Pl.) auch: Mondgeologie

Mondgesteinskunde *Selenologie*, die (gr., ohne Pl.)

Mondgöttin 1. *Luna*, die (lat., ohne Pl.) 2. *Selene*, die (gr., ohne Pl.)

mondlos *aselemisch* (gr.) auch: finster, ohne Mondlicht

Mondschattengrenze *Terminator*, der (lat., Pl. ...oren) auch: Film mit Arnold Schwarzenegger

mondsüchtig 1. *lunatisch* (lat.) med. 2. *somnambul* (lat.-fr.) med.

Mondumlauf *Lunation*, die (lat., Pl. -en) von Neumond zu Neumond

Mondumlaufbahn *Lunarorbit*, der (lat.-engl., Pl. -s)

monoton *stereotyp* (gr.-fr.) auch: unveränderlich

Monsterwelle *Tsunami*, die (jap., Pl. -s) auch: Hafenwelle; Wasserwellen (bis 30 m hoch), die nach Erdbeben gegen Küsten rasen können

Moosfarn *Selaginelle*, die (lat.-it., Pl. -s) e. Bärlappgewächs

Mooskunde *Bryologie*, die (gr.-lat., ohne Pl.)

Moossteppe *Tundra*, die (finn.-russ., Pl. ...dren)

Moral betreffend *moralisch* (lat.-fr.) »Wir

385

lassen uns unsere geistig-moralische Ordnung nicht von den Linken stehlen ...« (Helmut Kohl, 1980)

Moral untergraben *demoralisieren* (lat.-fr.)

Moral, sich über die ... hinwegsetzend *amoralisch* (lat.)

Mordanschlag *Attentat*, das (lat.-fr., Pl. -e) politisch motivierter Anschlag

morden *massakrieren* (fr.) auf grausame Weise jmd. umbringen

Mörder *Killer*, der (engl., Pl. -)

Mörder, der seine Opfer aufschlitzt 1. *Slasher*, der (engl., Pl. -) 2. *Ripper*, der (engl., Pl. -) Film: »Jack the Ripper«

Mordsucht *Phonomanie*, die (gr.-lat., Pl. ...ien) med.

morgen, morgen, nur nicht heute ... *Mañana-Mentalität*, die (sp.-lat., Pl. -en) ... sagen alle faulen Leute

morgendlich *matinal* (lat.-fr.)

Morgenkleidung *Negligé*, das (lat.-fr., Pl. -s) spärliche Kleidung für Frauen

Morgenland *Orient*, der (lat., ohne Pl.)

morgenländisch *orientalisch* (lat.)

Morgenrock *dressing-gown*, der, das (engl., Pl. -s)

Morgenröte *Aurora*, die (lat., ohne Pl.) nach der römischen Göttin der Morgenröte

Morgenstund hat Gold im Mund *aurora musis amica* (lat., Zitat) eigtl.: Aurora – die Göttin der Morgenröte – ist die Freundin der Musen

Morgenunterhaltung, künstlerische ... *Matinee*, die (lat.-fr., Pl. ...en) auch: Vormittagsveranstaltung

morsch *morbid* (lat.-fr.) kränklich

Mörserkeule *Pistill*, das (lat., Pl. -e) auch: Stößel, Stampfer; Blütenstempel (Bot.)

Moschee, die große ... *Djama*, die (arab.)

Moscheeturm *Minarett*, das (arab.-türk.-fr., Pl. -e)

Moslem *Mohammedaner*, der (arab., Pl. -) nach Mohammed, Stifter des Islams

moslemisch *mohammedanisch* (arab.)

Motorboothafen *Marina*, die (lat.-it.-engl., Pl. -s) auch: allg. Jachthafen

Motorrad mit drei Rädern u. Sessel *Trike*, das (engl.-am., Pl. -s)

Motorrad mit hohem Lenker u. Sattel mit Lehne 1. *Easyrider*, der (am., Pl. -s)

auch Fahrer auf e. solchen Motorrad 2. *Chopper*, der (am., Pl. -s)

Motorradfahrer *Motorbiker*, der (engl., Pl. -s)

Motto *Devise*, die (lat.-fr., Pl. -n) z. B. nach e. Devise handeln: »ehrlich währt am längsten«

Mücke, aus e. ... e. Elefanten machen *verbis parvam rem magnam facere* (lat., Zitat) eigtl.: e. kleine Sache mit Worten groß machen

Müdigkeitssyndrom *Chronic Fatigue Syndrom*, das (engl.-am., Pl. -s) wird wahrscheinlich durch Viren ausgelöst

Mühe 1. *Strapaze*, die (it., Pl. -n) große Mühe, die Expedition war mit Strapazen verbunden 2. *Schikane*, die (fr., Pl. -n) auch: Bosheit; eingebaute Schwierigkeit in e. Rennstrecke 3. *Tortur*, die (lat., Pl. -en) bes.: Qual, Folter

Mühe, sinnlose ... 1. *Danaidenarbeit*, die (gr.-dt., ohne Pl.) aus der gr. Sage: die Töchter des Danaos sollten in der Unterwelt e. Faß ohne Boden mit Wasser füllen 2. *Sisyphusarbeit*, die (gr.-dt., ohne Pl.) nach Sisyphos, aus der gr. Sage, der zum ewigen Steinrollen verurteilt wurde

mühsam *diffizil* (lat.-fr.) bes. schwierig

Müllabladeplatz *Deponie*, die (lat.-fr., Pl. ...ien) z. B.: Mülldeponie

Mullbausch ... *Tampon*, der (fr., Pl. -s) ... zum Aufsaugen von Flüssigkeiten, wird in die Scheide der Frau eingeführt; Prinz Charles am Telefon zu seiner Freundin Camilla Parker-Bowles, 1996: »Laß mich dein Tampon sein.«

Mumm *Courage*, die (lat.-fr., ohne Pl.) auch: Schneid, Beherztheit; »Courage ist gut, aber Ausdauer ist besser.« (Theodor Fontane)

Mummenschanz *Maskerade*, die (arab.-sp., Pl. -n)

Mumps *Parotitis*, die (gr.-lat., Pl. ...itiden) med.

Mund *Os*, das (lat., Pl. Ora) med.

Mund, schließe den ..., öffne die Augen *claude os, aperi oculos* (lat., Zitat) auch: schweig u. schau!

Mundart 1. *Dialekt*, der (gr.-lat., Pl. -e) 2. *Idiom*, das (gr.-lat.-fr., Pl. -e) auch: Spracheigentümlichkeit 3. *Jargon*, der (fr.,

Pl. -s) svw. umgangssprachliche Ausdrucksweise

Mundartenwörterbuch *Idiotikon*, das (gr.-lat., Pl. ...ka, ...ken)

mundartlich 1. *dialektal* (gr.-lat.) 2. *dialektisch* (gr.-lat.) d. h. auf Mundarten (Dialekte) bezogen; auch e. philosophische Vorgehensweise, bei der die Ausgangsposition in Frage gestellt wird; spitzfindig

Mundfäule *Stomakaze*, die (gr., ohne Pl.) ... verbunden mit Zahnausfall, i. S. von Skorbut

Mundfeld, ausgeprägtes ... *Peristom*, das (gr.-lat., ohne Pl.) ... bei Tieren

Mundgeruch 1. *Kakostomie*, die (gr.-lat., ohne Pl.) med. 2. *Halitose*, die (lat., ohne Pl.) bes. üble Ausdünstung

mündig *majorenn* (lat.) volljährig; Ggs.: minrenn

mündlich *verbal* (lat.) auch verbale Vereinbarungen sind bindend

Mundschenk des Zeus *Ganymed*, der (gr., ohne Pl.) u. Geliebter des Göttervaters; auch: größter Jupitermond

Mundstück von Blasinstrumenten *Embouchure*, die (fr., Pl. -n) auch: Mundstellung beim Ansatz beim Blasen e. Instrumentes

Mundvorrat *Proviant*, der (lat.-it., Pl. -e)

mundwärts *adoral* (lat.) med., etwas adoral führen

munter 1. *alert* (it.-fr.) auch: frisch, munter 2. *fidel* (lat.) lustig, vergnügt 3. *mobil* (lat.-fr.) beweglich, lebendig 4. *vivace* (lat.-it.) musik. Vortragsanw. 5. *mobil* (lat.-fr.) 6. *vital* (lat.-fr.)

munter werdend *risvegliando* (lat.-it.) musik. Vortragsanw.

Munterkeit *Fidelität*, die (lat., ohne Pl.) auch: Heiterkeit

Münze *Obolus*, der (gr.-lat., Pl. -se) für den guten Zweck e. Obolus beitragen

Münzeinheit in Albanien *Qindar*, der (alban., Pl. -ka)

Münzeinheit in Thailand *Satang*, der (siamesisch, Pl. -s) = 0,01 Baht (Tikal)

Münzeinheit, russische *Rubel*, der (russ., Pl. -) 1 Rubel (Rbl.) = 100 Kopeken; »der Rubel rollt«

Münzen 1. *Moneten*, die (lat., nur Pl.) 2. *Zissalien*, die (lat.-fr., nur Pl.) schlechte Prägungen

Münzen abwiegen *biquetieren* (fr.)

Münzenkunde *Numismatik*, die (gr.-lat., ohne Pl.)

Münzkundiger *Numismatiker*, der (gr.-lat., Pl. -)

münzkundlich *numismatisch* (gr.-lat.)

Münzprüfer *Wardein*, der (germ.-lat.-fr.-niederl., Pl. -e)

Münzrückseite *Revers*, der (lat.-fr., ohne Pl.)

Münzsammler *Numismatiker*, der (gr.-lat., Pl. -) auch: Münzenexperte

Münzsammlung *Numismatik*, die (gr.-lat., ohne Pl.)

Münzvorderseite *Avers*, der (lat.-fr., Pl. -e)

Münzwert, den ... prüfen *wardieren* (lat.-niederl.)

Mürbeteigkuchen *Hojaldre*, der (sp., Pl. -s)

Muschelgürtel nordam. Indianer *Wampum*, der (indian., Pl. -e) diente als Geld

Muschelkrebs *Ostrakode*, der (gr.-lat., Pl. -n)

Muscheln 1. *Bivalven*, die (lat., Pl.) 2. *Lamellibranchiata*, die (lat., Pl.) Zool.

Muselman *Moslem*, der (arab., Pl. -s)

Musenberg *Parnaß*, der (gr., Pl. ...asse) auch: Reich der Dichtkunst; Gebirge in Griechenland, nach der gr. Mythologie Sitz des Apollo u. der Musen

Museumsstück *Exponat*, das (lat.-russ., Pl. -e) i. S. e. Ausstellungsstücks

Musik aus sphärischen Klängen *Trance*, die, der (fr.-engl.-am., ohne Pl.) die Musik ist dem Ambiente ähnlich; auch: Dämmerzustand

Musik natürlicher Klänge ... 1. *unplugged* (engl.-am.) »Stecker herausziehen« 2. *analoges Mastering* (engl.-am.) ... jeweils ohne Verstärker, ohne aufwendige Tontechnik; der Trend drückt die Sehnsucht nach Ruhe aus u. wird als Antwort (Retro-Trend) zur total computerisierten Techno-Musik gewertet

Musik zum Träumen *Easy Listening*, das (engl., ohne Pl.) Beg. aus der Plattenbranche

Musik, Rock... mit fliegenden Halluzinationen *virtual Rock*, der (lat.-engl.-am., ohne Pl.) Rockshow, in der Computer-Interaktionen mit dem Publikum ermöglicht werden; Bühne u. Saal verwandeln sich in e. »kybernetischen« Raum voller Halluzinationen

Musik, von allen Geräuschen ist die ... das am wenigsten unangenehme *of all noises, I think music is the least disagreeable* (engl., Zitat: Samuel Johnson, engl. Schriftsteller, 1709–1784)

Musikant, umherziehender ... *Menestrel*, der (lat.-fr., Pl. -s) auch: altfr. Spielmann

Musikautomat *Jukebox*, die (engl., Pl. -es) svw. Musikbox

Musikbesessener 1. *Melomane*, der (gr.-lat., Pl. -n) 2. *Musikomane*, der (gr.-lat., Pl. -n)

Musikbesessenheit *Melomanie*, die (gr.-lat., ohne Pl.)

Musiker *Virtuose*, der (lat.-it., Pl. -n) z. B. meisterhafter Geigenvirtuose wie Yehudi Menuhin

Musikgelehrter *Musikologe*, der (gr.-lat., Pl. -n)

Musikgruppe 1. *Kapelle*, die (lat.-it., Pl. -n) auch: kleines Gebetshaus 2. *Band*, die (engl.-am., Pl. -s) z. B. Jazzband, Beatband

Musikhalle *Orpheum*, das (gr.-lat., Pl. ...een) genannt nach dem mythischen Sänger Orpheus

Musik-Kleincomputer 1. *MP3-Player*, der (Eigenn., engl., Pl. -s) 2. *iPod*, der (Eigenn., ohne Pl.) e. tragbarer Musikcomputer großer Kapazität

Musiklehrer *Maestro*, der (lat.-it., Pl. -s) auch: großer Musiker oder Komponist

Musikprogrammgestalter ... 1. *Diskjokkey* u. *Discjockey*, der (engl., Pl. -s) auch: 2. *Deejay*, Abk.: DJ ... oder Person, die z. B. in Diskotheken Schallplatten oder CDs präsentiert 3. *DJane*, die (engl., Pl. -s) e. weiblicher Discjockey

Musikrichtung aus Hip Hop u. Techno *Breakbeat*, der (engl.-am., Pl. -s)

Musikrichtung, aus Protest entstandene ... *Grunge*, der (engl.-am., ohne Pl.) eigtl.: Schmutz; sie stammt ursprünglich aus Seattle; Synthese aus: Heavy Metal u. Punk; Protest gegen die Kommerzialisierung der Rockmusik

Musiksaal *Odeon*, das (gr.-lat.-fr., Pl. -s)

Musikschule *Konservatorium*, das (lat.-it., Pl. ...ien)

Musikstil des Breakbeat ... (Hip Hop- mit Techno-Elementen) *Tribal House*, der (engl.-am., ohne Pl.) ... bestehend aus hartem Techno-Beat u. afrikanisch klingendem Gesang mit Percussion (Schlagzeug)

Musikstil, rhythmischer ... 1. *Jazz*, der (am., ohne Pl.) hat sich aus der Volksmusik am. Neger entwickelt: geistliche Gesänge (Spirituals), weltliche Lieder (Blues); Jazzband (Jazzkapelle) 2. *Boogie-Woogie*, der (am., Pl. -s) e. Form des Jazz, »Liebe ist e. Boogie-Woogie der Hormone.« (Henry Miller) 3. *Jitterbug*, der (am., ohne Pl.) um 1920 entstandener Jazztanz in den USA 4. *Rock and Roll*, der (am., selten Pl. -s) Anfang 1950 in den USA entstandene Musikform, den »Rhythm and Blues« mit Elementen der Country-music u. des Dixieland-Jazz vereinend 5. *Rockabilly*, der (am., selten Pl. -s) in den 50er Jahren entstandener Stil, e. Verbindung aus »Rhythm and Blues« u. »Hillbilly-music« 6. *Dub*, der (am.) aus Reggae entstandene jamaikanische Tanzmusik

Musikstück 1. *Hit*, der (engl., Pl. -s) i. S. e. erfolgreichen Stückes 2. *Potpourri*, das (fr., Pl. -s) mehrere Melodien in e. Stück 3. *Musical*, das (gr.-lat.-fr.-engl., Pl. -s) Musiktheater mit Elementen der Operette u. der Oper 4. *Operette*, die (lat.-it., Pl. -n) aus Heiterem, Dialogen, Musik u. Gesang 5. *Oper*, die (lat.-it., Pl. -n) musikalisches Bühnenwerk aus Handlung, Gesang u. Orchester 6. *Sinfonie*, die (gr.-lat.-it., Pl. ...ien) mehrsätzig für Orchester 7. *Sonate*, die (lat.-it., Pl. -en) drei- oder viersätziges Stück 8. *Serenade*, die (lat.-it.-fr., Pl. -en) mehrsätzig 9. *Fuge*, die (lat.-it., Pl. -n) strenger Aufbau, das erste Thema führt durch alle Stimmen 10. *Kanon*, der (sumer.-babylon.-gr.-lat., Pl. -s) mehrstimmiges Stück, Stimmen setzen nacheinander ein 11. *Badinerie*, die (fr., Pl. ...ien) lustiges Stück mit Tempo 12. *Bagatelle*, die (lat.-it.-fr., Pl. -n) leicht u. kurz 13. *Scherzo*, das (it., Pl. ...zi) kurz u. heiter 14. *Rhapsodie*, die (gr., Pl. -n) balladenhaft 15. *Fantasie*, die (lat., Pl. ...ien) freie, ungebundene Form 16. *Reverie*, die (lat.-fr., Pl. ...ien) träumerisch 17. *Etüde*, die (lat.-fr., Pl. -n) zum Üben 18. *Arie*, die (it., Pl.

-n) Solo, Gesang mit Instrumentalbegleitung 19. *Duo*, das (lat.-it., Pl. -s) für zwei 20. *Terzett*, das (lat.-it., Pl. -e) für drei 21. *Quartett*, das (lat.-it., Pl. -e) für vier 22. *Quintett*, das (lat.-it., Pl. -e) für fünf 23. *Sextett*, das (lat.-it., Pl. -e) für sechs

Musikstück, mäßig schnelles ... *Allegretto*, das (it., Pl. -s, ...tti)

Musikstück, schnelles ... *Allegro*, das (it., Pl. -s, ...gri)

Musiktonfolge *Sequenz*, die (lat., Pl. -en)

Musikvorspiel *Introduktion*, die (lat., Pl. -en)

Musikwerk *Komposition*, die (lat., Pl. -en)

Musikwissenschaft *Musikologie*, die (gr.-lat., ohne Pl.)

Musikwissenschaftler *Musikologe*, der (gr.-lat., Pl. -n)

musikwissenschaftlich *musikologisch* (gr.-lat.)

Musikzwischenspiel *Intermezzo*, das (lat.-it., Pl. ...zi) meist heiteres Zwischenspiel

Musizieren, improvisiertes ... *Jam Session*, die (engl.-am., Pl. -s) bes. von Rock- u. Jazzmusikern; »e. gigantische Jam Session haben« bedeutet: zusammen spontan aus dem Stegreif musizieren

Musizierform, mehrstimmige gesellige ... *Quodlibet*, das (lat., Pl. -s) »was beliebt«

Muskel 1. *Adduktor*, der (lat., Pl. ...oren) med., Ziehmuskel 2. *Abduktor*, der (lat., Pl. ...oren) med. Streckmuskel 3. *Trizeps*, der (lat., Pl. -e) dreiköpfiger Muskel des Oberarms 4. *Bizeps*, der (lat., Pl. -e) zweiköpfiger Oberarm-Beugemuskel

Muskelaktionsströme, Registrierung der ... *Elektromyogramm*, das (gr.-lat., Pl. -e)

Muskelaufbau-Präparat *Anabolikum*, das (gr., Pl. ...ka) Eiweißstoff spielt beim Doping e. große Rolle (gefährliche Nebenwirkungen)

Muskelerschlaffung *Atonie*, die (gr., Pl. ...ien)

Muskelfaser *Myofibrille*, die (gr., Pl. -n) med.

Muskelkrampf *Tetanie*, die (gr.-lat., Pl. ...ien) auch: Starrkrampf (med.)

Muskellähmung *Myoparalyse*, die (gr.-lat., Pl. -n) med.

Muskellehre *Myologie*, die (gr., ohne Pl.) med.

Muskelschmerz 1. *Myodynie*, die (gr.-lat., Pl. ...ien) med. 2. *Myalgie*, die (gr.-lat., Pl. ...ien) med.

Muskelschwäche *Myasthenie*, die (gr.-lat., Pl. ...ien) med.

Muskelschwund *Myatrophie*, die (gr., ohne Pl.) med.

Muskelspannung kräftigen *tonieren* (gr.-lat.) med.

Muskelspannung *Tonus*, der (gr.-lat., Pl. Toni) med.

Muskelstarre *Rigidität*, die (lat., ohne Pl.) med.

Muskeltraining *Bodybuilding*, das (engl., ohne Pl.)

Muskelverhärtung *Myosklerose*, die (gr.-lat., Pl. -n) med.

Muskelzittern *Tremor*, der (lat., Pl. ...ores)

Muskelzucken *Tic*, der (fr., Pl. -s) nervöses Zucken z. B. am Augenlid

Muskulaturtraining *Callanetics*, die (Eigenn., Pl.) Programm für die Tiefenmuskulatur, von dem Amerikaner Callan Pinckney erfunden

muskulös *athletisch* (gr.-lat.)

Muße-Klasse ... *leisure class*, die (engl., ohne Pl.) ... mit drei »Beschwerden«: zuviel Geld, Langeweile, Zivilisationskrankheiten

Müßiggang, geschäftiger ... *strenua inertia* (lat., Zitat: Horaz)

Müßiggänger *Flaneur*, der (fr., Pl. -e)

Müßiggänger, meist paarweise auftretender ... *Slacker*, der (engl.-am., Pl. -s) von: slack (schlaff) sie hocken gern im Jogginganzug (slacksuit) chipskauend vor dem TV

Müßigkeit *Oblomowerei*, die (Eigenn., russ., Pl. -en) nach dem Titelheld Oblomow e. Romans von Gontscharow (1812–1891) i. S. e. energielosen Grundhaltung

Muster 1. *Modell*, das (lat.-it., Pl. -e) z. B. e. Auto in e. kleinen Maßstab hergestellt 2. *Design*, das (lat.-fr.-engl., Pl. -s) e. zeichnerische Entwurf 3. *Prototyp*, der (gr.-lat., Pl. -en) erstes Produkt vor der Serie 4. *Archetyp*, der (gr.-lat., Pl. -en) Urmuster, Urbild 5. *Paradigma*, das (gr.-lat., Pl. ...men) Wertemuster 6. *Dessin*, das (lat.-it.-fr., Pl.-s) z. B.: Stoffdessin 7. *Exempel*, das (lat., ohne Pl.) abschreckendes Beispiel z. B. e. Exempel statuieren (bestimmen) 8. *Schablone*, die (Herkunft nicht bekannt, Pl. -n) auch: Vorlage 9. *Schema*, das (gr.-lat., Pl.-s, ta, ...men) Darstellung, Plan; etwas nach »Schema F« erstellen (immer gleich)

Muster entwerfen *dessinieren* (lat.-it.-fr.) z. B. für Stoffe

Musterbild *Ideal*, das (gr.-lat., Pl. -e) z. B. das Ideal e. Ehepartners

Musterfall *Präzedenzfall*, der (lat.-dt., Pl. ...fälle)

mustergültig *ideal* (gr.-lat.)

musterhaft 1. *exemplarisch* (lat.) auch: warnend; exemplarisch durchgreifen (hart vorgehen) 2. *paradigmatisch* (gr.-lat.)

mustern *rekrutieren* (lat.-fr.) z. B. zum Wehrdienst rekrutieren, das Militär braucht Rekruten

Mut 1. *Courage*, die (lat.-fr., ohne Pl.) 2. *Zivilcourage*, die (lat.-fr., ohne Pl.) unerschrocken die eigene Meinung vertreten

Mutationsbeschleuniger *Mutatorgen*, das (lat., Pl. -e) z. B. genotoxische Chemikalien können zur Beschleunigung in der Veränderung des Erbgefüges führen (Biol.)

mutig 1. *couragiert* (lat.-fr.) z. B. sich couragiert für e. Sache einsetzen 2. *heroisch* (gr.-lat.) svw. heldenhaft, z. B. heroische Landschaft: Landschaftsbild mit Gestalten der antiken Mythologie

mutlos 1. *decouragiert* (lat.-fr.) 2. *defätistisch* (lat.-fr.) hoffnungslos 3. *resigniert* (lat.) »entsiegelt«; gefügt i. S. von widerspruchslos hingenommen

mutlos machen *demoralisieren* (lat.-fr.) durch Mißerfolge darf man sich nicht demoralisieren lassen!

Mutlosigkeit 1. *Athymie*, die (gr., Pl. ...ien) 2. *Defätismus*, der (lat.-fr., ohne Pl.) Defätismus lähmte seinen Verstand

mutmaßen *präsumieren* (lat.)

Mutmaßung *Hypothese*, die (gr.-lat., Pl. -n) unbewiesene Annahme; »Hypothesen sind Wiegenlieder, womit der Lehrer die Schüler einlullt.« (Goethe)

Mutter, nährende ... *alma mater* (lat.) auch: altrömische Göttin; Hochschule

Muttergesellschaft *Matriarchat*, das (lat., Pl. -e) Ggs.: Patriarchat. »Ich bin sehr für das Matriarchat, das wäre die beste Lösung der Welt.« (Karl Lagerfeld, Modedesigner, 2006)

Mutterherrschaft 1. *Matriarchat*, das (lat., Pl. -e) Ggs.: Patriarchat 2. *Maternität*, die (lat., ohne Pl.) nicht verw. mit *Materialität*, die (lat., ohne Pl.) Körperlichkeit; Ggs.: Spiritualität

Mutterkorn *Claviceps purpurea*, das (lat., ohne Pl.) auf Getreide parasitär wachsender Schlauchpilz; Vergiftungen werden Antoniusfeuer genannt

Mutterkuchen *Plazenta*, die (gr.-lat., Pl. -s, ...zentren) med.

Muttermal *Naevus*, der (lat., Pl. Naevi) med.

Muttermilchmangel *Agalaktie*, die (gr.-lat., Pl. ...ien) med.

Mutterrecht *Matriarchat*, das (lat., Pl. -e); Ggs.: Patriarchat

Mutterring *Pessar*, das (gr.-lat., Pl. -e) kleiner, schalenförmiger Körper, der i. a. zur Empfängnisverhütung um den Muttermund gesetzt wird (med.)

Mutterschaft *Maternität*, die (lat., ohne Pl.) med.

Mutterwitz *Pli*, der (fr., ohne Pl.) auch: Gewandtheit, Geschick

Mystik, islamische ... *Sufimus*, der (arab.)

N

Nabel *Umbilicus*, der (lat., Pl. ...ci) auch: das Stabende, an dem in der Antike die Buchstabenrolle aus Papyrus befestigt wurde

Nabelentzündung *Omphalitis*, die (gr.-lat., Pl. ...itiden) med.

Nabelschau *Omphaloskopie*, die (gr., ohne Pl.) meditative Betrachtung des eigenen Bauchnabels

Nabelschnur *Funiculus*, der (lat., Pl. ...li) auch: Samenstrang; dünnes Seil

Nabelschwein *Pekari*, das (fr., Pl. -s) Paarhufer aus Mittel- u. Südamerika

nach Belieben *ad libitum* (lat.)

nach der neuesten Mode *à la mode* (fr.) sich nur à la mode kleiden

nach der Speisekarte *à la carte* (fr.) im Goldenen Löwen ißt man sehr gut à la carte

nach und nach 1. *peu à peu* (fr.) die Ermittler erfuhren die Tatsachen nur peu à peu 2. *sukzessiv* (lat.) allmählich 3. *sukzessive* (lat., Adverb)

nach uns die Sintflut *après nous le déluge!* (fr.) Äußerung der Marquise von Pompadour 1757, nach der verlorenen Schlacht von Roßbach

Nachäffer *Mime*, der (gr.-lat., Pl. -n) daher: mimen; auch: Schauspieler; »Dem Mimen flicht die Nachwelt keine Kränze.« (Schiller)

nachahmen 1. *imitieren* (lat.) der Komiker imitierte den Minister verblüffend echt 2. *parodieren* (gr.-lat.-fr.) i. S. von verspotten 3. *simulieren* (lat.) z. B. e. Krankheit 4. *faksimilieren* (lat.-engl.) z. B. im Verlagswesen: der Nachdruck handschriftlicher Unterlagen in Originalform; auch: originalgetreu

Nachahmen *Imitation*, die (lat., Pl. -en)

nachahmend 1. *imitativ* (lat.) 2. *imitatorisch* (lat.) 3. *mimetisch* (gr.-lat.)

Nachahmer *Imitator*, der (lat., Pl. -en) z. B. Stimmenimitator

Nachahmung 1. *Attrappe*, die (germ.-fr., Pl. -n) »Falle«; auch: Schaupackung 2. *Imitation*, die (lat., Pl. -en) z. B. »Imitatio Christi« (Nachahmung Christi) Titel e. lat. Erbauungsbuches des 14. Jhs. 3. *Plagiat*, das (lat.-fr., Pl. -e) svw. Diebstahl geistigen Eigentums, die Nachahmung e. künstlerischen oder wissenschaftlichen Werkes

Nachahmung des Stiles ... *Pastiche*, der (gr.-lat.-fr., Pl. -s) ... u. der Ideen e. Autors

Nachbarschaft, schlechte ... *Hood*, der (engl.-am., Pl. -s) auch: heruntergekommenes Wohnviertel

Nachbau von Computergeräten, billiger ... *Taiwan Clon*, der (Eigenn., engl., Pl. -s) von: cloning (Verdoppeln) Nachbau durch Zerlegung u. Imitation von Computer-Hardware in fernöstlichen Ländern

nachbilden 1. *imitieren* (lat.) 2. *rekonstruieren* (lat.) z. B. historische Gebäude rekonstruieren 3. *kopieren* (lat.) auch: vervielfältigen (fotokopieren) 4. *reproduzieren* (lat.) auch: neu erzeugen

Nachbilden *Rekonstruktion*, die (lat., Pl. -en)

Nachbildung 1. *Imitation*, die (lat., Pl. -en)

minderwertige Nachbildung, z. B. von Schmuck 2. *Rekonstruktion*, die (lat., Pl. -en) 3. *Attrappe*, die (germ.-fr., Pl. -n) z. B. Schaufensterattrappen »Ein Berg ohne Absturzgefahr ist nur noch Attrappe.« (Reinhold Meßner, Bergsteiger, 1998) 4. *Reproduktion*, die (lat., Pl. -en) z. B. durch Druck oder Fotografien 5. *Modell*, das (lat.-it., Pl. -e) z. B. Entwurfsmodelle von Gebäuden im Maßstab 1 : 50 aus Holz 6. *Replikat*, das (lat.-fr., Pl. -e) originalgetreue Nachbildung e. Kunstwerks oder e. wertvollen Ausgrabung 7. *Relief*, das (lat.-fr., Pl. -s) kartographische Nachbildung der Erdoberfläche 8. *Faksimile*, das (lat.-engl., Pl. -s) Druck handschriftlicher Texte in Originalform 9. *Kopie*, die (lat., Pl. -n) auch: Abschrift; »... die Kopie muß noch erfolgreicher werden als das Original.« (G. Schröders geh. Tagebuch von H. Venske, 1997)

Nachbildung, gekupferte ... e. erfolgreichen Produkts *Metoo-Produkt*, das (engl.-lat., Pl. -e) eigtl.: Mir-Auch-Produkt

nachdatieren *postdatieren* (lat.)

nachdenken 1. *reflektieren* (lat.) auch: erwägen 2. *meditieren* (lat.) sinnend bedenken

Nachdenken *Meditation*, die (lat., Pl. -en) nach innen gerichtetes Nachdenken, svw. Sinnieren

Nachdenken, schlüssiges ... *Logik*, die (gr.-lat., ohne Pl.) auch: Lehre vom folgerichtigen Denken; »Logik ist die Anatomie des Denkens« (John Locke)

nachdenkend *meditativ* (lat.)

Nachdruck 1. *Reprint*, der (engl., Pl. -s) z. B. e. vergriffenen Buches 2. *Emphase*, die (gr.-lat., Pl. -n) i. S. von Eindringlichkeit beim Reden 3. *Aplomb*, der (fr., ohne Pl.) i. S. von Sicherheit im Auftreten; auch: Dreistigkeit 4. *Akzent*, der (lat., Pl. -e) eigtl.: Antönen; auch: bes. Tonfall, z. B. der Mann sprach e. it. Akzent

nachdrücklich 1. *prononciert* (lat.-fr.) betont, ausgeprägt, z. B. Forderungen prononciert vertreten 2. *à fonds* (fr.) gründlich 3. *emphatisch* (gr.-lat.) auch: stark 4. *energisch* (gr.) z. B. energischer Imperativ: »verschwende keine Energie, gebrauche sie!« Philos. von Wilhelm Ostwald

(1853–1932) 5. *kategorisch* (gr.-lat.) i. S. von behauptend; auch: kategorisches Urteil: gültige Aussage; Ggs.: hypothetisch; kategorischer Imperativ: Pflichtgebot, Philos. von Immanuel Kant (1724–1804) 6. *ostentativ* (lat.) auch: prahlend; herausfordernd; nicht verw. mit *ostensiv* (lat.) augenscheinlich; auch: handgreiflich 7. *vehement* (lat.) i. S. von heftig, stürmisch

nacheinander 1. *sequentiell* (lat.) auch: fortlaufend 2. *sukzessiv* (lat.) allmählich

Nacheiszeit *Postglazial*, das (lat., ohne Pl.)

nacheiszeitlich *postglazial* (lat.)

Nachen *Barke*, die (fr.-niederl., Pl. -n) Boot ohne Mast

Nacherzählung wahrer Verbrechen ... *true Crime*, das (engl., ohne Pl.) ... veröffentlicht in Filmen oder Büchern

Nachfolge *Sukzession*, die (lat., Pl. -en) z. B. Thronfolge; Übernahme der Rechte u. Pflichten durch e. Nachfolger; nicht verw. mit *Suktion*, die (lat., Pl. -en) Absaugen von Körperflüssigkeit durch e. Punktionsnadel (med.)

nachfolgend *konsekutiv* (lat.)

Nachfolger *Epigone*, der (gr., Pl. -n) »Nachgeborener«; in der Literatur auch: Nachahmer

Nachfolger Mohammeds *Kalif*, der (arab., Pl. -en) auch: Stellvertreter; der Titel drückte e. religiöse u. politische Oberhoheit über islamische Völker aus; der Kalif von Bagdad

Nachfolger, streitende *Diadochen*, die (gr., nur Pl.) um die Nachfolge e. großen Persönlichkeit Streitende; Diadochenkampf

nachforschen *recherchieren* (lat.-fr.) der Journalist hatte den Skandal gewissenhaft recherchiert

Nachforschung 1. *Recherche*, die (lat.-fr., Pl. -n) die Recherchen verliefen fruchtlos 2. *Investigation*, die (lat., Pl. -en) nicht verw. mit *Inveteration*, die (lat., Pl. -en) Verjährung (Rechtsw.)

Nachfragemonopol *Monopson*, das (gr.-lat., Pl. -e) mehrere Anbieter stehen e. Nachfrager gegenüber

nachgeahmt *imitiert* (lat.)

nachgeben 1. *kapitulieren* (lat.-fr.) auch: unterwerfen, ergeben 2. *resignieren* (lat.) »verzichten«; auch: fügen

Nachgeben *Kapitulation*, die (lat.-fr., Pl. -en) nach e. verlorenen Auseinandersetzung nachgeben; 1945 mußte Deutschland bedingungslos kapitulieren

nachgeboren *postum* (lat.)

Nachgeborener *Postumus*, der (lat., Pl. ...mi) oder Spätgeborener

Nachgeburt *Plazenta*, die (gr.-lat., Pl. ...zenten) auch: Mutterkuchen (med.)

nachgemacht 1. *eklektisch* (gr.) 2. *epigonal* (gr.-lat.)

nachgetragen *apokryph* (gr.) als nicht echt geltend; z. B. Schriften

Nachkomme *Deszendent*, der (lat., Pl. -en) Abkömmling; Ggs.: Aszendent

Nachkomme e. schwarzen u. e. indianischen Elternteils 1. weiblich: *Zamba*, die (am.-sp., Pl. -s) 2. männlich: *Zambo*, der (am.-sp., Pl. -s)

Nachkommenschaft 1. *Deszendenz*, die (lat., Pl. -en) z. B.: Kinder, Enkel, Urenkel 2. *Posterität*, die (lat., Pl. -en) auch: Nachwelt; nicht verw. mit *Posteriorität*, die (lat., ohne Pl.) svw. im Amt Nachstehen

Nachlaß 1. *Rabatt*, der (lat., Pl. -e) z. B. Mengenrabatt 2. *Skonto*, der (lat.-it., Pl. ...ti) z. B. bei Barzahlung 3 % Skonto 3. *Refaktie*, die (lat.-niederl., Pl. -n) Nachlaß wegen fehlerhafter Warenlieferung

Nachlaß gewähren *refaktieren* (lat.-niederl.) wegen fehlerhafter Warenlieferung

nachlassen 1. *remittieren* (lat.) med., z. B. e. Keuchhusten remittiert schubweise 2. *rabattieren* (lat.-it.) bei größeren Mengen, den Preis rabattieren

Nachlassen der Drogenwirkung *Come down*, der (engl., ohne Pl.) Szeneausdruck

nachlassend 1. *degressiv* (lat.) z. B. die gekaufte Maschine degressiv abschreiben 2. *deficiendo* (lat.-it.) musik. Vortragsanw.

nachlässig 1. *inakkurat* (lat.) z. B. Arbeiten schlampig ausführen; Ggs.: akkurat 2. *lax* (lat.) Vorschriften lax handhaben

Nachlässigkeit 1. *Laxheit*, die (lat., Pl. -en) 2. *Nonchalance*, die (fr., ohne Pl.) Unbekümmertheit

Nachlaßverfügung *Testament*, das (lat., Pl. -e) Vermächtnis, Verfügung; Gottesbund mit den Menschen (das Alte u. das Neue Testament der Bibel)

nachmachen *kopieren* (lat.) svw. zusätzliche Ausfertigungen z. B. von Schriftstükken erstellen;»oft kopiert, nie erreicht« (Redensart)

Nachmachen von Eingeborenen-Besonderheiten *Nativ Aping*, das (engl., ohne Pl.) das Imitieren Einheimischer, z. B. Touristen, die auf e. Reise so tun, als seien sie Einheimische

nachprüfbar *verifizierbar* (lat.-dt.)

nachprüfen 1. *checken* (engl.) Funktionen e. Maschine checken 2. *verifizieren* (lat.) die Richtigkeit von Fakten e. Artikels werden in der Redaktion verifiziert (auf Richtigkeit geprüft) 3. *inspizieren* (lat.) »besichtigen«; auch: prüfen 4. *kontrollieren* (lat.-fr.) auch: überwachen; von: *Kontrolle*, die (lat-fr., Pl. -n) »Vertrauen ist gut, Kontrolle ist besser«, nach Wladimir Iljitsch Lenin (1870–1924)

Nachrede *Medisance*, die (lat.-fr., Pl. -n) i. S. e. üblen Nachrede

Nachrede, üble ... 1. *Diffamation*, die (lat., Pl. -en) 2. *Diffamierung*, die (lat., Pl. -en) auch: Verleumdung

Nachricht 1. *Information*, die (lat., Pl. -en) 2. *Message*, die (lat.-engl., Pl. -s) 3. *Telegramm*, das (gr.-engl., Pl. -e) telegrafische Übermittlung 4. *Telefax* (Fax) kurz für *Facsimile*, das (lat.-engl., ohne Pl.) Übermittlung von Bildern u. Texten über e. Übertragungsleitung 5. *Item*, das (engl., Pl. -s) auch: Artikel, Position

Nachrichten *News*, die (engl., nur Pl.) »Neuigkeiten«, in den Medien (Presse, Funk, Fernsehen) veröffentlichte Nachrichten

Nachrichtenagentur 1. *Agence France-Press*, die (fr., ohne Pl.) Abk.: AFP 2. *Agenzia Nazionale Stampa Associata*, die (it., ohne Pl.) Abk.: ANSA 3. *Associated Press*, die (engl.-am., ohne Pl.) Abk.: AP

Nachrichtensprecher *Anchorman*, der (am., Pl. ...men) i. S. e. Nachrichtenorganisators, -kommentators u. -moderators; ursprünglich e. Ausdruck aus der Seemannsspr., als Anchorman könnte Ulrich Wickert bezeichnet werden

Nachrichtenzeit, beste abendliche ... *Primetime*, die (engl., ohne Pl.) auch: Hauptsendezeit

Nachruf *Nekrolog*, der (gr.-lat., Pl. -e) auf e. Verstorbenen

Nachsatz *Apodosis*, die (gr., Pl. ...dosen)

Nachschlagewerk, Stichwort i. e. ... *Lemma*, das (gr.-lat., Pl. -ta) auch: Wörterbuch

Nachschlagwerk 1. *Enzyklopädie*, die (gr.-lat., Pl. -n) z. B. e. Lexikon 2. *Repertorium*, das (lat., Pl. ...ien) i. S. e. wissenschaftlichen Lexikons; nicht verw. mit *Repititorium*, das (lat., Pl. ...ien) Wiederholungsunterricht für Studenten 3. *Lexikon*, das (gr., Pl. ...ka, ...ken) alphabetisches Nachschlagewerk, meist mehrbändig, z. B. der »Brockhaus«

Nachschrift *Postskriptum*, das (lat., Pl. ...ta) Abk.: PS. Nachtrag unter Briefen

Nachsicht 1. *Pardon*, der, das (lat.-fr., ohne Pl.) z. B. in e. Auseinandersetzung kein Pardon kennen; e. »Kampf ohne Pardon«, heißt keine Gefangenen machen 2. *Indulgenz*, die (lat., ohne Pl.) sww. Straferlaß 3. *Indult*, der, das (lat., Pl. -e) z. B. trotz Zahlungsverzugs, dem Schuldner e. Frist einräumen 4. *Konnivenz*, die (lat., Pl. -en) Rücksicht gegenüber strafbaren Handlungen von Untergebenen (Rechtsw.)

nachsichtig *indulgent* (lat.)

Nachsilbe *Suffix*, das (lat., Pl. -e) z. B.: dumm, Dummheit; besonnen, Besonnenheit

Nachsinnen *Meditation*, die (lat., Pl. -en)

nachsinnen *meditieren* (lat.) mit geschlossenen Augen in sich gekehrt sein

nachsinnend *meditativ* (lat.)

Nachsorge *Postvention*, die (lat., Pl. -en) med.

Nachspeise *Dessert*, das (lat.-fr., Pl. -s) nicht verw. mit *Desert*, die (lat.-engl., Pl. -s) Wüste

Nachspiel 1. *Epilog*, der (gr.-lat., Pl. -e) bei Theaterstücken; auch als »Nachwort« in Büchern; Ggs.: Prolog (Vorwort) 2. *Postludium*, das (lat., Pl. ...ien) z. B. in der Musik 3. *Konsequenz*, die (lat., Pl. -en) auch: Beharrlichkeit

Nachsprechen, sinnloses ... *Echolalie*, die (gr.-lat., Pl. ...ien) ... bei Geisteskranken (med.)

Nachsprechen, ständiges ... *Shadowing*, das (engl., ohne Pl.) eigtl.: Schatten; ... von Testpersonen, denen über Kopfhörer Sätze eingespielt werden (Sprachforschung)

nachspüren *investigieren* (lat.) i. S. von nachforschen

Nächste, jeder ist sich selbst der ... *proximus sum egomet mihi* (lat., Zitat: Terenz)

Nächste, jeder ist sich selbst der ... *proximus est sibi quisque* (lat., Zitat)

Nachstellung *Postposition*, die (lat., Pl. -en) auch: Verlagerung e. Organs nach hinten (med.); Ggs.: Anteposition

Nächstenliebe *Karitas*, die (lat., ohne Pl.)

Nacht, auf alle wartet die e. ... *omnes una manet nox* (lat., Zitat: Horaz)

Nachtangst *Nyktophobie*, die (gr., Pl. ...ien) med.

Nachtbar *Nightclub*, der (engl., Pl. -s)

Nachtblindheit *Hemeralopie*, die (gr.-lat., ohne Pl.) med.

Nachteil 1. *Handicap*, das (engl., Pl. -s) beim Wettlauf erwies sich seine Muskelzerrung als Handicap; auch: Rechenmethode um Leistungsunterschiede der Golfspieler auszugleichen 2. *Manko*, das (lat.-it., Pl. -s) auch: Fehlbetrag; nicht verw. mit *Mango*, die (port., Pl. ...onen, -s) tropische Frucht des Mangobaums

Nachtfeier *Pannychis*, die (gr., ohne Pl.) auch: Vorfeier e. Festes in der Ostkirche

Nachtgottesdienst *Mette*, die (lat., Pl. -n) z. B. Christmette

Nachtisch *Dessert*, das (lat.-fr., Pl. -s) nicht verw. mit *Desert*, die (lat.-engl., Pl. -s) Wüste

Nachtlager 1. *Biwak*, das (niederdt.-fr., Pl. -s) z. B. beim Bergsteigen oder Militär im Freien aufgebautes Lager 2. *Camp*, das (engl., Pl. -s) meist Zeltlager

Nachtrag 1. *Addendum*, das (lat., Pl. ...da) i. S. von Ergänzung, Beilage 2. *Postskriptum*, das (lat., Pl. ...ta) Abk.: PS.; nicht verw. mit *Postzenium*, das (gr.-lat., Pl. ...ien) der Raum hinter der Bühne; Ggs.: Proszenium

Nachtsichtigkeit *Nyktalopie*, die (gr., ohne Pl.) auch: Tagblindheit bei grellem Licht (med.)

Nachtwandeln 1. *Somnambulismus*, der (lat.-fr., ohne Pl.) med. 2. *Noktambulismus*, der (lat., ohne Pl.) med.

Nachtwandler *Somnambule*, der (lat.-fr., Pl. -n) auch: Schlafwandler

nachtwandlerisch *somnambul* (lat.-fr.) med.

Nachweis 1. *Legitimation*, die (lat.-fr., Pl. -en) 2. *Qualifikation*, die (lat.-fr.-engl., Pl. -en) i. S. e. Befähigung 3. *Zertifikat*, das (lat., Pl. -e) svw. Bescheinigung; Anteilsschein

Nachweis über Kenntnisse der gr. Sprache *Graecum* u. *Gräkum*, das (lat., ohne Pl.)

Nachweis über Kenntnisse der lat. Sprache *Latinum*, das (lat., ohne Pl.)

Nachwirkung *Konsequenz*, die (lat., Pl. -en) auch: Beharrlichkeit

Nachwort *Epilog*, der (gr.-lat., Pl. -e) z. B.: in e. Buch; Ggs.: Prolog (Vorwort)

Nackenmuskelstärkung, Übung dazu ... *Neck Curl*, das (engl.-am., Pl. -s) ... die der Bodybuilder stundenlang ausführen muß, um die ersehnten »Pakete« zu erhalten

nackt *adamitisch* (Eigenn.) auch: nach Art der Adamiten (Angehörige von Sekten, die nackt zu ihren Kulten erscheinen)

nacktblütig *achlamydeisch* (gr.-lat.) e. Blüte ohne Blütenblätter

Nacktheit *Nudität*, die (lat., Pl. -en)

Nacktkultur *Nudismus*, der (lat., ohne Pl.)

Nadelpalme *Raphia*, die (lat., Pl. ...ien) in Afrika heimisch, mit Zapfenfrüchten

Nadelstichtherapie *Akupunktur*, die (lat., Pl. -en) e. fernöstliche Heilkunst, die Anwendung z. B. bei Neuralgien oder Migräne findet

Nagel in der Sohle ... *Spike*, der (engl., Pl. -s) ... von Lauf- oder Golfschuhen; auch: Metallstift an der Lauffläche von Autoreifen (Spikesreifen)

Nagel zum Sarge *causa mortis* (lat.)

Nägel, Ausfall aller ... *Onychomadese*, die (gr.-lat., ohne Pl.) med.

Nagel, du hast den ... auf den Kopf getroffen *acu tetigisti* (lat., Zitat)

Nägel, krallenartige *Onychogrypose*, die (gr.-lat., Pl. -n) med.

Nägel, Pilzbefall der ... *Onychomykose*, die (gr.-lat., Pl. -n) med.

Nagelablösung ... *Onycholyse*, die (gr.-lat., ohne Pl.) vom Nagelbett (med.)

Nagelbettentzündung 1. *Onychie*, die (gr.-lat., Pl. ...ien) med. 2. *Paronychie*, die (gr.-lat., Pl. ...ien) med.

Nagelgeschwür *Panaritium*, das (gr.-lat., Pl. ...ien) med.

Nägelkauen *Onychophagie*, die (gr.-lat., Pl. ...ien)

Nagelkrankheit *Onychose*, die (gr.-lat., Pl. -n) med.

Nagelpflege 1. *Maniküre*, die (lat.-fr., Pl. -n) Pflege der Handnägel 2. *Pediküre*, die (lat.-fr., Pl. -n) Pflege der Füße u. Fußnägel

Nagelverkrümmung *Onychatrophie*, die (gr.-lat., ohne Pl.) med.

Näherungslinie *Asymptote*, die (gr., Pl. -n) Math.

Näherungswert *Approximation*, die (lat., Pl. -en)

Nahkampf *Infighting*, das (engl., Pl. -s) ... beim Boxen

Nähmaterial, chirurgisches ... *Katgut*, das (engl., ohne Pl.) aus Tierdärmen

Nährboden *Substrat*, das (lat., Pl. -e)

nahrhaft *nutritiv* (lat.)

nährstoffarm *oligotroph* (gr.-lat.)

Nährstoffarmut *Oligotrophie*, die (gr.-lat., Pl. -n)

nährstoffreich *eutroph* (gr.)

Nährstoffreichtum *Eutrophie*, die (gr., ohne Pl.)

Nahrung des Geistes *nutrimentum spiritus* (lat., Zitat u. Inschrift der Bibliothek in Berlin)

Nahrung, genmanipulierte oder aus Fremdstoffen erzeugte ... *Novel Food*, die (engl.) »neuartige Nahrung«

Nahrung, nicht auf best. ... angewiesen *euryphag* (gr.-lat.) auf Tiere u. Pflanzen bezogen; Ggs.: stenophag

Nahrungsangebot in klarer, durchsichtiger Form *Clear-Trend*, der (engl., Pl. -s) z. B. Crystal Pepsi, Top Clear von Coca-Cola, Marken sollen jünger wirken, »e. modernes Gefühl der Leere kultivieren« (Trendforscher Gerd Gerken)

Nahrungsaufnahme *Ingestion*, die (lat., ohne Pl.) med.

Nahrungsmittel 1. *Nutriment*, das (lat., Pl. -e) 2. *Naturalien*, die (lat., nur Pl.) Naturprodukte

Nahrungsmittel, die auf Gehirn u. Bewußtsein wirken *Brain Food* (engl.) dazu gehören Tee, Kaffee, Guarana, moderne Vitaminpräparate o. ä.

Nahrungsmittel, die e. nostalgischen Verpackungs- u. klassenorientierten Effekt aufweisen *nutritional Slumming* (engl.) ... u. aus diesem Grund gekauft werden; der Geschmack ist Nebensache

Nahrungsmittel, industriemäßig hergestellte ... 1. *Designer Food* (engl.) 2. *Food Engineering* (engl.) jeweils Bez. für industriell bearbeitete Nahrung; z. B. genmanipulierte Tomaten oder durch Geschmacksstoffe: chemisch »konstruierte« Lebensmittel

Nahrungsverweigerung *Sitophobie*, die (gr., Pl. ...ien) med.

Name 1. *Nomen*, das (lat., Pl. Nomina) 2. *Signum*, das (lat., Pl. Signa) svw. abgekürzter Name 3. *Reputation*, die (lat.-fr., ohne Pl.) auch: Ansehen, guter Ruf

Name u. zugleich Vorbedeutung *nomen est omen* (lat., Zitat: Plautus)

Name, eigenhändig geschriebener ... *Autogramm*, das (gr., Pl. -e) z. B. Autogrammjäger

Namen sind verhaßt *nomina sunt odiosa* (lat., Zitat)

Namen, mit anderem ... *alias* (lat.) z. B. Maier, alias Müller

Namen, unter fremdem ... *inkognito* (lat.-it.) eigtl.: unerkannt

namenlos 1. *anonym* (gr.-lat.) z. B. e. anonymen Drohbrief erhalten 2. *Nobody*, der (engl., Pl. ...ies) i. S. e. Unbekannten unter den »oberen 10 000«

Namenlosigkeit *Anonymität*, die (gr.-lat., ohne Pl.) sich z. B. als Künstler aus der Anonymität herausarbeiten

Namensaktie, die nur mit Zustimmung der Gesellschaft auf e. anderen Aktionär übertragen werden darf *vinkulierte Aktie*, die (lat.-niederl., Pl. -n) somit können unerwünschte Anteilseigner ausgeschlossen werden; die Lufthansa gibt vinkulierte Namensaktien heraus

Namensfindung von Markenprodukten *Branding*, das (engl.) mit bes. Computerprogrammen werden Silben aus verschiedenen Sprachen zu Neuschöpfungen zusammengestellt, um den neuen Namen international verwenden zu können; auch Ausdruck für die Beibringung e. Brandzeichens; als »Weiterentwicklung« zur Tätowierung, wird z. B. der Name des Freundes mit dem Brandeisen in die Haut gebrannt (in einigen Discos New Yorks üblich)

Namensforschung *Onomastik*, die (gr., ohne Pl.) auch: Namenskunde

Namenskunde *Onomastik*, die (gr., ohne Pl.)

Namenssystem für das Internet ... *Domain*, das (Eigenn., engl., ohne Pl.) ... das die Adressen der Internet-Rechner (URLs) hierarchisch gliedert; in den USA bedeutet die Endung »edu« z. B. alle Universitäten

Namensverzeichnis 1. *Register*, das (lat., Pl. -) alphabetisch aufgebaut 2. *Nomenklatur*, die (gr.-lat., Pl. -en) Zusammenstellung von Fachbezeichnungen e. Wissensgebietes

Namenszeichen *Monogramm*, das (gr.-lat., Pl. -e) scherzh.: e. Monogramm ins Netzhemd schießen

Namenszug 1. *Paraphe*, die (gr.-lat.-fr., Pl. -n) Kurzzeichen des Namens, e. Vertrag paraphieren, abzeichnen 2. *Signatur*, die (lat., Pl. -en)

namhaft *renommiert* (lat.-fr.) z. B. für e. renommierte Firma tätig sein

Narbe an Einstichstelle *Track*, der (engl., Pl. -s) ... bei intravenösem Rauschmittelgebrauch (Szenewort) eigtl.: Spur, Bahn

Narbenbildung *Ulose*, die (gr., Pl. -n) med.

Narkose *Anästhesie*, die (gr.-lat., Pl. ...ien) med.

Narkosearzt *Anästhesist*, der (gr.-lat., Pl. -en) med.

Narkosegerät *Hypalgator*, der (gr.-lat., Pl. ...oren) med.

Narkosemittel mit Alkalimetall *Pentothalnatrium*, das (Eigenn., lat., ohne Pl.) Inhalt e. von drei Giftspritzen mit denen in einigen Staaten der USA die Todesstrafe vollstreckt wird

Narr 1. *Harlekin*, der (fr.-it., Pl. -e) 2. *Haselant*, der (lat.-fr., Pl. -en)

Narretei *Jux*, der (Pl. -e) durch Entstellung aus lat. iocus: »Scherz«; auch: Ulk; »Einen Jux will er sich machen« (Joh. Nepomuk Nestroy)

Nase *Nose*, die (engl., Pl. -s) Bez. für die Spitze des Snowboards

Nase, an der ... herumführen *düpieren* (fr.) i. S. von: foppen

Nase, knollige *Rhinophym*, das (gr.-lat., Pl. -e) svw. Knollennase (med.)

Nase, künstliche *Rhinoplastik*, die (gr.-lat., Pl. -en) operativ hergestellter Nasenersatz (med.)

Nase, von ihr ausgehend *rhinogen* (gr.-lat.)

Näseln *Rhinolagie*, die (gr.-lat., ohne Pl.) med.

näselnd *nasal* (lat.) z. B. das Wort »jardin« (Garten), wird nasal ausgesprochen

Nasenarzt *Rhinologe*, der (gr.-lat., Pl. -n)

Nasenbluten 1. *Rhinorrhagie*, die (gr.-lat., Pl. ...ien) bei stark blutender Nase (med.) 2. *Epistaxis*, die (gr., ohne Pl.) med.

Nasenheilkunde *Rhinologie*, die (gr., ohne Pl.)

Nasenkatarrh *Rhinitis*, die (gr.-lat., Pl. ...itiden) Schnupfen (med.)

Nasenkorrektur *Rhinoplastik*, die (lat., Pl. -en) auch: Schönheitsoperation an der Nase

Nasenkrankheiten, Lehre von den ... *Rhinologie*, die (gr.-lat., ohne Pl.) Nasenheilkunde

Nasenlaut *Nasal*, der (lat.-dt., Pl. -e) Buchstaben wie in, m, ng werden u. a. in der fr. Sprache durch die Nase ausgesprochen

Nasenrachenraum *Epipharynx*, der (gr.-lat., ohne Pl.) med.

Nasenschleimhautentzündung *Rhinoblennorrhö*, die (gr.-lat., Pl. -en) i. S. e. eitrigen Katarrhs (med.)

Nasenschmerz *Rhinalgie*, die (gr.-lat., Pl. ...ien)

Nasenuntersuchung *Rhinoskopie*, die (gr.-lat., Pl. ...ien) med.

Nasenverhärtung *Rhinosklerom*, das (gr.-lat., Pl. -e) med.

Nasenzange *Rhinoskop*, das (gr.-lat., Pl. -e) auch: Nasenspiegel (med.)

Nashorn *Rhinozeros*, das (gr.-lat., Pl. -se)

Nation, die große ... *Grande Nation*, die (fr., ohne Pl.) e. von Napoleon I. verwendete Bez. für Frankreich

Nationalbewußtsein, übersteigertes ... *Nationalismus*, der (lat., ohne Pl.) »Nationalismus, so nennen wir die Freiheitsbegierde der Völker« (Thomas Mann)

Nationalepos, finn. ... *Kalevala, Kalewala*, der oder das (finn., ohne Pl.)

Nationalismus, bes. Form des ... *Ethnozentrismus*, der (gr.-lat., ohne Pl.) d. h. das eigene Volk fühlt sich als Mittelpunkt u. anderen Völkern überlegen

Nationalist *Jingo*, der (engl., Pl. -s) übertriebener

Nationalsozialist *Nazi*, der (lat., Pl. -s; e. abwertende Kurzform) »Entweder halten sie uns für biertrinkende lederhosentragende Deppen oder für unverbesserliche Nazis.« (Günter Verheugen, SPD, zum Deutschlandbild der Amerikaner, 1997)

Natur, die ... macht keine Sprünge *natura non facit saltus* (lat., Zitat: Linné)

Natur, die schaffende ... *Natura naturans*, die (lat., ohne Pl.) in der Bedeutung von Gott; Ggs: Natura naturata (die geschaffene Natur, d. h. die Welt)

Natur, lebe der ... gemäß! *naturae convenienter vive!* (lat., Zitat)

Naturalismus *back to the roots* (engl.) »zurück zu den Wurzeln«

Naturgabe, bes. ... *Talent*, das (gr.-lat., Pl. -e) i. S. bes. geistiger oder körperlicher Fähigkeiten; auch: e. altgr. Gewichts- u. Geldeinheit; »habe Talent, mein Lieber, dann schreibe, was du willst!« (Franz Grillparzer)

Naturgewalt *Element*, das (lat., Pl. -e) z. B. entfesselte Elemente (Wasser, Luft, Feuer, Erde)

Naturgottheit 1. *Nymphe*, die (gr.-lat., Pl. -n) in der gr. Mythologie weibliche Gottheiten u. Töchter des Zeus 2. *Donar, Thor* oder *Thorium*, der (germ.-lat., ohne Pl.) altgerm. Gott der nordischen Sagenwelt

naturhaft *elementar* (lat.) auch: ungestüm, die Dünung rollte mit elementarer Kraft heran

Naturheilarzt 1. *Physiater*, der (gr.-lat., Pl. -) 2. *Homöopath*, der (gr.-lat., Pl. -en) nicht verw. mit *Homöostat*, der (gr.-lat., Pl. -en) technisches System, das sich der Umwelt gegenüber im stabilen Gleichgewicht hält (Kybernetik)

Naturheilkunde 1. *Physiatrie*, die (gr.-lat., ohne Pl.) nicht verw. mit *Psychiatrie*, die (gr.-lat., Pl. ...ien) Abteilung für seelische Störungen, boshaft: Klapsmühle; auch: Gebiet der Medizin, auf dem sich mit Geisteskrankheiten befaßt wird (ohne Pl.) 2. *Homöopathie*, die (gr.-lat., ohne Pl.)

Naturkraft *Element*, das (lat., Pl. -e) Naturgewalt, vier Elemente: Wasser, Luft, Feuer, Erde

natürlich 1. *nativ* (lat.) in natürlichem Zustand 2. *naturell* (lat.-fr.) in der Kochkunst: ohne Zutaten 3. *biologisch* (gr.-lat.) i. S. e.

natürlichen Grundlage 4. *logisch* (gr.-lat.) schlüssig 5. *physisch* (gr.-lat.) in der Natur begründet; auch: körperlich; nicht verw. mit *psychisch* (gr.-lat.) seelisch

Natürlichkeit *Naivität*, die (lat.-fr., ohne Pl.) i. S. von kindlich, unbefangen in Verhalten u. Denken

Naturrecht *Jus naturale*, das (lat., ohne Pl.)

Naturschutzgebiet *Reservat*, das (lat., Pl. -e)

Naturseide *Ekrüseide*, die (fr.-dt., ohne Pl.)

Naturtrieb *Instinkt*, der (lat., Pl. -e) »Instinkt ist jener Kompaß, der e. Frau sofort verrät, wo das Schlafzimmer liegt.« (Marcel Aymé)

Navigationssystem für U-Boote *Sonar*, das (Eigenn., engl., ohne Pl.) aus: Sound navigation and ranging; e. aktives Sonar stößt Schallwellen aus, deren Reflektion ausgewertet wird, e. passives Sonar analysiert von Mikrofonen aufgenommene Unterwasser-Geräusche

Navigationssystem im PKW, das Staumeldungen berücksichtigt *dynamisches Auto Pilot System*, das (gr.-lat.-engl., Pl. -e, -e) kurz: Dyn APS

Neandertaler *Homo sapiens neanderthalensis*, der (lat., ohne Pl.) nach dem Fund von 1856 im Neandertal bei Düsseldorf; die Neandertaler lebten zwischen 200 000 – 80 000 v. Chr. u. gelten als unsere »direkten« Vorfahren; der Jetztmensch, seit 80 000 Jahren auf der Erde, heißt: Homo sapiens sapiens (der vernunftbegabte Mensch)

Nebel 1. *Fog*, der (engl., ohne Pl.) dichte engl. Waschküche 2. *Mist*, der (engl., Pl. -s) leichter Nebel, Dunst 3. *Smog*, der (engl., ohne Pl.) aus: Smoke »Rauch« u. Fog »Nebel«, e. schmutziger Abgasnebel; Smogalarm

nebenbei 1. *apropos* (fr.) eigtl.: zum Gesprächsthema; übrigens 2. *en passant* (fr.)

Nebenbestimmung *Klausel*, die (lat., Pl. -n) z. B. e. verklausulierter Vertrag, e. durch Nebenbestimmungen unübersichtlich gewordener Vertrag

Nebenbuhler *Rivale*, der (lat.-fr., Pl. -n)

Nebenbuhlerschaft *Rivalität*, die (lat.-fr., Pl. -en)

nebeneinander *parallel* (gr.-lat.) auch: gleichlaufend

Nebeneinanderbestehen *Koexistenz*, die (lat.-fr., ohne Pl.) z. B. in friedlicher Koexistenz leben (mehrere Staaten)

Nebenfigur 1. *Komparse*, der (lat.-it., Pl. -n) z. B. im Theater, ohne Sprechrolle 2. *Statist*, der (lat., Pl. -en) e. stumme Figur in e. Theater- oder Filmrolle

Nebenfrau e. **moslimischen Herrschers** *Sighe*, die (arab.)

Nebengebäude *Dependance*, die (lat.-fr., Pl. -n) z. B. Nebenhaus e. Hotels

Nebenhandlung *Episode*, die (gr.-fr., Pl. -n)

Nebenhoden *Epididymis*, die (gr., Pl. ...didymiden) med.

Nebenhodenentzündung *Epididymitis*, die (gr.-lat., Pl. ...mitiden) med.

Nebenkrater *Adventivkrater*, der (lat.-dt., Pl. -) ... am Hang e. Vulkankegels

Nebenniere, die ... betreffend *adrenal* (lat.)

Nebennierenhormon *Adrenalin*, das (lat., ohne Pl.) med.; Fallschirmspringen bewirkt e. Adrenalinstoß

Nebenraum *Alkoven*, der (arab., Pl. -) kleiner Raum

Nebenraum, intimer ... *Séparée*, das (lat., Pl. -s) kurz für: Chambre séparée. »Alles raus hier, das ist das Séparée von Herrn Blatter!« (Ein Fifa-Funktionär zu Frank-W. Steinmeier, Bundesaußenminister, 2006)

Nebenrolle *Charge*, die (fr., Pl. -n) am Theater

Nebensache, kleine ... *Petitesse*, die (fr., Pl. -n) Geringfügigkeit. »Das ist e. Petitesse ganz am Rande.« (Oskar Lafontaine über den Wechsel Andreas Wagners zur NPD, 2006)

nebensächlich 1. *irrelevant* (lat.) belanglos; Ggs.: relevant 2. *marginal* (lat.) i. S. von: am Rande 3. *peripher* (gr.-lat.) am Rande befindlich, z. B. e. Angelegenheit, die mich nur peripher berührt 4. *sekundär* (lat.-fr.) zweitrangig

Nebensächlichkeit *Staffage*, die (fr., Pl. -n)

Nebenwerte *Small-Cap-Fonds*, die (engl., Pl.) auch: Aktien mittlerer u. kleinerer Werte

Nebenzimmer *Kabinett*, das (fr., Pl. -e)

auch: Beratungsraum; Qualitätswein mit Prädikat. »Frau Merkel weint nicht, bei ihr sitzen die Tränen im Kabinett!« (Mathias Richlings TV-Spruch, 2005)

necken *trakassieren* (fr.) quälen

Neckerei *Trakasserie*, die (fr., Pl. ...ien) auch: Quälerei

Neckverhältnis *joking relationship*, die (engl.-am., Pl. -s) z. B. e. Person nicht ausstehen können, sich dieser dennoch hingezogen fühlen: »Du hast herrliche Zähne, welcher Zahnarzt hat sie dir eingesetzt?«

Neid *Ressentiment*, das (lat.-fr., Pl. -s)

Neid, der ... ist der Begleiter des Ruhmes *invidia gloriae comes* (lat., Zitat: Chabrias)

Neid, vor ... platzen *rumpitur invidia* (lat., Zitat)

neigen *tendieren* (lat.)

Neigung 1. *Faible*, das (lat.-fr., Pl. -s) 2. *Gusto*, der (lat.-it., Pl. -s) i. S. von Geschmack 3. *Marotte*, die (hebr.-lat.-fr., Pl. -n) i. S. e. wunderlichen, merkwürdigen Angewohnheit 4. *Tendenz*, die (lat.-fr., Pl. -en) Absicht, Hang 5. *Trend*, der (engl., Pl. -s) Richtung e. Entwicklung; z. B. *Trendsetter*, der (engl., Pl. -) jmd., der e. Trend auslöst; im Gegensatz zur Mode bleibt e. »echter« Trend fünf Jahre lang aktiv 6. *Inklination*, die (lat., Pl. -en) i. S. von Hang, Neigungswinkel

Neigung, e. ... entsprechen *trendy* (engl.) im Trend liegen

Neigung, homosexuelle ... zu Jugendlichen *Ephebophilie*, die (gr., ohne Pl.) med.

Neigung, homosexuelle ... zu jungen Männern empfindend *ephebophil* (gr.) med.

Neigungsmesser *Klinometer*, das (gr.-lat., Pl. -) für Flugzeuge u. Schiffe

Nelke *Dianthus*, der (gr.-lat., ohne Pl.) auch: Blüte, Blume

Nelkenpfeffer *Piment*, der, das (lat., Pl. -e)

Nelkentabak *Kretek*, der (indonesisch, ohne Pl.) dem Zigarettentabak werden Nelken beigemischt

nennen *titulieren* (lat.) auch: mit e. Schimpfnamen benennen

Nennform *Infinitiv*, der (lat., Pl. -e)

Nennwert *Nominalwert*, der (lat.-fr.-dt., Pl. -e) auf Aktien aufgedruckte Werte, die

Summe aller Nennwerte ergibt das Grundkapital e. AG

Nennwertherabsetzung *Denomination*, die (lat., Pl. -en) von Aktien im Zusammenhang e. Kapitalherabsetzung e. AG

Nerv, der ... der Dinge 1. *nervus rerum* (lat., Zitat) gemeint ist das Geld 2. *ta neura ton pragmaton* (gr., Zitat: Demosthenes)

Nerv, erkrankten ... herausdrehen *Neurexairese*, die (gr.-lat., Pl. -n) ... zur Heilung von Nervenschmerzen

Nerven betreffend *neural* (gr.-lat.) med.

Nerven, auf die ... zerstörerisch wirken *enervieren* (lat.)

Nerven, Überbeanspruchung der ... *Enervierung*, die (lat.-dt., Pl. -en)

Nervenarzt *Neurologe*, der (gr.-lat., Pl. -n)

Nervendehnung *Neurotonie*, die (gr.-lat., Pl. ...ien) auch: Nervenlockerung zur Schmerzlinderung, z. B. bei Ischias

Nervendurchtrennung 1. *Neurotomie*, die (gr., Pl. ...ien) ... zum Ausschalten von Schmerzen, z. B. bei e. Neuralgie (med.) 2. *Denervierung*, die (lat., Pl. -en) med.

Nerveneinheit *Neuron*, das (gr.-lat., Pl. ...ronen) auch: Nervenzelle mit Fortsätzen; nicht verw. mit *Neurom*, das (gr.-lat., Pl. -e) Geschwulst, aus e. Wucherung der Nervenzellen erwachsen

Nervenentzündung *Neuritis*, die (gr.-lat., Pl. ...itiden) med.

Nervenerschütterung *Schock*, der (niederl.-engl., Pl. -s) plötzlich eintretendes, schlimmes Erlebnis

Nervenfasergeschwulst ... *Neurinom*, das (gr.-lat., Pl. -e) ... an der Nervenscheide, meist gutartig

Nervengeflecht *Plexus*, der (lat., Pl. -) med.; z. B. *Solarplexus*, der (lat., Pl. -) eigtl.: Plexus solaris (zur Sonne gehörendes Nervengeflecht) e. Faustschlag in den Solarplexus macht kampfunfähig

Nervengift *Neurotoxin*, das (gr.-lat., Pl. -e) med.

Nervenkitzel *Thrilling*, das (engl., ohne Pl.) to thrill (zitternd machen) der Reiz wird gesucht, da Gefahr u. Abenteuer im Alltag so gut wie nicht mehr vorkommen; Erscheinungen sind: S-Bahn-Surfing, Freeclimbing, Speedgliding

Nervenknoten *Ganglion*, das (gr.-lat., Pl. ...ien) med.

Nervenkranker *Neuropath*, der (gr., Pl. -en)

Nervenkrankheit *Neuropathie*, die (gr.-lat., Pl. ...ien) Nervenleiden, Störungen des vegetativen Nervensystems

Nervenkrankheiten betreffend *neurologisch* (gr.-lat.)

Nervenquetschung *Neurotripsie*, die (gr.-lat., Pl. ...ien) z. B. bei e. Unfall

Nervenscheide *Neurilemm, Neurilemma*, das (gr.-lat., Pl. ...lemmen) auch: Hülle der Nervenfasern

Nervenschmerzen *Neuralgie*, die (gr.-lat., Pl. ...ien)

nervenschwach *neurasthenisch* (gr.-lat.) med.

Nervenschwäche 1. *Aneurie*, die (gr.-lat., Pl. ...ien) med. 2. *Neurasthenie*, die (gr.-lat., Pl. ...ien) med.

Nervenstück herausschneiden ... *Neurektomie*, die (gr.-lat., ohne Pl.) ... zur Heilung von Nervenschmerzen

Nervensystem beeinflussend *neurotrop* (gr.-lat.) auf Nerven gerichtet

Nervensystem, dessen Aufbau *Neuroanatomie*, die (gr.-lat., ohne Pl.)

Nervensystem, im ... vorgenommene, operative Eingriffe *Neurochirurgie*, die (gr.-lat., ohne Pl.)

Nervenzelle *Ganglienzelle*, die (gr.-lat.-dt., Pl. -n) med.

Nervenzelle, deren Vorstufe *Neuroblast*, der (gr.-lat., Pl. -en)

nervös *exzitabel* (lat.) med.

Nervosität *Exzitabilität*, die (lat., ohne Pl.) med.

Nesselfieber *Urtikaria*, die (lat., ohne Pl.) auch: Nesselsucht

Nesthocker *Insessor*, der (lat., Pl. ...oren) Zool.

nett *adrett* (fr.) ordentlich, sauber

nett, ganz ... *passabel* (fr.) leidlich

Nettoproduktionswert *Nettosozialprodukt*, das (lat., Pl. -e) dies ist das Bruttosozialprodukt minus volkswirtschaftliche Abschreibungen, indirekte Steuern u. Subventionen = Nettosozialprodukt zu Faktorkosten; es entspricht dem sog. Volkseinkommen

Netz *System*, das (gr., Pl. -e) auch: Ordnungsprinzip; philos. Gedankengebäude

Netz, das ... *Internet*, das (engl.-am., ohne

Pl.) internationales Netz von leistungsstarken Übertragungswegen für den Datenverkehr; »Das Internet spaltet die Menschen in User u. Loser.« (Birgit Breul, Expo-Chefin, 1998)

netzartig *retikulär* (lat.)

Netz-Fremdenführer *Gopher*, der (engl., Pl. -) aus: go u. for; auch Bez. für e. menügeführten Internet-Service

Netzhaut des Auges *Retina*, die (lat., Pl. ...nae)

Netzhautdegeneration 1. *Retinitis Pigmentosa*, die (lat.) 2. *Makula degeneration*, die (lat., Pl. -en) 3. *Usher-Syndrom*, das (Eigenn., engl.-gr., Pl. -e) können jeweils zur Erblindung führen

Netzhautentzündung *Retinitis*, die (lat., Pl. ...itiden) med.

Netzhautgeschwulst *Retinoblastom*, das (lat.-gr., Pl. -e) bösartig (med.)

Netzwerk leistungsfähiger PCs ... *Client-Server-System*, das (engl.-am., Pl. -s) ... in dem e. Rechner die Aufgabe des zentralen Servers übernimmt

Netzwerk, digitales ... *ISDN*, das (engl., ohne Pl.) Integrated Services Digital Network: digitales Netzwerk für integrierten Service; es läßt durch hohe Übertragungsgeschwindigkeiten (64 MB pro Sek.) div. Anwendungen zu, z.B. das Bildtelefon

Netzwerk, lokales ... *Local Area Network*, das (engl., Pl. -s) kurz: LAN; ... von mehreren Rechnern, meist auf e. Gebäude beschränkt, ohne Schnittstelle zu externen Netzwerken

neu ordnen *reorganisieren* (gr.-lat.-fr.) z.B. e. verlustreich arbeitende Firma reorganisieren

neu, überraschend u. ganz neu *revolutionär* (lat.-fr.) i. S. von: umwälzend

neuartig *modern* (lat.-fr.) zeitgemäß; »Als unmodern zu gelten, ist schon der halbe Tod.« (Anna Magnani)

Neuauflage 1. *Reprint*, der (engl., Pl. -s) 2. *Reprise*, (lat.-fr., Pl. -n) z.B. e. Theaterstücks

Neubekehrter *Proselyt*, der (gr.-lat., Pl. -en) Heiden, die in früherer Zeit zum Judentum bekehrt wurden, hießen Proselyten; heute abwertend: »Proselyten machen«, Leute durch Überredungskunst für

e. Weltanschauung, e. Glauben gewinnen (Scientologen)

neubildend *anastasisch* (gr.-lat.) auch: wiederauffrischend

Neudruck *Reprint*, der (engl., Pl. -s)

neue Richtung der Kochkunst *Nouvelle Cuisine*, die (fr., ohne Pl.) sie beruht auf neuen ernährungswissenschaftlichen Erkenntnissen

neuer Roman *Nouveau roman*, der (fr., Pl. -) experimentelle Form des Romans, 1945 in Frankreich entstanden

Neuerscheinung ... *Novum*, das (lat., Pl. Nova) ... des Buchhandels

Neuerscheinung *Novität*, die (lat., Pl. -en) die Zeitschrift »Gala« war 1996 in Deutschland e. Novität auf dem Printmedienmarkt

Neuerung *Innovation*, die (lat., Pl. -en) der Autofokus stellte e. Innovation in der optischen Industrie dar

Neuerung, verpönte ... *Bida*, die (arab.)

neugestalten 1. *reformieren* (lat.) 2. *renovieren* (lat.)

Neugestaltung *Reform*, die (lat., Pl. -en) »Die neue Regierung ist e. Regierung der inneren Reformen.« (Hans-Dietrich Genscher, F. D. P., 1998)

Neugestaltung e. alten Produkts *Relaunch*, der u. das (engl., Pl. -es) eigtl.: in Gang setzen. »Es gibt keinen Relaunch e. Nation.« (Thomas Heilmann, Kampagne: »Land der Ideen«, 2006)

neugierig *indiskret* (lat.) z.B. indiskrete Fragen stellen

Neuhebräisch *Iwrit, Iwrith*, das (hebr., ohne Pl.) Amtssprache in Israel

Neuheit 1. *Modernität*, die (lat.-fr., Pl. -en) 2. *dernier cri* (fr.) der »letzte Schrei« in der Mode 3. *Novität*, die (lat., Pl. -en) z.B. Ausstellungen u. Messen präsentieren Novitäten 4. *Nouveauté*, die (lat.-fr., Pl. -s) bes. in der Mode 5. *Novum*, das (lat., Pl. Nova)

Neuigkeiten *News*, die (engl., nur Pl.) auch: Nachrichten

Neujahrsfest der Juden *Rosch ha-Schana*, das (hebr., ohne Pl.) hoher Feiertag, nach Rabbi Eliesner ben Hyrkanos (um 100 n. Chr.) wurde die Welt an diesem Tag erschaffen

Neuland *Terra incognita*, die (lat., ohne

400

Pl.) unbekanntes Land, einst Australien u.
die Antarktis

Neuling 1. *Greenhorn*, das (engl., Pl. –, -s)
2. *Newcomer*, der (engl., Pl. –, -s) i. S. e.
Neulings, der schon e. gewissen Erfolg
vorweisen kann 3. *Cheechako*, der (indian., Pl. -s) Neuling in Alaska 4. *Rookie*,
der (am., Pl. -s) Grünschnabel, bes. bei der
Polizei u. in der Armee

Neumond *Interlunium*, das (lat., Pl. ...ien)

Neuneck *Nonagon*, das (lat.-gr., Pl. -e)

Neuordnung *Reform*, die (lat.-fr., Pl. -en)
z. B.: für Deutschland ist e. Steuerreform
längst überfällig

Neuordnung, planmäßige ... *Reform*, die
(lat., Pl. -en) »Aus der Mutter aller Reformen darf nicht die Mutter allen Murkses
werden.« (Volker Beck, Die Grünen,
2006)

Neuprägung *Neologismus*, der (gr.-fr., Pl.
...men) auch: sprachliche Neubildung;
Neuerungssucht

Neureicher 1. *Parvenü*, der (lat.-fr., Pl. -s)
2. *homo novus* (lat.) eigtl.: der neue Mann;
Emporkömmling

Neuseeländer *Kiwi*, der (maori-engl., Pl.
-s) Kosename; eigtl.: Laufvogel Neusee-
lands; nicht verw. mit *Kiwi*, die (maori-
engl., Pl. -s) eigroße Frucht mit behaarter
Schale u. grünem Fruchtfleisch, ursprünglich aus Neuseeland stammend

Neutronenstern, e. rotierender ... *Pulsar*,
der (lat., Pl. -e) ... der in regelmäßigen
Abständen Radiowellenpulse aussendet
(Astron., Phys.)

Neuverfilmung *Remake*, das (engl., Pl. -s)

neuzeitlich *modern* (lat.-fr.)

nicht amtlich *inoffiziell* (lat.) Ggs.: offiziell

nicht angebracht *inopportun* (lat.) Ggs.:
opportun

nicht beachten *ignorieren* (lat.) z. B.: War-
nungen ignorieren

nicht förmlich *inoffiziell* (lat.) Ggs.: offiziell

nicht für die Schule ... *non scholae, sed
vitae discimus* (lat.) ... sondern für das Leben lernen wir (Seneca, röm. Philosoph
um 4 v. Chr. – 65 n. Chr.)

nicht hohl *massiv* (gr.-lat.-fr.) auch: durch
u. durch, z. B. massiv Gold

nicht im Bilde *desorientiert* (fr.) z. B. e.
desorientierter Finanzberater

nicht immer *temporär* (lat.-fr.) i. S. von:
zeitlich begrenzt

nicht mehr aktuell *démodé* (fr.) z. B. sich
démodé (altmodisch) kleiden

nicht passend *inadäquat* (lat.) auch: unpassend; Ggs.: adäquat

nicht streng *human* (lat.) z. B. e. humaner
Lehrer sein

nicht wärmebeständig *thermolabil* (gr.-
lat.)

nicht wirklich *irreal* (lat.) i. S. von unwirklich, in e. irrealen Scheinwelt leben; Ggs.:
real

nicht wissen ... *ignoramus et ignorabimus*
(lat.) »Wir wissen es nicht u. wir werden
es auch nicht wissen.« Eingeständnis für
die Unlösbarkeit der Welträtsel, des Wo-
her u. Wohin

nicht zuviel *non troppo* (lat.-it.) musik.
Vortragsanw.

nicht zweckmäßig *inopportun* (lat.) auch:
unzweckmäßig, es gibt kein schlechtes
Wetter, nur inopportune Kleidung; Ggs.:
opportun

Nichtbefugtsein *Inkompetenz*, die (lat., Pl.
-en) auch: nicht zuständig –, nicht in der
Lage sein; Ggs.: Kompetenz

Nichtbekanntsein *Anonymität*, die (gr.-
lat., ohne Pl.) als Verbrecher in der Anonymität des Untergrunds leben

Nichteingeweihter *Exoteriker*, der (gr.-lat.,
Pl. -) Außenstehender; Ggs.: Esoteriker

Nichteinmischung *Neutralität*, die (lat.,
ohne Pl.)

Nichteinverständnis *Protest*, der (lat.-it.,
Pl. -e) auch: Einspruch; amtliche Feststellung, daß e. Wechsel nicht eingelöst wurde; »Protest ist manchem e. willkomme-
ner Ersatz für das Denken.« (Peter Hor-
ton)

nichterblich *paratypisch* (gr.-lat.) med.

Nichtfachmann 1. *Laie*, der (gr.-lat., Pl. -n)
2. *Dilettant*, der (lat.-it., Pl. -en) abwertend: die Holzarbeiten sind die e. Dilettanten; »ein Konzert von Dilettanten« (Wilhelm Busch) 3. *Amateur*, der (lat.-fr., Pl.
-e) z. B.: Amateurfilmer 4. *Autodidakt*, der
(gr., Pl. -en) jmd., der sich sein Wissen
selbst angeeignet hat

nichtig *futil* (lat.) unbedeutend

nichtig *inan* (lat.) auch: leer, hohl, eitel
(Philos.)

Nichtigkeit 1. *Lappalie*, die (dt.-lat., Pl. -n) 2. *Inanität*, die (lat., ohne Pl.) auch: Leere **Nichtigkeit des Bestehenden** *Nihilismus*, der (lat., ohne Pl.) philos. Anschauung von der Nichtigkeit alles Seienden; Verneinung aller Normen, Werte u. Ziele; Anhänger: Friedrich Nietzsche (1844–1900) **Nichtigkeit** *Futilität*, die (lat., Pl. -en) **Nichtigkeitserklärung** 1. *Annullierung*, die (lat., Pl. -en) 2. *Dementi*, das (lat.-fr., Pl. -s) offizieller Widerruf e. Nachricht 3. *Annihilation*, die (lat., Pl. -en) **Nichtjude** *Goi*, der (hebr., ohne Pl.) jüd. Bez. **Nichtkleriker** *Laie*, der (gr.-lat., Pl. -n) z. B.: Laienpriester **Nichtmohammedaner** *Kafir*, der (arab., Pl. -n) abwertend **Nichtmoslem** *Giaur*, der (arab.-pers.-türk., Pl. -s) Ungläubiger **nichts im Wege stehend** *nihil obstat* (lat.) Unbedenklichkeitsformel der kath. Kirche für die Erteilung e. Druckerlaubnis **nichts, an ... glaubend** *nihilistisch* (lat.) auch: verneinend; von *Nihilismus*, der (lat., ohne Pl.) philos. Anschauung: Verneinung aller Werte, Normen u. Ziele; Vertreter: Friedrich Nietzsche (1844–1900) **Nichtseßhafter** 1. *Berber*, der (Eigenn., nordafrik. Volk, Pl. -) auch: Knüpfteppich; Reitpferd, in Nordafrika gezüchtet; Stadtstreicher 2. *Nomade*, der (lat., Pl. -n) auch: ruheloser Mensch **Nichtsoldat** *Zivilist*, der (lat., Pl. -en) **nichtsoldatisch** *zivilistisch* (lat.) **Nichtstun** *Dolcefarniente*, das (lat.-it., ohne Pl.) im Urlaub das Dolcefarniente (süße Nichtstun) genießen; süßer Müßiggang **Nichtswisser** *Ignorant*, der (lat., Pl. -en) auch: Dummkopf **Nichtübereinstimmung** 1. *Nonkonformität*, die (lat.-engl., ohne Pl.) Ggs.: Konformität 2. *Inkongruenz*, die (lat., Pl. -en) Ggs.: Kongruenz **Nichtweitergabe von Atomwaffen** *Nonproliferation*, die (engl.-am., ohne Pl.) **Nichtwirklichkeit** *Irrealität*, die (lat., Pl. -en) Ggs.: Realität **Nichtwissen** *Agnosie*, die (gr.-lat., Pl. ...ien) auch: Störung der Wahrnehmungen durch die Sinne; nicht verw. mit *Ag-*

nathie, die (gr., Pl. ...ien) angeborenes Fehlen e. Kiefers (med.) **Nichtzuständigsein** *Inkompetenz*, die (lat., Pl. -en) Ggs.: Kompetenz **nieder!** *à bas!* (fr.) **niederdrücken** *deprimieren* (lat.-fr.) schwere Schicksalsschläge haben Frau Müller deprimiert **Niedergang** 1. *Depression*, die (lat., Pl. -en) z. B. der Konjunktur, gekennzeichnet durch geringe Produktion, hohe Arbeitslosigkeit u. ausbleibende Investitionen; auch: Niedergeschlagenheit (Depression), als Krankheitsbild bei Menschen 2. *Dekadenz*, die (lat., ohne Pl.) auch: Verfall; moralisch, sittlicher Abstieg **Niedergang** *Dekadenz*, die (lat., ohne Pl.) auch: Entartung; sittlicher, kultureller Niedergang **niedergedrückt** *pessimistisch* (lat.) schwarz sehend; Ggs.: optimistisch **niedergeschlagen** 1. *deprimiert* (lat.-fr.) der tragische Unfall seiner Frau deprimierte ihn sehr 2. *down* (engl.) sein nach e. Niederlage 3. *konsterniert* (lat.) i. S. von: bestürzt, betroffen **Niedergeschlagenheit** *Depression*, die (lat., Pl. -en) seine Depressionen mußten stationär behandelt werden **Niederlage** 1. *Debakel*, das (fr., Pl. -) die Erb-Auseinandersetzung war für die Hinterbliebenen e. großes Debakel 2. *Desaster*, das (it.-fr., Pl. -) eigtl.: Unstern; auch: Unheil, Zusammenbruch 3. *Fiasko*, das (germ.-it., Pl. -s) eigtl.: Flasche; auch: Mißerfolg, Reinfall **niederlassen, sich ...** *etablieren* (lat.-fr.) einrichten, gründen; nicht verw. mit *etalieren* (germ.-fr.) ausstellen; »Die PDS hat sich als Nachfolgepartei der SED etabliert u. schwärmt von alten Zeiten.« (Theo Waigel, Bundesfinanzminister, 1998) **Niederlassung** *Dependance*, die (lat.-fr., Pl. -n) i. S. e. Filiale oder Zweigstelle **niederlegen** 1. *deponieren* (lat.-fr.) z. B. Wertsachen in e. Safe deponieren 2. *demissionieren* (lat.-fr.) e. meist öffentliches Amt niederlegen **niedermetzeln** *massakrieren* (fr.) auf grausame Weise töten **Niederschlag** 1. *Fallout*, der (engl., Pl. -s) i. S. radioaktiven Niederschlages nach

402

z. B. e. Kernreaktorunfall 2. *Kondensat,* das (lat., Pl. -e) z. B. Wasser, das sich als Dampf niederschlägt

Niederschlag, gallertartiger ... *Gel,* das (fr., Pl. -e) kurz für Gelatine (Knochenleim, Gallert) aus kolloider (fein zerteilten Stoffen) Lösung

niederschlagen 1. *ausknocken* (dt.-engl.) 2. *knock out (kurz: k.o-) schlagen* (engl.-dt.)

Niederschlagsmengen-Meßgerät 1. *Hyetograph,* der (gr.-lat., Pl. -en) Regenmesser 2. *Hyetometer,* das (gr.-lat., Pl. -) Regenmesser

niederschlagsreich *humid* (lat.) Gebiete mit e. jährlichen Niederschlagsmenge über 600 l / m²

Niederschlagung e. Strafverfahrens ... *Abolition,* die (lat., Pl. -en) ... vor dem Urteilserlaß

Niederschrift 1. *Diktat,* das (lat., Pl. -e) z. B. die Sekretärin zum Diktat bitten 2. *Protokoll,* das (gr.-lat., Pl. -e) z. B. Polizeiprotokoll

niederträchtig *infam* (lat.) z. B. e. infame Lüge verbreiten

Niederträchtigkeit *Infamie,* die (lat., Pl. -n)

niedlich *possierlich* (fr.-dt.) auch: drollig; z. B. e. possierlicher Goldhamster

niedrigste aller möglichen Temperaturen ... *absoluter Nullpunkt,* der (lat.-dt., ohne Pl.) ... bei der e. Stoff keine Wärmeenergie besitzt: -273,16°C

niemals *ad calendas graecas* (lat.) in bezug auf Bezahlung (eigtl.: »an den gr. Kalenden bezahlen«, die Griechen kannten keine »Calendae«, die bei den Römern Zahlungstermine darstellten)

Niemand *Nobody,* der (engl., Pl. -s)

Niemandsland *Terra nullius,* die (lat., ohne Pl.)

Niere, operative Entfernung e. ... *Nephrektomie,* die (gr.-lat., Pl. ...ien) med.

Nierenbecken, krankhafte Erweiterung des ... *Pyelektasie,* die (gr.-lat., Pl. ...ien) med.

Nierenbeckenentzündung 1. *Zystopyelitis,* die (gr.-lat., Pl. ...itiden) med. 2. *Pyelitis,* die (gr.-lat., Pl. ...itiden) med. 3. *Nephropyelitis,* die (gr.-lat., Pl. ...itiden) med.

Nierenentzündung *Nephritis,* die (gr.-lat., Pl. ...itiden)

Nierengeschwulst, bösartige *Nephrom,* das (gr.-lat., Pl. -e) med.

Nierenkrankheiten, Facharzt für ... *Nephrologe,* der (gr.-lat., Pl. -n)

Nierenleiden *Nephropathie,* die (gr.-lat., Pl. ...ien) med.

Nierenöffnung, operative *Nephrotomie,* die (gr.-lat., Pl. ...ien)

Nierenschmerz *Nephralgie,* die (gr.-lat., Pl. ...ien) med.

Nierensenkung *Nephroptose,* die (gr.-lat., Pl. -n) abnorme Wanderung der Niere

Nierenstein *Nephrolith,* der (gr.-lat., Pl. -en)

Nierensteine, operative Entfernung der ... *Nephrolithotomie,* die (gr.-lat., Pl. ...ien) med.

Nießbrauch *Ususfruktus,* der (lat., ohne Pl.)

Nilpferd *Hippopotamus,* der (gr.-lat., Pl. -) auch: Flußpferd

Nippes *Gadget,* das (engl., Pl. -s) auch: Krimskrams; kleines Werbegeschenk

Nische *Séparée,* das (lat.-fr., Pl. -s) separater Raum in e. Bar oder e. Restaurant

Niveau *Level,* der (lat.-engl., Pl. -s) auch: Rang; Stufe; Leistungsstand

Nobelauto 1. *Bentley,* der (Eigenn., engl., Pl. -s) »Mit Deppen wird es selbst in e. Bentley eng.« (Gunter Sachs, Playboy) 2. *Rolls-Royce,* der (Eigenn., engl., ohne Pl.)

noch einmal! *da capo!* (lat.-it.) »vom Kopf an«; Abk.: d.c.; von vorne; musik. Vortragsanw. (i. S. von: wiederholen)

Nomadenvolk Westafrikas *Fulani,* die (Eigenn., Pl. -s) sie errichteten um 1680 die islamischen Staaten Futa Dschallon, Masina, Sokoto

Nordamerikaner *Yankee,* der (engl., Pl. -s) Spitzname der US-Bürger

Nordatlantikpakt *NATO,* die (engl., ohne Pl.) Abk. für: North Atlantic Treaty Organization (Nordatlantisches Verteidigungsbündnis)

Norden, hoch im ... gelegen *hyperboreisch* (gr.)

nördlich *boreal* (gr.) dem nördlichen Klima z. B. Europas zugehörend

Nordpol *Arktis,* die (gr.-lat., ohne Pl.) das Gebiet um den Nordpol

Nordseekrabbe *Shrimp,* der (engl., Pl. -s) auch: kleine Garnele

nordwestafrikanisch *maghrebinisch* (arab.) die westlichen Länder Nordafrikas
nordwestafrikanische Staaten *Maghrebstaaten*, die (arab.-dt., nur Pl.) dazu zählen u. a.: Tunesien, Algerien, Libyen
nörgeln *räsonieren* (lat.-fr.) schimpfen
Nörgler 1. *Querulant*, der (lat., Pl. -en) 2. *Kritikaster*, der (gr.-lat., Pl. -) i. S. e. kleinlichen Kritikers
Norm *Standard*, der (germ.-fr.-engl., Pl. -s)
Norm, die ... Internet-Adressen zu schreiben *Uniform Resource Locator*, der (engl., ohne Pl.) kurz; URL; z. B. bei Web-Adressen die Kennung am Anfang: http://
Normabweichung *Toleranz*, die (lat., Pl. -en) i. S. e. erlaubten Abweichung
normalsichtig *emmetrop* (gr.-lat.) med.
Normalsichtigkeit *Emmetropie*, die (gr.-lat., ohne Pl.) med.
normen *standardisieren* (germ.-fr.-engl.) i. S. von normieren
normsetzend *präskriptiv* (lat.) auch: vorschreibend
Not *Misere*, die (lat.-fr., Pl. -n)
Not, aus der ... e. Tugend machen *necessitati parendum est* (lat., Zitat) der Notwendigkeit muß man gehorchen; auch: Not bricht Eisen
Not, aus tiefer ... *de profundis* (lat., Zitat: Altes Testament, Psalm 130) ... rufe ich zu dir; eigtl.: aus den Tiefen
Note 1. *Zensur*, die (lat., Pl. -en) bekommen Schüler für ihre Leistungen 2. *Prädikat*, das (lat., Pl. -e) z. B. Kunstwerke mit e. Prädikat auszeichnen 3. *Touch*, der (engl., Pl. -s) i. S. e. besonderen Note 4. *Flair*, das (lat.-fr., ohne Pl.) z. B. das persönliche Flair e. Wohnung
Notenmotiv, ständig wiederkehrendes ... *Riff*, das (engl.-am., Pl. -s)
Notenschlüssel *Clavis*, die (lat.-sp., Pl. ...ves) auch: Orgeltaste
notfalls *faute de mieux* (fr.) wenn's nichts besseres gibt
notgedrungen *par ordre du mufti* (fr.-arab.) auch: auf fremden Befehl
Notierung, fortlaufende ... *variabler Kurs*, der (lat.-dt., Pl. -e, -e) ... für Aktienkäufe u. -verkäufe
Nötigung *Pression*, die (lat.-fr., Pl. -en) Zwang

Notizen *Adversarien*, die (lat., nur Pl.) e. Notizensammlung
Notlage 1. *Kalamität*, die (lat., Pl. -en) auch: Verlegenheit, z. B. aus e. Kalamität befreien 2. *Bredouille*, die (fr., Pl. -n) unangenehme Situation
Notquartier *Refuge*, das (lat.-fr., Pl. -s) in der Alpinistik
Notsituation *Misere*, die (lat.-fr., Pl. -n)
nüchtern 1. *pragmatisch* (gr.-lat.) sachbezogen; e. Problem pragmatisch lösen; Altbundeskanzler Helmut Schmidt galt als *Pragmatiker*, der (gr.-lat., ohne Pl.) Sachbezogener 2. *prosaisch* (lat.) 3. *realistisch* (lat.) wirklichkeitsnah
nüchterne Geistesart, Mensch von ... *Prosaiker*, der (lat., Pl. -); nicht verw. mit *Prosaist*, der (lat., Pl. -en) Prosa schreibender Schriftsteller
Null *Zero*, die (arab.-lat.-it.-fr., Pl. -s)
null, ... u. nichtig erklären *annullieren* (lat.)
Null, größer als ... *positiv* (lat.) Ggs.: negativ
Null, kleiner als ... *negativ* (lat.) Ggs.: positiv
Nurlesespeicher 1. *Read-only-Speicher*, der (engl.-dt., Pl. -) 2. *CD-ROM*, die (engl., Pl. -) eigtl.: Compact-Disc – read only memory
Nutte, die drogenabhängig ist *Hooker*, der u. die (engl., Pl. -s) Szenewort; auch: flaches Fischerboot; bes. Golfspieler; der zweite u. dritte Stürmer beim Rugby
Nutzen *Profit*, der (lat.-fr.-niederl., Pl. -e) Gewinn, Kapitalertrag; »Die Liebe zum Profit beherrscht die ganze Welt.« (Aristophanes)
Nutzen ziehen *utilisieren* (lat.-fr.)
Nutzen, zum eigenen ... *pro domo* (lat.) »für das eigene Haus«; in eigener Sache, z. B. pro domo vorsprechen
Nutzenschwelle *Break-even(-point)*, der (engl., ohne Pl.) auch: Rentabilitätsschwelle; e. Manager: »Den Break-even wollten wir erreichen, den Breakdown haben wir erreicht!«
Nutzlast, die e. Raumschiff mitnimmt *Payload*, die (engl.-am., Pl. -s)
Nutzleistung *Effekt*, der (lat., Pl. -e) Wirksamkeit, Erfolg

nützlich *konstruktiv* (lat.) i. S. von: aufbauend, helfend

Nützliche, das ... mit dem Angenehmen (vereinen) *utile dulci* (lat., Zitat: Horaz)

Nützlichkeit *Utilität*, die (lat., ohne Pl.)

Nützlichkeit, darauf gerichtet *utilitär* (lat.-fr.)

Nützlichkeitsprinzip *Utilitarismus*, der (lat.-fr.) Philos.: die im Nützlichen die Grundlage des sittlichen Verhaltens sieht

Nutznießer *Profiteur*, der (lat.-fr., Pl. -e)

Nutzrecht auf Zeit *Timesharing*, das (engl., ohne Pl.) z. B. an e. Ferienwohnung oder an e. Großrechenanlage (EDV)

Nutzschwelle *Break-even-point*, der (engl., Pl. -s)

Nutzung fremder Quellen u. Kapazitäten *Outsourcing*, das (engl., ohne Pl.) ... aus wirtschaftlichen Gründen

Nutzungsanspruch *Jus ad rem*, das (lat., ohne Pl.) d. h.: Recht auf die Sache

O

Obdachlosenheim *Asyl*, das (gr.-lat., Pl. -e) auch: Zufluchtsort

Obdachloser 1. *temporarily Nonhomed* (engl.) eigtl.: zeitweise nichtbeheimatet; positive Formulierung für Wohnungsloser 2. *Berber*, der (nordafrik. Nomadenvolk, Pl. -) Obdachloser, Landstreicher

oben ohne *topless* (engl.)

oben, nach ... *à la hausse* (fr.) auf das Steigen der Börsenkurse spekulieren; Ggs.: à la baisse

oberaffengeil *spacig* (engl.) von space: Weltraum

Oberarm *Brachium*, das (lat., Pl. ...chia)

Oberarmknochen *Humerus*, der (lat., Pl. ...ri) med.

Oberbefehlshaber *Generalissimus*, der (it., Pl. ...mi) oberster Kommandierender

Oberflächenglanz *Politur*, die (lat., Pl. -en) auch: *polieren* (lat.-fr.) blank reiben; derb: jmdm. die Fresse polieren

oberflächlich *pauschal* (lat.) allgemein gesehen, z. B. Pauschalurteil

Oberflächlichkeit *Dilettantismus*, der (it., ohne Pl.)

Obergeschoß *Etage*, die (lat.-fr., Pl. -n)

Obergewand e. Bischofs *Pluviale*, das (lat., Pl. -s) auch: liturgisches Gewand; eigtl.: Regenmantel

Obergewand *Soutane*, die (lat.-it.-fr., Pl. -n) eigtl.: Untergewand; langes, enges Gewand der kath. Geistlichen; »ein Kirchenfürst (Kardinal Groer) als Fummeltrine – es ist noch Leben unter den Soutanen ...« (G. Schröders geh. Tagebuch von H. Venske, 1997)

Oberhaupt *Chief*, der (engl., Pl. -s)

Oberhaupt e. Stammes *Scheich, Scheik*, der (arab., Pl. -e, -s) eigtl.: alter Mann; auch: religiöser Führer

Oberhaupt, weltliches ... des Lamaismus Tibets *Dalai Lama*, der (tibetisch-mongolisch, ohne Pl.) »Nachdem der Dalai Lama das Land verlassen hatte, haben wir das Problem der Sklaverei gelöst.« (Jiang Zemin, Staatspräsident Chinas 1997)

Oberhaus *House of Lords*, das (engl., ohne Pl.)

Oberhaut *Epidermis*, die (gr.-lat., Pl. ...men) äußere Hautschicht (med.)

Oberhoheit *Souveränität*, die (lat.-fr., ohne Pl.)

Oberkiefer *Mandibel*, die (lat., Pl. -n) med.

Oberkiefer *Maxilla*, die (lat., Pl. ...llae) ... des Menschen (med.)

Oberleitungsomnibus *Trolleybus*, der (engl., Pl. ...busses u. ..busse)

Oberpfarrer 1. *Pastor primarius*, der (lat., Pl. ...ores, ...rii) 2. *Propst*, der (lat., Pl. Pröpste) »Oberpfarrer«; auch: Superintendent, Klostervorsteher; Propstei

Oberschenkel *Femur*, das (lat., Pl. Femora) med.; auch: drittes Glied e. Insektenbeins (Zool.)

Oberschicht 1. *Aristokratie*, die (gr.-lat., Pl. ...ien) Staatsform, in der die Herrschaft in Händen von Privilegierten liegt; auch: Adel 2. *Hautevolee*, die (fr., ohne Pl.) die feine Gesellschaft 3. *High-Society*, die (engl.-am., ohne Pl.) die oberen Zehntausend 4. *High-Snobiety*, die (engl.-am., ohne Pl.) e. sich vornehm-arrogant benehmende Gesellschaftsgruppe 5. *Upperclass*, die (engl., ohne Pl.) soziale Oberschicht 6. *Upper ten*, die (engl., ohne Pl.) die Reichen, die oberen Zehntausend 7. *Crème*, die (fr., ohne Pl.) z. B. zur Crème der Gesellschaft gehören; Crème de la crème, sich unter den oberen Zehntausend befinden

Oberst *Colonel*, der (fr.-engl., Pl. -s)

Oberteil *Top*, das (engl., Pl. -s) ärmelloses Damenoberteil

Obhut *Ägide*, die (gr.-lat., ohne Pl.) nach dem Schild Ägis des Zeus u. der Athene, z. B.: »unter der Ägide«, unter der Obhut, Schirmherrschaft

Objekt im Kosmos ... *Quasar*, der (lat., Pl. -e) ... mit extrem starker Radiofrequenzstrahlung, ca. 10 Milliarden Lichtjahre von der Erde entfernt

Objekt, über das ... *transobjektiv* (lat.) Philos.

Objektiv *Zoom*, das (engl., Pl. -s) stufenloses Objektiv: Weitwinkel- bis Teleobjektiv einstellbar

objektiv, nicht ... 1. *subjektiv* (lat.) einseitig, parteiisch; Ggs.: objektiv 2. *tendenziös* (lat.-fr.) z. B. von e. politischen Richtung beeinflußt; nicht neutral

Obrigkeit *Autorität*, die (lat., Pl. -en) auch: einflußreiche Persönlichkeit; »Die Wahrheit ist das Kind der Zeit, nicht der Autorität.« (Bertolt Brecht)

Obstkunde *Pomologie*, die (gr.-lat., ohne Pl.)

Obstsaft *Juice*, der (lat.-fr.-engl., Pl. -s)

Ochsenauge *Hydrophthalmus*, der (gr., Pl. ...mi) vergrößerter Augapfel (med.)

Ochsenschwanzsuppe *Oxtailsuppe*, die (engl.-dt., Pl. -n)

öde 1. *desolat* (lat.) 2. *trist* (lat.-fr.) traurig

oder *respektive* (lat.) auch: beziehungsweise

Ofenschirm *Paravent*, der (lat.-it.-fr., Pl. -s) auch: Umkleideschirm im Schlafzimmer

offen *vakant* (lat.) das Unternehmen hat e. offene (vakante) Stelle zu besetzen

offenbar 1. *evident* (lat.) auch: klar ersichtlich 2. *manifest* (lat.) auch: handgreiflich, klar erkennbar

offenbaren 1. *demaskieren* (fr.) entlarven 2. *manifestieren* (lat.) auch: bewahrheiten

Offenbarung *Revelation*, die (lat., Pl. -en) Enthüllung

Offenbarwerden *Manifestation*, die (lat., Pl. -en) der Protest war e. Manifestation der Studenten

Offenheit *Naivität*, die (lat.-fr., ohne Pl.) i. S. kindlichen Denkens u. Handelns

Offenherzigkeit *Toleranz*, die (lat., Pl. -en) Duldung; Ggs.: Intoleranz. »Toleranz ist heute e. knallharter Standortfaktor.« (Matthias Platzeck, Regierungschef von Brandenburg, 2006)

offenkundig 1. *eklatant* (fr.) z. B. e. eklatante Fehleinschätzung der Situation 2. *evident* (lat.) z. B. e. evidenten Irrtum unterliegen 3. *notorisch* (lat.) der Angeklagte ist e. notorischer Betrüger 4. *flagrant* (lat.-fr.) auch: deutlich; z. B.: den untreuen Ehemann in flagranti erwischen

Offenlegung *Manifestation*, die (lat., Pl. -en) Darlegung, Bekundung

offensichtlich 1. *ostensiv* (lat.) 2. *demonstrativ* (lat.) i. S. von betont auffallend

öffentlich *offiziell* (lat.-fr.) amtlich; Ggs.: inoffiziell

Öffentlichkeitsarbeit 1. *Public Relations*, die (engl., nur Pl.) z. B. alle vertrauensbildende Maßnahmen die e. Unternehmen in der Öffentlichkeit wahrnimmt 2. *Publicity*, die (lat.-fr.-engl., ohne Pl.) z. B. das Bemühen um öffentliches Ansehen; Publicitysucht

Offizier der höchsten Rangklasse *General*, der (lat.-fr., Pl. ...räle) »Ich bin ein General, u. mein Hobby ist es, Kriege zu töten.« (Alexander Lebed, Ex-General, der John Wayne der russ. Politik, 1998)

Offizier, beigeordneter ... *Adjutant*, der (lat.-fr., Pl. -en) Gehilfe

Offiziersanwärter bei der engl. Marine *Midshipman*, der (engl., Pl. ...men) auch: Seekadett

Öffnung 1. *Foramen*, das (lat., Pl. ...mina) auch: Lücke, Loch (med.) 2. *Hiatus*, der (lat., ohne Pl.) auch: Spalt im Knochen (med.)

Öffnungsverhältnis ... *Apertur*, die (lat., Pl. -en) ... das die Leistung e. optischen Systems angibt; auch: Maß für die Fähigkeit e. optischen Gerätes

ohne Halt *nonstop* (engl.) mit Lufthansa nonstop nach Hongkong fliegen

ohne Instrumentenbegleitung *a cappella* (it.)

ohne künstlichen Zusatz *au naturel* (fr.) bei Speisen u. Getränken

ohne Kunstverständnis *amusisch* (gr.)

ohne Namen *anonym* (gr.-lat.) der Politiker erhielt e. anonymen (absenderlosen) Drohbrief

ohne Pause *nonstop* (engl.) auch: ohne Zwischenstop

ohne Schmerz kein Wachstum *no pain, no gain* (engl.-am.) Leidensformel der Kraftsportler: »Der Muskel muß brennen u. stechen, wenn er wachsen soll.«

ohne Wärmeaustausch ... *adiabatisch* (gr.) ... verlaufend; eigtl.: nicht hindurchtretend

ohne wenn u. aber *definitiv* (lat.) auch: unbedingt. »Jede militärische Lösung muß definitiv ausgeschlossen werden.« (H. Wieczorek-Zeul, Bundesentwicklungsministerin SPD, 2006)

Ohnmacht *Exanimation*, die (lat., ohne Pl.)

Ohr, sich hinters ... schreiben *aurem sibi pervellere* (lat., Zitat)

Ohren, beide ... betreffend *binaural* u. *biaural* (lat.) auch: für beide Ohren; zweikanalig (Schallübertragung)

Ohren, tauben ... predigen *vana surdis auribus canere* (lat., Zitat: Livius)

Ohrenarzt 1. *Otologe*, der (gr.-lat., Pl. -n) med. 2. *Otiater*, der (gr.-lat., Pl. -) med.

Ohrenentzündung *Otitis*, die (gr.-lat., Pl. ...itiden) med.

Ohrenheilkunde *Otiatrie*, die (gr.-lat., ohne Pl.) med.

Ohrensausen *Bombus*, der (gr.-lat., ohne Pl.) auch: Darmkollern; dumpfes Geräusch

Ohrenschmalz *Zerumen*, das (lat., ohne Pl.) med.; Zerumen sollte man sich nicht auf das Brot streichen

Ohrenschmerz *Otalgie*, die (gr.-lat., Pl. ...ien) med.

Ohrmuschel, bes. kleine ... *Mikrotie*, die (gr.-lat., Pl. ... ien) med., Ggs.: Makrotie

Ohrmuschelrand *Helix*, die (gr.-lat., Pl. ...ices) auch: Weinbergschnecke

Ohrspeicheldrüse *Parotis*, die (gr.-lat., Pl. ...tiden) med.

Ohrtrompete *Eustachische Röhre*, die (gr.-dt., Pl. -n) Gang zwischen Rachenraum u. Mittelohr

Ökologe, konsequenter ... *Öko-Rigorist*, der (gr.-lat., Pl. -en) scherzhaft: »Müsli«

Ökologie, kritische ... *High-Tech-Ökologie*, die (engl.-am.-gr., ohne Pl.) die An-

hänger fordern den Einsatz bekannter u. neuer Technologien zur Lösung der Umweltprobleme (im Gegensatz zur »romantischen Ökologie« nach Gerd Gerken)

Ökologieplaner in großen Firmen *Ökologiestratege*, der (gr.-lat., Pl. -n)

Öl ins Feuer gießen *ignem igne incitare* (lat., Zitat)

Ölexport, im ... verdiente US-Dollars *Petro-Dollars*, die (engl.-am., nur Pl.)

Ölleitung *Pipeline*, die (engl., Pl. -s) auch: Rohr- u. Gasleitung

Ölpflanze mit großen Blüten ... *Sesam*, der (semit.-gr.-lat., Pl. -s) ... in Indien u. Afrika zu finden; »Sesam öffne dich!« (Zauberformel aus »Tausendundeiner Nacht«)

Omelette *Tortilla*, die (lat.-sp., Pl. -s) mit verschiedenen Füllungen nach sp. Küche

Onanie 1. *Ipsation*, die (lat., Pl. -en) geschlechtliche Selbstbefriedigung 2. *Masturbation*, die (lat., Pl. -en)

Oper, Mailänder ... *Scala*, die (it., ohne Pl.) das berühmte Opernhaus; auch: Treppe

Operateur an lebenden Körpern *Chirurg*, der (gr.-lat., Pl. -en) »Kultur ist, was der Metzger hätte, wenn er Chirurg geworden wäre.« (Anthony Quayle, Schauspieler, 1913–1989)

Operationen, Gelenk... ohne Skalpell *arthroskopische Chirurgie*, die (lat.-gr., ohne Pl.)

Operationsmaschine *Robodoc*, der (engl., Pl. -s) Roboter, der komplizierte chirurgische Eingriffe, z. B. am Herzen, ausführt

operieren, Messer zum ... *Skalpell*, das (lat., Pl. -e) chirurgisches Messer mit feststehender Klinge

Opfer 1. *Obolus*, der (gr.-lat., Pl. -se) i. S. e. kleinen Geldspende, nach e. alten gr. Münze 2. *Tribut*, der (lat., Pl. -e) im alten Rom, die direkte Steuer; Beitrag; auch: Verehrung; nicht verw. mit *Tribun*, der (lat., Pl. -en) Volksführer im alten Rom; zweithöchster Offizier in e. römischen Legion

Opfer der Mode *Fashion-Victim*, das (engl., Pl. -s) wie süchtig will das Opfer den neuesten Modetrends folgen, ohne sich finanziell zu ruinieren?

Opferbereitschaft *Idealismus*, der (gr.-lat.,

ohne Pl.) Glaube an Geltung von sittlichen Ideen; »Idealismus ist e. prächtige Toga, die die Politiker um ihren Willen zur Macht drapieren.« (Aldous H. Huxley)

Opferschale 1. *Patera*, die (gr.-lat., ohne Pl.) 2. *Phiale*, die (gr.-lat., Pl. -n) altgr., flache Opferschale

Opfertod *Martyrium*, das (gr.-lat., Pl. ...ien)

Opium *Afyun*, das (arab., ohne Pl.)

Opiumpfeife *Gong*, der (malaiisch, Pl. -s) Szenewort; eigtl.: Metallteller aus Java, auf den mit e. Klöppel geschlagen wird

Opposition, politische kämpferische .... *Fronde*, die (fr., ohne Pl.) auch: Oppositionspartei des fr. Hochadels im 17. Jh.

Optionsschein, gedeckter ... *Covered Warrant*, der (engl., Pl. -s) der Käufer erwirbt das Recht, innerhalb e. best. Zeit e. best. Zahl von Aktien zu e. festgelegten Preis zu kaufen

optisch aufbereiten *visualisieren* (lat.-engl.) z. B. e. Buch durch Illustrationen interessant gestalten

optisch wirksam *visuell* (fr.) auch: das Sehen betreffend; »Wir werden heute in e. hohen Maße visuell erzogen.« (Marianne von Weizsäcker, 1996)

orale sexuelle Erregung 1. *Fellatio*, die (lat., Pl. ...ones) des Penis 2. *Cunnilingus*, der (lat., Pl. ...gi) der weiblichen Geschlechtsorgane

Orangenhaut *Zellulitis*, die (gr., Pl. ...itiden) med., bildet sich oft an Frauenoberschenkeln; auch: Zellgewebeentzündung

Orchester 1. *Ensemble*, das (lat.-fr., Pl. -s) 2. *Kapelle*, die (lat.-it., Pl. -n) kleine Gruppe von Musikern 3. *Philharmoniker*, die (gr.-fr., nur Pl.) e. gr. Musikergruppe

Orchesterleiter *Dirigent*, der (lat., Pl. -en)

Orchesterleitung *Dirigat*, das (lat., Pl. -e)

Orden *Dekoration*, die (lat.-fr., Pl. -en) z. B. e. hoch dekorierter (mit vielen Orden ausgezeichneter) Offizier; auch: Ausschmückung

Ordensband *Kordon*, der (fr., Pl. -s) auch: polizeiliche Absperrung; Spalierbaum

ordentlich 1. *adrett* (lat.) z. B. adrett angezogen sein 2. *akkurat* (lat.) z. B. Handarbeiten akkurat ausführen 3. *proper* (lat.-fr.) wirken oder aussehen 4. *reputierlich*, *reputabel* (lat.-fr.) ansehnlich

ordnen 1. *disponieren* (lat.) zeitlich einordnen 2. *organisieren* (gr.-lat.-fr.) etwas planen, einrichten 3. *regulieren* (lat.) ordnen, regeln 4. *sortieren* (lat.-it.) auch: auslesen 5. *strukturieren* (lat.) gliedern, z. B. e. Problem strukturieren um es zu lösen

Ordnung 1. *Disziplin*, die (lat., Pl. -en) Einordnung, Wissenschaftsbereich 2. *Hierarchie*, die (gr., Pl. ...ien) pyramidenförmige Rangordnung; von *Hierarch*, der (gr., Pl. -en) oberster Priester im antiken Griechenland 3. *Organisation*, die (gr.-lat., Pl. -en) planmäßige Gestaltung 4. *Reglement*, das (lat.-fr., Pl. -s) i. S. von Vorschriften 5. *Struktur*, die (lat., Pl. -en) Gliederung 6. *Systematik*, die (gr.-lat., Pl. -en)

Ordnung fossiler Pflanzen ... *Bennettitee*, die (lat., Pl. -n) ... der Trias u. Kreidezeit; nach dem engl. Botaniker J. J. Bennett

Ordnung schaffen *Augiasstall*, der (gr.-lat.-dt., Pl. ...ställe) ausmisten; auch: e. verfahrene Situation retten, e. Betrieb sanieren; nach der Heraklessage gehörte es zur Aufgabe e. Helden, den, durch 3000 Rinder verschmutzten Stall König Augias zu reinigen

Ordnung, alles in ... *bingo* (engl.) nach dem engl. Glücksspiel Bingo

Ordnung, in ... bringen 1. *korrigieren* (lat.) verbessern 2. *regulieren* (lat.) regeln

Ordnung, zur ... erziehen *disziplinieren* (lat.)

ordnungsgemäß *regulär* (lat.-fr.) üblich; Ggs.: irregulär; der Aufstand wurde von regulären Truppen niedergeschlagen

Ordnungsliebe 1. *Akkuratesse*, die (lat., ohne Pl.) z. B. mit großer Akkuratesse e. Zimmer anstreichen 2. *Pedanterie*, die (gr.-it.-fr., Pl. ...ien) svw. übertriebene Ordnung halten

ordnungsliebend *pedantisch* (gr.-it.-fr.)

Ordnungsmerkmale für Daten festlegen ... *formatieren* (lat.) ... in der EDV; z. B. e. Computerdiskette

Organ, oberstes ... *Regierung*, die (lat., Pl. -en) »Ich bin Regierungssprecher u. kein Regierungsschweiger.« (Otto Hauser, Sprecher der Bundesregierung, 1998)

Organ, von e. ... kommend *efferent* (lat.) herausführend; Ggs.: afferent

Organabstoßung *Rejektion*, die (lat., Pl. -en) med.

408

Organe an falscher Stelle liegend *ektopisch* (gr.-lat.) med.; z. B. das Herz auf der rechten Seite

Organe verpflanzen 1. *graften* (engl.) auch: 2. *transplantieren* (lat.) med.

Organeinpflanzung *Implantation*, die (lat., Pl. -en) z. B. Einpflanzung von Zähnen

Organisation der Vereinten Nationen *UNESCO*, kurz für *United Nations Educational Scientific and Cultural Organization*, die (engl., ohne Pl.) … für Erziehung, Wissenschaft u. Kultur

Organisation, afroamerikanische … *Black Panther*, der (am., Pl. -s) … die versucht, soziale Benachteiligungen der Schwarzen abzubauen

Organisator in e. PR-Agentur … *Multimedia-Generalist*, der (engl.-lat., Pl. -en) … der festlegt, wer mit wem was, zu welchem Preis produziert

Organisator, programmgesteuerter, pers. … *Knowbot*, der (engl.-am., Pl. -s) aus: to know (wissen) u. robot (Roboter); Knowbots werden bald die Planung e. Tages- oder Wochenablaufs, z. B. für Manager, übernehmen

Organismus, der nur mit Sauerstoff lebt *Aerobier*, der (gr., Pl. -) Ggs.: Anaerobier

Organismus, genetisch identischer … *Klon*, der (gr., Pl. -e) von: klón (Trieb, Sprößling) bei Pflanzen kann man Klone auch durch Pfropfen erzeugen; eineiige Zwillinge sind natürliche Klone; nicht verw. mit *Clown*, der (engl., Pl. -s) Spaßmacher

Organist *Kantor*, der (lat., Pl. -en) in der Kirche

Organlage, normale … *Eutopie*, die (gr.-lat., ohne Pl.) med.; Ggs.: Dystopie

Organverpflanzung *Transplantation*, die (lat., Pl. -en) med.

Orgasmus, durch virtuellen Sex erzeugt *Cyborgasmus*, der (gr.-lat.-am., ohne Pl.) dafür sorgen interaktive Pornofilme

Orgel für Unterhaltungsmusik *Wurlitzerorgel*, die (Eigenn., am.-dt.,Pl. -n) nach dem Hersteller Wurlitzer

Orgelregister *Zimbal*, das (gr.-lat., Pl. -s)

Orgelspieler *Organist*, der (gr.-lat., Pl. -en) nicht verw. mit *Onanist*, der (lat.-engl., Pl. -en) jmd. der sich selbst befriedigt (onaniert) von »Onan«, e. Gestalt aus der Bibel

Orgeltaste *Clavis*, die (lat., Pl. …ves) auch: Notenschlüssel

Orientierungsbewegung *Chemotaxis*, die (arab.-gr., Pl. -xen) durch chem. Reizung ausgelöst (von Tieren u. Pflanzen)

Orientierungsinformation *Briefing*, das (engl.) wird schriftlich oder mündlich von e. Unternehmen erstellt u. z. B. an e. Werbeagentur übermittelt, um aus den Daten e. Werbekonzept entwickeln zu lassen

Originalmusik e. Films … *Soundtrack*, der (engl., Pl. -s) … auf CD oder Platte veröffentlicht;»Ich höre am liebsten Original-Jagdfieber-Soundtrack.« (G. Schröders geh. Tagebuch von H. Venske, 1997)

Orkan 1. *Hurrikan*, der (indian.-sp.-engl., Pl. -e, -s) starker Wirbelsturm 2. *Taifun*, der (chin.-engl., Pl. -e) Wirbelsturm in Südostasien; Film: »Taifun über Nagasaki« 3. *Tornado*, der (lat.-sp.-engl.) Wirbelsturm in der Karibik u. dem südlichen Teil der USA 4. *Zyklon*, der (gr.-engl., Pl. -e) tropischer Wirbelsturm; auch: Entstaubungsanlage 5. *Blizzard*, der (engl.-am., Pl. -s) heftiger Schneesturm in Nordamerika

Ornat, in vollem … *in pontificalibus* (lat., Zitat)

Ort der Seligen *Paradies*, das (pers.-gr.-lat., Pl. -e) »Immer noch haben die die Welt zur Hölle gemacht, die vorgaben, sie zum Paradies zu machen.« (Friedrich Hölderlin, 1770–1843)

Ort, am … **befindlich** *entopisch* (gr.) einheimisch

Ort, an dem man sich niederwirft *Masdschid*, der (arab.) aus diesem Wort entstand der Begriff »Moschee«

Ort, das an e. … **herrschende geistige Klima** *Genius loci*, der (lat., ohne Pl.)

Ort, Platz, an dem was los ist *Location*, die (engl., Pl. -s)

Ort, sicherer *Port*, der (lat.-fr., Pl. -e) »Hafen«, Platz der Geborgenheit; »Vom sichern Port läßt's sich gemächlich raten.« (Schiller)

Orte des Lasters *Sündenbabel*, das (dt., Stadt Babel der Bibel, ohne Pl.)

Orte, verbotene … *O-Zone*, die (lat., Pl. -n) … an denen illegale Techno-, Rave- oder Trance-Partys stattfinden, z. B. in verlassenen Bahnhöfen, Lagerhallen, Werften

örtlich festlegen *lokalisieren* (lat.-fr.)

örtlich *lokal* (lat.-fr.)

Örtlichkeit 1. *Location*, die (eng., Pl. -s) Ansiedlung; »Eine brillante Location!« (Geschäftsführer e. Werbeagentur zum Sommerfest in der Hamburger Johanniskirche, 1998) 2. *Lokalität*, die (lat.-fr., Pl. -en)

Ortsbeschreibung *Topographie*, die (gr.-lat., Pl. -n)

Ortsbestimmung 1. *Orientierung*, die (lat.-fr., Pl. -en) 2. *Lokalisation*, die (lat.-fr., Pl. -en)

Ortschaft *Kaff*, das (zigeunerisch, Pl. -s) kleiner, verschlafener Ort

ortsfest *stationär* (lat.-fr.) Ggs.: ambulant

ortsgebunden *stationär* (lat.-fr.) Ggs.: ambulant

Ortkunde *Topographie*, die (gr.-lat., Pl. -n)

Ortsnamenkunde *Toponomastik*, die (gr.-lat., ohne Pl.)

ortsungebunden *ambulant* (lat.-fr.) Ggs.: stationär

Ortsveränderung *Translokation*, die (lat., Pl. -en) auch: Versetzung; Verlegung e. Chromosomenbruchstückes in e. anderes Chromosom (Biol.)

Ortsveränderung, scheinbare ... e. Gestirns *Aberration des Lichtes*, die (lat.-dt., Pl. -nen) ... infolge Erdbewegung u. Lichtgeschwindigkeit; das Phänomen entdeckte der Brite James Bradley 1728 mit Hilfe e. 65 m langen Fernrohres

Ortsviertel *Quartier*, das (lat.-fr., Pl. -e) auch: Unterkunft; »Er hat auf Erden kein bleibend Quartier.« (Schiller: »Wallensteins Lager«)

Ortungsgerät *Radar*, der, das; kurz für: »Radio detecting and ranging«

Osterbrot *Pinza*, die (it., Pl. -s u. ...ze) mit Kreuzeinschnitt

Ozeans, jenseits des ... befindlich *transozeanisch* (lat.)

P

pachten *leasen* (engl.)

**Pachtgut, fr. ... ** *Ferme*, die (fr., Pl. -n) auch: Meierei; Bauernhof

Pachtzins *Zensus*, der (lat., ohne Pl.) auch: Volkszählung; Steuerleistung im Mittelalter; Verzeichnis der Frühdruckexemplare

Pack 1. *Bagage*, die (fr., Pl. -n) auch: Gepäck; e. bes. Gruppe von Menschen (abwertend) 2. *Kanaille*, die (it., Pl. -n) auch: Gesindel, Gauner 3. *Plebs*, der (lat., ohne Pl.) i. S. von: ungebildet, gemein denkender Mensch

Packeis *Toross*, der (russ., Pl. -en)

Packtasche *Tornister*, der (slaw., ohne Pl.) Rucksack bei Soldaten

Paddelboot 1. *Kajak*, das (eskimoisch, Pl. -s) bei den Eskimos: schlankes, meist einsitziges Boot mit Tierhaut bespannt 2. *Kanu*, das (karib.-sp.-fr.-engl., Pl. -s) ursprünglich Einbäume

Page *Groom*, der (engl., Pl. -s)

Paket mit sechs Dosen *Sixpack*, das (engl., Pl. -s) z. B. Bier oder Cola; auch der muskulöse Waschbrettbauch e. Mannes

Palast 1. *Alkazar*, der (arab.-sp., Pl. ...are) 2. *Palais*, das (lat.-fr., Pl. -) 3. *Palazzo*, der (lat.-it., Pl. ...zzi) 4. *Serail*, das (pers.-türk.-it.-fr., Pl. -s) Palast e. türkischen Sultans, »Entführung aus dem Serail« 5. *Ksar*, das (arab.) auch: Burg

Palast des Papstes in Rom *Vatikan*, der (lat., ohne Pl.) »Die deutsche Bundesbank war wie der Vatikan, nun wird die Geldpolitik evangelisch.« (Peter Glotz, SPD, Publizist, 1998)

Palästinensertuch 1. *Kefije*, die (arab.-engl., Pl. -s u. -n) 2. *Kufija*, die (arab., Pl. -s) Kopftuch aus Baumwolle, weiß, rot oder schwarz kariert

Palmfarn *Zykas*, die (gr., ohne Pl.)

**Palmfarnfamilie, die ... ** *Zykadazeen* u. *Zykadeen*, die (gr.-lat., Pl.) Biol.

Pampelmuse *Grapefruit*, die (engl., Pl. -s)

Pansen *Rumen*, das (lat., Pl. -) Teil des Wiederkäuermagens

**Pantoffel, er steht unter dem ... ** 1. *uxorium se praebet* (lat., Zitat) eigtl.: er beweist sich als vom Weibe abhängig 2. *uxor eum torquet* (lat., Zitat) 3. *uxor ei imperat* (lat., Zitat)

Pantoffeltierchen *Paramaecium*, das (gr.-lat., Pl. ...ien) auch: Wimperntierchen

Panzerechse 1. *Alligator*, der (lat., Pl. ...oren) 2. *Kaiman*, der (indian.-sp., Pl. -e) kleines Krokodil im tropischen Südamerika 3. *Krokodil*, das (gr.-lat., Pl. -e) große Panzerechse 4. *Gavial*, der (Hindi, Pl. e.) indisches Schnabelkrokodil

Panzerschrank 1. *Tresor*, der (gr.-lat.-fr., Pl. -e) 2. *Safe*, der (engl., Pl. -s) auch: Sicherheitsfach

Papageienkrankheit *Psittakose*, die (lat., Pl. -n) e. auf den Menschen übertragbar u. gefährliche Viruserkrankung

Papierfaltkunst *Origami*, das (jap., ohne Pl.) nicht verw. mit *Origano*, der (it., ohne Pl.) Gewürz (Blätter u. Zweigspitzen des Origanums

Papiergeschäft *Papeterie*, die (gr.-lat.-fr., Pl. -n)

Papierkette *Girlande*, die (it.-fr., Pl. -n)

Papiermusterung *Gaufrage*, die (fr., Pl. -n)

Papierstaude *Papyrus*, der (gr.-lat., Pl. ...ri) Papyrusrolle

Papierstreifen ... *Bobine*, die (fr., Pl. -n) ... endloser

Papierstreifen, gefalteter ... *Fidibus*, der (lat., Pl. -se) ... zum Anzünden der Pfeife

Pappverpackung *Kartonage*, die (ägypt.-gr.-lat.-it.-fr., Pl. -n)

Papst 1. *Sancta Sedes*, das (lat., ohne Pl.) svw. Heiliger Stuhl 2. *Papa*, der (gr.-lat., ohne Pl.) Bez. des Papstes

Papst, Amtszeit des ... *Pontifikat*, das, der (lat., Pl. -e) auch: Amtsdauer e. Bischofs

Papst, Kardinalsversammlung zur Wahl des ... *Konklave*, das (lat., Pl. -n) abgeschlossener Versammlungsraum im Vatikan zu Rom

Papst, von ihm ausgehend *ex cathedra* (lat.) auch: von maßgebender Seite kommend, nicht anzweifelbar

Papst, wir haben e. ... *!habemus Papam!* (lat.) Ausruf, mit dem der neugewählte Papst verkündet wird

Papstamt *Papat*, der, das (gr.-lat., ohne Pl.)

Papstentscheid *Reskript*, das (lat., Pl. -e) päpstliche Rechtsentscheidung in Einzelfällen

papstfreundliche Partei *Guelfe*, der (germ.-it., Pl. -n) auch: Anhänger dieser Partei im Italien der Renaissance

Papstkrone *Tiara*, die (pers.-gr.-lat., Pl. ...ren)

päpstlich 1. *papal* (gr.-lat.) 2. *papistisch* (gr.-lat.), (verächtlich)

Papsttum 1. *Papismus*, der (gr.-lat., ohne Pl.) Anhänger des Papismus ist e. Papist 2. *Papat*, das (gr.-lat., ohne Pl.)

Papstwohnsitz *Vatikan*, der (lat., ohne Pl.) auf dem Monte Vaticano in Rom; auch: die päpstliche Regierung

Papstwürde *Papat*, das (gr.-lat., ohne Pl.)

Par, das ... des Kurses ausgleichen *Scratch*, der (engl., Pl. -es) auch: Spieler mit dem Handicap (Scratch-Spieler) Golfbez.

Paradies 1. *Eden*, das (hebr., ohne Pl.) Ausdruck aus dem Alten Testament 2. *Elysium*, das (gr.-lat., ohne Pl.) Land der Seligen in der Unterwelt (altgriechische Mythologie) 3. *Eldorado*, das (lat.-sp., Pl. -s) Gold-, bzw. Traumland

Paradies, das verlorene ... *paradise lost* (engl., Zitat: John Milton, engl. Schriftsteller, 1608 – 1674)

paradiesisch 1. *elysäisch* (gr.-lat.) 2. *elysisch* (gr.-lat.)

Paradiesjungfrau *Huri*, die (arab.-pers., Pl. -s) ... aus dem Koran

Paradieswächter *Cherub*, der (hebr.-gr.-lat., Pl. ...inen) Engel im Alten Testament

parallel zur Schädelmittelachse liegend *sagittal* (lat.)

Parkzeituhr *Parkometer*, das (engl.-dt., Pl. -)

Parlament, israelisches ... *Knesset, Knesseth*, die (hebr., ohne Pl.) »Versammlung«

Parlament, russisches ... *Duma*, die (russ., Pl. -s) einst: Rat der fürstlichen Gefolgsleute in Rußland; russ. Parlament (1906 – 1917 u. in neuerer Zeit)

parlamentarische Vertretung e. Partei *Fraktion*, die (lat.-fr., Pl. -en) »Tut mir leid, die Unruhe in meiner Fraktion.« (Wolfgang Schäuble, CDU/CSU-Fraktionsvorsitzender, 1998)

Partei, islamische ... *Schia*, die (arab.) auch: Gruppe; ... sie besteht darauf, daß Ali der rechtmäßige Nachfolger (Kalif) Mohammeds sei

Partei, kaisertreue ... *Ghibellinen*, die (it., nur Pl.) ... im Italien der Renaissance

Partei Gottes *Hisbollah*, die (arab., ohne Pl.) Gruppe extremistischer schiitischer Moslems. »Die UN muß Syrien dazu bringen, die Hisbollah zu überzeugen, mit dem Scheiß aufzuhören.« (George W. Bush, US-Präsident, 2007)

Parteiergreifen für Unterdrückte *Under-dogging,* das (engl.-am., ohne Pl.) d.h. sich unerschütterlich auf die Seite der Schwächeren schlagen

parteiisch *subjektiv* (lat.) e. Fall subjektiv (einseitig) beurteilen; Ggs.: objektiv

parteilich *tendenziös* (lat.-fr.) i. S. von gefärbt, z. B. e. tendenziöse Meinung vertreten

Parteiübertritt *Diszession,* die (lat., Pl. -en) z. B. von der F. D. P. zur SPD wechseln, wie einst der Politiker Verheugen

Parteiverrat *Prävarikation,* die (lat., Pl. -en) e. Rechtsanwalt, der neben Interessen seines Mandanten auch die der gegnerischen Partei vertritt

Parteizeitung *Organ,* das (gr.-lat., Pl. -e) das »Neue Deutschland« war das frühere Organ der SED

Partien *Repertoire,* das (lat.-fr., Pl. -s) Stücke, die z. B. e. Ensemble beherrscht

Partnerschaft *Pairing,* das (engl., ohne Pl.)

Partnerwechsel 1. *Promiskuität,* die (lat., ohne Pl.) Geschlechtsverkehr mit verschiedenen Partnern 2. *Swinging,* das (engl., ohne Pl.) Gruppensex

Party, bei der e. neue Techno-Scheibe vorgestellt wird *Release-Party,* die (engl.-am., Pl. ...ies)

Party, bis zu drei Tage dauernde Musik... *Tribal Rave,* die (engl.-am., Pl. -s) es werden Ethno- u. Techno-Sounds vom Plattenteller mit afrikanischen Live-Rhythmen auf der Bühne performt (dargeboten)

Party, immer verrücktere So-als-ob-... *Fakomanie,* die (am.-gr.-lat) Treffen, auf dem sich auf absurdeste Weise dargestellt wird

Partygänger, übermüdeter ... *After-Hour-Eule,* die (engl.-dt., Pl. -n) Szeneausdruck

passend 1. *adäquat* (lat.) z. B. adäquate Maßnahmen ergreifen 2. *opportun* (lat.) angebracht; Ggs.: inopportun

Paßgänger 1. *Haquenée,* die (fr., Pl. -s) auch: farbige Decke, die auf die Rücken der Kampfrosse gelegt wurde (Mittelalter) 2. *Pacer,* der (engl., Pl. -s)

Paßwortübermittlung, leichtfertige ... *Phishing,* das (engl.-am., Pl. -s) Verballhornung von: Paßwort u. fishing (fischen)

Pastetengefäß *Terrine,* die (lat.-fr., Pl. -n)

Patentanspruch *Claim,* das (lat.-fr.-engl., Pl. -s) auch: Anrecht, z. B. an e. Stück Land um dies auszubeuten (Gold)

pathetisch *patetico* (gr.-lat.-it.) musik. Vortragsanw.

Patienten, ideale ... *Yavis,* die (Eigenn., am., nur Pl.) aus: young, affluent, verbal insured and single (jung, wohlhabend, sprachgewandt, versichert u. alleinstehend) ... nach Aussage am. Psychotherapeuten, Neurologen u. Psychiater

Patriotismus, vom ... geprägt *patriotisch* (gr.-lat.-fr.) auch: vaterländisch; »Unternehmer haben die patriotische Pflicht, Geld zu verdienen.« (Franz Schoser, DIHT-Hauptgeschäftsführer, 1997)

Patronenauswerfer, automatischer ... *Ejektor,* der (lat., Pl. ...oren) ... bei Jagdgewehren; Pumpe mit Absaugvorrichtung

Patronenkammer *Magazin,* das (arab.-it., Pl. -e) auch: Munitionskammer

patzig *insolent* (lat.) auch: frech

pauschal 1. *generell* (lat.-fr.) auch: im allgemeinen; Ggs.: speziell 2. *global* (lat.) allgemein; auch: weltumspannend

Pauschalreise *Packagetour,* die (engl., Pl. -s)

Pauschaltarif *Flatrate,* die (engl., Pl. -s) ... im Bereich der Telefon- u. Internetnutzung

Pause 1. *Intervall,* das (lat., Pl. -e) Zeitspanne; Intervalltraining 2. *Zäsur,* die (lat., Pl. -en) auch: gedanklicher Einschnitt

Pech *Malheur,* das (lat.-fr., Pl. -e)

Pegel, selbständig aufzeichnender ... *Fluviograph,* der (gr.-lat., Pl. -en)

peinigen *torquieren* (lat.) quälen

Peiniger *Tyrann,* der (gr.-lat., Pl. -en) Gewaltherrscher; »Wo es keine Sklaven gibt, da gibt es keine Tyrannen.« (Joh. Gottfried Seume)

peinlich 1. *fatal* (lat.) z. B. fatale Fehler aufdecken 2. *genant* (germ.-fr.) unangenehm, schamhaft 3. *delikat* (lat.-fr.) mit Takt behandeln, behutsam; auch: lecker (Speisen) Ggs.: indelikat 4. *penibel* (gr.-lat.-fr.) genau; auch: empfindlich 5. *prekär* (lat.-fr.) »widerruflich«; mißlich

peinlich, in e. ... Lage bringen 1. *blamieren* (gr.-lat.-fr.) beschämend 2. *kompromittieren* (lat.-fr.) bloßstellen

Peinlichkeit 1. *Fatalität*, die (lat., Pl. -en) 2. *Blamage*, die (gr.-lat., Pl. -n)

peitschen, mit der Riemenpeitsche... *karbatschen* (russ.-türk.)

Peking-Mensch *Sinanthropus pekinensis*, der (gr.-lat.) um 1928 von dem Anthropologen Davidson Black bei Peking entdeckt u. auf ca. 500 000 Jahre geschätzt worden

Pelzjäger *Trapper*, der (engl., ohne Pl.)

Pelzmantel, schwerer Herren... *Wildschur*, die (pol., Pl. -en) eigtl.: Wolfspelz; Bez. aus dem 19. Jh.

Pelzmütze mit Ohrenklappen *Uschanka*, die (russ., Pl. -s)

Pendelbewegung beim Beten *Dhikr*, das (arab., Pl. -s) ... der Mohammedaner

pendeln *oszillieren* (lat.) auch: schwingen

pendelnd *oszillatorisch* (lat.)

Penis, künstlicher ... 1. *Godemiché*, der (fr., Pl. -s) 2. *Dildo*, der (engl., Pl. -s)

Pennbruder ... *Clochard*, der (fr., Pl. -s) ... in Paris

Pension *Boardinghouse*, das (engl., Pl. -s)

Pergament, weiches ... *Valin*, das (lat.-fr., ohne Pl.)

Pergamentpapier *Papyrin*, das (gr.-lat., Pl. -e)

perlen *moussieren* (fr.) von Sekt, kohlensäurehaltiges Mineralwasser

Perlzwiebel *Rokambole*, die (fr., Pl. -n)

Person ... *Aktionist*, der (lat., Pl. -en) ... die das Bewußtsein der Menschen oder Zustände durch provozierende Handlungen verändern möchte; auch: Aktionskünstler, z. B. André Heller aus Wien

Person auf der Jagd nach irdischen Gütern *Squire*, der (engl., Pl. -s) eigtl.: Gutsherr; lebt i. a. in Paaren, ist wegen seines fieberhaften Raffereifers oft erschöpft

Person des Weltbürgertums *Kosmopolit*, der (gr., Pl. -en) »Er spielt uns nicht den Kosmopoliten vor, er ist immer der Bäkkerburse geblieben.« (Günter Grass über J. Klinsmann, 2006)

Person in der zweiten Hälfte seines Lebens *Selpy*, der (engl., Pl. ...ies) aus: second life people; gemeint sind i. a. die Eltern, sie genießen das Herumreisen u. Golfspielen

Person mit Hochschulausbildung *Akademiker*, der (gr., Pl. -)

Person ohne Grundsätze *Opportunist*, der

(lat.-fr., Pl. -en) jmd. der sich bedenkenlos der jeweiligen Lage anpaßt; »E. Opportunist ist e. Jenachdemer.« (Wilhelm Busch)

Person zwischen 13 u. 19 Jahren *Teenager* u. *Teenie*, der (engl.-am., Pl. -s) »im Vergleich zu dem (Guido Westerwelle, F. D. P.) fühle ich mich wie e. Teenager!« (Theo Waigel, Bundesfinanzminister, 1998)

Person, ältere, finanziell gutsituierte ... 1. *Woof*, der (engl.-am., Pl. -s) Eigenn. aus: well-off older folks; auch: die »neuen Alten«, für Massenmedien, Werbung u. Absatzstrategen e. interessante Verbrauchergruppe; auch: 2. *Woopy*, der (engl.-am., Pl. ...ies) aus: well-off older people, genannt

Person, aus der viel werden ... *high Potential*, der (engl., Pl. -s) ... oder aus der viel gemacht werden kann; begabte, gut ausgebildete u. hochmotivierte Person

Person, beliebte ... *persona grata* (lat.) z. B. Diplomat, der zur Ausübung seiner Mission zugelassen ist

Person, die Abgeordnete für eigene Interessen sucht *Lobbyist*, der (lat.-engl., Pl. -en) »Die am. Lobbyisten sind wie Rottweiler.« (Jagdish Bhagwati, Prof. der Columbia Uni.)

Person, die an der Führung e. Gemeinwesens teilnimmt *Politiker*, der (gr.-fr., Pl. -) auch: Staatsmann; »Politiker haben das Recht auf Fehlerhaftigkeit wie alle Menschen, wir müssen Fehler akzeptieren.« (Theo Waigel, 1996, Bundesfinanzminister)

Person, die bei Mißhandlung geschlechtliche Erregung empfindet *Masochist*, der (lat., Pl. -en) »Sie (die Unternehmer) sind doch keine Masochisten.« (Hans-Olaf Henkel, BDI-Chef, 1998)

Person, die den Willen der Mehrheit respektiert *Demokrat*, der (gr., Pl. -en) »Jetzt werden wir uns wie Demokraten verhalten.« (Helmut Kohl, CDU, nach der verlorenen Wahl, 1998)

Person, die für bes. Leistungen schult *Trainer*, der (engl., ohne Pl.) »Ich fühl' mich fast wie in Österreich, unser Trainingsplatz heißt Alm, unser Trainer Rausch, also Almenrausch.« (Toni Polster, Fußballprofi, Mönchengladbach, 1998)

Person, die gern u. oft über Sexuelles spricht *Verbalerotiker*, der (lat., Pl. -)

Person, die Ideen aus Theorien übernimmt *Eklektiker*, der (gr., Pl. -) ... ohne eigene zu haben; von: eklektisch (gr,) nachahmend; nicht verw. mit *Elektriker*, der (gr.-dt., Pl. -) Handwerker im Bereich der Elektrotechnik

Person, die ihrer Zeit voraus ist *Visionär*, der (lat., Pl. -e) Künstler, Manager können Visionäre sein u. das Umfeld zukunftsweisend gestalten

Person, die sich gern per E-Mail unterhält *virtueller Tratsch-Freak*, der (engl.-dt., Pl. -s)

Person, die sich mit Datensicherheit befaßt *Cypherpunk*, der (gr.-engl., Pl. -s) cypher (geheim, verborgen) auf dem Gebiet erfinden Programmierer raffinierte Codiersprachen; es werden z. B. Bilder oder Farben zu persönlichen Code-Paßwörtern verschlüsselt

Person, die Tierprodukte weder ißt noch benutzt *Veganer*, der (lat., Pl. -) gewissermaßen e. konsequenter Vegetarier

Person, die vorwiegend TV glotzt ... *Couch Potato*, der (engl.-am., Pl. -es) ... u. Chips mampft

Person, exzentrische bis geisteskranke ... *Nutso*, der (engl., Pl. -s) nuts (verrückt)

Person, handelnde ... *Akteur*, der (lat., Pl. -e) auch: Schauspieler. »Klinsmann ist ein moderner Akteur der Globalisierung.« (Jürgen Leinemann, Autor, 2006)

Person, in Ungnade gefallene ... *persona ingrata* (lat.) z. B. e. Diplomat, der seine Tätigkeit einstellen muß

Person, negativ eingestellte ... *Pessimist*, der (lat., Pl. -en) Ggs.: Optimist; »Ich bin Pessimist für die Gegenwart, aber Optimist für die Zukunft.« (Wilhelm Busch)

Person, rätselhafte ... *Sphinx*, die (gr.-lat., Pl. -e) auch: ägypt. Steinbild in Löwengestalt, mit menschlichem Kopf, Sinnbild des Sonnengottes oder des Königs; Schmetterlingsart: Abendpfauenauge; »e. Sphinx gleichen« (Redensart für jmdn., der rätselhaft ist)

Person, rauhe, grobe ... *Crusty*, der (engl., Pl. ...ties) Bezeichnung für Typen, die e. Mischung aus Penner, Punk u. Hippie dar-

stellen, Armeekleidung tragen, die nie gewaschen wird u. häufig verlauste Hunde an e. Leine mit sich führen

Person, sehr willkommene ... *persona gratissima* (lat.) in höchster Gunst stehender Mensch

Person, selbstgerechte ... *Pharisäer*, der (hebr.-gr.-lat., Pl. -) Heuchler; auch: heißer Kaffee mit Rum u. Sahne; einst: Mitglied e. altjüdischen, streng religiös-politischen Partei; »Jmd. gleicht e. Pharisäer.« (Redensart für e. Heuchler)

Person, selbstlose ... *Altruist*, der (lat., Pl. -en) auch: uneigennütziger Mensch; Ggs.: nicht Politiker, sondern Egoist

Person, sich selbst lehrende ... *Autodidakt*, der (gr., Pl. -en) jmd., der sich Wissen u. Fertigkeiten im Selbstunterricht aneignet

Person, überall einsatzfähig *Allrounder*, der (engl.) auch: vielseitig einsetzbare Geräte

Person, vergötterte ... *Idol*, das (gr.-lat., Pl. -e) auch: Götzenbild, Leitbild; »Kein Kind kann mehr groß werden, ohne mindestens einmal täglich dem Idol (Boris Becker) in die Schweinsäuglein zu gukken.« (Die Zeit, 1986)

Person, verrückte, ausgeflippte ... *Gonzo*, der (engl., Pl. -s)

Person, zuversichtliche *Optimist*, der (lat.-fr., Pl. -en) Ggs.: Pessimist; »Optimist ist e. Mensch, der die Dinge nicht so tragisch nimmt, wie sie sind.« (Karl Valentin)

Personalcomputer, kleiner, transportabler ... *Laptop*, der (engl., Pl. -s) »Hier sind Lederhose u. Laptop eine Symbiose eingegangen.« (Roman Herzog, Bundespräsident, über seine bayrische Heimat, 1998)

Personalfreisetzung *Outplacement*, das (am., Pl. -s) sozialverträgliche, einvernehmliche Trennung von e. Manager

Personalpolitik, Form e. ... *Human Relations*, die (engl.-am., nur Pl.) ... die auf Förderung u. Pflege guter Beziehungen im Betrieb ausgelegt ist

Personalum- u. -abbau in e. Unternehmen *Turnaround*, der (engl., Pl. -s) auch: Wende eines in e. wirtschaftlichen Krise befindlichen Unternehmens

Personen, begüterte ... **die aus Vergnü-**

gen in der Welt herumfliegen *Jet-Set*, der (engl., nur Pl.)

Personenwagen, offener ... *Kabriolett*, das (lat.-it.-fr., Pl. -s) kurz: Cabrio

persönlich 1. *in persona* (lat.) selbst 2. *individuell* (lat.-fr.) auf die Bedürfnisse der Person zugeschnitten; individuell beraten 3. *personell* (lat.-fr.) 4. *privat* (lat.) auch: vertraulich, familiär; »... es ist wie im privaten Leben: Wer die Gastfreundschaft mißbraucht, die Hausfrau beleidigt, den Hund tritt, fliegt raus!« (Bundeskanzler Helmut Kohl, 1998) 5. *subjektiv* (lat.) auch: einseitig, parteiisch; Ggs.: objektiv

Persönlichkeit *Autorität*, die (lat., Pl. -en) einflußreiche Person von hohem Ansehen; »Sie wird nur dann nicht angezweifelt, wenn sie sich auf fachliche Leistung u. untadelige menschliche Haltung gründet.« (Gustav Heinemann); nicht verw. mit: *Autorisation*, die (lat., Pl. -en) Vollmacht, Ermächtigung

Persönlichkeit, bekannte ... *Prominenter*, der *Prominente* (lat., Pl. Prominente; *Prominenz:* Gesamtheit der Prominenten, Pl. ...zen) »Ein Prominenter ist ein Mann, der es sich leisten kann, sich nichts zu leisten.« (Liselotte Pulver)

Persönlichkeitsbild *Image*, das (lat.-fr.-engl., Pl. -s) Unternehmen treiben Imagepflege, um in der Öffentlichkeit e. positives Erscheinungsbild zu haben, unfaires Verhalten sorgt für Imageverlust

Persönlichkeitsforschung *Charakterologie*, die (gr.-lat., ohne Pl.)

persönlichkeitsgestört *psychopathisch* (gr.) med.

Persönlichkeitsprofil *Psychogramm*, das (gr.-lat., Pl. -e) graphische Darstellung von Fähigkeiten u. Eigenschaften e. Person, z. B. in e. Koordinatensystem

Persönlichkeitsstörung der bes. Art ... *Multiphrenie*, die (gr.-lat., Pl. ...ien) ... bei der sich das Bewußtsein in mehrere Teile spaltet, z. B. heute Napoleon, morgen Jesus, dann e. Leinwandheld

Perücke *Toupet*, das (germ.-fr., Pl. -s) i. S. e. Perückenteils

Perückenmacher *Posticheur*, der (fr., Pl. -e)

pessimistisch *defätistisch* (lat.-fr.) i. S. von hoffnungslos sein

Pesthauch *Miasma*, das (gr., Pl. ...men) im Mittelalter herrschte die Ansicht, in der Luft oder im Boden befinde sich der Pesterreger

Pfadfinder *Boy-Scout*, der (engl., Pl. -s)

Pfadfindertreffen *Jamboree*, das (engl., Pl. -s) international ausgerichtet

Pfahl *Palisade*, die (lat.-fr., Pl. -n) auch: Pfahlreihe als Befestigungsanlage, Pfahlzaun

Pfand *Vadium*, das (germ.-lat., Pl. ...ien) e. symbolischer Gegenstand, der bei Vertragsabschluß ausgehändigt u. bei Vertragserfüllung zurückgegeben wurde

Pfandmarke für den Einkaufswagen *Shoppy*, das (engl., Pl. ...ies)

Pfandschein *Warrant*, der (engl., Pl. -s) auch: Lagerschein

Pfannkuchen *Pancake*, der (engl., Pl. -s)

Pfannkuchen, dünner Eier... *Crêpe Suzette*, die (fr., Pl. -s) wird mit Likör o. Weinbrand flambiert

Pfannkuchen, russische ... *Blini*, die (russ., nur Pl.) aus Buchweizenmehl

Pfarramt *Pastorat*, das (lat., Pl. -e)

pfarramtlich *pastoral* (lat.)

Pfarramtsangelegenheiten *Pastoralien*, die (lat., nur Pl.)

Pfarrei *Parochie*, die (gr.-lat., Pl. ...ien)

Pfarrer *Pastor*, der (lat., Pl. ...en)

Pfarrwohnung *Pastorat*, das (lat., Pl. -e)

Pfeiler *Obelisk*, der (gr.-lat., Pl. -en) freistehende, sich nach oben verjüngende, rechteckige Säule, meist aus Granit

Pfeilgift *Kurare*, das (sp. u. indian., ohne Pl.)

pferdeartige Tiere *Equiden*, die (lat., nur Pl.) z. B. Zebra, Esel

Pferdebürste *Kardätsche*, die (it., Pl. -n) auch: Wollkamm

Pferdedecke *Woilach*, der (russ., Pl. -e) wollene Sattelunterlage

Pferdedroschke *Fiaker*, der (fr., Pl. -) auch: Pferdedroschkenkutscher

Pferdegangart *Pace*, die (lat.-fr.-engl., ohne Pl.)

Pferdeheilkunde *Hippiatrie*, die (gr., ohne Pl.)

Pferdekunde *Hippologie*, die (gr., ohne Pl.)

Pferderennbahn 1. *Hippodrom*, der, das (gr.-lat., Pl. -e) 2. *Turf*, der (engl., Pl. -s) Pferderennen, Pferdesport

Pferderennen *Derby*, das (engl., Pl. -s) nach dem Begründer, dem 12. Earl of Derby; seit 1780 e. jährliche Zuchtprüfung der besten dreijährigen Vollblutpferde in Form von Pferderennen; auch: e. sportliche Begegnung zweier Ortsrivalen

Pferdeschau *Kavalkade*, die (lat., Pl. -n)

Pferdesport *Turf*, (engl., ohne Pl.) auch: Pferderennen

Pferdesprung in der Reitkunst *Ballotade*, die (fr., Pl. -n)

pfiffig *smart* (engl.) e. smarter Geschäftsmann sein

Pfingsten *Pentekoste*, die (gr.-lat., ohne Pl.)

Pfingstrose *Päonie*, die (gr.-lat., Pl. -n)

Pflanze, die stimuliert u. durchblutet *Ginseng*, der (chin., Pl. -s) auch: Panax ginseng, e. Allheilmittel der Chinesen, gilt als lebensverlängernd

pflanzen *kultivieren* (lat.-fr.) i. S. von Land bewirtschaften, urbar machen

Pflanzen sammeln *botanisieren* (gr.-lat.) zum Zwecke der Forschung, des Studiums

Pflanzen, e. in ... gebundene giftige Stickstoffverbindung *Alkaloid*, das (gr.-arab., Pl. -e) e. Heil- u. Rauschmittel (im Schlafmohn)

Pflanzenarten, auf kalkreichem (alkalischem) Boden wachsend *basiphil* (gr.-lat.)

Pflanzenbewegung *Thigmotaxis*, die (gr.-lat., Pl. ...xen) ... bei Berührung, z. B. die Blätter der Mimose

Pflanzenfarbstoff, gelber ... *Flavon*, das (lat., Pl. -e)

pflanzenfressend *phytophag* (gr.-lat.)

Pflanzenfresser 1. *Veganer*, der (lat.-engl., Pl. -) Menschen, die nur pflanzliche Nahrung zu sich nehmen 2. *Phytophage*, der (gr.-lat., Pl. -n) 3. *Phyllophage*, der (gr.-lat., Pl. -en)

Pflanzengarten *Kamp*, der (lat., Pl. -s) für die Aufzucht von Forstpflanzen

Pflanzengeographie *Phytogeographie*, die (gr.-lat., ohne Pl.)

Pflanzenheilkunde *Phytotherapie*, die (gr.-lat., ohne Pl.)

Pflanzenkunde 1. *Botanik*, die (gr.-lat., ohne Pl.) 2. *Phytologie*, die (gr.-lat., ohne Pl.)

pflanzenkundlich *botanisch* (gr.-lat.)

Pflanzenornament *Arabeske*, die (arab.-lat.-fr., Pl. -n) rankenförmige Verzierung (Ornament); auch: Musikstück für Klavier

Pflanzensaft, kautschukartiger ... *Balata*, die (indian.-sp., ohne Pl.)

Pflanzenstoff, säurehaltiger ... *Pektin*, das (gr.-lat., Pl. -e) ... in Früchten u. Wurzeln mit gelierender Wirkung, wird bei der Marmeladenherstellung verwendet

Pflanzenwelt 1. *Flora*, die (lat., Pl. ...ren) der Urwald mit seiner seltenen Flora muß geschützt werden 2. *Vegetation*, die (lat., Pl. -en) auch: Wucherung (med.)

Pflanzenzucht *Kultur*, die (lat., Pl. -en) z. B. Pilz-, Spargelkulturen; »Kultur ist e. dünnes Häutchen über einem glühenden Chaos.« (Nietzsche)

pflanzlich 1. *botanisch* (gr.-lat.) 2. *vegetarisch* (lat.)

Pflanzung *Fazenda*, die (port., Pl. -s) brasilianische Pflanzung

Pflaumenmus *Powidel*, der (tschech., ohne Pl.)

Pflaumenschnaps *Slibowitz*, der (serb. u. kroat., Pl. -e)

Pflege *Kur*, die (lat., Pl. -en) i. S. e. Heilbehandlung; Kurbetrieb

Pflegedienst *Diakonat*, das (lat., Pl. -e) auch: Amt des Diakons

pflegen 1. *kultivieren* (lat.-fr.) 2. *kurieren* (lat.) behandeln; »Dr. Eisenbarth kuriert die Leut' auf seine Art.«

Pflicht, schwere ... *heavy Duty*, die (engl., Pl. ...ies) einst Aussage von e. am. Bodybuilder

Pflicht, von e. ... befreien *dispensieren* (lat.) auch: beurlauben

Pflichtgebot *Imperativ*, der (lat., Pl. -e) z. B. Kants kategorischer Imperativ (e. unter moralischer u. ethischer Betrachtungsweise gültiges Gesetz)

Pflichtleistung *Obligatorium*, das (lat., Pl. ...ien)

Pflichtverteidiger *Offizialverteidiger*, der (lat.-dt., Pl. -) in Strafsachen

Pflöckchen *Tee*, das (engl., Pl. -s) ... aus Holz oder Kunststoff, auf das der Ball beim Abschlag gesetzt wird (Golfbez.)

pflügen *rigolen* (niederl.-fr.) i. S. von tief pflügen

Pflugscharmesser *Kolter*, das (lat.-fr., Pl. -)

Pforte *Portal*, das (lat., Pl. -e) großes Tor

Pförtner 1. *Portier*, der (lat.-fr., Pl. -s) 2. *Concierge*, der, die (lat.-fr., Pl. -s) 3. *Kastellan*, der (fr., Pl. -s) bes. in öffentlichen Gebäuden

Pförtnerraum *Loge*, die (germ.-lat.-fr., Pl. -n) auch: Versammlungsort e. geheimen Gesellschaft; e. Vereinigung von Freimaurern (Logenbrüder)

Pfosten zum Befestigen der Taue *Poller*, der (niederdt., Pl. -) Seemannsspr.

Pfuscher *Dilettant*, der (lat., Pl. -en) auch: laienhafter Liebhaber e. Kunst oder Wissenschaft; »... auf außenpolitische Dilettanten wie Schröder u. Lafontaine zu setzen, das wäre doch ein verhängnisvoller Fehler.« (Theo Waigel, Bundesfinanzminister, 1998)

Pfuscherei in Kunst u./o. Wissenschaft *Dilettantismus*, der (lat., ohne Pl.) »Der Dilettantismus folgt der Neigung der Zeit.« (Goethe)

Phantasie *Imagination*, die (lat.-fr., Pl. -en) **phantasielos** *schematisch* (gr.-lat.) gleichförmig, gedankenlos

Phantast *Illusionist*, der (lat., Pl. -en) auch: Gaukler; »Man nannte Axel Springer auch e. Träumer, e. politischen Illusionisten, hat ihn das getroffen?« (Peter Bachér im Gespräch mit Friede Springer, 1996)

Philosoph mit dem Hang zum Disputieren *Eristiker*, der (gr., Pl. -) nach Eukleides (Euklid) von Megara (ca. 450–380 v. Chr.) gr. Philosoph

Philosoph, wenn du geschwiegen hättest, so wärest du e. ... geblieben *si tacuisses, philosophus mansisses* (lat., Zitat: Boethius)

Philosophie, die die Energie als Wesen aller Dinge erklärt *Energetik*, die (gr., ohne Pl.) nach der Lehre Wilhelm Ostwalds (1853–1932)

Photographiesammlung *Photothek*, die (gr.-lat., Pl. -en)

Pigmentanomalie der Haut, erworbene ... *Vitiligo*, die (lat., Pl. ...ligines) med., auch: Scheckhaut

Pigmenten, das Fehlen von ... 1. *Achromie*, die (gr.-lat., Pl. ...ien) ... in der Haut, z. B. Albino (Weißling) 2. *Albinismus*, der (lat.-sp.) das erblich bedingte Fehlen von Pigment

Pilgerfahrt 1. *Hadsch*, der (arab., ohne Pl.) nach Mekka zur Kaaba (Würfel) 2. *Omrah*, die (arab., ohne Pl.) e. sog. kleine Pilgerfahrt nach Mekka

Pille *Pastille*, die (lat., Pl. -n)

Pille, bes. große ... *Bolus*, der (gr.-lat., Pl. -li) Tiermed.; auch: Klumpen; Bissen

Pillendreher *Skarabäus*, der (gr.-lat., Pl. ...äen) Mistkäfer des Mittelmeerraums, in Ägypten einst Sinnbild des Sonnengottes

Pilotenkabine *Cockpit*, das (engl., Pl. -s)

Pilz 1. *Myzet*, der (gr.-lat., Pl. -en) 2. *Champignon*, der (fr., Pl. -s) nicht verw. mit *Champion*, der (lat.-fr.-engl., Pl. -s) Spitzensportler 3. *Fungus*, der (lat., Pl. -gi) auch: schwammige Geschwulst (med.)

Pilz, aus der Gattung der Röhrlinge *Boletus*, der (gr.-lat., Pl. ...ti)

Pilz, der als Zaubermittel verwendet wird *Lycoperdon marginatum*, das (lat., ohne Pl.) auch: Gi'-i-Sa-Wa, Halluzinogen, das mex. Indianer verwenden

Pilzerkrankung der Haut u. Schleimhaut *Blastomykose*, die (gr.-lat., Pl. -n) Verursacher: Sproßpilze

Pilzgift *Aflatoxin*, das (gr.-lat., Pl. -e) giftiges Produkt best. Schimmelpilze

Pilzkrankheit der Haut *Epidermophytie*, die (gr.-lat., Pl. ...ien) Hautpilz (med.)

Pilzkunde *Mykologie*, die (gr.-lat., ohne Pl.)

Pilzlehre *Mykologie*, die (gr.-lat., ohne Pl.)

Pilzvergiftung *Myzetismus*, der (gr.-lat., Pl. ...men)

pinkeln *urinieren* (lat.) auch: harnen, vulgär: pissen; »Ich war daran gehindert gewesen, wie gewohnt im Stehen zu urinieren.« (Klage e. Urlaubers, weil in e. Hotel die Klobrille ständig herunterklappte, 1998)

Pirat 1. *Flibustier, Filibuster*, der (fr.-engl., Pl. -) westind. Seeräuber 2. *Korsar*, der (lat.-it., Pl. -en) Seeräuber; auch: Jolle mit Vor- u. Großsegel 3. *Bukanier*, der (fr.-engl., Pl. -e) westind. Seeräuber des 17. Jhs.; z. B. der »Seeteufel« Henry Morgan

Pirschjäger *Stalker*, der (engl.-am., Pl. -s) auch: Anschleicher, der voller Leidenschaft Stars verfolgt, z. B. Madonna, Sharon Stone

Plage *Tortur*, die (lat., Pl. -en) die Besteigung des Nanga Parbat war e. Tortur

plagen 1. *traktieren* (lat.) auf der Zuckerrohrplantage wurden die Knechte traktiert 2. *malträtieren* (lat.-fr.) quälen

Plakat *Affiche*, die (fr., Pl. -n) auch: Aushang

Plakatträger *Sandwichman*, der (engl., Pl. ...men) auch: Männer, die für Geld mit e. Plakat oder als Sandwich durch Straßen ziehen

Plan 1. *Intention*, die (lat., Pl. -en) i. S. von Absicht 2. *Konzept*, das (lat., Pl. -e) i. S. e. ausgearbeiteten Plans 3. *Programm*, das (gr.-lat., Pl. -e) z. B. sein Vorschlag paßt gut ins Programm 4. *Projekt*, das (lat., Pl. -e) e. größeres Vorhaben, z. B. das Bauprojekt soll noch in diesem Jahr verwirklicht werden 5. *Skizze*, die (it., Pl. -n) eigtl.: Spritzer; z. B. die Skizze (erster Entwurf) e. Architekten 6. *Strategie*, die (gr.-lat.-fr., Pl. ...ien) Plan des Vorgehens um e. Ziel (militärisch, politisch) zu erreichen; »Strategie ist die Beherrschung von Zeit u. Raum.« (Karl von Clausewitz 1780–1831)

planen 1. *disponieren* (lat.) 2. *konzipieren* (lat.) 3. *organisieren* (gr.-lat.-fr.) 4. *projektieren* (lat.) entwerfen; nicht verw. mit *projizieren* (lat.) i. S. von: übertragen

Planet, kleiner ... 1. *Asteroid*, der (gr., Pl. -en) 2. *Planetoid*, der (gr., Pl. -en) kleiner Planet, der sich in elliptischer Bahn um die Sonne bewegt

Planeten- u. deren Satellitenforschung *Planetologie*, die (gr., ohne Pl.) speziell die geologische Erforschung der Oberflächenformation

Planeten, zwischen den ... *interplanetarisch* (lat.)

Planetenstand *Konstellation*, die (lat., Pl. -en) der Gestirne zueinander

planlos *amethodisch* (lat.) Ggs.: methodisch

planmäßig *methodisch* (gr.-lat.) im Elternhaus sollte die Erziehung methodisch ablaufen

Planung *Disposition*, die (lat., Pl. -en) auch: Empfänglichkeit für Krankheiten (med.)

planvoll 1. *methodisch* (gr.-lat.) durchdacht vorgehen 2. *rational* (lat.) vernünftig; Ggs.: irrational 3. *strukturiert* (lat.) geordnet, gegliedert 4. *systematisch* (gr.-lat.) ordentlich gegliedert

Planwirtschaft, e. Form der ... *Etatismus*, der (lat.-fr., ohne Pl.) ... in der die Kontrolle nur in best. Bereichen stattfindet, z. B. in der Tabakindustrie

Plastik *Skulptur*, die (lat., Pl. -en) Figur z. B. aus Ton oder Bronze

Plastikkarte, »intelligente« ... *Chipkarte*, die (engl.-dt., Pl. -en) als Datenträger dient e. kleines Silicium-Plättchen; bisher werden die Informationen meist auf Magnetstreifen gespeichert

plastisch *duktil* (lat.-engl.)

Plattenbetriebssystem *DOS*, das (engl., ohne Pl.) kurz für: disc operating system (EDV)

Plattenspieler *Grammophon*, das (gr.-lat., Pl. -e) Schallplattenapparat

Plattform 1. *Perron*, der (gr.-lat.-fr., Pl. -s) Straßenbahnübergang 2. *Terrasse*, die (lat.-fr., Pl. -n)

Plattfüßigkeit *Platypodie*, die (gr.-lat., ohne Pl.) med.

Plattheit 1. *Platitüde*, die (gr.-lat.-fr., Pl. -n) der Vortrag bestand aus e. einzigen Platitüde 2. *Banalität*, die (fr., Pl. -en) Abgeschmacktheit; »Banalität ist die Zuflucht der geistig Schwachen.« (Balzac)

Plattköpfigkeit *Platyzephalie*, die (gr.-lat., ohne Pl.) med.

Platz, fehl am ... 1. *deplaciert, deplaziert* (fr.) i. S. von: unangebracht 2. *inopportun* (lat.) unpassend; Ggs.: opportun

Platz, offener ... in e. Stadt *Maidan*, der (arab.)

Platzangst 1. *Agoraphobie*, die (gr.-lat., ohne Pl.) med., Angst, allein große Plätze oder volle Kaufhäuser zu betreten 2. *Klaustrophobie*, die (gr.-lat., Pl. ...ien) bes. Angst vor dem Aufenthalt in kleinen geschlossenen Räumen; nicht verw. mit *Klaustrophilie*, die (gr.-lat., Pl. ...ien) Hang zur Einsamkeit

Platzanweiser *Billeteur*, der (lat.-fr., Pl. -e)

platzen *explodieren* (lat.) auch: bersten; Ggs.: implodieren

Plauderecke im Internet *Chatroom*, der (engl., Pl. -s) von chatten: unterhalten, plaudern

Plauderei im Internet *Chat*, der (engl., Pl. -s) auch: Austausch elektronischer Briefe im Internet

Plauderei *Talk*, der (engl, Pl. -s) z. B.

418

»Talk im Turm«, Sendung mit Erich Böhme

Plauderei, gesellige *Konversation*, die (lat.-fr., Pl. -en) »Konversation ist die Kunst zu reden, ohne zu denken.« (Viktor de Kowa)

Plauderer, unterhaltsamer ... *Causeur*, der (fr., Pl. -e)

plaudern 1. *chatten* (engl.) 2. *talken* (engl.) 3. *parlieren* (fr.)

plaudern *parlieren* (gr.-lat.-fr.) auch: sich angeregt unterhalten

Plazierung *Klassement*, das (lat.-fr., Pl. -s) Einteilung; auch: Rangliste

pleite 1. *bankrott* (it.) 2. *insolvent* (lat.) zahlungsunfähig; Ggs.: solvent

Pleite 1. *Bankrott*, der (it., Pl. -e) i. S. e. fahrlässig oder vorsätzlich herbeigeführten Konkurses wegen Überschuldung und/oder Illiquidität (Zahlungsunfähigkeit) 2. *Konkurs*, der (lat., Pl. -e) geschäftlicher Zusammenbruch, Zahlungsunfähigkeit 3. *Ruin*, der (lat.-fr., ohne Pl.) Untergang; nicht verw. mit *Ruine*, die (lat., Pl. -n) Trümmer

plötzlich 1. *spontan* (lat.) aus e. momentanen Antrieb handeln 2. *abrupt* (lat.) jmdn. abrupt (unvermittelt) unterbrechen 3. *brüsk* (it.-fr.) eigtl.: stachelig; schroff

plündern *marodieren* (fr.) Söldner fielen marodierend in das Dorf ein

plündern, auf dem Schlachtfeld ... *spoliieren* (lat.-fr.) mittelalterliche Bez.

Plünderung *Rapuse*, die (tschech., ohne Pl.)

Pöbel 1. *Plebs*, der (lat., ohne Pl.) das ungebildete Volk 2. *Mob*, der (lat.-engl., ohne Pl.)

Podium 1. *Katheder*, das, der (gr.-lat., ohne Pl.) auch: Stehpult 2. *Kanzel*, die (lat., Pl. -n) meist in Kirchen erhöhtes, überdachtes Podium, Kanzelredner; auch: verglaster Raum e. kleinen Flugzeugs für Piloten, Flugzeugkanzel (Cockpit) 3. *Tribüne*, die (lat.-it.-fr., Pl. -n)

Pokal 1. *Cup*, der (engl., Pl. -s) beim Tennis: »Davis Cup«; allg.: Preis e. Sportveranstaltung 2. *Gobelet*, der (fr., Pl. -s) ... auf e. Gold- oder Silberfuß bis ins 18. Jh.

Pokerspielkarte, e. best. ... *Wild Card*, die (engl., Pl. -s) deren Wert vereinbart werden kann, e. Art Joker; auch: bei e. Tennisturnier die Zulassung, ohne qualifiziert zu sein

Polarsumpf *Tundra*, die (finn.-russ., Pl. ...dren)

Politik, volksnahe ... mit dem Ziel, die Gunst der Masse zu gewinnen *Populismus*, der (lat., ohne Pl.) auch: literarische Richtung mit dem Ziel, das Leben des Volkes realistisch zu beschreiben

Politik, volksnahe, auch demagogische ..., mit dem Ziel, Wahlen zu gewinnen *populistisch* (lat.) »Wer sich um das Amt bewirbt u. aus populistischen Gründen zu solchen Formulierungen versteigt, der disqualifiziert sich selbst.« (Helmut Kohl über seinen Herausforderer Gerhard Schröder, 1998)

Politiker, der die Gunst der Stunde erkennt ... *Populist*, der (lat., Pl. -en) ... u. für sein Weiterkommen, auch gegen seine Überzeugung, nutzt; auch: Vertreter des Populismus; Populist kann jeder karrierebewußte Mensch werden

Politiker, der die sozialen Errungenschaften einschränken will *Sozialrambo*, der (lat.-am.-Eigenn., Pl. -s) nach dem am. Film »Rambo« (rücksichtsloser Kraftprotz)

Politiker, großer ... Kohlifant, der (Eigenn., dt., Pl. -en) aus: Kohl u. Elefant; »Der Kohlifant, der Kohlifant, der bleibt das größte Tier im Land.« (Peter Hinze, CDU-Generalsekretär, 1998)

Politiker, Vergeltungs... Revanchist, der (fr.-russ., Pl. -en) »Die subversiven Aktionen der Revanchisten gegen den real existierenden Sozialismus sind zu eliminieren.« (Erich Mielke, ehemaliger Stasi-Chef)

Politiklehre *Politologie*, die (gr.-lat., ohne Pl.) auch Politikwissenschaft

Politikwissenschaftler *Politologe*, der (gr.-lat., Pl. -n)

Polizei *Polente*, die (jidd., ohne Pl.)

Polizeibereich, der sich mit der Prostitution befaßt *Milieudezernat*, das (fr.-lat., Pl. -e)

Polizeidienststelle 1. *Kommissariat*, das (lat., Pl. -e) 2. *Revier*, das (lat.-fr.-niederl., Pl. -e)

Polizeistation *Revier*, das (lat.-fr.-niederl., Pl. -e) i. S. e. kleinen Station

419

Polizist 1. *Karabiniere*, der (fr.-it., Pl. ...ri) 2. *Sheriff*, der (engl.-am., Pl. -s) 3. *Cop*, der (am., Pl. -s) Slangwort, die Anarcho-Jugend wünscht sich »Cops on the rocks« 4. *Bobby*, der (engl., Pl. -s)

Polizist, engl. Straßen... *Peeler*, der (engl., Pl. -s) dann *Bobby*, der (engl., Pl. -s) jeweils nach Robert Peel, britischer Innenminister u. Polizeireformer (1829)

Pollenforscher *Palynologe*, der (gr.-lat., Pl. -n)

Pollenforschung *Palynologie*, die (gr.-lat., ohne Pl.)

poln. Währungseinheit *Zloty*, der (poln., Pl. -s) 1 Zloty = 100 Groszy

polonäseartig *allapolacca* (it.) musik. Vortragsanw.

Polstermaterial, pflanzliches ... *Kapok*, der (malaiisch, ohne Pl.) Samenfasern des Kapokbaums

Popmusik, tanzbare ... *Dancefloor*, der (engl.) Bez. für jede Art von Popmusik (Reggae, Hip Hop), die zum Tanzen anregt

Porno-Software für den Computer *Cybersex*, der (engl., ohne Pl.) auch: »künstlicher Sex«; e. Variante: die »interaktive Pornographie«

Portier(sfrau) *Concierge*, der, die (fr., Pl. -s) auch: frz. Bez. für Hausmeister(in)

portofrei *franko* (germ.-lat.-it.)

Portrait *Konterfei*, das (lat.-fr., Pl. -s) auch: Abbild, Bildnis

Porzellan *Chinaware*, die (port.-engl.-dt., ohne Pl.) bes. Porzellan aus China

Porzellanverzierung, e. bes. Art der ... *Pâte sur pâte*, das (fr., ohne Pl.) eigtl.: Masse auf Masse

Posaunenstil beim Jazz *Tail-gate*, der (engl.-am., ohne Pl.) im New-Orleans-Jazz

Pose *Attitüde*, die (lat.-it.-fr., Pl. -n) z. B. weltmännische Attitüden verkörpern

Position *Rang*, der (gr.-fr., Pl. Ränge) z. B. Oberst beim Militär

positiv *konstruktiv* (lat.) i. S. von aufbauend

positiver Mensch *Optimist*, der (lat., Pl. -en) »E. Optimistin ist eine Frau, die Fettpölsterchen für Kurven hält.« (Françoise Hardy)

Posse *Burleske*, die (it.-fr., Pl. -n) das Zimmertheater hat hauptsächlich Burlesken auf dem Programm

possenhaft *burlesk* (it.-fr.)

Possenreißer *Blödelbarde*, der (dt.-kelt.-lat.-fr., Pl. -n) z. B. »Otto« der Ostfriese

Possenspiel *Harlekinade*, die (fr.-it., Pl. -n)

Postanschrift *Adresse*, die (fr.-engl., Pl. -n)

Postbeförderungsgebühr *Porto*, das (lat.-it., Pl. -s, -ti)

Posten, e. ... in den Staatshaushalt aufnehmen *etatisieren* (fr.)

Postkarte, selbstgestaltete ... *interaktive Postkarte*, die (lat.-dt., Pl. -n) mittels e. Automaten lassen sich Postkarten selbst entwerfen u. ausdrucken

Postkutscher *Postillon*, der (lat.-it., Pl. -s)

postlagernd *poste restante* (it.)

Postnachricht 1. *Telegramm*, das (gr.-engl., Pl. -e) 2. *Fax, Telefax*, kurz für: *Facsimile*, das (lat.-engl., ohne Pl.) Übermittlung von Bildern u. Text in Form elektrischer Impulse

Potenz, die ... steigerndes Präparat *Viagra*, das (am., Eigenn.) e. Unternehmer zum unzufriedenen Angestellten: »Sie wollen eine Anhebung? Wie wär's mit Viagra?«

Potenz, dritte ... e. Milliarde *Quadrilliarde*, die (lat.-fr., Pl. -n) 1000 Quadrillionen = 1027

Potenz, vierte ... Biquadrat, das (lat., Pl. -e) Quadrat des Quadrats (math.)

Potenz, vierte ... e. Million *Quadrillion*, die (lat.-fr., Pl. -en) e. Million Trillionen = 10^{24}

Potenzpille *Viagra*, das; Kunstwort, ohne Pl.; aus Vigor (Stärke) u. Niagara (Wasserfall in den USA) e. Präparat aus den USA, das das sexuelle Vermögen des Mannes steigert, indem der Wirkstoff Sildenafil das Enzym Phosphodiesterase (für den Zusammenbruch e. Erektion verantwortlich) hemmt; »Viagra ist das größte Ding seit den Beatles.« (Rafael Wurzel, US-Mediziner über die Sexpille, 1998)

Potpourri *Medley*, das (engl., Pl. -s) verschiedene Musikstücke, die aneinandergereiht gespielt werden

Pracht 1. *Pomp*, der (gr.-lat.-fr., ohne Pl.) 2. *Grandiosität*, die (lat.-it., ohne Pl.)

Pracht, große ... Luxus, der (lat., ohne Pl.) Verschwendung. »Ich persönlich halte es für Luxus, daß wir 16 Bundesländer ha-

420

ben.« (Peter Struck, SPD-Fraktionschef, 2006)

prächtig 1. *brillant* (gr.-lat.-fr.) 2. *famos* (lat.) 3. *opulent* (lat.) üppig; e. opulentes Menü bestellen 4. *magnifique* (fr.) »Une situation magnifique, ich werde Kollege von Hubert Védrine.« (Rudolf Scharping, SPD, 1998 nach dem Wahlsieg der SPD)

Prachtstraße 1. *Boulevard*, der (germ.-niederl.-fr., Pl. -s) z. B. Boulevard Haussmann 2. *Avenue*, die (lat.-fr., Pl. ...uen) z. B. 5th Avenue 3. *Avenida*, die (lat.-sp., Pl. ...den)

Prägestock *Patrize*, die (lat., Pl. -n) Ggs.: Matrize

Prägewalze *Molette*, die (lat.-fr., Pl. -n)

prahlen 1. *renommieren* (lat.-fr.) z. B. mit e. neuen Sportwagen renommieren 2. *bramarbasieren* (lat.-fr.) aufschneiden

Prahler *Renommist*, der (lat.-fr., Pl. -en)

Prahlerei 1. *Renommage*, die (lat.-fr., Pl. -n) 2. *Rodomontade*, die (it.-fr., Pl. -n) 3. *Ostentation*, die (lat., Pl. -en)

Prahlhans *Bramarbas*, der (Pl. -se) Figur aus der Literatur des 18. Jhs.

praktisch *patent* (lat.) auch: tüchtig, e. patente Hilfe sein

Prämienzuschlag *Malus*, der (lat., Pl. –, -se) erheben Versicherungen, wenn sich Schäden e. Versicherten häufen

Präsentationsprogramm, kurzes ... *Intro*, das (Eigenw.) ... wird vor die Raubkopie e. Computerprogramms installiert, es enthält neben allerlei Daten zum Programm auch den Namen des Kopierschutz-Hackers

Präsenz, e. ... im Internet *Web-Site*, die (engl., Pl. -s) ... die meist aus e. Homepage u. beliebig viele Netzseiten mit datenbankgeschützten Informationen besteht

Predigt *Homilie*, die (gr., Pl. ...ien) e. erbauliche Bibelauslegung

Predigtbuch *Postille*, die (lat., Pl. -n)

Predigtlehre *Homiletik*, die (gr., ohne Pl.)

Predigtlehre, Fachmann für ... *Homilet*, der (gr., Pl. -en) auch: Prediger

Predigtsammlung *Homiliar*, das (gr.-lat., Pl. -ien) Sammlung von Predigten aus dem Mittelalter

Preis 1. *Prämie*, die (lat., Pl. -n) z. B. Leistungs- oder Siegprämie 2. *Prix*, der (lat.-fr., Pl. -) bei Autorennen, z. B. »Grand Prix« 3. *Limit*, das (lat.-fr.-engl., Pl. -s) i. S. e. äußersten Preises 4. *Trophäe*, die (gr.-lat.-fr., Pl. -n) erbeutete Fahne, Jagdbeute, z. B. das Geweih

Preis für den Sieger *Trophäe*, die (gr.-fr., Pl. -n) auch: Siegeszeichen. »Geile Jäger brauchen Trophäen!« (Tony Marshall, Schlagersänger, 2006)

Preis unter der Auszeichnung *Off-labeldeal*, das (engl., Pl. -s)

Preis, um jeden ... *partout* (fr.) auch: unbedingt

Preis, viel zu niedriger ... *Dumpingpreis*, der (engl.-dt., Pl. -e) ... für e. Ware, z. B. mit dem Ziel, die Machtstellung der Auslandskonkurrenz zu brechen

Preisabzug 1. *Refaktie*, die (lat.-niederl., Pl. -n) aufgrund von Warenreklamationen 2. *Rabatt*, der (lat.-it., Pl. -e) z. B. Mengenrabatt 3. *Skonto*, der (lat.-it., Pl. ...ti) z. B. 3 % Skonto bei Barzahlung

Preisanstieg *Preisindex*, der (dt.-lat., Pl. -e, ...dizes) Preise des Warenkorbes e. durchschnittlichen Haushaltes werden in e. Basisjahr mit 100 angesetzt, der Wert in den Folgejahren stellt den Preisindex dar

Preisbeeinflussung, staatliche ... *Valorisation*, die (lat., Pl. -en) dem Hersteller zum Vorteil

Preisforderung *Nepp*, der (ugs., ohne Pl.) überhöhte Forderung, z. B. Gäste in Lokalen, e. Bar übervorteilen; Nepplokal

Preisgabe *Abandon*, der (fr., Pl. -s) Gesellschafter kann z. B. auf e. Geschäftsanteil verzichten, falls er Verluste nicht ausgleichen möchte

preisgeben *abandonnieren* (fr.) Verzicht auf Geschäftsanteil, wenn Gesellschafter Unternehmensverlust nicht ausgleichen will

Preislied *Päan*, der (gr.-lat., Pl. -e) festliches, altgriechisches Danklied

Preisliste *Prospekt*, der, das (lat., Pl. -e) auch: Werbeschrift teilweise mit Preisen

Preisnachlaß 1. *Rabatt*, der (lat.-it., Pl. -e) beim Kauf größerer Mengen, Mengenrabatt 2. *Skonto*, der (lat.-it., Pl. ...ti) z. B. 3 % Skonto bei Barzahlung 3. *Refaktie*, die (lat.-niederl., Pl. -n) z. B. bei fehlerhafter Warenlieferung 4. *Dekort*, der (lat.-fr., Pl. -s) i. a. bei mangelhafter Warenlieferung 5. *Fusti*, die (lat.-it., nur Pl.) bei verschmutzter Warenlieferung

Preisrede *Laudatio*, die (lat., Pl. ...ones, ...onen)

Preisrichterkollegium *Jury*, die (lat.-fr.-engl., Pl. -s) bei Sportveranstaltungen, Wettbewerben

Preissteigerung *Inflation*, die (lat., Pl. -en) Kaufkraft des Geldes sinkt, Preise steigen, e. zu große Geldmenge ist im Umlauf; Ggs.: Deflation

Preissturz *Deroute*, die (lat.-fr., Pl. -n) rascher Preisverfall von Waren oder Wertpapieren

Preisträger *Laureat*, der (lat., Pl. -en) z. B. gekrönter Dichter: Poeta laureatus

Preisunterbietung *Dumping*, das (engl., Pl. -s) Unterbieten der Preise im Ausland, Dumpingpreis

Preisverzeichnis *Tarif*, der (arab.-it.-fr., Pl. -e) z. B.: Bahn- oder Flugtarife

Presse, die ... treffen *meet the press* (engl.) »... zum einen, weil er (Helmut Schmidt) bei ›meet the press‹ so perfekt Englisch sprach, wie ich selbst es heute noch immer nicht beherrsche ...« (Gerhard Schröder, 1996)

Presseagentur *APN*, kurz für: *Agentstwo Petschati Nowostij*, die (russ., ohne Pl.) einst e. sowjetische Agentur

Pressebericht, sensationeller *Scoop*, der (engl., Pl. -s) auch: Exklusivmeldung

Pressefeldzug *Kampagne*, die (fr., Pl. -n) Werbekampagne

Pressefotograf *Paparazzo*, der (it., Pl. ...zzi) aufdringlicher Fotoreporter

Preßholzstück *Pellet*, das (lat.-engl., Pl. -s) auch: kleine gepreßte Kugeln, z. B.: Trockenfutter

Preßsaft, frischer... von Pflanzen *Ysat*, das (Eigenn., Pl. -e) aus: Dialysat

prickeln *moussieren* (fr.) z. B. bei Mineralwasser oder Sekt

prickelnd *pikant* (lat.-fr.) z. B. pikante Enthüllungen veröffentlichen

Priester 1. *Zelebrant*, der (lat., Pl. -en) der e. Messe liest 2. *Curé*, der (lat.-fr., Pl. -s) kath. Geistlicher in Frankreich 3. *Dekan*, der (lat., Pl. -e) »Führer von 10 Mann«; in best. ev. Landeskirchen auch Superintendent; auch Vorsteher e. Universitätsfakultät 4. *Kardinal*, der (lat., Pl. ...näle) höchster kath. Würdenträger nach dem Papst; Kardinalfehler (schlimmer Fehler) 5. *Kle-*

riker, der (gr.-lat., Pl. -) Angehöriger der kath. Geistlichkeit 6. *Lama*, der (tibetanisch, Pl. -s) »der Obere«; buddhistischer Mönch in Tibet u. der Mongolei; höchster Rang: Dalai Lama; auch: (peruanisch, sp.) e. aus dem Guanako gezüchtetes Haustier, in Südamerika lebend 7. *Pastor*, der (lat., Pl. ...oren) »Seelenhirte«; Geistlicher 8. *Pastor primarius*, der (lat., Pl. ...ores, ...rii) Hauptpastor 9. *Pope*, der (gr.-russ., Pl. -n) Priester der orthodoxen Kirche 10. *Rabbiner*, der (hebr.-gr.-lat., Pl. -) jüd. Religionslehrer 11. *Reverend*, der (lat.-engl., Pl. -s) Titel der Geistlichen in England u. Nordamerika 12. *Gode*, der (altnord., Pl. -n) ... u. Gauvorsteher im alten Skandinavien 13. *Altarist*, der (lat., Pl. -en) katholischer Priester, der nur die Messe liest, hat keine seelsorgerischen Aufgaben

Priesterabsetzung *Deposition*, die (lat.-fr., Pl. -en)

Priesteramt *Sazerdotium*, das (lat., ohne Pl.) auch: Priesterwürde, Priestertum

Priesterherrschaft *Hierokratie*, die (gr.-lat., Pl. ...ien) z. B. der Dalai Lama von Tibet; die Mullah- u. Ajatollah-Herrschaft im Iran (»Gottesstaat«)

Priesterin der Göttin Vesta *Vestalin*, die (lat., Pl. -nen) (Vesta: röm. Göttin des Herdfeuers)

priesterlich 1. *hieratisch* (gr.-lat.) 2. *sazerdotal* (lat.)

Priesterschaft *Klerus*, der (gr.-lat., ohne Pl.)

Priestertum *Sazerdotium*, das (lat., ohne Pl.)

Priesterweihe *Ordination*, die (lat., Pl. -en)

Priesterwürde *Sazerdotium*, das (lat., ohne Pl.)

Prinzip des Internets *Host*, der (engl., Pl. -s) »Gastgeber«; ... nach dem jeder angeschlossene Rechner gleichzeitig »Wirtsrechner« sein kann; wird oft als »Server« (Dienstleister) benutzt

Prinzipien, Gültigkeit freiheitlicher ... *Demokratie*, die (gr., Pl. ...ien) ... in allen gesellschaftlichen Bereichen; Volksherrschaft; »... Demokratien aber müssen lernen, den Menschen Sinn zu geben.« (Simon Wiesenthal, 1996)

privat 1. *inoffiziell* (lat.) nicht amtlich; Ggs.: offiziell 2. *intim* (lat.) eng vertraut;

z. B. der Chef war mit seiner Sekretärin intim (hatte mit ihr geschlafen)

Privatkläger *Petitor*, der (lat., Pl. ...oren)

Privileg, an Handelsfirmen vergebenes ... *Oktroi*, der (lat.-fr., Pl. -s)

Probe 1. *Test*, der (lat.-fr.-engl., Pl. -s) 2. *Experiment*, das (lat., Pl. -e) wissenschaftlicher Versuch; auch: Wagnis

Probeaufführung *Preview*, der (engl., Pl. -s) dient dem Testen des Filmrohschnitts vor e. ausgesuchten Publikum

probeweise *provisorisch* (lat.) vorläufig

probieren *degustieren* (lat.) das Kosten von Speisen

Problem einfach lösen *Gordischen Knoten durchschlagen*, der; nach der gr. Sage befand sich der Knoten am Streitwagen des Gordios in Gordion; die Herrschaft über Asien war dem versprochen, der ihn lösen könne; Alexander der Große hieb ihn mit dem Schwert durch, statt sich ums Aufknüpfen zu bemühen

Problem, ein ... lösen *arrangieren* (fr.) sich um e. Sache kümmern

Problem, schwieriges ... *gordischer Knoten*, der (gr.-dt.,) z. B. den gordischen Knoten durchschlagen: e. Problem einfach lösen; am Streitwagen des Gordios in Gordion befand sich e. Riemenknoten; die Sage verhieß dem Löser der Verschlingung die Herrschaft über Kleinasien, Alexander der Große durchschlug sie (334 v. Chr.) mit seinem Schwert

Problemlöser, schneller ... *Troubleshooter*, der (engl., Pl. -) jmd., der rasch, wie aus der Pistole geschossen, technische Schwierigkeiten beseitigt

Produkt, erfolgreiches ... *Me-Too-Produkt*, das (engl.-lat., Pl. -e) »Mir-Auch-Produkt«; Bez. für Artikel, die wegen ihrer Beliebtheit nachgemacht werden

Produkt, gedrucktes ... *Printprodukt*, das (engl.-lat., Pl. -e) es handelt sich um fertige Druckerzeugnisse wie Bücher, Zeitschriften, Zeitungen, Broschüren

Produktanspruch *Claim*, der (engl.-am., Pl. -s) ... der auf bestimmte Eigenschaften e. Ware erhoben wird; auch best. Werbesloganaussage: »Schokolade – gut auf der Zunge, gut im Magen«; Rechtstitel; Anteil an e. Goldgräbergeschäft: »den Claim abstecken«

Produkte für die Jugend von der Jugend *Youth-only-Konzept*, das (engl.-am.-lat., Pl. -e) die Wirtschaft setzt auf die Kaufkraft der 18- bis 30jährigen u. stärkt deren Wir-Gefühl mit »Youth only«, d. h. die Produkte sollen möglichst von jungen Leuten entworfen u. hergestellt werden

Produkte mit Zusatznutzen *added Values*, die (engl.) Marketingüberlegung: Produkte sind nur noch mit zusätzlichen Werten verkaufbar, z. B. Golfausrüstung mit Clubmitgliedschaft

Produkte ohne Tierkörperverarbeitung *Cruelty-free Products*, die (engl.) grausamkeitsfreie Ware, z. B. e. Pelzmantel aus Kunstfellen

Produkteigenschaft, versprechen u. halten der ... *Wysiwyg*, das (engl.-am., ohne Pl.) aus: what you see is what you get (du bekommst, was du siehst) die Aussage soll für Qualität u. Leistung werben

Produktion, schlanke ... *lean Production*, die (engl.-am., ohne Pl.) von: lean (mager, schlank) gemeint ist e. schlanke Produktion, die kostengünstig gute Qualität liefert

Produktionsergebnis *Bruttosozialprodukt*, das (lat., Pl. -e) kurz: BSP einer Volkswirtschaft ist die Summe aller Güter u. Dienstleistungen e. Jahres

Produktionsgenossenschaft, landwirtschaftliche ... *Kolchose*, die (russ., Pl. -n) Abk. von: kollektivnoe chozjajstvo (Kollektivwirtschaft)

Produktionsmittel *Ressource*, die (lat.-fr., Pl. -n) i. S. natürlicher Güter, wie Erze, Öl, Wasser

Produktmanagement, künftiges ... *Trend-Management*, das (engl.-am., Pl. -s) »Produkte haben Bedeutung, wenn sie in der Lage sind, permanent neue Trends zu entwickeln« (Gerd Gerken, Trendforscher)

Produzent am Konsumenten *Prosumer*, der (engl., Pl. -s) aus: producer (Produzent) u. consumer (Konsument), Begriff aus der Marktforschung, der besagt, daß der Produzent auch während der Produktion die Kundenwünsche kennt, um diese zu berücksichtigen

produzieren *generieren* (lat.) auch: erzeugen; als EDV-Begriff: erstellen von neuen

Daten e. Programms aus Daten u./oder Bestimmungen

Professor 1. *Dozent*, der (lat., Pl. -en) »Lehrer« an e. Hoch- oder Fachhochschule 2. *Ordinarius*, der (lat., Pl. ...ien) ordentlicher Professor an e. Universität 3. *Dekan*, der (lat., Pl. -e) »Führer von 10 Mann«; Vorsteher e. Fakultät e. Universität 4. *Rektor*, der (lat., Pl. -en) Leiter e. Hochschule

Prognose aus Telekommunikation u. Demokratie *Telekratie*, die (engl.-lat., Pl. ...ien) nach Gerd Gerken: »... eine international vernetzte Bewegung gegen lineare Politikkonzepte«

Programm für Computer *Software*, die (engl., Pl. -s) eigtl.: weiche Ware; Ggs.: Hardware

Programm für die automatische Übernahme best. Aufgaben *Robot*, das (engl., Pl. -s) z.B. e. E-Mail-Robot, dies informiert mit e. vorbereiteten Information, Antwort oder Nachricht

Programm für die automatische WWW-Durchsicht *Robot*, das (engl.-tschech., Pl. -s) es findet neue Seiten u. prüft verknüpfte Seiten; Robots stellen die Informationen der Suchmaschinen zusammen

Programm für die Darstellung von Multimedia-Angeboten *Browser*, der (Eigenn., am., Pl. -s) ... des World Wide Web auf e. PC; verbreitete Browsers: Netscape Navigator, Microsoft Internet Explorer u. Mosaic

Programm für die Zusammenarbeit innerhalb der Firmennetzwerke *Groupware*, die (engl., ohne Pl.) ... für den E-Mail-Austausch u. für die gemeinsame Bearbeitung von Schriftstücken

Programm laden *booten* (engl.-am.)

Programm *Manifest*, das (lat., Pl. -e), e. öffentlich bekanntgegebenes Programm

Programm zur Vermittlung von Führungskräften *Outplacement*, das (engl., Pl. -s)

Programm, das symbolisch in Maschinencode übersetzt *Assembler*, der (lat.-fr.-engl., Pl. -) Computersprache; heute: Bezeichnung für »Operatoren« im Mikrobereich, sie sind kleiner als Viren u. operieren eigenständig in biologischen u. technologischen Organismen; Assembler sind Werkzeuge der Zukunft z.B. in der Neurobiologie oder der Nano-Technologie

Programm, kostenloses ... *Freeware*, die (engl., ohne Pl.) ... durch Copyright geschützt, darf vom User nicht verändert werden

Programmablauf *Line-up*, der (engl., Pl. -s) auch: Reihenfolge der auftretenden Künstler

Programmbaustein für Anwendungen im Internet *Applet*, das (engl.-am., Pl. -s) ... die bei Aufruf aktiviert werden, z.B. Laufschriften ermöglichen (EDV-Bez.)

Programmeinstieg, neuerlicher ... *Reseten*, das (engl., ohne Pl.) ... ohne den Computer aus- u. wieder einschalten zu müssen

Programmiersprache 1. *BASIC*, das (engl., ohne Pl.) aus: beginner's all purpose symbolic instruction code 2. *COBOL*, das (engl., ohne Pl.) aus: common business oriented language; ... für kommerzielle Datenverarbeitung 3. *FORTRAN*, das (engl., ohne Pl.) aus: formular translater; ... für technische u. mathematisch-wissenschaftliche Anwendung

Programmiersprache des World Wide Web (WWW) *Hypertext Markup Language*, die (engl., ohne Pl.) kurz: HTML

Programmüberspielung 1. *Downloaden*, das (engl., ohne Pl.) i.S. von »Abladen«; das Überspielen e. Programms über das Telefonnetz auf die Mailbox (Board: nur der Szene zugänglich); von dort in den Computer; auch: 2. *Leechen* (engl.) von to leech (befestigen) genannt; diese Methode der Übertragung wird bes. bei Computerspielen u. digitalisierter Musik eingesetzt

Programmwahl *TV Your Choise TV*, das (engl.-am., ohne Pl.) aus e. Menge von Kanälen sollen Filme angeboten werden, die sich der Konsument individuell aussuchen kann, dabei hilft ihm e. elektronischer Programmführer

Projekt, gemeinsames ... **zweier selbständiger Unternehmen** *Joint-venture*, das (engl.-am., Pl. -s)

Promenade *Paseo*, der (lat.-sp., Pl. -s) auch: Spazierweg

Prominenten-Halle *VIP-Lounge*, die

(engl.-am., Pl. -s) für: Very Important Persons-Lounge (Aufenthaltsraum für sehr wichtige Leute) z. B. auf Flughäfen, bei Tennisturnieren

Propaganda 1. *Agitation*, die (lat.-it., Pl. -en) nicht verw. mit *Agitatio*, die (lat., Pl. ...tionen) körperliche Erregtheit e. Kranken 2. *Demagogie*, die (gr., ohne Pl.) Volksaufwieglung; Adolf Hitler (1889–1945) war e. gefährlicher Demagoge (Volksverführer)

Prospekt *Folder*, der (engl., Pl. -s) auch: Broschüre

prost! 1. *cheerio!* (engl.) 2. *à votre/ta santé* (fr.)

Prostituierte *Erostess*, die (gr.-engl., Pl. -en) aus: Eros u. Hostess

Prostituierte, die auf Anruf empfängt oder Besuche macht *Callgirl*, das (engl., Pl. -s); Art der Modelprostitution; mittels Anzeigen wird für den »Kundendienst« geworben

Protest, lautstarker ... *Randale*, die (lat., ohne Pl.) auch: Krawall. »Wir sollten die Randale u. den Vandalismus rasender Massen nicht mit der Verfassung der Mehrheit gleichsetzen.« (Horst-E. Richter, Sozialphilosoph)

Protestant *Evangele*, der (gr.-lat., Pl. -n) abwertend: Person ev. Glaubens

Protestkundgebung *Demonstration*, die (lat., Pl. -en)

Protest-Umschalter ... *Zapper*, der (engl.-am., Pl. -s) ... die e. TV-Programm aus Verärgerung abschalten, von: to zap (abknallen)

Protokoll, dem ... entsprechend *protokollarisch* (gr.-lat.) durch Protokoll festgehalten; »Sehr oft ist das Tragen von Hüten protokollarisch vorgeschrieben, z. B. bei unserem Staatsbesuch in Großbritannien.« (Marianne von Weizsäcker, 1996)

Provinz, byzantinische *Eparchie*, die (gr., Pl. ...ien) auch: Diözese (Amtsbezirk) der Ostkirche

Provinz, türk. ... *Wilajet*, das (türk.-arab., Pl. -s) auch: Verwaltungsbezirk

Provinzgouverneur *Amir*, der (arab., Pl. -e) auch: Militärkommandant

provozierend *aggressiv* (lat.) auch: angriffslustig; »Weltweit tätige Konzerne können in unserem Land jetzt aggressiv investieren.« (Kim Dae Jung, Staatschef von Südkorea, 1998)

Prozeß der Selbstwerdung e. Person *Individuation*, die (lat., Pl. -en) ... in dem sich die Individualität festigt; Ggs.: Sozialisation

Prozeß, bei dem zwei Kerne zusammenstoßen *Kernfusion*, die (dt.-lat., Pl. -en) ... u. zu e. einzigen, schwereren Kern verschmelzen (Phys.)

prüfen 1. *checken* (engl.) der Instrumente vor einem Raketenstart 2. *analysieren* (gr.-lat.) z. B. das Untersuchen von Stoffen 3. *inspizieren* (lat.) beaufsichtigen; der General inspiziert seine Truppen 4. *zensieren* (lat.) e. Aufsatz zensieren, diesem e. Note geben, beurteilen 5. *expertisieren* (lat.-fr.) die Echtheit von Kunst (Gemälden) prüfen 6. *degustieren* (lat.) Lebensmittel prüfen, kosten 7. *kontrollieren* (lat.-fr.) 8. *verifizieren* (lat.) die Richtigkeit überprüfen u. bestätigen, z. B. Fakten e. Artikels; Ggs.: falsifizieren (widerlegen)

prüfend *analytisch* (gr.-lat.) z. B. Qualitätsproblemen auf die Spur kommen

Prüfer 1. *Kontrolleur*, der (lat.-fr., Pl. -e) Aufsichtsbeamter; auch: Fahrkartenkontrolleur im Zug 2. *Revisor*, der (lat., Pl. ...oren) Buchprüfer 3. *Zensor*, der (lat., Pl. -en) 4. *Controller*, der (engl., Pl. -) Kostenexperte im Rechnungswesen

Prüfling *Kandidat*, der (lat., Pl. -en)

Prüfsiegel *Testat*, das (lat., Pl. -e) für getestete Produkte u. Leistungen

Prüfstein *Kriterium*, das (gr.-lat., Pl. Kriterien) auch: entscheidendes Merkmal; »Hier spricht Ihr Bundeskanzler: Deutschland erfüllt die Maastricht-Kriterien, die Renten sind sicher, u. die Erde ist e. Scheibe.« (Tobias Zink, Junge-Union-Chef auf seiner Handy-Mailbox, 1998)

Prüfung 1. *Inspektion*, die (lat., Pl. -en) z. B. Kfz.-Inspektion 2. *Inspizierung*, die (lat., Pl. -en) z. B. von militärischen Verbänden 3. *Examen*, das (lat., Pl. ...mina) 4. *Zensur*, die (lat., Pl. -en) 5. *Kontrolle*, die (lat.-fr., Pl. -n) 6. *Revision*, die (lat., Pl. -en) nochmalige Durchsicht, z. B. der Buchhaltung e. Firma 7. *Test*, der (lat.-fr.-engl., Pl. -s, -e)

Prüfung, mündliche ... zur Doktorarbeit *Rigorosum*, das (lat., Pl. -sa)

Prüfungsarbeit *Klausur*, die (lat., Pl. -en) Studenten schreiben Klausuren

Prügel auf die Fußsohlen *Bastonade*, die (arab., Pl. -n) Stockschläge auf nackte Sohlen, e. Strafform der Scharia (Gesetz, das das islamische Leben regelt)

prügeln *kalaschen* (russ.) schlagen

Prügelstrafe im Orient *Bastonade*, die (it.-fr., Pl. -n) bes. durch Stockschläge auf die Fußsohlen

Prunk 1. *Luxus*, der (lat., ohne Pl.) 2. *Pomp*, der (gr.-lat.-fr., ohne Pl.)

Prunkerei *Ostentation*, die (lat., Pl. -en)

Prunksarg *Sarkophag*, der (gr.-lat., Pl. -e) aufwendiger Steinsarg

prunkvoll 1. *luxuriös* (lat.) 2. *opulent* (lat.) i. S. von üppig, z. B. e. opulentes Mahl 3. *sumptuös* (lat.) i. S. von: verschwenderisch

Prunkwagen *Karosse*, die (lat.-it.-fr., Pl. -n) z. B. die Staatskarosse des ehemaligen Kaisers von Zentralafrika, Bedel Bokassa

Psychoterror am Arbeitsplatz *Mobbing*, das (engl., ohne Pl.) Bez. wurde vom schwedischen Sozialforscher Heinz Leymann geprägt

Psychoterror im Büro *Mobbing*, das (engl., ohne Pl.) von: to mob (schikanieren), systematisches Schikanieren von Kollegen u./o. Untergebenen in Betrieben, bis die Opfer die Firma verlassen oder krank werden; in Deutschland soll es fast 10 Millionen Mobbingopfer geben

Pubertät des jungen Mannes *Ephebie*, die (gr., ohne Pl.) med.

publik machen *going public* (engl.) auch: sich an die Öffentlichkeit wenden, z. B. e. Unternehmen, dessen Aktien an der Börse gehandelt werden sollen

Puderzucker *Farin*, der (lat., ohne Pl.)

Puerto-Rico-Kirsche *Acerolakirsche*, die (arab.-sp.-dt., Pl. -n) westindische Frucht

Puffmais *Popcorn*, das (engl., ohne Pl.) auch: Röstmais

Pullover, schwere Schlabber... *Fuzz*, der (engl.) von: fuzzy (unscharf) Bez. der Grunger (»Dreckspatzen« aus Protest) für dicke, schwere Wollpullover

Pulsschlag *Pulsation*, die (lat., Pl. -en) med.

Pult 1. *Katheder*, das (gr.-lat., Pl. -) 2. *Podest*, das, der (lat., Pl. -e) Treppenabsatz,

kleines Podium 3. *Podium*, das (gr.-lat., Pl. Podien) »Füßchen«, trittartige Erhöhung für e. Redner

Pulver, keinen Schuß ... wert sein *nihili esse* (lat., Zitat) eigtl.: von keinem Wert sein

Punkt 1. *Point d'honneur*, der (fr., ohne Pl.) Ehrenstandpunkt 2. *Point of no return*, der (engl., ohne Pl.) Punkt an dem es kein Zurück gibt 3. *Achillesferse*, die (gr.-dt., Pl. -n) nach dem Helden der gr. Sage Achilles, der an der Ferse verwundbar war: Schwachpunkt; Punkt, der gefährdet ist

Punkt in der Raumzeit, an dem die Raumzeitkrümmung unendlich wird *Singularität*, die (lat., Pl. -en) Astron.; Phys.; auch: Seltenheit; vereinzelte Erscheinung

Punkt, der springende ... *punctum saliens* (lat.) auch: Kernpunkt

Punkt, wesentlicher ... *Essential*, das (engl., Pl. -s) auch: Kernpunkt

Punkt, wunder ... *locus minoris resistentiae* (lat., Zitat) eigtl.: Ort des geringsten Widerstandes; auch: Achillesferse

Punktezahl *Score*, das (engl., Pl. -s) z. B. Spielstand beim Sport

Punktlicht *Spotlight*, das (engl., Pl. -s)

Pupillenerweiterung *Mydriase*, die (gr., Pl. -n) med.

Puppenspiel *Joruri*, das (jap., ohne Pl.) altes jap. Puppenspiel

putzen *polieren* (lat.-fr.) blank reiben

Putzmacherin *Grisette*, die (fr., Pl. -n) auch: junge leichtlebige Frau

Q

Quacksalber 1. *Medikaster*, der (lat., Pl. -) auch: Kurpfuscher, unfähiger Arzt 2. *Scharlatan*, der (it.-fr., Pl. -e)

Quacksalberei *Scharlatanerie*, die (it.-fr., Pl. ...ien) i. S. von Kurpfuscherei

Quaddeln *Urtika*, die (lat., Pl. ...kä) med.

Quadrat *Karree*, das (lat.-fr., Pl. -s)

Qual 1. *Tortur*, die (lat., Pl. -en) i. S. e. körperlichen, großen Anstrengung 2. *Martyri-*

426

um, das (gr.-lat., Pl. ...ien) auch: Opfertod; Grabkirche e. christlichen Märtyrers (Blutzeuge des Glaubens) 3. *Schikane*, die (fr., Pl. -n) Bosheit; Schwierigkeit in e. Rennstrecke 4. *Strapaze*, die (it., Pl. -n) Mühe

quälen 1. *malträtieren* (lat.-fr.) 2. *traktieren* (lat.) 3. *tyrannisieren* (gr.-lat.-fr.) 4. *mob, mobing* (engl.) das Quälen u. Schikanieren unter Kollegen, Psychoterror im Büro, in Deutschland soll es 1998 acht Millionen Mobbingopfer gegeben haben 5. *massakrieren* (fr.) mißhandeln; auch: niedermetzeln 6. *schikanieren* (fr.) böswillig Schwierigkeiten bereiten

Quälerei 1. *Sekkatur*, die (it., Pl. -en) auch: Belästigung 2. *Tortur*, die (lat., Pl. -en) auch: Folter, Strapaze

Qualitätszeit *quality time*, die (engl., ohne Pl.) gemeint ist die Zeit, die für die Familie, oder für das Lesen e. guten Buches aufgewendet wird, sie bietet dem Menschen emotionale Qualität u. steht im Gegensatz zur »work time« mit dem Arbeitsstreß

qualvoll *avernalisch* (lat.) höllisch

Quartalssäufer *Dipsomane*, der (gr., Pl. -n)

Quaste aus Wolle oder Seide *Pompon*, der (fr., Pl. -s)

Quecksilber *Hydrargyrum*, das (gr.-lat., ohne Pl.)

Quecksilberlegierung *Amalgam*, das (lat., Pl. -e) »Waigel will seine Löcher mit Gold stopfen, Seehofer erzählt überall rum, Amalgam (für die Zähne) tut's auch.« (G. Schröders geh. Tagebuch von H. Venske, 1997)

Quecksilberlegierung herstellen *amalgamieren* (lat.) auch: verbinden, vereinigen

Quecksilbervergiftung 1. *Hydrargyrose*, die (gr.-lat., Pl. -n) med. 2. *Merkurialismus*, der (lat., ohne Pl.)

Quelle 1. *Therme*, die (gr.-lat., Pl. -n) warme Quelle 2. *Pege*, die (gr., Pl. -n) kalte –, das Wasser ist unter 20°C 3. *Artesische Oase*, die (fr.-ägypt., Pl. -n) grüne Insel in der Wüste, das Grundwasser steht unter Druck 4. *Ain*, die (arab.)

Quelle am Helikon *Hippokrene*, die (gr., ohne Pl.) »Roßquelle«; galt als Ort dichterischer Inspiration

Quelle, Rohstoff ... *Ressource*, die (lat.-fr., Pl. -n)

quellen *imbibieren* (lat.) auch: durchtränken, z. B. von Blut (med.)

Quellenschrift des Schintoismus *Nihongi*, der (jap., ohne Pl.) auch: erste jap. Reichsgeschichte

Quellgöttin *Nymphe*, die (gr.-lat., Pl. -n)

Querbalken *Traverse*, die (lat.-fr., Pl. -n) Querträger; auch: Quergang beim Bergsteigen

Querbehang *Lambrequin*, der (fr., Pl. -s) z. B. drapierter Querbehang an Türen oder Fenstern

Quere, jmdm. in die ... kommen *konterkarieren* (fr.)

Querfeldeinrennen *Cross-Country*, das (engl., Pl. ...ies)

Querflöte *Flauto traverso*, der (lat.-it., Pl. ...ti, ...si)

quergestreift *travers* (lat.-fr.)

Querhaus *Transept*, der, das (lat.-engl., Pl. -e) e. Kirchenbauwerks; auch: Querschiff

querlaufend *transversal* (lat.)

Querleine der Wanten *Webleine*, die (niederdt., Pl. -n) dient auf Segelschiffen als Sprosse (Seemannsspr.)

Querpfeife *Pifferaro*, die (it., Pl. ...ri) auch: Schalmei

Querschreiben *Akzept*, das (lat., Pl. -e) auf e. Wechsel; Mahnung: schreib' niemals quer!

Querverweis im WWW (World Wide Web) *Hyperlink*, das (engl., Pl. -s) ... mit aktiver Funktion

quetschen *kontundieren* (lat.) z. B. Gewebe (med.)

Quetschung *Kontusion*, die (lat., Pl. -en) med.

Quizspiel, schnelles ... *Quickie*, das (engl., Pl. -s) *Quickie*, der (engl., Pl. -s) Jargon für e. schnellen Geschlechtsverkehr (Fick) z. B. im Fahrstuhl

Quotenpolitik, Clintons ... *Twofer*, die (Eigenn., am., ohne Pl.) e. Spitzenpolitiker sollte immer zwei Wählergruppen vertreten, US-Präsident Bill Clinton warb um Schwarze u. Frauen

R

Rabatt *Eskompte*, der (lat.-fr., Pl. -s) auch: Preisnachlaß bei Barzahlung

Rabatt gewähren *eskomptieren* (lat.-fr.)

Rabattsystem *Miles-and-more-System*, das (engl., Pl. -s) Vielflieger, Vielkäufer erhalten Gratiskilometer oder Geschenke, was zu e. Bonusaffäre führte: Gregor Gysi, Rezzo Schlauch u. a. traten zurück

Rabengeier, südam. ... *Urubu*, der (indian.-sp.-port., Pl. -s)

Rache 1. *Revanche*, die (lat.-fr., Pl. -n) Vergeltung 2. *Vendetta*, die (lat.-it., Pl. ...tten) Blutrache

Rachegöttin 1. *Furie*, die (lat., Pl. -n) aus dem alten Rom, z. B. sich wie e. Furie gebärden 2. *Erinnye*, die (gr.-lat., Pl. -yen) aus dem antiken Griechenland

Rachen *Pharynx*, der (gr., Pl. ...ryngen)

Rachenmandel *Tonsille*, die (lat., Pl. -n) med.

Rachenmandel, Entfernung der ... *Adenotomie*, die (gr.-lat., Pl. ...ien) auch: operative Entfernung von Wucherungen der Rachenmandel

Rachenspiegel *Pharyngoskop*, das (gr., Pl. -e) med.

Rachsucht *Ranküre*, die (lat.-fr., Pl. -n) auch: Groll

radeln *biken* (engl.)

Rädelsführer *fax et tuba* (lat.) auch: Fackel u. Trompete

radikale Haltung *Extremismus*, der (lat., Pl. ...men) »Im Kampf gegen den politischen Extremismus darf man auf keinem Auge blind sein.« (Helmut Kohl, Bundeskanzler, 1998)

radikaler Mensch *Extremist*, der (lat., Pl. -en) »... daß die Hilfsbereitschaft mit der Wahl von Extremisten nicht überstrapaziert werden darf« (Otto Hauser, Regierungssprecher der CDU, 1998)

radioaktiv verseuchte Stelle *hot spot*, der (engl., Pl. -s) ... z. B. an Castor-Behältern; eigtl.: heißer Punkt

Radioempfangsteil *Tuner*, der (engl., Pl. -s)

Radioempfangsteil u. Verstärker *Receiver*, der (engl., Pl. -)

Radio-Kassettenrecorder, transporta-

bler ... *Ghettoblaster*, der (it.-engl., Pl. -s) eigtl.: Wohnviertel-Zertrümmerer; ... der bei voller Musiklautstärke auf der Schulter herumgeschleppt wird; auch: »Trommelfellsprenger« genannt

Radrennbahn *Velodrom*, das (gr.-lat.-fr., Pl. -e) e. geschlossene Bahn

Radsportler *Pedaleur*, der (fr., Pl. -s u. e) auch: Radfahrer

Radzierblende *Full Cover*, das (engl.-am., Pl. -s)

Rahsegel, oberstes ... *Skysegel*, das (engl.-dt., Pl. -) bei Großseglern

Rakete *Pershing*, die (engl.-am., Pl. -s) ... die Sprengmittel bis zu 1000 km weit transportiert

Raketenantriebe, künftig vorstellbare 1. *Photonenrakete*, die (gr.-germ.-it., Pl. -n) eigtl.: Flugkörper kleinster Energieteilchen e. elektromagnetischen Strahlung; hier: e. Strahl intensiven Lichts wird für den Antrieb genutzt (Laserrakete) 2. *interstellares Staustrahltriebwerk*, das (lat.-dt., Pl. -e) »fängt« Wasserstoff als Treibstoff ein 3. *atomarer Reaktionsmotor*, der (gr.-lat., Pl. -e, -en) dieser wird von e. Serie kontrollierter Wasserstoffbomben-Explosionen angetrieben

Rammpfahl *Pilote*, die (lat., Pl. -n) im Falle e. sumpfigen Untergrundes werden Gebäude auf Piloten errichtet

Rampenlicht *Spotlight*, das (engl., Pl. -s) auch: Punktlicht; gebündeltes Scheinwerferlicht

Ramsch *Junk*, der (engl.-am., ohne Pl.) auch: Plunder, Trödel; alles was nichts taugt: schlechtes Essen, schlechte Filme

Rand 1. *Peripherie*, die (gr.-lat., Pl. ...ien) z. B. Siedlungen an der Peripherie e. Metropole; auch: Randgebiet 2. *Respekt*, der (lat.-fr., ohne Pl.) leerer Rand auf Skriptseiten oder bei Stichen; aber auch: Rücksicht, Achtung, Ehrerbietung

Rand, am ... *peripher* (gr.-lat.) die Angelegenheit berührt mich nur peripher

Randbeet *Rabatte*, die (fr., Pl. -n) auch: Umschlag an Kragen oder Ärmeln von Uniformen

Randbemerkung *Marginalie*, die (lat., Pl. -n) auch: Randtitel bei Gesetzeserlassen

Randeinsteller *Tabulator*, der (lat., Pl. ...oren) z. B. bei e. Schreibmaschine

Randgebiet *Peripherie*, die (lat., Pl. ...ien) auch: Umfangslinie

Randstreifen *Bankett*, das (it., Pl. -e) auch: Festmahl

Randstreifen neben e. Straße *Bankette*, die (fr., Pl. -n) nicht verw. mit *Bankett*, das (fr., Pl. -e) Festessen

Rang 1. *Grad*, der (lat., Pl. -e) auch: Temperatureinheit: +5 °C; Winkeleinheit in der Geometrie: 180° 2. *Level*, der (lat.-engl., Pl. -s) Stufe; auch: erreichtes Niveau 3. *Titel*, der (lat., Pl. -) Berufstitel; auch: Titel, Name e. Buches; Rechtstitel

Rang, etwas einstufen *Ranking*, das (engl., Pl. -s) z. B. e. Produkt auf e. Ranking-Liste von 1–10 oder 1–100 plazieren, bekannt sind Bestsellerlisten von Büchern

Rangabzeichen *Tresse*, die (lat.-fr., Pl. -n) im militärischen Bereich

Rangbezeichnung *Titular*, die (lat., Pl. -en)

Rangerniedrigung 1. *Degradation*, die (lat., Pl. -en) Herabsetzung beim Militär in e. niedrigeren Rang 2. *Degradierung*, die (lat., Pl. -en) Versetzen in e. niedere Position; auch: Veränderung e. guten Bodens in e. schlechten durch Erosion

Rangfolge 1. *Klassement*, das (fr., Pl. -s) auch: Einteilung, Ordnung 2. *Ranking*, das (engl., Pl. -s) Bewertungseinordnung

Rangfolge *Hierarchie*, die (gr., Pl. ...ien) verkrustete Hierarchien in Firmen sind schwer aufzubrechen; auch: Rangordnung, z. B. beim Militär

Rangreihenverfahren *Ranking*, das (engl.-am., Pl. -s) Methode der Datenerhebung mittels Befragung; auch: Klassifizierung

Rangverlust *Degradation*, die (lat., Pl. -en) Versetzung in e. niedere Position, z. B. als Strafe; nicht verw. mit *Degradierung*, die (lat., Pl. -en) Veränderung e. guten Bodens in e. schlechten (Auswaschung)

Ränke *Machination*, die (lat., Pl. -en) Machenschaften

Rankenwerk *Arabeske*, die (it.-fr., Pl. -n) Ornament; auch: Verzierung e. Melodie

Ränkeschmied *Intrigant*, der (lat.-it.-fr., Pl. -en) der Intrigant zerstörte jede Gemeinschaft

Ränkespiel *Intrige*, die (lat.-it.-fr., Pl. -n) Intrigen waren an Königshöfen e. verbreitete Unsitte

ränkesüchtig *intrigant* (lat.-it.-fr.) z. B. e. intriganter Mitarbeiter

Rasanz *Karacho*, das (sp., ohne Pl.) mit Karacho um die Kurve brausen

rasch *prompt* (lat.-fr.) z. B. prompt reagieren

Rascheln, das ... von Damenunterkleidern *Froufrou*, das (fr., ohne Pl.) ... der Mode um 1900

rasend 1. *frenetisch* (gr.-lat.-fr.) frenetischen Beifall spenden 2. *furibund* (lat.) auch: tobsüchtig (med.) 3. *rapid* u. *rapide* (lat.-fr.) u. 4. *rasant* (lat.-fr.) sehr schnell

Rasensprenger *Sprinkler*, der (engl., Pl. -) auch: Anlage zum Feuerschutz, z. B. in Kaufhäusern, Sprinkleranlage

Rasenstück, ausgeschlagenes ... *Divot*, das (engl., Pl. -s) das wieder eingesetzt werden muß (vom Greenkeeper: dem Rasenbetreuer) Golfbez.

Raserei 1. *Rage*, die (lat.-fr., ohne Pl.) in Rage (Wut) geraten 2. *Furor*, der (lat., ohne Pl.)

rasieren *barbieren* (lat.)

Rasierklinge, e. ... *Gillette*, die (Eigenn., Pl. -s) auch: am. Erfinder (1855–1932)

Rasierwasser *After-Shave-Lotion*, das (engl., Pl. -s)

Rassendenken *Rassismus*, der (it.-fr., ohne Pl.) die eigene Rasse wird bei diesem Denken über den Wert e. anderen gestellt; auch: Rassenhetze, Rassenwahn

Rassenhetze *Rassismus*, der (it.-fr., ohne Pl.) Rassenwahn, Rassendenken

Rassentrennung *Apartheid*, die (afrikaans, ohne Pl.) einst in Südafrika praktizierte, unterschiedliche Behandlung weißer u. andersfarbiger Menschen; »Obwohl die CSU best. lieber einen Apartheidpolitiker begrüßt hätte, kam Nelson Mandela auf Staatsbesuch.« (G. Schröders geh. Tagebuch von H. Venske, 1997)

Rast *Pause*, die (gr.-lat., Pl. -n)

Rasterätzung *Autotypie*, die (gr.-lat., Pl. ...ien) ... für den Buchdruck

rastern *pattieren* (fr.) e. Papierseite mit Notenlinien versehen

Rat der Alten *Gerusia, Gerusie*, die (gr., ohne Pl.) ... in Sparta

Rat *Tip*, der (engl., Pl. -s) z. B. e. nützlichen Tip geben

Rat, da ist guter ... teuer *hic consilium haeret* (lat., Zitat)

Rat, mit ... u. Tat *ope et consilio* (lat., Zitat)

Rat, zu Rate ziehen *konsultieren* (lat.) i. S. von: e. Rat einholen

Rätesystem *Sowjet*, der (russ., Pl. -s) auch: Rat der Arbeiter u. Bauern in der ehemaligen Sowjetunion; »Es gibt in der Sowjetunion noch genug Manilotschina.« (Michail Gorbatschow) i. S. von: schöne Worte, aber nichts dahinter, nach dem Gutsbesitzer Manilow in »Die toten Seelen« (Gogol)

Ratgeber 1. *Mentor*, der (gr., Pl. ...oren) Lehrer des Telemach, Sohn des Odysseus; auch: Lehramtskandidat 2. *Vademekum*, das (lat., Pl. -s) i. S. e. Leitfadens

Rathaus in England *Guildhall*, die (engl., Pl. -s)

Ration *Proviant*, der (lat.-fr., Pl. -e)

ratlos *perplex* (lat.-fr.) eigtl.: verworren; bestürzt

Ratlosigkeit *Aporie*, die (gr., Pl. ...ien)

ratsam *indiziert* (lat.) angezeigt; Ggs.: kontraindiziert

Rätsel *Änigma*, das (gr.-lat., Pl. -ta, ...men)

rätselhaft 1. *mysteriös* (gr.-lat.-fr.) 2. *änigmatisch* (gr.-lat.) 3. *delphisch* (gr.) nach dem Orakel des altgr. Ortes Delphi 4. *orakelhaft* (lat.-dt.) undurchschaubar 5. *sibyllinisch* (gr.-lat.) geheimnisvoll

Rätseln, du sprichst in ... *ambages narras* (lat., Zitat) zweideutige Worte sprechen

Ratsherr ... *Alderman*, der (engl., Pl. ...men) ... in angelsächsischen Ländern

Raub *Rapuse*, die (tschech., ohne Pl.)

Räuber 1. *Bandit*, der (germ.-it., Pl. -en) 2. *Apache*, der (indian., Pl. -n) svw. Großstadtganove, bes. in Paris; Apachentanz; auch: Indianerstamm im Südwesten der USA

Raubtier *Episit*, der (gr.-lat., Pl. -en) z. B. die Raubkatze

rauchen *kiffen* (arab.) z. B. Haschisch

Rauchen von Cannabis *drag* (engl.) Szenewort

Rauchen von Cannabis *Kiffen* (Szenewort)

Räucherharz *Myrrhe*, die (gr., Pl. -n)

Rauchkappe *Deflektor*, der (lat., Pl. -en) auch: Rauchfangaufsatz

Rauchstäbchen aus papierumwickeltem

Tabak *Zigarette*, die (fr.-sp., Pl. -n) »Für manchen ist die Zigarette danach schon wichtiger als der Sex davor.« (Ludger Stratmann, Komiker, 2006)

Rauchware aus Tabakblättern *Zigarre*, die (sp.-fr., Pl. -n) z. B. Brasil, Sumatra, Havanna

Rauchzimmer *Fumoir*, das (fr., Pl. -s) auch: Rauchabteil e. Zuges

Raufbold *Rowdy*, der (engl., Pl. -s) z. B.: Rowdytum

Raum 1. *Lokal*, das (lat.-fr., Pl. -e) z. B.: Wahllokal 2. *Salon*, der (germ.-it.-fr., Pl. -s) i. S. e. eleganten Raumes, Empfangssalon 3. *Vakuum*, das (lat., Pl. ...kua, ...kuen) i. S. e. luftleeren Raumes

Raum, abgetrennter ... *Séparée*, das (lat.-fr., Pl. -s) z. B. Chambre séparée (Nebenraum)

Raum, Arbeitsraum e. Künstlers *Atelier*, das (lat.-fr., Pl. -s) auch: Fotoatelier

Raum, separater ... in e. Moschee *Maksura*, die (arab., Pl. -s)

Raum, um abzukühlen *Chrill-Out-Room*, der (engl.-am., Pl. -s) der abgetanzte Raver kühlt sich (chill out) bei Trance- oder Ambientmusic ab u. meint: »Umfallen ist keine Schande, aber liegenbleiben (im Techno-Club).«

Raumbildtechnik *Stereoskopie*, die (gr.-lat., Pl. -n) dreidimensionale Abbildungen

Raumdesinfektionsmittel, giftiges ... 1. *Formaldehyd*, der (gr.-lat., ohne Pl.) auch: Ameisensäure; entsteht beim Rauchen, krebserregend, 2. *Formalin*, das (Eigenn., lat., ohne Pl.) eigtl.: Formaldehyd; auch: Konservierungsmittel

Räume, leere ... zwischen den Himmelskörpern *Intermundien*, die (lat., Pl.) Wohnsitz der Götter nach der Philos. Epikurs (341–270 v. Chr.)

räumen *evakuieren* (lat.) Menschen aus e. Krisengebiet evakuieren

Raumfähre *Shuttle*, der (engl., Pl. -s) z. B. Spaceshuttle; auch: regelmäßiger Flugdienst zwischen zwei Orten; Vor- u. Rücklaufknopf an Videorecordern

Raumfahrer 1. *Astronaut*, der (gr.-lat., Pl. -en) auf der Raumstation »Mir« waren Astronauten stationiert 2. *Kosmonaut*, der (gr.-lat., Pl. -en) russ. Weltraumfahrer

Raumfahrt *Astronautik*, die (gr.-lat., ohne Pl.) Wissenschaft des Weltraumflugs

Raumfahrt, die ... betreffend *astronautisch* (gr.-lat.)

Raumfahrtorganisation, die amerikanische ... *National Nautics and Space Administration*, die (engl.-am., ohne Pl.) kurz: NASA

Raumgestalter 1. *Dekorateur*, der (lat.-fr., Pl. -e) i. S. e. Schaufenstergestalters 2. *Innenarchitekt*, der (gr.-lat., Pl. -en)

Raumgestaltung 1. *Dekoration*, die (lat.-fr., Pl. -en) auch: Bühnenausstattung 2. *Innenarchitektur*, die (dt.-gr.-lat., ohne Pl.)

Rauminhalt 1. *Volumen*, das (lat., Pl. ...mina) von Körpern 2. *Tonnage*, die (lat.-fr.-engl., Pl. -n) bei Schiffen, gemessen in Bruttoregistertonnen

Rauminhalt, der ... e. Gases nimmt bei zunehmendem Druck ab *Boyle-Mariottesche Gesetz*, das (Eingenn., ohne Pl.) nach Robert Boyle (1627–1691) engl. Naturforscher, Entdecker des Volumengesetzes der Gase

Raumlehre *Geometrie*, die (gr.-lat., Pl. ...ien) Teilgebiet der Mathematik, das der räumlichen Gebilde

Raumschiff, das in die Tiefe des Alls vordringt *Sonde*, die (fr., Pl. -n) Raumfahrzeug; auch: stabförmiges Untersuchungsgerät

Raumspaziergang *Extravehicular Activity*, die (engl.-am., Pl. -ies) kurz: EVA

Raupenschlepper *Caterpillar*, der (engl., Pl. -s) »Raupe«, schweres Erdbaugerät im Straßenbau; auch: Name e. am. Unternehmens für Erdbewegungsmaschinen

Rausch *Ekstase*, die (lat., Pl. -n) Verzückung

Rauschgift 1. *Hard stuff*, der (engl., Pl. -s) schweres Gift 2. *Narkotikum*, das (gr.-lat., Pl. ...ka) Rauschgifte allg. (Morphium, Opium; Heroin u. ä.)

Rauschgift aus Hanf *Haschisch*, das u. der (arab., ohne Pl.) eigtl.: Gras. »In mir sträubt sich alles, wenn ich daran denke, daß ich mit Frau Roth über die Freigabe von Haschisch verhandeln müßte.« (Günther Beckstein, Innenminister, CSU, 2005)

Rauschgift, das Injizieren von ... *Mainlining*, das (engl.-am., Pl. -s)

Rauschgiftabhängiger, körperlich u. seelisch kaputter ... *Viper*, der (engl., Pl. -s) Szenewort

Rauschgifthändler 1. *Dealer*, der (engl., ohne Pl.) z. B.: kleine Straßendealer 2. *Pusher*, der (engl., Pl. -s)

Rauschgiftkonsument, allgemein *User*, der (engl., Pl. -s) Szenewort, eigtl.: Benutzer

Rauschgiftsucht *Narkomanie*, die (gr.-lat., ohne Pl.) med.

rauschgiftsüchtig, nicht mehr ... 1. *clean* (engl.) »rein« 2. *Exuser*, der (engl., ohne Pl.) i. S. von: ehemals Rauschgiftsüchtiger

Rauschgiftsüchtiger 1. *Fixer*, der (lat.-fr.-engl., Pl. -) Süchtiger, der harte Drogen spritzt 2. *Junkie*, der (engl., Pl. -s) 3. *User*, der (engl., Pl. -) eigtl.: Verwender; Jargon: Drogenabhängiger

Rauschgiftversteck *Trap*, das (engl., Pl. -s) Szenewort

rauschhaft 1. *ekstatisch* (gr.-lat.) 2. *dionysisch* (gr.-lat.) nach dem altgr. Wein- u. Fruchtbarkeitsgott Dionysos

Rauschmittel 1. *Speed*, der (engl., Pl. -s) z. B.: Amphetamine 2. *Narkotikum*, das (gr.-lat., Pl. ...ka) Rauschgifte allg. 3. *Cannabis*, der (gr.-lat., ohne Pl.) Hanf; auch für Haschisch 4. *Poppers*, das (am., Jargon, ohne Pl.) ... das seine Wirkung durch Einatmen der Dämpfe entfaltet (z. B. Uhu-Alleskleber)

Rauschmittel in Tablettenform *Smarties*, die (engl., Pl.) Szenewort; eigtl.: kleiner Schlauer

Rauschpfeffer *Piper methysticum*, der (lat., ohne Pl.) auch: Kawa Kawa, angstlösendes Mittel, stammt aus Neuguinea

Rausch- u. Heilgras *Cymbopogon deniflorus*, das (lat., ohne Pl.) auch: Esakuna, das (afrik. Eigenn., ohne Pl.) ... das von Medizinmännern Ostafrikas verwendet wird

Rauschwirkung, lustvoll erlebte ... *Kick*, der (engl., Pl. -s) Szenewort; eigtl.: Stoß, Tritt

Rauschzustand *Delirium*, das (lat., Pl. -ien) Bewußtseinstrübung; *Delirium tremens*, das (lat., ohne Pl.) Säuferwahn

Rauschzustand, anhaltender, sanft ausklingender ... *Afterglow*, der (engl., Pl. -s) Szeneausdruck

Rauschzustand, unangenehmer ... *Bad Trip*, der (engl., Pl. -s) Szenewort

Raute 1. *Karo*, das (lat.-fr., Pl. -s) Viereck 2. *Rhombus*, der (lat., Pl. ...ben) e. verschobenes Quadrat

rautenähnlich *rhomboid* (lat.)

Raver-Begeisterter 1. *Raver-Freak*, der (engl.-am., Pl. -s) 2. *Ravemania X*, der (engl.-am., Pl. -s)

Reagenzglas, im ... *in vitro* (lat.) »im Glas«; e. wissenschaftlicher Versuch, der im Reagenzglas durchgeführt wurde; nicht verw. mit: *in vivo* (lat.) »im Leben«; am lebenden Objekt durchgeführter Versuch

Reaktion *Respons*, der (lat., Pl. -e) sein Brief blieb ohne Respons

Reaktion, angeborene ... 1. *Unconditioned Response*, die (engl.-am., Pl. -s) kurz: UCR; z. B. die Frühlingsgefühle der meisten Männer beim Anblick e. attraktiven Frau 2. *Instinkt*, der (lat., Pl. -e) angeborene Verhaltensweise bes. bei Tieren

Reaktion, erworbene ... *Conditioned Response*, die (engl.-am., Pl. -s) ... die e. Lebewesen nicht angeboren ist; kurz: CR

Reaktion, schockartige ... *Anaphylaxie*, die (gr., Pl. ...ien) ... meist allergisch; auch: Überempfindlichkeit

Reaktion, unwillkürliche ... auf e. Reiz 1. *Reflex*, der (fr., Pl. -e) 2. *Pawlowscher Hundeversuch*, der (Eigenn., russ.-dt., Pl. -e) nach Iwan Pawlow, russ. Physiologe (1849–1936) mit Arbeiten über die »bedingten Reflexe«; »Das ist fast wie beim Pawlowschen Hundeversuch: Sie brauchen mich nur anzugucken, u. schon sind Sie dagegen.« (Helmut Kohl, 1998)

Reaktionsfähigkeit *Reagibilität*, die (lat., ohne Pl.) i. S. raschen Reagierens

Rechenanlage *Computer*, der (lat.-engl., Pl. -) i. S. e. elektronischen Datenverarbeitungsanlage

Rechenbrett *Abakus*, der (gr.-lat., Pl. -) war bei Kaufleuten der Antike im Gebrauch; auch: Deckplatte über e. Säulenknauf

Rechenkunst 1. *Arithmetik*, die (gr.-lat., ohne Pl.) Teilgebiet der Mathematik 2. *Algebra*, die (arab.-roman., ohne Pl.) Teil der Mathematik, das Rechnen mit Buchstaben u. Zahlen

Rechenmethode um die Leistungsunter- schiede auszugleichen *Handicap*, das (engl., Pl. -s) es beruht auf der Differenz zwischen den Bruttoergebnissen e. Spielers u. dem Par des Platzes (Golfbez.)

Rechenschaftsbericht, halbjähriger ... des US-Notenbankchefs *Humphrey-Hawkins-Bilanz*, die (am.-it., Pl. -en) legt Alan Greenspan dem Kongreß der USA vor

Rechenschwäche *Akalkulie*, die (gr.-lat., Pl. ...ien)

Rechentafel *Abakus*, der (gr.-lat., Pl. -) war in der Antike im Einsatz

Rechenvorgang *Algorithmus*, der (arab., Pl. ...men) nach e. best. Schema ablaufender Rechenvorgang

rechnen *kalkulieren* (lat.) auch: abschätzen

Rechnen mit Näherungswerten *Fuzzy-Logic*, die (engl., ohne Pl.) »unscharfe Logik«; e. mathematische Theorie, die nicht nur falsch u. richtig zuläßt, sondern Näherungswerte definiert; damit werden »weiche« Prozesse gesteuert, z. B. die sanfte Beschleunigung von Bahnen u. Fahrstühlen

Rechnen mit unendlich kleinen Werten *Infinitesimalrechnung*, die (lat.-dt., Pl. -en)

rechnen, mit etwas ... *spekulieren* (lat.) »beobachten«; z. B. mit steigenden Aktienkursen spekulieren; »Es wird spekuliert, daß es sich um Überreste von Adolf Hitler handeln könnte.« (Wiener Kurier, 1994) oder: »... es macht keinen Sinn, im nachhinein zu spekulieren, was wäre gewesen, wenn ...« (Wolfgang Schäuble, CDU, 1998)

Rechner am TV *Set-Top-Box*, die (engl., Pl. ...es) ... der digital übertragene Videodateien auf den Bildschirm bringt

Rechner, der den Zugang vom Internet in e. Firmennetzwerk überwacht *Firewall*, der (engl., Pl. -s) ... u. Hackern den Zutritt blockiert

Rechner, der kontrolliert ... *Proxy*, der (Eigenn., engl., Pl. ...ies) ... ob e. Anwender aus einem internen Netzwerk ins Internet gelangen darf

Rechner, elektronischer ... *Computer*, der (lat.-engl., Pl. -) »Es zählt zu den modernen Fimmeln, Computer töricht anzuhimmeln.« (K.-H. Söhlker, 1998)

Rechner, jeder ... der an das Internet angeschlossen ist *Server*, der (engl., Pl. -s) »Dienstleister«; ... u. von dem Software oder Informationen abgerufen werden können

rechnerisch *arithmetisch* (gr.-lat.) von Zahlenreihen das arithmetische Mittel bilden

Rechnung 1. *Faktur*, die (lat.-it., Pl. -en) z. B. Warenfakturen 2. *Nota*, die (lat., Pl. -s)

Rechnung schreiben *fakturieren* (lat.-it.)

Rechnungsabzug 1. *Skonto*, der (lat.-it., Pl. ...ti) z. B. bei Barzahlung 2. *Rabatt*, der (lat.-it., Pl. -e) Preisnachlaß bei großen Mengen; Mengenrabatt

Rechnungsbuch *Journal*, das (lat.-fr., Pl. -e) einst Buch in der Buchführung, in dem die Geschäftsvorfälle lückenlos festgehalten wurden; auch: Schiffstagebuch auf alten Schiffen

Rechnungseinheit *ECU*, der (fr., Pl. -s) kurz für *European Currency Unit*, Vorläufer der gemeinsamen europäischen Währung: EURO

rechnungsmäßig *kalkulatorisch* (lat.)

Rechnungsprüfer 1. *Revisor*, der (lat., Pl. ...oren) auch: Buchprüfer oder externer Prüfer i. S. e. Wirtschaftsprüfers 2. *Accountant*, der (engl., Pl. -s) Buchhalter 3. *chartered accountant*, der (engl., Pl. -s) svw. Wirtschaftsprüfer

Recht im Bereich der Computerwelt *Cyberright*, das (engl., Pl. -s)

Recht *Privileg*, das (lat., Pl. -ien) i. S. e. alleinigen Rechts; als Direktor Privilege genießen (Dienstwagen, Chauffeur)

recht so! *à la bonne heure!* (fr.)

Recht sprechen *judizieren* (lat.)

Recht, das ... auf die erste Nacht *ius primae noctis* (lat., Zitat)

Recht, das ... muß seinen Gang gehen, u. sollte die Welt darüber zugrunde gehen *fiat justitia et pereat mundus* (lat., Zitat Kaiser Ferdinands I.)

Recht, das strengste ... (ist oft) das größte Unrecht *summum ius, summa iniuria* (lat., Zitat: Cicero)

Recht, von Rechts wegen *de jure* (lat.) rechtlich betrachtet; Ggs.: de facto

Rechteck *Orthogon*, das (gr.-lat., Pl. -e)

rechteckig *orthogonal* (gr.)

rechtfertigen 1. *exkulpieren* (lat.) auch: entschuldigen 2. *justifizieren* (lat.) e. Rechnung nach Prüfung freigeben 3. *rehabilitieren* (lat.) i. S. von: wieder eingliedern

rechtfertigend *apologetisch* (gr.-lat.) auch: e. Überzeugung verteidigend; z. B. Martin Luther (1483–1546) auf dem Reichstag zu Worms, April 1521

Rechtfertigung *Apologie*, die (lat., Pl. ...ien) auch: Verteidigung e. Lehre. Johann M. Möller: »Die Apologie des Transnationalen ist gescheitert!«

Rechtfertigungsgrund *Argument*, das (lat., Pl. -e)

rechtgläubig *orthodox* (gr.-lat.) strenggläubig

rechtlich *de jure* (lat.) auch: von Rechts wegen; Ggs.: de facto

rechtlich unangreifbar *immun* (lat.) z. B. die Immunität (Unantastbarkeit) von Parlamentsabgeordneten oder Diplomaten hinsichtlich e. strafrechtlichen Verfolgung

rechtmäßig 1. *legitim* (lat.) wie der Vaterschaftstest ergab, waren zwei Kinder legitim und zwei (Ggs.:) illegitim 2. *legal* (lat.) i. S. von: gesetzlich erlaubt; Ggs.: illegal

Rechtmäßigkeit *Legitimität*, die (lat., ohne Pl.) Ggs.: Illegitimität

Rechts- u. Gottesgelehrter *Ulema*, der (arab.-türk., Pl. -s) des Islams

Rechtsanspruch *Claim*, das (lat.-fr.-engl., Pl. -s) die Goldsucher steckten ihre Claims ab

Rechtsanwalt *Advokat*, der (lat., Pl. -en) z. B.: Winkeladvokat

Rechtsbeistand 1. *Justitiar*, der (lat., Pl. -e) in e. Unternehmen für Rechtssachen zuständiger Mitarbeiter 2. *Advokat*, der (lat., Pl. -en) Rechtsanwalt; Advocatus Diaboli: »Anwalt des Teufels«

Rechtsbrecher *Delinquent*, der (lat., Pl. -en)

rechtschaffen *honett* (lat.-fr.)

Rechtschaffenheit *Integrität*, die (lat., ohne Pl.) Nelson Mandela, ehemaliger Präsident von Südafrika, gilt als Staatsmann mit hoher Integrität

Rechtschreibung *Orthographie*, die (gr.-lat., Pl. ...ien); »Romane von Grass & Co. stehen unter e. ›Orthographievorbehalt‹ noch lebender Autoren.« (Börsenverein

des Deutschen Buchhandels zur Recht-
schreibreform, 1998)

Rechtsfall *Causa*, die (lat., Pl. ...sae)

Rechtsgelehrter, islamischer ... *Mufti*, der (arab., Pl. -s) auch: Gutachter

Rechtsgläubigkeit, kath. ... *Katholizität*, die (lat., ohne Pl.) »Bayerische Katholizität heißt: Blick zum Himmel ...« (Winfried Röhmel, Pressesprecher des Erzbistums München u. Freising, 2007)

rechtsgültig *authentisch* (gr.)

rechtsgültig machen *authentisieren* (gr.)

Rechtsgültigkeit *Authentizität*, die (gr., ohne Pl.) auch: Echtheit

Rechtsgutachten, islamisches ... *Fatwa*, das (arab., ohne Pl.) fälschliche Bez. für e. Todesurteil in der islamischen Welt

rechtshändig *colla destra* (it.) auf dem Klavier spielen (musik. Vortragsanw.)

rechtskräftig machen, es ... *legalize it* (engl.) »Ich halte nichts von ›legalize it‹!« (Gerhard Schröder, 1998)

Rechtspflege *Justiz*, die (lat., ohne Pl.)

Rechtsprechung 1. *Justiz*, die (lat., ohne Pl.) 2. *Judikatur*, die (lat., Pl. -en)

Rechtssatz *Paragraph*, der (gr.-lat., Pl. -en) fortlaufend numerierte Textabschnitte

Rechtsvorbehalt *Reservat*, das (lat., Pl. -e), Reservatio mentalis, geheimer Vorbehalt, d. h. Versprochenes nicht ausführen

Rechtsvorschrift *Nomos*, der auch (gr., Pl. Nomoi)

Rechtswesen *Justiz*, die (lat., ohne Pl.)

rechtswidrig *illegal* (lat.) Bauen ohne Baugenehmigung ist illegal; Ggs.: legal

Rechtswissenschaft 1. *Jura*, (lat., nur Pl. »die Rechte«) 2. *Jurisprudenz*, die (lat., ohne Pl.)

rechtswissenschaftlich *juristisch* (lat.)

rechtwinklig *orthogonal* (gr.-lat.) e. rechten Winkel bildend

Rede 1. *Sermon*, der (lat., Pl. -e) sein Vortrag war e. Sermon (langweilige Rede) 2. *Sottise*, die (frz., Pl. -n) e. satirische, stichelnde Rede 3. *Eloge*, die (gr.-lat.-fr., Pl. -n) Lobesrede 4. *Elogium*, das (gr.-lat., Pl. ...ia) Lobrede; im alten Rom Inschrift auf Grabsteinen 5. *Laudatio*, die (lat., Pl. ...ones, ...onen) Rede, die anläßlich e. Preisverleihung gehalten wird 6. *Laudation*, die (lat., Pl. -en) Lobrede

Rede bei e. Preisverleihung *Laudatio*, die (lat., Pl. ...ones, ...onen) auch: Lobrede; »E. Laudatio ist e. Nachruf bei Lebzeiten.« (Carl Zuckmayer)

Rede, e. ... im eigenen Interesse *oratio pro domo* (lat., Zitat)

Redeerguß *Tirade*, die (lat.-it.-fr., Pl. -n) z. B. Schimpftirade

Redefluß *Suada*, die (lat., Pl. ...den) wortreiche Rede

Redekunst 1. *Rhetorik*, die (gr.-lat., ohne Pl.) 2. *Dialektik*, die (gr.-lat., ohne Pl.) e. Person in Rede u. Gegenrede überzeugen; auch: innere Gegensätzlichkeit

Redekunst, Erfahrener in der ... *Dialektiker*, der (gr.-lat., Pl. -) auch: geschickter Argumentierer. »Chefdialektiker Müntefering hat den Irrsinn komplett gemacht!« (Johann M. Möller, 2005)

Redekünstler *Rhetoriker*, der (gr.-lat., Pl. -)

reden 1. *parlieren* (gr.-lat.-fr.) 2. *artikulieren* (lat.-fr.) i. S. von: Laute deutlich aussprechen 3. *formulieren* (lat.-fr.) ausdrükken, z. B. Sätze druckreif formulieren 4. *kommunizieren* (lat.) miteinander sprechen

reden, aus dem Stegreif ... *extemporieren* (lat.)

Reden, ekstatisches Zungen... *Glossolalie*, die (gr., ohne Pl.) auch: Ausstoßen fremdartiger Laute u. Wortneubildungen

reden, großmäulig ... *schwadronieren* (lat.-it.-fr.) »eine ins Schwadronieren führende Talkshow« (Walter Jens, Rhetorik-Prof., wünschte e. TV-Duell: Kohl – Schröder, 1998)

Redensart 1. *Phrase*, die (gr.-lat., Pl. -n) z. B. Phrasendrescher; jmd., der gehaltlos daherredet 2. *Platitüde*, die (gr.-lat.-fr., Pl. -n) geistloses Reden 3. *Floskel*, die (lat., Pl. -n) z. B.: dahergeredete, nicht ernst gemeinte Komplimente 4. *Phraseonym*, das (gr.-lat., Pl. -e) der aus e. Redensart bestehende Deckname (Pseudonym) e. Schriftstellers; z. B. »Zeit ist Geld«

Redeschwall 1. *Sermon*, der (lat.-fr., Pl. -e) langweiliges Geschwätz; auch: Strafpredigt 2. *Tirade*, die (lat.-it.-fr., Pl. -n) z. B. Schimpftiraden prasselten auf die Schüler ein

Redeschwulst *Bombast*, der (gr.-engl., ohne Pl.) Wortschwall

Redestil *Lokution*, die (lat., Pl. -en) auch: Ausdrucksweise

Redestreit, Technik des ... *Eristik*, die (gr., ohne Pl.)

Redewendung 1. *Phrase*, die (gr.-lat., Pl. -n) z. B. Phrasendrescher 2. *Lokution*, die (lat., Pl. -n) als Redensart

Redewendung, abgegriffene ... 1. *Banalität*, die (germ.-fr., Pl. -en) i. S. e. Plattheit: ohne Pl.; platte Bemerkungen: mit Pl. 2. *Floskel*, die (lat., Pl. -n)»Blümchen«; flache Redewendungen 3. *Klischee*, das (fr., Pl. -s) abgedroschene Äußerung; auch: Druckstock 4. *Platitüde*, die (gr.-lat.-fr., Pl. -n) Plattheit 5. *Topos*, der (gr., Pl. Topoi) formelhafte Redewendung in der Antike; nicht verw. mit *Topas*, der (gr.-lat., Pl. -e) Edelstein 6. *Trivialität*, die (lat.-fr., Pl. -en) Seichtheit

Redewendungssammlung *Phraseologie*, die (gr.-lat., Pl. -n)

redlich 1. *integer* (lat.) Nelson Mandela gilt als sehr integerer Politiker 2. *loyal* (lat.-fr.) e. allzeit loyaler Mitarbeiter, zum Vorgesetzten stehend, treu 3. *reell* (lat.-fr.) e. reeller Kaufmann sein

Redlichkeit 1. *Integrität*, die (lat., ohne Pl.) 2. *Reellität*, die (lat.-fr., ohne Pl.) an der Reellität des Kaufmanns gab es keinen Zweifel

Redner 1. *Orator*, der (lat., Pl. ...oren) i. S. e. begabten Redners 2. *Rhetor*, der (gr.-lat., Pl. ...oren)

Rednerbühne *Tribüne*, die (lat.-it.-fr.)

rednerisch 1. *oratorisch* (lat.) mitreißend 2. *rhetorisch* (gr.-lat.) e. rhetorische Breitseite abschießen; jmd. sehr tadeln

Rednerpult 1. *Podium*, das (gr.-lat., Pl. Podien) 2. *Katheder*, der, das (gr.-lat., Pl. -) Lehrerpult; auch: Lehrstuhl e. Hochschullehrers; nicht verw. mit *Katheter*, der (gr.-lat., Pl. -) Röhrchen zur Einführung in Körperorgane; z. B. Herzkatheter 3. *Podest*, das, der (lat., Pl. -e) Treppenabsatz; als Geehrter auf dem Podest stehen

Reduzierung der Lagerbestände *Kanban*, das (jap., ohne Pl.) systematisches Erarbeiten des gerade noch ausreichenden Warenlagerbestandes

reformwillig *reformistisch* (lat.) die englische Labourpartei gab sich 1997 reformistisch u. siegte

Regalbrett *Tablar*, das (lat.-fr., Pl. -e) Bez. in der Schweiz

Regel 1. *Norm*, die (gr.-etrusk.-lat., Pl. -en) z. B. nach geltenden Normen handeln 2. *Prinzip*, das (lat., Pl. ...ien) z. B.: Prinzipienreiter

Regel, keine ... ohne Ausnahme 1. *nulla praecepta firma et stabilia* (lat., Zitat) 2. *nulla regula sine exceptione* (lat., Zitat)

Regel, mathematische *Formel*, die (lat., Pl. -n) auch: Redensart; Merkmale des Rennwagens e. best. Klasse, z. B. Formel-1, die Michael Schumacher zur Zeit auf Ferrari fährt; »Die Sprache der Zukunft ist die Formel.« (C. M. Ceram)

Regelblutung 1. *Menorrhö*, die (gr.-lat., Pl. -en) 2. *Menses*, die (lat., nur Pl.) 3. *Menstruation*, die (lat., Pl. -en) 4. *Periode*, die (gr.-lat., Pl. -n) 5. *Zyklus*, der (gr.-lat., Pl. ...len)

regelgerecht 1. *fair* (engl.) e. faires Fußballspiel bestreiten 2. *Fair play*, das (engl., ohne Pl.) anständiges Verhalten in e. sportlichen Wettkampf oder im Geschäftsleben 3. *normal* (gr.-lat.) 4. *regulär* (lat.)

regellos *irregulär* (lat.) regelwidrig; Ggs.: regulär

regelmäßig 1. *periodisch* (gr.-lat.) 2. *zyklisch* (gr.-lat.) wiederkehrend; auch: kreisförmig

regeln 1. *reglementieren* (lat.-fr.) z. B. durch Vorschriften 2. *regulieren* (lat.) an der Kreuzung regulierte e. Polizist den Verkehr 3. *normieren* (gr.-lat.-fr.) vereinheitlichen

Regeln *Normalien*, die (gr.-lat., nur Pl.)

Regeln, nach allen ... der Kunst *lege artis* (lat., Zitat)

regelnd *regulativ* (lat.)

Regelung *Regulierung*, die (lat., Pl. -en)

Regelungstechnik *Kybernetik*, die (gr.-engl., ohne Pl.)

Regelverstoß *Foul*, das (engl., Pl. -s)

regelwidrig 1. *anormal* (lat.) i. S. von: regelabweichend; ungewöhnlich 2. *anomal* (gr.-lat.) nicht normal entwickelt

Regelwidrigkeit *Anomalie*, die (gr.-lat., Pl. ...ien) auch: Mißbildungen z. B. bei Geburten

Regen, aus dem ... in die Traufe kommen *ire tendo de fumo ad flammam* (lat., Zitat) eigtl.: aus dem Rauch in die Flamme eilen

Regenbach 1. *Torrente*, der (lat.-it., Pl. -n) führt nur bei Regenfällen Wasser 2. *Wadi*, das (arab., Pl. -s) in der regenlosen Zeit trockenes Flußbett in der Wüste

Regenbogen *Iris*, die (gr., ohne Pl.) auch: Regenbogenhaut des Auges (med.); Schwertlilie

Regenbogen, in ...farben leuchten *irisieren* (gr.-lat.) irisierende Wolken: bes. im Randbereich hell scheinende Formationen

Regengott der Maya *Chac-Mool*, der (indian., ohne Pl.) ... in Yucatán (Mexiko)

Regenmesser *Ombrometer*, das (gr.-lat., Pl. -)

regenscheu *ombrophob* (gr.)

Regenschirm *Parapluie*, der (lat.-fr., Pl. -s)

Regenwaldgebiet, tropisches ... *Hyläa*, die (gr.-lat., ohne Pl.) ... am Amazonas

Regenwasserbehälter *Zisterne*, die (gr.-lat., Pl. -n)

Regieentwurf *Choreographie*, die (gr., Pl. ...ien) für ein Ballett, d. h. für Tanzbewegungen

Regierung, vorläufige ... *Interregnum*, das (lat., Pl. ...nen, ...na) Zwischenregierung; auch: die kaiserlose Zeit von 1254–1273

Regierungsbeschluß *Dekret*, das (lat., Pl. -e)

Regierungsbezirk in Schweden *Län*, das (schwed., Pl. -s)

Regierungsmannschaft *Kabinett*, das (fr., Pl. -e) e. Kabinett verhält sich bisweilen wie e. *Kabarett*, das (fr., Pl. -s) heitere Kleinkunstdarsteller; auch: abgeschlossener Beratungsraum

Regierungsmitglied *Minister*, der (lat.-fr., ohne Pl.) z. B. für die Wirtschaft: Wirtschaftsminister

Regierungsrücktritt *Demission*, die (lat.-fr., Pl. -n)

Regierungssitz *Residenz*, die (lat., Pl. -en)

regierungstreu *loyal* (lat.-fr.) »Ich danke Herrn Peter Hausmann für seine stets loyale Mitarbeit.« (Helmut Kohl, 1998)

Regierungsumbildung *Revirement*, das (roman.-fr., Pl. -s) auch: Ämterwechsel; Abrechnung zwischen Schuldnern u. Gläubigern

regsam *agil* (lat.-fr.) auch: geschäftig

Regsamkeit *Agilität*, die (lat.-fr., ohne Pl.) auch: Geschäftigkeit

regungslos *torpid* (lat.)

Regungslosigkeit *Torpidität*, die (lat., ohne Pl.) auch: Starre; lebende, kleine Vögel werden gewogen, indem man ihre kurze Torpidität in der Rückenlage nutzt

Reibelaut *Frikativ*, der (lat., Pl. -e) aus der Sprachlehre

Reibung *Friktion*, die (lat., Pl. -en) auch: Widerstand, Verzögerung

Reibung, durch ... erzeugt *frikativ* (lat.)

Reich *Imperium*, das (lat., Pl. ...ien) i. S. e. Weltreichs

Reicher *Krösus*, der (gr.-lat., Pl. -se) der sehr reiche u. letzte König von Lydien (6. Jh. v. Chr.)

reichhaltig *opulent* (lat.) üppig; e. opulentes Mahl einnehmen

reichlich *abundant* (lat.)

Reichtum 1. *Mammon*, der (gr.-lat., ohne Pl.) i. S. von Streben nach Geldreichtum 2. *Mammonismus*, der (gr.-lat., ohne Pl.) i. S. von Reichtum durch Geldgier; Geldherrschaft

Reichweite *Aktionsradius*, der (lat., Pl. ...ien) auch: Wirkungsbereich

Reifen *Pneu*, der (gr., Pl. -s) Autoreifen

Reifeprüfling *Abiturient*, der (lat., Pl. -en)

Reifeprüfung 1. *Abitur*, das (lat., Pl. -e) Abschluß e. höheren Schule 2. *Matura*, die (lat., ohne Pl.) Abitur in der Schweiz u. in Österreich

Reifeteilung *Meiose*, die (gr., Pl. -n) Biol.

Reifezeit *Adoleszenz*, die (lat., ohne Pl.) auch: Jugendalter; Lebensabschnitt nach der Pubertät

Reifezustand *Maturität*, die (lat., ohne Pl.) e. Neugeborenen (med.)

Reifrock 1. *Cage*, die (fr., Pl. -n) auch: Rädergehäuse e. Uhr 2. *Krinoline*, die (fr., Pl. -n) Reifrock, wurde Mitte des 19. Jh. getragen

Reihe 1. *Kolonne*, die (lat.-fr., Pl. -n) z. B. Fahrzeugkolonne 2. *Linie*, die (lat., Pl. -n) der angetrunkene Fahrer fuhr Schlangenlinien 3. *Sequenz*, die (lat., Pl. -en) Folge; auch: bes. Gesang in der mittelalterlichen Liturgie 4. *Serie*, die (lat., Pl. -n) auch: mehrteilige Sendungen

Reihe gebrochener Akkorde *Arpeggiatur*, die (it., Pl. -en) Mus.

Reihe, geschlossene ... *Phalanx*, die (gr.-lat., Pl. ...langen) geschlossene Front,

z. B. e. Widerstandes; auch: geschlossene Schlachtreihe des Fußvolks im antiken Griechenland

Reihenfolge 1. *Turnus*, der (gr.-lat., Pl. -se) z. B. der Verein legte e. turnusmäßigen Wechsel des Vorstands fest 2. *Klassement*, das (lat.-fr., Pl. -s) auch: Einteilung 3. *Sequenz*, die (lat., Pl. -en) Folge; auch: bes. Gesang in der mittelalterlichen Liturgie

Reinfall 1. *Debakel*, das (fr., Pl. -) Niederlage 2. *Desaster*, das (it.-fr., Pl. -) eigtl.: Unstern; Mißgeschick 3. *Fiasko*, das (germ.-it., Pl. -s) eigtl.: Flasche; auch: Zusammenbruch

reinigen 1. *filtern* (germ.-lat.) Wasser filtern 2. *lustrieren* (lat.) religiös, kultisch reinigen

Reinigung *Defäkation*, die (lat., Pl. -en) insbesondere von Flüssigkeiten

Reinigungsanlage *Raffinerie*, die (lat.-fr., Pl. -n) z. B. Reinigung u. Veredelung von Naturprodukten: Erdöl, Zucker aus Zuckerrohr

reinlich *hygienisch* (gr.-lat.) bes. sauber

Reinlichkeit *Hygiene*, die (gr.-lat., ohne Pl.) auch: bes. Sauberkeit

Reis *Paddy*, der (engl., ohne Pl.) ungeschälter Reis

Reisbranntwein *Arrak*, der (arab.-fr., Pl. -e, -s)

Reise 1. *Odyssee*, die (gr., Pl. -n) langwierige Irrfahrt, nach Homers Epos »Odyssee«, Heimfahrt des Odysseus 2. *Tour*, die (gr.-lat.-fr., Pl. -en) z. B. Fahrradtour 3. *Trip*, der (germ.-fr.-engl., Pl. -s) meist Kurzreise, Wochenendtrip 4. *Törn*, der (gr.-lat.-fr.-engl., Seemannsspr., Pl. -s) Fahrt mit e. Schiff, z. B. Segeltörn

Reisedecke *Plaid*, das (engl., Pl. -s)

Reiseführer *Guide*, der (fr.-engl., Pl. -s) i. S. e. Reisebuchs mit Stadtplänen u. Landkarten; auch: Reiseleiter

Reisegepäck *Bagage*, die (fr., Pl. -n) auch abwertend: Gesindel, Pack

Reisehandbuch *Guide*, der (fr.-engl., Pl. -s)

reisen 1. *trampen* (engl.) 2. *hitchhiken* (am., engl.) per Anhalter reisen

Reisender 1. *Tourist*, der (gr.-lat.-fr.-engl., Pl. -en) 2. *Tramper*, der (engl., ohne Pl.) i. S. e. Rucksackwanderers 3. *Hitchhiker*, der (am.-engl., ohne Pl.) Reisender, der Autos anhält

Reisescheck *Travellerscheck*, der (engl., Pl. -s)

Reisetrieb *Poriomanie*, die (gr.-lat., Pl. …ien) med., krankhafter Trieb ständig unterwegs zu sein

Reiseweg *Route*, die (lat.-fr., Pl. -n) als geplante Strecke

Reisewesen *Tourismus*, der (gr.-lat.-fr.-engl., ohne Pl.)

Reisewohnwagen *Caravan*, der (engl., Pl. -s)

Reisezeit *Saison*, die (lat.-fr., Pl. -s, …onen) i. S. der Hauptreisezeit

Reisgericht 1. *Paella*, die (sp., Pl. -s) mit Fleisch, Fisch, mit Safran gewürzt 2. *Nasigoreng*, das (malaiisch, Pl. -s) indonesisches Reisgericht

Reisgewürze, indonesische … *Sambals*, die (malaiisch, Pl.)

Reisiggeflecht *Faschine*, die (lat.-it.-fr., Pl. -n) auch: Flechtwände

Reißer *Thriller*, der (engl.-am., Pl. -) Roman oder Film mit bes. spannendem Inhalt

Reißfestigkeit *Tenazität*, die (lat., ohne Pl.)

Reißlinie *Perforation*, die (lat., Pl. -en) die Verpackung läßt sich an der Perforation leicht öffnen

Reißwolf *Shredder* u. *Schredder*, der (engl., Pl. -s) Zerkleinerer von Papier u. Holz; auch: Zermalmer von Autowracks

Reiswein *Sake*, der (jap., ohne Pl.)

Reitbahn 1. *Manege*, die (lat.-it.-fr., Pl. -n) z. B. im Zirkus 2. *Hippodrom*, der, das (gr.-lat., Pl. -e) 3. *Arena*, die (lat., Pl. …nen) Fläche zum Austragen von Wettkämpfen 4. *Corral*, der (am., Pl. -s) eingezäunte Weidefläche, bisweilen auch für Reitveranstaltungen; Wagenburg

Reiten, beim … vom Rechts- zum Linksgalopp wechseln *abchangieren* (dt.-fr.)

reitender Bote *Estafette*, die (germ.-it.-fr., Pl. -n) Eilbote zu Pferde

Reiter, schwerer … *Kürassier*, der (lat.-it.-fr., Pl. -e) … mit dem Brustharnisch (Küraß)

Reiterangriff *Attacke*, die (fr., Pl. -n)

Reiteraufzug *Kavalkade*, die (lat.-it., Pl. -n)

Reiterei in ung. Nationaltracht, Angehöriger der … *Husar*, der (lat.-it.-ung., Pl. -en) »… ich wirke wie ein Husar, der reiten läßt.« (Josef von Ferenczy über Ferenczy, Medienberater, 1996)

Reitergewehr, kurzes ... *Arkebuse*, die (niederl.-fr., Pl. -n) »Hakenbüchse«; Handfeuerwaffe des 15. u. 16. Jhs.

Reiterin *Amazone*, die (gr.-lat., Pl. -n) i. S. e. kämpfenden, berittenen Frauenvolks

Reitermannschaft *Equipe*, die (fr., Pl. -en)

Reiterschau *Rodeo*, das (engl.-am., Pl. -s) auf der Cowboys wilde Pferde u. Bullen reiten

Reitertruppe *Kavallerie*, die (lat.-it., Pl. ...ien)

Reithalle *Tattersall*, der (engl., Pl. -s) auch: engl. Stallmeister (1724–1795)

Reithose 1. *Breeches*, die (engl., Pl.) 2. *Jodhpurhose*, die (Eigenn., dt., Pl. -n) nach der ind. Stadt Jodhpur

Reitknecht *Groom*, der (engl., Pl. -s) engl. Bez., auch: Page, junger Diener

Reitkunst *Equestrik*, die (lat., ohne Pl.) ... im Zirkus

Reitturnier *Concours hippique*, der (fr., Pl. -s)

Reiz 1. *Stimulus*, der (lat., Pl. ...li) auch: Antrieb 2. *Irritation*, die (lat., Pl. -en) auch: Verwirrung; die Rede des Politikers führte zu e. großen Irritation

reizbar 1. *nervös* (lat.) auch: fahrig, nervenschwach 2. *cholerisch* (gr.-lat.) aufbrausend 3. *apprehensiv* (lat.) 4. *sensitiv* (lat.) i. S. von überempfindlich 5. *dysphorisch* (gr.) sich in e. dysphorischen Zustand befinden; Ggs.: euphorisch 6. *erethisch* (gr.-lat.) med., krankhaft gesteigerte Erregbarkeit 7. *irritabel* (lat.) e. empfindsames Nervenkostüm haben 8. *exzitabel* (lat.) med.

Reizbarkeit 1. *Nervosität*, die (lat., Pl. -en) 2. *Irritabilität*, die (lat., ohne Pl.) nervliche Empfindsamkeit (med.) 3. *Exzitabilität*, die (lat., ohne Pl.) med.

reizempfindlich *sensibel* (lat.-fr.)

Reizempfindlichkeit *Sensibilität*, die (lat.-fr., ohne Pl.)

reizen 1. *animieren* (lat.-fr.) i. S. von ermuntern 2. *provozieren* (lat.) herausfordern 3. *stimulieren* (lat.) auch: anregen

Reizmittel *Stimulanz*, die (lat., Pl. -en) auch: Antrieb

Reizpunkt, schmerzhafter ... *Trigger-Point*, der (engl., Pl. -s)

reizvoll *apart* (fr.) e. aparte Erscheinung

Reizwirkung *Reflex*, der (lat.-fr., Pl. -e) i. S. von unbewußten Reaktionen

Reklame 1. *Advertising*, das (engl., Pl. -s) auch: Werbung 2. *Marketing*, das (engl.-am., ohne Pl.) Bereich e. Unternehmens, der sich mit dem Absatz beschäftigt 3. *Marketing-mix*, das (engl.-am., Pl. -es) die Kombination von Maßnahmen zur Absatzförderung in e. Firma 4. *Public Relations*, die (engl.-am., nur Pl.) die Öffentlichkeitsarbeit e. Unternehmens

Reklameschönheit 1. *Glamourgirl*, das (engl., Pl. -s) 2. *Model*, das (lat.-it.-engl., Pl. -s) auch: Mannequin, Fotomodell

Rektor 1. *Magnifikus*, der (lat., Pl. ...fizi) an e. Hochschule 2. *Magnifizenz*, die (lat., Pl. -en) Titel für Hochschulrektoren; auch deren Anrede

Relief *Tondo*, das (lat.-it., Pl. ...di)

Religion, e. ... ist so wahr wie die andere *one religion is as true as another* (engl., Zitat: Robert Burton, engl. Gelehrter, 1577–1640)

Religion, selbstzurechtgelegte ... *Me-Ism*, der (Eigenn.) ... das Trachten danach, wegen fehlender Grundsätze u. Angebote der traditionellen Religion

Religionsbewegung, pantheistisch-soziale ... aus Persien *Baha'i-Bewegung*, die (pers.-dt., ohne Pl.)

religionsfeindlich *antireligiös* (gr.-lat.)

Religionsgemeinschaft *Konfession*, die (lat., Pl. -en) z. B. »evangelisch«

Religionsgemeinschafts-Angehöriger im Pandschab *Sikh*, der (Hindi, Pl. -s) e. mohammedanisch-hinduistische Gemeinschaft

Religionslehrer 1. *Rabbiner*, der (hebr., Pl. -) jüdischer Gesetzes- u. Religionslehrer 2. *Katechet*, der (gr.-lat., Pl. -en) in der christlichen Lehre tätig

Religionspolizei in Saudi-Arabien *Mutawallah*, die (arab., ohne Pl.)

Religionsstifter 1. *altiranischer Zarathustra*, der (Iran, ohne Pl.) 630–553 v. Chr; »also sprach Zarathustra« (Friedrich Nietzsche) 2. *Mohammed*, der (arab., ohne Pl.) Religionsstifter u. Prophet des Islams, 570–632 n. Chr.; Anhänger seiner Lehre: *Mohammedaner*, der (arab., Pl. -) 3. *Buddha*, der (sanskr., Pl. -s) »der Er-

438

leuchter«: Beiname des ind. Prinzen Siddhartha, um 500 v. Chr.; *Buddhismus,* der (sanskr.-lat., ohne Pl.) die von Buddha begründete ind.-ostasiatische Heilslehre

Religionsunterricht *Katechese,* die (gr.-lat., Pl. -n) christlicher Unterricht

Religionsvorschrift der Juden 1. *Talmud,* der (hebr., Pl. -e) »Lehre«; Sammlung der Gesetze u. religiösen Überlieferungen des Judentums 2. *Mischna,* die (hebr., ohne Pl.) »Unterweisung«, gilt als Grundlage des Talmuds

Religionswissenschaft *Theologie,* die (gr.-lat., Pl. ...ien)

Religionswissenschaftler *Theologe,* der (gr.-lat., Pl. -n) »Es sind in Deutschland die Theologen, die dem lieben Gott e. Ende machen.« (Heinrich Heine)

religiöse Minderheit *Diaspora,* die (gr., ohne Pl.) »Zerstreuung«, z. B. koptische Christen bilden in Ägypten e. Diaspora

Reliquienbau *Pagode,* die (port., Pl. -n) turmartiger Tempel mit mehreren Stockwerken in Ostasien

Reliquienschrein *Sanktuarium,* das (lat., Pl. ...ien) in katholischen Kirchen

rempeln *checken* (engl.) auch: nachprüfen; begreifen

Rendezvous mit e. Unbekannten *Blind date,* das (engl., Pl. -s) Bez. aus der Partnersuche

Rennfahrer *Pilot,* der (gr.-it.-fr., Pl. -en) im Rennauto, auch im Flugzeug: Flugpilot

Rennfahrersitz *Cockpit,* das (engl., Pl. -s) auch: Pilotenkabine

Renngemeinschaft *Racing-Team,* das (engl., Pl. -s)

Rennpferd, unerprobtes ... *Maiden,* das (engl., Pl. -)

Rennreifen *Slick,* der (engl., Pl. -s) profilloser Reifen für trockene Rennstrecken

Rennreiter *Jockey,* der (engl., Pl. -s) berufsmäßiger Reiter auf Rennpferden

Rennschlitten 1. *Bob,* der (engl., Pl. -s) 2. *Toboggan,* der (indian.-engl.-am., Pl. -s) nordam. Indianerschlitten; Rennrodler

Renntempo *Pace,* die (lat.-fr.-engl., ohne Pl.)

Rennwagen *Bolid,* der (gr.-lat., Pl. -e, -en) auch: e. großer, heller Meteor

Rentierflechte *Kladonie,* die (lat., Pl. -n)

Rentierschlitten *Ackja,* der (finn., Pl. -s)

Rentner *Pensionär,* der (lat.-fr., Pl. -e) Beamte im Ruhestand

Repräsentativerhebung, verzerrte ... *Bias,* das (fr.-engl.-am., ohne Pl.) »Vorurteil«; aus der Meinungsforschung

Reptilleder *Exotenleder,* das (gr.-dt., Pl. -) Sammelbez. für Leder das nach dem Washingtoner Artenschutzabkommen (1973) nur begrenzt hergestellt u. verarbeitet werden darf

Reservebestand *Reservoir,* das (lat.-fr., Pl. -e) z. B. Trinkwasserreservoir

Resignation *Defätismus,* der (lat.-fr., ohne Pl.)

Respekt 1. *Pietät,* die (lat., ohne Pl.) auch: Achtung, bes. gegenüber Toten 2. *Tribut,* der (lat., Pl. -e) Hochachtung; im alten Rom die direkte Steuer

Rest 1. *Fragment,* das (lat., Pl. -e) z. B. Bruchstücke antiker Gegenstände 2. *Relikt,* das (lat., Pl. -e) Überbleibsel, »Relikt aus der Steinzeit« 3. *Rudiment,* das (lat., Pl. -e) Bruchstück, Überbleibsel 4. *Differenz,* die (lat., Pl. -en) Unterschied; auch: (Pl.) Unstimmigkeit 5. *Saldo,* der (lat.-it., Pl. Salden, Saldi) Unterschiedsbetrag zwischen Soll u. Haben e. Kontos

Restaurant *Lokal,* das (lat.-fr., Pl. -e)

Restbetrag *Saldo,* der (lat.-it., Pl. Salden, Saldi) Begriff aus der Buchführung: Ausgleichsbetrag e. Kontos

restlos 1. *total* (lat.-fr.) z. B. er beklagt den totalen Verlust seiner Barschaft 2. *absolut* (lat.-fr.) 3. *komplett* (lat.-fr.) nicht verw. mit *Komplet,* die (lat., Pl. -e) kath. Abendgebet; auch: *Komplet,* das (lat.-fr., Pl. -s) Mantel, Jacke, Kleid aus dem gleichen Stoff

Retter in der Not *Deus ex machina,* der (lat., ohne Pl.) »Gott aus der Maschine«, der mit Hilfe e. Seilzuges (Maschine) in der Luft erschien u. im antiken Theater dramatische Verwicklungen im letzten Moment doch noch löste

Rettungswagen *Ambulanz,* die (lat.-fr., Pl. -en)

Revolution, gewaltfreie ... *revolution by consent,* die (engl., Pl. -s) ... auf legalem Wege stattfindend

Revolver der Cowboys *Colt (Revolver) Single Action Army, Kaliber 45,* der (engl.-

439

am.-lat.-dt., Pl. -s) … im wilden Westen, mit e. Sechs-Schuß-Trommel versehen
rhythmische Komposition *Groove*, der (engl.-am., Pl. -s) Begriff der Musikszene
Rhythmusstrukturen, sehr reduzierte … *Rare Groove*, der (engl.-am., Pl. -s) … in Jazz- u. Funkstücken der 60er Jahre, heute in die Acid-Jazz-Szene (Dancefloor Jazz) zu finden
Richtantenne *Ferritantenne*, die (it., Pl. -n) … mit e. magnetischen Ferritkern
richten *judizieren* (lat.)
richten, gerade… *regieren* (lat.) auch: herrschen, lenken. »Mit e. solchen Haufen kann man nicht regieren!« (CSU-Landesgruppenchef Michael Glos, 2005)
Richter 1. *Kadi*, der (arab., Pl. -s) islamischer Richter, vor den Kadi bringen 2. *Hakim*, der (arab., Pl. -s) in islamischen Ländern; auch: Arzt
richterlich *judikatorisch* (lat.) die Rechtsprechung bildet die judikatorische Macht im Staat
Richterspruch *Judikat*, das (lat., Pl. -e)
Richtfähnchen *Jalon*, der (fr., Pl. -s) bei Vermessungsarbeiten im Gelände
richtig 1. *korrekt* (lat.) z. B. Rechenaufgaben korrekt lösen 2. *legitim* (lat.) i. S. von rechtmäßig; Ggs.: illegitim 3. *regulär* (lat.) vorschriftsmäßig; Ggs.: irregulär
richtigstellen *korrigieren* (lat.) »Was den lupenreinen Demokraten angeht – ich habe daran nichts zu korrigieren.« (Altkanzler Gerhard Schröder über Wladimir Putin, 2006)
Richtigstellung *Dementi*, das (lat.-fr., Pl. -s) die Rücktrittsabsichten des Ministers wurden durch e. Dementi korrigiert
Richtlinie 1. *Direktive*, die (lat., Pl. -n) sich streng an die Direktiven der Geschäftsleitung halten 2. *Instruktion*, die (lat., Pl. -en) Vorschrift, Anweisung 3. *Maxime*, die (lat.-fr., Pl. -n) Leitsatz für das eigene Handeln; seine Maxime war: wenig Arbeiten u. viel Essen 4. *Norm*, die (gr.-lat., Pl. -en) eigtl.: Winkelmaß; auch: Leistungssoll 5. *Order*, die (lat.-fr.-engl., Pl. -s) i. S. von Anweisung, Befehl; (Pl.) Bestellung, Auftrag; beachte: *ordern* (lat.-fr.) e. Auftrag erteilen, z. B. zehn Sack Kartoffeln ordern 6. *Reglement*, das (lat.-fr., Pl. -s) i. S. von: Satzung

Richtschnur *Standard*, der (germ.-fr.-engl., Pl. -s) Normalmaß; »Lebensstandard ist der Versuch, sich heute das zu leisten, für was man auch in zehn Jahren kein Geld haben wird.« (Danny Kaye)
Richtstätte *Schafott*, das (fr., Pl. -e) Stätte für Enthauptungen
Richtung 1. *Tendenz*, die (lat.-fr., Pl. -en) die Aktienkurse verhalten sich in der Tendenz nachgebend 2. *Trend*, der (engl., Pl. -s) z. B. der Modetrend 3. *Route*, die (lat.-fr., Pl. -n) als vorgegebene Richtung, Strecke
Richtung nach Mekka *Kibla*, die (arab., ohne Pl.) in die sich Mohammedaner wenden, wenn sie beten
Richtung, vorherrschende … *Mainstream*, der (engl., ohne Pl.) eigtl.: Hauptstrom. »Er ist der erste Mainstream-Afroamerikaner, der brillant u. sauber ist u. gut aussieht.« (Joseph Biden, US-Senator, über Barack Obama, 2007)
Richtungs- u. Standortbestimmer *Navigator*, der (lat., Pl. …oren) eigtl.: Schiffer; e. für die Navigation verantwortliche Person; auch: e. Software, die dem Konsumenten leichteren Zugang zu interaktiven Diensten verschafft u. durch das Angebot navigiert
Richtungs- u. Standortbestimmung *Navigation*, die (lat., ohne Pl.) eigtl.: Schifffahrt; auch: Einhaltung des gewählten Kurses
Richtungswechsel der Planeten *retrograde Planetenbewegung*, die (lat.-gr.-dt., Pl. -en)
richtungsweisend *programmatisch* (gr.) auch: zielsetzend; »E. Koalition (mit der SPD) macht keinen Sinn, weil die programmatischen Unterschiede zu groß sind.« (Wolfgang Gerhardt, F. D. P.-Chef, 1998) u.: e. programmatische Rede halten
Riechmittel *Olfaktorium*, das (lat., Pl. …ien)
Riechnerv *Olfaktorius*, der (lat., ohne Pl.) med.
Riechnerv, den … betreffend *olfaktorisch* (lat.) med.
Riechstoff zur Parfümierung von Seifen *Acetophenon*, das (gr.-lat., ohne Pl.)
Riemenpeitsche *Karbatsche*, die (russ.-türk., Pl. -n)

Riemenschuh *Sandale*, die (gr.-lat., Pl. -n)
Riese 1. *Gigant*, der (gr.-lat., Pl. -en) 2. *Zyklop*, der (gr.-lat., Pl. -en) gr. Sagengestalt 3. *Koloß*, der (gr.-lat., Pl. ...osse) auch: riesenhaftes Standbild »Koloß von Rhodos« des Helios, vom gr. Bildhauer Chiares (285 v. Chr.) erschaffen worden, e. der sieben Weltwunder (32 m hoch) 4. *Titan*, der (gr.-lat., Pl. -en) e. Geschlecht riesenhafter gr. Götter, die von Zeus gestürzt wurden; auch: das Titan, chem. Grundstoff, Metall
Riesenechse *Dinosaurus*, der (gr.-lat., Pl. ...rier) ausgestorben
Riesenechse, bes. große ... der Kreidezeit *Brontosaurus*, der (gr.-lat., Pl. ...rier) ... Nordamerikas, ausgestorben
Riesenfaultier *Megatherium*, das (gr.-lat., Pl. ...ien) ausgestorben
Riesengott *Titan*, der (gr.-lat., Pl. -en) e. Göttergeschlecht von Riesen, wurde der gr. Sage nach von Zeus gestürzt
Riesengroßstadt *Megalopolis*, die (gr., Pl. ...poleis)
riesenhaft 1. *gigantisch* (gr.-lat.) z. B. e. gigantisches Bauwerk ist die Cheops-Pyramide 2. *kolossal* (gr.-lat.) von: großes Amphitheater in Rom »Kollosseum« 3. *astronomisch* (gr.-lat.) der Verlust des Unternehmens hat e. astronomische Höhe erreicht 4. *titanisch* (gr.-lat.) nach dem Göttergeschlecht von Riesen, das der gr. Sage nach von Zeus gestürzt wurde 5. *zyklopisch* (gr.-lat.) nach dem einäugigen Riesen Zyklop (gr. Sagengestalt) 6. *pyramidal* (ägypt.-gr.-lat.) gewaltig; pyramidenförmig
Riesenportion, Lust darauf *Big-Trend*, der (am., Pl. -s) Warenportionen werden in den USA größer: »Big Food«, angeboten in Mega-, Triple-, Dino-Size
Riesenraubechse *Tyrannosaurus*, der (gr.-lat., Pl. ...rier) ausgestorben
Riesenrüsseltier *Dinotherium*, das (gr.-lat., Pl. ...ien) ausgestorben
Riesenschlange 1. *Anakonda*, die (indian., Pl. -s) 2. *Boa*, die (lat., Pl. -s) eigtl. Wasserschlange; auch: Halsschmuck aus Federn für Frauen 3. *Python*, der (gr.-lat., Pl. -s u. ...onen)
Riesenstandbild *Koloß*, der (gr.-lat., Pl. ...osse) z. B. der »Koloß von Rhodos«, eines der sieben Weltwunder

riesenstark *herkulisch* (gr.-lat.) nach dem gr. Halbgott Herkules
Riesenwuchs 1. *Hypersomie*, die (gr.-lat., Pl. -n) med.; Ggs.: Hyposomie 2. *Makromelie*, die (gr.-lat.) Ggs.: Mikromelie 3. *Makrosomie*, die (gr.-lat., Pl. ...ien) med.; Ggs.: Mikrosomie
Riesenwuchs einzelner Körperteile *Akromegalie*, die (gr., Pl. ...ien) z. B. übergroße Ohren, Nasen
riesig 1. *astronomisch* (gr.-lat.) 2. *kolossal* (gr.-lat.-fr.)
Rinderfarm *Estancia*, die (sp., Pl. -s) in Argentinien
Rinderhirt 1. *Cowboy*, der (engl.-am., Pl. -s) »Alte Cowboys sterben nicht, sie riechen nur so.« (ein am. Farmer) 2. *Gaucho*, der (sp., Pl. -s) südam. Rinderhirt zu Pferd; einst rechtloses »Gesindel«, das aus Buenos Aires flüchtete
Rinderwahnsinn *BSE*, die (gr.-lat., ohne Pl.) kurz für: bovine spongiforme Enzephalopathie
Ringelwürmer *Anneliden*, die (lat., nur Pl.)
Ringen 1. *Wrestling*, das (engl.-am., ohne Pl.) 2. *Catchen*, das (engl., ohne Pl.) jeweils e. Art Freistilringen
ringen *catchen* (engl.-am.) Freistil; eigtl.: fangen
Ringer, Übungsbereich der ... *Palästra*, die (gr.-lat., Pl. ...stren)
Ringfläche *Torus*, der (lat., Pl. Tori) auch: Wulst; vorstellbare Raumsonde für e. Weltraumkolonie
ringförmig *orbikular* (lat.)
Ringrichter *Referee*, der (engl., Pl. -s) beim Ring- u. Boxkampf
Ringstraße *Boulevard*, der (germ.-niederl.-fr., Pl. -s) auch: Prachtstraße
Rinne *Rigole*, die (niederl.-fr., Pl. -n) i. S. e. Entwässerungsrinne
Rippen, zwischen den ... liegend *interkostal* (med.)
Rippenfell *Pleura*, die (gr., Pl. ...ren) med.
Rippenfellentzündung *Pleuritis*, die (gr., Pl. ...itiden) med.
Rippenstück 1. *Entrecote*, das (fr., Pl. -s) ... beim Rind 2. *Karree*, das (fr., Pl. -s) auch: im Viereck angelegter Wohnblock, gebratenes Rippenstück z. B. vom Kalb; bes. Schliff für Diamanten 3. *Kotelett*, das (fr., Pl. -s) eigtl. Rippchen

Risiko- oder Wagniskapital *Venture Capital*, das (engl., ohne Pl.)

Riß *Bresche*, die (fr., Pl. -n) e. Bresche durch die feindlichen Linien schlagen

Riß, feiner ..., **der durch Austrocknung auf Gemälden entsteht** *Krakelüre*, die (fr., Pl. -n) auch: Haarriß im Bildfirnis

Ritter *Chevalier*, der (lat.-fr., Pl. -s) auch: fr. Adelstitel

Ritterburg, Hauptbau e. ... *Palas*, der (lat.-fr., Pl. -se)

Ritterkampspiel, mittelalterliches ... *Buhurt*, der (fr., Pl. -e) i. S. e. Stoßturniers

ritterlich 1. *chevaleresk* (lat.-it.-fr.) im Umgang u. Benehmen 2. *galant* (fr.-sp.) bes. Frauen gegenüber zuvorkommend benehmen 3. *gentlemanlike* (engl.) bes. korrekt, fair u. höflich benehmen

Rittertum *Chevalerie*, die (lat.-fr., ohne Pl.) Ritterschaft

Ritual, wie e. ... ausführen *zelebrieren* (lat.) »... ewig diese Rote-Socken-Kiste fahren...«, da werden Rituale zelebriert...« (Lothar Späth, Jenoptik-Chef, 1998)

Ritual, zum ... machen *ritualisieren* (lat.) »mit ritualisierter Besorgnis ...« (Ole von Beust, CDU-Fraktionschef in Hamburg, 1998)

Ritualbuch des jap. Schintoismus *Engischiki*, das (jap., ohne Pl.) ... aus dem 10. Jh.

Ritualformel *Mantra*, das (sanskr., Pl. -s) auch: religiöser Spruch der Inder; nicht verw. mit *Manta*, der (lat.-sp., Pl. -s) Teufelsrochen

Rivale 1. *Konkurrent*, der (lat., Pl. -en) i. S. von Wettbewerber im Markt mit den gleichen Produkten 2. *Kontrahent*, der (lat., Pl. -en) svw. Gegner in e. Streit

Rivalität *Konkurrenz*, die (lat., Pl. -en) in der Automobilbranche herrscht e. erbarmungsloser Konkurrenzkampf

Rockmusik, neue Richtung *New Wave*, der (engl., ohne Pl.) durch einfache Formen u. durch aktuelle Texte gekennzeichnet

Rockmusiker im Rampenlicht *Frontman*, der (engl., Pl. ...men) ... bei Bühnenauftritten, meist Gitarristen u. Sänger (es muß nicht immer der Bandleader sein)

Rockschoß *Schlafittchen*, das u. *Schlafittich*, der, Schwungfedern des Flügels; übertragen: Rockschoß; »beim Schlafitt-

chen kriegen« (Redewendung: jmd. erwischen)

roh 1. *barbarisch* (gr.-lat.) die Polizei klärte e. barbarisch ausgeführten Mord auf 2. *brutal* (lat.) 3. *rabiat* (lat.) rücksichtslos

Roheit 1. *Barbarei*, die (gr.-lat., ohne Pl.) die Inquisition (»Untersuchung«) durch Institutionen der katholischen Kirche war e. Barbarei des Mittelalters 2. *Brutalität*, die (lat., ohne Pl.) die Einbrecher gingen mit äußerster Brutalität ans Werk

Rohfassung 1. *Konzept*, das (lat., Pl. -e) z. B. Entwurf e. Rede 2. *Skizze*, die (it., Pl. -n) »Spritzer«; erster, flüchtiger Entwurf z. B. e. Architekten

Rohfleischfresser *Eskimo*, der (indian.-engl., Pl. -s) Angehöriger e. Mongolenvolks im arktischen Norden, selbst nennen sie sich: *Inuit*, die (eskimoisch, nur Pl.) »Menschen«

Rohling 1. *Rabauke*, der (niederl., Pl. -n) 2. *Hooligan*, der (engl., Pl. -s) randalierende Halbstarke (bes. in Fußballstadien aktiv)

Rohr, volles ... *full speed* (engl.) für sehr schnell

Röhrchen *Kanüle*, die (gr.-lat.-fr., Pl. -n) Hohlnadel an der Injektionsspritze

Röhre *Tubus*, der (lat. ...ben, -se) der Narkosearzt führt e. Tubus in die Luftröhre

Röhre, halbe ... *Halfpipe*, die (engl., Pl. -s) Tummelplatz für Skate- u. Snowboarder

Rohrleitung 1. *Düker*, der (niederdt., Pl. -s) ... meist Wasserleitung unter e. Deich, Fluß oder Weg; auch: Tauchente 2. *Pipeline*, die (engl., Pl. -s)

Rohrleitungssystem *Kanalisation*, die (gr.-lat.-it., Pl. -en)

Rohseide *Japon*, der (fr., Pl. -s)

Rohstoff *Material*, das (lat., Pl. -ien)

Rohstoffquelle *Ressource*, die (lat.-fr., Pl. -n) mit den Ressourcen der Erde muß verantwortlich umgegangen werden

Rohzucker *Farin*, der (lat.-it., ohne Pl.) auch: brauner Zucker; Puderzucker

Rolladen 1. *Jalousie*, die (gr.-lat.-fr., Pl. ...ien) 2. *Rouleau*, das (fr., Pl. -s)

Rollbahn 1. *Piste*, die (lat.-it.-fr., Pl. -n) für Kleinflugzeuge 2. *runway*, die (engl., Pl. -s) 3. *air-strip*, der (engl., Pl. -s) gerodeter Streifen für Kleinflugzeuge

Rollbild, jap. ... **im Hochformat aus Sei-**

de 1. *Kakemono*, das (jap., Pl.- s) 2. ... im Querformat *Makimono*, das (jap., Pl. -s)
Rollbrett *Skateboard*, das (engl.-am., Pl. -s) besitzt vier Rollen u. wird mit den Füßen bewegt
Rolle *Part*, der (lat.-fr., Pl. -s) z. B. in e. Stück e. wichtigen Part spielen
rollen *volvieren* (lat.) i. S. von wälzen
Roller in neuer, schneller Art ... *Super-Cruiser*, der (engl.-am., ohne Pl.) ... e. Skateboard (Rollbrett) ähnlich (mit Bremse u. Hupe)
Roller *Lausterbike*, das (Eigenn., engl., Pl. -s) ... mit Sitz u. Motor
Rollschuhe 1. *Oneliner*, die (engl., nur Pl.) 2. *Inline-Skates*, die (engl., nur Pl.) also einspuriger Skater (Rollschuh) mit hintereinander gelagerten Rollen
rollschuhfahren *bladen* (engl.-am.) Bez. vom am. Inline-Marktführer »Rollerblade«
Rom, das ewige ... *Roma aeterna* (lat., Zitat: Tibull, 54 – 19 v. Chr.)
Rom, der Stadt ... **u. dem Erdkreis** *urbi et orbi* (lat., Zitat) ... den Segen erteilen; auch: aller Welt
Roman 1. *Thriller*, der (engl., Pl. -) i. S. e. spannenden, fiktiven Abhandlung 2. *Prosa*, die (lat., ohne Pl.) i. S. e. epischen Großform, die Zeitabschnitte u. gesellschaftliche Beziehungen beschreibt
Röntgenbild der Gehirnkammern *Enzephalogramm*, das (gr.-lat., Pl. -e)
Röntgenbild *Radiogramm*, das (lat.-gr., Pl. -e)
Röntgenfacharzt *Radiologe*, der (gr.-lat., Pl. -n)
Röntgenschichtaufnahme *Tomographie*, die (gr.-lat., ohne Pl.) med., i. S. e. Computertomographie (cranielles CT) z. B. vom menschlichen Gehirn
Röntgenstrahlen, Wissenschaft von den ... *Radiologie*, die (gr.-lat., ohne Pl.) ... u. den Strahlen radioaktiver Stoffe; auch: Strahlenkunde
Rosengarten *Rosarium*, das (lat., Pl. ...rien)
Rosengewächse *Spiräe*, die (gr.-lat., Pl. -n)
Roß, geflügeltes *Pegasus*, der (gr.-lat., ohne Pl.) Symbol der Dichtkunst, aus der gr. Sage; »den Pegasus reiten«: sich als Dichter versuchen

rösten 1. *toasten* (engl.) z. B. Weißbrot 2. *grillen* (engl.) z. B. Fleisch auf dem Grill braten
rosten *oxydieren* (gr.-fr.) »anlaufen« bei Metallen
Röstmais *Popcorn*, das (engl., ohne Pl.) auch: Puffmais
Roteisenstein *Hämatit*, der (gr., Pl. -e) rotes Eisenerz
Rothaarigkeit 1. *Erythrismus*, der (gr., Pl. ...men) 2. *Rutilismus*, der (lat., ohne Pl.)
Rothaarigkeit beim Menschen *Erythrismus*, der (gr.-lat., Pl. ...men) auch: Rotfärbung bei Tieren
Rotte *Gang*, die (engl., Pl. -s) z. B. brutale Jugendgangs, die auf den Straßen hausen
rottet den niederträchtigen (Aberglauben) aus! *écrasez l'infâme!* (fr.) Aufruf Voltaires (1694 – 1778) gegen die kath. Kirche
Rotwein aus Mittelfrankreich *Beaujolais*, der (fr., ohne Pl.) Gebiet: Monts du Beaujolais
Rotwein, französischer ... *vin rouge*, der (fr.) z. B. Beaujolais, Châteauneuf-du-Pape
Rotwein, italienischer ... *vino rosso*, der (it.) z. B. Chianti in e. bauchigen Korbflasche
Rowdy, brutaler, halbstarker ... *Hooligan*, der (engl., Pl. -s) nach e. irischen Rowdy-Familie so benannt; Abk.: Hool (Pl. -s) auch: Schlägertyp, Randalierer
Rowdytum *Hooliganismus*, der (engl., ohne Pl.)
Rückbesinnung auf echte Werte 1. *Authentizitäts-Trend*, der (gr.-lat., Pl. -s) Bedürfnis nach dem ewig Gültigen 2. *back to Basics* (engl.-am.) zurück zur Basis, die wichtigen Dinge stehen im Vordergrund, »mehr Sein als Schein« ist erstrebenswert
rückbezüglich 1. *reflexiv* (lat.) z. B. Reflexivpronomen (rückbezügliches Fürwort) z. B. »sich« 2. *rekursiv* (lat.) in der Math.: bis auf e. bekannten Wert zurückgehen
Rückbildung 1. *Degeneration*, die (lat., Pl. -en) eigtl.: Entartung; Verfall von Zellen; scherzh. Redewendung: »degenerierter Adel, uralt – 1000 Jahre geschlechtskrank« 2. *Regression*, die (lat., Pl. -en) z. B. der langsame Rückzug des Meeres; Schrumpfen von Tierarten in e. best. Gebiet

Rückblende *Flash*, der (engl., Pl. -s) z. B.
Filmrückblick
Rückblick *Retrospektive*, die (lat., Pl. -n)
in Romanen; auch für Kunstausstellun-
gen, die das gesamte Schaffen e. Künstlers
dokumentieren
rückblickend *retrospektiv* (lat.)
rückbuchen *stornieren* (lat.-it.) z. B. e.
Rechnung oder e. Auftrag stornieren
Rückbuchung *Storno*, das (lat.-it., Pl.
...ni, -s)
Rückenmarksschwindsucht *Taboparaly-
se*, die (gr.-lat., ohne Pl.)
Rückenschmerz *Notalgie*, die (gr.-lat., Pl.
...ien) med.
Rückentrage aus Brettern *Tabulett*, das
(lat., Pl.- e) nicht verw. mit *Taburett*, das
(arab.-fr., Pl. -e) Hocker
Rückerstattung *Refusion*, die (lat., Pl. -en)
Rückfall *Relaps*, der (lat., Pl. -e) med.
Rückfluß *Reflux*, der (lat., ohne Pl.)
Rückgabe *Retribution*, die (lat., Pl. -en)
z. B. zurückerstatteter Geldbetrag
Rückgang 1. *Rezession*, die (lat., Pl. -en)
gekennzeichnet durch rückläufige Produktion, steigende Arbeitslosigkeit 2. *De-
gression*, die (lat., Pl. -en) i. S. sinkender
Stückkosten bei steigender Produktions-
menge durch bessere Fixkostenverteilung
u. Auslastung
rückgängig machen *stornieren* (lat.-it.)
z. B. e. Auftrag, e. Rechnung oder e. Flugreise stornieren
rückgängig, nicht mehr ... zu machen *irreversibel* (lat.-fr.) Ggs.: reversibel
Rückgewinnung *Pay-back*, das (engl., Pl.
-s) bei e. Investition, die Rückgewinnung
des eingesetzten Kapitals
Rückgrat *Spina*, die (lat., Pl. ...nen) med.
Rückgriff 1. *Regreß*, der (lat., Pl. ...gresse)
eigtl.: Rückkehr; z. B. Rückgriff e. ersatz-
weise haftenden Schuldners auf den
Hauptschuldner; in Regreß nehmen 2. *Rekurs*, der (lat., Pl. -e) svw. Bezugnahme;
Einspruch
Rückgriff auf Stilmittel ... *Eklektizismus*,
der (gr.-lat., ohne Pl.) ... verschiedener
Künstler früherer Epochen mangels eigener Ideen; auch: unoriginelle geistige Arbeitsweise, bei der Ideen anderer übernommen werden
Rückhandschlag *Backhand*, die (engl., Pl.

-s) z. B. die legendäre, einarmig gespielte
Rückhand von Tennis-As Boris Becker
Rückkehr e. Stars *Comeback*, das (engl.,
Pl. -s) i. S. e. erfolgreichen Wiederauftre-
tens e. Künstlers, Politikers oder Sportlers; Juan Domingo Perón (1895–1974)
feierte 1973 sein Comeback als Präsident
von Argentinien
Rückkehr in die Elternhäuser ... *Boome-
rang Generation*, die (australisch-engl.,
ohne Pl.) ... vieler Jugendlicher wegen finanzieller Not, wurde bes. in England beobachtet
Rückkopplung *Feedback*, das (engl., Pl.
-s) auch: Beeinflussung durch die Wirkung des eigenen Verhaltens auf andere
rückläufig 1. *regressiv* (lat.) rückschrittlich; Ggs.: progressiv 2. *retrograd* (lat.)
Rückmeldung *Feedback*, das (engl., Pl. -s)
»Rückfütterung«, i. S. von Rückkoppelung
Rücknahme *Revokation*, die (lat., Pl. -en)
z. B. e. Auftrages
Rucksack, düsengetriebener ... *Manual
Maneuvering Unit*, die (engl.-am., Pl. -s)
kurz: MMU; ... für Astronauten
Rückschau *Retrospektive*, die (lat., Pl. -n)
in e. Abhandlung das gesamte Schaffen e.
Künstlers würdigen
rückschauend *retrospektiv* (lat.) in e. Abhandlung auf das Gesamtwerk e. Künstlers hinweisen
Rückschrittler *Reaktionär*, der (lat.-fr., Pl.
-e) ignoriert die Notwendigkeit e. sozialen
u. politischen Neuorientierung; Feind des
Fortschritts
rückschrittlich *reaktionär* (lat.-fr.) i. S.
von fortschrittfeindlich; »eher reaktionär
als Blair.« (H.-Olaf Henkel, BDI-Präsident, 1998)
Rücksicht *Respekt*, der (lat.-fr., ohne Pl.)
»das Zurückblicken«; i. S. von schuldige
Achtung; »Es ist wertvoller, den Respekt
der Menschen als ihre Bewunderung zu
haben.« (Jean-Jacques Rousseau)
Rücksichtnahme 1. *Pietät*, die (lat., ohne
Pl.) Achtung, bes. gegenüber Toten 2. *Respekt*, der (lat.-fr., ohne Pl.) Rücksicht;
schuldige Achtung gegenüber alten Menschen, Vorgesetzten
rücksichtslos 1. *brutal* (lat.) 2. *brüsk* (it.-
fr.) 3. *radikal* (lat.-fr.) 4. *rigoros* (lat.)
5. *aggressiv* (lat.) i. S. von: angriffslustig

Rücksichtsloser *Radikalist*, der (lat.-fr., Pl. -en) »an die Wurzel Gehender«, Vertreter des *Radikalismus*, der (lat.-fr., Pl. ...men) unnachgiebiges Vorgehen; »Der Radikalist ist einer, der mit beiden Beinen fest in die Luft gepflanzt ist.« (Franklin D. Roosevelt)

Rücksichtslosigkeit *Rigorosität*, die (lat., ohne Pl.) z. B. mit Rigorosität Geschäfte betreiben

rücksichtsvoll *galant* (fr.-sp.) auch: gefällig gegenüber Damen

Rücksitz *Fond*, der (lat.-fr., Pl. -s) im Pkw im Fond sitzen

rückständig *provinziell* (lat.-fr.)

Rückstoß *Repulsion*, die (lat., Pl. -en) z. B. e. Rakete

Rücktritt *Demission*, die (lat.-fr., Pl. -en) e. hohen Staatsbeamten oder Politikers

rücküberführen 1. *reprivatisieren* (lat.) Verstaatlichungen in Privatbesitz zurückführen 2. *restituieren* (lat.) i. S. von zurückerstatten, ersetzen; nach dem Zusammenbruch der DDR (e. langwieriger Akt der Vermögenszurückführung bei Restitutionsansprüchen) 3. *Restitutio in (ad) integrum* (lat.) Wiedereinsetzung in den vorherigen Stand (Rechtsw.)

Rückvergütung *Refaktie*, die (lat.-niederl., Pl. -n) bei mangelhafter Warenlieferung

Rückversetzung *Degradation*, die (lat., Pl. -en) z. B. beim Militär in e. niedrigeren Rang

Rückversicherung *Reassekuranz*, die (lat., Pl. -en) e. Versicherung versichert sich bei e. anderen Versicherer rück, z. B. bei großen Risiken

Rückwanderer *Remigrant*, der (lat., Pl. -en) e. Auswanderer kehrt in seine Heimat zurück

rückwandern *remigrieren* (lat.) aus der Fremde in seine Heimat zurückkommen

rückwärts wie vorwärts zu lesendes Wort 1. *Palindrom*, das (gr.-lat., Pl. -e) Wörter oder Sätze, die vorwärts wie rückwärts gelesen e. Sinn ergeben: Regen – Neger 2. *Anagramm*, das (gr.-lat., Pl. -e) Umstellung von Buchstaben e. Wortes zu e. anderen Wort: Eva zu Ave; auch: Buchstabenversetzrätsel

rückwirkend *retrograd* (lat.)

Rückwirkung *Reaktion*, die (lat., Pl. -en)

z. B. die Zuschauerreaktion auf das Theaterstück war dürftig; »... wir wollen von den Menschen vor allem eines: eine Reaktion!« (Luciano Benetton, United Colors of Benetton, 1997)

rückzahlen *renumerieren* (lat.)

Rückzahlung *Renumeration*, die (lat., Pl. -en)

Rückzug in die Privatsphäre *Cocooning*, das (am., Pl. -s) ... aus Furcht vor Gefahren o. aus fehlendem gesellschaftlichen Interesse

Rückzug, militärischer ... *Retirade*, die (fr., Pl. -n) auch: Toilette

Ruder 1. *Paddel*, das (engl., Pl. -) zur Fortbewegung kleiner Boote, Paddelboot 2. *Ruderpinne*, die (Seemannsspr.) Hebelarm am Steuerruder, z. B. e. kleinen Segelschiffes

Ruderboot *Gondel*, die (it., Pl. -n) zum Befahren der Kanäle Venedigs

Ruderkriegsschiff *Galeere*, die (gr.-lat.-it., Pl. -n) meist zweimastiges Ruder- oder Segelschiff, das i. allg. von Sklaven gerudert wurde; Galeerensklaven

rudern 1. *skullen* (engl.) 2. *pullen* (niederdt.) auch: das Vorwärtsdrängen (vom Pferd)

Ruf 1. *Reputation*, die (lat., ohne Pl.) die Reputation des Kaufmannes war einwandfrei 2. *Renommee*, das (lat.-fr., Pl. -s) i. S. e. guten Rufs 3. *Eudoxie*, die (gr., Pl. ...ien) guter Ruf 4. *Diskredit*, der (lat.-it.-fr., ohne Pl.) übler Ruf 5. *Bonität*, die (lat., Pl. -en) e. Unternehmen mit guter Bonität ist kreditwürdig 6. *Goodwill*, der (engl., ohne Pl.) ist der gute Ruf e. Firma 7. *Prestige*, das (lat.-fr., ohne Pl.) »Blendwerk«, i. S. von: Ansehen, Geltung

Ruf, den ... schädigen 1. *desavouieren* (lat.-fr.) auch: bloßstellen 2. *diffamieren* (lat.-fr.) verunglimpfen 3. *diskreditieren* (lat.-it.-fr.) dem Ruf e. Person schaden

Rüge 1. *Monitum*, das (lat., Pl. ...ta) auch: Tadel 2. *Admonition*, die (lat., Pl. -en) auch: Tadel, Ermahnung, Verweis

rügen 1. *monieren* (lat.) tadeln 2. *admonieren* (lat.) ermahnen 3. *kritisieren* (gr.-lat.-fr.) 4. *reklamieren* (lat.) »widersprechen«; an seinem Hausbau wurden viele Mängel reklamiert

Ruhe 1. *Ataraxie*, die (gr., ohne Pl.) bes.

Ruhe bewahren 2. *Stoizismus*, der (gr.-lat., ohne Pl.) unerschütterliche Ruhe

Ruhe! *Silentium!* (lat.)

Ruhebett *Ottomane*, die (türk., Pl. -n) bes. breites Bett

Ruhegehalt *Pension*, die (lat.-fr., Pl. -en) e. Beamten

Ruhegehaltsempfänger *Pensionär*, der (lat.-fr., Pl. -e)

ruheloser Mensch *Nomade*, der (gr.-lat., Pl. -n) eigtl.: Angehöriger e. Hirten- oder Wandervolks, z. B. Sinti, Roma (Zigeuner)

Ruhelosigkeit, krankhafte ... *Jaktation*, (die lat., ohne Pl.) Gliederzucken (med.)

Ruhemöbel 1. *Sofa*, das (arab.-türk., Pl. -s) 2. *Kanapee*, das (gr.-lat.-fr., Pl. -s)

ruhend 1. *immobil* (lat.) 2. *stationär* (lat.-fr.) 3. *statisch* (lat.)

Ruhende, das ... nicht stören *quieta non movere* (lat., Zitat: Warnung Bismarcks)

Ruhepause *Siesta*, die (lat.-sp., Pl. -s) z. B. nach dem Mittagessen, zur heißen Tageszeit

Ruhestand *Pension*, die (lat.-fr., Pl. -en) auch: Ruhestandsgehalt; »Ich gehe in Pension, aber nicht in Ruhestand.« (Johannes Rau, ehemaliger Ministerpräsident von Nordrhein-Westfalen, 1998)

Ruhestand, in den ... versetzen *emeritieren* (lat.)

Ruhestand, wohlverdienter ... *otium cum dignitate* (lat., Zitat: Cicero) eigtl.: Muße mit Würde

Ruhestätte *Zömeterium*, das (gr.-lat., Pl. ...ien) z. B. auf dem Kirchhof

Ruhetag, heiliger ... *Schabbat* o. *Sabbat*, der (hebr.-gr., Pl. -e) jüd. wöchentlicher Feiertag

ruhig 1. *andante* (lat.-it.) musik. Vortragsanw. 2. *commodo* (lat.-it.) i. S. von behaglich, musik. Vortragsanw.

ruhigstellen *immobilisieren* (lat.) med., z. B. durch e. festen Verband oder Kunststoffschalen

Ruhm 1. *Glorie*, die (lat., ohne Pl.) 2. *Nimbus*, der (lat., Pl. -se) Ansehen; auch: Heiligenschein

Ruhm, so vergeht der ... der Welt *sic transit gloria mundi* (lat. Zitat)

Ruhme, zum größeren ... Gottes *in maiorem Dei gloriam* (lat., Zitat)

Ruhmesblatt *Lorbeer*, der (lat., Pl. -en) Blätter von Pflanzen, die in der Antike Künstlern u. Siegern bei sportlichen Wettkämpfen ums Haupt gewunden wurden; z. B. auf seinen Lorbeeren ausruhen: sich auf alten Ruhm beschränken; »Der Lorbeer u. der Hochmut sind gefährlich.« (Adelbert von Chamisso)

Ruhmesglanz *Nimbus*, der (lat., Pl. -se) »Regenwolke« in der die Götter zur Erde fahren; übertragen: Heiligenschein, Würde, Ansehen; den Sportler umgab der Nimbus des Siegers

ruhmreich *glorios* (lat.)

Ruhmsucht *Herostratentum*, das (gr., ohne Pl.) durch Ruhmsucht motiviertes Verbrechen; nach dem Griechen Herostratos, der 356 v. Chr. den Artemistempel zu Ephesus anzündete, um berühmt zu werden

ruhmvoll 1. *triumphal* (lat.) 2. *glorios* (lat.)

Ruhr *Dysenterie*, die (gr.-lat., Pl. ...ien) med.

rühre mich nicht an *noli me tangere* (lat., Zitat)

Rührei *Scrambled eggs*, die (engl., Pl.)

rührig *aktiv* (lat.)

rührselig 1. *larmoyant* (lat.-fr.) 2. *sentimental* (lat.-fr.-engl.) wenn Zigeunergeigen erklingen, werde ich immer sentimental

Rührseligkeit 1. *Larmoyanz*, die (lat.-fr., ohne Pl.) 2. *Sentimentalität*, die (lat.-fr.-engl., Pl. -en) auch: Empfindsamkeit

Rülpsen 1. *Erukation*, die (lat., Pl. -en) med., die Erukation ist e. Wind, der nicht den Weg nach hinten find'; auch: Aufstoßen (med.) 2. *Efflation*, die (lat., Pl. -en) Aufstoßen 3. *Eruktion*, die (lat., Pl. -en) nicht verw. mit *Eruption*, die (lat., Pl. -en) Lavaausbruch

rülpsen *eruktieren* (lat.) med.

rumoren *ramentern* (niederl.)

rumwerkeln *hantieren* (fr.-niederl.)

Rundbau *Rotunde*, die (lat., Pl. -n) auch: runder Saal 2. *Tholos*, die, der (gr., Pl. ...loi, ...len) e. altgriechischer Säulenrundbau

Rundbeet 1. *Rondeau*, das (fr., Pl. -s) auch: runder Platz; Lied beim Rundtanz 2. *Rondell*, das (fr., Pl. -e) runder Platz

Rundbild *Medaillon*, das (gr.-lat.-it.-fr., Pl. -s) kleines, rundes Bild, das in e. Schmuckrahmen um den Hals getragen wird

Rundblick 1. *Panorama*, das (gr.-lat., Pl.
...men) 2. *Tour d'horizon* (fr.)
Rundbungalow *Rundalow*, der (engl., Pl. –
s)
Runde beim Autorennen *Lap*, die (engl.,
Pl. -s)
Runde *Korona*, die (gr.-lat., Pl. ...nen)
eigtl.:»Krone«; z. B. da saß e. lustige Korona beisammen; auch: Heiligenschein,
z. B. über dem Kopf e. Figur; Strahlenkranz der Sonne
Runde, die ... machen 1. *kursieren* (lat.)
umlaufen 2. *zirkulieren* (gr.-lat.) kreisen
Rundenrennen *Kriterium*, das (gr.-lat., Pl.
...ien) Radrennen auf e. Rundkurs
Rundfahrt *Sightseeingtour*, die (engl., Pl.
-s) als touristische Fahrt
Rundfunkberichterstatter 1. *Reporter*,
der (lat.-fr.-engl., Pl. -) 2. *Journalist*, der
(fr.-engl., Pl. -en)
Rundfunkempfangsteil *Tuner*, der (engl.,
ohne Pl.) der Kanalwähler
Rundfunkgerät 1. *Radio*, das (lat.-engl.,
Pl. -s) 2. *Portable*, das (lat.-engl., Pl. -s) e.
tragbares Gerät 3. *Gettoblaster*, der (engl.-
am., Pl. -s) Kofferradio, das meist auf der
Schulter herumgeschleppt wird
Rundgemälde *Panorama*, das (gr.-lat., Pl.
...men)
Rundholz *Spiere*, die (niederdt., Pl. -n)
auch: Segelstange (Seemannsspr.)
Rundholzende *Nock*, das (niederl., Pl. -e)
Seemannsspr.; nicht verw. mit *Nock*, der
(österr., Pl. -e) Felskopf, Hügel
rundköpfig *brachyzephal* (gr.) med.
Rundreise *Tournee*, die (gr.-lat.-fr., Pl.
...neen) z. B. der Sänger Udo Jürgens auf
seiner Tournee durch Deutschland
Rundschreiben *Enzyklika*, die (gr.-lat., Pl.
...ken) ein päpstliches Rundschreiben
Rundturm islamischer Festungen *Nador*,
der (arab.)
Rundwürmer *Nemathelminthen*, die (gr.-
lat., Pl.) z. B. Fadenwürmer
Runenalphabet, ältestes ... *Futhark*, das
(skand.-germ., Pl. -e) ... der Germanen
Runzel *Ruga*, die (lat., Pl. ...gae) auch:
Hautfalte
**Rüstungskonzern, europäischer ... (in
der Gründung)** *European Aerospace and
Defence Company*, die (engl., ohne Pl.)
kurz: EADC

Rutenbündel mit Beil *Faszes*, die (lat., nur
Pl.) ... altröm. Symbol der Amtsgewalt
der höchsten Staatsbeamten (wurde von
den it. Faschisten übernommen)

S

Säbel *Pallasch*, der (türk.-ung., Pl. -e) i. S.
e. schweren Korbsäbels
Säbel, schwerer ... *Sarraß*, der (poln., Pl.
...rasse)
Sachaufstellung *Register*, das (lat., ohne
Pl.) i. S. von Verzeichnis; auch: Umfang
e. Orgelpfeifengruppe,»alle Register ziehen«, d. h. alle Mittel anwenden
**Sachbearbeiter mit Entscheidungsbe-
fugnis bei Behörden** *Dezernent*, der (lat.,
Pl. -en) auch: Dezernatsleiter;»Es gibt
keinen Artenschutz für grüne Dezernen-
ten.« (Petra Roth, Oberbürgermeisterin
von Frankfurt bei der Entlassung des
Kämmerers Tom Koenigs, 1997)
Sachbearbeiter *Referent*, der (lat., Pl. -en)
i. a. bei Behörden, im öffentlichen Dienst
Sachbereich *Dezernat*, das (lat., Pl. -e)
z. B. bei der Kriminalpolizei: Dezernat für
Rauschgiftdelikte
Sachbeschädigung *Sabotage*, die (fr., Pl.
-n) z. B. an Industrieanlagen durch feind-
liche Agenten
Sachbestimmung *Realdefinition*, die (lat.,
Pl. -en) befaßt sich mit dem Wirklichkeits-
gehalt e. Gegenstandes aus philos. Sicht;
Ggs.: Nominaldefinition
sachbezogen *pragmatisch* (gr.-lat.) z. B.
Helmut Schmidt galt als pragmatischer
Kanzler
Sachbezogenheit *Pragmatik*, die (gr.-lat.,
Pl. -en)
Sachbücher *Nonfiction-Literatur*, die
(engl., ohne Pl.)
Sache 1. *Res*, die (lat., Pl. -) 2. *Res judicata*,
die (lat., Pl. ...tae) e. rechtskräftig ent-
schiedene Angelegenheit 3. *Hit*, der
(engl., Pl. -s) e. Sache, die z. B. gern gekauft wird; Verkaufshit, Hitparade (Liste
der sehr gut verkauften Schlager) 4. *Affäre*,
die (fr., Pl. -n) peinlicher Vorfall, auch:

Liebesabenteuer 5. *Objekt*, das (lat., Pl. -e) eigtl.: das Entgegengeworfene 6. *Sujet*, das (lat.-fr., Pl. -s) Gegenstand: auch: Stoff z. B. e. Dichtung

Sache, die ... ist entschieden *causa finita est* (lat., Zitat) i. S. von: Aufrollen ist sinnlos

Sache, die ... ist ernst *res ad triarios rediit* (lat., Zitat) bis zu den Triariern (der letzten Schlachtreihe) gekommen; auch: es ist Not da

Sache, endlich siegt die gute ... *tandem bona causa triumphat* (lat., Zitat)

Sache, fest in der ..., aber sanft in der Art *fortiter in re, suaviter in modo* (lat., Zitat: Jesuitengeneral Aquaviva)

Sache, gemeinsame ... machen *paktieren* (lat.) e. Bündnis schließen

Sache, in eigener ... *pro domo* (lat.) »für das Haus«

Sache, nicht zweimal in derselben ... bestrafen *ne bis in idem* (lat., Zitat) Rechtsgrundlage

Sache, unsere... *Cosa Nostra*, die (it., ohne Pl.) Name der sizilianischen Mafia in den USA

Sache, unwichtige 1. *Petitesse*, die (fr., Pl. -n) auch: Kleinigkeit, Geringfügigkeit 2. *Bagatelle*, die (lat.-it.-fr., Pl. -n)

Sachgebiet 1. *Sektor*, der (lat., Pl. ...oren) römische Geschichte ist e. Sektor, den er gut kennt; auch: Bezirk 2. *Materie*, die (lat., Pl. -n) i. S. von Substanz, Stoff 3. *Referat*, das (lat., Pl. -e) 4. *Ressort*, das (fr., Pl. -s) Geschäftsbereich

Sachkenntnis *Know-how*, das (engl., ohne Pl.) bes. Wissen

Sachlage *Situation*, die (lat.-fr., Pl. -en) infolge des steigenden Hochwassers befinden sich die Bewohner in e. vertrackten Situation

sachlich 1. *konkret* (lat.) i. S. von: gegenständlich; Ggs.: abstrakt 2. *objektiv* (lat.) Ggs.: subjektiv 3. *pragmatisch* (gr.-lat.) sachbezogen 4. *prosaisch* (lat.) i. S. von nüchtern

sächlich *neutral* (lat.) z. B. sächlicher Artikel »das«

Sachlichkeit *Objektivität*, die (lat., ohne Pl.)

sachlich-kühl *detachiert* (fr.) emotionslos, ohne Anteilnahme

sachte *doucement* (fr.)

sachverständig 1. *routiniert* (lat.-fr.) z. B. routiniert arbeiten oder Auto fahren 2. *kompetent* (lat.) 3. *qualifiziert* (lat.-fr.)

Sachverständiger *Experte*, der (lat.-fr., Pl. -n) z. B. Brandexperte

Sachverständnis *Kompetenz*, die (lat., Pl. -en) »... das kann übrigens auch kein Bundeskanzler ändern, das übersteigt meine Kompetenz.« (Helmut Kohl, Bundeskanzler, 1998)

Sachverwalter 1. *Defensor*, der (lat., Pl. ...oren) auch: Verteidiger 2. *Mandatar*, der (lat., Pl. -e) kraft Vollmacht handeln, z. B. e. Anwalt; Abgeordneter in Österreich

Sachverzeichnis *Register*, das (lat., ohne Pl.) meist in alphabetischer Reihenfolge

Sackgasse *Impasse*, die (fr., Pl. -s) i. S. e. Ausweglosigkeit

Saft 1. *Juice*, der, das (lat.-fr.-engl., ohne Pl.) 2. *Sirup*, der (arab.-lat., Pl. -e) süßer, dickflüssiger Saft, Zuckerrübensirup

Saft des Schlafmohns *Opium*, das (gr.-lat., ohne Pl.) Rauschgift, Betäubungsmittel »Religion ist Opium für das Volk.« (Karl Marx)

Säftelehre *Humoralpathologie*, die (lat., ohne Pl.) demnach sind alle Krankheiten auf die fehlerhafte Zusammensetzung der Körpersäfte (Blut usw.) reduzierbar (antike Lehre)

Sage 1. *Legende*, die (lat., Pl. -n) 2. *Mythos*, der (gr.-lat., Pl. ...then) i. S. von Geschichten von Göttern, Helden, Dämonen aus vorchristlicher Zeit 3. *Fabula*, die (lat., Pl. ...lae) fabula docet: »die Fabel lehrt«, i. S. von: die Lehre aus der Geschichte

sagenhaft 1. *legendär* (lat.) 2. *mythisch* (gr.-lat.)

Sagenwelt, beherrschend u. geschichtlich-aktuell ... *Mega-Mythos*, der (gr.-lat., Pl. ...then) ... aufbereitet, z. B. »Indiana Jones«, »Star Trek«, »James Bond 007«, seit 1998 auch »Titanic«

Saite, auf der ... gleiten *Glissando*, das (fr.-it., Pl. -s, ...di)

Saiten, auf zwei ... *à deux cordes* (fr.)

Saiteninstrument, altgriechisches ... *Kithara*, die (gr.-lat., Pl. -s, ...aren)

Saiteninstrumente ... *Kin*, das (chin., ohne Pl.) ... chin. Sammelbezeichnung für 5- bis 25saitige zitherartige Instrumente

Saitenspiel, zum ... e. Lied singen *psalmodieren* (lat.) auch: beten

Salat, gekräuselter ... *Frisée*, der (fr., ohne Pl.) nicht verw. mit: das Frisé (gekräuselter Stoff, Frottierstoff)

Salbe *Unguentum*, das (lat., Pl. ...ta)

Salbenumschlag *Kataplasma*, das (gr.-lat., Pl. ...men) auch: Aufgestrichenes; Pflaster

Salböl *Chrisma*, das (gr.-lat., ohne Pl.) auch: Chrisam; geweihtes Öl, in der kath. Kirche bei Taufen u. Priesterweihen verwendet

Salbung *Unktion*, die (lat., Pl. -en)

salbungsvoll 1. *pathetisch* (gr.-lat.-fr.) 2. *pastoral* (lat.)

Salon, die Wiederentdeckung des ... *Salooning*, das (engl.-fr., ohne Pl.) von: Saloon (Salon), die Institution des 19. Jh. erfährt derzeit in europäischen Großstädten e. Comeback; z. B. Rauch-, Diskussions-, Lesesalons

Salto vorwärts u. Salto rückwärts *Flip u. Backflip*, der (engl., Pl. -s)

Salz ... 1. *Sukzinat*, das (lat., Pl. -e) ... der Bernsteinsäure, nicht verw. mit *Sukzinit*, der (lat., Pl. -e) Bernstein 2. *Saline*, die (lat., Pl. -n) Salzgrube für Kochsalz 3. *Sulfat*, das (lat., Pl. -e) Salz der Schwefelsäure

Salz der Flußsäure *Fluorid*, das (lat., Pl. -e) nicht verw. mit *Fluorit* (Flußspat, e. Mineral)

Salz der Gerbsäure *Tannat*, das (fr., Pl. -e)

salzartig *salinisch* (lat.) auch: salzhaltig

salzbildend *halogen* (gr.)

Salzpflanze *Halophyt*, der (gr.-lat., Pl. -en) z. B. Queller oder Tamarisken

Salzquelle 1. *Halopege*, die (gr., Pl. -n) kalte Quelle 2. *Halotherme*, die (gr.-lat., Pl. -n) warme Quelle

Salzsee *Schott*, das (arab., Pl. -s) z. B. das Schott el Djerid in Tunesien

Salzsiederei *Saline*, die (lat., Pl. -n) z. B. die Salinen der Sahara-Oasen Fachi und Bilma

Salzsteuer in Frankreich *Gabelle*, die (arab.-fr., Pl. -n) ... zwischen 1341–1790

Salztonsenke *Sebkha*, die (arab., Pl. -s)

Salztonwüste in der Sahara *Sebcha*, die (arab., Pl. -s) auch: Salzsumpf

Samen *Sperma*, das (gr.-lat., Pl. ...men, -ta) Samenflüssigkeit von Mensch u. Tier; »In der Scheide der Zeugin K. fanden sich nicht Sperminen, sondern Spermien.« (Protokollberichtigung des Landgerichts München, 1983) gemeint sind Spermen

Samenerguß *Ejakulation*, die (lat., Pl. -en) med.

Samenerguß, unwillkürlicher *Pollution*, die (lat., Pl. -en) »Besudelung«, z. B. im Schlaf

Samenerguß, vorzeitiger ... *Ejaculatio praecox*, die (lat., ohne Pl.)

Samenfaden mit X-Chromosom *Gynäkospermium*, das (gr.-lat., Pl. ...ien)

Samenfäden, Eindringen der ... in das Ei *Insemination*, die (lat., Pl. -en) auch: künstliche Befruchtung

Samenfäden, Fehlen der männlichen ... *Azoospermie*, die (gr., Pl. ...ien)

Samenflüssigkeit 1. *Sperma*, das (gr.-lat., Pl. ...men, -ta) 2. *Ejakulat*, das (lat., Pl. -e) med.

Samenkapseln, klebende ... *Spermatophore*, die (gr.-lat., Pl. -n) ... mancher niederer Tiere

Samenleiter, operative ... Entfernung beim Mann *Vasektomie*, die (lat., Pl. ...ien) med. (Sterilisation)

Samenleiterdurchtrennung *Vasotomie*, die (gr.-lat., Pl. ...ien) auch: Durchtrennung e. Blutgefäßes (med.)

Samenspender *Sperminator*, der (gr.-lat., Pl. ...oren) Männer, die Sperma zur künstlichen Befruchtung zur Verfügung stellen; nicht verw. mit Terminator: Abgrenzer, Beender (Figur aus der Science-fiction-Welt)

Samenübertragung, künstliche ... *In-Vitro-Besamung*, die (Eigenn., lat., Pl. -en) ... findet im Retortenglas statt, daher Retortenbaby

Sammelbecken *Reservoir*, das (lat.-fr., Pl. -e) auch: Sammelbehälter z. B. für Regenwasser

Sammelbuch *Album*, das (lat., Pl. ...ben) z. B. Briefmarkenalbum

Sammelmappe *Konvolut*, das (lat., Pl. -e) auch: Drucksachen, Schriftstückbündel

sammeln 1. *akkumulieren* (lat.) elektrische Energie speichern, z. B. in e. Akkumulator (Akku) auch: Gewinne für spätere Investitionen akkumulieren 2. *thesaurieren* (gr.-lat.) Unternehmensgewinne ansammeln; Geld, Edelmetalle horten 3. *ralliieren* (lat.-fr.) nach e. Schlacht verstreute Truppen sammeln

Sammeln, das ... nicht postalischer Gedenkmarken *Erinnophilie*, die (gr.-dt., ohne Pl.)

Sammelstelle *Depot*, das (fr., Pl. -s)

Sammelwerk *Thesaurus*, der (gr.-lat., Pl. ...ren, ...ri) Wörterbuch e. bestimmten Fachgebietes, z. B. für medizinische Fachausdrücke

Sammler vertraulicher Informationen *inside-dopester*, der (engl.-am., Pl. -s) ... die er nur »verdeckt« weitergibt

Sammlerstück *Rarität*, die (lat., Pl. -en)

Sammlung 1. *Archiv*, das (gr.-lat., Pl. -e) z. B. das Staatsarchiv für historische Gegebenheiten 2. *Arsenal*, das (arab.-it., Pl. -e) z. B. Waffenarsenale des Militärs 3. *Kollektion*, die (lat.-fr., Pl. -en) z. B. Schmuck- oder Gemäldekollektion 4. *Repertoire*, das (lat.-fr., Pl. -s) eigtl.: Fundstätte z. B. einstudierter Rollen 5. *Anthologie*, die (gr., Pl. ...ien) »Blumenlese«, i. S. e. Sammlung von Gedichten

Sammlung der Aussprüche Mohammeds *Hadith*, der (arab., Pl. -e) eigtl.: Rede; Quelle der islam. Religion (neben dem Koran)

Sammlung von Weisheitssprüchen *Gnomologie*, die (gr., Pl. ...ien) ... u. Anekdoten

Sammlung wichtiger Stellen *Brevier*, das (lat., Pl. -e) ... aus den Werken e. Dichters; z. B. Goethebrevier; auch: Gebetbuch des kath. Geistlichen mit Stundengebeten

Sammlung zusammengehöriger WWW-Seiten *Web-Site*, die (engl., Pl. -s) ... auf e. Computer gespeichert u. von dort abrufbar: www.bch.de ist z. B. die Web-Site des Business Channels für Finanzdaten

Sandbank *Barre*, die (fr., Pl. -n) nicht verw. mit: Barré: Quergriff e. Fingers über mehrere Saiten beim Lauten-, Gitarren-, Banjospiel

Sandsturm 1. *Buran*, der (russ., Pl. -e) in Mittelasien 2. *Haboob*, der (arab.-engl., Pl. -s) in Indien u. Nordafrika 3. *Kamsin*, der (arab., Pl. -e) in Ägypten 4. *Gibbi*, der (arab., Pl. -s) heißer Sandsturm in der Sahara 5. *Chamin*, der (arab., Pl. -e) in der Südsahara

sanft 1. *adagio* (lat.-it.) musik. Vortragsanw. 2. *dolcissimo* (it.) musik. Vortragsanw.

Sänfte 1. *Palankin*, der (Hindi, Pl. -e) indische Sänfte 2. *Portechaise*, die (fr., Pl. -n)

Sänger 1. *Barde*, der (kelt., Pl. -n) keltischer – 2. *Star*, der (engl., Pl. -s) erfolgreicher Sänger; auch: Filmschauspieler 3. *Chansonnier*, der (lat.-fr., Pl. -s)

Sänger zur Kithara *Kitharöde*, der (gr., Pl. -n) im alten Griechenland

Sängergruppe *Chor*, der (gr.-lat., Pl. Chöre)

Sängerin *Chansonette*, die (lat.-fr., Pl. -n) z. B. in e. Kabarett

sanglich *kantabel* (lat.-it.) musik.

Saphir *Amaryl*, der (gr., Pl. -e) künstlicher Stein

Sarg *Sarkophag*, der (gr.-lat., Pl. -e) »Fleischverzehrer«; Prunksarg

Sarggerüst *Katafalk*, der (gr.-lat., Pl. -e) e. meist schwarz verhängtes Gerüst, auf dem der Sarg während der Trauerfeier steht

Satan, hebe dich weg ...! 1. *apage, satana!* (lat., Zitat: Matthäus 4, 10; eigtl. gr.) auch: 2. *apage satanas* (lat., Zitat, Christi Worte, Matth. 4, 10) weiche von mir, Satan

Satellit *Sputnik*, der (russ., Pl. -s) mit Sputnik 1 begann 1957 das Zeitalter der Raumfahrt

Satinkleid, figurbetontes *Cheongsam*, das (am., Pl. -s) von weiblichen Hip Hoppern getragenes, enganliegendes Satinkleid

satirisch *juvenalisch* (lat.) nach Juvenal, e. altrömischen Satirendichter

satt *saturiert* (lat.) zufriedengestellt

Satteldecke *Woilach*, der (russ., Pl. -e)

sättigen 1. *konzentrieren* (lat.) zusammenziehen; »Ich konzentriere meine ganze Kraft darauf, die Wahl zu gewinnen.« (Helmut Kohl, 1998) 2. *saturieren* (lat.)

Sättigung *Saturation*, die (lat., Pl. -en)

Sättigung, bis zur ... *ad saturationem* (lat.) Abk.: ad sat.; Angabe auf Rezepten

Satz 1. *Phrase*, die (gr.-lat., Pl. -n) z. B. Phrasendrescher (Spruchbeutel) 2. *Enunziation*, die (lat., Pl. -en) 3. *Set*, das (engl., Pl. -s) i. S. zusammengehöriger Dinge, z. B. des Haushaltes 4. *Tie-Break*, der, das (engl., Pl. -s) beim Unentschieden, das satzentscheidende Tennisspiel

Satzaussage *Prädikat*, das (lat., Pl. -e) Sprachw.; auch: Note, Bewertung

Satzbau *Syntax*, die (gr.-lat., Pl. -en) »Satzgefüge«

Satzbruch 1. *Anakoluth*, das, der (gr.-lat., Pl. -e) i. S. von: ohne Zusammenhang 2. *Anakoluthie*, die (gr.-lat., Pl. ...ien)

Satzergänzung *Objekt*, das (lat., Pl. -e) Sprachw.; auch: Grundstück, i. S. e. Kaufobjekts

Satzgegenstand *Subjekt*, das (lat., Pl. -e) auch: das erkennende Ich; gemeiner Kerl; »Ich bin das Objekt seiner Wünsche, er das Subjekt.« (Wolfgang Schäuble, Chef der Unionsfraktion, 1997)

Satzlehre *Syntax*, die (gr.-lat., ohne Pl.) Sprachw.: Satzbaulehre

Satzung 1. *Statut*, das (lat., Pl. -en) z. B. in e. Verein: Vereinsstatuten 2. *Reglement*, das (lat.-fr., Pl. -s) Bestimmung

sauber 1. *adrett* (fr.) 2. *hygienisch* (gr.-lat.) i. S. von sehr sauber 3. *proper* (lat.-fr.)

Sauberkeit *Hygiene*, die (gr.-lat., ohne Pl.)

Saucenkoch *Saucier*, der (lat.-fr., Pl. -s)

sauer sein *frustrieren* (lat.) »Es darf nicht sein, daß die Frustrierten über das Schicksal Deutschlands bestimmen.« (Edmund Stoiber, Ministerpräsident von Bayern, 2006)

sauer, sauerstoffhaltig *Oxy-*, *oxy-* (gr.) als Vorsilbe

Sauerei, verbale ... *dirty Talk*, der (engl., Pl. -s)

Sauermilch *Joghurt*, das, der (türk., ohne Pl.) eingedickte, bes. hergestellte Sauermilch

sauerstofflos *anaerob* (gr.-lat.) Leben ohne Sauerstoff

Sauerstoffmangel im Blut *Hypoxämie*, die (gr.-lat., ohne Pl.) med.

Sauerstoffmangel in den Geweben *Hypoxie*, die (gr., ohne Pl.) med.

Säufer *Potator*, der (lat., Pl. ...oren) Trinker (med.)

Säuferwahnsinn 1. *Methomanie*, die (gr.-lat., ohne Pl.) med. 2. *Delirium tremens*, das (lat., ohne Pl.)

Säugetier, zahnarmes ... *Edentate*, der (lat., Pl. -n) z. B. Faultier, Ameisenbär, Gürteltier

Säugetiere *Mammalia*, die (lat., nur Pl.)

Säugetierkunde *Mammalogie*, die (lat., ohne Pl.)

Säugetierkundler *Mammaloge*, der (lat., Pl. -n)

Säugling *Baby*, das (engl., Pl. -bies)

Saugrohr mit Sieb ... *Bombilla*, die (sp., Pl. -s) ... zum Trinken des Matetees in Südamerika

Saugröhrchen *Pipette*, die (lat.-fr., Pl. -n)

Saugvagina *Pompoir*, die (lat.-fr., Pl. -es) bes. entwickelter Vaginalschließmuskel der Frau

Saugwurm *Trematode*, die (gr.-lat., Pl. -n)

Säule als Geländerstütze *Baluster*, der (gr.-lat.-it., Pl. -)

Säule *Monolith*, der (gr.-lat., Pl. -en) aus e. Steinblock gemeißelt

Säulenabschluß, oberer ... *Kapitell*, das (lat., Pl. -e) eigentl.: Köpfchen; nicht verw. mit *Kapitel*, das (lat., ohne Pl.) Abschnitt e. Druckwerks; Buchkapitel

Säulendecke *Abakus*, der (lat., ohne Pl.)

Säulenfuß-Wulst 1. *Torus*, der (lat., Pl. Tori) auch: Ringfläche 2. *Spira*, die (gr.-lat.)

Säulengang 1. *Kolonnade*, die (lat.-it.-fr., Pl. -n) auch: Säulenhalle 2. *Hypostylos*, der (gr., Pl. ...loi) abgedeckter Gang zwischen Säulen; auch: gedeckte Säulenhalle 3. *Arkade*, die (lat.-it.-fr., Pl. -n) auch: Bogenreihe

Säulengrundfläche *Stylobat*, der (gr.-lat., Pl. -en) gr. Säulen ruhen auf diesem oberen Quader des Unterbaus

Säulenheiliger *Stylit*, der (gr., Pl. -en) frühchristlicher Asket, der auf e. Säule lebte

Säulenkaktus *Cereus*, der (lat., ohne Pl.) auch: Wachskerze

Säulenvorbau *Portikus*, der (lat., Pl. ...ken)

Säulenvorhalle *Propyläen*, die (gr.-lat., nur Pl.)

saumäßig *abgefuckt* (dt.-engl.) z. B. heruntergekommenes Hotel; kaputte Typen aus den Storys von Charles Bukowski

Säuregrad *Acidität*, die (lat., ohne Pl.) von Flüssigkeiten

säuselnd *zephirisch* (gr.-lat.) i. S. e. sanft, säuselnden Luftbewegung

schäbig *schofel* (jidd.)

451

Schabkunst *Mezzotinto*, das (it., Pl. ...ti) auch: Kupferstichtechnik des 17. Jhs.

Schach *Echec*, die (pers.-fr., Pl. -s) fr. Bez.; auch Niederlage

Schach, Doppelzug von König u. Turm *Rochade*, die (pers.-arab.-fr., Pl. -n)

Schach, Eröffnung mit Bauernopfer *Gambit*, das (lat.-it.-sp., Pl. -s)

Schacheröffnung mit e. Springerbauern *Fianchetto*, das (lat.-it., Pl. ...etti, -s) ... zur Vorbereitung e. Flankenangriffs der Läufer

Schachpartie, die ... mit e. Fianchetto eröffnen *fianchettieren* (it.)

Schachtelhalmgewächs *Equisetum*, das (lat., Pl. ...ten) einzige, noch vorkommende Gattung

schade! 1. *näbbich!* (hebr.) 2. *nebbich* (jidd.) wenn schon! (Gaunersprache)

Schädelbohrer *Trepan*, der (gr.-lat., Pl. -e) med.

Schädeldach *Kalotte*, die (fr., Pl. -n) ... ohne Schädelbasis (med.) auch: flache Kuppel; Kappe kath. Geistlicher

Schädelkunde *Kraniologie*, die (gr.-lat., ohne Pl.) med.

Schädelmeßpunkt *Basion*, das (gr.-lat., ohne Pl.) der vorderste Punkt des Hinterhauptloches

Schädelmißbildung *Dyskranie*, die (gr.-lat., Pl. ...ien) med.

Schaden 1. *Defekt*, der (lat., Pl. -e) das Auto hat e. Defekt am Motor; auch: geistiger Defekt 2. *Panne*, die (fr., Pl. -n) z. B. Reifenpanne 3. *Havarie*, die (arab.-it.-fr.-niederl., Pl. ...ien) Schaden an Schiffen oder Flugzeugen

Schaden, durch ... wird man klug *quae nocent, docent* (lat., Zitat) eigtl.: was schadet, lehrt

Schaden, unbeabsichtigter ... *Kollateralschaden*, der (lat.-dt., Pl. -schäden) »Man kann nicht Zivilisten bombardieren u. dann von Kollateralschäden reden.« (Günther Beckstein, CSU-Innenminister, 2006)

schadenfroh *maliziös* (lat.-fr.) hämisch

schadhaft *defekt* (lat.) Gegenstände, aber auch der Geist können defekt sein

schädigen *sabotieren* (fr.) z. B. e. Sache, e. Absicht vorsätzlich Schaden zufügen; Pläne sabotieren

Schädlingsbekämpfungsmittel *Pestizid*, das (lat., Pl. -e)

Schadloshaltung *Indemnität*, die (lat., ohne Pl.) z. B. e. Parlamentariers für getätigte Äußerungen

Schäfchenwolke *Zirrokumulus*, der (lat., Pl. ...li)

schaffen *kreieren* (lat.) z. B. e. neues Duftwasser, e. neue Herbstmode kreieren

Schaffung *Kreation*, die (lat., Pl. -en) Modeschöpfer Lagerfeld stellte in Paris seine neuen Herbstkreationen vor

Schafkäse *Brimsen*, der (tschech., ohne Pl.) bes. Käse, der auch in Österreich gegessen wird

Schale ... *Cup*, der (engl., Pl. -s) ... des Büstenhalters

Schale der Weichtiere *Konchylie*, die (gr.-lat., Pl. -n)

Schale, die ... hat e. Deckel gefunden *invenit patella operculum* (lat., Zitat) d. h. gleich u. gleich gesellt sich gern

Schalk *Ironie*, die (gr.-lat., Pl. ...ien) feiner Spott. »Ich stelle fest, bei euch darf man Ironie nicht einsetzen.« (Joschka Fischer, Exbundesaußenminister, 2005)

Schall *Infraschall*, der (lat., ohne Pl.) ... dessen Frequenz unter 20 Hertz liegt, Ggs.: Ultraschall

Schallehre *Akustik*, die (gr.-lat., ohne Pl.)

Schallmesser *Phonometer*, das (gr.-lat., Pl. -)

Schallplatte, erste ... mit der e. best. Trend gesetzt wurde *Masterpiece*, das (engl., Pl. -s)

Schallplattenfirma *Label*, das (engl., Pl. -s) auch: Klebeetikett

Schallplattenhülle *Cover*, das (engl., Pl. -s) auch: Umschlag; Titelbild z. B. e. Buches

Schallplattenpreis *Grammy*, der (engl.-am., Pl. -s)

Schallplattensammlung *Diskothek*, die (gr., Pl. -en)

Schallschutzgehäuse für e. Kamera ... *Blimp*, der (engl., Pl. -s) ... zur Dämpfung der Lauf- oder Auslösergeräusche

Schalltrichter *Megaphon*, das (gr., Pl. -e)

Schallverstärker *Otophon*, das (gr.-lat., Pl. -e) für Schwerhörige

Schallverstärkung *Resonanz*, die (lat., Pl. -en)

Schallwirkung *Akustik*, die (gr.-lat., ohne Pl.)

452

(engl., Pl. -s) beim Unentschieden, das satzentscheidende Tennisspiel

Satzaussage *Prädikat*, das (lat., Pl. -e) Sprachw.; auch: Note, Bewertung

Satzbau *Syntax*, die (gr.-lat., Pl. -en) »Satzgefüge«

Satzbruch 1. *Anakoluth*, das, der (gr.-lat., Pl. -e) i. S. von: ohne Zusammenhang 2. *Anakoluthie*, die (gr.-lat., Pl. ...ien)

Satzergänzung *Objekt*, das (lat., Pl. -e) Sprachw.; auch: Grundstück, i. S. e. Kaufobjekts

Satzgegenstand *Subjekt*, das (lat., Pl. -e) auch: das erkennende Ich; gemeiner Kerl; »Ich bin das Objekt seiner Wünsche, er das Subjekt.« (Wolfgang Schäuble, Chef der Unionsfraktion, 1997)

Satzlehre *Syntax*, die (gr.-lat., ohne Pl.) Sprachw.: Satzbaulehre

Satzung 1. *Statut*, das (lat., Pl. -en) z. B. in e. Verein: Vereinsstatuten 2. *Reglement*, das (lat.-fr., Pl. -s) Bestimmung

sauber 1. *adrett* (fr.) 2. *hygienisch* (gr.-lat.) i. S. von sehr sauber 3. *proper* (lat.-fr.)

Sauberkeit *Hygiene*, die (gr.-lat., ohne Pl.)

Saucenkoch *Saucier*, der (lat.-fr., Pl. -s)

sauer sein *frustrieren* (lat.) »Es darf nicht sein, daß die Frustrierten über das Schicksal Deutschlands bestimmen.« (Edmund Stoiber, Ministerpräsident von Bayern, 2006)

sauer, sauerstoffhaltig *Oxy-, oxy-* (gr.) als Vorsilbe

Sauerei, verbale ... *dirty Talk*, der (engl., Pl. -s)

Sauermilch *Joghurt*, das, der (türk., ohne Pl.) eingedickte, bes. hergestellte Sauermilch

sauerstofflos *anaerob* (gr.-lat.) Leben ohne Sauerstoff

Sauerstoffmangel im Blut *Hypoxämie*, die (gr.-lat., ohne Pl.) med.

Sauerstoffmangel in den Geweben *Hypoxie*, die (gr., ohne Pl.) med.

Säufer *Potator*, der (lat., Pl. ...oren) Trinker (med.)

Säuferwahnsinn 1. *Methomanie*, die (gr.-lat., ohne Pl.) med. 2. *Delirium tremens*, das (lat., ohne Pl.)

Säugetier, zahnarmes ... *Edentate*, der (lat., Pl. -n) z. B. Faultier, Ameisenbär, Gürteltier

Säugetiere *Mammalia*, die (lat., nur Pl.)

Säugetierkunde *Mammalogie*, die (lat., ohne Pl.)

Säugetierkundler *Mammaloge*, der (lat., Pl. -n)

Säugling *Baby*, das (engl., Pl. -bies)

Saugrohr mit Sieb ... *Bombilla*, die (sp., Pl. -s) ... zum Trinken des Matetees in Südamerika

Saugröhrchen *Pipette*, die (lat.-fr., Pl. -n)

Saugvagina *Pompoir*, die (lat.-fr., Pl. -es) bes. entwickelter Vaginalschließmuskel der Frau

Saugwurm *Trematode*, die (gr.-lat., Pl. -n)

Säule als Geländerstütze *Baluster*, der (gr.-lat.-it., Pl. -)

Säule *Monolith*, der (gr.-lat., Pl. -en) aus e. Steinblock gemeißelt

Säulenabschluß, oberer ... *Kapitell*, das (lat., Pl. -e) eigentl.: Köpfchen; nicht verw. mit *Kapitel*, das (lat., ohne Pl.) Abschnitt e. Druckwerks; Buchkapitel

Säulendecke *Abakus*, der (gr.-lat., ohne Pl.)

Säulenfuß-Wulst 1. *Torus*, der (lat., Pl. Tori) auch: Ringfläche 2. *Spira*, die (gr.-lat.)

Säulengang 1. *Kolonnade*, die (lat.-it.-fr., Pl. -n) auch: Säulenhalle 2. *Hypostylos*, der (gr., Pl. ...loi) abgedeckter Gang zwischen Säulen; auch: gedeckte Säulenhalle 3. *Arkade*, die (lat.-it.-fr., Pl. -n) auch: Bogenreihe

Säulengrundfläche *Stylobat*, der (gr.-lat., Pl. -en) gr. Säulen ruhen auf diesem oberen Quader des Unterbaus

Säulenheiliger *Stylit*, der (gr., Pl. -en) frühchristlicher Asket, der auf e. Säule lebte

Säulenkaktus *Cereus*, der (lat., ohne Pl.) auch: Wachskerze

Säulenvorbau *Portikus*, der (lat., Pl. ...ken)

Säulenvorhalle *Propyläen*, die (gr.-lat., nur Pl.)

saumäßig *abgefuckt* (dt.-engl.) z. B. heruntergekommenes Hotel; kaputte Typen aus den Storys von Charles Bukowski

Säuregrad *Acidität*, die (lat., ohne Pl.) von Flüssigkeiten

säuselnd *zephirisch* (gr.-lat.) i. S. e. sanft, säuselnden Luftbewegung

schäbig *schofel* (jidd.)

451

Schabkunst *Mezzotinto*, das (it., Pl. ...ti) auch: Kupferstichtechnik des 17. Jhs.

Schach *Echec*, die (pers.-fr., Pl. -s) fr. Bez.; auch Niederlage

Schach, Doppelzug von König u. Turm *Rochade*, die (pers.-arab.-fr., Pl. -n)

Schach, Eröffnung mit Bauernopfer *Gambit*, das (lat.-it.-sp., Pl. -s)

Schacheröffnung mit e. Springerbauern *Fianchetto*, das (lat.-it., Pl....etti, -s)...zur Vorbereitung e. Flankenangriffs der Läufer

Schachpartie, die ... mit e. Fianchetto eröffnen *fianchettieren* (it.)

Schachtelhalmgewächs *Equisetum*, das (lat., Pl. ...ten) einzige, noch vorkommende Gattung

schade! 1. *näbbich!* (hebr.) 2. *nebbich* (jidd.) wenn schon! (Gaunersprache)

Schädelbohrer *Trepan*, der (gr.-lat., Pl. -e) med.

Schädeldach *Kalotte*, die (fr., Pl. -n) ... ohne Schädelbasis (med.) auch: flache Kuppel; Kappe kath. Geistlicher

Schädelkunde *Kraniologie*, die (gr.-lat., ohne Pl.) med.

Schädelmeßpunkt *Basion*, das (gr.-lat., ohne Pl.) der vorderste Punkt des Hinterhauptloches

Schädelmißbildung *Dyskranie*, die (gr.-lat., Pl. ...ien) med.

Schaden 1. *Defekt*, der (lat., Pl. -e) das Auto hat e. Defekt am Motor; auch: geistiger Defekt 2. *Panne*, die (fr., Pl. -n) z. B. Reifenpanne 3. *Havarie*, die (arab.-it.-fr.-niederl., Pl. ...ien) Schaden an Schiffen oder Flugzeugen

Schaden, durch ... wird man klug *quae nocent, docent* (lat., Zitat) eigtl.: was schadet, lehrt

Schaden, unbeabsichtigter ... *Kollateralschaden*, der (lat.-dt., Pl. -schäden) »Man kann nicht Zivilisten bombardieren u. dann von Kollateralschäden reden.« (Günther Beckstein, CSU-Innenminister, 2006)

schadenfroh *maliziös* (lat.-fr.) hämisch

schadhaft *defekt* (lat.) Gegenstände, aber auch der Geist können defekt sein

schädigen *sabotieren* (fr.) z. B. e. Sache, e. Absicht vorsätzlich Schaden zufügen; Pläne sabotieren

Schädlingsbekämpfungsmittel *Pestizid*, das (lat., Pl. -e)

Schadloshaltung *Indemnität*, die (lat., ohne Pl.) z. B. e. Parlamentariers für getätigte Äußerungen

Schäfchenwolke *Zirrokumulus*, der (lat., Pl. ...li)

schaffen *kreieren* (lat.) z. B. e. neues Duftwasser, e. neue Herbstmode kreieren

Schaffung *Kreation*, die (lat., Pl. -en) Modeschöpfer Lagerfeld stellte in Paris seine neuen Herbstkreationen vor

Schafkäse *Brimsen*, der (tschech., ohne Pl.) bes. Käse, der auch in Österreich gegessen wird

Schale ... *Cup*, der (engl., Pl. -s) ... des Büstenhalters

Schale der Weichtiere *Konchylie*, die (gr.-lat., Pl. -n)

Schale, die ... hat e. Deckel gefunden *invenit patella operculum* (lat., Zitat) d. h. gleich u. gleich gesellt sich gern

Schalk *Ironie*, die (gr.-lat., Pl. ...ien) feiner Spott. »Ich stelle fest, bei euch darf man Ironie nicht einsetzen.« (Joschka Fischer, Exbundesaußenminister, 2005)

Schall *Infraschall*, der (lat., ohne Pl.) ... dessen Frequenz unter 20 Hertz liegt, Ggs.: Ultraschall

Schallehre *Akustik*, die (gr.-lat., ohne Pl.)

Schallmesser *Phonometer*, das (gr.-lat., Pl. -)

Schallplatte, erste ... mit der e. best. Trend gesetzt wurde *Masterpiece*, das (engl., Pl. -s)

Schallplattenfirma *Label*, das (engl., Pl. -s) auch: Klebeetikett

Schallplattenhülle *Cover*, das (engl., Pl. -s) auch: Umschlag; Titelbild z. B. e. Buches

Schallplattenpreis *Grammy*, der (engl.-am., Pl. -s)

Schallplattensammlung *Diskothek*, die (gr., Pl. -en)

Schallschutzgehäuse für e. Kamera ... *Blimp*, der (engl., Pl. -s) ... zur Dämpfung der Lauf- oder Auslösergeräusche

Schalltrichter *Megaphon*, das (gr., Pl. -e)

Schallverstärker *Otophon*, das (gr.-lat., Pl. -e) für Schwerhörige

Schallverstärkung *Resonanz*, die (lat., Pl. -en)

Schallwirkung *Akustik*, die (gr.-lat., ohne Pl.)

Schalmei 1. *Pifferaro*, die (it., Pl. ...ri) Querpfeife 2. *Tenora*, die (sp., Pl. -s) e. Oboe aus Katalanien 3. *Tibia*, die (lat., Pl. Tibiae) e. altrömische Schalmei

Schaltelement *Trigger*, die (gr.-lat., Pl. -) ... für die Betätigung anderer Schaltvorgänge

Schaltgerät *Relais*, das (fr., Pl. -)

Schaltkreis e. elektron. Rechenanlage *Computerchip*, der (engl., Pl. -s) Schaltkreis aus organischen Molekülen: Biochips (meist Eiweiße); herkömmliche Chips, aus dem Rohstoff Silizium

Scham, er hat weder ... noch Scheu *vereri perdidit* (lat., Zitat: Plautus)

Scham, weibliche ... 1. *cunt*, die (engl.-am., Pl. -s) e. derbe Bez. 2. *Vulva*, die (lat., Pl. Vulven) eigtl.: die äußeren weiblichen Geschlechtsorgane

Schamberg, weiblicher ... *Venushügel*, der (lat.-dt., ohne Pl.)

schämen, sich ... *genieren* (germ.-fr.)

schamlos 1. *obszön* (lat.) z. B. obszön kleiden oder fluchen 2. *frivol* (lat.-fr.) i. S. von leichtfertig, schlüpfrig 3. *zynisch* (gr.-lat.) z. B. zynische Reaktionen zeigen, i. S. von frech, spöttisch

Schamlosigkeit 1. *Obszönität*, die (lat., Pl. -en) z. B. das neue Theaterstück zeigte e. Aneinanderreihung von Obszönitäten 2. *Frivolität*, die (lat.-fr., Pl. -en) Leichtfertigkeit 3. *Zynismus*, der (gr.-lat., Pl. ...men) z. B. e. unerträglichen Zynismus (Spott) an den Tag legen

Schande bereiten *blamieren* (fr.) auch: beschämen, bloßstellen; »Jeder blamiert sich so gut, wie er kann.« (Redensart)

Schande *Blamage*, die (fr., Pl. -n)

schändlich *infam* (lat.) »verrufen«; auch: bösartig

Schankkellner *Barkeeper*, der (engl., Pl. -)

Schanktisch 1. *Theke*, die (gr.-lat., Pl. -n) 2. *Bar*, die (engl., Pl. -s) Schanktisch; kleines Nachtlokal; auch: Maßeinheit des Luftdrucks

Schanktisch, Verwalter des ... *Büfetier*, *Büffetier*, der (fr., Pl. -s) auch: jmd., der das Bier zapft

Schanzpfahl *Palisade*, die (lat.-fr., Pl. -n) um Feinde, Überfälle abzuwehren

Schar 1. *Pulk*, der (russ., Pl. -s) i. S. e. größeren Gruppe Menschen 2. *Korona*, die (gr.-lat., Pl. ...nen) eigtl.: Krone; e. fröhliche Runde 3. *Kohorte*, die (lat., Pl. -n) auch: der 10. Teil e. röm. Legion; »Die Sozialdemokraten sind mit immer neuen Kohorten gegen mich angetreten.« (Helmut Kohl, 1998)

Scharbock *Skorbut*, der (lat., ohne Pl.) Zahnfleischbluten mit Zahnausfall (med.)

scharf 1. *pikant* (lat.-fr.) das Gemüse war pikant gewürzt 2. *kaustisch* (gr.-lat.) z. B. Alkali ist kaustisch (ätzend) 3. *akuminös*, (lat.-fr.) i. S. von zugespitzt 4. *polemisch* (gr.-lat.) auch: streitbar 5. *radikal* (lat.-fr.) hart u. gründlich 6. *markant* (germ.-it.-fr.) ausgeprägt, scharf geschnitten (Gesicht) 7. *inquisitorisch* (lat.) peinlich genau

Schärfe *Prägnanz*, die (lat.-fr., ohne Pl.) auch: knapp im Ausdruck

Scharfschütze, italienischer ... *Bersagliere*, der (it., Pl. ...ri)

Scharfsinn *Ingeniosität*, die (lat.-fr., ohne Pl.) z. B. die Ingeniosität des Kriminalbeamten bewundern

scharfsinnig *ingeniös* (lat.-fr.) der Kriminalbeamte bewies ingeniöses Vorgehen

Schatten, er folgt mir wie e. ... *me tamquam umbra sequitur* (lat., Zitat)

Schatten, er ist nur noch sein ... *sceletus*, *non homo est* (lat., Zitat)

Schatten, sogar den ... fürchten *umbram timere* (lat., Zitat: Cicero) d. h. ohne Not in Furcht sein

Schattenkrieger, jap. ... *Ninja*, der (jap., ohne Pl.) schwarz gekleidete Krieger, auf das lautlose Töten spezialisiert

Schattenmalerei *Skiagraphie*, die (gr.-lat., Pl. ...ien) um damit e. räumliche Wirkung zu erzielen

Schattenriß *Silhouette*, die (fr., Pl. -n) die beeindruckende Silhouette New Yorks

Schattenspielmeister *Dalang*, der (indonesisch, Pl. -s) aus Java, können bis zu 100 000 Verse rezitieren

Schattenspieltheater 1. *Wajang*, das (jap., Pl. -s) 2. *Ying hi*, das (chin., ohne Pl.) Urform des bez. Theaters stammt aus China 3. *Karagös*, das (türk., ohne Pl.) gröbere Form, in der Türkei anzutreffen; auch: 4. *Waiang*, das (jav., ohne Pl.)

Schattentheater, javanisches ... *Wajang*, das (indonesisch, ohne Pl.)

Schattierung *Nuance*, die (lat.-fr., Pl. -n) z. B. Farbnuancen

Schatzamt *Exchequer* (fr.-engl., ohne Pl.) die Staatskasse in England

Schätzchen 1. *Honey*, der (engl., Pl. -s) »Honig« i. S. von Süßer, *Honeymoon* (Flitterwochen) 2. *Sweetheart*, das (engl.-am., Pl. -s) »süßes Herz«, i. S. von Liebster

schätzen 1. *respektieren* (lat.-fr.) z. B. e. Person respektieren (achten) 2. *ästimieren* (lat.-fr.) auch: jmdn. Aufmerksamkeit zuteil werden lassen 3. *evalvieren* (lat.-fr.) e. Sachwert schätzen 4. *taxieren* (lat.-fr.) einschätzen: Personen und Sachen 5. *kalkulieren* (lat.) rechnen; auch: abschätzen

Schätzkurs *Taxkurs*, der (lat., Pl. -e) z. B. der Taxkurs e. Ölgemäldes; auch bei Aktien

Schätzung 1. *Evalvation*, die (lat.-fr., Pl. -en) i. S. e. Wertbestimmung; auch: Preisbestimmung e. Großprojekts 2. *Taxation*, die (lat.-fr., Pl. -en) 3. *Zensus*, der (lat., ohne Pl.) i. S. e. Volkzählung

Schau 1. *Show*, die (engl., Pl. -s) 2. *Exposition*, die (lat., Pl. -en) i. S. e. internationalen Ausstellung, z. B. die Weltausstellung »Expo 2000« in Hannover

Schau, zur ... stellen *Posing*, das (engl.-am., ohne Pl.) Bez. aus dem Bodybuilding; beim Posing läßt man die Muskeln spielen

Schaubild *Nomogramm*, das (gr.-lat., Pl. -e) graphisch dargestellte Lösungen in der Mathematik

Schauder *Horror*, der (lat., ohne Pl.) Abscheu

schauerlich *makaber* (fr.) unheimlich

Schaufenstergestalter *Dekorateur*, der (lat.-fr., Pl. -e)

Schaufenstergestaltung *Dekoration*, die (lat.-fr., Pl. -en)

Schaukasten *Vitrine*, die (lat.-fr., Pl. -n)

schäumen *moussieren* (fr.) bei Mineralwasser, Sekt

schäumend *moussierend* (fr.) »ein Champagner, moussierend wie das Leben!« (Ludwig Devrient)

Schaumgebäck *Baiser*, das, der (fr., Pl. -s) »Kuß«; aus Eiweiß u. Zucker hergestelltes Gebäck

Schaumünze 1. *Medaille*, die (gr.-lat.-it.-fr., Pl. -n) 2. *Plakette*, die (niederl., Pl. -n)

Schaumwein 1. *Sekt*, der (it., Pl. -e) hochwertiger Schaumwein 2. *Champagner*, der (lat.-fr., Pl. -) hochwertiger, französischer Sekt aus der Champagne 3. *Spumante*, der (lat.-it., Pl. -s) italienischer Schaumwein 4. *Mousseux*, der (fr., Pl. -) fr. Schaumwein

Schaumweinflasche *Piccolo*, die (it., Pl. -s) i. S. e. bes. kleinen Sektflasche

Schaupackung *Attrape*, die (germ.-fr., Pl. -n) auch: Nachbildung aus leichten Materialien

schaurig 1. *makaber* (fr.) auch: grausam 2. *stygisch* (gr.) nach Styx, dem Unterweltfluß aus der gr. Sage

Schauschrank *Vitrine*, die (lat.-fr., Pl. -n)

Schauspiel 1. *Spektakel*, das (lat., Pl. -) z. B. e. großen Theaterspektakel beiwohnen (durch Lärm u. Gepolter gekennzeichnet) 2. *Drama*, das (gr.-lat., Pl. ...men) eigtl.: Handlung; meist Trauerspiel

Schauspiel, ernstes ... *Drama*, das (gr.-lat., Pl. ...men) »... die Locken, die der Enkel Konrad Adenauers (Kohl) im Libyen-Drama auf seiner politischen Glatze drehte, rufen nach Chopins Trauermarsch.« (Hamburger Morgenpost, 1986)

Schauspielaufführung 1. *Theater*, das (gr.-lat., Pl. -) 2. *Inszenierung*, die (gr.-lat.-fr., Pl. -en) e. Stück einstudieren u. vorführen

Schauspieler 1. *Akteur*, der (lat.-fr., Pl. -e) 2. *Mime*, der (gr.-lat., Pl. -n) z. B. e. großer Charakterdarsteller 3. *Star*, der (engl., Pl. -s) berühmter Schauspieler 4. *Histrione*, der (lat., Pl. -n) Schauspieler im antiken Rom 5. *Komödiant*, der (gr.-lat.-it., Pl. -en) auch: abwertend: Heuchler

Schauspieler im alten Rom *Histrione*, der (lat., Pl. -n)

Schauspielerin *Aktrice*, die (lat.-fr., Pl. -n)

schauspielerisch *mimisch* (gr.-lat.) e. Akteur von mimisch hohem Rang

schauspielern *mimen* (gr.-lat.) auch: vortäuschen

Schauspielhaus *Theater*, das (gr.-lat., Pl. -)

Schausucht, krankhafte ... 1. *Skopophilie*, die (gr.-lat., Pl. ...ien) 2. *Voyeurismus*, der (lat.-fr., ohne Pl.) e. Voyeur: Zuschauer, der anderen bei sexuellen Handlungen heimlich zusieht

Scheck, unterschriebener ... ohne Anga-

be einer Summe *Blankoscheck*, der (it.-dt., Pl. -s) »Einen Blankoscheck will ich nicht.« (Gerhard Schröder, 1998)

Scheckbuchjournalismus *Infodeal*, der (engl.-am., Pl. -s) Medien zahlen für Informationen hohe Beträge

Scheibe, drehende ... *Turntable* (engl., Pl. -s) auch: CD, Schallplatte; Ausrüstung des DJs

Scheide *Vagina*, die (lat., Pl. -nen) med., die Scheide der Frau

scheiden *affinieren* (fr.) z. B. bei Metallen

Scheidenausfluß *Fluor*, der (lat., ohne Pl.) auch: giftiges Nichtmetall (das Fluor)

Scheidendammschnitt *Episiotomie*, die (gr.-lat., Pl. ...ien) ... Operation bei e. schweren Entbindung (damit soll e. Dammriß vermieden werden) med.

Scheidenentzündung *Vaginitis*, die (lat., Pl. ...itiden)

Scheidenkrampf *Vaginismus*, der (lat., Pl. ...men)

Scheidenspiegelgerät *Kolposkop*, das (gr., Pl. -e) med.

Scheidung *Affinierung*, die (fr.-dt., Pl. -en) z. B. von Edelmetallen

Scheidungsberater *Scheidungsmoderator*, der (dt.-lat., Pl. -en) neuer Dienstleistungsberuf; scheidungswillige Paare handeln aus u. beraten mit dem Scheidungsmoderator die Bedingungen e. endgültigen Trennung, (Rechtsanwälte wären wesentlich teurer)

Schein *Staffage*, die (fr., Pl. -n) »alles nur Staffage!« (trügerischer Schein)

Schein, äußerer ... *Dehors*, die (lat.-fr., nur Pl.) auch: gesellschaftlicher Anstand; die Dehors wahren

Schein, nur zum ... *pro forma* (lat.) der Form wegen

Scheinangriff *Finte*, die (lat.-it., Pl. -n) der Hauptmann trug e. Finte vor

Scheinbahre beim kath. Totengottesdienst *Tumba*, die (gr.-lat., Pl. ...ben) auch: Überbau eines Grabes

Scheinbeweis *Sophismus*, der (gr.-lat., Pl. ...men)

Scheinfrage ... *rhetorische Frage*, die (gr.-lat.-dt., Pl. -n) ... die keine Antwort erfordert

Scheingrund *Prätext*, der (lat.-fr., Pl. -e) i. S. e. Vorwands

scheinheilig 1. *hypokritisch* (gr.-lat.) heuchlerisch 2. *bigott* (fr.) auch: übertrieben fromm 3. *pharisäisch* (hebr.-gr.-lat.) heuchlerisch

Scheinheiliger *Hypokrit*, der (gr.-lat., Pl. -en) Heuchler

Scheinheiligkeit 1. *Hypokrisie*, die (gr.-lat., Pl. ...ien) Heuchlerei 2. *Cant*, der (lat.-engl., Pl. -s) auch: heuchlerische Sprache

Scheinmaßnahme *Manöver*, das (lat.-fr., Pl. -) z. B. e. militärisches Manöver veranstalten; Ablenkungsmanöver

Scheinmedikament *Placebo*, das (lat., Pl. -s) Arznei ohne Wirkstoffe

Schein-Ökologie *Placebo-Ökologie*, die (gr.-lat., ohne Pl.) im Zusammenhang mit dem oftmals sinnlosen Warenaufdruck »Bio« oder »Natur«, der nur irre führt

Scheinpackung *Dummy*, der (engl., Pl. ...ies) auch: Attrappe; Unfallpuppe bei Tests

Scheinsieg *Pyrrhussieg*, der (gr.-dt., Pl. -e) mit großen Opfern verbundener Erfolg; nach verlustreichen Siegen des Königs Pyrrhus (319–272 v. Chr.) von Epirus über die Römer: »Noch e. solcher Sieg u. ich bin verloren!«

Scheintod *Asphyxie*, die (gr.-lat., Pl. ...ien) »Pulslosigkeit«; Zombies gelten als scheintot

Scheiße! 1. *Mierda!* (sp.) 2. *Merde!* (fr.) 3. *Shit!* (engl.)

Scheiße, vögeln *fuck, fuck (off)* (engl.-am.) derbes Universalwort

Scheitelpunkt 1. *Zenit*, der (arab.-it., ohne Pl.) astronomischer Scheitelpunkt; Ggs.: *Nadir*, der (arab., ohne Pl.) Fußpunkt, dem Zenit gegenüberliegend 2. *Kumulationspunkt*, der (lat.-dt., Pl. -e) z. B. den Kumulationspunkt überschreiten, d. h., den Punkt des ständigen Wachsens, der Anhäufung verlassen u. abfallen

Schellentrommel *Pandero*, der (sp., Pl. -s) aus dem Baskenland

Schelm *Clown*, der (lat.-fr.-engl., Pl. -s) auch: Spaßmacher z. B. im Zirkus; »Ansichten e. Clowns« (Roman von Heinrich Böll)

schelmenhaft *pikaresk* (sp.)

Schenke *Taverne*, die (lat.-it., Pl. -n)

Schenkelwurf, innerer ... *Uchi-Mata*, der (jap., Pl. -s) beim Judo

schenken *dedizieren* (lat.)
Schenkung 1. *Dedikation*, die (lat., Pl. -en) 2. *Donation*, die (lat., Pl. -en)
Scherbengericht *Ostrazismus*, der (gr.-lat., ohne Pl.) e. Volksgericht aus dem alten Athen, dabei wurde e. Name oder e. Urteil auf e. Ostrakon (Tonscheibe) geschrieben
Scherenschnittkunst *Psaligraphie*, die (gr.-lat., ohne Pl.)
Scherflein *Obolus*, der (gr.-lat., Pl. -se) kleine Spende
Scherz 1. *Jokus*, der (lat., Pl. -se) auch: Albernheit 2. *Jux*, der (lat., Pl. -e)
scherzend 1. *scherzando* (germ.-it.) musik. Vortragsanw. 2. *giocoso* (lat.-it.) musik. Vortragsanw.
scherzhaft *humoristisch* (lat.)
scheuern *schamfilen* (niederdt.) Seemannsspr.; z. B. Pit hat schamfilt (nicht ge...)
scheußlich 1. *abominabel* (lat.-fr.) abscheulich 2. *infernalisch* (lat.) eigtl.: unterirdisch; auch: höllisch 3. *monströs* (lat.-fr.) i. S. von: mißgestaltet, riesig
Scheußlichkeit *Atrozität*, die (lat., Pl. -en) Abscheulichkeit
Schicht *Sediment*, das (lat., Pl. -e) e. durch Ablagerung von Stoffen entstandene Schicht; auch: Bodensatz z. B. des Urins
Schichtleiter e. **Nachrichtenagentur** *Slotter*, der (engl., Pl. -s) kurz für: Slot-Editor
schick *smart* (engl.) bezüglich der Kleidung; auch: gewandt, schneidig im Umgang mit anderen Menschen
schicken *adressieren* (fr.)
Schicklichkeit *Dekorum*, das (lat., ohne Pl.) i. S. von Anstand
Schicksal 1. *Fatum*, das (lat., Pl. ...ta) 2. *Kismet*, das (arab., ohne Pl.) Allah bestimmt die Zukunft 3. *Moira*, die (gr., Pl. ...ren) das nach altgriechischem Glauben bestimmte Los 4. *Tyche*, die (gr., ohne Pl.) i. S. von Zufall 5. *Karma*, das (sanskr., ohne Pl.) im Buddhismus, e. durch früheres Leben u. Handeln gegenwärtig beeinflußtes Schicksal des Menschen; nicht verw. mit *Karmamarga*, der (sanskr., ohne Pl.) »der Weg der Tat zur glücklichen Widergeburt« im Hinduismus
Schicksal, unabwendbares ... *Fatum*, das

(lat., Pl. ...ta) auch: Verhängnis; »Er nahm das brutale Fatum nicht hin.« (Thomas Mann: »Der Zauberberg«)
Schicksale, so gehen die menschlichen ... *sic eunt fata hominum* (lat., Zitat)
schicksalhaft *tragisch* (gr.-lat.)
Schicksalsentscheidung *russisches Roulett*, das (dt.-fr., ohne Pl.) e. auf sich gerichteter, mit einer Patrone in der Trommel geladener Revolver, entscheidet beim Abdrücken über Leben und Tod
Schicksalsergebenheit *Resignation*, die (lat., Pl. -en) »Nichts ist erbärmlicher als die Resignation, die zu früh kommt.« (Marie v. Ebner-Eschenbach)
schicksalsgläubig *fatalistisch* (lat.) wie e. Muselman
Schicksalsgläubiger *Fatalist*, der (lat., Pl. -en) er begibt sich in Gefahr, gelassen wie e. Fatalist
Schicksalsgläubigkeit 1. *Fatalismus*, der (lat., ohne Pl.) 2. *Resignation*, die (lat., Pl. -en) auch: Verzicht
Schicksalsgöttin *Moira*, die (gr.) altgriechische Göttin
Schicksalsschlag 1. *Tragik*, die (gr.-lat., ohne Pl.) 2. *Tragödie*, die (gr.-lat., Pl. -n)
Schiedsgerichtsvereinbarung ... *Arbitrage*, die (lat.-fr., Pl. -n) ... im Handelsrecht; auch: Ausnutzung von Kursunterschieden für gleiche Sache an verschiedenen Börsen, z. B. im Devisenhandel
Schiedsrichter 1. *Referee*, der (engl., Pl. -s) 2. *Markör*, der (germ.-it.-fr., Pl. -e) beim Billardspiel
Schiedsrichter bei Boxkämpfen *Umpire*, der (lat.-fr.-engl., Pl. -s)
Schiedsspruch *Arbitrium*, das (lat., Pl. ...ia)
schiefwinklig *loxogonal* (gr.-lat.)
Schielen *Strabismus*, der (gr.-lat., ohne Pl.) med.
Schielender *Strabo*, der (gr.-lat., Pl. -s)
Schieloperation *Strabotomie*, die (gr.-lat., Pl. ...ien) med.
Schienbein *Tibia*, die (lat., Pl. Tibiae) med.
Schiff 1. *Jacht*, die (niederl., Seemannsspr., Pl. -en) luxuriöses Segel- oder Motorschiff 2. *Steamer*, der (engl., Pl. -) Dampfer 3. *Tallship*, das (engl., Pl. -s) großer Rahsegler, z. B. die »Khersones«

Schiff, beschädigtes *Havarist*, der (arab.-
it.-fr.-niederl., Pl. -en)

Schiff, das ... an den Wind bringen *luven*
(niederdt.) Seemannsspr.

Schiffahrtskunde *Nautik*, die (gr.-lat.,
ohne Pl.)

Schiffchenspitzenarbeit *Frivolitätenar-
beit*, die (fr.-dt., Pl. -en)

Schifferpullover *Troyer*, der (niederdt.,
Seemannsspr., Pl. -s) auch: wollnes Un-
terhemd

Schiffsbesatzung *Crew*, die (lat.-engl., Pl.
-s)

Schiffsbugverzierung *Galionsfigur*, die
(gr.-lat.-sp.-niederl., Pl. -en) e. das Galion,
später das Ende des Vorstevens zierende
Holzfigur

Schiffsbugvorbau 1. *Galion*, das (gr.-lat.-
sp.-niederl., Pl. -s) 2. *Vorsteven*, der (niederl., Pl. -) der vord. Abschluß e. Schiffes

Schiffsdrehung *Manöver*, das (lat.-fr.,
ohne Pl.) z. B. Halsen, e. Segelschiff vor
dem Wind auf den anderen Bug bringen

Schiffsgeschwader *Eskader*, die (lat.-it.-
fr., Pl. -s)

Schiffskellner *Steward*, der (engl., Pl. -s)

Schiffskran *Davit*, der (engl., Pl. -s) dreh-
barer Kran

Schiffsküche 1. *Pantry*, die (lat.-fr.-engl.,
Pl. -s) 2. *Kombüse*, die (niederl., Seemannsspr., Pl. -n) eigentlich nur Bretter-
verschlag mit Herd

Schiffsraumgehalt *Tonnage*, die (lat.-fr.-
engl., Pl. -n) gemessen in Brutto- oder
Nettoregistertonnen, 1 BRT = 2,83 m³

Schiffsreisender *Passagier*, der (lat.-it.-, Pl.
-e)

Schiffsrumpf *Kasko*, der (sp., Pl. -s)

Schiffstagebuch 1. *Logbuch*, das (engl.-dt.,
Pl. ...bücher) Eintrag für alle nautischen
Daten u. besonderen Vorkommnisse
2. *Journal*, das (fr., Pl. -e) traditionelle Bezeichnung für das Schiffstagebuch

Schiffstau 1. *Reep*, das (niederl., Pl. -s)
z. B. Fallreep, Drehreep 2. *Tampen*, der
(Seemannsspr., Pl. -) Tauende

Schiffsunfall *Havarie*, die (arab.-it.-fr.-nie-
derl., Pl. ...ien) der Untergang der »Titanic« 1912, war e. der schlimmsten Hava-
rien

Schiffswände, hölzerne ... abdichten *kal-
fatern* (arab.-niederl.) Seemannsspr.

Schiffszieher an der Elbe *Bomätsche*, der
(tschech., Pl. -n)

schikanieren 1. *kujonieren* (lat.-fr.) verächtlich behandeln 2. *trillen* (fr.)

schikanieren, am Arbeitsplatz ... *mobben*
(engl.) von: mob (Pöbel, Meute); geprägt
wurde der Ausdruck »mobben« von dem
schwedischen Sozialforscher Heinz Lay-
mann

Schildbürger *Abderit*, der (gr., Pl. -en)
rührt von der altgriechischen Stadt Abdera
her, deren Bewohner für ihre Einfältigkeit
bekannt waren

schildbürgerhaft *abderitisch* (gr.) auch:
einfältig

schildern *charakterisieren* (gr.-lat.-fr.) i. S.
von zutreffend beschreiben

Schilderung *Charakteristik*, die (gr.-lat.,
Pl. -en) zutreffende Beschreibung

Schilfpalme *Kalamus*, der (lat., ohne Pl.) in
der Antike als Schreibgerät verwendet
worden

schillern *changieren* (lat.-fr.) z. B. changie-
rende Farben

Schimmer *Nuance*, die (lat.-fr., Pl. -n)
auch: Abstufung bei Farben

Schimpf, mit ... u. Schande *cum infamia*
(lat., Zitat)

schimpfen 1. *protestieren* (lat.-fr.) 2. *räsonieren* (lat.-fr.) 3. *Leviten lesen* (hebr.-gr.-
lat.-dt.) nach dem jüd. Stamm Levi (viele
Menschen des Stammes dienten in Tem-
peln) daher: jmdm. »die Leviten lesen«,
d. h. e. Strafpredigt halten, tadeln

Schimpfschrift *Pamphlet*, das (fr.-engl.,
Pl. -e)

Schimpfschriftverfasser *Pamphletist*, der
(fr.-engl., Pl. -en)

Schirm- oder Schutzherr *Protektor*, der
(lat., Pl. ...oren)

Schirmherrschaft 1. *Ägide*, die (gr.-lat.,
ohne Pl.) unter der Ägide: unter dem
Schutz, der Schirmherrschaft; nach dem
Schild Ägis des Zeus u. der Athene 2. *Patronat*, das (lat., Pl. -e) z. B. der Wohltätig-
keitsball steht unter dem Patronat des
Bundespräsidenten

Schlachtreihe *Phalanx*, die (gr.-lat., Pl.
...langen) geschlossene Front; gestaffelte
Schlachtreihe des Fußvolks im alten Griechenland

Schlachtreihe, in der ... gestanden haben

1. *in acie stetisse* (lat., Zitat) 2. *multa stipendia habere* (lat., Zitat) i. S. von: Pulverdampf gerochen haben

Schlaf, Tief... *Koma*, das (gr., Pl. -s, -ta) tiefe Bewußtlosigkeit;»Rexrodt (Bundeswirtschaftsminister) liegt im Koma, der Wirtschaft scheint das gut zu bekommen.« (G. Schröders geh. Tagebuch von H. Venske, 1997)

Schlafanzug *Pyjama*, der (engl.-österr., Pl. -s)

Schlafanzug, ...gewand *Nightwear*, die (engl., Pl. -s) auch: Nachthemd

Schläfenlocken *Peies*, die (hebr., Pl.) der orthodoxen Juden

Schlafkrankheit *Hypnosie*, die (gr., Pl. ...ien) med.

Schlaflied *Lullaby*, das (engl., Pl. ...bies)

Schlaflosigkeit 1. *Insomnie*, die (lat., ohne Pl.) med. 2. *Agrypnie*, die (gr.-lat., Pl. ...ien) med.

Schlafmittel *Hypnagogum*, das (gr.-lat., Pl. ...ga)

Schlafmohn *Papaver somniferum*, der (lat., ohne Pl.) der Milchsaft aus den Fruchtkapseln ist der Grundstoff für Opium, aus dem Morphium u. Heroin gewonnen werden

Schlafsaal 1. *Dormitorium*, das (lat., Pl. ...ien) in Klöstern 2. *Dormitory*, der (engl., Pl. ...ies) kurz: Dorm (in Jugendherbergen)

Schlafstörung *Agrypnie*, die (gr.-lat., Pl. ...ien) med.

Schlafsucht *Hypersomnie*, die (gr.-lat., ohne Pl.) med.

schlafsüchtig *somnolent* (lat.) med., z. B. e. somnolenter Schüler

Schlafwandeln 1. *Noktambulismus*, der (lat., ohne Pl.) med. 2. *Somnambulismus*, der (lat.-fr., ohne Pl.) med.

schlafwandlerisch *somnambul* (lat.-fr.) med.

Schlafzustand *Narkose*, die (gr., Pl. -n) med., durch das Einatmen e. best. Gases künstlich herbeigeführt

Schlag 1. *Beat*, der (engl., Pl. -s) i. S. e. sich regelmäßig wiederholenden Schlags; in der Musik: die Betonung der Rhythmen, es herrschen Schlagzeug u. Bässe vor 2. *Coup*, der (fr., Pl. -s) überraschend u. erfolgreich durchgeführte Unternehmung;

e. Coup landen; Coup de main (Handstreich)

Schlag, es folgt ... auf ... *damna damnis continuantur* (lat., Zitat)

Schlag, kurzer, flacher ... 1. *Chip*, der (engl., Pl. -s) ... mit e. Eisenschläger ausgeführt (Golfbez.) 2. *Chippen*, das (engl., ohne Pl.) Schlag für Entfernungen bis 3,50 m (Golfbez.)

Schlagader *Arterie*, die (gr.-lat., Pl. -n) med., Blutgefäß vom Herzen wegführend

Schlagaderentzündung *Arteriitis*, die (gr.-lat., Pl. ...itiden) med.

Schlagadererweiterung *Aneurysma*, das (gr., Pl. ...men)

Schlagaderverkalkung *Arteriosklerose*, die (gr., Pl. -n)

Schlaganfall *Apoplexie*, die (gr., Pl. ...ien)

Schlaganfall, zu ... neigend *apoplektisch* (gr.)

Schlaganfall, zu ... Neigender *Apoplektiker*, der (gr., Pl. -)

schlagartig *rapid(e)* (lat.-fr.) der Umsatz nahm rapid(e) ab

Schläge, Gesamtzahl der ... *Brutto* (lat.-it.-engl.) ... über alle 18 Löcher (Golfbez.)

schlagen 1. *pulsieren* (lat.) der Puls, das Herz 2. *pulsen* (lat.) 3. *palpitieren* (lat.) med.

schlagen, vernichtend *deklassieren* (lat.-fr.) z. B. in sportlichen Wettkämpfen

Schlager 1. *Song*, der (engl., Pl. -s) 2. *Hit*, der (engl., Pl. -s) erfolgreicher Schlager 3. *Oldie*, der (engl., Pl. -s) alter Schlager 4. *Evergreen*, der (engl., Pl. -s) älterer Schlager, der immer wieder oft u. gern gesungen wird

Schläger *Camorra*, die (it., ohne Pl.) auch: Name e. Geheimbundes im Königreich Neapel, später Verbrecherorganisation

Schläger ... *Pitching Wedge*, der (engl., Pl. -s) ... für hohe Annäherung aus kurzer Entfernung (Golfbez.)

Schläger mit viel Loft (Neigungswinkel) ... *Sandwedge*, der (engl., Pl. -s) ... für Schläge aus dem Bunker (Golfbez.)

Schläger zum Einlochen *Putter*, der (engl., Pl. -s) Golfbez.

Schläger, der längste ... *Driver*, der (engl., Pl. -s) ... er wird für Abschlag u. Treibschlag verwendet (Golfbez.)

Schlägerblattpunkt ... *Sweet Spot*, der (engl., Pl. -s) ... der für perfekten Ballkontakt sorgt (Golfbez.)

Schlagmaschine zur Auflockerung der Baumwollklumpen *Batteur*, der (fr., Pl. -e) ist in Spinnereien anzutreffen

Schlagrhythmus *Beat*, der (engl., ohne Pl.) Beatmusik

Schlagwort *Slogan*, der (engl., Pl. -s) z. B. e. Werbeslogan für e. Produkt suchen; »Wir haben über unseren Slogan noch nicht entschieden.« (Wolfgang Gerhardt, F. D. P.-Chef, 1998)

Schlagzeile *Headline*, die (engl., Pl. -s) z. B. fettgedruckte Zeile in e. Tageszeitung

Schlagzeug 1. *Drum*, die (engl., Pl. -s) auch: Trommel 2. *Drum-Set*, das (engl., Pl. -s) 3. *Percussion*, das (engl., Pl. -s) die ...Gruppe der Rhythmusinstrumente in e. Musikgruppe

Schlagzeuger 1. *Drummer*, der (engl., Pl. -s) 2. *Percussionist*, der (engl., Pl. -s)

Schlamm *Fango*, der (germ.-it., Pl. -s) Mineral- u. Heilschlamm; scherzhaft: »morgens Fango, abends Tango«

schlammig *limös* (fr.) auch: sumpfig

Schlammlawine *Mure*, die (österr., Pl. -n) nicht verw. mit *More*, die (lat., Pl. -n) Mutterschwein

Schlammstrom aus Asche u. Wasser *Lahar*, der (malaiisch, Pl. -s) ... bei Vulkanausbrüchen

Schlampe, »neue« 1. *Bad Girl*, das (engl., Pl. -s) Ausdruck für e. Frauenbewegung in den 90er Jahren, ihre Anhänger benehmen sich bisweilen obszön, rüde, genußsüchtig 2. *Babe*, das (engl., Pl. -s) anderer Ausdruck für das »schlechte Mädchen«, die »neue« Schlampe

Schlangenanbeter *Ophit*, der (gr.-lat., Pl. -en)

Schlangenfresser *Markhor*, der (pers., Pl. -e) gemeint ist eine Schraubenziege, Ziegenart mit schraubenartig gedrehtem Gehörn

Schlangenlinie *Serpentine*, die (lat., Pl. -n) i. S. e. kehrenreichen Weges; nicht verw. mit *Serpentin*, der (lat., Pl. -e) e. Mineral

Schlankheitstechnik ... *Liposuktion*, die (gr.-lat., ohne Pl.) ... bei der das Fett abgesaugt wird, z. B. an Oberschenkeln, am Bauch

schlankwüchsig *asthenisch* (gr.-lat.) auch: schwach

schlau 1. *clever* (engl.) z. B. e. cleverer Geschäftsmann sein 2. *raffiniert* (lat.-fr.) e. raffinierter Betrüger 3. *intelligent* (lat.) klug

Schlauheit 1. *Cleverneß*, die (engl., ohne Pl.) die Cleverneß des Kaufmanns war erstaunlich 2. *Raffinement*, das (lat.-fr., Pl. -s) 3. *Raffinesse*, die (fr., Pl. -n) 4. *Finesse*, die (lat.-fr., Pl. -n) Durchtriebenheit; auch: Kunstgriff

schlecht 1. *miserabel* (lat.-fr.) sich in e. miserablen Gesundheitszustand befinden 2. *negativ* (lat.) auch: verneinend; Ggs.: positiv

schlecht drauf sein *schlechte Vibes*, die (dt.-engl., Pl.) von: vibrations = Schwingungen

schlechthin 1. *katexochen* (gr.) auch: vorzugsweise, im eigentlichen Sinn 2. *par excellence* (fr.) auch: in Vollendung

Schlehdornschoten *Dividivi*, die (indian.-sp., nur Pl.) gerbstoffreiche Schoten des am. Schlehdorns

schleichend 1. *insidiös* (lat.) bei Krankheiten 2. *latent* (lat.-fr.) versteckt

Schleichwerbung 1. *Product placement*, das (engl.-am., Pl. –, -s) ... durch gezielten Einsatz von Produkten in Spielfilmen, z. B. der BMW Roadster im James Bond-Film 2. *Produktplacement*, das (engl.-am., Pl. -s)

Schleier e. vornehmen Türkin *Jaschmak*, der (türk., Pl. -s)

Schleier *Tschador, Tschadyr*, der (pers., Pl. -s) Kopf- u. Gesichtsschleier der pers. Frauen

schleifend *strisciando* (it.) musik. Vortragsanw.

Schleimhaut *Mukosa*, die (lat., Pl. ...sen) med.

Schleimhautausschlag *Enanthem*, das (gr.-lat., Pl. -e)

Schleimhautdrüsenentzündung *Blennadenitis*, die (gr.-lat., Pl. ...itiden) med.

Schleimhautentzündung *Katarrh*, der (gr.-lat., Pl. -e) med.

schleimig *mukös* (lat.) med.

Schlemmer 1. *Gourmand*, der (fr., Pl. -s) guter u. lustvoller Esser 2. *Gourmet*, der (fr., Pl. -s) Feinschmecker 3. *Lukullus*, der (lat., Pl. -se) Schlemmer, nach dem römischen Staatsmann Lucullus (117–57 v. Chr.), der als Genießer von Tafelfreuden bekannt war 4. *Sybarit*, der (gr.-lat., Pl. -en) nach der antiken, it. Stadt Sybaris, deren Bewohner als Schlemmer verrufen waren

Schlemmerei *Gourmandise*, die (fr., Pl. -n); auch: Delikatesse

schlemmerhaft *lukullisch* (lat.) nach Lucius Lucullus (117–57 v. Chr.), dem römischen Staatsmann, Feldherrn u. Schlemmer

schlendern 1. *flanieren* (fr.) z. B. über den Marktplatz flanieren (müßiggehen) 2. *promenieren* (lat.-fr.) spazierengehen

Schleppdampfer *Remorqueur*, der (lat.-it.-fr., Pl. -e) kleiner Dampfer

schleppen *bugsieren* (niederl.)

schleppend *dilatorisch* (lat.)

Schlepper *Traktor*, der (lat.-engl., ...oren) wird in der Landwirtschaft eingesetzt

Schleppnetz *Dredsche*, die (engl., Pl. -n)

Schleuder *Katapult*, das (gr.-lat., Pl. -e)

Schleuderbewegung der Arme ... *Ballismus*, der (gr.-lat., ohne Pl.) ... krankhafte, plötzlich auftretende Bewegung (med.)

Schleudermaschine 1. *Zentrifuge*, die (fr., Pl. -n) z. B. Zentrifuge in der Waschmaschine 2. *Katapult*, das (gr.-lat., Pl. -e) i. S. e. Steinschleudermaschine des Altertums

schleudern *zentrifugieren* (fr.)

schlicht *proletarisch* (lat.-fr.) svw.: roh, ungehobelt; »Recht ist, was der proletarischen Klasse nützt.« (Wladimir I. Lenin)

Schlichtheit, Trend zur ökologischen ... *Purifikation*, die (lat.-fr.-engl., Pl. -s oder -en) gemeint ist die Schlichtheit von Waren u. Design, nach der Devise: weniger ist mehr

Schließfrucht *Achäne*, die (gr., Pl. -n) z. B. Nuß, Beere

Schließmuskel *Sphinkter*, der (gr.-lat., Pl. ...tere) »Schnürer«; auch: Ringmuskel (med.)

Schliff, schrägkantiger ... *Biseauschliff*, der (fr.-dt., Pl. -e) ... an Edelsteinen

schlimm 1. *fatal* (lat.) »vom Schicksal bestimmt«; auch: folgenschwer 2. *katastrophal* (gr.-lat.) entsetzlich 3. *tragisch* (gr.-lat.) i. S. von: ergreifend

schlimm, es sieht ... aus *olla male fervet* (lat., Zitat) eigtl.: der Topf siedet schlecht

schlimmer machen 1. *alterieren* (lat.) auch: anders machen, abändern 2. *sich alterieren* (lat.) sich aufregen, sich ärgern

Schloß 1. *Alkazar*, der (arab., Pl. -e) Schloß in Spanien 2. *Bastille*, die (fr., Pl. -n) befestigtes Schloß; auch: Gefängnis 3. *Castle*, das (engl., Pl. -s) auch: Burg 4. *Château*, das (lat.-fr., Pl. -s) 5. *Kastell*, das (lat., Pl. -e) befestigtes Schloß 6. *Palais*, das (lat.-fr., Pl. -s) i. S. e. großen Palastes 7. *Zitadelle*, die (fr., Pl. -n) i. S. e. Befestigungsanlage innerhalb e. Stadt

Schloßverwalter *Kastellan*, der (lat., Pl. -e)

Schloßverwaltung *Kastellanei*, die (lat., Pl. -en)

Schloßvogt *Kastellan*, der (lat., Pl. -e)

Schlucht *Cañon*, der (lat.-sp., Pl. -s) z. B. der Grand Cañon in den USA

Schluchten durchsteigen *Canyoning*, das (engl., ohne Pl.) Extremsportart, von Alpinsportlern auch »Schluchteln« genannt; Flußschluchten werden zu Fuß, am Seil oder schwimmend durchquert

Schluckauf *Singultus*, der (lat., Pl. -) med.; Papst Pius XII. litt an Singultus

Schluckstörung *Dysphagie*, die (gr., Pl. ...ien) schmerzhafte ... (med.)

Schlund *Pharynx*, der (gr., Pl. ...ryngen) med.

schlüpfrig 1. *frivol* (lat.-fr.) z. B.: sie störten seine frivolen Bemerkungen 2. *lasziv* (lat.) 3. *pikant* (lat.-fr.)

Schlüpfrigkeit 1. *Frivolität*, die (lat.-fr., Pl. -en) 2. *Obszönität*, die (lat., Pl. -en) die neue Theaterinszenierung strotzte vor Obszönitäten; auch: »Um ohne Geist als Mann von Talent akzeptiert zu werden, hilft kein anderer Kunstgriff als Obszönität.« (Goldsmith) 3. *Pikanterie*, die (lat.-fr., Pl. -n) i. S. e. reizvollen Note

Schlüpfschuh *Slipper*, der (engl., Pl. -)

Schlupfwespen *Ichneumoniden*, die (gr.-lat., nur Pl.)

Schluß 1. *Finale*, das (lat.-it.-fr., Pl. -) i. S. e. Höhepunkts als Abschluß; auch: Endspurt; nicht verw. mit *Finalis*, die (lat., Pl. ...les) Schlußnote 2. *Konklusion*, die (lat., Pl. -en) auch: Folgerung

Schluß vom Allgemeinen auf das Besondere, *Deduktion*, die (lat., Pl. -en) Ggs.: Induktion

Schluß vom Besonderen auf das Allgemeine *Induktion*, die (lat., Pl. -en) eigtl.: das Hineinführen; Ggs.: Deduktion

Schlußeffekt 1. *Pointe*, die (lat.-fr., Pl. -n) Schluß mit e. Witz 2. *Plot*, der, das (engl., Pl. -s) Aufbau u. Ablauf e. Handlung mit Höhepunkt, z. B. bei e. Roman, e. Film

Schlüssel zu allen Türen *Passepartout*, das (fr., Pl. -s) auch: Papprahmen für Bilder

Schlüssel, sechskantiger Stiftschlüssel *Inbusschlüssel*, der (Eigenn., dt., Pl. -)

schlußfolgern 1. *konkludieren* (lat.) 2. *kombinieren* (lat.) Detektiv Nick Knatterton war Meister des Kombinierens

Schlußfolgerung 1. *Fazit*, das (lat., Pl. -s) 2. *Konklusion*, die (lat., Pl. -en) 3. *Resultat*, das (lat., Pl. -e) i. S. von: Ergebnis

Schlußfolgerung ziehen, auf Basis bisheriger Daten *extrapolieren* (lat.) Lieblingsbeschäftigung der Mathematiker u. Statistiker

schlüssig 1. *konsequent* (lat.) auch: unbeirrbar; Ggs.: insequent 2. *logisch* (gr.-lat.) folgerichtig

Schlußkampf *Finish*, das (engl., Pl. -s) z. B. beim Wettlauf in der Zielgeraden

Schlußwort *Epilog*, der (gr.-lat., Pl. -e) z. B. in e. Roman; Ggs.: Prolog

schmächtig *asthenisch* (gr.) auch: schlankwüchsig

Schmachtlocke *Accroche-cœur*, das (fr., ohne Pl.) eigtl.: Herzensfänger

schmackhaft *deliziös* (lat.-fr.)

Schmährede *Invektive*, die (lat., Pl. -n) auch: Beleidigung

Schmähschrift 1. *Libell*, das (lat., Pl. -e) 2. *Pamphlet*, das (engl.-fr., Pl. -e)

Schmähung *Affront*, der (fr., Pl. -s) auch: Beleidigung

schmalwüchsig 1. *leptosom* (gr.-lat.) med. 2. *asthenisch* (gr.-lat.) i. S. e. schwachen Körperbaus, stark leptosom

Schmalzgebackenes mit Füllung *Beignet*, der (fr., Pl. -s) z. B. Krapfen

schmarotzen *parasitieren* (gr.-lat.)

Schmarotzer auf der Körperoberfläche lebend *Ektoparasit*, der (gr.-lat., Pl. -en) z. B. blutsaugende Insekten; Ggs.: Entoparasit

Schmarotzer *Parasit*, der (gr.-lat., Pl. -en) lebt auf Kosten e. Wirtes, Ausbeuter im

Pflanzen- u. Tierreich, auch unter den Menschen

Schmarotzer, auf oder in Tieren lebend *Zooparasit*, der (gr.-lat., Pl. -en)

schmarotzerartig *parasitisch* (gr.-lat.)

schmarotzerhaft *parasitär* (gr.-lat.)

Schmarotzertum *Parasitismus*, der (gr.-lat., ohne Pl.) auch: Ausbeutertum

Schmeichelei 1. *Flatterie*, die (fr., Pl. …ien) 2. *Kompliment*, das (lat.-sp.-fr., Pl. -e); »Das schönste Kompliment machte mir e. Frau, als sie mich mit ihrem Fahrrad anfuhr u. sagte: ›Verzeihung, ich habe Sie nicht gesehen‹.« (Luciano Pavarotti, schwergewichtiger it. Tenor)

schmeicheln *flattieren* (fr.)

schmeichelnd *lusingando* (germ.-it.) musik. Vortragsanw.

Schmeichler *Flatteur*, der (fr., Pl. -e)

schmelzen 1. *liqueszieren* (lat.) Begriff aus der Chemie 2. *dissolvieren* (lat.) i. S. von auflösen

Schmerz *Algesie*, die (gr.-lat., Pl. …ien) med.; auch: Schmerzempfindlichkeit

Schmerz- u. Fiebermittel *Aspirin*, das (Eigenn., ohne Pl.) »Mit Männern ist es wie mit Aspirin – manchmal braucht man zwei.« (Ildikó von Kürthy, Schriftstellerin, 2006)

Schmerz, zerrissen vom … *riven by grief* (engl.-am.) stehende Redewendung

Schmerzanfall *Attacke*, die (fr., Pl. -n) med., z. B. Migräneattacke (bes. starke Kopfschmerzen) auch: Angriff

Schmerzbetäubung *Anästhesie*, die (gr.-lat., Pl. -n) med.

Schmerzen in der Herzgegend *Präkardialgie*, die (lat.-gr., Pl. …ien) med.

Schmerzensmutter *mater dolorosa* (lat., Zitat: Jacopone da Todi, 1230–1306) Bez. für Maria, die Mutter Jesu

Schmerzkunst, alte … neu belebt 1. *modern Primitives*, die (engl.-am., nur Pl.) gemeint ist das Durchstechen von Gliedmaßen, bes. der Genitalien, um durch Schmerzen geläutert zu werden 2. *Body-Piercing*, das (engl.-am., ohne Pl.)

schmerzlich *doloroso* (lat.-it.) musik. Vortragsanw.

schmerzlindernd 1. *palliativ* (lat.) med., der Patient nimmt palliative Arznei 2. *sedativ* (lat.) auch: beruhigend (med.)

Schmerzlosigkeit *Analgesie*, die (gr.-lat., Pl. ...ien) med.

Schmerzmittel 1. *Promedol*, das (Eigenn., lat., ohne Pl.) 2. *Baralgin*, das (Eigenn., lat., ohne Pl.) nimmt Boris Jelzin, der Präsident von Rußland, regelmäßig ein 3. *Endorphin*, das (gr.-lat., Pl. -e) in der Entwicklung; es soll keine, den Morphinen ähnliche Nebenwirkungen haben

schmerzstillend *analgetisch* (gr.-lat.) med., z. B. Aspirin-Tabletten sind analgetisch

schmerzüberempfindlich *hyperalgetisch* (gr.-lat.) med.

Schmerzüberempfindlichkeit *Hyperalgesie*, die (gr.-lat., ohne Pl.) med.

schmerzunempfindlich *hypalgetisch* (gr.-lat.) med.

Schmerzunempfindlichkeit *Hypalgesie*, die (gr.-lat., ohne Pl.) med.

Schmetterball *Smash*, der (engl., Pl. -es) auch: Schmetterschlag; Sturz

Schmetterling 1. *Papillon*, der (lat.-fr., Pl. -s) auch e. bekanntes Abenteuerbuch von Henri Charière 2. *Butterfly*, der (engl., ohne Pl.) auch: bes. Salto; Spreizsprung beim Eiskunstlauf; Butterflystil, bes. Schwimmstil; »Madame Butterfly«: Oper von Giacomo Puccini

Schmetterling, tropischer ... Indonesiens *Bracca olafhenkeli*, der (Eigenn., lat., ohne Pl.) »Wenn man mich längst vergessen hat, wird e. den Bracca olafhenkeli noch geben.« (Hans-Olaf Henkel, Ex-BDJ-Präsident u. Präsident der Leibniz-Gemeinschaft, 2006)

Schmetterlinge, deren Sammelbezeichnung *Lepidopteren*, die (gr.-lat., nur Pl.)

Schmetterlingsforscher *Lepidopterologe*, der (gr.-lat., Pl. -n)

Schmetterlingskunde *Lepidopterologie*, die (gr.-lat., ohne Pl.)

Schmied, jeder ist seines Glückes ... *quilibet fortunae suae faber* (lat., Zitat)

Schmieröl, graphithaltiges ... *Oildag*, das (am., ohne Pl.)

Schminke *Rouge*, das (lat.-fr., Pl. -s) Wangenpuder in Rottönen

Schmuck an Uhrenketten *Berlocke*, die (fr., Pl. -n) Mode im 18. u. 19. Jh.

Schmuck, wertloser ... *Tand*, der (lat., ohne Pl.) auch: Wertloses mit Scheinwert, Modeschmuck, Spielzeug; »Tand ist das

Gebilde von Menschenhand.« (Theodor Fontane)

schmücken 1. *dekorieren* (lat.-fr.) auch: jmdm. e. Orden verleihen; e. Soldaten dekorieren 2. *garnieren* (germ.-fr.) mit Zutaten versehen; z. B. e. Teller garnieren

schmückend *dekorativ* (lat.-fr.) auch: wirkungsvoll

Schmücker *Dekorateur*, der (lat.-fr., Pl. -e) Fachmann für das Gestalten e. Schaufensters

Schmuckgeschäft *Bijouterie*, die (fr., Pl. ...ien)

Schmuckhändler *Juwelier*, der (lat.-fr.-niederl., Pl. -e)

Schmuckkasten *Schatulle*, die (lat., Pl. -n)

Schmuckspange *Agraffe*, die (fr., Pl. -n) auch: Schnalle

Schmuckstück 1. *Juwel*, das, der (lat.-fr.-niederl., Pl. -en) auch: Edelstein 2. *Bijouterie*, die (fr., Pl. ...ien) 3. *Bijou*, der, das (fr., Pl. -s) auch: Kleinod

Schmuckwarenhändler *Bijoutier*, der (fr., Pl. -s) auch: Juwelier

Schmuggelware *Konterbande*, die (it.-fr., ohne Pl.) auch: Kriegsware, die von neutralen Schiffen in e. kriegführendes Land gebracht wird

Schmusen ... *Necking*, das (engl.-am., Pl. -s) ... die Vorstufe des Pettings

Schnabelflöte *Flageolett*, das (lat.-fr., Pl. -e, -s) auch: Flötenregister der Orgel

Schnallenschuh *Eskarpin*, der (it.-fr., Pl. -s) ... der Männer im 18. Jh.

Schnäppchenjäger, professioneller ... *Smart Shopper*, der (engl., Pl. -s) spürt unfehlbar Sonderangebote auf

Schnappschuß *Shot*, der (engl., Pl. -s) auch: Foto; Schuß

Schnaps 1. *Grappa*, der, die (it., ohne Pl.) it. Tresterschnaps 2. *Whiskey*, der (engl., Pl. -s) am. u. irischer Getreide-Branntwein 3. *Whisky*, der (engl., Pl. -s) aus Getreide oder Mais hergestellter schottischer Branntwein 4. *Wodka*, der (russ., Pl. -s) Kartoffelschnaps 5. *Aquavit*, der (lat., Pl. -e) Kümmelschnaps 6. *Rum*, der (engl., Pl. -s) Schnaps aus Rohrzuckermasse oder Zuckerrohrsaft 7. *Gin*, der (lat.-fr.-niederl.-engl., Pl. -s) Wacholderbranntwein 8. *Genever*, der (lat.-fr., ohne Pl.) niederl. Wacholderschnaps

Schneckenforscher *Konchyliologe*, der (gr.-lat., Pl. -n) eigtl.: Wissenschaftler, der sich mit Untersuchungen von Weichtierschalen befaßt

Schneckenkunde *Konchyliologie*, die (gr.-lat., ohne Pl.) Teilgebiet der Malakologie (Weichtierkunde: Muscheln, Schnecken, Krebse)

Schnee *Kokain*, das (Quechua-sp., ohne Pl.) Rauschgift (Schnee = Szenewort)

Schneeblindheit *Niphablepsie*, die (gr.-lat., Pl. ...ien) med.

Schneebrett *Snowboard*, das (engl., Pl. -s) Snowboard-Fahrer schwingen auf e. breiten Schneebrett zu Tal

Schneehütte *Iglu*, der (eskimoisch, Pl. -s) Notunterkunft des Eskimos aus Schneeblöcken

schneeig *nival* (lat.)

Schneemensch *Yeti*, der (nepalesisch, Pl. -s) ... der im Himalaya leben soll; angeblich von Reinhold Meßner gesehen worden

Schneesturm *Blizzard*, der (engl.-am., Pl. -s) sog. in Nordamerika

Schneid *Courage*, die (lat.-fr., ohne Pl.) auch: Mut, Zivilcourage; »Mutter Courage u. ihre Kinder«, Schauspiel von Bertolt Brecht

schneiden *cutten* (engl.) auch: abschneiden, z. B. Filme für die endgültige Fassung schneiden und zusammenkleben

Schneider *Tailleur*, der (lat.-fr., Pl. -s)

Schneiderkunst *Couture*, die (lat.-fr., ohne Pl.) auch: Haute Couture, maßgebend für die Textilmode

Schneidezahn *Inzisivzahn*, der (lat.-dt., Pl. ...zähne)

schneidig *couragiert* (lat.-fr.) bei e. Unglück e. couragierte Helferin sein

schnell 1. *avanti!* (lat.-it.) i. S. von: mach' schnell! 2. *dalli!* (poln.) 3. *rapid* (lat.-fr.) rapid sinkende Aktienkurse 4. *presto* (lat.-it.) musik. Vortragsanw. 5. *prestissimo* (lat.-it.) sehr schnell, musik. Vortragsanw. 6. *rasant* (lat.-fr.) sehr schnell

Schnelldampfer, engl. ... *Titanic*, die (engl.-gr., ohne Pl.) ... der 1912 e. Eisberg rammte u. unterging; von Titan (Angehöriger e. Riesengeschlechts); »Wäre Helmut Kohl die ›Titanic‹ gewesen, dann wäre der Eisberg untergegangen.« (Kurt Biedenkopf, Ministerpräsident von Sachsen 1998)

schneller werdend *affretando* (it.) musik. Vortragsanw.

Schnelligkeit 1. *Tempo*, das (lat.-it., ohne Pl.) 2. *Rapidität*, die (lat.-fr., ohne Pl.)

Schnellwaage ... *Biquet*, der (fr., Pl. -s) ... für Gold- u. Silbermünzen

Schnellzeit-Film *Quicktime Movie*, das (engl.-am., Pl. -s) Fachjargon für e. Minifilm, der innerhalb e. Multimedia-Produktion gezeigt wird

Schnepfen *Okuli*, die (lat., nur Pl.) eigtl.: »Augen«; »Okuli, da kommen sie!« (Jägerspruch, gemeint ist das Erscheinen der Schnepfen)

Schnepfenvogel *Bekassine*, die (fr., Pl. -n) lebt bes. in Sümpfen

Schnickschnack *Brimborium*, das (lat.-fr., ohne Pl.)

Schnitt, e. klarer ... in den Beziehungen *Cut*, der (engl., Pl. -s) auch: Schnitt allg.

Schnittblume, margeritenähnliche ... *Gerbera*, die (lat., Pl. -s) nach dem dt. Arzt u. Naturforscher T. Gerber (1823–1891)

Schnittlinie *Transversale*, die (lat., Pl. -n) Linie, die e. geometrische Figur schneidet

Schnittmeister *Cutter*, der (engl., Pl. -) bei Film- u. Tonbandaufnahmen; von »cutten« (schneiden)

Schnittstelle ... 1. *Interface*, das (engl.-am., ohne Pl.) ... zwischen Computern u. anderen Geräten; auch: zwischen Programmen oder Geräten in der EDV 2. *human Interface*, das (engl.-am., ohne Pl.) Bez. der Bildschirmoberfläche als Kriterium für die Akzeptanz von computergestützten Leistungen

Schnittstelle zwischen Computer oder Konsole u. Modul *Modul-Slot*, der (lat.-engl., ohne Pl.)

Schnitzer *Lapsus*, der (lat., Pl. -) i. S. e. kleinen Fehlers

Schnüffeln von Lösungsmitteln *Glue Sniffing*, das (engl., ohne Pl.) bes. von Benzin oder Uhu

Schnupfen *Rhinitis*, die (gr.-lat., Pl. ...tiden) med.

Schnupfenmittel *Errhinum*, das (gr., Pl. ...rhina) med.

Schnupftabak herstellen *rapieren* (gr.-fr.)

Schnupftabak, ein ... *Makuba*, der (fr.,

ohne Pl.) nach e. Gebiet auf der Insel Martinique

Schnupftabakdose *Tabatiere*, die (sp.-fr., Pl. -n) auch Zigarettendose

Schock *Trauma*, das (gr., Pl. ...men, -ta) seelische Erschütterung, z. B. nach e. Unfall

schockierend *shocking* (engl.) z. B. spärliche Bekleidung oder schlechtes Betragen

Schokoladentorte *Sachertorte*, die (Eigenname, dt., Pl. -en) nach dem Wiener Hotelier Sacher; »Die Sachertorte ist e. eßbares Wiener Symbol, bei dem einem die Vergangenheit auf der Zunge zergeht.« (Lorin Maazel)

Schöngeist *Belesprit*, der (fr., Pl. -s) meist spöttisch gemeint

schöngeistig *belletristisch* (fr.) in der Literatur, z. B. Lyrik, Prosa

Schönheit *Beauté*, die (fr., Pl. -s) schöne Frau

Schönheit, von stattlicher, weiblicher ... *junonisch* (lat.) von Juno, e. wichtigen Göttin im antiken Rom

Schönheitschirurg *Facelifter*, der (engl.-am., Pl. -s) (abwertend) e. Facelifter, der zu brutal hebt, muß den Bauchnabel am Kinn als Grübchen »verkaufen«

Schönheitsfarm *Beautyfarm*, die (engl., Pl. -en)

Schönheitslehre *Ästhetik*, die (gr.-lat., ohne Pl.) Lehre vom Schönen, von der Harmonie in der Kunst, in der Natur

Schönheitsoperation zur Straffung des Gesichtes *Facelifting*, das (engl.-am., Pl. -s)

Schönheitspflege *Kosmetik*, die (gr.-fr., ohne Pl.) z. B. Kosmetikartikel

Schonkost *Diät*, die (gr., Pl. -en)

Schönschreiber *Kalligraph*, der (gr., Pl. -en)

Schönschreibkunst *Kalligraphie*, die (gr., ohne Pl.)

schonungslos *brutal* (lat.) auch: roh

schöpferisch 1. *kreativ* (lat.) die Werbebranche braucht kreative Mitarbeiter 2. *genial* (lat.) Albert Einstein (1879–1955), war e. genialer Wissenschaftler

Schöpferkraft 1. *Kreativität*, die (lat., ohne Pl.) 2. *Genie*, das (lat.-fr., Pl. -s) 3. *Genius*, der (lat., ohne Pl.)

Schöpfrad *Sakija*, die (arab.) z. B. für die Oasenbewässerung u. an Brunnen

Schöpfung *Kreation*, die (lat., Pl. -en)

Schöpfungsgeschichte *Genesis*, die (gr.-lat., ohne Pl.) des Alten Testaments, 1. Buch Mose

Schöpfwerk in Ägypten *Sakije*, die (arab., Pl. -n) ... das von Kamelen angetrieben wird

schorfig *impetiginös* (lat.) auch: borkig

Schornstein *Kamin*, der (gr.-lat., Pl. -e)

Schottenrock *Kilt*, der (skand.-engl., Pl. -s) Faltenrock für Männer

schräg *transversal* (lat.) auch: querlaufend

schräglaufend *diagonal* (gr.)

Schrägstrich *Slash*, der (engl., Pl. -s) auch: Hieb; ... mit dem im Internet Adressen abgegrenzt werden

Schranke *Barriere*, die (fr., Pl. -n)

schrankenlos *absolutistisch* (lat.-fr.) e. Land wird absolutistisch, mit unumschränkter Macht, z. B. durch e. Diktatur regiert

Schraubenalge *Spirogyra*, die (lat., Pl. ...ren) auch: Jochalge

Schreck 1. *Trauma*, das (gr., Pl. -ta, ...men) z. B. e. großen Schreck nach e. Unfall bekommen 2. *Pavor*, der (lat., Pl. -s) med.

Schrecken verbreiten *terrorisieren* (lat.-fr.) marodierende Söldner terrorisieren Dorfbewohner

Schreckensherrschaft *Terrorismus*, der (lat., ohne Pl.) auch: Gewaltherrschaft, von 1933 bis 1945 übte Hitler mit seiner NSDAP Terror aus

Schreckensnachricht *Hiobsbotschaft*, die (Pl. -en) nach dem Buch Hiob im Alten Testament, handelt von den Prüfungen des frommen Hiob in e. Welt der Anfechtungen

schreckensstarr *kataplektisch* (gr.) med.

Schreckgespenst *Popanz*, der (slaw., Pl. -e) Vogelscheuche; »Sie (Theo Waigel) blasen mit der PDS einen Popanz auf ...« (Stern, 1998)

Schreckgestalt 1. *Popanz*, der (tschech., Pl. -en) 2. *Lamia*, die (gr., Pl. ...ien) Gespenst des altgr. Glaubens

Schrecklähmung *Kataplexie*, die (gr., Pl. -n) med.

schrecklich *infam* (lat.) eigtl.: verrufen; infame Lügen verbreiten

schrecklich, es auszusprechen *horribile dictu* (lat.)

Schreib- u. Leseschwäche *Legasthenie*, die (lat.-gr., Pl. ...ien)

Schreib- u. Leseschwacher *Legastheniker*, der (lat.-gr., Pl. -)

Schreiben ... *Breve*, das (lat., Pl. -s) ... e. kurzes päpstliches

Schreiber, der für andere anonym schreibt *Ghostwriter*, der (engl., Pl. -) z. B. Reden oder Bücher, viele Politiker haben ihren Ghostwriter

Schreibkrampf 1. *Graphospasmus*, der (gr.-lat., Pl. ...men), med. 2. *Mogigraphie*, die (gr.-lat., Pl. ...ien) med.

Schreibmaschine ... *Composer*, der (engl., Pl. -) ... elektrische mit automatischer Randfixierung u. auswechselbarem Kugelkopf

Schreibmaschine schreiben *tippen* (engl.)

Schreibschrank *Sekretär*, der (lat., Pl. -e) auch: »Geheimschreiber«, Schriftführer, Angestellter für organisatorische Aufgaben und Korrespondenz

Schreibstil *Diktion*, die (lat., Pl. -en) Ausdrucksweise

Schreibtafel *Agenda*, die (lat., Pl. ...den)

Schreibtischforschung *Desk-Research*, das (engl., Pl. -s) die Auswertung von Daten aus der Marktforschung im Büro; Ggs.: Field-Research

schreibunkundig *analphabetisch* (gr.) auch: leseunkundig

Schreibunkundiger *Analphabet*, der (gr., Pl. -en) auch: Leseunkundiger

Schreibvermögen, Verlust des ... *Agraphie* die (gr., Pl. -n) med.

Schreibwarenhandlung *Papeterie*, die (gr.-lat.-fr., Pl. ...ien)

Schreibwut *Graphomanie*, die (gr.-lat., ohne Pl.)

schreiten *marschieren* (fr.) schnelles Gehen der Soldaten, meist in Formation; »getrennt marschieren, vereint schlagen« (Helmuth von Moltke)

Schreittanz, festlicher ... *Polonaise* u. *Polonäse*, die (fr., Pl. -n) eigtl.: Polnischer (Tanz) ... im ¾-Takt; »Wie er (Kanzler Kohl) begeistert mitzieht bei der Polonaise durch die Tiefebene der Spaßgesellschaft ...« (G. Schröders geh. Tagebuch von H. Venske, 1997)

Schrift 1. *Apokryph*, das (gr., Pl. -en) ... die nicht in den Bibelkanon aufgenommene Schrift 2. *Hieroglyphe*, die (gr., Pl. -n) schwer entzifferbare Handschrift; auch: Schriftzeichen der altägyptischen Bilderschrift 3. *Hierogramm*, das (gr.-lat., Pl. -e) »heilige Schrift« der altägyptischen Priesterschrift

Schrift, altsyrische ... *Estrangelo*, die (gr.-syr., ohne Pl.)

Schrift, noch nicht veröffentlichte ... *Ineditum*, das (lat., Pl. Inedita)

Schriftauslegung *Hermeneutik*, die (gr., ohne Pl.) wissenschaftliches Verfahren zur Auslegung von Texten

Schriften der altindischen Religion *Weda*, der (sanskr., Pl. -s u. Weden)

Schriften, heilige ... **des Dschainismus** *Siddhanta*, das (sanskr., ohne Pl.) »Lehrbuch«

Schriften, jüdische *Judaika*, die (hebr.-gr.-lat., nur Pl.) auch: Bücher über das Judentum

Schriftgelehrter *Rabbi*, der (hebr.-gr.-lat., Pl. -s, ...inen)

Schriftgröße, genormte ... *Pica*, die (lat., ohne Pl.) ... bei der Schreibmaschine

Schriftkundiger *Karäer*, der (hebr., Pl. -) auch: Mitglied e. ostjüdischen Sekte (ab 8. Jh.) die den Talmud (Gesetzessammlung des Judentums) ablehnt

Schriftleiter *Redakteur*, der (lat.-fr., Pl. -e) Medienmitarbeiter, der Redaktionsbeiträge bearbeitet, auswählt, schreibt

Schriftleitung *Redaktion*, die (lat.-fr., Pl. -en) Bereich, in dem Redakteure arbeiten

schriftlich bezeugen *attestieren* (lat.) der Tierarzt attestiert trichinenfreies Schweinefleisch

Schriftsatz *Fonts*, die (am., nur Pl.) auch: Setzkasten; e. stehender Begriff seit dem Siegeszug des Desktop Publishing (DTP), der digitalen Druckwerk- u. Zeitschriftengestaltung

Schriftsatzgestaltung *Typographie*, die (gr.-lat., Pl. ...ien) gemeint ist: Drucksatzgestaltung e. Druckwerkes

Schriftsetzer 1. *Metteur*, der (lat.-fr., Pl. -e) 2. *Typograph*, der (gr.-lat., Pl. -en) auch: Zeilensetzmaschine

Schriftsteller 1. *Literat*, der (lat., Pl. -en) 2. *Romancier*, der (lat.-fr., Pl. -s) Romanschriftsteller 3. *Autor*, der (lat., Pl. ...oren) Verfasser e. Werks der Literatur, Musik, Fotografie

schriftstellerisch *literarisch* (lat.)

Schriftstellervereinigung *PEN-Club*, der (engl., ohne Pl.) kurz für: Poets, Essayists, Novelists

Schriftstück *Dokument*, das (lat., Pl. -e)

Schriftstück, eigenhändig geschriebenes ... *Autograph*, das (gr., Pl. -en) ... u. von e. bekannten Persönlichkeit stammende Unterlage

Schriftstücke ... *Akte*, die (lat., Pl. -n) ... Sammlung zusammengehörender, schriftlicher Unterlagen

Schrifttum *Literatur*, die (lat., Pl. -en)

Schrifttum, schöngeistiges ... *Literatur*, die (lat., Pl. -en) auch: Schriftennachweise; »Literatur ist gedruckter Unsinn.« (August Strindberg)

Schriftzeichen ... 1. *Backslash*, der (engl., Pl. ...shes) ... auf der Computertastatur, bzw. dem Computerbildschirm 2. *Graph*, der (gr., Pl. -en) auch: Buchstabe 2. *Hieroglyphe*, die (gr., Pl. -n) aus dem alten Ägypten 3. *Rune*, die (altnord., Pl. -n) germanische Schriftzeichen 4. *Chiffre*, die (arab.-lat.-fr., Pl. -n) i. S. von: Geheimschrift

Schritt, e. erster ... *Initiative*, die (lat.-fr., Pl. -n) auch: Einbringung e. Gesetzesvorlage; Volksbegehren; »Fehler werden bestraft, nicht aber mangelnde Initiative.« (Dieter Vogel, Thyssen-Chef, 1997)

Schrittmacher *Pacemaker*, der (engl., Pl. -s) ... der das Tempo z. B. bei Läufern erhöhen soll; auch: kreativer Kopf als Vorreiter

Schrittmacher *Pacemaker*, der (engl., Pl. -s) z. B. e. tempobestimmendes Pferd in e. Rennen; auch: e. der Schrittmacherzellen der Herz- u. Gebärmuttermuskulatur, die Aktionsströme erzeugen u. weiterleiten

schrittweise 1. *methodisch* (gr.-lat.) svw. durchdacht 2. *peu à peu* (fr.) »Schritt für Schritt« 3. *sukzessive* (lat.) nach u. nach 4. *graduell* (lat.-fr.) allmählich

Schrittzähler 1. *Hodometer*, das (gr.-lat., Pl. -) auch: Wegmesser 2. *Passometer*, das (lat.-gr., Pl. -) 3. *Pedometer*, das (lat.-gr., Pl. -)

schroff *brüsk* (it.-fr.) z. B. auf e. Frage brüsk reagieren

Schrulle 1. *Marotte*, die (hebr.-gr.-lat.-fr., Pl. -n) Bierdeckelsammeln ist seine Marotte 2. *Spleen*, der (engl., Pl. -e u. -s) 3. *Tick*, der (gr., Pl. -s) wunderliche Eigenart; auch: fixe Idee; krampfartiges Muskelzucken

Schrumpfung 1. *Kontraktion*, die (lat., Pl. -en) 2. *Retraktion*, die (lat., Pl. -en) 3. *Zirrhose*, die (gr.-lat., Pl. -n) z. B. Schrumpfung u. Verhärtung von Leber oder Lunge

Schuft 1. *Halunke*, der (tschech., Pl. -n) 2. *Ganeff*, der (jidd., Pl. -e) aus: Ganove; auch: Dieb, Gauner 3. *Apache*, der (indian.-fr., Pl. -n) Großstadtganove, bes. in Paris; (indian., Pl. -n) Angehöriger der Indianerstämme im Südwesten der USA

Schuft, e. ... ist der, der Schlechtes dabei denkt *honny* (auch: *honi*) *soit qui mal y pense* (fr.) Wahlspruch des Hosenbandordens

Schuh 1. *Slipper*, der (engl., Pl. -s) Schuh ohne Schnürung 2. *Sandale*, die (gr.-lat., Pl. -n) wird durch Riemen zusammengehalten 3. *Pantoffel*, der (fr., Pl. -n) Hausschuh 4. *Pantine*, die (fr.-niederl., Pl. -n) Holzschuh, Holzpantoffel

Schuh aus Leinen mit Sohle aus Espartogras *Espadrille*, die (gr.-lat.-sp., Pl. -s) ... u. kreuzweise geschnürten Bändern

Schuh mit hohem Absatz *high Heel*, der (engl., Pl. -s) e. Model: »Mit high Heels ist es nur e. kleiner Schritt vom schreitenden Flamingo zum torkelnden Marabu.«

Schulabgänger *Absolvent*, der (lat., Pl. -en)

Schuldbefreiung *Exkulpation*, die (lat., Pl. -en) auch: Rechtfertigung

Schuldeingeständnis *mea culpa!* (lat.) »Durch meine Schuld!« (Ausruf aus dem Confiteor: Sündenbekenntnis im christlichen Gottesdienst)

Schulden *Passiva*, die (lat., nur Pl.) auf der rechten Seite, der Passivseite e. Bilanz; Ggs.: Aktiva

Schulden, mehr ... als Haare auf dem Kopf *non capillos liberos habet* (lat., Zitat) auch: er hat keine freien Haare

Schuldendeckel *Plafond*, der (fr., Pl. -s) oberer Grenzbetrag bei e. Kreditvergabe

Schuldkomplex, Phänomen u. Umgang mit dem ökologischen ... *Ökolozismus*, der (gr.-lat., ohne Pl.)

Schuldner 1. *Debitor*, der (lat., Pl. ...oren) 2. *Akzeptant*, der (lat., Pl. -en) Bezogener, Wechselschuldner 3. *Restant*, der (lat., Pl. -en) i. S. e. Zahlungsrückständigen

Schuldverpflichtung mit festem oder variablem Zinssatz (u. Laufzeit) *Obligation*, die (lat., Pl. -en)

Schuldverschreibung mit e. variablen Zinssatz *Floater*, der (engl., Pl. -s) ..., der sich für e. festgelegte Zeitspanne an best. Parametern orientiert

Schuldverschreibung *Obligation*, die (lat., Pl. -en) festverzinsliches Wertpapier, das z. B. von größeren Unternehmen ausgegeben wird (Börsenbez.)

Schuldverschreibung, verzinsbare ... *Bond*, der (engl., Pl. -s)

Schule, höhere 1. *College*, das (engl., Pl. -s) in USA u. England 2. *Collège*, das (fr., Pl. -s) in Frankreich u. Belgien 3. *High-School*, die (engl., Pl. -s) in den USA, jedoch nicht mit dem 4. *Gymnasium*, das (gr., Pl. ...sien) in Deutschland vergleichbar

Schule, nicht für die ..., sondern fürs Leben lernen wir *non scholae sed vitae discimus* (lat., Zitat)

Schule, von der ... verweisen *relegieren* (lat.) i. a. von der Hochschule

Schule, wichtigste philosophische ... in Indien *Wedanta*, der (sanskr., ohne Pl.) er lehrt den vollkommenen Monismus (Lehre, die das Leben auf e. einziges Prinzip zurückführt)

Schüler 1. *Adept*, der (lat., Pl. -en) 2. *Eleve*, der (lat.-fr., Pl. -n) Schauspiel- oder Ballettschüler 3. *Repetent*, der (lat., Pl. -en) salopp: Sitzenbleiber, Schüler, der e. Klasse wiederholen muß

Schülerheim 1. *Internat*, das (lat., Pl. -e) 2. *Pensionat*, das (lat.-fr., Pl. -e) i. a. für Mädchen

Schulkind mit Einkommen u. Kaufkraft *Skippi*, der (Abk., engl., Pl. ...ies) aus.: school kid with income and purchaising power

Schulkind mit Einkommen u. Kaufkraft *Skippie*, der (engl.-am., Pl. -s) Akronym aus: school-kid with income and purchasing power

Schulkind mit Geld ... *Skippy*, der (engl.-am., Pl. ...ies) Eigenn. für: school-kid with income and purchasing power) ... u. Kaufkraft

Schulleiter *Rektor*, der (lat., Pl. ...oren)

Schulranzen *Tornister*, der (slaw., Pl. -)

Schulterband der Bischöfe 1. *Omophorion*, das (gr., Pl. ...ien) ... orthodoxer Kirchen 2. *Pallium*, das (lat., Pl. ...ien) weiße Schulterbinde mit schwarzen Kreuzen; auch: Überwurf im alten Rom; Krönungsmantel der Kaiser im Mittelalter

Schulterkleid *Skapulier*, das (lat., Pl. -s) Überwurf als Tracht mancher Mönchsorden

Schulterkragen *Fanone*, der (germ.-fr.-it., Pl. ...oni) zweiteiliger Schulterkragen des Papstes

Schulterriemen, breiter ... *Bandelier*, das (lat.-fr.) ... als Patronen- oder Degengurt; auch: Brustgurt

Schulterschmerz, rheumatischer ... *Omalgie*, die (gr.-lat., Pl. ...ien) med.

Schulterstück *Epaulette*, die (lat.-fr., Pl. -n) auf den Uniformen der Streitkräfte

Schultertuch ... *Fichu*, das (fr., Pl. -s) ... dreieckig, dessen Enden auf dem Rücken verschlungen werden

Schulterumhang *Mantille*, die (lat.-sp., Pl. -n) der Spanierinnen

Schulverweisung *Relegation*, die (lat., Pl. -en) i. S. e. Hochschulverweisung

Schulwart *Pedell*, der (dt.-lat., Pl. -e)

Schulweisheit *Scholastik*, die (gr.-lat., ohne Pl.) i. S. von engstirniger Weisheit

Schundromane 1. *Kolportageliteratur*, die (lat.-fr., ohne Pl.) wertlose Unterhaltungsliteratur 2. *Trivialliteratur*, die (lat.-fr., ohne Pl.) Konsumliteratur, die auf den anspruchslosen Leser zugeschnitten ist

Schuppenflechte *Psoriasis*, die (gr., Pl. ...iasen) med.

Schurke *Kanaille*, die (lat.-it.-fr., Pl. -n) auch: bösartiger Mensch

Schürzenjäger *Womanizer*, der (engl., Pl. -s)

Schuß in die Höhe mit anschließendem freien Fall 1. *Hotrocket-Bungee*, das (engl., ohne Pl.) 2. *Rocket-Bungee*, das (engl., ohne Pl.) man läßt sich jeweils, an ein starkes Gummiband angebunden, wie e. Rakete in die Luft schießen, um dann e. noch tieferen Fall zu »genießen« (gefährlich, es soll schon »Schocktote« gegeben haben)

Schüssel 1. *Terrine*, die (lat.-fr., Pl. -n) z. B. Suppenterrine 2. *Assiette*, die (lat.-fr., Pl. -n) flache Schüssel

Schußwaffen-Mode *Shotgun Fashion*, die (engl.-am., ohne Pl.) der Amerikaner Ed Kirko beschießt Kleider (T-Shirts, Hüte, Unterhosen) mit Gewehren u. Revolvern, die auf diese Weise durchlöcherte Ware findet guten Absatz

Schuster bleib bei deinem Leisten *ne sutor supra crepidam* (lat., Zitat nach Plinius) eigtl.: was über die Sandale hinausgeht, möge e. Schuster nicht beurteilen

Schüttellähmung *Parkinson-Krankheit*, die (engl.-dt., Pl. -en) nach dem engl. Arzt J. Parkinson (1755–1824) e. neurologische Krankheit

Schüttgut *Bulkladung*, die (engl.-dt., Pl. -en) z. B. Getreide, Kohl

Schutz 1. *Ägide*, die (gr.-lat., ohne Pl.) »unter der Ägide« (unter dem Schutz) nach dem Schild Ägis des Zeus u. der Athene 2. *Immunität*, die (lat., ohne Pl.) i. S. des verfassungsmäßigen Schutzes vor Verfolgung der Parlamentarier u. Diplomaten 3. *Protektion*, die (lat.-fr., Pl. -en) svw. Begünstigung

Schutzanzug *Overall*, der (engl., Pl. -s) auch: Arbeitsanzug

Schutzbefohlene *Zimmi*, die (arab., Pl.) das waren Christen u. Juden in islamischen Herrschaftsgebieten

Schutzbild *Palladium*, das (gr.-lat., Pl. ...ien) Heiligtum e. Stadt, e. Hauses, von dem sich Schutz erhofft wird

Schutzbündnis 1. *Kartell*, das (ägypt.-gr.-lat.-it.-fr., Pl. -e) zusammenarbeitende Unternehmen schützen sich vor dem Wettbewerb, um höhere Preise zu erzielen; auch: Verkaufskontor 2. *Syndikat*, das (gr.-lat., Pl. -e) Unternehmerverband mit eigener Rechtsform; auch: geschäftlich getarnte Verbrecherorganisation

Schutzdach *Markise*, die (germ.-fr., Pl. -n) i. a. einrollbarer Schutz vor Sonne u. Regen

schützen 1. *präservieren* (lat.-fr.) vor Anfechtungen 2. *flankieren* (germ.-fr.) svw. die Seite schützen 3. *protegieren* (lat.-fr.) bevorzugen

Schutzfärbung 1. *Mimikry*, die (gr.-lat.-engl., ohne Pl.) »Nachahmung«, Fähigkeit von Tieren, sich wehrhaften oder giftigen Tieren anzupassen, um dadurch besser überleben zu können, z. B. Hornissenschwärmer; harmlose Schlangen geben sich das Aussehen der giftigen Korallennatter 2. *Mimese*, die (gr.-lat., Pl. ...esen) Schutzfarbe mancher Tiere, die als Tarnung gilt

Schutzgebiet 1. *Reservation*, die (lat., Pl. -en) z. B. für Indianerstämme in den USA, Navajo-Reservation 2. *Reservat*, das (lat., Pl. -e) auch: Sonderrecht 3. *Protektorat*, das (lat., Pl. -e) unter Schirmherrschaft, Schutzherrschaft stehendes Gebiet

Schutzgeister, alröm. ... *Laren*, die (lat., Pl.)

Schutzgelderpressung *Pizzo*, das (it., ohne Pl.) ... der Mafia; allein in Italien werden dadurch 100 Milliarden Euro jährlich erwirtschaftet

Schutzheilige *Patronin*, die (lat., Pl. -nen) auch: Schutzherrin

Schutzheiliger *Patron*, der (lat., Pl. -s, -e) z. B. der heilige Christophorus, Schutzpatron der Reisenden; auch: Schutzherr

Schutzherrschaft, unter ... stehendes Gebiet *Protektorat*, das (lat., Pl. -e) Schirmherrschaft. »Der wünscht sich wohl das Protektorat Böhmen u. Mähren zurück?« (Ladislav Jakl, Chefberater aus Tschechien, 2007)

Schutzhütte *Refuge*, das (lat.-fr., Pl. -s) z. B. Schutzbehausung in den Alpen

Schützling *Protegé*, der (lat.-fr., Pl. -s) z. B. der Unternehmersohn als Protegé in der Firma seines Vaters

Schutzmittel 1. *Präservativ*, das (lat.-fr., Pl. -e) kurz: Präser; bes. Gummischutz zur Verhütung e. Schwangerschaft oder der Ansteckung mit Geschlechtskrankheiten 2. *Kondom*, das, der (engl., Pl. -e) Verhütungsmittel aus Gummi; salopp: Lümmeltüte

Schutzpolster an Schiffswänden *Fender*, der (engl., Pl. -s) eigtl.: Verteidiger

Schutzraum *Bunker*, der (engl., Pl. -)

Schutzschicht *Patina*, die (it., ohne Pl.) auch: Edelrost; grüne Schicht auf Kupfer

Schutzstoffe ... *Alexine*, die (gr., nur Pl.) ... gegen Bakterien

Schwäche 1. *Faible*, das (lat.-fr., Pl. -s) e. Faible (auch: Vorliebe) für etwas oder jmdn. haben 2. *Labilität*, die (lat., Pl. -en) seine Labilität (Charakterschwäche) macht ihn unzuverlässig; Ggs.: Stabilität 3. *Insuffizienz*, die (lat., Pl. -en) z. B. Muskelinsuffizienz 4. *Asthenie*, die (gr.-lat., Pl. ...ien) Kraftlosigkeit (med.) 5. *Infirmität*, die (lat., ohne Pl.) Hinfälligkeit

Schwächeanfall *Kollaps*, der (lat., Pl. -e) eigtl.: Zusammenbruch

schwächen *paralysieren* (gr.-lat.) med.; auch: lähmen, die Schlange paralysiert ihr Opfer

Schwachkopf *Idiot*, der (gr., Pl. -en) »Die Börse hängt nur davon ab, ob es mehr Aktien gibt als Idioten oder mehr Idioten als Aktien.« (Prof. Albert Hahn, 1998) auch: Schwachsinniger; »Wer sich gesetzestreu verhält, muß sich manchmal wie ein Idiot vorkommen.« (Roman Herzog, Bundespräsident, 1997)

schwächlich *labil* (lat.) unsicher; Ggs.: stabil

Schwächlichkeit *Asthenie*, die (gr.-lat., Pl. ...ien) med.

Schwachsinn 1. *Debilität*, die (lat., ohne Pl.) med., leichte Denkschwäche 2. *Demenz*, die (lat., Pl. -en) erworbener Schwachsinn 3. *Imbezillität*, die (lat., ohne Pl.) 4. *Idiotie*, die (gr.-lat., Pl. ...ien) Dummheit

schwachsinnig 1. *debil* (lat.) 2. *dement* (lat.) 3. *imbezill* (lat.) mittelgradig schwachsinnig

Schwachsinniger 1. *Kretin*, der (gr.-lat.-fr., Pl. -s) nicht verw. mit *Gratin*, der (germ.-fr., Pl. -s) z. B. Kartoffelgratin: mit e. Kruste überbackene Kartoffeln 2. *Idiot*, der (gr.-lat., Pl. -en) bes. Denkschwacher

Schwachstelle *Achillesferse*, die (gr.-dt., Pl. -n) nach Achilles, dem Held vor Troja (aus der »Ilias« von Homer) die verwundbare Stelle e. Menschen

Schwadron *Eskadron*, die (lat.-it., Pl. -en)

Schwalbe, e. ... macht noch keinen Sommer *una hirundo non facit ver* (lat., Zitat) eigtl.: ... macht noch keinen Frühling (ver)

Schwamm *Spongia*, die (lat., Pl. ...ien) e. vielzelliges Tier

Schwamm e. Flaschenkürbisses *Luffa*, die (arab.-sp., Pl. -s) dieser wird aus dem Innern der Kürbisart hergestellt

schwammartig *lakunär* (lat.) auch: höhlenartig, buchtig

schwanger *gravid* (lat.) med.

Schwangere *Gravida*, die (lat., Pl. ...dae) med.

Schwangerschaft *Gravidität*, die (lat., Pl. -en) med.

Schwangerschaftsstörung *Gestose*, die (lat., Pl. -n) med.

Schwangerschaftsunterbrechung *Interruption*, die (lat., Pl. -en) med.; u. Unterbrechung des Koitus (Geschlechtsverkehrs)

Schwank *Burleske*, die (it.-fr., Pl. -n) auch: Posse

schwanken 1. *fluktuieren* (lat.) z. B. fluktuierende Beschäftigungszahlen 2. *oszillieren* (lat.) auch: pendeln, schwingen, z. B. von Lichtstrahlen 3. *variieren* (lat.-fr.) auch: abwandeln

schwankend 1. *fluktuierend* (lat.) i. S. fluktuierender Nachfrage 2. *labil* (lat.) e. labiler Charakter sein 3. *oszillatorisch* (lat.) z. B. Meßwertanzeigen 4. *variabel* (lat.-fr.) i. S. von veränderlich

Schwankung *Fluktuation*, die (lat., Pl. -en) Firmen mit e. schlechten Betriebsklima haben e. hohe Personalfluktuation

Schwankungen der Wertpapiere *Volatilität*, die (lat., ohne Pl.) ... an der Börse

Schwankungen, gegen ... unempfindlich 1. *euryhalin* (gr.-lat.) bez. des Salzgehaltes im Boden; Ggs.: stenohalin 2. *euryök* (gr.-lat.) bez. der Umweltfaktoren; Ggs.: stenök 3. *euryoxybiont* (gr.-lat.) bez. des Sauerstoffgehaltes; jeweils auf Tiere u. Pflanzen bezogen

Schwankungsbreite e. Wertpapierkurses *Volatilität*, die (lat., ohne Pl.) auch: Flüchtigkeit

Schwanz *Penis*, der (lat., Pl. -se) männliches Glied. »Wir machen noch bis zum Verzehr des Penis u. dann Mittagspause.« (Klaus Drescher, Richter im Prozeß des Kannibalen von Rothenburg, 2006)

Schwanzflosse des Wals *Fluke*, der (engl., Pl. -n)

Schwarm *Pulk*, der (russ., Pl. -s) e. Pulk Motorräder donnerte durch das Dorf

Schwärmer 1. *Enthusiast*, der (gr.-lat., Pl.

-en) Bewunderer 2. *Phantast*, der (gr.-lat., Pl. -en) Traumtänzer, Person mit Realitätsverlust 3. *Bacchant*, der (gr.-lat., Pl. -en) siegestrunkener Schwärmer 4. *Illusionist*, der (lat., Pl. -en) Träumer; auch: Zauberkünstler 5. *Romantiker*, der (lat.-fr., Pl. -) 6. *Visionär*, der (lat., Pl. -e) »Die Visionäre von damals sind die Realisten von heute.« (Helmut Kohl, Bundeskanzler, 1998)

Schwärmerei *Romantik*, die (lat.-fr.-engl., ohne Pl.)

schwärmerisch 1. *romantisch* (lat.-fr.-engl.) ihre romantische Art zeigte sich auf Spaziergängen 2. *enthusiastisch* (gr.-lat.) begeistert

Schwarze Kunst *Nigromantie*, die (lat.-gr., ohne Pl.) schwarze Magie, Hexenkunst

Schwarzerde, bes. ... *Regur*, der (Hindispr.) ... in Südindien

Schwarzgeld, das als Sicherheit für e. offiziellen Investitionskredit verwendet wird *Back-to-back-Kredit*, der (engl.-lat., Pl. -e)

Schwarzseher *Pessimist*, der (lat., Pl. -en) »Der einzige Mist, auf dem nichts wächst, ist der Pessimist.« (Theodor Heuss, Bundespräsident von 1949–1959); Ggs.: Optimist

Schwarzseherei 1. *Pessimismus*, der (lat., ohne Pl.) der ewige Pessimismus lähmte seine Aktivität; Ggs.: Optimismus 2. *Defätismus*, der (lat.-fr., ohne Pl.) i. S. von: Resignation, innere Verabschiedung

schwarzseherisch 1. *pessimistisch* (lat.) Ggs.: optimistisch 2. *defätistisch* (lat.-fr.) auch: hoffnungslos

schwatzen 1. *fabulieren* (lat.) 2. *radotieren* (fr.) hemmungslos daherreden 3. *räsomieren* (lat.-fr.) auch: schimpfen

Schwätzer 1. *Fabulant*, der (lat., Pl. -en) 2. *Räsoneur*, der (lat.-fr., Pl. -e) salopp: Klugscheißer 3. *Radoteur*, der (fr., Pl. -e) hemmungsloser Schwätzer

Schweben im Raum, freies ... *Levitation*, die (lat., Pl. -en) die vermeintliche Aufhebung der Schwerkraft, z. B. als spiritistische Erscheinung

Schwebeschritt im Tanz *Balancé*, das (fr., Pl. -s)

Schwebezustand, rhythmisch-melodischer ... *Groove*, der (engl.-am., Pl. -s) ... durch Schlagzeug oder Baß erzeugt

Schweifstern *Komet*, der (gr.-lat., Pl. -en) z. B. Komet »Hale-Bopp« vom März 1997

Schweigen 1. *Mutismus*, der (lat., ohne Pl.) i. S. von absichtlicher Stummheit 2. *Silentium!* (lat.) wird als Aufruf zum Schweigen gesagt

Schweigen wird als Zustimmung betrachtet *qui tacet, consentire videtur* (lat., Zitat: Papst Bonifatius VIII., 1235–1303)

Schweigen, ihr ... ist laute Anklage *cum tacent, clamant* (lat., Zitat: Cicero)

Schweigepflicht ... *Omertà*, die (it., ohne Pl.) ... in der Mafia; auch: Gesetz des Schweigens

Schweigepflicht *Omertà*, die (it., ohne Pl.) ... der sizilianischen Mafia, Gelübde, auch unter Todesgefahr kein Geheimnis zu verraten

Schweinepriester (scherzh.) *Veterinärtheologe*, der (lat., Pl. -n) e. Fußballtrainer zum Reporter: »Sie Veterinärtheologe!«

Schweinerei *Cochonnerie*, die (fr., Pl. -ien) auch: Sauerei, Unflätigkeit

Schweiß fürchten *sudorem timere* (lat., Zitat: Seneca) nicht gern hartes Holz bohren

Schweißabsonderung, übelriechende ... *Kakidrose* u. *Kakidrosis*, die (gr., ohne Pl.) med.

Schweißabsonderung, verminderte ... *Anhidrose*, die (gr., Pl. -n) u. *Anhidrosis*, die (gr.-lat., Pl. ...oses) jeweils: med.; auch: angeborenes Fehlen der Schweißdrüsen

Schweißbildung *Hidrose*, die (gr.-lat., ohne Pl.) med.

schweißtreibend *hidrotisch* (gr.-lat.) med.

Schweiz, Bundesland der ... *Kanton*, der (lat.-it.-fr., Pl. -e) in Frankreich: Kreis, Bezirk

schweizerisch *helvetisch* (lat.)

schwelgerisch *lukullisch* (lat.) bez. erlesener Speisen

schwellen *intumeszieren* (lat.) auch: anschwellen

schwellfähig *erektil* (lat.) auch: erektionsfähig

Schwellung 1. *Intumeszenz*, die (lat., Pl. -en) 2. *Inturgeszenz*, die (lat., Pl. -en) jeweils auch: Anschwellung (med.)

Schwemme *Inflation*, die (lat., Pl. -en) »Aufschwellen«, Erhöhung der Geldmenge, steigende Preise; Ggs.: Deflation

Schwemmverfahren für Mineralien *Flotation*, die (lat.-engl., Pl. -en) ... u. andere Stoffe

schwenzen *exen* (lat.) auch: von der Uni verweisen

schwer 1. *grave* (lat.-it.) auch: ernst, musik. Vortragsanw. 2. *massiv* (fr.) durch u. durch aus e. Metall, z. B. Gold; nicht verw. mit *Massiv*, das (fr., Pl. -e) Gebirgsstock; Zentralmassiv in Frankreich

schwer verkäuflich *inkurant* (lat.-fr.)

schwer verständlich *abstrus* (lat.) z. B. abstrus daherreden

Schwerarbeit, vergebliche *Sisyphusarbeit*, die (gr.-dt., ohne Pl.) nach der gr. Sage, wonach Sisyphus e. Marmorblock e. Hang hinaufrollen mußte, der immer wieder hinabrollte

Schwerenöter 1. *Ladykiller*, der (engl., Pl. -s) 2. *Casanova*, der (Eigenn., it., Pl. -s) Giacomo Girolamo Casanova (1725–1798) Verführer u. Frauenheld

schwerfällig 1. *phlegmatisch* (gr.-lat.) 2. *pesante* (lat.-it.) musik. Vortragsanw. 3. *lethargisch* (gr.-lat.) auch: schlafsüchtig

Schwerfälligkeit *Phlegma*, das (gr.-lat., ohne Pl.) sein ungeheures Phlegma machte aggressiv

Schwerhörigkeit 1. *Hypakusis*, die (gr.-lat., ohne Pl.) med. 2. *Dysakusis*, die (gr.-lat., ohne Pl.) med.

Schwerkraft *Gravitation*, die (lat., ohne Pl.) die Erdanziehungskraft, die auf alle Gegenstände in Erdnähe wirkt

Schwerkraft, Fähigkeit der Pflanzen, ihren Wuchs auf die ... einzustellen *Geotropismus*, der (gr.-lat., ohne Pl.) auch: Erdwendigkeit

Schwermut 1. *Melancholie*, die (gr.-lat., Pl. ...ien) auch: Trübsinn 2. *Tristesse*, die (lat.-fr., Pl. -n) Traurigkeit 3. *Depression*, die (lat., Pl. -en) Niedergeschlagenheit; auch: Niedergangsphase im Konjunkturverlauf e. Volkswirtschaft 4. *Athymie*, die (gr., Pl. ...ien) med., Antriebslosigkeit 5. *Dyskolie*, die (gr., ohne Pl.) Verdrießlichkeit

schwermütig 1. *deprimiert* (lat.-fr.) 2. *melancholisch* (gr.-lat.) 3. *depressiv* (lat.) 4. *elegisch* (gr.-lat.) wehmütig 5. *trist* (lat.-fr.) traurig

Schwerpunkt 1. *Akzent*, der (lat., Pl. -e)

»das Antönen«; Betonung; z. B. Akzente setzen 2. *Baryzentrum*, das (gr.-lat., Pl. ...tren) Ausdruck in der Phys.

Schwerstarbeit *Sklaverei*, die (gr.-lat., ohne Pl.) auch: Leibeigenschaft; »Zur Sklaverei gewöhnt der Mensch sich gut u. lernt leicht gehorchen ...« (Goethe)

Schwerverbrecher *Gangster*, der (engl., Pl. -)

schwerwiegend 1. *fundamental* (lat.) 2. *gravierend* (lat.) die Firma plant gravierende (einschneidende) Änderungen in der Organisation

Schwiegermutter *Belle mère*, die (fr., Pl. -s -s) scherzhaft

schwielig *kallös* (lat.) med.

schwierig 1. *diffizil* (lat.-fr.) i. S. von schwer zu behandeln, der Fall ist diffizil (mit Fingerspitzengefühl) zu handhaben 2. *prekär* (lat.-fr.) sich in e. prekären Situation befinden 3. *problematisch* (gr.-lat.) mit Problemen behaftet 4. *spinös* (lat.) im Umgang seltsam, merkwürdig sein 6. *delikat* (lat.-fr.) auch: lecker, z. B. delikate Speisen; Ggs.: indelikat 6. *kompliziert* (lat.-fr.) verwickelt; »Bei einem Fußballspiel kompliziert sich alles durch die Anwesenheit der gegnerischen Mannschaft.« (Jean-Paul Sartre, 1905–1980)

Schwierigkeit 1. *Komplikation*, die (lat., Pl. -en) während der Operation stellten sich Kreislaufkomplikationen ein 2. *Problem*, das (gr.-lat., Pl. -e) 3. *Problematik*, die (gr.-lat., Pl. -en) 4. *Schikane*; die (fr., Pl. -n) i. S. absichtlich herbeigeführter Schwierigkeiten: schleppende Paßkontrolle; enge Kurven auf e. Autorennstrecke 5. *Crux*, die (lat., ohne Pl.) eigtl.: Kreuz 6. *Krise*, die (gr.-lat., Pl. -n) 7. *Strapaze*, die (it., Pl. -n) bes. Anstrengung 8. *Bredouille*, die (fr., Pl. -n) auch: Klemme

Schwierigkeiten *Sperenzien*, die (lat., nur Pl.) z. B. mach' keine Sperenzien

Schwierigkeiten, keine *null problemo*, von *Problem*, das (gr.-lat., Pl. -e) »kein Vorwurf«; (Ausspruch der Fernsehfigur Alf)

Schwimmbecken 1. *Bassin*, das (lat.-fr., Pl. -s) 2. *Swimmingpool*, kurz: *Pool*, der (engl., Pl. -s) auch: Zusammenlegung von Firmenaktivitäten für e. Projekt: Versicherungspool

schwindelig *blümerant* (fr.) i. S. von flau; z. B. mir ist ganz blümerant im Kopf

schwindeln 1. *alfanzen* (it.) 2. *fabulieren* (lat.)

Schwindler 1. *Fabulant*, der (lat., Pl. -en) auch: Geschichtenerzähler 2. *Scharlatan*, der (it.-fr., Pl. -e) auch: Aufschneider

Schwindsucht 1. *Tabes*, die (lat., ohne Pl.) med. 2. *Tuberkulose*, die (lat., Pl. -n) med.

schwindsüchtig 1. *tabisch* (lat.) med. 2. *tuberkulös* (lat.) med.

Schwindsüchtiger *Tabiker*, der (lat., ohne Pl.) med.

schwingen 1. *oszillieren* (lat.) z. B. Lichtstrahlen, techn. Meßgeräte: Oszillograph 2. *vibrieren* (lat.) zittern

Schwingen, das ... *Swing*, der (engl., Pl. -s) Stilperiode des Jazz um 1935; Swingtanz (Fox); auch: Kreditlinie bei Handelsverträgen

schwingend *oszillatorisch* (lat.)

schwingender Kurzmantel *Swinger*, der (engl., Pl. -) auch: jmd. der seinen Sexualpartner häufig wechselt

Schwingkletterer *Brachiator*, der (lat., Pl. ...oren) Primaten mit stark verlängerten Armen, z. B. der Gibbon

Schwingung 1. *Oszillation*, die (lat., Pl. -en) 2. *Vibration*, die (lat., Pl. -en) Beton wird mit Vibrationsflaschen (Flaschenrüttler) verdichtet

Schwingungsdauer *Periode*, die (gr.-lat., Pl. -n) auch: Zeitabschnitt; Menstruation

Schwingungserzeuger *Vibrator*, der (lat., Pl. ...oren) »Der Vibrator ersetzt der grünen Witwe den Hausfreund.« (Hans Krause) auch: Godemiché oder Dildo (künstlicher Penis)

Schwingungsmesser *Seismograph*, der (gr.-lat., Pl. -en) Erdbebenmesser

Schwingungsweite *Amplitude*, die (lat., Pl. -n) der größte Schwingungsausschlag e. Welle, von der Mittellage gemessen

Schwingungszahl *Frequenz*, die (lat., Pl. -en) pro Sekunde

Schwingungszustand beim Wechselstrom *Phase*, die (gr.-fr., Pl. -n) eigtl.: Erscheinung; Abschnitt e. Entwicklung. »Ich habe über e. best. Phase meiner Jugend viel gesoffen.« (Winfried Kretschmann, grüner Politiker, 2006)

Schwitzbad 1. *Sudatorium*, das (lat., Pl.

...rien) 2. *Sauna*, die (finn., Pl. -s, ...nen) finn. Heißluftbad

Schwitzbläschen *Hidroa*, die (gr.-lat., nur Pl.) med.

Schwitzen *Transpiration*, die (lat.-fr., ohne Pl.)

schwitzen *transpirieren* (lat.)

schwul 1. *homosexuell* (lat.) 2. *lesbisch* (nach der gr. Insel Lesbos) Homosexualität bei Frauen

Schwund *Kalo*, der (gr.-lat.-it., Pl. -s) i. S. von: Gewichtsverlust e. Ware durch z. B. Auslaufen

Schwundeffekt in der Technik *Fading*, das (engl., Pl. -s) auch: das Nachlassen der Bremswirkung bei Erhitzung

Schwung 1. *Drive*, der (engl., Pl. -s) 2. *Dynamik*, die (gr.-lat., ohne Pl.) das Unternehmen sucht e. dynamischen Verkaufsleiter 3. *Elan*, der (lat.-fr., ohne Pl.) dem Verkäufer fehlt es an Elan 4. *Impetus*, der (lat., ohne Pl.) 5. *Karacho*, das (sp., ohne Pl.) er fuhr seinen Sportwagen mit Karacho gegen den Baum 6. *Pep*, der (am., ohne Pl.) endlich e. Werbetexter mit Pep! 7. *Temperament*, das (lat.-fr., Pl. -e) während des Ehestreits ging ihm sein südländisches Temperament durch 8. *Impuls*, der (lat., Pl. -e) »Anstoß«; e. plötzlichen Impuls folgend, sprang er auf 9. *Initiative*, die (lat.-fr., Pl. -n) Entschlußkraft 10. *Verve*, der (lat.-fr., ohne Pl.) auch: Begeisterung

Schwung, mit bes. ... *Zislaweng*, der (ugs., ohne Pl.)

Schwungkraft *Elan*, der (fr., ohne Pl.) auch: Begeisterung. »Wir brauchen e. neuen Elan für den Feminismus!« (Alice Schwarzer nach 30 Jahren »Emma«)

Schwungkraft *Impetus*, der (lat., ohne Pl.) Antrieb, Impuls, Ungestüm

schwungvoll 1. *oratorisch* (lat.) auch: mitreißend 2. *dynamisch* (gr.-lat.) 3. *vital* (lat.-fr.) munter

Schwurgericht *Jury*, die (lat.-fr.-engl., Pl. -s) in den USA

sechs *hexa* (gr.) auch: sechsfach

Sechseck *Hexagon*, das (gr.-lat., Pl. -e)

sechseckig *hexagonal* (gr.-lat.)

sechsflächig *hexaedrisch* (gr.-lat.)

Sechsflächner *Hexaeder*, der (gr.-lat., ohne Pl.) e. sechsflächiger Körper, z. B. Würfel

472

Sechsstern *Hexagramm*, das (gr.-lat., Pl. -e) der Davidstern der Juden

Sechstagewerk *Hexmeron*, das (gr., ohne Pl.) die Schöpfung der Welt in sechs Tagen

sechsteilig *hexamer* (gr.-lat.) auch: sechszählig, z. B. von Blüten

Sediment aus abgestorbenen Lebewesen *Biolith*, der (gr.-lat., Pl. -en)

Seefrachtbrief 1. *Bill of Lading*, das (engl., Pl. -s) kurz: B/L 2. *Konnossement*, das (lat.-it., Pl. -e) e. Warenwertpapier, die Aushändigung des Konnossements ersetzt die Warenübergabe

Seegurke *Holothurie*, die (gr.-lat., Pl. -n) e. sog. Stachelhäuter lebt u. a. im Mittelmeer

Seegurke, getrocknete ... *Trepang*, der (malaiisch.-engl., Pl. -e) chinesische Nahrung

Seegüterkontrolleur *Tallyman*, der (engl., Pl. ...men)

Seeigel *Echinus*, der (gr.-lat., ohne Pl.) auch: Wulst des Kapitells e. dorischen Säule

Seeigel, versteinerter ... *Echinit*, der (gr.-lat., Pl. -en)

Seekrankheit 1. *Kinetose*, die (gr.-lat., Pl. -n) med. 2. *Nausea*, die (gr.-lat., ohne Pl.) med.; auch: allg. Übelkeit

Seekuh, am. ... *Lamantin*, der (indian.-sp., Pl. -e)

Seele 1. *Psyche*, die (gr., Pl. -n) ihre Krankheit ist psychischen Ursprungs 2. *Anima*, die (lat., ohne Pl.) im philos. Sinn 3. *Atman*, der (sanskr., Pl. -s) aus der Philos. Indiens

Seele, die ... als Reflexmechanismus *Pawlowsche Versuche*, die (Eigenn., Pl.) nach Iwan Pawlows (russ. Physiologe, 1849–1936) Arbeiten über die »bedingten Reflexe« (Med.)

Seele, die nach dem Tod im Körper e. anderen wiedergeboren wird *Reinkarnation*, die (lat., Pl. -en) auch: Wiederverleiblichung (buddhistische Lehre von der Seelenwanderung)

Seele, e. reine ..., e. lauteres Gemüt *anima candida* (lat., Zitat)

Seele, fromme ... *have, pia anima!* (lat.) ... sei gegrüßt! (Inschrift auf Grabsteinen)

Seele, große *Mahatma*, der (sanskr., Pl. -s) Ehrentitel für geistig hervorragende Männer; z. B. Mahatma Gandhi (1869–1948)

Seele, lebe wohl, fromme ...! *have, pia anima!* (lat., Zitat) Zuruf am frischen Grab

Seelengärtlein *Hortulus animae*, der (lat., Pl. -li) Titel von mittelalterlichen Gebetbüchern

Seelenhirte *Pastor*, der (lat., Pl. -oren) Pfarrer, Geistlicher; Abk.: P.; »Zweimal predigt der Pastor nicht.« (Redensart)

Seelenkunde *Psychologie*, die (gr.-lat., ohne Pl.)

Seelenleben *Psyche*, die (gr., Pl. -n)

Seelenmesse *Requiem*, das (lat., Pl. -s) auch: Totenmesse

Seelenruhe *Ataraxie*, die (gr., ohne Pl.) i. S. von Unerschütterlichkeit

Seelenwanderung 1. *Metempsychose*, die (gr.-lat., Pl. -n) 2. *Reinkarnation*, die (lat., Pl. -en) auch: Wiederverleiblichung (buddhistische Lehre von der Seelenwanderung)

seelisch bedingt *psychogen* (gr.-lat.)

seelisch bedingte Nervenschmerzen *Psychalgie*, die (gr.-lat., Pl. ...ien) med.

seelisch bedingtes Stottern *Psychoglossie*, die (gr.-lat., Pl. ...ien) med.

seelisch gedrückt *depressiv* (lat.) traurig. »... viele glauben offenbar, mein Gefühlszustand sei dauerdepressiv ...« (Robbie Williams, Popstar, 2006)

seelische Fehlleistungen, Verfahren zur Behandlung ... *Psychoanalyse*, die (gr.-lat., Pl. -n) z. B. Psychoanalytiker Sigmund Freud (1856–1939): Triebkonflikte, Traumdeutung

seelische Krankheit, bes. ... *Korsakow-Syndrom*, das (russ.-gr., Pl. -e) zeigt sich an: Gedächtnisstörungen, Desorientiertheit, Kritikschwäche, Müdigkeit bei jahrelangem Drogenkonsum

seelische Störung *Psychose*, die (gr.-lat., Pl. -n)

seelische Störungen, Arzt für ... *Psychiater*, der (gr.-lat., ohne Pl.)

seelische Vorgänge für die Entstehung körperlicher Krankheiten *Psychosomatik*, die (gr.-lat., ohne Pl.) Wissenschaft, die seelische ... untersucht

Seelisches Deuten u. Erkennen *Psychognosie*, die (gr.-lat., ohne Pl.)

seelsorgerisch *pastoral* (lat.)

Seemann *Jan Maat, Janmaat*, der (niederl., Pl. -e, -en) auch: Matrose

Seemannsknoten 1. *Pahlstek*, der (niederdt., ohne Pl.) 2. *Webeleinstek* 3. *Schotstek* 4. *Achterknoten* u. a.

Seemannslied *Shanty*, das (engl., Pl. ...ties) z. B. »An die Schoten, an die Brassen‡...«

Seeoffiziersanwärter *Midshipman*, der (engl., Pl. ...men) auch: unterster Rang e. Seeoffiziers

Seepferdchen *Hippocampus*, der (gr.-lat., Pl. ...pi) Wassertier mit pferdeähnlichem Kopf

Seeräuber 1. *Pirat*, der (gr.-lat.-it., Pl. -en) 2. *Korsar*, der (lat.-it., Pl. -en) auch: Zweimannjolle mit Vor- u. Großsegel 3. *Flibustier* (auch: *Filibuster*), der (engl.-fr., Pl. -) Mitglied e. westindischen Seeräubergemeinschaft (17. Jh.) 4. *Bukanier*, der (fr.-engl., Pl. -e) westindischer Seeräuber des 17. Jh.

Seeräuberei *Piraterie*, die (gr.-lat.-it., Pl. ...ien)

Seerose *Nymphäa*, die (gr.-lat., Pl. ...äen) auch: Wasserrose

Seeschlacht *Naumachie*, die (gr., Pl. ...ien) ... im antiken Griechenland

Seeungeheuer *Hydra*, die (gr.-lat., Pl. ...dren) neunköpfiges Ungeheuer der gr. Mythologie, das von Herakles getötet wurde; auch: Süßwasserpolyp; nicht verw. mit *Hydria*, die (gr.-lat., Pl. ...ien) altgr. Wasserkrug

Seewalze *Holothurie*, die (gr.-lat., Pl. -n) Stachelhäuter, der u. a. im Mittelmeer lebt

Seewasser, immer im ... lebend *eupelagisch* (gr.-lat.) gemeint sind Tiere oder Pflanzen

Seezeichen *Boje*, die (niederl., Pl. -n) schwimmend verankerte Kennzeichnung von Wasserstraßen

Segel am hintersten Mast *Besan*, der (niederl., Pl. -e) Seemannsspr.

Segel zusammenschnüren *geien* (niederl.) Seemannsspr.

Segelausrüstung *Takelage*, die (engl., Pl. -n) e. Segelschiffes

Segelboot mit Stahlkufen *Scooter*, der (engl.-am., Pl. -) z. B. zum Eissegeln

Segelfahrt *Törn*, der (engl., Pl. -s)

Segeljachtkapitän *Skipper*, der (engl., Pl. -s)

Segeln, beim ... e. anderen Segelschiff

den Fahrtwind nehmen *bekalmen* (dt.-engl.)

Segelschiff 1. *Brigg*, die (engl., Pl. -s) zweimastiges Segelschiff, deren Masten voll getakelt, d. h. mit Rahen bestückt sind 2. *Brigantine*, die (engl., Pl. -n) oder Schonerbrigg hat nur zwei Masten, von denen der erste rahgetakelt ist u. der zweite Gaffel- u. Gaffeltoppsegel fährt 3. *Barkentine*, die (engl., Pl. -s) oder Schonerbark hat mindestens drei Masten u. fährt nur am ersten Mast Rahen 4. *Schoner*, der (engl., Pl. -s) sind Segler mit Schratsegeln u. zwei oder mehr Masten; es werden Rahschoner, Toppsegelschoner, Bramsegelschoner unterschieden 5. *Klipper*, der (engl., Pl. -) Schnellsegler Mitte des 19. Jh., waren meist als Vollschiffe getakelt, z. B. Teeklipper, e. der berühmtesten: »Cutty Sark« 6. *Botter*, der (niederl., Pl. -) niederl. Fischereisegler für den Schleppnetzfang, einmastig 7. *Dhau*, die (arab., Pl. -en) arab. Fracht- u. Fischereischiff 8. *Dschunke*, die (malaiisch, Pl. -n) chin. Segelschiff 9. *Kutter*, der (engl., Pl. -) einmastiges Fischereischiff; Fischkutter 10. *Bark*, die (niederl., Pl. -en) sie hat mindestens drei Masten, die ersten beiden sind voll rahgetakelt, am dritten, dem Besanmast werden Schratsegel, meist Gaffel- u. Gaffeltoppsegel gefahren 11. *Yacht*, die (niederl., Pl. -en) luxuriöses Sport- u. Vergnügungssegelboot, z. B.: Drachen, Starboot, Flying Dutchman, Pirat, Optimist 12. *Yawl*, die (dt.-engl., Pl. -e, -s) zweimastiges Sportsegelboot

Segelschiff, großes ... *Windjammer*, der (engl.-dt., Pl. -)

Segelstange, schräge, um den Mast drehbare ... *Gaffel*, die (niederdt., Pl. -n) auch: Gaffelschoner (Segelschiff)

Segeltuch *Persenning*, die (niederl., Pl. -s)

Segen *Benediktion*, die (lat., Pl. -en) auch: Segnung

Segensspruch *Eulogie*, die (gr.-lat., Pl. ...ien) auch: Weihegebet

segnen 1. *benedeien* (lat.) lobpreisen 2. *benedizieren* (lat.) weihen

Segnung *Benediktion*, die (lat., Pl. -en)

Sehbereich *Horopter*, der (gr., ohne Pl.) Sehgrenze des menschlichen Blicks

Sehenswürdigkeiten, Sammlung von ...

Panoptikum, das (gr.-lat., Pl. ...ken) auch: Wachsfigurensammlung

Seher 1. *Prophet*, der (gr.-lat., Pl. -en) svw. Wahrsager; auch: Mahner u. Zukunftsdeuter des Alten Testamentes 2. *Augur*, der (lat., Pl. -en) auch: Priester u. Vogelschauer im alten Rom

Seherin in nordgerm. Sagen *Völva*, die (altnord., Pl. ...vur)

Seherin *Sibylle*, die (gr., Pl. -n) weissagende Frau der Antike; Wahrsagerin

seherisch *divinatorisch* (lat.) auch: ahnend

Seherkunst *Mantik*, die (gr.-lat., ohne Pl.) die Kunst der Zukunftsdeutung

Sehet, welch ein Mensch *ecce homo!* (lat.) Ausspruch des Pontius Pilatus, um 30 n. Chr. röm. Prokurator von Judäa (er meinte Jesus)

Sehnenentzündung *Desmitis*, die (gr.-lat., Pl. ...itiden) med.

Sehnerv *Optikus*, der (gr.-lat., ohne Pl.) med.

Sehnsucht nach alten Zeiten *Nostalgie*, die (gr.-lat., Pl. ...ien) »... dann ist es schnell vorbei mit der DDR-Nostalgie.« (Theo Waigel, Bundesfinanzminister, 1998)

Sehnsucht nach dem Guten in der DDR *Ostalgie*, die (lat., Pl. ...ien) von lat.: Nostalgie (verklärte Erinnerung an alte Zeiten)

sehr gut! 1. *bravo!* (gr.-lat.-it.) 2. *prima* (lat.)

sehr klein *minimal* (lat.) z. B. e. Vergleich zeigte nur minimale Preisunterschiede

sehr schmackhaft *deliziös* (lat.-fr.) bez. Speisen

sehr schnell *rapide* (lat.-fr.) die Gentechnologie macht rapide Fortschritte

sehr sorgfältig *penibel* (gr.-lat.-fr.) Buchhalter müssen mit Zahlen besonders penibel umgehen

sehr unruhig *turbulent* (lat.-fr.) der Flug nach New York verlief recht turbulent

Sehrohr *Periskop*, das (gr.-lat., Pl. -e) der U-Boote für die Überwasserbeobachtung

Sehschwäche 1. *Asthenopie*, die (gr.-lat., ohne Pl.) Ermüdung der Augen beim Lesen (med.) 2. *Dysopie*, die (gr.-lat., Pl. ...ien) u. *Dysopsia*, die (gr.-lat., Pl. ...iae) Sehstörung 3. *Kopiopie*, die (gr.-lat., ohne Pl.) Erschöpfung der Augen durch Über-

anstrengung 4. *Parablepsie*, die (gr.-lat., Pl. ...ien) med., allg. Sehstörung

Sehstörung *Parablepsie*, die (gr.-lat., Pl. ...ien) med.

sei gegrüßt, Friede mit dir *salam Aleikum!* (arab. Begrüßungsformel) Antwort: Aleikum salam!

Sei gegrüßt! *salve!* (lat.)

seicht *trivial* (lat.-fr.) z. B. Trivialliteratur, e. wenig anspruchsvolle Unterhaltungsliteratur

Seichtheit *Trivialität*, die (lat.-fr., Pl. -en) i. S. von Plattheit; e. Roman, angefüllt von Trivialitäten

Seidengewebe aus dem Mittelalter *Zindel*, das (gr.-lat., ohne Pl.) z. B. Zindeltaft

Seidenschal *Foulard*, der (fr., Pl. -s) auch: bedruckter Kunstseidenstoff

Seidenspitze, feine ... *Blonde*, die (fr., Pl. -n) ... mit Blumenmuster

Seiende, das ... *Ens*, das (lat., ohne Pl.) auch: Sein, Wesen (philos.)

Seifenoper 1. *Daily Soap*, die (engl., Pl. -s) triviale Theater- oder Filmstücke 2. *Soapopera*, die (engl., Pl. -s) Stücke trivialen Inhalts; e. Genre, das häufig von Waschmittelherstellern gesponsert wird

Seil *Reep*, das (niederdt., Pl. -e) auch: Tau

Seil zum Werfen *Lasso*, das (lat.-sp., ohne Pl.) ...u. Einfangen flüchtender Tiere; der Cowboy u. sein Lasso; auch: Wurfschlinge

Seilbahnkabine *Gondel*, die (it., Pl. -n)

Seilerbahn *Reeperbahn*, die (niederdt., Pl. -en) auch: Straße in St. Pauli, im Vergnügungsviertel Hamburgs; »Auf der Reeperbahn nachts um halb eins« (Lothar Olias)

Seilschaft *Old Boys Network*, das (engl., Pl. -s) Beziehungsnetzwerke für berufliches Weiterkommen

Seiltänzer 1. *Äquilibrist*, der (lat.-fr., Pl. -en) 2. *Aerobat*, der (gr., Pl. -en) auch: Träumer

Seine, jedem das ... *suum cuique* (lat., Zitat) jedem, was ihm zukommt

Seinige, auf das ... bedacht sein *ad rem attentum esse* (lat., Zitat)

Seinsforscher *Ontologe*, der (gr.-lat., Pl. -n) Philosoph, der sich mit der Bestimmung des Seienden auseinandersetzt; z. B. Ontologische Differenz, von Martin Heidegger (1889–1976): »inaugurierte

Bez.« für den Unterschied zwischen »Seiendem« u. »Sein«; nicht verw. mit: *Ornithologe*, der (gr.-lat., Pl. -n) Vogelkundler
Seinslehre *Ontologie*, die (gr.-lat., ohne Pl.) philos.: die Bestimmung des Seienden; nicht verw. mit: *Ornithologie*, die (gr.-lat., ohne Pl.) Vogelkunde
Seiten, von zwei ... her *bikollaterale* (lat.)
Seitenansicht *Profil*, das (lat.-it., Pl. -e) z. B. des Gesichtes
Seitengang des Pferdes *Renvers*, das (lat.-fr., ohne Pl.) Gangart des Dressurpferdes
Seitengewehr *Bajonett*, das (fr., Pl. -e) genannt nach dem französischen Ort Bayonne
Seitenlaut *Lateral*, der (lat., Pl. -e) Ton, bei dem die Luft durch die Mundseiten entweicht
Seitenschmerz *Pleurodynie*, die (gr.-lat., Pl. ...ien) med.; auch: Seitenstechen
Seitensprung 1. *Eskapade*, die (lat.-it.-fr., Pl. -n) falscher Sprung e. Reitpferdes; auch: Abenteuer oder Streich 2. *Sidestep*, der (engl., Pl. -s) auch: Ausfallschritt der Basketballer
Seitenstechen *Pleurodynie*, die (gr.-lat., Pl. ...ien)
Seitenzahl *Pagina*, die (lat., Pl. -s) bez. Büchern
seitlich 1. *lateral* (lat.), seitwärts 2. *bilateral* (lat.) von zwei Seiten ausgehend; Ggs.: multilateral
Sekt *Champagner*, der (lat.-fr., ohne Pl.) edler Sekt aus der Champagne Frankreichs; »Ich will Champagnerwein u. recht moussierend soll er sein.« (Goethes »Faust«)
Sekte des Islams *Druse*, der (arab., Pl. -n) nach dem Gründer Ad Darasi, um 1017 n. Chr., im syrisch-kleinasiatischen Raum ansässig
Sekte, altjüdische ... *Essener*, die (hebr.-gr., nur Pl.) ... wie Mönche lebend (150 v. Chr. bis 70 n. Chr.)
Sekte, Angehöriger e. Reform... des Islams *Wahhabit*, der (arab., Pl. -en) in Saudiarabien seit dem 18. Jh.
Sektenangehöriger, christlicher ... 1. *Sabbatarier*, der (hebr.-gr.-lat., Pl. -) ... 2. *Sabbatist*, der (hebr.-gr.-lat., Pl. -en) ... der nach jüdischer Art den Sabbat heiligt
Sektenangehöriger, der nackt zu seinen

Kulten erscheint ... *Adamit*, der (Eigenn., Pl. -en) ... um damit paradiesische Unschuld zu dokumentieren; nach: Adam, dem Stammvater der Menschheit
Sektenmitglied 1. *Quäker*, der (engl., Pl. -) »Zitterer«; ursprünglich Spottname; Mitglied der im 17. Jh. gegründeten »Gesellschaft der Freunde« (Society of Friends) e. pazifistischen, sittenstrengen Sekte 2. *Mormone*, der (Eigenn., Pl. -n) nach dem Buch »Mormon« des Stifters Joseph Smith (1805–1844), Sekte in Nordamerika 3. *Scientologe*, der (engl.-am., Pl. -n) Mitglied e. Sekte mit religiösem Anspruch, das behauptet, e. wissenschaftliche Theorie über das Wissen zur Erlangung geistiger u. seelischer Gesundheit zu haben
Sektenmitglied der Kirche Jesu Christi der Heiligen der letzten Tage *Mormone*, der (Eigenn., Pl. -n) nach dem Buch Mormon des Stifters Joseph Smith (1805–1844), e. chiliastische Sekte (sie erwartet das 1000jährige Reich Christi auf Erden)
Sektenmitglied, das an die baldige Rückkehr Christi glaubt *Adventist*, der (lat.-engl.-am., Pl. -en)
selbst, sich ... etwas beibringen *autodidaktisch lernen* (gr., dt.)
selbst, von ... 1. *eo ipso* (lat.) selbstverständlich 2. *per se* (lat.) durch sich, auch: an sich
Selbstanbetung *Idiolatrie*, die (gr.-lat., ohne Pl.) i. S. von Selbstvergötterung
selbständig 1. *autonom* (gr.) auch: unabhängig, z. B. autonome Staaten 2. *emanzipiert* (lat.) emanzipierte Frauen gehen ihren eigenen Weg 3. *autark* (gr.) vom Ausland wirtschaftlich unabhängig sein
selbständig machen *emanzipieren* (lat.) sich von Abhängigkeiten u. Zwängen lösen (mit Persönlichkeitsentfaltung)
Selbständigkeit 1. *Autonomie*, die (gr., Pl. ...ien) Minderheiten begehren bisweilen staatliche Autonomie 2. *Autarkie*, die (gr., Pl. ...ien) vom Ausland wirtschaftliche Unabhängigkeit
Selbstbeeinflussung *Autosuggestion*, die (gr.-lat., Pl. -en) »Selbsteinredung«; e. Form der *Suggestion*, die (lat., Pl. -en) Beeinflussung e. Menschen

selbstbefriedigen 1. *masturbieren* (lat.) 2. *onanieren* (lat.)

Selbstbefriedigung 1. *Masturbation*, die (lat., Pl. -en) 2. *Onanie*, die (lat., Pl. -n) 3. *Ipsation*, die (lat., Pl. -en) jeweils geschlechtlich

Selbstbefruchtung *Autogamie*, die (gr., Pl. ...ien) Fortpflanzung ohne Partner, bei einigen Tier- u. Pflanzenarten anzutreffen

Selbstbeherrschung, die alte Tugend der ... *Sophrosyne*, die (gr.-lat., ohne Pl.)

Selbstbeobachtung *Introspektion*, die (lat., Pl. -en) Analyse der eigenen psychologischen Situation, um Eigenerkenntnisse zu gewinnen

Selbstbeobachtung, durch ... *introspektiv*, (lat.)

Selbstbestimmung *Autodetermination*, die (gr.-lat., Pl. -en) z. B. Selbstbestimmung in politischen Belangen

Selbstbeurteilung *Autokritik*, die (gr.-lat., Pl. -en)

selbstbezogen *egozentrisch* (gr.-lat.) Stars aus dem Showgeschäft neigen dazu, egozentrisch zu sein

Selbstbildnis *Autoporträt*, das (gr.-lat., Pl. -s)

Selbsteinschätzung, übertriebene ... *Snobiety*, die (engl., ohne Pl.) aus: snob (Wichtigtuer) u. society (Gesellschaft)

Selbsteinschläferung *Autohypnose*, die (gr., Pl. -n)

Selbsterkenntnis 1. *Autognosie*, die (gr.-lat., ohne Pl.) 2. *Heautognomie*, die (gr.-lat., ohne Pl.)

Selbsterkenntnis, auf dem Weg der ... *introspektiv* (lat.)

selbstgefällig 1. *prätentiös* (lat.-fr.) sich prätentiös äußern 2. *süffisant* (lat.-fr.) süffisant lächeln

Selbstgefälligkeit *Süffisance*, die (lat.-fr., ohne Pl.)

Selbstgenügsamkeit, Anhänger e. Lehre der ... *Kyniker*, der (gr., Pl. -) wichtiger Vertreter: der Grieche Diogenes (403–323 v. Chr.) in der Tonne

Selbstgenügsamkeit, Philosophie, die ... **fordert** *Kynismus*, der (gr.-lat., ohne Pl.)

selbstgerecht *pharisäisch* (hebr.-gr.-lat.)

Selbstgerechtigkeit *Pharisäismus*, der (hebr.-gr.-lat., ohne Pl.)

Selbstgesetzgebung *Heautonomie*, die (gr.-lat., ohne Pl.)

Selbstgespräch *Monolog*, der (gr.-fr., Pl. -e) Ggs.: Dialog

selbstherrlich *cäsarisch* (lat.) z. B. sich cäsarisch geben

selbstherrlicher Mensch *Autokrat*, der (gr., Pl. -en) auch: Alleinherrscher

Selbstlaut *Vokal*, der (lat., Pl. -e) z. B. a, e, i, o, u

Selbstlernender *Autodidakt*, der (gr., Pl. -en)

Selbstliebe 1. *Narzißmus*, der (gr.-lat., ohne Pl.) nach Narziß, schöner Jüngling, gr. Sage 2. *Autophilie*, die (gr.-lat., ohne Pl.)

selbstlos *altruistisch* (lat.) aufopfernd; Ggs.: egoistisch

selbstloser Mensch *Altruist*, der (lat., Pl. -en) Ggs.: Egoist

Selbstlosigkeit *Altruismus*, der (lat., ohne Pl.) Ggs.: Egoismus

Selbstmord 1. *Suizid*, der, das (lat., Pl. -e) 2. *Harakiri*, das (jap., Pl. -s) sich mit dem Schwert den Bauch aufschneiden; »Jede Regierung begeht Harakiri, wenn sie nicht sofort nach der Wahl mit e. umfassenden Steuerreform beginnt.« (Oswald Metzger, Bündnis 90/Die Grünen, 1998) 3. *Seppuku*, das (chin.-jap., Pl. -s) ritueller Selbstmord

Selbstmordflieger *Kamikaze*, der (jap., ohne Pl.) japanische Piloten stürzten sich im II. Weltkrieg mit ihren Flugzeugen auf am. Kriegsschiffe

selbstregelnd *automatisch* (gr.)

Selbststeuerung *Automatik*, die (gr.-lat., Pl. -en)

Selbststeuerung der Gesellschaft *Telematik*, die (engl.-am., ohne Pl.) Gerd Gerken: »... immer mehr Menschen haben e. Sehnsucht, in den Prozessen (in der Telematik) zu sein, weil dort das Leben stattfindet.«

Selbstsucht *Egoismus*, der (lat.-fr., ohne Pl.) Ggs.: Altruismus

selbstsüchtig *egoistisch* (lat.-fr.)

Selbsttäuschung *Illusion*, die (lat.-fr., Pl. -en) gib dich keinen Illusionen hin!

Selbstüberhebung *Hybris*, die (gr., ohne Pl.) z. B. e. Gottheit gegenüber

Selbstüberschätzung *Hybris*, die (gr., ohne Pl.) Vermessenheit z. B. einer Gottheit, Gott gegenüber

**Selbstunterricht, jmd., der sich durch ...
bildet** *Autodidakt*, der (gr., Pl. -en) »Die
Künstlerin Emmy Heinemann ist Autodi-
daktin, seitdem ihre Sehfähigkeit nach-
läßt, malt die Künstlerin abstrakt.« (Hessi-
sche Allgemeine, 1993)
Selbstvergötterung *Idiolatrie*, die (gr.-lat.,
ohne Pl.) i. S. von Selbstanbetung
selbstverständlich 1. *eo ipso* (lat.) 2. *logisch* (gr.-lat.) auch: schlüssig
Selbstverstümmelung *Autotomie*, die (gr.,
Pl. -n) gemeint ist z. B, das Abwerfen des
Schwanzes e. Eidechse
Selbstverteidigung, asiatische Art der ...
Taekwondo, das (jap., ohne Pl.)
**Selbstverteidigungskunst mit Bambus-
stöcken** *Kendo*, das (jap., ohne Pl.) auch:
Fechtkunst der Samurai in Japans Feudalzeit; davon: Fechtkünstler *Kendoka*, der
(jap., Pl. -s)
Selbstverwaltung *Autonomie*, die (gr., Pl.
...ien)
Selbstverwaltung, ständische ... *Semst-
wo*, das (russ., Pl. -s) von 1864–1917 im
zaristischen Rußland
selbstwirkend *autodynamisch* (gr.) i. S.
von selbsttätig
seligsprechen *beatifizieren* (lat.)
Seligsprechung *Beatifikation*, die (lat., Pl.
-en)
selten 1. *rar* (lat.-fr.) als Gast hat er sich rar
gemacht 2. *sporadisch* (gr.-fr.) ab u. zu,
hin u. wieder 3. *singulär* (lat.) vereinzelt
Seltenheit 1. *Rarität*, die (lat.-fr., Pl. -en)
2. *Singularität*, die (lat., Pl. -en) svw. Besonderheit 3. *Rara avis*, die (lat., ohne Pl.)
»seltener Vogel«
seltsam 1. *bizarr* (it.-fr.) bes. ungewöhnlich, der Wind schuf bizarre Sandforma-
tionen 2. *kurios* (lat.) er hatte e. kuriosen
Einfall 3. *obskur* (lat.) auch: dunkel, verdächtig 4. *ominös* (lat.) svw. unheilvoll
5. *skurril* (etrusk.-lat.) eigenwillig
seltsam, sich dauerhaft ... verhalten *aus-
freaken* (dt.-engl.) infolge Drogenkon-
sums (Szenewort)
Senderaum *Studio*, das (lat.-it., Pl. -s)
beim Fernsehen u. Funk
Sendezeit, beste ... im Fernsehen *Primetime*, die (engl., ohne Pl.) z. B. für die
Schaltung von Werbespots
Sendung *Mission*, die (lat.-fr., Pl. -en) Auf-

trag; auch: Verbreitung e. religiösen Lehre unter Andersgläubigen; »das Leben ist
e. Mission« (Giuseppe Mazzini)
Sendung über Sensationen u. Skandale
Eyeball-Programm, das (engl.-am.-gr.-
lat., Pl. -e) eigtl.: Augapfel-Sendung; das
Produkt modernen Fernsehjournalismus,
bei dem es bes. auf visuelle Reize ankommt
Sendungen bestimmten Inhalts *Format*,
das (lat., Pl. -e) z. B.: Formatfernsehen:
Kulturkanal
Sendungen, durch ... führen *moderieren*
(lat.) »Wir haben doch alle Glück gehabt,
daß ich keine Wirtschaftssendungen mo-
deriere.« (Verona Feldbusch, im TV-Ge-
schäft tätig)
senken *abaissieren* (lat.-fr.) auch: niederlassen
Senkgrube 1. *Kloake*, die (lat., Pl. -n) 2. *Latrine*, die (lat., Pl. -n) einfache Toilette
senkrecht 1. *vertikal* (lat.) Ggs.: horizontal
2. *perpendikular* (lat.) svw. lotrecht
Senkrechte *Ordinate*, die (lat., Pl. -n)
Sennhütte *Chalet*, das (schweiz.-fr., Pl. -s)
auch: größeres Sommerhaus
sensationell 1. *extraordinär* (lat.-fr.) außergewöhnlich 2. *exzeptionell* (lat.-fr.)
3. *spektakulär* (lat.) aufsehenerregend
Sensationspresse 1. *Yellow Press* (engl.,
ohne Pl.) z. B. »Frau im Spiegel«; auch:
Regenbogenpresse 2. *Boulevardpresse*,
die (fr., ohne Pl.) z. B. »Bild-Zeitung«;
»... vermutlich heißt für die Boulevardpresse der Sündenbock weiter Berti
Vogts.« (Berti Vogts, Fußballtrainer, nach
der WM, 1998)
Sensationsreporter *Paparazzo*, der (it., Pl.
...zzi) der Intimes (meist Fotos) an die
Yellow Press verkauft
**Service, der vom Auto aus in Anspruch
genommen wird** *Drive-in-...* das (engl.,
ohne Pl.) z. B. Drive-in-Kino; Drive-in-
Restaurant
Servierbrett *Tablett*, das (lat.-fr., Pl. -s)
Sessel *Chaise*, die (lat.-fr., Pl. -n)
Setzmaschine *Varityper*, der (engl., Pl. -)
... nach dem Schreibmaschinenprinzip
funktionierend
setzt euch! *ad loca!* (lat., Zitat) auf die
Plätze!
Seuche 1. *Epidemie*, die (gr.-lat., Pl. -n) an-

steckende u. in großer Häufigkeit auftretende Krankenfälle (Cholera) 2. *Pandemie*, die (gr.-lat., Pl. -n) e. Seuche großen Ausmaßes

Seuchenlehre *Epidemiologie*, die (gr.-lat., ohne Pl.) med.

Sex für e. Nacht *One-night-Stand*, der (engl., Pl. -s)

Sex mit älteren Männern ... *Nekro-Sex*, der (gr.-am., ohne Pl.) ... aus der Sicht »moderner« Mädchen (Girlies) mit Grufties oder Sugar-Daddies, die das Low-Budget-Problem lösen

Sex ohne Vorspiel *Hardcore-Sex*, der (engl., ohne Pl.)

Sex von Angesicht zu Angesicht *face to face Sex*, der (engl., ohne Pl.) kurz: f2f-Sex, Begriff aus dem Mailbox-Slang für die körperliche Begegnung zweier Menschen, im Gegensatz zum Cybersex (vom Computer erzeugter Sex)

Sex, einmaliger, ohne Bindung *One-Night-Stand*, der (engl., Pl. -s)

Sex, künstlicher, durch Computer geschaffener ... *virtueller Sex*, der (lat.-engl.-am., ohne Pl.) Virtualisierung erotischer Begegnungen durch dreidimensionale interaktive Pornofilme, die dem Anwender e. Orgasmus (Cyborgasmus) bescheren

Sex, schneller ... 1. *Quickie*, der (engl.-am., Pl. -s) z. B. im Fahrstuhl oder im Auto 2. *One-night-Stand*, der (engl.-am., Pl. -s) Sex mit e. flüchtigen Bekanntschaft, die nur e. Nacht hält

Sex, ungezügelter ... *The Big Easy* (engl.-am., ohne Pl.) ... ohne Kondom

Sexprothesen, Lehre von den computergesteuerten ... *Teledildonik*, die (engl.-am., ohne Pl.) von: Dildo (künstliches Glied); Penis- oder Vulvanachbildungen werden elektronisch gesteuert

Sexualhormon *Östrogen*, das (gr.-lat., Pl. -e) med., weibliches Hormon

Sexualität, die ... **anregende Mittel** *Aphrodisiakum*, das (gr.-lat., Pl. ...ka) nach der gr. Göttin der Liebe Aphrodite benannt; dazu werden u. a. gezählt: 1. Viagra »Potenzpille«, chem. Präparat 2. Cannabis indica (Indischer Hanf) 3. Bufotenin, e. halluzinogenes Alkaloid, auch: Cohoba genannt, wird aus der Haut e. giftigen

Kröte Südamerikas gewonnen 4. Datura aus dem Stechapfel hergestellt 5. Harmin aus der Pflanze Banisteria Caapi (Südamerika) gewonnen 6. Kat aus dem Jemen, Verwendung finden die Blätter u. Knospen-Pfeffer, auch »Schwanzpfeffer« genannt, stammt aus Java 8. Meskalin wird aus dem Peyote-Kaktus gewonnen 9. Nanacatel, e. Pilzextrakt aus Mittelam. 10. Ololiuqui, e. Saft des tropischen Turbina corymbosa-Gewächses 11. Opium erzeugt nach dem Sexualwissenschaftler Iwan Bloch wollüstige Träume 12. Rote Bohne (Mexiko) 13. Yohimbin (Westafrika)

Sexualkontakt ohne Geschlechtsverkehr *Petting*, das (engl.-am., Pl. -s)

Sexualtrieb, den ... **dämpfender Tee** *Hängolintee*, der (Eigenn., chin., Pl. -s)

Sherry, sp. ... *Jerez*, der (sp., ohne Pl.) auch: Süßwein, nach der sp. Stadt Jerez de la Frontera

Shilling, 21 engl. ... *Guinee*, die (engl., Pl. ...een) engl. Rechnungseinheit; auch: e. frühere engl. Goldmünze

sich auflehnen *rebellieren* (lat.-fr.) z. B. die rebellierende Bevölkerung wurde niedergeknüppelt

sich aufregen *echauffieren* (lat.-fr.)

sich ausbreiten *grassieren* (lat.) jährlich grassiert im Winter e. Grippewelle

sich ausdehnen *expandieren* (lat.) die Chemie-Unternehmen expandieren auf dem Gebiet der Gentechnologie

sich ausdehnend *expansiv* (lat.-fr.)

sich aussprechen *expektorieren* (lat.) z. B. Gefühle äußern

sich beschweren *reklamieren* (lat.) e. schlechte Warenlieferung reklamieren

sich empören *rebellieren* (lat.-fr.) gegen e. autoritäres Regime rebellieren

sich erholen *rekreieren* (lat.)

sich erregen *echauffieren* (lat.-fr.)

sich fortpflanzen *reproduzieren* (lat.)

sich lohnen *rentieren* (lat.-fr.) Investitionen sind nur sinnvoll, wenn sie sich rentieren

sich verbünden *föderieren* (lat.-fr.)

sich vorstellen *imaginieren* (lat.)

sich widersetzen *rebellieren* (lat.-fr.)

sich widersprechend *disparat* (lat.) es liegen disparate Zeugenaussagen vor

sich zusammenschließen *formieren* (lat.)
Sichankleiden *Toilette (machen)*, die (lat.-fr., ohne Pl.)
Sichaussprechen *Expektoration*, die (lat., Pl. -en) i. S. des Erklärens der eigenen Gefühle
sicher 1. *fundiert* (lat.) e. fundiertes Wissen haben 2. *garantiert* (germ.-fr.) bestimmt
sicher, nicht ... *hypothetisch* (gr.-lat.) fraglich; z. B. *hypothetisches Konstrukt*, das (gr.-lat., Pl. -e, -e) gedankliche Konstruktion zur Beschreibung von Dingen
Sicherheit 1. *Aplomb*, der (fr., Pl. -s) des Auftretens 2. *Garantie*, die (germ.-fr., Pl. ...ien) auch: Gewähr
Sicherheit vor behördlicher Verfolgung *Immunität*, die (lat., ohne Pl.) »Wir kriegen jeden, niemand genießt Immunität.« (Ehud Olmerts, Israels Ministerpräsident, 2006)
Sicherheit, in ... *in salvo* (lat.)
Sicherheitsdatenträger *Kryptochip*, der (gr.-engl., Pl. -s) ... befindet sich auf vielen Plastikkarten
Sicherheitsfach 1. *Safe*, der (lat.-fr.-engl., Pl. -s) 2. *Tresor*, der (fr., Pl. -e) großes Sicherheitsfach; auch: Panzerschrank
Sicherheitsleistung *Kaution*, die (lat., Pl. -en) die Hinterlegung e. Betrages als Sicherheit bei e. Anmietung, bei e. vorläufigen Entlassung e. Häftlings
sichern 1. *fundieren* (lat.) auch: begründen 2. *konsolidieren* (lat.-fr.) das Erreichte festigen
Sicherungskopie e. Computerdatei *Back-up*, das (engl., Pl. -s)
Sicht *Perspektive*, die (lat., Pl. -n) Probleme aus verschiedenen Perspektiven sehen
Sichtanzeige *Display*, das (engl., Pl. -s) ... bei elektronischen Geräten
sichtbar werden *manifestieren* (lat.) der Freiheitswille des Volkes manifestierte sich in e. Rebellion
Sichtbarwerden *Manifestation*, die (lat., Pl. -en)
Sichtvermerk *Visum*, das (lat., Pl. ...sa) Stempel in e. Reisepaß als Aufenthaltserlaubnis in e. best. Land
Sichtweise 1. *Optik*, die (gr.-lat., ohne Pl.) auch: das äußere Erscheinungsbild 2. *Perspektive*, die (lat., Pl. -n)
Siebeneck *Heptagon*, das (gr.-lat., Pl. -e)

Siebenflächner *Heptaeder*, der (gr.-lat., Pl. -)
Siebentönigkeit *Heptatonik*, die (gr.-lat., ohne Pl.) Musik: System der Siebentönigkeit
Siedlung *Kolonie*, die (lat., Pl. -n)
Siedlung, ländliche ... *Kibbuz*, der (hebr., Pl. -im, -e) ... in der kollektive Wirtschafts- u. Lebensweise herrschen; Gründung 1909 im Jordantal; eigtl.: Versammlung; auch: *Kibbuz*, das (hebr., Pl. -im, -e) das Vokalzeichen für »u« im Hebräischen
Sieg *Triumph*, der (lat., Pl. -e) i. S. e. bes. großen Sieges
Sieg, der ... liebt die Sorge *amat victoria curam* (lat., Zitat, Kaiser Matthias)
Sieg, teuer erkaufter ... *Pyrrhussieg*, der (gr., Pl. -e) auch: Scheinsieg nach verlustreichen Siegen des Königs Pyrrhus (319–272 v. Chr.) von Epirus über die Römer; »Noch e. solcher Sieg u. ich bin verloren!«
Siegel der Beichte *sigillum confessionis* (lat., Zitat) d. h.: jedes in der Beichte ausgesprochene Bekenntnis steht unter dem Siegel der Verschwiegenheit
Siegel, Handstempel zum ... *Petschaft*, das (tschech., Pl. -e) auch: Siegel, z. B. das eines Notars
Siegelkunde *Sphragistik*, die (gr., ohne Pl.)
Siegelstempel *Petschaft*, das (tschech., Pl. -e)
siegen *triumphieren* (lat.)
siegen, entweder ... oder sterben *aut vincere aut mori* (lat., Zitat)
Sieger 1. *Triumphator*, der (lat., Pl. ...oren) 2. *Favorit*, der (lat.-it.-fr., Pl. -en) i. S. e. voraussichtlichen Siegers
Siegesfreude *Triumph*, der (lat., Pl. -e)
Siegeslied zu Ehren e. Wettkampfsiegers *Epinikion*, das (gr., Pl. ...ien) im alten Griechenland
Siegeszeichen *Trophäe*, die (gr.-lat.-fr., Pl. -n)
sieghaft *triumphal* (lat.)
siegreich *triumphant* (lat.)
Silbe, magische ... des Brahmanismus *Om*, ohne Artikel (sanskr., ohne Pl.) ... wird in der Meditation gesprochen
Silbenrätsel *Scharade*, die (fr., Pl. -n)
Silber *Argentum*, das (lat., ohne Pl.) Zei-

chen: Ag.; nicht verw. mit *Argentan*, das (lat., ohne Pl.) Neusilber

Silberfarbe ... *Argentine*, die (lat.-fr., ohne Pl.) ... zur Herstellung von Metallpapier

Silberglanz *Argentit*, der (lat., ohne Pl.)

Silberlegierung ... *Billon*, der, das (fr., Pl. -s) ... mit hohem Zinn- oder Kupfergehalt (bei Münzen)

Silberlöwe *Puma*, der (peruanisch, Pl. -s) e. am. Raubkatze

Silbermünze, aus röm. Zeit *Quinar*, der (lat., Pl. -e) »Fünfer«

Silbermünze, groschenartige ... *Blaffert*, der (lat.-germ., Pl. -e) ... des 14.–16. Jhs.

simulieren *faken* (engl.)

singbar *kantabel* (lat.-it.)

Singbarkeit *Kantabilität*, die (lat.-it., ohne Pl.)

singen 1. *jubilieren* (lat.) z. B. freudig 2. *tremolieren* (lat.-fr.) mit zitternder Stimme

Singspiel 1. *Musical*, das (gr.-lat.-fr.-engl., Pl. -s) 2. *Vaudeville*, das (fr., Pl. -s) nach dem Tal Vau de Vire in der Normandie: possenhaftes Singspiel 3. *Oper*, die (lat.-it., Pl. -n) 4. *Operette*, die (lat.-it., Pl. -n)

Singstimme, Frauen 1. *Alt*, der (lat.-it., Pl. -e) tiefe Frauen- oder Knabenstimme 2. *Mezzosopran*, der (lat.-it., Pl. -e) Stimme zwischen Alt u. Sopran 3. *Sopran*, der (lat.-it., Pl. -e) höchste Stimmlage von Frauen u. Knaben

Singstimme, Männer 1. *Bariton*, der (gr.-lat.-it., Pl. -e) mittlere Stimmlage 2. *Baß*, der (lat.-it., Pl. Bässe) tiefe Männerstimme 3. *Tenor*, der (lat.-it., Pl. Tenöre) hohe männliche Stimme; auch: Wortlaut, z. B. in diesem Tenor

sinken *deszendieren* (lat.) z. B. der Wasserstand e. Sees deszendiert

sinkend *degressiv* (lat.) z. B. e. degressiver Konjunkturverlauf; auch: degressive Abschreibung

Sinn *Tenor*, der (lat.-it., ohne Pl.); auch: Inhalt, z. B. e. Schreibens

sinnähnlich *synonym* (gr.-lat.) auch: sinnverwandt, z. B. synonyme Wörter, wie »Schlachter« u. »Metzger«; Ggs.: antonym

Sinnbild der Lüsternheit *Faun*, der (lat., Pl. -e) röm. Gott mit Bocksfüßen

Sinnbild *Symbol*, das (gr.-lat., Pl. -e) der Löwe ist das Symbol der Stärke

Sinnbildgehalt *Symbolik*, die (gr.-lat., ohne Pl.) »Der Sex zerfrißt nicht nur die Seele, sondern oftmals in entsetzlicher Symbolik auch den Leib.« (Erzdiözese Wien: »Katholische Glaubensinformation«, 1981)

sinnbildlich 1. *allegorisch* (gr.-lat.) gleichnishaft 2. *emblematisch* (gr.-lat.-fr.) 3. *exemplarisch* (lat.) beispielhaft 4. *parabolisch* (gr.-lat.) auch: parabelförmig gekrümmt 5. *symbolisch* (gr.-lat.)

Sinnesart *Mentalität*, die (lat.-engl., Pl. -en) e. Menschen auf best. Weise zu handeln

Sinneseindruck *Impression*, die (lat.-fr., Pl. -en)

Sinneslust u. Genuß, das höchste Streben nach ... *Hedonismus*, der (gr.-lat., ohne Pl.) e. in der Antike begründete philos. Lehre; im Alltag gehört Hedonismus zu den wichtigen Wertewandel-Prozessen im Deutschland der Nachkriegszeit

Sinnestäuschung 1. *Fata Morgana*, die (it., Pl. -s) Luftspiegelung in der Wüste zur heißen Tageszeit 2. *Halluzination*, die (lat., Pl. -en) Rauschgifte können Halluzinationen verursachen 3. *Phantasma*, das (gr.-lat., Pl. ...men) i. S. e. Trugbildes 4. *Illusion*, die (lat.-fr., Pl. -n) Wunschvorstellung 5. *Vision*, die (lat., Pl. -en) inneres Gesicht

Sinnestäuschung infolge e. Luftspiegelung *Fata Morgana*, die (it., Pl. ...nen, -s) »Schicksal erinnert mich an Fatalismus, Fata Morgana u. Adolf Hitler.« (Heiner Geißler, Bundestagsfraktion CDU/CSU, 1997)

Sinneswahrnehmung *Impression*, die (lat.-fr., Pl. -en) z. B. Impressionen e. Reise schildern

Sinngedicht *Epigramm*, das (gr.-lat., Pl. -e)

sinngleiche Ausdrücke *Pleonasmus*, der (gr.-lat., Pl. ...men) »Überfluß«; Häufung sinngleicher Wörter z. B. »leider Bedauern«

sinnlich 1. *erotisch* (gr.-fr.) 2. *sensuell* (lat.-fr.)

sinnliches Verlangen wecken *erotisieren* (gr.-lat.)

sinnlos 1. *absurd* (lat.) e. absurden Einfall haben 2. *abstrus* (lat.) abwegig; abstruse Forderungen stellen 3. *illusorisch* (lat.-fr.) auch: vergeblich

Sinnlosigkeit *Absurdität*, die (lat., ohne Pl.)

Sinnproduzent in Firmen *Motivator*, der (lat.-engl., Pl. -en) neue Berufsbezeichnung für Mitarbeiter firmenspezifischer Trainings- u. Motivationsprogramme

Sinnspruch 1. *Aphorismus*, der (gr.-lat., Pl. ...men) Spruch, der e. Erfahrung oder e. Weisheit enthält 2. *Sentenz*, die (lat., Pl. -en) kurzer, treffender Sinnspruch 3. *Gnome*, die (gr.-lat., Pl. -n) lehrhafte Weisheiten in Prosa oder Versform verfaßt 4. *Apophthegma*, das (gr., Pl. ...men) e. witzige Lebensweisheit

Sinnspruch, lehrhafter ... *Gnome*, die (gr.-lat., Pl. -n) auch: Denkspruch in Versform

Sinnvers, kurzer 1. *Xenie*, die (gr.-lat., Pl. -n) u. *Xenion*, das (gr.-lat., Pl. ...ien) i. S. e. Sinngedichts z. B. von Goethe oder Schiller 2. *Distichon*, das (gr.-lat., Pl. ...chen) aus zwei Verszeilen, bes. aus Hexameter (sechs Versfüße) u. Pentameter (verkürzter dritter u. letzter Versfuß) bestehende Verseinheit 3. *Elegeion*, das (gr., Pl. -s) elegisches (besinnliches, wehmütiges) Versmaß 4. *Elegie*, die (gr.-lat., Pl. ...ien) besinnliches Klagelied

sinnverwandt 1. *affin* (lat.) z. B. affine Geometrie: math. Sätze, die von Figuren handeln 2. *synonym* (gr.-lat.) bedeutungsähnlich; Ggs.: antonym

sinnwidrig *absurd* (lat.) auch: sinnlos

Sintflut, nach uns die ...! *après nous le déluge!* (fr., Zitat: Marquise de Pompadour, 1721–1764)

Sippe *Clan*, der (kelt.-engl., Pl. -e, -s) auch: Stammesverband; TV-Serie: »Denver Clan«

Sippeneigentum *Odal*, das (altnord., Pl. -e) ... an Grund u. Boden e. adligen germ. Geschlechts

Sippschaft 1. *Clique*, die (fr., Pl. -n) auch: Klüngel; »Eine sympathische bayrische Clique, sie hat etwas von guter Mafia.« (Wolf Biermann, Liedermacher, 1998) 2. *Parentel*, die (lat., Pl. -en) Abkömmlinge e. Stammvaters

Sitte 1. *Konvention*, die (lat.-fr., Pl. -en) svw. Abkommen 2. *Moral*, die (lat.-fr., Pl. -en, Plural selten) auch: Kampfgeist; die Moral der Mannschaft ist hervorragend 3. *Tradition*, die (lat., Pl. -en) Gepflogen-

heit 4. *Usus*, der (lat., ohne Pl.) Brauch 5. *Usance*, die (lat.-fr., Pl. -n) Brauch im Geschäftsleben 6. *Uso*, der (lat.-it., Pl. -s) Handelsbrauch

Sitten- u. Morallehre *Ethik*, die (gr.-lat., Pl. -en) »Ethik ist ins Grenzenlose erweiterte Verantwortung gegenüber allem, was lebt.« (Albert Schweitzer)

Sittenlehre *Ethik*, die (gr.-lat., Pl. -en) Lehre von der sittlichen Einstellung u. dem Handeln e. Menschen in bestimmten Kulturkreisen 2. *Moral*, die (lat.-fr., Pl. -en, Plural selten) Werte von Normen u. Überzeugungen, die den Umgang zwischen den Menschen ordnet

Sittenprediger 1. *Moralist*, der (lat., Pl. -en) 2. *Moralapostel*, der (gr.-lat., Pl. -) bes. strenger Sittenwächter, auch abfällig gemeint

sittenstreng 1. *moralisch* (lat.-fr.) »Devisengeschäfte sind unnötig, unproduktiv u. unmoralisch.« (Mahathir Mohamad, Premierminister von Malaysia, 1997) auch: »Was moralisch falsch ist, kann politisch nicht richtig sein.« (Bundesfinanzminister Theo Waigel, 1996) 2. *puritanisch* (lat.-engl.) z. B. Kinder puritanisch erziehen;

Sittenverfechter *Moralist*, der (lat., Pl. -en) Sittenprediger, abschätzig: Sittenrichter; »Moralisten sind Menschen, die sich dort kratzen, wo es andere juckt.« (Samuel Beckett)

sittig *zivilisiert* (lat.) i. S. von Kultur u. Bildung aufweisend, sittlich; »Die Menschen sind insgesamt je zivilisierter, desto mehr Schauspieler.« (Immanuel Kant)

sittlich 1. *ethisch* (gr.-lat.) 2. *moralisch* (lat.-fr.) »Aus moralischen u. ethischen Gründen ist wenig geschehen.« (Ignatz Bubis, Vorsitzender des Zentralrats der Juden in Deutschland, 1998)

Sittlichkeit *Moral*, die (lat.-fr., ohne Pl.)

Sittlichkeitsauffassung *Moralin*, das (lat., ohne Pl.) i. S. e. spießbürgerlichen Auffassung

Situation, verfahrene ... *Schlamassel*, der, das (jidd., ohne Pl.) widerwärtige Umstände

Situationsangst *Kairophobie*, die (gr., Pl. ...ien) med.

Situationskomödien im TV-Film *Sitcom*, das (engl.-am., ohne Pl.)

Sitz für die Koranlesung *Kursi*, der (arab.) ... in e. Moschee (bes. Art des Sitzens)

Sitzbecken ... *Bidet*, das (fr., Pl. -s) ... für Frauen

Sitzraum, hinterer ... im offenen Boot *Plicht*, die (niederdt., Pl. -en)

Sitzstreik *Sit-down-Streik*, der (engl., Pl. -s)

Sitzung 1. *Konferenz*, die (lat., Pl. -en) z. B. mit Geschäftsleuten oder Politikern 2. *Session*, die (lat., Pl. -en) Sitzungszeit e. Parlaments; auch: musikalische Großveranstaltung, z. B. Jam Session 3. *Debatte*, die (lat.-fr., Pl. -n) i. S. e. Aussprache 4. *Kongreß*, der (lat., Pl. ...gresse) eigtl.: Zusammenkunft; fachliche Versammlung 5. *Symposium*, das (gr., Pl. ...ien) einst Trink- u. Eßgelage der alten Griechen; Tagung von Wissenschaftlern 6. *Kolloquium*, das (lat., Pl. ...ien) i. S. e. Gesprächsrunde unter Wissenschaftlern

Sitzverteilung nach Stimmen *Proporz*, der (lat., Pl. -e) »Im dt. Fernsehen haben wir nur organisierten Parteienproporz.« (Daniel Cohn-Bendit, EU-Parlamentarier, 2005)

Skala *Gamme*, die (gr.-lat.-fr., Pl. -n) auch: Tonleiter

Skandal *Eklat*, der (fr., Pl. -s) die Äußerung des Kommunalpolitikers gipfelte in e. Eklat

Skandalgeschichte 1. *Chronique scandaleuse*, die (fr., ohne Pl.) Sammlung von Skandalgeschichten e. Zeitabschnittes 2. *Affäre*, die (fr., Pl. -n) Liebesabenteuer; »Die Affäre der Nina B.« (Roman von Simmel), sich aus der Affäre ziehen 3. *Kiss-and-tell-Story*, die (engl., Pl. ...ies) z. B. über die Geliebte e. Politikers (John F. Kennedy, Bill Clinton)

Skandalreporter *Paparazzo*, der (it., Pl. ...zzi) auch: aufdringlicher Pressefotograf, der meist auf eigene Rechnung arbeitet

Skat, Spielform beim ... 1. *Grand*, der (fr., Pl. -s) ... bei dem nur die Buben Trumpf sind; z. B. Grand Hand 2. *Grand ouvert*, der (fr., ohne Pl.) der Spielmacher muß sein Blatt zeigen

Skiabfahrtslauf *Ski alpin* (norw.-lat., ohne Pl.)

Skilanglaufbahn *Loipe*, die (skand., Pl. -n)

Sklave *Mameluck*, der (arab., Pl. -en)

Sklave, staatseigener ... in Sparta *Helot*, der (gr., Pl. -en)

Sklavenbefreiung *Abolitionismus*, der (lat.-engl., ohne Pl.) Bewegung zur Abschaffung der Sklaverei

Sklavin, e. europäische ... *Odaliske*, die (türk., Pl. -n) ... in e. türkischen Harem

skrupellos *machiavellistisch* (lat.) von Machiavellismus abgeleitet; Machiavelli, it. Staatsmann, der die Politik über die Moral stellte, damit eine uneingeschränkte Machtpolitik verfolgte

Skulpturensammlung *Glyptothek*, die (gr.-lat., Pl. -en) auch: Sammlung geschnittener Steine

Slum *Favela*, die (port., Pl. -s) in den brasilianischen Großstädten

Slumbewohner, weißer ... in US-Städten *White Trash*, der (engl.-am., ohne Pl.) eigtl.: weißer Müll; schlechter Geschmack

Snowboard-Spitze *Nose*, die (engl., Pl. -s) auch: Nase

So ist das Leben *c'est la vie!* (fr.)

So ist es recht *à la bonne heure* (fr.) »zur guten Stunde«

so tun 1. *fingieren* (lat.) vortäuschen 2. *mimen* (gr.-lat.) 3. *simulieren* (lat.) z. B. e. Krankheit simulieren

Sockel 1. *Piedestal*, das (it.-fr., Pl. -e) z. B. bei Statuen 2. *Postament*, das (lat.-it., Pl. -e) i. S. von: unter Statuen 3. *Plinthe*, die (gr.-lat., Pl. -n) unter Statuen oder Platte unter Säulen u./o. Pfeilern 4. *Fundament*, das (lat., Pl. -e) Gründung e. Bauwerks

Sodbrennen 1. *Pyrosis*, die (gr., ohne Pl.) med. 2. *Refluxösophagitis*, die (gr.-lat., ohne Pl.)

Sodomie (Unzucht mit Tieren) *Zoophilie*, die (gr.-lat., Pl. ...ien)

Sofa, kleines ... *Causeuse*, die (fr., Pl. -n) auch: munter plaudernde Frau

sofort 1. *prompt* (lat.-fr.) in dem Lokal erfolgte e. prompte Bedienung 2. *hic et nunc* (lat.) »hier u. jetzt« muß die Entscheidung fallen! 3. *stante pede* (lat.) »stehenden Fußes« erfolgte seine Reaktion 4. *instant* (lat.-engl.) z. B. Instanttee (sofort fertiges Teegetränk) 5. *spontan* (lat.) z. B. spontan aufstehen

sogenannt *soi-disant* (fr.) auch: angeblich

Sohn 1. *Filius*, der (lat., Pl. ...lii, -se) 2. *Junior*, der (lat., Pl. ...oren) z. B. Juniorchef e. Firma; Ggs.: Senior 3. *Mac* (schottisch) Bestandteil schottischer u. irischer Namen, z. B. MacAdam; Abk.: M', Mc.

Soldat 1. *Rekrut*, der (lat.-fr., Pl. -en) in der Grundausbildung 2. *Veteran*, der (lat., Pl. -en) alter, erfahrener Soldat, Kriegsveteran 3. *Askari*, der (arab., Pl. -s) afrikanischer Soldat im ehemaligen Deutsch-Ostafrika 4. *Legionär*, der (lat., Pl. -e) Soldat e. Legion, z. B. der fr. Fremdenlegion

Soldat mit kurzem Reitergewehr *Arkebusier*, der (niederl.-fr., Pl. -e)

Soldat, plündernder ... *Marodeur*, der (fr., Pl. -e)

Soldat, schwerbewaffneter ... *Hoplit*, der (gr.-lat., Pl. -en) »Schildträger«; Fußsoldat im alten Griechenland

Soldatenmantel, röm. ... *Sagum*, das (lat., Pl. ...ga) aus grober Wolle

Soldatenrucksack *Tornister*, der (slaw., Pl. -)

soldatisch *militärisch* (lat.-fr.)

Söldner, islam. Herrscher *Mameluck*, der (arab., Pl. -en) auch: Sklave; urspr. christl. Kreuzritter, die versklavt wurden; ägypt. Herrschergeschlecht, 13.–16. Jh.

Söldnertruppe *Legion*, die (lat., Pl. -en)

Solidaritätsgefühl *Clustering*, das (engl.-am., Pl. -s) z. B. unter den Punks

Solidität *Reellität*, die (lat.-fr., Pl. -en)

Solistenkonzert *Recital*, das (engl., Pl. -s)

Soll 1. *Debet*, das (lat., Pl. -s) die Soll-, linke Seite e. Kontos 2. *Norm*, die (gr.-lat., Pl. -en) »Regel«; Richtschnur 3. *Pensum*, das (lat., Pl. Pensen, Pensa) auch: Lehrstoff

Söller *Altane*, die (lat.-it., Pl. -n) durch Erdreich gestützter Anbau (Balkon)

Soloauftritt *One-man-Show*, die (engl., Pl. -s)

Sologesangstück *Arie*, die (it., Pl. -n)

Soloschautanz, sp. ... *Zapateado*, der (sp., Pl. -s)

Solotänzer *Ballerino*, der (gr.-lat.-it., Pl. -s) beim Ballett

Solotänzerin *Ballerina*, die (gr.-lat.-it., Pl. ...nen) beim Ballett

Sommerhaus 1. *Datscha*, die (russ., Pl. -n) in Rußland 2. *Chalet*, das (schweiz.-fr., Pl. -s) 3. *Datsche*, die (dt. DDR, Pl. -n) Landhaus in der ehemaligen DDR

Sommerlaube *Pavillon*, der (lat.-fr., Pl. -s)

Sommerschuh *Sandalette*, die (gr.-lat.-fr., Pl. -n)

Sommersprossen *Epheliden*, die (gr.-lat., nur Pl.) med.

Sonderauflage, einmalige ... *Oneshot*, der (engl., Pl. -s) zu bes. Anlässen

sonderbar 1. *kurios* (lat.) z. B. e. kuriosen Einfall haben 2. *skurril* (lat.) z. B. skurrile Ansichten vertreten 3. *bizarr* (it.-fr.) absonderlich

Sonderbarkeit 1. *Kuriosität*, die (lat., Pl. -en) 2. *Skurrilität*, die (lat., Pl. -en) z. B. Verschrobenheit

Sonderleistung *Extra*, das (lat., Pl. -s) der Preis versteht sich mit allen Extras

Sonderling *Original*, das (lat., Pl. -e)

Sonderraum *Chambre séparée*, das (fr., Pl. -s) z. B. in e. Nachtclub

Sonderrecht *Privileg*, das (lat., Pl. -ien) Vorrecht; auch: Ausnahmegesetz; »Die Freiheit ist kein Privileg, das verliehen wird, sondern e. Gewohnheit, die erworben werden muß.« (D. L. George)

Sondersendung *Special*, das (lat.-engl., Pl. -s) auch: Sonderheft, z. B. »GEO Special«

Sondervergütung *Gratifikation*, die (lat., Pl. -en) z. B. Weihnachtsgratifikation

Sonne u. Meer-Tourismus *Sol y Mar-Tourismus*, der (span.-fr., ohne Pl.)

Sonne, nichts Neues unter der ... *nihil novi sub sole* (lat., Zitat: Altes Testament, Prediger Salomo)

Sonne, wer vermöchte die ... zu täuschen? *quis solem fallere possit?* (lat., Zitat: Ovid)

Sonnen- oder Mondfinsternis *Eklipse*, die (gr., Pl. -n) eigtl.: Verschwinden

Sonnendach *Markise*, die (germ.-fr., Pl. -n) auch: bes. Diamantenschliff

Sonnenferne *Aphel*, das (gr.-lat., Pl. -e) u. *Aphelium*, das (gr.-lat., Pl. ...ien) d. h.: Punkt der größten Entfernung e. Planeten von der Sonne; Ggs.: Perihel

Sonnenstich 1. *Astrabolismus*, der (gr., ohne Pl.) auch: Tod durch Blitzschlag 2. *Insolation*, die (lat., Pl. -en) auch: Sonneneinstrahlung

Sonnenuhrenstab ... *Gnomon*, der (gr.-lat., Pl. ...mone) ... dessen Schattenlänge zur Bestimmung der Sonnenhöhe gemessen wird

Sonnenwende *Solstitium*, das (lat., Pl. ...ien)

Sorgentelefon *Careline*, die (engl., Pl. -s) Telefonleitung, die Firmen zur Verfügung stellen, damit Kunden Beschwerden, Fragen, Anregungen äußern können

Sorgfalt 1. *Akribie*, die (gr., ohne Pl.) e. Arbeit mit Akribie ausführen 2. *Akkuratesse*, die (lat., ohne Pl.) 3. *Penibilität*, die (gr.-lat.-fr., Pl. -en) i. S. e. bes. Sorgfalt

sorgfältig 1. *akkurat* (lat.) 2. *akribisch* (gr.) 3. *exakt* (lat.) 4. *penibel* (gr.-lat.-fr.) 5. *korrekt* (lat.) Ggs.: inkorrekt 6. *minuziös* (lat.-fr.) peinlich genau

sorglos *negligeant* (lat.-fr.) auch: nachlässig

Sorglosigkeit *Negligenz*, die (lat.-fr., Pl. -en) auch: Nachlässigkeit

Soßengefäß *Sauciere*, die (lat.-fr., Pl. -n)

Soßengießer *Sauciere*, die (lat.-fr., Pl. -n)

Souterrain *Basement*, das (engl., Pl. -s) z. B. e. Wohnung im Basement mieten

Souverän, Herrscher *Sultan*, der (arab., Pl. -e) z. B. Sultan Abubarka III. von Sokoto (Nigeria)

Sozialarbeiter *Streetworker*, der (engl.-am., Pl. -s) »arbeitet« auf der Straße, indem er Drogenabhängigen, straffälligen Jugendlichen hilft

Sozialhilfe 1. *Social Sponsoring*, das (engl.-am., ohne Pl.) i. S. e. sozialen Einsatzes zum Wohle der bedürftigen Allgemeinheit 2. *Fashion Compassion*, das (engl.-am., ohne Pl.) aus: fashion (Mode) u. compassion (Mitleid), gemeint sind rührselige Besuche von Polit- u. Show-Größen in Hunger- u. Krisengebieten; z. B. Sophia Loren in Somalia, Bianca Jagger in Bosnien sollen werbewirksam sein

Sozialismus betreffend *sozialistisch* (lat.-fr.) »Wer e. sozialistisches Brett vor dem Kopf hat, sieht in Steuerfahndungen e. Allheilmittel ...« (Alfred Dregger, 1990)

Sozialtechnik 1. *social Engineering*, das (engl., ohne Pl.) Einbeziehung sozialer Bedürfnisse des Menschen bei der Planung von Arbeitsplätzen 2. *human Engineering*, das (engl., ohne Pl.) Anpassung der Arbeitsaufgaben, Arbeitsabläufe an die Bedürfnisse des Menschen

sozusagen *quasi* (lat.)

Spähtrupp *Patrouille*, die (fr., Pl. -n)

Spalt *Fissur*, die (lat., Pl. -en)

spaltbar *fissil* (lat.) z. B. e. Atom- oder Zellkern

spalten 1. *splitten* (engl.) aufteilen; z. B. »Ehegatten-Splitting« für die Steuerberechnung 2. *dividieren* (lat.) i. S. von: teilen; Ggs.: multiplizieren

spaltend *dissecans* (lat.)

Spaltung 1. *Bifurkation*, die (lat., Pl. -en) i. S. von Gabelung 2. *Fission*, die (lat., Pl. -en) z. B. e. Atom- oder Zellkerns

spanische Wand *Paravent*, der, das (lat.-it.-fr., Pl. -s)

Spanne *Marge*, die (lat.-fr., Pl. -n) z. B. das Unternehmen erzielte beim Verkauf von Kühlschränken aus Taiwan Margen von 60 %

spannend *dramatisch* (gr.-lat.) auch: aufregend-traurig

Spannkraft *Elan*, der (lat.-fr., ohne Pl.)

Spannmuskel *Tensor*, der (lat., Pl. ...oren) med.

Spannung 1. *Tension*, die (lat., Pl. -en) Spannung von Dampf oder Gas 2. *Thrill*, der (engl., ohne Pl.)

sparen *bunkern* (engl.)

Spargang beim Auto *Overdrive*, der (engl., Pl. -s) i. a. e. elektrisch zuschaltbarer fünfter Gang, der die Drehzahl, damit den Benzinverbrauch reduziert

Spargel *Asparagus*, der (gr.-lat., ohne Pl.)

Sparmaßnahme *Austerity*, die (engl., ohne Pl.) i. S. e. strikten, staatlichen Sparpolitik

sparsam 1. *ökonomisch* (gr.-lat.) die verbliebenen Rohstoffe müssen ökonomisch eingesetzt werden; nicht verw. mit *ökologisch* (gr.-lat.) umweltbewußt 2. *rationell* (lat.-fr.) zweckmäßig

Sparsamkeit ist e. große Einnahme *parsimonia est magna vectigal* (lat., Zitat: Cicero)

Sparsamkeit *Ökonomie*, die (gr.-lat., ohne Pl.)

Spaß 1. *Gaudi*, die (lat., ohne Pl.) bes. in Bayern gebräuchlich 2. *Gaudium*, das (lat., ohne Pl.) auch Vergnügen 3. *Jokus*, der (lat., Pl. -se)

Spaß beiseite 1. *extra iocum* (lat., Zitat) 2. *ioco remoto* (lat., Zitat)

spaßeshalber 1. *ioci causa* (lat.) 2. *per iocum* (lat.)

spaßhaft *giocoso* (lat.-it.) musik. Vortragsanw.

spaßig 1. *kurios* (lat.-fr.) auch: komisch 2. *humoristisch* (lat.) auch: heiter, launig

Spaßkultur *Fun-Kultur*, die (engl., ohne Pl.) e. Phänomen der 80er Jahre, alles soll hauptsächlich Spaß machen

Spaßmacher 1. *Clown*, der (engl., Pl. -s) 2. *Haselant*, der (lat.-fr., Pl. -en) auch: Narr 3. *Harlekin*, der (it.-fr., Pl. -e) Hanswurst; auch: lebhaft gefärbter Nachtfalter 4. *Humorist*, der (lat.-fr.-engl., Pl. -en) auch: Witzbold, z. B. »Otto« 5. *Komiker*, der (gr.-lat., ohne Pl.) »Hätten wir einen Komiker wie Bob Hope zum US-Präsidenten gewählt, hätten wir mehr zu lachen« (Jack Lemmon, am. Komiker, 1998)

Spaßmacherei *Clownerie*, die (lat.-fr.-engl., Pl. ...ien)

spät, lieber ... als niemals *potius sero, quam nunquam* (lat., Zitat: Livius)

später *a posteriori* (lat) auch: nachträglich

später ergänzt *apokryph* (gr.) als nicht echt geltend

spazierengehen 1. *promenieren* (lat.-fr.) 2. *flanieren* (fr.) umherschlendern

Spazierengehen *Walking*, das (engl., ohne Pl.) »This boots are made for walking« (bekannter Schlager, den Nancy Sinatra sang)

Spaziergang *Promenade*, die (lat.-fr., Pl. -n)

Spazierweg 1. *Paseo*, der (lat.-sp., Pl. -s) 2. *Promenade*, die (lat.-fr., Pl. -n) z. B. Uferpromenade

Speck *Bacon*, der (engl., ohne Pl.) ... durchwachsener, angeräucherter

Speicher 1. *Entrepot*, das (lat.-fr., Pl. -s) Stapelplatz z. B. im Freihafen 2. *Reservoir*, das (lat.-fr., Pl. -e) z. B. Wassersammelbecken 3. *Akkumulator*, der (lat., Pl. ...oren) kurz: Akku; speichert elektr. Energie 4. *Depot*, das (lat.-fr., Pl. -s) Munitionsdepot 5. *Magazin*, das (arab.-it.-fr.-engl., Pl. -e) Vorratsraum; auch: Patronenkammer; Zeitschrift 6. *Silo*, der, das (sp., Pl. -s) Getreidesilo

Speicheradressen ermitteln (EDV) *indexieren* (lat.)

Speichermedium *Modul*, das (lat.-engl.-am., Pl. -e) eigtl.: austauschbares Teil; ...

z. B. für Videospiele, meist in Form e. Steckkarte

Speichermedium in Großrechnern *Streamer*, der (engl., Pl. -s) ... mit dessen Hilfe können große Datenmengen gesichert werden

speichern *akkumulieren* (lat.) von elektrischer Energie in e. Akkumulator (kurz: Akku)

Speichern, elektronisches ... *Sampling*, das (engl., ohne Pl.) ... alter Platten oder allg. von Schall- u. Klangspektren

Speicherplatte für Programme u. Daten, optische ... *CD-Rom*, das (engl.-am., ohne Pl.) aus: Compact Disc Read Only Memory

Speicherstelle ... *Byte*, das (engl., ohne Pl.) ... von 8 Binärstellen = Bits

Speicherung *Akkumulation*, die (lat., Pl. -en) von elektrischer Energie

Speichervermögen *Kapazität*, die (lat., ohne Pl.)

Speise der Götter *Ambrosia*, die (gr.-lat., ohne Pl.) ... in der gr. Sage; Süßspeise; »Nektar u. Ambrosia« (Homer: »Odyssee«)

Speise nach jüdischen Gesetzen zubereitet *koscher* (hebr.-jidd.) ugs. in Ordnung

Speise, brennend servieren *flambieren* (lat.-fr.) mit Alkohol übergießen u. anzünden

Speiseeis *Stracciatella*, das (lat.-it., ohne Pl.) Milcheis mit Schokoladensplittern

Speisefolge *Menü*, das (lat.-fr., Pl. -s) z. B. e. Menü aus sechs Gängen

Speisekammer *Pantry*, die (engl., Pl. -s) z. B. in Flugzeugen u. auf Schiffen

Speiselokal 1. *Trattoria*, die (lat.-it., Pl. ...ien) 2. *Bistro*, das (fr., Pl. -s) 3. *Restaurant*, das (lat.-fr., Pl. -s) auch: Gaststätte

speisen *dinieren* (fr.)

Speisepilz, e. bes. ... *Matsutake*, das (jap., Pl. -s) gilt als teuerster Pilz; wird in Japan als Aphrodisiakum (Geschlechtstrieb steigerndes Mittel) gegessen

Speiseraum 1. *Kantine*, die (gall.-it.-fr., Pl. -n) in Firmen, Vereinen 2. *Kasino* u. *Casino*, das (lat.-it., Pl. -s) gehobener Speiseraum in Unternehmen, Kasernen, z. B. Offizierskasino; auch: öffentliche Gebäude, in denen Glücksspiele stattfinden, Spielkasinos 3. *Ökonomie*, die (gr.-lat., Pl.

...ien) kleiner, aber feiner Speise- u. Gesellschaftsraum in gehobenen Sportvereinen; auch: Wirtschaftswissenschaft

Spekulant, der fallende Kurse ausnutzt *Baissier*, der (fr., Pl. -s) Ggs.: Haussier

Spekulationsgeschäft *Agiotage*, die (it.-fr., Pl. -n) bei dem Kursentwicklungen der Aktien ausgenutzt werden

spekulieren *agiotieren* (it.-fr.) an der Börse, wie der bekannte Börsenspekulant André Kostolany

spendabel *nobel* (lat.-fr.) edel, vornehm; auch: großzügig; »Nobel geht die Welt zugrunde.« (Sprichwort)

Spende 1. *Almosen*, das (gr.-lat., Pl. -) 2. *Obolus*, der (gr.-lat., Pl. -se)

Spendenmarke zur Unterstützung ... *Vignette*, die (fr., Pl. -n) ... e. wohltätigen Organisation; eigtl.: Weinranke; gemeint ist: Gebührenmarke für Autofahrer, Autobahnvignette; »Erwin Teufel will die Vignette, Stoiber will sie auch ...« (G. Schröders geh. Tagebuch von H. Venske, 1997)

Spendensammler *Kollekteur*, der (lat.-fr., Pl. -e) für gemeinnützige Zwecke

Spendensammlung *Kollekte*, die (lat., Pl. -n) wird nach dem Gottesdienst gesammelt; auch: kurzes Gebet

Sperre *Barriere*, die (lat.-fr., Pl. -n)

sperren *arretieren* (lat.-fr.) z. B. Bremsen arretieren

Sperrvorrichtung *Arretierung*, die (lat.-dt., Pl. -en)

Sperrzeit *Karenz*, die (lat., Pl. -en) nicht: Karenzzeit (Tautologie); Sperrzeit im Versicherungswesen vor der Leistungserstattung

Spezialagent des FBI *Government-man*, der (engl.-am., Pl. ...men) Abk.: G-man

Spezialausgabe ... *Special*, das (engl.-am., Pl. -s) e. Zeitschrift oder Zeitung; z. B. GEO Special »Alaska«

Spezialgebiet 1. *Disziplin*, die (lat., Pl. -en) Schwimmen ist e. olympische Disziplin 2. *Domäne*, die (lat.-fr., Pl. -n) eigtl. Herrschaftsgebiet; auch: Wissensgebiet

Spezialist für die Steuerung komplexer Systeme *Systemiker*, der (gr.-lat., Pl. -) z. B. in Finanzierungsfragen, Computernetzwerken, High-Tech-Abläufen; auch: Chaostheorie-Experten

Spezialist für filmische Einfälle *Gagman*, der (engl., Pl. ...men)

Spezialist im elektronischen Medienbereich *Info-Elite*, die (lat.-fr., Pl. -n) Fachmann für das multimediale Angebot; Ggs.: Medienanalphabet

Spiegelbild *Eidolon*, das (gr., Pl. ...la) svw. Trugbild in der Philos.

spiegelbildlich *symmetrisch* (gr.-lat.) z. B. symmetrische Figuren in der Geometrie

Spiegelbildlichkeit *Symmetrie*, die (gr.-lat., Pl. ...ien) auch: Gleichmaß; Ggs.: Asymmetrie; nicht verw. mit *Symmachie*, die (gr., Pl. ...ien) Bund der altgr. Stadtstaaten

Spiegelfernrohr *Reflektor*, der (lat., Pl. ...oren)

spiegeln *reflektieren* (lat.) zurückstrahlen; auch: nachdenken

Spiegeltisch *Toilette*, die (lat.-fr., Pl. -n)

Spiel 1. *Jeu*, das (lat.-fr., Pl. -s) »Faites votre jeu!« (Aufforderung des Croupiers, »das Spiel zu machen«) 2. *Partie*, die (lat.-fr., Pl. ...ien) z. B. e. Partie Schach oder Billard; auch: e. gute Partie sein (viel Vermögen mit in die Ehe bringen); Abschnitt, Teil, z. B. Gesichtspartie 3. *Fairplay*, das (engl., ohne Pl.) svw. faires Spiel

Spiel mit Fangbecher u. Kugel *Bilboquet*, das (fr., Pl. -s)

Spiel, Beruhigungs... mit zwei Kugeln *Quigong*, das (chin., Pl. -s) altes chinesisches Spiel bei dem zwei Holz- oder Metallkugeln mit den Fingern über die Handfläche bewegt werden u. somit Nervosität abbauen (der Kapitän spielte Quigong in dem Film »Die Caine war ihr Schicksal«)

Spielart *Variante*, die (lat.)

Spielbahn ... *Dogleg*, das (engl., Pl. -s) ... die im Winkel auf das Grün zuführt (Golfbez.)

Spielbahn, kurzgemähte ... *Fairway*, der (engl., Pl. -s) ... zwischen Abschlag u. Loch (Golfbez.)

Spielbrett 1. *Abakus*, der (gr.-lat., ohne Pl.) antikes Spielbrett 2. *Zabel*, das (lat., ohne Pl.)

Spieleinsatz 1. *Mise*, die (lat.-fr., Pl. -n) 2. *Poule*, die (lat.-fr., Pl. -n)

Spielentscheidung, die durch das erste Tor in der Verlängerung erzielt wird *Sudden Death*, der (engl., Pl. -s) eigtl. plötzlicher Tod; z. B. beim Eishockey

487

Spieler, waghalsiger ... *Spekulant*, der (lat., Pl. -en) auch: Geschäftemacher an der Börse; »E. Börsenspekulant, der in seinem Leben nicht wenigstens zweimal pleite war, ist der Bezeichnung Spekulant nicht würdig.« (André Kostolany, Altspekulant, 1998)

Spielfilm 1. *Motion-Picture*, das (lat.-fr.-engl., Pl. -s) 2. *Movie*, das (lat.-fr.-engl.-am.) am. Bezeichnung für Unterhaltungs-u. Spielfilm

Spielfilm in Form e. Dokumentation *Dokudrama*, das (gr.-lat.-engl., Pl. ...men) der Film soll Authenzität vermitteln

Spielführer *Kapitän*, der (lat.-it., Pl. -e) z. B. Kapitän einer Fußballmannschaft

Spielgerät, elektronisches ... 1. *Gameboy*, der (engl.-am., Pl. -s) eigtl.: Spieljunge; e. Weiterentwicklung ist der 2. *Winboy*, der (engl.-am., Pl. -s) mit großem Arbeitsspeicher verarbeitet er gängige PC-Programme

Spielkarte, für jede Karte einsetzbare ... *Joker*, der (engl., Pl. -) auch: Ersatzspieler als e. Art Geheimwaffe beim Fußballspiel

Spielleiter *Regisseur*, der (lat.-fr., Pl. -e) z. B. Theater- oder Filmregisseur

Spielmarke 1. *Chip*, der (engl., Pl. -s) 2. *Jeton*, der (lat.-fr., Pl. -s) bei m Roulett 3. *Fiche*, die (lat.-fr., ohne Pl.) nicht verw. mit *Fiche*, das, der (lat.-fr.-engl., Pl. -s) Karte, die mit e. lichtempfindlichen Schicht überzogen wurde, um Daten zu lesen

Spielpartner *Aide*, der (lat.-fr., Pl. -n) bes. bei den Kartenspielen »Whist« u. »Bridge«

Spielraum 1. *Marge*, die (lat.-fr., Pl. -n) das Produkt aus Taiwan wird mit e. guten Marge verkauft 2. *Toleranz*, die (lat., Pl. -en) auch: Duldung; Ggs.: Intoleranz 3. *Range*, die (engl., ohne Pl.) auch: Entfernung; Ausdehnung; Streuungsweite von statistischen Werten; Bergkette

Spielstand *Score*, das (engl., Pl. -s) auch: Spielergebnis

Spieltheorie, Lehrsatz der ... *Minimax-Theorem*, das (lat., ohne Pl.) Spieler maximiert seinen Anteil am Gesamtergebnis, wenn er den des Gegners minimieren kann

Spielüberwacher *Croupier*, der (germ.-fr., Pl. -s) auch: Hilfskraft des Spielbankleiters beim Roulett

Spielunterbrechung beim Basketball ... *Time-out*, der (engl., ohne Pl.) ... auch beim Volleyball, diese ist erlaubt, um das Spiel zu ordnen

Spielzeit *Saison*, die (lat.-fr., Pl. -s, -en) z. B. Theatersaison

Spießbraten *Gyros*, das (gr., ohne Pl.) Schweine-, Rind- u. Hackfleisch, das an e. senkrecht stehenden Spieß angebracht, gebraten, dann von oben nach unten abgeschabt wird (gr. Spezialität)

Spießbürger *Philister*, der (lat., Pl. -) i. S. e. kleinbürgerlichen Menschen

spießbürgerlich *philiströs* (gr.-lat.) auch: kleinbürgerlich

spießig 1. *provinziell* (lat.-fr.) 2. *prüde* (lat.-fr.) svw. sexuell gehemmt

Spinne, giftige ... **des Mittelmeerraumes** *Malmignatte*, die (it., Pl. -n)

spinnenähnlich *arachnoid* (gr.-lat.)

Spinnenkunde *Arachnologie*, die (gr.-lat., ohne Pl.)

Spinnenkundler *Arachnologe*, der (gr.-lat., Pl. -n)

Spinnentier *Arachnoide, Arachnide*, die (gr.-lat., Pl. -n)

Spirale in der Gebärmutter *Intrauterinpessar*, das (lat., Pl. -e) ... zur Empfängnisverhütung

spiralförmig *helikoidisch* (gr.)

Spiralnebel *Galaxie*, die (gr.-lat., Pl. ...ien) auch: Sternsystem außerhalb der Milchstraße, z. B. Andromedanebel, spiralförmiges Sternsystem in e. Entfernung von 2,5 Millionen Lichtjahren; nicht verw. mit: *Galaxis*, die (gr.-lat., ohne Pl.) die Milchstraße

Spiritual, Negro... *Gospelsong*, der (engl.-am., Pl. -s) seit 1940

Spitzbube 1. *Ganove*, der (jidd., Pl. -n) i. S. e. kleinen Gauners 2. *Filou*, der, das (fr.-engl., Pl. -s) Max u. Moritz, zwei Filous; »Trau keinem Filou, u. hätt' er auch beide Augen zu!« (Wilhelm Busch)

Spitzel *Informant*, der (lat., Pl. -en) z. B. wurde gerätselt, ob Gysi u. Stolpe Informanten der Stasi der ehemaligen DDR waren

Spitzenhaube *Baigneuse*, die (fr., Pl. -n) »Badehaube«; des 18. Jhs.

Spitzensportler *Crack*, der (engl., Pl. -s)

Spitzenstar *Topstar*, der (engl., Pl. -s)

spitzfindig 1. *kasuistisch* (lat.) haarspalterisch 2. *rabulistisch* (lat.) auch: wortverdreherisch 3. *scholastisch* (gr.-lat.) (abwertend) rein verstandesmäßig 4. *sophistisch* (gr.-lat.) wortklauberisch 5. *dialektisch* (gr.-lat.)

spitzfindiger Redner *Sophist*, der (gr.-lat., Pl. -en) ... im antiken Athen; eigtl.: Weisheitslehrer; z. B. Prodikos (um 450 v. Chr.)

Spitzfindigkeit 1. *Sophistik*, die (gr.-lat., ohne Pl.) auch: Lehre, der mit der Redekunst vertrauten Athener 2. *Sophisterei*, die (gr.-lat.-dt., Pl. -en) 3. *Scholastizismus*, der (gr.-lat., ohne Pl.) abwertend gemeint

Spitzkopf *Akrozephale* u. *Akrokephale*, der (gr.-lat., Pl. -n) auch: Hochkopf (med.)

Spitzname für ... 1. *Poilu*, der (fr., Pl. -s) ... den fr. Soldaten 2. *Gringo*, der (gr.-lat.-sp., Pl. -s) ... alle Nichtromanen im sp. Südamerika 3. *Yankee*, der (engl.-am., Pl. -s) ... Bewohner der nordstaaten. Nordstaaten

Spitzsäule *Obelisk*, der (gr.-lat., Pl. -en) rechteckige Steinsäule, die sich nach oben verjüngt

Spitztürmchen, gotisches ... *Fiale*, die (gr.-lat., Pl. -n) ... auf Strebepfeiler

splitternackt *in puris naturalibus* (lat.) auch: schier; in ganzer Blöße

spontan 1. *ad hoc* (lat.) z. B. ad hoc reagieren 2. *impulsiv* (lat.) sich impulsiv verhalten, einer plötzlichen Eingebung folgend

Sport, Extrem... 1. *Rap-Jumping*, das (engl., ohne Pl.) eigtl.: Seilspringen; Verbindung aus schnellem Abseilen u. Bungee-Springen; an e. vertikal gespannten Seil rennt man Fels- oder Hochhauswände hinab, e. Seilbremse bremst vor dem Boden ab 2. *Bungee*, das (engl., ohne Pl.) Sprung aus ca. 80 m, e. Gummiband bremst den Freifall

Sportart *Disziplin*, die (lat., Pl. -en) auch ohne Pl.: Einordnung; Wissenschaftsgebiet

Sportart, lange u. harte ... *Ultra-Sport*, der (lat.-dt., ohne Pl.) z. B. der 100-km-Lauf durch die Wüste; e. bes. hartes Triathlon (Dreikampf auf Hawaii)

Sportgerät *Hometrainer*, der (engl., Pl. -) i. a. für das häusliche Muskeltraining

Sportgröße *Crack*, der (engl., Pl. -s) Boris Becker, der einstige Tenniscrack

Sportlehrer 1. *Trainer*, der (lat.-fr., Pl. -) trainiert Sportler 2. *Coach*, der (engl., Pl. -s)

Sportler 1. *Professional*, der (lat.-fr.-engl., Pl. -s) Berufssportler, kurz: Profi 2. *Amateur*, der (lat.-fr., Pl. -e) svw. nebenberuflicher Sportler

Sportler e. Heimatvereins ... *Lokalmatador*, der (lat.-sp., Pl. -e) ... u. der für diesen Verein erfolgreich ist

Sportlerbetreuer *Manager*, der (lat.-it.-engl., Pl. -) auch: Vereinsleiter

sportlich durchtrainiert 1. *athletisch* (gr.-lat.) 2. *fit* (engl.-am.) tauglich, gut trainiert

sportlich *sportiv* (engl.)

Sportschuh, leichter ... *Sneaker*, der (engl., Pl. -s) in Hip-Hop- u. Rapper-Szene Statussymbol

Sportwagen, offener, zweisitziger ... *Roadster*, der (engl., ohne Pl.) z. B. der Z 3 von BMW

Spott als Überlebensformel *Ironisierung*, die (gr., ohne Pl.) in der widersprüchlichen u. scheinheiligen Welt, voll von düsterer Realität, kann nur mit Ironie u. Zynismus überlebt werden

Spott, mit feinem, verstecktem ... *ironisch* (gr.-lat.) »Man muß dem Herrn Trittin, der – das sage ich ironisch – bes. viel von Innenpolitik versteht ...« (Otto Schily, SPD, 1998)

Spott, versteckter ... 1. *Ironie*, die (gr.-lat., ohne Pl.) 2. *Sarkasmus*, der (gr.-lat., ohne Pl.) bissiger Spott 3. *Süffisance*, die (lat.-fr., ohne Pl.) überheblicher – 4. *Zynismus*, der (gr.-lat., Pl. ...men) verletzender Spott

Spottbild *Karikatur*, die (lat.-it., Pl. -en)

spotten 1. *mokieren* (fr.) 2. *persiflieren* (lat.-fr.) geistreich verspotten

spottend *ironisch* (gr.-lat.) i. S. von hintergründig spotten

Spötter *Satiriker*, der (lat., ohne Pl.)

Spötter, hämischer ... *Zyniker*, der (gr.-lat., ohne Pl.) Person, die alles mit gemeinem Spott betrachtet; »E. Zyniker ist e. Mensch, der von allem den Preis u. von nichts den Wert kennt.« (Oscar Wilde)

Spottgedicht *Epigramm*, das (gr.-lat., Pl. -e)

spöttisch *juvenalisch* (lat.) beißend spöttisch, nach Decimus Juvenal (60 – 127 n. Chr.), e. altrömischen Satiriker 2. *ironisch* (gr.-lat.) hintergründig 3. *mokant* (fr.) etwas überheblich, anstößig 4. *sarkastisch* (gr.-lat.) i. S. von bissig 5. *satirisch* (lat.) i. S. von spöttisch-tadelnd 6. *süffisant* (lat.-fr.) herablassend, er setzte sein süffisantes Lächeln auf 7. *zynisch* (gr.-lat.) verletzend 8. *polemisch* (gr.-fr.) i. S. von scharf, unsachlich

Spottschrift 1. *Satire*, die (lat., Pl. -n) 2. *Pasquill*, das (it., Pl. -e) eine anonyme Hohn- u. Spottschrift

Sprache e. sozialen Gruppe *Soziolekt*, der (lat., Pl. -e) z. B. Berufs- oder Schülersprache

Sprache, durch die ... gesteuerte Telefonansagedienste *Autiotex*, der (lat.-engl., Wortverbindung, ohne Pl.)

Sprachen sprechend, viele ... *polyglott* (gr.)

sprachgewandt *eloquent* (lat.) auch: beredt

Sprachheilkunde 1. *Logopädie*, die (gr.-lat., ohne Pl.) med. 2. *Phoniatrie*, die (gr.-lat., ohne Pl.)

Sprachheilkundler 1. *Logopäde*, der (gr.-lat., Pl. -n) 2. *Phoniater*, der (gr.-lat., ohne Pl.)

sprachkundlich *grammatikalisch* (gr.-lat.)

Sprachlehre *Grammatik*, die (gr.-lat., Pl. -en)

sprachliches Durcheinander *Babylonismus*, der (von der Stadt Babylon, ohne Pl.) Sprachengewirr (babylonische Sprachenvielfalt)

Sprachrohr *Megaphon*, das (gr., Pl. -e) Handlautsprecher

Sprachspeicherbox *Voice-Mail-System*, das (engl.-am., Pl. -s) auch: elektronischer Briefkasten oder vielseitiger Anrufbeantworter

Sprachspeicherkasten-System, verwirrendes ... *Voice Jail System*, das (engl.-am., Pl. -s) eigtl.: Voice-Mail-Jail-System (Sprachspeicherkasten-Gefängnis-System) e. Bez. für schlecht konzipierte Sprachspeicher-Systeme, die den Anrufer verwirren, er fühlt sich wie in e. Gefängnis u. legt auf

Sprachstörung 1. *Logoneurose*, die (gr.-lat., Pl. -n) neurotisch bedingt (med.) 2. *Logopathie*, die (gr.-lat., Pl. ...ien) es liegen zentralnervöse Veränderungen vor

3. *Paraphasie*, die (gr.-lat., Pl. -ien) ist die Verstümmelung von Wörtern u. das Vertauschen von Begriffen

Sprachverhalten *Idiolekt*, der (gr., Pl. -e) auch: Wortschatz; Ausdrucksweise

Sprachverhalten, Untersuchung des ... gesellschaftlicher Gruppen *Soziolinguistik*, die (lat., ohne Pl.) Gebiet der Linguistik (Sprachwissenschaft)

Sprachwissenschaft 1. *Linguistik*, die (lat., ohne Pl.) 2. *Philologie*, die (gr.-lat., ohne Pl.) Sprach- u. Literaturwissenschaft

Sprachwissenschaftler 1. *Linguist*, der (lat., Pl. -en) 2. *Philologe*, der (gr.-lat., Pl. -n) z. B. Altphilologe, Lehrer für Griechisch und Latein

Spraybilder *Graffiti*, die (it., nur Pl.) auch: Sprayparolen an Hauswänden

Sprechangst *Phonophobie*, die (gr.-lat., Pl. ...ien) z. B. bei Personen, die stottern

sprechen, miteinander *kommunizieren* (lat.)

Sprechen, rhythmisch-schnelles ... 1. *Rap*, der (engl.-am., ohne Pl.) ... zu Musikhintergrund, entstand in den schwarzen Ghettos der USA 2. *Freestyle Rap*, der (engl.-am., ohne Pl.) der Vortragende reimt aus dem Stegreif, wie der Braunschweiger René; bes. auf Jams (Treffen) verbreitet 3. *Hip Hop-* (moderne Rap-Version) Präsentationsform; Hip Hopper haben ihre eigene Kleidung (Jogging-Anzüge, Turnschuhe) 4. *Eco Rap*, der (am.) Rap, in dem auch Umweltschutzthemen verarbeitet werden

Sprechen, tonloses ... *Aphonie*, die (gr.-lat., Pl. ...ien) Sprechen ohne Stimmklang

Sprecher 1. *Anchorman*, der (engl.-am., Pl. ...men) Nachrichtensprecher, der auch kommentiert 2. *Moderator*, der (lat., Pl. ...oren) Redakteur, der durch e. Sendung führt 3. *Speaker*, der (engl., Pl. -s) Vorsitzender des Unterhauses in England, des Repräsentantenhauses in den USA; auch: Lautsprecher

Sprechfunk *Telefonie*, die (gr.-lat., ohne Pl.)

Sprechgesang 1. *Parlando*, das (gr.-lat.-it., Pl. ...di) 2. *Accentus*, der (lat., ohne Pl.) liturgischer Sprechgesang; Ggs.: Concentus (mit ausgeprägt melodischer Gestaltung)

Sprechgesang, moderner ... *Gangsta-Rap*, der (engl.-am.) ... aus dem echten u./o. vermeintlichen Gangster- u. Bandenmilieu, innerhalb der Hip Hop- (moderne Rap-Version) Bewegung der frühen 90er Jahre

Sprechkunde *Laletik*, die (gr.-lat., ohne Pl.)

Sprechstunde *Ordination*, die (lat., Pl. -en) beim Arzt

Sprechvermögen, Verlust des ... *Aphasie*, die (gr., Pl. ...ien) med.

sprengend *brisant* (fr.) z. B. explosiv bez. e. Waffe, e. Geschosses; auch: in e. brisante Situation geraten

Sprenggeschoß *Granate*, die (lat.-it., Pl. -n)

Sprengkraft *Brisanz*, die (fr., ohne Pl.) e. Bombe; auch: e. Meldung in den Medien

Sprengsatz, einfacher ... *Molotowcocktail*, der (Eigenn., russ.-engl., Pl. -s) nach dem ehemaligen russ. Außenminister W. M. Molotow: Mischung aus Benzin u. Phosphor; »Es ist erwiesen, daß er nach wie vor von Molotow-Cocktails mehr versteht als von Diplomaten-Cocktails.« (Michael Glos, CSU, über Joschka Fischer, 1998)

Sprengstoff *Ekrasit*, das (lat.-fr., ohne Pl.) ... der Pikrinsäure (explosible Verbindung) enthält

spricht, er ... **sehr vorsichtig** *cautius loquitur* (lat., Zitat) u. legt seine Worte auf die Goldwaage

Sprichwort 1. *Proverb*, das (lat., Pl. -ien) 2. *Parömie*, die (gr.-lat., Pl. ...ien) altgr. Sprichwort

Sprichwortkunde *Parömiologie*, die (gr.-lat., ohne Pl.)

sprichwörtlich *proverbial* (lat.)

Springbrunnen *Fontäne*, die (lat.-fr., Pl. -n)

springen *jumpen* (engl.)

Springen, das in die Menge ... **bei Massenveranstaltungen** *Stagediving*, das (engl.-am., ohne Pl.) als »Bad in der Menge«

Springquelle *Geysir*, der (isländisch., Pl. -e)

Spritze *Injektion*, die (lat., Pl. -en) auch: Einspritzung von Flüssigkeiten

Spritze der Drogenabhängigen *Gun*, die o. der (engl., Pl. -s) Szenewort für Injektionsnadel oder -spritze; eigtl.: Schußwaffe, Revolver

Spritze zur Injektion von Betäubungsmitteln *Harpune*, die (fr., Pl. -n) Knastsprache; eigtl.: Speer an e. Leine, um Fische zu schießen

Spritzen e. verunreinigten Droge *Hot Shot*, der (engl., Pl. -s) Szenewort; eigtl.: heißer Schuß, der zum Tod führen kann

spritzen *fixen* (lat.-fr.-engl.) Jargon für das Spritzen von Rauschgift

Spritzer *dash*, der (engl., Pl. -s) kleine Menge beim Mixen von Cocktails

Sproß, blattloser ... *Epikotyl*, das (gr.-lat., Pl. -e) Keim

Spruch 1. *Sentenz*, die (lat., Pl. -en) Sinnspruch; auch: Bibelstelle 2. *Slogan*, der (engl., Pl. -s) z. B. Werbeslogan (-schlagwort) 3. *Parole*, die (gr.-lat.-fr., Pl. -n) auch: Kennwort; unwahre Behauptung

Spruchband *Transparent*, das (lat.-fr., Pl. -e) Transparente werden auf Demonstrationen entrollt

Spruchsammlung *Anthologie*, die (gr., Pl. -n)

Sprudel *Tonic*, das (engl., Pl. -s) auch: Gin Tonic, bitterer Sprudel mit Alkohol

Sprung aus großer Höhe ... *Bungee*, das (engl., ohne Pl.) ... an e. elastischen Seil, das kurz über dem Boden zurückfedert

Sprung, bes. ... **am Langpferd** *Yamashita*, der (jap., Pl. -s) nach e. jap. Kunstturner

Sprung, der ... **in die Menge** *Stage-Diving*, das (engl., ohne Pl.) bei Rockkonzerten hüpfen Sänger bisweilen in die Zuschauermenge u. lassen sich durchs Publikum tragen

spuken *shining* (engl.)

Spülapparat *Irrigator*, der (lat., Pl. ...oren) für Darmspülungen

Spulmaschine ... *Bobinoir*, der (fr., Pl. -s) ... in der Baumwollspinnerei

Spur *Nuance*, die (lat.-fr., Pl. -n) z. B. Farbnuance; Abstufung, feiner Übergang

Spürnase *Trend-Scout*, der (engl., Pl. -s) ... in Sachen Musik, Mode, Literatur, Lifestyle

Staat »L'État c'est moi«! (fr.; »Der Staat bin ich!« Ausspruch Ludwig XIV. von Frankreich)

Staat mit e. Monarchen als regierendes

491

Oberhaupt *Monarchie*, die (gr., Pl. -n) »Wir sind keine Erbmonarchie, sogar der Papst benennt nicht seinen Nachfolger.« (Heinrich Geißler, Fraktion CDU/CSU, 1997)

Staat übernimmt Aufgaben, die Familien nicht übernehmen können *Subsidiarität*, die (lat., ohne Pl.) ... als gesellschaftspolitisches Prinzip

Staatenbund 1. *Föderation*, die (lat., Pl. -en) 2. *Konföderation*, die (lat., Pl. -en)

Staatenloser *Apatride*, der (gr., Pl. -n)

Staatenvertrag *Bilateralismus*, der (lat., ohne Pl.) zwischen zwei Staaten

staatlich *ärarisch* (lat.) auch: zum Ärar (Staatsvermögen) gehörend

staatliche Finanzhilfe *Subvention*, die (lat., Pl. -en) Staatszuschuß; nicht verw. mit *Subversion*, die (lat., Pl. -en) Umsturz

Staatsaffäre *Politikum*, das (gr.-lat., Pl. ...ka) auch: Vorgang von weitreichender Bedeutung

Staatsangehörigkeit *Nationalität*, die (lat.-fr., Pl. -en)

Staatsbesitz *Domäne*, die (lat.-fr., Pl. -n)

Staatsbesitzung *Kolonie*, die (lat. ...ien) einst Besitzungen europäischer Staaten in Übersee

Staatsbürgerschaft verleihen *naturalisieren* (lat.) svw. e. Ausländer einbürgern

Staatsform 1. *Monarchie*, die (gr.-lat., Pl. -n) Herrschaft z. B. e. Königs mit Erbfolge 2. *Republik*, die (lat.-fr., Pl. -en) e. Regierung wird auf e. bestimmte Zeit gewählt 3. *Demokratie*, die (gr.-lat., Pl. -n) die Macht e. auf bestimmte Zeit gewählten Regierung geht vom Volk aus 4. *Parlamentarismus*, der (gr.-lat.-fr.-engl., ohne Pl.) Staatsform, in der die Regierung (Exekutive) von der Volksvertretung (Legislative) überwacht wird 5. *Diktatur*, die (lat., Pl. -en) Herrschaft e. Person oder e. Personengruppe, z. B. Militär-, Parteidiktatur 6. *Totalitarismus*, der (lat., Pl. ...men) der Staat beeinflußt alle Bereiche des Lebens 7. *Timokratie*, die (gr.-lat., Pl. ...ien) Rechte u. Pflichten der Bürger werden nach dem Einkommen u. Vermögen geregelt 8. *Oligarchie*, die (gr., Pl. -n) Herrschaft weniger, einflußreicher Männer oder Familien 9. *Absolutismus*, der (lat.-fr., ohne Pl.) unumschränkte Gewalt liegt in der Hand e. Monarchen, z. B. Frankreich unter Ludwig XIV. (1638–1715): »Der Staat bin ich!« 10. *Aristokratie*, die (gr.-lat., Pl. ...ien) Herrschaft der Privilegierten; auch: Adel 11. *Autokratie*, die (gr., Pl. ...ien) Alleinherrschaft; nicht verw. mit *Autokarpie*, die (gr.-lat., ohne Pl.) Fruchtentwicklung nach Selbstbestäubung 12. *Hierokratie*, die (gr.-lat., Pl. ...ien) Priesterherrschaft, z. B. im Iran, in Tibet vor der chin. Besetzung 13. *Plutokratie*, die (gr., Pl. ...ien) Geldherrschaft 14. *Theokratie*, die (gr.-lat., Pl. ...ien) »Gottesherrschaft«; Staatsform, bei der die Gewalt religiös legitimiert wird, braucht jedoch nicht von Priestern ausgeübt werden 15. *Regime*, das (lat.-fr., Pl. -) i. a. e. volksfeindliche Staatsregierung; Regimekritiker 16. *System*, das (gr.-lat., Pl. -e) »Zusammenstellung«; gesellschaftliche Organisation

Staatsgebiet *Enklave*, die (lat.-fr., Pl. -n) i. S. fremden Gebiets, das vom eigenen Staat eingeschlossen ist; Ggs.: Exklave

Staatsgrundgesetz 1. *Charta*, die (ägypt.-gr.-lat., Pl. -s) auch: Verfassungsurkunde 2. *Konstitution*, die (lat., Pl. -en) auch: Verfassung

Staatsgut *Domäne*, die (lat.-fr., Pl. -n)

Staatsinteressen, vorrangig *Staatsraison*, die (lat.-fr., ohne Pl.) Grundsatz des Nationalstaates, daß die Staatsinteressen anderen Belangen voranstehen

Staatskasse 1. *Fiskus*, der (lat., ohne Pl.) 2. *Exchequer* (fr.-engl., ohne Pl.) sog. in Großbritannien

Staatslenkung *Zentralismus*, der (gr.-lat., ohne Pl.) wenn in e. Staat mit mehreren Bundesländern die Politik nur von e. Stelle, der Hauptstadt aus, bestimmt wird; Ggs.: Föderalismus

Staatsmann *Politiker*, der (gr.-lat., ohne Pl.) z. B. Charles de Gaulle (1890–1970) Präsident der Französischen Republik

Staatsmann, der die Gunst der Massen sucht *Populist*, der (lat., Pl. -en) »Der Linkspopulist Lafontaine! Ein Populist bedient sich demagogischer Figuren.« (Ulrich Clauss, 2005)

Staatsoberhaupt 1. *Monarch*, der (gr.-lat., Pl. -en) e. gekröntes 2. *Regent*, der (lat., Pl. -en) i. S. e. fürstlichen Oberhauptes

3. *Staatspräsident*, der (lat., Pl. -en) z. B. Boris Jelzin von Rußland

Staatsoberhaupt e. Republik *Präsident*, der (lat., Pl. -en)»Sie können in Washington an jeder Ecke hören, daß das auch für Präsident Reagan sehr wichtig ist u. daß er immer wieder fragt: was sagt Helmut dazu?« (Helmut Kohl, 1984)

Staatspartei, faschistische ... in Spanien *Falange*, die (sp., ohne Pl.) bis 1977 unter Franco

Staatspolizei in Albanien *Sigurim*, die (lat.-alban., ohne Pl.)

Staatsratsmitglied im Osmanischen Reich *Wesir*, der (arab.-türk., Pl. -e) auch: Minister; z. B. Großwesir

Staatsschatz *Ärar*, das (lat., Pl. -e) auch: Staatsvermögen

Staatsstreich 1. *Coup d'Etat*, der (fr., Pl. -s -) 2. *Putsch*, der (alemann., Pl. -e) z. B. Militärputsch

Staatsvolk *Nation*, die (lat., Pl. -en)

staatswirtschaftlich *kameralistisch* (gr.-lat.)

Staatswirtschaftslehre *Kameralien*, die (gr.-lat., nur Pl.) Lehre von der Verwaltung des Finanzwesens, Teil der Ökonomie (Volkswirtschaftslehre)

Staatswissenschaft *Kameralien*, die (gr.-lat., nur Pl.)

staatswissenschaftlich *kameralistisch* (gr.-lat.)

Staatszugehörigkeit *Nationalität*, die (lat.-fr., Pl. -en)

Stab am Mast zur Abstützung der Wanten *Saling*, die (niederdt., Pl. -s) Seemannsspr.

Stabreim *Alliteration*, die (lat., Pl. -en) aufeinanderfolgende Wörter haben gleichen Anlaut: Sonne – Sommer – Saufen

stabreimend *alliterierend* (lat.)

Stachelhäuter *Echinoderme*, der (gr.-lat., Pl. -n) z. B. Seestern, Seegurke

Stadt der Sünde ... *Sodom*, das (biblische Stadt, ohne Pl.) ... u. Lasterhaftigkeit; *Sodom u. Gomorrha, das*; Redensart für Orte großer sittlicher Unordnung (Bibel, 1. Mose 19, 24)

Stadt, Haupt... *Metropole*, die (gr.-lat., Pl. -n) eigtl.: Mutterstadt

Stadt, künstliche durch Computer geschaffene ... *virtuelle Stadt*, die (lat.-am.-dt., Pl. ...Städte) auch: digitale Verstädterung; z. B. e. Stadt, die mit dem Flugdrachen durchschwebt werden kann, um sich dann in Clubs, Geschäften, Discos u. Cafés oder Bordellen aufzuhalten

Stadtadel *Patriziat*, das (lat., Pl. -e)

Städtebauforschung *Urbanistik*, die (lat., ohne Pl.)

Städtepartnerschaft *Jumelage*, die (fr., Pl. -n)

Stadthalter im alten Persien *Satrap*, der (pers.- lat., Pl. -en); Amt des Stadthalters *Satrapie*, die (pers.-lat., Pl. ...ien)

Stadthalter in der alten Türkei *Beglerbeg*, der (türk., Pl. -s) eigtl.: Herr der Herren

städtisch 1. *urban* (lat.) 2. *kommunal* (lat.) e. Gemeinde betreffend

Stadtrundfahrt *Sightseeingtour*, die (engl., Pl. -s)

Stadtstreicher 1. *Clochard*, der (fr., Pl. -s) in Paris 2. *Berber*, der (Pl. -) nomadisierendes Volk Nordafrikas, daher auch: Nichtseßhafter, Land- u. Stadtstreicher

Stadtverwaltung *Magistrat*, der (lat., Pl. -e)

Stadtviertel 1. *Slum*, der (engl., Pl. -s) i. S. e. verelendeten Viertels, z. B. Harlem in New York 2. *Quartier*, das (lat.-fr., Pl. -s) z. B. Quartier Latin in Paris (Studenten- u. Hochschulviertel) 3. *Kiez*, der (slaw., Pl. -e) in dem Prostituierte u. Strichjungen ihrem Gewerbe nachgehen

Stadtzentrum *City*, die (engl., Pl. -s) auch: Innenstadt

Staffel *Stafette*, die (germ.-it., Pl. -n) auch: reitender Bote; Meldereiter;»Der Wähler will Klarheit für e. Legislaturperiode, er wählt nicht eine Stafette.« (Theo Waigel, CSU, Finanzminister, 1998)

Stahlschrank 1. *Tresor*, der (gr.-lat.-fr., Pl. -e) auch: Panzerschrank 2. *Safe*, der (lat.-fr.-engl., Pl. -s) der »sichere« Stahlbehälter zur Aufbewahrung von Wertsachen

Stamm, Bezeichnung für Tier- oder Pflanzen... *Phylum*, das (gr.-lat., Pl. ...la)

Stammbuch *Album*, das (lat., Pl. ...ben) bes. Buch mit weißen, verstärkten Seiten; Fotoalbum; eigtl.: die weiße Tafel

Stammeln *Psellismus*, der (gr.-lat., ohne Pl.) med.

Stammesgeschichte betreffend *phylogenetisch* (gr.-lat.)

493

Stammesgeschichte der Lebewesen *Phylogenie*, die (gr.-lat., Pl. ...ien)
Stammesgeschichte *Phylogenese*, die (gr.-lat., Pl. -n)
stammesgeschichtlich *anzestral* (lat.-fr.-engl.) auch: altertümlich
Stammesstrukturen ... *Clanning*, das (engl.) ... die sich in Großstädten der Industriegesellschaften bilden, z. B. die »Rollheimer« in Berlin
Stammesverband *Clan*, der (engl., Pl. -s)
Stammesverband, türkischer ... *Turkmene*, der (türk., Pl. -n) nach dem vorderasiatischen Volk der Turkmenen; maßgeblich an der Islamisierung Anatoliens beteiligt gewesen
Stammgast *Habitué*, der (fr., Pl. -s) auch: ständiger Besucher
stämmig *robust* (lat.) z. B. ein robuster, alter Knabe sein
Stammtischpolitiker *Politikaster*, der (gr.-lat., Pl. -) ... die viel über Politik sprechen, aber nichts davon verstehen
Stammwort *Etymon*, das (gr., Pl. ...ma) auch: Wurzelwort, i. S. der ursprünglichen Bedeutung u. Form e. Wortes
Stammzelle *Hämoblast*, der (gr.-lat., Pl. -en) auch: blutbildende Zelle im Knochenmark (med.)
stampfen *pilieren* (lat.-fr.) auch: zerkleinern
Stampfer *Pistill*, das (lat., Pl. -e) Stößel
Stand 1. *Niveau*, das (lat.-fr., Pl. -s) z. B. Ausbildungsniveau 2. *Situation*, die (lat.-fr., Pl. -en) auch: Sachlage 3. *Stadium*, das (gr.-lat., Pl. ...ien) Zustand; nicht verw. mit *Stadion*, das (gr., Pl. ...ien) Kampfbahn 4. *Status*, der (lat., ohne Pl.) auch: Zustand; z. B. Status quo (gegenwärtiger Zustand)
Stand, auf den letzten ... bringen *aktualisieren* (lat.)
Standard für die Darstellung von Multimedia-Inhalten *Hypertext Markup Language*, das (engl.-am., Pl. -s) kurz: HTML; ... im World Wide Web; Kennzeichen von HTML: Querverweise auf andere Dokumente
Standard in den USA für Firmen, die an der Börse notiert sind *Generally Accepted Accounting Principles*, die (am., nur Pl.) kurz: GAAP-Bilanz

Standardprogramm für Computer *Aided Design (CAD)* *Autocad*, das (Eigenn., engl., Pl. -s) ... das auf e. PC unter Windows die Konstruktion von dreidimensionalen Modellen unterstützt
Standbild *Statue*, die (lat., Pl. -n)
Ständchen *Serenade*, die (lat.-it.-fr., Pl. -en) »Serenade für zwei Pistolen« (Titel e. bekannten Films)
Stände, fr. General... *États généraux*, die (fr., nur Pl.) gemeint sind: Adel, Bürgertum, Geistlichkeit bis zum 18. Jh.
Standesbewußtsein *Esprit de corps*, der (fr., ohne Pl.) auch: Korpsgeist
standesgemäß *repräsentativ* (lat.) auch: typisch
standfest *stabil* (lat.) z. B. e. Körper befindet sich im stabilen Gleichgewicht
Standfestigkeit *Stabilität*, die (lat., ohne Pl.)
ständig 1. *permanent* (lat.) auch: immer 2. *chronisch* (gr.-lat.) z. B. e. chronisches Leiden haben; Ggs.: akut 3. *habituell* (lat.-fr.) i. S. von gewohnheitsmäßig 4. *konstant* (lat.) unveränderlich; nicht verw. mit *kontant* (lat.-it.) bar (bezahlen) 5. *kontinuierlich* (lat.) dauernd; Ggs.: diskontinuierlich
ständig gleichbleibend *konstant* (lat.) »Das einzige Konstante ist die Veränderung.« (Jürgen Schrempp, Chef von Daimler Benz, 1998)
Standort bestimmen *lokalisieren* (lat.-fr.)
Standort *Habitat*, das (lat., Pl. -e) Lebensstandort bestimmter Tier- u. Pflanzenarten
Standortbestimmung *Navigation*, die (lat., ohne Pl.) z. B. bei Schiffen und Flugzeugen
Standortbestimmungssystem *Global Positioning System*, das (engl.-am., Pl. – – -s) kurz: GPS; auch: Satellitennavigationssystem
standortungebunden in e. Mobilfunknetz telefonieren *Roaming*, das (engl., ohne Pl.) ... u. unter der eigenen Rufnummer international erreichbar sein
Standpunkt 1. *Position*, die (lat., Pl. -en) auch: Stellung im Beruf 2. *These*, die (gr.-lat., Pl. -n) auch: Lehrsatz; Antithese: ihr steht die Ausgangsbehauptung (These) gegenüber
Standpunkte, gegensätzliche 1. *Polarisierung*, die (gr.-lat.-dt., Pl. -en) 2. *Polarisati-*

on, die (gr.-lat., Pl. -en) jeweils das deutliche Hervortreten von Gegensätzen, was, wie an Polen üblich, zur eisigen Stimmung führt

standrechtlich erschießen *füsilieren* (lat.-fr.)

Standwirbel, e. ... ausführen *pirouettieren* (fr.) auch: e. Pirouette vorführen

Stange, über den Bug ragende ... 1. *Bugspriet*, das, der (norddt., Pl. -e) Seemannsspr. 2. *Bugspiere*, die (norddt., Pl. -n) allg. Spiere: Rundholz, Segelstange (Seemannsspr.)

Stangenweißbrot *Baguette*, das (lat.-it.-fr., Pl. -s) auch: die (lat.-it.-fr., Pl. -n) bes. Art des Edelsteinschliffs

Stapelboden *Palette*, die (lat.-fr., Pl. -n)

Stapelspeicher *Stack*, der (engl., Pl. -s) Form e. Datenspeichers in der EDV

Stapelverarbeitung *Batch processing*, das (engl.-am., Pl. -s)

stark 1. *herkulisch* (gr.) bes. stark, nach dem gr. Halbgott Herkules 2. *massiv* (gr.-lat.-fr.) z. B. auf jmdn. massiven Druck ausüben 3. *emphatisch* (gr.-lat.) i. S. von: mit Nachdruck 4. *forte* (lat.-it.) musik. Vortragsanw. 5. *fortissimo* (lat.-it.) sehr stark, musik. Vortragsanw. 6. *intensiv* (lat.-fr.) Jasmin duftet intensiv; Ggs.: extensiv

Starkbier *Stout*, der (germ.-fr.-engl., Pl. -s) engl. Bier, dunkel mit bes. Hopfengeschmack

Stärke 1. *Force*, die (lat.-fr.-engl., Pl. -n) z. B. Force majeure (höhere Gewalt); Force de frappe (die mit Atomwaffen ausgerüsteten fr. Streitkräfte) 2. *Intensität*, die (lat., ohne Pl.) 3. *Potential*, das (lat., Pl. -e) Leistungsfähigkeit 4. *Vitalität*, die (lat.-fr., ohne Pl.) auch: Lebenskraft

Stärke, vom Körper erzeugte ... *Glykogen*, das (gr., ohne Pl.) ... in fast sämtlichen Zellen vorhanden

stärkeartig *amyloid* (gr.)

Stärkemehl *Tapioka*, das (indian.-sp., ohne Pl.) ... aus der südam. Maniokwurzel hergestelltes Eindickmittel

stärken *konsolidieren* (lat.) auch: sichern; nach e. Phase der Expansion (Ausdehnung) muß das Unternehmen sich konsolidieren

stärkend *analeptisch* (gr.-lat.) med., bez. Arznei

stärker werdend *rinforzando* (lat.-it.) musik. Vortragsanw.

Stärkungsmittel *Sanatogen*, das (gr.-lat., ohne Pl.) aus hochwertigem Eiweiß

starr 1. *rigid* (lat.) auch: unnachgiebig 2. *strikt* (lat.) auch: streng

Starre 1. *Rigidität*, die (lat., ohne Pl.) 2. *Torpidität*, die (lat., ohne Pl.) i. S. von Regungslosigkeit

starrköpfig *entetiert* (lat.-fr.) auch: eigensinnig

Starrkrampf *Tetanie*, die (gr.-lat., Pl. ...ien) med.

starrsinnig *obstinant* (lat.)

Start *Take-Off*, das (engl., Pl. -s) e. Flugkörpers

Startart beim Autorennen *Le-Mans-Start*, der (Eigenn., fr., Pl. -s) nach der fr. Stadt Le Mans; die Fahrer rennen über die Fahrbahn zu ihren Fahrzeugen

Startbahn *Runway*, die (engl., Pl. -s)

Startplatz, bester ... für den Autorennfahrer *Pole-position*, die (engl.-am., ohne Pl.) ... für den Fahrer mit der besten Trainingszeit; »So war es beim Training in Monte Carlo, als er (Mika Häkkinen) die Pole-position erreichte, er war sehr sehr glücklich.« (Erja Honkanen, Lebensgefährtin des Rennfahrers, 1998) auch: die innerste (beste) Startposition beim Pferderennen; von pole (Stange)

Stationärer Zustand *Steady State*, der (engl., Pl. – -s) d. h. e. Zustand, der sich nicht verändert: e. Kugel, die sich mit konstanter Geschwindigkeit dreht, ist stationär (sieht gleich aus), sie ist aber nicht statisch (Phys.)

Statist *Komparse*, der (lat.-it., Pl. -n)

Statisten, alle ... *Komparserie*, die (lat.-it., Pl. ...ien)

Stätten der Lasterhaftigkeit *Sodom u. Gomorrha*, das (biblische Städte, ohne Pl.) ... wurden vom Zorn Jahwes getroffen u. vernichtet (wegen Sodomie o. Päderastie der Bewohner: Unzucht mit Tieren

Statthalter im Byzantinischen Reich *Eparch*, der (gr., Pl. -en)

stattlich 1. *imposant* (lat.-fr.) z. B. e. imposante Erscheinung 2. *junonisch* (lat.) i. S. e. stattlichen Schönheit, nach der altröm. Göttin Juno

Statue 1. *Figurine*, die (lat.-it.-fr., Pl. -n) e.

kleine Statue; auch: Modebild, Kostümzeichnung 2. *Skulptur*, die (lat., Pl. -en)

Statuenrumpf *Torso*, der (gr.-lat.-it., Pl. -s, …si)

Staub u. Schatten sind wir *pulvis et umbra sumus* (lat., Zitat: Horaz)

Staubbesen *Mop*, der (engl., Pl. -s) nicht verw. mit *Mob*, der (lat.-engl., ohne Pl.) Pöbel, Pack

Staublunge *Pneumokoniose*, die (gr.-lat., Pl. -n) med.

Staudengewächs, stachliges … *Akanthus*, der (gr.-lat., ohne Pl.) eigtl.: Bärenklau; Ornament nach Vorbild der Distelart

stauen *stagnieren* (lat.) stocken; z. B. die Volkswirtschaft stagniert

Stechapfel 1. *Amaymustak*, der (Eigenn., Pl. -s) 2. *Datura stramonium*, das (lat., ohne Pl.) e. Nachtschattengewächs, das Rauschzustände verursacht; weitere Namen: Amayuhe, Concombre Zombi, Tatula, Teufelsapfel, Xholo, Zigeunerapfel

Stechheber *Pipette*, die (lat.-fr., Pl. -n) auch: Saugröhrchen; e. Ansaugröhrchen aus Glas

Stechmücke *Moskito*, der (lat.-sp., Pl. -s)

Steckenpferd *Hobby*, das (engl., Pl. -s)

Steckkarte zum Aufrüsten des Computers … *PCMCIA* (Abk. für engl.: Personal Computer Memory Card International Association) … kann die Leistung der Hardware verbessern oder als zusätzliche Software genutzt werden

Stecknadel *Pin*, der (engl., Pl. -s)

Stegreif, aus dem … **reden** *extemporieren* (lat.)

Stegreifkomödie *Commedia dell'arte*, die (it., ohne Pl.)

Stegreifrede *Extempore*, das (lat., ohne Pl.) auch: Stegreifspiel

Stegreifschöpfung *Improvisation*, die (lat.-it., Pl. -en) auch: Stegreifrede; »Improvisation, das ist, wenn niemand die Vorbereitung merkt.« (François Truffaut)

Stegreifspiel *Extempore*, das (lat., ohne Pl.) auch: Stegreifrede

Stehltrieb *Kleptomanie*, die (gr.-lat., Pl. …ien) als Krankheitsbild

Stehunfähigkeit *Astasie*, die (gr., Pl. -ien) med.

steif *rigid* (lat.) med., bez. der Arterienbeschaffenheit bei Arteriosklerose

steigern 1. *intensivieren* (lat.-fr.) z. B. politische Gespräche intensivieren 2. *eskalieren* (fr.-engl.) e. stufenweises Steigern 3. *forcieren* (lat.-fr.) z. B. forcierte Anstrengungen unternehmen 4. *potenzieren* (lat.) auch: e. Zahl mit sich selbst multiplizieren (math.)

Steigerung 1. *Eskalation*, die (fr.-engl., Pl. -en) z. B. die Eskalation der Beschimpfungen führte zur Handgreiflichkeit 2. *Progression*, die (lat., Pl. -en) z. B. Steuerprogression kann wirtschaftliche Aktivitäten lähmen 3. *Klimax*, die (gr.-lat., Pl. -e) Ausdruckssteigerung; auch: Höhepunkt; Ggs.: Antiklimax

Stein, geschnittener … *Glypte*, die (gr., Pl. -n)

Stein, schwarzer … **an der Kaaba in Mekka** *Hadschar*, der (arab., ohne Pl.) … den Mekkapilger küssen

Steinblock 1. *Monolith*, der (gr.-lat., Pl. -en) svw.: ein Stück 2. *Quader*, der (lat., ohne Pl.) rechteckig u. behauen

Steindenkmäler *Lapidarium*, das (lat., Pl. …ien)

Steindruck *Lithographie*, die (gr.-lat., Pl. …ien)

Steineiche der Römer *Ilex*, der (lat., ohne Pl.) auch: Stechpalmengewächs

Steingut, feines … *Wedgwood*, das (Eigenn., engl., Pl. -s) nach dem engl. Töpfer J. Wedgwood (1730–1795)

Steinhaufen, kultischer … *Obo*, der (mongolisch., Pl. -s) meist mit Gebetsfahnen geschmückt

Steinholz *Xylolith*, der (Eigenn., gr.-lat., Pl. -en, -e) e. Kunststeinprodukt

Steinplatte, hohe, aufrechtstehende … *Stele*, die (gr., Pl. -n) … als Grabdenkstein; z. B. die Stelen von Axum (Äthiopien)

Steinsarg *Sarkophag*, der (gr.-lat., Pl. -e)

Steinsäule, vorgeschichtliche … *Menhir*, der (fr., Pl. -e) unbehauener Stützstein

Steinschleuder *Katapult*, das (gr.-lat., Pl. -e)

Steinschneidekunst *Glyptik*, die (gr.-lat., ohne Pl.)

Steinwälzer, ewiger … *Sisyphos*, der (gr., ohne Pl.) e. Gestalt der gr. Sagenwelt; Sisyphusarbeit; »… ich heiße nicht Sisyphus.« (gemeint ist: Sisyphos) (Theo Waigel, Bundesfinanzminister, 1998)

496

Steinwüste *Hammada*, die (arab., Pl. -s)
Steinzeit 1. *Paläolithikum*, das (gr.-lat., ohne Pl.) Altsteinzeit 2. *Mesolithikum*, das (gr.-lat., ohne Pl.) Mittelsteinzeit 3. *Neolithikum*, das (gr.-lat., ohne Pl.) Jungsteinzeit 4. *Lithikum*, das (gr.-lat., ohne Pl.) wird unterteilt in: Paläolithikum, Mesolithikum u. Neolithikum
Stelldichein *Rendezvous*, das (lat.-fr., Pl. -)
Stelle 1. *Job*, der (engl., Pl. -s) i. S. e. beruflichen Tätigkeit, Arbeit 2. *Vakanz*, die (lat., Pl. -en) freie Arbeitsstelle, unbesetzte Position 3. *Achillesferse*, die (gr.-dt., Pl. -n) verwundbare Stelle nach Achilles, e. Helden der gr. Sage
Stelle, an anderer ... entstanden *allochthon* (gr.) Ggs.: autochthon
Stelle, maßgebende ... *Instanz*, die (lat., Pl. -en) Instanzenweg; Gott als letzte Instanz
stellen *situieren* (lat.-fr.) der Bankangestellte ist gut situiert (gut gestellt)
Stellung 1. *Funktion*, die (lat., Pl. -en) 2. *Konfiguration*, die (lat., Pl. -en) i. S. von Gestalt, äußere Form 3. *Konstellation*, die (lat., Pl. -en) auch: Lage; Planetenkonstellation 4. *Pose*, die (gr.-lat.-fr., Pl. -n) auch: affektierte Haltung 5. *Position*, die (lat., Pl. -en) z. B. berufliche Position
Stellung gegenüber *Opposition*, die (lat., Pl. -en) auch: Widerstand, Widerspruch; »Glauben Sie, ich wäre Oppositionsführer geworden, wenn ich nicht wüßte, was Opposition ist?« (Oskar Lafontaine, SPD-Chef, 1998)
Stellung nehmen 1. *kritisieren* (gr.-lat.-fr.) auch: e. Werk besprechen 2. *kommentieren* (lat.) »Wer so etwas kommentiert, kommt in die Hölle.« (Bodo Hombach, SPD)
Stellungnahme 1. *Kommentar*, der (lat., Pl. -e) 2. *Kritik*, die (gr.-lat.-fr., Pl. -en) z. B. Film-, Buch-, Theaterkritiken schreiben 3. *Memorandum*, das (lat., Pl. ...den, ...da) 4. *Statement*, das (engl., Pl. -s) i. S. e. öffentlichen Erklärung
stellvertretend 1. *repräsentativ* (lat.-fr.) e. Person ist z. B. repräsentativ für e. Gruppe; Repräsentativumfrage 2. *kommissarisch* (lat.) vorübergehend; Herr Schmidt ist der kommissarische Geschäftsführer 3. *symbolisch* (gr.-lat.) auch: sinnbildlich
Stellvertreter 1. *Substitut*, der (lat., Pl. -en)

i. S. e. Ersatzmanns auch: das (lat., Pl. -e) Ersatz 2. *Repräsentant*, der (lat.-fr., Pl. -en) Stellvertreter e. Firma
Stellvertreter, ein ... *Alter ego* (lat.) das andere Ich
Stellvertretung *Repräsentation*, die (lat.-fr., Pl. -en) e. Person vertritt z. B. e. Verein, e. Unternehmen
Stempel 1. *Patrize*, die (lat., Pl. -n) Ggs.: Matrize 2. *Stampiglie*, die (germ.-fr.-sp.-it., Pl. -n) auch: Stempelaufdruck
Steppe 1. *Pampa*, die (indian.-sp., Pl. -s) Grassteppe in Südamerika 2. *Taiga*, die (russ., ohne Pl.) im Sommer e. sumpfige Graslandschaft mit geringem Baumbestand 3. *Puβta*, die (ung., Pl. ...ten) Grassteppe in Ungarn 4. *Savanne*, die (indian.-sp., Pl. -n) tropische Gras- u. Baumsteppe 5. *Prärie*, die (lat.-fr., Pl. ...ien) Grasland im mittleren Westen Nordamerikas
Sterbeforschung *Thanatologie*, die (gr.-lat., ohne Pl.) Teilgebiet: Sterbehilfe
Sterbehilfe *Euthanasie*, die (gr., ohne Pl.) eigtl.: leichter Tod; nicht verw. mit *Euthymie*, die (gr., ohne Pl.) Heiterkeit
sterben *krepieren* (lat.-it.) i. S. von »abkratzen«
sterbend *moribund* (lat.)
Sterblichkeit 1. *Mortalität*, die (lat., ohne Pl.) med. 2. *Letalität*, die (lat., ohne Pl.) med., Verhältnis: Todesfälle zu kranken Menschen
Stern *Aszendent*, der (lat., Pl. -en) lt. der Astrologie nehmen Sternbild u. Aszendent Einfluß auf das Wesen e. Menschen
sternartig *quasistellar* (lat.)
Sternbeschreibung *Astrographie*, die (gr.-lat., Pl. ...ien)
Sternchen *Starlet*, das (engl., Pl. -s) i. S. von Nachwuchsfilmschauspielerin (aussichtsreiche) »E. Starlet ist e. junge Schauspielerin, deren Talent noch schlummert – meist nicht allein.« (Robert Lembke)
sterndeutend *astrologisch* (gr.-lat.)
Sterndeuter *Astrologe*, der (gr., Pl. -n)
Sterndeutung *Astrologie*, die (gr.-lat., ohne Pl.)
Sterne, die ... betreffend 1. *astral* (gr.-lat.) aber: *Astralleib*, der (gr.-dt., Pl. -er) e. im Leib wohnender »Ätherleib« (Okkultismus: Geheimwissenschaft) 2. *stellar* (lat.) die Fixsterne betreffend

Sternen, Lehre von den ... *Astralmythologie*, die (gr.-lat., ohne Pl.) ... als göttliche Mächte der Welt

Sternen, zwischen den ... *interstellar* (lat.)

Sterneninsel im Universum *Galaxie*, die (gr.-lat., Pl. ...ien) auch: großes Sternsystem außerhalb der Milchstraße; Spiralnebel

Sternkunde *Astronomie*, die (gr.-lat., ohne Pl.) die Wissenschaft von den Gestirnen

sternkundlich *astronomisch* (gr.-lat.) auch: bes. viel; e. astronomische Summe

Sternschnuppe *Meteor*, der (gr., Pl. -e)

Sternschnuppenschwarm *Leoniden*, die (lat., Pl.) im November vorkommender Schwarm

Sternsystem *Galaxie*, die (gr.-lat., Pl. ...ien) System außerhalb der Milchstraße

Sternverehrung *Astrolatrie*, die (gr.-lat., ohne Pl.)

Sternwarte 1. *Observatorium*, das (lat., Pl. ...ien) 2. *Planetarium*, das (gr.-lat., Pl. ...ien) Gerät zur Darstellung der Lage, Bewegung u. Größe der Gestirne (künstlicher Himmel)

Steroid, e. ... *Cholesterin*, das (gr., ohne Pl.) Bestandteil aller Körperzellen im menschlichen u. tierischen Organismus; »Der einzige Spiegel, der mir Sorgen macht, ist mein Cholesterinspiegel.« (Helmut Markwort, Chefredakteur des Focus, 1998)

stetig 1. *chronisch* (gr.-lat.) z. B. e. chronischer Krankheitsverlauf; Ggs.: akut 2. *konstant* (lat.) z. B. e. konstante Größe 3. *kontinuierlich* (lat.) 4. *permanent* (lat.) i. S. von dauernd

Stetigkeit *Kontinuität*, die (lat., ohne Pl.) die Unternehmer erwarten für das nächste Jahr e. Wachstumskontinuität; »Ich stehe für außenpolitische Kontinuität.« (Gerhard Schröder, Bundeskanzler, 1998)

Steuer 1. *Tribut*, der (lat., Pl. -e) Steuern im Rom der Antike 2. *Fiskus*, der (lat., ohne Pl.) »Geldkorb«; übertragen: Staatskasse; Fiskalpolitik: Steuerpolitik 3. *Volant*, der (fr., Pl. -s) svw.: Autolenkrad

Steuerband *Banderole*, die (fr., Pl. -n) z. B. an Zigarettenschachteln, Streifen mit Steuervermerk

Steuerhebel am Spielcomputer *Joystick*, der (engl., Pl. -s) »Freudenstock«

steuern *manipulieren* (lat.-fr.) svw.: negativ beeinflussen

Steuerung nur über den Wettbewerb *Neoliberalismus*, der (gr.-lat., ohne Pl.) »... gegenüber dem arroganten Neoliberalismus müssen wir deutlich Flagge zeigen.« (Kardinal Karl Lehmann, 2006)

Steuerung, Lehre der ... *Kybernetik*, die (gr., ohne Pl.) ... u. Regelungsvorgänge in Biologie, Soziologie u. Technik

stichhaltig *plausibel* (lat.-fr.) auch: einleuchtend

Stichwaffe 1. *Florett*, das (lat.-it.-fr., Pl. -e) 2. *Bajonett*, das (fr., Pl. -e) nach dem Ort Bayonne in Südfrankreich; die Soldaten traten mit aufgepflanzten Bajonetten an; »Drei Zeitungen fürchte ich mehr als 1000 Bajonette.« (Napoleon I.)

Stichwahl *Ballotage*, die (fr., Pl. -n) geheime Abstimmung mit schwarzen oder weißen Kugeln

Stichwort in e. Lexikon *Lemma*, das (gr.-lat., Pl. -ta)

Stichwort, unter dem ... *sub voce* (lat.)

Stichwortverzeichnis 1. *Index*, der (lat., Pl. -e, ...dizes) »Anzeiger« 2. *Register*, das (lat., Pl. -) Namen- u. Sachverzeichnis, auch: alle Register (Klang-Register der Orgel) ziehen, svw.: alles versuchen

Stickstoffbasen *Alkaloide*, die (arab., nur Pl.) in best. Pflanzen; pharmakologisch von Bedeutung, z. B. bei Morphin, Chinin, Coffein, Nikotin

Stickstoffbläschen, Bildung von ... im Blut ... *Aerämie*, die (gr., Pl. ...ien) ... bei plötzlicher Druckabnahme, z. B. bei Tauchern (kann zum Tod führen)

Stickstoffverbindung, e. best. ... *Nitrosamin*, das (gr.-lat., Pl. -e) entsteht beim Rauchen u. Rösten, krebserregend

Stiefel, gefüttert *Moonboot*, der (engl., Pl. -s) Winterstiefel aus Kunststoff

Stier *Toro*, der (lat.-sp., Pl. -s)

Stierkampf 1. *Corrida*, die (sp., Pl. -s) 2. *Tauromachie*, die (gr.-sp., Pl. ...ien) die Technik des Stierkampfs

Stierkämpfer 1. *Torero*, der (lat.-sp., Pl. -s) 2. *Matador*, der (lat.-sp., Pl. -e, -en) 3. *Banderillero*, der (germ.-sp., Pl. -s) Stierkämpfer, der den Stier mit Banderillas (Fähnchen geschmückte Spieße) reizt 4. *Espada*, der (lat.-sp., Pl. -s) eigtl.: De-

gen; der Stierkämpfer (mit dem Degen)
5. *Picador*, der (sp., Pl. -es) Lanzenreiter, reizt den Stier in der Arena durch Stiche in den Nacken

Stierkampf-Liebhaber *Aficionado*, der (sp., Pl. -s) heute allg. Ausdruck für beliebigen Zeitvertreib

Stierkampfreiter *Toreador*, der (lat.-sp., Pl. -en)

Stierkampftechnik *Tauromachie*, die (gr.-sp., Pl. ...ien) auch: Stierkampf

Stift zum Belegen von Tauwerk *Koffienagel*, der (niederdt., Pl. ...nägel)

Stiftskirche *Dom*, der (lat.-it.-fr., Pl. -e) auch: Hauptkirche; Dom in Hamburg: Jahrmarkt

Stiftung 1. *Dedikation*, die (lat., Pl. -en) i. S. e. Widmung 2. *Fundation*, die (lat., Pl. -en) i. S. e. kirchlichen Stiftung 3. *Foundation*, die (lat.-engl., Pl. -s) 4. *Gratifikation*, die (lat., Pl. -en) »Gefälligkeit«, z. B.: Weihnachtsgratifikation

Stil 1. *Diktion*, die (lat., Pl. -en) e. gute Diktion (Ausdrucksweise) haben 2. *Manier*, die (lat.-fr., ohne Pl.) i. S. e. künstlerischen Stils 3. *New Look*, der (engl., Pl. -s) neuer Stil, bes. in der Mode

Stil, Dinge alt u. ursprünglich darzustellen ... *Patina-Stil*, der (it.-dt., ohne Pl.) ... drückt nostalgische Sehnsucht aus

Stil, im ... des Swing tanzen *swingen* (engl.) auch: mit anderen Partnern geschlechtlich verkehren, i. S. von Gruppensex (Swingerparty)

Stil, schwülstiger ... *Gongorismus*, der (sp., Eigenn., ohne Pl.) nach dem sp. Dichter Luis de Góngora

Stildurchmischung *Decade Blending* (engl.) z. B. um e. neue, eigene Mode zu kreieren; bei Kleidern ist es das Kombinieren von Textilien aus verschiedenen Jahrzehnten

Stilgemisch *Eklektizismus*, der (gr., ohne Pl.) von: eklegein (auswählen) unterschiedliche Stilelemente werden zu e. neuen Einheit kombiniert, z. B. bei der Wohnungseinrichtung

stillen *laktieren* (lat.) med., Babys an der Mutterbrust

Stillstand 1. *Stagnation*, die (lat., Pl. -en) Periode ohne wirtschaftliches Wachstum 2. *Stagflation*, die (lat., Pl. -en) aus: Stagnation u. Inflation, e. Periode wirtschaftlichen Stillstands bei sinkendem Geldwert durch Preissteigerungen

Stillstand in der (überfälligen) Umgestaltung *Reformstau*, der (lat.-fr.-dt., Pl. -e, -s) Unwort 1997 (laut Gesellschaft für dt. Sprache)

stillstehen *stagnieren* (lat.) z. B. stagnierender Absatz in e. Branche

stillstehend 1. *statisch* (gr.) svw.: verharrend; Ggs.: dynamisch 2. *immobil* (lat.) unbeweglich; Ggs.: mobil 3. *stagnierend* (lat.) auch: stockend 4. *stationär* (lat.-fr.) an e. Standort gebunden

Stillunfähigkeit *Agalaktie*, die (gr.-lat., Pl. ...ien) med.

Stimmberechtigter *Souverän*, der (lat.-fr., Pl. -e) auch: Landesfürst, Herrscher. »Werden sehen, wenn der Souverän reinpiekst.« (Außenminister Joschka Fischer, 2005)

Stimmbildungslehre *Phonetik*, die (gr.-lat., ohne Pl.)

Stimmbruch *Mutation*, die (lat., Pl. -en) in der Pubertät bei Jungen üblich; auch: Veränderung im Erbgefüge

Stimme 1. *Votum*, das (lat., Pl. ...ta, ...ten) z. B. Stimmenabgabe, i. S. e. Beurteilung, bei e. Wahl 2. *Vox*, die (lat., Pl. Voces) z. B. Vox acuta (hoher Orgelton); Vox populi vox Dei (Volkes Stimme ist Gottes Stimme)

Stimme, die ... des Predigers in der Wüste *vox clamantis in deserto* (lat., Zitat: Johannes der Täufer) d. h. e. verhallendes Wort der Wahrheit

Stimme, die tatsächliche ... in e. Reportage *Originalton*, der (lat., Pl. ...töne) kurz: O-Ton

Stimme, Frauensing... 1. *Alt*, der (lat.-it., Pl. -e) Knaben- oder tiefe Frauenstimme 2. *Mezzosopran*, der (lat.-it., Pl. -e) Stimmlage zwischen Sopran u. Alt 3. *Sopran*, der (lat.-it., Pl. -e) höchste Knaben- u. Frauenstimme

Stimme, Klang der ... *Timbre*, das (gr.-fr., Pl. -s)

Stimme, Männersing... 1. *Bariton*, der (gr.-lat.-it., Pl. -e) mittlere Lage 2. *Baß*, der (lat.-it., Pl. Bässe) tiefe Stimme 3. *Tenor*, der (lat.-it., Pl. Tenöre) hohe Männerstimme; Tenorsänger; auch: in diesem Tenor (in diesem Sinn)

stimmen *votieren* (lat.)
Stimmenmehrheit *Majorität*, die (lat.-fr., Pl. -en) bei e. Abstimmung: die Majorität hinter sich wissen; Ggs.: Minorität
Stimmenminderheit *Minorität*, die (lat.-fr., Pl. -en) Ggs.: Majorität
Stimmheilkunde *Phoniatrie*, die (gr.-lat., ohne Pl.) med.
Stimmlosigkeit *Aphonie*, die (gr.-lat., Pl. ...ien) med.
Stimmrecht *Suffragium*, das (lat., Pl. ...ien)
Stimmritze zwischen den Stimmbändern *Glottis*, die (gr., Pl. Glottides)
Stimmschwäche *Phonasthenie*, die (gr.-lat., Pl. ...ien) med.
Stimmung 1. *Atmosphäre*, die (gr.-lat., Pl. -n) z. B. in e. Restaurant, bei e. Veranstaltung 2. *Feeling*, das (engl., Pl. -s) i. S. von Gefühl 3. *Moral*, die (lat.-fr., ohne Pl.) z. B. die Moral der Truppe ist gut 4. *Genius*, der (lat., Pl. ...ien) »Erzeuger«; auch: begabter Mensch; im alten Rom: Schutzgeist 5. *Klima*, das (gr.-lat., Pl. -s, ...mate) i. S. von Witterung; Raumklima
Stimmung der Saiteninstrumente *Accordatura*, die (lat.-it., ohne Pl.) Ggs.: Scordatura
Stimmung, Ausdruck für gute oder schlechte ... Vibe, die (engl.-am., Pl. -s) ... vibration (Stimmung) in der Acid-Jazz-Szene; Ausdruck für die Gefühlslage oder e. gute oder schlechte Stimmung
Stimmungsgehalt *Poesie*, die (gr.-lat., Pl. ...ien) in dichterischer Hinsicht
Stimmungslage, durch Klänge erzeugte ... Muzak, der (Eigenn.) einst Bez. für e. US-Radiosender, der Klänge für Supermärkte produzierte, die e. entspannte »Kaufstimmung« schufen; heute senden rund 15 Kanäle e. Muzak-Programm; je nach Geschmack können auch Haushalte zwischen »sphärisch«, »verliebt« u. Naturtönen (Vogelzwitschern) wählen
Stimmungsmacher *Pink Pom*, der (engl., Pl. -s) z. B.: schwule Animateure beim Christopher-Street-Day in Köln
Stimmungsmacherin *Cheerleader*, der (engl., Pl. -s) junge, hübsche Frauen in kurzen Röcken, die bei Massenveranstaltungen die Stimmung anheizen
stinkend 1. pestilenzialisch (lat.) i. S. von

verpestet, sehr unangenehm riechend 2. *fötid* (lat.) med. 3. *mefitisch*, nach der Göttin Mephitis, Herrscherin der Schwefelquellen: verpestend
Stinktier *Skunk*, der (indian.-engl., Pl. -e) e. zu den Mardern zählendes Raubtier mit wertvollem Fell
Stirnbinde *Inful*, die (lat., Pl. -n) weiße Binde der Priester u. kaiserlichen Stadthalter; auch: kath. Würdezeichen
Stirnbinde, gr. ... der Frauen *Mitra*, die (gr.-lat., Pl. ...ren) auch: Bischofsmütze
Stirnreif *Diadem*, das (gr.-lat., Pl. -e) mit Edelsteinen besetzt
stocken *stagnieren* (lat.) z. B. die Autobranche stagniert
stockender Verkehr *Stop-and-go-Verkehr*, der (engl.-dt., ohne Pl.)
Stockung im Wirtschaftsleben *Engorgement*, das (lat.-engl.-fr., Pl. -s)
Stockung *Stagnation*, die (lat., Pl. -en) e. Periode wirtschaftlichen Stillstandes
Stockwerk *Etage*, die (lat.-fr., Pl. -n)
Stoff 1. *Substanz*, die (lat., Pl. -en) i. S. e. Grundstoffes 2. *Materie*, die (lat., Pl. -n) ohne Pl.: Stoff, Substanz; auch: Inhalt 3. *Sujet*, das (lat.-fr., Pl. -s) z. B. e. Dichtung
Stoff mit eingeprägten Mustern *Frappé*, der (fr., Pl. -s); nicht verw. mit: das Frappé (Getränk auf zerkleinertem Eis)
Stoff ohne Rauschwirkung *Dummy*, der (engl., Pl. -s) Szenewort; auch: Schaufensterpuppe; Attrappe
Stoff, als Arzneimittel *Droge*, die (fr., Pl. -n) auch: Rauschgift. »Aber ansonsten habe ich den Kontakt zu Drogen vermeiden können.« (Günther Oettinger, Ministerpräsident von Baden-Württemberg, 2006)
Stoff, der das Bewußtsein verändert 1. *Halluzinogen*, das (lat., Pl. -e) z. B.: Pflanzendrogen (Cannabis) u. chemische Substanzen (LSD) 2. *Full Moon*, der (engl., Pl. -s) Szenewort; eigtl.: Vollmond
Stoffdach *Baldachin*, der (it., Pl. -e) z. B. über e. herrschaftlichen Bett, über e. Thron
Stoffe betreffend *textil* (lat.-fr.) auch: gewebt
Stoffe *Textilien*, die (lat.-fr., nur Pl.)
Stoffe, bedruckte ... Imprimé, der (fr., Pl. -s)
stofflich *materiell* (lat.), *material* (lat.)

Stollen *Galerie*, die (it., Pl. ...ien) z. B. im Bergbau

störe meine Kreise nicht *noli turbare circulus meos* (lat., Zitat: Mathematiker Archimedes, 287–212 v. Chr) bei der Eroberung von Syrakus

stören 1. *irritieren* (lat.) auch: erregen; verwirren 2. *retardieren* (lat.-fr.) auch: hemmen 3. *sabotieren* (fr.) hintertreiben

störend 1. *deplaciert* (lat.-fr.) unangebracht 2. *inopportun* (lat.) unpassend; Ggs.: opportun

störrisch *renitent* (lat.) widersetzlich; z. B. e. renitenter Bursche

Störrogen *Kaviar*, der (türk.-it., Pl. -e) Fischeier, die als Delikatesse (Leckerbissen) gelten; »Es muß nicht immer Kaviar sein« (Roman von J. M. Simmel)

Störung 1. *Dissonanz*, die (lat., Pl. -en) Mißklang 2. *Perturbation*, die (lat., Pl. -en) Verwirrung

Stoß *Kick*, der (engl.-am., Pl. -s) auch: Schwung; Kraft; rauschhaftes Erfolgserlebnis

Stoßdämpferregulierung, automatische ... *Adaptives Dämpfungssystem*, das (lat., dt., Pl. -e -e) kurz: ADS; ... stellt sich auf Fahrbahnzustand, Beladung u. Fahrweise ein; (im PKW)

Stoßdegen *Rapier*, das (gr.-fr., Pl. -e)

Stößel *Pistill*, das (lat., Pl. -e) e. kleiner Stampfer

Stoßschutz an Schiffen *Fender*, der (engl., Pl. -) aus Reifen oder Tauwerk

Stoßtruppe von Glaubens-Brüdern *Ichwan*, die (arab.) die Anhänger waren bereit für den Islam zu sterben; mit ihrer Hilfe breitete Ibn Saud um 1920 seine Herrschaft über ganz Saudi-Arabien aus

Stoßwaffe *Bajonett*, das (fr., Pl. -e) genannt nach dem Ort Bayonne in Südfrankreich; auch: Seitengewehr; »Drei Zeitungen fürchte ich mehr als 1000 Bajonette.« (Napoleon I.)

Stoßwaffe, spießartige ... *Partisane*, die (lat.-fr., Pl. -n) ... vom 15. bis 18. Jh.; nicht verw. mit *Partisan*, der (lat.-fr., Pl. -en) »Anhänger«; e. im Hinterhalt operierende Person

Strafe *Sanktion*, die (lat.-fr., Pl. -en) eigtl.: Billigung; Strafgesetz; auch: Zwangsmaßnahme

Strafe, keine ... ohne Gesetz *nulla poena sine lege* (lat.) d. h. es darf gerichtlich keine Strafe ohne einschlägiges Gesetz verhängt werden

Straferlaß 1. *Amnestie*, die (gr.-lat., Pl. -n) 2. *Indulgenz*, die (lat., ohne Pl.)

straffällig 1. *delinquent* (lat.) 2. *kriminell* (lat.-fr.)

Straffälligkeit 1. *Delinquenz*, die (lat., ohne Pl.) nicht verw. mit *Eloquenz*, die (lat., ohne Pl.) Beredsamkeit 2. *Kriminalität*, die (lat., ohne Pl.)

straffen *rationalisieren* (lat.-fr.) z. B. Arbeitsabläufe 2. *liften* (engl.) i. S. von: Gesichtshaut straffen; Facelifting

Straflosigkeit *Indemnität*, die (lat.-fr., ohne Pl.) bei Äußerungen von Abgeordneten im Parlament, Ausnahmen: verleumderische Beleidigungen

Strafpredigt 1. *Epistel*, die (gr.-lat., Pl. -n) 2. *Sermon*, der (lat., Pl. -e)

Strafrede *Philippika*, die (gr.-lat., Pl. -ken) nach Demosthenes Vorwürfen gegen Philipp II., König von Makedonien (Vater von Alexander dem Großen)

Straftat *Delikt*, das (lat., Pl. -e)

Straftäter *Delinquent*, der (lat., Pl. -en)

Strafverfolgung, Schutz vor ... *Immunität*, die (lat., ohne Pl.) z. B. der Abgeordneten, Diplomaten; auch: Unempfindlichkeit für Krankheiten

strahlen *emittieren* (lat.-fr.) auch: aussenden (Elektronen)

Strahlen, die aus dem Weltall kommen *kosmische Strahlen*, die (gr.-lat.-dt., nur Pl.)

Strahlenbehandlung *Radiotherapie*, die (lat., ohne Pl.) med., die Behandlung Kranker mit radioaktiven Strahlen

Strahlenbrechung *Diffraktion*, die (lat., Pl. -en) auch: Beugung der Licht- u. anderer Wellen (Phys.)

strahlenförmig *radial* (lat.) nicht verw. mit *radikal* (lat.-fr.) gründlich

Strahlenkunde *Radiologie*, die (lat.-gr., ohne Pl.) med., befaßt sich mit dem Einsatz radioaktiver Strahlung bei best. Krankheiten

Strahlenpilzkrankheit *Aktinomykose*, die (gr., Pl. -n) med.

Strahlung *Radioaktivität*, die (lat., ohne Pl.)

Strahlungsgürtel um den Erdäquator *Van-Allen-Gürtel*, der (Eigenn., ohne Pl.) in großer Höhe gemessen; nach J. A. van Allen, am. Physiker

Strahlungsmesser *Aktinometer*, das (gr., Pl. -) zur Messung der Sonnenstrahlung

Strahlungsquelle, kosmische ... *Pulsar*, der (lat., Pl. -e)

Strand 1. *Playa*, die (sp., Pl. -s) 2. *Beach*, die (engl., Pl. -es) Beach-comber (Strandräuber, Küstenvagabund)

Strand, am ... Sport treiben *beachen* (engl.)

Strandwagen mit Lenkdrachen *Buggykite*, der (engl., Pl. -s) der Fahrer sitzt auf e. Dreiradwagen u. steuert e. Lenkdrachen; Buggy-kiting ist wie Harleyfahren u. Windsurfen

Strandzone *Litoral*, das (lat., Pl. -e)

Strang e. *Trosse Kardeel*, das (lat.-fr.-niederl., Pl. -e) Seemannsspr.; auch: Taustrang

Straße, heilige ... *via sacra* (lat.) Name der Triumphstraße, die im antiken Rom über das Forum zum Jupitertempel auf dem Kapitol führte

Straßenbahn *Tramway*, die (engl., Pl. -s) kurz: Tram

Straßenbuchhändler *Bouquinist*, der (fr., Pl. -en) sie verkaufen antiquarische Bücher am Seineufer in Paris

Straßendealer, kleiner ... *Bagman*, der (engl., Pl. ...men) eigtl.: Taschenträger (Szenewort)

Straßenfußball *Calcetto*, der u. das (it., ohne Pl.)

Straßenkarte 1. *Itinerar*, das (lat., Pl. -e) 2. *Itinerarium*, das (lat., Pl. ...ien) der röm. Kaiserzeit

Straßenräuber *Brigant*, der (it., Pl. -en) in Italien

Straßensperre *Barrikade*, die (it.-fr., Pl. -n)

Strategie *Taktik*, die (gr.-fr., Pl. -en) i. S. geschickter Vorgehensweisen bei räumlich u. zeitlich begrenzten Aktionen

Streben *Ambition*, die (lat.-fr., Pl. -en) er ist e. ambitionierter Mitarbeiter

streben *tendieren* (lat.) in bes. Richtung

Streben, das mehr Ersatzbefriedigung sucht *free-floating-affect*, der (engl.-am., Pl. -s)

strebsam *ambitioniert* (lat.-fr.)

streckbar *duktil* (lat.-engl.) z. B. Gummi

Strecke 1. *Linie*, die (lat., Pl. -n) bei e. Verkehrsmittel (Bus, Straßenbahn) 2. *Tour*, die (gr.-lat.-fr., Pl. -en) 3. *Törn*, der (gr.-lat.-fr.-engl., Pl. -s) Fahrt mit e. Schiff, Segeltörn 4. *Distanz*, die (lat., Pl. -en) svw. Abstand 5. *Intervall*, der (lat., Pl. -e) Zeitabstand; Tonabstand

Strecke, zurückgelegte *Distanz*, die (lat., Pl. -en) auch: Abstand, Entfernung; »Und die Liebe auf Distanz, mißfällt mir voll u. ganz.« (Wilhelm Busch)

Streckenabschnitt *Etappe*, die (niederl.-fr., Pl. -n)

Streich *Eskapade*, die (lat.-it.-fr., Pl. -n)

streichen, etwas ... *elidieren* (lat.) auch: tilgen

Streichholzschachtel *Matchbox*, die (engl., Pl. -es) Szenewort für e. Maßeinheit Marihuana = 7,5 g

Streichinstrument 1. *Kontrabaß*, der (lat., Pl. ...bässe) größtes u. tiefstes Streichinstrument 2. *Violine*, die (it., Pl. -n) Geige 3. *Violoncello*, das (it., Pl. ...lli) Stehgeige 4. *Bratsche*, die (it., Pl. -n)

Streife *Patrouille*, die (fr., Pl. -n) z. B. sechs Soldaten befinden sich auf Patrouille

Streit 1. *Differenz*, die (lat., Pl. -en) auch: Unterschied 2. *Disput*, der (lat.-fr., Pl. -e) Wortwechsel 3. *Konflikt*, der (lat., Pl. -e) eigtl.: Zusammenstoß; Auseinandersetzung 4. *Kontroverse*, die (lat., Pl. -n) 5. *Polemik*, die (gr.-fr., Pl. -en) Meinungsstreit; auch: literarische Fehde; Romane von Günter Grass löstcn Polemiken aus 6. *Querele*, die (lat., Pl. -n) kleinere Streiterei

Streitaxt *Tomahawk*, der (indian.-engl., Pl. -s) leichte Wurfaxt der Prärieindianer

streitbar 1. *militant* (lat.) 2. *polemisch* (gr.-fr.)

Streiterei *Querele*, die (lat., Pl. -n)

Streitfrage 1. *Kontroverse*, die (lat., Pl. -n) 2. *Aporem*, das (gr., Pl. -ata) philos.

Streitgespräch *Disput*, der (lat.-fr., Pl. -e)

Streitigkeit *Querele*, die (lat., Pl. -n)

Streitkraft 1. *Armee*, die (lat.-fr., Pl. ...meen) 2. *Force*, die (lat.-fr.-engl., ohne Pl.) Stärke; Air Force: Luftstreitkräfte

Streitpunkte *Dissidien*, die (lat., nur Pl.)

Streitsache *Affäre*, die (fr., Pl. -n) auch: peinlicher Vorfall, z. B. Liebesaffäre

Streitwagen ... *Biga,* die (lat., Pl. ...gen) ... der Antike, wurde mit zwei Mann besetzt

streng 1. *apodiktisch* (gr.-lat.) unumstößlich 2. *drakonisch* (gr.) sehr hart, nach dem altgr. Gesetzgeber Drakon (um 621 v. Chr.) »Blutgesetze« 3. *rigide, rigid* (lat.) auch: unnachgiebig 4. *rigoros* (lat.) 5. *spartanisch* (gr.-lat.) eigtl.: anspruchslos; hart; nach Sparta, der altgr. Stadt auf dem Peloponnes 6. *strikt* (lat.) auch: genau, den Anweisungen ist strikt zu folgen

streng geheim *top secret* (engl.)

streng geordnet *militärisch* (lat.) auch: schneidig. »Unsere Führung ist hohl, die politische wie die militärische.« (David Grossmann, israelischer Schriftsteller, 2006)

strenggläubig *orthodox* (gr.-lat.) bewahren der reinen Lehre

Strenggläubigkeit *Orthodoxie,* die (gr.-lat., ohne Pl.) Bewahrung der reinen Lehre

Streß, anregender ... *Eustreß,* der (gr.-engl., Pl. ...esse) Ggs.: Distreß

Streßreiz *Stressor,* der (engl., Pl. -s)

Strich *Linie,* die (lat., Pl. -n)

stricheln *scribbeln* (engl.) auch: skizzieren

Striegel *Kardätsche,* die (lat.-it., Pl. -n) auch: Pferdebürste

striegeln *kardätschen* (lat.-it.) z. B. Pferde

strittig *kontrovers* (lat.) nicht: e. Thema kontrovers diskutieren (Doppelaussage)

Stroh, leeres ... **dreschen** *laterem lavare* (lat., Zitat) eigtl.: e. Ziegelstein waschen

Strohblume *Immortelle,* die (fr., Pl. -n) eigtl.: die Unsterbliche

strohgelb *paille* (lat.-fr.)

Strohhut, flacher ... *Girardi,* der (Eigenn., Pl. ...hüte) nach dem Wiener Schauspieler Girardi (um 1900)

strömen *pulsieren* (lat.) Blut pulsiert in den Adern

Stromquelle *Batterie,* die (fr., Pl. -n)

Stromschnelle 1. *Katarakt,* der (gr.-lat., Pl. -e) 2. *Rapid,* die (engl.-fr., Pl. -s) eigtl.: schnell

Stromspannung *Volt,* das (it., ohne Pl.) Einheit für elektr. Spannung, kurz: V; nach dem it. Physiker A. Volta (1745–1827)

Stromspeicher *Akkumulator,* der (lat., Pl. ...oren) kurz: Akku; auch: Speicherzelle e. Rechenanlage

Stromstärke *Ampere,* das (fr., ohne Pl.) Einheit der elektr. Stromstärke, kurz: A; nach dem fr. Physiker Ampère (1775–1836)

Stromstärke, Meßgerät für die ... *Amperemeter,* das (fr.-dt., Pl. -)

Stromstoß *Defibrillation,* die (lat., Pl. -en) ... mit dem z. B. e. Spenderherz aktiviert wird

Strömung 1. *Tendenz,* die (lat.-fr., Pl. -en) sich in e. best. Richtung bewegen 2. *Trend,* der (engl., Pl. -s) Grundrichtung; im Ggs. zur Mode, hält e. »echter« Trend mindestens fünf Jahre an

Strömungslehre *Hydrodynamik,* die (gr.-lat., ohne Pl.)

Stromwandler *Transformator,* der (lat., Pl. ...oren)

Strumpfhalter *Straps,* der (engl., Pl. -e) eigtl.: Riemen; schmaler Gürtel mit vier Strapsen

Strumpfhose 1. *Legging,* der (engl.-am., Pl. -s) wird meist von Frauen getragen; auch: 2. *Leggins,* die (engl., nur Pl.) eigtl.: Lederstück ähnlich, e. Hose nordam. Indianer 3. *Panty,* die (engl., Pl. ...ties)

Stück *Partie,* die (lat.-fr., Pl. -n) i. S. e. Teils

Stücklohn *Akkord,* der (lat.-fr., Pl. -e)

Studienabschluß 1. *Examen,* das (lat., Pl. ...mina) 2. *Diplom,* das (gr.-lat., Pl. -e) »zweifach Gefaltetes«, Urkunde über eine abgelegte Prüfung an e. Hochschule

Studienbeendigung *Exmatrikulation,* die (lat., Pl. -en) Ggs.: Immatrikulation

Studienfahrt *Exkursion,* die (lat.-fr., Pl. -en)

Studienhalbjahr *Semester,* das (lat., Pl. -)

Studienkollege 1. *Kommilitone,* der (lat., Pl. -n) 2. *Konsemester,* das (lat., Pl. -)

Stufe 1. *Level,* der (engl., Pl. -s) z. B. Ausbildungslevel 2. *Niveau,* das (lat.-fr., Pl. -s) z. B. Bildungsniveau 3. *Etappe,* die (niederl.-fr., Pl. -n) eigtl.: Warenniederlage; Abschnitt e. Strecke; Etappensieger beim Radrennen 4. *Phase,* die (gr.-fr., Pl. -n) 5. *Stadium,* das (gr.-lat., Pl. ...ien) auch: Zustand; nicht verw. mit *Stadion,* das (gr., Pl. ...ien) Sport-Kampfbahn

Stufenbau *Terrasse,* die (lat.-fr., Pl. -n)

Stufengestell *Etagere,* die (lat.-fr., Pl. -n)

Stufenunterbau e. gr. Säule 1. *Krepis,* die (gr., ohne Pl.) 2. *Krepidoma,* das (gr., ohne

Pl.) jeweils aus: Stylobat (Grundstein auf der die Säule ruht) u. Euthynterie (Steinquader unter dem Grundstein)

stufenweise 1. *graduell* (lat.-fr.) 2. *gradatim* (lat.) 3. *stadial* (gr.-lat.) 4. *progressiv* (lat.-fr.) auch: fortschrittlich 5. *sukzessiv* (lat.) allmählich geschehend 6. *sukzessive* (lat., Adverb) nach u. nach

Stuhl e. Herrschers *Thron*, der (gr., Pl. -e) meist prächtig ausgestattet; »E. Thron ist nur e. mit Samt garniertes Bett.« (Napoleon I.)

Stuhlgang *Egestion*, die (lat., Pl. -en) med.

Stuhlverstopfung *Obstipation*, die (lat., Pl. -en) med.

stumm wie e. Fisch *taciturniorem esse statua* (lat., Zitat: Horaz) eigtl.: stummer sein als e. Statue

Stummensprache … *Daktylologie*, die (gr.-lat., Pl. …ien) … eigtl.: Taubstummen- oder Gebärdensprache; nicht verw. mit *Daktyloskopie*, die (gr.-lat., Pl. …ien) Fingerabdrucksverfahren bei der Verbrechensbekämpfung

stummes Schauspiel *Pantomime*, die (gr.-lat.-fr., Pl. -n) auch: Gebärdentanz

Stummheit *Mutität*, die (lat., ohne Pl.) med.

Stümper *Idiot*, der (lat., Pl. -en) Dummkopf. »Man wird zum Idioten, wenn man verliebt ist.« (Eros Ramazzotti, it. Popstar)

stümperhaft *dilettantisch* (lat.-it.) z. B. Arbeiten dilettantisch ausführen

Stumpfheit 1. *Torpidität*, die (lat., ohne Pl.) auch: Stumpfsinn 2. *Anoia*, die (gr.-lat., ohne Pl.)

stumpfsinnig 1. *stupide* (lat.-fr.) 2. *torpid* (lat.) med.

stunden *prolongieren* (lat.) z. B. e. Wechsel prolongieren, d. h. die Einlösung auf e. späteren Zeitpunkt legen

Stundenausrufer *Horologe*, der (gr.-lat., Pl. -n) (in früherer Zeit)

Stundenbuch *Horarium*, das (lat., Pl. …ien) i. S. e. Laiengebetbuchs

Stundengebet *Brevier*, das (lat., Pl. -e) ist in dem Gebetbuch kath. Geistlicher enthalten; auch: Sammlung wichtiger Stellen der Dichtkunst (Goethebrevier)

Stundung 1. *Prolongation*, die (lat., Pl. -en) Verlängerung der Zahlungsfrist 2. *Indult*, der, das (lat., Pl. -e) 3. *Moratorium*,

das (lat., Pl. -ien) gesetzlich angeordneter oder vertraglich ausgehandelter Zahlungsaufschub

Stuntman oder Stuntgirl in intimen Liebesszenen e. Films *Body-Double*, das (engl., Pl. -s) e. Person stellt dem »Star« ihren Körper zur Verfügung

stur *borniert* (fr.)

Sturm 1. *Hurrikan*, der (indian.-sp.-engl., Pl. -e, -s) mittelam. Wirbelsturm 2. *Orkan*, der (sp.-niederl., Pl. -e) stärkster Sturm 3. *Taifun*, der (chin.-engl., Pl. -e) Wirbelsturm in Südostasien; »Taifun über Nagasaki« (Film) 4. *Tornado*, der (lat.-sp.-engl., Pl. -s) Wirbelsturm im südlichen Nordamerika; auch: Name e. Düsenjägers der Bundeswehr 5. *Zyklon*, der (gr.-engl., Pl. -e) Wirbelsturm in den Tropen; auch: Entstaubungsgerät

Sturmhut *Akonit*, das (gr.-lat., Pl. -e) e. best. Pflanzengattung (Ranunkulazeen)

stürmisch 1. *rasant* (lat.-fr.) die Computertechnik nimmt e. rasante Entwicklung 2. *turbulent* (lat.) er hatte e. turbulente Atlantiküberquerung gehabt 3. *frenetisch* (gr.-lat.-fr.) z. B. frenetischen Beifall spenden 4. *tempestoso* (lat.-it.) musik. Vortragsanw. 5. *impetuoso* (lat.-it.) musik. Vortragsanw.; ungestüm 6. *furios* (lat.) auch: wütend 7. *furioso* (lat.-it.) wild, leidenschaftlich; musik. Vortragsanw. 8. *rapide, rapid* (lat.-fr.) i. S. von: schnell 9. *rapidamente* (lat.-it.) musik. Vortragsanw. 10. *rapido* (lat.-it.) musik. Vortragsanw. 11. *vehement* (lat.) auch: jäh, heftig

Sturzquelle *Rheokrene*, die (gr.-lat., Pl. -n)

stutzen kupieren (fr.) z. B. bei Hunden oder Pferden; die Ohren beschneiden

Stutzer 1. *Beau*, der (fr., Pl. -s) 2. *Dandy*, der (engl., Pl. -s)

Stützgabel für Musketen *Fourquette*, die (fr., Pl. -n)

Stützpunkt *Al-Qaida*, die (arab., ohne Pl.) auch: Basis (Terrornetzwerk Osama Bin Ladens) »Sie sagten, du bist von Al-Qaida, wenn ich nein sagte, schlugen sie zu.« (Murat Kurnaz, US-Gefangener, 2006)

Stützverband *Bandage*, die (fr., Pl. -n) auch: Schutzverband der Boxerhände; mit harten Bandagen kämpfen

Subkulturen, friedliches Nebeneinander der … *Crossover*, das (engl.-am., ohne

Pl.) auch: Verschmelzen der Lebensstile von z. B. Punks, Skins u. Teds

Substanz aus der Wurzel des Eisenhutes *Aconitin*, das (lat., Pl. -e) sehr giftig, Alkaloid (Medikament)

Substanz, die bei Erregung in den Synapsen der Neuronen freigesetzt wird *Neurotransmitter*, der (gr.-engl., Pl., -s) z. B. Adrenalin

Suche nach dem Billigsten 1. *Downtrading*, das (engl., ohne Pl.) wohlhabende Verbraucherschichten suchen bes. im Lebensmittelbereich nach dem Preiswertesten, daher auch: 2. *Aldisierung*, die; Kauf, z. B. bei Aldi zum Sonderangebot

Suchende *Taliban*, die (arab.-per., Pl.) Studenten der islam. Wissenschaften, in Afghanistan e. fundamentalistische Gruppe; auch: Gotteskrieger

Suchmaschine *Search Engine*, die (engl., Pl. -s) Programme, die Orientierung in riesigen Datenbeständen erlauben

Sucht *Manie*, die (gr.-lat., Pl. ...ien) Gemütsabnormität; auch: Besessenheit

Süchtiger nach dem Wochenend-Rave *Ravoholic*, der (engl.-am., Pl. -s)

Südaffenmenschen 1. *Australopithecus-Gruppe*, die (lat.-dt., Pl.- en) 2. *Prähomininen*, die (lat., Pl.) jeweils auch: Vormenschen; Übergangsformen zwischen Tier u. Mensch, eine Mill. Jahre u. älter (Tertiär); diverse Fundorte in Ost- u. Südafrika; dazugehörig: Plesianthropus, Paranthropus, Australopithecus africanus, Australopithecus afarensis

Südländer, der erotische Abenteuer sucht *Papagallo*, der (it., Pl. -s, ...lli) ... bes. bei Touristinnen

Südpol *Antarktis*, die (gr.-lat., ohne Pl.)

südpolar *antarktisch* (gr.-lat.)

Südpolarkontinent *Antarktika*, die (gr.-lat., ohne Pl.)

Südwestwind ... *Pampero*, der (indian.-sp., Pl. -s) ... in der argentinischen Pampa

Summe aus vier Gliedern *Quadrinom*, das (lat.-gr., Pl. -e) math.

Summe aus zwei Gliedern *Binom*, das (gr.-lat., Pl. -e) math.

Summe, jede ... aus zwei Gliedern *Binom*, das (lat., Pl. -e) Math.

summen *buzz* (engl.-am.) in der Technoszene auch: elektrisieren, knistern

Sumpffieber 1. *Malaria*, die (lat.-it., ohne Pl.) 2. *Helodes*, die (gr.-lat., ohne Pl.) med.; auch: Malaria

sumpfig *limös* (fr.)

Sumpfzypressenbaum 1. *Sequoia* u. *Sequoie*, die (indian.-lat., Pl. ...oien) 2. *Wellingtonia*, die (lat. Pl. ... ien) genannt nach dem Herzog von Wellington (1769–1852); jeweils Mammutbäume

Sündenfreispruch *Absolution*, die (lat., Pl. -en)

Superlativ, absoluter ... *Elativ*, der (lat., Pl. -e) Sprachw.

Suppenschüssel *Terrine*, die (lat.-fr., Pl. -n)

Süßer *Honey*, der (engl., Pl. -s) svw. Liebling

süßes Leben *Dolce vita*, das, die (lat.-it., ohne Pl.) svw. ausschweifendes Müßiggängertum; Dolcefarniente (süßes Nichtstun)

Süßkartoffel *Batate*, die (indian.-sp., Pl. -n)

Süßspeise, engl. ... *Trifle*, das (engl., Pl. -s)

Süßwasserkunde *Limnologie*, die (gr.-lat., ohne Pl.) auch: Seenkunde

Süßwasserpolyp *Hydra*, die (gr.-lat., Pl. ...dren) auch: Seeungeheuer, das in der gr. Mythologie von Herakles getötet wurde

Symbol der Erneuerung *Phönix*, der (gr.-lat., Pl. -e) Wundervogel der orientalischen Fabelwelt. Alle 1000 Jahre entzündete der Sonnengott sein Nest, worauf Phönix sich verjüngt aus der Asche erhob: »wie Phönix aus der Asche steigen« (Redewendung) Sinnbild der Unsterblichkeit

Symbol für das Ich im Bewußtsein des Menschen *Uroboros*, der (gr., ohne Pl.) die sich in den Schwanz beißende u. selbst zeugende Schlange

Symbol zum Anklicken mit der Maus *Icon*, das (Eigenn., engl., Pl. -s)

Symbol, heiliges ... des weiblichen Geschlechts *Yoni*, das (sanskr., ohne Pl.) ... in Indien

Symbolschrift *Piktographie*, die (lat.-gr., ohne Pl.) auch: Bilderschrift

Syphilis *Lues*, die (lat., ohne Pl.) auch: Pest, Seuche

System, bei dem die Erde der Mittelpunkt des Weltalls ist *geozentrisches Sy-*

stem, das (gr.-lat., ohne Pl.) nach Hipparch (190–125 v. Chr.) u. Ptolemäus; Weltbild der kath. Kirche bis ins späte Mittelalter

System, bei dem sich Planeten (mit Erde) um die Sonne drehen *heliozentrisches System*, das (gr.-lat., ohne Pl.) Sonne als Weltallmittelpunkt; auch Galilei vertrat die kopernikanische Vorstellung e. heliozentrischen Planetensystems u. wäre fast auf dem Scheiterhaufen gelandet (1633)

System, das mittels gepulster Radiowellen Objekte ortet *Radar*, der, das (engl., ohne Pl.) aus: radio detecting and ranging; ... indem es die Zeit mißt, die ein Puls braucht, um zum Objekt u. zurück zu gelangen

System, traditionsabhängiges ... von Normen u. Grundsätzen *Moral*, die (lat.-fr., Pl. -en) auch: Kampfgeist, Stimmung; »Alles, was ich sicher weiß über die Moral des Menschen, verdanke ich dem Fußball« (Albert Camus, 1913–1960)

Szene mit witzig-ironischen Pointen *Sketch*, der (engl., Pl. -es, -s) »Habe im ›Monitor‹ e. fabelhaften Sketch gesehen zum Thema Tschetschenien ...« (H. Venske: G. Schröders geh. Tagebuch, 1997)

Szene-Treffen 1. *Jam*, die (engl., Pl. -s) z. B. Hip Hop-Treffen von Rap-Bands 2. *Jam Session*, die (engl., Pl. -s) i. a. Zusammenkunft von Jazzmusikern zum Zweck freier Interpretation

T

Tabak, Hauptwirkstoff von ... *Nikotin*, das (lat.-fr., ohne Pl.) nach J. Nicot, fr. Gelehrter um 1570

Tabakabfälle als Einlage für Billigzigarren *Scrap Filler*, der (engl., Pl. -s)

Tabakablagerung in der Lunge *Tabakose*, die (lat.-sp., Pl. -n) med.

Tabakblatt, das unter e. Abdeckung wächst *Shade Leaf*, das (engl., Pl. -s) um das Blatt vor der Sonne zu schützen, z. B. der Connecticut Shade, der oft als Deckblatt dient

Tabakhaufen, hoher ... *Burro*, der (sp., Pl. -s) eigtl.: Esel; ... der zum Zweck der Fermentation aufgeschichtet wird

Tabakschwitzen *Fermentierung*, die (lat., Pl. -en) eigtl.: Fermentation, die (lat., Pl. -en) Prozeß, bei dem der Tabak durch selbsterzeugte Hitze Nikotin abgibt, die Farbe verändert, seinen Geschmack jedoch behalten soll

Tabakwerke, staatliche ... *Tabakregie*, die (österr., ohne Pl.)

Tadel 1. *Kritik*, die (gr.-lat.-fr., Pl. -en) 2. *Admonition*, die (lat., Pl. -en) auch: Verwarnung, Ermahnung 3. *Monitum*, das (lat., Pl. ...ta) auch: Rüge 4. *Opprobration*, die (lat., Pl. -en) i. S. von Beschimpfung

tadellos 1. *perfekt* (lat.) z. B. e. Fremdsprache perfekt beherrschen 2. *tipptopp* (engl.) tipptopp angezogen sein 3. *picobello* (niederl.-it.)

tadeln 1. *kritisieren* (gr.-lat.-fr.) der Abteilungsleiter kritisiert die Leistung e. Mitarbeiters; »Ich bin der einzige Mann in Deutschland, der nicht kritisiert wird.« (Helmut Kohl, Bundeskanzler, 1997) 2. *monieren* (lat.) z. B. e. Warenlieferung monieren; i. S. von beanstanden

Tafel *Tabula*, die (lat., Pl. ...lae) i. S. e. Schreibtafel; Tabula rasa: gründlich aufräumen, reiner Tisch

Tafelland *Plateau*, das (gr.-lat.-fr., Pl. -s) auch: Hochebene

täfeln *boisieren* (fr.)

Täfelung *Paneel*, das (fr.-niederl., Pl. -e)

Tag im Jahr, letzter ... *Silvester*, das (lat., ohne Pl.) auch nach dem Fest des Papstes Silvester I.; »Zu Silvester e. gutes Gewissen ist besser als Punsch u. gute Bissen.« (Redensart)

Tag, nutze den ... *carpe diem* (lat., Zitat: Horaz)

Tag, schwarzer ... *dies ater* (lat.)

Tag, vom ... der Ausstellung an *a dato* (lat.) z. B. bei Datowechseln; Abk.: a. d.

Tagblindheit *Nyktalopie*, die (gr.-lat., ohne Pl.) med.

Tagebuch 1. *Diarium*, das (lat., Pl. ...ien) 2. *Diary*, das (engl., Pl. ...ries) 3. *Journal*, das (lat.-fr., Pl. -e) zur Niederschrift der täglichen Geschäftsvorfälle; auch: Schiffstagebuch

Tagegeld, gegen ... *diätarisch* (lat.)

Tagelöhner *Kuli*, der (Hindi, Pl. -s) in Ostasien

Tagesbericht *Bulletin*, das (lat.-fr., Pl. -s) z. B. amtlicher Bericht zu Unterredungen im Außenministerium

Tagesgeld *Diäten*, die (lat.-fr., nur Pl.) der Abgeordneten

Tagesgeschmack *Mode*, die (lat.-fr., Pl. -n)

Tagesordnungspunkte 1. *Regularien*, die (lat., nur Pl.) 2. *items*, die (engl., nur Pl.) 3. *Agenda*, die (lat., Pl. …den) »was zu tun ist«, Aufstellung der Gesprächspunkte

Tagespresse *Journaille*, die (lat.-fr., ohne Pl.) i. S. e. »Revolverblattes«, skrupellose Presse

täglich 1. *pro die* (lat.) 2. *quotidian* (lat.)

Tagundnachtgleiche *Äquinoktium*, das (lat., Pl. …ien)

Tagung 1. *Konferenz*, die (lat., Pl. -en) 2. *Kongreß*, der (lat., Pl. …gresse) z. B. Chirurgenkongreß 3. *Symposium*, das (gr., Pl. …ien) Tagung mit Vorträgen u. Diskussionen 4. *Meeting*, das (engl., Pl. -s)

Taifun *Hurrikan*, der (indian.-sp.-engl., Pl. -e, -s) »Ein Hurrikan ist über Niedersachsen gegangen.« (Christian Wulff, CDU, 1998)

Takelung *Rigg*, das (engl., Pl. -s) gemeint ist die gesamte Takelung e. Segelschiffes

Takelwerk 1. *Armament*, das (lat., ohne Pl.) … von Schiffen; auch: Ausrüstung 2. *Takelage*, die (fr.-niederl., Pl. -n) Schiffs-, Segelausrüstung e. Schiffes

Taktgefühl *Diskretion*, die (lat.-fr., Pl. -en) auch: Zurückhaltung, Diskretion beim Ausfragen üben

taktgenau *rigoros* (lat.-it.) musik. Vortragsanw.

taktisch klug *clever* (engl.) z. B. e. cleverer Kaufmann sein

Taktlehre *Metrik*, die (gr.-lat., Pl. -en) musik.

taktlos *indiskret* (lat.) »Die meisten Fragen werden erst durch die Antwort indiskret.« (Faye Dunaway, am. Filmschauspielerin) Ggs.: diskret

Taktlosigkeit 1. *Fauxpas*, der (fr., ohne Pl.) 2. *Indiskretion*, die (lat., Pl. -en)

Taktmaß *Metrum*, das (gr.-lat., Pl. …tren) musik.

Taktmesser *Metronom*, das (gr.-lat., Pl. -e) musik.

Taktschlag *Battuta* u. *Battute*, die (lat.-it., Pl. …ten) auch: Schlag auf die Klinge des Gegners beim Fechten

taktvoll 1. *diskret* (lat.-fr.); Ggs.: indiskret 2. *dezent* (lat.) zurückhaltend 3. *sensibel* (lat.-fr.) auch: empfindsam

Tal *Cañon*, der (sp., Pl. -s) tief eingeschnittenes Flußtal, z. B. Colorado-Cañon in den USA

Tal der Computernarren *Sillywood*, das (Eigenn., ohne Pl.) aus: silly (dumm) u. wood (Wald für Hollywood) Bez. gilt in Hollywood abwertend für Silicon Valley, das Tal der Computerfreaks; die Filmproduzenten distanzieren sich von den Technikern

Talentspäher *Scout*, der (engl., Pl. -s) auch: Kundschafter; Spurenleser

Talentsucher *Scout*, der (engl., Pl. -s) eigtl.: Späher, Aufklärer, Pfadfinder

Talgdrüsenentzündung *Akne*, die (gr., Pl. -n) … meist im Gesicht; auch: Hautausschlag in der Pubertät. »Hätte ich keine Akne gehabt, hätte ich keine Witze machen müssen.« (Harald Schmidt, TV-Unterhalter)

Talisman 1. *Maskottchen*, das (fr., Pl. -) 2. *Maskotte*, die (fr., Pl. -n) jeweils glücksbringender Anhänger

Tang *Phäophyzee*, die (lat., Pl. -n) Meertang, Braunalge (Biol.)

Tangogrundschritt *Basse*, die (sp., Pl. -s) beim Tango Argentino

Tangotanzfigur der Frau *Ocho*, der (sp., Pl. -s) Tango Argentino

Tanz, karibischer Männer… *Limbo* (karib., Pl. -s) akrobatischer Tanz westindischer Heimat

Tanz, sp. … mit Kastagnettenbegleitung *Fandango*, der (sp., Pl. -s)

Tanz, spanischer … 1. *Esmeralda*, die (sp., Pl. -s) 2. *Espagnole*, die (sp., Pl. -n)

Tanzbeschreibung *Choreographie*, die (gr., Pl. …ien) e. Ballettstücks

Tänze 1. *Breakdance*, der (engl.-am., ohne Pl.) akrobatische Tanzkunststücke zu Soul, Rap oder Hip Hop 2. *Tango*, der (sp., ohne Pl.) einst Bordell- dann Gesellschaftstanz aus Argentinien; der Tango richtig getanzt, »muß nach Leben schmecken u. nach Tod riechen« 3. *Flamenco*, der (sp., ohne Pl.) Tanz aus Andalusien 4. *Can-*

can, der (fr., ohne Pl.) fr. Tanz, meist Schautanz im Varieté 5. *Bolero*, der (sp., ohne Pl.) sp. Tanz; auch: knappes, kurzes Jäckchen; rund aufgeschlagener Hut 6. *Cachucha*, die (sp., ohne Pl.) sp. Tanz im Walzertakt 7. *Cha-Cha-Cha*, der (sp., ohne Pl.) Modetanz aus Kuba 8. *Mambo*, der, die (kreolisch, ohne Pl.) mäßig schneller lateinam. Tanz 9. *Calypso*, der (Eigenn., ohne Pl.) Tanzmusik u. figurenreicher Modetanz aus Westindien 10. *Rumba*, der (sp., Pl. – [s]) Gesellschaftstanz aus Kuba 11. *Rock and Roll* u. *Rock ’n’ Roll*, der (am., ohne Pl.) eigtl.: schaukeln u. rollen, schneller bis wilder am. Tanz, entstand in den 50er Jahren 12. *Samba*, die (afrik.-port., Pl. -s) Gesellschaftstanz, ursprünglich aus Brasilien 13. *Foxtrott*, der (engl.-am., Pl. -e, -s) »Fuchsschritt«; weit verbreiteter Gesellschaftstanz, um 1910 in den USA entstanden 14. *Twist*, der (engl.-am., Pl. -s) Modetanz aus den USA 15. *Twostep*, der (engl., Pl. -s) »Zweischritt«; schneller engl. Tanz 16. *Hula*, die (hawaiisch, Pl. -s) Gemeinschaftstanz der Eingeborenen auf Hawaii 17. *Mazurka*, die (poln., Pl. ...ken, -s) polnischer Nationaltanz 18. *Tarantella*, die (it., Pl. -s, ...llen) südit. Volkstanz 19. *Polka*, die (poln.-tschech., Pl. -s) böhmischer Rundtanz 20. *Blues*, der (am., Pl. -) langsamer Tanz aus den USA 21. *Charleston*, der (am., ohne Pl.) Modetanz der 20er Jahre aus den USA; auch: Stadt in South Carolina (USA)

Tänze der Karibik 1. *Merengue*, der (sp., ohne Pl.) 2. *Salsa*, der (sp., ohne Pl.) 3. *Bachata*, der (sp., ohne Pl.)

Tanzeinlage *Divertimento*, das (it., Pl. -s, ...ti) Mus. in Opern; auch: musikalisches Zwischenspiel

tanzen, zu Jazzmusik ... *hotten* (engl.)

Tänzer *Ballerino*, der (gr.-lat.-it., Pl. -s) Solotänzer im Ballett

Tänzer, der von Party zu Party eilt *Raver*, der (engl.-am., Pl. -s) auch: rastloser Tänzer; Bez. drückt auch e. best. Lebenseinstellung aus

Tänzerin 1. *Ballerina, Ballerine*, die (gr.-lat.-it., Pl. ...nen) Solotänzerin im Ballett 2. *Balletteuse*, die (fr., Pl. -n) Ballettänzerin 3. *Go-Go-Girl*, das (engl.-am., Pl. -s) i. S. e. Vortänzerin, z. B. in e. Beatlokal

Tanzfläche *Dancefloor*, der (engl., Pl. -s)

Tanzgruppe ... *Ballett*, das (gr.-lat.-it., Pl. -e) ... für klassischen Bühnentanz

Tanzkunst *Choreutik*, die (gr., ohne Pl.) Chorreigentanz im antiken Griechenland

Tanzlied, schwermütiges portugiesisches ... *Fado*, der (port.)

Tanzlokal für junge Leute ... 1. *Diskothek*, die (gr.-engl., Pl. -en) kurz: 2. *Disko*, die (engl., Pl. -s) ... mit Musik von Schallplatten u. CDs; auch: Schallplattenarchiv

Tanzmusik, elektronische ... *Techno*, der (engl., ohne Pl.) synthetisch erzeugte Diskomusik mit e. Beat (Schlag) von 165 bpm (beat per minute) aufwärts; auch: Bez. e. Kulturbereichs

Tanzorchester, großes ... *Big Band*, die (engl.-am., Pl. -s)

Tanzröckchen *Tutu*, das (fr., Pl. -s) kurzes Röckchen, auch: Ballett- oder Tennisröckchen

Tanzschritt, gleitender ... *Glissade*, die (fr., Pl. -n)

Tanzveranstaltung *Rave*, der (engl.-am., Pl. -s) ursprünglich Bez. für die Großveranstaltungen der Sixties-Revival-Bands, später von der Techno-Szene entlehnt u. steht dort für jede größere Tanzveranstaltung

Tanzwut *Choreomanie* u. *Choromanie*, die (gr.-lat., Pl. -ien) krankhaftes Verlangen zu tanzen (med.)

Tapete aus digitalen Kunstwerken *virtuelle Tapete*, die (gr.-lat., Pl. -n) schon bald werden auf superflachen LCD-Schirmen flimmerfrei u. scharf Bilder von Picasso, Dali oder Warhol an Wohnzimmerwänden hängen; Bill Gates (Microsoft) erwarb die Bildrechte u. liefert die Werke per Kabel ins Haus

tapfer 1. *bravourös* (gr.-lat.-it.-fr.) i. S. von forsch 2. *couragiert* (lat.-fr.) beherzt 3. *heroisch* (gr.-lat.) i. S. von: heldenhaft

Tapferen, dem ... hilft das Glück *fortes fortuna adiuvat* (lat., Zitat: Terenz) auch: frisch gewagt, ist halb gewonnen

Tapferkeit 1. *Bravour*, die (fr., ohne Pl.) 2. *Courage*, die (fr., ohne Pl.) Zivilcourage

Tapferkeit, die ... im Kriege *virtuti in bello* (lat., Zitat)

tarnen *maskieren* (arab.-it.-fr.) auch: verkleiden

Tarnung 1. *Maskierung*, die (arab.-it.-fr., Pl. -en) 2. *Camouflage*, die (fr., Pl. -n) Tarnung von Absichten u./o. Gebäuden

Tasche *Bag*, das (engl., Pl. -s) Schlägertasche des Golfspielers

Taschenspieler *Eskamoteur*, der (lat.-sp.-fr., Pl. -e) auch: Zauberkünstler

Taschenspielertrick *Eskamotage*, die (lat.-fr., Pl. -n) Zauberkunststück

Tastatur des Computers *Keyboard*, das (engl., Pl. -s)

tastbar *palpabel* (lat.) med., z. B. der Herzschlag, die Schläfe, der Puls

Tasteninstrumente 1. *Keyboard*, die (engl., Pl. -s) z. B. elektronische Orgel 2. *Synthesizer*, der (gr.-engl., Pl. -s) Gerät, das auf elektronischem Wege Töne, Klänge, Geräusche erzeugt

Tastsinn *Tactus*, der (lat., ohne Pl.) med.

Tastsinn, den ... betreffend *taktil* (lat.) med.

Tastsinnlehre *Haptik*, die (gr.-lat., ohne Pl.)

Tastsinnstörung *Parapsis*, die (gr.-lat., ohne Pl.) med.

Tat 1. *Aktion*, die (lat., Pl. -en) 2. *Akt*, der (lat., Pl. -e) Handlung; Staatsakt, Festakt, Geschlechtsakt; auch: nackter Körper in der Kunst 3. *Aktivität*, die (lat., Pl. -en) in best. Weise tätig werden, Geschäftsaktivität

Tat, auf frischer ... *in flagranti* (lat.-it.) z. B. e. Dieb in flagranti ertappen

Tat, durch die ... selbst *ipso facto* (lat., Zitat) auch: eigenmächtig

tatenfreudig, es ist ja der Geist des Menschen ... *natura enim humanus animus agilis est* (lat., Zitat: Seneca)

Täter *Delinquent*, der (lat., Pl. -en) auch: Übeltäter

tätig *aktiv* (lat.) e. aktiver (umtriebiger) Mensch sein

tätig sein *agieren* (lat.) handeln

Tätigkeit 1. *Aktivität*, die (lat., Pl. -en) Bewegungsdrang, Geschäftsaktivität 2. *Funktion*, die (lat., Pl. -en) auch: Amt, Stellung; »Die Funktionsfähigkeit (gemeint: Funktion) der Bundesregierung ist am ehesten gewährleistet, wenn die Bediensteten einfach zu Hause bleiben.« (G. Schröders geh. Tagebuch von H. Venske, 1997)

Tätigkeit, aggressive ... *Agitation*, die (lat.-engl., Pl. -en) »... Dreckkiste der politischen Agitation.« (Joschka Fischer, Die Grünen, 1998)

Tätigkeit, berufliche ... *Job*, der (engl.-am., Pl. -s) auch: Stellung, Arbeit. »Die angeblich so sicheren Jobs im öffentlichen Dienst sind ein Märchen.« (Ver.di-Chef Frank Bsirske, 2006)

Tätigkeit, in ... setzen *aktivieren* (lat.)

Tätigkeit, schlecht dotierte ... *Mcjob*, der (engl.-am., Pl. -s) ... u. wenig attraktive Arbeit im Dienstleistungsbereich

Tätigkeitswort *Verb*, das (lat., Pl. -en)

Tatkraft *Energie*, die (gr.-lat.-fr., Pl. -n) mit großer Energie an die Arbeit gehen

tatkräftig 1. *energisch* (gr.-lat.-fr.) 2. *resolut* (lat.-fr.) e. resolute alte Dame

Tatortanalytiker *Profiler*, der (am., Pl. -s) Kriminalist, der sich bes. mit der Psyche u. der Motivation des Täters beschäftigt, um diesen zu überführen; Methode wurde 1970 beim FBI entwickelt

Tatsache 1. *Faktum*, das (lat., Pl. ...ten, -ta) »Das beste Mittel im Umgang mit Schröder ist: Fakten, Fakten, Fakten.« (Michael Glos, CSU, 1998) 2. *Realität*, die (lat., Pl. -en) z. B. die Realitäten ins Auge schauen 3. *Fait accompli*, das (lat.-fr., Pl. -s -s) 4. *Fact*, der (lat.-engl., Pl. -s) i. S. von Tatsachenmaterial

Tatsache, auf ... beruhend *pragmatisch* (gr.-lat.) sachbezogen

Tatsache, vollendete ... *Fait accompli*, das (fr., Pl. -s -s)

Tatsachen, auf Wissen beruhende ... *empirisch* (gr.-lat.) ... nachvollziehbar, u. durch Experimente, Beobachtungen beweisbar; auch: erfahrungsgemäß

Tatsachenmensch *Realist*, der (lat., Pl. -en)

tatsächlich 1. *de facto* (lat.) 2. *faktisch* (lat.) 3. *effektiv* (lat.) auch: wirklich; wirkungsvoll; ganz u. gar 4. *existent* (lat.) vorhanden 5. *konkret* (lat.) eigtl.: zusammengewachsen; greifbar; Ggs.: abstrakt 6. *real* (lat.) dringlich; wirklich; Ggs.: imaginär u. irreal

Tatsächlichkeit *Faktizität*, die (lat., ohne Pl.) Ggs.: Logizität, philos.

Tatumstand, belastender ... *Indiz*, das (lat., Pl. -ien) »Anzeichen«; Hinweis

Tatwaffe *Instrumenta sceleris*, die (lat.,

Pl.) Werkzeuge des Verbrechens, z. B. auch: das Schmugglerfahrzeug

Tau zum Einholen der Segel *Gording*, die (niederdt., Pl. -s) Seemannsspr.

Tau zum Stellen der Segel *Brasse*, die (norddt., Pl. -n) Seemannsspr.; davon brassen: die Taue ziehen

Tau zum Verspannen der Masten *Want*, die (niederdt., Pl. -en) Seemannsspr.

Tau, das ... herablassen *fieren* (niederdt.) auch: die Leine lockern (Seemannsspr.)

Taube, e. flugunfähige ... *Dronte*, die (Eigenn., Pl. -n) auch: Dodo genannt, hatte die Größe eines Truthahns, u. starb um 1680 auf Mauritius aus

Tauben, es fliegen die gebratenen ... in den Mund *hic porci cocti ambulant* (lat., Zitat) wörtlicher: hier laufen die gebratenen Schweine herum

Taubheit 1. *Anakusis*, die (gr.-lat., ohne Pl.) med.; nicht verw. mit *Anakrusis*, die (gr., Pl. ...krusen) Auftakt; auch: unbetonte Silbe am Versbeginn 2. *Kophosis*, die (gr., ohne Pl.) totale Taubheit (med.)

Taubstummensprache *Daktylologie*, die (gr.-lat., Pl. ...ien) nicht verw. mit *Daktyloskopie*, die (gr.-lat., Pl. ...ien) Fingerabdruckverfahren, findet bei der Kriminalpolizei Anwendung

Taubstummheit *Surdomutitas*, die (lat., ohne Pl.) med.

tauchen mit Nervenkitzel *Scuba-Diving*, das (engl., ohne Pl.) z. B. um Haie zu füttern

Tauchente *Düker*, der (niederdt., Pl. -s) auch: Wasserleitung unter e. Deich, Fluß oder Weg

Taufbecken *Baptisterium*, das (gr.-lat., Pl. ...ien) auch: mittelalterliche Taufkirche

Taufe durch Untertauchen *Immersionstaufe*, die (lat.-dt., Pl. -en) wird von den Baptisten praktiziert

tauglich (Speise) *koscher* (hebr.) e. Essen wird als koscher bezeichnet, wenn es nach jüd. Speisegesetzen zubereitet wurde

tauglich 1. *qualifiziert* (lat.-fr.) für die Position e. qualifizierter Bewerber sein 2. *fit* (engl.) sich körperlich u. geistig fit fühlen

Tausch 1. *Change*, der (lat.-fr.-engl., ohne Pl.) Geldtausch 2. *Exchange*, die (lat.-fr.-engl., Pl. -n) Tausch, Börsenkurs; auch: Börse

täuschen 1. *düpieren* (fr.) von e. Verkäufer düpiert werden 2. *bluffen* (engl.) z. B. beim Pokern bluffen 3. *manipulieren* (lat.) auch: bewußt beeinflussen; »Die Wähler lassen sich dadurch (Wählerumfragen) nicht manipulieren ... heben sich ihre Stimme für die Urne auf.« (Theo Waigel, Finanzminister, 1998)

tauschen 1. *trokieren* (fr.) z. B. Waren tauschen 2. *barattieren* (it.)

täuschen *bluffen* (engl.)

täuschend *delusorisch* (lat.) auch: verspottend

Täuscher *Bluffer*, der (engl., Pl. -) Begriff aus dem Pokerspiel

Tauschgeschäft *Kompensationsgeschäft*, das (lat.-dt., Pl. -e)

Tauschhandel *Bartertrade*, der (engl., Pl. -s) Tauschgeschäfte mit Ländern, die an Devisenknappheit leiden: Rohstoffe gegen Industrieprodukte 2. *Baratthandel*, der (it.-dt., ohne Pl.)

Täuschung 1. *Illusion*, die (lat.-fr., Pl. -en) sich z. B. der Illusion e. großen Gewinns hingeben 2. *Finte*, die (lat.-it., Pl. -n) auch: Vorwand, Scheinhieb beim Boxen 3. *Bluff*, der (engl., Pl. -s) z. B. beim Kartenspiel; Pokerspiel-Begriff 4. *Delusion*, die (lat., Pl. -en) Hintergehung, Verspottung 5. *Halluzination*, die (lat., Pl. -en) i. S. von: Sinnestäuschung

Täuschungsversuch *Manöver*, das (lat.-fr., Pl. -) auch: das Herbstmanöver der Bundeswehr, i. S. e. mil. Übung unter kriegsmäßigen Bedingungen; Manöverkritik

Tausend *Mille*, das (lat., Pl. -)

tausendfach *millenar* (lat.)

Tausendfüßer, tropischer ... *Skolopender*, der (gr.-lat., Pl. -)

Tausendsassa *Allrounder*, der (engl., Pl. -)

Tauwerk als Einfassung e. Segels *Liek*, das (niederdt., Pl. -en) Seemannsspr.

Tauwerk *Takelage*, die (niederl., Pl. -n) e. Segelschiffs, bes. an Rahsegeln

Team *Kollektiv*, das (lat.-russ., Pl. -e) Produktionsgemeinschaft mit gemeinsamen Überzeugungen, z. B. im Sozialismus

Technik, von den Kräften der ... geformt *technomorph* (gr.)

Techniker, der beste ... unter den Kollegen *Alpha-Geek*, der (engl., Pl. -s) eigtl.: spinnender Leithammel

Technologie für alte Menschen 1. *Gerontotechnik*, die (gr., Pl. -en) von »Geronten«, die Ältesten in Sparta; gemeint sind Hörprothesen, leicht zu bedienende Elektrogeräte 2. *Gesundheitsdesigner*, der (dt.-engl., Pl. -) Begriff für Dienstleister, die sich u. a. für die Belange alter Leute einsetzen, z. B. Architekten, die bei der Planung beschwerliche Treppenhäuser vermeiden

Technologie im »kleinsten« Bereich ... *Nano-Technologie*, die (gr.-lat., Pl. ...ien) ... ist die Erweiterung der Mikro-Technologie; Hardware wird in der Größe von Nanometern (= ein milliardstel Meter, kurz: nm) hergestellt; bes. in Japan wird intensiv im Nanotech-Bereich geforscht

Technologie im Bereich der nicht teilbaren Energieteilchen *Quantentechnologie*, die (lat., ohne Pl.) Quant: verschieden großes, aber nicht mehr teilbares Energieteilchen; Zukunftstechnologie, sie realisierte: das Rastertunnelmikroskop, supraleitende Tunneleffekt-Detektoren

Teemaschine, russische ... *Samowar*, der (russ., Pl. -e)

teigartig *pastos* (gr.-lat.-it.)

Teigkringel *Bagel*, der (am., Pl. -s) e. Stück der am. Häppchen-Eßkultur

Teil 1. *Fragment*, das (lat., Pl. -e) Bruchstück 2. *Partie*, die (lat.-fr., Pl. ...ien) Abschnitt; auch: e. Partie Schach spielen; e. gute Partie machen, d. h. e. vermögenden Partner heiraten 3. *Ration*, die (lat.-fr., Pl. -en) svw. zugeteilte Menge; eiserne Ration

Teil e. Zusammenhangs *Facette*, die (lat.-fr., Pl. -n) auch: geschliffene Abschrägung e. Spiegels; »Die Macht hat viele Facetten ... spricht man nicht von e. Erotik der Macht?« (Peter Bachér, 1998)

Teil, man höre auch den anderen ... *audiatur et altera pars* (lat., Zitat, Seneca)

Teilaufhebung *Derogation*, die (lat., Pl. -en) z. B. e. Gesetzes

Teilbereich *Disziplin*, die (lat., Pl. -en) z. B. die sportliche Disziplin »Schwimmen«

Teilbesitz an e. Ferienwohnung *Timesharing*, das (engl., ohne Pl.) übliche Verträge gewähren jedoch »ein Nutzrecht auf Zeit«; auch für andere Nutzungen: z. B. Großrechenanlage etc.

Teilbetrag 1. *Tranche*, die (fr., Pl. -n) im Wertpapiergeschäft: Teilbeträge, die ausgegeben werden 2. *Quote*, die (lat., Pl. -n) »In der Quotendiskussion können wir nur verlieren.« (Dieter Stolte, Intendant des ZDF, 1996)

Teilchen 1. *Elementarteilchen*, das (lat.-dt., Pl. -) 2. *Quant*, das (lat., Pl. -en) nicht weiter teilbares Energieteilchen 3. *Quark*, das (engl., Pl. -s) hypothetisches Elementarteilchen

Teilchen mit negativer elektr. Ladung ... *Elektron*, das (gr., Pl. ...onen) ... das den Kern e. Atoms umkreist

Teilchen, das sich nach der Quantenmechanik (best. Theorie) nicht nachweisen läßt ... *Virtuelles Teilchen*, das (lat.-dt., Pl. -e -) eigtl.: Teilchen, das der Möglichkeit nach vorhanden ist; ... dessen Existenz aber meßbare Auswirkungen hat (Phys.)

Teilchen, e. positiv geladenes ... *Proton*, das (gr., Pl. -en) die etwa die Hälfte der Teilchen im Kern der meisten Atome stellen

Teilchen, e. ungeladenes ... *Neutron*, das (gr., Pl. -en) ähnlich dem Proton (Phys.)

Teilchen, elektrisch geladenes ... *Ion*, das (gr., Pl. Ionen) eigtl.: Wanderndes

Teilchenbeschleuniger *Bevatron*, das (Eigenn., am., Pl. -s, ...trone) aus: billion electron volts and synchrotron

Teilchenort u. -geschwindigkeit lassen sich nicht exakt angeben ... *Unschärferelation*, die (dt.-lat., ohne Pl.) ... je genauer e. Größe bekannt ist, desto größer ist die Unsicherheit bezüglich der anderen; nach dem dt. Physiker Werner Heisenberg (1901 – 1976)

teile u. herrsche *divide et impera* (lat., Zitat, Ludwig XI.)

teilen 1. *dividieren* (lat.) nicht: auseinanderdividieren (Doppelaussage) 2. *partieren* (lat.-fr.) 3. *splitten* (engl.) aufteilen

Teilen *Splitting*, das (engl., Pl. -s) Form der Besteuerung, bei der das Einkommen der Eheleute addiert, halbiert u. jeder mit der Hälfte des Gesamteinkommens veranlagt wird

teilend *partitiv* (lat.)

Teilgebiet *Sektor*, der (lat., Pl. ...oren) sich auf e. best. Sektor gut auskennen; Sektorengrenze (Gebietsgrenze)

teilhaben *partizipieren* (lat.)

Teilhaber 1. *Kompagnon*, der (lat.-fr., Pl. -s) in e. Firma 2. *Sozius*, der (lat., Pl. Soziusse) Partner in e. Rechtsanwaltskanzlei

Teilhafter *Kommanditist*, der (lat.-it.-fr., Pl. -en) auch: Mithafter, der in e. Kommanditgesellschaft nur mit seiner Einlage haftet

Teilnahme *Partizipation*, die (lat., Pl. -en)

Teilnahme, geistige ... erweckend *interessant* (lat.-fr.) auch: fesselnd; »Was ist interessant? Was der Augenblick gebiert, was seine Geltung mit dem Augenblick verliert.« (Friedrich Rückert)

teilnahmslos 1. *apathisch* (gr.-lat.) nach dem Unfall saß er apathisch hinter dem Steuer 2. *lethargisch* (gr.-lat.) 3. *passiv* (lat.) untätig, sich an e. Sache nur passiv beteiligen; Ggs.: aktiv 4. *desinteressiert* (lat.-fr.) uninteressiert; Ggs.: interessiert 5. *indifferent* (lat.) auch: unbestimmt, gleichgültig; z. B. indifferentes Gleichgewicht 6. *phlegmatisch* (gr.-lat.) träg, antriebslos

Teilnahmslosigkeit 1. *Apathie*, die (gr.-lat., Pl. -n) 2. *Desinteresse*, das (lat.-fr., ohne Pl.) die Schüler waren am Unterricht desinteressiert; Ggs.: Interesse 3. *Lethargie*, die (gr.-lat., ohne Pl.) der große Hunger ließ da Dorfbewohner in Lethargie verfallen 4. *Passivität*, die (lat.-fr., ohne Pl.) Ggs.: Aktivität 5. *Abnegation*, die (lat., Pl. -en)

teilnehmen *partizipieren* (lat.)

Teilnehmer an e. Diskussion *Diskutant*, der (lat., Pl. -en) »... Sozialneid ... e. phantastisches Wort, drängt jeden antiparlamentarischen Diskutanten in die Defensive.« (G. Schröders geh. Tagebuch von H. Venske, 1997)

Teilschuldverschreibung *Partialobligation*, die (lat., Pl. -en)

Teilstrecke *Etappe*, die (niederl.-fr., Pl. -n) Etappensieger bei der Tour de France sein; Nachschubgebiet; Etappenschwein: Soldat, der im Krieg in der Heimat, statt an der Front ist

Teilung 1. *Division*, die (lat., Pl. -en) math.; auch: militärische Einheit von ca. 10000 Soldaten 2. *Fission*, die (lat., Pl. -en) i. S. e. Teilung einzelner Organismen 3. *Bifurkation*, die (lat., Pl. -en) auch: Gabelung, z. B. e. Zahlwurzel, e. Flusses

teilweise *partiell* (lat.-fr.)

Teilzeitarbeit *Part-Time-Job*, der (engl., Pl. -s) Teilzeitbeschäftigung

Teilzeitregelung ... *Sabbatical*, das (hebr.-gr.-lat.-engl., ohne Pl.) ... bei der die freie Zeit en bloc (an einem Stück) genommen wird

Telefon mit eingebautem Lügendetektor *Truth Phone*, das (engl.-am., Pl. -s)

Telefon, netzunabhängiges ... 1. *Handy*, das (engl., Pl. -s) »Wenn es nach den Grünen gegangen wäre, bestünde das Handy aus zwei mit einer Kordel verbundenen Joghurt-Bechern.« (Guido Westerwelle, F. D. P., 1998) oder: »trendy mit dem Handy« 2. *Mobilette*, die (lat.-fr., Pl. -n) Modewort

Telefonanruf, eingespielter ... *Call-in*, der (engl., Pl. -s) z. B. während e. TV-Sendung

Telefonansagedienst, sprachgesteuert *Audiotex*, Begriff der Telekom; unter e. best. Rufnummer kann der Anrufer sagen, zu welchem Thema Informationen gewünscht werden

Telefonanschluß, mobil u. digital *Airphone*, das (engl., Pl. -s) findet z. B. im Privatjet Einsatz

Telefon-Dienstleister *Callcenter*, das (engl., Pl. -s) ... des Telemarketings; die geschulten Mitarbeiter heißen nicht Callgirls oder Callboys, sondern: Agents oder Hotliners

Telefongespräch *Telefonat*, das (gr.-lat., Pl. -e)

Telefongespräch, grundgebührenfreies ... *Call-by-Call-Telefonat*, das (engl.-gr., Pl. -e) es werden nur die gesprochenen Einheiten berechnet

telefonieren mit unterschiedlichen Netzen *Call by Call*, das (engl., ohne Pl.) ... um billige Gespräche zu führen

Telefonieren, das ... über Satelliten *Satelliten-Telefonie*, die (lat.-gr., ohne Pl.) in Kürze mit dem Iridium-Handy möglich

Telefonmarke *Jeton*, der (lat.-fr., Pl. -s) so genannt in Italien u. Frankreich

Telefonnetzbenutzer, illegale ... *Phreak*, der (engl.-am., Pl. -er) ... sie haben sich auf den Diebstahl von Calling-Card-Nummern mit dem passenden Geheimcode spezialisiert; nicht verw. mit *Freak*, der (engl.-am., Pl. -s) übertrieben Begeisterter

Telefonvermittlung, e. bes. ... *Call-Back*, das (engl., ohne Pl.) Teilnehmer rufen e. kostenlose Servicenummer an, tippen dann die gewünschte Rufnummer, e. meist ausländischer Dienst stellt die Verbindung her **Telefonzentrale für Informationen** *Call Center*, das (engl., Pl. -s) »Ruf-Zentrum«; ... wird von Unternehmen, Behörden, Institutionen für Anrufer fallweise oder ständig eingerichtet

Telegramm *Depesche*, die (lat.-fr., Pl. -n)

Telegraphiergeschwindigkeit, Einheit der ... *Baud*, das (fr., ohne Pl.) nach dem fr. Erfinder Baudot

Tempel 1. *Ädikula*, die (lat., Pl. ...lä) kleiner Tempel des Altertums 2. *Gloriette*, die (lat.-fr., Pl. -n) kleiner Ziertempel

Tempel mit e. Säulenvorhalle *Prostylos*, der (gr.-lat., Pl. ...oi) gr. Tempel

Tempel mit zwei Säulenvorhallen, *Amphiprostylos*, der (gr., Pl. ...stylen) die Säulenhallen befinden sich an der Vorder- u. Rückseite des gr. Tempels

Tempelbau 1. *Pagode*, die (port., Pl. -n) schlanker Tempel mit vielen Stockwerken in Ostasien 2. *Stupa*, der (sanskr., Pl. -s) Kultbau aus dem buddhistischen Indien

Tempelberg ... *Zion*, der (hebr., ohne Pl.) ... in Jerusalem; »Tochter Zion, freue dich! Jauchze laut, Jerusalem!« (Georg Friedrich Händel, Oper: »Judas Makkabäus) davon: *Zionismus*, der (hebr.-lat., ohne Pl.) Bewegung zur Gründung u. Sicherung des jüdischen Staates Israel

Tempelberg *Zion*, der (hebr., ohne Pl.) anfangs Name e. Jerusalemer Hügels, dann Sinnbild für den Tempelberg, später Bez. für Jerusalem u. das Heilige Land

Tempel-Fundament *Stereobat*, der (gr., Pl. -en) auch: Unterbau gr. Säulen aus dem eigentlichen Fundament u. der Krepis (Stufenunterbau)

Tempel-Hauptraum 1. *Cella* oder *Zella*, die (lat., Pl. ...ae) in dem stand das Götterbild 2. *Naos*, der (gr., ohne Pl.) Hauptraum altgr. Tempel

Tempelkern *Megaron*, das (gr., Pl. ...ra) auch: gr. Einraumhaus mit Vorhalle u. Herd als Mittelpunkt

Tempel-Kranzgesims *Geison*, das (gr., Pl. -s, ...sa)

Tempelleuchter, siebenarmiger ... *Meno-*

ra, die (hebr., ohne Pl.) des jüdischen Kults; nach dem 2. Buch Mose wurde er von Bezabel hergestellt, seit 1949 offizielles Emblem Israels

Tempelrückhalle *Opisthodomos*, der (gr., Pl. ...moi) Raum hinter der Cella e. gr. Tempels

Tempelschlaf *Inkubation*, die (lat., Pl. -en) im Altertum Ruhe zu Heilzwecken; auch: das sich Festsetzen von Krankheiten im Körper bis zur Wahrnehmung

Tempelsklave *Hierodule*, der (gr.-lat., Pl. -n) im antiken Hellas

Tempelstirnwand *Ante*, die (lat., Pl. -n) in der altgr. u. röm. Baukunst

Tempel-Stufenunterbau 1. *Krepidoma*, das (gr., ohne Pl.) 2. *Krepis*, die (gr., ohne Pl.) jeweils der altgr. Tempel

Tempeltänzerin *Bajadere*, die (gr.-lat.-port.-niederl.-fr., Pl. -n) in Indien

Tempel-Vorraum *Pronaos*, der (gr.-lat., Pl. ...naoi) auch: Vorhalle in der orthodoxen Kirche

Temperament *Naturell*, das (lat.-fr., Pl. -e)

temperamentvoll *sanguinisch* (lat.) »blutvoll«

Temperaturaufzeichner *Thermograph*, der (gr.-lat., Pl. -en)

Temperaturmesser *Thermometer*, das (gr.-lat., Pl. -)

Temperaturmessung *Thermometrie*, die (gr.-lat., Pl. ...ien)

Temperaturregler *Thermostat*, der (gr.-lat., Pl. -e)

Tempo *Rasanz*, die (lat.-fr., ohne Pl.) hohes Tempo

Tempomatweiterentwicklung *Distronic*, das (engl., Pl. -s) e. PKW wird mittels Radar-Sensoren im ausreichenden Abstand zum Vordermann gehalten

Tennis, im ... braucht der Spieler zum Sieg nur noch e. Punkt *Matchball*, der (engl.-dt., Pl. ...bälle) auch: Aufschlagball, der das Spiel entscheidet

Tennisarm *Epikondylitis*, die (gr., Pl. ...itiden) i. S. e. bes. Entzündung im Arm durch Überanstrengung (med.)

Tennismeisterschaften, internationale ... *Grand Slam*, der (engl., ohne Pl.) ... jährlich durchgeführte

Tennisschläger *Racket*, das (engl., Pl. -s)

Tennisspiel e. Wand *Squash*, das (lat.-

fr.-engl., ohne Pl.) auch: ausgepreßter Saft von Zitrusfrüchten; »Squash ist e. Sauna, in der man viel rennen muß.« (Henry Kissinger)

Tennis-Spielberechtigung ohne Qualifikation ... *Wildcard*, die (engl.-am., Pl. -s) ... für e. best. Turnier; der Veranstalter kann mit der »wilden Karte« Spieler seiner Wahl melden; auch: e. best. Karte beim Pokerspiel, deren Wert festgelegt werden kann (e. Art Joker)

Tennisspielfeld *Centre-Court*, der (engl., Pl. -s)

Tenniszirkus *Tennis-Circuit*, der (engl.-gr., ohne Pl.) gemeint ist die »Scheinwelt« des weißen Sports

Teppich, Orient... 1. *Belutsch*, der (Eigenn., Pl. -e) ... aus der Region des Hirtenvolks der Belutschen (Iran) 2. *Bergama*, der (Eigenn., Pl. -s) geometrisch gemustert, aus Bergama (Türkei) 3. *Beschir*, der (turkmenisch, Pl. -s) turkmenischer Teppich mit Blüten- oder Wolkenbandmuster 4. *Bidschar* u. *Bidjar*, der (Eigenn., Pl. -s) festgeknüpfter Teppich mit Blüten- u. Rankenmuster aus der Stadt Bidschar (Iran) 5. *Täbris*, der (Eigenn.) aus dem Iran 6. *Kuba*, der (Eigenn.) Kaukasus

Teppich, orientalischer Gebrauchs... *Jastik, Yastik*, der (türk., Pl. -s) »Polster«; als Sitzbelag

Teppichwebekunst *Stromatik*, die (gr., ohne Pl.)

Termin absagen *canceln* (engl.)

Termin, letzter ... *last-minute* (engl.) auch: Reiseangebot, das in letzter Minute wahrgenommen werden kann; »Ich fahre last-minute, irgendwohin in den Süden ... nach Kanada oder so.« (Mehmet Scholl, FC-Bayern, 1998)

Terminkalender 1. *Agenda*, die (lat., Pl. ...den) 2. *Kalendarium*, das (lat., Pl. ...ien)

Terminmarkt *Futuremarkt*, der (lat.-engl.-dt., ohne Pl.) kurz: Futures; Kapitalmarkt, auf dem Termingeschäfte gehandelt werden

Terminvertrag über die Lieferung oder Abnahme von Wertpapieren oder Waren zum Börsenkurs *Futures*, die (lat.-engl., nur Pl.)

Termiten *Isoptera*, die (gr.-lat., nur Pl.)

Terpentinbaum *Terebinthe*, die (gr.-lat., Pl. -n) e. Pistazienbaum, der im Mittelmeerraum beheimatet ist

Testamentabfasser *Testator*, der (lat., Pl. ...oren)

testen *probieren* (lat.) »Probieren geht über studieren.« (Sprichwort)

Testperson *Proband*, der (lat., Pl. -en) z. B. in der Medizin, in der Psychologie, im Verbraucherverhalten

Testverfahren ... *Multiple-choice*, das (lat.-engl., ohne Pl.) ... an vielen Universitäten, der Prüfling kreuzt unter mehreren vorgefertigten Antworten eine oder mehrere an

Testverfahren, psychologisches ... *Assessment Center*, das (engl.-am., Pl -s) ... das als Auswahlverfahren bei Bewerbern angewandt wird

teuer *expensiv* (lat.-engl.) kostspielig

Teufel 1. *Beelzebub*, der (hebr., ohne Pl.) 2. *Diabolus*, der (gr.-lat., ohne Pl.) 3. *Luzifer*, der (lat.-fr., ohne Pl.) 4. *Mephisto*, der (Pl. -s) Teufelsgestalt in Goethes »Faust« 5. *Satan*, der (hebr.-gr.-lat., ohne Pl.) »Widersacher« 6. *Urian*, der (Herkunft unbekannt, ohne Pl.) 7. *Dämon*, der (gr.-lat., Pl. ...onen) i. S. e. unheimlichen Macht

Teufel im Märchen *Hero-Trickster*, der (gr.-engl., ohne Pl.) »Held-Gauner«; auch: listiger, meist selbst betrogener Widersacher

Teufel, armer ... *Lazarus*, der (Eigenn., Pl. -se) auch: Geplagter, nach der Gestalt des kranken Lazarus im Neuen Testament. »Ich bin nicht Gott, u. Litwinenko ist nicht Lazarus ...« (Wladimir Putin zum Todesfall des Exspions, 2006)

Teufelsaustreibung *Exorzismus*, der (gr.-lat., Pl. ...men) Beschwörung von Dämonen

Teufelskreis *Circulus vitiosus*, der (lat., Pl. ...li, ...si)

Teufelsrochen *Manta*, der (lat.-sp., Pl. -s) e. Knorpelfisch; nicht verw. mit *Mantra*, das (sanskr., Pl. -s) religiöser Spruch der Inder; Ritualformel

Teufelsverehrung 1. *Dämonolatrie*, die (gr.-lat., ohne Pl.) Teufelsanbetung 2. *Satanismus*, der (gr.-lat., ohne Pl.) auch: Darstellung des Bösen, Grausamen in der Literatur

teuflisch 1. *diabolisch* (gr.-lat.) 2. *infernalisch* (lat.) höllisch 3. *satanisch* (hebr.-gr.-lat.) 4. *dämonisch* (gr.-lat.)

Text *Legende*, die (lat., Pl. -n) erläuternder Text auf Landkarten, Zeichenerklärung

Text- oder Bildgestaltung ... *Layout*, das (engl., Pl. -s) ... e. Zeitung, Zeitschrift oder e. Buches

Text, schlechter ... *Elaborat*, das (lat., Pl. -e) auch: Machwerk

Textanzeigegerät, elektronisches ... *Teleprompter*, der (engl., Pl. -s) ... für den TV-Sprecher; von to prompt (soufflieren, vorsagen)

Textbuch mit Stundengebeten ... *Horologium*, das (gr.-lat., Pl. ...ien) ... der orthodoxen Kirche

Texteinblendung ... *Textchart*, das (lat.-engl., Pl. -s) ... bei e. Film

Textilfaser, neuartige ... *Tencel*, das (Eigenn.) ... aus Holz u. Viskose, ist sehr reißfest, trägt sich wie Baumwolle

Textlücke *Lakune*, die (lat., Pl. -n)

Textstelle *Passus*, der (lat., ohne Pl.) »Schritt«

Theater, experimentierfreudiges kleines ... *Off-off-Bühne*, die (engl.-am.-dt., Pl. -n)

Theater, lautstarkes ... *Klamauk*, der (ugs., dt., ohne Pl.) auch Ulk.»Die iranische Regierung hat keine Angst vor dem Klamauk des Westens.« (Mahmud Ahmadinedschad, Irans Staatspräsident, 2006)

Theater, Vorsager im ... 1. *Souffleur*, der (lat.-fr., Pl. -e) 2. *Souffleuse*, die (lat.-fr., Pl. -n) Vor-, Einsagerin am Theater

Theaterbesprechung *Rezension*, die (lat., Pl. -en) auch: Kritiken zu Büchern u. Filmen

Theaterform, moderne ... *Absurdismus*, der (lat., ohne Pl.) ... die antirealistische Stilmittel einsetzt (absurdes Drama)

Theaterleiter 1. *Prinzipal*, der (lat., Pl. -e) 2. *Intendant*, der (lat.-fr., Pl. -en)

Theaterleitung 1. *Intendanz*, die (lat., Pl. -en) auch: Büro des Theaterleiters 2. *Intendantur*, die (lat.-fr., Pl. -en) veraltet; auch: Verwaltungsbehörde e. Heeres

Theatersaal *Odeon*, das (gr.-lat.-fr., Pl. -s)

Thema *Sujet*, das (lat.-fr., Pl. -s) i. S. von: Stoff e. künstlerischen Darstellung

Themenwelten *Center Park*, der (engl.-am., Pl. -s) künstliche Landschaften, Einrichtungen, gestellte Szenen zu diversen Themen; die klassische Themenwelt heißt Disneyland

Theorem (Lehrsatz), das besagt, daß e. Singularität (Punkt, an dem die Raumzeit unendlich wird) vorkommen muß *Singularitätstheorem*, das (lat., Pl. -e) ... unter best. Umständen. (Phys., Astron.)

Theorie Einsteins, in der Naturgesetze für alle Beobachter gelten müssen ... *Allgemeine Relativitätstheorie*, die (dt.-lat., ohne Pl.) ... unabhängig von ihrer Bewegung; dabei ist die Gravitationskraft die Krümmung e. vierdimensionalen Raumzeit

Theorie mit Gültigkeitsanspruch 1. *Dogma*, das (gr.-lat., Pl. ...men) 2. *Doktrin*, die (lat., Pl. -en)

Theorie, die die Wechselwirkung zwischen Quarks (hypothetische Elementarteilchen) u. Gluonen (Bindeglieder) beschreibt *Quantenchromodynamik*, die (gr.-lat., ohne Pl.)

Theorie, Einsteins ... besagt, daß die Naturgesetze für alle Beobachter gleich sind ... *Spezielle Relativitätstheorie*, die (lat., ohne Pl.) ... unabhängig von der Art ihrer Bewegung (Phys.); Albert Einstein (1879–1955) Physiker

Theorie, entwickelt worden aus Plancks Quantenprinzip u. Heisenbergs Unschärferelation *Quantenmechanik*, die (lat., ohne Pl.) Phys.

Theorie, in der Teilchen Wellen (Strings) genannt werden *Stringtheorie*, die (engl.-lat., ohne Pl.) Strings haben Längenausdehnung, aber keine andere Dimension (Phys.)

Therapie mittels der Heilkraft des Meeres u. der Seeluft *Thalassotherapie*, die (gr., Pl. ...ien)

Thermalquelle *Therme*, die (gr.-lat., Pl. -n)

Thronfolge *Sukzession*, die (lat., Pl. -en)

Tick 1. *Faible*, der (lat.-fr., Pl. -s) auch: Vorliebe 2. *Spleen*, der (engl., Pl. -e, -s) Schrulle

tief *profund* (lat.-fr.) der Historiker besaß e. profundes (gründliches) Geschichtswissen

Tiefdruckgebiet 1. *Zyklone*, die (gr.-lat., Pl. -n) nicht verw. mit *Zyklon*, der (gr.-

engl., Pl. -e) Wirbelsturm; oder *Zyklop*, der (gr.-lat., Pl. -en) »Rundäugiger«, einäugiger Riese der gr. Sagenwelt 2. *Depression*, die (lat., Pl. -en) auch: Niedergeschlagenheit

Tiefe, aus der ... der Erde stammend *abyssisch* (gr.-lat.) in der Tiefsee entstanden; auch: abgrundtief

Tiefe, grundlose ... *Abyssus*, der (gr.-lat., ohne Pl.) auch: das Bodenlose, Unterwelt

Tiefenfurcht *Bathophobie*, die (gr., Pl. ...ien) Angst u. Schwindel beim Anblick großer Tiefen u. Höhen

Tiefengestein 1. *Intrusivgestein*, das (lat.-dt., Pl. -e) d. h. in der Erdkruste erstarrtes Magma 2. *Plutonit*, der (gr., Pl. -e) nach Pluton, dem gr. Gott der Unterwelt: magmatisches Gestein in großer Tiefe

Tiefenmesser *Echolot*, das (gr.-lat.-dt., Pl. -e) Gerät für die Bestimmung der Meerestiefe

Tiefkühltruhe *Deep-freezer*, der (engl., ohne Pl.)

Tiefparterre *Basement*, das (engl., Pl. -s)

Tiefschlag 1. *Down Blow*, der (engl., Pl. -s) 2. *Low Blow*, der (engl., Pl. -s) z. B. verbotener Tiefschlag beim Boxen

Tiefschnee *Powder*, der (engl.-am., ohne Pl.)

Tiefsee *Bathysphäre*, die (gr.-lat., Pl. -n) Bez. für die tiefsten Stellen der Ozeane

Tiefseeforscher *Aquanaut*, der (lat.-gr., Pl. -en)

Tiefseeforschung *Bathygraphie*, die (gr.-lat., ohne Pl.)

Tiefseelot *Bathometer*, das (gr., Pl. -)

Tiefseeregion *abyssische Region*, die (gr.-lat., Pl. -en) die Meerestiefe ab 3000 m

Tiefseetauchgerät *Bathyskaph*, der (gr.-lat., Pl. -e) Gerät, das von A. Piccard (1884–1954) entwickelt u. eingesetzt wurde

Tiefstand *Depression*, die (lat., Pl. -en) Konjunkturphase hoher Arbeitslosigkeit, geringer Produktion und schwacher Nachfrage; auch: seelische Niedergeschlagenheit

Tieftonlautsprecher 1. *Subwoofer*, der (engl., Pl. -s) große Boxen für die tiefen Frequenzen 2. *Woofer*, der (engl., Pl. -s) Ggs.: Tweeter

Tier 1. *Bestie*, die (lat., Pl. -n) svw. bes. wil-

des Tier 2. *Amphibie*, die (gr.-lat., Pl. -n) e. Land- u. Wassertier; auch: Amphibienfahrzeug, Fahrzeug mit Rädern u. e. kleinen Schiffsschraube 3. *Fossil*, das (lat., Pl. -ien) i. S. e. versteinerten Tierrestes 4. *Präparat*, das (lat., Pl. -e) e. ausgestopftes Tier

Tier- u. Pflanzenwelt des Meeresgrundes *Benthos*, das (gr., ohne Pl.) eigtl.: Tiefe

Tier, mythisches ... der Endzeit *Behemoth*, der (hebr.-lat., Pl. -s) »Großtier«; auch: Nilpferd im Alten Testament

Tieranatomie *Zootomie*, die (gr.-lat., ohne Pl.)

Tierartenbenennung *Zoographie*, die (gr.-lat., Pl. ...ien)

Tierarzt *Veterinär*, der (lat.-fr., Pl. -e)

Tierbändiger 1. *Dompteur*, der (lat.-fr., Pl. -e) 2. *Dresseur*, der (lat.-fr., Pl. -e)

Tierbändigerin *Dompteuse*, die (lat.-fr., Pl. -n)

Tierbewegung *Thigmotaxis*, die (gr.-lat., Pl. ...xen) Bewegung im Fall der Berührung

Tiere abrichten *dressieren* (lat.-fr.)

Tiere, Geschlechtsverkehr mit ... *Sodomie*, die (lat., Pl. ...ien)

Tiere, Geschlechtsverkehr mit ... Treibender *Sodomit*, der (lat., Pl. -en) von Sodom, biblische Stadt der Sünde

Tiererzählung, vergleichende ... *Fabel*, die (fr., Pl. -n) ... u. belehrende, z. B. »Der Fuchs u. der Rabe« von Jean de La Fontaine (1621–1695)

Tierforscher *Zoologe*, der (gr.-fr., Pl. -n)

Tierforschung *Zoologie*, die (gr.-fr., ohne Pl.) auch: Tierkunde

Tiergehege *Menagerie*, die (lat.-fr., Pl. ...ien)

Tierheilkunde *Veterinärmedizin*, die (lat.-fr., ohne Pl.)

tierisch 1. *animalisch* (lat.) 2. *bestialisch* (lat.) raubtierartig, unmenschlich; z. B. e. bestialischen Gestank verbreiten

tierisches Wesen *Animalität*, die (lat., ohne Pl.)

Tierkreis *Zodiakus*, der (lat., ohne Pl.)

Tierkreis, den ... betreffend *zodiakal* (gr.-lat.)

Tierkreiszeichen, best. *Aszendent*, der (lat., Pl. -en) das Tierkreiszeichen, welches im Augenblick der Geburt im Osten über den Horizont tritt; von lat. ascendere (steigen) auch: Vorfahr, Verwandter in aufsteigender Linie; Ggs.: Deszendent

Tierkult *Zoolatrie*, die (gr.-lat., Pl. ...ien) Verehrung von Göttern in Tiergestalt

Tierlehrer *Dresseur*, der (fr., Pl. -e)

Tierpräparation *Taxidermie*, die (gr.-lat., Pl. -n) das Ausstopfen von Tieren

Tierpräparator *Taxidermist*, der (gr.-lat., Pl. -en)

Tierschau *Menagerie*, die (lat.-fr., Pl. ...ien) früher auf Jahrmärkten üblich

Tierverhaltensforscher *Ethologe*, der (gr., Pl. -n) z. B. Konrad Lorenz (1903 – 1989) Untersuchungen über Graugänse; nicht verw. mit *Ethnologe*, der (gr., Pl. -n) Völkerkundler, z. B. Claude Lévi-Strauss

Tierverhaltensforschung *Ethologie*, die (gr.-lat., ohne Pl.) nicht verw. mit *Ethnologie*, die (gr.-lat., ohne Pl.) Völkerkunde

Tierversteinerung 1. *Petrefakt*, das (gr.-lat., Pl. -e) Versteinerung von Tieren oder Pflanzen 2. *Zoolith*, der (gr.-lat., Pl. -e) Sedimentgestein, aus Tierresten bestehend

Tierwelt *Fauna*, die (lat., Pl. ...nen) eigtl.: altröm. Fruchtbarkeitsgöttin

tilgbar *amortisabel* (lat.-fr.) z. B. Verbindlichkeiten

tilgen *obliterieren* (lat.) Verbindlichkeiten zurückzahlen

Tilgung 1. *Amortisation*, die (lat.-fr., Pl. -en) Tilgung investierten Kapitals nach e. Vereinbarung mit der Bank 2. *Obliteration*, die (lat., Pl. -en) Tilgung von Geldschulden 3. *Revalierung*, die (lat., Pl. -en)

Tilgungszeichen *Deleatur*, das (lat., ohne Pl.) im Druckwesen:

Tintenfisch 1. *Oktopode*, der (gr., Pl. -n) 2. *Krake*, die (norw., Pl. -n) Riesentintenfisch 3. *Polyp*, der (gr.-lat., Pl. -en) »vielfüßig«

Tippelbruder 1. *Clochard*, der (fr., Pl. -s) »Pennbruder« in Paris 2. *Tramp*, der (engl., Pl. -s) »E. Tramp ist e. Mensch, der unterwegs zu Hause ist.« (Henry Miller)

Tisch mit eingelassener Kochplatte *Tepanyaki*, der (jap., Pl. -s) ... um den zwei bis acht Personen in e. Restaurant sitzen u. die Speisen vor sich kochen lassen

Tischdecke *Tapet*, das (gr.-lat.-fr., Pl. -e) auch: Bespannung; »etwas aufs Tapet bringen« (Redewendung: etwas auf den Tisch, zur Sprache bringen)

Tischgestell, kleines ... *Menage*, die (fr., Pl. -n) für Essig, Öl, Salz u. Pfeffer

Tischtennis *Pingpong*, das (engl., ohne Pl.) scherzhaft od. abwertend für: Tischtennisspiel

Titan, e. ... **in der gr. Mythologie** *Hyperion*, der (gr., ohne Pl.) Sohn der Gaia u. des Uranos

Titel e. indischen Fürstin *Begum*, die (ind.-engl., Pl. -en)

Titel e. jap.-kaiserlichen Feldherrn *Schogun* u. *Shoguh*, der (jap.-chin., Pl. -e) auch: Träger des Titels: Schogun

Titel e. Vizekönigs von Ägypten *Khedive*, der (pers.-türk., Pl. -n) bis 1914

Titelblatt *Cover*, das (engl., Pl. -s) auch: Tuch, Decke

Titelseite e. Web-Site *Homepage*, die (engl., Pl. -s) sie gibt e. Überblick über die weiteren Seiten u. weist die Wege dorthin

Titelseite e. Zeitschrift *Cover*, das (engl.-am., Pl. -s) auch: Decke, Tuch; die Aufnahme e. bereits veröffentlichten Schallplatte durch e. anderen Sänger

Titelseite *Frontpage*, die (engl.-am., Pl. -s) Deckblatt e. Zeitung, e. Zeitschrift

Titelträger *Titular*, der (lat., Pl. -e)

Titte *Boob*, die (engl., Pl. -s) derb für weibliche Brust

toben *haselieren* (lat.-fr.) auch: lärmen

tobend *frenetisch* (gr.-lat.-fr.) z. B. frenetisch Beifall klatschen

tobsüchtig 1. *cholerisch* (gr.-lat.) 2. *furibund* (lat.) rasend (med.)

Tochter des Flußgottes Peneios *Daphne*, die (Eigenn., gr.)

Tochter *Filia*, die (lat., Pl. -ae) z. B. Filia hospitalis: Tochter der Wirtsleute des Studenten

Tochtergeschwulst *Metastase*, die (gr., Pl. -n) med.

Tod durch Ersticken *Bolustod*, der (gr.-lat.-dt., ohne Pl.) z. B. an e. verschluckten Fremdkörper

Tod durch Überarbeitung *Karoshi*, der (jap., ohne Pl.) in Japan kein seltener Tod leitender Mitarbeiter; von: karó (Überanstrengung) u. shi (Tod)

Tod *Exitus*, der (lat., Pl. -se) med.; »Exitus statt Koitus!« (Ärztliche Stellungnahme zur Potenzpille Viagra, 1998)

Tod, der ... **(ist die) Pforte des Lebens**

mors posta vitae (lat., Zitat u. Grabin-
schrift)
Tod, Forschung auf dem Gebiet des ...
Thanatologie, die (gr.-lat., ohne Pl.) svw.
Sterbeforschung, Todesforschung
Tod, Forschung zur Todesursache *Tha-natogenese*, die (gr.-lat., ohne Pl.)
Tod, kurz vor dem ... *ante mortem* (lat.)
med.; Abk.: a. m.
Tod, Neigung zum Frei... *Thanatomanie*,
die (gr.-lat., Pl. ...ien)
Tod, örtlicher Gewebs... *Nekrose*, die
(gr.-lat., Pl. -n) auch: Absterben von Zel-
len (med.)
Tod, schnell kommt der ... *cita mors ruit*
(lat., Zitat)
Tode, nach dem ... 1. *post mortem* (lat.)
2. *postum* (lat.)
Tode, zum ... führend *letal* (lat.) auch:
tödlich (Giftmenge)
Todesangst *Thanatophobie*, die (gr.-lat., Pl.
...ien) krankhafte Angst vor dem Sterben
Todesanzeige *Parte*, die (it.-fr., Pl. -n) i. S.
von: Nachricht geben
Todesforschung *Thanatologie*, die (gr.-
lat., ohne Pl.)
Todeskampf *Agonie*, die (gr.-lat., Pl.
...ien) med.
Todeskraft *Lethal Force*, die (lat., ohne Pl.)
auch: e. zum Tod führende Stärke.»Ich
habe das Instrumentarium für verschiedene Stufen, auch Lethal Force.« (Karlheinz
Viereck, Befehlshaber der Kongomission,
2006)
Todesstatistik *Nekrologie*, die (gr.-lat.,
ohne Pl.) Erfassung der Todesursachen
Todestrieb *Thanatos*, der (gr., ohne Pl.)
Todesurteil im Iran *Fatwa*, das (arab.,
ohne Pl.) über den Schriftsteller Salman
Rushdie wurde dies Urteil verhängt;
eigtl.: Rechtsgutachten e. Mufti (islamischer Gelehrter)
todgeweiht *moribund* (lat.) i. S. von sterbend
tödlich 1. *letal* (lat.) z. B. e. bestimmte
Giftmenge wirkt letal 2. *deletär* (lat.)
Toilette 1. *Latrine*, die (lat., Pl. -n) i. S. e.
Senkgrube, Latrinengerücht, im alten
Rom wurden an diesem Ort Neuigkeiten
ausgetauscht 2. *Klosett*, das (lat.-fr.-engl.,
Pl. -s) 3. *Lokus*, der (lat., Pl. -se) Abort;
auch: (Pl. Lozi) Ort, Platz

toll *spacy* (engl.) abgefahren; prima
toll, herrlich ist's, zu rechter Zeit ... zu
sein *dulce est desipere in loco* (lat., Zitat:
Horaz)
Tollkirsche *Belladonna*, die (it., Pl.
...nnen) eigtl.: schöne Frau; giftiges
Nachtschattengewächs, früher als Schön-
heitsmittel verwendet
Tollwut 1. *Rabies*, die (lat., ohne Pl.) 2. *Lys-
sa*, die (gr.-lat., ohne Pl.)
Tomate *Paradeiser*, der (gr.-lat., Pl. -)
auch: Paradiesapfel
Ton mit großem Quellvermögen *Bento-
nit*, der (lat., Pl. -e) nach dem ersten Fundort: Fort Benton (Montana, USA)
Ton *Terrakotta*, die (lat.-it., Pl. ...tten) gebrannt, aber unglasiert
**Ton, aus ... geschaffene menschliche Ge-
stalt** *Golem*, der (hebr., ohne Pl.) ... der
jüdischen Legende; e. Homunkulus
(künstlich erschaffener Mensch)
Ton, den ... halten *Sustain*, das (engl., Pl.
-s) Zeit des Abfallens des Tons bis zu e.
bestimmten Höhe
**Ton, Original... des Sprechenden im
Hintergrund** ... *Overvoice*, die (engl., Pl.
-s) ... der Übersetzer, Reporter über-
spricht den O-Ton
Ton, verzerrter ... e. E-Gitarre *Over-
drive*, der (engl., Pl. -s) auch: Gang bei der
Kraftübertragung, der bei reduzierter
Drehzahl des Motors gleichbleibende Lei-
stung ermöglicht
Tonabnehmer *Pickup*, der (engl., ohne Pl.)
auch: Fahrzeug mit kleiner Ladefläche
Tonabschwächung *Dekreszenz*, die (lat.,
Pl. -en)
Tonart, an keine ... gebunden *atonal* (gr.)
Mus.
Tonartwechsel *Modulation*, die (lat., Pl.
-en)
Tonband *Tape*, das (engl., Pl. -s)
Tonbandgerät *Magnetophon*, das (gr.-lat.,
Pl. -e)
Tondatei in digitalisierter Form *Sound-
file*, der (engl., Pl. -s) dazu gehören auch
Handy-Klingeltöne
Tonfall *Akzent*, der (lat., Pl. -e) sie sprach
Englisch mit einem merkwürdigen Ak-
zent
Tonhalle *Orpheum*, das (gr.-lat., Pl. ...een)
nach dem gr. Sänger Orpheus

Tonleiter *Gamme* (gr.-lat.-fr., Pl. -n)

Tonne *Barrel*, das (fr.-engl., Pl. -s) am. Maß für Flüssigkeiten, 1 Barrel Rohöl = rund 159 Liter

Tonspuren, etwas auf mehreren ... aufnehmen ... *overdub* (engl.) ... damit z. B. e. Gitarrensolo voller klingt

Tonstück 1. *Duo*, das (lat.-it., Pl. -s) Stück für zwei Stimmen oder zwei Instrumente 2. *Terzett*, das (lat.-it., Pl. -e) für drei Stimmen 3. *Quartett*, das (lat.-it., Pl. -e) für vier Stimmen oder vier Instrumente

Tönung 1. *Nuance*, die (lat.-fr., Pl. -n) auch: feiner Farbübergang 2. *Teint*, der (lat.-fr., Pl. -s) das Mädchen hat e. schönen Teint (Gesichtshaut)

Tonverlängerungs-Effekt *Sustain*, das (engl.-am., Pl. -s) d. h. e. techn. Möglichkeit, mit der e. Ton länger zu halten ist

Tonware, feinste ... *Porzellan*, das (lat.-it., Pl. -e) hergestellt durch Brennen aus e. Kaolin-, Feldspat-, Quarz-Gemenge; »Vorsicht ist die Mutter der Porzellankiste.« (Sprichwort)

top *optimal* (lat.) i. S. von: bestmöglich

Topf mit Wertpapieren, an dem Anteile ohne Nennwert erworben werden *Investmentfonds*, der (lat.-engl., Pl. -) Börsenbez.

Töpferware *Satsuma*, das (jap., Pl. -s)

Tor 1. *Portal*, das (lat., Pl. -e) auch: große Tür 2. *Goal*, das (engl., Pl. -s) Tortreffer beim Fußball 3. *Bab*, das (arab.)

Tor, monumentales ... *Pischtak*, das (arab.) normalerweise mit farbigen Fliesen geschmückt; architektonisches Merkmal Zentralasiens

Torhüter *Goalkeeper*, der (engl., Pl. -s) Torwart

töricht *abstrus* (lat.) abstruse Handlungsweise

törnt an, geil *tschuggi* (Begriff aus der dt. Szene)

Torschütze, erfolgreicher ... *Goalgetter*, der (engl., Pl. -s)

Törtchen *Tortelette*, das (lat.-it., Pl. -n)

töten 1. *liquidieren* (lat.-it.) eigtl.: verflüssigen; ausschalten 2. *killen* (engl.) 3. *lynchen* (engl.) ohne Urteil umbringen, Lynchjustiz 4. *eliminieren* (lat.) auch: herauslösen

Toten- u. Geisterbeschwörung ... *Nekro-*

mantie, die (gr.-lat., ohne Pl.) ... dadurch praktizierte Weissagung

Toten, von ... rede nur Gutes *de mortuis nil nisi bene* (lat., Zitat)

Totenbeschau *Nekropsie*, die (gr.-lat., Pl. ...ien)

Totenbeschwörer *Nekromant*, der (gr.-lat., Pl. -en) in der Antike e. Geisterbeschwörer

Totenbeschwörung *Nekyia*, die (gr., Pl. ...yien) auch: Totenopfer

Totengebet, jüdisches ... *Kaddisch*, der (hebr.-aramäisch, ohne Pl.)

Totenklage, altröm. ... *Nänie*, die (lat. -n) auch: Trauergesang

Totenkult *Manismus*, der (lat., ohne Pl.)

Totenmesse *Requiem*, das (lat., Pl. -s)

Totenopfer *Nekyia*, die (gr., Pl. ...yien)

Totenreich 1. *Orkus*, der (lat., ohne Pl.) 2. *Hades*, der (gr., ohne Pl.) auch: Unterwelt

Totenschau *Nekropsie*, die (gr.-lat., Pl. ...ien) auch: Leichenöffnung

Totenstadt 1. *Nekropolis*, die (gr., Pl. ...polen) aus der Antike 2. *Nekropole*, die (gr., Pl. -n)

Totentanz *Danse macabre*, der (fr., Pl. -s -s)

Totenverehrung *Manismus*, der (lat., ohne Pl.)

Totenwelt 1. *Hades*, der (gr., ohne Pl.) 2. *Orkus*, der (lat., ohne Pl.) Totenreich

Totschläger *Killer*, der (engl., Pl. -) bezahlter Mörder: Berufskiller

Totschweigen *Tabuisierung*, die (polynes., Pl. -en)

Tour, auf ... gehen *touren* (gr.-lat.-fr.) auch: auf Tournee sein; »Hillu tourt mal wieder durch Weißrußland u. die Ukraine.« (G. Schröders geh. Tagebuch v. H. Venske, 1997)

Tourenschreiber *Gyrometer*, das (gr.-lat., ohne Pl.)

Trabant des Pluto *Charon*, der (gr., ohne Pl.) nach dem Fährmann Charon, der die Toten auf dem Fluß Styx in den Hades bringt (gr. Mythologie); der Trabant wurde erstmals 1978 entdeckt

Tragbalken, Säulen verbindender ... *Architrav*, der (gr.-lat., Pl. -e)

tragbar *transportabel* (lat.-fr.)

träge 1. *lethargisch* (gr.-lat.) teilnahmslos

2. *phlegmatisch* (gr.-lat.) er ist in seinen Reaktionen phlegmatisch 3. *apathisch* (gr.-lat.) teilnahmslos 4. *inert* (lat.) inerte Stoffe (chem.)

trage u. dulde! *perfer et obdura!* (lat., Zitat: Ovid)

Trageband zum Schutz für Penis, Hoden oder die weibliche Brust *Suspensorium*, das (lat., Pl. ...ien) ... bes. im Sport; auch beutelförmige Bandage

Tragekorb *Kiepe*, die (norddt., Pl. -n)

Tragen, zum ... der Inful oder Mitra (Stirnbinde) berechtigt *infuliert* (lat.)

Träger der Erbanlagen *Chromosom*, das (gr., Pl. -en) auch: Bestandteil der Zellen jeder Organismenart

Tragfähigkeit 1. *Deadweight*, das (engl., Pl. -s) e. Schiffes in Tonnen gemessen 2. *Bruttoregistertonne*, die (it.-dt., Pl. -n) abgekürzt BRT; auch: Maßeinheit für Schiffsraum

Trägheit 1. *Lethargie*, die (gr.-lat., ohne Pl.) 2. *Phlegma*, das (gr.-lat., ohne Pl.)

Trägheit des Geistes *Phlegma*, das (gr.-lat., ohne Pl.) »Manche Spieler haben e. Phlegma, die brauchen mal e. Tritt hinterrein.« (Olaf Thon, Fußballcr, 1998)

Trägheitskompaß *Gyroskop*, das (gr.-lat., Pl. -e) auch: Meßgerät für die Achsendrehung der Erde

Tragsessel 1. *Palankin*, der (hindi-port.-fr., Pl. -s) war früher in Indien gebräuchlich 2. *Portechaise*, die (fr., Pl. -n)

Trainer *Coach*, der (engl., Pl. -s) z. B. beim Fußball

trainiert *fit* (engl.) i. S. von durchtrainiert

Trainingsboxen *Sparring*, das (engl., ohne Pl.) auch: *Sparring*, der (engl., Pl. -s) kleiner Schlagball für Boxer

Tränen hervorrufend *lakrimogen* (lat.)

Tränenfluß *Epiphora*, die (gr.-lat., Pl. ...rä) med.

Transfer von technischem Wissen *Technologietransfer*, der (lat., Pl. -s) ... zwischen Entstehung u. Verwendung im Kombinationsprozeß der Produktionsfaktoren; »Beim Technologietransfer befinden wir uns noch tief im Mittelalter.« (Hubert Köster, Uni-Prof., Hamburg, 1998)

transplantieren *graften* (engl.) auch: e. Organ verpflanzen (med.)

Transportunternehmen 1. *Spediteur*, der (lat.-it., Pl. -e) 2. *Carrier*, der (engl., Pl. -s) »Träger«; Ausdruck aus der Luftfahrt

Transuran *Plutonium*, das (gr.-lat., ohne Pl.) nach dem Planeten Pluto, e. chemisches Element (Pu); »Der BND kann den Plutonium-Deal gar nicht eingefädelt haben, die Aktion hat schließlich geklappt!« (Leserbrief in der Bild Zeitung, 1997)

Transvestit *Lady-Boy*, der (engl., Pl. -s)

Trasse abstecken *alignieren* (fr.) im Straßen- u. Gleisbau

trau, schau, wem! *fide, sed cui, vide!* (lat., Zitat)

Traubenzucker *Glucose*, die (gr., ohne Pl.)

Trauergedicht *Epikedeion*, das (gr., Pl. ...deia) auch: Trostgedicht

Trauergesang 1. *Nänie*, die (lat., ohne Pl.) Totenklage im alten Rom 2. *Threnodie*, die (gr., Pl. ...ien) Klagelied im alten Hellas

Trauerspiel *Tragödie*, die (gr.-lat., Pl. -n)

Trauerspieldichter *Tragiker*, der (gr.-lat., Pl. -) z. B. Aeschylus: »Die Orestie«; Sophokles: »Antigone«

trauervoll *doloroso* (lat.-it.) musik. Vortragsanw.

Traufe *Sima*, die (gr.-lat., Pl. -s, ...men) Traufleiste antiker gr. Tempel meist mit Wasserspeier

Traumbild 1. *Mandala*, das (sanskr., Pl. -s) oder vom Patienten angefertigte Darstellung als Symbol der Selbstfindung (Psychol.) auch: mystisches Kreis -oder Vieleckbild in der ind. Religion 2. *Phantasie*, die (gr.-lat., Pl. ...ien) auch: Vorstellungskraft; »Die Phantasie der Frau ist ihre Wirklichkeit.« (Jean Giraudoux)

Träumer 1. *Phantast*, der (gr.-lat., Pl. -en) 2. *Romantiker*, der (lat., ohne Pl.) Schwärmer; auch: Künstler der Romantik

Träumerei *Phantasterei*, die (gr.-lat., Pl. -en)

Traumgebilde *Phantasie*, die (gr.-lat., Pl. ...ien)

Traumgesicht *Vision*, die (lat., Pl. -en) auch: Vorstellung bez. e. erfolgreichen, zufriedenen Zukunft; die Gesellschaft braucht Politiker mit Visionen

traumhaft *phantasmagorisch* (gr.)

Traumland *Utopia*, das (gr.-fr., ohne Pl.) e. Schlaraffenland mit ausschließlich glücklichen Bewohnern

Traumphase während des Schlafs *Rapid Eye Movement Phase*, die (engl., Pl. -n) Abk.: REM-Phase; in dieser Zeit treten schnelle Augenbewegungen auf

traurig 1. *desolat* (lat.) trostlos, etwas befindet sich in desolatem Zustand 2. *trist* (lat.-fr.) 3. *lagrimoso* (lat.-it.) i. S. von klagend; musik. Vortragsanw. 4. *funebre* (lat.-fr.) musik. Vortragsanw. 5. *depressiv* (lat.) i. S. von gedrückt, niedergeschlagen 6. *deprimiert* (lat.-fr.) schwermütig 7. *melancholisch* (gr.-lat.) auch: trübsinnig

Traurigkeit *Tristesse*, die (lat.-fr., Pl. -n) »Bonjour Tristesse« (bekannter Roman von Françoise Sagan)

Treffen 1. *Meeting*, das (engl., Pl. -s) 2. *Date*, das (am., Pl. -s) auch: Verabredung 3. *Tête-à-Tête*, das (fr., Pl. -s) zärtliches Treffen Verliebter 4. *Rendezvous*, das (fr., ohne Pl.) Stelldichein; auch: Treffen von Raumfahrzeugen im Weltall

Treffen mit e. Unbekannten *Blind date*, das (engl., Pl. -s) Bez. aus der Partnersuche

treffend 1. *frappant* (germ.-fr.) 2. *epigrammatisch* (gr.-lat.) 3. *lapidar* (lat.) i. S. von kurz u. bündig 4. *prägnant* (lat.-fr.) i. S. von knapp u. treffend 5. *präzise* (lat.-fr.) genau

Treffer *Goal*, das (engl., Pl. -s) Torschuß beim Fußball

trefflich 1. *optime* (lat.) (veraltet) i. S. von am besten 2. *famos* (lat.) eigtl.: viel besprochen; prächtig

Treffpunkt *Meeting-Point*, der (engl., Pl. -s)

Treibenlassen *Laisser-faire*, das (lat.-fr., ohne Pl.)

Treibgas oder Kältemittel *Fluorchlorkohlenwasserstoff*, der (chem. Verbindung, Pl. -e) zerstört die Ozonschicht; Abk.: FCKW

Treibschlag beim Golf und Tennis *Drive*, der (engl., Pl. -s) auch: Fahrt, Ausflug

Treibstoff 1. *Benzin*, das (arab., Pl. -e) 2. *Sprit*, der (lat., ohne Pl.) aus: Spiritus

treideln *bomätschen* (tschech.)

Trend *Tendenz*, die (lat.-fr., Pl. -en)

Trend zu runden Entwürfen u. Produkten *Rund-Trend*, der (engl., Pl. -s) »Rund-Welle«; auch: Teddy-Trend; alles ist rund, kompakt, transportabel u. drückt das Bedürfnis nach Geborgenheit aus, z. B. die runden Kleinwagen, runde Stereoanlagen

Trend, im ... liegend *trendy* (engl.)

Trend, voll im ... 1. *hip* (engl.) Bez. aus der Beat-Generation der 60er Jahre 2. *trendy* (engl.)

trennen 1. *differenzieren* (lat.) i. S. von: unterscheiden 2. *dividieren* (lat.) bes.: teilen; Ggs.: multiplizieren 3. *isolieren* (lat.-it.-fr.) vereinzeln; auch: absondern 4. *separieren* (lat.-fr.) ausschließen

trennend *disjunktiv* (lat.)

Trennschleuder *Zentrifuge*, die (fr., Pl. -n)

trennt euch! *break!* (engl.) Trennkommando des Box-Ringrichters

Trennung 1. *Apartheid*, die (afrikaans, ohne Pl.) ... zwischen weißen u. farbigen Bürgern; Apartheidpolitik der einstigen weißen Regierung in Südafrika 2. *Disjunktion*, die (lat., Pl. -en) auch: Verknüpfung zweier Aussagen durch »entweder – oder« 3. *Dissoziation*, die (lat., Pl. -en) auch: Störung des Zusammenspiels der Muskeln

Trennung flüssiger Stoffe *Destillation*, die (lat., Pl. -en) durch Verdampfung; auch: Branntweinbrennerei

Trennung von Religion u. Staat *Säkularismus*, der (lat., ohne Pl.) »... e. Muslim darf den Säkularismus nie akzeptieren!« (Imam Ahmed A. Laban, 2006)

Trennwand in der Moschee *Maksura*, die (arab.) ... für den Herrscher, hinter der er ungesehen dem Gebet beiwohnen kann

Treppenabsatz *Podest*, das (gr.-lat., Pl. -e)

treu 1. *loyal* (lat.-fr.) 2. *solidarisch* (lat.-fr.) gemeinsam

Treu u. Glauben *bona fides* (lat., Zitat) auch: der gute Glaube; Ggs.: mala fides

Treue, in der ... liegt das Heil *in fide salus* (lat., Zitat)

Treuhänder *Trustee*, der (engl., Pl. -s)

treuhänderisch *fiduziarisch* (lat.)

treuherzig *naiv* (lat.-fr.)

Treuherzigkeit *Naivität*, die (lat.-fr., ohne Pl.) i. S. von kindlichem, leichtgläubigem Denken

Treulosigkeit *Athesie*, die (gr., Pl. ...ien) auch: Unbeständigkeit; nicht verw. mit *Athesmie*, die (gr.-lat., Pl. ...ien) Zügel- u. Gesetzlosigkeit

trichterförmig *konisch* (gr.-lat.)

Trick *Finesse*, die (lat.-fr., Pl. -n)

Trickfilmzeichner *Animator*, der (lat.-it., Pl. ...oren)

Trieb 1. *Instinkt*, der (lat., Pl. -e) auch: sicheres Gefühl für e. Situation; angeborene Verhaltensweise 2. *Libido*, die (lat., ohne Pl.) Geschlechtstrieb 3. *Nisus*, der (lat., ohne Pl.) med.

Trieb gewisser Geisteskranker *Echokinesie*, die (gr.-lat., Pl. ...ien) ... gesehene Bewegungen nachzuahmen (med.)

Trieb, abnormer ... durch Geißelung sexuellen Lustgewinn zu haben 1. *Flagellantismus*, der (lat., ohne Pl.) 2. *Sadismus*, der (lat.-fr., Pl. ...men, i. a. ohne Pl.) nach dem Schriftsteller de Sache (1740–1814) sexuelles Lustempfinden beim Quälen anderer; Ggs.: 3. *Masochismus*, der (lat., ohne Pl.) nach dem Schriftsteller Sacher-Masoch

Triebfeder *Nervus rerum*, der (lat., ohne Pl.)

triebhaft 1. *libidiös* (lat.) 2. *animalisch* (lat.) i. S. von: tierisch

Triebkraft 1. *Dynamik*, die (gr.-lat., ohne Pl.) 2. *Nervus rerum*, der (lat., ohne Pl.)

Triebkraft nicht linearer Abläufe *Chaostheorie*, die (gr.-lat., Pl. ...ien) aus mathematischer Sicht, z. B. Wettervorhersage, Börsenkurse

Triebkräften e. Sinnbild geben ... *Voice Dialogue*, der (engl.-am., ohne Pl.) ... u. sie kommunizieren lassen; nach den am. Therapeuten Stone u. Hal wird der »Wolf in uns« zum »bewachenden Hund in uns«, damit das »Kind in uns« beschützt wird

triebmäßig *instinktiv* (lat.)

Triebverlangen, auf Leichen gerichtetes ... 1. *Nekrophilie*, die (gr.-lat., Pl. ...ien) i. S. von sexueller Leichenschändung (med.) 2. *Nekromanie*, die (gr.-lat., Pl. ...ien)

Trinkbruder *Bacchant*, der (gr.-lat., Pl. -en)

Trinker *Potator*, der (lat., Pl. ...oren) med.

Trinkgefäß *Pokal*, der (gr.-lat.-it., Pl. -e) kostbares u. kelchartiges Gefäß; auch: Siegestrophäe

Trinkgelage *Bacchanal*, das (gr.-lat., Pl. ...ien)

Trinkgeld 1. *Bakschisch*, das (pers., Pl. -e) 2. *Dash*, der (engl., Pl. -s) Trinkgeld, z. B.

in Nigeria; auch: kleinste Menge bei der Cocktailzubereitung

Trinklied *Vaudeville*, das (fr., Pl. -s)

Trinkrohr der Matetasse *Bombilla*, die (sp., Pl. -s) eigtl.: Glühbirne

Trinkspruch ausbringen *toasten* (engl.); auch: Brot rösten

Trinkspruch *Toast*, der (engl., Pl. -s) z. B. e. Toast auf den Gast ausbringen; auch geröstete Weißbrotscheibe

Trinkunlust *Adipsie*, die (gr.-lat., ohne Pl.) med.

Trinkwasser, dem ... Fluoride zusetzen *fluoridieren* u. *fluorieren* (lat.) (Kariesvorbeugung)

trocken 1. *arid* (lat.) wüstenartig 2. *xerotisch* (gr.-lat.) med. 3. *dry* (engl.) z. B. dry Cherry, e. trockener, d. h. nicht süßer Cherry 4. *sec* (fr.) bei Sekt 5. *prosaisch* (lat.) bes.: sachlich-nüchtern

trockenheiß *xerotherm* (gr.-lat.) als klimatische Gegebenheit

Trockenheit *Aridität*, die (lat., ohne Pl.)

Trockenheit der Haut *Xerodermie*, die (gr.-lat., Pl. ...ien) auch: Pergamenthaut

Trocknung *Dehydration*, die (lat.-gr., Pl. -en) i. S. von Wasserentzug

Troja 1. *Ilion*, das (gr.) 2. *Ilios*, das (gr.) 3. *Ilium*, das (gr.) jeweils der antike Name für Troja

Trommel *Drum*, die (engl., Pl. -s)

Trommel, paarweise verwendete ... 1. *Bongo*, das (sp., Pl. -s) einfellig, kubanischen Ursprungs 2. *Bongo*, der (afrik., Pl. -s) auch: rotbraune afrikanische Antilope mit weißen Streifen

Trommelfellentzündung *Myringitis*, die (gr.-lat., Pl. ...itiden) med.

Trommelfeuer *Kanonade*, die (gr.-lat.-it.-fr., Pl. -n)

Trommler 1. *Drummer*, der (engl., Pl. -s) 2. *Tambour*, der (pers.-arab.-sp.-fr., Pl. -e)

Trompetensignal *Fanfare*, die (fr., Pl. -n)

Tröpfeln *Dropping*, das (engl., ohne Pl.)

Tropfen, steter ... höhlt den Stein *gutta cavat lapidem* (lat., Zitat: Ovid)

Tropfengröße-Meßgerät *Stalagmometer*, das (gr., Pl. -) auch Meßgerät zur Messung der Oberflächenspannung von Flüssigkeiten

Tropfstein 1. *Stalagmit*, der (gr.-lat., Pl. -en) von unten nach oben wachsend 2. *Sta-*

laktit, der (gr.-lat., Pl. -en) von oben nach unten wachsend

trostlos 1. *desolat* (lat.) z. B. das Gebäude befindet sich in e. desolaten Zustand 2. *trist* (lat.-fr.) i. S. von traurig

Trottel *Idiot*, der (gr.-lat., Pl. -en) auch: Schwachsinniger

Trottel, vulgär: Arschloch *Nerd*, der (am., Pl. -s) der Nerd ist e. rechts denkender Amerikaner: denkfaul, ungebildet, konfliktunfähig; merkwürdigerweise haben einige deutsche Blätter den jungen Bill Gates als Nerd bezeichnet u. den Ausdruck mit »intelligenten Eierkopf« übersetzt

trottelig *gaga* (fr.)

Trubel *Zirkus*, der (gr.-lat., ohne Pl.) i. S. von: »mach' keinen Zirkus!«; auch: *Zirkus*, der (gr.-lat.-fr., Pl. -se) »Kreis«; Kampfbahn im alten Rom; heute: Zelt mit Manege

Trübsinn *Melancholie*, die (gr.-lat., Pl. ...ien)

trübsinnig *melancholisch* (gr.-lat.)

trübsinniger Mensch *Melancholiker*, der (gr.-lat., Pl. -) nach den Temperamentstypen des Hippokrates: e. pessimistischer, schwermütiger Mensch, außerdem: Choleriker: jähzorniger –, Phlegmatiker: schwerfälliger, langsamer –, Sanguiniker: lebhafter, lebensbejahender Mensch

Trugbild 1. *Phantasie*, die (gr.-lat., ohne Pl.) 2. *Phantasma*, das (gr.-lat., Pl. ...men) 3. *Phantasmagorie*, die (gr., Pl. ...ien) 4. *Phantom*, das (gr.-lat.-fr., Pl. -e) Erscheinung; auch: Phantombild e. Täters nach Angaben e. Augenzeugen 5. *Schimäre*, die (gr.-lat.-fr., Pl. -n) 6. *Vision*, die (lat., Pl. -en) 7. *Fata Morgana*, die (it., Pl. ...nen, -s) Sinnestäuschung in heißen Wüsten, wird durch Luftspiegelung erzeugt 8. *Eidolon*, das (gr., Pl. ...la) auch: Abbild 9. *Halluzination*, die (lat., Pl. -en) bes.: Sinnestäuschung 10. *Potemkinsche Dörfer*, die (russ.-dt., nur Pl.) nach dem russ. Fürsten Potemkin (1739–1791) auch: Vorspiegelungen

trügerisch 1. *illusorisch* (lat.-fr.) 2. *phantasmagorisch* (gr.)

Trugwahrnehmung *Halluzination*, die (lat., Pl. -en) z. B. bei hohem Fieber

Trümmer *Ruinen*, die (lat.-fr., nur Pl.)

Trümmergestein *Agglomerat*, das (lat., Pl. -e) Ggs.: Konglomerat

Trumpf... *Atout*, das (fr., Pl. -s) ... im Kartenspiel von: à tout prix (um jeden Preis)

Trumpfkarte *Baste*, die (sp., Pl. -n) Treff-As in diversen Kartenspielen

trunken *bacchantisch* (gr.-lat.)

Trunksucht *Potatorium*, das (lat., ohne Pl.) med.

Truppe *Formation*, die (lat., Pl. -en) auch: militärischer Verband; Gestaltung, Anordnung

Truppen anwerben *enrollieren* (fr.)

Truppenabteilung *Bataillon*, das (fr., Pl. -e) Unterabteilung e. Regiments; Abk.: Bat.; »Gott ist immer mit den stärksten Bataillonen.« (Friedrich der Große)

Truppenaufstellung *Militarisierung*, die (lat., ohne Pl.) auch: verbesserte Organisation des Heerwesens. »Eine Militarisierung der dt. Außenpolitik ist der falsche Weg.« (Christian Lange, SPD, 2006)

Truppeneinheit 1. *Regiment*, das (lat., ohne Pl.) rund 1000 – 2. *Division*, die (lat., Pl. -en) rund 10 000 –; auch: Teilung in der Mathematik; Ggs.: Multiplikation 3. *Korps*, das (lat.-fr., Pl. -) der größte Truppenverband, rund 100 000 –; meist verw. mit *Chor*, der (gr.-lat., Pl. -e, Chöre) erhöhter Kirchenraum; auch: Gruppe von Sängern 4. *Bataillon*, das (lat.-it.-fr., Pl. -e) rund 800 – 5. *Kompanie*, die (lat.-it.-fr., Pl. ...ien) rund 180 Soldaten 6. *Legion*, die (lat., Pl. -en) röm. Einheit, anfangs rund 4000, später 7000 Mann 7. *Kohorte*, die (lat., Pl. -en) der 10. Teil e. röm. Legion, also rund 400 bis 700 Mann 8. *Manipel*, der (lat., ohne Pl.) Unterabteilung der röm. Kohorte, rund 130 bis 230 Soldaten

Truppenführung, geschickte ... *Taktik*, die (gr.-fr., Pl. -en) »Kunst der Anordnung u. Aufstellung« von Waffen, Fahrzeugen u. Soldaten

Truppenschau *Parade*, die (lat.-fr., Pl. -n) auch: Militärparade, Parademarsch

Truppenstandort *Garnison*, die (germ.-fr., Pl. -en)

Truppenstärke *Kontingent*, das (lat., Pl. -e)

Truppenübung *Manöver*, das (lat.-fr., Pl. -) z. B. Herbst- oder NATO-Manöver

Truppenunterkunft *Kaserne*, die (lat.-fr.,

Pl. -n) Gebäude zur Unterbringung von Soldaten in Friedenszeiten; »Vor der Kaserne, vor dem großen Tor, stand e. Laterne« (Hans Leip: »Lili Marleen«)

Truppenverpflegung *Furage*, die (fr., ohne Pl.)

Tuba, tiefe ... *Bombardon*, das (fr., Pl. -s) Blechinstrument

Tuch, rotes ... *Muleta*, die (sp., Pl. -s) ... mit der der Torero den Stier reizt

Tuch, weiches ... *Castor*, der (gr.-lat., ohne Pl.) ... aus bestem Wollstreichgarn; eigtl.: Biber

tüchtig 1. *patent* (lat.) 2. *vif* (lat.-fr.)

tückisch *perfide* (lat.-fr.)

Tugend *Moral*, die (lat.-fr., Pl. -en, selten)

Tugend, durch ... u. Beispiel *virtute et exemplo* (lat. Zitat: Joseph II.)

tugendhaft *moralisch* (lat.-fr.)

Tugendlehre *Aretologie*, die (lat., ohne Pl.)

Tüll, feiner ... *Bobinet*, der (fr.-engl., Pl. -s) ... engl. Machart

Tulpenbaum *Magnolie*, die (lat., Pl. -n) nach dem fr. Botaniker P. Magnol, Zierbaum aus Ostasien

Tumorgen *Onkogen*, das (gr.-lat., Pl. -e) ist dem normalen Gen (Proto-Onkogen) sehr ähnlich

tun, so ... 1. *fingieren* (lat.) bes.: vortäuschen 2. *mimen* (gr.-lat.) vorspielen 3. *prätendieren* (lat.-fr.) vorgeben: auch: fordern 4. *simulieren* (lat.) vortäuschen, z. B. e. Krankheit; scherzhaft: Simulierkugel (eingebildeter Kranker)

turbulent *dramatisch* (gr.-lat.) i. S. von: aufregend

türken *faken* (engl.-am.) fälschen, vortäuschen

Turm, Stufen... *Zikkurat*, die (assyr.-babylon., Pl. -s) babylon. Tempelanlage

Turnfest mit Schaudarbietungen *Gymnaestrada*, die (gr.-sp., Pl. -s)

Türvorhang *Portiere*, die (lat.-fr., Pl. -n)

TV-Einblendungen ... *Insert*, das (engl.-am., Pl. -s) ... mit Zusatzinformationen, z. B. der Name e. Sprechers; Hinweise zur Programmänderung

TV-Programm für Kassen ... *Check out Channel*, der (engl., Pl. -s) ... z. B. von Supermärkten; Spezialprogramm informiert über bes. Warenangebote, soll die Zeit vertreiben u. zu weiteren Käufen anregen

TV-Programmbereiche mit bes. Etiketten versehen *Label-Marketing*, das (engl., ohne Pl.) z. B. »Movie des Monats«, »der ergreifende TV-Roman«; Label-Marketing wenden auch Dienstleistungs- u. Produktionsgesellschaften an

Typ 1. *Genre*, das (lat.-fr., Pl. -s) auch: Gattung, Wesen 2. *Kategorie*, die (gr.-lat., Pl. ...ien) eigtl.: Grundaussage; auch: Gruppe, Klasse 3. *Spezies*, die (lat., ohne Pl.) bes. Art e. Gattung

Typ, fröhlicher ... *Sunshine Typ*, der (engl., Pl. -en)

Typ, Mann *Tschabo*, der (Begriff aus der dt. Szene-Sprache, Pl. -s) auch: Kerl

typisch 1. *charakteristisch* (gr.-lat.) bezeichnend 2. *repräsentativ* (lat.-fr.) 3. *signifikant* (lat.) auch: bedeutsam 4. *spezifisch* (lat.-fr.) kennzeichnend 5. *symptomatisch* (gr.) bezeichnend; auch: warnend

U

Übel *Malum*, das (lat., Pl. Mala) auch: Krankheit

Übelbefinden *Malaise*, die (lat.-fr., Pl. -n) auch: Unbehagen

Übelkeit 1. *Nausea*, die (gr.-lat., ohne Pl.) infolge hohen Seegangs auf e. Schiff 2. *Malaise*, die (lat.-fr., Pl. -n)

Übellaunigkeit *Dysphorie*, die (gr., Pl. ...ien) Gereiztheit; krankhafte Verstimmung (med.)

übelriechend 1. *fötid* (lat.) auch: stinkend (med.) 2. *putrid* (lat.) faulig (med.)

Übeltäter *Delinquent*, der (lat., Pl. -en)

üben 1. *exerzieren* (lat.) militärisch wiederholt üben 2. *trainieren* (lat.) einüben

über... *hyper* (gr.) hypersensibel: überempfindlich, hyperventilieren: zu starkes Atmen

Überangebot *Inflation*, die (lat., Pl. -en) eigtl.: das Aufschwellen; Erhöhung der Geldmenge gegenüber des Gütervolumens; Ggs.: Deflation

Überanstrengung *Defatigation*, die (lat., Pl. -en)

überarbeiten 1. *korrigieren* (lat.) verbessern 2. *redigieren* (lat.-fr.) e. Text bearbeiten, z. B. im Lektorat 3. *lektorieren* (lat.) als Lektor Manuskripte prüfen, überarbeiten

überaus viel *en masse* (fr.) nach dem Regen sprießen die Pilze im Wald en masse
überaus zart *ätherisch* (gr.-lat.) e. ätherisches Mädchen von 17 Jahren
Überbeanspruchung *Streß*, der (engl., Pl. ...esse) Druck, Belastung
Überbehaarung *Hypertrichose*, die (gr., Pl. -n) extrem starke Körperbehaarung (med.); Ggs.: Hypotrichose
Überbein *Ganglion*, das (gr., Pl. ...ien) auch: Geschwulst; Nervenknoten (med.)
Überbein *Ganglion*, das (gr., Pl. ...ien) auch: Nervenknoten
Überbetonung des Sexuellen *Erotismus* u. *Erotizismus*, der (gr.-lat., ohne Pl.)
Überbetonung, lächerliche ... *Karikatur*, die (lat.-it., Pl. -en)»Schande über die Zeitungen, die nicht den Mut hatten, die Mohammed-Karikaturen zu zeigen.« (Ayaan Hirsi Ali, Parlamentarierin in Holland, 2006)
Überbleibsel 1. *Relikt*, das (lat., Pl. -e) aus alter Zeit 2. *Reminiszens*, die (lat., Pl. -en) 3. *Rudiment*, das (lat., Pl. -e) Bruchstück, z. B. die Flügel der Strauße sind Rudimente (infolge von Nichtgebrauch im Laufe vieler Generationen verkümmert)
Überblick *Tour d'horizon*, die, der (gr.-lat.-fr., Pl. -s -) auch: Rundschau
Überblick verschaffen *orientieren* (lat.-fr.)
überdeckend *dominant* (lat.) z. B. bei Erbfaktoren; auch: vorherrschend, bestimmend; e. dominante Frau, die ihren Mann herumkommandiert
Überdosis, nicht tödliche ... bei Opiaten *Ladydown*, das (engl., ohne Pl.) Szeneausdruck
Überdruß an Grundrichtungen *Anti-Trend-Trend*, der (engl., ohne Pl.) Anhänger dieser Haltung wehren sich gegen alle Arten von Trends
Überdruß *Ennui*, der, das (lat.-fr., ohne Pl.) auch: Verdruß
überdüngt *eutroph* (gr.) z. B. eutrophe Felder sind e. Umweltbelastung
Übereifer *Fanatismus*, der (lat., ohne Pl.) i. S. e. überspannten Einsatzes für e. Idee,

Schwärmerei;»Fanatismus ist e. explosive Mischung von Engstirnigkeit u. Energie.« (Herbert von Karajan)
übereinkommen 1. *arrangieren* (fr.) sich bei e. Meinungsverschiedenheit arrangieren 2. *stipulieren* (lat.) auch: festlegen
Übereinkommen 1. *Konvention*, die (lat.-fr., Pl. -en) i. S. e. völkerrechtlichen Vertrages:»Genfer Konvention« 2. *Agreement*, das (engl., Pl. -s) svw. Übereinkunft 3. *Arrangement*, das (fr., Pl. -s) 4. *Pakt*, der (lat., Pl. -e) politisches oder militärisches Bündnis: ehemaliger»Warschauer Pakt«, Beistandsabkommen der ehemaligen sozialistischen Staaten
Übereinkunft ... 1. *Kompromiß*, der (lat., Pl. ...misse) ... auf der Basis von Zugeständnissen; auch: Mittelweg;»Ein Kompromiß, das ist die Kunst, e. Kuchen so zu teilen, daß jeder meint, er habe das größte Stück bekommen.« (Ludwig Erhard) 2. *Stipulation*, die (lat. Pl. -en) auch: vertragliche Abmachung
übereinstimmen *korrespondieren* (lat.-fr.) auch: im Briefwechsel stehen
übereinstimmend 1. *identisch* (lat.) z. B. identische Augenzeugenberichte 2. *adäquat* (lat.) in e. Sache adäquat (entsprechend) vorgehen; Ggs.: inadäquat 3. *synchron* (gr.-lat.) i. S. von zeitgleich, synchron springen oder tanzen 4. *harmonisch* (gr.-lat.) gut zusammenpassend 5. *koinzident* (lat.) zusammenfallend 6. *konform* (lat.) auch: ähnlich 7. *kongruent* (lat.) z. B. kongruente Dreiecke; Ggs.: disgruent, inkongruent 8. *konkordant* (lat.) z. B. konkordante Gesteinsschichten 9. *konvergent* (lat.) Ggs.: divergent 10. *parallel* (gr.-lat.) i. S. von sich im gleichen Abstand auf e. Strecke bewegen
Übereinstimmende ... *Partei*, die (fr., Pl. -en) ... in politischen Fragen;»Die Partei ist der Wahn vieler zum Nutzen weniger.« (Alexander Pope) auch: im Zivilprozeß der Kläger oder der Beklagte
Übereinstimmung 1. *Harmonie*, die (gr.-lat., Pl. -n) er führt e. Ehe in Harmonie 2. *Analogie*, die (gr.-lat., Pl. ...ien) die Kriminalfälle zeigten e. auffallende Analogie 3. *Consensus*, der (lat., ohne Pl.) 4. *Konsens*, der (lat., Pl. -e) Einwilligung; Ggs.: Dissens;»... weil die SPD in der

525

PDS-Frage den Konsens der Demokraten gebrochen hat.« (Peter Hintze, CDU, 1998) 5. *Konvergenz*, die (lat., Pl. -en) Übereinstimmung von Zielen u. Meinungen; z. B. bei der Einführung des EUROs sind Konvergenzkriterien zu erfüllen 6. *Solidarität*, die (lat.-fr., ohne Pl.) Kameradschaftsgeist; »Aber beim Solidaritätszuschlag hört die Solidarität auf.« (H. Venske: G. Schröders geh. Tagebuch, 1997)

Übereinstimmung der Gelehrten *Idschma*, die (arab.) ... in e. best. Streitfrage des islamischen Rechts

Übereinstimmung von Kurs u. Nennwert *pari* (it.)

Übereinstimmung, als wohltuend empfundene ... *Harmonie*, die (gr.-lat., Pl. ...ien) »Zu Rita Süssmuth, unserer Harmoniegouvernante ... fällt mir gar nichts mehr ein.« (G. Schröders geh. Tagebuch von H. Venske, 1997)

überempfindlich 1. *allergisch* (gr.-lat.) 2. *hyperästhetisch* (gr.-lat.) z. B. bei Berührung 3. *sensitiv* (lat.) leicht reizbar 4. *mimosenhaft* (gr.-lat.) e. empfindliches Gemüt haben (nach den Blättern der Silberakazie, die sich bei Berührung abwärts klappen) 5. *sensibel* (lat.-fr.) empfindlich

Überempfindlicher *Allergiker*, der (gr., ohne Pl.)

Überempfindlichkeit *Allergie*, die (gr., Pl. ...ien)

Überempfindlichkeit gegenüber Sinnesreizen *Hyperästhesie*, die (gr.-lat., Pl. ...ien)

Überfahrt *Trajekt*, der (lat., Pl. -e) auch: Eisenbahnfährschiff

Überfall *Invasion*, die (lat.-fr., Pl. -en) i. S. e. Einfalls feindlicher Truppen

überfallen u. in Besitz nehmen *annektieren* (lat.-fr.)

überfeinert *ästhetisch* (gr.) auch: geschmackvoll

Überflieger *Highflyer*, der (engl., Pl. -s) auch e. Unternehmen, das mit Erfolg durchstartet

Überflieger, intellektueller ... *Eggie-Headie*, der (engl.-am., Pl. -s) ... ohne Bodenkontakt; auch: Eierkopf

Überfluß 1. *Opulenz*, die (lat., ohne Pl.) bez. Nahrungsmitteln 2. *Redundanz*, die (lat., Pl. -en) bes. reichlich vorhanden

3. *Abundanz*, die (lat., ohne Pl.) starkes Vorhandensein best. Tier- oder Pflanzenarten in e. Areal 4. *Pleonasmus*, der (gr.-lat., Pl. ...men) »Übermaß«; Verwendung sinngleicher Wörter: leider zu meinem Bedauern

überflüssig *pleonastisch* (gr.-lat.) mit überflüssigen Worten anhäufen

überfluten *transgredieren* (lat.)

Überführung *Transfer*, der (lat.-engl., Pl. -s) z. B. Transferleistung im Reiseverkehr

Überfunktion *Hyperfunktion*, die (gr.-lat., Pl. -en) z. B. von Drüsen; Ggs.: Hypofunktion

Übergang *Nuance*, die (lat.-fr., Pl. -n) z. B. feiner Übergang bei Farben

Übergang vom stärkeren zum schwächeren Ausdruck *Antiklimax*, die (gr., Pl. -e) ... vom Wichtigen zum weniger Wichtigen; Ggs.: Klimax

Übergangslösung 1. *Interim*, das (lat., Pl. -s) die vakante Position wird mit e. Interimsprokuristen besetzt 2. *Provisorium*, das (lat., Pl. ...ien)

Übergangsriten *Rites de passage*, die (fr., Pl.) auch: magische Reinigungsbräuche

Übergelaufener *Proselyt*, der (gr.-lat., Pl. -en) einst Heiden, die zum Judentum übertraten; heute abwertender Begriff: »Proselyten machen«, d. h. Personen beschwatzen, etwas zu kaufen; Übergetretener

übergenau *pedantisch* (gr.-it.-fr.) z. B. pedantisch seine Arbeit verrichten

Übergewand, weites ... der altgr. Kleidung *Himation*, das (gr., Pl. ...ien)

Übergewicht *Präponderanz*, die (lat.-fr., ohne Pl.) ... e. Staates in e. internationalen Bündnis, z. B. die USA in der NATO

Übergriff *Inkursion*, die (lat., Pl. -en) auch: Eingriff

Übergrößen, Vorliebe ... zu tragen *oversized* (engl.-am.) bes. in der Hip Hop-Szene anzutreffen; Trend zu den XXL-Größen

überhaupt *absolut* (lat.) e. Fehler absolut nicht eingestehen

überheblich 1. *arrogant* (lat.) 2. *hybrid* (gr.) vermessen 3. *süffisant* (lat.-fr.) spöttisch 4. *affektiert* (lat.) eingebildet 5. *blasiert* (fr.) hochnäsig 6. *snobistisch* (lat.-engl.) auch: geckenhaft

Überheblichkeit 1. *Arroganz*, die (lat., ohne Pl.) 2. *Hybris*, die (gr., ohne Pl.) frevelhafter Übermut

überholt 1. *anachronistisch* (gr.-lat.) 2. *antiquiert* (lat.) veraltet 3. *obsolet* (lat.) auch: ungebräuchlich

Über-Ich *Superego*, das (engl.-lat., ohne Pl.) Bez. aus der Psychoanalyse

überkleben *tektieren* (lat.) fehlerhaften Text mit e. Papierstreifen überkleben

Überklebung *Tektur*, die (lat., Pl. -en) Überdeckung

überladen *bombastisch* (pers.-gr.-lat.-fr.-engl.) an seinem Geburtstag ließ er sich bombastisch feiern

Überladenheit *Bombast*, der (pers.-gr.-lat.-fr.-engl., ohne Pl.)

überlagernd *dominant* (lat.) bei Erbanlagen

Überlagerung 1. *Interferenz*, die (lat., Pl. -en) Überschneidung 2. *Superposition*, die (lat., Pl. -en) z. B. von Schwingungen überlagert

Überlandbus *Greyhound*, der (engl., Pl. -s) »Windhund«, Name e. bekannten Überlandbuslinie in den USA u. in Australien

Überlassung an nur e. Person *Exklusivität*, die (lat., ohne Pl.) »Die Zeiten der Exklusivität von rot-grünen Modellen sind vorbei.« (Renate Künast, Mitvorsitzende der Grünenfraktion, 2006)

überlaufen *desertieren* (fr.) z. B. fahnenflüchtig werden

Überläufer *Deserteur*, der (lat.-fr., Pl. -e)

Überleben, das ... der Stärkeren *survival of the fittest* (engl.) Bez. aus der Entwicklungslehre von Charles Darwin (1809–1882)

Überlebenstraining *Survivaltraining*, das (engl., Pl. -s)

überlebt *passé* (lat.-fr.) z. B. der Minirock ist passé (hat sich überlebt)

überlegen (sein) *souverän* (lat.-fr.) eine Aufgabe souverän lösen

überlegen 1. *deliberieren* (lat.) auch: beratschlagen 2. *kalkulieren* (lat.) e. Risiko kalkulieren; auch: e. Preis kalkulieren (errechnen) 3. *meditieren* (lat.) i. S. von: nachdenken 4. *reflektieren* (lat.) auch: spiegeln

Überlegenheit 1. *Souveränität*, die (lat.-fr., ohne Pl.) 2. *Hegemonie*, die (gr., Pl. ...ien) »Oberbefehl«, i. S. e. politischen, kultu-

rellen u. wirtschaftlichen Überlegenheit e. Staates

Überlegenheitsgefühl, moralisches u. intellektuelles ... 1. *Conspicuous Minimalism* (am.) ... trotz nicht vorhandener materieller Güter, auch: 2. *Status Substitution* (am.) jeweils e. Lebensstil- u. Überlebenstaktik im Heer der Reichen u. Superreichen

überlegt *reflektiert* (lat.) z. B. e. Problem von allen Seiten reflektieren (überdenken)

Überlegung 1. *Deliberation*, die (lat., Pl. -en) 2. *Kalkül*, das (lat.-fr., Pl. -e) i. S. von ins Kalkül ziehen: in die Überlegung einbeziehen 3. *Reflexion*, die (lat., Pl. -en) tiefere Überlegungen anstellen 4. *Räsonnement*, das (lat.-fr., Pl. -s) i. S. e. vernünftigen Überlegung 5. *Spekulation*, die (lat., Pl. -en) i. S. von: Annahme

überliefern *tradieren* (lat.) über Generationen weitergeben, z. B. tradierte Sitten

überliefert 1. *historisch* (gr.-lat.) auch: geschichtlich; »Ich hatte genügend zeithistorisches Wissen, um solch e. Fehler zu vermeiden.« (Rudolf Augstein, Spiegel-Herausgeber, 1983) 2. *tradiert* (lat.) weitergegeben

Überlieferung *Tradition*, die (lat., Pl. -en)

Übermaß 1. *Exorbitanz*, die (lat., Pl. -en) der Investor scheute die exorbitant (übermäßig) hohen Baukosten 2. *Exzeß*, der (lat., Pl. ...zesse) auch: Ausschweifung

übermäßig 1. *exorbitant* (lat.) besonders viel 2. *horrend* (lat.) z. B. horrende Preise

Übermut *Hybris*, die (gr., ohne Pl.) frevelhafte Vermessenheit

Übermut, sein ... ist gebrochen *ferocia eius fravta est* (lat., Zitat) auch: er hat sich die Hörner abgelaufen

Übermutterung *over-protection*, die (engl., Pl. -s) auch: e. übertriebene elterliche Fürsorge

Übernachtungsheim *Hospiz*, das (lat., Pl. -e) christlicher Gasthof

Übernahme e. fremden Schuld *Expromission*, die (lat., Pl. -en)

Übernahme, gewaltsame ... e. Verkehrsmittels *Piraterie*, die (lat.-fr., Pl. ...ien) Seeräuberei. »Produktpiraterie wird zum größten Verbrechen ...« (Maria Livanos Cattani, Exchefin der internationalen Handelskammer, 2006)

übernatürlich 1. *metaphysisch* (gr.-lat.) e. Schamane mit metaphysischen Fähigkeiten 2. *magisch* (pers.-gr.-lat.) svw. geheimnisvoll 3. *transzendent* (lat.) übersinnlich; Ggs.: immanent 4. *irrational* (lat.) i. S. von vernunftwidrig 5. *okkult* (lat.) geheim, verborgen 6. *paranormal* (gr.-lat.) übersinnlich 7. *spirituell* (lat.-fr.) i. S. von geistig u. geistlich 8. *dämonisch* (gr.-lat.) e. unheimliche Macht ausübend

übernehmen *rezipieren* (lat.) z. B. fremdes Kulturgut aufnehmen; nicht verw. mit *rezeptieren* (lat.) e. Rezept ausstellen (med.)

Überordnung *Supremat*, das (lat., Pl. -e) auch: päpstliche Obergewalt

überprüfbar *verifizierbar* (lat.)

Überprüfbarkeit *Verifizierbarkeit*, die (lat., ohne Pl.)

überprüfen 1. *verifizieren* (lat.) Richtigkeit bestätigen; Ggs.: falsifizieren 2. *kontrollieren* (lat.-fr.) beaufsichtigen

Überprüfung 1. *Inspektion*, die (lat., Pl. -en) 2. *Revision*, die (lat., Pl. -en) auch: nochmalige Durchsicht; Überprüfung e. Urteils wegen möglicher Verfahrensmängel

überqueren *passieren* (lat.-fr.) auf dem Marsch mußten Sumpfgebiete passiert werden

überrascht *perplex* (lat.-fr.) über e. Nachricht perplex sein

Überraschung *Sensation*, die (lat.-fr., Pl. -en) z. B. Sensationsdarsteller

Überraschungsangriff *Raid*, der (engl., Pl. -s) offensive militärische Operation

Überraschungseffekt *Gag*, der (engl., Pl. -s) z. B. Werbegag

Überreaktion, sozialkritische ... *kritische Hystery*, die (gr.-lat., Pl. ...ien) herrscht bes. z. Zt. in Deutschland in der Beurteilung von Problemen, (da doch nichts geschieht, bleibt das teilnahmslose Gaffen)

überreden *persuadieren* (lat.)

überredend *persuasiv, persuasorisch* (lat.)

Überredung *Persuasion*, die (lat., Pl. -en)

überreichen 1. *offerieren* (lat.) anbieten 2. *präsentieren* (lat.-fr.) auch: vorweisen

überreichlich *redundant* (lat.) in großer Menge vorhanden sein

Überreichlichkeit *Redundanz*, die (lat., Pl. -en) Überfluß; auch: mehrfache Kennzeichnung der selben Information

Überrest 1. *Relikt*, das (lat., Pl. -e) der Knochen ist e. Relikt aus der Steinzeit 2. *Fragment*, das (lat., Pl. -e) 3. *Reliquie*, die (lat., Pl. -n) Überrest e. Heiligen 4. *Rudiment*, das (lat., Pl. -e) Überbleibsel; z. B. die verkümmerten Flügel der Strauße

überschäumend *bacchantisch* (gr.-lat.) als seelischer Zustand

Überschlag 1. *Salto*, der (lat.-it., Pl. ...ti) beim Sprung dreht sich der Körper in der Luft; Salto mortale »Todessprung« (dreifacher Salto in großer Höhe) 2. *Looping*, der (engl., Pl. -s) Überschlag mit dem Flugzeug 3. *Flickflack;* auch: *Flicflac*, der (fr., Pl. -s) eigtl.: klipp klapp; Handstandüberschlag rückwärts in rascher Folge 4. *Kalkül*, das (lat.-fr., Pl. -e) Berechnung

Überschnappen, das ... der Stimme *Paraphonie*, die (gr., Pl. ...ien) im Stimmbruch oder bei Erregung

überschneiden 1. *interferieren* (lat.) überlagern 2. *kollidieren* (lat.) auch: zusammenstoßen

Überschneidung *Interferenz*, die (lat., Pl. -en) Überlagerung

überschreitend *transgredient* (lat.)

Überschrift 1. *Headline*, die (engl., Pl. -s) Schlagzeile, große, manchmal reißerische Überschrift in e. Zeitung 2. *Titel*, der (lat., ohne Pl.) 3. *Lemma*, das (gr.-lat., Pl. -ta) Motto als Inhaltsangabe e. Buches 4. *Rubrik*, die (lat., Pl. -en) auch: Spalte

Überschriften u. Initialen malen *rubrizieren* (lat.) auch: in e. Rubrik einordnen

Überschriftenmaler *Rubrikator*, der (lat., Pl. ...oren) im Mittelalter üblich

Überschuh *Galosche*, die (fr., Pl. -n) ... aus Gummi

Überschuß 1. *Surplus*, der (lat.-fr.-engl., Pl. -) 2. *Profit*, der (lat.-fr.-niederl.-engl., Pl. -e) Gewinn, Nutzen aus e. Sache, e. Tätigkeit erzielen 3. *Plus*, das (lat., Pl. -)

überschütten *bombardieren* (fr.) überhäufen, auch: mit e. Artillerie beschießen

überschwemmen *inundieren* (lat.)

Überschwemmung 1. *Exundation*, die (lat., Pl. -en) 2. *Inundation*, die (lat., Pl. -en)

überschwenglich 1. *exaltiert* (lat.) überspannt 2. *exuberant* (lat.) auch: üppig

Überseedampfer 1. *Liner*, der (engl., Pl. -) 2. *Steamer*, der (engl., Pl. -s) Dampfer

überseeisch 1. *transmarin* (lat.) 2. *transatlantisch* (lat.-gr.) 3. *transozeanisch* (gr.-lat.)

übersehen, absichtlich ... *ignorieren* (lat.) nicht verw. mit *ignoszieren* (lat.) verzeihen; »Meine größte Angst ist es, recht zu haben u. ignoriert zu werden.« (Paul Saffo, Futurologe, 1998)

übersenden *transmittieren* (lat.) z. B. Nachrichten übertragen

übersetzen 1. *dolmetschen* (türk.-ung.) in e. andere Sprache 2. *transkribieren* (lat.) in e. andere Schrift übertragen; nicht verw. mit *transitieren* (lat.) durchführen

übersetzen, im Film *synchronisieren* (gr.-lat.) auch: zum Gleichlauf bringen

Übersetzer *Dolmetscher*, der (türk.-ung., Pl. -)

Übersetzer während des Sprechens *Simultandolmetscher*, der (lat.-türk.-ung., Pl. -)

Übersetzung 1. *Translation*, die (lat.-Pl. -en) 2. *Traduktion*, die (lat., Pl. -en) 3. *Metaphrase*, die (gr.-lat., Pl. -n) die erklärende Wortwiederholung

Übersetzung von IP-Adressen (Zahlen) in Text-Adressen (www.lupus) *Domain Name Service*, der (engl., Pl. -s) kurz: DNS (Internet-Bez.)

Übersetzungsprogramm *Assembler*, der (lat.-fr.-engl., Pl. -) aus der EDV: Programm, das e. symbolischen Code in den äquivalenten Maschinencode übersetzt u. e. Assemblerliste produziert

Übersicht 1. *Brevier*, das (lat., Pl. -e) als Kurzübersicht 2. *Resümee*, das (lat.-fr., Pl. -s) Zusammenfassung 3. *Synopse;* auch: *Synopsis*, die (gr.-lat., Pl. ...opsen) »Zusammenschau«, vergleichende Gegenüberstellung von Texten o. ä. 4. *Tabelle*, die (lat., Pl. -n)

Übersicht als Anhang ... *Tabellarium*, das (lat., Pl. ...ria) ... e. Buches

Übersichtigkeit *Hypermetropie*, die (gr.-lat., ohne Pl.) Weitsichtigkeit (med.); Ggs.: Myopie: Kurzsichtigkeit

übersichtlich 1. *strukturiert* (lat.) 2. *tabellarisch* (lat.)

übersichtlich in Tabellen ordnen *tabellarisieren* (lat.)

übersinnlich 1. *metaphysisch* (gr.-lat.) z. B. metaphysische Fähigkeiten haben 2. *para-psychisch* (gr.-lat.) 3. *transzendent* (lat.) übernatürlich 4. *irrational* (lat.) nicht faßbar; Ggs.: rational 5. *magisch* (gr.-lat.) zauberhaft 6. *okkult* (lat.) i. S. von geheim in übersinnlichen Dingen 7. *paranormal* (gr.-lat.) 8. *spirituell* (lat.-fr.) auch: geistig

Übersinnliches *Transzendenz*, die (lat., ohne Pl.)

überspannt 1. *exzentrisch* (gr.-lat.) auch: verschroben, Stars des Showgeschäfts sind bisweilen exzentrisch 2. *exaltiert* (lat.-fr.) 3. *extravagant* (lat.-fr.) ausgefallen 4. *hysterisch* (gr.-lat.) übertrieben nervös; »Ohne Sex werde ich hysterisch.« (Helmut Berger, Schauspieler, 1998)

Überspanntheit 1. *Exzentrizität*, die (gr.-lat., Pl. -en) Verschrobenheit 2. *Exaltation*, die (lat.-fr., Pl. -en) 3. *Extravaganz*, die (lat.-fr., ohne Pl.)

Überspielen, das ... e. Programms in die **Sektion** ... *Uploaden*, das (engl.-am., ohne Pl.) to load up (aufladen) ... eines Boards (spezielle Mailbox)

Überspielung *Overstatement*, das (engl., Pl. -s) i. S. von Übertreibung

überstaatlich 1. *supranational* (lat.) z. B. e. Europäische Zentralbank als supranationale Institution gründen 2. *international* (lat.); Ggs.: national

Überstaatlichkeit *Internationalität*, die (lat., ohne Pl.)

übersteigert 1. *hybrid* (gr.) vermessen 2. *radikal* (lat.-fr.) »an die Wurzel gehend«, i. S. von: gründlich

überstimmen *majorisieren* (lat.) z. B. mit e. Stimmenmehrheit e. Entscheidung durchsetzen

überstreng *hyperkritisch* (gr.) tadelsüchtig

übertragbar 1. *zessibel* (lat.) z. B. Einkommen, das e. Bank zur Kreditsicherung teilweise übertragen wird 2. *transferabel* (lat.-engl.) in Fremdwährung übertragbar

übertragen 1. *delegieren* (lat.) z. B. Aufgaben delegieren 2. *transferieren* (lat.-engl.) z. B. Geld ins Ausland 3. *transmittieren* (lat.) Nachrichten übertragen 4. *transfundieren* (lat.) med., z. B. Blut nach e. schweren Unfall 5. *transkribieren* (lat.) in e. andere Schrift übertragen 6. *transponieren* (lat.) z. B. e. Tonstück in e. andere Tonart übertragen; nicht verw. mit *transportieren* (lat.-fr.-engl.) befördern

übertragen *metaphorisch* (gr.-lat.) i. S. e. bildhaften Übertragung, z. B. der Großvater, das Haupt der Familie

Überträgersubstanz *Transmitter*, der (engl., Pl. -) auch: Umformer

Übertragung 1. *Delegation*, die (lat., Pl. -en) auch: Abordnung 2. *Transferierung*, die (lat.-engl., Pl. -en) Geld ins Ausland 3. *Transfusion*, die (lat., Pl. -en) Bluttransfusion 4. *Translation*, die (lat., Pl. -en) Textübersetzung in e. fremde Sprache 5. *Metapher*, die (gr.-lat., Pl. -n) bildliche Übertragung; z. B. der Großvater als Familienoberhaupt

Übertragung in e. andere Schrift *Transkription*, die (lat., Pl. -en) auch: Umschreibung e. Musikstückes

Übertragung, asynchrone ... *ATM*, das (engl.-am., Pl. -s) Abk. für: Asynchronus Transfer Mode; zur Zeit das modernste Verfahren zur Datenübertragung; ATM-Netze bestehen aus Glasfaserleitungen; Geschwindigkeit: rund 160 Millionen Bits pro Sekunde; Einsatz: Videokonferenzen

Übertragung, zu häufige ... best. Sendungen *Overkill*, der (engl., ohne Pl.) auch: Situation, in der mehr Waffen vorhanden sind als nötig, um den Gegner zu vernichten

Übertragungen *Transferzahlungen*, die (lat.-engl.-dt., nur Pl.) Zahlungen des Staates an private Haushalte ohne Gegenleistung, z. B. Wohn- oder Kindergeld

Übertragungsvermerk *Indosso*, das (it., Pl. ...ssi) ... e. Wechsels

übertreiben 1. *reesen* (engl.) Seemannspr. i. S. von »Seemannsgarn spinnen« 2. *dramatisieren* (lat.) aufregend darstellen

übertreibend *exzessiv* (lat.) auch: außerordentlich

Übertreibung *Overstatement*, das (engl., Pl. -s) Ggs.: Understatement

Übertreibung, dazu neigen *Hyperboliker*, der (gr.-lat., Pl. -)

übertreten *konvertieren* (lat.-fr.) zu e. anderen Glauben übertreten; auch: inländische gegen ausländische Währung tauschen

übertrieben 1. *exorbitant* (lat.) z. B. exorbitante Gewinne machen 2. *extravagant* (lat.-fr.) sich extravagant gebärden 3. *thea-*

tralisch (gr.-lat.) z. B. theatralisch (unnatürlich) auftreten

übertrieben darstellen *outrieren* (lat.-fr.)

übertrieben genau *pedantisch* (gr.-it.-fr.) er führte seine Arbeit aus, pedantisch, wie ein Buchhalter

übertrieben modern *hypermodern* (lat.-fr.)

übervorteilen *neppen* (ugs.) in der Bar »Zum Piraten« wurden Gäste geneppt

Übervorteilung *Nepp*, der (ugs., ohne Pl.) z. B. Nepplokal

überwachen 1. *inspizieren* (lat.) »besichtigen«; prüfen 2. *kontrollieren* (lat.-fr.) beaufsichtigen

Überwacher *Dispatcher*, der (engl.-am., Pl. -) auch: Versender

überwältigen *opprimieren* (lat.) auch: bedrücken

überwältigend 1. *grandios* (lat.-it.) z. B. e. grandioses Landschaftsbild 2. *imposant* (lat.-fr.) er war e. imposante Erscheinung

Überweisung *Giro*, das (it., Pl. -s u. Giri) ... im bargeldlosen Zahlungsverkehr; nicht verw. mit: der *Giro* (it., ohne Pl.) Rundfahrt, kurz für: Giro d'Italia

überwiegend *prävalent* (lat.) vorherrschend

überzeugend 1. *evident* (lat.) für seine Handlungsweise hatte er evidente Argumente 2. *persuasiv* u. *persuasorisch* (lat.) auch: überredend 3. *plausibel* (lat.-fr.) einleuchtend

Überziehanzug *Overall*, der (engl., Pl. -s) i. S. e. einteiligen Anzugs; auch: »Blaumann«

überziehen, Metallteile mit Aluminium ... 1. *aluminieren* (lat.) 2. *eloxieren* (Eigenn.) mit Eloxal (elektrisch oxydiertes Aluminium) überziehen

überzogen *hypertroph* (gr.) überspannt; auch: durch Zellenwucherung vergrößert (med.)

überzuckern *kandieren* (fr.) auch: Früchte mit e. Zuckerlösung haltbar machen

Überzug *Coating*, der (engl., Pl. -s) auch: schützende Beschichtung

Überzugsmasse *Kuvertüre*, die (fr., Pl. -n) ... aus Zucker oder Kakao

üblich 1. *regulär* (lat.) gewöhnlich; reguläre Truppen; Ggs.: irregulär 2. *traditionell* (lat.-fr.) überliefert

U-Boot, Fernrohr e. ... *Periskop*, das (gr.-lat., Pl. -e) ausfahrbares Fernrohr

übrigens 1. *apropos* (fr.) 2. *notabene* (lat.) 3. *ad vocem* (lat.)

Übung macht den Meister *exercitatio artem parat* (lat., Zitat) auch: Übung verschafft Kunst

Übung *Training*, das (engl., Pl. -s) i. S. e. körperlichen Ertüchtigung

Übung, akrobatische ... *Spagat*, der, das (it., Pl. -e) ... bei der die Beine so gespreizt werden, daß das Gesäß den Boden berührt; »Spagat ist mein Hobby.« (Gerhard Schröders geh. Tagebuch von H. Venske, 1997) auch: Bindfaden

Übung, geistliche oder militärische ... *Exercitium*, das (lat., Pl. ...ien) auch: Hausarbeit

Übungsplatz ... *Driving-Range*, die (engl., Pl. -s) ... für alle Golfschläge

Übungsrasen, kurzgeschorener ... *Putting Green*, der (engl., Pl. -s) ... auf dem man das Einlochen (Putting) üben kann (Golfbez.)

Übungsstück *Etüde*, die (lat.-fr., Pl. -n) musik.

Ufer, über die ... **treten** *exundieren* (lat.)

Uferbefestigung *Kaje*, die (niederl., Pl. -n) auch: Schutzdeich

Uferzone 1. *Litoral*, das (lat., Pl. -e) 2. *Sahel*, der (arab., ohne Pl.) auch: Südrand der Sahara

Uhr 1. *Chronometer*, das (gr.-lat., Pl. -) sehr genau gehende Uhr 2. *Horolog*, das (gr.-lat., Pl. -e)

Uhrpendel *Perpendikel*, das (lat., Pl. -)

Ulk 1. *Jokus*, der (lat., Pl. -se) 2. *Jux*, der (lat., Pl. -e)

um jeden Preis 1. *à tout prix* (fr.) 2. *partout* (fr.)

um sich greifen *grassieren* (lat.) auch: wüten z. B. Seuchen oder e. Grippewelle

umändern *variieren* (lat.-fr.)

Umarmung ... *Akkolade*, die (lat.-fr., Pl. -n) ... feierliche bei der Aufnahme in e. Ritterorden; auch: geschweifte Klammer, die Zeilen zusammenfaßt

Umbesetzung *Revirement*, das (fr., Pl. -s) Wechsel in der Ämterbesetzung

umblättern *verte!* (lat.) svw. »bitte wenden!«

umbördeln *bombieren* (fr.) Plattenmaterial

in e. Wärmeofen verformen; Blech umbördeln oder biegen (Wellblech)

umbringen 1. *liquidieren* (lat.-it.) i. S. von jmdn. töten; auch: e. Geschäft auflösen; e. Forderung in Rechnung stellen, z. B. der Arzt liquidiert für seine Dienste 2. *eliminieren* (lat.) ausschalten 3. *lynchen* (engl.) jmdn. ohne Urteil töten, nach dem nordam. Pflanzer Charles Lynch 4. *killen* (engl.) i. S. von töten

Umbruch *Mettage*, die (fr., Pl. -n) i. S. von: Anordnung des Drucksatzes zu Seiten (Zeitungsdruckerei)

Umdrehung *Tour*, die (gr.-lat.-fr., Pl. -en) auf vollen Touren verbraucht das Auto am meisten Benzin

Umerziehung *Reedukation*, die (lat.-engl., Pl. -en)

Umfang 1. *Dimension*, die (lat., Pl. -en) Ausmaß 2. *Perimeter*, der (gr., Pl. -) Umfang e. Figur 3. *Perimeter*, das (gr., Pl. -) Gerät zur Bestimmung des Gesichtsfeldes 4. *Volumen*, das (lat., Pl. ...mina) Rauminhalt; auch: e. Person mit bes. Volumen (Umfang)

umfangreich 1. *voluminös* (lat.-fr.) 2. *exhaustiv* (lat.) umfangreich, vollständig

Umfangslinie *Peripherie*, die (gr.-lat., Pl. ...ien) ... e. Kreises; auch: am Stadtrand gelegen

umfassend 1. *extensiv* (lat.) 2. *global* (lat.) e. globale Lösung anstreben 3. *komplex* (lat.) auch: vielschichtig 4. *profund* (lat.-fr.) gründlich 5. *universal* (lat.-fr.) allgemein; auch: weltweit

Umfeld *Milieu*, das (lat.-fr., Pl. -s) das bes. soziale Milieu prägte die Entwicklung des Straffälligen

umformen 1. *modifizieren* (lat.) abwandeln 2. *transformieren* (lat.) auch: umwandeln

Umformer *Transformator*, der (lat., Pl. -en)

Umformung *Transformation*, die (lat., Pl. -en)

Umfragen, auf Meinungs... bezogen *demoskopisch* (gr.-lat.) »... Schröder ist e. demoskopische Vernunftgeburt für den Wählerfang.« (Guido Westerwelle, F. D. P., 1998)

Umfüllen des Weines *Dekantieren*, das (fr., ohne Pl.) ... aus der Flasche in e. Karaffe

umgänglich *konziliant* (lat.-fr.) versöhnlich

Umgänglichkeit *Soziabilität,* die (lat., ohne Pl.)

Umgangsformen 1. *Allüre,* die (lat.-fr., nur Pl.) i. S. von: »Der Typ hat aber merkwürdige Allüren!« 2. *Etikette,* die (niederl.-fr., Pl. -n) i. S. feiner, gesellschaftlicher Umgangsformen; nicht verw. mit *Etikett,* das (niederl.-fr., Pl. -e[n]) mit e. Aufschrift versehenes Schildchen, Klebeetikett 3. *Manieren,* die (lat.-fr., meist Pl.) »e. Rüpel ohne Manieren!« 4. *Konvention,* die (lat.-fr., Pl. -en) Verhaltensnorm; auch: völkerrechtlicher Vertrag

Umgangssprache *Slang,* der (engl., Pl. -s)

Umgangssprache, die durchsetzt wird mit Werbesprüchen ... *O'Propriation,* die (engl., Pl. -s) »Aneignung« ... u. Einfügungen alter Unterhaltungssendungen, um witzige Effekte zu erzielen

Umgebung 1. *Ambiente,* das (lat.-it., ohne Pl.) e. Seerestaurant mit gediegenem Ambiente 2. *Milieu,* das (lat.-fr., Pl. -s) z. B. Arbeitsmilieu, e. milieugeschädigtes Kind 3. *Kontext,* der (lat., Pl. -e) im Zusammenhang 4. *Sphäre,* die (gr.-lat.-fr.) Wirkungskreis; auch: Himmelsgewölbe

umgehen *grassieren* (lat.) e. Gerücht oder e. Seuche grassiert

umgehend *prompt* (lat.-fr.) etwas prompt erledigen

umgekehrt 1. *invers* (lat.) Funktionen in der Math.: das Vertauschen von variablen Größen 2. *reziprok* (lat.) z. B. der reziproke Wert e. Bruches in der Math. 3. *vice versa* (lat.) kurz: v.v. 4. *invertiert* (lat.) auch: zum eigenen Geschlecht hin empfindend (homosexuell) med.

umgestaltend *reformatorisch* (lat.)

Umgestalter 1. *Reformator,* der (lat., Pl. ...oren) Martin Luther, der Reformator des christlichen Glaubens 2. *Reformer,* der (lat.-fr.-engl., Pl. -) 3. *Reorganisator,* der (gr.-lat.-fr., Pl. -en)

Umgestaltung 1. *Restrukturierung,* die (lat., Pl. -en) 2. *Transformation,* die (lat., Pl. -en) auch: Umwandlung 3. *Reform,* die (lat., Pl. -en) i. S. von Neuordnung; z. B. Währungsreform; »Ist e. Bedürfnis zu e. Reform in e. Volke vorhanden, ist Gott mit ihm, und sie gelingt.« (Joh. Peter Eckermann)

umgraben *rigolen* (niederl.-fr.) auch: pflügen

Umhang 1. *Cape,* das (lat.-engl., Pl. -s) 2. *Capa,* die (lat.-sp., Pl. -s) der farbige Umhang der Stierkämpfer 3. *Pelerine,* die (lat.-fr., Pl. -n) ärmelloser Regenumhang 4. *Stola,* die (gr.-lat., Pl. ...len) altröm. Obergewand; langer Umhang aus Stoff oder Pelz 5. *Aba,* die (arab., Pl. -s) sackartiger Mantelumhang der Araber; auch: grober Stoff

Umhang der Berberfrauen *Sefsari,* der (Berbersprache)

Umhang der Römer *Lacerna,* die (lat., Pl. ...nen) wurde über der Toga getragen

Umhang kaukasischer Völker *Beschmet,* der (tatarisch, ohne Pl.) auch: umhangartige Kleidung der Türken

umherschweifen *vagieren* (lat.-fr.)

Umherschweifende, die ... *Vulgivaga,* die (lat., ohne Pl.) nach der beleidigenden Bez. der röm. Liebesgöttin Venus

Umherstreifer ... 1. *Grazer,* der (engl.-am.) ... will in der In-Szene gesehen werden; auch jmd., der mit der Fernbedienung durch das TV-Programm »streift«, um die Höhepunkte mehrerer Filme zu sehen 2. *Zapper,* der (engl.-am.) geht bei dem Umherstreifen nicht so »professionell« vor 3. *Switcher,* der (engl.-am.) streift gedankenlos durch die TV-Programme

Umherziehen, das ... **auf der Suche nach e. Sexpartner** *Cruising,* das (engl.-am., ohne Pl.)

umherziehend *vagil* (lat.) z. B. Tiere, die kein best. Biotop brauchen

Umherziehender, ohne festen Wohnsitz 1. *Traveller,* der (engl., Pl. -s) »Reisender«; in England verbreitetes Phänomen von arbeits- u. wohnungslosen Menschen, die meist in Wohnwagen e. Zigeunerdasein führen 2. *Tramp,* der (engl., Pl. -s) Landstreicher, umherziehender Gelegenheitsarbeiter 3. *Berber,* der (nordafr. Volk, Pl. -) Nichtseßhafter

Umhüllung *Emballage,* die (germ.-fr., Pl. -n) auch: Verpackung

umkehrbar 1. *reversibel* (lat.) z. B. reversibele, chemische Prozesse; Ggs.: irreversibel 2. *anazyklisch* (gr.-lat.) z. B. Wörter, die vorwärts u. rückwärts gelesen den gleichen Wortlaut ergeben: »Anna«

Umkehrbarkeit *Reversibilität*, die (lat., ohne Pl.)

umkehren *invertieren* (lat.)

Umkehrschluß, aufgrund e. ... *e contrario* (lat.)

Umkehrung ... *Inversion*, die (lat., Pl. -en) ... des Geschlechtstriebs; auch: Umstülpung e. Organs, z. B. der Gebärmutter (med.)

Umkehrung der Stromrichtung *Kommutierung*, die (lat., ohne Pl.)

Umkehrwort *Palindrom*, das (gr.-lat., Pl. -e) z. B. Neger – Regen

umklammern *clinchen* (engl.)

Umklammerung ... *Clinch*, der (engl., ohne Pl.) ... des Gegners im Boxkampf; mit jmdn. im Clinch sein

Umkleideraum 1. *Garderobe*, die (germ.-fr., Pl. -n) 2. *Kabine*, die (lat.-fr., Pl. -n)

umkommen *krepieren* (lat.-it.) verenden; auch: platzen; z. B. Rohrkrepierer

Umkreis *Zirkumferenz*, die (lat., Pl. -en); auch: Umfang

Umlauf *Zirkulation*, die (gr.-lat., Pl. -en) z. B. die Luftzirkulation in e. Raum

Umlaufaufzug *Paternoster*, der (lat., Pl. -)

Umlaufbahn *Orbit*, der (lat.-engl., Pl. -s) Satelliten, Raumstationen, die sich auf Bahnen, z. B. um die Erde bewegen

umlaufen 1. *zirkulieren* (gr.-lat.) 2. *kursieren* (lat.) es kursiert e. Gerücht

Umlaufzeit *Periode*, die (gr.-lat., Pl. -n) z. B. Umlaufzeit e. Sterns; auch: Regel, Monatsblutung, Menstruation der Frau; Zahlengruppe einer unendlichen Dezimalzahl, die sich wiederholt: 0,34 536 536

umrändert *haloniert* (gr.-lat.) z. B. dunkel halonierte Augen (med.)

umreißen *skizzieren* (it.) z. B. e. Bauprojekt

Umriß 1. *Kontur*, die (gr.-lat., Pl. -en) 2. *Profil*, das (lat.-it., Pl. -e) Seitenansicht (eines Gesichts); auch: Riffelung bei Autoreifen, Schuhsohlen; Profilsohlen 3. *Silhouette*, die (fr., Pl. -n) die Silhouette der Berge leuchtet in der Abendsonne 4. *Skyline*, die (engl., Pl. -s) e. Stadt mit Hochhäusern aus der Ferne gesehen

umrissen *zirkumskript* (lat.) i. S. von scharf abgegrenzt

Umrißlinie *Kontur*, die (fr., Pl. -en) »Ja, sie (die SPD) will Konturen u. Alternativen verwischen ...« (Theo Waigel, 1998)

Umsatzbeteiligung *Provision*, die (lat.-it., Pl. -en)

Umschlag 1. *Fomentation*, die (lat., Pl. -en) als warmer Wickel 2. *Kompresse*, die (lat.-fr., Pl. -n) i. S. e. feuchten Umschlags 3. *Cover*, das (engl., Pl. -s) z. B. der Plattenumschlag 4. *Kuvert*, das (lat.-fr., Pl. -e od. -s) Briefumschlag

umschreiben *paraphrasieren* (gr.-lat.) i. S. von verdeutlichen

Umschreibung *Euphemismus*, der (gr.-lat., Pl. ...men) i. S. e. beschönigenden Umschreibung

Umschreibung, alttestamentarische ... **für den Gottesnamen** *Adonai* (ohne Artikel, hebr., ohne Pl.) ... »Jahwe«, der aus Ehrfurcht nicht genannt werden durfte

Umschreibung, harmlose ... *politically correct* (engl.-am.) ... um jede Diskriminierung zu umgehen, heißt es nicht: »zu klein geraten«, sondern: »vertikal herausgefordert«, nicht: »behindert«, sondern: »anders begabt«

Umschweife 1. *Brimborium*, das (lat.-fr., ohne Pl.) unnötiges Aufheben 2. *Sperenzchen* u. *Sperenzien*, die (lat.-it., nur Pl.) »Sperenzchen machen«, i. S. von: Ausflüchte –, Umstände machen

Umschwung *Peripetie*, die (gr., Pl. ...ien) bes. Wendepunkt z. B. in e. Drama

umsonst *gratis* (lat.) kostenlos

Umstand 1. *Malaise*, die (lat.-fr., Pl. -n) unglücklicher Umstand 2. *Faktor*, der (lat., Pl. ...oren) eigtl.: Macher; auch: Gesichtspunkt

Umstände 1. *Schlamassel*, der (jidd., ohne Pl.) böse Umstände 2. *Kontext*, der (lat., Pl. -e) umgebender Zusammenhang 3. *Modalitäten*, die (lat., nur Pl.) Art u. Weise der Vertragsabwicklung 4. *Modalität*, die (lat., Pl. -en) Art u. Weise des Denkens (philos.) 5. *Situation*, die (lat.-fr., Pl. -en) Zustand

Umstände, unter allen ... 1. *absolut* (lat.-fr.) »losgelöst«; unbedingt 2. *partout* (fr.) i. S. von: durchaus

umständlich 1. *kompliziert* (lat.) 2. *diffizil* (lat.-fr.) auch: schwierig

Umstandsangabe *Adverbialbestimmung*, die (lat.-dt., Pl. -en)

Umstandskrämer *Pedant*, der (gr.-it.-fr., Pl. -en)

Umstandswort *Adverb*, das (lat., Pl. -ien)
umstandswörtlich *adverbial* (lat.) d. h. als Umstandswort gebraucht
Umstellbarkeit *Kommutation*, die (lat., Pl. -en) Math.: Faktoren können bei der Multiplikation umgestellt werden: 7·12 zu 12·7
umstellen 1. *invertieren* (lat.) auch: umkehren 2. *kommutieren* (lat.) vertauschen 3. *permutieren* (lat.) auch: vertauschen; Elemente ändern (Math.)
Umstellung *Permutation*, die (lat., Pl. -en) das Vertauschen
Umstülpung des Augenlides *Entropium*, das (gr.-lat., Pl. ...ien) nach innen (krankhaft) med.
Umstülpung *Inversion*, die (lat., Pl. -en) auch: Umkehrung der Wörter; Umkehrung des Geschlechtstriebs; Umstülpung e. Organs, z. B. der Gebärmutter (med.)
Umsturz 1. *Revolution*, die (lat., Pl. -en) 2. *Putsch*, der (schweiz., Pl. -e) Stoß; auch: Militärputsch
umstürzt, e., der Bestehendes ... *Revolutionär*, der (lat.-fr., Pl. -e) »Wir Revolutionäre gehen nie in Pension.« (Fidel Castro, Staatschef von Kuba, 1997)
umtauschbar *konvertibel* (lat.-fr.) konvertible Währungen werden an der Devisenbörse gehandelt; auch: Datenkonvertierung, Daten der EDV werden von e. Gerätetyp zu e. anderen übermittelt
umtauschen *konvertieren* (lat.-fr.) von Währungen
umwälzend *revolutionär* (lat.-fr.) im 19. Jh. war der Einsatz von Maschinen in England revolutionär: Beginn der industriellen Revolution
Umwälzung *Revolution*, die (lat.-fr., Pl. -en) i. S. von Umsturz; »Die Revolution frißt ihre eignen Kinder.« (Georg Büchner: »Dantons Tod«)
umwandeln 1. *metamorphosieren* (gr.-lat.) die Gestalt ändern 2. *revolutionieren* (lat.-fr.) grundlegend ändern
Umwandler *Transformator*, der (lat., Pl. -en)
Umwandler von Schallwellen *Mikrophon*, das (gr., Pl. -e) ... in elektrische Schwingungen; »Mikrophone sind das einzige, das sich die Politiker gern vorhalten lassen.« (Günther Müggenburg)
Umwandlung 1. *Investition*, die (lat., Pl.

-en) i. S. e. Wandlung von Geld in Sachwerte, die der Produktion u. neuen Arbeitsplätzen dienen 2. *Evolution*, die (lat., Pl. -en) allmähliche Entwicklung, z. B. vom Affen zum Menschen; Theorie von Charles Darwin (1809–1882) 3. *Konversion*, die (lat., Pl. -en) Übertritt von e. Konfession zu e. anderen 4. *Metamorphose*, die (gr.-lat., Pl. -n) z. B. Entwicklung vom Ei zum Vogel 5. *Transformation*, die (lat., Pl. -en)
Umwandlung der Stoffe *Chemie*, die (arab.-roman., ohne Pl.) Naturwissenschaft, die sich mit den Eigenschaften u. Umwandlungen der Stoffe u. ihrer Verbindungen befaßt; »Chemie ist, wenn es knallt u. stinkt.« (Schülerspruch)
Umwelt 1. *Ambiente*, das (lat.-it., ohne Pl.) 2. *Milieu*, das (lat.-fr., Pl. -s) auch: Umfeld, Lebensraum
Umwelt, sich an die ... anpassen 1. *adaptieren* (lat.) 2. *akklimatisieren* (gr.-lat.) an e. anderes Klima gewöhnen 3. *assimilieren* (lat.) anpassen, z. B. Naturvölker an die Industriegesellschaft
Umweltbedingungen, schlechteste ... *Pessimum*, das (lat., Pl. ...ma) ... für Tier u. Pflanze
Umweltforschung *Environtologie*, die (fr.-engl., ohne Pl.)
umweltgerecht *ökologisch* (gr.-lat.) nicht verw. mit *ökonomisch* (gr.-lat.) sparsam
Umweltlehre *Ökologie*, die (gr.-lat., ohne Pl.)
Umweltschutzorganisationen 1. *Greenpeace*, der (engl., ohne Pl.) international, 1971 gegründet 2. *Sierra Club*, der (am., ohne Pl.) am. Organisation 3. *Friends of the Earth*, die (am., nur Pl.) Freunde der Erde (am. Organisation) 4. *Wildlife Service*, der (am., ohne Pl.) 5. *Conservationists*, die (am., nur Pl.)
Umweltwissenschaft *Ökologie*, die (gr.-lat., ohne Pl.) nicht verw. mit *Ökonomie*, die (gr.-lat., Pl. ...ien) Wirtschaftswissenschaft
Umweltzerstörung, systematische ... *Ökozid*, der (lat., Pl. -e)
umwerben *poussieren* (lat.-fr.) auch: flirten
Umwerbung *Avance*, die (fr., Pl. -n) auch: Vorsprung, Gewinn

umwickeln *bandagieren* (fr.) z. B. e. verletztes Bein

umzingeln *zernieren* (lat.-fr.) z. B. Festungsmauern

Umzüchtung *Domestikation*, die (lat., Pl. -en) Züchtung von Haustieren aus Wildtieren

Umzug, kirchlicher ... *Prozession*, die (lat., Pl. -en) feierlicher Bittgang

unabhängig 1. *autark* (gr.) z. B. e. von Importen unabhängiger Staat 2. *autonom* (gr.) e. autonomer (politisch unabhängiger) Staat 3. *emanzipiert* (lat.) z. B. e. emanzipierte Frau sein 4. *neutral* (lat.) unparteiisch 5. *objektiv* (lat.) 6. *souverän* (lat.-fr.) eigtl.: überlegen 7. *independent* (engl.)

Unabhängigkeit 1. *Autarkie*, die (gr., Pl. -n) wirtsch. Unabhängigkeit vom Ausland 2. *Autonomie*, die (gr., Pl. -n) politische Unabhängigkeit 3. *Souveränität*, die (lat.-fr., ohne Pl.) i. S. e. souveränen Staates

Unabhängigkeitsangst *Cinderellakomplex*, der (ohne Pl.) die heimliche Angst mancher Frauen vor der Selbständigkeit

Unabhängigkeitsbewegung *Irredenta*, die (lat.-it., Pl. ...ten) politische Bewegung, die den Anschluß abgetrennter Gebiete an das Mutterland fordert

Unabhängigkeitstag *Independence Day*, der (engl.-am., ohne Pl.) der USA (4. Juli)

unachtsam *negligeant* (lat.-fr.) i. S. von sorglos

Unachtsamkeit *Negligenz*, die (lat.-fr., Pl. -en) Sorglosigkeit

unanfechtbar *irrevisibel* (lat.-fr.) Ggs.: revisibel

unangebracht 1. *inopportun* (lat.) unzweckmäßig; Ggs.: opportun 2. *deplaciert* (fr.) sich in e. Gesellschaft deplaciert (fehl am Platz) fühlen

Unangebrachtsein *Inopportunität*, die (lat., Pl. -en) Ggs.: Opportunität

unangemessen 1. *inadäquat* (lat.) Ggs.: adäquat 2. *inkorrekt* (lat.) auch: fehlerhaft, unrichtig; Ggs.: korrekt

unangenehm 1. *fatal* (lat.) z. B. e. fatalen (verhängnisvollen) Fehler begehen 2. *genant* (germ.-fr.) peinlich 3. *unsympathisch* (dt.-gr.) »Die Deutschen sind auf sehr unsympathische Weise Weltmeister im Jammern.« (Helmut Kohl, 1997) Ggs.: sympathisch

unangepaßt *queer* (engl.) auch: andersartig; häufig für Schwule u. Lesben verwandte Bezeichnung

unannehmbar 1. *inakzeptabel* (lat.) z. B. e. inakzeptablen Vorschlag machen; Ggs.: akzeptabel 2. *indiskutabel* (lat.) nicht erörterungswert; Ggs.: diskutabel

Unannehmbarkeit *Inakzeptabilität*, die (lat., ohne Pl.) Ggs.: Akzeptabilität

Unannehmlichkeit 1. *Malesche*, die (fr., Pl. -n) 2. *Trouble*, der (engl., ohne Pl.) i. S. von Ärger, Unruhe

unanständig 1. *obszön* (lat.) 2. *ordinär* (lat.-fr.) i. S. von unfein

Unanständigkeit *Obszönität*, die (lat., Pl. -en)

unantastbar 1. *sakrosankt* (lat.) auch: heilig 2. *tabu* (polynes.)

unaufdringlich 1. *dezent* (lat.) das Mädchen hatte sich dezent geschminkt 2. *diskret* (lat.-fr.) i. S. von zurückhaltend

Unaufdringlichkeit 1. *Dezenz*, die (lat., ohne Pl.) 2. *Diskretion*, die (lat.-fr., ohne Pl.) e. Gentleman übt sich in Diskretion

unauffällig 1. *diskret* (lat.-fr.) unaufdringlich 2. *dezent* (lat.) z. B. vornehm-unauffällig kleiden

unaufgefordert *spontan* (lat.) sich spontan zu Wort melden

unaufhörlich 1. *konstant* (lat.) gleichbleibend 2. *kontinuierlich* (lat.) stetig; Ggs.: diskontinuierlich 3. *permanent* (lat.) dauernd 4. *perpetuell* (lat.-fr.) beständig

unausgefüllt *blanco* (it.) e. Blankoscheck ausstellen (e. unterschriebener Scheck ohne Betragsangabe)

unausgewogen 1. *asymmetrisch* (gr.-lat.) ungleichmäßig; Ggs.: symmetrisch 2. *tendenziös* (lat.-fr.) beeinflußt

unbeachtet lassen *ignorieren* (lat.)

unbearbeitet *naturell* (lat.-fr.) z. B. e. Schnitzel naturell (unpaniert) braten

unbedenklich *koscher* (hebr.-jidd.) auch: den jüdischen Speisegesetzen entsprechend

unbedeutend 1. *irrelevant* (lat.) z. B. irrelevante Argumente ins Feld führen; »Wer als Kanzlerkandidat antritt, ist für die derzeitige Problemsituation fast irrelevant« (Tom Sommerlatte, Chef von Arthur D. Little, 1998) Ggs.: relevant 2. *insignifikant* (lat.) Ggs.: signifikant 3. *marginal*

535

(lat.) i. S. von: am Rande 4. *peripher* (gr.-lat.) z. B. das interessiert mich nur peripher (am Rande) 5. *sekundär* (lat.-fr.) zweitrangig

unbedingt 1. *absolut* (lat.) z. B. seiner Sache absolut sicher sein 2. *partout* (fr.) um jeden Preis, auf jeden Fall 3. *strikt* (lat.) streng

Unbeeinflußbarkeit *Torpidität*, die (lat., ohne Pl.)

Unbefangenheit *Naivität*, die (lat.-fr., ohne Pl.) er verhandelte in kindlicher Naivität; »Ein Schauspieler muß seine Naivität erhalten: er muß neugierig bleiben wie ein Kind ...« (Günter Strack, 1996)

unbefugt *inkompetent* (lat.) Ggs.: kompetent

unbegreiflich *inkomprehensibel* (lat.) Ggs.: komprehensibel

Unbehagen *Malaise*, die (lat.-fr., Pl. -n) i. S. e. moralischen Unbehagens

Unbehagen, das junge Leute empfinden *Squirming*, das (engl.-am., ohne Pl.) von: to squirm (winden) ... wenn sie die Ironie der älteren nicht verstehen

unbeirrbar *konsequent* (lat.) auch: folgerichtig; »Daß Pièch Rolls-Royce übernehmen will, ist nur konsequent, schließlich hat der Gründer von VW schon England zu übernehmen versucht.« (Harald Schmidt, Entertainer, 1997)

unbekannt *anonym* (gr.-lat.)

unbekümmert *nonchalant* (lat.-fr.)

Unbekümmertheit *Nonchalance*, die (lat.-fr., ohne Pl.) in heiklen Situationen zeigte er e. erstaunliche Nonchalance

unbelebt *anorganisch* (gr.-lat.) z. B. Steine

unbelehrbar *obstinat* (lat.) e. obstinater (starrsinniger) alter Mann

Unbequemlichkeit *Inkommodität*, die (lat., Pl. -en) Ggs.: Kommodität

Unberechenbarkeit *Imponderabilität*, die (lat., ohne Pl.)

unberechnet *gratis* (lat.) z. B. e. Gratislieferung

unberufen! *absit omen!* (lat., Zitat) möge keine schlimme Bedeutung dabei sein

unberührt *intakt* (lat.) Alaska besteht zum großen Teil aus intakter Natur

Unberührtheit *Virginität*, die (lat., ohne Pl.) Jungfräulichkeit

unbeschädigt *intakt* (lat.) e. intaktes Fahrzeug; auch: e. intaktes Waldgebiet

unbescholten *integer* (lat.)

Unbescholtenheit *Integrität*, die (lat., ohne Pl.) »Vorstandsmitglieder müssen höhere Ansprüche an ihre Integrität gelten lassen ...« (Bernhard Walter, Vorstandssprecher der Dresdner Bank, 1998)

unbeschränkt *absolutistisch* (lat.-fr.) e. Staatspräsident mit absolutistischen Vollmachten

unbesetzt *vakant* (lat.) in der Firma ist e. vakante (offene) Position zu besetzen

unbeständig 1. *inkonsequent* (lat.) auch: widersprüchlich; Ggs.: konsequent 2. *inkonsistent* (lat.) Ggs.: konsistent 3. *instabil* (lat.) Ggs.: stabil 4. *labil* (lat.) eigtl.: leicht gleitend; e. Gegenstand im labilen Gleichgewicht; Ggs.: stabil

Unbeständigkeit *Athesie*, die (gr., Pl. ...ien) auch: Treulosigkeit; nicht verw. mit: *Athesmie*, die (gr., Pl. ...ien) Zügellosigkeit

unbestechlich *integer* (lat.) er war ein integrer Bauamtsleiter

Unbestechlichkeit *Integrität*, die (lat., ohne Pl.) im Bauamt arbeitete e. Person von absoluter Integrität

unbestimmbar *indeterminabel* (lat.)

unbestimmt 1. *indifferent* (lat.) auch: gleichgültig; z. B. indifferentes Gleichgewicht 2. *vage* (lat.-fr.) auch: dunkel, unsicher; von e. Person e. vage Vorstellung haben

unbestreitbar *indisputabel* (lat.) Ggs.: disputabel

unbeteiligt 1. *desinteressiert* (lat.) Ggs.: interessiert 2. *indifferent* (lat.) auch: gleichgültig 3. *neutral* (lat.) unabhängig; nicht verw. mit: *neural* (gr.-lat.) die Nerven betreffend (med.)

Unbeteiligtsein *Desinteresse*, das (lat.-fr., ohne Pl.) Ggs.: Interesse

unbeugbar *indeklinabel* (lat.) Sprachw.

unbeweglich 1. *immobil* (lat.) Ggs.: mobil 2. *stationär* (lat.-fr.) z. B. e. Kranken stationär (im Krankenhaus) behandeln 3. *statisch* (gr.) Ggs.: dynamisch

Unbeweglichkeit *Immobilität*, die (lat., ohne Pl.) Ggs.: Mobilität

unbewußt 1. *instinktiv* (lat.-fr.) der Fahrer reagierte instinktiv richtig 2. *automatisch* (gr.-lat.-fr.) unwillkürlich 3. *habituell* (lat.-fr.) ständig, gewohnheitsmäßig 4. *intuitiv* (lat.) Ggs.: diskursiv 5. *mechanisch* (gr.-lat.) maschinenmäßig, gewohnheitsmäßig

Unbotmäßigkeit, wegen ... *in contumaciam* (lat.) urteilen: in Abwesenheit des Beklagten e. Urteil fällen

Unbotmäßigkeit, wegen ... *in contumaciam* (lat.)

und *plus* (lat.) math.; Ggs.: minus

und so weiter 1. *et cetera* (lat.) Abk.: etc. 2. *et cetera perge perge* (lat.) Abk.: etc. pp. (und so weiter, fahre fort, fahre fort)

undicht *porös* (gr.-lat.-fr.) e. poröser Fahrradschlauch

Undichtigkeit *Leckage*, die (Seemannsspr., fr., Pl. -n) Undichtigkeit im Schiffsrumpf; auch kurz: Leck

Unding *Chimäre*, die (gr.-lat., Pl. -n) auch: Hirngespinst; »O Mensch, das Geld ist nur Chimäre!« (Christian Morgenstern »Galgenlieder«)

unduldbar *intolerabel* (lat.)

unduldsam *intolerant* (lat.-fr.) Ggs.: tolerant

Unduldsamkeit *Intoleranz*, die (lat.-fr., ohne Pl.) Ggs.: Toleranz

undurchdringlich 1. *hermetisch* (gr.-lat.) i. S. von: dicht verschlossen 2. *impermeabel* (lat.) auch: undurchlässig

undurchführbar *impraktikabel* (gr.-lat.) der Ausbrecher wollte e. impraktikablen Plan verwirklichen; Ggs.: praktikabel

undurchlässig *atherman* (gr.) für Wärmestrahlen

Undurchsichtigkeit *Opazität*, die (lat., ohne Pl.)

Und-Zeichen *Et-Zeichen*, das (lat.-dt., ohne Pl.) kurz: &

unehelich *illegitim* (lat.) auch: gesetzwidrig; Ggs.: legitim

uneigennützig *altruistisch* (lat.)

Uneigennützigkeit *Altruismus*, der (lat., ohne Pl.)

uneingeschränkt *absolut* (lat.) Hitler regierte Deutschland mit absoluter Macht

uneinheitlich *heterogen* (gr.-lat.) Ggs.: homogen

Uneinheitlichkeit *Heterogenität*, die (gr.-lat., ohne Pl.) Ggs.: Homogenität

uneinig *disharmonisch* (lat.-gr.) Ggs.: harmonisch

uneinig sein *disharmonieren* (gr.-lat.) Ggs.: harmonieren

Uneinigkeit 1. *Disharmonie*, die (gr.-lat., Pl. -n) Ggs.: Harmonie 2. *Diskordanz*, die (lat., Pl. -en) Mißklang

unempfindlich 1. *immun* (lat.) z. B. gegenüber ansteckenden Krankheiten 2. *indolent* (lat.) neuen Eindrücken gegenüber 3. *robust* (lat.) widerstandsfähig, eigtl.: aus Hartholz 4. *robusto* (lat.-it.) kraftvoll (musik. Vortragsanw.)

unempfindlich machen *desensibilieren* (lat.)

Unempfindlichkeit 1. *Immunität*, die (lat., ohne Pl.) gegenüber Krankheitserregern; auch: Schutz der Bundes- u. Landtagsabgeordneten vor behördlicher Strafverfolgung 2. *Indolenz*, die (lat., ohne Pl.) 3. *Insensibilität*, die (lat., ohne Pl.) Ggs.: Sensibilität

unendlich 1. *transfinit* (lat.) im philos. u. math. Sinne 2. *ad infinitum* (lat.) »bis ins Unendliche«, e. Gespräch ad infinitum führen

unendlich klein ... *infinitesimal* (lat.) ... werdend, zum Grenzwert hin (Math.)

Unendliche, bis ins ... *ad infinitum* (lat.) z. B. e. Gespräch ad infinitum (unendlich weiter) führen

unentbehrlich 1. *obligat* (lat.) »verpflichtet«, unerläßlich 2. *obligatorisch* (lat.) i. S. von verbindlich, bindend; Ggs.: fakultativ (dem eigenen Ermessen überlassen)

unentgeltlich *gratis* (lat.) e. Gratislieferung

unentschieden 1. *akritisch* (gr.-lat.) svw. ohne eigene Meinung sein 2. *remis* (lat.-fr.) beim Schach 3. *indifferent* (lat.) gleichgültig, unbestimmt; indifferentes Gleichgewicht 4. *neutral* (lat.) unabhängig

Unentschieden 1. *Patt*, das (fr., Pl. -s) Pattsituation, z. B. bei e. Abstimmung 2. *Remis*, das (lat.-fr., Pl. -en) bei e. Schachpartie

Unentschlossenheit 1. *Abulie*, die (gr.-lat., Pl. ...ien) med., i. S. e. Entschlußlosigkeit 2. *Indetermination*, die (lat., ohne Pl.) auch: Unbestimmbarkeit (philos.)

Unentwickeltheit *Primitivität*, die (lat.-fr., ohne Pl.) Dürftigkeit

unentzifferbar *hieroglyphisch* (gr.-lat.) ist die Handschrift vieler Ärzte

unerbittlich 1. *rigoros* (lat.) e. rigoroser Geschäftsmann 2. *inquisitorisch* (lat.) auch: streng verhörend
Unerbittlichkeit *Rigorosität*, die (lat., ohne Pl.) die Rigorosität des Geschäftsmannes war bekannt
unerfahren *apirisch* (lat.)
unerfüllbar *utopisch* (gr.-fr.) der Kandidat hatte utopische Forderungen
Unergründliches *Abyssus*, der (gr.-lat., ohne Pl.) übertragen auch: Unterwelt
unerheblich 1. *irrelevant* (lat.) Ggs.: relevant 2. *marginal* (lat.) am Rande 3. *peripher* (gr.-lat.) i. S. von: am Rande befindlich 4. *sekundär* (lat.-fr.) zweitrangig
unerhört *skandalös* (gr.-lat.-fr.) der Auftritt der spärlich bekleideten Schauspielerin war skandalös
unerkannt 1. *inkognito* (lat.-it.) 2. *latent* (lat.-fr.) auch: versteckt, schwer erkennbar
unerläßlich *obligat* (lat.) »verbunden«; unentbehrlich
unermeßlich *immens* (lat.) das Bauprojekt verschlang immense Kosten
Unersättlichkeit 1. *Pleonexie*, die (gr., ohne Pl.) auch: Habsucht 2. *Akorie*, die (gr., Pl. ...ien) i. S. von Gefräßigkeit
unerschütterlich *stoisch* (gr.-lat.) in der heiklen Situation war seine stoische Ruhe bewundernswert
Unerschütterlichkeit *Ataraxie*, die (gr., ohne Pl.) auch: Gleichmut
unersetzbar *irreparabel* (lat.) auch: nicht heilbar; Ggs.: reparabel
unerträglich *infernalisch* (lat.) der infernalische Lärm an Autobahnen macht krank
unfachmännisch *dilettantisch* (it.)
unfähig *inkompetent* (lat.) Ggs.: kompetent
Unfähigkeit *Inkompetenz*, die (lat., Pl. -en) Ggs.: Kompetenz
Unfall 1. *Havarie*, die (arab.-it.-fr.-niederl., Pl. ...ien) bei Schiffen u. Flugzeugen 2. *Malheur*, das (lat.-fr., Pl. -e) i. S. e. Mißgeschicks 3. *Crash*, der (engl., Pl. -s) Zusammenstoß, z. B. im Straßenverkehr
Unfallgaffen *Unfallvoyeurismus*, der (dt.-lat.-fr., ohne Pl.) lustvolles, auch heimliches Zuschauen zur Befriedigung e. angeborenen Neugierde, mit dem beruhigenden Gefühl davongekommen zu sein
unfaßbar *irrational* (lat.) Ggs.: rational

unfehlbar 1. *ex cathedra* (lat.) »vom päpstlichen Stuhl«; aus päpstlicher Vollmacht, somit unfehlbar 2. *infallibel* (lat.)
Unfehlbarkeit ... *Infallibilität*, die (lat., ohne Pl.) ... des Papstes in Dingen des Glaubens (seit 1870 kath. Dogma)
Unfehlbarkeitsdogma, Anhänger des ... *Infallibilist*, der (lat., Pl. -en) ... der kath. Kirche
unfein *ordinär* (lat.-fr.) gewöhnlich; e. ordinäre Person
unfertig *fragmentarisch* (lat.) auch: bruchstückhaft
Unflätigkeit *Cochonnerie*, die (fr., Pl. ...ien) Schweinerei
unförmig *monströs* (lat.) i. S. v. bes. groß
Unfreier *Sklave*, der (gr.-lat., Pl. -n) auch: Entrechteter in Abhängigkeit; »Die glücklichen Sklaven sind die Feinde der Freiheit.« (Marie von Ebner-Eschenbach)
unfruchtbar 1. *infertil* (lat.) med.; Ggs.: fertil 2. *steril* (lat.-fr.)
Unfruchtbarkeit 1. *Infertilität*, die (lat., ohne Pl.) med.; Ggs.: Fertilität 2. *Sterilität*, die (lat.-fr., ohne Pl.)
Unfruchtbarmachen 1. *Sterilisation*, die (lat.-fr., Pl. -en) 2. *Kastration*, die (lat.-it., Pl. -en)
Unfug *Zinnober*, der (pers.-gr.-lat.-fr., ohne Pl.)
ungebildet *plebejisch* (lat.)
ungebleicht *ekrü* (lat.-fr.) auch: gelblich
ungebunden *lizenziös* (lat.) i. S. von frei
ungefähr 1. *circa* (lat.) kurz: ca. 2. *approximativ* (lat.) 3. *präterpropter* (lat.)
ungefällig *inkulant* (lat.) im Umgang mit Kunden; Ggs.: kulant
ungefärbt *naturell* (lat.-fr.) die Haare der Blondine sind naturell
ungeheuer 1. *monströs* (lat.) groß 2. *kolossal* (gr.-lat.-fr.) 3. *enorm* (lat.-fr.)
Ungeheuer 1. *Monstrum*, das (lat., Pl. ...ren, ...ra) 2. *Monster*, das (lat.-fr.-engl., Pl. -) das Monster »Frankenstein« 3. *Basilisk*, der (gr.-lat., Pl. -en) e. Monster mit todbringenden Blicken
ungeheuerlich *horrend* (lat.) in dem Lokal herrschen horrende Preise
Ungeheuerlichkeit *Monstrosität*, die (lat., Pl. -en)
ungehobelt *plebejisch* (lat.) i. S. von ungebildet

ungehörig *impertinent* (lat.)
Ungehörigkeit *Impertinenz*, die (lat., ohne Pl.)
ungenannt *anonym* (gr.-lat.) der Spender des Projekts blieb anonym
Ungenannter *Anonymus*, der (gr., Pl. ...mi, ...men) z. B. Spender
ungenau 1. *inakkurat* (lat.) Ggs.: akkurat 2. *inexakt* (lat.) Ggs.: exakt 3. *inkorrekt* (lat.) Ggs.: korrekt
ungenügend *insuffizient* (lat.) auch: unzureichend
ungeordnet 1. *chaotisch* (gr.-lat.) bisweilen herrschen in Paris chaotische Verkehrsverhältnisse 2. *turbulent* (lat.) auf dem Rock-Konzert ging es turbulent zu 3. *diffus* (lat.) auch: zerstreut, z. B. diffuses Licht (Streulicht) 4. *irregulär* (lat.) auch: regelmäßig; ungesetzlich; Ggs.: regulär
ungeordneter Zustand der Dinge *Chaos*, das (gr.-lat., ohne Pl.) »... die Moskauer sind chaoserfahren – u. daher chaoskompetent.« (Karl Schlögel, Historiker, 1998)
ungerade *impair* (lat.-fr.) bez. der Zahlen beim Roulett; Ggs.: pair
ungereimt *absurd* (lat.) eigtl.: mißtönend; widersinnig
ungereinigt *crudus* (lat.) auch: roh
ungeschlechtlich *agamisch* (gr.-lat.)
ungesetzlich 1. *illegal* (lat.) Ggs.: legal 2. *illegitim* (lat.) auch: außerehelich; Ggs.: legitim 3. *irregulär* (lat.) nicht regelmäßig; Ggs.: regulär
Ungesetzlichkeit *Illegalität*, die (lat., ohne Pl.) Ggs.: Legalität
ungesetzmäßig *irregulär* (lat.) Ggs.: regulär
Ungesetzmäßigkeit *Irregularität*, die (lat., ohne Pl.) Ggs.: Regularität
ungesittet *kannibalisch* (sp.) auch: roh, grausam; nach *Kannibale*, der (sp., Pl. -n) Stammesname der Kariben: Menschenfresser; »Uns ist ganz kannibalisch wohl, als wie fünfhundert Sauen.« (Goethe: »Faust«)
ungestüm 1. *turbulent* (lat.) die Atlantiküberquerung war sehr turbulent (stürmisch) 2. *vehement* (lat.) vehement verteidigte sie ihre Argumente
Ungestüm *Impetus*, der (lat., ohne Pl.)
Ungestüm, deutsches ... *furor teutonicus*

(lat., Zitat: Lukanus) eigtl.: teutonischer Schrecken; dt. Urgewalt
Ungetüm 1. *Koloß*, der (gr.-lat., Pl. ...osse) das 6. Weltwunder: der Koloß von Rhodos 2. *Monster*, das (lat.-fr.-engl., Pl. -) auch: Ungeheuer; Krümelmonster 3. *Zyklop*, der (gr.-lat., Pl. -en) »Rundäugiger«, einäugiger Riese der gr. Sagenwelt; nicht verw. mit *Zyklon*, der (gr.-engl., Pl. -e) Wirbelsturm
ungeweiht *profan* (lat.) Ggs.: sakral
ungewiß *vage* (lat.-fr.) auch: unsicher; e. vage Vermutung haben
ungewöhnlich 1. *anormal* (lat.) nicht üblich; Ggs.: normal 2. *bizarr* (it.-fr.) i. S. von: absonderlich 3. *skurril* (etrusk.-lat.) sonderbar, verschroben
ungezwungen 1. *familiär* (lat.) 2. *leger* (lat.-fr.) leger gekleidet sein 3. *nonchalant* (lat.-fr.) er pflegte mit dem Chef e. nonchalanten Umgang 4. *salopp* (fr.) er erschien in salopper Freizeitkleidung
Ungezwungenheit 1. *Familiarität*, die (lat., ohne Pl.) auch: Herzlichkeit 2. *Nonchalance*, die (lat.-fr., ohne Pl.)
ungiftig *atoxisch* (gr.-lat.) Ggs.: toxisch
ungläubig *skeptisch* (gr.)
Ungläubigkeit *Skepsis*, die (gr., ohne Pl.) mit großer Skepsis gingen die Mitarbeiter an die neue Aufgabe
unglaublich 1. *phänomenal* (gr.-lat.-fr.) z. B. e. phänomenales Wissen haben 2. *phantastisch* (gr.-lat.) 3. *immens* (lat.) auch: bes. groß 4. *skandalös* (gr.-lat.-fr.) auch: anstößig
Unglaubliche, der ... *Incroyable*, der (lat.-fr., Pl. -s) gemeint ist e. großer Zweispitz, der um 1800 in Frankreich getragen wurde
ungleich 1. *disproportional* (lat.) 2. disproportioniert (lat.) 3. *different* (lat.)
ungleichartig *disparat* (lat.) auch: unvermeidbar
ungleichförmig gelagert *diskordant* (lat.) z. B. Gesteinsschichten
Ungleichheit 1. *Asymmetrie*, die (gr.-lat., Pl. ...ien) Ggs.: Symmetrie 2. *Differenz*, die (lat., Pl. -en) Unterschied 3. *Diskrepanz*, die (lat., Pl. -en) auch: Widersprüchlichkeit 4. *Disparität*, die (lat., Pl. -en) Ggs.: Parität 5. *Heterogenität*, die (gr.-lat., ohne Pl.) i. S. von: Verschiedenartigkeit 6. *Imparität*, die (lat., ohne Pl.)

ungleichmäßig 1. *ametrisch* (gr.) 2. *asymmetrisch* (gr.-lat.) Ggs.: symmetrisch 3. *heterogen* (gr.-lat.)

Ungleichmäßigkeit *Ametrie*, die (gr., Pl. ...ien) auch: Mißverhältnis

Unglück 1. *Malheur*, das (lat.-fr., Pl. -e) 2. *Malaise*, die (lat.-fr., Pl. -n) 3. *Misere*, die (lat., Pl. -n) auch: Notlage 4. *Schlamassel*, der (jidd., ohne Pl.) er geriet in e. häßlichen Schlamassel 5. *Tragödie*, die (gr.-lat., Pl. -n) der Tod e. geliebten Menschen ist e. Tragödie 6. *Debakel*, das (fr., Pl. -) auch: Niederlage 7. *Desaster*, das (it.-fr., Pl. -) eigtl.: Unstern; Mißgeschick 8. *Fiasko*, das (germ.-it., Pl. -s) »Flasche«; auch: Reinfall 9. *Kalamität*, die (lat., Pl. -en) mißliche Situation 10. *Katastrophe*, die (gr.-lat., Pl. -n) eigtl.: Umkehr; großes Unglück; »... aus dem Leben weiß man, daß Neid immer zur Katastrophe führt.« (Helmut Kohl, 1998)

unglücklich *sinister* (lat.) auch: unheilvoll

Unglücksbotschaft *Hiobsbotschaft*, die (Pl. -en) nach der Bibel: Buch Hiob, nach dem ihn (Hiob) e. Schreckensnachricht nach der anderen trifft

Unglücksgeschenk *Danaergeschenk*, das (gr.-dt., Pl. -e) i. S. e. Gabe, die Unheil bringt; nach Homer z. B. das Trojanische Pferd, welches den Danaern (Griechen mit Odysseus) zum Sieg über die Trojaner verhalf; »Was es auch sei, ich fürchte die Danaer, auch wenn sie Geschenke bringen.« (Vergils »Aeneis«)

Unglücksrabe *Schlemihl*, der (hebr., Pl. -e)

Unglückstag *Dies ater*, der (lat., ohne Pl.) auch: schwarzer Tag

ungültig erklären *annullieren* (lat.) e. Rechnung; e. Ehe annullieren

Ungültigkeit *Nullität*, die (lat., Pl. -en)

Ungültigkeitserklärung 1. *Annihilation*, die (lat., Pl. -en) 2. *Kassation*, die (lat., Pl. -en) von Dokumenten 3. *Nullifikation*, die (lat., Pl. -en)

ungünstig *negativ* (lat.) z. B. auf jmdn. e. negativen Einfluß ausüben; Ggs.: positiv

ungut *kontraproduktiv* (lat.) »Die Proteste sind dumm, kontraproduktiv u. deuten auf e. geringe Intelligenz.« (Hans Magnus Enzensberger, Literat, 2006)

Unheil 1. *Desaster*, das (it.-fr., Pl. -) 2. *Katastrophe*, die (gr.-lat., Pl. -n) 3. *Apokalypse*, die (gr.-lat., ohne Pl.) das Grauen, Weltuntergang; A. Dürers »Apokalyptische Reiter«

Unheil, drohendes ... 1. *Damoklesschwert*, das (ohne Pl.) nach Damokles, dem Günstling des älteren Dionysios von Syrakus; z. B. der Prüfungstermin hing wie e. Damoklesschwert über ihm 2. *Menetekel*, das (aramäisch, Pl. -) i. S. e. ernsten Warnung (nach der Geisterschrift für König Belsazar von Babylon)

unheilbar 1. *inkurabel* (lat.) med.; Ggs.: kurabel 2. *irreparabel* (lat.) Ggs.: reparabel 3. *perniziös* (lat.-fr.) i. S. e. bösartigen Krankheit

unheilig *profan* (lat.) Ggs.: sakral

Unheilsquell *Pandora*, die (gr.-lat., ohne Pl.) Frau der gr. Mythologie, sie trägt alles Unheil in e. Gefäß, um es auf den Befehl von Zeus unter die Menschen zu bringen; »Büchse der Pandora« (unheilvolles Geschenk; nach Hesiod)

unheilvoll 1. *desasträs* (it.-fr.) »Das Ergebnis der CDU ist desasträs.« (Müntefering, SPD-Geschäftsführer 1998 zur Wahl in Sachsen-Anhalt) 2. *ominös* (lat.) e. ominöses Urteil abgeben

unheimlich *dämonisch* (gr.-lat.)

unheimlich, fremd *weird* (am.) Modewort in den USA; die Europäer handeln für die Amerikaner bisweilen »weird« (sonderbar)

unhöflich verhalten *brüskieren* (it.-fr.) bloßstellen

uninteressiert *desinteressiert* (lat.-fr.) Ggs.: interessiert

Uninteressiertheit 1. *Indifferentismus*, der (lat., ohne Pl.) 2. *Indifferenz*, die (lat., ohne Pl.) 3. *Desinteresse*, das (lat.-fr., ohne Pl.) Ggs.: Interesse

unirdisch *ätherisch* (gr.-lat.)

Universität *Alma mater*, die (lat., ohne Pl.)

Universitätsgelände *Campus*, der (lat., Pl. -)

Universitätsunterricht des Mittelalters *Quadrivium*, das (lat., ohne Pl.) ... in den Fächern: Geometrie, Arithmetik, Astronomie, Musik

Universum *Kosmos*, der (gr., ohne Pl.) Weltraum, Weltall

Universum, wir sehen das ... so, wie es ist, wenn es uns nicht gäbe *Anthropi-*

sches Prinzip, das (gr.-lat., ohne Pl.) …
wir es also nicht beobachten könnten
(Astron.)

Unkalkulierbares *Imponderabilien*, die
(lat., nur Pl.) unwägbare Dinge; Ggs.:
Ponderabilien (Wägbares)

unkirchlich *profan* (lat.) Ggs.: sakral

unklar 1. *abstrus* (lat.) »versteckt«; auch:
verworren 2. *konfus* (lat.) durcheinander
sein (im Kopf) nicht verw. mit *Konfuzius*,
der (chin., ohne Pl.) (551–470 v. Chr.)
kein Verwirrter, sondern Gründer der chin.
Staatsreligion 3. *nebulös* (lat.) auch: geheimnisvoll 4. *vage* (lat.-fr.) ungewiß

Unklarheit *Konfusion*, die (lat., Pl. -en)
auch: Zerstreutheit

Unkosten *Spesen*, die (lat.-it., nur Pl.) per-
sönl. Auslagen u. Reisekosten; Spesenritter: »außer Spesen nichts gewesen«

unleidlich *intolerabel* (lat.) unausstehlich

unlöslich *insolubel* (lat.) chem.

Unmäßigkeit *Luxus*, der (lat., ohne Pl.)
auch Prunk; »Die Freiheit ist e. Luxus,
den sich nicht jedermann gestatten kann.«
(Otto von Bismarck)

Unmenge *Myriade*, die (gr.-lat., Pl. -n) Anzahl von 10 000; nur Pl.: große Menge,
Unzahl

unmenschlich *inhuman* (lat.) Ggs.: human

Unmenschlichkeit *Inhumanität*, die (lat.,
ohne Pl.) Ggs.: Humanität

unmerklich *imperzeptibel* (lat.) nicht
wahrnehmbar

unmeßbar *immensurabel* (lat.)

Unmeßbarkeit *Immensurabilität*, die (lat.,
ohne Pl.)

unmißverständlich *direkt* (lat.) er hat e.
sehr direkte Art

unmittelbar 1. *akut* (lat.) im Augenblick
2. *direkt* (lat.) 3. *prompt* (lat.-fr.) sofort
4. *spontan* (lat.) unmittelbar; auch: von
selbst 5. *stante pede* (lat.) »stehenden Fußes«; auf der Stelle

unmodern 1. *out* (engl.) nicht mehr gefragt
2. *konventionell* (lat.-fr.) i. S. von: herkömmlich 3. *konventional* (lat.-fr.) herkömmlich bez. der Bewaffnung; z. B.
konventionale Waffen (Panzer, Gewehre)
keine atomaren Kampfmittel

unmöglich, etwas ist … *Quadratur des
Kreises*, die (lat.-dt., ohne Pl.) »Sie (Mün-
tefering, SPD) wollen die Quadratur des
Kreises, Sie wollen e. Steuerreform ohne
Nettoentlastung …« (Peter Hintze, CDU,
1998)

Unmöglichkeit … *Aporie*, die (gr., Pl.
…ien) e. philos. Frage zu lösen; Ausweglosigkeit

unmündig *minorenn* (lat.) auch: minderjährig; Ggs.: majorenn

Unmündigkeit *Minorennität*, die (lat.,
ohne Pl.) auch: Minderjährigkeit; Ggs.:
Majorennität

unnachgiebig 1. *intransigent* (lat.) unversöhnlich 2. *rigide, rigid* (lat.) streng;
auch: starr 3. *rigoros* (lat.) unerbittlich

unnatürlich 1. *affektiert* (lat.) auch: überspannt 2. *manieriert* (lat.-fr.) i. S. von gekünstelt 3. *preziös* (lat.-fr.) geziert 4. *theatralisch* (gr.-lat.) 5. *artifiziell* (lat.-fr.) auch:
künstlerisch 6. *forciert* (lat.-fr.) auch: erzwungen; forcierter Marsch (Eilmarsch)

Unnatürlichkeit 1. *Theatralik*, die (gr.-lat.,
ohne Pl.) 2. *Manieriertheit*, die (lat.-fr.)

unordentlich 1. *inkorrekt* (lat.) Ggs.: korrekt 2. *inakkurat* (lat.) ungenau, Ggs.: akkurat

Unordnung *Konfusion*, die (lat., Pl. -en)
Verwirrung

unpaarig 1. *azygisch* (gr.) ungepaart 2. *im-
par* (lat.) ungleich

unparteiisch 1. *neutral* (lat.) 2. *objektiv*
(lat.) Ggs.: subjektiv

unpassend 1. *deplaciert* (fr.) 2. *inopportun*
(lat.) nicht angebracht; Ggs.: opportun

unpäßlich *indisponiert* (lat.)

Unpäßlichkeit *Indisposition*, die (lat., Pl.
-en)

unrecht Gut gedeiht nicht 1. *male parta
male dilabuntur* (lat., Zitat) 2. *male part-
um, male disparit* (lat., Zitat)

Unrecht *Injurie*, die (lat., Pl. -n) auch: Beleidigung durch Taten oder Worte

unrechtmäßig 1. *illegal* (lat.) Ggs.: legal
2. *illegitim* (lat.) z. B. illegitime Nachkommen haben; auch: unehelich; Ggs.: legitim 3. *irregulär* (lat.) auch: regelwidrig,
z. B. irreguläre Truppen (z. B. Partisanen)
Ggs.: regulär

unregelmäßig 1. *anomal* (gr.-lat.) »uneben«; regelwidrig 2. *asymmetrisch* (gr.-
lat.) ungleichmäßig; Ggs.: symmetrisch
3. *irregulär* (lat.) auch: unrechtmäßig;
Ggs.: regulär

Unregelmäßigkeit *Anomalie*, die (gr., Pl. ...ien)

Unregelmäßigkeit des Herzschlags *Arrhythmie*, die (gr., Pl. ...ien)

Unreife *Infantilität*, die (lat., ohne Pl.) das Wesen e. Kindes haben

unrein spielen, singen *detonieren* (lat.)

unrein *treife* (hebr.-jidd.) verboten; Ggs.: koscher

Unreinheit des Tons *Detonation*, die (lat., Pl. -en) Mus.; auch: e. stoßartige, schnelle u. laute chem. Reaktion (Explosion)

unrichtig 1. *inkorrekt* (lat.) Ggs.: korrekt 2. *inexakt* (lat.) ungenau; Ggs.: exakt

Unruhe 1. *Nervosität*, die (lat.-fr., Pl. -en) 2. *Tumult*, der (lat., Pl. -e) Aufruhr 3. *Turbulenz*, die (lat., Pl. -en) auch: Wirbelströmung

Unruhestifter 1. *Tumultuant*, der (lat., Pl. -en) auch: Aufrührer 2. *Intrigant*, der (lat.-it.-fr., Pl. -en) auch: Ränkeschmied

unsachgemäß *dilettantisch* (lat.) der Fachmann leistete e. dilettantische Arbeit

unsachlich *polemisch* (gr.-fr.) z. B. e. polemischen Kommentar abgeben

unschicklich 1. *indezent* (lat.) Ggs.: dezent 2. *inkonvenient* (lat.)

Unschicklichkeit 1. *Inkonvenienz*, die (lat.-fr., Pl. -en) Ggs.: Konvenienz 2. *Indezenz*, die (lat., Pl. -en) Ggs.: Dezenz

unselbständig *subaltern* (lat.) auch: unterwürfig

unsicher 1. *dubios* (lat.) auch: verdächtig 2. *instabil* (lat.) in Zaire herrschten instabile Verhältnisse; Ggs.: stabil

unsicher fühlen, sich *genieren* (germ.-fr.) sich schämen

unsicher machen *irritieren* (lat.) der Redner ließ sich leicht irritieren

Unsicherheit *Instabilität*, die (lat., Pl. -en) Ggs.: Stabilität

unsichtbar *invisibel* (lat.)

Unsinn 1. *Nonsens*, der (lat.-engl., ohne Pl.) 2. *Tinnef*, der (jidd., ohne Pl.) 3. *Makulatur*, die (lat., Pl. -en) z.B. Makulatur quatschen (Unsinn reden) 4. *Ballawatsch*, der (it., ohne Pl.) 5. *Humbug*, der (engl., ohne Pl.) 6. *Zinnober*, der (pers.-gr.-lat.-fr., ohne Pl.) auch: gelblich-rote Farbe

unsinnig 1. *absurd* (lat.) »mißtönend«; abwegig 2. *schizophren* (gr.-lat.) verrückt, widersprüchlich

Unsinnigkeit 1. *Idiotie*, die (gr., Pl. ...ien) 2. *Schizophrenie*, die (gr.-lat., Pl. ...ien) auch: Bewußtseinsspaltung

Unsinnigkeit beweisen *ad absurdum führen* (lat.)

unsittlich *amoralisch* (gr.-lat.-fr.)

Unsittlichkeit *Immoralität*, die (lat., ohne Pl.)

unsozial, in bes. Weise ... *difficult to serve* (engl.: schwer zu bedienen) Bez. für e. unsoziales Agieren (Handeln) im Wettbewerb

Unsterblichkeit 1. *Athanasie*, die (gr., ohne Pl.) 2. *Immortalität*, die (lat., ohne Pl.)

Unsterblichkeitstrend *Dorian Graying* (am.) auch: Angst vor dem Verfall des Körpers im Alter; die Vorstellung, die Menschen könnten beschwerdefrei 120 Jahre alt werden, findet in den USA immer mehr Anhänger

Unstern *Desaster*, das (fr., Pl. -) auch: Mißgeschick.»Ich bin geübt, über Desaster zu schreiben ...« (Frank Schätzing, Autor, 2006)

Unstern *Desaster*, das (it., Pl. -) auch: Unheil.»Dieser Euro ist e. Desaster!« (Silvio Berlusconi, Italiens Exministerpräsident, 2005)

unstetig *diskontinuierlich* (lat.) Ggs.: kontinuierlich

unstimmig 1. *diskrepant* (lat.) 2. *disharmonisch* (gr.-lat.) Ggs.: harmonisch 3. *dissonant* (lat.)

Unstimmigkeit 1. *Differenz*, die (lat., Pl. -en) in e. Gespräch Differenzen ausräumen 2. *Disharmonie*, die (gr.-lat., Pl. -n) auch: Uneinigkeit; Ggs.: Harmonie 3. *Diskrepanz*, die (lat., Pl. -en) Mißverhältnis 4. *Dissonanz*, die (lat., Pl. -en) musik. 5. *Kontroverse*, die (lat., Pl. -n) auch: Streit

unstofflich *immateriell* (lat.-fr.) immaterielles Gut, z. B. das Image e. Firma; Ggs.: materiell

untätig 1. *inaktiv* (lat.) Ggs.: aktiv 2. *passiv* (lat.-fr.) Ggs.: aktiv

Untätigkeit 1. *Inaktivität*, die (lat., ohne Pl.) Ggs.: Aktivität 2. *Passivität*, die (lat., ohne Pl.) Ggs.: Aktivität

Untauglichkeit *Disqualifikation*, die (lat.-engl., Pl. -en) Ggs.: Qualifikation

unteilbar *indivisibel* (lat.)
Unteilbares *Monade*, die (gr.-lat., ohne Pl.) philos.
unten, nach ... *à la baisse* (fr.) auf das Fallen der Börsenkurse (à la baisse) spekulieren; Ggs. à la hausse
unter freiem Himmel *hypäthral* (gr.) ohne schützendes Dach
unter sonst gleichen Umständen *ceteris paribus* (lat.) Fachbegriff in der Wirtschaftstheorie
unter Umständen *eventuell;* kurz: *evtl.* (lat.-fr.)
unter uns gesagt *inter nos* (lat., Zitat) eigtl.: zwischen uns
unter Verschwiegenheit *sub sigillo confessionis* (lat.) unter dem Siegel der Beichte (Verschwiegenheit)
Unterarm *Antebrachium*, das (gr.-lat., Pl. ...chia) med.
Unterbau 1. *Postament*, das (lat.-it., Pl. -e) auch: Fundament, Sockel 2. *Substruktion*, die (lat., Pl. -en)
Unterbau, notwendiger wirtschaftlicher u. organisatorischer ... e. entwickelten Wirtschaft *Infrastruktur*, die (lat., Pl. -en) »Wenn der positive Trend sich verfestigt, sind wir beim Wiederaufbau der industriellen Infrastruktur bald über den Berg.« (Kurt Biedenkopf, Ministerpräsident von Sachsen, 1998)
Unterbieten ... *Dumping*, das (engl., ohne Pl.) ... der Preise
Unterbrechung im Rhythmenfluß *Break*, der (engl., Pl. -s) Song im Break-Stil: »Rock around the clock«; auch: Pause
Unterbrechung *Interruption*, die (lat., Pl. -en) med., Interruption e. Schwangerschaft; Coitus interruptus
unterbrochen *diskontinuierlich* (lat.) zusammenhanglos; Ggs.: kontinuierlich
unterdessen *ad interim* (lat.)
unterdrücken 1. *terrorisieren* (lat.-fr.) e. Diktator terrorisierte sein Land 2. *tyrannisieren* (gr.-lat.-fr.) der ewig angetrunkene Ehemann tyrannisierte die Familie
unterdrückend 1. *repressiv* (lat.) 2. *tyrannisch* (gr.-lat.) 3. *oppressiv* (lat.) auch: drückend
Unterdrückung 1. *Repression*, die (lat., Pl. -en) jmdn. durch Repression einschüchtern wollen 2. *Terror*, der (lat., ohne Pl.)

Terrororganisation Hamas 3. *Oppression*, die (lat., Pl. -en) Beklemmung (med.) 4. *Tyrannei*, die (gr.-lat.-fr., Pl. -en) »Der Weg zur Tyrannei beginnt mit der Zerstörung der Wahrheit.« (Bill Clinton, US-Präsident, 1992)
Untereinheit, e. Währungs... *Cent*, der (lat., Pl. -s) eigtl.: hundert. »Ich erhalte keinen Cent.« (Josef Ackermann, Chef der Deutschen Bank, zur Mannesmann-Abfindung, 2006)
unterentwickelt *primitiv* (lat.-fr.) auch: urtümlich
Unterentwicklung *Dysplasie*, die (gr.-lat., Pl. ...ien) med.
Unterernährung *Hypotrophie*, die (gr.-lat., Pl. ...ien) med.; Ggs.: Hypertrophie
Unterfunktion *Hypofunktion*, die (gr.-lat., Pl. -en) med., z. B. der Niere; Ggs.: Hyperfunktion
Untergang 1. *Ruin*, der (lat.-fr., ohne Pl.) Spekulationen haben ihn in den Ruin geführt 2. *Apokalypse*, die (gr.-lat., ohne Pl.) auch: Grauen, A. Dürers »Apokalyptische Reiter« 3. *Kataklysmus*, der (gr.-lat., Pl. ...men) i. S. e. plötzlichen erdgeschichtlichen Katastrophe; e. Kataklysmus zerstörte 79 n. Chr. Pompeji
untergeordnet 1. *inferior* (lat.) auch: minderwertig 2. *subaltern* (lat.) untertänig
Untergeschoß *Souterrain*, das (lat.-fr.) eigtl.: unterirdisch; Kellerwohnung
untergraben, die Integrität am Arbeitsplatz ... *mobben* (engl.) »Man kann das Sozialrecht nicht benutzen als e. Art Baseballschläger, um Leute rauszumobben!« (Jürgen Trittin, Sprecher der Grünen, 1998)
Untergrund *Underground*, der (engl., ohne Pl.) Personen u. Organisationen, die sich abseits der Gesellschaft befinden; auch: U-Bahn in London
Untergrundbahn 1. *Metro*, die (gr.-lat.-fr., Pl. -s) in Paris 2. *Underground*, die (engl., ohne Pl.) 3. *Subway*, die (am., Pl. -s) 4. *Tube*, die (engl., Pl. -s)
Untergrundkämpfer 1. *Guerillero*, der (germ.-sp., Pl. -s) berühmter Untergrundkämpfer: Che Guevara 2. *Tupamaro*, der (Pl. -s) uruguayischer Stadtguerilla, nach dem Inkakönig Tupac Amaru
Unterhalt *Existenz*, die (lat., Pl. -en)

unterhalten 1. *diskurrieren* (lat.) sich unterhalten 2. *parlieren* (lat.-fr.) 3. *talken* (engl.)

unterhalten, gut ... *amüsieren* (lat.-fr.) »Wozu Ruhestand? Ich amüsiere mich hier 14 bis 16 Stunden am Tag.« (Nicolas Hayek, 70, Swatch-Chef, 1998)

unterhaltend *amüsant* (lat.-fr.)

Unterhalter *Entertainer*, der (engl., ohne Pl.)

unterhaltsam *amüsant* (lat.-fr.)

Unterhaltsgewährung *Alimentation*, die (lat., Pl. -en) auch: Lebensunterhalt

Unterhaltszahlung ... *Alimente*, die (lat., nur Pl.) ... für nichteheliche Kinder

Unterhaltung 1. *Konversation*, die (lat.-fr., Pl. -en) 2. *Diskurs*, der (lat., Pl. -e) 3. *Causerie*, die (lat.-fr., Pl. ...ien) 4. *Kommunikation*, die (lat., Pl. -en) auch: Umgang; Verbindung 5. *Small talk*, der (engl., Pl. -s) Geplauder 6. *Entertainment*, das (engl., Pl. -s) auch: Showgeschäft; »... einem sehr erfolgreichen holländischen Beispiel folgend, mittels Entertainment um die Vermittlung von Arbeitsplätzen bemühen.« (G. Schröders geh. Tagebuch von H. Venske, 1997)

Unterhaltungskünstler *Conférencier*, der (lat.-fr., Pl. -s)

Unterhaltungsliteratur 1. *Belletristik*, die (lat.-fr., ohne Pl.) auch: schöngeistige Literatur 2. *Trivialliteratur*, die (lat.-fr., ohne Pl.) anspruchslose Unterhaltungsliteratur

Unterhaltungsschriftsteller *Belletrist*, der (fr., Pl. -en) ... schöngeistiger

Unterhändler *Parlamentär*, der (gr.-lat.-fr.-engl., Pl. -e) zwischen verfeindeten Kontrahenten, kriegsführenden Parteien

Unterhose *Slip*, der (engl., Pl. -s)

unterirdisch 1. *chthonisch* (gr.) chthonische Götter (Erdgottheiten, z. B. die Titanen, Pluto) 2. *hypogäisch* (gr.-lat.) 3. *subterran* (lat.)

Unterkiefer *Mandibula*, die (lat., Pl. ...lae) med.

Unterkunft 1. *Quartier*, das (lat.-fr., Pl. -e) 2. *Logis*, das (germ.-fr., ohne Pl.) 3. *Asyl*, das (gr.-lat., Pl. -e) z. B. für Obdachlose 4. *Karawanserei*, die (pers., Pl. -en) Stätte für Karawanenreisende

Unterlage 1. *Substrat*, das (lat., Pl. -e)

auch: Grundlage 2. *Paper*, das (engl., Pl. -s) schriftliche Unterlage

Unterlagen *Material*, das (lat., Pl. -ien) z. B. Aktenmaterial, das vor e. Prozeß durchzuarbeiten ist

unterlegen *inferior* (lat.) untergeordnet, gering

Unterlegenheit *Inferiorität*, die (lat., ohne Pl.) Minderwertigkeit

Unterleib *Abdomen*, das (lat., Pl. ...mina) med.

Unterlippe der Insektenmundwerkzeuge *Labium*, das (lat., Pl. ...ien, ...ia) auch: Schamlippe der Frau; nicht verw. mit *Labrum*, das (lat., Pl. ...ren, ...bra) Oberlippe der Insektenmundwerkzeuge

untermauern *fundieren* (lat.) z. B. Behauptungen durch Argumente untermauern

untermauert *fundiert* (lat.)

Unternehmen 1. *Experiment*, das (lat., Pl. -e) e. mit Risiken behaftetes 2. *Operation*, die (lat., Pl. -en) mil. 3. *Coup*, der (gr.-lat.-fr., Pl. -s) kühner Schlag; auch: e. kriminelles Unternehmen, e. Coup landen 4. *Enterprise*, die (lat.-fr.-engl., Pl. -n) i. S. des Unternehmens 5. *Fabrik*, die (lat.-fr., Pl. -en) 6. *Etablissement*, das (lat.-fr., Pl. -s) Betrieb 7. *Dependance*, die (lat.-fr., Pl. -n) Niederlassung, Zweigstelle

Unternehmensabsprache *Kartell*, das (ägypt.-gr.-lat.-it.-fr., Pl. -e) in Kartellen sprechen Unternehmen Konditionen ab, um gewinnträchtige Geschäfte abzuwickeln

Unternehmensauflösung 1. *Konkurs*, der (lat., Pl. -e) zwangsweise Beendigung e. Unternehmens wegen Zahlungsunfähigkeit 2. *Liquidation*, die (lat., Pl. -en) freiwillige Geschäftsaufgabe

Unternehmensberatung *Consulting*, das (engl., ohne Pl.)

Unternehmensforschung *Operations-Research*, das (engl., ohne Pl.)

Unternehmensführung *Management*, das (lat.-it.-engl., Pl. -s)

Unternehmensführung, die Risiken erkennt u. vermeidet 1. *Risk-Management*, das (engl., ohne Pl.) 2. *Worst-Case-Management*, das (engl., ohne Pl.)

Unternehmensführung, rücksichtslose ... *Shareholder-Value-Management*, das

544

(engl., ohne Pl.) ... das nur Kurssteigerungen für die Aktionäre im Auge hat

Unternehmensführung, schlanke ... *lean Management,* das (engl.-am., ohne Pl.) von: lean (mager, schlank) gemeint sind flache, direkte, damit kostengünstige Strukturen in den Unternehmen

Unternehmensleiter 1. *Topmanager,* der (lat.-it.-engl., Pl. -) großer GmbHs 2. *Manager,* der (lat.-it.-engl., Pl. -) kleiner u. mittlerer Firmen 3. *Generaldirektor,* der (lat.-fr.-engl., Pl. -en) Leiter e. AG (Vorstandsvorsitzender)

Unternehmensleitung *Management,* das (lat.-it.-engl., Pl. -s)

Unternehmenswert *Shareholder-value,* der (engl.-am., Pl. -s)

Unternehmenszusammenschluß 1. *Konzern,* der (lat.-fr.-engl., Pl. -e) e. Konzern besteht i. allg. aus mehreren rechtlich selbständigen Unternehmen, deren Aktivitäten von e. Holding überwacht u. gesteuert werden 2. *Fusion,* die (lat., Pl. -en) »Schmelzen«, Vereinigung e. oder mehrerer Unternehmen oder Organisationen 3. *Kartell,* das (gr.-lat.-it.-fr., Pl. -e) die Unternehmen bleiben rechtlich selbständig 4. *Konsortium,* das (lat., Pl. ...ien) i. S. e. Zweckverbandes 5. *Trust,* der (engl.-am., Pl. -e, -s) Unternehmenszusammenfassung mit Monopolabsicht 6. *Syndikat,* das (gr.-lat., Pl. -e) Unternehmerverband mit eigener Rechtspersönlichkeit, bes. Absatzkartell; auch: getarnte Verbrecherorganisation; Amt e. Syndikus

Unternehmer 1. *Spekulant,* der (lat., Pl. -en) i. S. e. waghalsigen, äußerst risikofreudigen Geschäftsmannes 2. *Entrepreneur,* der (lat.-fr., Pl. -e) auch: Veranstalter 3. *Manager,* der (engl.-am., Pl. -)

Unternehmung 1. *Aktion,* die (lat., Pl. -en) 2. *Entreprise,* die (lat.-fr., Pl. -n) 3. *Etablissement,* das (lat.-fr., Pl. -s) auch: zweifelhaftes Nachtlokal oder Bordell 4. *Firma,* die (lat.-it., Pl. -men) 5. *Operation,* die (lat., Pl. -en) Handlung; auch: chirurgischer Eingriff (med.) 6. *Projekt,* das (lat., Pl. -e) z. B. e. großes Bauvorhaben 7. *Transaktion,* die (lat., Pl. -en) z. B. e. großes Finanzgeschäft

Unternehmungsgeist 1. *Aktivität,* die (lat., Pl. -en) 2. *Initiative,* die (lat.-fr., Pl. -n)

Unteroffizier auf Schiffen *Maat,* der (niederdt., Pl. -e, -en) Seemannsspr.

unterordnen *subsumieren* (lat.) auch: einordnen

Unterordnung 1. *Disziplin,* die (lat., Pl. -en) auch: bewußte Einordnung 2. *Subordination,* die (lat., Pl. -en) i. S. von Gehorsam

Unterredung *Entrevue,* die (lat.-fr., Pl. -n) Zusammenkunft (bes. von Monarchen)

Unterricht, klinischer ... am Krankenbett *Bedside Teaching,* das (engl., Pl. -s)

unterrichten 1. *instruieren* (lat.) 2. *dozieren* (lat.) an e. Hochschule lehren 3. *orientieren* (lat.-fr.) auch: informieren; sich zurechtfinden

Unterrichtslehre *Didaktik,* die (gr.-lat., ohne Pl.)

Unterrichtssendung *Telekolleg,* das (gr.-lat., Pl. -s, -ien) z. B. im Fernsehen

Unterrichtsstunde *Lektion,* die (lat., Pl. -en)

Unterrichtswissenschaftler 1. *Didaktiker,* der (gr.-lat., Pl. -) 2. *Pädagoge,* der (gr.-lat., Pl. -n) eigtl.: Kinderführer, Lehrer, Erziehungswissenschaftler

unterscheiden 1. *differenzieren* (lat.) 2. *distinguieren* (lat.) auch: bes. abheben 3. *kontrastieren* (lat.-it.-fr.) abheben

unterscheidend *distinktiv* (gr.)

Unterschicht e. Gesellschaft *lower class,* die (engl., ohne Pl.) mit den Merkmalen: wenig Geld, kein Glück, keine Macht

Unterschied 1. *Differenz,* die (lat., Pl. -en) z. B. Differenzen in den Meinungen haben 2. *Kontrast,* der (lat.-it., Pl. -e) z. B. Farbkontrast 3. *Nuance,* die (lat.-fr., Pl. -n) auch: Feinheit, Spur 4. *Saldo,* der (lat.-it., Pl. Salden, Saldi) Unterschiedsbetrag zwischen Soll u. Haben; nicht verw. mit: *Salto,* der (lat.-it., Pl. -s) Überschlag

Unterschied zwischen Termin- u. Kassakurs von Länderwährungen *Swap,* der (engl., Pl. -s) ... mit dem an internationalen Finanzmärkten gerechnet wird; man unterscheidet: Devisen-, Währungs- u. Zinsswaps

unterschiedlich 1. *divergent* (lat.) entgegengesetzt; Ggs.: konvergent 2. *divers* (lat.) mehrere (verschiedene) 3. *heterogen* (lat.) Ggs.: homogen 4. *konträr* (lat.-fr.) gegensätzlich

545

Unterschiedsbetrag *Differenz*, die (lat., Pl. -en) z. B. Zahlendifferenz

unterschlagen 1. *defraudieren* (lat.) i. S. von betrügen 2. *filieren* (lat.-fr.) Spielkarten unterschlagen

Unterschlagung *Defraudation*, die (lat., Pl. -en) i. S. von Betrug

unterschreiben 1. *signieren* (lat.) z. B. eigene Bücher signieren 2. *paraphieren* (gr.-lat.-fr.) i. S. von: abzeichnen

Unterschrift 1. *Signatur*, die (lat., Pl. -en) 2. *Autogramm*, das (gr.-lat., Pl. -e) z. B. Autogrammstunde e. bekannten Person

unterseeisch *submarin* (lat.)

Unterseite e. **Flugzeugtragfläche** *Flap*, das (engl., Pl. -s) das Klappenteil als Start- u. Landehilfe

untersetzt *ramassiert* (fr.) auch: dick

unterstellen *insinuieren* (lat.) auch: zutragen, sich einschmeicheln

Unterstellung 1. *Fiktion*, die (lat., Pl. -en) auch: Erdachtes; nur in der Vorstellung vorhanden 2. *Hypothese*, die (gr.-lat., Pl. -n) Annahme

unterstützen 1. *assistieren* (lat.) zur Hand gehen, helfen 2. *flankieren* (germ.-fr.) schützen, von der Seite decken; nicht verw. mit *flanieren* (fr.) dahinschlendern 3. *protegieren* (lat.-fr.) auch: bevorzugen 4. *supporten* (engl.-dt.) fördern, werblich unterstützen, vorwärtsbringen 5. *promoten* (engl.-dt.) 6. *pushen* (engl.) vorantreiben

unterstützend *subsidär* (lat.-fr.) u. *subsidiarisch* (lat.) auch: hilfeleistend; z. B. subsidiarisches Recht: Bestimmung, die angewendet wird, wenn übergeordnetes Recht keine Vorschriften enthält

Unterstützung durch staatliche Gelder *Subvention*, die (lat., Pl. -en) »Eine völlig subventionsfreie Gesellschaft gibt es nicht.« (Gerhard Schröder, Ministerpräsident von Niedersachsen, 1997)

Unterstützung gewähren *alimentieren* (lat.)

Unterstützung *Subvention*, die (lat., Pl. -en) staatliche Finanzhilfe für best. Wirt.-Bereiche: Bergbau, Landwirtschaft

untersuchen 1. *analysieren* (gr.-lat.) 2. *investigieren* (lat.) auch: nachforschen, verfolgen 3. *explorieren* (lat.) auch: erforschen, erkunden 4. *inquirieren* (lat.) nachforschen 5. *recherchieren* (lat.-fr.) ermitteln,

Reporter recherchieren für e. Story 6. *sezieren* (lat.) eigtl.: zerschneiden; Ärzte sezieren e. Leiche; nicht verw. mit: *sezernieren* (lat.) e. Sekret absondern 7. *sondieren* (fr.) auch: ausloten, vorsichtig erkunden

Untersuchung 1. *Enquete*, die (lat.-fr., Pl. -n) 2. *Expertise*, die (lat.-fr., Pl. -n) wissenschaftliches Gutachten 3. *Visitation*, die (lat., Pl. -en) z. B. Leibesvisitation 4. *Investigation*, die (lat.-engl., Pl. -en, -s) Nachforschung; FBI: Federal Bureau of Investigation 5. *Recherche*, die (lat.-fr., Pl. -n) Ermittlung; für die Story stellte der Reporter umfangreiche Recherchen an 6. *Inquisition*, die (lat., Pl. -en) einst: Untersuchungen u. Verfolgungen der kath. Kirche zur Reinerhaltung des Glaubens (bis ins 19. Jh.) 7. *Analyse*, die (gr.-lat., Pl. -n) eigtl.: Auflösung; systematische, meist wissenschaftliche Untersuchung

Untersuchung, medizinische ... *Checkup*, das (engl., Pl. -s) umfangreiche, ärztliche Kontrolle

Untersuchungsgefängnis, Pariser ... *Conciergerie*, die (fr., ohne Pl.)

Untersuchungsrichter *Inquisitor*, der (lat., Pl. -oren) i. S. e. strengen Richters, von *Inquisition*, die (lat., Pl. -en) Untersuchungen der kath. Kirche im Mittelalter

unterteilen *segmentieren* (lat.) auch: gliedern, in Teilstücke zerlegen

Untertreibung *Understatement*, das (engl., Pl. -s) man spricht vom »hanseatischen Understatement«; Hemingway »spielte« damit in seinen Romanen: nüchterne, unpathetische u. andeutende Ausdrucksform

Unterwanderung *Infiltration*, die (lat., Pl. -en) auch: das Einsickern

Unterwäsche 1. *Bodywear*, die (engl., ohne Pl.) 2. *Underwear*, die (engl., ohne Pl.)

Unterwäsche der Cowboys *Longjohn*, der (am., Pl. -s) als Kombination: Hemd mit langer Hose

Unterwassergeschoß *Torpedo*, der (lat., Pl. -s)

unterwegs 1. *en route* (fr.) 2. *on the road* (engl.) auch Kultbuch der Beatniks: »On the road« von Jack Kerouac

Unterweisung in der Meditation *Satsang*, das (sanskr., ohne Pl.) bes.: geistige Einweisung

Unterwelt 1. *Hades*, der (gr., ohne Pl.) i. S.

von Totenreich 2. *Erebos*, der (gr.-lat., ohne Pl.) in der gr. Sage: Totenreich 3. *Tartarus*, der (gr., ohne Pl.) aus der gr. Sagenwelt 4. *Orkus*, der (lat., ohne Pl.) auch: Totenreich 5. *Inferno*, das (lat.-it., ohne Pl.) Hölle
Unterwelt, zur ... gehörig *acherontisch* (gr.)
Unterwerfung *Kapitulation*, die (lat.-fr., Pl. -en) auch: Aufgeben; z. B. e. bedingungslose Kapitulation unterschreiben
unterwürfig 1. *devot* (lat.) z. B. sich devot gegenüber Vorgesetzten verhalten 2. *servil* (lat.) kriecherisch
Unterwürfigkeit 1. *Devotion*, die (lat., Pl. -en) 2. *Servilität*, die (lat., ohne Pl.)
unterzeichnen 1. *paraphieren* (gr.) e. Vertrag oder Vertragsentwurf mit der Paraphe (Namenszug oder Namensabkürzung) versehen 2. *signieren* (lat.-fr.) z. B. e. eigenes Buch oder Bild signieren
Untier *Chimäre*, die (gr.-lat., ohne Pl.) »Ziege«; auch: schauderhaftes Ungeheuer der gr. Sagenwelt: Löwe, Ziege u. Schlange in einem
untreu *illoyal* (lat.-fr.) e. Instanz oder Person nicht achtend; Ggs.: loyal
untypisch *atypisch* (gr.-lat.) i. S. von nicht regelmäßig; »a« – am Wortanfang bedeutet »un, nicht, ohne«, z. B. amusisch (ohne Musikverständnis) aber: »Abart« ist kein Mann ohne Bart
unumgänglich *obligatorisch* (lat.) bindend, verbindlich; Ggs.: fakultativ; nicht verw. mit *obligat* (lat.) »verpflichtet«; üblich; Ggs.: ad libitum
unumkehrbar *irreversibel* (lat.-fr.) Ggs.: reversibel
Unumkehrbarkeit *Irreversibilität*, die (lat.-fr., ohne Pl.) Ggs.: Reversibilität
unumschränkt *diktatorisch* (lat.) z. B. e. Land diktatorisch regieren
unumschränkte Herrschaft *Absolutismus*, der (lat.-fr., ohne Pl.) Regierungsform, in der alle Gewalt in der Hand e. Monarchen konzentriert ist; unter Absolutismus wird die europ. Staatsform des 17. u. 18. Jh. verstanden
unumschränkter Herrscher *Souverän*, der (lat.-fr., Pl. -e) einst: Landesfürst
unumstößlich *apodiktisch* (gr.-lat.) nicht widerlegbar (philos.)

ununterbrochen 1. *nonstop* (engl.) 2. *en suite* (lat.-fr.) 3. *permanent* (lat.) 4. *kontinuierlich* (lat.) stetig; Ggs.: diskontinuierlich 5. *perpetuell* (lat.-fr.) auch: fortwährend
unveränderlich 1. *fix* (lat.) fest; z. B. e. fixe Idee (Zwangsvorstellung) 2. *inflexibel* (lat.) auch: nicht anpassungsfähig; Ggs.: flexibel 3. *konstant* (lat.) auch: beharrlich; e. konstante Größe (Math.) 4. *stabil* (lat.) beständig; auch: robust; Ggs.: labil 5. *statisch* (gr.) Ggs.: dynamisch
Unveränderlichkeit *Invarianz*, die (lat., ohne Pl.) Math.
unveräußerlich *inalienabel* (lat.) auch: nicht übertragbar
unverbindlich 1. *formell* (lat.-fr.) auch: gesellschaftlichen Regeln entsprechend 2. *inoffiziell* (lat.) nicht amtlich; Ggs.: offiziell
unverblümt *direkt* (lat.) auch: unmittelbar
unverbürgt *offiziös* (lat.-fr.) auch: halbamtlich
unverdächtig *koscher* (hebr.-jidd.) auch: einwandfrei
unverdaulich *krud* (lat.) i. S. von roh; auch: grausam
unvereinbar *inkompatibel* (lat.) z. B. Ämteranhäufung auf e. Person
Unvereinbarkeit *Inkompatibilität*, die (lat., ohne Pl.)
unverfälscht 1. *genuin* (lat.) 2. *pur* (lat.) rein 3. *authentisch* (gr.-lat.) echt, verbürgt 4. *original* (lat.) auch: urschriftlich 5. *veritabel* (lat.-fr.) wahrhaft
unvergleichbar *inkomparabel* (lat.)
unverhältnismäßig *disproportioniert* (lat.) auch: ungleich
unverkennbar *typisch* (gr.-lat.)
unverkürzt *akatalektisch* (gr.) d. h. mit e. vollständigen Versfuß endend; nicht verw. mit *katalektisch* (gr.) mit e. unvollständigen Versfuß endend
unverletzlich *sakrosankt* (lat.) auch: hochheilig
unvermeidlich 1. *obligat* (lat.) »verbunden«; auch: üblich 2. *obligatorisch* (lat.) verpflichtend, bindend; Ggs.: fakultativ
unvermischt *pur* (lat.)
unvermittelt 1. *abrupt* (lat.) auch: plötzlich 2. *brüsk* (it.-fr.) »rauh«; auch: schroff
Unvermögen 1. *Inkompetenz*, die (lat., Pl.

-en) Ggs.: Kompetenz 2. *Impotenz*, die (lat., Pl. -en) i. S. von: Zeugungsunfähigkeit

Unvermögen Harn oder Stuhl zurückzuhalten *Inkontinenz*, die (lat., Pl. -en) Harninkontinenz (med.)

Unvermögen, technisches ... *Flashing 12.00* (engl.-am.) flashing (blinkend), das blinkende 12.00-Zeichen am Videorekorder ist symbolisch für das technische Unvermögen der Bürger, auch nur die Uhrzeit programmieren zu können

unvermögend *impotent* (lat.) z. B. unfähig zum Geschlechtsverkehr; »Warum jetzt plötzlich ganz Deutschland impotent ist, ist mir auch nicht ganz klar.« (Klaus-Peter Jünemann, Urologe, zur Potenzpille Viagra, 1998)

unverschämt 1. *impertinent* (lat.) 2. *infam* (lat.) »verrufen«; bösartig; »Das ist e. infame Lüge!« 3. *penetrant* (lat.-fr.) aufdringlich; durchdringend; im Raum herrschte e. penetranter Gestank 4. *präpotent* (lat.) eigtl.: sehr mächtig; dennoch: frech, überheblich

Unverschämtheit 1. *Impertinenz*, die (lat., ohne Pl.) 2. *Affront*, der (lat.-fr., Pl. -s) auch: Beleidigung 3. *Chuzpe*, die (hebr.-jidd., ohne Pl.) Dreistigkeit 4. *Infamie*, die (lat., Pl. ...ien) Niedertracht

unversehrt *intakt* (lat.) heil

unversöhnlich *intransigent* (lat.) kompromißlos

Unversöhnlichkeit *Intransigenz*, die (lat., ohne Pl.) Kompromißlosigkeit

Unverstand *Anoia*, die (gr.-lat., ohne Pl.)

unverständlich 1. *abstrus* (lat.) z. B. abstruse Ideen im Kopf haben 2. *konfus* (lat.) auch: verworren, durcheinander

Unverträglichkeit *Intoleranz*, die (lat., Pl. -en) i. S. von Unduldsamkeit; Ggs.: Toleranz; »Die schreckenvollste Seite, die der Fanatismus jeder Art darbietet, ist die Intoleranz.« (Friedrich Gentz)

unverzüglich 1. *prompt* (lat.-fr.) sofort 2. *spontan* (lat.) unmittelbar 3. *stante pede* (lat.) »stehenden Fußes«, sofort

unvollendet *fragmentarisch* (lat.) bruchstückhaft

unvoreingenommen *objektiv* (lat.) i. S. von: sachlich; Ggs.: subjektiv

unvorschriftsmäßig 1. *illegal* (lat.) 2. *ille-*

gitim (lat.) 3. *irregulär* (lat.) regelwidrig; Ggs.: regulär

unvorstellbar groß 1. *astronomisch* (gr.-lat.) z. B. für e. Sache astronomische Summen bezahlen 2. *gigantisch* (gr.-lat.) riesenhaft 3. *monströs* (lat.-fr.) ungeheuerlich

Unwägbarkeit *Imponderabilität*, die (lat., ohne Pl.)

Unwägbarkeiten *Imponderabilien*, die (lat., nur Pl.) Ggs.: Ponderabilien

unwesentlich *akzidentiell* (lat.-fr.) auch: zufällig, ungewöhnlich

unwichtig 1. *irrelevant* (lat.) Ggs.: relevant 2. *sekundär* (lat.-fr.) zweitrangig 3. *marginal* (lat.) am Rande, randständig

Unwichtigkeit *Irrelevanz*, die (lat., Pl. -en) Ggs.: Relevanz

unwiderleglich *apodiktisch* (gr.) auch: endgültig

unwiderstehlich *magnetisch* (gr.-lat.) jmdm. magnetisch verfallen sein, unerklärlich anziehend; auch: ferromagnetische Stoffe anziehend

unwillkürlich 1. *automatisch* (gr.-lat.-fr.) 2. *mechanisch* (gr.-lat.) 3. *habituell* (lat.-fr.) gewohnheitsmäßig 4. *instinktiv* (lat.-fr.) unwillkürlich 5. *spontan* (lat.) unmittelbar; spontan aufspringen

unwirklich 1. *imaginär* (lat.-fr.) nur in der Vorstellung 2. *phantastisch* (gr.-lat.) nicht wirklich 3. *irreal* (lat.) Ggs.: real 4. *abstrakt* (lat.) nur begrifflich, z. B. die abstrakte Malerei eines Miró (1893–1983) 5. *ideell* (fr.) i. S. von: gedanklich

Unwirklichkeit *Irrealität*, die (lat., ohne Pl.) Ggs.: Realität

unwirksam 1. *ineffektiv* (lat.) er ergriff ineffektive Maßnahmen; Ggs.: effektiv 2. *ineffizient* (lat.) Ggs.: effizient

unwirksam machen *neutralisieren* (lat.)

Unwirksamkeit 1. *Inaktivität*, die (lat., ohne Pl.) 2. *Ineffizienz*, die (lat., Pl. -en) Ggs.: Effizienz

unwirtschaftlich 1. *ineffizient* (lat.) unwirksam; Ggs.: effizient 2. *ineffektiv* (lat.) Ggs.: effektiv

Unwissender *Ignorant*, der (lat., Pl. -en) in abwertendem Sinn

Unwissenheit 1. *Ignoranz*, die (lat., ohne Pl.) abwertend 2. *Agnosie*, die (gr.-lat., Pl. ...ien) »das Nichterkennen«; auch: Nichtwissen

Unwissenheit, gelehrte ... *Docta ignorantia*, die (lat., Pl. ...tiae) Scholastik: der Mensch mit seinem begrenzten Wissen kann Gott und Schöpfung nicht erfassen

Unwürdigkeit *Indignität*, die (lat., ohne Pl.)

Unzahl *Myriaden*, die (gr.-lat., nur Pl.) auch: Unmenge

Unzeit, zur ... *mal-à-propos* (fr.) auch: ungelegen

unzeitgemäß 1. *anachronistisch* (gr.-lat.) auch: im Widerspruch zum Fortschritt 2. *antiquiert* (lat.) veraltet 3. *obsolet* (lat.) i. S. von: ungebräuchlich

Unzivilisiertheit *Barbarei*, die (gr.-lat., Pl. -en)

Unzucht *Sodomie*, die (lat., Pl. -n) mit Tieren

unzüchtig 1. *priapeisch* (gr.-lat.) 2. *priapisch* (gr.-lat.) wird gern von Sigrid Löffler (Literaturkritikerin) verwendet

Unzufriedenheit *Dyskolie*, die (gr., ohne Pl.)

unzugänglich 1. *reserviert* (lat.) z. B. e. reservierte Person sein; auch i. S. von besetzt 2. *impassabel* (fr.) i. S. von ungangbar

unzulänglich *dilettantisch* (lat.-it.) z. B. dilettantisch arbeiten

Unzulänglichkeit *Insuffizienz*, die (lat., Pl. -en) z. B. e. Organs (med.) Ggs.: Suffizienz

unzulässig *inkorrekt* (lat.) auch: fehlerhaft; Ggs.: korrekt

unzureichend *insuffizient* (lat.) auch: geschwächt

unzusammenhängend *inkohärent* (lat.) Ggs.: kohärent

unzuständig *inkompetent* (lat.) nicht befugt; Ggs.: kompetent

unzweckmäßig *inopportun* (lat.) Ggs.: opportun

Unzweckmäßigkeit *Inopportunität*, die (lat., Pl. -en) Ggs.: Opportunität

üppig 1. *lukullisch* (lat.) nach dem altröm. Feldherrn Lucullus (117–57 v. Chr.) auch: schwelgerisch 2. *luxuriös* (lat.) prunkvoll 3. *opulent* (lat.) auch: reichlich; e. opulentes Mahl einnehmen 4. *sumptuös* (lat.) verschwenderisch

uralt 1. *archaisch* (gr.-lat.) 2. *ogygisch* (gr.-lat.) nach dem sehr alten König von Theben Ogygos

Uranfang, der ... *Tai-ki*, das (chin., ohne Pl.) in der chin. Philosophie; die Vereinigung des männlichen u. weiblichen Prinzips: Yang (männliche Urkraft) u. Yin (die dunkle weibliche Urkraft)

Uraufführung *Premiere*, die (lat.-fr., Pl. -n)

Urbegriff *Idee*, die (gr.-lat.-fr., Pl. Ideen) den wirklichen Dingen zugrunde liegender Gedanke (philos.) auch: Einfall; »Eine Idee muß Wirklichkeit werden können, oder sie ist e. Seifenblase.« (Berthold Auerbach)

Urbild 1. *Original*, das (lat., Pl. -e) 2. *Prototyp*, der (gr.-lat., Pl. -en) 3. *Archetyp*, der (gr.-lat., Pl. -en)

urbildlich *archetypisch* (gr.-lat.)

Ureinwohner 1. *Aborigines*, die (lat.-engl., nur Pl.) Ureinwohner Australiens 2. *Autochthone*, der (gr.-lat., Pl. -n) auch: Eingeborener

Urform *Archetypus*, der (gr., Pl. ...pen)

Urform, der ... **entsprechend** *archetypisch* (gr.)

Urheber 1. *Autor*, der (lat., Pl. ...oren) z. B. e. Buches 2. *Initiator*, der (lat., Pl. ...oren) jmd., der e. Idee verwirklicht, e. Anstoß gibt 3. *Inventor*, der (lat., Pl. ...oren) Erfinder

Urheberrecht *Copyright*, der (engl.-am., Pl. -s) »Wenn wir in Tschechien Copyright sagen, meinen wir das Recht zu kopieren.« (Roman Stanek, Direktor von Sybase Czech, 1997)

Urknall *Big bang*, der (engl.-am., ohne Pl.)

Urkunde 1. *Diplom*, das (gr.-lat., Pl. -e) z. B. Diplom-Ingenieur, kurz: Dipl.-Ing. 2. *Dokument*, das (lat., Pl. -e) 3. *Police*, die (gr.-lat.-it.-fr., Pl. -n) z. B. Versicherungspolice über e. abgeschlossenen Vertag mit e. Versicherung 4. *Charta*, die (ägypt.-gr.-lat., Pl. -s) Verfassungsurkunde 5. *Charte*, die (lat.-fr., Pl. -n) Urkunde im Staats- u. Völkerrecht 6. *Bulle*, die (lat., Pl. -n) mittelalterliche Urkunde mit Metallsiegel; z. B. die Goldene Bulle Kaiser Karls IV. (1316–1378) 7. *Zertifikat*, das (lat., Pl. -e) auch: Zeugnis; Anteilschein

Urkundenauszüge *Regesten*, die (lat., nur Pl.)

Urkundenforscher *Diplomatiker*, der (gr.-lat.-fr., Pl. -)

Urkundenlehre *Diplomatik*, die (gr.-lat.-fr., ohne Pl.)

Urkundensammlung *Archiv*, das (gr.-lat., Pl. -e)

urkundlich *dokumentarisch* (lat.)

Urlauber *Tourist*, der (gr.-lat.-fr.-engl., Pl. -en)

Urmund *Blastoporus*, der (lat., ohne Pl.) Öffnung des Urdarms

Urne 1. *Ossarium*, das (lat., Pl. ...ien) 2. *Kanope*, die (Eigenn., Pl. -n) aus dem alten Ägypten für die Eingeweide der Toten (nach der Stadt Kanobos benannt)

Urnenhalle *Kolumbarium*, das (lat., Pl. ...ien) röm. Grabkammer

Ursache 1. *Antezedens*, das (lat., Pl. ...denzien) auch: Grund 2. *Causa*, die (lat., Pl. ...sae) auch: Rechtsgrund, z. B. Cause célèbre, die (lat.-fr., Pl. -s -s): berühmter Rechtsstreit 3. *Motiv*, das (lat., Pl. -e) z. B. Handlungsmotiv 4. *Faktor*, der (lat., Pl. ...oren) eigtl.: Macher; wichtiger Umstand; nicht verw. mit *Faktur*, die (lat.-it., Pl. -en) Warenrechnung

Ursache, mit der ... hört auch die Wirkung auf *cessante causa, cessat effectus* (lat., Zitat)

ursächlich *kausal* (lat.)

Urschrift 1. *Manuskript*, das (lat., Pl. -e) kurz: Ms. 2. *Original*, das (lat., Pl. -e)

Urschrift, stimmt mit der ... überein *concordat cum originali* (lat., Zitat)

urschriftlich *original* (lat.)

Ursprung 1. *Genesis*, die (gr.-lat., ohne Pl.) auch: Entstehung 2. *Provenienz*, die (lat., Pl. -en) auch: Herkunft

Ursprung, der ... aller Dinge ist klein *omnia rerum principia parva sunt* (lat., Zitat: Cicero)

Ursprung, vom ... an *ad ovo* (lat., Zitat nach Homer)

ursprünglich 1. *original* (lat.) 2. *originär* (lat.) 3. *originell* (lat.-fr.) 4. *primär* (lat.-fr.) 5. *primitiv* (lat.-fr.) sehr einfach

Ursprünglichkeit *Originalität*, die (lat., ohne Pl.)

Ursprungszeugnis *Certificate of origin*, das (engl., Pl. -s) i. S. e. Bestätigung des Exportlandes zum Warenursprung

Urstoff 1. *Element*, das (lat., Pl. -e) 2. *Protoplasma*, das (gr.-lat., ohne Pl.) Lebenssubstanz aller Zellen

Urstoff in der altgr. Naturphilosophie *Hyle*, die (gr., ohne Pl.)

Urstoff, den unteilbaren ... betreffend *atomar* (gr.) auch: Atomwaffen betreffend. »Dieser atomare Zug hat weder Bremse noch Rückwärtsgang.« (Mahmud Ahmadinedschad, Präsident des Iran, über sein Atomprogramm, 2007)

Urteil 1. *Votum*, das (lat., Pl. ...ta, ...ten) auch: Stimme, Volksentscheidung 2. *Verdikt*, das (lat.-engl., Pl. -e) Urteilsspruch 3. *Rejektorium*, das (lat., Pl. ...ien) Rechtsw. 4. *Eudoxie*, die (gr., Pl. ...ien) i. S. e. sicheren Urteils 5. *Logos*, der (gr.-lat., Pl. Logoi) logisches, folgerichtiges Urteil

urteilen *dijudizieren* (lat.) entscheiden

urteilen, weise ... salomonisch (nach dem biblischen König Salomon); »ein salomonisches Urteil fällen«, Salomons Urteil im Streit zweier Frauen um e. Kind gilt als bes. weise

Urteilsaufhebung *Kassation*, die (lat., Pl. -en) d. h.: die nächsthöhere Instanz hebt e. Urteil auf

Urteilsenthaltung *Aphasie*, die (gr., Pl. ...ien) philos.

urteilsfähig *kompetent* (lat.)

urteilslos *akritisch* (gr.-lat.) Ggs.: kritisch

Urteilsspruch *Sentenz*, die (lat., Pl. -en) Richterspruch

Urteilsüberprüfung *Revision*, die (lat., Pl. -en) »prüfende Wiederdurchsicht« bei Urteilen, in der Buchhaltung e. Firma

Urteilsvermögen *Judizium*, das (lat., Pl. ...ien) durch Erfahrung u. lange Praxis erworben

Urtext *Original*, das (lat., Pl. -e)

Urtierchen *Amöbe*, die (gr., Pl. -n) i. S. von: Einzeller der Klasse Wurzelfüßer; Erreger der Amöbenruhr

Urvater Israels *Abraham*, der (hebr., ohne Pl.) eigtl.: der Vater ist groß; arabisch: Ibrahim, im Koran der erste Moslem

Urvogel *Archäopteryx*, der (gr., Pl. -e) aus der Jurazeit (ausgestorben)

Urwald *Dschungel*, der (Hindi, ohne Pl.)

Urwaldvogel, bunter ... Quetzal, der (indian.-sp., Pl. -s) auch: Guatemalas Wappentier

Urweltechse *Saurier*, der (gr., Pl. -)

urwüchsig 1. *animalisch* (lat.) auch: triebhaft, tierisch 2. *originell* u. *originär* (lat.-fr.) auch: einfallsreich; schöpferisch; »... ganz originär aus der bayrischen Identität zu schöpfen u. damit ganz Deutschland u. Europa zu beeinflussen.« (Theo Waigel, CSU, 1998)

Urzeit *Azoikum*, das (gr., ohne Pl.) ohne Spuren organischen Lebens

urzeitlich *fossil* (lat.) »ausgegraben«, als Versteinerung erhalten; Ggs.: rezent

Urzeugung *Abiogenese* u. *Abiogenesis*, die (gr., ohne Pl.) eigtl.: Entstehung aus Unbelebtem; Annahme, daß Lebewesen einst aus »toter« Materie entstanden seien

Urzustand, chaotischer *Tohuwabohu*, das (hebr., Pl. -s) »Wüste u. Öde« (nach 1. Mose 1, 2) Wirrwarr

US-Amerikaner 1. *Uncle Sam*, der (engl.-am., ohne Pl.) Onkel Samuel, nach der ehemaligen amtlichen Bezeichnung: U.S.-Am. für USA, scherzhaft für US-Regierung u. US-Bürger 2. *Yankee*, der (am., Pl. -s) Spitzname für Bewohner der am. Nordstaaten

US-Nationalgesang *Yankee-doodle*, der (am., ohne Pl.) um 1750 Spottlied auf die am. Truppen im Unabhängigkeitskrieg gegen England

V

Vater 1. *Papa*, der (fr., Pl. -s) 2. *Daddy*, der (engl., Pl. -s) 3. *Senior*, der (lat., Pl. -en) im Vater-Sohn-Verhältnis

Vater der Mönche *Antonius der Große*, um 300, lebte in der ägyptischen Wüste, Begründer der Einsiedlergemeinde, nach hm wurde e. verheerende, lepraähnliche Seuche des frühen Mittelalters »Antoniusfeuer« genannt

Vater des Vaterlandes *Pater patriae*, der (lat.) Ehrentitel verdienter Staatsbeamter im alten Rom

Vater, ich habe gesündigt *pater peccavi* (lat., Zitat: Lukas 15,18)

Vaterherrschaft *Patriarchat*, das (lat., Pl. -e) Männerherrschaft; Ggs.: Matriarchat

Vaterland, wo es mir gut geht, da ist mein

... *ubi bene, ibi patria* (lat., Zitat: Aristophanes)

vaterländisch 1. *national* (lat.) 2. *patriotisch* (gr.-lat.-fr.)

Vaterlandsbegeisterter *Chauvinist*, der (fr., Pl. -en)

Vaterlandsbegeisterung *Chauvinismus*, der (fr., ohne Pl.)

Vaterlandsliebe *Patriotismus*, der (gr.-lat.-fr., ohne Pl.)

Vaterlandsloser *Apatride*, der (gr., Pl. -n) auch: Staatenloser

Vätern, zu den ... *ad patres*, kurz: *a.p.* (lat., Zitat) ... gehen, d. h. sterben

Vaterrecht *Patriarchat*, das (gr.-lat., Pl. -e) der Mann nimmt in Staat u. Familie e. bes. Stellung ein

vaterrechtlich *patriarchalisch* (gr.-lat.)

Vaterschaft *Paternität*, die (lat., ohne Pl.)

Vaterunser *Paternoster*, der (lat., ohne Pl.) Gebet; auch: der (lat., Pl. -) Aufzug ohne Tür (Umlaufaufzug)

Vegetarier, e. konsequenter ... *Veganer*, der (lat., ohne Pl.)

Vegetarier, Jugendliche ... *Earth Tones* (engl.: Erdtöne) ... die als Konsumentengruppe kein Fleisch ißt, batikgefärbte Kleidung trägt, sanfte Drogen konsumiert, teure Stereoanlagen besitzt

Vegetarier, radikale ... *Veganer*, der (lat., Pl. -) lehnen auch Honig ab

Veilchen *Viola*, die (lat., Pl. ...olen) Bot.

Veitstanz *Chorea*, die (gr.-lat., ohne Pl.) med.

veitstanzartig *choreaform* u. *choreiform* (gr.-lat.)

Vektorrechnung *Tensor*, der (lat., Pl. ...oren) math.; auch: Spannmuskel (med.)

Venenentfernung ... 1. *Strippen*, das (engl., ohne Pl.) ... im Falle e. krankhaften Veränderung der Vene (med.); auch: e. Entkleidungsnummer vorführen, sich in e. Nachtlokal entkleiden 2. *Stripping*, das (engl., Pl. -s) ausschälende Operation mit Spezialinstrumenten

Venenentzündung *Phlebitis*, die (gr.-lat., Pl. ...itiden) med.

Ventilhorn *Kornett*, das (fr., Pl. -e u. s.) auch: Orgelregister; nicht verw. mit: der Kornett, Fähnrich bei der Kavallerie

Verabredung 1. *Date*, das (am., Pl. -s) 2. *Rendezvous*, das (lat.-fr., Pl. -) i. S. e.

551

Stelldicheins 3. *Kollusion,* die (lat., Pl. -en) i. S. e. sittenwidrigen Absprache 4. *Meeting,* das (engl., Pl. -s) Gesprächsrunde

Verabredung zu e. gemeinsamen Straftat *Komplott,* das u. der (fr., Pl. -e) auch: Verschwörung. »Unsere Gegner schmieden e. Komplott, sie kommen u. treiben die Tomatenpreise in die Höhe.« (M. Ahmadinedschad, Präsident des Iran, 2007)

verabreichen *applizieren* (lat.) Arzneimittel werden appliziert (med.)

verabscheuen 1. *abhorreszieren* (lat.) auch: ablehnen 2. *perhorreszieren* (lat.) strikt ablehnen 3. *detestieren* (lat.-fr.) auch: verwünschen

verabscheuungswürdig 1. *abhorreszierend* (lat.) 2. *perhorreszierend* (lat.) 3. *detestabel* (lat.-fr.) auch: verwünschenswert

verachten 1. *abjizieren* (lat.) 2. *despektieren* (lat.) i. S. von: Personen geringschätzen

verächtlich 1. *despektierlich* (lat.) 2. *en canaille* (fr.) wegwerfend 3. *abjekt* (lat.) 4. *pejorativ* (lat.) abwertend

Verächtlichmachung 1. *Diskriminierung,* die (lat., Pl. -en) auch: Absonderung, Trennung z. B. von Bevölkerungsgruppen 2. *Ageism* (engl.) Begriff für die Diskriminierung jüngerer oder älterer Personengruppen, da die Verständigung fehlt

verallgemeinern 1. *generalisieren* (lat.) in Einzelfällen auf das Gesamte schließen 2. *pauschalisieren* (lat.) 3. *verabsolutieren* (dt.-lat.) 4. *abstrahieren* (lat.) »Abstrahieren heißt die Luft melken.« (Friedrich Hebbel)

Verallgemeinerung 1. *Abstraktion,* die (lat., Pl. -en) 2. *Generalisation,* die (lat., Pl. -en)

veraltet 1. *antiquiert* (lat.) 2. *obsolet* (lat.) auch: überholt 3. *dekrepit* (lat.-fr.) svw. heruntergekommen 4. *anachronistisch* (gr.-lat.) auch: überholt

veränderlich 1. *inkonstant* (lat.) Ggs.: konstant 2. *labil* (lat.) i. S. von unbeständig 3. *variabel* (lat.-fr.) i. S. von abwandelbar 4. *mutabel* (lat.) auch: wandelbar 5. *instabil* (lat.) Ggs.: stabil

Veränderlichkeit 1. *Variabilität,* die (lat.-fr., ohne Pl.) z. B. durch Umwelt- oder Erbguteinflüsse 2. *Instabilität,* die (lat., Pl.

-en) auch: Unsicherheit 3. *Mutabilität,* die (lat., ohne Pl.) Unbeständigkeit

verändern 1. *alterieren* (lat.) auch: abändern 2. *variieren* (lat.-fr.) abwandeln, z. B. e. musikalisches Thema 3. *modifizieren* (lat.) auch: erneuern 4. *nuancieren* (lat.-fr.) etwas – 5. *affizieren* (lat.) med. etwas zwanghaft verändern 6. *revidieren* (lat.) »wieder hinsehen«; auch: prüfen 7. *revolutionieren* (lat.-it.-fr.) total verändern; nicht verw. mit *revoltieren* (lat.-it.-fr.) meutern, sich empören 8. *transformieren* (lat.) umwandeln

Veränderung 1. *Variation,* die (lat.-fr., Pl. -en) auch: Abwandlung 2. *Modifikation,* die (lat., Pl. -en) i. S. von Erneuerung 3. *Diversifikation,* die (lat., Pl. -en) e. Unternehmen betreibt Diversifikation (Vielseitigkeit) der Produktpalette, um das Absatzrisiko zu streuen 4. *Mutation,* die (lat., Pl. -en) Veränderung im Erbgut; auch: Stimmbruch bei Eintritt der Pubertät 5. *Metabolismus,* der (gr., ohne Pl.) auch: Stoffwechsel (med.) 6. *Modulation,* die (lat., Pl. -en) z. B. Übergang von einer Tonart in die andere (musik.)

Veränderungsberatung *Outplacement,* das (engl., Pl. -s) i. S. von: Entlassung e. Mitarbeiters bei Vermittlung an e. anderes Unternehmen

Veranlagung 1. *Disposition,* die (lat., Pl. -en) auch: Planung, Gliederung 2. *Habitus,* der (lat., ohne Pl.) auch: Erscheinungsbild; Haltung 3. *Naturell,* das (lat.-fr., Pl. -e) Wesensart 4. *Temperament,* das (lat.-fr., Pl. -e) eigtl. die gehörige Mischung; Lebhaftigkeit

veranlassen *motivieren* (lat.-fr.) i. S. von: jmdn. veranlassen etwas gern zu tun

veranschaulichen *illustrieren* (lat..) z. B. mit Bildern

veranschaulichend *illustrativ* (lat.) z. B. durch Abbildungen

Veranschaulichung 1. *Illustration,* die (lat., Pl. -en) z. B. durch Bildmaterial 2. *Demonstration,* die (lat.-engl., Pl. -en) Vorführung; auch: Massenprotest 3. *Exemplifikation,* die (lat., Pl. -en) auch: beispielhafte Erläuterung

Veranstaltung 1. *Festival,* das (lat.-fr.-engl., Pl. -s) z. B. Musikfestival 2. *Meeting,* das (engl., Pl. -s) svw. Treffen 3. *Soi-*

ree, die (lat.-fr., Pl. Soireen) 4. *Biennium*, das (lat., Pl. ...ien) findet z. B. alle zwei Jahre in Venedig (Biennale) statt 5. *Triennale*, die (lat., Pl. -n) findet alle drei Jahre statt 6. *Quadriennale*, die (lat., Pl. -n) alle vier Jahre stattfindende Veranstaltung

**Veranstaltung, große Rave-... ** *Mega-Rave*, der (gr.-engl.-am., Pl. -s) ... haben bisweilen zehntausend Besucher; »Generation Move« 1998 in Hamburg: 400 000 Raver, 20 Sound-Trucks (Lautsprecherwagen)

Veranstaltungshöhepunkt *Clou*, der (lat.-fr., Pl. -s) »Nagel«; allg.: Höhepunkt in e. Ablauf

verantwortlich *komptabel* (fr.) rechenschaftspflichtig

Verantwortung, von ... geprägte Lebensführung *ethisch* (gr.-lat.) »Dies ist die ethisch beste Regierung der Geschichte.« (Bill Clinton, US-Präsident, 1994)

Verantwortungslosigkeit, soziale ... *Neospießigkeit*, die (lat.-dt., ohne Pl.) ... im Zeichen hedonistischer (genußsüchtiger) Lebenshaltung; »Der Altspießer ist intolerant gegen alles, was er nicht selber tut oder ist, der Neospießer verlangt Toleranz für alles was er ist u. tut.« (Bernd Ullrich)

verärgert 1. *indigniert* (lat.) auch: entrüstet 2. *pikiert* (fr.) gekränkt

Verärgerung *Indignation*, die (lat., ohne Pl.) auch: Entrüstung, Unwille

Verarmung *Pauperismus*, der (lat., ohne Pl.)

Verästelung, feinste ... der Nervenzellen *Telodendron*, das (gr., Pl. ...ren) med.

veräußerlich *alienabel* (lat.)

veräußern *alienieren* (lat.) verkaufen

Veräußerung 1. *Alienation*, die (lat., Pl. -en) 2. *Abalienation*, die (lat., Pl. -en)

Verband 1. *Bandage*, die (germ.-fr., Pl. -n) 2. *Organisation*, die (gr.-lat.-fr., Pl. -en) Verband mit Funktion, z. B. Arbeitgeberorganisation, Gewerkschaft

Verband für Teilabdeckungen am Kopf *Funda*, die (lat., Pl. ...dae) med.

Verbandmull *Gaze*, die (fr., Pl. -n) auch: Gewebe aus Baumwolle

verbannen 1. *deportieren* (lat.) svw. zwangsweise verschicken; England deportierte einst Verbrecher nach Australien 2. *exilieren* (lat.) ins Exil schicken 3. *expa-*

triieren (lat.) ausbürgern 4. *proskribieren* (lat.) ächten 5. *denaturalisieren* (lat.) i. S. von: ausbürgern; nicht verw. mit *denaturieren* (lat.) ungenießbar machen

Verbannter *Exilant*, der (lat., Pl. -en) z. B. Joseph Conrad (1857–1924) Schriftsteller u. Kapitän der britischen Handelsmarine

Verbannung 1. *Deportation*, die (lat., Pl. -en) z. B. von Häftlingen in abgeschiedene Gebiete 2. *Exil*, das (lat., Pl. -e) z. B. im Exil leben 3. *Expatriation*, die (lat., Pl. -en) Ausbürgerung

Verbannung, in der ... leben *exulieren* (lat.)

Verbannungsort *Exil*, das (lat., Pl. -e)

verbergen 1. *kaschieren* (lat.-fr.) auch: verheimlichen 2. *dissimulieren* (lat.) e. Krankheit verbergen; Ggs.: simulieren

Verbesserer *Reformer*, der (lat.-fr.-engl., ohne Pl.)

verbessern 1. *redigieren* (lat.-fr.) e. Text druckreif bearbeiten 2. *lektorieren* (lat.) e. Manuskript prüfen u. verbessern 3. *emendieren* (lat.) e. Boden durch Bewässerung verbessern 4. *ameliorieren* (lat.-fr.) e. Feld ertragreicher machen 5. *korrigieren* (lat.) 6. *reformieren* (lat.) auch: erneuern

verbessernd *innovativ* (lat.) i. S. e. vorteilhaften Neuerung

Verbesserung 1. *Innovation*, die (lat., Pl. -en) z. B. Kunststoffe, die sich nach vorgegebener Zeit selbst zersetzen, stellen e. bes. Innovation (i. S. der Ökologie) dar 2. *Reform*, die (lat.-fr., Pl. -en) die z. B. Bestehendes verbessert 3. *Reformation*, die (lat., Pl. -en) i. S. e. geistigen Verbesserung, Reformationszeit 4. *Emendation*, die (lat., Pl. -en) z. B. von Texten 5. *Retusche*, die (fr., Pl. -n) Fotografien verbessern 6. *Amelioration*, die (lat.-fr., Pl. -en) i. S. e. Ertragsverbesserung des Bodens 7. *Korrektur*, die (lat., Pl. -en) auch: Druckberichtigung

Verbesserung der Produktion *Kaizen*, das (jap., ohne Pl.) »VW hat aus Kaizen den ›kontinuierlichen Verbesserungsprozeß: KVP2‹ gemacht, für mich heißt das ›Knien vor Pièch zweimal täglich!‹« (Minoru Tominaga, Unternehmensberater, 1997)

Verbesserungsprozeß, kontinuierlicher

... *Kaizen*, der (jap., ohne Pl.) ... in Unternehmen

Verbeugung 1. *Reverenz*, die (lat., Pl. -en) 2. *Kotau*, der (chin., Pl. -s) Ehrerweisung

verbinden 1. *assoziieren* (lat.-fr.) in der Vorstellung etwas verbinden 2. *liieren* (lat.-fr.) z. B. mit e. Person liiert sein 3. *bandagieren* (fr.) mittels e. Verbandes 4. *alliieren* (lat.-fr.) 5. *koalieren* u. *koalisieren* (lat.-engl.-fr.) sich verbünden 6. *kombinieren* (lat.) auch: mutmaßen; Detektiv Nick Knatterton war Meister im Kombinieren

verbindlich *obligatorisch* (lat.) svw. zwingend; Ggs.: fakultativ; nicht verw. mit *obligat* (lat.) »verbunden«; auch: erforderlich, üblich

Verbindlichkeit im Umgang *Konzilianz*, die (lat.-fr., ohne Pl.) auch: freundliches Entgegenkommen

Verbindlichkeit *Obligo*, das (lat.-it., Pl. -s) z. B. e. Angebot »ohne Obligo«, unverbindlich, abgeben

Verbindlichkeiten *Passiva*, die (lat., nur Pl.) gemeint ist die rechte Seite der Bilanz, auf der die Schulden u. das Eigenkapital e. Unternehmens geführt werden; Ggs.: Aktiva

Verbindung 1. *Assoziation*, die (lat.-fr., Pl. -en) die in Vorstellung beruht 2. *Junktim*, das (lat., Pl. -s) »vereinigt«; bei e. Junktim zwischen Verträgen kann e. Vertrag mit oder ohne die anderen Verträge geschlossen werden 3. *Ternion*, die (lat., Pl. -en) Verbindung von drei Gegebenheiten 4. *Liaison*, die (lat.-fr., Pl. -s) e. nicht standesgemäße Liebschaft 5. *Allianz*, die (lat.-fr., Pl. -en) z. B. Staatenallianz; auch: Name e. großen dt. Versicherung 6. *Integration*, die (lat., Pl. -en) auch: Eingliederung; Ggs.: Desintegration 7. *Koalition*, die (lat.-fr.-engl., Pl. -en) Bündnis mehrerer Parteien oder Staaten, z. B. Koalition aus CDU, CSU u. F. D. P. 8. *Kombination*, die (lat., Pl. -en) auch: Zusammenstellung 9. *Kontakt*, der (lat., Pl. -e) z. B. Kontakthof in e. Eros-Center; Kontaktlinse 10. *Synthese*, die (gr.-lat., Pl. -n) Zusammenfügung; Ggs.: Analyse 11. *Union*, die (lat., Pl. -en) auch: Bund

Verbindung des Mobiltelefons mit dem Telefonnetz *Uplink*, das (engl.-am., Pl. -s)

d. h. Verbindung: Funktelefon mit dem leitungsgebundenen Telefon

Verbindung, chem. ... von Stickstoff mit Wasserstoff *Hydrazin*, das (gr.-lat., ohne Pl.) farblose rauchende Flüssigkeit, entsteht beim Rauchen, krebserregend; nicht verw. mit *Hydrazine*, die (gr.-lat., nur Pl.) organische Basen des Hydrazins (als Lösemittel verwendete Verbindung)

Verbindung, operative ... zwischen zwei **Darmstücken** *Enteroanastomose*, die (gr.-lat., Pl. -n) med.

Verbindungen *Connections*, die (engl., nur Pl.) muß man spielen lassen um erfolgreich zu sein

Verbindungslinie ... *Isobare*, die (gr.-lat., Pl. -n) ... zwischen Orten gleichen Luftdrucks, Begriff aus der Wetterkarte

Verbindungsstück an e. Rohr *Fitting*, das (engl., Pl. -s)

Verbindungssystem *Bus*, der (engl., Pl. -es) ... das im EDV-Bereich Komponenten verknüpft

verbissen *fanatisch* (lat.-fr.) svw. rücksichtslos für etwas einsetzen

verblödet *dement* (lat.) auch: unvernünftig

verblüffen *frappieren* (germ.-fr.)

verblüffend 1. *frappant* (germ.-fr.) 2. *phänomenal* (gr.) außerordentlich; »Wie er sich versenkt, wie er sich einläßt, das ist phänomenal.« (Erja Honkanen über den Rennfahrer Mika Häkkinen, 1998)

verblüfft *perplex* (lat.-fr.)

verborgen 1. *intim* (lat.) auch: innig, vertraut 2. *latent* (lat.) z. B. e. latent vorhandene Krankheit; unsichtbar

Verborgenes über jmdn. öffentlich machen *Outing*, das (engl., ohne Pl.) als Verb: outen; »Das Outing von Sextätern ist e. Denkzettel ...« (Helmut Rüster, Sprecher Weißer Ring, 1998)

Verborgenheit *Latenz*, die (lat., ohne Pl.) Verstecktheit; unbemerktes Bestehen e. Krankheit (med.)

Verbot kirchlicher Amtshandlungen *Interdikt*, das (lat., Pl. -e)

Verbot *Tabu*, das (polynes., Pl. -s) Regeln, die bei Naturvölkern unbedingt einzuhalten sind

verboten 1. *tabu* (polynes.) 2. *illegal* (lat.) Ggs.: legal 3. *irregulär* (lat.) Ggs.: regulär

verboten, etwas für ... erklären *tabuisie-*

554

ren (polynes.) »Es ist nach wie vor verkrampft u. tabuisiert, aber es normalisiert sich auch.« (Ignatz Bubis, zum Verhältnis zwischen Deutschen u. Juden, 1998)

Verbrauch *Konsum*, der (lat.-it., ohne Pl.) z. B. Konsumgüter

verbrauchen *konsumieren* (lat.-it.)

Verbraucher *Konsument*, der (lat.-it., Pl. -en) Käufer von Konsumgütern

Verbraucher, der wachsame, informierte ... *vigilant Consumer*, der (engl.-am., Pl. -) von: vigilant (wachsam) auch: kritischer Käufer im Einzelhandel

Verbrauchertyp, neuer ... *Bossi*, der (am., Pl. -s) ... aus der ehemaligen DDR, der nach der Wende rasch zu Geld gekommen ist

Verbrauchssteuer *Akzise*, die (fr., Pl. -n) ... indirekte u. Verkehrssteuer; z. B. im Mittelalter die Torabgabe

Verbrechen *Delikt*, das (lat., Pl. -e) Straftat

Verbrechenslehre *Kriminalistik*, die (lat., ohne Pl.)

Verbrecher 1. *Gangster*, der (engl., Pl. -) 2. *Ganove*, der (jidd., Pl. -n) 3. *Outlaw*, der (engl., Pl. -s) 4. *Herostrat*, der (gr., Pl. -en) aus Geltungs- oder Ruhmessucht 5. *Kriminelle*, der (lat.-fr., Pl. -n); nicht verw. mit *Kriminaler*, der (lat., ohne Pl.) ugs. Kriminalbeamter 6. *Delinquent*, der (lat., Pl. -en) auch: Übeltäter

Verbrecherbande *Racket*, das (engl., Pl. -s)

verbrecherisch 1. *delinquent* (lat.) 2. *kriminell* (lat.-fr.)

verbreiten 1. *dispergieren* (lat.) auch: zerstreuen 2. *kolportieren* (lat.-fr.) svw. Gerüchte verbreiten 3. *propagieren* (lat.) i. S. von: werben

Verbreitung 1. *Dispersion*, die (lat., Pl. -en) auch: Ausbreitung, z. B. des Lebensraums 2. *Promulgation*, die (lat., Pl. -en) öffentliche Bekanntmachung 3. *Propaganda*, die (fr., ohne Pl.) Verbreitung politischer, militärischer, weltanschaulicher Meinungen; auch: Werbung, Reklame

verbrennen *oxydieren*, auch: *oxidieren* (gr.-fr.) svw. sich mit Sauerstoff verbinden, e. Substanz verbindet sich mit Sauerstoff

Verbrennungsanstalt *Krematorium*, das (lat., Pl. ...ien) in dem Leichen verbrannt werden

Verbrennungsmotor, halb Diesel-, halb Otto... *Diesotto*, der (dt., Pl. -s) Neuentwicklung e. Verbrennungsmotors, der etwa 2013 auf den Markt kommt

Verbrennungsstab, elektrisch betriebener ... *Elektrokauter*, der (gr.-lat., Pl. -s) in der Chirurgie eingesetztes Trenngerät; auch: Brenner

Verbriefung von Krediten *Securitization*, die (engl.-am., Pl. -s)

verbrüdern *fraternisieren* (lat.-fr.)

Verbrüderung 1. *Fraternisation*, die (lat.-fr., Pl. -en) 2. *Fraternität*, die (lat., Pl. -en) Brüderlichkeit; auch: Brüderschaft (kirchl.)

verbuchen *kontieren* (it.)

verbünden 1. *paktieren* (lat.) mit jmdm. gemeinsame Sache machen 2. *alliieren* (lat.-fr.) 3. *assoziieren* (lat.-fr.) auch: gedanklich verknüpfen; nicht verw. mit *assortieren* (fr.) ordnen, vervollständigen, z. B. Waren 4. *koalieren* (lat.-fr.-engl.) 5. *liieren* (lat.-fr.) auch: e. Liebesverhältnis eingehen

verbunden, direkt ... *online* (engl.) Bez. e. direkten Verbindung zwischen Rechnern bei der Datenübertragung; auch Ausdruck für das »in-den-Netzen-präsent-sein« der PC-Benutzer

verbunden, eng ... *solidarisch* (lat.-fr.) gemeinsam. »Wir stehen 100 Prozent solidarisch hinter den Forderungen der Beschäftigten.« (Katja Kipping, Linkspartei, 2005)

Verbundenheit *Solidarität*, die (lat.-fr., ohne Pl.) z. B. mit e. Demonstration Solidarität bekunden

Verbündete, mehrere ... gemeinsam betreffend *interalliiert* (lat.)

Verbündeter *Alliierter*, der (lat.-fr., Pl. ...ten)

verbürgen *garantieren* (fr.) gewährleisten, versichern

verbürgt 1. *authentisch* (gr.-lat.) dem Roman liegt e. authentischer Sachverhalt zugrunde 2. *offiziell* (lat.-fr.) auch: bestätigt; Ggs.: inoffiziell

Verdacht 1. *Hypothese*, die (gr.-lat., Pl. -n) Annahme 2. *Präsumption*, die (lat., Pl. -en) auch: Voraussetzung (Philos.) 3. *Supposition*, die (lat., Pl. -en) »Unterstellung«; nicht verw. mit *Suppositorium*, das (lat., Pl. ...ien) Arzneizäpfchen 4. *Ombrage*, die (lat.-fr., ohne Pl.) auch: Argwohn

Verdacht, über jeden ... erhaben 1. *honorig* (lat.) auch: ehrenhaft; freigebig 2. *integer* (lat.) svw. unbescholten

verdächtig 1. *obskur* (lat.) 2. *ominös* (lat.) auch: unheilvoll, verdächtig 3. *suspekt* (lat.) der Typ kommt mir sehr suspekt vor 4. *dubios* u. *dubiös* (lat.-fr.) auch: fragwürdig

Verdächtigung *Insinuation*, die (lat., Pl. -en) auch: Unterstellung

verdammen 1. *anathematisieren* (lat.) d. h. mit dem Kirchenbann belegen 2. *denunzieren* (lat.) anzeigen aus niedrigen Gründen; auch: rügen, verurteilen

verdammt! 1. *caramba!* (sp.) ugs. auch: Teufel! Donnerwetter! 2. *damned* (engl.) 3. *bloody* (engl.) 4. *merde!* (lat.-fr.) eigtl.: Scheiße! 5. *sapperlot!* (fr.) eigtl.: *sackerlot!* (fr.) sacre nom de Dieu: heiliger Name Gottes! 6. *sapristi!* (lat.-fr.)

Verdammung 1. *Anathem*, das (lat., Pl. -e u. ...ma) auch: Verwünschung; Kirchenbann 2. *Exsekration*, die (lat., Pl. -en) Entweihung, Fluch 3. *Kondemnation*, die (lat., Pl. -en) Verurteilung; auch: Erklärung; daß e. durch z. B. Strandung beschädigtes Schiff nicht mehr zu reparieren ist

verdampfen 1. *destillieren* (lat.) 2. *vaporisieren* (lat.) auch: den Alkoholgehalt in Flüssigkeiten bestimmen

Verdampfung *Evaporation*, die (lat., Pl. -en) z. B. von Wasser

verdauen *digerieren* (lat.) med.

Verdauung *Digestion*, die (lat., Pl. -en) med.

verdauungsfördernd 1. *digestiv* (lat.) med. 2. *peptisch* (gr.)

Verdauungshilfe *Digestivum*, das (lat., Pl. ...va) z. B. e. Schnaps nach dem Essen

Verdauungsstörung 1. *Dyspesie*, die (gr.-lat., Pl. ...ien) med. 2. *Indigestion*, die (lat., Pl. -en) med.

Verdauungsstörung beim Kleinkind *Zöliakie*, die (gr.-lat., Pl. ...ien) med.

Verdeck, abnehmbares *Hardtop*, das, der (engl., Pl. -s) auch: Wagen mit abnehmbarem Verdeck

verdecken *kaschieren* (lat.-fr.) verbergen

Verderben *Ruin*, der (lat.-fr., ohne Pl.) der Alkohol trieb ihn in den Ruin

verderben *ruinieren* (lat.-fr.) Alkohol hat sein Leben ruiniert

verderblich *fatal* (lat.) er traf e. Entscheidung, die fatale Folgen hatte

verdeutlichen 1. *demonstrieren* (lat.) 2. *explizieren* (lat.) erklären 3. *konkretisieren* (lat.)

verdeutlichend *demonstrativ* (lat.) z. B. e. demonstratives Bekenntnis ablegen

verdichten *komprimieren* (lat.) i. S. von: pressen

Verdienst *Meritum*, das (lat.-fr., Pl. ...iten)

Verdienst, für das ... *Pour le mérite*, der (fr., ohne Pl.) hoher Verdienstorden

Verdienstadel *Meritokratie*, die (lat.-gr., Pl. ...ien) Bürger, die wegen bes. Verdienste ausgezeichnet werden

Verdienstmöglichkeit *Job*, der (engl.-am., Pl. -s) einträgliche Tätigkeit, Arbeit; »... mir macht der Job Spaß.« (Theo Waigel, Bundesfinanzminister, 1998)

verdient machen, sich ... *meritieren* (lat.-fr.)

verdoppeln 1. *duplizieren* (lat.) 2. *duplieren* (lat.-fr.)

Verdopplung *Duplikation*, die (lat., Pl. -en)

verdorben *korrupt* (lat.) moralisch verdorben; bestechlich

verdreifachen *triplieren* (lat.)

verdrießlich *ennuyant* (lat.-fr.) auch: lästig

Verdrießlichkeit *Dyskolie*, die (gr., ohne Pl.)

verdrillen *tordieren* (lat.-fr.) verdrehen

Verdrillung *Torsion*, die (lat., Pl. -en) Verdrehung

Verdruß *Ennui*, der, das (lat.-fr., ohne Pl.)

Verdunklung *Kollusion*, die (lat., Pl. -en) auch: Verschleierung wichtiger Beweismittel, Kollusionsgefahr; auch: sittenwidrige Absprache

verdünnen 1. *rarefizieren* (lat.) auch: auflockern 2. *diluieren* (lat.) z. B. Säure verdünnen

verdünnt *dilut* (lat.)

Verdünnung *Dilution*, die (lat., Pl. -en) z. B. Verdünnung e. Säure mit Wasser

verdunsten *evaporieren* (lat.) z. B. heißes Wasser evaporieren lassen

Verdunstung *Evaporation*, die (lat., Pl. -en) z. B. bei Wasser

Verdunstungsmesser *Evaporimeter*, der (lat.-gr., Pl. -)

Verdunstungsverzögerer *Fixateur,* der (fr., Pl. -e) Zusatz bei der Parfümherstellung

veredeln 1. *zivilisieren* (lat.-fr.) i. S. von verfeinern 2. *kultivieren* (lat.) z. B. e. Anbaugebiet; auch: e. Leidenschaft 3. *okulieren* (lat.) z. B. Pflanzen

Veredelung *Raffinage,* die (lat.-fr., Pl. -n)

verehren *adorieren* (lat.) anbeten

Verehrung *Latrie,* die (gr.-lat., Pl. -n) Rel., die nur Gott gebührt

Verehrung, schwärmerische ... *Kult, Kultus* der (lat., Pl. -e) »Pflege«; auch Hingabe; »Rauchen Sie weniger, aber besser, machen Sie e. Kult daraus.« (Zino Davidoff)

Verehrung, übermäßige ... *Christi Christolatrie,* die (gr., ohne Pl.)

Verein, geschlossener ... *Klub* u. *Club,* der (engl., Pl. -s) »Club des copains et des coquins« (Kumpel- u. Kanaillen-Klub) Gustave Massiah zur Elf-Aquitaine-Affäre in Paris, 1998)

vereinbar *kompatibel* (lat.-fr.-engl.) auch: anschließbar; Ggs.: inkompatibel

Vereinbarung 1. *Agreement,* das (lat.-fr.-engl., Pl. -s) i. S. e. formlosen Übereinkunft, z. B. Gentleman's Agreement 2. *Arrangement,* das (fr., Pl. -s) auch: Gestaltung, Anordnung 3. *Kompromiß,* der (lat., Pl. ...misse) Vereinbarung nach Zugeständnissen 4. *Kontrakt,* der (lat., Pl. -e) auch: Handelsabkommen 5. *Konvention,* die (lat.-fr., Pl. -en) völkerrechtlicher Vertrag, z. B. »Genfer Konvention« (Vereinbarung zum Wohle Verwundeter kriegführender Staaten)

vereinfachen *simplifizieren* (lat.)

vereinfachen, auf die Grundformen ... *stilisieren* (fr.)

vereinheitlichen 1. *normieren* (gr.-lat.-fr.) regeln 2. *rationalisieren* (lat.-fr.) auch: straffen 3. *standardisieren* (germ.-fr.-engl.)

vereinigen 1. *fokussieren* (lat.) Strahlen werden auf e. Brennpunkt ausgerichtet; auch: e. Umsatzgröße fokussieren (als Ziel fest im Auge haben) 2. *fusionieren* (lat.) Zusammenlegung von Großunternehmen

Vereinigung 1. *Assoziation,* die (lat.-fr., Pl. -en) z. B. der Zusammenschluß von Partnern 2. *Fusion,* die (lat., Pl. -en) Vereinigung zweier oder mehrerer Unternehmen zu e. neuen 3. *Koalition,* die (lat.-engl.-fr., Pl. -en) z. B. der Zusammenschluß von politischen Parteien; große Koalition zwischen CDU, CSU u. SPD 4. *Allianz,* die (lat.-fr., Pl. -en) Staatenbündnis; auch: Name e. großen deutschen Versicherung 5. *Adjunktion,* die (lat., Pl. -en) Ergänzung 6. *Kongregation,* die (lat., Pl. -en) kirchliche Vereinigung 7. *Fraktion,* die (lat.-fr., Pl. -en) Gliederung im Parlament, in der Abgeordnete e. Partei zusammengeschlossen sind; Fraktionszwang: Pflicht der Mitglieder e. Fraktion einheitlich zu stimmen 8. *Kartell,* das (gr.-lat.-it.-fr., Pl. -e) Zusammenschluß wirtschaftlich selbständiger Unternehmen; nicht verw. mit *Kartellträger,* der (gr.-lat.-dt., ohne Pl.) Überbringer e. Herausforderung zum Duell mit Waffen 9. *Liga,* die (lat.-sp., Pl. ...gen) Bund, z. B. der kath. Fürsten im 16. u. 17. Jh.; auch: Wettkampfklasse beim Sport, z. B. Oberliga 10. *Organisation,* die (gr.-lat.-fr.-engl., Pl. -en) planmäßige Gestaltung; auch: Gruppe mit gemeinsamen Zielen 11. *Syndikat,* das (gr.-lat., Pl. -e) Unternehmerverband, der z. B. den Vertrieb gemeinsam gestaltet (Absatzkartell) auch: getarnte Verbrecherorganisation in den USA; Amt e. Syndikus 12. *Synthese,* die (gr.-lat., Pl. -n) Zusammenfügung; Ggs.: Analyse 13. *Trust,* der (engl.-am., Pl. -s) mehrere Unternehmen operieren unter e. Leitung zum Zwecke e. Monopolbildung 14. *Union,* die (lat., Pl. -en) Bund; Vereinigung von Staaten u. von Kirchen

Vereinigung der Geschlechter (Beischlaf) *Koitus,* der (lat., ohne Pl.) »Nach vollzogenem Koitus beginnt das Geschlecht der Frau zu sprechen u. attackiert das Machogehabe der Penetrierer.« (aus: »Eine theologische Stellung«)

Vereinigung von Molekülen *Aggregation,* die (lat., Pl. -en) ... zu Molekülverbindungen

Vereinigung von Musikliebhabern *Collegium musicum,* das (lat., Pl. ...gia ...ca) bes. an Universitäten

Vereinigung, geschlossene ... *Klub, Club,* der (engl., Pl. -s) meist Männer-Zirkel,

z. B. mit sportlichen oder unterhaltenden Zielen;»E. Nachtclub ist e. Lokal, wo die Tische reservierter sind als die Gäste.« (Charlie Chaplin)

vereinsamt *desolat* (lat.) auch: trostlos, traurig

Vereinsamung *Isolation*, die (lat.-it.-fr., Pl. -en) die Isolation alter Menschen ist e. Problem; Isolationsfolter (von Häftlingen)

vereinzelt 1. *singulär* (lat.) z. B. singulär (vereinzelt) vorkommend 2. *sporadisch* (gr.-fr.) auch: hin u. wieder

vereiteln 1. *sabotieren* (fr.) z. B. die Funktion e. Maschine sabotieren (durch e. politischen Anschlag) 2. *torpedieren* (lat.) auch: verhindern; mit Torpedos beschießen u. versenken

Vereiterung *Purulenz*, die (lat., Pl. -en) med.

Verelendung *Pauperismus*, der (lat., ohne Pl.)

verenden *krepieren* (lat.-it.) sterben

Verengung *Stenose*, die (gr., Pl. -n) ... e. Körperkanals (med.)

Vererbung, Grundsubstanz der ... *Nukleinsäure*, die (lat., Pl. -n) im Zellkern vorkommende aus Nukleotiden aufgebaute Verbindung, die als Grundsubstanz der Vererbung dient

Vererbungslehre *Genetik*, die (gr.-lat., ohne Pl.)

Vererbungsregeln *Mendelismus*, der (Eigenn., lat., ohne Pl.) ... Gregor Mendels

verewigen *eternisieren* (lat.-fr.)

Verfahren 1. *Methode*, die (gr.-lat., Pl. -n) 2. *Praktik*, die (gr.-lat., Pl. -en) i. S. von Handhabung 3. *Prozedur*, die (lat., Pl. -en) auch: schwierige Behandlungsweise 4. *Procedere*, das (lat., ohne Pl.) svw. Verfahrensordnung 5. *Aktion*, die (lat., Pl. -en) gezieltes Vorgehen; z. B. »konzertierte Aktion«, die Wirtschaftsminister Karl Schiller (1969) ins Leben rief 6. *Manöver*, das (lat.-fr., Pl. -) Truppen- u. Flottenübung; auch: Scheinmaßnahme

Verfahren für die Digitalisierung u. Kompression von bewegten Bildern *Motion Pictures Expert Group*, die (engl., Pl. -s) kurz: MPEG

Verfahren zur Gewinnung von Gold *Amalgamation*, die (lat., Pl. -en) ... u. Silber aus Erzen durch das Lösen in Quecksilber

Verfahren zur Übertragung von HTML-Dateien im Internet *Hypertext Transfer Protocol*, das (engl.-am., Pl. -s) kurz: HTTP

Verfahren zur Verbesserung der Produktion ... *Kaizen*, das (jap., ohne Pl.) aus: kai (ändern) u. zen (gut) ... wobei der Mensch als Produktionsfaktor im Mittelpunkt steht

Verfahrensart 1. *Modus*, der (lat., Pl. Modi) z. B. Modus operandi (Art des Handelns), Modus vivendi (Form des erträglichen Zusammenlebens) 2. *Praktik*, die (gr.-lat.-fr., Pl. -en) auch: Handhabung

verfahrensbedingt *operational* (lat.) auch: vollziehend

Verfahrensordnung *Procedere*, das (lat., ohne Pl.)

Verfahrensweise 1. *Schema*, das (gr.-lat., Pl. -s, -ta) 2. *Modalität*, die (lat., Pl. -en)

Verfall 1. *Degeneration*, die (lat., Pl. -en) des Geistes u. des Körpers 2. *Dekadenz*, die (lat., ohne Pl.) Verfall von Sitten u. Kultur 3. *Dekrement*, das (lat., Pl. -e) auch: Verminderung, Abstufung

Verfall, moralischer ... *Korruption*, die (lat., Pl. -en) Bestechlichkeit. »Nie gab es so viel Korruption!« (Faizullah Zaki, afghanischer Politiker, 2006)

verfallen 1. *dekadent* (lat.) 2. *degeneriert* (lat.)

verfallen *degenerieren* (lat.) med. verkümmern, verwachsen

verfallend 1. *marantisch* (gr.) abgezehrt 2. *marastisch* (gr.) med. an Körper u. Geist verfallend

Verfallserklärung *Kaduzierung*, die (lat., Pl. -en) bei nicht termingerechter Einzahlung von Geschäftsanteilen können geleistete Anzahlungen verfallen

Verfallserklärung von Einlagen e. Aktionärs *Kaduzierung*, die (lat., Pl. -en) ... der in Verzug geraten ist

verfälschen 1. *faken* (engl.) 2. *manipulieren* (lat.-fr.) auch: gezielt beeinflussen 3. *pervertieren* (lat.) auch: entarten, verdrehen; ins Abnorme umschlagen

verfassen *texten* (lat.) z. B. e. Schlagertext verfassen

Verfasser 1. *Autor*, der (lat., Pl. ...oren)

z. B. Buchautor 2. *Chronist*, der (gr.-lat., Pl. -en) Aufzeichner geschichtlicher Gegebenheiten in zeitlicher Abfolge (Chronik) 3. *Erotiker*, der (gr.-fr., Pl. -) Verfasser von Liebesliedern; auch: sinnlicher Mensch; nicht verw. mit *Erotikon*, das (gr., Pl. ...ka, ...ken) Werke erotischen (sinnlichen) Inhalts 4. *Humorist*, der (lat.-fr.-engl., Pl. -en) z. B. Heinz Erhardt, Verfasser witziger Schriften 5. *Texter*, der (lat., Pl. -) z. B. Werbetexter

Verfasser ironischer Stücke *Satiriker*, der (lat., Pl. -) »Der Satiriker ist e. gekränkter Idealist.« (Kurt Tucholsky)

Verfasser von Sinnsprüchen *Gnomiker*, der (gr., Pl. -)

Verfasser, ohne Angabe des ... *anonym* (gr.-lat.) auch: ungenannt; »Anonyme Alkoholiker« (Selbsthilfeorganisation)

Verfassername 1. *Phraseonym*, das (gr.-lat., Pl. -e) aus e. Redewendung bestehend: »Von einem, der sagt: ›Geld allein macht nicht glücklich‹« 2. *Phrenonym*, das (gr.-lat., Pl. -e) aus e. Charaktereigenschaft bestehend: »Von einem, der vor Neid erblaßt« 3. *Pseudonym*, das (gr., Pl. -e) Deckname e. Verfassers; auch: Künstlername, z. B. Oscar Wilde, der eigentlich Fingal O' Flahertie Wills heißt 4. *Nom de guerre*, der (fr., ohne Pl.) fr. Bez. für Deck- oder Künstlernamen e. Verfassers

Verfassung 1. *Charta*, die (ägypt.-gr.-lat., Pl. -s) Verfassungsurkunde 2. *Kondition*, die (lat., Pl. -en) auch: Geschäftsbedingungen; körperliche Verfassung e. Menschen 3. *Konstitution*, die (lat., Pl. -en) Verordnung; auch: Körperbau (med.); Widerstandskraft e. Lebewesens

verfassungsmäßig *konstitutionell* (lat.-fr.)

Verfassungsurkunde *Charta*, die (ägypt.-gr.-lat., Pl. -s) z. B. UN-Charta

verfassungswidrig *antikonstitutionell* (lat.-fr.)

Verfechter 1. *Fanatiker*, der (lat.-fr., Pl. -) dogmatischer Eiferer 2. *Fan*, der (engl.-am., Pl. -s) am. Kurzform von »fanatic«: Fanatiker; z. B. Fußballfan 3. *Apologet*, der (gr., Pl. -en) ... e. best. Anschauung

Verfechter e. am Gemeinwohl orientierten Bewegung *Sozialist*, der (lat.-fr., Pl. -en) auch: Mitglied e. sozialistischen Partei; »Das einzige, was Sozialisten von der Wirtschaft verstehen, ist, wie man an das Geld anderer Leute herankommt.« (Konrad Adenauer)

verfeinern 1. *kultivieren* (lat.-fr.) pflegen, bebauen 2. *sublimieren* (lat.) veredeln; auch: ins Erhabene steigern

Verfeinerung *Sublimität*, die (lat., ohne Pl.) auch: Erhabenheit

Verfemter *Outlaw*, der (engl., Pl. -s) auch: Geächteter

verfettet *adipös* (lat.) auch: fettreich

Verfettung *Adipositas*, die (lat., ohne Pl.) auch: Fettsucht, Fettleibigkeit (med.)

Verfinsterung *Eklipse*, die (gr., Pl. -n) ... in bezug auf die Sonne oder den Mond; auch: Ausbleiben, Verschwinden

verflachen 1. *banalisieren* (fr.) 2. *trivialisieren* (fr.)

Verflechtung *Junktim*, das (lat., Pl. -s) »vereinigt«

verfluchen 1. *exsekrieren* (lat.) auch: entweihen 2. *vermaledeien* (dt.-lat.) ugs. verwünschen

verflucht, er sei ... *anathema sit* (lat., Zitat)

Verfluchung 1. *Anathema*, das (gr.-lat., Pl. ...themata) i. S. von Kirchenbann 2. *Exsekration*, die (lat., Pl. -en) Verwünschung; auch: Entweihung

verflüssigen *liqueszieren* (lat.) schmelzen

Verflüssigung *Liquefaktion*, die (lat., Pl. -en)

verfolgen *observieren* (lat.) auch: beobachten; polizeilich überwachen

Verfolger *Prosekutor*, der (lat., Pl. ...oren) Ankläger

Verfolger, aufdringliche ... *Stalker*, der (engl., Pl. -s) ... die ihren Star belästigen

Verfolgung *Inquisition*, die (lat., Pl. -en) »Untersuchung« durch die kath. Kirche, dann staatliche Verfolgung der Häretiker (Ketzer)

Verfolgungswahn 1. *Persekutionsdelirium*, das (lat., Pl. ...rien) med. 2. *Paranoia*, die (gr., ohne Pl.) eigtl. »Torheit«; Wahnvorstellung (med.)

verformbar *duktil* (lat.-engl.) duktile Kunststoffe

Verformbarkeit *Duktilität*, die (lat.-engl., ohne Pl.)

verformen 1. *deformieren* (lat.) nach dem Aufprall war die Motorhaube deformiert

2. *modellieren* (lat.-it.) z. B. Ton modellieren
Verformung *Deformation*, die (lat., Pl. -en)
verfrachten 1. *spedieren* (it.) 2. *transportieren* (fr.) auch: befördern, wegbringen
verfrüht auftretend *prämatur* (lat.) auch: vorzeitig, z. B. die Geschlechtsreife
verfügbar *disponibel* (lat.)
Verfügbarkeit *Disponibilität*, die (lat., ohne Pl.)
verfügen *disponieren* (lat.)
verfügend *dispositiv* (lat.)
Verfügung 1. *Testament*, das (lat., Pl. -e) auch: letzter Wille 2. *Dekret*, das (lat., Pl. -e) i. S. e. richterlichen Verfügung 3. *Disposition*, die (lat., Pl. -en)
verführen *becircen* (gr.) auch: betören, nach Circe, e. verführerische Zauberin, die Männer betörte u. in Tiere verwandelte, so auch Odysseus' Gefährten (aus der gr. Sagenwelt)
Verführer 1. *Casanova*, der (it., Pl. -s) Inbegriff des Frauenhelden 2. *Don Juan*, der (sp., Pl. -s) Frauenheld
Verführerin 1. *Circe*, die (gr., Pl. -n) Zauberin der gr. Sage, die Männer betörte u. in Tiere verwandelte, so auch Gefährten des Odysseus 2. *Sirene*, die (gr.-lat., Pl. -n) Wesen der gr. Sage, die betörend sangen; auch: verführerische Frau; Alarmsignal; Säugetierordnung (Seekühe)
vergällen *denaturieren* (lat.) i. S. von ungenießbar machen
vergangen *passé* (fr.) er beschäftigt sich immer noch mit e. Sache, die längst passé ist
Vergangenheit 1. *Perfekt*, das (lat., ohne Pl.) Sprachw., Zeitform 2. *Präteritum*, das (lat., Pl. ...ta) 3. *Imperfekt*, das (lat., Pl. -e)
Vergangenheitssehnsucht *Nostalgie*, die (gr.-lat., Pl. ...ien)
vergänglich *ephemer* (gr.-lat.) »für e. Tag«; auch: flüchtig
Vergänglichkeit *Vanitas*, die (lat., ohne Pl.) auch: Eitelkeit, Schein; vanitas vanitatum (alles ist eitel)
vergären *fermentieren* (lat.)
Vergaserluftklappe *Choke*, der (engl., Pl. -s) e. Kaltstarthilfe bei Verbrennungsmotoren
vergeblich *illusorisch* (lat.-fr.)

Vergebung *Absolution*, die (lat., Pl. -en) auch: Sündenvergebung
Vergehen 1. *Delikt*, das (lat., Pl. -e) i. S. e. strafbaren Vergehens 2. *Sakrileg*, das (lat., Pl. -e) Vergehen gegen z. B. Stätten religiöser Verehrung (Kirchenraub)
vergeistigt *ätherisch* (gr.) auch: erdentrückt; flüchtig
vergelten *revanchieren* (lat.-fr.)
Vergeltung 1. *Revanche*, die (lat.-fr., Pl. -n) 2. *Retorsion*, die (lat., Pl. -en) z. B. e. Staates 3. *Retribution*, die (lat., Pl. -en) e. Staates 4. *Vendetta*, die (lat.-it., Pl. ...tten) auch: Blutrache
Vergeltungsmaßnahme 1. *Repressalie*, die (lat., Pl. -n) 2. *Sanktion*, die (lat.-fr., Pl. -en) »Billigung«; auch: Anerkennung
Vergeltungspolitik *Revanchismus*, der (lat.-fr.-russ., ohne Pl.) richtet sich auf die Rückgewinnung verlorener Gebiete mit Waffengewalt
vergesellschaften *sozialisieren* (lat.) Güter in staatlichen Besitz überführen, verstaatlichen; Ggs.: reprivatisieren
Vergessenheit *Lethe*, die (gr., ohne Pl.) nach dem Fluß in der Unterwelt, aus dem die Toten trinken, um Irdisches zu vergessen (gr. Sage); Vergessenheitstrunk
Vergewaltigung *Stuprum*, das (lat., Pl. ...pra) auch: Schande, Schändung, Notzucht
vergiften *kontaminieren* (lat.) mit schädlichen Stoffen verseuchen; Ggs.: dekontaminieren
Vergiftung 1. *Intoxikation*, die (gr.-lat., Pl. -en) med. 2. *Entoxismus*, der (gr.-lat., Pl. ...men) med. 3. *Toxikose*, die (gr.-lat., Pl. -n) med. 4. *Kumulation*, die (lat., Pl. -en) med. bei ständiger Medikamenteneinnahme (Zerstörung von Leber u. Nieren) auch: Anhäufung 5. *Kontamination*, die (lat., Pl. -en) Verseuchung mit schädlichen Stoffen, bes. von Böden; Ggs.: Dekontamination
Vergiftung durch das Sabinaöl *Sabinismus*, der (lat., ohne Pl.) ... des Sadebaumes
Vergiftungserscheinung *Entoxismus*, der (gr.-lat., Pl. ...men) med.
Vergleich 1. *Analogie*, die (gr.-lat., Pl. ...ien) i. S. von Ähnlichkeit, Entsprechung, z. B. e. Blume, die verwelkt – e.

560

Liebe, die stirbt 2. *Parallele*, die (gr.-lat.-fr., Pl. -n) auch: Geraden, die in gleichem Abstand verlaufen; Entsprechung

Vergleich, jeder ... hinkt *omne simile claudicat* (lat., Zitat)

vergleichbar 1. *analog* (gr.-lat.-fr.) Ggs.: digital 2. *äquivalent* (lat.) gleichwertig 3. *komparabel* (lat.)

vergleichbar in künstlerischer Leistung *kongenial* (lat.) auch: angeboren (med.)

Vergleichbarkeit *Komparabilität*, die (lat., ohne Pl.)

vergleiche! *confer!* (lat.)

Vergleichen, das ... *Komparation*, die (lat., Pl. -en) auch: Steigerung des Adjektivs (schön, schöner, am schönsten)

vergleichend *synkritisch* (gr.) auch: zusammensetzend, verbindend; Ggs.: diakritisch

vergleichende Literaturwissenschaft *Komparatistik*, die (lat., ohne Pl.)

vergleichender Literaturwissenschaftler *Komparatist*, der (lat., Pl. -en)

vergleichsweise *relativ* (lat.) dem Patienten geht es relativ gut

Vergleichung, auf ... beruhend *komparativ* (lat.) auch: steigernd

Vergnügen 1. *Gaudi*, die (lat., ohne Pl.) 2. *Gaudium*, das (lat., ohne Pl.) 3. *Pläsier*, das (lat.-fr., Pl. -e) z. B. avec plaisir (mit Vergnügen) 4. *Amüsement*, das (fr., Pl. -s) auch: lustiger Zeitvertreib 5. *Jarana*, das (sp.-indianisch, Pl. -s) e. lärmendes Vergnügen; auch: Folkloretanz in Yucatán (Mexiko)

Vergnügen bereitend *amüsant* (fr.)

vergnügen, sich ... *amüsieren* (fr.)

vergnüglich *amüsant* (fr.)

Vergnüglichkeit *Amüsement*, das (fr., Pl. -s) »... ist das Glück derer, die nicht denken können.« (Alexander Pope)

vergnügt *fidel* (lat.)

Vergnügungspark mit Einkaufszentrum *Mall*, die (engl., Pl. -s) e. Kreuzung zwischen Erlebniswelt u. Kaufstätte, z. B. West Edmonton Mall in Kanada mit 480 000 m²; auch: das Mall (niederl., Pl. -e) Modell für Schiffsteile, Spantenschablone

Vergnügungsreisender *Tourist*, der (fr., Pl. -en) Urlauber; »Die Türkei ist nicht auf dt. Touristen angewiesen.« (Mesut Yilmaz, Ministerpräsident der Türkei, 1998)

Vergnügungssucht *Eskapismus*, der (lat.-fr.-engl., ohne Pl.)

vergnügungssüchtig *eskapistisch* (lat.)

Vergöttlichung *Apotheose*, die (gr.-lat., Pl. -n) e. Mensch erhebt sich zum Gott

vergrößern *augmentieren* (lat.) auch: vermehren

Vergrößerung *Augmentation*, die (lat., Pl. -en)

Vergrößerung e. Fotografie *Blow-up*, das (engl., Pl. -s) auch: Fernsehbildvergrößerung

Vergrößerungsgerät 1. *Mikroskop*, das (gr.-lat., Pl. -e) 2. *Lupe*, die (fr., Pl. -n) Vergrößerungsglas

Vergünstigung *Präferenz*, die (lat.-fr., Pl. -en) z. B. garantierte Preise u. Abnahmen für Rohstoffe im Handel mit der EG

vergüten 1. *bonifizieren* (lat.) z. B. ab e. best. Bezugsmenge oder bei Warenmängeln 2. *honorieren* (fr.) z. B. e. Honorar an e. Autoren zahlen 3. *remboursieren* (fr.) e. Rechnung über Importwaren wird unter Einbeziehung e. Bank bezahlt

Vergütung 1. *Bonifikation*, die (lat., Pl. -en) i. S. e. Gutschrift für den Bezug e. bestimmten Warenmenge, für die Lieferung mangelhafter Ware 2. *Honorar*, das (fr., Pl. -e) in freien Berufen (Juristen, Autoren, Architekten) 3. *Provision*, die (lat.-it., Pl. -en) im Handel übliche Form der Vergütung, wird in Prozenten vom Umsatz berechnet 4. *Tantieme*, die (lat.-fr., Pl. -n) beziehen z. B. Autoren für ihre Werke, Vorstände e. AG aus Gewinnen 5. *Salär*, das (lat.-fr., Pl. -e) in der Schweiz das Gehalt

verhaften *arretieren* (lat.-fr.) svw. festhalten; nicht: arrestieren

Verhalten 1. *Pairing*, das (engl., Pl. -s) partnerschaftliches Miteinander 2. *Allüre*, die (lat.-fr., Pl. -n) auch: Gangart e. Pferdes; Umgangsform 3. *Attitüde*, die (lat.-it.-fr., Pl. -n) auch: Haltung; Einstellung; nicht verw. mit *Attitude*, die (lat.-it.-fr., Pl. -s) Ballettfigur, bei der ein Bein rechtwinklig angehoben wird

Verhalten, e. streng bibelgläubiges ... *fundamentalistisch* (lat.) auch: kompromißloses Festhalten an Grundsätzen. »Was wir jetzt sehen, ist die fundamentalistische Antwort auf e. fundamentalistische Tat.« (Günter Grass, Schriftsteller, 2006)

Verhalten, grausames ... *Bestialität*, die (lat., Pl. -en) grausame Handlung, Unmenschlichkeit; »Die Bestialität hat jetzt Handschuhe über die Tatzen gezogen ...« (Hebbel)

Verhalten, neuzeitliches ... 1. *Modernität*, die (lat.-fr., Pl. -en) zeitgemäßes Gepräge 2. *Modernismus*, der (lat.-fr., Pl. ...men) Bejahung des Modernen; »Ohne Demokratie keine Modernisierung (gemeint ist: Modernität)!« (ausgerechnet: Jiang Zemin, Staatspräsident von China, 1997)

Verhalten, schamloses ... *Zynismus*, der (gr.-lat., ohne Pl.) auch: hämischer Spott; »Zynismus: daß man von niemand mehr erwartet, als man selber ist.« (Elias Canetti)

Verhalten, sittliches ... *Moral*, die (lat.-fr., selten Pl. -en) von lat.: mos (Sitte) Sittlichkeit; auch: Kampfgeist, z. B. e. Truppe; »Der Zustand der Moral läßt sich in zwei Sätzen zusammenfassen: we ought to, but we don't.« (wir sollten, aber wir tun nicht; Kurt Tucholsky)

Verhalten, täuschendes ... *Bluff*, der (engl., Pl. -s) »Der deutsche Bluff ist zu Ende.« (La Repubblica, Italien, zur dt. Fußballniederlage, 1998)

Verhaltensabsprache *Testimonial*, das (engl., Pl. -s) »Wir brauchen keine Testimonials, unsere Sportler trinken Red Bull aus Überzeugung, nicht weil sie vor der Kamera stehen.« (Johannes Kastner, Werbemann von Red Bull)

Verhaltensforscher *Ethologe*, der (gr., Pl. -n) z. B. Prof. Eibl-Eibesfeldt, Schüler des Nobelpreisträgers Konrad Lorenz

Verhaltensforschung *Ethologie*, die (gr., ohne Pl.)

Verhaltenslehre *Behaviorismus*, der (engl.-lat., ohne Pl.) ... die sich mit dem Verhalten von Menschen u. Tieren beschäftigt

Verhaltensregel 1. *Direktive*, die (lat., Pl. -n) z. B. an best. Direktiven gebunden sein 2. *Instruktion*, die (lat., Pl. -en) auch: Anleitung 3. *Norm*, die (gr.-lat.) eigtl.: Richtschnur

Verhaltensregel beim Internetsurfen *Netiquette*, das (engl.-am., Pl. -s) e. Art »Internet-Knigge«

Verhaltenstherapie, die Denkfehler beschreibt *kognitive Trias*, die (lat., ohne Pl.) auch: drei Symptome, die e. best. Krankheit aufzeigen (med.)

Verhaltensweise *Instinkt*, der (lat., Pl. -e) angeborenes Verhalten

Verhältnis 1. *Relation*, die (lat., Pl. -en) 2. *Proportion*, die (lat., Pl. -en) Größenverhältnis 3. *Status*, der (lat., ohne Pl.) auch: Zustand; Status quo (gegenwärtiger Zustand)

Verhältnis, Liebes... 1. *Affäre*, die (fr., Pl. -n) auch: peinlicher Vorfall; »Affäre der Nina B.« (Roman von Simmel) 2. *Liaison*, die (lat.-fr., Pl. -s)

verhältnisgleich *proportional* (lat.)

Verhältnisgleichung *Proportion*, die (lat., Pl. -en) math.

Verhältnisgleichung, Glied e. ... *Proportionale*, die (lat., Pl. -n) Math.

verhältnismäßig *relativ* (lat.)

Verhältnismäßigkeit *Proportionalität*, die (lat., Pl. -en)

Verhältniswahl *Proportionalwahl*, die (lat.-dt., Pl. -en) z. B. zur Mehrheitswahl

Verhältniswahlsystem *Proporz*, der (lat., Pl. -e) aus: Proportionalwahl

Verhältniszahl *Indexziffer*, die (lat.-dt., Pl. -n) z. B. der Preisindex, dieser wird ermittelt, indem die Preise von Waren in e. Basisjahr mit 100 angesetzt werden, Preisermittlungen der Folgejahre werden dem Basisjahr gegenübergestellt

Verhandeln *Bargaining*, das (engl., ohne Pl.)

verhandelt wie oben *actum ut supra* (lat., Zitat) Schlußformel in best. Protokollen

Verhandlung 1. *Debatte*, die (lat.-fr., Pl. -n) Aussprache 2. *Diskurs*, der (lat., Pl. -e) Unterhaltung, Gedankenaustausch 3. *Konferenz*, die (lat., Pl. -en) Besprechung

Verhandlungsgegenstand *Traktandum*, das (lat., Pl. ...den)

Verhandlungsgeschick *Diplomatie*, die (gr.-lat.-fr., ohne Pl.)

Verhandlungspunkte *Agenda*, die (lat., Pl. ...den) auch: Merkbuch; »1999 haben wir die EU-Ratspräsidentschaft, da bestimmen wir doch die Agenda.« (Peter Hintze, Generalsekretär der CDU, 1998)

Verhängnis 1. *Fatalität*, die (lat., Pl. -en) auch: Mißgeschick 2. *Fatum*, das (lat., Pl.

...ta) auch: Schicksal 3. *Katastrophe*, die (gr.-lat., Pl. -n)
verhängnisvoll 1. *fatal* (lat.) z. B. sich in e. fatalen Lage befinden 2. *katastrophal* (gr.-lat.) in dem Lager herrschten katastrophale Zustände 3. *tragisch* (gr.-lat.) auch: erschütternd
Verharren, soziales ... in e. best. Epoche *Zeit-Cocooning*, das (engl.-am., ohne Pl.) von: cocooning (sich einspinnen)
verhärten, sich ... *obdurieren* (lat.) med.
verhärtet *induriert* (lat.)
Verhärtung *Obduration*, die (lat., Pl. -en) med.
verhaßt *odiös* (lat.) auch: widerwärtig
verhätscheln *pampern* (engl.) auch: verwöhnen von Stars, d. h. empfindlichen Leuten, die wichtig sind; i. S. von: in Windeln legen
verhauchend 1. *morendo* (lat.-it.) musik. Vortragsanw. 2. *espirando* (lat.-it.) musik. Vortragsanw.
verheerend 1. *katastrophal* (gr.-lat.) schlimm 2. *ruinös* (lat.-fr.) auch: schadhaft
verheimlichen *dissimulieren* (lat.) z. B. Gebrechen geheimhalten
Verheimlichung *Dissimulation*, die (lat., Pl. -en) ... bewußte, von Krankheiten
verherrlichen 1. *glorifizieren* (lat.) »... aber wir dürfen die Vergangenheit nicht glorifizieren.« (Berti Vogts, Trainer der Fußball-Nationalmannschaft, 1998) 2. *heroisieren* (gr.-lat.) 3. *idealisieren* (gr.-lat.-fr.) auch: verklären
Verherrlichung 1. *Apotheose*, die (gr.-lat., Pl. -n) 2. *Glorifizierung*, die (lat., Pl. -en)
verhindern *sabotieren* (fr.) z. B. die Produktion e. Unternehmens sabotieren (durch e. politisch motivierten Anschlag) 2. *torpedieren* (lat.) e. Vereinbarung torpedieren; auch: e. Seeobjekt mit e. Torpedo beschießen
verhindernd *prohibitiv* (lat.)
verhöhnend *blasphemisch* (gr.-lat.) auch: e. Gotteslästerung enthaltend; »Ich will es mal blasphemisch sagen ...« (ehemaliger Fußballer Günter Netzer als WM-Kommentator, 1998)
verhüllend *euphemistisch* (gr.-lat.) auch: beschönigend
verhütend 1. *prophylaktisch* (gr.-lat.) vorbeugend 2. *präventiv* (lat.)

Verhütung *Kontrazeption*, die (lat., ohne Pl.) Empfängnisverhütung (med.)
Verhütungsmittel 1. *Antibabypille*, die (gr.-lat.-engl., Pl. -n) 2. *Diaphragma*, das (gr.-lat., Pl. ...men) auch: Zwerchfell (med.); Scheidewand bei Trennverfahren (Osmose) 3. *Kondom*, das (engl., Pl. -e) »... nehmt keine Kondome, sie wurden erfunden, um zu verhindern, daß wir (Schwarze) uns weiter vermehren.« (Winni Mandela, Ex-Frau des südafrikanischen Präsidenten Nelson Mandela, 1998) 4. *Pessar*, das (gr.-lat., Pl. -e) auch: Mutterring (med.) 5. *Präservativ*, das (lat.-fr., Pl. -e) kurz: Präser 6. *Spirale*, die (gr.-lat., Pl. -n) auch: Schraubenlinie, z. B. Uhrfeder
verinnerlichen 1. *interiorisieren* (lat.) 2. *internalisieren* (lat.-engl.) auch: etwas übernehmen
Verinnerlichung *Interiorisation*, die (lat., Pl. -en)
Verjährung *Präskription*, die (lat., Pl. -en) Rechtsw.
verkalkt *senil* (lat.) auch: altersschwach
Verkalktheit *Senilität*, die (lat., ohne Pl.) Verschrobenheit
Verkauf *Alienation*, die (lat., Pl. -en) auch: Veräußerung
Verkauf von Aktien e. Ausländers über e. Bank an Inländer *Stripping*, das (engl., ohne Pl.) das Geschäft wird unmittelbar vor der Ausschüttung getätigt
verkaufen *alienieren* (lat.) auch: entfremden
Verkäufer *Kommissionär*, der (lat.-fr., Pl. -e) im Waren- u. Wertpapiergeschäft; hier: Kaufmann, der gewerbsmäßig in eigenem Namen für fremde Rechnung ankauft und verkauft, seine gewerbsmäßigen Auftraggeber heißen Kommittenten
verkäuflich *alienabel* (lat.)
Verkaufsauftrag *Kommission*, die (lat., Pl. -en) e. Auftrag in eigenem Namen für fremde Rechnung ausführen; Ware in Kommission nehmen; auch: Ausschuß von beauftragten Personen
Verkaufsfläche, Hersteller mietet sich beim Einzelhändler e. Verkaufsfläche *Rack-jobbing*, das (engl., Pl. -s) Vertriebsform zur Sicherung der alleinigen Belieferung
Verkaufsförderung 1. *Promotion*, die (lat.,

ohne Pl.) für neue Waren, für die Vorstellung von Künstlern u. deren Werke 2. *Sales promotion,* die (engl., ohne Pl.) (Verkaufsförderung)

Verkaufsleiter 1. *Salesmanager,* der (engl., Pl. -) 2. *Substitut,* der (lat., Pl. -e) meist Gruppenleiter in e. Warenhaus

Verkaufsmethoden 1. *Hardselling,* das (engl., ohne Pl.) harter, aggressiver Verkauf 2. *Strukturvertrieb,* der (lat.-dt., ohne Pl.) Vertrieb mit straffer Gliederung u. brutalen Drückermethoden

Verkaufspolitik *Merchandising,* das (lat.-fr.-engl., ohne Pl.) i. S. der Gesamtheit absatzpolitischer Maßnahmen: Werbung, Preis- u. Produktgestaltung, Vertriebswege

Verkaufsreklame *Salespromotion,* die (engl., ohne Pl.)

Verkaufsveranstaltung *Basar,* der (pers.-fr., Pl. -e) für Wohltätigkeitszwecke; auch: Händlerviertel im Orient

Verkehrsdichte 1. *Frequenz,* die (lat., Pl. -en) 2. *Rush-hour,* die (engl., Pl. -s) Zeit des größten Verkehrsaufkommens

Verkehrssteuer *Akzise,* die (fr., Pl. -n) auch: indirekte Verbrauchssteuer

Verkehrszeichen *Signal,* das (lat.-fr., Pl. -e) i. S. e. Verkehrsampel

verklären 1. *idealisieren* (gr.-lat.) 2. *glorifizieren* (lat.-fr.) verherrlichen

Verklärung *Apotheose,* die (gr., Pl. -n) auch: Verherrlichung

verkleben *agglutinieren* (lat.) med., z. B. von roten Blutkörperchen oder Zellen

Verklebung *Agglutination,* die (lat., Pl. -en) med.; auch: Verklumpung von z. B. Blut

verkleiden 1. *maskieren* (arab.-it.-fr.) 2. *kostümieren* (lat.-it.-fr.)

Verkleidung 1. *Maskerade,* die (arab.-it.-fr., Pl. -n) 2. *Kostüm* (lat.-it.-fr., Pl. -e) zur Ausstattung e. Theaterstücks; auch: Damenkleidung (Rock u. Jacke)

verkleinern 1. *diminuieren* (lat.) auch: vermindern 2. *minimieren* (lat.) 3. *reduzieren* (lat.)

verkleinernd *diminutiv* (lat.) Sprachw.

Verkleinerung *Diminution,* die (lat., Pl. -en)

Verkleinerungswort *Diminutivum,* das (lat., Pl. ...va) Sprachw.

verklemmt *prüde* (lat.-fr.) svw. sexuell gehemmt

Verklumpung *Agglutination,* die (lat., Pl. ...en) eigtl.: das Ankleben; Zusammenballen z. B. von Zellen oder roten Blutkörperchen

verknöchern *ossifizieren* (lat.) med.

Verknöcherung *Ossifikation,* die (lat., Pl. -en) med.

verknüpfbar *kompatibel* (lat.-fr.-engl.) vereinbar; Ggs.: inkompatibel

verknüpfen 1. *assoziieren* (lat.-fr.) mit e. Schiffsreise auf dem Atlantik assoziiert er Seekrankheit 2. *kombinieren* (lat.) Nick Knatterton, der Meister des Kombinierens

Verknüpfung 1. *Assoziation,* die (lat.-fr., Pl. -en) geistig mit e. Sache in Verbindung bringen 2. *Kombination,* die (lat., Pl. -en) z. B. nordische Kombination als Skiwettbewerb; auch: Schlußfolgerung 3. *Synthese,* die (gr.-lat., Pl. -n) Zusammenfügung; Ggs.: Analyse

verkörpern 1. *inkarnieren* (lat.) 2. *personifizieren* (etrusk.-lat.) 3. *repräsentieren* (lat.-fr.) 4. *symbolisieren* (gr.-lat.) sinnbildlich darstellen

verkörpert *inkarniert* (lat.)

Verkörperung 1. *Inkarnation,* die (lat., Pl. -en) 2. *Personifikation,* die (etrusk.-lat., Pl. -en) auch: Vermenschlichung von Dingen; z. B. der Himmel weint

Verkostung *Degustation,* die (lat., Pl. -en) z. B. Speisen

verkrampft *sardonisch* (gr.-lat.) z. B. sardonisches Lachen wird durch Krämpfe der Gesichtsmuskeln ausgelöst

verkümmern *degenerieren* (lat.)

verkünden 1. *proklamieren* (lat.-fr.) aufrufen 2. *promulgieren* (lat.) auch: verbreiten

Verkünder *Prophet,* der (gr.-lat., Pl. -en)

verkündigen *proklamieren* (lat.-fr.) auch: ausrufen

Verkündigung *Proklamation,* die (lat.-fr., Pl. -en)

Verkürzung *Retraktion,* die (lat., Pl. -en) med.; auch: Schrumpfung

Verlagerung von Dienstleistungen u./o. Produktionen *Outscourcing,* das (engl., ohne Pl.) in der Bedeutung: anderweitige (preiswertere) Quellen nutzen

Verlagsangabe e. Buches 1. *Impressum,* das (lat., Pl. ...ssen) Angabe zum Verleger

564

u./o. zu den Redakteuren 2. *Imprint*, das (lat.-engl., Pl. -s) Eindruck, auch: e. Verlag in e. größeren Verlagshaus

Verlagsjahrbuch *Almanach*, der (lat.-niederl., Pl. -e)

Verlagsrecht *Copyright*, das (engl., Pl. -s) auch: Abdrucksrecht, z. B. für Bilder

Verlagszeichen *Signet*, das (lat.-fr., Pl. -s)

Verlangen, fehlendes ... *Inappetenz*, die (lat., ohne Pl.) z. B. nach Nahrung

Verlangen, starkes ... nach der Droge *Craving*, das (engl., ohne Pl.) med.

verlängern *prolongieren* (lat.) e. Zahlungsfrist

Verlängerung 1. *Prolongation*, die (lat., Pl. -en) Verlängerung e. Zahlungszieles 2. *Allonge*, die (lat.-fr., Pl. -n) e. Wechselformular wird durch das Ankleben e. Papierstreifens für weitere Indossamente (Wechselübertragungsvermerke) verlängert

Verlängerung, zweitoberste ... der Masten *Bram*, die (niederl., Pl. -en) ... auch deren Takelung (Seemannsspr.)

verlangsamen *retardieren* (lat.) auch: hemmen, verzögern

Verlangsamung *Retardation*, die (lat., Pl. -en) i. S. e. Entwicklungsverlangsamung

verläßlich *reliabel* (lat.-fr.-engl.)

Verlaub, mit ... (zu sagen) *salva venia* (lat., Zitat)

Verlauf *Prozeß*, der (lat., Pl. ...esse) z. B. chemische Prozesse, die in e. Labor beobachtet werden

verlaufend *synchron* (gr.-lat.) zeitlich gleichlaufende Ereignisse

Verlautbarung 1. *Statement*, das (engl., Pl. -s) 2. *Kommuniqué*, das (lat.-fr., Pl. -s) i. S. e. amtlichen Verlautbarung

Verlegenheit 1. *Bredouille*, die (fr., ohne Pl.) jmdn. in e. Bredouille bringen 2. *Kalamität*, die (lat., Pl. -en)

Verlegung e. Ereignisses in e. falsche Zeit *Anachronismus*, der (gr., Pl. ...men) »Nicht an dem Anachronismus festhalten, daß wir in der EU 14 Währungen haben.« (Hans-Dietrich Genscher, F. D. P., 1998)

Verleihungsurkunde *Brevet*, das (lat., Pl. -s) auch einst: Gnadenbrief des fr. Königs

Verletzbarkeit *Vulnerabilität*, die (lat., ohne Pl.) Verwundbarkeit (med.)

verletzen 1. *blessieren* (germ.-fr.) auch: durch Anstoßen verwunden 2. *lädieren*

(lat.) i. S. von beschädigen, er sah schwer lädiert aus

verletzend *zynisch* (gr.-lat.) sich zynisch äußern

verletzlich *vulnerabel* (lat.) verwundbar, da an der Körperoberfläche liegend (med.)

verletzt 1. *lädiert* (lat.) 2. *pikiert* (fr.) verstimmt; nicht verw. mit: *pikieren* (fr.) junge Pflanzen vertopfen; auspflanzen

Verletzung 1. *Läsion*, die (lat., Pl. -en) med., die Funktion e. Organs oder Gliedes ist gestört 2. *Trauma*, das (gr., Pl. -ta, ...men) z. B. das Schleudertrauma nach e. Auffahrunfall 3. *Blessur*, die (germ.-fr.-fr., Pl. -en) Verwundung

Verletzung, übermäßige ... *Laesio enormis*, die (lat., ohne Pl.) Rechtsgrundsatz in Österreich: e. Kauf kann annulliert werden, wenn der Preis den doppelten Warenwert überschreitet

verleumden 1. *diskreditieren* (lat.-it.-fr.) i. S. e. Ruf- oder Ansehensschädigung 2. *diffamieren* (lat.) auch: etwas in Verruf bringen

verleumderisch *diffamatorisch* (lat.) auch: ehrenrührig

Verleumdung *Diffamierung*, die (lat., Pl. -en)

Verliebte sind von Sinnen *amantes amentes* (lat., Zitat: Terenz)

Verliebtheit *Narzißmus*, der (gr.-lat., ohne Pl.) in sich selbst verliebt sein, krankhafte Selbstliebe; nach Narziß: der Jüngling e. gr. Sage, der sich in sein Spiegelbild verliebte; nicht verw. mit *Nazismus*, der (lat., ohne Pl.) abwertend für Nationalsozialismus

Verlierer, liebenswürdiger ... *Charming Loser*, der (engl., Pl. -s) i. S. von Versagen adelt, auch in Armut Würde zeigen

Verlierergeneration, erste ... *Babyboomer*, die (am.) rund 80 Millionen US-Amerikaner, die nach dem II. Weltkrieg geboren wurden u. bis jetzt Ziel der Werbestrategen waren; die Älteren-Dominanz in Wirtschaft u. Politik macht die Babyboomer zu »Verlierern«, sie werden von den »Babybuster« auch »Generation X« (Leute zwischen 18 u. 29 Jahren) abgelöst

Verlobungsgeschenke *Sponsalien*, die (lat., nur Pl.) Rechtsw.

verlockend *attraktiv* (lat.-fr.)

verloren *perdu* (lat.-fr.) z. B. e. Gegenstand ist perdu (weg)

verlöschend *smorzando* (lat.-it.) musik. Vortragsanw.

Verlosung *Tombola*, die (it., Pl. -s, …len)

Verlust 1. *Defizit*, das (lat.-fr., Pl. -e) z. B. der Haushaltsplan e. Landes weist e. hohes Defizit aus 2. *Damno*, das (lat.-it., Pl. …na) oder Damnum ist die Differenz zwischen dem Rückzahlungs- u. dem Auszahlungsbetrag e. Darlehns

Verlust der Markeneigenständigkeit … *Brand Parity* (engl.) … infolge steigender Angebotspaletten u. qualitativer Gleichwertigkeit, verbunden mit e. unauswertbaren Informationsflut

Verlustgefahr *Risiko*, das (it., Pl. …ken) auch: Wagnis; »Risiko ist die Bugwelle des Erfolgs.« (Carl Amery) »Wer nicht den Mut hat, über die Risiken zu diskutieren, ist seiner Sache nicht sicher.« (Kurt Biedenkopf, Ministerpräsident von Sachsen, 1997)

Verlustperiode, Ende e. … *Turnaround*, der (engl., Pl. -s) … e. Unternehmens

verlustreich *defizitär* (lat.-fr.)

Vermächtnis 1. *Legat*, das (lat., Pl. -e) Übertragung von Vermögen auf andere im Todesfall 2. *Testament*, das (lat., Pl. -e) auch: letzter Wille

Vermächtnisnehmer *Legatar*, der (lat., Pl. -e) jmd., der e. Legat erhält

Vermarktung der Rechte … *Merchandising*, das (engl.-am., ohne Pl.) … an bekannten Figuren für diverse Artikel (T-Shirts, Mützen)

vermehren 1. *augmentieren* (lat.) z. B. e. Vermögen 2. *addieren* (lat.) math. i. S. von hinzuzählen

Vermehrung *Augmentation*, die (lat., Pl. -en) e. Vermögens

Vermehrung der roten Blutkörperchen *Erythrozytose*, die (gr.-lat., ohne Pl.) med.

vermeintlich *putativ* (lat.) auf e. Irrtum beruhend

vermengt *promiscue* (lat.) vermischt, durcheinander

vermenschlichen *personifizieren* (etrusk.-lat.) »… der Wunsch wird dann auch personifiziert.« (Wolfgang Schäuble, 1998)

Vermenschlichung 1. *Personifikation*, die (etrusk.-lat., Pl. -en) z. B. von Dingen

2. *Anthropomorphismus*, der (gr.-lat., Pl. …men) menschliches Verhalten auf Tiere übertragen

Vermerk 1. *Notabene*, das (lat., Pl. -s) Merkzeichen 2. *Notiz*, die (lat., Pl. -en)

vermerken 1. *konstatieren* (lat.-fr.) auch: feststellen 2. *registrieren* (lat.) aufzeichnen

vermessen *hybrid* (gr.) i. S. von hochmütig; auch: zweierlei Herkunft, Zwitterbildung

Vermessenheit *Hybris*, die (gr., ohne Pl.) Hochmütigkeit

Vermessungsingenieur *Topograph*, der (gr., Pl. -en) nimmt z. B. Vermessungen im Straßenbau vor

Vermessungswesen *Geodäsie*, die (gr., ohne Pl.)

vermindern 1. *diminuieren* (lat.) 2. *subtrahieren* (lat.) abziehen 3. *dezimieren* (lat.) 4. *limitieren* (lat.) begrenzen 5. *reduzieren* (lat.) auch: herabsetzen

Verminderung 1. *Dekrement*, das (lat., Pl. -e) 2. *Diminution*, die (lat., Pl. -en)

Vermischtes *Diversa*, die (lat., nur Pl.)

Vermittler 1. *Agent*, der (lat.-it., Pl. -en) 2. *Remisier*, der (lat.-fr., Pl. -s) im Wertpapiergeschäft 3. *Mediator*, der (lat.-fr., Pl. …oren) auch: Schiedsmann

Vermittler von Führungskräften *Headhunter*, der (engl., Pl. -s) der »Kopfjäger« verdient sein Geld durch Vermittlungsprovisionen

Vermittler zwischen Bürgern u. Subkulturen … *multikultureller Agent*, der (lat., Pl. -e -en) … entwickelt Toleranzprogramme, z. B. in Firmen, damit sich gegensätzliche Kulturen u. Ethnien besser verstehen, um reibungslos gesteckte Ziele zu erreichen

Vermittlung 1. *Mediation*, die (lat.-fr., Pl. -en) e. Staat vermittelt bei e. Auseinandersetzung zwischen anderen Staaten 2. *Intervention*, die (lat.-fr., Pl. -en) durch Intervention e. Staates werden z. B. kriegsführende Staaten zur Waffenruhe veranlaßt

Vermittlungsbüro *Agentur*, die (lat., Pl. -en)

Vermittlungsgebühr *Provision*, die (lat.-it., Pl. -en) Vermittlung großer Aufträge führte 1996 zu e. Provisionsskandal zwischen VW u. ABB

vermodern *humifizieren* (lat.) verfaulen
Vermoderung *Humifikation*, die (lat., ohne Pl.)
Vermögen 1. *Kapital*, das (lat.-it., Pl. -e, -ien) z. B. Eigen-, Stamm-, Fremdkapital 2. *Mammon*, der (gr.-lat., ohne Pl.) auch: Geld, schnöder Mammon 3. *Dynamis*, die (gr.-lat., ohne Pl.) i. S. von Fähigkeit, Kraft in der Philos.
Vermögen, unveräußerliches familiäres *... Fideikommiß*, das (lat., Pl. ...misse)
Vermögender *Kapitalist*, der (lat., Pl. -en) abwertend gebraucht
Vermögensherrschaft *Timokratie*, die (gr.-lat., Pl. ...ien) e. Staatsform in der die Bürgerrechte nach deren Vermögen bewertet werden
Vermögenswerte *Aktiva*, die (lat., nur Pl.) aus dem Rechnungswesen: die linke Bilanzseite führt alle Vermögenswerte (Aktiva) auf
vermuten 1. *kombinieren* (lat.) auch: mutmaßen 2. *spekulieren* (lat.) eigtl.: beobachten; auch: auf etwas rechnen; z. B. an der Börse spekulieren
vermutlich 1. *hypothetisch* (gr.-lat.) fraglich, zweifelhaft 2. *präsumtiv* (lat.) wahrscheinlich
Vermutung *Spekulation*, die (lat., Pl. -en) z. B. mit Wertpapieren an der Börse; Börsenspekulant André Kostolany
vernachlässigen *negligieren* (lat.-fr.) nicht berücksichtigen
Vernähen der Schamlippen *Infibulation*, die (lat., Pl. -en) ... zur Verhinderung des Beischlafes; in best. Regionen Afrikas noch üblich
verneinen *negieren* (lat.)
verneinend 1. *negativ* (lat.) Ggs.: positiv 2. *nihilistisch* (lat.) auch: zerstörend
Verneinender, ein alles ... *Nihilist*, der (lat., Pl. -en) auch: zerstörerischer Mensch
Verneinung aller Normen *Nihilismus*, der (lat., ohne Pl.) philos. Anschauung; bekannter Vertreter: Friedrich Nietzsche (1844–1900)
Verneinung *Negation*, die (lat., Pl. -en) auch: Verneinungswort
vernetzt *wired* (engl.-am.) auch: verdrahtet; überreizt, hyperaktiv; Zeitschrift für die Computerszene:»Wired«, das Sprachrohr für e. neue »digitale Kultur«

Vernetzungsfähigkeit *Connectivity*, die (engl., Pl. ...ties) ... e. Menschen, e. Idee, e. Gruppe, von Technologien; mit dem Begriff ist e. neue total vernetzte Informationsgesellschaft gemeint
vernichtet, wir sind ... *fuimus Troes* (lat., Zitat: Vergil) eigtl.: Trojaner sind wir gewesen
Vernichtung der Juden 1. *Schoah* o. *Shoah*, die (hebr., ohne Pl.) hebr. Bez. für die Untaten an den Juden während des Nationalsozialismus.»Niemand kann frei sein, der frei sein will vom Gedenken an die Shoah.« (Kardinal Lehmann, 2007) 2. *Holocaust*, der (engl.-am., Pl. -s) eigtl.: Massenvernichtung, Brandopfer; Bez. für die Judenvernichtung z. Zt. der NSDAP
Vernichtung e. Festung *Demolition*, die (lat.-fr., Pl. -en)
Vernichtung *Kataklysmus*, der (gr.-lat., Pl. ...men) Naturkatastrophe, z. B. e. Vulkanausbruch
Vernichtung u. Erneuerung, geologische Theorie *... Kataklysmentheorie*, die (gr.-lat., ohne Pl.) ... erklärt die Unterschiede der Tier- u. Pflanzenwelt der verschiedenen Erdzeitalter
Vernichtung von Krankheitserregern *Desinfektion*, die (lat., Pl. -en)
Vernichtung z. B. ethnischer Gruppen *Genozid*, der (gr.-lat., Pl. -e, -ien) »Der Begriff vom kulturellen Genozid ist falsch.« (Antje Vollmer, Bündnis 90/Die Grünen)
Vernunft 1. *Ratio*, die (lat., ohne Pl.) auch: Einsicht 2. *Logos*, der (gr.-lat., Pl. Logoi) i. S. göttlicher Vernunft, philos. 3. *Räson*, die (lat.-fr., ohne Pl.) z. B. e. frechen Jungen zur Räson bringen 4. *Eubulie*, die (gr., ohne Pl.)
Vernunft, der ... widersprechend *irrational* (lat.) unfaßbar; »Es gibt nichts, was so verheerend ist wie ein rationales Anlageverhalten in e. irrationalen Welt.« (John M. Keynes, Nationalökonom, 1883–1946)
Vernunftherrschaft *Logokratie*, die (gr.-lat., ohne Pl.) Herrschaft der Vernunft in e. Gesellschaft
vernünftig 1. *rational* (lat.) Ggs.: irrational 2. *logisch* (gr.-lat.) folgerichtig 3. *patent* (lat.) tüchtig 4. *legitim* (lat.) auch: rechtmäßig, anerkannt; Ggs.: illegitim

567

vernunftlos *alogisch* (gr.) ohne Logik
Vernunftsgründen, aus ... *a priori* (lat.)
Vernunftswahrheiten *Verités de raison*, die (fr., Pl.) nach dem Philosophen Gottfried Wilhelm Leibniz (1646–1716)
vernunftswidrig *irrational* (lat.) »Ich bewundere den Kanzler (Helmut Kohl), wie er, in der Bütt gestählt, für jeden irrationalen Schabernack zu haben ist ...« (G. Schröders geh. Tagebuch von H. Venske, 1997); Ggs.: rational
Vernunftwidrigkeit *Paralogie*, die (gr.-lat., Pl. -ien)
veröffentlichen 1. *edieren* (lat.) i. S. von herausgeben, z. B. Bücher 2. *publizieren* (lat.)
Veröffentlichung 1. *Publizierung*, die (lat., Pl. -en) 2. *Publikation*, die (lat.-fr., Pl. -en)
Veröffentlichung, zur ... *ad publicandum* (lat.)
verordnen *dekretieren* (lat.-fr.)
Verordnung 1. *Dekret*, das (lat., Pl. -e) 2. *Ordination*, die (lat., Pl. -en) Verordnung e. Arztes; Subordination (Unterordnung, Gehorsam) 3. *Rezept*, das (lat., Pl. -e) Arzneimittelanweisung für den Apotheker
verpacken *emballieren* (germ.-fr.)
Verpackung 1. *Emballage*, die (germ.-fr., Pl. -n) 2. *Tara*, die (arab.-it., Pl. -ren) Verpackungsgewicht e. Ware
Verpackungsgewicht *Tara*, die (arab.-it., Pl. -ren)
Verpackungsmaterial *Haraß*, der (fr., Pl. ...sse) z. B. Korb oder Kiste als Verpackungsbehälter für empfindliche Güter
verpestet *pestilenzialisch* (lat.)
verpfänden *lombardieren* (it.-fr.) kurzfristiger Kredit gegen Verpfändung von Edelmetallen oder Wertpapieren (Lombardkredit)
Verpfändung *Lombard*, der, das (it.-fr., Pl. -e) bewegliche Sachgüter werden als Pfand angeboten
Verpflanzung *Transplantation*, die (lat., Pl. -en) med., z. B. Organtransplantation
Verpflegung 1. *Proviant*, der (lat.-it., Pl. -e) 2. *Catering*, das (engl., ohne Pl.) bes. auf Schiffen u. in Flugzeugen
Verpflegung für die Truppe beschaffen *furagieren* (fr.)
Verpflegungssatz *Ration*, die (lat.-fr., Pl. -en)

Verpflegungswesen *Catering*, das (engl., ohne Pl.) bes. in der Luftfahrt, in Altersheimen
verpflichten *engagieren* (fr.) auch: unter Vertrag nehmen; »Die Sozialdemokraten würden die dt. Interessen etwas engagierter vertreten.« (Rudolf Scharping, 1998)
verpflichten, sich ... *committen* (engl.)
verpflichtend *obligatorisch* (lat.) z. B. obligatorische Mitgliedschaften e. Firma; Ggs.: fakultativ; nicht verw. mit *obligat* (lat.) »verbunden, verpflichtet«; auch: unerläßlich
Verpflichtung 1. *Diktat*, das (lat., Pl. -e) erzwungene Verpflichtung 2. *Engagement*, das (germ.-fr., Pl. -s) die Verpflichtung e. Künstlers, z. B. für Auftritte 3. *Obligation*, die (lat., Pl. -en) 4. *Obligo*, das (lat.-it., Pl. -s) Angebote e. Kaufmannes sind bindend, will er freibleibend anbieten, verwendet er den Zusatz »ohne Obligo«
Verpflichtungsschein *Revers*, der (lat., Pl. -e) e. Patient unterschreibt e. Revers, falls er auf eigene Gefahr früher aus dem Krankenhaus entlassen werden möchte
verprügeln, mächtig ... *verkamisolen* (dt.-fr.) auch: versohlen
Verrat *Perfidie*, die (lat.-fr., Pl. ...ien) Falschheit
verraten *denunzieren* (lat.) aus niedrigen Beweggründen anzeigen
Verräter *Denunziant*, der (lat., Pl. -en)
verrechnen *kompensieren* (lat.) auch: ausgleichen
Verrechnung *Clearing*, das (engl., Pl. -s) z. B. Verrechnung von Forderungen u. Verbindlichkeiten von Banken untereinander, geschieht über das Clearing der Deutschen Bundesbank
Verrechnungsverfahren *Clearing*, das (engl., Pl. -s) z. B. der Deutschen Bundesbank
verrenken *luxieren* (lat.) med.
Verrenkung *Luxation*, die (lat., Pl. -en) med.
verrichten *fungieren* (lat.) eine Funktion ausüben
verringern 1. *reduzieren* (lat.) auch: herabsetzen 2. *minimieren* (lat.) den geringsten Wert ansetzen 3. *diminuieren* (lat.) i. S. von: vermindern 4. *limitieren* (lat.) begrenzen

Verringerung 1. *Reduktion*, die (lat., Pl. -en) Abstufung 2. *Minimierung*, die (lat., Pl. -en) 3. *Diminution*, die (lat., Pl. -en) Verkleinerung

verrückt 1. *machulle* (hebr.-jidd.) 2. *meschugge* (hebr.-jidd.) 3. *crazy* (engl.) »crazy horse« (verrücktes Pferd) 4. *bizarr* (it.-fr.) sehr eigenwillig 5. *hysterisch* (gr.-lat.) überspannt 6. *schizophren* (gr.-lat.) zwiespältig, spaltungsirre (med.)

Verrücktheit 1. *Raptus*, der (lat., Pl. . . .tusse) 2. *Spleen*, der (engl., Pl. -e)

Verruf, in ... bringen 1. *diffamieren* (lat.) verunglimpfen 2. *diskreditieren* (lat.-it.-fr.) auch: dem Ruf abträglich sein

Versakzent *Iktus*, der (lat., ohne Pl.) eigtl. Schlag

Versammlung 1. *Kongreß*, der (lat., Pl. . . .gresse) i. S. e. fachlichen Zusammenkunft 2. *Assemblee*, die (lat.-fr., Pl. . . .bleen) 3. *Legislative*, die (lat., Pl. -n) gesetzgebende – 4. *Constituante*, die (lat.-fr., Pl. -s) auch: Konstituante; verfassungsgebende Nationalversammlung, bes. die der Französischen Revolution (1789) 5. *Gremium*, das (lat., Pl. . . .ien) »Bündel«; auch: Gemeinschaft 6. *Konferenz*, die (lat., Pl. -en) Sitzung 7. *Symposion, Symposium*, das (gr.-lat., Pl. . . .ien) Gelage im alten Griechenland; Tagung von Wissenschaftlern 8. *Kolloquium*, das (lat., Pl. . . .ien) wissenschaftliches Gespräch unter Fachleuten

Versammlung ev. Christen als Träger der kirchlichen Selbstverwaltung *Synode*, die (gr.-lat., Pl. -n)

Versammlung leiten, e. ... präsidieren (lat.-fr.)

Versammlung von Bischöfen *Konzil*, das (lat., Pl. -e, -ien) u. anderen hohen Würdenträgern der kath. Kirche zur Entscheidung wichtiger Angelegenheiten; »Auch Konzile können irren.« (Martin Luther)

Versammlungsniederschrift *Protokoll*, das (gr.-lat., Pl. -e)

Versammlungsplatz *Agora*, die (gr., ohne Pl.) im alten Griechenland

Versammlungssaal *Aula*, die (gr.-lat., Pl. . . .len, -s) Saal in Schulen u. Universitäten

Versand *Transport*, der (lat.-fr., Pl. -e)

Versand umfangreicher Faxmeldungen ... *Fax-Broadcasting*, das (engl., ohne Pl.)

... mit Hilfe von vielen tausend parallelen Leitungen; Hauptanbieter: X-Pedite

Verschanzen im trauten Heim *Cocooning*, das (am.) nach der am. Trendforscherin Faith Popcorn: Hang zum Einspinnen in der eigenen Behausung um vor Kriminalität, Streß, Aids sicher zu sein; Ausdruck dafür: Verleih von Videokassetten, Pizzaservices u.s.w.

verschärfen *eskalieren* (fr.) stufenweise steigern; Ggs.: deeskalieren

verschieben *rangieren* (germ.-fr.) Güterwagen werden auf dem Bahnhof rangiert; Rangierbahnhof

verschieden 1. *different* (lat.) 2. *divers* (lat.) auch: mehrere 3. *heterogen* (gr.-lat.) uneinheitlich; Ggs.: homogen 4. *inegal* (lat.-fr.) auch: ungleich; Ggs.: egal 5. *multipel* (lat.) vielfältig; z. B. multiple Sklerose: Erkrankung des Gehirns u. Rückenmarks 6. *inäqual* (lat.) auch: ungleich; Ggs.: äqual

verschieden sein *differieren* (lat.)

Verschiedenartigkeit *Heterogenität*, die (gr.-lat., ohne Pl.)

verschiedene *diverse* (lat.)

verschiedenes *diverses* (lat.)

Verschiedenheit 1. *Asymmetrie*, die (gr.-lat., Pl. . . .ien) Ungleichmäßigkeit; Ggs.: Symmetrie 2. *Differenz*, die (lat., Pl. -en) auch Unstimmigkeit; Preisdifferenz 3. *Disparität*, die (lat., Pl. -en) Ungleichheit 4. *Heterogenität*, die (gr.-lat., ohne Pl.) auch: Uneinheitlichkeit 5. *Imparität*, die (lat., ohne Pl.) Ungleichheit

Verschlankung der Organisation *Lean Management*, das (engl., ohne Pl.) ... der Produktion *Lean Production*, die (engl., ohne Pl.) um konkurrenzfähig zu bleiben

Verschleierung *Kollusion*, die (lat., Pl. -en) z. B. von Beweismaterial

verschleppen *deportieren* (lat.) Menschen zwangsweise an teils unbekannte Orte bringen

verschleppend *dilatorisch* (lat.) aufschiebend, Rechtsw., bei Gericht e. dilatorische (aufschiebende) Einrede vorbringen

Verschleppung 1. *Deportation*, die (lat., Pl. -en) z. B. von Strafgefangenen oder politischen Häftlingen 2. *Obstruktion*, die (lat., Pl. -en) z. B. von Anträgen, die im Parlament behandelt werden sollen

verschließen 1. *okkludieren* (lat.) 2. *hermetisieren* (gr.-lat.) i. S. von dicht verschließen

Verschließung *Okklusion*, die (lat., Pl. -en) auch: Verschluß

verschlimmbessern *ballhornisieren* (Eigenn.) nach dem Lübecker Buchdrucker J. Ballhorn

verschlimmern *aggravieren* (lat.) med., e. übertriebene Schilderung e. Krankheitsverlaufs

Verschlimmerung 1. *Aggravation*, die (lat., Pl. -en) 2. *Komplikation*, die (lat., Pl. -en) auch: Verwicklung; nicht verw. mit *Kompilation*, die (lat., Pl. -en) Zusammenstellung wissenschaftlicher Quellen

Verschlingen, das ... rohen Fleisches *Omophagie*, die (gr.-lat., ohne Pl.) ... e. Opfertieres (Dionysoskult der Antike)

verschlossen 1. *reserviert* (lat.) z. B. e. reservierter Mitarbeiter sein, der nicht aus sich herauskommt 2. *hermetisch* (gr.-lat.) dicht verschlossen 3. *introvertiert* (lat.) nach innen gerichtet; Ggs.: extravertiert

Verschlossenheit *Reserve*, die (lat.-fr., ohne Pl.) jmdn. aus der Reserve locken; auch: (Pl. -en) Vorrat, Rücklage

verschlucken *devorieren* (lat.) med.

Verschlucken von Speisen, erneutes ... *Meryzismus*, der (gr.-lat., Pl. ...men) ... die sich im Magen befanden; Funktionsstörung, bes. bei Säuglingen (med.)

Verschluß für Fenster u. Türen, Treibriegel *Basküle*, die (fr., Pl. -n)

Verschluß *Okklusion*, die (lat., Pl. -en) svw. Sperre

verschlüsseln 1. *chiffrieren* (arab.-lat.-fr.) z. B. e. wichtige Information 2. *codieren* (lat.-fr.)

Verschlüsselung der genetischen Information ... *genetischer Code*, der (gr.-lat.-engl., Pl. ...sche -s) ... in DNS u. RNS

Verschlüsselung *Kodierung*, die (lat.-fr.-engl., Pl. -en) e. Information, die dem Gegner nicht in die Hände fallen soll

Verschlüsselung, Lehre der ... 1. *Krytographie*, die (gr., Pl. ...ien) auch: Geheimschrift u. Kritzelei 2. *Kryptologie*, die (gr., ohne Pl.) z. B. von Computerdaten

Verschlußlaut *Muta*, die (lat., Pl. ...tä)

verschmähen ... *dissen* (Szene-Slang) ... e. Person, die Prinzipien ihrer Subkultur

oder Szene, z. B. an Journalisten verrät, wird »gedisst«

verschmelzen 1. *diffundieren* (lat.) chem.; auch: eindringen; Wasser diffundiert in Kunststoffe 2. *fusionieren* (lat.) Verschmelzung von Unternehmen in e. neues 3. *unifizieren* (lat.) i. S. von: vereinheitlichen; zusammenlegen, z. B. Staatsschulden

Verschmelzung 1. *Fusion*, die (lat., Pl. -en) von Unternehmen in e. größeres neues 2. *Agglutination*, die (lat., Pl. -en) z. B. Zusammenballung von Zellen (med.)

Verschmelzung von Kultur ... *Cross-Culture*, die (engl.-am.) ... Produktion, Technologie u. Umwelt; beeinflußt worden durch: Globalisierung der Märkte u. Werte, Durchsetzung von Glaubenslehren u. Kulturen, z. B. weltweite Vermarktung von Techno – Wagner – Jazzmusik

Verschnitt, Wein ... *Cuvée*, die, das (lat.-fr., Pl. -s)

verschnörkeln *arabesk* (arab.-gr.-lat.-it.-fr.) eigtl.: in arabischer Art; i. S. von: rankenförmig verziert

verschroben 1. *exzentrisch* (gr.-lat.) er ist e. alter exzentrischer Typ 2. *manieriert* (lat.-fr.) z. B. manieriert sprechen

Verschulden *Culpa*, die (lat., ohne Pl.) auch: Schuld

verschwenderisch 1. *luxuriös* (lat.) 2. *sumptuös* (lat.)

Verschwendung 1. *Luxus*, der (lat., ohne Pl.) »Wir verkaufen keinen Luxus, wir verkaufen Träume.« (Gilles Hennessy, 1996) 2. *Muda*, die (jap., Pl. -s) durch z. B. zu lange Transportwege; auch: Unordnung; Begriff aus dem Management

Verschwendung von Zeit u. Geld *waisting of time and money* (engl.-am.) im Kapitalismus e. kapitale Sünde

verschwiegen *diskret* (lat.-fr.) sie war e. sehr diskrete Sekretärin

Verschwiegenheit *Diskretion*, die (lat.-fr., Pl. -en)

Verschwinden von Mond oder Sonne *Eklipse*, die (gr., P. -n) auch: Mond- oder Sonnenfinsternis; die erste Finsternis entdeckten babylonische Astronomen um 585 v. Chr.; die erste Sonnenfinsternis berechnete der Grieche Thales von Milet (624–549 v. Chr.)

verschwommen 1. *diffus* (lat.) unklar; diffuse Erklärungen geben 2. *vage* (lat.-fr.) vage Andeutungen machen

Verschwörer *Konspirant*, der (lat. Pl. -en)

Verschwörung 1. *Komplott*, das (fr., Pl. -e) 2. *Konspiration*, die (lat., Pl. -en)

Versehen *Lapsus*, der (lat., ohne Pl.) svw. kleiner Fehler

Verselbständigung *Emanzipation*, die (lat., Pl. -en) Befreiung aus Abhängigkeiten, z. B. vom männlichen Ehepartner

versenden *spendieren* (lat.-it.) z. B. Güter, Geld

Versenkung *Meditation*, die (lat., Pl. -en) i. S. e. geistigen Versenkung

Versenkung, durch ... erreichbare hohe Stufe des Geistes *Samadhi*, der (sanskr., ohne Pl.) im Hinduismus u. Buddhismus durch Meditation

Verserzählung *Fabliau*, das (fr., Pl. -x) altfr. Verse mit komischem u. erotischem Inhalt

Verseschmied *Poetaster*, der (gr.-lat., Pl. -) abwertend: Dichterling

versetzen, zurück ... degradieren (lat.) herabsetzen. »... das degradiert die Frau zur Gebärmaschine.« (Walter Mixa, Bischof, über Ursula von der Leyen, Familienministerin, 2007)

Versetzung *Translokation*, die (lat., Pl. -en) auch: Ortsveränderung; Verlegung e. Chromosomenbruchstückes in e. anderes Chromosom (Biol.)

verseuchen *kontaminieren* (lat.) mit Schadstoffen durchsetzen; Ggs.: dekontaminieren

Verseuchung *Kontamination*, die (lat., Pl. -en) Durchsetzung mit Schad-, bes. mit radioaktiven Stoffen; Ggs.: Dekontamination

Versfuß *Trochäus*, der (gr.-lat., Pl. ...äen) der Antike

Versicherer *Assekurant*, der (lat.-it., Pl. -en)

versichern *assekurieren* (lat.-it.)

versichernd *assertorisch* (lat.) auch: behauptend

versichert *assekuriert* (lat.-it.)

Versicherter *Assekurat*, der (lat.-it., Pl. -en)

Versicherung *Assekuranz*, die (lat.-it., Pl. -en)

Versicherung, eidesstattliche ... *Affidavit*, das (lat., Pl. -s) eigtl.: er hat bezeugt; auch: e. Bürgschaft übernehmen

Versicherungsnehmer *Assekurat*, der (lat.-it., Pl. -en)

Versicherungsträger *Assekurant*, der (lat.-it., Pl. -en)

Versicherungsvertrag *Police*, die (gr.-lat., Pl. -n) Urkunde zu e. Versicherungsvertrag

Versicherungswert *Taxe*, die (lat., Pl. -n)

versilbern *tingieren* (lat.) mit dünner Silberauflage versehen

versinnbildlichen *allegorisieren* (gr.)

Verskunst *Metrik*, die (gr.-lat., Pl. -en) auch: Verslehre

Versmaß 1. *Metrum*, das (gr.-lat., Pl. ...tren) 2. *Hexameter*, der (gr.-lat., Pl. -) aus sechs rhythmischen Verseinheiten (Daktylen) bestehende epische Abhandlung

Versmaßlehre *Metrik*, die (gr.-lat., Pl. -en)

versöhnlich *konziliant* (lat.-fr.) umgänglich

Versöhnung *Rekonziliation*, die (lat., Pl. -en) »Aussöhnung«; Wiederaufnahme in die kath. Kirchengemeinschaft

Versöhnungsfest des Judentums *Jom Kippur*, das (hebr., ohne Pl.) höchster jüd. Feiertag

Versorger *Provider*, der (engl.-am., Pl. -s) gemeint ist e. Firma, die i. a. per Ortstarif angerufen wird, damit sich der Benutzer z. B. im Internet »bewegen« kann

verspätet *retardiert* (lat.-fr.) auch: geistig oder körperlich zurückgeblieben

versperren *okkludieren* (lat.)

verspielt *kokett* (fr.) auch: eitel, selbstgefällig

verspotten *parodieren* (gr.-lat.-fr.) nachahmen

verspottend 1. *delusorisch* (lat.) 2. *satirisch* (lat.)

Verspottung 1. *Delusion*, die (lat., Pl. -en) auch: Täuschung 2. *Persiflage*, die (lat.-fr., Pl. -n) i. S. e. geistreichen Spotts

Versprechen *Promesse*, die (lat.-fr., Pl. -n) e. Urkunde, deren Inhalt e. Leistungsversprechen garantiert

Versprechender *Promittent*, der (lat., Pl. -en)

verstaatlichen 1. *nationalisieren* (lat.-fr.)

z. B. von Unternehmen (Banken, Energieversorgungsunternehmen) 2. *säkularisieren* (lat.) kirchlichen Besitz verstaatlichen; auch: unter weltlichem Gesichtswinkel sehen

Verstaatlichung 1. *Sozialisierung*, die (lat., Pl. -en) i. S. von vergesellschafter Produktionsmittel (maschinelle Anlagen) 2. *Nationalisierung*, die (lat.-fr., Pl. -en) z. B. Verstaatlichung von Unternehmen

verstädtern *urbanisieren* (lat.)

Verstand 1. *Intellekt*, der (lat., ohne Pl.) Denkkapazität 2. *Ratio*, die (lat., ohne Pl.) auch: Vernunft 3. *Räson*, die (lat.-fr., ohne Pl.) auch: Einsicht; z. B. den Jungen zur Räson bringen; Staatsräson

Verstand, urbildlicher ... *Intellectus archetypus*, der (gr.-lat., ohne Pl.) göttliches, schauend-schaffendes Denken

verstanden? *capito?* (lat.-it.)

verstandesmäßig *intellektuell* (lat.-fr.) auf das Denkvermögen bezogen

Verstandesmensch 1. *Intellektuelle*, der, die (lat.-fr., Pl. -n) 2. *Rationalist*, der (lat., Pl. -en)

verständig *intelligent* (lat.) auch: klug, begabt; »Intelligente Menschen haben immer Selbstzweifel.« (Hans-Olaf Henkel, BDI-Präsident, 1998)

verständigen, sich ... *kommunizieren* (lat.) auch: in Verbindung stehen, z. B. kommunizierende Röhren. »Kommunizierende Politneurosen.« (Ulrich Clauss, 2005)

Verständigung 1. *Kommunikation*, die (lat., Pl. -en) 2. *Kompromiß*, der (lat., Pl. ...misse) auch: Übereinkunft

verständlich 1. *plastisch* (gr.-lat.-fr.) auch: modellierfähig; bildhaft 2. *plausibel* (lat.-fr.) 3. *transparent* (lat.-fr.) i. S. von durchsichtig

Verständlichkeit *Luzidität*, die (lat., Pl. -en) i. S. von Klarheit

Verständnis 1. *Resonanz*, die (lat., Pl. -en) seine Ansichten blieben ohne Resonanz 2. *Toleranz*, die (lat., Pl. -en) Duldsamkeit z. B. in der Politik in Glaubensangelegenheiten; Ggs.: Intoleranz

verständnisvoll *tolerant* (lat.-fr.) er hatte e. äußerst tolerante Ehefrau; Ggs.: intolerant

verstärken 1. *forcieren* (lat.-fr.) vorantreiben 2. *intensivieren* (lat.-fr.) auch: steigern

Verstärker 1. *Transduktor*, der (lat., Pl. ...oren) 2. *Megaphon*, das (gr.-lat., Pl. -e) Lautsprecher mit elektr. Verstärkung

Verstärkeranlage, größte ... *Power Amplifier*, das (engl.-am., Pl. -s) kurz: P. A. (Crash-Test für Trommel- u. Zwerchfell)

verstärkerlos Musik machen ... *unplugged musizieren* (engl.-dt.) ... auch ohne Effektgeräte

Verstärkerröhre *Triode*, die (gr.-lat., Pl. -n) Röhre mit drei Elektroden

verstärkt *rinforzanto* (lat.-it.) musik. Vortragsanw.

Verstauchung *Distorsion*, die (lat., Pl. -en) z. B. e. Gelenks (med.) auch: Bildverzerrung

verstecken *kaschieren* (lat.-fr.) auch: verhüllen; Teile aus Leinwand, Papier u. Gips herstellen

Versteckspiel *Cache-cache*, das (fr., ohne Pl.)

versteckt *latent* (lat.) bez. unausgebrochener Krankheiten, der Patient hat e. latente Grippe

verstehen *kapieren* (lat.)

Versteifung *Rigidität*, die (lat., ohne Pl.) auch: Unnachgiebigkeit

Versteigerer *Auktionator*, der (lat., Pl. ...oren)

versteigern 1. *auktionieren* (lat.) 2. *lizitieren* (lat.)

Versteigerung 1. *Auktion*, die (lat., Pl. -en) 2. *Lizitation*, die (lat., Pl. -en)

Versteigerung, zur öffentlichen ... *ad hastam* (lat., Zitat) eigtl.: zur Lanze

versteinern 1. *fossilieren* (lat.) 2. *petrifizieren* (gr.-lat.)

Versteinerung 1. *Fossil*, das (lat., Pl. -ien) 2. *Petrefakt*, das (gr.-lat., Pl. -e) von Tieren u. Pflanzen

verstellen 1. *fingieren* (lat.) vortäuschen; auch: erdichten 2. *mimen* (gr.-lat.) auch: so tun als ob 3. *prätendieren* (lat.-fr.) vorgeben; nicht verw. mit *präsentieren* (lat.-fr.) vorlegen 4. *simulieren* (lat.) z. B. e. Krankheit vortäuschen

Verstellung 1. *Hypokrisie*, die (gr.-lat., Pl. ...ien) auch: Heuchelei 2. *Maskerade*, die (arab.-sp., Pl. -n) auch: Maskenfest

verstimmt *pikiert* (lat.-fr.) die direkte Frage hatte sie pikiert

verstohlen *insidiös* (lat.) heimlich

Verstopfung e. Blutgefäßes *Thrombose*, die (gr., Pl. -n) med.

verstreuen *diffundieren* (lat.) auch: eindringen, z. B. Wasser in Kunststoffe

verstümmeln *mutilieren* (lat.) med.

Verstümmelung *Mutilation*, die (lat., Pl. -en) med.

Versuch 1. *Experiment*, das (lat., Pl. -e) 2. *Test*, der (lat.-fr.-engl., Pl. -s) 3. *Tentamen*, das (lat., Pl. ...mina) med., e. medizinischer Versuch

versuchen 1. *experimentieren* (lat.) 2. *probieren* (lat.) 3. *testen* (lat.-fr.-engl.) 4. *tendieren* (lat.) med., bei med. Versuchen: neigen zu

Versuchsperson *Proband*, der (lat., Pl. -en) z. B. in der Medizin

Vertäfelung *Intabulation*, die (lat., Pl. -en) auch: Grundbucheintragung

vertagen *prorogieren* (lat.)

vertagend *prorogativ* (lat.)

Vertagung *Prorogation*, die (lat., Pl. -en)

vertauschbar 1. *kommutabel* (lat.) 2. *permutabel* (lat.) math.

Vertauschbarkeit *Dualität*, die (lat., ohne Pl.) auch: Zweiheit

vertauschen 1. *invertieren* (lat.) umkehren; nicht verw. mit *inventieren* (lat.) erfinden 2. *permutieren* (lat.) umstellen

vertauscht *invertiert* (lat.) umgekehrt; i. S. von homosexuell

Vertauschung *Permutation*, die (lat., Pl. -en) auch: Umstellung

verteidigend 1. *defensiv* (lat.) 2. *apologetisch* (gr.-lat.) z. B. e. Lehre verteidigend

Verteidiger *Advokat*, der (lat., Pl. -en) Rechtsbeistand; Winkeladvokat

Verteidiger beim Fußball *Back*, der (engl., Pl. -s)

Verteidiger des Glaubens *Defensor fidei*, der (lat., ohne Pl.) Ehrentitel des engl. Königs seit Heinrich VIII. (1491–1547)

Verteidigung *Defensive*, die (lat., Pl. -n) Abwehr; Ggs.: Offensive

Verteidigungsbündnis 1. *North Atlantic Treaty Organization*, kurz: NATO 2. *Defensivallianz*, die (lat., Pl. -en)

Verteidigungshaltung, Neigung zur ... *Defensivität*, die (lat., ohne Pl.)

Verteidigungsrede *Apologie*, die (gr., Pl. ...ien) d. h. die Rechtfertigung e. Lehre

verteilen 1. *dispergieren* (lat.) auch: verbreiten, fein verteilen 2. *distribuieren* (lat.) austeilen

verteilend *distributiv* (lat.)

Verteiler *Distribuent*, der (lat., Pl. -en)

Verteilung 1. *Distribution*, die (lat., Pl. -en) kostengünstige u. schnelle Produktverteilung an die Verbraucher 2. *Repartition*, die (lat., Pl. -en)

Vertiefung 1. *Fossa*, die (lat., Pl. Fossae) auch: Grube (med.) 2. *Fovea*, die (lat., Pl. ...eae) Delle (med.)

Vertiefung, sandgefüllte ... *Bunker*, der (engl., ohne Pl.) Golfbez.

Vertrag 1. *Kontrakt*, der (lat., Pl. -e) »Alles was wir sind, sind wir durch Kontrakte.« Kurt Tucholsky 2. *Pakt*, der (lat., Pl. -e) politisches Abkommen zwischen Staaten 3. *Stipulation*, die (lat., Pl. -en) svw. Übereinkunft 4. *Konvention*, die (lat.-fr., Pl. -en) z. B. völkerrechtliches Abkommen: »Menschenrechtskonvention der UN«

Vertrag abschließen *transigieren* (lat.) auch: verhandeln, e. Vergleich schließen

Verträge müssen gehalten werden *pacta sunt servanda* (lat., Zitat)

Verträglichkeit *Concordia*, die (lat., ohne Pl.) auch: Eintracht; »concordia domi, foris pax«, Eintracht zu Hause, draußen Friede (Inschrift am Holstentor in Lübeck)

Vertragsabschluß *Bargaining*, das (engl., ohne Pl.)

vertragsbrüchig *illoyal* (lat.-fr.) Ggs.: loyal

Vertragskopplung *Junktim*, das (lat., Pl. -s) eigtl.: vereinigt; z. B. wegen der Zusammengehörigkeit best. Punkte in zwei Verträgen

Vertragspartner *Kontrahent*, der (lat., Pl. -en) auch: Gegner im Streit od. Wettkampf

Vertragsvollmacht *Mandat*, das (lat., Pl. -e) der Anwalt muß nachweisen, daß er das Mandat eines Mandanten (Klienten) hat, um diesen vertreten zu können

Vertrauen *Kredit*, der (lat.-it.-fr., Pl. -e) anderen Personen Vertrauen schenken; auch: fremde Geldmittel; Ggs.: Debet

Vertrauensbruch *Indiskretion*, die (lat., Pl. -en)

vertraulich 1. *entre nous* (fr.) »unter uns« 2. *familiär* (lat.) 3. *privat* (lat.) 4. *privatim* (lat.) i. S. von: unter vier Augen 5. *privatissime* (lat.) im engen Kreis 6. *diskret* (lat.-fr.) 7. *inoffiziell* (lat.-fr.) nicht amtlich; Ggs.: offiziell 8. *intern* (lat.) 9. *intim* (lat.) »innerst«; eng befreundet sein; auch: sie waren intim (haben miteinander geschlafen)

Vertraulichkeit 1. *Diskretion*, die (lat.-fr., ohne Pl.) auch Verschwiegenheit 2. *Intimität*, die (lat., ohne Pl.)

vertraut 1. *familiar* (lat.) 2. *privat* (lat.)

Vertraute *Intima*, die (lat., Pl. ...mä) z. B. Busenfreundin; auch: die innere Gefäßhaut (med.)

Vertrauter *Intimus*, der (lat., Pl. ...mi) z. B. Wolfgang Schäuble gilt als Intimus von Helmut Kohl

Vertrautheit *Familiarität*, die (lat., ohne Pl.)

vertreiben *exterminieren* (lat.)

vertretbar 1. *fungibel* (lat.) i. S. von austauschbaren Gütern 2. *substituierbar* (lat.-dt.) ersetzbar, z. B. Güter 3. *legitim* (lat.) auch: gesetzlich anerkannt; Ggs.: illegitim

vertreten 1. *doubeln* (lat.-fr.) Sean Connery läßt sich in gefährlichen Filmszenen durch e. Stuntman doubeln 2. *repräsentieren* (lat.-fr.) der Manager repräsentiert die Firma

Vertreter 1. *Agent*, der (lat.-it., Pl. -en) z. B. Versicherungs- oder Reedereiagent 2. *Repräsentant*, der (lat.-fr., Pl. -en) der Geschäftsführer als Repräsentant e. Firma 3. *Delegierte*, der, die (lat., Pl. -n) Mitglied e. Abordnung, Abgesandte

Vertreter der Vergeltungspolitik *Revanchist*, der (lat.-fr.-russ., Pl. -en) so wurden in der DDR einst abwertend die bundesdeutschen Politiker bezeichnet

Vertreter des Populismus *Populist*, der (lat., Pl. -en) volksnaher, oft demagogischer Politiker

Vertreter von Bürgerrechten gegenüber Behörden *Ombudsmann*, der (schwed., Pl. ...männer) eigtl.: Treuhänder

Vertreter, der in Elea gegründeten Philosophenschule *Eleate*, der (gr.-lat., Pl. -n) die Schule gründete der Grieche Xenophanes um 500 v. Chr. in Unteritalien

Vertretung 1. *Agentur*, die (lat., Pl. -en) 2. *Fraktion*, die (lat.-fr., Pl. -en) Vertretung e. Partei im Parlament; Fraktionszwang

3. *Repräsentanz*, die (lat.-fr., Pl. -en) 4. *Repräsentation*, die (lat.-fr., Pl. -en) Vertretung der Firma durch den Geschäftsführer

Vertretungsvollmacht *Mandat*, das (lat., Pl. -e) »Niemand von uns reißt sich um Aufsichtsrats-Mandate.« (Hilmar Kopper, Deutsche-Bank-Chef – Peanuts – 1997)

vertretungsweise *kommissarisch* (lat.) der Verkaufsleiter bekleidete die Position kommissarisch

Vertrieb mit e. möglichst kompletten Datenerfassung *Database-Marketing*, das (engl., ohne Pl.) ... organisieren, dabei werden alle erdenklichen Daten (nicht nur zum Kaufverhalten) des Kunden gesammelt u. ausgewertet; der Außendienst ist mit e. Laptop ausgerüstet u. ergänzt seine Informationen mit denen aus Kunden-Datenbanken

Vertrieb, vernetzter ... *Realtime-Marketing*, das (engl., ohne Pl.) e. direkt an die Kasse e. umsatzstarken Supermarktes angeschlossener Produzent; somit liefert der Hersteller in der richtigen Menge, zur richtigen Zeit, unter Umgehung des Großhandels, unmittelbar

Vertriebskaufmann *Salespromoter*, der (engl., ohne Pl.) i. S. e. Verkaufsförderers

Vertriebsschiene für e. Produkt *Outlet*, das (engl., Pl. -s)

Verunreinigung der Weltmeere *Oceandumping*, das (engl., Pl. -s)

verunsichern *irritieren* (lat.)

Verunsichertheit, Zustand der ... *Irritation*, die (lat., Pl. -en) auch: das Erregtsein, Verwirrung; »... grundgütiger Himmel, der Mann (Kanzler Helmut Kohl) wäre plötzlich auch für Leute, die Irritationen schätzen, wählbar geworden.« (G. Schröders geh. Tagebuch von H. Venske, 1997) nicht verw. mit *Irrigation*, die (lat., Pl. -en) »Bewässerung«; Ausspülung bei e. Verstopfung (Einlauf) med.

verunstalten 1. *deformieren* (lat.) verformen 2. *ramponieren* (germ.-it.) stark beschädigen

verunstaltet 1. *deform* (lat.) 2. *deformiert* (lat.)

Verunstaltung *Deformation*, die (lat., Pl. -en) auch: Mißbildung, z. B. von Organen

vervielfachen 1. *multiplizieren* (lat.) math. malnehmen 2. *potenzieren* (lat.) e. Zahl

574

mit sich selbst malnehmen (Math.) 3. *reproduzieren* (lat.) auch: herstellen, neu hervorbringen

Vervielfachung *Multiplikation*, die (lat., Pl. -en) math.

vervielfältigen 1. *hektographieren* (gr.-lat.) 2. *fotokopieren* (gr.-lat.-fr.) e. Schriftstück fotografisch ablichten 3. *reproduzieren* (lat.)

Vervielfältigung *Reproduktion*, die (lat., Pl. -en)

Vervielfältigungsapparat 1. *Hektograph*, der (gr.-lat., Pl. -en) 2. *Fotokopiergerät* (gr.-lat.-dt., Pl. -e)

vervollkommnen *perfektionieren* (lat.)

vervollständigen 1. *assortieren* (lat.-fr.) z. B. e. Warenangebot 2. *komplettieren* (lat.-fr.) ergänzen

Verwahrer *Depositar*, der (lat., Pl. -e)

Verwahrlosung, soziale ... *Depravation*, die (lat., Pl. -en) med., ... mit Enthemmung; bei Drogensüchtigen zu beobachten

Verwahrung, in ... geben *deponieren* (lat.) auch: hinterlegen

verwalten *administrieren* (lat.) e. Aufgabe der Behörden

Verwalter 1. *Sequester*, der (lat., Pl. -) wird vom Gericht bestellt, z. B. um festzustellen, ob ein Konkurs eröffnet werden kann 2. *Konkursverwalter*, der (lat.-dt., Pl. -) vom Gericht bestellter Verwalter e. in Konkurs geratenen Unternehmens

Verwaltung 1. *Administration*, die (lat., Pl. -en) z. B. Ämter u. Behörden; unter »US-Administration« wird der amerikanische Präsident mit seiner Regierungsmannschaft verstanden 2. *Gestion*, die (lat., Pl. -en) auch: Führung 3. *Gouvernement*, das (lat.-fr., Pl. -s) 4. *Magistrat*, der (lat., Pl. -e) die städtische Verwaltung

Verwaltung, zur ... gehörend *administrativ* (lat.)

Verwaltungsapparat *Bürokratie*, die (lat.-fr., Pl. ...ien) »Die Bürokratie aber ist krebsfräßig an Haupt u. Gliedern, nur ihr Magen ist gesund.« (Bismarck)

Verwaltungsbeamter *Inspektor*, der (lat., Pl. ...oren)

Verwaltungsbehörde *Administration*, die (lat., Pl. -en)

Verwaltungsbezirk 1. *Distrikt*, der (lat., Pl. -e) 2. *Departement*, das (lat.-fr., Pl. -s) e. Bezirk in Frankreich 3. *Gouvernement*, das (lat.-fr., Pl. -s)

Verwaltungsgebiet *Provinz*, die (lat., Pl. -en)

Verwaltungsgesellschaft *Holding*, die (engl., Pl. -s) beaufsichtigt die Aktivitäten mehrerer Kapitalgesellschaften u. legt strategische Ziele fest

verwandeln *metamorphosieren* (gr.-lat.) i. S. von umwandeln, die Gestalt ändern: von der Raupe zur Puppe, zum Falter

Verwandeln, computergesteuertes ... *Morphing*, das (engl., ohne Pl.) aus e. Leoparden wird z. B. e. Auto

Verwandlung 1. *Evolution*, die (lat., Pl. -en) i. S. e. allmählichen Entwicklung; Theorie von Charles Darwin (1809–1882): der Mensch stamme vom Affen ab 2. *Konversion*, die (lat., Pl. -en) e. Konfessionsübertritt, z. B. vom ev. zum kath. Glauben wechseln; auch: Erzeugung neuer spaltbarer Stoffe (im Reaktor) 3. *Metamorphose*, die (gr.-lat., Pl. -n) Umgestaltung, z. B. die Entwicklung vom Ei zum Küken 4. *Transformation*, die (lat., Pl. -en) auch: Umgestaltung

verwandt 1. *affin* (lat.) 2. *analog* (gr.-lat.-fr.) auch: ähnlich; Ggs.: digital 3. *synonym* (gr.-lat.) bedeutungsähnlich; Ggs.: antonym

Verwandtenbegünstigung *Nepotismus*, der (lat., ohne Pl.) Vetternwirtschaft bei den Päpsten in der Renaissance (15. bis Ende 16. Jh.) hat sich auch in Hamburg bei Auftragsvergaben breit gemacht

Verwandter 1. *Aszendent*, der (lat., Pl. -en) in aufsteigender Linie; auch: Aufgangspunkt e. Gestirns; das bei der Geburt über dem östlichen Horizont erscheinende Tierkreiszeichen 2. *Deszendent*, der (lat., Pl. -en) i. S. e. Abkömmlings

Verwandtschaft 1. *Aszendenz*, die (lat., ohne Pl.) Verwandtschaft in aufsteigender Linie; auch: Aufgang e. Gestirns; Ggs.: Deszendenz 2. *Deszendenz*, die (lat., ohne Pl.) Abstammung; auch: Untergang e. Gestirns; Ggs.: Aszendenz 3. *Parentel*, die (lat., Pl. -en) alle Nachkommen e. Stammvaters

Verwechslung e. Person mit e. anderen *Quiproquo*, das (lat., Pl. -s)

verweichlicht *effeminiert* (lat.) e. Mann mit weiblichen Verhaltensweisen

Verweis 1. *Admonition*, die (lat., Pl. -en) Ermahnung 2. *Lektion*, die (lat., Pl. -en) e. leichtsinnigen Menschen e. Lektion erteilen; auch: Lernabschnitt in e. Schulbuch

verweisen 1. *relegieren* (lat.) von der Hochschule verweisen 2. *exmatrikulieren* (lat.) Studenten von der Hochschule verweisen; genauer: deren Namen aus dem Uni.-Verzeichnis streichen; Ggs.: immatrikulieren

Verweisung *Relegation*, die (lat., Pl. -en) von der Universität

Verweltlichung *Säkularisierung*, die (lat., ohne Pl.) Lösung des Staates u. der Bürger aus der Bindung der Kirche; nicht verw. mit *Sekularisation*, die (lat., Pl. -en) Nutzung von Kirchenbesitz durch den Staat, z. B. unter Napoleon I. (1769–1821)

Verwendbarkeit *Fungibilität*, die (lat., ohne Pl.) auch: Austauschbarkeit

Verwender 1. *User*, der (engl., Pl. -s) gemeint sind: 2. *Interneter*, der (engl.-am., Pl. -s) Verwender des Internets 3. *Mailbox-User*, der (engl., Pl. -s) Verwender e. Mailbox; auch: 4. *Drogen-User*, der (fr.-dt.-engl., Pl. -s) Rauschgiftbenutzer

verwesen *putreszieren* (lat.) med.

Verwesung *Putrefaktion*, die (lat., Pl. -en) med.

verwickeln 1. *implizieren* (lat.) einbeziehen 2. *involvieren* (lat.) auch: einschließen

verwickelt *kompliziert* (lat.) schwierig; »Hier in Jerusalem ist alles viel komplizierter.« (Teddy Kollek, Bürgermeister von Jerusalem, 1996)

Verwicklung, hinterhältige ... *Intrige*, die (fr., Pl. -n) auch: Ränkespiel. »Das war e. Betriebsunfall u. keine Intrige.« (Alois Glück, CSU-Landtagspräsident, zur Ablösung von Edmund Stoiber, 2007)

Verwicklung, hinterlistig angelegte ... *Intrige*, die (lat.-it.-fr., Pl. -n) Ränkespiel; »Das war eine große Intrige, ich war verwundet.« (Bernhard Vogel, 1988, Regierungschef von Thüringen)

verwirklichen *realisieren* (lat.) auch: erkennen; begreifen

verwirren 1. *desorientieren* (fr.) 2. *irritieren* (lat.) auch: stören

verwirrt 1. *perplex* (lat.-fr.) 2. *abstrus* (lat.) eigtl.: versteckt; auch: sonderlich 3. *de-*

rangiert (fr.) auch: zerzaust 4. *konfus* (lat.) wirr im Kopf

verwirrt *wired* (engl.) Zustand e. Drogensüchtigen, der von Unruhe u. Orientierungslosigkeit heimgesucht wird (Szenewort)

Verwirrung 1. *Irritation*, die (lat., Pl. -en) Verunsicherung 2. *Derangement*, das (fr., Pl. -s) Zerrüttung 3. *Desordre*, der (lat.-fr., Pl. -s) auch: Unordnung 4. *Perplexität*, die (lat., Pl. -en) Bestürzung 5. *Perturbation*, die (lat., Pl. -en) Störung 6. *Konfusion*, die (lat., Pl. -en)

Verwirrung, totale ... *Chaos*, das (gr., ohne Pl.) völliges Durcheinander. »Wir sind vom Chaos zu organisiertem Chaos übergegangen.« (Ray Nagin, Bürgermeister von New Orleans, 2005)

verworren *abstrus* (lat.) auch: absonderlich

Verwundung *Blessur*, die (germ.-fr., Pl. -en)

verwünschen 1. *detestieren* (lat.-fr.) auch: verabscheuen 2. *exsekrieren* (lat.) in der kath. Kirche verfluchen

Verwünschung *Exsekration*, die (lat., Pl. -en) i. S. von verfluchen (in der kath. Kirche)

Verwünschung, rituelle ... der kath. Kirche *Exsekration*, die (lat., Pl. -en) auch: Fluch

verwüsten 1. *demolieren* (lat.-fr.) zerstören 2. *devastieren* (lat.) 3. *ramponieren* (germ.-it.) beschädigen 4. *ruinieren* (lat.-fr.) zerstören

Verwüstung *Desertifikation*, die (lat., Pl. -en) das Vordringen der Wüste

verzagt *decouragiert* (lat.-fr.) mutlos

Verzeichnis 1. *Index*, der (lat., Pl. -e, ...dizes) auch: Liste von Büchern, die nach päpstlichem Beschluß von Katholiken nicht gelesen werden durften: Index librorum prohibitorum (1966 aufgehoben) 2. *Register*, das (lat., Pl. -) Sachverzeichnis; auch: Orgelpfeifengruppe, z. B. alle Register ziehen (alles versuchen)

Verzeichnis der wichtigsten Führungspositionen *Nomenklatura*, die (gr.-lat., ohne Pl.) ... in der ehemaligen Sowjetunion u. DDR; »Wo früher die Spitzen der DDR-Nomenklatura hausten, da befindet sich heute e. Kurklinik ...«

(G. Schröders geh. Tagebuch von H. Venske, 1997)

Verzeichnis von Personen *Matrikel*, die (lat., Pl. -n) z. B. der Studenten an e. Universität

Verzeihung 1. *Pardon*, der (lat.-fr., ohne Pl.) 2. *excuse* (engl.) i. S. von Entschuldigung

verzerrt 1. *grotesk* (gr.-lat.-it.-fr.) absonderlich 2. *tendenziös* (lat.-fr.) i. S. von: nicht objektiv

Verzicht 1. *Resignation*, die (lat., Pl. -en) auch: Entsagung 2. *Abandon*, der (fr., Pl. -s) Verzicht e. Gesellschafters auf seinen Geschäftsanteil im Falle e. Verlustes, den er nicht ausgleichen will 3. *Karenz*, die (lat., Pl. -en) z. B. auf best. Speisen 4. *Renuntiation*, die (lat., Pl. -en) Verzicht e. Monarchen auf den Thron

Verzicht auf Kinder *Dinks*, die (engl., nur Pl., aus: double income, no kids) ... von Paaren, die e. doppeltes Einkommen vorziehen

verzichten 1. *resignieren* (lat.) 2. *abandonnieren* (fr.) 3. *abdizieren* (lat.) i. S. von: abdanken

Verzichtsleistung *Renuntiation*, die (lat., Pl. -en) z. B. die unerwartete Renuntiation des Monarchen auf den Thron

verzieren 1. *garnieren* (germ.-fr.) z. B. e. Gericht 2. *dekorieren* (lat.-fr.)

Verzierung 1. *Ornament*, das (lat., Pl. -e) 2. *Dekor*, der, das (lat.-fr., Pl. -s, -e) auch: Ausschmückung 3. *Dekoration*, die (lat.-fr., Pl. -en) auch: Ausgestalten; Ordensverleihung

Verzierung an Kleidungsstücken *Passament*, das (lat., Pl. -e)

Verzierung, rankenförmige ... *Arabeske*, die (arab.-gr.-lat.-it.-fr., Pl. -n) auch: Ornament; Musikstück für Klavier; nicht verw. mit *Arabesque*, die (lat.-fr., Pl. -s) Tanzpose auf e. Bein (beim Ballett)

Verzierungen, musikalische ... *Agréments*, die (fr., nur Pl.)

Verzierungskunst *Ornamentik*, die (lat., ohne Pl.)

Verzierungsmotiv *Ornament*, das (lat., Pl. -e)

verzögern *retardieren* (lat.-fr.) hemmen

verzögern, e. Prozeß ... *retardieren* (lat.-fr.) auch: hemmen

Verzögerung 1. *Delay*, das (engl., Pl. -s) auch: e. Echogerät in der Musik 2. *timelag*, der (engl., Pl. -s) i. S. e. zeitlichen Verzögerung

Verzögerungstaktik 1. *Gyuho*, der (jap., ohne Pl.) »Ochsentritt«; e. beliebte Verzögerungstaktik im jap. Parlament 2. *Obstruktion*, die (lat., Pl. -en) auch: Widerstand

Verzug ist besser als Fehler *delay is preferable to error* (engl., Zitat: Thomas Jefferson, am. Präsident, 1743–1826)

verzweifelt *desperat* (lat.) auch: hoffnungslos

Verzweiflung *Desperation*, die (lat., Pl. -en) auch: Hoffnungslosigkeit

Verzweigung 1. *Ramifikation*, die (lat., Pl. -en) z. B. bei Pflanzen 2. *Bifurkation*, die (lat., Pl. -en) auch: Gabelung

Verzweigung von einer zur anderen WWW-Seite *Link*, das (engl., Pl. -s) eigtl.: Glied; Bez. aus dem Internet

Vetter *Cousin*, der (fr., Pl. -s)

Vetternwirtschaft *Nepotismus*, der (lat., ohne Pl.) herrschte bes. bei den Päpsten der Renaissance (15. bis Ende 16. Jh.) macht sich bei Auftragsvergaben auch bei uns breit

Video-Film-Kauf oder -Verleih über Kabel *virtual VCR*, der (lat.-engl.-am., Pl. -s) eigtl.: virtual video cassette recorder; künftig entfällt der Weg zur Videothek; Filme werden nicht in Kassetten, sondern übers Kabel an e. Bildschirmoberfläche in e. Videorekorder geliefert

Viehfarm 1. *Ranch*, die (sp.-engl.-am., Pl. -es) in den USA 2. *Hazienda*, die (lat.-sp., Pl. -s) Landgut, Farm in Süd- u. Mittelamerika

viehisch *bestialisch* (lat.)

Viehzüchter 1. *Rancher*, der (sp.-engl.-am., Pl. -) in den USA 2. *Haziendero*, der (lat.-sp., Pl. -s) Besitzer e. Hazienda 3. *Estanciero*, der (sp., Pl. -s) ... in Argentinien

viel 1. *divers* (lat.) mehrere 2. *multipel* (lat.) i. S. von: vielfältig

vieldeutig *ambivalent* (lat.) auch: doppelwertig

Vieldeutigkeit ... *Ambivalenz*, die (lat., Pl. -en) ... best. Begriffe, Erscheinungen: Liebe u. Haß; Doppelwertigkeit

Vieleck *Polygon*, das (gr., Pl. -e)
vieleckig *polygonal* (gr.-lat.)
vielerlei, nicht ... sondern viel *non multa sed multum* (lat., Zitat) ... soll man unternehmen
vieles, nicht vielerlei *multum, non multa* (lat., Zitat: Plinius)
Vielesser *Gourmant*, der (fr., Pl. -s) e., der gern u. viel ißt; nicht verw. mit *Gourmet*, der (fr., Pl. -s) e. Kenner ausgesuchter Speisen u. e. Genießer von Delikatessen; Feinschmecker
vielfach *multi* (lat.) i. S. von multinationaler Konzern; Multimillionär. »Auch e. Multi braucht Heimat.« (Burkhard Schwenker, Chef von Roland Berger, 2006)
Vielfaches *Multiplum*, das (lat., Pl. ...pla) auch: Mehrfaches
Vielfalt 1. *Spektrum*, das (lat., Pl. ...tra, ...tren) 2. *Diversifikation*, die (lat., Pl. -en) der Übergang von der Einseitig- zur Vielseitigkeit; Unternehmen, die e. breites Warenangebot offerieren, betreiben Diversifikation; horizontale –: Kühlschränke, Waschmaschinen, Geschirrspüler; vertikale Diversifikation: weiße Ware, Autos, Kunststoffe
vielfältig 1. *heterogen* (gr.-lat.) auch: uneinheitlich; Ggs.: homogen 2. *multipel* (lat.) viel 3. *pluralistisch* (lat.) vielgestaltig
vielfältig gegliedert *fraktal* (lat.-engl.) fein strukturiert; auch: schwer begreiflich, kompliziert
vielfarbig *polychrom* (gr.-lat.)
Vielfarbigkeit *Polychromie*, die (gr.-lat., Pl. ...ien)
vielflächig *polyedrisch* (gr.)
Vielflächner *Polyeder*, das (gr., Pl. -)
Vielfraß 1. *Gourmand*, der (fr., Pl. -s) auch: Schlemmer; nicht verw. mit *Gourmet*, der (fr., Pl. -s) Kenner bez. guter Speisen u. Getränke; jmd. der gern Delikatessen ißt (Feinschmecker) 2. *Gulo gulo*, der (lat., kein Pl.) auch: Jerf (Vielfraß, gehört zur Familie der Raubmarder)
vielgestaltig 1. *polymorph* (gr.) 2. *pluralistisch* (lat.) 3. *multilateral* (lat.) i. S. von vielseitig; Ggs.: bilateral 4. *multipel* (lat.) svw. vielfältig, z. B. multiple Persönlichkeit 5. *multiplex* (lat.) vielfältig 6. *multivalent* (lat.) vielwertig, z. B. e. Test läßt meh-

rere Lösungen zu 7. *multikulturell* (lat.) kurz: multikulti, z. B. e. Land, in dem viele kulturelle Erscheinungsformen friedlich nebeneinander existieren
Vielgötterei *Polytheismus*, der (gr.-lat., ohne Pl.)
vielleicht *eventuell* (lat.-fr.) Abk.: evtl.
Vielmännerei *Polyandrie*, die (gr., ohne Pl.) in e. Ehe hat e. Frau mehrere Männer; Ggs.: Polygamie
vielschichtig 1. *differenziert* (lat.) auch: aufgegliedert 2. *komplex* (lat.) zusammenhängend
vielseitig 1. *multilateral* (lat.) mehrseitig; Ggs.: bilateral 2. *universal* (lat.-fr.) weltweit, umfassend 3. *universell* (lat.-fr.) weitgespannt
Vielseitigkeit *Universalität*, die (lat., ohne Pl.) z. B. in der Literatur e. beachtliche Universalität besitzen
Vielseitigkeitsprüfung *Military*, die (lat.-fr.-engl., Pl. -s) ist e. Pferdesport
vielsprachig *polyglott* (gr.) mehrere Sprachen beherrschen
vielstimmig *polyphon* (gr.) musik.
vielteilig *polymer* (gr.) z. B. polymere Kunststoffe; Ggs.: monomer
Vielweiberei 1. *Polygamie*, die (gr., ohne Pl.) e. Ehe mit mehreren Frauen 2. *Polygynie*, die (gr., ohne Pl.) Ggs.: Polyandrie
vielwertig *multivalent* (lat.) z. B. Tests, die mehrere Lösungen zulassen
Vielwisser *Polyhistor*, der (gr., Pl. ...oren) in vielen Fächern bewanderter Gelehrter
vielzählig *polymer* (gr.) z. B. Kunststoffe, aus großen Molekülen gewonnen, die durch Verknüpfung kleinerer entstanden sind; Ggs.: monomer (aus einzelnen, selbständigen Molekülen bestehend)
Viereck 1. *Karree*, das (lat.-fr., Pl. -s) 2. *Quadrangel*, das (lat., Pl. -) 3. *Tetragon*, das (gr.-lat., Pl. -e)
viereckig 1. *oblong* (lat.) 2. *quadrangulär* (lat.) 3. *tetragonal* (gr.-lat.)
Vierfüßer *Quadrupede*, der (lat., Pl. -n) auch: Säugetier (nach Carl von Linné, Naturforscher, 1707–1778)
Vierfüßler 1. *Tetrapode*, der (gr., Pl. -n) 2. *Quadrupede*, der (lat., Pl. -n)
Vierpolröhre *Tetrode*, die (gr.-lat., Pl. -n)
Vierstaatenbündnis *Quadrupelallianz*, die (lat.-fr., Pl. -en)

Viertel, akademisches ... *cum tempore* (lat.) Vorlesungen in der Universität beginnen oft erst e. Viertelstunde später; Ggs.: sine tempore

Viertel, arabisches ... *Kasba(h)*, die (arab., Pl. -s u. Ksabi) auch: Burg, Sultansschloß

Vierteljahr *Quartal*, das (lat., Pl. -e)

Viertelkreis *Quadrant*, der (lat., Pl. -en)

Vierter Fall *Akkusativ*, der (lat., Pl. -e)

vierter Stand *Proletariat*, das (lat.-fr., Pl. -e) einst auch: besitzlose Arbeiterklasse; »Diktatur des Proletariats« (Karl Marx)

Viren, durch Insekten übertragene ... *Arboviren*, die (Eigenn., engl., Pl.) eigtl.: arthropod – bornevirus; z. B. durch Zekken übertragene Arten rufen beim Menschen Enzephalitiden (Gehirnhautentzündung) hervor

Viren, in Exkrementen best. Nagetiere *Arena-Typ*, die (Eigenn., lat., Pl. -en) dazu gehören: Lassa- u. Hantaviren (Lassa-Fieber)

virtuos *brillant* (fr.) auch: glänzend; »Das zeigt, was für e. brillanter u. entscheidungsfreudiger Politiker der flotte Eberhard (Diepgen) ist.« (H. Venske: G. Schröders geh. Tagebuch, 1997)

Visitenkarte, elektronische ... *Signature*, das (engl., Pl. -s)

Vitamin C *Ascorbinsäure*, die (gr.-dt., ohne Pl.)

Vitamin H *Biotin*, das (gr.-lat., ohne Pl.) ... in Hefe u. Leber vorhanden

Vitaminmangel, Krankheit *Skorbut*, der (lat., ohne Pl.) Scharbock; bis ins 19. Jh. e. gefährliche Krankheit auf großer Fahrt

Vitaminmangelkrankheit 1. *Hypovitaminose*, die (gr.-lat., Pl. -n) med.; Ggs.: Hypervitaminose 2. *Beriberi*, die (singhalesisch, ohne Pl.) Vitamin-B1-Mangelkrankheit

Vogel, ausgestorbener ... *Odontornith*, der (gr., Pl. -en) ... der Kreidezeit mit bezahntem Schnabel

Vogel, e. seltener ... *rara avis* (lat., Zitat: Horaz) etwas Seltenes

Vogelfederstrahlen *Radien*, die (lat., nur Pl.)

Vogelforscher *Ornithologe*, der (gr.-lat., Pl. -n) auch: Vogelkundler

Vogelforschung *Ornithologie*, die (gr.-lat., ohne Pl.) auch: Vogelkunde, Vogellehre

vogelfrei *ex-lex* (lat.) außerhalb des Gesetzes

Vogelkäfig *Voliere*, die (lat.-fr., Pl. -n) auch: großer Käfig, Raubtiergehege

vogelkundlich *ornithologisch* (gr.-lat.)

vögeln, Scheiße *fuck, fuck off* (engl.-am.) derbes Universalwort

Vogelscheuche *Popanz*, der (tschech., Pl. -e)

Vogelwelt *Ornis*, die (gr., ohne Pl.) Vögel e. best. Region

Volk e. Staates *Nation*, die (lat.-fr., Pl. -en) Lebensgemeinschaft mit dem Bewußtsein gleicher politisch-kultureller Wurzeln; »Die Nation ist der Abfalleimer aller Gefühle.« (Kurt Tucholsky)

Volk *Plebs*, der (lat., ohne Pl.) abwertend, das niedere Volk

Volk vor den Inkas *Chachapoya*, die (Eigenn., Pl. -s) Andenurvolk, Frühindianer im Andengebiet

Volk, barbarisches ... der Bibel *Gog* u. *Magog* (Eigenn.) ... das in der »Endzeit« herrschte, nach Hesekiel 38; eigtl.: König Gog von Magog

Volk, das arme (steuerzahlende) ... *misera contribuens plebs* (lat., Zitat: Horaz, 65 – 8 v. Chr.)

Volk, e. ... zugehörig *ethnisch* (gr.) »Nach Jahren in diesem Business habe ich gehofft, e. größere ethnische Bandbreite zu sehen.« (Naomi Campbell, Model, 1998)

Volk, sagenhaftes ... hoch im Norden *Hyperboreer*, die (gr., nur Pl.)

Völkerkunde 1. *Ethnographie*, die (gr.-lat., Pl. -n) beschreibende – 2. *Ethnologie*, die (gr.-lat., Pl. -n) vergleichende Völkerkunde

Völkerkundler *Ethnologe*, der (gr.-lat., Pl. -n) z. B. der Franzose Claude Lévi-Strauss

völkerkundlich *ethnologisch* (gr.-lat.)

Völkermord *Genozid*, der (gr.-lat., Pl. -e, -ien) die Vernichtung ethnischer u./o. religiöser Gruppen

Völkername *Ethnikon*, das (gr., Pl. ...ka) auch: Personengruppenname

Völkerrecht *Jus gentium*, das (lat., ohne Pl.)

Volksabstimmung 1. *Plebiszit*, das (lat., Pl. -e) 2. *Referendum*, das (lat., Pl. ...den, ...da)

Volksabstimmung, auf e. ... beruhend *plebiszitär* (lat.) »Plebiszitäre Elemente in der Politik sind innovationsfeindlich.« (Wolfgang Schäuble, 1997)

Volksaufwiegelung *Demagogie*, die (gr., ohne Pl.)

Volksbefragung 1. *Plebiszit*, das (lat., Pl. -e) auch: Volksbeschluß 2. *Demoskopie*, die (gr., Pl. ...ien) auch: Meinungsforschung, -umfrage, wird von Instituten wie Allensbach durchgeführt

Volksentscheid 1. *Referendum*, das (lat., Pl. ...den, ...da) 2. *Plebiszit*, das (lat., Pl. -e)

Volkserhebung *Insurrektion*, die (lat., Pl. -en) auch: Aufstand

Volksfest, sp. ... *Fiesta*, die (lat.-sp., Pl. -s) meist ist der sp. Stierkampf gemeint; »Die Tragödie gehört eben zur Fiesta.« (Torero Joaquin Bernardo, der weit über 1000 Stiere abstach, dennoch große Zuneigung zu den Tieren gehabt haben soll)

Volksherrschaft *Demokratie*, die (gr.-lat., Pl. ...ien) das Volk entscheidet in freien Wahlen über die Volksvertreter

Volkslied *Daina*, die (lettisch, Pl. -s) lyrischen Charakters

Volksstimme (ist) Gottesstimme *vox populi vox Dei* (lat., Zitat)

Volkstanz, fröhlicher, it. ... *Bergamasca*, die (it., Pl. -s)

Volkstheater, jap. ... *Kabuki*, das (jap., ohne Pl.) im 17. Jh. entstanden

volkstümlich 1. *populär* (lat.-fr.) 2. *demotisch* (gr.)

Volkstümlichkeit *Popularität*, die (lat.-fr., ohne Pl.)

Volksverführer *Demagoge*, der (gr., Pl. -n)

Volksverführung *Demagogie*, die (gr., ohne Pl.)

Volksversammlung *Agora*, die (gr., ohne Pl.) im antiken Hellas

Volksvertreter 1. *Repräsentant*, der (lat.-fr., Pl. -en) z. B. Parlamentsabgeordneter 2. *Mandatar*, der (lat., Pl. -e) österreichischer Abgeordneter

Volksvertretung 1. *Repräsentativsystem*, das (lat.-fr., Pl. -e) durch Abgeordnete vertreten 2. *Parlament*, das (gr.-lat.-fr.-engl., Pl. -e) scherzhaft »Quatschbude« genannt

Volksvertretung, poln. ... *Seim* der (poln., ohne Pl.)

Volkswirtschaft e. Staates *Nationalökonomie*, die (lat.-fr., ohne Pl.) »Nationalökonomie ist, wenn die Leute sich wundern, warum sie kein Geld haben.« (Kurt Tucholsky)

Volkswirtschaftslehre 1. *Nationalökonomie*, die (lat.-fr., ohne Pl.) 2. *Kameralien*, die (gr.-lat., nur Pl.) Volkswirtschafts- u. Staatslehre 3. *Sozialökonomie*, die (lat.-fr., ohne Pl.)

Volkszählung *Zensus*, der (lat., ohne Pl.) auch: Verzeichnis aller bekannten Frühdrucke

Volkszugehörigkeit *Nationalität*, die (lat.-fr., Pl. -en)

voll *massiv* (gr.-lat.-fr.) e. Ring aus massivem Gold

vollbracht, es ist ... *consummatum est* (lat., Zitat, letztes Wort Christi am Kreuz, Joh. 19, 30)

vollendet 1. *komplett* (lat.-fr.) vollständig 2. *perfekt* (lat.) auch: gültig; vollkommen

Vollhafter *Komplementär*, der (lat.-fr., Pl. -e) in e. Kommanditgesellschaft, kurz: KG

völlig 1. *total* (lat.-fr.) 2. *absolut* (lat.) ganz u. gar 3. *kategorisch* (gr.-lat.) i. S. von: behauptend; bestimmt; Ggs.: hypothetisch

völlig entgegengesetzt *diametral* (gr.-lat.)

volljährig *majorenn* (lat.) mündig; Ggs.: minorenn; nicht verw. mit *Majoran*, der (lat., Pl. -e) Lippenblütler, Gewürz

Volljährigkeit *Majorennität*, die (lat., ohne Pl.) Mündigkeit; Ggs.: Minorennität

vollkommen 1. *perfekt* (lat.) 2. *absolut* (lat.) 3. *ideal* (gr.-lat.) 4. *klassisch* (lat.) auch: altbewährt, zeitlos

Vollkommenheit 1. *Perfektion*, die (lat., Pl. -en)

Vollmacht 1. *Autorisation*, die (lat., Pl. -en) i. S. e. Ermächtigung 2. *Blankovollmacht*, die (germ.-it.-dt., Pl. -en) 3. *Generalvollmacht*, die (lat.-fr.-dt., Pl. -en) i. S. e. nahezu unbeschränkten Vollmacht 4. *Carte blanche*, die (fr., Pl. -s -s) 5. *Mandat*, das (lat., Pl. -e) Vollmacht für den Rechtsanwalt 6. *Pleinpouvoir*, das (fr., Pl. -s) 7. *Prokura*, die (lat.-it., Pl. -en) e. weitgehende Vollmacht, die Gesellschafter e. Angestellten übertragen können 8. *Legitimation*, die (lat.-fr., Pl. -en) Beglaubigung

9. *Lizenz*, die (lat., Pl. -en) Genehmigung, bes. zur Nutzung e. Patents

Vollmacht, kraft ... handelnder *Mandatar*, der (lat., Pl. -e) z. B. e. Rechtsanwalt, e. Abgeordneter

Vollmachtgeber *Mandant*, der (lat., Pl. -en)

Vollmond *Plenilunium*, das (lat., ohne Pl.)

vollständig 1. *komplett* (lat.-fr.) z. B. e. komplette Sammlung best. Münzen besitzen 2. *total* (lat.-fr.) sich total verausgabt haben 3. *perfekt* (lat.) auch: vollkommen, gültig

vollstrecken *exekutieren* (lat.) z. B. e. Todesurteil; auch: vollziehen

Vollversammlung *Plenum*, das (lat.-engl., Pl. ...nen) z. B. der Mitglieder e. Gremiums

vollzählig *komplett* (lat.-fr.) abgeschlossen

Vollzug *Exekution*, die (lat., Pl. -en) i. S. der Vollstreckung e. Todesurteils, Hinrichtung

Vollzugsbediensteter *Maschores*, der (Knastsprache, jidd., Pl. -) auch: Kerkermeister, Schließer

Vollzugsbediensteter, fieser ... *Muschkote*, der (Knastspr., Pl. -n) auch: Fußsoldat

vom Blatt *a prima vista* (it.) singen oder spielen; musik. Vortragsanw.

vom Zeichen an *ritornare al segno* (it.) musik. Vortragsanw.

von damals an *ex tunc* (lat.)

von einem zum anderen *von Pontius zu Pilatus laufen*, eigentlich von Herodes zu Pontius Pilatus (röm. Stadthalter), d. h. überall hinlaufen um etwas zu erreichen

von menschlicher Gestalt *anthropomorph* (gr.-lat.)

von Rechts wegen *de jure* (lat.)

von selbst 1. *eo ipso* (lat.) auch: selbstverständlich 2. *spontan* (lat.) »Es handelt sich um e. spontane Demonstrantion (gemeint ist: Demonstration) einer Kampagne gegen Wehrpflicht, Zwangsdienste u. Militär.« (die Polizei teilt mit, 1998)

von vorn *frontal* (lat.) z. B. auf der Bundesstraße ereignete sich e. frontaler Zusammenstoß

von vornherein *a priori* (lat.)

voneinander abweichen *differieren* (lat.) z. B. differierende Ergebnisse haben

vor Augen *ad oculus* (lat.) etwas vor Augen haben, vor Augen führen

vor dem Anker drehen *schwoien, schwojen* (niederl.) durch Wind oder Strömung

vor Steuerabzug *brutto* (lat.-it.) Gewinn vor Steuern: Bruttogewinn, nach Abzug der Steuern: Nettogewinn

Vorabdruck *Preprint*, das (engl., Pl. -s) Harold Robbins Roman »Die Manager« erschien als Preprint in der »Quick«

vorahnend *divinatorisch* (lat.) i. S. von seherisch

Vorahnung ... *Prämonition*, die (lat., Pl. -en) ... meist e. unheilvolle

Voranschlag *Budget*, das (fr., Pl. -s)

voranstellen *präponieren* (lat.) auch: vorsetzen

vorantreiben *forcieren* (lat.-fr.) z. B. e. wichtiges Bauprojekt forcieren

Vorarbeit 1. *Exposé*, das (lat.-fr., Pl. -s) Entwurf für e. Buch, e. Film 2. *Konzept*, das (lat., Pl. -e) z. B. der Entwurf e. Rede 3. *Skizze*, die (it., Pl. -n) flüchtige Zeichnung für e. Gemälde, e. Bauwerk 4. *Studie*, die (lat., Pl. -n) umfangreiche Voruntersuchung

vorausbestimmen *prädisponieren* (lat.)

vorausdenken *antizipieren* (lat.) »Die Leute wollen Wechsel, u. wir können dem nur begegnen, wenn wir ihn selber antizipieren.« (Heiner Geißler, CDU, 1998)

Vorausdenken *Prämeditation*, die (lat., Pl. -en) philos.

Vorausdruck *Preprint*, das (engl., Pl. -s) z. B. der Vorausdruck e. Geschichte in e. Illustrierten

vorausplanen *disponieren* (lat.) auch: vorsehen, z. B. e. Reise

Voraussage *Prognose*, die (gr.-lat., Pl. -n) z. B. Wahl- oder Wirtschaftsprognosen

voraussagen 1. *prophezeien* (gr.-lat.) z. B. e. künftiges Ereignis prophezeien 2. *prognostizieren* (gr.-lat.)

vorausschauend *prophetisch* (gr.-lat.) auch: weissagend

voraussetzen *präsumieren* (lat.) auch: vermuten

voraussetzend *präsumtiv* (lat.) auch: vermutend

Voraussetzung 1. *Prämisse*, die (lat., Pl. -en) es stellte sich heraus, daß bei der Lagebeurteilung die Prämissen nicht stimmten 2. *Hypothese*, die (gr.-lat., Pl. -n) i. S. e. unbewiesenen Annahme von Tatsachen 3. *Kondition*, die (lat., Pl. -en) z. B. Zahlungs- u. Lieferungsbedingungen; körperl. Verfassung e. Menschen 4. *Postulat*, das (lat., Pl. -e) Forderung; nicht verw. mit *Postulant*, der (lat., Pl. -en) Bewerber; Kandidat e. kath. Ordens in der Probezeit 5. *Supposition*, die (lat., Pl. -en) eigtl.: Unterstellung; auch: Annahme

Voraussetzung für digitale Dienste *Infobahn*, die (lat.-am.-dt., Pl. -en) darunter werden »Informations-Super-Highways«, also die Infrastruktur (meist aus Glasfaserkabeln) sämtlicher interaktiven u. digitalen Dienste verstanden

Voraussetzung, e. theoretische ... *Postulat*, das (lat., Pl. -e) auch: unbedingte sittliche Forderung; Probezeit für die Kandidaten e. kath. Ordens

Voraussetzung, unerläßliche ... *Conditio sine qua non*, die (lat., ohne Pl.)

Voraussetzungen, unter sonst gleichen ... *ceteris paribus* (lat.)

Vorauszahlung *Pränumeration*, die (lat., Pl. -en) Ggs.: Postnumeration

Vorbedeutung *Omen*, das (lat., Pl. Omina) e. schwarze Katze kreuzt von rechts den Weg: e. böses Omen!

Vorbehalt 1. *Kautel*, die (lat., Pl. -en) Rechtsw., z. B. in e. Vertrag anmelden 2. *Reservation mentalis*, die (lat., Pl. ...tiones ...les) Rechtsw., i. S. e. geheimen Vorbehaltes: es ist nicht geplant, die Vereinbarung zu erfüllen 3. *Klausel*, die (lat., Pl. -n) eigtl.: Schlußsatz

Vorbehalt, mit ... 1. *salvo jure* (lat.) unbeschadet des Rechts eines anderen 2. *salvo titulo* (lat.) des richtigen Titels

Vorbehalt, unter ... *salvo errore et omissione* (lat.) ... von Irrtum u. Auslassung; Abk.: s. e. e. o.

vorbei *passé* (lat.-fr.) die Pontonabsätze in der Schuhmode sind im nächsten Jahr passé

Vorbeimarsch *Defilee*, das (lat.-fr., Pl. -s) es folgt das Defilee der Würdenträger

vorbeimarschieren *paradieren* (lat.-fr.) am Nationalfeiertag paradierte e. Ehrenformation

vorbeiziehen 1. *defilieren* (lat.-fr.) feierlich vorbeigehen 2. *paradieren* (lat.-fr.) vor-

beimarschieren, meist militärische Einheiten

Vorbemerkung *Prolegomenon*, das (gr., Pl. ...mena) auch: Einleitung

vorbereiten *präparieren* (lat.) z. B. Tiere, Pflanzen dauerhaft haltbar machen

vorbereitend 1. *präparatorisch* (lat.) 2. *propädeutisch* (gr.-lat.) Studenten bereiten sich durch propädeutische Seminare auf ihr Studium vor

Vorbereitung 1. *Präliminare*, das (lat., Pl. ...rien) treffen sich Regierungschefs verschiedener Länder, sind Fototermine mit Reportern übliche Präliminarien 2. *Präparation*, die (lat., Pl. -en)

Vorbereitung auf e. Sportveranstaltung *Training*, das (lat.-fr.-engl., Pl. -s)

vorbestellen *reservieren* (lat.) z. B. in e. Restaurant e. Tisch reservieren

vorbestellt *reserviert* (lat.)

Vorbestellung *Subskription*, die (lat., Pl. -en) z. B. von Büchern auf Messen, die später erscheinen

vorbestimmen *prädestinieren* (lat.) z. B. für e. Aufgabe prädestiniert sein

Vorbeter in der Moschee *Imam*, der (arab., Pl. -s, -e) auch: religiöses Oberhaupt der Schiiten; Titel der Herrscher von Jemen

Vorbeugemaßnahme *Prävention*, die (lat., Pl. -en) »... die mobilen Einsatzkommandos u. das Personal für die Drogen-Prävention sollen ausgedünnt werden ...« (Hamburgs Polizeiführer beraten Sparmaßnahmen, 1998)

vorbeugend 1. *prophylaktisch* (gr.-lat.) z. B. prophylaktisch Medikamente einnehmen 2. *präventiv* (lat.) Kriminalität muß mit präventiven Maßnahmen bekämpft werden

Vorbeugung *Prävention*, die (lat., Pl. -en) z. B. Strafandrohung als Abschreckung

Vorbild 1. *Archetyp*, der (gr.-lat., Pl. -en) auch: Urbild 2. *Ideal*, das (lat., Pl. -e) 3. *Prototyp*, der (gr.-lat., Pl. -en) z. B. der Prototyp e. neuen Maschine 4. *Idol*, das (gr.-lat., Pl. -e) Leitbild Jugendlicher, z. B. ein populärer Sänger o. ä.

vorbildlich 1. *archetypisch* (gr.-lat.) svw. urtypisch 2. *exemplarisch* (lat.) auch: beispielhaft; warnend; exemplarisch strafen 3. *repräsentativ* (lat.-fr.) auch: typisch

vordergründig *formal* (lat.)

Vorderseite 1. *Avers*, der (lat.-fr., Pl. -e) z. B. e. Münze; Ggs.: Revers 2. *Front*, die (lat.-fr.) z. B. e. Gebäudes; auch: im Krieg das Gebiet der Kampfhandlungen

Vordringen des Meeres *Transgression*, die (lat., Pl. -en)

vordringlich 1. *akut* (lat.) jetzt wichtig 2. *primär* (lat.-fr.) auch: zuerst vorhanden; vorrangig

Vordruck *Formular*, das (lat., Pl. -e)

voreingenommen 1. *subjektiv* (lat.) parteiisch; Ggs.: objektiv 2. *tendenziös* (lat.-fr.) nicht objektiv

Voreingenommenheit *Präokkupation*, die (lat., Pl. -en) auch: Befangenheit

Voreiszeit *Präglazial*, das (lat., ohne Pl.)

voreiszeitlich *präglazial* (lat.)

Vorentscheidung *Präjudiz*, das (lat., Pl. -e) auch: Vorwegnahme e. Entscheidung durch bes. Umstände

Vorentwurf *Konzept*, das (lat., Pl. -e) auch: erste Fassung z. B. e. Rede; Programm; »jemanden aus dem Konzept bringen« (jmdn. verwirren, Redensart)

Vorfahr *Aszendent*, der (lat., Pl. -en) Verwandter in aufsteigender Linie; Ggs.: Deszendent; auch: Tierkreiszeichen am östlichen Horizont im Moment der Geburt

Vorfall 1. *Affäre*, die (fr., Pl. -n) z. B. die Liebesaffäre e. Ministers 2. *Cause célèbre*, die (fr., Pl. -s, -s) sensationeller Vorfall

Vorfall, peinlicher ... 1. *Malheur*, das (lat.-fr., Pl. -e, -s) Unglück, kleiner Unfall 2. *Affäre*, die (fr., Pl. -n) z. B. die Liebesaffäre e. Ministers mit e. Prostituierten

vorfühlen *sondieren* (fr.) auch: untersuchen; mit e. Sonde untersuchen

Vorführdame 1. *Mannequin*, das (niederl.-fr., Pl. -s) Frauen, die neue Kleiderkollektionen vorführen 2. *Model*, das (lat.-it.-engl., Pl. -s) Vorführdame, Fotomodell

vorführen *demonstrieren* (lat.)

Vorführer *Demonstrator*, der (lat., Pl. ...oren)

Vorführprogramm *Demo*, das (lat.-engl., Pl. -s) e. Demonstrationsprogramm, mit dem e. Demo-Group (Gruppe) ihr Können in den Bereichen Grafik, Programmieren oder Musik präsentieren

Vorführung *Demonstration*, die (lat., Pl. -en)

Vorgang 1. *Action*, die (lat.-engl., Pl. -s) bes. Ereignis 2. *Prozeß*, der (lat., Pl. ...esse) Entwicklung; Gerichtsverhandlung

Vorgang, dramatischer ... *Action*, die (lat.-engl., Pl. -s) »Helmut Kohl full in Action, sein Gesicht ist vor Erregung gerötet, der Windstoß der Weltgeschichte teilt ihn.« (Bild-Zeitung, 1989)

vorgeben 1. *fingieren* (lat.) auch: unterstellen 2. *mimen* (gr.-lat.) vorspielen 3. *prätendieren* (lat.-fr.) auch: fordern, behaupten 4. *simulieren* (lat.) Vorgänge nachahmen (Flugsimulator); e. Krankheit simulieren

Vorgefühl *Pressentiment*, das (lat.-fr., Pl. -s) auch: Ahnung

Vorgehen 1. *Methode*, die (gr.-lat., Pl. -n) i. S. e. planmäßigen Vorgehens, etwas nach der gleichen Methode ausführen 2. *Taktik*, die (gr.-fr., Pl. -en) der Fußballtrainer entwickelte e. erfolgreiche Stürmertaktik 3. *Strategie*, die (gr.-lat., Pl. ...ien) daraus schuf er e. Strategie, mit der die Mannschaft (mittelfristig) die Europameisterschaft gewinnen sollte

Vorgericht *Hors d'œuvre*, das (fr., Pl. -s)

Vorgeschichte e. Krankheit *Anamnese*, die (gr., Pl. -n)

Vorgeschichte *Prähistorie*, die (lat.-fr., ohne Pl.)

vorgeschichtlich *prähistorisch* (lat.-fr.)

vorgeschrieben *obligatorisch* (lat.) die Kostenumlage ist für jedes Vereinsmitglied obligatorisch; nicht verw. mit *obligat* (lat.) »verbunden, verpflichtet«

vorgesehen *designatus* (lat.) im voraus ernannt

vorgesehen, für e. Amt ... *designieren* (lat.) bestimmen

Vorgesetzter 1. *Chef*, der (lat.-fr., Pl. -s) »Ich bin zwar nicht der Chef-Verkäufer der deutschen Wirtschaft, aber ich kann Wege bereiten.« (Helmut Kohl, Bundeskanzler, 1997) 2. *Boß*, der (niederl.-engl.-am., Pl. Bosse) in der Mafiahierarchie gibt es den »Boß der Bosse« 3. *Charge*, die (fr., Pl. -n) beim Militär, z. B. die höheren Chargen

vorgreifen, e. richterlichen Entscheidung ... *präjudizieren* (lat.)

Vorhaben 1. *Intention*, die (lat., Pl. -en) Absicht; auch: Wundheilung (med.)

2. *Projekt*, das (lat., Pl. -e) z. B. Bauprojekt

Vorhaben, gefährliches ... *Risiko*, das (it., Pl. ...ken) Wagnis. »Frau Merkel ist e. 50-Milliarden-Risiko.« (Joachim Poß, SPD-Fraktionsvize, über Angela Merkels Wahlprogramm, 2005)

Vorhalle in Basiliken *Narthex*, der (gr., Pl. ...thizes)

Vorhalle *Vestibül*, das (lat.-fr., Pl. -e) z. B. in der Oper

Vorhand *Forehand*, die (engl., ohne Pl.) beim Tennisspielen

vorhanden 1. *existent* (lat.) i. S. von tatsächlich da; Ggs.: inexistent 2. *präsent* (lat.) anwesend 3. *real* (lat.) auch: sachlich; »der real existierende Sozialismus« (Walter Ulbricht, 1893–1973) wurde ab 1989 irreal; Ggs.: imaginär u. irreal 4. *reell* (lat.-fr.) auch: anständig, wirklich

vorhanden, nicht ... *inexistent* (lat.) Ggs.: existent

vorhanden, nicht offensichtlich ... *latent* (lat.-fr.) auch: versteckt, z. B. Krankheiten

Vorhandensein *Existenz*, die (lat., Pl. -en) auch: Auskommen; »Opposition ist eine gemütliche Existenz.« (Joschka Fischer, Grünen-Fraktionschef, 1997)

Vorhang *Gardine*, die (lat.-fr.-niederl., Pl. -n)

Vorhaut *Präputium*, das (lat., Pl. ...ien) med.

vorherbestimmt *prädestiniert* (lat.) z. B. für e. Aufgabe prädestiniert sein

vorhererkennen *prognostizieren* (gr.-lat.) vorhersehen; e. Meinungsforschungsinstitut, z. B. Allensbach, hatte das Ergebnis treffend prognostiziert

Vorherrschaft 1. *Hegemonie*, die (gr., Pl. ...ien) Vormachtstellung e. Staates gegenüber anderen 2. *Dominanz*, die (lat., Pl. -en) auch z. B.: Dominanz, bei sich durchsetzenden Erbfaktoren; Ggs.: Rezessivität 3. *Primat*, das, der (lat., Pl. -e) Vorrang; Stellung des Papstes; nicht verw. mit *Primat*, der (lat., Pl. -en, i. a. Pl.) Ordnung der Affen, Halbaffen u. Menschen 4. *Prädomination*, die (lat., ohne Pl.) auch: das Vorherrschen

vorherrschen 1. *dominieren* (lat.) in der Familie dominierte seine Schwiegermutter; »Die dominierenden Verteilungskonflikte sind heute die globalen ...« (Wolfgang Schäuble, 1998) 2. *prädominieren* (lat.)

Vorherrschen 1. *Prävalenz*, die (lat., ohne Pl.) auch Überlegenheit 2. *Prädomination*, die (lat., ohne Pl.)

vorherrschend *dominant* (lat.) seine Schwiegermutter war e. dominante Person

Vorhersage 1. *Prognose*, die (gr.-lat., Pl. -n) die Wetterprognose für das Wochenende war richtig 2. *Prophezeiung*, die (gr.-lat.-dt., Pl. -en) 3. *Prophetie*, die (gr.-lat., Pl. ...ien) auch: Weissagung

Vorhersage, e. sich selbst bestätigende ... *Selffulfilling prophecy*, die (engl.-am., Pl. ...ies)

vorhersagen *prognostizieren* (gr.-lat.) e. solches Wahlergebnis konnte nicht prognostiziert werden

vorhersagend *prognostisch* (gr.-lat.)

Vorhersager *Prophet*, der (lat., Pl. -en) eigtl.: Weissager, Magier. »Allen Untergangspropheten sage ich: Wenn wir jetzt handeln, liegen die besten Jahre noch vor uns.« (José M. Barroso, Präsident der EU-Kommission, 2007)

vorhersehen *antizipieren* (lat.) i. S. von: vorwegnehmen

Vorhölle *Limbus*, der (lat., ohne Pl.) auch: Saum; diesen Höllenvorhof für ungetaufte Kinder hat Papst Benedikt XVI. 2007 abgeschafft

Vorhut *Avantgarde*, die (fr., Pl. -n) auch: Schrittmacher, Wegbereiter in der Literatur u. Kunst; »Avantgardisten (Vorkämpfer) sind Leute, die nicht genau wissen, wo sie hinwollen, aber als erste da sind.« (Romain Gary)

Vorkämpfer 1. *Avantgardist*, der (fr., Pl. -en) Salvador Dalí (1904–1989) war e. Avantgardist der surrealistischen Malerei 2. *Pionier*, der (lat.-fr., Pl. -e) Wegbereiter; auch Soldat der techn. Truppe, Luftlandepioniere, scherzhaft: »die Dummen u. Starken« genannt 3. *Protagonist*, der (gr., Pl. -en) auch: wichtige Person; erster Schauspieler im altgr. Drama

vorkämpferisch *avantgardistisch* (fr.)

Vorkaufsrecht *Option*, die (lat., Pl. -en)

Vorkommen, zweifaches ... *Duplizität*, die (lat., Pl. -en) Doppelheit; z. B. Duplizität der Fälle

vorladen, e. Beklagten ... *evozieren* (lat.)
Vorladung *Intimation*, die (lat., Pl. -en) der Verkehrssünder erhielt e. Intimation (gerichtliche Vorladung)
Vorlage 1. *Modell*, das (lat., Pl. -e) auch: Muster; nicht verw. mit *Model*, das (lat.-it.-engl., Pl. -s) Mannequin, Fotomodell 2. *Prototyp*, der (gr.-lat., Pl. -en) Urbild; erstes Auto; Ggs.: Ektypus 3. *Schablone*, die (fr., Pl. -n) z. B. Pappmuster; einfaches Denk- u. Handlungsmuster
vorläufig 1. *interimistisch* (lat.) zwischenzeitlich 2. *kommissarisch* (lat.) auch: stellvertretend 3. *provisorisch* (lat.) behelfsmäßig
vorlegen *präsentieren* (lat.-fr.) auch: mit dem Gewehr e. Ehrenbezeichnung ausführen
vorlesen *rezitieren* (lat.) künstlerisch vortragen; nicht verw. mit *rezipieren* (lat.) übernehmen, gedanklich verarbeiten
Vorlesung *Kolleg*, das (lat., Pl. -ien, -s) an der Universität
Vorlesungsmitschrift *Scriptum*, das (lat., Pl. ...ten)
Vorliebe 1. *Präferenz*, die (lat.-fr., Pl. -en) 2. *Inklination*, die (lat., Pl. -en) auch: Hang, Neigung 3. *Faible*, das (lat.-fr., Pl. -s) er hatte e. Faible für das Golfspielen 4. *Passion*, die (lat.-fr., Pl. -en) auch: Leidenschaft; the Leidensgeschichte Jesu Christi 5. *Sympathie*, die (gr.-lat., Pl. ...ien) Zuneigung; Ggs.: Antipathie; nicht verw. mit *Sympathikus*, der (gr.-lat., Pl. thizi) Strang des Nervensystems, versorgt bes. die Eingeweide (med.)
Vormachtstellung 1. *Hegemonie*, die (gr., Pl. ...ien) e. Staates gegenüber anderen 2. *Dominanz*, die (lat., Pl. -en) vorherrschendes Merkmal; Ggs.: Rezessivität 3. *Primat*, der, das (lat., Pl. -e) z. B. der Papst als Oberster der kath. Kirche 4. *Prädomination*, die (lat., ohne Pl.) das Vorherrschen
Vormenschen 1. *Prähomininen*, die (lat., Pl.) 2. *Australopithecus-Gruppe*, die (lat.-dt., Pl. -en) Südaffenmenschen; jeweils auch: Übergangsformen zwischen Tier u. Mensch, e. Mill. Jahre u. älter (Tertiär); diverse Fundorte in Ost- u. Südafrika; dazugehörig: Plesianthropus, Paranthropus, Australopithecus africanus, – afarensis

vormerken *notieren* (lat.) z. B. e. Termin, Verabredung notieren
vormittags *ante meridiem* (lat.) kurz: a. m.; Ggs.: post meridiem, kurz: p. m.
Vormittagsveranstaltung *Matinee*, die (lat.-fr., Pl. ...een) z. B. in e. Kino oder Theater
Vormundschaft *Tutel*, der (lat., Pl. -en)
vormundschaftlich *tutelarisch* (lat.)
Vorname *Pränomen*, das (lat., Pl. ...mina)
vornehm 1. *aristokratisch* (gr.-lat.) auch: edlen Geblüts 2. *distinguiert* (lat.) z. B. e. distinguierte ältere Dame sein 3. *illuster* (lat.-fr.) auf der Vernissage (Eröffnung e. Kunstausstellung) trafen sich illustre Gäste 4. *dezent* (lat.) unaufdringlich 5. *feudal* (lat.) üppig 6. *nobel* (lat.-fr.) edel; freigebig
Vornehmheit *Eleganz*, die (lat.-fr., ohne Pl.) »den Deutschen fehlt die technische Eleganz« (Dr. Henry Kissinger zum Fußball 1998)
vornherein, von ... *a priori* (lat.) auch: grundsätzlich; Ggs.: a posteriori
Vorpreßwalze *Egoutteur*, der (lat.-fr., Pl. -e) bes. Walze bei der Papierherstellung
Vorprüfung 1. *Tentamen*, das (lat., Pl. ...mina) während des Studiums 2. *Vordiplom*, das (dt.-gr., Pl. -e) 3. *Physikum*, das (gr., Pl. ...ka) Vorprüfung der Medizinstudenten
Vorrang 1. *Präferenz*, die (lat.-fr., Pl. -en) z. B. wirtschaftlich schwachen Ländern (Staaten der dritten Welt) Handelspräferenzen einräumen 2. *Primat*, der, das (lat., Pl. -e) z. B. das Primat der Politik über das Militär 3. *Priorität*, die (lat.-fr., Pl. -en) der neue Geschäftsführer hat die Prioritäten geändert
vorrangig *primär* (lat.) auch: anfänglich
Vorrangigkeit *Priorität*, die (lat., Pl. -en) »Priorität muß e. Unternehmensteuerreform haben.« (Friedrich Merz, CDU-Finanzexperte, 2005)
Vorrat 1. *Fundus*, der (lat., ohne Pl.) z. B. alle Ausstattungsgegenstände e. Theaters 2. *Repertoire*, das (lat.-fr., Pl. -s) Vorrat einstudierter Musik- oder Theaterstücke 3. *Reserve*, die (lat.-fr., Pl. -n) Vorrat, z. B. an Nahrungsmitteln für schlechte Zeiten 4. *Reservoir*, das (lat.-fr., Pl. -e) Bestand für Engpässe 5. *Proviant*, der (lat.-it.-fr.,

585

Pl. -e) Vorrat an Nahrungsmitteln, Wegzehrung

vorrätig *loco* (lat.) i. S. sofort lieferbarer Güter

Vorratsbehälter 1. *Reservoir*, das (lat.-fr., Pl. -e) auch: Sammelbecken 2. *Container*, der (lat.-fr.-engl., Pl. -s) Behälter; auch: Schachtel

Vorratshaltung *Stockpiling*, das (engl., ohne Pl.)

Vorratshaus *Magazin*, das (arab.-it., Pl. -e)

Vorratslager 1. *Arsenal*, das (arab.-it., Pl. -e) z. B. Waffenarsenal 2. *Depot*, das (lat.-fr., Pl. -s) Aufbewahrungsort, z. B. Bankdepot, Munitionsdepot

Vorratsspeicher, tonnengewölbter ... der Berber *Ghorfa*, der (Berbersprache)

Vorrecht 1. *Privileg*, das (lat., Pl. -ien) die Privilegien des Geldadels verstimmen den Normalbürger 2. *Monopol*, das (gr.-lat., Pl. -e) z. B. das ehemalige Zündholzmonopol: e. Anbieter beherrschte den Zündholzmarkt u. diktierte die Preise 3. *Option*, die (lat., Pl. -en) eigtl.: Belieben; Option für e. best. Staatsbürgerschaft; Voranwartschaft auf Bezug e. Gutes 4. *Priorität*, die (lat.-fr., Pl. -en) auch: Rangfolge

Vorrede 1. *Prodromus*, der (gr.-lat., Pl. ...omen) auch: Vorwort 2. *Prolog*, der (gr.-lat., Pl. -e) Ggs.: Epilog

Vorreiter 1. *Mastermind*, der (engl.-am., Pl. -s) Anführer 2. *Trendsetter*, der (engl., Pl. -s) jmd., der e. Trend, z. B. Modetrend auslöst

Vorrichtung, die die Luftströmung beeinflußt *Spoiler*, der (engl.-am., ohne Pl.) z. B. an Autos, der Heckspoiler e. Porsches

Vorrichtung, in der physik. oder chem. Vorgänge ablaufen 1. *Reaktor*, der (lat., Pl. ...oren) z. B. Atomreaktor, komplizierte Apparatur zur Umwandlung von Atomkernen in freigesetzte Energie; Algenreaktor nach Prof. Paul Jenkins, der den »Biocoil« erfand, mit dem Brennstoff u. Dünger gewonnen werden

vorsagen *soufflieren* (lat.-fr.) das leise, versteckte Vorsprechen von Texten beim Theater

Vorsager im Theater *Souffleur*, der (lat.-fr., Pl. -e)

Vorsagerin im Theater *Souffleuse*, die (lat.-fr., Pl. -n)

Vorsänger *Präzentor*, der (lat., Pl. ...oren)

Vorsatz *Dolus*, der (lat., ohne Pl.) böser Vorsatz; auch: Arglist

Vorsatz für das eigene sittliche Handeln *Maxime*, die (lat.-fr., Pl. -n) auch: Leitsatz; »Seine (Bundesminister Theo Waigels) Maxime lautet: ... fehlendes Geld regiert die Welt« (G. Schröders geh. Tagebuch von H. Venske, 1997)

vorsätzlich *dolos* (lat.) arglistig

Vorschau, verdeckte ... großer Kinofilme *sneak preview*, der (engl.-am., Pl. -s)

vorschlagen 1. *designieren* (lat.) für e. Amt bestimmen 2. *nominieren* (lat.) auch: ernennen

Vorschlußrunde *Semifinale*, das (lat.-it., Pl. -s) bes. bei Wettkämpfen des Mannschaftssports

vorschneiden *tranchieren* (fr.) z. B. e. Braten, oder gebratenes Geflügel fachmännisch aufschneiden

vorschreiben *diktieren* (lat.) auferlegen; »Die Wahrheit, die die römische Kirche diktiert, ist unwandelbar.« (Papst Pius, 1911)

vorschreibend *präskriptiv* (lat.) auch: Normen folgend; Ggs.: deskriptiv

Vorschrift 1. *Direktive*, die (lat., Pl. -n) Weisung 2. *Instruktion*, die (lat.-fr., Pl. -en) Richtschnur; auch: Anleitung 3. *Maxime*, die (lat.-fr., Pl. -n) i. S. e. Lebensregel; Ehrlichkeit ist die Maxime senes Daseins 4. *Norm*, die (gr.-lat., Pl. -en) Regel; auch: Maßstab; z. B. DIN (Deutsche Industrie-Norm) 5. *Order*, die (lat.-fr., Pl. -s, -n) Anweisung; Auftrag 6. *Reglement*, das (lat.-fr., Pl. -s) Bestimmungen; auch: Satzungen

Vorschriften *Normalien*, die (lat., nur Pl.) auch: Regeln

vorschriftsmäßig *regulär* (lat.-fr.) auch: üblich; Ggs.: irregulär

Vorschuß *Avance*, die (lat.-fr., Pl. -n) z. B. Geldvorschuß auf künftige Leistung, auch: jmdm. Avancen machen, ihn umwerben

Vorsegel 1. *Klüver*, der (niederl., Pl. -) Seemannsspr.; es hängt am Klüverbaum 2. *Fock*, die (niederdt., Pl. -en) es hängt am Fockmast

vorsehen, für e. Amt *designieren* (lat.) e. designierter Wirtschaftsminister

Vorsehung 1. *Fatum*, das (lat., Pl. ...ta) eigtl.: Götterspruch; auch: Geschick 2. *Providenz*, die (lat.-fr., Pl. -en)

vorsetzen *präponieren* (lat.) voranstellen

Vorsicht *Präkaution*, die (lat., Pl. -en) auch: Vorkehrung

Vorsicht vor dem Hund *cave canem!* (lat.) Inschrift auf Haustüren im alten Rom

vorsichtig *defensiv* (lat.) auch: abwehrend; Ggs.: offensiv, aggressiv

Vorsichtsmaßregel *Kautel*, die (lat., Pl. -en) z. B. e. Vertragsvorbehalt

Vorsilbe *Präfix*, das (lat., Pl. -e) vor e. Wort gesetzte Silbe, z. B. möglich – unmöglich

vorsintflutlich *ante meridiem* (lat.)

Vorsitz, den ... haben *präsidieren* (lat.-fr.)

Vorsitzender 1. *Präsident*, der (lat.-fr., Pl. -en) »Wenn man Lafontaine zum Hüter des Presserechtes macht, kann man Herodes zum Präsidenten des Kinderschutzbundes wählen.« (Otto Graf Lambsdorff, F. D. P., 1998) 2. *Chairman*, der (engl., Pl. ...men) 3. *Präside*, der (lat., Pl. -n) Mitglied e. Präsidiums; auch: Vorsitzender; Leiter e. studentischen Kneipe, e. Kommerses (Trinkabend in festlichem Rahmen)

Vorsitzender der Minister *Ministerpräsident*, der (lat., Pl. -en) »Ministerpräsident Stoiber geht mir langsam auf den Wekker.« (Klaus Kinkel, Außenminister, 1998)

Vorsorgemedizin *Präventivmedizin*, die (lat., ohne Pl.)

vorsorglich 1. *prophylaktisch* (gr.-lat.) eigtl.: schützend; auch: verhütend 2. *präventiv* (lat.) z. B. Präventivschlag: erster Schlag, der dem Angriff des Gegners zuvorkommt

Vorspeise 1. *Antipasto*, der, das (it., Pl. ...ti, -s) 2. *Entree*, das (lat.-fr., Pl. -s) 3. *Horsd'œuvre*, das (fr., Pl. -s) 4. *Starter*, der (engl.-am., Pl. -s) 5. *Amuse-geule*, das (fr., Pl. -s) i. S. e. Appetithäppchens

Vorspeisentafel *Smörgåsbord*, der (schwed., Pl. -s)

Vorspiegelung *Potemkinsche Dörfer*, svw. etwas vortäuschen; Potemkin, e. Günstling Kaiserin Katharinas der Großen, ließ auf der Krim Dorfkulissen bauen, um Mißstände zu vertuschen

Vorspiel 1. *Präludium*, das (lat., Pl. ...dien)

musik. 2. *Introduktion*, die (lat., Pl. -en) musik. 3. *Ouvertüre*, die (lat.-fr., Pl. -n) auch: Auftakt 4. *Prolog*, der (gr.-lat., Pl. -e) Einleitung des Dramas; Vorwort; Ggs.: Epilog 5. *Präliminare*, das (lat., Pl. ...rien) auch: diplomatische Vorverhandlung

Vorspiel, musikalisches ... *Intrade*, die (lat.-it., Pl. -n)

Vorsprechen, das ... der Schauspieler *Audition*, die (engl., Pl. -s)

Vorsprung *Avance*, die (lat.-fr., Pl. -n)

Vorstadt *Peripherie*, die (gr.-lat., Pl. ...ien)

Vorstand 1. *Direktion*, die (lat., Pl. -en) e. Schule, e. Gesellschaft 2. *Direktorium*, das (lat., Pl. ...ien) z. B. e. Schule, e. Gesellschaft 3. *Rektor*, der (lat., Pl. ...oren) e. Universität

Vorsteher *Imam*, der (arab., Pl. -e) auch: Vorbeter in der Moschee; Titel für Islamgelehrte; Herrschertitel im Jemen. »Wie es der Imam sagte, Israel muß von der Landkarte radiert werden!« (Mahmud Ahmadinedschad, Irans Präsident, 2005)

Vorsteherdrüse *Prostata*, die (gr.-lat., Pl. ...tae) med.; »Die Prostata ist die Achillesferse des reifen Mannes.« (Magazin »Elan«, 1995)

vorstellbar *imaginabel* (lat.-fr.-engl.) philos.

Vorstellung 1. *Benefiz*, das (lat., Pl. -e) zugunsten e. Künstlers od. e. wohltätigen Zweckes; Benefizkonzert 2. *Performance*, die (engl., Pl. -s) auch: Aufführung, Leistung; »Wir schauen uns nachts Videos von seinen Rennen an u. analysieren seine Performance.« (Erja Honkanen über den Rennfahrer Mika Häkkinen, 1998)

Vorstellung, überkommene ... *Klischee*, das (fr., Pl. -s) auch: Druckstock; »Das würde Ihnen so ins Klischee passen.« (Theo Waigel, CSU, 1998)

Vorstellungskraft *Phantasie*, die (gr.-lat., ohne Pl.)

Vortänzerin *Go-Go-Girl*, das (engl.-am., Pl. -s) ... in e. Beat- oder sonstigen Tanzlokal

vortäuschen 1. *fingieren* (lat.) der Einbruch beim Juwelier war fingiert 2. *simulieren* (lat.) z. B. e. Krankheit vortäuschen 3. *mimen* (gr.-lat.) auch: so tun, als ob 4. *prätendieren* (lat.-fr.) auch: fordern; behaupten 5. *faken* (engl.-am.) türken, fälschen

Vortäuschung 1. *Maskerade*, die (arab.-sp., Pl. -n) auch: Maskenfest 2. *Fake*, das (engl., Pl. -s) auch: Fälschung

Vortäuschung e. Höhepunkts 1. *Fake for fun* (engl.) von: to fake (vortäuschen) 2. *Fake-Orgasm*, der (lat.-engl., Pl. -s)

Vorteil 1. *Privileg*, das (lat., Pl. -ien, -e) auch: Sonderrecht 2. *Profit*, der (lat.-fr.-niederl., Pl. -e) Gewinn, der aus e. Geschäft erzielt wird; Kapitalertrag 3. *Prä*, das (lat., ohne Pl.) das Prä haben: den Vorrang haben

vorteilhaft 1. *favorabel* (lat.-fr.) 2. *positiv* (lat.-fr.) auch: zustimmend; Ggs.: negativ

Vortrag 1. *Referat*, das (lat., Pl. -e) 2. *Deklamation*, die (lat., Pl. -en) 3. *Rezitation*, die (lat., Pl. -en) kultureller – 4. *Sermon*, der (lat., Pl. -e) langweiliger Vortrag 5. *Rapport*, der (lat.-fr., Pl. -e) Bericht; militärische Meldung

vortragen 1. *deklamieren* (lat.) etwas künstlerisch vortragen 2. *referieren* (lat.) 3. *rezitieren* (lat.) etwas Kulturelles wiedergeben 4. *dozieren* (lat.) an e. Hochschule lehren

Vortragender *Referent*, der (lat., Pl. -en)

Vortragskunst *Deklamatorik*, die (lat., ohne Pl.)

Vortragskünstler 1. *Deklamator*, der (lat., Pl. -en) 2. *Diseur*, der (lat.-fr., Pl. -e) z. B. im Kabarett 3. *Rezitator*, der (lat., Pl. -en) Vorträger literarischer Texte

Vortragskünstler, witziger ... *Diseur*, der (fr., Pl. -e) auch: Sprecher, bes. im Nachtklub oder Kabarett

Vortragskünstlerin *Diseuse*, die (lat.-fr., Pl. -n) z. B. im Kabarett

Vortragskünstlerin, witzige ... *Diseuse*, die (fr., Pl. -n) bes. im Nachtclub oder Kabarett

vortrefflich *exzellent* (lat.-fr.)

Vorturner *Presenter*, der (engl., Pl. -s) ... beim Aerobic

Vorübergehen, im ... *en passant* (fr.)

vorübergehend 1. *ephemer* (gr.-lat.) eigtl.: für e. Tag; flüchtig 2. *episodisch* (gr.-fr.) auch: nebensächlich 3. *interimistisch* (lat.) einstweilen 4. *kommissarisch* (lat.) vertretungsweise 5. *provisorisch* (lat.) behelfs-

mäßig 6. *temporär* (lat.-fr.) zeitweilig; z. B. e. temporärer Zustand 7. *transitorisch* (lat.)

Vorübergehender *Passant*, der (lat.-fr., Pl. -en)

Vorüberlegung *Prämeditation*, die (lat., Pl. -en) philos.

Vorurteil 1. *Präokkupation*, die (lat., Pl. -en) i. S. von Voreingenommenheit 2. *Ressentiment*, das (lat.-fr., Pl. -s) stiller Groll, heimlicher Haß 3. *Stereotyp*, das (gr.-engl., Pl. -e, -en)

vorurteilslos *liberal* (lat.) »Fehlt nur noch, daß uns diese Kameraden in den Rücken fallen u. neue liberale Asylgesetze verlangen.« (H. Venske: G. Schröders geh. Tagebuch, 1997)

Vorvergangenheit *Plusquamperfekt*, das (lat., Pl. -e) z. B.: »Wir hatten die Schule geschwänzt.«

Vorverhandlung *Präliminare*, das (lat., Pl. ...rien) i. S. diplomatischer Vorverhandlungen; auch: Vorspiel

Vorwachs *Propolis*, die (gr., ohne Pl.) Baustoff der Bienenwaben

Vorwand 1. *Finte*, die (lat.-it., Pl. -n) auch: Lüge; Scheinstoß beim Fechten 2. *Prätext*, der (lat.-fr., Pl. -e) Scheingrund

vorwärts wie rückwärts zu lesendes Wort *Palindrom*, das (gr., Pl. -e) z. B. Neger – Regen

vorwärts! 1. *allez!* (lat.-fr.) 2. *allons!* (lat.-fr.) 3. *avanti!* (lat.-it.) 4. *en avant!* (lat.-fr.) 5. *go!* (engl.)

vorwärtskommen 1. *arrivieren* (lat.-fr.) 2. *avancieren* (lat.-fr.) i. S. von beruflich

Vorwegnahme *Antizipation*, die (lat., Pl. -en) ... von Dingen, die später kommen sollten; z. B. Töne e. folgenden Akkords

vorwegnehmen *antizipieren* (lat.) meist gedanklich; auch: vor dem Fälligkeitstermin zahlen

vorwegnehmend *proleptisch* (gr.) auch: vorgreifend

vorweisen *präsentieren* (lat.-fr.)

vorweltlich *fossil* (lat.)

Vorwort 1. *Prolegomenon*, das (gr., Pl. ...mena) auch: Einleitung 2. *Prolog*, der (gr.-lat., Pl. -e) Ggs.: Epilog

Vorwurf zurückgeben *Retourkutsche*, die (lat.-fr.-dt., Pl. -n) »Retourkutschen fahren heute nicht.« (Redensart), d. h. e. Frech-

588

heit sollte nicht erwidert werden, man läßt sich nicht provozieren (herausfordern)

Vorwürfe *Improperien*, die (lat., nur Pl.) i. S. von: die Klagen des Gekreuzigten über die undankbaren Israeliten darstellende Gesänge der kath. Karfreitagsliturgie

Vorzeichen *Omen*, das (lat., Pl. selten: Omina) die schwarze, von rechts über die Straße laufende Katze ist e. schlechtes Omen

Vorzeichen, unter guten ... *bonis auspicis* (lat., Zitat)

vorzeigen 1. *exhibieren* (lat.) zur Schau stellen 2. *präsentieren* (lat.-fr.) auf der Industriemesse neue Maschinen präsentieren

Vorzeigen *Präsentation*, die (lat.-fr., Pl. -en)

vorzeitlich *fossil* (lat.)

vorziehen *präferieren* (lat.-fr.)

Vorzimmer *Entree*, das (lat.-fr., Pl. -s)

Vorzug 1. *Präferenz*, die (lat.-fr., Pl. -en) 2. *Priorität*, die (lat.-fr., Pl. -en) Vorrecht 3. *Privileg*, das (lat., Pl. -ien) auch: Sonderrecht 4. *Meritum*, das (lat.-fr., Pl. ...iten) i. S. von Verdienst 5. *Qualität*, die (lat., Pl. -en) auch: Güte, Wert

vorzüglich 1. *exquisit* (lat.) 2. *exklusiv* (lat.-engl.)

Vorzugsrecht *Priorität*, die (lat.-fr., Pl. -en)

Voyeurismus-Welle *Madonna-Phänomen*, das (Eigenn., gr., Pl. -e) ... wurde durch den Mega-Erfolg von Madonna ausgelöst, u. e. Begriff, der sie zur »virtuellen Porno-Ikone« machte

vulgär schreibend, redend *bathisch* (gr.)

vulgäre Art des Schreibens, Redens *Bathik*, die (gr., ohne Pl.) nicht verw. mit *Batik*, der, die (malai., Pl. -en) unter Verwendung von Wachs hergestelltes gemustertes Gewebe

Vulkan, wir tanzen auf e. ... *nous dansons sur un volcan* (fr., Zitat: Achille de Salvandy, fr. Politiker, 1795–1856)

Vulkanausbruch *Eruption*, die (lat., Pl. -en)

Vulkanisation, Beschleuniger bei der ... *Vulkzit*, der (lat., Pl. -e)

W

waagerecht *horizontal* (gr.-lat.) Ggs.: vertikal

Waagerechte 1. *Horizontale*, die (gr.-lat., Pl. -n) Ggs.: Vertikale 2. *Abszisse*, die (lat., Pl. -n) eigtl.: »die abgeschnittene Linie«; Waagerechte im Koordinatensystem; Ggs.: Ordinate

waagerechte Achse *Abszisse*, die (lat., Pl. -n) im Koordinatensystem; die Senkrechte heißt: Ordinate

wachend *vigil* (lat.)

Wachkoma *apallische Syndrom*, das (gr.-lat., Pl. – -e) Störungen bei e. Schädigung der Großhirnrinde (med.)

Wacholderschnaps mit bitterem Sprudel *Gin Tonic*, der (engl., ohne Pl.) »Jetzt brauche ich einen Gin Tonic.« (Camilla Parker Bowles, Freundin von Prinz Charles, als sie Sohn Prinz William begegnete, 1998)

Wachs *Cera*, die (lat., Pl. ...ren) Bienenwachs; auch: Hautverdickung am Schnabel mancher Vögel (Zool.)

wachsam *vigilant* (lat.)

Wachsbild *Zeroplastik*, die (gr., Pl. -en)

Wachsbildnerei *Zeroplastik*, die (gr., ohne Pl.)

Wachsfigurenkabinett *Panoptikum*, das (gr.-lat., Pl. ...ken) der Madame Tussaud in London

Wachsgravierer *Zerograph*, der (gr., Pl. -en) fertigt Wachsfiguren an

Wachsgravierung *Zerographie*, die (gr., Pl. ...ien)

Wachsmodell *Moulage*, die (lat.-fr., Pl. -n) farbiges, anatomisches Modell von Organen für die Demonstration

Wachsstein *Kerolith*, der (lat., Pl. -e) e. Material ähnlich Meerschaum

Wachstum 1. *Akromegalie*, die (gr.-lat., Pl. ...ien) med. übermäßiges Wachstum 2. *Hypersomie*, die (gr.-lat., ohne Pl.) med.; Ggs.: Hyposomie

Wachstumsdrüse *Thymus*, der (gr., Pl. ...mi) auch: Brustdrüse neugeborener Kälber

wachstumshemmend *antibiotisch* (gr.-lat.) ... u. von abtötender Wirkung (med.)

Wachstumshemmer in den Pflanzen *Ab-*

szisine, die (lat., nur Pl.) ... die das Abfallen der Blätter bewirken

Wachstumshormon *Somatotropin*, das (gr., ohne Pl.) ... aus dem Hypophysenvorderlappen (med.)

Wächter *Zerberus*, der (gr.-lat., Pl. -se) der Hund Kerberos bewacht den Unterwelteingang (gr. Sagenwelt)

Wade *Sura*, die (lat., Pl. ...rae)

Wadenbein *Fibula*, die (lat., Pl. ...lae) e. Unterschenkelknochen

Waffen, zu den ... *Alarm*, der (lat., Pl. -e) aus: all'arme! Warnung bei Gefahr. »Ich kann nur vor Alarmismus (richtig: Alarm) warnen.« (Renate Künast, Exverbraucherschutzministerin, 2005)

Waffen, zu den ... *ad arma* (lat., Zitat) auch: an die Arbeit; daraus wurde: »Alarm«

Waffenarsenale, größere ... als nötig ... *Overkill*, der (engl., ohne Pl.) ... um den Feind zu vernichten

Waffenlager *Arsenal*, das (arab.-it., Pl. -e)

Waffenlärm, im ... schweigen die Gesetze *silent leges inter arma* (lat., Zitat: Cicero)

Waffenniederlegen, das ... *Kapitulation*, die (fr., Pl. -en) auch: das Aufgeben. »Geduld heißt nicht Kapitulation.« (Dalai-Lama, geistiges Oberhaupt der Tibeter, 2005)

Waffenschmiedekunst *Armürerie*, die (fr., Pl. ...ien)

Wagemut *Courage*, die (fr., ohne Pl.) auch: Schneid, Beherztheit, Unerschrockenheit

Wagen mit abnehmbarem Verdeck *Hardtop*, das, der (engl., Pl. -s)

wagen *riskieren* (it.-fr.)

Wagen, kleiner, elektrisch getriebener ... *Cart*, das (engl., Pl. -s) ... der zwei Golfer von Loch zu Loch fährt

Wagen, offener, zweirädriger ... *Gig*, das (engl., Pl. -s) früher e. leichter Pferdewagen

Wagen, russischer ... 1. *Kibitka*, die (russ., Pl. -s) 2. *Kibitke*, die (russ., Pl. -n) auch: Zelt asiatischer Nomaden

Wagenrennbahn *Hippodrom*, der, das (gr.-lat., Pl. -e) z. B. für Pferdegespanne

Wagenschuppen *Remise*, die (lat.-fr., Pl. -n)

Wagnis 1. *Risiko*, das (it., Pl. ...ken) 2. *Vabanquespiel*, das (fr.-dt., Pl. -e)

Wagniskapital 1. *Risikokapital*, das (it.-lat., Pl. -ien) »Die Investoren lernen jetzt, daß auch Immobilienkapital Risikokapital sein kann.« (Lothar Späth, Jenoptik-Chef, 1998) 2. *Venture Capital*, das (engl.-am., Pl. -s)

Wagniskapital zur Betreibung riskanter Geschäfte *Venture-Capital*, das (engl., ohne Pl.)

Wahl *Elektion*, die (lat., Pl. -en) i. S. von Auswahl

Wahl zwischen unangenehmen Dingen *Dilemma*, das (gr.-lat., Pl. -s, -ta) auch: Zwangslage

Wahl zwischen zwei Möglichkeiten *Alternative*, die (lat.-fr., Pl. -n)

wählen *randomisieren* (engl.) für die Statistik, nach dem Zufallsprinzip aus e. Menge e. bestimmte Anzahl bestimmen

Wähler *Elektor*, der (lat., Pl. ...oren)

Wählerauftrag *Mandat*, das (lat., Pl. -e) auch: Auftrag, Weisung

Wahlfeldzug *Kampagne*, die (lat.-it.-fr., Pl. -n)

wahlfrei *fakultativ* (lat.) Ggs.: obligatorisch

Wahlherr *Elektor*, der (lat., Pl. ...oren) z. B. der Kurfürst bei der Königswahl; auch: Auswählender, Wähler

Wahlmöglichkeit 1. *Alternative*, die (lat.-fr., Pl. -n) 2. *Option*, die (lat., Pl. -en) eigtl.: freier Wille; z. B. Kaufoption

Wahlschuld *Alternativobligation*, die (lat., Pl. -en) auch: Schuldverhältnis, bei dem nur e. Schuld erbracht zu werden braucht

Wahlspruch 1. *Devise*, die (lat.-fr., Pl. -n) z. B. nach der Devise leben: »Gelobt sei, was hart macht.« 2. *Motto*, das (lat., Pl. -s) nach dem Motto handeln: »Wer zuletzt lacht, lacht am besten.«; die Filmproduzenten trafen sich zu e. Tagung unter dem Motto: »Saubere Leinwand« 3. *Parole*, die (gr.-lat.-fr., Pl. -n) auch: Losung; militärisches Kennwort; unwahre Meldung, vulgär: Scheißhausparole

Wahlstimmenwerbung *Canvassing*, das (engl., ohne Pl.) ... durch pers. Hausbesuche; auch: Kundenwerbung

wahlweise 1. *alternativ* (lat.-fr.) 2. *fakultativ* (lat.) auch: freigestellt; Ggs.: obligatorisch

Wahngebilde *Phantasmagorie*, die (gr., Pl. ...ien) auch: Zauber, Trugbild

Wahnidee *Delirium*, das (lat., Pl. ...ien) i. S. e. Bewußtseinstrübung

Wahnsinn 1. *Insania*, die (lat., ohne Pl.) med. 2. *Paranoia*, die (gr., ohne Pl.) med., z. B. Eifersuchts- oder Verfolgungswahn 3. *Phrenesie*, die (gr.-lat., ohne Pl.) med. von Wahnvorstellungen besessen sein 4. *Theomanie*, die (gr., Pl. ...ien) religiöser Wahn

Wahnsinn, liebenswürdiger ... *amabilis insania* (lat., Zitat, Horaz)

wahnsinnig *paranoid* (gr.-lat.)

Wahnvorstellung 1. *Halluzination*, die (lat., Pl. -en) auch: Sinnestäuschung 2. *Paranoia*, die (gr., ohne Pl.) z. B. Verfolgungs- oder Eifersuchtswahn

wahrhaft *veritabel* (lat.-fr.)

Wahrhaftigkeit *Verazität*, die (lat., ohne Pl.)

Wahrheit erzeugt Haß *veritas odium parit* (lat., Zitat)

Wahrheit, die nackte ... *nuda veritas* (lat., Zitat: Horaz)

Wahrheit, lächelnd die ... sagen *ridentem dicere verum* (lat., Zitat: Horaz)

Wahrheit, liebe die ..., doch vergib den Irrtum *aime la vérité, mai pardonne à l'erreur* (fr., Zitat: Voltaire, fr. Dichter, 1694–1778)

wahrheitsgemäß 1. *authentisch* (gr.-lat.) echt, verbürgt 2. *veritabel* (lat.-fr.) auch: aufrichtig

wahrnehmbar *perzeptibel* (lat.) philos. als sinnliche Erfahrung

wahrnehmbar, nicht ... 1. *abstrakt* (lat.) rein begrifflich, z. B. abstrakte Kunst 2. *ideell* (fr.) i. S. von: nur gedanklich 3. *imperzeptibel* (lat.) nicht wahrnehmbar (philos.)

Wahrnehmbarkeit *Perzeptibilität*, die (lat., Pl. -en) philos.

wahrnehmen 1. *apperzipieren* (lat.) 2. *registrieren* (lat.) bewußt aufnehmen

wahrnehmen, sinnlich ... *perzipieren* (lat.) i. S. von: Reize aufnehmen (med.)

Wahrnehmung 1. *Illusion*, die (lat.-fr., Pl. -en) i. S. e. trügerischen Wunschvorstellung 2. *Paragnosie*, die (gr.-lat., Pl. ...ien) übersinnliche Wahrnehmung 3. *Telepathie*, die (gr.-lat., ohne Pl.) z. B. Verständigung von Menschen untereinander ohne Einsatz der Sinnesorgane

Wahrnehmung von Vorteilen *Opportunismus*, der (lat., ohne Pl.) »Ich hätte zu viele Kompromisse machen, zuviel Opportunismus zeigen müssen.« (Hans Tietmeyer, Bundesbank-Präsident, 1997)

Wahrnehmungsfähigkeit *Perzeptibilität*, die (lat., ohne Pl.) philos., i. S. e. sinnlichen Erfahrung

Wahrnehmungsverlust *Blackout*, der (engl., Pl. -s) während e. Interviews hatte der Kanzler e. Blackout

Wahrsagekunst 1. *Divination*, die (lat. -en) 2. *Mantik*, die (gr.-lat., ohne Pl.) Seherkunst 3. *Prophetie*, die (gr.-lat., Pl. ...ien) seherische Voraussage

Wahrsagen 1. *Biomantie*, die (gr.-lat., ohne Pl.) aus Handlinien lesen 2. *Daktyliomantie*, die (gr., Pl. -en) mit dem Pendel ... 3. *Kartomantie*, die (ägypt.-gr.-lat.-fr., ohne Pl.) mit Spielkarten die Zukunft deuten

wahrsagen 1. *prognostizieren* (gr.-lat.) vorhersagen 2. *prophezeien* (gr.-lat.) auch: weissagen

Wahrsagen mit Hilfe von Lufterscheinungen *Aeromantie*, die (gr.-lat., ohne Pl.)

Wahrsager *Augur*, der (lat., Pl. ...uren)

Wahrsagerin *Sibylle*, die (lat., Pl. -n)

Wahrsagung *Divination*, die (lat., Pl. -en)

Wahrscheinlichkeit *Probabilität*, die (lat., Pl. -en) auch: Glaubwürdigkeit (philos.)

Währung 1. *Valuta*, die (lat.-it., Pl. ...ten) ausländische Währung, z. B. US-Dollar 2. *Devise*, die (lat.-fr., Pl. -n) ausländisches Zahlungsmittel (meist Pl.) auch: Leit- u./o. Wahlspruch

Währung, Abwertung e. ... *Devaluation*, die (lat.-engl., Pl. -en)

Währungseinheit 1. China *Yuan*, der (chin., Pl. -s) der Volksrepublik 2. Japan *Yen*, der (jap., Pl. -s) = 100 Sen 3. *ECU*, der (fr., Pl. -s) kurz für: *European Currency Unit*, Vorläufer der gemeinsamen europäischen Währung, des »EURO«

Währungserhöhung *Revalorisierung*, die (lat., Pl. -en) ... auf den ursprünglichen Wert

Währungsverhältnis *Parität*, die (lat., Pl. -en) der festgelegte Mittelkurs an den Devisenbörsen

Walbeobachtung *Whale Watching*, das

(engl., ohne Pl.) erfolgt i. a. von e. kleineren Schiff aus

Wälder Amerikas, abgelegene ... *Backwoods*, die (engl.-am., nur Pl.)

Waldgöttin *Nymphe*, die (gr.-lat., Pl. -n) Töchter des Zeus u. Naturgottheiten aus der gr. Mythologie

Waldnymphe *Dryade*, die (gr.-lat., Pl. -n) Töchter des Zeus u. Naturgottheiten, leben in Wäldern auf Bäumen, entstammen der gr. Mythologie

Waldsteppe *Taiga*, die (russ., ohne Pl.) z. B. die sibirische Taiga

Wale, Bez. für ... *Zetazeen*, die (gr.-lat., Pl.)

Wallfahrt *Hadsch*, der (arab., ohne Pl.) die Wallfahrt zur Kaaba nach Mekka

wälzen *volvieren* (lat.) auch: genau durchdenken

walzenförmig *zylindrisch* (gr.-lat.)

Wand *Paravent*, der, das (lat.-it.-fr., Pl. -s) spanische Wand; auch: Ofenschirm

Wand- u. Deckenbeklebung *Tapete*, die (gr.-lat., Pl. -n)

Wandbehang, bes. Flachstich e. ... *Kelimstich*, der (türk.-dt., Pl. -e)

Wandbehang, gewobener ... *Tapisserie*, die (gr.-fr., Pl. ...ien) ... mit e. gemäldeähnlichen Motiv; nicht verw. mit *Patisserie*, die (gr.-lat.-fr., Pl. ...ien) feines Backwerk; auch: Feinbäckerei (Konditorei)

Wandbrett *Konsole*, die (fr., Pl. -n) auch: Steuerpult am Computer

wandelbar 1. *proteisch* (gr.-lat.) i. S. von unzuverlässig 2. *variabel* (lat.-fr.) veränderlich 3. *versatil* (lat.) wankelmütig

Wandelbarkeit, leichte ... *Labilität*, die (lat., Pl. -en) auch: Schwäche; Ggs.: Stabilität

Wandelhalle 1. *Foyer*, das (lat.-fr., Pl. -s) z. B. in e. Hotel 2. *Lobby*, die (germ.-lat.-engl., Pl. -s) Wandelhalle im Parlamentsgebäude in der sich Abgeordnete mit Vertretern von Interessengruppen (Lobbyisten) treffen

Wandelschuldverschreibung *Convertible Bonds*, die (lat.-engl., Pl.) Anleihen, die sich in Aktien der Gesellschaft umwandeln lassen

Wandelstern *Planet*, der (gr.-lat., Pl. -en) um e. Sonne kreisender, nicht selbst leuchtender Wandelstern, z. B. die Erde

Wanderbühne *Thespiskarren*, der (gr., Pl. -) nach dem Begründer der gr. Tragödie, Thespis (6. Jh. v. Chr.)

Wanderfeldbau *Shifting Cultivation*, die (engl., ohne Pl.) ... nomadisierender Völker

Wanderherz *Kardioptose*, die (gr., Pl. -n) i. S. von: Senkung des Herzens (med.)

Wandern in den Karpaten Transsylvaniens ... *Vampir-Trekking*, das (serbischdt.-fr.-engl., ohne Pl.) ... mit e. Essen im Dracula-Restau-rant

Wandern, flottes ... *Nordic Walking*, das (engl., ohne Pl.) ... mit zwei Stöcken; e. Fitneßsport

wandernd 1. *migratorisch* (lat.) z. B. das Verhalten der Zugvögel 2. *ambulant* (lat.-fr.) ambulantes Gewerbe, z. B. Schausteller

Wanderprediger *Evangelist*, der (gr.-lat., Pl. -en) auch: Verfasser e. der vier Evangelien

Wanderschäferei *Transhumanz*, die (lat.-fr., Pl. -en)

Wandertrieb *Poriomanie*, die (gr.-lat., Pl. ...ien) med. krankhafter Nomadentrieb

Wandlung e. Fläche in e. Quadrat *Quadratur*, die (lat., Pl. -en) »Wir stehen vor der Quadratur des Kreises, wenn nicht vor der Kugelmachung e. Würfels.« (Angela Merkel, CDU-Chefin, 2005)

Wandpfeiler *Pilaster*, der (lat., Pl. -)

Wandschirm *Paravent*, der (lat.-it.-fr., Pl. -s)

Wandspiegel *Trumeau*, der (fr., Pl. -s) eigtl.: Pfeiler zwischen zwei Fenstern; e. großer, schmaler Spiegel auf dem Pfeiler

Wandtäfelung *Lambrie*, die (fr., Pl. ...ien) meist aus Holz

Wandteppich 1. *Gobelin*, der (fr., Pl. -s) 2. *Arazzo*, der (it., Pl. ...zzi) gewirkter Bildteppich aus Arras (nordfr. Stadt) e. it. Bez. 3. *Kelim*, der (türk., Pl. selten -s) orientalischer Wandbehang

Wandverkleidung *Tapete*, die (gr.-lat., Pl. -n)

Wange, zur ... gehörend *bukkal* (lat.) med.

Wangenmuskel *Bukzinator*, der (lat., Pl. ...oren) Gesichtsmuskel, der für die Mimik von Bedeutung ist (med.)

Wangenrot *Rouge*, das (lat.-fr., Pl. -s)

wankelmütig *versatil* (lat.) auch: gewandt; ruhelos

Wanze *Heteroptera*, die (lat., Pl. ...ren) Zool.

Wappen ausmalen *blasonieren* (fr.) i. S. e. kunstgerechten Ausmalens

Wappen *Blason*, der (fr., Pl. -s) auch: Wappenschild

Wappen, kaiserliches ... *Kikumon*, das (jap., ohne Pl.) des Kaisers von Japan: Chrysanthemenwappen

Wappenbuch *Armorial*, das (lat.-fr., Pl. -e)

Wappenklärung *Blasonierung*, die (fr., Pl. -en) auch: Deutung e. Wappens

Wappenkunde 1. *Heraldik*, die (germ.-lat.-fr., ohne Pl.) 2. *Blason*, der (fr., Pl. -s)

Wappenschild *Blason*, der (fr., Pl. -s)

Ware 1. *Artikel*, der (lat., ohne Pl.) 2. *Attraktion*, die (lat.-fr.-engl., Pl. -en) gut verkäufliche Ware 3. *Fabrikat*, das (lat., Pl. -e) i. S. von Fabrikware 4. *Nonvaleur*, der (lat.-fr., Pl. -s) unverkäufliche – 5. *Restant*, der (lat., Pl. -en) unverkäufliche – 6. *Retoure*, die (lat.-fr., Pl. -n) zurückgesandte Ware 7. *Bestseller*, der (engl., ohne Pl.) Ware, bes. e. Buch, das sehr gut – 8. *Longseller*, der (engl., ohne Pl.) e. Buch, das über e. langen Zeitraum – 9. *Steadyseller*, der (engl., ohne Pl.) Buch, das stetig verkauft wird

Waren *Naturalien*, die (lat., nur Pl.) i. S. von: Naturprodukte

Waren, Rohstoffe, die auf Termin gehandelt werden *Commodities*, die (engl., nur Pl.)

Warenanbieter *Sortimenter*, der (lat.-it., Pl. -) meist größerer Händler

Warenangebot 1. *Sortiment*, das (lat.-it., Pl. -e) die Gesamtheit der Waren e. Händlers oder Produzenten 2. *Offerte*, die (lat.-fr., Pl. -n) auch: Angebot

Warenausfuhr *Export*, der (lat.-engl., Pl. -e) Ggs.: Import

Warenausstoß *Output*, der (engl., Pl. -s) alle Waren e. Produzenten, die in e. best. Zeit hergestellt wurden

Warenaustausch *Baratt*, der (it., ohne Pl.) auch: Tauschgeschäft

Warenauszeichnung *Labeling*, das (engl., Pl. -s) auch: Etikettierung

Warenballen 1. *Ballot*, das (germ.-fr., Pl. -s) 2. *Kollo*, das (it., Pl. -s oder Kolli)

Wareneinfuhr *Import*, der (lat.-fr.-engl., Pl. -e) Ggs.: Export

Warengestell *Regal*, das (lat., Pl. -e) auch: Münzrecht (Pl. Regalien) u. tragbare Orgel

Warenhausabteilung *Rayon*, der (lat.-fr., Pl. -s)

Warenherstellung *Produktion*, die (lat.-fr., Pl. -en) »Lobbyisten in die Produktion!« (Peer Steinbrück, Finanzminister, 2006)

Warenlager *Assortiment*, das (fr., Pl. -e)

Warenlotterie *Tombola*, die (it., Pl. -s)

Warenposten *Partie*, die (fr., Pl. ...ien) auch: Abschnitt; Spielrunde; Ausflug; Heiratschance, z. B. e. gute Partie machen

Warenpräsentation, abgegrenzte ... innerhalb e. Warenhauses *Shop-in-Shop* (engl.-am., ohne Pl.) »Laden im Laden«; Auslagensystem im Einzelhandel, Massenwaren erhalten e. exklusiven Anstrich u. können teurer angeboten werden

Warenprobe *Sample*, das (engl., Pl. -) auch: Muster

Warenprüfer *Tester*, der (lat.-engl., Pl. -)

Warenrechnung *Faktur*, die (lat.-it., Pl. -en)

Warentausch *Baratt*, der (it., ohne Pl.)

Warenverkauf zu Wohltätigkeitszwekken *Basar*, der (pers., Pl. -e) auch: orientalischer Markt

Warenverpackung *Emballage*, die (fr., Pl. -n)

Warenverzeichnis *Katalog*, der (gr.-lat., Pl. -e) z. B. das Quelle-Versandkatalog

Warenvorrat *Stock*, der (engl., Pl. -s) Lagerbestand

Warenzeichen *Trademark*, die (engl., Pl. -s)

Warmbad *Thermalbad*, das (gr.-lat., Pl. ...bäder)

warmblütig *homöotherm* (gr.-lat.) die Warmblütigkeit z. B. der Säugetiere

Warmblütigkeit *Homöothermie*, die (gr.-lat., ohne Pl.) z. B. bei Säugetieren

Wärme abgebend *exotherm* (gr.-lat.)

Wärme als Ursache für Veränderungen der Erdoberfläche (Theorie) *Plutonismus*, der (gr.-lat., ohne Pl.) nach Pluton, dem Gott der Unterwelt; Anhänger: der fr. Geologe Desmarest (um 1765)

Wärme betreffend *thermisch* (gr.-lat.)

Wärme bindend *endotherm* (gr.-lat.)

Wärme liebend *thermophil* (gr.-lat.) sind z. B. Bakterien, best. Tierarten

Wärme regeln *temperieren* (lat.) e. wohltemperierter Raum

Wärmebehandlung *Thermotherapie*, die (gr.-lat., Pl. ...ien)

wärmebeständig *thermostabil* (gr.-lat.)

wärmedurchlässig *diatherman* (gr.-lat.) z. B. Glas, Stoffe, die Wärmestrahlen nicht oder nur wenig absorbieren (aufnehmen)

Wärmegrad *Temperatur*, die (lat., Pl. -en) Wärme e. Stoffes oder der Umgebung

Wärmelehre *Kalorik*, die (lat., ohne Pl.)

Wärmeplatte *Rechaud*, das (lat.-fr., Pl. -s) hält z. B. bei Tisch Speisen warm

Wärmeregelung *Temperierung*, die (lat., Pl. -en)

Wärmeregler *Thermostat*, der (gr.-lat., Pl. -e) automatischer Regler, meist an Heizkörpern

Wärmespeicher *Thermophor*, der (gr.-lat., Pl. -e) z. B. Wärmflasche

Wärmestau *Heliosis*, die (gr., ohne Pl.) med., führt bei Lebewesen zum Hitzschlag

Wärmestrahlen *Infrarot*, das (lat., ohne Pl.) unsichtbare Strahlen, zwischen rotem Licht u. kurzen Radiowellen

Warmluft *Thermik*, die (gr.-lat., ohne Pl.) wird z. B. von Segelfliegern ausgenutzt; auch: Warmluftströmung ist nach oben gerichtet

Warmluftheizung, antike ... unter dem Fußboden *Hypokaustum*, das (gr.-lat., Pl. ...sten)

Warmwasserbereiter *Boiler*, der (engl., Pl. -s) nicht verw. mit: Broiler (Brathähnchen)

warnen 1. *alarmieren* (lat.-it.) 2. *signalisieren* (lat.-fr.)

warnend *prämonitorisch* (lat.)

Warngerät in Flugzeugen *Traffic Collison Avoidance System*, das (engl.-am., Pl. -s) kurz: TCAS; wird aktiv, wenn sich Flugzeuge in der Luft gefährlich nahe kommen

Warngerät *Sirene*, die (gr.-lat., Pl. -n); auch: schöne, verführerische Frau; göttliche Wesen der gr. Sage, die betörend singen

Warnschrei auf dem Golfplatz *Fore* (engl.) ... wenn ein fehlgeschlagener Ball jmdn. zu treffen droht

Warnsystem, das die Topographie er- sichtlich macht *Enhanced Ground Proximity Warning System*, das (engl., Pl. -s) kurz: EGPWS), e. neuartiges Frühwarnsystem für Flugzeuge

Warnungszeichen *Symptom*, das (gr., Pl. -e) »Zufall«; »Die Koalition laboriert an den Symptomen.« (Joschka Fischer, Bündnis 90/Die Grünen, 1997)

Warnzeichen 1. *Alarm*, der (lat.-it., Pl. -e) 2. *Signal*, das (lat.-fr., Pl. -e) 3. *Menetekel*, das (aramäisch, Pl. -) svw. erster Warnungsruf nach der Geisterschrift für den babylon. König Belsazar (um 530 v. Chr.) 4. *Omen*, das (lat., Pl. Omina) nomen est omen (lat.): im Namen liegt e. Vorbedeutung 5. *Symptom*, das (gr., Pl. -e) eigtl.: Zufall; auch: Anzeichen z. B. e. Krankheit

warten, im Vorzimmer ... *antichambrieren* (fr.) i. S. von bemühen, z. B. um etwas zu verkaufen

Wartezeit 1. *Karenz*, die (lat., Pl. -en) eigtl.: Entbehren; Sperrfrist; auch: Enthaltsamkeit 2. *Karenzzeit*, die (lat.-dt., Pl. -en) Sperrfrist bes. bei Versicherungen

warzenartig *papillar* (lat.) med.; auch: warzenförmig

Warzengeschwulst *Papillom*, das (lat., Pl. -e) med.; nicht verw. mit *Papillon*, der (lat.-fr., Pl. -s) Schmetterling

warzig *papillös* (lat.) med.

was zu beweisen war *quod erat demonstrandum* (lat.)

Waschmittelzusatz *Tensid*, das (lat., Pl. -e) auch: Zusatz für Reinigungsmittel, das die Oberflächenspannung des Wassers reduziert

Waschung der Fingerspitzen *Ablution*, die (lat., Pl. -en) eigtl.: Abspülen; auch: das Abtragen von Meeresablagerungen

Wasser als Ursache für Erdoberflächenveränderungen (Theorie) *Neptunismus*, der (lat., ohne Pl.) nach Neptun, dem Gott des Meeres; Anhänger: der dt. Geologe A. G. Werner (um 1752)

Wasser, chemisch reines ... *Aqua destillata*, das (lat., ohne Pl.) kurz: aq. dest.

Wasser, durch ... u. Luft angetrieben *hydropneumatisch* (gr.-lat.)

Wasser, gegen ... schützen *imprägnieren* (lat.) eigtl.: schwängern; schützend durchtränken

Wasser, im ... lebend *hydrobiont* (gr.)

Wasser, vom ... angetrieben *hydroenerge-tisch* (gr.-lat.)

Wasser, Wissenschaft vom ... *Hydrologie*, die (gr., ohne Pl.)

Wasserbad zum Wärmen von Speisen *Bain-marie*, das (fr., ohne Pl.)

Wasserbecken *Bassin*, das (fr., Pl. -s) künstliches Becken

Wasserbehälter 1. *Zisterne*, die (lat., Pl. -n) unterirdisches Auffangbecken für Regenwasser 2. *Aquarium*, das (lat., Pl. ...ien) durchsichtiger Wasserbehälter z. B. für Zierfische

wasserblauer Edelstein *Aquamarin*, der (lat., Pl. -e) eigtl.: »Meerwasser«

Wässerchen, kein ... trüben *nil delinquere* (lat., Zitat) auch: nichts verschulden

wasserdicht 1. *hermetisch* (gr.-lat.) der Behälter wurde hermetisch abgeschlossen 2. *waterproof* (engl.) Hinweis auf wasserdichte Uhren oder Schuhe

wasserdicht machen *hermetisieren* (gr.-lat.)

Wasserentzug *Dehydration*, die (gr.-lat., Pl. -en) z. B. das Trocknen von Lebensmitteln

Wasserfall 1. *Kaskade*, die (lat.-it.-fr., Pl. -n) 2. *Katarakt*, der (gr.-lat., Pl. -e)

Wasserfloh *Daphnia*, die (gr.-lat., Pl. ...nien)

Wasserflugzeug *Hydroplan*, der (gr.-lat., Pl. -e) Kufen, als Schwimmer ausgebildet, erlauben dem Flugzeug auf dem Wasser zu starten u. zu landen

Wassergehalt des Blutes *Hydrämie*, die (gr.-lat., Pl. ...ien) ... erhöhter Wassergehalt (med.)

Wassergeist, weiblicher *Undine*, die (lat., Pl. -n)

Wasserglätte *Aquaplaning*, das (lat.-engl., Pl. -s) Gefahr auf nassen Autobahnen

Wassergymnastik *Aquarobic*, das (engl.-am., Pl. -s)

Wasserheilkunde *Hydropathie*, die (gr.-lat., ohne Pl.) med.

Wasserhose *Trombe*, die (germ.-it., Pl. -n) durch e. Wirbelwind entstehend

wässerig *aquatisch* (lat.) auch: im Wasser lebend

Wasserkanne *Ibrik*, der, das (pers., Pl. -s) e. Wasserkanne mit dünnem Hals u. ovalem Bauch im Orient

Wasserkopf *Hydrozephalus*, der (gr.-lat., Pl. ...alen, ...li) abnorm großer Schädel infolge Flüssigkeitsansammlung (med.)

Wasserkrug *Hydria*, die (gr.-lat., Pl. ...ien) aus hellenischer Zeit

Wasserleitung der Frühgeschichte *Aquädukt*, das (lat., Pl. -e) eines der ersten ließ Sanherib, König der Assyrer um 700 v. Chr. für die Stadt Ninive bauen

Wasserleitung, antike ... *Aquädukt*, der, das (lat., Pl. -e)

wasserliebend *hydrophil* (gr.-lat.) im Wasser lebende Pflanzen u. Tiere

wassermeidend *hydrophob* (gr.-lat.)

Wassermesser *Hydrometer*, das (gr.-lat., Pl. -) damit läßt sich der Wasserstand oder die Fließgeschwindigkeit messen

Wasseroberfläche, über der ... lebend *emers* (lat.) Ggs.: submers

Wasserpest *Elodea*, die (gr.-lat., ohne Pl.) auch: Froschbißgewächs

Wasserpfeife 1. *Kalian*, der (pers., Pl. -e) aus Persien 2. *Huka*, die (arab., Pl. -s) im Orient gebräuchlich 3. *Nargileh*, die, das (pers., Pl. -s) orientalische Wasserpfeife

Wasserpfeife, türkische ... *Nargil*, die (türk., ohne Pl.) die zum Haschischrauchen verwendet wird

Wasserpflanze 1. *Hydrophyt*, der (gr.-lat., Pl. -en) 2. *Alge*, die (lat., Pl. -n)

Wasserrose *Nymphäa*, die (gr.-lat., Pl. ...äen) auch: Seerose

Wassersack *Gerba*, die (arab., Pl. -s) Wasserbehälter aus Ziegenleder

wasserscheu *hydrophob* (gr.) wasserabstoßend (von Tieren u. Pflanzen)

Wasserschöpfrad *Naura*, die (arab., Pl. -s) in Mesopotamien verwendet worden

Wasserspeicher *Reservoir*, das (lat.-fr., Pl. -e)

Wasserstoff *Hydrogen* u. *Hydrogenium*, das (gr.-lat., ohne Pl.) chem. Grundstoff, Zeichen: H

Wasserstoffbombe *Hydrogenbombe*, die (gr.-lat.-dt., Pl. -n)

Wassersucht 1. *Hydrops*, der (gr., ohne Pl.) 2. *Hydropsie*, die (gr., ohne Pl.) e. Ödem (Schwellung) med.

Wasseruhr *Hydrologium*, das (gr.-lat., Pl. ...ien) war bis ins 17. Jh. in Gebrauch

Wasserverdrängung *Deplacement*, das (fr., Pl. -s) e. Schiffes

595

Wasservorwärmer bei Dampfkesselanlagen *Economiser*, der (gr.-lat.-engl., Pl. -s) »Sparer«

Wasserwagen *Tender*, der (lat.-fr., Pl. -) kurzer Anhänger hinter der Lokomotive

Wasserwirbel in der Badewanne *Jacuzzi*, der (it., Pl. -s) kleiner Badewannenwirbler

Webmuster *Dessin*, das (lat.-it.-fr., Pl. -s)

Wechsel 1. *Alternation*, die (lat., Pl. -en) 2. *Change*, der (lat.-fr.-engl., ohne Pl.) z. B. Geld wechseln 3. *Fluktuation*, die (lat., Pl. -en) in dem Unternehmen gibt es e. hohe Fluktuation (Personalwechsel) 4. *Turnus*, der (gr.-lat., Pl. -se) 5. *Tratte*, die (lat.-it., Pl. -n) d. h. gezogener (ausgestellter) Wechsel 6. *Akzept*, das (lat., Pl. -e) angenommener Wechsel

Wechsel ausgeben *emittieren* (lat.-fr.) auch: Luftverschmutzung durch Abgase verursachen

Wechsel in der Rangordnung *Alternat*, das (lat., Pl. -s) z. B. im diplomatischen Verkehr

Wechsel übertragen *indossieren* (lat.-it.)

Wechsel von Frequenz zu Frequenz *Roaming*, das (engl., ohne Pl.) von: to roam (streunen)

Wechsel ziehen *trassieren* (lat.-fr.)

Wechsel zwischen zwei Dingen *Alteranz*, die (lat., Pl. -en) auch: Ertragsschwankungen bei den jährlichen Ernten

Wechsel, gezogener ... *Tratte*, die (lat.-it., Pl. -n)

Wechsel, Verkauf angekaufter ... *rediskontieren* (lat.) d. h. diskontierte Wechsel an- oder weiterverkaufen

Wechselaussteller *Trassant*, der (lat.-it., Pl. -en) e. Wechsel auf e. Person ausstellen, die Verbindlichkeiten hat

Wechselbeziehung ... *Biogeozönose*, die (gr., Pl. -n) ... zwischen Pflanzen u. Tieren einerseits u. der unbelebten Umwelt andererseits

Wechselbeziehung bewirkend *interaktiv* (lat.)

Wechselbezogener *Akzeptant*, der (lat., Pl. -en)

Wechselbild-Spielzeug *Kaleidoskop*, das (gr.-lat., Pl. -e) eigtl.: Schönbildbetrachter; Rohr, das beim Drehen kleiner Glassteinchen bunte Bildmuster zeigt

Wechselempfänger *Trassat*, der (lat.-it., Pl. -en)

Wechselfieber *Malaria*, die (lat.-it., ohne Pl.) med., früher auch Sumpffieber genannt worden

Wechselgesang *Responsorium*, das (lat., Pl. ...ien) im Gottesdienst zu hören

Wechselgesangs-Sammlung *Antiphonar*, das (gr., Pl. ...ien) auch: liturgisches Buch mit dem Text des Stundengebets

Wechselgläubiger 1. *Indossatar*, der (lat.-it., Pl. -e) 2. *Indossat*, der (lat.-it., Pl. -en) jeweils durch Indossament (Wechselübertragungsvermerk) ausgewiesener Wechselgläubiger

wechselhaft 1. *labil* (lat.) auch: schwankend; unsicher; Ggs.: stabil 2. *variabel* (lat.-fr.) veränderlich

Wechseljahre ... *Klimakterium*, das (gr.-lat., ohne Pl.) ... der Frau (med.) »Berlin ist Dreh- u. Angelpunkt des Umbruchs, welcher Ort eignet sich daher besser, über das Thema Klimakterium in der Frau zu diskutieren?« (Schering AG, Pressekonferenz, 1990)

Wechselkonto *Obligo*, das (lat.-it., Pl. -s) Wechselbuch, das die Banken führen; auch: allg. Verbindlichkeit

Wechselkredit *Rediskont*, der (lat., Pl. -e) Wechsel, die best. Formalien genügen, können von den Hausbanken an die Bundesbank zum Rediskont weitergegeben werden

Wechselkursfreigabe *Floating*, das (engl., Pl. -s) das ist die Freigabe e. Wechselkurses e. Währung in e. System fester Wechselkurse

Wechselkursschwankung *Floating*, das (engl., Pl. -s) »... in Sachsen-Anhalt hat am Schluß e. Floating von fast 10 Prozent von der SPD weg stattgefunden‡...« (Theo Waigel, Finanzminister, 1998)

wechseln 1. *fluktuieren* (lat.) auch: schwanken 2. *modulieren* (lat.) musik., auch: in e. andere Tonart 3. *alternieren* (lat.) auch: einander ablösen; alternierendes Fieber (wechselnde, fiebrige Zustände) nicht verw. mit *alterieren* (lat.-fr.) jmdn. aufregen 4. *transferieren* (lat.) z. B. Geld in e. fremde Währung umwechseln 5. *variieren* (lat.-fr.) verändern, z. B. e. Musikthema variieren

wechselnd, ständig ... *kaleidoskopisch*

(gr.-lat.) Bilder oder Eindrücke wechseln ständig in bunter Folge

Wechselnehmer *Remittent*, der (lat., Pl. -en) an ihn oder an dessen Order ist die Wechselsumme zu zahlen

Wechselrahmen *Passepartout*, das (fr., Pl. -s) ... aus leichter Pappe z. B. für Fotos oder Zeichnungen; selten auch: Haupt- oder Generalschlüssel

Wechselrede (Dialog) des Einzelnen ... *Interaktivität*, die (lat., Pl. -e) ... mit dem Anbieter, Informanten, den Medien usw. über den Computer

Wechselrede *Dialog*, der (gr.-lat.-fr., Pl. -e) findet zwischen zwei Personen oder zwei Interessengruppen statt; »... ich werde für die Gewerkschaften zu einem Gesprächs- u. Dialogpartner, der am gleichen Strang zieht.« (Schattenwirtschaftsminister Jost Stollemann, 1998) Ggs.: Monolog

Wechselschuldner *Trassat*, der (lat.-it., Pl. -en) Schuldner oder Bezogener e. Wechsels heißt auch Akzeptant

wechselseitig 1. *mutual* (lat.) 2. *reziprok* (lat.) 3. *bilateral* (lat.) zwei Seiten betreffend; Ggs.: multilateral 4. *invers* (lat.) umgekehrt 5. *vice versa* (lat.) umgekehrt, kurz: v.v.

Wechselseitigkeit 1. *Mutualität*, die (lat., ohne Pl.) 2. *Reziprozität*, die (lat., ohne Pl.)

Wechselüberschreiber *Indossant*, der (lat.-it., Pl. -en)

Wechselübertragungsvermerk *Indossament*, das (lat.-it., Pl. -e) alle Rechte u. Pflichten aus dem Wechsel werden auf den Wechselnehmer übertragen

wechselweise *alternativ* (lat.-fr.) zwei Möglichkeiten stehen zur Wahl

Wechselwirkung *Interaktion*, die (lat., Pl. -en)

Wechselwirkung zwischen Leib u. Seele *Okkasionalismus*, der (lat., ohne Pl.) ... die auf direkte Eingriffe Gottes zurückgeführt wird, nach dem Fr. Philosophen R. Descartes (1596–1650)

Weg 1. *Bankett*, das (germ.-fr., Pl. -e) e. schmaler Streifen neben der Straße; auch: Festmahl 2. *Piste*, die (lat.-it.-fr., Pl. -n) schlechter, unbefestigter Weg; Radrennstrecke; auch: einfache Start- u. Landebahn auf Behelfsflugplätzen

weg *perdu* (lat.-fr.) das Geld ist perdu

Weg, der kürzeste oder längste Weg zwischen zwei Punkten *Geodäte*, das (gr., ohne Pl.) nicht verw. mit *Geodät*, der (gr., Pl. -en) Landvermesser

Weg, jmdn. aus dem ... räumen 1. *eliminieren* (lat.) auch: herauslösen 2. *liquidieren* (lat.-it.) umbringen; e. Rechnung schreiben; e. Geschäft auflösen 3. *neutralisieren* (lat.-fr.) auch: unwirksam machen, ausschalten

Wegbereiter *Pionier*, der (lat.-fr., Pl. -e) der junge Mann leistete seinen Wehrdienst bei den Pionieren ab; Otto Lilienthal (1848–1896) war e. Pionier der Luftfahrt

Wege leiten, in die ... *arrangieren* (fr.)

Wegekeln durch den Chef *Bossing*, das (engl., ohne Pl.) der Firmenleiter triezt so lange, bis der Angestellte kündigt

Weggang *Diszession*, die (lat., Pl. -en) z. B. der Parteienübertritt e. Politikers

weggetreten 1. *apathisch* (gr.-lat.) teilnahmslos 2. *lethargisch* (gr.-lat.) schlafsüchtig, gleichgültig 3. *phlegmatisch* (gr.-lat.) auch: träg, schwerfällig

Wegmesser *Hodometer*, das (gr.-lat., Pl. -) auch: Schrittzähler

wegmüde *marod* (fr.) i. S. von marschunfähig

wegschwemmen *erodieren* (lat.) z. B. Mutterboden von Hängen bei Regen

wegstrebend *zentrifugal* (gr.-lat.) vom Zentrum nach außen; Ggs.: zentripetal

Wegstrecke, gefahrlose ... *Chicken Route*, die (engl.-am., Pl. -s) für Angsthasen (in e. Offroad-Gelände)

wegwerfen *ausrangieren* (dt.-germ.-fr.) aussondern

wegwerfend *en canaille* (fr.) auch: verächtlich

Wegzehrung *Proviant*, der (lat.-it., Pl. -e)

Wehklagen *Lamentation*, die (lat., Pl. -en)

wehklagen *lamentieren* (lat.)

wehmütig 1. *elegisch* (gr.) 2. *deprimiert* (lat.-fr.) auch: entmutigt, niedergeschlagen 3. *melancholisch* (gr.-lat.) schwermütig

wehmütiges Gedicht *Elegie*, die (gr.-lat., Pl. ...ien)

Wehrkloster, islamisches ... *Ribat*, das (arab.)

Wehrverwaltungsbezirk *Kanton*, der (fr.,

Pl. -e) in Preußen 1733–1814; auch: Bundesland der Schweiz

Weib 1. *Furie*, die (lat., Pl. -n) sie gebärdete sich wild, wie e. Furie 2. *Xanthippe*, die (gr., Pl. -n) zänkisches Weib; Frau des Philosophen Sokrates (469–399 v. Chr.), sie galt als streitsüchtig

Weib, böses ... 1. *Megäre*, die (gr.-lat., Pl. -n) 2. *Furie*, die (lat., Pl. -n) röm. Rachegöttin; e. wütende Frau 3. *Erinnye, Erinnys*, die (gr., Pl. ...yen) gr. Rachegöttin; auch: Furie

weiblich *feminin* (lat.)

weibliche Urkraft *Yin*, das (chin., ohne Pl.) die dunkle, empfangende Kraft

weiblicher After *Miss Brown*, die (engl.-am., Pl. -es)

weich 1. *dolce* (it.) musik. Vortragsanw. 2. *soft* (engl.)

Weichkäse aus der Schweiz *Vacherin*, der (fr., Pl. -s) auch: Eis mit Sahne zu e. bes. Süßspeise

Weichkäse, it. ... *Bel-Paese*, der (it., ohne Pl.) auch: Butterkäse

Weichtier *Molluske*, die (lat., Pl. -n) z. B. Schnecken

Weichtierkunde *Malakologie*, die (gr.-lat., ohne Pl.)

Weihegebet *Eulogie*, die (gr.-lat., Pl. ...ien)

Weihegeschenk *Exvoto*, das (lat., Pl. -s) auch: Votivtafel

weihen *benedezieren* (lat.) auch: segnen

Weihinschrift *Iovi optimo maximo* (lat.): Jupiter, dem Besten u. Größten; Abk.: I. O. M.; röm. Eingangsformel u. Inschrift

Weihnachten 1. *Xmas*, das (engl., ohne Pl.) Szenekürzel für 2. *Christmas*, das (engl., ohne Pl.)

Weihnachtsfest in Skandinavien *Julfest*, das (schwed., ohne Pl.)

Weihnachtsgeschenk *Julklapp*, der (schwed., ohne Pl.) scherzhaft mehrfach verpackt

Weihnachtsspende, Bez. e. ... für Lateinamerika *Adveniat*, das (lat., Pl. -s) eigtl.: es komme (dein Reich); ... der Katholiken in Deutschland

Weihwasserwedel *Aspergill*, das (lat., Pl. -e)

Weile, eile mit ... *festina lente* (lat., Zitat: Sueton)

Wein abklären *dekantieren* (lat.-fr.) d. h.

bes. Rotwein vom Bodensatz abgießen; i. a. in e. Karaffe, damit der Wein »atmen« kann

Wein ist die Milch der Greise *vinum lac senum* (lat., Zitat)

Wein von den Hängen des Vesuvs *Lacrimae Christi*, der (lat., Pl. - -) »Tränen Christi«

Wein, Blume (Duft) des Weins ... *Bukett*, das (germ.-fr., Pl. -s) ... u. des Weinbrands; auch: Blumenstrauß

Wein, im ... ist Wahrheit *in vino veritas* (lat., Zitat: Plinius)

Wein, Rot... auf Trinktemperatur bringen *Chambrieren*, das (fr., ohne Pl.) eigtl.: auf Zimmertemperatur bringen

Weinbaukunde *Önologie*, die (gr.-lat., ohne Pl.)

Weinbeere *Rosine*, die (lat.-fr., Pl. -n) getrocknete Traube

Weinberg mit höchster Qualitätsstufe *Grand Cru*, der (fr., Pl. -s)

Weine aus kleinen Fässern *Barrique*, die (fr., Pl. -s) ... vorzugsweise aus Eichenholz mit e. Fassungsvermögen von 225 Litern; auch: frühes fr. Weinmaß

Weinen, das ... des Erben ist e. maskiertes Lachen *heredis fletus sub persona risus est* (lat., Zitat: Publius Syrus)

weinerlich *larmoyant* (lat.-fr.)

Weinerlichkeit *Larmoyanz*, die (lat.-fr., ohne Pl.)

Weinforscher *Önologe*, der (gr.-lat., Pl. -n) Weinfachmann

Weingeist *Spiritus*, der (engl., ohne Pl.) i. S. von Alkohol; Spiritus rector, der treibende Geist e. Gemeinschaft; Spiritus Sanctus, der Heilige Geist

Weingott *Dionysos*, der (gr., ohne Pl.) Gott der Fruchtbarkeit u. des Weines

Weinkellner *Sommelier*, der (fr., Pl. -s)

Weinkenner *Önologe*, der (gr.-lat., Pl. -n)

Weinkunde *Önologie*, die (gr.-lat., ohne Pl.)

Weinsack *Bota*, die (sp., Pl. -s) Ziegenlederbeutel, aus dem Wein aus e. Distanz in den Mund gegossen wird; eigtl.: Stiefel

Weinsammlung mit Ausschank *Vinothek*, die (gr.-lat., Pl. -en) Sammlung erlesener Weine

Weinschaumcreme *Sabayon*, das (fr., Pl. -s)

Weinschaumsoße *Zabaglione* auch *Zabalione*, die (it., Pl. -s)

Weinschenke, sp. ... *Bodega*, die (gr.-lat.-sp., Pl. -s) auch: sp. Weinkeller

Weinverkostung *Degustation*, die (lat.-fr., Pl. -en) d. h. Probieren des Weines

Weinverschnitt *Cuvée*, die, das (lat.-fr., Pl. -s) nicht verw. mit *Curé*, der (lat.-fr., Pl. -s) kath. Geistlicher in Frankreich

weise *salomonisch* nach König Salomo (10. Jh. v. Chr.) salomonisches Urteil: e. Urteil, das von großer Einsicht zeugt

Weise, der ... trägt all sein Gut bei sich *sapiens omnia sua secum portat* (lat., Zitat: Cicero, 106–43 v. Chr.)

Weiser *Hakim*, der (arab., Pl. -s) kluger Mann im Orient; auch: el hakim, der Arzt

Weisheit des Buddhismus *Shantidevas*, die (chin., ohne Pl.) ... mit der die Streitsucht besiegt werden soll

Weisheit, seine ... aus Kommentaren schöpfen *ex commentariis sapere* (lat., Zitat)

Weisheitsliebe *Philosophie*, die (gr.-lat., Pl. ...ien) das Fragen u. Streben nach Erkenntnis u. der Stellung des Menschen im Universum; »Philosophie ist e. Art Rache an der Wirklichkeit« (Friedrich Nietzsche)

weiß, was ich nicht ... macht mich nicht heiß *quod latet, ignotum est, ignoti nulla cupido* (lat., Zitat: Ovid) auch: was verborgen ist, ist unbekannt

weissagen *augurieren* (lat.)

weissagend 1. *sibyllinisch* (gr.-lat.) 2. *prophetisch* (gr.-lat.)

Weissager 1. *Prophet*, der (gr.-lat., Pl. -en) 2. *Augur*, der (lat., Pl. -en) eigtl.: Priester u. Vogelschauer im alten Rom; Deuter von sich entwickelnden, politischen Ereignissen 3. *Nigromant*, der (gr.-lat., Pl. -en) auch: Zauberer

weissagerisch *sibyllinisch* (gr.-lat.) auch: rätselhaft

Weissagung 1. *Nekromantie*, die (gr.-lat., ohne Pl.) durch Totenbeschwörung 2. *Orakel*, das (lat., ohne Pl.) das Orakel von Delphi 3. *Prophetie*, die (gr.-lat., ohne Pl.) 4. *Theomantie*, die (gr., Pl. ...ien) nach göttlicher Erleuchtung 5. *Tarot*, das (Eigenn., Pl. -s) Spiele u. Bücher mit mystisch-magischen Elementen für die Weissagung; erfreuen sich großer Beliebtheit, gelten als modernes Orakel

Weißbrot rösten *toasten* (lat.-fr.-engl.)

Weißbrotröster *Toaster*, der (lat.-fr.-engl., Pl. -)

Weißbrotscheibe 1. *Sandwich*, der, das (engl., Pl. -es) belegte Brotscheibe, nach John Montagu, dem Grafen von Sandwich, er aß im Club am liebsten belegte Brote 2. *Toast*, der (engl., Pl. -s) geröstete Brotscheibe

Weißer Sonntag *Quasimodogeniti* (lat.) »wie die eben geborenen (Kinder)«; auch: erster Sonntag nach Ostern

weißlich *ekrü* (lat.-fr.)

Weißwein, französischer ... *vin blanc*, der (fr., ohne Pl.) z. B. Blanc de Blancs

Weißwein, italienischer ... *vino bianco*, der (it., ohne Pl.) z. B. Pinot Grigio

Weisung 1. *Direktive*, die (lat., Pl. -n) auch: Anordnung 2. *Instruktion*, die (lat., Pl. -en) auch: Anleitung 3. *Order*, die (lat.-fr.-engl., Pl. -s, -n) auch: Befehl, Auftrag

weit verbreitet *eurytop* (gr.-lat.) z. B. best. Tier- u. Pflanzenarten

weiterbilden *qualifizieren* (lat.-fr.) mit Befähigungsnachweis

Weitergabevermerk *Indossament*, das (lat.-it., Pl. -e) mit dem Indossament werden Wechselrechte u. -pflichten auf den Remittenten (Wechselnehmer) übertragen

weitergeben 1. *tradieren* (lat.) auch überliefern 2. *delegieren* (lat.) i. S. von: Aufgaben übertragen; auch: jmdn. abordnen

weitergehen, nicht mehr ... *stagnieren* (lat.) stocken

weitermachen *perpetuieren* (lat.-fr.) fortfahren

Weitertransport *Transfer*, der (lat.-engl., Pl. -s) z. B. Reiseverkehr, einige Länder verlangen Transfervisa

weitherzig *tolerant* (lat.-fr.) der Pastor war e. toleranter Mann; Ggs.: intolerant

Weitherzigkeit *Largesse*, die (lat.-fr., ohne Pl.) auch: Freigebigkeit

weitsichtig *hypermetropisch* (gr.-lat.) med.; Ggs.: myop

Weitsichtigkeit *Hypermetropie*, die (gr.-lat., ohne Pl.) Ggs.: Myopie

Weitung verstopfter Koronararterien *Ballondilatation*, die (lat.-fr., Pl. -en)

Wellenbewegung *Undulation*, die (lat., Pl. -en) physik.

wellenförmig *peristaltisch* (gr.) med. fortschreitende Bewegung im Darm

Welt 1. *Bios*, der (gr., ohne Pl.) als belebter Teil des Kosmos 2. *Orient*, der (lat., ohne Pl.) der östliche Teil – 3. *Okzident*, der (lat., ohne Pl.) das Abendland, der westliche Teil der Erde 4. *Orbis terrarum*, der (lat., ohne Pl.) der Erdkreis 5. *Orbis pictus*, die (lat., ohne Pl.) »gemalte Welt« 6. *Mundus*, der (lat., ohne Pl.)

Welt, das ist der ... Lauf *ea est natura hominum* (lat., Zitat)

Welt, die ... will betrogen sein, daher sei sie betrogen *mundus vult decipi, ergo decipiatur* (lat., Zitat)

Welt, künstliche, vom Computer erzeugte Welt 1. *Cyberspace*, die (engl.-am., ohne Pl.) e. kybernetischer Weltraum, als »zweites Universum« (vom Computer erzeugt) steht neben der dinglichen Realität 2. *virtual Reality*, die (engl.-am., ohne Pl.) künstliche Wirklichkeit; auch: Erzeugung e. dreidimensionalen Computerbildes, in das sich der Betrachter (Cybernaut) mittels e. stereoskopischen Brille hineinbegeben kann; so werden Flugsimulation, schwierige Bauprojekte, Operationen, Situationen in der Weltraumforschung ausprobiert bzw. simuliert

Welt, soll die ... verderben! *pereat mundus!* (lat., Zitat) i. S. von: nach uns die Sintflut

Welt, vor aller ... *coram publico* (lat.) auch: öffentlich

Weltall 1. *Makrokosmos*, der (gr.-lat., ohne Pl.) Ggs.: Mikrokosmos 2. *Mundus*, der (lat., ohne Pl.) 3. *Universum*, das (lat., ohne Pl.) 4. *Kosmos*, der (gr., ohne Pl.) Weltraum

Weltalter *Äon* (gr.-lat., Pl. -en) Ewigkeit, unendlich langer Zeitraum; »Es kann die Spur von meinen Erdentagen nicht in Äonen untergehn.« (Goethes »Faust«)

Weltanschauung *Ideologie*, die (gr.-fr., Pl. ...ien)

Weltanschauung des Staatsmanns Mao Tse-tung Vertretender *Maoist*, der (Eigenn., Pl. -en) Mao (1893–1976): Kommunist, seine Ideologie: Maoismus. »Nun traut man e. Maoisten Bibelnähe nicht zu.« (Jörg Immendorff, Maler, 2006)

Weltbaum der nord. Mythologie *Yggdrasil*, der (nord., ohne Pl.)

Weltbaumeister *Demiurg*, der (gr.-lat., Pl. -en) bei den alten Griechen, der Mittler zwischen den Göttern u. den Menschen

Weltbild *Ideologem*, das (gr.-lat., Pl. -e) auch: Gedankengebilde, Vorstellungswert

Weltbild, das ptolemäische ... *Geozentrik*, die (gr.-lat., ohne Pl.) Vorstellung, die die Erde als Mittelpunkt betrachtet; nach dem gr. Astronomen Ptolemäus (um 90–160 n. Chr.)

Weltbrand *Ekpyrosis*, die (gr.-lat., ohne Pl.) Auflösung der Erde in Feuer (Urelement)

Weltbürger *Kosmopolit*, der (gr., Pl. -en)

Weltbürgertum *Kosmopolitismus*, der (gr., ohne Pl.)

Welteislehre *Glazialkosmogonie*, die (lat., ohne Pl.) Hypothese nach der durch Aufprall von Eis- u. Glutmassen die Gestirne entstanden sein sollen

Welten, vom Computer hergestellte ... *Cyberspace* (engl.) Begriff wurde vom Science-fiction-Autor William Gibson geprägt u. bedeutet, vom Computer erzeugte kybernetische Welten, i. S. e. »zweiten Universums«, neben der allg. wahrnehmbaren Realität

Weltenbummler *Globetrotter*, der (engl., Pl. -)

Weltende *Apokalypse*, die (gr., Pl. -n) ... grauenhaftes; auch: Unheil

Weltende, darauf hinweisend *apokalyptisch* (gr.-lat.) unheilvoll! Apokalyptische Reiter: Sinnbild für Tod, Hunger, Pest, Krieg (Bild von Albrecht Dürer, 1471–1528) apokalyptische Zahl: 666

Weltenschöpfer *Demiurg*, der (gr.-lat., Pl. -en) bei den alten Griechen, der Mittler zwischen den Göttern u. den Menschen

Welterneuerer *Mahdi*, der (arab., Pl. -s) wird von den Mohammedanern als letzter Prophet (Glaubenserneuerer) erwartet

Weltgeistlicher 1. *Abbé*, der (fr., Pl. -s) ... in Frankreich 2. *Abate*, der (lat.-it., ...ten, ...ti) ... in Italien u. Spanien

Welthaltung, zynische ... *Öko-Hedonismus*, der (gr.-lat., ohne Pl.) nach dem Motto: »Bevor die Biber ausgestorben sind, kauf' ich mir e. Pelzmantel.«

Weltlichkeit *Profanität*, die (lat., ohne Pl.)

Weltmacht *Imperium,* das (lat., Pl. ...ien); auch: großes Kaiserreich, z. B. das Römische Imperium

weltmännisch 1. *urban* (lat.) von: urbanus (städtisch) auch: gebildet 2. *kosmopolitisch* (gr.) auch: weltbürgerlich

Weltmeer *Ozean,* der (gr.-lat., Pl. -e)

Weltraum 1. *Kosmos,* der (gr., ohne Pl.) Weltall 2. *Mundus,* der (lat., ohne Pl.) 3. *Universum,* das (lat., ohne Pl.)

Weltraumbehörde *NASA* kurz für: *National Aironautics and Space Administration,* in den USA

Weltraumfahrer 1. *Astronaut,* der (gr.-lat., Pl. -en) 2. *Kosmonaut,* der (gr.-lat., Pl. -en) russ. Weltraumfahrer

Weltraumforschung *Kosmologie,* die (gr.-lat., Pl. ...ien) Lehre von der Entstehung u. Entwicklung des Weltalls

Weltraumkolonie *Torus,* der (lat., Pl. Tori) eigtl.: Wulst, Ringfläche; hier: riesiger Zylinder, in dem viele Menschen leben; Torus rotiert, um künstliche Schwerkraft zu erzeugen, sein Innenraum wird landwirtschaftlich genutzt, somit sind die Astronauten autark

Weltraumlaboratorium 1. *Skylab,* das (engl.-am., Pl. -s) auch: Raumlabor 2. *Spacelab,* das (engl.-am., Pl. -s) Raumlabor

Weltraumlastwagen, raketengetriebener ... *Orbital Maneuvering Vehicle,* das (engl.-am., Pl. -s) kurz: OMV

Weltreich 1. *Imperium,* das (lat., Pl. ...ien) auch: großes Kaiserreich, z. B. das Römische Imperium 2. *Empire,* das (lat.-fr.-engl.) das Britische Weltreich

Weltschöpfer *Demiurg,* der (gr.-lat., Pl. -en) bei den alten Griechen, der Mittler zwischen den Göttern u. den Menschen

Weltsprache, künstliche ... *Esperanto,* das (Eigenn., ohne Pl.) nach dem Pseudonym »Dr. Esperanto« (der Hoffende), der tatsächlich Zamenhof hieß

Weltstadt *Metropole,* die (gr.-lat., Pl. -n) mit typischem Weltstadtcharakter

weltumfassend *global* (lat.)

weltumspannend 1. *mondial* (lat.-fr.) 2. *global* (lat.) »In e. globalen Welt kommt es auch darauf an, internationale Wachhunde zu haben.« (Hans Tietmeyer, 1998)

Weltuntergang 1. *Ragnarök,* die (altnordisch, ohne Pl.) in der nordischen Mythologie 2. *Apokalypse,* die (gr.-lat., Pl. -n) eigtl.: Enthüllung; auch: Grauen, Unheil 3. *Kataklysmus,* der (gr.-lat., Pl. ...men) erdgeschichtliche Zerstörung, z. B. e. Vulkanausbruch u. dessen Folgen

Weltweisheit *Kosmosophie,* die (gr., ohne Pl.) Philos.

weltweit 1. *global* (lat.) 2. *international* (lat.) 3. *mondial* (lat.-fr.) 4. *universal* (lat.-fr.) die Welt umfassend 5. *worldwide* (engl.)

Wemfall *Dativ,* der (lat., Pl. -e)

wenden 1. *U-Turn* machen (engl.) 2. *verte!* (lat.) wende um! z. B. das Notenblatt beim Klavierspielen

Wendepunkt *Peripetie,* die (gr., Pl. ...ien) z. B. in e. Drama

wendig *clever* (engl.) e. cleverer (geschickter) Kaufmann sein

Wendigkeit *Flexibilität,* die (lat., Pl. -en)

Wendung beim Kunstflug *Turn,* der (engl., Pl. -s) auch: Drogenrausch

Wendung, geistreiche ... 1. *Aperçu,* das (fr., Pl. -s) svw. geistreiche Bemerkung 2. *Bonmot,* das (fr., Pl. -s) i. S. e. witzigen Ausspruchs

Wendung, ironische ... anstelle des Autorennamens *Ironym,* das (gr.-lat., Pl. -e) z. B. »von einem Schlauberger«

Wenfall *Akkusativ,* der (lat., Pl. -e)

wenig *minimal* (lat.) auch: sehr klein

wenige, Herrschaft weniger *Oligarchie,* die (gr., Pl. ...ien)

wenigen, e. der mit ... anderen herrscht *Oligarch,* der (gr., Pl. -en) auch: Anhänger der Oligarchie

weniger schnell *allegretto* (lat.-it.) musik. Vortragsanw.

Wenigkeit, meine ... *mea tenuitas* (lat., Zitat: Aulus Gellius)

wer kommt, sei willkommen *intrantibus salutem* (lat., Zitat)

Werbeabteilung *Promo-Abteilung,* die (engl.-dt., Pl. -en)

Werbeagentur *Advertising Agency,* die (engl., Pl. ...cies)

Werbeaktionen, Koordinaten von ... *Promotion-Coordinator,* der (engl.-lat., Pl. -en)

Werbeauftrag, der Kampf um den ... *Pitchen,* das (engl., ohne Pl.) Ausdruck aus dem Kricketsport, in e. »Pitch« präsentieren Werbeagenturen die Vorschläge für e. Kampagne

Werbeaussage *Commercial*, das (engl., Pl. -s) ... im Kino oder Fernsehen; auch Werbespot

Werbebeigabe 1. *Gadget*, das (engl., Pl. -s) i. S. e. kleinen Werbegeschenks, Werbestreuartikel 2. *Gimmick*, der, das (engl.-am., Pl. -s) auffallendes Werbegeschenk

Werbebotschaft *Basic Massage*, die (engl., Pl. -s) als grundlegende Werbeaussage

Werbebroschüre 1. *Booklet*, das (engl., Pl. -s) 2. *Leaflet*, das (engl., Pl. -s) 3. *Prospekt*, der (lat., Pl. -e) »Hinblick«, Werbeschrift mit Bildern

Werbefachmann *Promoter*, der (engl., Pl. -s) natürlich auch: Werbefachfrau

Werbefilm 1. *Commercial*, das (engl., Pl. -s) 2. *Commercialspot*, der (engl., Pl. -s) dabei geht es um die Werbesequenz, im Fernsehen »Spot« (Punkt) genannt, da nur e. kurze Zeit beansprucht wird

Werbefilm, prägnanter ... *Teaser*, der (engl., Pl. -s) eigtl.: Quälgeist; harte Nuß; auch: Gestaltungselement in e. Werbeanzeige, das auffällt

Werbeform, bekannteste ... im Internet *Banner*, der (engl., Pl. -s)

Werbegeschenk ... *Giveaway*, das (engl., ohne Pl.) ... e. Firma an Kunden

Werbegestalter *Visualizer*, der (engl., Pl. -) ist der Fachmann für die grafische Gestaltung e. Werbeaussage

Werbe-Handzettel *Flyer*, der (engl., Pl. -s) eigtl.: Flieger

Werbeidee, auf die man immer wieder trifft ... *Overall*, der (engl., Pl. -s) ... u. damit stets das beworbene Produkt vor Augen hat; auch: Arbeitsanzug, Blaumann

Werbekampagne *Relaunch*, der u. das (engl., Pl. -es) auch: verstärkter Einsatz für e. bereits im Markt vorhandenes Produkt

Werbeleiter, einfallsreicher ... *Creative Director*, der (engl., Pl. -s) in der Werbeagentur e. Art Spielmacher, der den Pitch (Kampf um e. Werbeetat) gewinnen muß

Werbemaßnahme, die den Verbraucher von der Moral e. Firma überzeugen soll *Below-the-line-Maßnahme*, die (engl.-dt., Pl. -n)

werben 1. *propagieren* (lat.) 2. *agitieren* (lat.-engl.) politisch werben u. handeln 3. *promoten* (lat.-am.)

Werben, übermäßiges ... *hype* (engl.-am.) das meist abgesprochene Zusammenwirken von Musikindustrie u. Presse um e. Künstler erfolgreich zu machen, d. h. zu vermarkten

Werberummel *Ballyhoo*, das (engl., ohne Pl.) auch: marktschreierische Reklame

Werbeschlagwort *Slogan*, der (engl., Pl. -s)

Werbeschrift 1. *Prospekt*, der (lat., Pl. -e) »Hinblick«, Werbeschrift mit Bildern 2. *Booklet*, das (engl., Pl. -s) 3. *Leaflet*, das (engl., Pl. -s) 4. *Folder*, der (engl., Pl. -s) Broschüre

Werbesekunden, Verkauf von ... an e. Börse *Spotbörse*, die (engl.-gr.-lat.-niederl., Pl. -n) z. B. kurz vor e. interessanten Spielfilm

Werbespot, der seine Wirkung verliert *Wear-out-Effekt*, der (engl.-lat., Pl. -e) bes. die Tatsache, daß im Fernsehen zu oft gezeigte Werbung langweilt u. wirkungslos ist

Werbespruch *Slogan*, der (engl., Pl. -s)

Werbetafel auf e. Webseite *Banner*, das (engl., Pl. -) auch: Fahne

Werbung 1. *Advertising*, das (engl., Pl. -s) 2. *Promotion*, die (lat.-engl., ohne Pl.) auch: »Beförderung«, Erlangung der Doktorwürde 3. *Inserat*, das (lat., Pl. -e) svw. Zeitungsanzeige 4. *Annonce*, die (lat.-fr., Pl. -n) Zeitungsanzeige; Ankündigung z. B. e. neuen Artikels 5. *Marketing*, das (lat.-fr.-engl., ohne Pl.) Unternehmensbereich »Absatzwirtschaft« schließt die »Werbung« ein 6. *Public Relations*, die (am., nur Pl.) Abteilung »Presse- u. Öffentlichkeitsarbeit« in e. Unternehmen; auch: Kontaktpflege

Werbung als Information *Softnews*, die (engl., nur Pl.) aus »platter« Reklame entwickeln sich immer mehr Informations- u. Unterhaltungs-Spots mit unterschwelliger Werbung

Werbung durch Verteilung ... *Sampling*, das (engl., Pl. -s) ... von Probepackungen

Werbung gegen Programm, Tausch... im Fernsehen *Shareware*, das (engl.-am., ohne Pl.) von: to share (teilen) u. ware (Ware) die privaten TV-Anstalten bieten dem Konsumenten »kostenlos« Filme gegen Commercials (Werbefilme, d. h. Werbezeit) die den Anbietern verkauft werden; der Konsum von Commercials wird im Rückkanal überprüft; im interaktiven TV kann der Konsument für das Betrachten von Werbefilmen, Gutschriften für Spielfilme erhalten

Werbung mit verwertbarer Information *Infomercial,* das (engl.-am., Pl. -s) das Infomercial löst das herkömmliche »Commercial« im Werbespot langsam ab

Werbung von zwei oder mehreren Anbietern gemeinsam ... *Sharevertising,* das (engl.-am., ohne Pl.) aus: to share (teilen) u. advertising (Werbung) ... geschaltet, um das Image gegenseitig zu befruchten, z. B. Auto-Hersteller mit Softdrink-Produzenten

Werbung, ungebetene ... per E-Mail *Spam,* das (engl.-am., Pl. -s) eigtl.: minderwertiges Dosenhackfleisch; Versender dieser Werbung sind Spammer

Werfall *Nominativ,* der (lat., Pl. -e) der erste Fall

Werk 1. *Opus,* das (lat., Pl. ...pera) das Werk e. Künstlers, bes. Komponisten 2. *Fragment,* das (lat., Pl. -e) e. unvollendetes Werk; auch: Bruchstück 3. *Œuvre,* das (lat.-fr., Pl. -s) Gesamtwerk e. Künstlers

Werke *Adespota,* die (gr., nur Pl.) unbekannter Kirchenlied-Verfasser

Werkstatt *Atelier,* das (fr., Pl. -s) von z. B. Malern, Bildhauern u. Fotografen

Werkstoff für kugelsichere Westen *Kevlar,* das (Eigenn., ohne Pl.) e. Polymerfaser

Werkstoff *Material,* das (lat., Pl. -ien)

Werkzeug *Instrument,* das (lat., Pl. -e) Meßinstrument

Wermutbranntwein *Absinth,* der (gr., Pl. -e)

Wermutpflanze *Absinth,* der (gr.-lat., Pl. -e) auch: Branntwein mit Wermutzusatz

Wert 1. *Dignität,* die (lat., Pl. -en) auch: Würde (ohne Pl.) Amtswürde e. kath. Geistlichen 2. *Qualität,* die (lat., Pl. -en) auch: Beschaffenheit, Güte; »Qualität des Lebens« (Heinrich Swoboda) 3. *Value,* das (engl., Pl. -s)

Wert des Fremdkapitals *Shareholder Va-* lue, der (engl.-am., ohne Pl.) auch: das sich auf die Aktionäre aufteilende Eigenkapital; »Vom Shareholder Value zum Kuponschneider ist der Weg nicht weit.« (Wolfgang Schäuble, Chef der CDU/CSU-Bundestagsfraktion, 1997)

Wert, fester ... *Konstante,* die (lat., Pl. -n) unveränderliche Größe; Ggs.: Variable

Wertabschätzung *Taxation,* die (lat.-fr., Pl. -en) lassen Versicherungen in Schadensfällen durchführen

Wertbestimmung *Evaluation,* die (fr.-engl., Pl. -en) auch: Berechnung; sachgerechte Einschätzung best. Vorhaben

Werte, zusätzliche ... *added Values* (engl.) Marketingüberlegung, die besagt, daß neue Produkte nur mit Zusatznutzen Chancen haben, z. B. Clubmitgliedschaft, Beratungsleistung

Wertentwicklung e. Investition *Performance,* die (engl., Pl. -s) eigtl.: Vorführung; auch: Investmentfonds-Entwicklung; künstlerische Aktion

Wertewandel *Paradigmawechsel,* der (gr.-dt., ohne Pl.) auch: Vorbildänderung

Wertgegenstand *Zimelium,* das (lat., Pl. ...ien) ... antiker Herkunft, z. B. bes. Buch in e. Bibliothek, Kostbarkeit in kirchlicher Schatzkammer

Wertigkeit *Valenz,* die (lat., Pl. -en)

Wertlehre *Axiologie,* die (gr.-lat., Pl. ...ien) philos.

Wertlosigkeit *Nullität,* die (lat., Pl. -en)

Wertminderung *Depravation,* die (lat., Pl. -en) auch: Verschlechterung e. Krankheitsbildes

Wertpapier 1. *Effekten,* die (lat., nur Pl.) z. B. Aktien, Obligationen (Schuldverschreibungen), die an Börsen gehandelt werden 2. *Obligation,* die (lat., Pl. -en) svw. Schuldverschreibung, e. festverzinsliches »Papier«

Wertpapier der besten Sorte *Blue chip,* der (engl., Pl. -s)

Wertpapierausgabe *Emission,* die (lat., Pl. -en) auch: Aussenden best. Wellen; Entleerung, z. B. der Blase (med.)

Wertpapierbesitzer *Obligationär,* der (lat.-fr., Pl. -e)

Wertpapierbestand *Portefeuille,* das (fr., Pl. -s) meist der Bestand an »Papieren« e. Bank

Wertpapierbörse *Effektenbörse*, die (lat.-dt., Pl. -n)

Wertpapier-Depot *Portefeuille*, das (fr., Pl. -s)

Wertpapiere 1. *Baisse*, die (lat.-fr., Pl. -n) i. S. e. niedrigen Kursstandes; Ggs.: Hausse 2. *Blue Chips*, die (engl., nur Pl.) i. S. erstklassiger Wertpapiere

Wertpapiere ausgeben *emittieren* (lat.-fr.) auch: z. B. Elektronen aussenden

Wertpapiere, handelbare ... *Effekten*, die (lat.-fr., nur Pl.) z. B. Aktien u. Obligationen (Börsenfachbez.)

Wertpapiere, zweitklassige ... *Junkbonds*, die (engl., Pl.) werfen meist jedoch hohe Renditen ab

Wertpapiergeschäft ... *Arbitrage-Geschäft*, das (lat.-fr.-dt., Pl. -e) ... bei dem die zeitlichen Kursunterschiede zwischen verschiedenen Börsen genutzt werden

Wertpapierkonto des Anlegers *Depot*, das (lat.-fr., Pl. -s) Börsenfachbez.

Wertpapiermarkt e. Schwellenlandes *Emerging Market*, der (engl., Pl. -s) hat größere Gewinnchancen, birgt auch höhere Risiken

Wertsachenaufbewahrung *Depot*, das (lat.-fr., Pl. -s)

Wertsachverständiger *Taxtor*, der (lat., Pl. ...oren)

Wertschätzung *Ästimation*, die (lat.-fr., Pl. -en)

Wertstufe *Niveau*, das (lat.-fr., Pl. -s) z. B. die Veranstaltung hat e. hohes Niveau

Wertung *Zensur*, die (lat., Pl. -en) behördliche Kontrolle; »Die Zensur ist die jüngere von zwei schändlichen Schwestern, die ältere heißt Inquisition.« (Joh. Nepomuk Nestroy)

Wertungssystem nach Punkten *Stableford* (engl.)

Wertvorstellung, zurück zur alten ... *Backlash*, der (engl., ohne Pl.) eigtl.: Rückwirkung; in den USA in best. Kreisen seit den 80ern zu beobachten

Wesen 1. *Charme*, der (lat.-fr., ohne Pl.) i. S. e. gewinnenden – 2. *Divinität*, die (lat., ohne Pl.) i. S. e. göttlichen Wesens 3. *Essenz*, die (lat., Pl. -en) das Wesen e. Sache 4. *Genre*, das (lat.-fr., Pl. -s) i. S. e. Gattung 5. *Infantilität*, die (lat., ohne Pl.) kindliches Wesen 6. *Quintessenz*, die (lat.,

Pl. -en) der eigentliche Inhalt e. Sache, philos. 7. *Naturell*, das (lat.-fr., Pl. -e) Gemütsart; auch: Temperament 8. *Spezies*, die (lat., ohne Pl.) auch: Art e. Gattung 9. *Substanz*, die (lat., Pl. -en) Stoff, Materie; Urgrund (philos.) Ggs.: Akzidenz 10. *Sujet*, das (lat.-fr., Pl. -s) Gegenstand z. B. e. Dichtung 11. *Esse*, das (lat., ohne Pl.) auch: Sein (philos.)

Wesen, das ... e. Dinges *Quiddität*, die (lat., Pl. -en) philos.

Wesen, dem ... der Dinge *in rerum natura* (lat., Zitat) auch: in der ganzen Welt

Wesensart 1. *Natur*, die (lat., Pl. -en) die angeborene Art e. Menschen 2. *Naturell*, das (lat.-fr., Pl. -e) 3. *Temperament*, das (lat.-fr., Pl. -e) Lebhaftigkeit e. Menschen 4. *Charakter*, der (gr.-lat., Pl. ...ere) die geistig-seelischen Eigenschaften e. Person; Wesenszug; »Gerhard Schröder ist der charakterloseste Herausforderer, den ich kenne.« (Helmut Kohl, Bundeskanzler, 1998)

Wesensart, von gewinnender ... *charmant* (fr.) auch: bezaubernd. »Sie ist charmant u. intelligent.« (George W. Bush, US-Präsident, über Angela Merkel, 2006)

Wesensgehalt *Usie*, die (gr.-lat., Pl. -ien) auch: Wesen; Sein

wesensgleich *identisch* (lat.)

Wesensgleichheit *Identität*, die (lat., ohne Pl.)

Wesensmerkmal *Charakter*, der (gr.-lat., Pl. ...ere) »eingekerbtes Zeichen«, z. B. e. Charakterschwein sein; »Es bedarf e. edlen Charakters, um sich über die Erfolge e. Freundes zu freuen.« (Oscar Wilde)

Wesensverwandtschaft *Affinität*, die (lat., ohne Pl.) auch: Triebkraft e. chemischen Reaktion

Wesenszug *Charakter*, der (gr.-lat., Pl. ...ere) »eingekerbtes Zeichen«; i. S. geistig-seelischer Eigenschaften e. Person; »Der Fuchs wechselt den Balg, nicht den Charakter.« (Suetons »Vespasian«)

wesentlich 1. *essentiell* (lat.-fr.) 2. *elementar* (lat.) 3. *primär* (lat.-fr.) 4. *substantiell* (lat.) 5. *fundamental* (lat.) grundlegend 6. *konstitutiv* (lat.) bestimmend; unerläßlich; Ggs.: konsekutiv 7. *signifikant* (lat.-fr.) bedeutsam; auch: typisch 8. *relevant* (fr.) »Die PDS wird über längere Zeit e. relevanter Faktor bleiben.« (Reinhard Höppner, Ministerpräsident von Sachsen-Anhalt, 1998)

Wesentlichkeit 1. *Substantialität,* die (lat., ohne Pl.) 2. *Signifikanz,* die (lat., ohne Pl.)

Wesfall *Genitiv,* der (lat., Pl. -e) der zweite Fall

Wespennest, in e. ... greifen *crabrones irritare* (lat., Zitat) auch: Hornissen reizen

Weste *Gilet,* das (fr.-sp., Pl. -s)

Westen *Okzident,* der (lat., ohne Pl.) i. S. von Abendland; Ggs.: Orient

westlich *okzidental* u. *okzidentalisch* (lat.) i. S. von abendländisch; Ggs.: orientalisch; nicht verw. mit *okzipital* (lat.) zum Hinterkopf gehörend (med.)

Wettberater *Tipster,* der (engl., Pl. -s)

Wettbewerb 1. *Rivalität,* die (lat.-fr., Pl. -en) z. B. im sportlichen Bereich 2. *Turnier,* das (gr.-lat.-fr., Pl. -e) e. sportliches Turnier durchführen 3. *Konkurrenz,* die (lat., Pl. -en)

Wettbewerb der Laien *Amateur-Contest,* der (engl., Pl. -s)

Wettbewerb für Bergsteiger *Alpiniade,* die (lat., Pl. -n)

Wettbewerb, außer ... *hors concours* (fr.)

Wettbewerber *Konkurrent,* der (lat., Pl. -en)

Wettbewerbsfähigkeit, Verbesserung der ... *Benchmarketing,* das (engl.-am., ohne Pl.)

wette! *da pignus!* (lat., Zitat) auch: gib ein Pfand

Wetteifer *Emulation,* die (lat., ohne Pl.) auch: Neid, Eifersucht

wetteifern *rivalisieren* (lat.-fr.)

Wetteinsatz *Poule,* die (lat.-fr., Pl. -n)

wetten *tippen* (engl.)

Wetter- u. Windjacke 1. *Parka,* der, die (eskimoisch, Pl. -s) knielange, pelzgefütterte Jacke mit Kapuze 2. *Anorak,* der (eskimoisch, Pl. -s) ursprünglich: Kajakjacke der Eskimos 3. *Fay,* der (it.-am., Pl. Fay's) modische, knallbunte Windjacken aus gewachster Baumwolle 4. *Barbour,* der (engl., Pl. -s)

wetterbedingt *meteorotrop* (gr.-lat.)

Wetterbeobachtung *Synoptik,* die (gr., ohne Pl.)

Wetterempfindlichkeit *Biotropie,* die (gr.-lat., Pl. ...ien) Empfindlichkeit des Organismus beim Wetterumschwung

wetterfühliger Mensch *Zyklonopath,* der (gr.-lat., Pl. -en) med.

Wetterfühligkeit 1. *Zyklonopathie,* die (gr.-lat., Pl. ...ien) 2. *Meteorotropismus,* der (gr.-lat., ohne Pl.) e. durch Wetterfühligkeit hervorgerufener Krankheitszustand 3. *Biotropie,* die (gr.-lat., Pl. ...ien) z. B. bei Luftdruckschwankungen

Wetterhinweis *Tip,* der (engl., Pl. -s)

Wetterkunde *Meteorologie,* die (gr., ohne Pl.)

Wetterkundler *Meteorologe,* der (gr., Pl. -n)

Wetterwarte *Observatorium,* das (lat., Pl. ...ien)

Wettkampf 1. *Match,* das (engl., Pl. -s) z. B. Tennismatch 2. *Worldcup,* der (engl., Pl. -s) weltweit sportliche Veranstaltung

Wettkämpfer 1. *Athlet,* der (gr.-lat., Pl. -en) 2. *Agonist,* der (gr.-lat., Pl. -en) altgriechischer Athlet

Wettkampfform *Matchplay,* das (engl., Pl. -s) ... nach dem K.-o.-System (Golfbez.)

Wettkampfklasse *Liga,* die (lat.-sp., Pl. ...gen) unser Fußballverein spielt jetzt in der Regionalliga

Wettkampfkunde *Agonistik,* die (gr.-lat., ohne Pl.)

wettkampfmäßig *agonal* (gr.)

Wettkampfplatz 1. *Stadion,* das (gr., Pl. ...ien) 2. *Arena,* die (lat., Pl. ...nen) Kampf- oder Sportplatz; auch: Manege im Zirkus

Wettkampfwesen *Agonistik,* die (gr.-lat., ohne Pl.)

Wettrennen *Race,* das (engl., Pl. -s) bes. im Autorennsport

Wettspiel *Match,* das (engl., Pl. -[e]s) Boris Becker lieferte in Wimbledon e. schönes Tennismatch

Wettstreit *Konkurrenz,* die (lat., Pl. -en) Ausdruck in der Wirtschaft u. im Sport gebräuchlich

wichtig 1. *relevant* (lat.-fr.) der Abteilungsleiter trug relevante Gedanken vor; Ggs.: irrelevant 2. *essentiell* (lat.-fr.) hauptsächlich 3. *fundamental* (lat.) grundlegend 4. *signifikant* (lat.-fr.) auch: typisch 5. *substantiell* (lat.) wesentlich; nicht verw. mit *substantiieren* (lat.) i. S. von: begründen (philos.) 6. *zentral* (gr.-lat.) sehr bedeutend; auch: im Zentrum befindlich; Ggs.: dezentral

wichtig tun *renommieren* (lat.-fr.) z. B. mit irdischen Gütern renommieren ist angesichts der Armut unangebracht

wichtig, nicht so ... 1. *irrelevant* (lat.) belanglos; Ggs.: relevant 2. *marginal* (lat.) i. S. von: am Rande 3. *peripher* (gr.-lat.) am Rande befindlich 4. *sekundär* (lat.-fr.) zweitrangig

Wichtigkeit *Relevanz*, die (lat.-fr., Pl. -en) seine Vorschläge waren von bes. Relevanz; »Ich nenne das mal inversive (gemeint ist: inverse, umgekehrte) Relevanz oder so.« (H. Venske: G. Schröders geh. Tagebuch, 1997) Ggs.: Irrelevanz

Wichtigtuer *Snob*, der (engl., Pl. -s) von lat. sine nobilitate (ohne Adel); auch: Vornehmtuer; »E. Snob ist e. Mensch, für den das Beste gerade schlecht genug ist.« (Martin Held)

wider *anti* (gr.) auch: gegen

Widerhall 1. *Echo*, das (gr.-lat., Pl. -s) 2. *Resonanz*, die (lat., ohne Pl.) der Spendenappell des Bundespräsidenten zur Welt-Hungerhilfe fand große Resonanz; auch: Widerklang

widerlegen *falsifizieren* (lat.) e. Hypothese durch Beobachtung widerlegen; Ggs.: verifizieren

widerlich 1. *degoutant* (lat.-fr.) auch: ekelhaft 2. *abominabel* (lat.-fr.) abscheulich 3. *monströs* (lat.-fr.) auch: mißgestaltet

widernatürlich *pervers* (lat.) meist auf sexuelle Verhaltensweisen bezogen

widerrechtlich an sich nehmen *usurpieren* (lat.)

Widerruf 1. *Dementi*, das (lat.-fr., Pl. -s) auf Rücktrittsabsichten des Ministers folgte in der Presse das Dementi 2. *Annullierung*, die (lat., Pl. -en) amtliche Ungültigkeitserklärung 3. *Revokation*, die (lat., Pl. -en)

widerrufen *dementieren* (lat.-fr.) z. B. e. Nachricht dementieren

Widersacher 1. *Antagonist*, der (gr.-lat., Pl. -en) auch: Gegner 2. *Opponent*, der (lat., Pl. -en) e. Person, die politisch e. andere Meinung vertritt 3. *Antipode*, der (gr.-lat., Pl. -n) eigtl.: Gegenfüßler; Mensch, der auf e. entgegengesetzten Standpunkt steht

4. *Konkurrent*, der (lat., Pl. -en) auch: Mitbewerber 5. *Kontrahent*, der (lat., Pl. -en) Gegner; auch: Vertragspartner

Widersacher, bes. böser ... *Satan*, der (hebr.-gr.-lat., Pl. -e) i. S. von Teufel; »Hebe dich weg von mir, Satan!« (Bibel, Matthäus 16, 23)

widersetzen 1. *opponieren* (lat.) e. andere Ansicht kundtun 2. *rebellieren* (lat.-fr.) sich auflehnen

widersetzlich 1. *oppositionell* (lat.-fr.) widersprüchlich sein 2. *renitent* (lat.) aufmüpfig 3. *rebellisch* (lat.-fr.) aufsässig

Widersetzlichkeit *Renitenz*, die (lat., ohne Pl.) Aufmüpfigkeit

widersinnig 1. *paradox* (gr.-lat.) e. Aussage mit innerem Widerspruch 2. *absurd* (lat.) dem Verstand widersprechend, abwegig

widersinnig, ich glaube, weil es ... ist *credo, quia absurdum* (lat., Zitat frei nach Tertullian)

Widersinnigkeit 1. *Paradoxie*, die (gr.-lat., Pl. -n) 2. *Absurdität*, die (lat., ohne Pl.) auch: Sinnlosigkeit 3. *Paralogie*, die (gr.-lat., Pl. ...ien)

widerspenstig 1. *obstinat* (lat.) auch: starrsinnig 2. *renitent* (lat.) aufsässig

Widerspenstigkeit 1. *Obstination*, die (lat., Pl. -en) 2. *Renitenz*, die (lat., ohne Pl.) Aufsässigkeit

widerspiegeln *reflektieren* (lat.) zurückstrahlen; auch: nachdenken

widersprechen 1. *opponieren* (lat.) e. andere Ansicht vertreten 2. *protestieren* (lat.-fr.) sich gegen e. herrschende Meinung auflehnen

widersprechend *disparat* (lat.)

widersprechend, sich ... *kontradiktorisch* (lat.)

Widerspruch 1. *Protest*, der (lat.-it., Pl. -e) 2. *Paradoxie*, die (gr.-lat., Pl. -n) e. Widerspruch in sich 3. *Antagonismus*, der (gr.-lat., Pl. ...men) Gegensatz (ohne Pl.) auch: gegensätzliche Erscheinungen, z. B. Beugemuskel (med.) 4. *Antinomie*, die (gr.-lat., Pl. ...ien) Widerspruch in sich 5. *Antithese*, die (gr.-lat., Pl. -n) Gegenbehauptung 6. *Kontradiktion*, die (lat., Pl. -en) auch: Gegensatz (philos.) 7. *Paradoxon*, das (gr.-lat., Pl. ...xa) e. zugleich wahre u. falsche Aussage

Widerspruch in sich selbst *Oxymoron,* das (gr., Pl. …ra) z. B. alter Knabe
Widerspruch zweier Begriffe *Oxymoron,* das (gr., Pl. …ra) z. B. »süßsauer«
widersprüchlich 1. *paradox* (gr.-lat.) svw. in sich widersprüchlich 2. *antinomisch* (gr.-lat.) 3. *inkonsequent* (lat.) nicht folgerichtig im Verhalten; Ggs.: konsequent 4. *inkonsistent* (lat.) widersprüchlich in der Gedankenführung; auch: ohne Bestand; Ggs.: konsistent
Widersprüchlichkeit … *Inkonsequenz,* die (lat., Pl. -en) … im Verhalten; Ggs.: Konsequenz
widerspruchsfrei 1. *kohärent* (lat.) auch: zusammenhängend; kohärentes Licht: homogenes Lichtbündel 2. *konsitent* (lat.) svw. logisch in der Gedankenführung
Widerstand 1. *Resistenz,* die (lat., Pl. -en) 2. *Opposition,* die (lat., Pl. -en) 3. *Antagonismus,* der (gr.-lat., ohne Pl.) auch: (mit Pl. …men) einzelne gegensätzliche Erscheinung 4. *Obstruktion,* die (lat., Pl. -en) i. S. e. parlamentarischen Verzögerungstaktik 5. *Reaktanz,* die (lat., Pl. -en) des Wechselstroms (Phys.) 6. *Reluktanz,* die (lat.-engl., Pl. -en) i. S. e. magnetischen Widerstandes (Phys.) 7. *Rebellion,* die (lat.-fr., Pl. -en) Aufruhr 8. *Résistance,* die (lat.-fr., ohne Pl.) fr. Widerstandsbewegung gegen die dt. Besatzung im II. Weltkrieg
Widerstand, spannungsabhängiger … *Varistor,* der (lat.-engl., Pl. …oren) mit steigender Spannung erhöht sich der Leitwert
Widerstandsbewegung *Résistance,* die (lat.-fr., ohne Pl.) in Frankreich während des II. Weltkrieges
widerstandsfähig 1. *resistent* (lat.) z. B. des Körpers gegenüber Ansteckungen; auch: resistente Schädlinge auf den Feldern bekämpfen 2. *robust* (lat:) i. S. von unempfindlich, kräftig 3. *stabil* (lat.) z. B. seelisch u. körperlich gefestigt sein; auch: der Körper befindet sich im stabilen Gleichgewicht 4. *immun* (lat.) »frei von Leistungen«; unempfänglich für Krankheiten; unempfindlich
Widerstandsfähigkeit 1. *Resistenz,* die (lat., Pl. -en) z. B. gegen ansteckende Krankheiten 2. *Toleranz,* die (lat., Pl. -en)

z. B. gegen giftige Substanzen 3. *Tenazität,* die (lat., ohne Pl.) auch: Beharrlichkeit
Widerstandsfront, geschlossene … *Phalanx,* die (gr.-lat., Pl. …langen) auch: Schlachtformation, in der das Fußvolk in e. geschlossenen, tiefgestaffelten Reihe mit Speeren kämpfte; 333 v. Chr. besiegte Alexander der Große in dieser Formation den Perserkönig Darius; 150 Jahre später »knackten« die Römer die Phalanx u. unterwarfen Griechenland
Widerstandskämpfer *Partisan,* der (lat.-it.-fr., Pl. -en) im besiegten Jugoslawien kämpfte Josip Tito 1941 als Partisan weiter
Widerstandskraft *Konstitution,* die (lat., Pl. -en) auch: Körperbau; Verfassung
widerstehen *resistieren* (lat.)
widerstehend *resistiv* (lat.)
Widerstreit *Antagonismus,* der (gr., Pl. …men)
widerstreitend *antagonistisch* (gr.-lat.) auch: gegensätzlich
Widervernünftigkeit *Paralogie,* die (gr.-lat., Pl. …ien)
widerwärtig 1. *fastidiös* (lat.-fr.) i. S. von furchtbar langweilig 2. *odiös* (lat.)
Widerwärtigkeit *Odiosität,* die (lat., Pl. -en)
Widerwärtigkeiten, über … erhaben *altior adversis* (lat., Zitat)
Widerwille 1. *Animosität,* die (lat., ohne Pl.) svw. feindselige Einstellung 2. *Antipathie,* die (gr.-lat., Pl. -n) gegenüber anderen Menschen 3. *Aversion,* die (lat.-fr., Pl. -en) bez. Personen oder Sachen 4. *Degout,* der (lat.-fr., ohne Pl.) 5. *Idiosynkrasie,* die (gr.-lat., Pl. -n) bez. besonderer Sachen 6. *Hostibilität,* die (lat., Pl. -en) auch: Feindseligkeit
widmen *dedizieren* (lat.)
Widmung *Dedikation,* die (lat., Pl. -en)
Widrigkeit *Malaise,* die (lat.-fr., Pl. -n)
wieder einbürgern *repatriieren* (lat.)
wieder eingliedern *resozialisieren* (lat.-engl.) z. B. Straffällige in die Gesellschaft
wieder im gleichen Tempo *a tempo* (lat.-it.) musik. Vortragsanw.
Wiederanlage von Erträgen aus Kapitalvermögen *Thesaurierung,* die (gr.-lat., Pl. -en)
Wiederaufbau *Rekonstruktion,* die (lat.,

Pl. -en) i. S. e. Wiederherstellung od. Nachbildung

wiederaufbauen *rekonstruieren* (lat.) wiederherstellen od. nachbilden

Wiederaufbauplan für Europa 1. *European Recovery Program*, das (engl.-am., ohne Pl.) ... nach dem Zweiten Weltkrieg; Abk.: ERP 2. *Marshallplan*, der (Eigenn., am., ohne Pl.) nach dem früheren am. Außenminister Marshall, e. am. Hilfsprogramm für Westeuropa nach dem II. Weltkrieg

wiederauffrischend *anastasisch* (gr.) auch: neubildend

Wiederaufleben *Renaissance*, die (lat.-fr., Pl. -n) »Wiedergeburt«; Stil; kulturelle Bewegung in Europa (14.–16. Jh.) ohne Pl.; auch: neue Blüte

Wiederaufnahme *Reprise*, die (lat.-fr., Pl. -n) z. B. e. Stück in den Spielplan

Wiederauftreten ... *Atavismus*, der (lat., Pl. ...men) ... plötzliches, von Eigenschaften der Ahnen

Wiederauftreten, erfolgreiches ... *Comeback*, das (engl., Pl. -s) e. einst bekannten Künstlers, Sportlers, Politikers nach e. längerer Pause

Wiederausfuhr *Reexport*, der (lat., Pl. -e)

wiederbeleben *reanimieren* (lat.) med. z. B. mit e. Herz-Lungenmaschine

wiederbelebend *analeptisch* (gr.)

Wiederbelebung 1. *Reanimation*, die (lat., ohne Pl.) med. 2. *Revival*, das (engl., Pl. -s) i. S. von Erneuerung

wiederbesetzen *reokkupieren* (lat.) militärisch

Wiederbesetzung *Reokkupation*, die (lat., Pl. -en) e. militärische Wiederbesetzung

wiederbewaffnen *remilitarisieren* (lat.-fr.)

Wiederbewaffnung *Remilitarisierung*, die (lat.-fr., Pl. -en)

wiederblühend *remontant* (lat.-fr.)

Wiedereinfuhr *Reimport*, der (lat., Pl. -e) von Waren

wiedereinführen *reimportieren* (lat.) von Waren

wiedereingliedern 1. *reintegrieren* (lat.) z. B. e. Straffälligen in die Gesellschaft 2. *resozialisieren* (lat.-engl.)

Wiedereingliederung 1. *Rehabilitation*, die (lat., Pl. -en) z. B. eines Kranken in das berufliche u. gesellschaftl. Leben 2. *Reso-*

zialisierung, die (lat.-engl., Pl. -en) e. Straffälligen in die Gesellschaft 3. *Reintegration*, die (lat., Pl. -en) e. Verbrechers in die Gesellschaft

wiedereinrichten 1. *reorganisieren* (gr.-lat.-fr.) etwas neu, besser gestalten; z. B. die Organisation e. Firma 2. *reponieren* (lat.) med. z. B. Knochenbrüche

Wiedereinrichtung *Reposition*, die (lat., Pl. -en) med. z. B. e. gebrochenen Knochen

wiedereinsetzen *reinstallieren* (lat.) z. B. e. Position oder e. Amt

Wiedererinnerung *Palimnese*, die (gr.-lat., ohne Pl.) z. B. nach e. schweren Unfall, sich an Ereignisse wiedererinnern

wiedererkennen *identifizieren* (lat.) e. Zeuge identifiziert den Täter

Wiedererstattung *Retribution*, die (lat., Pl. -en) z. B. von Auslagen

Wiedererwachen leichter Drogen *Hasch-Revival*, das (engl.-am., ohne Pl.) das Hippie-Erwachen u. die Ernennung Bill Clintons zum US-Präsidenten belebten in den USA die Hasch- u. Marihuana-Konsumentenszene

Wiedererwärmung *Rekaleszenz*, die (lat., ohne Pl.) chem.

Wiederfleischwerdung *Reinkarnation*, die (lat., Pl. -en) beim Buddhismus

Wiedergabe *Reproduktion*, die (lat., Pl. -en) z. B. von Gemälden

wiedergeben 1. *reproduzieren* (lat.) Schlagersänger, die Lieder singen, die weder von ihnen getextet noch komponiert wurden 2. *interpretieren* (lat.) Musik künstlerisch wiedergeben, z. B. Schlagersänger (Interpreten) 3. *rekonstruieren* (lat.) auch: nachbilden, wiederherstellen

wiedergeboren *redivivus* (lat.)

Wiedergeburt ... 1. *Palingenese*, die (gr.-lat., Pl. -n) ... der Seele durch Seelenwanderung 2. *Renaissance*, die (lat.-fr., Pl. -n) auch: kulturelle Bewegung in Europa (14.–16. Jh.) ohne Pl.

Wiedergutmachung *Reparation*, die (lat., Pl. -en) z. B. Zahlungen u. Leistungen e. Staates, der e. Krieg verloren hat, als Entschädigung an andere Staaten

Wiederherausgabe *Re-issue*, das (engl., Pl. -s) e. Buches o. ä.

wiederherstellbar *reparabel* (lat.) Ggs.: irreparabel

608

wiederherstellbar, nicht ... *irreparabel* (lat.) Ggs.: reparabel
wiederherstellen 1. *regenerieren* (lat.) 2. *rehabilitieren* (lat.) wieder eingliedern, das soziale Ansehen wieder herstellen 3. *renovieren* (lat.) auch: erneuern 4. *reparieren* (lat.) in Ordnung bringen 5. *restaurieren* (lat.-fr.) wiederherstellen 6. *restituieren* (lat.) i. S. von: zurückerstatten, ersetzen
wiederholen 1. *rekapitulieren* (lat.) z. B. die Beiträge e. Gesprächsrunde rekapitulieren 2. *iterieren* (lat.) 3. *perseverieren* (lat.) ständig wiederholen; immer wieder auftauchen 4. *repetieren* (lat.) z. B. e. Lernstoff repetieren, einüben
wiederholend 1. *anaphorisch* (gr.) auch: rückweisend, z. B. eine Frau, sie ...; Ggs.: kataphorisch 2. *iterativ* (lat.)
wiederholende, sich ... Werbeaussagen *Reminding*, das (engl., Pl. -s) ... im TV, um den Erinnerungswert zu erhöhen
Wiederholung 1. *Repetition*, die (lat., Pl. -en) 2. *Rekapitulation*, die (lat., Pl. -en) 3. *Dakapo*, das (lat.-it., Pl. -s) 4. *Reproduktion*, die (lat., Pl. -en) auch: Wiedergabe (Druckwerke)
Wiederholung des Anfangwortes ... *Anapher* die (gr., Pl. -n) ... in aufeinanderfolgenden Sätzen; z. B.: mit all' meiner Freud', mit all' meinem Leid
Wiederholung e. Satzes in umgekehrter Folge *Epanodos*, die (gr., Pl. ...doi) z. B. ich liebe Gott, Gott liebe ich
Wiederholungsunterricht *Repetitorium*, das (lat., Pl. ...ien) nehmen Studenten bei e. Repetitor
Wiederholungswort 1. *Iterativ*, das (lat., Pl. -e) 2. *Iterativum*, das (lat., Pl. ...wa)
Wiederingebrauchnahme *Reaktivierung*, die (lat., Pl. -en) z. B. e. bereits »eingemotteten« Fahrzeugs
wiederkäuen *ruminieren* (lat.) die Kühe standen ruminierend auf der Weide
Wiederkäuermagen, Teil des ... *Omasus*, der (lat., ohne Pl.) auch: Blättermagen
wiederkehrend *rezidiv* (lat.) rückfällig; z. B. von Krankheiten
wiederkehrend, ständig ... 1. *periodisch* (gr.-lat.) z. B. periodisches System 2. *zyklisch* (gr.-lat.) regelmäßig wiederkehrend
Wiedersehen, auf ...! *bye-bye!* (engl.)
Wiedertäufer *Anabaptist*, der (gr., Pl. -en)

wiedervereinigen *reunieren* (lat.-fr.)
Wiedervereinigung *Reunion*, die (lat.-fr., Pl. -en)
Wiederverkörperung *Reinkarnation*, die (lat., Pl. -en) auch: Übergang der Seele in e. anderen Körper nach dem Tod (buddhistische Lehre der Seelenwanderung); »Ich bete dafür, daß er (Deng Xiaoping) e. gute Reinkarnation haben wird.« (Dalai Lama, 1997)
Wiederverwendung *Recycling*, das (engl., ohne Pl.) die Aufbereitung von Abfallstoffen u. deren neuerliche Verwendung
Wiegendruck *Inkunabel*, die (lat., Pl. -n) auch: Frühdruck; Druckerzeugnis vor dem 15. Jh.
Wiegenlied *Berceuse*, die (fr., Pl. -n) auch veraltet: Schaukelstuhl
Wiesenblume, rote ... *Betonie*, die (lat., Pl. -n)
wild 1. *frenetisch* (gr.-lat.-fr.) stürmisch, z. B. Applaus (Beifall) spenden 2. *furios* (lat.) wütend 3. *martialisch* (lat.) grimmig; auch: kriegerisch 4. *rabiat* (lat.) rücksichtslos 5. *turbulent* (lat.) stürmisch
Wildgeschmack, strenger ... *Hautgoût*, der (fr., ohne Pl.) auch: Wildgeruch; Anrüchigkeit
Wildhund *Dingo*, der (australisch, Pl. -s) etwas kleiner als e. deutscher Schäferhund, lebt im Buschland Australiens
Wildpferd, zebraartiges ... *Quagga*, das (Namasprache, Pl. -s) ausgerottet worden
Wildrind *Gaur*, der (Hindi, Pl. -s) ... aus Indien
Wildrind, hinterindisches ... *Gayal*, der (Hindi, Pl. -s)
Wille *Testament*, das (lat., Pl. -e) der letzte Wille
Wille, unumstößlicher ... *Irade*, der (arab.-türk., Pl. -n) Befehl des Sultans
Willenlosigkeit *Abulie*, die (gr.-lat., Pl. ...ien) med. i. S. e. krankhaften Entscheidungslosigkeit
Willenserklärung *Resolution*, die (lat.-fr., Pl. -en) auch: Entschließung
Willensschwäche *Hypobulie*, die (gr.-lat., ohne Pl.) bei seelischen Krankheiten; Ggs.: Hyperbulie
Willigen, dem ... **geschieht kein Unrecht** *volenti non fit iniuria* (lat., Zitat) Grundsatz römischen Rechtsdenkens

Willkürherrschaft 1. *Tyrannei*, die (gr.-lat.-fr., ohne Pl.) 2. *Despotie*, die (gr., Pl. ...ien) 3. *Diktatur*, die (lat., Pl. -en) z. B. Partei- oder Militärdiktatur
Willkürherrscher 1. *Absolutist*, der (lat.-fr., Pl. -en) 2. *Despot*, der (gr., Pl. -en) Gewaltherrscher 3. *Diktator*, der (lat., Pl. ...oren) 4. *Tyrann*, der (gr.-lat., Pl. -en) auch: Peiniger
willkürlich 1. *despotisch* (gr.) 2. *absolutistisch* (lat.-fr.)
Wind 1. *Bora*, die (slaw., Pl. -s) an der Adria 2. *Boreas*, der (gr.-lat., ohne Pl.) an der Ägäis 3. *Blizzard*, der (engl., Pl. -s) Schneesturm in Nordamerika 4. *Buran*, der (russ., Pl. -e) in Zentralasien 5. *Hurrikan*, der (engl., Pl. -e u. -s) Wirbelsturm in Mittelamerika u. im karibischen Raum 6. *Kamsin*, der (arab., Pl. -e) in Ägypten u. Libyen 7. *Mistral*, der (lat.-fr., Pl. -e) in Südfrankreich 8. *Monsun*, der (arab., Pl. -e) im Süden Asiens, bes. Indien 9. *Taifun*, der (chin., Pl. -e) Wirbelsturm in Südostasien, »Taifun über Nagasaki« 10. *Trombe*, die (germ.-it., Pl. -n) Wirbelsturm allg., der Wind- u. Wasserhosen entstehen läßt 11. *Gibli*, der (arab., ohne Pl.) heißer Sandsturm in der südlichen Sahara 12. *Kharif*, der (arab., Pl. -e) Sandwind der Sahelzone 13. *Schirokko*, der (arab.-it., Pl. -s) Mittelmeerwind aus südlicher Richtung
Wind, die dem ... abgekehrte Seite *Lee*, die (niederdt., ohne Pl.) Seemannsspr.; Ggs.: Luv
Wind, die dem ... zugewandte Seite *Luv*, die (niederdt., ohne Pl.) Seemannsspr.; Ggs.: Lee
Wind, Süd... des Gardasees *Ora*, die (lat.-it., ohne Pl.)
Windbestäubung *Anemogamie*, die (gr.-lat., ohne Pl.)
Windengewächs 1. *Ololiuqui*, das (indian., ohne Pl.) 2. *Turbina corymbosa*, die (lat., ohne Pl.) wird in Mittelamerika als Droge verwandt; Szenewort: Morning glory, Badoh
Windhafer *Ägilops*, der (gr.-lat., ohne Pl.) im Orient u. in Südeuropa vorhanden
Windhose *Trombe*, die (germ.-it., Pl. -n)
Windhund, russischer ... *Barsoi*, der (russ., Pl. -s)

Windjacke *Anorak*, der (eskimoisch, Pl. -s)
Windmesser *Anemometer*, das (gr.-lat., Pl. -)
Windpocke *Varizelle*, die (lat., Pl. -n) med.
Windstärke, Skala zur Bestimmung der ... *Beaufortskala*, die, nach dem engl. General Beaufort, e. zwölf-, jetzt 17teilige Skala
windstill *alkyonisch* (gr.) d. h.: heiter, friedlich (dichterisch)
Windstille *Kalme*, die (lat.-fr., Pl. -n) z. B. Kalmengürtel
Windstillengürtel 1. *Doldruns*, die (engl., nur Pl.) in äquatorialen Breiten 2. *Kalmenzone*, die (lat.-fr., Pl. -n) 3. *Mallungen*, die (nur Pl.)
Windung *Serpentine*, die (lat., Pl. -n) in Bergen
Wink *Tip*, der (engl., Pl. -s)
Winkel zwischen Schaft u. Schlägersohle *Lie* (engl.) Golfbez.
Winkel zwischen Schlägerfläche u. Boden *Loft* (engl.) Golfbez.
Winkel, Maßeinheit für ... *Gon*, das (gr., Pl. -e)
winkelgetreu *isogonal* (gr.-lat.)
Winkelmesser *Goniometer*, das (gr.-lat., Pl. -)
Winkelmeßgerät 1. *Oktant*, der (lat., Pl. -en) nautisches Meßgerät 2. *Sextant*, der (lat., Pl. -en) 3. *Theodolit*, der (gr., Pl. -e) Gerät in der Vermessungskunde
Winkelmessung *Goniometrie*, die (gr., ohne Pl.) auch: Gebiet der Trigonometrie, das sich mit den Winkelfunktionen befaßt (Math.)
winkelständig *axillar* (lat.) i. S. von: zur Achselhöhle gehörend (med.); achselständig (Biol.)
Winkelzug *Machination*, die (lat., Pl. -en) i. S. von Kniff
Winterknospen ... *Hibernakel*, das (lat., Pl. -n) ... einiger Wasserpflanzenarten, die im Herbst gebildet werden
winterlich *hibernal* (lat.)
Winterschlaf 1. *Hibernation*, die (lat., Pl. -en) auch: künstlich herbeigeführter Heilschlaf 2. *Hibernisierung*, die (lat.-dt., Pl. -en) Heilschlaf
winzig 1. *minimal* (lat.) 2. *mikroskopisch* (gr.) nur unter dem Mikroskop sichtbar

Wirbelbildung *Turbulenz*, die (lat.-fr., Pl. -en) z. B. in der Luft; e. Flug durch große Turbulenzen

wirbelloses Tier *Evertebrat*, der (lat., Pl. -en) Ggs.: Vertebrat

wirbelnd *turbulent* (lat.-fr.)

Wirbelsäulenverkrümmung 1. *Kyphose*, die (gr., Pl. -n) med. 2. *Lordose*, die (gr., Pl. -n) med. 3. *Skoliose*, die (gr., Pl. -n) seitliche Verkrümmung der Wirbelsäule (med.)

Wirbelströmung *Turbulenz*, die (lat.-fr., Pl. -en) sich in der Luft oder im Wasser bildend

Wirbelsturm 1. *Hurrikan*, der (indian.-sp.-engl., Pl. -e, -s) tropischer mittelam. Wirbelsturm 2. *Orkan*, der (karib.-sp.-niederl., Pl. -e) stärkster Sturm, Stärke 11 u. 12 3. *Taifun*, der (chin.-engl., Pl. -e) tropischer Wirbelsturm in Südostasien 4. *Tornado*, der (lat.-sp.-engl., Pl. -s) Wirbelsturm im südlichen Nordam. 5. *Zyklon*, der (gr.-engl., Pl. -e) auch: Entstaubungsanlage; nicht verw. mit *Zyklone*, die (gr.-engl., Pl. -n) Tiefdruckgebiet

wirken *agieren* (lat.) handeln

Wirkkraft *Effizienz*, die (lat., Pl. -en) Ggs.: Ineffizienz

wirklich 1. *authentisch* (gr.-lat.) echt, verbürgt 2. *effektiv* (lat.) tatsächlich 3. *existent* (lat.) vorhanden 4. *faktisch* (lat.) 5. *in natura* (lat.) »in Natur«; leibhaftig 6. *konkret* (lat.) eigtl.: zusammengewachsen; greifbar; Ggs.: abstrakt 7. *real* (lat.) sachlich; Ggs.: imaginär; auch: tatsächlich; Ggs.: irreal 8. *realistisch* (lat.) lebensecht; Ggs.: idealistisch

Wirklichkeit *Realität*, die (lat., Pl. -en) »Die Wirklichkeit ist anders als die Realität.« (Bundeskanzler Helmut Kohl, 17. 4. 1989) e. Tautologie

Wirklichkeit, an der ... ausgerichtet *pragmatisch* (gr.-lat.) sachbezogen

Wirklichkeit, in ... *in natura* (lat.) auch: leibhaftig

Wirklichkeit, informell erweiterte ... *Augmented Reality*, die (engl.) kurz: AR; halbdurchsichtige AR-Brillen, z. B. von Militärjet-Piloten blenden Soll-Werte oder andere Zusatzinformationen ein; die AR-Technologie steht vor dem Durchbruch

Wirklichkeit, vom Computer hergestellte ... *Cyber* – (engl.) der Wortteil bedeutet e. virtuelle, vom Computer erzeugte Realität, z. B. Cyberspace (vom Computer erzeugter Weltraum) Cybercity, Cybersex

Wirklichkeitsferne *Theorie*, die (gr.-lat., Pl. ...ien)

wirklichkeitsfremd 1. *theoretisch* (gr.-lat.) nur gedanklich vorhanden 2. *unrealistisch* (dt.-lat.) Ggs.: realistisch 3. *naiv* (lat.-fr.) auch: arglos

wirklichkeitsgetreu 1. *naturalistisch* (lat.) 2. *authentisch* (gr.-lat.) verbürgt 3. *realistisch* (lat.) lebensecht; Ggs.: idealistisch

wirklichkeitsnah *realistisch* (lat.)

Wirklichkeitstreue 1. *Naturalismus*, der (lat., ohne Pl.) 2. *Realistik*, die (lat., ohne Pl.)

Wirkmuster *Model*, der (lat., Pl. -) u. das (engl., Pl. -s) Mannequin. »Ich sehe Models an wie der Bauer seine Kartoffeln.« (Helmut Newton, Starfotograf)

wirksam 1. *effizient* (lat.) auch: leistungsfähig; Ggs.: ineffizient 2. *probat* (lat.) bewährt, e. probates Mittel einsetzen

Wirksamkeit 1. *Aktivität*, die (lat., Pl. -en) auch: Unternehmungsgeist; Ggs.: Inaktivität; Passivität 2. *Drastik*, die (lat., ohne Pl.) auch: derbe Anschaulichkeit u. Direktheit

Wirkstoff, bes. wirksamer ... *Ergon*, das (gr.-lat., Pl. -e) z. B. Vitamin, Hormon

Wirkstoff, biologischer ... gegen Krankheitserreger *Antibiotikum*, das (gr., Pl. ...ka) med.

Wirkstoff, von Drüsen mit innerer Sekretion gebildeter ... *Hormon*, das (gr.-lat., Pl. -e)

Wirkung 1. *Effekt*, der (lat., Pl. -e) 2. *Resultat*, das (lat., Pl. -e) Ergebnis

Wirkung, bannende ... *Faszination*, die (lat., Pl. -en) auch: Bezauberung; »Ich habe mit großer Faszination die Berichte von Herrn Kronzucker über Mali u. Burma gesehen ...« (Marianne von Weizsäcker, 1996)

Wirkungsbereich *Aktionsradius*, der (lat., Pl. ...ien)

Wirkware *Filet*, das (lat.-fr., Pl. -s) durchbrochener, netzartiger Stoff; auch: Lendenstück (Fleisch) von Schlachtvieh; Rückenstück vom Fisch (entgrätet) u. a.

Wirren *Rebellion*, die (lat.-fr., Pl. -en) Aufruhr, Empörung; »So fand Rebellion stets ihre Strafe.« (William Shakespeare)

Wirrwarr *Tohuwabohu*, das (hebr., Pl. -s) großes Durcheinander

Wirtin *Padrona*, die (lat.-it., Pl. ...ne)

Wirtschaft 1. *Kommerz*, der (lat.-fr., ohne Pl.) 2. *Ökonomie*, die (gr.-lat., Pl. ...ien) 3. *Lokal*, das (lat.-fr., Pl. -e) i. S. e. Gaststätte in der man ißt u. trinkt

Wirtschaft, ich-bezogene ... *Egonomics* (lat.-engl.)

wirtschaftlich 1. *ökonomisch* (gr.-lat.) »Ökonomisch ist Europa ausgelutscht.« (Lothar Späth, Chef von Jenoptik, 1997) 2. *effizient* (lat.) e. Unternehmen arbeitet effizient 3. *materiell* (lat.-fr.) stofflich; Ggs.: immateriell

wirtschaftlich gut gestellt *gutsituiert* (dt.-lat.-fr.) »Auch gutsituierte Männer kleiden sich oft wie Lkw-Fahrer aus der Provinz.« (Nino Cerruti, Modedesigner, 1998)

wirtschaftliche Unabhängigkeit *Autarkie*, die (gr., Pl. ...ien) Unabhängigkeit e. Staates bez. landwirtschaftlicher Erzeugnisse u. der Rohstoffe

Wirtschaftlichkeit *Efficiency*, die (engl., ohne Pl.) hohen Ausstoß durch optimale Maschinenauslastung u. -beschickung erzielen

Wirtschaftlichkeit u. Sicherheit ... *Ecolution*, die (engl., ohne Pl.) ... als neues Verkaufskonzept der japanischen Autohersteller; vor Motorkraft, Geschwindigkeit u. Zubehör stehen jetzt sparsame, sichere Kleinwagen mit bes. Design

Wirtschaftlichkeitsprinzip 1. *Rationalprinzip*, das (lat., Pl. -ien) es wird unterschieden: das Minimal- u. das Maximalprinzip 2. *Minimalprinzip*, das (lat., Pl. -ien) d. h. e. Wirtschaftsziel mit dem geringsten Mitteleinsatz erreichen 3. *Maximalprinzip*, das (lat., Pl. -ien) mit vorhandenen Mitteln e. maximalen Erfolg erwirtschaften

Wirtschaftsaufschwung 1. *Boom*, der (engl., Pl. -s) svw. Hochkonjunktur 2. *Hausse*, die (lat.-fr., Pl. -n) Aufschwung; auch: Steigen der Börsenkurse; Ggs.: Baisse 3. *Prosperität*, die (lat.-fr., ohne Pl.) auch: Wohlstand

Wirtschaftsentwicklung *Konjunktur*, die (lat., Pl. -en) unter Konjunktur wird die jeweilige Wirtschaftssituation e. Landes verstanden: z. B. Hochkonjunktur

Wirtschaftsfaktor, der den Online-Vernetzungsgrad angibt *Connectivity*, die (engl., Pl. -ies) ... bei Firmen nach innen u. außen

Wirtschaftsform, die Gewinne anstrebt *Kapitalismus*, der (lat., ohne Pl.) »In den letzten Jahrzehnten haben wir versucht, den Kapitalismus demokratiefähig zu machen ...« (Willi Arens, Gewerkschaft Textil u. Bekleidung, 1997)

Wirtschaftskriminalität *White-collar-Kriminalität*, die (engl.-lat., ohne Pl.) dazu gehören: Steuerhinterziehung, Bestechung, Konkursverschleppung

Wirtschaftslage *Konjunktur*, die (lat., Pl. -en)

Wirtschaftslenkung *Dirigismus*, der (lat., ohne Pl.) i. S. e. Lenkung durch die Regierung; z. B. Staatsdirigismus

Wirtschaftsordnung *Ordoliberalismus*, der (lat., ohne Pl.) i. S. e. Wettbewerbswirtschaft

Wirtschaftspolitik zur Zeit des Absolutismus *Merkantilismus*, der (lat., ohne Pl.) »... Kammersänger des Merkantilismus, Günter Rexrodt (Bundeswirtschaftsminister)« (G. Schröders geh. Tagebuch von H. Venske, 1997)

Wirtschaftsprüfer 1. *Revisor*, der (lat., Pl. ...oren) 2. *Accountant*, der (engl., Pl. -s) auch: Buchhalter

Wirtschaftssituation, angespannte ... *Krise* u. *Krisis*, die (gr., Pl. Krisen) »Ich stimme jenen zu, die die Krise nicht als Problem, sondern als Segen für die Zukunft sehen.« (Michel Camdessus, JWF-Chef, 1997 zu den Asienturbulenzen)

Wirtschaftssystem 1. *Kapitalismus*, der (lat., ohne Pl.) System, das an Unternehmertum, Wettbewerb u. Gewinnmaximierung orientiert ist 2. *Sozialismus*, der (lat.-fr., ohne Pl.) Gesellschaftssystem, in dem die Banken u. Produktionsmittel verstaatlicht sind, es herrscht e. Planwirtschaft; nach Karl Marx ist der Sozialismus die Vorstufe zum 3. *Kommunismus*, der (lat.-engl.-fr., ohne Pl.) alle Produktionsmittel u. Erzeugnisse, das Geldwesen gehen in das gemeinsame Eigentum aller Staatsbürger über, die sozialen Gegensätze sind aufgehoben 4. *soziale Marktwirtschaft*, die (lat.-dt., ohne Pl.) derzeitiges Wirtschaftssystem in Deutschland: Wettbewerb, eigenverantwortliches Unternehmertum, der Staat greift nur »korrigierend« in das ansonsten freie Kräftespiel ein

Wirtschaftssystem, e. auf Geldanhäufung aufgebautes ... *Kapitalismus*, der (lat., ohne Pl.) »Dem Kapitalismus wohnt e. Laster inne: die ungleichmäßige Verteilung der Güter, dem Sozialismus wohnt e. Tugend inne: die gleichmäßige Verteilung des Elends.« (Winston Churchill)

Wirtschaftstheorie *Ökonomik*, die (gr.-lat., ohne Pl.)

Wirtschaftstief 1. *Depression*, die (lat., Pl. -en) die schlimmste Phase e. Konjunkturzyklus (»Talsohle«), Merkmale: große Arbeitslosigkeit, schlechte Kapazitätsauslastung, niedriges Sozialprodukt; der Depression geht e. 2. *Rezession*, die (lat., Pl. -en) »Zurückgehen«, e. wirtschaftlicher Abschwung voraus

Wirtschaftswachstum ohne neue Arbeitsplätze *Jobless Recovery*, das (engl., ohne Pl.) jobless (arbeitslos), recovery (Aufschwung); z. Zt. e. Phänomen in der westlichen Welt, bes. in Deutschland

Wirtschaftswissenschaft 1. *Ökonomik*, die (gr.-lat., ohne Pl.) 2. *Ökonomie*, die (gr.-lat., Pl. ...ien)

Wirtschaftszweig *Branche*, die (lat.-fr., Pl. -n)

Wirtshaus 1. *Restaurant*, das (lat.-fr., Pl. -s) 2. *Taverne*, die (lat.-it., Pl. -n) 3. *Lokal*, das (lat.-fr., Pl. -e)

wißbegierig *interessiert* (lat.)

Wissen auf unterhaltsame Weise vermitteln *Infotainment*, das (engl.-am., ohne Pl.) e. Schlagwort der Medienbranche

Wissen *Know-how*, das (engl., ohne Pl.) »gewußt wie«

wissen, wievieles ... wir nicht *quantum est, quod noscimus* (lat., Zitat)

wissendes Lächeln ... *Augurenlächeln*, das (lat.-dt., ohne Pl.) ... unter Eingeweihten

Wissenschaft der Baukunst *Architektonik*, die (gr., Pl. -en) auch: künstlerischer Aufbau e. Kunstwerks

Wissenschaft der Identitätskontrolle *Biometrie*, die (gr.-lat., ohne Pl.) es wird Gesicht, Stimme, Iris oder der Fingerabdruck vermessen u. verglichen

Wissenschaft der Turksprachen u. -kulturen *Turkologie*, die (gr.-türk., ohne Pl.)

Wissenschaft des Verschlüsselns *Kryptologie*, die (gr., ohne Pl.) auch: Lehre der Verschlüsselung, z. B. von Computerdaten

Wissenschaft des Weltraums *Astronautik*, die (gr.-lat., ohne Pl.) auch: Raumfahrt

Wissenschaft von den Atomkernen *Nukleonik*, die (lat., ohne Pl.)

Wissenschaft von den Gesetzen der Kunst *Ästhetik*, die (gr., Pl. -en) die Lehre vom Schönen

Wissenschaft von den Spinnentieren *Arachnologie*, die (gr., ohne Pl.) Spinnenkunde

Wissenschaft von der Gesellschaft *Soziologie*, die (lat., ohne Pl.) »Der ideale Lebenslauf der Grünen besteht darin, nach e. 20semestrigen Soziologie-Studium Fahrradbeauftragter zu werden.« (Guido Westerwelle, F. D. P.-Generalsekretär, 1998)

Wissenschaft, die die Grenzgebiete zwischen Biologie u. Technik erforscht *Bionik*, die (engl.-am. bionics, Kunstwort aus bio... u. electronics, ohne Pl.) z. B. der biotische Arm, e. »perfekte« Armprothese

Wissenschaftler, der die Herkunft u. Geschichte von Wörtern untersucht *Etymologe*, der (gr.-lat., Pl. -n)

Wissenschaftlergespräch *Kolloquium*, das (lat., Pl. ...ien)

wissenschaftlich 1. *szientifisch* (lat.) 2. *akademisch* (gr.-lat.) auch abwertend: theoretisch

Wissenschaftszweig *Disziplin*, die (lat., Pl. -en) auch: Unterordnung, bewußte Einordnung

Wissensdrang *Philomathie*, die (gr., ohne Pl.)

Wissensgebiet *Disziplin*, die (lat., Pl. -en) er hat in der Disziplin der Medizin promoviert (die Doktorwürde erlangt)

Wissensgesamtheit *Enzyklopädie*, die (gr.-lat., Pl. ...ien) z. B. in e. Lexikon gesammelt

Witz 1. *Pointe*, die (lat.-fr., Pl. -n) »Spitze«; Schlußeffekt z. B. bei e. Witz; nicht verw. mit *Point*, der (lat.-fr., Pl. -s) Stich beim

Kartenspiel; Würfelaugen 2. *Gag*, der (engl., Pl. -s) komischer Einfall 3. *Joke*, der (engl., Pl. -s)

witzig 1. *amüsant* (fr.) vergnüglich 2. *epigrammatisch* (gr.-lat.) geistreich 3. *humoristisch* (lat.) scherzhaft 4. *gagig* (engl.-dt.)

Wochenbett *Puerperium*, das (lat., Pl. ...ien) med.

Wochenendhaus 1. *Datscha*, die (russ., Pl. -s, ...schen) auch: Sommerhaus, Landhaus 2. *Datsche*, die (dt. DDR, Pl. -n) Land-, Sommer-, Wochenendhaus in der ehemaligen DDR

Wochentag der Juden, heiliger ... *Sabbat*, der (hebr.-gr.-lat., Pl. -e) jüdischer Ruhetag (Samstag)

Wöchnerin *Puerpera*, die (lat., Pl. ...rä) med.

wohl oder übel *nolens volens* (lat.)

Wohlbefinden 1. *Euphorie*, die (gr., Pl. ...ien) bes. großes, übersteigertes 2. *Eudämonie*, die (gr., ohne Pl.) i. S. von seelisch im Einklang sein

Wohlbeleibtheit *Embonpoint*, der (fr., Pl. -s) auch: Körperfülle

wohlerzogen *manierlich* (lat.-fr.-dt.)

Wohlfühl-Einrichtung *Feng Shui*, das (chin., ohne Pl.) auch: Wind-u.-Wasser-Philosophie, gesundes Plazieren u. Einrichten e. Wohnung

wohlfühlen, sich ... *grooven* (engl.-am.)

wohlfühlen, sich bei e. Sache ... *grooven* (engl.-am.)

Wohlgeruch 1. *Parfum*, das (lat.-it.-fr., Pl. -e, -s) 2. *Odeur*, das (lat.-fr., Pl. -s u. -e) Duft; auch: seltsamer Geruch

Wohlklang *Euphonie*, die (gr.-lat., Pl. ...ien) Ggs.: Kakophonie

wohlklingend 1. *euphonisch* (gr.-lat.) 2. *melodisch* (gr.-lat.) 3. *harmonisch* (gr.-lat.) auch: übereinstimmend; schön; z. B. harmonische Teilung (gleiche Teilungsverhältnisse)

Wohllaut *Euphonie*, die (gr.-lat., Pl. ...ien) Ggs.: Kakophonie

wohllautend *euphonisch* (gr.-lat.)

wohlriechend *aromatisch* (gr.-lat.)

wohlschmeckend 1. *delikat* (lat.-fr.) 2. *deliziös* (lat.-fr.) schmackhaft

Wohlstand *Prosperität*, die (lat.-fr., Pl. -en) im wirtschaftlichen Sinn

Wohlstandsgesellschaft, konfliktfreie ... *Civil Society*, die (engl., ohne Pl.) der Begriff geht davon aus, daß die häßlichen Dinge wie Armut u. Kriminalität durch allg. Wohlstand verschwinden werden

Wohlstandsneid *Boomer Envy* (am.) von: envy (Neid) auch: Sozialneid: Mißgunst auf Wohlstand u. materielle Sicherheit; entstanden durch die Gunst e. glücklichen Geburt bevorzugter Bürger

Wohltäter 1. *Benefiziant*, der (lat., Pl. -en)

wohltätig 1. *humanitär* (lat.) »Früher hat man den Boten ... erschlagen, insofern ist ein humanitärer Fortschritt erkennbar.« (Rudolf Scharping, SPD-Fraktionschef, 1998) 2. *karitativ* (lat.) 3. *sozial* (lat.) für die Gemeinschaft wirken

Wohltätigkeit *Karitas*, die (lat., ohne Pl.)

Wohltätigkeitsveranstaltung *Charity-Event*, der (engl., Pl. -s)

wohltuend *balsamisch* (gr.-lat.) auch: duftend

wohlwollend 1. *jovial* (lat.) in herablassender Art 2. *affektioniert* (lat.) i. S. von geneigt

Wohnboot, chin. ... *Sampan*, der (chin., Pl. -s)

wohnen 1. *logieren* (germ.-fr.) nur vorübergehend 2. *residieren* (lat.) i. S. von fürstlich wohnen

Wohngemeinschaft *Kommune*, die (lat.-fr., Pl. -n)

wohnhaft bei *care of* (engl.) kurz: $^c/_o$

Wohnhaus *Bungalow*, der (engl., Pl. -s) i. a. mit flachem Dach

wohnlich *komfortabel* (lat.-fr.-engl.)

Wohnraumverkleinerung *Down-Nesting*, das (am., ohne Pl.) nach dem Auszug der Kinder ziehen die Eltern in kleinere Wohnungen ohne Gästezimmer, da sie verhindern wollen, daß ihre 30jährigen Kinder aus Bequemlichkeit zurückkommen

Wohnsiedlung, große ... aus einheitlichen Fertigbauten *Levittown*, die (Eigenn., am., Pl. -s) in den USA, nach dem am. A. S. Levitt

Wohnsitz 1. *Domizil*, das (lat., Pl. -e) 2. *Residenz*, die (lat., Pl. -en)

Wohnstätte, altsteinzeitliche ... *Abri*, der (lat.-fr., Pl. -s) ... in Felsnischen oder Höhlen

Wohnturm *Nurage*, *Nuraghe*, die (it.,

Pl.-n) kegelförmige, aus der Stein- u. Bronzezeit stammende Behausung, bes. Südeuropas

Wohnung 1. *Logis*, das (germ.-fr., ohne Pl.) 2. *Quartier*, das (lat.-fr., Pl. -e) 3. *Apartment*, das (lat.-it.-fr.-engl.-am., Pl. -s) komfortable Kleinwohnung in e. Mietshaus oder *Appartement*, das (lat.-it.-fr., Pl. -s) 4. *Penthouse*, das (engl.-am., Pl. -s) exklusive Wohnung auf dem Flachdach e. hohen Etagenhauses 5. *Flat*, das (engl., Pl. -s) Kleinwohnung

Wohnungsangabe *Adresse*, die (fr., Pl. -n)

Wohnungsausweisung *Delogierung*, die (fr., Pl. -en)

Wohnungswechsel, rascher ... *Flat Hopping*, das (engl.-am., ohne Pl.) aus: flat (Wohnung) u. to hop (hüpfen), e. Phänomen der mobilen Gesellschaft: junge Leute leben vorübergehend in der Wohnung e. Bekannten, es entsteht e. Mitwohnwesen »neuer Nomaden« mit wenig Hausstand

Wohnwagen *Caravan*, der (engl., Pl. -s)

Wohnwagen, großer ..., der als Anhänger gezogen wird *Trailer*, der (engl., ohne Pl.) auch: zusammengefaßter Vorfilm; im Film: Vorspann; Filmvorschau

Wolf *Lupus*, der (lat., selten Pl. -se) auch: flechtenartige Hautkrankheit; Lupus in fabula (der Wolf in der Fabel) i. S. von: spricht man von jmdm., erscheint er

Wolf, der ... in der Fabel *lupus in fabula* (lat., Zitat: Terenz) auch: wenn man den Wolf nennt kommt er »gerennt«

Wölfen, mit den ... heulen *ut homines sunt, ita morem geras* (lat., Zitat) eigtl.: wie die Menschen sind, so mußt du ihnen willfahren

Wollen, halbherziges ... *Velleität*, die (lat.-fr., Pl. -en) auch: Wunsch, der keine Tat wird (Philos.)

Wollgewebe, feines ... *Natté*, der (lat.-fr., Pl. -s) eigtl.: geflochten

Wollkapuze, kaukasische ... mit Schal *Baschlik*, der (russ.-türk., Pl. -s)

wollüstig *orgastisch* (gr.-lat.)

Wort 1. *Antonym*, das (gr.-lat., Pl. -e) entgegengesetztes Wort z. B. »hoch«/»tief« 2. *Synonym*, das (gr.-lat., Pl. -e) sinnverwandte Ausdrücke, z. B. »Fleischer« u. »Schlachter« 3. *Trisyllabum*, das (gr.-lat., Pl. ...syllaba) dreisilbiges Wort

Wort e. Fremdsprache *Vokabel*, die (lat., Pl. -n) »Vokabeln wie Lebensarbeitszeit stammen aus einer untergegangenen Welt.« (Gertrud Höhler, Managementberaterin, 1997)

Wort mit betonter letzter Silbe *Barytonon*, das (gr., Pl. ...na) z. B. das Spital

Wort- u. Zeichenbilder, Entwurf von ... 1. *Sign Design*, das (engl., ohne Pl.) sign (Zeichen) u. design (Entwurf) 2. *Sign writing*, das (engl., ohne Pl.) jeweils Begriff für die Durchsetzung von Wortbildern, Zahlen, Buchstaben mit Zeichen oder umgekehrt; z. B. I ♥ N Y (I like New York), 4 U (for you)

Wort, abgeleitetes ... *Derivativ*, das (lat., Pl. -e) Sprachw., z. B. sommerlich von Sommer

Wort, das e. Akut (Akzent bzw. Betonungszeichen) auf der Endsilbe trägt, *Oxytonon*, das (gr., Pl. ...na) z. B. ladrón (sp.) Dieb

Wort, das e. anderen gleicht, aber e. andere Bedeutung hat *Homonym*, das (gr., Pl. -e) z. B. »Bank« als Sitzgelegenheit u. Geldinstitut; nicht verw. mit *Homo*, der (lat., Pl. ...mines) Frühform des Menschen

Wort, e. ... verdoppeln *geminieren* (lat.)

Wort, rückwärts wie vorwärts zu lesendes ... *Palindrom*, das (gr.-lat., Pl. -e) z. B. Neger – Regen

Wort, unbetontes ... *Atanon*, das (gr., Pl. ...na)

Wortbedeutung, Lehre von der ... *Etymologie*, die (gr., Pl. ...ien)

Wortbildung aus Anfangsbuchstaben mehrerer Wörter 1. *Akronym*, das (gr., Pl. -e) z. B. Yuppies: young urban professionals (junge Karrieremenschen in der Großstadt 2. *Initialwort*, das (lat.-dt., Pl. ...wörter) auch: Kurzwort, das aus zusammengerückten Anfangsbuchstaben besteht, z. B. Strabag: Straßenbau-aktiengesellschaft

Worte, auf des Meisters ... schwören *iurare in verba magistri* (lat., Zitat: Horaz)

Worte, in ... fassen 1. *artikulieren* (lat.) i. S. von: deutlich aussprechen 2. *formulieren* (lat.-fr.) ausdrücken, abfassen 3. *verbalisieren* (lat.) z. B. Gefühle in Worte fassen; auch: e. Wort zu e. Verb umbilden;

615

Worte, seine eigenen ... *ipsissima verba* (lat., Zitat)

Worte, wo ... selten sind, haben sie Gewicht *where words are scare, they are seldom spent in vain* (engl., Zitat: William Shakespeare, engl. Dichter, 1564–1616)

Worten, mit ... *verbal* (lat.) auch: mündlich; »...man muß schon aufpassen, daß man nicht verbal von denen überholt wird.« (Theo Waigel, CSU-Vorsitzender, 1998)

Worten, von ... zu Schlägen *a verbis ad verbera* (lat., Zitat)

Wörter abkürzen *abbreviieren* (lat.)

Wörter nach Herkunft u. Geschichte untersuchen *etymologisieren* (gr.-lat.)

Wörter, die Schweizer gern gebrauchen *Helvetismen,* die (lat., Pl.)

Wörterbuch 1. *Idiotikon,* das (gr.-lat., Pl. ...ka, ...ken) für Mundarten 2. *Lexikon,* das (gr., Pl. ...ka, ...ken) Nachschlagewerk, z. B. Wortlexikon 3. *Thesaurus,* der (gr.-lat., Pl. -ren, -ri) 4. *Enzyklopädie,* die (gr.-lat., Pl. ...ien) auch: Konversationslexikon

Wörterbuch in drei Sprachen *Triglotte,* die (gr.-lat., Pl. -n)

Wörterbuch, altsprachliches ... *Thesaurus,* der (gr., Pl. ...ren) ... befaßt sich hauptsächlich mit Latein, Griechisch u. Hebräisch

Wörterbuch-Schreiber *Lexikograph,* der (gr., Pl. -en) Samuel Johnson (1709–1784), der größte Wörterbuch-Schreiber (Oxford Dictionary) definierte den Lexikographen als »harmlosen Schufter«

Wörterverzeichnis 1. *Glossar,* das (gr.-lat., Pl. -e) 2. *Thesaurus,* der (gr.-lat., Pl. -ren, -ri) Verzeichnis aller gängigen Sprachen; auch Sammlung von Wörtern eines best. (Fach)bereichs 3. *Vokabular,* das (lat., Pl. -e) auch: Wortschatz; »Das Gauweiler-Vokabular ist geradezu unerträglich.« (Ingrid Matthäus-Maier, SPD, 1997) 4. *Vokabularium,* das (lat., Pl. ...ien) auch: Wörterbuch

Wortfanatiker *Verbalist,* der (lat., Pl. -en) für den Verbalisten steht das Wort über dem Inhalt e. Rede

Wortherkunft, Lehre der ... *Etymologie,*

die (gr.-lat., Pl. ...ien) Wissenschaft von der Herkunft u. Bedeutung der Wörter

wortkarg *lakonisch* (gr.-lat.) nach den Einwohnern Lakoniens (Spartaner) auch: äußerst knapp; »Das ist e. lakonische Antwort.« (Redensart)

Wortklauber 1. *Kasuist,* der (lat., Pl. -en) 2. *Sophist,* der (gr.-lat., Pl. -en)

wortklauberisch *rabulistisch* (lat.)

Wortlaut *Tenor,* der (lat., ohne Pl.) auch: hohe Männerstimme (lat.-it., Pl. Tenöre) nicht verw. mit *Tenno,* der (jap., Pl. -s) Kaisertitel

wörtlich anführen *zitieren* (lat.)

wortreich 1. *eloquent* (lat.) beredt 2. *expressiv* (lat.) ausdrucksstark

Wortschatz 1. *Vokabular,* das (lat., Pl. -e) die Indianer Patagoniens verfügten über e. sehr großes Vokabular 2. *Idiolekt,* der (gr., Pl. -e) auch: Sprachverhalten; Ausdrucksweise

Wortschatz e. Sprache *Lexik,* die (gr.-lat., ohne Pl.)

Wortschwall 1. *Suada,* die (lat., Pl. Suaden) 2. *Tirade,* die (lat.-it.-fr., Pl. -n)

Wortspiel *Quibble,* das (engl., Pl. -s) auch: spitzfindige Ausrede

Wortstamm, in den ... eingefügter Buchstabe *Infix,* das (lat., Pl. -e)

Wortteil *Präfix,* der (lat., Pl. -e) bes. Vorsilbe, z. B. trinken – ertrinken, möglich – unmöglich

Wortverdreher 1. *Kasuist,* der (lat., Pl. -en) 2. *Rabulist,* der (lat., Pl. -en)

wortverdreherisch 1. *kasuistisch* (lat.) i. S. von: spitzfindig 2. *rabulistisch* (lat.) wortklauberisch 3. *scholastisch* (gr.-lat.) auch: abwertend spitzfindig

Wortverdrehung *Rabulistik,* die (lat., Pl. -en)

Wortverschmelzung ... *Blend,* der, das (engl., Pl. -s) ... zweier Wörter zu einem neuen Begriff, z. B. aus Schwabing u. Babylon wird »Schwabylon«

Wortwechsel 1. *Disput,* der (lat.-fr., Pl. -e) i. S. e. Auseinandersetzung 2. *Debatte,* die (lat.-fr., Pl. -n) Aussprache, Bundestagsdebatte 3. *Kontroverse,* die (lat., Pl. -n) auch: Streit

Wortwiederholung 1. *Anapher,* die (gr.-lat., Pl. -n) Wiederholung eines Wortes oder mehrerer Wörter zu Beginn aufeinander folgender Sätze od. Satzteile Ggs.: Epiphora (am Ende der Sätze) 2. *Anaphora*, die (gr.-lat., Pl. ...rä) auch: Gebet der Ostkirchen

Wortwitz *Bonmot*, das (fr., Pl. -s)

wuchern *proliferieren* (lat.) med., Krebs proliferiert

wuchernd *proliferativ* (lat.) med.

Wuchs 1. *Figur*, die (lat.-fr., Pl. -en) e. Person 2. *Statur*, die (lat., Pl. -en) e. Mann von stattlicher Statur

Wuchsstoff der Pflanzen *Heteroauxin*, das (gr., Pl. -e)

Wulst *Torus*, der (lat., Pl. Tori) auch: Ringfläche; vorstellbare Raumsonde für e. Weltraumkolonie

Wundarzt *Chirurg*, der (lat., Pl. -en) »Tatjana Gsell: nackt, wie der Chirurg sie schuf ...« (Bild-Zeitung, 2006)

Wundbrand *Gangrän*, das (gr.-lat., Pl. -en) Zersetzung von Gewebe

Wunde 1. *Trauma*, das (gr., Pl. ...men, ...ta) med., z. B. Schleudertrauma 2. *Blessur*, die (fr., Pl. -en) Verletzung 3. *Stigma*, das (gr.-lat., Pl. ...men, -ta) eigtl.: Stich; die Wundmale Christi

Wunder 1. *Mirakel*, das (lat., ohne Pl.) 2. *Phänomen*, das (gr.-lat., Pl. -e) auch: Erscheinung; jmd. mit außergewöhnlichen Fähigkeiten

wunderbar 1. *mirakulös* (lat.) 2. *paradiesisch* (pers.-gr.-lat.) 3. *phantastisch* (gr.-lat.) 4. *prima* (lat.)

Wunderglaube *Mystizismus*, der (gr.-lat., ohne Pl.)

wundergläubig *mystizistisch* (gr.-lat.)

wunderlich 1. *bizarr* (it.-fr.) eigenwillig 2. *kurios* (lat.) sonderbar

Wundernahrung *Manna*, das (hebr.-gr.-lat., ohne Pl.) damit speiste Gott die Israeliten in der Wüste

Wundertäterei *Theurgie*, die (gr.-lat., ohne Pl.)

Wundertätiger *Thaumaturg*, der (gr., Pl. -en) auch Zusatzbezeichnung gr. Heiliger

Wundklammer *Agraffe*, die (fr., Pl. -n) med.; auch: als Schmuckstück verwendbare Spange oder Klammer

Wundmal *Stigma*, das (gr.-lat., Pl. ...men, -ta) Wundmale Christi an Händen, Füßen, an der Brust

Wundmale Christi ... *Stigmatisation*, die (gr.-lat., Pl. -en) ... bei e. Menschen, das Auftreten der fünf Wundmale; auch: das Auftreten der Hautblutungen bei hysterischen Menschen; im Altertum, das Brandmarken der Sklaven

Wundsein *Intertrigo*, die (lat., Pl. ...gines) med.

Wundstarrkrampf *Tetanus*, der (gr.-lat., ohne Pl.)

Wunsch *Desiderium*, das (lat., Pl. -ien) als Forderung

Wunschbild *Ideal*, das (gr.-lat., Pl. -e)

Wünsche, fromme ... *pia desideria* (lat., Zitat)

Wünschen, das lag in meinen ... *hoc erat in votis* (lat., Zitat: Horaz)

wünschenswert *desiderabel* (lat.)

Wunschvorstellung 1. *Illusion*, die (lat.-fr., Pl. -en) 2. *Utopie*, die (gr.-fr., Pl. ...ien) Vorhaben ohne reale Grundlage

Würde *Dignität*, die (lat., Pl. -en) auch: hoher Rang; Amtswürde e. kath. Geistlichen

Würdenträger ... 1. *Dignitar*, der (lat., Pl. -e) u. *Dignitär*, der (lat.-fr., Pl. -e) ... der kath. Kirche

würdevoll 1. *gravitätisch* (lat.) 2. *majestätisch* (lat.) hoheitsvoll 3. *pastoral* (lat.) salbungsvoll; auch: ländlich 4. *pathetisch* (gr.-lat.) feierlich 5. *solenn* (lat.) festlich

würdig *pastoral* (lat.) salbungsvoll; »Was wir brauchen, sind keine pastoralen Techniker ...« (Kardinal Joachim Meisner, 1996)

würdigen *honorieren* (lat.)

Würdigkeit *Seriosität*, die (lat.-fr., ohne Pl.)

Wurf- u. Fanggerät, südam. ... *Bola*, die (lat.-sp., Pl. -s) eigtl.: Kugel

Wurfaxt *Tomahawk*, der (indian.-engl., Pl. -s) Axt nordamerikanischer Indianer

Würfel 1. *Hexaeder*, der (gr.-lat., Pl. -) 2. *Kubus*, der (gr.-lat., Pl. Kuben) auch: dritte Potenz (Math.) nicht verw. mit *Kubismus*, der (gr.-lat., ohne Pl.) Kunstrichtung in der Malerei (Anfang 20. Jh.) Vertreter: Picasso, Feininger

Würfel, der ... **ist gefallen** *alea iacta est* (lat.) Cäsars Ausspruch beim Überschreiten des Grenzflusses Rubicon

würfelförmig *kubisch* (gr.-lat.)

Würfelspiel 1. *Tokadille*, das (sp., ohne Pl.)

e. spanisches Spiel mit Würfeln 2. *Backgammon*, das (engl., ohne Pl.)

Wurfgerät *Diskus*, der (gr.-lat., Pl. ...ken, -se) e. scheibenförmiges Sportgerät, das bereits bei den Hellenen bekannt war

Wurfgeschütz, antikes ... *Balliste*, die (gr.-lat., Pl. -n)

Wurfholz *Bumerang*, der (australisch-engl., Pl. -s, -e) ... gekrümmtes, das zurückfliegt

Wurfscheibe, runde ... aus Plastik *Frisbee*, das (Eigenn., engl., Pl. -s) e. Sportgerät; »Helmut Kohl u. ich wollen ab 1999 am Wolfgangsee Frisbee spielen.« (Roman Herzog, Bundespräsident, 1997)

Wurfschlinge *Lasso*, das (sp.-engl., Pl. -s) »Soll ich ihn (Klinsmann) mit dem Lasso einfangen?« (Theo Zwanziger, DFB-Präsident, 2006)

Wurfseil mit Steinen *Boleadoras*, das (sp.-indian., nur Pl.) einst Waffe der Indianer Argentiniens

Wurfspiel *Darts*, das (germ.-fr.-engl., ohne Pl.) e. in England beliebtes Wurfspiel, bei dem e. Pfeil an e. Zielscheibe geworfen wird

Würgschraube *Garrotte*, die (sp., Pl. -n) ... mit der in Spanien die Todesstrafe durch Erdrosselung vollstreckt wurde; auch: Halseisen

Wurst *Mortadella*, die (gr.-lat.-it., Pl. -s) e. it. Zervelatwurst

Wurzel 1. *Radix*, die (lat., Pl. ...izes) math.; auch: Pflanzenwurzel 2. *Root*, die (engl., Pl. -s) »back to the roots« (zurück zu den Anfängen) auch Begriff, der sich auf die Herkunft best. Musikstile bezieht, z. B. Acid Jazz

Wurzel ziehen *radizieren* (lat.) math., aus e. Zahl

Wurzelstock *Rhizom*, das (gr., Pl. -e) ... mit Speicherfunktion (Bot.)

würzig *aromatisch* (gr.-lat.)

Würzsoße, scharfe ... *Tabascosoße*, die (Eigenn., Pl. -n) aus rotem Chili hergestellt, nach dem mex. Bundesstaat benannt

Wüste, Sinnestäuschung in der ... *Fata Morgana*, die (it., Pl. ...nen, -s) durch Luftspiegelung entstehende Täuschung

Wüstenfuchs *Fennek* u. *Fenek*, der (arab., Pl. -s, -e)

Wüstenpflanze Namibias *Welwitschia*, die (Eigenn., lat., Pl. ...ien) mit bandartigen Blättern; nach dem österr. Naturkundler F. Welwitsch (1806–1872)

Wüstenwind aus der Sahara in Richtung Kanarische Inseln *Leste*, der (sp., ohne Pl.)

Wüstling *Barbar*, der (gr.-lat., Pl. -en)

Wut 1. *Rage*, die (lat.-fr., ohne Pl.) 2. *Furor*, der (lat., ohne Pl.)

Wutanfall *Raptus*, der (lat., Pl. -se)

Y

Yuppie-Werte, die an Bedeutung gewinnen *Yuppification*, die (engl.-am., Pl. -s) gemeint sind die »Werte« der jungen, karrierebewußten, großstädtischen Aufsteiger, die in der Gesellschaft zur Zeit an Bedeutung gewinnen

Z

zäh *tough* (engl.) z. B. e. tougher Bursche

zähflüssig *viskos* u. *viskös* (lat.)

Zähflüssigkeitsmesser *Viskosimeter*, das (lat., Pl. -)

Zähigkeit *Tenazität*, die (lat., ohne Pl.) i. S. von Zug- u. Reißfestigkeit

Zahl 1. *Chiffre*, die (arab.-lat.-fr., Pl. -n) auch: Ziffer 2. *Nummer*, die (lat.-it., Pl. -n) e. kennzeichnende Zahl 3. *Numerus*, der (lat., Pl. ...ri)

Zahl der Schläge ... *Standard Scratch Score*, der (engl., Pl. -s) ... die von e. Scratch-Spieler auf dem jeweiligen Platz erwartet wird (Golfbez.)

Zahl, die den Schwierigkeitsgrad jedes Loches anzeigt *Stroke Index*, der (engl.-lat., Pl. -es ...dizes) (Golfbez.)

Zahl, die vervielfacht *Multiplikator*, der (lat., Pl. ...oren) auch: e. Person wird zum Multiplikator, wenn er Kunden für den Kauf e. Produkts (gewinnt) multipliziert

zahlbar *per cassa* (lat.) in bar

Zahlenlehre *Arithmetik*, die (gr.-lat., ohne Pl.) das Rechnen mit bekannten u. unbekannten Zahlen

zahlenmäßig *numerisch* (lat.)

Zahlenrätsel *Arithmogriph* der (gr., Pl. -en)

Zahlentafel *Tabelle*, die (lat., Pl. -n) z. B. Zahlenreihen für statistische Betrachtungen

Zahlenwert *Term*, der (lat.-fr., Pl. -e) Zahlen, Variablen u. Rechenzeichen: b – 6

Zahlenwissenschaft *Mathematik*, die (gr.-lat., ohne Pl.) genauer: Wissenschaft von den Raum- u. Zahlengrößen; »Mathematik ist das Alphabet, mit dessen Hilfe Gott das Universum beschrieben hat.« (Galileo Galilei)

Zähler *Dividend*, der (lat., Pl. -en) auch: Zahl, die durch e. andere zu teilen ist (Math.) Ggs.: Divisor

zahlreich *frequent* (lat.)

Zahlung *Cash* (engl.) bares Bezahlen

Zahlung leisten *effektuieren* (lat.-fr.)

Zählung u. Messung an Lebewesen *Biometrik*, die (gr., ohne Pl.)

Zahlungen der Medien für Informationen *Infodeal*, der (engl.-am., Pl. -s) auch: Scheckbuchjournalismus genannt

Zahlungsanweisung 1. *Akkreditiv*, das (lat.-it.-fr., Pl. -e) die Bank verspricht dem Exporteur die Zahlung der Ware bei Übergabe z. B. des Konnossements (Seefrachtbrief) 2. *Assignation*, die (lat., Pl. -en) 3. *Scheck*, der (engl., Pl. -s)

Zahlungsaufschub 1. *Moratorium*, das (lat., Pl. ...ien) der Schuldner bittet seine Gläubiger um ein 90-Tage-Moratorium 2. *Prolongation*, die (lat., Pl. -en) die Verlängerung der Laufzeit e. Wechsels

zahlungsfähig 1. *liquide* (lat.) auch: flüssig 2. *solvent* (lat.-it.) Ggs.: insolvent

Zahlungsfähigkeit 1. *Solvenz*, die (lat., Pl. -en) Ggs.: Insolvenz 2. *Liquidität*, die (lat., ohne Pl.) Ggs.: Illiquidität

Zahlungsfrist *Respirotag*, der (lat.-it.-dt., ohne Pl.) auch: Respekttag

Zahlungsmittel *Devise*, die (lat.-fr., Pl. -n) ausländische Schecks, Wechsel u. dgl.; ausländisches Bargeld heißt »Sorten«

Zahlungsnachlaß *Dekort*, der (lat.-fr., Pl. -s) wegen Mängeln, schlechter Verpackung oder geringem Gewicht

Zahlungsort *Domizil*, das (lat., Pl. -e) Einlösungsort e. Wechsels

Zahlungstag *Termin*, der (lat., Pl. -e) Termingeld; auch: Termin für e. Verabredung

zahlungsunfähig 1. *bankrott* (it.) 2. *illiquid* (lat.) 3. *insolvent* (lat.) Ggs.: solvent 4. *pleite* (hebr.) ugs. 5. *in Konkurs gehen* (lat.-dt.) i. S. e. gerichtlichen Verfahrens wegen Zahlungsunfähigkeit

Zahlungsunfähigkeit 1. *Bankrott*, der (it., Pl. -e) schuldhafter Konkurs 2. *Illiquidität*, die (lat., ohne Pl.) Ggs.: Liquidität 3. *Insolvenz*, die (lat., Pl. -en) Ggs.: Solvenz 4. *Konkurs*, der (lat., Pl. -e) e. gerichtliches Verfahren wegen Zahlungsunfähigkeit 5. *Ruin*, der (lat.-fr., ohne Pl.) auch: Untergang

Zahlungsversprechen *Akkreditiv*, das (lat.-it.-fr., Pl. -e) die Bank verspricht dem Exporteur die Zahlung der Ware bei Übergabe z. B. des Konnossements (Seefrachtbrief)

Zahlwort *Numerale*, das (lat., Pl. ...lien)

Zahlzeichen *Ziffer*, die (lat.-fr., Pl. -n)

Zählzwang *Arithmomanie*, die (gr.-lat., Pl. ...ien)

zähmen *domestizieren* (lat.)

Zahn *Dens*, der (lat., Pl. Dentes) med.

Zahn- u. Kiefernabdruck ... *Odontometrie*, die (gr.-lat., ohne Pl.) ... zur Identifizierung unbekannter Toter

Zahnarzt 1. *Dentist*, der (lat., Pl. -en) med. 2. *Odontologe*, der (gr.-lat., Pl. -n) in der Forschung tätiger Zahnarzt

Zahnbein, Bildungszelle des ... *Odontoblast*, der (gr.-lat., Pl. -en) med.

Zahnbelag *Plaque*, die (fr., Pl. -s) med.

Zahnbeschaffenheit *Dentur*, die (lat., ohne Pl.) auch: Gebiß, Zahnbestand

Zahnbett *Parodontium*, das (gr., Pl. ...tien) Zahnhaltevorrichtung (med.)

Zahnbettschwund *Parodontose*, die (gr., Pl. -n)

Zahnbildung *Dentifikation*, die (lat., ohne Pl.) med. bei Kleinkindern

Zahnbürste für die Reinigung der Zwischenräume *Interdental-Zahnbürste*, (die (lat.-engl.-dt., Pl. -n)

Zahndurchbruch *Dentition*, die (lat., Pl. -en) med.

Zähne, die ... **betreffend** *dental* (lat.)

Zähneknirschen, nächtliches ... *Bruxismus*, der (gr., ohne Pl.) med.

Zähnemalen, abnormes ... *Bruxomanie,* die (gr., ohne Pl.) ... außerhalb des Kauaktes (med.)

Zahnen *Dentition,* die (lat., Pl. -en) med.

Zahnersatz *Prothese,* die (gr., Pl. -n) Zahnprothese; auch: Arm- oder Beinprothese

Zahnfäule *Karies,* die (lat., ohne Pl.) med., Verfall des gesunden Zahnmaterials

Zahnfleischabszeß *Parulis,* die (gr., ohne Pl.) med.

Zahnfleischentzündung 1. *Gingivitis,* die (lat., Pl. ...itiden) med. 2. *Ulitis,* die (gr.-lat., Pl. ...itiden) med.

Zahnfleischschwund *Parodontose,* die (gr.-lat., Pl. -n) med.

Zahnfüllung *Plombe,* die (lat.-fr., Pl. -n) med.

Zahnfüllung, gegossene ... *Inlay,* das (engl., Pl. -s) med., auch: Einlage

Zahngewebe, Geschwulst am ... *Odontom,* das (gr.-lat., Pl. -e)

Zahnheilkunde 1. *Dentologie,* die (lat., ohne Pl.) med. 2. *Odontologie,* die (gr.-lat., ohne Pl.) med.

Zahnlaut *Dental,* der (lat., Pl. -e)

Zahnlücke 1. *Diastema,* das (gr., Pl. ...mata) e. angeborene Lücke zwischen den oberen Schneidezähnen (med.) 2. *Trema,* das (gr., Pl. -ta) eigtl.: Öffnung; Lücke zwischen den mittleren Schneidezähnen (med.)

Zahnmantelkrone *Jacketkrone,* die (engl., Pl. -n) med., aus Kunststoff oder Porzellan

Zahnschmerz 1. *Odontalgie,* die (gr., Pl. ...ien) med. 2. *Dentalgie,* die (gr.-lat., Pl. ...ien) med.

Zahnungsschlüssel *Odontometer,* der (gr.-lat., Pl. -) ... zur Ausmessung der Zähnung von Briefmarken

Zahnwechsel *Diphyodontie,* die (gr., ohne Pl.) med.

Zahnziehen *Extraktion,* die (lat., Pl. -en) das Herausziehen; auch: das Herausziehen des Babys (Geburtshilfe)

Zank 1. *Szene,* die (fr., Pl. -n) auch: Schauplatz 2. *Terror,* der (lat., ohne Pl.) auch: Schrecken; Zwang u. Streit 3. *Zoff,* der (jidd., ohne Pl.) auch: Unfrieden

Zankapfel *Erisapfel,* der (gr.-dt., Pl. ...äpfel) nach der gr. Göttin der Zwietracht: Eris

Zäpfchen, das Gaumen... *Uvula,* die (lat.,

Pl. ...lae) med.; nicht verw. mit: *Uvular,* der (lat., Pl. -e) Halszäpfchenlaut

Zapfstelle *Hydrant,* der (gr., Pl. -en) ... zur Wasserentnahme, z. B. für Löschfahrzeuge

Zarengattin *Zariza,* die (lat.-slaw., Pl. -s, ...zen)

Zarenherrschaft *Zarismus,* der (lat.-slaw., ohne Pl.)

Zarentochter *Zarewna,* die (russ., Pl. -s)

Zarentum *Zarismus,* der (lat.-slaw., ohne Pl.) die absolute Herrschaft der Zaren (Kaiser)

zart 1. *asthenisch* (gr.-lat.) auch: schlank 2. *ätherisch* (gr.-lat.) bes. zart; auch: vergeistigt, erdentrückt 3. *fragil* (lat.) i. S. von zerbrechlich, z. B. e. Paket mit fragilem Inhalt 4. *hypoleptisch* (gr.) auch: fein u. dünn 5. *subtil* (lat.) feinfühlig 6. *sylphidenhaft* (lat.) von den Sylphiden, das sind weibliche Luftgeister 7. *dezent* (lat.) svw. vornehm-zurückhaltend 8. *grazil* (lat.) zierlich; nicht verw. mit *graziös* (lat.-fr.) anmutig

zart spielen *teneramente* (lat.-it.) musik. Vortragsanw.

zartfühlend *delikat* (lat.-fr.) behutsam; auch: wohlschmeckend; Ggs.: indelikat

zartgliedrig *grazil* (lat.) Twiggy aus England war e. graziles Mädchen

Zartgliedrigkeit *Grazilität,* die (lat., ohne Pl.)

zärtlich *amoroso* (lat.-it.) musik. Vortragsanw.

Zärtlichkeit *Tendresse,* die (lat.-fr., Pl. -n)

Zaster *Mammon,* der (gr.-lat., ohne Pl.) im negativen Sinn: schnöder Mammon; daher: *Mammonismus,* der (gr.-lat., ohne Pl.) Geldgier

Zauber 1. *Poesie,* die (gr.-lat.-fr., Pl. ...ien) auch: Stimmung 2. *Phantasmagorie,* die (gr., Pl. ...ien)

Zauberbaum *Latua pubiflora,* der (lat., ohne Pl.) auch: Latué; Nachtschattengewächs; Einnahme führt zu Halluzinationen; von chilenischen Indianern bei Ritualen verwendet

Zauberei *Magie,* die (pers.-gr.-lat., ohne Pl.)

Zauberer 1. *Magier,* der (pers.-gr.-lat., Pl. -) der am. Magier David Copperfield »zersägt« Frauen 2. *Nigromant,* der (lat.-gr.,

Pl. -en) auch: Wahrsager 3. *Illusionist*, der (lat., Pl. -en) auch: Träumer

zauberhaft *magisch* (pers.-gr.-lat.)

Zauberkunst *Magie*, die (pers.-gr.-lat., ohne Pl.) das Magiespektakel des David Copperfield

Zauberkünstler 1. *Illusionist*, der (lat., Pl. -en) 2. *Eskamoteur*, der (lat.-sp.-fr., Pl. -e) 3. *Magier*, der (pers.-gr.-lat., Pl. -) z. B. der Amerikaner David Copperfield

Zauberkunststück *Eskamotage*, die (lat.-fr., Pl. -n)

Zaubernußstrauch *Hamamelis*, die (gr., ohne Pl.) dessen Wirkstoff wird in der Heilkunst verwendet

Zauberschutzmittel *Amulett*, das (lat., Pl. -e) auch: Anhänger in der Funktion e. Talisman

Zaubertrank *Elixier*, das (gr.-arab.-lat., Pl. -e) auch: Lebenselixier (Heiltrank) »Helfenkönnen ist nämlich ein Lebenselixier.« (Liz Mohn, 1996)

Zauberwort 1. *Abrakadabra*, das (unbekannte Herkunft, Pl. -s) verwenden Zauberer – 2. *Simsalabim*, das (unbekannte Herkunft, ohne Pl.) verwenden Zauberer im Moment der Aufführung 3. *Abraxas*, der (gr., ohne Pl.) Zauberwort auf Amuletten; Geheimname Gottes in der Gnostik (Lehre der Gotteserkenntnis)

Zauderer *Fabius Cunctator*, der (lat., ohne Pl.) übertragen: nach dem röm. Feldherrn, der vor Schlachten zauderte; nach ihm: »*Fabian Society*«, die (lat., engl., ohne Pl.) Gruppe linksliberaler engl. Intellektueller, die auf friedlichem Wege e. klassenlose Gesellschaft anstrebte

Zaudern *Häsitation*, die (lat., ohne Pl.) auch: Zögern

Zaun *Fenz*, die (lat.-fr.-engl., Pl. -en) Einfriedung

Zeche *Konsumation*, die (lat., Pl. -en) auch: Verzehr

Zecher, ein trinkfester ... *acer potor* (lat., Zitat)

zechlustig *bacchanalisch* (gr.-lat.) nach Bacchus, dem gr. Gott des Weines

Zehn Gebote *Dekalog*, der (gr.-lat., ohne Pl.) eigtl.: zehn Worte; nicht verw. mit *Dekalo*, der, das (it., Pl. ...li) Maß- oder Gewichtsverlust von Waren

Zehneck *Dekagon*, das (gr.-lat., ohne Pl.)

Zehnersystem *Dezimalsystem*, das (lat., Pl. -e) math.

Zehnflächner *Dekaeder*, das (gr.-lat., Pl. -)

Zehnt *Dezem*, der (lat., Pl. -s) im Mittelalter die Abgabe des 10. Teils vom Grundstücksertrag an die Kirche

zehnteilig *dekadisch* (gr.) math.

Zehntelgramm *Dezigramm*, das (lat., Pl. -e)

Zehntelliter *Deziliter*, der, das (lat.-gr., Pl. -)

Zehntelmeter *Dezimeter*, der, das (lat.-gr., Pl. -)

Zehnteltonne *Dezitonne*, die (lat., Pl. -n)

Zehrrose *Erythematodes*, der (gr., ohne Pl.) auch: Schmetterlingsflechte, e. entzündliche Hauterkrankung (med.)

Zeichen 1. *Fanal*, das (gr.-arab.-it.-fr., Pl. -e) für den Anfang e. neuen Zeit; e. Fanal ankündigen; auch: Flammenzeichen 2. *Chiffre*, die (lat.-fr., Pl. -n) i. S. e. Geheimschrift, e. Geheimzeichens 3. *Markierung*, die (germ.-it.-fr., Pl. -en) 4. *Omen*, das (lat., Pl. Omina) i. S. e. Vorzeichens; z. B. böses Omen (huscht e. schwarze Katze von rechts über die Straße) 5. *Piktogramm*, das (lat.-gr., Pl. -e) z. B. das international verständliche Verkehrszeichen 6. *Symbol*, das (lat.-gr., Pl. -e) i. S. e. Kennzeichens oder e. Kennzeichnung 7. *Emblem*, das (gr.-lat.-fr., Pl. -e) Sinnbild, Kennzeichen 8. *Indikator*, der (lat., Pl. ...oren) Merkmal; nicht verw. mit *Indicator*, der (lat., ohne Pl.) Honiganzeiger, Vogel des afrik. Urwaldes 9. *Indiz*, das (lat., Pl. ...ien) i. S. e. Anzeichens; auch: Verdachtsmoment 10. *Signal*, das (lat.-fr., Pl. -e) z. B. Lichtsignal 11. *Stigma*, das (gr.-lat., Pl. ...men, -ta) auch: Wundmal 12. *Symptom*, das (gr., Pl. -e) eigtl.: Zufall; auch: Vorbote

Zeichen aus drei Sternchen ... *Asteronym*, das (gr., Pl. -e) ... an Stelle des Verfassernamens (***) bei e. Buch

Zeichen geben *signalisieren* (lat.-fr.) »... Stefan hat erst jetzt wieder signalisiert, daß er wieder für Deutschland spielen möchte.« (Berti Vogts, Fußball-Bundestrainer nach der WM, 1998)

Zeichen u. Bilder, Lehre von der Bedeutung der ... 1. *Semiotik*, die (gr.-lat., ohne Pl.) auch: Wissenschaft vom Ausdruck;

Bedeutungslehre; die TV-Werbung bedient sich immer häufiger der Semiotik 2. *Semiologie*, die (gr.-lat., ohne Pl.) Lehre von den Bildern u. Zeichen; Zeichentheorie

Zeichen- u. Wortbilder, Entwurf von ... 1. *Sign Design*, das (engl., ohne Pl.) sign (Zeichen) u. design (Entwurf) 2. *Sign writing*, das (engl., ohne Pl.) jeweils der Begriff für die Durchsetzung von Wortbildern, Zahlen, Buchstaben mit Zeichen oder umgekehrt, z. B. I ♥ N Y (I like New York), 4 U (for you)

Zeichen, das e. Begriff darstellt *Ideogramm*, das (gr.-lat., Pl. -e)

Zeichen, in diesem ... wirst du siegen 1. *hoc signo vinces* (lat., Zitat) 2. *in hoc signo vinces* (lat., Zitat: Eusebius); Kaiser Konstantin erschien, der Legende nach, 312 n. Chr. e. Kreuzzeichen am Himmel

Zeichen, schwer zu lesendes ... *Hieroglyphe*, die (gr., Pl. -n) auch: Zeichen der altägypt. Bilderschrift

Zeichen, verabredetes ... *Signal*, das (lat.-fr., Pl. -e) auch: Zeichen mit e. best. Bedeutung, optisch oder akustisch; »Völker, hört die Signale! Auf zum letzten Gefecht« (E. Pottier: »Die Internationale«)

Zeichenerklärung *Legende*, die (lat., Pl. -n) am Seitenrand zusammengestellte Erläuterungen, z. B. in Stadtplänen u. Atlanten

Zeichenfolge *Token*, das (engl., Pl. -) ... die zusammengehört; auch: Erkennung, die z. B. e. Sendeberechtigung enthält (EDV)

Zeichenfunktion, was ... hat *Semiotik*, die (gr.-lat., ohne Pl.) Bedeutungslehre; Wissenschaft vom Ausdruck

Zeichengerät *Perspektograph*, der (gr.-lat., Pl. -en)

Zeichensabotage *Culture Jamming* (engl.) Zerstörung von Chiffren u. Symbolen der Kommerzgesellschaft, die von den Adbusters (Konsumgegnern) bekämpft wird

Zeichensatz *Font*, der (engl., Pl. -s) auch: Schriftsatzinventar e. Textverarbeitungssystems (EDV)

Zeichenschrift *Semeiographie*, die (gr.-lat., ohne Pl.)

Zeichensetzung *Interpunktion*, die (lat., Pl. -en)

Zeichensprache beim Aerobic *Cueing*,

das (engl.-am., ohne Pl.) da die Begleitmusik zu laut ist

Zeichentrickfilm, japanischer ... *Manga*, der (jap., Pl. -s) von: manga-éiga (Zeichenfilmtrick-Produkt)

zeichnen 1. *dessinieren* (lat.-it.-fr.) auch: Muster entwerfen 2. *skizzieren* (it.) e. Vorschlag kurz graphisch oder in Worten darstellen 3. *konstruieren* (lat.) auch: techn. Geräte entwerfen u. bauen

zeichnerische Darstellung *Diagramm*, das (gr.-lat., Pl. -e) bes. statistisches Zahlenmaterial

Zeichnung 1. *Karikatur*, die (gall.-lat.-it., Pl. -en) in satirischer Art 2. *Schema*, das (gr.-lat., Pl. -s, -ta) einfache Darstellung 3. *Sgraffito*, das (it., Pl. ...ti) e. bes. Art der Fassadenmalerei, war bereits in der it. Renaissance gebräuchlich 4. *Skizze*, die (it., Pl. -n) 5. *Graffiti*, die (it., nur Pl.) Farbspraybilder an Hauswänden

zeige hier, was du kannst! *hic Rhodus, hic salta!* (lat., Zitat nach e. Fabel des Äsop)

zeigen 1. *demonstrieren* (lat.) vorführen 2. *manifestieren* (lat.) auch: bekunden 3. *präsentieren* (lat.-fr.) vorlegen

Zeile *Linie*, die (lat., Pl. -n)

Zeit ist Geld *time is money* (engl.) Sprichwort

Zeit, die ... entflieht schnell *aetas volat* (lat., Zitat)

Zeit, die ... lindert den Schmerz *dies levat luctum* (lat., Zitat)

Zeit, die ..., die alles zernagt *tempus edax rerum* (lat., Zitat: Ovid)

Zeit, e. ... die mit Hilfe von imaginären Zahlen gemessen wird *imaginäre Zeit*, die (lat.-dt., ohne Pl.) eigtl.: e. nicht wirkliche Zeit (Phys., Math.)

Zeit, kommt ... kommt Rat 1. *tempus ipsum affert consilium* (lat., Zitat) 2. *interim fit aliquid* (lat., Zitat: Terenz Andria) auch: inzwischen geschieht etwas

Zeit, nutze die ... *carpe diem* (lat., Zitat, Horaz) auch: pflücke den Tag

Zeit, rückwärtsgezählte ... vor dem Start *Countdown*, der (engl., ohne Pl.)

Zeitabschnitt 1. *Ära*, die (lat., Pl. Ären) z. B. durch e. Persönlichkeit geprägte Zeit: »Ära Adenauer«; oder: »Das Ende der Ära Kohl zu bewältigen ist e. schwere Aufgabe.« (Wolfgang Schäuble, 1998) 2.

Epoche, die (gr.-lat., Pl. -n) 3. *Periode*, die (gr.-lat., Pl. -n) 4. *Intervall*, das (lat., Pl. -e) 5. *Phase*, die (gr.-fr., Pl. -n) Abschnitt, auch: Stufe 6. *Zyklus*, der (gr.-lat., Pl. Zyklen) periodisch ablaufendes Geschehen; Folge

Zeitabschnitt, in dem Hochbetrieb herrscht *Saison*, die (fr., Pl. -s) »Wir stehen vor e. saugeilen Saison!« (Niki Lauda, Ex-Formel-1-Weltmeister, 2006)

Zeitabstand *Intervall*, das (lat., Pl. -e)

Zeitalter 1. *Ära*, die (lat., Pl. Ären) e. längere, durch etwas Besonderes geprägte Zeit 2. *Säkulum*, das (lat., Pl. ...la) i. S. von Jahrhundert

Zeitangabe *Datum*, das (lat., Pl. ...ten)

Zeiteinteilung *Kalender*, der (lat., ohne Pl.) auch: Verzeichnis der Tage, Wochen u. Monate e. Jahres 1. *Julianischer Kalender*, der (lat., ohne Pl.) von Julius Cäsar eingeführt worden, nicht ganz richtig, legt 365,25 Tage zugrunde 2. *Gregorianischer Kalender*, der (lat., ohne Pl.) von dem Astronom Christoph Clavius (1537–1612) berechnet worden; genauer, er legt 365,2422 Tage zugrunde; Papst Gregor XIII. (1502–1585) führte den neuen Kalender 1582 ein; am 4. Oktober 1582 wurden 10 Tage eingefügt u. der nächste Tag auf den 15. Oktober 1582 datiert

Zeiten, auf bessere ... *ad meliorem fortunam* (lat., Zitat)

Zeiten, die ... ändern sich, u. wir ändern uns mit ihnen *tempora mutantur, nos et mutamur in illis* (lat., Zitat Kaiser Lothars I., 795 bis 855)

Zeiten, in ..., wo Wolken am Himmel sind, wirst du allein sein (kurz: im Unglück bist du allein) *tempora si fuerint nubila solus eris* (lat., Zitat Ovids, röm. Dichter, 43 v. bis 18 n. Chr.)

Zeiten, o ..., o Sitten! *o tempora, o mores!* (lat., Zitat: Cicero)

Zeiten, rosige ... *sonny periods*, die (engl., nur Pl.) gemeint sind Zeiten, in denen die Welt noch in Ordnung (sonnig) war

Zeitenfolge *Consecutio temporum*, die (lat., ohne Pl.) in e. zusammengesetzten Satz; (Sprachw.)

zeitgemäß 1. *modern* (lat.-fr.) 2. *up to date* (engl.)

zeitgemäß, nicht mehr ... 1. *anachroni-*

stisch (gr.-lat.) überholt 2. *antiquiert* (lat.) altmodisch 3. *obsolet* (lat.) veraltet

zeitgenössisch *kontemporär* (lat.) auch: gleichzeitig

Zeitgeschmack *Mode*, die (lat.-fr., Pl. -n)

zeitgleich 1. *simultan* (lat.) gemeinsam; gleichzeitig, z. B. simultanes Übersetzen; Ggs.: konsekutives Übersetzen 2. *synchron* (gr.-lat.) gleichlaufend; Ggs.: asynchron

Zeitkunde *Chronologie*, die (lat., Pl. ...ien) auch: zeitliche Abfolge von Ereignissen

zeitlich *chronologisch* (gr.) i. S. e. zeitlichen Einordnung

zeitlos *klassisch* (lat.)

Zeitlupenwiederholung im Fernsehen *Slomo*, die (engl., Pl. -s) aus: slowmotion (langsame Bewegung)

Zeitmaß ... *Takt*, der (lat., Pl. -e) ... e. rhythmischen Bewegung, bes. in der Musik; auch: Feingefühl, Lebensart; »Takt ist die Fähigkeit, andere so darzustellen, wie sie sich selbst gern sehen.« (Abraham Lincoln 1809–1865, Präsident der USA)

Zeitmesser *Chronometer*, der (gr.-lat., Pl. -) auch: e. genau gehende Uhr

Zeitmessung *Chronometrie*, die (gr.-lat., Pl. -n)

zeitnah *aktuell* (lat.-fr.)

Zeitpunkt 1. *Moment*, der (lat.-fr., Pl. -e) z. B. Momentaufnahme 2. *Datum*, das (lat., Pl. ...ten) 3. *Termin*, der (lat., Pl. -e) festgelegte Zeit

Zeitraum 1. *Phase*, die (gr.-fr., Pl. -n) z. B. Mondphase 2. *Periode*, die (gr.-lat., Pl. -n) auch: die Regel der Frau 3. *Äon*, der (gr.-lat., Pl. -en) unendlich langer Zeitabschnitt; auch: Weltalter, Ewigkeit 4. *Biennium*, das (lat., Pl. ...ien) e. Zeitraum von zwei Jahren

Zeitraum zwischen Ansteckung u. Ausbruch e. Krankheit *Inkubationszeit*, die (lat.-dt., Pl. -en) med.

Zeitrechnung *Ära*, die (lat., ohne Pl.) auch: längerer, durch z. B. e. Person geprägter Zeitabschnitt: Ära Kohl

Zeitrechnung *Chronologie*, die (gr.-lat., ohne Pl.) auch: Lehre von der Zeitmessung u. -rechnung; zeitliche Abfolge von Ereignissen; »... die Chronologie des Engholm-Rücktritts: tröpfelnd treffen die Präsidi-

umsmitglieder im Ollenhauer-Haus ein.«
(Hamburger Morgenpost, 1993)

Zeitschaltuhr *Timer*, der (engl., Pl. -)

Zeitschrift 1. *Journal*, das (lat.-fr., Pl. -e)
2. *Illustrierte*, die (lat., Pl. -n) Zeitschrift
mit großem Bildteil 2. *Magazin*, das
(arab.-it.-fr.-engl., Pl. -e) auch: Lagerraum
3. *Fanzine*, das (engl.-am., Pl. -s) selbstge-
machte Zeitschrift, die aus der Subkultur
der Punkbewegung berichtet, e. Art revolutionäre Bildzeitung

Zeitschriftenhandel *Trafik*, die (fr., Pl.
-en) auch: Tabak- u. Zeitschriftenladen;
Kleinverkauf

Zeitspanne 1. *Moment*, der (lat.-fr., Pl. -e)
i. S. e. kurzen Zeitspanne 2. *Intervall*, das
(lat., Pl. -e) oft fälschlich »der Intervall«;
auch: Zeitabstand, Frist oder Pause 3. *Periode*, die (gr.-lat., Pl. -n) auch: e. sich
wiederholende Zahlengruppe: 0,271271;
Monatsblutung bei der Frau 4. *Phase*, die
(gr.-fr., Pl. -n) Zustandsform; z. B. Mondphase

Zeitung 1. *Gazette*, die (it.-fr., Pl. -n) oft
abfällig gebraucht 2. *Journaille*, die (lat.-
fr., ohne Pl.) i. S. e. hinterhältig-gemeinen
u. skrupellosen Zeitung (Presse) nebst
Journalisten

Zeitung, regelmäßiger Bezug e. ... *Abonnement*, das (fr., Pl. -s) auch: Theaterabonnement

Zeitungsanzeige 1. *Annonce*, die (lat.-fr.,
Pl. -n) 2. *Inserat*, das (lat., Pl. -e)

Zeitungsanzeige aufgeben 1. *annoncieren*
(lat.-fr.) 2. *inserieren* (lat.) svw. e. Inserat
aufgeben

Zeitungsberichterstatter 1. *Reporter*, der
(lat.-fr.-engl., Pl. -) 2. *Journalist*, der (lat.-
fr., Pl. -en) jeder, der beruflich für die
Presse (Zeitungen, den Rundfunk, das
Fernsehen) schreibt, d. h. publizistisch tätig ist; »Journalisten sind die Geburtshel-
fer u. die Totengräber der Zeit.« (Karl
Gutzkow)

Zeitungsberichterstattung *Journalismus*,
der (lat.-fr., ohne Pl.) »Ich nenne Journalismus alles, was morgen weniger interessant ist als heute.« (André Gide)

Zeitungsspalte 1. *Kolumne*, die (lat., Pl. -n)
2. *Rubrik*, die (lat., Pl. -en)

Zeitungsstand *Kiosk*, der (pers., Pl. -e)
auch: Verkaufshäuschen für Getränke, Ta-

bak u. Zeitungen; Raumvorbau an orientalischen Palästen

Zeitungsvertrieb durch die Post *Postde-
bit*, der (lat.-fr., ohne Pl.)

Zeitungswesen 1. *Journalismus*, der (lat.-
fr., ohne Pl.) 2. *Printmedium*, das (engl.-
lat., Pl. ...dien) i. S. von Druckbereich,
das Zeitungswesen ist e. Teil davon

Zeitungswissenschaft 1. *Journalistik*, die
(lat.-fr., ohne Pl.) 2. *Publizistik*, die (lat.,
ohne Pl.)

Zeitverschiebung *Jetlag*, der (engl., Pl. -s)
auch: Störung des Rhythmus infolge weiter Flugreisen. »Der Jetlag ist mein ständiger Begleiter.« (Thomas Gottschalk,
Showmaster, 2006)

Zeitverzögerung *time lag*, der (engl., Pl.
-s) z. B. Zeit zwischen Maßnahme u. Wirkung

zeitweilig 1. *temporär* (lat.-fr.) 2. *transitorisch* (lat.) vorübergehend

zeitwidrig *anachronistisch* (gr.-lat.) überholt

Zeitwort *Verb*, das (lat., Pl. -en) Tätigkeitswort

Zelle *Klause*, die (lat., Pl. -n) z. B. Klause
in e. Kloster

Zelle, außerhalb der ... *extrazellulär* (lat.)
med.

Zelle, in der ... *intrazellulär, intrazellular*
(lat.) med.

Zellen, noch undifferenzierte ... *Blatozy-
ten*, die (gr.-lat., nur Pl.) auch: embryonale
Zellen

zellenartig *zellular* (lat.)

Zellenfarbstoff *Zytochrom*, das (gr.-lat.,
Pl. -e) med.

Zellenforscher *Zytologe*, der (gr.-lat., Pl.
-n)

Zellenforschung *Zytologie*, die (gr.-lat.,
ohne Pl.)

Zellengewebe *Blastem*, das (gr., ohne Pl.)
... aus dem sich der Körper entwickelt

**Zellgebilde, kugel- oder fadenförmiges
...** *Mitochondrium*, das (gr.-lat., Pl.
...rien) ... in Tier- u. Pflanzenzellen, das
der Atmung u. dem Stoffwechsel der Zelle
dient (Biol.)

Zellgift 1. *Zytostatikum*, das (gr.-lat., Pl.
...ka) Substanz, die die Kernteilung u.
Zellvermehrung hemmt 2. *Zytotoxin*, das
(gr.-lat., Pl. -e) med.

Zellhaufen, krankhafte ... *Cluster*, das (engl., Pl. -s) bes. von Krebszellen; auch: Klangfeld, Häufung von Tönen; e. Menge von Molekülen, die als Ganzes anzusehen sind

Zellkern *Zytoblast*, der (gr.-lat., Pl. -en) med.

Zellkernteilung, einfache ... *Amitose*, die (gr., Pl. -n) Biol.; Ggs.: Mitose

Zellstoffbausch *Tampon*, der (germ.-fr., Pl. -s)

Zellteil, organartiger ... **bei Einzellern** 1. *Organell*, das (gr.-lat., Pl. -en) 2. *Organelle*, die (gr.-lat., Pl. -n); die Zellen besitzen Organellen, die als Mitochondrien bezeichnet werden, in diesen liegt jeweils e. eigenständiges DNA-Molekül vor

zellvergiftend *zytotoxisch* (gr.-lat.) med., zellschädigend

Zellwachstumshemmer *Zytostatikum*, das (gr., Pl. ...ka) chemische Substanz, die die Vermehrung von Tumorzellen hemmen soll (med.)

Zellwand *Blastoderm*, das (gr.-lat., ohne Pl.) ... oder Keimhaut der Blastula (Blasenkeim des frühen Embryos)

Zellzerfall *Heterolyse*, die (gr., Pl. -n) auch: Spaltung e. Atombildung in zwei Ionen (Chem.)

Zelt 1. *Wigwam*, der (indian., Pl. -s) nordam. Indianerzelt 2. *Tipi*, das (indian., Pl. -s) aus Leder u. langen Stangen hergestelltes, kegelförmiges Zelt der Prärieindianer

zelten *campen* (engl.)

Zeltlager *Camp*, das (engl., Pl. -s) z. B. Basiscamp e. Bergsteigergruppe

Zeltleben *Camping*, das (engl., Pl. -s)

Zentaure, der bekannteste ... *Chiron*, der (gr., ohne Pl.) der gr. Mythologie; auch: Name eines 1977 entdeckten Asteroiden

zentraler Rechner, der z. B. beim interaktiven TV ... *Server*, der (engl.-am., Pl. -s) von: to serve (bedienen) ... als Speicher u. Mittler für angeschlossene Geräte TV-Konsumenten dient

Zentrum 1. *Center*, das (engl., Pl. -) 2. *Metropole*, die (gr.-lat., Pl. -n) Hauptstadt mit Großstadtcharakter u. Internationalität

zerbrechlich 1. *fragil* (lat.) 2. *grazil* (lat.) auch: zartgliedrig

Zerbrechlichkeit *Fragilität*, die (lat., ohne Pl.)

zerbrochen 1. *kaputt* (fr.) ugs. 2. *diffrakt* (lat.)

Zeremoniell *Ritus*, der (lat., Pl. Riten) oft in religiösem Sinn verwendet

zerfahren *nervös* (lat.-fr.) unaufmerksam

Zerfall *Degeneration*, die (lat., Pl. -en) svw. Zellenzerfall

Zerfall, der spontane ... von Atomkernen e. Art in Atomkerne anderer Art *Radioaktivität*, die (lat., ohne Pl.) ... wobei e. gefährliche Strahlungsenergie frei wird

zerfallen *dissoziieren* (lat.) ... in Ionen; trennen

zerfasern *defibrieren* (lat.)

zerfließen *diffluieren* (lat.) auch: sich auflösen

zergliedern *analysieren* (gr.-lat.) wissenschaftlich zerlegen, untersuchen

Zergliederung *Analyse*, die (gr., Pl. -n) »Auflösung«; Ggs.: Synthese

Zerkleinerer *Shredder* u. *Schredder*, der (engl., Pl. -s) von Papier u. Holz; auch: Zertrümmern von Autowracks; Reißwolf

zerlegbar *dissolubel* (lat.) löslich, auflösbar

zerlegen 1. *demontieren* (lat.-fr.) i. a. Maschinen oder techn. Anlagen 2. *segmentieren* (lat.) auch: gliedern 3. *sezieren* (lat.) zerschneiden; der Arzt seziert e. Leiche 4. *tranchieren* (fr.) z. B. e. Braten tranchieren (aufschneiden)

zerplatzen 1. *dekrepitieren* (lat.) z. B. Kristalle 2. *explodieren* (lat.) zerstörte Teile streben nach außen; Ggs.: implodieren

Zerrbild *Karikatur*, die (it., Pl. -en) i. S. e. satirischen Zeichnung

zerreiben 1. *rapieren* (germ.-fr.) z. B. Tabak 2. *pulverisieren* (lat.) zu Pulver zerkleinern, mahlen

Zerschlagung *Dismembration*, die (lat., Pl. -en) z. B. von Ackerland u. Feldern

zerschneiden 1. *sezieren* (lat.) der Arzt seziert e. Leiche 2. *tranchieren* (fr.) z. B. e. Braten tranchieren (aufschneiden)

zersetzend *destruktiv* (lat.) z. B. mit e. unbedachten Tadel destruktiv wirken

Zersetzung *Biolyse*, die (gr., Pl. -n) ... organischer Substanzen durch lebende Organismen

zersplittern *dekonzentrieren* (lat.)

Zersplitterung *Dekonzentration*, die (lat., Pl. -en) auch: Zerstreuung

625

zerstampfen *pilieren* (lat.-fr.) in e. Mörser Getreide pilieren; auch: schnitzeln

zerstäuben 1. *pulverisieren* (lat.) zu Pulver mahlen 2. *dispergieren* (lat.) fein verteilen

Zerstäuber *Atomiseur*, der (gr.-fr., Pl. -e)

Zerstäubungsgerät *Biorisator*, der (gr.-lat., Pl. ...oren) ... zur Herstellung keimfreier Milch

zerstören 1. *demolieren* (lat.-fr.) z. B. aus Wut die Einrichtung demolieren 2. *devastieren* (lat.) verwüsten 3. *ramponieren* (germ.-it.) stark beschädigen 4. *ruinieren* (lat.-fr.) auch: zugrunde richten

zerstörend *destruktiv* (lat.)

zerstörerisch *ruinös* (lat.-fr.) z. B. Maschinenbaufirmen im ruinösen Wettbewerb

Zerstörung 1. *Destruktion*, die (lat., Pl. -en) 2. *Sabotage*, die (fr., Pl. -n) z. B. politisch motivierte Sabotageakte an Produktionsanlagen 3. *Erosion*, die (lat., Pl. -en) z. B. Abschwemmen von Mutterboden durch Regen 4. *Kataklysmus*, der (gr.-lat., Pl. ...men) Zerstörung (Geol.)

Zerstörung der Ich-Existenz *expatriierter Solipsismus*, der (lat., ohne Pl.) aus: Expatriation (Verbannung) Solipsismus (Überzeugung, daß nur das Ich existiert) an einem Ziel, das man zu entdecken hoffte, muß man feststellen, daß sich dort schon andere Personen befinden (Erkenntnis, die den elitären Anspruch zerstört)

Zerstörung von Bakterien *Bakteriolyse*, die (gr., Pl. -n)

Zerstörung von Datenbanken u. Netzwerken ... 1. *Cyberjamming* (am.) 2. *Hakking*, das (engl.-am.) ... jeweils gegen Konzerne, auch Institutionen u. ihre Werbestrategien gerichtet

Zerstörungswut *Vandalismus*, der (lat., ohne Pl.) nach dem germ. Volksstamm der Vandalen; »Im Kampf gegen Gewalt u. Vandalismus ist die Justiz das schwächste Glied.« (Verband Deutscher Verkehrsunternehmer, 1998)

zerstoßen *pilieren* (lat.-fr.) auch: zerstampfen

zerstreuen 1. *diffundieren* (lat.) z. B. von Strahlen; auch: eindringen, z. B. von Feuchtigkeit 2. *dispergieren* (lat.) i. S. von fein verteilen, zerstäuben

zerstreut *diffus* (lat.) z. B. Licht, ohne klare Abgrenzung

Zerstreutheit *Konfusion*, die (lat., Pl. -en) auch: Verwirrung

Zerstückelung *Dismembration*, die (lat., Pl. -en) bes. von Anbauflächen

Zerstückelung, operative ... des Kindes während der Geburt *Embryotomie*, die (gr.-lat., ohne Pl.) ... bei bes. Komplikationen (med.)

Zerwürfnis *Konflikt*, der (lat., Pl. -e) auch: Zusammenstoß, Streit. »In der Partei ist es zum Konflikt um die richtige Richtung gekommen.« (Gerhard Schröder, 2005)

zerzaust *derangiert* (fr.) auch: in Unordnung

Zettelkasten *Kartothek*, die (ägypt.-gr.-lat.-fr., Pl. -en)

Zeughaus *Arsenal*, das (arab.-it., Pl. -e) Lagerstätte, Vorratslager; auch: Waffenarsenal

Zeugnis 1. *Zertifikat*, das (lat., Pl. -e) z. B. e. Waren- oder Qualitätszertifikat 2. *Diplom*, das (gr.-lat., Pl. -e) wird nach best. abgelegten Prüfungen erteilt, z. B. Diplom-Ingenieur, kurz: Dipl.-Ing. 3. *Dokument*, das (lat., Pl. -e) Urkunde; auch: Beweisstück

Zeugung *Tokogonie*, die (gr.-lat., Pl. ...ien) i. S. e. geschlechtlichen Zeugung

zeugungsfähig *potent* (lat.)

Zeugungsfähigkeit *Potenz*, die (lat., Pl. -en)

zeugungsunfähig 1. *impotent* (lat.) 2. *steril* (lat.-fr.) nach ärztlichem Eingriff (bei der Frau werden die Eileiter durchtrennt) auch: aseptisch, d. h. keimfrei

Zeugungsunfähigkeit *Impotenz*, die (lat., Pl. -en)

Zibetkatze *Zivette*, die (it.-fr., Pl. -n)

Ziegenpeter *Parotitis*, die (gr.-lat., Pl. ...itiden)

Ziehbarkeit *Tenazität*, die (lat., ohne Pl.)

Ziehen, das ... an e. Joint *Take*, der (engl., ohne Pl.) eigtl.: nehmen (Szenewort)

Ziehharmonika mit Knöpfen an beiden Seiten *Bandoneon* u. *Bandonion*, das (Eigenn., Pl. -s) nach dem Erfinder H. Band (noch heute in argentinischen Tango-Bands zu hören)

Ziel 1. *Telos*, das (gr., ohne Pl.) i. S. von Zweck 2. *Destination*, die (lat., Pl. -en) auch: Bestimmung; nicht verw. mit *Destillation*, die (lat., Pl. -en) Trennung flüssiger Stoffe; Branntweinbrennerei

Ziel, sein ... erreichen *reüssieren* (lat.-it.-fr.) Erfolg haben

zielbewußt *konsequent* (lat.) entschlossen; Ggs.: inkonsequent

zielen 1. *intendieren* (lat.) etwas anstreben 2. *visieren* (lat.-fr.) etwas ins Auge fassen 3. *anvisieren* (dt.-lat.-fr.) anstreben

zielgerichtet *teleologisch* (gr.-lat.)

zielgerichtetes Verhalten *Politik*, die (gr.-fr., ohne Pl.) auch berechnendes Vorgehen oder: e. auf die Durchsetzung best. Ziele des öffentlichen Lebens gerichtetes Handeln; »Außenpolitik bedeutet Tourismus auf Staatskosten.« (G. Guareschi)

Zielpunkt *Apex*, der (lat., Pl. Apizes) ... e. Gestirns, z. B. des Sonnensystems, auf den zugesteuert wird

Zielsetzung *Programmatik*, die (gr.-lat., Pl. -en) »Sie ist e. Abrißbirne sozialdemokratischer Programmatik.« (Gerhard Schröder, Bundeskanzler, über Andrea Nahles, 1998)

Zielstrebigkeit, Lehre von der ... *Teleologie*, die (gr.-lat., ohne Pl.) ... jeder Entwicklung im Universum oder in Teilbereichen (Philos.)

Zielvorrichtung *Visier*, das (lat.-fr., Pl. -e) an Schußwaffen

Zielvorstellung *Programmatik*, die (gr.-lat., Pl. -en) z. B. Partei-Programmatik

zierlich 1. *grazil* (lat.) 2. *graziös* (lat.-fr.) 3. *fragil* (lat.) auch: zerbrechlich

Zierlichkeit *Grazilität*, die (lat., ohne Pl.)

Zierlinie auf Geldscheinen *Guilloche*, die (fr., Pl. -n) ... u. Wertpapieren; auch: Werkzeug zum Anbringen dieser verschlungenen Linien

Zierpflanze, krautige ... *Reseda, Resede*, die (lat., Pl. -n) ... wohlriechend, aus dem Mittelmeerraum stammend; »Stell auf den Tisch die duftenden Reseden.« (Hermann v. Gilm zu Rosenegg)

Ziffer *Chiffre*, die (arab.-lat.-fr., Pl. -n) auch: Kennziffer

Zifferblatt der Uhr *Watch-Display*, das (engl., Pl. -s)

Zigarette *Joint*, der (engl., Pl. -s) Zigarette mit Rauschgift, z. B. Haschisch

Zigarette, die Haschisch enthält *Buzz*, der (Szenewort, ohne Pl.)

Zigarettenliebhaber *Aficionado*, der (sp., Pl. -s) auch: allg. Liebhaber best. Dinge

Zigarre mit e. untypischen Format *Figurado*, das (sp., Pl. -s) z. B. der Torpedo, die Pyramide

Zigarre *Zigarillo*, das, der (sp., Pl. -s) sind klein u. schlank

Zigarre, bes. scharfe ..., die in Kuba von Einheimischen geraucht wird *Criollo*, die (sp., Pl. -s)

Zigarre, deren Einlage, Um- u. Deckblatt aus Tabak besteht ... *Puro*, die (sp., Pl. -s) ... der in einem Land angepflanzt wurde

Zigarre, deren Kopf abgeflacht ist *Flathead*, der (engl., Pl. -s) gewöhnlich wird der Kopf abgerundet

Zigarre, die nur aus Havanna-Tabak besteht *Clear Havana*, die (engl., Pl. -s)

Zigarre, erstklassige ... *Premium-Zigarre*, die (lat., Pl. -n) wird von Hand aus 100 % Tabak mit e. langblättrigen Einlage hergestellt

Zigarre, kleine ..., 100 mm lang, 30er Ringmaß *Demi-Tasse*, die (fr.-dt.)

Zigarre, kleine ostindische *Biddy*, die (engl., Pl. ...ies)

Zigarre, Kopf e. ... *Finished Head*, der (engl., Pl. -s) ... der durch das Deckblatt, nicht durch e. separate Kappe erstellt wurde

Zigarre, preiswerte ... *Stogie* u. *Stoy*, die (engl., Pl. -s) wurde 1827 erstmals hergestellt u. hieß ursprünglich Conestoga, da sie der Speiche e. Conestoga-Wagenrades ähnlich war

Zigarre, rundköpfige ... *Marble Head*, die (engl., Pl. -s)

Zigarren-Abschneider *Guillotine*, die (fr., Pl. -n) auch: Guillotine-Schnitt; eigtl.: mit e. Fallbeil arbeitendes Hinrichtungsinstrument nach dem fr. Arzt Guillotin

Zigarrendeckblatt, e. Bezeichnung für die Farbe des braunen ... *English Market Selection*, die (engl., Pl. -s) Abk.: EMS

Zigarrendeckblätter, Bezeichnung für die leichten, milden ... *American Market Selection*, die (am.-engl., Pl. -s) z. B.: Claro Claro, Candela u. Jade

Zigarren-Deckblattwickler, meisterhafter ... *Torcedor*, der (sp.-kubanisch, Pl. -s)

Zigarren-Fabrikraum *Galera*, die (sp., Pl. -s) in dem die Zigarren gerollt werden

Zigarrenfirma, kleine ... im Besitz e. Familie *Buckeye*, das (engl., Pl. -s)

Zigarrenkasten mit Befeuchtungsele-ment *Humidor*, der (lat., Pl. -e) zur Lagerung edler Zigarren

Zigarrenkopf, gezwirbeltes Tabakende am ... 1. *curly Head*, der (engl., Pl. -s) 2. *fancy Tail*, der (engl., Pl. -s) jeweils bei einigen Premium-Zigarren zu finden

Zigarrenroller *Torcedor*, der (sp., Pl. -s) z. B. auf Kuba

zigeunerisch *jenisch* (zigeunerisch) dem umherziehenden Volk angehörig

Zigeunertanzlied *Zingaresca*, die (it., Pl. -s)

Zikuskünstler *Artist*, der (lat., Pl. -en)

Zimmerdecke *Plafond*, der (fr., Pl. -s)

zimperlich *etepetete* (niederl.-fr.) ugs., sehr empfindlich

Zimt *Kaneel*, der (gr.-lat.-fr., Pl. -e) e. hochwertige Sorte

Zimtbaum *Zinnamon*, das (gr.-lat., ohne Pl.)

Zinnfolie *Stanniol*, das (lat., Pl. -e) gern fälschlich »Stanniolpapier« genannt

Zins tragen *rentieren* (lat.-fr.) das Objekt muß wenigstens die Zinsen tragen

Zins, um die Inflationsrate bereinigter ... *Realzins*, der (lat.-dt., Pl. -en)

Zinsaufschlag *Report*, der (lat.-fr., Pl. -e) bei e. Prolongation (Stundung)

Zinsertrag *Rendite*, die (lat.-it., Pl. -n) bezogen auf e. Jahr

Zinsfuß, von der Notenbank festgesetzter ... *Lombardsatz*, der (it.-fr.-dt., Pl. ...sätze) ... für Lombardgeschäfte; »Als gestern ... die Rede auf den Lombardsatz kam, hat er (Wirtschaftsminister Rexrodt) gesagt, er hat schon lange keine Zeit mehr für Tennis.« (G. Schröders geh. Tagebuch von H. Venske, 1997)

Zinsschein *Coupon*, der (fr., Pl. -s) von Aktien; Couponschere

Zirkeltraining *Circuittraining*, das (gr.-engl., ohne Pl.) der Sportler wechselt von Station zu Station

Zirkon, Abart des ... *Hyazinth*, der (gr.-lat., Pl. -e) e. Edelstein

Zirkusmanege *Arena*, die (lat., Pl. ...nen)

Zirkuszelt *Chapiteau*, das (fr., Pl. -x) auch: Zirkuskuppel

Zitat 1. *Allegat*, das (lat., Pl. -e) 2. *Apophthegma*, das (gr., Pl. ...men)

Zitrusfrucht 1. *Bergamotte*, die (türk.-fr.,

Pl. -n) auch: e. Birnensorte 2. *Agrumi*, die (lat.-it., nur Pl.) Sammelbezeichnung für: Zitronen, Apfelsinen, Grapefruits

Zitterlaut *Vibrant*, der (lat., Pl. -en)

Zittern 1. *Tremolo*, das (lat.-it., Pl. -s, ...li) musik. 2. *Tremor*, der (lat., Pl. ...ores) Muskelzittern

Zittern der Augäpfel *Nystagmus*, der (gr.-lat., ohne Pl.) med.

zittern *vibrieren* (lat.) schwingen

Zittern, anfallartiges ... *Shake*, der (engl., Pl. -s) wird durch Drogenkonsum ausgelöst (Szenewort)

zitternd singen 1. *tremolieren* (lat.-it.) musik. 2. *tremolando* (lat.-it.) musik., – spielen; Abk.: trem., musik. Vortragsanw.

Zitterrochen *Torpedo*, der (lat., Pl. -s) auch: schweres Unterwassergeschoß

Zitze *Mamma*, die (lat., Pl. ...mmae) bei Säugetieren, auch: weibliche Brustdrüse

Zögern *Häsitation*, die (lat., ohne Pl.)

zögern *häsitieren* (lat.)

zögernd *ritenente* (lat.-it.) musik. Vortragsanw.

Zöglingsheim *Pensionat*, das (lat.-fr., Pl. -e) i. a. Mädchenpensionat

Zoll *Akzise*, die (fr., Pl. -n)

Zoll- u. Handelsabkommen *GATT*, das (engl.) kurz für: *General Agreement on Tariffs and Trade:* Allgemeines Zoll- u. Handelsabkommen

Zollbescheinigung *Bollette*, die (it., Pl. -n) auch: Steuerbescheinigung

Zollerklärung *Deklaration*, die (lat., Pl. -en)

Zollfreiheit *Franchise*, die (germ.-lat.-fr., Pl. -n) auch: Vertriebsform, bei der e. Unternehmer z. B. seine Produkte durch Einzelhändler in Lizenz verkaufen läßt

Zollhinterziehung *Defraudation*, die (lat., Pl. -en)

Zollpassierschein *Carnet de passage*, das (fr., ohne Pl.) für Kraftfahrzeuge

Zollstreifen *Banderole*, die (germ.-it.-fr., Pl. -n)

Zorn 1. *Raptus*, der (lat., Pl. -se) plötzlicher Zornausbruch 2. *Furor*, der (lat., ohne Pl.)

Zorn, beherrsche deinen ... *compesce mentem* (lat., Zitat, Horaz)

Zorn, der ... ist e. kurzer Wahnsinn *ira furor brevis est* (lat., Zitat: Horaz)

Zorn, hüte dich vor dem ... e. Geduldi-

gen *beware the fury of a patient man* (engl., Zitat: John Dryden, engl. Dichter, 1631–1700)

zu dreien *triadisch* (gr.-lat.)

zu Ehren *in honorem* (lat.)

zu Fuß *per pedes* (lat.) z. B. per pedes apostolorum: zu Fuß wie die Apostel

zu vieren *à quatre* (fr.)

Zubehör 1. *Accessoires*, die (lat.-fr., nur Pl.) i. S. von modischem Beiwerk 2. *Annex*, der (lat., Pl. -e) Anhängsel 3. *Requisit*, das (lat.-fr., Pl. -en) Zubehör für e. Bühnengestaltung 4. *Utensil*, das (lat., Pl. -ien) auch: Hilfsmittel

Zucht *Disziplin*, die (lat., ohne Pl.) Ordnung

Zucht von Bakterien auf Nährböden *Kultur*, die (lat., Pl. -en) auch: Gesamtheit typischer Lebensformen; »Kultur ist, was der Metzger hätte, wenn er Chirurg wäre.« (Mary Pettibone Poole)

Zuchtwahl *Selektion*, die (lat., Pl. -en)

Zucker 1. *Raffinade*, die (lat.-fr., Pl. -n) gereinigter u. gemahlener – 2. *Karamel*, der (lat.-sp.-fr., ohne Pl.) gebrannter Zucker als Bonbon

Zuckergehalt des Bluts *Glykämie*, die (gr.-lat., ohne Pl.)

zuckerkrank *diabetisch* (gr.-lat.) med.

Zuckerkranker *Diabetiker*, der (gr.-lat., Pl. -) med.

Zuckerkrankheit *Diabetes*, der (gr.-lat., ohne Pl.) med.

Zuckersaft *Sirup*, der (arab.-lat., Pl. -e) dickflüssiger meist dunkelbrauner Saft

Zuckerware *Bonbon*, der, das (fr., Pl. -s) … zum Lutschen; eigtl.: Gut-gut; scherzhaft: rundes Parteiabzeichen

Zueignung 1. *Appropriation*, die (lat., Pl. -en) auch: Besitzergreifung; nicht verw. mit *Approximation*, die (lat., Pl. -en) Näherungswert 2. *Okkupation*, die (lat., Pl. -en) i. S. e. militärischen Besetzung 3. *Usurpation*, die (lat., Pl. -en) widerrechtliche Inbesitznahme; nicht verw. mit *Usukapion*, die (lat., Pl. -en) Ersitzung, Erwerb durch langen Eigenbesitz (röm. Recht)

zuerkennen 1. *addizieren* (lat.) auch: zusprechen, z. B. e. Kunstwerk einem best. Meister 2. *adjudizieren* (lat.)

zuerkennend *adjudikativ* (lat.) zusprechend

Zuerkennung … *Adjudikation*, die (lat., Pl. -en) … e. von Staaten beanspruchten Gebietes durch e. internationales Gericht; auch: richterliche Zuerkennung

zuerst *primär* (lat.-fr.) auch: ursprünglich

Zufall 1. *Tyche*, die (gr., ohne Pl.) 2. *Koinzidenz*, die (lat., ohne Pl.) Zusammentreffen von Ereignissen

Zufall, der e. Kompositionsrichtung musikalischer Werke Raum läßt *Aleatorik*, die (lat., ohne Pl.)

zufällig *akzidentell* (lat.-fr.) unwesentlich; nicht zum Krankheitsbild gehörend (med.)

Zufälligkeit *Kontingenz*, die (lat., Pl. -en) auch: die Häufigkeit zusammen vorkommender oder sich gleich verhaltender Merkmale

zufallsabhängig 1. *stochastisch* (lat.) 2. *aleatorisch* (lat.) z. B. aleatorische Verträge (Spekulationsverträge)

Zufallsauswahl, e. … treffen *randomisieren* (engl.-am.-dt.)

Zufluchtsort 1. *Asyl*, das (gr.-lat., Pl. -e) e. sicherer Ort für politisch Verfolgte; »Beckstein (bayerischer Innenminister) ist auch e. seltener … jetzt will er das Asylrecht privatisieren.« (G. Schröders geh. Tagebuch v. H. Venske, 1997) 2. *Refugium*, das (lat., Pl. …ien) e. sicheres Plätzchen; auch: Zufluchtsstätte

Zufluchtsstätte *Refugium*, das (lat., Pl. …ien) i. S. e. sicheren Ortes

zufrieden *saturiert* (lat.) gesättigt

zufriedenstellend 1. *akzeptabel* (lat.-fr.) 2. *passabel* (lat.-fr.) annehmbar; auch: leidlich

zufügen *adjungieren* (lat.) math.

zugänglich *akzessibel* (lat.) nicht verw. mit *akzessorisch* (lat.) nebensächlich; auch: hinzutretend

Zugangsberechtigung *Account*, der (engl., Pl. -s) eigtl.: Konto; Rechnung; Bez. aus der EDV: die Berechtigung wird von dem Provider (Versorger) eingerichtet, er erteilt Benutzernamen u. e. Paßwort, mit dem der Internet-Account genutzt werden kann

Zugehörigkeit zum Übertragen von Daten *Modem*, der (lat.-engl., ohne Pl.) kurz für: Modulator/Demodulator; … zwischen Computern über die Telefonleitung

zugeknöpft *reserviert* (lat.) zurückhaltend

Zügellosigkeit 1. *Libertinage*, die (lat.-fr.,

Pl. -en) auch: Ausschweifung 2. *Dissoluti-on*, die (lat., Pl. -en)

Zügeln des Pferdes *Parade*, die (fr.-sp., Pl. -n) auch: Truppenschau; prächtiger Aufmarsch. »E. Homosexuellen-Parade kann man nur als satanisch bezeichnen!« (Juri Luschkow, Bürgermeister von Moskau, 2006)

zugespitzt *pointiert* (lat.-fr.) z. B. sehr pointiert (betont) sprechen

Zugeständnis 1. *Konzession*, die (lat., Pl. -en) die Verhandlungspartner mußten Konzessionen machen 2. *Kompromiß*, der (lat., Pl. ...misse) 3. *Tribut*, der (lat., Pl. -e) auch: Opfer; im alten Rom die direkte Steuer; nicht verw. mit *Tribun*, der (lat., Pl. -e) altröm. Volksführer

zugestehen *konzedieren* (lat.) z. B. ihm wurde e. bes. Fachwissen konzediert

zugestehend, scheinbar ... *epitropisch* (gr.)

zugetan *affektioniert* (lat.)

Zugfestigkeit *Tenazität*, die (lat., ohne Pl.)

Zugkraft *Traktion*, die (lat., Pl. -en) auch: das Ziehen

Zugmaschine 1. *Bulldog*, der (engl., Pl. -s) 2. *Lokomotive*, die (lat.-engl., Pl. -n) auf Schienen 3. *Traktor*, der (lat.-engl., Pl. ...oren) 4. *Truck*, der (fr.-engl.-am., Pl. -s) Zugmaschine, Lastkraftwagen

Zugmaschinenfahrer 1. *Traktorist*, der (lat.-russ., Pl. -en) 2. *Trucker*, der (fr.-engl.-am., Pl. -s)

zugrunde richten *ruinieren* (lat.) »Ein gescheites Unternehmen ist auch durch e. lausige PR-Abteilung nicht zu ruinieren.« (Klaus Kocks, VW-Vorstand, 1997) auch: verwüsten

Zugstück *Attraktion*, die (lat.-fr.-engl., Pl. -en) unter den Schlagersängern war der Auftritt Heinos e. Attraktion

Zuhälter 1. *Louis*, der (fr., ohne Pl.) ugs. 2. *Strizzi*, der (it., Pl. -s) 3. *Loddel*, der (ugs., ohne Pl.) nicht verw. mit *Lodde*, die (fr., Pl. -n) e. Lachsfisch (Kapelan)

Zuhälter *Loddel*, der (ugs., Pl. -s) auch: Kuppelboß; Schnallentreiber

Zuhörer 1. *Auditorium*, das (lat., Pl. ...ien) i. S. von: Zuhörerschaft 2. *Korona*, die (gr.-lat., Pl. ...nen) eigtl.: Krone; Zuhörerkreis; Strahlenkranz

Zuhörerschaft 1. *Auditorium*, das (lat., Pl.

...ien) 2. *Publikum*, das (lat., ohne Pl.) »Wir spielen für das Publikum, aber wir müssen nicht zu ihm hinuntersteigen ...« (Gustaf Gründgens)

Zukunft *Futur*, das (lat., Pl. -e)

zukünftig *in spe* (lat.) »in der Hoffnung«; baldig

Zukunftsaussicht *Perspektive*, die (lat., Pl. -n) die Perspektiven für Arbeitslose ab 50 Jahre aufwärts sind auf dem Arbeitsmarkt sehr schlecht

Zukunftsdeuter 1. *Prognostiker*, der (gr.-lat.-engl., Pl. -) 2. *Futurologe*, der (gr.-lat., Pl. -n) auch: Zukunftsforscher

Zukunftsdeutung *Orakel*, das (lat., Pl. -)

Zukunftsform *Futur*, das (lat., Pl. -e) e. Verbs: ich werde gehen

Zukunftsforschung *Futurologie*, die (lat.-gr., ohne Pl.)

Zukunftsseher *Prophet*, der (gr.-lat., Pl. -en) von Gott berufener Mahner; »Der Prophet gilt nichts in seinem Vaterland.« (Bibel, Matthäus 13, 47)

Zukunftsvorhersage *Horoskop*, das (gr.-lat., Pl. -e) in der Astrol.

zulassen 1. *permittieren* (lat.-fr.) erlauben 2. *tolerieren* (lat.) dulden

zulässige Bestrahlungszeit *Toleranzdosis*, die (lat.-gr., Pl. -dosen) med. ... u. -menge

Zulassung 1. *Approbation*, die (lat., Pl. -en) z. B. die Berufszulassung des Arztes 2. *Konzession*, die (lat., Pl. -en) Genehmigung z. B. für Gaststätten

Zulassung, zahlenmäßig beschränkte ... *numerus clausus* (lat.) ... zu e. Studium

zum Gebrauch *ad usum* (lat.)

zumessen *rationieren* (lat.-fr.)

Zumessung *Dosierung*, die (fr.-dt., Pl. -en)

Zunahme *Inkrement*, das (lat., Pl. -e) um e. best. Betrag

Zündholzetikettensammler *Phillumenist*, der (gr.-lat., Pl. -en)

Zündmittel *Detonator*, der (lat., Pl. ...oren)

Zuneigung 1. *Sympathie*, die (gr.-lat., Pl. -n) »Ich spüre e. Sympathiewelle, die von Tag zu Tag gestiegen ist.« (Helmut Kohl, Bundeskanzler, 1998) 2. *Affektion*, die (lat., Pl. -en) 3. *Affinität*, die (lat., Pl. -en) eigtl.: Verwandtschaft; Anziehungskraft; Reaktionsbereitschaft 4. *Passion*, die (lat.-

630

fr., Pl. -en) Vorliebe; auch: Leidensgeschichte Jesu Christi

Zuneigung, rein seelisch *platonisch* (gr.-lat.) nach der Art des Philosophen Platon: platonische Liebe: keine körperliche Zuneigung

Zuneigung, seelisch u. körperlich *Love* (engl., ohne Pl.) Liebe; »Make love not war!« (mach Liebe, nicht Krieg! Slogan der Hippiebewegung)

Zunge *Glossa*, die (gr.-lat., ohne Pl.) med.

Zungen, hütet die ...! *Favete linguis!* (lat., Zitat: Horaz)

Zungenlaut *Lingual*, der (lat., Pl. -e)

Zungenvergrößerung *Makroglossie*, die (gr.-lat., Pl. ...ien) med.

zuordnen *adjungieren* (lat.) auch: beifügen (math.)

Zupfinstrument 1. *Balalaika*, die (russ., Pl. -ken) 2. *Zither*, die (gr.-lat., Pl. -n) 3. *Gitarre*, die (gr.-arab.-sp., Pl. -n) auch: Klampfe 4. *Zanza*, die (arab., Pl. -s) afrik. Zupfinstrument

Zurechnungsfähigkeit *Imputabilität*, die (lat., ohne Pl.)

zurechtfinden *orientieren* (lat.-fr.)

zurichten 1. *appretieren* (fr.) z. B. Textilien durch Bearbeitung e. besseres Aussehen geben 2. *adjustieren* (lat.-fr.) in die richtige Stellung bringen, z. B. Werkzeuge zurichten

Zurichter von Geweben *Appreteur*, der (fr., Pl. -e) ... u. Textilien

zurück *back* (norddt.) Seemannsspr.; nicht verw. mit *Back*, die (norddt., Pl. -en) Aufbau auf dem Vorderdeck u. Tischgemeinschaft

zurück, niemals ...! *numquam retrorsum!* (lat., Zitat: Cicero)

zurückbilden *degenerieren* (lat.)

Zurückbleiben in der Entwicklung *Epistase*, die (gr., Pl. -n) ... gewisser Merkmale

zurückblickend *retrospektiv* (lat.)

Zurückdrängung der arabischen Herrschaft *Reconquista*, die (lat.-sp., ohne Pl.) ... auf der iberischen Halbinsel durch die Christen im 8. bis 15. Jh.

zurückfordern *reklamieren* (lat.) auch: wegen Mängeln beanstanden

zurückführen *reduzieren* (lat.) »Ich laß mich doch nicht auf Kartoffeln u. Bananen

reduzieren.« (Horst Seehofer, CSU, zu seinem Betätigungsfeld, 2005)

zurückgeblieben *rudimentär* (lat.) verkümmert; z. B. die rudimentären Flügel der Strauße

zurückgehend 1. *regressiv* (lat.) auch: regressive Assimilation: Angleichung e. Lautes an vorangehende (Sprachw.) 2. *rekursiv* (lat.)

zurückgekehrter Auswanderer *Remigrant*, der (lat., Pl. -en) aus politischen oder weltanschaulichen Gründen

zurückgreifen, auf etwas ... 1. *regredieren* (lat.) 2. *rekurrieren* (lat.) Bezug nehmen

zurückhaltend 1. *diskret* (lat.-fr.) 2. *reserviert* (lat.) 3. *ritenuto* (lat.-it.) musik. Vortragsanw. 4. *defensiv* (lat.) abwehrend; Ggs.: offensiv; auch: rücksichtsvoll Auto fahren; Ggs.: aggressiv 5. *dezent* (lat.) taktvoll, unaufdringlich; Ggs.: indezent 6. *diszipliniert* (lat.) zurückhaltend, beherrscht; z. B. e. disziplinierter Esser sein; nicht verw. mit *disziplinär* (lat.) die Disziplin (Unterordnung) betreffend

Zurückhaltung 1. *Dezenz*, die (lat., ohne Pl.) 2. *Diskretion*, die (lat.-fr., ohne Pl.) 3. *Reserve*, die (lat.-fr., ohne Pl.) auch: (mit Pl. -n) Vorrat

zurücklegen *reservieren* (lat.) z. B. Theaterkarten

zurückschlagen *kontern* (lat.-fr.-engl.) angreifen, schlagfertig entgegnen

zurücksenden 1. *remittieren* (lat.) 2. *retournieren* (lat.-fr.)

zurückstoßend *repulsiv* (lat.)

Zurückstoßung *Repulsion*, die (lat., Pl. -en)

zurückstrahlen *reflektieren* (lat.)

zurücktreten *demissionieren* (lat.-fr.) z. B. von e. Amt

Zurückwerfen *Remission*, die (lat., Pl. -en) z. B. von Licht an dunklen Wänden

zurückzahlen *renumerieren* (lat.) zurückgeben

zurückziehen *retirieren* (fr.)

zurückziehen, e. mündlichen Antrag vor Gericht ... *revozieren* (lat.-fr.) ... wenn der Gegner das Gegenteil beweisen kann

Zuruf *Akklamation*, die (lat., Pl. -en) ... bei Parlamentsbeschlüssen; auch: Beifall

zur Zeit *momentan* (lat.) auch: augenblicklich, gegenwärtig

Zusammenarbeit 1. *Kooperation*, die (lat., Pl. -en) zwei Firmen vereinbarten e. Kooperation, Kooperationsvertrag 2. *Teamwork*, das (engl., Pl. -s) in e. Firma arbeiten mehrere Kollegen an e. Projekt: projektbezogenes Teamwork

Zusammenarbeit auf dem Gebiet neuer Medien *Merging*, das (engl., ohne Pl.) to merge (verschmelzen) Großprojekte wie interaktives TV, Online-Netze zwingen Computerhersteller, Kabelgesellschaften, Telefonbetreiber u. Verlage zur Kooperation, z. B. im Bereich »Pay-TV«

zusammenarbeiten *paktieren* (lat.) auch: gemeinsame Sache machen

zusammenarbeiten, mit dem Feind ... *kollaborieren* (lat.-fr.)

zusammenballen *agglomerieren* (lat.)

Zusammenballung 1. *Agglutination*, die (lat., Pl. -en) z. B. von Bakterien 2. *Agglomeration*, die (lat., Pl. -en) Anhäufung z. B. mehrerer Betriebe an e. Ort 3. *Konglomerat*, das (lat.-fr., Pl. -e) auch: Gemisch 4. *Konzentration*, die (gr.-lat., Pl. -en) Zusammenballung, z. B. von militärischen Einheiten; Ggs.: Dekonzentration

zusammenbasteln *fabrizieren* (lat.) scherzhaft: was hast du da fabriziert? »Wir fabrizieren Dinge, die Sie mit tödlicher Sicherheit anwenden werden.« (Hansgeorg Garais, Chemiefirma Hoechst, 1981)

zusammenbauen *montieren* (lat.-fr.) von Maschinen z. B. in Montagehallen

zusammenbrechen *kollabieren* (lat.) der Kreislauf kann kollabieren (med.) nicht verw. mit *kollabeszieren* (lat.) körperlich verfallen (med.)

Zusammenbruch 1. *Debakel*, das (fr., Pl. -) sein Auftritt als Redner war e. Debakel 2. *Desaster*, das (it.-fr., Pl. -) 3. *Bankrott*, der (it., Pl. -e) Zahlungsunfähigkeit; von: *banca rotta* (it.): zerbrochener Tisch des Geldwechslers 4. *Fiasko*, das (germ.-it., Pl. -s) eigtl.: Flasche; Rein-fall 5. *Infarkt*, der (lat., Pl. -e) z. B. Herzinfarkt (med.) svw. Gefäßverschluß 6. *Katastrophe*, die (gr.-lat., Pl. -n) auch: Drama, großes Unglück 7. *Konkurs*, der (lat., Pl. -e) geschäftlicher Zusammenbruch 8. *Ruin*, der (lat.-fr., ohne Pl.) auch: Untergang; jmdn. in den Ruin treiben

zusammendrückbar *kompressibel* (lat.) auch: verdichtbar, z. B. Gase, Flüssigkeiten

zusammendrücken *komprimieren* (lat.) verdichten

Zusammenfall *Koinzidenz*, die (lat., ohne Pl.) Zusammentreffen zweier Begebenheiten

zusammenfallen *koinzidieren* (lat.) auch: einander decken

zusammenfallend *koinzident* (lat.)

zusammenfassen 1. *komprimieren* (lat.) z. B. e. Vortrag komprimiert wiedergeben 2. *rekapitulieren* (lat.) auch: wiederholen 3. *resümieren* (lat.-fr.)

zusammenfassend 1. *schematisch* (gr.-lat.) auch: gleichförmig, gedankenlos 2. *summarisch* (lat.) kurz u. bündig; nicht verw. mit *summieren* (lat.) zusammenzählen

Zusammenfassung 1. *Abrégé*, das (lat.-fr., Pl. -s) kurzer Auszug 2. *Extrakt*, der (lat., Pl. -e) Auszug i. a. aus tierischen oder pflanzlichen Stoffen 3. *Konzentrat*, das (gr.-lat.-fr., Pl. -e) auch: hochprozentige Lösung; nicht verw. mit *Konzentration*, die (gr.-lat.-fr., Pl. -en) Zusammenballung, höchste Aufmerksamkeit; Ggs.: Dekonzentration 4. *Resümee*, das (lat.-fr., Pl. -s) 5. *Summary*, das (engl., Pl. ...ries) kurze Zusammenfassung, z. B. e. Buches 6. *Synopse*, die (gr.-lat., Pl. ...opsen) Übersicht; vergleichende Textgegenüberstellung

zusammenfließen *konfluieren* (lat.) sich vereinigen, z. B. bei Blutgefäßen (med.)

Zusammenfluß *Konfluenz*, die (lat., Pl. -en) z. B. das Zusammengehen zweier Gletscher; Ggs.: Diffluenz

Zusammenfügung *Synthese*, die (gr.-lat., Pl. -n) von Einzelteilen zu e. Ganzen

Zusammenführung alter Menschen *Silver-Age-Programm*, das (engl.-gr.-lat., Pl. -e) e. Programm, das bes. alleinstehende Männer (wieder) verheiraten soll, um sie vor der Verwahrlosung zu schützen

Zusammenführung *Merger*, das (engl., Pl. -s) ... von Firmen; auch: Fusion; Merger and Acquisition: e. Firma kauft e. andere durch Übernahme der Aktienmehrheit

zusammengeballt 1. *konglobiert* (lat.) 2. *konzentriert* (lat.-fr.) auch: gesammelt, aufmerksam, verdichtet

zusammengedrängt zu e. Knäuel *Agglomerat*, das (lat., Pl. -e) auch: Ablagerung von heißem noch plastischem Gestein; feinkörniges Erz; Ggs.: Konglomerat

Zusammengehörigkeitsgefühl 1. *Clustering*, das (engl., Pl. -s) ... innerhalb best. Gruppen, z. B. unter den Punks 2. *Solidarität*, die (lat.-fr., ohne Pl.)

zusammengenommen *pauschal* (lat.) im ganzen, allgemein

zusammengesetzt *hybrid* (gr.) gemischt; zwittrig; auch: vermessen, hochmütig

zusammengestellt *synoptisch* (gr.) klar u. übersichtlich

zusammengewachsen *symphytisch* (gr.) med.

zusammenhaltend 1. *loyal* (lat.-fr.) auch: regierungstreu; Ggs.: disloyal, illoyal 2. *solidarisch* (lat.-fr.) gemeinsam, füreinander einstehend; Gewerkschaften halten Solidaritätskundgebungen ab

Zusammenhang 1. *Kohärenz*, die (lat., ohne Pl.) 2. *Kontext*, der (lat., Pl. -e) Text e. sprachlichen Einheit

Zusammenhang, lückenloser ... *Kontinuität*, die (lat., ohne Pl.) auch: Fortdauer; Ggs.: Diskontinuität.»Meine erste Priorität wird es sein, Kontinuität zu wahren.« (Ben Barnanke, US-Notenbankchef, 2005)

Zusammenhang, Mangel an ... *Diskontinuität*, die (lat., Pl. -en) Unterbrechung von Vorgängen; Ggs.: Kontinuität

zusammenhängend 1. *kohärent* (lat.) auch: kohärentes Licht (Lichtbündel) 2. *konsistent* (lat.) auch: dickflüssig; beständig; Ggs.: inkonsistent

zusammenhanglos *diskontinuierlich* (lat.) unterbrochen; Ggs.: kontinuierlich

Zusammenklang *Harmonie*, die (gr.-lat., Pl. -n)

zusammenklingen *harmonieren* (gr.-lat.) i. S. von gut zusammen auskommen

Zusammenkoppeln, das ... **von Raumschiffen** 1. *Docken*, das (engl., ohne Pl.) 2. *Docking*, das (engl., Pl. -s) Ankopplung

Zusammenkunft 1. *Rendezvous*, das (lat.-fr., Pl. -) auch: Stelldichein 2. *Meeting*, das (engl., Pl. -s) Arbeitstreffen 3. *Entrevue*, die (lat.-fr., Pl. -n) bes. von Monarchen: e. Unterredung oder Zusammenkunft

Zusammenkunft von Zigarrenliebhabern *Smoker-Night*, die (engl., Pl. -s)

Zusammenlaufen, das ... **der Gläubiger** *Konkurs*, der (lat., Pl. -e) auch: Zahlungsunfähigkeit e. Firma.»Ich selbst bin der Hauptgrund für den Konkurs. Ich bin zu alt.« (Rolf Dittmeyer, Orangensafthersteller, 2001)

Zusammenleben ... *Symbiose*, die (gr., Pl. -n) ... von Lebewesen zu gegenseitigem Nutzen, z. B. Kuhreiher u. Büffel

zusammenleben *harmonieren* (gr.-lat.) i. S. e. friedlichen Zusammenlebens

Zusammenleben zweier Organismen ... *Metabiose*, die (gr.-lat., Pl. -n) ... bei dem nur ein Teil profitiert

Zusammenleben, friedliches ... *Koexistenz*, die (lat.-fr., ohne Pl.)

zusammenlegen *arrondieren* (lat.-fr.) z. B. Grundbesitz

zusammenpassend *kompatibel* (lat.-fr.) in der EDV die Hardware diverser Hersteller

Zusammenprall *Karambolage*, die (fr., Pl. -n) z. B. von Autos im Straßenverkehr

Zusammenpressung *Kompression*, die (lat., Pl. -en) z. B. von Luft im Reifen

Zusammenrechnung *Summation*, die (lat., Pl. -en)

zusammenschließen 1. *fusionieren* (lat.) auch: verschmelzen, Unternehmen können fusionieren 2. *integrieren* (lat.) svw. in e. Ganzes einfügen 3. *unifizieren* (lat.) i. S. von: vereinheitlichen

Zusammenschluß 1. *Assoziierung*, die (lat.-fr., Pl. -en) e. Assoziierungsabkommen, wie es z. B. zwischen der Türkei u. der EG besteht 2. *Union*, die (lat., Pl. -en) z. B. von Staaten 3. *Allianz*, die (lat.-fr., Pl. -en) auch: Bündnis 4. *Assoziation*, die (lat.-fr., Pl. -en) Zusammenschluß; auch: Verbindung von Vorstellungen 5. *Fusion*, die (lat., Pl. -en) Verschmelzung, z. B. zweier Firmen 6. *Kartell*, das (gr.-lat.-it.-fr., Pl. -e) Zusammenschluß von Firmen, die jedoch selbständig bleiben; »Kartelle sind nicht die richtige Antwort.« (Wolfgang Schäuble zu e. großen Koalition, 1998) 7. *Koalition*, die (lat.-engl.-fr., Pl. -en) Parteienbündnis 8. *Konsortium*, das (lat., Pl. ...ien) Zweckverband von Unternehmen 9. *Konzern*, der (lat.-fr.-engl., Pl. -e) Verbindung mehrerer Unternehmen unter einem Verwaltungsdach (Holding) 10. *Liga*, die (lat.-sp., Pl. ...gen) Bund;

Wettkampfklasse, z. B. Fußballoberliga 11. *Organisation*, die (gr.-lat.-fr.-engl., Pl. -en) Aufbau u./o. Ordnung e. Gruppe; auch: Verbands-Firmengestaltung 12. *Syndikat*, das (gr.-lat.-am., Pl. -e) Firmenverband mit eigener Rechtspersönlichkeit; Verbrecherorganisation in den USA; auch: Amt des Syndikus 13. *Trust*, der (engl.-am., Pl. -e, -s) Zusammenlegung von Firmen unter e. Leitung mit der Absicht e. Monopolbildung

Zusammenschneiden alten optischen u. akustischen Materials *Sampling*, das (engl.-am., ohne Pl.) ... zu e. neuen Kunstwerk

Zusammensein *Tête-à-Tête*, das (fr., Pl. -s) vertraulich, intim

zusammensetzen, sich aus etwas ... *rekrutieren* (lat.) mustern

Zusammensetzung 1. *Komposition*, die (lat., Pl. -en) 2. *Synkrise*, die (gr., Pl. ...krisen) philos.

zusammenstellen 1. *rekrutieren* (lat.-fr.) Wehrpflichtige werden rekrutiert 2. *formieren* (lat.-fr.) bilden, gestalten 3. *kombinieren* (lat.) mutmaßen; kombinieren wie Detektiv Nick Knatterton 4. *komponieren* (lat.) e. musik. Werk schaffen; auch: gestalten

Zusammenstellung 1. *Arrangement*, das (fr., Pl. -s) künstlerische Gestaltung; auch: Vereinbarung 2. *Potpourri*, das (fr., Pl. -s) auch: Kunterbunt; bekannte Melodien, die direkt ineinander übergehen 3. *Kompilation*, die (lat., Pl. -en) ... mehrerer Quellen

Zusammenstoß 1. *Karambolage*, die (fr., Pl. -n) z. B. von Autos im Straßenverkehr 2. *Kollision*, die (lat., Pl. -en) z. B. Schiffe oder Flugzeuge auf Kollisionskurs 3. *Konflikt*, der (lat., Pl. -e) Streit, Auseinandersetzung

zusammenstoßen *kollidieren* (lat.)

Zusammentreffen 1. *Koinzidenz*, die (lat., ohne Pl.) gleichzeitiges Auftreten 2. *Konstellation*, die (lat., Pl. -en) auch: Planetenstand

zusammentreffen *koinzidieren* (lat.) auch: einander decken

Zusammentreiben des Viehs *Round-up*, das (engl.-am., ohne Pl.) ... durch Cowboys

Zusammenwachsen *Koalition*, die (lat.,

Pl. -en) Vereinigung z. B. von Parteien. »Es gibt e. Koalition der Besserwisser ...« (Joachim Poß, SPD-Bundestagsfraktion, 2006)

Zusammenwachsen, das ... *Koalition*, die (lat., Pl. -en) auch: Bündnis. »Nur e. große Koalition ist in der Lage, e. Reform zu verwirklichen.« (Angela Merkel, Bundeskanzlerin, 2006)

zusammenwirken *kooperieren* (lat.) nicht verw. mit *kooptieren* (lat.) jmdn. durch e. Nachwahl aufnehmen

Zusammenwirken verschiedener Kräfte *Synergie*, die (gr.-lat., Pl. -n) ... zur gegenseitigen Förderung, z. B. bei der Fusion (Verschmelzung) von Firmen

zusammenwirkend *synergetisch* (gr.-lat.) mitwirkend

zusammenzählen *addieren* (lat.) math.

Zusammenzählung *Addition*, die (lat., Pl. -en) math.

Zusammenziehung 1. *Retraktion*, die (lat.-fr., Pl. -en) auch: Schrumpfung 2. *Kontraktion ...* die (lat., Pl. -en) ... z. B. von Muskeln; nicht verw. mit *Kontraktur*, die (lat., Pl. -en) Fehlstellung e. Gelenks; auch: Versteifung (med.)

Zusatz ... *Additiv*, das (lat.-engl., Pl. -e) u. *Additive*, das (lat.-engl., Pl. -s) ... der Eigenschaften e. Stoffes verbessert, z. B. Öladditive

Zusatzantrag *Amendement*, das (fr., Pl. -s) ... zu e. Gesetzentwurf; auch: Änderung von z. B. Behauptungen in e. Gerichtsverfahren

Zusatzentgelt *Gratifikation*, die (lat., Pl. -en) z. B. Weihnachtsgratifikation

Zusatzfunktion, Aktivierung einer versteckten ... *Trojanisches Pferd*, das (Eigenn., Pl. -e -e) ... beim Öffnen des Programms; Trojanische Pferde »erschnüffeln« auf der Festplatte geheime Informationen, Hacker können damit z. B. Konten von Bankkunden leerräumen

Zusatzgerät *Adapter*, der (lat.-engl., Pl. -) ... zu e. Hauptgerät, z. B. zur Kamera

zusätzlich *additional* (lat.-engl.) auch: nachträglich

Zusatzrakete, startunterstützende ... *Booster*, der (engl., Pl. -s)

Zusatzverpackung *Extratara*, die (lat., Pl. ...ren) z. B. beim Seetransport

Zusatzvorschlag *Amendement*, das (lat.-fr., Pl. -s) Ergänzung zu e. Gesetz

Zuschauer *Voyeur*, der (lat.-fr., Pl. -e) i. S. e. heimlichen Zuschauers bei geschlechtlichen Handlungen; auch: Spanner (ugs.)

Zuschauerbühne *Tribüne*, die (lat.-it.-fr., Pl. -n) auch: Zuschauerraum

Zuschauerschaft *Publikum*, das (lat.-fr.-engl., Pl. …ka) auch: Besucherschaft; »Das Publikum ist so einfältig, lieber das Neue als das Gute zu lesen.« (Arthur Schopenhauer)

Zuschnitt *Fasson*, die (lat.-fr., Pl. -s) Art e. Haarschnitts; auch: Form, Muster; »In meinem Staate kann jeder nach seiner Fasson selig werden.« (Friedrich der Große, Bemerkung 1740)

zusprechen 1. *addizieren* (lat.) zuerkennen, z. B. e. wertvollen Gegenstand 2. *adjudizieren* (lat.) auch: zuerkennen

Zustand 1. *Kondition*, die (lat., Pl. -en) auch: Zahlungs- u. Lieferungsbedingungen von Firmen 2. *Phase*, die (gr.-fr., Pl. -n) Stufe; Zustandsform; auch: Mondphase 3. *Situation*, die (lat.-fr., Pl. -en) Sachlage 4. *Stadium*, das (gr.-lat., Pl. …ien) auch: Abschnitt; nicht verw. mit *Stadion*, das (gr., Pl. …ien) Kampfbahn, Sportfeld 5. *Status*, der (lat., ohne Pl.) z. B. Status quo (gegenwärtiger Zustand) Status praesens (augenblicklicher Krankheitszustand)

Zustand vor dem Ereignis *Status quo ante* (lat.)

Zustand, endgültiger … *Definitivum*, das (lat., Pl. -va)

Zustand, gleichgestalteter … 1. *Isomorphie*, die (gr., ohne Pl.) 2. *Isomorphismus*, der (gr., ohne Pl.)

Zustand, schlafähnlicher … *Hypnose*, die (gr., Pl. -n) … durch Suggestion hervorgerufene Willenlosigkeit

Zustand, ungeordneter … der Dinge *Chaos*, das (gr., ohne Pl.) »Vor mir das Chaos, nach mir die Sintflut.« (Mobutu Sese Seko, einst Staatspräsident von Zaire, 1997)

Zustand, vorläufiger … *Provisorium*, das (lat., Pl. …ien) i. S. e. Übergangslösung

zuständig *kompetent* (lat.) Ggs.: inkompetent

Zuständigkeit *Kompetenz*, die (lat., Pl.

-en) »Ich muß Kompetenz demonstrieren durch Händedruck mit Bankiers u. Umarmung von Vorstandschefs.« (G. Schröders geh. Tagebuch von H. Venske, 1997); Ggs.: Inkompetenz

zustimmend *positiv* (lat.) seine Entscheidung war positiv, der Schwangerschaftstest zeigte e. positives Ergebnis; Ggs.: negativ

Zustimmung 1. *Akklamation*, die (lat., Pl. -en) Beifall; Zustimmung bei Parlamentsbeschlüssen (ohne Einzelabstimmung) 2. *Konsens*, der (lat., Pl. -e) Einwilligung 3. *Ovation*, die (lat., Pl. …en) eigtl.: kleiner Triumph; Huldigung 4. *Plazet*, das (lat., Pl. -s) »es gefällt«; Einwilligung

Zustimmung, bes. Haltung e. … *Affirmation*, die (lat.-engl., Pl. -s) auch: Hinwendung, Bekräftigung, Bejahung; Bewegung, die der Protesthaltung allg. Verweigerung durch übertriebene Hinwendung entgegenwirken sollte; z. B. wurden den Fragebögen zur Person mehrseitige Lebensläufe beigefügt; Ggs.: Negation

Zutat *Ingredienz*, die (lat., Pl. -en)

Zuteilung *Rationierung*, die (lat., Pl. -en)

Zutritt *Admission*, die (lat., Pl. -en) z. B. e. Clubaufnahme

Zutritt verboten *off limits* (engl.) Hinweis vor militärischen Sperrgebieten

zuverlässig *fundiert* (lat.) begründet; über e. fundiertes Wissen verfügen

Zuverlässigkeit *Reliabilität*, die (lat.-fr.-engl., Pl. -en) bei Testverfahren techn. Produkte

Zuversicht 1. *Optimismus*, der (lat., ohne Pl.) 2. *Fiduz*, das (lat., ohne Pl.) Vertrauen

zuversichtlich *optimistisch* (lat.) Ggs.: pessimistisch

zuvorkommen *prävenieren* (lat.)

Zuvorkommen *Prävention*, die (lat., Pl. -en) auch: Vorkehrung

zuvorkommend *chevaleresk* (fr.) auch: ritterlich, galant

Zuwachs *Inkrement*, das (lat., Pl. -e)

Zuwendung *Dotation*, die (lat., Pl. -en) finanzielle Zuwendung; auch: Mitgift

Zwang 1. *Pression*, die (lat., Pl. -en) 2. *Terror*, der (lat., ohne Pl.) Gewaltausübung, Verbreitung von Angst u. Schrecken

Zwängen, frei von … *antiautoritär* (lat.) Ggs.: autoritär. »Die größte Errungen-

schaft der 68er ist e. tiefverwurzelter anti-
autoritärer Reflex.« (Mathias Döpfner,
Chef der Springer AG, 2006)

zwanglos 1. *leger* (lat.-fr.) lässig 2. *salopp*
(fr.) e. saloppe (bequeme) Kleidung tragen
3. *sans gêne* (fr.)

zwangloses Fest *Party*, die (engl., Pl. ...ies)
»Die Rolle des Zentralbankrats ist es, den
Wein vom Tisch zu nehmen, wenn die
Party am schönsten ist.« (Hans Tietmeyer,
Bundesbankpräsident, 1997)

Zwanglosigkeit *Degagement*, das (fr., Pl.
-s)

Zwangsherrschaft *Diktatur*, die (lat., Pl.
-en) mit e. Diktator oder mehreren Diktatoren an der Spitze; »die Diktatur des Proletariats« (Karl Marx) oder »Diktaturen
sind Einbahnstraßen, in Demokratien
herrscht Gegenverkehr.« (Alberto Moravia)

Zwangslage *Dilemma*, das (gr.-lat., Pl. -s,
-ta) Wahl zwischen unangenehmen Din-
gen

zwangsläufig *automatisch* (gr.)

Zwangsmaßnahme *Sanktion*, die (lat.-fr.,
Pl. -en) werden z. B. gegenüber e. anderen
Staat eingeleitet, der das Völkerrecht ver-
letzt; auch: Billigung, Anerkennung

Zwangsräumung *Exmission*, die (lat., Pl.
-en) z. B. e. Wohnung, wird von Gericht
angeordnet

Zwangsverschickung *Deportation*, die
(lat., Pl. -en) auch: Zwangsumsiedlung,
Verschleppung; nicht verw. mit *Deport*,
der (lat.-fr., Pl. -e, -s) Kursabzug im De-
portgeschäft; Ggs.: Report

Zwangsversteigerung *Gant*, die (it., ohne
Pl.) auch: Konkurs

Zwangsverwaltung ... *Sequestration*, die
(lat., Pl. -en) ... e. Unternehmens, das in
den Konkurs geraten ist

Zwangsvorstellung 1. *Obsession*, die (lat.,
Pl. -en) 2. *Phrenolepsie*, die (gr.-lat., Pl.
...ien) med.

Zwangszustand *Phrenolepsie*, die (gr.-lat.,
Pl. ...ien) med.

zwanziger Jahre, die goldenen ... *Golden
Twenties*, die (engl., nur Pl.) um 1920

Zweck *Destination*, die (lat., Pl. -en) auch:
Bestimmung; nicht verw. mit *Destillation*,
die (lat., Pl. -en) Reinigung flüssiger Stoffe; Branntweinbrennerei

Zweck, zu welchem ...? *cui bono?* (lat.,
Zitat) auch: wozu?

Zwecke, für die eigenen ... benutzen *instrumentalisieren* (lat.) »... die Grünen
würden diese Katastrophe (Flughafen-
brand Düsseldorf) instrumentalisieren.«
(G. Schröders geh. Tagebuch von H. Venske, 1997)

zweckgerichtet *teleologisch* (gr.-lat.)

zweckmäßig 1. *opportun* (lat.) angebracht;
Ggs.: inopportun 2. *praktikabel* (gr.-lat.)
brauchbar 3. *rationell* (lat.-fr.) vernünftig;
»Rationeller Wahnsinn ist der schlimmste
Wahnsinn, da er e. Waffe gegen die Ver-
nunft besitzt.« (George Bernard Shaw)
nicht verw. mit *rational* (lat.) vernünftig;
Ggs.: irrational

Zweckmäßigkeit *Opportunität*, die (lat.,
Pl. -en) »Mit der Opportunität des Tages
kann man vielleicht kurzfristig Erfolge
machen, auf Dauer nicht.« (Helmut Kohl,
Bundeskanzler, 1998) Ggs.: Inopportunität

zweibauchig *digastrisch* (gr.) bes. bei
Muskeln

Zweibeiner *Bipeden*, die (lat., Pl.) z. B.
Menschen, aber auch: Vögel, Känguruhs

zweiblütig *biflorisch* (lat.) Bot.

zweideutig 1. *ambivalent* (lat.) doppelwertig 2. *lasziv* (lat.) e. laszive (schwül-eroti-
sche) Frau 3. *pikant* (lat.-fr.) reizvoll;
auch: e. pikante (gut gewürzte) Speise
4. *ambig* (lat.)

Zweideutigkeit *Ambiguität*, die (lat., ohne
Pl.) z. B. von Wörtern u. Begriffen

zweidrähtig *bifilar* (lat.) Techn.; auch:
zweifädig

zweieiig *dizygot* (gr.) eigtl.: zweifach verbunden

Zweiersystem *Dualsystem*, das (lat., ohne
Pl.) math., Zahlensystem in dem nur mit
zwei Ziffern gerechnet wird: 1 u. 0, elektronische Rechner führen alle Operationen nach dem Dualsystem durch

zweifarbig 1. *dichromatisch* (gr.-lat.) 2. *bi-
chrom* (gr.-lat.)

Zweifarbigkeit *Bichromie*, die (gr.-lat.,
ohne Pl.)

Zweifel 1. *Skepsis*, die (gr., ohne Pl.)
2. *Skrupel*, der (lat., Pl. -) eigtl.: spitzes
Steinchen; Gewissensbisse; auch: altes
Apothekergewicht

Zweifel, moralische *Skrupel,* der (lat., Pl. -) »spitzes Steinchen«, Gewissensbisse; »Mich plagen keine Skrupel noch Zweifel, fürchte mich weder vor Hölle noch Teufel.« (Goethe: »Faust«)

zweifelhaft 1. *dubios* u. *dubiös* (lat.-fr.) fragwürdig 2. *obskur* (lat.) verdächtig 3. *ominös* (lat.) unheilvoll; auch: anrüchig 4. *suspekt* (lat.) fragwürdig

Zweifelsfall *Dubium,* das (lat., Pl. ...bia u. ...bien) Zweifel

Zweifelsfall, im ... *in dubio* ... *pro reo* (lat.) ... für den Angeklagten, röm. Rechtsgrundsatz)

Zweifelsucht *Skepsis,* die (gr., ohne Pl.) i. S. von bes. Bedenken; »Skepsis ist der erste Schritt auf dem Weg zur Philosophie.« (Denis Diderot)

Zweifler *Skeptiker,* der (gr., Pl. -)

zweiflerisch *skeptisch* (gr.)

Zweiflügler *Dipteren,* die (gr., nur Pl.) zweiflüglige Insekten

Zweifüßer *Bipede,* der (lat., Pl. -n) i. S. e. zweifüßigen Tieres

zweifüßig *bipedisch* (lat.)

Zweifüßigkeit *Bipedie* u. *Bipedität,* die (lat., ohne Pl.)

zweigeschlechtig 1. *monoklin* (gr.-lat.) z. B. bei best. Blüten 2. *bisexuell* (lat.)

Zweigeschlechtigkeit 1. *Bisexualität,* die (lat., ohne Pl.) 2. *Hermaphrodismus* u. *Hermaphroditismus,* der (gr.-lat., ohne Pl.) med.

zweigestaltig *dimorph* (gr.)

zweigeteilt *dichotom* (gr.) gegabelt

Zweiggeschäft *Filiale,* die (lat.-fr., Pl. -n) z. B. e. Filiale der Deutschen Bank

zweigliedrig *binomisch* (gr.-lat.) z. B. binomischer Lehrsatz: math. Formel

Zweigstelle *Dependance,* die (lat.-fr., Pl. -n)

Zweihänderschwert *Flamberg,* der (germ.-fr., Pl. -e) e. Landsknechtschwert mit welliger Klinge

zweihändig 1. *bimanuell* (lat.) 2. *à deux mains* (fr.) (zu spielen) musik. Vortragsanw.; Ggs.: à quatre main (vierhändig)

zweihäusig *diözisch* (gr.)

Zweihäusigkeit *Diözie,* die (gr., ohne Pl.) ... bei Pflanzen (Bot.)

Zweiheit 1. *Dualismus,* der (lat., ohne Pl.) 2. *Dualität,* die (lat., ohne Pl.) Doppelheit

Zweikampf 1. *Duell,* das (lat.-fr., Pl. -e)

2. *Pankration,* das (gr., Pl. -s) verbindet den Boxkampf mit dem Ringen

Zweikampf, studentischer ... *Mensur,* die (lat., Pl. -en) ... mit dem Degen

zweikanalig *binaural* (lat.) ... bei elektroakustischer Schallübertragung; auch: beide Ohren betreffend

zweipolig *bipolar* (lat.)

Zweipoligkeit *Bipolarität,* die (lat., Pl. -en)

zweiseitig 1. *bilateral* (lat.) zwei Länder schließen z. B. e. bilaterales Wirtschaftsabkommen 2. *mutual* u. *mutuell* (lat.) wechselseitig 3. *reziprok* (lat.) gegenseitig; reziproker Wert: Kehrwert

zweisprachig 1. *bilinguisch* (lat.) 2. *bilingual* (lat.)

Zweisprachigkeit *Bilingualismus,* der (lat., ohne Pl.)

Zweitausfertigung *Duplikat,* das (lat., Pl. -e) z. B. e. Vertrages, e. Urkunde

Zweiteilung ... *Dichotomie,* die (gr., Pl. ...ien) ... des Pflanzensprosses

zweiter Fall *Genitiv,* der (lat., Pl. -e) Sprachw.

zweitrangig *sekundär* (lat.)

Zweitschrift *Duplikat,* das (lat., Pl. -e)

zweiwertig 1. *ambivalent* (lat.) doppelwertig 2. *bivalent* (lat.)

Zweiwertigkeit 1. *Bivalenz,* die (lat., Pl. -en) 2. *Ambivalenz,* die (lat., Pl. -en) i. S. von Doppelwertigkeit

Zwerchfell *Diaphragma,* das (gr.-lat., Pl. ...men) med.

Zwerchfellentzündung *Phrenitis,* die (gr.-lat., Pl. ...itiden) med.

Zwerg 1. *Gnom,* der (gr., Pl. -en) Kobold; Erdgeist; nicht verw. mit *Gnome,* die (gr., Pl. -n) kurzer Denkspruch in Prosa 2. *Liliputaner,* der (engl., Pl. -) Zwergmenschen 3. *Pygmäe,* der (gr., Pl. -n) Angehöriger e. zwergwüchsigen Rasse Afrikas u. Südostasiens

Zwergbaum *Bonsai,* der (jap., Pl. -s) durch e. bes. Wurzelbehandlung werden eigentlich großwachsende Bäume klein gehalten

Zwergenland ... *Liliput,* das (engl., ohne Pl.) ... nach J. Swifts »Gullivers Reisen«

Zwergenwuchs *Nanismus,* der (gr.-lat., ohne Pl.) med.; auch: extremer Zwergwuchs

Zwergorange *Kumquat,* die (chin., Pl. -s) e. kultiviertes Rautengewächs

637

Zwergpinscher *Harlekin*, der (fr.-it., Pl. -e) auch: Narrengestalt, Hanswurst; Sprungspinne

Zwergvolk, Angehöriger eines ... *Pygmäe*, der (gr.-lat., Pl. -n) »Fäustling«; svw. Vertreter e. kleinwüchsigen Rasse Afrikas u. Südostasiens

zwergwüchsig *pygmäisch* (gr.-lat.)

Zwicker *Pincenez*, das (fr., Pl. -) e. bügellose Brille

Zwiebelgewächs, hochgiftiges ... *Pancratium trianthum*, das (lat., ohne Pl.) auch: Kwashi (Eigenn., Pl. -s) wird in Afrika u. Asien als Rauschgift mit religiöser Bedeutung verwendet

Zwiegesang *Duett*, das (it., Pl. -e)

Zwiegespräch *Dialog*, der (gr.-lat.-fr., Pl. -e)

Zwielaut *Diphthong*, der (gr.-lat., Pl. -e)

Zwiespalt *Konflikt*, der (lat., Pl. -e) »Zusammenstoß«; Streit

zwiespältig *diskrepant* (lat.)

Zwiespältigkeit *Diskrepanz*, die (lat., Pl. -en)

Zwilling *Gemellus*, der (lat., Pl. ...lli) med.

Zwillingsbrüder der gr. Sage *Kastor u. Pollux* (Eigenn., gr.) Helden der gr. Sagenwelt; auch: Bez. für eng befreundete Männer; auch: *Pollux*, der (gr., ohne Pl.) Zwillingsstern im Sternbild Gemini

Zwillingskarte im Funktelefonverkehr *Twin Card*, die (engl., Pl. -s)

zwingend 1. *imperativ* (lat.) auch: bindend 2. *stringent* (lat.) beweiskräftig, auch: bündig

zwingend festlegen *diktieren* (lat.)

Zwischeneiszeit *Interglazialzeit*, die (lat.-dt., Pl. -en)

zwischeneiszeitlich *interglazial* (lat.)

Zwischenfall 1. *Intermezzo*, das (lat.-it., Pl. ...zi) meist heiterer Zwischenfall; die Bekanntschaft mit ihr war e. kurzes Intermezzo 2. *Episode*, die (gr.-fr., Pl. -n) Begebenheit

Zwischenform hinsichtlich der Geschlechtsmerkmale ... *Intersexualität*, die (lat., ohne Pl.) ... die normalerweise getrenntgeschlechtig sein müßten; z. B. Männer mit Busen

Zwischengericht, leichtes ... *Entremets*, das (lat.-fr., ohne Pl.)

Zwischengeschoß 1. *Entresol*, das (lat.-fr., Pl. -s) 2. *Mezzanin*, das (lat.-it.-fr., Pl. -e) war bes. im Barock u. in der Renaissance Usus (Gebrauch)

Zwischenhirn, Hauptteil des ... *Thalamus*, der (gr.-lat., Pl. ...mi) med.; auch: Zwischenhirnkern

Zwischenlösung *Interim*, das (lat., Pl. -s) auch: Zwischenzeit

Zwischenmahlzeit einnehmen *jausen* (slowenisch)

Zwischenmahlzeit *Jause*, die (slowenisch, Pl. -n) auch: Vesper

Zwischenraum 1. *Distanz*, die (lat., Pl. -en) Abstand; auch: Entfernung 2. *Intervall*, der (lat., Pl. -e) Frist, Zeitspanne 3. *Blank*, das (engl., Pl. -s) auch: Leerstelle zwischen einzelnen Wörtern (EDV)

Zwischenrede *Interpellation*, die (lat., Pl. -en) »Unterbrechung«, z. B. parlamentarische Anfrage an die Regierung

Zwischenregierung *Interregnum*, das (lat., Pl. ...nen, ...na) vorläufige Regierung; auch: die kaiserlose Zeit zwischen 1254 u. 1273

Zwischensatz *Parenthese*, die (gr.-lat., Pl. -n) i. S. e. Satzeinschubs

Zwischensolo *Break*, der (engl., Pl. -s) beim Jazz

Zwischenspiel 1. *Divertimento*, das (it., Pl. -s, ...ti) Mus. 2. *Interludium*, das (lat., Pl. ...ien) bes. in der Orgelmusik; nicht verw. mit *Interlunium*, das (lat., Pl. ...ien) Zeit des Neumondes

Zwischenzeit *Interim*, das (lat., Pl. -s) i. S. e. vorläufigen Regelung

Zwitter 1. *Hermaphrodit*, der (gr.-lat., Pl. -en) med. 2. *Hybride*, die, der (lat., Pl. -n); auch: Bastard 3. *Intersex*, das (lat., Pl. -e) Person, die Merkmale des männlichen u. weiblichen Geschlechts aufweist (krankhafte Mischung)

Zwitterbildung *Androgynie*, die (gr.-lat., ohne Pl.) körperlich-seelische Mischung beider Geschlechter in e. Person; von gr. andos (Mann) u. guné (Frau)

zwitterhaft *amphoter* (gr.) d. h. teils als Säure, teils als Base sich verhaltend (Chem.)

zwittrig *androgyn* (gr.-lat.) »Mannweib«, auch Sportlerinnen mit e. großen Anteil des männlichen Hormons Testosteron;

638

vielleicht gibt es e. Tages den »Androgynäkologen«?

Zwittrigkeit *Hermaphrodismus* u. *Hermaphroditismus*, der (gr.-lat., ohne Pl.) med.

zwölfeckig *dodekagonal* (gr.)

Zwölffingerdarm *Duodenum*, das (lat., Pl. ...na) med.

Zwölfflächner *Dodekaeder*, der (gr., Pl. -)

zwölfteilig *duodezimal* (lat.)

Zwölftonmusik *Dodekaphonie*, die (gr.-lat., ohne Pl.) z. B. von Arnold Schönberg (österr. Komponist)

Zylinderhut *Chapeau claque*, der (fr., Pl. -x -s) zusammenklappbar

Quellen:

Asimov, Isaac: Das Wissen unserer Welt, C. Bertelsmann Verlag GmbH, München, 1991

Bachér, Peter: Momente der Nähe, Begegnungen, Ullstein Buchverlage, Berlin, 1997

Brockhaus Enzyklopädie in 20 Bänden, F. A. Brockhaus, Wiesbaden, 1967

Coupland, Douglas: Generation X, Aufbau Verlag, Berlin, 1994

Cropp, Wolf-Ulrich: Archiv und Almanach für Fremd-, Fach-, Trendwörter, Zitate und geflügelte Worte; Zahlen, Daten, Fakten des Allgemeinwissens, Hamburg, 1997, 2000, 2007

Der Duden in 10 Bänden: Das Standardwerk zur deutschen Sprache, Dudenverlag, Mannheim, 1982, 2000, 2004

Docherty, Vincent; Brough, Sonia: Spoiler-Deutsch, ein Fremdwörtertraining, Humboldt-Taschenbuchverlag Jacobi, München, 1995

Gerken, Gerd: Radar für Trends, Der Zukunfts-Letter des Instituts für Trend-Forschung, Worpswede, 1996

Hammer, Michael; Champy, James: Business Reengineering, Campus Verlag, Frankfurt – New York, 1993

Horx, Matthias; Trendbüro Hamburg: Trendbuch Deutschland, Econ Verlag, Düsseldorf, 1994. Trend-Wörter, Econ Verlag, Düsseldorf, 1996

Kotler, Philip; Bliemel, Friedhelm: Marketing-Management, Analyse, Planung, Umsetzung und Steuerung, Poeschel Verlag, Stuttgart, 1992

Langenscheidt: Zitatenkalender 2007, Berlin 2007

Resnick, Jane: Internationaler Zigarren-Führer, Könemann Verlagsgesellschaft mbH, Köln, 1997

Treeck, Bernhard van: Drogen- und Suchtlexikon, Lexikon Imprint Verlag des Schwarzkopf & Schwarzkopf Verlags, Berlin, 1999

Venske, Henning: Gerhard Schröders geheimes Tagebuch, Piper Verlag, München, 1997 (unter bestimmten Stichworten wiedergegebene wörtliche Reden, entstammen einer Satire, der Autor nimmt den Kunstvorbehalt nach Artikel 5 Grundgesetz in Anspruch)

Weber, Manfred (Herausgeber): Hohl-Spiegel, Spiegel-Buchverlag, Hamburg und Hoffmann & Campe Verlag, Hamburg, 1996

Webster's New World: Lexikon der Computer-Begriffe, Gustav Lübbe Verlag GmbH, Bergisch Gladbach, 1995

Wolf, Siegmund: Deitsche Gaunersprache, Rotwelschen-Verlag, Hamburg, 1993

Zittlau, Jörg: It's cool man, Rasch und Röhring Verlag, Hamburg, 1996